第二版

ZHONGGUO XINWEN SHIYE BIANNIAN SHI

中國新聞事業編年史

下

方汉奇 主编

王润泽 赵永华 副主编

海峡出版发行集团
THE STRAITS PUBLISHING & DISTRIBUTING GROUP
福建人民出版社

图书在版编目（CIP）数据

中国新闻事业编年史/方汉奇主编. —2 版.
—福州：福建人民出版社，2018. 4（2022.5 重印）
ISBN 978-7-211-07958-2

Ⅰ.①中…　Ⅱ.①方…　Ⅲ.①新闻事业史—中国—编年体　Ⅳ.①G219.29

中国版本图书馆 CIP 数据核字（2018）第 056701 号

中国新闻事业编年史（第二版）（上、中、下）
ZHONGGUO XINWEN SHIYE BIANNIANSHI

主　　编：方汉奇
责任编辑：魏清荣　余祥草
出版发行：福建人民出版社　　**电　　话**：0591-87533169（发行部）
网　　址：http://www.fjpph.com　　**电子邮箱**：fjpph7211@126.com
地　　址：福州市东水路 76 号　　**邮政编码**：350001
经　　销：福建新华发行（集团）有限责任公司
印　　刷：福州万达印刷有限公司
地　　址：福州市闽侯荆溪镇溪头工业区徐家村 166—1 号
开　　本：787 毫米×1092 毫米　1/16
印　　张：140.5
字　　数：3401 千字
版　　次：2000 年 9 月第 1 版　2018 年 4 月第 2 版
印　　次：2022 年 5 月第 2 次印刷
书　　号：ISBN 978-7-211-07958-2
定　　价：280.00 元

2003 年（癸未）

1 月 1 日

《安徽省预防职务犯罪工作条例》于 1 月 1 日起施行。该《条例》第 19 条第 2 款明确规定：新闻媒体对国家工作人员履行职务的行为进行舆论监督。这在全国尚属首例。

湖南省发展计划委员会批复，同意湖南日报报业集团在长沙市望城县黄金乡择址建设湖南报业文化城。这是为实现省委、省政府提出的“发展文化产业，建设文化强市”战略而实施的重点项目之一。该项目规划总建设面积为 7.6 万平方米，主要由现代化采编中心、印务中心、物流中心和齐全的系列配套设施组成。

1 月 7 日

本日至 9 日，全国宣传部长会议在北京召开。会议提出了 2003 年宣传思想工作的 10 项任务：1. 围绕主题，把握灵魂，狠抓落实，把学习宣传贯彻“十六大”精神的热潮引向深入；2. 抓住精髓，掌握实质，注重实践，兴起学习贯彻“三个代表”重要思想的新高潮；3. 坚持导向，尊重规律，提高水平，着力为全面建设小康社会营造良好的舆论氛围；4. 区分层次，鼓励先进，着眼多数，加强社会主义思想道德建设；5. 面向群众，多办实事，注重实效，广泛开展精神文明创建活动；6. 多出精品，服务基层，促进繁荣，不断满足人民群众日益增长的精神文化需求；7. 增强活力，壮大实力，提高竞争力，积极稳妥地推进新闻出版广播影视业和文化体制改革；8. 突出重点，改进方法，扩大影响，进一步加强对外宣传工作；9. 提高素质，改进作风，多出人才，加强宣传思想工作队伍建设；10. 调查研究，总结经验，探索规律，开创宣传思想工作的新局面。

粤海铁路开通。海南广播电视台与中央电视台、广东电视台以《火车开进海南岛》为题，联合直播了这一盛况。直播节目从早上 8 点 20 分到 11 点结束，历时两个半小时。

广西人民广播电台技术部完成了数字音频备份系统的建设并投入使用。该系统实现了 Link—2000 数字音频播出系统节目库的自动备份，极大地提高了数字音频播出系统的安全性和可靠性。

1 月 8 日

《中国广播影视报》在北京正式面世，对开彩报，每周二、五出版。它的创刊标志着中国广播影视业向多媒体方向发展迈出了重要的一步。

宁夏记协五届五次理事会评选出的宁夏首届名记者、名编辑、名主持人受到自治区宣传思想工作领导小组的表彰奖励。这次评选出的名记者有庄电一、王猛等 17 人，名编辑有张强、苏保伟等 10 人，名主持人有武洁等 4 名。

2003 年中国书业高峰论坛在北京举行。新闻出版总署副署长柳斌杰到会并作了题为“2003 中国出版业政策走向”的主题演讲。

1 月 9 日

广东新闻书画院在南方日报社正式成立，来自广东省各地新闻传媒的 40 多位代表出席了成立大会。大会通过了《广东新闻书画院章程》，选举产生了广东新闻书画院理事、常务理事和领导机构。

1 月 13 日

根据新闻出版总署发出的《关于开展报刊社记者站清理整顿工作的通知》，全国新闻出版行政管理部门于 1 月 13 日起开始对全国报刊社记者站进行清理整顿。这次清理整顿的范围包括各省、自治区、直辖市新闻出版局批准登记的记者站和未经批准登记擅自建立的记者站，以及其他以办事处、联络站、记者站分站等名义从事采访、组稿等新闻活动的机构，以规范全国报刊社记者站的正常工作秩序，巩固报刊整顿治理成果，切实减轻基层单位和农民负担。

天津人民广播电台与澳大利亚墨尔本中文台在天津签署了合作协议。双方协定自3月8日起，墨尔本中文台在澳大利亚东部时间每周六20点至21点，播出由天津电台制作的《你好，墨尔本！天津向你问候》专题节目，节目内容以新闻资讯、人物专访、综艺节目为主。此外，双方还拟在文化交流、行业培训、组织会展等领域进行合作。

本日至20日，应台湾“中国新闻学会”的邀请，以中国记协书记处书记李存厚为团长的中国记协秘书长访问团一行8人赴台访问。在台期间，访问团拜会了联合报系、“中国电视公司”、“中国广播公司”、“中央通讯社”等新闻媒体，与联合报系《民生报》、“中央通讯社”的同仁进行了业务交流；观摩了“中国电视公司”《综艺大哥大》节目录制现场。

在首届《金融时报》财经新闻国际培训高级课程班结业仪式上，中国证监会副主席史美伦宣布，她将以个人名义在北京大学财经新闻研究中心设立史美伦奖学金，支持财经新闻学科的建设。

1月14日

中共中央政治局常委李长春在中宣部和各有关单位负责人的陪同下，分别考察了中央外宣办、广播电影电视总局、新闻出版总署及其直属单位。

1月15日

中国互联网络信息中心1月15日在京发布的报告显示，截至2003年底，中国内地网民总数达到7950万，居世界第二位，同比增长34.5%。

中共中央政治局常委李长春在广电总局《关于同意中央电视台增设新闻频道、青少频道的批复》上批示：“这是满足人们日益增长的求知欲望的重要措施，望注意搜集受众意见和要求，一定要办好。另外，新华通讯社在国内外有完善和庞大的信息采集网络，要加强合作，资源共享，防止重复投资，重复建设。”

1月16日

上海电视台与电视广播（国际）有限公司（TVBI）举行《上海电视台卫星频道落地澳大利亚的协议》签约仪式。上海卫视从2003年开始采用数字直播卫星的方式在TVBI的翡翠互动电视平台正式开播，节目信号覆盖澳大利亚全境。由于在澳华人数目不断上升，华语节目很受华人欢迎，所以TVBI对合作前景很有信心。落地澳洲是上海卫视继2002年1月1日落地日本后扩大海外影响的又一个成功举措。

1月18日

国内第一个全省性广电集团——南方广播影视传媒集团正式宣布成立。

经过48天的试播，新华社服务新闻专线正式开播。当天，专线共播发文字稿25篇、图片10幅、图表3张，内容囊括汽车、IT、旅游、时尚、投资理财等各个方面，各项内容都经过精心打造。

1月20日

本日至22日，新华社2003年工作会议在总社举行，总编辑南振中同志传达全国宣传部长会议、全国对外宣传工作会议精神及李长春同志在听取新华社有关2003年工作情况汇报时谈话精神。会议根据党的“十六大”精神，研究了新华社改革发展的思路，制定出进一步深化改革的具体措施，部署了2003年的重点工作。

《中华新闻报》报道，近两年来，西藏加速实施村村通广播电视工程，自治区广播、电视人口覆盖率已达到81.7%和80.1%。全区完成村村通工程建设投资8964万元，建成村以上广播电视卫星收转站和单收站2871座，在通电的行政村实现了村村通广播电视。

由福建省闽台新闻交流联谊会主办的海峡新闻网（www.fj-tw.com）正式开通。该网站有海峡新闻、最新发布、闽台经济、海峡人物、军事看点、政策法规、旅游观光、动漫台湾、台商在闽、岛内百态、办事指南、生活服务等栏目内容。

文汇报在北京举行了《文汇报》创刊65周年首都专家学者座谈会暨向国家图书馆赠送《文汇报》60年光盘仪式。来自首都各界的专家学者抚今追昔，畅谈了他们对《文汇报》的深厚感情和殷切希望。

1月23日

中国记协召开主席会议，研究进一步深入贯彻“十六大”精神，传达中共中央政治局常委李长春同志不久前到中国记协调查研究和考察工作时发表的重要讲话，讨论研究中国记协2003年的工作。

1月24日

创刊于1938年抗日烽火中的《文汇报》迎来了65岁生日。《文汇报》是中国内地历史最悠久的日报。60多年来，《文汇报》走过风风雨雨，是60多年时代变迁的写照，是反映我国政治、经济、文化、生活重大事件的活史料。

1月25日

长沙广播电视集团正式挂牌成立。长沙广电集团是经国家广电总局批准成立的全国第三家省会城市广电集团，是以广电产业为主，拥有广播电视、发射传输、互联网站、新闻出版、文化娱乐、影视艺术、科技开发、广告经营和物业管理的现代化传媒集团。

宁夏回族自治区党委常委、宣传部长李东东一行到海拔2900米的六盘山电视调频转播台，看望长期坚守在高寒山区的职工，向他们转达自治区党委、政府的问候，送上了慰问金、慰问品。

1月26日

中央电视台在新闻频道和四套、九套以现场直播的方式报道了国家主席胡锦涛出访法国的新闻，央视新闻频道从21点20分开始现场直播了长达70分钟的“胡锦涛主席访问法国特别报道”。以现场直播的方式报道国家领导人出访的时政新闻，这在央视尚属首次。

1月27日

最高人民法院院长肖扬在与中央主要新闻单位负责人座谈时表示，欢迎新闻媒体对司法工作进行监督，要依法保护媒体与记者的舆论监督权。

1月29日

本日至2月16日，北京电视台赴加拿大进行电视采访活动，采访了加拿大环球华语电视台、加拿大国家电视中文台、iMagic网络公司、百年理工学院、圣力嘉学院、卡尔加里大学等机构，共拍摄素材900分钟。采访组在加期间受到加总理克雷蒂安的接见。

《中国新闻出版报》报道，最高人民检察院检察长韩杼滨近日在检察宣传顾问座谈会上强调，要进一步研究探索法律监督和新闻舆论监督相结合的新途径，发挥法律监督和舆论监督的整体合力，共同维护国家法治的尊严，弘扬社会的公平和正义，为全国建设小康社会营造良好的法治环境和舆论环境。

1月31日

中央电台联合中央电视台、央视国际网站成功推出除夕大型直播节目《一年又一年·回家》。这是国家电台、电视台、网络首次在同一时间对同一主题和内容进行直播，开创了国家传媒跨媒体联动的先河，得到了全国听众、观众、网民的广泛称赞。

同月

文汇新民联合报业集团投入600万元资金制作的《文汇报》《新民晚报》图文数据光盘于1月问世。光盘共有13亿字、50万幅图片，囊括了《文汇报》自1938年1月25日创刊、《新民晚报》自1946年5月1日至1999年12月31日的全部图文数据。

2月8日

新闻出版总署在京召开机关党风廉政建设和反腐败工作座谈会。新闻出版总署党组书记、署长石宗源出席会议并讲话。总署党组成员、中纪委驻总署纪检组组长任泽民主持会议并传达了中央政治局召开的2003年党风廉政建设和反腐败工作会议精神，以及近一个时期以来中央领导同志关于加强党风廉政建设、深入开展反腐败等工作的指示精神。中纪委监察部驻总署纪检组监察局、总署机关党委纪委全体同志和总署机关各司（厅、局）党支部书记参加了会议。

2月10日

《中华新闻报》报道，2002年全国广播广告营业额达到18.28亿元，比上年增长20.23%，超过报纸、电视等媒体的广告增幅。其中浙江、山东、北京的增幅都超过40%。北京电台交通频率广告收入达到6800万元，创造了单个广播频率经营创收的最高纪录。

新华网成功进行第7次全面扩容改版。新版大力丰富内容，新增国际、军事、证券、教育等12个新频道和数据中心，版面设计大气简洁，色调淡雅清新。首页整改为5大专区，整体内容力求新、精、特、雅，在注重时效、深度报道的同时，增加专题报道，定期推出各种周末版。

2月13日

《深圳日报》记者到宝安区龙华镇采访3名儿童溺死事件时被暴打致伤。

2月14日

中央宣传部、中央政法委、全国“扫黄打非”工作小组、新闻出版总署、公安部、文化部、国家广播电影电视总局作出了《关于表彰2002年“扫黄打非”行动先进集体和先进个人的决定》，对在2002年“扫黄打非”行动中作出突出贡献的36个先进集体和37位先进个人予以表彰。

2月19日

新华社新时期“三农”问题报道研讨会在总社召开。与会同志围绕当前我国农业和农村工作中存在的主要问题、加强和改进新华社新时期“三农”问题报道、扩大新华社农村报道影响力、为全面推动农业和农村工作提供良好舆论氛围等方面进行了研讨。

2月23日

中共中央政治局常委李长春对中央人民广播电台《新闻纵横》节目提出要求：一要更多地关注重大选题；二要继续增强现场感，保证信息量，要注意音响的清晰度问题。

2月24日

中共中央政治局委员、书记处书记，中宣部部长刘云山到中国出版集团考察，对集团工作提出要求。他强调，中国出版集团要全面贯彻落实“十六大”精神，以“三个代表”重要思想统领文化工作和文化建设，开创集团各项工作的新局面。

2月25日

《羊城晚报》记者到广州从化江浦镇采

访征地纠纷时被抓抢。在公安干警干预下，肇事方仍不交还记者证。

珠海电视台新闻中心《新闻视点》的两名记者在对一起房地产公司不良经营行为曝光采访时，遭到珠海龙腾房地产公司一行人的粗暴阻挠。

全国新闻出版系统纪检监察工作会议召开。中纪委委员、新闻出版总署党组成员、中纪委驻新闻出版总署纪检组组长任泽民出席会议并作报告。中纪委监察部委派专员出席了会议。中央委员、新闻出版总署署长石宗源到会发表了书面讲话。中纪委监察部驻新闻出版总署纪检组监察局全体同志，新闻出版总署机关党委、纪委部分同志，署直各单位及各省（自治区、直辖市）新闻出版局的纪检监察部门和纪委的负责同志共 75 人参加了会议。

2 月 28 日

北京电台主办的首都媒介业新闻广播高层论坛举行。论坛对当今媒介业的竞争与合作、媒介竞争下新闻广播的走向与策略、新闻广播的受众研究与市场定位等议题展开讨论。中国记协主席邵华泽和新闻传播学界的专家、媒介同行出席了论坛。

同月

中国新闻社副总编辑章新新、中新社香港分社社长杨首民应台湾中国时报社邀请，赴台湾参观访问。在台期间，他们拜访了中国时报社总经理黄肇松、副总编辑俞雨林，进行了业务交流并探讨今后发展事宜。

2003 年人大、政协“两会”吸引了中外记者的极大关注。截至 2 月 28 日，报名采访十届全国人大一次会议和全国政协十届一次会议的中外记者已超过 3000 名，这是历届报名采访“两会”记者人数最多的一次。

3 月 1 日

本日和 3 日中国国际广播电台华语中心普通话《你好！蒙特利尔》和《您好！悉尼》节目分别在加拿大蒙特利尔的 CFMB 电台和澳大利亚悉尼的 Radio-2000 电台落地播出。这是普通话节目继 2002 年在巴拿马落地后，又在两个华人华侨集中的国家落地。至此，国际台华语中心普通话节目已分别在 5 个国家及香港特区落地播出，总时数达 10 小时。

3 月 3 日

本日至 18 日，由宁夏记协主席邓万率领的宁夏新闻考察团一行 24 人对泰国、新加坡、马来西亚、香港、澳门三国两地区进行了参观学习、考察。这是宁夏记协成立 20 年来第一次组团出国考察。考察团成员中有报纸系统 7 人、广电系统 8 人、宣传部门 7 人。

新华社正式对外提供新华短信订阅服务。社技术局、信息中心和北京新闻信息技术公司紧密合作，完成短信服务器、短信编辑终端的安装调试、网络开通以及程序的开发调试工作，并培训了信息中心的短信编辑人员，使新华短信业务抢在“两会”开幕前顺利开通。开通新华短信是新华社全力开拓“第五媒体”市场，扩大新华社报道影响力的重大举措。

3 月 5 日

解放军报网络英文版在国际互联网上正式亮相。这是该报继 1999 年 10 月 1 日成功推出军报网络版后，积极开展对外宣传、扩大我军影响的又一举措。英文版除发布当日要闻和军事新闻以外，还设置了多个专题、专栏和资料库。

由文汇新民联合报业集团主办、上海教育报刊总社《家庭教育时报》协办的《新读写》杂志正式出版。它是中国第一本面向中学生的中英文双语写作月刊。

3 月 7 日

新华社启动经营工作十项改革。

3月10日

贵阳日报系列子报《广电生活报》以橙色新闻纸印刷，这是贵州省首张采用橙色新闻纸印刷的报纸。

3月20日

巴格达当地时间早晨5点36分（北京时间10点36分），伊拉克战争爆发。中国广播网于北京时间10点38分使用Flash屏幕画面率先报道："伊拉克战争爆发！"其后的半小时时间里，网站共抢发图文报道32篇，同时推出"聚集伊拉克"专题。中央人民广播电台于10点40分30秒播发了伊拉克战争爆发的消息；10点41分40秒，中央电视台第四套节目《中国新闻》打出"伊拉克战争打响，巴格达发出爆炸声"飞幕；大约3分钟后，新华社有关伊拉克巴格达响起防空警报的消息出现在发稿系统；稍后，中央电视台第一、四套中断正常节目，跟进直播了战争爆发消息，拉开了央视报道伊拉克战争的序幕。

中央人民广播电台从3月20日起直播伊拉克战争特别报道《海湾零距离》，每天早中晚3档，直播36天，总计180小时。《海湾零距离》以其权威、快速、丰富的报道形式迅速占据了全国各地广播收听率的制高点，平均收听率达到8.4%，最高达到10.1%，创造近年来的新高。

上海《解放日报》、《文汇报》开辟专栏，从3月20日起举行"世博会与上海新一轮发展"的大讨论，向上海社会各界人士和广大读者征稿，通过大讨论，为上海新一轮发展献计献策。

3月24日

中国国际广播电台主控改造工程正式开工。改造后的国际台音频交换及输出系统容量和规模将扩大，语录机房将增加新闻业务系统，实现供稿、编辑、制作的自动化。

3月25日

胡锦涛总书记充分肯定中央电视台对伊拉克战争的报道。在全国部分省（区、市）宣传部长会议上，中共中央政治局委员、中宣部部长刘云山同志转达了胡锦涛总书记等中央领导对中央台伊拉克战争报道的肯定，称赞"中央台报道很及时、很充分，把握得很好，尤其是访谈节目很有深度"。

3月28日

在上海东方明珠电视塔广场，由东方网、中国江苏、浙江在线3个省市的重点新闻网站联合举办的采访行动"点击长三角"拉开序幕。这次联合采访活动计划分3站进行，对长江三角洲地区的重点项目、重要区域进行系列采访报道。

贵阳日报社和贵州省社会科学院在贵阳举办新闻与法制研讨座谈会。贵州省和贵阳市30多名新闻与法律工作者在会上展开了热烈的讨论。

计划单列城市第一家广电集团——宁波广播电视集团挂牌成立。新组建的宁波广电集团由宁波人民广播电台、宁波电视台、宁波广电报社、宁波大剧院、宁波广电网络传输中心等15个单位组成。集团有固定资产7.5亿元，2002年经营创收2.6亿元。

3月29日

《中国新闻出版报》报道，由北京大学图书馆和北京高校图书馆期刊工作研究会共同组织评选的第4届新闻核心期刊近日通过评审鉴定，《新闻战线》《当代传播》等25家刊物当选。

4月1日

从4月1日开始，宁夏新闻出版局先后举办了6期新闻采编人员资格培训班，全区14家公开发行的报纸、新闻性期刊以及部分驻宁夏记者站的631名新闻记者、编辑参加了培训。这是根据国家有关要求，在2003

年更换新闻记者证之前举办的资格培训，取得合格证将作为领取新记者证的必要条件。每期培训集中脱产学习 7 天，经考试合格后，颁发新闻出版总署统一印制的证书。

一架机身上喷涂有“天津日报”标识的新华航空公司的客机平稳降落在上海虹桥机场，国内第一架标有媒体标识的国内航线客机首航获得成功。为了扩大影响，天津日报社近日买断了中国新华航空公司一架客机的冠名权，冠名为“天津日报号”，此举开创了媒体与航空运输业合作的先河，也使“天津口报号”成为第一架在国内各航线飞行的拥有媒体标识的客机。

4 月 5 日

由中国报业协会发行委员会主办的 2003 年中国报业发行工作年会在深圳召开。大会主要就在新经济形势下如何更好地贯彻“十六大”精神，做好报纸发行工作进行了一系列的经验交流和专题讨论。

《重庆晚报》记者遭重庆力帆队主教练殴打。

4 月 7 日

本日至 14 日，以陈敏毅副台长为团长的中国国际广播电台代表团赴尼泊尔、印度访问，分别在两国举行了“当代中国”知识竞赛颁奖仪式，并访问了当地一些媒体。期间，代表团受到了尼泊尔首相昌德的接见。

4 月 8 日

重庆市新闻出版局与市语言文字工作委员会组织对全市 51 家报纸的依法出版、版面综合质量及语言文字运用等情况进行了为期 3 天的集中评审。评委会由新闻界和语言界的 12 名专家组成。《重庆日报》《少年先锋报》《重庆晚报》《重庆商报》《万州日报》5 家报纸名列前茅，差错率在万分之一以下，但全市报纸编校质量总体堪忧。

国务委员兼国务院秘书长华建敏、国务院副秘书长高强等到新华社考察调研，并与田聪明、南振中等社党组成员座谈。在听取了田聪明同志的简要汇报后，华建敏同志对新华社在宣传报道工作中充分发挥党的耳目喉舌、国家通讯社、消息总汇、世界性通讯社的作用给予充分肯定，特别对新华社在“两会”和伊拉克战争等战役性报道中的出色表现给予赞扬。

4 月 9 日

《中国新闻出版报》报道，日前中共中央政治局委员、天津市委书记张立昌主持召开市委常委会议，对进一步改进会议和领导同志活动的新闻报道工作进行了专题研究。

4 月 10 日

由中宣部新闻局主办、《成都商报》协办的全国部分报纸总编辑调研会在成都召开。23 家都市生活类报纸的总编辑在会上集体发表宣言：“围绕党和政府的中心工作，发挥喉舌和桥梁作用，唱响主旋律，打好主动仗。”中宣部今年将就市场化程度较高的报纸弘扬主旋律的经验进行调研。与会的总编辑交流了各报在弘扬主旋律方面的一些做法和经验。大家一致认为，都市生活类报纸也是弘扬主旋律的主力军之一，在围绕党和政府中心工作的宣传中起到了很好的喉舌作用，唱响主旋律，都市生活类报纸大有可为。

青海省新闻采编人员资格培训班正式开班。此次培训共分 6 期，以脱产学习为主，集中培训，每期累计 49 个学时。青海省各报社、新闻性期刊社、中央驻青新闻单位等具有中级以下职称的新闻采编人员均列入培训对象。

上海文广新闻传媒集团与 CNBC 亚太财经新闻频道在上视大厦签署建立战略合作伙伴协议。总部设在新加坡的 CNBC 亚太财经新闻频道，是由道琼斯公司和美国全国广播公司合资建立的商业和财经新闻机构，每天24小时播出来自全球各重要金融中心的新闻、评论和分析。双方结成战略伙伴关系后，文广集团所属上视财经频道从4月14日起，每天上午和下午为CNBC亚太制作两档直播节目，通过其收视网络，向亚洲、欧洲以及美国的商界人士提供及时、热点的中国财经新闻。

4月11日

辽宁省新闻出版局召开全省报业新闻采编人员资格培训工作会议，全面部署全省报业新闻采编人员资格培训工作。辽宁省省直及各市党报、专业报、新闻性期刊社的近3000名具有中级职称的新闻采编人员将参加全脱产、封闭式的集中培训学习，经考试合格取得由新闻出版总署统一印制的《新闻采编人员资格培训合格证书》。未取得培训合格证书的，2003年将不予核（换）发记者证，并且2003年6月底以后不得继续从事新闻采编工作。

4月13日

全国省级晚报（都市报）第二届学术委员会一次会议在郑州召开。会议由《大河报》主办，全国省级晚报（都市报）的26位总编辑参加会议。这些报纸都是由各省、市、自治区党委机关报主办的，近几年来，这些晚报（都市报）迅速崛起，在坚持正确导向和市场运作方面进行探索，取得了许多成功经验，形成了引起普遍关注的“都市报现象”。这次会议就新形势下都市报面临的问题及如何应对进行交流和探讨。

4月18日

中共上海市委召开常委会，专题研究如何按照中央精神，并结合上海实际，切实改进新闻报道工作。会议讨论了进一步改进本市会议和领导同志活动新闻报道的实施意见，建立上海市新闻发言人制度的意见，做好本市突发事件报道的若干意见和发挥本市新闻媒体舆论监督作用的意见。

中央纪委常委、中直工委副书记、中直纪工委书记吴毓萍率调研组一行3人来新华社就党风廉政建设责任制落实情况进行调研。田聪明同志会见了吴毓萍同志，徐锡安同志向调研组汇报了新华社落实党风廉政建设责任制的情况。吴毓萍同志对新华社落实党风廉政建设责任制的工作给予了充分肯定，认为社党组对这一工作思想重视，思路清晰，组织落实，责任明确，措施得力，富有成效，并对新华社深入落实党风廉政建设责任制工作提出了4点希望。

4月19日

中央电台推出大型特别直播节目《关注“非典”歼灭战》。节目选定黄金时段，分两档长达170分钟，共播出50多期。除每日播报最新疫情、最新防控工作外，节目还邀请知名医学、社会学专家，对抗击非典各项工作进行评述，解答广大听众提出的问题。节目还采用短信互动的方式，吸引了广大听众的广泛参与。

4月21日

福建人民广播电台“现代农村”大型直播活动在三明市三元区莘口镇中心墟场举行。活动主题是“服务‘三个乡’，真情暖农家”，为近万名从十里八乡赶来的农民演出长达2小时，使农民群众见到了平日里只闻其声、不见其人的广播节目主持人，得到了科技专家、致富能人的知识经验，欣赏了精彩的文艺节目，参加了有趣的知识问答，增强了农民听众对广播媒体的感知。

4月22日

湖南省委书记杨正午主持召开省委常委会议，认真学习讨论《关于进一步改进会议和领导同志活动新闻报道的意见》后认为，湖南省各级领导要自觉保持与党中央的高度一致，自觉支持新闻媒体改进报道工作。在全省范围内，省级领导同志特别是省委常委要带头做起，严格按中央的要求办、按已有的规定办，支持新闻媒体改进报道工作。

4 月 28 日

中共云南省委办公厅向全省转发《关于进一步改进会议和领导同志活动新闻报道的意见》。

同月

中国国际广播电台世界语广播部编辑的面向国外听众的刊物《Mikrofone》（话筒）正式出刊。刊物内容包括对中国基本情况的介绍、国际台世界语广播的发展及概况、世界语部工作人员介绍，以及国际台世界语广播的时段、频率、联系地址、网址和电子信箱等内容。

5 月 13 日

《华商报》记者在沈阳市皇姑区行政执法局采访时被非法扣留 1 个多小时，记者被打成椎间盘脱出。

5 月 15 日

7 名来自北京 6 所中小学校的《中华小记者》小记者一起给胡锦涛总书记写信，表达了小记者们想在“六一”前夕与胡爷爷谈谈心并进行采访的心愿和要求。5 月 25 日，总书记给小记者复信，信中说，他一一读了小记者们的来信后，非常重视，特意请秘书给中国记协打电话，详细询问有关情况，总书记表示他很乐意接受小记者们采访，但因“六一”期间出国访问，不能安排。

中国国际广播电台对内二套(FM88.7MHz）广播节目从 4 月 16 日开始全面改版播出后，经过一个月的试运行，以“Hit FM”的频率名称正式推出。

5 月 16 日

宁夏回族自治区党委出台了《关于进一步改进会议和领导同志活动新闻报道的实施办法》。《实施办法》分改进会议新闻报道、改进领导同志活动的新闻报道、改进领导同志外事活动的新闻报道、改进新闻的采编播发等 4 方面，共 21 条。《实施办法》规定，不应完全依照职务排序安排报纸版面和广播、电视时段。

中国新闻社港澳台海外部接待了前来北京驻点采访的台湾“中央社”大陆部主任黄季宽先生，并向黄先生赠送了防“非典”用的口罩、消毒纸巾、酒精棉条、眼药水等物品，表达了关切之情。中新社郭招金总编辑、章新新副总编辑会见了黄季宽先生，就两社今后合作事宜交换了意见。

5 月 19 日

为了强化导向意识和把关意识，提高队伍素质，大众报业集团组织集团各报刊（网站）采编人员参加系列编辑业务培训。集团党委书记、董事长徐熙玉第一个上台授课。在其后的两个星期内，集团总编辑、副总编辑、业务总监及子报总编辑等轮流授课，受到广大业务人员好评。

5 月 20 日

本日下午，中共中央政治局委员、书记处书记，中宣部部长刘云山和中宣部常务副部长吉炳轩考察了新华社有关防治“非典”的宣传报道工作，并就下一阶段的宣传报道工作讲了话。刘云山同志说，新华社的新闻报道工作所以能够取得好成绩，有两个重要原因：一是新华社党组的领导坚强有力，在抗击“非典”的报道中，见事早，行动快，经受住了考验；二是新华社有着一支高素质的采编队伍，同志们团结拼搏，不怕疲劳，敢打硬仗，采写了大量有分量的重头报道。

5 月 21 日

中国登山队员胜利登顶珠峰，从 5 月 11 日开始的中央电视台“2003，站在第三极”

电视直播报道也圆满结束。这次全程直播是中央电视台转播史上的一个全新突破，它改写了人类电视史上数项纪录：人类第一次全程直播珠峰登顶全过程，第一次在第三极架设光缆，第一次在海拔6500米的前进营地建起卫星微波传输站。

同月

5月初，美国维亚康姆公司旗下的MTV音乐电视频道正式落户广东。维亚康姆公司是全球最大的传媒娱乐集团之一，涉足电影、电视、出版及与娱乐相关的其他零售业务。

5月底，中新社泰国分社正式发稿运作，成为继美国、法国、日本、澳大利亚之后在境外成立的第5家分社。泰国分社的成立有助于增强中新社对东南亚地区华人华侨活动和中国与东盟国家交流活动的报道工作。

为表彰在抗击“非典”第一线采访报道中做出突出成绩的优秀青年新闻工作者，中直团工委、中直青联决定授予中央电视台《面对面》栏目主持人与制片人王志、新华社记者黄全权、人民日报社华南分社记者李士燕、中央人民广播电台记者边琪、中央电视台摄影师陈轩石、人民日报主任记者白剑峰、新华社记者钱彤、中国青年报记者王尧、中国日报记者张峰、中央电视台摄影师王扬等10人“中直青年五四奖章”。

6月1日

为鼓励我国科普事业进一步发展，财政部、国家税务总局、新闻出版总署等部门联合发出通知，自2003年6月1日起，对综合性科技报纸在出版环节的发行收入实行先征后返的办法。经审核，共有《科技日报》等58种报纸纳入优惠范围。

6月3日

上海市政府第一次新闻发布会举行。按照市委切实改进新闻报道工作的决定，上海国家机关各部门将逐步建立新闻发言人制度，其中市政府发言人制度率先启动，市人大、市政协和市法院、市检察院也将建立发言人制度。市政府新闻发言人以后将在固定发布厅举行暂定为两周一次的新闻发布会，向中外记者介绍市政府工作的权威信息。

中央及各省市区新闻媒体驻沪单位联谊会在人民日报华东分社举行成立会。联谊会是在上海市记协领导下开展新闻信息交流活动的松散型新闻专业联谊组织，参加对象为驻沪新闻单位负责人。联谊会将不定期地组织采访、交流、参观和考察活动。

6月5日

韩国《中国经济》新闻社社长朴丁镐一行3人访问中新社。该社提出与中新社在韩国合作创办一份面向华人的中文报纸的设想，同时提出希望中新社能协助在中国创办一份面向韩侨的韩文报纸。韩国《中国经济》新闻社主要出版韩文版报纸《中国经济》(周报)，每期印刷7万份，在汉城出版。

6月6日

新闻出版总署下发《关于坚持“三贴近”进一步加强改进新闻出版工作的意见》。

6月9日

经国家广电总局和湖南省人民政府批准，潇湘电影集团正式成立。潇湘电影集团是湖南省广电集团的子集团，拥有潇湘影视制片公司、潇湘音像出版发行公司、潇湘物业开发公司、潇湘影视传播有限责任公司、潇湘广告装潢贸易公司等实体。

《中国记者》报道，世界报业协会6月9日向第56届世界报业大会递交一份报告，其中涉及的80个国家中，有28%的国家报纸发行量有所上升，中国以日销量8200万份保持了世界报纸的日发行最高纪录。中国有3份报纸进入全球发行量前20位：《参考消息》以日发行量 270 万份排名第 9 位，《人民日报》以日发行量 186 万份排名第 18 位，《羊城晚报》以日发行量 150 万份排名第 20 位。

经河北省工商行政管理局批准，筹划两年之久的河北省 11 家地市报联合筹办的河北报联传媒广告有限公司成立。这是 11 家地市报应对市场竞争的重要举措，在河北报界、新闻界乃至全国新闻出版界都具有首创性。

6 月 12 日

上海市委宣传部和上海市新闻工作者协会在文新大厦召开改进突发事件报道研讨会，总结、交流上海媒体在抗击“非典”和伊拉克战争等突发事件报道中的经验得失，探讨如何进一步做好突发事件的新闻报道工作，更好地为上海改革、发展和稳定的大局服务。研讨会上，上海主要新闻媒体的负责人就进一步贯彻实施上海市委宣传部《关于做好本市突发事件报道的若干意见》作了交流发言。

6 月 13 日

云南省委宣传部发出《关于召开全省新闻界坚持正确舆论导向，努力实践“三贴近”理论研讨会的通知》。《通知》拟定了 23 个题目，并将任务分配到各大媒体单位和各级宣传部门。

《人民日报》编委会成员和各部门代表举行座谈，纪念本报创刊 55 周年。

6 月 16 日

全新的中央人民广播电台第四套节目都市之声（FM101.8）开播。都市之声立足北京、面向全国，以时尚、轻松、大气、亲和、快捷的风格，着力打造一套成功的都市生活频率品牌。这是中央电台继 2002 年音乐之声、经济之声、华夏之声之后频率专业化改革的又一重大举措。

成都记协女新闻工作者分会成立。

6 月 18 日

由上海文汇新民联合报业集团和浙江登峰交通集团联合创办的“中国东方记者村”在杭州生态园挂牌。

6 月 19 日

重庆日报报业集团举办“进一步改进会议和领导同志活动新闻报道”专题研讨会。中共重庆市委副书记邢元敏和市委宣传部、市新闻出版局的负责同志及重庆日报报业集团领导、采编部门的同志共 50 多人与会。会议形成共识：会议和领导同志活动蕴藏着丰富的信息，是新闻工作的“富矿”，但要按照“三贴近”的精神，努力改进，大力创新，使新闻报道更加生动活泼，增强针对性、实用性和吸引力、感染力。

福建省广播电视局在福州召开各设区市广电局和省局直属单位技术骨干参加的有线数字电视技术方案研讨会。与会者对加密系统方案、服务平台方案、数字机顶盒技术方案进行研讨，取得比较一致的意见。

6 月 23 日

据《中华新闻报》报道，中国报业经济研究会年会日前在深圳召开，新闻出版总署、中国报协及深圳市的领导和全国各地 45 家报业集团、报社的代表出席会议。会议主题是“报业必须进入市场”。在党报面向市场的问题上，与会代表发言热烈。

6 月 25 日

新华社社长田聪明在新闻大厦会见了来新华社拜会的印度报业托拉斯社长拉兹丹。田聪明向拉兹丹介绍了新华社的报道和改革发展情况。他说，新华社和印报托一直保持着良好的合作关系，双方应在互换新闻的基础上，在图片、经济信息等方面开拓新的合作领域。他希望通过两社的新闻报道增进中印两国和两国人民之间的相互了解和友谊，为维护亚洲地区和世界的稳定与发展作出贡献。

6月28日

首届中国号外报收藏展览在北京报国寺举办。展览设有120块展板和多个展柜，展出1912年至今百年间的360余种中国号外报。

6月30日

广州日报报业集团与星岛报业集团在广州举行签约仪式，双方将合作开设《广州日报·澳洲专版》。

《西安日报》《西安晚报》创刊50周年。

中国第一列以晚报冠名的“长沙晚报号”K517/518次列车从长沙首发深圳。

同月

成都市委制定《关于进一步改进会议和领导同志活动新闻报道的意见》。

7月1日

中央电视台推出30集大型系列专题节目《新世纪的旗帜》。这是中央台为贯彻落实《中共中央关于在全党兴起学习贯彻“三个代表”重要思想新高潮的通知》，按照中共中央印发的《“三个代表”重要思想学习纲要》的要求，与《红旗文稿》杂志社共同制作的理论专题节目。

《陕西农民报》创刊50周年。该报于本日正式更名为《陕西农村报》。

央视新闻频道于本日正式开播。央视除继续保持新闻、直播、专题这3个立足版块外，对栏目的设置进行了微调，砍掉了6个栏目，增加了1档由崔永元主持的《小崔说事》节目。

从本日开始，天津日报报业集团出版的《天津日报》《每日新报》《天津青年报》《采风报》《球迷》《假日100天》走进津工超市在市内的106家门店，以更贴近群众、更贴近生活的姿态，满足消费者需求，方便市民购买。

吉林电台交通广播与吉林移动通信公司的“打手机听广播”合作项目正式启动。从此，吉林的移动用户可以用手机收听广播节目，还可以通过发送短信点播歌曲，并与主持人交流。

7月5日

中国国际广播电台开始每天在芬兰主流电台Classic FM所属的11个调频电台播出芬兰语节目。该节目落地采取本土化，即国际台提供有关中国的新闻、经贸信息、文化、旅游、音乐、学中国话等内容的英语素材或稿件，芬兰合作电台的编播人员按本国习惯对素材进行编译，制作成两档芬兰语节目播出。国际台英语中心拥有对上述节目的终审权和版权。

7月7日

由文汇新民联合报业集团主办的综合财经类日报《东方早报》于5月28日开始试刊，本日在苏浙沪三地同步上市发行。该报共48版，周五出100版，内容于立足上海，辐射长江三角洲，并面向全国，全方位深入报道财经、时事和长三角等方面的新闻资讯。

上海电视台财经频道和上海东方电台财经频率统一呼号为“第一财经”正式对外播出，共同打造一个同一品牌下的跨媒体专业财经资讯平台。

7月8日

本日至16日，由中国记协与国务院台办共同举办的海峡两岸记者三峡联合采访活动在重庆市、湖北省举行。两岸记者一行25人乘船从重庆出发，沿途领略了新三峡的壮美风光，采访了三峡枢纽工程建设工地、库区移民生活、秭归新县城、凤凰岭文物保护情况、三峡台商工业园等。

重庆市在主城区范围内试播数字电视节

目。目前开播的数字电视节目除北京、辽宁、湖北、云南等省市卫视节目外，还有欧美院线、港台院线等节目。

7 月 9 日

中央外宣办副主任王国庆率外宣办调研组一行 6 人到中国国际广播电台调研，双方就如何理顺关系，加强对中央涉外新闻对外报道的组织、协调和指导等问题进行座谈。

7 月 10 日

《京华时报》记者应邀采访央视《同一首歌》节目，期间遭剧组工作人员动粗，记者被推倒在地，相机闪光灯被摔坏。

7 月 11 日

经国家新闻出版总署批准，由新疆维吾尔自治区新闻出版局主管，新疆维吾尔自治区出版工作者协会、书报刊发展中心联合主办的新疆第一份新闻出版工作指导类刊物《新疆新闻出版》正式创刊发行。

7 月 14 日

新华社新闻采编人员资格培训第一期实验班在总社第二工作区开课。总社 15 个部门的 63 名学员和北京、河北、山西、内蒙古、辽宁 5 个分社的 100 多名学员通过社内宽带视频网在当地分课堂参加了为期 6 天的培训。实验班结束后，新华社又连续举办了 9 期培训班，对总社及国内分社中级（含中级）以下职称的 1407 名采编人员进行了资格培训。截止到 12 月，所有参训人员经考试全部合格（其中有 43 人补考后合格）。考试合格的参训者获得由新闻出版总署统一印制的《新闻采编人员资格培训合格证书》。

湖北省新闻出版局和省新闻工作者协会共同出台《湖北省新闻从业人员职业操守“六不准”》规定，进一步树立新闻媒体和新闻工作者的良好形象。

四川省委宣传部及四川省广播电影电视局、新闻出版局和新闻工作者协会作出了《关于禁止有偿新闻的规定》。规定明确提出了制止有偿新闻的 6 条禁令，要求全省新闻系统要集中开展职业道德教育，坚决杜绝有偿新闻、虚假报道和不良广告，努力维护新闻队伍的良好形象，切实提高新闻宣传水平。

7 月 16 日

海南特困生邓超群流泪的脸部特写照片出现在《南国都市报》一版的整个版面上，那双哭泣的大眼睛和“他们真的需要你”的呼声瞬间感动了海南，并拉开了该报“资助优秀高考特困生”大型系列报道的帷幕。该报在组织报道的同时，还与海南省委宣传部举办了一场爱心见面活动，掀起了捐赠活动的一个高潮。整个报道历时 40 天，刊登文字稿 350 多篇、图片 230 多张，报道了 105 位特困学生的事迹，收到社会各界捐款 102 万元，资助了优秀高考特困生 205 名，加上省统一战线和团省委资助的，共计特困生 793 人。这次报道的规模及社会影响在海南报业史上都是罕见的。

中央外宣办副主任王国庆一行到中国新闻社调研指导工作。国务院侨办副主任兼中新社社长刘泽彭主持会议，介绍了中国侨务外宣的大格局以及中新社在外宣中重要和独特的地位与作用。郭招金总编辑介绍了中新社基本情况。

山西电视台“黄河报道”栏目记者到祁县洪源玻璃厂暗访该厂非法使用童工、克扣工人工资时遭毒打致伤。

7 月 17 日

以全国政协副秘书长陈洪为团长，全国政协办公厅新闻办公室负责人杜亚利、人民政协报总编辑邬旦生为副团长的中央新闻采访团抵达合肥，开始对安徽省政协工作进行为期 10 天的采访报道。

7 月 18 日

中纪委、中宣部、农业部、新闻出版总

署召开会议，部署治理党政部门报刊散滥，制止利用职权发行，减轻基层和农民负担等工作。

辽宁日报报业集团与韩国汉城媒地亚集团结成友好新闻社协议正式签约。这是辽宁日报报业集团成立以来首次与国外媒体进行的合作。媒地亚集团拥有18种报刊，是韩国一家很有社会影响的媒体集团。双方商定今后将在报业发展、广告、文化、体育、旅游等方面进行广泛交流合作，以促进各自集团发展。

湖南省新闻工作者协会第四届理事会第一次会议在长沙举行。省委副书记文选德，省委常委、组织部长黄建国，省委常委、宣传部长李江当选省记协新一届名誉主席，省委宣传部副部长覃晓光当选为主席，马宁、马如俊、王本锡、吕焕斌、李发美、欧阳常林、侯严峰、龚曙光、彭勃、曾凡安、瞿优远当选为副主席。

7月21日

中国互联网信息中心公布第12次《中国互联网络发展状况统计报告》。截至2003年6月30日，中国互联网站已有47万家，中国网民的数量达到6800万。

国家版权局公布了新修订的《著作权行政处罚实施办法》。实施办法从形式到内容对版权行政执法做了进一步完善，分为5章，共44条，自2003年9月1日起施行。

7月22日

新闻出版总署作出决定：中央单位报纸停止出版地方广告版，并要求有关报社妥善处理善后事宜。

《羊城晚报》记者在采访过程中遭华乐街环卫队十几个工人的围殴。

7月25日

中共上海市委召开常委会，专题研究报刊治理工作。

国家新闻出版总署副署长于永湛一行到青海日报社进行调研。青海日报社党组书记、社长赵得录就报社的概况、领导体制与机构设置、报业改革与发展、党报的发行、印刷设备的更新等问题作了总体汇报。

7月28日

美国鹰龙传媒有限公司董事长苏盛义先生一行访问中国国际广播电台，双方就国际台英语节目通过鹰龙传媒有限公司下属的AM570城市新闻广播电台实现落地一事进行了交流和探讨。

7月31日

由中国记协和南方日报报业集团主办的“坚持‘三贴近’进一步提高党报质量”研讨会在北京召开。中央有关部门和首都及地方新闻单位的负责人、有关专家学者就党报发展展开了热烈讨论。

《大河报》总编辑马国强一行来到河南省虞城县小侯乡大王庄村，举行本报创刊8周年特殊“庆典”活动：捐款17万元，为大王庄村的孩子们创建一所大河报春蕾小学。

同月

中办、国办转发了《中共中央宣传部、文化部、国家广电总局、新闻出版总署关于文化体制改革试点工作的意见》，新闻出版总署制定了《新闻出版体制改革试点工作实施方案》。

中共文山壮族苗族自治州州委机关报《文山日报》创刊于1953年4月15日，复刊于1983年7月1日，至今已经走过了50年的光辉历程。《文山日报》从创刊时的4开4版周报，发展到了现在的对开4版日报，报社还创办出版了《文山日报·七都晚刊》彩色报纸。报社新闻宣传工作连年取得新的成绩，300多件新闻作品、精品、论文等在全国全省评选中获奖。

8 月 1 日

新闻出版总署根据中办、国办《关于进一步治理党政部门报刊散滥和利用职权发行，减轻基层和农民负担的通知》精神，制定并发出实施细则，细则明确治理工作的范围，并分别对中央和地方党政部门报刊的治理作出具体规定。

重庆市委宣传部、市新闻工作者协会组织市属 10 家主要新闻媒体联合行动，在全市范围内开展了为期 3 个月的“立党为公、执政为民——‘三个代表’在重庆”大型新闻宣传采访活动。

《宁夏日报》创刊 45 周年。本着节俭、务实、回报读者的原则，该报社委会决定不开庆祝大会，不邀请祝贺单位，而是举办一系列服务读者、联系群众的活动，来加强与读者的沟通，改进报纸宣传工作。

由南方周末主办的《mangazine·名牌》创刊。作为一份高端男性杂志，名牌主要面向高学历、高收入、年龄在 28 至 45 岁之间的男性。这是南方日报报业集团加快进军期刊市场步伐的一个举措。

本日零时起，甘肃电视台卫星频道节目正式进入上海有线电视网，1300 万上海人民能够完整地收看到甘肃卫视节目。至此，甘肃卫视在全国的平均入户率已接近 20%，北京、上海、天津、郑州等大中城市都能完整收看到甘肃卫视节目。

《南京晨报》《金陵晚报》《南京日报》《江南时报》4 家媒体记者到江苏教育厅采访，被保安群殴。

8 月 2 日

首届辽宁省党报总编室业务研讨会在沈阳结束。为期两天的研讨会是在国内文化体制改革的大背景下，为进一步做好党报宣传工作，加强省内各市党报要闻出版工作业务交流和研讨，由省内 15 家市级以上党报出版部或总编室（编辑中心）共同召开的。与会人员就如何进一步办好党报要闻版进行了热烈而深入的探讨。会议共收到论文和版面近百件，有 23 篇论文和 28 块版面分获首届党报总编室业务研讨会优秀作品一、二等奖。

8 月 5 日

应朝鲜记者同盟邀请，以中国记协书记处书记魏铭祥为团长的中国新闻代表团一行 5 人访问朝鲜。访问期间，中朝双方签订了《中华全国新闻工作者协会和朝鲜记者同盟友好合作协议》，参观了朝鲜记盟总部、朝鲜劳动新闻社、金日成综合大学，与朝鲜新闻工作者和金日成综合大学中文系的教师进行了座谈和交流。

8 月 6 日

新华社牵头主持的国家重要技术标准研究课题“中文新闻信息技术标准”，在新华社通过由科技部、质检总局和国家标准委组织的专家评审。经过认真审议，以李幼平院士为组长的专家评审小组通过了“中文新闻信息技术标准”可行性研究报告。他们一致认为，该项目的通过，是中国新闻史上的一件大事，它将结束我国长期以来新闻信息无统一分类标准的历史。

应中国记协邀请，以台湾“中国新闻学会”理事长成嘉玲为团长的台湾媒体负责人访问团一行 18 人先后到北京、山西参访。这是“非典”过后第一个到大陆参访的台湾新闻团组，国务委员唐家璇、全国人大常委会副委员长成思危及国台办领导接见了访问团。

由经济日报社主办的中国经济网（www.ce.cn）开通，成为国家 8 大重点新闻网站之一。

8 月 7 日

自本日起，《大众日报》的新闻纵深、

县域新闻、经济新闻、政教新闻、文体新闻、读图世界（摄影）各版开始试行主编署名。此次试行主编署名的主要是一些责任比较明晰的版面。署名一律在报眉，位置、字体、字号与现报眉编辑署名相同。版面主编原则上由常务副主任、资深编辑担任。

8月8日

厦门电视台通过ISO9001—2000质量管理体系认证，建立了以节目策划、制作、播出为载体的质量管理体系。

8月9日

广东电视台记者在采访广州海印布艺总汇时遭保安群殴。

8月10日

全国省、市、自治区近30家党报、60名记者开始了环新疆塔里木的采访活动。活动途经乌鲁木齐、吐鲁番、巴音郭楞蒙古自治州、阿克苏、克孜勒苏柯尔克孜自治州、喀什、和田等地州市。至8月25日，历经7000多公里的旅程，记者们风尘仆仆返回乌鲁木齐。这次采访活动创造了新疆新闻史上参与采访的新闻单位最多、党报数量最多、路程最长、人数最多、规模最大的一次采访活动。

以武廷荣为团长的“越南之声”一行6人到广西进行工作访问。代表团在南宁期间，参观考察了广西人民广播电台、广西有线广播电视网络中心及广西广播电视器材总公司，与有关专业人员进行了广泛的业务交流。

8月11日

第9届全国省区市党报总编辑研讨会在银川召开，来自全国30余家省级党报的总编辑出席研讨会。会议主题为研讨党报创新。

中共中央政治局常委、中央宣传思想工作领导小组组长李长春在中央电视台上报的《关于千龙网友点评中央电视台弊病的情况报告》上批示：“中央电视台始终坚持正确的导向，按照‘三贴近’的要求不断探索创新，总体上各方面都是满意的。望注意听取方方面面的意见。坚持与时俱进。”

8月12日

安徽日报报业集团挂牌成立。报业集团现已形成以《安徽日报》为核心，以《新安晚报》《文摘周刊》《安徽商报》《现代农村报》《新闻世界》杂志、中安在线网站和报业印务中心为主要成员的报业格局。

8月13日

由大众日报社、山东省总工会和共青团山东省委等单位举办的2003年“探访寒门学子，呼唤真挚爱心”全省高考特困新生助学金发放仪式在山东新闻大厦举行。本次大型助学活动历时1个月，共筹措资金60余万元，可帮助200多名贫困学生进入高校学习。

《京华时报》记者在北京街头采访时被人追打。

8月14日

清华同方取得网上传播视听节目许可证，可在互联网上提供点播、转播、直播等各种基于教育题材的视听节目。清华同方成为自国家颁布《互联网等信息网络传播视听节目管理办法》以来，首批获得网上传播视听节目业务许可的单位之一。

8月15日

由全国19家媒体组成的记者团到内蒙古中东部采访。这19家媒体包括中央电视台、中国国际广播电台、中新社、中国日报社、文汇报社、大公报社、澳门卫星电视台以及北京、上海、山东、湖南、深圳等一些省市的媒体。记者团在呼和浩特市参观采访后，陆续赴乌盟、锡盟、赤峰市、通辽市采访。采访的主要内容有：内蒙古中东部盟市的农牧业生产情况，生态旅游的建设情况，伊利等龙头企业的情况，移民建设成就，城市规划发展及两个文明建设经验交流会重点项目等。

8月16日

由中央外宣办和新疆维吾尔自治区外宣办联合举办的为期5天的第8期全球传播高级研讨班在乌鲁木齐结束，并为与会学员颁发了结业证书。

8月18日

中国国际广播电台开始进行“西部行”“沿海行”系列采访活动。活动共分8路记者组，分别对西部各省区进行采访报道。国际台新闻中心为此从9月起专门开辟了“‘三个代表’基层行”的总栏目，下设“中国西部行”和“中国沿海行”两个系列，并分地区设立青海篇、西藏篇、新疆篇等8个部分。所有稿件分别发布在“中国经济纵横”“中国少数民族”“在中国旅游”“社会生活”和“中国时事”等专题栏目中。两个系列专栏还在国际在线网站同时发布。

由欢乐传媒集团参与协办的《21世纪人才报·欢乐城市周刊》创刊。该报首次在国内报业中使用绿色新闻纸，内容分为娱乐新闻、视觉插页、娱乐观点及生活元素4大部分，推出“泛娱乐”概念，将社会名流与风云人物列入娱乐范畴。

8月19日

中国国际广播电台国际信息总汇平台开始试运行。建立国际信息总汇平台，是广电总局局长徐光春在国际台年中工作会议上讲话时对国际台提出的要求。国际信息总汇工作是国际台各语言部充分发挥国际台的外语优势，将对象语言国家和地区网站的有关社会、财经、文化、体育、娱乐、人物等方面的信息编译并在国际在线网站发布。国际信息总汇平台每天平均发布150条左右的信息，其中一些信息被国内主要媒体网站转载。

8月20日

中央人民广播电台第二届民族广播协作会在西藏拉萨召开。会议主题是：交流各地民族广播一年来改革和发展的新经验；探讨民族广播如何贯彻“三个代表”重要思想，加快改革步伐；研究如何进一步增强民族宣传的凝聚力和影响力。中央人民广播电台副总编辑张小平在会上作了题为《实践“三个代表”，办好民族广播》的主题报告，内蒙古、西藏、延边、延吉广播电台的代表分别介绍了各自改革的经验。

北京市委宣传部、市政府新闻办、市外办会同延庆县委、县政府共同组织境内外记者参观采访延庆北京水源地保护情况。法新社、路透社等20多家境外媒体的30多名记者以及中央电视台等11家国内媒体的近20名记者参加了采访。延庆北京水源地的优美环境给记者们留下了良好的深刻印象。台湾记者说，延庆保护好环境，从源头上保证了北京的水质量。伊朗通讯社记者参观了环抱延庆县城的妫水公园后说，能够在这样的环境中生活的人们太幸福了。

《人物周刊》在北京创刊。该报纸由北京广播电视报社主办，以人物报道为主。

8月23日

甘肃新闻工作者协会第七届、甘肃新闻学会第六届理事会第一次会议在兰州召开。省委副书记马西林同志出席大会并作重要讲话。会议审议通过了甘肃新闻工作者协会第六届、甘肃新闻学会第五届理事会常务理事会工作报告，修改了《甘肃新闻工作者协会章程》和《甘肃新闻学会章程》，选举石星光为甘肃新闻工作者协会第七届理事会主席、张家昌为甘肃新闻学会第六届理事会会长。

8月24日

首届中国国际广播影视博览会在北京召开。本届博览会是由6个分会展组合而成，即中国国际影视节目展览会，北京国际广播电影电视设备展览会，“北京放映”活动，“飞天奖”“星光奖”颁奖晚会；“华表奖”“童牛奖”“夏衍文学奖”颁奖晚会；国际广播电视技术研讨会。

武汉市委研究同意，将武汉晚报社并入长江日报社，组建长江日报报业集团。

8月25日

本日至10月8日，由中国晚报协会西部环保协作会组织的“中国记者西部行动”科考探险队一次性成功穿越了罗布泊、阿尔金山、可可西里和藏北四大无人区，这是人类历史上首次一次性穿越这一区域。

应韩国记者协会邀请，以新华社北京分社副社长冯瑛冰为团长的中国新闻代表团一行12人对韩国进行友好访问。访问期间，代表团与韩国同行进行了广泛的接触，以“中韩经济合作前景及两国新闻界的作用”为题举行了座谈，并在随后对韩国的传媒产业、现代农业、化工、制造业、服务业、环保、高科技产业以及社会、文化等领域展开了全面、深入的采访活动。

8月26日

新闻出版总署署长石宗源签署第21号中华人民共和国新闻出版总署令，决定废止《关于严禁以书号出刊的通知》等70件规章及规定性文件，其中涉及报刊管理方面的有近20件。

墨尔本3CW电台台长姜兆庆一行访问中国国际广播电台。双方交流了国际台节目在澳大利亚的落地情况，并探讨了在墨尔本进一步扩大国际台节目落地事宜。

8月27日

贵州日报社“扶贫开发百乡行”大型采访活动正式启动。6名承担重任的青年记者踏上征程，分赴贵州省100个重点扶贫乡进行为期半年的实地采访，全面报道贫困地区广大干部群众在新阶段扶贫开发中的生动实践。

中国国际广播电台台长李丹会见以古巴广播电视委员会主席埃内斯托·洛佩斯·多明格斯为团长的古巴广播电视委员会代表团。双方就国际台与古巴广播电视委员会的合作关系及国际广播在当今世界的作用进行了探讨。会见后，国际台副台长夏吉宣代表国际台与古巴广播电视委员会签署了《中国国际广播电台与古巴广播电视委员会合作协议》。

8月28日

深圳市委办公厅转发深圳市委宣传部《关于加强和改进舆论监督工作的意见》，要求深圳各级党委和政府、各部门、各单位要主动配合新闻采访和新闻调查，为舆论监督提供方便。

中共中央政治局委员、书记处书记，中宣部部长，中央宣传思想工作领导小组副组长刘云山就中央电视台建台45周年发来贺信。

8月29日

美国驻沈阳总领事馆新闻文化领事柯博司专程到辽宁日报社拜会了社长姜风羽。柯博司表示愿为美国媒体与辽宁日报报业集团的信息交流作出努力。

本日下午，中共中央政治局常委李长春来到中国人民革命军事博物馆，参观了中央电视台建台45周年发展成就展。

同月

甘肃省纪委、省委宣传部、省新闻出版局联合召开全省治理党政部门报刊散滥和利用职权发行工作会议，各市（州、地）主管工作副书记、宣传部长、文化出版局长，省治理工作协调领导小组成员，省直有关部门负责同志和在兰新闻出版单位负责人等 250 多人与会。会上宣布了治理工作的实施方案。

安徽日报报业集团投资 7000 万元，在全省城乡建设统一管理、连锁经营的徽风报刊亭。一期工程计划在 17 个市建设 3000 个报亭，二期工程扩展到各县及重点集镇。目前，首批 30 个报亭在合肥市居民小区落成，受到广大市民好评。安徽日报报业集团建设全省性的报刊零售网，此举在全国尚属首例。

广东卫视正式落户上海，其国内用户将因此增加 400 万户。

9 月 1 日

由中央电视台举办的“中国·电视发展高层论坛”在北京举行。来自全球 40 多家电视传媒机构的高层管理人士，与国内 30 多家省级电视台和计划单列市电视台台长等媒体同仁，针对中国电视与世界传媒的创新与合作进行了讨论和交流。

新闻出版总署重新修订的《出版物市场管理规定》开始实施。这一规定的出台标志着具备条件的民营发行企业经过批准，将可获得出版物总发行权。

由北京广电集团创办的多功能、高清晰数字电视试播仪式在中华世纪坛举行。首批试播的 3 个频道为京视剧场、动感音乐和购物频道，试播期 5 个月。3 个频道均为收费频道，由歌华有线负责传送，市民安装机顶盒即可收看。下午 4 时整，北京市副市长孙安民宣布北京地区数字电视试播开始，广电总局副局长张海涛、北京市委宣传部部长蔡赴朝以及新闻界、节目公司等方面的嘉宾 200 余人出席。

中央电视台数字付费电视节目开始试播，这标志着我国有线电视数字化工作全面推开。试播的数字付费电视节目有中央电视台的电视剧场、音乐时尚、足球、城市体育、京剧经典等频道，以及中影集团的家庭影院频道。即日起这些节目在北京、上海、四川、青岛等 33 个试点城市和地区试播。用户只需在电视机上添置机顶盒，就可以看到这些新开通的数字付费电视节目。试播期为 3 个月，试播期间所有的节目均不收费。

北京高院本日公布了 50 条为群众办实事的实施意见，全市各级法院从即日起逐步落实。实施意见允许新闻媒体对执行过程跟踪采访和公开报道，当事人有权了解案件执行的进展情况。

广西壮族自治区高级人民法院副院长唐安邦在广西法院新闻宣传工作会议上表示，广西各级人民法院将加强对新闻媒体的司法保护。

2003 年，哈尔滨市广播电视局采取资源转换等措施，投资 3600 余万元，完成了有线电视连通 12 县（市）工程。9 月 1 日，哈尔滨有线电视网开始向 12 县（市）传送哈尔滨电视台 5 套节目、黑龙江电视台 5 套节目，结束了 12 县（市）人民收看不到省、市有线电视频道的历史。哈尔滨有线电视网的覆盖人口数由 300 多万人增加到 700 多万人，网内用户由 50 多万户增加到 80 多万户。

9 月 2 日

中央电视台建台 45 周年纪念大会在京西宾馆礼堂隆重召开。会议宣读了温家宝同志视察中央电视台时发表的重要讲话，曾庆红同志就中央电视台建台 45 周年作出的批示，李长春同志及刘云山同志就中央电视台建台 45 周年发来的贺信。中宣部副部长、国家广播电影电视总局局长徐光春发表讲话。

9 月 3 日

河南省有线数字电视技术交流会在灵宝市召开。河南各省辖市广电局主管技术副局长、省网络公司和各省辖市网络公司负责人等共70余人参加了会议。会议围绕有线数字电视总体方案、条件接收系统、用户管理系统、用户机顶盒技术等进行了深入交流和探讨。

9月4日

山东《临沂日报》创刊50周年。

《新快报》记者在广州海珠区暗访“飞车党”时遭毒打10分钟，多处软组织挫伤，血流不止。

9月5日

第8届全国省级晚报（都市报）总编辑会在云南省昆明市举行。与会的省级晚报（都市报）总编辑围绕省级晚报（都市报）如何根据自身特点，以“三贴近”为突破口，提高新闻宣传水平，进一步适应报业市场发展需要，增强竞争能力等问题进行了研讨。代表们还就在新的形势下如何面对报业竞争与市场挑战进行了交流。

9月7日

应中国记协邀请，以台北市新闻记者公会理事长李庆平先生为团长的台北市新闻记者公会访问团一行19人到北京、哈尔滨、沈阳、大连参观访问。访问团拜访了中央人民广播电台、哈尔滨日报报业集团、黑龙江日报报业集团、辽宁电视台、大连日报社等媒体单位，并与大陆同业进行座谈。

东北报界第一家市民记者团——《沈阳今报》市民记者团召开成立大会。从7月筹建以来，“准市民记者”已经投稿及提供线索总数达500余篇（条），见报百余篇。这些稿件丰富了《沈阳今报》的版面，在读者中产生较大反响。成立《沈阳今报》市民记者团的主要任务是提供新闻线索和配合记者（或独立）采访。

9月8日

湖南日报报业集团就改进采编作风，加强自我约束，接受社会监督，作出“五不准”规定，其中包括：不准记者挂名写稿，即没有参与采写不得在通讯员的稿件上署名；不准搞有偿新闻，不以新闻报道的形式为企业和产品做广告；不准利用采编工作之便，以任何形式索要和接受被采访对象提供的钱物和有价证券、购物卡等；不准以“公开曝光”、“编发内参”等方式要挟他人以达到个人目的；不准搞虚假新闻，刊发了失实报道或有重大差错的报道，一经发现并经核实，即予更正。集团同时公布了举报电话。

新华社现代快报社在浙江分社、宁波支社的大力支持下，于9月8日顺利完成《浙江经济报》更名改版工作。新版的《现代金报》出刊32版，采用国际流行瘦身报型，板块分为地方新闻、长三角新闻、国内国际新闻、文体新闻和财经新闻等。

9月9日

广东省委宣传部在广州召开全省宣传部长座谈会。

应芬兰外交部邀请，中国记协主席邵华泽率中国新闻代表团一行8人对芬兰进行了友好访问，随后顺访了挪威和冰岛。在芬兰，代表团与芬兰外交部国务秘书满萨拉、文化与新闻司司长兰斯普罗、媒体处处长瓦拉莫等外交官员进行了会谈，并与《赫尔辛基新闻报》的同行进行了座谈交流。在冰岛，代表团参观了冰岛国家广播电视局、冰岛最有影响的报纸《晨报》和一家地热发电厂。

9月10日

以中国记协副主席、解放军报社社长张世刚为团长的中国新闻代表团一行12人应邀对意大利进行访问。代表团参观了《晚邮报》《小公报》等意大利有影响的报社，参加了意大利国家电视三台的编前会，与意新闻界同行就报纸的发展、网络对报纸媒体的冲击、报业集团管理体制、记者如何维权等问题，进行了广泛深入的交流。在罗马，中国新闻代表团访问了正在进行议会辩论的意大利参议院。

云南省委宣传思想工作领导小组召开会议。省委副书记、省委宣传思想工作领导小组组长丹增要求，宣传思想工作做到“三贴近”，就要围绕中心、服务大局，为发展先进生产力服务；就要大力发展社会主义文化；就要把满足人民群众日益增长的多样化的物质文化需求作为工作的着眼点；就要进一步加强思想道德建设，加大群众性精神文明创建活动的力度。

9 月 12 日

中国国际广播电台节目举行利用 L 波段卫星音频广播系统广播试播仪式，广电总局领导及相关媒体的记者出席了试播仪式。该系统是由国际台与中国卫星通信集团公司携手，利用音频直播卫星进行数字音频节目广播的服务。中国卫星通信集团公司运营的 L 波段卫星数字音频广播系统可以同时播发 60 套高保真的立体声音频节目，其收听终端小巧便宜，操作简单，无需对星。这种广播方式能够为广大海内外听众提供更加高质量的音频节目，代表着中国音频节目数字化的发展方向。

新华社社长田聪明在新闻大厦会见了纳米比亚新闻与广播部副部长希海波率领的新闻代表团，并同代表团成员、纳米比亚通讯社首席执行官哈缪尼麦签署了两社新闻交换与合作协议。

佛得角新闻局局长费尔南妲率新闻代表团访问中国国际广播电台。台长李丹向客人介绍了国际台的发展历史以及对外合作方面的情况。费尔南妲表示，佛得角新闻机构极力支持开展与中国国际广播电台的合作。

9 月 13 日

海内外 17 家知名媒体奔赴安徽省各地进行为期 10 天的“走进中国安徽”国际电视采访拍摄活动。据了解，“走进中国安徽”国际电视采访活动是迄今为止安徽省举办的规模最大的对外电视宣传活动，在全国各省市都极为罕见。在筹备初期，就吸引了海内外主流媒体的积极报名，经过认真筛选，最终正式邀请覆盖世界五大洲的 14 个国家和地区的 17 家海内外主流电视媒体来皖，其中国家级电视台有 6 家。

9 月 14 日

应波兰外交部的邀请，以解放军报副总编辑王作进为团长的中国新闻代表团一行 6 人对波兰进行了友好访问。在波兰期间，代表团与波兰外交部、众议院、小波兰省、格坦斯克市、格丁尼亚市等部门和地方的政要进行了会晤，访问了克拉科夫公共电视台、克拉科夫日报、格坦斯克广播电台等媒体，并与波兰全国记协和克拉科夫记协分会领导和媒体人士进行了比较深入的交流。此外，代表团还访问了欧洲最古老的大学之一雅盖沃大学，参观了格丁尼亚军港和中波轮船股份公司。

应香港特别行政区政府新闻处邀请，由中国记协和国务院港澳办共同组织的内地记者采访团一行 13 人赴港采访。此行采访的主要内容包括香港经济发展、旅游事业、“非典”防治措施等。

应中国记协邀请，以尼泊尔记协主席萨克亚为团长的尼泊尔新闻代表团访问了北京、南京和上海。尼泊尔记者在《新旧文明的熔炉》一文中写道：“中国拥有丰富的历史和文化，皇宫陵墓和摩天大楼并存，天然的和人造的遗迹并存，中国有太多的层面值得人们去体会和领悟！”

由中国记协组织的全国新闻界抗击“非典”先进事迹报告团分赴河南、江苏、上海、重庆、湖南、广东、湖北、安徽、浙江 9 省（市）举行报告会。报告团由荣获抗击

“非典”新闻宣传优秀记者称号的 9 名新闻工作者组成，他们是：人民日报白剑峰、新华社朱玉、中央人民广播电台王业丰、中央电视台隋笑梅、北京日报李学梅、天津今晚报毛国强、河北日报辛强、南方日报段功伟、内蒙古人民广播电台山丹。

经广电总局批准，上海卫视更名为上海东方卫视，并将在 10 月 12 日晚 6 点全新开播。节目将在中国内地和澳门特区，以及日本、澳大利亚等国家落地。

9 月 15 日

以上海记协副主席、文汇报总编辑吴振标为团长的上海新闻采访团一行 14 人对贵州省黔东南州进行专题采访。参加采访团的有解放日报、文汇报、新民晚报、上海电视台、东方电视台、上海电台、东方电台、人民日报华东分社等上海主要媒体。采访团在黔东南州听取了州委副书记肖潜辉及教育、文化、旅游、民族、交通等部门负责人的情况介绍，并先后到凯里、麻江、黄平、施秉、镇远、台江、雷山等市县进行考察采访。

新华社田聪明社长会见了应邀来访的阿富汗巴赫塔通讯社社长阿卜杜尔·米纳韦，双方签署了新闻交换协议。田社长感谢阿富汗政府和巴赫塔通讯社在新华社喀布尔分社恢复前后给予的帮助。他说，两社应该共同努力，为加强两国的友好合作，增进两国人民的相互了解做出贡献。

9 月 16 日

从 9 月 16 日起，中央台在重点新闻节目《新闻和报纸摘要》中推出大型系列报道《2003 中国企业成长报告》。

本日至 21 日，国务院侨务办公室、新闻办公室和重庆市人民政府侨务办公室、新闻办公室联合举办“走进重庆——海外华文媒体重庆采访周”活动。来自五大洲 12 个国家的近 20 家海外华文媒体的社长、总编和主笔汇聚重庆，对库区移民、经济发展、城市建设、投资环境等进行了采访，并与重庆主要媒体的负责人进行了交流。

9 月 17 日

中共中央政治局常委李长春在人民大会堂会见了以《澳门日报》社长李成俊为团长的澳门中文传媒高层人士访问团一行。

经党中央同意，中组部、中宣部、中央党校从本日至 26 日在中央党校举办了省以上党报总编、电台电视台台长学习“三个代表”重要思想，进行马克思主义新闻观教育第一期培训班。

在我国实施西部大开发战略决策 4 周年之际，服务于西部大开发的综合性国家级报纸《西部时报》于 9 月 17 日创刊。该报是由中国西部研究与发展促进会主管主办，以西部开发为主旋律，以财富宣传为主战场，以文化风情为张力，集时政新闻、财经报道、民族文化为一体的服务于西部大开发的综合性大型周报。

9 月 18 日

本日至 28 日，以香港文汇报第一副总编张晴云为团长、凤凰卫视资讯台副台长兼言论总监曹景行为副团长的香港新闻代表团对新疆乌鲁木齐、伊犁、昌吉、石河子、喀什等地进行了采访考察，并与新疆都市报、新疆都市消费晨报的同行进行了交流与切磋。

9 月 18 日

18 日、19 日，新华网先后推出全新的英文网站（www.chinaview.cn）和中文首页新版。据电脑统计，英文网站推出当日访问量增加约 1 倍，次日增加 6 倍多。

9 月 19 日

中宣部、新闻出版总署、国家邮政局联合在北京召开 2004 年度全国党报党刊发行工作电视电话会议。会议强调，要从党和国家工作全局和战略高度，正确领会、全面贯彻中央关于报刊治理和党报党刊发行的有关精神，充分认识做好《人民日报》《求是》杂志发行工作的政治意义，既要切实减轻基层和农民负担，又要切实保证《人民日报》《求是》杂志的发行量稳定。

中国首家拥有报刊总发行权的民营企业文德广运发行集团在北京成立。

9 月 20 日

应中国记协邀请，以希腊雅典记协副主席阿娜斯塔西娅·塔乌达基为团长的希腊新闻代表团一行 10 人对北京、西安和上海等地进行了友好访问。期间，代表团分别访问了国务院新闻办公室、外交部西欧司、北京奥运会组委会、求是杂志社、法制日报社、经济日报社和上海文新集团。

科技日报社举办了郭梅尼从事新闻工作 50 周年座谈会暨作品研讨会。原国务委员宋健、科学部部长徐冠华发来贺信，何泽慧、何祚庥、杨乐院士及新闻界著名人士范敬宜等到会祝贺，高度评价了郭梅尼在新闻工作中的贡献。

9 月 22 日

第二届世界华文传媒论坛在长沙市举行。来自 30 多个国家和港澳台地区的 145 家华文传媒的 170 多位传媒高层人士参加会议。新华社、人民日报等中央和地方近 40 家媒体的 50 余位负责人与会。国务委员唐家璇在 9 月 21 日接见了与会代表并发表重要讲话。他说，多年来，众多的海外华文媒体在传承中华文明，客观报道中国改革开放成就，促进华侨华人社会的团结与进步，推动中外文化交流和友好合作关系等方面发挥了重要作用，并已成为紧密维系华侨华人与祖（籍）国的桥梁和纽带。近 50 位海外和港澳台华文传媒主事人在论坛上发言，就华文传媒发展前景和作用进行了研讨。

9 月 23 日

据《中华新闻报》报道，由中央外宣办组织的香港新闻记者团日前抵达三峡工地进行了为期半天的采访。

广西电视台全数字化播控系统正式投入使用。

本日至 10 月 2 日，应中国记协邀请，以越南记协常务副秘书长潘克海为团长的越南新闻代表团一行 6 人访问了北京、上海和广州 3 个城市。在华访问期间，越南新闻代表团参观了已故越南主席胡志明在广州创办的越南青年革命同志会、越南青年政治训练班旧址，并瞻仰了位于广州七十二烈士陵园里的越南革命先烈范鸿泰墓地。

本日至 10 月 6 日，应巴西全国报业协会和墨西哥全国记者联合会的邀请，以中国记协书记处书记祝寿臣为团长、福建省记协主席黄诗筠为副团长的中国新闻代表团一行 9 人对巴西和墨西哥进行了友好访问。代表团采访了巴西全国报业协会执行主席费尔南多·马尔丁斯、墨西哥全国记者联合会主席特奥多罗·阿罗亚维和墨西哥头版俱乐部主席胡利奥·波马尔，访问了巴西圣保罗页报社、环球报业集团和墨西哥永久杂志社、塔瓦斯科州媒体集团，重点考察了巴西、墨西哥新闻界情况和两国新闻组织情况，还同巴西外交部、墨西哥塔瓦斯科州政府官员进行了座谈。

新华社社长田聪明在新闻大厦会见了日本共同社社长山内丰彦一行，并同山内社长签署了两社社长会谈备忘录。山内社长说，此次到访看到新华社先进的设备和现代化的管理，深有感触。他对新华社积极、广泛地开展报道活动印象也很深刻，他相信此次备忘录的签署必将促进两社之间友好合作关系的进一步发展。

9 月 24 日

来自中国、日本、韩国三国政府主管部门和主流媒体的 80 多位高层人士参加了为期两天的中日韩媒体合作研讨会。研讨会上，中日韩三方代表围绕交流、合作、发展这三大主题，就媒体政策、增信释疑、产业发展与交流合作等议题进行了讨论。中宣部副部长、国家广播电影电视总局局长徐光春在会上说，中国传媒业进入了最好的发展时期，在未来 5 年内，即到 2008 年北京举办奥运会时，中国传媒业在其产业化进程中，一定会培育形成若干个在国内、国际上都具有较强竞争力和影响力的跨地区、跨行业的大型产业集团。

中共中央政治局常委李长春在人民大会堂会见了以香港报业公会主席李祖泽为团长的香港传媒界高层人士访问团。

9 月 25 日

“中国联通杯”互联网新闻宣传高峰论坛首场论坛在河南嵩阳书院举行。新华网、千龙网、东方网、新浪网等国内强势新闻网站和商业网站的负责人登坛论道，畅谈中国互联网新闻宣传现状及走向。

9 月 26 日

重庆市召开了党报党刊发行工作会议，市委办公厅发出《关于做好 2004 年度党报党刊发行工作的通知》。通知明确规定，基层组织用定额管理的公费订阅报刊原则上限于订阅《人民日报》、《求是》杂志、《重庆日报》、《当代党员》杂志，任何报刊不得搭车发行。

中国国际广播电台副总编丁邦英会见随苏丹执政党全国大会党总书记访华的该党机关报《消息报》总编阿卜杜·马哈茂德一行。双方就加强国际台与苏丹电台合作事宜进行了探讨。丁邦英还就合作方式提出设想，建议将苏丹《消息报》、苏丹国家电台与国际台阿拉伯语网页进行链接，以扩大双方的影响，苏丹方面接受了这一建议。

中共青海省委宣传部召开新闻宣传“三贴近”座谈会。会议提出，把镜头对准基层，把版面留给群众。

新华社电，11 名记者在采访山西繁峙“6·22”特大爆炸事故中收贿赂瞒真相被查处。2002 年 6 月 22 日，山西省繁峙县义兴寨发生金矿爆炸事故后，当地负责人和金矿矿主为隐瞒真相，对一些采访事故的记者分别送了现金和金元宝，其中，新华社山西分社记者鄯宝红、安小虎分别收受现金 2 万元、金元宝 1 个（价值约 2400 元）。记者王东平、谭旭各收受金元宝 1 个。2002 年 7 月 10 日，安小虎向太原市廉政账户上交 20800 元。此外，在采访事故前后，山西《经济日报》《山西法制报》《山西生活晨报》3 家新闻单位的 7 名记者收受矿主杨治兴等人送的现金共 4.5 万元。山西省纪检监察部门根据党纪法规要求，将对 7 名记者作出处理。

9 月 27 日

中国环境新闻工作者协会宣布启动重大环境违法案件追踪新闻行动。国家环保总局局长解振华在会上鼓励记者要善于抓住一些环境热点、难点问题进行深入报道。国家环保总局副局长潘岳向新闻行动 3 路采访组授旗。

9 月 28 日

在庆祝宁夏大学新闻系创办 20 周年之际，宁夏记协在宁夏大学召开“三个代表”与新闻宣传研讨会，来自全区各新闻单位的代表参加了这次活动。会上多位同志宣读了论文。

9 月 29 日

中共中央政治局常委李长春同志对中国国际广播电台工作作重要批示：“光春、李丹同志：借鉴有益经验，办好国际广播电台，扩大影响，特别是在有效性上下功夫。”

新华社驻全国政协记者站成立。全国政协副秘书长李昌鉴等领导会见了新华社记者，对长期以来新华社对全国政协工作的宣传报道表示感谢，并表示将积极支持、配合新华社记者站的工作。新华社驻全国政协记者站是新华社派驻全国政协的常设机构，由国内部、对外部、摄影部联系采访全国政协的记者组成。

《青岛晚报》记者在采访毓聪家常菜馆火灾时遭到围殴致伤。

同月

《工人日报》5名记者从新疆哈密出发，沿着南疆铁路直到喀什，沿着北疆铁路直到阿拉山口，深入地处风区、风口、沙漠、戈壁的四、五级铁路小站，对一个个旷远的边疆小站及那里的普通职工进行《千里风沙小站行》系列报道的采访活动。记者们克服路程长、交通不便、通讯条件差、生活艰苦等困难，努力发掘小站职工扎根边疆、坚守小站的可贵精神。

由人民日报、新华社、光明日报、经济日报、中央人民广播电台、中央电视台、科技日报、工人日报、中国青年报、中国妇女报、农民日报、法制日报等12家新闻单位选派的116名记者组成的“‘三个代表’在基层”采访团，9月上旬分赴全国各地进行为期1个月的采访。8月28日下午，中宣部召开采访团全体成员召开动员大会，中宣部常务副部长吉炳轩作了讲话。

国内OCR（文字识别）知名厂商清华紫光文通携带国内第一条报纸数字化制作系统，在第3届中国国际报业技术设备展览会上亮相。该系统专门对老旧报纸提供了从报纸扫描、文字识别，到光盘检索出版、发布的一整套完整的报纸数字化解决方案。许多报社和相关人士对这套系统产生了极大的兴趣，认为该系统的诞生对于挽救和保存老旧报纸起到了积极的作用。

中国记协就11名新闻记者在采访山西繁峙“6·22”特大爆炸事故中违纪受到查处一事举行座谈会。参加座谈会的首都新闻单位代表认为，新闻单位和新闻工作者都要以此为戒，大力加强思想道德和职业道德建设，加强行业自律，坚决抵制有偿新闻、虚假报道等不正之风，树立新闻队伍的良好形象。

应深圳市旅游局、深圳市委宣传部、深圳市记者协会的邀请，百余名中外记者对深圳的旅游景区及旅游相关服务产业，进行了为期3天的实地采访。据深圳市记者协会负责人介绍，百名中外记者游览深圳、采访深圳、报道宣传深圳，在深圳市建市史上还是第一次。

10月6日

韩国记者协会在汉城举办了第一届东亚记者论坛，亚洲11个国家和地区的13个记者组织派代表出席会议。以中国记协国际部主任陈树勋为团长，由人民日报、新华社、中国日报、中国国际广播电台记者组成的中国新闻代表团参加了此次会议。第一届东亚记者论坛的主题是和平与繁荣。主办者希望通过此次论坛，东亚地区新闻记者在一起相互交流，能够增进共识、加强团结，促进本地区的和平、发展与繁荣。

10月9日

由国务院新闻办和公安部联合组织的“走近藏羚羊”大型采访活动出发仪式在青海省西宁市举行。采访期间，摄制组将途经德令哈、格尔木，深入到可可西里无人区进行实地拍摄，通过实地拍摄、跟踪采访等形式展现森林公安民警在打击偷猎藏羚羊、保护濒危野生动物等方面所付出的努力和牺牲，真实反映我国政府在保护生态环境方面所采取的措施、做出的努力以及取得的累累硕果，再一次推动社会各界生态保护意识的觉醒，为藏羚羊营造一个良好的生存环境。

《西海都市报》在创刊5周年之际推出创刊5周年珍藏版（100个版）。这是青海省报纸行业史上出版版数最多的一次，也是唯一出版过100个版的报纸。

新华社记者在采访河南登封市一煤矿透水事故时遭围攻、殴打，持续时间超过10分钟。

10月10日

由国务院新闻办指导，中国记协、人民网、新华网、中国网等中央和地方重点新闻网站主办，中央电视台央视国际网络承办的第3届中国网络媒体论坛在京举行。论坛主题研讨中国网络媒体的社会责任问题，号召和呼吁中国的网络媒体及中国网络媒体工作者能够严格自律，恪守媒体工作者的职业道德和良知，肩负起推动国家发展、民族昌盛、社会文明进步的历史责任。

由最高人民法院新闻办公室组织，由新华社、人民日报、中央电视台、中央人民广播电台、法制日报、人民法院报等12家中央媒体组成的大型采访团启程赶赴江苏，对江苏全省法院体现司法为民思想，为实施长江沿岸经济大开发经济发展战略提供司法保障与法律服务的事迹进行采访。采访活动重点考察法院落实司法为民具体措施的情况，着重了解江苏省法院，特别是沿江8个中级人民法院各具特色的作风大转变、审判大提速、司法大协作等重要事迹。

10月11日

由中国新闻社与北京中日新闻事业促进会主办，江苏无锡市人民政府承办的2003中日媒体交流论坛在无锡市举行。此次论坛是为纪念中日和平友好条约缔结25周年，进一步促进两国相互理解和友好合作，加强两国新闻交流而举办的。日本经济新闻、朝日新闻、共同社等10余家媒体记者，人民日报、新华社、中央电视台、光明日报、经济日报、中国新闻社等祖国大陆媒体记者，以及中国社会科学院、北京大学、中国人民大学、复旦大学、南开大学等学者专家百余人参会。日本驻中国大使馆公使隈丸优次在会上致辞，中国驻日大使馆发来贺电，中日友好21世纪委员会中方首席委员、前驻日大使杨振亚在论坛上作主旨发言。

10月12日

应中国记协邀请，由朝日新闻东京本社编辑委员加藤千洋率领的日本新闻协会第21次访华记者团一行9人来华访问14天。

本日至22日，应中国记协邀请，以日内瓦记者俱乐部执行主席吉·麦当为团长的瑞士新闻代表团一行6人对我国北京、拉萨、成都和上海等地进行了友好访问。记协主席邵华泽、人民日报总编辑张研农、西藏自治区副主席洛桑江村等分别会见了代表团，四川省记协常务副主席姚志能陪同代表团参观了四川日报报业集团。代表团还走访了普通藏民家庭，与藏族记者交谈，参观了大熊猫培育基地以及北京、拉萨、成都和上海的市容及一些著名景点。团长吉·麦当多次表示，访问非常成功，代表团成员们看到了一个真实的中国、一个稳定的中国、一个正在迅速发展的中国。

10月13日

河南人民广播电台举办了有10个境外主要广播媒体和35家境内省级以上广播电台参加的2003广播英语国际交流活动。其中，来自英国、荷兰、法国、德国、芬兰、澳大利亚、美国、俄罗斯、加拿大、韩国等国的编辑、记者都是首次到河南，他们把亲历的河南印象采制成节目在当地媒体播出。据粗略统计，自活动开始至2003年底，参加活动的10家境外媒体共播出有关河南之行的报道 100 多篇。

10 月 14 日

本日至 29 日，以中国记协书记处书记李存厚为团长的中国新闻代表团一行 13 人对英国、爱尔兰两国进行了考察访问。代表团在英国访问了伦敦、剑桥、约克、爱丁堡、利物浦，在爱尔兰访问了都柏林和罗斯莱尔等城市，走访了英国全国记者联盟、英国广播公司、每日电讯报、镜报、爱尔兰时报、爱尔兰国家广播电视台等媒体。考察访问期间，代表团与英国和爱尔兰新闻界同行就新闻的普遍规律、东西方报业集团的异同等话题进行了深入探讨。

10 月 15 日

新华社田聪明社长和南振中总编辑在新闻大厦分别会见了越南通讯社社长黎国忠一行。田社长说，新华社和越通社长期以来一直保持着友好合作关系，特别是 2000 年两社又签订了新的新闻合作协议，执行情况较好，双方之间的交流与合作不存在问题。

10 月 16 日

长春《东亚经贸新闻报》3 名女记者到金海岸鱼馆采访遭粗暴阻止、推搡。

10 月 18 日

应孟加拉国全国新闻俱乐部的邀请，以中国记协书记处书记魏铭祥为团长的中国新闻代表团一行 6 人对孟加拉国进行了友好访问。访问期间，孟加拉国总统亚杰丁·艾哈迈德在总统府接见代表团时表示希望孟加拉国和中国进一步密切在政治、经济、文化等各个领域的合作，将两国睦邻友好关系推向新阶段。艾哈迈德对中国改革开放以来取得的辉煌成就表示赞赏，对中国政府多年来对孟加拉国提供的援助表示感谢。

中国国际广播电台蒙古语节目通过蒙古国 FM100.9 调频广播成功在蒙古乌兰巴托落地 1 周年。

由中国记协与国务院港澳办共同组织的第二期香港特区政府新闻主任国情研修班在北京大学举办。研修班主要课程包括：中国的外交政策和中美关系、中国的国防事业和军事状况、中国经济对外开放与交流、台湾问题及解决台湾问题的政策、中国政府与媒体关系、内地与香港更紧密经贸关系安排等。

我党创刊最早、现存历史最悠久的期刊《中国青年》杂志创刊 80 周年。中共中央政治局常委李长春致信祝贺，中共中央政治局委员、全国人大常委会副委员长王兆国出席座谈会并讲话。

山西《生活晨报》记者在 307 国道夏家营收费站采访时，被歹徒掷砖头，采访车被砸，记者手臂受伤。

10 月 20 日

由中央人民广播电台发起、主办的 2003（北京）广播发展论坛开幕。来自亚广联、欧广联等组织和美国、英国、新加坡等国家以及海峡两岸的 150 多名广播界同行、专家、学者共聚北京，共话广播现状与发展趋势、经营与品牌构建、新技术的推广与应用等问题。中宣部副部长、国家广电总局局长徐光春，广电总局副局长胡占凡，中央人民广播电台台长杨波，中国国际广播电台台长李丹出席论坛。

由辽宁日报、辽宁人民广播电台、辽宁电视台、东北新闻网、辽沈晚报、辽宁法制报、共产党员杂志社等 7 家省直新闻单位的 27 名记者组成的“实践‘三个代表’振兴老工业基地”采访团，从 10 月 20 日起，分 3 组深入全省各地企业、农村、社区、学校等基层单位，进行为期 10 天的采访报道。

由国家广电总局广播科学研究院等 5 家广播权威机构联合发起的首届中国广播技术发展论坛在湖南张家界市举行。本次论坛主要围绕广播新技术的创新和应用展开讨论，并就广播中心数字声音广播、调频覆盖、“走出去”工程、广播增值业务、发射的维护、广播电视监测等热点问题进行了集中研究与探讨。

应台湾“中国新闻学会”邀请，中国大陆教育记者采访团一行 8 人赴台采访。在台期间，采访团采访了世新大学、“建国中学”、台湾中山大学、台湾南开技术学院等，出席了两岸教育记者座谈会。

10 月 22 日

由清华大学新闻与传播学院和中国报业协会发行委员会共同主办的 2003 报业经营国际峰会在北京召开。会议围绕如何构建中国报业的市场竞争秩序、如何提升报业经营管理水平和国际化视野等问题进行探讨。

本日至 11 月 3 日，应中国记协邀请，以意大利记者公会秘书长维多利奥·罗伊蒂为团长的意大利新闻代表团一行 11 人访问了北京、西安、成都、杭州、上海、广州等地。代表团访问了光明日报、中国新闻出版报、中国税务报、浙江日报、浙江电视台、上海文新集团等媒体，在成都还参观了大熊猫繁育研究基地。代表团在访问期间，就媒体发展、经济建设等方面的问题与中方同行进行了广泛的座谈和交流。

来自全国 21 个城市电台的 56 名代表聚会南京，参加为期 1 周的中国广播电视学会城市广播电视台（广播新闻）委员会 2003 年会，共商城市广播发展大计。会议期间，与会代表重点研讨在媒体竞争日益激烈的情况下，广播媒体如何发挥自身优势，进一步深化改革，以求得更快的发展。中国广播电视学会城市广播电视台（广播新闻）委员会是我国广电系统中有较大影响的新闻研究组织机构，已有 23 年会史，目前有直辖市、省会城市、副省级城市、特区市等 35 个会员台。

第十届中国广告节在南京开幕，来自全国的 3 万余名广告界精英共赴此次盛会。

中央台第六届台湾听众联谊会开幕。广电总局副局长胡占凡、中央台台长杨波、国台办主任助理兼新闻局局长张铭清以及来自台湾的听众代表在开幕式上发言。

10 月 24 日

由上海大学传媒经济研究中心、四川大学新闻传播研究所联合发起并主办的东西部传媒经济发展研讨会在上海举行。这是我国加入 WTO 后东西部传媒经济学界与业界的首次对话。

本日至 11 月 7 日，应中国驻南非使馆、埃及驻华使馆分别邀请，以求是杂志社社长高明光为团长、中国记协书记处书记肖东升为副团长的中国新闻代表团一行 14 人，对南非和埃及两国进行了访问。在南非期间，代表团访问了星报社和由当地华人主办的南非华人报社，并与编辑部负责人和成员进行了座谈，相互介绍各自媒体情况并就两国社会、经济、新闻等广泛议题交换了看法。

10 月 25 日

来自全国 20 余所高校的研究生代表聚首复旦大学，就新闻传播如何改革以及如何促进社会进步等问题展开交流。本次年会是国内第一个由在校研究生自主发起、独立筹备的学术会议。

第二届世界华文传媒与华夏文明传播国际学术研讨会在厦门举行，两岸四地以及新加坡、日本等国家的新闻学界专家学者参加了会议。中国新闻社社长助理、世界华文传媒年鉴社社长夏春平出席了会议。中国新闻史学会会长、中国人民大学新闻学院教授方汉奇在会议致辞中对近两年华文传媒和华夏文明传播的新情况进行了总结。

10 月 27 日

应中国记协邀请，美国《密尔沃基哨兵报》文字记者约翰·施米德和摄影记者加里

·波特来华，围绕中国经济全球化和中国工程行业发展情况这一主题在北京和深圳进行了为期 18 天的采访。

10 月 28 日

新华社电，中共中央宣传部、广播电影电视总局、新闻出版总署、中华全国新闻工作者协会联合发出《关于在新闻战线深入开展“三个代表”重要思想、马克思主义新闻观、职业精神职业道德学习教育活动的通知》，要求从现在起到明年年底，在新闻战线广泛深入地开展“三个代表”重要思想、马克思主义新闻观、职业精神职业道德的“三项学习教育活动”。

中央书记处书记、中央纪委副书记何勇到人民日报社考察指导工作时强调，新闻媒体的宣传和监督工作是党风廉政建设和反腐败整体工作的重要组成部分，要充分认识新闻媒体的宣传和监督对深入开展党风廉政建设和反腐败工作的重要意义，积极发挥新闻媒体宣传和监督两大功能，为党风廉政建设和反腐败工作的深入开展营造良好的舆论氛围。

10 月 29 日

中国新闻技术工作者联合会三届三次理事会暨学术年会在广西北海隆重召开。来自全国各地通讯社、报业、广电和网络媒体的传媒技术工作者代表近 200 人，围绕新闻信息资源的整合、共享和标准化这一主题展开深入的交流与研讨，并评选出 2003 年度 15 名全国优秀新闻技术工作者和全国十佳新闻技术工作者。此次会议对于促进中国传媒科技行业标准化建设，加强新闻信息资源整合与共享，提高传媒产业的核心竞争力，进而推动中国传媒科技的进步与发展都将产生积极而深远的影响。

10 月 29 日

应保加利亚记者协会邀请，以福建电视台副台长叶雄彪为团长的中国新闻代表团一行 6 人访问了保加利亚。代表团拜会了保记联主席瓦尔科夫，会见了保外交部领事司副司长斯巴索夫、保通社社长明切夫、索菲亚大学副校长菲多多夫、布拉格耶夫格勒州州长布切克夫等，参观了玛里塔报、FM＋广播电台、格拉德市广电中心、军报等新闻媒体。

应希腊政府新闻部的邀请，以《求是》杂志总编辑王天玺为团长的中国新闻代表团一行 9 人访问希腊。代表团先后访问了希腊新闻部、希腊记协、每日报等新闻机构和媒体，考察了城市、农村、工厂、奥运场馆和文化遗址。

中央电视台成立法制报道顾问团。全国人大、全国政协、最高法院、最高检察院、公安部、司法部、北京市高院、北京市检察院主管宣传工作的 10 多位局级领导担任法制报道顾问团常务顾问。

广西人民广播电台网站正式开通。网站设卫星广播、经济广播、教育生活广播、文艺广播、广西对外广播 5 个频率，开设《广西新闻》《新闻广角》《财经新闻》《八桂交通传真》《外语教学》等 70 个栏目，每日更新的信息达 1500 多条。

10 月 30 日

城市周报与城市发展——中国第二届生活服务类报刊经营论坛在上海开幕。

新华社社长田聪明和副社长何东君分别在新闻大厦会见了由李浩奎副社长率领的朝鲜中央通讯社代表团。

10 月 31 日

由陕西省记协、西安市记协、西安日报社联合举办的“郭兴文专家学者型新闻之路”研讨会在西安举行。

同月

10 月中旬，宁夏新闻工作者协会和新闻

学会组织两个新闻采访团，分别由记协主席邓万和广电学会会长张怀武带队到江西省和山东省采访。江西采访团一行10人来自区内7家媒体，经过8天紧张采访和学习，备受井冈山精神的激励和感动。山东采访团的同志在完成采访任务的同时，先后同山东省电视台、青岛日报报业集团等单位的同仁进行座谈和交流，开阔了视野，增进了两省区新闻界的友谊。

10月初，由中宣部、人民日报社、新华社等单位共同出资480万元修建的延安新闻纪念馆建成。馆名由已故著名新闻工作者穆青同志题写。该纪念馆是目前全国唯一的新闻纪念馆。

11月1日

由中国记协国内部和中国法官协会研究部共同主办、吉安市中级人民法院承办的“媒体报道与司法公正”研讨会在江西省井冈山市举行。研讨会的目的是为了积极推动新闻界与司法界在相关问题上的交流与沟通，研究在新形势下传媒与司法之间冲突与平衡的规律，探索有中国特色的传媒与司法的工作协调，力求提高媒体报道水平和准确性。

胡锦涛总书记对中央电视台开办少儿频道作重要批示，要求中央电视台要把少儿频道办成精品频道。

11月2日

由阿尔巴尼亚广播电视总局局长阿尔图尔·热依率领的阿尔巴尼亚广播电视代表团应国家广电总局的邀请来华访问。访问期间，双方就转播中国国际广播电台节目等合作事宜进行磋商，并签署合作协议。

据新华网报道，国家新闻出版总署副署长柳斌杰在博鳌亚洲论坛年会上说，中国正在探索建立既能使媒体充分发挥自己的社会职能，成为社会生活和社会变革的重要力量，又能使媒体自觉履行公共责任，构建起有公信力、有责任感、健康运行的新机制。

11月3日

由中国记协协办的世界中文报业协会第36届年会在京举办。这是世界中文报业协会成立30多年来第一次在北京召开年会，共有来自香港特别行政区、台湾地区、新加坡、马来西亚、日本、美国、加拿大、匈牙利的120多位中文报业高层人士与会，中国大陆中央及北京新闻单位、新闻院所的20位特邀代表参加了会议。

4名记者在报道衡阳“11·3”特大火灾事故中光荣负伤，他们是衡阳晚报摄影记者李凌、杨帅，衡阳电视台摄影记者旷杰，衡阳日报总编室副主任兼摄影记者许常国。

据11月3日《中国新闻出版报》报道，新闻出版总署外事交流与合作司有关官员透露，2003年有4家合资企业获准进入书报刊零售业，分别为福建省外文书店与台湾出版事业协会合资的闽台图书有限公司、南京师大出版社与台湾信谊控股有限公司成立的江苏宁谊文化实业有限公司、北京21世纪锦绣图书发行公司与贝塔斯曼集团合资成立的北京21世纪图书连锁有限公司以及电脑报与TOM网站合建的重庆电脑报经营有限公司。

11月4日

中央有关部门召开网上评论工作座谈会，进一步贯彻落实中央领导关于加强网上评论的重要批示。人民网、新华网等中央重点网站及有关部门负责人参加了会议。目前，各网站都制定了网上评论工作方案或实施办法，组建了网上评论员队伍，形成了初步工作制度和工作办法。

宁夏第一份国际流行瘦身型对开大报《华兴时报》正式出版。该报由自治区政协主管、自治区政协办公厅和宁夏日报社联合主办，每周出刊三期（周一、三出12版，周五出16版），其办报宗旨是走近民众、体察民意、关注民生。

国务院新闻办公室主任赵启正在第二期全国新闻发言人培训班上说，建立健全中国各级政府的新闻发布制度是经济全球化和中国社会经济发展的需要，是一项紧迫的重要任务。目前，国务院各部门已经基本建立了新闻发言人制度，北京、上海、四川、广东、云南、安徽、重庆、福建、山东、河南、吉林和南京、西安、长沙等地已经或正在制定和实施新闻发言人制度。

11月5日

人民日报、新华社、求是杂志、光明日报、经济日报、中央人民广播电台、中央电视台联合制定“弘扬职业精神、恪守职业道德、维护队伍形象”自律公约。

11月6日

由中宣部、广电总局、新闻出版总署、中国记协组成的“三项学习教育活动”领导小组办公室成立，并明确了“指导、协调、督促、检查”的工作职责。

贵州新闻战线广泛开展“三项学习教育活动”工作会议在贵阳召开。会议对全省新闻战线开展“三个代表”重要思想、马克思主义新闻观、职业精神职业道德学习教育活动作出了安排部署。

《海峡教育报》在福州正式创刊。福建省副省长汪毅夫专门致信祝贺。

11月7日

长沙电视台记者在湖南宁乡县采访时被围殴，采访设备被毁坏。

11月8日

由江苏省在南京汉中广场举办大型咨询服务活动。新华社、新华日报社、江苏广电集团、南京广电集团等中央、省、市级多家媒体的600多名新闻工作者参加。据介绍，如此众多的媒体及名记者、名编辑、名主持人同时登台亮相并与百姓面对面交流，在江苏新闻界尚属首次。

11月10日

为在全社范围深入开展“三项学习教育活动”和履行自律公约，新华社党组审定并下发《新华社关于履行接受社会监督承诺的实施办法》，诚恳接受社会监督。

11月11日

新华社党组制定《关于确保新闻报道真实性的七条规定》。规定根据中宣部关于在采编人员中深入开展“三个代表”重要思想、马克思主义新闻观和职业精神职业道德学习教育活动的总要求，为确保新闻报道的真实性和准确性，更好地履行国家通讯社、世界性通讯社、耳目喉舌和消息总汇的职能方面而提出7条具体要求。

中华全国新闻工作者协会专门发出慰问电，向在采访“11·3”衡阳特大火灾事故不幸受伤的记者表示亲切慰问，祝他们早日康复。

据新华社报道，由光明日报报业集团与南方日报报业集团共同投资、共同主办的《新京报》在北京创刊。该报是中国第一张得到国家有关部门正式批准的跨地区创办的报纸，是中国第一张由两家党报集团联合主办的大型日报。

11月12日

中国晚报工作者协会第18届年会在长沙召开。据晚协提供的资料显示，全国137家晚报（有4家未统计）期发行总量达2199.55万份，占2003年全国综合性日报期发行总量的43%。其中发行量在100万份以上的晚报有5家，分别是扬子晚报、羊城晚报、新民晚报、北京晚报、齐鲁晚报。

中央电视台记者在山西省保德县采访一家污染企业时被殴打。

11 月 13 日

本日至 16 日，2003 中国电视研究与发展理论年会在北京和西安两地先后举行。本次会议由陕西电视台和中国广播电视学会电视学研究委员会、中央电视台研究室共同主办。23 家省级电视台、11 家市级电视台和《中国广播电视学刊》《电视研究》《南方电视学刊》等全国知名电视理论刊物的代表以及电视学界著名专家学者共 97 人参加了会议。

11 月 14 日

《人民日报》报道，具有中国自主知识产权的数字电视技术标准的研发工作目前已进入最后冲刺阶段，有望今年底确定地面传输的国家标准框架。目前我国已有北京、上海等 25 个城市开始试播有线数字电视，我国电视广播从模拟向数字转变的历史进程已经开始。能否制定自主知识产权的数字电视地面标准，关系到我国电视产业的核心竞争能力。2004 年中国将成为第 4 个具有自主数字电视技术标准的国家，为我国从彩电大国迈向数字电视强国打下坚实基础。

本日至 24 日，应中国记协邀请，以斯洛文尼亚电视台时事体育部副主任文科·贝什特尔为团长的斯洛文尼亚新闻代表团一行 4 人对北京、杭州、上海等地进行了友好访问。代表团还访问了外交部、中央电视台、北京日报、新民晚报、杭州日报、杭州电视台。代表团成员表示，中国媒体雄厚的实力和城市建设所取得的进步让人惊叹，此次访华激起了他们多来中国了解中国的愿望。

11 月 16 日

第 6 届全国报纸总编辑新闻摄影研讨会暨中国新闻摄影学会成立 20 周年纪念会在深圳召开，全国 100 余家新闻单位的总编辑、图片编辑和摄影记者参加了会议。与会者就新闻摄影如何更好地落实“三贴近”，图片在报纸上的运用以及在办报中进一步完善图片运营机制，设立“图片总监”岗位，加强培养复合型人才等问题展开交流，共商良策。会议选举产生了中国新闻摄影学会第 5 届理事会。人民日报副总编辑于宁当选为新一届中国新闻摄影学会会长。会议还举行了第 6 次全国报纸运用新闻照片好版面评选，深圳商报、北京青年报、深圳特区报、华商报等 4 家报纸的要闻版获得一等奖，会议另评出二等奖 8 家、三等奖 12 家。

第 9 届全国国际新闻报道研讨会在江西南昌举行。新华社副社长马胜荣参加了会议并讲话。全国记协书记处书记祝寿臣到会祝贺。会议评选出有关国际新闻报道的好稿件、好标题、好版面、好论文、好策划共 150 件，并颁发了获奖证书。

由河南省记协组织的新闻界考察团一行 9 人对澳大利亚进行了为期 11 天的访问。此次考察访问的主要目的是扩大两国新闻界之间的相互了解，加强河南新闻界与澳大利亚传媒界的联系与友谊。

11 月 17 日

本日至 12 月 1 日，应澳大利亚《澳华时报》和新西兰中新经济科技促进会的邀请，中国记协党组书记、副主席徐心华率中国新闻代表团一行 12 人赴澳大利亚和新西兰进行友好访问。代表团在奥克兰访问了当地的主流媒体《新西兰先驱报》和《星期天新闻报》，在悉尼访问了澳大利亚第二大报纸《悉尼先驱晨报》以及华文报纸《华人日报》。代表团还了解了澳新两国主流媒体的经营状况、组织结构及如何应对市场激烈竞争等情况。

《中国新闻出版报》报道，黑龙江省委宣传部、省新闻工作者协会于近日向社会公布了《黑龙江省新闻工作者“八不准”》，同时公布了实施办法，对违反“八不准”者，视情节轻重作出具体处理。

11 月 18 日

在青岛召开的国家广电总局有线数字电视媒体见面会上，国家广电总局副局长张海涛说，2003 年我国开始全面推进有线电视从模拟向数字整体转换，百姓将通过有线数字电视收听收看更加丰富多彩的广播电视节目，享受多样化、对象化、个性化的综合信息服务。预计到 2005 年，我国有线数字电视用户将达 3000 万，模拟电视也将于 2015 年停止播出。国家广电总局已经确定 2004 年为我国广播电视的数字化年和产业化年。

在 2004 年央视黄金段位广告招标大会上，224 个标的时段各得其主，招标额超过预期，达到 44.1157 亿元，较 2002 年的 33.1465 亿元增长 33.1%。

由新华社主管、瞭望周刊社主办的政经新闻周刊《瞭望东方周刊》在上海创刊。该刊办刊的宗旨是以邓小平理论和“三个代表”重要思想为指导，坚持正确的舆论导向，坚持新闻性、权威性、思想性和可读性的统一；总揽天下风云，洞察政经大势，引导都市潮流，提升生活品质。该刊为 80 页轻涂纸彩色印刷，首期开印 5 万份，有效发行 45112 份。

11 月 19 日

由上海市新闻工作者协会和上海市国际文化传播协会共同主办的 2003 中国（上海）传媒业博览会在上海举行。新华通讯社、中国日报社、浙江日报报社集团和上海的解放、文新、文广、世纪 4 大传媒集团等组团参展。

11 月 20 日

云南省委组织部、宣传部、省委党校共同举办了云南省新闻单位总编、台长学习“三个代表”重要思想培训班。全省各新闻单位负责人、重要岗位负责人及子报、子刊负责人，各地州市级党委机关报、电台、电视台负责人，省属各高校新闻院系的负责人及教授共 120 多人参加了培训。

福建电视台记者在福建寿宁县采访一起建设纠纷投诉时，遭县建设局局长殴打，摄像机被扔进河里。

11 月 22 日

中共中央政治局委员、书记处书记，中宣部部长刘云山出席中央报刊治理工作协调领导小组会议并讲话。他强调，当前报刊专项治理进入关键阶段，要进一步统一认识，从实践“三个代表”重要思想和讲政治、讲大局、讲党性的高度，不折不扣落实各项治理措施，切实减轻基层和农民负担，把这件关系人民群众切身利益的大事一抓到底，抓出实效。

11 月 25 日

中共中央政治局常委李长春视察了上海文广集团，对文广集团改革发展取得的成绩给予了热情的肯定，殷切期望文广集团在“三个代表”重要思想指导下，不断探索和积累发展文化事业和文化产业的经验，大力发展先进文化。

11 月 26 日

首届中国报业发行网络峰会在北京召开，来自全国 16 家报社的 20 位负责人参加了峰会。

由中国报纸副刊研究会主办、解放日报承办的副刊的创新与发展——2003 年中国报纸副刊论坛在上海举行。来自全国 30 多家报纸的副刊负责人围绕副刊的创新与发展这一主题进行了深入交流。

内蒙古新闻网在呼和浩特举行开通仪式。内蒙古新闻网（www.nmgnews.com.cn）是经国务院新闻办批准，由自治区党委和政府指导，自治区党委宣传部、外宣办主管的全区唯一一家重点新闻网站。

浙江绍兴电台戏曲频率 11 月 26 日正式

开播，这是我国第一家开播的电台戏曲专门频率。

11月27日

浙江日报报业集团、北大方正、爱普生公司联合举办了浙江日报报业集团方正新技术新产品应用现场交流会。70多家报社的120多位代表参加了会议，此次会议主要针对报社如何建立高速有效的校样环节进行了深入交流。

继记者节向社会公开宣誓承诺后，山西新闻界再次集会，就全省新闻战线“三项学习教育活动”进行动员和部署，响应人民日报、新华社等中央媒体的自律公约，力求建设一支政治强、业务精、纪律严、作风正、不负众望的新闻队伍。

11月28日

《人民日报》载，中央办公厅和国务院办公厅今年7月15日联合发出《关于进一步治理党政部门报刊散滥和利用职权发行，减轻基层农民负担的通知》，决定通过压缩部门报刊总量，调整结构，有效治理报刊散滥现象；采取切实有效措施，坚决制止党政部门报刊利用职权摊派发行。这是党中央实践“三个代表”重要思想，维护人民群众利益的一件实事，也是根据广大人民群众意愿作出的重要决策。纳入本次治理范围的1452种党政部门报刊中，被停办的有677种，占47%，其中期刊395种，报纸282种。这些报刊最迟出版到今年年底，从明年1月1日起将全部停止出版发行。

石家庄日报社、石家庄人民广播电台、石家庄电视台联合制定新闻工作者自律公约，同时公布了举报电话，欢迎社会监督。

四川日报、四川人民广播电台和四川电视台联合发出“弘扬职业精神、恪守职业道德、维护队伍形象”的自律倡议，还公布了举报电话，并希望全省新闻单位响应以上倡议。

新华社电，我国广播人口综合覆盖率提高显著，已由1998年的88.3%提高到目前的93.3%。

哈尔滨电视台都市资讯频道开播。频道主打栏目有《都市零距离》《资讯前沿》《方圆之间》《万家灯火》《传媒靓点》，全方位展现了哈尔滨市独特的社会人文景观，成为黑龙江省乃至东北地区第一家资讯发布直播平台。

11月29日

中国健康教育与大众传媒研讨会在京举行，来自医疗卫生和大众传播两个领域及传媒界的17位专家学者作了主题发言。专家指出，健康教育是疾病预防控制与公共卫生管理的重要手段，宣传健康知识，促使公众养成健康的生活方式，是防治疾病的最有效途径。

湖北电视台记者在宜昌采访一家欠薪企业时被殴打，摄像机被夺。

11月30日

本日至12月9日，应中国记协邀请，拉脱维亚新闻代表团一行4人访问了北京、武汉、宜昌、上海等地。期间，代表团访问了求是杂志社、农民日报社、解放日报社、湖北日报社、湖北电视台。代表团围绕媒体广告以及中国的报业集团等问题与中国同行进行了讨论。此外，代表团还参观了上海浦东新区、湖北神龙汽车公司，访问了长江三峡工程开发总公司，实地参观了在建的三峡工程。代表团成员表示，通过此次访华，他们深切地感觉到“中国正在迅速崛起”。

同月

来自海峡两岸及香港、澳门地区的40多家新闻媒体的60多位女新闻工作者汇聚福建晋江，举行女记者与社会进步研讨会。这是一次等待了半个多世纪的聚会，老一辈的女记者说，她们头发盼白了，海峡两岸的姐妹同行终于坐在一起交流。

2003年记者节到来之际，经河北省委宣传部批准，河北省新闻界“五优”评选结果日前揭晓。这是河北省新闻战线加大培养名记者名编辑力度而采取的一项重要措施。

湖南省委宣传部出台了《关于切实改进新闻媒体和新闻工作者工作作风，自觉接受社会监督的规定》，要求全省各媒体认真贯彻执行。

12月1日

由江西省委宣传部和中国记协组织，由中央和地方16家新闻媒体的23位负责人及资深记者组成的“中国知名记者看江西”采访团在南昌拉开采访活动的帷幕。采访活动为期7天。采访团于12月2日分成两组，开始对赣南和赣北进行采访。

中国国际广播电台利用宽带技术开始通过美国银视广播网在台北建立的镜像站对台湾播出国际台汉语普通话和闽南话节目各1小时。该项目的实施解决了国际台节目无法通过台湾当地媒体直接落地的问题。

12月2日

大型私人藏报博物馆——苗世明藏报博物馆在山西平遥古城开馆。博物馆设有11个展厅、两个展楼，藏有古今中外报刊6万多种，共110多万份（册）。

12月3日

由中国新闻出版报主办的党报如何面对市场理论研讨会在北京举行。中宣部新闻局、新闻出版总署报刊司、中国记协、中国报协和新华社、经济日报、光明日报、解放军报、科技日报、工人日报、中国新闻出版报、中华新闻报以及新闻战线等新闻媒体的代表及中国人民大学、北京大学、社科院新闻与传播研究所等新闻理论研究方面的专家学者共50多人出席了研讨会。

12月4日

重庆市委办公厅、市人民政府办公厅出台了《重庆市报刊发行管理办法》。办法对规范报刊的发行和连续性内部资料的出版作了明确规定：除党报党刊按规定组织订阅外，其他报刊的发行采取自愿订阅的方式，不得搞强制摊派。

12月5日

中共中央在京召开全国宣传思想工作会议。中共中央总书记胡锦涛在会议上发表重要讲话，强调坚持用“三个代表”重要思想统领宣传思想工作，为全面建设小康社会提供科学理论指导和强大舆论力量。

《中国新闻出版报》报道，从2003年记者节起，上海新闻界将展开为期1年的“三项学习教育活动”，以推动全市新闻战线思想建设、作风建设再上新水平，取得新成效。

大众日报、山东人民广播电台、山东电视台、支部生活杂志联合制定并公布了“弘扬职业精神、恪守职业道德、维护队伍形象”自律公约。这是上述媒体为落实“三个代表”重要思想，贯彻中央宣传部关于开展“三项学习教育活动”通知要求而采取的切实措施。

12月6日

由中国互联网协会主办的第2届中国互联网大会暨2003年中国互联网协会会员大会在北京举行，大会的主题为“透视互联网，迈向e时代”。大会旨在分析互联网现状，剖析互联网发展规律，探索互联网未来的发展道路，展望互联网未来在信息化中国的发展进程中发挥的积极作用。政府机构、科研单位、业界、用户等各方面的专家和学者在会上共同探讨互联网走向美好未来的道路。大会还安排了最新的互联网技术与应用成果展示，并在12月7日举办了互联网技术、反垃圾邮件、网络游戏、网络经济、互联网应用和亚太地区宽带（ABS）6个分论坛。各分论坛均邀请了各自领域的权威专家及政府官员，从不同侧面对中国互联网的发展进行了深入阐述。

12月7日

泰国地方记协新闻代表团一行8人在山东省进行了8天的访问采访活动。在山东期间，代表团访问了大众报业集团，对该集团的发展以及报纸发行、广告、版面设计进行了细致地采访。代表团还在济南报业集团和青岛报业集团参观考察了舜网、济南时报和新闻110热线等。

12月8日

贵阳日报社和贵阳人民广播电台、贵阳电视台共同制定贵阳市新闻工作者自律公约，并公之于众，接受社会各界监督。

新华社社长田聪明和总编辑南振中在新闻大厦分别会见了应邀来访的新华社驻巴格达分社特约记者贾迈勒。贾迈勒曾在2003年初爆发的伊拉克战争中第一个抢发了战争爆发的消息，为新华社赢得了荣誉，作为特例被授予“社长总编辑奖”。

为了将更多更鲜活的新闻及时地奉献给广大读者，成都商报社和四川三星通用航空有限责任公司达成协议：将该公司拥有的编号为7746的贝尔206五座轻型直升机冠名为“成都商报号”。为迎接即将开展的空中采访活动，“成都商报号”已成立了有专业飞行员、机务人员、摄影和文字记者4人组成的“空中采访别动队”。

据《北京娱乐信报》报道，12月8日，北京娱乐信报在2004年广告招商说明会上签订了3.7亿元的广告投资额，比2002年招商会现场签出的2亿元高出1.7亿元。在此次招商说明会上，该报宣布2004年将联同慧聪国际资讯公司首推“广告注目率软件”，通过该软件做到资料公开、数据透明，从而更好保护广告主利益。

12月9日

英国世界广播网（WRN）总裁卡尔·麦斯格及副总裁杰弗·柯翰对中国国际广播电台进行了为期3天的工作访问。国际台副台长夏吉宣会见了麦斯格一行，双方就继续扩大合作进行了探讨，并签署了合作备忘录。根据国际台台长李丹11月份访问WRN总部时提出的要求，WRN提交了一份国际台全球覆盖的战略计划，其中涉及近期和几年内可实施的落地项目、对国际台节目编播人员进行培训、听众调查和市场推广以及帮助建立国际台与国际广播机构的交流机制等。麦斯格先生一行在访问期间还与国际台就近期落地项目、目标市场调研、听众反馈搜集工作、开发落地新手段等内容进行了商讨，双方拟定下一步将通过各种手段扩大国际台，节目在德国、英国、印度、巴基斯坦、奥地利、日本、埃及、以色列、土耳其、俄罗斯等国家的落地覆盖。

12月10日

首都28所高校与新华社签订合作协议，借助新华社拥有的丰富的信息资源，加速高校数字化的建设。

据新华网报道，国务院新闻办网络局有关负责人12月10日透露，我国中央和地方新闻网站中，启用中国国家顶级域名CN的已超过八成。记者了解到，目前我国CN域名的注册数量已突破30万个，并正以每月1万个的高速在增长。

12月11日

第11届全国省级党报新闻奖评选会议在南京举行。会议评选了2002年度省级党报好新闻，同时举办总编社长论坛，就如何提高党报新闻宣传水平、做大做强主流媒体进行了交流和探讨。大家认为，中国报业已进入一个新的历史时期，这给党报的发展提供了更多的机遇，也提出了更高的要求。党报要以“三个代表”重要思想为指导，坚持体现党的意志和反映人民心声相结合，围绕中心，服务大局，切实贯彻“三贴近”原则，增强新闻宣传的吸引力、感召力和影响力。

为进一步推进全省有线数字电视工作进程，河南省广电局在郑州市召开工作会议，向全省18个省辖市主管技术副局长传达了国家广电总局在青岛召开的全国有线数字电视工作会议精神，了解了全国有线数字电视试点工作进展情况。有关人员全面介绍了河南省有线数字电视推进情况，并对《河南省有线数字电视节目平台总体规划》和《河南省有线数字电视前端技术方案》的起草过程进行了详细的说明。

世界首套金报《中华盛世》首发式暨人民大会堂、国家博物馆、国家图书馆永久珍藏仪式在京举行。

12月11日

中共中央政治局常委李长春在湖南考察宣传思想工作和文化产业发展情况。

12月13日

第三届新世纪新闻舆论监督学术研讨会在中国青年政治学院召开。来自新闻学、传播学、法学、政治学等相关领域的著名专家学者，以及来自新闻舆论监督实践第一线的有关媒体代表参加了会议。几位著名新闻人在会上作了主题演讲并回答了在场听众的提问。与会代表和嘉宾对21世纪的新闻舆论监督问题进行了深入探讨。

12月14日

本日至28日，应美中国际交流中心邀请，由农民日报社副社长刘平率领的中国新闻代表团一行9人访问了美国华盛顿、纽约、洛杉矶等地。美中关系国家委员会主席何立强会见了代表团。代表团访问了华盛顿邮报、洛杉矶时报等美国主流媒体，并拜会了美报业协会和国际记者中心等新闻机构。

12月16日

中国国际广播电台德语节目在德国首都柏林调频电台FM97.2正式播出。该节目每周一至周五在当地时间6点至7点播出。这是国际台节目首次在欧洲重要国家首都的调频电台落地。

12月17日

新疆人民广播电台主办的新疆新闻在线维吾尔文和哈萨克文新闻网站正式开通。这两种文字网站的开通，使新疆新闻在线网成为自治区文种最多的新闻网之一。

12月18日

南京大学新闻传播学院宣布成立。新成立的新闻传播学院同时还成立了内地首个由众多主流媒体和香港媒体共同加盟的董事会。南京大学党委书记洪银兴任董事长，人民日报副总编辑梁衡、新华社副总编辑刘江、中国日报总编辑朱英璜等被聘为首届董事。

12月19日

宁夏日报社旗下的子报《现代生活报》正式出版与广大读者见面。这张以橙色新闻纸为特色的报纸，是宁夏第一家市民生活报。

12月20日

中国传媒发展高层论坛在中国人民大学举行。100多位专家、教授、学者和业内人士参加了会议。与会者围绕报刊整顿和机关报改革等话题进行了研讨。

来自全国34家新闻媒体的50余名代表齐聚郑州，举行2003中国国际新闻论坛年会，就今年的国际形势和共同关心的问题进行研讨。经过评委认真评选，年会评出了2003年十大国际新闻和十大国外焦点人物。

12 月 21 日

深圳报业集团和北大方正电子有限公司合作开发的报业广告经营管理与版面设计制作一体化平台软件、报刊发行多元一体化应用平台软件，通过由深圳市科技局组织的专家评审委员会评审，分别达到了国际和国内报业同类项目领先水平。该软件建立了集报刊发行、人力资源管理、薪酬与绩效管理、投递时效管理、综合数据分析、投诉管理的多元业务一体化报刊发行系统，已成为集团系列报刊发行运营工作不可缺少的软件平台。

《西安晚报》摄影记者辛平和《经济新报》记者常景泽在采访西安市市容执法人员依法没收盗版光碟一事中，遭到一伙不法之徒的围攻群殴。

12 月 23 日

中国质量认证中心和国际认证联盟向黑龙江电视台颁发 ISO9001：2000 质量管理体系认证证书。

北京国铁传媒投资有限公司成立。国铁传媒是正式获得新闻出版总署授权的出版物一级发行资质的发行集团，是一家集铁路资源和社会发行优势资源的现代股份制公司。

12 月 24 日

新华社女记者刘非小在湖南湘潭市盘龙山庄大酒店采访一起群众上访事件时遭酒店保安扭打致伤。

12 月 26 日

新华社举行穆青同志作品首发式。中宣部常务副部长吉炳轩在会上说，广大新闻工作者要以穆青同志为榜样，认真开展“在新形势下怎样做一名合格的党的新闻工作者”的讨论，继承和发扬党的新闻工作者的优良传统，把“三项学习教育活动”的各项任务和要求落到实处。

经过 3 年的精心施工，总投资 2.7 亿元的贵州电视大楼建成投入使用。它标志着贵州电视事业迈上了一个新台阶。

12 月 28 日

中国国际广播电台在北京举行新闻发布会，宣布 38 种外语节目全面上网。国际台互联网站国际在线由此成为中国国内语种最多的网站，在全球多语种网站中也名列前茅。

12 月 29 日

由北京广播学院亚洲传媒研究中心举办的首届亚洲传媒论坛在京举行。韩国、日本、新加坡、马来西亚以及国内 20 余位知名传媒学者参加了学术交流。本次论坛既有宏观的比较研究，也不乏微观具体的个案研究，在尊重不同文化背景的基础上，更加理性地探讨文化与传媒、经济与传媒、传媒与政治之间的关系，从理论到实践探寻亚洲传媒未来的发展方向。

中央台第五、六套对台湾广播节目《中华之声》和《神州之声》全新开播，效果良好，得到胡锦涛总书记、李长春同志的肯定。

12 月 30 日

中国第十届国际摄影艺术展暨颁奖仪式在浙江丽水举行。中国国际摄影艺术展是中国摄影家协会每两年举办一次的大型摄影展览，本届摄影展有来自世界 67 个国家的 25000 幅作品参展，是参展作品最多的一届。其中 360 幅（组）作品参与评选，82 幅作品分获金、银、铜奖。

同月

云南省为在新闻战线深入开展自律活动，制定出台了《云南省新闻工作者“六不准”》。

北京人民广播电台交通广播年创亿元广告收入。北京交通广播 1993 年 12 月 18 日开播，已成为全国收听率最高、经济效益最好的城市广播电台之一。

陕西省新闻工作者协会向省内媒体发出加强新闻队伍建设的倡议，倡议全省新闻从业人员牢固树立马克思主义新闻观，自觉恪守新闻职业道德，大力弘扬新闻职业精神，在新闻实践活动中抵制虚假报道、有偿新闻、低俗之风和不良广告等不正之风，通过自律和他律相结合，切实做到“十不”。

中央报刊治理工作协调领导小组召开全体会议，研究如何进一步做好报刊专项治理工作。中共中央政治局委员、书记处书记，中宣部部长刘云山和中央书记处书记、中央纪委副书记何勇出席并讲话。刘云山强调，治理党政部门报刊散滥，减轻基层和农民负担，得到了广大人民群众的衷心拥护和支持。

2004 年（甲申）

1 月 1 日

中央人民广播电台改版后的第一套节目新闻综合频率“中国之声”顺利播出。

中央人民广播电台播音主持指导委员会成立。

中央电视台西班牙语节目正式播出。西班牙语节目以英语频道制作的节目为依托，日播出时长为 4 小时，其中新闻和专题节目各 2 小时，涉及 13 个栏目。

中国教育电视台第一套节目实施较大规模的改版，新台标正式启用。

中国教育电视台全国农村党员干部现代远程教育卫星数字专用频道试播。

北京人民广播电台首都生活广播（AM603）正式开播，播出时间为 5 点 30 分至次日凌晨 1 点，全天播出 19.5 小时。该频率节目由教育广播更名而来。

北京北广传媒数字电视公司增加“四海钓鱼”“亲亲宝贝”两个有线数字付费频道并试播。至此，北京市数字付费频道已达 7 个，均面向全国播出。

河北人民广播电台生活广播试播，其网站和短信平台也同时正式开通。

辽宁电视台数字频道北斗星空网正式开播。

东广新闻台在上海开播。上海文广集团全新整合推出的东广新闻台实行全天 24 小时播出，每个整点和半点都以直播形式播出 10 分钟新闻，成为国内第一家纯新闻的专业广播电台。

安徽人民广播电台交通广播开播，原有的 4 套节目也全面改版播出。

江西赣州市广电局出台《关于进一步加强宣传管理的若干规定（试行）》。

海峡之声广播电台音乐资讯频道正式开播。

新疆人民广播电台从本日起开始完整转播中央人民广播电台蒙语广播节目。

1 月 2 日

内蒙古广播电视卫星地球站备份发信系统改造工程开通。

1 月 4 日

中央电视台新闻频道《每周质量报告》栏目报道了湖北省荆州市新生源生物工程股份有限公司利用人的毛发加工成氨基酸液，并非法出售给一些酱油酿造企业的恶性事件，报道引起国务院副总理吴仪的重视，并作出专门批示，要求国务院有关部门对该事件进行严肃查处。这是吴仪副总理对《每周质量报告》栏目报道严重危害人民群众生命安全的假冒伪劣食品、药品恶性事件作出的第 3 次重要批示。

全国人大常委会副委员长成思危在黑龙江省广播电视局局长王月仁的陪同下参观了黑龙江广播电视发射塔，对该塔的建设和经营思路给予了充分肯定。

由上海文广集团承建的国家数字高清晰度电视研究开发及产业化专项工程“上海高清晰度数字电视地面广播实验平台”项目通过验收。

1月5日

中共中央政治局常委、中央宣传思想工作领导小组组长李长春作出批示：“中央电视台公益广告搞得好，爱心传递（洗脚篇）是‘三贴近’的精品广告。中央广播电台的公益广告也很感人，如‘多一份自觉少一份尴尬’等。中央重点媒体要带头推动寓意深刻的公益广告，为全社会精神文明建设起示范作用。”

福建泉州电视台晚间新闻栏目《新闻茶座》开播。

陕西人民广播电台举行建台55周年座谈会。

1月6日

国家广电总局印发《广播影视数字发展年工作要点》。

1月7日

中央电视台《经济半小时》栏目播出《为民工讨工钱：政府办公大楼赊账三千万》节目后，中共中央政治局委员、国务院副总理曾培炎立即联系节目组并审阅了相关素材带，于1月8日批示内蒙古自治区政府对片中反映的情况进行核查，并明确指出政府要带头偿还拖欠工程款，尽快兑付民工工资，无论如何要让农民工有钱回家过年。

1月8日

中国第一份为民营经济鼓与呼的报纸《民营经济报》以108版的篇幅创刊。该报由中央政治局委员、广东省委书记张德江亲自命名，由羊城晚报报业集团主办。

新闻出版总署发布《关于开展报刊社记者站清理整顿工作的通知》，要求各省、自治区、直辖市新闻出版局立即组织对所辖范围内报刊社的记者站或变相记者站进行全面清理整顿，并对符合条件的记者站进行重新登记。

新闻出版总署发布《关于开展连续性内部资料出版物专项治理工作的通知》，要求各地从严掌握对连续性内部资料出版物的审批，严格审核申请办理连续性内部资料出版物准印证单位的资质。

金鹰网（www. hifly. tv）开始运行。金鹰网由湖南省广播电视局、湖南广播影视集团主管，湖南世纪金鹰媒体公司主办。该网站为综合性新闻网站，属湖南省一类新闻单位。

福建莆田人民广播电台第二套调频立体声广播节目——莆广音乐台开始试播。这是莆田开设的第一个广播专业频率。

中共中央政治局常委李长春赴新疆考察了广电总局直属呼图壁654发射台和喀什2022发射台以及新疆广电局、广播电台、电视台和523发射台，深入农户家中，实地收听收看，了解广播电视覆盖情况。李长春充分肯定了“西新工程”取得的成绩，对下一步的工作提出了新的要求。

1月9日

北京市广播电视局会同市公安局、工商局查获一起通过手机短信销售卫星电视接收设施的案件。

西藏人民广播电台都市生活频率被西藏自治区团委命名为自治区级“青年文明号”。

天津今晚报社启用10台国内最先进的自动售报机全天候售报，并计划进一步推广这种报刊销售方式。

1月10日

上海市慈善基金会、上海市民政局、东广新闻综合频率在上海市时代广场联合举办了“蓝天下的至爱”特别活动——792福善基金签约捐赠仪式。此次活动共募得善款

1.37亿元。

1月11日

中共中央政治局常委李长春听取广电总局关于数字发展年工作汇报后，对数字发展年工作作出重要指示："这是一项非常重要的工作，特别是科学技术的发展为我们的意识形态工作提供了一个非常好的手段。意识形态工作要有自己的手段，要用先进的工具，才能占领阵地、掌握主动权，才能寓于人民群众的日常生活和文化娱乐中，要把广播电视数字化列入正在制定的国家文化发展纲要中。""要把文化部门的全国文化信息资源共享工程与广电数字化紧密结合，要通过数字化使广播电视成为丰富的、开放的信息平台，使老百姓家中的电视机真正成为多媒体信息终端。可以先采用数字机顶盒的方式，使人民群众对数字化有一个新的认识，进而推动电视机从模拟向数字的更新换代，带动民族工业和文化产业的发展。"

贵州省广播电视局机关到关岭县开展了2004年度文化、科技、卫生"三下乡"活动，给断桥镇坝陵村和八德乡大林村赠送了两套卫星广播电视地面接收设备。

1月12日

中国国际广播电台国际在线中文网《有声杂志》创刊。

新华社2004年工作会议在总社举行。会议的中心任务是学习贯彻全国宣传思想工作会议精神，总结去年工作，部署2004年工作。

1月13日

国家有关部门开始对全国报刊社记者站进行清理整顿，以规范全国报刊社记者站的正常工作秩序，巩固报刊整顿治理成果，切实减轻基层单位和农民负担。

1月14日

人民日报社召开2004年度工作会议，王晨社长代表编委会作了《用"三个代表"重要思想统领新闻宣传工作，努力开创人民日报社各项事业新局面》的报告。会议的主要任务是总结报社2003年的工作，部署2004年的任务。

1月15日

胡锦涛总书记就中央人民广播电台推出两套对台广播全新节目，台湾听众和媒体反响热烈一事作出批示："两套新节目受到欢迎，可喜可贺。要继续加大对台宣传力度，改进宣传方式，力求做到入岛、入户、入脑。"

中央电视台台长赵化勇应联合国秘书长安南邀请，出席了在联合国总部美国纽约举行的第一届全球媒体艾滋病圆桌会议并发表了讲话。

由上海文广新闻传媒集团、广州日报报业集团、北京青年报社共同投资创办的跨地区、跨媒体运作的财经商业日报《第一财经日报》在上海、北京、天津、广州和深圳等地同步发刊。

1月16日

中共中央政治局常委李长春，中共中央政治局委员、中宣部部长刘云山在广电总局局长徐光春、新华社总编辑南振中、广电总局副局长张海涛、广电总局党组成员田进及中宣部、中央外宣办、国家发改委、财政部等部委负责人陪同下，到中国国际广播电台考察了国际在线网站编辑部、新闻中心发稿室，就加强现代国际广播体系建设的工作进行座谈，并与在国际台工作的50多位外国专家合影留念。李长春同志、刘云山同志作了重要讲话，提出中国国际广播电台要坚持无线广播和在线广播"两条腿走路"，努力建设现代国际广播体系。

中央电视台同时在新闻频道和四套、九套以现场直播的方式报道国家主席胡锦涛出访法国的新闻，这是中央电视台首次直播我国领导人出访。

中共浙江省委办公厅发出通知，要求各地各单位要支持新闻单位及新闻工作者的工作，积极为他们正常的采访、报道活动提供便利条件。

由广西广播电视报社、广西电视台经济频道和广西人民广播台经济广播联合举办的“甲天下”2003年度广西十大经济新闻评选揭晓晚会在南宁举行。

1月17日

中共中央政治局常委李长春，中共中央政治局委员、书记处书记，中宣部部长刘云山和中宣部有关领导同志一行到新华社考察，给全社干部职工拜年，看望了国际部、对外部、新华每日电讯值班的编辑记者，并与社领导、老领导冯健和总社各部门、各单位以及部分驻外分社的主要负责同志进行了座谈。

陕西省委宣传部在曲江宾馆举行中央驻陕暨省级主要新闻单位迎春联谊会。

1月18日

中共中央政治局常委李长春一行看望新闻出版总署机关工作人员及部分离退休老同志，并与总署各司（厅、局）及直属单位负责人进行了座谈。石宗源署长代表总署党组向李长春汇报了过去一年里新闻出版工作情况及今年工作主要安排。李长春对新一年的工作提出了4点要求：第一，要始终坚持发展社会主义先进文化的正确方向，既要符合精神文明建设的要求，又要符合市场经济的规律，最大限度地满足广大人民群众日益增长的精神文化需求；第二，要坚持“两个轮子”一起转，一手抓公益性文化事业，一手抓经营性文化产业，坚持解放思想、与时俱进、开拓创新，树立与社会主义市场经济体制相适应的新的文化发展观；第三，要处理好三个关系：一是改革、发展、创新的关系，也就是社会效益与经济效益的关系；二是处理好坚持“二为”方向和面向市场的关系；三是要处理好管与放、监管与搞活的关系；第四，要抓好4个环节，包括重塑市场主体、完善市场体系、改善宏观管理和加快转变政府职能。

北京人民广播电台隆重举行了庆祝建台55周年大会。

南方广播影视传媒集团正式成立。该集团是广东省委宣传部领导下的事业性集团。

由大连、青岛、宁波、厦门、深圳5个沿海计划单列市电视台联合举办的2004年5城市春节晚会于晚上8时在厦门电视台举行，并在5个城市电视台同步直播。

新疆维吾尔自治区党委主管主办的党刊《今日新疆》正式出版，每月上旬出版发行。

中央电视台派代表参加了在美国拉斯维加斯沙洲会展中心举行的第42届北美电视节目交易会，与来自20多个国家和地区的近40家媒体机构进行业务洽谈，取得实际签约金额38万美元、意向签约15万美元的销售业绩。

1月19日

中共中央政治局常委李长春，中央政治局委员、书记处书记，中宣部部长刘云山，国务委员陈至立到中央人民广播电台、中央电视台考察慰问。徐光春、吉炳轩、胡占凡等参加走访。

1月20日

国家税务总局印发了《关于广播电视有线数字付费频道业务征收营业税问题的通知》。

1月21日

中央电视台现场直播春节联欢晚会。

1月22日

《华西都市报》记者刘建随“2003南极南美登山队”于北京时间22点至24点成功登上海拔6964米的南美洲最高峰阿空加瓜峰，成为中国唯一一名登顶世界五大洲最高峰的记者。

1 月 24 日

本日至 2 月 12 日，河南电视台成功举办“新西兰、澳大利亚、河南电视新闻周”活动。河南电视台精心制作的 7 个电视新闻节目在新西兰和澳大利亚两国收视率最高的电视频道播出。

1 月 25 日

由广州人民广播电台捐资 215 万元援建的百色人民广播电台建成并正式开播。

1 月 26 日

中国国家主席胡锦涛在中法建交 40 周年之际正式访问法国，并参加在巴黎举行的庆典活动。中国国际广播电台节目海外落地办公室、法语广播部策划并制作了特别节目，于 26 日至 30 日，通过法国商业调频电台落地播出。国际在线中文网和法文网通过在线广播对胡锦涛主席在法国的两场重要访问活动进行了在线直播。这是国际在线首次越洋在线直播。

2 月 1 日

为落实中共中央政治局常委李长春和中共中央政治局委员、书记处书记，中宣部部长刘云山 1 月 16 日视察中国国际广播电台时的指示精神，国际台成立国际台在线广播发展工作小组和国际台在线广播发展实施小组。14 日，国际台在线广播考评小组开始对国际台 31 种外文网站进行考评。

2 月 2 日

中共中央政治局常委李长春批示：“《焦点访谈》栏目要成为中央电视台舆论监督的阵地，数量上要增加（达 50%），质量上要提高（真实、客观、跟踪解决）。视听在线要增加带宽和信号压缩，直接送到全球各家各户。中央电视台的文艺节目更要突出导向性，把思想性、导向性和艺术性、观察性紧密结合起来。对历史题材要坚持唯物史观，对现实题材要大力弘扬主旋律，对警匪片、反腐片要减少，增加一些伦理、道德之类的生活片；要在重大纪念日，推出一些高水平的文献理论片、电视连续剧、电影等，以唯物史观回答中国为什么要‘走向共和’，为什么历史选择了中国共产党、选择了社会主义道路。”中共中央政治局委员、中宣部部长刘云山、广电总局副局长赵实、中央电视台台长赵化勇等对如何落实作了批示。

经广东省委、省政府批准，王克曼被任命为南方广播影视传媒集团总裁。

2 月 5 日

中央宣传部、国务院纠风办、新闻出版总署联合发布《关于进一步规范党政部门报刊征订工作的通知》，要求中央和地方党报党刊要严格执行中央办公厅、国务院办公厅《关于进一步治理党政部门报刊散滥和利用职权发行，减轻基层和农民负担的通知》，不能人为扩大征订范围。

广东人民广播电台新闻频道开设元宵节特别节目《猴年他乡闹元宵》，连线湖南、广西、四川、江西等省的电台节目主持，介绍各地闹元宵的喜庆场景。

四川电视台文化旅游频道正式播出，每日节目播出总量在 4 小时以上。

2 月 8 日

北京电台新闻广播开通了一条听众免费“新闻热线”。

在“振兴吉林老工业基地宣传周”活动中，吉林电视台与中央电视台密切合作，在中央电视台西部频道对吉林省的政治、经济、文化、旅游等进行全方位的宣传报道。节目首播时间近 86 个小时。

福建省广播影视集团正式成立。省委副书记、省长卢展工为集团授牌。省委、省人大、省政府、省政协、省军区和国家广电总局的领导出席了挂牌仪式。

2月9日

中国教育电视台完成由教育部和团中央举办的全国第一届中小学生艺术展演活动录制，并从2月9日起集中对5场演出和颁奖晚会进行了展播。

上海东方广播电台音乐频率首度以美国洛杉矶演播室、东广演播室、斯台普斯新闻中心三点连线的方式，全方位、多角度地介绍了格莱美奖音乐颁奖活动。

新疆广播电影电视局694台成立。该台主要是为全疆中短波广播发射台、转播台、实验台、调频台和电视发射转播台站、有线电视网传输新疆广播电台5种语言节目信号和电视台3种语言卫星电视节目信号。

上海人民广播电台新闻频率与全国28家省级电台合作，本日起在《市民与社会》栏目中正式推出“2004－中国话题”大型直播活动。活动每双周举行一次，历时近一年，总共播出近20期。每次节目由上广新闻频率和一家省级电台在两地同时播出。

2月11日

2004年全国广播影视系统纪检监察工作会议在北京召开。中宣部副部长、国家广电总局局长徐光春就搞好2004年广电系统的党风廉政建设和反腐败工作作了讲话，中纪委驻广电总局纪检组组长、总局党组成员王莉莉作了题为《求真务实，开拓创新，努力推进广播影视系统的党风廉政建设和反腐败工作》的工作报告。140余人参加了会议。

重庆市新闻出版局发出通知，从即日起至3月31日，开展全市报刊社记者站清理整顿工作。

2月12日

全国记协工作会议在北京举行。中国记协主席邵华泽等在会上讲话。中国记协党组书记徐心华传达了中央关于新闻战线“三项学习教育活动”的指示精神，通报了中国记协2003年工作情况，提出了2004年记协工作设想。来自全国各省、自治区、直辖市记协和专业记协的70余位主席和秘书长共聚一堂，就如何把新闻战线“三项学习教育活动”进一步抓紧、抓实、抓好，开创今年记协工作的新局面进行了热烈的讨论和广泛的交流。

2月13日

安徽省委副书记张平在全省广播电视工作会议上强调，要正确把握导向，大力推进广播影视业改革与发展，把安徽省广播影视工作提高到一个新水平。

2月14日

由中国国际广播电台主办的2004年《中国之窗》改革创新研讨会在北京举行。来自全国各地36家省级、市级、自治区级、省会级、计划单列市级和地区市级广播电台的台领导、总编室主任、节目总监、主持人、记者和编辑等54位代表参会。

2月15日

中宣部、新闻出版总署联合下发的《关于对管办分离和划转报刊加强管理的通知》指出，党政部门及其工作人员不得为报刊发行和承揽广告业务提供各种便利，也不得参与报刊的经营活动。

2月16日

国家广播电影电视总局任命李丹为中国广播电视学会常务副会长，刘习良不再担任中国广播电视学会常务副会长职务。

河北电视台举行庆祝建台35周年大会。

由福建省委组织部、宣传部、党校共同举办的全省新闻媒体骨干“三项学习教育”第一期培训班开班。

2月17日

上海文广新闻传媒集团开通“三项学习

教育活动”网站，日均访问人数为6200次。3月16日，中央政治局委员、中宣部部长刘云山在全国新闻战线“三项学习教育活动”座谈会上肯定了这一做法。

湖南郴州市北湖区人民法院一审宣判假记者易校成犯敲诈勒索罪，判有期徒刑10年，剥夺政治权利1年。

2月18日

新闻战线“三项学习教育活动”领导小组办公室中央媒体组到新华社检查工作，对新华社“三项学习教育活动”的开展予以充分肯定。

2月19日

由辽宁省新闻工作者协会、辽宁省新闻摄影学会组织的振兴辽宁老工业基地新闻摄影采访团一行10余名摄影记者启程，对省内主要工业城市的经济振兴进行全面、系统的专题摄影报道。

国家广电总局科学技术委员会七届一次会议暨全国广播影视科技工作会议在京召开。中宣部副部长、国家广电总局局长徐光春，副局长赵实、张海涛、雷元亮出席开幕式。徐光春讲话，赵实宣读了总局《关于成立总局第七届科学技术委员会的通知》，张海涛作了题为《把握机遇，求真务实，全力推进广播影视向现代媒体转变》的工作报告，雷元亮宣布了2002年总局科技创新奖获奖名单。

2月21日

人民日报社社长王晨在报社会见了毛里塔尼亚通讯与议会关系部部长哈穆德·乌尔德·阿卜迪率领的新闻代表团一行6人。

2月23日

由中国广播电视学会广播受众研委会和赛立信媒介研究有限公司联合主办的广播节目评估与广告价值分析系统专家论证会在北京召开。来自全国市场研究行业协会、北京人民广播电台的专家和代表参加了会议。

2月24日

中宣部副部长、广电总局局长徐光春主持召开了由国务院防范和处理邪教问题办公室、公安部、国家安全部、信息产业部、商务部、海关总署、国家工商行政管理总局等部门负责人参加的部际联席会议，研究贯彻落实中央领导同志关于加大境外卫星电视传播秩序专项整治工作力度的指示精神。

由中国广播电视学会专业电视设备用户委员会、电视灯光研究委员会主办，四川广电局、四川广播电视集团、四川电视台、中广公司协办的2004年专业电视设备展示暨技术交流会在四川成都市举行。约300人参加本次交流会。

2月26日

全国报刊管理工作会议在天津市举行。石宗源署长作了题为《认清形势，统一思想，坚定信心，求真务实，努力开创报刊管理工作新局面》的讲话。会议对《报纸出版评估论证制度实施办法》《报刊社记者站管理暂行办法》《记者证管理办法》等文件提出了修改意见。

2月27日

文化部副部长周和平、国家广电总局副局长张海涛、财政部部长助理张少春、中央电视台台长赵化勇一行考察青岛有线数字电视和文化信息资源共享工程建设情况。

2月28日

海峡之声广播电台佛昙大功率发射台动工兴建，发射频率为中波783千赫，建成后将对台湾中南部地区实现有效覆盖。

由辽宁省新闻办公室、辽宁电视台与美国银视网联合举办的“中国辽宁电视宣传周”在美国洛杉矶通过银视网、电视网和有线电视频道在当地的黄金时段同时播放。

2 月 29 日

北京广播学院继续教育学院山东分院揭牌仪式暨 2003 级新生开学典礼在山东省广播电视学校举行，这是继湖南分院、浙江分院之后北京广播学院继续教育学院设立的第三所分院。

3 月 1 日

北京时间 1 点（阿尔巴尼亚时间 8 点）起，中国国际广播电台英语、意大利语、世界语、阿尔巴尼亚语、罗马尼亚语、塞尔维亚语、保加利亚语、匈牙利语、波兰语和捷克语等 10 种语言节目正式通过阿尔巴尼亚中波发射台向欧洲国家播出。

中国国际广播电台对首都地区广播的 FM91.5 和 FM88.7 节目实现 24 小时连续播出。

中新海南网正式开通，开设了海南首页、旅游、房产、时尚、办事指南等 8 个频道。

北京广播影视集团控股主办的北京娱乐信报与北京人民广播在文艺广播（调频 87.6 兆赫）联合开办新闻咨询类栏目《信报 876 早读》，节目时长 8 分钟，每天早晨 7 点 48 分播出。

西藏人民广播电台开始实施《西藏人民广播电台广播质量年实施方案》。

贵州省新闻出版局开始记者站清理整顿及重新登记工作，严格审查记者站建站条件、记者站经费来源，并向社会公布记者站名单及监督电话。

3 月 2 日

由上海新闻界“三项学习教育活动”领导小组、市记协主办的“毛泽东与新闻工作”图片展在上视大厦揭幕。

3 月 3 日

人民日报社召开传媒发展改革专题研讨会，认真贯彻落实报社年度工作会议精神，研讨加快报社传媒业发展改革等问题。王晨社长出席并讲话。

内蒙古自治区广播影视工作会议在呼和浩特召开。

3 月 4 日

国家广电总局召开广播电视村村通工作座谈会，副局长张海涛出席并讲话。会议总结了前一段各地开展“村村通”工作的经验，交流、研讨了保障“长期通”的有效方法，研究了在新形势下做好自然村“村村通”的工作思路，提出了争取用 5 年时间基本实现全国 20 户以上通电自然村广播电视村村通的发展目标。14 个省（区）广电局分管领导参加了会议。

中新社海外中心主任张雷率技术主管赴悉尼，与澳洲《华人日报》就供版合作事宜进行技术交流，使该报于 3 月 9 日顺利实现新版复刊。

3 月 5 日

十届全国人大二次会议在人民大会堂隆重开幕，温家宝总理作《政府工作报告》。中央电视台第一、四、九套节目和新闻频道全程进行实况直播。十届人大二次会议开幕式受到海外电视媒体的广泛关注。截至 3 月 5 日 12 点，共有 75 个国家和地区的 233 家电视机构转播或部分使用了中央四套和中央九套的节目信号，其中有 10 家同时转播中央四套和中央九套的信号。

全国人大常委会副委员长热地致函国家广电总局局长徐光春、中央人民广播电台台长杨波，对中央人民广播电台广播宣传工作给予了充分肯定。热情地说：“中央人民广播电台几十年来非常重视对西藏的宣传报道，在国内外都产生了很好的影响，中央人民广播电台驻西藏记者站近年来为西藏的稳定、发展、进步发挥了应有的作用。”

厦门电视台顺利通过 ISO9001：2000 质

量管理体系运行情况监督审核。

3 月 6 日

中国广播电视学会学术部与广播文艺研委会联合举办的首届全国广播文艺论文大赛评选活动在北京结束。

3 月 7 日

安徽人民广播电台采制的外宣节目《中国安徽之声》在澳大利亚墨尔本市 3CW 中文电台正式播出。

3 月 8 日

全国政协十届会议第三次全体会议开幕前，全国政协副主席王忠禹专程来到主席台侧的记者工作间，向记者表示慰问，并对中央人民广播电台关于政协会议的报道予以肯定。

广州市中级人民法院对广州日报社原总编辑何向芹受贿一案进行一审宣判，以受贿罪判处何向芹有期徒刑 4 年。

河北人民广播电台文艺频率节目信号在河北省最高峰燕山主峰雾灵山 05 发射台正式发射，有效覆盖了北京、天津、廊坊、保定、唐山部分地区。

湖北人民广播电台开播大型系列报道《记者的农情日记》，用真情关注“三农”问题，播出后引起强烈反响，《中华新闻报》作了专题报道。同年底，该报道荣获湖北省宣传思想工作创新奖。

青海省广电局副局长沃赛率总编室、技术处和青海电视台藏语部负责人，就青海电视台藏语频道上星等筹备工作赴北京、内蒙古、新疆等地进行汇报和调研。

3 月 9 日

国家广电总局批准内蒙古电视台开办第七套电视节目——少儿频道。此频道将于 2005 年 1 月 1 日正式开播。

本日至 20 日，应中国记协邀请，墨西哥全国记者联合会和墨西哥头版俱乐部联合组织的墨西哥新闻代表团一行 16 人来华访问了北京、西安、上海和深圳等地。全国人大常委会副委员长成思危会见了代表团全体成员，向他们介绍了中国正在召开的“两会”以及改革开放的情况。

3 月 10 日

中新社和清华大学新闻与传播学院正式签订合作协议。根据协议，清华大学新闻与传播研究学院将采取多样灵活的办学方式，为中国新闻社提供人员培训，并提供一定数额的新闻与传播高级人才的培训机会。中国新闻社作为该院教学科研实习基地，与该院进行相关科研活动，为该院学生提供实习机会，并至该校开展学术讲座和专业报告。双方还会就新闻与传播的实务与发展进行专题研究。

上海文广科技发展有限公司研发的数字电视移动接收圆筒型天线获得国家实用新型专利证书。

3 月 11 日

北京广播学院受教育部委托，举办了教育部第一期司局级新闻发言人培训班，参加学员共 25 人。

上海市委宣传部、市记协在上视大厦召开上海主要新闻单位党政负责同志座谈会，深入推进上海新闻界“三项学习教育活动”，对即将推出的上海新闻界行风评议活动进行专题调研。

3 月 15 日

中国国际广播电台印地语开播 45 周年。

由北京人民广播电台经济广播、上海第一财经、哈尔滨第一财经、山东经济广播等 10 家电台组成的《中国财经 60 分》节目联播体在上海成立。

西藏电视台对中央电视台《新闻联播》进行藏语译配试播成功，从此实现了《新闻联播》的当日译配。

3月16日

新闻战线“三项学习教育活动”座谈会在北京举行，中共中央政治局委员、书记处书记，中宣部部长刘云山出席座谈会并讲话。

辽宁电视台日贷项目——电视转播车、卫星上行车启用。

“探秘佤山”全国记者采风团在云南省沧源佤族自治县成立40周年之际到该县采访，中央电视台、新闻社、人民日报、云南电视台和北京、上海、广东、湖南等省区市媒体共70余家参加采访。

3月17日

经国家广电总局党组研究决定，总局计划财务司成立产业发展处。

四川省广电局制发《2004年度市、州广播电视工作目标任务及考核意见》，对全省各市、州广电局的工作实行全面的目标考核。

3月17日

2004年全国电视剧题材规划会在北京召开，国家广电总局副局长胡占凡出席会议并讲话。中宣部、解放军总政治部有关负责人，全国各主要电视剧制作、播出、管理机构的代表共300余人参加会议。

3月22日

中共中央政治局常委李长春同志就中宣部《新闻阅评》第156期《人民日报尖锐批评娱乐新闻低俗化》一文作出重要批示：“人民日报的这篇文章好，切中时弊，要发挥人民日报引导舆论的功能。”

北广传媒数字电视公司在北京市朝阳区棕榈泉国际公寓建成北京首家数字电视试点小区。

2004年中国国际广播电视信息网络展览会在北京举行。22日，国家广电总局副局长张海涛出席开幕式，并作了《牢固树立科学发展观，全面推进我国广播影视向现代媒体转变》的主题报告。

3月24日

为期一周的河南全省新闻战线负责人培训班在省委党校正式开班。

3月25日

由安徽电视台主办，澳大利亚华厦传媒集团、墨尔本C31电视台协办的“中国安徽电视周”在澳大利亚墨尔本市开幕。

由中央文化体制改革试点工作领导小组主办、广电总局承办的全国有线电视数字化推进工作现场会在山东青岛召开。中央政治局委员、中宣部部长刘云山出席会议并作重要讲话，中宣部副部长、广电总局局长徐光春安排部署了推进有线电视数字化工作任务，国家发改委副主任张晓强、财政部部长助理张少春、国家税务总局副局长郝昭成通报了有关工作。广电总局副局长张海涛作了总结讲话。

3月26日

朝鲜政府在平壤万寿台议事堂举行仪式，授予人民日报驻朝记者赵嘉鸣语言学博士学位。朝鲜副总理郭范基、朝鲜劳动党机关报《劳动新闻》副总编辑洪晃基和中国驻朝大使武东和出席仪式。赵嘉鸣是获得该博士学位的唯一一位非朝鲜族的中国人。

江苏省第一家健康生活类专业电台——江苏健康广播正式开播。

本日至4月5日，应南非亚非学会和肯尼亚记者联合会的邀请，以中国记协书记处书记祝寿臣为团长的中国新闻代表团一行11人对南非和肯尼亚进行了友好访问。在南非，代表团与《商报》和《索维托报》两家特色鲜明的报社进行了座谈。在肯尼亚，代表团重点考察了民族报媒体集团和旗帜报媒体集团。

3 月 27 日

厦门电视台与中央电视台联合直播 2004 厦门国际马拉松赛活动取得圆满成功。上午 7 点 50 分至 10 点 40 分，包括中央电视台在内的全国 15 家电视台同步直播了厦门马拉松赛。

中国电视艺术家协会高等院校电视艺术委员会工作会议暨影视艺术发展与教育研究会在北京广播学院召开。中国文联、中国电视艺术家协会等领导和全国各高校影视院系负责人等 70 余人参加了会议。全国有 300 余所高校已建成影视艺术学院系并开设影视相关课程。

3 月 28 日

中共中央政治局常委李长春出席中央电视台音乐频道开播庆典音乐会。此前，李长春同志会见了参加音乐会的老艺术家和音乐频道的创作人员。中共中央政治局委员、书记处书记，中宣部部长刘云山在观看中央电视台音乐频道开播庆典音乐会时批示：“热烈祝贺音乐频道的开播。”

北京广播影视集团首次率所属影视机构组团前往法国戛纳参加电视节，与十几个国家达成近 20 多项意向性合作与交易。

3 月 29 日

中央电视台第 15 个频道——音乐频道正式开播，每天播出 18 小时。

中央军委主席江泽民向中央电视台音乐频道的开播表示了祝贺。他认为音乐频道的整体节目编排很好，节目也好看。

内蒙古自治区广播电影电视局与山东省广播电视局在济南签署合作协议。

由中国贸促会湖南省分会和湖南广播影视集团主办，湖南人民广播电台交通频道和名车港联合承办的“飞越潇湘”——2004 湖南国际时尚汽车展大幕开启。中央人民广播电台以及北京、上海、天津、沈阳等 21 家全国主要交通广播对本次车展进行全程报道和现场直播。

全国影视动画工作暨动画片题材规划会在北京召开。国家广电总局、中国电视艺术委员会、各省级广播电视局（厅）的领导，以及各电视台、动画学院、动画机构代表 130 多人出席了会议。国家广电总局局长徐光春作了讲话，副局长赵实作了报告。

中国国际电视总公司组团参加了法国夏季戛纳电视节。中央电视台与全国 17 家地方电视台、民营影视公司联合参展，是历年来中国参展规模最大、人数最多的一次。在为期 5 天的展会中，中央电视台共与 38 个国家的媒体机构和片商洽谈销售及合作，签约或意向签约 290 多万美元。

由中国广播电视学会举办，中央人民广播电台对台湾广播中心承办的第 17 届对台港澳广播优秀节目评选会暨对台港澳节目研委会年会在北京举行。来自中央人民广播电台对台广播中心、海峡之声、华艺广播和东南广播等 16 家电台（频率）的该会常务理事或代表以及会长、副会长、秘书长到会。

3 月 30 日

温家宝总理就《焦点访谈》3 月 29 日播出的节目《良种种在了哪儿》作出批示：“请农业部、财政部立即派人调查，严肃处理，并公开曝光，以起警示作用。对各项扶持农业和粮食生产，以及减免税收的政策，国务院要组织督查组，深入基层检查落实情况。”回良玉副总理 3 月 30 日也作出批示：“良种补贴是国家扶持粮食生产，调动农民种粮积极性的一项重要举措，务必采取有效措施，健全工作机制，完善管理办法，严格资金监督，不折不扣地把补贴落到农民手中，把良种落在田间地里。对违纪违规行为，务必会同有关方面严肃查处。请尽速会同有关方面发一紧急通知。”

4月1日

北京市广播电视局会同市公安局治安总队、工商部门以及海淀区文委破获两起利用小广告推销、安装违法卫星接收设施案件，共查获违法卫星电视接收设施1008件。中宣部副部长、国家广电总局局长徐光春对北京市广播电视局提出表扬。4月8日，中共中央政治局委员、书记处书记，中宣部部长刘云山对此事作出批示："对破获案件中的有功单位和人员要表扬奖励，对破获这样典型的案件可公开报道，以造成声势教育民众。"

《老年日报》启动"中国百名百岁老人风采系列报道"活动，在全国范围内报道百名各种类型百岁老人。

中央电视台音乐频道在上海有线网络DS-28频道播出。

中国教育电视台以岗位激励机制改革为基础的人事制度改革，进入全面实施阶段。全台员工在新的人事管理机制管理下，经双向选择，竞争上岗，全员聘任。

中国教育电视台正式播出《双色球现在开奖》。该栏目是中国教育电视台与中国福利彩票管理中心合作推出的现场直播节目。双方还启动了福彩资助贫困学生计划。

北京市广播电视局被首都精神文明委员会评为首都文明单位。

东方CJ家庭购物节目在东视戏剧频道正式开播。该节目由上海文广新闻传媒集团与韩国CJ家庭购物株式会社共同投资组建的东方CJ商务有限公司合作开发。

重庆电视台卫星频道节目在美国成功落地，这是自2001年中宣部、国家广电总局在对外宣传中提出实施"走出去工程"以来，成功登陆美洲的第一套中国内地省级电视台的卫星节目。

贵州省卫星地球站改造完成，投入试运行，改造后的卫星地球站上行站采用了模数并发方式，2005年底模拟卫星信号将关闭。

4月2日

温家宝总理对《焦点访谈》4月1日播出的《坑农劣肥肥了谁》节目作出重要批示："要对全国化肥市场立即部署一次普遍检查。"根据温家宝总理的批示，国家质检总局发出了《关于立即开展全国化肥市场产品质量普遍检查的紧急通知》，要求全国质量技术监督系统行动起来，对重点市场、重点区域和重点企业进行认真检查，发现掺杂使假、以假充真等违法行为的要立即查处；对存在突出质量问题的企业要责令限期整改，尤其是要强化化肥与农资产品质量的监督抽查，保障农民利益。

2003年度国家广电总局精神文明建设表彰大会召开。徐光春、雷元亮、王莉莉、赵化勇、杨波、田进等广电总局领导和中直工委常务副书记、中直文明委主任伍绍祖等出席大会。大会由雷元亮主持。王莉莉宣读了总局文明委《关于2003年度国家广电总局精神文明先进单位和先进个人的表彰决定》。会议为受表彰的12个标兵单位、12个文明机关、9个先进单位、15个先进集体和187名先进个人颁了奖。中央人民广播电台记者、全国新闻界第一位造血干细胞捐献者杨曦代表受表彰的先进集体和先进个人发言。

我国首个国家级影视产业实验区——浙江横店影视产业实验区正式成立。

2004年国际数字中短波技术研讨会在杭州召开，浙江省委宣传部、国家广电总局、中国国际广播电台和各省广电部门分管技术工作的领导及来自国内外的专家参加了会议。

4月5日

来自美国、法国、比利时等12个国家和地区的40多名新闻记者从南京出发，开始考察江苏沿江开发。他们对长江下游400

多公里岸线两侧的8个城市进行为期一周的采访。

陕西电视台“2004年中华大祭祖”大型电视直播节目圆满成功。陕西卫视、陕西一套并机直播，央视国际频道、凤凰卫视、东方卫视、台湾东森电视公司、台湾无线卫星电视台、中国国际广播电台向全球同步播出，搜狐网和陕视网图文直播。

4月6日

中国记协召开文化娱乐报道座谈会，42家中央和各地媒体的代表出席，对当前部分媒体文化娱乐报道中存在的低俗之风进行了认真分析和严肃批评。

4月7日

本日至16日，应日本新闻协会邀请，以宁夏新闻工作者协会主席邓万为团长的第22次访日中国新闻代表团一行11人，以“中日两国如何共同在东亚区经济圈建设中发挥作用”为主题，访问日本东京、富山、新潟、秋田等日本海沿岸地区，了解当地情况和与我国经贸合作现状及前景。

4月8日

温家宝总理致信中央电视台《焦点访谈》栏目全体同志，希望《焦点访谈》坚持对党负责和对人民负责的一致性，宣传党的方针政策，反映人民群众的意见，越办越好。

由福建日报报业集团、省广电集团等福建省级主要新闻媒体记者组成的“建设海峡西岸经济区”采访团，从福州出发分赴全省9市进行为期10天的采访报道。

青海省广播电视信息网络有限公司正式迁入西宁市玉树路66号青海网络传输中心大楼新址。

4月9日

由江西省民主评议行风领导小组办公室、省政府纠正行业不正之风办公室、江西人民广播电台共同主办的《新闻话题》行风热线节目开播，受到全省广大群众的极大关注。

成都人民广播电台和中央人民广播电台在中国之声频率合办的宣传成都的专栏节目《神秘之都》正式开播。该节目年内播出36期。

4月10日

在“西部大开发”五周年到来之际，陕西人民广播电台特别推出“中国西部行”大型新闻采访活动。6位记者从西安出发，驱车纵横西部11个省区市（西藏除外），历时3个月，真实记录中国西部实施“西部大开发”战略5年来的深刻变化。

4月11日

楚雄州广播电台“滇中调频”广播频率开播。该频率由州电台经济音乐台调整改版而来，以播出新闻信息和音乐为主，每日播出约18小时，节目覆盖滇中以及四川攀枝花等地。

应台湾联合报系文化基金会邀请，中华全国新闻工作者协会组织云南、陕西两省广电媒体组团赴台湾采访旅游、交通等情况。

中央人民广播电台和中央电视台分别推出许振超典型事迹宣传报道。12日，中央人民广播电台中国之声推出“直播宣传日”，整合全频率资源，多角度、全方位、立体化对新时期的工人典型——许振超的先进事迹进行宣传。为一位典型人物全天开辟“直播宣传日”，这在中央人民广播电台的历史上还是第一次。11日，中央电视台《新闻联播》播出3集系列报道《当代产业工人楷模——许振超》第一集；《焦点访谈》播出了《振超效率》；《实话实说》节目组还将许振超和他的工友请进演播室。13日晚，许振超做客《新闻会客厅》；广告经济信息中心还专门制作了公益广告《劳动创造人生价值》。

4 月 12 日

由中央电视台、青海电视台、青海省委宣传部、省文联等共同录制的《过把瘾·走进青海》两期节目，在青海电视台演播厅录制完成，并于 4 月 23 日、30 日在中央电视台十一频道播出。

由北京市委宣传部和北京电视台共同推出的“和你们在一起”送爱心系列活动全面启动。北京电视台播出系列报道的同时，还为郊区北水峪村捐赠 2 台电脑、56 台彩电和 56 部调频收音机。

北京人民广播电台第 11 套节目英语广播更名为外语广播，其有线传输方式不变。

4 月 14 日

以中国记协书记李存厚为团长的中国新闻代表团一行 11 人，对澳大利亚和新西兰进行了友好访问。代表团先后访问了墨尔本、奥克兰、悉尼、堪培拉等城市，拜访了澳大利亚报业协会、澳大利亚人报和堪培拉时报，了解了澳主流媒体的经营状况、组织结构以及他们如何面对市场激烈竞争等情况。

4 月 15 日

北京市广播电视局会同公安部门破获一起违法经销安装卫星电视接收设施的重大案件，查获卫星电视接收设施及各类配件 479 件。

贵州省广电局与省文化厅联合在省警示教育基地大洞口监狱进行了警示教育活动，省局有 80 多名处级以上干部参加。

国务院信息办常务副主任曲维枝、国家广电总局副局长张海涛、总局信息办应用推广司司长陈小筑、总局科技司司长王效杰和副司长曾庆君一行考察了青岛有线数字电视。

应巴西全国报业协会邀请，以中国记协书记处书记肖东升为团长的中国新闻代表团一行 11 人访问了巴西。代表团访问了巴西总统府新闻传播处、巴西全国报业协会，参观了圣保罗州报、巴西环球电视台，同巴西新闻界就如何对待媒体批评政府的报道，政府如何管理新闻等问题进行了交流。

第 4 届全国因特网与音视频广播发展研讨会在湖南张家界举行。会议由国家广播电影电视总局科技委战略专业委、广播科学院和总局广播影视信息网络中心主办，来自全国各地广电局、电台、电视台、有线网络公司及节目和设备商近 200 名代表参加了会议。

4 月 16 日

在《焦点访谈》栏目创办 10 周年之际，中共中央政治局常委李长春、国务委员陈至立来到中央电视台，看望《焦点访谈》栏目组全体人员。李长春指出，“充分发挥舆论监督的积极作用，是我们党的优良传统。在新的历史条件下，正确开展舆论监督，是维护党和人民利益的需要，是推进社会主义民主政治建设的需要，是实践立党为公、执政为民，提高党的执政能力的需要。党和政府重视舆论监督，人民群众欢迎舆论监督，推进改革开放和现代化建设事业需要舆论监督。舆论监督只能加强，不能削弱。”

中宣部、中国记协新闻战线“三项学习教育活动”领导小组办公室在新华社大礼堂举行穆青同志先进事迹报告会。中宣部、广电总局、中国记协领导以及中央和首都新闻单位的 600 多名编辑、记者参加了报告会。

4 月 17 日

中国报业运营机制研讨会在河北省廊坊市召开。

4 月 18 日

据美国 Alexa 搜索引擎公布，最近 3 个月来新华网访问人数增加 55%，页面访问量增加 36%。17 日，新华网在全球网站的排名跃升至 46 位，单日排名首次挺进全球网站 50 强，长期排名挺进 85 强，提前实现了新华社年初工作会议提出的在 2004 年“力争全球排名进入 100 强”的目标。同时，新华网被列为五星级（顶级）网站。

国家广播电影电视总局实施“建设工程”“净化工程”“防护工程”和“监察工程”，为青少年提供优秀节目。

4 月 19 日

中国国际广播电台台长李丹会见到访的德国之声台长埃里克·贝特曼先生及代表团一行 6 人。李丹向客人介绍了国际台的情况，并希望两台继续加强合作。夏吉宣副台长与德国之声代表团就人员交流，节目合作，共同开发研究数字调频广播技术为 2008 年北京奥运会提供相关帮助进行了工作会谈。会谈结束后，李丹台长和贝特曼台长共同签署了双方合作谅解备忘录。

中国国际广播电台保加利亚语广播开播 30 周年。

河南省委宣传部策划以南水北调中线工程为切入点，会同北京市委宣传部，组织开展“首都媒体河南采风”活动。北京 10 多家主要媒体派记者到河南采访。

中央人民广播电台和德国之声联合主办的中德广播管理与经营高级研讨班在京举行，特邀德国之声培训中心的 4 位高级讲师与中央台和地方电台的 12 名代表进行广播管理经营方面的探讨。

4 月 20 日

新华社社长田聪明在总社新闻大厦会见了来新华社拜会的阿联酋通讯社社长易卜拉新·阿比德，双方就发展两社新闻合作事宜交换了意见。

我国第一本面向互联网新闻信息传播领域的专业杂志《网络传播》正式创刊。

中央对外宣传工作会议在北京召开。中共中央政治局常委李长春出席会议并讲话，强调外宣工作要贴近中国实际与国外受众。中共中央政治局委员、书记处书记，中宣部部长刘云山主持会议并作总结讲话。

青海省广电局党组书记、局长巨伟先后深入大通县、门源县、祁连县基层工作一线，就青海省广播电视村村通工程实施情况进行调研。

4 月 21 日

中共上海市委宣传部和市纠风办联合下发《关于在本市主要新闻单位中开展行风评议的通知》，评议工作正式启动。

河北广电宽带网络有限公司与献县广播电视局正式签约，投资 3000 万元建设献县农村有线电视网，启动献县农村有线电视村村通工程。

由北京广播学院录音艺术学院和中央电视台音频部联合举办的环绕立体声国际研讨会在北京广播学院举行。

4 月 23 日

国家广播电影电视总局广播电视规划院成立，黄勇任党委书记、院长，高少君、庞井君任副院长，尹秀云任党委副书记。

中国教育电视台成功将 Ku 卫星上行站由网通 2 号站换至航天云岗站。教育台数字节目上行能力得到根本性改善，抗干扰安全系数大为增加。

辽宁日报报业集团与沈阳师范大学签署合作创办报业发行营销专业的协议，标志着国内第一个为报业发行营销培养人才的专门学科的诞生。

贵州省广电局科技委四届二次会议在贵阳召开，会议指出当前贵州广电科技事业工作的重点是加快推进全省广播电视数字化。

4 月 24 日

由辽宁人民广播电台组织筹划的东北地

区首届“原创音乐周”活动以及第9届中国原创歌曲颁奖晚会在辽宁体育馆落下帷幕。

博鳌亚洲论坛在海南举行。中国国际广播电台、中央电视台直播了胡锦涛主席的演讲及答问。

4月26日

今天是中国和坦桑尼亚建交40周年纪念日，中国国际广播电台斯瓦希里语广播策划制作了“中坦建交40周年”系列特别节目在对外广播和落地节目中连续播出。同时，应中国驻坦桑尼亚大使馆要求，国际台将此套系列特别节目传给中国驻坦使馆，由使馆转交坦桑尼亚国家电台向坦全国播出。

新华社总编辑南振中在总社新闻大厦会见了前来拜会的新加坡报业控股集团执行副总裁胡以晨一行。南振中向客人简要介绍了新华社发展的情况。

《人民日报》《光明日报》《经济日报》《北京日报》等党报开始在北京市城区部分报刊亭上摊销售。

北京市广播电视局开展广播电视村村通调研活动，走村入户访农家，调查了6个区县部分深山区的17个乡镇、20多个自然村。

4月27日

贵州省新闻工作者协会、贵州省新闻学会第5届理事会在贵阳举行。会议总结了上一届两个新闻协会的工作，修改了两个协会的章程，选举产生新一届协会领导成员。黄汉林同志任贵州省新闻工作者协会主席，黄世维同志任贵州省新闻学会会长。

湖南省广播电视二级光纤干线网建设工程完成。干线网长达6100公里，连通全省14个市（州）、95个县（区）的400万户。

山西日报报业集团挂牌成立。

4月28日

青海电视台产业化经营实体——夏都影视港开始营业。

由国家发改委价格司组织、青岛市广电局承办的全国有线电视收费管理工作座谈会在青岛举行。国家广电总局副局长张海涛出席会议并致词。

4月29日

中央宣传部、国家工商行政管理总局、国家广播电影电视总局、新闻出版总署联合发布《关于清理含有不良内容广告的通知》，要求各级新闻宣传管理部门高度重视清理新闻媒体不良广告工作，新闻媒体加强行业自律，各级工商行政管理部门切实负起责任。

4月30日

国家广电总局下发《广播影视加强和改进未成年人思想道德建设的实施方案》，方案要求省级电视台和副省级城市电视台积极创造条件逐步开设少儿频道，在2004年内，至少三分之一的省级电视台和副省级电视台要开办少儿频道。

应蒙古国国家广播电视管理局邀请，内蒙古广电局副局长、内蒙古广播电台台长海青率内蒙古广播电视代表团赴蒙古国参加蒙古国国家广播电台建台70周年庆典活动。

安徽省广播电影电视局召开党组会议，讨论并原则通过《安徽有线数字广播电视整体转换实施方案》，并对全省推进有线数字电视工作进行研究和部署。

由大连市人民政府主办的2003年大连市民喜爱的商标（品牌）调查活动举行颁奖仪式，73件商标（品牌）获得“2003年大连市民喜爱的商标（品牌）”荣誉称号，其中，《半岛晨报》高票当选，且是唯一入选的媒体商标（品牌）。

5月1日

北京人民广播电台新增的两套有线调频和一套数字广播，即有线亚洲流行音乐广播（FM106.5兆赫）、有线轻音乐广播（FM107.5兆赫）和爵士音乐广播开播。

中国教育电视台第一套节目（CETV—1）落地上海。

内蒙古电视台汉语新闻综合频道全面改版，频道名称、频道呼号、频道标识全部改为“内蒙古卫视”。

福建宁德电视台基于 FTP（文件传输协议）服务器互联网的新闻回传系统正式开通。

广西人民广播电台文艺广播开始通过卫星传送播出。这是广西人民广播电台继卫星广播、经济广播之后，又一个系列广播节目实现卫星传送。

青海人民广播电台完整转播中央人民广播电台每天下午 4 点至 5 点的藏语广播节目。同时，随着中央电台所办藏语节目时间的增加，青海电台转播中央电台藏语节目的时间也有所增加。

贵州电视台开办的天元围棋频道正式开播，这是首家全国围棋付费电视频道，每天播出 18 小时。

新疆电视台在卫视一套节目中开办英语新闻节目，每天 10 分钟。

5 月 2 日

本日至 12 日，温家宝总理对德国、意大利、英国、爱尔兰、比利时及欧盟总部进行了正式访问。中国国际广播电台对温总理访问期间的 97 场活动进行了充分报道，共发消息 39 条、录音报道 2 篇、记者连线 11 篇、中国时事 1 篇、国际纵横 1 篇。

5 月 3 日

中央电视台英语频道正式改版，由原来的英语新闻综合频道改为英语新闻频道。改版后，英语频道定位由让世界了解中国、让中国走向世界的“中国之窗”转变为让全球观众在了解世界的同时了解中国的“中国和世界之窗”。

5 月 4 日

中共中央政治局常委李长春在山东省委书记张高丽等的陪同下，到青岛广电局考察有线数字电视工作。李长春听取了青岛有线数字电视情况汇报并观看了青岛广播电视事业发展的展板，对青岛广播电视新闻全部实现数字化表示肯定。他指出，3 月在青岛召开的全国有线电视数字推进工作现场会开得很好，推动了全国有线数字电视的发展。青岛发展有线数字电视的做法和经验很好，特别是把有线数字电视作为政务公开的窗口与终端，形成为老百姓服务的信息平台，值得在全国更好地总结推广。

5 月 6 日

新华社欧洲总分社于当地时间 5 月 6 日 13 点 45 分在布鲁塞尔正式宣布成立。正在比利时访问的国务院总理温家宝、欧盟主席普罗迪、比利时经济大臣莫尔曼等出席了揭牌仪式。新华社社长田聪明在仪式上致辞。

江苏省广播电视总台金陵之声广播电台和南京市旅游局联手打造的“旅游专列”开播。

5 月 8 日

陕西电视台节目全面调整，陕西卫视实现每天 24 小时播出。

陕西电视台推出的大型舆论监督栏目《今日点击》在主频道黄金时段播出。该节目受到广泛关注，社会反响强烈。

2004 年全国城市电视台频道形象设计评奖与学术交流会在沈阳召开，来自 41 家城市电视台或频道的 61 位代表参加了会议。会议的主办方为中国广播电视学会、中广学会城市广播电视台委员会，承办方为沈阳电视台。

5 月 9 日

中共中央政治局常委李长春对“西安宝

马彩票事件”作出批示：“此事是对社会的严重欺诈，性质恶劣，影响极坏。中央电视台揭露得好，要表扬这位记者。建议《焦点访谈》要跟踪报道，对社会有个交代。”

5月10日

教育部党组决定任命苏志武为北京广播学院党委书记。

人民日报、光明日报、经济日报分别刊登公告，决定取消刊登形象广告。

5月11日

由辽宁电台倡议、发起，辽宁省14个市广播电台积极参与、共同组建的辽宁广播新闻协作网在沈阳成立。该协作网的成立，将15个电台形成大联合的广播网络系统。

5月12日

新华社社长田聪明同志签发了社党组会议通过的《新华社工作人员任职回避和公务回避暂行规定》，该暂行规定自发布之日起在全社施行。

5月13日

由黑龙江日报报业集团和北京北大方正电子有限公司共同主办的中国报业信息化建设研讨会暨方正采编10周年东北区会议在哈尔滨举行。

5月15日

由中央电视台和北京广播学院共同主办的频道时代的电视新闻传播研讨会在北京广播学院举行。

2004年北京国际广播电视周在中华世纪坛隆重举行。电视周由国家广电总局、北京市政府主办，北京市广播电视局和北京广播影视集团承办，北京电台、北京电视台和北京歌华文化发展集团协办。开幕式上，总局副局长胡占凡，北京市委常委、宣传部长蔡赴朝致辞。来自10余个国家和地区的500多家媒体、影视制作机构参加了本次电视周活动，共有141部电视剧、1222部专题片、224部动画及综艺节目参展，节目交易超过历届，交易意向合同总额为8亿元。

5月16日

由黑龙江省委宣传部、省农村劳动力转移办公室、省新闻广播电台联合主办的热线直播栏目《关注农民工》正式开播，省长张左已对此作出重要批示：“节目办得非常及时，很有必要，省直有关部门要大力支持，密切配合。”

宁夏广播电影电视局在宁夏广电在线网开辟受众意见信箱，收集广大听众、观众对节目的意见。

贵州省广电局科技委与中国广播电视学会技术研究委员会联合在贵阳举办了第一期广电宽带城域网技术培训班，参加培训的有各市、县广播电视局，网络公司及有线电视设计安装施工单位技术人员共102人。

本日至29日，由中华全国新闻工作者协会主席邵华泽率领的中国新闻代表团一行8人，对土耳其、突尼斯和摩洛哥进行了友好访问。

5月17日

中共中央政治局委员、书记处书记，中宣部部长刘云山在福建省有关领导的陪同下，视察了厦门电视台演播厅等数字技术设施，观看了由厦门电视台制作的宣传片。

北京歌华有线电视网络股份有限公司发行12.5亿元可转换债券，并于5月28日上市交易。

5月18日

中国国际广播电台英语中心轻松调频对上海地区正式开播新闻发布会在上海举行。

《法制晚报》在北京举行创刊仪式，并推出该报创刊号。该报前身是《北京法制报》。

由中宣部、教育部、中国记协、新闻战线“三项学习教育活动”领导小组办公室共同组织的学习穆青同志先进事迹首都大学生报告会在北京举行，在京14所高校的新闻院系师生4500余人聆听了穆青同志先进事迹报告。

江苏省广电总台旗下的体育休闲频道正式开播，每天播出20个小时。

文新传媒网（www.news365.com.cn）正式改版开通。

5月19日

国家广电总局召开坚持“三贴近”原则，大力改进影视创作座谈会。座谈会由副局长胡占凡主持。副局长赵实传达了中央领导关于文艺影视创作的指示精神和文化体制改革的思路，局长徐光春就如何贯彻“三贴近”原则讲了话。影视界的一些知名编剧、导演、评论家参加了座谈。

5月22日

由国务院新闻办组织的全国16家重点网络媒体采风团到达辽宁省锦州，开始了“振兴老工业基地东北行”大型采风活动的首站之旅。这次采风活动将安排8天行程采访辽、吉、黑三省的部分城市和企业，宣传东北三省巨大的发展潜力、优势和广阔前景。

由吉林省委宣传部、中国音乐家协会、吉林省广播电影电视局、中央电视台西部频道和吉林电视台联合主办的“创业潮”红色经典演唱会在长春市五环体育馆成功演出。

由南京大学新闻传播学院和中国江苏网主办的中国网络传播学年会在南京举行。研讨会分8个专场进行交流。这次研讨会是国内新闻传播学界首次就网络传播专题进行全方位深入的交流。

5月23日

由教育部主办，中国教育电视台、浙江广播电视集团、湖北省教育厅、武汉大学、湖北电视台联合承办的2004年“五月的鲜花”——全国大学生“相约未来”大型校园文艺演出在武汉大学举行。教育部、湖北省有关领导及来自全国23所高校的师生共计1万余人参加了演出活动。

中共中央政治局委员、书记处书记，中宣部部长刘云山，中宣部副部长、中央文明办主任胡振民在上海市委副书记、市长韩正，市委副书记殷一璀，市委常委、宣传部部长王仲伟等陪同下视察上海文广新闻传媒集团。

湖北人民广播电台建台55周年。

江苏广电总台音乐频率开播10周年。

中国城市电视台技术协会技术交流会第16届年会在郑州召开。

河南电视台举办全国电视新闻记者聚焦新河南采访活动。来自中央电视台、北京电视台等12家卫星台记者以中原城市群建设为主题，围绕对外开放、基础设施建设、城乡统筹发展等选题，对郑州、开封、洛阳、许昌、新乡等5个城市进行集中采访。

全国广播协作体2004年会暨广播产业化合作研讨会在安徽省合肥市召开。本届年会由全国广播协作体、合肥市广电局、合肥市旅游局共同主办，合肥人民广播电台承办。全国共有48家电台参加了会议，就联办旅游节目《飞越城市》等进行了研讨。

5月24日

国家广播电影电视总局发布《关于加强影视播放机构和互联网等信息网络播放DV片管理的通知》，要求电视台、互联网站等信息网络机构和书店、电影院播放由社会机构和个人制作的各类DV片，必须根据《广播电视管理条例》和《电影管理条例》及有关规定，事先对其内容进行审查。

5月25日

辽宁电视台大型节目组独立策划完成大型野外卫星直播活动“张健挑战本溪水洞”，创造国内洞穴直播的先例。国内十家省市电视台直播了本次活动。

河南人民广播电台新闻广播、经济广播、交通广播、文艺广播、音乐广播、影视广播6套节目全面启用新的数字化、网络化直播室。

5月26日

中国国际广播电台英语和汉语普通话广播对温家宝总理在首届全球扶贫大会开幕式上的演讲《为减少全球贫困而携手行动》进行了现场直播。国际在线中文网和英文网也在线同步直播。

河南人民广播电台针对音乐个性化设计的RCS音频工作站系统顺利通过验收。

北京广播学院继续教育学院山西分院在太原正式挂牌成立。

解放日报在上海举行纪念创刊55周年庆祝会。

5月27日

新闻出版总署发布《关于进一步规范新闻出版单位出版合作和融资行为的通知》，强调只有经国家批准并获得出版许可证的新闻出版单位才拥有合法出版权，其他任何单位和个人都不得从事出版物的出版业务。

中央电视台《焦点访谈》栏目播出《临汾矿难瞒报案追踪》，披露了山西省临汾市阳泉沟煤矿2003年底发生瓦斯爆炸事故后，瞒报遇难矿工人数的情况。报道立即引起国务委员兼国务院秘书长华建敏的高度重视。临汾市委、市政府也连夜召集相关部门负责人召开紧急会议，要求查清案件真相，尽快处理，认真反思。

北京奥林匹克转播有限公司设立协议在北京会议中心签署，标志着将承担北京2008年奥运会和残奥会电视和广播转播任务的北京奥林匹克转播有限公司正式开始运作。

陕西省远程广播监测系统通过验收。

5月28日

国家广电总局和全国妇联共同主办了广播配乐童话小说《金猫传奇》捐赠仪式。

北京市记协在市委召开北京市新闻战线“三项学习教育活动”座谈会暨第11届北京市优秀新闻工作者表彰会。

北京移动电视试播仪式在中华世纪坛隆重举行。首批接收载体为装有移动电视设施的1000辆公交车，接收信号来自中央广播电视塔和京广中心的两座数字电视信号发射台，日播出17小时。

台湾建鼎集团董事长陈汉清一行6人到内蒙古广播电影电视局考察。内蒙古广电局局长刘瑞等局领导与陈汉清董事长一行就双方合作事宜进行了会谈。

5月29日

北京广播影视集团首次与集团总部部室主任及北广传媒集团等子公司总经理等领导成员共38人签订岗位目标责任书。责任书对管理人员的岗位职责、工作目标和奖惩措施作出明确的规定。

5月30日

中国记协与澳门新闻工作者协会、澳门记者联会、澳门传媒工作者协会共同举办首期澳门新闻界北京大学国情研修班。来自澳门12家媒体的33名新闻从业者参加了研修班。

5月31日

央视网络电视举行了开播仪式。

由新疆都市报承办的全国省级晚报（都市报）学术委员会新疆会议在乌鲁木齐市塔里木大酒店举行。18家省级晚报（都市报）

社长、总编聚首，共商新世纪报业发展大计。

6月1日

由人民日报社和日本经济新闻社共同举办的第10次中日经济讨论会在日本东京大仓饭店举行。中国国务院总理温家宝、日本首相小泉纯一郎分别为会议发来贺词。人民日报社王晨社长致开幕词。来自中日两国新闻界、经济界和企业界500余人与会。

天津电视台少儿频道开播，这是我国第一家开办少儿频道的省级电视台。

河南电视台电视剧频道开播，这是河南省首家电视剧专业频道。

广东电视台首次派出卫星转播车赴香港采访，全程报道泛珠三角区域合作与发展论坛。

四川广电集团新闻综合频道《新闻现场》栏目全面扩版，并推出一档新节目《7点新闻现场》。栏目从原来每天两档70分钟扩展到每天三档130分钟，率先在省内电视媒体中实现了日播节目直播化。

贵州电视台卫视频道实现全天24小时播出。

国内唯一以提供留学服务为基本主题的专业频道——浙江电视台留学世界付费电视频道开始试播。

西藏电视台开办少儿节目《雪莲花》，时长为10分钟。节目于国庆期间改版为《邦锦梅朵》，时长调整为15分钟。

《河南日报》隆重纪念创刊55周年。

由云南人民广播电台和省内红河、文山、思茅三个州市电台组成的“中越边境行”采访团对中越边境的思茅市、红河州、文山州作深入采访报道。一批报道提供给中国国际广播电台华语中心和第二亚洲语言广播中心播出。

华夏时报社经过一段时间的内部调整后，开始恢复广告经营。

6月2日

中国国际广播电台在国外听众中举办的“中国西部文化之旅”全球知识竞赛颁奖仪式在北京举行，来自澳大利亚、马来西亚、哥伦比亚等10个国家的获奖听众代表参加了颁奖仪式。全国人大常委会副委员长许嘉璐在人民大会堂会见了前来参加颁奖活动的特等奖获得者，并向获奖听众颁发奖杯。

在土耳其伊斯坦布尔闭幕的第57届世界报业大会发布了最新世界日报发行量前100名名单，中国20家报纸榜上有名。

央视网络电视正式开播。网上频道初步分为影视剧场、纪录时空、娱乐频道和体育频道4个部分，之后还开通了经济、音乐、法制等频道。用户通过宽带网络就可以点播节目。

央视国际网络推出新版视听在线频道，并推出了《新闻联播》《焦点访谈》等名牌栏目的网上宽带点播节目。全台上网栏目总数232个，上网率近60%。

北京市委、市政府任命臧增祥为北京市广播电视局党组成员、北京市广播电视局局长。

河北人民广播电台与津巴布韦广播电视代表团就河北电台帮助津巴布韦进行全国广播电视传输发射技术改造项目签订了框架协议。

四川广电集团电视新闻中心首次出动转播车对省人大常委会举行联组会审议省政府《关于沱江特大污染事故情况的再次报告》进行实况录播。

6月3日

广东人民广播电台首次联合福建、江西、湖南、广西、海南、四川、贵州、云南八省区广播电台，对泛珠三角区域合作与发展论坛闭幕式和记者招待会进行了现场直播。

6月5日

中央人民广播电台华夏之声为香港电台制作的首期《华夏掠影》节目在香港电台普通话台首次播出。该节目以报道内地最新社会、文化信息和社会热点问题为主旨，每周一期，每次15分钟，是中央台华夏之声特为香港电台《全球华语广播站》节目提供的一个单元。

由中央人民广播电台承办的全国蒙古语广播第18届优秀节目评奖会暨第9届优秀播音作品评奖会在北京举行。全国人大常委会副委员长乌云其木格、内蒙古自治区人民政府副主席乌兰、国家广电总局副局长胡占凡等领导参加开幕式。

第十届上海电视节在沪举行。赵实、殷一璀、王仲伟、赵化勇、杨伟光等有关领导分别出席开、闭幕式。本届电视节共有44个国家和地区、1028家中外影视公司、3513位中外来宾参加各项活动。

6月6日

中国国际广播电台阿尔巴尼亚语广播开播35周年。

上海文广新闻集团、上海移动和江苏移动共同签署战略合作框架协议，3方将共同开发移动流媒体及相关增值业务内容的服务。

大连数字电视教育频道试播。

作为上海电视节的一项议程，首次突破广电业和信息业的界限，探讨广播电视与信息产业融合发展的首届新媒体论坛在上海举行。国家信息产业部电信管理局局长苏金生说：“作为新媒体重要内容之一的数字电视是未来中国经济新的增长点，不论对广播电视还是信息业，都蕴含着巨大的市场潜力。信息产业部将与有关部门一起，共同抓好数字电视的技术研发和设备产业化工作。”

6月8日

国家广电总局向各省、自治区、直辖市广播影视局（厅），新疆生产建设兵团广播电视局发出《广电总局关于抓紧做好央视少儿频道落地工作的通知》，要求确保在2004年10月1日前，央视少儿频道在全国省会城市、计划单列市和三分之二以上的省辖市以有线或无线方式通过模拟频道落地，并确保年底前在所有的省辖市落地。

国务院新闻办正式批准河北广电网从事新闻登载业务。

新浪网、华奥星空、中移动、中国体育报业总社联手推出了“345传播大平台”。

新疆卫星广播实现前端播出数字化，卫星音乐广播和卫星经济广播从模拟播出升级到数字化播出。

6月9日

由四川、重庆、江西、广西、广东、北京和四川广安6省市的7家广播电台联合推出的“追寻小平足迹——纪念邓小平同志诞辰一百周年大型系列报道”在广安邓小平纪念园隆重举行启动仪式。

北京电台体育广播、文艺广播和北京广播网首次音视频同步全程移动直播2004年雅典奥运会火炬北京传递活动。活动首次启用卫星信号转播车全程跟踪直播，分为“奥林匹克之光辉映中华”“雅典火炬在京激情传递”等8个部分，时间长达10小时。北京电视台也进行全天直播。

国家广电总局召开广播影视体制改革试点工作座谈会，传达学习中央领导关于推进文化体制改革试点工作的重要指示精神，总结交流广播影视体制改革试点工作进展情况，研究安排下一阶段改革试点工作任务。浙江广电集团、山东广电总台、南京广电集团、深圳电视台、厦门广电局、中国电影集团公司、长春电影集团公司等7个试点单位的负责人，北京、上海、广东、浙江、重庆、四川、沈阳、西安、丽江等综合试点地区的广电部门负责人、总局文化体制改革试点工作领导小组成员参加了会议，中宣部改革办负责人应邀出席会议。徐光春、赵实、胡占凡、雷元亮、田进等总局领导出席会议，徐光春在会上讲了话，赵实主持会议并作会议总结。

6月10日

中央人民广播电台、广东人民广播电台、广西人民广播电台联合制作直播论坛“珠江奔腾”，邀请国家发展改革委员会领导、广东省以及广西壮族自治区政府的行政首长参与了直播，就有关泛珠三角区域合作和发展的问题与听众一起展开讨论。

广东人民广播电台与全省21家地市级电台联合策划“吃出新境界”系列报道。节目报道了广东农村各地围绕着调整产业结构，加大“三高”农产品的推广种植力度，给农民带来的增收效果，通过形象生动的报道，反映各地深入贯彻中央一号文件、加快发展农业的深刻主题。

新疆人民广播电台承办的柯尔克孜语《中国之声》节目通过卫星传输正式在吉尔吉斯斯坦国家一、二套广播频率落地开播，每天播出2小时柯语综合节目。

6月11日

中国卫星通信集团公司与阿尔卡特公司签署合同，阿尔卡特将为中国卫通设计并制造新一代的通信卫星“中星9号”。该直播卫星将使中国卫通成为中国首家提供卫星广播服务的中国公司。

由新闻出版总署报刊司主办、中国经营报社承办的首届中国报业竞争力年会在北京召开，其主旨是为报界搭建一个研究、探讨、交流竞争力问题的平台。会议以“创新改革，提升中国报业市场竞争力”为主题，国内主要报业（集团）负责人、专家学者300余人到会。

6月13日

陕西电视台举办首届观众最欢迎的播音员主持人评选。

6月14日

国务委员陈至立就《焦点访谈》近期报道高考舞弊事件作出批示：“河南省濮阳县三中高考舞弊案情节极其恶劣，要继续彻底查清案情，坚决依法严肃处理。感谢中央电视台《焦点访谈》栏目组对严肃考风考纪，维护人民群众利益，坚决惩治腐败方面做出的贡献。”

“全球化：可见的与不可见的”中国首届视觉文化传播国际研讨会在复旦大学隆重举行。作为国际研讨会组合活动的德国影视研讨会和中德双向摄影展系列活动也同时举行。来自海内外的100多位专家学者出席了研讨会。

广西电视台新栏目《广西报道》在公共频道正式开播。《广西报道》首次与广西各县、市联动制作新闻节目，采取广西电视台主持人和各县、市电视台主持人演播室对播方式进行节目串联。

应中国记协邀请，以马其顿记协主席伊万·安德瑞夫斯基为团长的马其顿新闻代表团一行5人开始对北京、南京和上海进行了友好访问。马其顿新闻署署长弗勒·米塔诺夫斯基随团来访。

6月15日

《南方人物周刊》正式创刊。该刊是南方日报报业集团主管、南方周末报社主办的综合性新闻类周刊，以“记录我们的命运”为宗旨，关注那些对中国的进步和我们的生活产生重大影响的人，在与命运的抗争中彰显出人类的向善力量和深邃驳杂的人性魅力的人，为历史留存一份关于当代中国人的记录底稿。

振兴辽宁老工业基地全国省级电视台易地采访活动正式启动。此次活动由中央电视台发起，全国 23 家省级电视台的 80 多位记者参与。

来自全国各地的 32 家城市新闻网站的总裁、总编辑聚首宁波，举行中国城市新闻网站联盟（筹）总编联席会议暨首届中国城市新闻网站发展论坛。与会代表共同签订了《中国城市新闻网站联盟（筹）合作公约》，确定了联盟（筹）的组织架构。

应瑞士联邦外交部和瑞士形象委员会邀请，农民日报社社长张德修率领的中国新闻代表团一行 6 人开始访问瑞士。代表团访问了伯尔尼、苏黎世、日内瓦等地。

6 月 16 日

新华社社长田聪明在总社新闻大厦会见韩国中央日报会长、世界报业协会主席洪锡炫一行。

上海文广科技发展公司“易播”硬盘播出系统、“易通”基于 IP 网络的数字新闻远程传送系统、数字电视邻频双工器 3 个项目，在上海通过了由国家广电总局科技司主持的技术鉴定。

《燕赵老年报》在石家庄创刊。该报由石家庄日报社主办，4 开 16 版，面向全国发行。

6 月 17 日

以两岸交流为主题的海峡两岸记者神州行联合采访活动启动仪式在福州举行。活动将采取汽车拉力的形式，以福州市为起点、新疆为终点，自 6 月 17 日至 7 月 12 日，历时近 1 个月，纵横 9 个省和自治区、14 个城市，行程近 2 万公里，是迄今为止两岸记者行程最长、跨度最大、形式最新、媒体最多的一次联合采访活动。

6 月 18 日

国家广播电影电视总局令第 26 号《广播电视编辑记者、播音员主持人资格管理暂行规定》、第 27 号《境外卫星电视频道落地管理办法》、第 28 号《境外机构设立驻华广播电视办事机构管理规定》发布。

《新闻出版总署废止第二批规章、规范性文件的决定》由新闻出版总署署长石宗源公布。

河北电视台圆满完成短信互动平台的全面整合。

安徽省召开推广有线电视数字化协调会。省委副书记张平主持会议，副省长徐立全以及省委宣传部、省广电局、省财政厅、省物价局、合肥市领导以及安徽省与合肥市有线电视网络公司等相关单位负责人参加了会议。

广西广播电视信息网络股份有限公司正式挂牌成立。新成立的公司共整合全区 90 个广播电视网络，有区、市、县广电部门共 93 个股东，公司拥有 1 万多公里光缆线、7 万多公里电缆线路，注册资本 10 亿多元。

6 月 19 日

由《现代传播：北京广播学院学报》编辑部与中央电视台第一套节目《中国人口》栏目联合举办的未成年人青春期教育与电视传媒座谈会在新华社新闻大厦举行。来自中央各个相关部委、各新闻媒体及相关专家、学者共 120 余人参加了会议。

中央电视台广告部举办了中国电视媒体广告营销高峰论坛，来自各地广告界、企业界、媒体及高校的 200 多名人士就中国市场的巨大潜力、增长前景、市场开发策略等进行了深入的研讨。

6 月 20 日

中国国际广播电台广州话、潮州话、闽南话开播 55 周年。

本日至 7 月 8 日，为配合宣传中央政府“泛珠三角区域合作”计划的落实，国务院港澳办和中国记协协助国务院新闻办与香港中联办组织“泛珠三角区域合作港澳记者采访团”一行47人，历时20天，对广东、湖南、四川、江西、福建、贵州、云南、广西、海南及澳门等10个省区经济发展状况进行了集中采访。《星岛日报》等香港10家媒体和《澳门日报》等3家澳门媒体连续作出报道。

6月21日

国务院总理温家宝在山东省委书记张高丽，省委副书记、省长韩寓群等的陪同下，到青岛市广电局视察有线数字电视工作。温家宝听取了青岛局负责同志关于有线数字电视工作的情况汇报，观看了数字广播电视节目、电子政务、社会服务、生活服务和商务服务等功能演示，充分肯定了青岛通过增加服务、增加收费推动有线电视向数字化整体转换的做法，对有线数字电视带来的变化和取得的成效给予了高度评价，并要求在全国加快推广。他称赞青岛有线数字电视“方便群众，做得很好”。

中央数字传媒有限公司与福建、云南、吉林、武汉、南昌、长沙、昆明、济南、苏州、杭州、宁波等19家有线电视接入网在北京正式签署了合作协议，旨在共同推进中国数字付费电视市场的发展。至此，与中数传媒签署合作协议的全国省市有线电视网达到了23家，覆盖的模拟电视用户总数达3千万。

全国政协副主席周铁农一行9人到湖北广电局调研。

6月22日

广东卫视与浙江卫视在北京钓鱼台国宾馆联合举办1+1>2新闻发布会，双方签署合作协议书。

西藏人民广播电台中国西藏之声网站正式开通，该网站平均每天的点击率达到30万人次。

甘肃省广播电影电视局在山东省成功举办了为期一周的宣传甘肃、推介甘肃的甘肃广播电视宣传周活动。山东人民广播电台经济频道、生活频道，山东卫视和山东电视台公共频道陆续播放由甘肃省电台、电视台制作的7件广播专题节目和7件电视专题节目。山东电视台也从7月初开始派4名记者深入甘肃作进一步采访报道。

6月23日

新疆巴音郭楞蒙古族自治州成立50周年，中央人民广播电台蒙语广播推出系列报道“来自巴音布鲁克的喜讯”。

西藏人民广播电台召开建台45周年纪念大会。

6月25日

本日至7月6日，应俄罗斯记者联合会和挪威主编协会邀请，以中国记协常务副主席徐心华为团长的中国新闻代表团一行8人访问了俄罗斯和挪威。代表团分别会见了俄罗斯记联主席波哥达诺夫和挪威主编协会副主席简森，参观了俄罗斯论坛报、圣彼得堡调频广播电台、挪威晚邮报和挪威国际新闻中心。

6月26日

由广东电视台和法国时尚电视台联合主办的2004金威国际超模大赛总决赛在广州天河体育馆举行。来自33个国家和地区的46名选手参加角逐，广东电视台卫星频道、珠江频道和法国时尚电视台现场直播了大赛。

6月27日

全国报纸自办发行协会第4届会员大会在重庆召开。来自全国180多家报纸的发行负责人就自办发行网络、资源、资本、数字化建设等问题进行了交流。

6月28日

由中央人民广播电台主办的2004海峡两岸广播事业交流研讨会在云南昆明举办。来自祖国大陆电台的60余位代表和来自台湾地区电台的20余位代表参加了研讨会，国台办主任助理张铭清、云南省委领导应邀出席了会议。

深圳广播影视集团挂牌成立。广东省委副书记、深圳市委书记黄丽满等领导为集团揭幕。

全国文化体制改革试点单位厦门广播电视集团正式挂牌成立。

福建省音乐广播正式开播。

中央人民广播电台第3届民族广播协作会在内蒙古自治区呼伦贝尔市召开。会议的主题是：民族广播的现状与未来。会议由中央人民广播电台主办，内蒙古人民广播电台承办，呼伦贝尔人民广播电台协办。参加会议的代表有来自中央人民广播电台和各地少数民族广播电视系统的领导和有关负责人以及中央人民广播电台驻西藏、内蒙古、甘肃、宁夏、贵州、广西、海南等民族地区记者站站长，共50余人。

52家中央级报社的64名社长、总编辑和170家期刊社的185名主编参加由新闻出版总署举办的岗位培训班，共同探讨本行业的改革发展问题。

6月29日

国务院总理温家宝签发了第412号中华人民共和国国务院令，公布《国务院对确需保留的行政审批项目设定行政许可的决定》。决定予以保留并设定行政许可的500个项目中，“外国通讯社及其所属信息机构在中国境内开展经济信息业务审批”和“外国通讯社在中国境内发布新闻信息业务的审批”由新华社负责实施。

由中华广播影视交流协会和中央人民广播电台共同主办，云南人民广播电台协办的2004海峡两岸广播事业交流研讨会在云南省昆明市开幕。来自祖国大陆和台湾地区近40家广播电台、传媒机构以及各相关单位的领导和来宾80余人参加了开幕式。

陕西省委宣传部、省记协联合召开“正确报道社会新闻，坚决抵制低俗之风”研讨会。

国家新闻出版总署批准江苏省广电总台主管、总台报刊中心主办的《数位时尚》《东方法治导刊》两个新期刊出版。

6月30日

由羊城晚报报业集团与侨鑫集团公司联合创办的海外华文报纸《澳洲新快报》在澳大利亚悉尼正式出版发行。

国家语言资源监测与研究中心平面媒体语言分中心成立。该中心将对包括报纸、图书、期刊在内的平面媒体的国家语言资源进行监测与研究，这标志着我国将对平面媒体语言资源实行动态管理。

河南省大河网正式开通。大河网是继河南日报、河南人民广播电台、河南电视台之后的河南省又一家省属新闻媒体。

陕西省委宣传部、省“三项学习教育活动”领导小组办公室和省记协联合组织20多家新闻媒体中青年记者代表团赴陕北参观学习，接受革命传统教育，实地感受“西部大开发”给陕西带来的巨大变化。

7月1日

新华社多媒体数据库外库试运行开通仪式在总社举行。

为配合中国共产党建党83周年、中华人民共和国建国55周年、红军长征出发70周年和邓小平同志诞辰100周年宣传报道，中国国际广播电台的国际在线中文网陆续推出大型系列专题“经典中国”。

湖南广播影视集团与美国国际数据集团

（亚洲）有限公司就合作举办首届中国金鹰国际文化产业论坛举行了正式签约仪式。作为“金鹰节”活动之一的论坛第一次搭上了国际班车。

广东省委批准任命胡国华为广东省广播电影电视局党组书记、局长。

湖南卫视电视信号在南京市有线电视网落地播出。至此，湖南卫视成为继安徽卫视之后第二个实现全国直辖市、省会城市100%覆盖的地方卫视台。

“我们的文明”主题系列活动组委会联合人民网、新华网、中国网、中国日报网、国际在线、央视国际、中青网、中国经济网等100家中文网站，共同在网上开展纪念邓小平诞辰100周年主题活动。

由河北省委宣传部、省邮政局和河北日报报业集团联合发起，河北日报具体组织的河北省农民读报用报专家服务团正式启动。专家服务团将提供有关政策方针、法律法规等方面的免费服务，提高大家的读报用报收益。

《湖北日报》纪念创刊55周年。

《郑州日报》纪念创刊55周年。

中共中央政治局委员、书记处书记，中宣部部长刘云山赴浙江考察文化体制改革试点工作和广播影视改革进展情况，深入到杭州、横店影视产业实验区等地，听取了浙江省委、省政府的工作汇报，与浙江省宣传文化、广播影视部门和文化体制改革试点单位负责人进行了座谈。刘云山肯定了浙江文化体制改革的经验和成效，希望浙江在解放思想上提供和创造更多的经验，在重点和难点的突破上提供更多示范，在面对改革的问题上要率先全面推进。

7月2日

陕西日报与新女报社合作经营《当代女报》签约仪式在西安举行。这是陕西日报社和重庆日报报业集团依托党报资源优势，积极应对市场竞争，稳步推进文化体制改革的一项有力措施，也是全国周报首次实现跨地域联营。

7月3日

江苏省广电总台投资2000万元注册成立江苏省天地纵横影视文化投资公司。

7月4日

由青海省政府、国家体育总局等部门联合举办的2004首届中国“众联杯”抢渡黄河极限挑战赛在青海省贵德县举行。来自全国的50余名游泳健将参加了这次极限挑战赛。在中央电视台、陕西电视台支持下，青海电视台完成了首次空、陆、水上全方位的立体实况直播。

安徽人民广播电台实施“走出去工程”取得新进展，继2004年3月在澳大利亚墨尔本市3CW中文电台开设专题节目后，该台专题节目《中国安徽之声》本日正式在美国洛杉矶双语电台播出。

7月5日

国家广播电影电视总局聘任王敬松为中国广播电视学会副秘书长，任中广学会党组副书记，免去其中国广播电视出版社社长、总编辑职务。

电脑报社、中科普传媒发展股份有限公司与香港TOM集团在重庆签署合资组建重庆电脑报经营有限公司的合作协议。

受青海省副省长邓本太的委托，省广电局副局长沃赛一行6人先后到甘肃省甘南藏族自治州、四川省阿坝藏族羌族自治州和甘孜藏族自治州，就青海电视台藏语频道上星情况进行调研，广泛征求藏区各界意见。

7月6日

国家广播电影电视总局令第35号《广播电视视频点播业务管理办法》发布。

以福建日报报业集团主要负责人为团长的福建新闻参访团一行18人启程访问台湾，

这是福建省近10年来踏上台湾规格最高、人数最多、媒体阵容最大的新闻代表团。

北京京视传媒有限责任公司挂牌，该公司是北京电视台、北京北广传媒集团和北京歌华有线共同组建的电视节目制作公司。

海南日报报业集团隆重挂牌成立。

由经济日报社组织的“走京九、看发展——福田汽车行”大型新闻采访活动启动。3辆越野车组成的采访团车队从天安门广场出发，开始了为期1个月的大京九铁路沿线系列专题采访报道活动。

由青岛电视台承办的全国儿童音乐电视研讨会在青岛举行。全国30多家电视台领导和来自北京电影学院的专家、学者参加了研讨会。

7月7日

由广州电视台出资10万元和百色电视台联合摄制的电视专题片《深情地爱着——邓小平与百色》在百色起义烈士纪念碑广场举行开拍仪式。

7月8日

中央报刊治理工作协调领导小组召开会议。中共中央政治局委员、书记处书记，中宣部部长刘云山，中央书记处书记、中央纪委副书记何勇出席并讲话。刘云山强调，报刊专项治理工作要在取得重要阶段性成果的基础上，建立健全长效工作机制，加强日常监管，确保制止报刊摊派和减轻群众负担的成果得以巩固和扩大。何勇同志在讲话中强调，各级纪检、监察机关要继续把治理党政部门报刊散滥和利用职权发行，切实减轻基层和农民负担作为纠风工作的一项重要内容。

以加纳外国媒体管理局局长劳埃德·阿莫阿先生为团长的加纳总统新闻办代表团一行访问了南方日报报业集团。南方日报报业集团社长范以锦向代表团介绍了南方日报报业集团的基本情况和办报理念，以及近年来广东报业发展概况。

7月8日

国家广电总局在上海召开全国广播影视局长座谈会。会议传达学习了中央领导同志关于广播影视工作的重要指示，局长徐光春作了题为《统一思想，狠抓落实，大力推进广播影视改革发展》的讲话，副局长赵实通报了总局贯彻实施《行政许可法》、广电系统改革试点工作、影视动画产业和电影产业发展情况，副局长张海涛通报了广播影视数字化发展情况，副局长胡占凡通报了广播电视宣传工作情况，副总编辑田进通报了广播电视管理工作情况。中央电视台台长赵化勇、中央人民广播电台台长杨波、中国国际广播电台台长李丹出席了会议。上海市委副书记殷一璀，市委常委、宣传部部长王仲伟到会。会议还听取了上海文广集团深化体制机制改革、发展广播影视产业的情况介绍，实地考察了上海在广播影视改革、产业发展和开发新媒体业务方面的经验与做法。总局机关各司局及直属各单位、集团各部门及有关直属单位主要负责同志，各省、自治区、直辖市广电局和新疆生产建设兵团广电局局长，各省（市）广电集团（总台）及改革试点单位、中国教育电视台主要负责人参加了会议。

7月9日

赛迪传媒成为《中国计算机报》的主办机构之一。这是上市公司首次成为报纸的主办机构。

中国国际广播电台国际在线启动在世界第一大搜索引擎谷歌的关键词推广活动。

由内蒙古电视台蒙古语卫视频道主办的全国蒙古语播音员、主持人电视大奖赛圆满结束。来自中国和蒙古国的近100名选手参加了比赛。

由陕西电视台承办的全国地方电视台联合奥运协作会在西安召开，全国 23 家电视台参会，并正式达成了《联合奥运》的合作协议。

7 月 10 日

应中国记协邀请，叙利亚记协主席萨比尔·法勒胡特来华访问了北京、杭州和上海。访华期间，萨比尔与中国记协主席邵华泽进行了工作会谈，并共同签署了《中国记协和叙利亚记协交流合作协议》。萨比尔访问了中央电视台、北京日报报业集团、浙江日报报业集团、浙江广电集团、杭州日报报业集团和上海文汇新民联合报业集团，与各地新闻界同行进行了广泛的交流，对我国新闻事业和现代化事业发展情况进行了考察。

西藏广播电影电视局启动 2004 年广播电视“百乡行”大型采访活动。西藏人民广播电台、西藏电视台先后组织 50 多名记者分赴阿里、日喀则、那曲、山南、昌都、拉萨和林芝等地，历时 4 个月，行程近 25000 公里，深入 50 多个县、100 多个村采访。活动共采制完成各类广播电视稿件 500 篇，其中广播藏语稿件 129 篇，汉语稿件 l17 篇，广播专题 22 篇。

7 月 11 日

由南京电影制片厂和北京瑞亚影视制作公司联合摄制的 20 集电视剧《小兵张嘎》在南京举行了全国首映仪式。该剧是《加强红色经典改编电视剧审查管理的通知》下发之后，由国家广电总局审查通过的第一部红色经典电视剧。

7 月 12 日

中国国际广播电台国际在线中文网推出“中国百科”频道。

7 月 13 日

广东人民广播电台、福建人民广播电台、江西人民广播电台等泛珠三角区域的 11 家广播电台在广东广播中心三楼国际会议厅举行《站在“9＋2”最前沿》节目启播仪式。

7 月 14 日

上海文广新闻传媒集团与上海讯网通信电子器材有限公司共同组建的上海东方龙移动信息有限公司揭牌。该公司以开发“手机电视”为主要业务。此前的 6 月 6 日，文广新闻传媒集团与上海移动通信公司、江苏移动通信公司签署了战略合作协议，三方共同开发移动流媒体及相关增值业务。

广东、广西、海南、湖南、江西、四川、云南、贵州等 8 个省（区）电台和港澳电台合作，对同日在广州举行的首届泛珠（江）三角区域经贸洽谈会进行了长达 3 个多小时的现场直播。

7 月 15 日

中国国际广播电台于当天 17 点起，调整英语、泰米尔语、印地语、普什图语、僧伽罗语、客家话、越南语、柬埔寨语、乌尔都语、孟加拉语 10 种语言的播出时间和播出频率，每天增加对东南亚、南亚、西亚地区的广播共 24 小时。

全国第 21 次藏语广播电视节目交换会暨第 6 届评奖会在西宁召开。来自中央及西藏、青海、四川、甘肃、云南等五省（区）广播电视媒体的 38 位代表参加会议，青海省、西藏自治区有关领导到会讲话。会议进行了节目交换和评奖，评出获奖作品 124 件。

7 月 16 日

中宣部和国家邮政局在上海召开重点党报进报刊亭零售现场会议。

全国第一家立足“三农”、服务大众的大型综合性新闻网站——三农在线（www.farmer.com.cn）正式开通运营。

羊城晚报报业集团在全国报业首先使用

统一信息管理平台（EIP），其现有应用软件系统全面升级且一次切换成功。

7月17日

本日至8月3日，中国首次承办的亚洲足球赛在北京、成都、济南、重庆四城市举办。四川广电集团按亚足联转播要求，先后购买了价值2500万的数字转播车、8支长焦大镜头等大型设备，顺利转播了在成都赛区举办的首轮亚洲杯赛事。

7月18日

全国第一家手机报——中国妇女报彩信版正式开通，手机用户实现了第一时间通过手机阅读到当天报纸的全部内容。

上海文广新闻传媒集团东方少儿频道开播，每天播出16小时。

国家广播电影电视总局授予青海省广电局“西新工程”办公室“国家广播电视总局‘西新工程’先进集体”称号，并为青海广电局薛发成记一等功，陈青生记二等功，王双全、熊元来记三等功。

青海人民广播电台藏语频率在甘南藏族自治州青海湖畔举办首次大型直播演唱会，开创了青海藏语广播史上举办大型直播文艺演出的先河。2万名草原农牧民、国内外游客观看了演出。

四川电视台卫星频道实现24小时不间断播出。

安徽省有线数字电视正式开播，有线电视用户达220万户。

7月20日

国家广电总局在广东省佛山市召开全国有线数字电视试点工作现场会，副局长张海涛出席会议并讲话。各省（市、区）广电局主管负责人、49个试点城市广电局和网络公司负责人以及总局有关司局、直属单位的负责人共160多人参加了会议。广东省各市地广电局局长、网络公司负责人以及新闻单位记者约100人列席会议。

全国政协提案委员会副主任杨振杰率部分全国政协委员就“关于在WTO下我国传媒制度创新的策略思考与建议”提案到北京市广电系统调研，并视察北京电台、北京电视台。北京市副市长孙安民、市政协副主席满运来陪同调研。

山西、内蒙古、陕西、河北4省区电视台“二人台”艺术演出第4次协作会议在河北承德召开。会议对下一步继续合作搞好国庆55周年进京会演提出了具体意见。

7月21日

由国家广电总局科技委承办的国家广电总局广播影视高新技术培训班（第10、11期）在广东佛山市举行，总局副局长、科技委主任张海涛为学员讲授了第一课。参加培训的有总局科技委委员、省（区、市）及计划单列市广播影视局主管事业与技术的局长、副局长、总工程师等，共计110多人。

7月22日

2004年中央电视台召开经营工作会议。这是中央电视台建台以来第一次经营工作会议。张长明副台长主持会议，赵化勇台长作了题为《认清形势、调整思路、统筹规划、推进发展》的工作报告。

湖南省社会治安综合治理委员会确定，将整治非法接收境外卫星电视等正式纳入《湖南省县市区社会综合治理考评办法》进行管理。

7月23日

首届中美财经传媒培训高级研修班在上海开学。这个由复旦大学新闻学院和美国哥伦比亚大学国际与公共事务学院联合举办的研修班，召集了包括2002年诺贝尔经济学奖得主约瑟夫·斯蒂格里茨在内的财经传媒业界知名人士担纲主讲，吸引了大批国内媒介人士参加学习。

浙江浙商传媒有限公司成立。

全国各地的教育类报纸、期刊的负责人齐聚北京，在中国教育报刊高级论坛上深入探讨教育类报刊的改革发展。与会者就我国报刊业发展形势与改革情况，新闻出版业改革的有关情况，我国教育报刊如何真正走向市场等问题交换了意见，并达成了初步的共识：未来教育报刊仍要沿着精品路线打开自己的市场，打造符合教育报刊自身特色的发行渠道，创造赋予文化的广告业务来多方位地开拓市场。

7 月 24 日

首届泛珠三角媒体合作论坛在广东佛山市举行。论坛由福建日报、江西日报、湖南日报、南方日报、广西日报、海南日报、四川日报、贵州日报、云南日报和香港文汇报、澳门日报 11 家媒体共同主办，经过热烈讨论，11 家媒体负责人原则通过了《泛珠三角媒体合作框架协议》，确立“9＋2”媒体合作的宗旨。

第 89 届国际世界语大会在北京举行。来自 51 个国家的 2000 多名世界语者参加了大会。中国国际广播电台国际在线网站对大会开幕式进行了近 3 个小时的视频和音频直播。

7 月 26 日

中国新闻社第一批赴台驻点采访的记者董会峰、曾嘉抵达台北。至此，在台湾驻点采访的大陆媒体已达 5 家，即新华社、人民日报、中央人民广播电台、中央电视台、中国新闻社。

7 月 27 日

中共中央政治局委员、书记处书记，中宣部部长刘云山在人民大会堂会见了巴基斯坦新闻和广播部部长谢赫·拉希德·艾哈迈德一行。

中央人民广播电台选送的广播节目《传唱到今天的千年史诗》和《拇指英雄》在斯里兰卡科伦坡举办的亚太广播发展机构（AIBD）2004 年广播电视大奖颁奖典礼上，分别荣获 AIBD 最佳广播节目奖和雷因哈特·昆纳纪念奖。这是中央人民广播电台也是中国广播界首次获得 AIBD 广播大奖。

7 月 28 日

由陕西人民广播电台新闻中心和卫星广播整合的新闻广播（陕西人民广播电台一套节目）正式播出。新闻广播使用中波 693 千赫、调频 106.6 兆赫双重覆盖，覆盖周边省市及日本、澳大利亚、俄罗斯等 52 个国家和地区。

南方电视台正式调整为服务粤港澳及国外粤语人群的电视频道，通过卫星向覆盖区域全粤语 24 小时全天候播出，成为中国唯一获准上星的地方方言电视频道，也是全球第一个纯粤语播出的卫星电视频道。

青海广播电视网络中心大楼落成暨有线数字电视试播仪式在西宁举行。

“环保小记者牵手大市长”采访活动在北京拉开了帷幕。25 名环保小记者围绕“环境与儿童”这一主题，采访北京、上海、重庆、深圳、哈尔滨 5 个城市主管环境的市长。

7 月 30 日

上海文广新闻传媒集团广播播控系统、电视播控系统和领导信息服务系统通过上海市信息安全测评认证中心组织的信息安全测评。这项工作的顺利实施为今后在全国广电行业推广信息安全测评工作积累了宝贵的经验。

湖北日报报业集团举办《农村新报》复刊 20 周年座谈会。

8 月 1 日

西藏电视台卫星频道在上海有线网络 DS-8 频道播出。

应中国记协邀请，英国全国记者联合会主席吉姆·克里高和秘书长吉莱米·迪尔率英国新闻代表团一行4人开始对北京和上海进行友好工作访问。

河北日报报业集团在河北西柏坡举行创刊55周年纪念会。

8月2日

“三北”（东北、华北、西北）地区广电系统纠风工作调研座谈会在西宁召开。来自“三北”地区及上海市广电系统的38位纪检负责人参加了会议。会议就广电行业纠风工作广泛地进行了交流探讨。

8月3日

继北京、上海、湖南等省成功试验播出数字地面电视后，辽宁省数字地面电视在辽宁彩电塔正式试验播出并取得成功。这次数字地面电视发射，是组建辽宁省数字地面电视广播单频网的前期试验工作。

8月4日

中共中央政治局委员、书记处书记，中宣部部长刘云山对中央电视台播音员、主持人业务指导委员会向全体播音员、主持人发出的自律倡导作出批示：“中央电视台主持人、播音员自律倡议反映了‘三项学习教育活动’给中央电视台带来的新的风貌。倡议书实际上也是一份向社会的承诺和宣言。作为党的新闻工作者，作为社会公众人物，把德艺双馨作为追求和目标很有现实意义。中央电视台可在专栏节目中向外公布。”

8月5日

由中宣部新闻局和中国记协国内部共同举办的抗灾救灾报道工作座谈会暨正面宣传研讨会在昆明召开。中央主要新闻单位负责人和部门负责人，部分省级党报、电台、电视台负责人等出席会议。

8月6日

由北京广播影视集团倡议创建的一种新型集成运营商——有线数字付费电视联合体正式成立。联合体由安徽、贵州、湖北、江苏、辽宁、山东、山西、天津、浙江等12家成员单位组成。

8月8日

国务院任命田进为国家广播电影电视总局副局长。

上海体育广播开播，这是上海广播史上第一个专业体育频率。

8月9日

中央电视台的6个数字付费频道开播，内容以体育赛事、电视剧、音乐为主。

内蒙古广播电视信息网络有限责任公司呼伦贝尔分公司与俄罗斯贝加尔公司合资建设的俄罗斯布里亚特蒙古自治共和国首府乌兰乌德市有线电视信息网络一期工程有线电视开通。从此，拥有42万人口、蒙古语观众占40%的乌兰乌德市可以收看到两套中国电视节目。

8月10日

国家广播电影电视总局令第36号《城市社区有线电视系统管理暂行办法》发布。

北京广播影视集团所属歌华文化发展集团与首都旅游集团、北京电视台、北京三奇广告公司参股投资北京歌舞剧院有限责任公司。

8月11日

由北京市广播电视局承办的北京、天津、河北、山西、内蒙古5省市首次广播电视执法联席会议在北京召开。

8月12日

中央人民广播电台对台湾广播50周年纪念会在人民大会堂隆重举行，全国人大常委会副委员长何鲁丽、全国政协副主席张克辉及国家广电总局、总政、民革中央、台盟中央、全国台联等各界领导出席。

青岛市广电局在全国副省级城市中率先成立科学技术委员会。

新疆电视台网站（www.xjtvs.com.cn）正式开通。

全国卫星音乐广播协作网第九次工作会议在云南召开，北京、上海、广东、山东、四川、云南等21家电台的代表参会，总结和安排协作网工作，并研究进一步合作与发展等问题。

8月13日

本日至29日，第28届奥运会在希腊雅典举行。中央电视台、中央人民广播电台和中国国际广播电台均派出了报道组赴雅典进行采访报道。

8月15日

国家广播电影电视总局对各级广播电视播出机构自办频率、频道的公益广告播出量提出要求：各级电视台、电台每天播出不少于其广告播出总量3%的公益广告。

8月16日

珠江经济台与广东省关工委、省少工委、团市委、广州市中级人民法院等单位在广东广播中心广场联合举办广东省青少年维权热线开通仪式。

云南省记协以实际行动配合“三项学习教育活动”，组织了16家主要媒体的21名记者深入国家级贫困县元阳、金平、石屏3县进行扶贫采访。

8月17日

国家广播电影电视总局发布《关于进一步加强广播电视广告内容管理的通知》，要求严格审查，确保广告内容导向正确，全面清理广告内容问题，增强责任，保护未成年人健康成长。

8月18日

国家广播电影电视总局令第37号《广播电台电视台审批管理办法》发布。

中央人民广播电台第九套节目文艺之声于早间6点开播。

由北京青年报社投资控股的小红帽发行股份有限公司正式成立。这是国内第一家由新闻出版总署授权、拥有出版物全国总发行权和全国性连锁经营许可权的报刊发行公司。以小红帽发行股份有限公司为盟主发起的全国城市报业发行网络联盟同时宣告成立。

宁夏、内蒙古、西藏、广西、新疆等5个自治区的重点新闻网站负责人在宁夏首府银川市聚首，共同签署了《全国民族自治区重点新闻网站联盟协议书》，并设立了办事机构——网站联盟秘书处。

8月20日

中国记协举办首都新闻界纪念邓小平诞辰100周年座谈会。人民日报、新华社、经济日报等新闻单位代表在会上发言。

广东人民广播电台第九套节目南粤之声正式播出。南粤之声是国家广电总局批准的全国第一个专门面向港澳地区、服务港澳地区的广播频道，在全球首家使用SRS5.1环绕立体声广播设备播出。

由新疆人民广播电台承办的维吾尔语《中国之声》节目通过卫星传输，在乌兹别克斯坦国家一套广播频率中落地播出，每天播出30分钟。

8月21日

西藏电视台首次实现在汉藏语两套卫视中同步播出4集电视剧《童年邓小平》。

8月22日

中共中央在人民大会堂举行了邓小平同志诞辰100周年纪念大会。中央电视台和中央人民广播电台分别现场转播和直播了纪念大会；中国国际广播电台各语言广播在当天的节目中播发了这一消息和时事节目。同时中央三台还分别制作播出了一批新闻特写、人物专访和特别节目。

8月23日

湖南省委宣传部、省农办、省农业厅联合启动“三湘农民奔小康”大型新闻采访活动。在为期6天的采访中，湖南省主要新闻媒体及中央驻湘新闻单位同行深入长沙、湘潭、衡阳、常德、益阳等地农村采访，通过新闻报道反映湖南省农村改革、农业发展、农民增收方面的新思路、新举措和新成就。

8月24日

第9届国际广播电视技术讨论会和北京国际广播电影电视设备展览会主题报告会开幕。国家广电总局副局长张海涛、日本广播协会会长海老泽胜二出席并作主题报告。

湖北人民广播电台《小星星》栏目被共青团中央等11家中央部委联合评为全国优秀“青少年维权岗”。

由国家广电总局、中广影视集团主办，中广影视集团大型活动办、中国国际电视总公司、中国广播电影电视节目交易中心承办的第2届中国国际广播影视博览会在北京举行。此次展会共有参展商422家，其中动画参展商49家，来自22个国家和地区的国际参展商85家，约占总数的20%；展览面积约18000平方米，日均人流量约4000人次。

8月25日

宁夏新闻界组织了有12家新闻媒体的21位采访团成员参加的西部行大型采访活动。采访行程11000公里，历时34天，跨越甘肃、青海、西藏、云南、贵州、四川、陕西、重庆等8省区。

8月26日

由人民日报社与东盟10国媒体共同主办的第2届中国与东盟媒体合作高层研讨会在南宁开幕。来自文莱、柬埔寨、印度尼西亚等10国新闻信息部门、媒体、东盟秘书处的代表和人民日报、新华社、广电总局等中国媒体的代表共100多人出席了会议。本届研讨会的宗旨是“和平、安全、合作、繁荣”，主题是“媒体合作与10＋1自由贸易区发展同步”。

上海文广新闻传媒集团借第2届中国国际广播影视博览会之机在北京隆重推出其新成立的节目营销公司——五岸传播有限公司。这家公司的成立意味着文广集团已经建立起一个统一的节目营销平台。

四川省康定至成都广播电视光纤干线传输网络开通，从而填补了甘孜州与省网互通的空白。

国家广播电影电视总局发展改革研究中心成立，黄勇任主任，庞井君任副主任。

8月27日

第24届全国电视剧“飞天奖”颁奖典礼举行。徐光春、赵实、张海涛、胡占凡、雷元亮、田进、赵化勇、李丹等广电领导及众多电影、电视、戏曲界的老艺术家出席了颁奖典礼。

2004年电视新闻年会在长沙拉开帷幕，来自中央电视台和31家省级电视台以及新疆生产建设兵团电视台、上海东方卫视等39家电视台的新闻节目负责人与会。

四川广电集团体育频道在阿坝藏族自治州九寨沟首次进行两场亚洲技巧摩托车赛转播。这次在偏远地区、复杂地形条件下的异地直播，为今后的大型直播活动积累了经验。

8月28日

武汉市第一个合资传媒股份制公司——武汉晨报文化传播有限公司挂牌成立。

8月30日

国家广电总局、国家发改委、财政部在北京联合召开广播电视村村通工作电视电话会议，传达学习中央领导对村村通工作的重要指示，贯彻落实《国务院办公厅转发广电总局等部门关于巩固和推进村村通广播电视工作意见的通知》精神，安排部署今明两年进一步搞好广播电视村村通工作，继续巩固村村通成果，稳步推进自然村村村通工程。

重庆市委副书记邢元敏主持召开重庆市有线数字电视整体转换工作会议，会议审议了《重庆市有线数字电视整体转换工作方案》，对加快推进重庆有线数字电视整体转换工作进行了部署。会议决定成立重庆市有线数字电视整体转换工作领导小组。

中国记协与国务院台办、台湾“中国新闻学会”在上海、北京共同举办首届海峡两岸大学生新闻夏令营。来自台湾新闻院系的师生 44 人和复旦大学新闻与传播学院、北京大学新闻与传播学院的 20 多名学生参加了夏令营。活动期间，两岸大学生一起听中国新闻史、大陆新闻媒体概况、京城传统文化等专题讲座，参观文新报业集团、北京青年报、北京人民广播电台等媒体。

8 月 31 日

经过半年试运行，人民网河南视窗正式开通。

振兴辽宁老工业基地情况说明会在沈阳辽宁大厦召开。辽宁省委常委、常务副省长许卫国向来自国内 10 省份的新闻单位记者重点介绍了辽宁省省情和振兴老工业基地的基本情况。

9 月 1 日

中央电视台综合频道改版，新版一改延续了 9 年的新闻、综合频道的节目定位和编排模式，代之以全新的“综合＋精品”面貌。此次改版是“为了打造新闻黄金时段整体优势，提升一套时间竞争力”，主要措施是将《东方时空》的播出时间由原来的 7 点 15 分调整到 18 点 14 分，使其与《新闻联播》《焦点访谈》两大新闻精品栏目相继播放。

中央电视台电影频道节目中心的家庭影院频道正式开播。这是电影频道目前推出的全国唯一一个以播映最新国内外影片，展示全球电影资讯，全天 24 小时播出的数字付费电影频道。

辽宁日报报业集团在沈阳辽宁人民会堂举行庆祝大会，隆重庆祝《辽宁日报》创刊 50 周年。

河北人民广播电台隆重举行建台 55 周年庆祝大会。河北省委宣传部、省广播电视局、省记协以及省会有关新闻单位的领导出席大会。

吉林人民广播电台节目《吉林之声》在澳大利亚澳洲广播电台播出，每月一期，到年底播出 4 期。

广东电视台珠江频道海外版正式开播。珠江频道海外版由广东电视台联合省内部分市级电视台共同制作 6 小时的粤语电视节目，通过美国亚特兰大直播卫星公司覆盖到北美、南美、欧洲、南非，全天 24 小时滚动播出。

国内首个由报业参与编制的股票指数——深圳报业指数正式推出。深圳报业指数是选取深圳本地股票作为样本编制的指数，旨在反映深圳本地股票的走势。该指数由深圳报业集团和深圳证券信息有限公司联合编制，包括一条综合指数和一条成分指数，分别冠名为深圳报业综指和深圳报业成指。

河南《东方今报》创刊。该报由河南广电集团与大象出版社联合主办，这是我国广电系统第一次获准参与开办综合性日报。

由国家广播电影电视总局主办、中广学会承办、中国国际广播电台和安徽省广播电影电视局协办的 2003 年度“中国彩虹奖”对外广播节目评选颁奖暨研讨会在安徽黄山举行。

9 月 2 日

新华社英语对外新闻开播 60 周年纪念座谈会在新闻大厦多功能厅隆重举行。中央对外宣传工作领导小组组长刘云山、副组长赵启正出席了会议并讲话。

9 月 4 日

中央人民广播电台中国之声在周末版文艺节目《天地喜洋洋》推出全新栏目《金色阳光》。栏目面向 6 至 14 岁儿童及其父母，旨在大力推广优秀的儿童歌曲和读物。

由北京广播学院主办、中国电视艺术家协会高等院校电视艺术委员会和北京广播学院影视艺术学院共同承办的 BBU（北广）第二届国际影视和新媒体论坛暨国际大学生影视和新媒体作品展评在北京广播学院举行。展评共收到德、美、俄、波、法、日以及港澳台和中国大陆高校学生各类参评作品 170 多部。

9 月 5 日

由教育部和中央电视台主办、中国教育电视台与中央电视台西部频道联合打造的大型谈话栏目《西部教育》在中央电视台西部频道开播。

由中央电视台社教中心文化专题部《探索·发现》栏目组和凤凰卫视合作拍摄的百集纪录片《中国邻邦大扫描》在北京举行启程仪式。这是双方继成功合作《极地跨越》《走进非洲》之后的第 3 次合作。

2004 亚洲传媒论坛在北京广播学院举行。本次论坛由中国传播论坛和中外台长高峰论坛两个分论坛组成，来自美国、英国、德国、法国、新加坡、韩国等 15 个国家和地区的会议代表、国内新闻传播院校的专家学者以及业界人士近百人出席了大会。与会人员围绕传媒领域的教育、研究和实践等相关议题进行了多角度、多层次、多方位的广泛对话和精彩演讲。中国传媒论坛的主题是“新闻学与传播学：全球化的研究、教育与实践”，中外台长高峰论坛的主题是“广播电视台的运营与管理”。

9 月 6 日

国家统计局正式批准国家广电总局制定的《全国广播电视统计制度》，并于 2004 年 12 月起在全国范围内执行。

来自北京、上海、天津、深圳、厦门、青岛等长三角、珠三角和环渤海经济区的 10 个省市 33 家媒体的 60 多位报纸、电视、电台的记者、编辑，在大连市政府国际会议厅里参加了振兴大连老工业基地情况说明会。

2004 年全国广播影视系统信息员培训班在北京举办。

9 月 7 日

北京广播学院在人民大会堂举行建校 50 周年暨更名为中国传媒大学庆祝大会。全国人大常务委员会副委员长成思危、许嘉璐致信祝贺，国务委员陈至立出席并讲话。教育部部长周济和中宣部副部长、国家广电总局局长徐光春为中国传媒大学揭牌。会上，教育部和国家广电总局还在继续共建中国传媒大学协议上签字。嘉宾、校友、在校师生代表近 7 千人参加了庆祝大会。教育部于 8 月 19 日正式批准北京广播学院更名为中国传媒大学。

以温州日报为龙头，由温州晚报、温州都市报、温州商报、温州新闻网、温州瞭望杂志等归入的温州日报报业集团正式成立。

甘肃省广播电影电视局举办甘肃省广播电影电视发展史展览。

驻国家广电总局纪检组、监察局在四川成都召开了 2004 年全国广播影视系统行风建设工作座谈会。中纪委驻广电总局纪检组组长、总局党组成员王莉莉出席会议并作了《努力贯彻求真务实精神、大力加强广播影视行风建设》的讲话。中央纪委监察部、国务院纠风办有关部门的负责人应邀出席了座谈会。

由中国广播电视学会主办、中国广播电视发展基金管理委员会和昆明电视台承办的全国地方电视台合作发展研讨会在昆明举行。全国20余家广电局、电视台的30余位局长、台长参加会议，商讨合作创建文体频道、建设数字移动频道等问题。

9月8日

在第39届世界广告大会开幕式上，国家工商行政管理总局局长王众孚向中外广告人士重申，中国将兑现加入世界贸易组织的承诺，到2005年底全部放开广告市场，中国广告传播业的国际化程度将会更高。

以吉林日报社总编辑毕政为团长的中国新闻代表团一行12人，开始对意大利进行为期13天的访问。代表团参观晚邮报、民族报、晨报、安莎社、意大利国家电视台达沃斯塔地区分台等机构。

北京歌华有线电视网络公司与河北省涿州市广播电视局签署《有线电视网络资产和业务收购合同》，随后组建涿州歌华有线电视网络有限公司，实现第一步跨地区产业化经营。

贵阳日报举办“办好党报，提高宣传报道水平”研讨会。

第39届世界广告大会在北京举行。江西电视台、中央电视台、凤凰卫视、上海文广集团等5家媒体被本届世界广告大会特别指定为协办媒体。

9月9日

全国法制广播业务交流委员会暨全国法制广播节目协作网成立大会在山东烟台召开。会议由中央人民广播电台和司法部主办，山东人民广播电台承办，烟台人民广播电台协办。司法部、中央台、北京台等18个省台以及大连台等12个市台的60多名代表参加了会议。

北京电视台专业动画频道（BTV—10）试播，每天17点至23点连续6小时滚动播出。9月27日，该频道改为8点至22点连续14小时滚动播出。

上海文广新闻传媒集团全国性广播电视有线数字付费频道集成运营平台卫星信号测试暨签约仪式在广电大厦举行。这是中国第二家获得国家广电总局批准测试播出的有线数字付费集成运营平台。

由副总编辑王晖任团长的中新社参访团一行8人赴台参观访问。参访团对岛内媒体业务与市场情况进行了深入调研，分别走访了中国时报、联合报、中央社等台湾主要媒体，与岛内媒体相互介绍各自主要业务、发展模式，交流了各自的管理和运营机制，研讨两岸新闻合作前景。

9月10日

中国国际广播电台使用英语、汉语普通话对在浙江举行的第7届中国艺术节开幕式进行了现场直播。两种语言广播的播向地区包括东南亚、澳新及国内部分城市。

上海新民晚报举行大型座谈会，纪念新民晚报创刊75周年。

吉林省广电中心工程举行了开工奠基典礼。此项工程是吉林省“十五”计划的重点工程项目，同时也是2007年在长春举行亚洲冬季运动会的配套建设项目，预计总投入5.2亿元人民币。2007年一期工程完成并投入使用。

广州市中级人民法院对广州日报原社长黎元江受贿一案做出一审判决，以受贿罪判处被告人黎元江有期徒刑12年，并处罚金10万元。

福建省报协技术进步委员会第21次会议在德化县举行，福建省10家印刷厂及部分印刷器材设备供应商代表共35人参加了会议。评委们对2003年7月至2004年6月参评的报纸按图片、标题、墨色、版面等进行印刷质量评比。泉州晚报、闽南日报、闽西日报被评为优质奖，其余4家报纸为优秀奖，其中福建日报、厦门日报参加全国报纸印刷质量评比。

9月11日

中共中央政治局委员、新疆维吾尔自治区党委书记王乐泉会见来新疆考察的中国新闻社社长刘泽彭一行。

9月12日

全国政协副主席李蒙在安徽省政协副主席战秋萍、蚌埠市市长花建慧和市政协主席郑大发的陪同下，对蚌埠市广播电视工作进行了视察。

9月14日

中央人民广播电台与亚太广播发展机构联合举办的广播电视管理研修班在北京举行，邀请英国资深国际广播媒体培训与咨询专家约翰·菲利普斯·戴维斯先生为台内管理人员讲授广播管理方式和技巧。

四川省有线广播电视网络整合工作会议在宜宾市召开，副省长柯尊平为整合后的四川省宜宾市广播电视网络有限责任公司授牌并讲了话。

由朝鲜记者同盟常务副委员长朱华日率领的朝鲜记者同盟中央委员会代表团一行5人开始对北京、宁波、上海和天津进行访问。代表团在华期间先后访问中央电视台、中国国际广播电台、北京日报报业集团、宁波日报报业集团、天津今晚报等新闻单位。

9月15日

从本日开始，中央人民广播电台对台湾广播中心现场直播国务院台湾事务办公室新闻发布会实况。作为目前唯一覆盖台湾全岛的大陆媒体，直播发布会实况不但扩大了对台湾广播在岛内的影响，同时也有助于消除目前台湾媒体对国台办新闻发布会选择性报道的负面作用。

中国国际广播电台使用英语、汉语普通话对在人民大会堂举行的首都各界纪念全国人民代表大会成立50周年大会进行了现场直播。两种语言直播的播向地区为东南亚、澳新、北美地区以及国内部分城市，国际在线网站也进行了同步直播。

以中国记协书记处书记魏铭祥为团长的中国新闻代表团一行11人开始对澳大利亚和新西兰进行友好访问。

河北省广播电视局结合广播电视工作实际，出台了《行政许可法》6项配套制度。

河南电视台隆重举行建台35周年纪念大会。河南省委、省人大、省政府、省政协、省委宣传部和省广电局对河南电视台建台35周年表示祝贺。

中国广播电视学会纪录片研究委员会在北京举办2004年会暨国际纪录片展。来自法国、日本等国的7位纪录片大师与会座谈并观摩其经典作品。

9月16日

中国传媒大学南广学院揭牌仪式暨首届新生开学典礼在南京江宁区科学园隆重举行。中国传媒大学南广学院是经教育部批准设立的本科层次的独立学院。

新疆新闻在线网哈萨克文版改版，采用多种语言实现网上实时广播、点播。

本日至28日，中央人民广播电台杨波台长率团访问俄罗斯和斯洛伐克，与两国的国家电台签订了合作协议，建立了正式稳固的合作关系。

9月17日

全国第一家都市外语广播频率——北京人民广播电台的Radio774开播，每日播出18小时。

《海南特区法制报》更名为《法制时报》，仍周三出对开8版。

香港星岛新闻集团有限公司推出全港唯一的周末免费报纸《快线周报》。

9 月 18 日

福建省广播影视集团主办的学术理论刊物《东南传播》正式创刊。它是经国家新闻出版总署批准，国内外公开发行的期刊。

由中国广播电视学会主办、上海市广播电视学会承办的跨区域媒体品牌建设——“东方卫视现象”研讨会在上视大厦举行。

9 月 19 日

全国第 4 届城市电台发展研讨暨协作会在贵州省遵义市举行。来自全国 48 家城市电台的台长、总编、总监及相关专家与学者参加了大会。大家围绕广播市场开发、跨媒体跨区域联合协作、城市电台频率定位、电台卖药负效应等问题进行了研讨。

9 月 21 日

纪念全国政协成立 55 周年大会在人民大会堂举行。中国国际广播电台使用英语对大会进行了现场直播，直播的播向地区为珠江三角洲地区、东南亚、澳新、北美地区以及对国内部分地区。国际在线同时对大会进行了同步在线直播。

9 月 22 日

全国宣传部长座谈会在北京举行。中共中央政治局委员、书记处书记，中宣部部长刘云山出席会议并讲话。

中央电视台新台址建设工程开工。新台址位于北京市朝阳区东三环中路 32 号，在北京市中央商务区规划范围内。

扬子晚报社为满足读者对信息的及时需求，和南京市邮局、九九递送公司商定，报纸实行上午、下午分别投送，使读者能在第一时间获知最新发生的新闻信息，进一步提高报纸的时效性。

全国报刊审读工作会议在云南省昆明市召开。会议的主要任务是总结和交流审读工作经验，进一步明确任务，不断提高报刊审读工作的整体水平和质量，更好地为报刊监管工作服务，为报刊业的健康繁荣发展服务。

本日至 10 月 5 日，新华社社长田聪明一行对俄罗斯、拉脱维亚和意大利进行了访问，并在莫斯科出席了世界通讯社大会及俄塔社建社 100 周年庆祝活动。

9 月 23 日

第 22 届中国电视金鹰奖颁奖典礼在长沙举行。

本日至 10 月 3 日，中央人民广播电台王求副台长率广播电视代表团赴瑞典、法国访问，进行技术、管理经验交流，并就四迅道演播室设备的生产流程和在国外电台的应用情况进行考察。

9 月 24 日

河北省委、省政府在石家庄召开全省广电网络整合工作会议。会议主要任务是动员部署全省广播电视网络整合工作。

陕西音乐广播受贝多芬音乐节邀请，全程报道该项活动。陕西音乐广播 FM98.8 于北京时间 9 月 24 日凌晨 2 点至 4 点现场直播中央音院交响乐团的演出，并在晚间 19 点 30 分至 21 点 40 分陆续转播国外乐团的 8 场音乐会。此次直播是陕西人民广播电台成立 55 年来第一次迈出国门。

上海文广新闻传媒集团与卫视体育台合作制作、转播了首次登陆中国上海的世界一级方程式赛车锦标赛上海站，并创收视率新高。此次比赛在全亚洲 26 个国家和地区的 5700 多万用户中播出，两天转播总时长达 5 小时 35 分钟。

9 月 25 日

美国维亚康姆公司董事长兼首席执行官萨默·雷石东一行到湖南广电进行参观访问，并与湖南广播影视集团洽谈战略性合作。

由浙江省广电局和东阳市政府主办，浙江横店影视产业实验区、省广电产业协会和横店集团承办的2004中国横店影视博览会在浙江横店影视产业实验区举办。浙江省和国家广电总局的有关领导出席了开幕式。有4.6万人前来博览会参观和交流。

9月26日

由新疆广播电影电视局主办的为期3天的2004年中国新疆“广电杯”国际足球邀请赛在乌鲁木齐红山体育场落下帷幕。中国新疆广电队以1：0战胜吉尔吉斯斯坦广电队获得冠军。

9月27日

北京市工商局广告监管计算机系统正式启动。它将北京地区的26套电视节目、13套广播节目、60份报纸杂志、50家网络媒体以及3家移动通信纳入监管范围，可对其发布的广告进行每天24小时的监测，从而提高工商部门对广告市场的现代监管水平。

南方报业传媒产业基地正式落户佛山市南海区，广东省委常委、佛山市委书记黄龙云，南方日报报业集团社长范以锦出席签约仪式并讲话。黄龙云指出，南方报业传媒产业基地落户佛山，将在产业、文化建设、人才和城市形象4个方面给佛山带来提升空间。

9月28日

中央人民广播电台联合美国鹰龙公司洛城电台、澳大利亚国家民族电台、2AC澳洲华人广播电台、乌克兰嘎乐媒体，首次推出“真情告白亲友，浓情祝福祖国”语音采集公益活动和“天涯共此时”中秋国庆主题直播节目。

国务院新闻办与中国记协在北京举行中外记者中秋联谊会。

江苏广电城建设工程正式开工。

9月29日

为进一步推进全省50户以上已通电自然村村村通广播电视工作，安徽省广播电影电视局、省发改委联合召开全省村村通广播电视工作会议。全省20个国家级贫困县计委、广电局负责人参加了会议。

北京市密云、房山、延庆、怀柔、门头沟、平谷、昌平7个区县共完成51个自然村广播电视覆盖任务，有2217户的6583名农民在国庆55周年前看到了中央台和北京台的6套电视节目。其中，平谷率先在全市实现了广播电视户户通。

9月30日

北京电台与香港阳光资产管理集团举行合作协议签字仪式。协议内容主要为：香港阳光资产管理集团投资3000万元与北京电台合资成立数字广播公司，共同建设北京数字广播播出覆盖网，同时开发数字广播相关衍生业务市场。

江苏电视台国际频道开播。国际频道是国家广电总局“中国卫星电视节目长城平台”的组成部分。

江苏电视台少儿频道开播。

10月1日

中央电视台第3个国际频道——西班牙语法语频道正式开播。同日，中国卫星电视长城平台通过美国Echo Star通信公司的直播卫星电视网正式在美国开播。7日，中共中央政治局常委李长春向西法频道的开播表示了祝贺。

上海文广新闻传媒集团所属东方卫视北美频道正式开播。这是继该频道在日本、澳大利亚落地之后拓展的又一海外落地点。

中国内地首个媒介素养专业网站（www.medialiteracy.org.cn）由复旦大学媒介素养小组正式创建并开通。

运行满5周年的解放军报网络版正式升

级更名为中国军网。网站页面和栏目设置作了较大调整，更加突出了军事新闻网站的特色；英文版也进行了较大规模的改版。

福建省漳州市广播电视中心大楼投入使用，并举行了落成典礼。

福建东南电视台通过中国卫星电视节目长城平台在北美落地。

湖南卫视加盟中国卫星电视节目长城平台，其电视信号覆盖北美。

广东电视台卫星频道通过香港银河卫星广播有限公司有线网络在香港落地。

云南省广电媒体第一个少儿英语教育专栏节目《Happy Party 儿童英语》在云南人民广播电台经济频率开播。该栏目获得中美合作项目“心智美育儿童教育研究”和国家教育部“十五”规划重点项目“心智美育幼儿课程理论研究”的支持。

云南人民广播电台民族频率播出以艾滋病防治为主题的景颇语广播剧《悲情人生》。该剧共9集330分钟，是云南电台民族频率与联合国教科文组织驻曼谷办事处联合制作的跨境地区民族预防教育项目，由亚洲发展银行提供资金。

10月2日

由西藏电视台承担并制作的“精彩中国——西藏篇”国庆特别节目在中央电视台新闻频道播出。

经新闻出版总署批准，《贵州科技报》更名为《科学快报》。

10月4日

由广西区党委副书记潘琦为团长、广西广播电影电视局局长阳建国为副团长的广西广播电视代表团一行6人，赴香港、澳门洽谈东盟博览会宣传方案。

10月7日

中国国际广播电台法语广播对法国文化年活动及希拉克总统访华进行了充分报道，并在网上开辟了《法国文化年》专栏。

10月8日

中央电视台综艺频道节目改版。

辽宁电视台隆重举行了辽宁电视台新版节目启动仪式，省委、省宣传部和省广播电视局领导参加了新版节目启动仪式。辽宁电视台所属7个频道，以全新的面孔出现在荧屏之上。这是辽宁电视台建台45年来规模最大、策划最久、涉及面最广的一次改版。

安徽省广播电影电视局召开会议宣布了省广电局主要负责人的任免决定：汤达祥任省广播电影电视局党组副书记、局长；免去郎涛省广播电影电视局局长的职务。

10月9日

青海省政府就广播电视发展和青海电视台藏语频道上星工作召开专题会议，进行研究部署。

贵州省50户以上自然村村村通广播电视工作会议在贵阳召开，全省各地、县广播电视局长和事业科长200多人参加会议。

由广州市政府、中华民族文化促进会、中国录音师协会共同主办，广州市新闻出版和广播电视局承办的第一届亚洲录音艺术与科学文化节（声响亚洲）在广州举办。中央有关领导发来了贺电。全国政协以及广东省和广州市的有关领导出席了活动。来自澳大利亚、丹麦、芬兰、日本、新加坡以及中国香港等地的音响行业的专家、表演艺术家参与了活动。

10月9—24日

以中国记协书记处书记祝寿臣为团长的中国新闻代表团一行13人应邀访问了美国。访问期间，代表团与17家主流媒体、新闻组织和大学新闻教育机构进行了交流，深入了解美国新闻界的有关情况。

10月10日

由广西人民广播电台与广西公安厅交警

总队联合打造的专业电台——广西交通台开播。

由共青团中央和山东电视台联合举办的首届中国青年学习成才奖暨全国优秀青年学习组织颁奖活动在山东电视台举行。团中央、全国青联、新闻出版总署、山东省委、济南市委及山东省广电局领导出席了颁奖典礼。

为庆贺由广东人民广播电台、香港电台和上海第一财经联合发起、共同打造的《三江联播》节目创办6周岁，3家电台在香港举行了一年一度的纪念活动“三江论坛”。北京、上海、广州和香港的经济专家等各界人士200多人参加了论坛。

由广州日报报业集团主办的《篮球先锋报》正式出版。该报对开24版，逢周一、周四出版，全国发行。

全国部分省（区、市）广播电视系统党建工作经验交流会在昆明举行。国家广电总局、中央电视台、中国国际广播电台、上海文广集团以及云南、重庆、广东等18个省区市广电系统的党务工作负责人参会。

第16届全国地市州盟报总编辑理论年会在江西赣州召开，来自全国地市报的80多位总编辑和摄影部主任参加了会议。

10月12日

中共中央政治局常委李长春在人民大会堂会见了路透集团首席执行官汤姆·格罗瑟一行。

北京地区数字电视频道正式试播，此次首批开通的3个数字频道为京视剧场频道、动感音乐频道、爱家购物频道。

应中国记协邀请，以意大利记者公会秘书长阿玛提·乌戈·马里奥为团长的意大利新闻代表团一行10人对北京、西安、成都和上海进行为期10天的访问。

10月12日

首届中国电视广告交易会在沈阳成功举行。本次交易会由中广协会电视委员会、辽宁省广播电视局主办，辽宁电视台承办，沈阳电视台协办。共有近100家电视媒体、200家广告商、150家广告公司、10家媒体研究机构到会，参会人数达3000人。本次交易会还举办了结盟电视媒体、实现品牌突破，中国电视媒体广告经营发展论坛两场主题论坛。

10月13日

新华社社长田聪明在总社新闻大厦会见了来访的路透集团总裁兼首席执行官汤姆·格罗瑟一行。双方表示将继续坚持相互尊重、平等协商、互利互惠和从长计议的原则，进一步加强交流与合作。

全国广播影视系统办公室主任、法制处处长会议在成都召开。会议讨论了《广播影视传输保障法（征求意见稿）》和《电影促进法（框架初稿）》，通报了贯彻《行政许可证》的有关情况，表彰了法制工作先进单位，交流了经验。

10月14日

新华社社长田聪明在总社新闻大厦会见了前来拜访的俄塔社社长伊格纳坚科一行。

10月15日

新华社社长田聪明在总社新闻大厦会见了俄罗斯国际文传电讯社社长米哈伊尔·科米萨尔一行。

甘肃省广播电影电视局完成了地面数字移动电视试播，并于11月率先在兰州市内200辆公交车、出租车、通勤车上安装。兰州成为西北首家拥有数字移动电视的城市。

安徽卫视在海南博鳌举行全国记者招待会，20多家全国著名媒体的记者参加了会议。安徽卫视提出了“内容为王，剧行天下”的口号，并与欢乐传媒签订了战略合作伙伴协议。

北京人民广播电台与河南人民广播电台

新闻广播进行大型连线特别直播节目“直播河南”。河南省委宣传部领导在北京人民广播电台新闻直播间，通过与河南、北京两个主持人现场交流沟通的方式向首都听众介绍河南社会经济发展的新成就、新亮点。17日，河南电视台也圆满完成了“情系首都，感知河南——中原文化北京行”的宣传报道工作。

清华大学与河南日报合办的首期公共健康编辑记者培训班在郑州开班。在为期 3 天的培训时间里，专家学者们围绕公共健康问题，媒体如何应对大规模传染性疾病和公共卫生危机，媒体应以何种方式来报道公共健康领域的各种新闻事件等问题，对河南日报报业集团的采编人员进行专题培训。

新疆电视台柯尔克孜语《走进中国》电视节目正式在吉尔吉斯斯坦国家电视台落地开播，每天 1 期，每期 1 小时，分为专题报道、经济信息和影视剧三部分。

10 月 16 日

北京、河南两省市电台、电视台结为友好台合作协议书签字仪式在北京河南大厦举行。根据协议双方将确立长期友好合作关系，实现信息沟通，共享新闻资源，并将适时共同策划大型专题节目，互派记者进行异地采访，加强节目互换等。

陕西省广播电影电视局 2004 年度广播电视专项扶持资金补助方案确定，对全省广电系统的 17 个县区广播电视局和 2 个市级广播电台进行专项补助，共计补助 100 万元。

在范长江诞辰 95 周年之际，国内首座范长江纪念铜像在上海福寿园君子苑落成。

本日至 19 日，中国国际广播电台驻亚太地区和驻欧洲地区记者站工作会议分别在印度和意大利举行。国际台负责人与 16 个记者站站长就驻外记者工作进行了总结和研讨。

应希腊政府新闻总秘书处邀请，以西藏自治区广播电影电视局局长张崇银为团长的中国新闻代表团一行 11 人访问了希腊。代表团访问了希腊国家通讯社、国家广播电视台、每日报、论坛报，参观了 2004 年雅典奥运会体育馆，了解了希腊媒体的一些情况。

中国记协与国务院台办共同举办海峡两岸记者“西南边疆行”联合采访活动。来自台湾 9 家媒体的 14 名记者与大陆 10 家媒体的 12 名记者共赴广西、云南采访。

10 月 17 日

中国市场经济研讨会、学习时报社、中国改革杂志社和证券市场周刊联合在北京召开“媒体在中国改革中的社会责任”研讨会。来自中央和地方媒体的数十位总编辑和社长就新闻媒体如何坚持正确的舆论导向、弘扬社会正气、为改革开放发挥积极作用等问题进行了讨论。

中央电视台西班牙语法语频道、中文国际频道和英文国际频道 3 个完整频道的节目正式进入古巴有线电视网，并通过这一网络在古巴首都哈瓦那等地的涉外酒店和公寓中播出。

由国家广电总局科技司安全播出调度指挥中心主办、江苏广电总台承办的全国广播电视卫星地球站技术交流会在南京召开，全国 33 个地球站技术负责人全部参加了会议。

中国国际广播电台第 5 届电视节目用户会议在贵州省贵阳市举行。来自全国各地电视台的近 80 名代表出席了为期 4 天的会议。会议就节目制作和使用情况交换意见，并通报国际台电视中心下年度的节目制作计划。国际台电视中心在 2004 年向国内 200 家电视台和 300 个频道提供国际新闻节目。

本日至 27 日，以厄瓜多尔记协主席拉萨为团长的厄瓜多尔新闻代表团一行 6 人访问了北京、上海、南京和杭州，与我国新闻界进行了广泛接触。

10 月 18 日

以小学中高年级学生为主要读者对象的《中国少年英语报》创刊大会在北京钓鱼台国宾馆举行。

在北京举行的中国中医药境外传播项目工作会议上，国家中医药管理局副局长房书亭透露，我国将启动中医药境外传播项目。

由司法部主管、法制日报社主办的《法制早报》在北京创刊。该报为对开大型周报，国内外公开发行，完全按照现代报业管理模式和市场规律运作。

贵州有线广播电视网络有限公司与贵州省移动通信公司合作推出 e 视通，它通过 860 兆超强带宽的有线电视双向网络进行，可开展各种宽带的有线电视双向网络运行的数据业务。

河北电视台科技教育频道更名为少儿·科教频道，正式改版播出。

全国有线数字付费电视联合体在安徽省合肥市召开会议，安徽电视台作为该联合体首届轮值主席承办了本次会议。联合体成员单位及有线数字付费电视产业相关运营机构等 20 多家单位的代表参加了会议。

由福建省广播影视集团、中华文化联谊会共同主办的大型电视晚会《情系两岸，相约东南》新闻发布会在北京人民大会堂台湾厅举行。中央和地方 65 家媒体的 100 多位记者出席了新闻发布会。

云南电视台进行年内第二次改版，6 个频道分别定位为综合频道、都市频道、民族旅游频道、生活资讯频道、电影频道、新闻综合频道，改版后增加了本省新闻和影视剧版块，减少了自办栏目。

由国际多媒体协会联盟主办的第 4 届互联网与多媒体全球峰会在北京开幕。北京市副市长陆昊，联合国信息与通信技术委员会主任、世界经济论坛首席执行官何塞·菲格雷斯，加拿大魁北克政府副总理莫妮克·加涅·特布莱女士，联合国教科文组织通信与信息总干事助理阿卜杜勒·瓦希德·坎及国际多媒体协会联盟主席费彻出席开幕式并致辞。峰会以多媒体与数字未来为主题，吸引了中国移动、电信、铁通等运营商及国际多媒体协会联盟会员企业的参展。

全国省级电视台行政管理工作研讨会在青岛举行。与会代表围绕加强行政管理、加强和深化内部改革等议题进行了广泛深入的讨论。

第十一届全国新闻校检研讨会在郑州举行。来自全国省市区 40 家新闻单位的 70 余名代表参加研讨。与会代表围绕新形势下如何进一步加强党报的校检管理工作，进行了业务探讨和经验交流。研讨会评选产生了全国十佳新闻校对员、全国优秀新闻校对员，还进行了优秀论文的评选，共评选出一等奖论文 5 篇、二等奖论文 11 篇、三等奖论文 10 篇。

首届全国宣传文化系统“四个一批”人才工程研讨班在北京举行。

10 月 19 日

国台办新闻局局长、发言人张铭清到厦门广电集团座谈调研，肯定了厦门广电集团创办上星频道准备工作，现场解答了广电集团提出的问题。

中共中央政治局常委李长春在国家广电总局局长徐光春、宁夏回族自治区领导陈建国、马启智陪同下视察了宁夏广播电台，听取了“西新工程”建设和宁夏广播电视事业发展情况的汇报。李长春同志对宁夏回族自治区“西新工程”建设和广播电视事业发展取得的成绩给予了充分的肯定，并就进一步推进广播电视体制改革和村村通工程再上新台阶等工作作了重要指示。他说：“群众文化生活单调，愚昧迷信活动就难免盛行，‘黄、赌、毒’等社会丑恶现象沉渣泛起，腐朽和错误思想滋生，村村通是把基层文化活动室建到千家万户的工程，一定要千方百计搞好。”

西部党报财务工作研讨会在西安举行，来自西部 10 省、自治区的 14 家党报的 43 名财务工作者参加了会议。与会者就西部报业发展面临的问题和在国家文化体制改革背景下，西部报业财务管理工作如何更好地适应和促进西部报业的经济发展展开了讨论。

10 月 20 日

上海东广新闻台向联合国电台发出题为《全球部长呼吁尽快通过保护文化多样性国际公约》的英文报道，被选用向全世界播出。至此，东广新闻台已经在联合国电台播发由 9 位东广记者采制的 15 篇新闻作品（消息 2 条和录音报道 13 个），这标志着世界主流华语新闻广播中开始有了上海的声音。

广东人民广播电台举行了 55 周年台庆暨广东广播发展历程纪念雕塑的揭幕仪式。广东省委、省宣传部、省广电局以及南方广播影视传媒集团的领导出席了庆祝活动。

10 月 20 日

由青岛电视台和德国莱茵内卡电视台共同举办的首届德国“青岛电视周”在莱茵内卡电视台开播，共播出了 6 集反映青岛市的风土人情和改革开放成就的节目，每集 15 分钟。

10 月 21 日

中共中央政治局常委李长春对中央电视台《精彩中国》系列报道作出批示：“经典中国、精彩中国、历史的见证，这几组系列报道都很好。”云南、上海、重庆、辽宁、河南等各地领导均对节目给予了高度评价。广电总局局长徐光春批示：“中央电视台‘中法文化年’的宣传开局很好。希望总结经验，搞好后续的宣传。”

由中国新闻出版报策划组织的为期两天的中国传媒体育新闻创新研讨会在北京举行。会议的主题是“在新的历史时期体育新闻的创新与发展”。来自全国数十家媒体的体育新闻报道负责人就奥运、体育新闻改革和网络技术创新 3 个专题进行了研讨。

黑龙江人民广播电台的妇女儿童广播荣获“青少年维权岗”称号，成为黑龙江唯一获此殊荣的新闻媒体。

西藏广播电视协会被西藏自治区科协评为先进集体。

10 月 22 日

陕西省委宣传部、省记协、省报协组织媒体就全省新闻媒体广告经营过程中的导向和品位问题进行专题研讨。

山西省新闻战线“三项学习教育活动”经验交流会在临汾举行。

广西广播电影电视局在南宁召开全区村村通广播电视工作会议，公布了广西新一轮村村通广播电视工程的建设目标。到 2005 年底，广西还将完成全区 1.6 万个已通电的 50 户以上自然村广播电视信号进村入户工作。

人民日报、新华社、光明日报、经济日报、中央电视台、中央人民广播电台、中国青年报、法制日报等组成记者团开始对上海、安徽、四川、广东等省市进行依法行政专题采访。

《中国广播电视年鉴》第 20 届年会在四川省成都市举行。国家广播电影电视总局办公厅副主任、总局改革办主任陶世明出席会议并宣读了总局副局长、年鉴编委会主任胡占凡致本届年会的信。四川省广电局局长吴宝文，四川广电集团管委会主任王均，中国传媒大学校长助理、年鉴编委会副主任丁俊杰，年鉴编委会副主任赵玉明以及来自总局机关、直属单位和全国广播电视系统年鉴编委单位的 70 多名编委、特约编辑参加了会议。

由国家广播电影电视总局外事司、浙江省广电局和探索亚洲电视网主办的纪录片发展与市场培育研讨会在绍兴举办。来自探索亚洲电视网、新西兰自然历史制作公司和法新社的专家就相关议题作了演讲。

由中国广电学会技术研委会、总局信息网络中心和浙江省广电局等共同主办的第12届有线电视技术研讨会在杭州举行。会议主题是数字电视技术与运营体制。会上总局科技司还举行了数字电视论坛，重点介绍、推广杭州发展数字电视经验。来自国家广电总局的领导和国内外有线数字电视领域的专家、全国49个数字电视试点地区和企业代表等1000多人参加会议。

10月23日

由中国社会科学院新闻与传播研究所、清华大学新闻与传播学院共同主办的第8届全国传播学研讨会在清华大学召开。本次会主要在传播学本土化、新闻传播教育的国际新动向、传播学研究与新闻实践、国际传播、媒介产业与媒介经营管理、新媒体研究、跨文化传播、传播与危机公关、全球化与新闻传播新格局等相关论题进行交流和讨论。

厦门日报庆祝创刊55周年大会在厦门人民会堂举行。

华东地区省级电视台台长协作会暨第17届技术年会在宁波举行。来自华东地区的13家省市级电视台的64位代表参加了会议。

10月24日

全国少儿报刊第18届年会在南京举行。会议的主题是贯彻党中央、国务院关于进一步加强和改进未成年人思想道德建设的决定，总结我国少儿报刊近两年的工作情况，展望少儿报刊的发展趋势。全国各地少儿报刊社的社长、总编及代表180余人出席了会议。

10月25日

吉林省政府办公厅下发了《吉林省人民政府办公厅关于成立吉林省广播电视“村村通工程”领导小组的通知》，正式成立了由副省长李锦斌任组长，省政府副秘书长王甫铁任副组长，成员包括各相关厅局长、9个市（州）的市（州）长的吉林省广播电视村村通工程领导小组。

湖南卫视在香港举办节目推介会，并宣布成立香港办事处——俊星传媒有限公司。

由中央人民广播电台主办的2004（中国）广播发展论坛暨全球华语广播协作会议在北京举行。徐光春、田进、杨波等广电领导出席了开幕式。亚广联秘书长戴维·阿斯特雷及来自加拿大、美国、澳大利亚、乌克兰、英国、韩国等国家和香港、台湾地区的广播媒体，中央电台、中国国际广播电台和各地方广播电台以及中国传媒大学等高等院校近百家单位的广播同行、专家、学者200多人参加了论坛。

中央对外宣传办公室、国务院新闻办公室主任赵启正在天津考察了该市的对外宣传工作。在津期间，赵启正深入天津报业集团、天津广电集团、天津图书大厦和北方网调查研究并听取了天津市新闻办公室、今晚报社等单位的工作汇报，并与相关人员举行了座谈会。

云南省新闻工作者协会在曲靖召开2004年度新闻理论研讨会，围绕“四大公害”（有偿新闻、虚假报道、低俗之风和不良广告）在云南新闻界的表现、危害、根源及遏止对策展开讨论。

10月26日

本日至11月7日，中国国际广播电台副台长陈敏毅率团访问俄罗斯、保加利亚和匈牙利。代表团分别在上述3国举行了5场听众见面会；参加了俄罗斯之声电台建台 75 周年的系列活动；与保国家电台台长波雅·斯坦切娃女士举行正式会谈，并分别代表两国电台签署了合作协议；访问了匈牙利电台，就两台合作事宜进行了交谈，两台台长签署了关于共建匈牙利语网站的有关协议。

10 月 27 日

为期 5 天的第 10 届全国省区市党报总编辑夜班工作研讨会在长沙开幕。与会代表就党报进报亭后的报纸改革，特别是党报要闻版编排方式的改革展开讨论，并对各报推荐的好版面和夜班编辑业务论文进行了交流和评选。

第四届全国广播节目技术质量奖（传音）技术大赛在安徽省合肥市举行。本届传音技术大赛由中国录音师协会主办、安徽省电台协办，全国 21 个省、市、自治区的 60 多名选手参加了大赛。

10 月 28 日

国家广播电影电视总局、中华人民共和国商务部第 44 号令《中外合资、合作广播电视节目制作经营企业管理暂行规定》发布。

武汉市委市政府召开会议，总结表彰了武汉电视台《都市田野风》节目。为了办好节目，市政府成立了专门班子配合电视台工作，并将市农口部门对《都市田野风》节目的供稿、协作纳入到各自的年度目标任务考核中。一年来，节目播出“农事指南”900 多条，开通“专家热线”60 多次，及时解答了 2000 多名农民朋友的疑难问题。

青海省广电局举行 560 台新址落成暨节目开播典礼。

应台湾联合报系文化基金会邀请，中国记协组织大陆都市报负责人访台团一行 16 人赴台参加首届两岸报业经营研讨会，就两岸媒体发展现况与都市报的兴起、两岸报业编辑方针与新闻定位、两岸报业经营理念及行销方式等题目与台湾部分媒体和学者进行了研讨。

10 月 29 日

上海文广新闻传媒集团影视剧中心正式组建成立，以期统一经营和管理电视剧、电视电影、动画片的购销、编播和创作生产。

本日至 11 月 9 日，吴邦国委员长对肯尼亚、津巴布韦、赞比亚和尼日利亚进行正式友好访问。中国国际广播电台对此进行充分、及时的报道，共发稿 32 篇。

10 月 30 日

动画专业卫星频道湖南电视台金鹰卡通卫视开始起航，该频道采用数字信号播出，11 月 1 日正式播出。

由北京工商大学传播与艺术学院举办的首届全国经济新闻改革与发展研讨会在北京举行。来自国内 60 多家新闻媒体和高校研究机构的专家学者围绕经济新闻报道的范畴、地位、功能，经济媒体的发展现状和面临的问题，面向实践的经济人才培养，经济报道与社会和谐发展，经济媒体、经济报道的改革与发展趋势等 5 个专题作了深入探讨。

10 月 31 日

中央电视台与招商银行在杭州举行了战略合作伙伴签约仪式。双方签订战略合作伙伴协议中的一项重要内容是“金葵花—CCTV”联名国际借计卡的开发。双方将根据中央电视台客户提出的特殊需求，为“金葵花—CCTV”联名国际借计卡持有者提供个性化的 VIP 服务内容。

武汉国际文化博览洽谈会闭幕，湖北省广播电视局共吸引投资 2.69 亿元人民币和 120 万美元。

由广东电视台发起并主办的首届泛珠三角电视媒体高峰论坛在广州举行。福建、江西、湖南、广东等9个省区电视业高层人士，以及香港和澳门两个特别行政区包括香港无线电视、亚洲电视、香港电台和澳广视在内的电视媒体负责人共同签署了《泛珠三角电视媒体合作框架协议》。

11月1日

北京奥运新闻中心正式启动，办公地点设在华北大酒店，配备了专门的新闻发布大厅和采访室，将定期举办新闻发布会和吹风会。

福建省广播影视集团北京演播室开播。它是福建省广电集团派驻北京的宣传机构、联络机构和服务机构。

广东电视台召开建台45周年庆祝大会。广东省委和宣传部的领导表示了祝贺。

广东电视台移动频道正式开播，节目覆盖广州、佛山、珠海等市以及附近的东莞市、中山市，包括这些城市间的公路、铁路交通干线。

本日至12日，大连人民广播电台采取与兄弟城市电台同步异地直播的形式，派出21人分批深入全国10个城市，利用当地广播资源宣传大连。节目在西安、昆明、深圳、南京、井冈山等10个城市依次播出。

11月2日

中央电视台赵化勇台长会见了日本索尼公司董事长兼集团CEO出井伸之等一行，总工程师丁文华等参加会见。赵化勇台长向客人介绍了中央电视台的情况。

中国记协第6届理事会第二次会议在北京举行。中央政治局常委李长春同志，中央政治局委员、书记处书记，中宣部部长刘云山分别为本次会议发来了贺信。中国记协主席邵华泽在会上致辞。

全国省级电视台经济生活频道协作会议在福州召开。来自北京、上海、浙江、湖北、内蒙古、广东等16个省级电视台经济生活频道总监及代表参会。会议举办了“经济报道与市场需求”高峰论坛，交流了各地办经济频道的经验，还就异地采访、资源共享与协作体合作事宜进行了探讨。

11月3日

2003年度中国广播电视新闻奖颁奖暨研讨会在昆明举行，国家广电总局副局长胡占凡、中国国际广播电台台长李丹出席会议，并就广播电视创优问题作了重要讲话。云南省副省长吴晓青到会致辞。全国知名专家和各省市广电行业人员250余人参会并交流探讨了广播电视创新等许多问题。2003年度中国广播电视新闻奖获奖的作品包括广播新闻124件、电视节目124件、广播社教节目109件、报刊40件。

11月4日

由中央人民广播电台对台湾广播中心倡议和举办的全国十家对台湾广播电台协作会议在上海召开。与会者一致同意以中央台你好台湾网为依托，集中十家电台的资源，发挥网络优势，加强对台湾新闻传播的实际效果。

由中国报协行业报委员会和北京大学新闻与传播学院联合举办的中国报业（行业）论坛在北京召开。

由中央电视台主办、辽宁电视台承办的2004年全国省暨计划单列市电视台办公室主任会议在沈阳举行。全国各地37家电视台的相关领导、办公室主任70多人参加会议。

纪念范长江诞辰95周年座谈会暨《长江自有后来人》一书首发式在中国记协新闻发布厅举行。

由北京市委宣传部新闻处、北京市记协、北京晚报、北京青年报、北京电台、北京电视台、北京晨报等单位组成的北京传媒代表团一行9人赴上海参加中国（上海）传媒高峰论坛，论坛的主题是“内地与香港：

传媒的现状与前瞻”。

11月5日

新华社社长田聪明在总社新闻大厦会见了应邀来访的东盟秘书长王景荣一行。会见后，鲁炜副社长还同王景荣秘书长就新华社与东盟秘书处的具体合作项目进行了交谈。

第2届中国（上海）传媒业博览会暨传媒峰会在上海举行。

浙江网络媒体界代表80多人签署了《浙江网络媒体杭州宣言》。宣言以“崛起·发展·责任”为主题，着重强调网络媒体所应承担的社会责任，坚持把正确的舆论导向放在首位，形成网上正面舆论的强势。

河南省举行《中国互联网行业自律公约》第二次签约仪式，省内17家互联网应用企业签署了自律公约，成为行业自律队伍中的“新军”。至此，全省已有77家单位加入互联网行业自律队伍。

11月6日

河南广电移动数字电视试播仪式暨清华大学DMB-T项目研讨会在郑州举行，这标志着河南省广播影视数字化工作取得了新突破。

青海省副省长邓本太视察地处三江源头的玉树藏族自治州的广播电视工作，对边远牧区“西新工程”和“村村通工程”实施中的困难问题，给予及时的调研和处理。

11月7日

山东大众报业集团鲁中晨报社成立山东省首家新闻媒体红十字志愿者救护队，并向社会承诺，在紧急突发事件现场，先救人后采访。

11月7日

本日至16日，应中国记协邀请，以台北市新闻记者公会理事长、台湾“中国广播公司”总经理李庆平先生为团长的台北市新闻记者公会大陆访问团一行20人访问北京、江苏、上海。

11月8日

中宣部常务副部长吉炳轩在河南省委副书记王全书，省委宣传部副部长马正跃、张锐，省委宣传部副部长、省广电局局长赵景春的陪同下来到河南省广播大厦考察。

广东省新闻工作者协会在广州召开了一年一度的广东新闻队伍建设经验交流会。南方日报报业集团、羊城晚报报业集团、广州日报报业集团、广东电视台等多家媒体在会上就广泛开展“三项学习教育活动”、进一步加强新闻队伍建设作了专题交流与研讨。

云南昆明市委宣传部、昆明市记协和市新闻学会、大理州委宣传部、大理市记协分别在两市召开表彰大会，隆重表彰本市首届“十佳新闻工作者”。

河北人民广播电台和河北电视台联合策划播出了“与时代同行——河北省庆祝第5届记者节专题文艺晚会”。河北省政协、省宣传部、省政府领导出席晚会。

江苏省广电总台召开数字新媒体高层论坛。本次论坛是国内外广播电视界、信息产业界和科技界共同参与探讨新媒体发展的一大盛会，也是国家广电总局定于11月21日举办的“世界电视日”活动的一部分。与会代表围绕数字新媒体的突破与建构这个主题，从技术、结构、体制、业务、观念等5个方面进行了深入的探讨和交流。

第4届中国网络媒体论坛在江西南昌举行。本届论坛围绕营造健康向上的网络环境这一中心主题开展沟通和探讨，同时还就目前中国网络媒体的行业发展方向及重点工作等问题进行交流。

近千名天津的新老新闻工作者参加了由天津市委宣传部和天津市记者协会举办的庆祝第5个中国记者节大会。

以蒙古国广播电视管理局局长巴·宝力道为团长的蒙古国广播电视代表团一行5

人，到内蒙古广电局进行工作访问。11月9日，自治区副主席乌兰会见并宴请了蒙古国广播电视代表团。

11月9日

新华社总编辑南振中和副社长徐锡安在总社新闻大厦会见了由台北市新闻记者公会理事长、台湾“中国广播公司”总经理李庆平率领的台北市新闻记者公会大陆参访团。

上海新闻界纪念第5届中国记者节大会在上视大厦举行。大会的主题是实施媒体品牌战略，做大做强正面宣传影响力。

河北人民广播电台与河北省国土资源厅联合举办了以保护国土资源，维护群众权益为主题的“阳光热线”大型户外现场直播活动。

世界中文报业协会第37届年会在马来西亚吉隆坡召开。会议讨论通过了中国的经济日报、北京青年报、新民晚报、大连晚报、深圳特区报、华商报等6家报纸加入世界中文报业协会的申请，并选举经济日报、新民晚报、深圳特区报为执委，经济日报总编辑冯并当选执委会副主席。

中共中央政治局委员、书记处书记，中宣部部长刘云山在河南省考察宣传思想工作和精神文明建设。

11月10日

由中国记者协会主办的2004年全国新闻界乒乓球赛在北京地坛体育馆举行。来自27个省、自治区、直辖市和中央新闻单位共51个代表队的400多名新闻工作者将参加为期4天的角逐，并以这种方式庆祝中国记者节。

解放军报社举行座谈会，纪念《中国民兵》杂志创刊20周年。

中宣部副部长、国家广电总局局长徐光春到浙江省调研广电管办分开工作和影视动画产业发展情况，实地考察了横店影视产业实验区、杭州高新技术产业开发区及UT斯达康通讯公司、中南卡通集团等企业。徐光春同志充分肯定浙江省管办分开的试点工作，认为浙江省局探索了新路，取得了成功经验，很有说服力。他要求各地在机构合并中一定要确保广电的基本行政职能不变。横店影视产业实验区的建立是文化体制改革在所有制、产业政策、经营模式上的重大突破，徐光春要求实验区建设成为立足浙江、面向全国、辐射世界，高起点、全方位、多品种的国家级世界知名影视产业基地。

11月11日

本日至23日，国家主席胡锦涛应邀对巴西、阿根廷、智利和古巴进行国事访问，并出席亚太经济合作组织第12次领导人非正式会议。中国国际广播电台对此进行了及时充分的报道，共编发新闻53篇、《中国时事》新闻3篇、《国际纵横》新闻7篇。

中共中央政治局委员、书记处书记，中宣部部长刘云山，中宣部副部长雒树刚到河南人民广播电台、河南电视台视察工作，听取了河南广播电视情况介绍。刘云山称赞《梨园春》《武林风》栏目办出了特色。

团中央、教育部和中国记协在北京人民大会堂隆重举行了2004年西部计划万里采风志愿服务团出征仪式。此次采访活动旨在宣传西部计划的实施成效，宣传大学生志愿者的感人事迹和高精神，在全社会进一步弘扬奉献、友爱、互助、进步的志愿精神。

中国国际广播电台、云南人民广播电台、广西人民广播电台第5届对外广播工作会议在云南昆明举行。会议就如何加强三台的合作、进一步做强做大对外广播以及云南台、广西台如何利用中国国际广播电台这一平台加大本省（区）的对外宣传等问题进行了研讨。

11月12日

河北省广电局社管处、计财处联合对全

省境内的 20 多家社会广播电视节目制作经营机构的统计人员进行了统计制度及应用程序的培训。

广州电视台隆重召开大会，在全国城市电视台中率先成立科学技术委员会。

11 月 13 日

国家广播电影电视总局发布《关于印发〈中国广播电视编辑记者职业道德准则〉和〈中国广播电视播音员主持人职业道德准则〉的通知》。

江苏广播电视学校举办建校 20 周年庆典。

11 月 15 日

由上海文广新闻传媒集团、广州日报报业集团和北京青年报社联合创办的《第一财经日报》创刊。

11 月 16 日

中央人民广播电台刘宝顺副台长率团赴越南、印度和南非访问，此行加深了中央电台与越南电台的友好合作关系，并与印度和南非的国家电台建立了直接关系，为将来的进一步合作奠定了基础。

11 月 17 日

由香港新闻行政人员协会主办的第 8 届海峡及港澳新闻研讨会在香港召开。此次研讨会的主题是 21 世纪传媒发展的机遇与挑战，包括传媒跨境经营、合作及资源整合，媒体的经济利益与新闻报道的客观公正，传媒业人力资源之优化组合，传媒如何结合新科技发展 4 个子题。海峡两岸及港澳新闻界近 70 人出席了研讨会。

新闻战线杂志社和深圳特区报社在深圳报业大厦共同主办了“新时期党报定位与功能拓展”研讨会，研讨会是首届深圳国际文化产业博览会的一项重要内容。

11 月 18 日

中国广播电视学会少数民族广播电视研究委员会二届二次年会在南宁召开。会议提出，2005 年要重点抓好理论研究、节目评奖、对外交流等几项工作。广西壮族自治区党委副书记潘琦到会讲话。

中央电视台黄金段位广告招标会在北京召开，本次招标总额高达 52.48 亿元。

重庆广播电视集团（总台）正式成立。重庆市委、市政府的领导向集团授牌。

《文化时报》创刊。该报以弘扬先进文化，透视文化热点，服务文化产业，引领文化消费为宗旨，由河南出版集团主管、中州报刊社主办。

四川广播电视集团干部人事制度改革工作全面拉开帷幕。集团将全面推行员工聘用制度，建立以聘用制为基础的劳动人事制度，实行委任、选举、公选、竞聘、选聘相结合的干部选拔任用制度。

11 月 19 日

由保加利亚文化部、保加利亚驻中国大使馆和中华全国新闻工作者协会联合主办的保加利亚记者摄影展在北京开幕。展出的作品主要由保加利亚著名摄影记者哈德基米舍夫拍摄。中华全国新闻工作者协会主席邵华泽、保加利亚副外长托多罗娃、保加利亚驻中国大使奥尔贝措夫以及中外新闻界的代表 100 多人参加了开幕式。

全国首届广播电视品牌论坛和十佳栏目颁奖晚会在武汉隆重举行。

11 月 20 日

中宣部副部长李从军到广东电台、广东电视台、南方电视台考察工作。

20 点 5 分 54 秒至 20 点 17 分 1 秒，亚洲 3S 卫星转播的北京电视台第一套节目突然遭受“法轮功”非法信号攻击，总局呼市地球站与沙河地球站立即加大功率进行压制，同时亚洲卫星公司紧急关闭了该卫星转发器。徐光春、赵实、张海涛等总局领导在总局安全播出指挥中心现场坐镇指挥，启动预案，加强防范，并采取紧急措施，于21日零时35分恢复了该转发器上北京、天津、河北、山西四省市卫视节目的正常播出。

湖北省广播电视局和局属电视媒体举行了“世界电视日”纪念活动。湖北省委、省人大、省政协的领导同志及省局党组成员参加了活动。

11月21日

国家广播电影电视总局和各地的广电局都开展了一系列的“世界电视日”相关活动。广电总局举办的21世纪广电传媒高峰论坛在北京召开。

教育部高等学校新闻学学科教学指导委员会二届四次会议暨中国新闻教育学会五届四次理事会会议在西安陕西师范大学举行。

建筑面积12万平方米的黑龙江广播电视大厦正式落成并投入使用。新建成的大厦集广播电视采、编、播功能于一体，全面实现数字化，尤其是电视节目制作实现无磁带化设计技术流程，成为目前全国唯一从信号采集、制作、播出到存储数据化和网络化的省级广播电视中心。

国家广播电影电视总局批准上海文广集团下属文广新闻传媒集团向全国推出第2批共8个数字广播电视付费频道。8个频道分别为都市剧场频道、欢笑剧场频道、金色频道、幸福彩频道、极速汽车频道、生活时尚频道、新视觉频道和爱乐频道。同时，广电总局批准同意在上海市范围内播出的法治天地、劲爆体育、魅力音乐、七彩戏剧4个数字付费电视频道调整为在全国范围内播出。至此，上海文广集团共获准开办全国付费电视频道15个、全国付费广播频率1个以及与中国国际电视总公司合办的全国付费电视频道1个。

安徽省广电局中波小天线科研项目经过4年攻关研制成功。本日，安徽省科技厅组织专家对该项目进行了鉴定。鉴定认为，中波小天线具有实用价值，有助于中波广播事业的发展；该项目设计有创新，其合成场技术为国内首创，达到国际先进水平。

11月22日

中共中央政治局委员、书记处书记，中宣部部长刘云山在人民大会堂会见来华参加21世纪广电传媒高峰论坛的外宾代表。刘云山说，选择在联合国确定的“世界电视日”举办广电传媒高峰论坛具有重要意义。广播、电视是受众最广的媒体，希望中外媒体界加强交流合作，共同推动广电传媒的发展，更好地承担起促进经济生活、社会进步，满足人民精神文化需求，维护文化多样性和人类和平的使命。外宾代表高度评价论坛取得的丰硕成果，希望继续在广播电视的资金、管理、技术和项目合作等领域加强与中国广播电视同行的交流与合作。徐光春、田进和赵化勇等广电系统领导参加了会见。

陕西省新闻工作者协会在西安召开第4届理事会第6次会议。

由国务院振兴东北地区等老工业基地领导小组办公室、黑龙江省人民政府、吉林省人民政府、辽宁省人民政府和新华网共同主办的振兴东北网（www.chinaneast.gov.cn）正式开通。

11月23日

新华社新闻学术年会在总社举行。本届年会的主题是坚持科学发展观，增强新华社的核心竞争力。

为纪念澳门回归5周年，应澳门特区政府邀请，中央及北京新闻记者采访团一行26人赴澳门采访。澳门特别行政区行政长官何厚铧先生在澳门政府礼宾府会见采访团并接受了采访。

11月24日

中共中央政治局委员、书记处书记，中

宣部部长刘云山在人民大会堂会见日本主流媒体论说委员访华团，双方就共同关心的问题进行了友好坦诚的交流。访华团是应国务院新闻办公室邀请来华，旨在加深对中国的了解，增进两国的友谊，加强双方在新闻领域的合作。

11 月 25 日

中共中央政治局常委李长春在福建省委代理书记、省长卢展工等领导的陪同下，视察了海峡之声广播电台和福建东南电视台，了解了福建省广播影视集团的对台宣传工作。

11 月 26 日

由时尚品牌莱卡携同上海电视台生活时尚频道举办的年度莱卡 Channel Young 风尚颁奖大典在上海商城剧院举行。生活时尚频道和 11 家地方电视台作了同步直播。该节目覆盖国内 27 个省份、65 家电视台。

中国高等院校影视学会第 10 届年会暨第 3 届中国影视高层论坛在中国传媒大学隆重举行。来自英国、美国、德国、新加坡、南非、葡萄牙、日本等十几个国家的专家、联合国教科文组织的代表和来自全国近百所高校的影视学者 400 余人出席。来自中宣部、教育部、国家广电总局等部门的有关领导也到会表示祝贺。

11 月 27 日

重庆日报报业集团召开了新闻科研外聘专家迎新座谈会暨首批特邀新闻研究员聘任会。

首届新媒介与传播革新论坛在武汉举行。研讨会除主题发言外，共分 3 个专题进行了深入探讨，包括网络媒介带来的机遇与挑战、电子媒介与文化产业发展、新媒介带来的传播理论革新。

11 月 28 日

中国对外广播阿尔巴尼亚发射基地正式开播，开播仪式同时在阿尔巴尼亚采立克台和北京中国国际广播电台举行。国家广电总局局长徐光春，副局长张海涛、田进，阿尔巴尼亚驻华大使古依蒂姆·扎尼，国际台台长李丹等 80 多人参加了在北京举行的开播仪式。国际台此次通过阿发射基地播出的有英语、土耳其语、西班牙语，葡萄牙语、阿拉伯语、法语、德语、汉语普通话等 8 种语言的 64 个频率节目。

由中央人民广播电台和中国航天科技集团合作创办的有线付费电视家庭健康频道开播。

贵州日报报业集团正式成立。

由安徽电视台创办的面向全国的数字电视付费频道家家购物在北京正式开播。中央人民广播电台和安徽省委宣传部、省广电局、省电视台领导出席开播仪式。

广西对外广播电台首次与越南听众举行网上聚会。几位越南语节目主持人以及相关节目编辑、翻译通过网络与越南听众进行了直接对话。

11 月 29 日

重庆市文化局、广电局合署办公干部大会召开。

由上海文广新闻传媒集团制作的“闪耀明珠，风华上海——上海广播节目展播”在加拿大中文电台播出。

应台湾联合报系文化基金会邀请，大陆体育记者一行 10 人以两岸全民休闲体育的现状与发展为主题赴台采访。在台期间，采访团参加了由联合报系文化基金会主办的两场座谈会，分别围绕两岸休闲体育发展的现况与展望、学校体育教育与民间体育推展等主题，与台湾有关人士进行了交流。

11 月 30 日

中共中央政治局常委李长春对中央人民广播电台的少数民族广播作出批示：“继续

办好少数民族广播，不断增强凝聚力、影响力、感染力。”

新疆召开“西新工程”“村村通工程”工作会议。

12 月 1 日

国家广播电影电视总局科技委就广播影视信息安全问题召开讨论会。总局相关领导，中国科学院院士、中国工程院院士以及来自清华大学、北京大学、北京邮电大学、中国航天科技集团、新华社等单位的知名专家出席会议。

中国国际广播电台国际在线与新疆人民广电台新疆新闻在线联合推出维吾尔语、哈萨克语和柯尔克孜语 3 种语言网站。国际在线上网语种数由原来的 39 种升为 42 种。

中国国际广播电台蒙古语广播部举行开播 40 周年座谈会。中央人民广播电台、中央民族翻译局、中央民族大学、民族出版社、中国社会科学杂志社、呼伦贝尔广播电台的蒙语界人士，以及应邀参加庆祝活动的蒙古乌兰巴托市友谊俱乐部主任、听众代表等出席了座谈会。

由北方网主办的地方新闻网站内容建设与发布技术应用研讨会在天津举行，共有 15 家地方新闻网站的总裁、总编出席。这次研讨会提出了“平等、民本、互助”的研讨宗旨。

12 月 2 日

上海文广互动电视公司与法国时尚电视频道签订合作协议。这是法国时尚电视频道首次与中国内地电视播出机构进行内容合作。法国时尚电视频道将每晚独家提供最新节目，在上海互动电视生活时尚频道中播出。

本日至 9 日，应中国记协邀请，以《家庭》杂志编辑主管图兰・J・赛菲蒂女士为团长的伊朗女记者代表团一行 8 人访问了北京、南京和上海。

本日至 12 日，由河北省政府新闻办公室和河北电视台牵头组织，全省各市级电视台参加的“蓝天下的河北”电视节目展播活动，先后在美国的洛杉矶和加拿大的温哥华举行。

12 月 3 日

中国晚报工作者协会经营峰会暨经营管理委员会、广告协作体成立大会在广州召开。

12 月 4 日

上午 9 点至 12 点，中央人民广播电台中国之声联合司法部法制宣传司、全国法制广播协作网成员电台，首次推出全国法制宣传日特别直播节目“2004，我们与你同行”。

12 月 5 日

北京广播影视集团所属歌华集团与意大利文化产业部签订合作协议，将在中华世纪坛举办古代罗马和两河流域艺术展。

由湖南经济电视台创办的广播媒体“金鹰之声”在长沙举办了隆重的试播仪式，这是国内首家由电视台创办的电台。

12 月 6 日

国家广播电影电视总局在北京举行首批国家级动画基地授牌仪式，公布了全国首批 13 家国家动画产业基地和国家动画教学研究基地。

由湖北、湖南、江西、山西、河南及武汉等中部六省市媒体组成“聚焦中部话崛起”集中采访团，开始深入郑州、焦作、许昌、漯河等市，历时 7 天，对河南省的经济、社会发展进行采访报道。报道活动进一步增进了河南同外省市的合作和交流，推介了河南品牌，展示了河南形象。

中南地区省级广播电台技术协会第二届理事会第二次会议在广西人民广播电台召开。会议总结交流了新技术在广播领域的推广应用和技术管理工作的经验，并对各台选送的优秀技术论文进行了评比。

12 月 7 日

南方都市报总编辑王春芙代表南方都市报在广州分别与北京大学、中国人民大学、复旦大学、南京大学、浙江大学、武汉大学、中山大学和暨南大学 8 所高校的代表签订了设立南都新闻奖学金协议。按照该协议，南方都市报将从 2005 年至 2008 年连续 4 年每年分别向 8 所高校捐赠 5 万元，设立南方都市报新闻奖学金。

中国国务院总理温家宝赴荷兰海牙出席第七次中欧领导人会晤，并对荷兰进行正式访问。中国国际广播电台特派记者与驻比利时记者对温总理的活动进行了充分的报道，共发稿 17 篇。

本日至 12 日，由国家广电总局、广东省广播电影电视局、广州市新闻出版和广播电视局、广州市对外文化交流协会和广州电视台主办的 2004 广州国际纪录片大会在广州举行。大会主题是“青少年儿童的故事”，主要内容有纪录片评奖、纪录片交易、中外纪录片展播和专题讲座与论坛。来自 23 个国家的 115 部影片参加评奖，7 部获奖。70 多部中外纪录片和 20 多部拍摄方案参与了交易活动。

12 月 8 日

第四届十七城市都市报业务交流会在广州开幕，相关报社代表以及复旦大学、北京大学等高校的专家学者围绕都市报的改革问题各抒己见。

上海新华发行集团有限公司向上海绿地（集团）有限公司转让 49％股权，这是我国首家混合所有制的发行集团。

安徽广电移动电视有限公司与合肥白马巴士有限公司签订合作协议，决定在合肥所有的“白马”公交车上安装移动电视接收终端，在 2005 年春节前开播。

12 月 9 日

国家广电总局向社会公布《中国广播电视编辑记者职业道德准则》和《中国广播电视播音员主持人职业道德准则》。两个准则明确规定，广播电视编辑记者要严格做到遵纪守法、清正廉洁，反对任何形式的有偿新闻；广播电视播音员主持人不得将自己的名字、声音、形象用于任何带有商业目的的文章、图片及音像制品中。

中国国际广播电台台长王庚年会见到访的英国世界广播网执行董事卡尔·米奥斯加。

《每日经济新闻》在上海创刊。该报是由解放日报报业集团主管并与成都日报报业集团联合主办、共同投资创建的财经类日报。

由海南省政府、中广影视传输网络有限责任公司、中国电子信息产业集团公司合作建设的海南省有线数字电视项目举行启动揭牌仪式。

贵州有线广播电视信息网络中心业务办公楼在金阳新区破土动工。该大楼总建筑面积 12000 多平方米，总投资 4500 万元，是全省有线广播电视信息传输管理中心、国家光缆干线西南主节点和枢纽站。

12 月 10 日

中共中央决定任命王庚年任国家广播电视总局党组成员，中国国际广播电台台长、分党组书记；李丹不再担任总局党组成员，中国国际广播电台台长、分党组书记职务。

新华社社长田聪明在新闻大厦会见了由香港文汇报社长张国良和印尼国际日报报业集团主席熊德龙率领的部分来京参加“香港文汇报国际合作研讨会”的海外华文媒体负责人。

由广东省新闻学会主办的 2004 年广东

省新闻业务研讨会在南海市举行。本次研讨会的中心论题是宣传报道怎样求真务实，做到“三贴近”。

中国广播电视学会被民政部评为“全国先进民间组织”。

12 月 12 日

北青传媒在香港 H 股正式挂牌上市，成为中国内地传媒企业香港上市第一股。

吉林省“西新工程”第 3 期第一阶段中波实验台更新改造项目完成。该项目总投资 281 万元，共对吉林省延边朝鲜族自治州的 5 个实验台、9 部实验发射机及相关配套设备和设施进行了更新改造和修复工作。

12 月 13 日

中国广播电视学会纪录片研究委员会与法国 ARS 机构在北京共同召开了“印象法国——中国电视记者法兰西之旅”项目启动新闻发布会。

在上海举行的中国青少年社会教育论坛第 2 届年会通过了有关增强大众传媒的社会责任感，为未成年人思想道德建设创造良好的舆论环境的《上海宣言》。与会代表还倡议建立未成年人状况的新闻发言人制度，定期就未成年人发展现状和存在的问题发布消息。

为推进农村广播电视公共服务体系的建设，解决偏僻山区群众收听收看广播电视难的问题，宁夏回族自治区党委常委、宣传部长李东东赴西吉县广电局视察广播电视工作。

12 月 14 日

陕西省新闻出版局作出行政处罚决定，吊销陕西农村报记者李武军、牛向阳的新闻记者证，并通过记者网注销该证。同时，对该报记者证持有者进行一次认真清理，凡调离新闻采编岗位的人员，其记者证停止使用，统一收回上交省局并予以注销。李武军、牛向阳原为陕西农村报记者，在调整到广告部从事广告业务后，仍以记者身份对陕西省大荔县公路路政管理所进行采访，并以报道其工作失误为由，接受该所宣传费 6000 元及正面宣传稿件，并开具了白条收据，稿件未登。

12 月 16 日

北广传媒集团公司成立北广传媒集成电视有限公司，开拓楼宇电视、手机电视等新媒体、新业务。

广东人民广播电台与英国世界广播网就《今日广东》《英语专题》节目在全球播出举行签约仪式，双方协定继续将两个节目推向全球范围内播出。

云南广播电视信息传输网络股份有限公司挂牌成立。该公司由全省广电系统 135 家资产占有单位组成，总资产 27.04 亿元，是将云南全省的广播电视网络整合为全程全网、三级贯通的现代传输企业。

经甘肃省委、省政府和国家广电总局批准，甘肃省广播电影电视总台（集团）成立。张家昌任总台（集团）党委委员、书记（兼）。

河南日报报业集团、河南龙宇能源股份有限公司和北京文华投资管理有限公司签订合资协议，决定成立河南今日文化传播有限公司。

昆明电视台承办的“2004 中国·国际电视形象片展”及其系列活动在昆明举行，并为评选出的国内外 53 件获奖作品进行领奖。

12 月 17 日

全国宣传部长会议在北京举行。中共中央政治局常委李长春发表重要讲话，强调要进一步加强和改进宣传思想工作，提高建设社会主义先进文化能力。中共中央政治局委员、中央书记处书记、中宣部部长刘云山对做好 2005 年的宣传思想工作进行了部署。

国务委员陈至立、全国政协副主席陈奎元出席会议。

国家广电总局召开干部大会，宣布了中央关于王太华和徐光春职务的任免。中央决定：王太华任中央宣传部副部长，免去徐光春的中宣部副部长职务；王太华任国家广播电影电视总局局长，免去徐光春的国家广播电影电视总局局长职务。

中国国际广播电台僧伽罗语广播开播30周年。

12月18日

浙江电视台少儿频道开播。

12月19日

中国国际广播电台世界语广播开播40周年。

上海炫动卡通频道在上海有线网络DS—21频道播出。26日，上海炫动卡通卫视娱乐传媒有限公司隆重举行开播仪式。上海炫动卡通卫视是通过卫星传送、覆盖全国的全年龄、全卡通的专业电视卡通频道，每天播出18小时。

12月20日

河北电台新增的第6套节目——少儿音乐广播正式开播。

12月21日

在海南博鳌举行的全国广播影视会议上，国家广电总局明确表示：今后不再批准组建事业性质的广电集团，只允许组建事业性质的广播电视台或总台。

中国网络媒体代表团在阿根廷布宜诺斯艾利斯举行推介会，向当地媒体介绍中国网络的发展及现状。

“马克思主义与中国新闻学”研讨会在中国人民大学召开，来自全国多所高校和机构的40多位专家学者参加了研讨。

上海复旦大学新闻学院举行建院75周年纪念大会，位于国定路的复旦大学新闻学院新院区同时正式启用。纪念会上举行了复旦大学新闻学院教学实习基地首批单位的授牌仪式。

经国家广播电影电视总局和民政部批准，全国广播电视的行业性组织——中国广播电视协会宣布成立。中国广播电视协会的前身是中国广播电视学会。

湖北省记协、湖北日报报业集团联合举办楚天都市报创刊8周年学术研讨会。

全国广播影视工作会议在海南博鳌召开。会议总结交流2004年工作情况，研究部署2005年工作任务。会议传达学习了中央领导关于广播影视工作的重要指示和全国宣传部长会议精神。王太华、赵实、张海涛、胡占凡、雷元亮、田进、赵化勇、杨波、王庚年等广电领导出席了会议。中组部、中宣部、国家发改委及中国传媒大学、北京电影学院、中国教育电视台有关负责同志列席了会议。

12月22日

青海省委副书记骆惠宁，省委常委、宣传部长曲青山，宣传部副部长王向明一行在省广电局负责人的陪同下，视察了青海广电中心新建的播控中心。

12月23日

中国电信集团公司和上海文广新闻传媒集团在北京签署协议，双方结成全国战略合作伙伴关系。

12月24日

新闻战线“三项学习教育活动”经验交流会在北京举行。

中国国际广播电台举办38种外语全面上网一周年暨在线广播发展座谈会。国务院新闻办副主任蔡名照、国家广电总局副局长胡占凡以及中宣部、外交部、中国记协的有关领导，中央重点新闻网站的负责人，新疆人民广播电台领导以及知名专家学者应邀出席。

中国国际广播电台俄语广播开播 50 周年，国际台为此举行庆祝大会，300 多位国内外人士出席了庆祝大会。

全国第一家由广播媒体创办的网络电视平台北京网视频道进入试运行阶段。北京、天津、河北、黑龙江等省市的网民可以在这个平台上欣赏到北京人民广播电台广播节目的电视版，还可以在线欣赏大量音乐电视作品、影视剧等。

中国纪录片网在海南三亚举行的中广协会 2004 年工作会议上正式开通。

河南省委书记徐光春亲笔致信河南日报报业集团党委书记、董事长、社长陆国贤，对报纸工作提出希望。

安徽省政府召开全省村村通工程协调会，就贯彻落实国务院有关文件精神和全国村村通工程电视电话会议精神，进一步推进全省 50 户以上已通电自然村的村村通工程进行研究和协调。

12 月 26 日

印度洋地震引发海啸，附近国家和地区遭受重大灾害。中国国际广播电台迅速对此进行了报道，派记者前往灾区进行现场报道，同时及时播发中国政府的表态和社会各界的反响。国际台相关语言广播（印地语、印尼语、僧伽罗语、泰米尔语、孟加拉语、泰语、马来语、菲律宾语）按照台要求，及时对节目进行了调整，在广播中加大了对灾情关注、慰问和求助的报道；国际在线也在显著位置开辟了相关专题，并滚动播出最新消息。

山东广电中心正式开工建设。

青岛市有线数字电视用户完成本年度 15 万户的整体转换目标，有线数字电视用户位居全国首位。

12 月 27 日

新闻出版总署发布《关于重申报刊应遵守出版宗旨规范出版秩序的通知》，强调各报刊出版单位要认真遵守有关法规，不得搞一号多刊、一号多版，变相出版新报刊。

新闻出版总署发布《关于文摘、选刊类期刊不得转载和摘编非法出版物内容的通知》，要求文摘、选刊类期刊在确定转载、摘编内容时，必须确认其首发出版物是否为正式出版物，如不是则不得转载、摘编其内容。

江苏省委书记李源潮与全省新闻出版战线高层研修班同志座谈。

广西壮族自治区村村通广播电视工程建设现场会在桂林召开。

12 月 28 日

中央电视台“社会与法”频道开播。该频道以公民、公正、公益为核心理念，每天播出 20 小时。

由北京日报社主管，由北京日报社、上海文广新闻传媒集团和北京青年报社共同经营的《竞报》创刊。该报关注北京建设与发展，关注北京 2008 年奥运会筹备工作进展，展示“新北京、新奥运”的形象。

由上海文广新闻传媒集团创办的上海东方网络电视在上视大厦举行开播仪式。这是继报刊、广播、电视、网络之后的又一个全新媒体，是电视与互联网联姻的产物，改变了传统电视“你播我看”的收视习惯，创造了“你点我播、互动交流”的全新收视生活。

北京市记协与中国电子竞技运动会组委会共同举办首届北京新闻界电子竞技运动会，来自市属媒体的 20 多支代表队近百人参加。

福州电视台少儿频道开播，每天播出 15 小时。

陕西数字电视在全省 11 个市区隆重开播。国家广电总局、省政府及有关部门领导同志参加了开播仪式。

12月29日

广东省委宣传部在深圳召开加强子报子刊管理工作座谈会。

河北省广播电视微波电路数字化改造工程竣工开通仪式在河北电视中心举行。

云南电视台庆祝建台35周年。云南省委、省人大、省政府、省委宣传部领导表示了祝贺。

12月30日

中国国际广播电台与人民日报联合评选出2004年十大国际新闻。

新疆电视台增设12频道，专门播出维、汉、哈3种语言的少儿节目，每天播出14小时，3种语言各播出4个多小时节目，分4个时间段播出。

12月31日

国家主席胡锦涛通过中国国际广播电台、中央人民广播电台、中央电视台发表了题为《共同创造人类的美好未来》的新年贺词。国际台43种语言广播均在当天首播节目的头条位置播发了胡主席的新年贺词，国际在线中外文网站均及时播发了相关新闻、图片和专题。

云南省广电局在楚雄彝族自治州进行调频同步广播试验取得预期效果，至此，州电台5个调频频率统一为106.1兆赫对全州广播。此前，云南曾组织专人到安徽考察此项调频同步广播试验技术。

《每日新报》推出500版，向天津建城600年献礼。多达500版的“新报5周年纪念专刊”分为31沓，其重量达1.5公斤以上，创造了国内报业日版量之最。

2005年（乙酉）

1月1日

人民日报海外版正式启动改版工作。

新华社正式开通通稿新闻线路，整合原有的内容重复较多的一、二、三、四路报，提供受众普遍感兴趣的国内外要闻，使之成为党和人民的耳目喉舌、国家通讯社、消息总汇、世界性通讯社4种职能的权威线路。

由新华社针对手机用户需求打造的视频应用品牌新华视讯正式在中国联通CDMA1X平台上播出，成为国内第一个手机视频频道。新华社遍布全球的新闻采集网络以及自身强大的多媒体数据库资源成为新华视讯的重要依托。

湖南经济电视台采用新兴的卫星新闻转播技术（SNG）对全国“两会”进行报道。

贵州电视台整合已有的互联网资源，全新设计、正式开通省级卫视网站，开设有《黔中资讯》《好剧不断》《贵视栏目》《缤纷主持》《频道介绍》《娱乐天天看》等栏目和板块。

1月2日

中央军委委员、解放军总政治部主任李继耐代表总政领导和总政机关对新华社多年来对军队宣传工作给予的大力支持和帮助表示感谢。他肯定了新华社解放军分社在2004年报道工作中的成绩，并要求新华社解放军分社再接再厉，在坚持一个中心、打好三大战役、突显五个亮点方面不断取得新的成绩。

首届全国发行联盟联谊会在北京召开，包括70多家报刊社、10余家发行公司在内的单位参加。全国发行联盟总结了2004年的工作，联盟核心成员还讨论并制定了2005年的发展计划。

1月4日

福建省召开新闻工作者协会、新闻学会主席（会长）办公会议，福建省委宣传部副部长、省记协主席陈逸清主持会议。

福建省记协发出倡议，希望全省新闻工

作者认真做好印度洋地震海啸的新闻报道，努力做到关爱、人道、同情与援助。据统计，全省新闻单位和新闻工作者共捐款 31.5 万元。

陕西数字电视向全省各地开播，用户可以收看到 100 多套电视节目，比原先增加了近 60 套，国家广电总局致电祝贺。

1月5日

20 年改革之路暨报业改革研讨会在北京举办。本次研讨会由新闻出版总署报刊司主办，以专业类报纸如何进行市场化运营为主题，政府官员、国内著名媒体负责人、媒体经济学家、企业家等近百人展开了深入探讨，具体涉及人事制度、管理制度、办报理念等相关议题。

经北京奥组委授权，《人民日报》（海外版）、《北京奥运特刊》正式创刊，每周三刊出在海外版第 5 版。

河南省委书记徐光春考察慰问人民日报河南记者站并听取了站长李杰的工作汇报。徐光春指出当前河南最需要的是鼓劲、引导、帮助和监督，并具体谈及新闻工作中的 3 个要素：一是真实，真实是新闻工作的生命；二是必须坚持正确的导向，导向是新闻工作的灵魂；三是责任，新闻工作者的社会责任是搞好新闻工作的保证。

《中国经营报》创刊 20 周年。该报记录了中国经济发展的历程，并在经营理念、用人机制、报道风格等方面不断探索，走出了一条有中国特色的报业产业化发展之路。

1月6日

首届王选新闻科技奖颁奖大会暨中国传媒科技高峰论坛在北京召开。本次论坛由中国新闻技术工作者联合会主办，著名科学家、知名学者、媒体界专家、IT 界精英、媒体机构技术主管等 260 多人出席会议，大会执行主席、新华通讯社社长田聪明发表讲话。

由人民网、新华网、央视国际、中国网、千龙网等 14 家新闻网站联合推出的中国网络媒体 2004 年度新闻风云榜揭晓，评选活动包含网民直接参与的国内十大新闻、国际十大新闻等。

1月8日

广州少儿频道（Young Channel）开播，以青少年观众为收视主体并涵盖所有家庭受众，成为全国首个以粤语节目为主打的青少年专业频道。该频道已制作并播出《自我飞扬》《飞扬在线》《青苹果》《周末 go go go》等多档栏目。

由中国传媒大学广播电视研究中心主办的收视率与创收研讨会在北京举行。

1月11日

河北省新闻宣传工作座谈会召开。河北省委常委、宣传部长张群生，宣传部常务副部长杨汭出席并讲话，要求全省新闻宣传系统学习借鉴河北人民广播电台改革发展经验，创出新闻战线改革发展的新局面。

1月12日

中央电视台与葡萄牙电视台在人民大会堂正式签署合作协议，由中央电视台台长赵化勇与葡萄牙电视台台长马尔科斯博士完成签字，中、葡两国元首出席签字仪式。

报业集团的创新与发展论坛在广州举行，本次论坛由中国记协主办、广州日报报业集团承办。论坛涉及“发挥党报优势，提高报业集团舆论引导力”、“创新体制机制，提高报业集团竞争力”、“落实科学发展观，增强报业集团实力”等议题。

1月13日

北京人民广播电台召开了第一届首席记者、编辑、播音员、主持人聘任大会，自此北京电台实行采编播人员首席制，每年举行一次首席评选，每届首席人员任期 2 年。

1 月 15 日

新闻出版总署副署长石峰对湖南报业进行了考察，先后到湖南日报报业集团、体坛周报社、长沙晚报报业集团、潇湘晨报社调研，肯定了湖南报业的蓬勃发展态势。

《北京晚报》推出《北京晚报星期六》周刊随报赠送。

1 月 17 日

河南省广电局长会议在郑州召开，传达学习贯彻省委书记徐光春视察省电台、省电视台时的重要讲话精神以及全国广电局长会议、全省宣传部长会议精神，总结过去一年的工作，安排部署 2005 年工作。

1 月 18 日

中国国际广播电台副台长陈敏毅会见来访的塞黑国家电台代表团，双方签署国际台塞尔维亚语广播节目在塞黑国家电台落地播出的合作协议。根据协议，国际台将于 2005 年 3 月 1 日起，通过塞黑国家电台调频 FM10.04 和 FM9.63 播出 1 小时塞语节目。

央视和交通银行正式签约结成战略合作伙伴关系，根据协议，双方分享庞大、优质的客户资源。

新华社在北京召开 2005 年工作会议。会议回顾了新华社过去一年的工作情况，并对近 3 年来新华社深化改革、促进发展的经验进行总结。此外，会议审议通过了《新华社 2005 年工作要点》。

中国记协和中宣部新闻局联合召开了“提高经济报道质量”研讨会。研讨会主要围绕经济报道如何落实科学发展观，如何贯彻落实中央经济工作会议精神，如何贯彻落实“三贴近”原则等问题进行深入探讨。

1 月 19 日

由中央保持共产党员先进性教育活动办公室主办的“先锋网”网站开通。英文域名为 www.xf.org，网站设置了重大活动、重要讲话、时代先锋、先锋时评、理论文章、党史知识等诸多专题。

中国互联网络信息中心发布第 15 次中国互联网络发展状况统计报告。报告显示，中国上网用户总数为 9400 万，比 2004 年同期增长 8%。

国家广播电影电视总局局长王太华视察中国国际广播电台。

2005 年中国电子信息产品市场论坛举办。发改委高新技术司副司长许勤透露，中国有关数字电视国家标准的制定已经进入最后阶段，将于 2005 年开展数字电视卫星直播业务，2008 年推广地面数字电视，2009 年停止模拟电视播出，全面实现数字电视的全面覆盖。

《中华新闻报》报道，一档由中国人制作并主持的电视节目《中国经济最前线》在日本移动新闻电视台开播。该台是世界上第一家可以利用 3G 手机、携带式收视器和移动式接收器等，在日本任何一个地方都可以收看的新一代电视台。

1 月 20 日

信息产业部统计显示，2004 年全国手机移动短信业务量达 2177.6 亿条，比 2003 年同期增长 58.8%。2004 年全国电话用户新增 11456.7 万户。

1 月 21 日

全国“扫黄打非”工作小组在京召开电视电话会议，对 2005 年“扫黄打非”工作进行部署。

1 月 22 日

我国第一块完全拥有自主知识产权的国产高清晰数字电视地面传输芯片“中视一号”通过教育部主持的专家鉴定。“中视一号”的设计、制造等全部在国内完成。

1 月 23 日

上海文广新闻传媒集团宣布与 VNU 集

团开展战略合作。VNU是全球最大的B2B整合信息提供商之一，双方将在数据库开发及营销模式上开展深入合作，并利用各自的资源优势和市场经验，拓展中国的专业商业信息市场。

1月24日

中国记协和解放日报报业集团举办座谈会，纪念我国著名新闻工作者、上海解放日报原社长、总编辑恽逸群诞辰100周年。

中宣部副部长、国家广电总局局长王太华到中央人民广播电台调研。

1月26日

新华通讯社社长田聪明在新华社新闻大厦举行新春招待会，100余名外国驻京记者、外国驻华使馆外交官和有关人士出席招待会。

记者意外伤害保障体系启动仪式在山西太原举行，千名太原记者得到了一年期的意外伤害医疗保险。

福建东南电视台国际频道正式开播。

1月27日

中央电视台台长赵化勇会见了香港城市大学校长张信刚一行。

1月29日

中国教育电视台举办新春座谈会，宣布2005年加入市场化运作行列，以制作、播出“服务性”与央视进行差异战。

1月31日

人民日报社、新华社、光明日报、经济日报、中央人民广播电台、中央电视台等首批中央6家新闻媒体开展保持共产党员先进性教育活动，形式多样，营造良好的舆论氛围。

深圳国际信托投资公司和美国华纳兄弟公司达成协议，成立合资公司。

同月

根据新闻出版总署报刊司提供的最新数据，到2005年1月底，经审核发放的新版记者证已达146541件。根据新公布的《新闻记者证管理办法》，从3月1日办法实施之日起，旧版记者证一律作废。

截至2005年1月，中央数字电视双CA（有条件接收）模式下的付费电视用户突破10万户，占有中国数字电视5大集成平台95％的收视份额。

伊拉克大选。面对动荡不安的局势和接连不断的爆炸袭击，新华社在深入分析形势的基础上，提前制定报道方案，及时采写和拍摄了大量新闻。

印度洋地震海啸发生后，新华社迅速反应，短时间内组织一支强大的前方报道力量，及时、准确地反映灾难及抗灾救灾工作。新华社把来自总社、解放军分社、亚太总分社以及灾区周边分社的多批记者派到了重灾区。

2月1日

长城（亚洲）卫星电视平台正式开播。平台由中央电视台第四套和第九套、北京电视台、上海东方电视台、厦门电视台海峡卫视等11个电视频道组成，覆盖中国香港、澳门、台湾地区和韩国、越南、缅甸、泰国等亚洲国家。

厦门市正式开播海峡卫视和闽南之声广播。海峡卫视主要是闽南话节目，以传递两岸资讯，弘扬闽南文化，传播中华文明为宗旨。闽南之声每天播出18小时。

上海文广新闻传媒集团的都市剧场、欢笑剧场和金色频道3套电视节目登上全国数字付费电视平台。

2月2日

新华网推出“手机彩信”频道，新开通了全球新闻榜、新华彩信杂志、体坛风云录等订阅内容，让手机用户第一时间收看到新华社图文并茂的新闻信息内容。

2月3日

中国记协举行2005年中外新闻界新春联谊会。中国记协主席邵华泽发表讲话。

2月4日

国务委员兼国务院秘书长华建敏参观考察新华网、经济参考报社、中国证券报社等单位。新华社社长田聪明、总编辑南振中等陪同考察。

由共青团中央、中国记协联合组织的第10届五四新闻奖评选结果在京揭晓。104件作品获奖，10家单位获组织奖。

中国记协举行老新闻工作者迎新春联谊会。中国记协主席邵华泽发表新春致辞。

上海文广新闻传媒集团与上海移动通信股份有限公司联合推出中国第一部手机电视短剧《新年星事》。2月5日起每天推出一集，每集3分钟，共10集。500个试点客户在一天多时间内就被申请一空。

2月5日

北京市工商局曝光了五大违法广告案例。

佛山广播电视网络公司面向本市数字电视用户正式推荐数字电视短信增值业务，佛山成为全国第一家开通电视短信业务的城市。

2月7日

国家广电总局特别发出通知，要求各家电视台严格监管电视广告播出，并在春节期间全天开通观众投诉电话，一旦发现违反规定播出的广告，须立即“拿下”。

《群力报》以笔会形式纪念创刊60周年。

2月9日

中宣部副部长高俊良到海南广播电视台视察。

2月19日

盛大宣布在美国购买新浪19.5%股份，从而一跃成为新浪第一大股东，并由此引发了收购与反收购之战。

中国教育电视台对有15年历史的新闻节目进行第6次改版。

由上海新民晚报和巴黎欧洲时报联合出版的华文周报《欧洲联合周报》正式创刊。该报每周六先期在法国出版发行，条件成熟时将向华人集中的欧洲其他国家发展。

2月20日

重庆网通信息港与上海东方宽频传播有限公司合作进军重庆网络电视市场。

2月21日

中央电视台副台长李晓明会见德国嘉特纳公司亚洲运营总监纽根·舒斯特先生等一行。

由华商报和西北农林科技大学共同组织的百名博士访“三农”活动正式启动。100名博士分3批到农村就农村民主建设、减负增收、医疗养老等“三农”热点问题进行调研。

2月22日

本日至27日，应中国记协邀请，以尼泊尔记者联合会副主席亚哥雅·夏尔马为团长的尼泊尔新闻代表团一行7人访问了北京和上海。

2月23日

中央电视台台长赵化勇会见了美国电视广播博物馆馆长斯图尔特等一行。

2月24日

人民网与中国人大新闻网、中国政协新闻网共同开办了以手机为终端的“两会”无线新闻网站。该网随身性强，手机首次全方位介入“两会”报道。

北京市广电局与北京市工商局、公安局和国家安全局召开卫星电视接收设施执法专项整治联席会议，要求2005年要进一步加强对违法生产、销售和安装卫星电视接收设施活动的查处。

首都女新闻工作者协会举办业务研讨会，就如何提高新闻宣传水平、开创新闻工作新局面进行了研讨。龚雯、陈芳、李韵等14位女新闻工作者介绍了自己的工作心得。

2月25日

国家广电总局向各省、自治区、直辖市广播影视局（厅）发出《关于实施〈中外合资、合作广播电视节目制作经营企业管理暂行规定〉有关事宜的通知》。

由中宣部组织的“落实科学发展观”大型系列主题采访活动启动。12家中央新闻单位的近百名记者紧扣主题，围绕东部新跨越、中部崛起、东北振兴、西部大开发4个专题，深入全国各地采访调研并进行集中连续报道。

2月26日

云南省委宣传思想工作领导小组召开《云南日报》版面综合改革现场办公会议。省委副书记、省委思想宣传工作领导小组组长丹增，省委常委、省委宣传部部长晏友琼出席会议并讲话，晏友琼要求《云南日报》要围绕“少、重、深、近、名”5个字做文章。会议讨论审查通过了《云南日报》版面综合改革方案。

2月28日

第3届全国地方报社管理先进单位表彰大会在京召开。

中关村下一代互联网产业联盟宣告成立。

由中国记协和北京德尔康尼骨科医院联合举办的关注新闻工作者骨科健康爱心活动在北京正式启动，新闻工作者接受颈椎病、关节病等骨科职业病的普查、咨询和义诊。

3月1日

新公布的《新闻记者证管理办法》开始实施，新闻记者证实行年度审核制度且每5年统一换发一次。

《著作权集体管理条例》开始实施。这是我国2001年修订著作权法和著作权法实施条例后，第一次颁布有关著作权的行政法规。

新华网推出“新华无线”频道，方便手机用户随时了解“两会”盛况，同时把百姓心声带上“两会”。

央视一套节目《晚间新闻报道》改版更名为《晚间新闻》。

北京电台城市管理广播开播，全天播音19小时，播出频率FM107.3兆赫和AM1026千赫，栏目有《城市零距离》《市民热线》《城市快报》等。

从3月1日起，上海文广互动电视有限公司对6套可选节目正式进行收费运营。这6套节目的最大特色是能够同步播放韩语原声电视节目和香港特区电视台的节目。

3月2日

中国报协行业报委员会在北京召开中国行业报2005年会暨中国汽车报改革经验现场会。会长吕华麟部署了2005年的4项重点工作。15名经营管理能手获“全国性行业报先进经营管理工作者”称号。

3月3日

新华社和东方卫视联合推出15集系列报道《长三角新跨越》，由新华社发文，东方卫视主要新闻栏目同步播出，新华网、东方网、浙江在线等同步网上直播。

3月4日

云南党政军各界庆祝《云南日报》创刊55周年。

贵州电视台北京制作中心投入使用，成为西部地区电视台首家在北京设立的演播中心。

3月6日

《全国性文艺新闻出版评奖管理办法》正式颁布。办法对评奖项目进行了大幅度的压缩，同时在评奖周期、评奖范围、评奖数量上都作了明确的严格规定，从而整顿和规范全国性评奖。

国家工商行政管理总局和信息产业部发出通知，禁止利用电视、广播、报纸、期刊、互联网、印刷品等各种媒介或者形式，发布含有淫秽色情、封建迷信等不良内容的声讯、短信息等电信信息服务广告。

3月7日

北京歌华文化发展集团与美国明晰频道体育娱乐公司合资成立歌华明晰体育娱乐有限公司。

黑龙江省首家由青少年自办自播的网络电台经过试播后正式对外开播。电台通过网络方式进行实时音频节目的直播和录播。

3月7日

英国广播公司首次推出“中国周”系列报道活动，全方位地集中报道中国事务以及中国的崛起对世界其他地区的影响。BBC 24小时新闻频道的记者在不同的城市作了现场报道。

3月8日

石家庄日报组织“春耕时节记者行”采访活动，8名记者奔赴农村宣传惠农政策，反映农民心声。

3月9日

中共中央政治局常委、全国政协主席贾庆林看望新华社“两会”新闻报道中心的报道人员，他肯定了新华社“两会”报道的充分性和时效性，并称新华社的队伍年纪轻、有朝气、干劲足，取得的成绩很大。

新闻出版总署报刊司约请33家中央单位报纸负责人进行集体谈话。会上，北京市新闻出版局通报了部分报纸2004年检存在的主要问题。

新闻出版总署对《甘肃广播电视报》作出停办地方版、撤销分社的规定。《甘肃广播电视报》因为一报多号、私立分社、违背办报宗旨，违反了报纸管理规定。

石家庄日报社举办燕赵晚报客户答谢暨媒体推介会。

3月10日

英国广播公司名牌时政节目“问与答”（Question Time）首次将辩论场设在中国。来自中英两国的嘉宾和180名观众齐聚上海电视台的演播室展开辩论。

3月11日

新华网发出征集“总理记者招待会网民最想问的问题”的帖子，汇集了近1300个问题，点击量超过26万人次。

3月12日

北京市高级人民法院出台《关于确定著作权侵权损害赔偿责任的指导意见》。

3月13日

浙江省新闻工作者协会召开七届三次常务理事会，选举马雨农为省新闻工作者协会主席，省委宣传部常务副部长童芍素讲话。

3月15日

武汉工业学院报刊发行营销研究中心正式成立，是目前国内高校首家也是唯一一家报刊发行营销领域的研究机构。

由知音集团斥巨资打造的《新周报》宣布停刊。从创刊到休刊，该刊仅出刊7期。

3月16日

中共中央政治局委员、书记处书记，中宣部部长刘云山在人民大会堂会见应国务院新闻办公室邀请来访的新闻集团董事长兼首席执行官鲁伯特·默多克一行。

广电总局发出《广电总局关于加强电视

节目字幕播出管理的通知》。

中央电视台新台址B标段电视文化中心工程开工，计划于2006年6月部分交付使用，2007年底全部竣工。新台址建设工程主要由主楼和电视文化中心及附属配套设施组成。

上海文广新闻传媒集团和上海东方之星文化发展有限公司发起成立上海广播电视公益宣传专项基金，专项基金隶属于上海文化发展基金会。

3月17日

中央电视台台长赵化勇与阿塞拜疆国家电视广播公司总裁尼扎米·胡季耶先生在钓鱼台国宾馆签署了合作协议。

上海举行广播电视编辑记者、播音员主持人执业资格证书颁证仪式。为响应国家广电总局广播电视新闻采编人员和播音员主持人执业资格制度的推行，上海首次集中颁证。

第七届新闻专业期刊、新闻媒体研究所年会在海南召开，围绕新闻专业期刊和新闻媒体研究所如何坚持马克思主义新闻观的主体展开深入研讨。本次会议由中国记协主办、海南日报报业集团承办。

3月18日

广电总局在广西召开全国村村通广播电视工作现场会，国家发改委有关负责人参加会议。会议介绍了广西来宾市、玉林市推进村村通广播电视建设的先进做法，广西、安徽、广东、北京等广电局也介绍了当地的工作经验。

3月19日

为纪念红军长征入川70周年，华西都市报启动“红色风暴”大型系列报道采访活动，分为长征川内行、华蓥烽火行、将帅故里行和川陕苏区行4个阶段。

3月20日

信息产业部发布的《非经营性互联网信息服务备案管理办法》开始施行。根据规定，至2005年底未登记备案的网站不得从事非经营性互联网信息服务，并予以关闭。

2005年宽带网络运营高层论坛在北京举行。

《北方传媒研究》创刊首发式在长春市举行。该杂志是东北地区第一家由省级广电媒体主办的跨媒体、跨区域的传媒理论与实践研究刊物。

3月20日

应泰国记者报人协会邀请，以石河子日报社长兼总编辑徐群为团长的中国新闻代表团一行7人对泰国进行了为期10天的访问。

3月21日

中国有线电视网络公司正式宣布成立。国家广电总局联合中央电视台、中央人民广播电台、中国国际电台等数家公司参与组建，并持有55%的股权。

第13届中国国际广播信息网络展览会开幕。参展商家将目光聚焦在数字电视的具体落实与新兴的网络电视领域。国家广电总局副局长张海涛提出“全力以赴推进广播影视数字化进程”。

我国广播电视媒体中首家24小时听众服务热线由北京人民广播电台听众服务中心正式开通。

3月22日

中数传媒与16家有线电视网络公司及8家数字电视付费频道开办机构在北京签约。至此，中数传媒覆盖全国有线电视用户超过6400万，与100家地方网络公司达成签约。

上海首家以未成年人教育为主题的网络电视栏目“未成年人网络天地”正式开通。

中国移动通信联合会短信网址联合信息中心（MobMC）宣布短信网址正式开放

注册。

3 月 23 日

据新华社电，中共中央宣传部、国家广播电影电视总局、国家新闻出版总署近日发出《关于新闻采编人员从业管理的规定（试行）》，其中规定，媒体刊发新闻报道实行实名制；记者站站长实行任期轮岗制；被吊销记者证者禁入采编队伍 5 年等内容。

上海文广新闻传媒集团在北京与 ESPN 属下的星空体育正式签署了 2005 赛季中超联赛电视转播谅解备忘录。

安徽省启动新闻出版文艺战线大练兵活动。

3 月 24 日

主题为“和平与发展”的首届中国国际新闻摄影比赛在深圳揭晓评选结果，法新社记者法利斯·阿勒德利米的作品《受伤的伊拉克儿童》最终赢得“年度最佳新闻照片奖”。

中国广电新技术与传媒产业发展高峰论坛在北京举办。中国广播电视协会副会长刘习良发表讲话，与会代表深入探讨了广电传媒新技术及其商业化应用问题。

3 月 25 日

中国·日报广告五强联盟在北京举行媒体推介会，启动“五强十城百企行”活动。联盟由沈阳日报、大连日报、无锡日报、宁波日报和厦门日报 5 家城市党报强强联手，旨在通过成员间的深层次合作，促进媒体间良性互动。

由中国出版科学研究所与传媒杂志社联合主办的传媒业改革与发展走势研讨会在北京召开。

陕西日报举行创刊 65 周年答谢酒会。省委书记李建国、省长陈德铭致信祝贺。

新民晚报在意大利发行第 10 个海外版《新华时报·新民晚报意大利版》，每星期五出版。

3 月 25 日

本日至 29 日，由香港 13 家新闻媒体组成的“感受开放中原”采访团在河南郑州、洛阳、三门峡、开封等地进行实地采访。

3 月 26 日

清华大学与英国广播公司和拜耳公司等共同举办环境记者高级研讨班。

3 月 28 日

国家新闻出版总署发布通报，取缔 19 种标有“环球”“国际”等字样，刊登夸人、虚假信息，危害消费者权益的非法报纸。

中国记协组织首都主要新闻单位代表座谈《关于新闻采编人员从业管理的规定（试行）》。

凤凰卫视咨询台总编辑、首席时事评论员阮次山先生访问重庆日报报业集团，与集团总裁李华年就报业媒体现状、行业自律等进行了探讨。

中央电视台经济频道再度改版。

北京电台数字广播节目试播暨中国数字音频/多媒体广播产业联盟工作启动。

河北省通过《河北省环境保护条例》，鼓励政府支持新闻媒体及公民对污染和破坏环境的行为进行监督。

3 月 29 日

财政部、海关总署、国家税务总局联合下发《关于文化体制改革试点中支持文化产业发展若干税收政策问题的通知》，包括新办文化企业免征 3 年企业所得税；经营性文化事业单位转制为企业和文化体制改革试点的企业，均可享受国家税收优惠政策等十条规定。其中明确指出，通知中所称的文化产业是指新闻出版业、广播影视业和文化艺术业，文化单位是指从事新闻出版、广播影视和文化艺术的企事业单位。

中国日报总裁圆桌论坛在北京举行，与

会者面向跨国公司管理高层，聚焦中国与亚洲伙伴关系，就跨国公司的亚太战略展开讨论。亚洲博鳌论坛秘书长龙永图应邀作为此次论坛的名誉主席。

中国电信集团公司与凤凰网签约，向中国电信用户提供涉及小灵通短信、固网语音增值业务及宽带应用等服务。

“全国科技报优秀记者河南行”大型采访活动启动。河南省委副书记王全书等出席启动仪式。

3 月 30 日

中国国际广播电台台长王庚年会见美国清晰频道总裁鲍勃·科恩、花旗环球金融中国有限公司高级顾问卢晓明等，探讨双方开展合作的可能性。

北京晨报与中国电信集团黄页信息有限公司北京分公司正式签约合作，将打造集各种实用信息于一身的“新概念”黄页——《中国电信——北京大黄页》，晨报部分订户读者将能免费拥有一本新黄页。

3 月 31 日

劳动和社会保障部向社会公布了包括网络编辑员在内的第 3 批共 10 种新的职业。

北京同步广告传播有限公司举行揭牌仪式并正式营业，该公司由北京电台和凤凰卫视共同出资。

4 月 1 日

广电总局印发了《广播影视新闻采编人员从业管理的实施方案（试行）》，以便贯彻落实《关于新闻采编人员从业管理的规定（试行）》。

《中华人民共和国电子签名法》正式实施，电子签名获得了与传统手写签名、盖章同等的法律效力。

新华社从上海分社、江苏分社、现代快报社等抽调采编人员组建长三角新闻采编中心，统一负责长三角跨省市区域协作报道的组织、策划和采访。

韩国 KBS 全州放送访问团到广西电视台进行访问，并与广西电视台签订友好台协议。

重庆电视台开始试播韩国 LG 家庭购物频道。

4 月 3 日

广播电视服务“三农”高层论坛在北京举办，国家广电总局副局长张海涛表示要使 70％以上的农村至少看到 8 套电视节目。

4 月 4 日

中宣部召开中央主要新闻单位贯彻落实《关于新闻采编人员从业管理的规定（试行）》座谈会。中共中央政治局委员、书记处书记，中宣部部长刘云山出席并讲话。

东北国际广告技术博览会在沈阳拉开序幕。

4 月 5 日

中央保持共产党员先进性教育活动领导小组在新华社召开先进性教育活动座谈会。

浙江日报报业集团、浙江移动通信有限公司和浙江在线新闻网站联合启动国内首张省级手机报——浙江手机报。

浙江广电集团举行广播品牌建设经验交流会。广播品牌建设系列活动通过 3 个环节产生 20 档广播优秀节目和 20 档广播品牌节目。

4 月 6 日

《农民日报》创刊 25 周年座谈会在人民大会堂举行。中共中央政治局委员、国务院副总理回良玉致信祝贺，要求《农民日报》“做党的喉舌，做农民的挚友”。

中央电视台举办 2005 首届电视媒体影响力营销研讨会。

本日至 15 日，应中国记协邀请，韩国新闻代表团一行 12 人访问了北京、郑州、武汉和重庆等地，韩国记者协会会长李相起担任团长。此外，韩国新闻代表团还与河南省新闻单位代表举办了题为“战后 60 年东北亚局势及韩中合作”的中韩记者座谈会。

4 月 7 日

国家广电总局国务院纠风办印发《关于 2005 年开展全国广播电视系统民主评议行风活动的实施意见》印发，在全国广播电视系统开展民主评议行风活动。

4 月 8 日

《澳洲新快报》与香港《大公报》在香港签约，合作发行《大公报·澳洲版》。

中央电视台副总编辑孙冰川会见了澳门体育记者协会代表团一行，共同商讨第 4 届东亚运动会转播、报道的筹备策划工作。

新华社社长田聪明会见了塞黑国家通讯社塔纽格通讯社社长卢卡·米切塔一行，双方签署了《新华通讯社与塔纽格通讯社新闻交换和合作协定》。

4 月 10 日

台湾当局“陆委会”以“检讨两岸媒体交流秩序及开放管理政策”为由，声称暂缓新华社、人民日报两家大陆媒体赴台驻点采访。

延安日报社举行创刊 55 周年暨延安新闻大厦竣工庆典。

4 月 10 日

本日至 22 日，应厄瓜多尔全国记者协会和秘鲁安第斯通讯社邀请，中国记协主席邵华泽率领中国新闻代表团一行 6 人访问了厄瓜多尔和秘鲁。

4 月 11 日

新华社社长田聪明会见了应邀来访的共同社社长山内丰彦一行。双方签署了《新华通讯社和共同通讯社新闻合作协议》。

新华社台湾事务办公室负责人就台湾当局暂缓新华社记者赴台驻点采访发表谈话。

新华社召开纪念万隆会议及沈建图等同志殉难 50 周年座谈会，深切缅怀在参加万隆会议途中牺牲的新华社记者。

4 月 13 日

国务院下发《关于非公有资本进入文化产业的若干决定》，文化产业向非公经济敞开大门。

4 月 14 日

中国证监会发布了《中国证监会新闻发布暂行办法》，明确规定了证监会对外新闻发布的工作原则、内容、发布方式等。

珠三角报业广告联盟成立。深圳、珠海、中山等珠三角 12 座城市最具影响力的 19 家主流媒体参加了联盟。

中国国际广播电台台长王庚年会见到访的韩国大成集团金永薰会长一行。双方就加强在多媒体领域的合作与交流交换了看法。

4 月 15 日

2004—2005 年度中国广告风云榜颁奖典礼暨中国广告发展高峰论坛在北京举行。来自媒体、广告、企业的精英围绕“媒体生态研究：规范、创新、多赢”等话题，进行了充分的交流对话，颁奖典礼一共颁出 13 个奖项类别。

4 月 16 日

由浙江省 11 家市级党报及杭州电视台联合举行的“接力长征”采访活动正式启动，活动采用接力形式分三段进行。

4 月 17 日

中央主要媒体展开“落实科学发展观·西部大开发”主题宣传报道活动，集中展现西部 12 省市实施西部大开发战略、落实科学发展观取得的巨大成就。

2005 中国财经媒体运营高峰论坛在北京举办。

“魅力山东游——中国网络媒体山东行”

采访活动在济南启动。

广西电视代表团赴日本、韩国进行友好访问，与日本熊本放送进行业务交流，并分别与韩国清州 BSS、韩国全州 KBS 签订了友好台关系协议。

4 月 18 日

我国第一家整体实行股份制的新闻机构——中国保险报业股份有限公司在北京揭牌。

中央电视台台长赵化勇会见了马来西亚环宇电视网总裁马歇尔先生一行。

北京电台试播数字音频广播节目，通过接收无线广播信号，手机同样可以实现电视节目的收看和点播。

河南省政府纠风办和省工商局向社会发布通报：因发布违法医药广告，河南 11 家新闻媒体被查处，20 人受到党纪、政纪处分，还有 15 人受到通报批评。

《重庆新闻联播》正式在香港银河卫视下属的神州新闻台播出。

4 月 19 日

以总编辑阮公契为团长的越南青年报代表团一行 10 人来华访问。

4 月 20 日

21CN 与广东电视台、贵州电视台签署合作协议，21CN 可以通过网络直播两家电视台的王牌节目《生存大挑战》和《星期四大挑战》，这也是国内首次传统媒体和网络媒体的正式结合。

“环球时报奖学金”启动仪式暨新闻发布会在北京举行。环球时报社每年分别向北京大学、清华大学、中国人民大学、复旦大学国际关系研究院捐赠 2.6 万人民币。

4 月 21 日

国家工商行政管理总局、中宣部、广电总局等联合发布《关于印发〈虚假违法广告专项整治工作方案〉的通知》，决定从 2005 年 4 月至 2006 年 6 月开展虚假违法广告专项整治行动，严厉打击利用广告欺骗和误导消费者的商业欺诈行为。

国家工商总局第一季度对全国部分报纸和 31 个电视频道进行广告检查，发现药品、食品、医疗服务广告违法现象较为严重。

中宣部新闻阅评小组组长刘祖禹主持新闻阅评工作专题交流，来自广东、安徽、浙江、湖南等 10 省宣传部门的代表参加了交流会。

中国卫星通信集团公司向法国阿尔卡特宇航公司购买电视直播卫星“中星 9 号”。

湖南省委宣传部长会议在长沙召开。

第五届记者论坛在济南开幕，与会代表围绕传媒与改革发展重大问题进行探讨。

4 月 21—27 日

应英国全国记者联盟邀请，以新华社总编室副主任吴锦才为团长的中国新闻代表团一行 4 人访问英国。

4 月 22 日

中央电视台台长赵化勇会见美国福克斯有线电视网常务副总裁林赛·嘉德先生一行 5 人。

4 月 24 日

第 15 届中国新闻奖摄影作品复评暨 2004 年全国新闻摄影作品年赛落下帷幕。

4 月 25 日

全国宣传部长座谈会召开，中共中央政治局委员、书记处书记，中宣部部长刘云山出席会议并讲话，强调宣传思想工作坚持整体推进的同时还要着力抓好 4 个方面的重点工作。

国内首家从事出版物发行量调查统计和认证的机构——国新出版物发行数据调查中心在北京挂牌成立。

云南省委宣传部、云南省广播电视局、云南省新闻出版局联合发文，就如何贯彻执行中宣部等三部门发出的《关于新闻采编人员从业管理的规定（试行）》提出实施意见。意见从5个方面做出具体规定。

北青传媒股份有限公司公布了该公司自上市以来的首份年度业绩报告。

以中国媒体的集约化经营为主题的2005中国报刊经营管理论坛在北京举行。

4月26日

国家工商总局、中宣部、公安部等共11部委在北京召开全国整治虚假违法广告专项行动第一次部际联席会议。

国家工商行政管理总局对全国部分报纸和电视广告进行了检查。12家媒体因发布虚假广告被曝光。

中国传媒高尔夫邀请赛首次新闻发布会在北京举行。

第5个“世界知识产权日”到来之际，“保护知识产权——我们在行动”大型联合采访报道活动在北京启动。国务院副总理吴仪发来致辞。

本日至5月3日、5月5日至13日，中国国民党主席连战和亲民党主席宋楚瑜相继率团访问祖国大陆，新华社对国内播发中文通稿194条，对海外播发中文稿459条、英文稿275条。在全部开放海内外媒体采访的情况下，新华社通稿采用情况仍然很好，受到海内外用户的广泛好评。中新社文字先后发通稿388篇，在香港、澳门、台湾及海外华文报纸的采用率在80%以上。陕西电视台组成连宋访问西安特别报道组，采编制播联合行动，开了陕西电视台直播电视新闻之先河。

4月27日

北京市宣布调整广播电视管理体制，北京广播影视集团转制为企业集团，更名为北广传媒集团有限公司，市广电局与集团的主要领导不再相互兼职。

中国经营报社组织并召开第16期传媒人竞争力沙龙，主题为对媒体“活动热”的“冷思考”。

4月28日

由安徽人民广播电台兴办的安徽交广汽车俱乐部有限公司成立，成为中国广播电台系统中成立的首家股份制企业。

经新闻出版总署批准，《中卫日报》创刊，4开16版，开设有《本地新闻》《华夏视窗》《文化中卫》《今日海外》等栏目。

4月30日

我国第一部网络著作权行政管理规章《互联网著作权行政保护办法》发布，2005年5月30日起正式实施。

《新民晚报》第12个海外版——《中文周报·新民晚报韩国版》在韩国发行。

同月

中共中央办公厅发出《关于进一步加强和改进舆论监督工作的意见》。

《北京广播电视报》在头版以一封致读者信结束了自2005年1月6日开始的在北京5环内的城区免费发行方式。

5月1日

河北电视台农民频道正式开播。

贵州省安顺人民广播电台交通之声频率开播。

5月3日

为期3天的“聚焦江北水城——记者眼中的聊城”全国新闻摄影采访活动结束。

5月8日

国家广电总局印发《广电总局落实中办国办〈关于进一步加强互联网管理工作的意见〉实施细则》，明确规定了对互联网等信息网络传播视听节目的监管。

5月9日

湖北日报报业集团宣布集团所属的《特

别关注》杂志期发量突破100万份。

福建日报报业集团决定组建福建报业投资控股有限责任公司。

5月10日

广电总局发出了《广电总局印发关于切实加强和改进广播电视舆论监督工作的要求的通知》。

央视正式宣布旗下网络电视已推进到国内8省市。

新华社体育部高级记者杨明获2004年度罗纳德·里根新闻奖。

辽宁省委宣传部召开新闻单位贯彻落实《关于新闻采编人员从业管理的规定（试行）》座谈会。

湖北日报报业集团庆祝《特别关注》杂志期发量突破100万份。此前，该集团已拥有一份期发行量超百万份的报纸《楚天都市报》，湖北日报报业集团成为全国唯一一家“双百万”报业集团。

广州市首份空调巴士公益性读物《百灵》月刊举行创刊首发仪式。

5月11日

国家广电总局在大连召开全国城市有线电视数字化推进工作现场会。

2005年中华环保世纪行活动在北京启动，主题为“让人民群众喝上干净的水”。围绕太湖流域水环境现状调查报道的首个采访团从北京出发。

5月12日

在中国—东盟电信周部长论坛上，信息产业部官员透露中国互联网上网人数已达9880万。

甘肃省全省宣传部长座谈会在兰州召开。

当代新闻职业道德与行业自律研讨会在北京召开。

5月13日

上海文广新闻传媒集团与中国移动通信在北京签署战略合作协议，推出“手机电视”流媒体业务。

5月15日

人民日报、光明日报、经济日报、文汇报等16家媒体的下属出版社召开首届全国媒体出版社峰会，发起成立中国媒体出版联盟。

全国环境网络媒体专业委员会在北京成立，名誉主席为新华网总裁周锡生，主席为人民网总裁何加正。

5月16日

由河南省委宣传部主办、河南移动公司协办的第4届“网上看河南”采风活动正式启动。

《每日经济新闻》全新改版。

5月17日

中央人民广播电台藏语广播创办55周年座谈会在北京举行。

由清华大学国际传播研究中心和复旦大学出版社联合主办的中国首份国际性学术季刊《全球传媒报告》在北京面世。

法国新闻社在北京东方广场举办为期3周的“从雅典到北京”奥运主题摄影展。这是外国著名通讯社在中国首次举办的面向大众的大型摄影展览。

5月18日

中国互联网协会联合国内互联网服务业、电信业、计算机产业的知名企业家倡议国内首个“互联网公益日”。

由中央人民广播电台都市之声联合全国80余家城市电台共同组建的全国性城市电台联盟——中国城市广播联盟，在北京举行成立大会。

中国晚报摄影学会在浙江绍兴举行鲁迅

故里摄影基地挂牌仪式。这是国内首家学术交流和摄影创作基地。

5月18日

应日本新闻协会的邀请，以中宣部新闻局局长胡孝汉为团长的中国新闻代表团一行11人访问日本，调研日本公共交通现状和发展趋势。

5月19日

新华社社长办公室审议通过了《关于贯彻执行〈新华社新闻采编业务考核办法〉等七个考核办法的通知》和有关采编、管理、经营等方面的7个考核办法。

中国图书出版网报道，近日，新闻出版总署发出《关于停止销售19种含有虚假信息图书的通知》，向社会公布了首批19种含有虚假信息的图书名单。

中央电视台副台长孙玉胜会见了文莱广播电视台台长伊斯迈尔先生一行。

5月20日

各省广电部门对辖区内所有开办网络视听节目业务的机构进行排查。

中国有线电视网络有限公司与国家开发银行正式签署《开发性金融合作协议》，国家开发银行表示未来5年将陆续向中国有线提供总量200亿元的开发性金融贷款，支持中国有线发展有线电视产业。

中央电视台台长赵化勇、副台长张长明会见了泰国副总理颂奇先生，并与泰国大众传播机构签署了合作协议。

中央人民广播电台民族广播55周年座谈会在北京人民大会堂举行。

中国国际广播电台赴西藏采访组完成了历时45天的采访活动，共撰写40多篇广播系列专题报道。

5月22日

中央电视台新闻频道对珠穆朗玛峰重新测高登顶过程进行了全程现场直播。

5月23日

中央电视台副台长张长明会见泰国科技部长兼泰中友好协会会长功塔帕朗西先生，签署中国国际电视总公司同泰国中文电视公司的合作协议，支持泰方开办中文电视台。

由福建省广播影视集团投拍的60集大型系列电视新闻深度报道“海峡西岸正春风”在福州举行开拍仪式。

5月24日

国家广电总局副局长张海涛一行为贯彻落实中共中央政治局常委李长春同志的指示精神到宁夏调研农村广播电视工作。在实地考察、详细了解宁夏农村广播电视状况后，张海涛指出，广播电视工作要围绕“三农”问题实现转变，要从工程建设转到体系建设上来，建立长效机制和公共服务体系。

国家广播电影电视总局下发《关于进一步加强电话和手机短信参与的有奖竞猜类广播电视节目管理的通知》，规定广播电视新闻和新闻类节目（含访谈类节目）不得开设电话和手机短信参与的有奖竞猜节目。

中国记协党组副书记赵晨仔会见了以澳门新闻工作者协会副理事长兼秘书长、澳门日报助理总编辑刘耀光先生为团长的澳门新闻工作者协会内地访问团一行。

德国贝塔斯曼集团与辽宁出版集团合资成立辽宁贝塔斯曼图书发行有限公司。这是国内首家由国有资本与外资共同组建的图书发行公司。

河南省委宣传部组织召开省会新闻单位深化“三项学习教育活动”座谈会。

5月25日

包括TCL、海尔、创维等企业加盟的音视频产业联盟在北京成立。

5月26日

新华社社长田聪明会见了马其顿新闻署署长米塔诺斯基和马其顿通讯社社长佐朗·

伊万诺夫一行。双方签署了新华社和马通社的新闻交换与合作协议。

中央电视台台长赵化勇会见马其顿新闻署署长米塔诺斯基先生一行。双方签署了中央电视台与马其顿国家广播电视台在电视领域的合作协议。

中广亚广播信息网络有限公司总裁王平和香港有线卫星电视有限公司营运总裁徐小明共同宣布：双方在手机电视领域密切合作，共同拓展中国手机电视市场。

北青网成为 MSN 的合作伙伴，当日开通的“MSN 中国”网站资讯与娱乐频道的全部内容为北青网所提供。

中国共产党优秀党员，杰出的国际主义战士，国际著名记者、作家伊斯雷尔·爱泼斯坦因病医治无效在北京逝世，享年 90 岁。

5 月 27 日

上海东方网开通 5 周年，正式推出进军 3G 的第一个新业务——东方无线新闻网，成立国内第一个基于流媒体方式的无线新闻网。

重庆日报报业集团举办“新闻策划与构建和谐社会”专题研讨会。

5 月 28 日

贵阳日报社在成立 25 周年之际，在贵阳市主要街道举办“读者活动日”。

中国传媒大学媒体管理学院主办第 2 届中国媒体管理与资本市场论坛（2005）。

5 月 28 日—6 月 5 日

应希腊政府新闻总秘书处邀请，以中国日报副总编辑周庚鑫为团长的中国新闻代表团一行 10 人访问了希腊。

5 月 29 日

由科技日报发起、首都 15 家新闻媒体参与评选的 2004 年中国十大科技新闻人物揭晓。

河南日报报业集团、河南省宋河酒业股份有限公司共同发起并设立了文化扶贫基金。

5 月 30 日

《互联网著作权行政保护办法》正式实施。

《南方日报》再度改版。

5 月 31 日

第 58 届世界报业大会公布了 2005 年世界日报发行量前 100 名排行榜，中国 28 家报纸榜上有名。

全国电话用户总数达 6.92 亿户，逼近 7 亿大关。

中国有线电视网络有限公司与湖北省楚天广播电视信息网络有限公司合作重组正式启动。

第 12 届全国省级党报发行工作协作会在沈阳召开。

同月

中国传媒大学广播电视研究中心举办栏目策划与制作研讨会。

绍兴日报、洛阳日报等 8 家地市级发行单位加盟全国城市报业发行网络联盟。

上海文广新闻传媒集团下属上海电视台正式获得 IPTV 牌照。

6 月 1 日

国际奥委会新闻委员会主席、北京奥运会协调委员会副主席凯文·高斯帕和国际奥委会新闻联络部主任吉塞尔·戴维斯到新华社转交国际奥委会关于邀请新华社为北京奥运会东道主通讯社的信函，同时邀请新华社为北京奥运会组建一个国家奥运会摄影队。

《中华新闻报》报道，信息产业部副部长蒋耀平在科博会上透露，全国每天短信发送量超过 7 亿条。

全国影视动画工作会议在杭州召开。

新华通讯社社长田聪明在北京会见了波兰通讯社股份公司董事长瓦尔德马尔·希文

斯基一行。双方签署了新华社和波通社的新闻交换与合作协议。

6 月 2 日

《当代传播》创刊 20 周年暨传媒产业化发展与传媒理论创新高峰论坛在新疆举行。

6 月 4 日

来自日本、加拿大、埃及、俄罗斯、英国等国的专家组成的采访团抵达新疆，围绕“今日新疆”“现代新疆人”等主题进行为期 11 天的采访活动。

6 月 6 日

中央人民广播电台文艺之声频率推出特别节目，连续 20 小时播完记叙诺曼底登陆的长篇报告文学《最长的一天》。

6 月 7 日

新华社社长田聪明会见了英国路透集团总裁汤姆·格罗瑟一行。

黑龙江召开全省报刊专题工作会议。

6 月 8 日

中央电视台副总编孙冰川会见了路透集团全球媒体业务总裁克里斯·阿赫恩先生一行。

中宣部、中国记协和新闻战线“三项学习教育活动”领导小组办公室在北京召开坚决制止虚假新闻报道座谈会。

6 月 9 日

本日至 21 日，中央外宣办、国务院西部开发办联合组织 13 家中央对外宣传新闻单位组成记者采访团赴贵州采访西部大开发建设成就、生态建设、红色旅游等情况。

6 月 10 日

中国新闻社与厦门大学签署合作协议，建立战略性合作关系，成立华文传媒研究中心。

广西电视台举办“聚焦广西”国际电视采访活动。

6 月 11 日

全国 25 个省市的 57 家生活类报刊的记者赴山东崂山采风，报道文明崂山、生态崂山和文化崂山。

6 月 12 日

东方电视高峰论坛在上海举行。美洲、欧洲、亚洲最具影响力的传媒机构巨头以及全球著名传媒经济学家共同探讨全球电视产业的发展和未来。

上海电视节举办“白玉兰”国际电视论坛。

首部手机电视剧《白骨精外传》亮相第 11 届上海电视节，本月起正式与内地观众见面。该剧以每天 5 分钟、全年每日更新的方式播出。

上海文广新闻传媒集团宣布，旗下的 SiTV 全国数字付费频道集成运营平台已获得批复正式开通，成为中国 5 家试验运行的数字付费频道内容集成平台中首个通过验收、批复的。

新民晚报联合杭州日报、扬子晚报、宁波日报、苏州日报、国际金融报联合发起成立“世界第六城市群主流大报发展联合体”。

中新社和复旦大学新闻学院在上海签署合作协议，联合设立教学实习基地。

中国国际广播电台记者组一行 8 人赴新疆采访一周，配合新疆维吾尔自治区成立 50 周年进行报道。

6 月 13 日

中国记协和中宣部新闻局召开进一步加强新闻工作者职业道德座谈会。

6 月 15 日

中央电视台广告部授权上海中视公司独家代理央视科教频道全部广告资源。

本日至 30 日，中国记协党组书记、副

主席徐心华应邀带领中国新闻代表团一行6人，访问了保加利亚、捷克、匈牙利。徐心华荣获了意大利记者公会颁发的“新闻职业奖”。

6月16日

“中国港口万里行”大型报道活动在中央人民广播电台举行启动仪式。

辽宁省广播电视局与吉林省广播电视局、黑龙江省广播电视局、辽宁省通信管理局联合举办2005沈阳国际数字电视广播通信网络展览会。

6月17日

由人民日报社与韩国2080 CEO论坛共同主办的2005中韩经济合作扩大论坛在北京举行，中韩企业家和专家学者等150人出席，就两国经济合作的扩大与深化进行了研讨。

全国省级党报第14届群工年会在乌鲁木齐市召开。

宁夏回族自治区党委宣传部召开会议，传达全国坚决制止虚假新闻报道工作座谈会议精神。

第12届“中国日报总裁圆桌论坛”在上海举行。

6月18日

重庆移动电视开播，以此庆祝重庆直辖8周年。

华东六省一市新闻工作者协会协作会议在黄山市召开。

6月19日

胡锦涛总书记对网络媒体作出批示：“网络上的新事物层出不穷，互联网新媒体网络电台对青少年的影响日益增强。如何兴利抑弊，善加利用，需很好研究。”

由中国传媒大学与中央电视台联合主办的“影响力营销高峰论坛”在北京举行。

6月20日

由泰华报人公益基金会发起主办的海峡两岸关系发展研讨会在泰国首都曼谷举行。

中国记协、中宣部新闻局、教育部高教司联合召开新闻采编与教学落实“三贴近”座谈会，贯彻温家宝总理给清华大学学生李强的农村调查报告《乡村八记》所写回信中的精神。

6月21日

据新华社电，新闻出版总署将建立出版物“黑色专档”，凡被发现有违规经营行为的出版物发行单位，将被记入专项档案并适时向全社会公布。

中央电视台广告部通过了ISO9001：2000质量管理体系认证。

以北京日报副总编辑初小玲为团长的中国新闻代表团一行10人访问了法国、意大利。

6月22日

广电总局印发《国家广电总局国务院纠风办关于中央人民广播电台、中央电视台开展民主评议行风活动的实施方案》。

江苏、浙江两省全部24个地级以上电视台联合成立了江浙城市电视台经营协作组织，这是全国首个跨省城市电视台经营联盟。

重庆召开全市坚决制止虚假新闻报道座谈会。

6月23日

外交部新闻司第3次组织阿拉伯国际联合新闻团队到乌鲁木齐、喀什等地进行采访，新疆维吾尔自治区党委副书记、自治区主席司马义·铁力瓦尔地接受采访。

亚洲新闻联盟2005年会在北京举行。

新华社与印度教徒报正式签订供稿协议。《印度教徒报》是印度最大和最有影响力的英文报纸，也是新华社在印度的第一家主流媒体用户。

国家测绘局、中国记协在北京举办慰问采访珠峰测量新闻工作者暨珠峰测量新闻报道研讨会。

陕西省委宣传部举办全省制止虚假新闻报道座谈会。

6 月 24 日

中国国际广播电台台长王庚年会见到访的美国银视广播网总裁比利·钟先生。双方就进一步加强中国国际广播电台在境外落地工作交换了意见。

中国广播电视协会播音主持委员会在北京召开成立大会暨第一次理事扩大会议。

福建报协专业报委员会年会在福州召开。

本日至 7 月 1 日，新加坡新闻代表团一行 8 人应中国记协邀请在新疆进行了深入采访。

6 月 25 日

工商总局对全国 80 余种广告发布量较大的报纸广告发布情况进行了集中抽查，曝光了 16 则虚假违法广告。

6 月 26 日

越南河内市委宣传部代表团一行 7 人到北京电台参观访问。

沈阳晚报庆祝创刊 20 周年。

北京印刷学院东北培训中心在沈阳日报报业集团印务中心正式成立。

6 月 27 日

《中国新闻出版报》报道，天津市第十四届人民代表大会常务委员会第 20 次会议通过了《天津市图书报刊管理条例》。

由广西壮族自治区人民政府宋晓天副秘书长率领的广西广播电视代表团赴台湾考察。

6 月 28 日

根据央视市场研究（CTR）的报告，2004 年中国两岸三地广告花费总额接近 3600 亿元，较上年增长了 27%。

中宣部举办的全国省区市党委宣传部副部长研讨班结业。

中国国际广播电台环球资讯广播 CRI News Radio 在北京地区正式开播。

6 月 29 日

人民日报社社长王晨会见到访的斐济群岛共和国总理恩加拉塞一行。

6 月 30 日

首届中国国际新闻摄影比赛获奖作品展览在北京中国美术馆开幕。

中国国际广播电台“国广传媒发展中心”正式运行。

甘肃省委宣传部、省广电局、省新闻出版局、甘肃记协联合召开电视电话会议，传达中宣部等四部门召开的坚决制止虚假新闻报道工作座谈会精神，安排部署甘肃专项治理虚假新闻报道工作。

湖南省委副书记、省长周伯华会见来湘考察分社工作的中国新闻社社长刘泽彭一行。

同月

宁夏回族自治区已基本建成能覆盖全区 80%农户的 MMDS 电视网，免费向农村传送 8 套电视节目。

中央人民广播电台台长杨波率团出访美国、韩国，访问了两国的国家电台与商业电台，为将来的合作特别是全球华语广播协作奠定了基础。

中新社副总编辑夏春平代表中新社与印尼的千岛日报社签署供稿合同协议。

7 月 1 日

新华社在参考新闻编辑部和国内二编部

的基础上，新组建参考新闻编辑部。

人民日报社召开纪念建党 84 周年暨表彰先进大会。

陕西电视台移动数字电视正式开播，每天播出 16 个小时，共有 10 多个栏目。

内蒙古日报社从今天开始，开展历时 4 个月的保持共产党员先进性教育活动。

由浙江联通和浙江在线共同打造的国内首家省级彩 e 手机报开通。

由宁波日报报业集团中国宁波网创办的宁波手机报开始收费，其信息来源主要是《宁波日报》《宁波晚报》《东南商报》等。

《现代金报》成立读者编委会，首批 20 名成员从近 300 名读者中“竞选”产生。

《市场报》改版。

本日至 9 月 1 日，工人日报 2005 年全国职工“四五”普法知识竞赛在北京举行。

7 月 3 日

由深圳商报社主办的中国区域性主流媒体峰会在深圳举行，研讨主题为区域性报纸经济宣传与经营谋略。

7 月 4 日

中央电视台台长赵化勇会见莱索托通讯科技大臣托马斯·塔巴尼先生一行 5 人。

亚太卫星集团呼吁国际社会强烈谴责“法轮功”恶意干扰卫星行径。

7 月 5 日

读者杂志社与北美发行机构新方舟文化公司签约，出版《读者》繁体字版，通过与海外的发行机构合作拓展海外市场。

中央电视台副台长罗明会见了塞拉利昂新闻广播部部长塞浦提莫斯·凯凯率领的代表团一行 3 人。

福建省召开制止虚假新闻报道座谈会。

由中国经济报协举办的第 18 届经济新闻大赛揭晓。

《法制晚报》本日刊发《18 岁少年作家因情自杀》一稿，后经证实系虚假新闻，法制晚报对相关记者和责任人做出了处理。

由重庆市文化局、市广播电视局主办的 2005 年第 6 届中国重庆广播影视技术交流暨设备展示会在重庆开幕。

本日至 19 日，应南非亚非学会、埃及新闻总署邀请，以中国记协书记处书记魏铭祥为团长的中国新闻代表团一行 9 人访问了南非、埃及。

7 月 6 日

国家广电总局发出《广播影视系统地方外事工作管理规定》的通知，叫停外资经营电视频道。

7 月 7 日

英国伦敦发生系列爆炸，新华社驻伦敦记者在第一时间传回照片。

中央电视台台长赵化勇会见了德国贝塔斯曼传媒集团董事长兼首席执行官冈特·蒂伦先生一行 8 人。

河北省报协三届四次理事扩大会暨河北报业高峰论坛在石家庄召开。

博客中国改版为博客网，全力打造博客门户网站。此次改版共获得 1000 万美元风险投资。

7 月 8 日

全国 30 多家网络媒体的记者汇集河北承德，参加第三届“网上河北行”采风活动。

由中国新闻出版总署主办的首届中国数字出版博览会在北京国际会议中心隆重举行。

7 月 9 日

甘肃省各大媒体的 20 多名记者从兰州兵分 3 路开始 2005 陇原环保世纪行“追踪水污染”采访活动。

7 月 10 日

由中央电视台和新疆电视台联合组成的庆祝自治区成立 50 周年大型系列电视报道《直播新疆》采访组从乌鲁木齐出发，开启采访活动。从 8 月 25 日至 10 月 1 日，中央电视台第四套每天播出《直播新疆》。

新华社与尼泊尔国家通讯社在加德满都签署交换新闻的补充协议。

肯尼亚广播公司广播电台台长约翰·奥索罗应邀到中国国际广播电台访问，商讨扩大国际台节目在该台落地等事宜。

7 月 11 日

新疆维吾尔自治区召开制止虚假新闻报道座谈会。

由上海文广新闻传媒集团研制的 SMG 手机电台正式开播，向手机用户提供近百种互动语音服务。

深圳晚报与联通深圳分公司正式签署了联合推出手机报纸的合作协议，于当月正式推出深圳晚报手机版。

以“性别平等，构建和谐社会”为主题的北京女记者百人行培训班启动。

重庆市委宣传部、重庆市新闻工作者协会分 3 期举办全市新闻工作培训班。

7 月 12 日

云南省委办公厅发出《关于加强和改进舆论监督的实施意见》，意见包含 8 个方面的内容。

由河北电视台和河北省 11 个设区市广电局共同参股的河北广电信息网络股份有限公司成立。

7 月 13 日

全国省级党报广告部门负责人，在安徽黄山共同签署《拒绝虚假违法广告宣言》。

中国国际广播电台所属的国际在线网站多语种网络电台（Inet Radio）正式开播，是国内首家由专业电台开办的多语种网络电台。

全国广播影视对外工作会议在福州召开。

上海市委宣传部、市文广影视局、市新闻出版局、市纠风办、市记协举行会议，总结上海主要新闻单位 2004 年行风评议工作，部署 2005 年开展新闻行风评议工作。

由大连日报倡导、东北四城市党报联合举办的“纪念抗战胜利 60 周年，踏访东北抗日纪念地”系列报道首发活动在沈阳举行。

7 月 14 日

新华社聘任樊纲、林毅夫、温铁军、吴晓求等国内 8 位知名经济学家为首批新华社特约经济分析师。

我国首家移动数字电视运营商东方明珠在沪与微软、三星、LG 等巨头共同签署了数字广播电视国际战略合作框架协议，东方明珠数字广播电视研发中心宣告揭幕。

7 月 14 日—8 月 13 日

重庆日报报业集团一行 13 人参加了在加拿大举办的为期 1 个月的亚洲商务管理项目培训。

7 月 15 日

全国先进性教育活动宣传工作会议在北京召开。

南方日报社正式推出广东首家“手机报纸”。读者可以通过短信订阅、浏览当日报纸的精彩内容。

由湖南省科技厅和长沙市政府牵头组织实施的“国家数字媒体技术产业化基地”建设正式启动。

由黑龙江省报业协会召集，全省 4 家报纸负责人签订《黑龙江省报纸发行市场自律公约》，约定今后订报不送礼。

7月16日

首届中国报刊发行高峰论坛及中国报刊发行营销学会筹备会在上海举行。

《东方早报》视觉双年展暨2005视觉传播研讨会在上海举行，共展出近200幅新闻图片和报样。

重庆日报报业集团召开2005年品牌价值推介会。

7月17日

全国37家重点新闻网站和知名商业网站近百人组团赴新疆采访。

7月18日

全国省级党报总编辑联席会议在拉萨举行，来自全国27家省级党报的总编辑交流、探讨进一步办好省级党报的经验。

南方日报报业集团更名为南方报业传媒集团，南方报业传媒集团公司同时组建并于同日挂牌。

工人日报派出2人采访小组跟随“新青岛号”远洋万吨货轮进行海上采访，以纪念郑和下西洋600周年。

安徽农村广播正式开播，全天播音20小时，是安徽省首家专门为农业、农村、农民服务的广播。

湖北日报报业集团楚天传媒大厦奠基，工程被列为湖北省文化重点工程之一。

亚洲信息与传播研究中心暨2005中国传播论坛在北京举行，会议的主题是“亚洲的媒介与社会：过渡与变迁”。

中国传媒大学举办的2005中国传播论坛在北京举行。

7月19日

新闻出版总署、国务院新闻办公室、商务部、国家工商行政管理总局、全国“扫黄打非”工作小组办公室联合发出通知，将依法查处取缔非法外文报刊。

在美国著名记者埃德加·斯诺诞辰100周年纪念日，百名学者齐聚北京大学召开“让世界了解中国——斯诺百年纪念”国际学术研讨会。

第10届全国省级晚报（都市报）总编辑年会在银川举行，25家省级晚报、都市报联合发出倡议书，共同遏制报纸发行恶性竞争。

7月20日

全国对外宣传工作会议召开，中共中央政治局委员、书记处书记，中宣部部长刘云山出席会议并讲话。

国家广电总局正式对外宣布，中央电视台将全面接手中国有线及广电总局广播影视网络中心。

信息产业部发布的数据显示，截至2005年上半年，全国电话用户突破7亿户。

人民日报社发出公告，规定从即日起驻站人员不得拉广告、办公司、搞经营。

《中国新闻出版报》报道，沈阳日报报业集团设立“黑枷新闻奖”，重奖作出突出贡献的员工。这是地方媒体首次以优秀报人个人名义设立新闻奖。

《中华新闻报》报道，央视九套落户美国迪士尼旗下20家度假酒店。

由宁夏回族自治区小龙人报社承办的第8届全国少儿综合性报刊年会在银川召开。

7月21日

国家广电总局发布《推进试点单位有线电视数字化整体转换的若干意见（试行）》，第一次明确鼓励率先实施数字化整体转换的试点单位。

中国互联网络信息中心在北京发布了第16次中国互联网发展状况统计报告，报告显示，截至2005年6月30日，中国网民总数达到10300万。

7 月 22 日

宁夏广播电视总台正式挂牌成立。

7 月 25 日

由国务院新闻办公室和国家安全生产监督管理总局联合主办的突发事件处置及媒体应对高层研修班在上海落下帷幕。

中国国际广播电台副总编李忠尚会见到访的亚广联秘书长戴维·阿斯特雷先生。阿斯特雷先生邀请国际台参加 2006 年举办的亚洲广播论坛。

中国北部地区首届报业管理及新闻业务高级研修班在石家庄举办。

7 月 26 日

中央电视台副总编辑程宏会见了台湾人间卫视电视台台长一行。

中国中部强势媒体联盟在郑州成立，联盟成员包括燕赵都市报、齐鲁晚报、扬子晚报等 7 家媒体。

深圳传媒高层进行大规模人事调整。深圳报业集团总经理陈群聪转任深圳广电集团总经理；原深圳商报总编辑王田良转任报业集团总编辑。

第 2 届“中国网络媒体湖南行”暨红网全新改版正式启动。

7 月 28 日

国务委员兼国务院秘书长华建敏与新华社总社各部门、各单位主要负责同志座谈。

中央人民广播电台在人民大会堂举行银河网络电台（www. radio. cn）开通仪式。

7 月 29 日

由中国人民日报社和日本朝日新闻社共同主办的“中日文化交流研讨会——井真成墓志及遣唐使文化”在东京举行。

浙江省委出台《舆论监督制度实施办法》。

由中国农学会、农民日报社主办，农博网承办的第二届全国农业媒体高层论坛在北京开幕。

“9＋2”泛珠三角区域主要报纸负责人在四川省绵阳市共同签署了《泛珠三角媒体合作备忘录》。

应中国记协邀请，以意大利记者公会主席德尔·博卡·劳伦佐为团长的意大利新闻代表团一行 12 人访问中国。

同月

云南省新闻工作者协会网站正式开通。

中央电视台副台长刘宝顺率参访团赴台湾进行交流。

中央人民广播电台台长杨波会见亚广联秘书长戴维·阿斯特雷先生，商谈如何促进亚太地区广播发展及亚广联评奖等问题。

8 月 1 日

国家邮政局以北京、上海、广州等 10 个城市为中心，对发行覆盖面较广的近千种邮发报刊进行提速。

《中国新闻出版报》报道，浙江省委向各级党政机关下发了《浙江省党内监督十项制度实施办法（试行）》，其中舆论监督制度实施办法是其重要组成部分之一。

《辽宁日报》旗下的《球报》停刊。

8 月 2 日

《人民日报》报道，央视—索福瑞媒介研究有限公司（CSM）与香港电视收视率调查招标委员会正式签约，从 2006 年开始 CSM 成为香港独家电视收视率调查机构。

《中国新闻出版报》报道，中国地市报研究会近日在黑龙江黑河市举办全国地市级党报落实新闻宣传“三贴近”原则交流研讨会。

台北市杂志商业同业公会代表团到辽宁日报报业集团参观访问。

甘肃省全省宣传部长会议在兰州召开。

8月3日

国家广电总局印发《广播电视编辑记者、播音员主持人资格考试办法（试行）》，自2005年9月3日起施行。

新华社社长田聪明会见了孟加拉国国家通讯社社长卡齐乌尔·哈桑·汗，双方有关部门签署了孟通社代销新华社英文信息产品的协议。

《中华新闻报》报道，河南省首批290名新闻战线社会监督员正式上岗。

本日至14日，湖北日报报业集团和河南日报报业集团代表团分别到辽宁日报报业集团考察访问。

8月4日

由《支部生活》《新疆党风》等5家杂志合并组建的新党刊今日新疆杂志社挂牌成立。

8月5日

福建省委宣传部、省记协在福州召开破解“四难”研讨会，即破解正面报道难、树立典型难、舆论监督难、新闻创新难。

由新闻出版总署报刊司主办的2005年中国报业竞争力年会在北京召开，主题为“重塑新型市场主体，培育中国报业竞争力”。新民晚报、南方都市报、华商报、大河报等入围全国晚报都市类报纸竞争力20强。

8月6日

来自俄罗斯、哈萨克斯坦、吉尔吉斯斯坦、巴基斯坦4个国家的8家新闻机构的10名记者赴新疆采访。

世界品牌实验室和世界经济论坛联合主办2005年世界品牌，在2005年“中国500最具价值品牌”排行榜上，中央电视台名列第三。

福建省历史名人研究会林白水分会在福州成立，以纪念中国报界先驱、民主革命时期杰出报人林白水英勇就义79周年。

8月7日

本日至19日，应古巴拉美通讯社、智利环球通讯社和乌拉圭总统府新闻局的邀请，新华社社长田聪明对古巴、智利和乌拉圭3国进行了友好访问。

8月8日

新华社播发《国务院关于非公有资本进入文化产业的若干决定》。

央视国际网络开播以互动视听为特色的CCTV网络电视（tv. cctv. com）新闻频道和娱乐频道。

中国少儿报刊协会暨部分少儿报刊社负责人研讨会在山西太原举办。

由国务院新闻办、贵州省委宣传部主办的贵州省首届新闻发言人培训班在贵阳开班。

8月9日

新华社社长田聪明、总编辑南振中专门就报道真实性问题致信国内各分社社长。

辽宁日报报业集团与沈阳嘉源投资发展有限公司、沈阳甘露集团就合资创办辽宁时尚传媒有限公司举办签字仪式。

中宣部、中国记协在北京举办加强和改进舆论监督专题研讨班。

8月10日

甘肃报业协会第4届大会在张掖市召开。

8月11日

阿里巴巴和雅虎同时在北京宣布，阿里巴巴收购雅虎中国全部资产，同时得到雅虎10亿美元投资，成为中国互联网史上的最大并购。

8月12日

北广传媒移动电视公司透露，2005年内，北京市将有约4000辆公交车、1万辆出租车可以收看电视。

新浪产权交易频道全新版正式推出。

8月13日

第10届新疆新闻报道奖颁奖会在乌鲁木齐举行，中央政治局委员、新疆维吾尔自治区党委书记王乐泉出席并讲话。

8月14日

全国首家由省级党报主办、面向农村发行的综合性党报《河南日报（农村版）》的阅报栏在新乡市的部分县城、乡镇和行政村正式亮相。

8月15日

新华社总编辑南振中会见了突尼斯非洲通讯社社长穆罕默德·本·艾兹丁。

由21家中央媒体的37名记者组成的中央媒体采访团抵达乌鲁木齐，全面报道自治区成立50周年来的变化和成就。

北京电台交通广播“一路畅通”栏目获得2005年度“华彩杯”北京广播电视优秀栏目奖。

南方网开发的多媒体网络杂志《WOW! ZINE·物志》正式创刊，并在杂志网站（www.wowzine.cn）上为网友提供免费在线或下载阅读。

文汇报主办的“文汇号”重走抗战路活动结束。活动历时123天，寻访8年抗战的主要历史遗迹、旧战场以及抗战老兵。

北方广播电台技术协作会在北戴河举行。

8月16日

第15届中国新闻奖评选结果揭晓。258件新闻作品获奖，其中一等奖28件，二等奖89件，三等奖131件，中国新闻名专栏10个。

由中国记协主办的“抗日战争战地记者摄影作品精粹展”在中国新闻大厦展出。展览共展出200多幅精挑细选的照片，以纪念中国人民抗日战争暨世界反法西斯战争胜利60周年。

青春之声——中国青少年网络电台（www.vocy.cn）开始试播。

8月18日

《河南商报》披露，河南汝州矿难发生后，全国共有100多家媒体的480名记者集体领取封口费高达20万元，新闻从业者职业道德受到拷问。

2005中国数字电视产业高峰论坛召开。

由中国期刊协会主办的2005首届中国期刊广告论坛在北京举行。近百名国内期刊经营人员参加。

本日至25日，中国人民解放军和俄罗斯联邦武装力量首次举行了代号“和平使命—2005”的联合军事演习，解放军报10多名记者深入现场，跟进报道。

8月19日

上海市委宣传部和市记协联合举办上海新闻界纪念抗日战争暨世界反法西斯战争胜利60周年座谈会。

8月20日

浙江省摄影家协会第五次代表大会在杭州举行。

8月22日

2005年中国城市电视台发展高峰论坛在北京召开。

8月23日

全国宣传部长座谈会召开，中央政治局委员、书记处书记，中宣部部长刘云山出席会议并讲话。

由国家广播电影电视总局、中国广播电影电视集团主办，中央电视台承办的2005年中国国际广播影视博览会在北京举行。

8月24日

中央宣传部、国务院纠风办、新闻出版总署发出《关于开展规范报刊发行秩序工作的通知》。

8月25日

《中国新闻出版报》报道，在中国期刊协会会长张伯海的率领下，中国期刊代表团一行19人出席了在纽约举办的国际期刊联盟董事会和第35届世界期刊大会。

新华社成立中国国际传播研究中心。

8月26日

新华社召开纪念中国人民抗日战争暨世界反法西斯战争胜利60周年大会。社长田聪明作题为《新华社与抗战十四年》的讲话。

宁夏召开进一步推进全区"村村通"工作座谈会，真正做到"五个纳入"。

第三届亚洲传媒论坛在中国传媒大学举行，与会者就与新技术、新媒体、变革中的传媒有关的热点议题进行了深入探讨。

8月27日

由宁夏日报社主办的《新知讯报》正式创刊。

新疆维吾尔自治区党委副书记、纪检委书记胡家燕到访新疆人民广播电台《新广行风热线》栏目。

8月28日

由国家广电总局发展改革研究中心和中国传媒大学广播电视研究所主办的中国省级卫视与特色频道建设——广西卫视女性特色频道实践专题研讨会在北京举行。

第九届海峡两岸及港澳新闻研讨会在新疆乌鲁木齐举行。

8月29日

国家广电总局下发《关于禁止播出虚假违法广告和电视"挂角广告"、游动字母广告的通知》，规定所有上星频道自通知下发之日起必须立即停播所有"挂角广告"。

由中央人民广播电台与德国之声联合举办的中德广播采编业务研讨班在北京举行。

8月30日

《中国新闻出版报》报道，十年来天津新闻界在人财物上大力支援西藏文化事业的发展，其中，天津人民广播电台投资300多万元为西藏昌都地区建立的数字化广播电台，结束了昌都地区没有广播电台的历史，成为西南地区一流的广播电台。

北京青年报全面接管千龙网，由社长张延平任董事长。

《南方体育》宣布停刊。

深圳特区报在全国报业中首次尝试以拍卖方式出售广告版面。

山东省新闻工作者协会和新闻学会组织26家新闻媒体的28名记者参加"聚集齐河、金秋访绿"集中采访活动。

同月

广东电视台开始陆续推出欧洲足球、英语辅导、高尔夫等个性化、专业化的付费频道。

9月1日

新华社四川分社主办的"掌上新华"彩e手机报推出，每月定价10元，成为第一家正式在成都推出彩信形式手机报的新闻媒体。

9月3日

在中国互联网大会上，40余家因特网相

关企业共同签署《中国互联网网络版权自律公约》。

人民日报社欢送挂职记者去基层锻炼。

9 月 4 日

全国首份免费社区周刊——《新民生·城市假日》正式推出。该周刊隶属浙江日报报业集团，是杭州第一份完全面向社区生活的报纸周刊。

9 月 5 日

中央政治局委员、中央书记处书记，中央宣传部部长刘云山视察青海日报社。

全国 20 家媒体代表参与的图片网络互动合作签约仪式在沈阳举行，在国内摄影界首开先河。

央视体育频道全新改版，实现 24 小时连续播出。

《春城晚报》《都市时报》《云南信息报》和《生活新报》等云南省 4 家文化生活类报纸签订《报纸发行自律协议》。

新疆维吾尔自治区召开宣传部长座谈会，自治区党委常委、宣传部部长李屹出席会议并讲话。

湖北首个文化产业基地楚天传媒园动工，2007 年 1 月投入试运营。

9 月 6 日

中央电视台台长赵化勇会见在中央电视台录制《高端访问》节目的英国首相布莱尔。

第 15 届中国新闻奖颁奖仪式在北京举行。

今晚传媒集团在天津宣告成立。

由全国政协发起并举办的 21 世纪论坛在北京举行，主题为“可持续发展——中国与世界”。

9 月 8 日

新华社中国经济信息社与路透社正式签订了代理路透社新闻图片协议。这是路透社历史上第一次在中国法律的框架下签订的对外合作协议。

为纪念抗战胜利 60 周年，“循着新四军的足迹走泾县”大型新闻采访采风活动在合肥启动。

9 月 9 日

新疆电视新闻传输网正式启用，全区 15 个地州市可以通过光缆向新疆电视台实时直传新闻信号。

2005 中国报刊广告博览会暨第二届中国报刊广告推介年会在北京国际会议中心举行。

9 月 10 日

全国规范报刊发行秩序座谈会在大连召开。中国报业协会发出倡议，希望报刊出版单位加强行业自律，自觉维护报刊发行秩序。

广电总局发出《广电总局关于切实做好广播电视现场直播报道管理的通知》。

广电总局发出《关于批转中国广播电视协会〈中国广播电视播音员主持人自律公约〉的通知》，要求组织播音员、主持人认真学习、贯彻落实《中国广播电视播音员主持人自律公约》。

《晋察冀日报》学术研讨会在石家庄召开。

首届全国移动电视协作研讨会在重庆召开，商讨组建全国移动电视协作体的相关事宜。

9 月 11 日

羊城晚报与广东省、广州市广告协会等联合主办中国媒体广告合作发展论坛。

9 月 12 日

第 3 届世界华文传媒论坛在武汉落幕，论坛通过了《全球华文传媒武汉宣言》。

本日至18日，应中国记协邀请，叙利亚记者协会领导委员会成员司库塔里格·哈里卜带领新闻代表团一行6人访问北京、杭州和上海。

9月13日

新加坡联合早报、俄罗斯国际文传电讯社、德国广播协会、荷兰忠诚报和日本的共同通讯社等7家媒体记者，应邀到湖南进行为期4天的采访。

第3届全国核心期刊与期刊国际化、网络化研讨会在北京举行，与会代表着重就建立基于“引文链接”的知识整合平台，期刊国际化、网络化发展方向与措施等进行探讨。

9月14日

由广东省政府侨办和羊城晚报报业集团共同主办的全球华文传媒羊城峰会在广州召开，来自26个国家和地区的80家华文媒体参会。

9月15日

由国务院新闻办公室、中国记协主办的“明月天涯共此时——2005年中外记者中秋联谊会”在北京举行。

蒙古国家电台台长普日布达希一行在访华期间应邀到中国国际广播电台参观访问。

广西人民广播电台与越南胡志明市人民之声广播电台建立友好台议定书签约仪式在南宁举行。

重庆市召开全市宣传部长座谈会，指出新闻宣传要“狠刹四风”。

9月16日

中国新锐媒体视觉联盟在平遥宣告成立，联盟由南方都市报、新京报、东方早报、京华时报、重庆时报和竞报等7家中国新锐报纸和搜狐网发起成立。

中央电视台新闻频道推出《碗礁一号》沉船考古大型直播特别节目。

中国地市州盟报总编辑新闻摄影研讨会在江苏淮安举行。

应芬兰外交部邀请，以新华社副总编辑夏林为团长的中国新闻代表团一行7人访问了芬兰，随后顺访了挪威、冰岛和瑞典。

9月18日

由首都女新闻工作者协会主办的海峡两岸妇女与传媒论坛在北京落幕。

9月19日

全国晚报（部分）质量检查委员会第一次会议在北京召开。

湖北省新闻出版局根据新闻出版总署的批复，对《宜昌日报》正式进行了变更为《三峡日报》的有关登记。新报名将于2006年1月1日正式启用。

来自世界华文传媒的100多位媒体负责人、记者齐集江西景德镇参观、采访。

我国首部手机连续剧《大闹西游》正式问世。

9月20日

中央人民广播电台、中国国际广播电台驻地方记者站迎来成立40周年纪念日。

中央人民广播电台在人民大会堂举行驻地方记者站成立40周年座谈会，央广是中央新闻单位驻地方的第二大记者队伍。

以总编辑陈锡添为首的香港商报采访团对河北省进行为期一周的采访。

陕西省委宣传部和省新闻工作者协会召开新闻界内构建和谐社会创造和谐舆论环境研讨会。

9月21日

中国社会科学院新闻与传播研究所和青年人文社会科学研究中心在北京举办“《新青年》与当代中国”学术研讨会，纪念《新青年》创刊90周年。

哈尔滨电视台《睦邻》电视系列片摄制组经过 6 个月的跋涉返回北京。

9 月 22 日

信息产业部统计显示，截至 8 月底，全国手机短信发送量已达 1906.2 亿条。

北京市广电系统召开民主评议行风大会，从四大环节 17 个方面规范制止虚假不实新闻。

江苏省城市晚报总编论坛在盐城举行。

9 月 23 日

中国记协和中国法官协会在江西南昌联合举办新闻侵害名誉权、隐私权研讨会，中国记协书记处书记李存厚、最高人民法院原副院长刘家深等参加了研讨会。

9 月 24 日

中央人民广播电台新闻综合频率中国之声和中华全国体育总会宣传部联合举办“中国之声·康奇杯”中国体育广播杰出贡献奖评选活动。张之、姚明、刘翔等 11 位获奖人及广播体操创编组、中国人民广播电台体育节目两个集体荣膺中国广播界、中国体育界和全国公众联合授予的 50 年至高荣誉。

9 月 25 日

国务院新闻办公室、信息产业部 25 日联合发布《互联网新闻信息服务管理规定》，这是我国规范互联网新闻信息服务的一个重要规章。

9 月 26 日

上海 IPTV 闸北示范区项目正式启动。这是目前国内最大的 IPTV 商用项目。

华西都市报与四川省电信有限责任公司联合打造的《华西手机报》声讯版正式开通上线，《华西手机报》成为中国第一张能听的报纸。

以李诺秀为团长的朝鲜记者同盟中央委员会代表团一行 5 人到辽宁日报报业集团访问交流。

《中国新闻出版报》报道，武汉新闻界召开“抵制低俗之风，倡导健康文明”座谈会。

9 月 27 日

中国国际广播电台副台长夏吉宣与到访的日本有线广播网代表乐师寺签署合作协议，国际台华语节目实现了在日本落地。

新华网荣获 2005 年度中国优秀政府门户网站奖。

9 月 28 日

中央电视台副台长李晓明会见了艾杰比尼尔森市场研究有限公司全球总裁阿尔伯特·克鲁西博士一行。

中国国际广播电台环球资讯频率 FM90.5 开播仪式在人民大会堂举行，环球资讯调频广播在北京地区 FM90.5 和 AM900 播出，同时在环球资讯网（www.crinewsradio.cn）在线实时播出。

据《人民日报》报道，联合国教科文组织在中国传媒大学设立“媒介与女性”教席，是我国信息传播领域的首个联合国教科文组织教席。

上海文广与中国移动共同宣布，正式开通手机电视“梦视界”，提供下载点播和直播等形式的手机电视节目，中国手机电视业务由测试级升级到运营级。

9 月 29 日

新华社广东分社与南方广播影视传媒集团签署协议建立长期战略合作伙伴关系。

据新浪网消息，浙江卫视日前联合 7 家实力企业在北京宣布正式启动名为“七剑出江南”的铸剑行动，向全国倾力征集优秀节目创意，引入 7 个优秀电视制作人和主持人，组建 7 个优秀电视制作团队，打造 7 个晚间高收视强档节目或强势大型活动。

以闽南语作为节目主体语言的广播频道“刺桐之声”（FM105.9）在泉州开播。

由上海交通大学提供技术的无线数字电视试验系统正式在上海崇明岛开通，这是首个由中国自主研发技术推广的数字电视区。

同月

在西藏自治区成立40周年宣传报道中，中央电视台新闻中心推出一系列组合报道。

烟台日报传媒集团成立，拥有6个直线职能部门、5个事业部、9个子公司。

衡阳日报、衡阳人民广播电台、衡阳电视台、衡阳生活频道等媒体联合推出“边远乡村行”大型报道。

10月1日

根据国务院部署，新华社依托新华网建设的中华人民共和国中央人民政府网站试开通，网址为www.gov.cn。

中国国际广播电台节目通过香港有线电视公司播出。

福建海峡电视台正式开播，以海外华人华侨和港澳台同胞为主要服务对象，包括新闻资讯、文化旅游和综合文艺3大类节目。福建省广播影视集团同日启用新台标。

中国教育电视台开播早期教育频道，满足2亿0—8岁婴幼儿的早期教育需求。

青海新闻大厦开工兴建。

新华社副社长崔济哲代表田聪明社长出席了亚洲太平洋通讯社组织第27届执委会会议。

10月6日

为期4天的第三届中国国际网络文化博览会在北京闭幕，来自国内外的252家网络文化企业参展。

10月8日

中国首个面向老年人的付费数字电视频道老年福频道在山西试播。

10月10日

由中央电视台和慕尼黑国际青少年电视节组委会联合主办的主题为“和平、友好、合作、交流、提高”的2005北京亚太青少年电视节在北京举行，这是亚洲地区第一个国际性的青少年电视节。电视节活动期间还举办了世界儿童电视发展的新趋向论坛。

10月11日

广东电视台英语辅导、真人秀、欧洲足球三个数字付费频道试播。

云南省宣传思想工作领导小组在云南电视台召开现场会，研究部署该台的第二次改版工作。

10月12日

广电总局发出《关于进一步重申电视剧使用规范语言的通知》。

国家广播电影电视总局副局长张海涛视察中央电视台。

第十届全国运动会在江苏南京拉开帷幕。

“神舟六号”飞船发射，17日安全返回。新华社顺利完成“神舟六号”飞船载人航天飞行报道任务，仅仅6天时间里，对内对外滚动播发1100多条快讯，开创了在重大事件报道中利用快讯连续发稿、滚动发稿的新模式。

在深圳举办的第七届中国国际高新技术成果交易会上，国内几大信息产业标准组织与中国数字音频视频编解码技术标准（AVS）工作组分别签署合作协议，确认结成战略合作伙伴关系。

10月13日

北京地铁移动电视在城铁13号线首车成功试播。

10 月 14 日

中央报刊治理工作协调领导小组召开会议，研究部署加大中央报刊治理检查监督纠正力度。

全国省级晚报都市报经营峰会在杭州召开。

应英国记联、法国驻华大使馆、德国每日镜报邀请，中宣部副部长高俊良以中国记协顾问身份率团对英国、法国、德国新闻机构进行了考察访问。

10 月 15 日

2006 年度党报党刊发行工作电视电话会议在北京举行。

国家广播电影电视总局在青岛市举行青岛有线电视数字化整体转换竣工仪式。

上海文广在高性能宽带信息网互动电视放号发布会上宣布古北新区互动电视项目启动。

全国报刊管理工作会议在乌鲁木齐召开。

第二届太行山新闻论坛在山西长治举办。

10 月 16 日

中央报刊治理工作协调领导小组办公室公布举报电话，接受举报利用职权搞违规发行或摊派发行等现象。

陕西电视台举行 45 周年台庆庆典。

10 月 17 日

中央电视台获 2005 年“国际儿童广播电视日奖”在东亚及太平洋地区的唯一提名。

“净化网络环境，传播先进文化”互联网高峰论坛在郑州举行。

户外视频广告运营商分众传媒宣布并购电梯平面广告运营商框架媒介 100%的股权。

10 月 18 日

新华社社长田聪明会见了南非总统府部长埃索普·帕哈德一行。

韩国清州放送访问团到广西电视台进行友好访问，并与该台签订友好台协议。

中央电视台电影频道与香港电讯盈科合作开办的中国电影频道（CMC）在香港正式落地。

由青海日报社主管主办的青海省第一张文摘类周报《西海文摘报》创刊。

首都新闻界知名的专家学者举行座谈会，探讨中国新闻奖名专栏《记者档案》如何进一步保持优势提高质量。

10 月 19 日

国家广电总局向各省、自治区、直辖市广播影视局（厅），新疆生产建设兵团广电局发出《关于向 2006 年中央电视台春节联欢晚会推荐主持人和节目的通知》，中央电视台将继续面向全国“开门办春晚”，由各地向 2006 年春节联欢晚会选送主持人和节目。

中央电视台副台长张长明会见南非总统府部长埃索普·帕哈德一行。

第 7 届全国报纸总编辑新闻摄影研讨会暨首届“华赛”高层论坛结束，与会者通过了首个《中国新闻摄影工作者自律公约》。

国内第一个全国性媒介广告行业年度交易会在北京举行。

中国市场与媒体研究 2005 年会在北京、上海、广州三地成功召开。

首届中国广告媒介年度代理采购洽谈会在北京召开。

10 月 20 日

中央电视台副台长张长明会见多美尼克电视台代表团。

河南人民广播电台农村广播、旅游广播

正式开播，该台成为全国拥有专业广播套数最多的省级电台。

本日至 28 日，应中国记协邀请，以希腊记协副主席帕帕德姆利斯·瓦西雷罗斯为团长的希腊新闻代表团一行 12 人访问了北京、杭州和上海。

10 月 21 日

中国晚报协会第 20 届年会在重庆市召开。

第五届全国广播外宣协作会在北京召开。

中国地市报研究会第 5 届理事大会在石家庄召开。

10 月 22 日

据新华网报道，由国家劳动和社会保障部推出的网络编辑员资格考试将在黑龙江省首次试点。

众多新闻界同行为因公殉职的新华社摄影记者王岩送行。

由中国出版科学研究所主办的第二届中国教育报刊业创新与发展高峰论坛在北京举行。

本日至 11 月 1 日，应中国记协邀请，以瑞士新闻俱乐部主席吉·麦为团长的瑞士新闻代表团一行 7 人访问了北京、新疆和广东。

10 月 24 日

长沙电视台政法频道和女性频道节目信号正式接入北京有线数字电视网络，是外地电视媒体首次以非上星方式进入北京。

东北副省级城市党报集团高峰会议在大连市举行，东北副省级城市党报集团联盟正式成立。

第二届“网络媒体安徽行”大型采访活动在合肥启动。

10 月 25 日

2005 年新华社新闻学术年会在北京召开。

10 月 26 日

由新闻出版总署报刊司主办的中国产业行业类报纸改革与发展研讨会在北京召开。

本日至 11 月有 11 日，受中宣部委托，由中国记协组织的“四个一批”新闻界人才考察团对加拿大、古巴两国进行了考察访问。

10 月 27 日

中文报刊世界网络发行项目在北京通过验收。

10 月 28 日

纪念邹韬奋诞辰 110 周年座谈会在中国记协新闻发布厅举行。

中国都市报研究会第 5 届年会在南京召开，主题为“都市报发展 10 年”。

《澳门早报》在澳门正式创刊发行。

2005 中国网络广告高峰论坛在西安召开。

10 月 29 日

由郑州大学穆青研究中心主办的全国穆青新闻思想与新闻实践学术研讨会在郑州举行。

10 月 30 日

贵阳人民广播电台都市女性广播开播，是西南地区第一家以女性为主要听众的专业女性频率。

10 月 31 日

国家食品药品监督管理局发布《2005 年第一期违法医疗器械广告公告汇总》，我国建立违法医疗器械广告公告制度。

同月

中央电视台独家享有“神六”飞天的直

播权，央视直播广告的收入达 5 亿多元。

北京电视台为备战奥运报道练兵，在南京十运会现场搭建功能齐全的演播室进行全方位演练。

由中国载人航天工程办公室主管、中国航天员科研训练中心主办的科普杂志《航天员》创刊。杂志以“普及载人航天知识、弘扬载人航天精神、传播载人航天文化”为宗旨，是面向广大青少年及航天爱好者的权威航天科普期刊。

中国人民大学新闻学院和美国密苏里新闻学院签订两院合作协议。

11 月 1 日

公安部、信息产业部、中国银行业监督管理委员会决定，在全国范围内统一开展手机违法短信息治理工作。

据中韩日文化产业论坛透露，2004 年中国生产的动漫约占世界年产量的三分之一。

辽宁日报报业集团海外专页韩文版正式创刊，并批量向韩国发行。首发仪式在沈阳举行。

上海市政府和新闻出版总署举行共建上海理工大学出版印刷学院签约仪式。

首届“南方都市报新闻奖学金”颁奖典礼在中国人民大学逸夫会议中心举行。

11 月 3 日

由中国记协、南方报业传媒集团联合主办的首届全国新闻界书法大展开幕式在北京举行，所有展出作品编入《首届全国新闻界书法大展作品集》。

新闻出版总署启动互联网出版违规警告制度，首批 53 家提供有淫秽、暴力内容网络游戏下载的网站受到查处。

11 月 4 日

全国首届 SNG 暨电视新闻研讨会在山东济南召开，全国 SNG 协作体成立。

11 月 5 日

以“改革、创新、发展”为主题的全国报纸自办发行 20 周年纪念活动在天津举行。

2005 中国网络传播学年会在南京举行，主题为“网络社会：传播与控制”。

由复旦大学新闻学院主办的中国新闻传播学科研究生学术年会在上海举行，会议主题为“传播、和谐、创新”。

11 月 7 日

由新华社牵头研制的国家“十五”重大科技专项“中文新闻信息技术标准”通过国家标准化管理委员会组织的国家标准审查验收。

陕西省委宣传部、省新闻工作者协会联合举办庆祝第六届记者节暨表彰大会。

湖南日报报业集团向全省新闻工作者发出 5 点倡议，呼吁加强新闻界职业道德建设，规范新闻采编人员行为。

11 月 8 日

全国优秀新闻工作者表彰大会在北京举行，中共中央政治局常委李长春出席并讲话。

中央电视台举行以“为时代放歌”为主题的 2005 年中国记者节新闻界联欢晚会。

四川召开省优秀新闻工作者表彰会暨庆祝第 6 届中国记者节座谈会。

在河北省新闻出版局和省报协的倡议下，32 家报纸签署了《河北报业市场有序竞争公约》。

宁夏记协在银川召开了“以人为本，创新新闻报道工作”研讨会。

中宣部、新闻出版总署、中纪委驻总署纪检组组成 3 个联合督查组，分赴山东、安徽、福建、广西、甘肃、湖北 6 省区检查规范报刊发行秩序情况。

重庆广播电视集团（总台）学习考察团

一行11人赴丹麦、挪威、瑞典、芬兰和俄罗斯进行了为期12天的考察访问。

11月9日

由国际奥委会宣传部和北京奥组委新闻宣传部联合主办的“奥林匹克运动与北京2008”国际媒体研讨会在北京召开。

本日至18日，应中国记协邀请，以塞黑记协主席日澳拉德·尼科里奇为团长的塞黑新闻代表团一行6人访问了北京、常州和上海。

11月10日

重庆市政府法制办举行了全国首次网上立法听证会——“坚持以人为本，创新和规范行政执法”听证会。

首届欧亚经济论坛在西安举行。

11月11日

中国传媒大学党报党刊研究中心等举办人民共和国党报论坛第2届（2005）年会。

中央电视台高清影视频道全国市场推广在北京正式启动。

11月13日

应共同社邀请，新华社副社长马胜荣率新华社代表团访问日本，并出席共同社成立60周年社庆活动。

11月14日

据人民网报道，英国著名古典音乐杂志《留声机》将于2006年1月正式推出中文版《人民音乐·留声机》。10月中旬，该杂志的试刊号已问世，《人民音乐·留声机》采用16开铜版纸内页，全4色印刷。

由中国地市报研究会主办的全国地市州盟报及相关报刊社总编（社长）报业发展研讨会在云南保山召开。

11月15日

山东广播电视总台和山东移动通信有限责任公司联合开设手机电视媒体“广视无限”。

中国内地首个学生自主创办运营、自负盈亏的校园媒体——接力传媒在中国人民大学诞生。接力传媒由纸媒体《新闻周报》、网络电台、网络电视台、接力新闻网4部分组成，以中国人民大学近两万师生为主要受众群，通过向校内和周边社区的商家收取广告服务费维持媒体运行。

《长春日报》创刊60周年。

第五届“中国网络媒体论坛”在浙江省杭州市开幕，主题为“网络媒体与和谐社会”。

11月16日

重庆日报报业集团开展“读报献爱心——为白血病儿童筹集善款”活动。

11月17日

中国新闻出版总署署长石宗源在接受《金融时报》采访时透露，受近来在格鲁吉亚、乌克兰和吉尔吉斯斯坦发生的反对威权政府的“颜色革命”影响，中国政府已暂停了允许外国报纸在华印刷的计划。

根据东方网报道，Skype公司拟在华推出SkypeOut（电脑对话）服务，Skype公司CEO尼古拉斯·曾斯特罗姆近日访华，目前正在和中国电信、中国网通洽谈相关合作事宜。

由著名作家李佩甫创作龙头、2569名手机用户接力创作的我国首部手机短信接力小说以5000元价格被上海掌上灵通公司购得在短信、多媒体、网络传播方面的使用权。

11月18日

香港《太阳报》宣布从今天起将由6港元/份降至3港元/份，并赠送3元的百佳超市现金券，变相免费，同属东方报业集团的《东方日报》也将随报赠送3港元现金券。

2006年央视黄金资源广告招标总额达到58.69亿元，前五大中标行业分别为食品饮料、医药保健品、日化、邮电通讯和家电。

世界中文报业协会第38届年会在上海展览中心开幕。

全国产业报、专业报总编辑新闻摄影高级研讨会在北京举行。

全国首家电视文摘频道——河南电视台精品博览频道正式开播。

浙江电视台钱江都市频道推出大型日播新闻情景喜剧，成为国内首试新闻节目与情景喜剧嫁接的电视台。

上海东方有线网络有限公司、北京歌华有线电视网络股份有限公司等11家有线网络公司首次自发召开合作会议。

重庆广播电视产业有限责任公司正式挂牌成立。

第38届世界中文报业年会在上海举办。

11月19日

中国人民大学新闻学院庆祝建院50周年，赵启正就任新闻学院院长。学院组织了一系列学术研究活动，在首届中外知名新闻传播学院院长论坛上，世界各地新闻传播系负责人达成“北京共识”。

11月20日

石家庄日报社庆祝建社58周年。

新闻出版总署教育培训中心在北京举办了第一期中国报刊经营管理高级研修班，专题聚焦专业（行业）媒体所面临的机遇与挑战。

11月21日

上海东方龙移动信息有限公司宣布，中国移动全网手机电视业务已率先在上海发展了5000家用户。

第六届“两岸传媒迈入21世纪”学术研讨会在武汉大学举行。

11月22日

由中央人民广播电台主办的2005（中国）广播发展论坛暨全球华语播音主持研讨会在北京举行。论坛开幕式上，中央人民广播电台与全球20多家华语广播机构宣布，将于2005年12月30日零点至2006年1月2日零点，联合推出172小时大型直播活动。

11月23日

北京电视台举行2006年广告政策发布会。

11月25日

北京2008年奥运会媒体村举行奠基仪式。

11月26日

经新闻出版总署和上海市人民政府批准，国内首家出版股份公司上海世纪出版股份有限公司宣告成立。上海世纪出版集团拥有公司70%的股份。

中国云南卫视的电视节目进入越南河内广播电视台有线网播出，云南成为中国国内首家进入东盟国家有线电视网的省份。

重庆市有线电视数字化整体转换正式启动，在年内完成3万用户转换。

辽宁日报报业集团举行专家咨询委员会成立仪式。

“2005新新论坛”（“新新”即新媒体、新思维的简称）在北京举行，主题为“新媒体的个人化趋势及其社会影响”。

11月27日

全国新闻出版局长会议在北京举行。

11月28日

中国国际广播电台台长王庚年会见到访的路透社媒体业务总监克里斯朵夫·普莱根先生及其代表团一行3人。

安徽出版集团有限责任公司挂牌成立，

这是新闻出版总署审批的全国第一家在集团组建同时完成转制的大型文化企业集团。

广东电台与阳江广播电视台在阳江签订联合发展协议。

历时3天的2005（第8届）四川电视节在成都圆满闭幕。

新安晚报与安徽交通广播联合推出“早读新安”节目，摘读当天该报部分精彩内容，时长约10分钟，在安徽交通广播早间7点30分至8点的新闻节目《新闻直通车》中播出。

11月29日

上海正式在上海市闵行区和浦东新区开通IPTV业务。

11月30日

由重庆日报社主管、主办的综合类经济日报《重庆经济报》宣布休刊，原有订户转送《重庆晨报》。

第十届朝鲜语广播电视优秀作品评析会在北京举行。

同月

由山西师范大学主办的英语周报投中央视黄金时段15秒广告，这是2005年央视黄金资源招标中文化产业类第一标。

四川日报报业集团于文化产业发展论坛暨首届四川文化项目推介会期间推出了5个招商项目，包括建设西部文化产业中心、报纸经营、网站扩股等。

《燕赵都市报》每期选用4篇新浪博客大赛的优秀参赛作品，刊载于《燕赵都市报》“博客上阵”版块。

青海省记者协会和青海省体育局联合举办青海省新闻工作者体育大赛。

12月1日

新闻出版总署《期刊出版管理规定》（新闻出版总署令第31号）、《报纸出版管理规定》（新闻出版总署令第32号），国家广播电影电视总局《广播影视网络专有IP地址规划》开始实施。

中国国际广播电台英语节目在新西兰首都惠灵顿国际调频电台（World FM88.2）免费播出，国际台节目首次在新西兰调频电台落地播出。

由辽宁电视台与辽宁广播电视传输发射中心合作推出的辽宁移动电视正式开播，当日17小时不间断播出近10档自制栏目。

济南故事广播正式开播，这是山东省内唯一的专业故事频率。

12月2日

国务院新闻办公室主任蔡武在第四期全国新闻发言人培训班上透露，国务院70多个部门和全国27个省区市建立了新闻发布和发言人制度。

首届亚洲户外广告主论坛在上海召开，论坛旨在探索各种户外媒体的使用价值。

重庆日报报业集团启动“编辑记者走进读者”宣传活动。

12月5日

中国残疾人事业新闻宣传促进会第三届全国理事会代表大会在北京召开。

由沈阳、鞍山、铁岭等七城市电视台联合打造的新闻节目“辽宁中部城市报道”开播。

由湖南广电传媒投资的《时代人物周报》正式宣布休刊。

12月6日

新闻出版总署报刊司发出《关于全国行业报（部分）质量检查工作的通知》，委托中国产业报协会组织实施。

公安部召开新闻发布会，通报集中开展手机违法短信治理一个多月来的情况。

以广西广电局副局长苏新生为团长的广

播电视考察团一行6人赴巴西、阿根廷、智利进行广播电视业务考察。

“基于AVS标准的数字视频编码播出与接收系统”在北京顺利通过专家鉴定，标志着我国有了完整的自主数字视频广播系统。

中国网通集团在北京宣布已建成国内最大的宽带视频平台。

12月7日

主题为“合作、创新、发展、共赢”的首届移动通信与新闻媒体研讨会在北京举行。

《中华新闻报》报道，历时7天的首届连州国际摄影年展日前闭幕，年会期间举办了摄影学、影视人类学等相关学科的高端学术论坛和报告会。

陕西省第一家市民专业电台——陕西都市广播在西安开播。

全国宣传部长会议在北京举行，中共中央政治局常委李长春作重要讲话。

12月8日

《上海证券报》改革，将从窄众的专业证券类报纸，向以证券金融为特色、以投资理财为主体的大众财经日报转变。

广东南方广播影视传媒集团的新闻频道正式开播。

北京开通20个付费频道。

河南首家手机无线新闻网站试开通。《大河报》《今日安报》等报刊在报头位置率先增加了“手机：wap. hnby. com. cn”的字样，河南日报报业集团下属的其他报刊也将陆续刊登该网站地址。

中国传媒大学与新华社中国新闻发展公司联合成立公关舆情研究所。

男性杂志《风度》在北京举行创刊酒会。

12月9日

经国家广电总局批准，首个全国性数字电视运营商正式成立。

浙江卫视大型户外交友节目《男孩女孩》开机，成为中国唯一的外景交友节目。

中国地市报总编辑新闻摄影高层论坛和全国旅游新闻摄影大赛活动在浙江台州举行。

12月10日

根据国家工商总局和商务部联合颁布的《外商投资广告企业管理规定》，外资广告公司开始可以在中国成立独资广告公司。

12月11日

维亚康姆户外传媒广告（北京）有限公司正式挂牌。9月，维亚康姆户外广告公司收购了北京流动传媒。

中国国际广播电台副台长陈敏毅率团访问德国。

12月12日

中国台湾网报道，台湾作家管家琪将与二十一世纪出版社合作推出大陆第一份儿童图文月刊——《故事》月刊，于2006年1月正式上市。

南方传媒民生新闻研讨会暨“民生银行杯”优秀论文评选在广州大学举行。

12月13日

中央先进性教育活动办公室、中宣部新闻局在北京召开保持共产党员先进性教育活动第二次宣传工作会议。

美国《时代》杂志的出版商时代公司宣布对其管理层进行大范围改组，辞退包括首席财务官和执行副总裁在内的105名高级职员。

12月14日

据新华社消息，国家发展和改革委员会、工商总局联合发布《广告服务明码标价规定》，从2006年1月1日起施行。规定明确指出，所有广告经营单位向广告主提供服务，必须公开明示广告服务价格以及收费等相关内容。

湖南潇湘电影频道正式开播。该频道是以播出电影为主的专业电视媒体，成为我国第六个电影频道。

12月15日

北京奥组委在北京召开媒体运行研讨会。

由国内32家主流新闻网站联合发起的中国网络媒体2005年度新闻风云榜评选活动正式启动，评选结果于2006年1月上旬公布。

新华社虚拟专用网正式开通。

12月16日

中央人民广播电台对台湾广播中心在海口市召开中央人民广播电台对台湾广播第十四届通联会。

我国无线新闻传媒的旗舰——“掌上天下”手机网站在北京开通。

华西都市报记者刘建成为世界上首位完成“7+2”（登上七大洲最高峰和徒步南极北极极点）极限探险的新闻记者。

重庆日报报业集团产业有限责任公司正式挂牌成立。

新疆日报网正式开通运行新版，是国务院新闻办公室批准的第一批可供网站转载新闻的省级直属新闻单位网站。

12月17日

由史坦国际联合几十家主流媒体和著名投资机构举办的2005中国传媒产业年会在北京举行。

为期3天的报纸分类广告经营与管理研讨班在北京举办。

12月19日

由新华社主办的《参考消息·北京参考》与中国广告联合总公司合并，成立新华社广告中心。

12月20日

我国第一家出版物发行量核查认证机构——国新出版物发行数据调查中心向社会公布了第一份核查报告。

由中国国际广播电台和西藏人民广播电台联合在国际在线网站平台上共同建设的藏语广播网在北京正式开通。

12月21日

北京奥组委举行北京奥运会互联网项目启动大会。

中国国家网格正式开通运行。

BGAN海事卫星新干线在北京正式开通，不仅能进行移动实时视频直播，还可以兼容3G通讯优势，成为新一代全球移动卫星通信系统。

12月22日

9家出版物发行单位因销售盗版等非法出版物被新闻出版总署记入违规发行档案并公之于众。

中央人民广播电台、中央电视台在北京联合举办《两岸情缘》征文颁奖晚会。

12月26日

中央电视台科教频道改版后重装亮相。

2005年广东省新闻队伍建设经验交流会、新闻媒体与构建和谐社会研讨会在东莞召开。

12月27日

国务院任命龙新民为新闻出版总署署长（国家版权局局长）。

在2005年中国互联网站品牌栏目（频道）推荐活动中，人民网的强国论坛、人民日报的人民时评栏目、新华网的新闻中心和焦点网谈栏目等22个栏目（频道）榜上有名。

广州大学与南方广播影视集团联合共建南方广播影视传媒学院，挂牌、聘任、签约仪式在广州大学举行。

12 月 28 日

《中国新闻出版报》报道，第 4 届中国数据广播高峰论坛在南宁举办，主题是“发展数据广播，服务信息资讯”。

中国航天报社在全国政协礼堂举办“见证航天——中国航天报社成立 20 周年”庆典晚会。

共青团安徽省委机关报《安徽青年报》创刊 50 周年。

云南大学新闻系庆祝该系成立 20 周年。

2005 中国广告教育论坛在中国传媒大学举行。

12 月 29 日

《人民日报》报道，2005 中国国际新闻论坛年会日前在海口举行，与会代表评选出了 2005 年十大国际新闻和 2005 年十大国外焦点人物。

南方报业传媒产业基地在佛山举行奠基庆典仪式。

12 月 30 日

中国人民广播事业暨中央人民广播电台创建 65 周年纪念大会在北京举行。

同月

深圳报业集团旗下的《晶报》将每期分类广告的版位编入当期头版导读栏目，方便读者查找，提高读者对该报分类广告的关注度。

美国《商业周刊》宣布，将停止发行亚洲版和欧洲版，分别以电子版取代。

国内首份专业酒店杂志《大酒店》上市发行。《大酒店》以上海、北京及国内其他一线城市的五星级酒店的各类服务和设施为主，为中英文双月刊读物。

现代传播集团创办《生活》杂志。

同年

中国社会科学院社会发展研究中心实施了中国互联网使用及其社会影响的问卷调查。

新华社派记者参加了珠峰测高、第 22 次南极科考和中国首次环球大洋科考活动，加强前后方报道联动，在重大新闻报道中争取主动。

中央电视台首次将“黄金段位广告招标”的概念延展为“黄金资源广告招标”。

截至 2005 年底，我国网民数、宽带上网网民数、上网计算机数分别达到 111 亿、6430 万和 4950 万，目前 CN 域名注册量在所有国家顶级域名中稳居亚洲第一。

中国残疾人艺术团演出的舞蹈《千手观音》成为中央电视台春节联欢晚会一大亮点。

大众歌手选秀节目“超级女声”使湖南卫视名声大振，获利颇丰。

“水坑摄影事件”因涉及新闻职责与社会良心而受到业界内外批评。

连续 12 年自强自立、带着妹妹上学的大学生洪战辉受到舆论特别关注。

解放日报报业集团党委批准了多个对外合作项目，与东渡国际（集团）有限公司签署战略合作协议，进军房地产；与上海纺织控股集团、上海瑞立投资有限公司合作，打造上海时尚产业发展平台；同意由解放传媒投资公司、申江服务导报与上海博雅文化发展公司合作投资成立“申报文化产业发展有限公司”。

上海文广新闻传媒集团新建成具有世界一流水准的电视新闻中心。

2006年（丙戌）

1月1日

解放日报报业集团向全国其他38家报业集团发出了《发起全国报业内容联盟的倡议书》，获得包括北京日报报业集团、新华报业集团、南方报业传媒集团等支持。倡议书发起的内容联盟目的为“共同制定向网络媒体提供新闻内容的定价规范，提高网络转载的门槛，捍卫自己的知识产权，让新闻内容回归应有的价值”。

光明日报扩版，新增12个版面，改版后周一至周五各12个版。

中华人民共和国中央人民政府门户网站“中国政府网”正式开通。

中央电视台正式开通高清影视频道。

由国家电网公司主办的《国家电网报》创刊，该周报为国家电网公司党组机关报、国家电网公司企业报。

《北京青年报》改版，其改革包括新闻理念、版式设计、分叠及插印方式，增加容量。

经安徽省新闻办公室批准，隶属于安徽省广电局的“中安网”与隶属于安徽日报报业集团的“安徽在线”两个网站整合为隶属于安徽日报报业集团的新闻门户网站“中安在线”。该网站拥有安徽日报报业集团旗下“九报三刊”和全省各地新闻信息资源，构成安徽省最大的新闻信息综合平台。

由吉林省委宣传部、政法委和省公安厅、广电局、新闻出版局、法制办和省记协共同制定的《关于切实维护新闻工作者合法权益的暂行规定》正式实施。规定要求吉林省各级党委、政府、社会团体、企事业单位和公民都要尊重新闻工作者的合法权益，为保证新闻报道及舆论监督工作的正常进行，各单位和个人不得干扰新闻工作者进行的正常采访活动，除明文规定外，不得封锁信息、不得威胁记者人身安全或实施打击报复等。

由玉溪日报社主办的《滇中晨刊》创刊发行。

宜昌日报社改名三峡日报社。

无锡日报社开通WAP手机报。

扬州日报社开通短信手机版，试运行彩信手机报。

1月2日

中共中央、国务院发出《关于深化文化体制改革的若干意见》。

由人民日报社主办的国际新闻类报纸《环球时报》改为日报，每周一至周五出版。

山东电视台农科频道推出新节目《快乐旅游365》，每期节目15分钟，为观众提供出游信息，为省级电视媒体中唯一一个日播的旅游节目。

1月3日

《解放军报》创刊50周年，中共中央总书记、国家主席、中央军委主席胡锦涛到解放军报社考察并发表讲话，勉励全社要发扬光荣传统，坚持正确的舆论导向，为推进国防和军队现代化建设继续努力。

1月4日

由国务院新闻出版总署报纸期刊出版司撰写的《中国报业发展报告2005》正式出版，这是中国政府首次发布的具有“白皮书”性质的行业报告。据报告统计显示，中国日报出版总量规模连续5年居世界第一。

1月5日

国务院新闻出版总署召开会议，传达学习中共中央、国务院《关于深化文化体制改革的若干意见》，会议决定对总署新闻出版体制改革领导小组及其办公室成员进行调整。

由国务院新闻办公室和新闻出版总署联合组织的“中国图书对外推广计划”工作小组成立，并在北京召开第一次会议。20 家工作小组成员单位负责人参加会议，会议颁布了《“中国图书对外推广计划”推荐图书及资助申请办法》和《“中国图书对外推广计划”实施办法》两个规定。

海南日报报业集团主办的海南第一份综合性城市周报《生活服务导报》创刊，该报 4 开 48 版全彩印刷，每周四发行。

山西省广播电视局召开全省系统广播宣传业务合作会议，共有 15 家来自全省各地的行业负责人签订了《山西行业系统广播新闻宣传业务合作条款》。

全国广播影视局长会议在北京举行，会议研讨了 2007 年广播影视工作的方向。

1 月 6 日

光明日报编委会做出《关于加强新京报领导和管理的决定》，决定由光明日报副总编辑赵德润主管《新京报》工作，邓海云任《新京报》执行副总编辑以协助赵德润工作，聘戴自更兼任《新京报》总编辑，王跃春、田延辉、梁若冰任《新京报》副总编辑，宋喜群任《新京报》总编辑助理。

云南电视台与美国蒙纳瑞克斯好莱坞公司在昆明举行合作签约仪式，双方将联合出品纪录片《马可波罗的香格里拉》，纪录片的全球推广与发售由美方负责。

1 月 7 日

在文化部和新闻出版总署支持下，由国家文化产业创新与发展研究基地、北京大学文化产业研究所主办的第三届中国文化产业新年论坛在北京大学召开，论坛主题为“和谐社会与区域文化产业”，该论坛旨在促进文化产业内政府、企业和学术界的交流。

1 月 8 日

国务院授权新华社发布《国家突发公共事件总体应急预案》，明确了政府在应对各类突发公共事件时的 6 条工作原则：以人为本，减少危害；居安思危，预防为主；统一领导，分级负责；依法规范，加强管理；快速反应，协同应对；依靠科技，提高素质。

由中国出版协会主办的内地出版单位与海外华文书店、台港澳出版机构座谈会在北京召开。

上海文新集团与上海印刷集团联合投资建设的印刷基地在上海青浦工业园开工，基地将建成中国规模最大的现代印刷与配送中心。

由南京日报报业集团和南京移动公司共同主办的《南京手机报》创刊。该报凭借南京日报报业集团优势，融合该集团旗下“六报一刊”的内容，并利用网络资源提供即时新闻，是南京地区第一家手机报。

2006 北京图书订货会在北京中国国际展览中心开幕。

广西电视台开展“手拉手”活动，为隆安县募得 5 万元善款，在隆安县建设第一所“广西电视台爱心小学”。

1 月 9 日

中国日报社编辑出版的《中国商业周刊》在泰国全国发行。

解放日报报业集团旗下《申江服务导报》的主商标被评选为上海市著名商标，成为上海市报业首个著名商标。

由大连日报社主办的《北方体育报》正式发行。

1 月 10 日

由中国出版工作者协会主办的第 3 届中国游戏产业年会在厦门召开。

1 月 11 日

由南方报业传媒集团和中国电信深圳分公司联合创办的奥一网（前身是“深圳热线”）上线。该网站为中国电信行业创办的第一批综合性门户网站，是国内39个报业集团中最大的新媒体项目，其采编与经营团队出自南方都市报。

中央人民广播电台文艺之声为打工子弟募建的第14座“春芽图书馆”揭牌仪式在北京打工子弟学校举行。

1月12日

值广州日报报业集团成立十周年之际，由中国记协主办、广州日报报业集团承办的“报业集团的创新与发展论坛”在广州举行，论坛旨在总结报业集团改革经验、探讨报业集团的未来发展路径。

黄河电视台与山西新闻网合作打造的在线视频“山西新闻网黄河视频”正式开通。

1月15日

辽宁电视台发起自2002年以来的第4次“情系苦难户，岗位送万家——援助困难家庭就业”活动。此活动是辽宁电视台联合辽宁省劳动和社会保障厅及全省14个市劳动就业局和14个市广播电台共同发起的媒体就业援助公益行动。

由厦门卫视编写的《2005年台湾问题研究报告》正式发布，这是第一份由卫视主持编写的台湾问题年度报告。

北青传媒股份有限公司宣布将与河北青年报社合作成立河青传媒。

1月16日

解放日报报业集团与中国联通上海分公司、上海移动通信公司签署协议并三方联合打造“i-news”业务平台：《早点新闻》。《早点新闻》改变传统报纸内容分类模式，通过彩信每早7点为定制用户精准投放5条新闻图文短讯，并由用户决定是否进一步呈现新闻全文。“i-news”发展成为上海地区最大的手机报纸。

全国妇联、中华全国总工会等19家全国维权协调组成员单位共同决定，授予中央人民广播电台中国之声文体新闻部全国首届“维护妇女儿童权益贡献奖”。

经国家广播电影电视总局批准，浙江电视台公共频道改为“公共·新农村”频道正式开播，信号覆盖浙江省11个市，以面向新农村为宗旨，服务于“三农”。

1月17日

中国互联网络信息中心发布《第17次（2005）中国互联网络发展状况统计报告》。据统计显示：截至2005年12月31日，中国宽带上网用户6430万人，CN域名突破100万，IP地址达74391296个，位居世界第三，中西部、城乡数据差异显著，网民人数已达1.11亿，CN下注册的域名1096924个，网站约694200个。

第19次全国“扫黄打非”工作电视电话会议在北京召开。

1月18日

辽宁电视台启动辽宁电视台新闻非线性综合网。

辽宁省十届人大常委会第25次会议审议通过《吉林省广播电视设施保护条例》。

读者出版集团有限公司成立。该公司是以甘肃人民出版社为基础、利用《读者》品牌优势改制组建的专业出版集团，成为甘肃省第一家转企的文化事业单位。

1月19日

中国出版集团公司与河南出版集团公司签署合作协议，该协议是国内出版集团跨地区合作的首例，协议规定的合作领域包括出版、发行、进出口贸易、物流、印刷、数字化网络出版、海外出版和发行网络建设资源共享等。

“2006中国意大利年”正式启动，中国国际广播电台意大利语频道、国际在线意大利语网站对此进行了报道，并设立了相关专题配合中意年活动。

1 月 20 日

“新疆新闻在线”开通 24 小时不间断网络直播业务。

1 月 21 日

河南电影电视制作集团正式成立。

1 月 22 日

由大连数字电视教育频道、北方体育报与大连沿海传媒有限公司联合创办的《北方体育报》电视版在大连数字电视教育频道播出。该节目是中国第一家专业报纸电视版。

1 月 24 日

国家工商行政管理总局下发《关于认真贯彻落实吴仪副总理重要批示精神深入开展整治虚假违法广告专项行动的通知》。

1 月 25 日

台湾省台北市成功举办了由福建广电集团组织的《情系海峡·相约东南》大型电视晚会。

1 月 26 日

由中国版权协会和全国妇联联合主办的第 4 届全国优秀妇女读物颁奖大会在北京召开。此次大会明确划分了妇女读物的种类，分为妇女理论、妇女运动与工作、妇女文化与修养、女性人物传记、婚姻家庭、生活保健、家庭教育等。

1 月 30 日

中央电视台中文国际频道推出《华人世界》《直通香港》等新栏目。全国政协副主席罗豪才、马万祺，全国人大常委曾宪梓以及全国政协港澳台侨委会、国侨办、中国侨联等部门发电致贺。

2 月 6 日

中央电视台经济频道在《经济信息联播》栏目中推出《中国新农村》系列报道。

中央电视台西班牙语频道首次实现在央视国际网站上 24 小时网络直播。

2 月 10 日

由中央电视台、索尼公司、索贝公司三方合作研发，中央电视台传送部具体实施的体育节目中心综合业务系统一期工程正式投入节目生产运行，开创了网络播出的新模式。在新的生产模式下，首档全程无磁化、网络化制作的《体育新闻》栏目正式播出。

2 月 12 日

中央电视台科教频道《百家讲坛》栏目邀请厦门大学中文系教授易中天讲三国史，节目播出后受到观众们的热议与好评。

中国美术出版总社的荣宝斋木版水印被确认为国家非物质文化遗产。

2 月 13 日

被誉为“当代毕昇”的北京大学教授王选逝世，他主持发明的汉字激光照排系统被誉为汉字印刷术的第二次发明。

山东省人民广播电台第一档栏目化新闻直播节目《直播山东》开播。

中国期刊协会会长、秘书长会议在北京召开。

2 月 14 日

山西省广播电视局无线管理中心完成庙前山站—汾阳站—霍山站南线微波数字电路改造工程，标志着覆盖全省主干微波电路的数字化工程完工。

2 月 15 日

迪士尼亚太地区电视公司与湖南电视台金鹰卡通卫视签订合作协议，其优秀的动画产品将在金鹰卡通卫视放映。

2 月 16 日

全国新闻出版系统党风廉政建设工作会议在北京召开。

香港报业评议会公开谴责《东方新地》第 414 和 420 期及《壹周刊》第 825 期刊登色情淫亵及不雅内容。

2月19日

青海人民广播电台藏语频道、新闻综合调频广播正式开通。

2月20日

浙江日报报业集团与浙江在线新闻网站联合推出中国首家数字报纸。

2月21日

国家审计署驻广电总局新闻通讯审计局对中央电视台进行财务审计，此后国家审计署将通过网络对中央电视台的预算执行、经费使用情况进行实时监控。

信息产业部启动“阳光绿色网络工程”系列活动，包括清除垃圾信息、治理不良信息、打击非法网上服务、倡导绿色上网行为等活动。

新闻出版总署通报了自2001年实施的“十五”国家重点图书出版规划成果。

2月22日

宁夏日报报业集团和中国移动宁夏分公司联合推出宁夏手机报。

国家广电总局召开全国广播电台政府与群众互动的热线类节目经验交流会，共有来自全国的36家省级电台负责人参加会议。

2月23日

“西班牙政府贷款项目：中国江西电视台高清电视转播车交接仪式”在北京举行。这是国内首例利用国外政府贷款引进高清数字电视转播车，此次引进的转播车是国内第3辆8讯道以上的高清数字电视转播车。

国家广播电影电视总局、国家发展改革委员会、国家财政部召开全国广播电视“村村通”工作会议。

2月24日

新闻出版总署对外交流与合作司在北京召开全国出版物进口管理工作座谈会，全国29个省、市、自治区新闻出版局，33家进口经营单位及出版发行集团共80余人参加会议，会议讨论了“出版物进口经营许可证”的发放。

第36届世界期刊大会组委会第一次会议在北京召开。

2月25日

中国编辑学会第四届全国代表大会在北京召开。次日，中国编辑学会召开了四届一次常务理事会。

深圳报业集团进行了首批95个报刊亭3年经营权的拍卖，这是中国报业发行界首次对外公开拍卖报刊亭经营权。

2月27日

中宣部新闻阅评小组组长刘祖禹到新京报社，与《新京报》全体社委以及采编系统中层以上干部座谈。

我国在境外建立的第一座调频电台“中国国际广播电台肯尼亚内罗毕调频台”正式开播。

中国互联网协会网络版权联盟第一届成员大会在北京召开。

2月28日

青海电视台开通藏语卫视综合频道。

3月1日

由南方报业传媒集团主管、南方都市报主办的《南都周刊》（原《南方体育报》刊号）创刊。该刊定位城市新闻，受众定位城市中产阶层，内容关注城市化进程和公民社会建设。

在贵州省委宣传部、贵州省新闻出版局主持下，贵州都市报社与贵州晚报社签订行业自律协议，协议约定《贵州都市报》与《贵州晚报》统一征订与零售价格，拒绝提成回扣、赠送报刊、赠送钱物、赠送广告等不当有偿促销手段，拒绝有偿新闻等。

《北京晚报》推出“北京晚报手机版”。该平台采用清华紫光优码技术，用户通过手机软件“优码通”扫描优码即可链接到手机报网页，改变了传统手机报形式，使得手机报能容纳海量信息。“北京晚报手机版”共设 14 大类 64 个栏目。

为推进辽宁手持移动电视项目的发展，辽宁电视台、辽宁省广播电视传输发射中心、韩国技术转移振兴协会和沈阳海特高新技术发展有限公司共同签署了《辽宁 DMB 项目合作框架协议书》。

由湖北人民广播电台、湖北电视台、楚天广播电台、湖北电视台经济频道等媒体组建的湖北省广播电视总台成立。

由人民日报主办的《环球人物》创刊，其内容以国际和国内政治、经济、文化等领域的高端人物为报道对象。

第十届全国人民代表大会常务委员会第 17 次会议通过的《中华人民共和国治安管理处罚法》正式实施。新法中规定偷窥、偷拍、窃听、散布他人隐私、公然侮辱他人或捏造事实诽谤他人等行为将处以 5 日以下拘留或者 500 元以下罚款，情节严重的，处 5 日以上 10 日以下拘留，可以并处 500 元以下罚款。

隶属于中央宣传思想工作领导小组的“扫黄打非”工作小组办公室设立 24 小时值班制度。

3 月 2 日

《南方周末》推出读者短信评报系统，以手机短信方式实现与受众的互动。

云南人民广播电台承办的社会监督栏目《金色热线》开播，节目由云南省纪委、省委宣传部、省监察厅、省政府纠风办、省广播电视局联合主办。

3 月 4 日

成都商报社创办时尚动漫杂志《Doors 周刊》。

厦门卫视《第一反应》栏目开通台北演播室，实现台北连线。

3 月 5 日

香港宽频电视广播系统正式播出内蒙古汉语卫视节目。

3 月 6 日

全军首个专业记者站中央人民广播电台驻武警记者站成立。

北京广播电台数字多媒体广播（DMB）技术试验通过专家组验收。借助此技术开发的多媒体广播平台，北京电台可以实现 12 至 14 套广播节目的播放，同时支持 6 至 8 套视频播出，并享有相应的数据服务。

天津电台经济广播汉沽之声在滨海新区开播，信号覆盖津冀地区，全天播出 18 小时，播出频率为 101.8 兆赫。

3 月 7 日

在中直机关巾帼建功先进事迹报告会上，中国国际广播电台在线广播中心荣获“全国女职工建功立业标兵岗”称号。

3 月 8 日

美亚保险上海分公司推出国内首个传媒职业责任保险，为因过错或疏忽被起诉或被判赔偿的传媒单位提供全面的职业责任保障，包括企业所应承担的赔偿金。

3 月 10 日

福州人民广播电台“交通之声”频道开播。

3 月 13 日

合肥晚报社、中国科技大学科大讯飞股份有限公司联合打造推出全国首家有声报纸。该报以《合肥晚报》信息为内容，以合肥报业网上软件为媒介，以中科大讯飞公司智能语音技术为条件，集合报纸、电台、互联网三方优势，开创了国内第一份有声报纸。

3 月 14 日

新闻出版总署教育培训中心主办的第 34

期全国出版社社长、第35期全国出版社总编辑、第1期中央单位在京出版社总编室主任和第18期中央单位在京出版社编辑室主任岗位培训班在北京举行。

3月16日

广东省广播电视微波电路数字化改造工程开始试运行，标志着广东全省实现了广电微波电路传输数字化。

广东南方广播影视传媒集团在香港成立南方传媒（香港）有限公司。

3月17日

湖南卫视购物频道“快乐购物”正式开播，并于6月开通同名购物网站，成为国内首家整合电视购物与网络购物的商业公司。

今晚传媒集团旗下的今晚经济周报改版发行，改版后采用铜版纸全彩印刷，内容上整合房地产、汽车、通讯、购物、休闲、健身、娱乐、教育、餐饮、医疗等各消费领域的主流企业资源，打造天津最大的生活服务消费圈。

为庆祝创刊20周年，《科技日报》举办“坚持自主创新，建设创新国家论坛”。国务委员陈至立出席并发表讲话，强调要努力创造有利于增强自主创新能力、建设创新型国家的良好社会气氛。

国家广电总局发文同意山西省广播电视局成立山西电影电视剧集团公司。

3月18日

贵州省报业协会发行委员会2006年第一次年会在贵州日报报业集团召开，来自贵州省20多家报社的34位代表参与会议，会议收录的19篇论文发表于《新闻窗》（增刊）。

中国广告主协会专家咨询委员会成立会议暨专家座谈会在北京召开。

3月19日

国家信息化领导小组印发《国家电子政务总体框架》，文件明确了国家电子政务框架架构的要求与目标，描绘了电子政务总体结构形态。

天津市首家专营公益广告企业——天津市亿佳广告有限公司正式成立。该公司由天津市市容环境宣教中心主办，业务范围涵盖各类公益广告。

3月20日

文汇新民联合报业集团与中国移动上海分公司联合推出《News 365》手机报。

中央电视台经济频道推出“中国经济大讲堂”系列节目，国家发改委主任马凯、国家税务总局局长谢旭人、辽宁省委书记李克强等一批省部级领导在节目中发表对中国经济政策的解读。

中央电视台少儿频道改版。改版后的少儿频道加大了对国产动画片的支持，启动“荣耻分割线”Flash作品征集以及“天天向上”公益短片创意征集活动，打造大型团队竞技栏目《英雄出少年》，制作青少年成长题材专题片《中华美德行动》等。

中国“俄罗斯年”开幕式在北京举行，中央电视台中文国际频道全程直播报道，并同期推出长达2小时50分钟的特别节目“莫斯科·北京2006”。

3月21日

广州日报报业集团旗下的信息时报再次改版，新版回归“大众报纸”路线，与《南方都市报》和《新快报》竞争广州报业市场。

成都日报报业集团与北京欣然影视机构联合投资建设手机电视项目，中国报业第一次进入手机电视领域。

中央电视台召开央视国际网络有限公司（网络传播中心）成立大会。

3月22日

中国国务院新闻出版总署与俄罗斯联邦

出版与大众传媒署合作备忘录签字仪式在北京举行，这是中俄两国出版界近 20 年来最大规模的出版合作与交流活动。

由网易公司主办的“新拐点　新突破——2006 网易网络营销论坛”在北京召开。国内外 150 余家广告代理公司、企业和媒体代表共同探讨了数字化与网络营销的发展特征及未来走向。

3 月 23 日

《辽沈晚报》进入沈阳 11 家大型连锁超市门店销售，首开东北报业超市销售模式。

由潇湘晨报、红网与湖南移动公司共同主办的《湖南手机报》正式投放市场。

河南省鹤壁市移动电视暨户外大屏幕电视正式开播。竖立在鹤壁市新世纪广场上的两块大屏幕和位于社区里的户外大屏幕可同时播放数字电视节目，同时车载移动电视可以接收并播放河南卫视、央视体育频道、移动电视专业频道 3 套数字电视节目。

3 月 24 日

湖北日报报业集团和中国移动湖北分公司联合推出手机报《楚天无线》。该平台以《湖北日报》《楚天都市报》《楚天金报》《特别关注》《可乐》《前卫》等报刊内容为依托，聚合了手机报纸、新闻短信、新闻彩信等多种移动无线新闻业务。

成都商报社推出高端时尚消费类周刊《明日·快一周》。

中央人民广播电台网络中心成立。

上海市新闻出版局、新闻出版总署教育培训中心上海分中心启动“新闻出版知识在线”系统，该在线系统通过远程教育进行人员培训。

3 月 25 日

由《传媒》杂志社和中国报业网联合主办的首届传媒创新年会在复旦大学举行，本届年会的主题是“创新”。

厦门广播电视集团承办第 4 届厦门国际马拉松比赛直播活动，实现了在海峡两岸的同步直播大赛实况。

3 月 26 日

美国最大的广告公司智威汤逊宣布收购中国最大的促销网络之一的上海奥维思市场营销服务有限公司，加强在中国本土市场的传播力量。

3 月 27 日

内蒙古人民广播电台开通评书曲艺频道，全天播出 18 个小时。

由河南日报报业集团主管、主办，大河报社负责编辑出版的《大河健康报》创刊，该报为 4 开周报，每周六出版。

3 月 28 日

由央视海外中心、央视国际以及美国福克斯有线电视网三方合作开发完成的央视英语频道网页正式投入使用。

全国文化体制改革工作会议在北京开幕，中共中央政治局常委李长春出席会议并发表讲话。他强调指出，文化体制改革要以体制机制创新为重点，以创造更多更好适应人民群众需求的精神文化产品为目标，深入推进文化体制改革，解放和发展文化生产力，促进文化事业全面繁荣和文化产业快速发展，为建设社会主义先进文化做出新的贡献。

改版后的中国扫黄打非网上线运行。

广州有线频道的第 3 套自办电视节目“健康生活”频道改版为广州电视台英语频道后首播，日播出 18 个小时，分新闻、资讯、文化、娱乐 4 大板块。该频道为全国首家区域性全英语频道。

3 月 29 日

信息产业部、国家版权局、商务部联合发布《关于计算机预装正版操作系统软件有关问题的通知》，通知要求各省、自治区、直辖市信息产业主管部门、版权主管部门、商务部门加强计算机预装监管。

体坛周报与TOM在线签署协议，在内容资源、无线增值服务、市场营销等方面进行合作。

大连电视台新闻频道记者佟伟冬完成跟随中国南极科考队远赴南极的电视宣传报道任务，这是国内城市电视台首次远距离传输南极科考信息的采访。

中国广告主协会与世界广告主联合会签署合作协议，双方将在多个领域开展合作。

3月30日

羊城晚报报业集团旗下的新快报改版，该报此次改版放弃了深圳报业市场的拓展发行，转而与《南方都市报》和《信息时报》竞争广州报业市场。

北京青年报社旗下《青年周末》正式创刊。该刊集纸型报、网络报、手机报和数码杂志版四位一体，号称全国最小的报纸。

烟台广播电视报社推出市场信息类直投广告杂志《都市星期五》。

国家信息产业部颁布的《互联网电子邮件服务管理办法》开始施行。

3月31日

贵州省广播电视卫星地球站终止卫星模拟广播电视节目信号传输。

由中国期刊学会主办的编辑职业理念与高校学报发展战略研讨会在扬州召开。

4月2日

中央数字传媒有限公司加快与地方有线电视网络双向VPN网络技术对接，截至4月7日，完成了与威海、泉州、武汉、开封、南阳、大庆、扬州、金华、蚌埠、济南等地双向VPN网络的对接工作。

由湖南卫视、天娱传媒及蒙牛乳业联合打造的国内真人选秀节目“2006超级女声”正式启动。

4月4日

为推进数字电视产业发展，信息产业部发布《数字电视接收设备术语》。

4月5日

国务院新闻出版总署发布《新闻出版总署机关推行行政执法责任制的实施方案》。

4月6日

中央数字传媒有限公司与中央气象局华风气象影视信息集团签署频道合作协议，将共同推出“中国气象”数字付费频道登陆中央节目平台。

4月9日

北京千龙网等14家网站联合发起文明办网的倡议活动，提议互联网界文明办网，呼吁将互联网建设成为传播先进文化的阵地、虚拟社区的和谐家园。

4月10日

威海人民广播电台交通文艺频道试播大型交通广播直播节目《畅通威海》。该节目的特色在于与交警指挥中心合作，使广播直播间变成交警指挥调度平台，实现人车调度。

全球最大广告集团宏盟集团在上海正式成立中国办事处。

4月11日

南方传媒集团举办数字电视广东电台开心购物频道、邮轮旅游频道，广东电视台岭南戏曲频道、房产频道启播仪式。

国家工商行政管理总局下发《关于2006年第一季度广告监测情况的通报》，公告24个涉嫌严重违法的广告案件。

国务院新闻出版总署召开全体公务员大会，围绕4月5日发布的《新闻出版总署机关推行行政执法责任制的实施方案》进行工作安排和部署，梳理行政执法所依的相关法规，制定行政许可与处罚的程序规范，明晰执法责任的归属认定程序。

4 月 12 日

Google（中国）将其中文名称定为“谷歌”，同时正式启动中国运营。

由全国城市报业发行网络联盟理事会主办、中国人民大学传媒管理研究所承办的第 2 届报业发行研修班在北京开班。

河北电台在全省正式开通手机电台。

西部首个戏曲频道“陕西戏曲广播”开播，节目全天播放 22 个小时，信号覆盖陕西省关中大部分地区。

4 月 13 日

中央数字传媒有限公司与深圳市天威视讯股份有限公司签署合作协议，由中数传媒运营的“高清影视”频道正式在深圳市落地。

《国家古籍整理出版“十一五”重点规划》颁布实施，规划包括 196 个重点古籍图书项目。

4 月 14 日

解放日报报业集团在全球范围内首次推出第一张电子报纸——《解放日报》电子报，领先比利时同行 13 个小时。

解放日报报业集团与摩客网合作，试验推出国内第一份互动多媒体报纸《摩客时报》。

贵州有线广播电视信息网络中心、上海南都实业投资有限公司、贵州电信实业公司、贵州电视台共同组建的贵阳广电网络股份有限公司在贵阳挂牌成立，公司由贵州有线广播电视信息网络中心控股。

4 月 16 日

中央数字电视平台正式播出中央电视台老故事频道。

4 月 17 日

由今晚传媒集团组织策划，今传媒、辽沈晚报、燕赵都市报、齐鲁晚报、大连晚报、青岛晚报、聊城晚报、秦皇岛晚报等 32 家媒体联合发起的环渤海媒体合作联席会在天津举行，环渤海地区的 29 个城市的 32 家报社的社长、总编辑、广告负责人等 70 余人参加了会议。会议决定成立环渤海媒体广告协作体。

经全国新闻出版局长会议讨论，《“十一五”国家重点图书出版规划》颁布实施，规划确定了重点图书项目 1375 种，其中包括人文社会科学、自然科学和工程技术 3 大部分及 6 个子规划。

上海青年报社与电子杂志发行平台北京智通无线有限公司合作推出电子杂志《为 WHY》。

由中国国际电视总公司、中国广播电影电视节目交易中心联合举办的 2006 年春季影视节目推介会在武夷山开幕。

4 月 18 日

浙江广播电视集团启动“新长征路上的浙江人”新闻报道活动，这次活动共历时 6 个月，途径 8 个省 60 多个市县，最后抵达革命圣地延安。整个活动共完成电视特别报道 40 篇、大型专题节目 9 期，举办大型活动 4 场。

4 月 19 日

中共中央政治局常委李长春考察天津日报发行站并对天津日报的改革发表讲话：“天津日报发行改革，是党报改革的一个重大突破！党报本身，继续保持了党的喉舌性质不变，事业性质也不变，其中的经营部分适当分离。从天津日报的实践看，通过资本运作，搞成股份制公司是可行的，而且由国家控股，国家控股就是报社控股，占 51%，这种模式报刊的广告、印刷方面也可以借鉴，控股要保持控制力，要保持在董事会上的决策权，这个不能丢。”

云南都市时报传媒有限公司挂牌成立。

福建日报报业集团主办的《晋江经济报》创刊。

经新闻出版总署批准，江西日报社主办的《江西法制报》更名为《新法制报》。

中国互联网协会发布《文明上网自律公约》。公约号召互联网从业者和广大网民要承担起社会责任，坚持文明办网、文明上网。

民政部许可中国广播电视协会成立播音主持委员会。

来自全国10个省级电视台公共频道负责人参加在山西召开的全国公共频道协作研讨会，此次会议形成了《公共频道联合章程》。

日本株式会社中外在上海正式成立独资法人的综合广告公司——上海中外先智广告有限公司。

国务院新闻办公室举行2005年中国知识产权保护状况新闻发布会。

4月20日

天津人民广播电台与天津广播电视网络有限公司就有线数字音频广播业务合作举行签约仪式。

4月21日

国家主席胡锦涛访美期间在耶鲁大学的演讲由中央电视台第一、四、九套节目和新闻频道、西法语频道同步直播，这是中央电视台首次完成国家领导人出访的境外直播工作。

4月22日

中国传播学会成立大会暨第9届传播学研讨会在河北保定顺利召开。

《西藏日报》创刊50周年。《西藏日报》由创刊时的对开4版扩大到现在的对开8版，此外报社还陆续创办了《致富之友》《西藏商报》、中国西藏新闻网等报刊和网站。

南昌市人民检察院与新法制报联合推出《南昌检察》新闻专刊。

4月24日

意大利广播电视台节目落地中央电视台，通过央视对我国国内播出。

由国新出版发行数据调查中心主办的第2届中国媒体经营管理论坛暨国新出版发行数据调查中心成立一周年纪念大会在北京举行。

4月25日

国务院下发《关于推动我国动漫产业发展的若干意见》，意见共11部分28条，为我国动漫产业的发展提供了系统的指导政策。

羊城晚报报业集团旗下的新快报再次改版，推出4个版面的“免费午餐”版，免费刊登个人信息广告，突破了传统广告依赖模式，改版后迅速扩展了其广州报业市场。

北京青年报社下属《北京科技报》与无线搜索公司Cgogo合作推出全国首家独立域名的手机报，用户可在手机报WAP网站留言，实现了报纸与读者的互动。

中国出版工作者协会第5届会员代表大会在北京召开。会议选举产生了新一届理事、常务理事、秘书长、副主席和主席。

4月26日

国务院新闻出版总署和中共中央纪律检查委员会驻新闻出版总署纪检组监察局联合召开加强记者站管理专项工作会议，200家中央报纸出版单位负责人参加了会议。会议讨论《报社记者站管理规定》《关于新闻采编人员从业管理的规定（试行）》发布以来的工作情况，并发布了《新闻出版总署关于开展规范报社记者站管理专项工作的通知》。

4月27日

中宣部新闻局在光明日报社召开“如何

提高党报舆论引导能力”主题研讨会。

中央电视台获国家广电总局批准，可以开展以电视机、手机为终端的信息网络传播视听节目业务。

4 月 28 日

央视国际网络有限公司（网络传播中心）揭牌成立，央视国际经过全新改版后正式上线。整合后的央视国际定位明确：以中央电视台为依托，集新闻、信息、娱乐、服务为一体，具有视听、互动特色的综合性网络媒体，采取公司化的架构、企业化的运营方式。

央视网正式推出网络博客板块。

辽宁电视台公共频道开播。

中国电信云南省楚雄彝族自治州分公司与州电台合作开发“电话听广播”业务，电信用户通过电话可收听电台节目。

吉林省广播电影电视局与韩国艺堂娱乐产业有限公司签署合作协议。

4 月 29 日

因报社拖欠工资，香港《成报》社长包云龙、总编郭一鸣及 20 多名记者集体罢工。

九江市人民检察院与新法制报联合推出《九江检察》新闻专刊。

河南人民广播电台专业广播发射中心一期工程建成并投入使用，可新增听众 1500 万。

4 月 30 日

内蒙古广播电影电视局开通门户网站。

5 月 1 日

宿迁日报社开通彩信报。

由中国教育电视台、中国电视协会纪录片学术委员会、中国传媒大学联合出品的纪录片《我的太阳》在西班牙马拉加国际影视节上获得组委会评定的“特别贡献奖”。

山西省广播电视总台正式推出少儿频道。

内蒙古电视台蒙古语卫视频道节目信号正式在香港宽频有线网入网播出，覆盖近 12 万香港用户。

5 月 8 日

国务院新闻出版总署发布《关于中国食品质量报社等 4 家报社记者站违法活动情况的通报》，对中国食品质量报社四川记者站原副站长汪启明、中华工商时报社浙江记者站原站长孟怀虎、经济日报农村版浙江记者站原副站长卜军、中国工业报社河南记者站原副站长陈金良的新闻敲诈行为及被捕审判的情况进行通报和批评，对中国食品质量报社和中华工商时报通报批评并下达了《行政处罚决定书》。

针对国防军事爱好者的收费频道央视国防军事频道正式开播。

中国国际广播电台正式推出电视付费频道“环球奇观”。

5 月 10 日

国务院第 135 次常务会议通过《信息网络传播权保护条例》。条例共 27 条，包括合理使用、法定许可、避风港原则、版权管理技术等内容，区分了著作权人、图书馆、网络服务商、读者各自享有的权益，网络传播和使用都有法可依。

北京 306 个报刊零售网点实施统一管理，应用统一标识。

5 月 11 日

人民出版社划转交接仪式在北京举行，自此人民出版社划归国务院新闻出版总署管理。

中国广播电视协会电视学研委会和浙江广电集团在杭州共同举办全国电视栏目剧研讨会。

5 月 13 日

山西临汾电视台科教频道正式开播。

5月15日

南京日报报业集团和南京地铁公司联合打造的南京地区首张地铁报《东方卫报》正式创刊。该报每日上午在南京地铁1号线各主要站点免费派送，成为继上海《I时代》、广州《广州地铁报》后国内又一份免费地铁报。

5月16日

中央人民广播电台音乐专题节目《心中的日月》获得第7届伊朗国际广播节特别奖，这是我国广播节目首次在该广播节上获奖。

由中国人民大学、中国传媒大学、清华大学、北京师范大学珠海分校、中国教育报刊社共同主办的第7届世界传媒经济学术会议在北京举行，本届会议主题为“传媒产业：全球化，多样性，认同”。

5月17日

世界品牌实验室编制的世界品牌排行榜揭晓，中央电视台入选2006年“世界品牌500强”，在世界媒体品牌中排名第38位。

全国有线电视数字化推进工作现场会议在深圳召开。这次会议标志着城市有线电视数字化将向全国大中城市逐步全面推广，城市有线电视数字化的网络改造、数字电视由过去的单向传输向双向、交互传输过渡。

由国务院新闻出版总署报刊司主办的全国老年类报刊改革发展研讨会在河北承德召开，全国46家老年类报社负责人参加会议。

5月18日

国务院第468号令《信息网络传播权保护条例》公布，并于同年7月1日正式实施。《信息网络传播权保护条例》的出台标志着中国著作权“一法四条令”法律体系的完善。

由文化部、国家广电总局、新闻出版总署、广东省人民政府和深圳市人民政府联合主办的第2届中国（深圳）国际文化产业博览交易会在深圳会展中心开幕。新闻出版总署首次主办了文博会重要内容之一的印刷业国际论坛，各级新闻出版行政部门、海内外印刷业行会社团、印刷及设备器材企业代表约400人参加论坛。此次论坛以“数码技术与印刷业比翼齐飞”为主题探讨了数字时代印刷业的发展趋势。

辽宁电视台公共频道与辽宁省纪委、监察厅、纠风办开办的民心网签署合作协议。从6月起，民心网将通过辽宁电视台公共频道《辽宁城际播报》栏目，定期向社会发布群众关注的政务信息和投诉信息。全省观众通过热点电话可与节目互动。

北京青年报社下属《青年周末》推出北京青年报系列报刊中的首个手机彩信报，并上线与新数通兴业科技（北京）有限公司合作开发的《青年周末》数码杂志版。

上海中版图书有限公司正式成立。

全球第二大广告公司WPP集团宣布，已经收购中国最大网络广告代理公司之一的北京华扬联众广告公司。

5月19日

中央电视台新建20套硬盘播出系统投入使用。新系统是以硬盘播出为主，兼容磁带播出的全自动盘带混合播出系统。

北京青年报社出资并派出骨干经营管理人员，与河北省团委合作出版《河北青年报》，并与河北青年报社共同出资组建河青传媒有限责任公司。

5月23日

在《新京报》对中国新闻出版总署副署长柳斌杰的专访中，柳斌杰认为，新闻出版体制改革过程中，汲取了过去国有企业改革过程中的经验教训。第一，凡是转企的，首先必须核定资产和明确产权，通过市场中介机构进行严格的评估，保证资产不缩水。……第二，对国家特有的资源所形成的无形资产不转让。具体来说，报业品牌、版号、书号、刊号，这些资源是国家垄断资源，仍然属于国有报社、出版社，是国家专属权。第三，内部进行股份制改造时，国有资产不量化到个人，不允许个人持股，保证国有资产的完整性……（新闻出版总署）首先制定了新闻出版业进一步改革的实施意见，已经上报中央。新闻出版行业的改革不再是限于几个试点单位、试点地区，而是有步骤地全面推进，全国的报业、出版业、期刊和发行业都要深化改革。

5 月 23 日

国家食品药品监督管理局发布《关于在药品广告中规范使用药品名称的通知》。

国际期刊联盟董事会议在北京召开。

5 月 24 日

湖南广电旗下的长沙广达网络公司启动数字电视项目，为长沙市数字电视整体网络平移工作拉开序幕。

5 月 25 日

国务院新闻出版总署发布《关于在新闻出版领域开展治理商业贿赂专项工作的通知》和实施方案，以治理新闻出版行业的商业贿赂现象。

中国传媒大学动画学院亚洲动画漫画研究中心正式成立。

5 月 26 日

中央电视台召开电视剧版权信息回溯清理工作会议，会议成立了电视剧版权信息回溯清理领导小组和工作小组。

5 月 27 日

第 4 届全国生活服务类报刊联谊峰会论坛在青岛召开。该会主题是“捕捉时机——传媒变局中的城市周报”，讨论了城市周报的发展趋势。

5 月 29 日

山西省晋中人民广播电台正式开播，每天播音时长 18 个小时，信号覆盖晋中全境及其周边地区。

5 月 30 日

中国国际广播电台新闻中心联合机关党委共同发起“电波牵手山里娃——CRI 爱心之旅”活动。

由广州日报报业集团大洋网承办并运营的“广州生活”英文网正式开通。

6 月 1 日

中国国民党机关报《中央日报》因经济亏损在台湾停刊。《中央日报》由蒙代尔任主席的世界经理人集团收购，经过重组于 9 月 13 日以网络报纸形式重新发行。

解放日报报业集团和分众传媒联合投资打造的中国最大的直效传播平台“解放分众直效”正式运营。该平台覆盖北京、上海、广州和深圳 800 座高端写字楼中的 15000 家公司，直接影响 150 万商务人群。

经国家新闻出版总署批准，国家网络游戏动漫产业（北京）发展基地成立。

6 月 4 日

世界报业协会第 59 届年会公布 2006 年世界日报发行量前百名排行榜，中国 25 家报纸上榜，成为世界上榜报纸数量最多的国家。

6 月 5 日

《每日新报》成为国内首家应用二维码技术的平面媒体，受众可通过手机二维码识别进入报纸阅读。

中央电视台新闻频道改版，增设长时段主打新栏目，加强黄金时段竞争力。

由中国作家出版集团与新疆伊犁哈萨克自治州文联共同主办的《作家文摘·典藏》在北京创刊，首发 15 万册。

6月6日

台湾民进党党报《台湾日报》停刊。

由澳门商报国际传媒集团创办的经济生活类报纸《澳门商报》创刊。

安徽市级报社第一家报业集团芜湖日报报业集团挂牌成立。该集团旗下拥有《芜湖日报》《大江晚报》《金周刊》《皖江报业》(新闻业务期刊）和中国芜湖新闻网。

6月7日

新疆电视台哈萨克语新闻频道的节目接入哈萨克斯坦共和国 DJTV 电视网播出。

广州日报与大洋网合作推出语音新闻，手机用户拨打服务台热线可收听新闻。

6月8日

由上海文广新闻传媒集团与中国移动联合举办的“2006 世界杯中国独家手机电视开播仪式”在上海举行。

由黑龙江佳木斯广播电台交通文艺频道与西藏人民广播电台汉语综合频道携手制作的两地连线直播节目《极地与高原真情对话》顺利播出。

6月9日

河南电视台第九套节目——新农村频道正式开播，节目每日时长 17 个小时。

世界最大的广告传媒控股集团宏盟集团与中国中信集团下属的中信国安集团共同宣布已经达成战略合作伙伴关系。双方将在广告与营销服务领域实现优势互补的合作。

6月10日

由北青网、竞报联合制作的北京第一份免费日报《竞报第一杯》正式发行。

家庭期刊集团举办了为期两天的《旅游界》首发庆典。

6月12日

中央电视台海外节目中心与泰国国家广播公司签订协议，央视英语国际频道于 6 月中旬在泰国 NBT-5 频道落地播出。根据授权协议，NBT-5 每天将播出 2 小时英语国际频道节目，节目内容包括《纪录片》《中国各地》《新闻》《新闻时间》《体育新闻》和《文化快递》。

由内蒙古先行广告公司与内蒙古奥福莱斯广告有限公司合并组建的西部最大广告公司——内蒙古先行品牌策略机构正式成立。

由中国印刷技术协会主办的第 2 届中国国际印刷技术及设备器材展览会在上海浦东新国际博览中心开幕。

6月15日

大连日报报业集团旗下 5 份报纸实现联合发行。

6月16日

第 16 届全国书市在乌鲁木齐开幕。本次书市设立 5 个分会场，共有 400 多家出版社参展，展位设立 1045 个，参展出版物 16.5 万种，全国出版界 1 万多人参加，主、分会场共 55 万人次参观购书，订货交易额达 10.15 亿，团购交易额达 2500 万元，零售交易额达 500 万元。

新闻出版总署“新闻出版行业多文种数字资源管理系统”项目在乌鲁木齐宣布启动。

6月19日

中视传媒股份有限公司股权分置改革方案经相关股东大会审议通过。

中央电视台第一次在非洲大陆用自己的 DSNG 设备完成我国总理温家宝访问非洲七国的报道。

6月20日

云南省迪庆电视台第二套节目康巴藏语频道正式开播。

6月21日

湖南卫视正式成立快乐阳光互动娱乐传

媒有限公司，该公司拥有此后 10 年湖南卫视的节目及品牌资源基于无线（电信）增值业务、互联网增值应用及实物产品开发的权利。

6 月 22 日

广州日报与中国移动广东分公司、大洋网联合推出广东首张英文手机报《Life of Guangzhou》。

6 月 25 日

由辽宁省归国华侨联合会主办的生活都市报《华商晨报》开始提供二维码扫描服务，成为东北首家视频报纸。

6 月 26 日

国务院新闻出版总署与中纪委驻总署纪检组在南京联合召开规范报刊发行秩序座谈会。

中国报业协会报业经济研究所工作委员会 2006 年会在杭州举行。

云南电视台与越南胡志明市电视台在昆明签署《中国云南电视台、越南胡志明市电视台友好合作协议书》，从即日起的 3 年内，胡志明市电视台可以免费转播云南卫视节目。

6 月 29 日

全国首家大型藏文综合门户网站中国藏族网开通。

国家广播电视总局发布《关于开展抵制低俗之风专项行动的通知》。通知指出，此次治理重点是法制类节目、综艺娱乐类节目和谈话类节目的低俗问题。治理节目中出现导向不明、品味不高、格调低下、庸俗无聊等问题；纠正盲目模仿港台节目风格、盲目克隆港台节目手法等现象。各级广播电视行政部门要对其主管的机构中出现的上述问题加以整改。

6 月 30 日

中共肇庆市委机关报《西江日报》与南方报业传媒集团旗下的《南方日报》签署合作协议，协议商定：《西江日报》加盟南方报业传媒集团，在新闻采编、广告经营、市场发行等方面与南方报业传媒集团全面合作；《西江日报》增加南方报业传媒集团为第二主办单位，其机关报性质与法人地位不变，双方主要在广告经营领域合作。该合作形式在广东报业尚属首次。

陕西省政府下发《关于有线电视数字化整体转换的实施意见》，意见明确了陕西省有线电视转数字化电视的整体任务、标准、思路和模式。

7 月 1 日

经国务院会议通过的《信息网络传播权保护条例》正式施行。

人民网正式推出“中国共产党新闻”板块，截至到 2006 年底共网络直播国务院新闻办等部委新闻发布会 93 场。

文新传媒网开通网上发行，文汇新民联合报业集团旗下报纸和杂志实现网络订阅，读者通过网银支付成为会员便可订阅文新报业集团旗下的纸媒，这标志着文新报业集团跃入网络时代。

《解放军画报》由月刊改为半月刊。

《长沙晚报》创刊 50 周年。

青藏铁路全线通车，在由拉萨开往兰州的首发列车上，中央人民广播电台推出直播节目《穿越青藏高原》，这是国内首次在列车上开通直播。

由陕西省委宣传部主办、陕西电视台承办的综合新闻门户网站西部网（陕西新闻网）正式开通。

由常州日报社与中国移动常州分公司联合打造的《常州手机报》创刊。

7 月 4 日

北京青年报联合北京移动通信有限责任公司共同推出《北青彩信报》。

7月6日

北京移动电视与北京市地铁运营有限公司正式签订合作协议，双方将合资成立北京北广传媒地铁电视有限公司，涉足地铁移动电视业务。

7月7日

北京青年报广告部聚集北京70家著名家居建材企业，成立市场细分领域的品牌联盟，在家居建材领域尝试会员制的广告营销方式。

7月12日

央视总编室和网络传播中心共同下发《中央电视台电视节目网络传播版权管理实施细则》和《中央电视台网络传播对外合作业务归口管理规定》。

7月13日

中国广播电视协会交通宣传委员会暨全国交通广播总监工作会议第12届年会在乌鲁木齐举行。

7月14日

由中共湖南省委宣传部与湖南省广播电视局主办，湖南卫视承办的“情系大湘南”赈灾晚会募集善款过亿元。

7月16日

新闻出版总署出台《关于深化出版发行体制改革工作实施方案》。方案对实行事业体制的公益性出版单位和转企改制的经营性出版单位的改革目的和任务分别提出了要求。

7月17日

全国广播电视标准化技术委员会通过《SDH传输网网络管理接口规范-NMS-EMS Q3接口管理信息模型》。

国家工商行政管理总局下发《关于2006年第二季度广告监测情况的通报》，此次抽查的报纸广告违法率为7.12%，电视广告违规率为5.98%。

中国编辑学会少儿读物编辑委员会在河北承德召开全国少儿读物编辑研讨会。

7月18日

中央电视台数字电视书画频道开播。

国家广播电影电视总局、国家工商总局联合发布《关于整顿广播电视医疗资讯服务和电视购物节目内容的通知》。通知要求，从8月1日开始，各电视台须暂停播出丰胸、减肥、增高产品、医疗器械、药品等电视购物节目。

第16届中国新闻奖评选结果揭晓，共有270件新闻作品获奖，其中有13件是网络新闻作品。这是网络新闻作品第一次纳入中国新闻奖评选范畴，评奖增设网络评论类、网络专题类奖项。

苏州日报社开通彩信报。

云南昆明人民广播电台24小时全天播出的第三套节目城市管理频率·汽车广播正式开播。

7月19日

中国互联网络信息中心发布《第18次中国互联网发展状况统计报告》。据报告统计，截止到2006年6月30日，我国网民人数已经达到12300万人。

7月20日

马来西亚安波广播集团投资的盛艺（杭州）广告服务有限公司经我国工商行政管理总局的批准，获得在我国的广告经营资格，成为首家在浙江落户的外资广告公司。

7月21日

央视网络传播中心新媒体业务筹备组成立，央视与中国联通、中国网通达成手机电视、IP电视业务战略意向，决定共同推进新媒体业务的开展。

7月23日

新疆巴音郭楞蒙古自治州蒙古语广播正

式开通，除自制节目外，该调频还将转播中央人民广播电台蒙古语节目。

7月24日

根据央视频道制管理改革总体部署和台分党组近期研究决定，体育节目中心将实施频道制管理改革。

7月25日

云南省新闻媒体改版创新经验交流会在昆明召开。省委副书记和省委宣传思想工作领导小组组长丹增、省委宣传部部长晏友琼等省委宣传思想工作领导小组成员，各州市委宣传部领导、省及各州新闻媒体主要负责人、在昆新闻单位中层以上干部共计300余人参加会议。

7月26日

由中国人民大学传播媒介管理研究所和新疆经济报系联合承办的第三届全国城市报业发行网络联盟论坛在乌鲁木齐召开。

经国家新闻出版总署批准，宁夏日报报业集团挂牌成立。集团旗下拥有《宁夏日报》《新消息报》《华兴时报》《法治新报》《现代生活报》《新知讯报》《小龙人学习报》，以及《看天下》杂志、《理财世界·馨家》杂志、宁夏网等，并经营印刷、房地产等相关产业。

7月28日

中央电视台新闻评论部《纪事》栏目制作的《折断的翅膀》节目获得亚太广播发展机构2006年度最佳电视纪录片奖。

云南省首家由事业单位整体改制为文化企业的新型传媒集团公司红河新闻传媒集团正式成立。

7月31日

中宣部、国务院纠风办、新闻出版总署、国家邮政局联合发出《关于采取切实措施规范报刊发行秩序的通知》，对报刊零售价格、发行促销、广告经营等方面做出规定。此外，四部门还委托国新出版物发行数据调查中心对北京、上海、广州、成都、南京、杭州、哈尔滨、沈阳、西安、石家庄、太原共11个城市的都市报纸统一进行发行量认证和公布。

中央机构编制委员会办公室发文批复，人民日报华东分社与人民日报华南分社分别更名为人民日报上海分社与人民日报广东分社。

8月1日

人民日报海外版在泰国正式印刷发行。

为确保党报发行、探索报刊发行产业化的新模式，北京日报报业发行有限公司挂牌成立。该公司由《北京晨报》《竞报》《北京娱乐信报》三家报社的发行团队与北京日报集团原有的发行部门整合后成立，它标志着京报集团“一报一发”分散发行方式的结束。

新闻出版总署报纸期刊出版管理司发布《全国报业出版业“十一五”发展纲要（2006—2010）》。纲要共分12章，分别从指导原则和发展目标、坚持正确的舆论导向、加快发展模式转变、深入推进体制改革、建立现代报纸出版体系、促进公共文化服务、开发报业市场潜力、大力发展数字报业、实施人才发展战略、大力推进科技进步、完善报业发展支援体系、组织实施和评估机制12个方面进行了阐述。此外，纲要还提出14个行动计划，分别是综合性传媒集团发展计划、专业性传媒企业集团发展计划、新农村报纸出版促进计划、“精彩新体验”报纸阅读促进计划、地市报业市场振兴计划、“行业信息资源平台”发展计划、细分市场专业周报促进计划、海外报业市场拓展计划、“数字报业实验室”计划、“7/24数字信息架构”发展计划、“中国报业信息网络传播权保护联盟”计划、“黄金一代”创新型人才培养计划、“十一五”报业发展情报平台建设计划、“影响2008——中国报业博览会”计划。

由宁波日报报业集团主办的中国宁波网推出数字报纸“宁波播报”。

8月3日

第三届中国报业竞争力年会在北京举行。此次会议上，新闻出版总署报刊期刊出版管理司联合传媒各界，发布了有关共同推进数字报业发展战略的共识：《北京宣言》。宣言提出必须依法保护报纸出版机构的信息网络传播权，鼓励建设集体协商机制、集体谈判机制、集体诉讼机制来维护网络传播权。此外，会议启动了“中国数字报业实验室计划”，为诸多报业集团探讨和发展数字化转型改革提供平台。首批加盟该计划的媒体机构有解放日报报业集团、天津日报报业集团、广州日报报业集团、浙江日报报业集团、深圳报业集团、宁波日报报业集团、四川日报报业集团、重庆日报报业集团、河南日报报业集团、黑龙江日报报业集团、新民晚报社等。

8月4日

大众报业集团与中国移动山东分公司联合推出山东省第一家手机报《齐鲁手机报》，该手机报聚合了《大众日报》《齐鲁晚报》等内容，以彩信形式传播。

8月8日

香港电讯盈科有限公司主席李泽楷以3500万美元购入香港《信报》五成股份，后又购入全数股权。

《北京现代商报》改名为《北京商报》后首次出版。

8月9日

中央电视台驻英记者站在大英图书馆会议中心举办“央视与英国”大型活动，宣传和推广中央电视台中文国际频道和英语国际频道。

国家广播电影电视总局发布《关于加强电视动画片播出调控和监管工作的通知》。通知要求进一步落实《广电总局关于进一步规范电视动画片播出管理的通知》要求，积极支持各级电视台特别是上星频道在黄金时段开设固定的国产动画片栏目，扩大国产动画片播出规模。

天津电台告别了与通信网络服务商的短信业务合作，自主经营开发的短信平台正式投入使用。

由厦门日报社主管主办的厦门市第一本涉台新闻时政类月刊《台海》正式发行。

8月10日

国内第一个地级市卫星电视媒体——延边卫星频道正式上星播出，同时此频道也是国内第一个上星的朝鲜语电视媒体。

8月15日

日本首相小泉纯一郎在东京再次参拜靖国神社，中央电视台新闻节目中心编辑部国际组立即启动应急机制，第一时间抢发最新消息，随后播发中国政府的严正声明，配发背景资料，并与中央电视台驻日本站记者进行直播连线。

第七届长江韬奋奖评选结果揭晓，共有20名优秀新闻工作者获奖。

8月16日

由浙江日报报业集团和浙江广育爱多印务有限公司合作建设的浙江日报报业集团新印发基地在杭州市拱墅区科技园奠基。

8月18日

山东《齐鲁晚报》《生活日报》《城市信报》《山东商报》《济南时报》《都市女报》共同签订《规范发行秩序与广告经营自律公约》，公约对发行商回扣、有偿新闻和有偿不新闻、虚报发行量等问题的解决，以及广告经营中的有偿新闻与有偿不新闻、贬损同行等问题的解决，做出了相应规定。

山西省广播电视总台农村广播正式开播，全天播出 19 个小时，覆盖人口 2000 万。

中国编辑学会第 11 届年会在南昌召开。

8 月 19 日

新闻出版总署报刊司在呼伦贝尔市主持召开全国报刊管理工作会议。会议就完善审读工作制度、依法监管导向，应对新媒体时代的转型、引导传统媒体的媒介融合转型，拓展报刊市场、发展农村读者等问题进行了讨论，并对相关工作进行了部署。

8 月 20 日

上海东方卫视继落地日本、澳大利亚、澳门、北美之后，通过中国电视长城卫星平台在法国落地播出。

浙江电视台国际频道开播，同时该频道将通过中国电视长城卫星平台覆盖欧洲地区，借助美国卫星电视运营商艾科斯塔（Echo Star）公司实现全美覆盖。

8 月 21 日

上海市委机关报《解放日报》推出新媒体平台——解放网。

8 月 28 日

中国电视长城（欧洲）平台通过法国公司的 IP 电视网络在法国巴黎正式开播。

中央人民广播电台华夏之声与香港特别行政区驻北京办事处在北京签订合作条约，两家单位将联合制作新栏目《每周听香港》。该节目将向华北、东北地区听众全面介绍和展现香港社会。

由新闻出版总署和国务院新闻办公室、中国新闻出版报等共同承办的 2006 北京国际出版论坛开幕，论坛主题为“新技术与出版业的未来”。

河北省第一家面向农业与农村的广播——农村频率（河北电台第七套广播）正式开播。

羊城晚报报业集团与广东省电信有限公司广州市分公司签署合作协议。

湖南日报报业集团（湖南日报社）成立第一家分社：株洲分社。

厦门卫视借助中国电视长城平台在欧洲落地。

8 月 29 日

南京最后一张晚报《扬子晚报》宣布改版。该报曾以“一报两投”模式坚守晚报市场，但随着报业竞争成本增加而最终放弃晚报市场，加入了晚报早投行列。

8 月 30 日

根据中国广播电视国际经济技术合作总公司与古巴国际有线电视公司签署的合作协议，中央电视台西语频道、法语频道、中文国际频道和英语频道各自的整套节目在古巴正式播出。

由中央电视台、山西广播电视总台联合制作的电视剧《乔家大院》获得韩国首届国际电视节最佳长篇电视剧奖。

第 13 届北京国际图书博览会在北京开幕。

9 月 1 日

台湾《立报》前副总编张正创办面向东南亚在台劳工和移民的另类媒体《四方报》，后于 12 月推出《四方报》越文版，于 2008 年 4 月推出《四方报》泰文版。

《北京晚报》房地产广告由主语传媒独家代理。

继中央电视台、上海电视台之后，重庆广播电视总台被接纳为联合国广播电视协作体成员，同时纽约联合国总部下属的新闻中心与重庆广播电视总台正式建立合作关系。

9 月 6 日

北京人民广播电台宣布启动 DAB（数字广播）移动多媒体广播。

湖北长江出版集团主办的综合性都市日报《长江商报》创刊。

9月7日

《天津日报》发行终端实现数字化转型，成为中国首家实现卫星报纸销售系统的中文报纸。《天津日报》已实现全球36个国家和地区的同步发行，解决了出口报纸传统订阅方式中缺乏供应渠道、时效性差、覆盖面窄、影响力弱、订阅不灵活等弊端。在此之前，进入卫星传输系统的中国报纸只有《*Ching Daily*》《*Shanghai Daily*》《*China Business Weekly*》三份报纸。

9月8日

全国农村中央广播电视节目覆盖工作现场会在江西南昌举行。

9月10日

新华通讯社发布《外国通讯社在中国境内发布新闻信息管理办法》。全文共22条，自发布之日起施行。

9月11日

全球最大传媒集团之一的奥美集团宣布在未来15年中将与中国上海广告有限公司继续保持合资关系。

9月12日

最高人民法院院长肖扬在全国法院新闻宣传工作会议上宣布，最高人民法院及高级人民法院两级新闻发布体制正式确立。未经批准，人民法院所有人员均不得擅自接受记者采访，重大事件应由新闻发言人公开发布。

北京市政府、国务院新闻出版总署与北京印刷学院签署共建协议。

湖南省广播电视局发布《关于组建集团新市场主体的决定》，同意湖南广播影视集团剥离、整合部分资源用以重建新市场主体，新主体由湖南广播影视集团集团控股，实行股权多元化。

9月14日

借第八届中国国际光储存设备展览会和技术交流会之机，新闻出版总署印刷复制管理司在上海召开光盘复制管理座谈会。会议期间，新闻出版总署发布了《关于贯彻“反盗版百日行动”部署，进一步加强光盘复制管理的通知》，要求各地复制管理部门开展对所辖区域的复制单位进行反盗版突击检查。

深圳书报刊发行协会成立，标志着深圳市出版界出版、印刷和发行的行业协会组织全部完善。

9月15日

解放日报报业集团主办的“i-street公众新闻视屏”在上海亮相。550块公众新闻视屏立于上海淮海路、南京路、外滩、新天地、徐家汇、西藏路等市中心主要区域，将时政、民生、文体新闻即时呈现给广大市民。

由成都日报报业集团与福布斯中文版联合主办的“2006《福布斯》中国城市投资论坛”在成都举行。

9月17日

河南电视台在澳大利亚悉尼歌剧院举办“梨园飞歌”中国戏曲交响音乐会，在澳大利亚引起关注。当晚的演出通过河南卫视和悉尼当地电视台进行了现场直播，开创了电视戏曲栏目跨国、跨洋直播的先河。

9月19日

经国家新闻出版总署批准，由安庆日报社主办的《安庆晚报》创刊。

9月20日

国务院办公厅发布《关于进一步做好新时期广播电视村村通工作的通知》，通知要求加强县、乡（镇）广播电视机构的公共服务职能，提高广播电视节目的覆盖度，为此要加强政策及资金上的支持。

全国第一家由广电系统成立的博士后科研工作站——上海文广新闻传媒集团博士后科研工作站成立。

第 2 届海峡两岸图书交易会在台北世贸中心开幕。

9 月 21 日

2006 年山东省报纸广告年会在蓬莱召开，会议以“广告创新发展”为主题。出席会议的 30 家广告经营单位一致通过了《规范全省报纸广告经营行为倡议书》。

中国广告协会企业资质认定委员会第 4 次认定会议在北京举行。此次会议重新认定及首次认定的一级广告企业共 76 家、二级广告企业 102 家、三级广告企业 37 家。

9 月 22 日

中宣部、国家新闻出版总署有关领导，人民日报、求是杂志、光明日报、经济日报有关负责人，以及来自全国 13 个省市的宣传部门负责人和报业集团社长、总编辑到天津日报报业集团参观考察，并参加中宣部主办的天津日报报业集团暨党报发行体制改革研讨会。会议讨论并表彰了天津日报报业集团在党报发行模式上的创新：党报宣传与经营适度分离，实施资本运作、市场化运作，探索党报发行系统的新模式。

经国家新闻出版总署批准，长沙晚报报业集团主办的《东方新报》更名为《娱乐快报》，该报为 4 开全彩印刷，是唯一一份全国性娱乐类专业纸质媒体。

广东省广播电视数字微波电路正式投入使用，该电路连通了广州、深圳等 21 个地级市、18 个电视调频转播台和部分县级市。

由中国期刊协会主办的中国首届期刊创新年会在北京召开。

9 月 25 日

广州电台第三套节目广州电台经济交通广播正式开播。

9 月 26 日

由中国对外翻译出版公司开发的“多语种翻译资源数据库及其应用系统”完成项目验收。

新闻出版总署报刊司、外事司与国务院新闻办三局联合召开“报刊走出去”研讨会，全国 60 多位报刊社负责人和业内专家、学者参加会议。

9 月 28 日

中央人民广播电台中波广播文艺之声同步以调频广播正式播音。

按照高标准建成的全数字化广播电台——广西河池人民广播电台正式播音，每天播放时长 18 个小时，可覆盖河池市 11 个市（区）。

杭州日报报业集团推出多媒体数字报纸。

9 月 29 日

四川广播电视集团直属全资企业四川星空数字移动电视有限责任公司正式播出视频节目。公司节目通过城市公交车、出租车、长途客运车、小型轿车、大型连锁超市、写字楼、高校等公共场所内安装的数字电视终端播放。

由青岛广电中视文化有限公司制作的全球中华美食文化数字频道正式开播。

10 月 1 日

中国教育电视台建台 20 周年。

隶属南方报业传媒集团、南方都市报报系旗下的《风尚周报》获国家新闻出版总署签发的国内统一发行刊号，于北京、上海、广州、深圳等 15 个城市上市发行。该周刊的发行标志着南方报业传媒集团内部继南方周末报系、21世纪经济报道报系后，更全面囊括报纸、网络、周刊及高档杂志的南方都市报报系的形成。

广州日报报业集团打造的《羊城地铁报》创刊，是国内第一份全彩装订、广州第一份免费的综合性新闻报纸。

广西电视台卫星频道落地澳门并于同日开播。

10月9日

文汇新民报业集团旗下大型财经类综合性日报《东方早报》改版。新版根据70％读者要求可在地铁阅读的意见，借鉴《泰晤士报》《卫报》和《华尔街日报》等国外报纸的“大报小报型”理念，在内容量不变原则下，以小报形态呈现给读者。

河南省数字电视运营平台向网络平移节目试播成功。

10月10日

新闻出版总署“十五”重点电子出版工程《中国学术期刊网络出版总库》鉴定验收会在清华大学通过新闻出版总署组织的专家鉴定组验收。

国家广电总局下发《关于有线电视分配网建设和经营管理有关问题的通知》，通知明确和重申了非公有资本介入有线电视分配网的管理政策。

10月11日

湖北省新闻出版局、湖北省报业协会联合召开规范报刊发行秩序协调会。楚天都市报、楚天金报、武汉晚报、武汉晨报、长江商报分管发行工作的社领导与负责人参与了会议。会上学习了中宣部、国务院纠风办、新闻出版总署、国家邮政局联合下发的《关于采取切实措施规范报刊发行秩序的通知》，并就湖北省报业协会代拟的《湖北省规范报纸发行秩序公约》和建立武汉地区晚报都市报类报纸价格联盟进行了协商讨论。

由福建漳州市人民政府纠风办、市人民广播电台联合主办的广播栏目《政风行风热线》开播。

10月12日

中国编辑学会科技读物编辑委员会在武汉召开“新形势下编辑工作特点与创新”研讨会。

10月13日

国际互联网权威组织IETF（互联网工程任务组）发布由中国互联网络信息中心主导制定的《中文域名注册与管理标准》。

10月14日

中国报协报业经济研究工作委员会经营管理专业委员会在沈阳举办首届年会暨委员会成立大会。该委员会旨在促进各报业集团、报社经营管理和战略研发部门之间的交流。

山西广播电视总台召开《老西儿谝吧》暨电视方言节目学术研讨会，会上业内外专家学者就方言节目的进一步发展问题做了讨论。

10月16日

由兰州晚报与中国移动甘肃分公司联合打造的甘肃第一份手机报开通。

10月17日

上海新华传媒股份有限公司揭牌仪式在上海展览中心举行，宣告新华发行集团核心业务借壳上市，标志着上海新华发行集团有限公司整体改制工作顺利完成，成为中国出版发行企业第一家A股上市公司。

西部第一高塔四川广播电视塔竣工。此塔投入运行后可以同时发射10套广播节目和10套电视节目，直接覆盖人口可达1800万。

10月18日

经国家新闻出版总署批准，文汇新民联

合报业集团的《上海家庭报》更名为《新民晚报社区版》。该报是上海第一张获得国家新闻出版总署批准的社区报，探索社区报模式以整合社区报道资源，辅助基层社区治理结构的建设。

国家工商总局与信息产业部联合发布《关于禁止发布含有不良内容声讯、短信息等电信信息服务广告的通知》。通知禁止利用广播电视、报纸期刊、互联网等各种媒介渠道散布含有淫秽色情、封建迷信等不良信息的电信信息服务广告。

新闻出版总署与国家工商总局联合印发《关于禁止报刊刊载部分类型广告的通知》，通知规定从 2006 年 11 月 1 日起，所有报刊暂停发布 12 类医疗广告的报刊刊载，并出台了 7 项禁止规定。

10 月 19 日

上海市委宣传部、上海市纠风办和上海市新闻出版局联合发出《关于切实做好规范本市报刊发行秩序工作的通知》。通知要求加强对报刊出版和报刊发行市场的监督检查力度，及时掌握报刊出版单位的征订发行情况，进行分类指导和监督；对违反新闻出版管理规定、扰乱报刊发行市场秩序、情节严重的报刊出版单位，将依据有关规定，给予通报批评、警告、罚款等处罚。

由中国报业网、中国广告协会报纸委员会、人民网传媒频道、新生代市场监测机构、龙源期刊网、《大市场·广告导报》联合主办的首届中国品牌媒体高峰论坛在辽宁沈阳举行。

广西全省有线电视数字化整体转换试点工作通过国家广电总局验收委员会验收。

10 月 24 日

中华全国新闻工作者协会第 7 届理事会第一次会议在北京开幕。中共中央总书记、国家主席、中央军委主席胡锦涛在大会开幕前会见了理事会成员，鼓励记协坚持正确的政治方向，进一步发挥党和政府联系新闻界的桥梁和纽带作用。

10 月 25 日

海南民生燃气股份有限公司更名为华闻传媒投资有限公司，成为继博瑞传媒和赛迪传媒之后第 3 家上市传媒公司。

世界中文报业协会第 39 届年会在澳门召开，本届年会的主题是：拓展中文报业，共建和谐社会。此次年会，有 6 家内地报纸加入协会，分别是《今晚报》《扬子晚报》《重庆晚报》《宁波日报》《厦门日报》《泉州晚报》。

10 月 26 日

中国晚报工作者协会第 21 届年会在上海开幕，来自全国 100 多家晚报的总编辑等 300 多人出席了本届年会。

光明日报社引进的德国曼·罗兰 Uniset75 高速轮转彩色胶印机组正式投产。

中国互联网协会成立反恶意软件协调工作组。

10 月 28 日

宁夏电视台少儿频道正式试播。

10 月 29 日

辽宁人民广播电台乡村台、故事台正式开播，这是东北地区第一家省级乡村广播和故事广播电台。

江西省广电协会动漫专业委员会成立。

10 月 30 日

国家广播电影电视总局发布《关于推进广播电视对农频道（率）规范发展的意见》。意见认为，当前中国广播电视对农频道（率）总量偏低，质量有待提高，难以适应农民群众日益增长的精神文化需求和加强社会主义新农村建设的客观要求。

由湖南经视、湖南文理学院、常德电视

台、常德细菌战调查委员会联合制作的纪录片《常德细菌战》荣获中国广播电视协会授予的“2006年度十大优秀纪录片”称号。

11月1日

应新闻出版总署及国家工商总局要求，即日起所有报刊一律停止发布包含性病、癌症、人工流产等十二类内容的医疗广告，禁止发布包含淫秽色情、迷信或内容格调低下等不雅内容的广告。

大连日报启动数字化工程第一步，在报纸每版印上“动码简报”的条形码。

山西省晋城市广电总台与市人大常委会联合开办的栏目《代表之声》正式开播。

11月2日

河北省广电网络整合暨数字电视发展工作领导小组办公室印发《河北省县级广电网络整合的实施意见》，河北省县级广电网络整合工作随即全面启动。

2006年全国卫星地球站技术交流会暨中广影视卫星公司用户会在广州召开。

11月3日

中央电视台与南非国家广播公司签署《中央电视台与南非国家广播公司合作协议》。

11月4日

来自全国17家省级电视台和中央电视台的综艺娱乐频道负责人参加在成都召开的全国综艺娱乐及谈话节目抵制低俗之风工作会。会议要求综艺节目及谈话类节目要坚持舆论导向的正确性，提高品位，抵制节目低俗之风，要体现文化先进性。

11月5日

中央电视台经济频道《金土地》栏目播出由中共天津市委宣传部和天津电视台联合摄制的大型文献系列片《解读皇粮国税》，这是国内第一部解读中国农业税的电视系列片。

11月6日

天津区县广播联盟成立，这是全国第一家以联盟方式运行的农村广播，联盟方为天津人民广播电台与天津市的11个区县广播电视局。

11月8日

第十六届中国新闻奖、第七届长江韬奋奖颁奖典礼在北京举行。中共中央政治局常委李长春出席典礼并向中国新闻奖特等奖、一等奖和长江韬奋奖获奖者颁奖。

全国广播影视法制工作会议在北京召开。

中央治理党政部门报刊散滥和利用职权发行工作协调领导小组办公室发布《关于切实巩固报刊治理成果，坚决防止摊派发行现象反弹的通知》。

江西省新闻出版局、江西省出版总社主办的都市消费报改版，由都市新闻类报纸回到消费维权新闻类报纸。

11月9日

宁夏回族自治区农村电影数字化放映暨农村电影公共服务体系建设试点工作在银川市大新镇正式启动。

11月11日

由商务印书馆主办的英文双月刊杂志《汉语世界》创刊。

由中国印刷技术协会主办，协会所属的中国印刷杂志社、商业票据印刷分会和香港高威展览促进有限公司承办的2006中国国际特种印刷暨智能识别技术展在杭州和平国际会展中心开幕。

11月13日

新闻出版总署署长柳斌杰会见美国商务部副部长乔恩·杜达知，双方表示中美将加强知识产权保护协作。

12 集大型电视纪录片《大国崛起》在中央电视台经济频道开播。

11 月 14 日

由中国版权协会主办的全国版权协会秘书长会议在广西桂林召开。

由中国期刊协会主办的第 14 届全国文化综合类期刊研讨会暨第 17 届全国妇女报刊年会在上海召开。

11 月 15 日

由新闻出版总署报刊司发起组织的 2006 中国数字报业战略与实践高层研讨会暨中国数字报业实验室第一届理事会成立大会在北京召开。来自广州日报报业集团、河南日报报业集团、黑龙江日报报业集团、华商报社、计算机世界传媒集团、解放日报报业集团等 21 家成员单位的 120 多位代表参加了会议。会议以“中国数字报业战略与实践”为主题，围绕“数字内容显示介质的发展方向”“转型期的数字化战略”“数字内容产品开发与运营模式建构”“数字内容的渠道变革”“由网络版迈向数字资源整合平台”5 个议题展开讨论。

专门介绍中国的经济时事类法文期刊《中国》在法国正式出版发行，发行量达 5 万册。该杂志由法国最大出版集团桦榭集团独家出版，并与中国新闻周刊合作。由国外知名媒体集团独家出版专门介绍中国的期刊，在我国对外合作出版历史上尚属首例。

11 月 17 日

中央报刊治理工作协调领导小组召开会议，中共中央政治局委员、中央书记处书记、中宣部部长刘云山出席会议。刘云山强调指出，要从构建社会主义和谐社会的高度进一步认识制止报刊摊派发行的重要意义，继续巩固治理工作成果，切实维护基层和群众利益。

山东省第 6 家报业集团临沂日报报业集团成立。

国家工商总局与卫生部联合发布《关于贯彻实施〈医疗广告管理办法〉的通知》。

11 月 18 日

深圳报业集团主办的深圳新闻网推出 4 家独立域名网站——房地网、车城网、搜购网和问工网，分别对应该集团旗下四大主报《深圳特区报》《深圳商报》《深圳晚报》《晶报》，由此实行报网及线下联动的运营模式。

11 月 19 日

中国国际广播电台万象调频台 FM93 正式开播。当日晚，中国国家主席胡锦涛与老挝国家主席朱马里共同出席了开播仪式。

11 月 20 日

广州日报社控股的粤传媒（广东、广州日报传媒股份有限公司）召开 2006 年度第一次临时股东大会。会议审议了《公开发行股票并上市》等 7 项议案，拟上市发行股票 7000 万股，主要用于投资报纸印刷扩建项目、商业印刷扩建项目、大洋文化连锁店百家营业网点建设项目，共计投资 3.75 亿元。

11 月 21 日

国家工商总局与中宣部、公安部、监察部、国务院纠风办、信息产业部、卫生部、国家广电总局、新闻出版总署、国家食品药品检查管理局、国家中医药管理局联合下发《关于印发〈违法广告公告制度〉的通知》。

11 月 23 日

由国务院新闻出版总署主持研发的“网络出版监管小型试验系统”试运行通过验收。该系统能够完成对互联网出版活动的有效监管，为国家网络出版监管系统的建立奠定了基础。

11 月 27 日

由中央人民广播电台主办的全国高校广播节目联盟启动仪式在中国人民大学举行，

来自北京和全国各地的46所大学广播台（站）成为首批加盟成员。

国家财政部、国家税务总局下发《关于广播电视事业单位广告收入和有线电视费收入有关企业所得税问题的通知》。

11月28日

成都传媒集团成立，该集团由成都日报报业集团和成都广播电视台合并而成。

西安人民广播电台资讯广播“城市之声”正式开播。

11月30日

光明网在主页显著位置开辟“文化日记”专栏，逐日记载中华文化的重要人物、重要事件、重要观点，帮助网民适时把握文化演进的轨迹。

中国青年报首家高校学生通讯社在青岛理工大学成立。

12月1日

中央电视台试播手机电视。

由新华日报报业集团与中国移动江苏分公司联合打造的《新华日报手机报》创刊。

12月2日

为纪念陆定一同志诞辰100周年，中国新闻史学会与上海交通大学媒体与设计学院共同举办纪念陆定一同志诞辰100周年暨中国新闻与传播理论创新学术研讨会。

12月3日

中国人民对外广播事业暨中国国际广播电台创建65周年纪念大会在北京举行。中共中央政治局常委李长春发来贺信，中共中央政治局委员、中央书记处书记、中宣部部长刘云山出席纪念大会并发表讲话。

12月4日

全国“扫黄打非”工作小组办公室、中宣部、新闻出版总署等10部门联合发出《关于开展“保护知识产权，反盗版天天行动”进一步净化出版物市场的通知》。

12月6日

国家工商总局、中宣部、公安部、监察部、国务院纠风办、信息产业部、卫生部、国家广电总局、新闻出版总署、国家食品药品监察管理局、国家中医药管理局共同向社会公布《违法广告公告制度》。

12月8日

由江西省工业经济联合会主办的经济晚报改版，改版后探索专业化报刊模式并采用橙色新闻纸印刷。

12月12日

广州日报报业集团推出的《广州日报》社区报以赠阅的方式在广州雅居乐小区试行刊发。

12月13日

中共中央政治局常委李长春在中宣部《网上动态》第203期刊载的《CCTV手机电视开通，打造多方位手机媒体业务平台》上批示：要大力推动中央电视台节目占领各种移动多媒体这一新阵地。

重庆市警方破获迄今为止中国最大刻录盗版光盘案。

12月15日

体坛传媒集团与欧洲最大传播集团汉威士体育（北京）有限公司、TOM在线联合推出全球首份真实反映各国体育综合实力的排行榜：世界体育强国排行榜。本次合作亦是中法两国体育媒体首次跨国合作。

国家发展改革委员会印发《关于农村地区广播电视运营用电价格政策的通知》。从2007年1月1日起，广播电视站无线发射台（站）、转播台（站）、差转台（站）、监测台（站）统一按非普工业类电价标准执行，并不执行峰谷分时电价政策。

12月16日

云南电视台第七频道猜猜少儿频道正式

开播，每日播出时长为 15 小时，节目覆盖全省。

12 月 18 日

文汇新民联合报业集团在文新传媒网推出多媒体《文汇报》。

中国电信、中国网通、中国联通、台湾“中华电信”与韩国电信、美国威瑞森（Verizon）公司在北京宣布，将共同建设跨太平洋直达光缆系统。

12 月 19 日

由安徽日报报业集团和中国移动安徽公司联合打造的手机报出版。该手机报整合安徽日报报业集团旗下报刊的新闻信息资源，以彩信形式每日早报晚报时间定时推送。

12 月 22 日

国务院新闻出版总署发布 2006 年第 2 号公告，为推进政务公开将于 2007 年 1 月 1 日成立新闻出版总署行政审批受理中心。

12 月 23 日

加拿大广播电视和电信委员会发布公告，准许中国电视长城平台 9 个频道在加落地播放。

12 月 25 日

中国编辑学会 2006 年编辑学理论研讨会在北京召开。

12 月 26 日

全国新闻出版（版权）局长暨党风廉政建设工作会议在北京召开。

12 月 27 日

光明日报社公布《光明日报》2007 年版面安排。从 2007 年 1 月 1 日起，《光明日报》在原版面基础上分成 3 个系列，即新闻版系列、周刊专刊系列、副刊系列，整合并增加了“文化教育理论新闻”“观察与探索”“教育卫生体育新闻”“作品”等版面内容。

12 月 28 日

安徽省委机关报《安徽青年报》创刊 50 周年。

中国编辑学会、中国出版工作者协会与华中科技大学联合举办的第三届全国电子与网络编辑暨数字出版传媒发展研讨会在武汉召开。

12 月 30 日

由人民日报上海分社与人民日报广东分社分别主办的《华东新闻》与《华南新闻》停刊。

新闻出版总署、商务部、海关总署联合发出《关于加强对承接境外印刷复制业务监管的紧急通知》，强调承接境外印刷复制业务的管理要求与法律规范。

2007 年（丁亥）

1 月 1 日

李长春、刘云山、陈至立等中央领导对人民日报发行工作做出批示。中共中央政治局常委李长春批示：“人民日报年年有新进步。望继续探索增强和广大干部群众的亲和力，扩大市场覆盖面和社会影响力。”

新华社非洲总分社法文编辑部由法国巴黎迁至肯尼亚首都内罗毕并正式运行。

中央电视台中文国际频道实现亚洲、欧洲、美洲三版播出。

《华声》杂志正式创刊。该杂志是由湖南日报报业集团主办的、国内唯一以网络媒体为依托的休闲类期刊。

广东省惠州日报社主管主办的《东江时报》正式创刊。

贵阳日报社旗下子报《旅游休闲报》正式创刊。

中国国际广播电台正式推出对台湾地区的网络广播“海峡飞虹”。

甘肃人民广播电台农村广播“乡村之音”正式开播。

国务院477号令《北京奥运会及其筹备期间外国记者在华采访规定》开始实施。同日开始实施的还有《北京奥运会及其筹备期间台湾记者在祖国大陆采访规定》和《北京奥运会及其筹备期间港澳记者在内地采访办法》。

中华人民共和国国务院新闻办公室网站正式开通，网址是 www.scio.gov.cn。国务院新闻办网站面向国内外公众，主要发布政府的重要政务信息，编发国务院新闻办组织的重要公务活动、与各国政府和新闻机构的交流合作情况、对外文化交流活动、政府白皮书等重要信息。

北京奥运新闻中心开始正式受理采访的“一站式”服务。服务内容大到受理国外记者临时来华采访签证的申请、安排采访计划、联系被访单位和个人，小到记者采访期间的翻译、交通、食宿、购物。

中国汽车报全面改版，以轻涂纸全彩印刷，共100版。

根据财政部、国家税务总局联合印发的《关于宣传文化增值税和营业税优惠政策的通知》，音像制品和电子出版物的增值税税率由17%下调至13%。

1月4日

中国移动与美国谷歌公司联合宣布，双方达成合作伙伴关系，共同在中国提供基于移动和互联网的搜索服务。

1月5日

在人民网、新华网、中国网等38家新闻网站和互联网新闻研究中心组织下，由网民直接参与评选的第3届中国网络媒体2006年度新闻风云榜在北京揭晓，活动评选出2006年度国内十大新闻和国际十大新闻、十大网评人、十大优秀博客等。

经济日报采访组在海南省开始“又好又快发展新看点”大型采访活动。采访组将深入海南省各市、县、开发区采访，对近年来经济社会发展又好又快的事例进行充分报道。

中国日报面向全球推出了中国首份专门报道北京2008年奥运会的英文报纸——《奥运周刊》。该刊每周五出版，全彩铜纸版印刷，随《中国日报》全球发行。

中央电视台“我的长征”大型电视行动在甘肃会宁顺利结束。这次活动历时8个月，步行行程610多公里。

1月6日

FM93.7江苏新闻广播开播，是中国第一家省级类型化新闻电台，也是我国第一家广播、电视资源共享、联合打造的电台。

河南省宣传部长会议在郑州举行。会议传达学习了河南省委书记徐光春在省委常委会上对贯彻落实全国宣传部长会议精神提出的要求。

由济南市信息产业局、中国互联网新闻中心、山东新丞华展览公司共同举办的2007中国（济南）网站盈利运营论坛在济南召开。

1月8日

由重庆日报报业集团主管、重庆日报主办的新型主流价值日报——《时代信报》创刊。

1月9日

广西南宁的接力出版社有限公司举行转企改制的揭牌仪式，其前身是接力出版社。

中国出版科学研究所DigiBook数字出版研究中心展示区揭牌。DigiBook数字出版研究中心由中国出版科学研究所与通力计算机通信技术（上海）有限公司合作组建，先后与荷兰iRex公司、日本漫画学院等国际相关企业和单位进行交流，主要技术成果有点击动漫网和网络交互多媒体出版软件以及此次揭牌的数字出版展示区。

1 月 10 日

中国互联网协会发布《2007 中国互联网调查报告》。该报告显示，到 2006 年底，我国博客作者规模达到 2080 万人，其中，活跃的博客作者有 315 万人。

1 月 11 日

国家广电总局印发《关于研究调整“十一五”20 户以上已通电自然村广播电视村村通建设方案的通知》，要求各地无线覆盖不到的 20 户以上的盲村主要采用直播卫星方式实现“村村通”。

1 月 12 日

由广西日报社广西新闻网和中国移动广西分公司联合打造的《广西手机报》正式开通，这是广西第一家以手机彩信及 WAP 方式实现的手机报纸。

1 月 14 日

人民网创建 10 周年座谈会在北京举行。中共中央政治局常委李长春致信祝贺。中央政治局委员、中央书记处书记、中宣部部长刘云山出席并发表重要讲话，充分肯定了人民网 10 年来的发展成绩。

1 月 15 日

《光明日报》推出《作品》副刊，以刊登关注时代、现实、生活的小说、诗歌、报告文学为主。

国家标准委印发《ISO 和 IEC 标准出版物版权保护管理规定（试行）》。该规定适用于我国境内 ISO、IEC 标准出版物的复制、销售、翻译出版和使用，ISO、IEC 标准出版物的版权保护工作由国家标准委统一管理。

1 月 16 日

广西壮族自治区党委宣传部、自治区人民政府农业普查领导小组办公室联合组成“农普八桂行”新闻采访团启程奔赴全区各地，重点采访入户登记以来农普工作开展情况。新华社广西分社、中央电台广西记者站、经济日报广西记者站、中新社广西分社、广西电视台、广西日报、广西电台等 14 个中央驻桂及区直主要新闻单位参加了采访团。

北京市第一中级人民法院开庭审理深圳市腾讯计算机系统有限公司起诉北京掌中无限信息技术有限公司侵犯其计算机软件著作权、网络财产权及不正当竞争的案件。据悉，此案是因腾讯 QQ 通信系统引发的全国首例即时通信系统侵权案。

1 月 17 日

《中华人民共和国政府信息公开条例》在国务院第 165 次常务会议通过，自 2008 年 5 月 1 日起施行。该条例的通过，使新闻媒体在行使舆论监督权，公开与人民群众生产、生活密切相关的社会公共信息方面有法可依，有利于更好地保障广大人民群众获取信息、利用信息的合法权益。

河南电视台与澳门澳亚卫视签订协议，在未来 5 年内，双方将在电视新闻制作、电视节目制作和产业开发等 3 个领域进一步加强交流合作。同日起，河南卫视正式落地澳门。

由中国记协、中国残联联合主办的首届“十大爱心记者”评选结果揭晓。当选为十大爱心记者的是：中央人民广播电台记者王淑娟、重庆日报记者刘春帼、山西日报记者孙荣祥、长沙晚报记者陈国忠、海峡都市报记者林丹、新华社现代快报记者钟晓敏、成都晚报记者傅艳、人民日报记者潘跃、河南电视台记者潘菊兰、中央电视台主持人鞠萍。

山西省委宣传部、省新闻出版局在太原召开全省报刊管理工作会议。来自全省 11

个市的新闻出版局负责人、全省近400家报刊社的社长或总编、报刊社记者站站长以及报刊审读员参加了会议。

解放日报报业集团推出的手机报i-news满一周年，用户达到20万，成为上海地区最大的手机报纸。同时，由用户自定义的i-news改版方案已完成，新版于当日正式上线。

中国气象报社与科学时报社、中国交通报社、中国知识产权报社、中国航天报社、中国海洋报社、人民海军报社的有关领导在北京分别签署《新闻信息共享与发布合作协议》。各方约定，依据“资源共享、优势互补、服务公众、宣传科学”的原则广泛开展合作，按照“宽领域、多渠道、科普性、集约化”的工作理念，逐步建立新闻资源共享机制。

1月18日

由中国传媒论坛学术委员会与史坦国际传媒研究中心共同主办的2006中国十大新媒体人物暨第3届中国最具投资价值媒体评选活动在北京举行。来自全国100多家报刊、电视台、广播电台、网络新媒体、广告公司、国内外投资机构的代表参加，就媒体开放与国家文化安全、现代传媒企业制度建设、新媒体和传统媒体产业链竞争与整合、传媒集团产业运作与体制创新、传媒品牌营销与国有资产增值等一系列业界关注的焦点问题，进行了探讨。

由羊城晚报报业集团承办的全国晚报体育新闻学会年会在广州开幕。来自全国各地的34家晚报体育新闻负责人齐聚羊城，共商晚报体育新闻的宣传报道工作。

1月19日

广州全市宣传思想工作会议召开，广东省委常委、广州市委书记朱小丹出席会议并作讲话，强调在新的起点上整体推进广州精神文明建设，加快打造区域文化中心。

1月20日

河南日报社与香港商报社合作意向书签订仪式在香港商报社举行。双方本着平等互利、优势互补、共谋发展、实现双赢的原则，在新闻业务、广告经营、产业发展等方面达成7项合作意向。

由《传媒》杂志社和北京大学新闻与传播学院联合主办的第二届中国传媒创新年会在北京召开。数百名来自传媒界的领军人物以及广告界、企业界的知名人士，围绕传媒产业的创新和发展进行了研讨。

由南方日报社主办的2007品牌英雄南方峰会暨2006南方日报短信淘宝颁奖盛典在广州举行。全年约有25万人次的读者参与了南方日报组织的短信互动活动。

1月21日

第二届中国传媒创新年会闭幕。在闭幕式上，2006年度十大创新传媒人物及十大创新传媒系列推选活动结果揭晓。除了创新传媒人物和创新媒体之外，活动还推选出了2006年度十大创新广告公司、十大创新网站、十大创新电视台、十大创新期刊、十大创新行业报、十大创新周报、十大创新晚报、十大创新都市报，并举行了颁牌仪式。在本届年会上，中国出版科学研究所传媒研究中心发布了《2006年度中国传媒创新报告》。

1月23日

中央政治局集体学习世界网络技术发展和我国网络文化建设与管理。在学习中，胡锦涛总书记强调要加强网络文化建设和管理，充分发挥互联网在我国社会主义文化建设中的重要作用，有利于提高全民族的思想道德素质和科学文化素质，有利于扩大宣传思想工作的阵地，有利于扩大社会主义精神文明的辐射力和感染力，有利于增强我国的软实力。我们必须以积极的态度、创新的精神，大力发展和传播健康向上的网络文化，切实把互联网建设好、利用好、管理好。

中国互联网络信息中心发布《第 19 次中国互联网络发展状况统计报告》。报告显示，截至 2006 年底，我国网民人数达到了 1.37 亿，占中国人口总数的 10.5%。我国域名总数显著增加，其中，CN 域名总数超过 180 万。新兴上网方式——手机上网也初具规模，达到 1700 万人。网络、电视和报纸是网民获取信息的主要途径，网民选择的比例分别为网络 85%、电视 66.1%、报纸 61.1%。此外，杂志、书籍和广播也是网民获取信息的途径，选择的比例都在 10%—20%之间。

1 月 27 日

由人民摄影报和中国新闻摄影学会共同主办、新文化报承办的第 15 届（2006 年度）全国新闻摄影作品评选活动在吉林长春举行。从本届起，人民摄影报的年度新闻摄影作品评选在参赛作品类别、参赛表填写、寄稿地址等方面均进行了多项重大调整。所有参赛作品的标题及文字说明须同时提供中文与英文。此外，从本届起，人民摄影报的年度新闻摄影作品评选将作为中国国际新闻摄影比赛（“华赛”）在国内的作品初选。

1 月 29 日

全国第一家以实名注册和发布网络信息的知识精英博客网站——博客联合社区（简称博联社）在北京正式上线。

中国编辑学会发出《致全国编辑工作者的倡议书》，号召全国编辑工作者“庄严承诺出版物质量”，并在第 3 条第 8 点中提出“实施次品召回制度”。

由中国科协学会学术部主办的中国科协科技期刊与新闻媒体第一次见面会在北京召开，该会旨在推动科技成果在大众媒体的传播，建设科技原创成果与传媒的常态沟通机制；引导新闻媒体对科技期刊学术成果的关注，并为新闻媒体提供最新研究成果信息，努力服务于自主创新、创新型国家建设。

1 月 31 日

首都女新闻工作者协会 150 名理事齐聚中国国际广播电台，进行换届选举和新春联欢会。

中央人民广播电台同天津广播电视网络有限公司在北京签署《数字音频广播节目合作协议》，中央人民广播电台有线收费数字广播正式在天津落地播出。

同月

各家卫视纷纷改版。北京卫视围绕奥运主题，推出十档创新栏目。东方卫视改版全面提升文化品位，进一步确立“新闻见长、娱乐风尚、文化品质”的频道形象，集中打造周末强势综艺节目版块，对电视剧播出尝试错位竞争。湖南卫视秉承“快乐中国，快乐创造”理念，改版注重大型活动、独播剧、品牌栏目三大重心环环相扣。陕西、安徽、浙江等卫视也都进行改版。

岁末年初，河南商报通过设立万店联盟灯箱来广泛收集新闻线索。报社以万店联盟会员的形式吸纳社会报料，首批新闻报料点共有 3000 个。报料点负责收集新闻线索，同时也提供报纸征订、分类信息广告刊登、旧报纸回收等服务项目。

广电总局对荧屏选秀节目实行分流，规定不得有 3 家以上卫视在同时段播出选秀节目。

为了贯彻落实党的十六届六中全会和中央经济工作会议精神，充分发挥广告监管在构建社会主义和谐社会中的职能作用，深入开展虚假违法广告专项整治工作，积极营造健康有序的广告市场环境，中央宣传部、国家工商行政管理总局、公安部、监察部、国务院纠风办、信息产业部、卫生部、国家广播电影电视总局、新闻出版总署、国家食品药品监督管理局、国家中医药管理局制定《2007年整治虚假违法广告专项行动部际联席会议工作要点》。

中国日报实施创刊以来最大规模的全新改扩版，由16版扩为24版，成为版面最多的中央级报纸。

为贯彻落实中央关于“村村通”工程的文件精神，财政部、国家税务总局印发《关于广播电视村村通税收政策的通知》。

中国贸易报山西记者站临时聘用人员兰成长在大同市浑源县被一黑煤矿主指使的暴徒殴打，两天后不治身亡，引发舆论对此前当地发文打击“假记者”的关注。

2月1日

新华社英文亚太线在中国和亚太地区调整并线成功，开始提供新的英文亚太线稿件，同时停止英文大广播（英文通稿）的供稿。

由中国记协主办、新华网承办的中华新闻传媒网（简称“中国记协网”）正式开通。中国记协网的网址是www.zgjx.cn，是记协为全国新闻界提供在线服务的综合平台，设有要闻区、热点专题、记协之窗、维权服务等18个栏目。从今年起，中国新闻奖、长江韬奋奖的所有参评作品和参评材料以及最后的评审结果，都要在中国记协网和新华网公示，接受社会监督。

中国电视艺术委员会举办的全国优秀电视文化（文艺）栏目表彰暨培训活动在北京举行。

2月2日

国家广电总局发布《关于进一步加强规范有线电视数字化工作的通知》。

重庆市属新闻单位以“打造责任媒体、营造和谐舆论、服务发展大局”为主题的“执政为民、服务发展”学习整改活动在历时4个月之后告一段落。

2月3日

全国报刊逻辑语言应用病例有奖征集活动颁奖大会在中国社会科学院举行。活动自去年5月启动以来，得到全国各地读者积极响应，共征集到14883份有效病例，涉及2000多种报刊。

2月5日

北京奥组委授权中新社向海外华文媒体提供北京奥运特刊。中新社与分布于美洲、欧洲、亚洲、大洋洲的28家媒体签订了奥运供版协议。

2月6日

中国期刊协会第四次全国会员代表大会在北京召开。会议总结了以往工作的经验，也商讨了未来工作的思路，还选出了新一届理事会理事。

中国电视剧上海排行榜颁奖礼暨2007电视剧制播年会在上海举行。2006年度全国卫视收视排名揭晓，央视一套、央视五套和央视三套排名前三，随后是央视八套、央视六套、湖南卫视、央视二套、央视四套、央视新闻频道、安徽卫视。

广西电视台玉林记者站卢海杰和钟鸣两位记者在玉林市采访拖欠民工工钱事件时，遭到殴打。

2月7日

“慧聪杯”2006中国印刷业TOP10评比活动结果揭晓。该活动自2006年10月16日起经过网上海选报名、专家复评、专家投票评审3个阶段，最后产生“十大国内品牌”“十大进口品牌”等5个单项结果。该活动得到中国印刷及设备器材工业协会的支持。

2月8日

国新出版物发行数据调查中心的首个专

业委员会——网络出版专业委员会成立，这标志着我国的出版物发行数据认证由纸介出版逐步向网络出版延伸，网络出版物的发行数据核查已提上日程。

由国务院新闻办公室网络局主办、湖南省人民政府新闻办公室承办的全国新闻网站创新研讨会在长沙召开，湖南、上海、广东等 17 个省、市、自治区的 37 家网站的负责人围绕新闻网站创新的有关问题进行了交流和研讨。本次研讨会的主要任务是组织各地重点新闻网站认真学习贯彻胡锦涛总书记在中央政治局第 38 次集体学习时关于加强网络文化建设和管理的重要讲话精神，以积极的态度、创新的精神，大力发展和传播健康向上的网络文化，切实把互联网建设好、利用好、管理好。

2 月 9 日

西藏自治区广播电影电视局首次与西藏人民广播电台、西藏电视台及七地（市）广电局签订《2007 年广播电视宣传目标管理责任书》。

2 月 13 日

北京市驻京部队“连连通”有线电视工程完成，全市地处偏远山区的 230 个连队官兵都看上了清晰的电视节目。该工程是北京市“文化拥军”工程，共铺设电缆 153 公里，建设有线电视终端 3464 个。

2006 年度“社会责任”中国博客评选揭晓，蔚然（和讯）、叶青（强国）、闾丘露薇（凤凰）、胡卫民（华声）、十年砍柴（天涯）、罗宗华（强国）、黄鸣（新浪）、翟峰（华声）、保护黄河源协会（新浪）、陈志武（搜狐）等十大博客当选。

2 月 26 日

全国“两会”新闻中心正式启动，以迎接十届全国人大五次会议和全国政协十届五次会议。工作人员开始接待和安排中外记者采访会议。“两会”新闻中心还制作了网页。

2 月 27 日

华西都市报、南方都市报、东方早报、法制晚报、东南快报等 17 家报纸媒体联合网易新闻推出 2007 年全国“两会”“民意直通车”大型网络调查活动，各地记者将把收集到的各方声音通过人大代表、政协委员带上“两会”。

2 月 28 日

《河南手机报》全面升级，资费不变，开始以 7000 号码接受全国用户订赠。

国新出版物发行数据调查中心和竞报正式签署协议，从 3 月 1 日起，《竞报》每天都会在头版的报眼位置刊登当日印刷量，一个月结束后再公布本月的发行量。这种“跟踪核查”在全国的平面媒体中属首次。

同月

中共中央政治局常委李长春，中共中央政治局委员、中央书记处书记、中宣部部长刘云山分别在新华社报送的关于召开新华社 2007 年工作会议的文件上做出批示，对新华社 2006 年在坚持正确导向、提高引导水平、拓展服务领域、加强对外通讯社管理、改善队伍建设等方面所取得的成绩给予充分肯定。同时希望在新的一年里，新华社进一步增强国际竞争力、影响力，争夺国际话语权，为我国现代化建设努力营造良好的国际舆论环境。

据权威调查机构赛迪顾问发布的报告显示，2006 年中国搜索引擎市场规模达到 16.6 亿元，较 2005 年增长 40.6%。

国内知名数字媒体发行平台 Xplus 宣布，将通过提供“一键式”智能电子报出版技术、多渠道辅助发行手段、灵活的商务服务方式，助力国内众多传统媒体实现向数字媒体的跨越，使传统媒体的数字化进程“零门槛”。

3月1日

上海文广传媒第一财经广播频率的名牌节目《中国财经60分》通过香港地区的专业财经广播——香港新城财经电台在香港落地播出，这是内地首个省级广播台向香港媒体常年提供财经新闻节目。

重庆电视台国际频道正式在澳洲和香港地区落地播出，这是西部地区第一个走向境外的电视频道。

深圳手机报正式实现全国发行，从区域性新媒体跨入全国性手机报行列。

河南省新闻出版局开始对中央新闻单位驻豫记者站进行2006年度的审核。各记者站必须在规定时间内办理年度审核手续，逾期不办理的，按自行注销记者站处理。审核有违规行为的，责令其在规定时间内整改；违规情节严重的，其年度核验不予通过，并注销登记，收回记者站登记证。

3月2日

安徽日报报业集团与南非米拉德（MIH）传媒集团在北京签署合作协议。双方投资逾6亿元人民币，组建新安文化有限公司。

安徽人民广播电台外宣专题节目《中国安徽之声》落地美国纽约。

3月3日

中国数字报业实验室第二次常务理事会在宁波召开。与会的常务理事就2007年数字报业创新方向进行了热烈讨论，确定报纸网站、手机报、多媒体数字报刊、数字化平台、手机二维码、电子商务、户外数字媒体、电子阅读器、移动采编系统等九大类数字报业项目为创新方向。

河南省纠风办与省工商局联合组成纠正医疗不正之风暗访检查组结束工作。检查组通过对省、市、县三级电台、电视台违法播放虚假和违法医疗广告的情况进行暗访和查证，对大肆播放非法和虚假医疗广告的郑州人民广播电台、郑州电视台文体频道、许昌电视台、鹤壁电视台新闻综合频道、滑县电视台、睢县电视台予以曝光，并立案调查，将根据问题性质进行经济处罚，并将追究相关责任人的责任。

3月5日

国家广电总局向重庆广播电视总台颁发手机电视运营许可证。

3月6日

中国图书对外推广网正式开通。该网是中国第一个以向国外推广中国图书为主要目的的中英文双语网站，设有新闻中心、作家档案、翻译名家、书目信息等15个栏目，具有信息发布、互动交流、检索查询、文件下载、内部交流、库存管理等7大功能。

3月6日

四川省工商局和成都市工商局广告处联合举行杜绝虚假广告责任书签订仪式，24家新闻媒体与工商部门签订责任书，责任书明确规定了媒体建立健全广告管理的各项制度。

3月7日

“全球视野下的媒体革新——解放日报报业集团专场”研讨会在上海举行。来自美国德州大学奥斯汀分校麦克康布斯（McCombs）商学院的40多位MBA研究生参加研讨，围绕他们对解放日报报业集团和中国媒体发展的专题调研报告与集团领导进行了交流。

3月10日

在中国产业报协会、中国发展战略研究会、中国电子学会以及广州市荔湾区人民政府联合主办的电子纸信息技术产业化研讨会上，iRex电子纸技术的原创者——荷籍华人科学家周国富向与会代表宣布，这种世界最先进的电子纸很快将在中国大陆进入产业化运作。

3月11日

广东电视台全新改版，在延续以影视剧为主打路线的同时，该台将全力打造以“缤纷公共，娱乐地带”为品牌的系列娱乐综艺节目。

3月12日

应韩国记协邀请，中国记协派代表出席3月12日至16日在韩国首尔和朝鲜金刚山召开的2007国际新闻工作者联合会特别大会。

3月18日

《新周刊》2006年中国电视节目榜在北京发布，13个主榜奖项和10个榜外榜奖项全部揭晓。东方卫视获年度电视剧频道大奖，年度电视节目大奖授予央视科教频道的《百家讲坛》。

陕西卫视上星10周年，陕西电视台举办以“寻找成长的感动——我们的十年”为主题的大型庆典活动。

3月19日

由中部六省党报、电台、电视台、重点新闻网站等主流媒体组成的“聚焦中部崛起”巡回采访团在河南郑州市踏上行程。

3月21日

以“创新、成长、交流”为主题的2007互联网创新领袖国际论坛在北京国际会议中心举行。此次论坛由中国信息产业部指导、中国互联网协会主办。出席此次论坛的有团中央、信息产业部和中国互联网协会的有关领导，以及美国、欧盟、韩国、日本等权威互联网机构的负责人，与会代表共同探讨5年内世界互联网产业面临的发展机遇与挑战。

山东省编辑协会在济南成立。全省各出版单位的130名社长、总编辑及编辑骨干参加了成立大会。山东省编辑协会由山东出版集团、山东人民出版社、济南出版社、青岛出版社、山东大学出版社、泰山出版社等17家出版单位共同发起成立。

由广西人民广播电台策划组织的“全国各省（区）市广播电台关注北部湾”大型新闻采访活动在南宁、北海、钦州等市展开。全国29家省（区）市广播电台对广西北部湾经济区的开放、开发、建设情况进行集中采访报道。

3月23日

中国记协以“共建共享，关注民生——新闻人眼中的‘两会’新闻”为主题，召开中央主要新闻单位和部分专业报刊“两会”新闻报道经验交流座谈会。

由中国广告杂志社、合肥晚报社联合主办的第四届中国广告与品牌大会在合肥、黄山两地举行。2006年度中国广告与品牌及广告媒体等各项评比结果在此次大会中揭晓。

中华全国法制新闻协会第四届理事大会在北京举行。司法部副部长张苏军当选为新一届理事会会长。大会通过了全国法制好新闻评选办法，设立了广播法制节目、法制报刊、电视法制节目3个业务交流专业委员会，并通过相关工作规则。

3月25日

第三届国际新闻摄影比赛在上海揭晓，中外摄影名家分获8类16个奖项的金、银、铜奖。本次大赛共收到70余个国家和地区的2400余位摄影师参选的2.8万余幅作品。

3月26日

以2008北京奥运会报道为目标的全国奥运媒体联盟在北京搜狐网络大厦举行签约仪式。华西都市报、潇湘晨报、青年报、半岛都市报、海峡都市报、武汉晨报、燕赵都市报、晶报、南京晨报、华商报、新文化报、今日早报、华商晨报、大河报、重庆时报等全国 15 家都市报媒体将联合搜狐网，发挥各自资源优势，组建记者团，共同策划报道活动。

佛山市新闻中心将正式投入使用。它是佛山城市新中心的标志性建筑群，也是全国首家真正意义上实现跨媒体的传媒集团的总部基地。

3 月 27 日

第 20 届全国产业报、专业报新闻摄影作品年赛在北京揭晓。本次年赛评出突发新闻类、经济类、体育类、科技类、法制军事类、文化教育类、自然环保类、日常生活类等 11 大类金、银、铜奖及总编辑慧眼奖。

由暨南大学与南方报业传媒集团共同打造的“暨大准记者南方训练营”正式开营。这种高校与传媒的深度合作在广东尚属首次。

河南出版集团以一场主题为“出版产业发展与文化强省建设”的研讨会庆祝集团成立 3 周年。

在第 2 届中国数字出版博览会新闻发布会上，中国出版科学研究所正式发布《2005—2006 中国数字出版产业年度报告》。该报告是我国第一本关于数字出版产业的年度报告，首次对我国数字出版产业进行了全方位的梳理与总结，内容涵盖了互联网、电子图书、网络游戏、手机出版等诸多方面，范围包括中国大陆、台湾和香港地区。

3 月 28 日

湖北省机构编制委员会正式批复湖北日报报业集团，准许其更名为湖北日报传媒集团。4 月 28 日起，集团旗下各媒体统一启用新主办单位名称。

3 月 29 日

新闻出版总署武汉大学高级出版人才培养基地揭牌仪式在武汉大学举行。

3 月 30 日

由清华大学新闻与传播学院和人民网共同主办的国内第一个综合性的媒介批评专业站点——媒介批评网正式开通，网站域名为 www.mediawatch.cn。该网站将密切关注当前的媒介生态环境，注重运用批判性思维观察、分析、批评当代的媒介行为、媒介现象和媒介产品，以促进中国大众传播媒介的良性发展，推动媒介道德规范和媒介法制的建设，同时倡导受众以文明、理性的方式接触和使用媒介。

第 15 届中国国际广播电视信息网络展览会在北京国际展览中心开幕。展览内容包括广播电视采、编、播、传、收、测各类设备与技术，编播网络与传输网络建设，媒体资产管理，高清节目制作，用户管理系统等。

在报社记者站管理工作视频会议上，新闻出版总署发出《关于进一步规范报社记者站管理的通知》。通知要求，报社记者站要依法从事与报社业务范围相一致的采访、组稿、通联等新闻业务活动，必须由持有《新闻记者证》的记者开展工作，《新闻记者证》应注明报社及记者站名称，未领取《新闻记者证》的人员不得在记者站从事新闻业务活动。

同月

人民日报、光明日报、经济日报、工人日报、新华每日电讯等 5 家大报在全国“两会”期间推出特别专刊，工人日报是 2 个版，每日电讯是 8 个版，其他 3 家是 4 个版。

中国国际广播电台与法国 BFM 商务电台联合制作的法国本土化节目《中国周刊》在巴黎举办首次听众见面会，中法政界、文化界、经济界等百余人出席。

竞报携手移动生活网 Mobi5，将《竞

报》的图片新闻和 Mobi5 的手机视讯发送功能相结合，启动手机新闻摄影网。读者可以用手机记录下身边生活的精彩瞬间，发给竞报。

在 2007 年全国“两会”召开之际，新华网“两会网报”正式开通。从 3 月 6 日到“两会”结束，该网每天推出早间版和下午版，全面展示新华社和新华网的“两会”报道情况。

《南开管理评论》期刊受到联合国关注。该刊发表的关于公司治理的理论文章受到了联合国贸易发展会议的关注，决定将该刊发展为合作伙伴，同时邀请该刊主编、我国著名的公司治理研究专家李维安教授在今年召开的日内瓦国际会议上作专题报告

全国“两会”期间，湖南、湖北、江西、安徽、河南、山西等中部六省的省级广播电台记者在北京以“崛起中部、携手发展”为主题，进行了为期 14 天的联合报道活动。

4 月 1 日

由广东南方国际传媒控股有限公司在香港开办的首个关注大珠江三角洲地区的粤语电视——点心卫视正式开播。节目通过亚太 6 号卫星覆盖，同时在香港 Now 宽带网播出。点心卫视是内地开办的第一家覆盖香港、澳门和广东的粤语电视台。

4 月 2 日

中国记协网召开全国联络员工作会议，来自全国各省（区、市）记协、各专业记协组织的近 50 余名代表参加了会议。

4 月 6 日

中国国际广播电台与中国联通签署协议，中国国际广播电台手机广播电视正式开播。此次推出的国际台手机广播电视业务集合了国际台的广播、电视、互联网以及多语种信息资源优势，通过中国联通 CDMAIX 无线数据网络，采用流媒体技术，为手机用户提供音视频节目的点播和下载服务。国内和境外的手机用户都可以通过这个平台随时随地了解新闻。

4 月 7 日

首届中国（北京）流通现代化论坛暨《中国流通经济》杂志创刊 20 周年纪念大会在北京物资学院举行。来自国内外经济界、学术界、高等院校以及部分新闻出版界的近 200 名代表到会探讨和交流。

4 月 8 日

齐鲁晚报、广州日报、钱江晚报、楚天都市报、重庆商报、大河报、北京青年报、成都商报、江南都市报、海峡都市报、春城晚报、扬子晚报、新安晚报、新闻晨报、辽沈晚报、每日新报、燕赵都市报等全国 17 家主流报纸的代表齐聚泰山，宣告成立中国城市第一媒体联盟。大会通过了联盟合作章程，联盟成员共同发布了《泰山宣言》。

由中部六省党报、电台、电视台、重点新闻网站等主流媒体组成的“聚焦中部崛起”巡回采访团结束了采访行程。巡回采访团历时 20 余天，行程 1 万多里，足迹遍及河南、山西、湖北、湖南、江西和安徽六省，集中记录、展示了中部六省在“中部崛起”战略中，在经济社会发展等各方面推出的重大举措、取得的新成就；同时，对各省在产业布局、资源开发、招商引资等方面存在的问题也进行了报道和探讨。

全国首份付费订阅的数字报纸——温州报业集团旗下《温州日报》《温州都市报》《温州晚报》《温州商报》的数字报在全国上线发行。这 4 张数字报的新特点在于：一是文图并茂，是原模原样的报纸，可作报纸翻，而非文本新闻；二是有朗读功能，可作电台听。

4 月 9 日

广电总局和财政部在安徽合肥市联合召

开全国农村中央广播电视节目无线覆盖工作会议。会议要求把加强和保障中央节目无线覆盖，进而推进全国农村广播电视无线覆盖作为当前的重要任务。

国家广电总局在南京召开2007年全国广播电视抵制低俗之风工作会议。中宣部副部长、广电总局局长王太华要求各级广播影视行政管理部门和播出机构要坚持抵制低俗之风，完善规章制度，形成抵制低俗之风的综合长效机制。

全国20余家知名网站负责人在上海出席“城市，让生活更美好——全国知名网站世博会宣传协作论坛”，并与上海世博事务协调局共同签署《中国2010年上海世博会互联网新闻宣传协作备忘录》。

4月10日

第一届中国（广东）国际印刷技术展览会在东莞市开幕。本次展览的展品涵盖了从印前到印后整个流程的各个环节。

4月12日

由中新社与上海世博局等联合主办，中新社上海分社承办的上海世博会海外华文媒体供稿中心正式成立。首批近30家来自欧、美、亚、非等各大洲的海外华文媒体与中心签约。供稿中心承担中国新闻网“上海世博会”专题报道的主要供稿任务。

新闻出版总署印发《期刊出版形式规范》，并从2007年7月起依照该规范对全国期刊出版形式进行全面检查。

4月13日

半岛都市报、南方都市报、京华时报等12家媒体在青岛成立中国城市主流媒体联盟（CMA）。会议经过协商通过联盟章程，12家主流媒体在结成联盟后，将促进成员媒体之间、成员媒体与其他媒体之间的跨地区合作；成员将共享媒体资源平台，进行广告资源互换。

4月14日

成都传媒集团临时党委书记、董事长、总编辑何冰出席在河北涿州举行的电影《赤壁》开机仪式，并担任该片出品人。这是该集团整合资源后，在影视方面参与的第一个全球项目。

中宣部新闻界“四个一批”人才考察团抵湘，以“弘扬新闻职业精神职业道德，不断改进创新新闻宣传工作”为主题，与湖南省新闻宣传系统的代表进行了座谈。

4月18日

中国记协、新闻战线“三项学习教育”活动领导小组办公室和中华新闻传媒网在中国记协举办第4期传媒沙龙活动，主题是“在报道中感受——首都主要媒体座谈方永刚系列报道体会”。沙龙以新闻工作者重大采访活动的鲜活实例，生动具体地在新闻媒体中进行“三项学习教育活动”。

据2007首届中国网络杂志出版业论坛的消息，新闻出版总署将对网络杂志管理实施前置审批，即在向通信主管部门申请互联网信息服务增值电信业务经营许可证前，要先经过新闻出版总署的审核同意，取得互联网出版许可证。论坛还发布了首部中国网络杂志白皮书——《中国网络杂志出版业调查报告》。

4月19日

中国记协网络中心成立暨中华新闻传媒网运行运营启动大会召开。

由国家版权局主办的“版权保护与创新型国家”全国巡回演讲活动在北京中国人民大学启动。在19日的首场演讲中，新闻出版总署副署长、国家版权局副局长阎晓宏和知名学者以及版权相关产业的代表同台演讲，拉开了今年“保护知识产权宣传周”活动的大幕。

4 月 20 日

由全国印刷标准化技术委员会与天津东洋油墨有限公司合作建立的全国油墨（胶印）印刷适性标准化试验基地在天津东洋油墨有限公司举行揭牌仪式。

4 月 21 日

中国广播电视协会媒介素养研究培训基地在首届西湖媒介素养高峰论坛期间宣布成立。

全国法制新闻研讨会在西南政法大学召开，会议的主题是“法制传媒·普法宣传·和谐社会”。

4 月 23 日

全国“保护知识产权宣传周”活动组委会和中央电视台经济频道联合主办的 2007 年中国保护知识产权高层论坛在人民大会堂举行。此次高层论坛以“保护知识产权与企业竞争力”为主题，深入探讨“保护知识产权，成就竞争优势，引领创新未来”的观点。

宁夏报业集团旗下网站——宁夏网新闻全面提速。集团所属“七报两刊”360 多名专业记者同时成为宁夏网、宁夏手机报记者，在第一时间为宁夏网提供包括文字、图片、多媒体音视频等各种体裁的宁夏本地新闻资讯。

4 月 24 日

我国颁布《中华人民共和国政府信息公开条例》，自 2008 年 5 月 1 日起施行。条例共 5 章 38 条，分总则、公开的范围、公开的方式和程序、监督和保障、附则。条例明确规定，制定这一条例旨在保障公民、法人和其他组织依法获取政府信息，提高政府工作的透明度，促进依法行政，充分发挥政府信息对人民群众生产、生活和经济社会活动的服务作用。

广州日报移动数字报开始试验通过无线微波传输发行，使《广州日报》成为全球第一份通过微波方式“发行”的报纸，是业界一个里程碑式的跨越。

4 月 25 日

东北首位数字偶像虚拟主持人“辽辽”在辽宁电视台卫视频道《家家都有戏》栏目正式上岗。“辽辽”是高科技数字技术合成的产物，以三维的虚拟角色为载体，赋予其真实人物的语音、动作、气质、性格，在网络、手机、电视等诸多媒介上与受众互动。

青年报迎来又一次全新改版。本次改版突破传统新闻纸的功能，转型为“新闻＋资讯＋整合营销平台”的新媒体，与广大读者和客户共享“有用的新闻、有价的资讯、有效的平台”。

4 月 26 日

2007 百度“中国都市传媒影响力状元媒”在北京正式揭晓，北京青年报等 40 余家报纸分别获得了财经类等 15 个类别的“状元媒”称号，成为拥有互联网影响力的传统媒体领军者。“状元媒”是百度根据自身庞大的中文网页库，统计传统媒体原创新闻在互联网上的转载率而形成的影响力榜单。

4 月 27 日

第三届中国媒体经营管理论坛在北京举行，来自全国各省新闻出版局报刊处、国内媒体、大中型广告公司的 300 位同仁就“媒企和谐”、“新技术引导的未来出版业”等议题进行讨论。

4 月 28 日

湖北日报报业集团更名为湖北日报传媒集团。集团拥有 6 报、7 刊、2 网站，其中包括《楚天都市报》《楚天金报》《特别关注》等知名文化品牌。

2006 年度陕西新闻奖评选揭晓，全省各级新闻单位（包括驻陕新闻单位）共计有

342件作品获奖。纳入新闻奖评选的省高校和省企业报的评选也同时揭晓。

同月

由《半岛都市报》主办的半岛网推出网友新闻发布平台——“人人都是记者”平台。普通网友可以在这个新闻平台上发布新闻，半岛网的编辑则负责对网友发布的新闻进行一一核实。

国家广播电影电视总局明确提出，要进一步推动抵制低俗之风专项行动，宣传社会主义核心价值观，建设和谐文化，为人民群众提供健康高雅、丰富多彩的广播影视节目。

山西农民报的10支新闻采访小组进行山西省新农村建设新闻人物采风活动。这次采风活动旨在集中展示山西省新农村建设成就，为新农村建设创造更加和谐的舆论环境。

193名网络从业人员及大学生获得上海市首批“互联网新闻与信息编辑”专业技术证书。上海自2006年2月开展“互联网新闻与信息编辑”专业技术水平认证工作以来，已有128家网站和单位的454名从业人员参加了这一项目的培训，193人通过了认证。此外，另有44人获得了“媒介传播”专业技术证书。

《石家庄日报》在头版刊登“我与石家庄日报”征文启事，向社会各界征集文章、图片等文物史料，以纪念关内第一张城市党报创刊60周年，拉开了石家庄日报社成立60周年庆祝活动的序幕。

第一部全面反映我国知识产权保护与产业现状的专业蓝皮书——《中国知识产权蓝皮书》，由北京大学出版社出版。该书由我国著名知识产权法学专家、中南财经政法大学校长吴汉东教授主编。《中国知识产权蓝皮书》的核心内容是《中国知识产权发展报告》，报告全面总结了2005年至2006年上半年我国知识产权基本情况，包括国内立法、执法、产业化情况、授权、学术活动、人才培养以及国际保护等。

经国家广播电影电视总局同意并报外交部批准，中国国际广播电台、广西壮族自治区广播电影电视局及所属广西人民广播电台、广西电视台和凤凰卫视共同举办“中国—东盟合作之旅”广播电视跨国采访活动。本次采访活动涉及文莱、菲律宾、泰国、马来西亚、印度尼西亚、新加坡、老挝、越南、缅甸、柬埔寨等10个国家，行程2万公里。

5月8日

宁夏网全面实施集团平面媒体广告的网上增值服务，将集团各报刊登的广告在网上发布。宁报集团各报广告客户的广告信息在纸介媒体发布的同时，通过电子版上网与报网互动，实现广告联动。

5月11日

深圳广电集团和香港电视广播有限公司（TVB）签订全面合作框架协议。根据协议，双方将在资源共享、经验分享、联合制作节目和技术交流等方面进一步拓宽合作领域，同时，深圳卫视将通过TVB的海外平台落地澳大利亚等地区。

5月12日

陕西省报业协会成立15周年庆祝大会在西安举行。会上表彰了15年来在陕西报业发展中作出贡献的报社和个人。

福建泉州电视台闽南语频道正式开播，这是经国家广电总局批准开办的大陆首个闽南语频道。频道覆盖范围除福建泉州及台湾金门外，还辐射厦门、漳州、莆田等地区。

5月14日

由新闻出版总署、北京市人民政府、国际期刊联盟主办的第36届世界期刊大会在北京开幕。来自全球45个国家和地区的

1000 多位期刊出版业代表参加，共同展望世界期刊业发展态势，探讨期刊界所面临的挑战和机遇。

5 月 15 日

中国互联网络信息中心在京发布了《2007 年中国 WAP 发展状况调查报告》，这也是中心首次发布我国无线互联网（WAP）领域的调查报告。报告显示：截至 2007 年 3 月底，我国 WAP 活跃用户数约为 3900 万人，具有独立域名的 WAP 站点数量约为 6.5 万个，WAP 网页数量约为 2.6 亿个，网页字节数约为 800GB。我国无线互联网产业已初具规模。

第四届全国城市报业发行网络联盟论坛在成都举行。来自全国 30 余家城市主流报纸及发行公司负责人齐聚一堂，共同探讨城市报业发行的合作模式。在本届论坛上，与会单位就“利用网络和客户资源进行业务拓展”、“报业发行公司的体制与管理创新”、“发行团队的职业化、专业化建设”等主题进行深入探讨。

5 月 16 日

央视网启动自己媒体的首届媒体资源推广会。这是全新的央视网首次全面、系统地向外界介绍自己的发展方向、战略规划、特色资源。经央视授权，央视网获得了以计算机为接收终端的网络电视业务，以电视机为接收终端的 IP 电视业务，以手机为接收终端的手机电视业务。

5 月 17 日

由浙江日报报业集团、浙江在线新闻网站、中国移动浙江分公司合作开办的《浙江手机报》创刊两周年。据中国移动提供的最新统计数据，《浙江手机报》正式收费用户突破 25 万，列全国彩信手机报首位。

为期 7 天的海峡两岸记者赴滇西采访活动——“彩云之南·大理临沧行”圆满结束，21 家台湾新闻媒体的 25 名记者离昆返台。这次活动由云南省台办组织，参加此次采访活动的台湾媒体包括东森电视台、原住民电视台、台湾新报、台湾时报、台湾新闻网、台湾“中国晚报”等，多家大陆媒体也参加此次采访活动。

深圳报业集团与广州报业集团正式签署战略合作框架协议。两家报业集团今后将在采编、经营、培训、新媒体拓展及举办社会活动等 5 个方面联手合作，在平等、互利、互惠的基础上取得共赢，实现产业优化升级和报业做大做强。

5 月 18 日

中国日报将自己创办的《中国专稿》调整和充实为《中国国家形象专刊》，随《华盛顿邮报》一同发行，发行量每期达 72 万份。

为保护文化遗产，构建中华文化，中央电视台社教中心联合文化部、国家文物局、故宫博物院等部门，与陕西、广州、沈阳、成都等省市密切合作，在科教频道推出“中国记忆——文化遗产博览月”大型电视媒体行动，活动将历时 1 个月。

中国记协、新闻战线“三项学习教育”活动领导小组办公室、中华新闻传媒网联合全国百余家新闻网站在北京召开全国新闻网站主要负责人研讨会，并一致通过了《全国新闻网站坚持文明办网，净化网络环境自律公约》。

陕西省传播学会在西安召开成立大会暨第一次会员代表大会。

5 月 22 日

为了适应媒体市场竞争的新形势，文新集团大力推进媒体经营体制改革，把新民晚报旗下的广告经营中心重组成立上海新民传媒广告有限公司，实行公司化运作。

5 月 23 日

由山东大众报业集团、山东新闻工作者

协会等主办的第7届记者论坛在山东济南召开。本次论坛围绕“传媒发展与社会转型”的主题，就新世纪的舆论监督、报业发展趋势等问题展开了深入探讨。

5月25日

中国出版集团召开第二届中国出版集团报纸、期刊奖颁奖大会。《当代》《英语世界》《文史知识》《小百科》《漫画大王》《钢琴艺术》《中国图书商报》《中华活页文选》等23种报刊分获荣誉奖、优秀栏目奖、优秀编辑奖、优秀设计奖、优秀校对奖、优秀印制奖、优秀经营奖等7个奖项。

由俄通社－塔斯社等12家俄罗斯主流媒体及中国中央媒体的40多名记者组成的联合报道车队从天安门广场出发，开始为期32天的“中俄友谊之旅·中国行”报道之旅。报道车队在天安门广场举行出征仪式。联合报道车队将沿途对北京、河北、河南、陕西、四川等15个省、市、自治区进行采访，总行程约8600公里。

湖北省期刊经营管理学术研讨会在武汉举行。

来自湖北省宜昌市各县市区和市直有关部门的27人被三峡日报社聘为社风监督员，以指导帮助报社抓好作风建设。

5月26日

《中国新闻周刊》的日文版正式进入日本25000余家书店销售，这也是中国媒体首次通过主流发行渠道进入日本社会。《中国新闻周刊》日文版现阶段名为《月刊中国新闻》，是全彩色印刷的精选集，目标受众为受过高等教育、关心国际事务并关注中国发展的日本知识型读者。目前每月出版一期。

5月27日

中国首届传媒业知识产权保护论坛在北京举行。来自中国法学会、最高人民法院、中央电视台及内地和香港的80多名传媒机构法规处或版权处负责人、媒体法律顾问、律师、知识产权代理机构负责人、科研院所专家学者、新闻记者等司法界、新闻界人士参加了会议。

5月28日

全球最大中文搜索引擎百度与湖南卫视正式对外宣布，双方将以百度搜索社区为依托，在跨媒体平台及内容、产品及品牌、公益及事件、互动电视制作等领域展开深层次的战略合作。百度搜索社区将成为湖南卫视电视节目及大型活动进行网络互动的首选平台。湖南卫视各档电视节目和活动，将与百度贴吧、知道、空间等产品进行深度融合，以加强电视节目和网络社区之间的互动。

5月30日

2007方正数字出版产业峰会在北京举行，国内新闻出版行业近千人参加，共同探讨中国数字出版的未来。我国数字出版物目前主要表现为数字报和电子书。

纪念《参考消息》改报50周年座谈会举行，新华社社长田聪明作了题为《继承传统　改革创新　继续办好这张“独一无二”的报纸》的讲话。

5月31日

纪念新华社驻外机构建立60周年座谈会在北京举行。中共中央政治局委员、中央书记处书记、中宣部部长刘云山出席并讲话。他强调，新华社要以邓小平理论和“三个代表”重要思想为指导，全面贯彻落实科学发展观，继承和发扬优良传统，立足于服务党和国家工作大局，进一步加强驻外工作和对外宣传，建立健全遍布全球的信息采编和服务网络，努力把新华社建设成为一流的世界性通讯社。

数字报业新技术现状与应用前景研讨会在北京开幕。此次会议由新闻出版总署信息中心传媒发展研究所和中国数字报业实验室联合主办，围绕“发展动力——传媒新技术在报业的应用现状与前景”、“先锋经验——数字时代报业创新者”、“创新实践——中国数字报业创新项目发布仪式”等议题展开。6 月 2 日，研讨会闭幕。在大会闭幕式上，第一批中国数字报业创新项目名单揭晓，浙江日报报业集团的“数字报刊广告与发行管理系统”等 45 个项目榜上有名。

同月

由半岛都市报主办的全国奥运媒体联盟新闻研讨会和媒体招商会在青岛召开。在研讨会上，来自全国 16 个中心城市的主流媒体和搜狐网站的代表就如何打造更权威、更强大的北京奥运会报道平台，进行了深入的探讨交流，并达成了多项旨在进一步加强合作的协议。

由山东侨办主办的《山东侨报》和印尼华文报纸《国际日报》共同举行海外四国同步发行首发式暨新闻发布会。《山东侨报》和《国际日报》将在美国、印度尼西亚、泰国、马来西亚四国同步发行。

北京东进信达科技有限公司诉英特尔公司技术合同纠纷案经北京市第一中级人民法院调解，双方当事人达成庭外和解，IT 界知识产权第一案尘埃落定。

第九届“科博会”好新闻评比揭晓，《创意产业之父霍金斯：北京有发展文化创意产业的空间和实力》等新闻获奖。“科博会”好新闻奖由中国记协、北京市委宣传部、科博会组委会、北京市记协组织相关专家评选产生。

上海文广互动电视有限公司正式开播国内第一个专业性立体电视频道“立体娱乐频道”。该节目采用全真立体电视技术，通过二维电视显像屏表现三维空间层次。

由北京市广电局与市广电学会联合举办的专项评奖活动——2006 北京广播电视奖评奖揭晓，171 个节目获奖，18 个栏目被评为优秀栏目。

6 月 1 日

科学与发展网络和科学时报共同组织举办“科学记者同行交流”座谈会。与会者就如何加强科学记者之间的联系、如何实现科学新闻资源的最大化及提高科学新闻报道水平进行了讨论。

6 月 2 日

中国数字报业实验室向 10 家单位颁发加盟证书。截至目前，中国数字报业实验室成员单位已达到 31 家。新加盟的 10 家成员单位分别是河北日报报业集团、新华日报报业集团、新疆日报社、中国石化报社、宁夏日报报业集团、重庆电脑报经营有限公司、爱瑞斯科技有限公司、深圳点通有限公司、北京紫光新华科技发展有限公司和天津津科电子有限公司。

由中华全国新闻工作者协会、中国报纸副刊研究会联合主办的第 17 届中国新闻奖报纸副刊作品复评会在长沙落下帷幕。会议评选出特别奖 1 篇、金奖 15 篇，在金奖作品中确定 10 篇优秀作品参加第 17 届中国新闻奖定评。

6 月 3 日

全国网络文化建设和管理工作会议在北京举行，中共中央政治局委员、中央书记处书记、中宣部部长刘云山出席会议并讲话。他强调，加强网络文化建设和管理，要坚持以邓小平理论和“三个代表”重要思想为指导，深入贯彻落实科学发展观，按照积极利用、大力发展、科学管理的要求，在建设中加强管理，以管理促进健康发展，努力把互联网建设成为传播社会主义先进文化的新途径、公共文化服务的新平台、人们健康精神文化生活的新空间、对外宣传的新渠道，走出一条中国特色网络文化发展之路。

6月5日

全国宣传部长座谈会在北京召开，中共中央政治局委员、中央书记处书记、中宣部部长刘云山出席会议并讲话。他强调，要坚持以邓小平理论和“三个代表”重要思想为指导，深入贯彻落实科学发展观，自觉同以胡锦涛同志为总书记的党中央保持一致，牢牢把握正确方向，坚持“三贴近”原则，唱响主旋律，用中央的方针政策和工作部署统一人们的思想和行动，把干部群众的力量凝聚到推动科学发展、促进社会和谐、全面建设小康社会上来，为党的十七大胜利召开营造良好的理论氛围、舆论氛围、文化氛围和社会思想氛围。

中国互联网大会2007年度特别主题活动——Discovery 100启动，该主题活动将通过系列征集、提名、研讨、交流、访谈的方式，在2007中国互联网大会召开时揭晓其中的答案。活动旨在集合国内各地及海外互联网观察力量，共同寻找发现一批在理念、技术、模式等方面具有创新度、独特性、与众不同的互联网新生力量，并通过2007中国互联网大会这一国内规模较大、规格较高的互联网舞台，将这些新生力量呈现给中国乃至亚太业界。

6月6日

深圳报业集团报捷呼叫服务中心暨深圳外语呼叫服务中心正式宣告成立。该服务中心可提供新闻导读、广告延伸查询服务、民生和社会公共服务、商业合作服务等。

为落实中央关于修建范长江纪念馆的批示，纪念中国新闻事业的先驱范长江，中国记协举行范长江纪念馆筹建座谈会。

商务印书馆创立110年纪念会在北京人民大会堂举行。中共中央政治局常委李长春，中共中央政治局委员、中央书记处书记、中宣部部长刘云山致信祝贺。

6月7日

“奥运背景下中国市场的品牌机遇——中央电视台黄金资源及2008年北京奥运会项目日本沟通会”在东京举行。会上，央视以“世界的奥运，世界的CCTV”为题介绍了中央电视台的媒体资源，并就“充分利用奥运品牌资源和东道主优势，全方位、多频道实现传播效益最大化”的报道理念进行了重点阐述。

6月8日

江西日报社在南昌市举行江西日报传媒大厦开工暨江西日报传媒集团公司成立揭牌仪式。

受中国记协国际部与美国驻华使馆新闻文化处之邀，美国著名战地记者、普利策奖获得者彼德·阿奈特和哥伦比亚广播公司前总裁彼得·赫福德在中国新闻大厦与来自人民日报、新华社、中国国际广播电台、中国日报等20多家中央和北京媒体的记者进行座谈。座谈会上，两位美国记者就如何进行战地新闻报道，以及如何做一名优秀的新闻记者等问题与中国记者展开交流。

6月9日

“影响中国：财经媒体的力量”两岸三地财经新闻高层论坛在北京举行。本次论坛首次汇聚两岸三地财经媒体高层人士，深入探讨学界与传媒的良性互动以及如何促进财经新闻人才的培养。

6月11日

第九届亚洲印刷技术论坛在北京召开。来自中国、日本、韩国、马来西亚、澳大利亚、斯里兰卡、菲律宾、泰国等8个论坛成员国代表以及国际印刷界知名学者、高层管理者160余人聚首论坛，围绕“亚洲印刷之崛起”这一主题展开探讨。

6月12日

第四届中国国际印刷新技术专题展览会

在北京中国国际展览中心开幕。本届展会以市场为导向，重点展示目前中国印刷市场中新颖、热门的印刷技术和产品。除中国内地展商外，还有来自美国、英国、意大利、日本、法国、泰国、澳大利亚、新加坡、马来西亚以及中国台湾、香港、澳门地区的500余家参展商参展。

6 月 13 日

为迎接党的十七大胜利召开、纪念中国人民解放军建军80周年，由解放军总政治部宣传部发起，军队新闻单位统一组织开展的“八一风采”采访报道活动启动。这次活动以邓小平理论和“三个代表”重要思想为指导，深入贯彻落实科学发展观，通过多种报道方式，大力宣传我军在党的领导下走过的光辉历程和创建的丰功伟绩。

6 月 15 日

中国互联网络信息中心举行成立十周年庆典。在庆典上，中心公布了最新CN域名注册量：截至2007年5月底，中国国家顶级域名CN注册量突破530万，达到5303115个，首次大幅超越COM域名国内注册量，在世界各国国家顶级域名排名中跃升至第三位。

6 月 18 日

宁夏日报报业集团与新数通兴业科技有限公司合作开发的多媒体数字报正式亮相。读者登录到宁夏网，即可阅读数字报。多媒体数字报除文字外，还集合声音、图片、动画、视频等多媒体元素，融合了互联网方便检索、阅读的特色。读者可以离线、在线阅读或下载收藏，进行在线评论、在线订阅、网上投稿以及各种网上调查。

按照国家广电总局对宁夏电视台综合频道和甘肃电视台综合频道给予暂停播放广告的处罚决定，两频道自6月18日零时起暂停播放所有商业广告，并对存在的问题作出深刻检查，提出切实整改措施。

6 月 19 日

国家广电总局发展研究中心在北京举行《2007年中国广播电影电视发展报告》（广电蓝皮书）发布会，向国内新闻媒体全面发布了2006年中国广播电影电视发展状况。

6 月 21 日

新闻出版总署发出《关于做好“农家书屋”工程规划编制工作的通知》，总署将在充分考虑各省（区、市）意见的基础上，制定全国“十一五”时期“农家书屋”工程总体规划。

由人民日报发起的“重走中国西北角”采访行动在范长江故乡内江市东兴区田家镇启动。该采访活动以记者自驾车方式为主，路线分11个路段，涉及7个省区的120多个县，覆盖范长江当年西北行主要路线。采访为期5个月，内容将涉及西部基层的经济、社会、文化、环保等领域的变化和现状。

6 月 24 日

全国人大常委会审议修改《突发事件应对法（草案）》，删除先前有关新闻媒体不得“违规擅自发布”突发性事件信息的规定。

6 月 25 日

由北京市委宣传部、北京奥组委新闻宣传部、北京市新闻工作者协会联合举办的国内记者奥运报道培训班开班。

6 月 26 日

由北京电台和香港电台联合举办的庆祝香港回归10周年大型系列活动“北京·香港，牵手十年”讲述会在中国紫檀博物馆举行。

6 月 28 日

中国行业报协会在北京首次召开中国行

业报新媒体发展研讨会。

同月

新闻出版总署授牌石家庄为国家动漫产业发展基地。

第四届泛珠三角媒体合作论坛“2007新媒体暨首届中国博客发展峰会”在长沙闭幕。论坛以“新媒体发展与和谐网络环境建设”为主题，与会者在新媒体发展与和谐网络环境建设、中国博客行业现状与未来发展等方面展开探讨。

由中国社科院信息化研究中心、互联网实验室、博客中国主办的“中国IT25年（1982－2007）”大型系列活动将在北京隆重展开。活动期间将评选出中国最具影响力的25位IT人物，中国最受人尊敬的25家IT企业，以及中国最具创新精神的25家IT企业等。

国内各大媒体聚焦香港回归十周年这一重要事件。6月30日到7月1日，中央电视台持续50小时直播，把香港回归祖国10周年的重大庆典场面第一时间展现给电视观众。

由江西出版集团体育期刊中心主办的两本新锐体育类杂志——《网球俱乐部》和《第一健身俱乐部》面向市场发行，这两本新杂志以独特的视角展现各自读者群体健康、时尚的生活理念。

由辽沈晚报主办的辽沈北国网改版。辽沈北国网以24小时滚动方式播发新闻，同时结合声、光、电多种新型传播手段推出电子报，与报纸同步出版、原版重现，可在线阅读或者免费下载。此外，读者可以通过及时报料平台把自己看到的新鲜事、突发事等报给辽沈晚报。

我国新闻出版行业第一次大规模遴选高层次人才的“领军人才工程”启动。中央各部门、各省（区、市）新闻出版局已经基本确定本部门（地区）领军人才人选，并向新闻出版总署报送材料。总署将据此组织有关专家进行评审遴选，报总署党组批准后确定最终人选。

由成都传媒集团旗下子公司成都先锋文化传媒有限公司为社会中高端主流读者量身打造的《青年作家评论》《调查》《榜样》《慈善》《历史》《高尔夫时尚》《超级粉丝》《成都客》等8本期刊统一采用“先锋”这一品牌，从6月中旬开始到9月陆续与全国读者见面。

河南郑州市广播电视局与美国尼尔森公司签署战略合作备忘录，双方将通过合作探索我国新媒体的形式、媒体设备和媒体消费模式，也为新媒体发展提供科学咨询和有益支持。

由中央民族大学教授白润生主编的《中国少数民族新闻工作者生平检索》一书由贵州民族出版社出版。书中搜集、整理、编写了26个少数民族的525名新闻工作者的生平。他们大都是在近代和现当代新闻史上做出贡献的新闻工作者，其中包括我国历史上第一位少数民族女报人，以及各民族历史上第一名高级编辑、第一名高级记者、第一位获国家级大奖的著名新闻工作者。

为了进一步加强广播电视队伍职业道德建设，规范约束从业行为，中国广播电视协会在广泛调研的基础上制定《中国广播电视从业人员自律公约》，经由中国广播电视协会四届五次理事会通过，并公布实施。

广州日报滚动新闻部成立，并即时对广东九江塌桥事故进行滚动报道。广州日报是中国第一家成立滚动新闻部的媒体。

由陕西省委宣传部和省新闻工作者协会组织开展的2005—2006年度陕西省优秀新闻工作者评选活动揭晓，共有20位同志荣获陕西省优秀新闻工作者称号。

国家新闻出版总署近期建立互联网出版监测的技术平台，集中力量对互联网传播行为进行实时监控，共查处封堵网上淫秽色情信息4000多起，禁止网上传播淫秽色情的站点1万多次。

新华社启动设置金融信息平台“新华08”的全球金融中心金融信息采集工作。新华社组成的首批3支金融信息采集小分队分赴英国、美国和印度，在纽约、芝加哥、伦敦、孟买等10个城市开展信息采集和调研工作。

7月1日

彩色印刷的《人民日报》第一次出现在拉萨、长沙、贵阳、西宁、怀化等城市的街头，这标志着《人民日报》已实现在全国范围彩色印刷。本日起，《人民日报海外版》实行扩版。

北京奥运会及其筹备期间媒体“一站式”服务工作在北京奥运新闻中心正式启动。

西藏日报社实现报纸编采网络化，编辑、记者写稿、编稿、版面制作全部实现计算机采编平台工作。《西藏日报》实现彩色印刷，结束了全国唯一一家省级报纸不是彩报的历史。

中国国际广播电台台长王庚年率团赴香港进行采访报道，国际台现场直播了庆祝香港回归祖国十周年大会暨香港特别行政区第3届政府就职典礼。

本日至8月1日，由贵州人民广播电台与省党史办共同创作策划的30集大型广播剧《热血英魂》播出。

陕西省影视制作信息网正式开通。

7月2日

《深港关系四百年》大型章回体报道正式结集出版，该书填补了1573至2007年深港关系的研究空白。

本日至9月30日，文化部以“构建和谐文化市场”为主题在全国集中开展为期三个月的文化市场执法检查工作。检查工作主要以解决当前市场存在的突出问题，保护知识产权为主要目的。

7月3日

中国教育新媒体产业协作体在北京成立。27家国内外知名企业机构作为该产业协作体成员，共同签署了合作谅解备忘录。

7月4日

中共中央政治局委员、中央书记处书记、中宣部部长刘云山本日至7日在吉林调研时强调，学习贯彻胡锦涛总书记在中央党校的重要讲话，宣传思想战线肩负着双重任务，一方面要在深入学习、吃透精神的基础上，全面准确地做好宣传工作；另一方面要结合实际认真抓好贯彻落实，推动宣传思想工作和文化建设开创新局面，为党的十七大召开营造良好思想舆论氛围。

北京奥组委召开北京奥运会媒体运行工作情况新闻发布会，公布了一系列关于2008年奥运会媒体采访、转播的重要信息。

上海文广传媒携手中国移动、中国联通宣布，上海将开播全球首个专为手机电视打造的专业频道。

7月5日

由中央电视台新闻中心制作的365集大型纪录片《传奇奥运》将在央视新闻频道播出。

7月6日

由中央人民广播电台都市之声与北京首都机场股份有限公司联合打造的“机场直播间”正式开播。

7月7日

广电总局无线电台管理局572台举行建台50周年庆典活动。国家广电总局有关司局、无线电台管理局等相关单位约500人参加庆典活动。

湖南广播影视集团旗下的《金鹰报》创刊。

南方传媒宣布完成掌上移动电视的组网建设，这标志着广东成为继北京之后全国第二个可以收看掌上电视的地区。广东省的广州、佛山、东莞、中山、珠海5个城市的市民7月10日起可通过掌上电视终端收看到自己喜好的电视节目。

山东卫视播出以“企业回报”为主题的公益宣传片，这是国内首部亮相的农家书屋公益片。

7月8日

本日至15日，作为第五届“北京2008”奥林匹克文化节的重要组成部分之一，2007北京国际体育电影周在北京隆重举行。电影周期间，来自近20个国家约40余部优秀体育影片在北京市7家影院集中放映。

北京电视台生活频道《透明度》栏目播出《纸做的包子》的虚假新闻报道，在社会上造成极其恶劣的影响。

7月9日

环球资源、清华大学教育基金会及新闻与传播学院签署合约，资助清华大学新闻与传播学院的多功能厅“环球资源厅”的建设。此外，环球资源还将为国内外学生提供奖学金，并资助一名访问教授来院授课。

供北京奥运会期间非注册记者使用的2008北京国际新闻中心召开投入使用后的第一次新闻发布会。

北京奥运官方电影网站正式上线。

杭州网“杭网电视”开播仪式暨“杭网会客厅”首次视频直播在杭州举行。

中央电视台科教频道推出“科技之星”计划，首期活动主题为“钱学森的求学之路”。

7月10日

本日至21日，以印度《国民先驱报》副总编辑迪帕克·阿罗拉为团长的印度新闻代表团一行6人对北京、上海、杭州和西安等地进行为期12天的友好访问。

7月11日

青岛、日照、潍坊、威海、烟台、淄博6市报社代表正式签署协议，成立山东半岛报业联盟，创办《今日胶东》专刊。

中国新闻出版网更换使用新一代电子报系统——北大方正飞阅电子报系统，该系统增加了更多人性化的阅览服务功能。

由共青团湖北省委、湖北日报组织的“调研湖北大学生社会调查”启动仪式，在湖北日报传媒集团大楼举行。

2007中国城市报业发行网络联盟直投业务研讨会在郑州举行。来自北京、上海、天津、广州、武汉等全国15个重点城市的发行单位签署了《直投业务战略合作框架协议》。

7月12日

国家广播电影电视总局批准陕西电视台开办“农林科技”频道，这是国内第一家专业从事农林科技推广的卫星电视频道，是陕西电视台承办的第2套卫星电视节目。

宁波日报报业集团在国内首次成规模启用报刊跨媒体平台，建立“宁报动码”WAP网站。

陕西省委宣传部组织9家省级主要新闻媒体，在全省开展“贯彻省党代会精神，建设西部强省，迎接党的十七大”大型新闻采访活动。

四川新华文轩连锁股份有限公司在香港联合交易所主板正式挂牌成立。

《中国新闻出版报》公布新闻出版总署《2007年百种“三农”优秀音像制品和电子出版物目录暨“农家书屋”音像制品和电子出版物推荐目录》。

7月13日

2007年全国新闻出版局长座谈会在江西

井冈山召开。新闻出版总署署长柳斌杰在会上强调要加强行业管理，尽快完善制度，构建以“四大准入”制度为基础的行业管理体系。“四大准入”分别是企业（法人）准入、市场准入、职业准入、岗位准入。

新华社批准法国颐德雅图片集团旗下的伽玛中国公司在中国发布伽玛图片新闻。

分时传媒与华语传媒联姻，在北京举行签字互换仪式，携手打造户外媒体市场。分时传媒将注资华语传媒 1000 万美元，并成为华语传媒楼宇电梯平面媒体销售唯一代理商。

山西广电总台音乐广播与中国互动媒体网合作，推出山西省首家可视电台——山西可视音乐广播网。

7 月 15 日

由人民日报、光明日报、经济日报、农民日报、新华社、中央电视台、中央人民广播电台等 13 家主流媒体记者组成的“老区新路”采访团共 30 余人深入山西平顺县采访。本次活动从 6 月 19 日起，在全国选择沂蒙山、大别山、百色地区和太行山 4 个革命老区作为采访点。

河北唯一的上星频道河北卫视举行改版新闻发布会。

7 月 16 日

《华西都市报》开通数字版，网址为 www.wccdaily.com.cn。

7 月 17 日

新浪网推出新的品牌——电子杂志频道，新浪杂志频道不仅发行自己的原创内容，还提供和发行第三方的电子杂志。

本日起，《深圳特区报》将不定期推出一个全新的新闻品种——“明日新闻”，尝试向读者描绘深圳的“明日图景”，展示经济特区建设发展的“将来时态”。

7 月 18 日

北京广播网在线点播频道正式上线，网友可收听到 8 路开路、8 路有线共 16 路广播频道 1 个月内的节目内容回放。

中国互联网信息中心发布《第 20 次中国互联网发展状况统计报告》。报告显示，截至 2007 年 6 月底，我国互联网达 131 万个网站、1.62 亿网民的庞大规模，网民总数居世界第二，7700 万宽带用户数居于世界首位，手机上网用户也高达 4430 万人。

在本日《北京新闻》中，北京电视台承认生活频道对《纸做的包子》的报道“审核把关不严，管理制度执行不力”，播出后造成了恶劣的社会影响。

7 月 19 日

新浪、腾讯、网易成立奥运报道联盟，目标直指奥运会独家互联网赞助商搜狐。

中央电视台编委会召开紧急会议，深刻总结中央电视台转发北京电视台“纸做的包子”假新闻事件的教训。同日，中华全国新闻工作者协会发出通报：中华全国新闻工作者协会代表全国广大新闻工作者对制造虚假新闻的行为表示谴责，要求新闻界采取切实可行的有力措施杜绝虚假新闻。

7 月 20 日

国内电视业界“TV 地标（2007）”调研成果发布会在北京举行。

安徽电视台公共频道第一个无线发射点在合肥大蜀山电视调频发射台正式启用。

7 月 21 日

《江苏新时空》五周年庆典暨“大型新闻行动与重大主题报道创新”高峰论坛在南京举行。来自北京、上海以及南京的业界知名专家齐聚江苏议事园，探讨了在新形势下主流媒体如何加强和改进主旋律报道。

7 月 23 日

中宣部等部门联合召开新闻界坚决杜绝

虚假新闻电视会议。

新闻出版总署在北京召开中央报刊主管单位工作会议，推动中央报刊主管单位认真履行职责，全面加强对所属报刊的管理。

南方报业传媒集团旗下“21世纪报系”之一的《理财周报》全面登陆北京、上海、广州和深圳各大城市。

浙报集团有限公司成功转让持有的一个福建房地产项目75%的股权，这是迄今为止浙江省新闻文化单位通过产权交易所进行的最大的一宗国有资产交易。

全国网络媒体首届“完美中国·魅力四川”网上行大型采访活动在成都启动。国内颇具影响力的40家网络媒体的记者在四川进行为期8天的采访。

山西省广播电视局举行广播电视收听收看中心挂牌仪式。

灵通网宣布，该公司将同山东电视台旗下子公司上海众邦文化传媒联合制作电视节目《China Vision Ⅱ》。

由中央电视台经济频道和中国青少年发展基金会共同发起的“春暖：向人民教师致敬——希望工程园丁奖”活动在北京正式启动。这是中央电视台经济频道《春暖》特别节目的又一阶段性大型公益活动。

中共中央宣传部、国家广电总局、新闻出版总署就北京电视台播发虚假新闻向各省、自治区、直辖市和新疆生产建设兵团党委宣传部、广电厅（局）、新闻出版局，中央各主要新闻单位发出通报，要求新闻报道要准确真实，建立重大失误责任追究制度和稿件审签制度。同日，中央电视台台长赵化勇主持召开台长办公会议，针对“纸做的包子”假新闻事件，要求全台宣传部门要进一步统一思想，切实加强新闻队伍建设，整顿清理不规范用工，深入开展“三项学习教育”活动。

7月24日

本日至8月1日，由中央电视台与解放军总政治部宣传部联合制作的“军旅文化周——纪念建军80周年特别节目”在央视综艺频道播出。这是中央电视台首次推出大型军旅文化系列节目。

华娱卫视联手瑞典电视制作公司Bringiton在北京推出娱乐性电视节目《超级购物王》。

“直通达沃斯”大连新闻采访团启程赴瑞士日内瓦。采访团此行的主要目的是通过采访世界经济论坛，探寻和解读世界经济论坛、达沃斯、大连三者之间的精神内涵。

7月25日

国家工商行政管理总局、中国银行业监督管理委员会、国家广播电影电视总局、新闻出版总署联合发出《关于处置非法集资活动中加强广告审查和监管工作有关问题的通知》。

俄罗斯新闻社副社长伊利亚申科在俄罗斯“中国年”中国新闻中心举办的记者见面会上指出，中俄互办“国家年”活动为两国媒体交流积累了宝贵经验，俄新社愿在此基础上与中方伙伴拓展合作领域。

由今晚传媒广告有限公司控股、今晚报社21家代理公司共同参股的股份制广告公司——今晚金众传媒广告有限公司成立。

7月26日

全国奥运媒体联盟驻京记者陈宏、王伟宏、崔恒亮受邀采访中国女排开放日活动，这标志着全国奥运媒体联盟全面启动北京奥运会报道。

由重庆日报报业集团和腾讯公司共同出资组建的重庆腾汇科技有限公司成立，新公司将全面负责“腾讯·大渝网”的运营。

为纪念中国人民解放军建军80周年，中央一套从本日开始播出6集电视文献片

《脚踏着祖国大地》。

7 月 27 日

本日至 28 日，全国报刊出版管理和审读工作会议在厦门召开。新闻出版总署副署长李东东在会议上强调，要积极探索建立和完善以法人、产品、职业、岗位准入为基础的报刊行业管理体系。

本日至 28 日，北京奥运会宣传工作会议在北京召开。中共中央政治局委员、北京市委书记、北京奥组委主席刘淇强调，要以迎接十七大、宣传十七大、贯彻十七大为主线，按照中央关于奥运会筹办工作的指示精神，全面加强奥运宣传工作，唱响主旋律，打好主动仗，为举办一届“有特色、高水平”的奥运会营造良好氛围。

本日至 30 日，2007 中美新主流传媒领袖高级研修班在北京举行。

中央电视台顺利完成规范用工工作，清退未签约人员 1850 人。

中国记协国内部和中华新闻传媒网联合举办第 9 期在线传媒沙龙，主题为“从《纸做的包子》看新闻采编权的规范与保障”，新闻出版总署报刊管理司报纸处副处长农涛在直播中表示两年内有望推出新闻执业资格准入制度。

7 月 28 日

全国首届普法栏目剧创作筹备会在北京召开。本次会议由全国普法办倡议召开，由中华全国法制新闻协会、中国广播电视协会电视法制节目委员会和北京盛世嘉景影视文化传播有限公司联合主办。

本日至 29 日，中共中央政治局委员、中央书记处书记、中宣部部长刘云山在贵州先后到新闻单位、社区和学校，就宣传思想工作、基层文化建设和精神文明创建等进行考察。

7 月 30 日

广电总局向各省、自治区、直辖市广播影视局发出《关于进一步加强广播电视广告播放管理工作的通知》。通知下发后，总局和全国各级管理部门对全国 1200 余套电视频道逐一进行监看。

山东半岛报业联盟创办的《今日胶东》专刊正式改名为《今日半岛》。

广东九州阳光传媒（简称“粤传媒”）的 IPO 申请获中国证监会审核通过。

央视电影频道推出百集纪录片《世界历史》，这是一部跨越国度、跨越时空、跨越民族，以人类社会发展史为题材的大型纪录片。

为纪念建军 80 周年，央视电影频道推出特别策划节目“军旗飘飘——纪念建军 80 周年影片晨播”。

同月

全国新闻战线“三项学习教育”活动办公室就《纸做的包子》新闻事件开展在线直播访谈，并发出通报。通报指出，要将“三项学习教育”活动具体量化为 6 项指标；国家有关部门和各新闻单位要着手建立健全监督机制；对新闻从业人员开展职业道德教育；通过新闻评奖和表彰先进弘扬正气，促进“三项学习教育”活动多出精品、多出人才。

国家广电总局联合国家工商总局向各省、自治区、直辖市广播影视局、工商行政管理局，以及中央人民广播电台、中国国际广播电台、中央电视台、中国教育电视台发出《关于整顿广播电视医疗资讯服务和电视购物节目内容的通知》。

由新闻出版总署信息中心传媒发展研究所编撰的报业蓝皮书《中国报业发展报告 2007：创新成就未来》近日出版。报告指出，2006 年中国共出版各类报纸 1935 种，其中广东的报纸数量达到 101 种，继续位居全国首位。

中国自主研发的一项可用裸眼观看的立

体电视技术率先进入中国广告市场，基于这项技术开发的“裸眼”立体电视屏在本月投放于广告行业。

《华夏时报》退出北京综合报市场，转型为全国发行的财经类周报。

陕西日报、华商报、三秦都市报、汉中日报、宝鸡日报、渭南日报、陕西工人报、西北信息报等报的数字版先后上线开通，它标志着陕西报业数字化发展迈入快车道。

长沙电视台女性频道节目进入美国华人电视网播出，成为全国第一个跨出国门走向世界的地方频道。

8月1日

北京邮政对网运组织、作业模式进行改革，包括《新华每日电讯》在内的京城报刊投递全面提速。

《甘肃省广播电视管理条例》公布施行，填补了甘肃省广播电视地方立法的空白。

广州日报报业集团第二代数字报纸上线。

中国互联网协会互联网新闻信息服务工作委员会在北京召开网络媒体座谈会。人民网、新华网、中国网、中新网、新浪网、搜狐网、百度网等20多家知名网络媒体的代表，围绕“杜绝虚假新闻，增强社会责任”的主题进行座谈。

8月2日

新华社与不丹主流媒体《不丹时报》签署供稿协议，实现向不丹王国媒体提供新闻信息服务，填补了亚太地区最后一个供稿空白点。

8月3日

人民网、新华网等全国188家具有新闻登载资质的网站首次联合主办“科学发展 共建和谐”网络作品大赛。这是近年来我国参与网站最多、规模最大的一次网络文化活动。

《新民晚报》在上海浦东新区向订户附送一份全彩色的《新民晚报社区版·浦东资讯》（试刊），并首次在浦东主要商务街定点派送。

8月5日

本日至7日，中宣部、广电总局、中国记协、新闻战线“三项学习教育”活动领导小组办公室在北京举办全国新闻媒体采编骨干“三项学习教育”活动培训班，共300余人参加了培训。

北京2008年奥运会官方电影《北京2008奥运会》举行开机仪式。这是奥运史上第一次由中国人拍摄的奥运官方电影，也是中国电影史上的第一部奥运官方电影。

东方卫视推出“世博倒计时1000天”直播特别报道，新浪网就特别报道进行网络同步直播。文广新闻传媒集团广播新闻中心与8家广播电台联合推出特别节目《世博进行时》。

8月6日

中国地市报研究会新媒体发展与运用研讨会在甘肃酒泉召开。来自全国20多个省、市、自治区的60多名社长、总编辑及新闻工作者，联合全国地州市报，发布《打击虚假新闻，维护新闻真实——中国地市报打击虚假新闻酒泉宣言》。

重庆广电集团调整原有公共频道的定位，正式推出“公共·农村频道”，填补了重庆乃至西部媒体无专业农村频道的空白。

筹备近8个月的吉林电视台“法制频道”正式开播。

成都商报社创立中国首个报网互动的社区传媒平台——“社区金版”网站。

由广东省档案局（馆）、广东电视台新闻频道合作推出的全新电视节目《解密档案》开播。

由中央电视台经济频道主办的大型主题

活动《冲刺 2008》奥运经济（北京）论坛正式启动，论坛以“分享奥运经济下的品牌奇迹，创造奥运财富”为主题。

8 月 7 日

TOM 在线与国内 28 家主流平面媒体、14 个省市的 16 家主流交通电台联合发起成立 28＋1 奥运报道联盟。这是电波媒体首次与互联网企业成立奥运采访联盟。

8 月 8 日

国家广播电影电视总局向全国发出通报，批评江苏人民广播电台、南京市人民广播电台、合肥市人民广播电台、淮安市电视台 4 家播出机构擅自增设频率（道）和更改频率（道）名称、呼号及节目设置的行为，并下发《违规播出机构处罚通知书》。

央视奥运网正式启动，与央视开路电视的 7 个频道一起 24 小时不间断地宣传报道奥运内容。

《中国日报》推出“北京奥运会倒计时一周年特别报道”。

由北京商报社和九仓有线传媒咨询（北京）有限公司共同打造的大型全彩奥运特刊《全奥运》正式创刊。

由新疆天山网和中国移动通信集团新疆有限公司共同打造的《新疆手机报》创刊。《新疆手机报》开设栏目 20 个，日更新新闻信息 80 余条。

河北电台自筹资金建成的该台历史上首座独立的多功能技术楼正式启用。

8 月 9 日

由新浪、腾讯和网易发起，40 家网站加盟的奥运报道联盟在北京召开了第一届座谈会。会议决定，联合奥运采访报道团队自 2007 年 8 月启动。

百度世界大会在北京召开，百度公司宣布正式成为“全国文化信息资源共享工程”独家互联网搜索引擎合作伙伴。这是国家文化建设工程首次与互联网搜索引擎公司进行合作。

8 月 10 日

中国记协与中宣部新闻局联合召开《百姓纪事》专栏报道研讨会。与会的专家学者、记者编辑对《百姓纪事》专栏报道进行了热烈的研讨，并就加强和改进专栏报道工作提出了意见和建议。

南方都市报数字报上线。

8 月 12 日

全国党报摄影记者“走进帆船之都”采访活动在 2008 奥帆赛训练基地举行开机仪式。

8 月 13 日

2007 年全国电视新闻年会在郑州召开。中央电视台和各省、市、自治区电视台共 38 家单位的 100 多位电视新闻从业人员参加了年会。

8 月 14 日

在全国印刷复制管理工作会议上，新闻出版总署印刷复制管理司对 2007 年全国复制单位审核登记工作进行了全面部署。

深圳报业集团与广州日报报业集团签署广告经营合作协议。双方将共同搭建全面覆盖珠三角、覆盖人群超过 800 万人的广告传播平台。

8 月 15 日

美国《华尔街日报》发表题为《中国网络群雄逐鹿奥运》的文章，在提及互联网报道权益的问题时，该文指出：国际奥委会否认搜狐拥有北京奥运会报道的独家或特别编辑的权益。

8 月 18 日

本日至 20 日，2007 年中国传播学高端学术研讨会在江西南昌召开。会议主题为“传播学研究在中国：反思与前瞻”。

8 月 20 日

辽沈晚报新闻视屏首屏揭幕开播，这是东北地区第一个具有即时新闻播报功能的都市公众新闻视屏。

8 月 21 日

本日至 24 日，人民日报社在天津主办首届 10+3 媒体合作研讨会。这次研讨会围绕“加强媒体合作，传递亚洲声音”“如何在国际舞台增强‘亚洲的声音’”“2008 年北京奥运会——亚洲盛世”这 3 个议题展开深入研讨。

中国互联网协会在北京正式发布《博客服务自律公约》。人民网、新浪、搜狐、网易、腾讯、MSN 中国、千龙网、和讯网、博客天下、天极网、中国雅虎、华声在线、博联社等 10 多家知名博客服务提供商在发布会现场共同签署了公约。

本日至 23 日，全国新闻出版信息标准化技术委员会成立大会暨第一次工作会议在北京召开。新闻出版总署副署长孙寿山任委员会主任委员，他在会上指出要加快推进新闻出版行业信息标准化工作，全面提高行业信息化技术、管理和应用水平。孙寿山在会上开通了全国新闻出版信息标准化技术委员会的网站——中国新闻出版信息网。

新闻出版总署署长、国家版权局局长柳斌杰会见香港商务及经济发展局局长马时亨时指出，香港与内地合作范围很广，双方可以在版权保护、产业发展、市场拓展等多方面合作。

由中国互联网协会主办的绿色网络文化产品征集和推介活动在北京启动。

8 月 22 日

深圳卫视情感交友类综艺节目《超级情感对对碰》被国家广电总局批评并叫停，停播的导火线在于邀请极具争议的网络红人芙蓉姐姐担任嘉宾进行低俗表演。

河北省委宣传部正式批准《河北京东文化产业园建设方案》，该产业园由河北电台投资建设。

8 月 24 日

北京市属媒体总编辑培训班在北京结束，全市媒体 50 余名总编辑、副总编辑参加了为期两天的“三项学习教育”活动集中培训。这是北京市近年来第一次举办如此高规格的总编辑培训班。

以“与奥运共赢”为主题的第 3 届体育电视国际论坛在北京举行，央视 2008 电视转播计划首次披露。

8 月 26 日

首都高校学生媒体联盟成立大会在中国人民大学举行。

宁夏电视台少儿频道正式开播。

8 月 27 日

本日至 9 月 1 日，由中央电台主办的全球华语广播协作网会议在北京、青岛召开，15 家全球华语广播机构负责人及节目制作人与会。

8 月 30 日

《中华人民共和国突发事件应对法》由中华人民共和国第 10 届全国人民代表大会常务委员会第 29 次会议通过，自 2007 年 11 月 1 日起施行。

中国国际广播电台与中国移动通信合作签约仪式在北京举行，国际台手机广播电视业务在中国移动平台上启动。

新闻出版总署署长柳斌杰在德国文化国务部部长诺伊曼的陪同下，参加第 14 届北京国际图书博览会主宾国德国在展区举办的活动。

2007 中国传媒投资年会从本日至 31 日在北京举行。传媒政策产业研究界、投资界和媒体运营总监就当前煤介投融资、产业发展等相关问题进行了分析和探讨。

8 月 31 日

新闻出版总署署长柳斌杰在北京会见乌兹别克斯坦新闻出版署署长阿里莫夫，欢迎阿里莫夫参加第 14 届北京国际图书博览会。

沈阳日报报业集团与方正集团正式签署媒体开发运营战略合作协议书，双方将共同致力于新媒体的开发运营。

同月

在全国“扫黄打非”办公室、新闻出版总署联合部署下，全国范围内展开了打击非法出版活动专项行动和整治假报刊、假记者站、假记者、假新闻专项行动。

为配合新闻出版总署提出的“出版物质量管理年”的要求，中国期刊协会发出《关于开展期刊编校无差错承诺活动的倡议》。

云南省制定下发《关于加强新闻宣传报道管理的实施办法》。省委宣传部、省工商局、省广电局、省新闻出版局等 11 个单位联合开展对违法低俗广告的整治工作，联合下发《关于新闻媒体刊登虚假违法广告责任追究实施办法》。

9 月 1 日

北京电视台启动“爱上电视”未来电视创意征选活动，活动设立了 180 万元的奖励和研发基金，还邀请观众为电视台出谋划策。

甘肃广播电视宣传周本日至 7 日在西藏拉萨举行。

9 月 2 日

第四届世界华文传媒论坛在成都举行。本届论坛规模创下历届之最，来自世界五大洲 47 个国家和地区的 300 家华文媒体的约 400 名代表，围绕“华文传媒与和谐世界”主题展开讨论。本次论坛首次开辟网络视频直播，通过了《成都宣言》，表达了全球华文传媒同业的心声与追求。论坛期间，中新社编辑出版了 100 余万字的《世界华文传媒年鉴》（2007 年卷）及大会论文集《华文传媒与和谐世界》。

中国新闻社正式开通侨报电子报（网站）。海外中心为该电子报及其网站每天上传的数据量庞大，整个网站已聚纳各类信息 10 余万条，网站每天流量超过 1 万人次。

9 月 3 日

TOM 在线正式从美国纳斯达克及香港联合交易所退市，成为首只退市的中国互联网概念股票。

“延伸的航线，无水的港口——天津港内陆无水港建设巡礼”大型采访报道活动在天津国际贸易与航运服务中心正式启动。由天津人民广播电台和滨海新区相关媒体派出的记者组成的采访团启程，奔赴石家庄、郑州、太原、包头等建有无水港的城市进行采访。

9 月 4 日

香港《英文虎报》宣布，该报于 9 月 10 日正式转为免费报纸，成为继《头条日报》《快线周报》后，星岛新闻集团旗下的第 3 份免费报纸。这也是香港第一份免费英文报纸。

9 月 5 日

“和谐长三角，喜迎十七大”大型新闻行动“穿越长三角”在嘉兴南湖启动。这次行动为期 16 天，目标聚焦在长三角城市群的 16 个城市，以“和谐长三角，迎接十七大”为主题，探讨长三角城市差异化定位和竞争。

精品购物指南报社与数字商业时代杂志社合作推出全新改版的《数字商业时代》。

中韩新闻界座谈会在北京举行，两国 30 多名新闻界代表与会。

国家广电总局通报批评四川人民广播电台和成都市人民广播电台严重违规，制作播出渲染涉性节目。9月6日，四川省广播电影电视局党组召开会议，决定对四川人民广播电台和成都市广播电台以及两台主要负责人给予全省通报批评，并责成两台对具体责任者追究责任。

9月6日

南方报业传媒集团旗下的21世纪报系与中央人民广播电台经济之声频道签署合作协议，双方在新闻资源共享、市场开发、广告经营等方面展开合作。

今晚传媒集团旗下《今晚报》的28块新闻版面全部实现彩色印刷，标志着《今晚报》的出版印刷步入全国报业印刷先进水平。

《长江商报》推出创刊一周年特刊。

贵州电视台与甘肃广播电影电视总台举行合作发展签字仪式。

四川人民广播电台和四川高速公路建设开发总公司正式签订共建四川高速公路广播信息网合作协议。该广播信息网建成之后，四川省及时高速路况信息将覆盖全省每条高速公路。

本日至8日，大连电视台全力报道在大连举办的“从达沃斯到大连——首届新领军者年会”。该年会是大连举办的大规模、高规格的国际会议，来自世界90个国家和地区的政界、商界、学术界和新闻界的代表约2000人与会。

9月7日

经国家广电总局批准，由央视电影频道开办的跨平台电影门户网站——电影网近日改版上线，改版后的电影网将打造全国首个一站式服务电影平台。

新闻出版总署对《文摘报》等7种严重违反广告刊载规定的报纸给予全国通报批评。

9月8日

中国文明网及央视国际网、光明网等14家网络媒体及中国移动、中国联通联合向社会发出《文明短信倡议书》，倡议手机用户发送短信要“知荣辱、讲文明、树新风、促和谐”。

2006年度中国纳税百强系列排行榜在北京公布，广州日报社位列2006年度报业纳税排行首位。

9月9日

常州市召开广播电视台组建工作动员会议，启动广电新闻资源整合工作，统一组建常州广播电视台。

9月10日

作为奥运史上第一个互联网内容服务赞助商，搜狐首次向网民公布详细的奥运报道计划。

北京卡酷动画卫星频道在开播3周年之际正式上星播出。这是我国首个正式开播的专业动画频道，也是经广电总局批准的3个全国动画卫星频道之一。

淮海经济区城市报业联盟在徐州成立，包括江苏、山东、河南和安徽四省的20个城市报业参加了该联盟。联盟成员一致通过了《淮海经济区城市报业联盟合作协定》，共同签署了《淮海经济区城市报业联盟徐州共同宣言》。

江苏广电总台金陵之声采用调频FM99.7顺利开播，短波5860同步播出。在保持向海外广播的同时，金陵之声增加了对境内台商台胞和外籍人士广播的平台。

9月11日

由国务院新闻办公室主办的中非媒体研讨会在成都举行，来自39个非洲国家的44名新闻官员及媒体负责人与中方代表参加会议。

9月12日

新华社正式开通2008年北京奥运会东道主通讯社官方网站，海内外网民点击

beijing2008.news.cn 即可浏览新华社关于北京奥运会的新闻。

本日至 13 日，应河北记协邀请，韩国仁川京畿道记协代表团一行 15 人到河北省考察采访。

9 月 13 日

新闻出版总署署长、国家版权局局长柳斌杰在《人民日报》发表题为《中国新闻出版业的六大转变》的重要文章，回顾了党的十六大以来的新闻出版工作。

继四川电台和成都电台之后，湖北、湖南、广东、贵州、海南 5 家电台播出的低俗节目被广电总局责令停播。

本日至 27 日，由中国国际广播电台副台长王冬梅率领的“中西文化之旅”采访团对西班牙进行为期两周采访报道。

9 月 14 日

中国国际广播电台环球网电台启动仪式在北京举行。

中国国际广播电台“境外网络电台”正式开播。

北京 2008 残奥会的媒体注册工作正式启动。

9 月 15 日

本日至 16 日，“借奥运契机，发展数字报业”专题研讨会在北京召开。在研讨会上，中国数字报业实验室全面启动“多媒体数字报刊”、“移动新媒体技术”和“电子阅读器”三个方向的专题实验。

中央人民广播电台都市之声与 RF166 无线信息通讯网合作，免费为都市之声城市观察员安装车载无线电台，使他们在车辆行进中可以直接与都市之声的编辑交流。

本日至 22 日，河南日报报业集团和中央电视台新影制作中心联合出品的 8 集文献纪录片《皇粮国税》在中央电视台七套播出，这是河南日报报业集团多元经营发展、成功进军影视的一项成果。

9 月 17 日

国家广电总局正式批准贵州人民广播电台创办今日传播网。

羊城晚报报业集团推出旗下《羊城晚报》《新快报》《可乐生活》《羊城体育》等报刊的多媒体数字阅读平台。

湖北广电手机电视公司揭牌成立，该公司由湖北广电总台和武汉华韵置业有限公司共同出资组建。

扬州晚报就该报记者违规参评中国新闻奖事件刊登消息，通报处理情况并对读者致歉。

9 月 18 日

新闻出版总署党组书记、署长柳斌杰在本日召开的总署加强作风建设活动经验交流总结大会上强调指出，要以求真务实的良好作风迎接党的十七大胜利召开。

2007 年全国城市电视新闻交换工作会议在桂林召开。来自全国 40 多个城市的 80 余位电视新闻工作者会聚一堂，就城市电视新闻交换工作进行了广泛深入的探讨。

9 月 19 日

中国主流媒体理财联盟在三亚成立，该联盟的宗旨是“繁荣中国资本市场，分享经济发展成果，打造理财资讯平台，拓展伙伴共赢空间”。

新闻出版总署、国家工商总局、中国银监会、国家广电总局四部门联合对非法集资活动发出广告审查监管通知，8 类含有或涉及非法集资活动内容的广告被禁止发布，房地产销售、造林等招商广告不得提及投资回报与收益内容。

广电总局叫停宁夏、江西、山西三省省级电台四套涉性节目。

成都传媒集团与成都地铁有限责任公司签订战略合作协议，双方将共同致力于拓展成都传媒文化产业和服务产业。

9月20日

国家广电总局发出《进一步规范群众参与的选拔类广播电视活动和节目的管理通知》。

由传媒杂志社、北京大学新闻与传播学院联合主办，中国出版科学研究所传媒研究中心、人民日报社网络中心等协办的2007首届中国传媒领军人物年会暨第3届中国传媒创新年会正式启动。

南方报业传媒集团与云南出版集团公司联合主办《云南信息报》，云南信息报成功改版。

经过3个多月的试运行，新华社金融信息平台“新华08”正式运行。

《羊城晚报》创刊50周年庆祝晚会在广州中山纪念堂举行。

9月21日

由深圳特区报业集团主办的“党报集团的今天和明天”研讨会在深圳举行，来自中央、广东省、深圳市宣传新闻出版部门的领导和全国30多家党报集团的社长、总编辑共同研讨新时期党报集团的现状和未来，就“党报集团的又好又快发展”交流经验，共商对策。

青岛市广播电视局、青岛日报报业集团签订战略合作协议书，实现青岛报业与广播电视、网络的跨媒体联盟。

本日至23日，2007北京理财博览会暨首届北青投资理财文化节在北京举行。

本日至23日，首届中国传媒论坛在青岛国际会展中心召开。

延安解放日报社旧址揭牌暨恢复陈列签约仪式在陕西延安清凉山举行。

成都博瑞传播股份公司增发股份的申请获得批准，计划实现融资2亿7千万元。

9月24日

本日至26日，2007年中国互联网大会在北京国际会议中心举行。本次大会以“和谐网络，品质服务”为主题，参会人数达3000人次，40余家互联网企业参加了大会的展览和展示。

9月25日

北京奥组委、北京奥林匹克转播有限公司与北京电视台正式签署北京残奥会电视转播服务协议和转播权协议。

9月26日

国家广电总局向各省、自治区、直辖市广播影视局，中央三台，电影频道节目制作中心，中国教育电视台发出《广电总局关于进一步加强广播影视节目版权保护工作的通知》。

惠州报业传媒集团正式挂牌成立。

9月27日

人民日报海外版《菲律宾版》创刊。该版是菲律宾历史上首次使用简体汉字横排版面的华文媒体，由人民日报海外版与菲律宾华报联合主办。

机电商报社整体转制为文化企业，成立北京卓众出版有限公司，公司揭牌仪式在北京举行。

在全国广播电视节目监管标准试行座谈会上，陕西省广电局正式确定为《广播电视节目监管细则》的试点单位，同时作为试点的还有辽宁、山东、江苏、广西的广电局。

中国教育电视台与山西广电网络集团公司关于“山西数字电视教育信息网”项目战略合作签约仪式在山西广播电视总台举行。

9月28日

来自中国和东盟10国（文莱、柬埔寨、印度尼西亚、老挝、马来西亚、缅甸、菲律宾、新加坡、泰国、越南）的政府新闻官员和主流新闻媒体代表在中国南宁举办第3届中国—东盟媒体合作高层研讨会。

文汇新民联合报业集团持有的94.8566

万股申银万国证券股权在上海东方国际商品拍卖有限公司以 9.3 元/股的价格转让成功，实现国有资产的保值增值。

河南日报报业集团半截楼希望小学揭牌仪式在河南省西华县艾岗乡半截楼村举行。

湖北广电城市电视在武汉洪山礼堂举行试播仪式。

9 月 29 日

国家版权局反盗版举报中心在北京举行成立仪式，公布反盗版举报电话为 12390。

江西省九江市新闻出版（版权）局为 14 个市、区、县新闻出版（版权）局举行授牌仪式。

同月

新闻出版总署报刊司会同总署纪检组、全国记协派出调查组前往上海、山东、河南、山西等地检查规范记者站工作。调查组重点检查规范中央报社在地方设立的记者站，督促有关报社按规定为符合资格条件的人员及时申领《新闻记者证》，责成有关报社清退不符合条件的记者站人员，采取必要措施规范报社记者站的各项工作。

新闻出版总署根据国家工商总局第二季度违法广告公告和通报材料，对刊载严重违法广告的《文摘报》《特区文摘报》《南国都市报》《书刊报》《老年文摘报》《兰州晨报》《贵州都市报》等七种报纸给予全国通报批评，责成报社主管主办单位监督整改。

中国互联网络信息中心发布了《2007 年中国农村互联网调查报告（上）》，这是我国首次发布关于农村互联网宏观发展状况的全面调查报告。

新华社对外部中国特稿社用中、英、法、俄、西、阿、葡七种文字，向驻外分社和中国 100 多个驻外使馆发送“2007 国庆特稿暨迎接十七大特稿”。

传播学本科教育研讨会在华中科技大学召开，来自国内 25 所开设传播学专业的高校院系 50 多位专家、学者就传播学这一新兴专业的教育现状和发展方向进行研讨。

农民日报在四川成都召开 2007 年全国农村新闻宣传工作座谈会。会议提出，农民日报要肩负起重要的使命和责任，为发展现代农业和建设新农村营造良好氛围。

《中国新闻年鉴 2007》于本月出版。

10 月 1 日

中央电视台法语国际频道和西班牙语国际频道正式开播。

江苏体育休闲频道协同山东、辽宁、湖北、新疆 5 家省级电视台体育频道及北京神州公司，联合创办并启动全国最大的省级体育节目联播平台——中国电视体育联播平台（CSPN）。联播平台 2008 年 1 月 1 日正式播出。

本日零时，黑龙江广播电视节目成功实现由亚洲 3S 卫星转至鑫诺 3 号卫星传输。

西藏电视台藏语卫视频道实现 24 小时播出，成为全国第一个实现 24 小时播出的少数民族电视频道。

10 月 5 日

中国移动多媒体广播（手机电视）在青岛试验成功，青岛市成为全国八个试点城市（北京、上海、天津、青岛、秦皇岛、大连、广州、深圳）中第一个试验成功的城市。

10 月 7 日

新疆生产建设兵团电视台的卫星频道上星试播，成为最年轻的省级卫视。

10 月 8 日

央视国际时事论坛“复兴论坛”正式上线发布，这是央视国际借十七大召开之际和纪录片《复兴之路》热播之时，为网民开辟的一个互动交流平台。

从本日起，《经济日报》连续在头版重要位置推出总题为《沿着有中国特色社会主义道路阔步前进》的长篇系列特稿。

江西文明网、江西手机台开通。江西手机台是迄今我国唯一的以独立品牌运作的移动新闻媒体。

10 月 10 日

宁夏首家市级数字报——固原日报数字报正式开通。

新闻出版总署副署长、国家版权局副局长阎晓宏，国务院新闻办三局副局长吴伟和中国出版集团党组书记、副总裁李朋义，作为首场嘉宾出席法兰克福书展国际对话论坛。

首届中国出版政府奖子项奖先进出版单位奖在北京开评，另外一项子项奖优秀出版人物奖评审会于 13 日召开。

10 月 11 日

北京 2008 年奥运会第 2 届世界新闻媒体大会在北京开幕。这是 2008 年奥运会前北京奥组委举办的最后一次世界新闻媒体大会。

10 月 15 日

中国共产党第十七次全国代表大会在北京开幕，胡锦涛代表第十六届中央委员向大会作了《高举中国特色社会主义伟大旗帜，为夺取全面建设小康社会新胜利而奋斗》的报告。胡锦涛在报告中提出“推动社会主义文化大发展大繁荣”。报告指出：“要积极发展新闻出版、广播影视、文学艺术事业，坚持正确导向，弘扬社会正气”；“在时代的高起点上推动文化内容形式、体制机制、传播手段创新，解放和发展文化生产力，是繁荣文化的必由之路”；“深化文化体制改革，完善扶持公益性文化事业、发展文化产业、鼓励文化创新的政策，营造有利于出精品、出人才、出效益的环境”；“人们思想活动的独立性、选择性、多变性、差异性明显增强，对发展社会主义先进文化提出了更高要求”；“提高国家文化软实力，使人民基本文化权益得到更好保障”；“依法实行民主选举、民主决策、民主管理、民主监督，保障人民的知情权、参与权、表达权、监督权”。

10 月 17 日

新闻出版总署署长柳斌杰接受英国金融时报以及光明日报、中国新闻出版报、中华读书报、人民网等国内媒体集体采访，对新闻出版改革发展的一系列问题作了回答。

10 月 18 日

由人民日报、中央人民广播电台、中国青年报、农民日报、中国教育电视台、中国体育报、中国教育报等 10 余家中央媒体组成的浙江省全民健身新闻采访团抵达宁波北仑，开展实地考察，重点采访了北仑在向社会开放体育资源上的做法和亮点。

由羊城地铁报社和广东九州阳光传媒联合出品的都市生活类杂志《名利场》创刊，成为广州地铁内唯一自行取阅的 DM（直邮广告）杂志。

10 月 19 日

中国教育电视台三频道（CETV-3）宣布正式改版。改版后的 CETV-3 将调整节目方向，主推纪录片，成为北京地区首家教育人文纪录频道。

吉林省首个数字付费电视频道“东北戏曲频道”举行开播仪式。该频道覆盖东北三省及内蒙古自治区，是吉林省第一个有线数字电视付费专业频道，全天 24 小时滚动播出。

10 月 22 日

新闻出版总署党组下发《关于深入学习贯彻党的十七大精神的通知》，号召各级党组织学习贯彻党的十七大精神。通知具体要求包括：充分认识学习宣传贯彻落实党的十七大精神的重大意义；深刻领会、全面准确地把握党的十七大基本精神；认真贯彻落实党的十七大提出的目标任务；积极推进署直系统党建工作的加强改进创新；切实加强对学习贯彻党的十七大精神的组织领导。

10 月 23 日

四川党建期刊集团旗下的生活之友杂志社打造的高端婚庆杂志《生活之友·婚秀Show》在成都面世，这是成都本土首本公开发行的婚庆专题杂志。

10 月 24 日

国家广电总局正式颁布了移动多媒体广播（CMMB）行业标准。

湖北日报传媒集团召开期刊工作会议，提出以特别关注杂志社成立为契机，大力推进以报纸为主、以期刊和网站建设为两翼的“一主两翼”战略，促进期刊版块健康、持续发展。

10 月 25 日

本日至 26 日，由中央电视台主办、湖北省广播电视总台承办的 2007 年全国电视文艺发展与合作年会在武汉召开。

10 月 26 日

南方日报改版，采用国际流行的 680 报型。

国家广电总局无线局援藏技术中心揭牌暨向西藏自治区广播电影电视局赠送中波技术维护专家辅助系统仪式在拉萨举行。

10 月 28 日

第九届四川电视节于本日至 30 日在成都国际会展中心举行。本届四川电视节在国内同类型活动中首次推出“国际影视节（协会）著名品牌媒体发布会”。

10 月 29 日

中共中央政治局常委李长春在学习党的十七大精神中央宣讲团动员会上强调，学习宣传和全面贯彻落实党的十七大精神，是当前和今后一个时期全党的首要政治任务，组织好党的十七大精神宣讲活动是落实这一首要政治任务的重大举措。

经北京奥组委授权，竞报本日推出的《竞报奥运快报》成为唯一一家被获准在报头中使用第 29 届奥林匹克运动会会徽的市属媒体。

10 月 30 日

陕西人民广播电台少儿广播正式开播。该频率全天 24 小时播出，其中 14 档为自办节目。

10 月 31 日

新闻出版总署发出《关于保障新闻采编人员合法采访权利的通知》，要求各新闻单位对用工情况进行自查，并按照《新闻记者证管理办法》等有关规定规范用工制度和记者证管理制度。通知明确指出，“新闻采编人员合法的新闻采访活动受法律保护，任何组织和个人不得干扰、阻碍新闻采编人员合法的新闻采访活动”。

由江西省委宣传部主办的“江西手机台”在南昌正式开通，“手机台”这一概念正式被提出。

郑州 5 家都市类报纸《大河报》《河南商报》《今日安报》《东方今报》《郑州晚报》的负责人就规范发行秩序、反对和抵制不正当竞争达成一致意见，在河南省新闻出版局共同签订自律公约。

同月

随着十七大的召开，各家报纸都用多个版面、多个栏目聚焦十七大。《人民日报》《广民日报》《重庆日报》《广州日报》等全国及地方性报纸都推出十七大特刊，台港澳各大报纸也均以重要版面和大篇幅报道中共十七大的召开。此外，美国的《华尔街日报》《纽约时报》，巴西全国性报纸《圣保罗州报》，瑞士法语媒体《日内瓦论坛报》，匈牙利最大的日报《人民自由报》，日本的

《读卖新闻》《朝日新闻》，英国的《泰晤士报》《卫报》《金融时报》等主流媒体均报道了中共十七大开幕的消息，并重点报道了十七大报告内容。

十七大召开期间，中央电视台、中央人民广播电台、中国国际广播电台等运用新手段、新技术、新平台，采取全新编排，向全世界报道了十七大盛况。10 月 15 日，中央电视台第一套、第四套、第九套、西班牙语频道、法语频道、新闻频道，中央人民广播电台中国之声、中华之声和华夏之声，中国国际广播电台汉语普通话、英语、法语、西班牙语、俄语、德语、阿拉伯语、日语、朝鲜语、蒙古语等频道现场直播大会开幕盛况。全国各省级电视台、广播电台同时转播了中央电视台、中央人民广播电台现场直播的节目。中央电视台同时向全球电视、广播及网络媒体提供了高质量的公用信号。

国内各大网站纷纷大规模报道十七大盛况，网络报道成为十七大报道亮点。10 月 15 日上午，人民网、新华网等中央重点新闻网站和主要商业网站在 4 小时内点击量即超过 2.5 亿次，是平时日访问量的 3 至 4 倍，其中海外浏览量 5000 万次。10 月 15 日至 20 日，北京市主要商业网站十七大报道点击量已经突破 3 亿人次。从各网站的综合数据看，党的十七大报道的浏览量高居各主题首位。

网络媒体报道党的十七大开创了“四个第一”：人民网、新华网、中国网、央视国际网等 4 家中央重点新闻网站对十七大开幕式进行现场直播，这是党代会第一次进行现场直播，也是网络媒体第一次现场直播党代会；人民网、新华网、央视国际网等第一次以手机报、手机杂志、手机电视等形式报道党代会新闻；各网站十七大报道浏览量位居所有主题的第一位；网站与网民互动空前活跃，网上发帖量创下历次重大宣传活动最高纪录。

国庆期间，深圳广电集团 DV 生活频道正式开播。该频道是我国第一个以播放 DV（数字视频）作品为主的数字付费频道。

重庆市政府建立健全自主新闻发布会制度，如遇重大突发事件真相等相关情况，将及时通过新闻发布会向公众公布。重庆是中西部地区第一个实施自主新闻发布会制度的省级行政区，也是继上海之后的第二个省级行政区。

人民日报从本月开始试点向部分西部省份农村党支部赠阅人民日报。

中国新闻社与新浪网签署为期两年的战略合作协议。

湖北记协与国家统计局湖北省调查总队联合在武汉组织“传媒形象和宣传效果”抽样调查。

经国家广电总局批复同意，河南省大河网获准开办网络视听节目，节目内容包括时政类新闻节目及文娱、专业类视听节目等。

11 月 1 日

中央主要新闻单位抽调 300 多名记者组成学习贯彻十七大精神主题采访团，本日起分赴 31 个省区市，深入采访报道各地各部门学习贯彻落实十七大精神的情况。

北京人民广播电台城市管理广播正式更改呼号为“北京人民广播电台城市服务管理广播”，在更改呼号后，电台将对现有节目逐步调整，完善广播节目的沟通、服务功能。

中国国际广播电台网络音乐台正式上线试播，这是由国家级媒体打造，国内首家最权威、最全面的音乐类型化网络电台。

巨人网络成功在美国纽约证券交易所挂牌上市，融资额达 8.87 亿美元，初始市值达 42 亿美元，成为在美国发行规模最大的中国民营企业。

《南方都市报》在深圳地区的零售价调

整为每份2元，成为全国最贵的都市类日报。

由珠三角地区九大城市主流媒体发起的珠三角报业汽车联盟在佛山成立。

11月5日

由广州日报报业集团控股的广东九州阳光传媒股份有限公司在深圳证券交易所首次挂牌网上发行。这是首家正式拿到国家新闻出版总署批文，并在境内主板上市的报业类公司，也是首家从三板成功转到主板上市的公司。

本日至7日，首届中国国产电影交易会在青岛市人民大会堂举行，共有73家制片厂商参会。

11月6日

阿里巴巴网络有限公司在香港联交所挂牌上市，融资15亿港元，创下中国互联网公司融资规模之最。

11月7日

由新闻出版总署办公厅和北京市新闻出版局联合主办的全国报纸出版单位驻京记者联谊会在北京举行。

电影《记者甘远志》在北京举行公映式，这是新中国成立以来第一部以中国新闻记者真人真事为素材创作的影片。

全国“扫黄打非”办和新闻出版总署发出紧急通知，要求各地充分利用新闻媒体，开展对打击非法出版活动专项行动和整治假报刊、假记者站、假记者、假新闻专项行动重要意义的宣传，加大对非法出版案件查处成果的宣传报道力度。

11月8日

中国记协成立70周年纪念大会在北京举行，大会表彰了中国新闻奖、长江韬奋奖获得者以及一批全国新闻工作先进集体、全国优秀新闻工作者和全国优秀记协工作者。中央政治局委员、中央书记处书记、中宣部部长刘云山在会上对各级党委政府提出要求：“要切实保护广大新闻工作者合法权益。”

中国记者节暨中国记协70华诞音乐会在国家大剧院音乐厅举行，这是国家大剧院音乐厅建成后迎来的首场音乐演出。

由中国经济报刊协会、人民网、分众传媒、新浪网、第一财经日报等60多家主流媒体和新兴媒体倡导的新传媒产业联盟正式成立，近百家成员加入该联盟，标志着新传媒产业联盟这一新媒体航母正式起航。

企业文化与品牌创意国际论坛——中国虚拟经济区建设启动大会在北京人民大会堂举行。中国首个面向全球提供运营服务的虚拟与现实互动的经济区——中国虚拟经济区正式启动建设。

由北京市文化创意产业促进中心主办的首届文化创意产业集聚区发展论坛在北京召开。

温州报业发行会员系统网站正式对外启用，这标志着全国首个报业发行会员系统正式诞生。

山西阳泉日报社举办创刊60周年纪念座谈会。

11月9日

由18家媒体的32名记者组成的全国首支“新闻记者消防队”在南宁市正式成立。

陕西人民广播电台在北京人民大会堂直播德国柏林广播交响乐团北京音乐会，陕西电台成为全国第一家进入人民大会堂开展直播活动的省级电台。

11月10日

新闻出版总署署长、国家版权局局长、全国“扫黄打非”工作小组副组长兼办公室主任柳斌杰就继续深入开展整治“四假”（假报刊、假记者站、假记者、假新闻）专项行动相关问题，在北京接受中央媒体的集体采访。他指出，“四假”严重违反我国法律法规和新闻制度，是一种社会公害，必须严厉打击。

由中国教育电视台牵头发起的全国新媒体联播网正式成立。

11月11日

“联动·互融·共赢”苏浙沪网络媒体“走遍长三角”大型报道活动在上海启动，12月16日在南京落幕。在启动仪式上，长三角18家网站决定建立长三角网站联席会议制度，共同签署了《长三角新闻网站合作协议》。

11月15日

由人民网和环球时报共同投资创办的环球网正式对外开通。环球网具有依托《环球时报》的新闻资源来获取全球一手信息的优势。

2007年度中国互联网站品牌栏目（频道）推荐活动正式启动。活动旨在鼓励互联网站建设健康向上、丰富多彩、特色鲜明的栏目和频道，推动我国网络文化建设健康发展。

中国首届广告主国际论坛在北京举行。300余位中外嘉宾围绕“品牌、营销、创新”这一主题进行研讨。

11月16日

本日至23日，中共中央政治局常委李长春分别在北京和天津主持召开5次宣传思想文化工作座谈会，讨论研究深入学习贯彻党的十七大精神，进一步强化和改进宣传思想文化工作。

科学报道沙龙在北京科学时报社正式启动，这是一个以科学记者为主，涉及科学传播的各方面人士自愿组成的公益性网络。

青岛日报和珠海特区报在上海正式签约加入中国地市级综合类日报（党报）广告五强联盟，中国东部城市党报广告联盟正式成立。

河北省第二期新闻发言人培训班结业。政府系统新闻发言人名单和电话在结业仪式上向社会公布，这在该省尚属首次。

重庆市首届创意产业活动周开幕，主题为“创意未来，引领发展”。

11月18日

在央视“2008中国有我”黄金时段广告招标会上，搜狐中标新闻联播和天气预报之间7.5秒标版。这是互联网行业尤其是门户网站首次在央视黄金时段广告招标中亮相。

11月19日

华友世纪和光线传媒在北京正式宣布进行股权合并，组建新的光线华友传媒娱乐集团。

11月22日

新闻出版总署署长、国家版权局局长柳斌杰在北京会见香港特别行政区行政长官曾荫权一行。曾荫权表示，希望此次拜访能进一步加深香港与内地新闻出版界的友谊，促进在相关领域的合作。

由新闻出版总署举办的全国新闻出版法制工作会议在云南昆明召开。新闻出版总署党组成员、副署长李东东在会上强调，当前要重点结合建立以法人准入、产品准入、职业准入、岗位准入这“四大准入”为基础的行业管理体系，进一步完善新闻出版法规建设。

由中国记者协会、俄罗斯新闻社共同主办的俄罗斯“中国年”俄文报道新闻奖颁奖仪式在莫斯科举行。

国家工商行政管理总局、中央宣传部、国务院新闻办公室、公安部、监察部、信息产业部、卫生部、国务院纠风办、国家广播电影电视总局、新闻出版总署、国家食品药品监督管理局、国家中医药管理局十二部委联合发出《关于进一步治理整顿非法“性药品”广告和性病治疗广告的通知》。

11 月 24 日

广州日报打破周末“薄报”常规，推出全新改版的周六版——“四大报务性周刊”，分别是《理财周》《休闲周》《娱人周》和《健康周》等四大周刊。

福建历史上第一次大规模电视航拍专题片《飞越海西》正式开拍。

11 月 25 日

中国记协、湖北记协、湖北日报传媒集团等单位联合召开“责任造就公信力”暨党报改进创新研讨会，推广《湖北日报》的办报理念。

11 月 27 日

《北京娱乐信报》开始在北京地铁沿线免费发送，成为北京独家免费地铁报。

国家广电总局批准贵州电视台开办数字购物频道。

11 月 28 日

全国政协新闻宣传工作座谈会本日至 29 日在北京举行，这是全国政协第一次专门针对新闻工作召开的座谈会。

新华网创办 10 周年座谈会在北京举行。中共中央政治局委员、中央书记处书记、中宣部部长刘云山在会上就进一步加强网络新闻宣传和重点新闻网站建设发表了讲话。

东莞日报进行改版，提出打造“党报的心，都市报的身”这一新型的报纸形态。

11 月 29 日

首届财经媒体与全球经济论坛在清华大学举行，来自全球财经新闻传媒界顶级领袖人物就财经媒体如何在全球化语境中发挥更大作用进行了深入探讨。

凤凰网启用新域名 ifeng.com，正式摆脱凤凰卫视官网的身份，自立门户。

艾瑞咨询发布《2007 年第三季度搜索引擎市场报告》。据报告显示，从 2007 年 9 月开始，中国网民每月的搜索请求超过美国，成为世界上首个月搜索量超过 100 亿次的国家。

新华传媒定向增发获批，将向综合传媒集团拓展。

全新广告交易网站 BootB.com 正式开通。

11 月 30 日

本日至 12 月 4 日，由新闻出版总署教育培训中心西部地区分中心主办的数字出版专题培训班在成都开课，旨在推进西部地区现代出版业的发展。

潇湘晨报数字报正式开通。

同月

国家广电总局正式确定中央电视台、上海电视台、沈阳电视台等 10 家电视台成为全国首批数字化网络化实验示范基地。

本月初至年底，解放军报社分两批对全社军人干部进行了十七大精神学习集训。

打着境外报纸旗号在内地从事非法经营活动的非法报纸《社会新闻报》被依法取缔。

全国“扫黄打非”工作小组在本月决定将两个专项活动——打击非法出版活动专项行动和整治假报刊、假记者站、假记者、假新闻专项行动，延长至 2008 年 3 月底。

安徽省从省直新闻单位选派 72 名记者组成“新征程、新风貌——十七大精神在江淮”主题采访团，分赴全省 17 个市进行集中采访。

四川、重庆、贵州、云南四省交通台联合开播《大西南路况联播》。

12 月 1 日

《外商投资产业指导目录（2007 年修订）》开始施行。修订后的目录在“禁止外商投资产业目录”中新增新闻网站、网络视听节目服务、互联网上网服务营业场所和互联网文化经营等项，禁止外商投资新闻网站。

12 月 2 日

全国广播电台台长座谈会本日至 3 日在北京召开。来自全国各省、自治区、直辖市、计划单列市及部分省会城市的 45 家广播电台台长就北京 2008 奥运会的宣传报道和推动全国电台合作展开了深入的探讨。

12 月 3 日

威海晚报全新改版。新版晚报强化本地新闻、原创新闻，实施分众化战略，满足不同层次读者的读报需求。

12 月 4 日

本日至 5 日，2008 全国报业创新与发展峰会在宁波举行。此次会议主题为“创新、融合、发展、未来”，遵循“高端、务实、平等”的原则，邀请与会代表共同学习十七大关于文化体制改革及新闻改革相关精神，探求现代媒体产业发展之道。

12 月 5 日

“荣誉 2007”人民网综合性年度评选活动启动。

12 月 6 日

中国国际广播电台与国际汉语国际推广领导小组办公室合作，中国首家广播孔子学院正式揭牌成立。

国家广电总局向各省、自治区、直辖市广播影视局发出《广电总局关于加强车载、楼宇等公共视听载体管理的通知》。

本日至 9 日，中央电视台《新闻联播》连续推出海霞、李梓萌、康辉、郭志坚 4 名新播音员，这是该栏目开播近 30 年来，第一次集中推出新面孔。

四川日报报业集团联合四川省工商联（省商会）推出《川商》杂志，该杂志于 2008 年 1 月正式向全国公开发行。

12 月 7 日

庆祝《中国民族》杂志创刊 50 周年座谈会在北京举行。

由北京奥组委、北京奥运会新闻宣传工作协调小组、中华全国新闻工作者协会联合主办的北京 2008 奥运会中外记者迎新年联谊会在北京举行。

“新形势下广播电视广告播出管理与经营对策”学习论坛在广州举行。这是近年来广东省广电系统规模最大、人数最多的一次学习研讨活动。

天津市新闻界召开纪念大会，庆祝天津市记协成立 50 周年。

12 月 8 日

辽宁日报传媒集团与中央电视台经济频道在沈阳联合举办“封面 2007”主题论坛，双方签署了双边战略合作意向书。

12 月 9 日

辽宁出版传媒股份有限公司获得中国证监会核准，将在上海证券交易所挂牌上市。

12 月 10 日

中央电视台第十套科教频道推出 5 个小时的大型特别节目“诺贝尔科学之夜”，这是国内首次对诺贝尔奖颁奖典礼进行实况转播。

12 月 11 日

《晋察冀日报》创刊 70 周年纪念会在北京举行。

12 月 12 日

人民网与中国联通合作推出基于 CDMA 网络平台的人民日报联通手机报。

人民日报社举行《新闻战线》创刊 50 周年座谈会。

北京日报报业集团与江苏省演艺集团签署合作意向书，双方将共同投资组建传媒公司，对北京日报报业集团旗下《音乐周报》

进行全面市场化改造。

12 月 13 日

青海省全国优秀新闻工作者报告会在西宁举行。

12 月 14 日

中央电视台举行节目网络化制播系统试运行启动仪式，标志着中央电视台节目制播和宣传管理步入网络化的新阶段。

首届辽宁印刷合作发展大会在沈阳市召开。

2007 年度重庆市报纸出版质量考核名单出炉，《重庆日报》荣获综合考核第一名。

本日至 15 日，湖北日报传媒集团在武汉举办东部产业转移战略对话会。

12 月 15 日

广东高校学生媒体联盟成立大会在中山大学举行。

2006 年度中国新闻奖获奖作品和长江韬奋奖获奖者经验交流研讨班在深圳举行。

12 月 16 日

武汉市广电局（总台）举办 2007 武汉电视台中法文化交流联谊会。

12 月 18 日

中央电视台移动传媒开播，以“CCTV 移动传媒”作为播出呼号。这是中央电视台与巴士在线合作在新媒体领域的新探索，所播节目覆盖北京、上海等 28 个大中城市，已签约 5 万辆公交车，安装 10 万个显示屏。

央视与国际奥委会签约，宣布央视国际成为北京奥运会官方互联网/移动平台转播机构。

由中国东盟协会、中国电视艺术家协会、云南省政府新闻办、云南省广播电视局主办的 2007 中国—东盟电视合作峰会在昆明举行。

12 月 19 日

2007 年全国电视观众抽样调查结果在北京公布。调查结果显示，我国电视观众规模为 12.05 亿人，99.89%的家庭拥有电视机。

徐州市慈善会、徐州日报社等 6 家单位发起成立“情暖困难军属”基金，是全国第一个专门为生活困难的现役军人家庭提供救助的基金。

12 月 20 日

国家广播电影电视总局、中华人民共和国信息产业部审议通过《互联网视听节目服务管理规定》，《规定》自 2008 年 1 月 31 日起施行。该《规定》明确了国家广电总局作为互联网视听节目服务的行业主管部门，负责对互联网视听节目服务实施监督管理，统筹互联网视听节目服务的产业发展、行业管理、内容建设和安全监督。

中央电视台新闻节目中心首次联手新成立的央视移动传媒，在北京、上海、广州、深圳等近 30 个大中城市的 3 万多辆公交车移动电视中，推出新闻频道 ARJ21 飞机下线直播特别节目宣传片，覆盖人群达 4000 万。

12 月 21 日

全国 30 多家广播电台与北京奥运会互联网赞助商搜狐公司在北京签约，正式加入搜狐奥运报道媒体联盟。北京奥运会期间，由搜狐制作的《天下体育》音频节目将在这 30 多家广播电台播出。

湖南省新闻出版局通报 4 起假报刊、假记者、假新闻案。

2007 年南方盛典颁奖礼在白云国际会议中心隆重举行，广东省气象局荣获创意传播奖。2007 年 8 月 12 日凌晨，受台风“帕布”影响，湛江暴雨成灾，随着雨水四处蔓延的还有关于湛江要地震的谣言，乌石、北和、覃斗等地群众陷入一片惊慌之中。为了稳定民心，广东省气象局迅速启动应急服务预案，与广东省政府应急办、地震局、移动公司、联通公司紧密协作，通过手机短信应急服务平台，以每小时 50 万条的速度，向湛江市区 140 万用户发送辟谣短信 280 万条，迅速制止了谣言的流传，平息了一场恐慌，为湛江灾区抗洪救灾赢得了时间。为此，南方盛典给广东省气象局颁发了“2007 最具创意传播奖”。大会认为，在信息传播加速的时代，广东省气象局这种举重若轻的创举，代表了与时俱进的政府，主动捍卫公众的知情权，让谣言止于真相，助民心脱离恐慌，成为公众服务的创新者和快枪手，创造了公共信息危机攻关的经典案例。

12 月 24 日

由中国国际广播电台携手日本广播协会共同策划的“中日网络对话·冬季对话”活动在北京和东京两地同时举行。

12 月 25 日

中央组织部、中央宣传部、国土资源部、教育部、司法部、国家电影电视总局等六部门联合召开全国县（市）、乡（镇）、村级干部国土资源法律知识宣传教育培训活动电视电话会议，全面部署和启动宣传教育培训活动。

由中国产业报协会主办，面向产经新闻工作者的首届“天地龙杯”个人成就奖评选结果揭晓。

12 月 26 日

2007 年度全国都市报（部分）质量检查工作首次会议在中国记协举行。从本日起至 2008 年 3 月，新闻出版总署报刊司委托中国记协国内部，对全国 37 家都市报 2007 年 8 月 16 日出版的报纸实施版面内容和文字编校质量的专项检查。

我国首张专门破解组织机构网上识别难题的“网络身份证”——电子证书，通过国家组织机构代码管理中心和广东省技术监督局的验收并首次发放。

12 月 27 日

本日至 28 日，中国报业服务社会主义新农村建设研讨会在北京召开，会议围绕农村读报难的问题如何解决、国家对三农类报刊将有哪些扶持政策等问题展开讨论。

12 月 28 日

由中国产业报协会和新浪网联合举办的 2007 年中国产业经济十大新闻评选揭晓。

中国气象报合作媒体座谈会暨与搜狐网合作签字仪式在北京举行。

中原出版传媒投资控股集团有限公司成立大会在郑州举行。

四川电视台星空购物频道正式开播，每天播出 18 个小时。

12 月 29 日

新闻出版总署传媒发展研究所在北京公布 2007 年中国报业竞争力监测结果。从总体表现来看，2006 至 2007 年度全国晚报都市类报纸的竞争力与此前相比有稳健提升，竞争格局趋于稳定；国民经济支柱产业的行业类报纸竞争力表现出较强的资源整合能力；全国生活服务类周报的发展能力进步明显。

国家广电总局、信息产业部正式发布的《互联网视听节目服务管理规定》，从事互联网视听节目服务，须取得广播电影电视主管部门颁发的《信息网络传播视听节目许可证》或履行备案手续。

2007 年中国十大教育新闻评选揭晓。

江苏广播电视总台开通江苏广电无线网站、手机电视，并与无线互联网门户网站 3G 门户网签订合作协议。

江苏广播电视总台第一个移动电视频道——江苏动视在南京试播，江苏广电总台移动电视项目正式启动。

湖南卫视官方网站英文版正式开通。

12 月 31 日

国家主席胡锦涛通过中国国际广播电台、中央人民广播电台、中央电视台发表题为《共同推进人类和平与发展的崇高事业》的新年贺词，向全国各族人民，向香港特别行政区同胞和澳门特别行政区同胞，向台湾同胞和海外侨胞，向世界各国朋友致以新年的祝贺。

陕西省记协组织陕西日报、陕西电台、陕西电视台、当代陕西等 8 家媒体，评选出 2007 年陕西十大新闻。

同月

中国新闻社与湖北卫视签署供稿合作协议，这是中新视频在国内电视台落地的开始。

中国日报自本月起拉开加强地方外宣阵地建设的序幕，中国日报社湖南、广西、北京、天津、重庆、河南和湖北记者站相继揭牌。

重庆市新闻发言人培训班首次由市政府新闻办和英国驻重庆总领事馆联办，首次请来了“洋教官”马丁·哈克彼、彼德·希斯库克斯。

深圳市委宣传部、市新闻出版局、市广播电影电视局、市新闻工作者协会联合发出《关于进一步深化我市新闻单位“三项学习教育”活动的意见》，对深圳市新闻单位进一步深入持久开展“三项学习教育”活动进行了专题部署。

由法制日报社主办的 2007 年度法制新闻人物暨十大法制新闻评选结果揭晓。

同年

人民日报停办华东新闻版和华南新闻版。

《青年记者》是全国创刊最早、历史最悠久的新闻专业期刊，2007 年是其创刊 65 周年。为此，青年记者编辑部在全国新闻界诚征改进办刊的意见和建议，业界和学界的专家、同仁积极响应，并提出殷切期望。

全国“扫黄打非”战线利用“反盗版天天行动”、“文化环保工程”和网络专项治理等平台，开展专项治理和集中行动。据统计，2007 年全国共收缴各类非法出版物 1.46 亿件，其中淫秽色情出版物 371.5 万件、非法报纸期刊 319.9 万份、走私光盘 335.9 万张、盗版出版物 1.36 亿件。在查缴的盗版出版物中，盗版音像制品 1.04 亿件，盗版图书 1398.7 万件，盗版教材教辅读物 588.2 万件，盗版软件及电子出版物 1254.5 万件。全国共查办案件 3.1 万余起，其中行政处罚案件 3 万多起、刑事处理案件 667 起。

10 月 12 日，陕西林业厅公布了安康市镇坪县文彩村村民周正龙用数码相机和胶片相机拍摄到野生华南虎照片的消息。随后，照片真实性受到部分网友、华南虎专家和中科院专家等各方面的质疑，从而引发全国性关注的“华南虎照片事件”。

中央电视台通过多种形式推进“走出去”工程，“借船出海”取得新成效。2007 年，共有 20 余个国家和地区的电视机构接受并播出了央视有关节目，央视相继在印度、牙买加等国举办“中国电视周”活动，并为美国、意大利、奥地利、澳大利亚、爱沙尼亚、哥斯达黎加等国来华摄制组提供相关专题片和素材。

截至 2007 年底，全国共出版报纸 1938 种，其中全国性报纸 221 种、省级报纸 830 种、地市级报纸 872 种、县级报纸 15 种。全国报纸总印数 438.7 亿份，总印张 1674 亿印张，定价总金额 278.7 亿元。

截至 2007 年底，全国有广播电视播出机构 2587 个，其中广播电台 263 座、电视台 287 座、教育电视台 44 座、广播电视台

1993座。全国共开办节目3760套，其中广播节目2477套、电视节目1283套。全年共播出公共广播节目1127.24万小时、公共电视节目1454.67万小时。此外，全国还开办了155套付费节目，其中付费电视138套、付费广播17套。全国有广播电视发射台和转播台6万多座、卫星上行站34座、卫星接收设施2004.19万面、微波线路10万多公里、有线电视网络301.26万公里，有线电视用户达到1.53亿户。全国广播电视人口综合覆盖率分别达到95.43％和96.58％。全国有54个城市和地区启动了数字化整体转换，31个城市完成整体转换，全国有线数字电视用户数达到2686.05万户，广西、陕西、江西、吉林等完成了全省区网络整合。

截至2007年底，中国国际广播电台在澳大利亚等国家和地区开播了8个整频率广播电台，手机广播电视上线，12家环球网络电台启动。国际台每天使用43种语言（38种外语和汉语普通话及4种方言）通过本土发射、海外发射以及互联网在线、卫星、有线等多种方式向全世界播出节目，累计已达1141小时。国际台全年共收到来自世界160多个国家和地区的听众来信、电子邮件等260多万封，遍布世界各地的听众组织达3158个。

截至2007年底，我国网民人数达到了2.1亿人，仅以500万人之差次于美国，居世界第二，比2006年同期增长了7300万人，年增长率为53.3％，平均每天增加网民20万人；我国农村网民数量达到5262万人，年增长率达到127.7％。目前中国互联网普及率为16％，仍比全球平均水平19.1％低3.1个百分点。此外，全国共有190家网络媒体经国务院新闻办公室审批和备案，取得互联网新闻业务服务资质，比2006年新增12家。2007年，国内互联网企业掀起第三波上市热潮，完美时空、金山、巨人网络、网龙、阿里巴巴等互联网企业纷纷上市，股价总市值膨胀到近700亿美元。

2008年（戊子）

1月1日

中央电视台开播免费地面数字高清电视，这标志着我国地面无线广播电视数字化正式启动。

中央电视台《新闻联播》节目开播30周年。目前，该节目是中国收视率最高、影响力最大的电视新闻栏目，同时也是全世界拥有最多观众的电视栏目。

中央电视台体育频道更名为奥运频道，9月30日恢复原名。

中新社侨务新闻部成立。该部依托该社全国性新闻采编网络和国务院侨办以及各省、市、自治区侨务机构所拥有的强大涉侨信息资源，担负起传递政府侨务信息、报道侨乡发展、沟通全球华侨华人的任务。

中国电视长城（美国）平台正式进入美国麒麟电视网播出，节目内容包括长城（美国）平台现有17个频道以及央视法语国际频道、浙江国际频道和厦门卫视等20个频道。

北京人民广播电台体育广播改呼号为北京人民广播电台体育广播“奥运之声”。

上海文广新闻传媒集团东方卫视随中国电视长城（拉美）平台正式在中美洲、南美洲和西印度群岛等地区落地播出，频道覆盖人口总数超过3亿。

江苏省广播电视总台城市频道与江苏公交移动电视合作试播。城市频道每天为移动电视提供《绝对现场》《南京零距离》《万家灯火》《精品演播室》等原创节目并承担全天节目的串编工作，由此江苏公交移动电视开始起步发展。

江西电视台红色经典频道开播。

江西省抚州人民广播电台交通音乐广播开播。

河南电视台民生频道正式开播，该频道前身为河南电视台经济生活频道。

国务院办公厅印发发改委、科技部、财政部、信产部、税务总局、广电总局六部委联合署名的《关于鼓励数字电视产业发展的若干政策》。这意味着数字电视发展由部门战略升级为国家战略。该政策支持包括国有电信企业在内的国有资本参与数字电视接入网络建设和电视接收端数字化改造；积极支持数字电视相关企业通过上市、发行债券、上市公司配股和增发新股等方式筹集资金。

湖南日报报业集团旗下的 6 报 3 刊以及代理发行的近 40 种报刊，全部由湖南日报发行有限公司自行投递。至此，湖南日报报业集团各报刊全部实行自办自发。

本日起，湖北日报实施第二轮改版。此次改版，湖北日报立足于 2006 年以来的成功实践，着眼于不断寻求改进突破，着力做好 5 个方面工作。一是强化言论的旗帜作用，减少版面调整、稿件拥挤对言论稿件的冲击，提高言论稿件的见报频率和质量。二是强化深度报道，将“视点”版改为深度报道“关注”版，由以转发新华社电稿为主、地方新闻为辅，改为以地方新闻为主。三是强化民生报道，按照党的十七大精神，报社成立社会新闻部，加大民生报道力度，通过舆论宣传，推进以改善民生、促进社会和谐为重点的社会建设。四是提升商业价值，陆续推出《产经周刊》《教育周刊》《健康周刊》等专刊，传播主流财经、教育、健康等资讯。五是改进版面形式，重新设计报头，使之更大气、美观；优化版面划分，使之更有序、更合理、更方便读者阅读。

中国电视体育联播平台全新改版后正式播出，是中国唯一由众多省级体育频道实现同步播出、跨省区域的联播平台。

1 月 2 日

人民日报将《民主法制》周刊与周五的《议政建言》周刊组合推出《民主政治》周刊。

羊城晚报报业集团全新打造的高端品位杂志《优悦生活》创刊。

解放日报报业集团与酷讯网正式签署战略合作协议，双方将在品牌、内容、渠道等多方面进行深度合作，打造一个全新的媒体传播平台。

1 月 3 日

广电总局在网站上公布《关于处理影片〈苹果〉违规问题的情况通报》。通报说，《苹果》在电影制作、参加国际电影节、互联网传播及音像制品制作等方面，严重违反《电影管理条例》及相关法规。为加强和规范电影制片及发行放映的管理，确保电影及各种媒体的传播健康有序，广电总局决定吊销该片的《电影片公映许可证》，停止该片在影院发行、放映，停止其网络传播。

1 月 4 日

西藏广播电影电视译制大楼竣工并通过验收。

设计专业杂志《里外》在深圳创刊。《里外》杂志是由九州阳光传媒公司和朗图柠檬传媒公司共同打造的一本专业杂志，它主要关注国内外建筑设计、室内设计、展览空间设计、环境设计、产品设计等领域的发展及创新思维。

湖南经济电视台综合频道推出国内第一档魔术综艺秀《魔幻达人》节目。

新闻类半月刊《现代苏州》正式创刊。《现代苏州》杂志是由苏州日报报业集团在 2008 年倾力打造的“第四平面媒体”，也是苏州市目前唯一获国家新闻出版总署批准的新闻综合类杂志。

1月6日

《上海日报》推出中国大陆地区首张英文日报周日版。周日版为4开全彩16版，内容涵盖要闻、国内新闻、经济新闻、体育新闻和特稿。

1月7日

国家广电总局发出《关于在有线电视数字化推进工作中进一步严格规范、加强服务的通知》。通知强调，推进有线电视数字化，要始终坚持以人为本、用户至上、社会效益第一的原则，强化服务意识，规范服务流程，创新服务方式，公布服务项目，建立与数字化相适应的客服体系。

1月8日

福建漳州广播电视艺术团、漳州广电传媒广告有限公司、漳州广电传媒产业有限公司同日揭牌成立。

1月9日

中国国际电视总公司节目与版权管理委员会正式成立。

由中国广播电视协会主办的2007年中国播音主持“金话筒奖”颁奖典礼。晚会在北京举行，来自全国20多家电台和电视台的共40个节目和主持人获得“金话筒奖”。

中国国际电视总公司和北美麒麟电视，在纽约宣布正式签约合作，由中国国际电视总公司授权麒麟电视在北美地区播出海外最大华语频道电视套装“长城平台”。从2月起，麒麟电视将播出中国电视长城平台的20个中文频道，包括来自长城（美国）平台的18个频道：中国中央电视台中文国际频道与英文国际频道、北京电视台、上海东方卫视、湖南卫视、凤凰卫视美洲台与资讯台等，以及来自长城（亚洲）平台的厦门卫视和来自长城（欧洲）平台的浙江国际频道。

1月10日

北京日报报业集团与广州日报报业集团在北京新闻大厦签署战略合作框架协议，标志着国内两大最具影响力的城市主流媒体以战略合作联盟方式携手合作的开始。

1月11日

中国教育电视台分别与中央广播电视大学、中央电教馆、中国教育国际交流协会、新疆教育电视台签署合作框架意向书，以实现优势互补、资源共享。

1月12日

武汉城市圈九报联盟联谊会在武汉成立。《武汉晚报》《东楚晚报》《鄂州晚报》《孝感晚报》《鄂东晚报》《南鄂晚报》《仙桃晚报》《潜江日报》《天门日报》等9家报纸的总编辑签约共组战略联盟，围绕“新闻互通、广告互利、发行互促、活动互帮、品牌互推”的主旨，探索联合壮大、携手共赢的合作模式。

为纪念《新华日报》创刊70周年，新华日报报业集团举办《新华日报》报史展览。

1月14日

“2007年中国媒体十大流行语”新闻发布会在北京语言大学召开。本年度综合类十大流行语分别是：十七大、嫦娥一号、民生、香港回归十周年、CPI（居民消费价格指数）上涨、廉租房、奥运火炬手、基民、中日关系、全球气候变化。

1月15日

《三联生活周刊》《故事报》《摄影》《小学生报》等40余种专业性强的学生阅读与娱乐类报刊价格上调。

本日至2月9日，江西人民广播电台信息交通频率全天24小时播出《冰雪路上，温暖同行》特别节目，及时播发中央和江西省委省政府抗寒救灾的重要决策和举措，报道社会各界、人民群众积极抗寒救灾的新闻。

1 月 16 日

陕西人民广播电台故事广播开播，并于 28 日隆重推出根据茅盾文学奖获奖作品《白鹿原》制作的同名方言广播小说。

1 月 17 日

中国互联网络信息中心在北京发布《第 21 次中国互联网络发展状况统计报告》。报告显示，截止到 2007 年 12 月 31 日，我国网民总数达到 2.1 亿人，居世界第 2 位。

厦门卫视正式落户中国电视长城（美国）平台，通过艾科斯塔卫星平台播出，同时通过美国麒麟 IP 电视网，以 IP 电视方式播出。

辽宁电视台与索尼（中国）专业系统集团签署合作备忘录，双方就未来在高清电视、3D、4K 技术等领域的合作达成共识。

1 月 18 日

中央电视台新闻节目中心机构调整，撤销新闻节目中心综合部、新闻采访部、社会新闻部、新闻编辑部、新闻评论部、新闻频道编辑部，成立综合编辑部、新闻联播编辑部、新闻采编部、国际新闻部、新闻专题部、社会专题部。

央视国际正式推出“北京 2008 奥运会火炬传递网”。

中国青少年网络协会在北京发布《中国青少年网瘾数据报告（2007）》，青少年网瘾人数三年来首次下降。

1 月 21 日

福建省晋江人民广播电台 FM91.4 体育之声开播。泉州人民广播电台参与了节目制作和改版，该频率为福建省首家专业的体育频率。

《福娃奥运漫游记》多语言 DVD“金装版”上市，这是国产原创动画作品首次以多种语言形式推出豪华珍藏版。

1 月 22 日

国务院通过了由发改委、科技部、财政部、信息产业部、税务总局、国家广电总局六部委联合发布的《关于鼓励数字电视产业发展的若干政策》。

中共中央总书记、国家主席、中央军委主席胡锦涛在北京同全国宣传思想工作会议代表座谈时发表重要讲话。他强调，要牢牢掌握宣传思想工作的领导权和主动权，着力建设社会主义核心价值体系，着力巩固壮大主流思想舆论，着力推进改革创新，推动社会主义文化大发展大繁荣，提高国家文化软实力，为夺取全面建设小康社会新胜利、开创中国特色社会主义事业新局面提供强大思想文化保证。

由中央人民广播电台发起，全国 140 家广播电台共同组成的“全国广播奥运报道联盟”在北京成立。中央电台以联盟为依托，推出了 2008 年奥运大直播季，分火炬境外传递与境内传递、奥运会赛事报道三大部分。中央电台将向境内进行火炬传递的所有 113 个城市派出直播组，联合火炬传递途中的 140 家省市电台，连续 97 天每天以平均 9.5 小时的时长，全程直播火炬在境内的传递情况。每场直播都将由中央电台、省电台、城市电台并机直播，这是中国广播有史以来最大规模的联合行动。

光明日报开辟《调查报告》专版，首期刊出《兴国农村文化调查》。

1 月 23 日

百度在东京宣布日本分公司正式开始运作，并确定网页搜索、图片搜索、视频搜索、博客搜索为首发的 4 项服务。

1 月 25 日

我国第一个数字出版行政管理机构在广东成立。广东省机构编制委员会办公室正式发文批准广东省新闻出版局增设数字出版管理处并增加行政编制，以此推动广东文化大发展大繁荣，促进广东新闻出版业数字化、信息化发展。

1月26日

中央电视台正式推行节目网络化制播系统，为新台全面实现节目制播方式的根本转变奠定了良好基础。

1月27日

由重庆市摄影家协会主管、主办的《重庆摄影家报》创刊。

1月28日

全球首个阅读引擎——网民雷达在广州正式运营，明显提高网上阅读资讯效率。

重庆广播电视总台故事广播频率正式开播。

湖南卫视宣布：受冰雪灾害影响，决定取消原定于1月31日的小年夜湖南春节晚会。

1月29日

人民日报海外版日本周刊（日文版）在日本东京创刊。

广电总局办公厅发出《关于重申广播电视广告播放管理有关规定的通知》。《通知》对播出机构、转播和传输机构以及管理机构分别提出要求：各级播出机构必须把社会效益放在首位，坚决禁止播放虚假违法的医疗、药品、保健食品广告以及内容不良、低俗的性药品、性保健品广告；坚决禁止播放违规挂角广告和在影视剧中违规插播广告；坚决禁止超时播放广告。

湖南卫视采用直升机航拍的方式报道冰雪灾害和救援场景，7名摄像师和记者飞行近4小时，给中央电视台和各地电视台提供了大量的新闻画面。

1月30日

《旅埃华人通讯》在埃及开罗创刊发行。

中国国际广播电台环球网络电台获“2007年度中国互联网站品牌栏目”，连续三年蝉联该奖项。

1月31日

国家广电总局和信息产业部联合发布的《互联网视听节目服务管理规定》正式实施。同时，广电总局将通过严查有害视听节目、加强视听节目网站准入管理，推行行业自律，推动技术监管系统建设等系列措施，保障规定的有效落实。

我国金属加工行业创刊时间最早的行业期刊——《机械工人·冷加工》《机械工人·热加工》两刊正式更名为《金属加工·冷加工》《金属加工·热加工》，并改为半月刊出版。

中国新闻出版网二级网站“新闻出版调研网”正式开通。

首届全国高等艺术院校学生优秀动漫作品邀请展在哈尔滨黑龙江动漫产业发展基地开幕。

同月

2008年1月，我国南方地区遭受大范围持续性低温雨雪冰冻灾害。中央三台尤其是受灾严重地区的广播电视机构严格按照党中央、国务院部署和国家广电总局要求，坚持正确舆论导向，积极报道党中央、国务院的重要部署和亲切关怀，以及各地各部门在党中央、国务院领导下全面开展抗灾救灾的措施与成效，生动反映抗灾救灾中涌现出来的先进典型，充分报道社会各界支援帮助受灾地区的感人事迹，取得了良好的宣传效果。

截至2月3日，中央电视台共投入7个频道22个栏目报道抗灾救灾情况，播出新闻4671条、专题30期、直播16场。央视网共发布网上抗灾救灾消息2450余条、图片520余条、视频600余条，时长总计2800分钟。

中央人民广播电台中国之声自 1 月 21 日开始，打破固定节目编排，推出特别直播节目《爱心守望 风雪同行》。公安部、铁道部将《爱心守望 风雪同行》直播节目作为第一信息发布平台。

经国家广电总局批准，长城平台中文名称统一规范为“中国电视长城平台”，英文名称为 Great Wall TV Package（简称 GWTP）。

阿里软件公司与微软、思科、IBM、甲骨文、易安信、华为、联通、方正等 IT 巨头签署战略合作伙伴协议，共同发布了亚洲首个软件互联平台。阿里软件互联平台已成为亚洲最大的 SaaS（软件即服务）平台。

2 月 1 日

中国电视长城（美国）平台用户数达到 60615 户，巩固了其在北美乃至世界范围内最大国际中文电视平台的地位。

重庆广播电视总台广播电视手机报正式开通。

新闻出版总署出台《新闻宣传管理办法》，就设立新闻发言人制度、加强新闻宣传、通过新闻媒体推进政务公开等作出详细规定。

福建省广播影视集团高清数字电视转播车启用开播。

新疆生产建设兵团电视台和深圳广播电视集团在乌鲁木齐举行战略合作新闻发布会暨合办频道启播仪式。

2 月 2 日

中央电视台《同一首歌》栏目在北京举办名为“凝聚每份爱”的大型赈灾义演。晚会现场共募集爱心捐款达 5000 余万元。

2 月 3 日

中央电视台决定成立新闻联播编辑部，并召开新闻联播编辑部成立大会。2008 年是中央电视台《新闻联播》开播 30 周年，会议强调编辑部的定位及职能要突出以下几点：策划、组织、编辑、编排、言论。

中央宣传部、国家广电总局紧急向受雨雪灾害较为严重的湖南、贵州、湖北、安徽、江西、广西、四川等 7 个省区捐赠 5 万台收音机。

央视《中华情》栏目赈灾义演当日零点在北京火车站唱响，演出持续到凌晨 4 点。《中华情》栏目随后还深入全国各地农村、厂矿、部队、侨乡和少数民族地区，制作《中华情·情暖 2008》春节系列主题节目。

2 月 4 日

由国家规划投资，宁夏广播电影电视局组织实施的农村中央广播电视节目无线覆盖工程——银川 741 发射台新增中央七套农业电视频道项目顺利竣工，新增加的 10 千瓦 44 频道电视发射机使用普通无线开始播出。

陕西省林业厅就“草率发布发现华南虎的重大信息”发出《向社会公众的致歉信》。致歉信说：“举行此次新闻发布会，我们既未按规定履行报批手续，也未对华南虎照片拍摄情况进行实地调查，在缺乏实体证据的情况下，就草率发布发现华南虎的重大信息，反映出我厅存在着工作作风漂浮、工作纪律涣散等问题。”

2 月 5 日

湖南卫视直播赈灾特别节目《爱心大融冰——我们一起过年》，节目募集善款高达 3.17 亿元。

2 月 6 日

2008 年春节联欢晚会播出。中央电视台综合频道、中文国际频道（亚洲、欧洲、美洲版）、英语国际频道、法语国际频道、西班牙语国际频道、央视国际网站、央视手机电视、央视 IP 电视向全球同步直播春晚，中国电视长城系列平台转播了晚会实况。共有 81 个国家和地区的 270 家电视机构转播或部分使用了4个国际频道的节目信号。

2月14日

广电总局发出《关于加强电视动画片播出管理的通知》，自5月1日起，全国各级电视台所有频道不得播出的境外动画片、介绍境外动画片的资讯节目以及展示境外动画片的栏目的时段，由原来的17点至20点延长为17点至21点。通知要求，各动画频道在每天17点至21点之间必须播出国产动画片或国产动画栏目；中外合拍动画片在这一时段播出，需报广电总局批准；动画频道、少儿频道、青少频道、儿童频道和其他以未成年人为主要对象的频道，要严格执行每天国产动画片与引进动画片播出比例不低7∶3的规定。

2月15日

中央电视台《新闻联播》推出《灾后重建暖家园》专栏，通过最新进展、深度报道、本台短评等版块的组合，全面报道抗击冰冻灾害工作从应急救灾转向灾后恢复重建的过程。

2月17日

中央电视台中文、英语、西班牙语国际频道在古巴落地第三期项目顺利完成。

2月18日

由浙江日报报业集团有限公司作为发起人和第二大股东的浙江大立科技股份有限公司在深圳证券交易所上市。

为了适应新的报业竞争环境，探索报业集约化经营之路，《大河报》广告中心在原有大客户服务部和传媒研究室的基础上，重新组建品牌推广部。

2月19日

国家广电总局就贵州人民广播电台严重违规播出涉性淫秽、下流节目，对该电台及其主要负责人提出严肃批评，责令其立即进行整改并停播、撤销违规节目，并通报全国。

2月21日

新闻出版总署召开新闻发布会，公布首届中国出版政府奖评选结果。

全国首个公共安全电视栏目《平安生活》在北京电视台开播。

2月22日

在国家广电总局指导下，央视网等8家中央重点新闻网站发起成立中国互联网视听节目服务自律联盟，共同签署《中国互联网视听节目服务自律公约》。签约网站共同建立了互联网视听节目信息库。

中国电视长城（拉美）平台正式开播。

2月25日

2008年全国记协工作会议在北京中国记协新闻大厅举行。来自各省、自治区、直辖市记协及新疆生产建设兵团记协的主席、秘书长，中国记协主管专业记协的负责人出席了会议。中国记协党组书记翟惠生通报了2008年中国记协工作要点；中国记协书记处书记赵晨仔、祝寿臣、李存厚、顾勇华分别通报了中国记协与台港澳新闻界交流活动、外事工作、“三项学习教育”活动以及中国记协网工作情况。

2月26日

中国首份中英文双语手机报正式开通问世。

2月27日

首届中国出版政府奖颁奖典礼在北京展览馆剧场举行，共有100个出版物、50个先进出版单位、50个优秀出版人获此殊荣。

2月28日

数字地面电视国标南京单频实验网测试工作正式开展。该项目由数字地面电视国标特别工作组、国家广电总局规划院、江苏广电总台技术管理部等共同参加。

国务院新闻办公室发表的《中国的法治建设》白皮书透露：目前全国 80％县级以上政府和政府部门建立了门户网站。74 个国务院部门和单位，31 个省、自治区、直辖市人民政府建立了新闻发布和发言人制度。

中国记协举办了新闻界“抗灾救灾心系人民”座谈会。来自人民日报、新华社、光明日报、经济日报、中央人民广播电台、中央电视台、解放军报、中国新闻社、中国气象报、中国交通报、人民铁道报以及国家电网报等媒体的代表及部分曾赶赴抗灾救灾一线采访的记者参加了座谈会。在这场抗击冰雪的硬仗中，新闻工作者的身影活跃在各个受灾抗灾现场，他们以对党和人民高度负责的精神，克服断路、断电、断水等重重困难，深入灾区各个角落，及时传达党和政府声音，准确反映灾情民意，热情讴歌抗灾救灾动人事迹，弘扬主旋律，高奏和谐曲，唱响正气歌，打好主动仗，为抗灾救灾提供了强大的精神动力和舆论支持。

本日至 8 月 24 日，由上海文广新闻传媒集团出品的 180 集奥运主题情景喜剧《奥运在我家》在东方卫视开播，每天一集。该剧是由北京奥组委授权的唯一一部影视作品，也是国内首部采用了边拍边播模式的电视剧。

2 月 29 日

《平版印刷工国家职业标准》开始施行，标准新增技师和高级技师 2 个工种。

北京奥运会文字和摄影注册媒体报名截止。来自世界各地的 5600 多名文字和摄影记者将前来北京报道 2008 年奥运会。

重庆广播电视总台数字电视频道——杂技频道正式开播。

山东省内第一所传媒类全日制高职院校——山东传媒职业学院成立。

天津《今晚报》海外版（日本版）在日本的华文报纸中日新报创刊。这是天津平面媒体首次进入日本发行量最大的华文报纸。

3 月 1 日

内蒙古人民广播电台对农村牧区广播——绿野之声正式开播。

湖南人民广播电台采用广播模式试验的手机电视试播成功。

国内首例由民营书业公司投放的图书广告出现在央视和省级卫视。这则题为《天险变通途》的广告由北京时代华语图书股份有限公司投放，首期广告投入 1000 万元，将在央视新闻频道、经济频道、中文国际频道，以及众多省级卫视黄金时段同步高频播出。

3 月 2 日

国内首档广播周播禁毒节目《禁毒先锋》在东方广播电台开播。该节目由上海文广新闻传媒集团广播新闻中心与上海市禁毒委员会合作开办，每周日 19 点播出。

“情满中国——2008 年抗击冰雪专题文艺晚会”在中央电视台一号演播厅举行，中央电视台第一、三、四套进行现场直播。

3 月 3 日

海南广播电视台文艺广播正式开播。

四川人民广播电台与中国电信四川公司联合打造的电话广播“阳光之声”正式开播，电话收音机这个新型传播平台在四川省进入了实际运用阶段。

昆明电视台创办的云南电视媒体第一个财经节目《财之道》开播，每周一至周五晚首播，每期 30 分钟。

3 月 4 日

安徽人民广播电台交通广播、新闻综合广播因顶风违规播出涉性淫秽下流节目，被广电总局明令查处，并通报全国。

3 月 5 日

天津《今晚报》海外版（西非版）在尼

日利亚的华文报纸西非统一商报创刊，这是天津平面媒体首次进入非洲发行量最大的华文报纸。

3月8日

中国中部六省广播电台与中央人民广播电台并机直播，邀请中部六省省级领导对话，首开区域广播与国家级广播媒体联合报道全国“两会”之先河。

3月9日

滨州、德州、东营、菏泽、济宁、莱芜、聊城、青岛、日照、泰安、潍坊、威海、烟台、枣庄、淄博等城市报社的代表正式签署协议，成立齐鲁报业联盟。齐鲁报业联盟是由原山东半岛报业联盟和鲁中南报业联盟合并，吸收部分新成员成立的山东地市报协作联盟。

3月10日

民政部正式批准筹备成立中国音像著作权集体管理协会。

3月12日

新疆电视台教育在线频道开通试播，新疆维语数字电视频道试播工作全面启动。

湖南金鹰纪实频道正式开播，通过有线、无线网络覆盖全省，收视人口突破7000万人，全天24小时播出，是一个中高端定位的专业纪录片频道。

3月13日

《时尚先生》推出国内第一本全环保纸印刷杂志。

3月14日

台湾宝岛客家广播电台开始播出由福建省龙岩人民广播电台制作的客家语节目。

3月15日

十一届全国人大一次会议举行第五次全体会议，批准国务院机构改革方案。信息产业部不再保留，其原来的职能，包括电信、广电、网络“三网融合”，以及手机电视、IPTV等新媒体业务的发展与监管工作将由新组建的工业和信息化部承担。

为纪念中国改革开放30周年、中国电视暨中国电视剧诞生50周年，北京电视台制作并推出纪录片《电视往事》，按编年体方式讲述1980年至1990年20年间中国电视剧的发展和传播史。该片播出后，前4天平均收视率为2.36%，最高收视率达4.2%。

本日至17日，针对“3·14拉萨暴力事件”，中央电视台用无可辩驳的画面事实，多频道、多语种揭露事件真相，主动引导国内社会舆论，积极有效影响国际舆论。17日，中央电视台各档节目对国务院新闻办公室邀请西藏自治区主席向巴平措就事件真相答中外记者问进行高频次滚动播出。

3月20日

广电总局发布了《互联网视听节目服务抽查情况公告（第1号）》，公布了一系列违规播出互联网视听节目并受到处罚的网站。

中央电视台中文、英语、法语、西班牙语国际频道和新闻频道高频次播出专题片《拉萨3·14打砸抢烧暴力事件纪实》，引起国际社会广泛关注。

3月21日

辽宁日报传媒集团和铁岭日报社签订战略合作协议，正式合作创办《辽沈晚报·铁岭版》，这是省级晚报打造地方版的有益尝试。

石家庄日报社与石家庄城市管理局正式签约，合作打造LED户外视屏传媒项目。

本日至23日，第16届中国国际广播电视信息网络展览会在北京中国国际展览中心举行。共有来自世界30多个国家和地区的1000多家企业和机构参展，展出面积67000

平方米，覆盖中国国际展览中心13个展馆，展会共接待观众近26万人次，其中专业观众达80000余人，亚洲、欧洲、美洲等海外参展机构达300多家。

3月22日

《新闻联播》播发《宗教界人士强烈谴责达赖分裂集团罪恶行径》，通过对中国佛教协会西藏分会副会长达扎·丹增格列等藏传佛教界颇具声望的6位宗教界活佛高僧的采访，表达了宗教界人士对发生在拉萨的打砸抢烧暴力犯罪事件的极大愤慨和强烈谴责。

贵州电视台天元围棋频道与中国棋院签订全面合作战略伙伴关系协议。天元围棋频道正式成为中国棋院的官方合作频道。

3月24日

北京电视台制作完成100集《福娃奥运漫游记》，陆续在北京卫视、北京卡酷动画卫视和央视电视频道及上海、江苏、山东、山西等全国100多家电视台亮相；全国铁路、航空、公交、地铁、轻轨和出租车等车载电视系统也播放这部动画片。

3月25日

由《财经》杂志主办的财经网正式开通。

3月27日

贵州省广播电视信息网络股份有限公司成立，公司下辖84个分公司，共3600名员工。

3月28日

澳门卫视在澳门和北京同时开播。

央视国际网络（简称“央视国际”）更名为“央视网”。

澳门中华卫视台正式开播。该台归属于澳门中华卫视电视（集团）股份有限公司，以娱乐、健康类节目见长，并无采编澳门新闻。

3月31日

全国首家农林科技卫星频道——陕西农林科技卫视正式开播，这是陕西电视台推出的第二套卫星频道。该卫视设有十档品牌栏目，包括三档农林科技推广专栏，一档劳动技能培训专栏，一档致富类专栏，两档农村社会类专栏，一档农村普法类栏目，一档地方戏曲类节目，一档栏目剧等。

湖南卫视与北京能量影视传播有限公司联合举行《鲁豫有约》首播启动仪式。湖南卫视买断了凤凰卫视《鲁豫有约》在内地的播映权。

同月

“3·14”拉萨暴力事件发生以来，西藏人民广播电台对外英语节目《圣地西藏》针对一些西方媒体歪曲事实的报道，及时调整节目内容，翻译制作了报道事件真相的新闻节目、专访、评论等。

4月1日

由甘肃省农牧厅、省通信管理局、省广电局联合主办的甘肃省12316“三农”服务热线开通。当天13点，甘肃省广播电视总台农村广播、新闻综合广播联合制作的12316“三农”热线直播节目正式播出。

4月2日

迅雷网络召开新闻发布会，宣布与九州梦网、捷报、优度、网乐互联等国内主流互联网正版内容提供商达成战略合作，基本垄断了互联网上的国内正版内容。迅雷在发布会上推出了互联网视频广告（TVC）分成模式，迅雷未来将专注于消费终端的角色，不再直接采购版权，而是通过广告分成的方式与正版内容提供商共享利润。

4月4日

湖南卫视现场直播特别节目《清明时节

话源流》，并全程直播普通人老苏一家的家祭全过程，这是国内电视台首次直播清明家祭全过程。

由福建省记协、福建省新闻学会、福建省林白水研究会联合举办的省市新闻界及闽侯县各界群众祭扫林白水烈士陵墓活动在闽侯县青口镇青圃村的林白水纪念堂举行。

4月5日

全国新闻界代表、陕西省各新闻单位、陕西省新闻工作者协会及张季鸾后人等200余人，在西安市长安区杜曲镇竹园村墓地纪念报界前辈张季鸾先生诞辰120周年。

4月7日

在国际报业与传媒商业科技协会主办的“2008亚洲传媒大奖”评比中，《上海日报》获得了“最佳网站”金奖和“最佳头版设计”银奖。

4月9日

上海文广新闻传媒集团第一财经正式在香港Now TV开播。以Now TV作为基本频道，第一财经的电视节目在内地和香港实现同步播出。

人民网总裁何加正、中国人民大学新闻学院常务副院长高钢在中国人民大学逸夫会堂共同签署了合作协议，宣布“人民网奖学金”项目在中国人民大学正式启动。“人民网奖学金”的设立旨在进一步加强人民网与学界的联系和合作，同时激励优秀高校在校学生对网络新闻研究和网络传播问题研究的兴趣，鼓励成绩优秀的年轻学生进行思考和写作。

4月10日

新华社涉外信息管理中心指定的代理机构中国经济信息社与俄罗斯新闻社在北京签署经济信息代理协议，双方将进一步推进新闻信息代理方面的实质性合作。

4月11日

华商报继成功推出《消费者导报·房周刊》后，又推出一份全新的《消费者导报·健康周刊》。

4月13日

首届“全国城市周报十强”评选揭晓，《精品购物指南》《新女报》《申江服务导报》《假日100天》《渝州服务导报》《南都周刊》《时尚生活导报》《新潮生活周刊》《精品导报》《台州广播电视报》上榜。

4月15日

北京大学新闻学研究会正式恢复成立，并聘任海内外10位知名学者担任首批研究会导师。

4月16日

中央数字电视传媒有限公司与北京歌华有线电视网络股份有限公司签署数字付费电视频道合作协议，共同开拓北京数字付费电视市场。

全国农业传媒与传播研究中心在北京成立。研究中心将搭建“立足农科院、面向国内外”的横向联合协作研究平台，打造一支内外结合、动态平衡、结构合理、跨领域、多学科交叉的科技创新团队，积极争取科研项目；保障经费投入和政策支持，通过开展科研创新工作，致力于农业科技传播学科建设和农业科技传播人才培养。研究中心的成立将有利于分析我国农业科技知识传播的一般规律，用传播学及其他相关学科的基本理论和方法，探寻符合我国国情和农业生产力发展水平的传播机制、传播模式、传播技术和传播手段，进而形成农业科技传播学的学科规范和学科架构，指导我国农业科技传播实践，为促进农业科技成果转化、推动农业科技创新和农村经济发展做出积极的贡献。

4月17日

中国国际广播电台国际在线捷克语网站

就西藏问题与捷克网民进行了一个半小时的网络对话。这是国际台外文网站首次采用网络文字对话形式就重大问题向外国网民解答疑惑，传播中国政府的立场和主张。

4 月 18 日

《西藏青年》杂志首发式在拉萨公德林城市青年中心——博客书吧举行，《西藏青年》的读者定位为西藏团员青年，以青年为本，立足共青团，引领青年关注社会，追求真理。《西藏青年》为双月刊。

湖南经济电视台先锋乒羽频道通过华城集成平台正式向全国传递信号，这是该台推出的第二套数字付费频道。

北京奥运会中国晚报百家采访团在天津成立。

4 月 19 日

福建日报报业集团与新华社福建分社在福州签订《加强海西宣传协作协议》。根据协议，新华社福建分社密切配合福建省委重大部署和重大决策，紧紧抓住海西宣传主题，加强策划，搞好报道；福建日报报业集团将大力支持新华社记者海西宣传稿件落地，积极为新华社提供和推介海西建设的重要信息。

4 月 22 日

中国出版集团数字传媒有限公司在北京成立。

4 月 23 日

在郑州大学法学院，河南省高级人民法院终审判决长城宽带赔偿华谊兄弟 3 万元。未经许可在网上传播电影《可可西里》，长城宽带郑州分公司被北京华谊兄弟影业投资有限公司告上法庭，索赔 30 万元。

4 月 24 日

“全国有线广播电视网络质量调研和分析”项目通过国家广电总局验收。该项目可对全国有线广播电视网络质量和运营进行多角度综合分析，提供直观、详尽的统计数据，由国家广电总局广播电视规划院主持完成。

4 月 25 日

2008 北京国际新闻中心正式受理境外记者奥运会采访报名申请，境外记者报名于 5 月 20 日截止，逾期不再受理报名申请。境内记者报名另行安排。参照国际惯例，北京在奥运会期间为没有取得国际奥委会“奥运注册卡”的新闻记者设立 2008 北京国际新闻中心提供相关服务。中心设有注册大厅、接待大厅、记者工作大厅、新闻发布厅、餐饮区等功能区，7 月 8 日正式对记者开放。

4 月 26 日

重庆大学文学与新闻传媒学院正式揭牌，新华社原副社长兼常务副总编辑马胜荣任院长。

4 月 28 日

12321 网络不良与垃圾信息举报受理中心开通。

本日至 5 月 3 日，由国家广电总局、浙江省人民政府共同主办的第 4 届中国国际动漫节在杭州林博园举行。本届动漫节有 37 个国家和地区的嘉宾参加，近 300 家中外动漫企业参展。据不完全统计，有 67.2 万人参加了动漫节的各项活动，动漫节上签约项目 34 个，总金额为 48.85 亿元人民币以及 2371 万美元。

4 月 29 日

北京电视台奥运高清频道开播，开播仪式在北京电视台新址举行，国家广电总局副局长田进等出席。

香港商报与深圳新世界集团在香港签约，宣布深圳新世界集团正式购入《香港商报》45％股份，成为该报第二大股东。

上海名牌杂志《故事会》成为中国驰名

商标。这是上海第一家获此殊荣的杂志，这意味着此后所有未经授权的以“故事会”为名的栏目、图书、商品等均涉嫌侵权。

4月30日

世界华文媒体有限公司在马来西亚吉隆坡股票市场上市，这标志着一家大型国际华文报业集团在海外正式诞生。

人民日报海外版《北京奥运特刊》覆盖全国民航。

中央电视台多个频道和央视网分别推出“奥运倒计时100天”大型直播节目，向全世界展示北京奥运准备工作。

青岛电视台在青岛电视塔奥运大厅举行了“与奥运同行——庆祝北京奥运会开幕倒计时100天”特别节目《飞越青岛》摄影展暨《飞越青岛》大型画册和《青岛起航》奥帆歌曲专辑发行剪彩仪式。

5月1日

中央电视台高清综合频道正式开播。

北京电视台奥运高清频道开播。

拉萨市广播电视台无线10频道综合节目播出系统正式开通播出，实现了数字盘带播出。

国务院颁发的《政府信息公开条例》施行。按照《政府信息公开条例》和《公务员法》等相关法律，政府机关向社会公众提供虚假信息，相关负责人会被追究警告、免职、开除公职等行政责任，构成犯罪的还会被追究刑事责任。

5月5日

中国国际广播电台首个统一多语种汉语教学节目《每日汉语》正式在全台43种语言对外广播节目中挂牌播出。该教学节目共68集，每集10分钟。

由成都商报社和成都电视台33频道联合打造的《探秘》节目正式在上海文广集团旗下的上海电视台纪实频道开播，这也是成都传媒集团成立后首次将原创电视品牌节目对外输出。

5月6日

中国气象局与中央人民广播电台签署《气象新闻信息共享与发布合作协议》。根据协议，中国气象局实时向中央电台提供灾害天气预报预警及灾害总结、重大突发公共事件气象保障服务信息、重大气象灾害形成原因解释、周边国家和海域及全球重大气象灾害预报和舆情，中央电台及时向公众发布气象预报及各类气象服务信息，第一时间发布灾害天气预警，宣传气象事业发展。

5月7日

全国气象新闻摄影协会在北京成立。成立大会审议并通过了《全国气象新闻摄影协会章程》，选举产生了第一届理事83名、常务理事30名。中国气象局党组成员、宣传工作领导小组副组长孙先健被选举为协会会长。

香港国民教育促进会举行成立两周年暨成功争取中央电视台中文国际频道落地转播联欢晚会。

5月8日

国家广电总局广播电视规划院第一届科学技术委员会正式成立。

中国国际广播电台国际在线中文网、日文网以及华语广播网全程音频直播国家主席胡锦涛在日本早稻田大学发表演讲过程，并邀请中日两国嘉宾到直播间就胡锦涛此次“暖春之旅”进行直播访谈。

5月9日

河北承德人民广播电台旅游生活广播正式开播。

舟山报业发行广告有限公司成立，这是全国首家由地市级报社控股、中层管理人员持股、具有独立法人资格的有限公司。

经新闻出版总署和江苏、海南两省主管

部门批准，我国首个跨地区战略重组的大型发行企业——海南凤凰新华发行有限责任公司在海口市举行成立大会暨挂牌仪式。

5 月 11 日

在中共中央政治局常委、全国政协主席贾庆林访问克罗地亚及中克建交 16 周年之际，中国国际广播电台国际在线中文网和尚在试运行中的克罗地亚网联合推出“相距不再遥远——我眼中的中国和克罗地亚”网络访谈直播节目，这是国内首次采用中外文同步互译的方式进行的在线广播访谈和中外网络对话节目。

5 月 12 日

汶川大地震发生后，中央人民广播电台、中国国际广播电台、中央电视台立即组织进行报道。中央人民广播电台于当天 19 点推出特别直播节目《汶川紧急救援》，充分发挥了广播在紧急状态下的重要作用。

成都人民广播电台交通频率在直播间率先启动抗震救灾特别节目，发出了四川广播电视关于抗震的第一个声音。

新闻出版总署正式发文批准《铁岭晚报》更名为《辽沈晚报·铁岭版》，由铁岭日报社主管主办变更为铁岭日报社主管、辽宁日报传媒集团和铁岭日报社主办，其中辽报集团是主要主办单位；刊号仍归铁岭日报社所有，其他产权关系不变；《辽沈晚报·铁岭版》的广告业务由辽宁日报传媒集团进行整体经营，发行业务由辽沈晚报社负责；《辽宁晚报·铁岭版》的员工隶属关系不变，由铁岭日报社委派，辽沈晚报社派出业务骨干参与、指导和协调有关采编、经营业务。

《辽沈晚报·铁岭版》的创办是我国首家地市级党报被批准纳入省级报系，也是全国首家省级报纸与地市级报纸跨区域进行资源整合、严格按照新闻出版法规合作出版和经营地方版的成功范例，也标志着我国省级报业集团跨地区整合地市报资源、推动报业由分散粗放型的传统格局向规模集约型的现代格局转变迈出了实质性步伐。

青海省移动多媒体广播在西宁地区开始试播，群众可以通过专用手机、MP4 等移动接收终端收看中央电视台一套、三套、五套、九套、新闻频道和少儿频道的电视节目。

本日至 14 日，浙江省景宁县九龙乡有线电视开通。至此，浙江省所有乡镇都通上了有线电视。

5 月 13 日

北京电视台新闻节目中心即日起陆续派出 17 个小组共计 61 人前往四川震区，到达汶川、北川、绵阳、绵竹、江油、什邡、安县、都江堰等地进行报道，其间，北京电视台制作并播出抗震救灾特别节目《抗震救灾 众志成城》。

5 月 14 日

福建宁德电视台投入 70 多万元更新改造的两套硬盘播出系统正式投入使用，实现了所有节目制作播出的数字化、网络化。

中国教育电视台地震灾区新闻宣传报道小组成立，并赶赴四川地震灾区进行报道。截至 6 月 25 日，教育台各频道共播出抗震救灾节目约 785 小时，其中空中课堂频道抗震救灾特别节目 449 小时，飞播字幕 5986 条。

5 月 15 日

中共中央政治局常委、国务院总理温家宝亲切看望中央电视台抗震救灾随行报道组成员。他高度赞扬中央电视台在抗震救灾报道中的出色工作，并对报道组成员不惧困难，为报道所付出的努力表示感谢。

中央人民广播电台记者在汶川映秀镇对救助废墟下掩埋者的救援现场进行了广播史上罕有的直播，半个小时内收到听众短信 8000 余条。

5月16日

亚太地区最大互联网数据中心“亚太信息引擎”落户广州。

5月18日

中央人民广播电台与中国国际广播电台向各地播出《与你同心——灾后心理援助行动》广播节目。该行动由中国农工民主党、友成企业家扶贫基金会、中国科学院心理研究所、中国心理学会共同发起。节目由中央电台中国之声每晚22点45分首播，国际台FM90.5每天13点35分首播。节目时长均为15分钟，由中国心理学会派出的心理学专家与灾区现场人员进行直接交流。

河北省新闻传播教育学会成立大会在河北大学新校区举行。河北现有18所高校设有新闻传播类专业。成立大会产生了第一届理事会。

5月19日

本日至21日，全国广播频率、电视频道以及广电网站全部启动了全国哀悼日特别编排。抗震救灾节目、救灾跟踪报道、捐赠消息、寻亲消息成为主要报道内容，所有文艺娱乐节目和活动全面停止。各频率、频道停播了商业广告及医疗资讯服务节目，广电网站、广电刊物也以黑白为基本色调进行版面编排。中央电视台11个开路频道及11个付费频道与新闻频道并机，报道中央领导在中南海默哀、全国各地降半旗鸣笛默哀、驻外使馆悼念活动等情况。

河北省第一份“联通手机报”正式开通。联通手机报是中国联通河北分公司与新华社河北分社、人民网、河北日报报业集团、石家庄日报社等媒体联手打造的彩信版手机报，为广大联通用户提供新闻时事类、体育赛事类、生活娱乐类、文化艺术类和财经分析类等多种咨讯信息。河北联通与新华社河北分社合作推出的“新华手机报”，以新华网及时、海量、大众化的内容为基础，针对手机媒体特性以及手机用户使用习惯，特设精彩导读、新闻速递、环球60秒、今日关注、河北聚焦、体育文娱、生活百科等内容，并对人们关注的热点事件进行深度剖析和点评。

5月20日

重庆市新闻出版局决定给予重庆出版集团公司主管的《旅游新报》停刊整顿的行政处罚。该报社社长、总编辑和副总编辑被免职，相关直接责任人被除名。5月19日出版的第60期《旅游新报》在关于汶川地震的报道中，严重违背社会公德，亵渎了神圣的民族尊严，伤害了崇高的民族情感，造成了极其恶劣的影响。

5月21日

中国教育电视台空中课堂抗震救灾特别节目正式开播。

5月26日

西藏首个出版发行物流中心开业。

在教育部、团中央支持下，中国青年报牵头发起成立中国高校传媒联盟。联盟的成立旨在加深、加强全国高校传媒间的交流，实现资源和资讯共享，为各高校媒体搭建一个交流、共享、提高、互惠的合作平台，并会同社会媒体及各校有关部门进行高校传媒工作者的教育、培训工作，开展多种形式的新闻宣传业务交流。

5月28日

河北人民广播电台京东文化产业园开工。

贵州电视台家有购物频道试播。

本日8点，由全国73家交通广播联合直播的《我们心连心》抗震救灾大型特别节目开播，同一个声音划破长空，回荡在中华大地。这次直播特别节目由四川人民广播电台交通频率发起、中国广播电视协会交通宣传委员会组织，为全国人民的抗震救灾行动提供有力的信息支援。

5 月 30 日

福建省提前完成迎奥运广播电视“村村通”工程建设任务。这项工程于 2008 年初开始实施，共完成 9422 个 20 户以上自然村的通广播电视任务。

5 月 31 日

由甘肃省广播电影电视总台无线传输中心承担的移动多媒体广播 CMMB（手机电视）在兰州试播成功。兰州成为全国第 37 个 CMMB 组网城市。

同月

“5·12 汶川地震”全国哀悼日期间，全国 329 个地市级以上电视台共播出 1482 套节目，其中 1069 套节目转播中央电视台《众志成城　抗震救灾》直播报道；无线电视 1645 个频道，其中 692 个全部转播中央电视台节目；中央电台、国际台和湖南、黑龙江、上海、天津等 28 个省级电视台上星频道举办了近 40 场赈灾演出。

6 月 1 日

中央电视台少儿频道顺利进行开播 5 年来的首次改版。本次改版以提升“绿色收视率”、品牌竞争力和社会影响力为目标，以去成人化、碎片化和新闻化为手段，栏目数量由 27 个减少至 16 个。改版加强节目编排针对性、凸显整点播出卡通化、黄金时段品牌化和周播栏目活动化的特点。其中，《七巧板》等改为周播栏目，《动画乐翻天》《动漫世界》等日播栏目延长播出时间。同时，推出全新少儿频道包装。

国家广电总局与四川省广电局一起拟定了过渡期恢复播出应急方案（第一批）。四川省广电局紧急调集电视发射机和天馈线等设备，当天即在北川县广播电视台安装调试完毕，为当地提供中央一套广播电视节目。

贵州电视台 3 频道呼号调整为贵州电视台影视文艺频道，4 频道呼号调整为贵州电视台大众生活频道。

6 月 2 日

《齐鲁晚报》和《生活日报》共同推出“桌面报纸”，用户免费下载并安装“大众网桌面快讯”后，只需打开电脑，两报当日新闻和最新资讯就会在第一时间推送到电脑桌面上。

6 月 7 日

四川人民广播电台协助开通解放军抗震救灾战地广播。

6 月 8 日

由复旦大学新闻学院、厦门大学新闻与传播学院、海峡导报社共同主办的海峡两岸新闻与传播交流中心揭牌仪式在福建厦门举行。

6 月 9 日

我国首颗直播卫星“中星 9 号”发射成功，标志着中国进入直播卫星时代。该星采用不加密方式传输广播电视节目，将承担中央和省级广播电视节目对广大农村地区的覆盖任务，特别是解决 20 户以上自然村通广播电视的问题。

6 月 11 日

中央政法委所属的长安法制电视制作中心与民主与法制时报社举行签约仪式，两者合办的《中国法治影视周刊》将于 7 月 1 日在北京出版。该周刊是在原《民主与法制时报》基础上进行扩版并发行全国。

北京发行量最大的报纸《北京晚报》推出两个版本。第一版本截稿时间为中午 12 点 30 分，第二版本将头版头条新闻由《协管员贴罚单被叫停》更换为《失事直升机有了下落》，并于 13 点 20 分开始印刷，这样当天的《北京晚报》有 1/3 为第一版本，有

2/3 为第二版本。《北京晚报》实现滚动出报。

根据国家广电总局《关于中央电视台增设高清频道编辑部的批复》，中央电视台成立总编室高清频道编辑部。

淮海经济区城市网站联盟在徐州成立，2008 中国城市网站徐州高峰论坛同期举行。网盟的宗旨是促进淮海经济区城市各网站之间的交流，在淮海经济区城市报业联盟的基础上进行网站建设、网站经营的深度合作，整体提升各城市网站的知名度和影响力。与会的 20 家淮海经济区城市网站代表举行了入盟签字仪式，中国徐州网、蚌埠新闻网、东方圣城网、商丘报业网 4 家网站当选为网盟常务理事单位。大会通过了网盟章程和公约，签署了本次论坛的《徐州宣言》。网盟成立后，将每年举行一次联席会议，抓住热点进行合作、策划、组织、报道、经营等活动；网盟成员之间在新闻宣传、技术开发、市场经营和交流培训等方面进行定期或不定期的人员交流、学习、研讨、考察等活动；建立成员之间的广告联动机制，网盟成员要为其他成员提供最优惠的广告异地代理服务。此外，网盟还将进行统一制定“淮海经济区城市网站联盟”标识、宣传语和链接方式，开展网络优秀作品评选，联合投资进行技术开发，共享技术成果等活动内容。

6 月 16 日

福建泉州电视台闽南语频道全长共 1260 分钟的 7 档自办节目通过台湾的 CHTV 和 DVB—H 在台湾全岛落地。

由重庆晨报和重庆市慈善总会联合发起创立的阳光慈善基金会正式成立。重庆晨报在汶川地震灾后多次组织募捐，并在全国第一个推出特别号外《汶川十日志》，销售收入全部捐给灾区。

新华传媒发布公告称，其控股股东上海新华发行集团已按上海市委宣传部的要求进行股权调整，解放日报报业集团及其全资子公司上海新华书店投资有限公司通过无偿划拨受让上海新华发行集团 23.46% 的股权，从而累计持有上海新华发行集团 50.8% 的股份，获得绝对控股权。

6 月 17 日

由浙江省青年时报发起并指派专人在现场督工的浙江省援建灾区首所抗震希望学校在四川灾区落成，这是全国第一所由报社援建并最快投入使用的抗震希望学校。

国家广电总局召开灾后恢复重建广播影视对口支援协调会。北京、天津等 20 个支援省市和四川、甘肃、陕西 3 个受灾省的文化厅、广电局负责人，以及总局相关司局和直属单位负责人参加。

6 月 18 日

台湾中国时报宣布裁员 500—600 人，裁员幅度将近 5 成，报纸版面也由之前的 13 大张缩减为 10 大张，并取消地方版。

6 月 20 日

在《人民日报》创刊 60 周年之际，中共中央总书记、国家主席、中央军委主席胡锦涛和中共中央政治局常委李长春来到人民日报社考察工作。胡锦涛发表了重要讲话，着重就提高舆论引导能力讲了 5 点意见，并来到人民网强国论坛同网友们进行了简短在线交流。中宣部 6 月 23 日发出通知，要求新闻宣传战线把学习宣传贯彻胡锦涛总书记在人民日报社考察工作时的重要讲话精神作为当前一项十分重要的政治任务，坚持以讲话精神为指导，进一步加强和改进新闻宣传工作。

《明报周刊》在台湾创刊。

由湖南电广传媒控股的湖南有线电视网络集团与国家开发银行、中国建设银行、中国银行签订贷款合同，贷款 33 亿元，贷款期限 15 年，主要用于湖南有线电视数字化改造和建设，这是迄今为止我国数字电视项目最大的一笔贷款。

6月24日

我国首部记录北京奥运会筹办历程的大型纪实电影《筑梦2008》在全国上映。该片由中央新闻纪录电影制片厂出品。

6月26日

国家广电总局在北京举行移动多媒体广播（CMMB）接收终端赠送仪式，向北京奥组委赠送一千台CMMB终端，标志着CMMB正式开始为奥运宣传服务。

6月27日

福建海峡之声广播电台与台湾非凡音联播网在福州签订《电台交流新闻集散合作协议书》。这是两岸广播电台首次就转播、共同制作节目达成协议。

重庆市大渡口区"12371手机党报"开通，辖区持移动手机的数千名党员同时收到了党内新闻。"12371手机党报"是重庆市委组织部与中共大渡口区委、移动公司以12371党建信息平台为基础，以手机彩信的方式，将中央、市委、大渡口区委的一些重要党建信息、时政要闻、相关图片信息、党的知识等摘编成刊，免费发送到党员手机上。以手机新闻方式向党员传送党建信息，这在全国尚属首次。

6月28日

国内印刷行业电子商务系统——珠江印刷网电子商务系统在珠海开通。

6月29日

由湖南人民广播电台筹办的移动电视频道成功试播。

新闻出版总署西南地区人才培养基地暨广西大学新闻传播学院正式揭牌。

青海省广播电视安全播出调度指挥中心暨青海省广播电视监测中心正式开通。

6月30日

中央电视台英语国际频道节目进入伊拉克库尔德卫星电视台，成功落地伊拉克。

中央电视台西班牙语国际频道在巴拿马成功落地，分别通过巴拿马电信CTV公司的IP电视平台基本层及巴拿马有线联盟的有线电视基本层播出，覆盖用户约21000户。

由中央电视台主办的学术期刊《电视研究》入选国家新闻出版总署首批A类期刊名单，是广播电视行业唯一入选的学术期刊。

同月

首部中国传统文化多媒体电子百科全书《中国传统文化经典》出版。

7月1日

北京人民广播电台外语广播呼号改为"北京电台外语广播奥运之声"，英文呼号为The Olympic Voice on Radio 774，是北京电台继体育广播奥运之声后推出的第2个奥运专业频率，北京奥运会结束后恢复原呼号。

新疆维吾尔自治区党委宣传部和新疆邮政公司共同启动党报进邮政报刊亭活动，市民不仅可以在11家报刊亭买到《人民日报》《新疆日报》，还能免费阅读到当日的这两张党报。

成都地区3家主要都市报的年订价和零售价全面上涨。

7月3日

北京娱乐信报社、I时代报社、羊城地铁报社和东方卫报社共同发起成立全国地铁报联盟。

安徽广电手机电视开播仪式在合肥大蜀山举行，它可传送5套电视节目和2套广播节目。

7月4日

北京市工商局规定从2008年8月起营

利性网站须办营业执照。

新华社两名记者经香港前往台湾，这是台湾新闻主管部门6月30日宣布恢复新华社、人民日报社记者赴台驻点采访后新华社派出的首批记者，他们将在台采访3个月。

7月5日

深圳报业集团获得国家人事部批准设立博士后工作站，成为深圳市第一家获批设站的文化单位。

7月6日

负责管理互联网网址的机构ICANN在巴黎年会上批准一项提案，允许创建“.中国”顶级域名，这意味着“.中国”将成为网址的后缀。

7月7日

辽宁电视台国家标准地面数字信号发射仪式暨高清电视转播车投入使用剪彩仪式在辽宁电视大厦举行。

7月8日

北京奥运会主新闻中心、国际广播中心、北京国际新闻中心正式启用。奥运会期间主新闻中心将接待来自世界各地的奥运会注册记者，每天召开30余场发布会。国际广播中心位于奥运主新闻中心的东侧，奥运会所有电视转播信号从这里发往世界各地。

由中国图书进出口（集团）总公司承办的8家奥运书报亭陆续开业，销售包括世界主要新闻类和体育类报刊在内的约100种原版境外报刊，如《时代周刊》《新闻周刊》《读卖新闻》等。

中国启动网站身份认证。中国互联网络信息中心建设的站点卫士在广州宣布上线，从而启动了这项基于域名的网络信用认证。

7月10日

央视网欧洲（伦敦）镜像站点正式开通。中央电视台通过与中国电信欧洲分公司的合作，租用中国电信在伦敦的数据中心，安排80多台设备，覆盖欧洲所有用户。

北京日报报业集团与南京日报报业集团建立战略合作伙伴关系，双方以奥运报道为契机，资源共享，优势互补，开展全方位、多领域合作，提升集团的品牌影响力。

7月11日

拉萨市开通CMMB信号。至此，全国37个城市的CMMB网络覆盖工程圆满完成。

7月13日

经试刊百日，澳门《濠江日报》正式创刊。

由中央电视台主办的体育综合类杂志《第5频道》创刊，这标志着央视跨媒体发展迈出重要一步。该刊首期是一本图文并茂、生动翔实的奥运观战指南。

7月14日

《中国少数民族新闻传播通史》由中央民族大学出版社出版，该书是在少数民族新闻传播学研究中首次被列入国家社科基金项目研究课题的成果。全书共12章71节，约90万字，由中央民族大学白润生教授主编。该书对中国少数民族新闻传播事业（报刊、广播、电视、网络、新闻教育与研究、队伍建设）的兴起、发展、繁荣的历史进行了全景式记录，珍贵翔实的史料和浓郁的民族风情是其鲜明特色。

7月15日

台湾正声新闻网正式派记者驻点昆明采访。这是台湾媒体首次在云南驻点，昆明也是正声新闻网在大陆设点的第一个城市。正声新闻网是台湾中部南投县的一家综合性新闻媒体，在台湾中南部地区有一定的影响力。

7月16日

黑龙江省政府新闻发布厅正式投入使

用，首场重要新闻发布活动——北京奥运火炬黑龙江传递活动新闻发布会选在这里举行，黑龙江省内主要媒体记者作为“首批用户”参加了启用发布会。黑龙江省政府新闻发布厅坐落于黑龙江日报报业集团办公大楼内，软硬件设施完善。发布大厅主体面积达900多平方米，还专门设立了数百平方米的贵宾接待室、同声传译室和记者工作室。记者工作室设有7个电脑工位和1个录音采访专区。

7月17日

山东体育休闲广播正式开播，该频道是山东省内唯一一家以体育资讯为主要内容、以休闲产品为辅助的新形态广播频率。

7月18日

河北人民广播电台旅游文化频率正式开播。这是河北第1家、全国第3家旅游文化专业广播。

由财政部委托中国财经报社主办的财会专业报纸《中国会计报》，经国家新闻出版总署批准正式创刊。

广电总局发布通报，截至6月底，全国农村中央广播电视节目无线覆盖工程已完成90%。通报说，北京、内蒙古、青海、甘肃、宁夏、河南、安徽、湖南、浙江、江苏、海南等11个省（市、区）和大连、青岛、宁波、深圳4个计划单列市已全部完成建设任务。

7月21日

上海4家主要都市类报纸《东方早报》《新民晚报》《新闻晨报》《新闻晚报》同时提高零售价。

7月23日

中国出版科学研究所发布第5次全国国民阅读调查成果。调查显示，报纸是国民阅读率最高的文字媒体，在我国识字人群总体中，每人每月平均阅读报纸7.4份，阅读率达73.8%；杂志阅读率比2005年上升10.5个百分点；图书阅读率止住连续下滑趋势，新媒体阅读呈现强势增长势头。最受读者欢迎的杂志是《读者》。与此同时，网络阅读率继续大幅攀升。

7月24日

中国互联网络信息中心发布《第22次中国互联网络发展状况统计报告》。报告显示，截至6月底，我国网民数量达2.53亿人，首次超过美国跃居世界第一位。

7月25日

奥林匹克历史上首份中文官方会刊正式面世。该会刊由北京奥组委授权，北京日报报业集团出版，全面记录第29届奥运会举办和赛事的盛况。

河南省移动多媒体广播在郑州开播。

贵州电视台第10个电视频道——家有购物频道正式开播，这一频道的开播标志着贵州电视台资源融资实现体制突破。

宁夏回族自治区安全播出视频会议电话调度指挥系统正式开通。该系统集安全播出指挥、调度、通信、会议为一体，进一步提高了安全播出保障能力，开通仪式由宁夏回族自治区广播电影电视局举办。

国务院下发《关于印发〈国家新闻出版总署（国家版权局）主要职责内设机构和人员编制规定〉的通知》，标志着国家新闻出版行政管理机构改革和体制改革进入新的阶段。

7月26日

北京晚报联合中泽北邮、北京搜索等机构全新打造的北京晚报手机WAP版（又名新鲜网）全面开通。北京晚报手机WAP版本次推出的奥运快报专题将实现对奥运现场的滚动播报，全方位报道奥运赛场内外的消息，并为用户提供完全赛事指南。同时，它还利用手机能够即时交流的特性，开辟奥运奖牌竞猜等互动项目，充分调动参与者的热情，共同享受奥运盛事。除了依托北京晚报强大的采访资源，在第一时间为用户提供最具可读性的新闻及图片，北京晚报手机报还具备其他丰富多彩的服务功能，如“本报特别放送”精选了北京晚报的精华读品，用户通过手机轻松浏览，独享精神盛宴；“图铃达人”收录了网络最新潮的图片和铃声以供用户下载等。

7 月 27 日

中国国际广播电台国际在线多文种“北京奥运·穆斯林指南”网正式开通，这是中国第一个面向海外穆斯林推出的服务型多语种网站。

中央电视台法语国际频道首次开播商业广告，该类广告安排在每日黄金收视时段滚动播出。

7 月 28 日

国内唯一以服务北京奥运、服务社会公众为宗旨的大众化天气资讯类报纸——《奥运天气资讯》在北京创刊。

厦门卫视白天三大剧场“家庭剧场”“下午剧场”和“周末剧场”开始全面播映闽南语版电视剧，至此，厦门卫视实现了全天电视剧全闽南语播出。

中央电视台西班牙语国际频道正式对外播出广告，从而由外宣频道发展为兼具对外推广中国品牌功能的国际化频道。

《半岛晨报》《大连晚报》《新商报》三家大连都市报零售价集体上涨。

7 月 29 日

安徽人民广播电台第八套节目——戏曲频率正式开播。

本日起至 8 月 26 日，重庆日报正式推出《重报特刊》，强势报道和全程记录北京奥运会。

7 月 30 日

中国国际广播电台国际在线克罗地亚文、乌克兰文网站正式开通。至此，国际在线语种数量达到 53 种，成为世界上语种最多的网络媒体。

北京电视台对外宣布，北京电视台手机电视正式开播。

贵州省农村广播电视无线覆盖工程竣工。该工程由中央财政投资 1.2 亿元，贵州省财政投资 2700 万元，市州地配套 3000 万元，更新、改造无线广播电视发射台（站）94 座，解决了贵州省 62 个县城及周边地区居民收听广播的问题。

同月

海峡之声广播电台全程跟踪报道“两岸周末包机直航”，制作播出了两个半小时的《大陆居民赴台游（首发）》特别节目，得到了台湾岛内听众的称赞。

8 月 1 日

由北京奥组委主办、中国日报出版发行的北京奥运会官方英文会刊《奥运日报》正式与国内外读者见面。该报在奥运会期间每天出版 32 个版。

中国国际广播电台移动国际在线英文版开始上线运行，内容由移动奥运、移动新闻、移动北京、移动电台和移动教学 5 部分组成。

大连电台启动 2008 北京奥运会直播季。

新华书店第一家海外分店在美国纽约法拉盛剪彩开业。

新闻纸每吨价格再次上涨 400 元，这是 2008 年新闻纸第 3 次提价。

武汉开通国内首个向公众开放的环保视频监控网站。此前，环保部门的在线监测网络只用于行政内部监管。此次公开排污信息的单位，包括武钢、武石化、武汉晨鸣纸业、沙湖污水处理厂、华能阳逻电厂、百威啤酒等30家企业，涵盖全市重点“排污大户”。通过视频，市民可适时查看各企业治污设施的运行情况，还能查询到污染物排放浓度、是否超标等数据。

8月3日

海峡都市报与百事公司合作进行营销创新，限量版的“百事·海西”罐举行首发仪式，《海峡都市报》成为全球第一家上罐媒体。

8月4日

国标地面数字电视高清频道在青岛电视发射塔试运行播出，这是青岛电视台首次播出国标地面数字电视高清节目。

中央人民广播电台奥运之声频率正式开播，每天播音21小时40分钟。

甘肃广电微波网数字化改造工程通过技术验收。

由杭州日报报业集团与杭州文化广播电视集团共同出资的杭州汉书数字出版传播公司正式成立。这是新闻出版总署批准成立的杭州唯一一家电子音像出版社，也是国内第一家以数字出版命名的公司。

搜狐奥运赛事信息系统正式上线。

8月5日

江苏省广播电视台CMMB手持电视正式试播。

安徽省新闻出版局下发文件，转发国家新闻出版总署批复，批准《亳州报》更名为《亳州晚报》。根据国家新闻出版总署的要求，《亳州报》将于10月8日正式更名为《亳州晚报》。

8月6日

内蒙古电视台举行“世通华纳·城市T频道在NMTV移动频道启播盛典”，标志着内蒙古第8个频道正式开播。

湖南新广传媒有限责任公司正式挂牌运营，以移动电视为主体的湖南人民广播电台新媒体产业的公司化、市场化运作正式启动。

重庆广播电视总台正式推出手持电视（CMMB）业务。

武汉五大主流报纸《楚天都市报》《楚天金报》《武汉晚报》《武汉晨报》《长江商报》相继在头版公布报纸提价。

8月8日

宁波日报报业集团推出版面式的第2代手机报“速报”。

本日至8月24日，第29届奥运会在北京举行。广播电视准确、及时、充分、安全地完成了北京奥运会开幕式、闭幕式和各项赛事的直播、转播等报道，中央三台直播、录播1983场，总时长4500多小时；播出奥运新闻10.6万篇，时长6425小时，播出奥运专题节目和特别节目4407个、2.4万期，总时长1.3万小时。中央电视台总体收视份额达54.42%，比雅典奥运会期间提高了16.41%，比上半年提高了18.73%。中央电台收听率及市场份额分别比7月份上涨11.47%和19.84%。中央三台网站发布奥运相关新闻8.6万篇、图片9.5万张、音视频节目1013小时，总访问量58.96亿次，日访问量3.68亿人次，总点击率50.3亿人次，日点击率3.14亿人次。

8月9日

本日至8月23日，第29届奥林匹克运动会帆船比赛在青岛启动。青岛人民广播电台、青岛电视台全程直播，青岛传媒网、青岛广电移动数字电视同步直播了开闭幕式的全过程。

8月10日

中央电视台800平方米的一号高清演播室圆满完成奥运频道重点节目《荣誉殿堂》的直播工作，这是中央电视台首次为一号演播厅直播现场大屏幕提供HD—SDI数字高清信号。

8 月 11 日

财政部在其网站上公布《中央补助地方文化体育与传媒事业发展专项资金管理暂行办法》，该办法自发布之日起实施。

国内收视率调查机构 GSM 发布数据表明，北京奥运会开幕式 4 个多小时内，全国共有 8.42 亿观众通过电视实时收看奥运会开幕式直播，近 10％的观众全程收看，收看时间超过 2 小时的观众比例高达 43.6％。

8 月 13 日

文化部发布《关于扶持我国动漫产业发展的若干意见》。

8 月 18 日

厦门旅游广播频率进行试播，全天播音 18 小时。

8 月 21 日

国际奥委会市场开发部部长蒂莫·拉姆在新闻发布会上宣布："北京奥运会是目前为止奥运会历史上转播规模最大的一次，创下新纪录。"全球一共有 200 多个国家和地区进行了 5000 小时北京奥运会的报道和转播，其规模已是悉尼奥运会的 4 倍、雅典奥运会的 3 倍。据国际奥委会估计，8 月 8 日晚全球观看北京奥运会开幕式的电视观众大约有 12 亿人，远超悉尼和雅典奥运会。在中国，有 1.02 亿多观众在网上收看相关比赛，还有 1.46 亿观众通过网络点播方式收看转播。

8 月 22 日

广电总局发出《关于印发〈移动多媒体广播技术白皮书〉的通知》。该白皮书描述了移动多媒体广播系统的架构和构成，对移动多媒体广播系统进行了总体描述。

8 月 24 日

战地通讯《谁是最可爱的人》的作者魏巍在北京逝世，享年 88 岁。

海峡之声广播电台建台 50 周年。台湾岛内"泛蓝"政党领导人吴伯雄、连战、宋楚瑜、郁慕明等题写贺词。

8 月 25 日

报业全媒体数字采编发布系统正式通过国家新闻出版总署组织的专家组验收。

海峡之声广播电台将现有 4 套节目调整为海峡之声新闻广播、闽南语广播、旅游广播和巴士广播网，对节目的调整面超过 51％，新办了电台第一个客家方言节目《客家天地》。

8 月 26 日

青海省泽库县有线电视网络建设工程竣工并通过验收，自此，藏族地区的县城居民可以收看到 35 套清晰的有线电视节目。

广州日报报业集团、解放日报报业集团、宁波日报报业集团、南方报业传媒集团、烟台日报传媒集团等 5 家集团向全国报业单位和报业信息系统供应商发出联合倡议：在国家主管部门的指导下，应建立适合报业发展的信息技术标准，以消除信息和技术障碍，进而实现新闻信息的"一次生成，多次发布"。

8 月 28 日

国家广电总局正式批准中央人民广播电台使用"China National Radio"的英文台名，废弃原英文译名"Central People's Broadcasting Station"（CPBS）。

北京残奥会火种采集暨火炬接力启动仪式在北京天坛祈年殿前举行。中央人民广播电台、中国国际广播电台、中央电视台进行了现场直播报道，并组织了相关新闻报道。

海南省文化体制改革 10 个试点单位之一的海南日报报业集团发行中心全面转企改制，正式挂牌成立海南日报报业集团发行公司，同时登记注册海南海报传媒股份有限公司。

8月31日

中央电视台法语、西班牙语国际频道正式进入歌华有线电视网播出。

四川广电集团CMMB手持电视在成都试播。CMMB系统共播出8套电视节目，全天24小时播出。

新疆第一份人文地理杂志《新疆人文地理》隆重推出，该杂志以“展示边地原色，观感多元文化，揽胜西域地理，揭秘人文新疆”为特色。杂志由自治区新闻出版局主管，新疆电子音像出版社、新疆报刊发展中心主办，双月刊，全彩印刷。

9月1日

中国广播网正式推出全球首家24小时网络华语新闻广播频率——新闻广播站。

由中国出版集团公司组建的中国出版国际有限公司正式挂牌成立。

经新闻出版总署批准，由今晚传媒集团主办的《渤海早报》正式出版，这是天津第一份面向环渤海区域发行的综合类日报。

新型媒体《台湾醒报》问世。该报以极简阅读、深度报道为内容特色，24小时不间断地进行新闻报道，并以电子报、实体报、广播、电视、手机等不同形式传播。

9月2日

北京2008年残奥会主新闻中心和国际广播中心正式启用，开始为来自世界各个国家和地区的6000余名记者提供全方位服务。

9月3日

我国首例通信技术文献取得著作权登记证书。

第18届中国新闻奖揭晓。来自全国报社、通讯社、广播电台、电视台和新闻网站的261件作品获奖，其中一等奖39件、二等奖79件、三等奖143件，有19个设奖名额空缺。

谷歌正式发布“Google Chrome”浏览器。

9月4日

电脑报与盛大网络确立合作关系，双方将共同运营网游“龙神传奇”，电脑报将借盛大网络进入网游市场。

9月6日

新华日报报业集团新华传媒管理学院成立揭牌暨集团首届中青年干部高级管理培训班开学典礼在南京举行。成立新华传媒管理学院，是新华日报报业集团在学习实践科学发展观活动中以“解放思想、二次创业”、加强队伍建设为目标推出的举措之一。首届中青年干部高级管理培训班开设“战略管理”等十几门课程，邀请国内著名专家学者为集团50名中青年干部授课。

本日至9月17日，中央人民广播电台、中国国际广播电台、中央电视台圆满完成北京残奥会报道。中央人民广播电台推出残奥会专栏、专题92个，共播出残奥会新闻约20000条、专题节目2000多篇，直播报道残奥会赛事150多场，5套节目并机对残奥会开闭幕式进行现场直播；中国国际广播电台53种语言广播和国际在线网站共500多个栏目对残奥会进行宣传报道，共播出残奥会新闻近30000条、特别节目专题近20000个，共计约6000小时；中央电视台共直播残奥会赛事104场，录播40场，播出残奥会新闻4000余条次、专题近200期，央视网等新媒体全程报道。

9月9日

由北京青年报联合中国盲文出版社、世界知识出版社共同制作的《触摸奥运——北京青年报残奥会盲文特刊》正式出刊。本届奥运会期间共出版发行了8期，成为残奥会历史上第一份盲文特刊。

9 月 11 日

重庆广播电视总台重庆有线潼南县网络有限公司挂牌。潼南是重庆市第一个采用合资控股方式进行网络整合的区县。

9 月 12 日

重庆广播电视总台与大足县委、县政府签订协议，深度整合大足县广播电视资源，这是总台继武隆、潼南、涪陵后第 4 家进行广电资源整合的区县广播电视台。

9 月 16 日

由安徽日报报业集团与南非米拉德传媒集团联合组建的新安传媒有限公司正式成立。这是国内首家经国家批准成立的党报集团中外合作项目。新安传媒有限公司为省属大型国有控股文化企业，注册资本 2.4 亿元，其中安徽日报报业集团占 63%的股权，南非米拉德传媒集团占 37%的股权。

9 月 20 日

山西某煤矿发生矿工死亡事故，事故发生后矿方瞒报，从而引发所谓“封口费”事件。新闻出版总署和山西省委、省政府介入调查，调查结果显示，已查实的涉案报业单位包括现代消费导报、山西科技报、科学导报等，有据可查的涉案人员 60 人（其中发“封口费”封锁消息、阻挠记者采访者 2 人，收受“封口费”的记者 4 人，媒体工作人员 26 人，假记者 28 人）。

芜湖日报报业集团与芜湖市邮政局举行邮发合同签字仪式，双方在发行领域进行合作，最大化地发挥各自优势。

9 月 22 日

《北京晚报》《法制晚报》《北京晨报》《京华时报》《北京青年报》上调零售价。

9 月 24 日

中央电视台新闻频道“神七问天”直播特别节目北京主演播室与美国休斯敦的海外分演播室成功对接。这是新闻频道首次以演播室对接方式实现与海外嘉宾实时访谈。

由首都青年记者协会主办的以文化讨论为宗旨的思想性杂志《文化纵横》（月刊）创刊。

9 月 25 日

本日 21 点 10 分，“神舟七号”载人飞船成功发射升空。中央电视台综合频道、新闻频道和中文、英语、法语、西班牙语国际频道及央视网进行了全程直播。本次直播创造了中央电视台直播布点最广、跨度最大、演播室最多的纪录，中央电视台在全球设置 30 个报道点，引用直播信号 40 多路，并搭建了四大报道平台。

国务院新闻办公室发表的《西藏文化的保护与发展》白皮书指出，目前西藏公开发行的报刊已达 57 种，其中报纸 23 种、期刊 34 种，7 个地市都有藏汉文两种报纸。

9 月 26 日

中国外文出版发行事业局所属、我国唯一用外文出版的时政新闻周刊《北京周报》创刊 50 周年。

中国国际广播电台捷克语、波兰语、罗马尼亚语广播开播 40 周年庆祝大会在北京举行。

9 月 27 日

由中国记协主办的第九届长江韬奋奖评选结果在北京揭晓，共有 19 位新闻工作者喜获殊荣。

9 月 28 日

首届中国国际漫画节在广州举行。

本日 14 点 59 分—18 点 30 分，“神舟七号”飞船航天员首次出舱行走，中央人民广播电台、中国国际广播电台、中央电视台对整个过程以及胡锦涛总书记与航天员通话等内容进行了全程直播。

同月

中央电视台与阿联酋亚洲商务卫视签署了央视四套、九套部分节目落地协议。

10 月 1 日

重庆电视台推出改版后的全新新闻频道，实现全天 24 小时新闻播报。

武汉电视台《整点播报》栏目在武汉新闻综合频道正式开播。

10 月 7 日

山东 4 家报纸《齐鲁晚报》《生活日报》《济南时报》《山东商报》发布公告，上调报纸价格。

10 月 8 日

汉王科技推出面向大众的电纸书。

海南广播电视协会正式交由海南广播电视台主办、主管。

中国科协与武汉广电签订协议，确定将武汉广电《科技之光》栏目列为中国科普传媒基地试点项目。《科技之光》是由武汉电视台创办的我国最早的电视科技栏目。

10 月 9 日

中国数字报业实验室官方网站——中国数字报业网全新改版上线。

10 月 10 日

辽宁省广播电视局会同辽宁省文化厅、省财政厅，利用广播电视网络传输模式，在全国率先开展文化信息资源共享进村入户工程。

10 月 12 日

陕西省新闻传播教育学会在西北政法大学成立。学会由西北大学、陕西师范大学、西北政法大学等 27 家开办新闻传播类专业的高校组成。

10 月 16 日

全国首家盲人有声杂志《声音里的世界》诞生。该杂志由山西春秋电子音像出版社、山西省图书馆共同创办，是我国首份基于数字平台开发、供盲人免费下载的有声杂志。

10 月 18 日

伊斯雷尔·爱泼斯坦研究中心在清华大学成立。

《海口晚报》创刊 20 周年。

10 月 20 日

国际权威医学杂志《柳叶刀》首次出版中国专辑。

10 月 22 日

内蒙古电视台地面频道全数字硬盘播出系统改造工程全面完成并正式投入使用。

由福建泉州人民广播电台主办的福建省第一个政风行风热线专业网站正式开通。

10 月 24 日

由国内知名传媒学者、主流媒体总编辑、跨国公司市场总监和公关总监共同发起的全国总编辑俱乐部在北京宣布成立。全国总编辑俱乐部是中国第一家传播领域的高层人士俱乐部。

首届中国报业阅报栏户外媒体协作网大会在郑州召开。

距离上海世博会开幕还有 554 天，人民日报海外版《上海世博特刊》正式创刊。该特刊每周星期五在人民日报海外版第 9、10 版刊出。

10 月 25 日

吉林人民广播电台故事广播正式开播。

10 月 26 日

全国首家高校广播电台——黑龙江高校广播网在黑龙江大学举行开播仪式。该网由黑龙江省委宣传部、省委高校工委、省教育厅、省广播电视局共同主办，黑龙江省人民广播电台承办，全国 68 所高校参加。该类型化社区广播采用网络直播、校园转播、校园小调频广播等3种方式，全天24小时播出，播出内容分为新闻、文化、服务等3个大类，并为大学生提供采编播实习机会。

10月27日

中央电视台经济频道进行改版，推出具有鲜明经济特色和独特风格的高端评论节目《今日观察》；益智类访谈节目《咏乐汇》置换《幸运52》；《证券时间》晚间档播出时间前置，播出形态由录播改为直播；其他部分栏目调整播出时间。

10月28日

中国广告创意维权联盟在北京举行成立仪式。本次活动由2008中国国际版权博览会组委会倡导并组织实施，成立仪式上，广告业界专家及媒体代表进行了互动对话，并发出联盟维权倡议书。联盟成立的意义在于探讨原创广告版权保护工作中的实际问题，并对广告行业的一些侵权案例进行研究分析；介绍国外相关方面知识产权保护的制度架构，提出改变我国广告行业创意保护现状的建议和设想；为建立和完善具有中国特色的知识产权体系、有效减少现有的广告行业的侵权行为，也为国内广告行业的发展，提出实际的意见建议；积极探寻广告业创意发展的生机和出路。

由南京电视台牵头组织的7家省会城市电视台广告经营负责人组建了广告经营联盟。这7家电视台分别为南京、杭州、成都、广州、武汉、西安和沈阳，其广告创收总量在我国城市电视台中均位居前列。

10月29日

以快捷滚动、即时互动、多媒体联动为特色的大众报业集团多媒体数字报陆续上线。大众报业集团旗下的大众日报、农村大众、齐鲁晚报、生活日报、经济导报、城市信报、新晨报、山东法制报等8家报纸的多媒体数字报已经上线。上线后的多媒体数字报具有可读、可听、可视、可查、可说五大功能。此外，大众网特别开发出“互动快报”读报软件，专为阅读原版报刊而设计。通过下载该软件，读者可以不受地域限制免费浏览全国各大主流报刊数字报。

10月31日

中国信息安全测评中心挂牌。2004年10月，中国信息安全产品测评认证中心根据国家质检总局等八部委联合下发的《关于建立国家信息安全认证认可体系的通知》要求，将信息安全产品的认证工作移交给新成立的“中国信息安全认证中心”，并更名为“中国信息安全测评中心”。

中央电视台西班牙语国际频道在西班牙电信公司下属的Imagenio IPTV平台正式开播。

厦门广播电视网络股份有限公司正式挂牌成立。公司主要从事广播电视传输业务、增值信息服务、信息技术服务、软件开发、有线广播电视信息网络及信息产品的开发和销售业务。

同月

中央电视台下发《关于海外节目中心增设机构的通知》：经台分党组决定，海外节目中心增设阿拉伯语频道编辑部、俄语频道编辑部。

广州于10月初同时开播手机电视和无线高清、无线标清、有线高清电视，全面实现数字广播电视节目的移动和固定接收，标志着广州广播电视服务进入数字时代。广州CMMB手机电视可以收看8套节目，一机在手可以兼有移动通信、上网、接收CMMB电视节目等全功能服务。而无线数字高清频道和有线数字频道能为市民提供免费央视高清节目。

11月1日

中央人民广播电台《新闻和报纸摘要》

节目从录播改为直播，在保证安全播出的前提下，努力提升新闻时效。

国务院台湾事务办公室公布《台湾记者在祖国大陆采访办法》。制定这个办法是为了方便台湾记者依法在大陆采访报道，依法保障台湾记者的合法权益，进一步增进两岸人民的相互了解，促进两岸关系和平发展。办法自颁布之日起施行。2002 年 12 月 2 日颁布的《关于台湾记者来祖国大陆采访的规定》同时废止。

11 月 3 日

在中国人民大学国学院成立三周年之际，由国学院主办的《中华国学研究》杂志推出创刊号。这是新中国成立以来，第一本冠以国学之名、专门以国学为研究内容的学术杂志。《中华国学研究》全部用繁体字。

11 月 4 日

新华社上海证券交易所金融信息采集点正式成立。这是新华社在国内设立的首个金融信息采集点。

11 月 5 日

四川出版集团有限责任公司在成都正式挂牌成立。

我国专业从事农林科技推广和普及的卫星电视频道陕西农林科技卫视，在陕西杨凌正式开播。这是至今为止我国唯一的农林科技卫视，2007 年经国家广电总局批复同意开办，由杨凌农业高新技术产业示范区管委会、陕西省供销合作总社和陕西电视台共同主办。

第 26 届国际体育电影电视节在意大利米兰闭幕。中央电视台体育频道选送的《我们的奥林匹克·微笑 1988》获得本届影视节“奥林匹克精神和奥林匹克价值”单元的最高奖——“荣誉花环”奖。

11 月 6 日

中央电视台法语国际频道在法国 Canal Sat 直播平台正式开播。

11 月 7 日

由浙江日报报业集团和浙江省财务开发公司共同投资的东方星空文化传播投资有限公司在杭州召开第一次董事会，标志着浙江省第一个国有文化产业投资基金正式投入运作。

11 月 8 日

首届中国传媒趋势论坛暨首届中国传媒学院奖颁奖盛典在北京举办。此次论坛由《媒介》杂志和中国传媒大学共同举办。

中国新闻传媒界慈善志愿者服务总团在北京成立。这是我国新闻界第一个慈善志愿者组织，其成员几乎全部是已退休的资深媒体工作者，来自包括人民日报、新华社、中央电视台、解放军报、经济日报、光明日报、中国日报、中国青年报等 20 多家全国性媒体。

11 月 10 日

《中国当代医药》在北京创刊。

在联合国儿童基金会“国际儿童广播电视日”颁奖典礼上，中国中央电视台选送的儿童纪录片《在路上》夺取了最佳电视类作品奖。这是自 1994 年该奖项设立以来，中国广播电视媒体首次摘取此项桂冠。

11 月 11 日

立足浦东、面向全国公开出版的经济类综合性报纸《浦东日报》正式创刊发行。该报由浦东新区与解放日报报业集团合作推出，解放日报报业集团为主办单位。《浦东时报》以“改革开放前沿报道”为己任，立足浦东、聚焦浦东，4 开 16 版，每周二、五出版发行。

国新出版物发行数据调查中心加入国际发行量核查组织联盟。

11 月 14 日

中央电视台英语国际频道专题报道《禽

流感，只敲发展中国家的门?》获2008年度“开发亚洲新闻奖”，是入围此奖的唯一中国报道，并获得“区域一体化”类二等奖。

11月16日

中共中央政治局常委李长春在《求是》杂志上发表《深入学习实践科学发展观　推动社会主义文化大发展大繁荣》。

11月18日

全国首家期刊集团——家庭期刊集团正式挂牌成立。家庭期刊集团有限公司成为广东省首家实现整体转制的期刊单位，标志着我国期刊出版业的文化体制改革又往前跨出了一大步。

广州日报推出免费大学生报《广州日报·U—News》。

自贡电视台与乐山电视台在乐山广播电视中心举行节目互通启动仪式，拉开了两地电视节目互通的帷幕。至此，两地有线电视观众均可收看到乐山、自贡电视台新闻综合频道节目。这标志着四川省市州电视台之间首次实现节目相互落地。

11月20日

中国国际版权交易网正式上线运营。

11月21日

中国出版科学研究所发布《2007—2008中国出版业发展报告》。报告指出，据央视市场研究股份有限公司对全国36个大城市的读者调查数据，在接受调查的6626位城市居民中，每天看报的人数比例从2006年的65.4%上升到2007年的65.7%。

11月24日

第45届亚广联广播电视大奖颁奖晚会在印尼举行。中央电视台选送的儿童纪录片《在路上》和电视剧《闯关东》分获儿童节目类和电视剧类大奖，选送的《圣火耀珠峰》获得体育类节目提名。此外中央电视台因在汶川大地震报道中的出色表现获得亚广联颁发的“丹尼斯·安东尼纪念奖”。

11月26日

中央新闻纪录电影制片厂新科动漫频道在中央数字节目平台上正式开播。

11月28日

2008年中国报业年会在北京召开。会议透露，新闻出版总署研究报刊市场退出机制，选择辽宁、河北进行试点工作。

11月29日

新闻出版总署新闻报刊司司长王国庆在2008年中国报业年会上公布报业《落实“十一五”规划的发展措施》。

2008北京奥运全球中文报纸版面创新设计大赛颁奖典礼在沈阳举行。世界各主要中文区的100多家主流报纸选送的2690幅作品参与评比，共评出14个奖项，华商晨报获最佳图表设计奖金奖。百余名来自国内外的视觉设计专家、获奖单位代表出席了颁奖典礼。

12月1日

西安综艺广播正式开播，这是西安人民广播电台开播的一个新的综合性文艺广播，全天广播19个小时。

根据青海人民广播电台与中国广播联盟签订的合作协议，青海人民广播电台各部门为中国之声的《直播中国》节目每天提供稿件或新闻线索。

12月3日

全国首个专门为残疾人“量身定做”的数字广播频道“阳光之声”在上海正式开播。该频道播出时间为每天中午12点15分至12点50分。著名作家叶辛担任该频道形象代言人。该频道主要节目有《帮困信息》《残友心曲》《人物访谈》《政策解读》《才艺展示》和《康复知识宝典》等，节目设置力求贴近残疾人需求，体现残疾人特色，节目的采编、制作和播音等工作也主要由残疾人完成。

12月5日

首部中国数字版权保护研究报告发布。

海南省有线电视数字化整体转换工作通过国家广电总局验收，成为我国第2个通过国家验收的有线电视数字化整体转换省份。

新闻出版总署在北京召开第二次进口音像制品审查委员会专家会议，同时，新闻出版总署进口音像制品审查委员会宣布成立。

大众日报报业集团博士后科研工作站在济南揭牌，该工作站是我国江北成立的第一家报业博士后科研工作站。

内蒙古自治区党委组织部召集内蒙古日报社等20家区内外新闻媒体负责同志召开协调会，建立领导干部和选人用人纪律监督信息沟通机制，进一步加强新闻媒体对领导干部和选人用人纪律的监督。

由新华网和甘肃省武威市合作筹办的石羊河流域综合治理网开通，这是甘肃省首家流域治理的专业网站。

12月9日

浙江日报报业集团新印刷发行基地落成投产，为浙报集团做大做强主业、实现“争创一流党报集团”的战略目标提供了强有力的技术支撑，并被列入浙江省文化产业示范基地。

12月10日

政府新闻学网站（www.sogc.org.cn）正式开通。网站旨在介绍政府新闻学学科的最新动态、政府新闻学理论研究的最新成果、政府工作人员的实践经验，是一个集学术研究、成果发布、工作经验交流和学术讨论为一体的综合平台。该网站由中共南京市委宣传部、南京大学新闻传播学院、龙虎网联合建设。

12月11日

人民网日本株式会社在东京成立。

中广国际总公司承建的金边中柬友谊台在柬埔寨举行开播仪式。该台由柬方负责日常运营维护，中国国际广播电台提供节目源，中广国际总公司负责日常配件和重大故障维护。

国家广电总局将空中课堂频道正式批准为卫星电视频道，主要为中小学教育、职业教育、教师培训提供服务。

亚洲电视节颁奖典礼上，湖南卫视的《快乐大本营》获得最佳综艺节目大奖。这是本届电视节国内唯一获得大奖的节目。该节目11年来已播出近600期、超过800小时的节目内容，是中国电视史上寿命最长的综艺节目之一，累计观众人数为全球综艺节目之最。

12月13日

杭州出台《杭州市计算机信息网络安全保护管理条例》。条例规定，计算机信息网络安全坚持“保护与管理并重”和“谁主管、谁负责，谁运营、谁负责”的原则。条例强化了公民基本权利保障，“下载、复制、查阅”3个环节未列入禁则。同时，条例规定设立互联网上网服务营业场所的经营单位，应当在申领《网络文化经营许可证》之前到所在地公安机关申请信息网络安全审核。若互联网服务提供者未尽到相关安全保护责任，不仅将受警告，还将被处以1000—15000元罚款；单位主管人员或直接责任人也将被处以500—5000元罚款，并可能受到6个月以内的停机整顿。

12月15日

中央电视台新闻应急机制正式启动。新闻应急机制将采用新的运营方式，通过启用小型化卫星传送设备等，提高新闻报道的快速反应能力，在全国范围内建设一个触角灵敏、覆盖全面、传输畅通的报道网络。

中国教育电视台首批汉语文化节目正式在北美麒麟电视平台试播，每天首播时长3小时，原创节目占到节目总量的84％。

吉林省2008年覆盖1600个村的广播电视“村村通”工程建设全部完成。

广西柳城县完成有线电视数字化整体转换试点工作。至此，广西壮族自治区14个地级市和75个县已基本完成整体转换任务，全区有线数字电视用户超过250万户。

12月16日

精品购物指南报社裁员370人左右，主要涉及200人规模的发行部门和2008年新开通的精品网，这是金融危机下首次裁员的国内媒体。

12月18日

大陆首批地方媒体赴台湾驻点采访的记者启程赴台开展新闻采访工作。这4名记者分别是福建日报记者林娟，海峡都市报记者翁芝光和东南卫视记者叶青林、黄晟。

福建省广电电视节目收听收看中心挂牌运营。

12月19日

杭州萧山日报传媒有限公司正式挂牌成立。

12月21日

全国50家电视机构负责人在北京签署协议，宣告中国电视新闻直播联盟（CSNG）成立。联盟强调“信息首发”和“电视速报”，一旦出现突发公共事件，事发地电视台将按照联盟协议，在第一时间赶赴现场，搭建直播体系，以直播方式将公用信号和现场报道发送给中央电视台及其他合作伙伴。

12月23日

中央人民广播电台中国之声举行节目改版发布会，宣布从2009年1月1日起，推出全新形态的新闻节目，新闻播出比例由40％提高到75％。

西藏卫视在吉林省50个市县的有线电视网全部落地入户，吉林省200多万有线电视用户可以通过数字或模拟两种方式收看西藏卫视节目。

12月25日

宁夏回族自治区石嘴山、吴忠、固原和中卫四市CMMB转发站开通试播，这四市列入全国第一批150个地市级CMMB项目建设城市。至此，宁夏全区5个地级市的群众通过手机等移动多媒体接收终端可以收看到多套电视节目。

12月28日

青海电视台新闻中心新址正式启用。

12月29日

内蒙古日报传媒集团正式成立。

12月30日

中央人民广播电台中国之声推出年终特别报道“中国经济白皮书”，历史上首次直播国家部委年终工作会议。

广东省珠江电影频道启播。

12月31日

河北省11个设区市移动多媒体广播电视信号开播，成为全国首个实现在全部设区市市区开通CMMB信号的省份。

山东影视集团有限公司成立。

黑龙江人民广播电台提前一年全面完成“1365广播覆盖工程”，在省内建成了由卫星和有线信号传输相结合、中波和调频相结合的覆盖网络。

同月

中央电视台海外节目中心与毛里求斯电信公司正式签订法语国际频道全频道在毛里求斯落地播出协议，扩大了央视节目在非洲地区的落地效果。

2009年（己丑）

1月1日

中国电视新闻协作网正式开通，由中央电视台新闻节目中心创建，是中央电视台筹建的全国乃至全球视频发稿中心的基础性网络平台。

中央人民广播电台“老年之声”正式开播，使用AM1053覆盖北京地区，全天播音21小时30分钟。

根据中宣部、国家广电总局《关于全国有线电视网无偿转播西藏电视台汉语综合频道的通知》要求，西藏电视台汉语卫视频道在全国有线网落地入户。

中国出版集团公司完成跨国经营集团战略重组，对外统一使用“中国图书进出口（集团）总公司”的名称开展业务。

中国广告协会互动网络委员会出台的《中国互联网广告推荐使用标准（试行）》正式试行。这是该委员会第一次推荐使用的互联网行业广告标准，旨在规范互联网广告，促进行业标准的实施。

北京人民广播电台故事广播开通。原首都生活广播调整为北京人民广播电台故事广播，每天播音20小时30分钟。

河北电视台和湖南电视台联合打造的《快乐出发》新年歌会在河北省艺术中心举办。河北众多媒体对新年歌会进行了同步直播，湖南卫视于1月5日中午进行了重播。

由吉林省延边卫视制作的中央电视台《新闻联播》朝鲜语版在韩国中华TV正式播出，节目时长15分钟，标志着延边卫视节目在韩国落地取得实质性突破。

山东电视台体育频道正式更名为山东电视全运频道。

江西人民广播电视台与江西省农业厅、林业厅等部门联合创办的节目《惠民直播室》开播。这是全国首次将对农广播平台建立在政府部门的栏目。

湖北日报在一版开辟了新栏目“记者手机快报”，记者通过手机发送短信的方式发来报道消息，改变见报滞后的状况。

辽宁人民广播电台新闻广播“铁岭之声”“交通广播铁岭之声”“乡村广播铁岭之声”全新播出。

《青海藏文报》改版后启用新刊号，原刊号作废。《青海藏文报》创刊于1951年1月16日，是全国创刊最早的藏文党报。改版后有效提升了报纸的“思想力、文化力、亲和力、竞争力、创新力”。

1月2日

国内第一本以“提高青少年语言修养和生存智慧”为主题的文摘杂志《格言》创刊5年，月发行量突破100万册。

1月3日

中国文摘期刊研究会第19届年会在哈尔滨举行。

1月5日

由国家广电总局主办，中国电视艺术委员会承办的“盛世华章——纪念改革开放30周年中国电视剧‘飞天奖’获奖作品音乐会”在北京人民大会堂举行。

中央人民广播电台都市之声全面改版启动，北京第一家汽车调频FM101.8正式开播。

中国互联网协会互联网违法和不良信息举报中心根据公众举报，对19家存在色情和低俗内容的网站进行曝光。至1月12日共曝光50家网站，包括新浪、Google中国、搜狐、腾讯、天涯社区、百度、网易等知名网站。对不按规定清理的网站，互联网违法和不良信息举报中心将提请有关部门依法关闭网站，截至1月14日，已关闭175家违法违规网站。

1月6日

2008年媒体知识产权第一案“慧聪网侵权案”以庭外和解的方式结案。在法院组织下达成的庭外和解协议中，被告侵权事实被认定为成立，慧聪网将就无授权转载使用原告享有著作权的作品进行赔偿。根据《出版文字作品报酬规定》，赔偿金额将按稿酬额的2—5倍赔付。

首届中国网民文化节启动典礼在北京开幕，会上确定每年9月14日为网民节，并公布网民投票选出的徽标。

腾讯旗下校园SNS产品——QQ校友正式对外发布。

1月7日

国家广电总局局务会议审议通过《关于废止部分广播影视规章和规范性文件的决定》。自发布之日起实施。同月20日，国家广播电影电视总局根据《规章制定程序条例》的相关规定，决定废止不适应当前广播影视发展要求及主要内容已被新规定取代的4个规章和60个规范性文件。

国家中医药管理局发布《关于发布全国部分报纸、杂志虚假违法中医医疗广告监测情况（第二批）的函》。

中国工业和信息化部发放3张第三代移动通信牌照，分别为中国联通WCDMA、中国电信CDMA2000、中国移动TD—SCDMA，标志着中国正式进入3G时代。

新浪与微软签署了一项有关“中文对联生成器”技术的专利许可协议。此项专利授权将增强新浪在中国市场提供创新性移动增值服务的能力。

网易推出有道购物搜索引擎，是继百度之后第二家进军电子商务的中文搜索引擎。该搜索着重打通网购商城间货价信息，让消费者自主选择、比价。

2009北京图书订货会高层论坛在北京举行。

1月8日

“中国传媒大会·2008年会”在北京召开。大会共设26项奖，分别是“中国传媒杰出成就奖”、“改革开放30年中国传媒突出贡献奖”、“改革开放30年中国传媒思想人物”、“改革开放30年中国传媒风云人物”、“2008中国传媒年度人物”、“2008中国十大传媒影响力人物”、“2008中国十大传媒创新人物”、“2008中国十大传媒经营人物”、“2008中国十大广告人物”、“2008中国十大最具影响力传媒”、“2008中国十大最具成长性传媒”、“2008中国晚报十强”、“2008中国城市晚报十强”、“2008中国都市报十强”、“2008中国地市报十强”、“2008中国地市报最具成长性十强”、“2008中国行业媒体十强”、“2008中国财经媒体十强”、“2008中国专业网站十强”、“2008中国最受媒体信赖的广告公司”、“2008中国新媒体十强”、“2008中国期刊十强”、“2008中国卫视频道十强”、“2008中国区域电视频道十强”、“2008中国广播电台十强”、“2008中国新闻网站十强”。

由中共天津市委宣传部、天津电视台、中央电视台、中国电视剧制作中心、八一电影制片厂联合摄制的50集大型史诗文献电视剧《解放》拍摄完成。该剧于9月6日在央视一套播出，获第25届“中国电视金鹰奖”最佳电视剧奖。

由厦门广播电视集团与中国移动福建公司联合打造的“厦门广电手机报”上线。该报是面向25万移动手机用户推出的现代化媒体。

1月9日

全国整治互联网低俗之风专项行动办公室依法关闭41家传播色情和低俗内容网站。

公众举报后经有关部门核实，这 41 家网站主要刊登色情和低俗内容，违反了《全国人民代表大会常务委员会关于维护互联网安全的决定》《互联网信息服务管理办法》《互联网新闻信息服务管理规定》等法律法规的规定，被依法关闭。

本日至 11 日，由中国广播电视协会军事节目工作委员会承办的第 3 届优秀电视军事节目评奖活动在北京举行。137 件作品参评，评出创优节目 72 件。

千橡开心网的开放平台上线。

《故事会》网络版全球首发。

第二届“三个一百”原创出版工程表彰大会暨首届原创出版论坛在北京举行。

“北京谷歌”公司被判侵权，赔偿“谷歌中国”相关经济损失共计 10 万元。

1 月 10 日

国内首个网络舆情安全研究机构——北京交通大学网络舆情安全研究中心正式挂牌。

四川电视台多个频道联合推出“我们一起过年”系列直播节目。

1 月 12 日

中国广播电视协会第 5 届理事会第 2 次常务理事会在北京召开。国家广电总局副局长胡占凡、中国广播电视协会会长李丹以及来自全国广电系统常务理事出席会议。会议由中国广播电视协会杨波副会长主持。

纪念天津人民广播事业暨天津人民广播电台创建 60 周年文艺晚会在天津人民体育馆举行。

广州有线数字电视采用微软 Mediaroom 平台方案构建的双向互动电视多媒体平台正式开播。珠江数码集团是全国首个采用微软 Mediaroom 平台的用户，也是全球首个基于有线电视网络使用微软 Mediaroom 的用户。

山东青岛市正式下发《2009 年度市政府部门绩效考核办法》，其中将新闻发布纳入政府绩效考核当中，办法对新闻发布工作程序及部门、人员进行严格规范，违反究责。

1 月 13 日

中国互联网络信息中心 2009 年 1 月 13 日在北京发布《第 23 次中国互联网络发展状况统计报告》。报告显示，截至 2008 年底，中国网民数达到 2.98 亿，较 2007 年增长 8800 万人，年增长率为 41.9%。与 2007 年相比，10—19 岁网民占比增大，成为 2008 年中国互联网最大的用户群体。手机网民达 1.137 亿，较 2007 年增长 133%，互联网普及率达到 22.6%，首次超过 21.9%的全球平均水平，国家 CN 域名数达 1357.2 万。2008 年网络新闻用户达 2.34 亿人。博客一直保持快速增长势头，至 2008 年底，中国博客作者已达 1.62 亿人。

由中国广播电视协会电视制片委员会与中央戏剧学院合作创办的“电视剧创作实验基地”在中央戏剧学院正式成立。

央视网正式发布 2009 年春节联欢晚会官网“春晚门户”，运用互联网电视、IPTV、手机新媒体、移动传媒四大终端，实现立体化传播春晚。

淘宝网宣布，2008 年淘宝网年交易额为 999.6 亿元，较 2007 年相比增长了 131%，约占全国社会消费品零售总额的 1%，成为中国最大的综合卖场。

宁波日报报业集团全媒体新闻部正式成立。这是全国首支视频全媒体记者队伍，标志着我国数字报业发展迈入新阶段。全媒体记者队伍的成立是宁波日报报业集团发展数字报业的重要举措。

浙江卫视全新推出的零点新闻杂志栏目《晚安中国》面向全国招募“手机记者”。

江苏广电城正式竣工。该工程荣获 2009 年度中国建筑工程“鲁班奖”，是“十一五”期间江苏省重点建设十大文化设施之一。

1月15日

人民日报国内政治部和人民网共同推出“2009全国两会‘您最关心的十大热点问题调查’”。通过大量网友参与和线上线下活动调查，人民日报将调查结果公布并大篇幅报道了网民关注的十大热点话题，传达了广大民众的心声。

北京电视台新址启用，北京电视台科教频道、影视剧频道、青少频道在新址试播成功。4月1日，北京卫视、文艺频道、体育频道、高清频道也将迁至新址开播。

隶属河南日报报业集团的《漫画月刊》与河南华夏通信技术有限公司签署手机增值业务合作协议，并展示了共同开发的“大河手机动漫”多款精彩动漫。“大河手机动漫”的开发，是河南省动漫产业升级的重要标志。

1月16日

中央电视台动画片《美猴王》品牌授权拍卖会在北京举行。拍品包括《美猴王》音像、毛绒、纸质和塑胶玩具、图书的品牌授权。这是中国内地动画行业首次以拍卖形式进行品牌授权。

1月17日

工商总局通报发布非法“性药品”广告的8家网站，分别是福娃娃网、钓侣网、香私商城网、365性趣网、中国情趣购物网、涩果成人网、情趣天堂网、台州性福网。

1月18日

北京人民广播电台爱家广播正式开播，每天播音19小时。

1月18日、19日，《华西都市报》《青岛早报》刊登了题为《深海围“鲨”》《猎“鲨”行动》《“海口”猎“鲨”》等有关我军舰艇编队索马里护航情况的稿件。两家报刊所刊新闻稿件均为社会自由撰稿人杜撰，两报未经审核事实直接刊登、转载军事新闻，违反了《关于加强军事新闻宣传管理的通知》的相关规定，致使虚假报道见报，并经网络转载、改编后在国内外造成了严重不良影响。2月20日，四川省新闻出版局对《华西都市报》给予警告、罚款3万元的行政处罚，责成其进行为期一个月的整顿，并在全省给予通报批评。山东省新闻出版局对《青岛早报》给予警告、罚款3万元的行政处罚，责成其进行为期一个月的整改，在全省给予通报批评。《华西都市报》《青岛早报》分别刊发了更正致歉声明，并对相关责任人做出辞退、停职等处理。

江苏省十一届人大常委会第七次会议通过了《徐州市计算机信息系统安全保护条例》，条例将于2009年6月1日起生效。条例规定，未经允许，擅自散布他人隐私，或在网上提供或公开他人的信息资料，对发布者、传播者等违法行为人，最多可罚款5000元；情节严重的，半年内禁止计算机上网或停机。

1月19日

中共中央政治局委员、广东省委书记汪洋，广东省长黄华华再次通过写信的方式，携手给广东网民拜年。

“2008CCTV中国经济年度人物”颁奖典礼在北京举行。颁奖典礼录像于1月24日晚在中央电视台经济频道播出。

全国文化信息资源共享工程辽宁平台正式开播，标志着辽宁省文化信息资源共享一期工程圆满完成，保证了广大农民免费享受国家提供的公共文化服务。

1月20日

新闻出版总署发出《关于2009年换发新闻记者证的通知》，决定从2009年2月25日起统一换发全国新闻机构的记者证。

经过全新改版的国际在线网络电台页面正式上线。新版网页较旧版更具视觉冲击力，改版后将中国国际广播电台品牌下多种广播资源统一集成到新的网络电台播放器。网友可直接在页面收听国际台调频广播、方言广播，以及 11 个国际台环球网络电台的节目。

1 月 23 日

2009 年春节联欢晚会进行最后一次彩排并录制备播带。

浙江日报报业集团与中国移动浙江公司全面战略协议签约仪式在浙报集团新闻大楼举行。根据双方战略合作协议，双方将在原有合作基础上，在信息化服务、传播技术、新媒体开发等方面开展深度合作。

1 月 24 日

广东省出版集团数字出版有限公司（后更名为广东省出版集团新媒体出版中心）正式成立。这是国内首家以“数字出版有限公司”冠名的出版机构。

1 月 25 日

中央电视台第一、四、七、九套节目和法语、西班牙国际频道向全球直播 2009 年春节联欢晚会。央视网、CCTV 手机电视同步直播，中国电视长城平台转播了晚会实况。当晚，中央电视台经济、综艺频道播出了春节歌舞晚会，戏曲频道播出了春节戏曲晚会。

1 月 28 日

达沃斯世界经济论坛 2009 年会在瑞士举行。中央电视台经济频道派出论坛报道组，在达沃斯成功主办“中国之夜”活动，这是中国首次在达沃斯举办此类活动。

云南当地 24 岁男子李乔明在看守所内因玩耍“躲猫猫”游戏时头部受伤后死亡。经媒体报出后，引发网友质疑，于是“躲猫猫”成为网络舆论热议焦点。云南省委宣传部公开面向社会邀请网友和社会人士参与调查。15 人组成的委员会中，8 人是网民和社会人士，其中主任和副主任均由网民担任。经查实，李乔明系牢头狱霸以玩“躲猫猫”游戏为名，殴打致死。事件真相大白，相关人员受到处理。

1 月 29 日

全国整治互联网低俗之风专项行动工作第六批含低俗内容的网站名单曝光，分别是“西陆网”“WAP 中国”“博客大巴”。对不及时清理色情和低俗内容的，将提请有关部门依法关闭网站。

2 月 2 日

北京人民广播电视台在新落成的广播大厦举行建台 60 周年纪念大会。中共中央政治局委员、北京市委书记刘淇发来贺信。中共中央党史研究室副主任龙新民，国家广电总局副局长胡占凡，北京市委常委、宣传部长、副市长蔡赴朝出席大会。

2 月 4 日

湖北省新闻出版局召开报刊新品牌百万工程建设座谈会。《大家文摘报》《知音漫客》《打工》《情感读本》《中学生天地》《最小说》《新传奇》《新周报》等两报六刊负责人及有关报刊主管单位负责人参加了座谈。

2 月 5 日

中央电视台综合频道、新闻频道分别播出“感动中国 2008 年度人物颁奖盛典”。央视网对节目进行直播。

2 月 6 日

新闻出版总署 2009 年刊印《关于进一步加强和改进报刊出版管理工作的通知》，就进一步加强和改进报刊出版管理工作的重点、措施提出具体要求，更好地推进报刊业繁荣健康发展。

哈尔滨第 24 届世界大学生冬季运动会国际广播中心（IBC）揭牌启动仪式在哈尔滨和亚布力及帽儿山赛区电视转播制作中心

同时举行。“第24界世界大学生冬季运动会全国广播联盟”也同时成立。联盟由中央人民广播电台和黑龙江人民广播电台主办，全国29家省级广播电台、15家副省级广播电台共同参加。

2月7日

本日至9日，以“走进平遥感受平遥中国年”为主题的中部六省旅游之声广播直播活动在山西省平遥县进行。该活动共进行了3场30分钟的直播活动，为发展中部六省旅游起到积极推动作用。

2月9日

中国国家新闻出版总署印发《报纸期刊审读暂行办法》，共18条。办法指出，新闻出版行政部门和报刊主管单位在报刊出版后组织有关人员，依法对报刊出版质量进行的审阅和评定，是报刊出版事后管理的重要制度。凡经新闻出版总署批准，持有“国内统一连续出版物号”，领取《报纸出版许可证》和《期刊出版许可证》的报刊，应列入审读范围。办法规定了审读工作的原则、要求及审读重点内容和监督程序等。

本日上午10点59分56秒至11点47分3秒，中星6B卫星发生故障，在该卫星上传输的中央电视台、中国教育电视台和23个省的卫视等共150套电视节目全部中断。由于中央广播电视节目还同时通过鑫诺3号卫星和国家广电专网传输，卫星故障期间，全国各地接收中央广播电视节目未受到影响。

晚上8点27分，CCTV新台址北配楼因违规燃放烟花引发火灾，大火燃烧近6小时，于次日凌晨1点被扑灭。火灾期间数千北京市民通过网络参与央视火灾的报道。

2月10日

本日至17日，中共中央总书记、国家主席胡锦涛对沙特阿拉伯、马里、塞内加尔、坦桑尼亚和毛里求斯等亚非五国进行了为期8天的友好访问。此间，中央电视台综合频道、新闻频道、中文国际频道、英语国际频道、法语国际频道、西班牙语国际频道以及央视网对此次出访行程展开全天候递进式报道，并以“友好合作之旅”为题，在各频道所有新闻栏目中统一挂标播出。

中国国际广播电台新增对亚丁湾地区广播频率，播出时间和内容套播国际台环球资讯北京时间20：00—22：00时段的广播节目。

中宣部副部长、国家广电总局局长王太华，副局长张海涛赴上海考察广播影视工作。王太华一行实地考察了上海文广新闻传媒集团电视新闻中心、互动数字电视播控中心、东方有线网络有限公司和科技部国家宽带网络与应用工程技术研究中心，深入了解上海广播电视台数字化、网络化和有线电视数字化推进情况，查看了国家高性能宽带信息网研发试验情况。

2月12日

上海文广手机电视有限公司承接了CMMB的上海地区运营业务。这是CMMB的第一家地方运营公司，标志着CMMB商业运营的正式启动。

土豆网宣布启动广告分成系统，宣称要给版权方提供10%—30%的收入成分。对此，其他视频网站如酷6网、激动网、优酷等表示此举实为规避版权纠纷，暂不会跟风。

2月13日

国家广播电影电视总局、卫生部、国家工商行政管理总局、国家食品药品监督管理局、国家中医药管理局联合发布《关于进一步加强广播电视医疗和药品广告监管工作的通知》。通知要求广播电视媒体做好播前审查把关，严格审查医疗、健康类节目中嘉宾资质，认真自查自纠，清理虚假违法医疗、药品广告等工作。广电、工商、卫生、药监、中医药等部门加强监察、监管工作，严肃处理重大违法违规问题。

第52届世界新闻摄影比赛“荷赛奖”获奖作品在荷兰阿姆斯特丹揭晓。中国共有6家媒体获奖。

辽宁人民广播电台携手省内14个市的广播电台，成立辽宁广播联盟。辽宁广播联盟将建立全省广播媒体新闻报道合作平台，通过共建平台、共享资源、共同合作、共谋发展，促进辽宁广播发展。

2月16日

由河南电视台和澳门澳亚卫视合作开办的中华功夫卫星频道在澳门正式开播。

河北电视台举行建台40周年纪念大会。

2月17日

国家工商总局商标局发出《关于在第16类“报纸、期刊、杂志（期刊）、新闻刊物”4种商品上申请注册商标注意事项的通知》。通知指出，在以上4种商品上申请的注册商标，其整体是国家出版行政部门批准的报纸、期刊、杂志名称的，可以初步审定。

中央人民广播电台召开加快新媒体发展工作会议。会议提出全台办网、台网一体的“三步走”发展战略，即台网联动、台网互动、台网融通3个阶段。

中国国际广播新闻奖2008年度优秀对外广播节目评奖会召开。中国国际广播电台及34个地方合作台的223件作品参评，共有170件作品获奖。

2月19日

“见证中国三十年”纪录片论坛在广州拉开帷幕。该论坛由中国文联、广东省委宣传部、中国电视艺术家协会、南方广播影视传媒集团共同主办，中国电视纪录片学术委员会、广东电视台、广东省文联、广东省视协联合承办。32位专家组成的作品推选委员会推选出了近30年来30部中国纪录片经典佳作和改革题材的11部经典作品、29部精品、59部优秀作品及58部好作品。

2月20日

国际在线网络电台客家之声和闽南之音正式开播。

2月21日

南方分级阅读研究中心首推儿童分级阅读标准，包括“南方分级阅读内容选择标准”和“南方分级阅读儿童阅读能力评价标准”两个标准。南方分级阅读研究中心是由广东省委、省政府倡导，南方报业传媒集团运作，教育部门积极配合的专注儿童阅读的非营利性研究机构。

2月22日

云南省广播电视工作会议在昆明召开。会议总结了云南省广电行业2008年工作，部署了2009年云南广播电视“共享工程”、促进广播影视产业发展和加快新媒体发展步伐等工作任务。

2月23日

广电总局首次对视频网站开展手机3G业务作出批复，包括乐视网在内的一批网站获得许可在手机平台上提供视听节目内容服务。

2月24日

新闻出版总署网发布《关于规范报纸期刊主要负责人任职资格的通知》。

2009年度全国省级党报质量检查工作第一次会议在中国记协召开。本次报纸质量检查内容集中在文字编校质量方面，将选取31家省级党报2008年11月5日出版的报纸第一至四版进行检查。初检预计3月底结束，此后还将进行第二阶段复检，并将公布最终质检结果。

山东中广传播有限公司挂牌成立。该公司是中广卫星移动广播有限公司和山东省广播电视台及17市广电部门注册成立的合资公司，是全国第一家取得营业执照的CMMB省级运营主体，主要为带有CMMB芯片的手机、移动电视、导航仪等提供服务。

广州、佛山两地电视频道实现对等落地。

2月25日

本日至6月30日，新闻出版总署开始在全国统一换发新闻记者证。7月1日起，旧版记者证全部作废。新版记者证新增“各级人民政府应为持本证进行采访的新闻工作者提供便利和必要保障”内容，要求各级政府部门不得阻碍新闻机构采访，不得封锁消息、隐瞒事实。

国家广电总局召开深入学习实践科学发展观活动总结大会。300余人在主会场参加会议，1000余人通过电视实况转播同步参加会议。

云南省委副书记、省长秦光荣与云南电视台领导会谈，就云南卫视办好面向东盟、南亚和东南亚的节目提出要求，同时决定由云南省财政拨款资助该台再购买一台DSNG卫星直播设备。

黑龙江人民广播电台与三亚广播电视台合力打造的天涯之声（FM104.6）在三亚市举行开播庆典。天涯之声全天播音19小时。

厦门市翔安区大帽山农场调频同频点正式开播。该点用99.6MHz同频发射厦广新闻广播的节目，可以改善厦门市同安区、翔安区等边远山区广播信号收听效果。

2月26日

中国国际广播电台国际在线克罗地亚语网络电台正式推出。

由山东电视台齐鲁频道、陕西电视台都市青春频道、湖南经济电视台、黄河电视台、河南电视台都市频道共同主办的“二月龙抬头·五月共祈福”全国电视直播活动在泰山、华山、衡山、恒山、嵩山同步举行。直播活动通过美国斯科拉卫星电视教育网，中国黄河电视台国际台，中国卫星电视长城美国平台、加拿大平台、拉美平台向北美和拉美地区传送。

厦门“国家动画产业基地”揭牌仪式在厦门软件园管委会举行。国家广电总局副局长胡占凡，福建省委常委、宣传部长唐国忠等领导为基地揭牌。

《西海都市报》获得青海省也是青藏高原地区第一个报业特服号码——96369，并24小时开通全人工新闻热线，成为《西海都市报》与读者交流的第一平台和互动窗口。

2月27日

由湖北省广播电视局与湖北省委宣传部、省广播电视总台、省妇联、荆州市委市政府联合主办，洪湖市委市政府、荆州市广播电视局、荆州电视台、湖北卫视承办的“春天垄上行·百里仙洪涌春潮”活动在洪湖市戴家场镇官巷村举行。活动积极宣传仙洪新农村建设试验区工作。中央人民广播电台、湖北卫视、湖北新闻综合广播、湖北日报等媒体对活动进行了报道。

2月28日

全国“两会”开幕前，国务院总理温家宝在中国政府网与网友进行在线交流。原定两小时的交流时间，在总理的要求下延长。交流期间，网友共发帖30多万条，页面访问量达1.5亿人次，超100万人在线观看视频，此外还有数万手机读者留言涌进新华网发展论坛。

3月1日

由国家广电总局广播电视工程建设标准定额管理中心组织修订的《广播电影电视建

筑工程抗震设防分类标准》被住建部批准为国家工程建设行业标准，即日起实施。

中央电台开办的第 11 套节目——中央人民广播电台藏语频率（调频 105.7 兆赫）正式开播。全天播音 18 小时，有 7 个短波频率，覆盖西藏、四川、青海、甘肃、云南等省的藏区及北京市。

新华社视频新闻专线正式播出。新华视频专线是与新华社文字新闻线路、图片新闻线路并列运行的视频新闻播发线路，每天 24 小时滚动播发。

中国广播网完成第 8 次大规模改版。首页特别突出在线直播、在线点播等音频资源特色，提供中央人民广播电台所有节目、中国广播网银河电台和数字广播等 5 套节目的网上直播，并采用网络流行的 Web2.0 技术为网站提速，全力打造全球最大的中文音频网络门户。

中国广播联盟官方网站正式开通。首批成员台 132 家，包括中央电台和全国所有的省级电台及部分地市级、县级电台。

由山西广播电视台综合广播和山西省委、省政府信访局联合举办的“全省县委书记谈信访”特别节目正式开播。即日起，山西省 119 个县、市、区委书记将陆续走进山西综合广播直播室，和听众进行热线交流并及时回复和处理听众提出的问题。

3 月 2 日

中国教育电视台空中课堂频道正式开播。开播后，将通过亚太 6 号卫星传送，通过在校园建立卫星接收系统及进入地方广电接收系统均可收到该套节目。

中国版权保护中心著作权登记管理信息系统正式启用。

全国政协大会发言人赵启正做客人民网，就全国政协十一届二次会议相关情况与网友在线交流。约有 210 万名网友同时在线，提问 1000 余条。

辽宁电视台与铁岭电视台战略合作签字仪式在辽宁电视台举行。

经新闻出版总署批准，湖北省首个具有独立刊号的地方报《楚天都市报·襄樊版》创刊。

3 月 3 日

全国政协十一届二次会议在北京举行。中央电台第一套节目中国之声、第六套节目神州之声、第七套节目华夏之声和中国广播网进行了直播报道。

首份以农民工群体为主要阅读对象的手机报“打工 E 族”在北京创刊。这份手机报由新华网联合全总新闻中心、半月谈杂志社共同创办，面向百万手机用户发送，旨在第一时间向受众传递与农民工相关的“两会”新闻信息和热点话题，并通过手机互动平台集纳民情民意，提供给“两会”代表、委员参阅。

CMMB 首个数据业务开通，全国 157 个能收到 CMMB 信号的城市均可收到上海、深圳证交所的行情资讯及信息。

由中国体育报业总社出版，中国足协参与主办的《中国足球报》宣布暂时休刊。

3 月 5 日

本日至 12 日，第十一届全国人大二次会议在北京举行。中央电视台综合频道、新闻频道和中文、英文、法语、西班牙语国际频道成功直播了“两会”开闭幕式及温家宝总理在北京人民大会堂回答中外记者提问等重要实况。中央人民广播电台中国之声采用“版块＋轮盘”创新模式同步报道“两会”，其中重点推出特别报道“信心三月正扬帆”在央广新闻全天滚动直播。此次“两会”报道使用音频、视频、手机广播、网络广播等多种载体共同直播。

全国“两会”期间，山西、安徽、江西、河南、湖北、湖南六省电台在北京设立直播间，联合推出全国“两会”特别节目“崛起中部，共赢挑战”。

安徽人民广播电台第九套专业频率旅游广播正式开播。

3月6日

河北省行唐县纪委挂牌成立网络舆情采集中心。中心运行近半月以来，接受有价值的群众举报6起，解答群众咨询120次。

3月7日

新华社音视频部和黑龙江电视台在北京签订全面战略合作意向协议。双方将共同打造“新华视点”，使其成为有广泛影响力的品牌电视新闻节目。

由凤凰网打造的52集网络互动剧《Y. E. A. H》在早间5点半档与观众见面，这是凤凰卫视首次尝试播出网络互动剧。

3月9日

北京晚报体育时间开播，这是《北京晚报》体育部和北京人民广播电台体育广播共同打造的全新体育新闻报道平台。

3月10日

中国互联网协会举行“中国互联网协会网络诚信推进联盟”成立仪式并发布了“第二批企业信用等级评价结果”。

苏州大学与香港凤凰卫视在北京钓鱼台国宾馆签署合作办学协议，共同组建苏州大学凤凰传媒学院。

重庆广播电视台与北京大学正式签订联合招收博士后研究人员的协议。

3月12日

由中央电视台、江西省委宣传部、福建省委宣传部联合摄制，龙岩市委、市政府参与拍摄的重大革命历史题材电视剧《共和国摇篮》（播出名为《红色摇篮》）在中央电视台举行开机仪式。

3月13日

中国宁波网邀请宁波市委书记做客“对话”直播室与网民视频交流。

3月14日

由中国广播电视协会和上海文广新闻传媒集团联合主办，中广协会纪录片工作委员会和上海文广新闻传媒集团纪实频道共同承办的“纪念改革开放三十年中国优秀纪录片表彰大会暨纪录片真实论坛”在上海举行。送评节目云集了来自全国的200多部反映改革开放以来社会变迁和人物命运的优秀纪录片，最终评出金牌节目30部、银牌节目70部。

3月15日

中央电视台综合频道现场直播以“有你更有力量”为主题的2009年“3·15”晚会。

3月16日

海峡之声广播电台台湾地区调频联播网开播，首次实现了大陆对台广播在岛内的调频落地。联播网节目以闽南话和客家话为主，介绍两岸交流、旅游、文化等。

上海文广手机电视实行加密播出，备受关注的手机电视业务在上海正式启动。市民可通过购买支持手机电视服务的终端产品或升级原有终端，充分享受“随时随地看电视”的全新体验，包月费用暂定为20元。

广州市委、市政府联合发布《广州市党政领导干部问责暂行办法》。《暂行办法》明确规定党政领导干部不接受或不配合党内监督、法律监督、民主监督、舆论监督和群众监督的，应当予以问责，这就将党政领导干部不接受、不配合舆论监督列入问责范围。

3月18日

解放日报报业集团《今日报摘》专栏正式刊出。

经新闻出版总署和青岛市委、市政府批准，青岛出版集团正式揭牌成立。青岛出版集团前身为青岛出版社，成立于1987年1

月12日。

3月19日

2009年春季电视节目推介会在重庆市举行。

3月20日

吉林省广播电影电视局根据《关于进一步加强广播电视医疗和药品广告监管工作的通知》要求，共对20多家播出机构的100个违规广播电视医疗药品广告及同类医疗资讯节目进行了清理整顿。

3月22日

CMMB的全国性运营商中广传播与中国移动签订合作协议，共同推进具有CMMB功能的TD—SCDMA手机发展。

3月23日

重庆广播电视总台与中国农业银行重庆市分行正式签署战略合作框架协议。依据协议，中国农业银行重庆市分行将在今后5年内，向重庆广播电视总台提供总额为30亿元的意向性授信额度，重点支持重庆市广电有线网络整合、双向数字化改造，以及大足影视基地项目工程和广播电视新闻系统建设。

中国财经杂志社与《品牌》杂志社合作合同纠纷案审结，终审判决《品牌》杂志社因一号多刊经营，赔偿中国财经出版社损失118万余元。

3月24日

国家新闻出版总署发布《关于采取切实措施制止虚假报道的通知》。

人民日报政治新闻版和人民网时政频道联合推出《民意》栏目。栏目下设《呼声》《调查》《回应》3个子栏目，力求第一时间对网友线索做出反应，第一现场对新闻事件跟踪调查，第一速度追踪相关部门表态回应，以报网融合新平台，打造民意畅通快车道。

3月25日

国家新闻出版总署发布关于印发《关于进一步推进新闻出版体制改革的指导意见》的通知。

中央电视台与国际奥委会在美国丹佛市正式签署2010年和2012年奥运会版权协议。协议包括中央电视台获得2010年温哥华冬奥会和2012年伦敦奥运会中国内地电视转播权、新媒体版权以及音像制品版权。国际奥委会主席罗格与中央电视台副台长孙玉胜分别在协议上签字。这是中央电视台自1984年转播洛杉矶奥运会以来，首次以转播商身份独立与国际奥委会签署相关协议。

纪念西藏民主改革50年第一批献礼图书在西藏正式发行。

3月26日

由中国广播电视协会受众研究委员会组织制定的《中国收视率调查准则》公布实施。

中国2010年上海世博会媒体服务中心正式启用。上海世博会媒体服务中心主要职能包括：举办新闻发布会，发布上海世博会的权威信息，为中外记者提供写稿、发稿等必要的技术条件；受理记者对世博筹办工作的采访申请；在世博会记者注册程序启动后，受理营运期间的记者注册申请，发放记者证件，并在世博会运营期间（主新闻中心启用后）转换为媒体注册中心。

安徽电视台国际频道正式开播。

云南省第一家老年广播频率——昆明人民广播电台幸福老年广播开播。

海南广播电视总台推出的海南新闻频道在海口举行开播亮灯仪式，将于3月30日正式开播。

3月27日

由中国新闻社联合全球华文媒体主办、

中国新闻网承办的“中新世博在线”正式上线。

3 月 28 日

西藏百万农奴解放纪念日庆祝大会在西藏拉萨举行，中央电视台、中央人民广播电台、中国国际广播电台对大会进行了现场直播。当晚，由中央统战部、全国政协办公厅、中央电视台联合主办的“走向阳光——庆祝西藏百万农奴解放 50 周年文艺晚会”在中央电视台举行，中央人民广播电台、中国国际广播电台、中央电视台和央视网进行了直播。

“走近世博——百年老期刊创刊号巡回展”在上海徐汇区图书馆向市民免费开放。此次展览由上海图书公司与徐汇区文化局共同主办，上海博古斋、徐汇区图书馆承办。

陕西人民广播电台青春调频正式开播，全天 24 小时播出。

3 月 30 日

国家广电总局网站发布《关于加强互联网视听节目内容管理的通知》。通知对互联网视听节目内容进行了详细限定，要求各地广电管理部门要依法执行，加强内容管理，积极努力营造和谐、绿色的网络视听节目环境。

中共中央政治局常委、国务院总理温家宝考察了湖北省“国家动画产业基地”江通动画股份有限公司。

天津电视台电视剧制作中心转企改制为天津电视艺术发展有限公司，正式挂牌成立。

3 月 31 日

中国 23 家电视台联合签署电视台电视剧播出自律公约。公约书主要内容为：以传播先进文化为己任，弘扬社会正气；尊重法律、尊重合约，以诚信为本；恪守媒体社会责任，充分体现电视媒体的公益性质；尊重知识产权，切实维护电视剧创作团队和投资方的利益。

北京市广播电视局更名为北京市广播电影电视局。

4 月 1 日

全国出版社书号全部实行网上实名制申领。

淘宝旗下 SNS 网站“淘江湖”正式上线内测，为买家及卖家用户提供社交类网络服务。

4 月 7 日

新闻出版总署网站发布《关于进一步推进新闻出版体制改革的指导意见》。

4 月 8 日

由中央电视台与漳州市委宣传部主办的大型采访活动“漳州行”开机仪式在福建省漳州市举行。中央电视台与全国 15 家卫视的 16 个摄制组参加，采访录制漳州的历史人文、经济发展、漳台“五缘”等内容。

中国首份打造实力派男人的周刊——《男周刊》创刊发布会在上海淮海路举行。该刊由上海文汇新民联合报业集团下属东方体育日报社主办，4 开 64 版，零售价 3 元。

4 月 9 日

青海省首批直播卫星项目建设工作开始在青海省 8 个州、地（市）的 20 个县 800 个自然村全面展开。

4 月 10 日

人民网荣获“全国精神文明建设工作先进单位”称号。中直工委和人民日报社为其举行揭牌仪式。

4 月 13 日

为纪念“5·12”汶川地震一周年，四川电视台联合全国 18 家对口援建省市电视台及社会各界力量，推出大型全民公益节目“‘5·12’中国爱——中国娇子　爱心行动”。节目共 30 期。

4 月 14 日

国家广电总局发布了《广播电视播出机构违规处理办法（试行）》。办法在《广播电视管理条例》的基础上，进一步明确了相关管理要求，细化了对各类违规行为的惩处措施，强化了对严重违规频道频率的退出机制。

《关于长三角区域新闻出版合作发展的框架协议》在上海正式签署，标志着全国首个跨区域的新闻出版（版权）联盟正式启动，江苏、浙江、上海新闻出版行业的紧密合作迈出关键一步。

4 月 15 日

由国家广电总局主办、中央电视台承办、宁波电视台协办的 2009 年全国电视对外宣传协作会议在浙江省宁波市召开。

4 月 17 日

潍坊报业集团正式挂牌成立。集团在潍坊日报社基础上组建，拥有《潍坊日报》《潍坊晚报》和潍坊新闻网。《潍坊日报》于 1984 年创刊，为中共潍坊市委机关报。《潍坊晚报》为潍坊日报社主办的综合性都市类报纸。

太原日报报业集团正式成立。

4 月 18 日

第九届全国互联网与音视频广播发展研讨会在江西省南昌市开幕。

4 月 20 日

《环球时报》英文版正式创刊，英文环球网同时开通。这是国内第二份面向全国发行的英语综合性报纸。

4 月 21 日

国家版权局第一次局务会议通过《国家版权局废止第三批规章、规范性文件的决定》，自公布之日起生效。

《中国国家地理》杂志英文版在北京创刊，2010 年将扩展到欧洲和美国市场。

体坛传媒全新打造的《健康女性》杂志在北京创刊。《健康女性》杂志是由美国版权方罗代尔集团与体坛传媒集团合作的国际版权健康杂志。

4 月 22 日

中广卫星移动广播有限公司与辽宁省 16 家广播电视部门就中国移动多媒体广播电视（CMMB）在辽宁地区商业运营正式签订合约。辽宁中广移动传播有限公司正式成立。

中国出版科学研究所组织实施的第 6 次全国国民阅读调查成果发布。

4 月 25 日

山西广播电视总台举行山西人民广播事业 60 周年纪念大会。

4 月 26 日

中央人民广播电台联合央视—索福瑞媒介研究有限公司开展了为期 4 周的全国广播听众调查。这是我国第一次全国范围的标准收听率调查，也是全球最大规模单波次日记卡法收听率扫描。此次调查遍及全国城域、中间域、乡域的 80 个抽样调查点，平均调查户数 3186 个，平均样本量 9346 个，推及全国 10 岁及以上广播人口 39848 万人。

山西日报报业集团的子报《山西晚报》全新改版。这是该报十年来进行的第 11 次改版。

4 月 27 日

新闻出版总署公布《新闻出版总署立法程序规定》，对新闻法规的立项、起草、审查、审议、公布、备案、解释、清理和编纂等程序作出了详细的规范。

社会科学文献出版社在北京发布《2009 年：中国传媒产业发展报告》（“传媒蓝皮书”）。根据 2009 年 3 月底收集到的各种数据，2008 年中国传媒产业的总产值为

4220.82亿元，比2007年增长11.36%。蓝皮书指出，2008年我国网络游戏出版产业在全球金融危机蔓延、实体经济受到冲击、出口下降的情况下逆势增长。蓝皮书认为，中国网游产业收入规模已远远超过传统的电影、电视、音像制品三大产业的收入，成为中国互联网经济发展的“火车头”。

4月28日

国家工商总局、卫生部、国家食品药品监督管理局共同发布《医疗器械广告审查发布标准》，标准规定了医疗器械广告禁止出现的情况，将于5月20日起施行。

由中央人民广播电台和中央档案馆共同发起的“60年难忘的中国之声”全球搜寻大行动启动。

4月29日

上海市人民政府新闻办官方网站正式上线。这一网站是目前全国唯一的地方省级政府新闻办官方网站。网站将通过图片、文字、视频等形式向新闻工作者及相关受众提供信息服务、网上办事等各项服务。

同月

《现代金报》升格为新华社直属报刊。

5月1日

上海世博会倒计时一周年之际，上海东方卫视、上海电视台新闻综合频道并机推出“奔向世博——中国2010年上海世博会倒计时一周年全天大放送”，采用陆海空联动全天直播报道。

5月4日

《大同日报》创刊60周年。

5月5日

国家广电总局下发《关于确定中国教育电视台等10家机构为广播电视广告播放行业自律示范单位（第二批）的通知》，将中国教育电视台、北京人民广播电台、电影频道节目中心、天津电视台、江西电视台、江苏电视台、四川电视台、重庆电视台、宁夏电视台、深圳电视台列为第二批示范单位。

5月6日

中国青年网与中国移动联手打造的“手机青年报”正式上线运行。

5月7日

《新闻出版总署废止第四批规范性文件的决定》公布。

中国互联网络信息中心（CNNIC）启动“.中国”域名全国应用普及行动。新华网、人民网、新浪网、腾讯网因率先注册使用“.中国”域名，获得CNNIC授予的“.中国”域名应用示范单位称号。

5月8日

首个国家级版权交易系统在国际版权交易中心正式开通，北京版权产业融资平台也同步启动。

西部电影集团有限公司举行挂牌成立仪式。

江西首份体育手机报“运动汇”在南昌开通。“运动汇”由江西克莱博体育文化传媒中心和江西文明网江西手机台联合打造，是江西第一份专注体育、传播体育文化的手机报纸。

浙江日报社召开纪念创刊60周年座谈会。

“大运河千里行”采访报道活动在浙江省杭州市正式启动。活动由中华文化发展促进会、中央人民广播电台、中国华艺广播公司、海峡之声广播电台等单位共同举办，第一次以广播形式讲述京杭大运河。

5月9日

江苏省广播电视局召开全省CMMB工作会议，江苏全省广电系统共同签署《全省广电系统CMMB合作框架协议》。

5 月 11 日

国家广电总局正式宣布与中国移动达成3年的排他性合作协议，共同推进集成CMMB功能的TD—SCDMA业务的发展。

5 月 12 日

纪念四川汶川大地震一周年活动在汶川县映秀镇漩口中学举行。中央电视台综合频道、新闻频道和中文、英语、法语、西班牙语国际频道全程直播，央视网同步视频转播。

5 月 13 日

河北人民广播电台携手省内11家市级电台和部分县级电台，在唐山共同成立河北广播新闻联盟。

5 月 15 日

人民网推出“反腐总动员”大型网络互动平台。平台开发了多个互动栏目，旨在为广大网民提供一个公开、透明、直接、便捷的反腐窗口。

北京电视台在新台址举行建台30周年纪念大会。

海峡之声广播电台派出记者赴福州、厦门、泉州、莆田采访报道首届海峡论坛。

第五届中国（深圳）国际文化产业博览交易会开幕。

5 月 16 日

中央任命焦利为国家广电总局党组成员，中央电视台台长、分党组书记。

湖南新广传媒有限责任公司自主开发的“纽视凯”移动多媒体终端机面世，并建立了产品开发、生产、销售的产业链。

5 月 17 日

由国家广电总局、福建省政府主办，福建省广播电视局承办的“海峡论坛·两岸影视展映展播周”在厦门开幕。

中国四川电视台因及时报道汶川大地震而获得第68届美国广播电视文化奖。

5 月 18 日

黑龙江电视台与本山传媒联合出品的《本山快乐营》开播。该节目将打造成国内第一部大型娱乐栏目剧。

5 月 19 日

“2009中国新媒体创新大奖”揭晓。新华社新闻信息中心、人民日报社网络中心、央视网、东方明珠移动电视、广东电视台新媒体中心等获“共和国60年·中国新传媒创新贡献奖”；人民网、新华网、央视网、新浪网、搜狐网、东方明珠移动电视、广东电视台新媒体中心、北广传媒城市电视、银晟传媒、新鲜传媒等获“2009中国新媒体十大创新品牌”。方正阿帕比、易博士电子阅读器、触动传媒、中博传媒荣获“2009中国新媒体自主创新特别贡献奖”；华视传媒、百泰传媒、新鲜传媒、银晟传媒、爱读爱看、触动传媒、公视传媒、互联豆等分别荣获“2009最具广告投放价值新媒体”、“2009最受公众欢迎新媒体”、“2009最具投资价值新媒体”、“2009中国新媒体技术创新奖”等单项奖。“2009中国新媒体创新大奖”是由新传媒产业联盟设立的最具影响力的新媒体创新奖项，旨在推动新媒体产业的创新发展。

宁夏有线电视数字化整体转换工作顺利通过国家广电总局的验收，成为全国第3个有线电视数字化整体转换通过验收的省区。

5 月 20 日

湖南卫视国际频道在香港开播，这是国家广电总局批准成立的国内首个省级卫视国际频道。

中国移动旗下的互联网服务139.com率先在广东省上线。139.com由广东移动和一三九移动互联公司联合打造，独家推出诸如“i联系”、“关系雷达”等具有移动特色的互联网原创产品，为手机用户建设可以信赖的网上家园。

5月22日

大型汉语教学项目《环球汉语》（第一期20集）高清电视片开机仪式在中国传媒大学举行。

5月23日

湖北省46家广播电台共同签署协议，成立湖北广播联盟。

搜狐旗下专门针对白领用户的SNS网站“白社会”正式上线。

5月25日

由文汇新民联合报业集团推出的“IP—News365”文新传媒电子报栏在上海图书馆正式登场亮相。“IP—News365”将为上海图书馆提供一种崭新的读报方式，读者只需在屏上轻轻触摸即可按种类与日期选择想要阅读的数字报纸并浏览。

云南中广传播有限公司成立暨揭牌仪式在昆明举行，标志着移动多媒体广播电视（CMMB）在云南省正式运营。昆明、玉溪、丽江、香格里拉4个城市的CMMB信号已开通。

5月26日

中国第三大社交网站同学网全面改版，正式转战微博客。

5月27日

中央电视台新闻频道的传输模式由原来的加密播出转为不加密的开路传输，提高新闻频道落地覆盖率，采用卫星接收机接收电视节目的观众尤其是广大农村观众都可以收看到新闻频道节目。

5月28日

《京华时报》创刊8周年。国内首家基于3G无线网络的视频新闻平台——“京华播报”正式上线。

同月

重庆日报报业集团和重庆广电集团两大省级网站（华龙网和视界网）整合为新华龙网，成为集报刊、广播、电视、网络和手机于一体的重庆首个全媒体网站。

6月1日

人民日报社在人民大会堂举行《中国能源报》创刊大会。这是我国能源领域第一份综合类报纸，每周一出版、发行。

广州日报改版，推出全新的“窄报”。

贵州电视台与香港有线电视公司在贵阳签署贵州卫视落地香港的协议。

《西藏商报》6月1日起出版彩报。

6月2日

陕西广电网络数字电视终端统一方案联合实验室应用成果报告会暨国家广电总局有线数字电视应用技术实验室授牌仪式在西安举行。

6月3日

西藏首个在线广播网站——中国西藏之声开通仪式在西藏人民广播电台举行。

6月4日

北京97家报刊社核验被推迟，年检力度明显加大，其中多为新闻出版总署通报的涉及违规被举报的报刊。

吉林确定14家报社和13家期刊社为转企改制指点单位。

6月5日

中央电视台著名播音员罗京于本日7点5分病逝。

6月7日

浙江日报报业集团与阿里巴巴集团在杭州签订战略合作协议。双方决定充分利用各自优势资源，以多种合作方式实现共赢，全面创新传统媒体联网融合发展的新路径，为读者创造更多的价值。

6 月 9 日

全国文化信息资源共享工程进村入户工作现场会在沈阳举行。会议总结、推广了辽宁省文化信息资源共享工程进村入户工作的做法和经验，要求各省选择自身发展模式更好推进文化信息资源共享工程建设。

《青年报》创刊 60 周年。该报于 1949 年 6 月 10 日在上海创刊，是新中国第一份公开出版的青年报纸。

临夏回族自治州大型综合性新闻门户网站——中国临夏网正式开通。

6 月 11 日

《中国新闻周刊》获 2009 年亚洲出版业协会卓越新闻奖。

6 月 14 日

第 21 届全国少数民族地区报纸好新闻评奖会在内蒙古自治区巴彦淖尔市举行。全国 17 家少数民族地区报社的负责人参加了开幕式。

6 月 15 日

新闻出版总署、国家广电总局发布《关于广播电影电视新闻单位申领新闻记者证的通知》。

6 月 16 日

黑龙江中广传播有限公司成立暨揭牌仪式在黑龙江龙塔举行，标志着移动数字多媒体广播（CMMB）业务在黑龙江省正式运营。

6 月 17 日

中国移动 12580 信息服务平台成为央视体育频道独家信息服务伙伴。全国各地用户均可通过拨打 12580 随时随地查询重大体育赛事预告、彩票开奖信息和央视体育频道主持人信息、栏目信息、节目预告等信息。

6 月 18 日

中国广播联盟成立大会在北京举行。中广联盟由中央人民广播电台发起，首批成员台 132 家，包括中央台和全部省级电台和部分地、市、县级电台。

由中国国际广播电台和国家汉办共同开发制作的《每日汉语》多语种网络课件正式在国际在线网站推出。

由内蒙古日报传媒集团与中国电力报社合作创办的《网络导报》正式创刊，同名网站同时推出。该报是国内首份立足互联网的新闻周报，每期 48 版，单彩印刷，外加 4 版轻铜纸双彩封套。每周四发行，定价 2 元。

6 月 19 日

人民网新推维吾尔文、哈萨克文、彝文、壮文等 4 个少数民族文字网页。至此，人民网蒙文、藏文、维吾尔文、哈萨克文、朝鲜文、彝文、壮文七种少数民族语言版本上线，实现了与党代会、人代会文件和选票规定使用的七种少数民族文种的全覆盖。与此同时，人民日报藏文手机报、维吾尔文手机报也于当天正式在全国上线。

6 月 24 日

云南省完成“村村通”直播卫星接收设备安装调试任务，有效解决了云南省边远地区 239 万群众听广播难、看电视难的问题。

6 月 25 日

《湖北日报》创刊 60 周年。

6 月 26 日

由中国国家民族事务委员会和中国华艺广播公司联合主办、海峡之声广播电台协办的大型宣传报道《跨越——和谐发展的中国少数民族自治区》在内蒙古自治区呼和浩特市启动。

6 月 27 日

北京“国家动画产业基地”授牌仪式在北京广播电影电视局举行，海淀、石景山和通州获此殊荣。

6 月 29 日

西部广播协作体第九届年会暨“创建广

播强势品牌与应对金融危机”高峰论坛在乌鲁木齐市举办。

6月30日

我国首批369.8万套“村村通”直播卫星接收设备按计划完成安装调试，全国19万个“盲村”农牧民可通过直播卫星收听收看清晰的数字广播电视节目。

中央人民广播电台北京广播中心成立。

《中国妇女》杂志创刊70周年。

7月1日

卫生部、国务院新闻办公室、工业和信息化部、公安部、国家工商行政管理总局、国家食品药品监督管理局、国家中医药管理局发布《关于开展全国互联网医疗保健和药品信息服务专项整治行动的通知》。

新华社英语电视新闻线路开始试运行。

《中国社会科学报》创刊，并在人民大会堂举行创刊揭牌仪式。

《新西藏》（藏、汉文版）正式创刊发行。该刊是中共西藏自治区委员会机关刊物，是西藏自治区第一份省级党刊。

南方都市报出版《深度周刊》。

《苏州日报》创刊60周年。

人民网“七一社区”正式上线。

新版华龙网顺利试上线。

7月2日

中央电视台重新组建的新闻中心正式成立。新机构整合新闻节目中心、海外节目中心、广告经济信息中心、社教节目中心、文艺节目中心的新闻采编力量，建立新闻资源共享平台。

中国国际广播电台夏威夷整频率落地项目AM880中波台正式开播。这是国际台在美国第一个全天24小时整频率播出电台。

新华社新疆分社和中国移动创办的“维吾尔文新闻早晚报”在乌鲁木齐开通，这是中国第一份少数民族文字手机报。

7月5日

由中央文献研究室、人民日报社、中国移动通信有限公司、上海文广新闻传媒集团推出的手机版文献纪录片《新中国日志》正式发布，这是文献纪录片与手机视频业务的首次结合。该片共50集，每集5分钟。

黑龙江高校广播网通过国家广电总局审核，正式成为黑龙江人民广播电台第9个频率。

7月6日

我国第一份面向农民专业合作社的专门期刊《中国农民合作社》正式创刊。

纪念工人日报社、中国工人出版社成立60周年座谈会在北京举行。

南方都市报“广州读本”扩版。

7月7日

以“落实数字化发展战略、推进出版业升级转型”为主题的第3届中国数字出版博览会在北京国际会议中心举行。

7月8日

中共上海市委党刊《支部生活》第1107期正式改版，改版后与时政类杂志风格趋同。

7月9日

《求是》杂志开通综合性理论网站“求是理论网”（www.qstheory.cn）。

7月10日

国家新闻出版总署公布新修订的《新闻记者证管理办法》。办法将于10月15日正式实施，共6章40条。

7月11日

河北省第四主流媒体——长城网暨长城网手机报正式开通。

7月12日

“2009全国重点网络媒体青海行”大型采访正式启动。

7 月 13 日

新华社亚欧总分社成立。

青海日报启动庆祝新中国成立 60 周年"青藏线讲述——与共和国同行"大型采访活动。采访活动组以青藏公路为主线，由西宁出发至拉萨，行程 2000 公里进行穿越式采访，全方位报道兵站部部队 55 年来的光辉历程。

7 月 14 日

《国家广播电影电视总局、宁夏回族自治区政府共同促进宁夏广播影视事业发展的合作协议》签字仪式在国家广电总局举行。

7 月 15 日

湖北省广播电视总台文艺广播与咸宁交通音乐广播合作办台启动仪式暨 Fun Music Radio 咸宁 88.1 开播活动在湖北省咸宁市举行。

7 月 16 日

本日至 8 月 28 日，中国国际广播电台与国家民族事务委员会共同举办"看中国·CRI 中外记者边境行"大型采访报道活动。国际台 200 多名中外记者组成 8 个采访团，分赴我国各地与当地媒体进行联合采访。

中国国际广播电台移动国际在线英文网在北京正式启动。

中国气象局气象预警信息共享服务平台正式启动，并与人民网等 14 家网络媒体签订《气象预警信息共享服务合作协议》，共建气象预警信息联动播发机制，第一时间向公众发布气象预警信息。

7 月 17 日

央视网与著名漫画家朱德庸合作的国内首部原创手机动画《绝对小孩》启动。

河北省广播电影电视局举行 717 发射台新址开播启用仪式。

7 月 19 日

人民日报社首个分社河南分社成立。

2009 年首届海峡两岸电视主持新人大赛总决赛在福建泉州电视台举行。

7 月 20 日

国家广电总局发布《广电总局办公厅关于严格控制电视剧使用方言的通知》。

山西广播电视总台《山西新闻联播》栏目推出 3 集调查报道"山西转型调查"：《山西煤矿缘何再度主动"减肥"》《产业链上寻求煤炭新出路》和《资源大省从地下向地上突围》。报道由山西广播电视总台和中央电视台记者联合采制，反映山西省煤炭资源整合推进转型发展情况。

《中国民航报》创刊 30 周年。

7 月 22 日

河南人民广播电台与新浪网合作成立的"新浪河南网"开通仪式在郑州市举行。

7 月 24 日

山东曹县青年段磊网上发帖举报镇领导被公诉案结案。2009 年 2 月 25 日山东青年段磊因上网发帖举报镇领导，被山东菏泽曹县人民检察院以诽谤罪提起公诉。消息在网络流传开来成为国内舆论焦点。之后当地因"证据不足"将段磊释放，公检法公开道歉。

7 月 25 日

中央电视台阿拉伯语国际频道开播。

由中国电视艺术家协会与中央电视台主办，中国国际电视总公司、中国广播电影电视节目交易中心协办的"上海合作组织国家电视台合作论坛"在北京举行。

7 月 26 日

由广西壮族自治区党委宣传部、自治区广播电影电视剧、广西电视台联合推出的 10 集大型系列直播报道"西江千里行"正式启动。

7 月 27 日

新闻出版总署发布《关于开展新闻记者证核发情况自查工作并重申有关规定的紧急

通知》。通知要求全国相关机构严格按照规定提交申报材料，立即开展全面自查工作，要全面检查，依法严肃处理。

“走进西柏坡”大型采访活动在河北石家庄市举行。活动由石家庄交通广播发起、中国广播电视协会交通宣传委员会主办，全国 38 家交通广播播出单位参与。

7 月 28 日

由天津北方调频新传媒有限公司制作的一套涵盖新闻、专题、音乐、文学、曲艺等内容的广播节目在甘肃省敦煌市开播。

百度联合 Discovery 亚太电视网，正式开通 Discovery 探索频道中文网站。这是国内开通的首家同类网站。

武汉 3 名食客要求添饭加酒无人理会，将无辜厨师挟制一旅馆殴打致死，武汉市中院本日以故意伤害罪开庭审理。这本是一起普通的刑事案件，却引起了网民的普遍义愤，多数网民认为应该依照故意杀人罪判这 3 人死刑。

7 月 29 日

国家广电总局发出《关于加快广播电视有线网络发展的若干意见》的通知。

7 月 30 日

新闻出版总署下发文件，批复辽宁省 12 种报刊予以退出。

7 月 31 日

中国下一代广播电视网（NGB）启动仪式暨科技部、国家广电总局、上海市下一代广播电视网建设示范合作协议签字仪式在上海举行。NGB 的核心传输带宽将超过每秒 1 千兆比特，保证每户接入带宽超过每秒 40 兆比特，可提供清晰度电视、数字视音频节目、高速数据接入和话音等三网融合的一站式服务。

由青海、四川、甘肃、宁夏、内蒙古、陕西、陕西、河南、山东等黄河流域九省区广播电台携手制作的大型百集系列报道《黄河万里行》在黄河发源地青海省启动。

8 月 1 日

首份以少数民族文字出版发行的《人民日报》藏文版正式创刊，由人民日报社主管，人民日报社和西藏日报社主办。每天出版 4 个版，面向西藏自治区和四川、云南、青海、甘肃等省份的藏族聚居区发行，分别在拉萨、成都、西宁印刷。

安徽广播电视新中心奠基典礼在合肥市举行，该项目为安徽省“861”行动计划重大文化项目。

8 月 3 日

新疆维吾尔自治区党委宣传部主编的《加强民族团结，维护新疆稳定》系列宣传教育材料，由新疆人民出版社分汉文版、维吾尔文版、哈萨克文版 3 种文字出版发行。

8 月 4 日

激动网宣布启动“三屏合一”战略。这是国内首个率先启动融合电脑屏、手机屏、电视屏三屏融合战略的视频网站。

8 月 5 日

央视网增设 CCTV—4 欧洲、CCTV—4 美洲两个频道直播，原 CCTV—4 直播页面更名为 CCTV—4 亚洲。至此，中央电视台网上直播频道总数达到 20 个，并形成 CCTV—4 亚洲、欧洲、美洲和阿拉伯语、英语、法语国际频道共 6 个网上直播国际频道。

8 月 6 日

国家新闻出版总署发布《报刊记者站管理办法》。办法于 2009 年 7 月 10 日新闻出版总署第二次署务会议通过，自 2009 年 10 月 1 日起施行，共 6 章 42 条。

人民日报社甘肃分社成立暨揭牌仪式在兰州市举行。

武汉城市圈广播电视联盟在武汉宣告成立。

国家广电总局发布《广电总局关于促进高清电视发展的通知》。

8 月 7 日

辽宁广播电视台与新华社旗下的《瞭望》周刊合作推出《瞭望评辨天下》电视评论节目签字仪式在新华社总社举行。

由黑龙江人民广播电台、辽宁省人民广播电台、吉林省人民广播电台共同组成的“东北广播广告合作联盟”在哈尔滨成立。

8 月 8 日

绍兴日报社建社 25 周年暨绍兴报业传媒集团成立仪式在绍兴市举行。

8 月 10 日

由内蒙古人民广播电台发起，联合国 8 家广播媒体组织的“华彩中国——少数民族自治地区采风”联合采访活动在内蒙古、西藏和广西三地同时启动。

8 月 11 日

新疆人民广播电台 738 综合广播与北京人民广播电台新闻广播联合进行首场“新疆瓜果广播促销大行动”跨省现场直播。

台湾《旺报》创刊，由旺旺中时媒体集团创办。该报以报道大陆信息为主。

8 月 12 日

中直党建网（www.zzdjw.com）正式开通，由中央直属机关工作委员会主办，人民网·中国共产党新闻网承办。

8 月 14 日

国家广电总局网站发布《关于加强以电视机为接收终端的互联网视听节目服务管理有关问题的通知》。

陕西广电网络传媒股份有限公司、重庆重视传媒有限责任公司、辽宁新华印刷集团有限公司被中宣部、文化部、广电总局、新闻出版总署联合授予“全国文化体制改革先进企业”称号。

8 月 17 日

中国移动的 Mobile Market 手机应用程序商店上线。这是中国移动首次推出移动商店。

8 月 20 日

经中央军委批准，中华人民共和国国防部网站（www.fnod.gov.cn）上线试运行，开通中英文两种版本。

《中华书画家》杂志创刊。

8 月 23 日

由中国广播电视协会联合北京国际广播电影电视设备展览会（BIRTV）组委会主办的首届“下一代网络融合与发展中国峰会”在北京京都信苑饭店举办。

8 月 24 日

新闻出版总署发布《新闻记者证管理办法》。办法于 2009 年 7 月 10 日的新闻出版总署第二次会议通过，自 2009 年 10 月 15 日起施行，共 6 章 40 条。此办法保障了新闻记者的正常采访活动，维护新闻记者和社会公众的合法权益，适用于新闻记者证的申领、核发、使用和管理。

中央电视台经济频道更名为财经频道。

8 月 25 日

新中国成立以来首场以民族团结为主题的大型专题晚会《爱我中华》在中央电视台举行。

河北省广播电影电视局与中国移动通信集团河北有限公司举行《全面战略合作框架协议》和《CMMB 手机电视业务深度合作协议》签字仪式。

8 月 28 日

《中国报业协会章程》经 2009 年 8 月 28 日会员代表大会表决通过，即日生效。章程共 8 章 48 条，主要对中国报业协会的业务范围，会员，组织机构和负责人的产生、罢免，资产管理、使用原则，章程的修改程序、终止程序及终止后的财产处理等问题作出相关规定。

《中华新闻报》停刊。

8 月 29 日

《祖国万岁——庆祝中华人民共和国成立 60 周年》大型文艺晚会在中央电视台举行。中央电视台综合频道、中文国际频道（亚、欧、美洲版）并机直播。

河北人民广播电台建台 60 周年纪念大会在河北人民广播电台召开。

8 月 30 日

人民日报社湖南分社在长沙成立。

8 月 31 日

国家广电总局发布《关于加强互联网证券期货讯息、广告宣传等专业性视听节目服务管理的通知》。

9 月 1 日

国家广电总局发布《国家发展改革委、国家广电总局关于加强有线电视收费管理等有关问题的通知》。

中央电视台新闻频道《朝闻天下》栏目首次实现硬盘播出。

国家发改委价格司负责人通过中央电视台《经济信息联播》栏目，现场发布全国成品油价格上调的信息。这是国家发改委首次通过电视直播的方式进行重要政策发布。

人民出版社出版发行《朱镕基答记者问》一书。

新华社手机电视台在中国移动、中国电信和中国联通全面上线，这 3 家运营商的适配手机用户可以随时随地收看到新华社的全球电视新闻节目。

贵州省广播电影电视局门户网站开通试运行。

9 月 3 日

上海专业财经媒体第一财经宣布推出全新数字媒体服务品牌——“ONE.”。

《东方翻译》（双月刊）在上海创刊。

9 月 4 日

第八届（2008 年度）输出版、引进版优秀图书评选结果在北京揭晓，共计 228 种图书获奖。

9 月 8 日

中国广播电视协会军事节目（广播）工作委员会成立大会在北京召开。

定西人民广播电台正式开播，结束了甘肃省定西市没有市级广播传媒的历史。

南方报业传媒集团推出的《第一消费》大型免费家庭生活双周刊创刊。

大连彩虹网络广播电台正式开播。

9 月 9 日

人民日报社青海分社在西宁成立。

9 月 10 日

中央电视台俄语国际频道正式开播。中央电视台形成了拥有中、英、法、西、阿、俄 6 种语言的整频道播出新格局，成为世界上唯一拥有 6 种联合国工作语言的电视媒体。

纪念甘肃人民广播事业创建 60 周年庆祝大会在兰州市举行。

9 月 11 日

国家广电总局发布《广播电视广告播出管理办法》，自 2010 年 1 月 1 日起施行，同时废止 2003 年 9 月 15 日国家广电总局发布的《广播电视广告播放管理暂行办法》。

中央电视台和奥林匹克转播有限公司签署 2012 年伦敦奥运会电视信号制作协议。

9 月 13 日

安徽人民广播电台与中国国际广播电台华语环球中心联合推出的“CRI 中国安徽之声”正式落地摩纳哥。

9 月 15 日

国家广电总局发布《关于互联网视听节目服务许可证管理有关问题的通知》。

由搜狐、激动网、优朋普乐和华夏视联发起的“中国网络视频反盗版联盟”在北京启动，并宣布对优酷、土豆、迅雷及其广告主的侵权行为提请诉讼。

9 月 19 日

2010 中国上海国际新闻中心正式启用。

9 月 20 日

中国卫星电视长城东南亚平台在马来西亚开播。平台集成 CCTV—4（亚洲版）、CCTV—9、东方卫视、湖南卫视等 15 个频道的优秀节目，采用国际上最新的编解码和传输技术，通过马来西亚 DETV 公司的 IPTV 平台播出。

9 月 22 日

《瞭望》入选亚洲品牌 500 强。

9 月 26 日

由国家行政学院主管、主办的大型月刊《行政管理改革》创刊。

9 月 27 日

中国国际广播电台国际在线新增白俄罗斯语、荷兰语、希腊语、希伯来语、冰岛语和挪威语等 6 种语言。

昆明报业传媒集团成立。

9 月 28 日

经国家广电总局批准，央视一套和北京卫视、东方卫视、江苏卫视，湖南卫视、黑龙江卫视、深圳卫视、广东卫视、浙江卫视 9 套高清频道在全国落地，其中，央视一套、江苏卫视、深圳卫视、东方卫视等 5 家卫视将一起首批进行高、标清电视同播，从而成为全国首批迈入“高清时代”的卫视。

黄石日报传媒集团正式成立。其前身为 1952 年 8 月 15 日创办的黄石日报社。

9 月 29 日

中国国际教育电视台通过亚太 6 号卫星正式上星播出，并在香港通过 Now TV533 有线频道“中国国际教育电视台汉语文化频道”进入香港居民家庭。

青海省第一套地面数字高清电视（CCTV—高清）在青海省广播电视局 841 发射台成功发射，标志着青海进入高清数字电视时代。

9 月 30 日

《求是》杂志英文版创刊。

同月

中国江西新闻网开通《中国江西》电子杂志。这是经国家新闻出版总署批复的数字刊物，是由中共江西省委对外宣传办公室、江西省人民政府新闻办公室主管，中国江西新闻网主办，反映江西政治、经济、社会、文化、生活的综合性刊物。

现代传播集团在香港主板上市。现代传播集团于 1993 年成立，以出版国际化、时尚、高品位的平面媒体为宗旨，主要在中国大陆及香港从事杂志经营，旗下拥有《周末画报》《号外》（香港）《优家画报》《新视线》《生活》《汽车生活》《东方企业家》《大都市》（男士/女士版）《健康时尚》等杂志及都市客网站，在广州、上海、北京、香港等地设有机构。

10 月 1 日

新中国成立 60 周年庆祝大会和联欢晚会在天安门广场举行。中央人民广播电台使用汉、藏两种语言，通过 7 个汉语普通话频率及藏语频率，进行了网络多媒体直播。

西藏电视台汉语卫视实现全天 24 小时播出。藏语卫视开播藏语儿童动画节目，填补了西藏电视台制作播出藏语动画节目的空白。

童趣出版有限公司编辑出版的儿童卡通期刊《喜羊羊与灰太狼》在北京创刊。

新华社手机电视台与中国移动共同推出国庆直播。中国移动适配手机用户可登录新华社手机电视台免费收看新华社国庆直播报道。

福建东南新闻网与福建日报网合并，升级改版成为东南网。

10月8日

新修订的《新闻记者证管理办法》正式施行。

10月9日

中国广播网记者利用手机发回“直击世界媒体峰会现场”的视频新闻，成为互联网对世界媒体峰会的第一篇现场报道。

10月10日

宁夏第一个地面数字高清电视频道开通试播。

湖州广播电视传媒集团组建成立。

10月12日

《经济观察报》前执行总编辑仲伟志宣布成立商业文化传媒机构“远见传播”，并创办一本全新跨界商业类杂志。

10月13日

新疆生产建设兵团农十二师党委决定，将涉及“史上最牛团长夫人”事件的陈伟和于富琴夫妇免职。兵团新闻办第一时间将处罚信息首先发布在发帖曝光此事的论坛上，获得网友认可。

10月14日

辽宁广播电视台成立，由辽宁人民广播电台、辽宁电视台、辽宁教育电视台合并组建。

湖南省广播电视局更名为湖南省广播电影电视局。

10月15日

华视传媒对外宣布将与国内最大的地铁移动电视广告商上海数码媒体集团进行合并，将联合打造一个与地铁、公交电视无缝对接的户外数字移动电视广告联播网——新联播网。

10月16日

第42届世界中文报业协会年会在重庆召开，由世界中文报业协会主办，重庆市委宣传部、重庆市政府新闻办、重庆日报报业集团（重庆晚报）承办。

10月17日

中央人民广播电台、中国国际广播电台、山西广播电视台综合广播三套节目在山西省五台山开通播出，五台山实现广播覆盖。

新华社《现代快报》创刊10周年庆祝大会在南京举行。

10月18日

云南电视台建台40周年。云南电视台与央视国际联合组建的“云南爱上网络IPTV公司”挂牌成立。

10月20日

青海日报举行创刊60周年庆祝大会。

浙青传媒集团正式挂牌成立。集团以《青年时报》为核心，旗下拥有青年时报网、青牛网、牛通社、青年时报3G门户、彩信手机报、《菁英》、《请你玩》、《有房有车》及速派物流公司等。

10月21日

中央电视台四套、九套节目在马尔代夫落地开播。

10月23日

由中国国际广播电台和广西对外广播电台联合开办的中国首个区域性国际广播频率——广西北部湾之声（BBR）在南宁正式开播。

南方日报社成立60周年。

河北省广播电影电视局与上海文广集团在上海签署《河北省广播电影电视局与上海文化广播影视集团战略合作框架协议》，双方正式展开合作。

10月24日

首届中国新锐媒体评论大奖在浙江杭州揭晓。奖项4大类共计17个单项奖。

10月26日

第17届国际传输与覆盖研讨会在杭州举行。该会由中国广播电视协会技术委员会、有线电视工作委员会，浙江省广播电影电视局，《世界宽带网络》杂志主办，浙江省广电科技股份有限公司承办。

10月27日

为纪念范长江诞辰100周年，范长江纪念馆开馆仪式在其家乡四川省内江市东兴区田家镇正子村举行。

10月28日

中央人民广播电台第12个频率娱乐广播开播，该频率主要覆盖北京地区。

中央纪委监察部开通全国纪检监察举报网站（www.12388.gov.cn）。

陕西广播产业集团有限责任公司、陕西电视产业集团有限公司正式成立并举行揭牌仪式。

四川康巴藏语卫视频道开始试播。全天播出18小时，频道覆盖川、藏、青、甘、滇五省区的康巴语地区。

10月30日

第19届中国新闻奖评选结果揭晓，15件期刊作品入选。

第10届长江韬奋奖评选结果揭晓，共20人获奖。

新版《中国与非洲》创刊，胡锦涛主席为杂志致辞。

第16届中国国际广告节在南宁国际会展中心拉开帷幕。

湖北首家市州报业集团——三峡日报传媒集团正式挂牌运行。

11月1日

由国家语委发布的《中国语言生活状况报告（2008）》出版发行。

首届广东网民论坛在广东科学中心举行，主题是“金融危机回眸——珠三角生存法则”。

11月2日

中国国际广播电台环球广播中心和云南人民广播电台香格里拉之声共同组织“云南·红河侨乡行”联合采访活动。

11月3日

第17届全球韩国语广播电视大奖赛和第15届韩国语广播人大会在韩国首尔落下帷幕，中央人民广播电台朝语部作品《山东少女首尔留学记》获广播类一等奖。

11月8日

《合肥日报》创刊，推出金箔典藏版。这是合肥晚报社改革开放30年以来首次推出的纪念号外，也是合肥传媒史上第一次推出以报纸创刊为主题的号外。

11月9日

中华全国新闻工作者协会颁布《中国新闻工作者职业道德准则》，要求记协各级单位结合实际情况制定相应细则，并要求全国新闻工作者自觉做到：全心全意为人民服务；坚持正确舆论导向；坚持新闻真实性原则；发扬优良作风；坚持创新改革；遵纪守法；促进国际新闻同行的交流与合作。

人民日报社香港分社成立。

11月11日

人民日报社澳门分社成立。

由中央人民广播电台主办的广播发展论坛暨全球华语广播颁奖盛典在北京举行。

全球华语广播网（gcbc.cnr.cn）正式上线，成为全球华语广播成员台信息共享、资讯发布、业务交流的重要平台。

11月12日

四川藏区有线广播网络大环线工程正式建成。工程恢复重建都江堰—汶川—理县—马尔康段有线广播电视光纤干线，新建马尔康—金川—丹巴—八美—康定段有线广播电视光纤干线，最终联通形成了成都—都江堰—汶川—理县—马尔康—金川—八美—康定—泸定—

雅安—成都大环线，总长约1400公里。

11月14日

2009年中国播音主持“金话筒奖”颁奖盛典在北京电视台举行。

11月15日

网易旗下SNS网站“梦幻人生”上线内测。

11月16日

全国“扫黄打非”办公室下发《关于严厉打击手机网站制作、传播淫秽色情信息活动的紧急通知》，要求各地对手机网站制作、传播淫秽色情等有害信息活动进行专项治理。

贵州省政府办公厅印发《贵州省广播电影电视局主要职责内设机构和人员编制规定》。

11月17日

四川期刊传媒集团挂牌成立。

11月18日

《北京晨报》全面改版改型，由对开报纸改为4开报纸。

内蒙古电视台手机电视“精彩频道”试播。

11月21日

云南省政府新闻办开通国内第一家政府微博“微博云南”。

11月26日

山西省首家数字电视手机支付业务平台正式开通。

11月27日

江苏少儿频道正式更名为优漫卡通卫视，并上星播出。这是全国首家上星播出的省级少儿频道。

盛大网络旗下华友世纪与视频网站酷6网宣布股权合并。

11月29日

《南方日报》创刊60周年。创刊60年专题片《风起南方》放映。

11月30日

福建省龙岩人民广播电台旅游之声广播开始试播。全天播出18小时。

12月1日

《金华日报》创刊60周年。

12月6日

洛阳日报报业集团成立。

《新疆日报》创刊60周年。《新疆日报》是我国最早的省级党报之一，也是全国唯一用汉文、维吾尔文、哈萨克文、蒙古文4种文字出版的省级党报。

12月8日

中华人民共和国最高人民法院发布《关于司法公开的六项规定》和《关于人民法院接受新闻媒体舆论监督的若干规定》。

12月9日

《中国妇女报》创刊25周年。

12月10日

国家广电总局印发《关于电视购物频道建设和管理的意见》。

12月11日

中国期刊协会颁布《期刊编辑出版规程》。规程涵盖期刊出版整体策划、组稿、审稿、校对、样刊监制阶段规程及市场反馈的监测与处理等内容。

中国互联网络信息中心发布《关于进一步加强域名注册信息审核工作的公告》。

12月12日

网易与解放日报报业集团在上海举行战略合作协议签约仪式。

12月15日

《羊城晚报》改版，发表题为《改变自己，改变生活》的致读者书。

空中网正式宣布，将全资并购国内著名的互联网游戏公司大承网络技术有限公司。通过并购，空中网将全面进军互联网游戏市场领域，开创中国互联网市场“手机游戏＋互联网游戏”的全新业务模式。

12 月 16 日

据《中国新闻出版报》消息，2009 年新闻出版总署推进报刊评估工作。截至 2009 年 11 月，全国已有 188 种报刊以兼并、重组、停办等方式退出。

国家广播电影电视总局发布《广播电视安全播出管理规定》，《规定》经 2009 年 12 月 4 日局务会议审议通过，自 2010 年 2 月 6 日起施行。规定共 8 章 45 条，主要就广播电视安全播出的基本保障、日常管理、重要保障期管理、应急管理、监督管理、法律责任等方面作出详细规定。

12 月 18 日

辽宁广播电视台成立。

湖南广电集团宣布旗下网络电视芒果 TV 启用新域名 imgo. tv，并开始面向市场独立运营。

12 月 21 日

由人民日报主办的时政历史半月刊《文史参考》杂志创刊。这是继《环球时报》英文版之后，人民日报打造国际一流媒体的又一重大举措。

陕西省 2009 年农村数字电影放映设备发放仪式暨新闻发布会在陕西省广电中心举行。国家资助陕西农村的 461 套数字电影放映设备和 3 套数字电影地面卫星接收设施的发放，标志着陕西省已在全国率先实现了农村数字电影放映全面覆盖。

12 月 22 日

广西日报传媒集团正式成立，是在广西日报社基础上组建的。集团旗下拥有 8 报 3 刊 3 网站，还有 13 个公司、1 个工厂，实行公司化运作。

河南电视台电视剧部正式转企改制，成立河南电视传媒发展有限公司，标志着河南电视台实施制播分离迈出了实质性的一步。

12 月 23 日

中国广播电视出版社有限责任公司挂牌成立，标志着中国广播电视出版社转企改制工作完成。

被称作“网络暴力第一案”的名誉侵权案在北京市第二中级人民法院终审结案。网友“人肉搜索”被判定侵犯名誉权。法院终审维持原判，确认张乐奕侵犯了王菲的名誉权，应删除网络上的侵权文章，对王菲赔礼道歉并赔偿精神损失抚慰金及公证费共 5684 元。事件起因为 2007 年 12 月 29 日晚，女白领姜岩在家中跳楼身亡。姜岩的大学同学张乐奕随后在网上发表文章，描述姜岩与王菲二人婚姻并进行其他网站链接。王菲随即遭遇“人肉搜索”，甚至有网友到王菲及其父母住处刷写“逼死贤妻”、“血债血偿”等标语。王菲随即控告 3 家网站侵权。

12 月 25 日

《中国党刊 60 年》出版座谈会在北京举行。

12 月 28 日

中国网络电视台（www. cntv. cn）在北京举行开播仪式。

新华社第一本财经杂志《财经国家周刊》面世。

嘉兴日报报业传媒集团成立暨嘉兴日报社成立 25 周年庆典大会在嘉兴日报社举行。

12 月 29 日

浙江广电集团旗下新蓝网（cztv. com）上线测试。

12 月 30 日

中共湖北省委宣传部批复成立荆门日报传媒集团。

12 月 31 日

由新华社主办的中国新华新闻电视网在北京举行开播仪式。

2010年（庚寅）

1月1日

新华通讯社主办的中国新华新闻电视网（CNC）正式上星，向亚太地区和欧洲部分地区播出。其第一个直属台亚太台及其环球频道通过亚太6号卫星正式开播。该网已被中央明确为国家加强国际传播能力建设工程的重要组成部分。

新华社网络中心与新华网络有限公司合并，新华网络有限公司列为新华社直属企业。

中国国际广播电台美国休斯敦KGBC中波电台AM1540开始试播，每天播出24小时英语节目。

广电总局第60号令《卫星电视广播地面接收设施安装服务暂行办法》开始实施。

《人民日报》电子版开始收费。读者可通过在线支付、银行转账和邮局汇款等方式支付。人民网表示，随着电子移动终端的兴起，这一措施可促进报纸发行，成为报刊发行的重要经济增长点，为防止盗版侵权提供技术保障。

国家新闻出版总署发布《关于进一步推动新闻出版产业发展的指导意见》。《意见》明确了当前必须优化新闻出版产业结构，坚持利用科技和创新，提高质量和效益，深化体制改革的要求。《意见》提出了下一阶段新闻出版业的战略目标：推动经营性新闻出版单位的转制和改制，实行股份制改造，培育合格的市场主体；加快企业兼并重组和资源整合，鼓励骨干新闻媒体跨媒体、跨行业、跨地区、跨国界和跨所有制进行资本和业务的整合，打造具有国际竞争力的传媒集团。

青海日报社旗下新闻网站——青海羚网开通，跨出整合主流平面媒体和数字媒体的步伐。该网尝试整合青海日报社、青海手机报、原青报网及《西海都市报》《青海法制报》《西海农民报》等省内媒体资源，重点拓展网络服务功能，以实现报网互动、新闻互动、记者与读者互动。

新疆卫视开始在全国36个省级中心城市无偿政策性落地。该项工作于2009年11月，由中共中央宣传部、国家广电总局部署，要求各地做好新疆电视台汉语卫星频道的落地工作。新疆卫视成为继西藏卫视后，第二家全国无偿落地的省级卫视。

人民军医出版社即日起出版的每一本新书都会同步出版网络版跨媒体智能数字图书，数字图书具有数据库深度查询功能。此举首次实现电子书、数据库的无缝链接，标志着数字出版进入以建设云平台为主的3.0阶段。

广西电视台国际频道开播，频道首播为6小时，24小时滚动播出。频道信号通过中国卫星电视长城平台首先面向东南亚播出，并逐步扩大至世界其他地区。频道是伴随着中国—东盟自贸区的建成而诞生，致力于为中国—东盟自由贸易区各国经济、贸易往来提供资讯服务。

《重庆日报》农村版创刊。该版面目标确定为办一张“农民自己的报纸”，内容定位在“联接城乡，服务三农”，主要功能是及时生动地报道农村基层的新闻。

青海卫视改版，众多湖南广电旗下的品牌栏目纷纷入驻。

1月4日

网易推出视频频道，定位为互联网电视台，内容包括新闻、娱乐、生活、纪实、影视和访谈等。

1月5日

人民网与《人民日报》共同推出“新兴媒体”版，设有《新媒体高端论坛》《新媒观察》《业界速览》、排行榜等栏目。

1月6日

经文化部、财政部和国家税务局的审核，100家动漫企业通过，并被认定符合享受税收优惠条件的企业。此次通过认定的企业中，有为数不少的新型中小型动漫企业，这些企业可以在增值税、企业所得税、营业税、进口关税等税种上享受优惠。

百度组建独立网络视频公司。

1月8日

由新闻出版总署主导制定的《图书公平交易规则》在北京图书订货会上正式发布。规则从订货、供货、退货、促销和结算等环节对图书交易进行规范。对于广受关注的打折促销行为，规则规定，新书出版并进入零售市场的，一年内不得打折销售，新书网络销售折扣不得低于8.5折。规则的发布，结束了图书交易缺少行业规范的局面，是我国出版发行业的里程碑，但也有声音质疑规则违背了社会主义市场经济的价格规律，妨碍自由竞争，有失公平。

新民晚报旗下的新媒体《新民地铁》正式创刊。

1月10日

四川省有线广播电视网络股份有限公司创立大会在成都举行。此举标志着四川省广播电视网整合工作进入实施阶段，它将对四川省广播电视传输网络实行统一管理，实现省、市（州）、县（市、区）三级垂直贯通和有效整合。

广电总局传媒机构管理司发布《关于加快开展电视购物时段备案工作的函》，宣布即日起，除经批准开办的电视购物频道和经备案的专门购物时段外，其他模拟、数字和付费频道一律不准播放电视购物节目。

1月11日

我国第一份全国性体育彩票专业报《中国体彩报》创刊。

因作品为“共同创作”，无法“体现本人创作水平与风格”，第8届中国摄影金像奖组委会决定取消桑玉柱第8届中国影像金像奖获奖资格，收回获奖证书并通报其工作单位。

1月12日

《大公报》原名誉董事长、前总编辑李侠文因病于香港玛丽医院逝世，享年96岁。李侠文（1914—2010），广东中山人，自幼受教于私塾，1933年考入清华大学，修读国际政治经济。1938年供职于《大公报》，先后担任社评委员、编辑主任、副社长兼总编辑、董事长等职务。他文学素养深厚、爱憎分明，始终坚持爱国新闻事业，曾任第五、六、七、八、九届全国政协委员。

天津日报报业集团与天津地铁运营有限公司合作打造的《城市快播》正式向地铁乘客发放。

1月13日

国务院召开常务会议，决定加快推进电信网、广播电视网和互联网三网融合。会议提出推进三网融合的阶段性目标，允许广电经营增值电信业务和部分基础电信业务、互联网业务；允许电信部门从事部分广播电视节目生产制作和传输，鼓励广电企业和电信企业加强合作、优势互补、共同发展。

2010年全国新闻出版工作会议首次提出建设新闻出版强国战略目标。会议通过研判国内外形势，明确今后10年我国将实现由新闻出版大国向新闻出版强国的转变，这是新闻出版业发展方式的一次重大调整和转变，是新闻出版业改革发展的重要标志。

新中国成立60年来新闻出版系统百名优秀出版人物、百名优秀出版企业家、百名有突出贡献新闻出版专业技术人员（即“三个一百”优秀人物）在北京受到表彰。

1月14日

湖南卫视宣布与英国最大商业电视台ITV合作。根据双方签署的协议，湖南卫视未来3年授权ITV使用其部分电视节目，双方还将共同开发、制作、拥有新的节目和制式。这是中国国有电视台与外国电视台的首次合作，也是首个在海外制作电视制式的交易。

1月15日

上海文广新闻传媒集团（SMG）旗下新媒体运营公司百事通与法国电信在上海达成战略合作。双方将在电视、手机、计算机三屏融合技术、内容、投资等领域进行全方位合作，促进“三网融合”，并在“下一代网络电视”技术领域展开深层次的应用技术合作。

江苏卫视婚恋节目《非诚勿扰》首播，收视率居高不下，婚恋交友节目开始占据荧屏。

1月17日

江苏卫视宣布将频道品牌定位从“情感”升级为“幸福”，提出“情感世界，幸福中国”的口号。改版后的江苏卫视从综艺节目和电视剧两大方面展开与湖南卫视的竞争。

1月18日

深圳广电集团推出独立域名网站“中国时刻”，进军网络视频领域打造“全息跨界媒体平台”，辐射港澳台地区和东南亚。深圳广电成为继中央电视台、上海文广新闻传媒集团、湖南广播电视台、凤凰卫视和浙江广播电视台之后，第6家进军视频网站的广电巨头。

由浙江日报报业集团与浙江在线新闻网站共同打造的无线门户网站“掌上浙江”正式开通。

1月21日

国务院颁布《推进三网融合的总体方案》（国发［2010］5号），标志着作为国家发展战略的“三网融合”任务进入实质性阶段。方案指出，推进三网融合战略部署是推动国家信息化、培育新兴产业的重要任务，应积极推进整合各地分散的有线电视网络，逐步实现全国有线电视网络的统一规划、统一建设、统一运营和统一管理。方案提出，2010年至2012年应以推进广电和电信业务双向阶段性进入为重点，逐步完成三网融合试点工作。

四川广播电视台授牌仪式在成都举行。新的四川广播电视台由四川人民广播电台和四川电视台合并而成，保留“四川人民广播电台”和“四川电视台”播出呼号。

华商传媒集团与中国电信陕西公司合作业务签约仪式在西安举行。双方将在互联网、3G等新媒体应用、市场拓展等方面进行深入合作，共同打造全媒体信息服务平台。

1月23日

长沙广播电视集团、合肥电视台、安徽龙之域文化传播有限公司在合肥签署协议，共同运营合肥文体休闲频道。

1月24日

中国教育“广西国家数字电视教育平台”启动暨广西广电网络HiTV电视课堂开播仪式在广西南宁举行。平台由国家数字电视平台与广西广电网络公司共同建设，是全国第一个以省为单位向全区推出的平台。该平台依据国家教育大纲，编排了适应从幼儿到高等教育的教学互动节目，为远程教育提供了一种新的模式。

1月25日

国务院办公厅发布《关于促进电影产业繁荣发展的指导意见》，指出，到2015年底，我国将建立健全市场公平竞争、企业自主经营的电影产业运营体系。

1月27日

网易推出手机邮箱服务，用户可通过网页端或手机客户端两种形式，随时用手机实现免费收发邮件、浏览网页和手机互通功能。

国家工商行政管理总局等12部委出台《2010年虚假违法广告专项整治工作实施意见》，把电视购物广告、医疗、药品、保健食品广告，以及非法涉性、低俗不良广告确定为专项整治重点，并提出强化广告发布前审查把关、发布中动态监督和发布后依法查处等要求。

1月28日

新闻出版总署与中国农业银行股份有限公司在北京签署《全面战略合作协议》。协议规定，未来3年内，中国农业银行对新闻出版行业发展提供总额不低于500亿元的意向性信用额度。该举措是贯彻国务院文化产业振兴规划、推动我国新闻出版业发展的有力措施。

中广传播集团有限公司召开“睛彩电视，睛彩中国”新闻发布会，宣布“睛彩中国”业务在全国范围内正式启动。全国31个省（自治区、直辖市）的280个城市正式加盟运营，中国移动多媒体广播开始在全国正式商业运营。从2010年2月开始，中广传播与中国移动合作的CMMB手机电视业务也陆续在各省上线。

1月29日

中国广告协会和上海世博会事务协调局在北京联合向全国广告行业单位及其从业人员发出《迎接上海世博规范广告行为自律倡议书》，呼吁全国广告行业从业单位和人员尊重世博会知识产权，遵循世博会标志使用规则，不得以搭世博“顺风车”、打世博“擦边球”等任何方式埋伏营销广告行为。北京广告协会、央视广告部等27家广告单位签署了倡议书。

河南省新闻出版局撤销了《崛起》《改革与发展研究》《法人维权》3家连续性内部资料的出版许可。

1月30日

工业和信息化部发布《关于加强互联网域名系统安全保障工作的通知》，提出加强域名系统安全防护和应急工作，建立完善公共域名安全技术平台，推进域名安全标准化和自主创新工作，强化域名安全保障工作的监督检查等要求。

2月1日

人民网自主研发的微博产品“人民微博”正式对外开放。这是中央重点新闻网站推出的第一家微博。

湖南电广传媒宣布斥资4750万元设立电广传媒影业投资（北京）有限公司。新公司有意独立运营电影项目的制作发行全过程，并在电影产业链上进行品牌延伸，形成电广传媒影业的核心竞争力。

2月2日

最高人民法院及最高人民检察院颁布《最高人民法院、最高人民检察院关于办理利用互联网、移动通信终端、声讯台制作、复制、出版、贩卖、传播淫秽电子信息刑事案件具体应用法律若干问题的解释（二）》，为惩治利用新媒体传播淫秽语音信息等犯罪活动提供了法律依据。相比2004年出台的第一套解释，此次法律解释加大了整治力度，降低了部分定罪量刑的起点。

2月3日

广东数字出版产业联合会在广东成立，成员包括广东省各大媒体影视集团、出版单位、动漫企业、数字出版技术研发和运营企业及院校教学科研机构等国营和民营单位，广州日报报业集团董事长戴玉庆当选首任会长。这是国内首个数字出版社团组织，是建设“数字广东”的主力军。

国内两家最大的视频网站优酷和土豆在北京达成合作，宣布互相开放片库、启动联播机制、联合版权采购以及一系列具垄断性的合作模式。两家公司共占国内视频领域80%的市场份额。

2月4日

国家广电总局下发《广电总局关于改进和完善电影剧本（梗概）备案、电影片审查工作的通知》，确定了“一备双审”制，下放了部分影片审查权，即制片单位将电影剧本（梗概）送到电影局备案后，除了中央和国家机关（军队）所属的电影制片单位摄制的电影及重大革命和重大历史题材影片、重大文献记录影片、中外合作影片外，其他各类电影的备案工作可下放到各省级广电部门。

2月8日

上海广播电视台和宁夏电视台合办宁夏电视台综合频道发布会在银川举行，全国电视观众即日起可通过宁夏卫视同步收看由上海第一财经频道制作提供的节目。节目覆盖全国25个省、直辖市、自治区，有效人口超过4亿，并逐步覆盖全国。该合作协议也意在加深宁夏和西部的报道力度。

动画《阿童木》的制作方意马动画工作室在香港宣布清盘。工作室2006年购入《阿童木》制作权，全球总开支高达人民币8.2亿元，全球最终票房仅为人民币1.9亿元。因故事太过低龄化且不符合全球理念，该片不仅海外市场票房惨淡，原本冀望颇高的内地市场也因为票房虚报事件而不尽人意。

2月9日

湖北省新闻出版工作会议透露，知音传媒、长江日报报业集团和长江出版传媒集团等湖北省三大新闻出版集团年利润超过一亿元。

2月14日

2010年北京电视台。新浪网首届网络互动春节联欢晚会即日起连续7天通过电视、手机电视、网络三大平台同步播出。

2月21日

贵州大众广播传媒有限公司加快制播分离，与陕西、吉林传媒公司开始实施合作，后者代理经营贵州人民广播电台新闻频率健康类节目时段。仅此一项，贵州人民广播电台新闻频率进账1100万元，而此前该频率最高年份的收入是850万元。

2月26日

文汇新民联合报业旗下的上海东方体育日报社转制为上海东体传媒有限公司。这是全国报业集团中首家自主要求改制的非时政类经营性报刊。

全国人大常委会发布《关于修改〈中华人民共和国著作权法〉的决定》。新决定中增加第二十六条，即著作权人以著作权出质的，由出质人和质权人向国务院著作权行政管理部门办理出质登记。该决定自2010年4月1日起实施。

台湾地区的东森、中视两家电视媒体和中国时报旗下的《旺报》分别驻点福州和厦门。此次驻点，三家台湾媒体共派出5名新闻记者，除了关注福建的台企台商的发展外，还将更多关注包括服务业、旅游业和文化产业在内的其他领域。这是台湾媒体首次正式驻点福建，标志着闽台新闻交流合作迈上了新的台阶。

2月28日

经新闻出版总署批准，我国第一家公开发行的社区报——《北京社区报》面世。《北京社区报》隶属北京日报报业集团，该报秉持注重“家长里短”的理念，以“咱家的报”为宣传口号致力于报道社区，以社区居民和各单位为核心对象，面向全国公开发行，年内发行量突破 30 万份。

四川广播电视台国际频道在东南亚地区正式开播。该频道将以 6 小时为一个节目单元，全天候滚动播出与四川有关的新闻、社教、文艺类电视节目，报道四川的灾区重建和经济发展状况，促进中国西部招商引资。该频道还将从下半年起陆续在欧洲及北美地区播出。

南方报业传媒集团北京新闻中心启动。

3 月 1 日

新闻出版总署（国家版权局）在全国范围内部署开展为期一个月的打击盗版音像制品专项行动。该行动旨在有效遏制盗版音像制品在一些地区蔓延泛滥的势头，为 2010 年上海世界博览会的成功举办营造良好的版权保护氛围。

《中国经济时报》记者王克勤发表了“山西疫苗乱象”调查性报道。

经国家新闻出版总署批准，文汇新民联合报业集团旗下的上海东方体育日报社整体转制成上海东体传媒有限公司，揭牌仪式在文新报业大厦举行。这是全国报业集团中首家自主要求改制的非时政类经营性报刊。

“中国民族新闻网”正式上线。该网由人民网和国家民族事务委员会文化宣传司合作组建，以多语种综合报道少数民族地区新闻。

3 月 2 日

时代出版传媒股份有限公司发布公告，拟对中国文联直属中国文联出版社、大众文艺出版社实施资产重组。重组后的“两社”由公司控股、中国文联参股。

安徽出版集团与北京万方幸星数码科技有限公司合资组建公司签约；安徽新华发行集团参与中国外文局新世界出版社股份制改造战略合作框架协议签约；安徽出版集团与中国文联出版社、大众文艺出版社、中联影视中心资产重组合作协议签约。

3 月 3 日

中央人民广播电台创办国内第一份有声手机报《新闻和报纸摘要》。

3 月 4 日

团购网站美团网上线。

3 月 5 日

全国“两会”在北京召开，微博首度助力。各类媒体纷纷推出官网微博，或开设微博互动专版，代表委员将议案和建议直接上传微博，公众则通过微博参政议政，内容涉及教育、房价和医疗改革等，初步形成媒体、政府和网民“三足协力”的“微博议政”模式，为公众了解、认识、参与“两会”提供了全新的方法和较为便捷的通道。

人民网发布启事，宣布对今年 1 月 1 日推出的《人民日报》数字报收费阅读服务作出如下调整：3 月 5 日起，前 4 版内容长期免费，五版及五版以后的内容仅当天免费。

3 月 10 日

盛大文学在北京宣布，正式推出“一人一书（OPOB）”计划，通过开放“云中图书馆”提供海量版权内容和图书分销资源，通过与电子厂商合作提供电子书软硬件等措施，配置内容、平台、渠道和技术等资源，力图打造利益最大化的产业链推动电子书进入人们的生活，提升国人的人均阅读量。

3 月 12 日

湖南广播电视集团和盛大网络合资创办的华影盛视在北京召开发布会，宣布启动一项全新的选秀节目“我要拍电影”，在全球范围内选拔新导演。初选的作品将联合青海卫视和中央电视台电影频道播出，使得这档节目成为首个跨平台播出的选秀节目。总决赛期间观众可走进电影院观看参赛作品，实现电视和院线的联动。

中国电影交易中心在山东省青岛市崂山区成立。该中心是经国家广播电影电视总局审核批准的国家级电影产业化项目，总投资约18亿元，中国电影制片人协会为其项目主管单位。该中心是以国家电影交易发行平台为核心功能，辅以文化艺术活动、教育培训、旅游休闲功能的大型综合性城市文化综合体。

3月13日

中国网络电视台（CNTV）和盛大网络宣布实施全面战略合作。合作将在横向上涉及网络视频、游戏、影视、文学、音乐、无线和有线平台等业务，纵向上包含内容制作、技术支持、授权合作等领域。未来的合作重点将在网络游戏和视频方面。

3月15日

上海东方传媒集团与索尼（中国）有限公司在上海签署合作协议，双方将就3D的现场直播技术进行探索性合作，并将探索成果运用至2010上海世博会各类晚会和演出的直播中。此次合作在服务世博会的同时，也是配合上海市“中国下一代广播电视网（NGB）”发展战略的一次重大探索。

文汇新民联合报业集团图片中心（东方图片中心）和上海联通公司合作的手机图片报上线运行。

《新民晚报》“大学生版”创刊，通过免费赠送的方式发送至上海20余所高校。

3月17日

国家工业和信息化部等八部门颁发《关于推进第三代移动通信网络建设的意见》。意见指出建设和发展3G网络的重要性，要求落实3G网络发展规划以促进网络的协调发展，制定和出台3G网络建设的各类政策保障3G网络建设、解决网络建设困难、带动3G网络升级等。

国家工业和信息化部等七部门发布《关于推进光纤宽带网络建设的意见》，要求充分认识光纤宽带网络建设的重要性，制定和完善光纤宽带网络建设的配套措施，推动城镇光纤宽带的建设，扩大农村地区宽带网络的覆盖范围，提高网络技术水平和业务承载能力。

3月19日

中宣部、中国人民银行、财政部、广电总局和新闻出版总署等九部门联合印发《关于金融支持文化产业振兴和发展繁荣的指导意见》（银发［2010］94号），这是近年来首个金融行业全面支持文化产业繁荣振兴的文件。文件指出，金融业为包括报刊、广播电视、电影、电子和网络出版服务在内的文化产业加大有效信贷投放、扩大直接融资规模和完善保险市场等。

由科技部高新司、广电总局科技司、上海市科委和上海市文广局主办的2010中国下一代广播电视网（NGB）高峰论坛在上海召开，中国下一代广播电视网应用实验室也在上海举行揭牌仪式。论坛通过主题报告、高峰对话、中国下一代广播电视网体验等环节共同研讨NGB的发展趋势，探索符合“三网融合”发展趋势的技术与服务模式。

3月20日

网易微博正式开放公测。

3月22日

国家新闻出版总署下发《关于印发〈2010年新闻出版体制改革工作要点〉的通知》，提出新闻出版体制改革六大要点：重点完成经营性出版单位的转企改制，培育合格市场主体；着力培育一批主业突出、辐射力强、综合性、专业性的大型出版传媒集团；加快推进保留事业体制的新闻出版单位改革；努力提高新闻出版产业服务经济社会发展的能力；进一步落实与完善新闻出版改革的配套政策和切实加强新闻出版体制改革工作的组织领导。

中国移动与中广传播集团有限公司共同宣布 TD+CMMB 手机电视业务在全国范围内正式商用。TD 是我国自主创新的第三代移动通信标准，CMMB 是我国自主创新的移动多媒体广播电视标准，二者的融合是实现“三网融合”的一次探索和尝试。

华西都市报推出的囊括平面媒体、电视、广播、网络在内的华西“1+N”全媒体联盟成立。

3 月 23 日

广西、江西、内蒙古、宁夏、河北等 10 家有线电视网络运营商在北京签署协议，共同发起成立广电网络友好网，在 10 家网络公司之间率先实现网络互联互通。此举意在“三网融合”的大背景下打造广电全国一张网的格局，改变有线电视网络依据区域划分这一持续 20 多年的状态。

台湾当局新闻主管部门宣布新增厦门卫视及湖南电视台两家大陆地方媒体赴台驻点采访。

人民日报社在北京主办“第四届中国—东盟媒体合作高层研讨会”。来自东盟国家和东盟秘书处的 31 名包括政府新闻官员、主要报纸和网站负责人在内的代表应邀参加，中国外交部及人民日报社、新华网、中国网络电视台等媒体出席。研讨会主题为“新媒体发展”，与会者围绕“新闻网站发展现状及趋势”“新媒体技术应用”等议题进行探讨。

第 18 届中国国际广播电视信息网络展览会（CCBN）在北京开幕。展览会为期 2 天，“三网融合”与“新媒体”成为本届展览会的亮点，展会特别举办了 CCBN“第一届新媒体数字版权管理高峰论坛”。

数字图书门户番薯网在北京召开主题为“自由自在‘云阅读’——全球首款中文图书搜索引擎发布仪式”。番薯网与中版集团数字传媒有限公司等出版机构、汉王等多家移动阅读终端厂商合作，推出“云阅读”平台。

谷歌公司正式关闭中国内地网站 Google. cn，将搜索服务转至香港地区。

由国家广电总局电影管理局和中国国际广播电台联合主办的电影网站“华影在线”在香港会展中心正式启动。该网站是首个通过多种语言传播华语电影文化的网站，致力于让更多的海外受众通过互联网接触华语电影，了解中华文化。

3 月 24 日

广电总局正式向中国网络电视台（CNTV）颁发第一张互联网电视牌照。

3 月 25 日

《陕西日报》创刊 70 周年纪念大会在西安举行。

《名汇 FAMOUS》正式创刊，为半月刊，分为人物、时尚和文化 3 个板块。

3 月 26 日

首届大学生电视节在北京启动。大学生电视节是由中国电视艺术家协会和中国传媒大学联合主办，中国文联批准的一项国家级大型文化活动。本次电视节包括大学生影像作品展、最受大学生瞩目的电视节目和电视剧推荐以及电视艺术论坛等环节，并加入网络投票环节。

北京电视台与索尼（中国）专业系统集团在北京签署战略合作备忘录。索尼公司为北京电视台的 3D 视频提供从制作、传输到家庭落地的全链条设备、技术支持，并协作尝试 3D 技术在转播车、演播室、后期制作等领域的应用。

全国音频、视频及多媒体系统与设备标

准化技术委员会在北京召开“网络电视标准工作组启动会议”。与会代表有来自中国电子技术标准化研究所、中国电子视像行业协会和长虹、海尔等15家企事业单位。会议对《网络电视机应用技术要求》及《网络电视机用户认证管理系统技术要求》进行讨论，推进“三网融合”进程。

合肥报业传媒集团正式挂牌成立。集团前身是合肥晚报社，集团下辖合肥日报、合肥报业传媒有限公司等，遵循分众化的媒体发展战略。

3月27日

青海电视台、湖南广播电视台在北京举行签约仪式，合作运营青海卫视。改版后的青海卫视于同年5月正式推出。此项省级卫视体制内跨区域合作完成了电视运营新体制的探索，顺应“三网融合”的趋势。

旅游卫视直播《地球一小时》特别节目。作为世界自然基金会2010年“地球一小时”活动的重要合作媒体，旅游卫视在直播节目的同时演播室熄灯一小时，成为中国第一家在黑暗中进行直播的电视媒体。

3月28日

由深圳市人民政府与数字中国联合主办的中国IT领袖峰会在深圳举行，80余名较有影响力的电子信息和互联网企业CEO、投资家和来自发改委、工信部、广电总局等部门的政府官员与会。与会者围绕“后危机时代：IT引领中国经济发展新模式”主题展开讨论，会后发布成果《电子信息产业发展年度研究报告》。

3月29日

广东南方报业传媒集团在南方产权交易所公开挂牌转让旗下《21世纪商业评论》杂志社41%的股权。《21世纪商业评论》全资控股的广告公司“北京旅人广告有限公司”也被以2000万元的标的额出售。

湖南广播电视集团旗下快乐购物有限责任公司与弘毅投资、中信产业投资基金、红杉资本组成的投资集团签署协议，从该投资集团获得3.3亿元的投资。这是中国电视购物领域迄今为止数额最高的一笔融资。融资交易完成后，湖南广播电视集团继续保持对快乐购物有限责任公司的绝对控股权和实际控制权。

3月30日

新闻出版总署通报了河北蔚县矿难收受“封口费”事件的处理情况。共8家媒体的10名工作人员收受了“封口费”，其中9人被判刑，1人被主管机关纪检部门处理。

人民日报海外版《中东专版》创刊。该刊由人民日报与阿联酋华侨华人联合会主办的《中东侨报》合作创办，每期24版，彩色印刷。

中国国际广播电台克罗地亚语短波广播开播。该台每天播出1小时克罗地亚语节目，定位于听音乐、聊中国、品文化。

4月1日

由广东省委外宣办、省府新闻办主办，南方报业传媒集团承办的新版《今日广东》新闻版面世并同步上线。《今日广东》覆盖北美洲、南美洲、欧洲和东南亚地区，《欧洲商报》《美洲商报》等海外华文媒体要求整版刊用。承办《今日广东》是南方报业集团加快实施“走出去”战略的重要一步。

中国网络电视台、上海文广新闻传媒集团以及杭州华数传媒网络有限公司分别获得了首批三张互联网电视牌照，获准通过公共互联网接入机顶盒，向电视终端提供内容。

上海东方传媒集团有限公司（SMG）旗下的东方购物频道正式开播。这是全国首家24小时电视购物模拟频道，也是首个获得国家发放模拟电视购物牌照的电视频道。

人民日报海外版《中国—东盟南亚周

刊》及《新西兰周刊》创刊。

《新快报》与广东省邮局扩大合作，在深圳3000多个零售报刊亭销售，日均发行量10万份。

广电总局印发《互联网视听节目服务业务分类目录（试行）》，把互联网视听节目服务分为四大类。

4月3日

新华社与中国移动联合推出《世博手机报》。

4月6日

纪念《农民日报》创刊30周年座谈会在北京人民大会堂举行。

安徽网络电视台正式上线，与视频网站优酷、酷6达成资源和平台方面的合作。

在上海市委宣传部及国资部门的协调下，文汇新民联合报业集团旗下的新民传媒广告有限公司相继进行两次资本运作。上海新华传媒股份有限公司撤资退出，文汇新民联合报业集团对新民传媒广告公司增资5000万元。

4月7日

新闻出版总署在沈阳召开全国报刊退出机制十点工作经验交流会。我国从2007年起开始探索报刊优胜劣汰、违规出局的管理机制，先以辽宁、河北为试点，下一步将在此基础上面向全国推广。

北方联合出版传媒集团股份有限公司与盛大文学（上海宏文网络科技有限公司）签署战略合作协议，双方将互为资本合作优先单位，借助对方的优势和资源，打通各自产业链条。北方联合出版传媒将进入盛大文学的出版业务，为盛大文学提供出版和版权产业发展平台；盛大文学为北方联合出版传媒提供出版选题资源和出版渠道。这是我国传统出版业与网络出版业首次实现资本方面的合作。

4月8日

天津报业成立广告合作伙伴俱乐部，共计50家机构加入。俱乐部通过定期举办各类活动，以信息交流为主要目的，实现多方面合作。

人民网旗下人民视讯文化有限公司成立，并推出手机电视新版《人民视讯》。手机用户可通过手机媒体获得包括人民网强国论坛、新闻、法治社会、影视剧、娱乐等视频内容。这是人民日报社新媒体发展战略的一个重要举措。

由中国外文局和上海世博局合办的《世博周刊》出版，中、英、日3种文版同步发行，同时推出多语种电子杂志。

4月12日

经广东省委批准，《羊城晚报》副总编、《新快报》总编辑张洪潮涉嫌经济违纪被省纪委立案调查。

在湖南省融资合作座谈会和重大项目签约仪式上，湖南日报报业集团获得工商银行湖南分行和建设银行湖南分行授信共计110亿元，其中工商银行授信60亿元，建设银行授信50亿元。授信资金将被用于湖南日报报业集团三大文化产业平台的建设，及文化城后续建设、昭山文化产业园建设。

国家广电总局发文要求清查全国交互式网络电视（IPTV）业务，对于未经广电总局批准擅自开展IPTV业务的地区，将依照《互联网试听节目服务管理规定》等条规予以查处，违规开展的IPTV业务必须限期停止。

新华社与约旦新闻与联络事务国务大臣签订《新华通讯社与约旦通讯社新闻交换与合作协议》。

广州日报微博正式上线。

4月13日

中国国际广播电台与土耳其方向电台签

署《中国国际广播电台与土耳其方向电台合作协议》和《中国国际广播电台与土耳其方向电台关于开办“中土文化旅游网”的合作协议》。根据协议，国际台通过方向电台在土耳其的安卡拉和伊斯坦布尔每天播出3小时节目。“中土文化旅游网”于本月15日开通。

4月14日

新华社发布《关于依法使用新华社新闻产品的公告》。

《贵州都市报》与《贵阳晚报》分别采用香水印制，散发淡淡柠檬香的“香味报纸”首次在贵州出现。

国家工商总局、国家食品药品监管局联合公布第一季度违法广告检测结果，指出沈阳晚报、桂林晚报、每日新报、大河报、大河健康报、河南商报等6家媒体存在发布违法广告的行为。

4月15日

安徽人民广播电台于“北部湾之声”电台合作签字仪式在南宁举行，安徽电台专题节目《中国安徽之声》将在越南、柬埔寨、老挝、泰国、马来西亚、新加坡、印尼等东盟国家落地。

中国互联网络信息中心（CNNIC）在北京发布《2009年中国农村互联网发展状况调查报告》。报告显示，截至2009年12月底，中国农村网民规模达10681万人，年增长2220万人。其中手机上网用户约为7189万人，年增长3000多万。但从网络普及率、网民结构、网络应用方面来看，城乡互联网差距仍在持续拉大。

由激动网自制的新闻评论节目《雷闻天下》在河南电视台播出。这是我国首次视频网站向电视台输出完整自制节目。

4月16日

《十堰晚报》推出中国首份3D报纸。报纸售价仍为1元，但读者戴上随报赠送的眼镜阅读报纸，可看到头版图片和所有铜版纸广告都是立体的。

4月20日

中国网络电视台“暴风台”上线。这是中国网络电视台（CNTV）与暴风影音公司合作推出的网络视频平台，中国网络电视台的内容落户暴风影音，与之对应的软件客户端也同步推出。

北京人民广播电台《点播服务》正式开通。点播服务信号覆盖整个北京地区，听众通过支持该服务的接受终端“听立方”，就可以在节目库中自主选择，随时、反复收听节目。该服务是数字广播技术应用的全新业务模式，在国内尚属首次。

中国国际广播电台与印度尼西亚艾尔辛达电台节目合作签约和落地开播仪式在雅加达举行。艾尔辛达电台FM90调频台即日起每天播出国际台1小时5分钟的印尼语节目，印尼全国广播网同步播出，可覆盖印尼主要大中城市。

4月22日

唐山广播电视台挂牌成立。新成立的唐山电视台合并了唐山人民广播电台、唐山电视台，整合广播电视系统的资源，实行制作与播出分离、宣传与经营分开的企业化管理、市场化运营的管理模式。

国内首家专业动漫博物馆“动漫谷”在上海落户成立，馆内珍藏近百件中国动漫大师的创作原稿。

江西电视剧制作有限公司挂牌成立，江西电视台电视剧制作中心完成转企改制工作。

4月24日

由河南日报报业集团斥资1600余万元与央视动画有限公司联合出品的51集动漫产品《少林海宝》在央视首播。该动漫作为河南日报报业集团多元化、跨领域经营进行的探索，在播出期间获收视率第一。

北京日报、长春日报、长江日报等十家报社共同发起成立“中国城市日报汽车联盟”。该联盟致力于策划在汽车界有一定影响力的新闻报道、论坛和各类评选活动，为消费者提供购车指南，引导中国汽车行业舆论传播的良性循环和汽车行业的有序发展。

4 月 25 日

湖南广播电视集团旗下的消费电台“快乐 886”正式开播。这是我国第一家消费电台，是湖南广电旗下电视购物频道“快乐购”推出的另一销售渠道，每天 14 小时直播。电台的开播也首开我国电视、电台融合发展的先河。

4 月 26 日

西部首个国家级数字出版基地在重庆北部新区挂牌。这是全国第二个国家级数字出版基地。同时，重庆市还将在北部新区成立重庆国家数字出版基地培训中心，以进行人才的引进和培养工作。

云南云视传媒集团有限公司在昆明成立。是云南电视台台属、台管、台控的传媒集团公司。该公司以传统电视为核心，集合移动数字电视、网络电视、手机电视等新媒体共同发展。

解放日报报业集团开发的 iPhone 应用“解放新新闻”正式上线。应用囊括了《解放日报》及其下属的《申江服务导报》电子版、《i－世博》专刊，以及申报网和叨逗网的快速链接，用户还能看到只有在应用上电子出版的整点滚动新闻。此举标志着解放日报报业集团在无线互联网领域探索新的改革。

中央电视台第九套节目——英语国际频道正式改版为英语新闻频道，每天播出 19 小时的新闻节目，并增加国际新闻尤其是亚洲国家的新闻报道。

4 月 28 日

中广传播、上海移动与东方明珠联合宣布，3G 手机电视业务在上海免费商用，至该年 10 月底为止。只要手机具备 CMMB 手机电视功能模块，用户就可观看 CCTV－新闻、第一财经频道、世博频道等节目。

辽宁报业传媒与辽宁邮政在沈阳合作组建北方报刊零售发行公司，实现发行网络化、订阅市场化。零售发行公司由双方共同出资，以报刊亭为载体，按现代企业制的要求组建，在辽宁省建立 14 个分公司，主营报刊批发零售，代理、发布各类广告、图书及教辅，兼营代办邮政业务和物流配送等各类便民服务。

4 月 29 日

陕西、甘肃 7 家地市级报刊签订并发布《关中—天水经济区地市报合作联合宣言》，结成新闻产业战略伙伴，标志着 7 个地市级报社间新闻资源、学习和交流共享机制的建立。

甘肃省音像出版社有限责任公司正式挂牌，甘肃音像出版社完成转企改制。

4 月 30 日

新华社推出的“中国新华新闻电视网英语电视台”在北京举行试开播仪式，通过亚太六号卫星以及网络、手机等播出渠道向海内外受众传播。该台于 7 月 1 日上星开播，向美、欧、亚、非等大洲全面推开，每天 24 小时滚动播出，是一个以传播世界各种新闻信息为主旨的纯新闻电视台。

新华社欧洲总分社在新建成的欧洲多媒体中心对上海世博会开幕进行成功的试编试播。

5 月 1 日

拉萨人民广播电台举行开播仪式，结束了拉萨作为全国省会和自治区首府而没有广播电台的历史。电台的采编、制作和播出全部实现数字化，将以藏语、汉语两种形式全天播出 14 小时 20 分。

上海世博会开幕，广播电台开启“广播大联盟”重大事件播报新模式。东方广播公司下属 7 套广播联合美国、日本等 9 个国家的 12 家电台以及全国城市广播联盟 25 家电台、长三角交通广播联盟、全国戏曲广播联盟等数十家电台，推出世博特别节目，辐射全国乃至全球。

国家广电总局发布的《广电总局电视剧司关于进一步规范卫视综合频道电视剧编播管理的通知》正式施行。通知从时长、时段和集数方面对电视剧的播放做出严格规定。其中，卫视综合频道每天播出的电视剧时间总量不得超出每天总量的 45%，国家法定节假日期间可根据文件精神自行掌控；同一部电视剧每天播出的总集数不得超过 6 集；19 点至 24 点的时段内同一部电视剧的播出集数不能超过 3 集。

上海“网上世博会”正式上线，综合运用互联网，网页 3D 和富媒体等技术将实体世博会搬上网络空间，是实体世博会的引导、补充和延伸，为游客提供仿真参观、游戏互动等体验。网上世博会是信息化时代展览方式的重要创新，力图让上海世博会成为“永不落幕的世博”。

5 月 5 日

中国移动公司在北京宣布推出手机阅读业务，与中国作家协会、中国出版集团、中国编辑学会、国家图书馆签署战略合作协议，分享内容资源。用户可以体验随时随地、海量、无线下载的手机阅读。此举打通了传统出版业和通信产业的界限，是出版业的新尝试。

5 月 7 日

《海南日报》创刊 60 周年纪念大会在海口举行。

5 月 10 日

新华社广东分社与广东移动全面合作，进军新媒体。双方就移动互联网、手机无线增值业务等领域达成战略合作协议，承诺在上述领域实现品牌共建，共同开发视频产品、手机短信产品、手机报等。

广电总局发出《关于电影全面实行“一备二审制”的公告》，要求 7 月 1 日起，省级广电部门负责本行政区域内的各电影制片单位的电影剧本或梗概备案工作，以及电影初审工作。中央和国家机关（军队）所属的，以及在国家工商总局注册的电影制片单位仍由广电总局电影局备案和审查。

5 月 12 日

北京地铁解除年初实行的“禁报令”，乘客可在北京地铁选定的 13 个站点购买各类报刊。此前为保障地铁运营安全，北京地铁站内原有的数十个摊位的几十份报纸全部撤出车站。

“贵州日报历史报纸数字化”项目通过验收，在国内同类媒体中率先实现数据库、数字报、光盘出版一体化。

5 月 13 日

视频网站激动网正式获得国务院新闻办公室颁发的“互联网新闻信息许可证”，成为首家获得新闻牌照的民营视频网站。同日，激动网宣布启动“大新闻战略”，进一步加大对视频新闻的投入，开发政策允许的各类新闻服务。

中国国际媒体影视动漫节开幕式暨首届金鹏奖中国国际媒体短片大赛在深圳电视台举行。

视频网站优酷网宣布推出 3G 手机电视，这是业内首家进入移动视频领域的厂商。

5 月 14 日

国家广电总局颁布《电视剧内容管理规

定》，对电视剧内容的备案、公示、审查和许可、播出管理、法律责任等做出详细的规定。相较于2004年发布的《电视剧审查管理规定》，新规定将责罚上升为法律责任，并将规定扩展至电视剧的制作机构、播出机构、审查人员等方面。该规定自2010年7月1日起施行。

华数集团与云南广电网络集团在第6届深圳文博会上正式签署战略伙伴协议，探索广电跨省联合的新模式。双方在已有的新媒体业务合作基础上，着手发展云南广电的全媒体、三网融合业态。

湖北日报传媒集团与汉王科技达成战略合作，推动数字阅读。湖北日报传媒集团旗下的6报9刊将在汉王科技网络平台“汉王书城”上线，湖北长江出版传媒集团将同步登录汉王书城和汉王电子书。这是汉王科技2009年形成的“终端＋内容”数字出版商业模式的延续。

中国国际广播电台与新西兰中华电视网华人之声合作节目开播仪式在奥克兰举行。该调频台每天播出12小时汉语普通话节目和12小时英语节目。

5月15日

深圳、武汉25家城市电视台成立“城市新媒体联合体”，筹备开播“城市联合网络电视台”。

5月16日

国家新闻出版总署机关服务中心与北京华控汇金投资管理有限公司合作，成立北京国新华控文化传媒有限公司。华控汇金将以国新华控为平台，以期刊为主要目标，发起成立一个规模为20亿至30亿元文化产业投资基金，打造以新媒体产业为主的经营和投资平台。

5月17日

中国国际广播电台同孟加拉国家电台签署“广播服务协议”。国际台将于本年11月1日通过FM103.2每天在达卡播出孟加拉语和英语节目各1小时，通过FM105.4吉大港每天播出孟加拉语节目1小时。

5月20日

土豆网启动“橙色盒子”网络自制剧计划，宣布今年将斥资千万元拍摄3部网络自制剧。土豆网将业务从单纯提供视频平台向“平台提供商＋内容出品方”转变。

5月21日

安徽网络电台开播。这是我国首家省级网络电台，先期开播新闻、综艺、音乐和旅游4个频道。

5月23日

由中宣部、新闻战线“三项学习教育”活动领导小组组织的“百名青年编辑记者寻根西柏坡”活动出发仪式在北京举行，活动为期7天。

5月26日

解放军报社原总编辑、正军职退休干部于顺昌在湖北省荆州市逝世，享年71岁。于顺昌（1939—2010），安徽省天长县铜城镇人，复旦大学毕业后分配到解放军政治学院哲学教研室工作并入伍。1965年12月加入中国共产党。1967年借调到解放军报社记者站工作。1970年调北京军区政治部宣传部，后任总政治部办公室政治工作研究室副主任。1988年6月任解放军报社副总编辑，1994年任总编辑。1996年10月任中华全国新闻工作者协会副主席。2002年1月退休。

5月28日

在广州举行的“凯迪十周年庆暨新版公测发布会”宣布，南方都市报已于今年年初正式入主凯迪网络，成为该网络的最大股东。这是南方都市报实现跨地区、跨行业、跨媒体、跨所有制联合的又一举措。

上海广播电视台、上海东方传媒集团有限公司与中国银联股份有限公司在上海签署战略合作协议，建立电子商务在线支付平台。参与方致力于构建基于数字电视、IP电视、手机电视、互联网电视和电视购物平台等多终端的在线支付业务，打造新媒体“三屏融合”与电子商务在线支付统一的平台。

5月29日

杭州日报报业集团与杭州地铁集团签署合作协议，合资创办地铁文化传媒公司，创建地铁报刊，进行地铁品牌及文化项目的策划，发展地铁文化产业。

央视网与中国网络电视台合并。央视网的域名将直接链接到中国网络电视台网站。

5月31日

由北京北广传媒集团、北京人民广播电视台、北京电视台整合组建的“北京广播电视台”正式成立。整合后的北京广播电视台业务范围涵盖广播电视的采编、制作、播放、传输以及新媒体开发等全部领域，形成较为完整的产业链，加速台网融合。

黑龙江日报报业集团启动报业多通道、跨地域新闻制作共享平台。这是国内迄今报业资源整合范围最广、整合报纸最多的战略联盟。整合后的共享平台通过即时、互动的传输功能实现多渠道、多格式的资源共享和新闻的“一次制作、多次传播”。

6月1日

由中科纳新制造、我国自主研发的纳米材料绿色制版技术首次用于杂志印刷。该技术通过开发新型纳米转印材料直接打印纸版，实现真正印刷制版数字化。

据中国电子商会发布调查数据显示，自今年3月份以来，3D电视以低于市场预计价格登陆中国市场后人气攀升，“世界杯”的到来也推动3D电视的消费热度。预计2010年全球3D立体电视的消费量将增至120万台左右，2010年也被称为3D元年。3D技术颠覆了平板电视的传统收看方式，但目前价格仍高，片源有限，发展空间有待提升。

纳斯达克上市公司华友世纪发布公告称，中国互动娱乐媒体盛大网络旗下的视频网站酷6实现借壳上市。盛大网络以近3695万美元的价格收购华友世纪的无线和音乐两大业务，华友世纪仅保留酷6视频网并更名为“酷6网”，由此酷6提前实现上市，并同时宣布收购盛大旗下的上海艺声网络科技有限公司，组建的新公司将业务重点聚焦于互联网视频领域。

《安徽商报》推出我国第一份3D报纸广告。《安徽商报》与合肥寰景信息技术有限公司合作，所有广告由铜版纸印刷，图片均进行3D立体影像处理，读者戴上随报赠送的3D眼镜时，广告中的图片就会立体呈现。

东莞报业传媒集团正式成立。该集团下辖东莞报业文化传播有限公司、东莞日报印务公司、东莞日报社发行中心等。

《厦门手机报》正式上线。该报以厦门日报社、厦门网以及主流网站发布的新闻为主要信息源，配以本报记者采写的独家新闻。

河南军事网络电视台开播，为全国首家军事网络电视台。该台以河南电视台《中原国防》栏目为依托，由河南国防教育网和河南省军区政治工作网整合建成。

6月2日

由北交所等金融机构发起的北京文化金融中介服务平台在北京正式启动。北京电影学院中国动画研究院、北京中联华盟文化传媒投资有限公司、红色天空国际文化传媒（北京）有限公司和中凯世纪国际文化传媒（北京）有限公司等4家企业首批通过版权质押等方式获得3100万元贷款，首开版权、未来收益权、版权应收账款质押担保贷款的先河。

6 月 3 日

TCL 宣布研制出国内首款以安卓为操作系统的智能互联网电视，该产品可实现视频点播、网络购物和家用网络电子设备链接能力，可作为家用电子设备的控制、交互中心使用，并提供众多的第三方软件安装选择。

动车报《青年时讯》西南区域动车首发式暨中国列车电视媒体推广会在成都举行。继华北、华南、华东启动发行后，开始在西南的所有动车组发行。

6 月 4 日

竞报与搜狐焦点网合作创办的《i 家园》面世。这是北京第一份社区电子周刊，周五出版，有报纸与电子网刊两种形式。

6 月 6 日

广东省广播电视网络股份有限公司成立，创立大会在广州召开。组建的广电网络公司包括南方广播影视传媒集团、9 个广东地级市广播电视台和经过评估的 20 个有线广电网络。

国务院召开三网融合小组会议，明确广电总局获得全国互联网宽带接入业务，以及电信运营商的交互式网络电视（IPTV）节目内容播控权。有线电视运营商将可办理宽带接入业务，电信运营商能传输 IPTV 电视节目，但节目内容的制定和审查由广电部门掌控。

6 月 7 日

青海人民广播电台对具有 58 年历史的我国第一家省级藏语安多语广播进行改版。改版主要强化新闻类节目，新闻类节目 80% 以上实现直播，并放在重要时段播出，如清晨黄金时段；每个整点安排 10 分钟新闻直播，延长《晚间新闻》至 30 分钟，个别新闻专题类节目延长至 60 分钟等。此外，广播还增加了介绍各民族文艺节目的专题音乐《百花园》。

6 月 8 日

全国网络视频版权检测与调查服务平台在北京启动，标志着视频内容盗播取证技术出炉。服务平台由中国版权保护中心主办，北京东方雍和国际版权交易中心和杭州阜博通影音传播科技有限公司提供运营技术支持。

人民日报与意大利天天电讯有限公司合作推出的《人民日报》海外版意大利手机报正式运营。意大利约 30 多万华侨华人可通过手机彩信形式接收当天的午报和晚报。这也是《人民日报》海外版从传统纸媒向多渠道立体传播方向发展的重要举措。

俄罗斯汉语年大型多媒体文化项目《你好，中国》开播仪式在俄罗斯大使馆举办。该项目由广电总局主办，中国国际广播电台、高等教育出版社联合策划，选取了 100 个代表中国传统文化精髓的汉语词汇介绍中国。项目在 6 月至 11 月的 20 周时间里，以全媒体形态在俄罗斯国家级电视、广播、平面和网络主流媒体推出。

中国国际广播电台和微软公司合作推出的网络电视服务上线。CRI 网络电视将在 Windows 7 平台上推出新闻、电视剧、电影和综合频道。

北京人民广播电台多媒体广播节目 RBC 综合频道开播。

6 月 9 日

国家广电总局发布了《广电总局关于进一步规范婚恋交友类电视节目的管理通知》及《广电总局办公厅关于加强情感故事类电视节目管理的通知》两份文件，在对相亲、婚恋类等情感节目的话题、嘉宾、内容、主持和播出方面做出规定。

6 月 10 日

天津日报报业集团创办的财经类报纸

《新金融观察》试刊。作为“天津市文化产业振兴规划”和“第一批文化产业振兴重点工作计划”项目之一，该报由天津日报报业集团与天津新金融投资有限责任公司联合推出，定位为高端财经报刊。

中国版权保护登记中心在北京为人民微博颁发“软件著作权登记证书”，成为我国首个进行著作权登记的微博软件系统。

6 月 11 日

北京市财政局拨付 2.94 亿元给歌华有线，专项用于北京市 2010 年推广 100 万用户高清交互机顶盒补贴，支持该项工作的稳步实施。

6 月 12 日

国内首起博客文章著作权侵权纠纷案宣判，海淀法院判定跳水教练于芬侵权，赔偿 1800 元。

6 月 13 日

原《人民日报》美术组长华君武在北京逝世，享年 95 岁。华君武（1915—2010），江苏无锡人，长期从事政治时事漫画创作，抗日时期从事抗敌宣传。1940 年 4 月加入中国共产党。1946 年 1 月任《东北日报》文字记者。1949 年 12 月调北京，历任《人民日报》美术组长、文艺部主任。1979 年当选中国美术家协会副主席。出版有《华君武漫画选》。

6 月 14 日

中国人民银行公布《非金融机构支付服务管理办法》，首次将网络支付纳入监管范围。

6 月 17 日

中央人民广播电台斥资亿元、独立筹备经营的央广购物电视频道在京津地区开播。央广购物是广电总局批准核发的第 8 家全国性家庭购物电视频道，该频道定位“时尚女性”，每天 6 小时提供直播订购。它的开播标志着中央台涉足媒体零售产业，开始构筑全媒体产业平台。

时代出版社集体董事会议审议通过《关于公司与新浪网合作的议案》，拟与新浪网在业务、资源、内容、版权、产品、服务、市场和新媒体开发、人才培养等领域建立全面战略合作关系。

6 月 18 日

由北京青年报牵头并联合北京日报、北京晚报、北京晨报、法制晚报和北京社区报共同发起成立的北京新闻摄影学会召开第一次会员大会。学会聘请满运来为学会名誉会长，北京青年报总编辑张雅宾当选为学会首任会长。

6 月 20 日

人民网股份有限公司创立暨“人民搜索”测试版上线典礼在北京举行。中央书记处书记、中宣部部长刘云山致贺信。人民网股份有限公司由人民日报、环球时报和上海东方传媒集团有限公司等 7 方联合发起，人民搜索则是人民网推出的以新闻为主的搜索引擎。该股份有限公司的成立标志着人民网转企改制工作迈出了步伐。

中国新闻社邀请来自 12 个国家和地区的海外主流华文媒体社长、总编辑进行为期 6 天的“行走中国——海外华文媒体西藏行”采访活动。

6 月 21 日

广电总局启动 3D 电视标准制定的筹备工作，就相关标准进行调研，着重对 3D 传播的信息格式、测评方法、压缩存储方式以及采集、编辑、制作等环节进行标准制定，电视设备方面的标准由工信部进行配套制定。此举使得市场上空有 3D 电视终端却没有 3D 电视节目的局面开始改善。

辽宁沈阳文化知识产权交易所有限责任

公司正式挂牌成立，这是我国东北地区第一家、全国范围内第 4 个文化产权交易市场。交易所具备文化产权交易、投融资服务和文化企业孵化成长等 3 项服务功能。

沈阳电视台于沈阳重组挂牌，成立沈阳广播电视台，同时成立了沈阳广电传媒（集团）有限公司。

6 月 22 日

文化部发布《网络游戏管理暂行办法》。这是我国第一部专门针对网络游戏进行管理和规范的部门规章，首次将网友玩家实名注册提上相关法案。该法案于 8 月 1 日起正式实施。

全球知名审计与咨询公司——普华永道发布《全球娱乐及媒体行业展望》，报告预计未来 5 年，中国娱乐及媒体行业，尤其是卫星电视和网络电视市场将快速增长，年均增长率达到 12%，将远超全球 5% 的增长速度。

四川新华文轩连锁股份有限公司宣布与四川出版集团有限责任公司签订收购协议，以 12.55 亿元收购四川出版集团 15 家全资子公司的全部股权，公司更名为“新华文轩出版传媒股份有限公司。

华数集团宣布，其 3G 手机电视集成播控平台已通过广电总局的验收，成为全国首家可以正式商用的手机电视集成播控平台。

云南云广传媒集团挂牌成立。这是云南省首家广播产业集团，下辖 5 家子公司、4 家参与公司、一所学校。

6 月 23 日

《求是》杂志社与浙江日报报业集团签署协议，合作重组红旗出版社。这是中央级媒体与地方报业集团进行资源整合的有益尝试。

6 月 24 日

北青传媒、河北出版传媒集团在石家庄签署战略合作协议，北青传媒将拥有的河青传媒有限公司 60% 股权转入河北出版传媒集团控股的北洋传媒，由此北青传媒涉足出版行业。

卫生部新闻办表示，由其宣传中心承办的《卫生部公报》针对 2009 年度审计报告发现的问题已经按要求基本整改完毕，并已停止所有广告宣传活动。此前，该报以编辑部名义向全国医疗机构等征订广告，并印制刊登与不刊登广告两个版本的公报与年鉴，共骗取广告宣传费 900 余万元。

中央电视台财经频道联合美国财经有线电视推出《每日亚太财经》，周一到周五在央视财经频道《环球财经连线》傍晚档播出，每天 7—10 分钟。

6 月 25 日

新华社《金融世界》杂志创刊，正式面向国内外公开发行。杂志由新华社金融信息平台“新华 08”负责采编，意在建设全媒体金融资讯服务体系。该体系还包括“新华 08”PC 终端、手机终端和“新华 08”网站。

6 月 26 日

央广新媒体与车音网结成战略合作伙伴，双方联合推出一款名为“唯智驾”的智能辅助驾驶系统。该系统搭载车载网络视听服务平台，用户可以通过该系统发出语音指令来启动定制媒体，系统将根据用户需求和喜好进行数据挖掘，提供相应的内容，使用户可以在车上点播广播节目。

6 月 28 日

文汇新民联合报业集团和汉王科技签约，在汉王电子书上推出集团旗下包括《文汇报》《新民晚报》部分报刊的数字版，成为国内领先、沪上首家涉足电子阅读器产业的报业集团。

湖南广播电视台暨芒果传媒有限公司挂牌仪式在长沙举行，标志着湖南广电新一轮改革启动。此举根据中央关于“政企分开、政资分开、政事分开、政府与市场中介组织分开”的精神，完成了湖南广播电视集团的局、台分离，创建芒果传媒这一新的市场主体。

6月30日

百度成立社会化网络事业部，开始招聘SNS技术、产品方面的人才。事业部是百度独立运行的团队，SNS成为百度未来发展的重点业务之一。

国家新闻出版总署副署长阎晓宏在“新文化、新媒体、新版权”峰会上表示，中国目前需要一些代理版权和集约的机构，承担起解决版权纠纷和调解、维护作者利益等职责。

7月1日

新闻出版总署印发《报刊出版综合质量评估实施办法（试行）》，明确了报刊出版综合质量标准、评估要求、推出流程和具体实施措施，供总署评估全国报纸期刊出版质量使用，并为省级新闻出版行政部门评估地方报纸期刊提供参考。该试行办法推动报纸期刊出版的优胜劣汰，继非时政类报刊出版单位“转企改制”工作起步后，启动了报刊市场退出常态化管理机制。该试行办法定于2011年1月1日正式施行。

国家广电总局科技司发布《关于转发〈中国下一代广播电视网（NGB）自主创新战略研究报告〉的通知》。报告中指出，广播电视网络是国家重要的信息基础设施，是三网融合的基础网络之一，加快建设下一代广播电视网对推动我国市场经济、推动国家信息化发展、满足人民精神文化需求、维护我国信息和文化安全、促进新兴产业发展和推进三网融合具有重要意义。

由新华社主办的中国新华新闻电视网英语电视台（CNC World）正式开播。该台24小时滚动播出英语新闻节目，内容以突发事件，重大政治、经济、文化等世界新闻资讯为主。该台于今年第三季度实现全球卫星覆盖。

《人民日报》首次披露收视率样本户正被个别地方卫视“收买”的事实。该报随后发表记者调查，揭开“样本怎样被收买”等问题。

7月2日

由国家民政部主管，中国社会工作协会主办的《社会与公益》杂志创刊首发仪式在北京人民大会堂举行，正式面向海内外公开发行。该刊的办刊宗旨是：宣传报道中国社会与公益事业的发展进程，展现社会工作与公益事业在社会建设中的重要作用。

7月5日

由清华大学和北京大学等7所高校学生创作的近70部电影剧本入选2009年“扶持青年优秀电影剧作计划”，作品主题不限于主旋律，鼓励创新性和娱乐性。

天津卫视改为高清频道，从早上6点开始，每天播出18小时。

7月6日

全国广播影视局长座谈会在重庆举行，交流讨论新形势下广电事业的发展。广电总局局长王太华指出，下半年的广播影视工作要坚持把正确的舆论导向放在首位，要积极做好三网融合有关工作，积极稳妥推进体制机制改革，加大内容生产力度和进一步加强管理。

山东省第一档中英双语电视栏目《天下泉城》开播仪式在济南电视台举行。该栏目时长15分钟，从本月11日开始每日中午播出。

7月7日

中国社会科学院发布新媒体蓝皮书《中国新媒体发展报告（2010）》。报告反映了我国互联网、手机等新媒体的发展状况。报告显示，传统媒体与新兴媒体的融合已经成为大势所趋，将主导未来媒体产业的发展方向。

7 月 8 日

国家广电总局科技司发出《关于成立中国下一代广播电视网（NGB）工作组的通知》，决定成立中国下一代广播电视网（NGB）工作组，承担政策研究、技术、设备等方面的实施工作。下一代广播电视网的成立将加快有线数字电视网络的建设、整合及数字化升级改造，提高网络承载力和综合业务能力，建立符合全业务运营要求的技术管理系统和业务支持系统。

国内首家民间传媒企业发起的英文电视台——蓝海电视（BON）宣布获得鼎晖创业投资基金的入股，同时，BON 正式在美国纽约、华盛顿等主要城市落地开播。

新华社与道琼斯指数公司在上海共同发布“新华—道琼斯国际金融中心发展指数”。将发展作为主要指标在国际上尚属首例。

台湾漫画家朱德庸状告北京电视台、上海维众影视传播有限公司等播出的《上班这点事》侵犯自己的著作权。北京市第一中级人民法院受理此案，12 月 20 日判决朱德庸败诉。

7 月 9 日

中国和平出版社举行员工上岗签约仪式，取消员工事业编制，实行全员聘用，基本完成重组改制。此次重组是地方出版集团公司对中央各部分各单位所属出版社进行的重组，重组、改制同时进行，中国和平出版社也成为国内首家跨地域重组的股份制出版社。

7 月 12 日

沈阳晚报社与上海世纪出版集团合作，推出以辞海阅读器为阅读终端的数字版《沈阳晚报》，成为国内首个打造集数字出版、技术研发、终端建设于一体的数字出版平面媒体之一。此前沈阳晚报已为读者推出“数字书房”工程，上海世纪出版社希望通过合作将“书房”升格为著作权人与出版社结合、内容与技术结合、产品与渠道结合的“书库”。

天涯社区与港中旅旗下的全资子公司芒果网在香港会议展览中心签署战略合作协议，合作打造跨平台互动的商务生态旅游社区。双方的合作内容包括推广营销、旅游产品预订通道和内容生产。

7 月 14 日

国家广电总局发布《关于切实加强广播电视证券节目管理的通知》，要求各级电视台和广播电台不得出租和转让时段，所办证券节目必须是自制自播，不得播出咨询机构提供的节目，不得在节目中与咨询机构进行商业化合作，不得发布片面、误导性或宣传性质的信息，咨询机构从业人员不得以广播电视从业者身份从事采访活动。并将播出的证券节目和证券信息类产品广告的音像资料保存至少 3 年。

辽宁报业传媒集团与鞍山报业集团以股份制形式整合两家报社在鞍山的晚报、都市报资产。其中《千山晚报》《北方晨报》将合并为一份报纸，定名为《北方都市报》。

7 月 15 日

由新华社发起，中共中央文献研究室、中共中央组织部联合格力集团和全国 10 家省级电视台共同摄制的百集电视专题片《共产党人》签约仪式在新华社举行。

南方电视台《深呼吸》制作团队在北京举行新闻发布会。《深呼吸》是我国首部气候环保纪录电影。

7 月 18 日

2010 年全国新闻出版局长座谈会在西安

召开。会议围绕建设新闻出版强国的目标，研讨新闻出版业“十二五”规划的基本思路，国家新闻出版总署署长柳斌杰传达李长春在全国宣传部长座谈会上的讲话精神，国家新闻出版署副署长蒋建国就《关于编制新闻出版业“十二五”规划的基本思路》作了说明。

7月19日

中国出版科学研究所在2010年中国数字出版年会上发布《2010年中国数字出版年会年度报告》。报告显示，截至2009年底，中国数字出版总产值达到799.4亿元，比2008年增长50.6%，总产值首次超过传统书报刊出版物总值，网络游戏、网络广告和手机出版是获利最高的数字出版产业。报告还分析了数字出版产业的七大发展趋势。

中国出版东贩株式会社在日本东京宣布成立，中国出版集团正式进入日本出版市场。该公司由中国出版集团公司、中国图书进出口（集团）总公司与日本大型出版经销商东贩株式会社、中国媒体株式会社共同出资成立。该公司兼具出版和发行功能。

中国国际广播电台建于坦桑尼亚桑给巴尔的99.7FM调频台正式开播，信号覆盖整个桑给巴尔岛，每天播出19小时的英语、斯瓦希里语和汉语普通话节目。

7月21日

国家版权局、公安部等联合开展的打击网络侵权盗版专项治理行动在北京启动，行动持续到今年10月底。该项网络专项行动首次被命名为“剑网行动”，建立了侵权盗版网站黑名单制度。这是2005年开展以来的第6次网络专项行动。

工信部AVS标准（数字音视频编解码技术标准）工作组将在6月底定稿的国产3D音视频解码数字标准上交工信部、国家标准委员会等国家相关部门待批。这套标准拥有完整的自主知识产权，填补了我国在3D电视标准上的空白。

7月22日

第一部华语IMAX电影《唐山大地震》在中国内地和香港地区上映。影片由华谊兄弟和IMAX公司联合推出，是IMAX公司首次在美国之外的市场运用IMAX数字转换技术打造的非好莱坞主流商业电影。

安徽卫视与搜狐视频联合首播新版《红楼梦》，并在北京举行台网联动联合推广会，“互联网＋电视台”的跨媒体营销在国内尚属首次。

7月23日

全国“扫黄打非”工作小组在北京召开座谈会，总结打击互联网和手机网站淫秽色情信息专项行动，提出坚决打击此类违法行为，并研究部署下一阶段工作。

7月24日

《江西日报》因刊发景德镇邮局组织员工公款赴日本旅游的报道，被景德镇邮局抽走刊文版面。

7月26日

文化部所属中国文化传媒集团与中国联通在北京举行战略合作签约仪式，国内第一家文化信息类手机报《中国文化手机报》正式诞生。该报将即时发布中国文化传媒集团一报（《中国文化报》）三刊（《艺术市场》《文化月刊》《艺术教育》）的主要内容，以及其他文化资讯。

新闻出版总署在北京发布《2009年新闻出版产业分析报告》，这是新中国成立以来第一次由政府行业主管部门发布全国新闻出版产业年度分析报告。报告指出，2009年我国新闻出版业总产出突破万亿元，增加值超过3000亿元，成为文化产业的主力和国民经济中不可忽视的产业部门。

由陕西人民广播电台发起的陕西广播联

盟成立，共 37 家陕西省、市、县广播电台及部分其他省电台加入。

7 月 27 日

《经济观察报》记者仇子明报道上市公司凯恩股份关联交易内幕，遭到浙江丽水遂昌县公安局以“损害公司商业信誉罪”之名网上通缉。经浙江省新闻出版局与丽水公安局调查核实后，认定遂昌县公安局对仇子明的刑事拘留决定不符合法律条件，责令其撤销决定，并赔礼道歉。

中国视频网站优酷在北京举行发布会，正式推出我国互联网视频行业首个主题季——“优酷恋爱季”。该主题季以“向真爱致敬”为题，通过和全国百家媒体以及各大影视机构合作，配合电视剧、综艺节目和网络剧进行打包推广。网台互动成为主题季编排不可或缺的部分。

7 月 28 日

华友世纪在 2010 年度股东大会上宣布，经公司股东同意，正式更名为酷 6 传媒(Ku6 Media)。此前，华友世纪出售赖以上市的无线增值服务和唱片业务，为酷 6 网借壳上市做准备

7 月 29 日

盛世骄阳文化传播有限公司与网络电视新媒体 PPTV 正式达成战略合作协议，PPTV 将以网络热播剧的形式在其平台上陆续播放新版的《三国演义》《红楼梦》《西游记》《水浒传》等热门影视剧，并加入盛世骄阳的反盗版信息共享机制。

山东广播电视台揭牌。该台由山东人民广播电台、山东电视台和山东有线电视中心合并组建。

7 月 30 日

上海广播电视台宣布获得广电总局颁发的互联网电视和 3G 手机电视的“集成播控＋内容服务”完整牌照。获牌后，上海广播电视台可在全国范围内开展互联网电视和 3G 手机电视集成播控、运营与内容服务业务，将完善其新媒体产业布局，使其新媒体业务进入新的阶段。

大众报业集团陈中华记者学院在山东文化产业职业学院揭牌成立。这是我国首个以记者名字命名的新闻培训学院。

8 月 1 日

经广电总局认可，中央电视台正式将中心制改为频道制，除新闻中心外，文艺中心、海外中心和广经中心等的节目组不再从属于该中心，而改为播出所在频道管理，并招聘频道总监，将原来的“中心－部门－科组－栏目”四级体制改为“频道－栏目”的二级体制。此次改制是央视重组新闻中心后最大的一次内部调整，标志着央视“新闻立台”的发展方向。

《法制日报》纪念创刊 30 周年。

《中国日报》周日版正式推出，结束该报社创刊 29 年来“周日无报”的历史。

8 月 2 日

河南电视台新闻频道正式开播。这是继福建台新闻频道、广东台新闻频道之后，全国第 3 家省级电视台新闻频道。

8 月 4 日

土豆网宣布完成第 5 轮融资，总金额为 5000 万美元。新的融资主要用于对移动终端的开发升级，全面发展无线业务，其次是对内外部内容的整合和推进全媒体业务。自 2005 年 4 月土豆网正式上线，该网站至今已完成的融资金额达 1.35 亿美元，成为融资量最大的中国视频网站。

8 月 5 日

《环球时报》旗下环球舆情调查中心成立，推出《中国国际地位公众认知调查报告》和《中国社会稳定局势民众预期调查报告》。

广东全省19个地级市广播电视台和南方广播影视传媒集团共同发起成立广东省广播电视网络股份有限公司。

8月6日

经国务院新闻办公室批准，中国广播网成为中央重点新闻网站。

四川省邮政公司和四川日报报业集团共同投资成立四川省鸿闻报刊亭经营有限公司，该公司在四川省21个市、州拥有近3000个报刊亭。

《华西都市报》推出四川省最大规模3D报纸——华西都市报3D房产特刊，共20个整版，免费向成都主要城区的读者赠送。

8月7日

广东广视传媒有限公司成立，这是广东电视台电视剧制作中心转企改制的成果。

数字电视国家工程研究中心及其法人实体——上海数字电视国家工程研究中心有限公司在上海揭牌，标志着我国国家级数字电视产业支撑平台投入运作。

8月8日

中国大陆《经济日报》与台湾《经济日报》在重庆签署全面合作框架协定，双方同意在新闻采编、广告、教育培训、经营管理、会议展览等领域开展合作。作为第一项合作项目，台湾《经济日报》开设《大陆财经报》，刊载中国大陆《经济日报》提供的稿件。

优酷与北京未来广告有限公司合作，尝试业界首次双屏（电视＋网络）联动营销，打造一站式服务的传播平台。

8月9日

中国日报上海分社揭牌成立。

华人文化产业投资基金（CMC）与新闻集团签署合作协议，CMC将控股新闻集团原本全资持有的星空卫视普通话频道、星空国际频道、Channel［V］音乐频道，以及星空华语电影片库业务。CMC于2009年经发改委审批成立，此次合作是其第一个投资项目。

《北京晚报》手机报与中国职业时装模特委员会合作推出的“中国模特大会掌上阅读专题”正式上线，用户可以通过手机、电脑等多种终端浏览阅读。

8月10日

湖北日报传媒集团与汉王科技签约推动数字阅读。根据协议，湖北日报旗下《湖北日报》《楚天都市报》《楚天金报》《特别关注》等产品在汉王科技网络平台上线，可供用户下载到汉王电子书中阅读。

天津日报传媒集团有限公司、今晚传媒集团有限公司正式成立，标志着天津市党报宣传、经营分开的改革取得新的突破。天津日报、今晚报将所属非时政类报刊的所有权、经营权及广告、发行、印刷等经营性业务和资产剥离，整建制地进入企业集团以创立公司。

8月12日

新华社与中国移动通信集团公司签署框架协议，同意合作成立搜索引擎新媒体国际传播公司。

羊城晚报报业集团与广东省邮局进一步扩大合作，其旗下《新快报》进入深圳市场，推出深圳新闻版。

乐视网信息技术（北京）股份有限公司在深圳挂牌上市，成为我国A股首家网络视频公司。

“一人一书计划（OPOB）”高峰论坛在上海书展召开，论坛主题为“数字网络环境下的版权保护”。会议期间，盛大“一人一书”基金与长海版权服务中心签订共同合作保护版权的框架协议。

8月14日

中国社会科学院新闻与传播研究所原所

长、高级编辑喻权域因病在北京逝世，享年75岁。喻权域（1935—2010），重庆荣昌人，全国政协委员、中国社会科学院学术委员会委员及研究生院教授。1950年3月高中肄业后参加革命，1954年8月入党，同年9月任新华社四川分社记者。1979年12月调新华社总社并参与创办《半月谈》，任该刊主编。1982年任新华社国内新闻编辑部副主编，1987年12月被评为高级编辑，1988年5月任新华社《经济参考报》总编辑。1989年9月任人民日报总编室主任。1994年7月调中国社会科学院工作。著有《中国人权问题纵横谈》《中国可以说不》。

8月15日

中国人民大学舆论研究室、新传媒网、新传媒产业联盟联合成立新传媒网络舆情技术实验室。

8月16日

新闻出版总署下发《关于加快我国数字出版产业发展的若干意见》。意见指出，发展数字出版产业，对于提升我国文化软实力，推动文化产业乃至国民经济的可持续发展，转变出版业发展方式具有重要意义。因此，我国要推动数字化转型、改造、开发和升级，把数字出版产业打造成出版业的支柱产业。

张株潭地区三网融合试点启动仪式在湖南广电举行，成为全国第一批12个试点中唯一的城市群。

8月17日

由工业和信息化部等部委指导、中国互联网协会主办的2010中国互联网大会在北京国际会议中心开幕。大会主题为“服务——网络价值之本，绿色——网络发展之道”，开设了“互联网应用与服务”“互联网与先进文化” “互联网与民生”3个讨论板块。

国家工商总局网站首次表态，“植入式广告”作为一种新的营销形式，亟待关注和研究；该局将结合正在进行的《广告法》修订工作，向立法机关提出相关立法建议。

8月18日

中国新闻摄影最高荣誉“金镜头”奖颁奖典礼在青岛举行，共颁发9类40个奖项以及3个年度大奖。《新京报》摄影记者李强的作品《挟尸要价》以全票赢得年度最佳新闻照片奖。

中央电视台电影频道节目中心成立1905（北京）网络科技有限公司，开始企业化运营“1905电影网”。

根据《广州广播电视体制改革实施方案》，广州电视台、广州人民广播电台合并组建广州广播电视台，旗下共有9个电视频道、4个广播频道，实行制播分离。

湖州日报报业集团图片中心正式挂牌成立并投入运行。

8月20日

国务院新闻办举行文化体制改革发布会，国家广电总局副局长赵实表示，中国市场目前还不适宜推进电影分级制，中国将走出一条适合中国国情的、适合中国电影改革发展和管理的道路。这使得我国近几年有关电影分级制的争论暂时冷却。

8月21日

中国社区网络电视台开通，聘请普通社区居民担任通讯员。

吉林卫视推出电视杂志栏目《东北亚能见度》，这是我国第一档以东北亚地区新闻为内容的新闻周刊栏目。

黑龙江省乡村广播联盟成立，成员台通过中波、调频全天候转播黑龙江乡村广播节目。

8月23日

中国控制吸烟协会发布2009年国产影

视作品烟草镜头统计，《风声》《建国大业》等电影因吸烟镜头过多被点名。为此，控烟协会向广电总局发出公开信，呼吁将影视控烟纳入法制化管理，完善影视剧审查制度。广电总局表示，国产影视作品除非剧情需要，否则将删掉吸烟镜头，并会加强日后的审查。

电视纪录片《公司的力量》在中央电视台财经频道首播。这是中国第一部深入探讨公司制度的电视纪录片，由央视与金蝶软件合作推出。

8 月 24 日

第 6 届数字新媒体高峰论坛在北京举行。作为北京国际广播电影电视设备展览会的重点活动之一，该论坛已经成为展示新媒体行业动向和成果的一大平台。本次论坛围绕中国移动多媒体广播（CMMB）、网络电视 IPTV 和新电视这三大展会亮点展开探讨，展示最新发展成果。

腾讯公司宣布全资收购中国最大的社区软件平台及服务提供商康盛创想（Comsenz）。康盛创想所有管理团队和员工、产品、服务承诺不变，腾讯将利用自身资金、技术和用户积累为康盛创想提供有竞争力的产品和服务。

8 月 25 日

台湾地区“行政院新闻局”经过一个月的审批，核准大陆杂志《读者》以“局版台陆志字第一号”的发行字号入岛发行。这是大陆第一本获准进入台湾地区的杂志。《读者》杂志入岛仍使用原书名，但改以繁体字印刷。《读者》杂志将先进入大专研究机构和各级图书馆，并在便利超市陈售。

8 月 26 日

广电总局与中国进出口银行签订《关于扶持培育广播影视出口重点企业、重点项目的合作协议》，采取“广电总局推荐、专家组评选、进出口银行独立审贷”的方式，扶持广播影视出口重点企业和项目，为期 5 年。

2010 年中国国际影视节目展在北京开幕，自制剧成为本届展览的最大亮点。省级卫视大举推出自制剧，如安徽卫视的《新包青天》等，这给民营影视制作公司带来竞争压力，可能导致民营影视制作公司重新洗牌。

获国家广电总局批准，中国国际广播电台正式开办中国国际广播电视网络台（China International Broadcasting Network，CIBN），以多语种、多类型、多终端的形态面向全球受众传播。

北龙中网在北京发布中国首份互联网域名安全报告。报告显示，超过半数的域名服务器存在风险，57%的重要信息系统存在域名解析风险。

8 月 29 日

由中国互联网新闻中心主办的国家重点新闻网站“中国网·廉政中国频道”（lz.china.com.cn）正式上线。

《通用网址争议解决办法》与《无线网址争议解决办法》修订案正式实施，加大对域名网址资源持有者的保护力度，并首次明确恶意域名注册的认定标准。修订案意在平衡商标、企业名称等民事权益人与互联网域名、通用网址、无线网址持有者之间的权益。

中国日报社与日本言论 NPO 在日本东京共同主办第 6 届“北京一东京论坛”。论坛以“亚洲的未来与中日的贡献”为主题，来自中日两国政商界、学术界和传媒界共 800 多人参加了论坛。

陕西电视台举行建台 50 周年纪念大会。

8 月 30 日

获国家广电总局批准，中央人民广播电

台正式建立“央广广播电视网络台”（CNBN）。这是继中国网络电视台CNTV后，又一个获准建立的中央级网络广播电台。CNBN将依托中国广播网、全球华语广播联盟成员台等资源，开办互联网广播电视、手机广播电视和车载信息娱乐门户等服务。CNBN的建立标志着中央人民广播电台全媒体战略的推进。

天津首份高端财经类报纸《新金融观察》正式创刊，金融文化传媒发展有限公司同时成立。

9月1日

《婚姻保卫战》在搜狐视频网站15天播放总量超过2亿，成为中国网络视频历史上最短时间突破“两亿”播放量的电视剧。中国的视频流量格局正在发生变化，以播放影视剧、纪录片等长视频为主的门户网站开始赶超专业视频网站。

新安传媒在北京接收《世界报》。

广东家庭期刊集团推出国内第一本全媒体概念杂志《赢未来》。该杂志借助互联网、通讯平台，实现印刷杂志、手机杂志、电子杂志等协同发展，成为广东省文化产业发展专项资金重点扶持项目。

重庆广播电视传媒集团股份有限公司成立。

9月2日

央视三套改版方案基本确定，《动物世界》等4档节目正式转移至央视一套。

百度宣布正式推出应用开放平台，合作开发者可借此在百度搜索结果中直接展示产品和服务，并可通过付费、捐赠、广告三种方式实现变现。

美国童光萃集有限公司（Highlights）举行新闻发布会，宣布旗下发行量最大的*Highlights High Five*杂志中文版《天才宝宝》将登录中国，中方合作方为四川少年儿童出版社。童光萃集有限公司负责提供杂志内容，四川少年儿童出版社负责编辑出版中文版。

9月6日

新华社东北新闻采编中心揭牌，中心设在辽宁沈阳，专门从事东北三省跨区域重点报道和深度调研报道。

内蒙古赤峰日报传媒集团挂牌成立，集团下辖《赤峰日报》韩文版、蒙文版，《红山晚报》《赤峰广播电视报》和“塞外赤峰”网站。

9月7日

酷6网与美国华纳兄弟国际品牌服务公司达成版权方面的合作。根据协议，酷6网获得华纳公司大量正版影视作品在中国的网络播放权。这是国内视频门户网站与欧美影视公司进行的首次版权合作。

9月8日

人民网·中国共产党新闻网正式推出“直通中南海——中央领导人和中央机构留言板”。留言板突出互动性，旨在搭建网民与中央机构的沟通渠道。

天津日报传媒集团与天津联通合作，着手打造以网络、手机、数字电视、汉王电纸书、天津日报iPhone阅读器、户外触摸屏、出租车互动屏等平台为载体的全媒体传播渠道。

阿里巴巴正式推出网商招聘求职平台“淘工作”。这是我国第一个为网商和各类电子商务人才提供人力资源服务的信息平台。

9月9日

由人民日报社主管主办的新闻杂志《民生周刊》在北京举行创刊首发仪式。该杂志以“百姓声音、权威解读、民生视角、时代高度”为办刊理念，是我国唯一一份专业关注民生领域的综合类新闻杂志。

人民日报社举行“中闻印务投资集团有

限公司”挂牌仪式，这是人民日报成立的第一家文化企业集团公司。

9月10日

云南电影集团有限公司挂牌成立，该公司由云南民族电影制片厂与北京和顺通泰投资有限公司共同组建。

9月14日

吉视传媒股份有限公司拍卖吉林省有线数字电视开机画面广告使用权，这是国内首次对开机画面广告这一新兴广告载体进行公开拍卖。

9月15日

国家版权局将新浪、搜狐、百度、腾讯及优酷等15家网站纳入主动监管网站名单，要求其开展侵权盗版自查。计算机软件盗版和网络侵权盗版成为中国版权环境最突出的问题。

新华日报社原总编辑樊发源因病在南京逝世，享年89岁。樊发源（1921—2010），江苏如东县人，1940年12月参加革命新闻工作，1942年入党。抗战期间先后在苏中解放区担任《东南晨报》《江海报》《江海导报》的编辑、主编、总编辑、副社长，中共南通市工委宣传部部长。1949年起，历任《苏北日报》总编辑、副社长。1952年至1955年任《新华日报》总编辑。曾任江苏省新闻学会会长、《新华日报》《群众》周刊史学会南京分会常务副会长。在《新华日报》工作期间，曾提出“报纸要以社论挂帅、典型引路”的意见。

中国人民大学教授陈力丹在《当代传播》2010年第5期撰文质疑《北京青年报》4月15日提出的“媒治”应成为法治的一部分的说法。陈力丹认为，媒体只是一类意见的载体，不拥有以暴力做背景的“权利”；媒体仅仅通过反映舆论来体现社会功能，不具有行政或司法的权力。

赶集网正式推出业内首个覆盖全平台操作系统的生活信息手机客户端。

9月16日

视频网站优酷举行全站支持苹果公司产品iPad和iPhone 4的技术演示会，此举是其三网融合战略的一部分。

9月17日

长沙市公安消防支队、长沙电视台政法频道联合开办全国首档全民消防竞技电视娱乐节目《消防总动员》。

上海广播电视台、东方传媒集团宣布与康佳集团联合推出互联网电视与智能电视。

辽宁电视台3G手机电视播控平台通过验收。

国内最大的网上鞋城乐淘网宣布iPhone手机版网站正式上线，这是国内垂直B2C网站首次推出iPhone手机版。

9月19日

中央电视台著名节目《正大综艺》从央视三套回归央视一套。新版《正大综艺》是央视首次原汁原味引进的海外娱乐节目版式。

9月20日

千橡互动集团宣布合并旗下两个社交媒体网站——人人网和开心网。这两个社交网站分别侧重沟通和娱乐，将实现用户资料对接。

9月21日

中央电视台建设的IP电视集成播控总平台与试点地区IP电视集成播控分平台（由四川广播电视台建设）完成对接。

河北出版传媒集团旗下河北阅读传媒公司与美国CAM出版社签订合作协议，引进CAM出版社《科学周刊》，并根据中国学生实际情况编辑出版儿童版与少年版两个版本。

9月26日

财政部发布《互联网销售彩票管理暂行办法》，要求全面清查各地利用互联网销售彩票的行为，纠正和制止未经财政部批准利用互联网销售彩票的行为；允许符合条件的单位开展互联网销售彩票的试点工作，并在审批、销售、资金和安全管理等方面做出详细规定。

中国三网融合产业联盟正式成立。

9月27日

中国国际广播电台澳大利亚布里斯班AM1197中波台正式开播。国际台通过该台播出12小时英语节目。

世界品牌实验室和世界经理人集团在香港共同发布2010年"亚洲品牌500强"。中央电视台和《人民日报》入选榜单，分别排名第7位和第71位。

东方卫视的《中国达人秀》得到广电总局特批，在10月10日全国总决赛上以短信投票方式决定冠军归属。这使得《中国达人秀》成为自2007年广电总局禁止手机、电话和网络投票以来，第一个获得投票特许的选秀节目。广电总局阅评意见指出，《中国达人秀》倡导"通过奋斗改变命运"的积极向上的生活理念，代表着中国主流文化和价值观。

9月28日

新华日报报业集团与有关方面研发具有自主知识产权的新闻产品《新华日报iPad版》面向全球正式发布。《新华日报iPad版》是江苏省第一个通过美国苹果公司认证并向海内外发布的iPad类新闻产品，标志着新华日报报业集团在加快媒体与技术融合、促进媒体转型方面又迈进一步。

浙江省第一份全英文新闻周刊《Zhejiang Weekly》正式创刊。该报由中国日报社与浙江日报报业集团共同创办，钱江晚报承办。《Zhejiang Weekly》随钱江晚报定向发行，目标读者为在浙江暂住、旅行或工作的外籍人士，外资企业人员及英语学习爱好者。读者还可通过钱江晚报网络版及中国日报网阅读该报。

由合肥报业传媒集团和南方报业传媒集团联合创办的《今报南都娱乐》创刊，该刊由《今报》与《南都周刊》合作推出。

9月29日

由湖南日报报业集团主办的华声在线股份有限公司挂牌创立，成为国内首家完成股改的地方重点新闻网站。

9月30日

福建日报报业集团和台湾旺旺中时传媒集团在台中联合举办第2届海峡媒体峰会。两岸共有40多家媒体的负责人、从业人员与会，探讨两岸媒体合作新途径与扩大华文媒体世界影响力的新思路。

万达院线突破10亿元票房，成为中国第一条年度票房超过10亿元的院线。国家广电总局发贺信表示，"万达院线年度10亿元大关的突破，标志着中国电影院线的发展迈上一个崭新的台阶"。

楚雄日报传媒有限公司正式挂牌，实现宣传业务与经营业务分开。

10月1日

接中宣部批复，辽宁省委宣传部将辽宁日报传媒集团所属的辽宁晚报社列为全国非时政类媒体转制试点。试点任务包括打造辽中都市报群，尝试产业整合。

10月3日

新华社英文新闻在苹果公司网上应用程序商店上线。

10月7日

福州市委与英国《英中时报》合作创办的《英中时报·今日福州》专版正式发行，

每周四出版。

10月8日

开播11年的央视一套《今日说法》栏目扩版，时长由20分钟延长至30分钟。

10月9日

新闻出版总署下发《关于发展电子书产业的意见》。《意见》指出，我国电子书产业发展迅猛，已成为全球重要的生产和消费国家。与此同时，电子书原创内容不足、编校质量低劣、相关标准缺失、版权保护手段滞后、市场竞争无序、产业监管缺位、专业技术人才缺乏等一系列制约电子书产业发展的问题亟待解决。

中央电视台拉萨应急报道点成立，这是央视贯彻落实中央第五次西藏工作座谈会精神的重要举措，也是自2009年底以来央视在国内建立的第19个报道点。

北京优朋普乐科技有限公司诉TCL集团股份有限公司、深圳迅雷网络技术有限公司等的互联网电视侵权案胜诉，北京市第二中级法院判定被告赔偿优朋普乐科技有限公司8万余元，这是由互联网电视引发的全国首例著作权案。优朋普乐作为国内影视数字发行商，认为TCL等公司新推出的带搜索、下载、观看功能的互联网电视侵害其独享的《王贵与安娜》《少林传奇2》《薰衣草》等影视作品的网络传播权。

10月11日

湖南广播电视台所属的中南出版传媒集团股份有限公司刊登招股意向书和初步询价、推介公告，成为第一家全产业链整体上市的出版类媒体公司。中南传媒拥有包括印刷、出版、发行及报纸、网络、互动框架媒体等新媒体在内的较完整产业链，发行所募的资金将用于出版、发行、印刷、信息系统建设等8个核心业务环节的建设。

10月12日

第19届金鸡百花电影节在江苏省江阴市举行，这是该电影节首次落户县级市。

10月14日

国家版权局就电影著作权集体管理使用费收取标准等发布公告，明确了电影作品在大众传媒领域内使用的费用收取标准，尤其对通过有线或无线网络使用电影作品的信息传播权结算方式、网吧和交通工具对电影作品的复制权和放映权的结算方式、视频点播（VOD）对电影作品的复制权和局域网信息网络传播权的结算方式等做出明细规定。

台湾《新新闻周刊》与中国大陆《中国新闻周刊》合作创办新闻文摘类杂志《ILook》。

山东沂蒙晚报传媒有限公司、山东鲁南商报传媒有限公司、山东临沂新闻大厦有限公司揭牌。

10月15日

由中国信息化推进联盟、中国报业协会、湖北省广播电视总台等主办的第4届中国报业创新（武汉）峰会暨中国报业创新奖颁奖典礼在武汉召开。《北京青年报》获得都市类报业创新奖。

新浪与美国职业篮球协会（NBA）在广州签署战略合作协议，新浪为NBA的中国官方互联网合作伙伴。新浪将从2010—2011赛季开始，连续3个赛季为用户提供每日独家直播服务。

世界报业与新闻工作者协会在巴黎发布“2010年世界日报发行量前100名排行榜”，中国共有26家报纸进入百强行列，是上榜数最多的国家。获奖中文报纸前4名为《参考消息》（第6位）、《人民日报》（第10位）、《广州日报》（第20位）和《扬子晚报》（第22位）。上榜的报刊除《参考消息》和《人民日报》外，均为省市地方报纸。

10 月 18 日

中国第一份面向南亚国家主流社会发行的政经新闻杂志《桥时代——中国新闻周刊·南亚版》在昆明举行创刊首发式。该杂志由云南省人民政府新闻办公室和中国新闻社云南分社联合发行，为全彩色印刷英文月刊，率先落地印度等国。

中国共产党第十七届中央委员会第五次全体会议通过《中共中央关于制定国民经济和社会发展第十二个五年规划的建议》，提出推动文化产业成为国民经济支柱性产业。

工业和信息化部与国家发改委联合印发《关于做好云计算服务创新发展试点示范工作的通知》，确定在北京、上海、深圳、杭州、无锡等 5 个城市先行开展云计算服务创新发展试点示范工作。

显示器厂商冠捷科技集团与上海广播电视台正式缔结为网络电视（IPTV）战略合作伙伴，合作内容包括网络电视的终端网络应用体系与各类增值服务。

宁夏卫视全新改版，提出新口号“看宁夏卫视，圆财富梦想”。

10 月 20 日

由中央人民广播电台主办的 2010 年全国广播电台台长座谈会在北京召开。全国 27 家省级电台、14 个主要城市电台台长及相关负责人出席会议。

宁夏日报报业集团承办的纪念“银川会议”20 周年全国报纸总编辑黄河金岸行暨第 13 届中国新闻摄影理论年会在银川举行。

广东首家数字媒体公司——广东羊城晚报数字媒体有限公司成立，将整合羊城晚报集团所有数字资源。

10 月 21 日

中国新华新闻电视网（CNC）中英文电视台在苹果平板电脑（iPad）上线，每天 2 小时提供播出服务。

10 月 22 日

网易公司在新加坡证券交易所挂牌上市。

10 月 23 日

中国导演贾樟柯新作《海上传奇》在第 30 届夏威夷国际电影节获得最佳纪录片奖。该片以人物访谈的形式回溯了上海近百年的历史，拍摄耗时 1 年，共采访 80 多位人物，最终选入 18 位受访者的故事。

湖北省科协主管主办的《湖北科技报》划转湖北日报传媒集团。

10 月 24 日

中国网络电视台（CNTV）的广州亚运会全程网络平台正式上线，将尝试用 3D 技术直播部分亚运体育赛事。用户观看时只需佩戴普通红蓝眼镜，并使用显卡配置在 120Hz 以上的电脑显示器。此举在亚运会历史上尚属首次，同时也是 3D 技术首次出现在大型综合性运动会上。

中央电视台财经频道推出购物节目《购时尚》。

10 月 25 日

国内著名画家范曾称《文汇报》连续刊登的文章《艺术家还是要凭作品说话》侵犯其名誉权，向该报社及文章作者提起诉讼，要求赔偿精神损失费 500 余万元。北京市昌平区人民法院受理了此案。

北京华录百纳影视有限公司、上海文广新闻集团和北京电视台联合出品的《媳妇的美好时代》获第 4 届东京国际电视节“最佳海外电视剧”奖，成为这届电视节获奖的唯一中国作品。

10 月 26 日

中国电子商务网站麦考林在美国纳斯达克上市。麦考林成为国内第一家在美国上市的电子商务企业，也是中国 B2C 行业第一股。

浙江华策影视在深交所创业板上市，成为国内第一家以电视剧为主营业务的上市企业。

10 月 27 日

由新华网、江苏省委宣传部、南京市委宣传部共同承办的第十届中国网络媒体论坛在南京举行。论坛以“转变发展方式，提升传播能力”为主题，设立了 6 个分论坛。论坛还通过了《南京宣言》，倡议建设绿色互联网，把网络媒体建设成为宣传科学真理、传播先进文化、弘扬文明风声、促进社会和谐的舆论阵地。

由中华全国新闻工作者协会主办的第 20 届中国新闻奖评选结果揭晓。来自全国报社、通讯社、电台、电视台和新闻网站的 277 件作品获奖。广播直播节目《首都各界庆祝中华人民共和国成立 60 周年大会》和报纸通讯作品《走向希望的春天——来自地震灾区的报告》分别获得特别奖，另外还评出一等奖 42 个（含 9 个新闻名专栏）、二等奖 87 个、三等奖 146 个。

中国国际广播电台普什图语调频节目在阿富汗首都喀布尔和第二大城市坎大哈同时开播，喀布尔 FM102.2 每天播出 1 小时普什图语节目，坎大哈的整频率落地节目每天播出时长从 1.5 小时增加到 6.5 小时。

奇虎 360 公司和腾讯公司发生互联网业务纠纷。腾讯公司认为奇虎 360 公司鼓励和诱导用户删除“腾讯 QQ”软件中的增值业务、屏蔽其客户广告，并将“360 扣扣保镖”软件中的增值业务嵌入“腾讯 QQ”软件。据此，腾讯宣称将停止在安装了 360 软件的电脑上运行 QQ，除非 360 公司停止对 QQ 进行外挂侵犯和恶意诋毁。360 公司随后也采取应对措施，致使纠纷升级，影响网络用户的权益。11 月初，工信部与相关部门介入调查，暂时平息了纠纷。2014 年 2 月 24 日，最高法对腾讯诉“360 扣扣保镖”案作出终身判决，称奇虎公司构成不正当竞争，判令其赔偿腾讯公司经济损失等费用 500 万元。该事件不仅凸显网络隐私和信息安全问题，也引发政府应如何管理新媒体的思考。

10 月 28 日

国家新闻出版总署取缔中国经济时报社、农民日报社、《中国经贸》杂志社、环境与发展报社的若干记者站，并对中国妇女报社、安徽江淮晨报社、中国食品质量报社的记者站进行通报批评。上述记者站均因从事有偿新闻、虚假新闻，或以负面报道对基层单位和群众敲诈勒索等违法违规行为受到查处。这是新闻出版总署加强记者队伍管理、完善报业管理制度的重要一步。

新闻出版总署发布通稿，指出未经报刊出版单位同意，报刊记者站工作人员不得私自设立报刊出版单位网站或者记者站网站；报刊记者站工作人员不得与报刊网站地方频道的工作人员混岗，或以其名义进行采访活动。

第 5 届中国（北京）国际大学生动画节在中国传媒大学开幕。为期 4 天的活动分为竞赛、展映、大师课程及特别活动四大板块，来自 40 多个国家和地区的 2196 部作品参与了竞赛角逐，世界重要动画流派捷克动画的代表作首次在国内全面展映。

香港卫视开播。该卫视以 24 小时开路不加密的方式通过卫星播出，覆盖港澳台、中国内地以及全球 60 多个国家和地区。

10 月 29 日

中国新华新闻电视网公司与日本电视网株式会社交换合作协议，双方将从交换节目起步，逐步扩大合作范围。

青海电视台举行建台 40 周年暨地面频道改版庆祝会。

10 月 31 日

新闻出版总署下发《关于加强养生保健类出版物管理的通知》，规定养生保健类出版物将试行资质准入制度。

广州市交通委员会与广州广播电视台联合主办的广州电视移动频道“亚运交通直播室”在广州举办开播仪式。该频道利用广州有线电视网络、移动数字电视网络以及 CMMB 中国移动多媒体广播电视网实现全媒体滚动直播，市民可在家中或公共区域通过网站、电视、电台、手机短信和彩信、手机视频等渠道，收看实时交通路况视频。

天津卫视在国内首创大型职场招聘真人秀节目《非你莫属》。

11 月 1 日

中国国际广播电台墨西哥蒂华纳 XRCN AM1470 中波台开播，每天播出 12 小时西班牙语节目。这是国际台在境外开办的第 50 家整频率电台，数量仅次于 BBC，居全球第二。

安徽电视台国际频道通过中国电视长城（欧洲）平台在欧洲正式开播，每天 24 小时播出，其中首播节目占 8 小时。

网易推出“全球名校视频公开课项目”。

11 月 2 日

《中国日报》宁波记者站在宁波正式挂牌成立。

11 月 3 日

盛大文学有限公司和百度公司发生版权纠纷。盛大文学指责百度未经许可便将该公司旗下网站 95％的知名小说输入百度文库，宣布将对百度提起连锁诉讼。2011 年 8 月 25 日，上海市第一中级人民法院终审宣判百度公司侵犯了盛大文学的《斗破苍穹》《凡人修仙传》等作品的著作权，要求百度公司立即停止对涉案作品的信息网络传播权的侵权行为，并赔偿盛大文学经济损失 50 万元以及合理费用 44500 元。

11 月 4 日

国家新闻出版总署公布首批电子书牌照，30 家企业获得电子书从业资质。此次发放的牌照共分为四类：中国出版社集团等 4 家传统出版社获得电子书出版资质；汉王科技、盛大文学等 13 家企业获得电子书复制资质；8 家企业获得电子书发行资质；中国图书进出口集团等 5 家企业获得电子书进出口资质。此举意在推动电子书企业依法生产、经营，规范电子书市场。

云南日报报业集团“易采新闻移动采编系统”正式启用。

11 月 5 日

北方联合出版传媒（集团）股份有限公司、天津出版传媒集团有限公司和内蒙古新华发行集团股份有限公司在北京举行股权合作协议签字仪式。

第 8 届中央电视台优秀播音员主持人（即“十佳主持人”）评选落下帷幕，新闻中心的白岩松和张宏民以全票当选。

11 月 6 日

中央人民广播电台承建的 3G 手机电视集成播控平台正式通过国家广电总局验收。

陕西日报社组建陕西日报广告有限公司、陕西日报发行有限公司、陕西日报印务有限公司。

陕西三秦都市报传媒有限公司举行揭牌仪式。

11 月 7 日

《新华通讯史（第一卷）》出版。该书系统全面地记述了新华社及其前身红中社 1931 年至 1949 年的历史，部分史料属首次公布。

11 月 8 日

中华全国新闻工作者协会原书记处书

记、新华通讯社原副社长李普因病在北京逝世，享年92岁。李普（1918—2010），湖南湘乡人。1938年入党，1939年冬任重庆《新华日报》记者，后任新华社鄂皖野战分社社长、中原总分社采访部主任。新中国成立后，先后任新华社总社采访部副主任、特派记者、记者组副组长，中宣部宣传处副处长。1957年调北京大学工作。1972年12月任广东省委宣传部副部长。1973年10月调回新华社，历任北京分社社长、新华社党的核心小组成员、党组成员、副社长、国内部主任。1982年离休。

中央人民广播电台与北京大学、清华大学、中国人民大学、吉林大学等12所重点高校签订人才战略合作协议。

11月10日

2010年度中国播音主持“金话筒奖”颁奖典礼在北京举行。中央电视台的李小萌等来自全国的45名播音员、主持人获此殊荣。

11月11日

中央电视台英语新闻频道举办以“寻找中国面孔”为主题的主持人招募活动。这是中央电视台首次公开招聘主持人，也是其加强国际传播能力的新举措。

21部中国精品动漫作品在美国ICN电视联播网各地频道正式播出，这是中国原创动漫精品第一次在海外电视媒体上集中放映。

11月12日

光明日报正式推出为智能手机和各类平板电脑打造的移动新媒体——光明云媒体，成为国内首个在手机等移动终端上采用传统纸媒版面设计的媒体。

长沙广播电视台、株洲广播电视台和湘潭电视台联合推出电视购物频道“嘉里购”，定位为全国首个专注女性消费者群体的媒体购物品牌，也是我国首个由市级电视台联办的电视购物频道。

国家广电总局下发《广播影视知识产权战略实施意见》。《意见》要求推进广播影视知识产权保护制度的建设和实施，进一步规范广播电台和电视台合法使用作品；鼓励广播影视知识产权创造；促进广播影视知识产业的运用和市场化；提高广播影视知识产权保护水平；完善知识产权管理机制；实施打击侵犯知识产权的专项活动等。

11月13日

人民日报社原总编辑范敬宜因病去世，享年79岁。范敬宜（1931—2010），江苏省苏州市人。1951年开始从事新闻工作，历任《东北日报》（后改名《辽宁日报》）编辑、农村部副主任、主任、编委等职务。1983年调任《辽宁日报》副总编辑。1984年调文化部任外文局局长。1986年任《经济日报》总编辑，1993年任《人民日报》总编辑。1998年起任第九届全国人民代表大会常务委员会委员、人大教科文卫委员会副主任委员。2002年受聘为清华大学教授、新闻与传播学院院长，兼任中国新闻摄影学会会长、中国新闻文化促进会会长、中国人民大学新闻学院和武汉大学新闻学院兼职教授、中国社会科学院研究生院新闻系博士生导师。

11月14日

中国国际广播电台在美国旧金山举行整频率落地电台“旧金山华语广播电台KSFN AM1510”开播仪式。

11月15日

盛世骄阳联合北京市版权局等单位联合召开首届新媒体影视版权高峰论坛。论坛发布了《打击新媒体影视盗版的联合声明》，呼吁新媒体产业链上的各方企业尊重版权，杜绝利用网络平台非法传播和使用影视作品的行为。

11月16日

上海东方传媒集团有限公司、中国对外

文化集团公司、韩国 CJ 集团联合投资成立亚洲联创（上海）文化发展有限公司，以音乐剧和大型演唱会等现场娱乐为主营业务。此举推动了中国音乐剧的产业化。

11 月 17 日

国务院新闻办公室与美国 Discovery 探索频道在北京签署《神奇的中国》合作备忘录。双方将在未来 3 年内共同出资、联合制作具有国际影响力的中国题材纪实节目，挖掘具有中国特色的“奇人、奇景、奇物和奇迹”。

上海久尚时尚产业集团与日本 Men’s JOKER 男性杂志联合创办男性时尚杂志《型男志 Men’s JOKER》。

11 月 19 日

中央电视台英语新闻频道获得 2010 年意大利“热鸟”电视奖（Hot Bird Awards）的“民族之窗”奖（National Window）。来自 20 多个国家的 150 家电视台参加了评选。

解放日报报业集团成立十周年纪念大会在上海举行。

《今晚报》与新西兰《先驱报》合作创办的《今晚报·新西兰版》在奥克兰市发行。该版为对开版，双周刊，每期一版。

11 月 20 日

第十届中国新闻传播学科研究生学术年会暨“全媒体时代的新闻传播”高峰论坛在复旦大学新闻学院举行。

11 月 22 日

由上海发展战略研究所谢耕耘工作室发布的《2010 年中国公民的网络表达与公共管理分析研究报告》指出，互联网已成为中国公民表达诉求、抒发己见、监督权利和建言献策的重要途径，并形成巨大的网上舆论压力；微博成为公民网络维权的重要渠道；我国以政府为绝对主导的公共决策过程逐渐转变为政府主导、民众参与的协商决策模式。

11 月 23 日

国家新闻出版总署发布《关于进一步规范出版物文字使用的通知》。《通知》要求在汉语出版物中，禁止随意夹杂使用英文单词或字母缩写等外国语言文字，需要使用的，应当用国家通用语言文字做必要的注释；禁止生造含义不清的词语，任意增减外文字母或颠倒次序等，以进一步规范出版物文字。

新华通讯社与美国国家广播公司（NBC）在纽约签署合作备忘录，同意在国际电视新闻领域建立多层次的商业合作关系，包括内容采集、制作和播出以及人员培训。

11 月 24 日

羊城晚报报业集团设立党委会、管委会，组建羊城报业传媒集团有限公司。公司明确了《羊城晚报》“以人为本、关注生活”的价值定位和“办时政大报、人文大报、民生大报”的目标。

11 月 25 日

北京市信访矛盾分析研究中心举办成立一周年暨第三次信访工作座谈会，同时创办《信访与社会矛盾问题研究》，这是我国第一本专门研究信访问题的刊物。

首届“中国媒体融合与发展论坛”在北京举行，论坛发布了《中国媒体融合发展报告》蓝皮书。

11 月 26 日

由中央电视台电影频道旗下的华诚传媒有限公司投资建造的全 3D 五星级标准影城——华诚国际影城在青岛正式开业。这是央视电影频道建造的首家影院，也标志着电影频道开始向全产业链构想的终端影院投资全面进军。

由全国新闻学研究会、中国人民大学新闻与社会发展研究中心、厦门大学新闻传播学院主办，厦门大学新闻传播学院、海峡导报社承办的全国新闻学研究会一届三次理事会暨中国新闻学学术年会在厦门大学召开。

11月28日

亚洲传媒研究中心主办的2010年第8届亚洲传媒论坛在北京召开。论坛以“三网融合的国际经验与中国路径”为主题，邀请了日本、韩国、新加坡等国的政府部门领导人、业界领袖、专家学者共同参加。

湖南音乐专业电台FM106.1长沙音乐频道正式更名为“长沙交通音乐广播”。

11月30日

上海市三网融合工作协调小组第一次全体会议召开，标志着上海三网融合试点工作全面启动。会议提出了“五个全国领先”的目标，即三网融合基础设施能级全国领先、试点业务规模全国领先、运营管理模式全国领先、应用服务水平全国领先和重点产业发展全国领先。

12月1日

全国出版物发行标准化技术委员会(SAC/TC505)成立，这是我国新闻出版领域的第二个国家级标准化技术委员会。

中央电视台中文国际频道（CCTV－4）改版，由原来以新闻为主的综合频道拓展为“新闻·文化”综合频道。改版后的频道更突出文化时尚内容，并对文化类栏目和新闻类栏目进行集群式编排。

吉林市电视剧制作公司挂牌成立。该公司由吉林市电视台电视剧制作中心转企改制而成，吉林市电视台作为国有资产出资人占公司51%股份。

宁夏广播电视总台、宁夏广电传媒集团、贵州电视台、家有购物集团共同打造的宁夏家有购物频道开播。

华谊兄弟传媒股份有限公司出资2000万元将Hello Kitty黑色城堡主题乐园引入中国内地，正式涉足动漫娱乐产业。

12月2日

由中国网络电视台组织建设的IP电视集成播控平台完成。该平台采用中央、地方两级架构，意在满足地域文化多样性的需求。平台具备节目集成、播控、计费、版权和用户管理等功能，为三网融合IP电视业务的开通打下基础。

12月3日

《中国日报》欧洲版在英国伦敦创刊发行，成为我国在欧洲发行的首份国家级英文报纸。报纸为周刊，目标受众定位为高端读者，初期发行量为35，000份。

中国动画片《梦回金沙城》在洛杉矶主流商业电影院上映，并入围第83届奥斯卡最佳动画片首批名单，成为第一部入围奥斯卡的中国动画电影。

电影《唐山大地震》在澳大利亚获得第4届亚太电影奖最佳影片奖，陈道明获最佳男演员奖。该片是本届电影奖中获提名最多的作品。

12月4日

西藏日报社推出周报《西藏法制报》，以藏文、汉文两种版本同时发行，同时推出数字报。

12月6日

2010中国（广州）国际纪录片开幕式暨“广东日”活动、2010中国（广州）国际纪录片大会评优颁奖典礼在广州举行。本届大会共接受来自中国、法国、德国等58个国家和地区的576部作品，颁发了社会人文类、自然保护类、科技教育类、历史文化类、评审团大奖和特别奖等10个奖项。

12月7日

国家新闻出版总署发布《关于促进出版物网络发行健康发展的通知》。《通知》指出，新闻出版行政部门鼓励、支持通过网络依法销售各种内容健康的出版物，并实施积极的扶持政策，促进网络发行的健康发展。建立从事出版物发行的网络书店；在网络交易平台内从事出版物发行，或者以其他形式通过网络从事出版物发行，均须依照《出版物市场管理规定》和《音像制品批发、零售、出租管理办法》的规定，经新闻出版行政部门批准，取得《出版物经营许可证》和《音像制品经营许可证》。

12月8日

中国首档地铁移动网络电台“地铁0号线”全球同步上线。“地铁0号线”是第一视频为顺应“移动人群”潮流打造的网络电台栏目，是地铁电台推动“交通广播”升级的一部分。电台每天进行19个半小时的直播，用户可通过手机下载客户端，或登录网站收听。

湖北网络广播电视台获广电总局批准成立，成为我国第3家省级网络电视台。

优酷网在美国纽约证券交易所挂牌上市，成为全球首家在美国独立上市的视频网站。

第3届中国广电行业发展趋势年会暨投融资论坛在北京开幕。论坛由中国有线、中广传播、南方传媒、友好网联盟主办，中广互联承办。与会者讨论与展望了三网融合背景下的广电产业，并发布了“2010年中国广电行业十大新闻”和“2010年光电技术领域十大事件”的评选结果。

由《互联网周刊》主办的“2010中国互联网经济论坛”在北京举行，论坛揭晓了商业网站百强名单。

12月9日

保利博纳影业在美国纳斯达克上市，成为国内第一家在美国上市的中国影视公司。博纳表示将借机增强国际合作，开展电影制作、发行和影院投资等多元业务，募集资金将主要用于潜在影院并购及获得电影发行权。

2010中国新媒体传播学年会在广州暨南大学召开。会议以“新媒体·新生活·新世界”为主题，探讨了新媒体的现状与未来、影响与使命。

12月10日

《中国日报》亚洲版在香港创刊，面向印度尼西亚、新加坡、泰国、马来西亚和日本等国家和地区发行，读者主要是亚洲各国政要、专家学者和商界领袖。

中国新华新闻电视网（CNC）与南非米拉德公司在北京举行签约仪式，宣布自2011年1月1日起，中国新华新闻电视网旗下的新华社英语电视台将通过米拉德公司的电视播出网络覆盖非洲大陆，并通过家用电视机顶盒进入400万非洲家庭。

新华视讯手机电视台有限公司在北京正式开业。

荆州日报传媒集团挂牌成立。

由慧聪邓白氏主办、中国新闻出版总署联合协办的“首届媒介形态发展趋势研讨会”在北京召开。与会的传媒专家和媒体从业者探讨了“传统媒体向新媒体转型的困境与挑战”“分众化形势下如何构建现代传播体系”等话题，着重关注新媒体对媒体生态和人们生活产生的影响。

中华全国新闻工作者协会印发《中国新闻奖评选办法》，规定自2010年起，长江韬奋奖改为两年评选一次，中国新闻奖仍每年评选一次。

12月12日

中央电视台科教频道改版，主力时段推出《地理中国》《创新无限》《自然传奇》《原来如此》4档日播新栏目，原有的知名栏目《百家讲坛》和《走进科学》等也在内容方面有所改进。

12 月 13 日

《成都商报》广告年收入首次突破 10 亿元大关，成为中国都市报中第一个广告年收入超过 10 亿元的报纸，也是继《广州日报》后第二份广告收入突破 10 亿元的报纸。

12 月 14 日

尼尔森公司与北京中传网联数据服务有限公司合资成立尼尔森网联，通过对数字电视使用行为、态度和习惯的调查，为数字电视网联运营商、电视台和广告运营机构提供数据服务。

2010 年中国动画年会在云南昆明开幕。大会由云南省宣传部、中国动画学会主办，首次增加网民评委。《喜羊羊与灰太狼之虎虎生威》《彩云南》等分别获得年度影视动画票房奖和特别贡献奖。

12 月 15 日

文化部对 500 多个网络音乐网站进行清理审查，音乐天空网、好歌网等 237 家音乐网站因涉嫌未依法办理许可或备案手续，擅自提供网络音乐产品的播放、试听和下载服务，未获得合法授权或提供国家法律禁止的内容等违规行为，被要求限期整改。

中国网络电视台（CNTV）在北京正式开播国内首个少数民族语言频道——朝鲜语频道。该频道由中国网络电视台与延边广播电视总台共同组建，以电视、广播特色栏目为主，结合新闻话题、延边的生活和风俗、体育与健康等图文内容展示朝鲜民族特色。

12 月 16 日

华文出版社转制重组工作交接会议在北京举行，中国出版集团公司与中央统战部正式签署关于华文出版社转制重组的协议，华文出版社正式加入中国出版集团公司，启动转企改制工作，成为中国出版集团公司近年来整合重组的第二家中央部委出版社。

中央人民广播电台经济之声改版，实现 24 小时不间断播出。新版内容突出“大经济、证券理财投资、民生”三条主线，新增《央广财经观察》《财经早报》和《观点·辩论》等节目，财经内容的比重从 48%增加到 90%以上。

中央人民广播电台广告经营中心正式成立，作为台直属机构统筹经营电台的广告资源。广告经营中心前身为北京华夏之声广告公司，它的成立标志着中央人民广播电台的广告进入集中管理、融合发展的整合营销阶段。

安徽广电传媒产业集团与中科招商创业投资管理有限公司在合肥签署协议，同意共同建立中科·安广股权投资基金，总规模 50 亿元。这是安徽省首个文化产业投资基金，主要投资安徽广电传媒产业集团及省内其他文化产业优质项目。

武汉广电集团与中国电信武汉分公司联合组建武汉市三网融合合资公司，双方各占一半股份，将在多屏互动、智能家电和网络电视套餐服务方面进行资源整合与业务合作。

12 月 17 日

中央人民广播电台第 13 套广播节目——维吾尔语广播频率正式开播。该台全天播音 18 小时，使用 7 个调频频率、10 个中波频率，覆盖新疆维吾尔自治区全境。

《中国日报》美国版在美国得克萨斯州休斯敦正式开印，成为中国日报社在美国的第 6 个印点。

中国民族广播网正式上线，融合了蒙、藏、维、哈、朝、汉 6 种语言。

纪念中国人民广播事业暨中央人民广播电台创建 70 周年大会在北京举行。

12 月 18 日

新华社金融信息交易所在北京开业，这是全球金融信息领域首创的交易所。

中国教育出版传媒集团有限公司在北京成立，成为我国第一个大型出版传媒集团，标志着我国文化体制改革迈出重要的一步。中国教育出版传媒有限公司隶属教育部，由人民教育出版社、高等教育出版社、语文出版社、中国教学仪器设备总公司、中国教育图书进出口公司等单位组成。

宁夏广电传媒集团以 9000 万元回购信达地产持有的宁夏广播电视网络有限公司 49%的股权，确保了国有广播影视单位对有线电视网络的主导权，为公司上市、宁夏广电集团加入中国广播电视网络公司、发展“三网融合”打下基础。

由光明日报牵头举办的 2010 中国国际新闻论坛年会在广东东莞召开。

由中央电视台综合频道、俄语国际频道和俄罗斯国家电视台第一频道联合打造的公益节目《等着我》在央视一套播出。

新疆大晨报股份有限公司揭牌。该公司由新华社中国广告联合总公司、深圳广播电影电视集团、烟台日报传媒集团、桂林日报和新疆都市消费晨报有限公司共同组建。

12 月 20 日

民营娱乐传媒集团光线传媒与门户网站新浪达成战略合作协议，这是我国最大规模的正版娱乐内容合作计划，也是三网融合背景下的一次尝试。光线传媒将依托新浪平台，构建光线娱乐频道；光线传媒的 4 档优秀节目完全纳入该频道，同时结合互联网定制新的内容。

《生灵的远征》系列纪录片中国首映礼在重庆举行。该系列节目由重庆卫视与美国国家地理频道合作摄制，作为重庆卫视《纵横天下》栏目年度特别节目向全国独家首播。该片实地拍摄两年半，跨越七大洲的 120 个国家，讲述了数百万只野生动物的迁徙故事。

12 月 21 日

工信部网站发布信息称，我国基于 AVS 标准的 3D 电视技术实验系统取得重大进展，首次实现 3D 电视制作和播出系统的集成。该系统采用我国自主知识产权的 AVS 音视频编解码标准，涵盖了 3D 采编播设备、内容制作、终端显示设备等关键技术，首次整合了节目制作和播出系统。

12 月 22 日

国家广电总局与上海市人民政府签署部市合作协议，宣布我国首个国家级网络视听基地——中国（上海）网络视听产业基地正式在上海揭牌成立。

中国银联和上海东方传媒集团共同推出智能电视支付系统，支持互联网支付和 IC 卡支付。

12 月 23 日

安徽广播电视台正式挂牌成立。该台由安徽人民广播电台、安徽电视台、安徽广播电视传输发射总台和安徽广播电视报社合并而成，同时具备多媒体、新媒体业务。此举标志着安徽省完成了三级广电的资源整合。

经广电总局批准，江苏省网络广播电视台正式开播，这是全国第二家获准开播的省级网络电视台。该台集广播、电视、网络和手机为一体，主要负责互联网视频节目服务。

12 月 24 日

由冯小刚执导的中国 2011 年贺岁档影片《非诚勿扰 2》在北美 20 家影院上映，首次实现华语贺岁电影在国内外同步播出。

12 月 26 日

中央中共政治局常委、国务院总理温家宝考察中央人民广播电台“走进中国之声”直播间，参与特别节目《重返灾区——中国之声温暖行动》，通过广播慰问四川青川、青海玉树和甘肃舟曲灾区人民，并与全国听众、网友就物价、房价等问题互动。这是温家宝总理首次走进电台直播间。

12月28日

工业和信息化部、国家工商行政管理总局联合印发《关于进一步整治手机“吸费”问题的通知》，要求进一步加大对手机“吸费”等不法行为的打击力度，并加强对相关增值电信业务的监督管理，加大流通领域手机商品质量监督检查力度，严格规范手机内置软件等。

人民日报出版社完成转企改制，人民日报印刷厂正式注册为企业法人。

中央电视台举行智库建设启动仪式，中央电视台发展研究中心以中央电视台研究院的名义向第一批特聘顾问和特聘研究员颁发聘书。

中国网络电视台（CNTV）与户外媒体运营商航美传媒合作打造的“CCTV移动传媒——民航频道”在北京举行开播仪式。该频道覆盖了全国38家机场的航空电视联播网络。

深圳报业集团与深圳地铁集团联合成立深圳报业集团地铁传媒有限公司，获得地铁1、2、5号线广告经营权，并打通深圳报业集团旗下各大平面媒体及深圳新闻网等网络媒体资源投放的广告。深圳报业集团与深圳地铁集团将展开全面合作，计划于2011年2月正式向市场投放深圳唯一一份免费报纸——《地铁早八点》，每周一至周五出版，日发行20万份以上。

广州广电传媒集团有限公司挂牌成立。该公司由广州广播电视台出资，实现事业和产业分开、宣传与经营分开、制作和播出分开。

黑龙江电视台北京节目研发制作中心建成启用。

湖北广电总台、武汉广播电视局启动“同城同网”工作，双方同时上传对方电视节目信号，武汉市结束了有线电视网络同城不同网的局面。

山东广电网络公司及各市分公司成立，标志着山东广播电视有线网络整合完成重要一步。该公司网络全长28.5万公里，是亚洲第一、世界第二大网络。

上海交通大学舆情研究实验室发布《2010年中国微博年度报告》。报告显示，截至2010年10月，中国微博服务的访问规模已达到1.2亿人次，在2010年舆情热度靠前的50起重大舆情案例中，微博首发的有11起，占比约22%。微博还在舆情案例中显示出明显的意见领袖效应，微博的功能逐渐从“围观”名人转向以草根为主的网络社交，对传统舆论格局的影响日益增大。

12月29日

由陕西电视台农林卫视运营中心打造的“中国农林卫视网”正式上线。该网提供在线同步收看农林卫视直播，查询所有农产品信息，同时运用网络支付手段搭建全国农产品的交易桥梁。

江苏现代快报股份有限公司成立大会在南京举行。该公司由江苏现代快报传媒有限公司、中国新华新闻电视网有限公司共同出资组建。

12月30日

新华网日语版正式上线。

湖南电视40周年纪念大会在长沙举行。截至当天，湖南广播电视台的年经营创收总收入首次突破100亿元大关。

12月31日

四川广播电视台在成都召开新闻发布会，宣布将在新的一年里全面升级频道包装及节目内容，打造“中国爱”品牌。

中国社会科学院创办的“中国社会科学网”上线。

2011 年（辛卯）

1 月 1 日

中央电视台纪录片频道正式开播，分为中文版和英语版两个频道，全天 24 小时不间断播放纪录片。这是中国第一个面向全国播出的国家级纪录片频道，也是中国第一个面向全球覆盖的中英双语纪录片频道。央视纪录片频道集纳了国内地方台、英国 BBC、国家地理、美国历史频道、NHK 等制作的高清正版纪录片。

《人民日报》海外版全新改版。

北京电视台公共・新闻频道正式开播。

《浙江省信息化促进条例》《江苏省信息化条例》正式实施，两个条例均就公共信息、个人信息及其保护做出了相关规定。

1 月 4 日

中央各部门各单位出版社体制改革工作领导小组办公室宣布：截至 2010 年 12 月 30 日，中央各部门各单位出版社已完成转企改制。在 148 家中央各部门各单位经营性出版社中，除 1 家出版社停办退出，13 家原本没有核定过编制外，余下的 134 家出版社均核销了事业单位、事业编制，基本完成了转制手续。

全国对外宣传工作会议在北京召开。

1 月 6 日

上海建立首个电视支付系统。

1 月 7 日

新闻出版总署与中国证券监督管理委员会联合印发《关于加强报刊传播证券期货信息管理工作的若干规定》，对报刊出版单位、新闻采编人员、证券期货监督部门、新闻出版行政部门等四方在证券期货信息传播中的职责做出了明确要求。

华夏城视网络电视股份有限公司在深圳正式成立。第一批股东单位包括 14 家城市电视台及 5 家平面媒体。

1 月 10 日

文化部公布首批未经内容审查或备案的网络音乐产品名单。

1 月 11 日

新闻出版总署印发《数字印刷管理办法》，自 2011 年 2 月 1 日起实行。《办法》明确了数字印刷经营活动的范围和企业的设立条件，规定了监督管理体制和法律责任，简化了连锁企业分支机构的审批程序和出版物样本备查手续。《数字印刷管理办法》历时 4 年而制定，响应了我国印刷业转型升级和加快发展对管理制度提出的要求。

上海广播电视台旗下新媒体企业百视通吸纳广电制作、文广科技全部股份登陆国内 A 股市场，开创主流广电新媒体企业上市先河。

中国传媒大会 2011 年会在黑龙江哈尔滨召开，大会主题是“文化中国，传媒策略”。

1 月 16 日

教育部社科委新闻传播学“十二五”战略规划工作会议在中国人民大学召开。会议集中讨论了新闻学与传播学的学科定位、发展方向、研究重点，以及今后准备研究的重大课题等，并成立了“十二五”战略规划研究报告课题组，启动了研究报告的撰写工作。

1 月 17 日

首部中国国家形象宣传片《人物篇》在纽约时报广场户外大屏幕上播放，同时通过美国有线电视新闻网的各个频道覆盖全球播放。

《京华周刊》试刊号在北京地区发售。

新华社联合大唐电信启动新华瑞德数字媒体服务平台，正式进军电子阅读产业。

1 月 18 日

中国国际广播电台“CIBN 互联网电视”正式上线运营。中国国际广播电视网络台以多语种、多类型、多终端为特色，向全球受众提供时事、政治、经济、文化、体育、旅游、社会和汉语教学等综合信息服务，旨在打造国家级宣传平台和具有全球影响力的媒体经营平台。

经新闻出版总署批准，国家数字出版基地项目在天津空港经济区落户。

《人民日报》海外版欧洲刊在德国法兰克福出版。

1 月 19 日

中国互联网络信息中心在北京发布《第 27 次中国互联网络发展状况统计报告》。报告显示，截至 2010 年 12 月 30 日，中国网民规模达 4.57 亿人，手机网民规模达 3.03 亿人，手机即时通讯以 3.5 亿人次的用户规模成为我国渗透率最高的应用。微博用户规模达到 6311 万人，占网民总数的 13.8%，传统媒体及其从业人员也从 2010 年开始大量入驻微博，2010 年因此被称为中国的微博元年，中国开始走进一个更加扁平的网络化交流时代。团购也成为 2010 年发展点，国内具有一定规模的团购网站 1664 家，总销售额突破 10 亿元，用户规模达 1875 万人，年增长率 48.6%。

1 月 20 日

中央新闻单位陆续启动“新春走基层”采访活动。

中国出版集团在北京启动中华动漫资源库。

1 月 21 日

微信上线。

1 月 23 日

最高人民法院、最高人民检察院、公安部印发《关于办理侵犯知识产权刑事案件适用法律若干问题的意见》，明确了网络侵犯知识产权犯罪案件的管辖及通过信息网络传播侵权作品行为的定罪处罚标准，其中特别就网络环境下侵犯著作权犯罪如何认定“以营利为目的”“未经著作权人许可”等做出具体规定。

1 月 25 日

中国社科院研究员于建嵘设专题微博“随手拍照解救乞讨儿童”。该微博信息被网友、明星、公安部门及人大代表、政协委员等各种社会力量转发，迅速形成舆论焦点，并引起传统媒体的关注与跟进。但“微博打拐”并未收到预期实效，也引发部分网友对这种打拐形式的担忧和质疑。

上海新闻出版发展公司与法国拉加代尔公司联合举办的“阅读中国”外文版中国图书全球春节联合展销活动在美国纽约肯尼迪机场维珍书店开幕。来自北京、上海、广州等地的近 200 种、4.3 万多册外文版中国图书与读者见面，这是中国外文版图书第一次在全球主流书店举行大型联展活动。

1 月 26 日

北京市法制办网站公布《北京市行政问责法（送审稿）》，公开向社会各界征求意见。

1 月 30 日

上海广播电视台获颁国内首张 3G 手机电视牌照。

1 月 31 日

台湾版《读者》在台北举行首发式。《读者》杂志创刊 30 年，是中国大陆发行量最大的人文期刊，也是第一本进入台湾地区发行的大陆期刊。

2 月 10 日

全国信息安全标准化技术委员会秘书处发布《信息安全技术个人信息保护指南》标准草案，面向社会公开征求意见。该意见稿对个人信息主体的权利、信息管理者使用个人信息的要求等多方面做出了规定。

2 月 11 日

第 54 届荷赛摄影奖揭晓，中国摄影师牛光获一般新闻单幅二等奖，卢广获突发新闻组照三等奖。

2 月 14 日

广电总局发出《广电总局办公厅关于严格控制电影、电视剧中吸烟镜头的通知》。《通知》要求影视剧中不得出现烟草的品牌标识和相关内容及变相的烟草广告；不得出现在国家明令禁止吸烟及标识禁止吸烟的场所吸烟的镜头；不得表现未成年人买烟、吸烟等将烟草与未成年人相联系的情节，不得出现有未成年人在场的吸烟镜头。同时，通知还要求严控以“艺术需要”“个性化表达”为名出现吸烟镜头，应尽量用其他形式代替吸烟；对确因剧情需要出现的吸烟镜头，应尽可能缩减镜头的时长和频率。此外，通知要求各省级广播影视行政部门积极向所辖电影、电视剧制作机构倡导无烟影视作品，引导导演、演员不拍摄吸烟镜头。对于有较多吸烟镜头的电影、电视剧，将不纳入总局举办的各种电影、电视剧评优活动。

2 月 16 日

青海卫视获得国家广电总局颁发的选秀节目批文，《花儿朵朵》成为 2011 年首个获准举办的选秀节目。

2 月 18 日

广电总局发布《广电总局办公厅关于进一步加强电视剧文字质量管理的通知》。《通知》要求电视剧制作机构提交电视剧送审时，除提交规定材料外，还需提交由广电总局统一制定的《制作机构电视剧文字质量自检承诺书》；中央电视台和省级电视台卫视频道在向总局上报黄金时段拟播剧目时，除提交规定材料外，还需提交广电总局统一制定的《播出机构电视剧文字质量承诺书》；中央电视台和省级电视台卫视频道如发现黄金时段拟播电视剧单集字幕错别字达 2 处，则应退回制作机构进行修改。

2 月 20 日

2010 年中国广播电视协会电视制片委员会大会颁发“十佳电视剧文学原著奖”等多个奖项。

2 月 23 日

新闻出版总署召开“加强学术期刊管理”专家座谈会，会上通报了对《中国包装科技博览》等 8 种期刊违规刊发学术论文问题的处理情况。依据相关规定，对严重违规的《中国包装科技博览》等 6 种期刊予以停业整顿、警告等行政处罚，对《管理观察》等 2 种期刊予以通报批评，同时责令立即纠正违规行为。根据新闻出版总署的监测和审读，上述期刊的违规行为包括：刊载论文数量过多，最多的每期刊发 200 多篇；缺乏必要的审核和把关，论文质量难以保证；少数期刊超越办刊宗旨及业务范围，刊发论文几乎涵盖所有学术领域。

2 月 25 日

第 3 届中国公益新闻年会暨 2010 传媒公益推动力发布典礼在北京中国新闻大厦召开。

2 月 26 日

国家工商总局、中宣部、国务院新闻办公室、公安部、监察部、新闻出版总署等十二部委联合印发《2011 年虚假违法广告专项整治工作实施意见》，旨在深入推进虚假违法广告专项整治工作，加大力度整顿规范广告市场。意见指出，2011 年将继续把直接关系人民群众健康安全的医疗、药品、保健食品广告，危害未成年人身心健康的非法涉性、低俗不良广告，以及扰乱公共秩序、影响社会稳定的严重虚假违法广告作为整治重点；继续加大对省级电视台卫视频道、大中城市电视台经济频道、都市类报纸媒体广告的监测检查力度，严格监督电视购物广告，严厉查处各类媒体以新闻报道形式和健康咨询节（栏）目名义变相发布广告的行为，进一步深入治理损害消费者权益的虚假违法广告；检查标本兼治，着力治本，增强治理虚假违法广告的整体合力；健全工作机制，加强广告市场监管，努力营造公平竞争、健康有序、文明诚信的广告市场秩序。

2 月 28 日

中央外宣办就文化体制改革工作举行发布会。

东南卫视推出深度评论性节目《海峡深呼吸》。

时尚传媒集团与中央人民广播电台联合推出国内第一档时尚节目《时尚知道》。

中国最大网络零售平台淘宝宣布与国家九部委联合打击侵犯知识产权和制售假冒伪劣商品的行为。

3 月 1 日

重庆卫视全面改版，转型为“中国第一家公益电视频道”，不播商业广告，减少电视剧和外购外包节目，增加新闻节目，自办红色文化栏目、公益广告和宣传片。此举开创中国卫视先河。

亚洲电视数码频道第 15 台播放“中央电视台综合频道”，取代原来的“中央电视台中文国际频道”。

3 月 2 日

全国第一个省级文化产权交易网广东省南方文化产权交易网 www.cnscee.com 正式上线。

3 月 5 日

北京市最大倒卖公民个人信息案宣判。法院以非法获取公民个人信息罪、出售公民个人信息罪、非法提供公民个人信息罪、帮助毁灭证据罪一审判处 14 名被告人 1 年零 8 个月至 2 年零 6 个月不等的有期徒刑，判处 9 人缓刑。

中国国家图书馆正式开通为全球华人提供家谱数字化服务的“中华寻根网”。

3 月 6 日

求是杂志主管主办的大型理论文摘杂志《红旗文摘》创刊，面向国内外公开发行。

3 月 8 日

中国非营利性媒介智库泛媒研究院宣布与中国传媒大学和暨南大学合作，在两所高校建立泛媒研究室。

3 月 9 日

黄健翔、孟非、陆川等多位知名人士通过微博发动“拯救南京梧桐树”活动，媒体随后跟踪报道，不少南京市民走上街头，为树木系上绿丝带。事件缘于南京太平北路沿线的 40 多棵法国梧桐开始迁移。最后，南京市政府正面回应，停止所有栽移工作。

3 月 15 日

贾平凹、刘心武、韩寒等近 50 位中国作家联名签署《“3·15”中国作家讨百度书》，称百度文库未获任何授权即收录上述作家的几乎全部作品并对用户免费开放，要求百度停止侵权。其后，百度释放出和解信息，删除其文库中 280 万份文学作品，同时百度文库版权合作平台正式上线。事件也引起其他服务商的重视。知名资源分享网站 VeryCD 停止音乐和影视资源下载服务。视频网站风行网、迅雷、PPS、优酷网和乐视网等均斥巨资购买了众多热映的影视剧版权。

3 月 16 日

新华社首先发布中国人民共和国第十二个五年规划纲要。

3 月 17 日

新闻出版总署印发《关于开展报刊记者站专项治理的通知》，进一步加强对报刊记者站的管理，严格规范记者站工作秩序和新闻记者采编活动，要求结合报刊记者站年度核检工作，从 4 月 15 日至 7 月 25 日集中开展记者站专项治理“百日行动”。“百日行动”要求报刊出版单位自查自纠，加强内部整顿；要求主管主办单位加强对所属报刊记者站工作情况的监督、检查和管理；对违规记者站进行全面清理。通过开展“百日行动”，新闻出版总署组成检查组对河南、黑龙江等 8 个省以及中国质检报刊社等 4 家中央报刊出版单位进行了督查指导，进一步加强了对报刊分支机构和记者站的管理，从根源上纠正与制止了一些利用新闻采访活动谋取不正当利益的行为。

文化部正式发布修订后的《互联网文化管理暂行规定》，于 2011 年 4 月 1 日起实施。该《规定》是我国文化行政管理部门在深化认识互联网特点和规律的基础上，适应互联网发展新趋势而采取的重要举措，是创新管理方式、提高网络文化管理水平的表现。《规定》的实施对促进互联网企业依法经营，加强对互联网产品内容的管理，规范网络文化经营秩序，净化网络文化环境有积极的作用。

由乐视、腾讯、激动、迅雷、暴风影音、PPTV、PPS7 家互联网公司联合组建的电影网络院线发行联盟在北京成立。该联盟提出三个统一的理念——统一上线时间、统一播放品质、统一资费，从而推进影视剧的付费点播模式。

3 月 18 日

第 2 届中国出版政府奖颁奖典礼在北京举行，首次增设期刊奖，结束了我国 9800 多种期刊没有国家级奖项的历史。本届期刊奖分科技类和社科类两类，各有 10 种获奖。这 20 种期刊中，学术类期刊占一半份额。10 种科技类期刊中有 3 种技术科普期刊。10 种社科类期刊则都发行超过 30 年。

3 月 19 日

国务院第 594 号令公布新修订的《出版管理条例》，共 9 章 74 条。新《条例》将原条例的“出版事业”均修改为“出版产业和出版事业”，针对事业单位和企业法人的不同性质做了不同规定；增加了出版单位“中止”情形的规定，与条例中已有的“终止”情形相区别，包括办理备案的主管部门与办理的期限；明确了国务院出版行政部门的审批时限；对中小学教科书的出版发行主体的审批权限统一集中到了国务院出版行政主管部门；申请从事出版物的印刷或者复制的报批机关中的“公安机关”被删去，申请从事出版物的印刷或者复制不再需要去公安机关办理相关手续；进一步明确，从事报纸、期刊、图书的全国性连锁经营业务的单位，如果是省内经营的单位，该类业务的报批机关为省级行政主管部门；新增行政许可《出版物经营许可证》，并将网络出版纳入“出版物经营许可”的调整对象；放宽涉外出版业务限制条件；新条例中多处“出版行政部门”修改为“出版行政主管部门”，新加入第六章“监督与管理”；对需承担责任的违法行为的情形和惩罚力度等也都作了一定的调整；首次将“电子出版物”以及“网络出版”写入条文，并根据特别法优先于一般法的原则，将这几类特殊对象的调整指引至各自专门的规定。这些修订顺应了出版体制改革，明确区分了出版业中性质不同的主体，在市场调节基础上增强了出版业的行政监管，十分有助于出版行政管理水平和效率的提高。

由浙江日报报业集团、新华社浙江分社、浙江广电集团、浙江传媒学院和中国电信浙江公司5家单位共同发起的“传媒友谊俱乐部”在浙江传媒学院成立。

3月23日

中国记协举办主题为“西藏六十年的变迁”的“新闻茶座”，方便中外记者报道中国西藏自治区和平解放60年来的发展成就。

3月25日

由中国广播电视协会主办、中央人民广播电台承办的广播版权委员会在北京举行成立大会。

中国电信在上海成立天翼视讯传媒有限公司。

3月28日

济南日报宣布改版，增加版面数量，同时增强可读性、服务性与趣味性。4月11日，拥有63年历史的济南市党报告别单一依靠订阅售报的历史，主动在市区部分报摊试点零售。

黑龙江网络广播电视台在黑龙江电视台演播大厅举行开播仪式，并首次通过互联网向全球网民输出黑龙江人民广播电台、黑龙江电视台的节目。根据发展规划，黑龙江网络广播电视台将陆续推出视频网站、IPTV、手机电视等3个传播载体。

国内“微博第一案”——金山控告360董事长周鸿祎侵权案由北京海淀法院审结。法院认定，被告周鸿祎构成名誉侵权，判令其向金山公司赔偿8万元，并连续7天在新浪、搜狐、网易三大网站的微博首页刊发致歉声明。

工信部批复同意5家系统设备厂商和2家芯片厂商进行TD－LTE（准4G）规模技术试验，中国移动的TD－LTE网络建设正式启动。

凤凰卫视24小时粤语频道“凤凰卫视香港台”正式开播。

3月29日

UC优视公司携手工业和信息化部软件与集成电路促进中心，创建国内首家国家级移动互联网应用创新中心。

3月30日

中宣部、中央外宣办、广电总局、新闻出版总署、中国记协五部门发出《关于2011年深入开展新闻战线“三项学习教育”活动的意见》。

3月31日

第十届中国互联网大会暨第三届中国网民文化节新闻发布会在北京举行。

新闻出版总署网站公布《出版物市场管理规定》，对通过互联网等信息网络从事出版物发行业务的单位或者个人提出了明确要求 。

4月1日

国新办网络局公布依法查处的62家传播淫秽色情和低俗信息的网站名单。

4月2日

中广协电视剧导演工作委员会举行2011年会。广电总局电视剧司司长李京盛表示，为防止过度娱乐化和低俗化倾向，总局将对穿越题材、简单翻拍国外剧、涉案剧、翻拍四大名著进行限制。

4月7日

由邓飞等500名记者和国内数十家媒体联合中国社会福利基金会发起的“免费午餐”公益项目正式启动。

新华通讯社与联合国开发计划署签署战略合作备忘录，将在千年发展目标框架下就减贫等领域开展宣传及合作，并正式启动

"关注贫困"全球摄影大赛活动。

4 月 11 日

南京市委宣传部开通新闻发布官方微博。

《朱镕基答记者问》英文版在英国伦敦举行首发式。

4 月 12 日

中国独立动画电影论坛在北京 798 艺术区开幕。

4 月 13 日

《洛阳晚报》推出国内第一份 4D 报纸，报道洛阳牡丹节。4D 报纸是运用分子扩散技术，把牡丹特有香味提炼出来，在印刷的时候融入报纸里，印刷后密闭一段时间，保持住香味，读者读报的时候戴上配送的红蓝眼镜，既可以看到活生生的牡丹，又可以闻到扑鼻香味。

4 月 19 日

新华微博 http：//t.home.news.cn 上线公测。

4 月 20 日

新闻出版总署颁布《新闻出版业"十二五"时期发展规划》。规划总结了"十一五"时期新闻出版业取得的成绩，对"十二五"时期新闻出版发展的指导思想、基本要求、主要目标和主要措施等做出了具体部署，并提出了未来 5 年新闻出版业发展 7 个方面的重点任务。这些重点任务包括：传播社会主义先进文化，弘扬社会主义核心价值体系；加强精品力作的生产，传承和弘扬中华文明；完善新闻出版公共服务体系，保障人民群众基本文化权益；做优做大做强新闻出版产业，提高新闻出版业整体实力和竞争力；顺应数字化、信息化、网络化趋势，推进新闻出版业转型和升级；统筹国际国内两个大局，推动新闻出版业"走出去"；加强市场体系建设，创造良好的市场秩序。

《新闻出版业"十二五"规划》与《报刊业"十二五"时期发展规划》《数字出版"十二五"时期发展规划》等 11 个专项规划同时发布，共同描绘了未来 5 年我国建设新闻出版强国的战略目标和具体任务，指明了未来 5 年新闻出版业的发展方向。

4 月 21 日

即日起，《人民日报》先后发表了《为什么必须强调群众工作》《如何提振政府公信力》《如何协调社会关系》《关注社会心态》《如何回应社会关切》等系列评论。这些评论围绕社会管理的创新问题表态，文笔辛辣，针对性强，体现了党中央机关报的权威作用。许多媒体予以转载，并跟进讨论，为社会管理转型助一臂之力。

4 月 23 日

全球最大的中文交互式网络电视运营商"麒麟电视"在北美推出首个通过公共互联网提供高清华语电视频道的运营平台。

4 月 26 日

北京网络媒体协会第 3 届大会暨第 3 届理事会第一次会议召开，新浪、搜狐、网易、百度、凤凰新媒体等 104 家会员单位签署了重新修订的《北京网络媒体行业自律公约》。新版公约中融入了"维护互联网信息安全流动""倡导社会主义核心价值观""大力发展中国特色网络文化"等理念，强化了推行"妈妈评审团""自律专员""新闻信息评议专业委员会"等行业自律机制。

中国文字著作权协会新版网站暨"稿酬查询系统"正式上线，今后著作权人可以随时上网查询和申领报刊转载的稿费。

文化部开通 12318 全国文化市场举报网站 www.12318.gov.cn。

4 月 27 日

首届中国微博大会暨 2011 中国新媒体

创新盛典开幕。

4月28日

中央人民广播电台等71家广播电台向全国广播工作者发出倡议：深入开展“三项学习教育”活动，坚决杜绝虚假报道，不断增强社会责任，努力加强新闻职业道德建设，倍加珍惜新闻记者的职业形象，全力提高广播新闻的公信力，为党和人民的新闻事业增光添彩。

第7届中国国际动漫节在杭州开幕。

4月30日

全国文化体制改革工作会议在合肥召开。中共中央政治局常委李长春对会议作出重要批示，强调要深入贯彻胡锦涛总书记在中央政治局第22次集体学习时的重要讲话精神和党的十七届五中全会精神，按照国家“十二五”经济社会发展总体部署，牢牢把握科学发展主题和加快转变经济发展方式主线，着力破除制约文化发展的体制机制障碍，转变文化发展方式，为“十二五”文化改革发展开好局、起好步。

5月2日

《2010年中国未成年人互联网及手机运用状况调查报告》发布。报告揭示未成年人手机拥有率达46.6%，手机上网普及率达39.5%，手机已经成为未成年人上网的新终端。

5月3日

人民网研究院在北京成立，并举办“媒介融合·新媒体·新趋势”论坛。

5月4日

国家互联网信息办公室设立，与国务院新闻办公室同为一个机构。中央宣传部副部长兼任国家互联网信息办公室主任、中央网络安全和信息化领导小组办公室主任。

中国摄影家协会第七届第五次主席团会议审议通过《中国摄影家协会个人会员处分细则》。

人人公司在美国纽交所上市。

新浪“微电台”正式上线。中央人民广播电台中国之声、中国国际广播电台、北京文艺广播等纷纷入驻，开设自己的微电台。通过使用微电台，受众能一边浏览网页一边收听广播，并可以随时对广播内容进行微博点评和讨论。同时，受众还可以通过应用界面关注电台各频率主持人微博，既方便了受众在多家电台中选择收听，又增强了在线广播的互动性。

武汉网络电视台“黄鹤TV”正式上线。“黄鹤TV”开设了新闻、娱乐、科教、在线访谈等频道，以及新闻爆料台、拍客频道等互动空间。武汉广电的全部电视频道和广播频率将逐步实现上线同步直播。

5月5日

“2010年香港最佳新闻奖”颁奖典礼在香港举行，《星岛日报》的青海玉树地震报道荣获最佳新闻报道冠军。

5月7日

来自人民网、新华网、中国广播网、央视网、中国新闻网、中国网和搜狐、千龙、东方、北方等45家中央和地方重点新闻网站的50余名编辑、记者参与以“感恩母亲河”为主题的“全国网络媒体宁夏行”活动。

5月8日

中国新闻出版报宣布整体转制，在北京人民大会堂成立中国新闻出版传媒集团有限公司。《中国新闻出版报》是新闻出版总署主管主办的报纸，该报的改“事”为“企”，预示着非时政类报刊转制步伐加快。

第九届华语文学和传媒大奖在广州颁奖。

中国新闻出版传媒集团有限公司在北京

人民大会堂举行揭牌仪式。

第七届中国广告论坛在广州召开。

5 月 10 日

四川省委、省政府共同举办“感恩祖国——四川省纪念 5·12 汶川特大地震三周年特别节目”。

广电总局通报并停播 44 条违规电视购物短片广告。

5 月 12 日

凤凰新媒体有限公司登陆美国纽交所，成为又一家赴美上市的中国互联网公司。此次上市的凤凰新媒体业务包含门户网站凤凰网（www.ifeng.com）、手机凤凰网（3g.ifeng.com）和凤凰视频（v.ifeng.com）三大平台。

5 月 15 日

140 余家互联网公司签署抵制非法网络公关行为的自律公约。

5 月 16 日

湖北生活广播重新定位，从“都市人的生活，有车族的广播”转型为“爱尚生活，爱上 966”的时尚健康生活广播。

5 月 17 日

《中共中央、国务院办公厅关于深化非时政类报刊出版单位体制改革的意见》印发，明确了非时政类报刊出版单位体制改革的指导思想、原则要求和目标任务。预计到 2011 年底，首批转企改制的中央所属的非时政类报刊出版单位将转企改制到位。

《新闻采编人员不良从业行为记录登记办法》正式颁布实施。从事新闻采编活动的人员自不良从业记录登记之日起，将根据情节的严重程度，被严格限制从事新闻采编工作的期限，最严重者将终生不得从事新闻采编工作。新闻出版总署还将根据登记结果建立全国新闻采编人员不良从业行为记录查询系统，定期通报情节恶劣或造成严重影响的不良从业行为。

5 月 19 日

新华社北美总分社正式入驻被称为“世界传媒业心脏地带”的纽约时报广场旁的百老汇大街 1540 号大厦。成为首个进驻时报广场的非西方国家的媒体。

5 月 21 日

认证信息为“中国红十字会商业总经理”的“郭美美 Baby”在微博上炫富，引发网友“人肉搜索”。6 月 22 日，6 家传统媒体介入报道。后经郭美美与红十字会公开声明，其与红十字会并无关系，但红十字会公信力仍严重受挫，筹款数额暴跌。

5 月 24 日

2011 年海峡媒体庐山峰会举行，台湾地区 15 家主流媒体和大陆地区 10 家省级报社联合发布促进两岸新闻交流共同建议书。

5 月 27 日

上海电台改版，打破“你播我听”的传统广播模式，打造“你说新闻大家听，你有困难大家帮”的广播社区新格局。

5 月 30 日

辽沈晚报整体转企改制暨辽宁北方报业传媒股份有限公司成立仪式举行，全国首家晚报都市类报纸先行完成了整体转企改制。

5 月 31 日

奇虎 360 举办互联网开放大会，并声称将开放所有业务、全部流量及用户数据，并且“只做平台，不做应用”，不与合作者争利。

6 月 3 日

中央电视台和中国移动通信集团公司在北京签署战略合作协议，宣布将设立合资公司，联合建设和运营“中国手机电视台”，发展 3G 手机电视业务。

上海世纪出版集团、上海文艺出版集团宣布重组。

6月7日

55家从事非法网络公关活动的网站被依法关闭。

由国家广电总局电影局主办，中央电视台电影频道节目中心、华夏发行有限责任公司、中国电影集团公司承办的“在党的旗帜下——庆祝建党90周年重点影片推介典礼”在北京举行。

6月11日

国务院新闻办公室发布《国家人权行动计划（2012－2015年）》，指出我国在保护表达权和知情权方面取得新进展；公民的言论自由得到充分保障，互联网成为公民行使表达权利的新渠道；新闻出版事业进一步发展。

国家人力资源与社会保障部、国家工商总局共同组织的我国广告师执业资格考试首次举行。

6月12日

“数字化时代的调查性报道”研讨会在上海召开，《中国调查记者行业生态报告》发布。

6月15日

腾讯召开开放大会，宣布彻底开放腾讯朋友、QQ空间、腾讯微博、财付通、电子商务、腾讯搜搜、彩贝、QQ八大平台，同时计划未来与合作伙伴分成200亿元，再造全新的腾讯。至此，包括腾讯、百度、奇虎360、网易、新浪、盛大、淘宝在内的国内互联网企业巨头均已公布开放平台，而人人公司、开心网等互联网也积极跟进，进入开放平台的行列。互联网企业的开放路线预示着以“开放”为基调的竞争时代正在到来，企业将改变既有的运营模式和企业间竞争合作关系。

中国互联网协会发布首个互联网服务标准《互联网服务统计指标第一部分：流量基本指标》。

新华社面向全球推出“中国网事新媒体客户端”，这是国内首个集文字、摄影、视频、微博报道于一体的“融媒体”新闻产品。

6月22日

江苏国家数字出版基地经国家新闻出版总署批准，正式落户中国（南京）软件谷——雨花经济开发区，成为全国第九家国家级数字出版基地。

6月24日

中央召开非时政类报刊出版单位体制改革工作联席会议第一次全体会议，审议并通过了非时政类报刊出版单位体制改革实施方案。

6月27日

中国共产党90年新闻实践与新闻思想研讨会、2011年中国新闻学学术年会同时举行。

新闻出版总署、中华全国新闻工作者协会在人民大会堂举行红色记者与党的新闻事业暨《中国红色记者》出版座谈会。

6月28日

广电总局下发《关于加强互联网新闻类视听节目管理的通知》，对严重违反《互联网视听节目服务管理规定》和《互联网视听节目服务业务分类目录（试行）》相关规定的互联网企业尤其是视频网站进行严查。本通知规范了互联网企业尤其是视频网站的运营。激动网、酷6、优酷、土豆等几大网站虽然拥有视听许可证，但并不具备设立《资讯》《新闻频道》等新闻栏目版块的资质。通知的颁布迫使这类网站在提供视听节目服务方面加快规范化的改革步伐。

国内第一批获得国家广电总局批准设立

的省级网络广播电视播出机构——浙江网络广播电视台正式上线开播。

6 月 30 日

中国互联网络信息中心发布国家域名云解析服务。

7 月 1 日

新闻出版总署、中央文明办、教育部、公安部、工业和信息化部等 8 部门联合印发《关于启动网络游戏防沉迷实名验证工作的通知》。

北京西城区在新浪开通微博“北京西城”，这是北京市首个政府微博平台。

湖北网络广播电视台在武汉正式上线开播。

7 月 3 日

中央电视台电视剧频道与上海东方传媒集团旗下东方娱乐传媒集团签署电视剧战略合作协议，就电视剧版权采购、播出及宣传推广等领域展开全方位深度合作。

7 月 4 日

百度和微软旗下“必应”搜索宣布，将联合为中国用户提供英文搜索服务。

7 月 5 日

根据各地集中开展记者站专项治理“百日行动”（2011 年 4 月 15 日至 7 月 25 日）的情况，新闻出版总署印发《关于继续做好报刊记者站专项治理工作的通知》，要求各级新闻出版行政部门继续加大执法力度，认真查处记者站违法违规问题；认真清理违法违规的记者站，做好本省报刊记者站的重新登记工作；认真总结专项治理成果，及时报送专项治理总结报告；建立健全报刊记者站长效监管机制，监督报刊记者站依法开展新闻采编活动。

第十届中国电影节在尼泊尔首都加德满都库玛丽电影院开幕，首播影片为《建国大业》。

中国新闻出版总署和中国移动签署《共同推进数字出版和产业发展战略合作备忘录》。

7 月 6 日

河北交通广播全新改版，改版的节目体现了“专业服务、快乐随行、贴心关怀”的理念，更加凸显交通特色。

百度与华数传媒网络公司达成战略合作，将在互动电视、互联网电视等领域展开战略合作。

第四届中国数字出版博览会在北京开幕。

7 月 7 日

第七届中国国际动漫游戏博览会专题发布会在上海举行。

金山软件（03888.HK）与腾讯（00700.HK）宣布双方达成战略投资合作。

7 月 8 日

新闻出版总署召开违规教辅类报刊负责人谈话会，要求教辅类报刊严格遵守报刊管理规定，不得违法违规。

工业和信息化部发布《关于开展打击网络传销违法犯罪专项行动的通知》。通知宣布自 2011 年 7 月至 12 月，在全国组织开展打击网络传销违法犯罪专项行动。

7 月 12 日

中国社会科学院发布国内第一部新媒体蓝皮书《中国新媒体发展报告（2011 年）》，宣布中国已经成为世界新媒体用户第一大国。

7 月 13 日

《著作权法》第三次修订启动会议暨专家聘任仪式在北京举行。

中央电视台旗下中视体育娱乐管理公司与中国足协福特宝公司签约。

7月14日

广电总局下发《关于严禁通过互联网经机顶盒向电视机终端提供视听节目服务的通知》，要求视频网站立即开展自查整改，自行关闭互联网电视平台，停止一切销售、宣传活动。

7月19日

中国科技出版传媒集团有限公司暨中国科技出版传媒股份有限公司成立。

中国互联网络信息中心发布第28次中国互联网络发展状况统计报告。截至2011年6月底，中国4.85亿网民平均每周上网时长上升到18.7小时，较2010年底增加0.4小时，多数网民的网络媒体接触时间超越了传统媒体。

7月20日

全国新闻出版局长座谈会在重庆召开。新闻出版总署党组书记、署长，国家版权局局长柳斌杰在会上作主题报告。柳斌杰在报告中总结了我国新闻出版事业在“十二五”中迎来的良好开局，并提出今后我国新闻出版系统需全面深化出版体制改革，其中要重点抓好非时政类报刊出版单位体制改革，同时鼓励党报党刊组建报业经营公司，提高发行效率，扩大影响力。此外，还要加强新闻出版公共服务体系建设，进一步推动新闻出版产业发展，并推动新闻出版“走出去”，提升我国新闻出版的国际传播力和品牌影响力。

7月21日

腾讯微博与上海东方广播公司签署独家战略合作协议。

新华社主办的中国新华新闻电视网英语台（CNC World）在英国天空广播公司平台正式播出，频道号为516号。

7月23日

20点30分左右，甬温线动车发生追尾事故，造成40人死亡，约200人受伤。事故发生26小时后，铁道部新闻发言人王勇平被问到“为何救援宣告结束后仍发现一名生还儿童”时，他称“这只能说是生命的奇迹”；被问到为何要掩埋车头时，又说“至于你信不信，我反正信了”。8月16日铁道部表示，王勇平因在新闻发布会上言辞不当被停职。此次事故中，微博第一时间发布消息，5天内以“温州动车追尾”为关键词的微博达到近1000万条，博客达5万余篇。

7月25日

由国务院新闻办主办、经济日报社承办的“中国一东盟主流媒体联合采访”活动在北京启动。

7月26日

中国首家互联网域名系统工程研究中心在北京成立。

7月27日

香港经济日报集团创办的《晴报》创刊，成为香港第五份免费报纸。

7月29日

财政部印发《关于设立中央文化企业国有资产监督管理领导小组办公室的通知》，此机构承办中央文化企业国有资产监督管理领导小组的日常工作，挂靠财政部。该机构的设立，进一步明晰和强化了财政对文化企业国有资产的监管职责。

全球第一大华语商营电台——香港电视广播有限公司（TVB）与腾讯公司正式宣布展开全面战略合作。

7月30日

国家广电总局正式批复黑龙江电视台开办网络广播电视台，黑龙江电视台向广电网、互联网、电信网三网融合实践迈出了关键性一步。黑龙江电视台是继中央电视台和安徽电视台之后，第三家获得网络广播电视台牌照的电视台，也是第一家将广播节目融入其中的网络全媒体。

7 月 31 日

北京中广传播 CMMB“晴彩北京”频道正式开播。

8 月 1 日

互联网协会组织业界代表企业、研究机构及法律专家等共同研究制定的《互联网终端软件服务行业自律公约》发布，首批共 38 家单位签署。

中华人民共和国国防部网正式上线运行。

《中国的西北角》出版 75 周年纪念暨首届范长江研究高峰论坛在兰州大学召开。

8 月 2 日

武汉市三网融合合资公司成立，将在一批新建小区建设“三网融合”项目，打造“智慧小区”。

8 月 3 日

腾讯公司与上海市政府签署投资合作框架协议，将在上海青浦工业园区建立腾讯华东云计算中心和电子商务基地。

8 月 4 日

中共中央办公厅、国务院办公厅联合印发《关于深化政务公开加强政务服务的意见》。

8 月 8 日

北京歌华有线与华为技术有限公司签署“三网融合”战略合作协议，并将研究组建面向“三网融合”的下一代有线电视网络联合实验室。

8 月 9 日

非时政类报刊出版单位体制改革工作联席会议办公室出台《中央各部门各单位非时政类报刊出版单位转制工作基本规程》，供中央各部门各单位非时政类报刊出版单位转制工作参考。《规程》明确了转企改制的时间表与对象，详细规定了非时政类报刊单位转企改制的具体步骤和内容。规程要求按照“中央和地方同步推进，分批次进行”的原则，在 2012 年 9 月底之前全面完成转企改制的任务。据统计，此次涉及转企改制的新闻出版单位共 5000 多家，首批转制的中央各部门各单位非时政类报刊出版单位在 2011 年底前基本完成转制任务。

中宣部、中央外宣办、国家广电总局、新闻出版总署、中国记协五部门召开视频会议，部署在全国新闻战线组织开展“走基层、转作风、改文风”活动。中共中央政治局委员、中央书记处书记、中宣部部长刘云山出席会议并讲话，强调新闻战线要深入贯彻落实胡锦涛总书记“七一”重要讲话精神，着眼于把握新闻舆论正确导向，着眼于提升新闻队伍能力素养，扎实开展“走基层、转作风、改文风”活动，有针对性地解决突出问题，推动新闻宣传工作迈上新的台阶，为促进社会经济又好又快发展、全面建设小康社会作出应有贡献。

8 月 10 日

《中国新闻史（1978—2008）》首发式暨新时期中国新闻改革发展研讨会在北京举行。

8 月 13 日

《最高人民法院关于审理政府信息公开行政案件若干问题的规定》正式实施，明确 5 类政府信息公开行政案件法院应该受理，其中包括“公民、法人或者其他组织向行政机关申请获取政府信息，行政机关拒绝提供或者逾期不予答复的案件”，还规定举证责任分配向政府倾斜。

8 月 15 日

陕西广播电视台揭牌仪式在陕西省广电中心举行，新成立的广播电视台由陕西人民广播电台、陕西电视台合并重组而成，拥有10套广播节目、10套电视节目和48座传输发射台，是集广播、电视、报纸、杂志、网络、新媒体等多种业务为一体的省级广播电视大型综合传媒机构。

8月16日

新闻出版总署下发《关于进一步加强中小学教辅材料出版发行管理的通知》，以“治散治滥，打盗打非”为重点，从出版、印刷复制、发行、质量、价格、市场等6个方面提出对教辅出版发行进行规范。8－9月，各地新闻出版管理部门对2010年以来中小学教辅材料出版、印刷复制和发行的情况进行全面清理检查。新闻出版总署领导带队深入全国各地进行督查，治理中小学教辅材料散滥问题。

国内首家民间传媒企业的英文电视台蓝海电视（BON）落地美国，这是中国民间商业媒体首次进军美国。

8月17日

全国创建“文明网站”活动办公室正式推出官方网站 www.wenmingwangzhan.cn，并从2011年9月1日起开展为期一个月的全国互联网站法律知识普及月活动。

土豆网纽交所上市，成为第三家赴美上市的中国视频网站。

新浪“微访谈”推出《律政最前线》栏目。

8月20日

“庆祝中国共产党成立90周年互联网宣传报道表彰大会”在北京人民大会堂隆重举行。15个专题获“优秀专题奖”，10个网络互动活动获“优秀互动奖”，10个专题页面获“优秀页面奖”，10个宣传作品获“优秀创意奖”，5个专题获“优秀外宣奖”，获奖网站包括中央新闻网站、地方新闻网站和商业网站。这些网站在庆祝建党90周年的网络报道中，共发布稿件约490万篇、图片210万张、音视频报道12万余条，专题总访问量超过40亿人次。

8月21日

由中国动漫游戏嘉年华组委会主办，北京理工大学数字表演与仿真技术专业、中国数字电影与数字节目联盟承办的首届中国动漫游戏嘉年华论坛在北京举行，论坛主题为“大动漫趋势与新媒体发展”。

8月25日

由42家区域媒体联合组建的城市联合网络电视台（CUTV）在北京正式开播。这是继央视筹建国家网络电视台（CNTV）之后，由广电系所打造的又一个网络电视台。城市联合网络电视台2011年初在深圳正式成立。开播时新媒体联合体成员达到42家，旗下传媒网络已覆盖全国22个省市、近8亿用户人群。与CNTV不同，CUTV是采用“公共节目平台＋各联合开办单位节目分平台”的整体架构。

中央电视台财经频道东京演播室正式启动。

8月29日

柬埔寨暹粒“中柬友谊台”开播，这是中国国际广播电台与柬埔寨国家电台合作运营的第二家“中柬友谊台”。

8月31日

第18届北京国际图书博览会开幕，共达成中外版权贸易协议2953项，比2010年增加574项。

第一财经传媒有限公司出品的双周刊《好运 Money＋》在上海创刊，定位是为我国独生子女一代定制的理财与成长杂志。

9月1日

国内首份动漫类报纸《动漫报》宣布创刊，每周一期，8开28版，设新闻资讯、连载漫画、动漫人物、产业观察、特别报道等栏目，以 10－16 岁青少年为核心读者群。该刊由中原出版传媒投资控股集团有限公司主管、河南《销售与市场》杂志社有限公司主办、河南动漫报业股份有限公司运营。

9 月 2 日

记录世界华文传媒发展历程的《世界华文传媒年鉴》（2011 年卷）由中国新闻社出版发行。

百度开放大会在北京国家会议中心举行。

9 月 3 日

2011 年北京国际出版论坛召开，论坛主题为“数字时代的国际出版业走向”。

9 月 4 日

中宣部、国家广电总局在宁夏银川召开了全国直播卫星公共服务试点工作现场经验交流会，会上提出要“积极实施直播卫星公共服务工程，推动广播电视由‘村村通’向‘户户通’延伸，让农民群众收听收看更多更好的广播电视节目”。

9 月 9 日

清华大学法学院女研究生李燕因为学术研究的需要，向国土资源部、科技部和教育部申请公开“副部长分管部门、兼职状况及负责联系的单位”等信息被拒绝后，向北京市第一中级人民法院递交行政诉状，要求法院裁判上述三部门履行信息公开义务。此案最后以部委公开信息、李燕撤诉了结。

《南京晨报》推出全国首份“月亮报”——当天晨报封面上的“明月”可以在黑暗中发光。

9 月 14 日

中国新闻教育家丁淦林教授去世。丁淦林（1932—2011），江西南昌人，1955 年在复旦大学新闻系毕业后留校任教，曾主讲“中国新闻事业史”“中国新闻事业与中国社会”等课程，主编《中国新闻事业史》等多种教材，主持“新闻媒介与上海工人”等多项研究课题，有多种论著。历任复旦大学社会科学处科研组组长，新闻系副主任，新闻学院院长兼新闻系主任，文化与传播研究中心主任，新闻学院新闻研究所所长、教授、博士生导师，国务院学位委员会学科评议组成员，教育部人文社会科学研究专家咨询委员会委员，中华全国新闻工作者协会特邀理事，中国韬奋基金会理事，中国新闻史学会副会长，北京大学新闻学研究会导师。主要著作有《邹韬奋年谱》（合著）、《简明中国新闻史》（主编）、《中国新闻事业史》等。

中国新华新闻电视网在美国时代华纳有线电视平台播出，频道号为 502。

9 月 17 日

第 6 届世界华文传媒论坛在重庆召开。

9 月 18 日

广电总局判定石家庄广播电视台影视频道的《情感密码》栏目违规，对其开罚单并责令暂停播出 30 天。

9 月 23 日

新闻出版总署下发《关于在新闻出版系统深入持久开展“走基层、转作风、改文风”活动的通知》。报纸、电视台、网络各主要媒体均加入“走转改”活动，开辟相关专栏，增加来自基层的鲜活生动、清新朴实的新闻，着力引导舆论、回应社会关切、服务百姓生活。中央主流新闻媒体负责人带头走基层采访，刊载和播出了许多令人耳目一新的好新闻，如《人民日报》发表的《要当 500 强，更要 500 年》《湘西新盼》等报道，《光明日报》发表的《一群人一辈子一件事》《霸州有个西粉营》，《经济日报》发表的《北芹村的蔬菜不愁卖》，中央电视台《新闻联播》播出的《北大仓今年粮满仓》等。

传媒杂志社组织“全国知名期刊昆明行”活动，20多家知名期刊的主要负责人深入昆明考察采访。

9月25日

央视《新闻联播》改版，新主播欧阳夏丹和郎永淳亮相。

中国广播电视协会交通宣传委员会和上海东方广播有限公司共同主办的“中国交通广播20周年高峰论坛”在上海举行。

9月26日

“全国省级强势特色地面频道合作组织”成立，并召开了“九合组织联合推介会”，意在合作连动，助力企业开拓区域市场。该组织由浙江科教、安徽经视、山东齐鲁、江苏城市、湖南经视、河北农民、江西公共、天津都市、云南都市9个频道组成，目的是打造一个服务增值、营销助力、品牌升级的合作平台，最终实现全国性战略布局。

中国科学院旗下的国家级月刊杂志《中国国家旅游》正式创刊。该期刊由中科院主管，中国科技出版传媒股份有限公司和中国旅游报社主办。杂志拥有中文简体版、中文繁体版以及英文版3个版本，将全球同步发行。

9月27日

世界媒体峰会主席团会议在北京钓鱼台国宾馆举行。

9月28日

中视金桥国际传媒控股有限公司香港办事处成立，成为中国内地首家进驻香港的电视广告代理传媒运营公司。

9月29日

浙江日报报业集团在上海证券交易所上市，成为国内第一家经营性资产整体上市的省级报业集团。

青海广播电视台正式挂牌成立，使用青海电视台台标，直接管理青海电视台的电视节目和青海人民广播电台的4套广播节目。

“天宫一号”通过微博直播发射进展，并在升空后发布相关照片。

华中国家数字出版基地揭牌暨基地总部（华中智谷）奠基仪式在湖北武汉经济技术开发区举行。

人民出版社举行创建90周年暨国庆招待会。

9月30日

中国动漫游戏城开启暨首届中国动漫游戏嘉年华开幕式在北京首钢原二通厂举行。

10月5日

老牌互联网公司中华网投资集团正式向美国亚特兰大破产法庭申请破产保护，其上市公司中华网被停牌。1999年中华网作为第一家在美国纳斯达克上市的中国互联网企业登陆纳斯达克，2000年2月在互联网史上最大泡沫中股价一度达到220.31美元，市值超过50亿美元。但随着泡沫破灭，中华网股价从急剧下挫到一落千丈，停牌消息更导致股价跌至0.42美分。资本高手最终因缺乏核心竞争力而被资本市场淘汰出局。

10月8日

中央人民广播电台“中国之声”改版。

南京青奥组委和新华通讯社在江苏南京签订战略合作协议。

10月10日

北京市纠正行业不正之风办公室和北京市经济和信息化委员会联合组织的2011年公众评议政务网站活动启动，北京市90个政务网站集中接受市民评议。

淘宝商城公布2012年度招商新规，为提高“品质”而大幅提高入驻商家的年费和保证金额。当晚，5万多名网友结集YY语音，对淘宝商城大卖家实施大规模的“拍商品、给差评、拒付款”等恶意操作，造成中小商家对淘宝商城最大规模的一次抗议。最后，阿里巴巴宣布重新调整新规，所有商家2012年保证金减半。这次事件反映了在飞速发展的互联网时代，新兴行业的制度建构与变迁需要更多的协商与交流。

10月11日

广电总局下发《关于进一步加强广播电视广告播出管理的通知》，针对电视剧中间插播广告的时间、长度和广告类型作出进一步规定。《通知》强调要规范影视剧和新闻节目中间插播广告的行为，禁止在片头之后、剧情开始之前，以及剧情结束之后、片尾之前，插播任何广告。《通知》还规定新闻节目主持人不能为商业广告做代言。

央视广告经营管理中心在网站发布“限医令”，规定包括新闻频道、财经频道在内的多个频道禁止播出任何医疗广告，央视一套（综合频道）18点以后禁播医疗广告。

10月12日

第63届法兰克福国际书展在德国法兰克福展览中心开幕。中国展团携4000余册精品图书、举办14场活动亮相书展，实现版权输出及合作项目共计2424项，再创历史新高。

广电总局发布《关于批准ESPN、STAR Sports在2011年度内继续供三星级以上涉外宾馆等单位申请接收的通知》。

10月13日

国家互联网信息办公室在北京召开积极运用微博服务社会经验交流会。

10月14日

新闻出版总署印发《关于严防虚假新闻报道的若干规定》，从新闻记者采访规范、新闻机构内部管理规范、虚假失实报道的防范及处理规则、相关责任追究等方面提出明确要求。

10月15日

由首都文明办、北京市互联网信息办公室、北京网络媒体协会共同举办的“创建和评选北京文明网站活动”正式启动。

10月17日

由中国文化部、广电总局、美国哥伦比亚大学共同主办，俏佳人传媒承办的“2011中国电影文化周”在纽约开幕。

北京市召开非时政类报刊出版单位转企改制工作动员会。

10月18日

中国共产党第十七届六中全会第六次全体会议通过《中共中央关于深化文化体制改革推动社会主义文化大发展大繁荣若干重大问题的决定》，这是党中央全会首次就文化改革与发展的重大问题做出中央决定。决定提出了建设社会主义文化强国的目标；要求“十二五”期末文化产业增加值占GDP至少为6%，成为国家支柱性产业；对转企改制国有文化单位的扶持政策（即114号文件，执行期限为2009年1月1日至2013年12月31日）执行期限再延长5年；全面形成以公有制为主体、多种所有制共同发展的文化产业格局；支持重点新闻网站加快发展，打造一批在国内外有较强影响力的综合性网站和特色网站，发挥主要商业网站建设性作用，培育一批网络内容生产和服务骨干企业；完善文化产品评价体系和激励机制，形成群众评价、专家评价和市场检验统一的科学评价标准；整合有线电视网络，组建国家级广播电视网络公司；推进电信网、广电网、互联网三网融合，建设国家新媒体集成播控平台，创新业务形态，发挥各类信息网络设施的文化传播作用，实现互联互通、有序运行；推进文化科技创新；创新投融资体制，支持国有文化企业面向资本市场融资，支持其吸引社会资本进行股份制改造；推动政企分开、政事分开，理顺政府和文化企事业单位关系；完善管人、管事、管资产、管导向相结合的国有文化资产管理体制。《决定》是党中央在新形势下对中国文化改革发展做出的全面部署。

中国网络电视台开发的视频手机报客户端进入全球各大主流移动互联网应用商店试运行。

10 月 19 日

中国杭州西湖国际传播高峰论坛暨第二届“数字未来与媒介社会”学术论坛召开。

10 月 20 日

中国证监会有条件通过粤传媒重大资产重组方案。继 2010 年广州日报社将下属整体 42 亿元传媒类优质经营性资产注入粤传媒后，此次粤传媒正式复牌，标志着广州日报社传媒类主营业务的正式上市。

10 月 22 日

新华日报报业集团成立 10 周年暨更名新华报业传媒集团座谈会在南京举行。

央视新闻频道 18：00－19：00 直播的《共同关注》增设手语主持。

SOHO 中国董事长潘石屹在微博上以图片形式发布美国大使馆公布的北京空气质量指数为 439，PM2.5 细颗粒浓度达到 408。这条微博引起数千网友转发，“我为祖国测空气”成为响亮的口号，PM2.5 数据开始走入公众视野。随着全国众多新闻媒体跟进报道，舆论很快要求 PM2.5 纳入国家标准。

10 月 25 日

广电总局下发《关于进一步加强电视上星综合频道节目管理的意见》，提出从 2012 年 1 月 1 日起，34 个电视上星综合频道要提高新闻类节目播出量，同时对部分类型节目播出实施调控，以防止过度娱乐化和低俗倾向，满足广大观众多样化多层次高品位的收视需求。《意见》重申，电视上星综合频道是以新闻宣传为主的综合频道，要扩大新闻、经济、文化、科教、少儿、纪录片等多重类型节目播出比例；对节目形式雷同、过多过滥的婚恋交友类、才艺竞秀类、情感故事类、游戏竞技类、综艺娱乐类、访谈脱口秀、真人秀等类型节目实行播出总量控制。意见要求各广播电视播出机构坚持把社会效益放在首位，坚持社会效益和经济效益的有机统一，建立科学、客观、公正的节目综合评价体系；明确提出“三不”，即不得搞节目收视率排名，不得单纯以收视率搞末位淘汰制，不得单纯以收视率排名衡量播出机构和电视节目的优劣。意见还在强化监管方面提出一系列要求，如各级广播电视行政管理部门要切实履行监管职责，建立完善各项制度，坚决做到依法依规管理，及时发现问题，果断严肃处理；各播出机构要落实节目三审制度，严格节目把关；电视上星综合频道节目的管理实行播出机构一把手责任制。意见明确和要求省级广播电视行政管理部门均须建立专门收听收看机构，并配备专业人员，重点跟踪检查广播电视过度娱乐化和低俗问题。意见规定，凡在节目中出现政治导向、价值取向、格调基调等方面的问题，视其性质和严重程度，对该节目分别采取批评、责令整改、警告、调整播出时间以至停播等措施，还对加强行业自律、支持社会监督、开展教育培训、表彰优秀节目、加强引进电视节目形态管理等提出了明确要求。

10 月 27 日

全国第二届对外传播理论研讨会在南京市召开。

10 月 28 日

中华全国新闻工作者协会第八届理事会第一次会议在北京开幕。会议增选了近 20 位网站负责人，其中，74 位常务理事中网络媒体人士占据 3 席。

首届两岸及香港《经济日报》财经高峰论坛在人民大会堂举行。

11 月 1 日

南京市政府办公厅印发《“中国南京”政府网站群子网站绩效考评办法》，将网友评议作为对市区两级政府网站信息公开计分考评的重要依据。

首次中国东北地区与俄罗斯远东地区媒体定期交流活动在俄罗斯哈巴罗夫斯克举行。

11 月 3 日

中国可信网站数据库开放平台正式启动，同时出台《网站身份可信验证服务规范（试行）》，第三方网站可信服务有了初步规范。

舟山日报印刷厂研发出“香报”。

重庆出版集团编辑出版“中国抗战大后方历史文化丛书”，这是国内首次全面系统研究中国抗战大后方的历史文化。

11 月 4 日

全国报刊体制改革座谈会在重庆理工大学召开。

11 月 5 日

加强网络思想文化阵地建设座谈会在北京举行。

11 月 7 日

新华社在人民大会堂举行建社 80 周年纪念大会。

11 月 8 日

中央电视台在美国华盛顿设立美国广播中心。2012 年 2 月 7 日演播室开播，每天制作至多 6 个小时的原创节目。

《中学生报》创刊 30 周年纪念大会在广东教育学院举行。

11 月 9 日

国家发改委反垄断局对中国电信和中国联通两家公司进行反垄断调查，涉及的问题包括价格歧视、互联互通等电信领域的事件。

山东网络广播电视台正式上线。

2011 全球大学创意博览会开幕暨高校创意总部基地落成仪式在中国教育电视台高校创意总部基地举行。

11 月 10 日

全国“扫黄打非”办公室、新闻出版总署联合发出通知，要求从 11 月 10 日起至 12 月底在全国组织开展打击非法报刊专项行动，严厉打击非法报刊、非法报刊机构、假记者、假新闻。

新闻出版总署在合肥召开第一次全国数字出版工作会议。会上提出了六项任务：不断推出优质数字出版产品；推动传统出版产业升级；建立数字内容传播新体系；发挥重大项目的带动引领作用；提升新闻出版行业科技含量；推动公共文化的数字化服务体系建设。

11 月 11 日

在第六届北京文博会上，英国普罗派乐卫视与中国日报、视讯中国、北京 103.9 俱乐部、浙江广电集团国际频道等多家国内媒体联合签署《伦敦奥运直通车》合作协议。

第八届中国国际 3D 立体视像论坛在上海召开，国家广电总局宣布 2012 年 1 月 1 日开播 3D 电视试验频道，2012 年春节正式开播。

11 月 12 日

暨南大学、南方都市报主办的“当代中国新闻事业改革创新高峰论坛会暨《新中国新闻传播 60 年长编（1949－2009）》作品研讨会”在暨南大学举行。

中国传播学论坛暨“新媒体与当代中国社会”国际学术研讨会在上海召开。

11 月 15 日

文化部、财政部通过《文化部、财政部

关于进一步加强公共数字文化建设的指导意见》，鼓励各相关单位更加重视建构文化服务体系的数字化、信息化、网络化。

中南国家数字出版基地在湖南长沙举行揭牌仪式。

11 月 17 日

第四届新媒体节举行开幕式，并宣布成立中关村数字媒体产业联盟。

“北京微博发布厅”在新浪网上线运行，成为全国各省区市开通的首个省级政务微博发布群。

11 月 21 日

中国著名原创动漫公司广州原创动力与美国迪斯尼公司就著名卡通品牌“喜羊羊与灰太狼”的全球授权业务签署商业合作协定。

海外华文传媒合作组织 2011 年会暨第七届香港文汇报国际合作研讨会在河南郑州举行。

海峡两岸传媒人才交流与培训中心在厦门揭牌。

第十一届中国网络媒体论坛在武汉举办，论坛主题为“推动网络媒体新跨越，促进网络文化大繁荣”。

11 月 22 日

盛大网络（NASDAQ：SNDA）宣布与母公司以及合并子公司达成合并协议和计划。根据计划，盛大网络将尽快完成公司合并和退市。

由第一财经发起并主办的中国财经（电视）媒体平台在上海举行第一届年会。

11 月 23 日

文化部举行 2011 年度国家文化产业示范基地影响力评价结果发布会。

11 月 24 日

北京网络行业协会工作启动仪式暨行业自律公约发布会在北京举行。

第 9 届亚洲传媒论坛暨第 3 届亚洲城市论坛在成都召开。

11 月 25 日

广电总局下发《〈广播电视广告播出管理办法〉的补充规定》。《规定》要求，自 2012 年 1 月 1 日起，电视台播出电视剧时，每集（以 45 分钟计）中间不得再以任何形式插播广告。同时，《广电总局关于进一步加强广播电视广告播出管理的通知》（广发〔2011〕79 号）中第二条“规范影视剧中间插播广告行为”的规定终止执行。《规定》规范和约束了电视节目，也促使电视广告流向视频网站。

11 月 28 日

《京华周刊》停刊。

11 月 29 日

中国国际广播电台第 70 个海外分台意大利罗马调频台开播。

11 月 30 日

国台办举行新闻发布例会，发言人宣布关于进一步推进两岸广播影视界合作交流的几项政策措施。

江苏凤凰出版传媒股份有限公司在上交所正式挂牌，募集资金 44.8 亿元，成为规模最大的文化传媒类上市公司。

12 月 1 日

中国（上海）网络视听产业基地建设部市合作协议在上海正式签署。作为部市合作项目，广电总局与上海市协议全面推进中国（上海）网络视听产业基地建设，打造网络视听产业的国际交流沟通平台。

由人民文学出版社和中国外国文学学会联合主办的“21 世纪年度最佳外国小说”评选揭晓。

中原出版传媒投资控股集团有限公司借

壳焦作鑫安科技股份有限公司上市。

覆盖 100 万家庭的 NGB（下一代广播电视网）上海示范网正式建成运营，它将传统有线电视网升格为重要的城市信息化基础设施，也让电视机成为新一代家庭智能信息终端。

12 月 2 日

国家广电总局电影局发布《关于促进电影制片发行放映协调发展的指导意见》。

12 月 3 日

苏州城市形象片亮相美国纽约时报广场的户外电子大屏幕。

中国人民对外广播事业暨中国国际广播电台创建 70 周年纪念大会在北京举行。

中国新闻史学会少数民族新闻传播史研究委员会成立。少数民族新闻传播史研究委员会是中国新闻史学会所属全国性的二级学会，也是由国家主管部门批准的全国第一个少数民族新闻传播研究学术团体。研究委员会秘书处设在中央民族大学文学与新闻传播学院，名誉会长为中央民族大学教授白润生。

国家互联网信息办公室网络新闻宣传局宣布，所谓“新疆籍艾滋病人通过滴血食物传播病毒”“武汉大三女生求职时被割肾”“玉溪将发生 8.6 级大地震”“海南支教女学生被灌醉轮奸”等均属谣传。其中，“艾滋病人传播病毒”谣言，已查明是河南洛阳李某故意编造并通过手机短信散布，郑州戚某又转发到 QQ 群在互联网上扩散，李、戚及其他编造和传播谣言者已被公安部门依法予以治安拘留处罚。

12 月 4 日

陕西普法网开通。

12 月 5 日

2011 中国（广州）国际纪录片节开幕式暨颁奖典礼开幕。

12 月 6 日

新华社所辖中国新华新闻电视网（CNC）亚太台运营公司宣布以 7 亿港元注入香港上市公司进业控股（HK8356），实现资产重组上市。

人民电视与人民在线联合制作的视频栏目《舆情会商室》正式开播。

中国日报集团的网络中文门户“中国日报中文网” http：//cn.chinadaily.com.cn 全新上线。

重庆首份轻轨（地铁）免费报《都市热报》创刊。

中国图书进出口（集团）总公司启用保税库，这是我国首家进口出版物专用保税库。

12 月 7 日

第 5 届中美互联网论坛在美国华盛顿举行。

12 月 8 日

中国首个以消费维权为主要内容的网络平台——“公网”（www.txwgw.com）启动建设。

百灵时代传媒集团宣布推出户外移动专属 WiFi＋3G 移动传媒“闪播网”，这是国内首个 WiFi＋3G 闪播、闪购互动平台。

上海市视听新媒体行业协会成立并通过行业协会章程，首批成员有 62 家。

首届华北五省区市省级电视台联席会议在北京举行。来自北京、天津、河北、山西、内蒙古电视台和广播电视台的负责人共同签署了《华北五省区市文化发展战略合作框架协议》，确立了华北五省区市省级电视台每年轮流召集一次联席会议的制度。会议还就展开节目生产、技术合作、版权交易、人才流动等方面的深层次合作进行了深入探讨，并确定了 2012 年 5 家电视台的合作项目。

由国家版权局与世界知识产权组织联合主办的“数字环境下版权管理和执法国家区域研讨会”在上海举行。

12 月 9 日

国家互联网信息办公室网络新闻协调局在整治网络淫秽色情和低俗信息专项行动中，关闭了传播淫秽色情和低俗信息的“香艳猎人”“草榴时光”等 206 个微博客账号。

《中国日报》欧洲版被英国“简明英语运动”授予“年度国际媒体奖”，这是中国媒体首次获得此类奖项。

12 月 10 日

工业和信息化部发布《国家通信保障应急预案》，满足突发情况下通信保障工作需要。

由教育部社科委新闻传播学学科组、中国人民大学新闻学院和中国人民大学新闻与社会发展研究中心共同主办的“中国新闻学与传播学学科发展论坛”在北京香山举行。来自高校新闻院系的 20 多位学者参加了论坛。

12 月 12 日

《2011 年新浪政务微博报告》发布，成为中国首份政务微博年度报告。报告显示，2011 年新浪政务微博增长速度接近 200%，这一年成为“政务微博元年”。截至 11 月，经过新浪网认证的政府机构及官员微博已近 2 万个。伴随着微博在中国的迅速发展，“网络问政”成为中国社会迅速兴起的政治形态。

12 月 13 日

香港文汇报上海分社正式挂牌，香港文汇网上海频道正式上线。

汶川大地震灾区首部 4D 电影及汶川大地震后首部反映地震文化的影片《东河口》在四川省广元市青川县首映。

12 月 14 日

广电总局发布《有线广播电视运营服务管理暂行规定》，自 2012 年 3 月 1 日起施行。规定中规范了政府相关影视部门及运营方对有线广播电视的服务方面细节，规定还表示，除国务院广播影视行政部门依法做出的决定，信号源不符合传送条件或者已停止播出的，与节目提供方的协议有效期满或者节目提供方承担违约责任的，法律、行政法规、规章规定的其他情形这四种情况外，有线广播电视运营服务提供者不得更改所传送的基本收视频道。这是国内有线电视发展以来第一部由广电总局出台的有关有线电视服务体系的管理规定。

国际电信联盟正式将中国的数字电视地面多媒体广播系统 DTMB 标准纳入国际标准。中国 DTMB 标准成为继美、欧、日之后第四个数字电视国际标准。

12 月 15 日

人民网福建频道新版上线。

12 月 16 日

北京市新闻办、公安局、通信管理局和互联网信息办共同制定公布《北京市微博客发展管理若干规定》，规定北京市内网站开展微博客服务，应在申请经营许可或备案前，向市网管部门提出申请。开展微博服务的网站，应当建立健全信息安全管理制度，根据用户数量和信息量，确定负责信息安全的机构，配备专业人员等。任何组织或者个人注册微博账号，制作、复制、发布、传播信息内容的，应当使用真实身份信息。

《上海传媒发展报告（2012）》发布。

12 月 19 日

新华社旗下的“中国新华电视”主办的音乐网站——原音网（www.wowmusic.cn）上线。

12月20日

全国首个省级民生政务微波聚合平台——湖北民生微博服务厅正式上线。

由中华全国新闻工作者协会主办、中国记协新闻培训中心承办的“第6届中国新闻奖高端研讨会”在北京举行。

12月21日

天津广播电视台、天津广播电视传媒集团有限公司成立大会暨揭牌仪式在天津大礼堂举行。

12月22日

新闻出版总署下发紧急通知，要求各地新闻出版行政部门和各报刊主管部门坚决禁止各种“人情订阅”“指标订阅”“摊派订阅”的行为。

DCCI互联网数据中心发布《中国宽带用户调查》,《调查》称中国绝大部分互联网用户在使用“假宽带”，即实际宽带下载速率低于运营商提供的名义宽带速率，而且网费居高不下。

中国电视艺术家协会新华社分会在北京成立。

北京丰台区等15个区县以及团市委等6个市级单位作为第二批成员加入“北京微博发布厅”，至此“北京微博发布厅”成员从21个增为42个，北京16个区县已全部开通政务微博。

浦东新区政府试运行上海市首个开放式政务“微博广场”。

中央电视台举行“汇聚力量，传播文明”公益广告项目启动仪式，宣布2012年将推出100个电视公益广告，并推动成立国家级的公益广告奖项。

新闻出版总署通报《中国城市经济》《中国质量万里行》《中国食品》三家杂志社和《中国技术市场报》《企业党建参考报》《山东法制报》三家报纸共6个出版单位在2011年开展的报刊记者站专项治理中暴露的违法违规情况。这些报刊出版单位未能严格规范新闻采编秩序，有的将版面或记者站承包给文化广告类公司，有些报刊记者站聘用社会人员从事经营及发行活动，甚至以负面报道相要挟对基层单位和群众敲诈勒索，造成恶劣的社会影响。

12月25日

中国录音录像出版总社引进北京首都创业集团有限公司资本，宣布正式成立中国数字文化集团有限公司，完成转企改制。

12月27日

中国文化艺术政府奖首届动漫奖颁奖典礼在天津举行。

深圳出版发行集团数字出版中心揭牌成立。

12月28日

国务院发布《国务院办公厅关于贯彻落实〈国务院关于进一步打击侵犯知识产权和制售假冒伪劣商品工作的意见〉的任务分工的通知》，强调保护文化知识产权的重要性，并对相关问题提出策略建议。

中国出版传媒股份有限公司成立大会暨挂牌仪式在北京举行。

12月30日

上海广播电视台、上海东方传媒集团有限公司旗下百视通正式在上交所挂牌上市，成为“广电新媒体第一股”。

2012年（壬辰）

1月1日

由民政部主管、中华慈善总会主办的《慈善公益报》创刊。《慈善公益报》每周三刊，对开12版，单彩印刷。

由中国科学院主管，中国科学院、中国

工程院、国家自然科学基金委员会共同主办的《科学时报》复名为《中国科学报》。《中国科学报》于1959年创办，最初叫做《科学报》，1989年1月更名为《中国科学报》，1999年1月1日更名为《科学时报》。

国家广电总局下发的《关于进一步加强电视上星综合频道节目管理的意见》开始实施，34个电视上星综合频道要提高新闻类节目播出量，同时对部分类型节目播出实施调控，以防止过度娱乐化和低俗的倾向。

中共江苏省委机关报《新华日报》专门开辟通往北京的绿色通道，北京京西宾馆、江苏饭店、南京大饭店等首都重要窗口单位的读者，都可以看到当天出版的《新华日报》。

由海峡都市报和海峡之声合作的FM99.6海峡之声都市阳光调频开播。福建日报报业集团旗下的海峡都市报由此成为国内第一家全面介入广播频率制播和经营的平面媒体。

改版扩版后的《湖北日报》首次亮相。报型由720mm改为781mm，每周总版数由80版增至96版，全部彩色印刷，版面设置上实行版块化。16个版面，10大板块。9月29日，中宣部《决策参考》第37期刊发中宣部新闻局调研组撰写的《关于湖北日报探索建设一流党报的调研报告》，总结该报推进改版创新、探索建设全国一流党报的做法。

《国家印刷复制示范企业管理办法》开始施行。办法明确提出到“十二五”期末，在全国建设100家左右国家印刷示范企业。

贵州广播电视台对《全省各地新闻联播》进行全新改版，推出“有速度，有态度，有温度”的新闻资讯类节目《听说天下》；同时，推出思想道德类专栏《身边》，以鲜活生动的形式，讲述身边的好人好事，用爱心倡导团结互助、平等友爱、诚实守信的社会风尚。

辽宁广播电视台、沈阳广播电视台合作频率、频道正式开播。两台保留并整合了部分优质频率、频道，对两台除新闻频率、频道以外的资源进行深度合作。

1月3日

云南省召开非时政类报刊出版单位体制改革工作动员大会，31种非时政类报刊出版单位转企改制启动。

1月4日

本日至6日，2012年全国新闻出版工作会议在北京召开。国家新闻出版总署党组书记、署长，国家版权局局长柳斌杰在全体会议中作了主题报告并指出，2012年要启动第二批非时政类报刊出版单位转企改制和非独立法人报刊编辑部体制改革工作，加快推进报刊出版业结构调整。

1月6日

《双赢》杂志中法文版发行新闻发布会在巴黎举行。《双赢》由海外华人的企业精英和媒体精英联手打造，合作伙伴为《浙商》杂志。

中国电力传媒集团有限公司揭牌。中国电力报社改制成中国电力传媒集团后，将负责经营《中国电力报》《中国电业》、中国电力新闻网、中国电力网络电视台、电力手机报及图书音像、展览制作等传媒业务，同时涉足经营文化旅游、艺术品投资、房地产、酒店管理等项目。

1月7日

中国出版传媒股份有限公司与江西新华发行集团有限公司签署战略合作协议，双方将重组中国出版传媒旗下的出版发行业务平台——新华联合发行有限公司。重组后的公司由中国出版传媒集团公司旗下的中国出版传媒股份有限公司控股51%，江西新华发行集团持股49%，公司注册资本将增至4

亿元。

1 月 8 日

由中国慈善总会、中民慈善捐助信息中心等联合主办的“慈善的力量——2011 中国慈善年会”在北京召开。由湖南广播电视台与中国社会福利基金会共同发起的芒果 V 基金被授予“撬动·传播的力量”奖项，芒果 V 基金是全国第一个媒体集团成立的全国性公募基金。

国家行政学院电子政务研究中心在北京发布《2011 年中国政务微博评估报告》。报告显示，截至 2011 年 12 月 10 日，中国政务微博客总量达到 50561 个，较 2011 年初增长 776.58%。

青海省 2012 年度“新春走基层”活动在西宁启动，来自青海省各新闻单位的负责人和采编人员参加了启动仪式。活动期间，各路记者深入厂矿企业、街道社区，农牧户家中，以通讯、消息、特写等多种形式开展新闻宣传工作。

广电总局电影局在北京召开新闻通气会。会上宣布，2011 年全国总票房为 131.15 亿元，其中国产片票房为 70.31 亿元，超越进口片。会议还指出票房数据统计机制不够完善等目前电影行业发展中的诸多问题，并透露 2012 年将计划针对高票价、植入式广告及从业机构违规操作等问题，出台一系列规定。

1 月 9 日

由上海社科院新闻研究所主持编写的《2012 上海传媒发展报告》发布，该报告是迄今为止第一本上海传媒蓝皮书，也是全国第一个地方性传媒蓝皮书。

中国科学院计算机网络信息中心在北京举办一年一度的中科院网络科普联盟年会。活动中推出的“我要看世界”项目，使儿童在中国科普博览网（www.kepu.net.cn）上学习科学知识和玩智力游戏的同时，获得与科学家一同去考古挖化石、去南极看极光或在世界顶级天文观测台看流星雨等机会。

1 月 10 日

湖北省记协牵头湖北日报传媒集团和湖北广播电视台，联合主办“湖北 2011 年十件大事”评选活动。

湖南省正式揭牌成立广播电影电视局监看监听中心（信息网络视听节目传播监管中心），并立即投入运作。同时作为湖南省长株潭三网融合试点地区专门的 IPTV 监管机构，中心主要负责核查本地区 IPTV 节目内容。

全球首款双语 iPad 文摘类读物——《中国文摘》启动仪式在北京举行。此前，《中国文摘》客户端已于 2011 年 12 月 12 日通过苹果商店审核。

1 月 11 日

乐视网与央视国际签订战略合作协议。乐视网向央视国际提供其自有版权的视听节目内容，而央视国际作为互联网电视牌照的拥有方，负责对乐视网提供的内容进行播控审核。

中央电视台第一个海外分台——非洲分台及中国网络电视台“我爱非洲”手机电视开播仪式在肯尼亚首都内罗毕举行。非洲分台初期将每天制作 1 小时的英语节目，同时推出访谈和纪录片。

中宣部副部长、国家广电总局局长蔡赴朝一行到贵州调研农村广播电视直播卫星户户通工程。贵州省委书记栗战书，省委副书记、省长赵克志会见蔡赴朝一行。

2011 中国互联网产业年会召开。会上透露，根据中国互联网络信息中心 2011 年 11 月测算的数据，我国网民总数已达到 5.05 亿人，其中手机网民数量达 3.4 亿人。

1 月 12 日

中国音乐著作权协会与中国广播电视协

会电视版权委员会成员单位音乐付酬集体签约仪式在北京举行。此次签署合作协议的电视版权委员会成员单位共有32家，包括绝大多数省级电视台和部分市级电视台。

1月15日

长沙晚报报业集团正式与中国晚报工作者协会签署合作协议，中央级刊物《晚报文萃》将长期落户长沙。

上市公司上海华源企业发展股份有限公司召开2012年第一次临时股东大会，通过更名议案。ST华源将正式更名为长江出版传媒股份有限公司。

国务院出台《关于进一步促进贵州经济又好又快发展的若干意见》后，贵州广播电视台迅速行动，反应及时，推出了《聚焦2号文件》专栏。

1月16日

“钻石杯”2011年河北十大新闻、年度十大新闻人物评选活动揭晓暨颁奖典礼在石家庄举行。《燕赵都市报》“感动河北年度人物”也同时颁奖。活动由河北省委宣传部、河北日报报业集团主办，河北中烟工业公司、河北电视台协办。

湖北日报传媒集团又一新军——《楚天民报》在荆州地区试刊。继此前在襄阳创办《楚天快报》、在黄石创办《楚天时报》后，《楚天民报》将是楚天都市报系的第3个地方版。

“中国网事·感动2011”年度网络人物评选颁奖典礼在北京卫视大剧院举行。该活动由新华社主办，新华网和北京卫视承办。经过历时一年的网上评选，“最美妈妈”吴菊萍等10人最终获得“中国网事·感动2011”年度网络人物称号。

北京市朝阳区人民法院终审裁定王学圻胜诉，被告《成都晚报》被判在该报娱乐版显著位置向王学圻本人刊登道歉声明，并赔偿王学圻精神损害抚慰金6万元。2010年底，因被报道“与范冰冰同居两年”，演员王学圻将《成都晚报》以侵犯其名誉权为由告上法庭。

国家广电总局发布《广电总局关于颁布2011年度电视节目技术质量奖（金帆奖）获奖结果的通知》。通知指出，2011年度金帆奖共评出获奖节目201个。中央电视台、浙江广播电视集团、上海广播电视台、北京电视台、江苏省广播电视总台、黑龙江电视台获得2011年度金帆综合大奖。

1月17日

2012年湖南卫视小年夜“春晚”直播。

日本株式会社大富公司宣布“CCTV大富”频道在1月22日（农历除夕）开始实现中日双语播出。

湖南广播电视台芒果TV手机电视正式接入中国移动视频基地，产品顺利上线。至此，芒果TV手机电视已经全面接入电信、联通、移动三大全国性视频基地。

酷6传媒NASDAQ：KUTV宣布，与YouTube达成最终协议，允许酷6传媒海外用户通过YouTube提供的一个新渠道浏览国内的原创视频。3月，酷6与YouTube的合作频道上线，频道主题名为“酷6带你看中国”。

1月18日

拥有互联网电视集成牌照的央视国际与腾讯科技成立一家专门运营互联网电视的合资公司“未来电视有限公司”，央视国际控股，腾讯等为股东。

由中共江苏省委对外宣传办公室和中国江苏网共同举办的“江苏国际在线”及英文频道举行开通仪式。

作为加强“回应式新闻”的一次创新探索，新华网近期推出大型回应式新闻专栏——《第一回应》。

由青岛广播电视台经营性主体改制转为国有文化企业的青岛广电影视传媒集团有限公司挂牌成立。

1月19日

河南电视台9个频道启用新台标，旧的金黄色“大象”台标被蓝白色的新“大象”台标所替代。

1月26日

中宣部在北京召开“迎新春走基层、送欢乐下基层”座谈会。

1月29日

辽宁省组织省直主要媒体统一开设《奋力夺取开门红》专栏，大力宣传辽宁全面振兴的显著成效，充分反映全省各地各部门深刻把握“稳中求进、稳中求快”经济社会发展总基调及加快建设富庶、文明、幸福新辽宁的具体措施。

吉视传媒股份有限公司发布召股意向书，拟在上交所发行不超过2.8亿股。该公司主要负责吉林省有线电视网络的建设与经营，吉林电视台是其控股股东。

同月

《光明日报》在2011年成功扩版改版的基础上再次扩版不提价，每周增加8个版，为广大读者精心奉献“光明文化周末”。“光明文化周末”分为《文荟》和《艺萃》两个周刊。

中宣部办公厅发出通知，要求各地党委宣传部各新闻单位要结合深化“走基层、转作风、改文风”活动，认真组织开展“新春走基层”活动。

江苏中行与徐州市文化广电新闻出版局签署全面战略合作协议，以“汉风通宝”系列特色信贷产品，为文化产业发展提供融资授信、贸易金融、资金业务等服务。为徐州原动力动画制作有限公司提供以播映权为质押的融资，突破了传统的资产抵押模式。

2月1日

湖南广播电视台都市频道推出三小时的新闻直播栏目《都市晚间》。该栏目在《约法三章》和《夜夜都市》的基础上整合而成，不仅承接了原栏目的优势板块，更研发了“晚间直击”“警界”“晚间重点”等九大板块，从不同视角、不同层面切中老百姓最关心的民生题材。

第9届“影像中国”全国摄影艺术大赛组委会将获奖的25件社会记录类作品在网上公示。该类别获奖作品本有52件，其中的27件作品被取消获奖资格，因为存在“像素移动”（PS）行为。

百视通公司发布公告称，根据国家三网融合总体方针，上海广播电视台、上海东方传媒集团与中国网络电视台签署IPTV（交互式网络电视）播控平台合作协议，上海广播电视台与中央电视台建设的IPTV集成播控平台合并为中国唯一的中央集成播控总平台。

2月3日

“关注贫困全球摄影大赛”获奖图片在联合国教科文组织巴黎总部展出。大赛由新华社与联合国开发计划署共同发起主办，共展出精选获奖图片26张。

2月4日

中南传媒发布公告称，公司全资子公司湖南电子音像出版有限责任公司获得湖南省广播电影电视局颁发的广播电视节目制作经营许可证。

2月6日

根据2011年第四季度对全国部分电视报纸等媒体发布的药品、医疗、保健食品、化妆品及美容服务类广告进行的监测抽查，国家工商行政管理总局向社会公布此次发现的8个严重违法广告。

江苏省首家老年广播“849俏夕阳”在

常州正式开播，由常州市民政局、常州市老龄办和常州广播电视台主办。

2月7日

本日至11日，新华社总编辑何平到吉林省进行“走基层、转作风、改文风”活动，先后在中国“海选萌芽地”四平市梨树县北老壕村、“海选第一村”平安村、基层民主建设典型霍家店村，以及高家窝堡村、新风村采访调研。

青岛报业传媒集团与交运集团签署战略合作协议，双方将在各个领域展开深层次合作。

中央电视台北美分台在美国首都华盛顿正式开播，这是继非洲分台后，中央电视台建成的第二个分台。

《人民日报》联合人民网推出“2012年两会调查”专题，内容涉及社会保障、法制建设、收入分配、反腐倡廉、医疗改革、房价调控、物价等20个热点问题。

2月8日

中广传媒集团有限公司与东风汽车公司签署深度战略合作框架协议。中国三大汽车集团都与中广传媒建立了深度合作。

2月9日

国家广电总局下发《广电总局关于进一步加强和改进境外影视剧引进和播出管理的通知》。通知要求，引进境外影视剧的长度原则控制在50集以内，且不得在黄金时段播出。

湖北省新闻出版局向红安县、恩施市、丹江口市等26个县市赠送的新闻出版行政执法车开始出勤执法，主要用于日常监督和专项治理，查缴非法出版物、淫秽色情文化垃圾、侵权盗版制品、非法及违规报刊。

全国电影票务综合信息系统上线使用。新平台共规划了信息速递、行业组织管理、影院管理、影片管理、票房数据接收、放映数据接收、监控管理、专资收缴管理、专资使用管理、查询统计、分析预测等15个模块，共77项功能。

2月10日

中国日报摄影作品《跳楼新娘》在荷兰阿姆斯特丹荣获第55届世界新闻摄影大赛“突发新闻”单幅三等奖。

2月13日

首届中法媒体论坛在北京举行，来自两国的主流媒体负责人、政府官员和专家学者出席。本届论坛由中国国务院新闻办公室和法国驻华使馆共同举办。

新闻出版总署发出《关于开展2012年春季中小学教辅材料出版发行专项检查的紧急通知》，决定在2012年春季开学前后，组织一次中小学教辅材料出版发行工作专项检查。

2月14日

国家广电总局在北京召开2012年全国广播影视科技工作会议。会议对广播电视覆盖技术政策和管理要求、直播卫星户户通服务体系、三网融合有关政策和国家应急广播体系技术方案等热点方案进行了深入探讨。

2月15日

中共中央办公厅、国务院办公厅印发的《国家“十二五”时期文化改革发展规划纲要》正式公布。该纲要提出，要加快发展文化产业，壮大出版发行、影视制作、印刷等传统文化产业；加快科技创新成果转化，提高出版、印刷等领域技术装备水平；扩大版权贸易以及印刷外贸加工规模等。

青海省玉树藏族自治州委机关报《三江源报》获得国家新闻出版总署批准的CN刊号。

光明网传媒频道正式上线，它将重点报道新闻单位在“走转改”活动中取得的成果，报道在新形势和新的技术潮流下，传媒行业出现的新领军人物和发展走向。

TCL 宣布与央视 3D 频道结成独家合作伙伴，双方将在 3D 内容录播传输、3D 显示和编解码技术、3D 终端产品检测与适配，以及 3D 频道联合推广和落地等方面展开合作，共同推动中国 3D 的普及。

2 月 16 日

惠州市政府与读者出版集团举行读者（惠州）数字出版基地投资推介会。读者出版集团将投资 20 亿元，在惠州建设数字出版基地。

人民日报社传媒广告有限公司揭牌仪式举行，社长张研农、总编辑吴恒权等出席。

2 月 17 日

青岛、东营、烟台、潍坊、威海、日照等六市广播电视台的台长签署合作协议，成立山东蓝色传媒有限公司。

浙江师范大学与金华广播电台总台签订战略合作框架协议，正式建立长期战略合作关系。双方将在人才培养、科学研究、节目制作、新媒体创新平台建设以及文化产业开发和产学研结合方面开展全面合作。

2 月 18 日

新华网和清华大学新闻与传播学院签署合作协议，双方决定开展合作，清华大学新闻与传播学院正式将新华网定为“教学科研实习基地”。

2 月 20 日

京东商城启动电子书刊业务，即通过软件客户端提供传统纸书的优质电子版，用户下载客户端，即可在手机、电脑和平板电脑上随时阅读正版电子图书，电子书价格为实体书的 30％左右。

2 月 21 日

中央人民广播电台与中国残疾人联合会“文化助残行动计划”战略合作协议签约仪式暨盲人“听书工程”启动仪式在中国盲文图书馆举行。

中央电视台与中播控股美国公司签订广播电视频道合作协议，利用中播美国向纽约地区的移动用户转播中央电视台新闻频道、纪录片频道和西班牙语频道。

金融信息量子通信验证网开通仪式在新华金融信息交易所举行。中共中央政治局委员、国务委员刘延东，新华社社长李从军，中国科学院院长白春礼出席仪式。

2 月 22 日

拟投资 80 亿元的湖北广播电视传媒基地在武汉市东湖高新开发区奠基。该基地落成后将成为中国唯一将广播、电影、电视、新媒体、事业、产业融为一体的媒介内容生产基地。

甘肃省广播影视工作会议在兰州召开。会议透露，2011 年甘肃省按时完成村村通和 290 万户直播卫星户户通建设任务。

2 月 23 日

中央电视台与腾讯公司举行 2012 年“3·15”晚会网络筑“诚”行动启动仪式，通过腾讯这一互联网平台，实现传统媒体和新媒体的无缝合作，共同维护消费者权益。

吉视传媒股份有限公司正式上市，是吉林省近 10 年来唯一一家在上海主板上市的企业，也是全国第一家省级广电网络整体独立上市的企业。

优酷与中央电视台电影频道旗下的电影网达成深度战略合作协议。根据双方的合作协议，所有大片在院线首映 4 至 6 周后，将以 1 折左右电影票的价格通过优酷院线发行超清、宽屏、流畅的版本。

中国新华新闻电视网欧洲公司与罗马尼亚 B1 电视台签署合作协议，根据协议，中国新华新闻电视网英语台节目《China Report》将以日播、时段落地的方式，进入罗马尼亚 B1 电视台播出。

2 月 25 日

湖北日报传媒集团体育新闻中心成立暨湖北楚天传媒体育发展有限责任公司揭牌仪式举行。中心整合了湖北日报、楚天都市报和楚天金报的体育新闻采编力量，联合大楚网和荆楚网的网络平台，力争打造全国一流的体育新闻采编队伍。

长沙广播电视艺术中心改制后成立的湖南和光传媒有限责任公司揭牌。改制后将发展成为集影视剧策划、制作、发行及演员经纪为一体的大型传媒集团。

2 月 27 日

黑龙江电视台考试频道开播，成为该省唯一一个电视屏、手机屏和电脑屏三屏联动的专业教育平台，也是黑龙江省内唯一一家以指导升学升职考试和继续教育为内容的专业教育频道。

新闻出版总署发布《关于加快出版传媒集团改革发展的指导意见》，鼓励出版传媒集团深化体制改革、加强管理、应用新技术，鼓励“走出去”，并提出一些具体保障措施。

2 月 28 日

央视频道举行“活力中国”招标首批成果发布会。14 部由社会制作机构承制的现实类题材纪录片亮相现场，从 3 月 5 日起陆续播出。

工商总局、卫生部、广电总局等十二部门启动虚假违法广告专项整治活动，发违规医疗广告受到 2 次警告仍拒不改正的医疗机构将被停业整顿，而违法广告问题严重的播出机构还可能面临撤销频道处罚。

由重庆日报报业集团全额投资打造的“重庆日报报刊亭”亮相。

2 月 29 日

山东广播电视台与中国移动山东公司举行战略合作协议签约仪式，双方将共同开发山东省新媒体市场，合作建立一个和谐、健康、可持续发展的新媒体与增值电信业务产业发展环境。

南方报业传媒集团与揭阳市政府签订战略合作框架协议，正式启动南方（揭阳）潮汕文化产业园建设。文化产业园包括粤东数码印务物流中心、南方文化创意产业园等项目。

深圳报业集团媒体新技术研发中心揭牌，深圳新闻网移动媒体部同时揭牌。目前，该中心正在推进“流媒体定制分发交易平台”“流媒体云计算平台”“流媒体云基地”等三媒体技术攻关项目的运行和实施。

同月

歌华有线依托高清交互数字电视平台推出多媒体教育栏目《电视教育》。北京市 270 多万高清交互数字电视用户通过这一栏目，可随时点看教育视频。

国家新闻出版总署根据国家工商行政管理总局对 2011 年第一至第四季度全国 70 种都市类报纸发布广告监测抽查结果，发布全国通报。根据对部分都市类报纸广告刊登药品、医疗、保健食品、化妆品、美容服务类广告监测情况的统计，2011 年严重违法广告率超过 55％的报纸共有 10 种，分别是《长春晚报》《沈阳晚报》《新疆都市报》《辽沈晚报》《北方新报》《兰州晨报》《北京晚报》《半岛晨报》《南宁晚报》《贵阳晚报》。

国家新闻出版总署正式批复由中共青海省委、青海省行政学院、青海省社会主义学院主管和主办的《党校教育》更名为《青海学习报》，并由 4 开 4 版改为对开 4 版，为国内公开出版的半月报。

在习近平副主席访美期间，中美双方就进口分账影片达成了新的协议。在原来每年 20 部主要以好莱坞大片为主的进口分账影片之外，中国每年再多引进 14 部 3D 或 IMAX

格式的分账影片。

宁夏广电总台全面启动《宁夏广电总台自制节目考评暂行方法》，对各频率频道的节目从影响力、引导力、专业性等三个方面进行考评，增加了专家学者考评及受众满意度调查。

国家级有线网络公司“中国广播电视网络公司”组建方案通过国务院三网融合工作协调小组审核，已上报国务院审批。

华生在线股份有限公司吸收合并湖南日报发行有限公司的报告得到湖南省财政厅的批复。

3 月 1 日

广电总局与云南省政府签署《关于加快云南省广播影视发展的合作协议》，双方将在广播影视“走出去”、农村广播影视公共服务体系建设、影视基地建设和边境地区广播影视基础设施建设等方面加强合作。

由河北日报报业集团、石家庄市委宣传部主办的“与幸福同行”建设幸福石家庄大型系列公众活动启动仪式暨高峰论坛在石家庄举行。

《阳光在线》开播仪式在兰州举行，该节目是由甘肃省纪委、省监察厅、省纠风办和省广电总局联合开办。

1 日至 14 日，新华社共播发“两会”文字、图片、音视频和新媒体等各类稿件 8000 余条，对外报道被美联社、法新社等海外媒体转发 2.3 万余次。新华网新推“两会‘漫’谈”“数读两会”等栏目，并首次将微博全面用于“两会”报道。

中央人民广播电台旗下的央广投资（北京）有限公司揭牌成立。公司投资方向主要是在数字广播、手机电视等新兴媒体领域，以及与传统行业相关的其他业务领域。

国内首个可互动的电视广告在央视播出，观众可以使用手机扫描广告片中的二维码，参与网络活动。

3 月 2 日

陕西日报传媒集团和陕西日报传媒集团有限责任公司揭牌成立。所属子报、子刊有《三秦都市报》《陕西农村报》《当代女报》《西部法制报》《新闻知识》《报刊荟萃》。

3 月 3 日

由中共安徽省宣传部主办，中安在线、中国文明网·安徽承办的安徽好人网正式开通。安徽好人网定位为公益性道德建设网站。

3 月 5 日

中共中央政治局委员、国务委员刘延东对新华社《深化科技体制改革专题调研报告》作出批示指出，新华社在国际国内进行多领域、广视角、深层次调研基础上所作的专题报告全面深刻、针对性强，很有分量。

湖南卫视播出“我们都是活雷锋”特别晚会，展现雷锋不为人知的真实生活，特别是让新一代年轻人了解雷锋精神的真正内涵。

《广州市质量技术监督局举报违法行为奖励办法（修改草案征求意见稿）》公示。为鼓励新闻媒体举报违法行为，首次将新闻媒体的举报纳入奖励范畴：若新闻媒体在公开披露质量违法案件前主动与质量技术监督部门沟通协作，提供案件线索或者协助调查处理，经查证属实的，将获得不同数额的奖励金，单案奖励金最高可达 30 万元。

3 月 6 日

人民网韩国公司成立庆典仪式在首尔新闻中心举行。人民网韩文版于 2011 年 9 月 27 日上线，成为人民网开设的第 7 个外语网站。2011 年 11 月 8 日，人民网韩国公司完成在韩国境内的各项公司注册程序，成为人民网在海外的第 3 个全资子公司。

3 月 7 日

由中国青年网、中国青少年网络协会、

中国信息化推进联盟以及北京百度公益基金会共同开展的“2012 年两会代表、委员共议青少年安全上网座谈会”活动在百度大厦举行。

3 月 8 日

《大众卫生报》全新改版。5 月，《大众卫生报》获评全国最具影响力专业报品牌媒体。

第十一届全国人大第五次会议通过《关于修改中华人民共和国刑事诉讼法的决定（草案）》，自 2013 年 1 月 1 日起实施，其中与媒体刑事案件报道关系较为密切的有“采取技术侦查措施取得的材料只能用于对犯罪的侦查、起诉和审判”“禁止强迫自证其罪”“近亲属作证义务免除”等，以及特别程序中关于未成年人保护的附条件不起诉制度、犯罪记录封存制度、开展社会调查不公开审理制度等。这些规定将促进我国刑事案件新闻报道模式从以侦查为重点转向以开庭审判为重点。

3 月 9 日

潇湘晨报第 11 届读者节全面启动。此次读者节以“1＋1，你就是湖南”为主题，推出全省大型公益骑行、社区便民自行车微循环、壬辰潇湘风尚大典等 10 大主题活动，并通过湖南卫视同步直播。

由青海省海东地委、青海日报社共同主办的《海东时报》正式创刊。《海东时报》前身为《西海农民报》。

北京市新闻工作者协会联合相关课题组发布《2011 年中国媒体融合发展报告》。报告认为，2011 年中国媒体融合呈现出五个特点：电信、互联网媒体与传统媒体合作进入新阶段，合作深化和多元化；传统媒体转型过程中互联网中心化特征已显现，移动互联网成为着力点；媒体融合产品的研发提速，终端、技术应用、内容等基于媒体融合趋势的创新层出不穷；跨媒体营销受到重视，全媒体集团“1＋12”的整体效应初显；媒介融合带来了产业链的变革。

中国新华新闻电视网欧洲公司与奥地利中国传媒科技公司签署合作协议。根据协议，前者中文台、英语台节目将通过后者在欧洲的互联网电视平台，进入德国、西班牙、意大利等 12 国的 24000 多户家庭，并在美国拓展写字楼有线网等业务。

3 月 10 日

全国新闻传播教育高层联席会议在中国人民大学举行。国务院学位委员会新闻传播学科评议组成员，教育部高等学校新闻学科教学指导委员会和中国高等教育学会新闻学与传播专业委员会主要负责人，以及国内部分新闻学院院长与会，就新形势下我国传播教育学科建设、人才培养等课题进行沟通交流。

3 月 12 日

湖南日报报业集团党组书记、社长覃晓光与国家开发银行股份有限公司湖南省分行行长王学东在北京签署了《促进湖南日报报业集团发展开发性金融合作协议》。根据协议，该分行将在 2012 年到 2017 年期间，为集团五大产业项目主要是传媒中心项目提供总量为 20 亿元的中长期贷款。

广电总局与广东省政府签署《推动广东广播影视先行先试转型升级合作协议》。

北京电台 2012 年度“市民对话一把手”系列访谈节目开播。至 5 月 10 日，节目共邀请 16 个区县、25 个委办局和大型国企的 41 位主要领导走进直播间，以“说民生、汇民意、市民对话一把手”为主题与市民听众直接对话、沟通交流，搭建政府与市民沟通交流的互动平台，受到广大听众的欢迎和媒体的关注。

3 月 13 日

中共中央政治局常委、全国人大常委会

委员长吴邦国到新华社设在人民大会堂的两会新闻报道中心，看望两会报道团采编、技术人员。同日，中共中央政治局常委、全国政协主席贾庆林在全国政协礼堂会见了参加两会新闻报道的中央主要新闻单位负责同志。

中央人民广播电台中国之声新浪实名官方粉丝数突破 200 万，成为首家突破 200 万粉丝的广播媒体微博。

3 月 14 日

重庆市首个都市政务信息平台“全域重庆·美好九龙坡”开播。这一信息平台由重庆广电总台所属的重庆有线电视网络公司主要投资建设，集合了公共传播、政务宣传、信息服务、文化娱乐、城市管理、在线调查、投票和留言等。

3 月 15 日

南方报业传媒集团主办、南方日报社承办的“南方放心餐饮联盟暨首届中国南方美食风云榜推荐活动”在南方日报社正式启动。

3 月 16 日

北方联合广播电视网络股份有限公司在沈阳挂牌成立。该公司是经辽宁省委省政府批准，由全省 15 家广播电视单位共同发起组建的国有文化骨干企业，主要负责辽宁省境内广播电视传输和覆盖网的建设（租赁）、经营、维护以及网路的升级改造。

四大门户网站 16 日先后宣布微博用户全面完成“真实身份注册”工作，未经认证的博主只能“围观”，不能发言和转发。

江苏省人民政府与国家广播电影电视总局签订战略合作协议，共同建设无锡国家数字电影产业园。

国务院总理温家宝在提请十一届全国人大五次会议审议的《关于 2011 年国民经济和社会发展计划执行情况与 2012 年国民经济和社会发展计划草案的报告》中提出，将实施宽带中国战略，启动宽带上网提速工程等计划。

3 月 18 日

AVS 推进工作组举行了成立仪式。AVS 是我国具备自主知识产权的第二代信源编码标准。

国务院同意发改委《关于 2012 年深化经济体制改革重点工作的意见》。《意见》指出，我国将进一步扩大三网融合试点范围，国家将对各地试点情况进行评估和验收。

南方报业传媒集团驻沪办公大楼落成典礼暨上海新闻中心启动仪式在上海浦东张江举行。

中央新影集团联合杭州博润投资成立“博润·中央新影纪录电影基金”。杭州博润投资每年（首期 5 年）向中央新影集团全额投资拍摄主旋律题材的纪录电影作品 10 部以上，中央新影集团则负责电影的拍摄制作，并协调在中央电视台播出。

南方报业传媒集团办公大楼落成典礼暨上海新闻中心启用仪式举行。这标志着继 2010 年 2 月该集团北京新闻中心成功实现资源整合、员工集中办公之后，南方报业“聚合”战略又跨出了重要一步。

3 月 19 日

国家发展改革委员会办公厅、工业和信息化部办公厅发出《关于开展“宽带中国战略”研究工作的通知》。

新华云盘系统上线运行。该系统由新华网自主研发，是基于云计算平台和浏览器模式的互联网应用系统，用户可在线存储文档、图片、音频、视频等各种形式文件，并随时通过互联网访问云盘空间文件。

3 月 20 日

第二届北京国际电影节新闻发布会在北京举行。

3月21日

中国网络电视台旗下的互联网电视运营企业未来电视有限公司与腾讯公司宣布展开战略合作。由此，腾讯的互联网增值业务将引入互联网电视平台。

长江日报长江网正式推出武汉首款“i新闻”，为广大“市民记者”提供开放平台，报道身边新闻，记录自己的武汉生活。长江网i新闻频道开设《我在现场》《小区播报》《校园新闻》《图“鉴”原委》《以“视”观众》等栏目。

美国最大电视购物公司QVC宣布，与中央人民广播电台达成合作，两家企业将组建合资公司，在华运营多媒体零售业务。

3月22日

厦门大学新闻传播学院与美国密苏里大学新闻学院签订合作协议，双方将共同建设“战略传播研究中心”。

3月23日

土豆网与兰州电视台在北京宣布，双方达成全频道独家深度内容合作，共同创建土豆网“兰州频道”。至此，兰州电视台成为土豆网本地化进程中建立全面内容合作关系的第51家地方电视台。

江苏新华传媒投资公司和韩国全州纸厂达成首批新闻纸采购协议。

本日至25日，人民日报、新华社、求是杂志、光明日报、经济日报、中央人民广播电台、中央电视台等中央主要新闻媒体应邀参加“低收入居民驻区发展模式探索——中国辽宁棚户区改造经验国内研讨会”。

3月25日

第八届国际新闻摄影比赛（华赛）评选在杭州揭晓，路透社摄影记者高润·托马斯艾维克（GoranTomasevic）拍摄的《利比亚冲突》摘取本年度新闻照片大奖。本届华赛由中国摄影学会主办，浙江日报报业集团等承办。在16个金奖中，外国记者获奖作品11个，中国记者获奖作品5个。

3月26日

TOM集团与中国邮政携手打造的“邮乐网”宣布与上海文广集团旗下的百视通新媒体股份有限公司签订合作备忘录，从而将营销业务线延伸到IPTV互动电视、互联网电视、手机电视及电视支付系统平台等媒体和视频领域。

首届“广西公民楷模新闻人物”评选活动启动。该活动由广西日报传媒集团与自治区文明办主办。

3月27日

由时尚传媒集团举办的“时尚全媒体产品推介会”在上海举行。时尚传媒集团于2010年抢先布局全媒体业务，目前已推出覆盖电影、电视、话剧、广播、网络、移动互联网在内的多种媒介形式的产品。

中国记协党组书记翟惠生率中宣部督导组到湖南日报报业集团调研。

北京市广播电影电视局和北京市怀柔区政府联合主办的“2012年春季（第十届）首都电视节目推介会”开幕。经过历时3天的接洽，制播双方电视剧版权的成交额（含意向协议）突破30亿元。

上海文化产权交易所北京总部启用，同时启动了中央文化企业国有产权交易系统。当日，该所与中国国际电视总公司、中国出版集团公司、中国动漫集团有限公司等首批14家中央文化企业签订了战略合作协议。

百视通发布公告称，百视通与央视国际网络公司（CNTV）成立了注册资本为5000万元的IPTV合资公司。

3月28日

北京市广播电影电视局组织中央电视台、中央人民广播电台、北京日报、北京晚报等中央和市属媒体，深入怀柔区九渡河镇实地采访市直播卫星户户通工程建设运行情况。

“首届中国传媒（北京）论坛暨中国传媒社会责任座谈会”在北京大学召开。会议由中国新闻文化促进会主办，北京大学新闻与传播学院中国传媒社会责任课题组、现代传播研究院承办，以“履行传媒责任 彰显传媒力量”为主题。北京大学新媒体营销传播（CCM）研究中心组织撰写的中国第一部传媒社会责任报告——《2011中国传媒社会责任报告》在座谈会上发布简易版。

3月29日

新华社旗下的中经社控股集团与路透有限公司签署合作谅解备忘录，双方约定在金融信息服务领域开展合作。

中国体育报业总社与青海广播电视台在青海省西宁市举行战略合作签约仪式。

广东电视台旗下东南星文化传播股份有限公司挂牌成立，成为广东广电首家引入民营资本进行股份制改造的公司。

《人民论坛》杂志社举办20周年庆典暨《学术前沿》创刊揭牌仪式。《学术前沿》定位为对重大现实问题的学术分析，力求以理性的视角和开阔的视域，真正为读者展现社会发展的前沿、学术研究的前沿。

中国台湾《中国时报》新任社长王美玉、《旺报》新任编辑王卓中一行四人访问中新社。

3月30日

今晚传媒集团与天津二商集团签署战略合作协议，双方共同打造今晚电子商务平台，合作发展今晚电子商务和社区便利店等多个项目。

工业和信息化部组织召开宽带普及提速工程动员部署电视电话会议，全面部署推进宽带普及提速工程。

3月31日

国家版权局就《著作权法（修改草案）》第一稿公开向社会征求意见。

同月

继“中国国家形象宣传片”后，另一部中国文化宣传片《文化中国》亮相纽约时报广场，在广场最大屏幕“美国之鹰”上滚动播出。

国家广电总局、财政部与内蒙古、海南、贵州、云南、陕西、甘肃、青海7省（区）签订2012年直播卫星“户户通”工程目标责任书。年内，上述7省全面推进户户通工程建设工作，并基本完成户户通工程任务。

福建日报、福建省广播影视集团、海峡都市报、东南网等媒体开展“践行福建精神十大人物评选活动”。活动集中报道了30名候选人，通过这些来自群众身边的典型的鲜活事例和真善美的言行来阐释“福建精神”，宣传社会的正能量。

两会期间，人民大会堂大厅和人民网现场直播室分别安装了55英寸和42英寸的裸眼3D电视，通过图片和视频进行全程报道。这是对全国两会采用裸眼3D技术进行报道的首次尝试，也是裸眼3D技术在重大活动报道中首次亮相。

两会期间，一张由南方都市报制作的《政协十一届五次会议开幕》12亿像素照片，成为网络热图，并在微博、论坛等网络空间被广泛转载，引发网民热议。

4月1日

新华社拉美总分社图片编辑部正式开通图表专线编辑部，同时与墨西哥《宇宙报》签订了个性化图表订单协议，向其提供伦敦奥运会期间有关项目和成绩的图表。

《广州市户外广告和招牌设置规范》执行，利用建筑物屋顶设置户外广告和招牌的情形在广州将被禁止。

4月2日

“第六届全国网络媒体陕西行”在西安

正式启动。来自人民网、新华网、西部网等全国知名网站的63名编辑记者，用6天的时间，对第十六届西洽会、壬辰年清明公祭黄帝活动以及陕西经济社会发展进行采访报道。

4月5日

中央人民广播电台藏语频率《走基层看西藏》大型报道启动。该活动是中央人民广播电台"走基层、转作风、改文风"系列报道活动之一。报道组分8条线路，深入西藏六地一市，总行程在3万公里以上。

福建记协网开通。福建记协网共分为福建新闻界、传媒动向、舆论监督、传媒人物、传媒研究、传媒智库、奖项评选、三项学习教育园地等板块。

人民网股份有限公司正式启动IPO。本次人民网募集资金总额为5.27亿元。在人民网公布的招股说明书中，人民日报社的业绩首次公布，截至2011年12月31日，人民日报社未经审计总资产65.3亿元，净资产37.9亿元，2011年营收31.7亿元，净利润3.57亿元。

4月6日

搜狐视频宣布与美国索尼影视达成合作协议。在未来的3年内，索尼影视会陆续提供600部的最新大片及经典影片的网络播放权。

4月8日

广西电视台综艺频道正式登陆中国网络电视台（CNTV），迎来广西地面频道实现网络同步直播的新时代。

中国第28次南极考察队完成为期五个月的科考任务，顺利返回上海港。科考期间，新华社共播发文字稿103条、图片近200张、音视频稿9条，还实现了我国媒体首次在南极圈内微访谈。

湖南广播电视台经济频道2012年度大型系列报道《天下洞庭》启动仪式在岳阳楼前举行。报道分为《洞庭天下水》《天下粮仓》《忧乐天下》《大湖思变》《通江达海》五大篇章共八十集，将集中展现八百里洞庭历史变迁与灿烂文化，重点探究、思考加快建设洞庭湖生态经济圈策略。

4月9日

由中央人民广播电台、中国广播联盟主办，浙江广播电视集团承办的"2012年中国广播联盟新闻协作年会"在浙江省杭州市召开。

4月10日

新华社社长李从军会见俄塔社社长伊格纳坚科，双方就延续世界媒体峰会机制、筹办好将于2012年7月在莫斯科举办的第二届世界媒体峰会以及视频等双边合作事项交换了意见。

广州日报再开风气之先，为读者呈上"第一纸"，读者可把第一张纸整页抽出来读。"第一纸"以最前沿黄金版位，打造"新闻""观点""互动""生活"阅读新四维。

4月11日

由青海省委宣传部、青海省外宣办和青海省文联主办，青海省摄影家协会承办的"江源玉树，幸福家园——纪念玉树4·1地震两周年重建家园摄影展"在西宁开幕。

4月12日

以理事长赖连金为团长的中国台湾资深记者协会访问团一行18人到中新社访问。

4月13日

因螺旋藻铅超标事件卷入风波的云南绿A生物工程有限公司对外宣布，已向昆明市中级人民法院提起民事诉讼，要求新华网及4名相关工作人员赔偿300万元。3月28日，新华网发布了题为《新华视点：审批合格的螺旋藻为何铅超标?》的文章，称以绿A螺旋藻为首的8大螺旋藻品牌，其中6个铅含量超标，绿A超标达80%。文章发表后被网络媒体和各地报纸大范围转载。

由中国人民大学舆论研究所与百度合作完成的《中国社会舆情年度报告（2012）》蓝皮书发布。蓝皮书集中呈现了2011年中国社会发展现状及热点问题，报告显示，2011年全年具有社会影响力的网络热点事件总计349个，2010年为274个，2009年仅有248个，社会舆论事件在数量上不断攀升。

大众报业集团与潍坊报业集团共同投资的潍坊大众报业印务公司正式成立，高斯印刷机正式投产。

4月14日

中央电视台综合频道打造“全新22:40”精品节目带，有智慧型文化栏目《谢天谢地你来了》、纪实专题节目《看见》等节目。

广西电视台与世熙媒体签订合作协议，引进英国佐迪亚克传媒集团的全新节目模式“舍我其谁”，打造2012年的音乐选秀节目《一声所爱·大地飞歌》。

4月15日

央视《每周质量报告》本期节目《胶囊里的秘密》，曝光“非法厂商用皮革下脚料造药用胶囊”。4月21日，卫生部要求毒胶囊企业所有胶囊药停用，药用胶囊接受审批检验。4月22日，公安部通报，公安机关已立案7起，依法逮捕犯罪嫌疑人9名，刑事拘留45人。

本日至24日，新华社社长李从军访问韩国、印度尼西亚。李从军出席了在首尔举行的第7次东北亚名人会，与新华社用户进行了广泛接触，考察了首尔、雅加达、新加坡等分社和亚太总分社；主持召开亚太地区分社工作座谈会，作了题为《深入推进阵地前移，着力构建强大的战略支点，为建设国际一流媒体而奋斗》的讲话。

由中央电视台电影频道联合多部委联合举办的中国微电影大典在北京举行启动仪式，首届中国微电影创作发展论坛优秀作品评选表彰活动也在当天启动。

4月16日

华西都市报改版，设计了全新的新闻“生活菜单”，版名更加个性生动，分叠更加清晰醒目。

4月17日

贵州卫视在晚间黄金时段21点20分播出反映“背篼干部”先进事迹的专题片《双肩背出鱼水情》，在全国引起强烈反响。

《北京日报》《北京晚报》和《北京晨报》进入北京120家物美超市售卖，每份报纸的右下角都有一个条形码。

天津电视台都市频道与天津市慈善协会发起建立真情慈善基金。该基金以“汇聚爱心　情暖人间”为主题，将用于灾难和突发事件救助，以及帮扶该频道《都市报道60分》中报道过的弱势群体。

4月18日

国务院总理温家宝主持召开国务院常务会议，研究部署2012年政府信息公开重点工作，指出要重点推进财预决算、“三公”经费和行政经费、食品安全、环境保护、招投标、生产安全事故、征地拆迁，价格和收费等领域的政府信息公开。

新闻出版总署、全国“扫黄打非”工作小组办公室、中央纪委驻新闻出版总署纪检组联合印发《关于开展打击新闻敲诈治理有偿新闻专项行动的通知》，决定自5月15日至8月15日在全国开展为期三个月的打击“新闻敲诈”、治理有偿新闻的专项行动。

土豆网与CCTV中视体育就伦敦奥运会报道达成战略合作协议，将联手进行有关报道。

4 月 19 日

刘延东参观新华社欧洲总分社新华影廊图片展。

“影动三湘”公益电影放映活动启动仪式在长沙市贺龙体育场举办。湖南省将于每周末在 100 个城市广场和 100 个乡镇广场为群众放映一场数字电影。

新华报业传媒集团与台湾旺旺中时媒体集团草签协议。双方今后将互派人员、互派记者进行交流和报道。从 2012 年 7 月起，台湾旺旺中时媒体集团旗下的中国时报、旺报还将每周报道一次江苏新闻。

4 月 20 日

北京市海淀区人民法院集中审理了一批原告中国青年报社诉被告世界经理人资讯有限公司等擅自在网站上转载中国青年报文章的侵权案件。法院在 5 起案件中分别判令被告赔偿中青报 650 元至 1350 元不等。

4 月 22 日

中央人民广播电台推出《倾听贵州》系列大型采访活动，由台长王求带队。

上海广播电视台和中国国际广播电台联合发起“地球——我们共同的家园”全球大型环保公益行动。

“关注环境”全球公益活动启动。该活动由新华社社长李从军倡议，新华社、路透社和联合国环境规划署、《联合国气候变化框架条约》秘书处、《联合国防治荒漠化公约》秘书处三家联合国机构联合举办。

最高人民法院发布《关于审理侵犯信息网络传播权民事纠纷案件适用法律若干问题的规定》(征求意见稿)。

4 月 23 日

本日至 28 日，第二届北京国际电影节在北京举办。640 家中外电影机构进行交易洽谈，交易额达到 52.73 亿元。

中新社广东分社原社长、93 岁高龄的张宝锵荣获广东首届新闻终身荣誉奖。张宝锵会前受到中央政治局委员、广东省委书记汪洋的接见。

4 月 24 日

搜狐视频、腾讯视频、百度旗下的爱奇艺在北京联合宣布，三方将共同创建“视频内容合作组织”（Video Content Cooperation，简称 VCC)，实现资源互通、平台合作，在版权和播出领域展开深度合作。

4 月 26 日

“人民日报校园行系列活动——复旦大学之行”举行，来自人民日报社的 30 余位新闻工作者与复旦大学师生展开交流。由复旦大学新闻学院开设的全国高校中第一门专门的“《人民日报》研究”课程也于当日面向学生授课。

天津外国语大学与今晚报社签署战略合作协议，今晚报国际交流与文化传播翻译基地和天津外国语大学就业见习基地也同时揭牌。双方将在国际传播与人才培养、天津发展战略研究与宣传、媒体发展研究与实践等多领域开展合作。

4 月 27 日

《南京晨报》借鉴了动画创作的原理，将电影的一些剧照，一张一张刊登在版面的一角上，快速翻动报纸，就会感觉报纸在“动”，给读者带来全新的阅读体验。

人民网股份有限公司在上海证券交易所上市交易（公司股票简称“人民网”，股票代码为 603000)。它创造了中国资本市场的两个第一：第一家在国内 A 股上市的新闻网站，第一家在国内 A 股上市的媒体企业。

4 月 28 日

上海东方股份有限公司成立，标志有着 12 年历史的东方网顺利完成转企改制。

南方都市报与台山市委市政府联合创办

的《台山读本》《海外台山版》创刊，海内外同步发行。

亚太新媒体高峰论坛在山东济南举行。本届论坛以“新媒体·新技术·新资本·微世界”为主题。

4月29日

杭州国家数字出版产业基地授牌仪式在浙江省人民大会堂举行。国家新闻出版总署副署长孙寿山授牌。这是继上海张江、重庆北部新区之后，我国第三个批准成立的国家级数字出版基地，也是我国目前唯一一家以城市为单位的国字号数字出版基地。

云南电台香格里拉之声联合云南广播网对“东川国际泥石流汽车拉力赛”开幕式进行大型现场转播，成功实现台网互动模式新探索。

同月

江苏省广播电视台总台启动“身边的感动，道德的力量”媒体行动，重点关注助人为乐、见义勇为、诚实守信、敬业奉献、孝老爱亲等五个方面的好人好事。

上海东方传媒集团（SMG）公布2011年度版权贸易情况。SMG对境外输出版权超过1.3万小时，同比增长约15%，引进输出比为1∶1.74，实现了版权贸易顺差。

央视新闻频道推出“实习播音员”。这些播音员都是中国传媒大学的在校生，央视挑选资深新闻主播一对一为他们进行指导，学生们要与主播一起承担六个月的新闻配音任务。

武汉首份全英文报纸《长江周报》(Changjiang Weekly)出版发行。该报由武汉长江日报报业集团创办，每周五出刊，作为长江日报的赠刊定向投放。该报旨在为武汉的外籍人士提供便捷的信息服务，营造城市的国际化环境。

新华社首个小语种移动新媒体客户端产品“移动新华”在苹果手机上线。客户端由新华社技术局研发、对外部负责内容设计和制作，将针对拉美地区需求，提供中国新闻信息。

5月1日

中国国际广播电台与31家省市电台合作运行的《中国之窗》品牌栏目全面改版，新版节目除在国际台华语中文环球海外落地调频播出外，同时在福建、吉林、重庆等国内合作电台主频率播出，实现了国外国内双平台同步播出。

经广电总局批准筹建的山东卫视高清频道上线，山东卫视实现高、标清节目同步播出。

中央人民广播电台经济之声与大连金州广播电视台签订协议，经济之声每天近10个小时的节目将在大连播出。这是经济之声首次以战略合作方式在未落地城市实现部分节目播出。

5月2日

本日至6日，新华社总编辑何平到黑龙江省进行“走基层、转作风、改文风”活动蹲点调研采访，在“中国土改第一村”尚志市元宝镇元宝村与村“两委”成员、基层党员、种养殖大户、农民企业家和村民代表等进行座谈，并到农户家中、春耕现场和村办企业等进行调研采访。

温州商报的《第一金融》创刊。《第一金融》定位“金融综合改革试验区一线报告”，每周一至周五每天1期，每期4—5个版，力求传递权威声音，反映金改动态，普及金融知识，促进内外互动。

5月3日

中共中央政治局常委、国务院副总理李克强参观新华社欧洲总分社举办的新华影廊。

5月4日

青岛日报社（青岛报业传媒集团）数字

印刷产业园项目落户青岛高新技术产业开发区签约仪式举行。项目规划占地80亩。

辽宁省非时政类报刊出版单位体制改革工作会议在沈阳召开。

5月6日

河北省首家网络电视台——城市联合网络电视台石家庄台正式上线开播。该台在整合广播、电视、报刊资源的基础上推出的个性化、交互性的全新传播平台。

5月7日

广东卫视改版，加大新闻、专题节目，以综艺、娱乐节目为辅，涵盖健康、健身、购物等主要节目类型。

人民日报社长张研农和新华社社长李从军分别会见了纽约时报公司董事长兼发行人小阿瑟·苏兹伯格一行。

5月8日

新浪微博发布《微博社区公约（试行)》。公约强调，用户应尊重他人“安宁权”，不得以侮辱、诽谤等方式对他人进行人身攻击，并为新浪用户建立信用积分机制，积分为零将删除账号。

黑龙江省佳木斯市第十九中学教师张丽莉为保护学生而遭车辆碾压导致高位截肢。她被网友称为“最美女教师”。

中国广播电视协会对外宣传工作委员会（广播）召开成立大会。

中国出版社集团分公司与吉林出版集团有限责任公司战略合作暨中吉联合文化传媒（北京）有限公司成立仪式举行。双方签署战略合作协议，在内容资源整合、数字出版、物流、印刷材料、国际合作、人才培训等方面，根据各自优势进行战略合作和互惠支持。

重庆涪陵区与来自国内外的16个投资方集中签约，16个签约项目合同引资总额达137.3亿元。其中，重庆日报报业集团将斥资10亿元，在涪陵区李渡新区打造涪陵文化创意产业园。该产业园建设面积达109亩，建成后将成为长江上游规模最大、最专业的文化总部经济园和微文化创意产业园。

5月9号

新浪微博的企业微博2.0版上线，向社交化精准广告靠拢。

中央人民广播电台华夏之声联合内地及港澳15家电台推出的大型系列直播节目《城市新跨越》在江苏省常州市开动，集中报道党的十七大以来内地一批典型城市在政治体制改革和经济建设方面取得的成就。

由南方日报、现象传媒共同主办的南方微电影大赛视频作品进入广东省第十一次党代会。这是南方日报影音传播产品的首次大规模公开亮相。本次入会的是第一展播单元“走读广东”系列的6个影片，以及第一竞赛单元（部分）“幸福细节”系列的10个影片。

5月10日

在“5·12”汶川大地震4周年即将到来之际，由中国广播联盟发起的“全国百家电台携手走转改——我们在基层”大型采访活动启动。中央电台和全国各地20多家广播媒体的40余名记者前往四川省德阳市和绵阳市采访四川灾后重建。

5月11日

美国《纽约时报》集团新闻服务总经理Michael Greenspan、编辑与国际事务部副总裁Gloria Brown Anderson、亚太区销售总监Whyeko Tan和北京销售主管张菁一行四人到中新社拜访。中新社社长刘北宪、总编辑章新新等与来访客人就双方开展合作进行了交流和探讨。

中国广播网“经济之声 & 财经”频道改版后全新上线。

中国网络电视台（CNTV）在上海举行

了针对华东地区的2012伦敦奥运会营销产品说明会。“奥运＋电视”模式将向“奥运＋全媒体”的方向转变，赛事的大众传媒模式向用户定制、用户参与的模式转变。

国家广电总局科技司向各省、自治区、直辖市广播影视局（厅）、计划单列市广播电视局，新疆生产建设兵团广播电视局，海峡之声广播电台，总局直属各单位发出《广电总局科技司关于公示2011年度总局科技创新奖评审结果的通知》。6月8日，国家广电总局颁布2011年度科技创新奖获奖结果。

5月12日

在中国广播电视协会、纪录片工作委员会主办的第六届“记录·中国”颁奖典礼上，贵州广播电视台送评的《古寨传奇》荣获栏目类二等奖。

本日至19日，中央人民广播电台“倾听新疆”走基层采访团一行，辗转7000多公里，以现场连线、录音报道、网络图片、微博互动等方式，深入新疆乌鲁木齐，昌吉、哈密、和田、伊犁、阿勒泰等6个地州市的社区、农村、企业、学校采访。

5月13日

本日至31日，中央人民广播电台民族广播中心、中国之声与内蒙古人民广播电台联合举报大型系列采访活动《闪电河之行》。采访团深入内蒙古太仆寺旗、正蓝旗、多伦县等地，全面报道了闪电河流域的变化及发展中存在的问题。

“科学发展新山东——鲁花杯第八届中国网络媒体山东行”大型采访活动在济南启动。本次采访活动历时7天，由大众报业集团大众网承办。60余家全国知名网站和山东省内部分新闻网站、商业网站以及传统媒体的130余名编辑记者分东西两条采访路线，到济南、青岛、烟台、济宁等11个市采访。

国内首个针对未来媒介融合科研方向的“清华—数码视讯实验室”在清华大学新闻与传播学院成立。该实验室将调动各方资源和科研力量，研究未来媒介融合环境下的传媒业态，其中最被业内追捧的是社交电视（Social TV）项目。

5月14日

人民日报安卓客户端正式面向全球用户发布，使用安卓系统的用户可在各大安卓应用商店免费下载。

5月15日

国务院法制办公布的《保守国家秘密法实施条例（征求意见稿）》中规定：机关、单位不得将依法应当公开的事例确定为国家机密，不得将涉及国家机密的信息公开。

民营电影公司博纳影业宣布，与美国传媒巨头新闻集团签署战略投资协议，新闻集团买入博纳19.9%的流通股，成为博纳影业新的战略投资伙伴。博纳影业是第一家在美国上市、利用海外金融资本发展中国电影产业的民营公司。

5月16日

安徽城市广播电视台网络联合体宣告成立。

中国报业协会第四届三次理事会议暨首届中国报业经营管理高峰论坛在江苏无锡开幕，来自全国党报、地方报、行业报、都市报等报社的代表260余人参加了会议。会议还颁发了“中国报业经营管理优秀论文奖”和“中国报业经营管理创新成果奖”。

5月17日

本日至19日，2012年中国电视民生节目高峰论坛及颁奖活动在深圳举行。此次活动的指导单位是中国电视艺术委员会，主办单位是中国电视杂志社，承办单位是中国电视理事会和深圳广电集团。

安徽日报记者陈巍、安徽广播电视台记者周全报随安徽省主流媒体赴疆新闻采访团在和田地区皮山县赛图拉镇采访，不幸遭遇交通事故，以身殉职。

《京华时报云周刊》亮相，这是国内第一家将图像识别技术与纸媒相结合的媒体。读者通过手机客户端拍摄报纸图像，经过“云计算”，即可查看图像所链接的视频等内容。云报纸与电子商务紧密结合，读者可实现点击购物。《京华时报云报刊》每周四发行，分封面新闻、视频、应用和购物四部分内容。

5月18日

首个国际纪录电影专项大奖——“新纪录奖”设立。“新纪录奖”的所有奖金由“中央新纪录电影基金”全额出资，每年颁发一次。

本日至5月24日，中新社“走基层、转作风、改文风”相关活动系列报道共播发文字电讯稿28篇、图片31幅、视频新闻31条。

中国债券信息网和中国货币网发布《大众报业（集团）有限公司2012年度第一期中期票据发行公告》。公告显示，山东大众报业（集团）有限公司将发行10亿元中期票据。这将是即南方报业之后全国报业第二家也是额度最高的中期票据发行。

5月19日

深圳三大传媒集团——深圳报业集团、深圳广电集团和深圳出版发行集团，与中国目前最大的互联网企业腾讯签署战略合作协议，相互借取传播优势实现创新发展。

广西人民广播电台“北部湾之声”举行“同唱友谊歌——中越歌曲演唱大赛”。中越歌曲大赛受到中越各大主流媒体的广泛关注。

中央人民广播电台中华之声“书香两岸读书会”与中央人民广播电台文艺之声联合在北京地坛公园举办“书香两岸主题日”活动。

5月21日

江苏广电总台第一批120名全媒体记者上岗，他们全部配备由江苏电信提供的iPhone 4S智能手机。5月下旬，江苏广电总台IPTV正式上线。

长沙市委宣传部考察团对广州日报报业集团进行了参观考察。考察结束后，广州日报社与长沙晚报社缔结为友好报社。

中央人民广播电台大型系列报道《中国湿地报告》在北京举行启动仪式。报道组20余人将兵分四路，深入东北、华北、西北、东南、西南不同类型湿地调查采访，依托中国之声、中国广播网、《中国广播报》等进行全媒体立体报道。

5月22日

本日至23日，国家广电总局规划院对湖南广播电视台八个高、标清同播系统进行了测试表明：高、标清信号指标均达到国家甲级标准。

5月23日

新华社法文“新华手机短信”正式运营，由新华社非洲总分社及布拉柴维尔分社与刚果（布）电信运营商——瓦瑞德公司合作推出。月订费1美元。

2012年全国主要报业集团数字化转型调查报告会在汕头大学召开，新闻出版总署、广东省出版局及全国22家报业集团的领导出席了此次报告会。此前，汕头大学长江新闻与传播学院受国家新闻出版广电总局委托向全国36家主要报业集团开展调研，课题组负责发出调查问卷，收集2万多个数据，进行核查处理、统计描述和研究分析。

四川日报报业集团与四川广播电视台举行战略合作签约仪式，双方将本着开放合作、互利共赢、强强联合、优势互补的精神，以战略合作促进构建立体传播格局、建设现代传媒集团的新跨越。

5 月 24 日

中国新华新闻电视网有限公司与 BBC 环球有限公司签署备忘录，双方将在两年内联合拍摄以“文化中国”为主题的系列纪录片，并向全球电视台和网络营售播映权。

西宁晚报以“三贴近”理念创办的“社区新干线”社区专版正式推出。

5 月 25 日

中新社与环球移动卫视股份有限公司在北京签署合作协议，中新社的新闻产品有望通过移动卫星电视的渠道覆盖世界主要国家和地区。

广西日报传媒集团全媒体采编平台正式启用，基本实现了“前线记者—责任编辑—值班总编”实时在线的采编发一条龙机制。

5 月 27 日

本日至 6 月 1 日，中央人民广播电台“倾听安徽”走基层报道团行程 2000 多公里，先后到合肥、铜陵、池州、安庆、滁州等 5 市 20 多个基层点进行深入采访。

5 月 28 日

湖南省有限电视网络（集团）股份有限公司与长沙、湘潭、岳阳、益阳和浏阳的国安广电宽带网络有限责任公司共同签署了网络合作框架协议，标志着湖南省广电网络已全面整合。

CIBN 互联网电视正式上线商用暨联合发布仪式在中国国际广播电台举行。业务覆盖范围是中国大陆地区和北美地区，计划在 2012 年第四季度覆盖欧洲地区。8 月 20 日，CIBN 与瑞典尼广播集团—电视 4 集团在北京签署 CIBN - TV4 互联网电视业务战略合作协议。

5 月 29 日

由中央人民政府驻香港联络办组织的香港传媒高层代表团到湖北日报传媒集团考察。考察团由香港文汇报、大公报、成报、中新社香港分社、紫荆杂志、南华早报、香港商报、凤凰卫视、香港卫视等传媒界高层代表组成。

经工业和信息化部批准，《中国互联网络信息中心域名注册实施细则》开始实施。重点修改了原《实施细则》第十四条关于域名注册主体的规定，提出“任何自然人或者能独立承担民事责任的组织均可在本细则规定的顶级域名下申请注册域名”，这意味着国家顶级域名“. CN”“. 中国”面向自然人开放注册。

5 月 30 日

南方报业传媒集团 AA＋级 3.5 亿元中期票据首发仪式在广州揭幕。此次发行的中期票据期限为 5 年期，票面面值 100 元，采用固定利率方式付息，票面利率通过簿记建档程序确定，于 6 月 1 日上市交易。

《郑州晚报》推出巨型特刊，特刊规模达数十叠。以纪念创刊 63 周年、改版 10 周年。

5 月 31 日

湖北广播电视台、荆州市人民政府签署共同组建湖北长江垄上传媒集团合作协议。

同月

继前不久北京大唐辉煌传媒股份有限公司进入 IPO 储备队伍，又一影视企业长城影视股份有限公司加入 IPO 储备队伍。长城影视位于浙江省东阳市，主要从事电视剧制作发行业务。

贵州省广播电影电视局组织完成了贵阳市三网融合《IPTV/手机电视集成播控平台建设方案》《广播电视有限网络三网融合试点实施方案》和《广电信息网络视听节目监管平台 IPTV/手机电视监管分平台建设方案》等专项子方案的编制，经贵州省政府批准和省三网融合专家小组评审通过后上报国务院三网融合工作协调小组办公室备案。

万达集团成功并购世界排名第二的美国AMC影视公司，成为全球规模最大的电影院线运营商。

本月至7月，贵州广播电视台音乐广播策划、组织上千人参与的全国少年儿童电影才艺展示活动暨第三届少年儿童电影配音大赛进行。

6月1日

浙江省财政厅下发《关于同意浙报传媒集团股份有限公司非公开发行A股股票方案的函》，同意该公司本次非公开发行A股股票方案。

新华社拉美总分社西文视频专线西文网络视频专线正式开通。两条专线的稿件内容涵盖重大国际新闻、中国新闻以及拉美新闻，并根据用户不同需求分别提供视频素材和带配音及字幕的成品节目。

山西广电信息网络集团有限责任公司朔州网络整合签约仪式在朔州广播电视台举行。

6月5日

本日至12日，中新社和云南省政府新闻办共同举办了“行走中国·海外华文媒体云南行”活动，共邀请来自32个国家和地区的53家海外主流华文媒体负责人访问云南。

新华社社长李从军会见美联社社长兼首席执行官托马斯·柯里。双方签署了《新华通讯社代理销售美联社图片协议》。

新华社社长李从军与俄塔社社长伊格纳坚科签署了《新华通讯社与俄通社—塔斯社新闻合作协议》。

6月8日

在新闻出版总署、国家版权局、浙江省杭州市相关部门领导的见证下，阿里巴巴集团旗下淘宝网和北京十五家图书出版社在杭州共同签订反盗版联盟图书版权保护合作备忘录。同时，淘宝网宣布，为打击盗版图书，今后在淘宝网经营书籍、杂志、报纸的商家需持有《出版物经营许可证》。

中央人民广播电台、江苏广播电视总台（集团）、北京爱奇艺科技有限公司在北京正式签约，合资设立银河互联网电视有限公司，开展互联网电视的开发经营。

为庆祝香港回归15周年，由中央人民广播电台华夏之声联合香港电台普通话台、广州电台、珠江电台、东莞电台、中山电台、江门电台、佛山电台、惠州电台共同制作完成的12集系列节目《共赢之路》，在中央电台华夏之声和香港之声播出。

广东南方广播影视传媒集团与广州市电视台开始了以“统一经营平台、统一价格政策、统一广告版面，统一调度播出、统一管理系统”为目标的资源整合。

6月11日

由中央人民广播电台主办的第六届民族广播协作会在湖北省恩施市召开。

国务院新闻办公室发布《国家人权行动计划（2012～2015年）》，在公民的知情权、参与权、表达权、监督权保障方面：要不断完善政府新闻发布制度、新闻发言人制度和党委新闻发言人制度；加强对新闻机构和新闻从业人员合法权益的制度保障；依法保障新闻从事人员的知情权、采访权、发表权、批评权、监督权，维护新闻机构、采编人员和新闻当事人的合法权益；鼓励新闻媒体发挥舆论监督作用；畅通公民对国家机关及其工作人员提出批评、建议、申诉、控告、检举的渠道。

浙报传媒（600633.SH）召开2012年第一次临时股东大会，审议通过了《关于公司符合非公开发行股票的议案》等多项议案。月均活跃用户数近2000万的边锋和浩方将被纳入上市公司麾下。

百视通公司与印尼电信签署合作备忘录，双方将进行新媒体业务全面的深度合作。印尼电信是印尼最大的电信和多媒体服务企业，宽带用户数量大增长快，截至 2011 年底，印尼电信共有宽带用户 1050 万户。

6 月 12 日

万网宣布与新浪微博和中国互联网络信息中心达成战略合作，针对中小企业推出系列基于 CN 域名和“中国”域名的微博产品，共同打造中小企业微博产业链。万网微站是用“微博内容”自动生成的“互动网站”。

《中国日报》正式实施改版。新版《中国日报》对导读尺寸、字体和整体设计等进行了调整，并推出《中国经济的海外足迹》《经济观察》《我的中国梦》等特色栏目，以扩大版面信息量、加强深度报道、提高言论质量。

新华社新华体育移动新闻客户端登录苹果商店，客户端参照国内外知名媒体设计，主要有《球星风采》《赛场内外》《记者点评》等栏目，同时还设计了一键链接新华体育微博、收集用户意见反馈等功能。

6 月 14 日

由中央人民广播电台华夏之声组织的“港澳媒体采访团山东行”活动在山东省济南市启动。来自 4 家中央媒体和 11 家港澳主流媒体的负责人、记者共计 40 余人参加此次活动，是港澳媒体采访团成立以来规模最大、港澳媒体主要负责人参加最多的一次。

由南方报业传媒集团与港铁（深圳）公司联手打造的 5 万份《南都 METRO》（试刊版）在龙华线地铁站内免费派发。创刊号于 7 月 5 日出刊，逢周四发放。

6 月 16 日

中国高速公路交通广播《京津塘段 FM99.6》开播，作为中央人民广播电台的第 15 套节目，节目由交通运输部和中央人民广播电台联合推出。该广播是国家应急广播体系的重要组成部分，交通运输部和各省（自治区、直辖市）两级路网信息中心为其提供实时路况信息。

中央人民广播电台新闻综合频率中国之声、对台湾广播中华之声、对港澳广播华夏之声并机现场直播了“神舟九号”载人飞船成功发射。

6 月 18 日

中央人民广播电台对台湾广播中心联合闽南话广播协作网所属的两岸 9 家电台，在福建南安同步直播了郑成功收复台湾 350 周年纪念大会。

国家广电总局批复同意广西电视台综合频道节目实行高标清同播，结束了广西本地广播影视节目没有高清播出的现状。

南京电视新闻网、小薇视频网上线仪式举行。南京电视新闻网是集本地新闻、视频快播、网络互动为一体的城市综合性新闻网站；小薇视频网是以微电影、微视频、微博为主体内容的视频门户网站，以大学生等年轻人为主体受众。

人民网研究院网站（yjy. people. com. cn）正式上线，旨在成为研究院研究成果的共享与传播平台，成为学界、业界及新媒体领域的机构和个人的合作、交流平台。

6 月 19 日

中科院计算机网络中心线华林研究员通过“钱华林@中科院．中国”这一电子邮件地址，向新加坡、德国、美国和中国香港、中国澳门、中国台湾等多个国家和地区的互联网专家发送邮件，宣告了多语言电子邮件时代的到来。

中央外宣办、国家互联网信息办牵头组织，会同中央文明办、工业和信息化部、公安部、文化部、国家广电总局和新闻出版总署等部门开展的全国文明网站评选活动正式启动，将在全国范围内评选出100家文明网站。

“扎根基层 传递民声”——上海广播电视台《新闻坊》栏目纪念开播十周年大型座谈会在上海举行。

粤传媒定向发行新增的3.42亿股股份在深交所上市，至此，广州日报成为经营性资产整体上市的报业集团。本次交易完成后，广州日报社通过全资子公司合计持有粤传媒68.49%股份。

安徽卫视与光线传媒举办了战略合作发布会，双方将强强联手，就电视节目、大型盛典、电影电视剧及媒体宣传等多方面形成战略合作。

6月20日

新华社欧洲总分社与比利时西弗兰德省及其下辖的9家报纸、杂志、电台、电视台将成为新华社新闻信息综合服务用户，双方将致力于打造有利于促进西弗兰德省与中国的文化传播和交流的信息分享平台，并联手策划图片展、论坛等高层公关活动。

由中央人民广播电台对台湾广播中心等单位发起的客属电台协作网成立大会在福建龙岩举行。客属电台协作网目前有中央电台对台湾广播中心、海峡之声广播电台、龙岩人民广播电台、赣州人民广播电台、惠州人民广播电台、河源人民广播电台、韶关人民广播电台等7家成单位，节目覆盖闽、粤、赣三省10个主要客家地市及县域。

由中广互联发起举办的“DVB＋OTT融合创新论坛”在北京举行。本次会议旨在以取长补短、协同发展的指导思想积极推动有线电视网络与互联网电视的深度融合与创新。来自有线电视网络公司、互联网电视牌照商、电视台、内容提供商、各类增值业务提供商、技术企业、投资机构等单位的300余名代表参与了论坛。

6月21日

“闪购·南都全媒体集群战略合作新闻发布会”举行。南都全媒体集群与闪购合作发展移动电商。南都与闪购的此次合作，旨在全面适应传媒与电子商务融合发展的趋势，快速进入移动电子商务领域，大力延展传统媒体的经营模式。

新华社法兰克福分社与法兰克福华尔道福酒店签订协议。根据协议，酒店客房将接入新华社中国新闻电视网电视频道信号。这是该电视网节目首次在德国落地。

国务院总理温家宝在巴西里约热内卢出席联合国可持续发展大会期间，参观新华社与联合国环境规划署联合举办的环保成就图片展。该图片展是新华社广告中心与联合国环境规划署举办的大型绿色环保系列活动的重要组成部分。

由中央人民广播电台与国内多家媒体、环保组织、企业联合发起的“亚洲熄灯两小时”环保公益行动在北京中央电视塔下举行。2012年的活动主题是“熄灯一刻，表达自我”，全国20多个城市电台、网络媒体进行了现场连线直播。

6月23日

新华社互动数字杂志《阅读中国》登陆苹果应用程序下载中心。该杂志由新华社对外部开发，为全球关心中国经济发展的中高端用户提供流畅、时尚的阅读和视听体验。

6月24日

本日12:00至13:10，中央人民广播电台中国之声、中华之声、华夏之声并机现场直播了“天宫一号”和“神舟九号”载人手控交会对接，中国广播网进行了图文和音、视频直播。

6月25日

新华社欧洲总分社与德国黑森林银行协

会签订供稿合作协议。根据协议，黑森林银行协会及其下属117家银行会员将成为新华社英文经济信息产品用户，其中包括摩根士丹利、高盛、英格兰皇家银行等银行集团。

第九届全国城市报业发行网络联盟论坛在今晚传媒大厦开幕。北京青年报、重庆日报、今晚报等26家媒体发行负责人共聚津城。论坛通过了《全国报业COD配送联盟成立宣言》。41家全国城市报业发行网络联盟各成员单位将尽快成立全国报业“COD配送（即电子商务物流配送）”联盟，并将其打造成一个业务共享的公共服务平台。

6月26日

我国第一家以科普为主体的科技视频网——北京科技视频网正式上线。北京科技视频网是由北京市可持续发展促进会主办、北京市可持续发展促进中心和武汉电视台《科技之光》协办的。

纪念香港回归十五周年电视专题片《香港 香港》在中国新华新闻电视网中文台、英语台向全球首播。专题片共十集，摄制组先后专访了曾荫权、梁振英等40多位香港和内地知名人士，在内容和形式上实现了“遍访两地精英，细说沧桑变化，见证特区发展，呈现别样香港”的总体目标。

三网融合——宽带互联网视听（深圳版）IP电视上市发布会在深圳福田香格里拉酒店举行。中国网络电视台、深圳广电集团和中国电信深圳分公司共同推出的深圳IPTV正式启动商用。

中共中央政治局常委李长春和中共中央政治局委员、中央书记处书记、中宣部部长刘云山分别对新华社长篇通讯《“三西”扶贫记》做出批示，指出重大题材由媒体主要领导同志带头“走基层、转作风、改文风”，深入基层、深入实际、深入生活进行采访的经验做法值得提倡。

第六届中国城市网新媒体高层论坛在山东日照举行。新华社、人民日报、腾讯网、中国新闻摄影家网等媒体的代表参加。

由广东省摄影家协会、南海大沥镇文化站、联合主办的广东省第7届摄影理论研讨会开幕暨广东省摄影家协会“摄影大篷车下基层”（大沥站）活动启动仪式在南海大沥镇黄岐文化中心广场举行。

“中央新闻媒体采编人员赣州行”正式启动，18家中央新闻单位的100名编辑记者奔赴革命老区江西赣州采访，以实际行动落实新闻工作“三贴近”原则，践行新闻战线“走基层、转作风、改文风”的要求。

6月27日

重庆日报报业集团和中国工商银行重庆市分行签署战略合作协议，后者承诺为集团提供100亿元授信和全方位的综合金融服务。重报集团正推进上市主体的股份制改革工作和上市融资工作。

本日至7月1日，新华社积极报道香港回归十五周年，共播发中文稿170条，英文稿114条；中英文图片494张；中英文视频51条，共645分钟；网络直播4场，转发文字稿327条、图片117张，视频稿115条。此次报道第一次实现全部文图稿件由前方发稿中心统一签发，第一次在境外进行网络直播。

6月28日

继万达收购美国AMC院线及《全球商业经典》后，万达集团宣布收购《大众电影》杂志。

西安报业传媒集团与腾讯网签署战略合作协议，西安报业传媒集团旗下的报、网将与腾讯旗下的大秦网、大秦社区、腾讯微博及微信平台形成相互依托、取长补短的发展态势。

世界媒体峰会秘书处面向全球发布《世界媒体峰会与媒体成果相关的知识产权保护

公约》。此《公约》由新华社主导，并与美联社、英国广播公司、俄塔社、共同社、新闻集团、汤森路透、半岛电视台等峰会主席团和秘书处成员机构共同研究制定的，是在峰会机制下国际传媒界第一个关于知识产权保护的公约。旨在强调新媒体时代全球媒体对知识产权的重视和保护，

全国新闻出版标准化技术委员会成立大会召开。标委会将负责书、报、刊、音像电子出版物、数字出版物、网络出版物领域的国家标准制修订工作，是由国家标准化管理委员会直接管理的一级国家标准化管理技术委员会。

第一财经旗下一份全新高端金融月刊《陆家嘴》创刊，主要面向金融机构和高净值资产人士，报道具有行业旗帜意义的金融机构、金融家以及重要事件。

新闻出版总署发布《关于支持民间资本参与出版经营活动的实施细则》，具体内容达十项，意在充分调动民间资本参与文化建设，促进出版行业科学发展，推动社会主义文化大发展大繁荣。

国家广电总局下发 43 号文，即《关于IPTV 集成播控平台建设有关问题的通知》，再次强调 IPTV 总分二级播控平台的落实，并且把分平台的地方电视台明确为省电视台。IPTV 集成播控总平台牌照收归中央电视台持有，IPTV 集成播控分平台牌照由省级电视台申请。

6 月 29 日

中央人民广播电台中国之声、中华之声、华夏之声并机现场直播“神舟九号”飞船返回舱回收。中央人民广播电台在中一机房和北京飞行指挥中心指挥大厅分别设立了总直播间和现场直播席，呈现了“神舟九号”飞船返回舱成功的降落主着陆场和三位航天员出舱的全过程，并完整转播了温家宝总理宣读贺电。

新华社历史上第一张照片——“中华苏维埃共和国第一次代表大会”照片复制底片随神舟九号飞船遨游太空 13 天后返回地面。

6 月 30 日

由中国期刊协会、新传媒产业联盟、浙江日报报业集团共同主办、传媒梦工厂承办的 2012（首届）中国新媒体峰会暨“中国新媒体 30 强”颁奖盛典在杭州举行。

腾讯微博实名认证“刘虎”发微博称“因为报道‘县委书记慰问贫困老党员 会场出现九五至尊香烟的新闻’引领导震怒，西安晚报记者石俊荣 29 日深夜被按照上级要求停职，西安晚报同时被要求从即日起禁止出现任何监督或者涉及政府的负面新闻”。该微博一经发出，引发了网友热议。

同月

2012 年是我国计算机软件著作权登记制度实施 20 周年。软件著作权登记制度实施以来，软件著作权登记在明确权属关系、避免发生纠纷、保障交易安全、减轻诉讼成本等方面发挥了重要作用。截至 2012 年 6 月，中国版权保护中心累计完成软件著作权登记 474633 件，其中 2011 年登记软件首次突破 10 万件，达到 109342 件，2012 年全年登记软件 139228 件。

贵州广播电视台都市广播改版推出自主研发的贵州类型化的汽车音乐电台。频率具有统一性、伴随性、可听性，呈现出统一、恒定的频率形象。8 月 8 日正式推出改版节目，成为类型化汽车音乐电台。

本月起，广西人民广播电台不定期开展“纠错日”活动，组织监听监测组对新闻综合广播、经济广播、教育生活广播、文艺广播、交通广播 5 个频率全天播出的节目内容进行监听，发现、总结影响节目质量、威胁安全播出的问题，全力打造高品质节目。

被国内职业打假人和法律界高度关注

的、国内首例电视台因发布虚假医药广告被检察院指控构成虚假广告罪的案件在重庆市万州区人民法院开庭审理。重庆市万州区人民检察院指控重庆万州区广播电视台、该台广告中心主任、该台广告业务员、广告主的行为构成虚假广告罪。

7月1日

《人民日报海外版中东刊》在阿联酋迪拜印刷出版，面向西亚和北非各国发行。这是继 2011 年 1 月创办《人民日报海外版欧洲刊》后人民日报出版的第二份世界区域类双周刊，由人民日报海外版中东办事处（阿联酋中华煦风文化传播公司）出版发行。

中央人民广播电台中国之声、中华之声、华夏之声、香港之声，从 8:50 开始并机直播庆祝香港回归祖国 15 周年大会暨香港特别行政区第四届政府就职典礼大会实况。中国广播网进行了网络直播。

《金华日报》复刊 30 周年暨金华日报报业传媒集团成立庆祝大会在金华举行。该报社已从单一的一张《金华日报》发展到拥有《金华日报》《金华晚报》《浙中新报》《兰江导报》和金华新闻网的“四报一网”的多媒体格局。

湖南日报传媒中心奠基仪式举行。湖南省省委书记、省人大常委会主任周强出席仪式并宣布奠基。

新华社亚欧总分社在莫斯科租赁的大屏幕开播，大屏幕位于俄罗斯国家大剧院对面，紧邻莫斯科红场和俄国家杜马，每天 24 小时不间断循环播放五分钟短片，“新华社”的标识每隔 30 秒出现一次。

本日至 3 日，由中国日报社与日本言论 NPO 共同主办的第八届北京—东京论坛在日本东京成功举行。国务院原副总理曾培炎、国务院新闻办主任王晨、日本前首相福田康夫、外务大臣玄叶光一郎等来自中日两国 100 多名政商界、学术界、传媒界等各界人士出席论坛。中国日报总编辑朱灵代表中方主办方在大会上致词。

7月2日

韩国新闻代表团在湖南日报报业集团党组领导覃晓光、董岳林的陪同下，参观湖南日报报业文化城。

7月3日

中央人民广播电台与湖南日报报业集团等全国 16 家地方报业传媒集团签署战略合作协议，这是迄今为止中国广播媒体与平面媒体最大规模的跨媒体合作项目，宣告国家电台全媒体和跨媒体合作迈出新步伐。

7月4日

国家广电总局和文物局发布《关于加强对文物鉴定类广播电视节目管理的通知》，要求文物鉴定类广播电视节目的制作与播出，把社会效益放在首位，内容必须符合相关法律法规的规定，内容应真实等。规定不能在节目中编造文物流传故事、诱导“持宝人”杜撰虚假收藏故事，不得由演员扮演“持宝人”，不得暗示或要求专家修改文物评估结果、高估文物市场价格。

本日至 6 日，世界媒体峰会主席团执行主席、新华社社长李从军赴莫斯科出席由俄塔社承办的第二届世界媒体峰会。李从军在会上发表了题为《二十一世纪媒体的历史选择》的主旨演讲。其间，李从军与日本共同社社长石川聪会谈，签署了两社战略合作备忘录；与巴林新闻部长萨米拉·拉杰卜就巴林承办第三届世界媒体峰会进行磋商；与俄罗斯联邦社马主席纳雷什金、俄塔社社长伊格纳坚科以及汤森路透、美联社、英国广播公司、美国全国广播公司、朝中社等有关负责人就共同关心的问题交换意见；看望了新华社亚欧总分社全体员工。

本日至 10 日，由青海广播电视台主办的“探秘可可西里”两岸新闻媒体采风活动在西宁启动。通过两岸媒体的新闻报道，全方位展示青海经济建设、社会发展、生态保护、旅游开发等方面的成就，吸引更多台湾同胞来青海观光考察、投资兴业，来自中央电视台、青海省新闻媒体、台湾中天电视台、台湾中国电视公司等海峡两岸 10 家媒体的 20 名记者参与了该活动。

7 月 5 日

国家版权局公布了《2012 年“剑网行动”侵权盗版案件举报奖励办法》，决定对 6 类举报，视不同情况分别给予 1000 元至 1 万元人民币奖励。

在第十八届“兰洽会”上，《读者》推出包括平板电脑、液晶触摸一体机在内的多款数字化新品。此次《读者》全新推出的“悦读”平板电脑，内置了《读者》杂志 30 年期刊的电子版本。

本日至 8 日，贵州广播电视台完成省委书记栗战书在安顺接访的信访案件回访报道。《贵州新闻联播》共播出了在安顺采制的 4 条回访报道：《安顺：把群众的事当自己的家事，迅速行动化解矛盾》《安顺：干部深入基层解决群众合理诉求，坚决维护群众利益》《普定：把群众当“家人”沉到一线解民忧》和《关岭：“造血工程”解百姓难题》。

7 月 6 日

北京电视台与中国网络电视台、北京联通公司正式签署了 IPTV 业务合作协议，标志着北京 IPTV 业务即将正式展开。协议约定，中国网络电视台和北京电视台主要负责 IPTV 业务中心内容的集成和播控平台建设，北京联通主要负责 IPTV 传输分发网络的建设。IPTV 集成播控总平台由中国网络电视台负责建设，北京 IPTV 集成建设分平台由中国网络电视台和北京电视台联合建设。全部内容由两级播控平台集成后，经北京 IPTV 集成播控平台接入到北京联通的 IPTV 传输网络送达千家万户。

中新社内蒙古分社在呼和浩特正式成立。内蒙古自治区党委书记胡春华出席了当天的成立揭牌仪式。

7 月 7 日

全国报纸自办发行协会第六届会员大会在哈尔滨召开。会议就全国自办发行的体制改革、机制创新与观念转变等进行了探索和研讨。

7 月 9 日

《解放日报》进行改版，新推热点新闻版、特稿版等。热点新闻版主打新闻性，聚焦当天上海和国内最受关注的新闻；特稿版为深度报道。

《2011 年新闻出版产业分析报告》正式公布。报告显示，2011 年全国出版、印刷和发行服务实现营业收入 14568.6 亿元，较 2010 年增加 2193.4 亿元，增长 17.7%；增加值 4021.6 亿元，较 2010 年增加 518.3 亿元，增长 14.8%。报刊集团综合评价前十位依次是：成都传媒集团、广州日报报业集团、解放日报报业集团、北京日报报业集团、山东大众报业集团、文汇新民联合报业集团、南方报业传媒集团、杭州日报报业集团、深圳报业集团和江苏新华日报报业集团。

国家广电总局和国家互联网信息办联合下发《关于进一步加强网络剧、微电影等网络视听节目管理的通知》。广电总局明确规定把“审核权”下放给播出机构的“自审自播”。

全国“扫黄打非”办公室发出通知，部署从 7 月中旬至 11 月底在全国范围内开展集中整治淫秽色情出版物及信息专项行动。

7 月 10 日

国家广电总局正式颁布了广播电影电视

行业标准 GY/T257.1－2012《广播电视先进音视频编解码第 1 部分：视频》。

国务院公布《无障碍环境建设条例），于 2012 年 8 月 1 日起正式实施。条例规定，对设区的市级以上人民政府设立的电视台，其应当创造条件，在播出电视节目时配备字幕，每周播放至少一次配播手语的新闻节目。同时，公开出版发行的影视类录像制品应当配备字幕。

由湖南省人大环境与资源保护委员会和湖南日报报业集团联合主办的“探访湘江边最美村镇——全国知名网络媒体走基层”大型联合采访活动启动。

陕西省省级重点新闻网站西部网转企改制，成立陕西西部新传媒有限公司，公司挂牌仪式在陕西广播电视中心举行。

2012 年全国新闻出版局长座谈会在北京举行。会议全面总结了上半年新闻、出版、版权工作，安排、部署下半年重点工作。新闻出版总署党组书记、署长、国家版权局局长柳斌杰出席会议并作重要讲话。

7 月 12 日

由北京人民广播电台和中国广播电视协会联合主办的第五届“赢在创意”全球华语广播栏目大赛评审会圆满落幕，大赛共收到来自国内外 50 多家广播电台、节目制作公司、大专院校和广播爱好者的 242 件参赛作品。

“柑橘通”信息手机应用平台上线。“柑橘通”是由南方报业传媒集团南方农村报研发的首个“三农”信息定制软件项目，以手机为载体，向用户提供每日全国各地区柑橘类产品产地报价、市场报价、行业新闻、生产指导等信息内容。

7 月 13 日

百视通实际控制人上海广播电视台与新浪达成战略合作，联手探索社交电视新模式，并打造首款命名为“百视通看点”的“社交电视”应用产品，百视通成为其运营主体。

《中国网络视听节目服务自律公约》在北京发布。《公约》要求，实行网络视听节目内容总编辑负责制度；实现节目内容先审后播制度，建立和完善快速处理响应机制。《公约》经中国网络视听节目服务协会理事会会议讨论通过。该协会成立于 2011 年 8 月，现有人民网、新华网、中国网络电视台、优酷、新浪、搜狐、腾讯等 260 家缔约单位。

中共中央政治局委员、中央书记处书记、中组部部长李源潮在新华报业传媒集团关于《大学生村官报》一年来的汇报材料上亲笔批示：“报纸办的很好，希望继续努力”。

7 月 14 日

中央人民广播电台旗下子公司央广新媒体公司与江苏电视台、爱奇艺网共同成立了互联网电视的运营合资公司——银河互联网电视有限公司召开创立大会暨第一届第一次股东大会、董事会、监董会。三方成立合资公司，汇聚了互联网电视集成运营牌照商、内容服务牌照商及互联网视频公司。

7 月 16 日

宁夏广电传媒集团公司网正式开通。宁夏广电传媒集团顺利完成了集团公司网站的设计、测试、域名申请和虚拟空间租赁等工作。

山东出版传媒股份有限公司投资设立的山东数字出版传媒有限公司成立，这是山东省资质最全的一家集音像制品、电子出版物及网络出版、发行于一体的综合性出版公司。新公司成立后快速启动，现已策划电子出版物 200 余种，预计成立当年就可产生较好的经济效益。

本日至 17 日，新华社 2012 年工作座谈会召开，会议专题研究加强新兴媒体建设、加快构建先进强大的现代传播体系问题。

本日至22日，第五届“听多彩之声，说魅力贵州”全国50家广播电台著名节目主持人入黔采访大型直播活动在黔东南举行。来自全国各地的主持人们通过电话连线、录音报道、并机直播等形式共发稿350余条。

7月17日

5万份地铁杂志《南都METRO》创刊号在港铁龙华线全面投放。该地铁杂志由南方报业传媒集团、南都全媒体集群与港铁轨道交通（深圳）公司合办。

爱奇艺宣布其自编的《奇艺家庭》已售卖江西卫视。业内人士表示，这或将成为网络自编剧新的发展方向。

尼泊尔访华新闻代表团一行6人来到中新社进行访问，中新社社长刘北宪、总编辑章新乡及相关部门负责人与尼泊尔代表团成员进行了友好的交流与沟通。尼泊尔新闻代表团团长、尼泊尔记者联合会秘书长欧姆·沙尔马表示很高兴影响力广泛的中新社将在尼泊尔设立分社。

7月18日

广电总局所属中国电影科研所、中国电影艺术研究中心、电影频道节目中心和电影数字节目中心在中国盲文图书馆启动了“口述影像文化助盲”公益行动。口述影像主要通过口语或者文字叙述，将视障者无法接收的影像转换成语言符号，用语言解释和描述影像中的人物表情、动作、场景等视觉信息，使其克服视觉障碍，完整地欣赏电影等影像作品。

江西省首家新闻（报业）博物馆——江西日报社史陈列馆落成。

由泰国新闻代表团团长、泰国记者报人协会主席查瓦隆·林帕塔马帕尼为团长的泰国新闻代表团一行7人到访中新社，中新社总编辑章新新、副总编辑夏春平等与泰国代表团成员就中泰新闻合作进行了友好交流探讨。

解放日报报业集团与腾讯公司合作签约仪式暨大申网上线发布仪式举行，大申网由腾讯和解放日报报业集团暨《新闻晨报》共同推出。

本日至22日，以尼泊尔记者联合会秘书长欧姆·沙尔马为团长的新闻代表团一行6人来到青海省进行访问，青海省委常委、宣传部长吉狄马加对代表团一行的到来表示热烈的欢迎。代表团参观了青海湖、塔尔寺、青海藏区农牧民安居工程等。

7月19日

湖北省记协在全国记协系统率先成立新闻职业道德建设委员会，聘请了全国道德模范吴天祥等20名同志为新闻职业道德建设社会监督员，定期开展新闻界职业道德评议活动，形成了对新闻媒体、从业人员的监督评议机制。同时，表彰了湖北日报政治新闻中心主任陈剑文等7位省直新闻单位职业道德建设先进个人。

2012年浙江省报纸广告年会在慈溪举行。年会由浙江省报业协会广告委员会主办，宁波日报社承办。浙江省50多家报社分管领导、广告部门负责人共100多人与会。

本日起，新闻出版总署向社会公开征集“新闻敲诈”、有偿新闻、“有偿不闻”的违法线索。

中国互联网络信息中心发布《第三十次中国互联网络发展状况统计报告》，截至2012年6月底，中国网民数量达到5.38亿，互联网普及率为39.9%。手机网民达到3.88亿，手机首次超越台式电脑成为第一大上网终端。

2012年中国数字出版年会上，中国新闻

出版社研究院发布了《2011—2012 中国数字出版产业年度报告》。报告指出，2011 年我国数字出版全年收入规模达 1377.88 亿元，比 2010 年增长 31%，继续保持强劲增长的势头。

财新传媒完成最新一轮新股融资，腾讯由此成为其股东之一。财新传媒表示腾讯不会参加日常运营，并强调浙报控股亦保持原有持股比例不变。

中国日报技术中心与中国科学院自动化研究所签署战略合作框架协议，并宣布成立新媒体联合实验室，将整合双方资源，就新技术形态、新媒体传播渠道与趋势变化、新媒体受众行为分析、全媒体舆情预警、引导技术、数据挖掘技术、新媒体运营推广等 6 个方面进行跟踪、研究、孵化。

7 月 20 日

中央人民广播电台大型系列报道《中国文化改革发展纪事》座谈会在北京举行。《中国文化改革发展纪事》是中央电台重大主题宣传报道活动的一次创新，集合全台智慧、调动全台骨干力量采制的该系列报道，5 月 14 日至 6 月 8 日在中国之声、经济之声、中华之声、华夏之声、文艺之声同步播出。

国内数字媒体营销公司随视传媒与英国传媒业巨头安吉斯媒体集团正式达成协议，双方将共同组建合资公司安布思沛，原随视传媒 COO 薛雯漪将出任合资公司 CEO。安布思沛将加强在电子商务行业的数字营销业务，为长期合作的国际品牌广告主客户提供整合的数字营销服务。

7 月 21 日

由河北出版传媒集团、上海元创投资管理公司等共同投资建设的 Park118 新媒体产业园暨广电网络产业中心举行奠基开工仪式。

北京广播电视台发挥所属媒体的宣传主阵地作用，全面做好“7·21”强降雨舆论引导工作。

7 月 22 日

本日起，中央电视台综合频道、新闻频道、中文国际频道和英语等多个外语频道播出了直播特别节目《东非野生动物大迁徙》，这是全球电视媒体首次对非洲野生动物迁徙进行直播报道，深受观众好评。

全国重点网络媒体青海行玉树采访团媒体见面会召开。来自新闻网、人民网、中国网、新浪、网易等中央重点新闻网站、商业门户网站和全国省级地方重点新闻网站的 40 多家媒体记者参加了见面会。

人民日报法人微博在人民网、新浪网两大微博平台上线并正式开通，以“权威声音、主流价值、清新表达”为目标定位，以“参与、沟通、记录时代”为责任使命。

7 月 23 日

中央人民广播电台在北京召开“走基层、转作风、改文风”活动研讨会。

中央人民广播电台暨中国广播联盟伦敦奥运会前方报道中心开始运行。

7 月 24 日

由中央人民广播电台主办的 2012 年中央广播发射技术研讨会在贵州省贵阳市召开。全国各省（区）市发射中心、发射站负责人、工程技术人员以及部分发射设备生产厂商参加会议。

由国务院批准的地级市三沙市揭牌成立。海南日报报业集团南海网承办的三沙新闻网（sansha.hinews.cn）也于当日同步上线运行，这是三沙新闻资讯的权威发布平台，是外界了解海南三沙动态的最佳平台和权威窗口。

新华社非洲总分社在尼日利亚推出英文“新华手机报”。该手机报由非洲总分社、拉各斯分社与华为公司、非洲电信运营商MTN公司合作推出，包括国际新闻、体育新闻两种，由非洲总分社编辑制作，每天早晚各发一次。

《中意》双语杂志意大利首发式在罗马举行。《中意》双语杂志由中国国际广播电台与意大利教育中心合办。

中国电视艺术家协会、中国传媒大学、北京电视台、北京锐创控股集团共同参与打造的“北京国际纪实影像创意产业基地”举行合作意向签字及基地揭牌仪式，国内首个纪录片生产基地自此诞生。基地融国内外纪录片研发、制作、业务合作、学术交流、节目贸易、会展经济、播出渠道创新、新媒体运营为一体。

本日至8月13日，中国日报在英国大伦敦地区连续出版发行对开24版的英文《奥运日报》，单期发行量约为1万份，直达奥运新闻中心、机场快线、奥运场馆、运动员村以及奥运场馆附近的高档酒店等场所。这是中国媒体首次为在国外举办奥运会出版英文奥运日报。国际奥委会副主席托马斯·巴赫称赞“《奥运日报》已成为伦敦奥运会的主要刊物之一”。伦敦市长鲍里斯·约翰逊表示，“中国日报的《奥运日报》非常精彩”。

7月25日

中央人民广播电台数字电视付费频道《家庭健康》更名为《央广健康》，同时实施全面改版。

由中国电视艺术家协会与央视七套联合主办的第四届新农村电视艺术节启动。主体内容有：“优秀农村题材曲艺小品展演”“优秀农村题材电视剧、电视电影推介活动文艺晚会”“新农村电视艺术论坛”“小康电视工程颁奖晚会”“魅力新农村推介活动”和新农村新农民风采人物推介活动等。

国家语言资源监测与研究中心平面媒体分中心、北京语言大学、中国新闻技术工作者联合会、中国中文信息学会联合发布“2012春夏季中国报纸流行语”。本次流行语分8个类目及1个专题，“神舟九号”位居综合类流行语第一，其他9个流行语分别为：明胶、黄岩岛、伦敦奥运会、穆巴拉克、小微企业、欧洲杯、学雷锋、农业科技、舌尖上的中国。

7月26日

由人民网主办，中国发言人俱乐部承办，人民在线支持的“2012中国发言人俱乐部高峰论坛暨年度颁奖盛典”在北京举行。同时评选出“第三届中国发言人微博互动传播案例奖”“第三届中国发言人传播服务推荐品牌”。

湖南电台交通频道“你献爱心，我送平安”——‘一帮一’山区助学大行动”拉开序幕，这是交通频道及湖南电台“爱心三部曲”之“爱心迎考”“爱心送考”后举办的又一大型“爱心助学”活动。

7月27日

长江文艺出版社与北京时代华语图书股份有限公司共同投资成立的长江时代图书有限公司揭牌，主要经营文艺、心理自助、旅游、科普等类图书策划出版，以建设品质阅读基地为主要目标。

《人民日报》在2版要闻版刊登66位北京暴雨死难者名单，并通过官方微博发表评论，建议公布遇难者名单应成制度。

本日至8月12日，第30届夏季奥运会在伦敦举行。新华社此次派出了116人的报道团赴伦敦进行报道。据统计，奥运期间新华社共播发相关中文文字稿3400余条，英文文字稿2100余条；中文图片17500张、英文图片12000张；中英文视频稿2500余条；“新华体育”等新媒体稿件17000余条；新华网编发各类文图音频稿件超过20000

条。相关报道被国内媒体采用率达 100%，被百家以上媒体采用的稿件逾 50 条；相关外文稿件被西方三大通讯社和 BBC 等英国主流媒体大量转载。

文汇新民联合报业集团各路记者通过奥运联合行动平台安全发稿 1041 篇，日均发布量达到 60 篇。集团各媒体用稿量 2664 篇次，集团各媒体之间交叉用稿量超过 370 篇次，联合行动体现了“媒体整合、资源共享、服务支撑”的理念。

扬子晚报《笑傲伦敦》奥运特刊与读者见面，特刊以长卷的形式，为广大读者倾情送上观战指南，精心提炼出每日金牌赛程和精彩看点。

7 月 28 日

山东蓝色传媒股份有限公司创立大会暨蓝色传媒高端论坛在青岛奥帆中心举行。该公司由青岛广播电视台倡议，半岛蓝色经济区规划所辖的青岛、东营、烟台、潍坊、威海、日照六家城市广播电视台作为股东，是蓝色经济区城市广电战略合作的运营实体。

中共中央政治局常委、全国政协主席贾庆林到新华（大庆）国际石油资讯中心调研。

7 月 29 日

国际奥委会授权新华社为 2014 年南京青奥东道主通讯社。根据协议，南京青奥会举办期间，新华社将用中英文两种语言提供全方位文字、图片报道服务，并负责组建国家奥林匹克摄影服务队。新华社副社长周锡生代表新华社参加授权签约仪式。

国家互联网信息办公室、工业和信息化部发布《互联网信息服务管理规定》征求意见稿，确立了互联网信息内容主管部门、电信主管部门、公安机关为主的互联网监管体系，强化了相关服务提供者的安全管理责任，规范了政府部门的监督行为，加强了个人信息保护。

7 月 30 日

新闻出版总署印发了《关于报刊编辑部体制改革的实施办法》。根据《中央办公厅、国务院办公厅关于深化非时政类报刊出版单位体制改革的意见》精神，该《办法》强调，原则上不再保留报刊编辑部体制。对现有报刊编辑部，区别不同情况实施不同改革办法。

广州市十四届人大常委会第四次会议召开全体会议。此次会议在广州市人大网和大洋网上进行了同步现场图文直播，这在广东省尚属首创。

美国中文电视与上海东方传媒集团战略合作签约仪式在纽约举行，双方就新闻领域的合作、美国中文电视英文频道的建设，以及总体战略合作签署了协议。

中央电视台发现之旅频道全面改版，改版节目以人文地理节目为核心内容，以“大开眼界”为节目定位，紧扣“发现”主题，以新节目、新包装、新排播、新标识为南航乘客和电视观众服务。

本日至 8 月 11 日，新华社总编辑何平赴马达加斯加、津巴布韦、埃塞俄比亚访问。何平考察了塔那那利佛、哈拉雷、亚的斯亚贝巴等分社工作，并在途径内罗毕时与非洲总分社同志座谈。其间，何平分别会见了埃塞俄比亚、津巴布韦、马达加斯和非盟委员会的官员，走访了马通社、津通社、《先驱报》等。

同月

《河南商报》与《南方周末》捆绑订阅买一赠一，只需花 200 元。迄今为止，《南方周末》仅在北京、上海、广州等城市，选择与当地最具影响力的报纸，采取捆绑订阅模式，推广销售。

由湖南广播电视台与香港电讯盈科合作

创办的Now芒果台成功覆盖新加坡航线的多个航班，往返于这条航线上的乘客可以收看到湖南广播电视台《快乐大本营》《天天向上》《我们约会吧》等节目。

中国广告协会报刊分会、央视市场研究媒介智讯发布《中国报纸广告市场分析报告》。《报告》显示，6月中国传统媒体广告环比增长2.0%，同比增长9.2%，同比增幅比上月明显提高，1—6月累计增长7.9%，虽高于上年同期3.9%的水平，但累计增长率徘徊在两位数以下。报纸广告全方位衰退。1—6月累计传统媒体广告增长了7.9%。其中，电视增长11.3%，广播增长2.7%，户外下降1.5%，报纸和杂志则双双下降，报纸下降6.1%，降幅比1—5月显著扩大，杂志下降8.3%，降幅也有所扩大。6月，报纸广告同比降幅急剧扩大到16.4%，环比也下降2.9%。上半年，在报纸广告的20个行业中增长的只有房地产、酒类、饮料和活动类4个行业，其他行业都呈下降趋势。

据易观智库发布的数据，2012年第二季度中国互联网广告运营市场规模为176.04亿元，环比增长25.4%，同比增长54.2%。其中，百度占到31.2%，阿里巴巴占到15.7%，谷歌中国占6.3%，继续占据市场前三位置，腾讯、搜狐、新浪（不含新浪乐居业务）、网易四大门户占据市场份额的13.8%。

本月至10月底，国家版权局、公安部、工信部、国家互联网信息办公室联合开展了第八次打击网络侵权盗版专项治理“剑网行动”。此次行动主要针对提供作品、表演、录音录像制品等内容的网站、提供存储空间或搜索链接服务的网站，以及提供网络交易平台的网站中存在的侵权盗版行为进行专项治理。行动中，各地共查办网络侵权盗版案件282起，其中行政结案210起，移送司法机关追究刑事责任72起，没收服务器及相关设备93台，关闭网站129家。

8月1日

新闻出版总署公布《关于调整“十二五”国家重点图书、音像、电子出版物出版规划的通知》。

8月2日

参与中国广播联盟的14家省、市电台合作推出的《八方名嘴话金州——黔西南成立30周年》大型直播。

8月3日

一封百度公司内部邮件从网络流出，称公司近期发生多起“有偿删帖”等涉嫌犯罪案件，公司3名员工被刑拘。

国家广电总局正式批复，同意中央人民广播电台开办第16套广播频率——“中国乡村之声”中国乡村之声面向全国覆盖，以直播卫星传输为主，辅以中波传输方式，重点保障北京和部分农业大省的中波覆盖。

《重庆日报》创刊60周年纪念大会召开。重庆市长黄奇帆，中宣部新闻局、新闻出版总署新闻报刊司、中国记协致信祝贺。

8月4日

由中央人民广播电台主办的“光大梦想、爱心起航——第二届全国青少年才艺展示活动”落幕。该活动自3月启动，在北京、上海、厦门等18个城市分赛区进行了全国范围内评选，辐射近10万个家庭，产生了1万多个才艺节目，活动期间通过各种渠道为“母亲水窖”公益项目筹集善款80万元。

8月5日

中国网络电视台面向非洲用户研发的“我爱非洲”手机电视移动多媒体频道在肯尼亚首都内罗举行开通仪式。“我爱非洲”手机电视频道通过多媒体播出。

8 月 6 日

利用《娱乐快报》原有刊号，《星沙时报》正式创刊，全面覆盖长沙县，为主报《长沙晚报》输送了大量的新闻作品和广告客户，成为新的优质媒体资源。该报 2012 年收入突破 500 万元，成为长沙晚报报业集团新的增长点。

卫生部百姓健康电视频道（CHTV）开播，这一由卫生部主管、卫生部新闻宣传中心主办的全国性数字电视频道成为卫生系统政策法规宣传、业务研讨交流、医患情感沟通和突发公共卫生事件应急信息发布平台。

全国部分省市网络宣传管理经验交流座谈会暨青海省网络新闻发言人培训在西宁举行。

8 月 7 日

港澳媒体“三江源国家生态保护综合试验区”采访报道团抵达玉树，青海省玉树灾后重建现场指挥部向采访团通报了玉树州基本州情、玉树在后重建情况和三江源生态保护与建设情况。

“中国城市网络形象排行榜”发布会暨城市网络形象研讨会在北京国家新媒体产业基地召开。会议的主题是“新媒体时代的中国城市网络形象”。会议正式发布了中国首份《2011－2012 年度中国城市网络形象研究报告》，并公布了 2011－2012 年度“中国城市网络形象排行榜”。深圳、济南等 18 个城市分获“2011－2012 年度中国网络形象十佳城市”“城市政务微博平台建设示范奖”“城市节庆传播奖”“城市网络舆情应对奖”“城市形象网络推广贡献奖”。该研究报告是中国首份有关 285 个重要城市（不含直辖市）网络形象的报告。

8 月 8 日

人民网、人民日报评论部联合推出《人民微评》栏目，旨在通过 140 个字的精彩短评，与粉丝第一时间探讨时事热点。人民网新浪官方微博还将播出《观点联播》等栏目。

第十五届海峡两岸大学生新闻营到中央人民广播电台参访交流，来自台湾政治大学、世新大学、辅仁大学、文化大学以及北京大学、清华大学、复旦大学等高校新闻系的学生和教师共 90 余人参加交流活动。

8 月 9 日

《成都商报》推出“魔法”报纸，图片可播放成视频。读者只要下载拍拍动扫描《成都商报》上带有“拍”字的图片，就可以立刻见证图片内容在报纸上“动”起来，仿佛进入了魔法世界。

贵阳日报传媒集团和成都铁路文化传媒总公司举行项目合作签约仪式，贵阳日报传媒集团获得贵阳、安顺、六盘水、凯里、遵义五个火车站的户外广告独家经营权。

8 月 10 日

国家广电总局发出《关于表彰 2012 年广播电视创新创优栏目的决定》，对 2012 年以来创新创优取得突出成就的经验的 18 个栏目、10 个广播栏目予以表彰。

青岛报业传媒集团新闻书画美术馆正式开门接客，建筑面积 1000 平方米，拥有 200 米长专业展线。

8 月 12 日

上海游戏风云文化传媒有限公司揭牌成立。该公司隶属上海东方传媒集团、上海文广互动有限公司。

中华全国法制新闻协会在国家体育总局举办 2012 年度全国政法界、新闻界乒乓球（北京）总决赛。

《厦门商报》正式更名为《海西晨报》。《海西晨报》9 月试刊，定位为面向海峡两岸地区市民的综合性都市报。

8 月 13 日

中国新闻社黑龙江分社在哈尔滨成立。

本日至19日，为期一周的“奋进贵州 高原巨变”全国优秀广播记者入黔采访活动在贵州省举行。重点针对贵州交通发展、工业化带动、循环经济、新农村建设和民族文化发展等方面进行采访报道。

8月14日

中国国际广播电台完成环球广播落地节目传输系统卫星扩容切换工作。扩容后，卫星转发器带宽翻番，可基本满足未来150个海外分台建设布局。

8月15日

新华云盘客户端全面上线试运行。新华云盘是新华网自主研发的基于云计算平台的网络硬盘服务系统。用户只需登陆系统，就可以轻松实现各种文件的在线存储，标志着云盘产品应用实现移动互联网和互联网融合。

8月16日

奇虎360低调推出自有搜索，引起了业界的震动和百度的反制。

新浪在第二季度实现收入1.316亿美元，其中广告营收为1.031亿美元，同比增长12%。该季度新浪微博广告营收超过1000万美元，占新浪广告收入比例为10%。这是新浪微博上线3年来首次对外公布社交广告收入。此外，新浪微博注册用户总数已超过3.68亿，继续保持着稳定增长。新浪高层认为，微博广告收入的增速会加快，这将有助于新浪提高下半年整体的广告业务收入增长率。2012年，越来越多的互联网企业开始重视和发掘社交广告，努力在海量的用户资源中挖掘无穷尽的商业价值。对于腾讯而言，社交广告的份额也在快速提升，并推动着腾讯B2C业务与B2B的融合。

8月16日

中国国际广播电台承办的中俄旅游年国家级文化传播项目《你好，俄罗斯》电视专题片百日联播开播仪式在北京举行。在此后的100天中，《你好，俄罗斯》电视专题片通过旅游卫视及各合作电视媒体，以及国际台“国际在线”“天地视频”“环球资讯广播”“CRI手机电视”、《参考消息》《国际先驱导报》等各形态媒体平台同步播出。

非时政类报刊出版单位体制改革工作联席会议办公室在北京举行工作座谈会，就加大地方非时政类报刊出版单位转企改制工作力度进行部署。29个有改革任务的省（区、市）中，首批改革方案已经全部完成批复，同时有20个地区报送了第二批改革方案。其中，江西省已经完成了两批改革任务，甘肃、河北等省份完成了首批改革任务。

8月17日

首届IEEE中国国际通信大会暨第九届中国通信学会学术年会在北京召开，会议主题为“宽带中国”。工信部电信研究院院长曹淑敏表示，互联网是中国发展最快的行业之一，在2012年，56个在中国上市的互联网公司收入达到1150亿元，市值达到9400亿人民币，这是三大电信运营商的一半。据工信部电信研究院院长曹淑敏介绍，2011年，百度、腾讯、阿里巴巴、盛大、网易等56家互联网公司收益达到1154亿元，增长率高达37%，截至2012年2月13日，这56家互联网公司的市场总额达到9404亿元，占三大运营商收入的一半，其中百度、腾讯占比高达60%。百度的市值已经超过了中国电信，腾讯也超过了中国联通。

8月18日

河南卫视启动“寻找当代孟母”大型公益活动。

由上海交通大学舆情研究实验室主编、社会科学文献出版社出版的2012舆情蓝皮书《中国社会舆情与危机管理报告（2012）》在上海发布。从2011年471个有效样本的分布情况来看，新媒体首次曝光的事件有 307 起，而传统媒体曝光的仅有 145 起，不足前者半数，仅占总数 30.8%。

8 月 19 日

百度百度云计算中心项目奠基仪式在阳泉市举行。

8 月 20 日

优酷土豆股合并方案在香港召开的双方股东大会批准通过，优酷土豆集团公司正式成立。

中国新闻网全新打造的播报节目《中新播报》上线播出。

《“英文/数字.中国”域名优先注册和优先升级的注册规划》正式发布。在正式开放“英文/数字.中国”域名注册之前设立优先注册期，允许商标权益人优先进行注册申请。优先注册期为 2012 年 9 月 16 日 0 时至 2012 年 10 月 14 日 24 时。为了保护 CN 域名注册者的权益，允许 CN 英文域名注册者优先升级注册“英文/数字.中国”域名。优先升级期为 2012 年 10 月 15 日 0 时至 2012 年 10 月 23 日 24 时。

8 月 21 日

由中央人民广播电台主办的海峡两岸广播交流研讨会在四川省成都市举行。

360 自主研发的综合搜索（so.360.cn），替换掉谷歌成为 360 网址导航（hao.360.cn）的默认搜索引擎。业内认为，这或改写搜索引擎的现有格局。

8 月 22 日

在中韩建交 20 周年纪念日前夕，人民网韩国频道上线。人民网韩国频道通过及时、准确、全面的新闻报道及经济、社会、文化、旅游、留学、娱乐等方面的权威资讯，为中国网民呈现真实而完整的韩国。

新华（大庆）国际石油资讯中心与广东振戎联合体签署合作协议。

在北京举行的 BIRTV 展会上，深圳天威透露消息称正在开发一种“多屏看”的业务，此业务是深圳天威引入 OTTTV 概念的有益尝试。“多屏看”业务使用户订购的所有视频业务可以从电视屏幕扩展到其他终端屏幕。

由中央人民广播电台主办的第八届港澳听众联谊会在青海省西宁市举行，来自港澳地区的听众代表 50 余人参加本届联谊会。

DVB+OTT 融合创新论坛（DVB+OTT Forum，简称 DOF）成立。该论坛旨在联合有线电视网络运营商、互联网电视牌照方、电视台及各类技术企业、内容及应用提供商、研究机构与专家共同研究并解决有线数字电视与互联网视频产业融合发展过程中的共性问题；确定四大方向：增强电视、跨屏业务、有线智能一体机、APP 接口标准研究。

8 月 23 日

中央人民广播电台文化发展工程启动。该工程旨在发挥国家电台优势，整合全台文艺资源，加强与国内外知名艺术院团和演出院线的战略合作，通过在重点频率开辟固定时段、全媒体共同参与的方式，为广大听众提供丰富多彩、形式多样的优势文艺节目和精彩演出，并运用先进的传播手段记录、存储这些文艺精品。

人民网公布了上市以来的首份中报。2012 年上半年，人民网实现营业收入 2.91 亿元，同步增长 38.1%；净利润 6491 万元，同步上涨 101%。

中央人民广播电台文化发展工程在北京启动。

《福建日报》创刊 63 周年暨福建日报报业集团成立 10 周年。福建省委书记孙春兰致信福建日报报业集团表示祝贺。

8 月 24 日

新浪发布全国首份《部委微博运营发展模式》报告。报告指出，政务微博经过短短两年发展，目前总数接近5万个。部委（含下属司局）及部委级组织落户新浪的微博数量达17个，在这17个部委中，开通官方微博总数达44个。

CCTV-2推出《央视财经》手机新闻客户端，搭载在搜狐新闻客户端下，分为《财经头条》《财经要闻》《重磅调查》《轻松一刻》等六个栏目。

8月25日

新华社三沙记者站在三沙市委、市政府驻地永兴岛揭牌。这是中央及海南新闻单位中唯一进岛设立的记者站。

中共中央政治局常委李长春在《新华社工作简报》第7期“抢占非洲舆论战略制高点，实现国际传播能力新突破”上批示：新华社以非洲为突破口，增强话语权，扩大国际影响力，取得了重要进展，希望继续努力，在打破非洲地区“西强我弱”舆论格局方面迈出更大步伐。

8月26日

陕西延安境内发生36人遇难的特大交通事故后，陕西省安监局长杨达才的一张事故场面带微笑的照片，引起了网民的极大不满，并很快被网友人肉搜索出数张杨达才在不同场合佩戴各不相同的名表的照片。后杨达才被开除党籍，并移交司法机关。

8月27日

时隔近二十年后世界华文微型小说大赛在上海启动第二届赛事，将面向全球华语文学圈和文学爱好者征集微型小说参赛作品，赛期持续到2013年2月底。

本日起，被誉为中国首档青年电视公开课的《开讲啦》每晚23:36在中央电视台综合频道开播。节目将邀请十位嘉宾现场分享他们的人生经历和生活感悟。

8月28日

新华社中国图片社开发的中国图品在线投入试运行。它是基于互联网、无线网络并以图片为主要资源的图品应用服务平台，为用户提供图片创意、传播、搜索、交流、交易、图片制作、艺术品制作、电子杂志、图片下载等有线与无线网络增值服务。

新华报业传媒集团负责人与为纪念中日邦交正常化40周年专程来江苏访问并作有关采访工作的日本新宇日报代表团进行会谈并交流。

8月29日

湖北日报传媒集团负责人将“全媒体报道突击队”队旗授予队员，标志着湖北日报传媒集团向全媒体转型有了实质性的突破。

南方报业传媒集团与广东温氏食品集团举行合办新牧网签约仪式。合办后的新牧网将致力于打造中国畜牧行业最具公信力和影响力的专业门户网站和互动社区，南方农村报系将参与新牧网运营。

乐视网推出体育频道，将充分利用乐视网娱乐和明星资源，打造娱乐化的体育盛宴，并通过手机、PC、TV等多屏优势进行直播和点播服务。

Google正式宣布选择海信成为Google TV机顶盒的第五位硬件合作伙伴，其他四家分别为Sony、LG、Vizio和三星。

8月30日

SMG举行“公益新主张，品牌新高度”论坛并正式启动首届SMG《“益”战成名》新锐导演公益广告大赛。论坛上，某业内人士透露，截至2012年，全国只有央视、上海、北京等四五家电视台完成了公益广告播出量的指标，大部分电视台的公益广告都不能达到应有的播出量，有的电视台更是连1%的播出量也没有达到。

由五洲传媒出版社主办的“《Go China》新闻发布会”举行。《Go China》是五洲传播出版社与韩国本地文化出版机构合作，以中国的教育、旅游、文化和生活资讯为主要内容，以韩国当地读者为受众，在韩国本土发行的综合资讯类杂志。

解放日报报业集团第 56 届文化讲坛在泽普举行。本次文化讲坛是“2012 喀什上海文化周”活动的主要内容之一，主讲嘉宾全国政协常委、复旦大学图书馆馆长葛剑雄等，围绕“文化包容与共同发展”这一主题开讲。

由新华通讯社东盟编辑部和马来西亚世界华人媒体集团共同设立的新闻网站“新世华网”（www.newchinesenet.com）正式上线。新世华网由新华社东盟编辑部主编，立足于向广大海外华侨华人、特别是东盟国家的华侨华人提供资讯服务。旨在推动新华社多媒体稿件在东盟地区的落地。

酝酿多时的香港本地中文报加价，《信报》首先宣布由下周一起加价 2 元，新零售价至 8 元，加幅高达 33%，远高于通胀，成为近 12 年来首份加价的中文报章。

8 月 31 日

中国新闻社、中国社科院新闻与传播研究所在北京联合主办新闻文风改革暨“中新风格”学术研讨会，与会嘉宾就新形势下如何做好对外传播展开讨论。

新华社社长李从军会见俄塔社总编辑阿布尔哈金，双方就进一步加强两社合作深入交换了意见。

安徽广播电视台与安徽电信签署战略合作暨 IPTV、通讯业务协议，双方将基于各自的主营业务与优势资源，在三网融合项目、通信服务、广播影视业务、联合营销和创新等领域展开深度合作，共同促进双方的业务发展和产品延伸。

新华社与联合国世界粮食计划署签署战略合作备忘录。这是新华社与联合国机构签署的第七份战略合作备忘录。

同月

南方周末宣布要进军电视领域，南周高清电视节目将陆续出炉。以《南方周末 60 分钟》为核心的一系列南周高清电视节目将陆续出炉。在节目正式播出前，编辑、主持将在网上以“南周播报”的形式与大家见面。

8 月底，新华社多媒体采集系统手机智能客户端成功上线。该客户端由新华社技术局负责研制，支持苹果和安卓平台手机，能将文字、图片、音视频等多媒体稿件快速传送至总社多媒体待编稿库或国内分社，有利于增强新华社突发事件现场报道能力，同时还提供消息提示服务，可及时向记者推送系统通知和稿件建采信息，提供编辑记者相互发送沟通消息的功能，以加强新闻报道的联动配合。

8 月消息，凤凰传媒 2012 年上半年业绩较 2011 年同期增长 45%～55%。在开卷零售市场码洋占有率为 3.65%，同比上升 0.56 个百分点，码洋占有率列全国第 3 名。凤凰传媒总经理周斌表示，下半年将加快网点改造升级，扩大销售平台。43 个连锁网点升级改造有步骤实施，校园书店、社区书店、农村小连锁书店、超市书店正在抓紧建设。

中央电视台电影频道从 1999 年开播至 2012 年 9 月初，已经自制电影 1474 部。这些影片成本低、周期短、制作精，以现实题材为主，风格多样。

国家广电总局发布了《关于表彰 2012 年广播电视创新创优栏目的决定》，对 2012 年以来创新创优取得突出成就和经验的 18 个电视栏目和 10 个广播栏目给予表彰。湖南电台交通频道时事评论节目《观点峰会》，湖南卫视音乐公益节目《天声一队》，公民道德节目《平民英雄》获评 2012 年广播电视创新创优栏目。

非法出版刊物《甘肃风云》，相关人员获利近200万元——这起由公安部挂牌督办的“兰州非法经营出版刊物案”宣判。兰州市城关区人民法院一审以非法经营罪判处《甘肃风采》杂志社社长孙某有期徒刑两年，缓刑两年，并处罚金5万元。其余3名被告人相继被判缓刑。

腾讯控股有限公司公布，截至2012年6月30日未经审核的第二季度及上半年综合业绩财报显示，腾讯网络广告业务收入为8.797亿元，比上一季度增长62.9%，比2011年同期增长71.7%。腾讯网络广告的快速增长是由于社交网络上的效果广告及网络视频平台上的品牌展示广告收入快速增长所致。

8月30日至9月2日，第四届山东文化创意产业博览交易会在济南国家会展中心举办。

9月1日

歌华有线公司高清交互平台“北京数字学校”栏目正式上线播出。该栏目提供从小学到初中9个年级3000多位名师的9500课时点播服务，为首都中小学生、家长和教师提供了全新教与学的数字化服务平台。

为迎接党的十八大召开，中央人民广播电台民族广播中心携手全国32家蒙、藏、维、哈、朝5种民族语言广播频率，共同推出150集系列报道《民族先锋》。

9月2日

《开学第一课》在中央电视台一套首播。最美教师张丽莉、最美司机吴斌、最美战士高铁成等出现在节目中，中国“最美人物”引领同学们发现身边之美、人格之美、社会之美。

人人公司旗下团购平台糯米网携手陕西广电网络传媒（集团）有限公司西安分公司推出广电付费电视团购。

中央人民广播电台中国之声推出大型文艺专栏《中国大舞台》。作为该电台文化发展工程的内容之一，为固定栏目，播出国内外知名文艺院团和国内演出院线推出的各类优秀演出和剧目。

9月3日

北京市委宣传部、北京市广播电影电视局召开由赵宝刚导演的36集电视连续剧《北京青年》研讨会，研讨会热议“重走青春”。

百度世界2012大会在中国大饭店举行。在此次大会上，百度公布了被誉为“七种武器”的首批提供给开发者的工具和服务。“七种武器”包括百度个人云存储（PCS）、LBS·云、百度移动云测试中心（MTC）、百度应用引擎（BAE），以及本次百度世界大会首次公开亮相的多屏幕ScreenX技术、百度移动云应用生成服务（Site App）和百度移动浏览内核。他们可从不同角度帮助开发者用好百度云，促进移动应用的繁荣。

中国银行河南分行与河南广播电视网络股份有限公司签署整体战略合作协议。

中国互联网网络信息中心和腾讯达成战略合作，双方将共同为网民提供基于域名的广泛应用，使网民可以享受到更加多样的、个性化的互联网服务。这是CN域名在2012年5月向自然人开放注册后，首次面向国内个人应用平台开展的合作。

搜狐重金订造的“微栏目”频道重磅上线。该频道面向千万网友提供8分钟“个人电视台”服务——所有网友、工作室、制作机构都可以通过这一平台上传原创综艺节目。流量保持前列的节目，最终将分享百万巨奖。

首届中国国际微电影大赛签约启动仪式在长沙举行。仪式由中国国际广播电视网络台、中国互联网新闻中心、国家广电总局电影卫星频道电影网、全国省级电影频道联盟以及湖南乐田媒体有限公司共同主办。

由中央人民广播电台音乐之声和中国儿童少年基金会主办的“2012 Music Radio 我要上学助学行动”在北京启动。

9 月 4 日

辽宁省组织有关部门启动省扫黄打非专项行动，对全省 14 个市的报刊市场、音像市场以及印刷企业进行明察暗访。同时，积极协调做好接待国家扫黄打非督察组有关工作。

壹传媒集团在香港交易所公告，已有第三方对象，表达有意购买壹传媒集团旗下的台湾《苹果日报》《爽报》以及《壹周刊》，目前正进行初步磋商，金额尚未确定。

9 月 5 日

美国 ICN 国际卫视《游在中国》（北京）节目中心揭牌。《游在中国》栏目将于 2012 年 11 月在美国 ICN 国际卫视播出，每期节目时长 60 分钟，是一档向美国观众介绍中国风光、风土人情的电视旅游节目。

威海报业集团与韩国亚洲新闻集团战略合作协议签字仪式举行。根据协议，双方将在文化交流、产业发展等方面开展广泛合作。

9 月 6 号

京华时报推出的“京华云拍”客户端正式登陆苹果手机应用商店，用户直接在苹果 AppStore 里搜索“京华云拍”即可免费下载安装使用。

由浙江省报业协会主办的“喜迎十八大，颂歌献给党”浙江报人大型诗会举行。浙江省 16 家报业集团和报社代表队，共 500 多人，带来了 19 个独具匠心的参赛节目。

由《三晋都市报》携手联通太原分公司打造的云报纸正式与山西读者见面。

中国电信游戏运营中心——炫彩互动网络科技有限公司正式挂牌成立。这是继天翼视讯之后，中国电信旗下第二个迈向资本独立运作的产品基地。

福建广电网络集团股份有限公司三明分公司揭牌暨县级分公司授牌仪式举行。

9 月 7 日

在 9.7 昭通彝良抗震救灾宣传期间，云南 IPTV 合作三方为：中国网络电视台 IPTV 事业部、云南爱上公司和云南电信，充分发挥各自优势、紧密协作，搭建公共信息应急发布平台。

辽宁省组织召开全省新闻战线“走转改”大型主题采访活动动员暨“辽河行”大型主题采访活动启动。启动仪式上传达中央“走转改”会议精神，部署辽宁省主题采访活动，起草并下发《全省新闻战线“走基层、转作风、改文风”大型主题采访活动工作方案》，对全省新闻战线“走转改”大型主题采访活动做出安排部署。

云南贵州两省交界处发生 5.7 级地震，贵州广播电视台迅速组织力量第一时间赶赴灾区投入抗震救灾报道。《贵州新闻联播》栏目中开设了《抗震救灾》专栏，截至 9 月 13 日，贵州广播电视台《贵州新闻联播》《新闻全方位》《午间道》《百姓关注》等主要新闻栏目共播出有关抗震救灾的报道 160 多条次，向央视新闻频道提供并播出有关威宁、赫章等地的抗震救灾报道 70 条（次）。

9 月 8 日

上海东方传媒新娱乐大型真人秀歌唱节目《妈妈咪呀》正式登陆荧屏与观众见面。该节目源自在韩国曾创收视奇迹的王牌节目《Super Diva》。

由中央电视台和光明日报社联合主办的“寻找最美乡村教师”大型公益活动揭晓。徐德光、邓丽等 10 位乡村教师和以林子闳为代表的农村教育志愿者团体获得“最美乡村教师”称号。

9月9日

河南电视台推出《一拍即合》栏目，主要弘扬书法、陶瓷、经典古书等华夏民族优秀文化，促进文化艺术品的交流、流通。

根据协议，“亚洲广播网”付费取得中国新华新闻电视网中文频道、英语频道在马来西亚的有线网播出权，中国新华新闻电视网首次在东盟国家实现版权收费落地。

9月10日

新疆广电网络天山云平台正式上线，并召开“天山云”品牌暨一体机发布会。

本日至11日，由北京市广播电影电视局、北京市怀柔区政府联合主办的2012年秋季（第十一届）首都电视节目推介会在北京召开。

9月11日

日本政府与所谓的“所有者”签订“购岛协议”之后，中国党、政、军及各大部委，包括央视、人民日报、新华社等官方发声媒体，包括各地方电视台、报纸，以及网络上的门户和新闻网站，舆论指向日本。中国社科院2013年《社会蓝皮书》发布的《2012年互联网舆情分析报告》称，钓鱼岛与反日游行跟帖过亿。

本日至14日，2012中国互联网大会在北京国际会议中心举行。大会开幕式上，工信部部长苗圩宣布TD－LTE（4G）牌照拟于一年后发布，4G市场化进程加快。

9月12日

由中国驻以色列大使馆和中国国际广播电台共同主办的“犹太人中国寻亲·友人见面会”在以色列特拉维夫举办。“犹太人中国寻亲”活动分为“网络寻亲”“重返故里”和“友人相会”三个阶段，通过回顾二战期间中国接纳大量犹太难民的史实，促进中以友谊，推动两国友好合作关系的进一步发展。

北京、天津、河北三地交通联合发起的“京津冀交通广播信息合作平台”在河北平山正式启动，三方信息传递的网络系统也由北京交通广播设计完成，平台将促进京津冀三地交通广播在公路、民航、铁路等多个方面的信息共享。

本日至13日，“精品国际科技期刊建设和发展座谈会”在西安召开。这是国内首次就如何打造更多中国人主办的国际一流科技期刊所举行的高端学术研讨。

9月13日

由湖南电台承办的中国（望城）第四届休闲农业与乡村旅游节在望城乔口开幕。该活动是湖南省电台第一次和政府部门合作金额过千万的重点项目。

中国新闻社成立60周年纪念大会在人民大会堂三楼金色大厅举行。中共中央政治局常委、国务院总理温家宝为中新社题词“传播中国声音，留下历史记忆”；中共中央政治局常委李长春，中共中央政治局委员、中央书记处书记、中宣部部长刘云山出席纪念大会并讲话。

“河北声音——善行河北”主题道德实践活动大型综艺晚会在河北会堂上演。晚会以“善行河北”主题道德实践活动涌现出的感人事迹为原型，以大型歌舞、经典诵读、河北地方曲艺等多种艺术形式，突出助人为乐、诚实守信、爱岗敬业、孝老敬老主题，大力弘扬社会主义核心价值体系。

9月14日

中共中央政治局常委李长春到人民日报社调研。李长春调研时强调，要坚持一手抓传统媒体发展、一手抓新兴媒体建设，牢牢把握正确导向，积极运用先进技术，大力发展新兴媒体，走出一条体现时代特征、中国特色、国际水准的新兴媒体发展之路，当好传统主流媒体进军新兴媒体的排头兵。

在以“学术期刊与学术生态建设”为主题的“首届全国人文社会科学期刊高层论坛”上，全国 60 家人文社科核心期刊发表联合声明，反思学术期刊面临的现实问题和挑战，坚决抵制无视期刊质量，以牟利为目的乱收版面费的腐败现象，探寻学术期刊进一步加强自律、实现自我超越的路径。

新华社上海分社记者张建松登上中国海监 50 船，作为唯一的新闻记者随中国海监船编队进行我公布钓鱼岛海基线后的首次巡航。期间，张建松共发多媒体稿 40 多条，其中图片 18 张，中英文稿 6 条，音视频 3 条，微博及手机报 5 条。

中国国际广播电台台长王庚年与缅甸宣传部副部长吴耶通在内比都签署中国电视剧《金太狼的幸福生活》缅甸语版译制播出协议。正在缅甸访问的全国人大常委会委员长吴邦国与缅甸总统吴登盛共同见证了协议签署。《金太郎的幸福生活》是缅甸首部缅甸配音的外国电视剧。中国国际广播电台将承担该剧缅甸语版的剧本译制、配音及后期合成等工作。

9 月 15 日

中国高等教育学会新闻学与传播学专业委员会第七届理事会第一次会议暨河南大学新闻与传播学院建院 10 周年学术纪念活动在河南大学举行。

9 月 16 日

柬埔寨王国新闻部访问团一行 11 人来到云南，与云南无线电视文化传媒有限公司就采用中国 DTMB 标准建设柬埔寨地面数字电视项目正式签署合作协议。

9 月 17 日

新华社社长李从军会见联合国防治荒漠化公约秘书处执行秘书吕克·尼亚卡贾，共同签署了新华社与联合国防治荒漠化公约秘书处战略合作备忘录。

福建广电网络集团上杭分公司举行揭牌暨乡镇服务站授牌仪式。

中央人民广播电台香港之声正式开播。香港之声是在香港电台数字频道中播出的数码广播，是香港数码广播 32 台，使用普通话、粤语全天 24 小时不间断播音，节目内容包括新闻、文化艺术、财经、生活服务四个方面，2011 年 11 月 7 日开始试播。

9 月 18 日

“不一样的城市力量”——中央人民广播电台经济之声 10 周年连城主题活动 FM104.3 经济广播开播仪式暨大连金州新区发展高峰论坛在大连市金州区举行。这标志着中央人民广播电台经济之声正式落地大连。

阿里巴巴集团宣布，对雅虎 76 亿美元的股份回购计划全部完成。阿里巴巴集团以约 63 亿美元现金及价值 8 亿美元的阿里巴巴集团优先股，回购雅虎手中持有阿里巴巴集团股份的一半，即阿里巴巴集团 20%的股份。

本日至 19 日，由中广协会对外宣传工作委员会、中央电视台主办，中央电视台中文国际频道，崇左市委、市政府和广西电视台承办的 2012 年中广协会外宣委员会工作会议暨全国电视外宣工作会在崇左市召开。

9 月 19 日

中共云南省对外宣传办公室与中国国际广播电台在昆明正式签署外宣战略合作关系框架协议。

本日至 23 日，由中国人民大学、复旦大学、北京大学、中国传媒大学等十所大学的新闻传播学院以及中国新闻史学会联合主办的“第五届中国品牌媒体高峰论坛”在广西桂林举行。论坛的主题是“移动互联时代的媒体品牌再造”。论坛还发布了《中国媒体品牌影响力（软实力）排行榜》。

9月21日

南宁电视台与香港卫视签订友好合作协议，建立友好电视台关系。协议合作期限为五年。

真人厨艺达人秀节目《中国味道》继在央视一套掀起收视热潮后，11月初又首开传统电视节目与新媒体合作先河，特别开发一款“中国味道”独立手机视频客户端，加入到AppStore供观众下载。

本日至26日“2012中国广播剧研究会年会”在贵州贵阳举行，贵州广播电视台广播文艺制作中心承办了此次年会，中央台及全国各省市电台广播剧制作精英约100人参加了会议。

9月23日

新闻出版总署署长柳斌杰在2012年出版社传媒集团主要负责人座谈会上表示，将迅速启动经营新闻出版社单位第二步改革，或将给相关企业带来新的投资机会。加快出版与科技融合，实现数字化转型成为包括凤凰传媒、中南传媒、中文传媒在内的各大出版社传媒集团负责人的共识。新闻出版总署副署长孙寿山表示，推进出版与科技融合是今后一个时间内各级新闻出版行政部门的主要任务，在政策上要大力支持出版传媒集团，以科技创新带动产业升级。

国务院公布了《国务院关于第六批取消和调整行政审批项目的决定》，其中传媒领域被取消的项目有：经营性互联网信息服务提供者境内上市前置审查，出版行政部门期刊出版增刊审批，被查缴非法光盘生产线处理审批，设立专门从事名片印刷的企业审批，广播电视新闻采编人员资格认定。这一决定有利于促进政府职能转变，发挥传媒产业的主导性。

9月24日

新闻网《英文栏目作家》栏目正式推出专栏由新华网联合中国社科院、社科网共同打造，通过整合社科院独家原创资源，集中展示高品质内容。社科院20多位首批英文专栏作家将围绕社会热点、社科前沿理论，定期为新华网提供视角独特的英文深度分析文章。

北京市广播电影电视局联合北京视协网络视听节目服务行业分会，组织本市130余家网络视听节目服务持证网站开展的“身边的感动”网络视听节目优秀作品征集评选活动举行表彰典礼晚会。

9月25日

小马奔腾美国（北京小马奔腾文化传媒股份有限公司海外收购主体，一下合并简称小马奔腾）在美国结束了关于收购数字王国的最后一轮听证，与印度信实媒体联手以3020万美元成功收购“数字王国”及其子公司“航母传媒”在内的核心资产，及其所拥有的包括视觉特效在内的多项核心技术。小马奔腾美国和信实传媒将分别拥有数字王国70%和30%的股份，双方将通过成立合资公司“小马·信实”共同持有。本次资产收购是通过美国法院组织的破产程序竞拍完成的，小马奔腾所收购资产的完整性、安全性得到了保障。数字王国具备多项自主研发高科技专利技术，在影视特效领域是全球最知名公司之一。

中央电视台财经频道首尔演播室举行启动仪式，这是中央电视台财经频道启动的第二个海外演播室，将对韩国的财经、民生等进行深入报道。

9月26日

中国国际广播电台与中国产业海外发展和规划协会在北京人民大会堂正式签署《外宣战略合作关系框架协议》。中国产业海外发展和规划协会成为国际台第18家外宣战略合作关系伙伴，国际台也成为中国产业海外发展和规划协会目前唯一的一家企业外宣战合作媒体。

河北省沧州报业传媒集团正式成立。这是继石家庄报业传媒集团之后，河北省设区市成立的第二家报业传媒集团。

全国文化体制改革工作表彰大会在北京人民大会堂举行。会前，中共中央总书记、国家主席、中央军委主席胡锦涛会见全体与会代表。中共中央政治局常委、国务院总理温家宝，中共中央政治局常委、国家副主席、中央军委副主席习近平，中共中央政治局常委、国务院副总理李克强参加会见。中共中央政治局常委李长春参加会见并在会上作重要讲话。会上宣读了表彰决定，并向受到表彰的 32 个全国文化体制改革工作先进地区，296 个先进单位和 198 名先进个人代表颁发了奖牌和证书。

中央人民广播电台对农村广播——中国乡村之声开播，为中央人民广播电台的第 16 套广播频率。这是目前我国唯一覆盖全国的对农广播频率。中共中央政治局常委、国务院总理温家宝向中央人民广播电台致贺信，祝贺中央人民广播电台中国乡村之声开播。

陕西卫视举行盛大改版启动盛典，确立了“人文天下，陕耀中华”的独特定位，以“人文、现代、绿色、开放”为基本理念，推出四档全新节目《华夏夜表情》《华夏微电影》《华夏夺宝》《华夏有秦人》，并宣布投入 2 亿元巨资，向全球征集数名知名主持人，20 名签约主持人及百名编辑记者、项目制作团队等。

《财富中文网正式发布 2012 年“最受赞赏的中国公司”排行榜》。共有 50 家公司进入全明星榜，百度、阿里巴巴和海尔集团名列三甲。2011 年的冠军阿里巴巴暂退第二，2011 年的亚军海尔则位列第三。

本日至 10 月 3 日，人民日报《新闻战线》杂志社和英国华闻周刊社联合主办的“2012 中英媒体高峰论坛”在剑桥大学举行，与会代表同来自泰晤士报、BBC、金融时报、路透社的资深媒体人，以及牛津、剑桥大学的知名学者进行了交流探讨。

9 月 27 日

中国新华新闻电视网与美国瑞乐普传媒签约。前者将建立“全球电视点播台”的概念，通过“节目碎片化、栏目客户端化”方式，打造可以随时随地收看的电视点播台。根据协议，中国新华新闻电视网将向全球移动用户提供业界领先的内容，提升品牌形象；瑞乐普将向点播台提供高端品牌广告主的广告内容和最适宜的广告投放方式。

因 AppStore 未经授权为用户提供付费应用程序下载，北京市二中院一审判决苹果公司赔偿中国大百科全书出版社有限公司 52 万元。

上海市信息安全保障工作会议在市政府举行，全国首个网络与信息安全应急管理事务中心在上海举行揭牌，它整合原有的市计算机病毒防范服务中心和上海互联网络交换中心相关机能，将面向全市提供信息安全监测预警信息等服务。

中国干部网络学院（www.cela.gov.cn）正式开通，具有信息发布、在线学习、教学考评、培训管理、课程共享、交流互动等功能，可方便干部通过多种方式参加学习。

9 月 28 日

中国日报借力《纽约时报》《华盛顿邮报》《洛杉矶时报》等西方主流媒体，推出《钓鱼岛属于中国》专刊，在海外发行近 300 万份，通过海外本土化传播突出向美国及西方主流受众宣示中国在钓鱼岛问题上的立场，受到各界人士高度关注和肯定。据统计，专刊被国际三大通讯社等境外主流媒体转引 180 余次。NHK、朝日新闻、读卖新闻等日本主流媒体也对此事进行了报道。

《中国日报》在美国《纽约时报》和《华盛顿邮报》整版刊登了“钓鱼岛是中国领土”的广告。该广告中指出，14—15世纪期间由中国发现并命名。钓鱼岛因中日甲午战争而被日本抢占，第二次世界大战后被归还给中国。

郑州东站正式启动。总面积1.2万平方米的户外广告牌由河南日报报业集团独家买断18年广告经营权并进行建设。此前，该报业集团也独家买断了郑西高铁沿线七个车站及线路桥梁广告经营权。

由《三秦都市报》与紫薇地产共同打造的中国第一份4D房地产报纸亮相西安，这份4D房地产报纸，除了所有版面均由铜版纸印刷，图片都进行了3D立体影像处理外，还加入了淡淡的牡丹花香，读者戴上随报赠送的眼镜后，不仅可以看到立体跳跃的楼盘，还能感受到沁人心脾的香气。

国家广电总局批准中央电视台综艺频道、体育频道、电影频道、电视剧频道进行高标清同播，除电影频道高清同播频道均于当天开播外，其他3套频道的高清同播频道均于当天开播；同日，广电总局还批准已开展高标清同播的天津卫视、山东卫视、湖北卫视上星播出。

9月29日

新闻出版总署发布通知，严厉禁止报刊摊派发行。通知强调，各有关部门和单位要严格按照规定组织重要党报党刊征订发行，严格限定基层组织公费订阅报刊的种类和范围，严格执行基层组织公费订阅报刊的最高限额，坚决查处各类摊派发行和变相摊派发行行为，坚决防止突破限额标准、增加基层和群众负担。

中华艺术宫南广场上，“盛世中华——迎国庆暨中华艺术宫、上海当代艺术博物馆开馆盛典”拉开了大幕。“盛世中华”既是一台炫目的国庆晚会，也是继元旦外滩多媒体3D灯光秀之后，上海广播电视台再度精心打造的一台以大型空间立体投影为主要表现手段的都市实景灯光秀。

淄博报业传媒集团（淄博日报社）全媒体复合出版社系统正式运行。此次运行的全媒体复合出版系统实现了无纸化办公，采编、组版、审签各个环节全部网上运行。同时搭建起了全媒体运行平台，新闻产品从“原料”到“成品”实现全程化、模式化、可视化、远程化管理控制。

9月30日

三季报显示，新浪微博的注册用户和活跃用户分别为4.24亿元和4230万户。同月，腾讯马化腾宣称，微信注册用户已突破2亿。

北京电视台携手香港亚洲电视、澳门电视台、台湾中天电视共同打造的“天涯共此时”——卢沟晓月2012中秋晚会举行，首次实现京、港、澳、台四地同步直播。

同月

9月下旬，中国广电首个云计算平台落地南京，这也是视博云自主研发的“视频云计算增值业务平台”正式落地。采用以云计算技术为基础的大型应用商店模式，通过机顶盒为用户提供游戏娱乐、远程教育、虚拟现实及电视商务、办公等多种增值业务。

《新闻天地》更名为《放学后》正式出刊。这是一份由湖南日报报业集团主管主办、文萃报系出品的教育类期刊，课外参考读物。该刊为16开，半月刊，上半月为《放学后》小学生，下半月为《放学后》中学生。

10月4日

本日至6日黄河文化传媒集团承办了2012中国首届全地形车极限挑战赛，填补了我国目前尚无国家级ATV赛事的空白。

10月8日

中国日报香港版创刊十五周年庆祝酒会

在香港举办，中国日报总编辑朱灵出席酒会并致辞。全国政协副主席董建华、香港特别行政区行政长官梁振英、中央政府驻港联络办副主任李刚、外交部驻港特派员公署副特派员姜瑜、全国人大常委会委员范徐丽泰等嘉宾出席了酒会。

由韩寒主编的电子杂志《ONE·一个》在苹果 APP 上线，不到 24 小时冲到 APP Store 中国区免费总榜第一名。该杂志图文并茂，每天一期，每期只有一张照片、一篇文字、一个问题及其答案。

电广传媒抛出定增募资计划，其中逾 37 亿元用于建设下一代广播电视网（NGB）。公司在公告中对此番巨额收入的解释是：建设 NGB 将使其现有网络由单向传输向双向互动转变（双向化）、服务方式由单一传输服务向多样化、全业务服务转变（视频点播、上网、IP 电话等）。

天涯社区上的一则关于广东番禺城管政委蔡彬的帖子引起不少网友的关注。网贴提供的广州市房管部门制作的《个人名下房地产登记情况查询证明》显示，“房叔”蔡彬及其家庭成员共有 21 套房产，包括别墅、住宅、商铺、厂房、车位，市价达到 4000 余万元。帖子称，蔡彬本人及妻子、儿子名下登记的房产达 7000 多平方米。事后，蔡彬被司法机关查处。

新华社金融信息交易所正式推出票据挂牌交易业务。根据社长李从军“从中介交易突破”、启动票据交易业务的指示精神，交易所率先在业内推出票据交易专属会员制，并从交易规则及相关制度建设、交易平台建设、金融机构资源整合及票据市场拓展等方面推进。

本日至 11 日，辽宁省组织省直各媒体开展“走转改·青山行”主题采访活动，新华社辽宁分社、辽宁日报、辽宁广播电视台、东北新闻网等 7 家媒体，围绕辽宁省在全国率先实施青山工程，开展八大工程对废弃矿山进行治理，做好采访报道工作。

10 月 9 日

由湖南省人大环境与资源保护委员会和湖南日报报业集团联合举办的“喜迎十八大·科学发展 辉煌成就——镜采三湘巨变”图片展开幕。

10 月 10 日

国务院决定第六批取消和调整 314 项行政审批项目，其中有 15 项涉及影视传媒印刷业项目，这些改制的层层推进使得报业存量改革的路径逐步成型。

人民日报社副总编辑马利率队“人民日报校园行”走进北京师范大学。马利为新成立的北京师范大学教育新闻与传媒研究中心揭牌，并作了题为《大数据时代人民日报的全媒体方阵》的主旨演讲。

由北京市委宣传部、国家广电总局电视剧管理司、北京市广播电视局联合主办的“北京电视剧辉煌 30 年”系列活动举行“春华秋实北京电视剧辉煌 30 年”主题晚会。

由中国共产党新闻网打造的“人才选拔与公示公告”互动信息服务平台（cpc. people. com. cn/gonggao）正式上线。该平台集纳各地、各行业的高端人才选拔信息，涵盖领导干部公选、专业人才引进、公务员和大学生村官招考等方面内容，力求将互联网上的海量信息进行有效分析整理，为高端人才用户提供信息查询、报考指南、在线辅导、模拟训练等“一站式”服务。

甘肃省广电户户通工程协调推进领导小组会在兰州召开。会议通报截至 2012 年 10 月 9 日，全省户户通工程已经安装开通 151 万套，甘肃省偏远地区群众可以收听收看到中央和地方台的 50 多套广播电视节目。

10 月 11 日

备受关注的中国作家维权联盟诉苹果应

用程序商店（AppStore）侵犯著作权案在北京市第二中级人民法院开庭，此次开庭的案件涉及8位作家34部作品，索赔额达到1000万余元。苹果公司庭前提出因涉及商业秘密，请求不公开开庭审理，被法院驳回。

10月12日

国家广电总局正式发文批复同意中国电信集团公司关于从事互联网视听节目服务IPTV传输服务和手机电视分发服务等3项业务的申请，同时向集团公司颁发了《信息网络传播视听节目许可证》。

10月14日

第64届法兰克福国际书展闭幕，南方出版社传媒股份有限公司与海外出版机构达成版权输出签约项目134种，输出数量比2011年增长50%。其中，输出美国、英国、德国、意大利等欧美主要国家的图书馆项目占了50%以上。

中共中央政治局常委李长春视察贵州省广播电视信息网络股份有限公司。李长春指出，通过股份制的形式改造，实现小网变大网，是全国广电网络整合的三种主要模式中最好的一种，并要求贵州省广电网络公司在贵州的文化企业里率先上市，加快发展。

本日至19日，中央人民广播电台举办迎接党的十八大“红色唱响”演出季，以“音乐广播大联盟，红色唱响十八大”为主题，通过“一场主题歌会、一场交响音乐会、四场主题演唱会”的主题模式，讴歌时代主旋律。

云南音乐广播与中广协会广播电视文艺工作委员会及中央台等全国40家电台联合举办了喜迎党的十八大——“红色唱响”主题系列演出活动。

10月15日

国务院台湾事务办公室批准台湾《旺报》在湖南设立驻点采访站。湖南成为中部地区首个与台湾互设驻点采访的省份。2009年9月，湖南广播电视台成为中部地区唯一一家获批赴台驻点采访的省级媒体。

10月16日

好莱坞—中国电影产业基金峰会在北京举行。中美双方投资人正式签约开启中美电影合作，同时宣布将拍摄“密码”系列三部曲《敦煌密码》《香格里拉密码》《印第安密码》，分别由成龙、刘烨、英达掌舵。

山西三晋报刊传媒集团有限责任公司正式注册成立。该集团公司是以山西出版社传媒集团有限责任公司为母公司组成的子集团，是在原山西出版传媒集团报刊中心及所属14家报刊基础上组建的国有企业。该公司将努力打造经济资讯、教育教辅、人文社科三大板块，做专业化、特色化、精品化报刊，推进一批在本省乃至全国知名的、有带头作用或行业代表性的报刊集群。

新华（青岛）国际海洋资讯中心在新华社总社举行揭牌仪式。资讯中心由新华社山东分社与山东省、青岛市三方合作成立，采取有限责任公司的组织形式，以“政府引导，商业运作”模式，旨在搭建我国海洋资讯采集、加工、发布商高端平台，为国家海洋经济发展和山东半岛蓝色经济区建设提供资讯服务。12月28日，资讯中心正式在青岛市工商完成注册并领取营业执照。

河南日报报业集团战略投资信阳银行签约仪式在郑州举行。将对信阳银行增资入股4.4亿元，占20%股权，成为该行第一大股东。

北京青年报在新媒体领域的重要内容和成果《北青新讲坛》，正式落户酷6网。双方将集合“平台+内容”的优势，通过提供精彩的内容，让用户享受到高清的视频体验。

2013年惠州广播电视台媒体推介会举行。惠州卫视宣布将拿出1亿元来打造新节目，并寻求节目模式和合作伙伴。

由江苏省委宣传部和江苏省广播电视总台联合推出的高端访谈栏目《时代问答》亮相江苏卫视。这档宣传展示“马克思主义理论研究和建设工程”重大系列成果的电视栏目，将每期邀请国内哲学社会科学领域各学科的顶尖专家学者释疑解惑、凝聚共识。

长沙晚报以图文配合及二维码视频等全媒体报道形式，推出了《哀鸿道——本报记者亲历湖南千年鸟道捕猎之殇》特别报道，社会反响强烈。此后，长沙晚报进行了全面策划和跟踪报道，运用二维码、视频上传网络、手机终端等多种方式进行强力推广，影响重大，视频点击量近 400 万。

10 月 17 日

北京 2008 年奥运会后第一次大规模的航拍北京活动启动。这次航拍共制定 6 条主要航拍线路，由北京市广电局组织实施，北京市公安局警航总队承担飞行任务，由北京电视台记者和平面媒体图片记者共同完成拍摄任务。

中国广播网与东方网在北京签署战略合作协议。东方网利用在上海的地域优势，做好中央广播电台、中央广播网在上海的进一步拓展；同时，借助中央人民广播电台和中央广播网的国家级媒体平台，扩大竞争力和影响力。

新华社第二届社科院“特约观察员”聘任仪式在总社举行。此次共聘请 26 位社科院专家学者为新华社“特约观察员”。

CTR 央视市场研究发布 2012 年度全国省级卫视综合评估调查结果。湖南、浙江、江苏、上海、北京分获中国省级（含自治区、直辖市）卫视综合排名前五强，天津、安徽、山东、江西和黑龙江紧随其后，占据十强后五位。

中国国际广播电台第 81 家海外整频率落地电台开播，开播仪式在巴基斯坦伊斯兰堡 FM98 中巴友谊调频台开播，开播仪式在巴基斯坦总统府举行。巴基斯坦总统扎尔达里和中共中央政治局常委李长春共同为该调频台开播纪念牌揭幕。该台每天播出国际台 18 小时节目，其中英语节目 12 小时，乌尔都语节目 6 个小时，节目信号覆盖伊斯兰堡及周边地区。

10 月 18 日

新华社社长李从军会见美国驻华大使骆家辉。

韩国《全北道民日报》社代表团访问新华报业传媒集团，双方进行了友好交流并再次续签了在《全北道民日报》上继续开展韩文“中国江苏”专版的合作协议。

厦门广播电视台集团与福建广播影视正式签订了厦门卫视与东南卫视信号捆绑上传卫星的协议。按照广电总局的批示，厦门卫视先行可在北京、天津、山东、上海、江苏、浙江、江西、福建和广东等九省市落地。

以“谋变新媒体时代报业品牌再造”为主题的 2012 中国报业品牌年会在杭州举行。年会由浙江日报集团承办，广州日报、南方都市报、北京青年报、第一财经日报、华商报等来自全国各地的 25 家报业单位参会。

本日至 11 月 15 日，由中宣部、中央外宣办、国家广电总局、新闻出版总署和中国记协共同举办的“躬行大地——新闻战线‘走基层、转作风、改文风’活动图片展”在中国国家博物馆举行。图片展公展出中央新闻单位和各省区市新闻单位选送的 300 余幅图片，全面展示了一年来新闻战线“走转改”活动走过的难忘历程和取得的丰硕成果，真实再现了新闻工作者“在路上、在基层、在现场”的风采风貌。

10 月 19 日

中央电视台《新闻联播》以《四兄弟：

母亲，你在哪里?》为题，播出了四兄弟寻母的故事，长达3分43秒的报道。

本日至21日，潍坊报业集团和山东四方置业有限公司绿城管理分公司共同举办的绿城·潍坊诚园“零距离”品鉴活动在浙江杭州举办。

本日至11月15日，“青岛日报社·青岛报业传媒集团2012读者节”活动举行，该读者节以“传播文化，报答读者”为主题，期间，青岛日报、青岛晚报、青岛早报、老年生活报、读报参考等媒体发挥自身优势，在文化、旅游、教育、医疗、房产等方面举办60多项便民活动，服务读者，扩大品牌影响力。

10月21日

陕西卫视《华夏微电影》西安中心签约仪式暨定制节目大型活动举行，来自全国各大城市的100多家知名文化公司、影视公司与陕西卫视签订了深度合作仪式，共同开创中国电视晚间黄金微电影时段。

10月23日

《南方日报》第九次改版，并正式发布苹果和安卓系统南方日报阅读器。

百度公司表示，百度预计2012年广告收入将超过200亿元。公开资料显示，百度2012年上半年广告收入已接近100亿元。百度广告代理商的数据显示，电商、网络游戏、汽车、资讯及IT行业是百度前五大广告来源。

辽宁省对自己停办的《沈阳广播电视报》等4家报刊履行注销登记手续，向总署备案。

10月24日

由中华全国新闻工作者协会主办的第22届中国新闻奖、第12届长江韬奋奖评选结果揭晓。291件作品获得中国新闻奖，其中《守望精神家园的太行人》等3件作品获特别奖，《基层科技创新遇“无米之炊”》等44件作品获一等奖，《采访作风，新闻生命之所系》等90件作品获二等奖，《听孝道故事，眼泪刷的下来了——山东卫视〈天下父母〉感动千万观众》消息、《只为一个永远的约定》（系列）等154件作品获三等奖；20名新闻工作者获得长江韬奋奖，其中长江系列10名，韬奋系列10名。

文化部部长蔡武受国务院委托，向全国人大常委会作《关于深化文化体制改革推动社会主义文化大发展大繁荣工作情况的报告》。通报了文化体制机制改革进展，指出我国3388种非时政类报刊已有3271种完成转企改制，占总数的96.5%。

中国广电云服务联盟在杭州宣布成立。

10月25日

2012年中国国际物联网博览会暨第三届中国国际物联网大会在江苏无锡举行。博览会由工信部、国家发改委、科技部、新华社、中科院和江苏省政府联合主办。会议发布了主要由新华社撰写的《2011—2012中国物联网年度发展报告》。

云南省文投集团、省广电集团与北京中外名人文化产业集团在昆明举行关于合作推进云南文化产业发展的战略性协议签字仪式。

新华电视亚太台运营有限公司与老挝数字电视有限公司签署合作备忘录。中国新华新闻电视网中、英文频道从即日起同时在老挝数字电视系统中试播，11月1日起正式播出。

中新社社长刘北宪会见美国前国务卿基辛格。刘北宪向基辛格赠送了中新社为他特制的《中美元勋》摄影集。基辛格对中新社的风格与影响力表示关注，并向刘北宪赠送了他记录与中国40年交往的力作《论中国》。

国家广电总局在其官方网站发布《关于进一步加强电视上星综合频道节目管理的意

见》，明确指出，从 2013 年 1 月 1 日起，34 个电视上星综合频道要提高新闻类节目播出量，限制婚恋交友等七类节目播出时长，并明确提出“不得搞节目收视率排名，不得单纯以收视率搞末位淘汰制，不得单纯以收视率排名衡量播出机构和电视节目的优劣”的“三不”方针，各电视上星综合频道还要开办一个弘扬中华传统美德和社会主义核心价值体系的思想道德建设栏目。

国务院批准了广电局上报的国网组建方案，国网公司将在 11 月正式挂牌。新组建的国网公司将由财政部出资 40 亿元作为启动注册资金，而工信部方面已经承诺将在基础运营商牌照、国际互联网出口方面给予新公司与其他电信运营商相同的待遇。届时，国内电信服务和宽带接入市场被三大电信运营商垄断的局面终结。

本日至 26 日，“第五届中国报刊广告峰会暨 2011—2012 中国报刊广告投放价值排行榜发布会”在天津举行。“2011—2012 中国报刊广告投放价值排行榜”由中国广告协会报刊分会联合央视市场研究（CTR）、北京世纪华文调查咨询有限公司、清华大学新闻传播学院和北京电通广告有限公司等权威机构和 4A 公司的专家进行评审。

10 月 26 日

世纪华文国际传媒研究机构公布数据，北京报纸零售平均摊点销量由 2003 年的 250 份减少到 2012 年上半年的不到 100 份。全国报刊发行降幅超过 40%。再根据 CTR 发布的上半年广告业的回顾，传统广告商半年同比增长仅为 3.9，创五年新低。报纸的同比增长是负 6.3%，预计下半年的报业广告下行的数会更大一些，基本上都会达到 －15%。

山东省文化体制改革工作表彰大会在济南召开。山东广播电视台等 20 个全省文化体制改革工作先进地区、79 个先进单位和 94 名先进个人受到了表彰。

10 月 27 日

国内首家传媒类博物馆在中国传媒大学对公众开放，博物馆包括广播馆、电视馆等。

本日至 28 日，由北京市广播电影电视局承办的 2012 年全国广播电视编辑记者、播音员主持人资格考试（北京考区）在北京举行。北京考区共有考生 2661 名，设置 4 个考点，88 个考场。

本日至 29 日，以“推动广告战略实施，服务文化产业发展”为主题的第十九届中国国际广告节在天津举行。本届广告节设置了广告高峰论坛、专业奖项颁奖、获奖作品展示、媒介设备展览等丰富多彩的内容。本届广告节是由天津市政府、中国广告协会主办。

10 月 28 日

南方日报传媒集团旗下的南方报业 LED 联播网与郁金香传媒签署了战略合作协议。南方报业 LED 联播网目前已组建了以广州、深圳为重点，覆盖所有珠三角城市的 LED 联播网络，独家运营户外 LED 大屏数量 40 余块。

中央人民广播电台制作的广播剧《老师》获第 49 届亚洲广播联盟评委推荐奖。

由中国电视艺术家协会和中国传媒大学联合主办的 2012 中国大学生电视节在北京闭幕。湖南卫视脱口秀节目《天天向上》获“最受大学生瞩目的综艺及真人秀类节目奖”。

北京电视台卫视频道、新闻频道同步播出全新国际新闻周刊节目《环球时评》，该栏目定位于“北京人看天下事儿”，每期时长 30 分钟，每周日 21：45 在新闻频道播出，22：36 在北京电视频道播出。

《西柏坡来电》在央视纪录频道开播。

该片是由河北省委宣传部、省广播电影电视局、河北电视台联合摄制的纪录片。

10月29日

本日起，“.CN”和“.中国”域名将分别独立注册和服务。这意味着，“.中国”域名可作为独立的纯中文顶级域名进行注册。

央视网旗下电商网站“央视网商城”正式上线，域名为mall.cntv.cn。央视网商城是一个包括服装、化妆品、珠宝、家用电器、母婴电器等在内的电商平台。

陕西日报传媒集团自有新闻网站——陕西传媒网开通上线仪式在西安举行。

三家三联书店合资成立的三联时空国际文化传播（北京）有限公司揭牌。该合资文化公司是由生活·读书·新知三联书店和上海三联书店有限公司、三联书店（香港）有限公司共同合资，由生活·读书·新知三联书店控股。

中央人民广播电台“中国之声”与云南电台联合开展“走进橄榄绿”大型采访活动，两级媒体共同深入中缅边境腾冲县采访驻地森林武警。

10月30日

第二十届国际传输与覆盖研讨会在杭州开幕，研讨会为期4天。期间，国家广电总局正式颁布了我国第一个中间件行业标准——《下一代广播电视（NGB）终端中间件技术规范》。

大众报业集团与菏泽日报社达成协议，共同成立菏泽牡丹传媒有限公司，统一运营齐鲁晚报“今日菏泽”和“牡丹晚报”。此次合作是大众报业集团继与潍坊日报报业集团、临沂日报报业集团合作之后，第三次与地市报纸合作。

杭州宣布向公众开放免费WiFi，免费WiFi覆盖杭州主城区220平方公里的面积，共达2000个站点，包括城市道路、街区、景区、广场、公交站台以及行政服务、交通枢纽等区域。

国家版权局完成了《著作权法》修订草案第三稿，将现行《著作权法》的六章六十一条调整为八章九十条。

本日至31日，全国新闻出版统计工作会议在江苏南京举行。会议传达了新闻出版总署柳斌杰、副署长蒋建国关于新闻出版统计工作的重要指示，总结了2012全国新闻出版统计工作情况，表扬了2012年新闻出版统计工作先进单位和个人，部署了2013年新闻出版统计工作。

10月31日

由中国人民大学新闻学院和世熙传媒联合创办的“人大—世熙电视及多媒体创新研究中心”挂牌成立。

同月

积60余年办报实践经验、由人民日报编辑部重新编纂修订的《人民日报版面备要》，由人民日报出版社出版。

北京市广播电影电视局开展境外卫星整治专项检查工作，全市累计共出动执法、管理人员3000余人次，车辆1100余车次。

据温州环球移动卫视股份有限公司董事长黄清峰介绍，经阿联酋政府批准，环球移动卫视股份有限公司现已在迪拜媒体城获得成立L波段卫星电视台的电视牌照，并已成立环球移动卫视中东台，向中东、北非等国家和地区提供卫星移动电视的服务。中新社作为环球移动卫视股份有限公司的股东之一，指派浙江分社社长王雯参与环球移动卫视股份有限公司相关内容的建设。

由广东省出版集团剥离重组、联合南方报业传媒集团共同发起成立的南方出版传媒股份有限公司正式加入了首次公开发行（IPO）初审大军。

《读者》杂志与PHICOMN斐讯合作，

在上海推出了首款读者智能手机。

我国 3388 种非时政类报刊已有 3271 种完成转企改制，占总数的 96.5%。

中国权威英文媒体《中国日报》作为 Win8 重点应用合作伙伴抢先推出基于 Win8 平台的新闻应用程序——China Daily New HD。

北京网络媒体协会获北京市社团办批准，正式更名为“首都互联网协会”。

上海文广集团旗下媒资网推出“媒资百科”项目。媒资网上文广集团员工进行节目资料检索、浏览和远程调用的平台，拥有 21 万小时的数字内容资源。编辑记者可以通过查阅词条，获得包括音视频、图文在内的综合主题资料包，也可以在社区内提出自己的需求寻求个性化资料定制。

国家工业和信息化部批复同意湖南有线电视集团开展基于有线电视网的互联网接入业务、互联网数据传送增值业务、国内 IP 电话业务。

盛大文学联合百度、搜狗、奇虎 360、腾讯搜搜 4 家搜索引擎公司签署《维护著作权人合法权益联合备忘录》。

月底，公安部发布的《公安机关执法公开规定》中规定：公安机关向社会公开执法信息，可以通过公安部公报、政府网站、新闻发布会，以及报刊、广播、电视等便于公众知晓的方式公布。上级机关公开执法信息后，下级公安机关可以通过互联网站、警务微博、便民联系卡等多种群众便于接受的方式，使社会广为知晓。

1 至 10 月份，电影的票房收入已经达到 21 亿美元，但国产影片失去了在国内市场的主导地位，市场份额只有 41.4%。

11 月 1 日

上海广播电视台收到国家广电总局《关于同意上海广播电视台增加互联网电视客户端编号的批复》；广电总局将向上海广播电视台增加发放 335 万个互联网电视机客户端编号，同时批准了百视通 200 万个互联网电视机顶盒（OTT）客户端编号。这是国内首个宣布获得百万级 OOT 客户端牌照的广电播出机构与新媒体运营商。

由新华网推出的《新华舆情》手机报（电信版）正式上线。订阅用户可随时浏览网络舆情动态和分析，第一时间掌握网络舆情动向。

中央电视台新闻中心官方微博“央视新闻”登陆新浪网，这是央视进军新媒体的一项举措。“央视新闻”将报道热点新闻事件，发表深度评论，对央视新闻精彩节目做出预告及回顾，同时，配合央视新闻中心活动展开调查、征集等网络互动。

爱奇艺 MV 电台正式上线，这是国内首个由视频网站推出的音乐电台。

中央决定，蔡名照调任人民日报社总编辑，人民日报社原总编辑吴恒权调任中宣部副部长。

湖南广播电视台经济频道第一部高清纪录片《洞庭》播出。

11 月 2 日

《经济参考报》诉网易非法转载案开庭。新华社经济参考报于 2012 年 7 月就广州网易计算机系统有限公司非法转载《经济参考报》作品未支付报酬一事，向广州市天河区人民法院提起诉讼。

11 月 3 日

由京华时报主办的 2012 繁荣峰会——云时代媒体发展趋势研讨会在北京举行，会议探讨了传统媒体如何向数字化转型及云报纸的发展方向。

11 月 5 日

经过三年酝酿，上海文化产业股权投资基金正式成立。该基金是上海市政府批准成立的一家全国性大型文化类股权投资基金，也是国内首家得到中国证监会行政许可、首家正式成立的证券公司直投基金。该基金目标规模为100亿元，首期已募集30亿元，将重点投资文化及相关产业。

搜狐视频宣布推出业界首款专门直播电视台的APP产品“搜狐电视直播”，该产品不仅提供了近百家主流电视台的直播功能，同时提供了完全高清的码流支持。

由电广传媒影业（北京）有限公司承制的国内首档微电影专业品鉴节目《华夏微电影》推出新版，在陕西卫视22:00晚间后黄金时段播出。

江苏广播电视总台与南京广播电视集团签订战略合作协议。双方将在新闻宣传、文化服务、产业经营和人才建设等方面开展全方位合作，开辟联合共进、合作共赢的新路子，促进省市广电传媒实现社会效益和经济效益的共同提升。此次合作，是继辽宁、沈阳两台“合并”之后，省级电视台和省会电视台合作模式的新探索。

深圳报业集团自主研制的“无线群控机器人自动输送新闻纸系统”获得“深圳市科技进步奖”（公益服务类）。该系统采用基于无线局域网的集群控制技术，通过低矮、重载并具有自动导航功能的运载机器人，解决了与进口印刷设备精准联动和协调控制的难题，实现了多规格、多路径、高密度、大批量新闻纸的自动输送、自动装载、纸芯自动回收等全过程的自动化，创造了多项国内同业之最。

中央人民广播电台在贵州省印江土家族苗族自治县黄木镇新民小学举行留守儿童示范学校捐建奠基仪式。

新闻出版总署印刷发行管理司和环境保护部科技标准司联合召开2012年绿色印刷推进会，并启动2012年绿色印刷宣传周。2012年绿色印刷宣传周的主题是“展示绿印成效，加速体系建设”。按照新闻出版总署与环境保护部2011年10月8日联合发布的《关于实施绿色印刷的公告》内容，在“十二五”期间内，每年11月第一周为绿色印刷宣传周。

工信部公布《业余无线电台管理办法》规定：设置业余无线电台，应当按照规定办理审批手续，取得业余无线电台执照。明确了业余无线电台设台审批条件、程序和使用规则。

截至2012年11月5日，我国持有新闻记者证的新闻采编人员共248101人，其中报纸、期刊记者105942人，广播、电视、通讯社等媒体记者142159人。从性别比例上看，男性记者140684人，女性记者为107417人，男女比例为57∶43。从学历上看，目前99%的新闻采编持证人员均具有大专以上学历。从年龄结构看，中青年记者占了绝大多数，其中21—30岁的记者31447人，占总人数的12.7%；30—40岁的记者97827人，占总人数的39.4%；41—50岁的记者81141人，占总人数的32.8%；51—60岁的共34436人，占总人数的13.9%。

11月6日

《楚天都市报》推出“魔法报纸”，读者用智能手机摄像头对着报纸上的二维码或图片扫一扫，静态图片将变成视频。

国家新闻出版总署和交通银行在北京签署了《支持新闻出版业发展战略合作协议》。根据协议，交通银行将在未来3年内为我国新闻出版业提供500亿元的意向性融资支持，双方将建立长期稳定的战略合作关系，以政策引导和金融支持相结合的方式推进政府、金融机构和文化企业间合作。

开封日报报业集团挂牌成立。该集团下辖《开封日报》《汴梁晚报》、开封网、开封手机报等媒体，正在建设的3.5万平方米的报业大厦和印务中心将于2014年竣工使用。当天，该集团举行了报业管理创新论坛。

交通银行江西省分行与中文天地出版传媒股份有限公司在北京签署《支持新闻出版业发展战略合作协议》，交行江西省分行将在未来三年内为省新闻出版产业的发展提供30亿元的意向性融资支持。

中南出版传媒集团股份有限公司与交通银行湖南省分行签署《战略合作协议》，交通银行湖南省分行按照信贷原则、中南传媒的年度融资需求以及双方商定的“统一授信、统一使用”的合作原则，给予中南传媒（含成员单位）120亿元人民币意向融资额度，该融资额度的使用应符合相关法律、法规及交通银行湖南分行信贷政策，并经其授信审批通过后方可使用。

由中央宣传部、国家发展改革委、解放军总政治部、北京市委主办的“科学发展 成就辉煌”大型图片展览上展馆正式上线，广大网友只需登录中国网络电视台或共产党员网，即可在网上观看展览。网上展馆将长期在中国网络电视台以及国家重点新闻网站、地方新闻网站、商业网站进行展示，供海内外网友点击浏览。

《人民日报海外版》官方网站海外网正式上线仪式举行。海外网的定位是“当代中国的权威解读，全球华人的精神家园”。

乐视网擅自播放央视纪录片《舌尖上的中国》，央视网将乐视网告到法院，诉其侵犯信息网络传播权，索赔80万元。本日，该案被受理。

由湖南省委宣传部、省委网宣办主办，华声在线承办，以“生活因网络更精彩”为主题的湖南省首届网络文化节，在华声在线新址开幕。

中国新华新闻电视网点播台与美国瑞乐普公司签订广告协议。根据协议，瑞乐普将其代理的美国沃尔沃新车广告从11月17日至12月14日在点播台连续播出，广告费一次性支付。这是中国新华新闻电视网收到的第一笔来自外国客户的广告收入。

11月7日

复旦大学传媒与舆情调查中心完成了“2012年中国记者节年度公众调查”。

11月8日

长江日报报业集团全媒体云报纸平台正式上线。一次性集结了旗下的长江日报、武汉晚报、武汉晨报等7家报纸。

人民日报电子阅报栏在上海用高清双视频直播了中国共产党十八大开幕式，上海各政府机关、高校、社区以及上海电信营业厅的观众通过“人民数字”户外媒体观看了开幕式。

本日至14日，新华社派出由181名记者、编辑、通讯技术人员组成的报道团报道中共十八大。大会期间新华社共播发各类文字稿近2800条，中英文图片1700余张。音视频节目650余条、时长近3000分钟，新华网组织14场直播和180余场代表访谈，各类新媒体终端播发稿件1500余条。

中央人民广播电台中国之声、对台湾广播中华之声、对港澳广播华夏之声从8:45分开始并机现场直播中国共产党第十八次全国人民代表大会开幕式实况，整个直播历时115分钟。中国广播网同步网络直播。各省级广播电视台主频率均转播了中央人民广播电台的现场直播。

11月9日

名为“国务院公报”的微博通过新浪微博平台认证，这是目前全国政务微博中唯一一个以“国务院”开头的官方微博。国务院公报是1955年经国务院常务会议决定创办，由国务院办公厅编辑出版的面向国内外公开发行的政府出版物，公报上刊登的行政法规和规章文本为标准文本。

北京市广播电影电视局举办影视动画制作机构海外发行补贴评选会，表彰近十年来为北京影视文化项目出口做出贡献的优秀企业。共10家单位获得外销项目海外发行及字幕补贴各20万元。

11月11日

衡水网络广播电视台开播仪式在衡水市广播电视台举行。

为了推动中英两国高校在创意产业及新媒体领域的教育合作，英国大使馆文化教育处与中山大学传播与设计学院、南京大学金陵学院于2012年首次合作举办“中英高等教育创意媒体产业合作项目”，并于11月12—17日在广州、南京两地举办中英高校新媒体产业高峰论坛。

11月12日

国家发展改革委、国家广电总局发出关于印发《有线数字电视基本收视维护定价成本监审办法（试行）》的通知。基本收视维护定价成本监审具体工作由政府价格主管部门的成本调查机构组织实施，政府广播电视主管部门的成本调查机构组织实施，政府广播电视主管部门应配合政府价格主管部门开展工作。

11月16日

新华社社长李从军会见美联社新任社长兼首席执行官加里·普鲁伊特。

11月17日

2012年三网融合高峰论坛在深圳会展中心成功举办。会议由深圳市经济贸易与信息化委员会副主任李阳主持，中国工程院原副院长、国务院三网融合专家小组组长邬贺铨院士，中国工程院钱清泉院士等出席论坛。

11月18日

“同唱友谊歌”2012中越歌曲演唱大赛总决赛在广西南宁举行。该活动由中国国际广播电台与广西广播电影电视局、越南数字电视台以及越南广宁省广播电视台共同主办，已成功举办了三年。

11月20日

由中央电视台主办，重庆广播电视集团（总台）承办的第十三届全国电视新闻通联工作会在重庆开幕。来自中央电视台和全国各省市（区）兄弟台的100多名代表齐聚一堂。会上一批先进集体和个人受到表彰，重庆电视台新闻中心中央组获得2011年全国优秀通联集体称号。

由全国网络传播联盟主办的历时3个月的“第三届中国互联网品牌大奖”评选活动落下帷幕，华龙网、浙江在线、中国江苏网、大河网、东北网、广西新闻网、金黔在线、哈尔滨新闻网、西安新闻网、厦门网等十家地方新闻网站荣获“中国地方新闻网站十佳品牌”大奖。

11月21日

YY在美国纽约纳斯达克上市。

11月22日

由《中国广播影视》杂志社主办的TV地标（2012）大型调研成果发布会在北京举行。“TV地标（2012）全国视听新媒体·全国电视栏目大型调研成果榜单”揭晓。其中，《中国好声音》获封年度栏目，《非诚勿扰》《非你莫属》等栏目获年度上星频道十强栏目。

国家电影事业发展专项资金管理委员会发布《关于对国产高新技术格式影片创作生产进行补贴的通知》《关于“对新建影院实行先征后返政策”的补充通知》《关于返还放映国产影片上缴电影专项资金的通知》和《关于对安装数字放映设备补贴的补充通知》4项扶持通知，分别对制片方、影院进行了返还已上缴专项资金、按票房比例予以资金奖励等形式的资金补贴。

本日，黄河三角洲高效生态经济区国家战略批复三周年之际，《黄三角早报》暨黄三角早报社有限公司揭牌仪式在山东东营举行。23日，《黄三角早报》正式创刊。大众报业集团收购原《财富时报》刊号，整合齐鲁晚报《今日黄三角》和鲁中晨报《黄河三角洲新闻》等报刊资源，创办《黄三角早报》。该报是大众报业集团的第15张报纸，也是齐鲁传媒集团组建后创办的第一张报纸。

本日至25日，中国广播影视报刊协会与国家广电总局培训中心主办，南京出版传媒集团、南京广播电视集团协办，南京广播电视报社承办的“中国广播影视报刊协会2012年社长（总编辑）培训班”在南京举行。来自北京、福建、山东、深圳等地的60多家广播电视报的100多名社长（总编辑）参加本次培训活动。

11月26日

《最高人民法院关于审理侵害信息网络传播权民事纠纷案件适用法律若干问题规定》由最高人民法院审判委员会第1561次会议通过并公布，规定对人民法院在审判信息网络传播权纠纷中如何更准确地试用民法通则、著作权法以及民事诉讼法等法律依据。该司法解释共16条，自2013年1月1日起实施。

本日至12月2日，大江网成功举办第九届中国网络媒体江西行活动。全国50多家网络媒体记者深入南昌、赣州、井冈山等地采风。

11月27日

中共云南省委对外宣传办公室与中国新闻社建立外宣战略合作关系框架协议签约暨中新社瑞丽支社成立仪式在昆明举行。

本日至29日，由世界中文报业协会和新华报业传媒集团主办、扬子晚报承办的世界中文报业协会第45届年会在南京召开。

11月29日

“2012年腾讯网媒体高峰论坛：新媒体与专业主义”在北京举行。

国家广电总局研究决定：鉴于江苏教育电视台11月24日录制竞猜节目《棒棒棒》时，违反国家有关宣传管理规定，致使恶言丑行在网上传播，放大了丑恶现象，违背了媒体职业道德，败坏了媒体形象，社会影响极为恶劣。同时，江苏教育电视台擅自变更节目设置范围，大量播出非教育教学节目。根据《广播电视管理条例》第四十九条、第五十条、《广播电视播出机构违规处理办法（试行）》第八条、第九条等规定，给予江苏教育电视台自2012年11月30日零时起停播整顿的处理。

11月30日

中央人民广播电台在北京举行经济之声开播10周年庆典。经过10年发展，经济之声覆盖全国3亿多广播听众，成为全国最具成长潜力的专业财经媒体。

同月

截至2012年11月，共有153家企业通过绿色印刷企业认证，其完成的产值占中国印刷总产值的4.5%。绿色印刷和印刷数字化的推进呈现出非常好的势头。

中影和上影这两大国有电影集团进入了上市初审名单。两者都拟在上交所上市，但上市方式有所区别。中影是“整体性”上市，但中国电影合作制片公司、进出口公司等具备垄断权力的公司，以及电影频道节目制作中心预计不会纳入上市资产。上影则是“渐进性”上市，先把院线、影院、发行等市场产业与资源集中在一起，组建股份公司上市。然后反购集团的制片、媒体、技术等其他资产，分两步到位。

中国国际广播电台东南亚地区广播中心各语言网站推出了印尼文、马来文、泰文、菲律宾文、老挝文、柬埔寨文、越南文和缅甸文等八种语言版本的“2012中国—东盟合作”蓝皮书，中国驻东南亚各国使领馆网站以链接方式分别转发各相关语种的译文。此次合作是外宣配合外交的一项重要举措。

湖南卫视《新闻当事人》栏目与新闻杂志《Vista看天下》结成合作伙伴。《Vista看天下》是中国期刊市场上唯一面向高消费人群的新闻类杂志，也是全球华文媒体BPA认证市场发行量最大的新闻期刊，每期发行量高达89万份。

十八大前后，多名官员因网络爆料或实名举报而落马。以陕西“表哥”、番禺“房叔”、顺德“房局”、深圳“房爷”等为代表的诸多网络反腐事件，都遵循了“网络曝光——纪委介入——查实处理”的路径发展。在这些网络反腐事件中，网络媒体的公开透明显示了民意的威力。

搜狐公司出品的一款为智能手机用户量身打造的“评阅平台＋实时新闻”阅读应用，是全国首个提出个性化阅读服务的新闻客户端。2012年11月，总装机量突破5770万，日活跃用户突破1400万。订阅平台总订阅量突破1.8亿，刊物数超过130家，是中国最大的免费移动新媒体发行平台。在2012年底作为唯一新闻类APP入选APP-STORE2012年度精选榜单免费TOP100。

新浪微博注册用户突破4亿。新浪微博是一个由新浪网推出，提供微型博客服务的类Twitter网站。用户可以通过网页、WAP页面、手机短信、彩信发布信息或上传图片。

截至2012年11月底，我国固定互联网宽带接入用户达到1.74亿户，移动电话用户突破11亿户，3G用户达到2.2亿户，其中TD－SCDMA用户8237万户。我国智能手机用户订阅手机报的欲望正被新的客户端所取代。

12月1日

在中国报业协会领导和指导下，由中国报业协会广告工作委员会主办，《中国报业》杂志社承办的“2012中国报业广告年会”在海口开幕。此次会议的主题是：认真学习贯彻十八大精神，交流研讨当前报业广告的发展大计。来自全国各省（市、区）报协的相关领导以及各报业集团、报社广告经营部门的相关负责人共计150余人参加了会议。会上公布了《中国报协广委会工作章程》和中国报协广委会组成名单，公布了第一次广委会联席会议通过的名单，宣布了新增补的广委会副主任单位名单。会议还对获得“2012中国报业广告年度创新奖”的报社进行了表彰。

12月2日

伴随泉州至金门海上旅客运输航线“泉金航线”第一艘大陆籍客轮“蓬江轮”首航金门，中央人民广播电台神州之声《祖地乡音》特供该航线的客轮舱内广播《船顶来作伴》开播。“泉金航线”2006年6月8日开航，是继厦门—金门，马尾—马祖之后的第三条海上“小三通”航线。

12月3日

中央人民广播电台音乐之声开播10周年庆典在北京举行。

12月4日

中国日报海外客户端旗舰产品China Daily News 3.0版在苹果商店和安卓市场同步推出。较之旧版产品，3.0版新产品增加新闻推送、多专题阅读、离线模式、个性定制等便捷阅读服务，并推出划词翻译功能。

12月5日

腾讯微博联合深圳市网络媒体协会就政务微博未来新运营模式召开研讨会，来自全国各地的政府机构、政务微博代表、知名媒体人齐聚一堂，共同为政务微博的发展献计献策，探寻政务微博的创新发展之路。会上发布了《2012年腾讯政务微博报告》《2012

政务微博重大事件及运营手册》等一系列政务微博年度汇总资料。报告显示，政务微博呈现迅猛的发展势头：截至 2012 年 11 月 11 日，在腾讯微博认证的党政机构及公务人员微博达到 70084 个，其中党政机构微博 45030 个，个人党政党员微博 25054 个，政务微博听众总数近 2 亿。

2012 年中国移动全球开发者大会在广州拉开帷幕，这个本年度全球移动互联网领域最高规格的国际大会吸引了全球数十位著名企业 CEO 级高管、逾 4000 位全球开发者齐聚现场。

人民网与中共东莞市委宣传部合作举办的首届“网络媒体与政府形象传播”研讨会在清溪镇举行。与会人员就“城市形象在微博及社交网络的运用”“政府危机公关处理”以及“公信力维护”等内容进行研讨。

12 月 6 日

第五届广电行业趋势年会（CBIT2012）在重庆召开。

福建省新闻出版局同意设立《民主与法制时报》驻厦门记者站。

12 月 7 日

香港中国新华新闻电视网公司、新华网络电视台公司和民银国际投资公司在北京签订战略投资协议。前者将以增资扩股方式，出让香港新华网络电视台公司 25%股权，引入民银投资 1 亿元人民币或等值港币的现金投资，并进一步建设英、俄、西、意、阿等各语种的网络电视台，以扩大中国新华网电视网的覆盖面和影响力。

本日至 9 日，由中国出版协会、中国新闻出版研究院主办，新闻出版总署互联网出版监测中心、新闻出版总署教育培训中心及中国报业协会、中国新华书店协会、中国大学出版社协会等单位支持的 2012（第六届）全国新闻出版业网站年会在北京举行。

12 月 10 日

湖北广播电视网络信息股份有限公司在深圳证券交易所借壳上市。“武汉塑料”正式更名为“湖北广电”，总股本为 3.89 亿股，净资产达到 24 亿元。

由腾讯微博、腾讯网发起了“2012 全国高校新媒体发展论坛”在北京举行。新媒体领域专家、全国各高校领导、党宣团委负责人、新闻学院院长以及高校微博运营人员等百余人汇聚一堂，共同围绕“新媒体时代的高效发展与人才培养”的主题进行交流探讨。论坛上还发布了《2012 中国高校微博发展报告》。

12 月 12 日

光线传媒制作的总投资约 3000 万的贺岁片《人在囧途之泰囧》上映，书写了中低成本影片以小博大、以弱胜强的传奇。

2012 第一财经大型媒体行动“未来之路”新闻发布会暨中国绿色经济高峰论坛举行。

中国文摘周年盛放暨新媒体的三网融合之路高端论坛在北京举办，《中国文摘》歌华有线高清电视版同日正式上线。

由中央人民广播电台主办的第十三届全国省级电台总编室主任会议在北京召开。国家广电总局、中央人民广播电台有关领导和来自全国 31 家省级广播电（视）台的总编室负责人共 50 余人出席会议。与会代表同意恢复全国省级广播电台总编辑室主任联系机制，加强交流与合作，提升管理水平，推动广播创新。

全国新闻出版信息化工作会议在北京召开。新闻出版总署署长柳斌杰出席会议并作了题为《以十八大精神为指导 努力推进新闻出版信息化》的报告，为下一步信息化工作开展指明了方向。

由中国国际广播电台主办的 2012 中国

城市榜“最中国创意名城”颁奖典礼暨中国创意城市峰会在北京举行。

由中国日报社主办，联合国环境规划署，世界自然基金会、环保部宣教中心、中华环保基金会、中国新闻漫画研究会联合主办的第七届国际大学生环保漫画·插画大赛颁奖典礼在国家游泳中心举行。中国日报总编辑朱灵和国务院新闻办公室副主任王国庆、全国人大环境与资源保护委员会副主任委员王庆喜、知名漫画家等嘉宾，以及部分参赛院校老师、学生代表出席了颁奖典礼。大赛从 2012 年 9 月起正式启动，共收到来自 7 个国家和地区的投稿 3276 幅，最终评出金奖 1 名、银奖 2 名、铜奖 3 名，优秀奖 50 名。

12 月 13 日

中共中央政治局委员、国务委员刘延东在访问澳大利亚并视察澳大利亚联邦科工组织期间观看新华社堪培拉分社在该组织举办的新华影廊“庆祝中澳建交 40 周年图片展”。

亚马逊中国网站正式上线了 Kindle 商店，Kindle 用户可以直接购买中文 Kindle 版书籍。

12 月 14 日

中央电视台帮扶支持青海广播电视台发展签约仪式在北京梅地亚中心举行。根据协议，中央电视台从人才队伍建设、新闻宣传、节目支持、技术设备、经费等方面对青海台予以帮助和扶持。

由中国电视艺术家协会主办，中视协纪录片学术委员会、北京电视台发起并承办的电视文化活动《文化：中国的故事》展映仪式在北京电视台大剧院举行。活动共收到全国各省市电视台 34 部、百余集优秀纪录片作品。

中国日报在肯尼亚首都内罗毕创刊发行全彩、24 版的《中国日报非洲版》，覆盖肯尼亚、南非、埃塞俄比亚、坦桑尼亚等非洲重要国家。这是在非洲发行的首份中国英文报纸，也是继中国日报香港版、美国版、欧洲版和亚洲版出版后，中国日报在海外出版的第五版本土化报纸。国务委员戴秉国为《中国日报非洲版》题词：“办好中国日报非洲版，架设中非友好交流桥梁，祝贺中国日报非洲版创刊。”

本日至 16 日，由中国电视艺术家协会、中央电视台纪录频道、南方广电传媒集团、中国教育电视台主办，中视协电视纪录片学术委员会、南方电视台、中国教育电视台三频道、中山广播电视台承办的第十八届中国纪录片盛典暨高峰论坛在北京召开。

12 月 15 日

贵州省在贵阳市（全国第二阶段试点城市）碧海社区中天山水园和金阳新世界小区开展了三网融合业务小规模商业实验，免费向辖区用户提供 IPTV 接入、基于有线电视网的互联网接入、多媒体通信等融合业务应用。贵州省广播电视信息网络股份有限公司作为贵州省“户户通”工程建设协议中明确为实施单位的广电网络企业。截至 2012 年 12 月 31 日，贵州省累计安装开通直播卫星“户户通”用户 26 万多户，在同步实施直播卫星“户户通”工程建设的 8 省（区）中进度排名第三，农村广电长效服务新体系建设正在全省展开。

12 月 16 日

本日至 17 日，第 12 届新世纪新闻舆论监督研讨会在广州中山大学召开。本届研讨会刊发了资深媒体人推荐 2012 年度调查性报道。

12 月 19 日

2012 年第 12 次新华社编务会议投票评选出 2012 年国内十大新闻。

新华社召开“积极稳妥推进城镇化”调研专题研讨会。

由第七届北京文博会组委会办公室和新传媒产业联盟主办的 2012 年中国新媒体年度盛典暨第五届新媒体节在北京开幕；作为第五届新媒体节重要活动之一的“移动新媒体发展论坛”在国家会议中心举行。

本日至 22 日，第七届北京文博会广播影视展览和论坛成功举办。文博会现场签约金额 15.2 亿元，签约项目内容涉及影视制作、产业基地开发等。许多机构都是首次参展，如中国国际广播电台、爱奇艺、区县广电中心、首都影视产业联盟和首都影院联盟。

12 月 20 日

2012 年中国企业领袖与媒体领袖年会在北京开幕。本次大会由中国广告主协会、中国人民大学新闻学院、中国传媒大学广告学院联合主办，德品国际文化传媒公司承办。

国家语言资源监测与研究中心、中国传媒大学、商务印书馆在“汉语盘点 2012”新闻发布会上联合发布“2012 年度中国媒体十大新词语”：正能量、表哥、失独家庭、鹰爸、元芳体、莫言热、弹性延迟、甄嬛体、骑马舞、中国式过马路。

中国新华新闻电视网与中国动漫集团签订战略合作框架协议。根据协议，中国动漫集团将向新华社提供以动漫游戏为主的各类动漫作品，中国新华新闻电视网负责审核，并在手机电视台的动漫频道播出。

12 月 21 日

金陵华软与中国印刷集团公司合作发起成立“中印金陵数字内容与文化产业投资基金”。该基金总规模为 30 亿元，主要投资方向包括数字出版、数字内容及相关服务类企业。目标是把北京市西城区建设成北京乃至全国文化创意产业发展的战略支撑地。

12 月 22 日

南京报业转型发展展示会上，一批承载创意的数字、网络和移动平台产品给读者带来新体验。会上，南京报业传媒集团和南京日报社分别与六合区、溧水县、江苏连邦信息技术有限公司、美国密苏里新闻学院、南大金陵学院、江苏鼎峰创业投资基金管理有线公司签订战略合作协议。

扬州报业传媒集团在江苏省扬州市体育馆策划“绵柔金六福之夜”演唱会，由金六福酒业独家冠名。

12 月 24 日

长沙地铁电视项目实现正式签约。随着 2013 年长沙地铁开通，长沙地铁电视将同步开播广播电视台电视节目。

《中国网友报》停办。2012 年 12 月 24 日总第 603、604 期以年终策划《告别辞》的方式，向用户道别。

十一届全国人大常委会第三十次会议审议加强网络信息保护的法律草案。该草案主要涉及网络用户的所谓“后台实名制”，治理垃圾电子信箱、网络身份管理以及有关部门的监管、保护公民个人电子信息、保护能够识别公民个人身份和涉及个人隐私的电子信息。

12 月 25 日

《济宁日报》复刊 29 年暨济宁报业传媒集团成立仪式举行。

12 月 26 日

最高人民法院全文公布了《最高人民法院关于审理侵害信息网络传播权民事纠纷案件适用法律若干问题的规定》。

《参考消息》成为国内首家获得著名商标认定的中央级媒体。北京市工商局即日发布公告，认定“参考消息”为北京市著名商标。

《春城地铁报》首日发行，20 万份报纸

3 天内全城免费派发。

山西广电信息网络集团有限责任公司朔州分公司成立并举行授牌仪式。

湖南有线电视集团在国内率先同步上线 3D 高清电视回看和 3D 高清视频点播，标志着湖南有线电视全面进入 3D 高清点播时代。

中新社举行廉政风险责任书签字仪式。

本日至 27 日，新华社 2012 年新闻学术年会召开。

12 月 27 日

在中央电视台纪录频道主办的“纪录片亚太国际高峰论坛”上，以河南电视台为代表的四家省级电视台与央视纪录频道签约共建中国纪录片发展同盟。

首届“中国国际微电影大赛”颁奖典礼在北京举行。

作家维权联盟起诉苹果公司侵权案在北京市第二中级人民法院宣判。苹果公司被判赔偿慕容雪村等 8 位作家经济损失 41.2 万元，及因诉讼支出的合理费用 1.8 万元。

为了促进两地报社资源有效整合，在盐城和宿迁影响力较大的两家传媒——盐阜大众报报业集团与宿迁日报报业集团本着平等互利、优势互补的原则，在盐城签订了演艺项目合作协议。

12 月 28 日

第十二届中国网络媒体论坛在黑龙江省哈尔滨市召开，论坛通过了《中国网络媒体哈尔滨宣言》。

全国人大常委会办公厅在北京人民大会堂台湾厅召开新闻发布会，宣布在刚刚闭幕的十一届全国人大常委会第三十次会议上通过了全国人大常委会《关于加强网络信息保护的决定》。

新华网非洲分网英、法文上线运行。非洲分网设置了《非洲政治》《区域经济》《中非关系》《地域文化》等栏目，以新华社涉及非英、法文通稿为主要来源，整合国内外涉非新闻信息，为网民提供报道和服务。

国家广电总局通报，经总局批准，被停播整顿的江苏教育电视台并入江苏电视台，开办江苏电视台教育频道。该频道于 29 日零时正式开播。

本日至 30 日，2012 第十届中国国际影视节目展在北京展览馆举办，本届展会以“新科技、新媒体、新融合”为主题。

12 月 29 日

河北广电网络集团石家庄分公司推出“三网融合”业务，在石家庄市三个居民小区进行试点，涉及几百个用户，业务主要有云点播、飞视、时移回看、视频通话、3D 电视、体感游戏等。

12 月 31 日

新华社新媒体中心与上海斐讯数据通信技术有限公司签订框架合作协议。根据协议，双方将在产品层次、资本层次展开合作，共同开发“新华通”富媒体、多终端、个性化、互动性强的聚合类平台级新闻资讯产品，实现“内容＋终端”的完美结合。

中经社控股有限公司与上海陆家嘴（集团）有限公司签署《中国金融信息大厦有限公司部分股权转让合作意向书》。根据《意向书》，新华社以 1.8 亿元收购陆家嘴集团所持有的中国金融信息大厦有限公司 20％的股权，同时确定以“不对交易股份进行评估、不在产权交易所公开挂牌”等国资转让特殊形式进行股权的协议转让，确保新华社以快捷方式、低价回购股权。

文新集团“文新传媒谷”奠基仪式在上海闵行区七宝生态商务区举行。文新传媒谷占地 35 亩，建筑面积近 7 万平方米，建成后将成为文新集团新的总部所在地。传媒谷定位为公共型、功能型、服务型的传媒产业集聚区，具有媒体公共服务、华文传媒交流及媒体展示交易平台功能。

随着《舌尖上的中国》《故宫 100》《大鲁艺》等纪录片的热播，2012 年的中国纪录片市场呈现出欣欣向荣的景象。

同月

湖南广播电视台卫星收录中心从长沙市烈士公园迁改至湖南广电中心项目顺利完工，正式投入使用。新建成的卫星收录中心引进了自动对星、IP 收录、实时监控等先进技术，实现了卫星收录机房从标清到高清、从卫视到总台的技术变革与创新。

最高人民法律制定关于进一步改进司法作风的六方面措施，包括要推进司法公开，实现良性互动，建立完善新闻发布例会制度，进一步完善裁判文书上网，庭审网络直播制度，健全法律开放日制度，让司法在阳光下运行。

同年

2012 年下半年，云南电视台都市频道与网络电视台节目制作中心联合开发手机客户端——手机昆明，该客户端可以提供都市频道全天时段的直播以及节目点播、即时天气、公交等公共服务信息。目前手机客户端软件在终端设备兼容性、屏幕分辨率适配技术、多手机操作系统支持、多种联网方式支持上均达到了应用要求，并完成内部测试，预计 2013 年将投放股市使用。

2012 年底，国家版权局将《著作权法》第三次修订送审稿正式呈报国务院，标志着此次修法工作取得突破性进展。此次著作权修订专门成立了修法专家委员会，委托相关教学科研机构起草专家建议稿，以专函形式向立法、司法、行政机关及相关社会团体定向征求意见，并通过网络、座谈会和媒体互动会广泛征求社会各界的意见和建议，被认为是“开门立法、阳光立法”的创举，引起了社会各界对版权立法工作的高度关注。

解放日报报业集团分步落实，有序推进申江服务导报社、I 时代报社、房地产时报社、人才市场报社、新闻晨报社、书城杂志社转企改制，六家新设公司建立了公司化治理结构，实行主编负责制，由集团主管、主办。这也是全国“转企改制”工作的一个缩影。

新华社 2012 年海外阵地建设扎实推进。新华社新建成 9 个海外分社，海外分社总数达 171 个，地区热点、重点城市实现基本覆盖，信息采集和传播网络规模跃居世界第一。海外雇员队伍进一步发展壮大，截至 2012 年底已达 3706 人。

中国联通投入约 1000 亿元用于 3G 网络建设及优化，在 2013 年的投资金额预计将相对减少，其投资建设的重点将是“3G、宽带等网络能力建设”。

国家广电总局相关数据显示，2012 年全国广播电视行业总收入预计 3135 亿元，首次突破 3000 亿元，比 2011 年增长 15.38%。其中，创收收入预计 2794 亿元，比 2011 年增长 17.84%。创收收入中：广告收入预计 1301 亿元，比 2011 年增长 15.85%；网络收入预计 656 亿元，比 2011 年增长 16.3%。

2013 年（癸巳）

1 月 1 日

《人民日报》在其官方微博上宣布改版，从 2013 年开始，周六、周日《人民日报》由每天 8 版增至 12 版，节假日由每天 4 版增至 8 版。周一到周五，每天推出 1 版评论版。同时增设观察、生活周刊、新青年、假日生活版。

《焦点访谈》迎来开播 19 年以来首次大改版，新改版《焦点访谈》的时长由原先的

13分钟增至17分钟，每期不再只关注一个焦点，而是关注两个乃至多个热点，节目内容的包装轻松、亲民，加入了flash动画、相声。

中央电视台综合频道全新改版，屏幕上出现了“C先生”卡通形象，这是中央电视台综合频道在形象包装的一个新突破，“C先生”是以CCTV中的“C”作为创意动机，幻化出一张笑脸，赋予它人物的个性。

中央人民广播电台音乐之声首次全程实况转播维也纳新年音乐会，时长3个小时。

新华社2013年度主要公开报刊发行总量达到907.9万份，同比增长5.5%。其中，《新华每日电讯》发行量突破150万份，同比增长31.3%。

《光明日报》整合新闻版的各言论专栏，推出《评论·观点》专版。

《关于审理侵犯信息网络传播权民事纠纷案件适用法律若干问题的规定》正式实施。该司法解释共16条，对审理涉及信息网络传播权纠纷案件进行了规范。

覆盖全国地市级广播、电视、报纸的违法药品、医疗器械、保健食品广告监测网系统正式启动运行。

北京卫视早间新闻品牌《北京您早》全面扩容，播出时间从1个半小时扩成2个小时。午间新闻栏目《特别关注》由30分钟扩至1小时。

江苏广电总台各频道、频率和新媒体板块全新改版。此次改版的理念是“责任塑造形象，品质成就未来”，各频道内容的创新上更为突出“全媒体概念”。

江苏人民广播电台建台60周年，《时刻与您同在——江苏人民广播电台60年》出版。

湖南卫视推出一款基于电视互动的社交应用——呼啦。作为移动App产品，其愿景是连接家庭共享的电视大屏和个人私享的手机小屏。呼啦承载了《快乐大本营》《天天向上》《我是歌手》《爸爸去哪儿了》等各个节目的信息和互动内容。

辽宁卫视2013年升级改版，打出“为人民服务”的频道新定位。

《农民日报》在合肥报业传媒集团印务分公司设立分印点，全面覆盖安徽省。

《苏州日报》再次改版，此次是将正文字号由原来的6号字放大到小5号字，希望通过这一细节的改变，让读者的眼睛更放松、阅读更愉悦。

1月3日

《南方周末》新年特刊出版发行，读者在这期报纸发现数个低级错误（“2000年前的大禹治水”，“众志成诚”，“这是我们第一千零五十七次和你相见”等），在微博等社交网络平台引发轩然大波。

1月4日

全国新闻出版工作会议在北京召开。

本日至5日，国家广电总局在北京召开全国广播影视工作会议，此次会议与全国宣传部长会议套开，会议总结了2012年广播影视工作，研究部署了2013年工作。

广电总局下发《广电总局关于促进主流媒体发展网络广播电视台的意见》，要求将网络广播电视台提升到与电台、电视台发展同等重要地位，给予网络广播电视台建设和运营充分保障，经过三至五年的努力，确立网络广播电视台在新媒体传播格局中的主流地位。

《人民日报》推出第一块新闻评论版，引发业界强烈反响。

南京地铁报《东方卫报》改版，将版型缩短5厘米，与国际上地铁报实现版型统一。

1月5日

第四届中国期刊发行经理人年会在北京

举行，全国百余家期刊社的相关负责人和多家期刊渠道发行商参会。

新华浙江大宗商品交易中心在杭州组建，交易中心由新华社直属的中经社控股有限公司发起，新华金融信息交易所和杭州兴利投资有限公司共同组建，将在国家法律法规范围内开展大宗商品现货电子交易，交易品种拟涵盖贵金属、有色金属、石化产品等领域。

中国南方航空股份有限公司宣布，其参股40%的南航传媒IPO（首次公开发行股票）已获中国证监会受理。

今晚传媒集团主办的《今晚报》第32个海外版暨第5个外文版——西非英文版在尼日利亚出版发行。

《工商行政管理》（半月刊）创刊60周年座谈会在北京举行。

1月6日

中国广播电视协会第六届理事会议在北京召开，会议审议通过了第五届理事会工作报告、财务工作报告以及《中国广播电视协会章程》修正案，选举产生了新一届协会领导班子，张海涛当选为第六届理事会会长。

北京电台交通广播“一路畅通”栏目商标被认定为北京市著名商标。

1月7日

按照中国国际广播电台“学习贯彻十八大精神”主题采访报道整体方案，“文化中国·陕西行”与“和谐中国·吉林行”两个采访组同日启程。

1月8日

人民日报官方微博征集读者反感的官话套话。1月9日《人民日报》刊登出“高度重视”“亲自过问”“现场指挥”“积极”“及时”“立即”“确保”等读者反感的官话套话。

《人民日报》每周二推出《新青年》专版，设置了《青年热线》《青年观》《青年派》《青春驿站》等栏目，旨在为青年表达主张、释放诉求提供平台。

2012中国品牌年会暨品牌金奖颁奖典礼在北京举行，本次年会以“走向世界的品牌”为主题。《半岛都市报》《新晚报》《扬子晚报》《温州都市报》《新民晚报》《大河报》《南方都市报》《钱江晚报》等八家报纸获得“品牌影响力晚报都市报奖”。

广西卫视高调争夺收视率，推出跨年时尚盛典——瑞丽封面模特大赛总决赛、中国模特之星大赛。

中央人民广播电台对港澳广播节目中心联合北方九家省级电台，在吉林省吉林市召开《每周听香港》2012年工作总结暨2013年规划协调会。

1月9日

由商务部和国资委批准、中国印刷技术协会承担的首批全国印刷行业企业信用等级评价复审会在北京召开。上海烟草包装印刷有限公司等49家企业获评A级以上信用等级，是我国印刷业首批获评A级以上信用等级的企业。

中央纪委监察部在北京召开新闻发布会，首次采用电视直播形式发布2012年查办案件工作情况。

1月10日

第六届全国新闻报刊优秀漫画专版评选在北京揭晓。《讽刺与幽默》《新疆日报》等5家报刊作品获金奖；《解放日报》《工人日报》等10家报刊作品获银奖；《中国国土资源报》《华商报》等15家报刊作品获铜奖。

新华社新疆分社与中国电信新疆公司续签《全面战略合作框架协议》。

《国家人文历史》创刊庆典在中国国家博物馆举行。《国家人文历史》的前身是人民日报社主管主办的《文史参考》杂志。

《中国邮政快递报》创刊发行。该报由国家邮政局主管，是目前邮政业唯一一张统揽邮政全行业，面向邮政企业、快递企业等各类市场主体的报纸。

重庆卫视全面改版，全天以四档新闻节目为时段划分，白天节目追求差异化，晚间新节目力争吸引年轻观众，频道包装年轻化。各时段商业广告恢复招商。

《天下父母》首创国内“访谈＋微电影”模式，是全国唯一一档以“亲情孝道”为宗旨的电视栏目。

百视通新媒体与华为终端联合宣布，双方达成合作计划推出全球第一款采用四核处理器的互联网电视机顶盒（OTT）产品。

腾讯宣布与华纳兄弟、环球、米拉麦克斯、狮门等好莱坞知名电影公司达成合作协议，发布网络视频业务“好莱坞 VIP”专区。

1月11日

中国新闻出版研究院发布了《2012 年传媒创新报告》，指出技术创新成为 2012 年传媒业的一大亮点。

由中国新闻出版研究院《传媒》杂志主办，今晚报社、南开大学承办的第八届中国传媒年会在南开大学开幕。

宁夏广电总台经济频道、影视频道、少儿频道广告经营面向社会公开竞标。

《德宏团结报》出版发行 1 万期暨数字报开通仪式举行，该报成为云南首家出版发行达到 1 万期的州市报纸。

山东省日照市第一家文化产业集团日照广播影视集团挂牌成立。

1月13日

中国广播电影电视报刊协会与山东高速集团签署合作框架协议，共同组建中广百城文化传媒股份有限公司。

首个媒体指数基金“招商央视财经 50 指数基金”获准发行。

《人民法院报》刊登北京市丰台人民法院公告，《现代文明画报》社 2006 年 7 月 28 日申请的破产清算一案，因没有妥善安置职工和保护债权债务人合法权益等问题被裁定驳回。

1月14日

联合国新闻和媒体事务负责人杜加里克（Stephane Dujarric）一行到中央人民广播电台参观访问。

青海广播电视台在台内宣布，将根据与湖南广播电视台《终止〈合作合同〉协议》的精神做好青海台青海卫视频道自主运行。青海台和湖南台之间为时 3 年的青海卫视合作运营宣告结束。

人民网主办的“2012 中国正能量”第七届人民社会责任奖颁奖典礼在北京举行。

1月15日

《中国互联网络发展状况统计报告》发布，报告显示，截至 2012 年 12 月底，中国网民规模达到 5.64 亿，手机网民达到 4.2 亿，年增长率为 18.1%，增幅超过整体网民增幅。网民中使用手机上网的比例由 69.3% 提升到 74.5%，手机作为第一大上网终端的地位更加稳固；中国微博用户规模为 3.09 亿，比 2011 年年底增长了 5873 万，网民中的微博用户比例达到 54.7%。手机微博用户规模 2.02 亿，占所有微博用户的 65.6%。该报告由中国互联网络信息中心（CNNIC）发布，本次为第 31 次发布。

由新加坡真实东方传媒有限公司、新加坡星和有限公司联合主办的“第一财经电视新加坡启播庆典活动”在新加坡驻上海总领事馆举行。

国家广电总局发布通知，要求停止播出“肝病治疗仪”“毛主席翡翠金钻国表”“姜老太鼻康膜”等 55 条资讯服务和电视购物短片广告。

浙江省政府作出《关于给予浙江卫视荣记集体一等功的决定》。

少儿科普月刊《漫画科学》由人民教育出版社创刊。

据投中集团统计显示，2012年度国内文化传媒行业VC /PE融资规模仅为2.97亿美元，环比下降78%；融资案例数量36起，环比下降38%；平均单笔融资规模826万美元，环比下降65%。2012年度国粹红钻10亿元投资清耕老年文化艺术大学项目，成为2012年文化传媒行业融资规模最高的案例。大环境不佳，投资策略趋紧，排队企业数量与日俱增、证监会对排队企业财务突击检查致使部分企业撤销上市申请等因素，被认为是2012年度文化传媒行业VC/PE投资规模骤降的主要原因。

南京大学金陵学院与百视通新媒体股份有限公司签订战略合作协议。双方将在微电影授权播映、活动举办、人才培养、科学研究等领域开展合作。

由中国散文学会主办的《中国散文报》在北京创刊。

1月16日

人民日报社文艺部在北京举行作者编辑座谈会。

长沙晚报报业集团与中国晚报工作者协会在北京签署共同长期举办《晚报文萃》杂志的协议。

《邵阳日报》头版右下角刊登了两份检讨书，作者是当地两名官员。他们“深刻检讨”缺席市委经济工作务虚会议，并保证今后类似事件不再发生。

《长江商报》改版，由传统都市类日报转型为经济生活报，报型由原来对开“瘦报”改为4开小报，改版理念定位为“小报形态，大报情怀”。

《云南日报》实施了新一轮改版改革，报型采用720瘦报。

江苏省总台建设的IPTV集成播控平台通过了广电总局验收。

河北联通IPTV正式商用。

1月17日

中共中央政治局委员、中央书记处书记、中宣部部长刘奇葆到人民日报社调研。

北京市宣传部长会议召开，会议要求首都各区县、各委办局、各传统媒体都要开通法人微博，加强对热点问题的正面引导。

《甘肃日报》实行自办发行。

甘肃省召开宣传思想工作会议，新闻出版业作为“首位文化产业”的概念被提出。

1月18日

中国传媒大学广告学院与《媒介》杂志主办的第五届中国传媒趋势论坛暨中国传媒学院奖颁奖典礼在北京召开，本次论坛以"全媒体、融终端、新营销"为会议主题。

江苏省、山东省广电网络战略合作签约仪式举行。

2013年首都老新闻工作者迎春茶话会在北京举行。

江苏省、山东省广电网络战略合作签约，双方签署战略合作协议以及电视教育、智慧社区、大电视互动新媒体等多项业务合作协议。

1月19日

“慈善的力量”2012中国慈善年会在北京拉开帷幕，在“责任·传播的力量”环节中，展示了传媒在公益慈善中的无限正能量。

《人在囧途之泰囧》座谈会在北京召开，北京市委宣传部部长张森等出席会议。

中国电视剧导演工作委员会2012年度年会在山东省济南市召开。导演委员会发布《行业不良风气的警戒通告》。

1月20日

文化部网站发布关于《文化部“十二五”时期公共文化服务体系建设实施纲要》。

北京师范大学中国企业家犯罪预防研究中心及《法人》杂志联合发布《2012年中国企业家犯罪媒体案例分析报告》。报告显示媒体公开报道的落马企业家人数连续三年增长。

江西日报传媒集团、湖南日报报业集团和湖北日报传媒集团在武汉签署《中部传媒战略合作协议》，安徽日报报业集团以观察员身份参会，开启了国内媒体区域合作新局面。

“中国电视剧导演（济南）论坛”在山东大厦举行。

1月21日

工业和信息化部、发展改革委、财政部、工商总局、质检总局、广电总局六部委联合发布《关于普及地面数字电视接收机的实施意见》。

新华社社长李从军在北京会见俄塔社社长谢尔盖·米哈伊洛夫。

第一财经联合百视通发布具有高清、智能化、3D功能的OTT机顶盒“财神聚宝盒”。

大众点评网宣布正式开放O2O开发者平台。

PPS网络电视宣布与旅游卫视达成2013年战略合作协议。

1月22日

财政部发布广电行业事业单位财务制度。

中央人民广播电台向中国盲文图书馆捐赠4000余小时的中央电台优秀节目。至此，中央人民广播电台向中国盲文图书馆捐赠1万小时播出节目工作完成。

国家广电总局召开2013年全国广播影视科技工作电视会议。

由科技日报社主办的2013中国科技记者年会召开。

由国家广播电影电视总局指导，中国网络电视台主办的国家纪录片新媒体综合性产业运营平台“中国纪录片网”开播上线。

2013“美丽杭州”媒体公益传播行动启动，3部公益宣传片《最美》《遇见》《迫在眉睫》正式亮相。

本日至2月1日，应台湾“中国新闻学会”邀请，由国务院台办新闻局和中华全国新闻工作者协会共同组织的大陆部分大学新闻系院系师生一行39人赴台湾参加为期10天的第16届海峡两岸大学生新闻营活动。

1月23日

中共中央政治局委员、中央书记处书记、中宣部部长刘奇葆到新华社调研。

由中央人民广播电台技术制作中心与解放军总参谋部政治部、总参陆航学院联合制作的广播剧《共和国士兵》制作完成。

据国家广电总局电视剧司数据，2012年全年全国共计生产完成并获得发行许可证的节目共506部17703集。题材比例为：现实题材共计284部9274集，分别占总比例的56.13%、52.39%；历史题材共计216部8189集，分别占42.69%、46.26%；重大题材共计6部240集，分别占1.19%、1.36%。

2013年外国驻华记者新年招待会在北京举行。截至2013年1月，共有59个国家438家外国新闻机构在华派驻记者，外国驻华记者总数近700名。

中央电视台《新闻联播》中，特约评论员杨禹正式亮相，这是该节目开播35年来第一次引入特约评论员。

由天津广播电视网络有限公司与天津“医指通”合作推出的电视预约挂号平台正式投入运行。

百视通新媒体与派拉蒙公司签署合约，

启动版权合作。

1 月 24 日

由中国行为法学会新闻监督研究中心、中国政法大学法制新闻研究中心等联合主办的首届中国新闻法治建设学术峰会在北京召开。

1 月 25 日

广电总局公布给予甘肃人民广播电台都市广播暂停播放商业广告处理的通报，责令甘肃人民广播电台都市广播暂停所有商业广告（含医疗资讯服务类广告）播出 30 日，并进行全面清理整顿。

《文汇报》创刊 75 周年。

中国全国动漫游戏标准委员会在上海成立。

《中国社会组织》杂志发布会举行。该杂志是民政部主管、中国社会组织促进会主办、面向全国各类社会组织的唯一专业性杂志。

中新社境外分社述职暨管理工作会议召开，就境外分社运营、考核、资产管理、营销、调研等加强海外采集网络分布事项进行了研讨。

由浙江省中小企业局指导，浙江广电集团钱江都市频道与浙江省投融资协会共同打造的节目《理财直通车投融快车》在杭州正式开播。

国内首家新媒体创作中心——河北省新媒体创作中心在石家庄成立。

广播影视职业教育教学指导委员会成立。

1 月 26 日

2013 年全国广播影视科技工作会议召开。

中央人民广播电台 FM99.6 中国高速公路交通广播携手腾讯微博微频道及 NGO 组织“顺风车”，在春运期间合作推出“春运搭顺风车”活动。

由中国商业联合会媒体购物专业委员会组织的《媒体购物经营要求》行业标准审定会在北京举行，专家组一致通过对行业标准送审稿的审定。

贵州广播电视台卫视频道推出晚间新闻栏目《新闻延长线》。

1 月 27 日

《法制晚报》2013 年首届法治论坛在北京举行。

1 月 28 日

中新社 2013 年全社工作会议召开。

小米科技与中国网络电视台旗下未来电视正式签署战略合作协议。

中国国际广播电台第 83 家海外分台开播。

山东网络广播电视台与中国电信天翼视讯达成跨屏业务合作。

1 月 29 日

人民网发布公告称，人民网 2012 年度净利润将同比增加 50%以上。

2012 年度中国播音主持“金话筒奖”揭晓。

中央人民广播电台民族广播中心在北京举行大型报道《民族先锋》总结座谈会。

浙报传媒定增收购边锋网络和浩方的申请获证监会审核通过，最后以 34.9 亿元收购盛大集团旗下的杭州边锋（估值为 31.8 亿元）和上海浩方两家游戏公司各 100%股权。

湖北广电发布 2012 年度业绩预告。公告显示，2012 年公司实现净利润 1.4 亿元至 1.7 亿元，增长幅度在 7 倍以上。

由河南省预防腐败局、人民日报社河南分社、人民网河南频道联合创办的手机报《人民快报·廉政周刊》上线。

1月30日

央视蛇年春晚采用环绕声直播，这是继广东卫视跨年晚会采用环绕声直播以后的再次尝试。此外，央视还制作了蛇年春晚3D版本。

中国网络电视台和中国残疾人服务网共同推出“2013央视春晚无障碍（文字＋视频）网上直播”。

凤凰卫视与澳门有线电视就凤凰卫视香港台落地澳门签订正式合作协议。

贵州出版集团公司与贵阳日报传媒集团正式签署战略合作协议。

1月31日

国家广电总局下发了《关于节俭安全办节目的通知》，要求各级电台电视台认真贯彻落实中央“八项规定”和“厉行勤俭节约、反对铺张浪费”的要求，节俭安全办好包括春节晚会在内的节日广播电视节目。

中宣部新闻局致电中新社，通报中共中央政治局委员、中宣部部长刘奇葆就中新社上报中宣部的《中新社关于拉萨当雄警方为朝佛群众发放反光背心的报道引发藏族群众热议》报告的批示意见：“中新社这一条新闻做得好，请各位副部长阅，并请新闻局将此表扬通报给中新社领导同志。”

同月

从大年初二到初七由中央电视台军事节目部打造的特别节目《军情时间到》每晚在央视新闻频道播出，这是军事专题类节目首次出现在中央新闻频道晚间时段。

新华网IPO（首次公开募股）申请获得证监会受理，拟上市地为上海证券交易所。

湖南卫视推出三档全新节目：《我是歌手》《奇舞飞扬》和《爱的车轮战》。

《国家大剧院》杂志对外公开发行。

山东省作家协会主办的文艺理论期刊《百家评论》正式出版。

青海省政府下发《关于清理整顿非法销售、安装、使用卫星电视广播地面接收设施的通知》。

2月1日

国家广电总局向有关单位发出《关于做好2013年优秀国产纪录片推荐工作的通知》。

中央人民广播电台新春走基层报道启动，中国之声、驻各地记者站记者、编辑和主持人近200人奔赴祖国各地。

我国首个个人信息保护国家标准《信息安全技术公共及商用服务信息系统个人信息保护指南》正式实施。该标准最显著的特点是规定个人敏感信息在收集和利用之前，必须首先获得个人信息主体明确授权。

“新华社法人微博发布厅”在新华网、腾讯网等网站正式亮相。

中央电视台多个频道在春节期间推出《关爱老人——爸爸的谎言篇》《关爱老人——妈妈的等待篇》《关爱失智老人——打包篇》《春节回家篇》等多条“回家”系列公益广告。

因出违规增刊而被停刊的《大家》杂志正式复刊发行。《大家》杂志创刊于1994年，是云南人民出版社主办的大型文学期刊。

北京市广播电影电视局召开首都广播影视“走出去”工作座谈会。

2月2日

2012年度中央及外地驻津记者联谊会年会暨第十七届“王朝杯”宣传天津好新闻、好论文、好信息评选表彰会在天津召开。

2月3日

本日到2月7日，中央人民广播电台连续5天，在北京、上海、蚌埠、武汉、郑州、贵阳等六大火车站站前直播，并邀请火车站负责人坐进直播车担任嘉宾。旅客还可以通过递纸条、发短信、写微博的方式，与直播车内互动。

2 月 4 日

广电总局召开 2013 年人事工作会议，蔡赴朝、童刚出席。

搜狐公布 2012 年第四季度及全年未经审计的财务报告。报告显示，搜狐集团 2012 年总收入 10.67 亿美元，较 2011 年增长 25%，首次突破 10 亿美元大关；实现营业利润 2.4 亿美元，同比下滑 20%。其中，品牌广告收入为 2.9 亿美元，较 2011 年增长 4%；在线游戏业务收入达 5.75 亿美元，较 2011 年增长 32%；搜狗业务收入为 1.31 亿美元，较 2011 年增长 108%。

山西科技新闻出版传媒集团揭牌。

中央人民广播电台中国高速公路交通广播启动贯穿早 7 点至晚 7 点的特别节目《FM99.6 巡礼京津唐》。

2 月 5 日

中宣部、中央文明办、中央外宣办等七部门联合发文，要求深入开展“讲文明树新风”公益广告活动，要求依托《人民日报》、中央人民广播电台、中央电视台、中国网络电视台、中国移动等 5 家单位设立 5 家“讲文明树新风”公益广告制作中心，分别牵头设计制作平面类、广播类、影视类、网络类、手机类公益广告，形成公益广告作品库，供各媒体无偿选用。

百度公布 2012 年第四季度及全年未经审计的财务报告。2012 年百度全年营业收入为 223.06 亿元人民币，比 2011 年增长 53.8%；全年营业利润约为 110.51 亿元，比 2011 年增长 45.9%。其中第四季度，来自网络营销的收入为 62.88 亿元，同比增长 40.8%；共为大约 40.6 万家客户提供服务，同比增长 30.5%，户均收入达到 15500 元。

中国国际广播电台与中国铁建股份有限公司在北京正式签署《中国国际广播电台与中国铁建股份有限公司关于建立外宣战略合作关系的框架协议》。

《中国民商》杂志创刊暨中国民商网上线发布会在北京举行。

中国移动与招商银行签署战略合作框架协议，双方将在移动支付、市场渠道、集团客户通信三个方面进行战略合作。

2 月 6 日

中国国际广播电台《世界华声》杂志正式创刊。

福建省级 IPTV 集成播控平台项目建设座谈会在福州召开。

2 月 7 日

国家广电总局向各有关单位发出《关于实行电视纪录片题材公告制度的通知》，通告要求，从 2013 年起实行电视纪录片题材公告制度，汇总全国电视纪录片、中外合拍电视纪录片、从境外引进电视纪录片（含素材）等题材信息，向社会公告。

国家广电总局发出《关于 2013 年 1 月全国国产电视动画片制作备案公示的通知》。

福建广电局召开会议，研究部署 2013 年全省广播影视科技工作。

郑州市政府公布有线电视数字化整体转化工作方案。

2 月 9 日

在新春佳节到来之际，联合国秘书长潘基文通过中央人民广播电台和中央电视台向中国人民送上祝福。

“贯彻十八大，讲文明树新风”主题公益广告系列《勤俭节约——生活态度篇》在中央人民广播电台中国之声、经济之声等 9 个频率同步推出。

中国记协、全国“三教办”组织行业报“新春走基层”活动。

2月12日

自本日起，中央电视台《新闻联播》的主播们在结束前提醒观众关注其官方微博，“如果你还想获取更多的新闻资讯，可以关注我们的官方微博@央视新闻”。

2月14日

日本最高法院第三小法庭最近作出不受理日本小学馆（出版社）上诉的裁决，中国中视传媒股份有限公司在起诉日本小学馆侵犯知识产权案中胜诉。2004年9月，日本小学馆未经授权许可在日本发行中视传媒公司拥有的《中国世界自然文化遗产》系列七部DVD，侵犯了中视传媒公司的知识产权。

2月15日

第56届世界新闻摄影比赛（荷赛）评选结果在荷兰阿姆斯特丹揭晓，中国摄影师郑晓群、储永志分别获得自然类、体育类二等奖，傅拥军、魏征则分别获得人物类（观察肖像及表演肖像）、体育类三等奖。。

北京电视台制作的大型电视系列片《正道沧桑——社会主义500年》开始播出。该片被中央组织部、中央宣传部列为党课教材在全国推广。

2月17日

杨锦麟团队对外宣布，正式成立锦绣麒麟传媒（国际）有限公司，并与腾讯公司进行全平台战略合作，腾讯视频将为锦绣麒麟传媒独家开设专属频道——锦麟频道。

2月18日

新闻出版总署人事司印发《新闻出版总署2013年专项业务培训计划》的通知。

中文传媒公告称，公司与泰国中央中文电视台（TCCTV）全体股东签订了《合作意向书》，计划收购其49%股权。双方将以股份合作的形式共同合作经营TCCTV。

江苏广播总台国际频道开播人文地理类专题栏目《走读江南》，频道全新版面正式上线。

中央电视台《焦点访谈》以“蹊跷的采访”为题，曝光了购物导报社记者李德勇在江苏省连云港市非法设立记者站进行新闻敲诈一事，经调查这是一起真假记者组团进行新闻敲诈的典型案件。

浙江嘉报集团与中国电信嘉兴分公司就IPTV本地频道合作签约。

乐视网与深圳证券信息公司合作，推出上市公司松德股份2013年第一次临时股东大会全程视频直播。

2月19日

2012年度“中国农村新闻人物”推选结果在北京揭晓。包括著名玉米育种专家程相文、华西新市村党委书记吴协恩在内的21位在“三农”领域取得杰出成就的人物当选。

湖北广播电视台2000平方米演播大厅和多媒体新闻大楼投入使用。这是全国省级台第一个单体新闻大楼，实现了新闻制作和播出的全高清效果。

2月20日

《环球时报》正式推出美国版，这是首家在美国同时推出中英文版日报的中国媒体。

新浪发布，截至2012年12月31日的第四季度未经审计的财务报告。财报显示，新浪第四季度净营收1.391亿美元，同比增长4%；净利润240万美元，较上年同期的930万美元下降74.2%。新浪同时公布了微博用户的最新数据，截至2012年12月底，新浪微博注册用户已超5亿，同比大幅增长74%，日活跃用户数达到4620万。

2月21日

360公司宣布360搜索将与人民日报社旗下即刻搜索展开战略合作，合作内容包括全面接入国家食品药品监督管理局的药品查询数据，联合运营网络曝光台以及食品安全栏目。

新闻出版总署对《北京电力高等专科学校学报》原主管主办单位撤销合并后仍继续出版并收取版面费的问题作出回应，已查明该学报不具备法定出版条件，依法予以注销。

由贵州日报报业集团主管、省记协主办的贵州记协网在金黔在线建立开通。

歌华有线发布业绩快报，2012 年度实现营业总收入 22.02 亿元，归属于上市公司股东的净利润 2.94 亿元。

2 月 22 日

“西游影城”基地以《大话西游》系列主题电影为基础，并以周星驰及文化中国传播集团未来开发和创作的电影为补充。项目选址桐乡乌镇，总规划用地约 1048 亩，预计投资 20 亿元左右，将于 2013 年下半年动工建设，计划 2015 年建成并向公众开放。

2 月 23 日

江苏影视频道推出娱乐脱口秀节目《拜托电视》，这是一档专门吐槽影视作品的节目。

2 月 24 日

新华社从本日起推出“迎接全国两会系列述评”，当天播发了长篇报道——《凝聚实现中国梦的强大动力》。

2 月 25 日

新闻出版总署下发《关于进一步做好 2012 年度报刊核验工作的通知》。

由国务院新闻办公室主办的中俄媒体记者圆桌会议在北京举行。

证券时报发布了《1993－2012 年证券时报社会责任报告》，这份报告获得了全球报告倡议组织（GRI）B 级认定。

国家食品药品监督管理局与百度达成战略合作，国家药监局的三大药品数据库总计 20 余万个权威药品信息将全面入驻百度。

北京三联书店在官方网站发出公告，三联书店总编辑助理郑勇接任《读书》杂志执行主编，主持《读书》工作。

“宽带发展联盟”成立。联盟由电信运营商、主要互联网企业、通信设备制造企业以及相关科研单位和组织共 28 家成员共同发起组建。

广电网络公布业绩快报，公司 2012 年度实现营业收入 17.23 亿元，同比增长 21.47%；归属于上市公司股东的净利润 1.4 亿元，同比增长 0.1%；基本每股收益 0.2485 元。

从本日至 3 月 17 日，用于我国广播电视节目传输的卫星进入日凌期。

陕西广电网络公布业绩快报，2012 年度实现营业收入 17.23 亿元，归属于上市公司股东的净利润 1.4 亿元。

2 月 26 日

国家广电总局传媒司召开全国各省级电视台广告部主任工作座谈会，重申切实加强省级卫视广告播出管理要求。

设于北京梅地亚中心的 2013 年全国两会新闻中心正式启用。

香港大公报北京分社正式挂牌，这是大公报在内地设立的第一家分支机构。同时，大公报与北京市政府新闻办共同创办的《美丽北京》专刊正式开办。

中央人民广播电台中国乡村之声正式推出新节目时间表。新节目时间表增加了《三农中国》《三人话三农》等栏目，在公益、服务原则指导下，更加接地气，关注民生。

CIBN 互联网电视与加拿大 Distributel 集团旗下的新动力传媒在北京签署 CIBN－XINFLIX 互联网电视业务战略合作协议。双方将共同打造具有国际化特色的“CIBN－XINFLIX 互联网电视业务”，建立中外文化交流的双向内容运营体系。

未来电视有限公司与TCL集团在北京正式启动战略合作，同时，由未来电视和腾讯合作开发的“电视QQ”正式向全球发布，将在TCL全系列产品上率先上线。

“2012年度中国电视满意度博雅榜”在广东佛山揭晓，中国电视新节目形态与科学评估论坛也在同一天拉开帷幕。

首届江苏省新闻出版政府奖在南京颁奖。

湖南省新闻出版局与交通银行湖南省分行签署支持新闻出版业发展战略合作协议。

2月27日

由中国社会科学院调查与数据中心、新闻与传播研究所传媒调查中心联合成立的中国舆情调查实验室揭牌。

台湾电影《阿嬷的梦中情人》在两岸同步上映，这是受益于两岸经济合作框架协议（ECFA）而实现两岸同步上映的首部台湾电影。

浙江卫视高端经济类访谈节目《与卓越同行》正式开播。

搜狐视频宣布与浙江卫视达成合作，获得第二季《中国好声音》新媒体版权。

天津市妇女联合会举行第八届妇联挚友新闻创意奖表彰会。

2月28日

中华人民共和国国务院公报官方微博在新华网新华微博开通。国务院公报微博主要发布国务院公布的行政法规和决定、命令等文件，国务院批准的有关机构调整、行政区划变动和人事任免决定及国务院各部门公布的重要规章和文件、国务院领导同志批准登载的重要文件等。

中国网络版权维权联盟在北京成立。

“2012年度中国互联网站品牌栏目（频道）”推荐发布会在北京举行。

由SMG影视剧中心和尚世影业主办的“中国电视剧上海排行榜颁奖礼暨2013电视剧制播年会”召开，2012年度中国电视剧上海排行榜揭晓。

涉嫌发行《北京生活》非法期刊的仪某某因非法经营罪被北京市朝阳区人民法院判处有期徒刑两年，罚金人民币两万元。

陕西省2012年度报纸传播创新案例评选活动颁奖大会在西安召开。

中国移动电视运营商华视传媒与中超在北京举行新闻发布会宣布战略合作，华视传媒成为中超联赛未来5年公交地铁移动电视战略合作唯一户外媒体。

同月

广电总局下发《关于清理广播电视“送礼”广告的通知》，要求各级电台电视台立即删除含有渲染“送礼”内容的广告。

新闻出版总署办公厅印发通知，对外公布了2013年新闻出版改革发展12项工作要点。

全国各大媒体2012年的广告经营业绩数据相继出台。根据CTR媒介智讯广告监测公司以及另一权威第三方检测公司的统计数据显示，2012年全年《广州日报》的刊例广告收入再次稳居全国报纸媒体的第一。

优酷在网页版的视频播放框下面增加了二维码标识，用户可通过二维码扫描，将正在观看的视频“转移”到移动设备上继续观看。

在中国驻洛杉矶总领馆支持下，江苏广电总台国际频道与美国华人社团与美国迪斯尼乐园举办迪斯尼“中国节”。

“可信网站”验证管理机构中网（knet.cn）联合搜狗在搜索中推出“官方网站认证”，可帮助网民便捷甄别搜索结果中的网站身份真伪。

3月1日

人民网2013两会专题首发上线。在

2013 年全国两会召开期间，人民网推出大型多语种、全媒体报道专题。

中国网络版权维权联盟成立。联盟首批 24 个成员单位包括人民出版社、商务印书馆、人民教育出版社、新浪、搜狐、腾讯等多家知名出版社和网络公司。

自本日起，国务院新修改的《计算机软件保护条例》《中华人民共和国著作权法实施条例》《信息网络传播权保护条例》正式施行。

优酷土豆发布了 2012 年第四季度财报。数据显示，优酷土豆第四季度净收入为人民币 6.358 亿元，净亏损为人民币 1.136 亿元。

迅雷看看电影票频道上线，首批接入的院线城市近百个。

桐乡市广播电视台与浙江华数广电网络股份有限公司举行签约仪式，标志着桐乡广电网络公司正式整体加入浙江华数，迎来了融入“一省一网”发展的新格局。

3 月 2 日

深圳卫视开播“两性观点互动明星真人秀”节目《男左女右》，节目时长 90 分钟，每周六晚间播出，由张宇、李湘主持。

3 月 3 日

在武汉出版的《桥梁建设报》全新改版，以“国内最专业的桥梁行业权威纸媒”新面孔正式亮相。

大众报业集团半岛传媒股份有限公司与青岛报业传媒集团有限公司正式签署战略合作协议，成立青岛新报传媒有限公司。

辽宁经济广播围绕“健康听力，幸福人生——关注老年人听力健康”主题活动，联合当地相关部门举办大型公益义诊活动。

3 月 5 日

由《云南信息报》与泰国历史最悠久的华文报纸《星暹日报》联合推出的《今日云南》版正式与读者见面。

北京 IPTV 业务开始运营。

搜狐视频宣布独家获得美剧《纸牌屋》的版权。

乐视网与富士康科技集团达成战略合作。乐视 TV 超级电视及第二批 C1 互联网电视机顶盒将由富士康制造。此外双方还将成立合资公司，且富士康不再为其他的互联网企业进行相关终端制造。

3 月 6 日

上海美术电影制片厂举行“经典延续、全新启航——美影厂新片启动暨战略合作”新闻发布会，宣布 2013 年计划启动的 10 部动画片项目。

青海电信系统集成分公司中标“青海广播电视台 IPTV 集成播控平台项目”。青海广电的 IPTV 集成播控平台用于监测、管理电信运营商的 IPTV 业务。

3 月 7 日

国家工商总局等 13 部门联合发布虚假违法广告专项整治实施意见，将把大型门户网站、视频类网站、网络交易平台、搜索类网站、医药类网站发布的广告纳入到重点监管监控，拟对互联网广告制定专门的管理规定。

凤凰新媒体发布财报。报告显示，凤凰新媒体第四季度营收 3 亿元（约合 4850 万美元），比上年同期的 2.805 亿元增 7.8%；净利润为 2790 万元（约合 450 万美元），比上年同期的 3560 万元下滑 21.6%。凤凰新媒体第四季度付费服务营收为 1.091 亿元，比上年同期的 1.300 亿元下滑 16.1%。

乐视网发布财报显示，2012 年营收 11.67 亿元，同比增长 95.02%。

3 月 8 日

河南广播电视网络股份有限公司偃师分公司挂牌运营。洛阳市有线广播电视网络整合工作全面结束。

3 月 10 日

国务院机构改革和职能转变方案公布，根据方案，国务院将组建国家新闻出版广播电影电视总局。

3 月 11 日

中国外文局利用社交媒体、网络平台等新媒体手段，全面展开两会对外报道。

《北京周报》英文网同步播报十二届全国人大一次会议开幕式。

人民画报社《中国》杂志在俄罗斯社交网站 Vkontakte 上发布两会信息。

中国网多语种两会专题在谷歌等搜索引擎上位列首位，多篇稿件被海外媒体转载。

河北电台走基层大型采访活动“太行燕山百村行”正式启动。

广西师范大学出版社正式启动“中华文化东盟多语种全媒体传播平台”项目。

3 月 12 日

全国政协十二届一次会议闭幕后，中国中央政治局常委、新任全国政协主席俞正声在人民大会堂会见了参加两会新闻报道的中央主要新闻媒体负责同志和工作人员。

国际台使用汉语普通话、英语对全国政协十二届一次会议闭幕式进行现场直播。

易观智库发布数据显示，2012 年中国网络视频市场广告收入为 88.3 亿元人民币，较 2011 年增长 82.7%，市场保持较稳定的发展势头。

3 月 13 日

福建广电网络集团厦门分公司正式挂牌成立。

3 月 14 日

北京卫视停播了黄金档“红星剧场”正在播出的电视剧《青春期撞上更年期 2》，这是北京卫视历史上首次腰斩黄金档电视剧。

西藏日报社与天津日报社共建摄影基地。

3 月 15 日

国家新闻出版广电总局下发《关于 2013 年报刊出版许可证换发工作的通知》，通知要求，本次集中换发报纸、期刊出版许可证工作在 2013 年 5 月 1 日前换发完毕。

“微影院”在腾讯视频登场，这是国内首个专注于高品质微电影和网络剧的专属网络视频播放平台。

由中国广告协会报刊业分会主办，《华西都市报》承办的 2012 中国报刊广告“金推手奖”颁奖表彰大会在成都举办。颁奖大会上同期启动中国传媒经营网。

上海五星体育广播改版，新节目秉承体育专业化的特点，打造早、中、晚三个广播黄金时间段，以赛事直播为主线，新闻资讯、健康养生为辅助，倡导全民健身的服务理念。

新疆对全年未能正常出版，随意增页，增期，经费、从业人员不到位，以及未参加年度核验的 25 种内部资料性出版物予以停办。

陕西广电网络传媒（集团）股份有限公司发布 2012 年年度报告。报告显示，2012 年度公司实现营业收入 17.24 亿元，归属于上市公司股东的净利润 1.4017 亿元。

酷 6 传媒公布了 2012 年第四季度财报。报告显示，酷 6 传媒 2012 年第四季度净亏损为 298 万美元，较上年同期的净亏损 394 万美元减少 24.3%。

中国电视剧制作产业协会一届一次理事会议召开，这标志着中国电视剧制作产业协会成立。

3 月 17 日

乐视网宣布购得《新编辑部故事》独家网络版权，购买成本为单集价格 120 万元，总价超 5000 万元。

3 月 18 日

中央电视台重点打造的“23:30 主持人精品节目带”亮相。

中国国际新闻摄影比赛（华赛）历届获奖作品展在江苏省苏州市文联艺术家展厅开展。

中央人民广播电台旗下银河互联网电视有限公司宣布发布“木星”OTT 电视机顶盒。

中国国际广播电台举行《你好，中国》大型多媒体文化项目宣介会。

海南省启动创办南海卫视和《三沙日报》。

广州市天河区人民法院就经济参考报社诉广州网易计算机系统有限公司著作权侵权案作出一审宣判，认为网易侵权事实成立，判令其停止侵权，赔偿经济参考报社经济损失 3.8 万元，并就部分侵权行为刊登声明向原告赔礼道歉。

华谊兄弟公布年报，2012 年华谊兄弟实现营业收入 13.86 亿元，增长 55.36%；归属于上市公司股东的净利润则为 2.44 亿元，同比增长 20.47%，是华谊兄弟上市以来增长最低的一年。

3 月 19 日

广电和出版干部大会宣布任命：蔡赴朝任新闻出版广电总局局长、党组副书记、国家版权局局长。蒋建国任总局党组书记、副局长。

国家广电总局“中国下一代广播电视网（NGB）技术应用实验室”授牌仪式在京举行，该实验室由广电总局广播电视规划院和思科系统公司组建，将为 NGB 和三网融合相关标准制定与业务应用提供技术研究和验证实验平台。

人民网有限公司（香港）成立志庆酒会在香港海逸君绰酒店举行。

优酷土豆集团宣布与香港电视广播有限公司 TVB 达成战略合作，成为唯一一家获得全部 TVB 优质正版版权的中国视频企业。

比利时首份面向中国游客的旅游购物时尚指南中文刊物《德尚杂志》在布鲁塞尔面世。

“有线数字电视广告联盟”启动，该联盟由重庆、天津、南京、武汉、广州、深圳、东莞七地有线数字电视网络运营商联合发起。

新疆广电网络有限责任公司“天山云北京研发中心”成立暨与时代新媒体出版社合作签约仪式在北京举行。

3 月 20 日

人民日报头版版面登上美国新闻博物馆官方网站《每日头版》栏目。

腾讯公布的截至 2012 年 12 月 31 日全年财报显示，腾讯 2012 年全年营收 438.94 亿元（69.833 亿美元），同比增长 54%；净利润 127.319 亿元（20.256 亿美元），同比增长 24.8%，蝉联国内最赚钱的互联网公司。

中国电子商务研究中心发布了《2012 年度中国电子商务市场数据监测报告》。报告显示，2012 年中国电子商务市场交易规模达 7.85 万亿元，同比增长 30.83%。

CCBN2013 主题报告会在北京国际会议中心举办，同期举办了 2012 年度“广播节目技术质量奖（金鹿奖）、电视节目技术质量奖（金帆奖）”颁奖仪式。

3 月 21 日

第 21 届中国国际广播电视信息网络展览会（CCBN2013）在北京举行。

光明日报文化产业研究中心成立。这是我国第一家基于中央媒体的文化产业研究机构。

全国“扫黄打非”办公室召开2013年第一次全国各省（区、市）“扫黄打非”办公室主任会议，明确2013年打击非法出版物、清理网络淫秽色情和打击侵权盗版三项重点任务，部署了“清源”“净网”和“秋风”三个专项行动。

由中广互联、DVB＋OTT融合创新论坛主办的第四届数字技术未来系列论坛在北京渔阳饭店召开。

北京市公交车无线上网系统在北京市60余条线路的1800余部公交车上投入使用。

中央电视台与唯众传媒联合制作的节目《一起聊聊》开播，主持人是易中天和李蕾。

中国国际广播电台台长王庚年在莫斯科俄罗斯政府大楼与俄罗斯国家广播公司“俄罗斯之声”电台台长安德烈·贝斯特里茨基共同签署了合作协议。

3月22日

国家新闻出版广电总局挂牌仪式举行。国家新闻出版广电总局局长、党组副书记、国家版权局局长蔡赴朝，国家新闻出版广电总局党组书记、副局长蒋建国出席仪式，并为国家新闻出版广电总局、国家版权局揭牌。国家新闻出版广电总局主要职责是，统筹规划新闻出版广播电影电视事业产业发展，监督管理新闻出版广播影视机构和业务以及出版物、广播影视节目的内容和质量，负责著作权管理等。国家新闻出版广电总局加挂国家版权局牌子。不再保留国家广电总局、新闻出版总署。

人民日报社副总编辑、人民网董事长马利同“俄罗斯之声”广播电台台长贝斯特里茨基在莫斯科克里姆林宫签署合作协议。

中国社会科学院文化研究中心和社会科学文献出版社联合在北京发布《中国文化产业发展报告（2012－2013）》。

《湖北日报》刊发一位老新闻工作者的来信，痛陈当前一些媒体存在的问题。这封来信，引发湖北新闻界“我是建设者”大讨论。

中国国际广播电台第85家海外分台开播。

2013年湖北省报刊管理工作会议在武汉召开。

3月23日

由百道网和北洋出版传媒共同主办的“2013中国好编辑推选颁奖典礼暨中国好编辑论坛”在北京举行。

3月25日

陕西日报传媒集团宣布：采用国际前沿AR技术，陕西日报成为全国首家“会动的”视频化省级党报。

第九届国际新闻摄影比赛（华赛）评比揭晓新闻发布会在杭州举行，《在加沙告别》问鼎本届年度新闻照片大奖。

中国出版集团旗下首个IPO项目——中国出版传媒股份有限公司发布辅导公示，辅导机构为中银国际证券。这意味着出版业“国家队”正式冲刺IPO。

3月26日

新华社与成都市政府签署合作协议，共同建设中国图片产业基地。与此同时，新华社、中国摄影家协会与成都市政府还签署了联合建设运营中国摄影博物馆协议。

中国记协决定追授在春耕一线采访报道途中因车祸殉职的中央电视台记者翟树岩“全国优秀新闻工作者”称号，并对他的先进事迹予以通报表扬。

经济日报社在北京举行座谈会纪念创刊30周年。

上海市工商局发布《上海广告市场状况报告》，报告显示2012年度，上海互联网媒体广告迅速崛起，营业收入高额增长，达到18.3亿元，首次超越报纸媒体广告。

3 月 27 日

美国新闻博物馆位于宾夕法尼亚大道入口处东边的“今日头版”阅报栏中展示着当天的《人民日报》头版，这是《人民日报》头版首次在美国首都华盛顿街头展示。

国家行政学院电子政务研究中心在北京发布《2012 年中国政务微博客评估报告》。报告显示，截至 2012 年年底，我国政务微博账号数量已经超过 17 万个，较 2011 年年底增长近 2.5 倍。

3 月 28 日

奇虎 360 起诉腾讯滥用市场支配地位一案在广东省高院宣判，奇虎 360 败诉，并被判支付全部诉讼费用。

2013 中国互联网大会新闻发布会暨春华论坛在北京召开。

湖南、江西、安徽、湖北四省在武汉签订《湘赣皖鄂四省新闻出版发展合作协议》，抱团打造区域文化建设的新闻出版高地。

天津卫视《非你莫属》成为“2013FMM－SCTVF 国际电视节目模式大赛”中唯一获奖的中国节目。这是首次在中国举办的关于节目模式的评选活动。

华数传媒发布 2012 年年度报告，2012 年实现营业收入 15.086 亿元，归属于上市公司股东的净利润约为 1.75 亿元。

百视通新媒体发布 2012 年年度报告，2012 年总营收约 20.3 亿元，归属上市公司股东的净利为 5.2 亿元。

3 月 29 日

中国网络电视台（CNTV）联合南方广播影视传媒集团、中国电信广东省分公司在广州正式签署广东省三网融合 IPTV 业务合作协议，三方将在 IPTV 业务领域开展深度合作。

广州日报大沥社区报在南海大沥镇重磅出街。

民营书业企业昆明新知集团马来西亚（吉隆坡）华文书局在吉隆坡开业。

3 月 30 日

北京电视节目交易会举行。全国各地及海外 234 家电视剧制作机构的 490 余部 16713 集电视剧作品，19 家动画片制作机构的 40 余部 2558 集动画片作品，22 家纪录片栏目制作机构的 63 部 4105 集纪录片以及 26 家海外栏目制作机构的 23 部 1223 集优秀作品参展。交易会签订交易额 50.28 亿元。

“世界因你而美丽——影响世界华人盛典 2012—2013”在北京大学百年讲堂举行。

湖南有线长沙网络开通“多屏互动”业务，长沙 60 万用户只需通过有线电视网络就可享受上网、看电视等立体网络服务。

3 月 31 日

原名中国博客网开始关闭所有免费博客服务并清除所有免费用户数据。这也标志着曾经风靡一时的传统博客网络营销模式走向了末路。

北京师范大学纪录片中心在北京发布《中国纪录片发展研究报告 2013》，报告显示，2012 年中国纪录片产业市场 4 年间接近翻两番。

截至本日，据户户通官网统计数字显示，全国“户户通”开通总量达到 8293924 户。3 月 1 日统计数字为 7734701 户，月增长 559223 户，整个月份成稳步增长趋势。

同月

乌鲁木齐市新闻出版局取缔了擅自设立的《知心姐姐》杂志社和《中国少年报》记者站。

由合肥市委宣传部主管，合肥报业传媒集团、中国新闻出版传媒集团联合主办，合肥报业传媒集团、中国新闻出版传媒集团和东方集团共同投资的《东方周报》于 3 月底宣布无限期停刊，资方撤资，编辑部解散。

李宇春粉丝独立策划并推出《LEE周刊》实体杂志。

《今晚报》与中国对外友协在德国共同举办《行在中国》大型摄影展，在德国观众中引发“中国热”。

浙报传媒通过收购杭州边锋公司和上海浩方公司，向新闻、互动娱乐、影视及文化产业投资的“3＋1”战略布局迈出重要一步。

国内知名女性文学网站红袖添香宣布获得《互联网出版许可证》。

福建省获批建立海峡国家数字出版产业基地。至此，全国第11家国家级数字出版基地落户福建省。

安徽出版集团所属海外企业俄罗斯新时代印务公司获中俄友好协会颁发的“2012年度中俄友谊杰出贡献奖”。

4月1日

“央视新闻”微信公众账号上线。

全国“扫黄打非”办公室、国家版权局在北京共同启动了“绿书签行动2013”，宣布从4月1日至26日世界知识产权日期间开展系列公益宣传活动，提高公众保护知识产权意识。

中国国际广播电台华语环球流行音乐台正式开播。

由中国社工协会主办、公益时报社承办的国内首个公益社区网站“人人公益网”在北京举行上线仪式。

中国地震台网正式对外提供自动地震速报服务，速报信息通过“中国地震台网速报”微博向全社会发布，新浪微博成为国内首家发布自动地震速报的微博平台。

浙江省湖州市长兴电视台新闻频道全新亮相。

利用征地手续、企业环境保护、农民负担等负面新闻多次敲诈勒索政府企业的“黑记者”李德勇等5人被连云港市新浦区检察院以涉嫌敲诈勒索罪批捕。

4月2日

国家新闻出版广电总局下发《关于开展2013年全民阅读活动的通知》，决定2013年继续在全国范围内开展全民阅读活动，建设书香中国。《通知》明确了2013年开展全民阅读活动的重点。

南方报业传媒集团与美国美中报导社以海内外视频连线方式，启动合作开版仪式，合办《今日广东》。

新华社中经社控股有限公司与百视通新媒体股份有限公司战略合作框架协议在上海签约。根据协议，双方将在新闻资讯、指数研发等方面开展深度合作。

百视通新媒体与灿星制作在上海签署电视端独家传播协议。

国内首家由报刊发行单位发起设立的跨地区精准投递/直复营销平台公司在北京签订《发起人协议》，本次协议的签订标志着中国报业发行网络平台转型进入实际操作阶段。

郑州市区一座位于郑州花园路和红旗路交叉口的报亭在本日晚上8时30分左右被拆除，这是郑州市区最后一座被拆除的报亭。

4月3日

方正电子与南方报业传媒集团再度携手，共同签署“南方报业传媒集团全媒体资源库一期项目”。

菏泽报业传媒集团正式挂牌成立。

杭州市公安局交通警察局和华数数字电视传媒集团有限公司在杭州签署“携手共建智慧交通”战略合作协议。

4月5日

《欧洲时报》携手英国《泰晤士报》正式推出中文版，从本日开始，《欧洲时报》英国版在副刊B02至B05推出四个整版的

《泰晤士报》中文版，这是《泰晤士报》首次和华文媒体合作、推出中文版内容。

4 月 6 日

浙江卫视《中国星跳跃》开播，次日，江苏卫视推出《星跳水立方》。两大强势卫视双双跳水吸引舆论高度关注，相关话题长时间占据新浪微博话题排行榜前列。

4 月 7 日

ICANN 春季工作会议在北京举行，这是 ICANN 这家机构自 1998 年成立以来第一次将这种规格的会议定在中国，新通用顶级域名将会成为重要议题。

中国国际云计算技术和应用展览会在中国国际展览中心开幕。本届展会和研讨会的主题是“云领发展化云为业·创新转型兴业服务”。

中国国际广播电台使用汉语普通话、英语对博鳌亚洲论坛 2013 年年会开幕大会进行了现场直播。

在博鳌亚洲论坛 2013 年年会上，约 200 家新闻机构的近千名中外记者进行采访报道。其中 VIVA 无线新媒体第三次成为博鳌论坛独家无线新媒体支持机构。

南海网对在博鳌亚洲论坛年会期间举行的海南省新闻发布会，进行了 4G 手机网络视频直播。

甘肃旅游信息中心宣布将与兰州盛鼎文化传媒有限公司进行战略合作，创办甘肃旅游网络电视台，这将是全国首家旅游网络电视台。

4 月 8 日

国家新闻出版广电总局下发《关于加强新闻采编人员网络活动管理的通知》，要求加强新闻采编人员使用网络信息、开通个人微博等网络活动的管理。《通知》要求，新闻采编人员要自觉抵制有害信息的渗透和传播，不引用、不报道未通过权威渠道核实的网络信息，不传播、不转载网上流言、传言或猜测性信息。

国家新闻出版广电总局分别给予《中国对外贸易》（英文版）、《考试》两种违规刊发学术论文的期刊停业整顿 6 个月和 3 个月的行政处罚。

4 月 9 日

中国首个为南海海域及周边国家和地区服务的多语种广播——“中国国际广播电台南海之声”正式开播。

《中国传媒产业发展报告》显示：中国目前有各类报纸 1935 种（不含港澳台地区）；期刊 9851 种；广播电视单位 1900 多个，生产广播频道 2100 个、电视频道 2200 个。截至 2012 年 11 月 6 日，原新闻出版总署已向全国包括通讯社、报社、新闻性期刊出版单位、广播电台、电视台等发放记者证 20 多万人。另据估算，中国现有网络编辑从业人员 300 多万，已远远超过传统媒体从业人员规模。中国媒体总数遥遥领先世界各国，中国记者数量也稳居全球第一。

由中华全国新闻工作者协会与中国传媒大学主办的“2013 中国时政报道研讨会”在中国传媒大学举行。

第六届中美互联网论坛在北京开幕。此次论坛以“对话、沟通、理解”为主题，来自中国和美国政府有关部门、学术机构和知名互联网企业代表，围绕互联网发展治理进行对话交流。

商业管理类媒体《商业评论》杂志和阿里巴巴集团建立深度战略合作关系，双方将在资源配置、共享及研究性课题开发进行合作。

2013 纽约国际电视电影节颁奖礼在美国拉斯维加斯举行。凤凰卫视的新闻纪录片《时事特区一潲水油黑链条揭秘》夺得世界金奖（新闻类最佳调查报道）、世界银奖（纪录片类社会议题）以及优异奖（新闻类最佳公共事务）三个奖项。

4 月 10 日

中国报业协会第四届四次理事大会暨中国报协成立 25 周年纪念大会在北京召开。

工业和信息化部网站起草《电信和互联网用户个人信息保护规定（征求意见稿）》《电话用户真实身份信息登记规定（征求意见稿）》，向社会公开征求意见。

国家新闻出版广电总局邀请部分医药卫生类报刊负责人召开座谈会，就加强科普宣传、预防卫生知识普及，进一步做好防控 H7N9 禽流感报道进行交流。

人民网推出地方政府重大项目“舆评决策能力”地图。

新浪微博宣布进入泰国市场。泰国国务院发言人托斯蓬・社力拉在微博开通的新闻发布会上表示，泰国总理英拉将会开通个人微博，通过微博向中国民众介绍泰国。

香港《星岛日报》《明报》《经济日报》从本日起加价 1 元港币，新售价为每份 7 元。至此，半年多时间里香港已有 8 家收费中英文报纸加价，这是香港收费报纸从 2000 年由 5 元加至 6 元之后，再次掀起加价潮。

A8 音乐宣布，已获得国家新闻出版广电总局颁发的《互联网出版许可证》。

4 月 11 日

全国全民阅读媒体联盟成立仪式暨 2013“书香江城——分享阅读、放飞梦想”主题读书活动在武汉启动。《中国新闻出版报》联合《人民日报》《光明日报》《经济日报》《工人日报》《农民日报》等 78 家媒体宣布，将共同致力于推介优质阅读内容，引导阅读风尚。

由中国传媒大学和中国公共关系协会联合建立的首个“全国领导干部媒介素养培训基地”成立。

盛大文学编剧公司宣布成立。

4 月 12 日

电广传媒刊登控股股东增持进展公告。公告称，4 月 2 日至 11 日，控股股东湖南广播电视产业中心从二级市场累计增持了公司 1021.96 万股，增持比例达总股本的 1.01%。

4 月 13 日

东莞广电网络举行智能 WiFi 机顶盒首发仪式。

4 月 15 日

凤凰出版传媒集团旗下香都出版公司在伦敦国际书展开幕日揭牌。该公司与英国著名的 Scala 出版社举行了首个业务签约，宣布将联合出版 50 卷大型系列丛书《从博物馆看中国文化》。

全国“扫黄打非”办公室公布了 2012 年以来查处的侵权盗版十大案件。

“全国电视公益广告大赛”启动。

4 月 16 日

国家新闻出版广电总局相关部门负责人在 2013 年科技与数字出版管理工作会暨网络出版监管工作现场会上表示：2012 年，新闻出版业发布国家标准 4 项，组织编制完成并发布行业标准 15 项，发布行业指导性技术规范 1 项。截至 2012 年年底，新闻出版业共制定、修订国家标准 56 项，发布行业标准 149 项。标准内容已覆盖产业链全流程。

中国记协和全国三项教育办公室举行“我为实现中国梦传递正能量——记者社会责任”主题讨论会，来自中央有关部门和主要新闻单位的 70 余位代表发出“以强烈的社会责任感为实现中国梦传递正能量”的倡议。

新华文库正式上线公测。

中国国际广播电台第 86 家海外分台开播。

温州日报社拥有自主知识产权的“瓯网

拍客”手机客户端正式推出。

湖南卫视芒果 TV 发布互联网电视机顶盒产品芒果派 M210，整合湖南广播电视台与芒果传媒内容，由华为代工制造，在京东商城发售。

4 月 17 日

中国人民解放军总政治部下发通报，公布第四届中国人民解放军新闻奖评选结果。来自中央和军队 27 家新闻单位的 114 件作品荣获解放军新闻奖，其中 15 件作品荣获解放军新闻奖国际传播奖。

4 月 18 日

中国新闻出版研究院在北京公布了第十次全国国民阅读调查成果。根据调查，2012 年我国 18－70 周岁国民图书阅读率为 54.9%，比 2011 年上升了 1 个百分点；数字阅读方式的接触率为 40.3%，比 2011 年上升了 1.7 个百分点。国民人均纸质图书阅读量为 4.39 本，人均每天读书时长为 15.38 分钟，比 2011 年的 14.58 分钟增加了 0.8 分钟。

中国国际广播电台第 87 家海外分台正式开播。

甘肃省广播电视网络股份有限公司挂牌成立。

4 月 19 日

中国出版发行交易云平台的一期工程“中国出版发行在线交易中心”在第 23 届全国图书交易博览会上正式上线。

新闻出版项目金融推介会在海口举行。这是书博会历史上首次由政府部门举办的新闻出版项目金融推介活动。

新华网、人民网、光明网等中央重点新闻网站和新浪网、搜狐网、网易网等主流商业网站同步推出了网络举报监督专区，鼓励广大网民依法如实举报违纪违法行为。

中国记协在北京召开“提升主流媒体对重大问题的舆论引导能力”研讨会。

中国新闻出版传媒集团有限公司与海南广播电视总台在海南国际会展中心签订战略合作协议。

4 月 20 日

国家新闻出版广电总局新闻报刊司下发《关于开展“全民阅读报刊行”优秀书评作品推荐工作的通知》。

雅安市芦山县发生 7 级地震，雅安电视台记者陈莹穿婚纱现场报道。

在芦山“4・20”地震报道中，小飞人航拍器、应急微信群、3G 直播包等新技术起到了非常明显的作用。

由新华社发起的“中国网事・感动 2013”第一季度网络人物评选结果揭晓。

4 月 22 日

由中宣部、中央文明办、中央外宣办、工业信息化部、国家工商总局、国家新闻出版广电总局六部委联合指导成立的全国网络公益广告制作中心在中国网络电视台揭牌。由中国网络视听节目服务协会及中国网络电视台、人民网、新华网、中广网、国际在线、新浪、搜狐、百度、优酷、爱奇艺共 10 家网站共同主办的“讲文明树新风——网络视频公益广告大赛”正式启动。

中国记协正式启动中国新闻工作者援助项目，参加四川雅安抗震救灾采访报道工作的新闻工作者将成为首批援助对象。

国家应急广播在四川芦山地震震中芦山县开播定向应急广播。

北京人民广播电台集合新闻广播、外语广播、交通广播、体育广播 4 个专业广播和北京广播网共同推出“世界地球日”连线地球音视频直播特别节目“美丽中国——倾听世界的声音”。

第三届北京国际电影节电影市场举行签约仪式。本届电影市场共达成 27 个签约项目，签约总额高达87.31亿元，分别比上届增长28.57%和65.58%，创三年来中国电影节电影市场交易最高纪录。

国家工商总局、中宣部等八部门印发通知，明确对虚假违法医药广告专项整治行动的集中整治时间为4月25日至7月25日，将分三个阶段进行，并提出整治措施和各部门分工。

美国电影协会在北京发布了《影视产业对中国经济贡献的报告》。该报告显示：2011年中国影视产业对国内生产总值（GDP）的直接贡献达人民币1000亿元，为社会直接提供90多万个就业机会，以及约人民币220亿元的税收。

4月23日

北京市二中院就苹果公司被诉侵犯信息网络传播权的三起案件做出一审判决，苹果公司共被判赔74.7万元。三原告分别是北京磨铁数盟信息技术有限公司、麦家、于卓。

4月24日

人民网发布的一份公告显示，公司以13.90元/股的价格认购浙报传媒定向增发发行的215.8万股股票，认购金额合计约3000万元。公司认购的215.8万股股票自浙报传媒本次发行结束之日起12个月内不予转让。

南京报业传媒集团推出《南京云报》。

盘古搜索舆情服务平台发布芦山地震舆情传播分析报告。报告指出，自4月20日地震发生至4月21日24时，各种相关信息已高达14767221条，其中微博是信息传播的主场，相关微博信息达8712157条。

因未经授权擅自在网站播放大型美食纪录片《舌尖上的中国》，新浪被法院判决向原告央视国际网络有限公司赔款7万元。

4月25日

中国记协与西藏自治区党委宣传部联合开展的新闻采编综合素质培训工作动员会在拉萨召开，这标志着中国记协系列“新闻援藏工作”正式启动。

国家新闻出版广电总局质检中心陕西分中心在西安国家印刷包装产业基地揭牌。

由中国晚报工作者协会、今晚报社主办的“报业专副刊编辑思路专题研讨会”在天津举行。

文化部发布《2012中国网游年度报告》，报告显示，2012年，以互联网和移动网络游戏市场计算，我国网络游戏市场收入规模达601.2亿元，同比增长28.3%。其中，互联网游戏536.1亿元，同比增长24.7%；移动游戏65.1亿元，同比增长68.2%。

中央人民广播电台音乐之声主办以“聚合音乐能量，传递雅安希望”为主题的晚会。

4月26日

中国青年报社举行“金牌读者（第二届）授牌·邀请报道对象回家暨中青读者大讲堂”开班仪式。

数字高清门户网站思路网因涉嫌侵犯知识产权，被北京市文化执法总队查封。

全国首家影视版权研究基地揭牌仪式在西安交通大学举行，由西安电视剧版权交易中心策划投拍的微电影《美好夏天》也同期举行开播仪式。

上海市旅游局与上海广播电视台签署《推进世界著名旅游城市建设和文化产业发展战略合作框架协议》，双方将实施资源整合，通过数字电视、IP电视、互联网电视，共建互动旅游电视频道、旅游电视杂志、旅游电视节目，覆盖全国4000万户电视观众。

大连高清互动平台HTV升级上线，新增多语言界面、电视报纸等业务。

4月27日

“首届中国传媒公信力论坛”在北京师

范大学举行，《现代广告》杂志社和北京师范大学传播效果实验室在会上联合发布了中国传媒公信力数据。此次调查是目前对我国传媒公信力的最大规模扫描。调查数据显示，总的媒体生态格局正处于结构性转变之中，新媒体公信力上升明显。

最高法、最高检联合发布的《关于办理敲诈勒索刑事案件适用法律若干问题的解释》开始实施，将过去“1000 元—3000 元以上”的入刑数额提升至“2000 元—5000 元以上”。如果有“冒充新闻工作者敲诈勒索”等情形，可按 50％确定入刑标准。

第九届中国国际动漫节在杭州滨江白马湖启幕。

由中国动画学会、北京大学文化产业研究院在杭州发布的《2013 中国动画产业年度发展辑要》显示，2012 年我国全年生产动画片共 22 万余分钟，比上一年下降 15％，自 2008 年以来首次出现了负增长。

4 月 28 日

由清华大学新闻与传播学院主办的“2013 传媒发展论坛暨《2013 年传媒蓝皮书》发布会”在清华大学举行，本次论坛的主题为“大传媒时代的传媒产业发展”。

首届范敬宜新闻教育奖颁奖仪式在北京举行。

武汉市文化新闻出版广电局揭牌并正式运转工作。

佛山广电网络举行“U 互动”上线一周年庆典，同时推出佛山教育、电视图书馆、移动 U 宽频、电视营业厅、橙视屏动、酒店高清互动电视功能等多项新应用。

4 月 29 日

江苏教育频道全新改版。全新版面将由新闻节目带、原创节目带、微型节目带、人文纪录节目带、社会教育节目带、英语教育节目带以及少儿节目带等 7 条节目带构成。

新浪宣布，阿里巴巴以 5.86 亿美元购入新浪微博发行的优先股，占新浪微博总股份的约 18％。

同月

南昌广电网络公司与江西联通携手合作，宣布从 5 月 1 日起向南昌用户推出“优家 168”业务。

黑龙江联通在绥化、大庆、鸡西、伊春、双鸭山、鹤岗、七台河、大兴安岭 8 个地市开通了 IPTV 业务。

福建泉州电信开发出本地新业务“米花 iTV＋”，让用户的手机或平板电脑成为 iTV 电视遥控器，实现多屏互动。

浙江联通与华数集团合作推出“华数联通智慧家庭套餐”，于本月底开始推向市场。

百视通新媒体获得美国历史频道的独家授权，于 5 月起在 IPTV 独家播出美国历史频道的高清系列纪录片。

5 月 1 日

《东方时空》开播 20 周年，8 集纪录片《点燃理想的日子》回顾了这一栏目的历程。

5 月 2 日

国家新闻出版广电总局下发通知，对“深圳女孩当街给残疾乞丐喂饭”“天然气将大幅涨价”“流浪汉因拆迁变富翁”等 3 起近期社会广泛关注的媒体虚假失实报道的调查及处理情况进行通报。

国家互联网信息办在全国范围内集中部署打击利用互联网造谣和故意传播谣言行为，今后将进一步查处不落实法定责任致使谣言传播、造成恶劣影响的违法违规网站。

《江南都市报》官方微博正式推出“微报纸”。

5 月 3 日

新华网股份有限公司获颁国家高新技术企业证书，成为首家获得高新技术企业认定的新闻网站。

全国“扫黄打非”办公室对网络淫秽色情信息进行专项监测，发现淫秽色情网络杂志和网络漫画相关链接403条，涉及17个省区市的91家网站，并将相关线索转有关地区和部门予以查处。

5月4日

中国教育电视台、江苏卫视与北京大学等10所知名高校联手打造的全国首档大学生益智答题节目《天才知道》在中国教育电视台一套开播。

5月5日

中国国际广播电台第88家整频率落地电台约旦安曼调频台、第89家整频率落地电台阿尔巴尼亚地拉那调频台、第90家整频率落地电台格鲁吉亚第比利斯调频台正式开播。

中国国际广播电台印地语移动国际在线正式推出，内容定位为资讯服务类网站。

第20届北京大学生电影节原创影片大赛在北京颁奖。

5月6日

百视通发布公告称，已经以3050.34万元摘牌上海广电通讯网络有限公司（广通网络），获得后者100％股权。

5月7日

第五届全球移动互联网大会（GMIC）在国家会议中心开幕。今年的主题是“重新定义移动互联”。

20集电视连续剧《阿娜尔罕》在央视一套黄金时段首播，这也是新疆第一部原创电视连续剧在央视一套黄金时段播出。

百度宣布以3.7亿美元收购PPS视频业务，并将PPS视频业务与爱奇艺进行合并。

5月8日

国家新闻出版广电总局发布《关于2013年影视烟火爆破工程技术人员考核有关事项的公告》，要求对从事影视烟火爆破特效作业的单位和相关人员实行资格准入制度。自2013年7月1日起，所有从事相关工作的单位和个人都须持证上岗。

由北京印刷学院与中国新闻出版报社联合主办的“出版大讲堂”开讲典礼在北京印刷学院举行。

由新浪和新浪微博主办的2013湖北微博营销大会在武汉举行，会上发布了《新浪微博用户发展报告》，为5亿新浪微博用户“画像”。

《爱科学》系列公益广告首发仪式举行。《爱科学》是由上海市科委、上海市文明办、上海东方传媒集团联合推出的系列公益广告，旨在向社会倡导“爱科学”的风尚。

清远市委与南方报业传媒集团签订战略合作协议，共同推进清远市委机关报《清远日报》改革。

针对江苏省邳州市广播电视台违规发放新闻记者证等问题，国家新闻出版广电总局要求江苏省新闻出版局对邳州市广播电视台做出行政处罚。

新疆民生广播开播。新疆民生广播由民生和党建两大板块构成。

5月9日

国家互联网信息办部署，从本日起在全国范围内开展为期两个月的规范互联网新闻信息传播秩序专项行动。这次专项行动重点整治新闻来源标注不规范、编发虚假失实报道、恶意篡改新闻标题、冒用新闻机构名义编发新闻等违规行为。

浙江日报报业集团在《浙江日报》创刊64周年之际，正式宣布跨入全媒体元年。会上还同时举行了浙江传媒研究院揭牌仪式、浙报集团学术委员会专家受聘仪式和边锋浩方“注入”浙报集团仪式。

国家新闻出版广电总局与云南广电网络集团在昆明举行战略合作协议签订暨国家下

一代广播电视网（NGB）综合技术实验室业务应用实验基地揭牌仪式。

PPTV宣布与华数传媒推出互联网电视机顶盒产品PPBOX。

5月10日

中央党校报刊社主办的“解放思想、改革开放、凝聚力量、攻坚克难——纪念《实践是检验真理的唯一标准》发表35周年座谈会”在中央党校举行。

中央电视台2013年“美丽中国·湿地行”大型公益活动在北京启动。

湖北省新闻出版广电局正式成立。

5月11日

2013互联网创业者大会在北京召开。大会发布了《2013年中国移动互联网开放生态趋势报告》。

5月13日

第三届国际印刷工业发展论坛在北京举行。

南京广电集团全媒体互动直播节目《城市晚高峰》在生活频道开播。

福建广电网络集团股份有限公司举行了挂牌仪式。

5月14日

人人网公布的截至2013年3月31日第一季度财务报告显示，公司第一季度净营收4660万美元，同比增长45.2%；净亏损310万美元，与上年同期净亏损1360万美元相比收窄77.2%。据人人网董事长兼CEO陈一舟透露，今年一季度人人网靠抛售唯品会的股票净赚1500万美元。

由中国印刷及设备器材工业协会、中国国际展览中心集团公司联合主办的第八届北京国际印刷技术展览会举办。

5月15日

新华社新媒体中心对外发布《崛起的中国新兴媒体——中国新兴媒体发展报告（2012—2013）》。这是新华社作为国家通讯社首次发布新媒体产业报告。报告分六章，约10万字，详细描述了2012年我国新媒体产业发展总体态势和发展特色、已制定出台的一系列产业扶持政策。

由中国印刷科学技术研究所及《印刷技术》杂志社出版的《2013中国印刷业年度报告》在北京首发。《报告》设置了11个栏目，全面梳理了2012年中国印刷产业变化。

凤凰新媒体发布了截至3月31日的2013财年一季度财报。财报显示，受广告业务拉动，一季度凤凰新媒体总营收2.814亿元，同比增长17.7%；净利润3920万元，同比增长19%。

5月16日

国家新闻出版广电总局对抗战剧过度娱乐化进行整治，要求各卫视黄金档对已报排播抗战题材剧进行重审和甄别，对存在过度娱乐化的进行修改，对不能修改的采取停播，同时对以严肃态度进行创作的抗战剧进行鼓励支持。

《广州日报》首个广州市区县版《白云新闻》正式发行。

“贵阳日报传媒集团媒体发布大厅”入驻腾讯微博。

当当网发布了2013年第一季度财报。当当网第一季度亏损7270万元，相比去年一季度9950万元的亏损额下降26.9%，环比降40.5%；亏损率5.5%，相比去年同期降低3.7个百分点。

优酷土豆集团公布了一季度未经审计的财务报告。财报显示，集团综合净收入达5.16亿元。综合广告净收入为4.291亿元，达到公司早前公布的综合广告净收入预期。

5月17日

全国60余家媒体在北京启动成立了全

国云报纸技术应用平台，其中29家全国主流报纸签约该平台，联手开启了“云读天下”的传统媒体新时代。讲述《京华时报》云报纸突破和创新的图书《在云端》同时首发。

第九届中国（深圳）国际文化产业博览交易会在深圳会展中心开幕。

大众报业集团旗下《齐鲁晚报》首个济南区县版《今日长清》正式创刊发行。

《中国文化品牌发展报告（2013）》正式出版发行，共收录1个中国文化品牌年度总报告、15个文化品牌业态分报告、30个年度入选文化品牌。

时代出版传媒股份有限公司全资子公司北京时代华文书局有限公司获得由国家新闻出版广电总局批准颁发的“中华人民共和国图书出版许可证”。

“对外传播学的现实与未来——《对外传播》创刊200期座谈会”在北京举行。座谈会由中国外文局对外传播研究中心主办。

5月18日

湖北日报传媒集团首次运用全媒体手段直播武汉沌阳高架桥爆破，获得圆满成功。直播采取了分段方式，并首次启用两架无人机参与直播。

互联网媒体发布的首支A股指数“腾安价值100指数”举行启动仪式。该指数是由腾讯网与济安金信联合推出。

中央新影集团、中国网络电视台、中央新影微电影文化发展基金联合打造的中国第一个专业微电影互联网平台——中央电视台微电影频道上线开播。开播当天，央视微电影频道还与浙江省杭州市签订了共同推进微电影事业发展战略合作协议。

百视通公告称，中国网络电视台与上海广播电视台联合投资设立的IPTV合资公司“爱上电视传媒有限公司”已完成工商注册，正式成立。

5月19日

本日至5月24日，世界印刷标准化领域最高级别会议ISO/TC130第27届春季工作组会议在深圳举行。

5月20日

第25届（2012年）全国少数民族地区报纸好新闻奖作品评选会在长春举行。

农民日报社与吉安市政府在江西省吉安市签署战略合作协议，双方将为推动革命老区“三农”事业健康快速发展开展合作。

大众报业集团旗下《生活日报》改版，推出山东省首份茉莉花香报纸，官方微博、微信同步改版，并上线手机客户端APP。

5月21日

由国家版权局主办、广东省版权局和中国版权保护中心承办的作品登记工作推进会在广州召开。此次会议是近年来国家版权局首次就作品登记工作召开的全国性专题会议。

河北省新闻道德委员会成立暨第一次会议在省会石家庄举行。会议讨论了《河北省新闻道德委员会章程（草案）》，推举产生了委员会领导机构。

《科幻世界》杂志社官方微博发布公告，公布旗下奇幻文学杂志《飞·奇幻世界》出刊至2013年第6期后停刊。

56网宣布与网易微博达成战略合作，为网易微博打通视频上传通道。

5月22日

中央电视台、中国广告协会主办的第三届中国电视发展年会在云南昆明举行。会上发布了《中国电视频道发展报告（2012）》《中国电视网络传播影响力排行榜》《中国电视发展年度创新榜（2013年）》三大权威报告。

昌荣传播发布《2013年第一季度中国经济与广告市场分析报告》，指出2013年一季度中国广告市场增长 11.3%。其中，电视广告收入恢复增长，增长 13.2%；电台广告收入稳步增长 13.6%；继报纸后，杂志也出现负增长，纸媒堪忧。网络（不包括搜索类）进入平稳增长期，同比增长 18.8%。在传统媒体上投放缩减的医药行业，在互联网上有 62%的高增长投入。

阿里巴巴 5.86 亿美元投资新浪微博之后，持有新浪微博期权的员工自微博成立 4 年来首次获得期权兑现解禁机会，解禁价格为每股 16 美元。

四川 IPTV 集成播控平台通过国家新闻出版广电总局验收，从而成为继江苏后全国第二家通过验收的省级 IPTV 集成播控平台。

国际电信联盟与国际电工委员会合作完成了一项新的元数据标准，实现了 IPTV 业务中版权信息的互操作性。

5 月 23 日

百度文库正式发布数字版权开放平台。百度方面承诺三年内不参与版权收益分成。

城市网络形象排行榜暨《城市网络形象白皮书（2012）》发布会在北京举行。

南京大学出版研究院举行揭牌仪式。

5 月 24 日

分众传媒宣布私有化完成，公司按照 2012 年 12 月 19 日公布的并购方案，完成了同 Giovanna Acquistition 有限公司（并购子公司）的合并。交易完成后，分众传媒已成为 Giovanna Parent 有限公司的全资子公司。

经北京市政府同意，市政府办公厅设立互联网信息办公室。

5 月 25 日

福建省委宣传部组织宣传文化系统启动“福建历史文化传奇故事产业化开发项目”。

江西省文化产业促进会在南昌成立。

“走转改背景下的群众办报”高峰论坛在武汉召开。

5 月 26 日

经原国家新闻出版总署正式批准同意，全国唯一一家以新闻出版装备产业为主的国家级新闻出版装备产业园正式落户国家级天津北辰经济技术开发区。

5 月 27 日

国家新闻出版广电总局下发《关于开展广播电视公益广告集中制作展播活动的通知》。

2013 中国广播联盟新闻协作年会在乌鲁木齐召开，会议发出了《转作风、接地气、记录美丽中国行动倡议书》。

北京市疾控中心健康教育所发布了北京地区电视及平面媒体烟草广告监测结果。

《FM 中国好声音》在中央人民广播电台第四套都市之声以及全国 100 多家城市电台同步播出，正式拉开了广播界进军“好声音”的序幕。

“中国·浙江无线内容生产基地”揭牌。

5 月 28 日

《新闻纪实类数字照片处理技术规范》由中国摄影家协会和中国新闻摄影学会联合制定推出。

《京华时报》全新评论版块理论版面世。京华时报将与中共北京市委讲师团签订战略协议，由市委讲师团向京华时报社提供理论版内容，双方将成立理论专版工作小组，共同确定理论版刊登内容。

我国首款拥有舆情警示功能的新媒体手持阅读终端“新华频媒 E30 手机”在拉萨面世。

国家新闻出版广电总局举行了 2011—2012 年度优秀国产纪录片表彰晚会。

中国新华新闻电视网节目在中国电信宁夏分公司 IPTV 正式上线。

酷 6 传媒发布了第一季度未审计财报。

财报显示，2013年第一季度，酷6传媒总营收达到307万美元，同比下滑34.4%，环比下滑8.4%；净亏损缩减到167万美元。

5月29日

2013移动互联网发展论坛在北京举行，此次论坛由人民网主办。由人民网研究院主编的移动互联网蓝皮书《中国移动互联网发展报告（2013）》也在现场发布。

由中国传媒大学与北京成龙慈善基金会合作成立的“善·行公益慈善传播研究中心”揭牌。

总投资达78亿元人民币的惠普聚贤国际数字媒体产业基地在福建安溪县启动建设。

深圳天威视讯“多屏看”业务正式上线。

5月30日

国家新闻出版广电总局对《购物导报》《网络导报》《中国特产报》三起报纸严重违法案件予以通报。

由中宣部、中央文明办、中央外宣办、工业和信息化部、国家工商总局、国家新闻出版广电总局六部委联合授权成立的全国平面媒体公益广告制作中心在人民日报社揭牌。

国家新闻出版广电总局有关部门在北京召集大型出版网站自律机制联席会议。

上海市新闻道德委员会宣告成立。同日举行的第一次会议讨论通过了《上海市新闻道德委员会章程（草案）》，产生了委员会领导机构。

由新浪网主办的“专业与责任——中国媒体灾难报道研讨会”召开，与会媒体代表和专家学者总结和反思中国媒体5年来在灾难报道中的经验与得失。

湖北省新闻出版广电局与湖北省供销合作总社在武汉签订战略合作协议，共同推进服务“三农”工作、湖北省新闻出版广电惠农工程和县级供销合作社振兴工程。

5月31日

《中国日报》（东南亚版）正式创刊。

中国广播电视协会少年儿童演员工作委员会在北京正式成立。

同月

由中国日报社主办的《21世纪》与北京天智通达信息技术有限公司合作推出手机软件《21世纪英文报HD》。

三联书店的新杂志《新知》面世。

《小说月报》编辑部开通微信公众号。

中国银联厦门分公司与福建广电网络厦门分公司推出银联电视支付服务。

上海电信推出名为“魔盒”的互联网视频盒子。

6月1日

北京版权产业基金正式签约启动。

中国广播电视协会第四届学术委员会成立会议在北京举行。

6月3日

WAP版中国新闻出版网正式上线。

在腾讯智慧峰会上海站活动中，腾讯视频宣布其英剧频道正式上线，已与BBC-Worldwide、ITV等六大制作公司达成合作，力图打造中国最大的英剧资源库和中国第一英剧平台。

浙江就加强和规范IPTV管理制定出台相关意见。任何单位未经国家新闻出版广电总局批准，不得擅自超范围开展IPTV业务。

6月4日

国家新闻出版广电总局相关负责人接受采访时表示，新闻记者证为境内记者采访唯一合法证件，严禁持新闻单位制作的工作证等证件从事采访活动，严禁新闻单位为非采编人员、兼职人员申办新闻记者证。

国家新闻出版广电总局新闻报刊管理司对《购物导报》《网络导报》《中国特产报》等三家报纸做出了吊销出版许可证和停业整顿的处理。

6 月 5 日

国家知识产权局知识产权发展研究中心在北京发布《2012 年全国知识产权发展状况报告》，这是首份全面反映我国各地区知识产权发展水平的综合性评价报告。

中国网络电视台、中国电信海南分公司和海南广播电视总台三方签订了《海南省三网融合 IPTV 业务合作协议》。

6 月 6 日

由中国出版集团、百度、金山、歌华等 70 余家国内知名出版机构、网络企业和视听开发企业发起的首都版权联盟宣布成立。

由商务印书馆、中国国际广播电台联合推出的“18 种小语种汉外分类词典全媒体出版”项目座谈会在北京举行。

河南日报报业集团、中国联通河南分公司全面战略合作协议签字仪式举行。

福建推出首台将 WiFi 和高清电视播放功能融为一体的高清互动 WiFi 机顶盒。

6 月 7 日

长沙晚报报业集团与长沙市轨道交通集团正式签署《长沙地铁报》合作协议，打造长沙第一份也是唯一一份地铁报。

《南方都市报》与《郑州晚报》正式签署战略合作协议，双方将在全媒体集群的报纸、网络、微博、品牌运营、全媒体内容制作等方面展开深度合作。

优酷土豆集团与新浪微博达成战略合作，新浪微博将通过其 PC 和移动平台面向超过 5 亿的微博用户推广优酷土豆的版权内容。

环球时报社完成对陆川导演的独立电影制片公司——川制作的股权投资，川制作将成为环球时报社进军电影业的重要合作伙伴。

6 月 9 日

上海市广播电视节目制作业行业协会经批准正式成立，首批入会会员近 100 家。

6 月 10 日

第 19 届上海电视节召开，其中包括白玉兰奖评选、国际影视节目市场和国际新媒体与广播影视设备市场、亚洲动画创投会、白玉兰论坛等主体活动以及大学生电视节、观众票选等特别活动。

6 月 11 日

中俄人文合作委员会媒体合作分委会第六次会议在上海举行。

百视通与海润影视制作有限公司宣布，双方将在版权内容、影视剧投资、整合营销等方面达成战略合作。

6 月 13 日

爱奇艺、PPS 用户登陆账号打通，任一平台会员可享受双平台无广告观影体验及其他会员增值服务。

6 月 14 日

2013 年国家新闻出版广电总局“百强报刊”推荐名单从本日起在《中国新闻出版报》正式公示。

人民日报社召开座谈会，以隆重热烈又务实节俭的方式纪念《人民日报》创刊 65 周年。

国家新闻出版广电总局发展研究中心在北京举行《中国视听新媒体发展报告（2013）》（视听新媒体蓝皮书）发布会。报告显示，截至 2012 年底，中国视听新媒体市场总规模超 150 亿元。中国网络视频用户达 3.72 亿，网络音乐用户达 4.36 亿；共有 4.2 亿手机网民，其中，手机网络视频用户达1.3亿，手机音乐用户达2.1亿。中国网络视听节目服务市场规模达92.5亿元，广告市场规模达67.2亿元。

辽宁联通与辽宁广播电视台签署合作协议。

6月15日

央视纪录片《京剧》犯低级常识错误，修改后重播。

6月16日

由国家新闻出版广电总局、福建省人民政府主办的“第五届海峡论坛·海峡新闻出版业发展论坛”在厦门举办。同时，中国新闻出版研究院首家分院——海峡分院建设座谈会暨授牌仪式举办。“闽台报业研究交流中心”正式成立。

6月17日

当日12点开始，中央电视台新闻频道、综合频道等24个公共频道正式在央视新址全面播出。新址播出系统采用网络化制播工艺技术，彻底取代以录像、磁带为载体的传统播出模式，成为世界上首家采用全流程网络播出系统的国家电视台，制播能力已达到世界先进水平。

上海电影博物馆向公众开放。上海电影博物馆选址在新中国成立后上海电影制片厂的原址。

廊坊日报社与泰安日报社结成友好报社，揭牌仪式在廊坊举行。

重庆举行“重庆之声　畅想重庆”大型推广活动，已有60年历史的重庆新闻广播正式更名为“重庆之声”。

由福建报业协会主办的闽台报业高层座谈会在厦门举办。

2013年“全国安全生产万里行”活动在新疆乌鲁木齐市举行出发仪式。

以“全媒体、全直播、全互动”为主打特色的电视台——亚洲联合卫视在香港启动开幕礼，同日举办“新媒体，新电视”高峰论坛。

6月18日

百度在西班牙马德里市政厅举行市场产品推介会，拓展业务。

百视通发布公告称，上海广播电视台、上海东方传媒集团有限公司通知公司，国家新闻出版广电总局向上海广播电视台换发《信息网络传播视听节目许可证》，具体包括互联网视听、IPTV、手机电视、互联网电视业务。

四川省人民政府下发《关于加强政务微博应用的通知》，要求省政府各部门、各直属机构和有关单位在年内全部开设政务微博，以进一步推进政务公开、服务社会公众。

甘肃省政府新闻办与中国国际教育电视台签署战略合作协议。中国国际教育电视台将赠送价值8000万元的节目时段，主要向海外介绍甘肃文化。

张朝阳在上海宣布了搜狐视频的基于自制内容的“梦工厂”战略，将打造符合互联网特性且有标准有质量的娱乐节目、迷你剧、门户剧。

6月19日

中央人民广播电台新闻综合广播《中国之声》正式入驻搜狐新闻客户端，成为首个入驻搜狐新闻客户端的广播媒体。

全国新闻出版系统地方法制工作人员培训班在北京举办。

哈佛商学院确认将《非诚勿扰》引进哈佛商学院的课程案例，并且派研究小组来到中国调研《非诚勿扰》的台前幕后。

扬子晚报网全新子网站“扬网”（www.young100.cn）上线。

艺恩咨询公布的中国电影统计数据显示：2012年，中国电影总票房为27亿美元

（170亿元人民币），已超越日本成为世界第二；而第一名美国的年度电影总票房为108亿美元，是中国的4倍。

江苏有线南京分公司的云媒体智能电视一体机上市。

6月20日

央视首届西班牙语大赛、首届法语大赛启动仪式在北京举行。

福州日报社举行记者挂职社区工作启动仪式，《福州日报》《福州晚报》的22名记者将深入到市区的22个社区挂职，担任为期一年的书记（主任）助理。

新疆新闻漫画作品展在乌鲁木齐开展。本次展览是新疆漫画发展的一次集中检阅。

6月21日

中国证监会新闻发言人表示，证监会及证券交易所依法对社交媒体信息发布行为进行监督。

上合组织国家广播电视合作研讨会在北京召开。

经国家新闻出版广电总局批复，《中国图书商报》更名为《中国出版传媒商报》。

6月22日

中国（海南）高校传媒联盟成立大会在海南大学举行。会后，海南高校传媒联盟举行了第一期活动。

中国新闻出版书法家协会在北京召开第一次主席团会议，标志着中国新闻出版书协正式成立。

福建日报报业集团"海峡传媒港"传媒总部经济创意园区项目动工。

6月23日

长江日报报业集团16个驻区记者站挂牌成立。

央视青年电视公开课《开讲啦》宣布将推出毕业季特别节目《我和未来有个对话》。

全国藏学期刊联谊会成立。

6月25日

国家新闻出版广电总局新闻出版课题管理办公室公布《2013年新闻出版课题研究指南》。

国家版权局打击网络侵权盗版的"剑网行动"新闻通气会在北京召开，公布了加大版权保护力度的新举措。为保护热播热映影视作品免遭网络盗版，国家版权局将建立重点作品监管预警机制；同时扩大版权主动监管范围，将音乐及音乐视频网站也纳入其中。

《中国新媒体发展报告（2013）》由社会科学文献出版社出版发行。

中国新闻社旗下《中国新闻周刊》在英国正式推出英语月刊《中国报道》。

阿里巴巴集团与腾讯、百度、新浪、盛大、网易、亚马逊中国等21家国内互联网企业成立"互联网反欺诈委员会"。

安徽广电新中心正式启用。其中号称亚洲一号的3600平方米多功能演播剧场，可容纳观众3200人，规模为亚洲最大。

甘肃省文化产业发展集团有限公司揭牌。

6月26日

由法国书业杂志《图书周刊》赞助，国际出版咨询公司吕迪格·魏申巴特执笔的《2013全球出版业50强收入排名报告》发布。中国出版集团、凤凰出版传媒集团、中国教育出版传媒集团3家出版企业入选，这是中国出版业首次有3家企业入选全球出版业50强。

电广传媒发布公告称，将向天津广播电视网络有限公司投资1.02亿元，共获得后者4.99%的股权。

河南日报报业集团与河南贯辰通用航空有限公司签订战略合作协议，贯辰通航的一架美国贝尔407直升机被命名为"大河报号”。

河南省政府召开全省广播影视公共服务体系建设暨市县级政府机关软件正版化工作会议。

山东省互联网宣传管理工作会议在济南召开。会上提出将在取得经验的基础上，探索实行重要新闻网络媒体首发制。

百视通新媒体公司与上海东方广播有限公司举行战略合作发布会。双方将整合广播内容与新媒体平台，在全球新媒体传播、互联网电视等方面展开全方位合作。

“第五届双向网改与数据业务运营论坛暨第二届DVB＋OTT融合创新研讨会”在四川新华国际酒店召开。

6月27日

我国老龄科学研究领域第一份国家级学术期刊《老龄科学研究》在北京创刊。

国家互联网信息办公室发布消息称，“人民内参网”“广东删帖公司网”“中国人民新闻网”等31家未依法取得互联网新闻信息服务资质、冒用合法新闻机构名义非法“采访”、编发负面虚假信息敲诈勒索的网站被依法关闭。

河北人民广播电台创办《阳光月刊》。

山西组织召开三网融合试点工作研讨会。

6月28日

首批70家“数字出版转型示范单位”公示，包括出版集团5家、图书出版社20家、报业集团5家、报社20家和期刊社20家。经过评估入选的示范单位，国家新闻出版广电总局将给予优先扶持。

国家新闻出版广电总局设千万元奖金鼓励剧本原创，以抑制跟风、鼓励原创。

国家新闻出版广电总局发出《关于表彰2012年度全国广播电视安全播出先进集体、先进个人的通报》。

由未来电视主办的第二届互联网电视产业论坛在天津召开。

广西师范大学报刊传媒集团有限公司成立。

6月29日

为纪念中国共产党建党92周年，大型文献纪录电影《情系人民》在电影频道和CCTV老故事频道播出。

在首届山西文博会重点文化产业项目签约仪式上，山西日报报业集团分别与有关企业签订了全媒体建设、党报电子阅报栏建设、文化物流中心建设等三大项目的合作协议。

6月30日

国内首家视频内容营销联盟由56网发起成立。

同月

新华社推出“我报道”客户端。

工信部发布数据显示，2013年1—5月，我国IPTV业务用户净增310.8万户，同比增长46.4%，达到2485.1万户。1—5月，IPTV业务收入同比增长42.9%，达到15.8亿元，在固定业务收入的比重提升至1.3%。

北京华夏时报传媒广告有限公司与美国NCM公司正式签署广告合作协议。

中宣部和国家新闻出版广电总局先后批复同意广西广电网络公司申请首次公开发行股票并上市。

厦门卫视通过中星6B卫星陆续落地北京、天津、上海、山东、江苏、浙江、江西、福建、广东等全国九省市，厦门卫视的观众从400多万飙升至5亿。

湖北广播电视台湖北垄上频道开出了20万元年薪，招募农民工主播。此次招农民工主播的《打工服务社》是该频道研发的一档情景式服务类栏目，内容包括为农民工找工作、技能培训、帮忙维权等。

山西广电传媒集团互联网电视项目投入运行，山西网络广播电视台上线试播工作开始进行。

7月1日

《人民日报》刊发《致读者》，称即日起分步推进传播形态创新，即利用二维码、图像识别等技术，将部分稿件由单一的文字形态转化为文字、视频、音频等多媒体形态。读者利用手机扫描版面上附印的相关标识，可直接看到声形并茂的内容。

《今日咸阳》与《华商报》在咸阳地区开始合并发行，同时改版。

由中国企业改革与发展研究会主管主办的《企业观察报》创刊。

河南日报报业集团与天伦集团签署战略合作协议，在广告营销、运营管理、人才培训、信息交流等方面开展多层次、全方位的合作。

本日至6日，由河北省委宣传部、省广电局、中央党史研究室宣教局、河北电视台联合摄制的纪录片《大转折：西柏坡1947—1949》在央视科教频道和河北卫视播出。

河南项城市完成网络整合，正式纳入河南省县级有线电视网络统一运营管理。

湖南有线电视株洲公司开通“快乐融屏”。

7月2日

央视网推出“央视网商城”(mall. cntv. cn)精品购物平台，希望通过“媒体＋电商”的定位吸引企业入驻。

中央人民广播电台在京举行“在最需要的地方发出应急广播的声音——芦山应急电台的试验意义”研讨会。

第42届世界技能大赛在德国莱比锡拉开帷幕，来自上海出版印刷高等专科学校的学生王东东参加本届印刷媒体技术项目，这是中国首次参加该项目比赛。

7月3日

腾讯总裁刘炽平宣布，微信团队针对海外用户开发的WeChat注册账户数已超过7000万，并且还在快速增长中。

7月4日

由山东卫视联合韩国团队打造的真人秀节目《中国星力量》播出。

国家新闻出版广电总局发展研究中心在北京举行《中国广播电影电视发展报告(2013)》出版发布会，蓝皮书称，2012年中国国内电影票房收入首次超过日本，成为全球仅次于美国的第二大市场。

《南方周末》公开发表声明，声称即将开播的由河南卫视和爱奇艺联合制作的大型网台联动节目《汉字英雄》与《南方周末》研发已达两年多的电视、视频节目《汉字英雄》名称一致，嘉宾称谓“汉字先生”一致，事涉侵权，并对此提出了多条证据来证明事实。

成都移动与成都广电网络宣布联合推出集资讯、服务、商业合作为一体的家庭生活一体化服务平台“爱家社区”。

7月5日

由华文出版社和合肥报业传媒集团联合投资的安徽合华文化传媒有限公司宣告成立。

大众报业集团旗下的烟台《蓝色快报》在头版发布停刊启事，宣布停刊。

CUTV城市联合网络电视台全媒体资源推介会在北京召开。

7月6日

央行发放第七批共27张第三方支付牌照，互联网巨头百度旗下百付宝、新浪旗下新浪支付均获得进入支付行业的许可证。

7月7日

新华社新闻信息集成产品“新华发布”正式上线，“新华发布”搭载在新华社新推出的新华通移动商务平台上，用户在使用移动支付工具的同时，可享受专业化、个性化、定制化的新闻信息尤其是金融信息集成服务。

安徽卫视宣布打造演讲真人秀《超级演说家》。

针对新疆非法出版物和反动宣传品传播态势，全国“扫黄打非”工作小组办公室要求涉疆“扫黄打非”工作采取更有效措施，全面清查出版物市场和印刷复制企业，不让非法出版物和反动宣传品成为暴力恐怖活动的“助推器”。

7月8日

国家互联网信息办公室依法关闭“人民要闻视频网”“新闻一线”“正点网”“中国舆情联盟网”等76家非法网站。

“回家过年与梦共圆”2014北漂草根春晚暨全球华人大拜年晚会的启动仪式在北京举行。

国广控股与中华网签署《国广环球传媒控股有限公司与中华网科技公司框架协议》。

7月9日

《2012年新闻出版产业分析报告》公布，《报告》显示，2012年数字出版实现营业收入1935.5亿元，较2011年增加557.6亿元，增长40.5%，占全行业营业收入比重首次突破10%，达到11.6%。

河南省新闻出版局与省报协组织了“新闻援疆　走进哈密”活动，向新疆维吾尔自治区《哈密日报》捐赠了50台电脑和2套照相器材。河南日报报业集团捐赠采访越野车一辆，并将派出技术人员，帮助《哈密日报》继续完善手机报，建设哈密新闻网站。

7月10日

中国国际广播电台英语环球广播资讯台News Plus正式上线，成为中国唯一的全英文广播新闻频率。

常熟“面向网络视频的‘智慧社区’建设和服务模式创新项目”通过了国家新闻出版广电总局广播电视规划院组织的专家组的评审。

7月11日

第九届中国国际动漫游戏博览会在上海开幕，《2012上海动漫产业报告》《2012上海游戏产业报告》在展会上一一发布。

湖北首次颁发“新闻工作建设者奖”，湖北省95位获奖者涵盖了中央驻鄂新闻单位、湖北各新闻媒体和高校新闻院系。

河南卫视和百度爱奇艺网共同打造的《汉字英雄》首播。

爱上电视传媒有限公司作为负责全国唯一IPTV中央集成播控平台可经营性业务的运营主体，在郑州与河南电视台、中国联通河南分公司签署IPTV业务三方合作协议。

搜狐视频发布第二季《中国好声音》维权声明。

爱奇艺与北京电视台纪实高清频道共同举办的“纪录片与新媒体”全媒体合作正式启动。

7月12日

央视电影频道播出中国动画电影奇妙夜晚会，这是电影频道《首映》栏目在今年暑期打造的一个全新动画电影盛典。

百视通主办的智能电视操作系统及发展趋势研讨峰会在成都举行。

7月13日

国务院公开发布的《关于取消和下放50项行政审批项目等事项的决定》中明确，取消7项新闻出版广电总局的行政审批事项，同时将该部门的4项审批事项下放至相应的省级部门。

中国国际广播电台环球旅游广播上线试播。

主题为“交流合作经验，拓展合作领

域”的第四届“今晚·海外华文传媒峰会”在今晚传媒大厦举行。会上今晚报社分别与出席峰会的 7 家海外媒体签订协议，合作出版《今晚报》海外版。

7 月 15 日

中国国际广播电台第 91 家海外分台开播。

中华网发布公告称，以 9080 万港元出售互联网门户业务，接盘方为国广环球传媒控股有限公司。

7 月 16 日

百度宣布以 19 亿美元全资收购 91 无线，创下中国互联网并购案金额新纪录。

新华社旗下新华新媒文化传播有限公司宣布战略投资盛大文学。

阿里巴巴集团宣布战略投资中文旅游资讯和在线增值服务提供商穷游网。

经国家工商总局批准，全国首批 9 个国家级广告产业园之一的青岛国家广告产业园开园。

7 月 17 日

中国政府网公布经国务院批准的《国家新闻出版广电总局主要职责内设机构和人员编制规定》。根据《规定》，国家新闻出版广电总局是正部级单位，为国务院直属机构，机关行政编制为 508 名，设 22 个内设机构。

中国互联网信息中心（CNNIC）发布报告，显示：截至 2013 年 6 月底，网络新闻的网民规模达到 4.61 亿，较 2012 年 6 月增长了 6860 万人，年增长率为 17.5%；网民对网络新闻的使用率为 78.0%。

中国纪录片制作联盟成立。

7 月 18 日

甘肃农业出版传媒有限公司揭牌仪式在兰州举行。

中国电信首个 4G 服务开通仪式举行，首个天翼 4G 试验网在南京开通。

7 月 19 日

由交通运输部、光明日报社联合主办的“寻找最美养路工”公益活动在北京启动。

新疆广电网络举行“小服务 大民生”项目暨“天山云”二代产品发布会。

7 月 22 日

“7·22”定西地震发生后，甘肃省广播电影电视局迅速启动应急预案，确保灾区群众及时收听收看到广播电视节目。

云南日报社所属《春城晚报》进行新一轮改版，新创办的《社区周刊》成为新看点。

云南广电网络集团获得国家开发银行 39 亿元的贷款。

7 月 23 日

中国网络电视台在北京举行发布会，推出“央视新闻”手机客户端。

北京市新闻出版局在其官网推出出版合同示范文本。

阿里巴巴正式发布阿里智能电视操作系统，并与华数传媒联手推出第一代电视盒子产品“华数彩虹”。

7 月 24 日

湖北省广播电视信息网络股份有限公司宣布购买湖北省内 4 家广电网络类公司 100%的股权。收购完成后，湖北广电将基本实现“全省一网”。

优酷土豆宣布与韩国 YG 娱乐及三星电子达成合作，成立优酷 YG 专区。

7 月 25 日

国家新闻出版广电总局发布公告：按照《出版管理条例》等有关规定，自 2012 年 1 月 1 日至 2013 年 7 月 9 日，各级新闻出版行政部门依法共对 46 种报刊注销登记。

“美丽中国——外国人眼中最美中国暨亚洲摄影家聚焦美丽中国之旅”启动。

北京大学出版社、电子工业出版社、清华大学出版社等8家出版社联合发起声明，将联合对以低于采购价格逆价倾销图书的书店进行处罚，措施不限于暂停新书发货、终止销售合同等。

中共湖南省委办公厅、湖南省人民政府办公厅发布公告，决定成立湖南广电网络控股集团有限公司。

7月26日

新闻出版广电总局下发《关于进一步规范歌唱类选拔节目的通知》，要求控制引进海外节目模式，鼓励原创；要尽可能地为爱好唱歌的普通群众提供展示才艺和精神风貌的机会，避免博眼球煽情作秀、夸张搞怪或渲染悲切情绪。

国家新闻出版广电总局与9家卫视召开内部会议，会议公布了歌唱类节目的最终调控结果，江西卫视《中国红歌会》停播，央视一套《梦想星搭档》和江苏卫视《全能星战》延至第四季度播出。

由国务院台办新闻局、中华全国新闻工作者协会和台湾“中国新闻学会”共同组织的第十七届海峡两岸大学生新闻营在山西大学开营。

吉视传媒发布公告称，由其研发和推进的“吉视汇通项目技术方案”通过国家新闻出版广电总局科技司专家委员会的技术评审。

7月27日

海口交通广播开展主题为“文明公交绿色出行——为公交车司机送清凉”大型公益活动。

中国智能多媒体终端技术联盟发布《2013年中智盟智能电视产业发展白皮书》。白皮书显示，2013年1－6月份国内智能电视总销量达到457万台，销量同比涨幅达到105.7％。

7月28日

京华时报推出《京华时报云周刊》，“云报纸”这一独特的媒体形式正式出现在读者眼前。读者可通过手机拍摄的报纸图片，打开云端海量信息。

7月29日

国家新闻出版广电总局开展的《“十二五”国家重点图书、音像、电子出版物出版规划》中期评估及2013年规划增补工作结束，下发了《国家新闻出版广电总局办公厅关于调整“十二五”国家重点图书、音像、电子出版物出版规划的通知》。

由浙江日报报业集团主办、传媒梦工场承办的2013中国新媒体峰会暨“中国新媒体影响力30强”颁奖典礼在浙江杭州举行。

7月30日

由国务院新闻办公室和韩国文化体育观光部共同主办的第五届“中韩媒体高层对话”在北京举行。

人民网舆情监测室联合新浪微博共同发布《2013上半年新浪政务微博报告》。《报告》显示，截至6月26日，新浪认证的政务微博总数达到79372个，较2012年年底增加1.7万个。政务微博发博总数达到6063万余条，被转发近2亿次、被评论约1.6亿条。相较于2012年，新浪政务微博活跃度、传播力、影响力仍继续高速增长。

艾瑞咨询发布的二季度中国互联网核心数据显示，二季度中国网络广告市场规模达到232.6亿元人民币，较上一季度增长17.4％，整体市场回暖。

中国国际广播电台克罗地亚语广播组网站上线5周年。

7月31日

中国新闻出版研究院发布中国出版蓝皮书——《2012－2013中国出版业发展报告》。《报告》将2012－2013年中国出版业发展的整体特点概括为“稳中求进、稳中有进”。

同月

新浪微博上线闪购平台 tuan. weibo. com，闪购商品大多来自淘宝。

河南日报报业集团下属的大河物业通过招投标取得了郑州地铁 1 号线物业服务项目。

“电视剧第一股”华策影视收购上海克顿文化传媒 100% 的股权，交易金额为 16.52 亿元。

湖南有线推出“电视家教”服务。在播放过程中，学生可以任意选择，快进、暂停、快退、重播或者从特定时间点播放。

国家新闻出版广电总局电影局出台了《推动国产动画电影发展的 9 条措施》，支持、鼓励国产动画电影发展。

8 月 1 日

国务院印发了《“宽带中国”战略及实施方案》。根据《方案》，“宽带中国”将分为全面提速阶段（至 2013 年底）、推广普及阶段（2014 — 2015 年）、优化升级阶段（2016—2020 年）三个阶段。

《人民日报》第 14 版“新媒体”版整版报道了《人民日报》一个月来的二维码多媒体报道探索。

北京日报社正式推出采用 AR 技术的移动客户端，包括苹果版和安卓版。读者用手机或 iPad 运行客户端后，只要用摄像头对准报纸上的特定标识，就能观看到相应视频，享受特别的读报体验。

千龙网、搜狗、新浪微博、搜狐、网易、百度等网站共同发起的“北京地区网站联合辟谣平台”正式上线。

中国国际广播电台泰米尔语广播组开播 50 周年。

中国国际广播电台中文国际在线企业频道正式上线，开启了国际在线在企业资讯宣传领域的全新业务。

吉视传媒发布半年报，公司上半年实现营业收入 8.31 亿元，同比增长 16.18%，实现净利润 9340.88 万元，同比增长 11.62%。公司称，营收与净利润的增加是因为收视费和增值业务收入增加。

8 月 2 日

由中国广播电视协会和北京人民广播电台联合主办的第六届“赢在创意”全球华语广播栏目大赛在北京举行颁奖典礼。

《中国汉字听写大会》在央视十套首播。

中南出版传媒集团股份有限公司发布公告称，公司与湖南教育电视台签署合作协议，双方拟合资创立湖南教育电视传媒有限公司，作为湖南教育电视台市场营运主体。

8 月 3 日

新浪旗下新浪微博联手阿里巴巴集团旗下淘宝网发布了“微博淘宝版”等一系列产品。

8 月 5 日

“经济日报法人微博发布厅”在腾讯微博上线。

新华报业传媒集团腾讯微博发布厅“江苏媒体发布厅”正式上线。

8 月 6 日

中国网络电视台成立熊猫频道发布会举行。

由中央人民广播电台和中国广播联盟等联合主办的“中国广播联盟 2013 全国百家电台青海行‘走转改’大型采访活动”在青海西宁启动。

《郑州晚报》携手《南方都市报》全新改版。本次改版是中原报业传媒集团与南方报业传媒集团签署战略合作协议后的第一次实战。

8 月 7 日

歌华有线发布公告称，接到国家新闻出

版广电总局《关于同意建立下一代广播电视网（NGB）融合业务平台实验室的批复》，同意在歌华有线建立下一代广播电视网（NGB）融合业务平台实验室。

8月8日

国务院下发《关于促进信息消费扩大内需的若干意见》，《意见》提出，到2015年，信息消费规模超过3.2万亿元，年均增长20%以上，带动相关行业新增产出超过1.2万亿元；其中基于互联网的新型信息消费规模达到2.4万亿元，年均增长30%以上。

南方报业集团正式与IBM、软通动力在江苏昆山签订合作仪式，三方将共同在江苏昆山建立一个基于媒体的云计算中心。

由南方报业传媒集团及旗下南都全媒体集群与深圳机场集团携手推出的唯一官方空港杂志《南都AIRPORT》正式亮相。

上海优睿文化传媒股份有限公司宣布，公司获准在全国中小企业股份转让系统挂牌。优睿传媒由此也成为中国植入营销行业第一家股票挂牌的传媒企业。

中国出版传媒股份有限公司、江西新华发行集团有限公司、中国科技出版传媒股份有限公司、江苏凤凰出版传媒股份有限公司签署合作协议，决定共同出资重组新华联合发行有限公司。

北青传媒试水影视投资的第一部电视剧《正阳门下》在北京卫视播出。

“温州城市形象国际推广工程”启动仪式在北京中国国际广播电台举行。

《三秦都市报》云报纸正式上线，这是陕西省第一家将图像识别技术与纸媒相结合的媒体。

南京报业传媒集团举行亚青会全媒体采访行动启动仪式。

8月9日

优酷土豆集团发布了2013年第二季度未经审议的财务报告。数据显示，优酷土豆净收入达7.535亿元，较2012年同期的预计综合净收入增长了30%；净亏损为1710万美元，较去年同期减少40%，几近盈亏平衡点。

甘肃广电高清互动酒店版业务正式上线。

8月10日

在中央电视台新址举行的“网络名人社会责任论坛”，就承担社会责任、传播正能量、共守“七条底线”达成共识。

全国首个党建广播节目《宁波正能量》正式开播。

广东电信的智能网络电视业务已由已沿用7年的iTV更名为广东IPTV。

文化部出台《网络文化经营单位内容自审管理办法》规定，网络文化产品及服务的内容审核工作由取得“内容审核人员证书”的人员实施。这一办法自2013年12月1日起施行。

市场研究机构Global Web Index公布报告称，在全球排名前十的智能手机流行应用中，腾讯的微信应用跻身其中，排在第五位，这是中国唯一上榜的APP应用。

安徽生活广播率先引进类型化模式，按照类型化电台的操作模式对诸多节目进行全新的包装和内容安排，突出广播的“有用性”和“伴随性”。

8月13日

2013年互联网大会在北京召开，会议主题为“共建良好生态环境，服务美好网络生活”。

中央电视台、人民日报社、光明日报社、中国音协在梅地亚中心共同举办“坚守与创新——中央电视台青歌赛30年”研讨会。

陕西广电“高清互动余额自助查询服

务”板块上线。

8月14日

中关村国家自主创新示范区国家新媒体产业基地授牌仪式在北京举行，新媒体产业基地企业咨询服务中心启动仪式、《北京市文化创意产业投资基金合作框架协议》签署仪式同期举行。

东方有线推出一款针对东方有线电视用户的APP——“我爱电视”，为用户推荐每日精彩电视节目。

基于新疆广电网络天山云电视平台的“天山云电视商城”上线发布。

8月15日

由中国经营报社倡议、中国产业报协会牵头发起的中国产业报道联盟在北京成立。

本日至16日，由中央电视台主办的全国电视公益广告大赛作品评审会在北京举行。这是央视开拓公益文化传播新模式的一个探索。

经国家新闻出版广电总局批准，吉林电视台公共频道正式更名为公共·新闻频道。

湖南日报法人微博正式上线人民微博。湖南日报微信公众平台也于同日上线。

湖北手机报正式上线。

安徽成立全国首个声音版权交易平台，它是国内首个以声音产权为交易内容的电子商务平台。

浙江省卫生厅与华数数字电视传媒集团有限公司签订智慧健康合作开发协议。

8月16日

中国国际广播电台与腾讯科技公司在深圳签署战略合作协议。

现代传播集团于上海召开发布会，正式宣布中文移动数字媒体《iWeekly周末画报》与《纽约时报》的合作关系。

经金庸提议，内地获得其正版授权的两家游戏厂商搜狐畅游和完美世界，将联合对市场上的侵权游戏进行维权。有消息称，目前搜狐畅游和完美世界已完成大部分调查取证工作，随时可提起法律诉讼。

8月18日

国内首家新闻传播与新闻法制协同创新中心在北京成立。该中心首批成员有中国政法大学、法制日报社等单位。

由中国印刷技术协会、北京印刷学院和中国印刷博物馆联合主办的第八届中国印刷史学术研讨会在北京举行。

韩寒主编的《一个》主题杂志系列的第一部《很高兴见到你》上市，首印达百万册。《一个》系列杂志计划春夏秋冬每季出版一期，每期选择30篇以内文学作品。

8月19日

全国宣传思想工作会议19日至20日在北京召开。中共中央总书记、国家主席、中央军委主席习近平出席会议并发表重要讲话。他强调，宣传思想工作一定要把围绕中心、服务大局作为基本职责，胸怀大局、把握大势、着眼大事，找准工作切入点和着力点，做到因势而谋、应势而动、顺势而为。

中国电信和网易宣布合资成立浙江翼信科技有限公司，同时推出新一代移动即时通信社交产品“易信”，与“微信”展开正面竞争。

历时10年研制的《通用规范汉字表》在中国政府网公布，这是对50余年来汉字规范整合优化后的最新成果，对提升国家通用语言文字的规范化、标准化水平具有重要意义。该字表共收字8105个。

《中国社会舆情与危机管理报告(2013)》正式发布。

群邑中国、华通明略等企业针对2.2万名平板电脑用户调查后发现，平板电脑已经成为拥有者观看网络视频的首选设备，使用比例、观看频率和观看时长大幅领先PC。

其中使用比例接近100%，观看频率和观看时长分别是在PC上的2倍和1.5倍。同时，阅读APP杂志的比例已接近50%，APP杂志的阅读频率和阅读时长也已经高于纸质杂志。

艾瑞咨询发布报告称，今年二季度，中国在线视频市场规模达到28.5亿元，同比增长43%，环比增长30.6%。二季度在线视频的增长动力主要来源于广告收入，该季度在线视频广告收入为21.4亿元，同比增长48%，占在线视频行业总收入的75.2%。广告收入快速增长，反映了在线视频企业的媒体价值不断提升。

法制晚报社启动“法晚头条您做主”活动。

8月20日

北京市政务微博群“北京微博发布厅”在人民网、腾讯网正式上线运行，由此实现了在新浪、人民网、腾讯的三网运行，形成政务微博多平台集群化发声。

由中国互联网新闻中心（中国网）打造的“中国舆情”频道上线。“中国舆情”频道在第一时间发布国内外最新舆情信息的基础上，提供舆情案例分析、舆情热点排行、科学应对舆情智库、一周舆情综述等特色互联网舆情产品；同时，为各单位、企业提供实时舆情监测、舆情分析报告、舆情应对整体解决方案等多种形式的服务。

本日至11月30日，陕西省在全省范围内开展打击假记者整治新闻违法活动百日专项行动。

由江苏广电总台自主研发的手机新闻客户端“荔枝新闻”正式上线，全面覆盖iOS、Android等主流操作平台。此为省级广电系中第一个推出的新闻客户端。

浙江影视集团联合江苏幸福蓝海、贵州经纬星、四川星空等国企影视公司，携手20家强势地面频道组建的“中国电视剧强势地面频道G20制播俱乐部”在北京宣布成立。

第22届北京国际广播电影电视设备展览会（BIRTV2013）主题报告会在北京国际饭店举行。本届会议的主题是“媒体的期待我们的行动”。

由江苏广电总台自主研发的“荔枝新闻”客户端在南京上线，标志着江苏广电全媒体转型、移动互联网战略又向前跨越了一大步。

搜狐视频宣布旗下星尚、旅游、母婴、科技、汽车五大频道将全面改版，逐步重装上线。全新上线的五个频道统一命名为搜狐视频“生活梦工厂”。

8月21日

为期4天的第22届北京国际广播电影电视设备展览会在北京中国国际展览中心开幕。展览会主办方同日举行首届中国台网融合峰会。

中国国际广播电台在第22届北京国际广播电影电视设备展览会上举行“CIBN互联网电视蓝影AZURE系统发布会”。

中国民营电视台“蓝海电视”的英文节目登陆美国MHz电视网，通过MHz 5频道播出有关中国的新闻、商务、文化、生活等节目。

中国电视剧制作产业协会在北京成立。协会将竭力反映成员诉求，维护权益，合力求发展。

北京警方按照公安部统一部署，依法立案侦查，一举打掉在互联网蓄意制造传播谣言、恶意侵害他人名誉、非法攫取经济利益的网络推手公司——北京尔玛互动营销策划有限公司，抓获秦志晖（网名“秦火火”）、杨秀宇（网名“立二拆四”）及公司其他成员。

河北出版传媒集团与保定市的合作项目——河北数字印刷产业园（保定基地）签约仪式在保定市举行。

首届“中国台网融合峰会（CBNS2013）”在中国国际展览中心召开，峰会的主题为“探索电视台的新媒体转型路径”。

8 月 22 日

人民网发布 2013 年上半年财务报告。人民网 2013 年上半年营业收入人民币 4.13 亿元，同比增长 41.47%，净利润 1.03 亿元，同比增长 52.75%；其中归属于上市公司股东的净利润约 1 亿元，同比增长 54.8%。截至 2013 年 6 月 30 日，人民网公司总资产 25.11 亿元；归属于上市公司股东的净资产 20.9 亿元。主营业务方面，广告及宣传服务实现收入 2.16 亿元，同比增长 39.89%；信息服务业务收入 0.88 亿元，比去年同期略有增长；移动增值业务实现收入约 1 亿元，同比增长 121.71%。

山东省济南市中级人民法院在第五审判庭公开审理被告人薄熙来受贿、贪污、滥用职权一案。此次案件全程借助新浪微博、人民微博进行图文直播。新浪微博“@济南中院”于本日 8:44 发布首条庭审直播微博，截至 8 月 26 日，为期 5 天的庭审共发微博 157 条。

百度和人人公司联合宣布：双方已达成最终协议，百度将向人人公司旗下的团购网站糯米网战略投资 1.6 亿美元，以获得约 59%的股权。本次交易预计于 2013 年第四季度完成。

8 月 23 日

中国摄影著作权协会第二次会员代表大会在北京召开，会议选举产生了摄著协新一届理事会和领导机构，李前光当选为主席。

第三届丰子恺儿童图画书奖公布获奖名单。台湾作家刘伯乐创作、绘画的《我看见一只鸟》获得“丰子恺儿童图画书奖首奖”。

《新快报》记者刘虎在重庆家里被北京警方和当地社区民警带走。10 月 10 日凌晨，北京市公安局通过官方微博证实：“《新快报》记者刘某因涉嫌制造传播谣言已被北京警方依法刑事拘留。”

8 月 25 日

由辽宁卫视、中外名人文化产业集团联合出品，红豆集团冠名的“中国服饰文化新浪潮圆桌会议”暨“《红豆·中国魅力》电视节目启动仪式”在北京举行。节目第一次将真人秀元素与中国服饰文化元素相结合，通过打造“中国服装形象代言人”，传播中国服饰文化，展示中国魅力，推广旅游形象。

8 月 26 日

《中国出版物在线信息交换》行业标准正式发布，这也是我国发布的首个出版物信息交换行业标准。

中央人民广播电台主办的中国广播网（www.cnr.cn）新版首页上线，并首次明确“央广网”为其简称和品牌标识。本次改版首次将新闻媒体和音频资源的平台和品牌做了分离，正式推出中国广播集成平台业务“中国广播 radio.cn”，将传统网络电台银河台业务与央广旗下广播媒体的直播点播业务、全国电台的集成播出服务整合。

国家新闻出版广电总局下发《关于坚持厉行节约、严格控制和规范新闻出版展会的通知》。通知指出，各类展会不准搞专场文艺晚会，不准组织高消费娱乐活动，不准借举办或参加展会名义到国内外名胜古迹旅游，国内展会不举办招待宴会酒会和答谢会，不准以展会名义赠送礼金、礼品、纪念品、土特产、有价证券等。

深圳报业集团正式上线电子商务平台“深商 e 天下”，其中包括 B2B 平台“深商网”、食品 B2C 平台“名物汇”和 B2B2C 品牌直营商城“超级猫”。

8 月 27 日

全国首家全天候国际资讯电台——中国

国际广播电台环球资讯广播落户天津。随着它的正式开播，环球资讯广播实现了对四大直辖市的全覆盖。

北京国际出版论坛开幕。论坛上传出的数据显示，2012年我国数字出版产业总收入达到1935.49亿元，同比增长40.47%，占新闻出版业全年总收入的11.72%。

第21届全国省级党报总编辑会议在兰州召开，来自全国30多家省级党报的社长、总编辑围绕“党报在中国梦建设中的担当与责任”主题，共同探讨如何壮大主流思想舆论。

浙报传媒发布公告称已投资华奥星空4941万元，占股36%。华奥星空现有主营业务包括网媒业务、电子竞技业务、体育通讯社业务和体育视频业务四大板块。

8月28日

《人民日报》（海外版）与日本《新华侨报》合作的第一期《人民日报海外版日本专刊》（中文版）在东京出版，与日本《新华侨报》同步面向日本各地读者发行，现每期4版，内容来自《人民日报》（海外版）。

全国禁毒公益微电影大赛启动仪式在北京举行。本次大赛由国家禁毒委员会办公室、中国禁毒基金会、国家新闻出版广电总局电影卫星频道节目制作中心共同主办，时间从2013年8月至2014年8月，大赛共设最佳影片、最佳导演、最佳编剧等11类奖项。

由国务院新闻办公室主办、中国国际广播电台承办的2013“感知中国”西北主题全球知识竞赛正式启动，相关网络专题也于当日上线。

中国图书进出口（集团）总公司国际数字资源交易与服务平台——“易阅通”正式启动运营。

中南出版传媒集团股份有限公司与圣智学习出版集团签署战略合作协议。双方将从内容资源到渠道资源、从纸质媒体到数字媒体开展全流程、多介质的紧密合作。圣智学习集团前身为汤姆森学习出版集团，是全球领先的创新型教育、学习、研究方案提供商。

中国财经出版传媒集团挂牌。

江苏卫视与国际知名节目模式公司——以色列的Armoza签订战略合作协议，Armoza负责前者的原创大型音乐对战节目《全能星战》在全球的推广和运营。

昆明报业传媒集团全资子公司——昆明火把果文化传播有限公司挂牌。火把果公司将把散落在昆明报业传媒集团的数据整合起来，实现共通共享互动；通过注册阅读、捆绑征订等方式，将报纸、杂志、彩龙社区等用户资源整合，并开发新的用户资源，壮大读者数据库。

安徽少年儿童出版社与联想（北京）有限公司在第20届北京国际图书博览会上举办新媒体数字出版战略合作发布会。双方宣布将以联想智能电视为展示平台，共同打造一流的家庭数字阅读、教育、娱乐基地。

福建省政府发出《关于推进新一轮有线数字电视整体转换工作的通知》，要求至2015年底，福建省要实现广播电视有线、无线网络的数字整合、管理和运营，建设以“数字福建”为核心的网络支撑平台。

未来电视与华为联手推出四核高清互联网电视播放器——华为秘盒M310。

8月29日

人民出版社所属新华文摘杂志社与台湾城邦媒体控股集团所属书虫股份有限公司签约，授权书虫股份有限公司销售《新华文摘》繁体字数字版。

中国国际广播电台华语中心《世界华声》杂志非洲版通过《华侨周报》在非洲本土正式出版发行。

四川卫视首档明星户外真人秀《两天一

夜》在成都开机。《两天一夜》节目引进自韩国同名真人户外表演秀，韩国原版节目连续 7 年保持亚洲综艺节目收视率第一。中国版《两天一夜》除保留韩版精华之外，更有中国版的独到之处，并着力展现四川的美景。

《南方都市报》因刊登“前任张太声明”广告引发舆论热议，造成不良社会影响。按照国家新闻出版广电总局要求，广东省新闻出版局对南方都市报社下达警示通知书，予以通报批评并责令改正。

8 月 30 日

国家手机（移动终端）动漫行业标准发布会暨 2013 国家数字文化产业高级研修班开班仪式在清华大学举行。手机（移动终端）动漫内容要求、手机（移动终端）动漫运营服务要求、手机（移动终端）动漫用户服务规范三项标准通过国家标准委备案发布。手机（移动终端）动漫标准制定工作顺利完成。

云南广播电视台国际频道开播。

同月

百视通新媒体宣布，将以总计 3.07 亿元的货币资金认购风行网的增资。增资完成后，百视通持有风行网的股权将从 35%增加至 54%，自此控股风行网。

9 月 2 日

法国欧洲时报传媒集团与齐鲁晚报社签署战略合作协议。双方合作的《齐鲁晚报·欧洲版》于同日创刊。齐鲁晚报社还依托欧洲时报传媒成立欧洲报道中心。齐鲁晚报棋院欧洲分院同时挂牌。

国家新闻出版广电总局在其官网发布“工作动态”消息，宣布今年起将设立“电视剧剧本扶持引导专项资金”，推动中国电视剧繁荣发展，提升剧本创作的质量和水平，培养优秀中青年编剧人才。

福建省出版物监测与研究中心研发了“海峡新闻出版管理与服务平台”系统，在一定程度上填补了我国新闻出版管理在这方面的空白。

6 集纪录片《中国故事》在央视纪录频道播出，这是新华社制作的纪录片首次在央视播出。

央视制作的最新 8 集纪录片《丝路，重新开始的旅程》开播。

9 月 3 日

华谊兄弟以 2.52 亿元收购浙江常升影视 70%股权。交易方承诺将以转让款中的 1.52 亿元从王中磊、王中军手中购买华谊兄弟股票，并锁定 3 年，每年解禁数量不超过 1/3。浙江常升法定代表人为张国立，未来 5 年拟推出约 400 集精品剧。

三沙卫视上星播出，24 小时滚动播出 8 档自办节目，重点栏目以中英文双语字幕呈现。三沙卫视由三沙市政府委托海南广电负责运营，通过有线和卫星（中星 6A 和中星 9 号）两种传输方式，覆盖海南省及南海周边国家、地区，为南海区域观众提供全方位的资讯和娱乐服务。

《江南都市报·台北版》正式走进台湾，每周一期，内容由《江南都市报》采写，《旺报》负责具体版面执行及在台湾的发行，向台湾同胞传播江西经济、旅游、文化、民生等方面的新鲜资讯。

“中国优秀影视作品走进亚非拉”译制成果展示与推广活动在北京举行。活动由中国国际广播电台主办，部分亚非拉国家驻华使节和国内影视作品版权方、制作方代表等出席。

“行走东西北”——南方报业振兴粤东西北“1+X”联合采访正式启动。

TCL 与爱奇艺共同发布 TCL 爱奇艺电视“TV+”。

9月4日

搜狐视频透露，第二季《中国好声音》第八期移动端播放量1.66亿次，占PC端播放量的61.3%。

9月5日

国家发展和改革委员会主管、我国唯一面向战略新兴产业的国家级专业刊物《中国战略新兴产业》在北京亮相。杂志为半月刊，为我国战略性新兴产业发展服务。

全国“扫黄打非”办公室在北京召开部分省市“清源”行动督查情况汇报会。

全国新闻出版统计业务培训会议在北京召开。

阿根廷当地时间9月5日，中国国际广播电台杂志《视点中国》西班牙语版正式在阿根廷出版发行，这标志着中国官方媒体首次正式进入南美洲地区国家并开展商业化媒体运作。

中视协地面电视文艺委员会在哈尔滨举行成立大会。哈尔滨广播电视台当选第一任会长台。

湖北日报传媒集团旗下武汉楚天尚漫科技有限责任公司顺利通过评审，接入中国移动手机动漫基地。

小米科技发布了正式进军互联网电视行业的首个产品小米电视。

中国有线国干网2013年扩容及维护工作会议在兰州举行。

重庆有线家庭生活百科类栏目《橙视屏动》正式上线。

9月6日

HCR（慧聪研究）广告监测数据显示，2013年上半年电视媒体的广告花费持续增长，为11.3%，高于整体增幅。电台媒体较去年同期11.4%的增速比较，今年增速继续减慢，仅为2.7%。互联网现已成为继电视之后受众接触的第二大媒体，在2013年上半年，互联网广告的增长率远超其他媒介。

本日至9月9日，“山海相约携手黔行”泛珠三角九省区党刊编辑记者赴贵州大型主题采访活动举行。

新疆广电网络股份有限公司与新疆天山云计算产业基地签署协议，建设“天山媒体云文化科技支撑基地”。

9月7日

香港报业评议会发布《处理自杀新闻守则》，要求传媒应在报道事实与保护公众利益之间求取平衡，避免产生模仿、传染效应；避免将自杀新闻刊于头版或网站首页；避免用特大字体标题；避免在自杀新闻之间建立相关链接；避免美化、感性化、英雄化自杀行为；避免将自杀描述为解决问题的方法；避免揣测自杀原因或将自杀原因简单化等。

《中国好声音》播放权正式卖往台湾，并从本日起每周六晚8点在台湾地区播出。购得节目版权的是台湾中天综合台。

《南风窗》杂志社致函三门峡市委宣传部，承认该刊2013年第18期报道《村官腐败透视》一文存在问题，并向广大读者致歉。

9月8日

第64届美国印制大奖在芝加哥揭晓，中国雅昌公司以两项全场大奖独占全场大奖数量的一半，成为全球获全场大奖最多的企业。

盛大文学旗下的聚石文华图书公司与CRI手机台联合制作出品的戴军新书《段王爷》有声版，在中国移动及中国电信的手机阅读平台上线发布。此次合作创建了CRI手机台手机音频业务的新模式。

9月9日

《最高人民法院、最高人民检察院关于办理利用信息网络实施诽谤等刑事案件适用法律若干问题的解释》发布，《解释》明确了适用公诉程序的条件即“严重危害社会秩序和国家利益”的七种情形：引发群体性事件的；引发公共秩序混乱的；引发民族宗教冲突的；诽谤多人造成恶劣影响的；损害国家形象，严重危害国家利益的；造成恶劣国际影响的；其他严重危害社会秩序和国家利益的。

国家新闻出版广电总局取消了“设立出版物全国连锁经营单位审批”和“从事出版物全国连锁经营业务的单位变更《出版物经营许可证》登记事项，或者兼并、合并、分立审批”项目的行政审批。

国家新闻出版广电总局科技司和全国广播电影电视标准化技术委员会在北京召开了广播电视行业标准《AVS+高清编码器技术要求和测量方法》审查会。

CIBN互联网电视与意大利GIGLIO集团正式启动战略合作。

天涯社区发布新版天涯。社区无线客户端推出其移动互联网战略的核心产品——“微论”。

由河北新闻网发起，长城网、石家庄新闻网、环渤海新闻网、环京津新闻网、燕赵都市网、环首都网、河青网、河北公安网、银河网等9家省内主流网站共同加盟的“河北网络辟谣平台”正式上线。

9月10日

郑州网络电视台上线开播。

9月11日

中国广播电视协会城市台（电视新闻）工作委员会2013年（第21届）新闻理论研讨会在乌鲁木齐举行。

广州日报报业集团的专业茶杂志《茶道生活》创刊，双月刊，以茶园人文地理为核心内容。

郑州私家车广播改版，开设《918金牌车顾问》《918一路飞扬》等专业的综合性汽车资讯和咨询栏目，致力于为私家车主营造精致生活。

江苏沭阳县举行江苏有线沭阳分公司成立仪式。这是江苏全省广电系统第一家县级分公司。

腾讯视频宣布携手迪士尼媒体发行，为腾讯视频的“好莱坞影院”会员提供迪士尼旗下最受欢迎的电影和动画片。

9月12日

2013中国国际新闻出版技术装备博览会在天津梅江会展中心正式开展。

9月13日

在湖北武汉举办的2013思科中国有线运营商高峰会上，湖北广电与会议主办方思科公司签署了合作备忘录，根据备忘录双方将探讨建立“数字家庭”应用联合实验室，并以联合实验室为平台进一步讨论“数字家庭”针对中国市场的应用，介绍并推广国际上先进的“数字家庭”技术和最新应用业务。

中央及外地驻津记者联谊会举行成立25周年座谈会。

盛大文学联合河南省文联首次推出“群出版”概念，试图打通网络文学与传统文学的界线，打造“期刊、图书、新媒体”的出版跨界组合。

致力于环保生活、绿色出行、低碳旅游的贵州旅游广播正式推出。

未来电视有限公司与长虹集团深度战略合作启动。

酷6网发布移动应用“短酷”，可以将照片制作成动态视频，并可以一键分享到微博、微信和朋友圈。

9月14日

本日到9月16日，国家新闻出版广电总局与宁夏回族自治区人民政府在银川举办了“2013中国·阿拉伯国家广播电视合作论坛”。

首届中国（武汉）期刊交易博览会在武汉国际博览中心开幕。国家新闻出版广电总局现场公布2013中国“百强报刊”入选名单。中国邮政集团公司还首次公布了“2013年中国邮政发行报刊百强排行榜”。

2013期刊媒体国际创新发展论坛在武汉举行。

湖北长江报刊传媒（集团）有限公司与美国阿普达公司签订战略合作协议。双方将打造一个满足读者数字化阅读、个性化出版和开放式版权交易等需求的综合性网络服务平台——长江传媒集群式数字报刊网络云平台。

歌华有线在北京市教委指导下与北京东城区曙光小学和北京二十二中合作，试点基于信息网络的“家校新时空学校”服务。

9月15日

经中国人民解放军总政治部批准、国家新闻出版广电总局审批，由解放军报社创办的《国防参考》杂志从2014年1月起在全国公开发行。

9月16日

首届中国期刊交易博览会在武汉落幕。刊博会期间，1.3万种海内外期刊亮相、近50万种图书文化产品参展、现场销售订货额达3.4亿元人民币。40多个国家和地区150多个国际知名出版机构、2000多名海外嘉宾参加展会。

由国家互联网信息办公室、教育部、共青团中央、全国妇联指导，全国百家网站共同实施的网络关爱青少年行动正式启动，为期3个月。

中国外文局所属中国国际图书贸易集团公司首次发布《中国期刊海外发行报告》以及“年度最受海外读者喜欢期刊排行榜50强”“年度最受海外图书馆青睐期刊排行榜50强”等榜单，展现了中国实施文化走出去战略的成果。

由中国广播电视协会主办、中广协会电视学研委会和北京广播电视台承办的全国广播电视台首届宣传管理创新创优论坛在京举行。

由万科集团提供出版支持、现代传播集团提供制作支持的《V-ECO》杂志改版，改版后第一期的专题是《回归土地——新西兰的另类社区运动》。

快播与未来电视推出“客厅电脑”。

石家庄市内有线数字电视用户将在原来13套免费高清节目的基础上，另外增加CCTV-6、CCTV-8、黑龙江卫视、山东卫视、湖北卫视、天津卫视等6套免费高清频道。

《CCTV5-体育赛事》《快乐垂钓》《快乐宠物》三个特色频道正式落户牡丹江数字电视。

9月17日

第一届全球华人摄影传媒大奖正式启动，组委会向全国摄影爱好者和海外华人公开征集作品。这是目前国内唯一面向全球华人的国际性摄影赛事。

人力资源社会保障部、全国博士后管理委员会批准人民网股份有限公司设立博士后科研工作站，开展博士后工作。人民网成为全国首家获批设立博士后科研工作站的新闻网站。

因违规将出版权转让给文化公司导致大量质量低劣的学术论文被刊发并在互联网上广泛传播，《经济生活文摘》杂志最近被国家新闻出版广电总局依法吊销期刊出版许可证。

根据市场调研机构CNZZ的数据，在PC搜索市场，截至2013年8月，搜狗的市场占有率为10.35%，搜搜为3.62%，合计约 14%，已经与 360 的 18.3%的市场份额相近。

中央电视台 2014 节目资源推介会召开。其中，招标产品超过 200 个，标的物中纳入 APP 等新媒体应用。

国家广播电视产品质量监督检验中心依据对当前智能电视系统发展状况的研究发布了《智能电视系统评价细则》。

9 月 18 日

海航乐游重庆公司与重庆有线电视网络有线公司合作，推出了为重庆消费者提供有线电视线上咨询、定制旅游产品服务的海航乐游 755 商旅频道。

优酷与环球影业（NBCU）签订长期战略合作协议，这是美国 NBCU 首次与国内互联网公司合作。此后，优酷又宣布正式接入微信支付。

中央三套综艺频道高清、中央五套体育频道高清、中央六套电影频道高清、中央八套电视剧频道高清落地杭州。

9 月 20 日

《新闻传播学大辞典》出版座谈会在北京举行。这本辞典共计 220 万字、收入近 7000 词条，由全国 26 家知名高校及研究所合力编纂完成。

9 月 21 日

新华通讯社和土耳其世界新闻社在伊斯坦布尔签署新闻互换协议，开启了双方在新闻、视频和图片等方面的友好合作和交流。

9 月 22 日

国家新闻出版广电总局印发《电视剧拍摄制作备案公示管理办法》，自 2013 年 12 月 1 日起施行，适用于境内电视台播出或者境内外发行的国产电视剧（不含电视动画片）的拍摄制作管理。办法明确规定，申报电视剧拍摄制作备案公示的剧目须提交备案公示表格，包括 1500—2000 字涵盖主题思想、时代背景、主要人物和故事情节的剧情梗概。内容涉及政治、军事、外交、国家安全、统战、民族、宗教、司法、公安等敏感内容的，申报拍摄制作备案公示前须征得省、自治区、直辖市以上人民政府有关主管部门或者有关方面的书面意见。

中国广播电视协会制片、导演、编剧、演员工作委员会近期发出倡议书，倡导全体会员树立良好的行风，共同抵制一味攀比片酬的不良风气。

中国国际广播电台华语中心《世界华声》杂志澳洲版通过《东方先驱报》在澳洲本土正式出版发行。

万达集团投资 300 亿元建设的全球规模最大的影视产业项目——东方影都影视产业园区在青岛开工。

广州日报报业集团主办的“在这里读懂茶——茶道生活传媒平台开创暨研究所成立仪式”举行。

中国国际微电影大典启动仪式举办。

百度视频宣布百度视频移动端累计激活用户数已突破 1 个亿，日活跃用户数快速增长至 2000 万。

9 月 23 日

国家版权局就新修订的《使用文字作品支付报酬办法》向社会广泛征求意见，拟将原创作品的版税率提高到 5%—15%，原创作品的基本稿酬标准则提高到每千字 100—500 元。

中国报纸副刊研究会第四届理事会在四川省南部县闭幕，来自全国 100 多家中央和地方报纸的负责人和副刊编辑参加了会议。

由中国互联网协会、中国信息安全测评中心、国家计算机网络应急技术处理协调中心指导，360 公司主办的 2013 中国互联网安全大会在北京国家会议中心举行。

第八届全国广播电视学术著作评选终评会议在哈尔滨举行。

中国国际广播电台第 92 家海外分台开播。

全国全民阅读媒体联盟组织 20 家媒体共聚杭州，走进西湖读书节，并将首个“全国全民阅读媒体联盟活动基地”授予杭州。在 9 月 24 日举行的第七届西湖读书节闭幕式上，20 家与会媒体发表了《西湖读书宣言》。

首届北大公益传播奖入围作品名单出炉，《中国新闻周刊》《凤凰周刊》《南方都市报》《中国青年报》等多家媒体的优秀作品入围。本次活动共设有公益人物报道、深度调查报道、公共政策报道、特稿、评论、年度公益媒体人等十大奖项，所有作品将从公共性、创新性、重要性、影响力等层面进行评选。

澳门新闻局就《出版法》修订文本进行为期 33 天的公开咨询。新法强调了新闻工作者的报道权、接近信息来源的权利、对信源保密的权利，还删去了出版委员会等条文，工作通则、记者证等均由业界自定。

南方都市报《CBD TIMES》面世。这是一份整合报纸、微博、微信等传播方式，致力于打造立体式阅读的区域多媒体读物，主要面向广州天河、珠江新城 CBD。每周一发行 5 万份，免费赠阅。

安徽卫视《安徽新闻联播》推出大型全媒体新闻节目《平凡人·中国梦》，关注 10 位平凡人追逐“中国梦”的故事，向社会传递正能量。

阿里巴巴将已上线两年的移动产品“来往”重新包装后推到台前。“来往”研发团队力争通过推出比微信多“一点”的服务，与微信抗争，抢夺用户。“来往”大打“私密牌”，有“阅后即焚”功能，并可支持 500 人上限的大群。

新浪微博与海信电器跨界合作，推出两款智能空调，联手开拓物联网市场。微博为每台智能空调设计了微博页面，用户通过简单的操作实现微博账号与空调设备的绑定后，就可以直接通过发送私信对空调进行操作。当出现不良操作时，空调会自动发私信通知用户。

同洲电子举行“1+1 电视互联网”发布会，推出了飞看盒子以及飞看高清数字电视转换器、飞飞棒、摸控器、飞 TV 等多款产品。

中国联通与凤凰视频宣布达成战略合作，推出“WO+凤凰视频流量包”服务。

9 月 24 日

由人民网主办的“智慧城市·美丽中国”全国市长会议启动仪式举行，与会专家就我国新型城镇化建设中的相关问题进行了探讨。

中国青年报社与韩国农协银行就新闻内容和广告合作达成战略合作。

甘肃飞天出版传媒集团有限公司在兰州正式揭牌。

第一视频集团旗下子公司邻讯互动发布类微信应用“邻讯 VIC”。“邻讯 VIC”集合了网络语音电话、即时通信和社交功能，与微信的区别在于强调自身私密、安全的特点。还设置了密友圈功能，用户可将私密信息分享给特定的朋友。

广东省政府网站发布《广东省人民政府办公厅关于印发广东省新闻出版广电局主要职责内设机构和人员编制规定的通知》，明确广东省新闻出版局（版权局）和省广播电影电视局合并为广东省新闻出版广电局，为省政府直属机构。

9 月 25 日

人民日报社与清华大学共建新闻与传播学院签约仪式举行，人民日报社向范敬宜新闻教育基金捐款 100 万元，“清华大学—人民日报社媒体融合发展研究中心”和“清华大学—人民日报社教育实习基地”揭牌。

百度旗下的“百付宝”成功拿到互联网支付牌照，推出了其在移动支付领域的首款产品“百度钱包 SDK”。

2013 全国印刷经理人年会在安徽省黄山市召开。

华数传媒与兆驰股份达成业务合作意向，双方将通过包括但不限于“预存服务费送智能云电视”等具体的方式实施合作，华数传媒将授权兆驰股份代理销售华数服务产品。

9 月 26 日

本日至 10 月 7 日，CCTV-7 每天 12 点、18 点、21 点推出特制系列节目，满足广大农民及向往乡村生活观众的需求。其中，《乡约 · 东坡鹊桥会》是国内唯一一档以农民为主的婚恋交友大型真人秀节目。另有《乡村大集合》《乡土新风行》《高青黑牛财富大会》等节目。

国家工商行政管理总局对 2013 年 6 月全国部分电视、报纸、广播、互联网媒体发布的医疗、药品、保健食品、化妆品及美容服务类广告进行了监测抽查，并向社会公布了此次监测抽查发现的 10 个严重违法广告。

我国唯一的国家级民族出版机构——民族出版社在北京民族文化宫举行成立 60 周年纪念大会。

金华晚报举办“品牌制胜高峰论坛”，就新形势下晚报、都市类报纸的品牌塑造与空间拓展进行研讨。

华谊兄弟传媒股份有限公司宣布以“华谊兄弟”品牌进驻淘宝电影。华谊兄弟将通过淘宝平台出售电影票和衍生品，并试水 O2O 营销。

9 月 27 日

由暨南大学和广东省广播电视协会主办、暨南大学新闻与传播学院和广东省播音主持艺术委员会承办的“2013 华语主持传播高峰论坛暨融媒时代记者型主持人发展研讨会”在暨南大学举行。

辽宁省十二届人大常委会第四次会议通过《辽宁省计算机信息系统安全管理条例（修订）》。

湖北长江出版传媒集团有限公司发行的“中期票据”和“短期融资券”，通过了中国银行间市场交易商协会的审核，并成功注册。这标志着湖北省首个文化产业企业债券获批发行。

《兰州晨报》打造的移动新媒体“掌上兰州”上线。“掌上兰州”是针对 iPhone 及安卓系列智能移动终端设计的一个集新闻及各种资讯发布为一体的手机阅读平台。

《规划师》杂志和广西师范大学报刊传媒集团在南宁举行合作签约仪式。其主管单位变更为广西师范大学，主办单位变更为广西师范大学报刊传媒集团。

欧洲最大的华文报纸之一《欧洲时报》发行德国版，为旅德华侨华人提供信息服务。

当地时间 9 月 27 日下午，在塞舌尔首都维多利亚市，中国国家新闻出版广电总局副局长邬书林和塞舌尔共和国文化旅游部常务副部长本杰明 · 罗斯分别代表中塞双方，签署了新闻出版合作谅解备忘录，并举行赠书仪式。

京郊民俗旅游第一村——麻峪房民俗村的“三网融合”网络开通仪式举行。

广东省新闻出版广电局与广州市文广新局及国家新闻出版广电总局广科院等单位举行了 AVS＋＋DRA 音视频标准数字电视地面广播试验工作推进会。

9 月 28 日

京津冀新闻出版广电系统协同发展推进会召开。会上签署的《京津冀新闻出版广播影视协同发展项目合作推进协议》规划了 6

个项目：产业园区（基地）建设项目、有线电视互联互通项目、网络广播电视台协同发展项目、京津冀电影院线合作项目、印刷委托书网上备案项目和人才交流培养项目。

由世界品牌实验室和世界经理人集团共同编制发布的 2013 年“亚洲品牌 500 强”排行榜揭晓，这是世界品牌实验室第 8 次对亚洲品牌的影响力进行测评，共有 19 个国家和地区的 500 个品牌入选。其中，传媒行业入围 57 个品牌，中国内地占 24 席。

内蒙古蒙文报网联盟报纸新闻出版系统和地方网站群建设工程在内蒙古日报社正式通过验收，内蒙古各地的蒙文报网在数字平台全面实现互联互通，标志着我国蒙古族文字报网全媒体时代的到来。

东莞广播电视台第三套频率开播，节目内容以音乐和交通资讯为主。

9 月 29 日

《最高人民法院关于审理编造、故意传播虚假恐怖信息刑事案件适用法律若干问题的解释》公布。本解释所称的“虚假恐怖信息”，是指以发生爆炸威胁、生化威胁、放射威胁、劫持航空器威胁、重大灾情、重大疫情等严重威胁公共安全的事件为内容，可能引起社会恐慌或者公共安全危机的不真实信息。《解释》明确规定严重扰乱社会秩序的六种情形应当追究刑事责任：致使机场、车站、码头、商场、影剧院、运动场馆等人员密集场所秩序混乱，或者采取紧急疏散措施的；影响航空器、列车、船舶等大型客运交通工具正常运行的；致使学校、医院、厂矿企业、国家机关等单位的工作、生产、经营、教学、科研等活动中断的；造成行政村或社区居民生活秩序严重混乱的；致使公安、武警、消防、卫生检疫等职能部门采取紧急应对措施的；其他严重扰乱社会秩序的。

海南民生广播开播，实行海南话、普通话“双语”播报，以海南话节目为主要传播载体。

吉视传媒与中国移动吉林公司签署战略合作协议，双方将在视频、数据、通信、信息服务等领域开展产品融合，推动吉林省“三网融合”进入新阶段。

中国（上海）自由贸易试验区正式挂牌。百视通与微软的合资企业——上海百家合信息技术发展有限公司成为首家入驻企业。

9 月 30 日

国家互联网信息办公室发出通报，对“抽屉新热榜”“鲜果联播”“ZAKER 新闻阅读”“3G 门户新闻”“一五一十部落”“蜜蜂新闻”等一批未依法取得互联网新闻信息服务资质、违规从事互联网新闻信息服务的移动客户端，依法要求限期整改。

北京电影学院成立国内首个电影文化研究院，由著名导演谢飞任院长。电影文化研究院以北京电影学院电影学系为依托，希望能够整合国内外艺术理论专业的科研力量和学术资源，打造代表中国电影学术研究水平的品牌智库。

《东方早报》派出百名记者，从本日 20 点至 10 月 7 日 24 点驻守全国 20 个最热门景区景点，并在其官方微博上全程直播，为广大读者和网友呈现一个有趣味、有思考且图文并茂的黄金周。

同月

商务印书馆推出国内外首个全文检索的民国期刊数据库——《东方杂志》全文检索数据库。该数据库是商务印书馆民国期刊总辑全文数据库的第一个分库，建设历时两年多，内容涵盖了 1904 年至 1948 年间的期刊，共 44 卷 819 期，于本月正式投入市场。

由国家新闻出版广电总局组织编写的《新闻记者培训教材 2013》由人民出版社出

版，这是我国首部由政府管理部门组织编写的新闻记者培训教材。

10 月 1 日

国家版权局新修订的《全国版权示范城市、示范单位和示范园区（基地）管理办法》正式实施。

乐视网发布公告称，拟以现金和发行股份相结合的方式购买花儿影视 100％的股权，以发行股份的方式购买乐视新媒体 99.5％的股权，并募集配套资金，交易总额为 15.98 亿元。

10 月 3 日

由凤凰出版传媒集团旗下凤凰传媒国际（伦敦）有限公司承担的江苏文化产业欧洲（伦敦）促进中心在英国埃塞克斯郡挂牌。

10 月 8 日

《中华工商时报》改版，头版发布改版文章《办一张有民营特色的财经报》，强调“聚焦民营，办有底色的财经报”，并申明“新闻立报，内容为王”。

《武汉晚报》在头版发表《今天，本报为您开了一扇“天窗”》，向读者征求改版意见。

中国国际广播电台南亚中心尼泊尔语部主办的尼泊尔文月刊《尼好》创刊号在尼泊尔首都加德满都正式出版发行。

10 月 9 日

最高人民法院公布《最高人民法院关于审理利用信息网络侵害人身权益民事纠纷案件适用法律若干问题的规定》，明确非法删帖、网络水军等互联网灰色产业的责任承担问题，明确个人信息保护范围，明确利用自媒体等转载网络信息行为的过错及程度认定问题。被侵权人与构成侵权的网络用户或者网络服务提供者达成“一方支付报酬，另一方提供删帖、屏蔽、断开链接等服务”的协议，法院应认定其无效。雇佣、组织、教唆或者帮助他人发布、转发网络信息侵害他人人身权益，行为人承担连带责任。

广西出台《关于鼓励我区新闻出版业引进民间投资和支持民营企业发展的实施意见》，鼓励民间资本进入广西新闻出版业。

《南方周末》改版，推出更强大的封面报道叠，进一步强化时政、文化及创新板块，并开设更多更精致的专栏，刷新整体视觉系统。还大幅提高国际新闻比重。推出新媒体产品《知道》。并将开设《南周 HD》频道。

17 家视频网站联合成立中国微电影视频网络平台协作体。

10 月 10 日

国家新闻出版广电总局在北京召开会议，部署 18 家中央主要新闻单位开展采编人员岗位培训工作，同时启动全国 25 万新闻采编人员的岗位培训。

世界媒体峰会第二次主席团会议在杭州举行。来自新华社、新闻集团、美联社等 15 家媒体机构的负责人和代表参加会议。会议讨论通过《世界媒体峰会章程》，设立“世界媒体峰会全球新闻奖”。

中国广播电视协会交通宣传委员会第十九届年会暨 2013 两岸三地传媒高峰论坛在贵州省贵阳市召开。

新华社上海分社与大数聚信息发展有限公司签署合作协议，共同启动车联网频道客户端项目。

人民网晚间公告称，拟使用超募资金 2.48 亿元，收购成都古羌科技有限公司 69.25％的股权，向网络文学领域进军。

中央人民广播电台召开“互联网新闻信息传播规范”专家研讨会。

未来电视与爱看动漫展开战略合作，双方将就奥飞动漫与爱看动漫合资的动漫旗舰平台“爱看动漫乐园”展开深入合作。

10 月 11 日

中华人民共和国中央人民政府门户网站官方微博和官方微信在新华微博、腾讯微博和微信开通，这是国务院政府信息公开的又一重要平台。

国家新闻出版广电总局正式出台《深化新闻出版体制改革实施方案》，就 5 个重点方面的改革任务提出政策措施。值得关注的亮点有：在完善新闻出版管理体制方面，创新网络出版管理机制，规范出版物内容网络传播。在增强新闻出版单位发展活力方面，探索国有出版企业股权激励机制，经批准允许有条件的国有控股上市出版企业开展股权激励试点。在建立健全多层次出版产品和要素市场方面，建立全国统一的出版产品信息交换平台，着力推动出版信息标准化建设；制定制作和出版分开的实施办法，在坚持出版权特许经营前提下，吸纳社会资本从事除出版以外的图书期刊前期制作和经营发行业务；开展特殊管理股制度试点，以有资质的国有出版单位拥有特殊管理股为前提，允许符合条件的非公有制企业参与网络原创出版业务，给予非公有制文化企业对外专项出版权。

中央财政下达 2013 年中央文化企业国有资本经营预算资金 8.3 亿元，共支持 39 家由财政部代表国务院履行出资人职责的中央文化企业实施的 55 个项目。资金重点支持 3 个方向：一是支持中央文化企业作为兼并主体，通过出资购买、控股等方式取得被兼并企业所有权、控股权，或通过合并成立新企业；二是支持中央文化企业进行数字化转型升级、网络传播平台、移动多媒体等项目建设，研发拥有自主知识产权、有利于推动企业产业结构调整或升级的关键技术；三是支持具有竞争优势、品牌优势和经营管理能力的中央文化企业与国外有实力的文化机构进行项目合作，建设文化产品国际营销网络，对外投资兴办文化企业。

湖南卫视推出的旅行真人秀节目《爸爸去哪儿》首播，节目版权引进自韩国 MBC 的《爸爸，我们去哪儿》。

湖南卫视在金鹰节互联盛典直播中，使用了发源于互联网的“弹幕”直播互动模式。

优酷、万达、黑龙江电视台三方签约，共同推出《全民电影》项目，《全民电影》由黑龙江电视台与荷兰 FCCE 公司共同研发。

优酷土豆集团向法院起诉了小米科技，理由是小米盒子对《北京青年》《爱情公寓 3》《楚汉传奇》等 10 部影视剧的侵权点播，优酷土豆要求小米科技立即停止侵权行为、公开道歉，并赔偿 510 万元。

北京市首次将数字编辑职称评审纳入全市职称评审序列，将为全市数十万网络、数字出版从业者打通职称评审的通道。此举也为全国数字出版编辑职称评审工作开了先河。

中国少年儿童新闻出版总社所属《儿童文学》杂志“纯净阅读季”在北京大学附属中学拉开帷幕。

10 月 12 日

国家新闻出版广电总局下发《关于加强印刷复制发行管理的通知》。

国家新闻出版广电总局下发《关于做好 2014 年电视上星综合频道节目编排和备案工作的通知》，明确 2014 年上星综合频道的新闻、经济、文化、科教、生活服务、动画和少儿、纪录片、对农等公益性节目播出时长每周平均不少于 30％；总局对原创节目在节目备案、进入黄金时段、各类评优评奖等方面给予优先考虑，各电视上星综合频道每年播出的新引进境外版权模式节目不得超过 1 个，当年不得安排在 19 时 30 分至 22 时之间播出；每季度总局通过评议会择优选择一档歌唱类选拔节目安排在黄金时段播出。

北京印刷学院在京庆祝 55 岁华诞，以“跨越、转型、发展”为主题。

2013 年度河南十大“三农”新闻人物评选活动启动。

中央电视台《新闻联播》点名批评《喜羊羊与灰太狼》《熊出没》两部动画片，称这两部动画片存在暴力失度、语言粗俗的问题。

10 月 13 日

人民网同今日俄罗斯通讯社达成合作协议，将开展双边信息领域合作。双方还约定在相互转载网络新闻资源、开展联合采访、提供专家约稿、向对方记者提供协助等方面展开合作。

东北第一家省级专业旅游媒体——吉林旅游广播举行开播仪式。

10 月 14 日

国家新闻出版广电总局发布公告，自 2014 年 1 月 1 日起，对各电视台养生类节目进行规范，电视养生类节目只能由电视台策划制作，不得由社会公司制作。鼓励上星综合频道制作的优秀养生类节目在地面频道播出。主持人必须取得播音员主持人执业资质，依法持证上岗。演员和各类社会名人不得担任养生类节目主持。

全国“扫黄打非”办公室、国家新闻出版广电总局联合发出通知，部署自 2013 年 10 月中旬至 12 月中旬在全国组织开展非法报刊专项治理“秋风”行动，集中打击非法报刊、非法网络报刊、非法报刊机构和假记者，深入整治违法违规编印传播的内部资料性出版物、固定形式印刷品广告，严肃处理出租、出售、转让出版权及“一号多报（刊）”问题。

全媒体时代城市传媒发展战略高峰论坛暨第 22 届全国副省级城市党报总编辑联席会议在武汉召开。

由中央党史研究室、国家新闻出版广电总局、中央电视台联合摄制，央视纪录频道承制的六集文献纪录片《习仲勋》从本日至 16 日在央视综合频道播出。

天津卫视 2014 年广告推介会在北京举行，面向各大媒体和广告商推出了 2014 年的重磅新节目和电视剧。

10 月 15 日

《国务院办公厅关于进一步加强政府信息公开回应社会关切提升政府公信力的意见》发布。国务院新闻办公室表示，在新闻发布工作任务较重的部门和地方，将逐渐实现新闻发言人专职化，担任新闻发言人要经过正式组织程序进行任免。

第九届中国信息无障碍论坛在北京举行，论坛主题为“整合与集成——全媒体时代的无障碍服务”。

上海报业集团旗下《文汇报》改版，促进传统媒体与新媒体融合发展。文汇网也同步升级，并推出了《文汇报》客户端 5.0 版本。改版后，《文汇读书周报》以增刊形式回归文汇报，每周一出版，每周五增出《文汇学人》专刊。

“善意回帖”评选颁奖仪式在人民网举行，《善意回帖阳光共识》在会上发布。

《法制日报》西藏记者站成立仪式在拉萨举行，这是《法制日报》的第 34 个国内记者站，该报国内省级记者站建设实现了全覆盖。

本日至 10 月 17 日，安徽省新闻出版局组织“总编辑走进农家书屋”活动，安徽省内 14 家出版社、17 家报刊社的总编辑走进六安市苏埠镇南楼村农家书屋、独山镇街道农家书屋等 6 家基层农家书屋，与书屋管理员和农村读者面对面交谈，倾听他们的需求。

2013 年城市电视新闻交换工作会议暨

“四宜城市美丽海口”全国电视台采访活动在海口举行。

央视网起诉上海全土豆盗播央视网独家版权节目《舌尖上的中国》《2012年伦敦奥运会开幕式》的内容侵权案件目前已经在上海市闵行区人民法院正式开庭审理。

大型电视纪录片《第三极》近期在西藏拉萨开机。《第三极》以自然为背景，以人文为主线，以故事为载体，探讨人与自然和谐相处的奥秘，展示天人合一的美好生活画卷。

华中师范大学新闻传播学院正式揭牌。长江韬奋奖获得者、湖北日报传媒集团原董事长兼党委书记江作苏担任首任院长。

香港特区政府原则上批准了奇妙电视有限公司及香港电视娱乐有限公司提出的本地免费电视节目服务牌照申请。

10月16日

海峡媒体井冈山峰会举行。来自台湾16家主流媒体的负责人和记者、大陆15家媒体的负责人以及江西省内部分媒体代表出席峰会。峰会举行期间通过了《海峡媒体井冈山峰会共同建议书》。本次峰会由江西省委宣传部、江西日报社和江西省政府台湾事务办公室主办，与会人员达100人。

“2013年中国电视覆盖及收视状况调查”结果在北京揭晓。2013年全国卫星电视频道累计覆盖人口达496.2亿人次，较上年增加33.9亿人次，再创历史新高。1999年至2013年，15年间保持高速增长，年均增长率达10.9%。新闻和时事类电视节目以74.8%的喜爱率首次超过电视剧类，攀升至观众喜爱率榜首。移动终端传播价值在今年快速提升。手机和平板电脑等移动终端的接触率由2012年的1.3%猛增至30%。在各类媒体中，电视仍是接触率最高的媒体，高达99.5%。

中国互联网络信息中心（CNNIC）在北京发布《2013年中国手机浏览器用户研究报告》。报告数据显示，截止2013年9月，中国近半数手机浏览器用户最常使用UC浏览器，占比达46.0%，超手机QQ浏览器和手机自带浏览器。

中央电视台国际频道品牌推广研讨会在北京举行。

央视网自主研发的首款社交电视轻应用“魔镜”正式上线。作为中央电视台台网联动和社交电视的创新尝试，“魔镜”架起了电视观众和互联网用户之间的桥梁，为用户提供了电视直播中的跨屏互动体验。

中国国际广播电台译制的斯瓦希里语版中国电视剧《妈妈的花样年华》和《老爸的心愿》开播仪式在坦桑尼亚国家广播公司隆重举行。

第二届中国报业党建工作座谈会在安徽宣城市举行，中国报业协会党建工作研究会在会上成立。

由山西省新闻摄影学会、山西日报摄影部、长治日报社与康宝集团联合举办的2013年全国媒体记者“聚焦康宝”摄影大赛在康宝集团举行。

河南电台城市之声City FM1066开播仪式举行。新开播的城市之声由原来的教育广播升级改造而来，全天内容涵盖资讯、音乐、房、车、婚姻、心灵成长、娱乐消费等。

湖北省广播电视总台自筹资金建设湖北IPTV集成播控分平台，成为全国首个与央视总平台对接的省级平台。湖北IPTV集成播控分平台具备103套直播节目的播出能力、5万小时点播节目的存储能力、70万用户的承载能力。

北京市工商局首次开出针对公司利用微博进行虚假宣传的罚单，北京方万源公司通过微博虚假宣传、侵害他人商誉，被罚款15万元。

10 月 17 日

中央电视台发展研究中心发布《中国电视新闻年度报告（2012－2013 年）》。《报告》第一部分概括过去一年电视新闻节目整体播出与收视情况及电视频道收视与运营情况；第二部分分析频道及栏目的收视表现及特点；第三部分总结新媒体冲击下中国电视新闻的创新策略，并就电视新闻与新媒体的融合创新、报道方式与语态的创新等方面做了深度分析；最后一部分概括国外新闻节目发展趋势。

中国记协和全国三教办在人民日报社举办第 46 期记者大讲堂，开展全媒体发展应用系列讲座。这是记者大讲堂首次进入新闻媒体开展活动。

首届中国国际纪录片提案大会在成都举行。大会以“中国故事”为主题，面向全球纪录片创作者，发掘具有中国元素的优秀纪录片提案。

《东方今报》推出“黄金报”，把“刮刮奖”的形式“嫁接”到报纸上，读者看报还可参与刮奖中金条，报纸零售火爆。

香港无线电视制作的全新频道 TVB 体育台正式开播，共有三条体育频道为无线电视网络的观众提供多项国际及本地赛事转播。

阳光媒体集团和乐视网联合推出网络节目《天呐女人》。

江西联通与江西省广播电视网络传输有限公司正式签署了战略合作协议与宽带合作框架协议，标志着双方全面战略合作开始实施。

10 月 18 日

中国晚协第 28 届年会暨“全国晚报总编看盐城”活动在江苏盐城举行。本届年会听取了晚协工作报告，并进行了 5 年一次的换届选举工作。北京晚报社当选为会长单位。新民晚报社、羊城晚报社、扬子晚报社、重庆晚报社、今晚报社当选为执行会长单位，大连晚报社等 29 家单位当选为副会长单位，会上颁发了中国晚报杰出贡献奖。

由中国日报社与福建省委外宣办、福建省委网络办共同开办的福建首个官方英文网“福建全球英文网”（http：//fujian. chinadaily. com. cn/）正式开通上线，网站共设《新闻快报》《城市概况》《商务投资》《美丽福建》等 9 个栏目。

国家新闻出版广电总局在北京召开《新闻记者培训教材 2013》出版座谈会，向全国新闻界推介我国首部由政府管理部门组织编写的新闻记者培训教材。

全国新闻界 2013 年夜班编辑走基层活动在甘肃省嘉峪关市启动。来自中央主要新闻单位、5 家全国性行业报纸和南方 17 个省区市媒体的 50 多名夜班编辑参加了此次活动。

由中国文明网运行管理的“文明中国”微博发布厅在新浪网上线运行，首批 15 个省（区、市）和 114 个市（县、区）的文明办官方微博加入，这是全国精神文明建设系统的官方微博发布平台。

上海首家对台研究学术期刊《台海研究》正式创刊。该刊是上海台湾研究所、上海社会科学院出版社主办的公开学术性刊物。

10 月 19 日

延安时期新闻传播事业与中国共产党新闻工作群众路线研讨会在西安举行。

上海出版印刷高等专科学校 60 周年校庆之际，现代传媒技术与教育国际研讨会在该校召开。

多次发文批评中联重科公司的《新快报》记者陈永洲，因涉嫌损害商业信誉罪，被长沙警方刑事拘留。10 月 26 日，陈永洲在央视报道中承认“收钱”。10 月 27 日，

《新快报》在头版刊发道歉声明。10月30日，陈永洲被批捕。10月31日，广东省新闻出版广电局吊销陈永洲记者证。

10月20日

中国国际广播电台东南亚中心策划组织的中外记者“2013中国穆斯林文化之旅”采访活动启动。

壹传媒发布公告，宣布旗下《爽报》停刊。

第十三届海峡两岸及港澳新闻研讨会在武汉开幕。来自两岸四地新闻界的100多位专家和业内人士，围绕“多媒体融合时代的传播策略”，对传统媒体转型和新媒体发展进行研讨。

10月21日

《参考消息》在全国报纸中率先推出“微信订报”。在“微信订报”模式下，读者不需要打电话，只要在微信中填写姓名、住址、联系电话并在线付款，即可订阅报纸，坐等报纸送上门。

央视前著名节目主持人李咏携河北卫视在北京举办发布会，宣布二者共同打造的情感益智类节目《我知女人心》在北京正式启动。

中国林业出版社举行建社60周年座谈会。

同洲电子携手郑州市人民政府、河南有线签署了战略合作框架协议，三方约定投资30亿元在郑州高新技术产业开发区建设“同洲电子三网融合产业创意园”，打造“电视互联网”区域性产业基地。

10月22日

《教科书法定许可使用作品支付报酬办法》公布。

中国国际广播电台“南海之声”频道全新改版的整频率节目正式推出，打造国际化人文特色频道。

由央视举办的大型公益宣传活动“CCTV慈善之夜”启动仪式暨中国慈善年度高峰论坛在北京开幕。

《中国青年》创刊90周年座谈会在北京举办。

有线数字电视智能终端论坛在杭州香园饭店召开。行业主管部门、有线运营商、终端企业及产业链各方共同研讨有线数字电视智能终端的发展之路。

涉嫌以“网络记者”身份及网上名气，挟负面信息收取费用，格祺伟等5人被湖南衡阳检方批捕。

10月23日

2014年度全国党报党刊发行工作视频会议在北京举行。

“2012年度江西省文化企业10强”出炉，新闻出版广电类企业占六成。

江苏凤凰出版传媒集团在澳大利亚设立的子公司凤凰传媒国际（澳大利亚）有限公司正式揭牌。

第二十一届国际传输与覆盖研讨会（ICTC2013）在杭州开幕。

捷成股份与广西广电网络签署了《广西有线高清互动数字电视及网络双向化改造项目战略合作框架协议》，项目初步预算10亿元。

全国印刷复制培训班在北京开班。

10月24日

国家新闻出版广电总局发布1月至9月全国电影票房统计数据，截至9月30日，国产影片票房收入95.58亿元，进口影片票房收入68.67亿元，共计164.25亿元。国产电影票房收入继续保持强劲增长态势。

以“摄影·聚焦世界”为主题的北京国际摄影周2013在中华世纪坛拉开帷幕。

中国国际广播电台第93家海外分台开播。

全球华语网络主播大赛正式启动新闻发布会在北京举行。本次大赛由中央人民广播电台与中国移动共同承办。

第十四届平壤国际电影节落下帷幕，湖北电影制片厂出品的《我的渡口》获得最佳导演、最佳男演员和最佳音乐三项大奖，德国影片《我的美丽祖国》荣获最佳影片奖。

由中国印刷科学技术研究所、中国印刷技术协会数码印刷分会主办，科印传媒数码印刷事业部承办的2013“数码印刷在中国”技术高峰论坛在厦门举办，会期两天。

由湖北、湖南、四川、山东、华数（浙江）、重庆、贵州、甘肃、云南、新疆等19家省级和太原等3家市级广电网络运营商共同发起的“中国广电云服务产业联盟”在杭州西溪宾馆正式揭牌。

工业和信息化部通信发展司副司长祝军表示，目前已经明确在成都、武汉、西安、沈阳、南京、重庆和郑州七个城市增设国家级的互联网骨干直联点。

10 月 25 日

第二十三届中国新闻奖评选结果揭晓。来自全国报社、通讯社、电台、电视台和新闻网站的299件作品获奖，其中特别奖3件、一等奖46件（含8个新闻名专栏）、二等奖91件、三等奖159件。

中国广播电视协会中南学术研究基地换届会议暨2013年县区台建设和发展论坛在广州举行。

中央电视台打造的大型电视音乐公益节目《梦想星搭档》于CCTV-3首播，由16位明星组成的8对全新组合用歌声争夺冠军宝座。

央视国际以电视节目被擅播、著作权被侵犯为由，将产销网络高清播放机的深圳市开博尔科技有限公司和北京祥远天意商贸有限公司告上法庭，要求两家公司立即断开播放节目链接、删除保存在播放机内的节目内容、刊登侵权声明并连带赔偿各种经济损失105万元。

中国国际广播电台与外交部合作开办的“中国-中东欧国家合作”官网上线试运行。

中国国际广播电台第94家海外分台开播。

由中外名人文化产业集团和辽宁卫视联合出品的服饰文化真人秀节目《中国魅力》在辽宁卫视播出。

河北省新闻道德委员会召开会议，对《中国工业报》河北记者站违规案件、《张北报》违规出版发行案件两起新闻领域典型案例进行通报评议。

重庆出版集团公司与中国移动通信集团重庆有限公司签署战略合作协议，旨在促进传统出版向数字出版转型，手机阅读是本次合作的重点项目。

在连云港市第五届文化产品博览会上，中华文化走出去数字内容国际传播富媒体平台亮相。该平台由中国新闻出版传媒集团和连云港伍江数码科技有限公司共同搭建，目前开设了中、英、法、西四大语种的50个频道，累计节目时长1000小时，为澳大利亚、新西兰等国家的150万家庭用户提供高品质、高清晰度的文化内容。

10 月 26 日

浙江卫视攻心谋略类益智节目《谁敢站出来》开播，引进自英国BBC-2播出的日间节目 *Break Away*。

河北日报报业集团与河南天伦集团签订协议，双方将联手在河北省打造车用加气站网络，推动清洁能源产业的发展。

10 月 27 日

中国社会科学院新闻与传播研究所在北京举办“变革中的新闻与传播：实践探索与理论构建”学术研讨会，同时公布全国新闻传播学2012年度优秀论文遴选结果，以这种简朴尚学的方式庆祝建所35周年。

辽宁省新闻出版广电局正式挂牌，同时加挂辽宁省版权局牌子。

粤传媒公布重组草案，粤传媒及其全资子公司广州日报新媒体有限公司拟以现金和发行股份相结合的方式，以合计4.5亿元的价格收购上海香榭丽广告传媒股份有限公司100%的股权。收购完成后，公司媒体互动营销广告平台将扩展至新媒体的户外LED大屏领域。

10月28日

经中共上海市委批准，由解放日报报业集团和文汇新民联合报业集团整合重组的上海报业集团正式成立。中共中央政治局委员、上海市委书记韩正为新集团揭牌。上海报业集团所属的解放日报社、文汇报社、新民晚报社恢复报社独立建制，实行党委领导下的总编辑负责制。据初步估算，上海报业集团成立后，资产达到208.71亿元，净资产为76.26亿元，总体经济规模居全国报业集团前列。

上海报业集团与百度公司签署协议，双方将开展的战略合作涉及上海本地新闻搜索引擎、媒体资源购买、云服务器资源提供、舆情报告、手机阅读服务、人才合作、战略资源购买等7个方面。此外，双方还就百度新闻“上海频道”合作运营达成共识，将共同组建团队，通过联合运营，推进百度新闻“上海频道”尽早开通，共建“搜索上海的第一选择”。

百视通新媒体与美国国家篮球协会NBA宣布将双方战略合作伙伴关系延长3年，并全面启动新赛季的合作，通过IPTV、OTT、数字电视、手机电视等四屏全覆盖的模式播出。

北京产权交易所项目交易信息显示，中国有线电视网络有限公司正在挂牌转让平山县西柏坡广电网络有限公司49%股权，挂牌价格为455.59万元。

10月29日

国家新闻出版广电总局发布《关于进一步加强卫视频道播出电视购物短片广告管理工作的通知》，自2014年1月1日开始实施，规定各卫视频道每天18点至24点时段内不得播出电视购物短片广告。

新中国成立后设立的第一批科技类出版社之一——人民邮电出版社在北京庆祝60华诞。

西安影视版权仲裁中心正式挂牌运营，通过仲裁和调解机制，将为影视产业提供版权法律风险防范、版权纠纷调解和版权纠纷仲裁等法律服务。

面向大中小学生及其家长的河北科教广播开始试播音。

10月30日

第十三届中国网络媒体论坛在郑州举行，主题为“网聚正能量，共筑中国梦”。本届中国网络媒体论坛由国家互联网信息办公室指导，中华全国新闻工作者协会、人民网等中央重点新闻网站共同主办，中国网与河南省委宣传部共同承办。

第四届数字出版与版权管理培训班在北京开班。

10月31日

中国科技期刊国际影响力提升计划办公室公示中国科技期刊国际影响力提升计划评审结果。

郑州航空港经济综合实验区与河南日报报业集团战略合作签字仪式举行。双方在航空港区户外广告产业、文化物流产业园建设、电子商务产业园、商业地产开发、酒店服务业等多个领域的战略合作项目正式启动。

全国“扫黄打非”办公室整理汇总并公布了群众举报和市场检查中发现并经有关部门核实的 35 种非法报刊查缴目录。

新疆广电网络股份有限公司与新疆农业大学签署战略合作协议。借此，由双方合力促成的“农业文化科技支撑实验室·天山云创新公社试点”在新疆农业大学揭牌。

同月

福建推出“脱贫致富带头人”大型主题采访活动，作为福建新闻界“走转改”的新实践。福建日报报业集团、《海峡都市报》等媒体派出多路采访组，深入 23 个省级扶贫工作重点县，与脱贫致富带头人同吃、同住、同劳动，与基层干部群众一起思考脱贫思路，一起谋划致富举措。

凤凰卫视发布公告，宣布默多克旗下的星空集团将 12.15％凤凰卫视股权悉数转让给全球最大的私募基金 TPG，作价 16.57 亿元。

11 月 1 日

国家新闻出版广电总局有关负责人就《新快报》陈永洲案件查处情况发表谈话，要求全国新闻单位和新闻记者吸取教训，要求各地新闻出版广电行政部门依法查处新闻敲诈和有偿新闻等问题。

中国广播电视协会媒介融合研究基地成立会议暨 2013 媒介融合高峰论坛在昆明举行。

北京市新闻出版局将对在京印制出版物所需办理的《图书期刊印刷委托书》实行网上备案。12 月 1 日起，将终止纸质备案。

从本日起，鞍山市对全市城区优待对象和贫困家庭有线数字电视收视费实施减免。

北京石景山区人民法院就优酷起诉暴风影音盗版优酷独家版权内容一案做出一审判决：暴风影音侵权事实成立，判其赔偿优酷经济损失 29.2 万元。

11 月 3 日

国家新闻出版广电总局下发《关于做好国发［2013］27 号文公布取消、下放的新闻出版行政审批项目后续工作措施》的通知。

中国记协、全国三教办召开“打击新闻敲诈 加强行业自律”座谈会。

央视广告经营管理中心举行媒体通气会，介绍 2014 年几档新栏目的情况：央视将携手天娱、光线、灿星等知名团队，推出《嗨！2014》《出彩中国人》《中国好歌曲》《星剧汇》等综艺类节目。

当地时间 11 月 3 日，第九届中美电影节开幕式暨“金天使奖”颁奖典礼在美国洛杉矶举行，中国电视剧首次参加评选，《忽必烈传奇》《非缘勿扰》《守望的天空》等 12 部电视剧获得“金天使奖”。其中，《忽必烈传奇》导演徐小明获得了此次电影节的最佳导演奖。

家电调研公司奥维咨询（AVC）的监测数据显示：到 2013 年 9 月，我国智能电视渗透率达到 47.5％。

11 月 4 日

中国新闻出版传媒集团文化创意产业研发中心正式落户北京 798 文化创意产业园区朱炳仁铜雕艺术博物馆，朱炳仁被聘为集团首席文化创意产业顾问。

在齐鲁晚报张刚大篷车、齐鲁晚报网等联合发起下，莱芜市莱城工业区（口镇）陶镇小学建起“金钥匙爱心书屋”。

由长沙广播电视台（集团）和《综艺报》主办的“第五届全国地面台节目合作交流研讨会暨首届城市台产业发展年会”在三亚召开。“如何搭建城市台的全国性节目交易平台”是本届交流研讨会和年会的主题之一，此次年会 11 月 8 日闭幕。

《中国印刷》创刊30周年座谈会在北京召开。

宁夏卫视宣布从2014年元月1日开始，终止与第一财经的合作。

大庆市数字电视的“用电信息”业务已经陆续开通，居民通过看自家的电视就能随时查询到每个月的用电消费情况。

11月5日

全国首个城市3D体验中心院线联盟在北京成立，旨在促进成员单位间的深层次合作。联盟的运作平台“3D作品推介交易集散中心”也开始试运行。

第十八届全国省级晚报（都市报）总编辑年会在南昌开幕，本次年会由中共江西省委宣传部、江西日报传媒集团和全国省级晚报（都市报）学术委员会共同主办，《江南都市报》承办。参会者围绕“墨攻：新境下的报业变招”这一主题就当前报业的可持续发展之路及都市报在新传媒生态下的应对之策进行了深入的交流。

由韬奋基金会主办，中国新闻出版研究院、中国新闻出版报社联办，安徽出版集团承办的“第二届韬奋出版人才高端论坛·中国好编辑”在合肥举行。

中央电视台智库论坛在梅地亚中心召开。本期论坛以“电视的品质、品格、品位”为主题。论坛发布了电视收视与传播覆盖影响力数据、电视节目观众满意度调查报告和电视节目网络美誉度分析报告。

泰国历史最悠久的华文报纸《星暹日报》与南方报业传媒集团举行战略合作签约仪式。《星暹日报》将立足泰国，面向中国和东盟，全力打造泰国最好的华文主流媒体。

湖南卫视黄金广告资源招标会，《我是歌手2》冠名权被立白集团以2.35亿元夺得，溢价率96%。湖南卫视2014黄金资源招标总金额17.58亿元。

11月6日

电视剧《咱们结婚吧》登陆央视一套、湖南卫视黄金档。这是央视与湖南卫视首次联手合作、同步播出，也是央视首次参与联合购剧播剧。

湖北省襄阳市委宣传部、襄阳市新闻工作者协会在全市新闻媒体从业人员中开展了一场“假如我是受众者”大讨论。新华社、中新社等16家媒体的社长、台长、总编辑共60多人参加座谈。

四川移动2013—2014互联网电视牌照方项目入围招标正式完成，中国移动四川互联网电视业务（OTT）启动。

11月7日

第二十三届中国新闻奖颁奖报告会在北京举行。中共中央政治局常委、中央书记处书记刘云山会见获奖代表，向获奖代表表示祝贺，向全国新闻工作者致以节日问候。

爱奇艺发布2014年内容战略，好的内容将不再分销，不再做换剧，真正做到独播。

11月8日

据国家新闻出版广电总局数据，境内持有新闻记者证的采编人员共有25万余人。其中，报纸出版单位99028人，期刊出版单位7249人，通讯社3005人，电台电视台142283人，中央重点新闻网站611人。从统计数据来看，中央新闻单位共有持新闻记者证采编人员26387人。地方新闻媒体共有持证采编人员225789人，其中，超过1万人的省份为江苏、河南、广东、山东、浙江、四川。持证人数最少的是西藏，只有545人。从性别比例看，男性记者141707人，女性记者110469人，男女比例为56∶44。

本日24时，由《中国新闻出版报》联

合手机人民网、新浪网共同发起的“2013·我是记者”系列在线活动落下帷幕。据不完全统计，“我眼中的记者”在线调查和2013记者节网上互动两个主题活动共吸引了947.71万人次参与。

河北广电报业有限公司揭牌，河北广播电视报社完成从经营性文化事业单位向国有文化企业的转变。

东方卫视《中国梦之声》第2季招标会在沪举行，总冠名以1.12亿元花落“香飘飘”，相比第1季冠名费用增长60%。截至招标会结束，2014年《中国梦之声》稀缺广告资源招标、广告资源预售收入总计近4亿元，远超第1季。

晋中综合广播开播。

山东省微山县为40个农家书屋配发了“E农移动影库”。“E农移动影库”是由山东爱书人集团围绕农家书屋建设研发的一种多媒体硬盘播放器，内容涉及农业科技、科普百科、生活教育、文化艺术等各类视频、图片资料。

来自新华社、人民日报社等中央媒体及数十家地方媒体的社长、总编齐聚河北沿海城市沧州，就沧州日报社在重大典型报道方面的经验进行交流研讨。

新疆维吾尔自治区新闻界庆祝第14个中国记者节表彰大会在乌鲁木齐举行。

56网与广东南方网络电视传媒有限公司达成战略合作，广东有线机顶盒的1800万用户将可以收看到“56出品”的多档热播原创节目以及数百部精品微电影。

11月10日

贵州卫视时尚交友节目《非常完美》在台湾中天电视台播出。

11月11日

新华社金融信息交易所与中国版权保护中心签订协议，双方将在金融信息研究报告领域展开合作。

大型日播栏目《纪录中国》在全国70家省、市级电视台同时开播，该栏目是由中央电视台纪录频道联合全国首批70家省、市级电视台共同开办的30分钟日播精品纪录片栏目。

央广图库完成验收，这是中央人民广播电台探索新媒体业务的一次尝试，也标志着央广网全面进军视觉新闻领域。

腾讯控股有限公司制定并出台了《腾讯拍拍网打击非法出版物管理办法》，以规范和管理拍拍网平台销售出版物经营行为。

江苏省新闻出版局与北京印刷学院在南京签署《江苏省新闻出版局与北京印刷学院战略合作协议书》。根据协议，双方将本着“优势互补、互惠互利、务求高效、共同发展”的原则，围绕推进产学研一体化、加强人才培养、深化与江苏省新闻出版学校共建等三方面开展合作。

“2013金钟奖中国音超”节目组宣布，2013年12月15日晚起至2014年3月，《中国音超》将正式登陆深圳卫视。《中国音超》将唱片公司推到前台，让唱片公司之间直接竞争。

儒豹与苏州报业传媒集团达成合作，“儒豹段子”在苏报集团旗下的地铁报《城市早8点》微博微信版面亮相。

广西IPTV业务举行上线启动仪式。

同洲电子与北方广电签署了合作运营协议，确定在辽宁省内开展以多屏互动技术为基础、采用“DVB＋OTT”双向高清机顶盒的电视互联网整转项目。

11月12日

中山市政协主办的首份杂志《和》举行首发仪式，杂志以“天地人和”为主线与主题。

杭州3家媒体的3名财经记者被控涉嫌受贿，出庭受审。三人涉案金额累计达500余万元：《今日早报》经济中心副主任金某某332万元，《都市快报》财经证券部主任朱某160余万元，《每日商报》经济部记者楼某某近80万元。

新浪微博对103673个发布违法违规信息的账号进行了处置。其中发布不实信息账号1030个，进行人身攻击账号75267个，涉及骚扰他人账号14357个，涉及冒充、抄袭内容、泄露隐私及其他违规行为为账号9246个，因发布低俗淫秽色情信息被关闭账号3773个。

中国国际广播电台“2013年优秀受众俱乐部评选”结果出炉，西班牙语部阿根廷CRI听众俱乐部等8家受众俱乐部获此殊荣。

11月13日

全国宣传部长会议在北京召开。

中国网络视频反盗版联盟发布“中国网络视频反盗版联合行动宣言”，表示将联合对抗百度、快播等日益严重的网络视频盗版和盗链行为。联盟同时宣布，已向法院起诉，并向百度索赔损失3亿元。

PPTV方面透露，PPTV与江苏卫视已达成为期两年的全频道独家战略合作。根据协议，从2014年开始，PPTV网站将独家播出江苏卫视旗下所有节目，包括《非诚勿扰》等热门节目在内的常态和季播节目。

11月14日

由美国驻华大使馆举办的2013大使知识产权圆桌会议在北京召开。

全国新闻出版统计工作会在北京召开，会期两天。

中国青年出版社中青文文化传媒有限公司指控百度在未经授权许可的情况下，通过百度文库在线提供中青文文化传媒有限公司旗下三本书的电子版本，并为此向百度索赔损失1818.65万余元。这是国内首个出版单位起诉百度文库侵权的案件。

11月15日

国家新闻出版广电总局局属新闻报刊采编人员岗位培训班开班仪式在中国新闻出版传媒集团举行。

京版十五社反盗版联盟与浙江淘宝网络有限公司在北京签署《图书版权网络保护协议》。

“凤凰时尚艺术指导委员会”成立。在当天举行的首次研讨会上，凤凰卫视董事局主席刘长乐透露：凤凰卫视将在上海布局发展文创产业，打造融合媒体、时尚、文创为一体的文化原创和人才培养基地。

新疆电视台大型主题报道《丝路新里程》在乌鲁木齐启动。

国网山东省电力公司与山东广电网络有限公司举行战略合作协议签约仪式，双方共同建设家庭有线电视互动服务渠道。

湖北广电与广东省网签署了战略合作协议，协同建设NGB网络，共同规划设计省级NGB实验平台。

11月16日

全国首档老年电视综艺节目《精彩老朋友》迎来8周年纪念，共开播400期。

重庆广播电视集团总台与中国电视体育联播平台（简称CSPN）达成战略合作协议，从11月16日起，在重庆卫视开辟每周一、四、六、日上午8点至12点以及每天零点至凌晨6点作为两个体育赛事整合联播节目带。重庆卫视将成为除央视五套之外每天播出体育节目最多的卫星电视频道。

11月17日

时代出版传媒股份有限公司就“时光流

影 TIMEFACE”数字平台项目在北京举行专家论证会。该平台是基于移动互联网技术，利用图片、文字、音频、视频等多种元素，集知识共享、热点讨论、话题交流和内容积累等为一体的“话题社交＋内容聚合”平台。项目由时代出版所属时代新媒体出版社具体实施。

首届中国电视模式节目大赛在第十二届四川电视节上举行。本次大赛采取版权代理的做法，最终进入决赛的 8 个提案将由世熙传媒进行代理销售，其销售版权收益将与版权所有者进行分成。

11 月 18 日

中央财政下拨 2013 年度文化产业发展专项资金 48 亿元，比 2012 年增加 41.18%。

央视新一年黄金资源广告招标举行，《新闻联播》开始前最后 10 秒广告时段以 8320 万元的价格被青岛啤酒购得。

CCTV-7 农业节目全媒体战略发布暨“农视网”系列产品上线启动仪式在北京举行。“农视网”系列产品包括“农视网”移动客户端和“农视网”官方微博、微信、易信平台等。

国际标准蒙古文信息化成果在呼和浩特发布。

《广州日报·肇庆社区》创刊，“用爱温暖一座城市”是其服务理念。

河南省新闻出版局与河南省移动公司联合开发的手机记者证查询系统开通。该平台覆盖河南省各级媒体以及中央驻豫媒体所有从业人员，这项应用在全国尚属首例。

11 月 19 日

学习贯彻党的十八届三中全会精神中央宣讲团在北京成立。

中国舆情调查与研究联盟暨舆情调研专业委员会在北京成立。该联盟由 10 多家联盟机构和一个舆情调研专业委员会组成，旨在推动国内舆情调研及网络舆情监测的发展，打造中国舆情智库。

上海公示 2013 年促进文化创意产业发展财政扶持资金情况，上海报业集团有 3 个方向 5 个项目入榜：文化创意产业繁荣背景下的上海传统媒体转型研究；基于大数据分析的新媒体内容制作及面向移动互联网的精准化传播；报业全媒体新闻采编平台；数字报纸多平台运营管理系统；上海设计传媒资源整合与推广平台。这投射出上海报业集团加快新媒体业务的思路。

爱上电视传媒有限公司与中国电信集团公司签署 IPTV 合作协议，双方将在平台、网络、内容和服务等方面深入合作，通过有序开放，构建新媒体产业生态。

创维集团与科大讯飞宣布联合共建“智能电视语音交互联合实验室”。

11 月 20 日

经中央军委批准，分别在解放军总政治部、总后勤部、总装备部和海军、空军、第二炮兵、武警部队等 7 个大单位设立军事新闻发言人。

央视国际视频通讯有限公司与非洲 10 余个国家的广电媒体在北京签署合作协议，双方将在视频新闻内容提供和业务交流等方面进一步加强合作。

上海图书馆宣布，50 余万版的英文老报纸《北华捷报/字林西报》已完成初步的数字化录入工程。

广西日报传媒集团推出“广传魔码”。“广传魔码”全面整合、应用 QR（二维码）、AR（增强现实）技术，将部分稿件由单一的文字形态转化为视频、音频甚至 3D 影像等多媒体形态，使读者得到立体、交互式的阅读体验。

中国国际广播电台与海南省三亚市委宣

传部联合推出的《全景中国·三亚周》全球首播仪式举行。

武汉应急广播电台揭牌。

腾讯视频发布全新首页，注重用户互动体验成为本次腾讯视频改版的原则。

11 月 21 日

由清华大学、中国新闻文化促进会、人民出版社联合主办的新闻监督与记者责任暨《中国名记者》出版座谈会在北京举行。由柳斌杰任主编、李东东任副主编的《中国名记者》丛书编纂工作 2012 年 6 月正式启动，计划用 5 年左右时间，分 20 卷介绍从 19 世纪 70 年代我国新闻事业初期直至改革开放的共 400 位杰出记者，内容包括他们的新闻成就、生平事迹、代表性作品选登和价值评析等。首批两卷 2013 年 11 月出版。

“新海上丝绸之路”全媒体国际文化交流系列活动暨“发现亚洲之美”全球影像大赛启动。

中国国际广播电台南海之声琼海频率 FM102.0 在海南省琼海市正式开播。

《能源新观察》杂志创刊，是原《贵州水力发电》按文化体制改革政策划转到贵州日报报业集团传媒有限责任公司后的全新改版升级。由贵州日报报业集团传媒有限责任公司主管主办、贵州省能源局协办。

央视智慧型文化栏目《谢天谢地你来啦》剧场版全国巡演在北京启动。这是央视首次把该节目模式搬上话剧舞台。

《钱经》杂志执行主编张桔在微博上称，《钱经》杂志将于 2014 年 1 月 1 日停刊。《钱经》杂志是隶属于华商传媒集团的高端理财类月刊，创刊于 2004 年。

济宁报业传媒集团为配合全市“五城同创”活动，在市区人口密集或流动性较大的公共场所、公园绿地以及居民社区建立 100 台户外阅报栏，首台于 11 月 21 日完工。

爱奇艺宣布，与联发科 MTK 合作实现业内首次软硬件结合的 H.265 解码，移动端也将能够获得 1080P 全高清观影体验。

11 月 22 日

中国首家互联网信息研究院在中国传媒大学成立。

湖北省各市州县 31 家广播电视有线网络广电资产出资人在武汉共同签署了《湖北省楚天视讯网络有限公司增资扩股协议》。此举标志着湖北省广电网络实现了以资产为纽带的实质性整合，“全省广电一张网”的目标基本实现。

中央人民广播电台主办的央广网体育频道（Sports. cnr. cn）新版页面上线，简称“央广网体育”。

中国全民阅读媒体联盟第一次代表大会在北京召开，大会审议并通过了《中国全民阅读媒体联盟章程》，这标志着联盟组织架构形成，开始正式运行。

11 月 23 日

中国晚报工作者协会秘书长会议在江苏扬州举行，各地晚报界人士将目光聚焦新老媒体的融合与发展，寻找纸媒未来。

大型文化纪录片《大道鲁商》首播暨图书音像制品首发仪式在北京梅地亚中心举行。

11 月 25 日

被称为中国首部“云计算”3D 动画电影的《昆塔》最近获得了国际 3D 电影协会“2013 杰出成就奖”。该片是第一部采用云计算技术实现渲染的作品。

中国国际广播电台与外交部合作开办的“中国-中东欧国家合作”官网上线试运行。

中国国际广播电台第 94 家海外分台开播。

河北省新闻出版广电局正式挂牌。

由福建日报报业集团和台湾旺旺中时媒

体集团联合主办的第五届海峡媒体峰会在台北举行，两岸 30 多家媒体的负责人、媒体学者及从业人员等近百名代表围绕“深化媒体合作，造福两岸民众”的主题，深入探讨两岸媒体在新闻、经营等方面务实合作的新途径。

江西省新闻出版单位获得资金支持 5000 万元。其中江西日报数字化绿色印刷项目、江西教育期刊社红色教育 LED 视频资源平台、江西东方女报社“红杜鹃”当代女性创新知识与公共服务数据库、宜春日报社新媒体产业建设项目 4 个项目共获得 4600 万元，5 个实体书店获得 400 万元。

《江南都市报》推出“微信订报”。南昌市移动手机用户只要通过《江南都市报》官方微信订报，就可免费使用半年内每月 30M 的省内流量。

新浪、百度、天涯社区等网站因登载网络淫秽色情信息被当地文化市场行政执法部门分别处以罚款 1 万元至 3 万元的行政处罚，同时被责令全面整改。

优酷土豆集团拿下 2013MAMA 亚洲音乐盛典的中国独家网络直播权，并与 CJ（希杰娱乐）达成了三年的战略合作，成为其在中国内地正式授权的合作伙伴。

11 月 26 日

全国“扫黄打非”办公室挂牌督办湖南岳阳“5·02”假记者诈骗案、山西临汾“8·08”假记者敲诈勒索案等 7 起假记者重点案件。

由湖北省新闻出版广电局组织的“中国梦·荆楚行”全省市州报大型主题采访活动同步报道启动。

歌华有线高清交互数字电视平台《朝阳教育》栏目正式上线。

11 月 27 日

中国记协网（三项学习教育专网）推出《今日头版》栏目，对《人民日报》等 10 家中央主要报纸、各省区市和兵团 32 家党报的当日头版进行集中展示。

覆盖福建全省的党报时限监控管理系统全面投入使用，党报党刊投递服务有了“计时器”。该系统不仅能够有效实现报刊交付、分发、装运、运递、投递等各个环节的时限管控，还能对相关环节交接信息进行统计分析，为优化党报党刊发行作业流程、提高党报党刊运递效率提供科学依据。

河南省科技厅与河南天冠集团签署协议，联合组建河南省科技期刊传媒（集团）有限公司。

《收获》发出了第一条面向微信订户的群发内容，杂志的微信公众号正式开通，成为继《小说月报》推出微信公众号之后第二家开通此业务的文学杂志。

科大讯飞在安徽合肥发布了最新电视智能语音技术研发成果，语音遥控器成为可能。

11 月 28 日

国家新闻出版广电总局下发《关于制订和报送 2014 年图书、音像制品、电子出版物出版计划的通知》。

国内首个“新闻众筹”平台宣告成立，媒体记者和自媒体人可以通过这个平台发起新闻报道项目，接受网友的资助。

2013 中国报协广告工作年会暨中国报业公益广告研讨会在海南举行。

中华出版促进会第一次会员代表大会在北京召开。中华出版促进会是国内唯一的一个以对外出版交流为平台、推动中华文化“走出去”为宗旨的专业性社会团体。

第十二届（2013）中国政府网站绩效评估结果发布会暨电子政务高峰论坛在北京举行。中国软件评测中心联合人民网、腾讯公司等单位，共同对年度中国政府网站绩效进行评估。

吉视传媒与内蒙古广播电视网络集团签署了“互联互通”战略合作协议。

11月29日

第十二届毕昇印刷技术奖在北京颁奖，19名印刷人获此殊荣。第二批诚信印刷企业颁牌仪式同日举行，26家企业获评A级以上信用等级，其中AAA级18家、AA级7家、A级1家。

《北京青年报·翼周刊》创刊。这是国内首份都市类媒体的飞行专刊，双周刊，周五发行。周刊由《翼专访》《翼专题》《翼观察》《翼人物》等专题组成。

新浪微博处置10万违规用户。

传媒管理学科建设研讨会在北京印刷学院召开。

中国电影家协会第九次全国代表大会在北京开幕。

全国网络文学重点园地联席会议与盛大文学联合召开的起点中文网作家作品研讨会在中国作协举办。

优酷土豆诉百度视频侵权案一审判决，百度侵权事实成立，要求百度方立即停止侵权行为、赔偿原告经济损失并承担部分诉讼费用共计49.1万元。

陕西广电网络拟以1368.55万元的价格，受让北京同方凌讯科技有限公司持有的陕西省广电同方数字电视有限责任公司51%的股权。

农夫山泉诉京华时报社侵犯名誉权纠纷案公开开庭。

11月30日

重庆市四届人大常委会第六次会议表决通过新组建重庆市文化委员会，会议任命汪俊为重庆市文化委员会主任。同时不再保留重庆市文化广播电视局、市新闻出版局。

同月

由凤凰视频携手黑龙江卫视、龙视百纳联合出品的中国首档电视船艇节目《游艇汇》亮相凤凰视频，同时在黑龙江卫视播出。

12月1日

《中国谜语大会》节目启动《中国谜语大会》谜语有奖征集活动，面向全国观众征集原创谜语。

由中国广播电视协会学术委员会、暨南大学主办，花都广播电视台、暨南大学新闻与传播学院承办的第四届全国广播学术研讨会在广州花都召开。

12月2日

中宣部、国家新闻出版广电总局发出《关于严格规范党报党刊发行工作　严禁报刊违规发行的通知》，《通知》强调，严禁以党报党刊名义搭车发行或利用行政权力摊派发行其他报刊。

在湖南卫视《爸爸去哪儿》第二季广告招标会上，伊利以3.1199亿元的天价拿下该节目的独家冠名，刷新了《中国好声音》之前创造的2.5亿元的纪录。

甘肃省广电网络公司提出广电网络“二次创业”新理念。

12月3日

中央人民广播电台国家应急广播中心揭牌，国家应急广播社区网站也同时上线，这标志着我国国家应急广播体系进入全面建设阶段。2015年底前将实现我国各类灾害预警通过国家应急广播体系实时发布。

中央人民广播电台央广购物频道捐建的“幸福图书馆”10号馆在安徽省宣城市宣州区溪口中心小学落成。

12月4日

按照《报刊记者站管理办法》有关规定，国家新闻出版广电总局组织完成了2012年度报刊记者站核验工作。全国共有49家报刊记者站未通过年度核验被予以注销。

国家新闻出版广电总局发布 2013 年第 2 号公告：按照《出版管理条例》等有关规定，自 2013 年 7 月 10 日至 2013 年 12 月 4 日，各级新闻出版行政部门依法共对 54 种报刊注销登记。

光明日报社与陕西部分高校宣传工作座谈会在西安举行。来自西北大学、西北工业大学等西安 13 所高校的相关负责人出席座谈会。

由河南影视集团和海燕出版社联手推出的校园安全知识竞赛暨《呵护生命 平安成长》系列科教片开机仪式，在河南省实验学校郑东小学举行。该片计划于 2014 年 3 月全国中小学生“安全教育日”期间全国公映。

12 月 5 日

第五届中国网络视听产业论坛在上海召开，论坛发布《中国网络视听产业白皮书》。

由广州日报报业集团主办的“与普利策新闻奖得主面对面——数据新闻大时代高级研修班”开班。

陕西省新闻界在西安召开专题座谈会，会议中心议题是“新闻宣传工作要为全面深化改革鼓与呼，更好为大局服务”。

《齐鲁晚报》与《旺报》签约，合作创办的《齐鲁晚报·台北版》将于 2014 年 1 月正式创刊。

中国内地首档潮流生活科技秀节目《一键启动》在深圳卫视播出。该节目以科技生活为主打元素，将科技产品与人们的日常生活进行融合。

南方报业传媒集团主办的南方防务智库揭幕暨首届南方防务论坛举行。

乌克兰总统维克多·亚努科维奇到访中国国际广播电台，并出席国际在线乌克兰语网络电台开播暨乌文网开通五周年庆典系列活动。

歌华有线高清交互平台第四个高清节目包“华数高清”正式与北京地区数百万有线数字电视用户见面。

12 月 6 日

由中国国家新闻出版广电总局电影局和英国文化协会携手打造的首届伦敦国际华语电影节在伦敦威斯敏斯特中央大厅开幕。

2014 年广播电视新媒体微视频大赛在北京正式启动。此项赛事是中国广播电视协会、中国传媒大学、重庆广播电视集团（总台）联合主办的全国性广播电视新媒体专业大赛。

“第六届 10＋3 媒体合作研讨会”在昆明召开。来自东盟十国和中国、日本、韩国以及东盟观察员国的 50 多家主流媒体负责人，围绕“中国梦 亚洲梦”这一主题，分别对“构建媒体大通道，共建和谐新亚洲”“讲述亚洲新故事，提升国际话语权”“走进七彩美云南，谋求机遇共发展”等三个议题各抒己见、增进了解，达成广泛共识。

央视财经频道播出美国 ABC 著名儿童节目 *Super Nanny* 的中国版——《超级育儿师》，节目主打“专业育儿、科学早教”。此次负责引进该节目版权的，是曾将《中国达人秀》《中国好声音》等节目模式引入中国的 IPCN 国际传媒。

《优质农产品》创刊。该刊由农业部主管、中国优质农产品开发服务协会及中国农业出版社主办。

12 月 7 日

经国家新闻出版广电总局（国家版权局）批准，全国版权标准化技术委员会在北京成立，该委员会的成立填补了我国版权标准化建设领域的一项空白。

12 月 8 日

由中央电视台和灿星制作联手打造的凝聚平凡中国人梦想与情怀的大型励志公益节目《出彩中国人》新闻发布会举行。

12 月 9 日

中国报业协会户外媒体专业委员会成立大会暨第一届报业户外媒体年会在郑州举行，这是国内首家报业户外媒体行业组织。

北京市新闻出版局举办内部资料性出版物工作培训班，来自 180 余家出版单位的近 200 名编校负责人参加了培训。

山东广电网络有限公司得到中国银行间市场交易商协会的批准，取得发行中期票据资质，两年内可通过发行中期票据募集 14 亿元资金，成为全国同行业第一家获准发行中期票据的广电网络企业。

河南日报报史馆被命名为“河南省爱国主义教育示范基地”揭牌仪式在郑州举行。

12 月 10 日

第二届中韩互联网圆桌会议在韩国首尔举行，会议以“互联网的发展与安全”为主题，汇集了中韩两国政府部门、行业组织、知名互联网企业和学术机构等的近百位代表参与讨论。

国家新闻出版广电总局等七部门联合开展电视购物专项整治工作，遏制电视购物违法违规多发势头。

数字阅读产品“上海观察”上线试运行。“上海观察”是上海报业集团成立后推出的首个新媒体阅读产品，由解放日报社出品。同名微博、微信也已同步推出。

由光明日报社主管、光明日报出版社主办的《留学》杂志正式创刊。

PPTV 聚力举办 2014 年媒体推介会，正式宣布与 CSPN（中国电视体育联播平台）达成战略合作。

12 月 11 日

中国报业协会 2013 年物资供应年会在福建省福州市举行。根据测算，2013 年全国报业用纸量为 307 万吨，比 2012 年 340 万吨用纸量减少了 33 万吨。2013 年全年新闻纸总产量约为 370 万吨，进、出口量基本持平，国内新闻纸市场供大于求。

南都全媒体集群与兰州晚报签署战略合作协议，为兰州晚报提供改版咨询服务和内容共享合作。这是继与新闻晚报、黔中早报、江淮晨报、郑州晚报合作成功后，南都的又一重要合作。

中国国际广播电台与中国驻塞内加尔使馆在塞国家大剧院联合举办了《媳妇的美好时代》在塞内加尔首播仪式。

本日至 19 日，新疆维吾尔自治区党委宣传部在乌鲁木齐市连续举办两期“自治区新闻战线马克思主义新闻观培训班”，先后有 230 多名新疆新闻战线的媒体领导和业务骨干参加培训。

12 月 12 日

《中国文摘》推出日文版、西班牙文版、阿拉伯文版，“智媒体俱乐部”同时在北京成立。

全国新闻出版标准化技术委员会 2013 年年会在北京召开。

“微政道——2013 新浪政法微博年度高峰论坛”在北京召开。在论坛上，人民网舆情监测室联合新浪微博共同发布了《2013 年新浪政法微博报告》。报告显示，2013 年政法微博的发展进入平稳期，呈现地区注册量均衡化、注册官员职业类别多样化的特点。截至 2013 年 10 月 31 日，新浪微博平台认证的政法微博总数已达 24270 个，其中包含 17279 个政法机构微博和 6991 个政法官员微博。

第六届广电行业趋势年会暨第二届 DVB＋OTT 融合创新论坛年会（CBIT 2013）在上海召开。本届年会主题为“大电视大数据大生态下广电发展与转型之路”。

成都高新减灾研究所研发的智能手机地

震预警自助式应用平台启用。该平台具有LBS 地理位置服务功能，信息更精准，手机用户可通过研究所网站、苹果商店等搜索“地震预警”下载。

2013 中国（广州）国际纪录片节闭幕，本届纪录片节促成纪录片交易合约价值总额1.5 亿元人民币，创历年最高纪录。

陕西历史博物馆推出数字博物馆手机版。用户只需要一部手机就可以在移动的状态下全面速读文物的历史典故、相关知识以及文化创意。

12 月 13 日

东方网、河南人民广播电台、郑州晚报社签署三方战略合作协议，联手在河南打造新媒体公共服务智能终端项目。这是国内首次跨地域、跨媒体、多媒体的合作探索。

12 月 14 日

由新疆师范大学主办的《双语教育研究》杂志获国家新闻出版广电总局批准创刊，该杂志为季刊，于 2014 年 3 月正式发行。

《读者》杂志台湾地区发行人吴治亚表示，从 2014 年开始，《读者》将以全彩印刷的崭新面貌呈现给读者。

西班牙著名网站“足球战术”中文版（www.futbol-tactico.com.cn）开通。

中央新影集团与宁夏广电总台签署战略合作协议。此后 3 年，中央新影集团及其子公司将全权代理包括宁夏卫视在内的宁夏广电总台部分频道的广告经营权，中央新影集团每年将向宁夏广电总台无偿提供不少于2000 集具有上星播出权的电视剧和 260 集纪录片。

当地时间 12 月 14 日起，北京出版集团在新西兰第一大城市奥克兰举办为期 8 天的“2013 年新西兰图书文化展”。新西兰《先驱报》以及广播电台、电视台对部分活动进行了报道。

12 月 15 日

第 15 届中国国际新闻论坛年会在海南三亚开幕。人民日报社、新华社、《求是》杂志社等 43 家媒体代表与会。

12 月 16 日

国家新闻出版广电总局在重庆召开全国数字出版转型示范单位现场会。

新浪微博正式开启短视频战略，将重点发展官方应用“秒拍”，帮助用户更加便捷地拍摄、分享短视频。“秒拍”允许用户通过手机拍摄 10 秒短视频，快速分享至新浪微博等社交平台，支持本地视频上传。

中国国际广播电台开办的第 95 家海外分台开播。

由南都全媒体集群、南方都市报社发起主办的“责任中国 2013 公益盛典”颁奖典礼在广州举行，崔永元、公益律师群像等获得 2013 年度公益人物奖，年度致敬大奖则颁给了昆百大董事长、中国扶贫基金会执行会长何道峰。

海南日报报业集团、河南日报报业集团、海南省保亭黎族苗族自治县政府签署项目合作框架协议，将联手在保亭打造新媒体绿都，项目一期工程预计 2014 年下半年动工。

12 月 17 日

北京国家数字出版基地正式落户丰台花乡榆树庄村。

第五届全国广播电视“十佳百优”理论人才评选结果揭晓。

由中国记协主办、中国记协新闻培训中心承办的第八届中国新闻奖高端研讨会在北京举行，会期两天。

2013 年度中国广播电视学术年会在京召开。年会的主题是：贯彻落实党的十八大、十八届三中全会和习近平总书记系列讲话精神，探究提高广播电视宣传质量和学术研究水平的方法、途径。

“TV地标（2013）中国电视媒体综合实力大型调研成果”发布会在北京召开，《爸爸去哪儿》《汉字英雄》等一批优秀栏目、电视频道和电视制作机构上榜。

《新民晚报》B1版侧边印有一行条形码及数字编码，使每一份报纸有了一串专属于自己的“身份证号”。这得益于一项名为“嵌入式可变数字融合”的全新印刷技术。它是利用数字喷墨印刷技术，通过特别的电脑图文制作、喷墨控制和喷墨装置等，嵌入可变数字印刷技术，生产个性化报纸。

广东省新闻出版广电局开班培训全省侨刊乡讯主编，为期两天，来自广东省内130家侨刊乡讯的160名主编参加了培训。

重庆重报传媒有限公司与上海电气集团高斯图文印刷系统（中国）有限公司合作建设的国内首个“智能化、数字化报刊图书印刷和装订车间”项目启动。

12月18日

中国政府网入驻人民微博、新浪微博。

国家新闻出版广电总局举办的全国新闻出版行业党建暨精神文明建设工作培训班在北京开班。

人民日报出版社与山西新华书店集团在晋中举办了《人民日报社论全集》新书首发式。该书共15册，收录了《人民日报》自1948年6月15日创刊至2012年12月31日的所有社论。

中国国际广播电台英语环球广播中心对所属子媒体北京中波AM846中波台进行全面改版，推出全新的英语资讯广播。这是中国内地唯一的全英文资讯广播平台。

经国家新闻出版广电总局批准，服务于国家城镇化战略和推进中国城镇化进程的专业媒体《中国城市报》创办，《中国城市报》由人民日报社主管。

国内首个时尚产业数字版权保护交易中心在北京服装学院时尚创新产业园挂牌成立。

南京首例“有偿删帖”案开庭。检方称，犯罪分子删帖牟利扰乱了网络秩序，必须打击。检方建议以非法经营罪判处3人5年有期徒刑。

广西新闻媒体主要负责人职业道德和职业精神教育高级研修班在南宁举行，自治区14个市委宣传部及广西主要媒体负责人等参加研修班。

中原报业传媒集团携手河南汇艺置业、河南赛科特电器、美美娱乐，宣布进军创意文化旅游和酒店连锁产业。

江西出版集团出版传媒培训学院揭牌暨首期编辑岗位技能培训班在江西省新闻出版职业技术学院举行。

两兄弟被玩伴模仿《喜羊羊与灰太狼》情节烧伤一案一审宣判。法院判决被告烧伤同伴儿童的监护人赔偿原告损失的60%；被告《喜羊羊与灰太狼》的制作、发行人广东原创动力文化传播有限公司赔偿原告损失的15%，对该公司辩称不应承担侵权赔偿责任的意见不予支持。

12月19日

中国新华新闻电视网（CNC）下属的中国新华电视控股有限公司与泰国新闻网（TNN）签署合作协议，CNC电视节目将在泰国新闻频道TNN 24播出。

中国国际广播电台首次在境外译制的阿拉伯语版中国电视连续剧《金太狼的幸福生活》首映式在中国驻埃及大使馆举行。

武汉有线对全市有线数字电视频道进行了大扩容升级，新增的节目包含12套标清频道、7套高清频道，节目的总套数已达到205套。

河北广电网络集团石家庄分公司的有线数字电视104－130专业频道测试工作结束，

这些频道将不再免费播放。

北京市海淀区人民法院对百度起诉周鸿祎、奇虎 360 公司、360 首席隐私官谭晓生侵犯名誉权纠纷两案做出一审判决：周鸿祎、360 等全部涉案言论侵权，判令周鸿祎、360 等连续 10 天公开道歉并赔偿。

12 月 20 日

中宣部、教育部在上海召开现场会，总结推广上海市委宣传部与复旦大学共建新闻学院的做法经验，指导 10 个省市党委宣传部门与高等学校签署共建协议，推动加强马克思主义新闻观教育，创新新闻人才培养模式，促进业界与学界互动、教学与科研贯通、理论与实践结合，为党的新闻事业发展培养造就高素质后备人才。

历时 3 年、深入 9 个国家、寻访上百个城市拍摄的十集大型高清纪录片《下南洋》登陆央视纪录片频道，再现华人“下南洋”的历史。

“全国信息网络安全状况暨计算机和移动终端病毒疫情调查活动”展开，定于 2014 年 1 月 20 日结束。本次调查活动在国家计算机病毒应急处理中心网站上开设调查专题。

光年时代（北京）文化传媒有限公司与北京国际版权交易中心共同发起成立了中国首个微电影版权投融资平台。

华人文化产业投资基金（CMC）正式入股财新传媒，CMC 董事长黎瑞刚将出任财新传媒有限公司董事长。

由国家语言资源监测与研究中心、商务印书馆、央视网和山东卫视共同主办的“汉语盘点 2013”揭晓，“房”“正能量”“争”“曼德拉”分别当选年度国内字、国内词、国际字、国际词。

四川省召开有线数字电视基本收视维护费定价听证会。

大连市开通健康管理服务的高清电视用户，在家测量血压、体重、血糖等指标，检测数据将通过有线电视双向互动网实时传递到大连医科大学附属第二医院健康管理中心，用户的健康状况由医生直接把关。

青海省广播电视信息网络股份有限公司天峻分公司在天峻县电视台正式挂牌成立，原海西分公司天峻营业部机构撤销。

12 月 21 日

在“互联网治理与国家安全”论坛上，复旦大学新闻学院发布“新传播形态下的中国受众”大型调查结果。调查显示，时下民众接触媒体频率的排序依次为：电视、互联网、报纸、广播和杂志，其中，电视在受众心目中的可信度最高。受访者眼中国内媒体的可信度高于海外媒体，排序依次为中央媒体、本地媒体、海外媒体。

小米科技、爱奇艺、优酷土豆、乐视网、新浪视频、央视网等互联网电视企业联合成立中关村核心区互联网电视产业联盟。成员企业覆盖了全国超 5 亿的用户，成为国内互联网电视最大的产业联盟。

12 月 22 日

2013 海峡两岸媒体前瞻论坛在北京举行。论坛由中央电视台主办，与会的两岸媒体人表示，期盼尽快开放两岸媒体常驻。

由国家新闻出版广电总局、中国记协指导，中国新闻出版传媒集团主办的“我在这里倾听”研讨会暨“记者礼赞”铜雕颁发仪式举行。10 名获奖记者分别是：《解放军报》记者邹维荣，中央电视台四川记者站站长朱兴建，《光明日报》记者庄电一，中国国际广播电台记者肖中仁，《贺州日报》副社长、副总编辑王万程，丹东广播电视台记者刘彤，《大河报》记者朱长振，《齐鲁晚报》记者张刚，南京广播电视台台长周天江，《湖北日报》记者熊星星。

本日至 23 日，新闻出版人力资源管理

专题培训班在四川成都举行，国家新闻出版广电总局副局长孙寿山出席培训班开班式并讲授第一课。

12 月 23 日

上海报业集团党委书记、社长裘新在全体员工大会上宣布《新闻晚报》于 2014 年 1 月 1 日正式休刊，成为上海报业集团成立后首张休刊的报纸。

《中国百年新闻经典》由人民出版社出版。该丛书由中国记协新闻培训中心牵头策划，从消息、评论、通讯、摄影、漫画 5 种体裁的大量新闻作品中，遴选了 1900—2011 年的 110 多年间中国近现代具有代表性的作品。

全国新闻与传播专业学位研究生教育指导委员会第三次工作会议在北京举行。

湖北广电发布公告称收到政府部门下拨的文化产业发展专项资金 1200 万元，该补助金将计入当期损益项目之中的相关政府补助款项。

12 月 24 日

中国国际广播电台与孟加拉国国家电台签署了《国际台节目在孟加拉国整频率落地合作协议》。

上海广播电视台新闻周刊《1/7》开播 10 周年研讨会在北京举行。研讨会由北京大学电视研究中心和上海广播电视台联合主办，以“家国十年与公共记忆”为主题，邀请来自中国社会科学院、北京大学、中国人民大学的专家等，与《1/7》栏目主创人员共同探讨电视新闻类栏目及深入报道的未来发展。

江西省新闻出版广电局成立大会在南昌召开。

国家新闻出版广电总局科技司召开《NGB 智能电视操作系统（TVOS）关键技术及原型系统研发》项目验收会，并同时发布了项目取得的重要成果——TVOS1.0 软件。这标志着由我国自主开发的 NGB 智能电视操作系统取得了阶段性成果。

由百度视频、爱奇艺、PPS、酷 6 网、华数 TV、浙江卫视、江苏卫视、东方卫视、湖南卫视等众多机构联合发起的“正版视频助推行动”，将力求通过多方协作来一起推进网络视频行业的正版化发展。

12 月 25 日

国务院台湾事务办公室发言人范丽青在例行新闻发布会上表示，国务院台办愿意积极协调大陆的业务主管部门，为两岸新闻交流与媒体合作提供更多的便利。

北京广播电视台对所属 9 家单位的创新节（栏）目进行奖励，奖金总额 132 万元。

上海报业集团与上海浦东发展银行上海分行签署全面战略合作协议，建立战略性合作伙伴关系。双方期待通过优势互补，实现合作共赢。

长江出版传媒股份有限公司决定拿出 3000 万元专门资助精品出版项目，同时还计划对出版单位的年度考核机制进行调整，加大对图书社会效益的考核权重。

由中国国际广播电台和外交部公共外交办公室主办、环球资讯广播和外交部公共外交协会联合承办的“走进外交部，走近中国外交——2013 中国外交纵横谈”在中国外交部蓝厅举行。

12 月 26 日

由中国报业协会印刷工作委员会主办的 2013 年全国报纸印刷质量检测审议会在湖北武汉召开，会上揭晓了 2013 年全国报纸印刷质量检测结果，《人民日报》《解放军报》《浙江日报》等 50 家报纸被评定为印刷精品级报纸。

国家版权局召开推进使用正版软件工作部际联席会议联络员会议，通报 2013 年推进使用正版软件工作成果和下一步工作设想。

2013年全国“扫黄打非”办公室副主任和小组联络员会议在北京召开。

北京联通携手爱上电视传媒（北京）有限公司、北京电视台、《等风来》片方联合举办“爱上看电影——北京IPTV和你一起等风来”首映式暨主题活动，推广IPTV业务。

12月27日

旅游卫视携手云狐时代联合推出旅行定制手机“爱路客J5”，这款专为旅行者设计的手机拥有防水防尘防震防压的四防技术。旅游卫视还计划联合国内旅行社共同打造大型旅游度假计划，创办淘宝官方店出售各种定制产品、出版物。

国家版权局对百度公司和快播公司做出各罚款人民币25万元的行政处罚。2013年下半年，国家版权局陆续接到优酷、腾讯、乐视、搜狐公司等权利人对北京百度网讯科技有限公司和深圳快播科技有限公司涉嫌通过播放器软件传播侵权视频作品的投诉。经过相关调查，国家版权局做出上述处罚决定。

浙江广电集团为移动受众量身打造的“中国蓝”新闻和综艺客户端、集群式微博微信平台正式发布。

12月28日

中国印刷科学技术研究所的包装印刷新技术北京市重点实验室在北京启动。该所的大幅面非接触平台式扫描仪及高速喷墨彩色标签印刷系统项目当天通过北京市经济与信息化委员会鉴定。

江苏省版权保护中心在南京成立，开始接受江苏省版权局委托，免费为著作权人提供一般作品版权登记服务。

海南网络广播电视台正式上线试运行。

12月29日

“广东珠江三角洲”AVS＋＋DRA音视频标准数字电视地面广播试验”项目验收会举行。这标志着我国自主研发的广播电视先进音视频编解码技术（AVS＋）和多声道数字音视频编码技术（DRA）在我国自主创新数字电视地面广播系统（DTMB）中首次成功应用。

贵州省的三网融合业务商业应用正式启动，并准备于本日起至2014年3月31日在全省试点。

12月30日

国家版权局、国家互联网信息办公室、工业和信息化部、公安部联合在北京召开“2013年打击网络侵权盗版专项治理‘剑网行动’新闻发布会”。国家版权局版权管理司司长于慈珂通报了2013年“剑网行动”取得的成果：自2013年6月以来，各地共接到投诉举报案件512件，行政处理190件，移送司法机关刑事处理93件，没收服务器及相关设备137台，关闭网站201家。在强化打击的同时，国家版权局对25家主要音视频网站、各地版权管理部门、1881家网站开展了版权监管工作，有效遏制了网络侵权盗版高发的势头。

经国家新闻出版广电总局批准，中国国际广播电台华语环球广播中心《温州话一小时》节目在美国纽约正式播出。

中广互联旗下中广研究公布2014年视频行业十大趋势。

“芒果TV和丰互联网电视”正式更名为“芒果互联网电视”。

12月31日

云南卫视与央视联合制作的季播节目《中国灯谜大会》开播。

东方卫视2014年跨年晚会全球直播，晚会主题为“梦圆东方，一生一世”。

2014年（甲午）

1月1日

《2013年全国城市报业发行网络联盟业务现状调查报告》发布。报告显示，在参与调查的12家单位中，多数单位预计2014年都市报总发行量与2013年相比将有5%—8%的下降。各调查单位反映目前大收订中遇到困难的原因主要有：智能手机对报纸冲击巨大、读者阅读习惯转移；读者老龄化严重；由于各单位压缩经费和严控成本支出，公费订阅减量；此外，民营企业对报纸的需求也大幅下降，企业订阅量下降。

深圳报业集团旗下报纸提价发行。从2014年1月1日起，深圳报业集团旗下党报征订价格上涨，具体上涨幅度接近30%。另自2014年1月1日起，深圳报业集团旗下的《深圳特区报》《深圳商报》《深圳晚报》《晶报》四份报纸，零售价格将由现在的每份1元提升至每份2元。

经营14年之久的上海《新闻晚报》正式停刊，成为上海报业集团成立后首张休刊的报纸。《新闻晚报》于1999年创刊于上海，原为解放日报报业集团旗下报纸。

1月3日

全国宣传部长会议在北京召开。中共中央政治局常委、中央书记处书记刘云山出席会议并讲话，强调要深入贯彻党的十八大和十八届二中、三中全会精神，贯彻习近平总书记系列讲话精神，贯彻全国宣传思想工作会议精神，坚持稳中求进，坚持改革创新，紧紧围绕实现中华民族伟大复兴的中国梦，围绕“两个巩固”的根本任务，扎实做好宣传思想工作，为促进全面深化改革、推动经济持续健康发展、维护社会和谐稳定提供有力的思想保证、舆论支持、精神动力和文化条件。

《中国新闻工作者援助项目实施办法》发布。办法规定，将由中国记协设立公益性资助项目，对持有新闻记者证或与新闻单位签订聘用合同的新闻工作者进行援助。新闻工作者出现下列情况之一的，可以获得本项目援助：因公殉职；因履行新闻职责身体伤残；经审核认定的其他情况。根据援助对象的不同情况，援助金额分为三个等级：因公殉职30万元；严重伤残5万元；一般伤害5000至1万元。项目申请期限为申请援助事项发生之日起一年之内。项目经费来源包括：党和国家有关部门资助；社会捐助；利息等其他收入。

1月10日

《广州日报》老报人、原主任记者郭永华逝世，享年85岁。郭永华曾在广州率先报道青年女工向秀丽保护公产的英勇事迹，在全国引起轰动。她主编的《广州日报·五层楼下》，开创了与读者书信互动、以押韵短文进行舆论监督的报道模式，深受读者欢迎。

1月14日

山东全省文化工作会议在济南召开。会上透露，2014年山东新闻出版产业将实施重点项目带动战略，年内在全省范围内推出10个新闻出版基地（园区）、50个新闻出版重点项目、100家新闻出版骨干企业。

山东手机传媒有限责任公司揭牌，《山东手机报》及其手机客户端同时上线开通。该报由山东省委宣传部、省网信办主管，大众报业集团主办，由山东手机传媒有限责任公司全面落实该报整合、编发、审核和运营推广工作。

1月15日

《清华金融评论》杂志创刊会在清华大学五道口金融学院隆重举行。该杂志由教育部主管，清华大学主办，清华大学五道口金融学院承办，以分析研究经济金融形势、解读评论经济金融政策、建言献策经济金融实践为主要内容。

1 月 24 日

广东南方报业传媒集团有限公司发布关于新京报社产权转让的公告。公告称，广东南方报业传媒集团有限公司同意向北京市委宣传部指定的北京市国有文化资产监督管理办公室转让其持有的新京报社的 49%产权，转让价格为 2.94 亿元。

1 月 26 日

《第 33 次中国互联网络发展状况统计报告》由中国互联网络信息中心（CNNIC）在京发布。《报告》显示，截至 2013 年 12 月，中国网民规模达 6.18 亿，互联网普及率为 45.8%；其中手机网民规模达 5 亿，占总网民数的 81%。

1 月 29 日

中国广告协会报刊分会、央视市场研究媒介智讯发布《2013 年度中国报纸广告市场分析报告》。报告显示，2013 年报纸广告刊登额下降 8.1%，降幅超过了 2012 年的 7.5%。另外报告显示，2013 年各地区报纸广告全面下降，但降幅有明显差异。降幅最小的西北地区下降了 2.8%，降幅最大的华东地区达到 10.2%，全国性报纸也下降了 4.9%。

1 月 31 日

国家新闻出版广电总局发出通知，要求全国广电系统学习借鉴《中国汉字听写大会》《汉字英雄》等节目经验，积极开办弘扬和传承优秀传统文化的原创文化节目。

2 月 11 日

《2013 年中国手机安全状况报告》由 360 互联网安全中心发布。报告显示，全国平均每天有约 230 万个电话号码在不断骚扰全国手机用户。2013 年全年，360 互联网安全中心共收到用户举报垃圾短信约 4.46 亿条，360 手机卫士全年共为用户拦截各类手机垃圾短信 971 亿条，其中广告推销类垃圾短信占比约为 66%，资讯信息占比 20%，违法信息和诈骗信息分别占比 7%和 5%。

2 月 12 日

由国家互联网信息办公室主办、中央电视台财经频道和中国网络电视台承办的“为网络正能量点赞”活动正式启动。

2 月 16 日

2014 年全国报刊管理工作会议在京召开。国家新闻出版广电总局副局长邬书林出席会议。他要求报刊行政管理部门要以习近平总书记系列重要讲话精神为指导，切实肩负起加强舆论引导、优化市场秩序、提升服务能力、推动科学发展等职责。

2 月 17 日

东方网发布《改革发展二十五条》，试行“创始人制度”。方案指出，员工提出创新性方案或主持孵化而最终决策发起项目，可由方案提出者或孵化主持人担任创始人，创始人以公司给予的创新奖励资金入股持有股份，还享有主导项目组建、优先参与期权激励试点等权利。

2 月 18 日

国家新闻出版广电总局发布《关于试行国产电影属地审查的通知》，从 2014 年 4 月 1 日起在全国范围内试行国产电影属地审查，即由各省级广电部门对本行政区域内所属电影制片单位摄制的各类影片进行审查，总局今后主要负责宏观指导、监督。

总投资约 10 亿元的“西部数字影视产业基地”项目在陕西省西咸新区沣西新城开工建设，该项目建成后将成为西部最大的数字影视产业基地。

2月24日

中宣部、中国记协召开会议，总结交流新闻道德委员会试点工作经验，对进一步扩大试点范围、更好发挥新闻道德委员会作用做出安排部署。会议指出，2014年新闻道德委员会第二批试点范围将扩大至北京、黑龙江、内蒙古等13个省区市以及中国产业报协会，加上此前河北、上海、浙江、山东、湖北5个省市已成为2013年首批试点，新闻道德委员会试点范围扩大至19个。

2月25日

国家新闻出版广电总局传媒司召开卫视频道广告管理工作座谈会，要求卫视频道下阶段工作要：一是克服观望和打擦边球等侥幸心理，继续规范电视购物短片广告播出，坚决杜绝违规行为；二是主动规范医疗资讯、健康养生和招商加盟等专题广告，维护卫视频道社会形象；三是加大公益广告制作播出力度，发挥公益广告宣传主力军作用。

国家新闻出版广电总局召开电视电话会议，表彰“2013年广播电视创新创优栏目”。中央电视台《汉字听写大会》、湖南卫视《我是歌手》《爸爸去哪儿》、天津卫视《幸福来敲门》等15个全国卫视品牌节目受表彰。

2月27日

中央网络安全和信息化领导小组宣告成立，在北京召开了第一次会议。中共中央总书记、国家主席、中央军委主席习近平担任组长，李克强、刘云山任副组长。习近平在会上发表讲话，指出网络安全和信息化是事关国家安全和国家发展、事关广大人民群众工作生活的重大战略问题，要从国际国内大势出发，总体布局，统筹各方，创新发展，努力把我国建设成为网络强国。

“北京百位新闻发言人微博上线”仪式在京举行。北京市人大、市政协，北京市直机关和区县的党委、政府等单位的110位新闻发言人微博集体入驻“北京微博发布厅”。

《2014年中国纪录片发展研究报告》在广西南宁举办的中国纪录片发展论坛上发布。《报告》称2013年为“中国纪录片平台年”。2013年中国播出纪录片约70000小时，其中首播节目约18000小时（只计算专业频道和卫视频道）。生产纪录片约11000多小时，其中纪录片作品大约1200小时，纪实栏目产品约9800小时。该报告由北京师范大学纪录片中心和中国传媒大学传媒艺术与文化研究中心联合组成的中国纪录片战略发展研究课题组撰写。

乐视TV宣布成为“NBA中国官方互联网电视播出合作伙伴”，获得NBA未来三年的互联网电视转播权。

3月2日

在全国政协十二届二次会议新闻发布会上，人民网记者戴着谷歌眼镜出现在大会现场，两会现场内容被自动拍摄、自动分享到人民微博。

3月3日

“2014年两会报道全媒体平台”在人民网启动。两会期间，人民网将联手27家地方报纸、5家门户网站及2家综合平台在“人民新闻”客户端及时报道两会最新信息。

深圳证券时报社有限公司、《中国青年》杂志社、中国青年出版社主办的《中国基金报》创刊。该报是由人民日报社主管的国内第一份金融资产管理行业专业周报。

上海市第一中级人民法院对得到凤凰卫视独家授权的北京天盈九州网络技术有限公司诉PPTV网站经营者上海聚力传媒技术有限公司侵害作品信息网络传播权纠纷案做出二审判决，判令盗播《凤凰大视野》《军情观察室》等品牌电视节目的聚力公司赔偿经济损失及为制止侵权行为所支付的合理开支共计 170 余万元。

湖南卫视在每天的 00：30、8：00、18：00 三个时间档滚动播放饮食微纪录片《味道》。该微纪录片以中国八大菜系之一的湘菜作为开播第一季，介绍了湘菜经典名菜“辣椒炒肉”的制作方法，还对湖南的风俗等做了特别报道。

3 月 4 日

微信官方宣布，微信支付接口即日起向已通过认证的服务号全面开放。微信支付为商家提供了两种支付方式：一种是线上商家帮助用户在微信内打开网页购买商品时使用；另一种是线下商家为商品生成二维码，让用户使用微信扫码支付。

3 月 7 日

北京市第一中级人民法院对中国青年出版社中青文传媒公司诉百度文库侵权案做出判决，判决百度公司赔偿中国青年出版社中青文传媒公司损失 35 万元。法院提出，百度公司掌握着百度文库中每一份文档的阅读量、下载量的精确信息；在现有技术条件下，当阅读量、下载量达到一定规模时，网络服务提供者可以进一步跟进审查有关文档内容；在有关文档内容存在明显侵权可能性时，应该与上传者联系，对上传作品是否原创或者是否具有合法授权的情况进行核实。

中国首个互联网主题官方数字博物馆——中国互联网博物馆筹建工作在北京启动。该博物馆将全面记录中国互联网发展历程，多角度呈现中国互联网创新成果，传播互联网知识。该博物馆由中国科学院、工业和信息化部、中国科学技术协会指导，由中国互联网络信息中心（CNNIC）联合中国科学院、中国科技馆等单位共同承建。

SMG 尚世影业与迪士尼宣布，签署一项多年期合作协议，致力于合作开发迪士尼品牌电影、推动中美电影深度合作。

3 月 8 日

国家工商总局、中宣部等八部门召开会议，决定从 4 月 10 日至 8 月 31 日在全国范围联合开展整治互联网重点领域广告专项行动。八部门将在保健食品、保健用品、药品、医疗器械、医疗服务等领域，以大型门户类网站、搜索引擎类网站、视频类网站、电子商务类网站、医疗药品信息服务类网站、医药企业和医疗机构自设网站等网站为整治重点。

《参考消息》主任编辑刘华在北大新闻学茶座谈“从媒体感知中日关系”。

3 月 9 日

2011 年停刊的《大众电影》复刊并全新改版，宣称获万达集团支持。

歌华有线与秒针系统在北京携手发布中国首个同源跨屏大样本受众测量平台。

3 月 10 日

腾讯发布公告称入股京东商城获 15%的股权，并在后者上市时追加认购 5%的股权，从而成为京东重要股东和战略合作伙伴。

3 月 11 日

《电视收视率调查准则》由国家标准化管理委员会批准颁布。这是国内首个电视收视率调查国家标准，将于今年 7 月 1 日起实施。《电视收视率调查准则》明确提出，中国电视收视率调查与国际通行准则须保持一致，调查方法和技术与国际保持同步，同时又要符合国内电视收视市场的具体情况，保证电视收视率调查的顺利施行。

阿里巴巴投 62 亿港币获得文化中国公司 60%的股份。文化中国公司涉足纸媒、影视制作、手游开发以及卫星电视等业务。

优酷和力美移动达成合作，通过 DPS 广告投放平台帮助优酷实现移动广告的精准投放，尽量减少广告对用户的干扰。

3月12日

《重庆晨报》官方微博发布《重庆日报报业集团版权声明》，称集团下属各报刊网和平台享有版权的内容仅限在集团所属系列媒体上发布。除法津、法规规定可以合理使用范畴外，未经重庆日报报业集团书面授权许可，其他任何网站都无权使用本集团享有版权的内容。

3月14日

《中国银行业》杂志正式创刊发布会在京举行。该杂志由中国银监会主管，中国银行业协会、《中国农村金融》杂志社主办，以“业界信息窗口、业者风采展现、专家思想集成、行业发展智库”为定位，关注银行业发展的宏观、中观与微观外部环境，力图全方位、多角度为读者呈现行业发展状况，搭建同业交流平台。目前，该刊下设高端视角、问策经纬、战略思维、治理纵横、权威发布、文化社区等15个栏目。

3月15日

修改后的《中华人民共和国消费者权益保护法》正式实施。该法规定通过虚假广告推销商品或服务造成消费者受到损害的，代言广告的明星要承担连带责任。

在中国电影文学学会举办的学术报告会上，中国电影海外推广公司总经理周铁东透露，2013年，中国电影海外收益为14.14亿元，与2012年相比增幅达到33%。2013年共有17家制片单位在海外销售45部影片，其中33部为合拍片；销往49个国家和地区，共计247部次。

七星娱乐媒体集团在北京宣布以现金投资与资产换股的方式成为内容媒体集团第一大股东，吴征出任内容媒体集团董事会主席。以美国洛杉矶与英国伦敦为双子总部的内容媒体集团，是世界著名的影视制作集团。

3月18日

光明网与微软联合举行新闻发布会，宣布光明网成为微软 Windows Azure 中国首家“媒体云”合作伙伴。光明网将携手微软，依托 Windows Azure 先进的云基础设施以及技术、服务，共同打造中国首个权威的“媒体云”平台。

3月19日

东方卫报携手苏银科技打造新媒体项目举行签约仪式。双方此次启动的新媒体项目将抓住O2O移动化、本土化、社交化的发展趋势，以微信为核心平台，致力于打造集新闻资讯、活动互动、广告扩展、电商购物于一体的O2O新平台。

北京市首批5座智能报刊亭正式投入使用。在其周边50米距离内，消费者可以免费使用其无线网，下载当期报刊摘选，查询周边商户信息。

湖南广播电视台正式发布成立四年以来的《社会责任发展报告（2010～2013）》，成为国内媒体首例。

西安联通与西安广播电视台举行战略合作协议签字仪式，西安联通ITV用户可收看到西安广电的多套节目。同时，西安联通将为西安广电提供1Gbps的网络带宽，大幅提升其节目在网上的传播质量。

3月20日

北京广播电视台与北京云基地签署战略合作协议。双方合作的第一个项目为“云鼎网：云视频交易服务平台”，该项目依托北京云基地的信息设施资源，采用云存储、云分发、版权保护和电子商务等技术和手段，全力打造中国最大的视频产品在线交易平台。

上海报业集团与上海市金融服务办公室签署“合作备忘录”，合力打造符合上海国际金融中心建设要求的权威金融政策、资讯、信息服务平台。

3 月 21 日

由人民日报社等七大新闻机构联合设立的国家级搜索平台“中国搜索”正式上线开通，英文域名为 chinaso. com。中国搜索首批推出新闻、报刊、网页、图片、视频、地图、网址导航等七大类综合搜索服务，国情、社科、智慧城市等 16 个垂直频道，以及“中国新闻”等移动客户端产品和服务。

3 月 22 日

由中国广播电视协会主办、移动电视分会与易观智库共同承办的《中国移动电视发展报告（2013）》首发式在京举行。该报告为我国第一部系统描绘全国移动电视行业发展状况的蓝皮书。该报告主要涵盖以下三部分内容：移动电视科技创新、体制创新和服务创新；移动电视的特点、优势；移动电视行业如何应对新的媒体变革。据悉，《中国移动电视发展报告》今后将每两年编写一次，成为中国移动电视行业最权威的综合性研究报告和移动电视产业风向标。

大连日报、沈阳日报、长春日报、哈尔滨日报、丹东日报、通辽日报等 6 家城市党报组成的东北城市党报协作体正式成立。协作体成员将共同拥有成员间最优新闻资源、最惠广告价格，共同挖掘潜在新闻资源、广告资源，近期将同时开办《大东北》专刊（版）。

吉林省委宣传部与吉林大学共建的新闻与传播学院在长春正式成立。

3 月 23 日

全国报刊广告工作总结表彰大会暨 2013 年度“金推手”颁奖发布会在京召开。

创刊于 1955 年的国内老牌文学杂志《作品》改版。该次改版突破文学刊物的固有形式，呈现文学表达的多样性，并推出了《手稿》《跨界》《文学新粤军》等新栏目。

3 月 24 日

北京市海淀区人民法院开庭审理央视电影频道节目制作中心诉搜狐网侵犯作品信息网络传播权纠纷案。原告主张自己依法享有电影《做次有钱人》《让子弹飞》《叶问 2：宗师传奇》《疯狂的蠢贼》《饭局也疯狂》的独家信息网络传播权，被告提供这些影片的在线播放及下载服务，侵犯了原告的合法权益。

3 月 26 日

《中华辞赋》在北京创刊。该刊由中国作家协会主管、中国作家出版集团主办，是国内唯一公开发行的辞赋类期刊。

3 月 27 日

中宣部、国家新闻出版广电总局、国家互联网信息办公室、全国“扫黄打非”工作小组办公室、中国记协等九部门联合印发《关于深入开展打击新闻敲诈和假新闻专项行动的通知》，决定在全国范围内开展打击新闻敲诈和假新闻专项行动。

陕西卫视推出全媒体文化体验活动“丝绸之路万里行”。

3 月 28 日

北京日报、天津日报、河北日报联动报道座谈会在石家庄举行，会后三报总编辑签署了合作纪要，三家党报围绕推进京津冀协同发展，将在联动报道、广告经营等 7 个方面加强协作。

武汉文化发展集团有限公司成立。武汉文化发展集团由武汉市政府、武汉广播电视台、长江日报报业集团、武汉出版集团、武汉地产开发投资集团公司、武汉经发投（集团）有限公司等 6 家股东单位共同出资组建。

《成都商报·社区电商周刊》亮相。《成都商报·社区电商周刊》基于移动互联网，以二维码为纽带，读者可通过扫描二维码购物。

3月31日

新整合组建的上海文化广播影视集团有限公司在沪揭牌。原上海文化广播影视集团的事业单位建制被撤销，改制设立的国有独资上海文化广播影视集团有限公司正式运营。上海东方传媒集团有限公司以国有股权划转方式与上海文化广播影视集团有限公司实施整合。

中宣部、国家新闻出版广电总局、全国“扫黄打非”办公室等九部门日前联合印发通知，决定在全国范围内开展打击新闻敲诈和假新闻的专项行动。为了贯彻落实通知要求，坚决遏制新闻敲诈蔓延的势头，国家新闻出版广电总局31日通报了8起典型的新闻敲诈案件查处情况。通报的8起被查办的案件涉及的报刊分别是：《中国特产报》《中国经济时报》《西部时报》《企业党建参考报》《今日早报》《都市快报》《杭州日报》和《证券时报》。

同月

《人民日报》（海外版）官方网站海外网纸媒频道正式上线。该频道设有《资讯专题》《周刊集萃》《海外合作》等栏目，对接海外版品牌展示、海外联络、国内外发行等诸多业务。

4月1日

《中国日报》（欧洲版）在英国荣获2014年度报业大奖“最佳国际报纸奖”，这是中国媒体首次摘得这一奖项。《中国日报》（欧洲版）2010年12月创刊。2011年曾分别获得英国报业发行人协会的“最佳创刊奖”和英国简洁英语运动委员会的“简明英语”奖。

国家新闻出版广电总局新闻报刊司发布《关于延长新闻记者证使用期限的通知》。通知称，国家新闻出版广电总局将于2014年5月组织统一换发新版新闻记者证。统一换发期间，现版有效的新闻记者证继续使用，有效期延长至2014年7月31日。

阿里巴巴与《新京报》《京华时报》等全国12家报纸合作推出的“码上淘”上线，读者通过手机淘宝扫描报纸二维码就可进入电商平台购物。

江苏省县级广播电视台影视节目集中供片系统初步建成运行。由江苏省广电局与江苏广播电视总台联合建立，每年分四次向全省64个县级广播电视台免费提供总量约1500集、具有江苏省播映权的电视剧，以解决县级广播电视台影视剧节目正版播出问题。

艾瑞咨询集团对外发布《2014年中国网络广告行业年度监测报告》。报告显示，2013年我国网络广告市场规模达到1100亿元，同比增长46.1%。艾瑞分析指出，国内网络广告市场规模在突破千亿元大关之后，随着市场的成熟度不断提高，将在未来几年放缓增速平稳发展。数据显示，移动营销的整体市场增速远远高于网络广告市场增速，而智能终端设备的普及、用户数量的不断增加以及移动广告平台的不断涌现是促进整体市场发展的动力所在。

4月2日

国务院办公厅发布《文化体制改革中经营性文化事业单位转制为企业的规定》和《进一步支持文化企业发展的规定》两个文件，规定：经营性文化事业单位转制为企业后，免征企业所得税；党报、党刊将其发行、印刷业务及相应的经营性资产剥离组建的文化企业，所取得的党报、党刊发行和印刷收入免征增值税；转制后自工商注册登记的次月起按企业办法参加社会保险。转制时在职人员按国家规定计算的连续工龄，视同缴费年限，不再补缴基本养老保险费；对国家重点鼓励的文化产品出口实行增值税零税率、文化服务出口实行营业税免税；2014 年 1 月 1 日至 2016 年 12 月 31 日，对广播电视运营服务企业收取的有线数字电视基本收视维护费和农村有线电视基本收视费，免征增值税等。两个文件所涉及政策，凡未注明具体期限的，执行期限为 2014 年 1 月 1 日至 2018 年 12 月 31 日。

中央人民广播电台第一届全国大学生主持人大赛正式启动。本次大赛由中央人民广播电台央广网主办，旨在搭建高含金量选拔平台，发掘、培养优秀主持人。据介绍，大赛设置初赛、复赛、总决赛三个阶段，初赛将在北京、天津等地设置地面赛区，并在央广网、人人网等平台设置网络赛区，复赛、总决赛将于 8 月下旬在北京举行。

4 月 3 日

中宣部召开座谈会，就落实中宣部等九部门通知要求、深入打击新闻敲诈和假新闻进行专题座谈、专项部署，推动各地各部门采取切实措施、加大整治力度，深入推进打击新闻敲诈和假新闻专项行动。

4 月 4 日

国家新闻出版广电总局公布了 2013 年度少儿精品及国产动画发展专项资金项目评审结果，共 166 个项目获奖，奖励资金共计 1707 万元。获评一等奖的中央人民广播电台的《小喇叭》等 5 个优秀少儿广播栏目、中央电视台《大手牵小手》等 5 个优秀少儿电视栏目、北京广播电视台卡酷少儿频道等 3 个优秀少儿频道和动画频道，以及《新大头儿子和小头爸爸》等 11 部优秀国产动画片，分别获得 10 万元、15 万元、30 万元、40 万元的奖励资金。

国家新闻出版广电总局党组书记、副局长蒋建国在《人民日报》发文《打一场硬仗，树媒体公信》。文中称，打击新闻敲诈和假新闻专项行动已经拉开序幕，这是一场硬仗。要坚持治标治本一起抓、“苍蝇”“老虎”一起打。

黑龙江电视台推出全媒体电影项目《全民电影》。《全民电影》是由黑龙江电视台联合荷兰 FCCE 公司推出的全媒体电影项目，公众可通过项目官网参与制作电影剧本、拍摄、剪辑等所有环节，最终完成一部全民联动打造的院线电影。

4 月 5 日

央视科教频道与东南卫视、台湾中天电视台、陕西广播电视台、江苏广播电视总台联手推出大型直播节目《2014 清明中国——公祭轩辕黄帝盛典》，该节目以陕西中华大祭祖和清明节祭奠南京大屠杀死难同胞活动为主要直播内容。

4 月 8 日

由江苏省对外文化交流协会和凤凰出版传媒集团联合打造，旨在介绍中国当代文学作家作品、弘扬中华人文精神的英文期刊《中华人文》在伦敦书展上举办首发式。

华数传媒发布公告称马云、史玉柱斥资 65.36 亿元，认购公司非公开发行股份 2.87 亿股，占发行完成后公司股份总数的 20%。华数传媒目前拥有上百万小时的数字媒体内容库、数千万台互联网电视终端、新媒体全业务运营牌照。

4 月 9 日

SMG 东方卫视中心与韩国最大的娱乐媒体公司 CJE&M 宣布建立战略合作关系，双方共同研发的大型代际沟通旅行真人秀节目《花样爷爷》将于 6 月份播出。

广州日报传媒股份有限公司与甲骨文（中国）软件系统有限公司战略合作签约仪式举行。双方将共同推进粤传媒全媒体转型发展，联手打造媒体大数据业务样板工程。

国内首家从事对外宣传的民营英文电视

台蓝海电视台（BON）宣布，“蓝海云”平台已经进入测试阶段，近期将正式投入运行，世界各地的受众都可以通过这个平台上传和下载视频等内容。

4月10日

腾讯视频研发出品的全国首档大型调查类真人秀《你正常吗?》上线播出。《你正常吗?》区别于传统电视节目的最大特点是运用互联网思维模式，与大数据的结合使用户成为决定节目走向的核心因素。

《中国好歌曲》节目输出海外。英国独立电视台（ITV）旗下发行部门ITVSGE从星空华文传媒订购了模式节目《中国好歌曲》，这是中国原创才艺模式节目首次向海外输出。

4月11日

“湖南日报报业集团大学生阅评组”在湖南大学成立。

4月13日

全国“扫黄打非”办、国家互联网信息办、工业和信息化部、公安部等四部门联合发布公告在全国范围内开展“扫黄打非净网2014”专项行动。自今年1月以来国家网信办已依法查处淫秽色情网站422家，关闭相关频道栏目360个，关闭微博、博客、微信、论坛等各类账号4800多个，删除涉黄信息30余万条。

4月14日

中共中央政治局委员、中宣部部长刘奇葆出席推动媒体融合发展座谈会，强调要着眼巩固宣传思想文化阵地、壮大主流思想舆论，积极推动传统媒体与新兴媒体融合发展，加快建设形态多样、手段先进、具有强大传播力和竞争力的新型主流媒体，努力达到世界一流水平。

腾讯广点通结束了微信公众账号广告内测，5月初将正式上线微信广告自助平台。微信广告自助平台上线后，所有经过微信认证的公众账号都可自助申请加入成为流量方；而符合条件的广告主，也可以进行自助广告投放。

4月15日

国家新闻出版广电总局召开2014年全国电视剧播出工作会议。会上宣布，自2015年1月1日开始，将对卫视综合频道黄金时段电视剧播出方式进行调整：同一部电视剧每晚黄金时段联播的卫视综合频道不得超过两家，同一部电视剧在卫视综合频道每晚黄金时段播出不得超过两集。

知名作家琼瑶通过电视剧《花非花雾非雾》官方微博发布写给国家新闻出版广电总局的一封公开信，指责湖南卫视正在热播的电视剧《宫锁连城》抄袭她22年前的作品《梅花烙》，并呼吁电视剧管理部门停播该剧。

第十届国际新闻摄影比赛（华赛2013）评选结果在北京揭晓。加拿大摄影记者凯文·弗赖尔拍摄的《台风海燕》夺得年度新闻照片大奖，该照片所在的组照还摘取本届比赛战争灾难类新闻组照的金奖。

4月16日

北京市文化市场行政执法总队向新浪互联信息服务有限公司送达了《北京市文化市场行政执法听证告知书》，决定对新浪公司吊销其《互联网出版许可证》和《信息网络传播视听节目许可证》，依法停止其从事互联网出版和网络传播视听节目的业务。

《南方都市报》与视觉中国集团签署图片产品独家代理销售战略合作协议。视觉中国将作为南都独家图片代理商和分销商进行全球范围的图片销售和维权。此次授权图片产品范围还包括南都拥有版权的漫画、插画以及信息制图产品。

百度宣布正式发售其首款大数据产品

——百度近司南。该产品对海量数据进行分析，整合消费者画像、人群属性、品牌分析、舆情监控、媒体规划五大功能，为市场营销人员提供更加真实、快速、精准和低成本的消费者调查。

4 月 17 日

中国广播电视网络有限公司注册成立。公司类型为有限责任公司（国有独资），注册资本 45 亿元，公司法人为赵景春，经营范围为有线电视网络规划、建设、运营和维护，以及为开展上述业务所进行的技术研究、技术开发、信息咨询。

湖北广播电视台（集团）与百度视频、百度贴吧签署战略合作协议。双方合作开展网站共建、内容共享和渠道共通，以及专属机顶盒的打造。百度视频湖北站正式上线。

新华音像电子出版社推出英文版音像出版物《中国名片》。《中国名片》由中国新华新闻电视网公司（CNC）摄制，以讲故事的方式再现中国不同时代的代表性人物。

4 月 18 日

粤传媒发布公告称，拟斥资 1.03 亿元购买广州传媒控股有限公司持有的上海第一财经报业有限公司 25%股权。收购完成后，一财报业将成为粤传媒的参股公司。一财报业由上海第一财经传媒有限公司、北京青年报社、广传媒共同出资成立。

爱奇艺在三亚召开“大视界 大未来——2014 网络视频营销分享会”，宣布正式启动互联网电视屏商业化，成为首家开启电视屏商业化的视频服务商，为广告主提供优质的媒介渠道。

4 月 19 日

厦门卫视南台湾演播厅在高雄正式启用。这是继开设台北演播厅之后厦门卫视在开展两岸新闻交流、促进两岸媒体合作上的又一突破。厦门卫视将推出新闻连线节目《两岸直航》，共同探讨两岸关注的话题。

山西新华书店集团与保利影业签订院线合作项目，计划 5 年间在山西的新华书店内建立 28 家电影院。

4 月 20 日

北京电视台纪实频道获国家新闻出版广电总局批复，成为全国首家获批上星的地方纪实频道。

北京大学世界华文传媒研究中心主办的“北大新闻学茶座”第 38 期在北京大学正大国际交流中心举行。中国社会科学院新闻与传播研究所卜卫研究员以“流动人口、传播与赋权”为主题，和与会者分享了她从发展传播学到行动传播学的研究进路，以及对行动传播学研究方法论和研究策略的认识与思考。

四川省广播电视报联盟成立大会在成都举行。泸州、宜宾、广安、乐山、达州、南充、眉山、巴中、遂宁、绵阳、自贡等市州广播电视报及其他媒体等 18 家单位加盟。

4 月 21 日

中国新闻出版研究院公布了第十一次全国国民阅读调查结果。调查显示，与 2012 年相比，2013 年我国成年国民图书阅读率为 57.8%，同比上升了 2.9%；报纸阅读率为 52.7%，同比下降了 5.5%；期刊阅读率为 38.3%，同比下降了 6.9%；数字化阅读方式的接触率为 50.1%，同比上升了 9.8%。调查还显示，2013 年我国成年国民每天接触传统纸质媒介时长均有不同程度的减少。

4 月 22 日

国家新闻出版广电总局在京召开各省（区、市）打击新闻敲诈和假新闻专项行动工作汇报会。会上透露，2013 年以来全国已有 216 家违规报刊被查处，49 个记者站和 14455 个记者证被注销。《购物导报》《中国特产报》《网络导报》《经济生活文摘》等 4

家被吊销出版许可证，《西部时报》《企业党建参考报》《中国对外贸易》（英文版）、《考试》《课外阅读》《数码设计》等6家被停刊整顿。

4月23日

由原南方广播影视传媒集团、广东人民广播电台、广东电视台、南方电视台、广东广播电视技术中心整合成立的广东广播电视台挂牌。新成立的广播电视台拥有9个广播频率、13个电视频道和10个有线数字付费电视频道，是集广播、电视、报纸、杂志、网络、新媒体、广播电视发射传输等多种业务为一体的省级广播电视大型综合传媒机构。

中国互联网协会秘书长卢卫代表中国互联网协会发出倡议，积极响应“扫黄打非·净网2014”专项行动，加强行业自律，开展自查，建立淫秽色情黑名单信息共享机制，共同抵制网络淫秽色情信息，建设清朗网络空间。

4月24日

十二届全国人大常委会第八次会议批准了《视听表演北京条约》。条约规定了缔约方可视具体情况规定针对视听录制品中表演的出租权、广播和以其他方式进行传播的权利；规定了关于技术措施和权利管理信息的相关义务；规定了缔约方应当提供执法程序，以确保能够采取有效措施及时制止侵权并遏制进一步侵权。

国家新闻出版广电总局、财政部联合发布《关于推动新闻出版业数字化转型升级的指导意见》，提出要用3年时间，支持一批新闻出版企业、实施一批转型升级项目，带动和加快新闻出版业整体转型升级步伐。

长江沿线10省市11家重点新闻网站组成的“江海联盟”在武汉成立。这11家网站为东方网、浙江在线、中江网、中安在线、大江网、红网、华声在线、荆楚网、华龙网、四川新闻网、云南网。联盟成员约定，加强互助合作，发挥网络媒体优势，凝聚10省市百姓力量，助推长江经济带建设和发展。

央视《远方的家》栏目打造的百集系列特别节目《江河万里行》召开通气会。《江河万里行》的主题是“文明、环境、梦想”，节目将关注不同流域的自然人文风情，以及生活在江河沿岸的民众。

4月25日

黑龙江省副省长张建星近日调任人民日报社副社长，人民日报社编委委员、秘书长阎晓明提任人民日报社副总编辑，评论部主任卢新宁近日已任编委委员。米博华不再担任人民日报社副总编辑，何崇元不再担任人民日报社副社长。

《竞报》宣布于4月25日起休刊。该报是为了迎接2008年奥运会于2004年12月28日创办的一份新型日报。

4月26日

面向各级领导干部和领导科学研究者的综合性理论月刊《中国领导科学》杂志创刊座谈会在中央党校举行。《中国领导科学》杂志由中央党校主管，中国领导科学研究会、中央党校出版社主办。

北京广播电视台获互联网电视内容服务牌照，授权歌华运营。这是国家新闻出版总局迄今为止所颁发的第13张互联网电视内容服务牌照。根据规定，北京广播电视台可运营和管理互联网电视内容服务平台以及开办新闻、影视剧、文娱、专业类节目的点播服务。随后，歌华有线获得授权，负责具体开办移动通信网手机电视内容服务和互联网电视内容服务。

首届中国信息安全云创意产业发展高峰论坛在京举行，由国家信息中心牵头、我国自主研发的第二代安全电子邮件系统（Cwindow Email 2.0）——云视窗电子邮件系统已经获得成功并进入实际推广应用阶段。

4 月 27 日

北京微电影产业协会成立，并召开第一次会员代表大会。目前北京微电影产业协会已经建成微电影网站，与拥有 81 家电视媒体资源的华夏城市联合网络电视台签订了战略合作框架协议，能够满足会员单位需求，提供微电影作品的播出平台。

4 月 28 日

2014 年第十届中国国际动漫节“金猴奖”在杭州揭晓，《熊出没之夺宝熊兵》获得动画电影金奖，《新大头儿子和小头爸爸》获得动画系列片金奖，《山中兰若》获得漫画金奖。最具潜力动画剧本空缺。

优酷土豆集团宣布与阿里巴巴集团建立战略投资与合作伙伴关系。阿里巴巴和云锋基金以 12.2 亿美元收购优酷土豆 A 股普通股，其中阿里巴巴持股比例为 16.5%。

百度视频联手上海文化广播影视集团有限公司（SMG）全媒体新闻合作共建的百度视频上海频道正式上线。用户可通过该频道观看 SMG 出品的新闻以及《中国达人秀》等节目。

湖南 IPTV 与搜狐视频召开战略合作发布会，搜狐视频最新自制脱口秀节目《The Kelly Show》将在湖南 IPTV 与搜狐视频跨屏联播。另外，湖南 IPTV 推出搜狐视频专区，囊括搜狐视频的优质自制节目。

中国书法出版传媒有限责任公司及中国书法出版社、《中国书法报》社揭牌仪式在北京举行。它们由中国文联主管。中国书法出版社由大众出版社更名而来，《中国书法报》由内刊《中国书法通讯报》改刊而成。

4 月 29 日

光明日报社与中国政法大学合作共建“光明新闻传播学院”签约暨揭牌仪式举行。这是首个中央媒体与高校共建新闻传播学院。

湖南首份地铁报、长沙晚报报业集团旗下的《壹早报》创刊。

《广州日报·河源社区》创刊。这是《广州日报》的第 13 份社区报。

4 月 30 日

浙报传媒集团股份有限公司发布《关于增资天津唐人影视有限公司的公告》，拟出资人民币 1 亿元向唐人影视增资，占增资后唐人影视 8.7719%股权。

四川省委宣传部、四川大学共建新闻学院院务委员会成立暨第一次会议在成都举行。同日，江苏省委宣传部与南京大学共建新闻传播学院启动仪式暨共建领导小组第一次全体会议在南京大学举行。

天津卫视推真人秀节目《中国式求婚》。《中国式求婚》将视角瞄准家有待嫁女儿的爸妈，每期用镜头记录三位“准姑爷”在未来丈母娘家的生活体验。

同月

南方报业传媒集团推出“南方舆情”产品，为用户提供舆情服务，包括舆情监测、舆情预警、舆情分析、舆情应对、舆情培训、系统搭建等六项服务，以及突发事件建议、定制报告、健康度报告等 19 个模块。目前其团队共有 200 名舆情分析师，数千名采编人员，以及专家智库。南方报业集团旗下 12 报 9 刊、5 网站 1 出版社，将为舆情产品提供支持。

上海文广影视集团的精品栏目《大师》，成为上海首个不进行收视率考核的电视节目。《大师》8 年来先后拍摄了 80 多位近现代大师，160 多集。上海纪实频道总监介绍，选择《大师》取消对它的收视率考核，是因为这一节目代表着纪录片人的价值追求。

《大师》率先被取消收视率考核，这在流行唯收视率的荧屏竞争中具有标杆意义和警醒作用。

5月1日

《天天新报》休刊。《天天新报》前身。《新闻午报》创刊于1999年1月1日，是原解放日报社下属的“晨、午、晚”一日三刊之一，与《新闻晚报》《新闻晨报》都是由《新闻报》分拆而成。目前原《新闻 报》出身的报纸仅剩下《新闻晨报》一家。

5月2日

香港《新晚报》前总编辑罗孚在香港逝世，享年93岁。

5月4日

由嵩山少林寺授权，台湾著名漫画家蔡志忠编剧、导演的3D动画电影《功夫少林寺》，在少林寺启动制作。该影片由网易和中南卡通投资。网易与蔡志忠合作制作《功夫少林寺》的网游或手游，将与电影同步面市。

5月5日

第43届世界广告大会开幕前新闻发布会通报，2013年，我国广告经营额达到5019.75亿元，比2012年增长6.84%，中国已发展成为世界第二大广告市场。

深圳卫视举行大型观察真人秀《美赞新生命之来吧孩子》开播发布会。《来吧孩子》以各色各样典型产妇及其家庭为主角，以新生命的到来为线索，以产房内外为主要拍摄环境，为观众展现关于生命降临的动人瞬间与情感巨变。

央企上市公司四维图新发布公告称，控股股东中国四维已与腾讯签署股权转让协议，腾讯11.73亿元投资四维，占股11.28%。

腾讯公司发布路宝盒子，并成立i车生活平台，进军车联网。路宝盒子像一只U盘，把它插入汽车相应接口即可让汽车和腾讯云服务互联，提供车辆诊断、油耗分析等服务。

5月6日

安徽卫视集中发布了两档新综艺节目信息：中国首档好男人励志真人秀节目《超级先生》、大型原创表演类真人秀节目《大开眼界》。

5月7日

世奢会（北京）国际商业管理有限公司中国代表欧阳坤，以个人名义状告《新京报》名誉侵权案在朝阳区南磨房法庭开庭审理。这是世奢会和欧阳坤状告《新京报》的第4个案子。此前，世奢会诉新京报社侵犯其名誉权一案，朝阳法院一审判决新京报社败诉。《新京报》曾刊发报道称，“世奢会”只是存在于中国的一个“山寨组织”。

由《福州晚报》与澳大利亚华文媒体《大洋日报》合作创办的《今日福州·澳大利亚专版》出版。这是《福州晚报》的第5个海外版，《大洋日报》将在每周三以1个版来报道福州的信息。

5月8日

财政部发布通知，19家中央所属文化企业被认定为转制文化企业，按照规定享受税收优惠政策。这19家企业分别是：中国建材报社、中国纺织报社、中国服饰报社、中国县域经济报社、中国花卉报社、证券日报社、《中国企业家》杂志社、《中国经济信息》杂志社、《中国书画》杂志社、农村金融时报社、《装修装饰天地》杂志社、《经济》杂志社、文化艺术出版社、人民日报传媒广告有限公司、群众出版社、《啄木鸟》杂志社、光明网传媒有限公司、中报国际文化传媒（北京）有限公司、政府采购信息报社有限公司。

国家工商总局起草的《公益广告促进和

管理暂行办法（征求意见稿）》规定，政府网站、新闻网站、经营性网站应在首页固定位置展示公益广告，并运用其他多种方式传播公益广告。

湖南卫视宣布今后旗下节目不再与其他新媒体合作，全部由芒果TV独家播放。

5月12日

被阿里巴巴收购的港股“文化中国”称其在4月份于香港注册成立了一家名为“阿里巴巴影业集团”的公司，该公司除拥有陈可辛、周星驰等导演的优先投资权外，还准备于近期签约王家卫。

《齐鲁晚报》首个行业版《今日山航》与读者见面，为机上旅客提供最新的新闻和生活资讯。同日，《齐鲁晚报》首个行业记者站山航站揭牌。《今日山航》每周发行一期，专门在山航航班及机场贵宾室、酒店等渠道发行。齐鲁传媒与山航缔结全面战略合作伙伴关系，双方将深化产业合作，联手促进航空资源空白领域的深度开发。

5月14日

广东省通信管理局对快播公司送达了行政处罚意见告知书，拟对快播公司处以吊销增值电信业务经营许可证的行政处罚。自今年3月起，有关部门在对快播公司相关应用和栏目进行监测中发现大量淫秽色情视频。目前，快播公司传播淫秽色情信息的行为涉嫌构成犯罪，公安部门已刑拘了多名犯罪嫌疑人。

5月15日

小米科技举行新品发布会，与时尚传媒合作推出数字产品《时尚画报》。用户可以通过电视待机屏保和APP画报端口轻松阅读。时尚传媒旗下16本时尚刊物，将通过小米第二代智能电视为用户带来视觉体验和感受。

山东卫视推出文化综艺节目《中国面孔》。节目以明星嘉宾分组对抗答题为主要形式。

5月16日

江苏凤凰传媒集团下属子公司江苏教育出版社有限公司以8500万美元收购美国童书生产商PIL及其相关产业，这是中国出版行业最大的一次跨国并购。

商务印书馆正式推出《牛津高阶英汉双解词典》APP，在纸质内容的基础上提供了检索、读音、考试词汇等服务。

湖北日报传媒集团旗下新媒体集团与武汉理工大学旗下数字传播工程有限公司签署协议，合作开展“新闻出版大数据服务中心建设示范工程”。

5月18日

首届中国长治微电影国际大赛在长治湿地三元文化园区拉开帷幕，海内外24支“极拍”团队的参赛选手进行了48小时的“极限拍摄”。

5月19日

华智控股披露重大资产重组预案，杭州日报报业集团拟借壳华智控股登陆A股市场，交易完成后，杭报集团将成为上市公司控股股东。公告显示，此次拟向杭报集团下属杭报集团有限公司和下属事业单位都市快报社发行股份，拟购买杭报集团的传媒经营类资产，包括都市快报100%股权、杭州日报传媒100%股权等合计11家公司股权，总资产估值约为22亿元，股票发行规模约为5.23亿股。此次重组不包括报纸采编类资产。

旅游卫视与淘宝网签署战略合作协议，宣布双方开拓“T2O”（TV to ONLINE）商业模式，共同探索旅游电视节目电商化。双方将在扫码支付、智慧旅游、旅游节目制作等领域开展合作。

5 月 20 日

中国控烟协会发布 2013 年度热播国产影视剧烟草镜头监测结果。《北京遇上西雅图》等 11 部电影获“无烟电影奖”，《咱们结婚吧》等 15 部电视剧获“无烟电视剧奖”，电影《扫毒》、电视剧《寻路》因吸烟镜头多而获“脏烟灰缸奖”。

5 月 20 日至 6 月 1 日，《河南日报》以 12 个整版的规模，连续刊发清华大学新闻与传播学院与该报联合策划的大型系列报道《河南和丝绸之路经济带》。该组报道由河南日报社资深记者与清华大学新闻与传播学院的 12 名学生以“一对一”的形式联合采写。

《温州晚报》宣布改为早出。

5 月 21 日

国际四大会计师事务所之一的普华永道发布《中国移动广告报告 2014》，称移动互联广告 2014 年市场规模将达到 125 亿元，2017 年将达到 257 亿元，实现三年间的翻番增长。未来三年将保持 27％的平均复合增长率，增速是传统非数字广告的 5 倍。

江苏有线电视台与有线电视实验室（CableLabs）签署合作协议，将为江苏有线加快国际战略布局奠定基础。

5 月 22 日

中宣部、国家新闻出版广电总局等五部委下发《关于以“中国梦”为主题的文艺创作活动的通知》，总局决定于 2014 年 7—10 月开展暑期和以“中国梦”为主题的电视剧展播活动。国家新闻出版广电总局电视剧司共推荐 127 部电视剧。暑期档展播时间为 7 月 1 日—8 月 20 日，国庆档展播时间为 9 月 20 日—10 月 20 日。

京东商城在纳斯达克挂牌上市，股票开盘报价为 21.75 美元，市值达到约 297 亿美元。

5 月 23 日

一年一度的电影剧作“中国影协杯”评选结果 5 月 23 日在北京揭晓，《西藏天空》《全民目击》《中国合伙人》《胡巧英告状》《孔二皮进城记》《警察日记》《酒肆风雪夜》等 7 部剧本被评为 2013 年度优秀电影剧作。“中国影协杯”评选由中国电影家协会主办、中国电影家协会电影文学创作委员会承办，自 2010 年开始已举办 5 届，先后表彰了 35 部优秀剧本。

纯文学季刊《天南》通过微博发布复刊消息，第 17 期于 5 月 26 日面世，主题为“稗子的歌谣"，以深度阅读来关注底层人。2 月 19 日，《天南》曾通过微博发布停刊消息。

5 月 25 日

赛立信媒介研究有限公司发布《2013 年中国广播收听市场综述》，指出，2013 年，全国 31 个省（区、市）地市级以上主要广播频率共计 1203 个。随着社会进步和技术不断地推陈出新，收听工具愈发现代化和多样化，使得广播的伴随性特点越发明显，互动性也更强。调查数据显示，2013 年广播的核心听众群年龄集中在 25—34 岁之间，占比达 52.1％；25 岁以下的青少年听众占比 16.2％。2013 年广播听众中男性占比为 52.3％，略高于女性听众的 47.7％。

5 月 26 日

由中宣部组织、中央电视台和学习出版社联合摄制的电视政论片《百年潮·中国梦》在中央电视台综合频道黄金时段播出，分五集：《百年追梦》《中国道路》《中国精神》《中国力量》《筑梦天下》。

中央电视台、中国国际电视总公司和东海电影集团在京启动《舌尖上的中国》大电影项目。纪录片《舌尖上的中国》第二季正在央视热播，最新一期公众收视率达 2.01，央视趁势宣布联合东海电影集团推出同名电影。据介绍，电影版会延续纪录片的人文风格，纪录片中出现的主人公也有可能出现在电影中。影片投资 5000 万，预计明年春节档上映。

5 月 27 日

国家互联网信息办公室、工信部、公安部三部门在全国范围内开展为期一个月的微信等移动即时通信工具专项治理行动。此次专项行动重点整治移动即时通信工具的公众平台等公众信息发布服务环节，特别是具有传播和社会动员功能的公众账号。传播谣言、暴力、恐怖、欺诈、色情信息等违法违规行为将成为重点打击对象。

5 月 28 日

中国广播电视网络有限公司在国家新闻出版广电总局西门正式挂牌。广电国网注册资本 45 亿元人民币，经营范围包栝：有线电视网络规划、建设、运营和维护，为开展上述业务所进行的技术研究、技术开发、信息咨询。

新华社与北京大学共建新闻与传播学院签约仪式在北京大学举行。双方将共同致力于把北京大学新闻与传播学院建设成为以马克思主义新闻观为指导，国内领先、国际有影响力的新闻与传播学院。根据共建协议，新华社与北京大学将共同成立“新闻与传播学院院务委员会”。

乐视网携手天猫举行战略发布会，合推自制世界杯真人秀节目《32 夜》。

福建日报社整合内部资源，改制重组设立的福建日报新闻发展有限公司挂牌。公司将负责管理运营福建日报社经营资源，立足传统纸媒广告经营主业，向全媒体方向延伸发展，打造多元化经营发展的文化产业公司。

由中央新影集团、中央电视台科教节目制作中心、央视微电影频道主办，央视微电影社会频道承办的《大国廉政——中国廉政故事》百部微电影新闻发布会暨启动仪式在北京人民大会堂河南厅举行。《大国廉政》系列将通过微电影、书画展、廉政歌曲征集等形式，全方位宣传廉政文化。

5 月 29 日

教育部、国家语委在京发布《2013 年中国语言生活状况报告》，“中央八项规定”“棱镜门”“H7N9”、“土豪”“自贸试验区”“单独二胎”“中国大妈”“光盘行动”“女汉子”“十面霾伏”等获评 2013 年度十大新词语。据介绍，这十大新词是国家语言资料监测与研究中心在 125 万个文本、12 亿字次语料的基础上提取出来的。据介绍，“大妈”、“土豪”等一些新词也在海内外媒体或口头交际中成为热点，截至目前已有 245 个汉语借词进入牛津英语类词典，这些“走出国门”的词语从侧面反映了中外文化交流的状况。

东方网推出智慧社区线下概念店“智慧屋”，目标是在上海打造“最后一公里”的智慧社区服务平台，并计划充分利用东方网线下资源，用 2—3 年时间建成 100 家“智慧屋”。

中国第一部跨媒体可视图书《神奇科学》发布会举行。该书以北京科技视频网和武汉电视台《科技之光》节目组联合拍摄的 100 集同名微视频科普系列片为基础，利用移动互联网数字技术，实现图书文字内容与视频的高度融合。

5 月 30 日

上海报业集团旗下的《上海日报》与锦江集团旗下的华亭海外旅行社签署战略合作协议。双方将充分发掘上海日报的专业英语采编优势，将版面推荐的上海特色节日、活动和景点等符合外籍人士兴趣的内容设计开发成可供报名参与的旅游线路产品，并通过媒体平台进行宣传推广。

《南京晨报》推出“牛奶报”，共92个版面，每个版面都散发着牛奶的香味，报纸当日零售增加了10万份。

《河南日报》“数字报纸”频道在大河网开通。《河南日报》65年来所有的内容以数字报纸的形态上线试运行。

5月31日

财政部、国家发改委等七部委发布《关于支持电影发展若干经济政策的通知》。其中规定：中央财政将继续每年安排1亿元资金扶持5—10部有影响力的重点题材影片，在文化产业发展专项资金中专门安排资金支持电影产业发展。对电影制片企业销售电影拷贝（含数字拷贝）、转让版权取得的收入，电影发行企业取得的电影发行收入，电影放映企业在农村的电影放映收入，自2014年1月1日至2018年12月31日免征增值税。实施中西部地区县级城市影院建设资金补贴政策，加强和完善电影发行放映的公共服务和监管体系建设，对电影产业实行金融支持政策，实行支持影院建设的差别化用地政策。

6月1日

隶属于财讯传媒集团的《动感驾驭》杂志停刊。

6月4日

上海新文化传媒发布公告称，公司拟以发行股份及支付现金的方式购买郁金香传播100％股权和达可斯广告100％股权，交易价格分别为12亿元、3亿元。资料显示，郁金香传播是中国运营户外LED大屏幕媒体规模最大的广告公司之一。

6月5日

浙报集团与浙江省商务厅签署战略合作协议，双方将全面拓展电子商务合作领域。同时，浙报集团正式对外发布了“电商提升计划”。该提升计划包括四大平台：全媒体平台、活动平台、服务平台、投融资平台。

中国作家协会著名纯文学期刊《小说选刊》与陕西广播电视台签署合作书，双方将在陕西卫视大型全媒体活动《丝绸之路万里行》中进行深度合作。

6月6日

国家新闻出版广电总局发布关于立即停止播出《健康365》和《杏林好养生》等养生类节目的通知，称其以节目形式变相推销药品、保健食品等，误导广大消费者。

6月8日

北京电视台纪实频道上星播出。

6月9日

《经济日报》等11家试点媒体社会责任报告正式对外发布，对2013年度本媒体履行社会责任情况进行了全面梳理展示。各媒体重点报告了履行正确引导责任、提供服务责任、人文关怀责任、繁荣发展文化责任、遵守职业规范责任情况，以及履行合法经营责任、安全刊播责任、保障新闻从业人员权益责任等情况。

上海广播电视台、上海文化广播影视集团有限公司（SMG）旗下现有12个广播频率整合于一体的东方广播中心举行揭牌仪式。东方广播中心整合了SMG旗下广播新闻中心、东方广播公司、第一财经广播、五星体育广播等四大广播业务板块。

6月10日

中广天择传媒打造的新型全国电视节目交易平台“节目购”上线，电视台可从海量节目中“一站式精选”出所需节目。

SMG东方卫视中心与阿里巴巴数字娱乐事业群联合举办新闻发布会，宣布双方在彼此领域内达成战略合作，联手打造传统媒体、互联网、移动通信等方式相结合的全新互动体系，并在内容合作、天猫东方卫视旗舰店、技术及硬件开发、游戏开发等五大方面展开合作。

人力资源和社会保障部人事考试中心发布《关于做好 2014 年度出版专业技术人员职业资格考试考务工作的通知》，互联网出版专业技术人员首次被纳入报考范围。

6 月 11 日

新华社前摄影记者杜修贤在北京逝世，享年 88 岁。杜修贤，1926 年生于陕西米脂，1944 年参加八路军，师从吴印咸学习摄影。1954 年调新华通讯社任记者，先后任北京分社摄影组组长、中央新闻组组长、中国图片社副总经理。摄影代表作有《历史性的握手》等。他跟随周恩来总理到过 30 多个国家，在毛泽东身边也有 10 年左右的时间。20 世纪 60 年代，凡是出现在人们视线里的毛泽东、周恩来的新闻图片，大多出自杜修贤之手。1969 年苏联在中国新疆铁列克提地区制造了流血事件，与他同去的几位记者遭遇不测，而他则活着回到了北京，成为自“文化大革命”开展以来周恩来、邓颖超在西花厅后厅里会见的第一个客人。

“新华社发布”客户端上线。

阿里巴巴集团与 UC 优视联合宣布，UC 优视全资融入阿里巴巴集团，并组建阿里巴巴 UC 移动事业群。

6 月 12 日

2014 移动互联发展大会在京举行，会上发布《中国移动互联网发展报告（2014）》蓝皮书。报告显示，截至 2014 年 1 月，我国移动互联网用户总数达 8.38 亿户，在移动电话用户中的渗透率达 67.8%；手机网民规模达 5 亿，手机保持第一大上网终端地位。我国移动互联网发展进入“全民时代”。

“人民日报”客户端正式上线。

巴西世界杯期间，央视体育频道从 6 月 12 日至 7 月 13 日推出定位于多屏实时互动的足球竞猜节目《5 要赢》。该节目是全球的首创电视与平板、手机多屏互动的大型足球智力竞赛直播节目。

湘鄂情集团宣布将携手山东广电新媒体有限责任公司开拓家庭智慧云终端服务市场。湘鄂情将承担山东网络广播电视台家庭智慧云终端的设计制造及投资运营；山东新媒体公司将提供包含山东网络广播电视台家庭智慧云终端市场定位、市场推广、配发、维护等方面的落地运维管理等综合服务支持。

喜剧真人秀《中国喜剧力量》在辽宁卫视首播，由韩国顶级电视制作方打造，并由韩国团队全阵容全方位进行设计和执导。

6 月 13 日

本日至 7 月 14 日，北青航媒与北青网在北京首都机场和深圳宝安机场的 LED 超大屏幕推出首档面向航空旅客的世界杯报道“飞向里约”。这是国内机场 LED 媒体首次与互联网媒体实现跨屏整合传播。

已在纽交所提交 IPO 申请书的迅雷提交增补文件，敲定在纳斯达克上市。迅雷 IPO 发行价将在 9 至 11 美元之间，拟最高融资 9253 万美元。

江苏卫视推全明星体育竞技秀《全力！运动会》。

方舟子告广东卫视主持人获赔，被告微博构成侵权。

6 月 14 日

“北大新闻学茶座”第 39 期活动在北大正大国际中心举行。新加坡旅华学者、北大新闻学研究会副会长兼导师、日本龙谷大学名誉教授卓南生与大家畅谈“从日本南进论系谱看战后日本的东南亚报道与东南亚外交”。

继《我是歌手》《中国好声音》《中华好诗词》等大陆电视节目在台湾引起广泛关注

之后，由北京卫视制作的音乐选秀节目《最美和声》第二季在台湾中天综合台开播。

6月16日

浙报集团新媒体矩阵推出两大核心产品“浙江新闻”移动客户端和《浙江手机报》（升级版）。

上海广播电视台纪实频道上星，实行24小时播出，国产纪录片的比例从上星前的50%扩大到上星后的70%。

《南方都市报》宣布全面改版，提出打造思想平台、意见平台、批判平台、服务平台、全媒体平台，强调慢阅读、深阅读和精阅读，实现“阅无纸境”，孵化社区报矩阵。

6月18日

国家新闻出版广电总局下发通报，要求各新闻单位认真纠正存在的违法违规问题，把好新闻采访关，禁止记者站跨行业、跨领域采访报道，禁止新闻记者和记者站未经本单位同意私自开展批评报道。

搜狐视频举办《匆匆那年》发布会。这是国内网络视频行业首个电视台级别的自制长剧和首个使用4K技术打造的剧集。

6月19日

“环保随身拍”APP上线发布会暨启动仪式在环境保护部举行。这款APP由中国环境新闻工作者协会、中国环保新闻文化艺术委员会合力推出。

国内首部由众筹网站参与主办的音乐剧《爱上邓丽君》首演，开创了国内音乐剧行业全新的商业模式。

6月20日

“向污染宣战”——全国环保媒体总动员授旗仪式暨中国环保新闻网上线仪式举行。网站以“汇总全国环保资讯，搭建环境信息平台，解析媒体舆情数据，提供政府决策参考”为主旨。

6月22日

中国广播电视网络有限公司在北京成立。

6月24日

“新华通讯社—郑州大学穆青研究中心”在郑州大学揭牌。

搜狐公司宣布对北京字节跳动科技有限公司（“今日头条”）侵犯著作权和不正当竞争行为提起诉讼，要求对方立刻停止侵权行为，刊登道歉声明，并赔偿经济损失1100万元。北京市海淀区人民法院已正式受理诉讼。

6月25日

中国社会科学院新闻与传播研究所主编的新媒体蓝皮书《中国新媒体发展报告（2014）》在京发布。蓝皮书分为总报告、热点篇、调查篇、传播篇和产业篇五个部分。

中央人民广播电台旗下的央广视讯传媒有限公司股份制改造完成，转制成为股份制公司，并在创立大会上启动了对接资本市场计划。

云南日报报业集团与云南省旅游发展委员会举行战略合作座谈会，双方将整合各自资源，积极探索政企之间文化与旅游两大产业的融合发展新模式。

6月26日

人民日报社、《人民论坛》杂志社举办“首届国家治理高峰论坛暨《国家治理》周刊创刊首发式”，同时揭晓中国治理创新100佳经验调查成果。《国家治理》周刊为我国首家以治理为主题的主流期刊，是贯彻落实十八届三中全会精神的重要载体，以对地方治理体系、治理能力、治理实效的调查评价为主要内容，突出调查、评价、服务三大特色，为具有全新商业模式的智库型现代全媒体。

第25届法国阳光纪录片大会落下帷幕，

来自中国的纪录片《1937 南京记忆》获得比利时法语区电视台及电台奖，完成后期制作后将在比利时法语区播放。

6 月 27 日

美国《出版商周刊》、英国《书商》、法国《图书周刊》、德国《图书报道》和巴西《出版新闻》等媒体共同发布了“2014 全球出版业 50 强”排行榜。中国出版集团公司、中国教育出版传媒集团有限公司再度入选，分列第 14 位和第 21 位。

《南方都市报》、宜华企业（集团）有限公司与衣联网签署协议，三方决定在智能移动阅读 APP 上达成战略合作，首期投资规模约 1 亿元，共同开发互联网定向新闻配置搜索、数据库融合等关键技术，打造智能移动阅读平台。

共产党员微信、共产党员易信上线发布。

新华网股份有限公司向证监会提交首次公开发行股票招股说明书，拟在上海证券交易所上市。

阿里游戏宣布将独家代理发行东方卫视旅行综艺类栏目《花样爷爷》同名手游，游戏将陆续在 iOS 和 Android 上线。

6 月 28 日

“2014 中国传播论坛：国际话语体系与国际传播能力建设暨首部国际传播蓝皮书《中国国际传播发展报告（2014）》发布会”在中国传媒大学举行。报告显示，截至 2013 年，新华社全球分支机构数和分布国家数分别达 180 个、141 个；中央人民广播电台全球华语网有 40 余家海外华语广播机构加入；中国国际广播电台建成 8 个地区总站、32 个记者站和 23 个海外节目制作室，遍布 70 多个国家；中央电视台建成 63 个海外记者站、2 个分台和 5 个中心站。

“全国地面频道电视剧播出联盟”在长沙成立。

6 月 29 日

刘云山到人民日报调研，并专门到人民日报法人微博运营室和移动客户端运营室了解情况。强调要顺应媒体发展的新趋势，尊重规律、勇于开拓，掌握新技术、发展新业态、用好新媒体，加快推进报网融合，不断提升主流媒体的传播力、影响力。

湖南省委宣传部和湖南师范大学共建新闻与传播学院启动仪式在湖南师范大学隆重举行。

6 月 30 日

国家新闻出版广电总局印发《新闻从业人员职务行为信息管理办法》，要求新闻单位加强对新闻从业人员职务行为信息的规范管理，依法与所属的新闻从业人员签订保密承诺书和职务行为信息保密协议，完善内部管理制度。《办法》规定，新闻单位应健全保密制度，对新闻从业人员在职务行为中接触的国家秘密信息，应明确知悉范围和保密期限，健全国家秘密载体的收发、传递、使用、复制、保存和销毁制度，禁止非法复制、记录、存储国家秘密，禁止在任何媒体以任何形式传递国家秘密，禁止在私人交往和通信中涉及国家秘密。《办法》还规定，新闻从业人员不得违反保密协议的约定，向其他境内外媒体、网站提供职务行为信息；不得违反保密协议的约定，通过博客、微博、微信公众账号或个人账号等任何渠道，以及论坛、讲座等任何场所，透露、发布职务行为信息；不得利用职务行为信息谋取不正当利益。

中宣部组织媒体刊发百位共产党人小传。从 6 月 30 日起至 7 月中旬，“百位共产党人百篇小传”在《人民日报》《光明日报》陆续刊发，人民网、新华网、央视网、中国文明网、党建网刊发展示。

海南网络广播电视台揭牌上线，海南IPTV同时正式放号运营。海南网络广播电视台提供海南广电旗下8套电视频道、5套广播频率的节目，可24小时收看收听。

光线传媒公告称，公司以自有资金1.6亿元收购北京妙趣横生网络科技有限公司26.667%股权。

《南方都市报》上线移动电商品牌"南都乐购"。这是南都报系试水电商项目所创建的一个媒体电商品牌，凭借《南方都市报》强大的媒体资源以及品牌影响力，实现"媒体＋产品"的电子商务交易。目前，南都乐购微店作为乐购售卖产品的主要平台，主要通过线下扫码至线上购买以及用户自发搜索关键词的方式进行电子商务交易。用户可以在手机端完成从产品浏览到下单购买的流程。

同月

国家新闻出版广电总局网络司针对互联网电视牌照商下发了关于立即关闭互联网电视终端产品中违规视频软件下载通道的函。在函件中，总局网络司点名批评了华数传媒和百视通两家牌照商，要求其关闭互联网视频客户端。

中青国际出版传媒（CYPI）与英国出版人集团（PGUK）日前在伦敦签署了建立商业战略合作伙伴关系的协议。双方将密切合作、优势互补，利用中英两国资源，面向国际主流市场，协作出版发行中国文化艺术、当代建设和创意设计方面的系列图书。

7月1日

中央统战部宣传办公室和人民网·中国共产党新闻网共同主办的"中国统一战线新闻网"（tyzx. people. cn）举行开通仪式。

共青团中央网络影视中心主办的时代典型榜样专题"大美永恒最美人物"上线。

光明日报社在拉萨设立分印点。设立分印点后，西藏自治区各地市读者至少比过去提前7天阅读到最新一期的《光明日报》。

上海报业集团将整合《I时代报》和《新民地铁》，推出地铁报。

湖北荆楚网络科技股份有限公司在新三板正式挂牌。荆楚网由湖北日报传媒集团控股，是全国首家挂牌资本市场的省级重点新闻网站。荆楚网通过改制重组，致力于打造基于传统互联网、移动互联网和物联网的新媒体新闻信息服务平台，业务涵盖新闻网站、手机报、舆情服务、户外媒体、移动客户端、电子商务、无人机航拍、大数据服务等。

湖北日报新媒体集团正式挂牌，下辖荆楚网、腾讯大楚网、文谷网等5家网站，数字传媒、手机媒体、楚天神码、楚天尚漫、楚天鑫融、楚天优品等9家公司。

安徽新媒体集团正式挂牌。同时新版上线的《安徽手机报》整合了安徽全省的手机报。

贵州卫视与青海卫视联播亲子益智挑战栏目《爸爸请回答》。这属二线卫视首推"综艺联播"。

7月2日

优酷宣布推出视频创收平台。该平台主要针对优酷的UGC和PGC用户，通过广告分成、粉丝赞助以及增值服务等模式，帮助原创作者获得实际收益。

创刊仅6年就跻身国际植物科学领域主流期刊之列的《分子植物》（Molecular Plant）最近与细胞出版社（Cell Press）签署合作协议，成为后者的合作期刊，进入国际一流科技期刊的出版和发行渠道。

7月3日

国家新闻出版广电总局就2014年上半年少儿类报刊专项质检情况向社会通报。此次少儿报刊专项质检共调取232种少儿类报刊，专项质检将报纸差错率超过万分之三、期刊差错率超过万分之二确定为不合格。总局对检查不合格的《少年时代报》等 4 种报纸和《哈博士》等 16 种期刊通报批评。对《青少年书法报》《中华少年》等 8 种编校质量存在严重问题的报刊予以行政处罚。

东南卫视推出与韩国制作公司联合出品的国内首档原创夫妻真人秀节目《真爱在囧途》，节目 24 小时全程跟拍三对明星夫妻在旅途中的真爱与窘迫。

上海广播电视台宣布在国内率先推出横跨广播电视的公益媒体群，其旗下艺术人文频道、七彩戏剧频道、经典 947 频率、戏剧曲艺频率将转型为无广告经营、不考核收视率的公益频道、频率。

7 月 4 日

国家新闻出版广电总局网络视听节目管理司司长罗建辉表示未来集成播控牌照将不再发放，内容服务牌照允许省级广电机构正常申请。目前总局已发放 7 张集成播控牌照和 14 张内容服务牌照，其中 7 家互联网电视集成服务机构分别是 CNTV、百视通、华数、南方传媒、湖南电视台（芒果 TV）、中国国际广播电视台（CIBN）、中央人民广播电台。

华数传媒发布公告称与甘肃省广播电视网络股份有限公司签订战略合作协议。双方共同推动组建西北华数，华数传媒拟投入 10 亿元用于设立西北华数的资本投入或受让原股东股权转让出资、后续网络改造、业务发展等方向。

7 月 5 日

山东省新媒体研究院成立暨山东广电金卡项目启动仪式在济南举行。山东省新媒体研究院由山东广播电视台与中国科学院计算技术研究所联合成立。

7 月 6 日

“国家公祭网”（www.cngongji.cn）上线，由侵华日军南京大屠杀遇难同胞纪念馆和新华网共同筹办，有中、英、日三种文字版本。

7 月 7 日

深圳证券交易所发布《浙江华智控股股份有限公司重大资产出售及发行股份购买资产暨关联交易报告书（草案）》，杭州日报报业集团经营性资产借壳上市工作继续稳步推进。本次交易完成后，杭州日报报业集团有限公司和都市快报社持有股份分别占华智控股发行后总股本的 48.13％和 3.95％。

7 月 8 日

优酷土豆集团宣布，已分别向北京海淀区人民法院和上海徐汇区人民法院针对爱奇艺和 PPS 盗播优酷土豆拥有独家授权剧集的侵权行为提起诉讼。案件涉及《耀舞长安》《天梯》《神雕侠侣》等在内的 5 部 TVB 知名大剧以及一系列国内热播剧，索赔金额达 1570 万元。

7 月 9 日

国家新闻出版广电总局发展研究中心主编的《中国广播电影电视发展报告（2014）》（广电蓝皮书）在京发布。蓝皮书显示，2013 年全国广播电视行业总收入达 3734.88 亿元；广播、电视综合人口覆盖率分别达到 97.79％和 98.42％。报告同时指出，2013 年汉字听写节目是一大亮点，《中国汉字听写大会》《汉字英雄》《成语英雄》等节目引起新一轮收视热潮。

7 月 10 日

中国报业协会牵头筹建维护版权联盟。中国报业协会于当日给全国各相关传媒单位发出了《“积极维护报业版权、营造健康传播环境”倡议书（征求意见稿）》，并拟成立“中国传统媒体维护版权联盟”“中国传媒网络安全联盟”，制定联盟章程，同时欢迎新媒体加入，共同维护版权生态。

7 月 11 日

由《齐鲁晚报》冠名的济南—烟台K8293次“齐鲁晚报号”列车首发，《齐鲁晚报》驻济南铁路局记者站同时宣告成立。

国家新闻出版广电总局再次发文整顿OTT TV盒子，要求部分互联网电视集成播控平台进行整改，取消集成平台里直接提供的电视台节目时移和回看功能。

华南理工大学计算机系统研究所与南方报业新视界传媒公司战略合作签约及“华南理工·新视界LED媒体技术研发中心”揭牌仪式在南方报业传媒集团隆重举行。

7 月 13 日

厦门大学新闻学茶座第一期开讲，厦门大学张铭清教授在茶座会上谈两岸的新闻交流。

7 月 14 日

国家新闻出版广电总局在京宣布，2014版新闻记者证换发工作7月15日起全面启动，计划于10月30日结束。本次换发记者证的新闻单位首次增加了纳入试点核发记者证的新闻网站，首次要求新闻单位提供申领人员与所在新闻单位签署的保密承诺书和职务行为信息保密协议。换发结束后，全国将有25万名新闻记者领到全新设计的记者证。2014版新闻记者证使用了20多种防伪技术，采用深蓝色封皮，封面嵌有亮银色中华人民共和国国徽和“新闻记者证”中英文字样。

7 月 15 日

安徽广播电视台与韩国MBC电视台签署战略合作协议。双方的合作主要有三个目标：一是实现电视剧合作的升级；二是实现栏目剧合作的试水；三是实现节目合作的突破。

7 月 16 日

环球广域传媒集团公司在南非约翰内斯堡与国内外合作伙伴共同举办多平台开拓南非和非洲传媒市场发布会。当日南非华夏之声广播电台升级改版隆重开播，英文中华网(english.china.com)在南非开始本土化上线，《中国商旅》杂志举行全球首发仪式。

南方报业传媒集团与中山大学签署战略合作框架协议。双方将联合建立人才培养基地，在就业实习、新闻宣传、学术研究、文化产业等方面深化合作。

浙江卫视推出首档医疗诊断益智秀《健康007》，节目通过真实病例影视再现的方式让医生会诊病患，探讨患者的可能疾病。

搜狐视频客户端首推语音去广告方式。用户在搜狐视频客户端上打开某视频后，跳出某品牌的广告；如果该广告客户选择了投放语音去广告的广告形式，用户只要喊出此广告商的品牌名字，客户端即可跳过广告。

7 月 17 日

全国首个专注于公益广告的基金会——无锡太湖公益广告发展基金会在无锡灵山慈善促进大会上正式成立，“公益广告人人网”同期开通。该基金会将致力于公益广告的设计、制作和发布，资助公益广告学术研究。“公益广告人人网”则为企业打造了一个公益互动平台。

7 月 18 日

《福布斯》母公司福布斯传媒宣布，同意向香港财团“本汇鲸媒体投资公司”出售“大多数”股权，涉及金额约4.75亿美元。本汇鲸由几位亚洲投资者组建，牵头方是港商任德章成立的本汇资产管理公司，另一主要投资者是华硕电脑联合创始人谢伟琦。

云南卫视与世熙传媒共同打造的舞蹈类真人秀节目《舞动全城》开播。

7 月 20 日

浙江安吉县与法国戛纳市政府、亚太交流与合作基金会在戛纳签署合作协议，戛纳

(中国)影视城项目正式落户安吉。戛纳(中国)影视城项目选址在安吉经济开发区,总投资 10 亿美元,总占地 6000 亩。该项目合作方为法国戛纳市政府、亚太交流与合作基金会、中国影视交流与合作协会,旨在通过合作,将已有 60 多年历史的戛纳电影节模式引入浙江安吉,同时倾力构建一个融影视、文化、旅游于一体的文化小镇,在安吉打造有中国特色、世界水平的一流电影节。

7 月 21 日

中国互联网络信息中心发布《第 34 次中国互联网络发展状况统计报告》。《报告》指出,截至 2014 年 6 月,我国网民规模达 6.32 亿,较 2013 年底增加 1442 万人;互联网普及率为 46.9%,较 2013 年底提升了 1.19%。值得注意的是,我国网民上网设备中手机使用率达 83.49%,首次超越传统 PC 使用率 80.9%。

7 月 22 日

新华社新媒体中心发布《中国新兴媒体融合报告(2013—2014)》。报告显示,2013 年,以移动互联网为代表的新兴媒体产业异军突起,用户规模持续攀升,移动互联网用户所占比例由 2007 年的 24%上升到 2013 年的 81%,正式步入第一媒体序列。新媒体终端成为人们工作和闲暇时间使用的最主要媒介。

2014 年新闻纸信息交流会在长春召开。会上透露,今年上半年国产新闻纸价格创下近 20 年以来的历史最低点。从全国几家用纸量大的报社用纸量统计数据来看,2014 年上半年总用纸量比 2013 年同期减少 77579 吨,下降 10.1%。国产新闻纸全国平均价格从去年的 4350 元/吨下调到目前的 4100 元/吨,不同地区价格不同。

上海报业集团"澎湃新闻"宣告全面上线。澎湃新闻有电脑版、WAP 版、APP 客户端等一系列新媒体平台,主打时政新闻与思想分析,生产并聚合中文互联网世界中优质的时政思想类内容。

7 月 23 日

中国电影家协会、中国文联电影艺术中心和制片线网站共同举办的中国电影项目投资评估服务平台成立仪式暨首届电影投融资对接大会在京举行。

乐视网发布重大战略合作公告,称将战略入股重庆广电控股的重庆有线,并共同出资设立新的子公司开展互联网电视业务。此前,乐视网启动了海外市场战略,在美国创立洛杉矶子公司和硅谷子公司。

7 月 24 日

新浪微博联合人民网舆情监测室发布了《2014 年上半年新浪政务微博报告》。《报告》显示,截至 6 月 26 日,新浪微博平台认证的政务微博达到 11.9169 万个,较去年年底增加 1.9018 万个。其中,党政机构官方微博 8.4377 万个,公职人员微博 3.4792 万个。

新华网与纽约金融学院签订战略合作协议,双方将联手打造在线教育平台。协议明确将共享品牌与资源优势,联手打造中国在线教育领域具有核心竞争力的产品和服务体系。

甘肃卫视开播《大国文化》节目。每期有 3 位明星带领百人方阵进行答题、表演竞赛,由知名区域历史文化专家进行点评和解答。

7 月 25 日

北京电影学院与社会科学文献出版社共同发布《动漫蓝皮书:中国动漫产业发展报告(2014)》。2013 年我国动漫产业总产值达 870.75 亿元,较 2012 年增长 14.59%。预计 2014 年我国动漫产业总产值将达到 1000 亿元。

PPTV聚力联合广州广电传媒集团签订联合建立全球网络粤语电视台合作备忘录，成为第一家与电视台共建网络粤语电视台的非政府机构视频媒体。

《房地产时报》在头版宣布休刊。《房地产时报》创刊于2001年1月2日，是上海唯一一份房地产专业报。

7月26日

央视综艺频道、爱奇艺携手打造的大型明星互动魔术竞技真人秀节目《大魔术师》开播，共12期，在央视综艺频道、爱奇艺同步播出。

7月29日

《人民日报》前总编辑谭文瑞在北京逝世，享年92岁。谭文瑞是1979年《告台湾同胞书》的撰稿人之一。他1922年出生在广东新会，1945年毕业于燕京大学新闻系，在《人民日报》工作40余年，曾担任过编辑、记者、评论员、国际版主编、国际部主任、副总编辑、总编辑等职。1985年负责创办《人民日报（海外版）》。2007年他和丁聪、华君武等漫画家以“诗配画”的形式出版了《世态万象》。

芒果互娱主办的“芒果之夜暨2014移动产品IP战略合作峰会”在上海开幕。芒果互娱对外发布“数字移动娱乐IP库”概念，将基于“数字移动娱乐IP库”开发手游作品。

上海电影集团与复星集团签署战略合作协议，将联合成立上影复星文化产业投资基金。双方将以此基金为平台，在影视制作、发行、放映和衍生品开发等领域展开深入合作。

由中国人民解放军八一电影制片厂和深圳方块动漫画文化发展有限公司联合出品的《正义红师》媒体见面会在北京隆重举行，该片为中国首部军事科幻题材动画电视连续剧。

7月30日

全新改版的南方网（www.southcn.com）正式上线。作为南方报业传媒集团加快传统媒体和新兴媒体融合发展的重点工程，改版后的南方网有效吸纳和整合集团、《南方日报》、南方网的优势媒体资源，为广大受众提供更细致、更到位的服务，以用户为导向，全面满足用户丰富多样的信息需求，将自身打造成“广东媒体融合第一平台”。

“浙江媒体网站联合辟谣平台”（http://py.zjol.com.cn）正式上线。辟谣平台由浙江省互联网信息办公室、省公安厅、省通信管理局指导，省网络文化协会、省互联网协会主办，将主要承担官方辟谣信息的发布传播、提高公众对各类谣言及网络违法有害信息的认知和鉴别能力等功能。

同月

中共中央政治局委员、中宣部部长刘奇葆指出，要建立适应融合发展的媒体管理体制。针对传统媒体和新兴媒体管理尺度不一的问题，要统一管理度量衡，对网上网下、不同业态进行科学有效管理。

中国记协对中国新闻奖、长江韬奋奖评选工作进行了重大改革，增设审核环节，执行严格的审核标准。审核工作按照《中国新闻奖、长江韬奋奖评选办法》，在提交定评委员会之前，对参评作品、参评者申报材料进行审核，提出意见，为定评委员会确定参评资格和有关事项提供参考。来自全国新闻单位、教研机构和中国记协的32位审核委员对全部参评作品和参评者进行了全方位审核。改革还有两个亮点：其一，为了防止出现漏报优秀作品和优秀新闻工作者的情况，评奖办公室可以直接受理自荐、他荐参评作品和参评者；其二，中国社科院新闻所、中国人民大学新闻学院等全国11家教研机构可以报送参评作品。

由MMA中国无线营销联盟委托爱奇艺起草的《移动视频广告投放协议》正式发布，这是国内首个移动视频广告统一标准，有望改变以往移动视频广告跨平台投放的标准混乱问题。

《环球时报》与环球网联合推出原创栏目《环球今日评》。该栏目紧扣网上热点、敏感话题，及时推出快评，更迅捷地表达“环球”观点。文章每天下午5点前在环球网评论频道推出。

8月1日

湘鄂渝边界9家媒体联盟成立大会日前在湖北三峡日报传媒集团举行。来自湖南、湖北、重庆的9家主流媒体负责人通过《湘鄂渝边界媒体联盟章程》，宣告组建资源共享平台。9家联盟单位分别是：岳阳日报传媒集团、常德日报传媒集团、张家界日报社、三峡日报传媒集团、荆州日报传媒集团、荆门日报传媒集团、恩施日报传媒集团、神农架报社、三峡都市报社。

浙江卫视推出一档全新文化综艺类节目《中华好故事》，以中华传统故事为主要内容，采用知识竞赛、故事演绎、名人出题、知名校友助阵等多元化方式寻找老故事里的新细节。

8月2日

央视综艺频道推出七夕直播特别节目《天下有情人　让爱闪闪亮》，邀众多明星共度七夕。

辽宁卫视和风行网打造的音乐互动节目《梦想音乐节》开播，节目主打乐队或组合参赛的形式。

8月4日

搜狐视频4K超高清周播网络长剧《匆匆那年》上线开播，该剧描述了“80后”的情感与生活历程。

8月5日

国家新闻出版广电总局电影局副局长栾国志在第十二届中国长春电影节组委会第一次会议上表示，当前中国的电影业进入了持续健康快速发展的关键时期。截至8月3日，中国城市院线2014年电影票房已经达到176.48亿元，其中国产影片占到52%。全年电影票房则有望达到270亿元。

人民日报社“点赞中国”大型互动活动正式启动。该活动将以全媒体报道和人物评选活动相结合的互动模式，让身边的故事标注时代价值，让民族的根魂凝聚恢弘正气，唱响中国人的精神礼赞。

8月6日

国家应急广播·鲁甸抗震救灾应急电台正式通过当地频率FM98.6播出节目。

8月7日

国家互联网信息办公室发布《即时通信工具公众信息服务发展管理暂行规定》，自公布之日起施行。新闻单位、新闻网站开设的公众账号可以发布、转载时政类新闻，取得互联网新闻信息服务资质的非新闻单位开设的公众账号可以转载时政类新闻。其他公众账号未经批准不得发布、转载时政类新闻。

北京市第一中级人民法院就360搜索引擎是否违反Robots协议而引发不正当竞争纠纷一案做出一审判决，认为360的行为违反《中华人民共和国反不正当竞争法》相关规定，应赔偿百度经济损失及合理支出共计70万元。

中国传媒大学互联网信息研究院发布我国首份政务微信评估报告。报告显示，部委政务微信公众号阅读量差距明显：中国政府网总阅读量超20万，以绝对优势高居第一；财政部、微信教育、最高人民法院等微信总阅读量均突破10万，形成“第二阵容”；阅读量介于5万至10万及5万以下的则各包括3个账号。

“追忆中国远征军”海峡两岸记者联合采访活动在云南腾冲启动。16位台湾记者和14位大陆记者在为期7天的行程里探访中国远征军遗迹。

8月12日

乐视宣布推出“超级合伙人LePar”加盟模式，将乐视电视的销售从线上延展到线下。“合伙人”将提供配送、调试等流程，并从中获得销售佣金、配送、调试等服务收益。

8月14日

央视综合频道推出央视和光线传媒联合打造的大型少儿励志节目《少年中国强》。

8月15日

百集广播评书《花果山传奇》在中央人民广播电台文艺之声播出。评书生动再现了《西游记》《水浒传》《三国演义》等经典名著的成书过程和人物原型。

8月18日

中央全面深化改革领导小组第四次会议审议通过了《关于推动传统媒体和新兴媒体融合发展的指导意见》。习近平总书记在会上强调，推动传统媒体和新兴媒体融合发展，要遵循新闻传播规律和新兴媒体发展规律，强化互联网思维，坚持传统媒体和新兴媒体优势互补、一体发展，坚持先进技术为支撑、内容建设为根本，推动传统媒体和新兴媒体在内容、渠道、平台、经营、管理等方面的深度融合，着力打造一批形态多样、手段先进、具有竞争力的新型主流媒体，建成几家拥有强大实力和传播力、公信力、影响力的新型媒体集团，形成立体多样、融合发展的现代传播体系。要一手抓融合，一手抓管理，确保融合发展沿着正确方向推进。

人民网“行走新丝路”报道启动仪式在北京、西安、泉州三地同时启动。“丝绸之路经济带”和“21世纪海上丝绸之路”两路报道团队分别从西安、泉州出发，此次活动为期近两月，由60多位记者、名人参与，涉及国内十多个城市和13个海外国家。

8月19日

人文纪录片《汉江》在央视纪录频道及湖北卫视首播，分为“源远流长”“文明纽带”“兴国之本”“魂济中华”“灿若星河”“天下之中”等六个章节。

8月26日

为期三天的2014中国互联网大会在京开幕。本次大会以“创造无限机会——打造新时代经济引擎”为主题，议题涵盖移动互联网、互联网金融、可穿戴设备、大数据、云计算等20余个板块。会上，政府部门、中外互联网企业、专家学者等代表就互联网在推动科技创新、产业升级和经济发展中如何更好地发挥重要引擎角色进行深入交流和探讨。

腾讯移动安全实验室发布《2014年7月手机安全报告》。报告显示，今年前7个月，感染手机支付类病毒的用户超过800万次，平均每月新增感染用户114万人次。

8月27日

中国互联网协会的《中国网民权益保护调查报告》在京发布，报告显示，2014年全国网民因为网络诈骗、垃圾信息、个人信息泄露等侵权现象导致的损失达到1433.6亿元。报告统计，有近80%的网民手机号遭到过泄露，并有50%以上的网民因手机号泄露而受到影响。

8月28日

中国政府网发布《国务院关于授权国家互联网信息办公室负责互联网信息内容管理工作的通知》。通知指出，为促进互联网信息服务健康有序发展，保护公民、法人和其他组织的合法权益，维护国家安全和公共利益，授权重新组建的国家互联网信息办公室负责全国互联网信息内容管理工作，并负责监督管理执法。

中国互联网协会、工业和信息化部信息中心联合发布了 2014 年中国互联网企业 100 强排行榜，腾讯、阿里巴巴、百度占据榜单前 3 位。此次上榜的百强企业综合实力强劲，营收总规模接近 4000 亿元，占我国 2013 年信息消费规模比重达到 18. 1%。从榜单上看，进入前 10 位的企业依次还包括京东、搜狐、奇虎 360、小米、网易、苏宁云商、新浪。

8 月 29 日

重庆国家级互联网骨干直联点开通仪式举行。互联网骨干直联点开通后，重庆用户跨运营商和跨省访问将不再绕转其他城市，互联网访问速度和访问质量将大幅提高。直联点正式开通后，重庆市互联网网间延时降低 60%以上，丢包率降低 90%以上，网络响应速度提高 85%以上。互联网出口带宽也得到大幅提升。

教育部发出通知，重申了对教师违规收受学生及家长礼品礼金等行为的“6 条禁令”，同时，将利用电子商务提供微信红包、电子礼品预付卡等新现象纳入监督范围。

8 月 30 日

第二十一届北京国际图书博览会在北京落下帷幕。据统计，本届博览会共达成版权协议 4346 项，比去年增长 18.5%。其中引进 1752 项，输出 2594 项，引进版权与输出版权比为 1∶1.48，中文图书版权输出实现了连年增长。

中国首个电影大数据分析平台正式上线。“2014 年中国电影观众指数”发布会在清华大学举行。发布会上，我国第一家电影大数据分析平台“idatage 数太奇”基于对《秦时明月》观众院线观影行为的研究首次公布了一组系列数据，它迈出了我国新闻媒介尝试用数据解读电影产业的重要一步。据介绍，“数太奇”是关于中国电影市场的连续性数据产品，通过挖掘海量互联网数据和超过 15 万份来自全国电影观众的样本问卷数据，实现对电影票房、电影口碑、电影观众心理和行为进行连续性监测及预测。

湖南广播电视台旗下“芒果 TV”联手彩电制造商 TCL 推出 55 吋、40 吋“TCL 芒果 TV+”智能电视机。这是我国广电系统与家电企业、互联网电视牌照方与硬件厂商首次跨界深度合作。

8 月 31 日

第 12 届长春电影节落下帷幕。陈可辛执导的《中国合伙人》获得最佳故事片、最佳导演、最佳男主角、最佳男配角、最佳摄影 5 大奖项。黄晓明和巩俐获得最佳金鹿男女主角称号。佟大为荣获最佳男配角金鹿奖，杜可风获最佳摄影奖。本届电影节组委会首次设立“华语电影艺术成就奖”，特别授予吴思远、李雪健。同时“金鹿奖”增设最佳青年导演处女作奖，由《北京爱情故事》导演陈思诚获得；增设最佳视觉效果奖，授予影片《狄仁杰之神都龙王》。

同月

由中宣部、国家互联网信息办公室、国家新闻出版广电总局、中国记协主办的“好记者讲好故事”演讲活动开始在全国新闻战线展开。

湖南卫视透露，正在筹备向旗下全资子公司快乐阳光互动娱乐传媒有限公司投资 10 亿元人民币，扶持芒果 TV、互联网电视、移动互联网等新媒体领域业务。这意味着，湖南卫视作为传统电视台的领先者，在新媒体冲击下正启动全面转型。

广州市天河区人民法院日前对广州网易

计算机系统有限公司采取强制执行措施，向经济参考报社支付败诉赔偿金及迟延履行期间的债务利息合计 41362 元，同时，要求网易在新闻中心页面连续 48 小时刊登致歉声明。

9 月 2 日

医疗健康互联网公司丁香园宣布获得腾讯战略投资 7000 万美元，这是国内目前该领域最大的一笔融资。

9 月 8 日

中国电商巨头阿里巴巴在美国纽约路演，预计近期将在纽交所上市，有可能成为美国乃至世界范围内融资规模最大的一次公开募股（IPO）。

9 月 10 日

国家新闻出版广电总局学术期刊审核认定会在京召开。由国家新闻出版行政部门组织对国内学术期刊进行审核认定尚属首次，主要目的是严控资质、正本清源、规范出版、提高质量。审核认定工作完成后，总局将及时公布第一批学术期刊名单。为了确保认定工作客观公正，总局专门成立了学术期刊审定审核工作领导小组，组建了由 47 位院士、教授等组成的审核认定专家组，并科学严谨地建立了认定工作标准、规则和流程。

9 月 11 日

国家互联网信息办公室在京召开全国网络举报工作会议。会上，新华网、人民网、新浪网、搜狐网、腾讯网、百度网等全国 100 多家网站签署《积极开展举报工作承诺书》，统一向社会公布 24 小时举报电话。网站承诺：设立举报部门，公布 24 小时举报电话，及时处置公众举报。对恶意散布违法和不良信息的用户，采取处置措施，并向有关执法部门报告；欢迎网民监督，对网站的举报工作提出意见和建议，依法建设文明健康有序的网络空间。

9 月 14 日

厦门大学新闻学茶座第二期开讲。日本龙谷大学名誉教授、厦门大学新闻研究所所长卓南生先生在厦大新闻传播学院会议室主讲“甲午年谈纪念甲午战争的意义”。

9 月 16 日

由国家新闻出版广电总局主办、中央人民广播电台承办的首届国家应急广播大会——“2014 中国应急广播大会”在北京召开。本次大会旨在通过沟通政府、行业组织及社会团体，提升应急广播在应急处置中的作用；借鉴各国各界同行先进经验，借助新技术新媒体带来的新机会，思考并引领中国应急广播发展；宣传应急广播对防灾减灾的重要意义，呼吁全社会关注应急广播事业。大会为期一天，主题涵盖应急广播与应急管理、应急广播案例分享、应急广播与新媒体、面向未来的应急广播等内容。

北京市新闻道德委员会召开成立大会。该委员会在市委宣传部领导下，加强对全市新闻行业的监督，通过对新闻违纪事件投诉的受理、调查和曝光，组织社会力量监督新闻界。该委员会承担受理举报、调查研究、行风测评、教育培训、理论研讨、合作交流六项基本职责。

东方明珠和百视通同时发布公告，两家公司将在控股股东上海文广集团的筹划之下，实施换股吸收合并。百视通和东方明珠是 A 股文化传媒板块中市值最大的两家公司，停牌前的市值分别为 356 亿元和 348 亿元。公告称，在合并的同时还将注入新的文化传媒资产，新公司有望成为 A 股首个千亿级“传媒航母”。

9 月 20 日

《新闻传播学大辞典》出版座谈会在中国人民大学举行。30 余位新闻传播学专家学者齐聚一堂，就该辞典的成书背景、内容及其价值进行了深入研讨。《新闻传播学大辞典》自2007年动议编纂，2010年8月申报并获批准成为国家“十二五”重点图书出版项目。此后，历经6年多的编纂于2014年7月出版。本辞典由中国著名新闻教育家、新闻学者甘惜分和中国新闻史学泰斗方汉奇教授担任顾问，复旦大学新闻学院童兵教授、中国人民大学新闻学院陈绚教授主编。全书收入词条6811条，计220万字，13个部分。它总结了新闻事业和新闻传播学科繁荣发展的最新研究成果，集中国人民大学新闻学院、复旦大学新闻学院、中国传媒大学、中国社会科学院新闻研究所等全国26家知名高校和研究所、近200名新闻传播学专业人员之力编写而成，学科基础知识和学术前沿成果并重，学科框架完整，知识体系完备，是继1993年甘惜分教授主编的《新闻学大辞典》后的集大成之作，是新闻传播学专业从业人员、教学和研究人员、学生和大众读者的案头必备工具书。

9 月 21 日

中央电视台原台长杨伟光因病去世，享年79岁。他是中国电视产业最早的拓荒者之一，广东梅县人，1935年生，历任中央人民广播电台编辑、记者、副台长、中央电视台副台长、台长、广电部副部长等职。他被认为成功地领导了迄今最为卓越的央视变革，先后开创了《东方时空》《焦点访谈》《新闻调查》《实话实说》等优秀节目。

北京大学世界华文传媒研究中心主办的“北大新闻学茶座”第40次活动在北京大学新闻与传播学院举行。《人民日报（海外版）》副总编辑、高级记者钱江先生，以“对十年‘文革’中《人民日报》的研究”为题，和与会者分享了他的研究思路和进展。

由中国青年政治学院新闻传播学院政治传播研究中心联合中国社会科学院新闻与传播研究所世界传媒研究中心主办、《国际新闻界》等协办的首届“政治传播与社会发展论坛”在北京举行，这是国内首次大型的政治传播研究专题学术论坛。

9 月 23 日

国家版权局与国家发展和改革委员会联合发布了《使用文字作品支付报酬办法》。引人注意的是，原创作品的基本稿酬标准由1999年《出版文字作品报酬规定》的每千字30—100元提高到80—300元。该办法将于2014年11月1日起施行。

江苏有线网络发展有限责任公司创立大会在南京市召开，这标志着江苏“一省一网”的整合目标已基本实现。会议审议通过《江苏有线网络发展有限责任公司章程》，选举产生了首届董事会和监事会，形成了股东会决议。

9 月 24 日

《新华日报》原总编辑高斯在南京逝世，享年92岁。

《羊城晚报》以整版的篇幅介绍包括首批16个微信公众号在内的微信群矩阵，内容包括本地资讯、理财、健康、旅游等各个方面，面向细分化市场。

9 月 25 日

人民日报社与清华大学共建新闻与传播学院签约仪式在清华大学举行。清华大学党委书记陈旭、人民日报社副总编辑陈俊宏、清华大学新闻与传播学院院长柳斌杰出席签字仪式。同时，“清华大学—人民日报社媒体融合发展研究中心”和“清华大学—人民日报社教育实习基地”揭牌。

国家互联网信息办公室、工业和信息化部、国家工商总局召开“整治网络弹窗”专题座谈会，决定于近期启动“整治网络弹窗”专项行动，进一步加大对网络弹窗的整治力度，严肃查处传播淫秽色情信息、木马病毒、诈骗信息等非法弹窗行为。据不完全统计，我国网民常用软件中有弹窗广告行为的软件达 1221 个，其中每天弹出广告数量超过 1000 次的软件近 500 个。

9 月 28 日

川报集团发布“四川新闻”客户端、“川报观察”客户端、《四川日报》官方微博微信、“问政四川”“天府问计”“四川党政信息库”6 款新媒体产品。以川报全媒体集群首批新媒体产品发布为标志，川报集团开启传统媒体与新兴媒体深度融合之路。

10 月 8 日

中华人民共和国国务院英文网站新版开通仪式举行。新的国务院英文网站，深入把握国际传播规律，围绕国际社会对中国政府的信息需求，充分采用网络新技术，对网站内容、架构等进行重新设计和大幅优化提升。网站目前设置了最新资讯（News）、政策发布解读（Policies）、政府机构导航（Directory）、服务指南（Services）和档案资料（Archive）等一级栏目及 20 余个二级栏目。

10 月 9 日

最高人民法院发布《最高人民法院关于审理利用信息网络侵害人身权益民事纠纷案件适用法律若干问题的规定》。根据规定，添加或者修改文章标题，导致其与内容严重不符成为转载行为过错认定的因素之一。这份司法解释也是继规范审理侵害信息网络传播权民事纠纷案件、办理利用信息网络实施诽谤等刑事案件的司法解释之后，最高法针对互联网法律问题出台的又一裁判规则。

10 月 10 日

浙江卫视推出大型户外竞技真人秀节目《奔跑吧兄弟》。该节目是浙江卫视引进韩国 SBS 电视台综艺节目 *Running Man* 推出的，由浙江卫视和韩国 SBS 联合制作。

10 月 11 日

淘宝天下传媒有限公司和浙江传媒研究院联合举办的“下一个五年——2014 中国电商媒体人峰会”在杭州召开。会上，电商界的企业家、知名媒体人、平台方、投资人等各领域精英人士齐聚一堂，从宏观趋势、金融趋势、营销趋势、品牌趋势、移动互联网趋势、O2O 趋势等角度，预测电商发展的下一个五年。

10 月 13 日

河南文化传媒超级航母——河南大象融媒体集团在郑州挂牌成立。河南大象融媒体集团是河南广电整合旗下 4 家传统媒体单位和 8 个媒体公司组建成立的新型集团公司，拥有报纸、杂志、广播、电视、网站、网络电视台、IPTV、手机报、手机电台、手机电视、电话广播、手机客户端、移动电视、户外大屏等 14 类主流媒体业态和 38 个媒体传播平台。

10 月 17 日

深圳卫视推出户外真人秀节目《极速前进》。该节目是深圳卫视从美国 CBS 电视台引进的全球著名的竞速真人秀节目 *The Amazing Race* 版权制作的明星度假旅行节目。

10 月 19 日

中华全国新闻工作者协会主办的第 24 届中国新闻奖和第 13 届长江韬奋奖评选结果揭晓。来自全国报社、通讯社、电台、电视台和新闻网站的 283 件作品获中国新闻奖，其中特别奖 4 件，一等奖 45 件（含 7 个新闻名专栏），二等奖 88 件，三等奖 146 件；20 名新闻工作者获长江韬奋奖，其中长江系列 10 名，韬奋系列 10 名。

由北京大学世界华文传媒研究中心主办、北京大学新闻学研究会协办的北大新闻学茶座第 41 期在北京大学新闻与传播学院举行。北京大学新闻学研究会执行会长、世界华文传媒研究中心主任程曼丽教授与茶座参与者分享了自己早年的博士论文《〈蜜蜂华报〉研究》的写作过程及其引发的思考。

10 月 27 日

首届世界媒体峰会全球新闻奖评选结果在京揭晓，共产生 4 个最终获奖者和 19 个提名奖获得者。首届全球新闻奖共设峰会公益、媒体创新和新媒体报道三大类别 4 个奖项。其中，峰会公益奖包括发展中国家优秀新闻团队奖和发展中国家优秀新闻从业人员奖。

10 月 29 日

国家互联网信息办公室和国家新闻出版广电总局联合下发《关于在新闻网站核发新闻记者证的通知》，通知要求在全国新闻网站正式推行新闻记者证制度。全国范围内的新闻网站采编人员由此正式纳入统一管理。此次新闻网站记者证发放将本着“周密实施、分期分批、稳妥有序、可管可控”的原则，首批实施范围是经国家互联网信息办公室批准且取得互联网新闻信息服务许可一类资质并符合条件的新闻网站，申领人员应为新闻网站编制内或者正式聘用的专职从事新闻采编工作且具有一年以上新闻采编工作经历的人员。

10 月 30 日

中宣部组织媒体融合专家委员会，对中央三大新闻单位（人民日报社、新华社、中央电视台）申报的 9 项媒体融合项目进行评审。根据中央媒体融合的要求，能够聚合社会用户、整合资源、市场推广力度大的媒介融合项目，将得到重点支持。

首届世界互联网大会新闻发布会今日在京举行，国家互联网信息办公室主任鲁炜在会上宣布，首届世界互联网大会将于 11 月 19 日至 21 日在浙江乌镇举办。这是中国举办的规模最大、层次最高的互联网大会，也是世界互联网领域一次盛况空前的高峰会议。

成都传媒集团数字采编中心启动暨首批新媒体产品矩阵上线仪式举行。成都传媒集团宣布启动进军新媒体“4311”战略，该战略涵盖了时政新闻、财经资讯、生活服务和数字娱乐等四大产品矩阵，成都传媒集团数字采编中心、技术研发中心、用户大数据中心等三大中心，一个新媒体产业园区，一个新媒体产业发展基金。活动现场，《成都日报》“锦观”、《成都商报》“谈资”、《成都晚报》“微成都”、“每日经济新闻”4 个客户端以及全新改版的全搜索新闻网作为成都传媒集团首批 5 大核心新媒体产品正式发布。

阿里和优酷土豆正式对外宣布，推出优酷“边看边买”和土豆“玩货”等视频购物产品。

同月

中央电视台高级编辑冯雪松写的介绍抗战初期著名新闻摄影记者方大曾的作品和他的动人事迹的《方大曾：消失与重现》一书，由上海锦绣文章出版社出版。方大曾，1912 年 7 月生于北京，笔名小方，毕业于中法大学经济系，是 20 世纪 30 年代活跃在长城内外的知名记者，也是许多欧美报刊的供稿人，曾参与组建中外新闻学社，以摄影和通讯报道见长。其作品大多反映当时的民风民俗、战事及社会变迁。他与范长江、徐盈等同负盛名，是中国战地记者的先驱、杰出的摄影家，被后辈称为中国的罗伯特·卡帕，是中国新闻史上以新闻摄影为手段报道“七七事变”的第一人。1937 年 9 月在河北蠡县前线采访时失踪。方大曾所拍的有关卢沟桥事变和抗日军事活动的一大批新闻照片，保存了许多拍自第一现场的珍贵画面，是对伟大的全民抗战的忠实纪录，具有重要的历史文献价值。中国新闻史学界泰斗、中国新闻史学会会长、中国人民大学一级教授方汉奇先生认为：本书作者为了搜集和追寻方大曾的作品和他的事迹，花了七年的时间，首次揭开方大曾鲜为人知的成长背景、社会交往、报道缘由、作业方式、人物性格和最后神秘失踪的帷幕，为发掘出这一长期被湮没的新闻史人物做出了贡献。

国家新闻出版广电总局办公厅发布《国家新闻出版广电总局办公厅关于组织做好三网融合第二阶段试点双向进入业务许可申报有关工作的通知》，要求各省、自治区、直辖市新闻出版广电局尽快组织确定当地第二阶段试点地区申请电信业务许可的有线电视企业主体，在 10 月 25 日前报总局网络司。所确定的申请主体，应当具备独立法人资质，符合电信业务许可申请要求。

11 月 2 日

中国新闻史学会 2014 年年会暨中国新闻传播专题史研究学术研讨会 11 月 2—3 日在广州暨南大学举办。在中国新闻史学会第五届理事大会暨会员大会上，清华大学新闻与传播学院副院长、博士生导师陈昌凤教授当选为中国新闻史学会第五届理事会会长，清华大学新闻与传播学院副院长、博士生导师史安斌教授当选为中国新闻史学会秘书长。中国人民大学王润泽教授、复旦大学黄瑚教授、中国传媒大学丁俊杰教授、武汉大学单波教授、华中科技大学张昆教授、暨南大学刘家林教授、厦门大学赵振祥教授、中国记协潘岗先生、中国国际广播电台王明华先生等当选为副会长。暨南大学邓绍根副教授、中国人民大学常江老师当选为副秘书长。本次会议由中国新闻史学会主办，暨南大学新闻与传播学院承办，暨南大学南方传媒研究院和《国际新闻界》杂志社协办。来自全国 150 多所高校、新闻研究机构及部分媒体的 200 余名代表参加了会议，会议共收到学术论文 130 余篇。

11 月 3 日

中华网与温州广电传媒集团签署了战略合作备忘录，标志着国家媒体与温州城市外宣合作在新媒体领域的突破与升级。根据协议，中华网和温州广电传媒集团将共同运营“中华网温州分站”，未来也将在温州地区开展城市、旅游、文化等方面的项目和营销活动。

11 月 4 日

被誉为网络媒体界“教父”的新浪网总编辑陈彤宣布加盟小米，将担任小米副总裁，负责内容投资与内容运营。

皖新传媒公司与腾讯科技签署了《智慧书城合作协议》，该合作项目主要由腾讯科技旗下微信事业群负责，共同推进微信社交平台在全国书店的广泛应用。两天前二者签订了《微信支付 & 皖新传媒战略合作框架协议》。

11 月 6 日

第 42 期北大新闻学茶座在北京大学新闻与传播学院举行，卓南生教授进行了一场“新闻史研究方法论的再思考——从《香港华字日报》大量原件之发掘说起”的讲座，围绕史料发掘、历史认识与历史评价、学术风气等问题与与会会员进行了坦诚的对话与互动。

11 月 7 日

第二十四届中国新闻奖、第十三届长江韬奋奖颁奖报告会 7 日下午在京举行。中国新闻奖部分获奖者、20 位长江韬奋奖获奖者，以及从事新闻采编工作 30 年以上的资深新闻工作者代表上台接受褒奖与祝贺。中共中央政治局常委、中央书记处书记刘云山会见获奖代表并讲话，强调当代中国新闻工作者最重要的责任，就是讲好中国故事、弘扬中国精神、传播中国声音。此次共评选出中国新闻奖获奖作品 287 件，其中特别奖 4

件，一等奖 46 件，二等奖 90 件，三等奖 147 件；评选出 20 位长江韬奋奖获奖者，其中长江系列 10 位，韬奋系列 10 位。

江西网络广播电视台官方微站正式开通，设置视频直播、视频点播、客户端下载、微社区等功能板块，依托江西广播电视台全部频道频率所积累的资源，并引入近 4 亿的微信用户数据，打通了移动终端最主要的 APP、微信公众平台、微站三大传播渠道。

11 月 11 日

珠江网络传媒与城市之声携手推出名为“双十一，一听即发”的首档融媒体广播购物节目，开启电台融媒体购物新模式 Radio to Consumer（简称 RTC)。这是广东广播电视的生态圈实现优势资源互补、通过互联网电商平台直接面对消费者、击破电台传统收益模式的新尝试。

海南最大的视听客户端“视听海南”正式上线。视听海南集成了海南广播电视总台 12 套优质视音频直播信号，24 小时不间断直播，并可回放观看。内容涵盖新闻、民声、旅游、生活、故事、综艺等多种类型。并与中国电信海南公司合作运营，推出“魅力海南”客户端，实现全方位互动、多媒体发布、多渠道融合的“云媒体”。

11 月 17 日

2015 年央视黄金资源广告招标大会举行。央视将与中国移动合作，未来三年内，中国移动将在合作机型中预装“央视新闻”“央视影音”APP，每部手机预装费用 2 元，央视计划投入 4 亿资金。

11 月 18 日

南方都市报“新连接·大未来——南都新品分享会”在广州南方报业传媒集团举办，南都 APP、南都数字报阅读墙、蜂窝微媒体联盟、“品牌盛宴”APP 四个新产品正式发布。这些新产品涵盖了社会化影响、移动阅读、数字出版以及轻游戏等领域。

重庆日报报业集团决定改组发行公司，成立重报集团电商物流公司。公司实行集团内部混合所有制，集团传媒公司占 40%股份，重庆官方新闻门户网站华龙网参股 30%，重庆商报会务集团参股 30%。公司前期投资 3000 万，主要经营物流、电商、社区、服务等方面业务，采用 O2O 模式，加强本地化服务功能，致力于打造生活服务电子商务平台。

11 月 19 日

《解放军画报》原摄影记者孟昭瑞在北京逝世，享年 85 岁。孟昭瑞参加过平津战役、北平入城仪式、政协筹备会、新政协会议、开国大典、抗美援朝、两弹一星、审判林彪江青反革命集团十名主犯等一系列重大历史事件的采访，拍摄了大量珍贵的照片，主要代表作有：《北平入城式》《开国大典》《人民万岁》《周总理与青年》《朱总司令与儿童》《彭德怀与阅兵》《毛主席接见红卫兵》《在朝鲜停战协议上签字》《邓小平在天安门城楼上》《中国蘑菇云》等作品。

首届世界互联网大会在中国浙江桐乡乌镇西栅景区召开。大会主题为“互联互通共享共治”。来自近 100 个国家和地区的政要、国际组织代表、著名企业高管、网络精英、专家学者等 1000 多人参加“乌镇峰会”。国家主席习近平向大会致贺词。这是中国举办的规模最大、层次最高的互联网大会，也是世界互联网领域一次盛况空前的高峰会议。大会决定乌镇将成为世界互联网大会的永久选址地。

11 月 21 日

教育部与国家新闻出版广电总局在京签署《关于“全国校园电影院线”会商备忘录》，启动建设全国校园电影院线。全国校园电影院线由中国教育出版传媒集团等单位发起成立，教育部、国家新闻出版广电总局共同支持。目标是经过 3 至 5 年的努力，在全国高校建设 6000 块银幕，使之成为加强社会主义核心价值观教育、推进校园文化建设的重要平台，成为讲好中国故事、传播好中国声音的重要渠道。

厦大新闻研究所主办的厦大新闻学茶座第 3 期在新闻传播学院会议室举行。厦大新闻传播学院副教授、厦大新闻研究所副所长曹立新博士在茶座会上做了一场“苏联新闻模式与 20 世纪中国新闻事业”的学术报告。

11 月 24 日

首届国家网络安全宣传周在北京中华世纪坛纪念广场举行启动仪式。这是中国第一次举办全国范围的国家级网络安全主题宣传活动。启动仪式会上国家互联网应急中心公布的监测数据显示，仅 2014 年上半年我国境内有 625 万台电脑感染了木马病毒，境外的 1.9 万台主机控制了我国境内 619 万台电脑。本届宣传周由中央网信办会同中央机构编制委员会办公室、教育部、科技部、工业和信息化部、公安部、中国人民银行、国家新闻出版广电总局等部门共同开启。宣传周以“共建网络安全，共享网络文明”为主题，分别设置了“启动日”“政务日”“金融日”“产业日”“电信日”“青少年日”“法治日”等 7 个主题宣传日，围绕当前网络安全的重点领域，举办专题宣传活动。

11 月 25 日

江西卫视与酷云互动正式达成战略合作，酷云互动将为江西卫视提供增强电视与用户行为大数据服务。合作期间，电视观众在观看江西卫视节目时可以享受酷云互动提供的节目实时互动、免费获取节目拓展信息、赢积分换奖品等增强服务；用户行为大数据平台将为江西卫视提供实时海量内容受众分析。

上海东方传媒（SMG）与阿里巴巴集团在商业与金融数据服务以及财经资讯领域初步达成战略合作意向。双方将以 SMG 旗下第一财经为平台，借助各自在数据、资讯、技术、研究和市场推广方面的行业领先优势，携手进入市场潜力巨大的数据服务领域，共同助力中国经济升级发展。

11 月 26 日

首都互联网协会推出《北京市移动互联网应用程序公众信息服务自律公约》，同时推出《维护 APP 信息服务秩序承诺书》，提出对 APP 的运营者进行真实身份信息注册制度，利用 APP 从事新闻信息服务活动必须取得从业资格。承诺书中提到，对 APP 软件的上传者、运营者和发布者进行真实身份信息验证，对拟上架的 APP 进行安全性检测和合法性审核，确保 APP 发布公众信息内容健康、可信、可追溯。另外，利用 APP 从事新闻信息服务活动必须履行相关手续，取得从业资格。未经主管部门批准，不得发布、转载时政类新闻。

人民日报数字传播有限公司与中国电信在西安举办了“人民数字陕西与中国电信西安分公司战略合作框架协议”签约仪式。西安电信将为人民日报数字传播有限公司提供其在西北五省新闻、广告信息发布的高速数据通道。

海尔集团与阿里巴巴集团宣布联合推出海尔阿里电视系列，该电视采用阿里巴巴家庭数字娱乐服务，具有电视网购（阿里 VIP 购物广场）、云游戏、娱乐等特色。此外，海尔、阿里巴巴、国美还同时签署 O2O 协议，线上线下联合普及该智能电视。

11 月 27 日

湖南省《深化省管国有文化资产管理体制改革方案》正式印发，推进省管国有文化资产管理体制改革。《方案》将潇湘晨报社、长株潭报社、法制周报社、金鹰报社、当代商报社等报刊社划归湖南日报报业集团有限公司管理。将湖南教育报刊社、湖南教育音像电子出版社、湖南地图出版社等出版单位划归湖南出版投资控股集团有限公司管理。整合湖南广播电视台相关可剥离经营性资产和芒果传媒有限公司，组建湖南广播影视集团有限公司。

歌华有线召开新闻发布会，宣布完成“歌华云平台”一期建设。目前，公司已完成云平台上线的测试工作，发布会结束后将立即进入全网升级阶段，并采取分步实施、分批上线的方式，争取年内完成高清交互用户全网升级上线。

11月29日

羊城晚报报业集团联合广东省新闻学会、中山大学传播与设计学院共同举办“有融为大——首届媒体融合发展及投资高峰论坛”在广州天河区羊城创意产业园举行。论坛致力于展现媒体融合发展的新观点新思路，强化媒体融合与技术创新相结合的特色，深入探讨新媒体的资本对接，从而促进新媒体与政府、行业组织、投资机构以及企业界的交流合作。本次论坛邀请了11位业界精英、300位传媒同仁，聚焦媒体、技术、资本、政策等领域展开讨论。

12月3日

中宣部、国家新闻出版广电总局、国家网信办召开专题会议，就深入开展新闻单位驻地方机构清理整顿工作做出安排部署。会议要求，要对各级各类新闻单位驻地方机构设立、人员使用、业务开展情况进行全面清理，不符合要求的驻地机构一律撤销合并，违规聘用人员一律辞退。要把网站地方频道纳入清理整顿范围，中央重点新闻网站开设地方频道必须经事前审批，其他各类网站不得开办地方频道和驻地方机构从事新闻采编业务，已开办的一律撤销。会议强调，各地各单位要加强协同配合，确保清理整顿工作在明年3月底前全部完成。

12月4日

“第六届中国网络视听产业论坛”在上海举行。会上发布了《中国网络视听产业报告》，报告显示，2014年中国网络视听产业总产值达378.4亿元，收入继续保持近50%的年增幅。截至2014年7月，中国网络视频用户超过4.39亿，网络视频使用率超过70%；手机视频用户接近3亿，移动视频使用率超过55.7%。此次论坛由国家新闻出版广电总局和上海市人民政府共同主办，总局网络司和上海市文化广播影视管理局承办，中国（上海）网络视听产业基地协办。

12月8日

中宣部召开专题会议，对在全国新闻战线开展“走转改”大型主题采访活动“行进中国·精彩故事”进行动员部署，推动新闻战线进一步深化拓展“走转改”活动，讲好中国故事，更好地弘扬中国精神、传播中国声音。会议要求，各新闻单位要把“行进中国·精彩故事”主题采访活动作为年终报道的重点，精心策划、周密安排，用真实具体的事例、有血有肉的人物、引人入胜的情节，用富于时代感、现实感的新闻语言和细腻鲜活的表达方式，生动讲述当代中国发展成就、发展道路、发展理念，展示中国社会发展进步的主流，展示中国人民蓬勃向上的风貌，把中国故事讲得愈来愈精彩，让中国声音愈来愈洪亮，激励广大干部群众继续沿着中国道路前进的信心和勇气，加深国际社会对中国的认识。

12月10日

《法国侨报》与《今晚报》在巴黎签署战略合作协议，《今晚报（法文版）》正式创刊，将通过《法国侨报》进行出版发行，以期成为宣传中国和天津的一扇新窗口。法国侨报社社长钱海芬表示，此次与《今晚报》开展合作，双方通过共同努力，向世界讲述中国好故事，传播中国好声音，推广中华好文化。

12月13日

中国人民大学和文化部文化产业司共同举办的“文化中国：中国文化产业指数发布会”在中国人民大学举行。发布会公布了2014年度“中国省市文化产业发展指数”和“中国文化消费指数”。各省市综合指数排序，河北、湖南、江西首次挤进全国前十名。在测度文化投入水平的生产力指数方面，全国排名变化较小，东部地区凭借丰富的文化资源和文化资本、文化人才资源投入，在前十名中占据八席。在文化产业影响力指数方面，前十名的省市中，除了湖南、江西、安徽外，其他均来自东部沿海发达地区。在驱动力指数方面，排名前十的省市中，有近一半出自中西部地区。2014年的文化消费指数显示，我国文化消费整体情况优于去年。其中，文化消费环境、文化消费意愿和文化消费水平提升较大，但文化消费满意度不升反降，说明居民对文化产品的质量要求更高。东部地区文化消费整体优于中西部地区，其中文化消费水平、文化消费能力、文化消费意愿优势明显。

12月16日

《咬文嚼字》编辑部发布了2014年十大流行语，“顶层设计”位居榜首，“新常态”“打虎拍蝇”“你懂的”“萌萌哒”等入选。《咬文嚼字》在评选流行语过程中，充分考虑了时代价值、语言价值和社会价值。

贵州省经济和信息化委员会与贵州日报报业集团举行大数据云上贵州“媒体云”战略合作签约仪式。贵州日报报业集团立项投入建设“媒体云”系统平台。

以新中国新闻事业奠基人范长江的名字命名的范长江新闻学院在其家乡四川省内江市挂牌成立。学院将传承范长江精神，探索建设新闻人才培养基地。16位范长江新闻奖获得者及两位逝者家属、来自各地的新闻文化界代表和师生见证了揭牌仪式。

12月17日

我国首家公益性“网上剧本超市”在北京文联网开通。该平台旨在免费帮助影视、舞台、曲艺剧本的创作者，打开自我营销渠道，直接与影视、文化公司和文艺院团对接，促进原创剧本加速转化为文化市场产品。

百度公司与美国知名公司Uber（优步）签署战略合作及投资协议，Uber接受百度的战略投资，双方达成全球范围内的战略合作伙伴关系。双方将在技术创新、开拓国际化市场、拓展中国O2O服务三个方面展开合作。

12月18日

华西传媒集群媒体融合发展战略发布会举行，发布了华西传媒集群未来两年的“i战略”。在媒体融合产品框架图中，“i战略”涉及资讯（i-Media）、社交（i-Link）、电子商务（i-EB）、互联网金融（i-Finance）四大类产品，50余个垂直产品平台。

12月19日

“中国关键词”多语网络平台发布，包括“中国特色社会主义”“中国梦”“全面深化改革”“政治建设”“国际形势和外交战略”等5个专题的首批77条核心词汇的权威解读和阐释，以中、英、法、俄、日、阿拉伯、西班牙等7个语种同步对全球发布。该平台由中国外文局、中国翻译研究院、中国翻译协会和中国网合力打造。

第二届中国企业新媒体年会在京举行。年会以“互联互通新常态：融合与创新”为主题，探讨中国企业新媒体发展的新趋势与新机遇。会上，《人民日报（海外版）》旗下微信公众号“侠客岛”和“学习小组”荣获“2014 年度最受中国企业关注的自媒体账号”奖项。同时，由国务院国资委新闻中心官方新媒体平台“国资小新”开发的“壹站”客户端正式上线测试。

中央民族大学、中央民族大学新闻学藏语基地班与央广藏语节目中心共建签约仪式举行。中央民族大学文学与新闻传播学院、藏学研究院和中央人民广播电台民族节目中心三方合作，共同培养既懂语言又懂业务的少数民族新闻传播人才。同日召开“卓越新闻传播人才培养研讨会”，并举行了中央人民广播电台民族语言节目听评基地揭牌仪式。

北京大学电视研究中心主办的“2014 中国电视掌声·嘘声”评选发布，四个“年度掌声”分别给予：“央视新闻频道纪念曼德拉报道全天编排”，《北平无战事》，“2014 年北京电视台春节联欢晚会”，纪录片《互联网时代》《五大道》和《你所不知道的中国》。“年度嘘声”针对的是两种令人担忧的趋势：一是媒体融合之下的知识产权保护问题，二是国际新闻评论的泛军事化现象。“年度特别致敬”献给“电视人”杨伟光。

12 月 20 日

由国防大学摄制的反映甲午战争题材的电视纪录片《甲午祭》在北京举行了首映式。《甲午祭》由国防大学、北京亿阳集团和中央电视台科教频道联合出品。该纪录片分 4 集，每集约 48 分钟，分别从“战略与政略”“精神与信仰”“制度与文化”“战争与国运”等 4 个维度，重现了甲午战争的进程，挖掘了中日对决败与胜的深层原因，全面检讨了甲午战争给中华民族带来的深重灾难、巨大创痛、深刻教训和浴火重生。

12 月 22 日

中国记协正式启动中国新闻工作者援助项目。3 家中央主要新闻单位、7 省区市 10 家新闻单位的 15 名新闻工作者获得援助。这是中国记协首次对履行新闻职责殉职或伤残的新闻工作者进行援助。中国新闻工作者援助项目系中国记协设立的公益性资助项目，旨在保障我国新闻工作者依法从事采访报道活动，引导新闻工作者弘扬职业精神、恪守职业道德、承担社会责任，践行社会主义核心价值观，切实履行新闻工作者的崇高使命。

提请全国人大常委会审议的《中华人民共和国广告法（修订草案）》二次审议稿规定：不得利用 10 周岁以下未成年人作为广告代言人；禁止利用广播、电影、电视、报纸、期刊、图书、音像制品、电子出版物、移动通信网络、互联网等大众传播媒介和形式变相发布烟草广告；药品和保健食品禁请广告代言人；网络广告应确保能一键关闭。

《广西日报》新闻客户端和新媒体矩阵上线。目前，广西日报传媒集团已经建立起含 5 个门户网站、6 个子网站、6 份手机报、7 个移动客户端、3 个法人微博、61 个官方微博和 32 个官方微信的新媒体矩阵。

12 月 23 日

国家新闻出版广电总局召开 2014 年广播电视公益广告工作总结会，对公益广告创作和播出工作中表现突出的 81 家机构给予了千万元专项资金扶持，60 件优秀公益广告作品获得首届“星光公益广告大奖”。

光线传媒发布公告称，与奇虎 360 公司签署合资协议，拟共同出资设立一家新公司，主要用于在中国境内运营针对互联网平台最终用户的互联网视频业务。其中，光线传媒以 4800 万元认购合资公司注册资本的40%。

“影响中国电视 共赢院线未来”中国电视院线峰会在北京召开，“中国电视院线联盟”正式成立。该联盟是由北京歌华有线牵头，上海东方有线、天津有线等全国30余家省市有线电视网络公司共同发起成立的，旨在推进“电视院线”这种全新的家庭影院观影模式。

12月24日

新华报业传媒集团在侵华日军南京大屠杀遇难同胞纪念馆举行“为了永不忘却的国家记忆——国家公祭·南京1213新华报业全媒体集成报道”首发式。这是新华报业传媒集团首次推出跨界全媒体创意产品。

南方报业传媒集团发起“改革观察团”活动，《南方日报》、《南方都市报》、南方网等媒体组成的南方报业“1+X”全媒体报道团队进行全程报道。省市两级专家学者、代表委员、媒体和网民代表首站走进龙岗，将通过参观、调研、座谈等形式，探寻龙岗改革基因和创新亮点，为龙岗改革工作把脉献策。

陌陌宣布正式接入58同城的“同城服务”。陌陌在“发现”列表新增了名为“同城服务”的入口，用户点击后，可以直接通过陌陌客户端实时浏览58同城平台上的本地生活服务信息。

黑龙江日报报业集团和黑龙江省卫生计生委签署合作协议，共同开启“掌上医院”APP医疗服务平台合作项目。

上海市第二中级人民法院对台湾著名作家白先勇诉上海电影有限公司、上海艺响文化传播有限公司、上海君正文化艺术发展有限公司、第三人上海电影制片厂有限公司著作权侵权纠纷案作出一审判决，判令上海艺响文化传播有限公司、上海君正文化艺术发展有限公司停止侵权行为，并赔偿白先勇25万元人民币。

宁夏大学新闻传播学院成立。在揭牌仪式上，宁夏回族自治区党委宣传部与宁夏大学签订了共建协议。

12月25日

“2014年十大网络科学传播事件”发布会在京举行。现场发布了年度最具影响力的十大网络科学传播事件：1.“月球车玉兔”微博报道，使国家工程更接地气；2.春节回家，“百度迁徙”科普大数据应用；3.剑指热点传言，每月“科学”流言榜推出；4.“PX”百度百科词条被篡改，清华学生昼夜捍卫；5.科学家微信参与科学传播，“赛先生”高调登场；6.“大牛”很任性，“扫地僧”院士意外走红网络；7.争论继续发酵，人民网直播转基因研讨大会；8.“冰桶挑战”，全民关注“渐冻人”等罕见病；9.《星际穿越》上映后网络自发科普，“虫洞”成热词；10.挑战中医脉诊妊娠，西医网上摆擂台引围观。

琼瑶起诉于正等侵害著作权案在北京市第三中级人民法院开庭审理。一审宣判，四家公司立即停止《宫》的发行和传播，于正公开赔礼道歉消除影响。五被告共计赔偿500万元。

12月26日

中国电影基金会“向经典致敬——中国老电影修复基金启动仪式”在北京中国电影资料馆举行。《骆驼祥子》《永不消逝的电波》《渔光曲》《小兵张嘎》《林海雪原》等五部经典老电影获得“修复重生”，其背后的中国电影股份有限公司、中央人民广播电台、电影频道、博纳影业、小马奔腾五家捐资机构负责人参加了启动仪式。

12月27日

“中国数字出版联盟”成立大会暨第一届全体理事大会在京召开。联盟共有63家成员单位，其中包括人民出版社、商务印书馆等56家出版单位，技术服务公司、媒体等7家其他单位。会议通过了《中国数字出版联盟章程》等文件，选举人民出版社社长黄书元为联盟理事长。“中国数字出版联盟”的成立，是传统出版社与新兴出版加快融合发展的重要举措。联盟将致力于促进资源合作、组织合作营销、开展维权行动等，加快传统出版社的数字化转型。

12月28日

《传媒》杂志社和湖北日报传媒集团共同举办的2014年湖北日报十佳大学生记者颁奖活动在湖北日报传媒集团举行。以湖北日报大学生记者团为基础，湖北日报传媒集团和《传媒》杂志社联合创建了中国大学生记者团，作为全国性的大学生记者培养平台，得到了主管部门的支持与指导。同时，记者团团刊《青春志》、网站“青春网”升级改版，也将成为全国大学生记者从事新闻实践的阵地和平台。

12月29日

中华全国新闻工作者协会正式发布《中国新闻事业发展报告》，这是中国首次发布新闻事业整体发展情况的报告。报告分为新闻事业概况、公共管理体制、传统媒体发展、新兴媒体发展、媒体融合发展、队伍构成及权益保护、职业道德建设、对外交流合作等8个部分，对中国新闻事业的发展情况进行了全面介绍。

首都互联网协会新闻评议专业委员会、北京市互联网违法和不良信息举报中心召开会议，谴责凤凰网在转载视频信息中故意遮挡版权信息、误导网民的行为。此前北京市互联网违法和不良信息举报中心接到相关部门举报，凤凰网在娱乐播报栏目中发布的“成龙首受访谈房祖名涉毒事件”视频报道中对“转载自新华社”的相关内容进行了重新编辑制作，通过遮挡新华社标识、删除记者采访画面等方式故意掩盖版权信息，涉嫌违反《互联网新闻信息服务管理规定》等相关法律法规，侵犯版权人权益。

12月30日

首都版权产业联盟软件工作委员会宣告成立并召开了第一次会员大会。北京市主要软件企业及版权服务中介机构、法律维权机构、行业专家、大学院系、版权保护宣传媒体等共计100余家单位和个人成为软件工作委员会首批会员。

由国家海洋信息中心主办的钓鱼岛专题网站正式上线。网站设有基本立场、自然环境、历史依据、文献资料、法律文件、视频资料、新闻动态和论文著作等板块。网站将开通英、日、法、德、西、俄、阿拉伯等其他文字版本。

12月31日

中央网络安全和信息化领导小组办公室（国家互联网信息办公室）官方网站中国网信网正式上线运行，网址为www.cac.gov.cn。

2015年（乙未）

1月1日

成都晚报改版，新媒体矩阵由成都志愿者全媒体平台、微成都新闻客户端、社区新媒体和962111服务平台以及社区报纸集群组成。

中国青年报社特别报道部并入全媒体协调中心。

1月3日

反映当下中国乡村留守儿童和中国农民生存状况的人文纪录片《乡愁》在央视科教频道开播。

1月4日

原创生活服务类节目《全是你的》在北

京卫视开播，该档节目吸引观众的特点之一是：观众扫描节目下方的二维码后，可享受比市场价优惠的价格。

互动竞技挑战秀《超级战队》亮相江苏卫视，观众可以从单纯的“看电视”升级为“玩电视”，跟随节目中的三位“中国队长”竞猜，赢取最高4999元的奖金。

旨在为用户打造私人定制化体验的“个性化电影频道”在爱奇艺上线。

1月5日

全国宣传部长会议在北京召开。

三亚举办2014—2015年度新浪思想盛典，“浙江新闻”移动客户端获得“新浪华语互联网新媒体大奖”。

腾讯视频和东方卫视联袂推出《我们15个》第一季“平顶之上”，而东方卫视将成为该节目的唯一电视播出平台。

证监会核发新一批20家IPO批文，万达电影院线股份有限公司位列其中。

1月6日

江苏作家周浩晖起诉于正《美人制造》抄袭。周发微博晒出与律师所签的合约照片。

1月7日

为使观众在观看东方卫视开年大戏《何以笙箫默》时实现“边看边买”，上海文广影视剧中心宣布将与天猫开展深度合作。

1月8日

由深圳卫视和唯众传媒联合制作的电视节目《百佬会》节目形式创新：首次设立由“80后”“90后”创业者组成的“新锐观察团”，他们以挑战者姿态与大佬们过招。

针对当下优质教育资源稀缺、各种教育理念激烈碰撞的现象，陕西卫视推出《超级老师》节目。该节目颠覆传统的才艺真人秀节目形式，以教育为切入点，让教育者和老师们走到观众面前，在舞台上说出故事。

1月12日

由华奥星空影视传播中心策划原创的奥运冠军家庭生活真人秀电视栏目《冠军·家生活》启动。节目采用与地方电视台资源置换方式，第一批计划在50家地级台发行。

易观智库发布《中国智能可穿戴设备市场专题研究报告》，预计在2015年我国市场规模将达到135.6亿元人民币。

1月13日

国家互联网信息办公室召开新闻发布会，根据国家网信办移动网络管理局负责人介绍，除即时通信实名制之外，2015年将全面推进网络真实身份信息的管理，包括微博、贴吧和网站等均实行实名制。

国家互联网信息办公室2015年首次集中公布了近期被依法关闭的24家网站、9个网站频道（栏目）和17个微信公众号。被关闭的原因包括：假冒党政机关或媒体名义发布虚假信息；发布涉赌博、诈骗等违法信息；传播淫秽色情内容；不具备登载时政新闻资质违规登载时政新闻等。

1月14日

国家版权局召开“剑网2014”专项行动总结会。在此次专项行动期间，各地版权行政执法部门共查处案件440起，移送司法机关66起，罚款352万元，关闭了750家网站。规范网络转载列为这次专项活动的重点任务。一方面，打击未经许可通过网络转载他人作品的侵权行为；另一方面，积极推动完善网络转载许可付酬机制。

湖南电广传媒与湖北广电签署《湘鄂两省广电网战略合作协议》和《湘鄂两省广电网络电路互联合作协议》。此次合作的目的在于能够在宽带互联网资源和视频内容等方面实现共享。

1月15日

《成都日报》的“锦观”新闻客户端正

式投入使用，该客户端由人民网为其特别定制，拥有“闻”“观”“评”“问”4 大板块以及“成都日报”“识局”“文化”“知新”“城事”“生活”6 大栏目。

1 月 16 日

网易举办“未来媒体峰会”，峰会主题为“回归与颠覆”。在这次峰会中，国内 30 家传统媒体、新媒体联合发起组建了“中国未来媒体联盟”。

1 月 17 日

《人民法治》杂志举行创刊新闻发布会。该刊由中国法学会主管、中国行为法学会主办，以“弘扬法治精神、交流法治经验、聚焦法治热点、推进法治建设”为办刊宗旨。

1 月 21 日

国家网信办、工业和信息化部、公安部、国家新闻出版广电总局联合启动“网络敲诈和有偿删帖”专项整治工作，力争用半年左右时间，着力解决这一损害群众利益、群众反映强烈的突出问题，努力使网络空间全面清朗起来。

1 月 22 日

国家网信办召开全国网信系统“网络敲诈和有偿删帖”专项整治工作动员部署视频会议，对开展“网络敲诈和有偿删帖”专项整治工作进行动员部署。

国内“数字出版第一股”——北京中文在线数字出版股份有限公司在深交所挂牌上市。

1 月 23 日

中央人民广播电台媒体融合的重要项目“中国广播云平台”亮相。该项目由中央人民广播电台和中国科学院合作创建，主要面向全国广播电台、行业机构、个体用户开放资源共享与定制化服务。

钱江晚报开始在网络电台“蜻蜓 FM”构建钱江晚报专区，尝试音频新闻和自制节目。

1 月 25 日

宝马、可口可乐、Vivo 联合腾讯首次在微信朋友圈推送广告。这类广告依据一定标准将用户分类，在不同的朋友圈中投放出不同的广告内容。

自媒体联盟“界面联盟”（JMedia）宣告成立。该联盟旨在打造中国最大的自媒体社群平台，通过聚合互联网上的优质新闻和多样化内容，不断优化内容配置渠道，加强原创内容开发，为用户和广告主创造最大价值。

1 月 26 日

腾讯文学与盛大文学宣布成立新公司阅文集团。两者旗下的起点中文网、创世中文网、云起书院、QQ 阅读、红袖添香、小说阅读网、潇湘书院、中智博文、华文天下等品牌将被纳入统一管理。

中国记协评奖办公室就撤销两篇第 24 届中国新闻奖拟获奖作品的获奖资格进行公开通报。这是中国新闻奖评选 24 年来，首次就违规参评作品进行公开通报批评。这两篇作品分别是《中国慰安妇民间调查第一人》和《阳洋：生命的最后一刻定格在新闻现场》。

1 月 27 日

由人民日报社、新浪微博联合主办，以“新形势，新常态，新思维”为主题的 2015 年移动政务峰会在北京举行。会上推出“政务指数百强排行榜”等榜单并发布了《2014 年政务指数报告》。该报告由人民日报社出品，人民网舆情监测室制作，新浪微博提供数据支持。报告显示：2014 年经过新浪平台认证的政务微博达到 130103 个，较上一年年底新增近 3 万个。

通信应用“多视”正式发布。这是我国

第一个多人视频通信应用，用户通过一键操作即可建立与多人的视频通话。“多视”应用的推出有望撼动Skype、FaceTime等国外移动视频通信巨头在这一领域的垄断地位。

国家新闻出版广电总局下发通知，叫停了部分电视台播出的22条违规广告。这些广告有“名酒汇”“名酒面对面”“名酒天下”“名酒零距离”“名酒品鉴”“名酒访”“名酒天地”“中华名酒行”“名酒在线”“优享生活”“老茂名酒堂”“胖大夫”“瘦身大讲堂”“美丽制造师”“美丽我当家”“黑发传奇”“头发黑起来”“搓出黑头发从此不染发”“乌发宝黑发膏方”“斑博士”“祛斑的秘密”“健康补硒”等。

湖南电广传媒与美国狮门影业达成合作协议。根据协议双方将共同投资影片制作、发行，并进行电影衍生产品的开发营运。电广传媒将分别通过全资子公司电广影业香港公司和电广影业美国公司与狮门影业签署具体合作协议，期限为3年。

1月28日

《今天我主持》栏目上线。该栏目由新华报业传媒集团旗下新华日报、扬子晚报、中江网、南京晨报、江南时报共同打造。

1月30日

美国旧金山时间1月30日上午，百度首次向媒体开放了硅谷研发中心。该团队有超过1/3的研发人员都是外籍人士，核心技术人员有不少来自斯坦福、加州大学伯克利分校等高端科研院所。

2月2日

农民日报社与金古月（北京）科技发展有限公司签署战略合作协议。农民日报社将在政策咨询、市场分析、营销策划、信息交流、产品推介等方面给予金古月集团的“绿之恋”实体网络商城全方位支持。

2月3日

微信团队在其公众平台发布抄袭行为处罚规则：第一次删文并警告、第二次封号7天、第三次封15天、第四次封30天、第五次永久封号。对于不遵守平台规则、乱使用“原创声明”功能的恶意和违规行为，一经发现，微信公众平台将永久回收其“原创声明”功能，且进行阶段性封号处理。

中国互联网络信息中心（CNNIC）在京发布第35次《中国互联网络发展状况统计报告》。报告显示，截至2014年12月，我国网民规模达6.49亿，互联网普及率为47.9%；手机网民规模达5.57亿，较2013年底增加5672万人。

2月4日

国家互联网信息办公室发布《互联网用户账号名称管理规定》，对账号的名称、头像和简介等，以及互联网企业、用户的服务和使用行为进行了规范。该规定自3月1日起施行。

国家新闻出版广电总局组织召开新闻出版项目工作座谈会。

2月5日

国家新闻出版广电总局向社会通报了4起典型案件查办情况，这是总局2014年以来第5次公开通报违法违规案件的查处情况。《中国产经新闻》江西记者站原站长余樟树、《中国文化报》北京记者站原站长王金龙5年内禁止从事新闻采编工作，新华通讯社原记者张小俊终身禁止从事新闻采编工作。

新浪网主办的“2014新浪全媒体高峰论坛”在北京举行。会上，新浪网携手清华大学新闻与传播学院联合发布行业报告《2014媒体行业发展趋势报告》，主要针对中国媒体行业发展现状、传媒大事件、全媒体影响力指数榜、国际媒体转型实践与案例、媒体发展展望进行分析解读。此外，新浪网独家发布了《2014 移动用户行为分析报告》。

2 月 6 日

新疆兵团文广传媒集团暨广电网络有限公司揭牌仪式举行。新疆兵团文广传媒集团是兵团广播电视台的全资公司。

2 月 9 日

人民网研究院发布 2014 中国媒体移动传播指数报告。根据该报告，《人民日报》《广州日报》《南方周末》获得中国报纸移动传播百强榜三甲。《中国新闻周刊》《读者》《南都娱乐周刊》则成为中国杂志移动传播百强榜的前三位。

2 月 10 日

凤凰网宣布继续增加对个性化新闻客户端产品“一点资讯”的投资，交易完成后，将成为后者的最大股东。

万达集团牵手三家知名机构及盈方体育管理层，成功并购总部位于瑞士的全球第二大体育市场营销公司——盈方体育传媒集团 100%股权，其中万达集团控股 68.2%。该公司也是全球最大的体育媒体制作及转播公司之一，拥有足球等运动项目的丰富权益及体育产业上游的大量核心资源。

由国家新闻出版广电总局局务会议通过的新《内部资料性出版物管理办法》发布，从 2015 年 4 月 1 日起施行。于 1997 年 12 月 30 日发布施行的《内部资料性出版物管理办法》同时废止。

2 月 12 日

国家网信办在京召开重点商业网站负责人座谈会。新浪网等 15 家商业网站的主要负责人参加会议，研讨如何深入推进“网络敲诈和有偿删帖”专项整治工作，推动实现网络空间全面清朗起来的目标。

2 月 13 日

国家新闻出版广电总局印发《加快推进全国有线电视网络整合发展试点工作方案》的通知。

2 月 26 日

工业和信息化部组织召开“宽带中国”2015 专项行动动员部署电视电话会议。该举措是为了深入推进落实“宽带中国”战略，加快建设网络强国和制造业强国。

2 月 27 日

云南日报报业集团与滇中产业聚集区（新区）签署创办《滇中新区报》合作协议。

3 月 1 日

《互联网危险物品信息发布管理规定》于 3 月 1 日起施行。该规定由公安部牵头会同国家网信办、工信部、环保部、国家工商总局、国家安监总局等部门制定，旨在进一步加强对互联网危险物品信息的管理。

新华社官方统一账号“NewChina”在包括脸谱、推特、优兔在内的海外社交媒体平台上正式运行。

3 月 2 日

人民日报“中央厨房”推出首个产品——“书话两会”栏目。“中央厨房”项目旨在实现报道流程平台化、以可视化形式报道定制内容，全景多维立体地展现两会议程、议题和风采。

央视财经频道发布《中国经济生活大调查》数据。结果显示，2014 年中国人日均休闲时间为 2.55 小时，不足发达国家的一半。中国人 1/3 的休闲时间用在了互联网上，尤其是手机上。此外，中国人 1/6 的休闲时间在看电视。中国人 1/10 的休闲时间在进行纸质阅读，仅有 15.3 分钟。

3 月 3 日

光明日报两会报道融媒体工作室正式启用。随着全国政协十二届三次会议开幕，《光明日报》、光明日报法人微博、光明日报微信、《光明日报手机报》、光明网、手机光明网、光明云媒、光明都市传媒8个平台同时开始报道两会盛况。

3月4日

阿里巴巴收购9909万股光线传媒增发股，成为其第二大股东。

3月5日

国家新闻出版广电总局下发《关于开展2014年度报刊核验工作的通知》。通知明确要求重点关注6类报刊：长期存在违规问题的重点监管报刊，近年来连续被缓验的报刊，不能正常出版的报刊，超越业务范围、刊发质量低劣论文的期刊，出版质量低劣、传播有害信息的报刊，群众集中反映存在有偿新闻和新闻敲诈等突出问题的报刊。

3月9日

中国地震台网和"今日头条"达成合作并进行了技术对接，更好地提供国家地震预警服务。双方通过合作，在技术上打通数据链路，今日头条用户可及时看到最新地震消息。

3月10日

微信宣布"摇电视"成为"摇一摇"的常规功能。用户在观看电视节目时，可摇出电视节目相关的页面参与互动。目前，已接入该功能的有央视、北京卫视等50多家电视台。

浙江省记协发出《关于开展2014年度浙江新闻奖媒体融合报道奖评选工作的通知》，媒体融合报道奖首次纳入浙江新闻奖。据此，参评媒体融合报道奖的作品，其刊播载体除了自身的主媒介外，至少还要有两种以上的新媒介。

3月13日

湖北广电与支付宝达成为期一年的合作。双方合作的领域主要有金融支付、支付宝公众号平台服务、无线互联网应用、渠道共享等。

3月15日

微信官方发布并施行《微信朋友圈使用规范》，主要涉及微信内容、行为、数据使用、支付方面的规范以及相关的处罚机制等内容。侵权、侵犯隐私、色情及色情擦边类、暴力、赌博、涉黑类及违法、虚假广告等内容均成为被禁对象，而不实信息、诱导分享、诱导关注类内容也将受到处理。

《中国移动互联网广告标准》正式执行，对移动互联网广告的基础标准、检测标准、移动系统对接标准等做出了解释和要求，内容包括移动互联网广告相关专业术语、技术要求、发布、检验及其投放、监管和用户权利保护，适用于依托互联网媒介技术的所有广告形式和涉及对象。

"政府工作报告我来写——我为政府工作献一策"活动进入尾声。该活动由中国政府网、人民网、新华网等7家网站联合推出，首次公开就政府工作报告起草工作向网民征求意见。

3月16日

《纽约时报》旗下*TMagazine*的创刊号出版，杂志的中国合作方为精品传媒集团。该杂志主要关注时尚、设计、艺术、旅行、奢侈品和文化。

3月17日

《关于2014年中央和地方预算执行情况与2015年中央和地方预算草案的报告》公布，提出要积极支持挖掘和培育潜力大、前景好的消费热点，完善并实施好相关财税政策，促进信息消费，推动养老、健康、文化创意和设计等产业发展。

宋城演艺以26亿元收购北京六间房科技有限公司100%股权，由此进入视频社交领域。

3 月 24 日

中共中央统战部在中央社会主义学院第12期“新的社会阶层人士理论研究班”开讲，以新媒体、互联网领域人员培训为重点，共55位学员参加。

3 月 29 日

深圳卫视播出《时尚旅游》《时尚家居》《时尚美食》《时尚健康》《时尚美装》五档节目，这是由深圳广播电影电视集团与时尚集团利用“睡前黄金档”合作打造“时尚节目带”。

3 月 31 日

《南方都市报》再改版，增加了“南都指数”等特色版面，并恢复深度版。

长沙晚报报业集团旗下“星滋味”电商平台上线。“星滋味”与国内外大型农场、果园、养殖基地、生产工厂合作，采取产地直供、工厂直营的模式。

由南方出版传媒股份有限公司和时代周报主办的2015新媒体峰会在北京举行。中建投传媒副董事长张向东发布《中国传媒投资发展报告》时指出，2014年国内互联网发生投资1878笔，投资总额超过1000亿元，最热的领域分别为电子商务、移动互联网、金融服务。媒体资讯类融资35笔，在所有互联网投资当中仅占2%，而且融资金额也比较少，原因在于这样的项目没有多少上市机会。

4 月 1 日

由内蒙古自治区政府投资的《内蒙古日报（汉文版）》全媒体采编平台正式启用。

4 月 8 日

辽宁广播电视台宣布将采用由微软必应(Bing)搜索引擎、微软云Azure和大数据分析技术组成的解决方案，加速媒体融合。

《爸爸去哪儿》第三季硬广招标会在长沙举行，节目共收入11.7亿元。其中80%的硬广资源卖出6.7亿元。

中国报业户外媒体营销创新峰会在武汉开幕。会议主要交流中国户外媒体发展趋势，探讨共建中国报业户外媒体协作平台。

4 月 9 日

中央主要新闻媒体同时启动推进“一带一路”建设采访活动。此次活动将组织记者赴国内有关地方和沿线国家开展采访报道，深入挖掘鲜活事例，反映国内相关各地和沿线国家“一带一路”建设的进展。

澳大利亚广播公司在上海推出全新中文网站——澳洲佳。该网站是首个获得我国政府批准的服务器在中国的西方媒体网站。

全国“扫黄打非”办通报了“净网2015”行动第二批案件查处情况。其中，人人网传播淫秽色情信息案等7起案件被曝光。网易云阅读栏目因传播淫秽色情信息，拟被罚款85万余元，并停业整顿一个月。

4 月 13 日

文化部近日发出《关于加强网络游戏宣传推广活动监管的通知》，针对个别企业在网络游戏宣传推广活动中掺杂暴力色情内容以及侵犯著作权、侵犯用户隐私等违规营销现象进行规定。《通知》要求：各地文化行政部门和文化市场综合执法机构要树立“看得见、管得住”的指导思想，建立全领域监管理念，将网络游戏宣传推广活动纳入监管视线。各地文化行政部门和文化市场综合执法机构要对所在地网络游戏企业的宣传推广活动进行全面摸底，建立信息档案。注重末端整治和前端治理相结合、线上监管和线下监管相结合，并加强推广活动现场的监管。协同公安、工信、工商等有关部门，建立会商、线索移送、联合执法等机制，联合打击违规广告推广，对网络游戏宣传推广活动中涉及刑事犯罪的要及时移送公安部门。

4 月 14 日

旨在促进数据流通的贵阳大数据交易所挂牌运营并完成首批大数据交易，这是全国第一个大数据交易所。

4 月 17 日

《中国纪录片发展研究报告》发布。该报告显示 2014 年中国纪录片行业年度生产总投入约 19 亿元；总收入约 30 亿元，与 2013 年相比，增长 33%。

4 月 19 日

新华报业传媒集团“正义之胜——纪念中国人民抗日战争暨世界反法西斯战争胜利 70 周年新华报业全媒体行动”及“重读《新华日报》，穿越 70 年追访正义之胜”出境采访活动正式启动。本次新闻行动将凸显国际视野和江苏特点，通过报纸、网站、客户端、官方微博、官方微信、手机报等全媒体手段，从 4 月份起到年底，展开立体化、全方位、多视角报道。

4 月 20 日

由中国新闻出版研究院组织实施的第 12 次全国国民阅读调查结果在北京发布。调查显示，在传统纸质媒介中，我国成年国民人均每天读报时间最长，为 18.80 分钟，比 2013 年的 15.50 分钟增加了 3.30 分钟。超过四成的成年国民认为自己的阅读数量太少，近七成国民希望当地有关部门举办阅读活动或读书节。

4 月 22 日

蓝色光标传播集团宣布与华夏时报签署战略合作协议。联合销售包括院线映前广告、LCD 数码海报、影城影厅装饰等在内的影院广告资源。

4 月 24 日

十二届全国人大常委会第十四次会议通过了《中华人民共和国广告法（修订草案）》，于今年 9 月 1 日起施行。新广告法提出，禁止在大众传播媒介或者公共场所、公共交通工具、户外发布烟草广告，禁止向未成年人发送任何形式的烟草广告。

4 月 28 日

上海市委书记、市委全面深化改革领导小组组长韩正主持召开上海市委全面深化改革领导小组第七次会议，会上审议并通过《上海报业集团采编专业职务序列改革方案》等。会议指出，媒体改革是一项系统工程，报纸作为党的宣传阵地之一，要正确认识阵地与市场的关系、全面把握导向和效益的关系。

国家互联网信息办公室发布《互联网新闻信息服务单位约谈工作规定》。实施约谈的 9 种具体情形包括：未及时处理公民、法人和其他组织关于互联网新闻信息服务的投诉、举报，情节严重的；通过采编、发布、转载、删除新闻信息等谋取不正当利益的；违反互联网用户账号名称注册、使用、管理相关规定，情节严重的；未及时处置违法信息，情节严重的；未及时落实监管措施，情节严重的；内容管理和网络安全制度不健全、不落实的；网站日常考核中问题突出的；年检中问题突出的；其他违反相关法律法规规定，需要约谈的情形。该规定将于 6 月 1 日起正式实施。

5 月 5 日

依据《互联网信息服务管理办法》《互联网新闻信息服务管理规定》，国家网信办公布可供网站转载新闻的新闻单位名单。

5 月 7 日

人民日报社《人民周刊》杂志社在北京举办《人民周刊》首发式，该刊由《人民文摘》杂志更名而来，经人民日报社编委会和国家新闻出版广电总局批准，由人民日报社主管。杂志功能定位于“主流舆论融合传播的平台、社会主义核心价值观的宣传阵地、《人民日报》现代传播体系的窗口”。

广东省文联和南方报业传媒集团就文化艺术的传播与报道、文化项目合作、交流以及新媒体信息平台构建等多方面展开合作。

5 月 8 日

工业和信息化部近日就实施“宽带中国”2015 专项行动提出意见。意见指出，2015 年主要目标是新增光纤到户覆盖家庭 8000 万户，推动一批城市率先成为“全光网城市”；新建 4G 基站超过 60 万个，4G 网络覆盖县城和发达乡镇。新增光纤到户宽带用户 4000 万户，新增 4G 用户超过 2 亿户，使用 8Mbps 及以上接入速率的宽带用户占比达到 55%。

5 月 9 日

主题为“媒介融合与网络空间新秩序”的第六届传媒发展论坛在北京举办。该论坛由清华大学新闻与传播学院及社科文献出版社联合举办，发布了《传媒蓝皮书：中国传媒产业发展报告（2015）》。报告显示，相较其他产业，传媒产业规模还比较小，对 GDP 的贡献率仅为 1.5%，但近年来一直保持两位数以上增长率。

5 月 11 日

《华商报》使用头版头条区大部空白，只印上重磅标题“头条呢?”和二维码的独特方式来推广手机客户端“华商头条”。

5 月 12 日

为了在信息、技术、渠道、推广等方面开展全方位合作，人民网和长江日报报业集团举行战略合作签约暨武汉人民在线公司成立仪式。双方签署了“1＋3”战术协议、战略合作协议、微博微信合作协议、海外社交媒体合作协议、中三角地区大数据和新媒体研究中心协议。

5 月 15 日

海淀区人民法院就北京青年报起诉新浪网侵犯著作权案作出一审判决，新浪网因侵权 9 名记者共计 32447 字和 11 张新闻图片被判赔偿 18100 元。

5 月 17 日

由国家互联网信息办公室牵头，公安部、工信部、民政部、全国妇联等有关部门联合开展的“婚恋网站严重违规失信”专项整治工作开展 3 个月以来，已依法关闭 128 家严重违规失信婚恋网站（含网站婚恋频道），并通过约谈等方式责令 20 余家网站整改或停网整顿。

5 月 18 日

人民日报社编撰的《融合元年——中国媒体融合发展年度报告（2014）》正式出版发行并举办出版座谈会。

国家新闻出版广电总局下发《关于贯彻〈中共中央关于全面推进依法治国若干重大问题的决定〉的实施意见》。《意见》强调尊重新闻出版广播影视（版权）基本规律，立足实际，通过制度创新，形成由专门法与相关法、法规规章、规范性文件、行业自律规则，以及党内法规等组成的完备的法律规范体系，解决新闻出版广播影视（版权）领域法律少、层级低、质量不高等问题。

电视剧《妇女生活》（主演张嘉译、董洁）宣布将通过股权众筹网站“大家投”从互联网上公开筹集拍摄资金。这一尝试可能改变国内影视剧拍摄资金筹集的模式：即从一定范围内靠人脉关系到开辟一个公开、透明、完全市场化的投融资交易平台。

5 月 19 日

由中国新闻史学会主办、教育部高等学校新闻传播学类专业教学指导委员会合办、紫金传媒研究院协办的首届“新闻传播学国家学会奖”确定终审评选结果。

文化部办公厅印发《2015年扶持成长型小微文化企业工作方案》。该方案重点扶持的成长型小微文化企业，是指演艺业、娱乐业、动漫业、游戏业、文化旅游业、艺术品业、工艺美术业、文化会展业、创意设计业、网络文化业、数字文化服务业等行业及文博创意企业、非物质文化遗产生产性保护企业中符合《中小企业划型标准规定》（工信部联企业〔2011〕300号）的小型和微型企业。

5月20日

国家新闻出版广电总局新闻报刊司举行2015年中央报刊主管单位工作会议。会议透露，中央新闻单位驻地方机构清理整顿工作取得显著成效，撤并中央新闻单位驻地方机构1141个，清退违规人员1435名。

5月21日

第一届“中国地方新闻网站发展论坛”在上海举办，该论坛由东方网主办。同时，《中国地方新闻网站联盟合作倡议书》正式对外发布，由全国31家地方重点新闻网站共同组建的中国地方新闻网站联盟正式成立。

5月22日

“2015中国APP创新大会”举办，会上推出了百家APP应用评选，共有110款APP创新产品获奖。大会由工信部软件和集成电路促进中心、光明网、中关村移动互联网产业联盟联合主办，来自全国的500多名移动APP创业者、风险投资人和政府部门代表参加了大会。

5月26日

“净化网络环境、打击食品谣言”研讨会在京举行，来自企业和行业的相关负责人呼吁营造健康的食品安全网络氛围。

国家新闻出版广电总局2015年全国优秀少儿报刊推荐名单公示结束，《中国少年报》等9种报纸、《中学生天地》等51种期刊获得推荐。

5月28日

《中老年时报》开通官方微信，主要推送的内容有中老年人关注的时事新闻、养生知识和活动信息等。

同月

新华社缅文新媒体融合平台在仰光正式开通。它将为缅甸受众收看或阅读新华社每天播发的缅语新闻、缅语配音视频和缅文图文报道带来方便。

6月1日

首批50个省市公安机关网警巡查执法账号集中上线，这些账号统一标识为“网警巡查执法”，将与社会各界广大群众一起，共同构筑和谐、文明、清朗的网络空间。

中国互联网络信息中心（CNNIC）发布了《2014年中国青少年上网行为研究报告》。《报告》显示，截至2014年12月底，中国青少年网民（指25周岁以下网民）规模达2.77亿人，占整体网民的42.7%，占青少年总体的79.6%。

长城影视发布公告称已与甘肃省广播电影电视总台（集团）签署了有效期为五年的《关于组建甘肃长城西部电影集团战略合作框架协议》。

6月2日

中国文化网络传播研究会召开净化网络语言主题座谈会。会上，人民网舆情研究室发布的关于网络低俗粗鄙语言的报告显示，“尼玛”“屌丝”和“逗比”是使用频率最高的低俗词汇。

6月3日

速途研究院发布报告称，新闻资讯类APP使用频率高达34.4%，居所有APP之首；18.2%的流量被网民用于看新闻资讯，仅次于社交通信的消耗。

因经营困难，榆西报业传媒有限责任公司的《榆林日报·都市生活版》停刊。该报由西安日报社和榆林日报社共同创办于2011年4月。

6月4日

阿里巴巴投资12亿元参股第一财经。第一财经是上海文广集团旗下公司，拥有第一财经电视、《第一财经日报》、第一财经广播、《第一财经周刊》、一财网等媒体平台。双方将充分发挥各自在传媒与大数据领域的资源优势。

为促进中央级传媒集团与地方高校跨区域合作，本着“优势互补、资源共享、共建双赢”的原则，中国新闻出版传媒集团与西南科技大学在京签订战略合作框架协议，建立长期战略合作伙伴关系。双方希望通过合理配置和使用媒体与高校的有效资源，充分发挥双方在传媒、科研、教学、新闻宣传等领域的优势和特色。

6月8日

文化部公布了第23批违法违规互联网文化活动查处结果，乐视网、暴风科技、爱奇艺、搜狐、百度、腾讯等29家网络动漫经营单位遭行政处罚。

6月10日

国务院法制办就《互联网等信息网络传播视听节目管理办法（修订征求意见稿）》公开征求意见。征求意见稿规定，网络广播电视内容服务单位应配备专业节目审查人员，否则将予以警告、责令改正，可并处3万元以下罚款。另外，网络广播电视内容服务单位播出的时政类视听新闻节目，应是地（市）级以上广播电台、电视台制作、播出的新闻节目。

国家版权局联合国家网信办、工信部、公安部宣布“剑网2015”专项行动正式启动，从6月开始至11月严查网络音乐、云存储、应用APP、网络广告联盟等的侵权行为。

6月12日

《中国日报》法文版创刊仪式在“鲁昂-中国论坛”期间举行，法国外交部部长法比尤斯和中国驻法国大使翟隽共同出席创刊仪式。

6月15日

新华网改版上线，开辟了“新华网络电视”和“新华广播”板块，为新华社的音视频业务提供了更加贴近网民的展示平台。

赛伯乐集团、重庆北部新区向众包服务交易平台猪八戒网投资26亿元人民币，这家网站能够为中小微企业提供创意设计、网站建设、工业设计等交易服务。

截至2015年6月15日，处于爱奇艺会员状态的非累计用户中月度付费VIP会员数已达501.7万。

6月17日

京东宣布收购社交阅读应用“拇指阅读”。同日，京东阅读社区版APP正式登陆苹果App Store和各大安卓市场。

6月18日

《今日中国》葡文版首发仪式在巴西圣保罗举行。除印刷版外，《今日中国》杂志还将拓展网络版和移动终端版。该杂志属于中国外文出版发行事业局。

6月20日

“山东24小时”客户端上线一周年。主办者准备了万元大奖征名称和吉祥物、跑步作画、红包大作战、用户回馈等四大主题活动，与手机用户共同庆祝。

6月22日

长江日报报业集团打造的长江新闻移动新媒体平台启动首轮招聘。此平台是一款包括长江新闻 APP、微博号、微信号、PC 客户端在内，以“原创新闻＋新闻二次开发”为内容的新媒体产品。

6 月 23 日

新华社记者从重庆出发，重走被称为“中国抗战生命线”的滇缅公路，行程将以重庆—贵阳—晴隆—昆明—祥云—大理—保山—腾冲—龙陵—芒市—畹町口岸（中缅边境）为主线，覆盖沿途重要历史遗迹和关键节点，用航拍、直播等全媒体方式进行实地走访和报道。

本着“贴身、贴心、可读、可用”的理念，以“需求为本，极致服务”为宗旨，大众报业集团与山东广电网络集团举行合作办报签约仪式，双方将依托各自优势，创办一份以报纸为基础、融合各种传播形式的全新融媒体。新报纸将主打民生新闻，关注百姓冷暖，满足民生需求。

国家新闻出版广电总局发出《关于进一步加强广播电视主持人和嘉宾使用管理的通知》，《通知》要求严格执行主持人上岗管理规定，加强主持人职务行为信息管理，明确责任主体，确保落实到位。通知于 7 月 1 日起正式执行。

6 月 24 日

读者出版传媒股份有限公司获准于上交所上市，首次公开发行不超过 6000 万股人民币普通股（A 股），股票简称为“读者传媒”。

6 月 25 日

国家互联网信息办公室有关业务局及北京市互联网信息办公室的负责人对近期受到大量网民举报、网络弹窗问题突出的北京金山安全软件有限公司负责人进行了联合约谈，要求金山公司进行为期一周的整改。

6 月 27 日

中国编辑学会决定从第 16 届中国编辑学会年会开始，设立“中国十大名编辑”奖项。首届“中国十大名编辑”推选活动 7 月初启动，推选对象为出版社、期刊社、报社（含音像、电子出版单位）从事编辑工作的人员。入选者须具有 15 年以上（含 15 年）编辑工作经历，业绩特别突出者可放宽到 10 年以上（含 10 年）。

6 月 29 日

新华网在证监会官网更新了预披露的招股书，新华网此次拟发行新股 5190.2936 万股，约占发行后总股本的 25%，募资 14.73 亿元。

6 月 30 日

国家互联网信息办公室发布《关于进一步加强对网上未成年人犯罪和欺凌事件报道管理的通知》，要求：网站采编、登载涉及未成年人的新闻报道，要形成引导保护未成年人相关权益的意识，尊重未成年人的人格尊严，坚持与贯彻未成年人利益优先原则。原则上应采用中央主要新闻媒体的报道，确有必要使用其他来源稿件时，要严格进行核实。不得突出登载未成年人犯罪案件报道。涉及未成年人的新闻报道中，不得披露未成年人的姓名、住所、照片或可能推断出该未成年人身份的资料。

7 月 1 日

为规范互联网广告活动，促进互联网广告健康发展，保护消费者的合法权益，维护公平竞争的市场经济秩序，发挥互联网广告在社会主义市场经济中的积极作用，国家工商行政管理总局起草了《互联网广告监督管理暂行办法（征求意见稿）》。现向社会公开征求意见。

国务院印发《关于积极推进“互联网＋”行动的指导意见》，围绕转型升级任务迫切、融合创新特点明显、人民群众最关心的领域，提出了推进“互联网＋”的 11 个具体行动：一是“互联网＋”创业创新，二是“互联网＋”协同制造，三是“互联网＋”现代农业，四是“互联网＋”智慧能源，五是“互联网＋”普惠金融，六是“互联网＋”益民服务，七是“互联网＋”高效物流，八是“互联网＋”电子商务，九是“互联网＋”便捷交通，十是“互联网＋”绿色生态，十一是“互联网＋”人工智能。

7 月 2 日

《中国新媒体发展报告（2015）》日前在北京发布。根据报告内容，中国新媒体已超越“跨行业”，初步呈现“全产业”发展的新趋势。该报告由社会科学文献出版社出版。

国内第一份中国网民性格研究报告在广州发布。该项研究以 2014 年微博文本为基础，运用大数据和数理统计的方法，从网民关注能力、批判思考能力、传播能力三个角度，勾勒出中国网民的表达方式和性格概貌。

7 月 5 日

证监会公布《江淮晨报》的《男子亏了，性情大变，杀母伤姐后欲裸身跳楼》、湖南都市频道在线直播网“都市一时间”栏目的《长沙股民跳楼，170 万四倍融资全仓中国中车，两天赔光》、东南网的《福州女子疑因炒股亏损八楼坠亡》为媒体编造、传播、炒作不实传言的案件。此类报道夸大股市变动给股民带来的心理变化，放大各种意外和不确定性，误导受众。

7 月 6 日

经国家新闻出版广电总局批准，由中央人民广播电台主办、国家新闻出版广电总局研修学院协办的“一带一路 广播随行”国际论坛在北京举行。来自中国、柬埔寨、哈萨克斯坦、蒙古、尼泊尔、斯里兰卡、塔吉克斯坦的国家级广播电视机构及国内“一带一路”相关省份的省级广播电台等 24 家广播电视机构，共同签署了成立“‘一带一路’广播协作网”合作备忘录。本次国际论坛为国家新闻出版广电总局“丝绸之路影视桥”工程下的活动之一，是中央人民广播电台“一带一路”建设大型主题采访报道活动项目中的一个子项目，该项目还包括“一带一路”大型主题采访报道活动宣传、《“一带一路”进行时》主题系列直播等配套子项目。

暴风科技、日日顺、奥飞动漫、三诺数码影音宣布成立合资公司，共同推出互联网电视暴风 TV。四方将在内容制作、物流服务、内容播放、硬件研制上进行深度合作，探索“互联网＋产业”新生态合作模式。

腾讯新闻客户端民生页卡上线，加入城市服务行列。手机 QQ 同步推出城市服务功能。至此，腾讯“互联网＋”智慧城市项目已全面铺开，微信城市服务、腾讯新闻民生页卡、手 Q 城市生活三大平台，使城市生活囊括于手机功能中。

7 月 7 日

网上山东抗日战争纪念馆暨山东抗日战争主题展在山东博物馆举行开馆开展仪式。网上山东抗日战争纪念馆利用 3D 技术实景再现山东抗日战争的历史，共有 35 个单元、92 个板块，其中包括了山东抗日根据地的大小战役和英烈事迹、日军在山东的暴行罪证，以及山东抗日根据地的政权、经济、文化建设情况等。

以“打造电影终端连锁服务品牌的核心竞争力”为宗旨的万达电影院线股份有限公司宣布与时光网就电影衍生品达成战略合作，双方产品与渠道测试将从今年 8 月开始，预计在 10 月正式推出。

7 月 8 日

国家版权局下发通知，责令网络音乐服务商停止未经授权传播音乐作品的行为。根据通知，在 2015 年 7 月 31 日前，各网络音乐服务商须将未经授权传播的音乐作品全部下线。

《人民日报（海外版）》创立《成都故事》周刊，并在每周三定期推出，以鲜活故事展现宏大主题为其宗旨。

《中国广播电影电视发展报告（2015）》在京发布。报告显示，2014 年我国广播电视行业总收入达到 4226.27 亿元，同比增长 13.16%，呈现出增长平稳、结构优化、质量提升、产业升级的良好态势。

《中国新闻出版报》正式更名为《中国新闻出版广电报》，面向新闻出版广播影视全系统读者。同时创办了《广电周刊》，扩大广播影视报道版面，为广播影视行业读者提供更为权威、全面的信息服务。

7 月 11 日

互联网视频正版化联盟在京宣布成立，该联盟由搜狐视频、腾讯、优酷土豆、凤凰视频、爱奇艺、56 网、PPS、PPTV 等互联网公司发起组建，旨在通过联盟成员的自律、互助，维护互联网视频版权市场的良好秩序。

《海南日报》客户端携手海南省考试局打造“电子录取通知书”——2015 年海南首份高考录取名单通过《海南日报》客户端第一时间独家发布。

7 月 15 日

国家新闻出版广电总局发布了《2014 年新闻出版产业分析报告》。报刊出版集团总体经济规模前十位依次为：上海报业集团、成都传媒集团、浙江日报报业集团、山东大众报业（集团）有限公司、广州日报报业集团、河南日报报业集团有限公司、湖北日报传媒集团、南方报业传媒集团、重庆日报报业集团和江苏新华日报报业集团有限公司。

依据互联网企业 2014 年度发展数据，包括企业自主上报数据、上市公司财务报告、第三方研究机构研究成果等公开数据，中国互联网协会、工信部信息中心在京联合发布 2015 年“中国互联网企业 100 强”排行榜。

国家新闻出版广电总局发布《2014 年新闻出版产业分析报告》。新闻出版产业逐步呈现四大趋势：一是数字出版经济规模跃居行业第二位；二是报刊业出现持续下滑；三是图书出版和版权贸易结构进一步优化；四是支持引导社会资本有序参与新闻出版经营活动的效应进一步显现。

为规范省直新闻单位驻地方机构的管理，河南省清理整顿省直新闻单位驻地方机构工作领导小组办公室发布《关于清理整顿省直新闻单位驻地方机构的公告》，撤销设立驻地方机构的《河南经济报》《河南青年报》，取消《大河报》《东方今报》《河南法制报》设立的地方版。

7 月 16 日

由新华社所属的中国经济信息社主持运营的“新华丝路”中、英文双版信息产品在北京发布，主要包括数据库、征信服务、信息咨询和智库服务、交易撮合服务等四大类产品。这也标志着新华社在推进信息服务战略布局中迈出重要一步，为线路沿线各国政府和企业搭建商品贸易和投资合作平台，把中国的发展与沿线各国的发展对接起来。

7 月 17 日

以大众传媒股份有限公司为主体、整合大众报业集团新媒体板块组建而成的山东省互联网传媒集团股份有限公司在济南举行揭牌仪式。这标志着山东省全面深化文化体制改革、推动传统媒体和新兴媒体融合发展取得关键性突破。

《大众日报》手机客户端“新锐大众”以及《大众日报》官方微博和微信公众号正式上线。这是《大众日报》为顺应媒体变革趋势、走有大众特色媒体融合之路迈出的重要一步。

7 月 18 日

以“加强‘四个全面’战略布局下的政法宣传工作”为主题的第二届中国法治媒体高峰论坛在西安举行。

7 月 22 日

国家新闻出版广电总局发出通知，要求真人秀节目努力转型升级、改进提高，丰富思想内涵，弘扬真善美，传递正能量，实现积极的教育作用和社会意义。

7 月 24 日

以“好人家园，传递温暖”为主旨的《雷锋》杂志创刊。该杂志由人民出版社主管，人民出版社、中国新闻文化促进会、中国金融思想政治工作研究会共同主办。

7 月 25 日

山东省省属文化企业上市工作协调组成立并召开第一次会议，研究加快推进省属文化企业上市工作。首批省属拟上市文化企业有：山东省互联网传媒集团股份有限公司、山东大众报业集团半岛传媒股份有限公司、山东出版传媒股份有限公司、山东广电网络有限公司、山东影视传媒集团。

7 月 28 日

为更好地让世界了解中国，推介中国企业、产品和旅游，中国日报社欧洲分社暨英国公司与英国旅游企业 Talkholiday 在伦敦启动中英企业联盟平台“中国汇”（China-Club）。

中国教育网络电视台健康分台开播新闻发布会暨 2015 全国《黄帝内经》知识大赛启动仪式在京举行。健康台以“健康中国，用心传播”为理念，整合线上线下健康资源，致力于搭建真正全面、系统和科学的健康文化平台。

新浪网与世界报业辛迪加（ProjectSyndicate）合作推出辛迪加全球名人中文专栏。自 8 月 1 日起，新浪财经将正式推出世界报业辛迪加的官方专栏和微博，独家为中国读者提供全球政策制定者、经济学家和商业领袖的中文专栏文章，中国用户可以通过新浪微博实现与世界报业辛迪加及其专栏作家的互动交流。

7 月 29 日

美国特效杂志 *Cinefex* 宣布进军中国，中文版《魔影视效》正式创刊。该杂志的文章详细地解构影片中的特效，其中包含大量对幕后人员的采访及制作过程中拍摄的图片。

知音传媒集团与《今日头条》签署战略合作协议，联手推出“知音头条”APP，该应用拟将知音的独家内容和今日头条的精粹资讯进行有机结合。

7 月 30 日

由大象融媒体集团旗下《东方今报》和网易合作的网易河南客户端郑州频道正式上线。

端传媒在香港上线。端传媒旗下拥有端网、端报、移动应用等传播载体，内容以原创调查报道和数据新闻为特色。

与目前流行的财经资讯聚合服务不同，由第一财经成立的致力于探索智能化的财经内容生产方式的“媒体实验室”（CBN Media Lab），将人工智能与编辑部智慧结合，服务移动互联网时代的金融市场，生产出相关性更强的财经资讯与数据产品。

天涯社区网络科技股份有限公司董事长邢明最近在朋友圈宣布天涯已于 2015 年 7 月 31 日获得了同意挂牌新三板的文件，并完成首轮向特定对象发行股票 300 万股的募资。

同月

辽宁教育出版社出版我国集报界又一集

报研报成果《中国古代近现代报纸图集》。该书由我国老新闻工作者、集报家张挺和魏润生先生共同编著，编入了中国古代至近现代报纸500份，从公元887年到1949年，全书分为四章。该书编入不少我国早期的稀有珍贵的老报纸，其中几百年前鲜为人知的古代老报纸和近现代红色报纸创刊号、号外报就有200多种，特别是重大历史事件的报纸基本收集齐全。

8月6日

以“有群，有趣”为主题的首届中国互联网移动社群大会举办。企鹅智酷发布了《中国移动社群生态报告》。

优酷土豆集团在北京召开主题为“合乐而不为?!”的首届开放生态大会，优酷土豆集团正式更名为合一集团。

8月9日

新华网互联网影视发展计划暨第42届世界旅游小姐大赛中国总决赛在新华社湖北分社启动。新华网互联网影视发展计划是新华网积极适应互联网发展变化要求，大胆探索“互联网＋影视文化”发展的一次模式创新。新华网互联网发展计划将在三年内推出包括网络悬疑推理剧《深梦之舟》在内的多个大型IP（知识产权）项目。各IP项目不仅提供诸如互联网众筹等新型投资方式，也可以通过传统收益投资、风险投资等形式参与。

8月11日

《钱江晚报》的工作流程从以夜班为主的报纸出版模式，转型为全天24小时发布的全媒体采编模式，全面拉开《钱江晚报》全媒体战略转型的帷幕。此举是为迎合新媒体发布信息规律，第一时间向新媒体中心供稿。

8月12日

中国义乌网正式上线。该网站由浙江在线与《义乌商报》联合投资建设，集新闻资讯、商贸信息、生活服务、网上社区、游戏娱乐、电子商务、移动互联网于一身。

8月13日

《郑州晚报》官方微信账号因发布涉天津市不实消息并造成恶劣影响，被国家互联网信息办公室责成广东省网信办依法做出关闭一周的处罚。

8月15日

“抗战纪念馆”APP正式上线，包括“民族危急救亡兴起”“抗战灯塔中流砥柱”“以史为鉴面向未来”等八大模块，全景式展现了中华儿女14年浴血抗战的历史画卷。该客户端由中国人民抗日战争纪念馆推出。

“新湖南”客户端上线暨湖南日报传媒中心封顶仪式举行，客户端设置了“湘政”“湘财”“湘江”“湘人”“湘评”“湘品”等湖南特色鲜明的多个频道。

8月17日

“新生代趣闻工厂”的资讯产品“哒哒”上线，按照内容性质分为八个板块：八、萌、奇、嗨、酷、美、羞、暖。该产品由网易出品。

《读者》联合微软、英特尔共同研发推出的高端商务办公平板电脑DZ108在兰州举行首发式。这是《读者》面对当下“互联网阅读”冲击“纸品阅读”大趋势，所做的新的探索。

8月18日

宁夏日报报业集团主管主办的《法治新报》正式更名为《宁夏法治报》，同时启动了2015全国省级法制（治）报优秀记者“平安宁夏行”采访周活动。

8月20日

微信朋友圈广告正式上线，并公布了合作流程，广告主只需通过官网自主申请，审核通过即可接入微信朋友圈广告。

8 月 24 日

由德国学术出版社德古意特出版社出版、北京师范大学文学院主办的半年刊国际学术刊物《全球华语》在北京举办了出版发布会，该刊物由英国伦敦大学学院、北京师范大学的教授共同担任英、汉语主编。

为推进“网络敲诈和有偿删帖”整治的常态化，国家网信办将完善治理网络敲诈和有偿删帖的行政法规，制定出台以发布、删除等方式处理互联网信息的行为规范。

8 月 26 日

重庆日报报业集团与乐视体育宣布联合出资成立“重庆乐视体育产业发展有限公司”，注册资本 1000 万元，由乐视体育控股。

8 月 27 日

万达集团宣布将以 6.5 亿美元并购美国世界铁人公司 100%股权，收购铁人使中国首次拥有了一项国际顶级赛事产权，万达体育也成为全球规模最大的体育经营公司。

8 月 28 日

在浙江卫视举办的招标会上，优信二手车以 3000 万元拍下《中国好声音》第四季冠军宣布前的 60 秒广告（V1 插口），每秒 50 万元，成为中国电视单条广告之最。

共青团中央召开中国青年网络智库成立座谈会。

8 月 30 日

由新华网联合食品行业协会、研究机构及行业工作者共同发起的中国食品辟谣联盟在京成立。

8 月 31 日

国务院印发《促进大数据发展行动纲要》。《纲要》明确，推动大数据发展和应用，在未来 5 至 10 年打造精准治理、多方协作的社会治理新模式，建立运行平稳、安全高效的经济运行新机制，构建以人为本、惠及全民的民生服务新体系，开启大众创业、万众创新的创新驱动新格局，培育高端智能、新兴繁荣的产业发展新生态。

9 月 3 日

阿里巴巴正式在特定型号的天猫魔盒上推出了付费流媒体视频服务 TBO，即“Tmall Box Office”（意为“天猫票房”），向用户提供国内外电影、电视剧。

9 月 4 日

据央视网收视调查数据显示，中央电视台对抗战胜利 70 周年纪念大会进行的全程直播，总收视率达 18.18%，总收视份额达 59.36%。

9 月 5 日

在西藏自治区迎来成立 50 周年之际，由北京电视台、西藏电视台联合制作、北京卫视《档案》栏目组承制的六集纪录片《西藏》在北京卫视、西藏卫视同步播出。

9 月 8 日

阿里巴巴集团宣布成立阿里体育集团，以数字经济思维发展创新体育产业链。阿里体育集团由阿里巴巴集团控股，新浪和云锋基金共同出资。

中央统战部移动新闻 APP“统战新闻”正式上线，标志着统一战线的信息已经实现了在国内移动互联网三大传播平台的全覆盖。

9 月 10 日

山东省新闻出版广电局印发《山东省深化新闻出版广播影视体制改革推进工作方案》，明确系统内体制改革任务要求和责任分工。

湖北新媒体云平台“长江云”上线，有 50 多个政府部门、媒体和企业入驻。

腾讯财经发布了一篇由机器人撰写的稿件。这篇稿件根据算法在第一时间自动生成，一分钟内将关于8月CPI的信息和解读送达用户。

9月11日

简繁体的专业词典《海峡两岸用语大词典》由金山软件与英业达在北京正式发布，方便两岸人民的便捷化交流。

隶属于腾讯视频的企鹅影业宣告成立，其主要业务范围是网络剧、电影投资、艺人经纪三大方面。

中共中央政治局会议审议通过《关于繁荣发展社会主义文艺的意见》。会议强调，要把创新精神贯穿创作生产的全过程，高度重视和切实加强文艺理论和评论工作，大力发展网络文艺，加强文艺阵地建设，推动优秀文艺作品走出去。

9月14日

中办、国办印发《关于推动国有文化企业把社会效益放在首位、实现社会效益和经济效益相统一的指导意见》。意见指出，研究制定文化企业国有资产监督管理办法，充分考虑不同类型国有文化企业的功能作用，明确社会效益指标考核权重应占50%以上，并将社会效益考核细化量化到政治导向、文化创作生产和服务、受众反应、社会影响、内部制度和队伍建设等具体指标中。

9月15日

新闻出版广播影视行业50家社团在北京联合签署《新闻出版广播影视从业人员职业道德自律公约》。该公约由中国广播电影电视社会组织联合会和中国出版协会发起制定，适用主体涵盖新闻出版广播影视机关、企事业单位和社团从业人员。公约明确提出“十提倡”“十不为”，以践行社会主义核心价值观、追求职业理想、弘扬行业良好风尚为统领，是新形势下新闻出版广播影视行业道德规范的加强版、升级版。

9月16日

无界传媒旗下的无界新闻客户端上线，它的定位为立足西部、面向全国、辐射亚欧的政经类、多语种移动客户端，立志于成为一个有分量的新媒体品牌和一个国家级外宣平台。

9月17日

新版《中央电视台播音员主持人管理办法》修订发布，打破主持人终身制，还在引进渠道、岗位管理、考核激励等方面推出多项改革举措。

《广西日报》客户端开启“全景东博会100小时直播”，并派出198名记者全线播报第12届中国-东盟博览会和商务与投资峰会各项活动。

四川省与新华网在北京“中国新型城镇化城市发展投资大会”上启动了“天府互联网小镇”5年行动计划。

9月18日

今日头条和湖北省新闻出版广电局签署战略合作框架协议。由湖北省新闻出版广电局牵头协调湖北省200余家报纸、400余家杂志（非学术类杂志）入驻今日头条头条号平台。而今日头条将从内容传播、品牌推广、广告分成、数据共享、技术服务等方面与各媒体达成合作，重点打造湖北省各级各类媒体在新媒体移动端的阵地。

武汉召开了第三届中国（武汉）期刊交易博览会，中国邮政集团公司在展会期间公布“2015年中国邮政发行报刊百强排行榜”。《人民日报》《参考消息》《新华每日电讯》《扬子晚报》《环球时报》位居报纸类前五名，《读者》《特别关注》《求是》《知音漫客》《特别文摘》位居期刊类前五名。

全国城市宅配物流联盟战略框架协议签订，重庆日报传媒集团重报发行总公司、湖北日报传媒集团楚天发行总公司、成都商报发行投递广告有限公司、陕西黄马甲物流配送股份有限公司、浙江日报报业集团钱江报刊发行有限公司、新疆大晨报股份有限公司等传媒发行配送企业都参与了此次协议的签订。

依据调整报刊定位、优化报刊结构的要求，《长株潭报》在头版刊发公告，将于2015 年 9 月 21 日起休刊。

9 月 19 日

为方便更多的打拐解救儿童能够寻找到亲生父母，民政部开发了“全国打拐解救儿童寻亲公告平台”。

中国出版集团倡议发起的全国出版集团（社）办报刊联盟宣布成立。

9 月 20 日

内蒙古、辽宁、吉林、黑龙江四省区的广电网络公司签署《四方广播电视网络互联互通合作协议》，四家广电网络公司互联互通，资源共享，相互之间收取相对较低的网间结算费用。

人民日报第二届“一带一路”大型跨国传播项目拉开帷幕，启动为期一年的“一带一路”大型跨国主题采访活动，探访“一带一路”沿途重点城市、企业、景区，推出图文、视频等多媒体报道。

9 月 22 日

2015 年“亚洲品牌 500 强”排行榜在香港揭晓，《人民日报》跃居亚洲平面媒体第一位。

为建立新闻产品互换机制，推进“一带一路”等采访顺利进行，人民日报社与西班牙埃菲社、印尼安塔拉通讯社、哈萨克国际通讯社、乌克兰国家通讯社、墨西哥通讯社、韩国《中央日报》、埃及《金字塔报》、荷兰国际广播电台等来自 23 个国家的 33 家国外主流媒体签署双边合作谅解备忘录。

9 月 23 日

国家主席习近平在西雅图微软公司总部会见出席中美互联网论坛双方主要代表并发表讲话。讲话强调，中国倡导建设和平、安全、开放、合作的网络空间，主张各国制定符合自身国情的互联网公共政策。中美都是网络大国，双方拥有重要共同利益和合作空间。双方理应在相互尊重、相互信任的基础上，就网络问题开展建设性对话，打造中美合作的亮点，让网络空间更好地造福两国人民和世界人民。

长江日报报业集团将旗下的“长江新闻”更名为“九派新闻”上线。

9 月 24 日

知乎发布新产品《读读日报》。用户可以自主编辑定制一份个性化的主题日报，继而围绕该日报定位的主题推荐互联网上值得阅读的内容链接，不限任何形式和来源。

中宣部、中国记协召开新闻道德委员会试点工作交流研讨会。

齐鲁晚报举行新媒体推介会，齐鲁壹点客户端、齐鲁壹家客户端、齐鲁晚报网全新上线。

9 月 25 日

天津首家挂牌的文化传媒企业——天津北方网新媒体集团股份有限公司在全国中小企业股份转让系统挂牌。

9 月 27 日

《南风窗》创刊 30 周年暨南风窗传媒智库成立座谈会召开。该智库下设公共政策研究部、决策数据研究部、国际关系与战略研究部和大学生社会实践调研部。

9 月 29 日

“壹深圳”媒体伴随客户端上线暨CUTV 深圳台成立仪式举行。“壹深圳”媒体伴随客户端可实现电视客户端同步直播、点播节目。线上线下联动。

10 月 3 日

由央视新闻中心跨行业、跨领域整合多方信息源，依托国家“一带一路”数据中心、国家统计局、海关总署、世界银行、世界贸易组织的权威数据库，动用两台超级计算机历时 6 个月制作的数据新闻节目《数说命运共同体》在中央电视台《新闻联播》《朝闻天下》《新闻 30 分》《新闻直播间》等多个栏目播出。

10 月 8 日

人民日报客户端三期上线暨人民日报社新媒体中心成立仪式举行。人民日报客户端上线一年零三个月，累计下载量已超过 7700 万。

复旦大学大数据学院和复旦大学大数据研究院同时成立。大数据学院将在数学、统计学、计算机、生命科学、医学、经济学、社会学、传播学等多学科交叉融合的基础上，聚焦大数据学科建设、研究应用和复合型人才培养。

人民日报社与中国电信集团公司签署战略合作协议，双方将在云计算、大数据、舆情等领域开展深入合作。

10 月 9 日

凤凰网陕西频道（sn.ifeng.com）与忠清日报报业集团在韩国忠清日报大楼签订合作协议。双方将搭建中韩交流平台，促进陕西与韩国在文化、经贸等领域的交流合作。

财政部最近下达 2015 年度文化产业发展专项资金 50 亿元，共支持项目 850 个，项目数较 2014 年增长 6.25％。

10 月 12 日

《南方都市报》新增《南都语闻》《南都指数》《南都鉴定》《众筹新闻》等版面。该报此次改版将报纸定位于“精英，精致，精品”。

10 月 13 日

张家口市委宣传部与北京日报报业集团签署战略合作框架协议。双方在文化宣传方面进一步加深了解、增强合作。北京日报报业集团所属各报将积极宣传张家口在经济社会发展各方面取得的新成就、新经验。特别是对 2022 年冬奥会组织工作的宣传，双方将发挥各自优势，共同策划好相关报道。

《羊城晚报》为追求“精品、本土、专业”进行全新改版，力争报纸权威、严谨，精致、纯净，贴心、有用。

新浪网、搜狐网、网易网、凤凰网等北京地区 17 家重点网站召开“网络新闻报道标题规范及要求”评议会。此次会议由北京网信办、首都互联网协会组织，在会上，各网站负责人做出承诺，将不断加强对从业人员的培训和管理，同时把责任落实到人，杜绝“标题党”现象，还网络一片清朗空间。

10 月 14 日

为规范网盘服务版权秩序，根据《中华人民共和国著作权法》《信息网络传播权保护条例》等规定，国家版权局公布了《关于规范网盘服务版权秩序的通知》。

10 月 15 日

《文艺报》头版全文刊登习近平《在文艺工作座谈会上的讲话》。

中国记协召开网络文明用语专题评议会，组织近 30 名专家学者对网络不文明用语进行专题评议，围绕如何净化网络环境进行深入探讨。

10 月 16 日

由国家新闻出版广电总局和甘肃省人民政府共同主办的第 21 届中国纪录片十佳十优颁奖盛典举行，共推选出“短片、长片、系列片、栏目、单项”五大类 28 项大奖。纪录片《一起长大》等入选短片十佳，《开卡车的艺术家》等入选长片十佳，《河西走廊》等入选系列片十佳。

羊城晚报报业集团和百度、国双科技签署战略合作框架协议并启动羊城晚报智慧信息研究中心，联合开展大数据研究并推出大数据咨询、数字化传播、舆情监测、政务服务包、品牌包装、新媒体培训以及微创企业整体化等服务。

10月17日

中国第一次“社交＋电商”的尝试——“京腾计划”由京东与腾讯宣布推出。双方将拿出各自资源和产品打造名为“品商”的创新模式生意平台。

第九届全国德艺双馨电视艺术工作者表彰大会在浙江海宁召开，45位来自台前幕后的一线电视艺术工作者在会上受到表彰。

10月21日

东莞市人民政府与南方报业传媒集团、广东省作家协会签署三方战略合作协议。根据协议，东莞水乡特色发展经济区将成为三方合作的首站，一批文化产业项目将落户水乡。

中国交通频道举行开播仪式，频道以“发布权成信息，传递行业资讯，倡导文明出行，促进民生幸福”为宗旨。中国交通频道是由中国国际广播电台与公安部交通管理局联合打造的国家级交通类高清数字电视频道。

浙江省新闻出版广电局实施行业失信“黑名单”制度。机构失信“黑名单”的公布期限为3年，从业人员自然人失信“黑名单”的公布期限为5年。

10月22日

2016年度党报党刊发行暨报刊发行秩序专项整治工作视频会议召开。会议强调，要认真贯彻落实《中共中央办公厅关于做好2016年度〈人民日报〉〈求是〉杂志发行工作严格规范报刊发行秩序的通知》精神，一手抓重点党报党刊发行，一手抓违规发行专项整治，确保报刊发行平稳有序。

10月25日

由国家新闻出版广电总局组织实施的2015年全国广播电视编辑记者、播音员主持人资格考试结束。此次共有38182人报名参加考试，其中13311人报名参加播音员主持人资格考试。

10月28日

暂设在深圳新闻网的中国城市新闻网站联盟城市舆情研究院成立，具备条件和能力的网站可以利用该院资源在当地设立研究院，名称为“网盟（××市）舆情研究院”。

10月30日

阿里巴巴、百度、陌陌、腾讯、新浪/微博、优酷等6家互联网企业共同发出《关于“清朗网络环境，文明网络行为”的联合倡议》，呼吁互联网从业者秉承良知底线，坚持理性自律，践行社会主义核心价值观，自觉抵制网络淫秽色情等有害信息，努力为净化网络环境做出贡献。

11月1日

《中华人民共和国刑法修正案（九）》正式实施，在现行刑法第二百九十一条中增加了规定：编造虚假险情、疫情、灾情、警情，在信息网络或其他媒体上传播，或明知是上述虚假信息，故意在信息网络或其他媒体上传播，严重扰乱社会秩序的，处三年以下有期徒刑、拘役或者管制；造成严重后果的，处三年以上七年以下有期徒刑。

文化部发布《关于进一步加强和改进网络音乐内容管理工作的通知》，对网络音乐内容实行企业自主审核、承担主体责任，文化行政部门进行事中事后监管的管理制度。《通知》自2016年1月1日起施行，网络音乐经营单位自2016年4月1日起报送网络音乐自审相关信息。

11 月 2 日

中华全国新闻工作者协会主办的第 25 届中国新闻奖评选结果揭晓，来自全国报社、通讯社、电台、电视台和新闻网站的 294 件作品获中国新闻奖，其中特别奖 4 件，一等奖 47 件（含 10 个新闻名专栏），二等奖 91 件，三等奖 152 件。

由福建日报社（报业集团）发起举办的第七届海峡媒体峰会在台北举办。本届峰会以“媒体新时代，文化大合作”为主题。两岸近 60 家媒体的负责人、学者就新闻报道、经营管理、新媒体融合、全媒体发展的新途径，以及深化两岸媒体战略合作的新思路，进行了交流和探讨。

11 月 3 日

全国广播电视系统首家登陆“新三板”的企业——北京鲁视领航文化传媒股份有限公司在新三板挂牌，这也是山东首家在资本市场挂牌的省属文化企业。

11 月 4 日

新京报社下属派博在线科技有限责任公司起诉北京一点网聚科技有限公司，认为后者侵害其作品信息网络传播权，索赔经济损失及合理支出共计 100 万元。

11 月 5 日

《南方日报》整版刊发长篇评论员文章《论五大发展理念》，文章系统回顾了习近平关于发展的一系列重要思想、观点和论述，并密切联系广东实际，全面阐述五大发展理念的深刻内涵。

“广电新媒体联盟”在四川成立，该联盟由中国网络广播电视台、北京网络广播电视台、百视通、芒果 TV 等全国 18 家网络广播电视台组成。

贵州日报报业集团“今贵州”手机新闻客户端上线，同时还推出了贵州日报报业集团全媒体矩阵。

11 月 6 日

首批新闻网站记者证发放仪式在国家网信办进行。首批获颁记者证的网站有 14 家中央主要新闻网站，包括人民网、新华网、中国网、国际在线、中国日报网、中国网络电视台、中国青年网、中国经济网、中国台湾网、中国西藏网、光明网、中国广播网、中国新闻网和中青在线。截至目前，这 14 家中央主要新闻网站已有 594 名记者领到记者证。

11 月 7 日

《天津日报》“新闻 117”上线，包含“新闻 117”APP、“新闻 117”网站及系列微博、微信矩阵。

“金熊猫”奖国际电视剧暨新媒体作品评选活动颁奖典礼举行。中国导演毛卫宁的《平凡的世界》拿下“长篇电视剧类大奖”，中国表演艺术家李雪健与韩国影星全智贤分别夺得视帝和视后。

新华社迎来机器人新“员工”——“快笔小新”，它将供职于新华社体育部、经济信息部和《中国证券报》，可以写体育赛事中英文稿件和财经信息稿件。目前，新华社总编室已牵头制定机器人写稿管理规范，技术局已申报《一种面向短新闻的机器写稿方法与装置》《基于模板自动生成新闻的系统和方法》两项专利。

11 月 9 日

北京市第三中级人民法院二审就世奢会（北京）商业管理有限公司与南方报业传媒集团、新京报社系列名誉权纠纷案件进行宣判。法院认定相关媒体的报道具备事实依据，驳回了世奢会的所有诉讼请求。

11 月 10 日

广东省新闻出版广电局召开专题会议，正式启动广东媒体影响力评价指标体系建设工作。该指标体系包括报刊影响的广度、深度、编校质量，读者忠诚度、满意度，品牌效应，相关的微博、微信和客户端的使用情况、关注程度、在突发公共事件中的引导能力等诸多方面。

11 月 14 日

西藏日报社“西藏宝物”公众号上线。该公众号以图片、文字形式介绍西藏历史文物、珠宝珍藏、名胜古迹、风物特产等，为读者快速了解西藏历史文化、风土人情提供便利。

11 月 16 日

上海报业集团举行改革创新案例表彰暨企业精神发布大会，会上发布了上海报业集团的企业精神——“道正声远”。

大象融媒、《东方今报》联手打造的猛犸新闻客户端上线，大象智库同时成立。

第二期“一带一路”网络文化采风行活动在福州正式启动。该活动由国家互联网信息办公室指导，福建省、云南省网信办和人民网、新华网、光明网、中国日报网等 11 家中央重点新闻网站以及搜狐、凤凰等 5 家主要商业网站承办。

11 月 17 日

原创新闻客户端“交汇点”正式亮相。“交汇点”由江苏新华报业传媒集团主办，聚合了集团旗下《新华日报》《扬子晚报》《南京晨报》《江南时报》等纸媒和中国江苏网多项资源，包括移动化的理论学习平台、核心价值传播平台和互动服务移动社区。

11 月 19 日

国务院国资委与新华社签署全面合作战略协议，中国航空工业集团公司等 18 家中央企业与新华社签署了合作框架协议。

为纪念胡耀邦同志诞辰 100 周年，由中共中央文献编辑委员会编辑、人民出版社出版的《胡耀邦文选》在全国发行。收入了胡耀邦同志 1952 年 5 月至 1986 年 10 月这段时间内的重要著作 77 篇，约 49 万字，包括文章、讲话、报告、谈话、批示、书信、题词等，相当一部分是第一次公开发表。

11 月 21 日

中国编辑学会第十六届年会在江苏省镇江市召开。年会围绕“培养编辑名家打造出版精品”这一主题，就优秀编辑人才培养和精品力作成就编辑名家等话题展开深入探讨。

11 月 25 日

中国社会科学院新媒体研究中心联合人民网舆情监测室在京共同发布《2015 传媒集团“两微一端”融合传播排行榜》。人民日报社、新华通讯社、浙江日报报业集团、南方报业传媒集团、上海报业集团、新华报业传媒集团、陕西华商传媒集团、成都传媒集团、山东大众报业集团、中国新闻社在“传媒集团融合传播排行榜”中位列前十。

“媒介融合背景下韬奋精神与出版人才培养高峰论坛”在京举行。由北京师范大学、光明日报社、韬奋基金会联合举办，北京师范大学新闻传播学院承办。

由国家新闻出版广电总局指导、新闻出版广电总局信息中心建设管理的全国全民阅读工作网站“中国全民阅读网”上线仪式在京举行。

11 月 26 日

首届海峡两岸影视节目展在台北松山文创园开幕。

11 月 27 日

江西日报社与江西师范大学签署战略合作协议，双方将建立相互促进共同发展机制、人才培养培训协作机制、产品开发合作机制、学术研究机制，在产、学、研、用等方面密切合作。

主题为“‘互联网＋’时代的音乐——价值挖掘与实现途径”的第八届中国版权年

会主题论坛在北京举办。本届年会论坛由中国版权协会主办。当天下午，还举行了2015年中国版权协会会员代表大会。

11月28日

经国家新闻出版广电总局批准，由新华社主管的《现代快报》交江苏省地方管理。《现代快报》的主管单位变为江苏省委宣传部，主办单位变为江苏凤凰出版传媒集团有限公司。

《青岛地铁晨报》出版试刊号，目前每周刊发一次，供市民免费取阅。

12月1日

《广州日报》旗下“广州参考”客户端上线试运行，内容主打时政与思想。

中央电视台门户网站（www.cctv.cn）上线运行。网站以“权威信息的发布平台、央视文化的展示平台和受众交流的互动平台”为目标定位。

国家版权局和世界知识产权组织在上海签署了《关于进一步加强中国国家版权局与世界知识产权组织双边合作的谅解备忘录》，并举行新闻发布会。根据备忘录，双方将在版权领域全面开展合作。在巩固和加强版权领域现有交流合作的基础上，进一步加强版权宣传、人才培养，推动双方高层及工作层交流与沟通，以规划未来合作方向，从而更好地鼓励创新，保护创新成果。

12月2日

桌面千龙网（PC端）首页新版上线，与此同时手机千龙网、首都新闻、千龙音画三大移动门户同步上线。

人民网与南非《每日经济报》（*Business Day*）首期合作版面在当地出刊。合作专版将每月出版一期，随《每日经济报》发行。《每日经济报》是当地发行量最大、最有影响力的财经类刊物。

12月4日

百度视频上线VR频道，此举宣告其正式进军虚拟现实。该VR频道整合了优质的VR内容链接，为VR发烧友和潜在用户群体提供丰富的VR视频、游戏、资讯等海量资源。

民政部网站最近发布了《行业协会商会与行政机关脱钩联合工作组关于公布2015年全国性行业协会商会脱钩试点名单的通知》。其中，中国经济报刊协会与国务院国资委脱钩。

12月7日

中国新闻文化促进会第六次会员代表大会在京召开。大会审议通过新修改的《中国新闻文化促进会章程》，选举产生了新一届理事会领导机构，全国政协委员、新促会第五届理事会会长李东东当选新一届理事会理事长。

12月8日

2015中国（广州）国际纪录片节12月8日在广州开幕，“海上丝绸之路”特别项目征集计划也在当天的开幕式上正式发布。活动由国家新闻出版广电总局和广东省政府主办，吸引了来自全球40多个国家和地区的纪录片专业人士到场，聚集纪录片界行业机构200余家，规模空前。

12月9日

《海口晚报》在海口建市89周年纪念日当日正式更名为《海口日报》，海口市党政微博、微信平台“海口发布”也正式上线。

12月10日

中国互联网违法和不良信息举报中心“网络举报”移动客户端正式开通。今后，网民发现网上违法和不良信息，可通过手机实现“一键举报”。

西部地区第一家在国内主板上市的出版

传媒类企业——读者出版传媒股份有限公司正式在上海证券交易所挂牌上市，发行规模为 6000 万股，发行后总股本 2.4 亿股，募集资金 5.86 亿元，发行价格为 9.77 元。

85 岁的中国科学家屠呦呦获得 2015 年诺贝尔生理学或医学奖项。同日，《屠呦呦传》由人民出版社出版发行，该书日文、阿文版出版签约仪式在北京举行，该书的维吾尔文、藏文版出版工作也同时启动。

12 月 11 日

在国家公祭日前夕南京出版社正式出版《程瑞芳日记》及《日军罪行证明书》两种图书。图书立足档案原件、从中国难民与日本战俘两个视角来反映当年侵华日军罪行。其中《程瑞芳日记》首次将原件公布于众，并用中、日、英三种文字与档案原件相结合的形式推出。《程瑞芳日记》是到目前为止发现的第一部由中国人亲历、亲见、亲闻，实时记下侵华日军南京大屠杀暴行并完好保存至今的日记。

云南日报报业集团分别与泰国著名的英文媒体《民族报》、老挝最大的英文报纸《万象时报》达成合作协议，共同出版英文版新闻专刊。两份专刊将借助泰国《民族报》和老挝《万象时报》发行渠道和影响力，讲述中国故事、传递中国声音，增进中泰、中老了解，加深互信，推动中泰、中老合作进一步发展。

12 月 15 日

由云南日报报业集团与泰国《民族报》合作创办的《中国·云南》新闻专刊在曼谷首发。

12 月 16 日

来自全球 120 多个国家（地区）和 20 多个国际组织的 2000 多位代表，共聚第二届“世界互联网大会——乌镇峰会”。本次大会主题为“互联、互通、共享、共治——构建网络空间命运共同体”。

12 月 19 日

大河网络传媒集团与河南省留学创业投资有限公司签约，这是河南日报报业集团开始向创业孵化领域进军的标志。

12 月 20 日

由新华网主办的“感知未来”——首届“智能＋”传媒超脑论坛在上海举办。由生物传感、机器学习、语音智能等智能技术专家和传媒业、传媒教育界精英，就传媒发展趋势与战略布局，以及技术路径与人才培养展开了热烈讨论。论坛期间新华网推出自主研发的第一代生物传感智能机器人，并邀约各界开展广泛合作。

12 月 22 日

共青团中央推出青年网络公开课，节目目前主要通过共青团中央官方微信、微博及各大视频网站播放。

12 月 23 日

云南日报报业集团与老挝《万象时报》合办的《中国·云南》新闻专刊正式首发，这也是迄今为止中国媒体首次与老挝媒体合作创办新闻专刊。

12 月 24 日

上海市浦东新区法院依法对广东 21 世纪传媒股份有限公司系列案做出判决。南方报业传媒集团发出道歉声明，表示案发以来坚决开展对 21 世纪报系的整改，并在全集团开展自查自纠和法制学习教育，全面规范子报子刊管理。

12 月 25 日

中共中央总书记、国家主席、中央军委主席习近平视察解放军报社，代表党中央和中央军委，对《解放军报》创刊 60 周年表示热烈的祝贺，向报社全体工作人员和离退休老同志、向全军新闻工作者致以诚挚的问候。

12月26日

《中国美术报》创刊大会在人民大会堂隆重举行。

12月28日

北京市人力资源和社会保障局联合市新闻出版广电局发布消息称，北京市在全国率先开展数字编辑专业职称评价工作。根据北京市人力社保局与市新闻出版广电局近日出台的《北京市新闻系列（数字编辑）专业技术资格评价试行办法》，凡在北京地区经国家有关行业主管部门批准开展数字内容传播相关业务的单位中，从事文字、图像、音频、视频等作品选题策划、稿件资料组织、编辑加工整理、校对审核把关、运营维护发布等工作的专业技术人员，符合相关条件的，均可自行申报相应级别职称。2016年2月将开始申报，年底之前完成首批评价工作。

第30届电视剧“飞天奖”在杭州颁奖，陈宝国和梅婷分别斩获优秀男女演员奖，孔笙获优秀导演奖，刘和平获优秀编剧奖，《北平无战事》等17部剧获优秀电视剧奖。

中共中央办公厅、国务院办公厅印发的《关于全国性文艺评奖制度改革的意见》公开发布，要求各地区各部门结合实际贯彻执行，落实文艺工作座谈会精神，促进优秀文艺作品创作生产传播。

12月29日

中国记协新闻道德委员会成立大会在京举行。会议指出，建立新闻道德委员会是新闻战线深入学习贯彻习近平总书记系列重要讲话精神、贯彻落实“四个全面”战略布局的重大举措，是新闻战线落实党管媒体原则、坚持以人民为中心工作导向的重要探索。会议强调，新闻道德委员会工作涉及新闻领域的方方面面、涉及各地各部门，要理顺工作机制、密切协同配合。中国记协新闻道德委员会要发挥对地方新闻道德委员会工作的示范引领作用。

中国共产党国家新闻出版广电总局直属机关第一次代表大会在京召开。会议全面贯彻党的十八大和十八届三中、四中、五中全会精神，深入学习贯彻习近平总书记系列重要讲话精神，总结部署总局直属机关党的工作，选举产生中共国家新闻出版广电总局直属机关第一届委员会和纪律检查委员会。

2016年（丙申）

1月1日

《三湘都市报》在原来纸质版基础上，推出彩色版的E叠电子版增刊。该举措是为了落实“三湘都市报＋互联网”的创新精神，追求圈子化的内容设置，专题化、生活化、娱乐化的个性表达。电子版增刊以有新闻背景的主题性资讯为主，日常16个版，分为生活服务、理财资讯、文体娱乐、历史军事等板块，努力做到易读、好读、快读。同时，还结合了许多定制服务，读者可以展示个人风采、聚会留影、旅游纪念、工艺制作、书画墨宝、文采情怀等内容。

1月4日

《深圳晚报》无人机采访队宣告成立。以AEE一电科技有限公司特别支持的无人机为基础，先期组成拥有10架无人机的采访队，最终实现一线采访部门全面配备无人机。无人机采访团队成立开辟了该晚报新闻采访的全新模式，有利于新闻画面收集，同ZAKER以及深圳官方微博进行全方位的实时互动，进而实现媒体资源的整合与融通。

1月6日

《中国期刊年鉴（2015卷）》出版发行，由国家新闻出版广电总局主管、中国期刊协会主办。这是《中国期刊年鉴》自 2002 年创刊以来的第 14 卷，全卷共有 21 章。

1 月 7 日

上海举办了中国网络视听产业论坛。来自该论坛的消息显示，2015 年中国网络视听服务业市场继续保持高速增长态势。根据狭义统计口径即仅计算以内容为核心的前后向收入，网络视听产业的营收规模已达 531.5 亿元，比 2014 年增长 36.8%，增幅略有下降，比 2013 年增长了一倍。

1 月 9 日

新华网无人机频道（http：//uav. news. cn）正式上线，工信部、公安部、国家体育总局、中国民航局、国家空管法规标准研究中心、中国航空学会、中国航空器拥有者及驾驶员协会、航天科工三院等政府监管部门、行业协会及无人机企业代表等出席上线仪式。新华网无人机频道将主打社交化和大数据理念，设有无人机作品库、飞手库、产品库及无人机发烧友社区等多个特色栏目。同时公布了新华网主办的“俯瞰·2015”无人机摄影大赛年度获奖作品。

1 月 11 日

中央网信办举办网络媒体“走转改”启动仪式暨“新春走基层”专题培训。此次活动由来自人民网、新华网等 14 家中央新闻网站首批申领记者证的记者共同参与。2016 年网络媒体“走转改”活动为期一年。“新春走基层”活动将于 1 月到 4 月开展，包括“脱贫攻坚看贵州”网络媒体“走转改”主题采访等系列活动。

生活服务类客户端“武汉观”开始试运营，由武汉晚报打造，共设置有热门、武汉、生活、话题、深读 5 个资讯频道。

广州社情民意研究中心发布《媒体与公众关系调查报告》。根据该报告，传统媒体在受众群方面略占优势，但新媒体发展迅速，正在迎头赶超，尤其是社交新媒体使用频率极高。在对新闻信息的获取方面，新媒体以其方便、快捷、信息量大的特点受到青睐；但在遭遇重大新闻及突发事故时，传统媒体在民众心中的可信度远超新媒体 40%多。

1 月 12 日

浙江卫视大型户外真人秀《二十四小时》举办新闻发布会。该节目的特点之一是“坚持所有游戏环节的原创性”。

1 月 13 日

财经智库期刊建设学术研讨会暨《财经智库》创刊号首发式在中国社会科学院举行。依托中国社会科学院财经战略研究院创办的《财经智库》是国家新闻出版广电总局正式批准的全国第一本以智库命名的经济类期刊，由社会科学文献出版社出版。

1 月 14 日

钱江晚报与杭州华邦房地产代理有限公司签署战略合作协议。依托浙报传媒大数据中心，双方将打通优质资源，携手探索本土化、社区化服务模式。

1 月 15 日

广州日报全媒体采编系统启用，形成“一套系统、滚动采集、滚动发布、多元产品、多媒出版”的现代传播体系，有利于该报进行全天候的新闻播报。

江苏广电总台对外宣布，《非诚勿扰》改称《缘来非诚勿扰》，内容、阵容、播出时间都不会改变。而对于深圳市中级人民法院二审判决，此前已按司法程序申请再审，并已依法申请暂缓执行。

腾讯正式推出旗下互联网电视品牌——企鹅电视，由腾讯视频提供海量的内容支撑，打造极速畅爽的视听体验。

1 月 17 日

中国首个方言电影节——足荣村方言电

影节在北京大学未名湖畔的朗润园内拉开帷幕，主办方是广东雷州半岛的足荣村。该电影节从2016年1月18日至6月22日面向全国征集优秀方言剧情片和纪录片。另外，此次活动还设立“方言电影发展基金”。

天津日报报业集团移动客户端“新闻117”上线，该客户端将致力于与“两微”共同打造有价值的原创新闻资讯产品。

由四川卫视打造的国内第一个全女性户外励志真人秀节目《怒放霸王花》开播。这档节目刻意进行了去娱乐化的处理，着重突出了节目的竞技性。

1月19日

南方报业传媒集团与韶关市举行战略合作框架协议签约仪式，该合作旨在为韶关“十三五”的发展带来更多的媒介宣传与关注。

南方报业传媒集团将参与揭阳市政府共建中德（揭阳）中小企业政策研究院。

1月20日

按照《国家版权局办公厅关于进一步加强互联网传播作品版权监管工作的意见》及国家版权局版权重点监管工作计划，国家版权局公布了2016年度第一批重点影视作品预警名单，涵盖电视剧、电影、综艺、动漫等多种类型。

1月22日

中国互联网络信息中心发布第37次《中国互联网络发展状况统计报告》。报告显示，截至2015年12月，中国网民规模达6.88亿人，互联网普及率达到50.3%，半数中国人已接入互联网，其中有90.1%的网民通过手机上网。同时，移动互联网塑造了全新的社会生活形态，“互联网＋”行动计划不断助力企业发展，互联网对于整体社会的影响已进入新的阶段。

莫斯科记者协会举行记协年度奖颁奖仪式，《人民日报》因对俄罗斯的准确、公正报道及拉近俄中关系而获奖。据悉《人民日报》是本届获奖的唯一外国媒体。

1月23日

为整合行业优质资源，创新健康传播、疾病预防的新模式，健康报社与贵阳日报传媒集团签署战略合作框架协议，共同推动建设国家首个健康传播大数据中心项目，成为将媒介融合与大数据产业紧密结合的一次积极探索。

1月25日

由复旦大学新闻学院和蚂蚁金服商学院主办，经复旦大学新闻学院、中国人民大学新闻学院、北京大学新闻与传播学院、北京大学经济学院、中国传媒大学等机构的11位专家评委联合评审的首届“普惠新闻奖”结果揭晓：《刘泽中贷款记》《救市的问题与迷失的监督》等深度报道和评论获奖。组委会还宣布将启动普惠新闻支持计划，未来一年计划资助10个关注弱势群体的深度金融报道。

同月

山东省互联网传媒集团、《北京晨报》、中国网、环球网等23家中国媒体、媒体人手持媒体发展的关键词，亮相纽约时代广场的大屏幕，向世界问好。

2月1日

山东广播电视台打造的齐鲁网无人机频道（http://wurenji.iqilu.com）上线。其在定位、立意、人才、设备等方面的配备均为国内领先水平，致力于优质内容原创报道。

2月2日

香港《大公报》对外宣布，由《大公报》《文汇报》整合组建的香港大公文汇传媒集团，日前在港正式成立。虽然组建了新集团，但是这两家在中国报业史上有着重要地位的报纸，仍将继续按照不同定位各自出版。组建集团的原因是“顺应媒体融合发展的潮流，为实现资源整合、优势互补、错位发展而采取的主动转型和自我革新举措”。

北京市朝阳区人民法院正式立案，受理华谊兄弟传媒股份有限公司起诉金阿欢、永嘉县非诚勿扰婚姻介绍所（普通合伙）民事侵权案。

新华社推出《四个全面》说唱动漫MV。该MV实为一种可视化报道方式，主要面向网络和手机用户，用户可通过新华网、新华社客户端和微信、微博平台同步观看。该MV以网民喜闻乐见的形式，从百姓视角对“四个全面”战略布局的宏大内涵进行了阐释。融合多种音乐形式，用“大白话”歌词解读“全面建成小康社会”“全面深化改革”“全面依法治国”“全面从严治党”的意义。动漫部分在卡通主基调上加入了拼贴、波普等视觉手法和“快闪”“弹幕”等流行元素。

中国首个网络安全基金在京成立。基金由全国政协常委、周大福企业有限公司主席、新世界发展有限公司主席郑家纯向中国互联网发展基金会捐赠，将主要用于奖励网络安全优秀人才和优秀教师、支持网络安全人才培养基地的工作。

2 月 3 日

网易考拉海购发表声明，表示将以不实报道带来商业损害为由起诉中国经营报社。该事件的起因是《中国经营报》发表的《跨境电商命门凸显，网易考拉现自营危机》一文，借用户投诉之口指出网易考拉海购及其他跨境电商存在较大的正品问题。

无界新闻乌尔都语移动客户端上线仪式在巴基斯坦首都伊斯兰堡举行，成为中国首个以乌尔都语传播中巴友谊的APP。同时该应用作为巴基斯坦国内首家乌尔都语移动新闻客户端，成为“中巴经济走廊”中巴官方唯一指定面向全球发布信息的乌尔都语媒体平台。

欧洲时报与世界中餐业联合会战略合作签约仪式举行。欧洲时报长期关注中餐业在欧洲的发展，此次合作将有利于双方资源整合，在更广层面、更深层次推动海外中餐业发展，更好地服务欧洲华侨华人。

中国记协发布2016年中华全国新闻工作者协会主办的第二十六届中国新闻奖、第十四届长江韬奋奖（以下简称“两奖”）评选文件，启动两奖的推荐和报送工作。中国记协决定自2016年起，逐步探索自荐（他荐）参评作品和人选的初评机制。同时为进一步增强中国新闻奖评选工作的公平公正性和客观性，中国记协决定新增天津师范大学、吉林大学、浙江大学、华中科技大学、湖南大学、四川大学和重庆大学7家院校的新闻学院为中国新闻奖评选的试点报送单位。今年两奖评选还将进一步严肃评奖纪律，强化评委回避制。两奖评选会将于2016年8月下旬在北京举行。

2 月 4 日

国家新闻出版广电总局、工业和信息化部公布《网络出版服务管理规定》，将自3月10日起施行。依据规定开设微博、微信公众号等“自媒体”的个人或者机构，按照现行标准，属于信息内容的创作者或生产者，须纳入许可管理。

国家版权局办公厅发布《关于禁止未经授权通过网络传播中央电视台2016年春节联欢晚会的通知》。

2 月 12 日

百度公告称，董事会收到百度CEO李彦宏和爱奇艺CEO龚宇针对爱奇艺股权的初步非约束收购提议，排除现金及负债交易为爱奇艺估值28亿美元。

2 月 15 日

南方出版传媒股份有限公司股票在上海

证券交易所挂牌上市。该公司是广东省第一家实现整体股份制改造的大型国有文化企业，现主要经营图书、报刊、发行、印务、投资等业务板块。

2 月 16 日

以“发现青岛、观察青岛、传播青岛”为传播使命的《青岛日报》新闻客户端“青岛观”上线。《青岛日报》从此拥有了系列新闻资讯产品的首发平台，并希望借此实现更广的覆盖、更精准的传播、更好的服务、更大的影响。

2 月 18 日

搜狐新闻客户端推出国内首个基于新闻客户端的智能股市播报系统“智能报盘”，通过大数据挖掘、建立投资模型，“智能报盘”能够提供的动态资讯内容包括资金流向、股票异动、收盘情况、整点动态、突发事件等。

2 月 19 日

中共中央总书记、国家主席、中央军委主席习近平来到人民日报社调研。被习近平“点赞”的人民日报全媒体平台“中央厨房”也于当日上午正式上线。中央厨房是推进媒体融合发展的全媒体大平台，生产丰富多彩的新闻大餐。试运行一年来，中央厨房形成了全新的内容生产、协作、分发业务模式。习近平充分肯定建设中央厨房大平台推进融合发展的路子是对的。

中共中央总书记、国家主席、中央军委主席习近平在北京主持召开党的新闻舆论工作座谈会并发表重要讲话。他强调，党的新闻舆论工作是党的一项重要工作，是治国理政、定国安邦的大事，要适应国内外形势发展，从党的工作全局出发把握定位，坚持党的领导，坚持正确政治方向，坚持以人民为中心的工作导向，尊重新闻传播规律，创新方法手段，切实提高党的新闻舆论传播力、引导力、影响力、公信力。

2 月 20 日

《晶报》试行双休日出合刊，周日内容随周六出版；法定节假日期间主要通过晶网、微博、微信发布新闻。

2 月 22 日

芒果 TV 正式启用国际化新域名 mgtv. com，这意味着其定位加速从“附着”地位向独立平台转变。

2 月 23 日

乐视体育宣布获得 2016 和 2017 两个赛季中超联赛在中国大陆、港澳台、北美和东南亚等地区独家新媒体转播权，为此耗资 27 亿元。乐视体育与体奥动力确立战略合作关系，资本层面将相互战略投资。

大众报业集团与山东省社保基金理事会举行全面战略合作签约仪式，双方将在投资、管理、人才等方面开展全方位合作。另外，将由山东省社保基金理事会在近期注资，双方共同对山东大众创业投资有限公司进行股权改造，打造国内知名的文化产业投资管理平台。

微信广告团队通过微信公众账号“微信广告助手”对外发布消息称：微信朋友圈广告自助投放端全量开放，为广告主提供更智能、高效、便捷的广告投放体验。在邀请测试期间有来自移动应用、房地产、食品、服装、婚恋交友等行业的 200 多家广告主已经借助自助投放端管理广告投放。

2 月 25 日

纪录片《中华的故事》从普通中国人的视角讲述中国从古代夏商周到改革开放时代的巨大历史变迁，自 1 月 21 日起在 BBC 二台开播，2 月 25 日播完，反响良好。该纪录片由英国广播公司（BBC）和美国公共电视网（PBS）联合制作。

国家工商总局发布《公益广告促进和管

理暂行办法》，规定中央主要报纸平均每日出版 16 版（含）以上的，每月刊登公益广告总量不少于 8 个整版；平均每日出版少于 16 版多于 8 版的，每月刊登公益广告总量不少于 6 个整版；平均每日出版 8 版（含）以下的，每月刊登公益广告总量不少于 4 个整版。

收录了人民日报社论、系列评论员文章和相关报道的《论学习贯彻习近平总书记新闻舆论工作座谈会重要讲话精神》一书由人民出版社出版。该书对广大党员干部学习领会习近平总书记在党的新闻舆论工作座谈会上重要讲话精神，具有重要参考作用。

央视新闻客户端进行了第五次大改版，以“电视＋用户”为战略指导，全方位强化视频的核心优势，着力实现平台化转型，打造主流媒体移动互联网的新闻旗舰。本着“大屏带小屏”的原则，努力实现变“沙发观众”为新媒体“云端用户”。

2 月 26 日

国家网信办召开会议，明确要求全国网信系统在 2016 年全力推进“争做中国好网民”工程。该工程 2016 年 3 月份正式启动，并将持续开展 5 年。工程将分系统分领域培育一批中国好网民，建立一批网络文明示范基地，创建一批网络文化精品数据库，组织开展一批网络文化活动，打造一批品牌项目，使“争做中国好网民”工程进入常态化运营，在广大网民中形成品牌知名度和影响力。

中国国家互联网应急中心宣布中国互联网网络安全威胁治理联盟正式成立，首批 89 家企业申请加入联盟，涵盖网络安全产业链上下游。

北京日报、天津日报、河北日报联合策划的特刊《海阔天空京津冀》出版，充分展示三地在产业协作、市场一体、交通先行、生态环保、资源共享、空间优化、民生愿景等方面的积极变化和美好未来。

国务院办公厅中国政府网发布政务信息和提供在线服务的新媒体平台——国务院客户端正式上线，该应用主要发布国务院重大决策部署和重要政策文件、国务院领导同志重要活动等政务信息，也是政府面向社会提供服务、与公众互动交流的新渠道。用户可通过苹果 App Store、360 手机助手、百度手机助手、腾讯应用宝等应用商店下载国务院客户端。

十二届全国人大四次会议、全国政协十二届四次会议将在梅地亚中心设立新闻中心，负责接待和安排中外记者对两会的采访。

2 月 28 日

广东广播电视台“触电”全媒体重点项目启动暨 ZAKER 触电频道上线仪式举行，用户通过手机 APP 便可获得个性化精准视频资讯。此为国内首个省级广电媒体与新兴媒体共同打造的视频资讯频道。

新浪微博对原创类微博放开 140 字的字数限制，最多可达 2000 字。在用户信息流里只显示前 140 字，用户点击“全文”能够看到全部信息。

深圳市媒体研究会（简称“深媒＋”）成立，为深圳市民政局批准、深圳社科联主管、各类媒体人及相关人员自发组成的传媒人联合体。

2 月 29 日

口腔健康新媒体平台上线，主要为患者提供口腔保健咨询及医疗服务，由山西日报传媒集团与山西省口腔医学会、香港全球华人口腔协会联合主办。

3 月 1 日

《新闻出版许可证管理办法》开始施行。该办法由国家新闻出版广电总局根据《中华人民共和国行政许可法》《出版管理条例》

《音像制品管理条例》《印刷业管理条例》等相关法律法规制定。总局负责“全国新闻出版许可证信息管理系统”的总体设计、建设指导以及应用协调等工作，实行许可证信息的全国联网、集中公示和有效管理。地方各级新闻出版行政部门则需按要求做好“全国新闻出版许可证信息管理系统”的衔接、应用工作，严格履行信息采集、报送等职责。

腾讯公司宣布启动“芒种计划”，对于媒体和自媒体发布、运营的内容，腾讯将提供开放全网流量、开放内容生产能力、开放用户连接、开放商业变现能力。入驻媒体、自媒体在文章页面上获得的所有广告收入，将100%归其所有；对于那些坚守原创、深耕优质内容的媒体和自媒体，腾讯还将给予全年共计2亿元的补贴。

《人民日报（海外版）》扩版，从原来的每日8版扩至12版，并对版面设置进行了改进：增设“创新中国”“文明中国”“开放中国”“美丽中国”等版面，以更好地讲述中国故事；增设“中国品牌”“华商故事”“外媒看中国”等版面，以更好地连接中外、沟通世界；同时保留了一直深受读者欢迎的版面，如《学中文》《海外学子》《文化万象》《华侨华人》等。

北京日报报业集团以互联网思维设置栏目，京报网全新改版上线。此次改版重磅打造了深阅读、轻阅读、慢阅读三大板块。

“上海观察”改版，以“深度了解上海的第一选择”为目标，着力成为上海权威信息在互联网发布的第一平台。

上海报业集团召开年度工作大会，学习贯彻习近平总书记在党的新闻舆论工作座谈会上的重要讲话精神，并就进一步加强和改进新闻舆论工作、加快推进集团深度融合和整体转型工作进行安排部署：执行2016年媒体融合发展“二三四”路线图，澎湃、界面两大新媒体向平台级项目进发，《解放日报》《文汇报》《新民晚报》三大报整体转型。此外，集团今年将围绕新语言空间、新商业模式、新技术、新渠道四个维度，布局四个新项目。

3月2日

由人民网携手美国高通公司、零度智控三方共同组建无人机新闻报道的“国家队”在京启动。无人机报道战略开启了新闻报道在重大突发事件时的“飞行模式”。此次使用的无人机型均由美国高通公司在中国的合作伙伴零度智控出品。

3月3日

由中国青年报·中青在线出品的移动杂志“掌上两会”与用户见面。当日，有手机适配版的中国青年报·中青在线两会报道专题“决胜全面小康”上线。全国两会期间，每天一期，聚焦青年关心的两会议题，解读当日两会热点。

3月5日

“必闻”客户端上线，由安徽省委宣传部和安徽新媒体集团主办，内容以安徽宣传思想文化战线新闻资讯、理论社科、广播影视、数字出版、曲艺剧目、基层文化等为主。

“丝绸之路电视台”（SRTV）在泰国曼谷试播，以全泰语播放中国相关电视节目。该台由东方时代网络传媒股份有限公司及泰中传媒集团创办。

3月7日

人民日报客户端专列在北京地铁1号线开行。这是北京地铁1号线运营以来第一个内外车厢全包整体设计的地铁专列，乘客可扫描列车内外的二维码，下载人民日报客户端。

3月8日

国家电影事业发展专项资金管理委员会

下发《关于对优秀国产影片进行奖励的通知》，对社会效益与经济效益相统一、制作技术和艺术有创新的优秀国产影片继续给以奖励，每年 20 部，每部奖励金额不高于 600 万元。

3 月 9 日

东方网做市交易申请获得批准，成为新三板挂牌企业中唯一采用做市交易的新闻网站。

3 月 10 日

由黑龙江日报报业集团与黑龙江省民政厅打造的养老产业云服务平台“老爸老妈网”上线运营。该网站囊括了颐养机构查询、绿色食品交易、福祉用品交易、寻医问诊在线对接、旅游资源发布、护工需求发布等多种功能，让老年人足不出户即可享受互联网带来的极致体验。

今日头条宣布将成立一家总规模 2 亿元的内容投资基金，专门针对早期新媒体项目进行投资。至此其内容创业生态圈囊括内容分发、原创保护、收入扶持、创业加速与投资基金等五大环节。

3 月 14 日

万达集团董事长王健林告微信公众号“顶尖企业家思维”侵犯姓名权、肖像权、名誉权纠纷案宣判，后者败诉，被判赔偿王健林精神损害抚慰金 6 万元。

3 月 15 日

健康管理平台“重庆时报糖友之家”成立，该平台由重庆时报联合北京知蜂堂共建，今后还将开通微信公众号。

华西都市报主办了华西“3·15”晚会，通过网络视频、移动社交传播等多种方式直播，线上线下互动。

易观智库发布《中国移动阅读市场季度监测报告》。数据显示，2015 年中国移动阅读市场规模达到 101 亿元人民币，同比增长 14.3%。其中第四季度中国移动阅读市场规模达到 26.8 亿元人民币，环比增长 4.7%。

羊城晚报主办的 APP“羊城派”上线，以“为你而动”为理念，为读者生活维权提供服务。

3 月 16 日

“赢·屏——‘互联网＋大娱乐’高峰发展论坛”发布了国内十大卫视联播的台网融合节目“星 APP 风云榜”。论坛由腾讯应用宝、华懿集团及十家卫视举办。

山东省市地报研究会暨 2015 年新闻评选会在日照召开，全省 17 市报社负责人签署了“中国丝绸之路经济带城市报业联盟”框架协议。

欧洲时报传媒集团和杭州中闻影视签署战略合作框架协议，双方将联合摄制《人在囧途之欧囧》，该片将在 2018 年柏林华语电影节举办全球首发仪式。

3 月 17 日

乐视网发布 2015 年度财报。数据显示，该公司 2015 年实现营业收入 130 亿元，同比增长 90.89%。归属于上市公司普通股股东的净利润为 5.7 亿元，较去年同期增长 57.41%。

阿里巴巴宣布成立 VR（虚拟现实）实验室，并首次对外透露集团 VR 战略。阿里将发挥平台优势，同步推动 VR 内容培育和硬件孵化。在内容方面，阿里已经全面启动“Buy＋”计划，并将协同旗下的影业、音乐、视频网站等，推动 VR 内容产出。在硬件方面，阿里将依托其电商平台，搭建 VR 商业生态。

北京市朝阳区人民法院发出消息，称第五季《中国好声音》被指未经授权使用与“The Voice of”注册商标近似的图形及文字。荷兰塔尔帕容量有限公司将梦想强音文化传播（上海）有限公司、北京正议天下文化传媒有限责任公司诉至法院，要求停止侵权、消除影响，索赔300万元。

3月18日

乐视与移动购物网站楚楚街宣布在音乐、电影、综艺三个方面实现全面合作，协同这三大领域的内容资源、明星资源，促成“购物＋娱乐”的跨界融合。

浙江电视台公共·新闻频道开播仪式在浙江广电集团大院内举行。该频道由原浙江7套转型而来，是浙江省第一个全天24小时滚动播出新闻的专业电视频道。

3月20日

新华传媒主办的“全国新书发布厅”在上海书城举办首场活动。上海书城一楼大厅和七楼演讲厅在之后的每个周末都会展出全国的新书、好书。

3月21日

《中国记协新闻道德委员会章程（试行）》正式公布。章程共5章21条，内容包括总则、组织、职责、工作机制、附则等，明确中国记协新闻道德委员会全体会议是新闻道德委员会的最高议事和决策机构，道德委办公室作为日常办事机构设在中国记协。

3月22日

东方网“翱翔”新闻客户端新栏目“沪语新闻”测试版上线。

3月23日

粤传媒与广州市跨境电商行业协会签订战略合作备忘录。协会将支持公司与相关公司合资承办“中国（广州）国际跨境电商展览会”及与之配套的高峰论坛、行业评选、国内外巡回展、行业展等活动，支持公司筹划跨境电商产业投资基金的成立事宜、跨境电商孵化基地及跨境电商产业园区的建设事宜。

3月24日

人民网研究院发布《2015中国媒体移动传播指数报告》。该报告显示中央主流媒体如人民日报、中央电视台、中央人民广播电台等的微博、微信和客户端在各大排行中均占据靠前的位置。而微信则成为各类媒体都十分重视的传播途径。同时，微博平台中以@人民日报为代表的媒体越来越多地选择配合短视频进行微博发布。

河南日报报业集团与郑州凯浦实业公司进行战略合作签约，针对广告运营、金融投资、房地产、新媒体等业务开展全方位合作。

3月25日

中国日报社社长兼总编辑朱灵在北京钓鱼台国宾馆出席第二届中俄媒体论坛，并与俄罗斯报社社长涅戈伊查共同签署《中国日报社与俄罗斯报社长期合作框架协议》。中国日报社将在俄罗斯出版俄文版《中国观察报》。

3月27日

广东南方媒体融合发展投资基金在广州成立。基金由4家传媒出版企业和海通创意资本管理有限公司、中赛信合（北京）投资管理有限公司等金融机构共同发起设立，吸引社会资本加入，总规模100亿元，首期规模为10.6亿元。

3月28日

中国记协新闻道德委员会召开成立以来的首次评议会，对人民网、新华网等5家中央媒体2015年度社会责任报告进行评议。与会委员从正确引导、提供服务、人文关怀、繁荣发展文化、遵守职业规范、合法经营、安全刊播、保障新闻从业人员权益等8个方面进行了评议。通过定性与定量相结合的方法，对这些媒体履行社会责任情况的等次进行了投票。根据有关制度，评议结果将与媒体准入退出管理、报刊出版质量评估体系、重要新闻评奖等工作挂钩。

深圳特区报 APP 客户端——“读特”与读者、粉丝正式见面。“读特”的内容设置体现特区区域特色，设置有特闻、深圳、财道、港台、乐活、视听等频道。深圳特区报官方微信“特信”、官方微博“特博”，以及新闻程序“读特”，形成了围绕深圳特区报主体的融媒体集群矩阵——“两微一端”完整架构、比翼齐飞。

3 月 29 日

河南日报报业集团旗下的河南省文化产业投资有限公司、焦作市人民政府与无锡灵山文化旅游集团签订合作意向书，就共同开发云台山文化旅游项目达成战略合作意向。

3 月 31 日

面向“90 后”的个性化推荐移动资讯阅读客户端“唔哩”正式发布。唔哩的核心团队曾打造过千万级日活跃用户量 APP 和多个互联网大型并购及上市项目，在互联网内容运营、数据挖掘、市场开拓等方面有丰富经验。这是人民网和上海报业集团在北京举行战略合作签约仪式之后的首个合作项目，是中央与地方主流媒体主动借助新媒体传播优势、适应分众化差异化传播趋势、加快构建舆论引导新格局、推动融合发展的行动举措。

4 月 1 日

《钦州日报》与《星洲日报》在马来西亚首都吉隆坡签订合作备忘录，结为友好报社。双方在新闻资源交换、业务交流学习和重大主题活动等方面将加强务实合作，特别是在推动“两国双园”建设、创造良好舆论环境方面互利共赢。

湖南日报报业集团与杭州大头投资管理有限公司在长沙签订战略合作框架性协议，双方将共同设立文化产业发展基金。其投资方向为泛文化领域，包括广播、影视和音乐的内容生产和发行、文化传媒融合发展及创新、互联网传播及应用工具、文化创意、文化休闲生活、文化领域新产品新技术开发、生态旅游项目等。

中国报业旅游联盟成立大会在福建莆田举行。会议选举北京华文数媒文化传播有限公司董事长胡金平任联盟秘书长，并且产生湄州日报社、阳江日报社、乌鲁木齐晚报社等 15 个轮值理事长单位和 15 个副理事长单位。

4 月 2 日

20 世纪 80 年代曾经辉煌一时的香港亚洲电视停播，就此退出香港免费电视舞台。

4 月 5 日

基于西方用户习惯讲述中国故事，探索建立自己的话语体系的全新英文产品“第六声”（Sixth Tone）正式上线，内容定位于“日常中国”，立志成为英文世界了解中国社会变迁的第一入口。该产品由澎湃新闻出品。

南华早报出版有限公司宣布，南华早报在线版和移动版从当日起免费，纸质版和 ePaper 版（PDF 版）将继续收费。

4 月 6 日

浙报传媒控股集团有限公司、中国国际金融股份有限公司、七彩小镇（杭州）控股有限公司将共同发起设立文旅产业发展基金，该基金首期规模 30 亿元，主要向浙江省内的优质文化旅游与特色小镇项目进行投资与管理。

4 月 7 日

新华网无人机频道在新华炫闻客户端上线，这一频道聚集了专业飞手资源，展示航拍视频和图片。

4 月 8 日

《近报》创刊，由山东广电网络集团与

大众报业集团联合创办。该产品报纸、电视和新媒体完全融合在一起，组成“1+5”新媒体矩阵。“1”是《近报》，“5”分别是网站、APP、官方微博、微信矩阵和手机报。

4月9日

洛阳晚报推出第34届中国洛阳牡丹文化节特刊《牡丹最美的邂逅》，采用了增强现实（AR）技术，为读者呈现全新的视听体验。

4月12日

北京新媒体集团揭牌。由其打造的“北京时间”网站及其移动客户端也同时亮相。直播项目“北京时间·花开中国”将在半年中实时记录全国各地花开花落、春华秋实的全过程。另外，集团与奇虎360合资成立北京时间股份有限公司。

截至“最受欢迎的字典”和“最畅销的书”两项纪录统计的计算时间（2015年7月28日），《新华字典》全球发行量共达5.67亿本，因此吉尼斯世界纪录高级副总裁马克·弗里加迪正式确认了《新华字典》吉尼斯纪录。

4月13日

百度、新浪、搜狐、爱奇艺等20余家从事网络表演（直播）主要企业的负责人共同发布《北京网络直播行业自律公约》。根据其内容，从4月18日起网络直播房间必须标识水印；内容存储时间不少于15天备查；所有主播必须实名认证；对于播出涉政、涉枪、涉毒、涉暴、涉黄内容的主播，情节严重的将列入黑名单；审核人员对平台上的直播内容进行24小时实时监管。

湖南、湖北、江西三省在南昌举行促进新闻出版广电合作签约仪式，签订了《湘鄂赣三省促进新闻出版广电工作合作协议》《湘鄂赣三省全民阅读和“扫黄打非”合作工作备忘录》。

4月14日

斗鱼、虎牙直播、YY、熊猫TV、战旗TV、六间房等多家网络直播平台因涉嫌提供含有宣扬淫秽、暴力、教唆犯罪、危害社会公德内容的互联网文化产品，被文化部列入第二十五批违法违规互联网文化活动查处名单。

4月15日

大河网研发的“大河搜索”客户端正式上线，致力于为手机用户提供河南本地最便捷的时政、新闻和生活服务类搜索功能。

4月18日

“一带一路”沿线国家媒体和文化机构组成的“一带一路”媒体传播联盟在北京成立。该联盟由国务院新闻办公室发起。联盟发布“丝路电视跨国联播网”合作项目，计划加“B&RTV”统一台标，并在固定的频道、固定的时间段，在不同国家以当地语言播出“丝路电视”节目。

中国电影股份有限公司与中国国际广播电台旗下国广环球传媒控股有限公司共同成立的中影国广（北京）文化科技有限公司正式揭牌。

百度与乐视围绕互联网广告联盟、用户权益、电影宣传发行、全球化、创新技术应用等方面进行合作。

河南省人大常委会办公厅与大河网络传媒集团举行战略合作协议签字仪式，依照协议，后者对前者的官方网站进行运行维护，做好省人大常委会官方网站的栏目内容规划、组织和保障工作。

4月19日

中共中央总书记、国家主席、中央军委主席、中央网络安全和信息化领导小组组长习近平在北京主持召开网络安全和信息化工作座谈会并发表重要讲话，涉及网信事业发展、网络良好生态、核心技术突破、安全和发展的关系、互联网企业、互联网人才等 6 个方面，勾勒出网络强国战略的清晰轮廓，为我国网信事业发展指明了方向。

网易推出网易号自媒体平台。该自媒体平台接入了直播技术，整合直播、问吧、推送等互动功能，为用户带来更全面的体验。

4 月 20 日

证监会发审委审核通过新华网的首发申请。新华网拟发行股数 5190 万股，募资额约为 14.9733 亿元，主要用于全媒体信息应用服务云平台项目，移动互联网集成、加工、分发及运营系统业务项目等。

4 月 21 日

工信部官方微博“工信微报”发布消息称，中国广播电视网络有限公司 3 月 7 日向工信部提交了基础电信业务经营许可申请材料，申请在全国范围内经营互联网国内数据传送业务、国内通信设施服务业务。目前工信部正在履行相关法定程序。

中国报协五届二次理事会暨中国报业发展大会在山东泰安举行。同时由泰安日报社、泰安传媒集团组织发起，经中报协批准审核通过的中国报业体育产业联盟揭牌。会上还举行了“最泰安”全媒体平台上线和“书香长征路”授旗活动。

4 月 22 日

网易财经发布公告，对其在冠生园董事长遇难新闻发布过程中使用不当词语、伤害了遇难者家属以及广大读者的感情进行道歉。

光明日报社与南京大学签署战略合作协议。双方将以光明日报智库研究与发布中心、南京大学中国智库研究与评价中心为主体，共同就智库评价、智库运营与治理等主题展开深入研究。

南方报业传媒集团与广东省科学院推动广东创新驱动发展战略合作框架协议签约仪式举行。

4 月 23 日

国家新闻出版广电总局与中国邮政集团公司举行战略合作签约仪式和“全民阅读”特种邮票首发式，并启动“寻找最爱阅读的中国孩子”活动。

4 月 25 日

2016 亚洲广播大会在北京召开。大会以“共话广播”为主题，探讨在广播业变革势头加速之时，电台如何寻找提升内容、吸引受众的新路径。会议由亚洲—太平洋广播联盟主办、中国中央人民广播电台承办。

纪录片《一份报纸的抗战》在北京举行首播发布会。这是中国首部以“报人抗战”为题材的纪录片，分六集，分别为《明耻教战》《中国的西北角》《迂回在生死线上》《我们在割稻子》《银风筝下的记忆》《日本投降矣》，每集 38 分钟。

国家新闻出版广电总局正式发布《专网及定向传播视听节目服务管理规定》（6 号令），将于 2016 年 6 月 1 日起施行。同时，2004 年 7 月 6 日发布的《互联网等信息网络传播视听节目管理办法》（39 号令）废止。

4 月 26 日

百名自媒体人发出《联合维权公开信》，控诉新闻资讯应用一点资讯严重侵犯知识产权的行为。信中称，一点资讯利用技术手段系统将自媒人拥有版权的原创内容，抄袭、复制到自己的平台和应用软件上。

新华社中国经济信息社在北京正式挂牌，对新华社涉及经济信息业务的原《经济信息》编辑部、中经社控股有限公司、中国金融信息中心等部门和企业进行整合，作为新华社经济信息业务的市场主体，负责经济信息产品的生产和服务。

《齐鲁晚报》改版，对报纸和新媒体矩阵的功用和承载的信息类型进行了界定：海量的、即时的、动态的信息由“齐鲁壹点”等新媒体矩阵来呈现；让主流、权威、纯净、有用的新闻回归报纸。

4月27日

杭州当虹科技有限公司、湖北省广播电视信息网络股份有限公司与北京光线传媒股份有限公司签署了“发展广电网VR产业”战略合作框架协议。协议三方将在湖北广电网络试行VR节目，普通用户将可以在家通过有线网络体验到VR节目的精彩。

5月4日

由四川日报报业集团与阿里巴巴集团联合投资的封面传媒的核心产品封面新闻APP和封面新闻网上线。封面新闻被业界称为新生代客户端，利用数据挖掘、机器人学习写作、兴趣推荐算法等，在精准描绘用户画像的基础上，独家创新推出私人定制、实时刷新的“封面”功能“新闻盒子”。此外还依靠强大的技术驱动力，为用户创新定义“身临其境读新闻”和“用户生产写新闻”，即借力VR技术和UGC生产，为用户打造一扇通往新闻世界的“任意门”。

5月5日

为出版人量身定制的APP“出版头条”在京发布。“出版头条”由中国出版协会与光明网共同主办、安徽出版协会协办、苏州天梯卓越传媒有限公司承办，是一款依托互联网技术手段，基于大数据挖掘，全面及时展示出版行业资讯的新一代网络媒体。

工信部向中国广播电视网络有限公司颁发“基础电信业务经营许可证”，批准其在全国范围内经营互联网国内数据传送业务、国内通信设施服务业务。这意味着，中国广播电视网络有限公司成为国内第四个基础电信业务运营商。

5月6日

国家互联网信息办公室近日依法批准了人民网、新华网、国际在线、中国日报网、光明网、央广网6家中央重点新闻网站157个地方频道的开设申请，并在中国网信网上公布了相关名单。

《中国传媒产业发展报告（2016）》发布。其中的数据显示，2015年，中国传媒产业整体保持增长态势，增幅较2014年略有放缓。广告行业在2015年受到经济大环境的冲击，全国广告经营额较上年仅增长5%左右，甚至没有跑赢GDP（6.9%）。在严峻的宏观经济背景下，中国传媒产业在2015年仍然增长了12.3%，整体市场规模达到12750.3亿元人民币。

5月8日

由辽宁报业传媒集团主办的《幸福老人报》创刊，该报是为引导社会关注老年人问题而搭建的一个全新媒体平台，以“关注老人幸福，专注品质服务”为办报宗旨。

5月9日

福建广电网络集团在福州分别与湖南电广传媒、广东广电网络、山东广电网络签订战略合作协议，加强在智慧城市、智慧社区、智慧家庭等新业务方面的合作，共同描绘中国广播电视网络区域紧密合作、互利共赢的新图景。

为落实习近平总书记“坚持创新为要”指示精神和中央关于推进媒体融合发展的指导意见，新华社近日成立产品研究院，以产品创新推动业务创新，不断满足用户和受众需求。产品研究院要在全社产品创新中发挥统筹协调和引领带动作用，探索有效机制，盘活各方资源，汇聚智慧力量，提供有力支持，孵化一批有前景的重点项目，推动形成覆盖全社的多层次立体化产品创新体系。

5月10日

广西网络广播电视台揭牌上线仪式在广西电视台主楼大厅举行，这标志着广西的媒体融合又向前迈进了一大步。

5月12日

新浪微博联合公安部推出“全国辟谣平台”，并加盟北京地区网站联合辟谣平台。除了微博站内的不实信息外，用户还可以举报资讯网站、社交平台、论坛、贴吧等其他网络平台上的谣言，微博在首页公告栏和@微博辟谣账号粉丝服务中设置两个醒目的举报入口。网友只要在举报页中填写被举报内容链接或者上传被举报内容的截图，就可以上传至辟谣平台。

《无锡日报》子报《华东旅游报》推出“无锡掌上魔法旅游地图”，用户扫描即可进入后台，实现GPS导航、消费打折、门票预订、同城爱好者互动等实用功能。

5月13日

《信息时报》与广州市各街道办合作共建的微社区e家通融媒体平台全面上线，接入街道、社区办事端口。

非洲时报报业集团与22个国家和地区的华文媒体合作打造的“华人头条·南非”手机新闻应用综合平台在南非约翰内斯堡举行新闻发布会。

5月16日

广东广播电视台《新闻大数据》栏目开播新闻发布会暨广东广播电视台战略合作意向书签署仪式在广州珠光御景壹号隆重举行。国家的大政方针、GDP、CPI、PPI，各行各业如天气、交通、公共安全、食品安全、医疗、教育、房价、粮食果蔬价格、煤气等等，一切涉及人们生活的大数据及其趋势分析，社情民意调查，以及专家大众的观点，都是《新闻大数据》节目的元素。大数据及其研判，为政府施政、企业生产、大众生活，提供决策参考依据。

5月17日

新华报业传媒集团与台湾联合报社签署合作协议，在《旺报》设置《看江苏》专门版面，在媒介经营和管理、新媒体和新技术开发、文化艺术展览展演等方面加强对话与交流。

腾讯公司和12321网络不良与垃圾信息举报受理中心联合宣布，网民可以在微信和手机QQ这两个国内最大的移动社交平台上便捷地举报不良信息。

爱上电视传媒（北京）有限公司、安徽广播电视台、中国联通安徽省分公司在合肥签订IPTV业务合作三方协议，安徽联通IPTV正式上线。

5月18日

国际篮联（FIBA）与腾讯宣布，双方已签署一项从2017年到2025年为期九年的全面合作伙伴协议。此外，腾讯体育还将承建、运营FIBA中文官网，让中国篮球迷更便捷地获取国际篮联的最新消息。

5月20日

《银川日报》《银川晚报》推出二维码新闻，纸媒端刊登二维码，读者扫一扫，即可切换到银川市广播电视台关于这一事件的视频新闻。报纸可读可看可听，看电视新闻也更加便捷，充分发挥新媒体“快”、纸媒“深”、电视画面可视性强的优势，实现新媒体与传统媒体的有效融合，使得传播面更宽，传播形式更加多元化。

陕西卫视举办以“聚力融合与您同行”为主题的“520之夜”大型活动。活动当天，陕西卫视与甘肃卫视、宁夏卫视、青海卫视组建了“丝绸卫视联盟”。

5月21日

吉视传媒和佳创视讯发布公告称，双方将共同开展“虚拟现实＋广播电视”的产业化运营合作，并联手打造吉林省广播电视虚拟现实播控云平台。

5月23日

北京市工商局等11个部门共同出台《关于在防范和处置非法集资活动中加强金融投资理财类广告监管有关工作的实施意见》。

5月24日

《湘江早报》正式创刊。该报是以服务型城市建设为特色的经济类综合性报纸，由湖南湘江新区与长沙晚报报业集团合作创办，是湖南湘江新区党工委、管委会的机关报，同时还是湖南第一张以“在这里读懂新区”为定位的新型报纸。

央视体育频道与微博奥运战略合作发布会举行，微博成为央视奥运报道首席社交媒体，将组建奥运前方自媒体直播团队，央视体育频道在里约奥运会的报道团队成员将在微博上分享奥运报道的幕后花絮，引导观众参与微博互动。

5月26日

第三批试点媒体社会责任报告正式对外发布，经济日报、中央电视台、中国青年报、人民网、新华网等38家媒体对2015年度本媒体履行社会责任情况进行了全面梳理展示。这是自2014年媒体社会责任报告制度试点以来，第三次发布有关报告。

以“创新引领媒体融合转型”为主题的2016山东报业新媒体年会在日照市举行。本次大会由山东省报业协会主办、日照日报社承办，来自山东省报协20家理事单位和3家企业的代表共50多人参加了年会。

5月28日

唯一一张面向陆军基层部队发行的报纸——《人民陆军》创刊发行。该报由陆军政治工作部主办。在原七大军区报纸休刊停刊后，《人民陆军》的创刊发行，回应了陆军官兵的期盼，也是深化改革的成果。

5月30日

“2016马来西亚湖北传媒周”大型文化交流活动在马来西亚吉隆坡中谷展览中心启幕。活动将通过举办展览展销、图书翻译、作家对话、版权贸易、招商引资、文化互动等多种活动，展示湖北省新闻出版、广播影视及新媒体发展成果。

5月31日

国家新闻出版广电总局公布了61种2016年全国优秀少儿报刊。

东南网全媒体新闻中心正式落成并投入运行。该新闻中心由指挥部、采集部、编辑部、分发部、舆情部、评论部、视频部、专题部、总编室等部分构成，中央平台采用座席制。

6月1日

中央第一巡视组向国家新闻出版广电总局党组反馈了巡视意见，并根据《中国共产党巡视工作条例》有关规定，公布了巡视整改情况。

由上海报业集团旗下《新闻晨报》打造的致力于为上海市民打造一个生活服务指南平台的“周到上海”APP上线。在这个本地服务平台，用户能看到及时优质的资讯、实用权威的民生攻略。同时，此款APP为用户提供基于LBS地理位置技术的社区服务。

北京网络文化协会在北京市文化市场行政执法总队召开新闻发布会，通报了《北京网络直播行业自律公约》实施一个多月以来的落实情况。六间房、映客、花椒、秀色、陌陌等平台已基本完成主播实名认证、水印添加、直播内容存储15天等公约要求，其中部分企业对直播内容已做到永久保存。同时，各直播平台主动履行企业主体责任，采取增加内容审核人员、实施24小时监管及设置应急处置预案等措施，及时发现和处置了多起直播中的涉黄、涉毒、涉暴等问题。

6 月 12 日

云南日报报业集团主管、云南报业文化投资发展有限公司主办的《云南旅游文化时报》创刊，这是云南第一份英文报纸。

6 月 15 日

花椒直播召开“融”平台战略发布会，《华西都市报》成为首家合作报媒，将与封面新闻一起在花椒直播开辟栏目频道。

《南宁晚报》采用香水印刷的“香味报纸”，这在南宁乃至广西尚属首次。

人民日报社与腾讯签署媒体融合发展创新战略合作协议。双方携手共建中国媒体融合云平台，向全国媒体行业提供安全的云服务体系和媒体融合平台、应用工具，并进一步拓展媒体内容在国内外的分发渠道。

6 月 17 日

新华网“一带一路”频道上线，开设中、英、阿文三个语种，面向海内外华语受众、沿线国家受众、留学生、驻外使领馆和涉外机构、国内外企业和商业机构。

中国互联网公益峰会在深圳举行，腾讯联合重庆晚报、南方日报、中国青年报等国内 20 多家主流媒体，共同发起中国互联网公益媒体联盟。

6 月 18 日

新华社中国经济信息社上海分公司正式成立，中国经济信息社上海经济研究中心同时揭牌。

《佛山日报》推出了新的平台——手机电视，以此探索“微视频”市场，并启动了首场现场视频直播《直击新北滘》。

中国东方航空股份有限公司与东方网签署战略合作协议。双方将就品牌宣传、舆情监控、机票直营、社区旅游服务、译游产品推广等各项工作展开合作。

6 月 20 日

以 9 分 5 秒时长高度浓缩了中国共产党 95 年的光辉历程的微电影《红色气质》陆续在各类新媒体终端和户外大屏发布。该片由新华社制作，通过历史照片讲述与三维特效结合，回顾了中国共产党近一个世纪来所走过的道路。

江苏广播电视总台与北京广播电视台签署媒体战略合作协议，双方在 5 年合作期内，将利用各自资源互相支持，在多个方面开展全面合作。

6 月 21 日

国家网信办召开全国跟帖评论专项整治视频会议，部署集中治理跟帖评论存在的突出问题。各省（区、市）网信办以及部分中央新闻网站、商业网站负责人参加。

以“新契机・新挑战・新实践”为主题的《中国新媒体发展报告（2016）》发布暨新媒体发展研讨会在京举行。

重庆晨报与重庆慈善总会签订了战略合作协议，共同在重庆晨报开办《重庆慈善之窗》专栏，并联合开展一些重大慈善活动，共同维护和提升重庆市慈善总会的品牌形象。重庆晨报将利用自身传媒优势，用全媒体整合、“互联网＋”等最新手段和方法，宣传、推广、开展慈善工作。

6 月 22 日

云南信息报社新媒体影视中心成立，并与多家省内视频制作机构签约，布局视频领域的内容生产和传播。

芒果 TV6 月 23 日宣布完成 B 轮融资，募集资金近 15 亿元，完成后其市场估值达 135 亿元。

为纪念中国共产党成立 95 周年和红军长征胜利 80 周年，由人民日报社原社长邵华泽题写书名、中国报业协会秘书长胡怀福作序、中国报协集报分会江苏集报家朱军华主编的《中共早期党报图录》，由团结出版社正式出版。该书的编辑出版，填补了我党早期报纸研究领域的一项空白。

6 月 24 日

内蒙古日报社旗下内蒙古新闻客户端、大草原新闻客户端、纵横新闻客户端、索伦嘎斯拉夫文新闻客户端、索伦嘎俄文新闻客户端上线。同时，内蒙古党报联盟第一次协作会议召开。

6 月 25 日

国家网信办发布《互联网信息搜索服务管理规定》，分别从立法理由和依据、管理对象和性质、监管主体、法定义务、打击非法网络公关、付费搜索规范、用户权益保护等方面做出了科学和全面的规定。《规定》明确要求：互联网信息搜索服务提供者提供付费搜索信息服务，应当依法查验客户有关资质，明确付费搜索信息页面比例上限，醒目区分自然搜索结果与付费搜索信息，对付费搜索信息逐条加注显著标识。《规定》自 2016 年 8 月 1 日起施行。

6 月 27 日

由人民日报全媒体平台“中央厨房”出品的《习近平用典》政论微视频第一季上线播出，共 10 集，每集围绕一则典故展开，包括原典、释义和解读三个部分。

6 月 28 日

国家互联网信息办公室发布《移动互联网应用程序信息服务管理规定》。《规定》旨在加强对移动互联网应用程序（APP）信息服务的规范管理，促进行业健康有序发展，保护公民、法人和其他组织的合法权益。

6 月 29 日

由浙江日报报业集团主办、浙江《共产党员》杂志社承办的浙江党建网今天正式上线运营。浙江省第七届微型党课大赛也同时拉开帷幕，浙江党建网将对大赛现场的盛况进行网络直播。作为党建新媒体传播平台，浙江党建网将以服务全省广大党员和基层党组织为目标，在实现党建资讯第一时间、多渠道到达用户的同时，努力为大家提供精准服务，提升新时期的党建传播影响力。

“中国共产党思想理论资源数据库天津中心”在天津市河西区委党校举行揭牌仪式，并进行了第一次线上线下互动活动。该数据库由人民出版社、天津市河西区委和中国公共关系协会共同建成。

6 月 30 日

文化部出台《文化部关于加强网络表演管理工作的通知》，首次明确了表演者为直接责任人，今后网络直播将实行随机抽查，表演者一旦上“黑名单”将被全国禁演。

国家新闻出版广电总局庆祝中国共产党成立 95 周年表彰大会暨“做合格党员——敬业廉洁身边事”报告会隆重举行。

7 月 7 日

以“媒体融合与创新”为主题的中国报业社长、总编高级研修班在河北廊坊举办，中国报业融合创新联盟也于当天揭牌。

中国记协境外记者活动中心揭牌仪式在京举行。其主要任务是向境外记者提供更加优质的新闻服务。“新闻茶座”和“记者沙龙”是中国记协为境内外记者提供新闻服务的品牌活动。据统计，来自境内外媒体和外国驻华使馆官员共 150 余人出席揭牌仪式。

7 月 8 日

国家工商总局今日出台《互联网广告管理暂行办法》，自 2016 年 9 月 1 日起施行。《办法》旨在从互联网广告实际出发，落实新广告法的各项规定，规范互联网广告活动，保护消费者的合法权益，促进互联网广告健康发展，维护公平竞争的市场经济秩序。

开封市新媒体集团揭牌暨“汴梁风”客户端上线仪式在开封日报报业集团举行。这也是开封日报报业集团适应媒体变革形势，加快推进传统媒体与新兴媒体融合发展迈出的重要一步。该客户端集新闻资讯、公众信息、互动等服务于一体，以传播党的声音为根本、以提升用户体验为目标，以开封时政新闻为特色，运用互联网思维，立足受众需求，全力打造权威性、本土化和有深度的新闻客户端平台。

7月9日

受“中俄媒体交流年”中方组委会委托，经教育部批准，中国人民大学发起成立了由中俄多所知名高校组成的“中俄新闻教育高校联盟”，旨在推动中俄两国的高等教育交流与合作。这是我国新闻教育领域第一个高校国际联盟。中国人民大学新闻学院赵永华教授为该联盟的召集人。

7月10日

中国应急管理学会舆情专业委员会成立大会于昨日在京召开，来自中央网信办、国家食药监总局、海关总署、国家信访局、中国铁路总公司、中煤能源集团，以及地方政府、科研院校、媒体等应急和舆情管理领域的相关负责人、学者和专业人士出席成立大会。

7月11日

“钧正平工作室”微信公众号正式开通，同时“钧正平工作室”在今日头条、一点资讯、企鹅号等平台也同步上线。这是学习贯彻习主席有关重要指示精神，加强军队网络舆论阵地建设的实际举措，对创新军队宣传思想文化工作，弘扬强国强军正能量具有重要意义。

7月12日

中国互联网协会、工业和信息化部信息中心在京召开“2016年中国互联网企业100强”发布会暨百强企业论坛。依据互联网企业2015年度数据，采用综合分析方法，设置代表企业业务规模、社会影响、赢利能力、成长速度、技术创新及社会责任等方面的8个指标，加权平均计算生成综合得分作为企业的最终得分。会上发布了2016年中国互联网企业100强榜单，阿里巴巴、腾讯、百度、京东、奇虎360、搜狐、网易、携程、唯品会、苏宁云商位列前十位。

国家版权局联合国家网信办、工信部、公安部在京召开新闻发布会，宣布正式启动“剑网2016”专项行动，突出整治3类作品的侵权盗版行为，重点查处4个平台的侵权盗版行为，规范巩固已取得初步成效的3个成果。此外，“剑网2016”专项行动还将创新监管手段，建立“黑白名单”制度。

中央网信办在成都召开全国手机报新媒体发展推进现场会。会议总结了党的十八大以来全国手机报新媒体建设取得的成绩和经验，分析了面临的机遇和挑战，提出进一步推动手机报新媒体创新发展的任务措施。

7月14日

首届中国大数据应用大会在四川成都举行之际，人民日报全媒体平台“中央厨房”与四川日报报业集团启动全面战略合作。此次签约后，基于“中央厨房”搭建“中国媒体融合云”，双方将共享和互推原创内容，合作进行全媒体内容创新生产，可共享技术和业务应用、大数据资源、运营分析平台及用户推荐服务、互联网及海外推广渠道对接、视频业务及直播业务技术支撑等。

7月22日

香港中文媒体《明报》母公司世界华文媒体发布公告，已与中国国有企业青岛西海岸发展集团旗下子公司订立买卖协议，将以4.98亿港元的总价向后者出售旗下上市公司万华媒体约73.01%的股权，出售的媒体业务包括在香港出版的《明报周刊》及其相关数码业务。

7月25日

新华报业传媒集团与淮安市淮安区人民政府签订淮安文化旅游产业战略合作协议，共同开发淮安文化旅游产业。双方约定，将由新华日报资产管理公司发起成立总规模20亿元的淮安文化旅游产业基金。

7月28日

主题为“联合做大、融合做强”的第23届全国省级党报发行协作会议在西宁召开。来自全国29个省、市、自治区的35家省市党报的领导及发行负责人参加会议，共同讨论研究“发行＋电商＋物流＋”新产业模式，通过了《全国党报电商物流联盟章程》及运营方案，签署了“昆仑宣言”，积极探讨在“互联网＋”时代传统媒体的转型升级。

7月31日

由贵州省新闻出版广电局主办的“贵州·中俄少儿媒体营生态环境保护宣言发布仪式暨中俄少儿联合演出”在贵州省国际会议中心举行，这是2016—2017“中俄媒体交流年”的重点项目。

8月1日

中国国际广播电台与巴基斯坦最大的私营新闻通讯社——独立新闻社在伊斯兰堡正式签署新闻互换协议。根据协议，国际台每日向巴基斯坦独立新闻社提供包括新闻报道、评论和图片在内的新闻素材，巴基斯坦独立新闻社将向巴国内乌尔都语媒体推荐使用国际台提供的上述新闻；同时，巴基斯坦独立新闻社向国际台提供有关巴基斯坦的乌尔都语新闻素材，国际台将根据自身需要使用。双方各自承担新闻素材互换所需费用，不向对方收取任何费用。

今日头条在北京宣布战略投资国内知名图片库东方IC，投资案完成后，东方IC仍将继续独立运作，并将在业务上进行更积极的拓展。

8月2日

浙江卫视落地暨开播仪式在澳门有线电视总部举行。从即日起，澳门观众可通过澳门有线电视第159台观看浙江卫视的节目。

8月3日

由国家海洋信息中心主办的南海专题网站——中国南海网中文版正式开通，其中部分文献资料和地图属首次公开。目前设有认识南海、新闻动态、历史资料、开发管理、观点评论、政策法规、合作交流、大事记、南海纪实、你问我答等10个栏目。为保证发布内容的准确性和权威性，网站专门设立了专家审查机制。出于信息统一和信息安全方面的考虑，中国南海网目前共有 www. thesouthchinasea. org www. chinananhai. org 等6个域名。

8月5日

《浙江日报》推出二十国集团（G20）峰会倒计时30天特刊，版面别具匠心地以信封、信纸、邮戳元素为设计载体，全景展现杭州及浙江迎接峰会的新面貌、新姿态。

8月8日

国家新闻出版广电总局发布《2015年新闻出版产业分析报告》。报告显示，2015年，全国出版、印刷和发行服务实现营业收入21655.9亿元，较2014年增加1688.8亿元，增长8.5%，新闻出版产业继续保持较快增长。

国际体育记者协会在里约向报道过10届以上奥运会的资深体育记者颁奖，对他们为奥林匹克运动和体育报道作出的贡献表示感谢。当天获奖的中国记者有3人，包括新华社记者周杰（13届）、江红（11届）和许基仁（10届）。

国家网信办公布最新互联网新闻稿源单位名单（截至2016年7月），新增看看新闻网、四川全搜索新闻网等网站。此举旨在加强网上新闻信息来源管理、规范网络转载秩序。

人民日报全媒体平台“中央厨房”全程直播“新疆哈密传统刺绣品牌战略网络新闻发布会”，新疆天山网同步直播。

8月9日

吉林日报社（吉林日报报业集团）与中国移动通信集团吉林有限公司签署了战略合作框架协议。根据协议，吉报集团优先使用中国移动吉林公司的专线、固话等产品，中国移动吉林公司优先参与吉报集团媒体融合项目的建设工作。

8月12日

重组后的时代新媒体出版社亮相。该社由原时代新媒体出版社与安徽教育网络出版有限公司两家合并组建，未来将在数字教育、在线教育、教育新媒体方面发力。时代新媒体出版社原独立事业部“时光流影”分拆单独成立科技公司。

2016年度“中国最美期刊”遴选活动办公室发出网络投票公告，有网络和微信两种方式。网络投票结束后，遴选结果将综合投票结果及专家意见产生，最终获奖期刊将在2016中国（武汉）期刊交易博览会期间正式公布并展览。

8月15日

湖南日报社与人民日报社新媒体中心、人民日报媒体技术股份有限公司在湖南移动政务研讨会上签署了媒体融合战略合作协议。根据协议，双方将共同建设“中央厨房”，还将在项目资金申报、人员培训等方面深度合作。

8月16日

国家版权局通报了“剑网2016”专项行动第一批网络侵权盗版案件查办情况，包括江苏苏州“风雨文学网”、重庆“269小说网”涉嫌侵犯著作权案等8起案件，涵盖了侵犯网络文学和游戏软件作品著作权、通过网络平台销售盗版制品等案件类型。

8月17日

国家互联网信息办公室在京召开专题座谈会，就网站履行网上信息管理主体责任提出了八项要求。要求从事互联网新闻信息服务的网站要建立总编辑负责制，总编辑要对新闻信息内容的导向和创作生产传播活动负总责，完善总编辑及核心内容管理人员任职、管理、考核与退出机制；发布信息应当导向正确、事实准确、来源规范、合法合规；提升信息内容安全技术保障能力，建设新闻发稿审核系统，加强对网络直播、弹幕等新产品、新应用、新功能上线的安全评估。

由“虫洞VR”公司发起的VR新闻实验室在北京成立，首批成员单位包括全国12家报纸：《广州日报》《辽沈晚报》《潇湘晨报》《大连晚报》《郑州晚报》《青岛晚报》《重庆商报》《沈阳晚报》《海南日报》《生活报》《重庆晚报》《法制晚报》。

8月18日

以“实践推动转型示范引领融合”为主题的第十一届中国传媒年会在广州举行。本届传媒年会意在盘点和总结两年来我国媒体融合取得的成果，重点推介媒体在转型发展实践中取得的成功经验，对当前媒体融合过程中存在的问题进行讨论、研究，为业界转型发展提供借鉴。

山东广电传媒集团公司揭牌仪式在山东广电中心举行。该集团注册资本金6亿元，旗下拥有全资、控股、参股企业30多家，资产总规模近30亿元。

8月19日

天津市新闻出版局与北方网合作的“书香天津”专题网页正式上线。“书香天津”将充分利用“互联网＋”的思维，开展阅读服务以及数字阅读推广。

8月20日

主题为“深化媒体合作，共创美好未来”的第七届中蒙新闻论坛在蒙古国肯特省成吉思市举行。本届新闻论坛由国务院新闻办公室组织指导、内蒙古自治区政府新闻办公室和蒙古国记者协会共同主办。

8月22日

“职责与使命——2016媒体融合发展论坛”在深圳开幕，论坛由人民日报社和深圳市委、市政府联合主办。中央部委和各地宣传、网信部门的负责人，中央及地方媒体代表、互联网企业人士、知名专家学者等500多人，围绕新时期新闻舆论工作的职责与使命，共商媒体未来，为深入推动媒体融合发展的理论研究、政策机制和实践发展贡献行业智慧。

8月23日

2016北京国际出版论坛在京举办。本次论坛以“融合发展的新前景”为主题，是第23届北京国际图书博览会重要活动之一。

第25届北京国际广播电影电视展览会（BIRTV2016）主题报告会在北京国际饭店举行。

广电行业媒体云技术产业联盟成立会在京举行，联盟由中国广播电影电视社会组织联合会技术工作委员会与中国国际广播电台、中国广播电视网络有限公司、上海广播电视台、江苏省广播电视总台等单位共同发起。

8月24日

下一代广播电视无线网（NGB-W）标准宣贯会在京召开，会议对《NGB无线系统架构标准》和上海试验网的建设经验进行了介绍和推广。

8月29日

全国报刊媒体融合创新案例路演在京举行，活动由国家新闻出版广电总局新闻报刊司主办、华闻传媒产业创新研究院承办、中国新闻出版传媒集团协办。

8月31日

国家新闻出版广电总局公布2015年全国新闻出版业基本情况。

9月1日

南方报业传媒集团与今日头条签署协议，双方将在数据共享、技术合作、报告生产、举办研究成果发布活动等方面开展深度合作。

9月2日

互联网、电视台、移动端、户外屏幕等平台同步播放新华社微纪录片《国家相册》。第一期题为“胜利的日子”。

济南日报报业集团与蚂蚁金融服务集团围绕拓展济南城市民生服务签署合作协议。

9月3日

北京宝岛妇产医院、京科肝泰医院、北京龙城医院以及百度、搜狗引擎因涉嫌在搜索引擎中发布违法广告，被北京市海淀区工商分局进行立案调查。这也是北京首例违反《互联网广告管理暂行办法》的案例。

9月4日

新闻客户端“今贵州”与腾讯视频联合直播了贵州日报报业集团与美国ICN国际卫视联手打造的“中美大学生联合体验长征之旅”贵州段“快闪”活动。

9月5日

由中宣部、国务院新闻办“纪录中国”传播工程重点立项，中央电视台倾力打造的首部以全面解读“一带一路”重大构想为主题、以“丝绸之路经济带”和“21世纪海上丝绸之路”为主线、以反映“一带一路”建设对中国及沿线国家地区带来巨大变化和福利为主要内容的大型纪录片《一带一路》，在中央电视台多个频道陆续播出。该片摄制组历时一年，累计行程20万公里，跨越亚、非、欧、美四大洲，运用多种创新手段对“一带一路”沿线的合作项目、重点工程、历史遗迹进行全方位、立体化拍摄，真实记录了沿线国家携手打造“绿色丝绸之路”“健康丝绸之路”“智力丝绸之路”“和平丝绸之路”的努力与实践。

9月6日

人民日报“中央厨房”与上海报业集团签署战略合作协议。

9月7日

人民在线、人民网舆情监测室“众云”大数据平台邀请入驻启动仪式举行。

扬州报业传媒集团与支付宝、乐视签约合作，进军新媒体经济领域，同日签约“大运扬州”演艺项目。

全国30多家媒体参与的“重走长征路”主题采访活动正式启动。

9月8日

《人民日报》“中央厨房”与广州日报报业集团签署战略合作协议。

9月9日

在87周年报庆之际，新民晚报社推出其转型产品——“新民邻声”APP，集新闻、资讯、社区服务等为一体。

湖北日报传媒集团与北京湖北企业商会签订合作协议。双方将充分发挥各自优势，在互聘高级顾问、品牌传播、文化产业招商等方面开展合作。

湄洲日报社与澳大利亚澳丰集团在厦门签订报业旅游项目合作框架协议，双方将在推进妈祖故乡发展大旅游和融入“海丝”建设等方面进行深度合作。

香港南华早报英文网站发布公告称其中文网站已停止运作。

9月10日

由黑龙江日报报业集团《生活报》承办的该省内最大俄罗斯商品销售平台“俄柒佰味”开业。

9月12日

赣南日报社打造的“前端”新闻客户端上线。

由赣州100多家新媒体联合发起的赣州新媒体联盟成立。

9月14日

中国青年报社与北京新媒体集团签署战略合作协议，双方将通过多媒体跨界互联的方式，在内容生产、人才培养、产业拓展、产品营销、品牌推广、团队建设等方面深度合作。

9月15日

中国高校传媒联盟第一档面向全国网友的高校新闻节目《高校新闻联播》开播。该节目由中国青年报社、“北京时间”和中国高校传媒联盟联合推出，内容全部由全国各高校校园媒体采编完成，旨在打造属于大学生的视频新闻阵地。

9月20日

鄂尔多斯日报社承办的西北地区报业传媒品牌联盟峰会举行，该项活动旨在联合西北地区报业传媒广告公司建立跨地域联动合作机制，搭建共享平台。

9月21日

深圳报业集团与台铃集团签署战略合作协议，台铃电动车成为深圳报业集团物流配送车辆。

9月22日

羊城晚报报业集团和广东省作家协会签署战略合作框架协议，并举行广东作家网改版上线仪式。

长沙晚报投资理财俱乐部成立，旨在向

公众普及金融法律法规、投资理财技巧，介绍防范金融诈骗、控制风险等案例，并邀请投资理财爱好者相互分享经验得失。

由中共上海市委统战部发起的上海统一战线新媒体联盟揭牌，此为以各民主党派市委会、全市统战系统各单位、各区委统战部门的名义开办并通过平台认证的新型传播媒介。东方网将为“互联网＋统战”提供支撑和保障。

9月23日

平台媒体“九派号”上线，该自媒体由九派（武汉）全媒体股份有限公司开发运营。

9月24日

第三届全球创新创业教育论坛暨上市公司产业转型升级高端论坛在湖南韶山举办，此为新华社财经传媒集团“投资中国”系列活动的第一站。

9月27日

广西日报传媒集团与广西壮族自治区科技厅召开座谈会，双方将在新闻宣传、项目深度融合等方面加强交流合作，建立完善定期互动、信息互通等沟通机制。

湖南日报社（集团）发布版权公告，明确旗下各媒体所生产内容资源的所有权，对各类侵权将追究法律责任。

武汉广播影视传媒集团有限公司揭牌成立，集团注册资金1亿元，旗下拥有全资、控股、参股企业20多家，资产总规模30多亿元。

9月28日

贵州日报报业集团与贵安新区党工委、管委会联手打造的《贵安新区报》创刊。贵安新区是全国第八个国家级新区和西部重点建设的五个城市新区之一。

由新华报业传媒集团和台湾联合报系联合主办的首届金鹰“南京晨报·联合杯”两岸征文活动启动。

广东省大数据管理局与南方报业传媒集团签订促进大数据发展合作协议，双方将在深化大数据领域产业研究、加强大数据领域宣传、举办大数据论坛活动，以及促进大数据应用和产业发展等方面进行合作。

《青岛早报》和“一点资讯”宣布将共享资源，优势互补，完善内容生产方和广大读者的沟通平台。

光明日报智库研究与发布中心学术委员会成立仪式举行，并发布了《2015中国智库年度发展报告》、“中国智库索引”CTTI系统等系列智库成果及规划。

9月29日

深圳新闻网全新改版上线，城市级自媒体内容平台“@深圳”上线，“@深圳”有资讯、论坛、行政区、自媒体四个大区共上百个频道。

《扬子晚报》携手“淘宝头条”打造的淘宝头条南京频道上线，给本地网友一个全新的生活资讯平台。

9月30日

河北卫视宣布将与当代东方投资股份有限公司、上海东方娱乐传媒集团有限公司等社会资本力量战略合作。

腾讯宣布获得新赛季英超版权，将全平台视频直播英超比赛。腾讯成为继新英体育、PPTV和乐视体育之后的2016—2017赛季英超第四家互联网转播平台。

重庆晨报传媒有限责任公司和重庆汇融文化传媒（集团）有限公司签约，合资成立“上游财经股份有限公司”，该公司运营的“上游财经”新闻客户端10月上线。

淮北日报社“智汇淮北”新闻客户端上线，集权威新闻、生活资讯、电子商务为一体。

10月1日

中国题材电视节目专栏《华彩中国》，

通过国家地理频道亚洲区、欧洲区（含非洲）和拉美区共计 41 个频道播出，覆盖全球 170 多个国家和地区，拥有超过 3 亿收视用户。该节目由五洲传播中心和美国国家地理频道合作创办。

10 月 3 日

全新大型数据新闻节目《数说命运共同体》在央视播出，讲述贸易、投资、中国制造、基础设施、饮食文化、人员往来等，呈现“一带一路”沿线国家“命运共同体”图景。

10 月 8 日

“上海新闻”等 10 个微信公众号不具备相关资质发布时政类新闻，散布低俗虚假信息，扰乱互联网信息传播秩序，社会影响恶劣，其中 9 个被依法关闭，1 个暂停更新 30 日。

10 月 9 日

江西日报传媒集团与新余市委宣传部全媒体战略合作启动，双方将联合共建新余市全媒体平台，新余市本级及一县一区集体入驻江西日报社全媒体智慧云平台。

10 月 13 日

为纪念红军长征胜利 80 周年拍摄的 8 集大型纪录片《长征》在中央电视台综合频道播出。该片最着力拍摄也最令人瞩目的是，出镜的百位老红军集体完成了最精准的长征历史表达。

10 月 15 日

2016 中国传媒法治建设高峰论坛暨“何微法治新闻奖”启动仪式在西安举行。2016 年是何微先生的百年诞辰，他是我国社会主义新闻学的奠基人之一。

10 月 28 日

在由封面传媒主办的“创联未来——2016（中国）C＋移动媒体大会”上，封面新闻 2.0 版本上线。该媒体的特点是弥补机器算法带来的过度推荐等缺陷，加强人工干预，突出体现“价值引领下的技术驱动”，为技术引擎赋予正确的价值导向。

10 月 29 日

中国报纸副刊研究会 2016 年年会和中国百名文化记者思南采风活动在贵州省铜仁市思南县举行。

11 月 1 日

新华社在总社推特（Twitter）账号直播航拍济南泉城广场音乐喷泉的美丽景色。

11 月 8 日

浙江日报报业集团的“网红记者”在记者节以直播方式向用户呈现他们的日常工作及生活。

11 月 14 日

凤凰网与一点资讯共同宣布，实现凤凰网、手机凤凰网和凤凰新闻客户端等凤凰新闻矩阵与一点资讯自媒体矩阵的数据及内容的全面互通，合力打造自媒体平台“凤凰一点通”。

11 月 15 日

广州市广播电视台与广州市人民政府政务管理办公室共同组建的政务媒体数据联运平台——广州政务媒体中心成立，这是新形态的跨界媒体融合平台。

11 月 17 日

新华社独家拍摄的《太空一日・航天员给青少年讲科普》在乐视视频纪录片频道独家上线。身处太空之中的航天员景海鹏、陈冬“现身说法”，为用户带来最炫酷、最直观的太空公开科普课。

在习近平参加 APEC 利马会议并对拉美三国进行国事访问之际，国际主流媒体首次在拉美地区固定开设以中国内容为主的电视专栏，五洲传播中心与国家地理频道在墨西哥电视节上推介了以“中国故事”为主题的纪录片电视栏目《华彩中国》。

南方财经全媒体集团揭牌成立。这是中央批准成立的国内首家全媒体集团，整合了南方报业传媒集团和广东广播电视台两家传媒单位旗下优质的财经媒体资源和经营性资产，实施跨介质、跨单位、跨业态战略重组，大力发展“媒体、数据、交易”三大核心业务。

11月18日

由河南省人民政府办公厅主办，河南日报报业集团、大河网络传媒集团承建并运营维护的河南省人民政府政务客户端“河南政务”上线。

新华报业传媒集团融媒体采编平台全面启用，改进新媒体矩阵发布管理，让原创新闻发挥最大传播效力。

11月19日

“新华公益在线募捐服务平台上线启动仪式暨新河县精准扶贫壹基金温暖包发放行动”在邢台市新河县寻寨小学举行。该活动由新华网、新华社河北分社主办，壹基金、新华网河北分公司、中国社会福利基金会新华善举基金等协办。

11月23日

全国省级地面频道新媒体联合体成立仪式在深圳广电集团举行，湖南都市、湖北经视、江西都市、河南都市、安徽经视、陕西都市、黑龙江都市、广西都市、江苏城市、深圳都市共同成立全国省级频道新媒体联合体“九州新媒”。

11月25日

湖北广播移动社交音频平台“九头鸟FM”上线。“九头鸟FM”依托长江云平台，集纳全省百套广播频率与千余套广播节目，更好地满足移动互联时代用户需求。

11月28日

上游新闻客户端的全媒体产品“上游号”结束内测正式上线，向公众开放了注册平台。

文汇报社主办的手机客户端“文汇”APP全新上线。

由《重庆晨报》与新女报时尚传媒集团合作打造的“上游美女”新媒体平台正式启动。“上游美女”将引领和帮助都市女性成为更好的自己，致力于整合与打造泛长江上游美女时尚产业，发掘与塑造高素质、高颜值的美女KOL（关键意见领袖），是重庆时尚产业格局的重要部署。

11月29日

百度新闻发布了最新版的APP，其最抢眼的功能是使用人工智能技术帮读者用最少的字数阅读新闻。

11月30日

第一届亚洲新闻传播学院院长论坛在上海开幕，来自中国、韩国、日本、新加坡等22个国家的近百位新闻传播界学者、专家，对新媒体环境下如何加强亚洲命运共同体建设、加强各国新闻传播学院间合作进行了深入的交流和讨论。该活动由国务院新闻办公室主办、上海外国语大学承办。

国家版权局召开网络广告联盟服务版权保护工作座谈会，并发布第一批侵权盗版网站“黑名单”。

“源河”客户端、“ZAKER河源”同步上线。“源河”客户端设有新闻、政企之窗、服务、淘城、活动和“我的”六大板块，既及时传递党委、政府权威声音，又提供“与你相关”的新闻、服务、互动、生活等资讯服务；“ZAKER河源”是ZAKER全国首个地级市区域融合媒体，拟以河源为中心，倾力打造阅读定制、话题互动、资讯分享三大功能，为用户提供“最河源最懂你”的优质资讯服务。

12 月 2 日

“新华炫闻”移动客户端多语种版（西、法、德、俄文）正式上线，以“向世界传播中国”为宗旨，有针对性地向欧美受众推送涉华时政、经济和文化新闻报道，同时从中国视角解读欧美地区重大国际事务。

《钱江晚报》与微软（亚洲）互联网工程院签订合作备忘录，双方将在人工智能及大数据领域展开深度合作。此次深度合作的第一个亮点就是微软人工智能产品“微软小冰”成为《钱江晚报》的一名特约记者。

由浙江科技金融时报全媒体、“微链”“乐客独角兽”发起，“地心引力”“差评”“B12”等 14 家科技新媒体自愿加入的浙江科技新媒体联盟在杭州成立。

12 月 7 日

中国网络视听节目服务协会在四川成都发布《2016 中国网络视听发展研究报告》。《报告》显示，截至今年 6 月，我国网络视频用户规模达 5. 14 亿人，比 2015 年增长 1000 万人，网络视频消费全民化，视频收看设备、视频内容来源多样化等趋势明显。

12 月 8 日

凤凰网推出“风直播”，风直播在国内有五个拍客群，分别对应华北、华南等地区，已基本覆盖全国主要城市。除此之外，风直播还有海外的记者和拍客，他们集中在纽约、巴黎、东京等全球重要城市，国内观众可第一时间接收到海外资讯。

河南日报报业集团有限公司与中兴通讯股份有限公司战略合作框架协议签约举行。双方将在全媒体平台建构、新媒体技术、大数据应用及开发、区域性智慧城市建设等方面进行全面合作。

12 月 9 日

中国（青岛）新媒体基地改造工程开工。该基地由青岛出版集团投资建设、青岛财经日报社运营管理，将主要聚焦互联网、出版、媒体融合等领域。

12 月 12 日

《江西日报》手机网上线，实现了党报资讯“报纸—电脑 PC 端—手机 wap 端”的无缝衔接。

12 月 13 日

文化部印发《网络表演经营活动管理办法》。按照该办法，网络直播平台要有许可证，网络主播也要进行身份证实名注册。网络表演经营单位要加强对表演者的管理。为表演者开通表演频道的，应与表演者签订协议，约定双方权利义务，要求其承诺遵守法律法规和相关管理规定。网络表演经营单位应当要求表演者使用有效身份证件进行实名注册，并采取面谈、录制通话视频等有效方式进行核实。网络表演经营单位应当依法保护表演者的身份信息。

在“写意美之岛，相会天之涯”2016 两岸笔会活动中，主办方之一天涯社区举行“蝶舞天涯，翼动全球——互联网时代的文艺创作及推广研讨会”，邀请两岸名家共话互联网时代的文艺创作，并分享了即将正式发布的自媒体产品“天涯号”。

意大利驻华大使谢国谊代表意大利共和国总统马塔雷拉，向中国国际广播电台意大利语部主任金京女士颁发了“意大利之星”骑士勋章和意大利总统亲笔签发的授勋证书，以表彰她为推动中意两国间媒体及文化交流与合作所做出的杰出贡献。

首届全国报刊编校技能大赛决赛在北京举行。比赛由国家新闻出版广电总局人事司主办，中国新闻文化促进会和中国期刊协会承办，各省、自治区、直辖市新闻出版广电局协办。

12 月 15 日

记者从全国“扫黄打非”办公室获悉，

截至11月底，各地共清理处置淫秽色情等网络有害信息327万余条，查处、关闭违法违规网站2500余家，查办网络“扫黄打非”案件862起，全国“扫黄打非”办公室挂牌督办重点案件66起，有力打击违法犯罪行为，切实净化网络文化环境。从今年4月至今，全国“扫黄打非”办公室在全国组织开展了“净网2016”专项行动，各地各部门认真履行职责，积极协调联动，先后对云盘、网络直播平台、微领域、不雅视频事件、新闻客户端等重点领域进行集中整治，严厉打击网上淫秽色情信息。

由人民日报社、中央网信办指导，人民网研究院主办、信用体系网协办的2016党报网站高峰论坛在北京举行。人民网总编辑、人民网研究院院长余清楚发布了由人民网研究院推出的《2016中国媒体融合传播指数报告》。该报告通过对我国报纸、杂志、电视、广播等媒体在多种渠道的传播力进行评估，推出四类媒体的融合传播榜单，并对国内媒体融合传播的发展现状、特点进行了分析。《报告》发现，传统媒体不仅重视传统终端的内容传播，而且着力于加强在PC互联网和移动互联网上的传播，在内容融合和渠道融合上取得了很大的进展，很大程度上提升了传统媒体的传播力。

国务院新闻办公室新闻发布客户端“国新发布”APP和“网上新闻发布厅”启动。网上新闻发布厅是国新办专门向在该办注册的中外媒体记者精准投放和推送中国权威信息、采访活动信息的综合平台，主要功能包括发布信息推送、采访信息服务、在线沟通等。

在2016党报网站高峰论坛上，人民网和多党报新媒体共同发起“党报新媒体版权联盟”，实现资源互换、人才交流、互助推广、项目合作，共建版权维护平台。

12月16日

国家新闻出版广电总局发布《关于加强微博、微信等网络社交平台传播视听节目管理的通知》。通知要求，利用微博、微信等各类社交应用开展互联网视听节目服务的网络平台，应当取得《信息网络传播视听节目许可证》（AVSP）等法律法规规定的相关资质，微博、微信等网络社交平台不得转发网民上传的自制时政类视听新闻节目。

光明云媒客户端更名为光明日报客户端，努力打造“知识分子掌上精神家园”。

贵阳晚报与ZAKER共同开发运营的“ZAKER贵阳”正式上线。

12月18日

由燕赵晚报和ZAKER推出的“ZAKER石家庄”上线。

河北省11市晚报新媒体联盟在石家庄成立，将通过区域媒体相互融合、抱团发展、相互借力，实现规模化发展，并在合作中产生强大的聚合效应和实现共赢。

12月19日

地铁传媒（沈阳地铁报业传媒股份有限公司）登陆新三板，成为全国报纸系统带刊号整体挂牌新三板第一家。该公司由沈阳日报传媒集团有限公司和沈阳地铁集团有限公司共同控股。

“河北头条”客户端上线，通过机器智能采集分析用户行为数据，实现产品线上资讯精准推送。该应用由长城网与东方网联合打造。

12月20日

“新华每日电讯”微信公众号正式上线。

河南图片网上线，致力于打造以图片为特色的资讯服务和图片交易平台，以“资讯传播服务＋图片库”为架构形式，打造读图、专题、互动、服务、图库五大频道。

国家新闻出版广电总局发布《关于进一

步加强网络原创视听节目规划建设和管理的通知》，要求所有视频网站的电影、电视剧、综艺等网络视听内容，都须填写重点网络原创节目信息登记表，并由视频网站统一盖章报送各省新闻出版广电局备案。

在庆祝澳门回归祖国 17 周年之际，“中央电视台综合频道落地澳门启播仪式”在澳门举行。

中国记协举办第 100 期新闻茶座，邀请中国国际问题研究院副院长阮宗泽以“盘点 2016 中国首脑外交”为题，对今年中国首脑外交的主要成就进行了回顾盘点，并就当前国际国内的热点重点话题与中外记者进行交流。

12 月 21 日

《重庆晚报》打造的“慢新闻”客户端上线，主打三大板块“快新闻中的慢阅读”“慢生活中的慢新闻”“慢生活中的深阅读”。

中信国安发布“广电＋人工智能”产品，实现语音功能的全面植入，助力广电进入“智能时代”。

12 月 22 日

由重庆日报报业集团产业有限责任公司申报注册的 10 亿元超短期融资券取得中国银行间市场交易商协会注册通知书，标志着该集团成为全国第一批发行无担保信用债券的新闻传媒企业。

“剑网 2016”专项行动进入收官阶段。国家版权局等四部门公布了 21 起较为典型的网络侵权盗版案件。

12 月 25 日

《中华人民共和国公共文化服务保障法》由中华人民共和国第十二届全国人民代表大会常务委员会第二十五次会议通过，自 2017 年 3 月 1 日起施行。

12 月 27 日

第四届中国互联网新型版权问题研讨会在京举办。本届研讨会的主题为“数字内容产业发展与网络版权环境治理”。

12 月 28 日

上海报业集团决定，从 2017 年 1 月 1 日起《东方早报》休刊。《东方早报》原有的新闻报道、舆论引导功能，将全部转移到澎湃新闻网。

参考书目

章士钊：《苏报案纪事》，文海出版社 1903 年版。

《刘坤一书牍》，1909 年刊本。

朱寿朋编：《东华续录》，上海图书集成公司 1909 年版。

徐宝璜：《新闻学》，北京大学出版社 1919 年版。

申报馆编：《最近之五十年》，申报馆 1922 年版。

任白涛：《应用新闻学》，杭州中国新闻学社 1922 年版。

邵飘萍：《实际应用新闻学》，京报馆 1923 年版。

新闻报馆编：《新闻报馆三十年纪念册》，新闻报馆 1923 年版。

戈公振：《中国报学史》，三联书店 1955 年版。

《张文襄公电稿》，1928 年新城王氏刊本。

胡道静：《上海之报界》，中华书局 1929 年版。

黄天鹏：《中国新闻事业》，上海联合书店 1930 年版。

项士元：《浙江新闻史》，之江丛书 1930 年版。

赵敏恒：《外人在华的新闻事业》，太平洋学会 1932 年版。

《中国报界交通录》，燕京大学新闻系 1932 年版。

胡道静：《上海新闻事业之史的发展》，上海通志馆 1934 年版。

申时电讯社编：《申时电讯社创立十周年纪念特刊》，申时电讯社 1934 年版。

许晚成编：《全国报馆刊社调查录》，上海龙文书店 1936 年版。

赵君豪：《中国近代之报业》，上海申报馆 1938 年版。

《德宗景皇帝实录》，华文书局股份有限公司印行本。

胡道静：《报坛逸话》，上海世界书局 1940 年版

蔡寄鸥：《武汉新闻史》，中日文化学会 1943 年版。

程其恒：《战时中国报业》，铭真出版社 1944 年版。

赵敏恒：《采访十五年》，重庆天地出版社 1944 年版。

赵君豪：《上海报人的奋斗》，尔雅书店 1944 年版。

胡道静：《新闻史上的新时代》，上海世界书局 1946 年版。

李龙牧、丁树奇、黄河、刘爱芝等：《中国现代报刊史讲义》，中国人民大学新闻系报刊史教研室出版。

中国史学会主编：《戊戌变法》（1—4 卷），中国近代史资料丛刊，神州国光社 1953 年出版。

张静庐编：《中国近代出版史料》（初编），上海杂志出版社 1953 年出版。

张静庐编：《中国近代出版史料》（二编），上海群联出版社 1954 年出版。

郑天挺编：《明末农民起义史料》，中华书局 1954 年版。

张静庐编：《中国现代出版史料》，（甲、乙、丙、丁编），中华书局 1954—1959 年版。

《谭嗣同全集》，三联书店 1954 年版。

《韬奋文集》（1—3 卷），三联书店 1955 年版。

徐松辑：《宋会要辑稿》，中华书局 1957 年影印本。

中国史学会主编：《辛亥革命》（1—8 册），上海人民出版社 1957 年版。

张静庐编：《中国出版史料》（补编），中华书局 1957 年版。

中国人民大学新闻系编：《中国报刊工作文集》（上下册），中国人民大学出版社 1963 年版。

朱传誉：《宋代新闻史》，台湾商务印书馆 1967 年版。
曾虚白主编：《中国新闻史》，台湾政治大学新闻研究所 1973 年版。
《孙中山全集》，中华书局 1981 年版。
中国社科院近代史研究所　广东社科院历史研究室合编：《孙中山年谱》，中华书局 1976 年版。
汤志钧编：《章太炎政论选集》（上下册），中华书局 1977 年版。
中共中央马恩列斯著作编译局研究室编：《五四时期期刊介绍》第一、二、三集），三联书店 1979 年版。
孙樵：《经纬集》，上海古籍出版社 1979 年版。
中共中央马恩列斯著作编译局研究室编：《五四时期的社团》（第 1—4 册），三联书店 1979 年版。
汤志钧编：《章太炎年谱长编》（上下册），中华书局 1979 年版。
中国社科院新闻研究所编：《中国共产党新闻工作文件汇编》（上、中、下卷），新华出版社 1980 年版。
方汉奇：《中国古代的报纸》，中国人民大学出版社 1980 年版。
《华南新闻事业史料》，暨南大学新闻系编辑出版 1980 年。
方汉奇：《中国近代报刊史》，山西人民出版社 1981 年版。
中国社会科学院近代史研究所翻译室编：《近代来华外国人名辞典》，中国社会科学出版社 1981 年版。
《康有为政论集》，中华书局 1981 年版。
《鲁迅全集》（1—16 卷），人民文学出版社 1982 年版。
复旦大学新闻系编：《邹韬奋年谱》，复旦大学出版社 1982 年版。
中国人民大学新闻系资料室编：《当代中国新闻事业史编年》，中国人民大学出版社 1982 年版。
中国社科院新闻所主编：《中国新闻年鉴》（1982—1998 年），中国社会科学出版社、人民日报出版社等版。
张友鸾等：《世界日报兴衰史》，重庆出版社 1982 年版。
夏东元编：《郑观应集》，上海人民出版社 1982 年版。
广播电视部政策研究室等主编：《中央人民广播电台编年纪事》，中国广播出版社 1983 年版。
黄卓明：《中国古代报纸探原》，人民日报社 1983 年版。
中共中央文献研究室、新华社选编：《毛泽东新闻工作文选》，新华出版社 1983 年版。
丁文江、赵丰田编：《梁启超年谱长编》，上海人民出版社 1983 年版。
梁家禄、钟紫、赵玉明、韩松：《中国新闻业史》，广西人民出版社 1984 年版。
陶菊隐：《记者生活三十年》，中华书局 1984 年版。
《斯诺文集》（1—4 卷），新华出版社 1984 年版。
李龙牧：《中国新闻事业史稿》，上海人民出版社 1985 年版。
北京广播学院新闻系编：《解放区广播历史资料选编》，中国广播出版社 1985 年版。
《史沫特莱文集》（1—4 卷），新华出版社 1985 年版。
夏衍：《懒寻旧梦录》，三联书店 1995 年版。
黄河、张之华：《中国人民军队报刊史》，解放军出版社 1986 年版。
《晋察冀日报大事记》，群众出版社 1986 年版。
《文汇报大事记》，文汇报出版社 1986 年版。
新华社新闻研究所编：《新华社大事记》（1931—1985 年），新华出版社 1986 年版。
杨光辉、熊尚厚、吕良海、李仲明编：《中国近代报刊发展概况》，新华出版社 1986 年版。
上海图书馆编：《汪康年师友书札》（一）（二），上海古籍出版社 1986 年版。
新华社新闻研究所编：《新华社文件资料选编》（第一至四辑），新华出版社 1987 年版。
中国广播电视年鉴编委会编：《中国广播电视年鉴》（1986—1996 年），中国广播电视出版社 1987 年至

1997 年版。

中国社科院新闻研究所编：《抗日战争时期的中国新闻界》，重庆出版社 1987 年版。

《群众周刊大事记》，红旗出版社 1987 年版。

中国社科院新闻研究所编：《抗日战争时期的中国新闻界》，重庆出版社 1987 年。

赵玉明：《中国现代广播简史》，中国广播电视出版社 1987 年版。

复旦大学新闻系新闻史教研室编：《中国新闻史文集》，上海人民出版社 1987 年版。

河南省新闻史志编辑室编：《河南省志・新闻篇》，1987 年版。

方汉奇主编：《邵飘萍选集》（上下集），中国人民大学出版社 1987 年版。

陈铭德等：《〈新民报〉春秋》，重庆出版社 1987 年版。

王凤超：《中国的报刊》，人民出版社 1988 年版。

余家宏、宁树藩、徐培汀、谭启泰等编：《新闻学辞典》，浙江人民出版社 1988 年版。

徐载平、徐瑞芳：《清末四十年申报史料》，新华出版社 1988 年版。

马明华主编：《东北日报简史》，辽宁日报出版 1988 年版。

林中等编写：《大众日报大事记》，山东大众日报 1988 年版。

余世诚、张升善编著：《杨明斋》，中共党史资料出版社 1988 年版。

浙江省政协文史资料研究委员会编：《从名记者到幕僚长—陈布雷》，浙江人民出版社 1988 年版。

《周恩来年谱》，中央文献出版社，人民出版社 1989 年版。

林德海主编：《中国新闻学书目大全》，新华出版社 1989 年版。

萨空了主编：《中国大百科全书・新闻出版卷》，大百科全书出版社 1990 年版。

尹韵公：《中国明代新闻传播史》，重庆出版社 1990 年版。

卓南生：《中国近代新闻成立史》，日本平河工业社 1990 年版。

杨源恺等编：《山东报业史志资料汇编》，1990 年版。

洪惟杰编著：《戈公振年谱》，江苏人民出版社 1990 年版。

姜纬堂、刘宁元主编：《北京妇女报刊考》，光明日报出版社 1990 年版。

吴廷俊：《中国新闻业历史纲要》，华中理工大学出版社 1990 年版。

王文彬：《新闻工作六十年》，重庆出版社 1990 年版。

郭镇之：《中国电视史》，中国人民大学出版社 1991 年版。

钟紫主编：《香港报业春秋》，广东人民出版社 1991 年版。

沧州新闻志编委会编：《沧州新闻史料》，河北人民出版社 1991 年版。

吴工圣编著：《浙江新闻简志》，杭州大学打印稿 1991 年版。

刘望龄编著：《黑血・金鼓——辛亥前后湖北报刊史事长编》，武汉大学出版社 1991 年版。

武汉地方志编委会主编：《武汉市志・新闻志》，武汉大学出版社 1991 年版。

史和、姚福申、叶翠娣编：《中国近代报刊名录》，福建人民出版社 1991 年版。

台湾《新闻年鉴》，1931 年台湾中国新闻学会编辑出版。

《海外华文报刊概况》（修订本），1991 年中国新闻社香港分社编印版。

黑龙江日报社新闻志编辑室编：《黑龙江省志・报业志》（征求意见稿），黑龙江日报社 1992 年编印。

方汉奇主编　宁树藩、陈业劭副主编：《中国新闻事业通史》（第一卷、第二卷），中国人民大学出版社 1992、1996 年版。

方汉奇、陈业劭主编：《中国当代新闻事业史》，中国人民大学出版社 1992 年版。

张涛：《中华人民共和国新闻史》，经济日报出版社 1992 年版。

赵玉明主编：《中国解放区广播史》，中国广播电视出版社 1992 年版。

刘建明主编：《宣传舆论学大辞典》，经济日报出版社 1992 年版。

梁群球主编：《广州报业（1827—1990）》，中山大学出版社 1992 年版。

黄河编：《北京报刊史话》，北京文化艺术出版社 1992 年版。

中共中央文献研究室编：《毛泽东年谱》（上卷），中央文献出版社 1993 年版。

甘惜分主编：《新闻学大辞典》，河南人民出版社 1993 年版。

中央电视台编：《中央电视台大事记》，人民出版社 1993 年版。

周雨：《大公报史》，江苏古籍出版社 1993 年版。

晋察冀日报史研究会编：《晋察冀日报史》，人民出版社 1993 年版。

中国新闻社香港分社编：《港澳台及海外华文报刊名录》，香港中国新闻出版社 1993 年版。

张守富、黄子良等主编：《山东省志　报业志》，山东人民出版社 1993 年版。

王绿萍、程祺编著：《四川报刊集览》，成都科技大学出版社 1993 年版。

谌震主编：《湖南省志·新闻出版志·报业》，湖南出版社 1993 年版。

《主体与喉舌》，河南人民出版社 1994 年版。

于友：《胡愈之传》，新华出版社 1993 年版。

吴廷俊：《新记大公报史稿》，武汉出版社 1994 年版。

吴廷俊编著：《新记大公报史事编年》，华中理工大学新闻系 1994 年版。

白润生：《中国少数民族文字报刊史纲》，中央民族大学出版社 1994 年版。

程沄主编：《江西苏区新闻史》，江西人民出版社 1994 年版。

邵梦龙主编：《绍兴新闻事业九十年》，海天出版社 1994 年版。

陈大白：《天明斋文集》，澳门历史学会 1995 年版。

中共上海市委党史资料征集委员会等合编：《上海革命文化大事记》，上海书店出版社 1995 年版。

方汉奇、张之华主编：《中国新闻事业简史》（修订本），中国人民大学出版社 1995 年版。

刘家林编：《中国新闻通史》（上、下），武汉大学出版社 1995 年版。

马光仁主编：《上海新闻史》，复旦大学出版社 1996 年版。

《中国新闻实用大辞典》，新华出版社 1996 年版。

白润生：《民族报刊研究文集》，物价出版社 1996 年版。

四川省报业志编辑部编：《四川报业大事记》，四川人民出版社 1996 年版。

《四川省志·报业志》，四川人民出版社 1996 年版。

《重庆市志·报业志》，重庆报业志编辑部 1996 年版。

老冠祥等：《变迁中的香港、澳门大众传播事业》，1996 年台湾“行政院新闻局”版。

姜纬堂、彭望宁、彭望克编：《维新志士爱国报人彭翼仲》，大连出版社 1996 年版。

钟沛璋主编：《当代中国的新闻事业》，当代中国出版社 1997 年版。

陈昌凤：《香港报业纵横》，法律出版社 1997 年版。

王士谷：《海外华文新闻史研究》，新华出版社 1998 年版。

卓南生：《中国近代报业发展史》，台北正中书局 1998 年版。

白润生编著：《中国新闻通史纲要》，新华出版社 1998 年版。

王植伦、潘群主编：《福州新闻志·报业志》，福建人民出版社 1998 年版。

胡立新、杨恩溥编：《厦门报业》，鹭江出版社 1998 年版。

参考报纸与期刊：

《申报》《时报》《大公报》（天津）、《晨报》《世界日报》《华北日报》《北平日报》《东方杂志》《新青年》

《每周评论》《向导》《热血日报》《布尔塞维克》《红色中华报》《解放日报》《新华日报》《中央日报》《国闻周报》《救国时报》《报学》《人民日报》《新闻出版报》《中华新闻报》等。

《新闻学论集》（第1—16辑）（中国人民大学新闻系）

《新闻大学》（第1—58辑）（复旦大学新闻系）

《新闻研究资料》（第1辑—61辑）（中国社科院新闻所）

《新闻春秋》（第1—6辑）（中国新闻史学会）

《新闻史料》（天津）

《江苏报业史志》（江苏）

《新闻学研究资料》（黑龙江）

《重庆报史资料》（重庆）

《成都报刊史料专辑》（成都）

《广西新闻史料》（南宁）

《福建新闻史料》（福州）

全国政协文史资料委员会主编：《文史资料选辑》

第二版参考资料（新增）

一、著作

1. 吴廷俊著：《中国新闻传播史（1978—2008）》，上海：复旦大学出版社，2011年

2. 胡正荣、张磊主编：《时代之印：中国媒介三十年（1978—2008）》，西安：陕西人民出版社，2008年

3. 胡正荣、李煜主编：《社会透镜：新中国媒介变迁六十年（1949—2009）》，北京：清华大学出版社，2010年

4. 赵玉明：《中国广播电视通史》，中国传媒大学出版社，2006年

5. 童兵、陈绚主编：《新闻传播学大辞典》，北京：中国大百科全书出版社，2014年

二、年鉴（1998－2016）

1. 中国新闻年鉴社编：《中国新闻年鉴》，中国新闻年鉴社

2. 中国出版年鉴社编：《中国出版年鉴》，中国出版年鉴社

3. 中国期刊年鉴杂志社编：《中国期刊年鉴》，中国期刊年鉴杂志社

4.《中国中央电视台年鉴》编辑部编：《中国中央电视台年鉴》，中国广播影视出版社

5. 中国新闻社编：《世界华文传媒年鉴 》，世界华文传媒年鉴社

6. 国家广播电影电视总局、中国广播电视年鉴编辑委员会编：《中国广播电视年鉴》，中国广播电视年鉴社

7. 陈若愚主编：《中国广播收听年鉴》，中国传媒大学出版社

8. 陈若愚主编：《中国电视收视年鉴》，中国传媒大学出版社

9. 国家新闻出版广电总局规划发展司编：《中国新闻出版统计资料汇编》，中国书籍出版社

10.《中国信息产业年鉴》编委会编：《中国信息产业年鉴》，电子工业出版社

三、研究报告（相关年份）

1. 喻国明主编：《中国传媒发展指数报告》，中国人民大学出版社

2. 武汉大学媒体发展研究中心、武汉大学新闻与传播学院主编：《中国媒体发展研究报告》，武汉大学出版社

3. 童兵主编：《中国新闻传播学研究最新报告》，复旦大学出版社

4. 唐绪军主编：《中国新媒体发展报告》，社会科学文献出版社

5. 中国互联网络信息中心（CNNIC）：《中国互联网络发展状况统计报告》

6. 崔保国：《中国传媒产业发展报告》，社会科学文献出版社

7. 胡正荣：《全球传媒产业发展报告》，社会科学文献出版社

8. 黄学平：《中国广播研究报告》，中国传媒大学出版社

9. 庞井君：《中国广播电影电视发展报告》，社会科学文献出版社

四、专业期刊

1. 编辑学刊，上海市编辑学会，上海：《编辑学刊》编辑部

2. 中国广播电视学刊，中国广播电视学会，广播电影电视部政策研究室，北京：《中国广播电视学刊》编辑部

3. 中国记者，新华通讯社，北京：《中国记者》杂志社

4. 新闻战线，人民日报社，北京：《新闻战线》编辑部

5. 中国出版，中华人民共和国新闻出版署，北京：《中国出版》杂志社

6. 新闻大学，复旦大学新闻学院，上海：复旦大学出版社

7. 新闻与写作，北京市新闻学会，北京市新闻工作者协会，北京：《新闻与写作》编辑部

8. 新闻界，四川日报社等，成都：《新闻界》编辑部

9. 当代传播，新疆日报社，乌鲁木齐：新疆新闻工作者协会

10. 编辑之友，山西人民出版社，太原：《编辑之友》编辑部

11. 出版发行研究，中国出版科学研究所，北京：《出版发行研究》杂志社

12. 新闻与成才，解放军报社，北京：长征出版社

13. 编辑学报，中国科学技术期刊编辑学会，北京：科学出版社

14. 新闻与传播研究，中国社会科学院新闻研究所，北京：《新闻与传播研究》编辑部

15. 国际新闻界，中国人民大学新闻系，北京：《国际新闻界》杂志社

16. 现代传播，北京广播学院，北京：北京广播学院出版社

17. 新闻爱好者，河南日报社，郑州：《新闻爱好者》编辑部

18. 新闻实践，浙江日报社，浙江省新闻研究所，北京：《新闻实践》编辑部

19. 中国电视，北京：《中国电视》杂志社

20. 青年记者，青岛：《青年记者》杂志社

五、新闻学术网站

1. 中国新闻传播学评论

2. 中华传媒网

3. 千龙网新闻社区

4. 京华传媒网

5. 中国新闻研究中心

6. 新华传媒工场

7. 传媒观察

8. 华文报刊网
9. 中国报刊网
10. 慧聪报刊资讯网
11. 网络广告先锋
12. 中国广告传播研究网
14. 中国媒体资讯网
15. 新闻出版教育网
16. 中国广电网
18. 五洲传媒
19. 中国网络传播研究
22. 传媒川军联盟
23. 每日传媒视点
24. 媒体资源信息网
26. 视听纵横：网络与传播学研究
27. 中国广告网
29. 央视一索福瑞媒介研究收视中国
30. 紫金网

六、新闻传播管理机构网站

1. 国家广播电影电视总局
2. 中华人民共和国新闻出版总署
3. 中国报业协会
4. 中国广告协会
5. 国务院新闻办
6. 国家互联网信息办公室

七、中央媒体网站

人民网
新华网
中国网
央视网
国际在线
中国日报网站
中青网
光明网
中国广播网
中国经济网

附：

报刊名索引

报刊名称	创刊时间	办刊地点
	A	
《阿坝报》	1980年1月1日	马尔康（四川）
《阿克苏报》	1958年9月1日	阿克苏（新疆）
《阿拉善报》（蒙、汉文）1980年4月1日	巴颜浩特（内蒙古）	
《阿勒泰报》（汉文版）1966年3月5日	阿勒泰（新疆）	
《阿旗简报》	1929年8月	内蒙古
《阿图什报》	1947年	阿图什（新疆）
《爱国白话报》	1913年7月30日	北京
《爱国报》	1906年8月	天津
《爱国报》	1907年	北京
《爱国报》	1911年5月24日	上海
《爱国报》	1912年	上海
《爱国报》	1915年	北京
《爱国者》	1983年7月27日	南京
《爱黑公报》	1912年	夏黑河（黑龙江）
《安东每夕新闻》	1908年11月	安东（今丹东）
《安东日报》	1954年9月1日	安东（辽宁）
《安东时报》（日	文）1907年6月	安东（今丹东）
《安东新报》	1906年10月17日	安东（今丹东）
《安福汇报》	1904年	江西
《安徽白话报》	1908年10月5日	上海
《安徽船》	1912年2月	安庆（安徽）
《安徽法制报》	1983年7月	合肥
《安徽工人报》	1985年4月5日	合肥
《安徽公报》	1912年8月	安庆（安徽）
《安徽官报》	1905年4月	安庆（安徽）
《安徽广播电视报》	1955年5月30日	合肥
《安徽画报》	1958年2月	合肥
《安徽交通报》	1956年	合肥
《安徽交通报》	1984年7月	合肥

报刊名称	创刊时间	办刊地点
《安徽教育》	1918年1月	安庆（安徽）
《安徽经济报》	1985年1月	合肥
《安徽科技报》	1978年12月1日	合肥
《安徽青年报》	1955年6月4日	合肥
《安徽日报》	1911年	合肥
《安徽日报》	1952年6月1日	安徽
《安徽日报农村版》	1952年6月	合肥
《安徽省立第二师范学校杂志》	1915年	休宁（安徽）
《安徽实业杂志》	1917年5月	安庆（安徽）
《安徽书讯》	1990年4月	安徽
《安徽俗话报》	1904年3月31日	芜湖（安徽）
《安徽体育报》	1956年6月	合肥
《安徽通俗公报》	1908年	安庆（安徽）
《安徽文化报》	1956年5月1日	合肥
《安徽学务杂志》	1908年	安庆（安徽）
《安徽邮电报》	1952年10月	合肥
《安康日报》	1951年3月1日	安康（陕西）
《安陆报》	1991年	安陆（湖北）
《安庆通俗报》	1910年	安庆（安徽）
《安庆通俗教育报》	1912年9月	安庆（安徽）
《安庆晚报》	2006年9月19日	安庆（安徽）
《安庆新闻报》	1980年10月1日	安庆（安徽）
《安顺报》	1958年	安顺（贵州）
《安顺晚报》	1988年5月1日	安顺（贵州）
《安亭旅沪同乡报》	1910年7月	上海
《安雅报》	1915年	广东
《安雅书局世说编》（《安雅报》）	1900年	广州
《安阳日报》	1956年12月	安阳（河南）
《安源旬刊》	1923年12月7日	江西萍乡安源
《鞍钢报》	1959年10月1日	鞍山（辽宁）
《鞍山科技报》	1979年8月	鞍山（辽宁）
《鏖尔》	1930年1月15日	北平
《奥运快报》	1996年7月2日	北京
《奥运快报》	2000年9月1日	北京
《奥运天气资讯》	2008年7月28日	北京

报刊名称	创刊时间	办刊地点
《澳报》	1899 年 2 月	澳门
《澳门报》(《澳门钞报》)	1824 年 1 月 3 日	澳门
《澳门钞报》(《澳门编年报》)	1834 年 10 月 12 日	澳门
《澳门日报》	1917 年	澳门
《澳门日报》	1958 年 8 月 15 日	澳门
《澳门商报》	2006 年 6 月 6 日	澳门
《澳门时报》	1912 年	澳门
《澳门通报》	1913 年	澳门
《澳门杂文篇》	1833 年	澳门
《澳门早报》	2005 年 10 月 28 日	澳门
《澳门政府公报》	1839 年 1 月 9 日	澳门
	B	
《八路军军政杂志》	1939 年 1 月 15 日	延安
《巴尔底山》	1930 年 4 月 11 日	上海
《巴陵石化报》	1993 年 1 月	岳阳（湖南）
《巴彦淖尔报》(汉文版)	1958 年 8 月 1 日	临河（内蒙古）
《巴彦淖尔报》(蒙文版)	1958 年 9 月 25 日	临河（内蒙古）
《巴音郭楞报》	1961 年 1 月 1 日	库尔勒（新疆）
《白城农民报》	1963 年 10 月	白城（吉林）
《白城日报》	1964 年 1 月	白城（吉林）
《白华》	1928 年 10 月 16 日	上海
《白话》	1904 年 9 月 24 日	东京（日本）
《白话爱国报》	1900 年	北京
《白话报》	1906 年上半年	杭州
《白话报》	1908 年	哈尔滨
《白话报》	1912 年	天津
《白话报》	1914 年 5 月 1 日	天津
《白话报》	1929 年 10 月	哈尔滨
《白话报》	1932 年 2 月下旬	上海
《白话晨报》	1910 年	北京
《白话晨报》	1912 年 11 月 18 日	天津
《白话公益日报》	1906 年	北京
《白话国民报》	1906 年 12 月 20 日	北京
《白话画报》	1917 年 6 月 7 日	哈尔滨
《白话简报》	1910 年 8 月	北京

报刊名称	创刊时间	办刊地点
《白话捷报》	1913年8月	北京
《白话开通报》	1905年	天津
《白话普通学报》	1905年	北京
《白话日报》	1911年4月27日	哈尔滨
《白话省钟报》	1911年8月24日	杭州
《白话图画日报》	1909年	北京
《白话晚报》	1912年6月3日	天津
《白话晚报》	1922年3月22日	北京
《白话午报》	1911年	北京
《白话小报》	1915年1月5日	哈尔滨
《白话小说》	1908年10月20日	上海
《白话新报》（又名《杭州白话新报》）	1909年11月7日	杭州
《白话学报》	1902年	北京
《白话益世报》	1916年4月	北京
《白相朋友》	1914年10月	上海
《白银报》	1986年12月10日	白银（甘肃）
《白银有色报》	1958年7月	白银（甘肃）
《百花园》	1979年10月1日	天津
《百灵》	2005年5月10日	广州
《百色市报》	1993年1月	百色（广西）
《百姓》	1981年6月1日	香港
《半星期报》	1908年4月5日	广州
《半月》	1920年8月1日	成都
《半月谈》	1980年5月10日	北京
《蚌埠报》	1956年11月3日	蚌埠（安徽）
《包钢报》	1957年	包头（内蒙古）
《包头日报》	1931年11月	绥远省包头市（今属内蒙古自治区）
《包头周报》	1928年	包头
《宝钢报》	1978年8月	上海
《宝钢日报》	1992年1月1日	上海
《宝鸡报》	1985年1月1日	宝鸡（陕西）
《宝鸡电视报》	1991年	宝鸡（陕西）
《宝鸡日报》	1985年5月	宝鸡（陕西）
《宝文报》	1899年	旧金山（美国）

报刊名称	创刊时间	办刊地点
《保定日报》	1956 年 5 月 1 日	保定（河北）
《保定市报》	1985 年 1 月 1 日	保定（河北）
《保工报》	1905 年 7 月 20 日	上海
《保国粹》	1910 年 2 月 19 日	广州
《保健时报》	1995 年 1 月 9 日	北京
《保山报》	1956 年 3 月	保山（云南）
《保卫祖国》（俄文）	1945 年 11 月	哈尔滨
《报报》	1927 年 12 月	上海
《报告文学》	1937 年 1 月 10 日	上海
《报海》	1910 年 3 月 8 日	上海
《报林求索》	1991 年 7 月 5 日	北京
《报选》	1912 年 5 月 11 日	成都
《报学》	1929 年 3 月	上海
《报学》	1946 年 6 月 10 日	南京
《报学季刊》	1934 年 10 月	上海
《报学杂志》	1948 年 9 月 1 日	南京
《北报》	1911 年	齐齐哈尔
《北部湾报》	1989 年 1 月 5 日	钦州（广西）
《北辰报》	1932 年 11 月 15 日	北平
《北大经济学会半月刊》	1922 年 12 月 17 日	北京
《北大学生新闻》	1923 年 1 月 22 日	北京
《北大旬刊》	1936 年 4 月 1 日	北平
《北大周刊》	1935 年 12 月 28 日	北平
《北斗》	1931 年 9 月 20 日	上海
《北方传媒研究》	2005 年 3 月 20 日	长春
《北方记者》	1941 年 1 月 25 日	黎城（山西）
《北方青年》	1932 年 3 月 16 日	北平
《北方青年》	1937 年 6 月 1 日	北平
《北方日报》	1906 年 3 月	天津
《北方日报》	1910 年 5 月 9 日	天津
《北方文化》	1946 年 3 月 1 日	张家口（河北）
《北方文艺》	1932 年 4 月 20 日	北平
《北方新报》	2001 年 3 月 20 日	呼和浩特
《北光日报》	1945 年 12 月 12 日	哈尔滨
《北海报》	1984 年 10 月 1 日	北海（广西）

报刊名称	创刊时间	办刊地点
《北海广播电视报》	1993年1月	北海（广西）
《北华捷报》	1850年8月3日	上海
《北江日报》	1945年5月9日	粤北
《北京奥运特刊》	2005年1月5日	北京
《北京白话报》	1919年4月4日	北京
《北京报》	1919年1月	北京
《北京晨报》	1998年7月20日	北京
《北京大学学生周刊》	1920年1月4日	北京
《北京导报》（英文）	1920年	北京
《北京第一报》	1925年2月20日	北京
《北京电子报》	1981年11月16日	北京
《北京法政学杂志》	1911年9月2日	北京
《北京法制报》	1985年4月6日	北京
《北京高等师范学校周刊》	1918年4月	北京
《北京公报》	1925年8月22日	北京
《北京官报》	1911年	北京
《北京官话日报》（后改名《北京官话报》）	1905年8月14日	北京
《北京广播电视节目报》	1961年1月1日	北京
《北京广播学院学报》	1979年9月	北京
《北京画报》	1906年5月23日	北京
《北京科技报》	1954年	北京
《北京快报》（英文）	1921年11月1日	北京
《北京矿工报》	1950年	北京
《北京劳动就业报》	1998年12月21日	北京
《北京女报》	1905年8月20日	北京
《北京汽车报》	1992年1月	北京
《北京青年报》	2001年7月2日	北京
《北京青年报·翼周刊》	2013年11月29日	北京
《北京日报》	1915年	北京
《北京日报》	1952年10月1日	北京
《北京日报》（初创时名《北京报》）	1904年8月	北京
《北京日报》（又名《北京英文日报》）	1910年12月	北京
《北京日报·郊区版》	1980年10月3日	北京
《北京日日新闻》	1912年	北京
《北京商报》	1907年6月	北京

报刊名称	创刊时间	办刊地点
《北京时报》	1908 年	北京
《北京时报》	1912 年	北京
《北京时报》	1915 年	北京
《北京时报》	1925 年 11 月 26 日	北京
《北京时报》（通称《英文京报》）	1914 年 5 月	北京
《北京晚报》	1958 年 3 月 15 日	北京
《北京晚报》（后改名《北平晚报》）	1921 年 1 月 5 日	北京
《北京五日报》	1906 年 3 月	北京
《北京物价报》	1985 年 7 月 8 日	北京
《北京戏剧报》	1981 年 1 月	北京
《北京新报》	1910 年 8 月	北京
《北京新报》	1924 年 9 月 1 日	北京
《北京新闻》	1923 年 8 月 31 日	北京
《北京新闻》（法文）	1911 年	北京
《北京新闻报》	1906 年	北京
《北京新闻报》	1922 年 8 月 29 日	北京
《北京新闻汇报》	1900 年 1 月	北京
《北京学生》	1918 年 11 月	北京
《北京学生联合会日刊》	1923 年 2 月 7 日	北京
《北京周报》	1922 年 1 月	北京
《北京周报》（英文版）	1958 年 3 月 4 日	北京
《北京周末报》	1991 年 10 月 4 日	北京
《北满红旗》	1930 年 9 月 21 日	哈尔滨
《北满洲》	1908 年	哈尔滨
《北满洲》（俄文）	1911 年	哈尔滨
《北满洲》（日文）	1914 年 7 月	哈尔滨
《北票矿工报》	1953 年 3 月 1 日	北票（辽宁）
《北票矿工报》	1975 年 9 月 1 日	辽宁
《北平反帝新闻》	1931 年 9 月 11 日	北平
《北平妇女》	1936 年 3 月 1 日	北平
《北平红旗》	1930 年 6 月	北京
《北平火线》	1935 年 1 月	北平
《北平解放报》	1949 年 3 月 5 日	北平
《北平进报》	1932 年 11 月 1 日	北平
《北平文化》	1933 年 5 月 15 日	北平

报刊名称	创刊时间	办刊地点
《北平小报》	1928年7月30日	北平
《北平新报》	1931年4月1日	北平
《北清烟报》	1906年7月	上海
《北洋报》	1901年	天津
《北洋兵事杂志》	1910年7月	天津
《北洋大学校季刊》	1915年12月	天津
《北洋法政学报》	1906年9月	天津
《北洋官报》（又名《直隶官报》）	1902年12月25日	天津
《北洋官话报》	1906年	天津
《北洋画报》	1926年7月7日	天津
《北洋商报》	1904年6月14日	天津
《北洋学报》	1904年	天津
《北洋旬日画报》	1911年3月	天津
《北洋政学旬报》	1910年12月	天津
《北直农话报》	1905年12月	保定
《奔流》	1928年6月20日	上海
《本钢报》	1958年4月	本溪（辽宁）
《毕节报》	1985年11月	毕节（贵州）
《觱篥月刊》	1928年8月19日	上海
《边区群众报》	1940年3月25日	延安
《边区文化》	1939年4月	晋察冀地区
《边声报》	1913年4月27日	黑河（黑龙江）
《边声周报》	1918年8月	兰州
《边政导报》	1938年6月	晋察冀地区
《砭群丛报》	1909年5月	广州
《砭群日报》	1910年5月	广州
《砭俗报》	1912年12月7日	齐齐哈尔
《编辑者》	1931年6月15日	上海
《采新实录》（《羊城采新实录》）	1872年	广州
《便览报》（《商务便览报》）	1899年夏	上海
《宾阳报》	1956年4月10日	宾阳（广西）
《滨海农村》	1945年6月1日	莒南（山东）
《滨江画报》	1911年11月1日	哈尔滨
《滨江日报》	1908年12月23日	哈尔滨
《滨江日报》	1910年	芜湖（安徽）

报刊名称	创刊时间	办刊地点
《滨江时报》	1921 年 3 月 15 日	哈尔滨
《槟城日报》	1907 年	槟榔屿（马来西亚）
《槟城新报》	1895 年 8 月 8 日	槟榔屿（马来西亚）
《兵士呼声》	1929 年 10 月	中旬北平
《兵学白话报》	1905 年	北京
《丙辰》	1916 年 1 月	上海
《并州官报》	1908 年 5 月 15 日	太原
《并州日报》	1911 年	太原
《并州新报》	1917 年 8 月 15 日	太原
《波阳报》	1956 年 6 月 1 日	波阳（江西）
《播音周刊》	1931 年	上海
《博尔塔拉报》	1960 年 7 月 1 日	博乐（新疆）
《博济》	1918 年 9 月	广州
《博览报》	1901 年 3 月 31 日	上海
《博陵日报》	1934 年 10 月	天津
《博文报》	1898 年 8 月 8 日	长沙
《博闻报》	1896 年 7 月 11 日	上海
《博闻报》	1896 年	广州
《博物学杂志》	1914 年 10 月	上海
《博物杂志》	1913 年 2 月	武昌（湖北）
《博医会报》	1905 年 1 月	上海
《渤海报》	1956 年 5 月 1 日	天津
《渤海大众》	1946 年 6 月 1 日	渤海区
《渤海日报》	1908 年	烟台
《渤海日报》	1944 年 7 月 1 日	惠民（山东）
《不缠足会画报》（又名《不缠足话报》）	1905 年	武昌（湖北）
《不忍》	1913 年 2 月 15 日	上海
《布依文报》	1983 年 5 月	罗甸（贵州）
	C	
《财经》	1998 年 4 月 18 日	北京
《财经日报》	1988 年 10 月 1 日	台北
《财经智库》	2016 年 1 月 13 日	北京
《财贸战线》	1978 年 7 月 4 日	北京
《财政观》	1910 年 2 月 15 日	上海
《财政经济杂志》	1914 年 6 月	上海

报刊名称	创刊时间	办刊地点
《财政经济周报》	1917 年 2 月	福州
《采风报》	1898 年 7 月 10 日	上海
《采风报》	1907 年	武汉
《采风报》	1917 年	广州
《采风报》	1984 年 11 月 1 日	天津
《参考消息》（哈文版）	1975 年 8 月 1 日	乌鲁木齐
《参考消息》（维文版）	1957 年	乌鲁木齐
《参议院公报》	1913 年	北京
《蚕丛》	1910 年 11 月	成都
《蚕学报》	1908 年	广东
《蚕学月报》	1904 年	武汉
《蚕业白话演说报》	1905 年	重庆
《灿花集》	1908 年 11 月	上海
《灿星》	1928 年 7 月	哈尔滨
《仓圣明智大学学生杂志》	1918 年 7 月	上海
《沧浪杂志》	1910 年 10 月	苏州
《沧州日报》	1956 年 7 月 1 日	沧州（河北）
《沧州市日报》	1984 年 11 月 1 日	沧州（河北）
《草原之路》（蒙汉文版）	1947 年夏	西科中旗（内蒙古）
《测绘学报》	1919 年 1 月	上海
《测量界》	1912 年	成都
《策言报》	1897 年 5 月 22 日	上海
《茶道生活》	2013 年 9 月 11 日	广州
《察世俗每月统记传》	1815 年 8 月 5 日	马六甲
《产经新闻报》	1988 年 7 月 7 日	台北
《昌吉报》	1958 年 11 月 15 日	昌吉（新疆）
《昌言》	1946 年 5 月 4 日	上海
《常报》	1911 年	常州（江苏）
《常德晚报》	2000 年 7 月 1 日	常德（湖南）
《常德县报》	1956 年 8 月	常德（湖南）
《常识》	1927 年 11 月 9 日	上海
《常熟市报》	1957 年 10 月	常熟（江苏）
《常熟市报》	1984 年 1 月 1 日	常熟（江苏）
《常昭月报》	1909 年 10 月 3 日	常熟（江苏）
《常州日报》	1954 年 10 月	常州（江苏）

报刊名称	创刊时间	办刊地点
《常州手机报》	2006 年 7 月 1 日	常州（江苏）
《厂长经理报》	1993 年 1 月	地点不详
《畅言报》	1905 年	上海
《唱片报》	1983 年 1 月 20 日	北京
《超然》	1914 年 1 月	常熟（江苏）
《超然报》	1926 年	香港
《超然报》	1949 年	香港
《巢湖报》	1985 年 1 月 4 日	巢湖（安徽）
《朝报》	1928 年 7 月 25 日	北平
《朝报》	1934 年 3 月 23 日	南京
《朝花》	1928 年 12 月 6 日	上海
《朝霞》	1923 年 1 月 1 日	天津
《朝鲜族中学生报》	1991 年 5 月 31 日	延吉（吉林）
《朝阳日报》	1960 年 5 月 1 日	朝阳（辽宁）
《朝野报》	1906 年 2 月	天津
《潮报》	1906 年	汕头（广东）
《潮惠会报》	1889 年	汕头
《潮汕乡讯》	1984 年 1 月 1 日	汕头（广东）
《潮声》	1906 年 4 月 24 日	汕头（广东）
《潮声》	1909 年 11 月 3 日	杭州
《潮州白话报》	1903 年	潮州（广东）
《潮州报》	1992 年 9 月 1 日	潮州（广东）
《郴州报》	1950 年 4 月	郴州（湖南）
《郴州政学征信报》	1901 年	郴州（湖南）
《长安报》	1956 年 5 月	长安（陕西）
《长白山报》	1993 年 1 月	浑江（吉林）
《长城》	1936 年 6 月 20 日	北平
《长城》	1946 年 7 月 2 日	张家口（河北）
《长城经济信息报》	1984 年 10 月	地点不详
《长春公报》	1909 年 1 月 1 日	长春
《长春公报》	1910 年 10 月 3 日	长春
《长春农村报》	1991 年 7 月 1 日	长春
《长春日报》	1909 年 1 月 1 日	长春
《长春商业时报》	1915 年	长春
《长春卫生报》	1958 年	长春

报刊名称	创刊时间	办刊地点
《长江航运报》	1954 年 3 月	武汉
《长江旅游报》	1984 年 9 月 12 日	武汉
《长江旅游报》（英文版）	1986 年 12 月 25 日	武汉
《长江日报》	1910 年	武汉
《长江日报》	1918 年 7 月 15 日	成都
《长江日报》	1949 年 5 月 23 日	武汉
《长江商报》	2006 年 9 月 6 日	湖北
《长芦盐务公报》	1913 年 3 月	天津
《长沙报》	1898 年	长沙
《长沙地方自治白话报》	1910 年 9 月	长沙
《长沙日报》	1905 年 4 月 19 日	长沙
《长沙晚报》	1956 年 7 月 1 日	长沙
《长沙夜报》	1916 年 10 月	湖南
《晨报》	1905 年	新加坡
《晨报》	1932 年 4 月 7 日	上海
《晨报》	1943 年 6 月 1 日	韶关（广东）
《晨报晚刊》（后改名《新夜报》）	1932 年 6 月 6 日	上海
《晨星报》	1910 年	烟台
《晨钟》	1905 年秋	东京（日本）
《晨钟报》	1912 年	成都
《晨钟报》	1912 年	南昌
《晨钟报》	1916 年 8 月 15 日	北京
《晨钟报》	1916 年	武汉
《成报》	1939 年 5 月 1 日	香港
《成都白话报》	1908 年	成都
《成都晨报》	1919 年 2 月 1 日	成都
《成都国是报》	1913 年 5 月	成都
《成都科技报》	1979 年 1 月	成都
《成都日报》	1904 年 11 月 3 日	成都
《成都商报》	1910 年 6 月 7 日	成都
《成都时报》	1916 年 7 月 29 日	成都
《成都铁道报》	1953 年 7 月 1 日	成都
《成都通览》	1908 年	成都
《成都晚报》	1956 年 5 月 1 日	成都
《成都月刊》	1912 年	成都

报刊名称	创刊时间	办刊地点
《成童画报》	1889 年 1 月	上海
《诚报》	1916 年 10 月	上海
《承德群众报》	1956 年 1 月	承德（河北）
《承德市报》	1986 年 5 月 1 日	承德（河北）
《城市经济报》	1984 年 9 月	地点不详
《城市时报》	1983 年 5 月 1 日	长春
《澄报》	1907 年	江阴（江苏）
《澄合矿工》	1979 年 1 月 1 日	黑龙江
《澄衷学报》	1917 年 1 月 1 日	上海
《池州报》	1956 年 10 月	贵池（安徽）
《赤光》	1924 年 2 月 1 日	巴黎（法国）
《赤女杂志》	1927 年	汉口（湖北）
《赤色海员》	1930 年 9 月 7 日	上海
《赤水科普》	1979 年 4 月	赤水（贵州）
《赤霞报》	1911 年	海门（浙江）
《赤县新闻》	1913 年	天津
《赤心评论》	1924 年 5 月 1 日	成都
《崇德公报》	1915 年 6 月 3 日	武昌（湖北）
《崇实报》	1905 年	重庆
《崇实报》	1913 年	武汉
《崇实报》	1915 年	重庆
《崇实日报》	1915 年	云南
《崇实学报》	1906 年	武汉
《崇正日报》	1915 年 1 月	成都
《出版界》	1914 年 3 月	上海
《出版月刊》	1929 年 12 月 25 日	上海
《初等教育》	1908 年	广东
《初等教育研究杂志》	1915 年	苏州（江苏）
《初学白话报》	1904 年	上海
《初中生周报》	1984 年 10 月	石家庄
《刍言报》	1910 年 11 月 2 日	北京
《刍言报》	1916 年 11 月	成都
《滁州报》	1964 年 7 月 1 日	滁县（安徽）
《楚宝》	1917 年 2 月 26 日	北京
《楚报》（英文）	1904 年	汉口

报刊名称	创刊时间	办刊地点
《楚光日报》	1925年3月24日	汉口（湖北）
《楚天都市报·襄樊版》	2009年3月2日	湖北
《楚天视听》	1989年7月1日	武汉
《楚学杂志》	1913年7月15日	武昌（湖北）
《川报》	1912年	成都
《川报》	1918年7月1日	成都
《川边通信社》	1913年2月25日	四川打箭炉地区
《川滇黔旅苏学生会周刊》	1919年7月26日	上海
《川东日报》	1909年夏	重庆
《川汉铁路改进会报告书》	1906年6月	东京（日本）
《川南报》	1911年11月	泸县（四川）
《川仪报》	1979年7月	成都
《船山学报》	1915年8月	长沙
《创造季刊》	1922年5月1日	上海
《创造日》	1923年7月21日	上海
《创造月刊》	1926年3月16日	上海
《创造周刊》	1923年5月13日	上海
《春城晚报》	1980年1月1日	云南
《春光》	1934年3月1日	上海
《春江花月报》	1901年10月12日	上海
《春柳》	1918年12月	天津
《春秋报》	1912年夏秋	武昌（湖北）
《春申报》	1911年1月1日	上海
《春声》	1916年3月	上海
《词林书画报》	1888年4月	上海
《慈善》	1914年10月	上海
《慈善公益报》	2012年1月1日	北京
《慈善月报》	1910年3月6日	上海
《促进报》	1912年5月	宁波
《萃报》	1897年8月22日	上海
《萃记华美新报》	1883年	旧金山（美国）
《萃新报》	1904年6月27日	金华（浙江）
《寸铁》	1919年秋	弋阳（江西）
《寸心杂志》	1907年2月	北京

报刊名称	创刊时间	办刊地点
	D	
《打工 E 族》（手机报）2009 年 3 月 3 日	北京	
《大报》	1933 年 10 月 17 日	天津
《大北新报》	1922 年 10 月 1 日	哈尔滨
《大北新闻》	1919 年 2 月	黑龙江
《大成报》	1990 年 1 月 10 日	台北
《大地》	1938 年 11 月	香港
《大东报》	1915 年	汕头（广东）
《大东日报》	1912 年 8 月 7 日	济南
《大东日报》	1915 年	长春
《大东日报》	1915 年	济南
《大东日报》	1917 年	长春
《大都会》	1933 年 12 月 2 日	上海
《大风》（后改《大风晚报》）	1911 年 11 月 11 日	上海
《大风日报》	1913 年 2 月 12 日	汕头（广东）
《大风旬刊》	1913 年 3 月	黄梅县（湖北）
《大刚报》	1937 年 11 月 9 日	郑州
《大刚晚报》	1942 年 4 月 15 日	衡阳（湖南）
《大公报》	1898 年 1 月 10 日	上海
《大公报》	1902 年 6 月 17 日	天津
《大公报》	1912 年	广州
《大公报》	1915 年 9 月 1 日	长沙
《大公报》	1915 年	广东
《大公报》	1936 年 4 月 1 日	上海
《大公报》	1937 年 9 月 18 日	汉口（湖北）
《大公报》	1938 年 8 月 13 日	香港
《大公报》画刊 1946 年 10 月 12 日	地点不详	
《大公报纽约双周刊》	1948 年 1 月 1 日	美国
《大公论》	1916 年 9 月	北京
《大公日报》	1912 年 9 月 2 日	杭州
《大公晚报》	1942 年 4 月 1 日	桂林
《大公晚刊》	1944 年 9 月 1 日	重庆
《大共和日报》	1912 年 1 月 4 日	上海
《大观报》	1895 年	杭州
《大观报》	1904 年	长沙

报刊名称	创刊时间	办刊地点
《大光报》	1913 年 2 月 8 日	香港
《大光报》	1912 年	香港
《大光日报》	1915 年	香港
《大国民报》	1915 年	北京
《大汉报》	1911 年 10 月 15 日	汉口
《大汉报》	1911 年 11 月 4 日	上海
《大汉报》（又名《江苏大汉报》）	1911 年 11 月 10 日	苏州
《大汉报晚报》	1911 年 11 月 3 日	上海
《大汉滇报》	1911 年	昆明
《大汉公报》	1907 年	温哥华（加拿大）
《大汉公报》	1911 年 11 月 11 日	上海
《大汉国民报》	1911 年 12 月 17 日	成都
《大汉新报》	1911 年 11 月 3 日	上海
《大河健康报》	2006 年 3 月 27 日	河南
《大河日报》	1913 年 5 月	兰州
《大河通报》	1913 年 3 月	开封
《大华晚报》	1929 年 8 月	广州
《大家》	1994 年	云南
《大家看》	1936 年 11 月	上海
《大江》	1928 年 10 月 15 日	上海
《大江白话报》	1910 年 12 月 14 日	汉口
《大江报》	1907 年	东京（日本）
《大江报》	1912 年	南昌
《大江南日报》	1915 年	南京
《大江七日报》	1907 年 3 月 9 日	东京（日本）
《大江日报》	1908 年 7 月	武汉
《大江日报》	1915 年	南昌
《大理报》	1982 年 1 月	云南
《大理日报》	1958 年	大理（云南）
《大理院判决录》	1913 年	北京
《大连经济日报》（日文）	1917 年 12 月 4 日	大连
《大连开发区报》	1991 年	大连（辽宁）
《大连晚报》	1988 年 7 月 1 日	大连（辽宁）
《大梁日报》	1916 年 11 月	开封
《大鲁日报》	1917 年	济南

报刊名称	创刊时间	办刊地点
《大陆》	1932 年 7 月 1 日	上海
《大陆》	1940 年 9 月	上海
《大陆报》	1902 年 12 月 9 日	上海
《大陆日报》	1908 年 10 月 15 日	汉口
《大陆日日新闻》（日文）	1909 年 6 月 1 日	奉天（沈阳市旧称）
《大陆新闻》	1932 年 5 月 26 日	上海
《大陆周报》	1913 年 3 月	北京
《大陆周报》	1917 年	上海
《大路》	1939 年 2 月	上海
《大罗天》	1927 年 7 月 17 日	上海
《大美画报》	1938 年 5 月	上海
《大美晚报》	1929 年 4 月 16 日	上海
《大美晚报》（英文）	1929 年 4 月 16 日	上海
《大美晚报晨刊》	1937 年 12 月 1 日	上海
《大美周报》	1939 年 6 月初	上海
《大民报》	1912 年	北京
《大民主报》	1919 年 10 月 1 日	济南
《大明报》	1989 年 11 月 26 日	台北
《大青岛报》	1915 年 1 月	青岛（山东）
《大庆日报》	1960 年 4 月	大庆（黑龙江）
《大庆晚报》	1993 年 1 月	大庆（黑龙江）
《大日报》	1934 年 7 月 1 日	上海
《大声》	1933 年 3 月	上海
《大声》	1937 年 1 月 17 日	成都
《大声报》	1908 年	檀香山（美国）
《大声日报》	1905 年	汉口
《大世界》	1917 年 7 月 1 日	上海
《大同报》	1904 年 2 月 29 日	上海
《大同报》	1906 年 4 月	北京
《大同报》	1907 年 6 月 29 日	东京（日本）
《大同报》	1912 年 3 月	武汉
《大同报》	1932 年 3 月初	长春
《大同报》（后改名《中央大同报》）	1908 年	北京
《大同矿工报》	1950 年	大同（山西）
《大同日报》	1903 年	旧金山（美国）

报刊名称	创刊时间	办刊地点
《大同日报》	1908 年 3 月 27 日	北京
《大同日报》	1918 年	河南
《大同晚报》	1925 年 6 月 23 日	北京
《大同学录》	1901 年	横滨（日本）
《大同周报》	1913 年 5 月 4 日	上海
《大晚报》	1917 年 3 月 1 日	武汉
《大晚报》	1922 年 11 月 11 日	上海
《大晚报》	1932 年 2 月 12 日	上海
《大舞台》	1917 年 11 月 15 日	上海
《大西南》	1918 年秋	成都
《大西南经济导报》	1993 年 9 月	南宁
《大西洋国》	1863 年 10 月 8 日	澳门
《大夏月刊》	1915 年 11 月 10 日	上海
《大兴安岭报》	1966 年 7 月 1 日	加格达奇（黑龙江）
《大学丛刊》	1915 年 11 月	上海
《大学季刊》	1917 年 1 月 1 日	成都
《大学新闻周报》	1948 年春	重庆
《大冶报》	1954 年 4 月	大冶（湖北）
《大冶有色报》	1958 年 7 月	大冶（湖北）
《大一统报》	1912 年	北京
《大英夜报》	1938 年 7 月 1 日	上海
《大庸报》	1990 年 4 月 11 日	大庸（湖南）
《大越新报》	1905 年	河内（越南）
《大战事报》	1918 年 1 月 1 日	上海
《大中报》	1915 年	长沙
《大中报》	1918 年 9 月 25 日	黑龙江
《大中报》	1932 年 4 月 20 日	上海
《大中报夕刊》	1913 年 6 月	成都
《大中公报》	1910 年 7 月 10 日	沈阳
《大中华》	1905 年	上海
《大中华》	1915 年 1 月 20 日	上海
《大中华日报》	1915 年	北京
《大中华日报》	1916 年 7 月 22 日	汉口（湖北）
《大中民报》	1912 年 4 月 10 日	开封（河南）
《大中日报》	1911 年 6 月	长春

报刊名称	创刊时间	办刊地点
《大中日报》	1917 年 4 月	信阳（河南）
《大中日报》	1918 年 5 月	开封
《大众》	1933 年 11 月 1 日	上海
《大众报》	1938 年 2 月 7 日	汉口（湖北）
《大众报》	1938 年夏	沁水县（山西）
《大众报》	1938 年 8 月 13 日	黄县（山东）
《大众报》	1946 年 1 月 1 日	台湾
《大众报》	1986 年 1 月 1 日	台湾
《大众电视》	1980 年 10 月	杭州
《大众日报》	1935 年 7 月	北平
《大众日报》	1934 年	香港
《大众日报》	1938 年 5 月 9 日	南昌
《大众日报》	1939 年 1 月 1 日	沂水县（山东）
《大众摄影》	1958 年 7 月 8 日	北京
《大众生活》	1935 年 11 月 16 日	上海
《大众卫生报》	1981 年 8 月	长沙
《大众文化》	1932 年 5 月 1 日	北平
《大众文艺》	1928 年 9 月 20 日	上海
《大众文摘》	1957 年 5 月	香港
《大众知识》	1936 年 10 月 20 日	北平
《大自由报》	1912 年 6 月 11 日	北京
《丹阳报》	1956 年 4 月	丹阳（江苏）
《当代》	1928 年 2 月	上海
《当代》	1980 年 10 月	香港
《当代》	1986 年 5 月 1 日	台湾
《当代时事周刊》	1989 年 11 月 25 日	香港
《当代知识》	1935 年 5 月	北平
《当日画报》	1908 年	北京
《档案》	1990 年 11 月 24 日	香港
《党锄》	1928 年 8 月 14 日	上海
《党的建设》	1931 年 1 月 25 日	上海
《党的生活》	1929 年 1 月 1 日	上海
《党的生活》	1939 年 11 月 15 日	晋东南
《党声周刊》	1926 年 3 月	厦门
《谠报》	1913 年 1 月	成都

报刊名称	创刊时间	办刊地点
《说报》	1913年4月15日	上海
《导报》	1938年4月2日	上海
《导报》	1938年9月10日	任丘县（河北）
《导报增刊》	1939年4月2日	上海
《道德浅言》	1918年1月10日	南京
《道德浅言》	1918年5月	北京
《道德学志》	1917年1月	北京
《道路杂志》	1912年	杭州
《道枢杂志》	1915年春	武汉
《德臣报》（《德臣西报》《中国邮报》）	1845年2月20日	香港
《德国亚细亚报》	1897年11月21日	青岛
《德宏团结报》	1955年1月1日	潞西（云南）
《德华日报》	1898年	青岛
《德华日报》	1906年	青岛
《德华朔望报》	1908年	香港
《德商甬报》	1898年11月28日	宁波
《德文新报》	1866年	上海
《德文新报》	1886年	上海
《德阳报》	1984年9月	德阳（四川）
《德州日报》	1988年11月1日	德州（山东）
《德州市报》	1956年5月	德州（山东）
《狄克逊氏香港纪事报》	1850年6月17日	香港
《敌情》	1941年9月27日	延安
《地方白话报》	1906年12月16日	保定
《地理杂志》	1910年	不详
《地平线》	1978年10月	香港
《地学杂志》	1910年2月	天津
《帝国澳门人》	1836年6月9日	澳门
《帝国大同报》	1911年冬	北京
《帝国日报》	1909年12月	北京
《帝国新报》	1915年	北京
《帝京新闻》	1910年5月18日	北京
《帝州报》	1910年	西安
《第5频道》	2008年7月13日	北京
《第一财经日报》	2004年11月15日	地点不详

报刊名称	创刊时间	办刊地点
《第一金融》	2012年5月2日	温州（浙江）
《第一晋话报》	1905年7月	东京（日本）
《第一汽车集团报》	1993年1月	长春
《第一消费》	2009年9月8日	广东
《滇潮》	1919年底	昆明
《滇话》	1908年5月	东京（日本）
《滇话报》	1908年1月1日	东京（日本）
《滇南钞报》	1903年	昆明
《滇南公报》	1911年7月26日	云南
《滇声报》	1915年	云南
《滇中晨刊》	2006年1月1日	玉溪（云南）
《癫狗日报》	1996年3月18日	香港
《点石斋画报》	1884年5月8日	上海
《电报》	1911年10月30日	上海
《电钞》	1898年冬	长沙
《电界》	1917年9月	北京
《电脑报》	1992年1月3日	重庆
《电脑商报》	1998年5月4日	北京
《电气协会杂志》	1913年12月	北京
《电视报》	1980年2月	齐齐哈尔（黑龙江）
《电视良友》	1982年7月	北京
《电视日报》	1968年	香港
《电视日报》	1969年	香港
《电视周报》（后改为《中国电视报》）	1981年1月1日	北京
《电信特刊》	1935年6月3日	天津
《电影杂志》	1924年5月	上海
《电子报》	1977年6月	成都
《电子商报》	1991年	北京
《电子市场》	1981年8月20日	北京
《丁巳》	1907年	北京
《丁巳》	1917年2月	北京
《鼎权报》	1913年11月	成都
《定西报》	1988年9月1日	定西（甘肃）
《东报》	1899年	香港
《东北朝鲜人民报》（朝鲜文）	1949年4月1日	延吉（吉林）

报刊名称	创刊时间	办刊地点
《东北韩报》	1946年	长春
《东北画报》	1945年11月	哈尔滨
《东北日报》	1945年11月1日	沈阳
《东北早报》	1925年8月15日	哈尔滨
《东北知识》	1937年2月14日	北平
《东边报》	1917年6月7日	黑龙江
《东边时报》（日文）	1908年9月	安东（今丹东）
《东川报》	1959年1月	东川（云南）
《东陲公报》	1910年10月3日	哈尔滨
《东大陆报》	1912年7月10日	上海
《东方报》	1917年5月11日	武汉
《东方报》（又名《东方日报》）	1906年7月29日	香港
《东方地球报》	1843年	香港
《东方翻译》（双月刊）	2009年9月3日	上海
《东方画刊》	1938年4月	香港
《东方今报》	2004年9月1日	河南
《东方快讯》（英文）	1994年11月1日	香港
《东方日报》	1912年3月20日	上海
《东方日报》	1931年	香港
《东方日报》	1969年1月22日	香港
《东方时报》	1923年8—9月间	北京
《东方体育日报》	2002年5月18日	上海
《东方通讯》（俄文）	1907年2月	哈尔滨
《东方卫报》	2006年5月15日	南京
《东方晓报》	1906年8月	哈尔滨
《东方晓报》	1907年7月19日	哈尔滨
《东方烟草报》	1993年11月	济南
《东方杂志》	1904年3月11日	上海
《东沟县报》	1980年5月1日	东沟（辽宁）
《东莞市报》	1986年6月	东莞（广东）
《东莞旬报》	1908年7月3日	广州
《东华报》	1904年	悉尼
《东华新报》	1899年	悉尼
《东江时报》	2007年1月1日	惠州（广东）
《东京留学界纪实》	1905年2月	东京（日本）

报刊名称	创刊时间	办刊地点
《东鲁日报》	1916 年	济南
《东南传播》	2004 年 9 月 18 日	福建
《东南风》	1974 年 2 月	香港
《东南日报》	1921 年 10 月 1 日	北京
《东南日报》(上海版)	1946 年 6 月 16 日	上海
《东南早报》	2000 年 8 月 15 日	泉州（福建）
《东南战线》	1939 年 1 月 20 日	金华（浙江）
《东瓯日报》	1912 年	温州（浙江）
《东三省公报》	1906 年	奉天（沈阳市旧称）
《东三省公报》	1915 年	奉天（沈阳旧称）
《东三省民报》	1908 年	奉天（沈阳市旧称）
《东三省日报》	1907 年	奉天（沈阳市旧称）
《东三省商报》	1921 年 12 月 1 日	哈尔滨
《东社》	1914 年	上海
《东吴校刊》	1901 年	苏州
《东吴月报》	1906 年	苏州
《东西洋考每月统记传》	1833 年 8 月 1 日	广州
《东涯新录》	1855 年 11 月 4 日	旧金山（美国）
《东亚报》	1898 年 6 月 29 日	神户（日本）
《东亚教师报》(德文)	1911 年	上海
《东亚日报》	1912 年 4 月 15 日	烟台（山东）
《东亚日报》	1916 年 9 月 15 日	哈尔滨
《东亚日报》	1988 年 9 月 18 日	台北
《东亚杂志》(英文)	1902 年 2 月	上海
《东洋新报》	1907 年 10 月 1 日	东京（日本）
《东耀报》	1908 年	马隆（荷属东印度）
《东营报》	1988 年 10 月 1 日	东营（山东）
《东浙杂志》	1904 年 5 月	金华（浙江）
《东周刊》	1992 年 10 月 29 日	香港
《动漫报》	2011 年 9 月 1 日	河南
《动向》	1978 年 10 月 20 日	香港
《动向杂志》	1985 年 9 月	地点不详
《洞庭波》	1906 年 10 月 18 日	东京（日本）
《洞庭之声》	1993 年 1 月	岳阳（湖南）
《都市教育》	1915 年 4 月	北京

报刊名称	创刊时间	办刊地点
《都市热报》	2011年12月5日	重庆
《都市日报》	2002年4月15日	香港
《斗生》	1935年6月	上海
《斗争》	1927年5月	昆明
《斗争》	1932年1月21日	上海
《斗争》	1933年2月4日	瑞金（江西）
《独立白话报》	1911年11月24日	上海
《独立报》	1900年	上海
《独立评论》	1932年5月22日	北平
《独立日报》	1912年春	桂林（广西）
《独立周报》	1912年9月22日	上海
《独秀峰》	1905年	桂林（广西）
《读书》	1937年2月	上海
《读书生活》	1934年10月25日	上海
《读书与出版》	1935年5月18日	上海
《读书杂志》	1922年9月	北京
《读写知识》	1980年5月	北京
《渡口日报》	1974年10月1日	渡口（四川）
《端风》	1918年	新城（湖南）
《对外报道参考》	1981年6月1日	北京
《对外经贸报》	1992年4月	甘肃
《对外经贸时报》	1985年5月	北京
《多闻报》	1905年	天津
《夺标》	1981年1月	香港
《铎声日报》	1933年11月1日	北平
	E	
《俄事警闻》	1903年12月15日	上海
《鄂报》	1907年1月11日	汉口
《鄂尔多斯报》（汉文版）	1956年7月1日	伊克昭盟东胜市（内蒙古）
《鄂尔多斯报》（蒙文版）	1957年5月	东胜（内蒙古）
《鄂钢报》	1959年1月	鄂城（湖北）
《鄂豫皖苏维埃报》	1930年2月	红安（湖北）
《鄂州报》	1984年10月	鄂州（湖北）
《鄂州日报》	1916年12月	武汉
《萼山钟》	1921年5月1日	四川绥定（达县）

报刊名称	创刊时间	办刊地点
《恩平报》	1956 年 3 月	恩平（广东）
《恩平周报》	1983 年 4 月 11 日	恩平（广东）
《恩施报》	1949 年 11 月 21 日	恩施（湖北）
《儿童报》	1924 年冬	上海
《儿童晨报》	1932 年 10 月 10 日	上海
《儿童画报》	1918 年	上海
《儿童日报》	1988 年 9 月 1 日	台北
《儿童日报》	1989 年 9 月 17 日	香港
《儿童世界》	1922 年 1 月 7 日	上海
《儿童新闻》	1938 年 8 月	新京（长春）
《迩报》	1906 年	北京
《21 世纪环球报道》	2002 年 5 月 31 日	广州
《21 世纪经济报道》	2001 年 1 月 1 日	广州
《21 世纪人才报・欢乐城市周刊》	2003 年 8 月 18 日	重庆
《二机工人报》	1958 年 5 月	包头（内蒙古）
《二汽工人》	1973 年 2 月 21 日	十堰（湖北）
《二十世纪报》	1906 年 4 月	广州
《二十世纪大舞台》	1904 年 10 月	上海
《二十世纪军国民报》	1907 年 11 月 13 日	广州
《二十世纪之支那》	1905 年 6 月 3 日	东京（日本）
《二十世纪之中国女子》	1907 年	东京（日本）
	F	
《法灯》	1912 年	杭州
《法公董局市政公报》（法文）	1909 年	上海
《法律服务时报》	2002 年 1 月 1 日	北京
《法律周报》	1914 年 1 月	杭州
《法学会杂志》	1911 年 6 月 11 日	北京
《法学杂志》	1913 年 9 月	长沙
《法政丛报》	1915 年 4 月 30 日	成都
《法政丛刊》	1907 年 10 月	广州
《法政讲义录》	1910 年 7 月	杭州
《法政浅说报》	1911 年 4 月 29 日	北京
《法政新报》	1908 年	东京（日本）
《法政学报》	1907 年 2 月 27 日	东京（日本）
《法政学报》	1913 年 10 月	北京

报刊名称	创刊时间	办刊地点
《法政学报》	1918 年 3 月	北京
《法政学交通杂志》	1907 年 1 月 14 日	东京（日本）
《法政杂志》	1906 年 3 月 14 日	东京（日本）
《法政杂志》	1911 年 3 月 25 日	上海
《法政杂志》	1914 年 3 月	成都
《法制导报》	1985 年 4 月	兰州
《法制建设报》	1990 年 1 月	长沙
《法制生活报》	1985 年 1 月	长沙
《法制晚报》	2004 年 5 月 18 日	北京
《法制文萃报》	1992 年 1 月 2 日	北京
《法制早报》	2004 年 10 月 18 日	北京
《番禺报》	1956 年 3 月 25 日	番禺（广东）
《翻译世界》	1902 年 12 月 1 日	上海
《繁华报》	1911 年 8 月	汉口
《繁华报》	1914 年	重庆
《繁华杂志》	1914 年 9 月	上海
《反帝战线》	1930 年 2 月	北平
《反帝战线》	1935 年 9 月	迪化（今乌鲁木齐市）
《反腐败导报》	1994 年 8 月 10 日	地点不详
《反攻》	1938 年 1 月 16 日	武汉
《反日民众》	1932 年 1 月 7 日	上海
《反战报》	1930 年 6 月	北京
《反战新闻》	1933 年 9 月 30 日	上海
《方言报》	1902 年 4 月 10 日	上海
《方舟》	1934 年 5 月	天津
《防癌报》	1983 年 8 月 30 日	广州
《防城港报》	1992 年 2 月 28 日	广西
《防鼠疫通报》（俄文）	1910 年	哈尔滨
《房地产时报》	2001 年 1 月 2 日	上海
《纺织时报》	1918 年	上海
《飞报》	1902 年 4 月 22 日	上海
《飞报》	1911 年 11 月 17 日	上海
《飞龙邮报》	1867 年	旧金山（美国）
《飞沙》	1927 年 8 月 22 日	上海
《飞艇》	1912 年 8 月	上海

报刊名称	创刊时间	办刊地点
《飞艇报》	1916年8月25日	汉口（湖北）
《飞影阁大观画报》	1902年4月15日	上海
《飞影阁画报》	1890年10月16日	上海
《菲华日报》	1999年3月1日	马尼拉（菲律宾）
《菲律宾版》（人民日报海外版）	2007年9月27日	地点不详
《肥城矿报》	1977年3月	肥城（山东）
《分子植物》	2008年	地点不详
《奋斗日报》	1938年7月1日	归绥（今呼和浩特市）
《奋兴报》	1908年	莆田（福建）
《风度》	2005年12月8日	北京
《风人报》	1912年10月29日	汉口
《风俗改良报》	1912年1月初	吉林
《风雅报》	1906年	北京
《风月报》	1913年11月1日	武汉
《风云画报》	1904年	上海
《峰峰矿工报》	1958年8月1日	峰峰矿务局（河北）
《烽火报》	1938年秋	宁津（山东）
《讽刺与幽默》	1979年1月20日	北京
《奉天公报》	1912年	沈阳
《奉天官报》	1911年9月	奉天（沈阳市旧称）
《奉天教育杂志》（又名《奉天教育官报》）	1907年冬	奉天（沈阳市旧称）
《奉天劝业报》	1910年8月5日	奉天（沈阳市旧称）
《奉天时报》	1915年	奉天（沈阳旧称）
《奉天通俗教育讲演录》	1917年	奉天（沈阳旧称）
《奉天新闻》（日文）	1917年9月1日	奉天（沈阳旧称）
《奉天醒时报》	1915年	奉天（沈阳旧称）
《奉天自治办法》	1910年	奉天（沈阳市旧称）
《佛化新青年》	1923年上半年	北京
《佛教月报》	1913年	上海
《佛教月刊》	1913年5月13日	上海
《佛门日报》	1894年1月	上海
《佛山报》	1949年11月	佛山（广东）
《佛山市报》	1983年10月1日	佛山（广东）
《佛学丛报》	1912年10月1日	上海
《佛学丛刊》	1912年	上海

报刊名称	创刊时间	办刊地点
《佛学月报》	1912 年	上海
《扶风月报》	1914 年	上海
《涪陵日报》	1952 年 10 月	涪陵（四川）
《福报》	1896 年 4 月 28 日	福州
《福报》	1989 年 2 月 15 日	台湾
《福尔摩斯》	1926 年 7 月 3 日	上海
《福建白话报》	1904 年 10 月 9 日	福州
《福建地质矿产报》	1984 年 12 月 25 日	福州
《福建法政杂志》	1908 年 6 月	福州
《福建法制报》	1979 年 11 月 10 日	福州
《福建工人报》	1951 年 5 月 1 日	福州
《福建工商报》	1985 年 7 月 1 日	福州
《福建公报》	1915 年	福州
《福建官报》	1910 年春	福州
《福建广播电视报》	1954 年 5 月 24 日	福建
《福建画报》	1953 年 2 月	福州
《福建建设报》	1985 年 6 月 10 日	福州
《福建教育官报》	1908 年 8 月	福州
《福建经济报》	1988 年 1 月 1 日	福建
《福建科技报》	1978 年 9 月 18 日	福州
《福建老年报》	1986 年 5 月	福州
《福建煤炭报》	1985 年 1 月 1 日	福州
《福建民报》	1912 年	福州
《福建农工商官报》	1910 年 1 月	福州
《福建农民报》	1950 年 6 月 21 日	福州
《福建侨乡报》	1956 年 1 月 1 日	福州
《福建青年》	1924 年 5 月	福州
《福建青年》	1949 年 11 月 8 日	福建
《福建劝业杂志》	1916 年	福州
《福建日报》	1905 年 10 月 30 日	厦门
《福建日报》	1918 年	福州
《福建日报》	1949 年 8 月 25 日	福州
《福建日日新闻》	1904 年 8 月 11 日	厦门（福建）
《福建商报》	1985 年 8 月 15 日	福州
《福建商业公报》	1911 年	福州

报刊名称	创刊时间	办刊地点
《福建省教育行政月刊》	1914 年 2 月	福州
《福建时报》	1919 年底	福州
《福建时报》	1946 年 11 月 1 日	福州
《福建卫生报》	1958 年 12 月	福州
《福建卫生报》	1982 年 1 月	福州
《福建消防报》	1985 年 5 月 1 日	福州
《福建新闻》	1906 年 9 月	福州
《福建盐政公报》	1916 年	福州
《福建邮电报》	1949 年 11 月	福州
《福音新报》	1874 年	上海
《福音新报》	1876 年	福州
《福音宣报》	1903 年	河南
《福音钟》	1919 年 1 月	上海
《福幼报》	1914 年 4 月	上海
《福州日报》	1958 年 7 月 1 日	福州
《福州时报》（日文）	1918 年 5 月	福州
《福州晚报》	1982 年 1 月 1 日	福州
《福州信使报》（《福州府差报》）	1858 年 10 月 12 日	福州
《抚顺矿工报》	1964 年 5 月 1 日	抚顺（辽宁）
《辅仁通讯》	1948 年春	北平
《妇女呼声》	1937 年 10 月 10 日	成都
《妇女鉴》	1914 年 12 月 10 日	成都
《妇女前哨》	1937 年 11 月 5 日	汉口（湖北）
《妇女日报》	1911 年	上海
《妇女生活》	1935 年 7 月 1 日	上海
《妇女生活》	1982 年 3 月	河南
《妇女生活》	1982 年 4 月	成都
《妇女声》	1921 年 12 月 13 日	上海
《妇女时报》	1911 年 5 月	上海
《妇女新运》	1938 年 12 月 20 日	重庆
《妇女旬刊》	1917 年 6 月	杭州
《妇女旬刊》	1925 年	广州
《妇女与家庭》	1932 年 10 月 6 日	北平
《妇女月报》	1934 年 8 月 5 日	北平
《妇女杂志》	1911 年	北京

报刊名称	创刊时间	办刊地点
《妇女杂志》	1915 年 1 月 5 日	上海
《妇女之光》	1932 年 2 月 29 日	上海
《妇女之声报》	1986 年 1 月	南昌
《妇女之友》	1925 年底	北京
《妇女之友》	1926 年 9 月 15 日	北京
《妇女之友》	1982 年 3 月 8 日	哈尔滨
《妇女周报》	1923 年 8 月 22 日	上海
《妇孺白话易知报》	1905 年	阜宁县（江苏）
《妇孺报》	1904 年 5 月	广州
《妇孺日报》	1908 年	广州
《妇孺杂志》	1907 年	广州
《阜新蒙古族自治县报》	1956 年 11 月 15 日	阜新（辽宁）
《阜新晚报》	2002 年 7 月 1 日	辽宁
《复报》	1906 年 5 月 8 日	上海
《复报》	1916 年冬	汉口（湖北）
《复报》	1924 年 2 月 9 日	北京
《复旦》	1917 年	上海
《复旦报》	1918 年	昆明
《复旦季刊》	1918 年 1 月	上海
《复旦新闻周报》	1946 年夏	上海
《复旦杂志》	1916 年	上海
《富民报》	1984 年 7 月 5 日	福州
《富平报》	1985 年 11 月	富平（陕西）
《富强》	1915 年 2 月	上海
《富强报》	1897 年 5 月 21 日	上海
《覆巢报》	1932 年 6 月	北平
	G	
《改革报》	1984 年 7 月	忻州（山西）
《改进》	1939 年 4 月 1 日	永安（福建）
《改良婚嫁会月报》	1911 年 10 月	番禺（广东）
《改良启蒙通俗报》	1903 年	成都
《甘南报》（汉、藏文版）	1953 年 5 月 1 日	合作市（甘肃）
《甘肃地质报》	1958 年 7 月	兰州
《甘肃电力报》	1992 年 2 月	兰州
《甘肃工人报》	1981 年 1 月 21 日	兰州

报刊名称	创刊时间	办刊地点
《甘肃工商报》	1986 年 1 月	兰州
《甘肃官报》（其前身为《陇右报》）	1907 年 11 月	兰州
《甘肃广播电视报》	1954 年	兰州
《甘肃画报》	1956 年 1 月	兰州
《甘肃交通报》	1993 年 7 月	兰州
《甘肃教育官报》	1909 年 8 月 30 日	兰州
《甘肃经济报》	1982 年 4 月	兰州
《甘肃科技报》	1958 年 8 月	兰州
《甘肃农民报》	1951 年 3 月	兰州
《甘肃日报》	1949 年 9 月 1 日	兰州
《甘肃省财贸报》	1982 年 4 月 2 月	兰州
《甘肃体育报》	1980 年 2 月	兰州
《甘肃邮电报》	1993 年 7 月	兰州
《甘孜报》	1954 年 8 月 23 日	康定（四川）
《赣报》	1906 年	赣州（江西）
《赣东报》	1952 年 1 月 1 日	抚州（江西）
《赣江大众报》	1994 年 4 月 1 日	南昌
《冈州日报》	1913 年秋	江门（广东）
《刚坚少年报》（藏文版）	1989 年 6 月 1 日	西宁
《港台信息报》	1988 年 11 月 3 日	福州
《高山国》	1898 年 10 月	台湾
《高新技术产业报》	1992 年 12 月	重庆
《高原战士报》	1956 年 5 月 23 日	拉萨
《高州民国日报》	1912 年 3 月 1 日	高要（广东）
《告白日报》	1891 年 4 月 9 日	上海
《戈壁》	1928 年 5 月	上海
《歌场新月》	1913 年 11 月 25 日	上海
《革命军》	1925 年 9 月	广州
《革命军》（又名《新中国之少年革命军》《少年中国革命军》）	1911 年 10 月 15 日	上海
《革命军报》	1906 年 12 月 29 日	东京（日本）
《革命军日报》	1926 年 8 月	衡阳（湖南）
《革命评论》	1906 年	日本
《革命评论》	1928 年 5 月 7 日	上海
《革新日报》	1928 年 7 月 27 日	南京

报刊名称	创刊时间	办刊地点
《格言》	2003年11月	黑龙江
《格致汇编》	1876年2月17日	上海
《格致新报》	1898年3月13日	上海
《庚申学报》	1908年8月	北京
《更生日报》	1947年9月3日	台湾
《工兵生活》	1947年8月	东北
《工部局市政公报》（英文周刊）	1908年1月17日	上海
《工地战报》	1970年初	贵州
《工地战报》	1972年1月1日	贵州
《工读》	1917年	俄亥俄州（美国）
《工会日刊》（又名《四川工会日刊》）	1905年3月16日	成都
《工农报》	1932年11月	葛源（江西）
《工农兵》	1929年10月2日	湘鄂边苏区
《工农兵》	1930年1月15日	龙州（广西）
《工农日报》	1931年	湘鄂西苏区
《工人日报》	1949年7月15日	北平
《工人生活》	1925年7月	下旬天津
《工人生活报》	1949年12月7日	杭州
《工人音乐报》	1985年1月	长沙
《工人之路特号》	1925年6月24日	广州
《工人周刊》	1921年7月31日	北京
《工商白话报》	1918年	汉口（湖北）
《工商公报》	1912年	北京
《工商日报》	1906年	武汉
《工商日报》	1915年10月20日	芜湖（安徽）
《工商日报》	1925年7月8日	香港
《工商时报》	1978年12月1日	台湾
《工商学报》	1898年5月	北京
《工商学报》	1898年9月17日	上海
《工业世界》	1912年	武汉
《工艺报》	1901年	北京
《公安生活报》	1993年1月	西安
《公安周报》	1991年7月8日	长春
《公报》	1891年6月9日	上海
《公报》	1906年	上海

报刊名称	创刊时间	办刊地点
《公报月刊》	1930 年 9 月 15 日	南京
《公道报》	1920 年	福州
《公教白话报》	1913 年	兖州（山东）
《公教白话报》	1918 年	济南
《公理报》	1906 年 12 月 8 日	北京
《公理报》	1911 年 8 月 13 日	马尼拉（菲律宾）
《公理日报》	1925 年 6 月 3 日	上海
《公论》	1913 年 7 月 19 日	上海
《公论报》	1889 年	汉口
《公论报》	1905 年 10 月	汉口
《公论报》	1910 年 8 月	北京
《公论报》	1912 年	北京
《公论报》	1915 年 5 月 26 日	上海
《公论报》	1947 年 10 月 25 日	台湾
《公论报》	1989 年 11 月 11 日	台湾
《公论丛书》	1938 年 9 月	上海
《公论日报》	1912 年 2 月 25 日	成都
《公论日报》	1912 年	安庆（安徽）
《公论日报》	1915 年	南宁
《公论日报》	1919 年 2 月 6 日	汉口（湖北）
《公论实报》（前身为《公论报》）	1910 年 10 月 14 日	北京
《公论新报》（前身为《公论报》）	1906 年 10 月 18 日	汉口
《公民白话报》	1910 年	天津
《公民日报》	1910 年 3 月	杭州
《公民日报》	1912 年 12 月 9 日	杭州
《公民杂志》	1916 年 11 月	上海
《公民周刊》	1917 年 5 月	西安
《公言报》	1909 年	北京
《公言报》	1910 年	广州
《公言报》	1912 年	常州
《公言报》	1913 年	桂林（广西）
《公言报》	1915 年	汕头（广东）
《公言报》	1916 年 9 月 1 日	北京
《公言报》	1916 年	济南
《公言报》	1917 年	宜宾（四川）

报刊名称	创刊时间	办刊地点
《公益报》	1906年	武汉
《公益时报》	2001年6月1日	北京
《公意日报》	1915年	太原
《公余杂志》	1915年12月	上海
《公主岭报》	1956年7月	公主岭（吉林）
《共产党》	1920年11月7日	上海
《共产党人》	1939年10月20日	延安
《共和》	1912年1月	福州
《共和》	1914年10月1日	成都
《共和报》	1912年	北京
《共和报》	1912年	福州
《共和报》	1915年	香港
《共和党湖北支部杂志》	1912年9月20日	武昌（湖北）
《共和滇报》	1915年	云南
《共和急进报》	1912年1月	安庆（安徽）
《共和民报》	1912年4月1日	武汉
《共和民报》	1912年	汉口
《共和宁报》	1912年1月	南京
《共和日报》	1911年10月	成都
《共和日报》	1912年	北京
《共和日报》	1913年	武汉
《共和新报》	1912年	上海
《共和言论》	1912年4月15日	上海
《共和政报》	1869年	上海
《共进》	1921年10月10日	北京
《供销合作报》	1985年8月10日	杭州
《孤军》	1922年9月	上海
《古今故事报》	1993年1月	武汉
《谷城报》	1984年4月	谷城（湖北）
《骨干》（前线版）	1947年1月24日	东北前线
《固原报》	1958年	固原（宁夏）
《关东报》	1904年	旅顺（辽宁）
《关陇》	1908年2月2日	东京（日本）
《关中学报》	1906年	三原（陕西）
《观察》	1946年9月1日	上海

报刊名称	创刊时间	办刊地点
《观察家》	1977年11月1日	香港
《观察日报》	1938年1月25日	长沙
《观潮报》	1909年	汕头（广东）
《观象丛报》	1915年7月	北京
《官报》	1907年1月	东京（日本）
《官话北京时报》	1907年12月12日	北京
《官话日报》	1906年3月	济南
《官商日报》	1920年1月	上海
《光报》	1897年5月	广州
《光报》	1905年	旧金山（美国）
《光复报》	1911年11月4日	上海
《光复学报》	1911年	陕西
《光华报》	1911年10月24日	广州
《光华青年月刊》	1915年5月	成都
《光华日报》	1908年8月27日	仰光（缅甸）
《光华日报槟城新报联合版》	1911年	槟榔屿（马来西亚）
《光华学报》	1915年5月1日	武昌（湖北）
《光华医社月报》	1915年	广州
《光华医事卫生杂志》	1910年	秋广州
《光华医事杂志》	1910年	广州
《光明》	1936年6月10日	上海
《光明报》	1941年9月18日	香港
《光明日报》	1949年6月16日	北平
《光荫》	1911年4月13日	上海
《广报》	1886年6月24日	广州
《广播节目报》	1955年4月25日	北京
《广播日报》	1934年9月	天津
《广仓学会杂志》	1916年9月	上海
《广仓学窘演说报》	1916年7月	上海
《广东报》	1910年	广州
《广东地方自治研究》	1906年9月	广州
《广东妇女》	1982年4月	广州
《广东公安报》	1951年10月	广州
《广东公报》	1912年8月1日	广州
《广东公报》	1915年	广东

报刊名称	创刊时间	办刊地点
《广东共和报》	1915 年	广东
《广东广播电视》	1955 年 6 月	广州
《广东画报》	1958 年 5 月	广州
《广东教育公报》	1912 年 10 月	广州
《广东教育官报》	1910 年 3 月	广州
《广东戒烟新小说》	1907 年 10 月	广州
《广东浸信会美门月刊》	1918 年 3 月	上海
《广东警务官报》	1910 年 8 月	广州
《广东警务什志》	1911 年	广州
《广东科技报》	1973 年 3 月 26 日	广东
《广东农村信息报》	1985 年 3 月	广州
《广东农林》	1916 年 10 月	广州
《广东农民报》	1963 年 1 月	广州
《广东侨报》	1956 年 10 月	广州
《广东青年报》	1909 年 11 月 25 日	广州
《广东劝业报》	1907 年 7 月上旬	广州
《广东群报》	1920 年 10 月	广州
《广东日报》	1904 年 3 月 31 日	香港
《广东日报》	1918 年	广州
《广东日日新报》	1912 年 4 月初	广州
《广东省会学生联合会旬报》	1918 年 7 月	广州
《广东省会学生联合会月报》	1918 年 10 月	广州
《广东食报》	1984 年 12 月 30 日	广州
《广东司法五日报》	1912 年 4 月 7 日	广州
《广东惟一报》	1915 年	广东
《广东新闻年鉴》	1999 年 2 月	广东
《广东邮电报》	1950 年 8 月	广州
《广告时代》	1984 年 1 月 25 日	台湾
《广告信息报》	1988 年 5 月 1 日	济南
《广济医报》	1915 年 1 月	杭州
《广济医刊》	1916 年	杭州
《广角镜》	1972 年 10 月 16 日	香港
《广南报》	1912 年	广州
《广仁报》	1897 年 5 月上旬	桂林（广西）
《广通报》	1897 年夏	西安

报刊名称	创刊时间	办刊地点
《广西报》	1907年10月7日	桂林（广西）
《广西对外经贸报》	1988年7月1日	南宁
《广西工人报》	1958年5月1日	南宁
《广西工商》	1988年3月3日	南宁
《广西公报》	1912年1月	南宁
《广西公报》	1912年2月	桂林（广西）
《广西官报》	1907年7月	桂林（广西）
《广西广播电视报》	1959年	南宁
《广西教育公报》	1915年1月	南宁
《广西经济信息报》	1984年10月	南宁
《广西军国指南》（又名《军国指南》）	1910年5月9日	桂林（广西）
《广西科技报》	1958年10月	南宁
《广西民族报》（汉文版）	1992年7月8日	南宁
《广西侨报》	1956年6月	南宁
《广西日报》	1907年10月21日	梧州（广西）
《广西日报》	1915年	南宁
《广西日报》	1949年12月3日	桂林
《广西日报》（昭平版）	1944年11月1日	昭平（广西）
《广西商报》	1986年1月	南宁
《广西商业报》	1985年5月1日	南宁
《广西新报》	1909年4月18日	梧州（广西）
《广西政协报》	1991年3月28日	南宁
《广益丛报》	1903年4月16日	重庆
《广益华报》	1900年	悉尼
《广益录》	1912年2月24日	天津
《广益杂志》	1919年4月	上海
《广元时报》	1988年6月	广元（四川）
《广智报》	1898年	广州
《广州白话报》	1898年	广州
《广州白话报》	1907年5月31日	广州
《广州报》	1897年	广州
《广州晨报》	1920年冬	广州
《广州共和报》	1912年7月	广州
《广州化学会实业报》	1910年	广州
《广州纪录报》	1827年11月8日	广州

报刊名称	创刊时间	办刊地点
《广州民航报》	1985年9月1日	广州
《广州青年报》	1985年1月	广州
《广州青少年报》	1972年3月	广州
《广州日报》	1930年5月20日	广州
《广州日报》	1952年12月1日	广州
《广州日报·河源社区》	2014年4月29日	广州
《广州日报·肇庆社区》	2013年11月18日	广州
《广州商报》	1987年3月20日	广州
《广州探报》	1843年	广州
《广州铁道报》	1949年11月	广州
《广州新报》	1865年	广州
《广州新闻》	1835年	广州
《广州英文日报》	1924年8月1日	广州
《广州杂志》	1831年	广州
《广州总商会报》	1906年1月29日	广州
《归绥日报》	1913年	归绥（今呼和浩特市）
《闺声》	1917年3月23日	上海
《贵安新区报》	2016年9月28日	贵州
《贵港市报》	1956年7月	贵港（广西）
《贵铝建设报》	1979年9月	贵阳
《贵阳晚报》	1980年5月26日	贵阳
《贵州工人报》	1985年1月1日	贵阳
《贵州公安报》	1990年1月1日	贵阳
《贵州公报》	1909年	贵阳（贵州）
《贵州官报》	1909年9月	贵阳（贵州）
《贵州广播电视报》	1983年12月29日	贵阳
《贵州画报》	1959年3月15日	贵阳
《贵州交通报》	1993年1月	贵阳
《贵州教育官报》	1911年4月	贵阳（贵州）
《贵州经济报》	1985年10月	贵阳
《贵州科技报》	1964年1月	贵阳
《贵州民族报》	1986年	贵阳
《贵州农民报》	1951年10月	贵阳
《贵州青年》	1924年5月	上海
《贵州人口报》	1993年1月	贵阳

报刊名称	创刊时间	办刊地点
《贵州日报》	1949 年 11 月 28 日	贵阳
《贵州实业杂志》	1913 年 1 月	贵阳
《贵州体育报》	1956 年	贵阳
《贵州体育报》	1990 年 1 月 1 日	贵阳
《贵州物资情报》	1980 年 6 月 25 日	贵阳
《贵州邮电报》	1950 年 8 月	贵阳
《贵州政治公报》	1915 年 1 月	贵阳
《桂报》	1908 年	广西
《桂东报》	1987 年 10 月	桂东（湖南）
《桂林官话报》	1910 年 11 月 6 日	桂林（广西）
《桂林日报》	1951 年 5 月	桂林
《桂中日报》	1988 年 1 月	柳州（广西）
《国报》	1908 年 2 月 3 日	东京（日本）
《国报》	1909 年	北京
《国报》	1912 年	北京
《国报》	1913 年 4 月 8 日	北京
《国报》	1913 年	广州
《国报》	1915 年	广东
《国耻日刊》	1925 年 5 月 7 日	北京
《国萃一斑》（后改名《国学粹编》）	1908 年 2 月	北京
《国粹丛编》	1907 年 2 月	上海
《国粹学报》	1905 年 2 月 23 日	上海
《国防报》	1916 年 7 月	上海
《国风报》	1910 年 2 月 20 日	上海
《国风报》	1912 年 11 月 1 日	北京
《国风日报》	1911 年 2 月 8 日	北京
《国风日报》	1912 年	天津
《国故》	1919 年 3 月 20 日	北京
《国光日报》	1933 年 1 月 28 日	福州
《国光日报》	1988 年 5 月 1 日	台北
《国光新闻》	1911 年 8 月 9 日	北京
《国衡》	1935 年 4 月 25 日	南京
《国华报》	1910 年 11 月 16 日	上海
《国华报》	1912 年	北京
《国华报》	1915 年	北京

报刊名称	创刊时间	办刊地点
《国华报》（前身为《新朔望报》）	1908 年 5 月	上海
《国华时报》	1917 年冬	广州
《国会丛报》	1913 年 7 月	上海
《国魂报》	1908 年 4 月	上海
《国魂日报》	1907 年	旧金山（美国）
《国货汇刊》	1915 年 7 月	上海
《国货月报》	1915 年 8 月 15 日	上海
《国际经贸消息报》	1958 年	北京
《国际联盟同志会丛刊》	1919 年 4 月	北京
《国际商报》	1985 年 4 月 1 日	北京
《国际时事研究》	1944 年 9 月 1 日	永安（福建）
《国际新闻界》	1961 年 4 月	北京
《国际周报》	1914 年	上海
《国家电网报》	2006 年 1 月 1 日	北京
《国家人文历史》	2013 年 1 月 10 日	北京
《国家与教育》	1926 年 1 月	北京
《国家治理》	2014 年 6 月 26 日	北京
《国立北京大学月刊》	1919 年 1 月	北京
《国立北京农业专门学校丛刊》	1918 年	北京
《国立北京农业专门学校杂志》	1916 年	北京
《国立武昌高等师范学校博物学会杂志》	1918 年 6 月 10 日	武昌（湖北）
《国立武昌高等师范学校数理学会杂志》	1918 年 5 月 16 日	武昌（湖北）
《国立武昌高等师范学校周报》	1919 年 2 年	武汉
《国论》	1935 年 8 月	上海
《国民》	1913 年 5 月 20 日	上海
《国民》	1919 年 1 月 1 日	北京
《国民》	1937 年 5 月 7 日	上海
《国民白话日报》	1908 年 7 月 28 日	上海
《国民报》	1901 年 5 月 10 日	东京（日本）
《国民报》	1907 年	武汉
《国民报》	1909 年	广州
《国民报》	1911 年 11 月 17 日	奉天（沈阳市旧称）
《国民报》	1911 年	重庆
《国民报》（又名《国民日报》）	1906 年 11 月 1 日	广州
《国民公报》	1910 年 8 月 24 日	北京

报刊名称	创刊时间	办刊地点
《国民公报》	1912年4月22日	成都
《国民公报》	1915年	成都
《国民公论》	1938年9月11日	武汉
《国民共济报》	1912年3月	重庆
《国民话报》	1911年	昆明
《国民军事报》	1911年10月28日	上海
《国民日报》	1911年10月28日	上海
《国民日报》	1914年5月20日	新加坡
《国民日报》	1916年12月	汉口（湖北）
《国民日报》	1917年6月15日	旧金山（美国）
《国民日报》	1926年12月22日	陕西
《国民日报》	1939年7月	香港
《国民日报》（藏文版）	1941年10月10日	西康省康定市
《国民日日报》	1903年8月7日	上海
《国民晚报》	1911年10月24日	上海
《国民新报》	1912年4月20日	武汉
《国民新报》	1914年1月5日	上海
《国民新报》	1915年	汉口（湖北）
《国民新报》	1925年8月25日	北京
《国民新闻》	1917年6月	诸暨（浙江）
《国民新闻》	1922年8月28日	北京
《国民新闻》	1940年3月22日	上海
《国民杂志》	1913年4月15日	东京（日本）
《国民周刊》	1928年7月	北平
《国民自强报》	1912年	北京
《国难》	1937年8月29日	成都
《国内贸易统计册》	1902年	上海
《国强报》	1918年1月	北京
《国强报》	1918年2月15日	天津
《国权报》	1912年5月15日	上海
《国权报》	1912年6月15日	北京
《国事日报》	1906年9月18日	广州
《国是》	1913年5月	北京
《国是》	1915年	北京
《国是报》	1912年3月22日	重庆

报刊名称	创刊时间	办刊地点
《国是报》	1915 年	云南
《国是日报》	1911 年春	开封（河南）
《国文报》	1905 年 3 月	济南
《国闻报》	1897 年 10 月 26 日	天津
《国闻周报》	1924 年 8 月 3 日	上海
《国学》	1914 年 7 月	东京（日本）
《国学丛刊》	1911 年 2 月	北京
《国学丛刊》	1914 年 6 月	北京
《国学丛选》	1912 年 10 月	上海
《国学杂志》	1915 年 3 月	上海
《国讯》	1931 年 12 月 23 日	上海
《国语日报》	1948 年 11 月 18 日	台北（台湾）
《国语月刊》	1922 年 3 月 20 日	北京
	H	
《哈尔滨报》（俄文）	1906 年 2 月 4 日	哈尔滨
《哈尔滨晨光》	1923 年 2 月 21 日	哈尔滨
《哈尔滨每月电讯广告报》（俄文）	1901 年 8 月 14 日	哈尔滨
《哈尔滨农村报》	1991 年 10 月 1 日	哈尔滨
《哈尔滨日报》	1926 年 6 月 8 日	哈尔滨
《哈尔滨日报》	1945 年 11 月 25 日	哈尔滨
《哈尔滨日报》	1952 年 10 月 1 日	哈尔滨
《哈尔滨商业通报》（俄文）	1910 年 3 月 26 日	哈尔滨
《哈尔滨铁道报》	1953 年 4 月	哈尔滨
《哈尔滨新闻》（俄文，亦译《哈尔滨日报》或《哈尔滨公报》）	1903 年 6 月 23 日	哈尔滨
《哈尔滨政协报》	1985 年 12 月	哈尔滨
《哈密报》	1958 年 10 月 1 日	哈密（新疆）
《哈密报》（汉、维文版）	1987 年 1 月 1 日	哈密（新疆）
《哈密广播电视报》	1993 年 1 月	哈密（新疆）
《哈密科技报》	1981 年 3 月	哈密（新疆）
《孩提画报》	1886 年	上海
《海城白话演说报》	1906 年冬	海城（辽宁）
《海城市报》	1956 年 7 月	海城（辽宁）
《海城县报》	1956 年 7 月 1 日	海城（辽宁）
《海岱新闻》	1918 年	济南

报刊名称	创刊时间	办刊地点
《海东报》	1987 年 10 月 20 日	海东
《海东时报》	2012 年 3 月 9 日	青海
《海风》	1929 年 1 月 1 日	上海
《海光报》	1930 年 12 月	上海
《海军》	1909 年 6 月 1 日	东京（日本）
《海军杂志》	1911 年	北京
《海伦报》	1956 年 6 月 1 日	海伦（黑龙江）
《海南法制报》	1992 年 10 月 1 日	海口
《海南公安报》	1993 年 7 月	海口
《海南科技报》	1993 年 7 月	海口
《海南农垦报》	1953 年	海南
《海南侨报》	1992 年 1 月	海口
《海南日报》(海外版)	1991 年 1 月 1 日	海口
《海南特区报》	1989 年 1 月	海口
《海南新闻图片报》	1992 年 11 月 8 日	海口
《海内外经济信息报》	1988 年 8 月 1 日	长春
《海宁科技》	1983 年 5 月	海宁（浙江）
《海上奇书》	1892 年 2 月 4 日	上海
《海上日报》	1899 年 2 月 10 日	上海
《海上文社日报》(《文社日报》)	1900 年 4 月	上海
《海上旬刊》	1928 年 8 月 1 日	上海
《海外丛学录》	1904 年 9 月 29 日	东京（日本）
《海外看中国》	2000 年 1 月 15 日	地点不详
《海外台山版》	2012 年 4 月 28 日	广东
《海王》	1928 年 8 月	天津
《海峡都市报》	1997 年 10 月 1 日	福州
《海峡华人杂志》	1897 年	新加坡
《海峡教育报》	2003 年 11 月 6 日	福州
《海峡科技导报》	1995 年 4 月 7 日	福州
《海峡民间》	1983 年 7 月 1 日	福州
《海峡周报》	2000 年 5 月 18 日	福建
《海盐科技报》	1982 年 2 月 2 日	海盐（浙江）
《邯郸日报》	1952 年 4 月 1 日	邯郸（河北）
《邯郸市日报》	1981 年 4 月 1 日	邯郸（河北）
《韩城煤炭战报》	1971 年 6 月	陕西

报刊名称	创刊时间	办刊地点
《韩民日报》（朝鲜文版）	1945年9月18日	延吉（吉林）
《汉潮报》	1902年	汕头（广东）
《汉风》	1907年2月20日	东京（日本）
《汉皋日报》	1874年	汉口
《汉皋日日新闻》	1905年初	春汉口
《汉境日报》	1903年	曼谷（泰国）
《汉口风月报》	1905年	汉口
《汉口见闻录》	1908年8月27日	汉口
《汉口民报》	1915年	汉口（湖北）
《汉口民报》	1916年5月8日	武汉
《汉口民国日报》	1912年1月7日	汉口
《汉口日报》	1902年10月	汉口
《汉口日报》	1917年9月16日	汉口（湖北）
《汉口日报》（日文，前身为《汉皋日日新闻》）	1907年8月1日	汉口
《汉口日日新报》	1907年7月22日	汉口
《汉口日日新闻》	1907年7月17日	汉口
《汉口日日新闻》（日文）	1918年1月1日	汉口（湖北）
《汉口时报》	1866年11月6日	汉口
《汉口天声报》	1915年	汉口（湖北）
《汉口小报》	1904年	汉口
《汉口小说日报》	1917年10月18日	汉口（湖北）
《汉口新闻报》	1914年5月28日	汉口（湖北）
《汉口中西报》	1903年	汉口
《汉民报》	1920年1月	檀香山（美国）
《汉民日报》	1911年11月18日	杭州
《汉群》	1912年6月24日	成都
《汉声报》	1916年5月1日	武汉
《汉阳报》	1956年2月1日	武汉
《汉语拼音报》	1958年10月12日	北京
《汉语世界》（英文双月刊）	2006年11月11日	北京
《汉帜》（前身为《洞庭波》）	1907年1月25日	东京（日本）
《汉中广播电视报》	1993年7月	汉中（陕西）
《汗血月刊》	1933年4月	上海
《行都日报》	1938年1月15日	洛阳
《行政管理改革》	2009年9月26日	北京

报刊名称	创刊时间	办刊地点
《杭报》	1897年11月26日	杭州
《杭育电影周刊》	1924年11月1日	上海
《杭州白话报》	1895年7月	杭州
《杭州白话报》	1901年6月20日	杭州
《杭州民国日报》	1916年8月	杭州
《杭州民国日报》	1927年3月12日	浙江
《杭州青年》	1915年10月	杭州
《杭州日报》	1955年11月1日	杭州
《杭州日报》(下午版)	1993年11月2日	杭州
《杭州商业杂志》	1909年12月	杭州
《杭州学生联合会报》	1919年6月25日	杭州
《航空时报》	1986年7月3日	北京
《航天员》	2005年10月	北京
《航业机务西报》(英文)	1913年	上海
《濠江日报》	2008年7月13日	澳门
《濠镜报》	1898年	澳门
《好白相》	1914年11月	上海
《好孩子画报》	1982年6月	辽宁
《好运 Money＋》	2011年8月31日	上海
《禾报》	1912年1月	嘉兴（浙江）
《合肥日报》	1957年4月1日	合肥
《合肥日报》	2009年11月8日	合肥
《合肥晚报》	1957年4月	合肥
《合江日报》	1956年10月1日	合江（黑龙江）
《合阳报》	1958年1月	合阳（陕西）
《合作商业报》	1991年11月	长春
《和田报》(汉文版)	1957年9月1日	和田（新疆）
《和田报》(维文版)	1956年11月4日	和田（新疆）
《河北工人报》	1983年10月1日	石家庄
《河北工商报》	1987年6月	石家庄
《河北供销信息报》	1993年1月	石家庄
《河北广播电视报》	1955年6月	石家庄
《河北画报》	1957年10月	保定（河北）
《河北经济报》	1983年10月	石家庄
《河北科技报》	1958年8月	石家庄

报刊名称	创刊时间	办刊地点
《河北农民报》	1964年7月1日	石家庄
《河北青年》	1982年4月	石家庄
《河北税务报》	1991年1月4日	石家庄
《河北物资市场》	1980年6月10日	石家庄
《河池日报》	1984年10月1日	河池（广西）
《河东日报》	1911年	山西
《河海月刊》	1917年12月	南京
《河南》	1907年12月20日	东京（日本）
《河南白话报》	1912年8月	开封（河南）
《河南白话科学报》（前身为《河南白话演说报》）	1908年3月1日	开封（河南）
《河南白话演说报》	1906年	河南
《河南电力报》	1981年7月30日	河南
《河南法制报》	1985年5月1日	郑州
《河南工商报》	1985年5月	郑州
《河南工商时报》	1988年1月1日	郑州
《河南官报》	1904年12月11日	开封（河南）
《河南官报》	1910年2月	开封（河南）
《河南广播电视报》	1954年4月	郑州
《河南合作经济报》	1992年12月	郑州
《河南计划生育报》	1981年7月7日	郑州
《河南教育报》	1913年	开封
《河南教育官报》	1907年8月	开封（河南）
《河南科学技术报》	1958年10月	郑州
《河南粮食报》	1992年12月	郑州
《河南鸣报》	1917年2月	开封
《河南农民报》	1963年1月	郑州
《河南日报》	1912年10月14日	开封（河南）
《河南日报》	1949年6月1日	开封
《河南商报》	1985年	郑州
《河南石油报》	1992年12月	河南
《河南通俗教育报》	1918年8月	开封
《河南晚报》	1916年12月	开封
《河南邮电报》	1950年	郑州
《河南质量报》	1991年1月5日	郑州
《河南自治报》	1910年春	开封（河南）

报刊名称	创刊时间	办刊地点
《河声报》	1912 年	开封
《河声日报》	1912 年 12 月	开封（河南）
《河声日报》	1915 年	开封
《盍旦》	1935 年 10 月 25 日	北平
《荷莱坞》	1928 年 10 月 6 日	北平
《菏泽大众》	1991 年 10 月 1 日	菏泽（山东）
《菏泽县报》	1980 年 8 月 22 日	菏泽（山东）
《鹤壁报》	1958 年 8 月	鹤壁（河南）
《鹤壁矿工报》	1964 年 5 月 1 日	鹤壁（河南）
《鹤壁矿工报》	1993 年 1 月	鹤壁（河南）
《鹤立报》	1910 年	上海
《鹤唳》	1911 年	汉口
《鹤鸣报》	1908 年	上海
《黑暗世界》	1903 年 9 月 6 日	上海
《黑河白话醒时日报》	1911 年 12 月 27 日	黑河（黑龙江）
《黑河日报》	1946 年 8 月 1 日	黑河（黑龙江）
《黑龙江报》	1915 年	齐齐哈尔（黑龙江）
《黑龙江报》	1916 年 2 月 10 日	哈尔滨
《黑龙江财政月刊》	1916 年 3 月	齐齐哈尔（黑龙江）
《黑龙江工人报》	1985 年 1 月 1 日	哈尔滨
《黑龙江公报》	1908 年 1 月	齐齐哈尔
《黑龙江公报》	1913 年 5 月	齐齐哈尔
《黑龙江官报》	1910 年 2 月	齐齐哈尔
《黑龙江画报》	1957 年 1 月	哈尔滨
《黑龙江教育行政月刊》	1918 年 8 月	齐齐哈尔（黑龙江）
《黑龙江经济报》	1987 年 9 月	哈尔滨
《黑龙江经济信息》	1983 年 6 月	哈尔滨
《黑龙江林业报》	1992 年 4 月	哈尔滨
《黑龙江农村报》	1963 年 1 月 1 日	哈尔滨
《黑龙江农民报》	1954 年 8 月 1 日	哈尔滨
《黑龙江青年》	1978 年 4 月	哈尔滨
《黑龙江人口报》	1987 年 9 月 1 日	哈尔滨
《黑龙江日报》（朝鲜文版）	1961 年 10 月 1 日	哈尔滨
《黑龙江时报》	1912 年 2 月 25 日	齐齐哈尔
《黑龙江实业公报》	1912 年	齐齐哈尔

报刊名称	创刊时间	办刊地点
《黑龙江体育报》	1977 年 1 月	哈尔滨
《黑龙江邮电报》	1992 年 12 月	哈尔滨
《黑龙江政协报》	1985 年 10 月	哈尔滨
《恒亨馆画报》	1905 年	上海
《横县报》	1956 年 4 月	横县（广西）
《衡报》	1908 年 4 月 28 日	东京（日本）
《衡山白话自治报》	1910 年	衡山（湖南）
《衡水日报》	1962 年 9 月 1 日	衡水（河北）
《衡阳日报》	1949 年 10 月	衡阳（湖南）
《轰报》	1923 年 8 月 5 日	无锡（江苏）
《红安报》	1952 年 6 月	红安（湖北）
《红灯》	1922 年	南昌
《红河报》	1980 年 7 月 1 日	红河（云南）
《红黑》	1929 年 1 月 10 日	上海
《红军报》	1931 年初（或 1930 年底）	瑞金（江西）
《红军日报》	1930 年 7 月 29 日	长沙
《红领巾报》	1985 年 9 月	天津
《红旗》	1927 年 11 月	广州
《红旗》	1928 年 11 月 20 日	上海
《红旗》	1958 年 6 月 1 日	北京
《红旗》（一说叫《福建红旗》）	1927 年 12 月初	漳州（福建）
《红旗日报》	1930 年 8 月 15 日	上海
《红旗日报》	1931 年	湘鄂西苏区
《红旗文摘》	2011 年 3 月 6 日	北京
《红旗周报》	1931 年 3 月 9 日	上海
《红色东北》	1933 年 6 月	葛塬（江西）
《红色福建》	1934 年 10 月 21 日	闽西
《红色闽赣》	1933 年 5 月	建宁（福建）
《红色中华》	1931 年 12 月 11 日	瑞金（江西）
《红小兵报》	1967 年 7 月 20 日	上海
《红新汶》	1967 年	新汶（山东）
《红星报》	1931 年 12 月 11 日	瑞金（江西）
《宏远商报》	1917 年 9 月	黑龙江
《洪湖报》	1957 年 10 月	洪湖（湖北）
《洪荒》	1928 年 5 月 1 日	上海

报刊名称	创刊时间	办刊地点
《洪水》	1924 年 8 月 20 日	上海
《侯鲭新录》	1877 年 2 月 5 日	上海
《呼和浩特晚报》	1981 年 10 月 1 日	呼和浩特
《呼伦贝尔报》	1955 年 10 月 1 日	海拉尔（内蒙古）
《呼伦贝尔报》（蒙古文版）	1946 年 10 月 10 日	海拉尔（内蒙古）
《呼声》	1999 年 6 月	雅加达（印尼）
《呼铁工人》	1958 年 11 月 4 日	呼和浩特
《湖北财政》	1915 年 6 月	武昌（湖北）
《湖北地方自治白话报》	1910 年	武昌（湖北）
《湖北地方自治研究会杂志》	1904 年	东京（日本）
《湖北电力报》	1985 年 1 月 1 日	武汉
《湖北妇女》	1926 年 3 年	武汉
《湖北公报》	1912 年 6 月 10 日	武昌（湖北）
《湖北公报》	1915 年	武昌（湖北）
《湖北官报》	1905 年 4 月 5 日	武昌（湖北）
《湖北广播电视报》	1955 年 12 年	武汉
《湖北画报》	1958 年 8 年	武汉
《湖北交涉署交涉节要》	1916 年 8 月	武昌（湖北）
《湖北交涉署节要》	1916 年 1 年	武汉
《湖北教育公报》	1912 年 10 月	武昌（湖北）
《湖北教育官报》	1905 年	武昌（湖北）
《湖北教育会报》	1912 年 10 月 30 日	武昌（湖北）
《湖北教育厅公报》	1912 年	武昌（湖北）
《湖北教育杂志》	1912 年 8 月	武昌（湖北）
《湖北警务杂志》	1905 年	武汉
《湖北农会报》	1910 年 5 月 23 日	武昌（湖北）
《湖北农林会报》	1912 年	武汉
《湖北农民》	1926 年 2 月	汉口（湖北）
《湖北农民》	1949 年 8 月 5 日	武汉
《湖北女学日报》	1908 年 9 月	武昌（湖北）
《湖北女子教育杂志》	1914 年	武汉
《湖北青年报》	2001 年 3 月 30 日	湖北
《湖北日报》	1908 年 7 月	汉口
《湖北日报》	1918 年 11 月 15 日	汉口（湖北）
《湖北日报》	1949 年 7 月 1 日	武汉

报刊名称	创刊时间	办刊地点
《湖北日报农民版》	1984年8年	武汉
《湖北商务报》	1899年4月30日	汉口
《湖北市场》	1984年10年	武汉
《湖北通俗教育报》	1913年10月14日	武昌（湖北）
《湖北新生报》	1957年3年	武汉
《湖北学报》	1903年2月12日	武昌（湖北）
《湖北学生界》（后改名《汉声》）	1903年1月29日	东京（日本）
《湖北邮电报》	1957年	武汉
《湖北自治公报》	1910年10月	武昌（湖北）
《湖广新报》	1918年春	武汉
《湖广月报》	1904年1月1日	汉口
《湖南白话报》	1909年12月	长沙
《湖南地方自治白话报》	1910年3月	长沙
《湖南法制报》	1984年9月	长沙
《湖南妇女报》	1956年3月	湖南
《湖南工人报》	1950年	长沙
《湖南公报》	1912年4月	长沙
《湖南公报》	1915年	长沙
《湖南官报》	1902年4月	长沙
《湖南广播电视报》	1953年2月	长沙
《湖南教育报》	1992年1月4日	长沙
《湖南教育公报》	1913年	长沙
《湖南教育官报》	1908年4月	长沙
《湖南教育杂志》	1912年6月	长沙
《湖南经济信息报》	1984年1月	长沙
《湖南科学小报》	1957年10月1日	长沙
《湖南民报》	1912年7月	长沙
《湖南民报》	1916年7月	湖南
《湖南农报》	1913年	长沙
《湖南农村报》	1984年10月	长沙
《湖南日报》	1918年9月	长沙
《湖南商报》	1985年7月	长沙
《湖南省财政汇要月刊》	1914年11月	长沙
《湖南省农会报》	1917年1月	长沙
《湖南省农会农业旬报》	1916年	长沙

报刊名称	创刊时间	办刊地点
《湖南时务白话报》	1903 年	长沙
《湖南司法旬报》	1912 年 8 月	长沙
《湖南文化报》	1957 年 7 月	长沙
《湖南新报》	1916 年 5 月	长沙
《湖南学报》	1903 年 4 月 27 日	长沙
《湖南学生》	1904 年	东京（日本）
《湖南演说通俗报》	1903 年 5 月中旬	长沙
《湖南邮电报》	1950 年 10 月	长沙
《湖南政报》	1912 年	长沙
《湖南政报》	1915 年	长沙
《湖南政协报》	1987 年 1 月 10 日	长沙
《湖南自治报》	1909 年	长沙
《湖州白话报》	1904 年 5 月 15 日	上海
《湖州报》	1917 年	湖州（浙江）
《湖州公报》	1919 年 1 月 1 日	吴兴（浙江）
《湖州日报》	1955 年 7 月	湖州（浙江）
《虎报》	1949 年 3 月 1 日	香港
《虎报》（英文）	1960 年	香港
《互助》	1920 年 10 月	武昌（湖北）
《护国军纪事》	1916 年 4 月 10 日	上海
《护教者》	1890 年	九江（江西）
《沪报》	1882 年 5 月 18 日	上海
《沪报》	1913 年	上海
《沪大周刊》	1912 年	上海
《沪江》	1918 年 4 月	上海
《沪江书画报》	1897 年 8 月 31 日	上海
《沪宁沪杭甬铁路管理局公报》	1914 年 5 月	上海
《沪上评论》	1912 年 9 月 1 日	上海
《沪友》	1917 年 6 月 15 日	上海
《花报》	1907 年	武汉
《花花报》	1912 年 10 月 1 日	武汉
《花鸟世界报》	1985 年 1 月 20 日	广州
《花世界》	1903 年 12 月 25 日	上海
《花世界》	1914 年	武昌（湖北）
《花天日报》	1902 年	上海

报刊名称	创刊时间	办刊地点
《花图新报》（《画图新报》）	1880 年 5 月	上海
《华安》	1917 年 1 月	上海
《华报》	1888 年	马尼拉
《华报》	1897 年 2 月 27 日	上海
《华报》	1907 年 12 月 26 日	北京
《华报》	1915 年 12 月 10 日	上海
《华报》	1915 年	上海
《华报》	1929 年 12 月	北平
《华报》	1939 年 6 月 1 日	上海
《华北烽火》	1935 年 12 月 4 日	北平
《华北妇女》	1941 年 5 月	晋东南地区
《华北画报》	1948 年 10 月	华北地区
《华北画刊》	1948 年 6 月 10 日	华北地区
《华北解放军》	1949 年 8 月 1 日	华北军区
《华北每日新闻》（日文）	1903 年 8 月	天津
《华北每日邮报》（英文）	1914 年	天津
《华北明星报》	1918 年 8 月	天津
《华北日报》	1896 年	北京
《华北日报》	1915 年 1 月	天津
《华北日报》	1929 年 1 月 1 日	北平
《华北石油报》	1965 年 3 月	任丘（河北）
《华北文化》	1942 年 1 月 25 日	晋东南
《华北新报》	1901 年	天津
《华北新报》	1944 年 5 月 1 日	北平
《华北新闻》	1891 年	北京
《华北信息报》	1986 年 12 月	天津
《华北译著编》	1902 年 1 月	北京
《华北杂志》	1905 年 1 月	上海
《华北正报》	1919 年	北京
《华东电力报》	1980 年 2 月	上海
《华东前线》	1948 年 6 月 22 日	山东
《华东前线》	1949 年 7 月 15 日	山东
《华东前线报》	1947 年 5 月 4 日	华东
《华东信息报》	1984 年 8 月	无锡（江苏）
《华铎》	1918 年 8 月	菲律宾

报刊名称	创刊时间	办刊地点
《华铎报》	1909 年 5 月	荷属东印度巴达维亚市（即雅加达）
《华工杂志》	1917 年 1 月	巴黎（法国）
《华国报》	1912 年	广州
《华国报》	1915 年	广东
《华美》	1938 年 4 月	上海
《华美报》	1900 年	旧金山（美国）
《华美报》	1903 年	福州
《华美晚报》	1936 年 8 月 18 日	上海
《华美晚报晨刊》	1937 年 11 月 25 日	上海
《华美新报》	1883 年	纽约
《华美新报》	1890 年	芝加哥（美国）
《华美新报》	1899 年 5 月 10 日	洛杉矶（美国）
《华美周报》	1937 年 4 月 20 日	上海
《华美周报》	1940 年 11 月 22 日	旧金山（美国）
《华美字报》	1892 年	费城（美国）
《华民自由日报》	1908 年前后	旧金山（美国）
《华侨报》	1918 年	西贡（越南）
《华侨报》	1937 年 11 月 20 日	澳门
《华侨导报》	1942 年 4 月 19 日	马尼拉（菲律宾）
《华侨日报》	1920 年	槟城（马来西亚）
《华侨日报》	1925 年 6 月 5 日	香港
《华侨日报》	1924 年	香港
《华侨晚报》	1941 年 12 月	香港
《华侨晚报》	1945 年 9 月	香港
《华侨杂志》	1913 年 11 月	上海
《华人差报与广州钞报》	1831 年 7 月 28 日	广州
《华人记录》	1876 年	旧金山（美国）
《华人月刊》	1994 年 2 月 1 日	香港
《华商报》	1941 年 4 月 8 日	香港
《华商联合报》	1909 年 3 月 6 日	上海
《华商联合会公报》	1910 年 2 月	上海
《华商纱厂联合会会刊》	1918 年	上海
《华商中华报》	1905 年	上海
《华商总会报》	1915 年	香港

报刊名称	创刊时间	办刊地点
《华声》	2007 年 1 月 1 日	湖南
《华声报》	1983 年 1 月 2 日	北京
《华声月报》	1995 年 3 月 5 日	北京
《华视新闻杂志》	1983 年 6 月	台北（台湾）
《华文报》	1905 年	上海
《华文日报》（后改名《华文商报》）	1914 年 1 月 29 日	哈瓦那（古巴）
《华西都市报》	1995 年 1 月 4 日	成都
《华西教会报》	1909 年 1 月	成都
《华西教会新闻》	1901 年	成都
《华西申报》	1883 年 9 月	旧金山（美国）
《华西晚报》	1941 年 4 月 20 日	成都
《华夏报》	1893 年	檀香山（美国）
《华夏酒报》	1992 年 4 月	烟台（山东）
《华暹新报》	1905 年	暹罗槟角（今泰国曼谷）
《华校杂志》	1915 年 6 月	上海
《华兴报》	1911 年 12 月 26 日	上海
《华兴报》	1916 年	檀香山（美国）
《华严报》	1912 年 6 月	广州
《华洋报》	1901 年	旧金山（美国）
《华洋报》（《华洋汇报》	1897 年 11 月 12 日	上海
《华洋日报集成》	1891 年 2 月 13 日	上海
《华洋时报》	1904 年	天津
《华洋旬报》	1905 年	上海
《华英合文报》	1902 年 1 月	上海
《华英会通》	1895 年	上海
《华英经报》	1888 年	纽约
《华英普及月报》	1915 年 1 月	上海
《华英日报》	1907 年	温哥华（加拿大）
《华字汇报》	1905 年 6 月 20 日	北京
《华字日报》	1872 年 4 月 17 日	香港
《华字日报》	1912 年	香港
《华字日报》	1915 年	香港
《华字日报》	1872 年	香港
《华字新报》	1876 年	东京（日本）
《滑稽魂》	1904 年	上海

报刊名称	创刊时间	办刊地点
《滑稽魂》	1907 年 10 月 27 日	广州
《滑稽时报》	1915 年 4 月	上海
《滑稽杂志》	1904 年 11 月	上海
《滑稽杂志》	1913 年 11 月	苏州（江苏）
《画报》	1901 年	上海
《桦甸报》	1953 年 3 月	桦甸（吉林）
《桦甸报》	1981 年 3 月 5 日	桦甸（吉林）
《怀德报》	1956 年 7 月 1 日	怀德（吉林）
《怀化报》	1986 年 10 月 1 日	怀化（湖南）
《淮安报》	1956 年 5 月	淮安（江苏）
《淮北报》	1971 年 4 月 1 日	淮北（安徽）
《淮北矿工报》	1975 年 2 月 7 月	淮北（安徽）
《淮北日报》	1971 年 4 月	淮北（安徽）
《淮海报》	1941 年 11 月 7 日	淮海（江苏）
《淮矿战讯》	1974 年 11 月	淮南（安徽）
《淮南报》	1950 年 2 月 7 日	淮南（安徽）
《环境报》	1980 年 6 月	哈尔滨
《环球》	1929 年 12 月 10 日	上海
《环球》	1980 年 5 月 12 日	北京
《环球丛报》	1906 年	杭州
《环球军事》	2001 年 2 月 13 日	北京
《环球人物》	2006 年 3 月 1 日	北京
《环球日报》	1896 年	香港
《环球日报》	1916 年冬	汉口（湖北）
《环球时报》	1993 年 1 月 3 日	北京
《环球时报》（英文版）	2009 年 4 月 20 日	北京
《环球市场信息导报》	1994 年 12 月 10 日	北京
《环球文萃报》	1993 年 1 月 6 日	北京
《环球一粟》	1905 年	上海
《环球中国学生英文丛报》	1906 年 7 月	上海
《环宇周报》	1912 年	上海
《桓台报》	1917 年	桓台（山东）
《寰球报》	1900 年	广州
《寰球中国学生报》	1906 年 6 月	上海
《寰一报》	1913 年 5 月 15 日	成都

报刊名称	创刊时间	办刊地点
《寰瀛画报》	1877年6月6日	上海
《荒唐世界》	1926年10月5日	上海
《皇汉大事记》	1911年11月25日	重庆
《皇家亚细亚文会北中国分会报》	1858年	上海
《黄报》	1921年9月10日	北京
《黄报》	1926年6月12日	天津
《黄冈报》	1958年7月7日	黄冈（湖北）
《黄汉湘报》	1912年	长沙
《黄汉新闻》	1911年10月	长沙
《黄河报》	1984年7月	郑州
《黄河日报》	1939年1月1日	壶关县（山西）
《黄花旬报》	1914年6月	上海
《黄金时代》	1975年4月	广州
《黄浦潮》	1911年	上海
《黄三角早报》	2012年11月23日	山东
《黄山日报》	1953年5月	黄山（安徽）
《黄山日报》	1988年4月1日	黄山（安徽）
《黄石日报》	1952年8月15日	黄石（湖北）
《黄岩报》	1993年1月	黄岩（浙江）
《黄钟报》	1912年	北京
《黄钟日报》	1915年	北京
《黄钟杂志》	1914年	武汉
《珲春报》	1993年1月	珲春（吉林）
《徽州报》	1953年5月6日	徽州（安徽）
《回浦杂志》	1917年5月	临海（浙江）
《汇报》	1874年6月16日	上海
《汇报》	1879年3月16日	上海
《汇报》	1905年	佛山（广东）
《汇报》	1906年2月	北京
《汇报辑要》	1898年8月	开封（河南）
《汇报科学杂志》（又名《汇报科学汇编》）	1908年2月16日	上海
《汇报时事汇录》	1908年	上海
《汇学会月报》	1906年	上海
《汇学杂志》	1912年	上海
《会报》	1915年5月	成都

报刊名称	创刊时间	办刊地点
《会场捷报》	1909年11月21日	上海
《晦鸣录》（又名《平民之声》）	1913年8月20日	广州
《惠民大众》	1985年10月	滨州（山东）
《惠兴女学报》	1908年5月	杭州
《惠州报》	1986年	惠州（广东）
《彙报》	1912年1月24日	北京
《慧星报》	1912年12月6日	杭州
《婚育导报》	1982年1月	兰州
《婚育漫画报》	1992年7月1日	吉林
《火车头报》	1956年2月	沈阳
《火箭兵报》	1991年7月1日	北京
《火线报》	1937年11月底	龙岩（福建）
《获卫报》	1910年	上海
	J	
《机关急报》	1911年11月9日	上海
《机械周报》	1980年9月	北京
《鸡西矿工报》	1965年1月	鸡西（黑龙江）
《鸡鸭鹅鹑鸽》	1984年1月25日	临汾（山西）
《基督教出版界》	1918年4月	上海
《基督教公报》	1917年1月	南京
《基督教会报》	1896年	上海
《基督教旗报》	1898年	南京
《基督徒报》	1903年	上海
《基督徒新报》	1880年	不详
《畸形》	1928年5月	上海
《畿辅公言报》	1909年2月	北京
《及时行乐报》	1901年12月11日	上海
《吉化工人》	1958年5月	吉林
《吉林白话报》	1907年8月4日	吉林
《吉林朝鲜文报》	1985年4月1日	延吉（吉林）
《吉林公报》	1912年	吉林
《吉林公报》	1915年	吉林
《吉林公民日报》	1908年	吉林
《吉林官报》	1907年8月	吉林
《吉林广播电视报》	1955年	长春

报刊名称	创刊时间	办刊地点
《吉林画报》	1958年8月	长春
《吉林交通安全报》	1990年6月25日	长春
《吉林教育公报》	1918年4月	吉林
《吉林教育官报》（又名《教育官报》）	1908年2月16日	吉林
《吉林科技报》	1965年	长春
《吉林农报》	1908年	吉林
《吉林农民报》	1955年1月2日	长春
《吉林农业杂志》	1913年7月	吉林
《吉林日报》	1908年11月17日	吉林
《吉林日报》	1945年10月10日	长春
《吉林日报》（朝鲜文）	1947年3月1日	延吉（吉林）
《吉林省法制报》	1983年7月1日	长春
《吉林石油报》	1993年1月	长春
《吉林时报》	1912年	吉林
《吉林实业官报》	1908年	吉林
《吉林市科技报》	1980年2月	吉林
《吉林税务报》	1991年5月	长春
《吉林司法官报》	1910年3月	吉林
《吉林体育报》	1958年1月	长春
《吉隆坡日报》	1909年	吉隆坡（马来西亚）
《吉铁工人报》	1953年2月1日	长春
《吉物市场》	1980年12月28日	长春
《吉长日报》	1909年11月22日	长春
《吉长日报》	1912年	吉林
《吉长日报》	1915年	吉林
《极东新报》	1918年11月1日	哈尔滨
《集成报》	1897年5月6日	上海
《集成报》	1901年5月8日	上海
《集纳批判》	1934年1月7日	上海
《集益书画报》	1903年9月6日	上海
《计划生育报》	1991年11月26日	延吉（吉林）
《计算机世界》	1980年10月28日	北京
《计算机信息报》	1985年7月1日	北京
《记闻类编》	1877年	上海
《记者通讯》（《大众日报》副刊）	1939年10月	吉安（江西）

报刊名称	创刊时间	办刊地点
《记者通讯》(《民国日报》副刊)	1939 年 10 月	吉安（江西）
《记者周报》	1931 年 5 月 18 日	上海
《纪南报》	1895 年	广州
《技术市场报》	1981 年 6 月	天津
《技术市场信息》	1985 年 7 月	济南
《济南白话日报》	1906 年 2 月 23 日	济南
《济南报》	1904 年 3 月 9 日	济南
《济南官报》	1907 年 12 月 2 日	济南
《济南汇报》	1903 年	济南
《济南经济报》	1916 年 7 月	济南
《济南日报》	1953 年 7 月 1 日	济南
《济南日报》(日文)	1916 年	济南
《济南商会日报》	1903 年	济南
《济南晚报》	1964 年 10 月 1 日	济南
《济难》	1926 年 1 月 1 日	上海
《济宁日报》	1983 年 12 月	济宁（山东）
《济宁市报》	1956 年 10 月	济宁（山东）
《济源报》	1993 年 1 月	济源（河南）
《既报》	1914 年 4 月	天津
《冀晋日报》	1945 年 9 月 1 日	河北
《冀鲁豫日报》	1941 年 8 月 1 日	冀鲁豫
《冀南日报》	1939 年 9 月 18 日	河北
《冀热辽画报》	1945 年 7 月 7 日	冀东
《冀热辽日报》	1946 年 11 月	承德（河北）
《冀中报人》	1940 年 10 月	冀中地区
《加华新闻》	1999 年 5 月 29 日	多伦多（加拿大）
《佳木斯广播电视报》	1992 年 10 月	佳木斯（黑龙江）
《佳木斯日报》	1956 年 6 月	佳木斯（黑龙江）
《家庭》	1915 年 3 月	成都
《家庭》(后改名《妇女与家庭》)	1933 年 1 月 24 日	北平
《家庭科学报》	1984 年 1 月 25 日	阜新（辽宁）
《家庭与生活报》	1980 年 2 月	成都
《家庭杂志》	1915 年 4 月	上海
《嘉禾警商钟》	1913 年 1 月	嘉兴（浙江）
《嘉兴日报》	1985 年 1 月	嘉兴（浙江）

报刊名称	创刊时间	办刊地点
《嘉言》	1912年5月	嘉善（浙江）
《嘉峪关报》	1984年7月	嘉峪关（甘肃）
《甲寅》	1914年5月10日	东京（日本）
《甲寅》	1917年1月28日	北京
《甲寅》	1925年7月18日	北京
《价格信息报》	1984年6月	广州
《间岛时报》（日文）	1910年	图们江北江东滩
《检察日报》	1991年7月10日	北京
《简报》	1903年	济南
《简报》	1915年	济南
《简明日报》	1907年	奉天（沈阳市旧称）
《简字报》	1910年2月15日	北京
《见闻杂志》	1906年	北京
《建国日报》	1949年11月22日	澎湖（台湾）
《建设》	1919年8月1日	上海
《建设报》	1987年1月1日	北京
《建设日报》	1956年5月1日	石家庄
《建言报》	1911年1月10日	福州
《建筑工人报》	1993年1月	南阳（河南）
《建筑时报》	1954年5月	地点不详
《剑报》	1937年12月24日	南昌
《健报》	1915年	奉天（沈阳旧称）
《健报》	1916年7月	福州
《健康》	1931年8月	瑞金（江西）
《健康报》	1931年	瑞金（江西）
《健康女性》	2009年4月21日	北京
《健康人报》	2000年8月18日	重庆
《健康时报》	2000年1月6日	北京
《健康文摘报》	1991年9月18日	北京
《江报》	1908年	南昌（江西）
《江潮报》	1940年7月1日	苏中地区黄桥附近
《江城日报》	1956年11月1日	吉林
《江城晚报》	1992年1月29日	吉林
《江东》	1914年10月	上海
《江东杂志》	1914年9月	上海

报刊名称	创刊时间	办刊地点
《江汉报》	1911 年 10 月	汉口
《江汉日报》	1908 年 3 月 17 日	汉口
《江汉日报》	1917 年 6 月 12 日	汉口（湖北）
《江汉日报》	1948 年 9 月 1 日	江汉区（湖北）
《江汉石油报》	1970 年 9 月 1 月	五七油田（湖北）
《江汉新报》	1917 年 11 月 1 日	汉口（湖北）
《江淮画报》	1946 年	盐城（江苏）
《江淮论坛》	1979 年 10 月	合肥
《江淮日报》	1940 年 12 月 2 日	盐城（江苏）
《江门报》	1986 年 8 月 5 日	江门（广东）
《江门侨报》	1984 年 8 月 2 日	江门（广东）
《江南警务杂志》	1910 年 3 月 11 日	南京
《江南日报》	1909 年	镇江（江苏）
《江南商务报》（《商务报》）	1900 年 3 月 1 日	上海
《江南晚报》	1993 年 1 月	无锡（江苏）
《江南游》	1988 年 11 月 15 日	杭州
《江南正报》	1932 年 4 月 10 日	上海
《江宁报》	1983 年 2 月	江宁（江苏）
《江宁实业杂志》	1910 年 8 月 24 日	南京
《江宁学务杂志》	1908 年初	南京
《江山报》	1956 年 5 月 1 日	江山（浙江）
《江声报》	1920 年 6 年	武汉
《江苏》	1903 年 4 月 27 日	东京（日本）
《江苏白话报》	1904 年 9 月 19 日	常熟（江苏）
《江苏电子报》	1991 年	南京
《江苏工人报》	1952 年 11 月	南京
《江苏公报》	1911 年 10 月 12 日	苏州
《江苏公立医学专门学校校友会杂志》	1915 年	苏州（江苏）
《江苏广播电视报》	1955 年 9 月	南京
《江苏教育公报》	1918 年 1 月	南京
《江苏教育行政月报》	1913 年 1 月	镇江（江苏）
《江苏教育会临时刊》	1916 年 1 月	上海
《江苏经济信息报》	1985 年 1 月 1 日	南京
《江苏科技报》	1983 年 6 月 6 日	南京
《江苏农学会月刊》	1918 年 7 月	南京

报刊名称	创刊时间	办刊地点
《江苏农业科技报》	1975年5月	南京
《江苏日报》	1911年4月21日	苏州
《江苏商学日报》	1908年9月9日	上海
《江苏省教育会月报》	1916年7月	上海
《江苏省教育团公有林报告书》	1916年	上海
《江苏省农会杂志》	1917年6月	南京
《江苏省议会汇刊》	1918年10月	镇江（江苏）
《江苏省政府公报》	1912年6月	镇江（江苏）
《江苏师范学校同学会杂志》	1910年3月	南京
《江苏水利协会杂志》	1918年3月	南京
《江苏邮电工人》	1950年1月	南京
《江苏自治公报》	1909年9月23日	上海
《江苏自治汇报》	1913年5月	镇江（江苏）
《江西》	1908年7月10日	东京（日本）
《江西白话报》	1903年	东京（日本）
《江西财政公报》	1914月	南昌
《江西电力报》	1993年1月	南昌
《江西法制报》	1982年10月1日	南昌
《江西官报》	1902月	南昌（江西）
《江西广播电视报》	1955年9月	南昌
《江西教育行政月报》	1917年5月	南昌
《江西科技报》	1975年12月10日	南昌
《江西民报》	1915月	南昌
《江西农报》	1907年5月12日	南昌（江西）
《江西青年报》	1956年4月1日	南昌
《江西日报》	1949年6月7日	南昌
《江西日日官报》	1907年4月	南昌（江西）
《江西省农会报》	1915月	南昌
《江西体育报》	1957年4月	南昌
《江西卫生报》	1958年	南昌
《江西新报》	1915年2月	南昌
《江西新闻图片》	1973年10月	南昌
《江西学务官报》	1909年	南昌
《江西政协报》	1990年7月1日	南昌
《江西谘议局会期日刊》	1910年10月4日	南昌

报刊名称	创刊时间	办刊地点
《江阴杂志》	1911 年	江阴（江苏）
《讲案》	1915 年 5 月	西安
《讲卫生》	1979 年	贵阳
《交大周刊》	1932 年秋	北平
《交通安全报》	1982 年 4 月 1 月	成都
《交通安全导报》	1993 年 1 月	福州
《交通报》	1906 年	武汉
《交通丛报》	1913 年 3 月	长沙
《交通官报》	1909 年 8 月 30 日	北京
《交通日报》	1925 年 7 月 1 日	北京
《交通研究会报告》	1918 年 1 月	北京
《胶澳官报》	1900 年	青岛
《胶东画报》	1944 年 6 月	胶东（山东）
《胶州报》	1901 年 11 月	青岛
《椒江日报》	1917 年 3 月	海门（浙江）
《焦作矿工报》	1975 年 9 月 1 日	焦作（河南）
《焦作日报》	1957 年 5 月	焦作（河南）
《焦作日报》	1984 年 1 月 1 日	焦作（河南）
《觉报》	1905 年 8 月上旬	广州
《觉魂报》	1913 年	广州
《觉魂日报》	1912 年	广州
《觉魂日报》	1915 年	广东
《觉今日报》	1934 年 10 月 1 日	北平
《觉民》	1903 年 11 月 13 日	金山张堰镇（江苏）
《觉民白话报》	1912 年	开封（河南）
《觉民报》	1899 年 11 月 25 日	上海
《觉民报》	1900 年	杭州
《觉民报》	1901 年	上海
《觉民报》	1912 年 1 月 21 日	上海
《觉民报》	1916 年 10 月 2 日	成都
《觉民日报》	1913 年 9 月 1 日	仰光（缅甸）
《觉民钟报》	1906 年	汕头（广东）
《觉社丛书》（季刊）	1918 年	上海
《觉世报》	1903 年	上海
《觉书》	1919 年 1 月	上海

报刊名称	创刊时间	办刊地点
《觉悟》	1920 年 1 月 20 日	天津
《觉邮》	1923 年 4 月 5 日	天津
《教保》	1900 年	上海
《教会七日报》	1901 年 3 月	上海
《教会使者报》	1860 年	福州
《教会新闻》	1885 年	台湾
《教师报》	1984 年 1 月	西安
《教师杂志》	1915 年 7 月	安庆（安徽）
《教务杂志》	1867 年	福州
《教务杂志》	1915 年 1 月	上海
《教育》	1906 年 11 月 30 日	东京（日本）
《教育》	1919 年 4 月	天津
《教育报》	1913 年 5 月	济南
《教育部月刊》	1913 年 2 月	北京
《教育潮》	1919 年 4 月 1 日	杭州
《教育粹编》	1914 年 7 月	湘潭（湖南）
《教育公报》	1914 年 6 月	北京
《教育公报》	1915 年	济南
《教育季报》	1910 年	上海
《教育界》	1907 年 2 月	广州
《教育剧报》	1913 年 4 月 8 日	成都
《教育日报》	1922 年 9 月 18 日	北京
《教育声》	1920 年 2 月 1 日	北京
《教育时报》	1987 年 1 月	郑州
《教育世界》	1901 年 5 月	上海
《教育通俗报》	1915 年	长沙
《教育文摘报》	1984 年 1 月 5 日	北京
《教育文摘周报》	1991 年 1 月 1 日	北京
《教育新报》	1908 年 5 月 30 日	东京（日本）
《教育研究》	1905 年	昆山（江苏）
《教育研究》	1913 年 5 月 10 日	上海
《教育与职业》	1917 年 10 月 20 日	上海
《教育与职业》	1918 年	天津
《教育月报》	1918 年	兰溪（浙江）
《教育月刊》	1915 年 7 月	吴县（江苏）

报刊名称	创刊时间	办刊地点
《教育杂志》	1905年1月6日	天津
《教育杂志》	1909年2月15日	上海
《教育杂志》	1912年	沈阳
《教育周报》	1913年4月	杭州
《教育周报》	1984年7月	重庆
《捷报》	1894年	上海
《捷报》	1935年底	闽西
《捷影报》	1904年7月	上海
《解放》	1937年4月24日	延安
《解放》	1946年2月22日	北平
《解放军报》	1956年1月1日	北京
《解放军画报》	1952年2月	北京
《解放日报》	1936年12月13日	西安
《解放日报》	1941年5月16日	延安
《解放日报》	1949年5月28日	上海
《解放日报·市郊版》	1979年10月4日	上海
《解放日报·中国经济版》	1995年4月3日	香港
《解放与改造》	1919年9月1日	北京
《今报南都娱乐》	2010年9月28日	地点不详
《今日北京》	2001年5月11日	北京
《今日北京》（海外新闻专版）	1996年8月7日	纽约（美国）
《今日港澳》	1993年4月1日	北京
《今日评论》	1939年1月1日	昆明
《今日请看报》	1903年	北京
《今日消息》	1947年7月1日	内蒙古贝子庙
《今日长清》	2013年5月17日	山东
《今日之苏联》	1933年5月14日	上海
《今日中国》	1939年7月	香港
《今天日报》	1986年1月	地点不详
《今晚》	1924年5月5日	北京
《今晚报（法文版）》	2014年12月10日	地点不详
《今晚报》	1984年7月1日	天津
《今晚报》海外版（日本版）2008年2月29日	日本	
《今晚报》海外版（西非版）2008年3月5日	尼日	利亚
《金昌报》	1986年7月1日	金昌（甘肃）

报刊名称	创刊时间	办刊地点
《金刚日报》	1931年5月20日	上海
《金刚钻》	1923年10月18日	上海
《金华报》	1949年12月1日	金华（浙江）
《金陵光》	1913年6月	南京
《金陵话报》	1915年	南京
《金陵捷报》（原名《时报号外》）	1909年10月20日	南京
《金陵时报》	1993年1月	南京
《金陵杂志》	1910年1月	南京
《金陵杂志》	1918年3月	南京
《金门日报》	1965年10月6日	金门（台湾）
《金融日报》	1904年	上海
《金融时报》	1987年5月1日	北京
《金融世界》	2010年6月25日	北京
《金山共和杂志》	1912年8月	金山（江苏）
《金山日新录》	1854年4月22日	旧金山（美国）
《金山时报》	1915年7月15日	旧金山（美国）
《金山新报》	1876年	旧金山（美国）
《金台组报》	1905年12月6日	北京
《金屋》	1929年1月1日	上海
《金星杂志》	1914年12月	上海
《金鹰报》	2007年7月7日	湖南
《津报》	1905年10月13日	天津
《津市报》	1984年12月	津市（湖南）
《紧报》	1911年10月26日	上海
《锦铁消息》	1953年7月1日	锦州（辽宁）
《锦西日报》	1990年1月1日	锦西（辽宁）
《锦州报》	1954年9月1日	锦州（辽宁）
《进报》	1937年5月	北平
《进步》	1871年3月21日	上海
《进步》	1911年11月1日	上海
《进德周刊》	1917年夏	上海
《进化》	1919年1月	上海
《进化白话报》	1912年4月	成都
《进化报》	1907年4月5日	北京
《进化报》	1913年秋	上海

报刊名称	创刊时间	办刊地点
《进化报》	1914 年春	上海
《进化日报》	1915 年	芝罘（山东）
《进益月刊》	1913 年 12 月 10 日	上海
《近报》	2016 年 4 月 8 日	山东
《近事编录》	1864 年	香港
《近事画报》	1911 年 10 月 15 日	上海
《晋报》	1902 年 8 月 4 日	山西
《晋察冀画报》	1942 年 7 月 7 日	平山（河北）
《晋察冀画报》	1945 年 12 月 9 日	张家口
《晋察冀画报》	1946 年 8 月 30 日	晋察冀军区
《晋察冀杂志》（英文）	1943 年 5 月	晋察冀边区
《晋城市报》	1984 年 10 月	晋城（山西）
《晋乘》	1907 年 9 月 15 日	东京（日本）
《晋江经济报》	2006 年 4 月 19 日	福建
《晋矿工人报》	1969 年 3 月	山西
《晋西大众报》	1940 年 10 月 26 日	兴县（山西）
《晋阳白话报》（其前身为《晋学报》）	1906 年 10 月 9 日	太原
《晋阳公报》	1908 年 2 月	太原
《晋阳公报》	1915 年	太原
《晋阳学报》	1906 年	太原
《晋豫日报》	1942 年 3 月	阳城（山西）
《晋中报》	1958 年 7 月	榆次（山西）
《晋中日报》	1948 年 1 月 1 日	榆次（山西）
《京报》	1907 年 3 月 28 日	北京
《京报》	1918 年 10 月 5 日	北京
《京报》	1928 年 4 月	南京
《京报副刊》	1924 年 12 月 5 日	北京
《京电录》	1900 年	长沙
《京都白话日报》	1908 年	北京
《京都日报》	1908 年 3 月 29 日	北京
《京都市政通报》	1914 年 11 月	北京
《京国夕刊》	1925 年 6 月 10 日	北京
《京汉路罢工日刊》	1923 年 2 月 8 日	不详
《京华报》	1907 年 4 月	北京
《京华时报》	2001 年 5 月 28 日	北京

报刊名称	创刊时间	办刊地点
《京话报》	1901年9月8日	北京
《京话公报》	1906年	北京
《京话官报》	1905年	北京
《京话广报》	1906年9月30日	北京
《京话日报》	1904年8月16日	北京
《京话日报》	1915年	北京
《京话时报》	1907年12月25日	北京
《京话实报》	1906年	北京
《京话选报》	1909年	北京
《京津日日新闻》（日文）	1918年10月	天津
《京津时报》	1910年6月16日	北京
《京津时报》	1915年	北京
《京津泰晤士报》	1894年3月	天津
《京津泰晤士报》	1917年	天津
《京山报》	1985年4月	京山（湖北）
《京师公报》	1905年	北京
《京师教育报》	1914年1月	北京
《京师教育画报》	1914年8月	北京
《京师新铭画报》	1906年	北京
《京师总商会月报》	1919年1月	北京
《京兆财政汇刊》	1918年1月	北京
《京兆公报》	1917年7月	北京
《京兆通俗周刊》	1919年1月	北京
《经铎》	1910年3月	广州
《经济》	1984年5月1日	台北（台湾）
《经济报》	1898年	长沙
《经济参考》	1981年7月1日	北京
《经济成案汇编》	1908年8月	成都
《经济丛编》	1902年3月24日	北京
《经济导报》	1947年1月1日	香港
《经济观察报》	2001年4月1日	山东
《经济界》	1923年5月1日	北京
《经济日报》	1967年4月20日	台北（台湾）
《经济日报》	1988年1月26日	香港
《经济日报》（前身为《中国财贸报》）	1983年1月1日	北京

报刊名称	创刊时间	办刊地点
《经济生活报》	1980 年 1 月 1 日	杭州
《经济世界》	1988 年 10 月 5 日	北京
《经济文摘报》	1991 年 7 月 1 日	北京
《经济效益报》（红版）	1983 年 7 月 1 日	北京
《经济效益报》（蓝版）	1985 年 1 月	沈阳
《经济效益报》（绿版）	1985 年 1 月	福州
《经济新闻报》	1985 年 2 月 1 日	徐州（江苏）
《经济信息报》	1982 年 7 月 1 日	武汉
《经济选报》	1907 年 10 月 31 日	广州
《经济一周》	1981 年 6 月	香港
《经济与法律》	1985 年 5 月	香港
《经济杂志》	1912 年 7 月	北京
《经济杂志》	1912 年 9 月	武昌（湖北）
《经济展望》	1987 年 1 月	石家庄
《经贸时报》	1992 年 4 月 20 日	延吉（吉林）
《经世报》	1897 年 8 月 2 日	杭州
《经世报》	1917 年 12 月 22 日	北京
《经世文潮》	1903 年 6 月 25 日	上海
《经纬报》	1904 年	天津
《经纬日报》	1910 年 10 月 30 日	天津
《荆江日报》	1912 年 5—6 月	沙市（湖北）
《荆门报》	1984 年 10 月	荆门（湖北）
《荆州报》	1958 年 10 月 1 日	荆州（湖北）
《菁华报》	1898 年 9 月 16 日	萍乡（江西）
《晶报》	1919 年 3 月 3 日	上海
《晶报》	1929 年	天津
《晶报》	1956 年 5 月 5 日	香港
《晶报》	2001 年 8 月 1 日	深圳
《精神文明报》	1985 年 5 月	成都
《精神杂志》	1917 年	神户（日本）
《井陉矿工报》	1957 年 1 月 1 日	井陉（河北）
《景德镇报》	1982 年 8 月 10 日	景德镇（江西）
《景德镇日报》	1955 年 5 月	景德镇（江西）
《警报》	1905 年 10 月上旬	广州
《警报》	1911 年 10 月 19 日	上海

报刊名称	创刊时间	办刊地点
《警察报》	1907 年 5 月 19 日	天津
《警察日报》	1912 年 5 月	成都
《警察杂志》	1912 年	杭州
《警东新报》	1905 年	墨尔本（澳大利亚）
《警铎日报》	1910 年 2 月	绍兴
《警铎新闻》	1908 年	马尼拉（菲律宾）
《警华报》	1915 年 11 月	成都
《警华画报》	1912 年 5 月	开封（河南）
《警华时报》	1907 年 4 月 20 日	上海
《警世钟》	1906 年	北京
《警务丛报》	1912 年	上海
《警务丛刊》	1912 年 4 月 22 日	上海
《警务日报》	1912 年 11 月	杭州
《警务通告》	1906 年 7 月	北京
《警醒报》	1910 年	福州
《警钟报》	1910 年	武汉
《警钟报》	1917 年 1 月	绍兴（浙江）
《警钟日报》	1904 年 2 月 26 日	上海
《竞报》	2004 年 12 月 28 日	北京
《竞立社小说月报》	1907 年 11 月 3 日	上海
《竞业旬报》	1906 年 10 月 28 日	上海
《竞业旬报》	1908 年	武汉
《竟化》	1908 年 11 月	上海
《敬业》	1914 年 10 月	天津
《镜报》	1977 年 8 月 1 日	香港
《镜海丛报》	1893 年 7 月 18 日	澳门
《九级浪》（俄文）	1907 年 8 月	哈尔滨
《九江报》	1949 年 6 月 10 日	九江（江西）
《九江日报》	1956 年 1 月	九江（江西）
《九经碟学报》	1905 年 9 月	成都
《九澧共和报》	1912 年 9 月 8 日	澧县（湖南）
《九十年代》	1990 年 5 月 1 日	香港
《九五日报》	1927 年 3 月 5 日	成都
《九一八》	1931 年 10 月	上海
《九一八周报》	1932 年 3 月	北平

报刊名称	创刊时间	办刊地点
《酒泉报》	1992年8月9日	酒泉（甘肃）
《旧金山唐人新闻纸》	1874年7月15日	旧金山（美国）
《救国报》	1912年	北京
《救国报》	1919年5月12日	唐山
《救国报》	1935年5月15日	莫斯科（苏联）
《救国报》	1939年1月	晋察冀
《救国报》	1940年1月1日	遵化（河北）
《救国日报》	1918年7月5日	上海
《救国日刊》	1918年	昆明
《救国时报》	1935年12月9日	巴黎（法国）
《救世报》	1917年	北京
《救亡报》	1915年5月7日	上海
《救亡呼声》	1937年8月21日	广州
《救亡情报》	1936年5月6月	上海
《救亡日报》	1937年8月24日	上海
《救亡周刊》	1937年10月10日	上海
《救中国》	1937年10月16日	武汉
《巨化报》	1993年1月	衢州（浙江）
《拒约报》（又名《美禁华工拒约报》）	1905年8月21日	广州
《剧场月报》	1914年11月	上海
《惧报》	1913年5月1日	上海
《鹃声》	1905年10—11月	东京（日本）
《鹃声》（前身为1905年冬创刊的《鹃声》白话报）	1906年	东京（日本）
《爝光》	1925年5月1日	重庆
《军报》	1912年12月1日	泸县（四川）
《军工报》	1987年1月西安	
《军工技术民用报》	1985年7月1日	北京
《军国民报》	1911年	广州
《军国民旬报》	1906年9月	广州
《军国日报》	1909年	武昌（湖北）
《军华》	1911年7月	北京
《军鉴报》	1915年3月	太原
《军人日报》	1926年4月1日	广州
《军声》	1911年12月17日	成都
《军声》	1912年11月	东京（日本）

报刊名称	创刊时间	办刊地点
《军声报》	1915 年	宜宾（四川）
《军事》	1941 年 10 月 29 日	延安
《军事白话报》	1905 年 9 月 30 日	北京
《军事白话报》	1912 年 5 月	武昌（湖北）
《军事白话教育日报》	1912 年 6 年	武汉
《军事报》	1911 年	长沙
《军事记者》	1958 年 5 月	北京
《军事家》	1984 年 8 月	香港
《军事日报》	1912 年 4 月 1 日	北京
《军事生活报》(俄文)	1906 年	中国东北
《军事通俗白话报》	1916 年 11 年	武汉
《军事杂志》	1912 年 10 月	北京
《军学季刊》	1908 年 9 月 15 日	上海
《军学杂志》	1912 年 8 月	北京
《军政府公报》	1918 年 8 月	广州
《军政总机关报》	1911 年 11 月 11 日	上海
	K	
《喀左县报》	1958 年	喀左（辽宁）
《开发报》	1985 年 1 月	天津
《开放月报》	1987 年 1 月 11 日	香港
《开风报》	1875 年	汉口
《开封公理报》	1913 年 3 月	开封
《开封广播电视报》	1993 年 1 月	开封（河南）
《开封简报》	1906 年 8 月 25 日	开封（河南）
《开封日报》	1948 年 10 月	开封（河南）
《开滦矿工报》	1949 年 12 月	开滦（河北）
《开明》	1928 年 7 月	上海
《开明报》	1910 年	上海
《开明公报》	1922 年 5 月 3 日	哈瓦那（古巴）
《开平报》	1983 年 10 月	开平（广东）
《开通画报》	1906 年	北京
《开原新报》	1919 年 2 月 11 日	开原（辽宁）
《开远报》	1993 年 1 月	开远（云南）
《开智白话报》	1905 年夏	重庆
《开智白话周报》	1914 年 3 月	成都

报刊名称	创刊时间	办刊地点
《开智录》	1900 年 11 月 1 日	东京（日本）
《开智日报》	1904 年	广州
《康健报》	1928 年 9 月 13 日	上海
《康寿福音报》	1993 年 1 月	丹东（辽宁）
《抗敌报》	1937 年 12 月 11 日	阜平（河北）
《抗敌报》	1938 年 5 月 1 日	泾县（安徽）
《抗敌报》（江北版）	1939 年 11 月	定远（安徽）
《抗敌导报》	1937 年 9 月 11 日	杭州
《抗敌导报》	1937 年 9 月 25 日	厦门
《抗日战场》	1938 年 9 月 18 日	晋西北
《抗战》	1937 年 8 月 19 日	上海
《抗战大学》	1937 年 11 月 1 日	广州
《抗战日报》	1938 年 1 月 28 日	长沙
《抗战日报》	1940 年 9 月 18 日	兴县（山西）
《抗战生活》	1939 年 4 月 1 日	太行山附近
《考试报》	1990 年 1 月 1 日	海口
《科技时报》	1978 年 7 月 17 日	沈阳
《科技文摘报》	1985 年 1 月	福州
《科技文摘报》	1993 年 1 月	北京
《科技信息报》	1983 年 1 月	太原
《科技信息报》（蒙、汉文版）	1987 年 9 月	东胜（内蒙古）
《科技咨询》	1983 年 3 月 8 日	合肥
《科协活动》	1978 年 10 月	长沙
《科学》	1915 年 1 月	上海
《科学报》	1959 年 1 月 1 日	北京
《科学发现报》	2001 年 10 月	哈尔滨
《科学观摩》	1918 年	武昌（湖北）
《科学画报》	1906 年	北京
《科学活动》	1979 年 1 月	承德（河北）
《科学技术报》（韩文）	1982 年 8 月	延吉（吉林）
《科学讲义》	1907 年 2 月 13 日	上海
《科学世界》	1903 年 3 月 29 日	上海
《科学文化报》	1984 年 1 月	地点不详
《科学小报》	1954 年 3 月 7 日	北京
《科学一斑》	1907 年 7 月	上海

报刊名称	创刊时间	办刊地点
《科学与技术》	1979年4月	邯郸（河北）
《科学园地》	1941年10月4日	延安
《可报》	1911年3月30日	广州
《克复学报》	1911年4月	上海
《克拉玛依广播电视报》	1992年5月	克拉玛依（新疆）
《克孜勒苏报》（汉、维文版）	1960年4月	阿图什（新疆）
《克孜勒苏报》（柯文版）	1957年1月1日	阿图什市（新疆）
《课余学报》	1907年	杭州
《垦务公报》	1914年12月	齐齐哈尔（黑龙江）
《空军报》	1958年3月10日	北京
《空中语》	1911年12月	上海
《孔教会杂志》	1913年2月	上海
《孔社杂志》	1913年12月	北京
《孔圣会旬报》	1909年8月	广州
《快报》	1911年11月9日	上海
《快报》	1912年	北京
《快报》	1917年	广州
《快报》	1963年3月1日	香港
《快活世界》	1914年8月15日	上海
《快乐世界》	1914年11月	上海
《快乐杂志》	1914年11月17日	上海
《狂风》	1914年2月	上海
《矿工报》	1971年5月1日	宁夏
《矿工简讯》	1969年9月6日	平顶山（河南）
《矿工简讯》	1975年5月	江苏
《矿工通讯》	1957年	南桐（四川）
《矿工小报》	1932年10月7日	北平
《矿业杂志》	1917年3月	长沙
《昆仑报》	1947年10月31日	青海
《昆明报》	1957年9月30日	昆明
《昆明卫生报》	1963年	昆明
	L	
《拉萨晚报》	1985年7月1日	拉萨
《拉萨卫生报》	1984年5月	拉萨
《来复》	1918年4月	太原

报刊名称	创刊时间	办刊地点
《兰化工人报》	1958 年 10 月	兰州
《兰石机械报》	1956 年 8 月	兰州
《兰言周报》	1919 年春	兰溪（浙江）
《兰州报》	1980 年 8 月 1 日	兰州
《兰州记者》	1939 年 12 月 12 日	甘肃
《兰州青年报》	1980 年初	兰州
《兰州日报》	1958 年 3 月 1 日	兰州
《兰州铁道报》	1956 年 5 月 1 日	兰州
《兰州晚报》	1985 年 1 月 1 日	兰州
《廊坊日报》	1985 年	廊坊（河北）
《娜嬛杂志》	1908 年	上海
《浪花》	1936 年 6 月 15 日	北平
《劳动季刊》	1934 年 4 月 10 日	南京
《劳动界》	1920 年 8 月 15 日	上海
《劳动时报》	1949 年 12 月 7 日	杭州
《劳动音》	1920 年 11 月 7 日	北京
《劳动与妇女》	1921 年 2 月 13 日	广州
《劳动月刊》	1918 年 3 月 20 日	上海
《劳动者》	1920 年 10 月 3 日	广州
《劳动周刊》	1921 年 8 月 20 日	上海
《劳工时报》	1989 年 5 月 1 日	基隆（台湾）
《老百姓报》	1937 年 11 月 12 日	西安
《老百姓报》	1946 年 10 月	延边汪清
《老百姓日报》	1932 年 9 月 1 日	北平
《老河口报》	1991 年	老河口（湖北）
《老龄科学研究》	2013 年 6 月 27 日	北京
《老年周末》	1987 年 7 月	南京
《老人报》	1983 年 3 月	广州
《叻报》	1881 年 12 月 10 日	新加坡
《乐群月刊》	1918 年 1 月	北京
《乐山报》	1955 年 7 月	乐山（四川）
《乐山报》	1980 年春	乐山（四川）
《雷锋》	2015 年 7 月 24 日	北京
《耒阳报》	1956 年 8 月 1 日	耒阳（湖南）
《类类报》	1898 年	天津

报刊名称	创刊时间	办刊地点
《冷水江报》	1986 年 10 月	冷水江（湖南）
《梨园杂志》	1910 年	上海
《犁头》	1926 年 1 月 25 日	广州
《漓江潮》	1906 年	桂林（广西）
《漓江日报》	1988 年 7 月 1 日	桂林（广西）
《黎明报》（俄文）	1908 年 3 月	哈尔滨
《礼拜报》	1903 年	上海
《礼拜六》	1914 年 6 月 6 月	上海
《礼拜六》	1928 年 4 月	上海
《礼拜三》	1914 年 7 月	上海
《里外》	2008 年 1 月 4 日	深圳
《俚语日报》	1903 年	长沙
《理工》	1907 年 12 月 15 日	上海
《理论与实践》	1977 年 7 月 1 日	沈阳
《理学杂志》	1906 年 12 月 30 日	上海
《澧县报》	1956 年 7 月 1 日	澧县（湖南）
《力报》	1936 年 9 月 15 日	长沙
《力报》	1937 年 12 月 10 日	上海
《力报》	1939 年 1 月 1 日	邵阳（湖南）
《力报》	1940 年 3 月	桂林
《力报》	1940 年秋	衡阳（湖南）
《力报》	1943 年 9 月	沅陵（湖南）
《立报》	1935 年 9 月 20 日	上海
《立报》	1938 年 4 月 1 日	香港
《丽记报》	1895 年	檀香山（美国）
《丽江白话报》	1907 年	云南
《丽江报》（纳西文、傈僳文版）	1985 年 12 月 26 日	丽江（浙江）
《丽水报》	1984 年 7 月 1 日	丽水（浙江）
《丽水电视报》	1993 年 1 月	丽水（浙江）
《丽水日报》	1984 年 5 月	丽江（浙江）
《丽泽随笔》	1908 年	西安
《励进杂志》	1915 年	苏州（江苏）
《励学》	1916 年 2 月	天津
《励学译编》	1901 年 4 月 3 日	苏州
《利济学堂报》	1897 年 1 月 20 日	温州（浙江）

报刊名称	创刊时间	办刊地点
《砺志》	1918 年 1 月 1 日	上海
《连队画报》	1949 年 9 月 25 日	北平
《连云港报》	1958 年 4 月	连云港（江苏）
《涟邵工人报》	1993 年 1 月	涟邵（湖南）
《联合报》	1951 年 9 月 16 日	台北（台湾）
《联合报》（国外航空版）	1946 年 1 月	地点不详
《联合国纪事》（中文版）	1984 年	北京
《联合画报》	1942 年 9 月 25 日	重庆
《联合日报》	1945 年 9 月 21 日	上海
《联合文学》	1984 年 11 月 1 日	台湾
《联益之友》	1925 年 8 月 1 日	上海
《联谊报》	1987 年 8 月 28 日	杭州
《练水湖》	1912 年 9 月	江苏嘉定（今属上海市）
《良心》	1913 年 7 月	上海
《良言报》	1917 年 1 月	杭州
《良友》	1926 年 2 月 15 日	上海
《良知日报》	1912 年	梧州（广西）
《良知日报》	1915 年	梧州（广西）
《良知日报》	1915 年	南宁
《凉山报》（汉文版）	1958 年 5 月 1 日	西昌（四川）
《凉山报》（彝文版）	1978 年 1 月	西昌（四川）
《粮油市场报》	1993 年 1 月	郑州
《两广官报》	1911 年 5 月 13 日	广州
《两河新闻》	1917 年 7 月	开封
《两湖官报》	1907 年	武汉
《两湖通俗报》	1908 年	武汉
《两江报》	1912 年	南宁（广西）
《辽东日报》	1945 年 11 月 22 日	安东
《辽东新报》（日文）	1905 年 11 月 25 日	大连
《辽化报》	1974 年 7 月	辽宁
《辽宁法制报》	1984 年 10 月 1 日	沈阳
《辽宁广播电视报》	1955 年 12 月	沈阳
《辽宁经济报》	1984 年 7 月 1 日	沈阳
《辽宁科技报》	1978 年 7 月 1 日	沈阳
《辽宁老年报》	1987 年 1 月 1 日	沈阳

报刊名称	创刊时间	办刊地点
《辽宁农民报》	1954 年 12 月 1 日	沈阳
《辽宁农民报》（朝文版）	1958 年 8 月 1 日	沈阳
《辽宁青年报》	1987 年 1 月	沈阳
辽宁日报报业集团海外专页韩文版	2005 年 11 月 1 日	沈阳
《辽宁日报（朝鲜文农民报）》	1966 年 1 月 1 日	辽宁
《辽宁日报海外版》	1985 年 5 月	沈阳
《辽宁物价报》	1985 年 7 月	沈阳
《辽宁信息报》	1987 年 1 月	沈阳
《辽沈晚报》	1993 年 1 月	沈阳
《辽物市场》	1980 年 3 月 23 日	沈阳
《辽阳每日新闻》	1908 年 3 月 10 日	辽阳（辽宁）
《辽阳日报》	1956 年 9 月 1 日	辽阳（辽宁）
《聊城报》	1985 年 1 月 1 日	聊城（山东）
《聊城日报》	1956 年	聊城（山东）
《瞭望》	1981 年 4 月 20 日	北京
《瞭望东方周刊》	2003 年 11 月 18 日	上海
《列车之声》	1984 年 10 月	北京
《列宁报》	1930 年底	鄂豫皖苏区
《列宁青年》	1931 年 3 月 1 日	闽西
《烈火》	1928 年 11 月 15 日	厦门
《林海日报》	1951 年 11 月 11 日	牙克石（内蒙古）
《林损杂志》	1913 年 9 月	永嘉（今浙江温州市）
《临沧报》	1987 年 11 月	临沧（云南）
《临川报》	1956 年 7 月 1 日	临川（江西）
《临汾人民报》	1948 年 9 月 10 日	临汾（山西）
《临汾日报》	1970 年 10 月	临汾（山西）
《临时纪闻》	1913 年 2 月	开封（河南）
《临时时报》（朝鲜文）	1927 年	上海
《临沂大众》	1953 年 9 月	临沂（山东）
《临沂县报》	1980 年 9 月	临沂（山东）
《灵山报》	1956 年 3 月	灵山（广西）
《灵学杂志》	1918 年 1 月	上海
《零陵报》	1950 年	零陵（湖南）
《零六六报》	1978 年 7 月 1 日	远安（湖北）
《岭表报》	1916 年	南宁

报刊名称	创刊时间	办刊地点
《岭东日报》	1902 年 5 月 18 日	汕头（广东）
《岭东月报》	1909 年	汕头（广东）
《岭海报》	1898 年 3 月	广州
《岭华日报》	1912 年	广州
《岭南白话杂志》	1908 年 2 月 9 日	广州
《岭南女学新报》	1903 年春	广州
《岭南日报》	1891 年	广州
《岭南日报》	1916 年 3 月	广州
《岭南少年报》	1985 年 1 月	广州
《岭南新报》	1919 年 1 月 15 日	广州
《岭南学生界》	1904 年 10 月	广州
《岭学报》	1898 年 2 月 10 日	广州
《留美学生年报》	1911 年 7 月	上海
《留日女学会杂志》	1911 年 5 月	东京（日本）
《留学》	2013 年 12 月 10 日	北京
《流沙》	1928 年 3 月 15 日	上海
《疁报》	1909 年 1 月 31 日	江苏嘉定（今属上海市）
《柳铁工人》	1953 年 2 月 7 日	柳州（广西）
《柳州广播电视报》	1986 年 8 月 1 日	柳州（广西）
《柳州日报》	1949 年 12 月 28 日	柳州（广西）
《六合丛谈》	1857 年 1 月 26 日	上海
《六盘水报》	1984 年 10 月	六盘水（宁夏）
《龙川日报》	1939 年 1 月 1 日	龙川（广东）
《龙江民报》	1912 年 8 月 1 日	齐齐哈尔
《龙门师范学校校友会杂志》	1908 年	上海
《龙门杂志》	1910 年 2 月	上海
《龙旗》	1904 年	上海
《龙沙日报》	1917 年 5 月 12 日	齐齐哈尔（黑龙江）
《陇南报》	1986 年 3 月 12 日	陇南
《陇右报》	1906 年	兰州
《泸州报》	1950 年 1 月	泸州（四川）
《鲁南时报》	1940 年 7 月 1 日	费南（山东）
《鲁迅晚报》	1946 年 2 月 25 日	北平
《鲁中南报》	1948 年 9 月 26 日	鲁中南地区
《陆海军公报》	1915 年	北京

报刊名称	创刊时间	办刊地点
《陆家嘴》	2012年6月28日	上海
《录名报要闻》	1911年	漳州（福建）
《潞安矿报》	1959年1月1日	潞安（山西）
《潞安矿报》	1973年	山西
《鹭江报》	1902年4月28日	厦门（福建）
《鹭江日报》	1903年	厦门（福建）
《论衡》	1913年5月	北京
《论语》	1932年9月	上海
《罗报》	1912年6月7日	杭州
《罗宾汉》	1926年12月8日	上海
《洛阳广播电视报》	1991年	洛阳（河南）
《洛阳经济报》	1991年	洛阳（河南）
《洛阳日报》	1955年1月1日	洛阳（河南）
《漯河报》	1986年7月	漯河（河南）
《旅埃华人通讯》	2008年1月30日	开罗（埃及）
《旅行家》	1955年1月	北京
《旅行周报》	1934年7月9日	天津
《旅沪广东中华基督教会会务月刊》	1916年	上海
《旅客》	1908年9月	上海
《旅罗华人》	1999年3月	罗马尼亚
《旅欧杂志》	1916年8月	都尔（法国）
《旅游导报》	1991年	武汉
《旅游休闲报》	2007年1月1日	贵阳
《绿报》	1999年4月18日	昆明
《绿年》（英文）	1916年	上海
	M	
《马鞍山报》	1958年1月1日	马鞍山（安徽）
《马钢工人》	1964年7月1日	马鞍山（安徽）
《马祖日报》	1957年9月3日	马祖（台湾）
《满韩日报》（日文）	1907年6月	安东（今丹东）
《满洲报》	1921年1月1日	大连
《满洲报》（俄文）	1911年	中国东北
《满洲每日新闻》（英文）	1908年大连	
《满洲日报》	1905年8月营口（辽宁）	
《满洲日日新闻》（日文）	1907年11月3日	大连

报刊名称	创刊时间	办刊地点
《满洲实业新报》（日文）	1907 年 9 月	安东（今丹东）
《满洲新报》	1909 年 2 月	大连
《满洲新报》（日文，又名《满洲新闻》）	1908 年 2 月 11 日	营口（辽宁）
《满洲星》（俄文）	1905 年 12 月 17 日	哈尔滨
《满洲之声》（俄文）	1907 年	哈尔滨
《满洲重要物产商况日报》	1913 年 7 月 28 日	大连
《曼德礼指南》	1939 年	缅甸
《漫画和生活》	1935 年 11 月	上海
《漫画科学》	2013 年 1 月 15 日	地点不详
《漫画生活》	1934 年 9 月 20 日	上海
《漫画之友》	1937 年 3 月 16 日	上海
《莽原》	1925 年 4 月 24 日	北京
《茂名日报》	1984 年 1 月	茂名（广东）
《眉语》（又名《眉语小说杂志》）	1914 年 11 月	上海
《梅河口贸易区报》	1991 年 7 月 1 日	梅河口（吉林）
《梅溪》	1918 年 6 月	上海
《梅州》	1908 年 11 月 13 日	东京（日本）
《湄洲报》（初名《兴化报》）	1985 年 1 月	莆田（福建）
《煤矿工人》	1968 年 9 月	合山（广西）
《煤田地质报》	1985 年 7 月 10 日	涿县（河北）
《每日电影》	1933 年 6 月 18 日	上海
《每日广告报》（《香港广告报》）	1869 年 11 月 1 日	香港
《每日经济新闻》	2004 年 12 月 9 日	上海
《每日桥报》	1996 年 1 月 18 日	南京
《每日西报》	1908 年 5 月	汉口
《每日新闻》	1916 年 12 月 26 日	哈尔滨
《每日译报》	1938 年 1 月 21 日	上海
《每周广播》	1955 年 1 月 1 日	上海
《每周评论》	1918 年 12 月 22 日	北京
《每周文艺节目报》	1993 年 1 月	上海
《每周文摘》	1982 年 10 月	福州
《美报》	1984 年 12 月 28 日	沈阳
《美南日报》	1906 年	曼谷（泰国）
《美术》	1918 年 10 月	上海
《美术报》	1993 年 7 月 22 日	杭州

报刊名称	创刊时间	办刊地点
《美术生活》	1934 年 4 月 1 日	上海
《美以美会教报》（英文）	1916 年	上海
《美洲华侨日报》	1940 年 7 月 8 日	纽约（美国）
《美洲日报》	1943 年 11 月 12 日	纽约（美国）
《萌芽》	1930 年 1 月	上海
《蒙古农民》	1925 年 5 月 20 日	北京
《蒙古青年》（蒙汉合璧式）	1947 年 7 月 1 日	归绥（今呼和浩特）
《蒙古人民》（蒙古文）	1945 年 10 月	长春
《蒙古新报》（蒙文）	1937 年 4 月	新京（长春）
《蒙古周刊》（蒙文）	1938 年 6 月	归绥（今呼和浩特市）
《蒙汉联合画报》	1946 年 10 月 10 日	内蒙古
《蒙疆日报》	1937 年 10 月 16 日	归绥（今呼和浩特市）
《蒙声》	1947 年 2 月 15 日	张家口（河北）
《蒙文白话报》（蒙汉）	1913 年	地点不详
《蒙文报》	1907 年	北京
《蒙文报》（蒙文）	1918 年	沈阳
《蒙文大同报》	1912 年 11 月 1 日	北京
《蒙学报》	1897 年 11 月 24 日	上海
《蒙学报》	1905 年 2 月	江苏吴县
《蒙学报》	1913 年 8 月	北京
《蒙学画报》	1908 年 4 月 30 日	上海
《蒙学画报》	1908 年	北京
《蒙学术报》	1897 年	江苏
《盟报》	1933 年 1 月	上海
《猛进》	1925 年 3 月 6 日	北京
《梦花杂志》	1911 年 4 月	南京
《梦话日报》	1913 年 7 月 7 日	上海
《密勒氏评论报》（英文）	1917 年 6 月 9 日	上海
《蜜蜂华报》	1822 年 9 月 12 日	澳门
《绵阳日报》	1988 年 2 月 13 日	绵阳（四川）
《缅甸公报》	1911 年初	仰光（缅甸）
《缅甸华报》	1999 年 11 月 3 日	仰光（缅甸）
《民报》	1902 年	悉尼
《民报》	1905 年 11 月 26 日	东京（日本）
《民报》	1912 年	南昌

报刊名称	创刊时间	办刊地点
《民报》	1913 年	桂林（广西）
《民报》	1916 年 5 月 1 日	汉口（湖北）
《民报》	1918 年 3 月中旬	成都
《民报》	1925 年 6 月 12 日	北京
《民报》	1928 年 8 月 1 日	南京
《民报》	1932 年 5 月 4 日	上海
《民报》（蒙古文）	1945 年 11 月 13 日	地点不详
《民兵》	1943 年 5 月 20 日	山东滨海军区
《民仇报》	1918 年 6 月 15 日	广州
《民德报》	1911 年 10 月 11 日	上海
《民德报》	1914 年	武汉
《民德报》	1916 年 9 月 1 日	上海
《民铎》	1916 年 6 月 15 日	东京（日本）
《民铎报》	1908 年	泗水市（荷属东印度）
《民铎报》	1912 年 8 月 20 日	杭州
《民铎报》	1931 年 6 月 24 日	天津
《民铎日报》	1908 年	桂林（广西）
《民风报》	1912 年秋	南宁（广西）
《民风日报》	1921 年 5 月 10 日	北京
《民福报》	1918 年 9 月	北京
《民国》	1914 年 5 月 10 日	东京（日本）
《民国报》	1911 年 9 月	天津
《民国报》	1911 年 10 月	北京
《民国报》	1911 年 11 月 21 日	上海
《民国报》	1912 年	上海
《民国报》	1913 年	悉尼（澳大利亚）
《民国大新闻》	1917 年 6 月 6 日	上海
《民国公报》	1912 年	成都
《民国公报》	1913 年	纽约（美国）
《民国公报》	1918 年 8 月	北京
《民国经济杂志》	1912 年 10 月 10 日	武汉
《民国军苏省捷报详情》	1911 年 11 月 6 日	苏州
《民国女报》	1912 年	上海
《民国日报》	1910 年	悉尼
《民国日报》	1915 年	上海

报刊名称	创刊时间	办刊地点
《民国日报》	1916 年 1 月 22 日	上海
《民国日报》	1916 年 7 月	湖南
《民国日报》	1923 年 6 月	广州
《民国日报》	1925 年 3 月 5 日	北京
《民国日报》	1925 年 6 月 19 日	梧州（广西）
《民国日报》	1926 年 11 月 25 日	汉口（湖北）
《民国日报》	1927 年 1 月	福州
《民国日报》（河北）	1928 年 7 月 1 日	天津
《民国日报》（河北《民国日报》改组而成）	1929 年 12 月 1 日	天津
《民国日报》	1931 年 8 月 1 日	青海
《民国日报》	1940 年 10 月 10 日	南京
《民国西报》（英文）	1912 年 4 月 6 日	上海
《民国新闻》	1912 年 7 月 25 日	上海
《民号报》	1914 年	马尼拉（菲律宾）
《民呼日报》	1909 年 5 月 15 日	上海
《民呼图画日报》（简称《民呼画报》）	1909 年 5 月 15 日	上海
《民立报》	1910 年 10 月 11 日	上海
《民立报》	1912 年	开封
《民立报》	1913 年 5 月 20 日	开封（河南）
《民立画报》	1911 年 7 月	上海
《民论日报》	1917 年 6 月 23 日	成都
《民鸣日报》	1917 年	重庆
《民命报》	1912 年	北京
《民气日报》	1910 年	纽约
《民强报》	1912 年 5 月 28 日	上海
《民强报》	1913 年 3 月	北京
《民强报》	1913 年	绍兴（浙江）
《民强报》	1915 年	北京
《民权报》	1912 年 3 月 28 日	上海
《民权报》	1912 年	北京
《民权画报》	1911 年	上海
《民权素》	1914 年 4 月 25 日	上海
《民生报》	1912 年 7 月 1 日	南京
《民生报》	1912 年	广州
《民生报》	1913 年 8 月 1 日	齐齐哈尔

报刊名称	创刊时间	办刊地点
《民生报》	1915 年	福州
《民生报》	1927 年 10 月 21 日	南京
《民生报》	1978 年	台北（台湾）
《民生评论》	1949 年 6 月	香港
《民生日报》	1906 年	檀香山（美国）
《民生日报》	1908 年 1 月 4 日	夏威夷（美国）
《民生日报》	1912 年	福州
《民生周刊》	2010 年 9 月 9 日	北京
《民声》	1911 年 11 月 2 日	上海
《民声》	1914 年 12 月	东京（日本）
《民声报》	1911 年 7 月 10 日	奉天（沈阳市旧称）
《民声报》	1912 年	扬州
《民声报》	1913 年 3 月 3 日	上海
《民声报》	1918 年	济南
《民声报》	1928 年 2 月 12 日	吉林延边龙井
《民声报》	1934 年 9 月 4 日	北平
《民声丛报》（封面作《民声报》）	1910 年 5 月 23 日	上海
《民声日报》	1912 年 2 月 20 日	上海
《民声日报》	1913 年	广州
《民声日报》	1922 年 9 月 24 日	古巴
《民视报》	1911 年	北京
《民视报》	1915 年	北京
《民誓》	1912 年 11 月	北京
《民苏日报》	1916 年 8 月 1 日	重庆
《民听报》	1912 年	福州
《民宪报》	1912 年	成都
《民宪报》	1916 年 8 月中旬	成都
《民心》	1911 年 3 月	福州
《民心报》	1903 年	天津
《民心报》	1911 年 12 月 9 日	福州
《民心报》	1912 年 2 月 15 日	武汉
《民心报》	1912 年	福州
《民心周报》	1919 年 12 月 6 日	上海
《民辛画报》	1911 年 4 月	天津
《民新报》	1917 年初	成都

报刊名称	创刊时间	办刊地点
《民新日报》	1919 年 2 月	成都
《民信报》	1912 年 2 月 6 日	苏州
《民信日报》	1912 年	上海
《民信日报》	1914 年	成都
《民信日报》	1914 年	重庆
《民信日报》	1915 年 12 月 25 日	上海
《民信日报》	1918 年 10 月 15 日	重庆
《民醒报》	1911 年 3 月 10 日	利马（秘鲁）
《民兴报》	1909 年 3 月 7 日	天津
《民兴报》	1912 年	福州
《民兴报》	1933 年 12 月 5 日	天津
《民兴日报》	1912 年 4 月 20 日	绍兴
《民吁日报》	1909 年 10 月 3 日	上海
《民言》	1916 年 9 月	北京
《民言报》	1912 年	福州
《民言日报》	1928 年 7 月 8 日	北平
《民岩报》	1912 年	安庆（安徽）
《民岩报》	1915 年	安庆（安徽）
《民彝》	1916 年 5 月 15 日	东京（日本）
《民议报》	1907 年 12 月上旬	上海
《民谊》	1912 年 11 月	广州
《民意》	1937 年 12 月	汉口（湖北）
《民意报》	1911 年 12 月 20 日	天津
《民意报》	1911 年 12 月 20 日	上海
《民意报》	1912 年	北京
《民意报》	1915 年	上海
《民意报》	1916 年	广州
《民营经济报》	2004 年 1 月 8 日	广州
《民牖报》	1912 年	北京
《民约报》	1912 年 4 月 15 日	天津
《民政之声》	1992 年 1 月	北京
《民知日刊》	1918 年 3 月中旬	成都
《民治报》	1913 年	广州
《民治报》	1932 年 7 月 11 日	北平
《民治日报》	1916 年 8 月	重庆

报刊名称	创刊时间	办刊地点
《民治日报》	1918 年 11 月 25 日	成都
《民钟日报》	1916 年	厦门
《民众》	1927 年 9 月 11 日	上海
《民众日报》	1928 年 1 月	上海
《民众日报》	1950 年 9 月 5 日	基隆（台湾）
《民众时报》	1946 年 5 月 1 日	成都
《民主》	1945 年 10 月 13 日	上海
《民主》（英文）	1937 年 1 月	北平
《民主报》	1910 年秋	上海
《民主报》	1912 年 6 月 20 日	北京
《民主报》	1916 年冬	广州
《民主报》	1946 年 2 月 1 日	重庆
《民主报》	1947 年 4 月	伊犁（新疆）
《民主日报》	1916 年 8 月	成都
《民主日报》	1930 年 5 月 18 日	北平
《民主日报》（朝鲜文）	1948 年 3 月 3 日	哈尔滨
《民主生活》	1946 年 1 月 9 日	重庆
《民主协商报》	1986 年 5 月 1 日	兰州
《民主星期刊》	1945 年 10 月 5 日	重庆
《民主星期刊》	1946 年 1 月 10 日	桂林
《民主与法制》	1979 年 8 月	上海
《民主周刊》	1944 年 12 月 9 日	昆明
《民族画报》	1955 年 2 月	北京
《民族日报》	1925 年 6 月 10 日	上海
《民族日报》	1939 年 1 月 5 日	于潜（浙江）
《民族团结》（汉文版）	1957 年 10 月	北京
《民族医药报》	1987 年 10 月	地点不详
《岷报》	1890 年	菲律宾
《岷山报》	1953 年 1 月 1 日	四川阿坝藏族自治州
《闽报》	1895 年	福州
《闽报》	1898 年 1 月	福州
《闽报》	1915 年	福州
《闽北报》	1952 年 4 月	南平（福建）
《闽北报》	1989 年 7 月 1 日	南平（福建）
《闽东报》	1989 年 11 月 1 日	宁德（福建）

报刊名称	创刊时间	办刊地点
《闽光日报》	1922 年秋	福州
《闽南报》	1915 年	厦门
《闽南日报》	1986 年 1 月 1 日	漳州（福建）
《闽省会报》	1876 年 7 月 21 日	福州
《闽西报》	1987 年 1 月 1 日	龙岩（福建）
《闽星》	1919 年 12 月 1 日	漳州（福建）
《名汇 FAMOUS》	2010 年 3 月 25 日	北京
《名利场》	2007 年 10 月 18 日	广东
《明报》	1911 年	上海
《明报》	1925 年 12 月 25 日	北京
《明报》	1931 年 9 月 25 日	上海
《明报》	1959 年 5 月 20 日	香港
《明报月刊》	1966 年 1 月	香港
《明报周刊》	2008 年 6 月 20 日	台湾
《明日》	1923 年 1 月 5 日	天津
《明星报》	1925 年 1 月 3 日	天津
《明星画报》	1911 年	上海
《明星日报》	1933 年 1 月 1 日	上海
《明星晚报》	1925 年 4 月 6 日	北京
《明星月报》	1933 年 5 月 1 日	上海
《明义学报》	1906 年	太原
《鸣报》	1916 年 12 月 10 日	绍兴（浙江）
《铭报新闻》	1982 年	台北（台湾）
《摩尼》	1915 年 5 月	上海
《魔影视效》（中文版）	2015 年 7 月 29 日	美国
《莫斯科华人报》	1999 年 2 月莫斯科	
《墨海》	1913 年 12 月 20 日	上海
《墨梯》	1917 年 6 月	上海
《谋新报》	1898 年	上海
《牡丹江日报》	1947 年初	牡丹江（黑龙江）
《牡丹江日报》（朝鲜文版）	1957 年 1 月 1 日	牡丹江（黑龙江）
《牡丹江日报》	1959 年 5 月 1 日	牡丹江（黑龙江）
《牧民报》	1988 年 10 月 1 日	大板（内蒙古）
《牧民报》（蒙古文）	1948 年夏	热北地区
《暮鼓晨钟》	1907 年 7 月 10 日	北京

报刊名称	创刊时间	办刊地点
	N	
《呐喊》	1937年8月25日	上海
《男周刊》	2009年4月8日	上海
《南报》	1910年9月23日	桂林（广西）
《南报》	1937年3月1日	上海
《南北极》	1971年1月1日	香港
《南昌广播电视周报》	1985年4月27日	南昌
《南昌铁道》	1959年1月26日	南昌
《南昌晚报》	1958年7月1日	南昌
《南昌学生联合会周刊》	1919年夏	南昌
《南充日报》	1952年10月	南充（四川）
《南都 METRO》	2012年7月5日	广东
《南都周刊》（原《南方体育报》刊号）	2006年3月1日	广州
《南方报》	1905年8月23日	上海
《南方报》	1915年	南京
《南方人物周刊》	2004年6月15日	广东
《南方日报》	1934年8月1日	福州
《南方日报》	1949年10月23日	广州
《南方市场信息》	1985年8月	广州
《南方月刊》	1937年10月	云南
《南方周末》	1984年2月11日	广州
《南非华人报》	1999年2月	约翰内斯堡（南非）
《南风报》	1911年2月13日	桂林（广西）
《南风窗》	1985年4月1日	广州
《南国都市报》	2001年1月1日	海口
《南国今报》	2002年12月18日	广西
《南鸿》	1925年3月30日	重庆
《南华晨邮报》	1896年	香港
《南华日报》	1930年	香港
《南华早报》	1903年11月7日	香港
《南疆石油报》	1979年10月	南疆油田
《南疆石油报》（维文版）	1985年1月1日	南疆油田
《南京临时政府公报》	1912年1月29日	南京
《南京人报》	1912年	武汉
《南京人报》	1936年4月8日	南京

报刊名称	创刊时间	办刊地点
《南京人报》	1936 年 4 月 8 日	南京
《南京日报》	1956 年 3 月	南京
《南京手机报》	2006 年 1 月 8 日	南京
《南京通讯》	1978 年 1 月 4 日	南京
《南京新报》	1938 年 8 月 1 日	南京
《南京学生联合会日刊》	1919 年 6 月 23 日	南京
《南开日刊》	1919 年 5 月 26 日	天津
《南开思潮》	1917 年 12 月	天津
《南满日报》（日文，后改名为《奉天日日新闻》《奉天满洲日报》）	1908 年 12 月	沈阳
《南宁日报》	1913 年	南宁
《南宁日报》	1992 年 8 月 1 日	南宁
《南宁晚报》	1956 年 9 月 15 日	南宁
《南票矿报》	1968 年	辽宁
《南岓日报》	1918 年	西贡（越南）
《南强报》	1912 年 8 月 15 日	杭州
《南强日报》	1927 年	香港
《南侨日报》	1911 年	新加坡
《南清早报》	1904 年	香港
《南社》	1910 年 2 月	上海
《南声日报》	1911 年 10 月	厦门（福建）
《南声日报》	1938 年 6 月	梅县（广东）
《南通港报》	1987 年 1 月	南通（江苏）
《南通日报》	1952 年 11 月	南通（江苏）
《南通新报》	1918 年 4 月 3 日	南通（江苏）
《南兴报》	1911 年	厦门（福建）
《南浔通俗报》	1904 年	南浔（浙江）
《南浔通俗报》	1905 年	江西
《南阳晚报》	1993 年 1 月	南阳（河南）
《南洋》	1915 年 3 月	南京
《南洋兵事杂志》（又名《兵事杂志》）	1906 年 9 月 18 日	南京
《南洋官报》	1903 年 1 月	南京
《南洋华侨杂志》	1917 年 3 月	槟榔屿（马来西亚）
《南洋七日报》	1901 年 9 月 15 日	上海
《南洋劝业会通告》	1909 年 3 月 16 日	南京

报刊名称	创刊时间	办刊地点
《南洋群岛商业研究会杂志》	1910年6月17日	东京（日本）
《南洋日日官报》	1905年8月1日	江宁（今南京市）
《南洋商报》	1910年3月20日	南京
《南洋商报》	1923年9月6日	新加坡
《南洋商务报》	1906年9月18日	南京
《南洋时报》	1920年	槟城（马来西亚）
《南洋总汇报》	1906年春	新加坡
《南越报》	1909年6月22日	广州
《南越报》	1912年	广州
《南越报》	1915年	广东
《南漳报》	1991年	南漳（湖北）
《内阁官报》	1909年	北京
《内蒙古》（蒙古文）	1946年7月1日	海拉尔（内蒙古）
《内蒙古电视》	1979年6月23日	呼和浩特
《内蒙古法制报》	1985年1月	呼和浩特
《内蒙古工商报》	1986年6月	呼和浩特
《内蒙古广播电视报》	1980年1月1日	内蒙古
《内蒙古经济报》	1985年4月	呼和浩特
《内蒙古科技报》（汉文版）	1980年1月1日	呼和浩特
《内蒙古科技报》（蒙文版）	1981年4月14日	呼和浩特
《内蒙古日报》	1948年1月1日	乌兰浩特（内蒙）
《内蒙古周报》	1946年3月17日	内蒙古
《内蒙自治报》	1947年1月1日	王爷庙（今乌兰浩特）
《内外通信》（日文）	1907年7月	奉天（沈阳市旧称）
《内务会报》	1913年10月	北京
《能源新观察》	2013年11月21日	贵州
《尼好》	2013年10月8日	加德满都（尼泊尔）
《年轻的俄罗斯》（俄文）	1906年2月	中国东北
《宁波白话报》	1903年11月23日	上海
《宁波七日报》	1908年	宁波
《宁波日报》	1870年	宁波
《宁波日报》	1956年1月1日	宁波（浙江）
《宁波小说七日报》	1908年6月	宁波
《宁波新报》	1906年4月30日	宁波
《宁夏科技报》	1962年9月	银川

报刊名称	创刊时间	办刊地点
《宁夏青年报》	1985年1月4日	银川
《宁夏日报》	1949年11月11日	银川
《宁夏政协报》	1988年1月1日	银川
《宁乡地方自治白话报》	1910年	宁乡（湖南）
《纽约新报》	1943年4月9日	纽约（美国）
《农报》	1913年8月10日	广州
《农村金融报》	1984年4月	哈尔滨
《农村信息报》	1985年1月	杭州
《农村信息报》	1993年1月	昆明
《农工商报》（初创时名《商工旬报》）	1907年6月21日	广州
《农工商信息》	1985年1月3日	北京
《农工杂志》	1909年2月27日	杭州
《农机商情》	1980年6月19日	北京
《农家乐》	1982年1月	石家庄
《农家信使报》	1985年1月	西安
《农垦报》	1956年	地点不详
《农林公报》	1912年8月	北京
《农民服务台》	1984年10月11日	安徽
《农民运动》	1926年8月1日	广州
《农民之友》	1983年3年	武汉
《农桑学杂志》	1906年6月	东京（日本）
《农商部观察所年报》	1914年	北京
《农商公报》	1914年8月	北京
《农学报》	1897年5月	上海
《农学报》	1901年1月	武昌（湖北）
《农学月刊》	1918年9月	清苑（河北）
《农学杂志》	1917年9月	上海
《农业浅说》	1917年2月	杭州
《农友会报》	1912年3月	杭州
《侬侬》	1984年6月1日	台北（台湾）
《努力周报》	1922年5月7日	北京
《怒江报》	1954年8月	泸水（云南）
《怒江报》（新老傈僳文版、汉文版）	1983年5月28日	云南怒江傈僳族自治州
《女报》	1899年冬	上海
《女报》	1909年1月22日	上海

报刊名称	创刊时间	办刊地点
《女报》	1909 年 1 月	东京（日本）
《女铎》	1912 年 1 月	上海
《女铎报》	1911 年夏	上海
《女铎报》	1912 年 4 月	上海
《女铎报》	1916 年 12 月	重庆
《女鉴日报》	1918 年 5 月 1 日	成都
《女界报》	1912 年 6 月 13 日	成都
《女界灯学报》	1905 年 4 月 5 日	佛山（广东）
《女界星期录》	1910 年	香港
《女界杂志》	1911 年	上海
《女镜报》	1905 年	广州
《女青年月刊》	1916 年 12 月	上海
《女权报》	1912 年 5 月下旬	上海
《女权日报》	1913 年 2 月	长沙
《女权月报》	1912 年 12 月 1 日	上海
《女声》	1932 年 10 月 1 日	上海
《女师大周刊》	1923 年	北京
《女星》	1923 年 4 月 25 日	天津
《女学报》	1898 年 7 月 24 日	上海
《女学报》	1903 年 2 月 27 日	上海
《女学日报》	1912 年 11 月 1 日	武昌（湖北）
《女学日报》	1912 年	北京
《女学生》	1908 年	上海
《女学生》	1910 年 12 月	上海
《女学生杂志》	1910 年 4 月	前后上海
《女子白话旬报》	1912 年 10 月	北京
《女子国学报》	1912 年 4 月 1 日	天津
《女子魂》	1904 年	东京（日本）
《女子世界》	1904 年 1 月 17 日	上海
《女子世界》	1914 年 12 月	上海
《女子杂志》	1915 年 1 月	上海

O

《瓯海潮》	1916 年 12 月	温州（浙江）
《瓯海公报》	1916 年	温州（浙江）
《瓯学报》	1902 年	温州（浙江）

报刊名称	创刊时间	办刊地点
《欧美法政介闻》	1908年8月16日	上海
《欧战风云》	1914年	上海
《欧战实报》	1915年4月	上海
《欧洲风云》	1914年8月	上海
《欧洲联合周报》（华文）	2005年2月19日	地点不详
《欧洲战纪》	1914年8月	上海
《欧洲战事汇报》	1914年8月	上海
	P	
《俳优杂志》	1914年9月20日	上海
《潘集战报》	1977年10月15日	淮南（安徽）
《攀枝花报》	1965年4月	攀枝花（四川）
《盘锦日报》	1985年7月	盘锦（辽宁）
《判断》	1928年7月	上海
《批评》	1920年10月20日	北京
《霹雳白话报》	1912年8月	安庆（安徽）
《辟力报》	1945年2月7日	山东省胶东区
《拼音字母官话报》	1904年	保定
《平安》	1916年9月	北京
《平报》	1915年	墨尔本（澳大利亚）
《平报》	1918年5月	成都
《平报》	1940年9月1日	上海
《平顶山广播电视报》	1993年1月	平顶山（河南）
《平顶山矿工报》	1992年12月	平顶山（河南）
《平顶山日报》	1982年10月1日	平顶山（河南）
《平度大众报》	1958年6月	平度（山东）
《平和日刊》	1919年2月20日	上海
《平湖白话报》	1897年	平湖（浙江）
《平湖新闻》	1912年	平湖（浙江）
《平津晚报》	1945年8月	北平
《平凉报》	1949年10月	平凉（甘肃）
《平论报》	1909年	成都
《平论报》	1913年3月	上海
《平民》	1946年1月11日	重庆
《平民报》	1912年	武汉
《平民报》	1912年	广州

报刊名称	创刊时间	办刊地点
《平民画报》	1910 年	旧金山（美国）
《平民画报》	1911 年 7 月 16 日	广州
《平民教育》	1919 年 10 月 10 日	北京
《平民日报》	1910 年 10 月 31 日	广州
《平民日报》	1912 年 6 月 10 日	杭州
《平民日报》	1927 年 2 月	上海
《平民世界》	1924 年底	上海
《平权报》	1912 年	北京
《平阳报》	1956 年 4 月 10 日	平阳（江苏）
《平庄矿工报》	1959 年 5 月 1 日	平庄（内蒙古）
《评论报》	1932 年	香港
《评论新报》	1916 年 5 月	成都
《评议报》	1912 年 7 月	开封（河南）
《苹果日报》	1995 年 6 月 20 日	香港
《屏幕之友》	1992 年 1 月	广州
《萍矿工人报》	1950 年 1 月 18 日	萍乡（江西）
《萍乡报》	1956 年 7 月	萍乡（江西）
《莆田晚报》	2001 年 7 月 1 日	莆田（福建）
《葡侨议事厅周报》（葡文）	1913 年	上海
《蒲白工人报》	1972 年	陕西
《蒲纺报》	1980 年 11 月 30 日	蒲圻（湖北）
《濮阳日报》	1985 年 1 月 1 日	濮阳（河南）
《浦东》	1905 年	上海
《浦东》	1907 年 5 月 7 日	上海
《浦东日报》	2008 年 11 月 11 日	上海
《浦东中学校什志》	1908 年 11 月 13 日	上海
《普通白话报》	1914 年 4 月 20 日	重庆
《普通画报》	1906 年	北京
《普通科学画报》	1907 年 1 月	北京
《普通文报》	1905 年	汉口
《普通学报》	1901 年 10 月	上海
Q		
《七七报》	1939 年 7 月 7 日	京山县（湖北）
《七日报》（《官语七日报》）	1895 年	上海
《七日镜览》	1870 年 8 月 13 日	上海

报刊名称	创刊时间	办刊地点
《七十二行商报》	1906年9月15日	广州
《七十二行商报》	1915年	广东
《七十年代》	1970年2月1月	香港
《七台河日报》	1983年5月	七台河（黑龙江）
《七天》	1914年10月	上海
《七襄》	1914年11月	上海
《栖霞新闻》	1946年秋	南京
《齐鲁公报》	1911年11月15日	济南
《齐鲁时报》（日文）	1915年8月	济南
《齐鲁晚报》	1988年1月1日	济南
《齐鲁晚报·欧洲版》	2013年9月2日	地点不详
《齐鲁晚报·台北版》	2014年1月	地点不详
《齐美报》	1916年	济南
《齐齐哈尔日报》	1954年9月15日	齐齐哈尔（黑龙江）
《齐市新闻》	1947年5月10日	齐齐哈尔（黑龙江）
《齐铁工人报》	1953年1月1日	齐齐哈尔（黑龙江）
《祁阳报》	1956年	祁阳（湖南）
《奇闻报》	1897年12月3日	上海
《奇新报》	1901年	上海
《奇新画报》	1903年7月24日	上海
《棋牌周报》	1985年7月2日	北京
《旗族月报》	1914年7月	北京
《企业导报》	1987年7月	地点不详
《企业观察报》	2013年7月1日	北京
《企业家报》	1985年10月	石家庄
《企业市场导报》	1993年8月	天津
《启蒙格致报》	1903年	北京
《启蒙画报》	1902年6月23日	北京
《启蒙通俗报》	1901年	成都
《启民爱国报》	1911年4月29日	上海
《启智报》	1907年	檀香山（美国）
《启智画报》	1911年8月11日	成都
《牵丝攀藤》	1927年2月17日	上海
《前导》	1949年6月1日	山东军区
《前方日报》	1939年5月9日	吉安（江西）

报刊名称	创刊时间	办刊地点
《前锋》	1923 年 7 月 1 日	上海
《前锋》	1927 年 8—9 月	上海
《前锋》	1930 年 6 月 22 日	上海
《前锋》	1930 年 10 月 10 日	上海
《前锋》	1948 年 11 月 11 日	徐州附近
《前进》	1928 年 6 月 1 日	上海
《前进》	1935 年 6 月 10 日	长征路上
《前进》	1949 年 3 月 10 日	东北军区
《前进报》	1920 年 3 月 1 日	哈尔滨
《前进报》	1942 年 3 月 29 日	广东
《前哨》	1931 年 2 月	上海
《前哨》	1931 年 4 月 25 日	上海
《前卫报》	1948 年 10 月 10 日	鲁中南区
《前卫画报》	1949 年 1 月	鲁中南
《前卫画报》	1949 年 4 月	渤海军区
《前卫画刊》	1949 年 9 月 1 日	武汉
《前线》	1958 年 11 月 25 日	北京
《前线报》	1939 年 9 月	山东
《前线画报》	1949 年 9 月 1 日	武汉
《前线日报》	1938 年 10 月 1 日	屯溪（安徽）
《前线生活》	1948 年 7 月	青海军区
《钱》	1986 年 11 月 1 日	台湾
《钱江晚报》	1987 年 1 月 1 日	杭州
《钱经》	2004 年	北京
《钱塘高等小学校报》	1907 年	杭州
《黔报》	1907 年 7 月 17 日	贵阳
《黔东南报》	1959 年 2 月	凯里（贵州）
《黔风》	1915 年	贵阳
《黔南报》	1958 年 3 月	都匀（贵州）
《黔南报》	1985 年 1 月 1 日	都匀（贵州）
《浅说日日新闻画报》	1908 年	北京
《浅说直报》	1911 年	北京
《强国公报》	1912 年 3 月 10 日	武汉
《强学报》	1896 年 1 月 12 日	上海
《桥工报》	1954 年 11 月	北京

报刊名称	创刊时间	办刊地点
《桥时代——中国新闻周刊·南亚版》	2010年10月18日	昆明
《秦风工商日报》	1943年8月13日	西安
《秦风日报》	1915年	西安
《秦皇岛报》	1956年4月14日	秦皇岛（河北）
《秦皇岛日报》	1956年4月	秦皇岛（河北）
《秦镜报》	1915年	西安
《秦陇报》	1907年8月28日	东京（日本）
《秦中公报》	1913年	西安
《秦中公报》	1915年	西安
《秦中官报》	1903年8月	西安
《秦中书局汇报》	1897年11月24日	西安
《秦钟》	1920年1月20日	北京
《勤业》	1918年	嵊县（浙江）
《青岛日报》	1949年12月10日	青岛（山东）
《青岛日日新闻》	1922年10月31日	青岛（山东）
《青岛时报》	1908年4月	青岛
《青岛时报》	1924年7月	香港
《青岛晚报》	1992年1月1日	青岛（山东）
《青岛新报》（日文）	1915年1月15日	青岛（山东）
《青海藏文报》	1951年1月16日	青海
《青海藏文法制报》	1983年1月	西宁
《青海法制报》	1981年6月	西宁
《青海经济报》	1985年1月	西宁
《青海科技报》	1979年5月	西宁
《青海科技报》（藏文版）	1984年7月21日	西宁
《青海青年报》	1956年1月	西宁
《青海日报》	1949年10月20日	西宁
《青龙报》	1905年	天津
《青楼画报》	1897年	上海
《青年》	1898年3月	上海
《青年》	1921年1月1日	开封
《青年爱》	1904年	九江（江西）
《青年报》	1912年秋	武汉
《青年报》	1949年6月10日	上海
《青年参考》	1984年7月6日	北京

报刊名称	创刊时间	办刊地点
《青年会报》	1902 年	上海
《青年会报》（后改名为《星期报》）	1901 年	天津
《青年记者》	1938 年 1 月 1 日	香港
《青年记者》	1938 年 6 月 1 日	成都
《青年记者》	1940 年 4 月 24 日	成都
《青年记者》	1940 年 9 月 1 日	重庆
《青年镜》	1916 年	上海
《青年军报》	1911 年	安庆（安徽）
《青年实话》	1931 年 7 月 1 日	永丰县（江西）
《青年团结》	1938 年 8 月 20 日	南昌
《青年游戏杂志》	1918 年 9 月	上海
《青年杂志》	1915 年 9 月 15 日	上海
《青年战士》	1952 年 10 月 10 日	台湾
《青年之页》	1941 年 9 月 21 日	延安
《青年之友》	1928 年 2 月	上海
《青年周报》（蒙古文）	1946 年 8 月 1 日	王爷庙（今乌兰浩特）
《青年周刊》	1922 年 2 月 26 日	广州
《青年周末》	2006 年 3 月 30 日	北京
《青浦报》	1910 年 9 月 13 日	上海
《青浦国民报》	1912 年 9 月	青浦（江苏）
《青山报》	1917 年	内蒙古
《青声》	1923 年 7 月	天津
《青州报》	1987 年 3 月	青州（山东）
《轻工购物导报》	1993 年 1 月	北京
《轻工信息报》	1984 年 6 月 10 日	合肥
《清华大学临时增刊》	1915 年	北京
《清华大学周刊》	1914 年 3 月	北京
《清华金融评论》	2014 年 1 月 15 日	北京
《清华同学会中文期刊》	1916 年 1 月	北京
《清华学报》	1915 年 12 月	北京
《清议报》	1898 年 12 月 23 日	横滨（日本）
《清远报》	1991 年	清远（广东）
《晴报》	2011 年 7 月 27 日	香港
《庆州报》	1915 年	广东
《琼崖红旗》	1930 年 7 月 10 日	琼崖

报刊名称	创刊时间	办刊地点
《琼崖青年》	1924 年	上海
《秋声杂志》	1918 年 11 月	杭州
《秋收战报》	1979 年 8 月	郫县（四川）
《秋星》	1915 年 9 月 10 日	上海
《求是》	1988 年 7 月 1 日	北京
《求是》（英文版）2009 年 9 月 30 日	北京	
《求是报》	1897 年 9 月 30 日	上海
《求是报》	1912 年	福州
《求是报》	1913 年 2 月	福州
《求是日报》	1916 年	福州
《求我报》	1898 年 2 月	上海
《求知文丛》	1940 年 8 月	上海
《球报》	1993 年 1 月	沈阳
《球迷》	1985 年 7 月 2 日	天津
《曲阜报》	1987 年 1 月	曲阜（山东）
《曲靖报》	1985 年 7 月 1 日	曲靖（贵州）
《去毒钟日报》	1915 年	福州
《趣报》	1898 年 6 月 29 日	上海
《趣报》	1909 年 4 月 29 日	汉口
《全奥运》	2007 年 8 月 8 日	北京
《全国学生大会特刊》	1923 年 3 月 14 日	上海
《全国学生联合会日刊》	1919 年秋	福州
《全国主要期刊资料索引》	1955 年 3 月 20 日	上海
《全华邮报》	1845 年	香港
《全民报》	1928 年 8 月 10 日	北平
《全民抗战》	1938 年 7 月 7 日	汉口（湖北）
《全民日报》	1939 年 2 月	西贡（越南）
《全民月刊》创刊特大号	1936 年 3 月 15 日	巴黎（法国）
《全民周刊》	1937 年 12 月 11 日	汉口（湖北）
《全闽新日报》	1908 年 9 月	厦门（福建）
《全闽新日报》	1915 年	厦门
《全球画报》	1910 年	天津
《全蜀新闻》	1917 年	成都
《全浙公报》	1908 年 12 月	杭州
《全浙公报》	1915 年	杭州

报刊名称	创刊时间	办刊地点
《全浙新报》	1910 年	杭州
《全总通讯》	1930 年 2 月 15 日	上海
《泉州晚报》	1985 年 7 月 1 日	泉州（福建）
《劝导日报》	1910 年	南京
《劝学报》	1906 年	广丰（江西）
《劝业场》	1918 年 8 月 1 日	上海
《劝业场日报》	1917 年 10 月 21 日	上海
《劝业会报》	1909 年 11 月 2 日	上海
《劝业会旬报》	1909 年 12 月 22 日	南京
《劝业日报》	1910 年 4 月 29 日	南京
《群报》	1905 年冬	广州
《群报》	1912 年 2 月 18 日	武汉
《群报》	1912 年	福州
《群报辑要》	1898 年	兰州
《群报摘要》	1907 年	武昌（湖北）
《群化日报》	1912 年 5 月 5 日	济南
《群强报》	1912 年 6 月	北京
《群强报》	1915 年	北京
《群学会杂志》	1912 年 7 月	上海
《群学社编》	1901 年	杭州
《群言》	1985 年 4 月 7 日	北京
《群众》	1937 年 12 月 11 日	汉口（湖北）
《群众》	1947 年 1 月 30 日	香港
《群众》	1948 年 7 月 16 日	延安
《群众报》	1939 年 8 月 1 日	临淄县（山东）
《群众报》	1950 年 4 月 1 日	酉阳（四川）
《群众报》（蒙古文）	1947 年 7 月 1 日	内蒙古贝子庙
《群众日报》	1931 年 3 月 10 日	上海
《群众杂志》	1939 年 10 月	晋察冀边区
《群众周刊》	1926 年 10 年	武汉
	R	
《燃犀报》	1912 年	成都
《热诚报》	1910 年 10 月 7 日	上海
《热血日报》	1925 年 6 月 4 日	上海
《人报》	1912 年 1 月 20 日	南京

报刊名称	创刊时间	办刊地点
《人道日报》	1908 年	香港
《人道日报》	1913 年 4 月	杭州
《人道新报》	1907 年	香港
《人道杂志》	1911 年	香港
《人道指南》	1913 年 3 月上旬	上海
《人间》	1929 年 1 月 20 日	上海
《人间》	1985 年 11 月	台湾
《人间世》	1934 年 4 月 5 日	上海
《人镜画报》	1907 年 7 月 22 日	天津
《人口与家庭》	1985 年 8 月 1 日	福州
《人民》	1946 年 8 月 1 日	晋冀鲁豫军区
《人民保险报》	1984 年 12 月	北京
《人民报》	1940 年 5 月 1 日	平顺（山西）
《人民报》	1946 年 3 月 1 日	香港
《人民报》	1948 年 10 月 28 日	锦州（辽宁）
《人民代表报》	1988 年 10 月 1 日	太原
《人民法院报》	1992 年 10 月 1 日	北京
《人民法治》	2015 年 1 月 17 日	北京
《人民公安报》	1984 年 10 月 5 日	北京
《人民公路报》	1993 年 1 月	长沙
《人民广播》	1950 年	北京
《人民海军》	1957 年 2 月 12 日	北京
《人民画报》	1950 年 7 月 20 日	北京
《人民画报》（英、蒙、维、藏文版）	1951 年 1 月	北京
《人民军队》	1949 年 7 月 15 日	西安
《人民军队画报》	1949 年 8 月 1 日	陕甘宁地区
《人民陆军》	2016 年 5 月 28 日	北京
《人民前线》	1948 年 9 月 18 日	华东地区
《人民权利报》	1992 年 3 月 1 日	济南
《人民日报·海外版》（日文版）	2008 年 1 月 29 日	东京（日本）
《人民日报》	1930 年 12 月 25 日	天津
《人民日报》	1933 年 11 月 11 日	福州
《人民日报》	1946 年 5 月 15 日	邯郸（河北）
《人民日报》（北平版）	1949 年 2 月 2 日	北平
《人民日报》（藏文版）	2009 年 8 月 1 日	地点不详

报刊名称	创刊时间	办刊地点
《人民日报》（朝鲜文版）	1946年9月1日	延吉（吉林）
《人民日报》（海外版）	2005年1月5日	北京
《人民日报》（华北）	1948年6月15日	平山（河北）
《人民日报·海外版》	1985年7月1日	北京
《人民时代》	1946年1月	晋绥解放区
《人民铁道》	1949年5月1日	北平
《人民卫生报》	1977年5月	北京
《人民武警报》	1983年10月1日	北京
《人民消防报》	1985年10月1日	哈尔滨
《人民新报》（朝鲜文版）	1945年10月16日	牡丹江（黑龙江）
《人民邮电》	1950年5月15日	北京
《人民战士》	1947年4月28日	晋冀鲁豫地区
《人民长江报》	1956年5月4日	武汉
《人民政协报》	1983年4月6日	北京
《人民之路》（蒙古文版）	1945年10月28日	王爷庙（今乌兰浩特）
《人民之友》	1937年4月25日	北平
《人民之友》	1946年春	乌兰浩特（内蒙）
《人民知识》	1948年4月1日	乌兰浩特（内蒙）
《人民中国》（俄文版）	1951年1月	北京
《人民中国》（英文版）	1950年1月	北京
《人民中国》日	文版1953年6月	北京
《人民中国报道》	1950年5月15日	北京
《人民周刊》	1926年2月7日	广州
《人民子弟兵》	1948年10月3日	邯郸（河北）
《人权报》	1911年3月29日	广州
《人权报》	1913年7月	成都
《人权报》	1915年	广东
《人人周刊》	1945年9月18日	上海
《人山报》	1941年3月	冀南
《人声》	1922年2月7日	成都
《人事导报》	1989年5月1日	福州
《人物》	1967年4月	香港
《人物周刊》	2003年8月20日	北京
《仁声报》	1911年	广州
《仁言日报》	1915年	中山（广东）

报刊名称	创刊时间	办刊地点
《认识》	1929 年 1 月	北平
《认识》	1937 年 6 月 15 日	上海
《日报》（德文）	1904 年秋	天津
《日报特选》	1889 年	香港
《日本潮》	1915 年 8 月	上海
《日本新华侨报》	1999 年 2 月 25 日	东京（日本）
《日俄战纪》	1904 年 3 月	上海
《日华新报》	1908 年	东京（日本）
《日喀则报》	1987 年 10 月 1 日	日喀则（西藏）
《日日新报》	1906 年 2 月 8 日	香港
《日日新闻》	1913 年 5 月 10 日	北京
《日日新闻》	1913 年	成都
《日日新闻报》	1918 年 5 月 6 日	苏州（江苏）
《日闻》	1895 年	勃力门（德国）
《日新报》	1898 年	苏州
《日新报》	1899 年 10 月 5 日	温哥华（加拿大）
《日新报》	1901 年	新加坡
《日新报》	1903 年	温哥华（加拿大）
《日新报》	1912 年	宜宾
《日新画报》	1907 年 11 月 6 日	北京
《日新学报》	1904 年	东京（日本）
《日新杂志》	1918 年 5 月	上海
《日照报》	1987 年日	照（山东）
《日照县报》	1980 年 10 月 3 日	日照（山东）
《日知报》	1913 年 9 月	北京
《日知报》	1915 年	北京
《日知日报》	1916 年 4 月	成都
《榕江报》	1956 年 4 月	揭阳（广东）
《汝州晚报》	1993 年 1 月	汝州（河南）
《锐进学报》	1911 年 7 月	上海
《瑞香华洋新报》	1891 年	波士顿（美国）
《闰癸卯》	1917 年	上海

S

报刊名称	创刊时间	办刊地点
《塞北日报》	1912 年	北京
《三二二战报》	1970 年 10 月 1 月	辽河（辽宁）

报刊名称	创刊时间	办刊地点
《三江日报》	1985 年 1 月 14 日	佳木斯（黑龙江）
《三江晚报》	1992 年 10 月	佳木斯（黑龙江）
《三廉月刊》	1919 年 2 月	上海
《三罗日报》	1938 年 12 月	罗定县（广东）
《三门峡报》	1985 年 5 月	三门峡（河南）
《三明日报》	1984 年 1 月 1 日	三明（福建）
《三三战报》	1971 年 2 月 21 日	宜昌（湖北）
《三峡商报》	2001 年 1 月 1 日	宜昌（湖北）
《扫荡》	1931 年 5 月	南昌
《扫盲学习报》	1993 年 1 月	哈尔滨
《沙加缅度新录》	1856 年 12 月	加州萨克拉门托市（美国）
《沙仑》	1930 年 6 月 16 日	上海
《沙市广播电视报》	1993 年 9 月	沙市（湖北）
《莎车报》（维吾尔文版）	1956 年 11 月 1 日	莎车（新疆）
《莎车群众报》	1952 年 8 月	莎车（新疆）
《厦门采风报》	1985 年 3 月	厦门
《厦门钞报》	1902 年 7 月 16 日	厦门（福建）
《厦门画报》	1889 年	厦门
《厦门日报》	1907 年 12 月	厦门
《厦门日报》	1949 年 10 月 22 日	厦门
《厦门商报》	1995 年 7 月 1 日	厦门
《厦门特区工人报》	1984 年 1 月	厦门
《厦门晚报》	1993 年	厦门
《厦门新报》	1886 年	厦门
《厦门学生》	1924 年	厦门
《山东法报》	1918 年	济南
《山东妇女》	1941 年 3 月 8 日	山东
《山东工人报》	1984 年 1 月	济南
《山东公报》	1915 年	济南
《山东官报》	1905 年	济南
《山东广播电视报》	1954 年 3 月	山东
《山东国文报》（前身为《国文报》）	1906 年 3 月	济南
《山东画报》	1943 年 7 月	莒南（山东）
《山东画报》	1958 年 8 月 1 日	济南
《山东计划生育报》	1982 年 2 月	济南

报刊名称	创刊时间	办刊地点
《山东教育报》	1913 年 4 月	济南
《山东教育公报》	1914 年 9 月	济南
《山东经济报》	1980 年 1 月	济南
《山东科学小报》	1959 年 1 月	济南
《山东劳动周刊》	1922 年 7 月 9 日	济南
《山东民报》	1917 年	济南
《山东农工杂志》	1913 年	济南
《山东侨报》	1991 年 1 月 16 日	济南
《山东日报》	1912 年	济南
《山东日报》	1915 年	济南
《山东日日官报》	1908 年	济南
《山东商务日报》	1916 年	济南
《山东时报》	1896 年	登州（山东）
《山东时报》	1918 年	济南
《山东实业公报》	1914 年	济南
《山东体育报》	1958 年 2 月	济南
《山东新报》（后改名《山东每日新闻》）	1917 年	青岛（山东）
《山东新闻》（日文）	1916 年 6 月 7 日	济南
《山东自治报》	1909 年 8 月	济南
《山西白话报》	1903 年	太原
《山西白话演说报》	1906 年	太原
《山西地质报》	1985 年 7 月 15 日	太原
《山西法制报》	1984 年 5 月 4 日	太原
《山西妇女报》	1985 年 5 月 23 日	太原
《山西工人报》	1984 年 3 月	太原
《山西公报》	1912 年	太原
《山西公报》	1915 年	太原
《山西广播电视报》	1956 年	太原
《山西教育报》	1917 年 1 月	太原
《山西教育报》	1985 年 8 月 5 日	太原
《山西教育公报》	1918 年	太原
《山西经济报》	1985 年 7 月 15 日	太原
《山西科技报》	1978 年 10 月	太原
《山西民报》	1911 年 11 月 29 日	太原
《山西农民》	1949 年 10 月 20 日	太原

报刊名称	创刊时间	办刊地点
《山西日报》	1918年6月2日	太原
《山西日报》	1949年4月26日	太原
《山西实业报》	1912年6月	太原
《山西卫生报》	1958年9月	太原
《山西邮电》	1953年12月	太原
《山西政协报》	1986年10月	成都
《山西注音报》	1960年7月1日	太原
《陕西》	1909年11月27日	三原（陕西）
《陕西地质报》	1980年9月	西安
《陕西官报》	1908年5月	西安
《陕西广播电视报》	1953年9月	西安
《陕西建筑报》	1953年9月	西安
《陕西交通安全报》	1993年1月	西安
《陕西教育官报》	1910年12月	西安
《陕西教育行政》	1913年	西安
《陕西经贸报》	1987年	西安
《陕西科技报》	1979年8月	西安
《陕西老年报》	1985年2月	西安
《陕西农民报》	1954年10月	西安
《陕西青年》	1976年10月	西安
《陕西省农会杂志》	1913年1月	西安
《陕西卫生报》	1984年1月	西安
《陕西消防报》	1991年	西安
《陕西邮电报》	1985年12月	西安
《陕西政协报》	1987年8月1日	西安
《汕头工人报》	1984年5月	汕头（广东）
《汕头公报》	1906年	汕头（广东）
《汕头日报》	1958年7月1日	汕头（广东）
《汕头特区报》	1986年10月1日	汕头（广东）
《善报》	1901年	嘉善（浙江）
《善报》	1919年1月	北京
《善导月报》	1913年6月	松江（江苏）
《商报》	1904年2月20日	香港
《商报》	1908年	北京
《商报》	1909年	贵阳（贵州）

报刊名称	创刊时间	办刊地点
《商报》	1911 年 4 月	重庆
《商报》	1912 年	香港
《商报》	1916 年 10—11 月	汉口（湖北）
《商报》	1921 年 1 月 1 日	上海
《商报》	1928 年 6 月 27 日	天津
《商洛报》	1959 年	商县（陕西）
《商丘报》	1985 年 1 月 1 日	商丘（河南）
《商丘日报》	1985 年 1 月	商丘（河南）
《商权报》	1912 年	广州
《商务报》	1903 年 12 月	北京
《商务报》	1909 年 10 月 8 日	汉口
《商务报》	1912 年	北京
《商务报》	1914 年 5 月 1 日	上海
《商务官报》	1906 年 4 月 28 日	北京
《商务日报》	1900 年	广州
《商务日报》	1901 年 3 月 22 日	上海
《商务日报》	1904 年	镇江（江苏）
《商务日报》	1905 年	芜湖（安徽）
《商务日报》	1912 年	南昌
《商务日报》	1914 年 4 月 25 日	成都
《商务日报》	1915 年	上海
《商务日报》（又名《中国商务日报》）	1909 年	上海
《商学余社什志》	1914 年 10 月	上海
《商业日报》	1912 年 1 月 10 日	北京
《商业日报》	1915 年	梧州（广西）
《商业杂志》	1909 年	绍兴
《商业杂志》	1916 年	天津
《商业杂志》	1917 年 4 月 10 日	上海
《商业周刊》（北美版）	1985 年 6 月 29 日	北京
《赏奇画报》	1906 年 5 月 8 日	广州
《上大五卅特刊》	1925 年 6 月 15 日	上海
《上海》	1907 年 5 月 12 日	上海
《上海》	1915 年 2 月	上海
《上海白话报》	1910 年 11 月 2 日	上海
《上海报》	1929 年 4 月 17 日	上海

报刊名称	创刊时间	办刊地点
《上海报》	1929年10月1日	上海
《上海差报》(《晋源报》)	1868年10月1日	上海
《上海法商会报》	1915年	上海
《上海法制报》	1984年1月1日	上海
《上海佛教》	1910年	上海
《上海妇女》	1938年4月20日	上海
《上海工人》	1927年8月23日	上海
《上海工商学联合会日报》	1925年6月22日	上海
《上海工业经济报》	1985年1月	上海
《上海工业专门学校学生什志》	1915年6月	上海
《上海工运》	1979年3月23日	上海
《上海公报》	1913年	上海
《上海供销信息报》	1985年3月6日	上海
《上海海运报》	1956年	上海
《上海和明商会年报》	1896年	上海
《上海花世界》	1919年2月1日	上海
《上海画报》	1925年6月初	上海
《上海画报》	1982年2月	上海
《上海回声报》	1885年	上海
《上海汇报》	1867年2月	上海
《上海交通安全报》	1980年1月	上海
《上海经济日报》	1918年11月30日	上海
《上海经济时报》	1917年8月1日	上海
《上海经济时报》	1988年6月3日	上海
《上海经济信息》	1984年10月6日	上海
《上海科技》	1971年	上海
《上海老年报》	1986年1月	上海
《上海漫画》	1928年4月21日	上海
《上海每日时报》	1861年9月15日	上海
《上海评论》	1924年12月22日	上海
《上海青年》	1901年	上海
《上海人报》	1938年1月15日	上海
《上海人民》	1949年4月	上海
《上海日报》	1930年5月16日	上海
《上海日报》(法文)	1927年12月10日	上海

报刊名称	创刊时间	办刊地点
《上海日日新闻》	1914年10月1日	上海
《上海商报》	1985年10月	上海
《上海社会》（英文）	1906年	上海
《上海时报》	1892年	上海
《上海时报》	1896年	上海
《上海时事》	1896年3月27日	上海
《上海时装报》	1993年1月	上海
《上海世博特刊》（人民日报海外版）	2008年10月24日	北京
《上海市公报》	1912年9月	上海
《上海书业商会图书月报》	1906年7月6日	上海
《上海滩》	1914年11月	上海
《上海通志馆期刊》	1933年6月	上海
《上海图画美术学校杂志》	1918年1月	上海
《上海图书界》	1914年6月	上海
《上海晚报》	1898年8月2日	上海
《上海晚报》	1931年4月2日	上海
《上海文化艺术报》	1980年2月	上海
《上海撷报》	1903年	上海
《上海新报》	1861年11月下旬	上海
《上海新报》	1890年6月5日	上海
《上海新报》	1904年7月1日	上海
《上海新报》	1918年10月5日	上海
《上海新闻》	1870年12月5日	上海
《上海新闻》	1950年6月10日	上海
《上海信使报》	1873年1月16日	上海
《上海学生联合会日刊》	1919年6月4日	上海
《上海要闻与每周信使报》	1871年1月4日	上海
《上海医报》	1910年7月	上海
《上海医学报》	1898年	上海
《上海译报》	1983年7月	上海
《上海英商会报》（英文）	1916年	上海
《上海英文星报》	1993年1月	上海
《上海幽默画报》	1871年	上海
《上海与日本人》	1917年	上海
《上海杂志》	1915年1月	上海

报刊名称	创刊时间	办刊地点
《上海证券报》	1993年1月	上海
《上海政协报》	1984年7月1日	上海
《上海至加利福尼亚及大西洋各州新闻通信》	1867年10月16日	上海
《上海周报》	1894年1月	上海
《上海周报》	1913年2月11日	上海
《上海周报》	1939年11月1日	上海
《上海周报》（日文）	1903年12月24日	上海
《上海总工会日刊》	1925年6月11日	上海
《上虞报》	1993年1月	上虞（浙江）
《尚武会旬报》（又名《武风鼓吹》）	1911年9月22日	宁波
《尚贤堂晨鸡录》	1910年2月	上海
《尚贤堂月报》	1897年6月	北京
《尚志》	1918年春	昆明
《韶关日报》	1984年1月	韶关（广东）
《韶山报》	1993年	韶山（湖南）
《少年》	1922年8月1日	巴黎（法国）
《少年百科知识报》	1985年1月	成都
《少年报》	1967年7月	上海
《少年儿童故事报》	1985年1月	杭州
《少年共产国际》	1924年11月1日	上海
《少年画报》	1928年4月14日	北京
《少年进德汇编》	1917年7月	上海
《少年科普报》	1981年5月25日	抚顺（辽宁）
《少年科学报》	1984年1月	北京
《少年日报》	1924年7月21日	北京
《少年世界》	1920年1月1日	南京
《少年文史报》	1981年8月6日	兰州
《少年文史报》	1992年7月	甘肃
《少年先锋》	1926年9月1日	广州
《少年杂志》	1911年3月1日	上海
《少年真理报》（原名《冬季冲锋报》）	1932年10月3日	上海
《少年之声报》	1984年1月3日	南京
《少年中国》	1919年7月15日	北京
《少年中国晨报》	1910年8月18日	旧金山（美国）
《少年中国学会会务报告》	1919年3月	北京

报刊名称	创刊时间	办刊地点
《邵阳广播电视报》	1993 年 1 月	邵阳（湖南）
《邵阳日报》	1984 年 10 月	邵阳（湖南）
《绍兴白话报》	1903 年 7 月 9 日	绍兴
《绍兴白话报》	1910 年 3 月 15 日	绍兴
《绍兴教育杂志》	1914 年 11 月	绍兴（浙江）
《绍兴经济报》	1984 年 10 月	绍兴（浙江）
《绍兴蠡报》	1917 年 1 月	绍兴（浙江）
《绍兴民报》	1917 年 5 月 14 日	绍兴（浙江）
《绍兴日报》	1917 年 5 月	绍兴（浙江）
《绍兴日报》	1984 年 2 月 29 日	绍兴（浙江）
《绍兴县教育月刊》	1913 年 10 月 15 日	绍兴（浙江）
《绍兴医药学报》	1908 年	绍兴
《社会》（又名《社会杂志》《社会报》）	1911 年 10 月 11 日	上海
《社会党日报》	1912 年 4 月 29 日	重庆
《社会党月刊》	1912 年 4 月	上海
《社会公报》	1907 年 12 月 5 日	香港
《社会教育白话宣讲书》	1912 年 10 月	上海
《社会科学》	1933 年 6 月 1 日	北平
《社会科学报》	1985 年 9 月	上海
《社会科学战线》	1930 年 9 月 15 日	上海
《社会日报》	1912 年 2 月 1 日	上海
《社会日报》	1929 年 11 月 1 日	上海
《社会日报》	1931 年 2 月	天津
《社会生活》	1932 年 10 月 2 日	上海
《社会世界》	1912 年 1 月	上海
《社会晚报》	1934 年 3 月 1 日	上海
《社会新闻》	1932 年 10 月	上海
《社会星》	1911 年 7 月 9 日	上海
《社会星报》	1916 年	北京
《社会与公益》	2010 年 7 月 2 日	北京
《社会月报》	1934 年 5 月	上海
《社会主义月刊》（又名《民族与社会月刊》）	1933 年 3 月 1 日	上海
《社镜画报》	1908 年 6 月	上海
《社刊》	1917 年 6 月	上海
《摄影报》	1983 年 9 月 1 日	太原

报刊名称	创刊时间	办刊地点
《摄影报》	1987 年 7 月 2 日	北京
《摄影工作》	1951 年 3 月	北京
《摄影学周刊》	1924 年 7 月	上海
《摄影之友》	1985 年 1 月	广州
《摄影周刊》	1996 年 1 月 4 日	无锡（江苏）
《申报》	1915 年	上海
《申报》(《申江新报》)	1872 年 4 月 30 日	上海
《申报月刊》	1932 年 7 月 15 日	上海
《申江服务导报》	1998 年 1 月 1 日	上海
《伸报》	1916 年	福州
《深省报》	1908 年 7 年	武汉
《深星时报》	1995 年 10 月 12 日	香港
《深圳都市报》	2001 年 3 月 15 日	深圳
《深圳商报·盲文特刊》	2002 年 5 月 19 日	深圳
《深圳特区报》	1982 年 5 月 24 日	深圳
《深圳特区报》(英文版)	1997 年 7 月 1 日	深圳
《深圳晚报》	1993 年	深圳
《神户华侨商业研究会季报》	1916 年	神户（日本）
《神京白话报》	1909 年	北京
《神学杂志》	1914 年 2 月	南京
《神州》	1913 年 8 月	上海
《神州丛报》	1913 年 8 月 1 日	上海
《神州国光集》	1908 年 3 月	上海
《神州画报》	1909 年	上海
《神州女报》	1907 年 12 月 20 日	上海
《神州女报》	1912 年 11 月	上海
《神州日报》	1907 年 4 月 2 日	上海
《神州日报》	1915 年	上海
《神州日报画报》	1910 年 4 月	上海
《神州学丛》	1917 年 9 月	上海
《神州医药学报》	1913 年 10 月	上海
《沈阳工人报》	1985 年 4 月	沈阳
《沈阳科技报》	1965 年 4 月	沈阳
《沈阳青年报》	1983 年 4 月 4 日	沈阳
《沈阳日报》	1949 年 12 月 20 日	沈阳

报刊名称	创刊时间	办刊地点
《沈阳晚报》	1985年7月1日	沈阳
《沈阳新报》	1964年	沈阳
《生产报》	1950年	察哈尔盟（内蒙古）
《生产战线报》	1953年5月	新疆
《生活》	1912年8月	上海
《生活》	1925年10月11日	上海
《生活报》	1945年10月初	哈尔滨
《生活报》	1984年10月6日	哈尔滨
《生活导报》	1993年1月	乌鲁木齐
《生活服务导报》	2006年1月5日	海南
《生活教育》	1934年2月16日	上海
《生活日报》	1913年10月20日	上海
《生活日报》	1936年6月7日	香港
《生活十日》	1936年5月上旬	北平
《生活时报》	1996年1月2日	北京
《生活星期刊》	1936年8月23日	上海
《生活学校》	1937年3月10日	上海
《生活杂志》	1912年	上海
《生活之友》（朝文）	1985年6月12日	延吉（吉林）
《生活知识》	1935年10月5日	上海
《生活周刊》	1985年1月	上海
《生路》	1928年1月	上海
《生香馆画报》	1906年	上海
《声东报》	1915年	广东
《声铎公社质言》	1910年	陕西
《声援》	1925年6月10日	厦门
《省港通报》	1903年	广州
《圣报》	1908年	上海
《圣公会报》	1908年1月	上海
《圣教会报》	1908年1月1日	上海
《圣教新报》	1895年	上海
《圣教杂志》	1912年1月	上海
《圣教杂志》	1912年	上海
《圣经报》	1913年	上海
《圣书新报》	1871年	上海

报刊名称	创刊时间	办刊地点
《圣心报》	1887年6月1日	上海
《胜利报》	1938年5月1日	山西
《胜利报》	1955年	新疆
《胜利报》	1964年4月1日	胜利油田（山东）
《胜利报》	1992年12月	新疆
《胜利报》（后改名《胜利新报》）	1945年12月	辽宁
《盛京报》	1904年	奉天（沈阳市旧称）
《盛京时报》	1906年9月1日	奉天（沈阳市旧称）
《盛天时报》	1915年	奉天（沈阳旧称）
《师范讲义》	1910年6月26日	上海
《诗》	1922年1月15日	上海
《诗歌报》	1984年11月6日	合肥
《诗谜改错录》	1910年5月2日	武汉
《十日新》	1914年12月	上海
《十日小说》	1909年9月14日	上海
《十堰报》	1982年10月	十堰（湖北）
《十月评论》	1974年1月	香港
《十字街头》	1931年12月11日	上海
《石河子报》	1980年7月1日	石河子（新疆）
《石家庄广播电视》	1984年9月28日	石家庄
《石家庄晚报》	1984年10月1日	石家庄
《石首报》	1991年	石首（湖北）
《石油工人报》	1950年1月1日	玉门（甘肃）
《石嘴山报》	1988年1月1日	石嘴山（宁夏）
《石嘴山矿报》	1974年10月	石嘴山（宁夏）
《时报》	1886年11月6日	天津
《时报》	1903年	厦门（福建）
《时报》	1904年6月12日	上海
《时报》	1910年	广州
《时报》	1915年	上海
《时报新闻周刊》	1975年6月1日	台湾
《时报新闻周刊》	1986年6月1日	台湾
《时代》	1941年8月20日	上海
《时代》（俄文）	1941年3月	上海
《时代传媒》	2002年1月10日	香港

报刊名称	创刊时间	办刊地点
《时代画报》	1929 年 10 月	上海
《时代漫画》	1934 年 1 月 25 日	上海
《时代日报》	1932 年 7 月 1 日	上海
《时代日报》	1945 年 8 月 16 日	上海
《时代晚报》	1939 年 10 月 10 日	上海
《时代文艺》	1928 年 10 月 1 日	上海
《时代信报》	2007 年 1 月 8 日	重庆
《时刻准备着》	1933 年 10 月 5 日	瑞金（江西）
《时敏报》	1903 年	广州
《时敏报》	1915 年	广东
《时敏新报》	1909 年 1 月	广州
《时事报》	1935 年 7 月 1 日	天津
《时事报》（《时事新报》前身）	1907 年 12 月 8 日	上海
《时事画报》	1905 年 9 月	广州
《时事画报》	1908 年冬	上海
《时事画报》	1912 年 7 月	上海
《时事画报》（旬刊）	1907 年 4 月	北京
《时事汇报》	1913 年 12 月	上海
《时事汇报》	1934 年 12 月 9 日	上海
《时事日刊》	1917 年 5 月 22 日	临海（浙江）
《时事手册》	1950 年 10 月 16 日	北京
《时事闻见录》	1910 年 1 月	北京
《时事新报》	1915 年	上海
《时事新报星期画刊》	1911 年 12 月	上海
《时事新报月刊》	1911 年 6 月	上海
《时事新刊》	1938 年 6 月 25 日	成都
《时事旬刊》	1919 年 2 月	北京
《时事豫报》	1913 年 3 月	开封
《时事月刊》	1921 年 2 月 15 日	北京
《时术丛谭》	1902 年	上海
《时闻报》	1909 年	天津
《时务报》	1896 年 8 月 9 日	上海
《时谐画报》	1907 年 11 月	广州
《时言报》	1916 年 12 月	开封
《时言报》	1919 年 3 月	北京

报刊名称	创刊时间	办刊地点
《时与文》	1947 年 2 月 28 日	上海
《时兆月报》	1904 年 11 月	上海
《时装报》	1994 年 3 月 15 日	西安
《实报》	1903 年	香港
《实报》	1912 年	香港
《实报》	1913 年 2 月	沈阳
《实报》	1928 年 10 月 4 日	北平
《实报半月刊》	1935 年 10 月 16 日	北平
《实事白话报》	1918 年 8 月 1 日	北京
《实事求是》	1978 年 5 月	乌鲁木齐
《实学报》	1897 年 8 月 28 日	上海
《实学斋文编》	1897 年	杭州
《实业报》	1908 年 3 月 35 日	广州
《实业丛报》	1913 年 4 月	杭州
《实业公报》	1912 年 7 月 20 日	成都
《实业公报》	1915 年	济南
《实业汇报》	1915 年	北京
《实业汇报》	1916 年 3 月 1 日	上海
《实业界》	1905 年	上海
《实业界》（又名《美洲学报实业界》）	1905 年 2 月 23 日	加州伯克利市（美国）
《实业浅说周刊》	1915 年	北京
《实业日报》	1913 年 2 月	开封（河南）
《实业杂志》	1912 年 8 月	天津
《实业杂志》	1912 年	长沙
《食品导报》	1993 年 1 月	温州（浙江）
《史地周刊》	1934 年 9 月 21 日	天津
《史学报》	1899 年	温州（浙江）
《史学报》	1900 年	温州（浙江）
	T	
《士兵的话》	1930 年 5 月 1 日	南京
《士兵的话》	1931 年 6 月 21 日	江西
《士兵的话》	1933 年 2 月中旬	河北
《士兵的话》	1934 年 3 月左右	陕西
《士兵福音》	1930 年初	福建
《士兵之友》	1940 年秋	延安

报刊名称	创刊时间	办刊地点
《士兵指南》	1932年3月18日	四川
《世纪新闻》	1912年	北京
《世界》	1907年秋	巴黎（法国）
《世界》	1928年12月	上海
《世界》	1932年12月	上海
《世界博览》	1984年1月	北京
《世界晨报》	1931年7月5日	上海
《世界大势概要》	1919年3月	北京
《世界大战画报》	1939年10月	上海
《世界繁华报》	1901年	上海
《世界公益报》	1903年12月29日	香港
《世界公益报》	1912年	香港
《世界公益报》	1915年	香港
《世界观》	1915年8月	成都
《世界汉学》	1998年5月	北京
《世界华声》	2013年2月6日	北京
《世界金属导报》	1988年10月26日	北京
《世界经济导报》	1980年6月21日	上海
《世界科技信息报》	1986年1月	上海
《世界科技译报》	1985年7月1日	南京
《世界论坛报》	1988年7月4日	台北
《世界日报》	1925年2月10日	北京
《世界日报》	1945年5月1日	重庆
《世界商品报》	1985年7月	北京
《世界体育参考》	1984年1月4日	北京
《世界晚报》	1924年4月16日	北京
《世界文化》	1930年9月10日	上海
《世界信息报》	1992年7月9日	北京
《世界语》	1921年1月9日	上海
《世界杂志》	1914年10月1日	上海
《世界知识》	1934年9月16日	上海
《世界知识画报》	1983年7月	北京
《世生世界》	1907年6月11日	金泽（日本）
《世说新报》	1917年6月7日	武汉
《市报》	1929年1月1日	北平

报刊名称	创刊时间	办刊地点
《市场》	1979 年 10 月 1 日	北京
《市场导报》	1985 年 7 月	济南
《市场导报》	1985 年 7 月	杭州
《市场信息报》	1984 年 6 月	太原
《市场指南报》	1993 年 12 年	武汉
《市民日报》	1944 年 8 月 15 日	澳门
《市声日报》	1926 年 11 月 11 日	北京
《视听导报》	1993 年 1 月	长春
《首都经济信息报》	1985 年 7 月	北京
《首都早报》	1989 年 6 月 1 日	台北
《售品所半月报》	1915 年 2 月 25 日	天津
《书报评论》	1931 年 1 月 15 日	上海
《书报展望》	1935 年 11 月 8 日	上海
《书法报》	1984 年 1 月	武汉
《书法导报》	1991 年	开封（河南）
《书画公会报》	1900 年 3 月	上海
《书画谱报》	1903 年 7 月	上海
《书画日报》	1905 年	上海
《书刊导报》	1984 年 7 月 1 日	长沙
《蜀报》	1903 年 7 月 14 日	成都
《蜀报》	1910 年 8 月 19 日	成都
《蜀报》	1912 年	成都
《蜀报》	1914 年 2 月 15 日	成都
《蜀粹日报》	1913 年 8 月 26 日	成都
《蜀风报》	1913 年 11 月 15 日	成都
《蜀风日报》	1911 年	成都
《蜀风日报》	1912 年 6 月	成都
《蜀华日报》	1918 年	成都
《蜀声报》	1917 年 4 月 24 日	成都
《蜀醒报》	1911 年 11 月 21 日	成都
《蜀学报》	1898 年 5 月 5 日	成都
《曙滇》	1923 年 5 月	日本
《曙光》	1919 年 11 月 1 日	北京
《述报》	1884 年 4 月 18 日	广州
《述报》	1884 年 4 月	河南

报刊名称	创刊时间	办刊地点
《数理化学会杂志》	1910年	上海
《数理化月志》	1908年3月	上海
《数理杂志》（季刊）	1918年1月	北京
《数理杂志》	1919年1月	北京
《双管阁画报》	1900年	上海
《双日画报》	1907年	汕头（广东）
《双星》	1915年3月	上海
《双鸭山日报》	1958年9月	双鸭山（黑龙江）
《双语教育研究》	2013年12月14日	新疆
《霜钟杂志》	1917年3月	北京
《水产》	1917年12月	上海
《水城矿工报》	1978年11月1日	水城（贵州）
《税务公报》	1915年	北京
《税务月报》	1914年1月	北京
《顺德公报》	1911年7月	顺德（广东）
《顺德新报》	1910年2月	顺德（广东）
《顺天时报》	1915年	北京
《顺天时报》（初创时名《燕京时报》）	1901年10月	北京
《说丛月刊》	1917年3月	北京
《朔望》	1914年12月	上海
《朔望报》	1911年7月10日	宁波
《司法部统计年报》	1917年	北京
《司法公报》	1913年10月	北京
《司法讲习所讲义录》	1915年7月	北京
《司法警民日报》	1988年10月22日	台北
《司法实记》	1912年1月	上海
《司法月报》	1916年	杭州
《思茅通讯》	1975年	思茅（云南）
《思明日报》	1920年	厦门
《思南报》	1958年1月	思南（贵州）
《思想》	1928年8月15日	上海
《思想报》（俄文）	1907年12月	哈尔滨
《思想批判》	1930年7月10日	北平
《斯觉》	1917年	上海
《四川》	1907年12月	东京（日本）

报刊名称	创刊时间	办刊地点
《四川保路同志会报告》	1911年6月26日	成都
《四川报》	1916年11月17日	成都
《四川财政汇编》	1914年8月	成都
《四川第四区教育杂志》	1915年1月	阆中（四川）
《四川都督府政报》	1912年3月	成都
《四川独立新报》	1911年12月28日	成都
《四川法制报》	1985年1月1日	成都
《四川工人日报》	1950年2月	成都
《四川公报》	1915年1月	成都
《四川公报》	1917年1月	成都
《四川官报》	1904年3月7日	成都
《四川广播电视报》	1978年12月30日	成都
《四川国民》	1926年初	重庆
《四川画报》	1960年7月	成都
《四川交通报》	1956年5月	成都
《四川教育官报》	1907年10月	成都
《四川经济报》	1984年1月	成都
《四川警务官报》	1911年2月下旬	成都
《四川军政府官报》	1911年12月2日	成都
《四川科技报》	1977年6月	成都
《四川矿业杂志》	1913年8月15日	成都
《四川林业报》	1954年10月	成都
《四川民报》	1912年9月	成都
《四川内江》	1987年10月	内江（四川）
《四川农会会报》	1919年4月5日	成都
《四川青年报》	1986年6月	成都
《四川群报》	1915年10月6日	成都
《四川日报》	1912年9月	成都
《四川日报》	1923年8月	重庆
《四川日报》	1952年9月1日	四川
《四川省会警察月报》	1913年1月	成都
《四川石油报》	1956年7月	四川
《四川时报》	1916年7月29日	成都
《四川实业杂志》	1911年	重庆
《四川税务汇刊》	1914年5月	成都

报刊名称	创刊时间	办刊地点
《四川体育报》	1956 年	成都
《四川通信报》	1950 年 2 月	成都
《四川晚报》	1916 年 10 月 15 日	成都
《四川晓报》	1931 年 8 月 1 日	成都
《四川新闻》	1916 年 10 月	成都
《四川学报》	1905 年 3 月	成都
《四川学生潮》	1920 年 6 月 13 日	成都
《四川旬报》	1915 年 4 月 11 日	成都
《四川盐务公报》	1917 年 7 月	重庆
《四川译学报》	1913 年 6 月 10 日	成都
《四川月报》	1914 年 1 月	成都
《四川招生通讯》	1979 年 5 月	成都
《四川正报》	1913 年 6 月 22 日	成都
《四川政报》	1913 年 11 月 20 日	成都
《四川政协报》	1987 年 1 月	成都
《四大都旅沪学会杂志》	1911 年	上海
《四明日报》	1910 年	宁波
《四溟琐记》（前《瀛寰琐记》）	1875 年 2 月	上海
《四平报》	1984 年 10 月 2 日	四平（吉林）
《四平日报》	1958 年 7 月	四平（吉林）
《四邑平报》	1916 年	江门（广东）
《四邑新商报》	1918 年 9 月	江门（广东）
《四邑旬报》	1909 年	广州
《四州周报》	1910 年	吉隆坡（马来西亚）
《泗滨日报》	1908 年	泗水市（荷属东印度）
《泗水日报》	1903 年	泗水市（印度尼西亚爪哇岛）
《松花江报》	1992 年 1 月	松花江
《松江农民》	1947 年 11 月	松江省（今黑龙江）
《松江日报》	1949 年 1 月	松江省（今黑龙江）
《松江新报》	1945 年 11 月 14 日	哈尔滨
《嵩岳日报》	1916 年 9 月	开封
《苏报》	1896 年 6 月 26 日	上海
《苏岛民报》	1904 年	棉兰（印度尼西亚）
《苏海汇报》	1897 年 3 月 12 日	上海
《苏杭公报》	1899 年 10 月 15 日	上海

报刊名称	创刊时间	办刊地点
《苏联文艺》	1942 年 11 月	上海
《苏门答腊报》	1908 年	棉兰（印度尼西亚）
《苏门答腊民报》	1914 年	棉兰（印度尼西亚）
《苏区工人》	1932 年 5 月	瑞金（江西）
《苏醒报》	1915 年	苏州（江苏）
《苏州白话报》	1901 年 10 月 21 日	苏州
《苏州白话报》	1902 年 8 月 5 日	上海
《苏州国民教育励进社杂志》	1914 年 3 月	苏州（江苏）
《苏州日报》	1912 年	苏州
《苏州日报》	1915 年	苏州（江苏）
《苏州新闻》	1910 年 11 月	苏州
《算学报》	1897 年 7 月	温州（浙江）
《算学报》	1900 年	成都
《绥化报》	1983 年 7 月 1 日	绥化（黑龙江）
《绥化地区报》	1988 年 9 月 1 日	绥化（黑龙江）
《绥化晚报》	2001 年 5 月 1 日	黑龙江
《绥蒙日报》	1946 年 7 月 1 日	集宁（内蒙古）
《绥蒙新闻日报》	1947 年初	归绥（今呼和浩特）
《随州报》	1985 年 1 月	随州（湖北）
	T	
《TMagazine》（中文版）	2015 年 3 月 16 日	纽约（美国）
《塔城报》	1958 年 12 月	塔城（新疆）
《塔里木信息》（维、汉文版）	1985 年 1 月 15 日	阿克苏（新疆）
《台报》	1901 年	台北（台湾）
《台北立报》	1988 年 7 月 12 日	台北
《台北人》	1987 年 9 月 1 日	台北
《台北日报》	1898 年	台北（台湾）
《台北新闻》	1899 年	台北（台湾）
《台风》	1935 年 11 月	北平
《台海研究》	2013 年 10 月 18 日	上海
《台江苗文报》	1986 年 12 月 5 日	台江（贵州）
《台南产业杂志》	1896 年 6 月 17 日	台南（台湾）
《台南每日新闻》	1903 年	台南（台湾）
《台南日报》	1900 年	台南（台湾）
《台澎日报》	1899 年 6 月 15 日	台南（台湾）

报刊名称	创刊时间	办刊地点
《台山报》	1949 年 11 月	台山（广东）
《台山读本》	2012 年 4 月 28 日	广东
《台山舆论报》	1915 年 12 月	台山（广东）
《台声》	1983 年 1 月	北京
《台湾》	1899 年 1 月 30 日	台南（台湾）
《台湾春秋》	1977 年 10 月 6 日	台北（台湾）
《台湾公会报》	1915 年 11 月	厦门
《台湾公论》	1899 年	台湾
《台湾民报》	1900 年 4 月	台湾
《台湾民报》	1923 年 4 月 15 日	东京（日本）
《台湾青年》	1920 年 7 月 16 日	东京（日本）
《台湾青年》	1943 年 1 月 1 日	龙岩（福建）
《台湾日报》	1897 年 3 月 8 日	台北（台湾）
《台湾日报》	1978 年 9 月 1 日	台中（台湾）
《台湾日报》（美东版）	1999 年 9 月	美国
《台湾日日新报》	1898 年 5 月 6 日	台北（台湾）
《台湾商业新报》	1899 年	台湾
《台湾时报》	1971 年 8 月 25 日	高雄（台湾）
《台湾晚报》	1987 年 7 月 14 日	台北
《台湾新报》	1896 年 6 月 17 日	台北（台湾）
《台湾新生报》	1945 年 10 月 25 日	台北（台湾）
《台湾新闻报》	1949 年 6 月 20 日	高雄（台湾）
《台湾政报》	1896 年 11 月	台湾
《台中每日新闻》	1901 年	台中（台湾）
《台中新闻》	1899 年	台中（台湾）
《台州报》	1984 年 6 月 26 日	台州（浙江）
《太白》	1934 年 9 月 20 日	上海
《太仓白话报》	1907 年	太仓（江苏）
《太仓日报》	1911 年春	太仓（江苏）
《太凡日报》	1912 年	北京
《太钢报》	1955 年 6 月 1 日	太原
《太行日报》	1958 年 7 月	长治（山西）
《太平洋》	1907 年	上海
《太平洋》	1917 年 3 月 1 日	上海
《太平洋报》	1912 年 4 月 1 日	上海

报刊名称	创刊时间	办刊地点
《太平洋日报》	1988 年 9 月 5 日	高雄（台湾）
《太铁报》	1972 年 7 月 1 日	太原
《太阳报》	1988 年 4 月 9 日	台北
《太阳月刊》	1928 年 1 月 1 日	上海
《太阳周刊》	1916 年 11 月	北京
《太原日报》	1952 年 1 月	太原
《太原晚报》	1965 年 1 月	太原
《太岳日报》	1940 年 6 月 7 日	沁源（山西）
《泰安日报》	1985 年 1 月 1 日	泰安（山东）
《泰安县报》	1956 年 8 月 1 日	泰安（山东）
《泰东日报》	1908 年 11 月 3 日	大连
《泰东日报》	1915 年	大连
《泰风日报》	1912 年 1 月	西安
《泰山时报》	1939 年 10 月 10 日	莱芜（山东）
《泰晤时报申报》（后改名为《上海泰晤士报》）	1901 年	上海
《泰州市报》	1951 年 5 月	泰州（江苏）
《谈道新编》	1872 年	汉口
《谈盐丛报》	1913 年 4 月	上海
《谈盐丛刊》	1913 年 7 月	上海
《谭风新闻》	1917 年 1 月 20 日	齐齐哈尔（黑龙江）
《檀山新报》	1883 年 3 月 16 日	檀香山（美国）
《坦途》	1927 年 10 月	天津
《唐番公报》	1875 年 9 月 11 日	旧金山（美国）
《唐风报》	1914 年	武汉
《唐山潮声》	1922 年 11 月 9 日	上海
《唐山日报》	1952 年	唐山（河北）
《堂报》	1918 年	望奎县（黑龙江）
《涛声》	1931 年 8 月 15 日	上海
《陶城报》	1992 年 12 月	佛山（广东）
《讨报》	1913 年 7 月 15 日	汉口
《讨袁日报》	1913 年 7 月 19 日	前后广州
《特区工人报》	1984 年 12 月 5 日	深圳
《特区证券报》	1993 年 1 月	海口
《特选撮要》	1823 年 7 月	巴达维亚（今雅加达）
《体坛周报》	1982 年 1 月	长沙

报刊名称	创刊时间	办刊地点
《体育报》	1931年10—11月	上海
《体育报》	1958年9月1日	北京
《体育参考》	1992年1月1日	广州
《体育导报》	1988年8月	上海
《体育画报》	1985年2月	北京
《体育季刊》	1918年3月	北京
《体育界》	1909年4月20日	上海
《体育快报》	1998年11月26日	地点不详
《体育世界》	1979年7月	西安
《体育文摘周报》	1992年10月	北京
《体育周报》	1918年9月	长沙
《体育周报》	1918年12月	长沙
《体育周刊》	1931年10—11月	上海
《天铎》	1909年12月13日	广州
《天铎报》	1910年3月11日	上海
《天府矿工》	1979年7月19日	四川
《天府牧业报》	1986年8月	成都
《天府新闻》	1915年11月	成都
《天公报》	1902年6月	重庆
《天汉日报》	1912年	暹罗曼谷
《天觉报》	1912年11月1日	绍兴
《天津白话报》	1910年1月11日	天津
《天津报》	1899年5月	天津
《天津晨报》	1914年4月	天津
《天津法制报》	1983年6月	天津
《天津反日周刊》	1918年	天津
《天津工人报》	1952年5月1日	天津
《天津公论》	1912年	天津
《天津广播》	1955年1月	天津
《天津广播电视报》	1955年1月	天津
《天津警务官报》	1907年	天津
《天津老年时报》	1992年7月1日	天津
《天津人报》（法文）	1921年	北京
《天津商报》（又名《商报》）	1905年12月26日	天津
《天津午报》	1916年10月11日	天津

报刊名称	创刊时间	办刊地点
《天津信使报》	1903 年	天津
《天津星期西报》	1911 年 3 月	天津
《天津学生联合会报》	1919 年 7 月 21 日	天津
《天门报》	1956 年 1 月	天门（湖北）
《天民报》	1911 年 6 月 22 日	广州
《天民报》	1912 年 3 月	重庆
《天民报》	1912 年 4 月初	成都
《天民报》	1915 年	北京
《天民报》（前身为《湘汉新闻》，后改名《天声报》）	1912 年 10 月 1 日	长沙
《天民日报》	1917 年 10 月	广州
《天目报》	1910 年	杭州
《天南日报》（汉文版）	1953 年	喀什（新疆）
《天南日报》维文版	1950 年 5 月 1 日	喀什（新疆）
《天南新报》	1898 年 5 月 26 日	新加坡
《天趣报》	1905 年	广州
《天山日报》	1929 年 4 月	迪化（今乌鲁木齐市）
《天声报》	1916 年 5 月 10 日	武汉
《天声丛报》	1911 年	上海
《天声日报》	1904 年	武汉
《天声日报》	1912 年 2 月 18 日	绍兴
《天声日报》	1918 年 5 月	开封
《天声日报》	1918 年 5 月	广州
《天水报》	1985 年 1 月 1 日	天水（甘肃）
《天天日报》	1960 年 11 月 1 日	香港
《天文台》	1936 年 11 月 7 日	香港
《天问》	1911 年	上海
《天下新闻》	1828 年	马六甲
《天演日报》	1937 年 1 月 15 日	香港
《天邀报》	1915 年	广东
《天义报》	1907 年 6 月 10 日	东京（日本）
《天佣报》	1912 年	南昌
《天职报》	1912 年 10 月 1 日	杭州
《天职报》	1912 年	广州
《天职报》	1915 年	广东
《天中日报》	1916 年 9 月	开封

报刊名称	创刊时间	办刊地点
《天中晚报》	2000年1月1日	驻马店（河南）
《天足会报》	1907年夏	上海
《调查月刊》（又名《商业调查月刊》）	1905年秋	仰光（缅甸）
《调查周刊》	1917年6月	上海
《铁道》	1912年10月	上海
《铁道工程报》	1984年1月1日	北京
《铁道工地报》	1979年7月1日	贵州
《铁道技术市场报》	1993年1月	北京
《铁道建设》	1964年5月1日	北京
《铁道建设报》	1951年7月1日	成都
《铁道勘设》	1956年5月19日	兰州
《铁道时报》	1916年5月	北京
《铁法矿工报》	1959年10月19日	铁法（辽宁）
《铁岭每日新闻》（日文）	1917年11月3日	铁岭（辽宁）
《铁岭日报》	1969年4月	铁岭（辽宁）
《铁岭时报》	1911年8月1日	铁岭（辽宁）
《铁路工人》	1949年11月7日	广州
《铁路公言报》	1907年春	广州
《铁路会计统计年报》	1915年	上海
《铁路建设报》	1975年2月20月	成都
《铁路界》	1910年7月20日	东京（日本）
《铁路救亡汇刊》	1919年3月	上海
《铁路协会会报报萃》	1913年	北京
《铁路协会杂志》	1912年10月	南京
《挺进报》	1939年9月1日	北平西郊抗日根据地
《挺进报》	1940年2月	京山（湖北）
《挺进报》	1947年3月初	重庆
《通报》	1906年9月中旬	天津
《通报》	1912年3月	南通（江苏）
《通报》	1912年	北京
《通报》	1914年	武汉
《通报》	1938年4月10日	上海
《通川日报》	1951年7月1日	达县（四川）
《通海新报》	1911年	南通（江苏）
《通化日报》	1990年2月1日	通化（吉林）

报刊名称	创刊时间	办刊地点
《通商报》	1913 年	上海
《通俗白话报》	1905 年	北京
《通俗白话报》	1907 年	奉天（沈阳市旧称）
《通俗白话报》	1917 年 5 月 6 日	济南
《通俗白话报》	1918 年 12 月 22 日	双城县（黑龙江）
《通俗白话报》（又名《武昌白话报》）	1909 年	武昌（湖北）
《通俗报》	1898 年	重庆
《通俗报》	1899 年 7 月 12 日	上海
《通俗报》	1908 年	安庆（安徽）
《通俗报》	1912 年 10 月 14 日	福州
《通俗报》	1912 年	武汉
《通俗报》	1913 年 10 月 19 日	如皋（江苏）
《通俗画报》	1909 年 4 月 20 日	成都
《通俗教育》	1915 年	齐齐哈尔（黑龙江）
《通俗教育报》	1914 年 12 月 8 日	齐齐哈尔（黑龙江）
《通俗教育报》	1917 年 6 月 4 日	哈尔滨
《通俗教育研究录》	1912 年 6 月	上海
《通俗教育杂志》	1913 年 4 月	福州
《通俗日报》	1909 年 3 月 11 日	成都
《通俗日报》	1915 年	兰州
《通俗新报》	1907 年 4 月	武汉
《通俗新报》	1911 年 7 月 30 日	成都
《通俗杂志》	1915 年 8 月 1 日	上海
《通俗周报》	1912 年 2 月	成都
《通俗周报》	1917 年 3 月	北京
《通问报》	1902 年 6 月 1 日	上海
《通信报》	1910 年	上海
《通学报》	1897 年 2 月	上海
《通学报》	1906 年 2 月 1 日	上海
《通学汇编》	1899 年 4 月	南昌
《通讯》	1939 年 12 月 1 日	延安
《通州师范校友会杂志》	1911 年 4 月 23 日	南通（江苏）
《同德杂志》	1917 年 5 月	北京
《同济》	1918 年 9 月 1 日	上海
《同侨报》	1908 年	曼谷（泰国）

报刊名称	创刊时间	办刊地点
《同文游艺报》	1917年12月	上海
《铜川报》	1985年4月1日	铜川（陕西）
《铜陵报》	1955年7月	铜陵（安徽）
《铜仁报》	1986年1月	铜仁（贵州）
《铜山报》	1956年6月	铜山（江苏）
《童话报》	1985年5月7日	上海
《童蒙易知草》	1905年	上海
《童子军月刊》	1919年2月25日	上海
《童子声》	1914年1月16日	上海
《童子世界》	1903年4月6日	上海
《统计月刊》	1918年4月	北京
《图画报》	1911年7月5日	上海
《图画晨报》	1932年6月19日	上海
《图画剧报》	1912年11月9日	上海
《图画剧报》	1918年	上海
《图画日报》	1909年8月16日	上海
《图画新报》	1909年1月	汕头（广东）
《图画新闻》	1908年12月	上海
《图画旬刊》	1909年4月26日	上海
《图画演说报》	1902年1月9日	杭州
《图画灾民报》	1911年8月	上海
《图画灾民录》	1912年	上海
《图南日报》	1904年春	新加坡
《图书汇报》	1910年7月	上海
《图书月报》	1906年5月	上海
《图书月刊》	1915年2月	上海
《团结》	1937年11月	上海
《团结》	1938年2月1日	延安
《团结报》	1946年1月12日	河北
《团结报》	1952年10月1日	吉首（湖南）
《团结报》	1956年4月25日	北京
《团结日报》（朝鲜文）	1947年12月25日	通化（吉林）
《团友》（蒙古文）	1946年1月12日	蒙古
《暾社学谈》	1911年3月15日	西安
《拖拉机报》	1992年12月	洛阳

报刊名称	创刊时间	办刊地点
《佗城日日新闻》	1910年	广州
《鮀江公理报》	1904年	汕头（广东）
《鮀江辑译报》	1903年初	汕头（广东）
《鮀江旬报》	1902年	汕头（广东）
《拓荒者》	1930年1月10日	上海
	W	
《WOW！ZINE·物志》	2005年8月15日	广东
《WTO经济导刊》	2002年12月11日	北京
《外阿穆尔人消闲报》（俄文）	1905年1月	中国东北
《外交报》	1902年1月4日	上海
《外交商榷会临时杂刊》	1917年2月	北京
《外交旬刊》	1924年5月	上海
《湾区时报》	1999年3月19日	旧金山湾区（美国）
《晚报》	1873年6月2日	上海
《晚报》	1898年	上海
《晚报》	1912年7月	成都
《晚报》	1916年10月	开封
《晚差报》	1867年10月1日	上海
《晚霞报》	1985年7月	成都
《晚钟报》	1912年4月	上海
《皖报》	1898年8月2日	芜湖（安徽）
《皖报》	1912年	安庆（安徽）
《皖东南报》	1984年10月	宣城（安徽）
《皖江日报》	1910年	芜湖（安徽）
《皖江日报》	1915年	芜湖（安徽）
《万国公报》	1895年8月17日	北京
《万国女子参政会旬报》	1913年4月	上海
《万国女子参政会月刊》	1913年3月	上海
《万国商业月报》	1908年4月	上海
《万球报》	1900年	旧金山（美国）
《万人》	1967年11月	香港
《万县日报》	1950年5月	万县（四川）
《万有学报》	1908年6月13日	上海
《网络传播》	2004年4月20日	北京
《网络导报》	2009年6月18日	内蒙古

报刊名称	创刊时间	办刊地点
《旺报》	2009 年 8 月 11 日	台湾
《望谟县布依文报》	1983 年 11 月 5 日	望谟（贵州）
《危言报》	1909 年 12 月 2 日	杭州
《危言报》	1914 年	重庆
《威海广播电视报》	1992 年 10 月	威海（山东）
《威海日报》	1985 年 1 月	威海（山东）
《微言》	1918 年 5 月	北京
《微言报》	1910 年	奉天（沈阳市旧称）
《唯一趣报有所谓》（通称《有所谓报》）	1905 年 6 月 4 日	香港
《惟一报》	1912 年	广州
《维纳丝》	1924 年 8 月 18 日	北京
《维新报》	1897 年	上海
《维新笔》	1904 年	上海
《维新日报》	1879 年	香港
《潍坊广播电视报》	1991 年	潍坊（山东）
《潍坊日报》	1984 年 7 月	潍坊（山东）
《卫生》	1941 年 11 月 24 日	延安
《卫生白话报》	1908 年 6 月	上海
《卫生报》	1898 年	上海
《卫生丛报》	1916 年 2 月	北京
《卫生科普报》	1980 年 4 月	天津
《卫生宣传》	1973 年 5 月	山东
《卫生宣传》	1978 年	四川
《卫生学报》	1906 年 1 月 25 日	上海
《卫生与生活》	1980 年 7 月 15 日	沈阳
《未明》	1928 年 9 月	上海
《渭南报》	1984 年 10 月 1 日	渭南（陕西）
《温州侨乡报》	1987 年 1 月	温州（浙江）
《文报》	1925 年 6 月 16 日	北京
《文萃》	1945 年 10 月 9 日	上海
《文华学界》	1906 年	武汉
《文化报》	1980 年 2 月	武汉
《文化斗争》	1930 年 8 月 15 日	上海
《文化岗位》	1938 年冬	昆明
《文化列车》	1933 年 12 月 1 日	上海

报刊名称	创刊时间	办刊地点
《文化批判》	1928 年 1 月 15 日	上海
《文化日报》	1932 年 6 月 21 日	上海
《文化时报》	2004 年 11 月 18 日	河南
《文化食粮》	1937 年 3 月 5 日	上海
《文化通讯》	1932 年 4 月	上海
《文化新闻》	1933 年 5 月	上海
《文化月报》	1932 年 11 月 15 日	上海
《文化周报》	1956 年 3 月	合肥
《文化纵横》	2008 年 9 月 24 日	北京
《文汇报》	1879 年 4 月 17 日	上海
《文汇报》	1938 年 1 月 25 日	上海
《文汇报晚刊》	1938 年 12 月 1 日	上海
《文汇周报》	1945 年 11 月	上海
《文记唐番新报》	1876 年 8 月 26 日	旧金山（美国）
《文山报》	1953 年 2 月 14 日	云南文山壮族苗族自治州
《文山日报》	1953 年 4 月 15 日	文山（云南）
《文声学界》	1907 年	汉口
《文史参考》	2009 年 12 月 21 日	北京
《文史杂志》	1913 年 3 月	武汉
《文坛艺丛》	1917 年 7 月	上海
《文献》	1938 年 10 月 10 日	上海
《文星》	1915 年 9 月	上海
《文兴报》	1888 年	旧金山（美国）
《文学》	1933 年 7 月 1 日	上海
《文学故事报》	1985 年 1 月 1 日	北京
《文学季刊》	1934 年 1 月	北平
《文学界》	1936 年 6 月 5 日	上海
《文学生活》	1934 年 1 月 6 日	上海
《文学月报》	1932 年 6 月 10 日	上海
《文学杂志》	1919 年 1 月	上海
《文学杂志》	1933 年 4 月 15 日	北平
《文言报》	1902 年 5 月 8 日	广州
《文艺》	1941 年 9 月 16 日	延安
《文艺报》	1949 年 9 月 25 日	北平
《文艺副刊》	1933 年 9 月 23 日	天津

报刊名称	创刊时间	办刊地点
《文艺俱乐部》	1912年9月	上海
《文艺群众》	1935年9月1日	上海
《文艺新闻》	1931年3月16日	上海
《文艺旬刊》	1923年7月5日	上海
《文艺研究》	1930年2月15日	上海
《文艺游戏场》	1918年8月	上海
《文艺月报》	1933年6月1日	北平
《文艺杂志》	1915年1月	上海
《文艺增刊》	1980年	天津
《文艺周报》	1913年4月6日	成都
《文娱报》	1907年6月	上海
《文摘报》	1981年10月6日	北京
《闻见录》	1875年4月	福州
《闻谭》	1915年	芜湖（安徽）
《我们》	1928年5月	上海
《我们的》	1985年3月29日	台湾
《我们一百万》	1985年1月	上海
《乌达矿工报》	1959年10月	乌达（内蒙古）
《乌海通讯》	1977年7月	乌海（内蒙古）
《乌兰察布日报》（汉文版）	1958年8月1日	集宁（内蒙古）
《乌兰察布日报》（蒙文版）	1971年7月1日	集宁（内蒙古）
《乌鲁木齐广播电视报》	1993年7月	乌鲁木齐
《乌鲁木齐晚报》（维吾尔文、汉文）	1984年1月1日	乌鲁木齐
《乌铁通讯》	1975年10月1日	乌鲁木齐
《无轨列车》	1928年9月10日	上海
《无锡白话报》	1898年5月11日	无锡
《无锡教育杂志》	1913年1月	无锡
《无锡竞志女学杂志》	1910年6月	无锡
《无锡县报》	1956年5月	无锡（江苏）
《无锡新报》	1922年9月1日	无锡（江苏）
《芜湖》	1921年5月15日	芜湖（安徽）
《芜湖日报》	1952年7月1日	芜湖（安徽）
《吾言报》	1898年	上海
《吴江县教育月刊》	1915年7月	吴江（江苏）
《吴郡白话报》	1904年1月	苏州

报刊名称	创刊时间	办刊地点
《吴门杂志》	1911年5月28日	苏州
《吴声》	1911年6月	苏州
《吴淞》	1929年4月15日	上海
《吴县教育杂志》	1913年10月	吴县（江苏）
《吴县日报》	1916年10月	苏州（江苏）
《吴县市乡公报》	1916年2月17日	苏州（江苏）
《吴医汇讲》792年	苏州	
《梧报》	1898年8月	梧州（广西）
《梧江日报》	1912年12月11日	梧州（广西）
《梧州日报》	1908年	梧州（广西）
《梧州日报》	1950年1月1日	梧州（广西）
《五民日报》	1912年6月1日	北京
《五七报》	1915年4月1日	上海
《五日时事》	1938年5月	晋西南
《五铜元》	1914年7月	上海
《五洲汇报》	1902年10月	上海
《五洲日报》	1907年6月11日	汉口
《五洲时事汇报》	1899年9月5日	上海
《五族民报》	1912年	北京
《午报》	1914年	武汉
《午报》	1921年6月1日	哈尔滨
《午报通信》（后改名《午报》）	1911年10月23日	上海
《武备杂志》	1904年4月	保定
《武昌白话报》	1908年	武汉
《武昌报》	1955年7月	武昌（湖北）
《武昌公报》	1912年	武昌
《武昌日报》	1908年1月1日	武昌
《武昌商务日报》	1908年11月17日	武昌
《武昌通俗报》	1904年春	武昌
《武德》	1905年	昆明
《武钢工人报》	1956年3月	武汉
《武汉白话新报》	1911年8月	汉口
《武汉工人报》	1991年	武汉
《武汉近事编》	1883年5月	汉口
《武汉科技报》	1978年12月	武汉

报刊名称	创刊时间	办刊地点
《武汉论坛报》	1904 年	武汉
《武汉日报》	1929 年 6 月 10 日	武汉
《武汉晚报》	1961 年 5 月	武汉
《武汉消闲录》	1916 年	武汉
《武汉小报》	1904 年 3 月 14 日	汉口
《武汉小报》	1912 年 6 月 1 日	汉口
《武汉新报》	1915 年	汉口（湖北）
《武汉新报》	1916 年 12 月	武汉
《武汉新闻》	1913 年	武汉
《武汉星期评论》	1920 年 3 月 1 日	武汉
《武汉杂志》	1908 年	武汉
《武进月报》	1918 年 1 月	武进（江苏）
《武术报》	1984 年 10 月 1 日	北京
《武威报》	1985 年 5 月 1 日	武威（甘肃）
《武学》	1908 年 5 月 30 日	东京（日本）
《武学报》	1910 年	桂林（广西）
《舞钢报》	1993 年 1 月	舞阳（河南）
《舞台新报》	1900 年夏	上海
《戊申全年画报》	1909 年春	上海
《戊午》（又名《戊午周报》）	1918 年 5 月 15 日	成都
《戊午杂志》	1918 年 4 月	上海
《务本新报》	1898 年	西安
《物资商情》	1979 年 10 月 25 日	北京
《物资信息报》	1993 年 1 月	石家庄
	X	
《西安工人报》	1993 年 7 月	西安
《西安公安报》	1991 年	西安
《西安经济报》	1990 年	西安
《西安科技报》	1980 年 1 月	西安
《西安日报》	1953 年 7 月 1 日	西安
《西安铁道》	1958 年 12 月 3 日	西安
《西北》	1938 年 1 月 21 日	西安
《西北工商报》	1985 年 2 月	西安
《西北画报》	1934 年 9 月 9 日	西安
《西北画报》	1952 年 9 月	西安

报刊名称	创刊时间	办刊地点
《西北建筑通讯》	1953年9月18日	西安
《西北农工商报》	1991年4月5日	兰州
《西北日报》	1925年10月下旬	包头
《西北实业报》	1918年	绥远（今属内蒙古）
《西北文化日报》	1931年春	西安
《西北信息报》	1993年1月	西安
《西北信息导报》	1984年11月	西安
《西北杂志》	1912年11月	北京
《西部电子信息报》	1987年5月15日	成都
《西部开发报》	2000年9月29日	贵州
《西部时报》	2003年9月17日	地点不详
《西藏白话报》	1907年	西藏
《西藏法制报》	1985年2月13日	拉萨
《西藏广播电视报》	1991年	拉萨
《西藏科技报》（藏文版）	1980年8月	西藏
《西藏科技报》（汉文版）	1979年10月	拉萨
《西藏日报》（汉、藏文版）	1956年4月22日	拉萨
《西成报》	1912年1月27日	成都
《西方报》	1912年6月10日	成都
《西方日报》	1912年6月	重庆
《西顾报》	1911年7月	成都
《西国近事》	1873年4月	上海
《西海商报》	2001年9月28日	青海
《西海文摘报》	2005年10月18日	青海
《西湖报》	1904年	杭州
《西江报》	1950年4月	广东
《西京日报》	1933年3月10日	西安
《西康日报》	1950年8月1日	雅安（四川）
《西康新闻》	1939年4月24日	西康省康定市（今四川省甘孜藏族自治州首府）
《西泠艺报》	1985年6月10日	杭州
《西陵报》	1958年5月1日	宜昌（湖北）
《西满日报》	1946年11月	齐齐哈尔（黑龙江）
《西南工商报》	1984年6月	重庆
《西南画报》	1950年5月15日	重庆

报刊名称	创刊时间	办刊地点
《西南日报》	1909 年 8 月 5 日	贵阳（贵州）
《西南日报》	1938 年 5 月	重庆
《西南信息报》	1985 年 1 月 1 日	重庆
《西宁报》	1984 年 7 月 1 日	西宁
《西宁日报》	1958 年 10 月	西宁
《西三省教育月报》	1918 年 1 月	成都
《西山矿报》	1955 年 1 月 1 日	太原
《西蜀新闻》	1912 年 10 月 28 日	成都
《西双版纳报》（汉、傣文版）	1957 年 3 月	景洪（云南）
《西医新报》	1880 年	广州
《惜阴日报》	1912 年 6 月 1 日	上海
《锡报》	1912 年	无锡
《锡金白话报》	1908 年 11 月	无锡
《锡林郭勒日报》	1958 年 9 月	锡林浩特（内蒙古）
《嬉笑报》	1898 年	广州
《羲之书画报》	1993 年 11 月	临沂（山东）
《喜羊羊与灰太狼》	2009 年 10 月 1 日	北京
《喜迎香港回归》	1997 年 6 月 16 日	北京
《戏》	1934 年 8 月 19 日	不详
《戏剧》	1921 年 5 月 31 日	上海
《戏剧丛报》	1915 年 3 月	上海
《戏剧新闻》	1932 年 8 月 15 日	北平
《侠报》	1918 年	曼谷（泰国）
《遐迩贯珍》	1853 年 9 月 3 日	香港
《夏报》	1911 年 2 月 13 日	汉口
《夏报》	1916 年 11 月 1 日	武汉
《夏声》	1908 年 2 月 26 日	东京（日本）
《夏星杂志》	1914 年 6 月	上海
《仙桃市报》	1987 年 3 月	仙桃（湖北）
《先锋周报》	1930 年 4 月初	纽约（美国）
《先觉》	1928 年 4 月 11 日	上海
《先驱》	1922 年 1 月 15 日	北京
《先施乐园日报》	1918 年 8 月 9 日	上海
《先闻报》	1912 年	北京
《闲闲报》	1911 年	杭州

报刊名称	创刊时间	办刊地点
《咸报》	1899 年冬	天津
《咸宁报》	1966 年 7 月 1 日	咸宁（湖北）
《咸阳报》	1962 年	咸阳（陕西）
《现代报学》	1947 年 8 月 3 日	北平
《现代妇女》	1922 年 9 月 6 日	上海
《现代妇女》	1943 年 1 月 1 日	重庆
《现代护理报》	2001 年 1 月 1 日	地点不详
《现代女报》	1993 年 1 月	大连（辽宁）
《现代评论》	1924 年 12 月 13 日	北京
《现代日报》	1993 年 11 月 8 日	香港
《现代苏州》	2008 年 1 月 4 日	苏州
《现代文化》	1933 年 1 月 1 日	上海
《现代文学》	1930 年 7 月	上海
《现代文艺》	1940 年 4 月 25 日	永安（福建）
《现代杂志》	1965 年 2 月 16 日	香港
《现代职工报》	1993 年 1 月	哈尔滨
《现社会》	1930 年 7 月 1 日	北平
《现世报》	1906 年 12 月 26 日	武汉
《现世报》	1912 年秋	杭州
《现世界》	1936 年 8 月 16 日	上海
《现世史》	1908 年 6 月 23 日	广州
《现象报》	1914 年	广州
《现象报》	1915 年 10 月中旬	香港
《现象月刊》	1933 年 3 月 1 日	上海
《宪报》	1906 年 11 月 11 日	上海
《宪报》	1907 年	吉林
《宪法白话报》	1906 年 10 月 4 日	北京
《宪法公言》	1916 年 10 月	北京
《宪法会议公报》	1916 年 9 月	北京
《宪法会议审议会速记录》	1916 年	北京
《宪法会议速记录》	1916 年	北京
《宪法新闻》	1909 年 9 月	北京
《宪法新闻》	1913 年 4 月	北京
《宪法学报》	1908 年 7 月	武昌
《宪演报》	1913 年 5 月 24 日	成都

报刊名称	创刊时间	办刊地点
《宪政》	1944年1月1日	重庆
《宪政白话报》	1910年5月上旬	汉口
《宪政新志》	1909年9月14日	东京（日本）
《宪政月刊》	1909年	开封（河南）
《宪政杂志》	1906年12月16日	上海
《宪志日刊》	1910年	北京
《乡村教师》	1930年1—2月	南京
《乡镇企业导报》	1985年3月25日	杭州
《香港钞报》	1841年5月1日	澳门
《香港晨报》	1899年	香港
《香港地产》	1985年4月1日	香港
《香港电闻报》	1881年	香港
《香港电讯报》（《士蔑西报》）	1881年6月15日	香港
《香港国民日报》	1906年	香港
《香港航运录》	1855年8月1日	香港
《香港联合报》	1992年5月4日	香港
《香港日报》	1909年9月1日	香港
《香港日日新闻》	1857年	香港
《香港日曜先驱报》	1924年	香港
《香港商报》	1952年10月	香港
《香港少年报》（又名《少年报》《少年日报》）	1906年5月28日	香港
《香港时报》	1912年	香港
《香港时报》	1949年8月4日	香港
《香港市场》	1984年5月	香港
《香港天主教纪录报》	1877年	香港
《香港通报》	1899年2月2日	香港
《香港晚邮报及船期录》	1864年	香港
《香港文学》	1985年1月	香港
《香港午报》	1934年	香港
《香港新报》	1897年	香港
《香港新闻》	1861年	东京（日本）
《香港政府公报》	1853年9月24日	香港
《香港政府公报》中文版	1860年	香港
《香港中外新报》	1857年11月3日	香港
《香港周报》	1857年	香港

报刊名称	创刊时间	办刊地点
《香国魂》	1913年6月7日	长沙
《香江晨报》	1918年春	香港
《香江杂志》	1913年12月	香港
《香山报》	1907年2月	香港
《香山新报》	1911年9月	广东香山（今中山市）
《香山旬报》	1908年9月16日	广东香山县（今中山县）
《香山旬报》	1910年	上海
《湘报》	1898年3月7日	长沙
《湘汉新闻》	1912年1月	长沙
《湘江评论》	1919年7月14日	长沙
《湘江早报》	2016年5月24日	湖南
《湘路警钟》	1909年7月	东京（日本）
《湘路新志》	1909年11月22日	长沙
《湘省大汉报》	1911年10月23日	长沙
《湘省日报》	1916年6月	长沙
《湘省铁路周报》	1909年10月	长沙
《湘潭日报》	1958年4月1日	湘潭（湖南）
《湘西日报》	1949年9月	沅陵（湖南）
《湘学新报》	1897年4月22日	长沙
《湘中时务月报》	1898年2月	长沙
《襄樊报》	1965年3月	襄樊（湖北）
《襄樊广播电视报》	1993年9月	襄樊（湖北）
《向导》	1922年9月13日	上海
《向明》	1923年1月10日	天津
《象棋报》	1983年8月1日	广州
《消费报》	1985年7月	上海
《消费时报》	1988年1月	北京
《消费者导报》	1991年	西安
《消闲报》	1897年11月24日	上海
《消闲钟》	1914年5月	上海
《潇湘雨》	1913年6月7日	长沙
《小博士报》	1984年12月	南宁
《小晨报》	1935年9月12日	上海
《小春秋日报》	1918年秋	成都
《小工报》	1932年3月	北平

报刊名称	创刊时间	办刊地点
《小公报》	1919年3月	北京
《小孩月刊》	1874年2月	福州
《小孩月刊》	1874年2月	广州
《小曼斋画报册汇编》	1895年12月6日	上海
《小民主报》	1911年10月24日	上海
《小朋友》	1922年4月	上海
《小日报》	1919年4月1日	上海
《小商品世界报》	1993年1月	义乌（浙江）
《小上海》	1911年8月6日	上海
《小说丛报》	1914年	上海
《小说大观》	1915年9月	上海
《小说海》	1915年1月	上海
《小说画报》	1917年1月	上海
《小说季报》	1918年7月	上海
《小说俱乐部》	1918年1月	上海
《小说林》	1907年2月	上海
《小说七日报》	1906年8月20日	上海
《小说日报》	1916年6月6日	上海
《小说时报》	1909年10月14日	上海
《小说世界》	1907年2月	香港
《小说世界》	1923年1月	上海
《小说世界》（前身为《小说世界日报》）	1905年10月28日	上海
《小说世界日报》	1905年3月20日	上海
《小说新报》	1915年3月	上海
《小说旬报》	1914年9月10日	上海
《小说月报》	1910年8月29日	上海
《小说周报》	1915年4月	上海
《小天使报》	1993年1月	长沙
《小物件》	1929年6月15日	上海
《小消息》	1939年	确山（河南）
《小学界旬报》	1908年	大埔（广东）
《小学生报》	1981年10月1日	辽阳（辽宁）
《小学生科普报》	1983年3月	长沙
《小学生拼音报》	1960年6月	运城（山西）
《小学生世界》	1993年1月	杭州

报刊名称	创刊时间	办刊地点
《小学生周报》	1922 年 9 月 17 日	无锡（江苏）
《小甬报》	1916 年 9 月	宁波（浙江）
《小主人》	1983 年 7 月	上海
《晓报》	1920 年	北京
《晓光》	1927 年 10 月	北京
《晓钟报》	1910 年	广州
《孝感报》	1958 年 10 月 1 日	孝感（湖北）
《校风》	1915 年 8 月	天津
《笑报》	1897 年 10 月 20 日	上海
《笑报》	1914 年 1 月	绍兴（浙江）
《笑林报》	1895 年	杭州
《笑林报》	1901 年	上海
《笑林杂志》	1915 年 4 月	上海
《笑舞台》	1918 年 4 月 19 日	上海
《笑笑报》	1898 年 1 月 10 日	上海
《协和报》	1910 年 10 月 6 日	上海
《协群报》	1913 年	广州
《协群社报》	1906 年	广州
《协商新报》	1987 年 3 月 1 日	长春
《谐铎报》	1911 年 9 月 8 日	上海
《谐铃报》	1905 年	广州
《谐评》	1909 年 7 月 27 日	上海
《写真周刊》	1933 年 2 月 12 日	上海
《心声》	1917 年 6 月	上海
《心声》	1919 年 1 月	开封
《辛报》	1936 年 6 月 1 日	上海
《忻县报》	1954 年	忻县（山西）
《忻州报》	1984 年 8 月	忻州（山西）
《新白话报》	1903 年 12 月	东京（日本）
《新报》	1876 年 11 月 23 日	上海
《新报》	1911 年 10 月	巴达维亚（今名雅加达）
《新报》	1912 年 2 月 22 日	伊犁（新疆）
《新报》	1914 年 3 月 6 日	广州
《新报》	1915 年	广东
《新报》	1931 年 10 月 7 日	上海

报刊名称	创刊时间	办刊地点
《新报》	1959年10月5日	香港
《新报》（英文）	1931年3月19日	广州
《新报》（中文版）	1910年	雅加达
《新报》周刊	1870年	上海
《新北方》	1931年2月	天津
《新察哈尔报》	1945年12月1日	宣化（河北）
《新潮》	1919年1月1日	北京
《新潮》	1946年11月	顺德（广东）
《新晨报》	1928年8月5日	北平
《新川南日报》	1918年	宜宾（四川）
《新春秋报》	1912年	天津
《新春秋日报》	1925年11月27日	北京
《新大陆》	1901年	上海
《新大陆报》	1931年10月8日	上海
《新大众》	1937年1月16日	北平
《新丹桂笔舞台日报》	1918年9月5日	上海
《新灯日报》	1967年	香港
《新东陲报》	1912年7月1日	哈尔滨
《新东方》	1930年1月	北平
《新东亚报》	1913年5月	哈尔滨
《新动向》	1938年6月15日	云南
《新繁商业报》	1913年	成都
《新佛教》	1911年3月	宁波
《新福建报》	1922年	福州
《新妇女》	1920年1月1日	上海
《新共和报》	1916年10月	上海
《新观察》	1950年7月1日	北京
《新观察》	1977年8月1日	香港
《新国民》	1917年3月	上海
《新国民报》	1918年夏	广州
《新国民日报》	1918年9月	郴州（湖南）
《新国民杂志》	1912年4月10日	上海
《新海南报》（后改名《海南日报》）	1950年5月7日	海口
《新汉报》	1906年	武汉
《新汉报》	1911年10月22日	汉口

报刊名称	创刊时间	办刊地点
《新汉报》	1911 年 10 月	香港
《新汉报》	1911 年 11 月 4 日	上海
《新汉报》	1912 年	香港
《新汉民报》	1911 年 11 月 8 日	上海
《新汉日报》	1911 年 11 月 9 日	香港
《新湖南报》	1918 年 9 月	零陵（湖南）
《新湖南报》	1949 年 8 月 15 日	长沙
《新华报》	1912 年	北京
《新华报》	1942 年 7 月 1 日	苏北阜宁
《新华每日电讯》	1992 年	北京
《新华南》	1939 年 4 月 1 日	韶关（广东）
《新华青年报》	1985 年 1 月 1 日	南京
《新华日报》	1912 年	北京
《新华日报》	1938 年 1 月 11 日	汉口（湖北）
《新华日报》	1939 年 1 月 1 日	沁县（山西）
《新华日报》	1949 年 12 月 10 日	重庆
《新华日报》	1949 年 4 月 30 日	南京
《新华日报》（华中版）	1945 年 12 月 9 日	淮阴（江苏）
《新华日报手机报》	2006 年 12 月 1 日	地点不详
《新华时报》	1946 年 11 月 9 日	重庆
《新华时报》	1999 年 3 月 18 日	罗马（意大利）
《新华月报》	1949 年 11 月 15 日	北京
《新华字报》	1918 年 10 月	上海
《新会醒报》	1912 年春	广东
《新会战报》	1940 年 5 月 27 日	广东
《新吉林报》	1912 年	吉林
《新纪元》	1912 年 9 月	上海
《新纪元报》	1912 年 4 月 22 日	北京
《新纪元星期报》	1912 年 9 月	北京
《新济南报》	1904 年	济南
《新建设》	1923 年 11 月 20 日	上海
《新江西》	1921 年 5 月 1 日	南昌
《新江西》	1923 年 10 月 1 日	南京
《新疆阿勒泰》	1935 年 12 月 27 日	阿勒泰（新疆）
《新疆地质报》	1983 年 2 月 5 日	乌鲁木齐

报刊名称	创刊时间	办刊地点
《新疆工人报》（维、汉文版）	1951年10月	迪化（乌鲁木齐）
《新疆公报》	1914年9月	新疆迪化（今乌鲁木齐）
《新疆广播电视报》（汉、维文）	1981年5月23日	乌鲁木齐
《新疆画报》	1952年	乌鲁木齐
《新疆建筑报》	1953年	新疆
《新疆经济报》	1991年	乌鲁木齐
《新疆经济导报》	1985年6月4日	新疆
《新疆军垦报》	1953年5月	乌鲁木齐
《新疆科技报》	1959年12月	乌鲁木齐
《新疆科技报》（哈文版）	1984年8月	乌鲁木齐
《新疆日报》	1935年12月3日	迪化（今乌鲁木齐市）
《新疆日报》（汉文版）	1949年12月6日	乌鲁木齐
《新疆商业报》（汉文）	1954年9月	乌鲁木齐
《新疆商业报》（维文版）	1988年7月1日	乌鲁木齐
《新疆少年报》	1956年6月1日	乌鲁木齐
《新疆石油报》	1956年1月1日	乌鲁木齐
《新疆手机报》	2007年8月8日	新疆
《新疆司法报》	1980年8月1日	乌鲁木齐
《新疆铁道》	1951年8月1日	乌鲁木齐
《新疆新闻出版》	2003年7月11日	新疆
《新教育》	1919年2月	上海
《新金融观察》	2010年8月30日	天津
《新京报》	2003年11月11日	北京
《新境报》（俄文）	1899年8月	旅顺（辽宁）
《新剧杂志》	1914年5月1日	上海
《新康报》	1941年1月1日	西昌（四川）
《新快报》	1998年3月30日	广州
《新兰陵报》	1912年	常州
《新流》	1929年3月1日	上海
《新陇》	1920年5月20日	北京
《新民报》	1880年	汉口
《新民报》	1914年1月	上海
《新民报》	1918年	平湖（浙江）
《新民报》	1929年9月9日	南京
《新民报》	1938年1月1日	北平

报刊名称	创刊时间	办刊地点
《新民报》（北平版）	1946年4月4日	北平
《新民报》（成都版）	1943年6月18日	成都
《新民报》（南京版晚刊）	1946年1月1日	南京
《新民报》（上海晚刊）	1946年5月1日	上海
《新民报晚刊》	1941年11月1日	重庆
《新民丛报》	1902年2月8日	横滨（日本）
《新民德》	1916年10月	上海
《新民地铁》	2010年1月8日	上海
《新民公报》	1912年	北京
《新民国报》	1909年5月7日	加拿大域多利（今维多利亚）
《新民国报》	1918年	广州
《新民国日报》	1911年	域多利市（加拿大）
《新民国日报》	1916年7月23日	汉口（湖北）
《新民剧报》	1914年6月	上海
《新民日报》	1911年9月21日	常州（江苏）
《新民晚报》（大学生版）	2010年3月15日	上海
《新民晚报·澳洲专版》	2002年9月12日	地点不详
《新民意报》	1920年9月16日	天津
《新民周报》	1925年4月	长沙
《新民主》	1945年5月1日	平和（福建）
《新民主报》	1940年7月1日	淮南（安徽）
《新民主报》	1948年10月1日	济南
《新闽北报》	1949年6月19日	建瓯（福建）
《新闽西报》	1949年9月9日	龙岩（福建）
《新内蒙古》	1951年1月25日	呼和浩特
《新宁杂志》	1909年2月	台山（广东）
《新农业》	1922年2月	北京
《新女报》	2001年12月9日	重庆
《新女界》	1909年3月	东京（日本）
《新女性》	1926年1月1日	上海
《新瓯潮》	1918年1月1日	温州（浙江）
《新评论》	1927年11月	上海
《新浦东周报》	1913年5月15日	上海
《新齐鲁公报》	1912年	济南
《新青年》	1923年6月15日	广州

报刊名称	创刊时间	办刊地点
《新青年周刊》	1951 年 11 月	香港
《新群》	1924 年夏	上海
《新认识》	1936 年 9 月 5 日	上海
《新山东报》	1940 年 4 月	沂南（山东）
《新山东日报》	1916 年	济南
《新上海报》	1913 年 10 月 23 日	上海
《新少年》	1912 年	上海
《新少年》	1916 年 11 月 25 日	上海
《新少年报》	1911 年	香港
《新少年报》	1946 年 2 月 16 日	地点不详
《新社会》	1919 年 11 月 1 日	北京
《新社会》	1931 年 7 月	上海
《新社会》	1953 年 6 月	香港
《新社会报》	1921 年 3 月 1 日	北京
《新社会日报》	1912 年	北京
《新社会日报》	1929 年 4 月 1 日	重庆
《新申报》	1910 年 1 月	上海
《新申报》	1913 年	上海
《新申报》	1916 年 11 月 10 日	上海
《新申报》	1937 年 10 月 1 日	上海
《新神州杂志》	1913 年 5 月	杭州
《新生》	1934 年 2 月 10 日	上海
《新生活》	1919 年 8 月 24 日	北京
《新生活报》	1934 年 8 月	喀什（新疆）
《新生活报》（俄文）	1907 年 11 月 14 日	哈尔滨
《新生活周刊》	1994 年 5 月 1 日	北京
《新生命》	1928 年 1 月 1 日	上海
《新生晚报》	1945 年 12 月 23 日	香港
《新声》	1919 年 3 月	武汉
《新诗歌》	1933 年 2 月 11 日	上海
《新石门日报》	1947 年 11 月 18 日	石家庄
《新时报》	1919 年 1 月 11 日	上海
《新时代》	1923 年 4 月 10 日	长沙
《新时代》	1931 年 9 月 1 日	上海
《新时代报》	1930 年 1 月 11 日	北平

报刊名称	创刊时间	办刊地点
《新世纪》	1907 年 6 月 22 日	巴黎（法国）
《新世纪》	1925 年 5 月	北京
《新世纪》	1936 年 9 月 1 日	上海
《新世界》	1911 年 11 月 7 日	上海
《新世界》	1912 年 5 月 19 日	上海
《新世界》	1916 年 2 月	上海
《新世界报》	1906 年 9 月	广州
《新世界报》	1912 年	北京
《新世界画刊》	1909 年	上海
《新世界日报》	1921 年	上海
《新世界日刊》	1916 年 11 月 25 日	上海
《新世界小说社报》	1906 年 7 月 16 日	上海
《新世界学报》	1902 年 9 月 2 日	上海
《新事报》	1911 年 10 月 22 日	上海
《新蜀报》	1921 年 2 月 1 日	重庆
《新蜀日报》	1912 年	泸州
《新思潮》	1929 年 11 月 15 日	上海
《新四川》	1912 年 9 月 16 日	成都
《新四川》	1920 年 1 月	北京
《新太平洋日报》	1921 年 8 月 20 日	北京
《新唐山日报》	1948 年 10 月 14 日	唐山（河北）
《新腾冲》	1926 年	北京
《新体育》	1950 年 7 月	北京
《新威日报》	1945 年 10 月 1 日	威海卫（山东）
《新潍坊报》	1948 年 5 月 1 日	潍坊（山东）
《新文昌报》	1941 年 8 月	文昌（海南）
《新文字报》	1940 年 11 月 22 日	延安
《新闻报》	1893 年 2 月 17 日	上海
《新闻报》	1915 年 4 月 1 日	汉口（湖北）
《新闻报》	1915 年	上海
《新闻报》	1999 年 1 月 1 日	上海
《新闻报馆画报》	1894 年 4 月	上海
《新闻采编》	1959 年 1 月	太原
《新闻出版文摘报》	1992 年 10 月	天津
《新闻传播》	1980 年	哈尔滨

报刊名称	创刊时间	办刊地点
《新闻大学》	1981 年 5 月	上海
《新闻广播电视研究》	1981 年	北京
《新闻汇报》	1900 年	北京
《新闻汇报》	1992 年 7 月 1 日	重庆
《新闻记者》	1938 年 4 月 1 日	汉口（湖北）
《新闻记者》	1939 年 3 月 18 日	桂林（广西）
《新闻记者》	1939 年 4 月 1 日	桂林（广西）
《新闻记者》	1939 年 6 月 2 日	桂林（广西）
《新闻简讯》	1952 年 11 月 1 日	拉萨
《新闻镜周刊》	1988 年 10 月 27 日	台北
《新闻启明星期报》	1913 年 9 月	古晋市（马来西亚）
《新闻日报》	1928 年 4 月 1 日	南昌
《新闻日报》	1949 年 6 月 29 日	上海
《新闻摄影》	1957 年 1 月	北京
《新闻天地》	1945 年 1 月 20 日	重庆
《新闻晚报》	1926 年 2 月 19 日	北京
《新闻晚报》	1999 年	上海
《新闻午报》	1999 年 1 月 1 日	上海
《新闻信息报》	1993 年 12 月	武汉
《新闻学会通讯》	1980 年 3 月 20 日	北京
《新闻学季刊》	1939 年 11 月 20 日	重庆
《新闻学刊》	1927 年 2 月	北京
《新闻学刊》	1985 年 7 月	北京
《新闻学习》	1980 年 8 月	武汉
《新闻迅报》	1912 年	南昌
《新闻夜报》	1933 年 2 月 26 日	上海
《新闻夜报》	1960 年 7 月 29 日	香港
《新闻与成才》	1958 年	北京
《新闻与出版》	1956 年 10 月 15 日	北京
《新闻战线》	1938 年 8 月 1 日	广州
《新闻战线》	1957 年 12 月 1 日	北京
《新闻纸》（《翻译新闻纸》）	1879 年	上海
《新闻周刊》	1919 年 4 月 20 日	北京
《新汶矿工报》	1993 年 8 月	新汶（山东）
《新无锡报》	1912 年	无锡

报刊名称	创刊时间	办刊地点
《新无锡日报》	1913 年 9 月	无锡（江苏）
《新西北报》	1939 年初	岢岚（山西）
《新西藏》（藏、汉文版）	2009 年 7 月 1 日	西藏
《新西兰周刊》（人民日报海外版）	2010 年 4 月 1 日	地点不详
《新乡广播电视报》	1993 年 1 月	新乡（河南）
《新乡晚报》	1983 年 3 月 1 日	新乡（河南）
《新小报》	1905 年	汉口
《新小说》	1902 年 11 月 14 日	横滨（日本）
《新小说丛》	1908 年 1 月	香港
《新新报》	1915 年	苏州（江苏）
《新新日报》	1925 年 3 月 6 日	北京
《新新小说》	1904 年 9 月 10 日	上海
《新醒报》	1912 年	广州
《新兴报》	1936 年	北平
《新兴文化》	1929 年 8 月	上海
《新学报》	1897 年 8 月上旬	上海
《新学镜》	1915 年	天津
《新学生》	1923 年 7 月 1 日	广州
《新学书院季报》	1916 年	天津
《新学月报》	1897 年	北京
《新阳羡报》	1911 年	宜兴（江苏）
《新译界》	1906 年 11 月 16 日	东京（日本）
《新余报》	1985 年 7 月	新余（江西）
《新宇宙》	1928 年 10 月	上海
《新语林》	1934 年 7 月 5 日	上海
《新月》	1928 年 3 月 10 日	上海
《新云南》	1939 年 1 月 28 日	昆明
《新长征》	1970 年 1 月	吉林
《新浙江报》	1916 年 3 月	杭州
《新浙江潮》	1912 年 1 月 15 日	杭州
《新镇江周报》	1922 年 1 月 1 日	镇江（江苏）
《新支那》	1913 年 9 月	北京
《新支那》（日文）	1912 年 3 月	北京
《新知讯报》	2005 年 8 月 27 日	宁夏
《新直报》	1912 年	北京

报刊名称	创刊时间	办刊地点
《新中国白话报》	1907年	上海
《新中国报》	1900年4月19日	夏威夷（美国）
《新中国报》	1912年9月1日	北京
《新中国报》	1940年11月7日	上海
《新中国妇女》	1949年7月15日	北平
《新中国评论》	1919年3月	上海
《新中国日报》	1938年1月15日	汉口（湖北）
《新中华》	1915年10月1日	上海
《新中华》	1933年1月10日	上海
《新中华报》	1907年	汕头（广东）
《新中华报》	1911年7月	潮州（广东）
《新中华报》	1912年6月1日	北京
《新中华报》	1912年	重庆
《新中华报》	1913年5月10日	南京
《新中华报》	1916年春	武汉
《新中日报》	1932年	香港
《新中州报》	1917年1月	开封
《信报》	1973年7月3日	香港
《信报财经月刊》	1977年3月	香港
《信息参考报》	1990年1月31日	乌鲁木齐
《信息参考报》	1993年1月	金华（浙江）
《信息汇报》（后改名《信息日报》）	1984年10月1日	南昌（江西）
《信息市场报》	1992年7月	哈尔滨
《信息与决策报》	1993年1月	伊春（黑龙江）
《信阳报》	1985年1月1日	信阳（河南）
《星报》	1890年	新加坡
《星报》	1907年7月	南通（江苏）
《星报》	1963年	澳门
《星报》（英文）	1965年3月15日	香港
《星岛日报》	1938年8月1日	香港
《星光日报》	1935年9月1日	厦门
《星火》	1923年1月1日	天津
《星火周报》	1924年10—11月	集美（福建）
《星芒报》	1938年4月5日	成都
《星芒周报》	1937年9月18日	成都

报刊名称	创刊时间	办刊地点
《星闽日报》	1947 年 7 月 1 日	福州
《星期报》	1905 年	天津
《星期报》	1916 年 8 月 13 日	哈尔滨
《星期画报》	1906 年	北京
《星期画报》	1906 年	上海
《星期汇报》	1913 年 2 月 15 日	上海
《星期女学报》	1907 年 7 月	北京
《星期评论》	1919 年 6 月 8 日	上海
《星期日》	1919 年 7 月 13 日	成都
《星沙时报》	2012 年 8 月 6 日	长沙
《星洲晨报》	1909 年	新加坡
《邢台晨报》	1985 年 1 月	邢台（河北）
《邢台日报》	1956 年 6 月	邢台（河北）
《醒报》	1905 年 11 月 30 日	广州
《醒报》	1906 年	北京
《醒报》	1911 年 7 月	天津
《醒国魂报》	1906 年 11 月 3 日	香港
《醒华报》	1915 年	北京
《醒华报》	1915 年	长沙
《醒华日报》	1907 年	多伦多（加拿大）
《醒回篇》	1908 年	东京（日本）
《醒氓》	1913 年	东京（日本）
《醒民报》	1911 年 9 月 26 日	哈尔滨
《醒农》	1920 年 5 月 1 日	北京
《醒群报》	1912 年 6 月 3 日	成都
《醒狮》	1905 年 9 月 29 日	东京（日本）
《醒狮潮》	1911 年	杭州
《醒狮周报》	1924 年 10 月 10 日	上海
《醒时报》	1912 年	沈阳
《醒时报》（又名《醒时白话报》《奉天醒时白话报》）	1908 年	奉天（沈阳市旧称）
《醒世画报》	1906 年冬	天津
《醒世画报》	1909 年 10 月	北京
《醒世画报》	1919 年 2 月	上海
《醒世月报》	1908 年 4 月	汉口

报刊名称	创刊时间	办刊地点
《醒俗报》	1909 年	天津
《醒俗画报》	1907 年 3 月 23 日	天津
《醒钟报》	1909 年	杭州
《兴安日报》（汉文版）	1980 年 10 月 1 日	乌兰浩特（内蒙）
《兴安日报》（蒙文版）	1981 年 10 月 1 日	乌兰浩特（内蒙）
《兴汉报》	1911 年 11 月 12 日	上海
《兴汉报》	1911 年	镇江（江苏）
《兴汉日报》	1912 年 2 月 2 日	镇江（江苏）
《兴华报》	1904 年	福州
《兴华报》（前身为《华美教保》）	1910 年	上海
《兴华日报》	1912 年	北京
《兴化农民报》	1980 年 1 月 1 日	兴化（江苏）
《兴隆矿工报》	1966 年底	兴隆（河北）
《兴平报》（后改名《兴平星期报》）	1909 年	兴平（陕西）
《兴义报》	1956 年 6 月	贵州
《兴中日报》	1915 年	北京
《幸福老人报》	2016 年 5 月 8 日	辽宁
《雄风报》	1910 年 4 月 24 日	汉口
《雄风报》	1910 年 7 月 7 日	汙口（浙江）
《修水报》	1956 年 7 月	修水（江西）
《绣像小说》	1903 年 5 月 27 日	上海
《须弥日报》	1908 年 8 月 26 日	上海
《徐家汇报》	1900 年	上海
《徐家汇气象与地磁观测月报》	1874 年 9 月	上海
《徐州广播电视报》	1981 年 5 月	江苏
《徐州矿工报》	1950 年 4 月	徐州（江苏）
《徐州日报》	1979 年 5 月	徐州（江苏）
《许昌报》	1987 年 1 月	许昌（河南）
《旭日报》	1912 年	天津
《宣传者》	1931 年 2 月 2 日	上海
《宣南晚报》	1927 年 9 月 20 日	北京
《宣州报》	1984 年 10 月 1 日	宣州（安徽）
《选报》	1901 年 11 月 11 日	上海
《选报》	1906 年	北京
《选报》	1906 年	南昌（江西）

报刊名称	创刊时间	办刊地点
《学报》	1907 年 2 月	东京（日本）
《学部官报》	1906 年 8 月 26 日	北京
《学丛》	1913 年 7 月	陕西
《学大寨通讯》	1976 年 2 月 13 日	楚雄（云南）
《学大寨战报》	1970 年 10 月	霞浦（福建）
《学灯》	1918 年 3 月 4 日	上海
《学海》	1908 年 2 月 29 日	东京（日本）
《学衡》	1922 年 1 月	南京
《学联日报》	1936 年 1 月 12 日	北平
《学林》	1910 年	东京（日本）
《学生报》	1947 年 6 月 1 日	上海
《学生画报》	1930 年 3 月 22 日	北平
《学生会会报》	1915 年 1 月	上海
《学生与国家》	1936 年 10 月 10 日	北平
《学生月刊》	1914 年 7 月	上海
《学生杂志》	1914 年 7 月 20 日	上海
《学生杂志》	1915 年 12 月	上海
《学生杂志》	1916 年	武汉
《学生周刊》	1917 年 4 月 14 日	上海
《学塾月报》	1898 年 2 月	上海
《学术丛编》	1916 年 6 月	上海
《学术前沿》	2012 年 3 月 29 日	北京
《学务杂志》	1906 年 6 月 26 日	南京
《学务杂志》	1906 年	上海
《学习》	1939 年 9 月 16 日	上海
《学习》	1947 年 1 月	东北
《学习》	1949 年 9 月 15 日	北平
《学校新闻》	1917 年 9 月	温州（浙江）
《学艺》	1917 年 4 月	东京（日本）
《学艺杂志》	1912 年 11 月 10 日	上海
《学艺杂志》	1918 年 10 月	天津
《学渊》	1913 年	上海
《血潮日刊》	1925 年 6 月 4 日	上海
《血泪潮》	1925 年 6 月 9 日	无锡（江苏）
《郇报》	1880 年	香港

报刊名称	创刊时间	办刊地点
《郇报》（《中国郇报》）	1899 年	香港
《郇山使者报》	1874 年	福州
《循环》	1870 年 5 月 7 日	上海
《循环报》	1938 年 7 月	上海
《循环日报》	1874 年 2 月 4 日	香港
《循环日报》	1912 年	香港
《循环日报》	1915 年	香港
《训兵报》	1905 年	北京
《训蒙画报》	1886 年	上海
《训蒙捷报》	1897 年	上海
《迅报》	1911 年 11 月 19 日	上海
《迅报》	1938 年 12 月	广州
	Y	
《雅言》	1913 年 12 月 25 日	上海
《雅言报》	1917 年 3 月 25 日	哈尔滨
《亚东白话报》	1909 年	营口（辽宁）
《亚东报》	1906 年 5 月	广州
《亚东法报》（法文）	1901 年	上海
《亚东时报》	1898 年 6 月 25 日	上海
《亚泉杂志》	1900 年 11 月 29 日	上海
《亚太经济时报》	1987 年 8 月 1 日	广州
《亚细亚日报》	1912 年 6 月	北京
《亚细亚日报》	1915 年 9 月 10 日	上海
《亚细亚日报》	1915 年	北京
《亚细亚日报》	1915 年	上海
《亚细亚时报——俄国东方学者机关刊》（俄文）	1909 年 7 月 1 日	哈尔滨
《亚洲教会新闻》	1914 年 4 月	上海
《亚洲民报》	1935 年 12 月 1 日	北平
《亚洲日报》	1902 年	广州
《亚洲日报》	1917 年 8 月 31 日	上海
《亚洲时务汇报》	1901 年	横滨（日本）
《亚洲通信月刊》	1912 年 4 月 1 日	上海
《亚洲现势》（英文）	1917 年 4 月	上海
《亚洲周刊》	1964 年 4 月	香港
《亚洲周刊》	1987 年 12 月	香港

报刊名称	创刊时间	办刊地点
《烟酒杂志》	1918年3月	北京
《烟台广播电视报》	1991年	烟台（山东）
《烟台日报》	1945年9月18日	烟台（山东）
《延边广播电视报》（朝文）	1984年10月1日	延吉（吉林）
《延边民报》（朝鲜文）	1945年11月15日	延吉（吉林）
《延边日报》（朝鲜文）	1948年4月1日	延吉（吉林）
《延边日报》（汉文版）	1958年1月1日	延吉（吉林）
《延边时报》	1915年	局子街（吉林）
《延吉晚报》	1993年1月	延吉（吉林）
《言论自由》	1933年2月4日	上海
《言治》	1913年4月1日	天津
《言治》	1917年4月	北京
《岩声》	1923年9月1日	龙岩（福建）
《沿海时报》	1993年1月	北海（广西）
《研究》	1932年4月1日	上海
《研究杂志》	1914年11月	松江（江苏）
《盐城广播电视报》	1993年1月	盐城（江苏）
《盐阜报》	1942年1月1日	阜宁（江苏）
《盐阜大众》	1943年4月25日	盐阜（江苏）
《盐阜大众》	1988年4月25日	盐城（江苏）
《兖州县报》	1980年9月5日	兖州（山东）
《演进报》	1912年3月31日	成都
《演说报》	1912年2月	长沙
《演说报》	1912年12月中旬	上海
《演说报》（《湖南通俗报》的前身）	1911年5月	长沙
《演义白话报》	1897年11月7日	上海
《演义报》	1898年	长沙
《雁北日报》	1958年9月	大同（山西）
《雁来红丛报》	1906年4月	苏州
《燕都报》	1904年	北京
《燕都繁华报》	1906年	北京
《燕都时事画报》	1909年5月	北京
《燕京时报》	1912年	北京
《燕声日报》	1912年	北京
《燕赵老年报》	2004年6月16日	石家庄

报刊名称	创刊时间	办刊地点
《扬州日报》	1912 年	扬州
《扬州日报》	1915 年 3 月	扬州（江苏）
《扬州日报》	1956 年 9 月	扬州（江苏）
《扬子江》	1904 年 6 月 28 日	镇江（江苏）
《扬子江白话报》	1904 年 12 月 7 日	上海
《扬子江白话报》	1909 年 1 月	上海
《扬子江白话报》	1909 年	汉口
《扬子江白话丛报》	1909 年 12 月 27 日	镇江（江苏）
《扬子江小说报》	1909 年 5 月 19 日	汉口
《扬子晚报》	1986 年 1 月 1 日	南京
《羊城报》	1915 年	广东
《羊城地铁报》	2006 年 10 月 1 日	广州
《羊城晚报》	1903 年 2 月 12 日	广州
《羊城晚报》	1957 年 10 月 1 日	广州
《阳明日报》（马来文）	1908 年	新加坡
《阳秋报》	1911 年 1 月 16 日	上海
《阳泉报》	1958 年 5 月	阳泉（山西）
《仰光日报》	1906 年	仰光（缅甸）
《仰江日报》	1903 年	仰光（缅甸）
《养正学报》	1918 年 3 月	新加坡
《摇篮》	1982 年 1 月	南昌
《冶钢报》	1951 年 5 月	黄石（湖北）
《冶金报》	1956 年 7 月 23 日	北京
《冶金快报》	1965 年	四川
《野马小说周刊》	1959 年 3 月 5 日	香港
《叶尔羌报》（维、汉文）	1985 年 1 月 1 日	新疆
《邺华日报》	1912 年	安阳（河南）
《“一二·一六”特刊》	1935 年 12 月 22 日	北平
《一报》	1914 年	内蒙古
《一得报》	1912 年 7 月	绍兴
《一二·九青年》	1935 年 12 月 22 日	北平
《一冶工人报》	1964 年 3 月	武汉
《一周间》	1934 年 5 月 17 日	上海
《一周节目表》	1954 年 4 月	河南
《伊春日报》	1958 年 10 月 1 日	伊春（黑龙江）

报刊名称	创刊时间	办刊地点
《伊光日报》	1927 年 9 月 20 日	天津
《伊犁白话报》	1910 年 3 月	伊犁（新疆）
《伊犁垦区报》	1993 年 1 月	伊犁（新疆）
《伊犁日报》	1950 年 1 月 1 日	伊宁（新疆）
《伊犁日报》（汉文版）	1957 年 10 月 1 日	伊宁（新疆）
《伊犁少先报》	1957 年 8 月	伊犁（新疆）
《伊盟报》	1949 年 9 月 1 日	伊克昭盟（内蒙古）
《伊斯兰报》	1946 年 1 月 1 日	山东渤海解放区
《医报》	1906 年 4 月	北京
《医学报》	1900 年	杭州
《医学报》	1904 年 4 月	上海
《医学报》	1905 年	上海
《医学公报》	1909 年	上海
《医学世界》	1908 年 7 月	上海
《医学新报》	1911 年 6 月 21 日	上海
《医学新报》	1914 年	上海
《医学杂志》	1910 年 11 月	上海
《医药报》	1984 年 1 月 1 日	北京
《医药观》	1914 年 9 月	上海
《医药观》	1914 年 10 月	杭州
《医药时报》	1984 年	重庆
《医药新报》	1907 年 5 月	千叶（日本）
《医药新报》	1913 年 11 月	上海
《医药信息报》	1985 年 7 月	郑州
《医药学报》	1907 年春	东京（日本）
《医药学报》	1907 年	上海
《医药养生保健报》	1999 年 1 月 6 日	北京
《依泾杂说》	1827 年	澳门
《壹早报》	2014 年 4 月 29 日	湖南
《壹周刊》	1990 年 3 月 15 日	香港
《沂蒙晚报》	2002 年 9 月 20 日	山东
《怡情报》	1902 年	上海
《宜宾日报》	1987 年 10 月	宜宾（四川）
《宜昌政学报》	1906 年 1 月	宜昌（湖北）
《宜良报》	1956 年 5 月	宜良（云南）

报刊名称	创刊时间	办刊地点
《宜俗趣报》	1914 年春	成都
《宜兴报》	1956 年 2 月	宜兴（江苏）
《宜兴地方旬报》	1917 年 2 月	宜兴（江苏）
《义马矿工报》	1993 年 1 月	义马（河南）
《义声报》	1915 年	昆明
《义声报》	1915 年	云南
《艺林》	1910 年 7 月	南京
《艺林报》	1891 年 2 月 23 日	上海
《艺林报》	1905 年	上海
《艺林报》	1908 年	武汉
《艺术评论》	1923 年 4 月 23 日	上海
《艺术新闻》	1933 年 2 月 5 日	上海
《艺术信号》	1933 年 3 月 16 日	北平
《艺术月刊》	1930 年 3 月 16 日	上海
《艺苑真赏集》	1915 年 1 月	上海
《译报》	1907 年 12 月 27 日	北京
《译报》	1937 年 12 月 9 日	上海
《译报周刊》	1938 年 10 月 10 日	上海
《译林》	1901 年 3 月 5 日	杭州
《译书公会报》	1897 年 10 月 26 日	上海
《译书汇编》	1900 年 12 月 6 日	东京（日本）
《绎言报》	1904 年	武汉
《绎志汇报》	1906 年 9 月	汉口
《益报》	1911 年	成都
《益报》	1912 年 1 月	重庆
《益风报》	1912 年	成都
《益群报》	1919 年 3 月	吉隆坡（马来西亚）
《益世报》	1915 年 10 月 1 日	天津
《益世报》北京版	1916 年 2 月 8 日	北京
《益世女报》	1916 年	天津
《益世主日报》	1912 年 2 月 18 日	天津
《益文月报》	1887 年 2 月	汉口
《益闻录》	1878 年 12 月 16 日	上海
《益闻摘录》	1918 年 1 月	北京
《益闻摘录报》	1914 年	北京

报刊名称	创刊时间	办刊地点
《益新西报》	1896年	上海
《益友新报》	1899年	岷埠（菲律宾）
《益州新报》	1915年11月	成都
《音乐界》	1910年3月	南京
《音乐小杂志》	1906年2月13日	上海
《音乐周报》	1979年5月	北京
《银川晚报》	1988年7月1日	银川
《银行公报》	1917年5月29日	上海
《银行周报》	1917年	上海
《鄞县报》	1993年1月	鄞县（浙江）
《引擎》	1929年5月15日	上海
《英格兰圣经会报》	1885年	汉口
《英国周刊》	1915年10月2日	上海
《英文沪报》（英文）	1918年4月22日	上海
《英文汇报》	1902年	上海
《英文杂志》（英文）	1915年1月	上海
《英语学杂志》	1908年	杭州
《英语周报》	1985年5月1日	临汾（山西）
《莺花杂志》	1915年2月1日	上海
《婴报》	1905年冬	内蒙古
《鹰潭报》	1984年10月	鹰潭（江西）
《营口官报》	1907年夏	营口（辽宁）
《营口市报》	1957年5月	营口（辽宁）
《营商日报》	1915年	牛庄（辽宁）
《营商时报》	1908年	营口（辽宁）
《瀛寰琐记》	1872年11月11日	上海
《瀛州日报》	1910年10月3日	潮州（广东）
《影戏春秋》	1925年3月1日	上海
《硬报》	1928年12月16日	上海
《硬的评论》	1931年10月8日	上海
《庸报》	1926年8月4日	天津
《庸报》	1929年7月下旬	成都
《庸言》	1912年12月1日	天津
《永春日报》（海外版）	1946年	永春（福建）
《永定乡讯》	1956年2月	永定（福建）

报刊名称	创刊时间	办刊地点
《永康报》	1956 年 5 月	永康（浙江）
《永生》	1936 年 3 月 7 日	上海
《甬报》	1881 年 2 月	宁波
《甬报》	1908 年	宁波
《优悦生活》	2008 年 1 月 2 日	广东
《优质农产品》	2013 年 12 月 5 日	北京
《犹太月报》	1904 年 4 月 22 日	上海
《游戏报》	1897 年 6 月 24 日	上海
《游戏报》	1913 年	武汉
《游戏世界》	1906 年 4 月	杭州
《游戏杂志》	1913 年 12 月	上海
《游学译编》	1902 年 11 月 14 日	东京（日本）
《游艺》	1911 年	成都
《游艺报》	1905 年 6 月上旬	广州
《游艺报》	1928 年 7 月 23 日	上海
《游艺粹报》	1915 年 12 月	成都
《游艺杂志》	1915 年 1 月	临海（浙江）
《友声日报》	1918 年 4 月 11 日	上海
《有声杂志》	2004 年 1 月 12 日	地点不详
《酉阳报》	1956 年 6 月 1 日	酉阳（四川）
《牖报》	1907 年 4 月	东京（日本）
《牖民杂志》	1917 年 8 月 20 日	上海
《又新日报》	1910 年	赣州（江西）
《右江日报》	1929 年 11 月 5 日	百色（广西）
《幼儿文学》	1985 年 1 月	上海
《余兴》	1914 年 8 月	上海
《余姚报》	1956 年 5 月	余姚（浙江）
《娱闲录》	1914 年 7 月 16 日	成都
《娱闲日报》	1905 年 8 月	上海
《渔盐民》	1955 年 7 月 1 日	福州
《渔业工人》	1958 年 1 月 1 日	大连（辽宁）
《渝报》	1897 年 10 月 26 日	重庆
《渝城日报》	1903 年	重庆
《渝州日报》	1916 年 8 月	重庆
《渝州新闻》	1898 年 5 月	重庆

报刊名称	创刊时间	办刊地点
《榆次市报》	1982 年 3 月 1 日	榆次（山西）
《虞美人》	1918 年 9 月	上海
《虞阳白话报》	1911 年 11 月	常熟（江苏）
《虞阳日报》	1917 年 2 月	常熟（江苏）
《虞阳新闻》	1910 年 5 月 8 日	苏州
《舆论日报》	1908 年 3 月 31 日	上海
《舆论日报》	1912 年	福州
《与舍学报》	1907 年 2 月	开封（河南）
《禹域新闻》	1913 年 11 月 25 日	绍兴（浙江）
《语丝》	1924 年 11 月 17 日	北京
《玉林市报》	1956 年 7 月	玉林（广西）
《预备立宪公会报》	1908 年 2 月 29 日	上海
《预备立宪官话报》	1906 年 12 月 16 日	上海
《寓言报》	1901 年	上海
《裕南报》	1910 年 12 月 24 日	上海
《豫报》	1906 年 12 月	东京（日本）
《豫南爱国报》	1915 年	信阳（河南）
《豫情时报》	1981 年 7 月 7 日	河南
《豫省简报》	1912 年 1 月	开封（河南）
《豫省中外官报》	1907 年	开封（河南）
《豫西报》	1985 年 5 月 1 日	洛阳（河南）
《豫言》	1917 年 6 月	开封
《豫言报》	1917 年 1 月	开封
《豫章日报》	1912 年	南昌
《沅湘日报》	1912 年	常德
《沅湘日报》	1913 年春	常德（湖南）
《远东》	1876 年 7 月	香港
《远东报》	1906 年 3 月 14 日	哈尔滨
《远东报》	1915 年	哈尔滨
《远东报》（德文）	1902 年	上海
《远东共和国》	1919 年 12 月	旧金山（美国）
《远东经贸导报》	1992 年 5 月	哈尔滨
《远东日报》（英文）	1904 年	马尼拉（菲律宾）
《远东时报》	1904 年	上海
《远东释疑》	1867 年	上海

报刊名称	创刊时间	办刊地点
《远东铁路生活》(俄文)	1908年12月19日	哈尔滨
《远东闻见录》	1907年7月19日	东京（日本）
《远东信使报》	1886年	上海
《远见》	1986年7月1日	台湾
《愿望》	1946年1月	香港
《约翰声》	1895年	上海
《月报》	1909年	延吉（吉林）
《月报》	1937年1月15日	上海
《月月红》	1915年10月	上海
《月月小说》	1906年11月1日	上海
《岳北人民报》	1945年8月1日	岳北
《越报》	1909年11月12日	上海
《越铎日报》	1912年1月3日	绍兴
《越铎日报》	1915年	绍兴（浙江）
《越峤纪闻》(前身为《中西日报》)	1900年冬	广州
《越社丛刊》	1912年2月	绍兴
《越州公报》	1918年9月8日	绍兴（浙江）
《粤报》(《香港粤报》)	1885年	香港
《粤东公报》	1906年4月	广州
《粤东公报》	1909年	广州
《粤东小说林》	1906年9月17日	广州
《粤东新报》	1906年	广州
《粤港企业家报》	1984年7月	广州
《粤港信息报》	1985年1月	广州
《粤路丛报》	1911年3月5日	广州
《粤西》	1907年11月15日	东京（日本）
《粤西农垦报》	1958年3月	广东
《云南》	1906年10月15日	东京（日本）
《云南》	1954年9月1日	沈阳
《云南残疾人报》	1993年1月	昆明
《云南法制报》	1982年7月	昆明
《云南个体经济报》	1993年1月	昆明
《云南公安报》	1985年7月	云南
《云南公报》	1915年	云南
《云南公报》	1922年12月17日	云南

报刊名称	创刊时间	办刊地点
《云南广播电视报》	1979年12月	昆明
《云南画报》	1960年1月	昆明
《云南交通报》	1983年3月5日	昆明
《云南教育公报》	1921年	云南
《云南教育官报》	1907年6月	昆明
《云南教育杂志》	1912年6月	昆明
《云南经济报》	1980年8月	昆明
《云南经济信息报》	1985年2月	昆明
《云南科学普及报》	1958年4月	云南
《云南旅游文化时报》	2016年6月12日	云南
《云南民先》	1938年8月	云南
《云南农业丛报》	1914年4月20日	昆明
《云南青年》	1926年4月30日	云南
《云南日报》	1910年	昆明
《云南日报》	1950年3月4日	昆明
《云南实业要闻》	1916年11月	昆明
《云南实业杂志》	1913年7月	昆明
《云南实业周刊》	1916年	昆明
《云南物资市场》	1980年8月1日	昆明
《云南学生》	1937年12月	昆明
《云南学术批评处周刊》	1916年12月	昆明
《云南盐政公报》	1919年1月	昆明
《云南邮电报》	1950年4月	昆明
《云南政报》	1912年冬	昆明
《云南政治公报》	1911年2月11日	昆明
《云烟杂志》	1917年6月20日	上海
《郧阳报》	1950年7月1日	郧阳（湖北）
	Z	
《Zhejiang Weekly》	2010年9月28日	浙江
《杂文》	1935年5月	东京（日本）
《杂文报》	1984年10月2日	石家庄
《再生》	1938年7月7日	武汉
《枣阳报》	1991年	枣阳（湖北）
《枣庄日报》	1958年6月	枣庄（山东）
《詹詹报》	1915年	宁波（浙江）

报刊名称	创刊时间	办刊地点
《展望》	1948年5月1日	上海
《展望》	1958年4月	香港
《战报》	1960年4月13日	大庆（黑龙江）
《战场》	1943年1月	晋冀鲁豫根据地
《战场报》	1949年4月8日	太原
《战地报人》	1939年1月13日	不详
《战斗》	1937年11月9日	冀豫晋省
《战斗报》	1966年3月	吉林
《战斗月报》	1943年8月	昆明
《战国策》	1940年4月1日	昆明
《战旗》	1938年5月10日	绍兴（浙江）
《战时妇女》	1937年10月	上海
《战时记者》	1938年9月1日	金华（浙江）
《战时教育》	1937年9月25日	上海
《战时联合旬刊》	1937年9月1日	上海
《战时青年》	1938年1月10日	武汉
《战时日报》	1937年10月5日	上海
《战时知识》	1938年6月10日	云南
《战士》	1925年12月	长沙
《战士报》	长征前	江西苏区
《战士报》	1947年2月14日	东北通辽（现属内蒙古）
《战士文化》	1948年10月	华东地区
《战事新闻报》	1925年10月6日	广州
《战线》	1928年4月1日	上海
《战友报》	1943年3月20日	冀鲁豫军区
《湛江经济报》	1985年1月	湛江（广东）
《湛江日报》	1968年3月10日	广东
《张家口日报》	1946年8月23日	张家口（河北）
《张掖报》	1987年1月24日	张掖（甘肃）
《张垣日报》	1945年8月25日	晋察冀解放区
《章贡潮》	1912年	南昌
《漳泉公会报》	1888年	厦门
《漳泉日报》	1903年	厦门（福建）
《漳州日报》	1913年2月2日	漳州（福建）
《掌故》	1971年9月10日	香港

报刊名称	创刊时间	办刊地点
《丈务杂志》	1909 年 6 月	宝山（江苏）
《昭通报》	1950 年 4 月	昭通（云南）
《昭文日报》	1880 年	汉口
《昭文新报》	1873 年 8 月 8 日	汉口
《昭乌达报》（蒙文版）	1957 年 8 月 10 日	昭乌达盟赤峰市（内蒙古）
《爪哇电报》	1908 年	泗水市（荷属东印度）
《肇东报》	1982 年 6 月	肇东（黑龙江）
《哲里木报》（汉文版）	1956 年 7 月 1 日	通辽（内蒙古）
《哲里木报》（蒙文版）	1957 年 1 月 1 日	通辽（内蒙古）
《哲学会刊》	1918 年	南京
《浙东公报》	1916 年初	宁波（浙江）
《浙东杂志》	1904 年 4 月	金华（浙江）
《浙湖工业同志会杂志》	1910 年 12 月	东京（日本）
《浙江白话报》	1909 年	杭州
《浙江报》	1915 年	杭州
《浙江兵事杂志》	1914 年 4 月	杭州
《浙江蚕业学校校友会杂志》	1918 年 12 月	杭州
《浙江潮》	1903 年 2 月 17 日	东京（日本）
《浙江潮》	1912 年初	杭州
《浙江潮》	1938 年 2 月 24 日	金华
《浙江地方自治筹办处文报》	1909 年	杭州
《浙江法制报》	1984 年 5 月	杭州
《浙江工人报》	1983 年 1 月 1 日	杭州
《浙江公报》	1915 年	杭州
《浙江公立图书馆年报》	1915 年	杭州
《浙江官报》	1909 年 8 月	杭州
《浙江广播电视报》	1979 年 5 月	杭州
《浙江画报》	1958 年 7 月	杭州
《浙江交通报》	1955 年 3 月	杭州
《浙江教育报》	1985 年 1 月	杭州
《浙江教育官报》	1908 年 8 月 6 日	杭州
《浙江教育月报》	1914 年	杭州
《浙江教育月刊》	1918 年 1 月	杭州
《浙江禁烟官报》	1908 年 10 月	杭州
《浙江军政府公报》	1912 年 1 月 22 日	杭州

报刊名称	创刊时间	办刊地点
《浙江科技小报》	1964年7月1日	杭州
《浙江民报》	1913年4月15日	杭州
《浙江农言》	1919年4月21日	杭州
《浙江侨声报》	1985年6月	杭州
《浙江青年》	1991年1月1日	杭州
《浙江日报》	1908年5月24日	杭州
《浙江日报》	1949年5月9日	杭州
《浙江省立甲种商业学校校友会杂志》	1916年7月	杭州
《浙江省农会报》	1913年6月	杭州
《浙江五日报》（又名《浙报》）	1902年2月18日	杭州
《浙江新潮》	1919年10月10日	杭州
《浙江邮电报》	1951年	杭州
《浙江月刊》	1903年	东京（日本）
《浙江月刊》	1916年	杭州
《浙西导报》	1938年12月	绍兴（浙江）
《浙西水利议事会年刊》	1918年	杭州
《真爱国者》	1838年10月	澳门
《真报》	1908年	香港
《真报》	1922年10月10日	汉口（湖北）
《真报》	1933年7月1日	北平
《真光报》	1910年	上海
《真光月报》	1902年2月	广州
《真话报》	1932年5月29日	上海
《真理的斗争》	1941年夏	重庆
《真理晚报》	1922年5月2日	北京
《真理与生命》	1918年	北京
《真相画报》	1912年6月5日	上海
《振华日报》	1922年4月1日	北京
《振华五日大事记》	1907年4月	广州
《振青书画集》	1914年10月	上海
《振群丛报》	1907年12月4日	上海
《振胜日报》	1919年3月2日	上海
《震旦报》	1912年	广州
《震旦民报》	1912年4月15日	武汉
《震旦日报》	1911年2月	广州

报刊名称	创刊时间	办刊地点
《震旦日报》	1912 年	武汉
《震旦学报》	1907 年 10 月	北京
《震旦学院》	1909 年	上海
《震铎日报》	1915 年 7 月 10 日	镇江（江苏）
《镇江日报》	1956 年 8 月	镇江（江苏）
《镇江市报》	1982 年 3 月 1 日	镇江（江苏）
《争鸣》	1977 年 11 月	香港
《征信新闻》	1943 年 4 月 5 日	重庆
《征信新闻》	1950 年 10 月 2 日	台北（台湾）
《正报》	1922 年 8 月 21 日	北京
《正报》	1945 年 11 月 13 日	香港
《正报》	1978 年 1 月 7 日	澳门
《正路》	1933 年 6 月	上海
《正论报》	1912 年 8 月 18 日	成都
《正论日报》	1912 年 1 月	重庆
《正论日报》	1914 年	成都
《正论日报》	1915 年	重庆
《正气报》	1930 年 6 月 7 日	上海
《正俗画报》	1909 年	北京
《正俗新白话报》	1911 年秋	成都
《正俗杂志》	1914 年	成都
《正闻报》	1932 年 9 月	天津
《正心报》	1915 年	武汉
《正言报》	1905 年	汉口
《正言报》	1940 年 10 月 20 日	上海
《正言日报》	1912 年	福州
《正义报》	1918 年 4 月	汉口（湖北）
《正谊》	1914 年 1 月	上海
《正谊报》（前身为《崇德公报》）	1916 年 3 月	武昌（湖北）
《正谊日报》	1916 年春	武汉
《正志》	1915 年 4 月 30 日	上海
《正宗爱国报》	1906 年 11 月 16 日	北京
《证券日报》	2001 年 1 月 4 日	北京
《证券时报》	1989 年 8 月 14 日	基隆（台湾）
《郑州法制报》	1992 年 12 月	郑州

报刊名称	创刊时间	办刊地点
《郑州工人报》	1991 年	郑州
《郑州广播电视报》	1991 年	郑州
《郑州日报》	1916 年	郑州
《郑州日报》	1949 年 7 月 1 日	郑州
《政法学会杂志》	1917 年 3 月	北京
《政法月报》	1913 年 12 月 30 日	成都
《政府公报》	1912 年 4 月	北京
《政府公报》	1915 年	北京
《政进报》	1912 年 3 月 27 日	成都
《政论》	1907 年 10 月 7 日	东京（日本）
《政论》	1908 年	武汉
《政闻日报》	1914 年 6 月 1 月	南京
《政务处汇编政要》	1902 年	北京
《政协信息报》	1993 年 1 月	呼和浩特
《政学报》	1902 年 3 月 4 日	上海
《政学丛刊》	1920 年 1 月纽约（美国）	
《政学日报》	1911 年春	汉口
《政学新报》	1906 年	北京
《政学旬报》	1913 年	天津
《政学征信录》	1902 年 2 月	北京
《政艺通报》	1902 年 2 月 22 日	上海
《政治官报》	1907 年 10 月 26 日	北京
《政治日报》	1916 年	福州
《政治生活》	1924 年 4 月 27 日	北京
《政治学报》	1916 年	北京
《政治周报》	1925 年 12 月 5 日	广州
《之江潮声》	1918 年 5 月	杭州
《之江日报》	1913 年 4 月 1 日	杭州
《之江日报》	1915 年	杭州
《支那革命丛报》	1908 年 7 月 8 日	东京（日本）
《支那泰晤士报》	1900 年	北京
《支那小报》	1902 年 7 月	上海
《芝罘报》	1905 年 3 月 21 日	烟台
《芝罘快邮》	1894 年	烟台
《芝罘日报》	1907 年	烟台

报刊名称	创刊时间	办刊地点
《芝罘日报》	1915 年	芝罘（山东）
《芝罘日报》	1917 年 2 月 6 日	烟台（山东）
《芝罘商报》	1916 年	烟台（山东）
《芝加哥华语论坛》	1999 年 7 月	美国
《芝林》	1910 年 8 月	南京
《知识》	1935 年 12 月 1 日	上海
《知识》	1936 年 4 月	上海
《知识分子》	1968 年 3 月 16 日	香港
《知识与生活》	1941 年 3 月 10 日	上海
《知新报》	1897 年 2 月 22 日	澳门
《织云杂志》	1914 年 9 月	上海
《直报》	1890 年	天津
《直报》	1895 年 1 月 26 日	天津
《直隶白话报》	1905 年 2 月	保定
《直隶教育界》	1913 年	天津
《直隶教育旬刊》	1917 年 11 月	天津
《直隶警察杂志》	1910 年 9 月 19 日	天津
《直隶省商品陈列所报告》	1918 年 3 月	天津
《直隶省商品陈列所月报》	1916 年 1 月	天津
《直说》	1903 年 2 月 22 日	东京（日本）
《直言》	1906 年	东京（日本）
《直言报》	1915 年	芜湖（安徽）
《职业生活》	1939 年 4 月 15 日	上海
《指南报》	1896 年 6 月 6 日	上海
《指南报》	1913 年	南宁
《指南日报》	1915 年	南宁
《指南月刊》	1910 年	桂林（广西）
《至公报》	1916 年 7 月 29 日	成都
《志学报》	1905 年	上海
《志愿军报》	1951 年 1 月 15 日	朝鲜
《质量服务报》	1992 年 12 月	兰州
《致富报》	1983 年 5 月 2 日	南京
《致富信息报》	1985 年 4 月	哈尔滨
《智群白话报》	1903 年 1 月	上海
《中报》	1913 年 10 月 5 日	汉口（湖北）

报刊名称	创刊时间	办刊地点
《中报》	1913 年	武汉
《中报》	1940 年 3 月 30 日	南京
《中报》	1980 年 2 月 27 日	香港
《中报月刊》	1980 年 2 月	香港
《中东路》	1929 年 10 月 10 日	南京
《中东日报》	1911 年 11 月	哈尔滨
《中东专版》（人民日报海外版）	2010 年 3 月 30 日	地点不详
《中法汇报》	1895 年	上海
《中法新汇报》（《法兴时务报》）	1897 年 7 月 1 日	上海
《中国安全生产报》	2001 年 10 月	北京
《中国白话报》	1903 年 12 月 19 日	上海
《中国白话报》	1915 年 5 月 22 日	上海
《中国包装报》	1985 年 4 月 1 日	北京
《中国报刊》	1983 年 10 月 5 日	北京
《中国报纸月报》	1993 年 3 月	北京
《中国财经报》	1991 年 7 月 3 日	北京
《中国蚕丝业会报》	1909 年 8 月 5 日	东京（日本）
《中国测绘报》	1993 年 1 月	北京
《中国差报》	1896 年 6 月	上海
《中国产经新闻》	2000 年 8 月 27 日	北京
《中国朝鲜族少年报》	1957 年 7 月 1 日	延吉（吉林）
《中国晨报》	1945 年 1 月 1 日	晃县（湖南）
《中国城市导报》	1985 年 7 月 4 日	上海
《中国城乡开发报》	1988 年 11 月 25 日	北京
《中国初中生报》	1990 年 1 月 4 日	北京
《中国畜牧水产消息》	1991 年 7 月 7 日	北京
《中国传教士》	1888 年 5 月	汉口
《中国丛报》	1832 年 5 月	广州
《中国萃报》	1909 年 8 月 27 日	天津
《中国大学学报》	1919 年 4 月	北京
《中国当代医药》	2008 年 11 月 10 日	北京
《中国地震报》	1987 年 12 月 15 日	北京
《中国地质报》（初名《地质战线》）	1977 年 3 月 4 日	北京
《中国地质矿产报》	1990 年 7 月	北京
《中国电力报》	1982 年 1 月 1 日	北京

报刊名称	创刊时间	办刊地点
《中国电视》	1998年12月31日	北京
《中国电视报》（外语节目版）	1992年7月	北京
《中国电影报》	1985年1月	北京
《中国电影周报》	1989年1月5日	北京
《中国电子报》	1982年6月25日	北京
《中国—东盟南亚周刊》（人民日报海外版）	2010年4月1日	地点不详
《中国读者》	1868年	福州
《中国儿童》	1949年9月25日	北平
《中国儿童》	1980年1月	北京
《中国儿童报》	1986年	北京
《中国儿童时报》	1930年6月1日	绍兴（浙江）
《中国法制报》	1980年8月1日	北京
《中国纺织报》	1986年1月	北京
《中国妇女》	1925年10月	上海
《中国妇女》	1939年6月1日	延安
《中国妇女》	1941年9月28日	延安
《中国妇女报》	1984年10月1日	北京
《中国妇女会报》	1907年3月30日	北京
《中国妇女界杂志》	1907年	东京（日本）
《中国妇人会小杂志》	1907年3月14日	北京
《中国改革报》	1994年1月12日	北京
《中国革命记》	1911年	上海
《中国工程学会年报》	1902年	上海
《中国工人》	1924年10月	上海
《中国工人》	1940年2月延安	
《中国工人》	1941年9月24日	延安
《中国公报》	1910年1月1日	上海
《中国公论西报》	1907年1月	上海
《中国共产党党报》	1923年10月	上海
《中国广播电视》	1982年7月13日	北京
《中国广播电视学刊》	1987年7月7日	北京
《中国广播受众》（内部刊物）	2002年2月	北京
《中国广播影视报》	2003年1月8日	北京
《中国广告信息报》	1984年9月1日	北京
《中国国防报》	1993年9月2日	北京

报刊名称	创刊时间	办刊地点
《中国国家地理》	2009 年 4 月 21 日	北京
《中国国家旅游》	2011 年 9 月 26 日	北京
《中国国民禁烟总会杂志》	1911 年	北京
《中国海洋报》	1989 年 9 月 26 日	北京
《中国航空报》（中、英文）	1992 年 4 月 28 日	北京
《中国航空航天报》	1989 年 7 月 5 日	北京
《中国合作经济报》	1985 年 7 月 6 日	上海
《中国河运报》	1984 年 7 月	武汉
《中国红十字报》	1986 年 10 月	长沙
《中国红十字会杂志》	1913 年 5 月	上海
《中国呼声》（英文）	1936 年 2 月 1 日	上海
《中国护理报》	1986 年 5 月	郑州
《中国花卉报》	1985 年 4 月 5 日	北京
《中国化工报》	1985 年 1 月 5 日	北京
《中国化工周报》	1994 年 7 月 6 日	北京
《中国画报》	1938 年春	上海
《中国环境报》	1984 年 1 月 3 日	北京
《中国黄金报》	1991 年 10 月 1 日	北京
《中国回声报》（法文）	1905 年	天津
《中国会计报》	2008 年 7 月 18 日	北京
《中国机电报》	1980 年 9 月	北京
《中国基督教年鉴》（英文季刊）	1910 年	上海
《中国基督徒月报》	1910 年 5 月	上海
《中国基金报》	2014 年 3 月 3 日	地点不详
《中国集邮报》	1992 年 7 月 1 日	北京
《中国计划生育》	1984 年 1 月 6 日	北京
《中国计算机报・普及教育版》	1993 年 1 月 6 日	北京
《中国记者》	1987 年 1 月 1 日	北京
《中国纪检监察报》	1994 年 10 月 1 日	北京
《中国季刊》	1984 年 4 月	北京
《中国检察报》	1991 年 7 月 4 日	北京
《中国建材报》	1986 年 10 月 18 日	北京
《中国建设》英文版	1952 年 1 月	北京
《中国交通报》	1984 年 11 月 7 日	北京
《中国教会报》	1906 年	武汉

报刊名称	创刊时间	办刊地点
《中国教会新报》	1868 年 9 月 5 日	上海
《中国教师报》	2002 年 9 月 9 日	北京
《中国经营报》	1985 年 1 月	北京
《中国镜报》	1989 年 9 月 18 日	台湾
《中国军人》	1925 年 2 月 20 日	广州
《中国军事日报》	1911 年	香港
《中国抗癌报》	1985 年 1 月	武汉
《中国科技报》	1986 年 1 月 1 日	北京
《中国科协报》	1993 年 1 月 7 日	北京
《中国科学报》	1988 年 6 月 4 日	北京
《中国篮球报》	1985 年 7 月 5 日	长春
《中国劳动人事报》	1985 年 7 月 3 日	北京
《中国老年报》	1988 年 7 月 6 日	北京
《中国老区报》	1986 年 10 月	太原
《中国林业报》	1987 年 7 月 1 日	北京
《中国领导科学》	2014 年 4 月 26 日	北京
《中国论坛》（英文）	1932 年 1 月 13 日	上海
《中国旅游》	1980 年 7 月	香港
《中国贸促报》	1987 年 1 月 5 日	北京
《中国煤炭报》	1983 年 1 月 5 日	北京
《中国美术报》	1985 年 7 月 6 日	北京
《中国美术报》	2015 年 12 月 26 日	北京
《中国棉花统计》	1918 年	上海
《中国民航》	1979 年 7 月	北京
《中国民商》	2013 年 2 月 5 日	北京
《中国民主论坛》	1965 年 8 月	香港
《中国名画》	1917 年	上海
《中国能源报》	2009 年 6 月 1 日	北京
《中国农村》	1934 年 10 月 10 日	上海
《中国农金报》	1985 年 11 月	北京
《中国农民》	1926 年 1 月 1 日	广州
《中国农民报》	1980 年 4 月 6 日	北京
《中国农民报·社队企业周刊》	1980 年 8 月 20 日	北京
《中国农民合作社》	2009 年 7 月 6 日	北京
《中国农牧渔业报》	1988 年 1 月 7 日	北京

报刊名称	创刊时间	办刊地点
《中国女报》	1907年1月14日	上海
《中国评论》	1962年4月	香港
《中国评论报》	1904年秋	天津
《中国期刊年鉴》	2016年1月6日	地点不详
《中国企业报》	1988年1月5日	北京
《中国企业政工信息报》	1992年1月1日	北京
《中国气象报》	1989年4月5日	北京
《中国汽车报》	1984年1月7日	北京
《中国青年》	1923年10月20日	上海
《中国青年》	1939年4月16日	延安
《中国青年报》	1951年4月27日	北京
《中国青年学粹》	1911年3月10日	东京（日本）
《中国轻工业报》	1985年1月3日	北京
《中国人》	1936年12月16日	北平
《中国人报》	1938年5月1日	沁县（山西）
《中国人才报》	1985年2月5日	北京
《中国人口报》	1984年1月	北京
《中国人事报》	1996年1月1日	北京
《中国日报》	1900年1月25日	香港
《中国日报》	1932年1月20日	南京
《中国日报》	1981年6月1日	北京
《中国日报》（东南亚版）	2013年5月31日	地点不详
《中国日报》（法文版）	2015年6月12日	鲁昂（法国）
《中国日报》（欧洲版）	1986年9月1日	伦敦
《中国日报》（欧洲版）	2010年12月3日	伦敦（英国）
《中国日报》（亚洲版）	2010年12月10日	香港
《中国日报》（英文）	1949年7月1日	台湾
《中国日报》广州版	1984年10月1日	地点不详
《中国日报·香港版》	1997年10月6日	香港
《中国日报非洲版》	2012年12月14日	内罗毕（肯尼亚）
《中国三峡工程报》	1993年9月	宜昌（湖北）
《中国散文报》	2013年1月15日	北京
《中国商会联合会会报》	1913年10月	北京
《中国商检报》	1995年11月22日	北京
《中国商务报》	1897年3月23日	上海

报刊名称	创刊时间	办刊地点
《中国商业报》	1985年1月1日	北京
《中国商业研究会月报》	1910年3月10日	东京（日本）
《中国商业杂志》	1910年2月24日	上海
《中国少年报》	1951年11月5日	北京
《中国少年英语报》	2004年10月18日	北京
《中国社会报》	1986年4月9日	北京
《中国社会科学报》	2009年7月1日	北京
《中国摄影》	1957年4月30日	北京
《中国石化报》	1988年7月1日	北京
《中国石油报》	1987年1月7日	北京
《中国时报》	1901年3月11日	天津
《中国时报》	1901年	北京
《中国时报周刊》	1992年1月5日	香港
《中国实业杂志》	1910年10月	东京（日本）
《中国食品报》	1984年1月	北京
《中国市场经济报》	1994年10月18日	北京
《中国市容报》	1982年3月	重庆
《中国书画报》	1986年1月5日	天津
《中国苏维埃周报》	1930年8月15日	上海
《中国体彩报》	2010年1月11日	北京
《中国体育》	1988年	北京
《中国通信》	1896年9月11日	上海
《中国通信》	1930年6月14日	上海
《中国通讯》	1941年3月	延安
《中国统计信息报》	1988年7月4日	北京
《中国图片报》	1992年1月1日	北京
《中国土地报》	1989年9月5日	北京
《中国晚报》	1921年2月15日	上海
《中国晚报》	1955年12月25日	高雄（台湾）
《中国网友报》	2000年6月5日	地点不详
《中国维新报》	1904年	纽约
《中国卫生信息报》	1986年1月	北京
《中国文化》	1940年2月15日	延安
《中国文化报》	1986年1月24日	北京
《中国文物报》	1987年10月	郑州

报刊名称	创刊时间	办刊地点
《中国物资报》	1989 年 1 月 1 日	北京
《中国乡镇企业报》	1984 年 5 月	北京
《中国消费者报》	1985 年 10 月 7 日	北京
《中国新报》	1907 年 1 月 20 日	东京（日本）
《中国新报》	1934 年 8 月 20 日	天津
《中国新论》	1935 年 4 月 1 日	南京
《中国新女界杂志》	1907 年 2 月 5 日	东京（日本）
《中国新闻周刊》	2000 年 1 月 1 日	地点不详
《中国学报》	1912 年 11 月	北京
《中国学生》	1924 年	上海
《中国学生丛报》	1948 年 1 月	香港
《中国学生导报》	1944 年 12 月 22 日	重庆
《中国演员报》	1995 年 9 月	北京
《中国医学白话报》	1912 年 10 月	天津
《中国医学论坛报》	1983 年 7 月	北京
《中国仪器仪表报》	1985 年 7 月	北京
《中国银行通讯录》	1915 年 1 月	上海
《中国银行业》	2014 年 3 月 14 日	北京
《中国引进报》	1990 年 7 月 1 日	北京
《中国印刷物资商情》	1997 年 1 月 1 日	北京
《中国邮报》	1845 年	香港
《中国邮报》（英文）	1952 年 9 月 3 日	台湾
《中国邮政快递报》	2013 年 1 月 10 日	北京
《中国有色金属报》	1985 年 7 月 1 日	北京
《中国与非洲》（新版）	2009 年 10 月 30 日	地点不详
《中国与南洋》	1918 年 3 月	上海
《中国杂志》	1868 年 3 月 7 日	香港
《中国长城铝业报》	1992 年 12 月	北京
《中国证券报》	1993 年 1 月 3 日	北京
《中国之外友》	1845 年 8 月 30 日	香港
《中国之友》	1842 年 3 月 17 日	香港
《中国职工技术导报》	1984 年 1 月	北京
《中国质量万里行》	1992 年 12 月 27 日	北京
《中国周报》	1915 年	上海
《中国主日学校月报》（英文）	1913 年	上海

报刊名称	创刊时间	办刊地点
《中国专版》	1914 年 4 月	北京
《中国专利报》	1989 年 4 月 1 日	北京
《中国资产新闻》	1996 年 7 月 13 日	北京
《中和报》	1917 年 1 月	厦门
《中和报》	1933 年 10 月 4 日	北平
《中华》	1913 年	北京
《中华报》	1904 年 12 月 7 日	北京
《中华报》	1912 年 1 月 15 日	南京
《中华报》	1912 年 1 月	重庆
《中华报》	1912 年	南京
《中华编译社社刊》	1917 年 4 月	上海
《中华辞赋》	2014 年 3 月 26 日	北京
《中华第三产业报》	1993 年 6 月 29 日	沈阳
《中华读书报》	1994 年 7 月 6 日	北京
《中华妇女界》	1915 年 1 月 25 日	上海
《中华富强杂志》	1915 年 6 月	上海
《中华革新报》	1916 年 2 月	上海
《中华工程师会会报》	1913 年 11 月	汉口（湖北）
《中华工商时报》	1989 年 10 月 6 日	北京
《中华工业月报》	1919 年 2 月	上海
《中华国货月报》	1915 年 9 月 10 日	上海
《中华国学研究》	2008 年 11 月 3 日	北京
《中华汇报》	1906 年	北京
《中华教育界》	1912 年 1 月	上海
《中华老年报》	1988 年 6 月 21 日	北京
《中华论坛》	1945 年 1 月	重庆
《中华美术报》	1918 年 9 月	上海
《中华民报》	1912 年 3 月 15 日	南京
《中华民报》	1912 年 7 月 20 日	上海
《中华民报》	1912 年	武汉
《中华民报》	1912 年	暹罗曼谷
《中华民报》	1912 年	北京
《中华民报》	1915 年	云南
《中华民国公报》	1911 年 10 月 16 日	武昌
《中华民国实业协会鲁支部杂志》	1912 年 9 月	济南

报刊名称	创刊时间	办刊地点
《中华民国医药学会会报》	1917年	北京
《中华民国政府公报》	1912年5月	北京
《中华农学会会报》	1919年1月	南京
《中华女报》	1912年	上海
《中华全国商会联合会报》	1914年	上海
《中华人民共和国全国人民代表大会常务委员会公报》	1957年	北京
《中华日报》	1912年	北京
《中华日报》	1914年	马尼拉（菲律宾）
《中华日报》	1915年	广东
《中华日报》	1918年8月中旬	成都
《中华日报》	1932年4月11日	上海
《中华日报》	1946年2月20日	台北（台湾）
《中华日报》	1948年9月8日	澳门
《中华日报》（南部版）	1946年2月20日	台南（台湾）
《中华圣公会报》	1908年	北京
《中华圣公会报》	1908年	武汉
《中华实业丛报》	1913年5月1日	上海
《中华实业界月刊》	1914年1月1日	上海
《中华书画家》	2009年8月20日	北京
《中华童子界》	1914年	上海
《中华恸报》	1918年	成都
《中华文摘》	1992年3月10日	香港
《中华小说界》	1914年1月1日	上海
《中华新报》	1908年4月17日	汕头（广东）
《中华新报》	1912年	汕头
《中华新报》	1915年10月10日	上海
《中华新报》	1916年	广州
《中华新报》北京版	1916年9月1日	北京
《中华新闻信息报》	1993年5月5日	北京
《中华信义报》	1912年12月28日	武汉
《中华学生界》	1915年1月25日	上海
《中华药学杂志》	1917年4月	东京（日本）
《中华医报》	1917年	广州
《中华医学白话报》	1913年6月13日	上海
《中华医学杂志》	1915年11月	上海

报刊名称	创刊时间	办刊地点
《中华英才》（中、英文版）	1989年10月	北京
《中华英文周报》	1919年4月5日	上海
《中华月报》	1973年4月	香港
《中华杂志》	1913年11月	上海
《中华杂志》	1914年4月	北京
《中华周刊》	1912年5月	武昌
《中江日报》	1909年11月18日	芜湖（安徽）
《中流》	1936年9月5日	上海
《中论》	1917年3月19日	成都
《中美日报》	1938年11月1日	上海
《中美周刊》	1939年9月23日	上海
《中日僧报》	1909年冬	台州（浙江）
《中山报》	1992年8月28日	中山（广东）
《中山日报》	1940年1月	广州
《中时晚报》	1988年3月7日	台北
《中外产品报》	1986年4月17日	北京
《中外大事报》	1899年8月15日	上海
《中外大事报》	1906年	北京
《中外华报》	1906年	北京
《中外汇报》	1904年	上海
《中外论坛》	1935年4月	太原
《中外企业报》	1990年3月20日	重庆
《中外日报》	1924年1月20日	北京
《中外实报》	1904年9月1日	天津
《中外算报》	1902年2月	上海
《中外晚报》	1911年10月18日	上海
《中外小说林》	1907年6月	广州
《中外新报》	1854年	宁波
《中外新报》	1858年12月19日	宁波
《中外新报》	1878年	旧金山（美国）
《中外新报》	1912年	香港
《中外新报》	1915年	香港
《中外新报》	1926年6月20日	北京
《中外新闻》	1883年	旧金山（美国）
《中外新闻七日报》	1871年3月18日	香港

报刊名称	创刊时间	办刊地点
《中外新闻七日录》	1865 年 2 月 2 日	广州
《中外月刊》	1935 年 12 月 1 日	南京
《中外杂志》	1862 年	上海
《中外章程报》	1903 年	上海
《中卫日报》	2005 年 4 月 28 日	中卫（宁夏）
《中西报》	1906 年	汉口
《中西报》	1915 年	汉口（湖北）
《中西工商杂志》	1917 年 1 月	上海
《中西见闻录》	1872 年	北京
《中西教会报》	1891 年 2 月	上海
《中西名医丛学汇刊》	1915 年 3 月 18 日	上海
《中西日报》	1900 年 2 月 16 日	旧金山（美国）
《中西商务报》	1914 年 1 月	上海
《中西晚报》	1913 年 5 月 15 日	汉口
《中西文报》	1891 年 2 月 20 日	上海
《中西闻见录》	1899 年	福州
《中西新报》	1900 年冬	广州
《中西星期报》	1908 年末	广州
《中西医学报》	1910 年 4 月	上海
《中西医药学报》	1915 年 10 月	上海
《中兴报》	1932 年	香港
《中兴日报》	1907 年 8 月 20 日	新加坡
《中学生》	1930 年 2 月	上海
《中学生时事政治报》	1992 年 1 月 2 日	郑州
《中学生学习报》	1982 年 10 月	郑州
《中央白话报》	1906 年	北京
《中央大同新闻》	1909 年	北京
《中央导报》	1940 年 8 月	南京
《中央日报》	1908 年 4 月 1 日	北京
《中央日报》	1927 年 3 月 22 日	汉口（湖北）
《中央日报》	1928 年 2 月 1 日	上海
《中央日报》	1939 年 5 月	昆明
《中央日报》	1939 年 10 月 10 日	成都
《中央日报》（福建版）	1941 年 4 月	永安（福建）
《中央日报》（上海版）	1945 年 8 月 30 日	上海

报刊名称	创刊时间	办刊地点
《中央日报》（屯溪版）	1942年7月18日	屯溪（安徽）
《中央日报》（梧州版）	1942年12月	梧州（广西）
《中央日报》（漳州版）	1945年8月	漳州（福建）
《中央日报》贵阳版	1938年12月	贵阳
《中央日报》邵阳版	1938年12月	邵阳（湖南）
《中央日报·国际航空版》	1986年1月1日	台北（台湾）
《中央通讯》（又称《中央政治通讯》）	1926年9月	武汉
《中央新闻》	1912年	北京
《中央邮报》	1904年	香港
《中央周刊》	1938年7月	长沙
《中药科技报》	1985年1月	沈阳
《中医杂志》	1911年	成都
《中英商工机器时报》（《清韩英实业杂志》）	1894年10月伦敦	
《中庸报》	1913年	武汉
《中原报》	1911年9月19日	广州
《中原画报》	1948年9月30日	中原地区
《中原石油报》	1991年	濮阳（河南）
《中直报》	1907年1月	北京
《中州评论》	1925年9月1日	开封
《中州日报》（前身为《开封简报》）	1911年7月10日	开封（河南）
《中州晚报》	1916年10月	开封
《忠诚报》	1948年2月22日	台北（台湾）
《忠言报》	1909年	天津
《钟声》	1915年	芝罘（山东）
《钟声白话报》	1907年	哈尔滨
《钟声报》	1912年12月	烟台（山东）
《钟声日报》	1911年12月1日	上海
《众议院公报》	1913年	北京
《重庆广播电视报》	1956年6月	重庆
《重庆红十字会杂志》	1916年8月	重庆
《重庆农村报》	1983年1月	重庆
《重庆日报》	1904年10月17日	重庆
《重庆日报》	1912年11月	重庆
《重庆日报》	1915年	重庆
《重庆日报》	1952年8月5日	重庆

报刊名称	创刊时间	办刊地点
《重庆日报》(农村版)	2010年1月1日	重庆
《重庆商报》	1915年	重庆
《重庆商会公报》	1905年8月	重庆
《重庆商务报》	1915年	重庆
《重庆摄影家报》	2008年1月27日	重庆
《重庆晚报》	1985年5月1日	重庆
《重庆物资商情》	1981年1月	重庆
《重庆新中华报》	1912年	重庆
《重庆中校旅外同学总会会报》	1918年	北京
《舟山日报》	1955年3月舟山（浙江）	
《周报》	1945年9月8日	上海
《周口报》	1991年	周口（河南）
《周口声屏报》	1993年1月	周口（河南）
《周末》	1982年1月2日	南京
《珠报》	1912年12月	江苏省青浦县朱家角
《珠海特区报》	1985年11月1日	珠海
《珠汇画报》	1911年	广州
《珠江镜》	1906年春	广州
《珠江日刊》	1917年冬	广州
《株萍铁路管理局月报》	1917年1月	株洲（湖南）
《株洲日报》	1957年10月1日	株洲（湖南）
《诸暨报》	1955年7月	诸暨（浙江）
《竹园白话报》	1907年9月10日	天津
《主人翁》	1982年10月	长沙
《主张与批评》	1932年10月21日	上海
《注音字母报》	1916年5月1日	北京
《驻马店报》	1986年2月1日	驻马店（河南）
《著作林》	1906年	杭州
《转换》	1930年3月15日	北平
《庄谐杂志汇编》	1909年	上海
《庄言旬报》	1907年2月	北京
《壮文报》	1957年7月1日	南宁
《卓报》	1909年10月22日	上海
《孖剌报》	1857年10月1日	香港
《资兴日报》	1952年7月1日	湖南

报刊名称	创刊时间	办刊地点
《资政院公报》	1911年8月	北京
《淄博日报》	1952年2月1日	淄博（山东）
《淄博声屏》	1991年	淄博（山东）
《子弟兵》	1949年3月1日	晋察冀地区
《紫荆》	1990年10月1日	香港
《自贡日报》	1951年3月3日	四川
《自理月刊》	1911年2月	广州
《自立晚报》	1947年10月10日	台湾
《自立早报》	1988年1月21日	台北
《自立周报》	1989年6月9日	台湾
《自强日报》	1919年1月1日	镇江（江苏）
《自然界》	1926年初	上海
《自卫》	1946年4月25日	东北
《自由》	1929年1月30日	上海
《自由报》	1912年5月	杭州
《自由报》	1912年6月30日	开封（河南）
《自由报》	1912年	武汉
《自由报》	1940年8月1日	桂林
《自由报》（蒙古文）	1946年7月5日	海拉尔（内蒙古）
《自由花》	1912年9月	武汉
《自由日报》	1913年初	汉口
《自由谈》	1911年8月24日	上海
《自由月刊》	1912年5月	平湖（浙江）
《自由运动》	1930年7月10日	不详
《自由杂志》	1913年9月20日	上海
《自由之声报》	1946年7月	新疆
《自治报》	1909年	海丰（广东）
《自治丛录》	1908年1月	东京（日本）
《自治官报》	1909年	开封（河南）
《自治日报》	1910年	吉林
《自治日报》	1910年	南昌（江西）
《自治旬报》（又名《青浦自治旬刊》）	1911年	上海
《字林汉报》	1893年3月23日	汉口
《宗古教会报》	1899年	上海
《宗圣杂志》	1913年5月	太原

报刊名称	创刊时间	办刊地点
《综合参考》（朝文版）	1985年5月	延吉（吉林）
《总汇报》	1939年初	上海
《总会新报》	1906年	新加坡
《总商会新报》	1913年	广州
《总商会新报》	1915年	广东
《邹县大众报》	1958年	邹县（山东）
《足球报》	1980年1月	广州
《祖国》	1953年1月	香港
《祖国文明报》	1906年2月8日	广州
《最新滑稽杂志》	1914年	上海
《尊孔报》	1915年12月20日	成都
《遵义报》	1950年1月	遵义（贵州）
《左海公道报》	1911年3月1日	福州
《左海日报》	1907年	福州
《作家文摘·典藏》	2006年6月5日	北京
《作品》	1955年	地点不详

后　记

本书的编写工作，起始于21年前的1978年，最初的参加者是方汉奇、谷长岭和冯迈。最初编写的是近代的部分，即1815年至1919年的那一部分。编写的方法是由谷、冯写出近14万字的初稿，由方负责修改和增补，最后形成50多万字的二稿。这部二稿的1815年至1911年部分，约40余万字，曾在1981年至1985年中国社科院新闻所主办的《新闻研究资料》第8至29辑上连载。因为曾经有一家出版社打算将全稿结集出版，所以连载到1911年就停止了。后来那家出版社停办，出书事中辍，已编好的1912年至1919年部分，也因此一直没有机会和读者见面。70年代末80年代初的那几年，正是改革开放的初期，也是新闻学和新闻史研究刚刚开始蓬勃发展的时期，上述编年史稿的发表，曾经给当时的新闻学研究工作者特别是新闻史研究工作者提供了一些有价值的资料和线索，起到一定的参考作用。这一点，从它们的曾经被海内外的许多专著和论文广泛征引，可以得到证明。但是，也正因为那一时期的新闻学和新闻史研究还处于起步的阶段，编写时研究不够深入，可供借鉴和参考的各方面的研究成果也很少，因此错讹和疏漏之处不少。其中的错讹部分，又因被辗转征引，造成了以讹传讹的后果，这使我们深感歉疚和不安。

1992年，由方汉奇牵头，申请到了以《中国新闻事业史编年》为题的国家社科基金项目，这使我们有机会对这一未竟的工作，进行全面的规划和调整。首先，把这部编年史确定为一部完整的中国新闻事业编年史，上限起于中国古代报纸肇始的公元713年，下限止于课题结项前不久的1997年。其次，对已部分发表过的近代部分，即1815年至1919年那一部分，进行全面的增补、删节和修改。再次，对古代部分、现当代部分，即公元713年至1814年和1920年至1997年，总计1178年的这两部分，组织力量，重新编写。使呈现在读者面前的这部编年史，成为一部时间跨度达1285年，篇幅近200万字，以整个中国新闻事业的史事为经的编年史。

参加全书编写工作的，除上述方、谷、冯三人外，又增加了张之华、贲慕琴、陈业劭、白润生、徐明新、蒨白、王润泽、林木、邵国松、陈彤旭等10人，共13人。其中方任主编，方、张、陈、白、谷、徐、蒨7人任编委。各时期编写工作的分工如下：

713年——1815年　方汉奇

1815 年——1919 年 5 月　方汉奇　谷长岭　冯迈

1919 年 5 月——1937 年 7 月　张之华　赍慕琴

1937 年 7 月——1945 年 9 月　陈业劭

1945 年 9 月——1949 年 9 月　白润生

1949 年 10 月——1997 年　谷长岭　王润泽　林　木　邵国松　白润生

1949 年至 1997 年这一部分的编写工作又作了以下具体分工：

1949 年 10 月——1965 年　林木

1966 年——1981 年　王润泽

1982 年——1996 年　邵国松

1997 年　白润生

此外，徐明新、蒨白两人负责本书 1924 年以后部分的核实和增删工作，陈彤旭负责全书索引的编制工作。

编写的程序是：参加编写的作者写出初稿，经编委整理后转送主编统一修改定稿。全书直到 1998 年夏，才全部完成，送交出版社。上距本书开始编写的 1978 年，历时达 20 年。按照十年磨一剑的说法，两把剑都该磨出来了。

新编的这部史事编年，由于其时间的跨度大和内涵的丰富，可以为广大的读者勾勒出一幅有关中国新闻事业发展历史的漫长的画卷，为广大的历史文化工作者、新闻工作者和新闻学教学与研究工作者提供一部可供时时翻检的参考用书和工具书，具有一定的使用价值。不足之处是：一、个别地方有重复，也有疏漏；二、参加编写的人较多，各部分史实的取舍和详略的程度不尽一致。这既有编写人的责任，也有主编的责任。这些，都只好等再版或增订时，再来弥补了。

本书的出版，得到了福建省优秀著作出版基金会的资助。编发过程中，福建人民出版社的魏清荣同志对全部书稿进行了认真细致的校勘，核对了大部分引文，查注了不少引文的出处，纠正了不少错讹，保证了全书的质量。均此致谢。

方汉奇

1999 年夏

第二版后记

《中国新闻事业编年史》第二版编撰工作自2015年启动，到2017年初结束。具体分工如下：

1998年　邓绍根

1999年　刘继忠

2000—2002年　王润泽　余玉　肖江波

2003—2005年　荣怡媛　何仁亿　胡晓娟　赵云泽

2006年　姚晓鸥

2007年　赵永华

2008年　王硕

2009年　王婧超

2010年　易然

2011年　陈继静

2012年　易耕

2013年　赵战花

2014年　李红祥

2015—2016年　刘珍

陈彤旭、杨若男负责全书的索引工作。

王润泽负责1998—2005年的统稿工作，赵永华负责2006—2016年的统稿工作。

王润泽负责全书存疑问题的查阅与处理。

本书编撰出版，获得福建人民出版社大力支持，魏清荣副社长兼副总编辑亲自负责，带领余祥草编辑对全书进行认真仔细的校对，为本书高质量的出版付出辛苦努力，特此感谢！

方汉奇

2018年3月1日

于中国人民大学宜园

第二版

ZHONGGUO
XINWEN
SHIYE
BIANNIAN
SHI

中國新聞事業編年史

上

方汉奇 主编

王润泽 赵永华 副主编

海峡出版发行集团
THE STRAITS PUBLISHING & DISTRIBUTING GROUP
福建人民出版社

本成果得到中国人民大学2018年度中央高校建设世界一流大学（学科）和特色发展引导专项资金支持。

《中国新闻事业编年史》（第二版）
编委会

主　编	方汉奇			
副主编	王润泽	赵永华		
编　委	方汉奇	张之华	陈业劭	白润生
	谷长岭	徐明新	蒨　白	王润泽
	赵永华	陈彤旭		
编写人员	方汉奇	谷长岭	冯　迈	张之华
	陈业劭	白润生	王润泽	陈彤旭
	林　木	贲慕琴	邵国松	徐明新
	蒨　白	邓绍根	刘继忠	赵云泽
	赵永华	陈继静	余　玉	肖江波
	荣怡媛	何仁亿	胡晓娟	姚晓鸥
	王　硕	王婧超	易　然	易　耕
	赵战花	李红祥	刘　珍	杨若男

目　录

前　言

中国是世界上最先有报纸和最先有新闻事业的国家，中国的新闻事业有1300年以上的历史。对于这一部时间悠久内容异常丰富的历史，近年来已经出版了不少专著，包括有近50位新闻史专家参加撰稿的那部卷帙浩繁的《中国新闻事业通史》，但是迄今为止，还缺少一部这方面的编年性质的书。新中国成立前出版的余戾林的《中国近代新闻界大事记》，新中国成立后出版的张静庐的《近代出版大事年表》、中国人民大学新闻系编写的《中国现代新闻事业大事记》和《当代中国新闻事业编年》，体例稍稍近似于编年史，但都过于简略，篇幅有的只有几万字，多的只有十几万字，内容也有不少舛误，远不能满足读者的需要。编写这部编年史的目的，正是为了弥补这方面的不足，为关注中国新闻事业的发展的新闻学、新闻史研究工作者，一般新闻工作者和文化工作者，以及需要了解中国新闻事业历史的广大读者，提供一部全面而翔实的、可供翻检的工具书和参考用书。

这部编年史所记述的时间，起始于公元713年（唐玄宗开元元年），即中国最古老的报纸同时也是世界上最古老的报纸“开元杂报”问世的一年，截止于本书定稿前几个月的1997年，长达1285年。纵贯我国从古代近代现代到当代的整个历史时期。所记述的史实，则涉及新闻事业的各个方面：从报纸、刊物、通讯社、广播、电视到电子报刊；从新闻摄影、新闻图片、新闻纪录电影、新闻事业经营管理、新闻法、新闻社团、新闻界人物到新闻教育；从编辑、采访、出版、印刷、发行等一般新闻业务活动到新闻传播学研究。兼收并蓄，细大不捐。因为并不完全限于大事，所以不再沿用大事记这一名目，而称之为中国新闻事业编年史。

作为一部编年性质的专业史，这部书只为读者提供简单扼要的史实，不作论述和分析。个别条目酌引原文，以省读者钩稽翻检之劳。凡有年月日可查的，一律按年月日顺序系事。月日不详的，放在当年或当月的后半部分。月日相同的，则大致按京津、华北、东北、华东、华中、西北、西南、华南、港澳台、海外这一地区的顺序系事。纪年以公历为主。1912年（即民国元年）以前的部分，在公历月日的后面加注对应的阴历月日，1912年以后的部分，不再加注阴历，只在年的后面加注干支。外文报刊凡有通用中文名称的，用括弧加以注明。没有通用中文名称的，参照原文，酌为译意，用括弧附于外文报名之后。

本书的编写，利用了大量的前人和近人的研究成果。为节省篇幅计，除个别引文注明出处，以便稽考外，不再一一注明，只在书末开列详细参考书目，供读者进一步研究时参考。史实的内容和时间有多说的，择其善者而从之，也不再一一注明，以省篇幅。凡有异议又难以判断的，则将诸说并存，供读者参考。

本书1815至1911年这一部分的初稿，完成于1984年。完成后曾在《新闻研究资料》第8至第29辑上发表，以广泛征求意见，受到了新闻史学界的关注。这次编写工作开始后，对这一部分初稿作了较大的修改，订正和增删凡1000多处。其余的部分则完全是新编的。参加全书编写工作的共13人，分工情况详见本书后记。

千年史事，头绪万端。辗转征引，必有舛误。希望有关的专家学者不吝赐正，以匡不逮，实所厚感。

方汉奇

1998年1月28日

于北京林园

第二版序

《中国新闻事业编年史》自2000年出版以来，受到各界欢迎，成为襄助学者研究的工具书；同时也得到社会认可，2002年获第十三届中国图书奖。

本书第一版编撰时间截至1997年，自此到现在已经过去20多年，这20年是中国新闻传媒事业大发展、大变革的时代，传播技术日新月异，新兴媒体突飞猛进，发生在中国新闻传播界的大事层出不穷。2015年，我们启动《中国新闻事业编年史》第二版编撰工作，增加1998年自2016年发生在中国新闻事业领域的重要事项。

本次编年史编撰原则与第一版一致，除了参考最新研究成果对原版个别错误、不实记载进行更正外，基本保留原貌；新增部分继续按年月日的顺序记事，所增记载自1998年至2016年，共19年时间，79万字。全书总字数293万字（不含索引）。

参加此部分编写工作的19人，索引工作的2人，分工情况详述本书后记。

这些年来，新闻传播发展繁荣，变化迅速，头绪万千，辗转征引，必有舛误；新史料新研究成果倍出，对之前涉及史料也多有匡正。继续希望有关专家学者不吝赐教，以匡不逮，无任感祷。

方汉奇

2018年3月1日

于中国人民大学宜园

713—741 年
（唐玄宗开元元年癸丑—开元二十九年辛巳）

中国历史上有记载的最早的封建官报，在首都长安出现，史称“开元杂报”。

777 年
（唐代宗大历十二年丁巳）

封建官报的发行机构“邸”“上都留后院”“上都邸务留后院”被改称为上都知进奏院，简称进奏院。在上都邸务留后院参与传报活动的官员，被改称为上都知进奏院官，简称进奏官。通过进奏官向各地发行的官报，在当时被称为进奏院状、进奏院状报、进奏院报状、报状、报或杂报。

851 年
（唐宣宗大中五年辛未）

孙樵在他所写的《读开元杂报》（见孙樵：《经纬集》第 3 卷，上海古籍出版社 1979 年影印本）一文中，介绍了他在襄汉间看到的有关“开元杂报”的一些情况。据孙樵在文中所记，他所看到的“开元杂报”是“系日条事，不立首末”的“数十幅书”，内容则收有“某日皇帝亲耕籍田，行九推礼”，“某日百僚行大射礼于安福楼南”等之类的有关开元年间政事活动的记载。孙樵字可之，又字隐之，关东人，大中初年进士，曾任宣宗时期的中书舍人和僖宗时期的职方郎中，是晚唐时期的著名的散文家和中上级的政府官员。

876 年
（唐僖宗乾符三年丙申）

归义军节度使张淮深派驻首都长安的复姓南宫的进奏官，从长安发回给他一封进奏院状，报告他所派遣的贺正（即贺新年元旦，是例行的庆祝活动）专使阴信均等一行 29 人在首都活动的情况。这份进奏院状，原藏敦煌莫高窟，现藏法国巴黎国立图书馆。和原藏敦煌莫高窟，现藏伦敦不列颠图书馆的另一份归义军进奏院状（公元 887 年，唐僖宗光启三年，由长驻首都的归义军节度使进奏官张夷则，发回给归义军节度使张淮深的进奏院状报。以报道张淮深派往朝廷的三批专使代张淮深申请旌节的有关情况为主要内容），统称“敦煌进奏院状”，是世界上仅存的，年份最早的两份“报纸”。

981 年
（宋太宗太平兴国六年辛巳）

宋朝当局对散在首都各处的各州进奏院进行整顿，设立钤辖诸道都进奏院（简称都进奏院），对各进奏院的传报活动，进行统一管理。

999 年
（宋真宗咸平二年己亥）

宋朝当局对邸报的发行，实行定本制度。规定“进奏院所供报状每五日一写，上枢密院定本供报”（《宋会要辑稿》第 59 册职官二之四五，中华书局 1957 年影印本，第 2394 页），并任命张文璨担任第一任监官。

1008 年
（宋真宗大中祥符元年戊申）

宋朝当局发布诏旨，严禁进奏官“非时供报朝廷事宜”，并令进奏官五人为保，“犯者科违制之罪”（《宋会要辑稿》第 59 册职官二之四五，第 2394 页）。这是有关小报的最早的记载。

1031 年
（宋仁宗天圣九年辛未）

宋朝当局查禁小报，规定：“听人告捉，勘罪决停，告者量与酬赏。”（《宋会要辑稿》第 165 册刑法二之一七，第 6504 页）

1040 年
（宋仁宗康定元年庚辰）

宋朝当局查禁小报，规定：“开封府密切根捉，许人陈告，勘鞫闻奏。”（《宋会要辑稿》第 165 册刑法二之二四，第 6507 页）

1042 年
（宋仁宗庆历二年壬午）

范仲淹在写给安抚招讨使韩琦的信中，有“顷接邸报，某有恩命改职增秩，诚为光宠”（陆树声：《长水日钞》卷一，浙江鲍士恭家藏本）等语。这是我国公私文献中，关于邸报的最早的记载。

1048 年
（宋仁宗庆历八年戊子）

宋朝当局禁止进奏官在传报活动中，报道水、旱、蝗灾及日食、地震等灾祥事宜。

1052 年
（宋仁宗皇祐四年壬辰）

宋朝当局禁止进奏官誊报“机密不合报外之事”，并禁止进奏官“撰合事端”，“煽惑人心”。（《宋会要辑稿》第 165 册刑法二之二九，第 6510 页）

1071 年
（宋神宗熙宁四年辛亥）

宋朝当局应枢密院官员刘奉世之请，取消了进奏院所供报状定期“申枢密院呈定”的办法，改由“本院监官逐月抽摘点检”。即取消了原定的“每五日一写，上枢密院定本供报”的定本制度。

1073 年
（宋神宗熙宁六年癸丑）

宋朝当局明令禁止进奏官传报“实封”及事干机密的文字。

1090 年
（宋哲宗元祐五年庚午）

宋朝当局明令查禁小报发行人发行小报，“违者徒二年，告者赏缗钱十万”。（《宋会要辑稿》第 165 册刑法二之三八，第 6514 页）

1094 年
（宋哲宗绍圣元年甲戌）

宋朝当局明令严惩小报发行人，规定：“其违犯者，并依法情重录案以闻，当议编配。”（《宋会要辑稿》第 165 册刑法二之四〇，第 6515 页）

1098 年
(宋哲宗元符元年戊寅)

宋朝当局再次明令禁止进奏官传报“实封文字”，以及“事干机密”的文字。

1107 年
(宋徽宗大观元年丁亥)

宋朝当局查禁小报发行人，规定：“令开封府立赏一百贯，许人告捕，仍以违制论。”（《宋会要辑稿》第 165 册刑法二之四七，第 6519 页）

1110 年
(宋徽宗大观四年庚寅)

宋朝当局查禁小报发行人，规定：“于御前降到捉贼赏钱内支一千贯文，开封府门外堆垛，召人告捕，如捉获虚造无根言语情重人，即支充赏钱。”（《宋会要辑稿》第 165 册刑法二之五二，第 6521 页）

1119 年
(宋徽宗宣和元年己亥)

宋朝当局查禁小报发行人，规定：“今后妄有传报差除，以违御笔论，委三省御史台开封府觉察，仍令开封府捉事使臣告捉。”（《宋会要辑稿》第 165 册刑法二之七六，第 6533 页）

1121 年
(宋徽宗宣和三年辛丑)

宋朝当局宣布“臣僚章疏不许传报中外”，并规定：“内敕黄行下臣僚章疏，自合传报。其不系敕黄行下臣僚章疏辄传报者，以违制论。”（《宋会要辑稿》第 165 册刑法二之八〇，第 6535 页）

同年，宋朝当局恢复定本制度，并规定：“非定本事辄传报者，令尚书省检会以降指挥，别行措置，约束取旨。”（《宋会要辑稿》第 165 册刑法二之八五，第 6538 页）

1135 年
(宋高宗绍兴五年乙卯)

宋朝当局对定本制度作了补充规定：“除定本外，擅报及录与诸处札探人者，并重作施行，赏钱二百千，许人告。”（李心传：《建炎以来系年要录》卷八六，绍兴五年二月丙辰日条。《丛书集成》初编，中华书局 1983 年版）

1156 年
(宋高宗绍兴二十六年丙子)

宋朝当局接受个别官员的请求，暂时取消定本制度。理由是：实行定本制度以后，“动辄年旬日，俟许报行，方敢传录。而官吏迎合意旨，多是删去紧要事目，止传常程文书，偏州下邑，往往有经历时月，不闻朝廷诏令。切恐民听妄生迷惑，有害治体”。（李心传：《建炎以来系年要录》卷一七一，绍兴二十六年正月庚辰日条）

同年，中书舍人吏部尚书周麟之在所写的《论禁小报》一文中，对小报的情况作了以下的描述，并要求严厉查禁。周文称：

> “方陛下颁诏旨，布命令，雷厉风行之时，不无小人诪张之说，眩惑众听，无所不至。如前日之所谓旧臣之召用者，浮言胥动，莫知从来。臣尝究其然，此皆私得之小报。小报出于进奏院，盖邸吏辈为之也。比年事之有疑似

者，中外未知，邸吏辈必竞以小纸书之，飞报远近，谓之小报。如今日某人召，某人罢去，某人迁除，往往以虚为实，以无为有。但朝士闻之，则曰：已有小报矣！州郡间得之，则曰：小报已到！他日验之，其说或然或不然。使其然焉，则事涉不密；其不然焉，则何以取信？此于害治，虽若甚微，其实不可不察。臣愚欲陛下深诏有司，严立罪赏，痛行禁止。”（宋·周麟之：《海陵集》卷三，汪如藻家藏本）

这是有关小报这一名称的最早的记载。

1170 年
（宋孝宗乾道六年庚寅）

宋朝当局恢复定本制度，规定由左右司负责将邸报“合报行事”，写录成定本，送宰相们审查后，“方许报行”。（《宋会要辑稿》第 59 册职官二之五一，第 2397 页）

1188 年
（宋孝宗淳熙十五年戊申）

正月十二日，皇帝发布诏令，查禁小报。诏令称：“近闻不逞之徒，撰造无根之语，名曰小报，转播中外，骇惑听闻，今后除将进奏院合行关报已施行事外，如有似此之人，当重决配。”（《宋会要辑稿》第 166 册刑法二之一二三，第 6557 页）

1189 年
（宋孝宗淳熙十六年己酉）

闰五月二十日，皇帝发布诏令，重申小报之禁。诏令称：“今后有私撰小报，唱说事端，许人告首，赏钱三百贯文，犯人编管五百里。”（《宋会要辑稿》第 166 册刑法二之一二四，第 6557 页）

1193 年
（宋光宗绍熙四年癸丑）

皇帝重申小报之禁，规定：“妄传小报，许人告首，根究得实，断罪追赏，务在必行”，以及“令临安府重立赏榜，缉捉根勘，重作施行”。（《宋会要辑稿》第 166 册刑法二之一二五，第 6558 页）

1203 年
（宋宁宗嘉泰三年癸亥）

宋朝当局颁布《庆元条法事类》，对小报的采编发行有关各项活动的惩治办法，作了以下十分严厉的规定：“诸听探传报漏泄朝廷机密事，若差除，流二千五百里。主行人有犯加一等，并配千里。非重害者，徒三年”，“撰造事端誊报惑众者，并以违制论”，“事不宜传播而辄漏泄者，杖一百”，“告获听探传报漏泄朝廷机密事并差除，每人钱五百贯，系公人仍转一资”。（谢深甫：《庆元条法事类》卷八，职制门五）

1236 年
（宋理宗端平三年丙申）

赵升在其所著的《朝野类要》一书中，对小报的性质作了如下的解释：“其有所谓内探、省探、衙探之类，皆私衷小报，率有泄漏之禁，故隐而号之曰新闻。”（赵升：《朝野类要》卷四，商务印书馆万有文库本）第一次把报纸和新闻这两个名词联系了起来。

1370 年
(明太祖洪武三年庚戌)

明朝当局在中枢部门设立吏户礼工刑兵等六科，并在午门至端门之间的东西两廊一带，设立六科直房，负责谕旨章奏的发抄工作。明代邸报稿件的发抄活动，就是在这里进行的。负责到六科直房摘抄有关谕旨章奏及朝廷政事信息，向地方传报的，是各省巡抚及总兵官派驻首都的提塘官。他们所传报的材料，即所谓的邸报。

1377 年
(明太祖洪武十年丁巳)

明朝当局在中枢部门设立通政司。其前身是 1370 年（洪武三年）设置的察言司。通政司设通政使一人，左右通政左右参议各一人，经历司及经历各一人，以通政使为主官，官级为正三品，相当于各部的侍郎。通政司的任务是“出纳帝命，通达下情，关防诸司公文，奏报四方臣民，实封建言，陈情申诉，及军情声息灾异等事”（明·申时行等续修：《大明会典》卷二一二，第 1 页。明内府抄本），以及充当朝廷之喉舌。

1394 年
(明太祖洪武二十七年甲戌)

在国子监就学的监生赵麟，因在监内出壁报抗议校规获谴，被明朝当局枭首示众。

1580 年
(明神宗万历八年庚辰)

一份名为《急选报》的报纸在北京出版。这份《急选报》作小册状，长宽为 24.6 厘米×14.4 厘米，正文共 6 页，以黄纸为封面，左上端印有加黑框的报头，内含《急选报》3 个大字和“四月份”3 个小字。正文部分以“吏部一本急选官员事，奉圣旨，计开”打头，以下分四栏，逐个介绍被“急选”的 162 名官员的姓名籍贯和被任命的官职。这份《急选报》，使用雕版印刷，出于民间报房，是民间报房所办报纸的一种。它的被发现，说明至晚在万历八年，就已经有了民办的雕版印刷报纸了。

1582 年
(明神宗万历十年壬午)

户部尚书张学颜在一份题奏中，提到当时的北京，已经有了被称为抄报行的行业，属于当时北京市内的 132 个行业之一。

1621 年
(明熹宗天启元年辛酉)

明朝当局“禁抄发军机”。

同年，巡视中城御史梁之栋查获以邸报密送满洲的提塘官刘保父子二人。据供称：“每月传送邸报，逐月报银一百两。”（明·温体仁等纂修：《明熹宗实录》卷八七，明抄本）

1626 年
(明熹宗天启六年丙寅)

5 月 30 日（五月初六日）

一份以报道本日在北京发生的特大灾异事件为主要内容的报纸《天变邸抄》在北京出版。这份《天变邸抄》，出于北京的民间报房，全文约 2000 字，开头的部分如下：

“天启丙寅五月初六日巳时，天色皎洁，忽有声如吼，从东北方渐至京城西南角，灰气涌起，屋宇动荡，须臾大震一声，天崩地塌，昏黑如夜，万室平沉。东自顺城门大街，北至刑部街，长三四里，周围十三里，尽为齑粉，屋以数万计，人以万计。王恭厂一带，糜烂尤甚，僵尸重叠，秽气熏天，瓦砾盈空而下，无从辨别，街道门户伤心惨目笔所难述。震声南自河西务，东自通州，北自密云昌平，告变相同。城中即不被害者，屋宇无不震裂。狂奔肆行之状，举国如狂。象房倾圮，象俱逸出。遥望云气，有如乱丝者，有五色者，有如灵芝黑色者，冲天而起，经时方散。合科道意火药局失火，缉拿奸细，而报伤甚多。此真天变，大可畏也。”（原作者佚名，转引自金日升：《颂天胪笔》卷二二附记，清嘉庆借月山房丛书本）

以上报道所涉及的时间，跨度近1个月；涉及的地区，方圆六七百里；涉及的人物，上自皇帝、钦天监、部院长僚和知府、总兵等政府官员，下至吏目、蒙师、内侍、一般士绅及太监、庙祝、道士、赤脚僧、巡更逻卒、长班、轿夫、卖棺者等社会各阶层人士。可见编写者在编写前，曾经作过大量的采访和汇集情况方面的工作。这份报纸的原件，现已无存，但内容曾被作为附录，收入明末清初的一些文人的文集。

1632年（明思宗崇祯五年壬申）

明御史祁彪佳在他所写的本日的日记中，记录了他的外甥何光烨在北京以“送邸报为业”的情况。后者因此成为中国新闻史上第一个有姓名可考的和邸报的发行活动有关的人。

1637年（明思宗崇祯十年丁丑）

12月23日（十一月初八日）

明朝当局发布命令，规定凡涉及机密的事件，不许抄传。

1638年（明思宗崇祯十一年戊寅）

明朝开始出现使用活版印刷的邸报。

1640年（明思宗崇祯十三年庚辰）

明朝当局发布“上谕”，重申“严军机抄传之禁”。

同年，重庆出现农民起义军张献忠部张贴的揭帖。

1642年（明思宗崇祯十五年壬午）

明兵部尚书陈新甲因在邸报上泄漏了奉命与清方议和的消息，被崇祯皇帝处决。

1643年（明思宗崇祯十六年癸未）

湖北黄州等地，出现农民起义军李自成部自孝感驻地发出的牌报。

1644年（明思宗崇祯十七年甲申）

4月22日（三月十六日）

北京附近发现农民起义军自昌平一带发

出的牌报："知会乡村人民不必惊慌，如我兵到，俱各公平交易，断不淫污抢掠。"（计六奇：《明季北略》卷二〇，中华书局1984年版，第449页）

8月8日（七月初七日）

大同宣府一带发现农民起义军李自成部自平阳一带发出的牌报："今报：……权将军刘统兵十万过河，从平阳北上。又报：皇上统领大军三百五十万，七月初二日从长安起马，三路行兵，指日前来。先恢剿宁武、代州、大同、宣府等处，后赴北京、山海，剿除辽左叛逆官兵，尽行平洗。顺我百姓，无得惊遁。"（转引自郑天挺：《明末农民起义史料》，中华书局1954年版，第458页）

1645年
（清世祖顺治二年乙酉）

清朝当局查禁私揭。规定："一应题奏本章，非经奉旨下部不准擅以揭帖，先行发抄。甚有原无本章，径以私揭妄付邮递抄传者，尤宜严禁。"（《清实录·三·世祖章皇帝实录》卷二〇，引顺治二年八月二十六日上谕，中华书局1985年影印本）

1656年
（清世祖顺治十三年丙申）

吏部书办冯应京，因在一份尚未批行的保举程文光堪任要地知府的旧题本上，伪造了"依议"的御批，发交邸报抄传，被当局查获。冯和经手的书办李德美，抄报人茅万懋等，均被押送刑部审讯。主犯冯应京被处绞刑。茅万懋在受审讯时，曾供称："我是刻报营生之人"，并说过"这刻发报生意，原不能尽行刻发，冯应京既说是旧本的事，故此不曾问他，就刻发了"。（转引自苏同炳：《伪造邸报——记明清两代新闻史特出事件》，台北《中央日报》1969年4月10日）说明清初的北京已经有了以刻发报纸为营生的人。

1659年
（清世祖顺治十六年己亥）

直隶山东河南总督张玄锡在奏疏中引了钦差大臣麻勒吉责怪他的以下一段话："前日我们往湖广去时，尔在山东岂不见小报？何为不来迎接？"（王先谦：《东华录》。转引自方汉奇主编：《中国新闻事业通史》第1卷，中国人民大学出版社1992年版，第200页）这是有关清初小报的最早的记载。

1660年
（清世祖顺治十七年庚子）

清朝当局颁发六科规则，要求六科"严发抄日期以慎关防"，"细阅本章以慎抄参"，"稽查邸报以防虚伪"。清制，六科是发抄皇帝谕旨和臣僚章奏的机关，通政司是收受臣僚题奏的机关，提塘则负责有关官报的抄报发行工作。

1714年
（清圣祖康熙五十三年甲午）

左都御史揆叙本年三月奏称："近闻各省提塘及刷写报文者，除科抄外，将大小事件采听写录，名曰小报……"（蒋良骐：《东华录》卷二十二，康熙五十三年三月条。中华书局1980年版）这是有关清初小报情况的较为概括的记载。

同年，清朝当局查禁小报。宣布："各省提塘除传递公文本章并奏旨科抄事件外，其余一应小抄，概行禁止。”（《大清会典》所载康熙五十三年上谕，转引自黄卓明：《中国古代报纸探原》，人民日报出版社1983年版，第171页）这里所说的小抄，应即是前文所提到的小报。

1716年
（清圣祖康熙五十五年丙申）

本年发生一起“伪传邸抄”事件。有人在邸报上刊出了伪造的题奏和上谕，捏称康熙将对侵扰哈密一带的策旺阿拉布坦用兵。贵州巡抚刘荫枢为此上疏康熙，请“缓图北征”，结果以“听信伪传邸抄，妄行具奏”罪名获谴。初拟“绞立决”，后改为“发往傅尔丹等地方种地”。（王先谦：《东华录》康熙五十五年三月条，光绪十三年重刊本）

1726年
（清世宗雍正四年丙午）

小抄发行人何遇恩、邵南山因报道雍正在圆明园游园事失实，被处决。本年五月初五日，雍正曾召住在圆明园内的王大臣10余人，在园内聚会，“逾时而散”。对这次活动，何遇恩、邵南山发行的提塘报房小抄，作了如下的报道：“初五日，王大臣等赴圆明园叩节毕，皇上出宫登龙舟，命王大臣等登舟，共数十只，俱作乐，上赐蒲酒，由东海至西海，驾于申时回宫。”（《清实录·七·世宗宪皇帝实录》卷四十四，雍正四年五月庚子条）其中的登舟、作乐、赐酒、游园等细节，以及回宫时间，均与事实不符。何、邵两人因此获谴。先被判处斩决，后改“斩监候”，于同年秋后被处决。这是中国新闻史上因办报获罪被杀的有姓名可考的最早的两个人。

1728年
（清世宗雍正六年戊申）

清朝当局禁止刊刻传播“未经御览批发之本章”。宣布：“如报房与书吏彼此勾通，本章一到，即抄录刊刻图利，及捏造讹名，并招摇诈骗情弊，各照例分别治罪。”（《清世宗实录》卷四，引雍正六年议准事项）

1746年
（清高宗乾隆十一年丙寅）

清朝当局禁止提塘违章发抄，行私报密。指出：“直隶、江南、浙江等省在京提塘，将不发抄之事件，抄寄该督抚等，似此行私报密，甚为浅陋，传谕申饬。”（杨景谊纂：《大清会典事例》卷七〇三，嘉庆刻本）

1750年
（清高宗乾隆十五年庚午）

本年发生了一起地方官员伪造题奏和御批，通过提塘向各地传抄的重大事件。本年七月，江西漕运系统的2名低级官员抚州卫千总卢鲁生和南昌卫守备刘时达，闻乾隆将事南巡，恐办差赔累，串通起来，假借曾任刑部尚书、直隶、湖广总督、兵部侍郎的孙嘉淦的名义，编写了一份反对巡幸的假题奏，并加上伪造的御批，通过书办，经由提塘，发了出去。事发后，受到了当局的严厉追查，乾隆曾就此案先后发出了二十几道上谕。

1753年
（清高宗乾隆十八年癸酉）

发生在3年前的传发伪题奏和伪御批事

件，经多方追查后已经审讯结案。有关人员受到严惩。其中，卢鲁生因为在押期间病重，不待结案，提前于本年 3 月 15 日（二月十一日）凌迟处死。刘时达和按家属缘坐例入罪的卢鲁生的 2 个儿子卢锡龄、卢锡荣均判斩刑，于同年秋后被处决。其他不少涉及本案的官员，也在审理过程中获谴。

1756 年
（清高宗乾隆二十一年丙子）

清朝当局正式批准各省提塘设立公报房，负责有关抄发事宜。见本年发布的以下规定："各省发递科抄事件，例应责令提塘办理，以杜私抄讹传泄漏之弊。嗣后令各提塘公设报房。其应抄事件，亲赴六科抄录，刷印转发各省。所有在京各衙门抄报，总由公报房抄发。"（《大清会典事例》卷七〇三）

1770 年
（清高宗乾隆三十五年庚寅）

由署名"公慎堂"的民间报房发行的邸报，开始在北京出现。这家报房在乾嘉两朝公开营业达 30 年以上。这是目前知道的第一家有名号可考的民间报房。从这一年起，到清末止，已知的有名号可考的报房，除公慎堂外，还有聚兴、聚升、合成、杜记、集文、同顺、天华、公兴、聚恒、洪兴、永兴、同文、信义、连升等 10 余家。

1774 年
（清高宗乾隆三十九年甲午）

江苏巡抚萨载在呈递给乾隆的奏折中，提到了江宁上元等县的"卖新闻人杨世荣"，以及"刊卖告示及捏写谕旨报单之人胡老八、王添盛等"。这是最早的一批有姓名可考的在地方上从事抄报活动的人。其中杨世荣、王添盛两人，因涉嫌"捏写谕旨"（转引自朱传誉：《先秦唐宋明清传播事业论集》，台湾商务印书馆 1988 年版，第 411 页），此后不久，被捕解省究办。

1792 年
（清高宗乾隆五十七年壬子）

以刊载中医医学论文为主的学术期刊《吴医汇讲》在苏州创刊。苏州吴县名医唐大烈主办。1801 年唐大烈逝世后停办，先后出版 10 年共 11 卷。

1807 年
（清仁宗嘉庆十二年丁卯）

5 月 12 日（四月初五日）

计划到中国从事传教及办报活动的英国传教士马礼逊（Robert Morrison），本日乘"三叉戟"号货船启程来中国，于本年 9 月 4 日（八月初三日）抵达澳门，9 月 8 日（八月初七日）抵达广州。

1810 年
（清仁宗嘉庆十五年庚午）

清朝当局发布谕旨，禁止外人在中国境内从事传教及出版活动。谕旨称："如有洋人秘密印刷书籍，或设立传教机关，希图惑众，及有满汉人等受洋人委派传扬其教，及改称名字，扰乱治安者，应严为防范，为首者立斩……"（转引自麦沾恩：《中华最早的布道者梁发》，《近代史资料》1979 年第 2 期第 147 页，中华书局 1979 年版）

1813年
（清仁宗嘉庆十八年癸酉）

协助马礼逊来中国办报的英国传教士米怜（William Milne）于本年7月3日（六月初六日）抵达澳门。

1815年
（清仁宗嘉庆二十年乙亥）

4月17日（三月初八日）

英国传教士米怜偕中国刻工梁发从广州出发前往马来半岛的马六甲，从事创办中文报刊的准备工作。

8月5日（七月初一日）

《察世俗每月统记传》（*Chinese Monthly Magazine*）在马来半岛的马六甲市（Malacca）创刊。是历史上的第一份近代化的中文刊物。英国伦敦布道会派遣来华的传教士马礼逊（Robert Morrison）和米怜（William Milne）主办。

马礼逊1807年（嘉庆十二年）9月7日抵达广州，是基督教伦敦布道会派遣来华的第一人。当时，清廷禁止外国人在华传教，马礼逊在我国的活动很难展开，于是决定从文字宣传入手，遂与随后来华的米怜和所收的中国教徒刻工梁发等，同赴马六甲，创办英华书院，并设立中文印刷所，出版书报。

该刊由米怜担任主编，每册5页，木刻竹纸印，每面8行，每行20字，文句右旁有圈点，并有木刻插图。扉页正中刻报名，左下角署"博爱者纂"（"博爱者"是米怜的笔名）。月印500册，3年后增至1000册，最高发行数字达2000册。该刊散发于东南亚华侨居住地区，每逢广东省县府乡试时，运回国内，与宗教书籍一起分送。该刊自称以阐发基督教义为宗旨，刊有不少宣传教义的文章，也有少量的新闻报道和新知识介绍。

《察世俗每月统记传》是非卖品。创刊号刊有主编米怜的以下一则告白，说明发送办法：

> "凡属呷地各方之唐人，愿读察世俗之书者，请每月初一、二、三等日，打发人来到弟之寓所受之。若在葫芦、槟榔、安南、暹罗、咖留吧、廖里龙牙、丁几宜、单丹、万单等处各地之唐人，有愿看此书者，请于船到呷地之时，或寄信与弟知道，或请船上朋友来弟寓所自取，弟即均为奉送也。
>
> 愚弟　米怜告白"

同年

唐朝前后即已出现的政府官报（邸报），以及明清之际即已由民间报房大量出版的《京报》《宫门抄》《辕门抄》等早期的报纸，继续发行。前者在各级政府机关中流传，后者被允许在社会上公开发卖并接受订户订阅。

1821年
（清宣宗道光元年辛巳）

12月

《察世俗每月统记传》停刊，共出7卷70多期，累计574页。

除马礼逊、米怜外，为该刊撰稿的还有麦都思（Walter Henry Medhurst）、梁发等。梁发又名梁亚发，原是刻字工人，1816年受洗加入基督教，后担任教士，并协助米怜办报。后期《察世俗每月统记传》辟有《儿童页》，其中一部分文字为英华书院的中国学生所写。

1822年
（清宣宗道光二年壬午）

6月2日（四月十三日）

《察世俗每月统记传》创办人之一米怜去世。

9月12日（七月二十七日）

葡萄牙人主办的葡文报纸 *A Abelha da China*（《蜜蜂华报》或《中国的蜜蜂》）在澳门创刊。周刊。创办人是当地葡萄牙人中的立宪派首领巴波沙少校（Panlino da Silva Barbosa），担任编辑工作的是葡萄牙籍的多明我会传教士。该报以鼓吹立宪派的主张为宗旨，间刊来自当地和广州一带的消息。是在中国境内出版的最早的近代化报纸，同时也是外国人在中国境内创办的最早的外文报纸。

1823年
（清宣宗道光三年癸未）

7月

中文《特选撮要》月刊（*Monthly Magazine*）创刊于巴达维亚（Batavia，今雅加达）。英籍传教士麦都思（Walter H. Medhurst）主编。木刻竹纸印，每册8页。内容为宗教、时事、历史及杂俎等。序文中说明该刊创办目的是为了继续米怜的事业，“书名虽改，而理仍旧矣”。

12月26日（十一月二十五日）

澳门葡文报纸《蜜蜂华报》停刊。

1824年
（清宣宗道光四年甲申）

1月3日（癸未年十二月三日）

葡文报刊 *Gazeta de Macao*（《澳门报》，一译《澳门钞报》）在澳门创刊。以宣传葡萄牙国内保守派的主张为主要内容。

1826年
（清宣宗道光六年丙戌）

《特选撮要》停刊，共出4期。

澳门葡文报纸 *Gazeta de Macao*（《澳门报》）因经济困难停刊。

1827年
（清宣宗道光七年丁亥）

11月8日（十月十九日）

英文 *Canton Register*（译意《广州纪录报》）在广州创刊。是在华英文报纸的第一种。创办人伍德（W. W. Wood）、马地臣（James Matheson），参加执笔的有马礼逊、施赖德（John Slade）等。先为两周刊，后改周刊，每星期四出版1册。第2期起改名为 *The Canton Register*。

同年

葡萄牙人罗主办的《依泾杂说》杂志创刊于澳门。中英文对照。因揭载官府陋规，为清政府所禁。

1828年
（清宣宗道光八年戊子）

11月10日（十月初四日）

王韬出生。王原籍苏州甫里，初名利宾，旋易名瀚，字懒今，遭难避粤后，始更名韬，字仲弢，一字子潜，号天南遁叟。以创办香港《循环日报》，发表政论鼓吹变法名世。

同年

中文《天下新闻》（*Universal Gazette*）创刊于马六甲。吉德（Samnel Kidd）主编。内容为中外新闻、科学、历史和宗教等。此报用白报纸活版印刷，“在当时为创见”（戈公振：《中国报学史》，三联书店1955年版，第67页）。

1829年
（清宣宗道光九年己丑）

《天下新闻》停刊。

1831年
（清宣宗道光十一年辛卯）

7月28日（六月初三日）

英文 *Chinese Courier and Canton Gazette*（译意《华人差报与广州钞报》）创刊于广州。是美国人在华创办的第一份英文报刊。

同年

英文 *The Canton Miscellany*（译意《广州杂志》）在广州创刊。月刊。东印度公司主办，由该公司澳门印刷厂承印。出版5期即停。

1832年
（清宣宗道光十二年壬辰）

4月14日（三月十四日）

英文 *Chinese Courier and Canton Gazette*（《华人差报与广州钞报》）简称 *Chinese Courier*（译意《中国导报》）继续出版。旋停。

5月

英文 *Chinese Repository*（译意《中国丛报》）创刊于广州。每月出版。创办兼主编人为美国传教士裨治文（E. C. Bridgman），参加编辑和撰稿工作的有美国人巴驾（Peter Parker）、卫三畏（S. W. Williams）、普鲁士籍传教士郭士立（Karl Friedrich August Gützlaff，中文译名又作郭实猎）和马礼逊等。该报内容“多为英人在华的商务报告，对于中国文字及华人生活，有极精密之研究”（戈公振：《中国报学史》，第83页）。每期销达1000份。

1833年
（清宣宗道光十三年癸巳）

8月1日（六月十六日）

《东西洋考每月统记传》（*Eastern Western Monthly Magazine*）创刊于广州。马礼逊、郭士立等主编。有“郭士立的杂志”之称。月刊。每期约十二三页，楷书木刻，连史纸印，线装。封面缀有格言，多录自四书，旁注“爱汉者纂”。该刊所载为宗教、政治、经济、科学文化知识、新闻和杂俎等。是在中国境内出版的第一种近代化中文报刊。创刊号原印600份，后再版300份。该刊以中国读者为对象，但“甚少华人出资订购”。

同月

本月出版的《中国丛报》发表郭士立所写的文章，论述《东西洋考每月统记传》的办报宗旨，略称：“这个月刊是为维护广州和澳门的外国公众利益而开办的。它的出版意图，就是要使中国人认识我们的工艺、科学和道义，从而清除他们那种高傲和排外的观念。刊物不必谈论政治，也不要在任何方面使用粗鲁的语言去激怒他们。这里有一个巧妙的表明我们并非‘蛮夷’的途径，这就是编者采用摆事实的方法，让中国人确信，他们需要向我们学习的东西还是很多的。”（译文引自宁树藩：《东西洋考每月统记传译述》，《新闻大学》1982年总第5期）

同年

英文 *The Canton Register*（《广州纪录报》）开始附出商情附刊 *Canton General Price Current*（《广州市价表》）。

中英文对照的杂志《澳门杂文篇》（*The Evangelist And Miscellanea Sinica*）在澳门创刊。周刊。马礼逊主办。由亚本印刷厂用刚从英国运来的平版印刷机承印。该刊以外籍基督教新教传教士为读者对象。出版4期即停。

1834年
（清宣宗道光十四年甲午）

1月（癸巳年十二月）

本月出版的《东西洋考每月统记传》月刊，发表《新闻纸略论》一文，叙述了报纸的起源，新闻自由和当前西方一些国家的报纸出版情形。全文331字，是中文报刊上发表的第一篇介绍西方国家报刊出版情况的专文。

10月12日（甲午年九月初十日）

葡文报纸 *Chronica de Macao*（《澳门钞报》，又译《澳门编年报》）创刊于澳门。

同年

《察世俗每月统记传》创办人马礼逊病死于广东，葬澳门。

《东西洋考每月统记传》出版12期后暂时停刊。已出的各期报纸由“在华实用知识传播会”并为2卷，重印1000册，在新加坡、马六甲、巴达维亚、槟榔屿等华侨聚居地区广为发行。

1835年
（清宣宗道光十五年乙未）

2月

《东西洋考每月统记传》在广州复刊。出版6期后再度停刊。

9月12日（七月二十日）

英文 *Canton Press*（译意《广州新闻》）创刊于广州。为英国反对东印度公司垄断对华贸易的“自由贸易派”商人所主办。周刊，每星期六发行。该报篇幅较《广州纪录报》为多。

同年

在广州出版的英文《广州纪录报》开始接受华人订户。

1836年
（清宣宗道光十六年丙申）

6月9日（四月二十六日）

葡文报刊 *O Macaista Imperial*（《帝国澳门人》）在澳门创刊。

1837年
（清宣宗道光十七年丁酉）

2月

《东西洋考每月统记传》改由“在华实用知识传播会”（The Society for the Diffusion of Useful Knowledge）接办，由郭士立、小马礼逊（John Robert Morrison）等主编。在广州编辑后寄至新加坡，由在新加坡的麦都思交付印刷发行。

同年

在澳门出版的葡文报纸 *Chronica de Macao*（《澳门钞报》）停刊。

1838 年
（清宣宗道光十八年戊戌）

7 月 24 日（六月初四日）

澳门当局查禁在澳门出版的葡文报纸 *O Macaista Imperial*（《帝国澳门人》）。

10 月

《东西洋考每月统记传》停刊。

葡文报纸 *O Verdadiers Patrial*（《真爱国者》）在澳门创刊。

英国人麦都思及奚礼尔（C. B. Hillier）合作主编的《各国消息》在广州出版。月刊。每册 3—8 页，连史纸石印。该刊“载各国及广州消息，暨广州洋商与各国交易市况”（戈公振：《中国报学史》，第 377 页），半为新闻，半为进出口货价。出版数期后即停。

1839 年
（清宣宗道光十九年己亥）

1 月 9 日（戊戌年十一月二十四日）

葡文刊物 *The Boletim Official de Governo de Macao*（《澳门政府公报》）创刊于澳门。第 2 期起易名 *Gazette de Macao*（《澳门杂志》）。

3 月

林则徐开始令所属定期翻译在澳门出版的各外文报刊的消息和评论，以了解外情。这一部分译稿曾被汇集成册，以《澳门新闻纸》或《澳门月报》的名称流传于世。

5 月

英文《中国丛报》自广州迁至澳门出版。

同年

英文 *The Canton Register*（《广州纪录报》）及 *Canton Press*（《广州新闻》）在英国商务监督义律（C. Ellot）拒绝缴烟下令所有英商撤离广州声明中，自广州迁至澳门出版，对中国政府的禁烟措施采取敌对态度。后者增出商情附刊 *Commercial Price Current*（《商品市价表》）。两报后迁至香港出版。

1840 年
（清宣宗道光二十年庚子）

8 月 14 日（七月二十七日）

天主教司铎、《益闻录》、《圣心报》、《汇报》主编李杕生于江苏南汇。李字问渔，号大木斋主，“圣名”老楞佐。

1841 年
（清宣宗道光二十一年辛丑）

5 月 1 日（闰三月十一日）

英文 *Hongkong Gazette*（《香港钞报》）创刊。双周刊。小马礼逊（John Robert Morrison）等主编。初创时在澳门印行。

1842 年
（清宣宗道光二十二年壬寅）

3 月 17 日（二月初六日）

英文 *The Friend of China*（《中国之友》）创刊于香港。周二刊。小马礼逊、怀特（James White）、卡尔（John Carr）、塔

兰特（William Tarrant）等担任主笔。上年发刊的 *Hongkong Gazette*（《香港钞报》）自 *The Friend of China* 第 2 期起，并入该刊出版。

7 月 24 日（六月十七日）

《循环日报》《华字日报》《中西闻见录》主要撰稿人、报刊政论家郑观应出生。郑字正翔，号陶斋，广东香山（今中山）人。

1843 年
（清宣宗道光二十三年癸卯）

英文《东方地球报》（*Eastern Globe*）周刊在香港创刊。

外国人在中国创办的第一所使用铅印设备的出版机构墨海书馆在上海成立。英国伦敦会传教士麦都思（W. H. Medhurst）主持。王韬曾在该馆担任编译方面的工作。

英文 *The Canton Register*（《广州纪录报》）迁至香港，易名 *Hongkong Register*（《香港纪录》）继续出版。

《广州探报》在广州创刊。用竹纸手抄，每期 20 页。英文名 *Reports from Canton*。内容均为当地新闻，主要供澳门英商阅览，是一种手抄报纸。

1844 年
（清宣宗道光二十四年甲辰）

10 月

英文《中国丛报》自澳门迁至香港出版。

同年

在澳门出版的英文周刊 *Canton Press*（《广州新闻》）停刊。

1845 年
（清宣宗道光二十五年乙巳）

2 月 20 日（正月十四日）

英文 *China Mail*（《德臣报》，或译《德臣西报》《中国邮报》）在香港创刊。初为周刊，后改为日刊。创办人兼主笔为英国出版商肖德锐（Andrew Shortrede）。英商德臣（Andrew Dixson）参加该报创办，后归德臣（Andrew Dixson）所有。是香港的重要报纸之一。

8 月 30 日（七月二十八日）

英文 *The Overland Friend of China*（译意《中国之外友》）创刊于香港。

同年

英文 *Tne Hongkong Register*（《香港纪录报》）增出附刊 *The Overland Register and Price Current*（译意《大陆纪闻与行情》），“于中英之初期商务，言之綦详”（戈公振：《中国报学史》，第 82 页）。

1847 年
（清宣宗道光二十七年丁未）

香港英文《德臣报》（*China Mail*）资助容闳、黄平甫、黄宽等 3 名学生赴美留学。黄平甫回国后，即在该报担任印刷、管理等方面的工作。

1850 年
（清宣宗道光三十年庚戌）

6 月 17 日（五月初八日）

英文 *Dixions Hongkong Recorder*（译

意《狄克逊氏香港纪事报》）创刊于香港。简称 *The Hongkong Recorder*（译意《香港纪事报》）。

8月3日（六月二十六日）

英文 *North China Herald*（《北华捷报》）创刊于上海。每周出版1期，每期对开1张，共4页。是上海最早的英文刊物和在上海出版的重要英文日报《字林西报》（*North China Daily News*）的前身。创办人英国侨商亨利·希尔曼（Henry Shearman）。创刊号刊有当时侨居上海的59个西方人及其家庭成员的名字。

1851年
（清文宗咸丰元年辛亥）

张芾奏请刊刻"邸报"，发交各省，为清廷所拒绝。谕旨斥张："见识错误，不知政体，可笑之至。"（《钦定大清会典事例》卷一五，第5页）

《申报》《万国公报》《沪报》《新闻报》主笔蔡尔康出生。蔡字紫绂，笔名缕馨仙史，上海人。

英文 *Chinese Repository*（《中国丛报》）停刊。卫三畏为该刊撰写了停刊词。

1853年
（清文宗咸丰三年癸丑）

9月3日（八月初一日）

《遐迩贯珍》（*Chinese Serial*）创刊于香港。每月出16开本1册，每册12至24页不等。竹纸铅印。以中文为主（附有英文目录），是在香港出版的最早的中文刊物。由马礼逊教育会主办，香港英华书院印刷发行。每期"以印三千本为额"，每册售价15文。麦都思（W. H. Medhurst）、奚礼尔（C. B. Hillier）、理雅各（J. Legge）等主编。除新闻外，兼刊广告。新闻容量约占全部内容的一半，新闻来源包括京报、广东及香港政府的公报、外报和太平天国方面传来的消息。广告"五十字以下取银一元；五十字以上，每字多取一先士"。

9月24日（八月二十二日）

英文 *The Hongkong Government Cazette*（《香港政府公报》）在香港创刊。每周1册。由香港政府编辑出版。俗称"宪报"。以刊载香港政府的法令、公告、通告等官文书为主。不在一般报摊上公开出售。

同年

The Canton Register（《广州纪录报》）停刊。

前香港法院首席法官奚礼尔（C. B. Hillier）接任《遐迩贯珍》主笔。

1854年
（清文宗咸丰四年甲寅）

4月22日（三月二十五日）

在美国出版的第一种中文报纸《金山日新录》（*Golden Hills News*）在旧金山创刊。每星期六出版，每期1张。由基督教牧师威廉·斯波尔（Williom Speer）主办。

10月21日（八月三十日）

英国人在上海主办的英文《北华捷报》发表社论，主张对占领上海县城的小刀会武装力量进行包围和封锁。这一建议后来为租界当局所采纳。

12月

本月出版的《遐迩贯珍》第一次刊出

"时论"，评论清军攻打上海小刀会事件，对清方将领的谎报军情和夸大战功，作了揭露。

同年

宁波外籍传教士主办的中文杂志《中外新报》(*Chinese and Foreign Gazette*) 在宁波创刊。初为半月刊，后改月刊。木刻竹纸印。每期出 4 开本 4 页 1 册，售价 10 文。封面用黄纸，类似京报。先后担任主编的有美国浸礼会传教士玛高温 (D. J. Macgwen)、应思礼 (E. B. Inslee) 等。该刊内容分宗教、科学、文学、新闻等类，"以圣经之要旨为宗旨"。(据戈宝权《英京读书记补遗》，戈公振曾经在大英博物院看到过这份杂志 1855 年出版的第 2 卷及稍后几年出版的第 3、第 4 卷的部分原件，证明这份杂志确实创刊于 1854 年。但旧版戈公振《中国报学史》曾刊有宁波《中外新报》影印照片，其报头部分有"中外新报第一号——一千八百五十八年咸丰八年十一月十五日刊"等字样。是否同一报纸，待考。)

《国闻报》创办人及主要撰稿人严复出生。严字幾道，福建侯官（今福州）人。

1855 年
(清文宗咸丰五年乙卯)

11 月 4 日 (甲寅年十一月十六日)

中英文合刊的报纸《东涯新录》(*Tung-Ngai Sanluk* 或 *Oriental*) 在美国旧金山创刊。中文部分由留美学生李根主编。每星期出版三次，前两次用中文，后一次中英文合刊。

4 月 12 日 (乙卯年二月二十六日)

《察世俗每月统记传》刻工及后期编辑人之一梁发去世，卒年 66 岁。

8 月 1 日 (六月十九日)

英文 *Hongkong Shipping List* (《香港航运录》) 在香港创刊。

同年

《遐迩贯珍》增出附刊《布告篇》，随报发行，每期 4 页。专载商情及船期。

1856 年
(清文宗咸丰六年丙辰)

5 月

香港《遐迩贯珍》主编理雅各 (James Legge) 以"事务过繁，无法兼顾"，宣布将该刊停刊。停刊号刊有理雅各用英文写的小启，略称：

> "《遐迩贯珍》之成就，远超过吾人所预期者。尤以香港上海之欧美社会，均曾予以慷慨支持。最近一年来，订费及批售收入，几乎足以维持开支，所动用之马礼逊教育会基金，为数无多，华人社会并未给予财政支持。华人订户，续有增加，仍较吾人所预期者为少。但是，读者甚众，且遍及各省。
>
> "《遐迩贯珍》今兹停刊，众多人士将引以为憾。因之，本刊并非失败，吾人努力之经过，适足以鼓励有志与才智之士，依循出版报刊之途径，介绍世界历史及西洋知识，用以唤醒华人。"(译文据潘贤模:《鸦片战争后的香港报刊》，《新闻研究资料》1982 年总第 11 辑)

12 月

在美国出版的第一份中文日报《沙加缅度新录》在加州萨克拉门托市创刊。日刊。广东四邑华侨司徒源主编。

1857 年
（清文宗咸丰七年丁巳）

1 月 26 日（正月初一日）

《六合丛谈》（*Shanghai Serial*）在上海创刊。月出 16 开本 16 页 1 册，每册售价 12 文。是上海地区最早的中文期刊。英国伦敦布道会传教士伟烈亚力（Alexander Wylie）主编，墨海书馆印行。除伟烈亚力外，经常撰稿的还有英国传教士慕维廉、艾约瑟等。王韬曾参加该刊的编辑工作，是王韬从事报刊活动的开始。该刊内容有宗教、科学、文学、新闻等。出版 1 年左右即停。日本方面曾将该刊翻译出版（就该刊原文注上日本文法符号，以便日人阅读），称为《官版六合丛谈》。

10 月 1 日（八月十四日）

英文日报 *Daily Press*（《孖刺报》）在香港创刊。首任主编为美人赖登（George. M. Ryden），继任主编为孖刺（Yorick J. Murrow）。是香港最早的英文日报。

11 月 3 日（九月十七日）

《香港中外新报》的前身《香港船头货价纸》在香港创刊。该刊是香港英文《孖刺报》的中文版。每周二、四、六发行。内容以船期、商品价格、行情和商业信息和广告为主。以商店职员为主要读者对象。是中国最早的经济类报纸和中国最早的以单页报纸形式两面印刷的中文报纸。1864 至 1865 年前后，改名《中外新报》继续出版。后期的《中外新报》脱离《孖刺报》，成为中国人自己办的报纸，伍廷芳曾一度参加过该报编撰工作。1919 年停刊。（创刊日期据卓南生：《中国第一份中文日报考——关于〈香港船头货价纸〉与〈香港中外新报〉》一文，刊 1986 年日本《新闻学评论》第 35 期。张国良译文，刊《新闻研究资料》1987 年总第 39 辑。）

1858 年
（清文宗咸丰八年戊午）

10 月 12 日（九月初六日）

英国人主办的英文 *The Foochow Courier*（《福州信使报》，又称《福州府差报》）在福州创刊。是福州地区最早的近代化报纸。继该报在福州创刊的英文报纸还有 *The Foochow Advertiser*（《福州广告报》）、*The Foochow Daily Echo*（《福州每日回声报》）、*The Foochow Herald*（《福州捷报》）等。后三家报纸的创刊日期不详。

12 月 19 日（十一月十五日）

宁波《中外新报》创刊。（参看 1854 年《中外新报》条）

同年

香港英文《孖刺报》（*Daily Press*）主编赖登（G. N. Ryder），以该报所刊评论攻击怡和洋行，被香港法院以诽谤罪判处有期徒刑 6 个月。该报主编改由孖刺（Yorick J. Murrow）担任。

英文 *Hongkong Shipping List*（《香港航运录》）停刊。

英文 *The Journal of the North China Branch of the Royal Asiatic Society*（《皇家亚细亚文会北中国分会报》）在上海创刊。首任主编伟烈亚力。该报刊有不少介绍中国历史、地理情况的学术论文。

英文《香港纪录报》（前身为英文《广州纪录报》）停刊。

1859 年
(清文宗咸丰九年己未)

1 月 14 日 (戊午年十二月十一日)

香港《狄克逊氏香港纪事报》(*Dixions Hongkong Recorder*) 停刊。

同年

太平天国军师干王洪仁玕向天王洪秀全进呈《资政新篇》，提出设立新闻馆、设置新闻官、收集新闻篇等主张。其中有关设立新闻馆的建议说："设新闻馆以收民心公议，及各省郡县货价低昂，事势常变。上览之，得以资治术；士览之，得以识变通；农商览之，得以通有无。昭法律，别善恶，励廉耻，表忠孝，皆借以行其教也。"洪秀全同意这一建议，硃批："此策是也。"有关设置新闻官和收集新闻篇的建议说："兴各省新闻官。其官有职无权，性品诚实不阿者。官职不受众官节制，亦不节制众官，即赏罚亦不准众官褒贬。专收十八省及万方新闻篇有招牌图记者，以资圣鉴。则奸者股栗存诚，忠者清心可表……"洪秀全没有完全同意这一建议，硃批："此策现不可行，恐招妖魔乘机反间，俟杀绝残妖后，行未迟也。"(罗尔纲编：《太平天国文选》，上海人民出版社 1957 年版，第 117—131 页)

1860 年
(清文宗咸丰十年庚申)

用方言拉丁文拼音的教会刊物 *Church Messenger* (译意《教会使者报》) 在福州创刊。月刊。是外国传教士在福建出版的第一份报刊。

英文 *The Friend of China* (《中国之友》) 自香港迁至广州出版。

英文《香港政府公报》的中文版在香港创刊。香港政府主办。周刊。

美国传教士甘伯利 (William Gamble) 设计中文排字字架 24 盘制获得成功，并开始为国内各报纸及出版机关所普遍采用。

《时务报》《昌言报》《时务日报》《京报》《刍言报》创办人汪康年出生。汪字穰卿，浙江钱塘人。

1861 年
(清文宗咸丰十一年辛酉)

8 月 10 日 (七月五日)

香港英文 *China Press* (《德臣报》) 增出中文副刊《香港新闻》，以报道船期、货价为主要内容。出版 8 卷后即停。

9 月 15 日 (八月十一日)

英国人主办的英文日报 *Shanghai Daily Times* (《上海每日时报》) 创刊于上海。主笔 J. M. 史密司。仅出 1 年即停。

11 月下旬

华东地区最早的中文日报《上海新报》在上海创刊。英商字林洋行发行。初为周报，半年后改为周三刊。每期 4 版：第 1 版广告，第 2 版中外新闻，第 3 版广告、船期及行情表，第 4 版论说及杂著。历任主笔为伍德 (M. F. Wood)、傅兰雅 (J. Fryer) 和林乐知 (Young J. Allen)，另有一名中国助编董明甫。伍德、林乐知是美国监理公会派遣来华的传教士，傅兰雅是英国教会的差士。该报用白报纸两面印制，是国内最先用白报纸印报的报纸。定价每份铜钱 30 文，每月银洋半元，每年银洋 4 元。初创时日销约 300 份。所刊新闻多译自沪、港等地出版的外文报纸，余则转录《京报》及香港其他各报。创刊号刊有发刊词，宣布其编辑方针称：

“大凡商贾贸易，贵乎信息流通。本行印此新报，所有一切国政军情，市俗利弊，生意价值，船货往来，无所不载。”

同年

《香港新闻》在日本东京创刊。系《香港船头货价纸》的日本翻印版。加有日文注解。

宁波《中外新报》停刊。

1862年
（清穆宗同治元年壬戌）

5月7日（四月初九日）

《上海新报》自即日起由周刊改为周三刊。每星期二、四、六出版，星期日休息。鉴于太平军逐渐进逼上海，该报非常注意有关太平天国情况的报道，经常通过外国侨民及教会团体，探得官军及太平军双方的消息，在报上刊出，很受读者重视。

同年

英国伦敦布道会传教士玛高温（John Macgwan）主编的中文月刊《中外杂志》(*Shanghai Miscellany*）创刊于上海。每册约12至15页。该刊所载除普通新闻外，兼有宗教、科学与文学等项内容。出版6个月即停刊。

英文 *Shanghai Daily Times*（《上海每日时报》）出版1年后宣布停刊。

1863年
（清穆宗同治二年癸亥）

10月8日（八月二十六日）

葡文“*Ta-Ssi-Yang-Kuo*”（译音《大西洋国》）报在澳门创刊。

同年

原在香港、广州两地出版的英文《中国之友》（*The Friend of China*）报迁至上海出版。

1864年
（清穆宗同治三年甲子）

7月1日（五月二十八日）

上海英文周刊 *North China Herald*（《北华捷报》）因关于船舶及商业的材料日多，增出日刊 *North China Daily News*《（字林西报》），作为该报附刊。后者逐渐发展成为上海地区的重要英文日报和上海租界工部局的喉舌。

先后在《北华捷报》和《字林西报》担任主编的除希尔曼（Henry Shearman）外，还有莫斯曼（Samuel Mossman）、贾米森（R. Alexander Jamiesson）、甘德理（R. S. Gandry）、黑登（G. W. Haden）、利特尔（R. W. Little）、比尔（H. T. Montague Bill）、格林（O. M. Green）、巴尔福（Frederic Henry Balfour）等人。甘德理在担任该报主编的同时，还兼任伦敦《泰晤士报》驻中国的记者。利特尔在担任该报主编的同时，还曾被选为上海公共租界工部局总董。

同年

苏格兰人尼古拉·但尼士主办的英文日报 *Hongkong Evening Mail and Shipping List*（《香港晚邮报及船期录》）在香港创刊。这个报纸后来与 *China Mail*（《德臣报》）合并。

国内最早的中文日报《近事编录》在香港创刊。西方传教士罗郎也（Noronha）主办，王韬一度担任主编。1883 年产权归中国人，旋停。

1865 年
（清穆宗同治四年乙丑）

2 月 2 日（正月初七日）

查美斯（John Chalmers）主编的中文周刊《中外新闻七日录》（*Chinese and Foreign Weekly News*）在广州创刊。每期出 16 开 1 册。报头右有“广州城”，左有“远人采”字样。创刊号刊有小引云：“我侪传耶稣教者，忻忻而创是新闻录，非欲借此以邀利也，盖欲人识世事变迁而增其闻见，为格物致知之一助耳。”内容为新闻、科学、宗教、杂俎等。先后出版 152 期。

同年

《广州新报》在广州创刊。出版 6 年后停刊。

《时务报》董事、《湘报》主要撰稿人谭嗣同出生。谭字复生，湖南浏阳人。

1866 年
（清穆宗同治五年丙寅）

1 月 6 日（乙丑年十一月二十日）

英文 *Hankow Times*（《汉口时报》）创刊于汉口。美人汤普生（F. W. Thomson）主编。日出对开 1 张。该报专供在汉口的外国侨民阅读。是武汉地区出版的最早的近代化报刊。出版 2 年后停刊。

同年

国内出版的第一份德文周刊 *Der Ostasialische Lloyed*（《德文新报》）创刊于上海。至 1917 年我国对德宣战后方始停刊。（创刊年份据戈公振《中国报学史》。一说为 1886 年即光绪十二年，见曾虚白《中国新闻史》。）

英文 *The Friend of China*（《中国之友》）报改为晚报，继续出版。

在澳门出版的葡文 *Ta-Ssi-Yang-Kuo*（《大西洋国》）报停刊。

（美国发明家试验木浆造纸法获得成功，为大量印刷廉价的报纸创造了条件。）

1867 年
（清穆宗同治六年丁卯）

2 月

英文 *The Shanghai Recorder*（《上海汇报》）创刊于上海。旋停。

4 月 8 日（三月初四日）

上海英文周报 *North China Herald*（《北华捷报》）增加商情，易名 *North China Herald and Market Report*（《北华捷报与市场报道》）继续出版。

10 月 1 日（九月初四日）

英文 *Evening Express*（《晚差报》）创刊于上海。由 *The Friend of China*（《中国之友》）主笔琼斯（C. Treasure Jones）编辑。数年后停刊。

10 月 16 日（九月十九日）

美国人桑恩（John Thorne）和温伯利（Twombly）主办的英文不定期刊 *Shanghai News Letter for California and Atlantic States*（《上海至加利福尼亚及大西洋各州新闻通信》）在上海创刊。每逢美国商船到沪后数日出版。刊期不定，有时一月出三次，有时又两月一次。每期报上都刊有新近来华的美国人名单。

同年

英文季刊 *Notes and Queries on the Far East*（《远东释疑》）创刊于上海。由前《六合丛谈》主编伟烈亚力（*Alexander Wylie*）等主持。内容以介绍中国历史、宗教、语言，以及评论有关远东问题的书籍为主。后易名为 *China Review*（《中国评论》）继续出版。

英文《教务杂志》（*Chinese Recorder*）在福州创刊。美国传教士主办。

香港英文《孖剌报》增出周刊《香港周报及大陆商报汇报》。每星期五出版，每期约 30 页。该刊专载商业及船舶消息。

《湘学新报》《湘报》总撰述唐才常出生。唐字绂丞，后改佛尘，笔名洴澼子，湖南浏阳人。

中英文合刊的《飞龙邮报》（*California China Mail dnd Flying Dragon*）在美国旧金山创刊。创办人艾德华·波士奎（Edward Bosqui）。该报以促进美国和亚洲的贸易为宗旨，以当地的华人及华侨为主要读者对象。

1868 年
（清穆宗同治七年戊辰）

2 月 1 日（正月初八日）

《上海新报》革新版式，重新编号。即日出的报纸称新式第 1 号。革新后的报纸每期 1 张，高 18 英寸，宽 24 英寸，两面印刷，共 4 版。该报样式已接近现代日报。

3 月 7 日（二月十四日）

英文 *The Chinese Magazine*（《中国杂志》）在香港创刊。

9 月 5 日（七月十九日）

《万国公报》的前身《中国教会新报》在上海创刊。周刊。发行机关为林华书院。用毛太纸印刷，大小如官版书（25 开本），逢阴历年终和年初休刊 2 次。每年出 50 期，每期 4 张 8 面，约六七千字。初创时每期发行 1000 册。以宣传宗教为主，也介绍一些物理、化学知识和生意买卖诸事。主笔林乐知（Y. J. Allen），协助他担任编辑工作的还有慕威廉（William Muirhead）、艾约瑟（Joseph Edking）等。第 1—300 期以宣传宗教为主，间刊中外史地、科学常识等方面的稿件，以及有关中国教育方面的消息。1874 年 9 月，《中国教会新报》出至第 301 期时更名为《万国公报》。

10 月 1 日（八月十六日）

英文 *The Shanghai Courier*（译意《上海差报》，俗称《晋源报》）创刊于上海。休·朗（Hugh Long）主编，该报评论多出其手。

英文 *Chinese Recorder*（《中国纪录报》）在福州创刊。美国传教士巴德温（S. L Baldwan）主持。不久即迁至上海出版，成为美国长老会机关报。该报以报道时事为主，刊有不少研究中国的论文。

同年

英文 *Hankow Times*（《汉口时报》）停刊。

香港《孖剌报》附出的中文杂志《香港新闻》停刊，共出 8 卷。

外国传教士主办的中文月刊《中国读者》在福州创刊。后迁上海出版。

《民报》主编章太炎、《警钟日报》主编蔡元培出生。章名炳麟，字枚叔，号太炎，浙江余杭人。蔡字鹤卿，浙江绍兴人。

1869 年
(清穆宗同治八年己巳)

11 月 1 日 (九月二十八日)

英文 *The Daily Advertiser*(《每日广告报》,又名《香港广告报》)在香港创刊。

同年

英文 *The Friend of China*(《中国之友》)易名 *The Friend of China and Shipping Gazette*(《中国之友及船期杂志》)继续在上海出版,旋即停刊。

英文 *Shanghai News Letter for California and the Atlantic States*(《上海至加利福尼亚及大西洋各州通信》)月刊并入 *The Shanghai Courier*(《上海差报》)。

英文周刊 *Commonwealth*(《共和政报》)在上海创刊。由前《上海至加利福尼亚及大西洋各州通信》主笔罗伯特(J. P. Robert)、马恩(John Morne)等担任主编。出版 6 周,即告停刊。

《中国日报》社长、主编陈少白出生。陈原名闻韶,号夔石,广东新会人。

1870 年
(清穆宗同治九年庚午)

1 月 4 日 (己巳年十二月初三日)

上海英文 *North China Herald and Market Report*(《北华捷报与市场报道》)增出期刊 *The Supreme Court and Consular*(《最高法庭与领事公报》)。两报旋即合并,改名 *North China Herald and Supreme Court and Consular Gazette*(《北华捷报及最高法庭与领事馆杂志》)继续出版。

3 月 24 日 (庚午年二月二十三日)

《上海新报》开始在每条新闻上加标简明题目,用头号字排题,4 号字排正文。此前各报都没有专门介绍新闻内容的标题,只有"中外新闻""选录某报"等字样。

5 月 7 日 (四月初七日)

英文周刊 *The Cycle*(《循环》)在上海创刊。詹姆森主笔。是外国人把持下的海关的言论机关。出版 1 年即停。

8 月 13 日 (七月十七日)

英国人主办的铅印中文周刊《七日镜览》在上海创刊。上海通问馆印刷。每期 9 页。内容有船期、广告、奏稿、新闻等。

12 月 5 日 (闰十月十三日)

法文周刊 *La Nouvelliste de Shanghai*(《上海新闻》在上海创刊。是在华法文报纸的第一种。比尔(H. A. Beer)主编。1872 年 12 月 31 日出至 182 期后停刊。

同年

《中国教会新报》调整篇幅,每期由 4 张增加为 8 张。

《新报》周刊在上海创刊。上海通问馆印刷发行。旋停。

外国传教士主办的《宁波日报》在宁波创刊。主编福特莱尔。不久即停。

据有关方面统计,到本年为止,北京已有 12 家报房从事《京报》的印刷发行工作,日销《京报》近 1 万份。

《湘报》创办人熊希龄出生。熊字秉三,湖南凤凰人。

1871 年
(清穆宗同治十年辛未)

1 月 4 日 (庚午年十一月十四日)

英文 *The Shanghai Budget and Weekly*

Courier（《上海要闻与每周信使报》）在上海创刊。每周出版。后并入 *The Evening Gazette*（《晚报》）。

3 月 18 日（辛未年正月二十八日）

英文《德臣报》（*The China Mail*）附出的中文版《中外新闻七日报》在香港创刊。主编陈霭廷。1872 年 4 月 6 日停刊。

3 月 21 日（二月初一日）

法文周报 *Le Progres*（《进步》）在上海创刊。出版不到 1 年即停。

5 月 19 日（四月初一日）

英国人安纳斯脱·美查（Ernest Major）、伍德沃德（C. Woodward）、普赖尔（W. B. Pryer）、约翰·瓦其洛（John Wackillop）等 4 人订立合同，集股 1600 两（每人 400 两）由美查负责，筹备在上海创办一份中文日报，并派专人赴港学习办报经验。

同年

教会方面出版的《圣书新报》在上海创刊。周刊。用上海方言编写。是我国最早的方言期刊之一。1874 年停刊。

上海英文周刊 *The Cycle*（《循环》）停刊。

外侨主办的英文《上海幽默画报》（*Punch*，*The Shanghai Charivari*）在上海创刊。主编 Peter Robertson。1873 年停刊。

与国外电报线路相衔接的上海至香港、上海至长崎的海底有线电报线路敷设成功，开始通报。由丹商大北电报公司经营。为国内各报收录海外电讯提供了便利条件。

1872 年
（清穆宗同治十一年壬申）

4 月 17 日（三月初十日）

《华字日报》在香港创刊。主编陈霭廷。初创时每隔两日出 8 开 4 版 1 张，10 年后始改为日刊。自备铅字，利用香港英文《德臣报》的印刷机印刷。该报自称“以世界知识灌输于国人，以国内政务报告于侨胞，使民智日开，而益奋其爱国之念”为“唯一宗旨”。内容以翻译外报和转载京报为主。后来逐渐发展成为香港地区的重要中文日报之一。1941 年 12 月 25 日停刊，先后出版 77 年。

4 月 30 日（三月二十三日）

英国人美查（Ernest Major）主办的《申报》（别称《申江新报》）在上海创刊。买办（经理）赵逸如，主笔蒋芷湘，协助蒋担任编辑撰稿工作的，还有何桂笙、钱昕伯、吴子让等。初创时每两天出版 1 号，第 5 号起，改为日刊，星期日休刊。用毛太纸单面印刷。日出 8 版，每版高 26 公分、宽 23 公分，标题、正文均用 4 号字（广告、价目表、船期表用 5 号字）。售价本埠每张 8 文，外埠 10 文，趸售 6 文。广告 50 字起码，每天收费 250 文，字数多，刊期长的，费用递减。创刊号刊有《发刊辞》《本馆条例》及《申江新报缘起》，宣布该报“凡国家之政治，风俗之变迁，中外交涉之要务，商贾贸易之利弊，与夫一切可惊可愕可喜之事，足以新人听闻者，靡不毕载”，并向读者招刊告白，以及征求“天下各名区竹枝词及长歌纪事”等稿件。

5 月 7 日（四月初一日）

《申报》发表《招刊告白引》，宣传广告的作用，鼓励各界人士踊跃刊登。原文如下：

> “尝游通都大邑，见中国一城一邑，一乡一市之中，有怀一端之事思告白于人而无由遍诉者，常贴墙阴屋角间，罗而致之，不可枚举。然多旋贴旋扯，往往十无一二经人之眼者，其故有由来

也。盖人徒知事之可以告白，而不知所以善其告白之术，既知告白之大有可恃，而不思可久可广之策，以传其告白之方，甚至我有事以白之人，而彼亦因我之事以曲为直而别白之，则我前所白之人者已隐，而人之曲直不彰，后起而别白之反显矣。是何术以善之，非思夫可久可广之策，无以遐布而迩闻也。盖告白一事，西人各国行之历有年所。事无大小，莫不通晓，遍谕四达，而天下共知。至如华人，往往即通衢大道之中贴于墙上，然多囿于乡邑，未能家喻户晓。始则诧为异闻，继且隐而未见。而高车驷马者不顾焉，杜门不出者不知焉。是我欲告白于人，历时未久，有后起者出，反至墨白未分，是非混淆，而后来居上矣。西人之为民下者亦尝患此久矣，思夫善其术以出之。盖有新闻纸出，而民之情不至拥于上闻矣。我尝念新闻纸之益不止有此一端，而此一端为尤急。夫告白一事，俗之所不能免，而事事有相关者也。即如有新来之货可招人售；不常有之物可觅客沽；居常无工，可以求主；开设新铺，可以示人；各船装货，可晓人出口之期；别路探亲，可示人迷津之处；以及新庙落成，预示晋祝之日；名园斗巧，先知观玩之辰。且也，见招租，类知某处房屋之空；见名医，兼识某店药材之美；失物难寻，求人指点；名言足著，代我口传；凡兹利人利己之端，直欲难终于更仆矣。况上海为货物众多之所，往来贸易之场，苟能使某货某价尽得之耳闻目见之中，则不独新闻之为用，其于贸易一道，尤为当今之切务所一日不可无者也。使华人新报之事，果能大畅其所行，则贸易与万事皆能日受其益。至如士人著述宏富，欲供诸同志以流传四方者，往往求者不可必得，而著者无由遐布也。有新闻纸以告白之，而未见其书，先明其义，人人得而知之，其获益岂浅鲜哉。或言华人历年未曾以新闻为用，告白亦然，即如字林新闻所载，都系西人之告白，今何说必用乎？不知天下之事，过犹不及。过则当损之，不及当益之，此自然之理也。方今天下四海安乐，万国攸同，使无新报以传之，则天下之情事何由四达而不悖乎？今中华新闻纸尚未广行，故观者咸不知为必需之事，而华人亦鲜克知行此之益。本馆今为法以流通之，廉其价，博其闻，广其传，俾僻壤遐方咸知有新闻纸之用，而相观摩焉。惟愿世人念利益之无穷，计与时而宜行之，不特告白一端也。祈君子广览博采而惠教之。有奇赏焉，有疑晰焉。同人幸甚，本馆幸甚。”

5月28日（四月二十二日）

《申报》发表《采访新闻启》，征求各方面稿件。

6月4日（四月二十九日）

《申报》在第2版本埠新闻后发表《戏园琐谈》一文，对正在演出的京戏进行评论。未署撰人。这是我国报纸上刊出的第一篇剧评。

7月2日（五月二十七日）

《上海新报》即日起由二日刊改为日刊（每逢星期日仍休刊1天），零售报价由30文减为8文，以图与《申报》竞争，但仍不是后者的对手，继续出版至本年12月31日宣告停刊。

7月17日（六月十二日）

《申报》开始雇用报童在街头叫卖报纸。

8月2日（六月十八日）

英文*China Punch*（《中国滑稽报》）创

刊于香港。

8月31日（七月二十八日）

上海华林书院主办的《中国教会新报》自本日出版的201期起，改名《教会新报》，并更改体例，设立政事、教务、中外、杂事、格致五栏，分别刊载有关稿件。

同月

华北地区最早的近代化报纸，在京的英、美等国传教士成立的“在华实用知识传播会”主办的《中西闻见录》在北京创刊。月刊。该刊自称“系仿照西国新闻纸而作”。每期发行千余份，多数为免费散发。美国传教士丁韪良（William Alexander Parsons Martin）、英国传教士艾约瑟（Joseph Edkins）和包尔腾（John Burdon）等人主编。该刊杂录各国新闻近事，以及天文、地理、格致之学。曾刊有介绍电报、瓦斯工业、铁工业、照相术和蒸汽机用途等方面的文章。1875年8月出至第36期后停刊。郑观应《盛世危言》中的部分篇章即曾在此刊发表。该书《自序》对此作有以下说明：

> “蒙向与中外达人哲士游，每于酒酣耳热（一作“耳酣酒热”）之余，侧闻绪论，多关安危大计，且时阅中外日报所论安内攘外之道，有触于怀，随笔札记。历年既久，积若干篇，犹虑择焉不精，语焉未详，待质高明以定去取。而朋好见辄持去，猥付报馆及《中西闻见录》中。”（夏东元编：《郑观应集》上册，上海人民出版社1982年版，第235页）

9月9日（八月初七日）

《申报》发表《本馆自叙》，小结创刊以来的业务情况。自称：“现在本馆《申报》日见畅行于本处上洋地方，每日约计可销三千张。他如苏州、杭州、汉口、宁波等处，始则未经入目，销路寥寥，继则逐渐通行，发售日盛一日。”

10月16日（九月十五白）

《申报》开始兼营书籍出版业务。即日起将已经印成的《王洪绪先生外科证治全生集》一书公开发售。这是《申报》出版的第一本书，也是所谓“美查版”的第一本书。

11月11日（十月十一日）

《申报》附出的期刊《瀛寰琐记》创刊。月出1册，每册24页。用4号字排印。内容以诗词小说和译文为主，也有政论和史传材料，是我国最早的文学期刊。日本名著《江户繁昌记》和英国小说《昕夕闲谈》，均曾在该刊连载。每期销达2000册，先后共出28期。

12月31日（十二月初二日）

《上海新报》于本日停刊。

同年

路透社派柯林斯（Henry W. Collins）来上海建立该社远东分社。为路透社在中国活动的开始。首先采用该社电讯稿的是上海英文《字林西报》。

中国人自己办的早期报纸《采新实录》（又名《羊城采新实录》）在广州创刊。旋停。

基督教教会主办的《谈道新编》月刊在汉口创刊。沈子星、杨鉴堂主编。出版至1876年停刊。

上海法文 *Le Progres*（《进步》）及 *La Nowvelliste de Shanghai*（《上海新闻》）等两周刊，自动停刊。

上海英文 *Notes and Queries On The Far East*（《远东释疑》）易名 *China Review*（《中国评论》），由季刊改成双月刊继续出版。

《游学译编》《神州日报》主编杨毓麟，《湘报》《游学译编》主要撰稿人樊锥出生。

杨又名笃生，湖南长沙人；樊字春徐，湖南邵阳人。

1873年
（清穆宗同治十二年癸酉）

1月16日（壬申年十二月十八日）

法文 *Le Courrier de Shanghai*（《上海信使报》）创刊于上海。周刊。仅出3期即停。

4月

江南制造局主办的《西国近事》报在上海创刊。刊期不定。该报内容译自欧洲各国报纸，旨在为官绅和士大夫知识分子提供有关西方社会政治经济和自然科学等方面的信息。参加翻译和编辑工作的有金楷理、林乐知、姚棻、蔡锡龄等。每期发行约300至500册。其汇订本称《西国近事汇编》。1898年停刊。

5月1日（癸酉年四月初五日）

香港英文日报 *The Daily Advertiser*（《香港广告报》）易名 *The Hongkong Times*（《香港时报》）继续出版。

6月2日（五月初八日）

英文 *The Evening Gazette*（译意《晚报》）在上海创刊。巴尔福主编。

8月8日（闰六月十六日）

《昭文新报》在汉口创刊。主办人艾小梅。初为日报，以“人情未习”，“惑于市道”，阅者较少，改为五日刊，旋停。该报装订如书册状，用白鹿纸印刷。内容以奇闻轶事、诗词杂作为主，“为博览者所不废”。是中国人在内地主办的较早的近代化报刊之一。

上海《申报》曾对本报的出版，作过如下报道：“汉镇创设昭文新报馆，盖亦仿香港、上海之式而作者也。今承该报馆邮致十六日报，得窥崖略，兼识例言，读之不胜雀跃。查新报之设，创于泰西，所以使下情能达，时事周知也。倘能于各行省及大都会之处，遍设此馆，则南北不至有风尚之殊，山泽不至有情事之隔，将来汇而存之，可以作野史，可以备𬨎轩矣，岂不美哉！吾尤望汉皋诸君子洒墨挥毫，无笫勤于始事也。因记之以志欣幸云。”（《汉口创设昭文新报馆》，《申报》1873年8月13日）

同年

《申报》注意外埠发行工作，先后在杭州、福州、广州、北京、长沙、沙市、宜昌等城市设立分销处，聘请经理人负责该报在当地的发行事宜。对一些没有设置分销处地区的读者，则委托信局代寄，邮费另加。

中国第一条陆路有线电报线路在上海和吴淞之间架设成功。由丹商大北公司经营。上海至香港间的水路电线也在本年内敷设成功，并开始通电，每天发报2次，报费每字5角。由英商大东电报公司经营。

《时务报》《新民丛报》《国风报》等报主编梁启超、《时报》主要负责人狄楚青出生。梁字卓如，号任公，广东新会人；狄名葆贤，号平子，笔名平等阁主，江苏溧阳人。

1874年
（清穆宗同治十三年甲戌）

1月2日（癸酉年十一月十四日）

《申报》发表声明，宣布广告版截稿时间为每晚7时．逾此，则“版已告竣，不能列入，须俟翌日刊矣”。

1月17日（十一月二十九日）

《中国白话报》《警钟日报》《公言报》

《社会日报》编辑、记者和主要撰稿人林白水出生。林名獬字万里，福建闽侯人。

1月30日（十二月十三日）

《申报》刊出经由丹商大北电报公司海底线路拍来的有关英内阁改组的伦敦电讯。这是国内报纸刊出的第一条电报新闻。

2月4日（十二月十八日）

《循环日报》创刊于香港。王韬主编，洪干甫辅之。先后在该报担任编辑、撰稿工作的有钱昕伯、冯翰臣、洪孝充、黄子葵、刘凌洲、黄辉墀、李石樵、郭赞生、周重生、胡礼垣、吴琼波、温俊臣、潘蕙畴、何冰甫等。新闻部分用白报纸印刷，船期部分用土纸（南山贝）印刷。新闻约占1/3篇幅，分为三栏：首录《京报》，次为"羊城新闻"，又次为"中外新闻"。因为消息不足，该报常登载野语稗史以资补白。报首论说，多出王韬手笔。是国内第一份公开宣传变法的报纸。

同月

外国传教士主办的以儿童为主要读者对象的月刊《小孩月刊》（*The Children's News*）在福州创刊。创办人是和教会有关的两名外籍妇女：普洛姆夫人（Mrs. N. J. Plumb）和胡巴尔夫人（Mrs. Hubbard）。内容有诗歌、故事、名人传记、博物、科学等，文字浅显，并附有插图。在此前后，另一份《小孩月报》（*The Children's Paper*）在广州创刊。

4月18日（甲戌年三月初三日）

《申报》开始报道杨乃武被诬与葛毕氏通奸并唆使后者谋杀亲夫一案的有关消息。自即日起，迄1877年4月11日止，连续报道了达3年之久，成为当时的一大社会新闻。

6月16日（五月初三日）

广东香山籍官绅集资筹办的《汇报》在上海创刊。日刊。集股万两，投资者多为粤人。广东籍上海知县叶廷眷、招商局总办唐景星曾予支持。该报为出版方便计，特请英人格雷（Grey）为名义上的总主笔。管才叔、黄子帏、贾季良等为编辑。9月1日（七月二十一日），该报由格雷出名承顶，请管才叔为主笔，改名《彙报》继续出版，经常与《申报》进行笔战。

同月

日本借口侨民被杀，派兵侵入台湾。《申报》特派记者一名，前往前线进行实地采访。7月22日起，在报上刊出大量有关日军侵台的新闻和评论，读者争先阅读。每日销数较前增加600份。

7月9日（五月二十六日）

《申报》发表征稿告白，宣布对送刊的稿件"概不取值"，并向作者赠送报纸数张，以为酬谢。

7月15日（六月初二日）

旅美华侨主编的中文《旧金山唐人新闻纸》（*San Francisco China News*）在美国旧金山市创刊。社址在华盛顿街744号。每周出版石印1张，大小约相当于现今的4开报纸，售价10美分。该报自称以"欲华人多闻广见"为目的。分各货行情、来往船期、上海新闻、花旗新闻、大埠新闻、羊城杂报新闻等栏目内容。

9月5日（七月二十五日）

上海《教会新报》（原名《中国教会新报》）自即日出版的第301期起，改名为《万国公报》（*Chinese Globe Magazine*），继续在上海出版。仍为周刊。参加编辑工作的外国传教士有林乐知（Young J. Allen）、慕维廉（William Muirhead）、艾约瑟（Joseph Edkins）等，林乐知任主笔。新出版的《万国公报》和在此之前的《教会新报》相比，内容有较大变化：减少了有关宗教教义的宣传，增加了介绍“泰西各国”地理、历史、政治、科学、艺术、工业等方面知识的文章。对中国时政多有评论。极力宣传英美等国的通商、传教活动有益于中国。篇幅也有所增加。参加该报编辑工作的中国人有沈毓桂、蔡尔康、范祎、袁康、伍廷旭等。

9月11日（八月初一日）

即日起《申报》增加篇幅，更换纸张，改用赛连纸印刷。仍分8版，但篇幅加大，每版高约30公分，宽约26公分。售价不变。10月15日（九月初六日）该报发表启事称：“近三月来，销路加添，每日新增有六百余张。”

同月

法文期刊 *Bulletin Mensuel de L'observatoire Magnetique et Meteorologique de Zi-Ka-Wei*（《徐家汇气象与地磁观测月报》）在上海创刊。

同年

在中国出版的第一份法文周刊 *La Nouvelliste de Shanghai*（《上海新闻》）宣告停刊，共出182期。

基督教刊物《福音新报》在上海创刊。主办人费琪（G. F. Fitch）。1876年停刊。1878年恢复出版，1879年再次停刊。

葡萄牙人陆芮罗（Pedro Loureiro）在上海创办英文 *The Celestial Empire*（《华洋新闻》）。出版后不久，由英文 *The Evening Gazette*（《晚报》）编辑巴尔福继任主编。巴尔福所著 *Waifs and Strays from the Far East*（《远东浪游》）一书的部分内容，曾在此报发表。

《汉皋日报》在汉口创刊。创办人罗底斯（P. Rhodes）。旋停。

美国美以美会主办的教会刊物《郇山使者报》在福州创刊。月刊。武林吉牧师主办，黄乃裳主编。为1876年在福州出版的《闽省会报》的前身。

《中国新报》主编杨度、《申报》主笔张蕴和出生。杨字皙子，湖南湘潭人；张又名默，江苏松江人。

1875年
（清德宗光绪元年乙亥）

2月

《申报》增刊《瀛寰琐记》出至28期后，改名《四溟琐记》继续出版。新创刊的《四溟琐记》仍为月刊，性质与《瀛寰琐记》相同。版面缩小，改为巾箱本，“庶舟车携览更形简便”，页数则增加到32页。减少了小说，增多了笔记之类的作品。每期仍售80文。

3月13日（二月初六日）

《申报》发表读者来信《与申报馆论申报纸格式鄙见》，建议该报增辟《文章策问》专栏，发表范文，“以资观摩”。

4月

《闻见录》在福州创刊。周刊。天泰印字馆出版。内容以邸抄及辕门抄为主，间刊中外时事。

5月5日（四月初一日）

在广州出版的《小孩月报》（*The Child's Paper*）自广州迁至上海出版。社址在上海陆家浜路。月刊。上海基督教清心书馆发行，美国长老会传教士范约翰（J. M. W. Farnham）主编。用连史纸印刷。有诗歌、故事、名人传记、博物、科学等栏目内容，文字浅近易读。经常刊出国外英美教会出版机关用过的废旧铜版和黄杨木版插图。每期销约2000份。该刊初创刊于广州，由嘉约翰（John Glasgow kerr）主编，迁上海后由范约翰接办，改名《小孩月报志异》。1876 年改名《小孩月报》，1881 年改名《月报》，1914 年改名《开风报》，同年夏因欧战爆发，自行停刊。先后出版 40 年。

7 月 5 日（六月初三日）

《申报》发表《搜访新闻告白》，宣布“本馆立志欲将中国境内各紧要消息采录无遗”，要求各地读者惠寄新闻、评论以实篇幅。迄本年 7 月止，该报已在北京、南京、苏州、杭州、武昌、汉口、宁波、扬州等城市聘定特约记者报道当地新闻。其余无特约记者的城市，则要求当地读者“发于楮墨，而惠寄刊列”，发表后付给稿酬。

7 月 16 日（六月十四日）

上海《彙报》（原名《汇报》）易名为《益报》继续出版。改由朱莲生担任主笔。同年 12 月 4 日，以销行困难，自行停刊。这个报纸前后三易其名，但寿命不长，只出版了一年半，即行夭折。它在编辑上有一特点，即每日报首必列当日新闻要目，以便读者省览，开国内报纸刊载新闻提要之先河。

9 月 11 日（八月十二日）

旅美华侨主办的中文《唐番公报》（*Oriental or Tang Fan Kung Pao*）周刊在美国旧金山创刊。创办人黄卓（Chock Woug）和霍夫曼（J. Hoffman）。内容有当地新闻、国内新闻、评论及散文等。该报曾先后改名《华番汇报》《中西汇报》《华洋新报》。出至 1903 年左右停刊。

10 月 11 日（九月十三日）

《申报》发表社论《论本馆作报本意》。鼓吹该报“大抵以行业营生为计”；宣传“所卖之报张皆属卖与华人，故依恃者惟华人”；否认在言论上“一味夸助西人，以轻藐华人”；标榜自己“谋利而兼仗义”，以及立论“公道”。

同年

《万国公报》扩充篇幅。由每期 8 页，增加到每期 16 页。登载的中国人的文章也逐渐增多。

《循环日报》增出月报一种。择重要时事汇为 1 册。每年取费 1 元。因销路不畅，出版不到 1 年即停。

英驻华公使威妥玛（T. F. Wade）就英国传教士马嘉理在云南地区被杀事，向清政府提出交涉，要求清廷降旨责问云贵总督岑毓英对滇案失察，遣使道歉，并要求有关谕旨，须明发并在京报上公布。在京报上公布的要求遭到清廷拒绝，理由是京报不是政府官报，不由政府指挥。

上海英文周报 *The Shanghai Budget and Weekly Courier*（《上海要闻与每周信使报》）并入 *The Evening Gazette*（《晚报》），统由 *The Evening Gazette* 的主编巴尔福负责编辑。

外国传教士主办的中文《开风报》在汉口创刊。宇阿鲁主编。最高发行数字曾达 3000 份。

《民报》编辑、主要撰稿人陈天华出生。陈字星台，湖南新化人。

1876 年
（清德宗光绪二年丙子）

2 月 1 日（正月初七日）

香港英文周报 *China Mail*（《德臣报》）与 *Hongkong Evening Mail and Shipping List*（《香港晚邮报与船期录》）合并，改为日报，用 *China Mail* 的名义继续出版。由后一报纸的创办人尼古拉·但尼士担任主笔。改组后的 *China Mail* 仍为香港的重要报纸之一。除日报外，每星期三增出周刊一种，名《大陆邮报》（英文），每期约 30 页，对周内新闻进行综合报告，供读者参考。

2 月 17 日（正月二十三日）

《格致汇编》（*Chinese Scientific Magazine*）在上海创刊。英人傅兰雅（John Fryer）主持。月刊。所刊文字对数、理、化、生物、医学都有所介绍，是我国最早的科学杂志。此刊一再重印，重印时往往补入一部分新内容。

3 月 9 日（二月十四日）

《申报》增刊《四溟琐记》出至第 12 期后，改名《寰宇琐记》继续出版。仍为月刊。内容以诗词、笔记、杂著为主。式样与《四溟琐记》相同。出版时不署年月。每册售价 80 文。出至次年 11 月停刊。

3 月 30 日（三月初五日）

《申报》为便利文化程度不高的读者阅读报纸，另出通俗增刊一种，名为《民报》。每星期二、四、六出版一张，月取费 65 文。其发刊告白说："此报专为民间所设，故字句俱如寻常说话，每句及人名、地名尽行标明，庶几稍识字者便于解释。"是我国最早的白话文报纸，也是最早使用标点符号的报纸。

6 月 7 日（五月十六日）

《申报》自即日起，在新闻的后面，连载署名"环游地球客"所写的长篇通讯《东行日记》。"环游地球客"姓李名圭，字小池，江苏江宁人。海关职员。本年初奉派赴美参加纪念美国建国 100 周年的世界博览会，于 5 月 13 日从上海出发，经日本，横渡太平洋到美国。在美期间，除参观博览会外，还访问了旧金山、华盛顿、纽约、费城等地，然后过大西洋，顺道访问了伦敦、巴黎，经地中海、印度洋和南洋群岛，于 1877 年 1 月 17 日返回上海。历时 8 个多月，行程 82351 里。《东行日记》是他应《申报》的约请，记载沿途见闻，陆续寄回国内发表的旅行通讯。也是中国报纸上刊登的第一篇旅行通讯。这部通讯和同一作者所写的《美会纪略》1 卷、《游览随笔》2 卷，辑为《环游地球新录》一书，于 1878 年正式出版。对帮助当时的中国读者了解世界起过一定作用。

7 月 21 日（六月初一）

《闽省会报》在福州创刊。月刊。每月初一出版，每期出 16 开 20 页 1 册。在福州的美以美会传教士主办，施美德等主编。

同月

英文月刊 *The Far East*（《远东》）在香港创刊。布莱克（J. R. Black）编辑。该刊图画极多。在香港、上海及东京 3 处发行。1877 年停刊。

8 月 18 日（六月二十九日）

《申报》在本日发表的题为"拿获九龙山匪党"的新闻中，插刊了用木版雕刻的"九龙山匪党"的臂章图样。这是在《申报》上刊出的最早的新闻图片。

8 月 26 日（七月初八日）

旅美华侨李文廷和美国人霍夫曼（J. Hoffmann）合办的中文半月刊《文记唐番新报》（*San Francisco Chinese News*）在美国旧金山创刊。

9 月 30 日（八月十三日）

本日出版的《万国公报》（第九年四百零七卷）刊出杨鉴堂所作《总论新闻纸有十益说》，鼓吹办报之益。杨，湖北人，是基督教伦敦会在汉口创办的仁济医院的助理医师，汉口最早的刊物《谈道新编》的主编。

11 月 23 日（十月初八日）

《新报》创刊于上海。日出对开 1 张。以各省商帮的名义发行，实际上的主办人是上海道台冯焌光，经费也全部出自道库。主笔袁祖志。用中英两种文字刊行。创刊号发表《本报告白》，自揭其办报宗旨称：

“窃以入仕经商，所贵周知夫时事；居无易有，必当博采夫世情。如朝廷之政教维新，京外之升迁调补，暨列国政令之变置，各货居积之所宜，以及岁时收成厚薄，货物行销利钝，价值高下，船只往来，或时事，或异闻，皆为仕商之切要，要经营之不可少也。……缘是，各口诸帮公议，开设报馆，以冀广听远闻，庶几贸迁利便。……本馆于京省各报，则求速而且详。于西字诸报，则求译而无误。时事则查访的实，货价则探听确真。……每日译成西国文字数则，系于华文之后，既以便西士之省览，亦以便我国博学多识之士日渐观摩。……”

同年

英文 *The Hongkong Times*（《香港时报》）停刊。

《申报》创办人、英商美查在上海创办点石斋石印局，并在《申报》上刊出告白，为该局征求书稿。在美查的擘划下，这一年《申报》的业务有很大发展，日销达2000份。

《万国公报》增出期刊《益智新录》（*A Miscellang of Useful Knowledge*），作为它的专言科学的姐妹刊物。这一年，《万国公报》的每期发行数字达到1800份。

基督教会主办的《福音新报》在福州创刊。由外国传教士乌斯顿（S. H. Woolston）及培荪小姐（Miss A. M. Payson）主编。

在旅日华侨中发行的《华字新报》在日本东京创刊。

旅美华侨主办的《华人记录》在旧金山创刊。每半月出版1期。中英文合刊。为当地华侨维护自己权益的舆论机关。

中文《金山新报》在美国旧金山创刊。

1877年
（清德宗光绪三年丁丑）

1月

《申报》附出的文艺性月刊《寰宇琐记》停刊，先后共出12期。

2月5日（丙子年十二月二十三日）

国人自办的文学期刊《侯鲭新录》在上海创刊。创办人为前《申报》主笔沈饱山。月刊。

2月10日（十二月二十八日）

《申报》发表《论本馆销数》一文，自称该报发行数字已接近1万份。

6月6日（丁丑年四月二十五日）

《申报》附出的图画增刊《寰瀛画报》在上海创刊。不定期出版。每期10余页，售价1角至2角不等。该报图画部分由英国画师绘制，文字说明部分则由蔡尔康执笔。是在我国出版的第一种以图画为主的刊物。创刊号刊有英国皇宫、英太子出游时乘坐的火轮船、印度土王之陵、英国时装图样、“火轮客车”在隧道中行驶情形、日本仕女服装、中国天坛的祭祀巨典等图片。1880年停刊，共出5期（卷）。

6月11日（五月初一日）

上海道台冯焌光主办的中英文合刊报纸《新报》，自即日起改为纯中文报纸。报头横写，版面直排。内容除转录京报和苏省辕门抄外，还刊有本埠新闻、各地新闻及国际新闻，涉及政治、军事、外交、商情等方面。

6月20日（五月初十日）

《申报》自即日起放宽版面，使每期报纸的容量增加1500字。同日刊出告白，宣布该报每日销数约为八九千份。7月2日起《申报》改用5号小字排印次要新闻，重要新闻及评论仍用 4 号字排印，以引起读者注意。

同月

上海《新报》取消报中的英文，报名也由横写改为直写。

同年

英文半月刊 *The Hongkong Catholic Register*（《香港天主教纪录报》）在香港创刊。这是天主教教会组织在我国出版的最早的定期刊物。

报刊文选式的不定期刊物《记闻类编》在上海创刊。视文选的内容按年按类分卷出版。所收文章，选自《申报》《上海新报》《汇报》等各报。

1878 年
（清德宗光绪四年戊寅）

1 月 17 日（丁丑年十二月十五日）

上海《民立报》记者陈其美生。陈字英士，浙江吴兴人。上海光复后曾任沪军都督。

7 月 3 日（戊寅年六月初四日）

《申报》主笔吴子让病故，美查以尊闻阁主名义在该报发表文章以示哀悼。吴名嘉廉，字子让，江西南丰人。曾在曾国藩幕工作，以军功保留湖北，以知县即补存，洊升直隶州知州加运同衔，后解组来沪，受聘为该报主笔，直至病故。

7 月 19 日（六月二十日）

《申报》发表新闻《星使驻英近事》，介绍清驻英大使郭嵩焘在英画像事，以“笔涉诙谐”，为郭所不满，迭次要求更正和追查责任。反复交涉至第二年郭任满离职后始告结束。

12 月 16 日（十一月二十三日）

天主教教会主办的中文半月刊《益闻录》在上海创刊。李杕主编。出版不久即改为周刊。

12 月 30 日（十二月初七日）

《申报》为自办的点石斋印书局装备了进口石印机器，即日起刊出告白，公开出售该局出版的石印书报字画。

同年

《循环日报》为争取读者起见，特将每晨出版的日报提前于头一天傍晚印好送出，成为香港最早的汉文晚刊日报。

《四川》总编辑吴玉章、《申报》总编辑陈景韩出生。吴原名永珊，四川荣县人。陈笔名冷血，江苏松江人。

旅美华侨主办的中文《中外新报》（*The Weekly Occidental*）在旧金山创刊。翰香印字馆出版发行。周刊。该刊后来改名《翰香报》。1900 年改为日刊，同时改名《翰香捷报》。

1879 年
（清德宗光绪五年己卯）

3 月 16 日（二月二十四日）

《汇报》在上海创刊。初为半月刊，后改周刊。是天主教教会在中国创办的主要机关刊物。后与《益闻录》《格致新闻》合并，改名《格致益闻汇报》继续出版。1938 年停刊。在外人所办的中文期刊中历时最久。首任主编李杕（1840—1911），南汇人，字问渔，洗名老楞佐，别署大木斋主，上海耶稣会神父，先后担任《益闻录》《圣心报》等天主教报刊主编达 32 年，著译书刊凡 57

种，是天主教系统有影响的办报人之一。协助李担任编辑工作的有冯秋舫、徐伯愚、龚古愚等，均为耶稣会司铎。

4 月 17 日（三月二十六日）

英文 *The Shanghai Mercury*（《文汇报》）创刊于上海。每晚出版。英人克拉克（J. D. Clark，旧译开乐凯）、布莱克、里文顿（C. Rivington）等主编。是上海主要晚报之一，也是国内最先使用煤气引擎轮转机印报的报纸。后并入美国人主办的《大美晚报》。

4 月 27 日（闰三月初七日）

《申报》自即日起取消每周休刊 1 天的办法，星期日照常出报。

5 月 24 日（四月初四日）

美前总统格兰特访问上海，《申报》于本日石印格氏画像 1 万张，随报分送读者。为国内报纸刊载新闻人物画像之始。

同年

我国自己建立的第一条电报线路，在天津与大沽之间架设成功，开始通报。

《新闻纸》（又名《翻译新闻纸》）在上海创刊。由王蓉和口译，黄兆荣笔录。

《维新日报》在香港创刊。陆骥纯创办。先后担任发行人的除陆外，还有陆建康、黄道生等。（创刊年份据李默《辛亥革命时期广东报刊录》，刊《新闻研究资料》第 1—3 辑，中国社会科学出版社 1979、1980 年版。一说 1880 年，见曾虚白《中国新闻史》及冯爱群《华侨报业史》。）

《神州日报》《民吁日报》《民呼日报》《民立报》创办人于右任、《中国女报》主编秋瑾、《国民日日报》《安徽俗话报》《新青年》等报刊主要编辑撰稿人陈独秀出生。于字伯循，陕西三原人；秋字璇卿，浙江绍兴人；陈字仲甫，安徽怀宁人。

1880 年
（清德宗光绪六年庚辰）

1 月 2 日（己卯年十一月二十一日）

著名报人《申报》董事长兼总经理史量才出生。史字家修，江苏松江人。

5 月

圣教书会主办的《花图新报》（第 2 卷起改名《画图新报》）在上海创刊。每月出版 1 册。内容以宣传基督教义为主，兼刊评论、故事、诗词、格致浅说及五洲新闻。每期第 1 页均刊有黄杨木雕版插图。先后出版达 33 年。

同年

基督教会主办的中文日报《昭文日报》及《新民报》在汉口创刊。

基督教教会方面主办的《西医新报》在广州创刊。月刊。所刊以医药方面的信息和文章为主。

基督教徒主办的《郇报》在香港创刊。出版仅月余即停。

天津设立电报学堂，招雇丹麦人来华担任教习，教授电学和电报发报技术。

基督教教会主办的中文白话报刊《基督徒新报》创刊。出版地点不详。

1881 年
（清德宗光绪七年辛巳）

2 月

《甬报》在宁波创刊。月出 1 册。馆址在宁波江北岸钰记钱庄。由英国牧师阚斐迪邀李小池等合办，徐漪园主编。美华书馆印刷。有《选录京报》《中外近事》《议论》

《译文》《告白》《杂俎》等栏目内容。创刊号刊有《新闻纸论》一文，极力鼓吹“新闻纸之有益于中国”。

6月15日（五月十九日）

英文 *Hongkong Telegraph*（《香港电讯报》，通称《士蔑西报》）在香港创刊。创办人是美国人约瑟夫·诺贝尔，主编士蔑斯（R. F. Smith），继任主编的有英国人亚尔腓列德·希克司等。每晚出版，星期日休刊，销约4400份。

美国传教士林乐知发表《振兴中华布道事业》一文，认为当前最要之事有三，“译书撰报”列为其中的第二位，其余的两端为“设立教会大学”及“创立印书局”。

12月10日（十月十九日）

《叻报》在新加坡创刊。薛有礼主办，主笔叶秀花。是南洋地区最早的和出版时间最长的华侨报纸。日出8开1张，用4号字长行排印，销约800份。1932年停刊，先后出版50年。

同年

电话传入中国。最先在我国境内经营电话业务的，为英商伦敦东洋电话公司。

《浙江潮》《河南》《越铎日报》等报刊主要撰稿人鲁迅出生。鲁迅原名周树人，浙江绍兴人。

《苏报》《国民日日报》《民立报》《独立周报》《甲寅》等报刊主编章士钊出生。章字行严，笔名秋桐、孤桐等，湖南长沙人。

1882年
（清德宗光绪八年壬午）

1月16日（辛巳年十一月二十七日）

《申报》刊出该报记者从天津发来的，有关清廷给欠解铜款的云南按察使衔候补道张承颐，以“摘去顶戴”处分的新闻专电，全文摘录了有关这一处分的“上谕”。这是我国报纸上出现的第一条国内新闻电讯，也是我国报纸利用电报在国内传递新闻的开始。《申报》在发表这一电讯的同时，附有以下编者按语：“（1月14日）11点钟，本埠电报局送到津友来信，内有恭录上谕一道，因本馆新闻已排定发印，未及照登。兹用敬谨照录如左。本馆谨识。”同日发表《告白》，对该报利用电报传递新闻的经过，作有以下介绍：“本馆自开设以来，所有京报上奏疏必按日分排，谕旨则随到随录，仰蒙官商称便，众口同声。但每逢冬末春初，北洋封河，轮船停止，各信须由旱道寄来，未免稍稽时日。即使河冰开释，海道通行，而南北相去三千里，京报极快亦须六七日方可接到。本馆因念谕旨为中国家最大最要之件，阅报诸君均以先睹为快，现故不吝重资，与津友订定，请将每日京报上谕旨由中国新设之电报局传示。从此消息灵通，瞬息千里，谅诸君益当心许也。”按：津沪电报线路全长1400公里，1881年7月起，从津沪两地同时开工，11月19日南北两线在山东境内会合，11月28日全部竣工，12月24日起交付使用。这条电报线路的架设成功，为南北各报新闻的传递提供了便利的条件。

1月下旬

英人傅兰雅主编的《格致汇编》出至第4年第12卷后停刊。

5月18日（壬午年四月初二日）

英文《字林西报》另一个中文版《沪报》在上海创刊。社址在上海英租界三马路。戴谱笙、蔡尔康等应聘为主笔。内容大半译自《字林西报》。所刊杂著有“野叟曝言”“花团锦簇楼诗”等。初为日刊，但星期天不出报。此外还出有晚刊，称《夜报》，是中国最早的中文晚报之一。同年8月10

日，改名《字林沪报》，日出对开4张，单面印刷。1900年春，由于销路不好，转售给日本东亚同文会，改名《同文沪报》继续出版。

《沪报》的创刊号刊有“本馆告白”两则，说明：

> 一、原定四月初一日（5月17日）创刊，以该天为“日蚀之期……似非所宜，用特改择初二吉日为始”。
>
> 二、自创刊日起送报七天，不取分文。
>
> 三、广告费收费标准：第一天每字取钱五文；第二天至第七天，按日取钱三文；第八天以后每字取钱二文；若论年月，到馆面议。
>
> 四、报纸的版面安排：“首列上谕，尊君也；次列论议，以见心想；次列出译电西报，俾共稔知中外时事；次列外埠及本埠诸新闻，事取其详，文取其富；次列诗文杂作，以供文士之消遣；次列邸抄，辕门抄，务求其速；次列各种告白及钱洋市价、轮船进出等类，以便贸易场中及往来仕商阅看。”

7月14日（五月二十九日）

上海《新报》并入上海机器制造局，转为该局机关报。旋停。

9月6日（七月二十四日）

《申报》发表《招延访事》启事。决定在江宁、镇江、芜湖、九江、长沙、沙市、宜昌、成都、重庆、贵阳等19个城市聘请记者，采访新闻，“俾十八省之民风土俗，轶事奇文，均得罗列报中，以供诸君披阅”。

9月9日（七月二十七日）

朝鲜爆发政变，《申报》特派该报原驻横滨及烟台记者前往汉城一带作实地采访。所写报道，即日起以《高事近耗》《高丽形势》等为题，在报上连续刊出。成为国内唯一派有记者采访朝鲜“壬午政变”新闻的报纸，很受读者瞩目。

10月25日（九月十四日）

顺天乡试在北京发榜，《申报》驻京记者连夜用快马将江浙皖三省士子中式名单送往天津，电传上海，于本日见报。上距发榜时间仅24小时。这是国内报纸第一次用电报传递有关科举考试的消息。

同年

《循环日报》取消每晚提前出版第2天日报的办法，恢复每晨出报。

《民报》《民立报》主要撰稿人宋教仁、《神州日报》《民立报》《民国日报》编辑记者邵力子出生。宋字渔父，湖南桃源人；邵字闻泰，浙江绍兴人。

上海设立电报学堂，招收学生20名，学习收发报技术，由丹麦人博怡生、葛雷生等担任教习。

1883年
（清德宗光绪九年癸未）

3月16日（二月初八日）

夏威夷华侨主办的中文报纸《檀山新报》（*The Hawaiian Chinese News*）在美国檀香山创刊。社址在檀香山更街（King Street）。初为周刊，1899年后改为周二刊，逢星期三、六出版。先后主持报务的有程蔚南、何宽、许直臣、张泽黎等。初为石印，后改铅印。内容以当地各业行情为主，酌刊有关中国的消息。为当地最早的中文报纸。该报为隆记公司接办后，曾在报头中加有隆记字样，故又被简称为“隆记报”。（创刊日期据黄瑚《见〈檀香山隆记新报〉原件后的考辨》，刊复旦大学新闻学院主办的《新闻大学》（季刊）1993年第4期。）

5 月

王韬的政论文汇编《弢园文录外编》在香港出版。这部文集收刊了他为《香港华字日报》和《循环日报》等报刊撰写的大量报刊政论，极力鼓吹变法，是中国历史上的第一部报刊政论文集。

《武汉近事编》在汉口创刊。汉口基督教伦敦会传教士主办。周刊。

6 月 8 日（五月初四日）

《申报》自即日起，特辟《越南军报》专栏，转载外报及外电有关中法战争消息。与此同时，香港《循环日报》也刊载了大量的有关越南战事的新闻和通讯，还"特邀西友"从伦敦、巴黎等地寄回航讯，报道欧洲方面对越南局势的反映。两报都极力支持刘永福部黑旗军的抗法斗争，主张对法宣战。

7 月 28 日（六月二十五日）

《万国公报》出至第 750 期，以经费困难及主编人忙于创建中西书院，无力兼顾报务，暂时休刊。

9 月

旅美华侨主办的中文《华西申报》（*San Francisco Chinese Daily News*）在旧金山创刊。日刊。主办人黄胜（Fonsing）。

12 月 9 日（十一月初十日）

兵部尚书办理广东军务彭玉麟出示禁止"混散谣言，传为新闻"。

12 月 20 日（十一月二十一日）

广州市内出现"私自刊刻"的"新闻纸"，广东南海、番禺两县出示禁止。原文如下：

> "南海县正堂卢、番禺县正堂张为出示晓谕事：照得中国与西洋各国通商和好有年，允宜受约相安，共享权利。访闻近有不法之辈，伪造谣言，并私自刊刻新闻纸等项，沿街售卖。本月初五、六两日，竟有一二匪徒意欲聚众至礼拜堂滋扰，借端生事。实属愍不畏法。除饬差严密查拿外，合行出示晓谕。为此示谕属内军民人等一体遵照：尔等须知前项情弊，均属有干禁令。现在中外各国和好，本无异心。倘经此次示谕之后，尔等仍复有伪造谣言刊卖新闻纸，及聚众滋扰各节，即以谣言滋事之罪按律惩办，决不姑宽。各宜凛遵毋违。特示。"（香港《循环日报》1883 年 12 月 30 日）

同年

《民立报》《民国日报》编辑、记者叶楚伧出生。叶字小凤，江苏吴县人。

西人罗郎也将所办香港中文日报《近事编录》产权转移给华人。该报每年订费也由 5 元减至 4 元。旋以销路不佳停刊。

留美华侨黄清福创办的中文《华美新报》在纽约创刊。是在纽约出版的第一家中文报纸。

中文《萃记华美新报》（*Sueikee American and Chinese Commercial News*）周刊在美国旧金山创刊。

中文《中外新闻》在美国旧金山创刊。翰香印字馆出版。

1884 年
（清德宗光绪十年甲申）

2 月 6 日（正月初十日）

《申报》开始在欧洲及香港两地约聘外籍记者采访有关"法越交涉事件"新闻。同日发表启事称："新购电信。法越构兵，纠结未解。本馆知中国官商以大局攸关，日深悬念，无论孰胜孰负，总期先得的音，借抒远注。用特函托欧洲友人及香港西友，遇有法越交涉事件，凡与中国有关系者，迅发电音，专达本馆，俾即登报，以便遐迩周知。昨已接到回电，允即照办。从此西欧南徼，一动一静，消息灵通。虽远隔重瀛，而不啻近在一室矣。先述崖略，不尽区区。申报馆主人谨启。”

3月13日（二月十六日）

法军大举进犯，越南北宁、太原等地吃紧。《申报》为了尽快得到有关中越军民抗法斗争的消息，特加派华籍记者一人，前往越南前线采访战地新闻。同日在报上刊出《发人往越南探信》启事称：“泰西规例，如两国交战，准新闻纸馆派人前去访问军情，随营记录。现在法越失和，华人无不悬念，冀得的音以为快。前两礼拜内，闻海防等处法已弛禁，准访事人往来其间。是以本馆迅发一人乘轮至香港，再由香港换船赴越，日内想可驶到。如法人果不禁阻，则两军胜负情形，不难随时电知，消息自更灵捷矣。阅报者想皆盼望。合先布知。本馆主人启。”这次探访活动，由于法方的阻挠，并不顺利。《申报》派出的记者于3月20日抵达海防后，即受到监视，不能自由行动，被迫于3月24日离越返国。两个星期后，香港英文《德臣报》（*China Mail*）记者，也以“法人不听其在彼访事”，被迫撤回香港。

4月18日（三月二十三日）

《述报》在广州创刊。每日出版，逢十休息。除日刊报纸外，还出版《中西近事汇编》一种，每月1册。两报均由广州海墨楼石印书局承印。1年左右停刊。这个报纸刊载了大量有关中法战争的消息、电讯、评论、译论和来论，主张对法作战，反对“输金议和”，并积极支持省港两地人民的抗法斗争。对清廷当局的妥协活动，表示了强烈的不满。这个报纸还报道了不少有关刘永福部黑旗军和法国侵略军作战的消息，称赞刘永福为“今之人杰”，并曾“用西国映相法拍得刘（永福）提督小像”，印成单张，随报免费赠送给读者。

4月27日（四月初三日）

《湖南通俗报》主笔、《湖南民报》总编辑、《红旗》《上海报》《工农日报》主编谢觉哉出生。谢又名焕南，笔名觉哉、飞飞、见心、马彬、敦夫等，湖南宁乡人。

4月29日（四月初五日）

《申报》石印单张《越南东京地图》一种，随报附送，供读者阅读有关战报时参考。

同月

另一份同名的《述报》在河南创刊。月出1册。约出5期即停。

5月8日（四月十四日）

《点石斋画报》在上海创刊。《申报》创办人美查主办，著名风俗画家吴友如主编，参加编绘工作的有金蟾香、张志瀛、贾醒卿、顾月洲、田子琳、马子明、吴子美、张琪、李焕圭等。旬出1本，每本8图，售洋5分。连史纸石印。此画报以新闻时事画为主，兼刊人物及风俗画和铜版照片。先后出版近13年之久。绘印精美，为同时期出版的其他画报所不及。创刊号的《点石斋画报》刊出图画8帧，内越法战事新闻图2帧，介绍新近发明的“气球”和“水雷”图各1帧，社会新闻画3帧。同时发表了美查以“尊闻阁主”笔名写的发刊词。同日，《申报》在第1版显著位置发表启事称：“本馆新创画报，特请善画名手选择新闻中可惊可喜之事，绘制成图，并附事略，由点石斋刷印。每月定期数次，每次八图，由送报者随报出售，每本收回工料洋五分。其摹绘之精，笔法之细，补景之工，谅购阅诸君自能有目共赏，无俟赘述。上海除卖《申报》人兼售外，申昌书画室亦有出卖。外埠则随报分寄，就近取阅可也。兹准四月十四日（阳历5月8日）第一卷书成发兑。特布。”

6月4日（五月十一日）

“洋务委员”邝其照发表公开信，斥责上海英文《文汇报》（*The Shanghai mercury*）“肆意妄撰，捏造谣言”，“以言语欺侮华人”，“力劝法廷，为难中国”。

8月6日（六月十六日）

晚7时，《申报》出版单张号外，报道福州最近情况。先是，上海市面谣传中法两国海军已在闽江口外开火，本日下午6时30分，《申报》接获该报驻福州记者拍发的报道“驻榕法舰尚无动静”的来电，遂据以刊发号外，广告读者。这是中文报纸出版的最早的号外。在此以前，上海英文《字林西报》已出有关于越南抗法战争进展情况的英文号外。

8月22日（七月初二日）

《申报》驻京记者开始使用有线电报从北京直接向上海拍发新闻专电。

同月

《申报》更换主笔。首任主笔蒋芷湘中进士离职，改由钱昕伯继任。这一年，《申报》业务上有不少改进。加强了新闻报道，扩充了篇幅，纸张也有所改进，很受读者欢迎，广告为之激增。

1885年（清德宗光绪十一年乙酉）

1月15日（甲申年十一月三十日）

著名新闻记者黄远生出生。黄名远庸，字为基，历任《庸言》《少年中国周刊》总编辑，《申报》《时报》驻北京特派记者，江西九江人。

3月

法舰侵犯我东南沿海，《申报》特派记者前往宁波前线采访，写成战讯，在报上发表。以记载翔实，受到欢迎，销数为之激增。这一年，《申报》兼营的书籍出版业务也有发展，开始着手用铅活字翻印大部头丛书《古今图书集成》。

5月20日（乙酉年四月初七日）

上海《字林沪报》刊出征稿启事，加强新闻报道。

同年

《粤报》（又名《香港粤报》）在香港创刊。创办人罗鹤朋，曾任香港英商汇丰银行买办。历任督印人有卢敬之、黄子葵、黄南庐、温俊臣等。除出版日报外，兼营印刷业务。

法文日报 *L'Echo de Shanghai*（《上海回声报》）在上海创刊。是法人萨拉培利将他在日本购置的印刷设备搬至上海后创办的。出版8个月即停。

中文《英格兰圣经会报》在汉口创刊。英国教会主办。

用方言拉丁文拼音的教会杂志《教会新闻》在台湾创刊。

《民报》《可报》《建设》主要编辑撰稿人朱执信出生。朱原名大符，广东番禺人。

1886年（清德宗光绪十二年丙戌）

4月24日（三月二十一日）

著名新闻记者伍特公生。伍曾任《神州日报》翻译，《申报》编辑、总务部主任、代总主笔，《正言报》总编辑，江苏江宁人。

6月24日（五月二十三日）

《广报》在广州创刊。日刊。创办人邝其照，先后任主笔的有吴大猷、林翰瀛、肖竹明、罗佩琼、劳宝胜、武子韬、朱鹤等。有宫门抄、辕门抄、上谕、著论、新闻等栏目内容，形式与《申报》略同。邝字荣阶，曾协助马礼逊参加华英辞典（*Morrison's Dictionary*）的编辑工作。

10月11日（九月十四日）

著名新闻记者、报刊活动家、新闻学者邵飘萍出生。邵原名振青，曾任《汉民日报》主笔、《京报》社长、新闻学研究会导师，生于金华，浙江东阳人。

11月6日（十月十一日）

《时报》在天津创刊。是天津最早的中文报纸。日刊。天津海关税务司德璀琳（S. Detring）与怡和洋行总理笳臣等集资创办。分中英文两版。中文《时报》由李提摩太（Timothy Richard）任主笔。每日著论一篇，每七日登一插图，宣传中国应仿照西方，实行“新法”。报头横书，以海上日出为背景图案，报名上有“在明明德”四篆文。所刊评论文章，后辑为《时事新论》单独出版。英文《时报》名 *China Times*（译意《中国时报》），主笔亚历山大·梅基（Alexander Michie），被认为是“在华外国报纸中最有才能的一位编辑”。曾写有 *The Englishman in China*（《在华英人》）一书。经常在该报发表文章的有玛丁（W. martin）、英诺森（P. Innocent）、亚瑟·斯密斯（A. Smith）及李提摩太等，多数是当时所谓的中国通。

同年

香港《粤报》为卢敬之购进，继续出版。先后担任“督印人”的除卢外，还有黄子葵、黄南庐、温俊臣等。3年后停刊。

基督教教会主办的以儿童为读者对象的画报《训蒙画报》及《孩提画报》在上海创刊。均为不定期刊。

法文《远东信使报》（*Courrier L'Extreme Orient*）在上海创刊。

《德文新报》（*Der Ostasialische Lloyed*）在上海创刊。周刊。主编为纳瓦拉（B. R. A. Navarra）。是德国在华的言论机关。该刊除出版德文周刊外，还办有中文《协和报》一种。两报于1917年我国对德宣战后停刊。（创刊年份据胡道静《上海的杂志》及曾虚白《中国新闻史》，戈公振《中国报学史》作1866年。）

英国传教士布德（C. Budd）主办的中文月刊《厦门新报》在厦门创刊。用闽语方言写作。内容以一般新闻及教务方面信息为主。

1887年
（清德宗光绪十三年丁亥）

2月

外人主办的中文刊物《益文月报》在汉口创刊。月刊。每期30页。木版印刷。内容以自然科学方面的报道为主，首先是天文、地理、物理，其次是各种“新机新法”的介绍，另以部分篇幅报道“各省近事”，末录诗词歌赋及医学。

6月1日（闰四月初十日）

天主教耶稣会主办的教会中文刊物《圣心报》在上海创刊。月刊。先后担任主编的有李杕、徐元希等。

同年

在华英美传教士联合主办的基督教书报出版机关同文书会（后改称广学会）在上海成立。由控制中国海关的英籍总税务司赫德（Robert Hart 1835—1911年）任董事长，韦廉臣（Alexander Williamson 1829—1890年）、李提摩太等先后任总干事。印刷机器由苏格兰圣教书会捐赠。为基督教教会在中国的最大的编译出版机关。

《大江报》创办人、主编詹大悲出生。詹字质存，湖北蕲春人。（据董必武《詹大悲先生事略》，詹生于光绪十三年丁亥六月十四日）

1888 年
（清德宗光绪十四年戊子）

4 月

蔡尔康集资创办的《词林书画报》在上海创刊。内容以新闻画、文艺作品及风月界信息为主。

5 月

英文《中国传教士》季刊在汉口创刊。基督教文华书院主办。以外侨及传教士为读者对象。

同年

《申报》用扁体铅活字排印《古今图书集成》的工作，宣告完成。全书共 1 万卷，分订 1628 册，有“康熙百科全书美查版”之称。

用闽南方言编写的基督教教会刊物《漳泉公会报》在厦门创刊。月刊。

菲律宾地区最早的华侨报纸《华报》在马尼拉创刊。日出 16 开 4 版。由侨商杨维洪独资创办，并亲自担任主编。发行 1 年即停。

旅美华侨主办的中文报纸《文兴报》（*Mon Hing Po*）在旧金山创刊。初为周报，石印，1892 年改用铅印。1901 年在保皇会徐勤、梁启田（梁启超堂弟）等人主持下，改为日报。旧金山地震后迁洛杉矶出版，改名《宪政报》。旋迁回旧金山出版，1908 年将中文报名改为《世界日报》（英文报名自 1898 年起便已改为 *The Chinese World*）。1969 年停刊。（创刊及改名时间，据王士谷《早期海外华文报刊重要史实辨介》，见《新闻学探讨与争鸣》1996 年第 4 期。）

以旅美华侨为读者对象的基督教教会刊物《华英经报》在纽约创刊。月刊。中英文合刊。

《大公报》总编辑、《中华新报》主笔张季鸾出生。张名炽章，字一苇，陕西榆林人。

1889 年
（清德宗光绪十五年己丑）

1 月

《成童画报》在上海创刊。墨海书局发行。该画报图画与文字并列，所刊锌版，多为国外教会书刊用过的旧物。是中国最早的儿童刊物之一。后改名《福幼报》，隶属广学会，是该会对中国儿童进行宣传的刊物之一。

2 月

《万国公报》休刊 6 年后，另起编号，恢复出版。刊期由周刊改为月刊。主编仍为林乐知，协助担任编辑工作的有沈毓桂（赘翁）、蔡尔康（铸铁庵主）、范祎（子美）、袁康（竹一）等。复刊后的《万国公报》，是英美传教士控制下的重要舆论工具，和新成立的同文书会即后来的广学会的主要言论机关，被认为是在华新教及中国政府官吏中的一个生动力量。该报内容以政治时事为主，经常发表时事评论、重要法令、条约及外报译文，对于与宗教有关的事情也详加记载。

10 月 15 日（九月二十一日）

《申报》创办人美查将所营事业改组为

美查有限公司（Major Bros. Ltd），收回原本2000股（约10万两）后返国。新成立的美查有限公司总计资本银30万两，由董事4人、经理1人主持。董事是艾波诺特（E. O. Abuthnot）、麦克贝恩（Geo McBain）、麦肯齐（Robert Mackenzie）、梁金池，经理是芬林。《申报》及江苏药水厂、燧昌自来火局、申昌书局等，均为该公司所有。改组后的《申报》，由席裕祺（子眉）任买办（华经理），黄协埙（式权）任主笔，参加编辑工作的有金剑华、赵孟邻、雷瑨等。性质上已由外国人独资创办的报纸，转为中外合资经营的报纸，但外资所占的比重较大。全馆总权仍掌握在英籍大班（经理）艾波诺特手中。

同年

《公论报》在汉口创刊。李涵秋主编。后由江汉关职员宦诲之接办。该报言论倾向于官方，有"官报"之称。1907年改名《公论新报》继续出版。是辛亥革命前在武汉地区出版的重要报纸之一。

教会方面主办的儿童画报《厦门画报》在厦门创刊。旋停。

以潮汕方言编写的基督教教会刊物《潮惠会报》在汕头创刊。

文摘性期刊《日报特选》（*Exfracts from Newspapers*）在香港创刊。由中华印务总局发行。刊期不详，每期20页。毛边纸铅印。分京报、中外新报、广报、海防日报及中外新闻等栏目内容。

《晨钟报》总编辑、《新青年》《每周评论》主要编辑撰稿人李大钊，《新闻报》主笔、《新闻报》副刊《快活林》主编严独鹤出生。李字守常，河北乐亭人；严名子材，浙江桐乡人。

1890年
（清德宗光绪十六年庚寅）

3月

上海《格致汇编》恢复出版。由月刊改为季刊。

6月5日（四月十八日）

日本人主办的日文《上海新报》在上海创刊。周刊。修文书馆发行。松野平三郎主编。是国内出版的最早的日文报纸。定价每份10文。不到1年即停。

10月16日（九月初三日）

《飞影阁画报》在上海创刊。每旬1册，每册10页。作蝴蝶装，委托鸿宝斋石印。前《点石斋画报》主笔吴友如任主编。除新闻画外，还有百兽、闺媛、仕女等栏目内容。

12月9日（十月二十八日）

著名新闻教育家、复旦大学新闻系主任、《新青年》杂志编辑、《民国日报》副刊《妇女评论》《太白》半月刊主编陈望道出生。陈原名参一，浙江义乌人。

12月13日（十一月初二日）

著名女报刊活动家、邵飘萍夫人、后期《京报》社长汤修慧出生。汤江苏苏州人。

同年

基督教教会方面主办的 *The Church Advocate*（《护教者》）在江西九江创刊。月刊。白话文言合刊。

华侨主办的中文《岷报》在菲律宾创刊。由杨维洪、陆伯周等主编的《华报》改组而成。出版1年即停。

林衡南主办的华侨中文报纸《星报》在

新加坡创刊。1898 年停刊。

美国传教士法罕在在华新教传教士本年度的年会上宣布：从 1860 年到 1890 年，基督教系统在中国发行的报刊累计已达 76 种。其中宗教性质的 40 种，“世俗”的，即所谓“文化”性质的 36 种。

《时报》总编辑、新闻学者戈公振、《天铎报》总编辑戴季陶、《天铎报》《商报》主笔陈布雷、《晨报》总编辑陈博生出生。戈名绍发，字春霆，江苏东台人；戴又名传贤，字选堂，笔名天仇，浙江吴兴人；陈布雷名训恩，字畏垒，又名彦及，浙江慈溪人；陈博生字渊泉，福建闽侯人。

天津《时报》附出的汇编性刊物《直报》在天津创刊。李提摩太主编。每期出连史纸铅印 1 册。

旅美华侨黄清福主办的另一份《华美新报》(*China American*) 在美国芝加哥创刊。是在芝加哥出版的第一份中文报纸。

1891 年
(清德宗光绪十七年辛卯)

2 月 13 日 (正月初五日)

国人投资自办的文摘式报刊《华洋日报集成》在上海创刊。十日刊。主持人毕以谔。

2 月 20 日 (正月十二日)

《中西文报》在上海创刊。上海养正学堂主办。月刊。每期出 30 页左右 1 册。编入该刊的有奏议、文钞、诗钞、赋钞、词钞、制艺、试帖、格言、尺牍、联语等十几门类的文字。是一种文摘性的刊物。

2 月 23 日 (正月十五日)

高太痴自办的文学期刊《艺林报》在上海创刊。阴历每月逢五逢十出版。出版 15 期后停刊。

同月

同文书会发行的又一份中文月刊《中西教会报》(*Missionary Review*) 在上海创刊。林乐知主编。是《万国公报》的姊妹刊物。该报内容以报道教会方面的消息和宣传教义为主。

4 月 9 日 (三月初一日)

《告白日报》在上海创刊。上海养正学堂主办。每晨出版。该报以刊登广告为主要内容。

6 月 9 日 (五月初三日)

《公报》在上海创刊。五日刊。社址在上海四马路会秀里。该报“专登各国近时新闻”。

同月

天津最早的中文报纸《时报》停刊。

冬

广州《广报》因发表某大员被参新闻，触怒两广总督兼署粤抚李瀚章，被李下令封禁。封禁令指责该报“辨言乱政……妄谈时事，淆乱是非，胆大妄为”，并责成番禺、南海两县“严行查禁”。该报被迫迁至沙面租界，请英商必文出面为发行人，改报名为《中西日报》继续出版。主笔政者有劳亦渔、武子韬、陶檀庵等。该报颇为畅销。后改名《越峤纪闻》，旋停。

同年

《华北新闻》在北京创刊。基督教华北公理会主办的中文刊物。由美国传教士梅子明 (William Scott Ament) 主编。每期发行约 500 份。

《岭南日报》(*The Southern Times*) 在广州创刊。社址在广州沙基大街。劳保胜、武子韬、朱鹤等主办。用 4 号铅字直行排印。日出 8 开 8 版，星期六另出附张，星期日停刊。主要栏目内容有上谕电传、督宪牌示、论说、本省新闻、中外新闻、来稿照登、西报汇译、京报照录、各行告白、货价行情等。

天津英文报纸 *China Times*（《中国时报》）因主笔梅基退休宣告停刊。产权为天津印刷公司所得。

我国第一家生产新闻用纸的机器造纸厂“纶章造纸厂”，在上海杨树浦建成投产。李鸿章主办。

李提摩太到上海接任同文书会（广学会的前身）总干事。在他主持下，该会作出计划，决定把所出《万国公报》等书刊送达国内下列各阶层人员的手中：

一、道台以上的高级文官 2289 人

二、尉官以上的高级武官 1987 人

三、府学以上的礼部官吏 1760 人

四、专科以上学校的教授 2000 人

五、居留在全国各省会，具有举人资格的候补官吏 2000 人

六、下列各知识分子的百分之五：

（1）来京会试人员

（2）投考举人的人员

（3）投考秀才的人员　3000 人

七、某些特别官吏及士大夫阶级的女眷及子女 4000 人

总计：17036 人

（据马克基利伍莱编：《新教教会在华一世纪》631 页，转引自方汉奇：《中国近代报刊史》上册，山西人民出版社 1981 年版，第 29、30 页）

在香港西医书院学习的孙中山，开始利用课余时间给港、沪各报刊写稿，鼓吹政治改革。

旅美华侨主办的中文《瑞香华洋新报》（*Chinese Monthly News*）在美国波士顿创刊。月刊。

1892 年
（清德宗光绪十八年壬辰）

2 月 4 日（正月初六日）

韩子云以“花也怜侬”笔名主办的文学期刊《海上奇书》在上海创刊。每半月出版 1 次，10 期后改为月刊。由点石斋书局承印，申报馆代售。该刊内容分三部分：首“太仙漫稿”，是韩自撰的文言短篇；次“海上花列传”，是韩自撰的长篇小说；末“卧游集”，选录前人笔记小说。每部分都有插图。是我国最早的图文并重的文学刊物。1893 年 1 月 2 日出至第 15 期而止。

5 月 21 日（四月二十五日）

清廷发布命令，查禁排外刊物。

冬

《格致汇编》出至第 7 年第 4 卷后停刊。

同年

上海日本人青年会主办的日文《上海时报》在上海创刊。不到 1 年即停。

《万国公报》《中西教会报》主编林乐知回国休假，休假期间的两报编辑工作由李提摩太代为主持。林乐知在美期间，曾经受到共和党当选总统赫立逊的接见。美国资产阶级舆论对林在中国的办报活动给以很高评价，称他为在中国“传播种子的人”。

旅美华侨主办的中英文合刊《华美字报》（*Chinese American Advocate*）在美国费城创刊。周刊。

1893 年
（清德宗光绪十九年癸巳）

2 月 17 日（正月初一日）

《新闻报》创刊于上海。初创时日出对

开 1 张。由华商张叔和、英商华盛纺织厂董事丹福士及斐礼思（F. F. Ferris）等合组公司主办，公推丹福士为总董，斐礼思为总理。出版不久，“公司渐解体”，丹福士“遂独为主人”。嗣以“经济竭蹶”，转为美商米撒斯·布撒斯特公司（Messers Bucheister Company）所有。首任主笔为郁岱生。半年后郁辞出，改由袁祖志继任。协助袁担任本埠版编辑主任的为孙玉声（笔名海上漱石生），担任编辑的有赵萱甫、叶吟石、李谷生等。蔡尔康（紫绂）也曾经参加过该报的编辑工作，“专撰论说”达半年之久，后以“办事上意见不合，拂然而去”（孙玉声：《报海前尘录》）。《新闻报》从一创刊起，就和已经出版 20 多年的《申报》展开竞争。报费每日售价铜钱 7 枚，较《申报》便宜 1 枚。在广告业务上也争夺得很厉害。《新闻报》出版之初，上海各剧场海报都只登于《申报》一家，《新闻报》派人前往兜揽，遭到拒绝，乃故意乱排海报以假乱真，造成混乱，迫使场方主动送刊广告。

3 月 23 日（二月初六日）

英商主办的《字林汉报》日刊在汉口创刊。社址在汉口英租界一码头后。主编姚文藻、梅问羹。该报以上海《字林沪报》为后援，有英国方面的背景。

5 月 5 日（三月二十日）

汉口《字林汉报》发表评论文章《论中国各省宜广开报馆》，主张多设报馆，有“若能于各省地方多开报馆，使普天之下皆知阅报之益，则将来恶者可化而为善，莠者悉变而为良，畏清议者，不敢作吕端之糊涂，广见闻者，不难为子产之博物，其有裨于人心世道，夫岂浅鲜哉”等语。

7 月 18 日（六月初七日）

《镜海丛报》在澳门创刊。社址在澳门下环正路 3 号。“东主兼督印人”是葡籍印刷商法·连斯哥·飞南第（Francisco H. Fernandes）。周刊。分葡文、中文两版。葡文版每星期二出版，每月收费 5 毫。中文版每星期三出版，每期出 51×34 厘米大小的报纸 4 张半，共 6 版：第 1 版为目录及社论，第 2 版为国内新闻（有《紫禁簪毫》《丹鳞吐讯》《青岛结书》等栏目内容），第 3 版为外电及广东新闻，第 4 版为澳门新闻，第 5、6 版为杂俎及广告。每月收费 3 毫。这个报纸和孙中山的关系密切：5、6 版刊有孙中山的《医药问答》，以及经孙中山治愈的病人刊登的鸣谢和揄扬孙中山医道的广告；设在石岐的代派处中西药局，是孙中山开设的医疗机构；设在省城的代派处双门底圣教书楼，是孙中山从事革命活动的重要据点；曾刊有孙中山所写的《农学会序》等宣传资产阶级革命民主思想的文章；第 1 版所刊的“针砭时事，鼓吹反清革命思想的文章”，据说也“都是由孙先生亲自执笔”。有的人由此认为“其主持者及编辑者确非飞南弟，而是孙中山”。（无涯：《孙中山在澳门所创办的报纸》，香港《大公报》1965 年 1 月 29 日）出版 2 年后停刊。

12 月

《中西教会报》出至 35 期后，因销路不畅，暂时停刊。

《新闻报》开始出版画报单页，随报附送，每月加送总目 1 张，以便读者装订。该报开我国日报定期附送画页的先例。

同年

著名维新派政论家郑观应（1842—1921 年）的报刊政论文集《盛世危言》正式出版。这部文集收刊了他在《循环日报》《华字日报》等报上发表的大量政论作品，在知识分子读者中产生了很大的影响。文集中的《日报》《议院》等文，指责了清廷压制舆论的愚民政策；提出了言论自由和兴建报馆的要求；宣传了报纸在“通民隐，达民情”，培养教育人才等方面的作用；以及报纸应积极干预时政，对议员和政府官员实行监督等观点，初步地阐述了他的办报思想。对后来的维新派的办报活动起了一定的促进作用。

华侨主办的中文《华夏报》在美国檀香山（今夏威夷）创刊。

《申报》主笔、《申报月刊》主编、《星洲日报》总编辑、社会教育学院新闻系主任俞颂华出生。俞江苏太仓人。

1894 年
（清德宗光绪二十年甲午）

1 月 17 日（癸巳年十二月十一日）

著名画报主编吴友如因病逝世。由他担任主编的《飞影阁画册》《飞影阁画报》相继停刊。

同月

日本东本愿寺别院主办的《佛门日报》在上海创刊。佐野则悟主编。该报阐扬佛教，自称“以济度支那人为目的”。初版千余份，发行于中国各地。

日文《上海周报》在上海创刊。由日本居留民在上海设立的共同活版所发行。该报“内容注重贸易事项”，以“日清贸易之木铎”自许。

3 月

英商天津印刷公司（Tientsin Press Ltd.）发行的英文 *The Peking and Tientsin Times*（《京津泰晤士报》）在天津创刊。初为周刊，后改日刊。英国人贝林汉姆（W. Bellingham）主编，协助担任编辑工作的还有吴德海（H. G. W. Woodhead）、彭赖尔（W. Pennell）等。这个报纸标榜其办报目的，是为了“把西方的文化介绍于中国，并应用西方批评的标准，激动中国根本之变革”。在旅华的外侨中，该报有“外人在华北的圣经”之称，是在华北地区的外国侨民中有较大影响的英文报纸。日销约 1200 份。1938 年 9 月天津被日军占领后停刊。

4 月

上海《新闻报》推出的《新闻报馆画报》创刊。

10 月 28 日（甲午年九月三十日）

《小说月报》《妇女杂志》《中学生》等刊物主编、著名作家叶圣陶生。叶笔名绍钧，江苏苏州人。

同月

本月出版的《万国公报》第 69 期及次月出版的该报第 70 期连载了孙中山所写的长达 8000 余字的上李鸿章书。发表时标题为《上李傅相书》，下署“广东香山来稿”。孙中山在这篇文章中，向当时在清政府中掌握军政外交大权的直隶总督兼北洋通商大臣李鸿章，提出了一系列富国强民的主张。此文反映了这位革命先行者早期的政治改革思想。

面向中国、朝鲜发行的中文期刊《中英商工机器时报》（又名《清韩英实业杂志》）在伦敦创刊。伦敦白来公司（Pelham Press）发行。季刊。洋纸铅字印刷。该报文字至为古雅，内容以介绍机器用途为主，附刊大量广告，目的在推销机器，并使读者“明欧亚文明之所因异，与东西强弱之所因歧”（发刊序）。

同年

同文书会改组为广学会。该会力图利用当时中国知识分子热衷“新学”的心理，大量出版书报，以传播最新知识和介绍西洋文明为名，改造他们的思想，使之服从教会和外国传教士们的“精神领导”。改组后的广学会成为那一时期掌握在外国人手中的最大的文化出版机关。它的活动得到了洋务派官员们的支持，不少官员都曾为该会捐助经费。

《新闻报》的发行数字由初创时的 300 份，增加到 3000 份，仅次于《申报》。

英文晚报 *The China Gazett*（《捷报》）在上海创刊。欧希（O'Shea）主编。

英文 *Chefoo Express*（《芝罘快邮》）在烟台创刊。周刊。德商沙泰（H. Sietas）公司发行。1900 年停刊。1901 年更名《快报》（*Express*）复刊。日俄战争时期，该报由美国人麦克米德接办，并得到沙俄政府的支持。后由西文特豪尼接办，更名为《芝罘晨报》（*Chefoo Morning Post*），由英商发行。1917 年停刊。

新闻学者、新闻学研究会主持人徐宝璜出生。徐江西九江人。

孙中山在檀香山从事革命活动，并成立资产阶级革命派的第一个团体兴中会，在他的影响下，檀香山的华侨报纸《隆记报》开始倾向于革命，成为兴中会的言论机关。

1895 年
（清德宗光绪二十一年乙未）

1 月 23 日（甲午年十二月二十八日）

澳门《镜海丛报》中文版停刊。

1 月 26 日（乙未年正月初一日）

《直报》在天津创刊。德国人汉纳根主办。主编杨荫庭。每日出 4 版 1 张，星期日无报。有上谕恭录、评论、新闻等栏目内容。创刊初期曾刊载过严复所写的《论世变之亟》《原强》《辟韩》等政论文章。1904 年因刊载袁世凯所属部队叛变消息，一度被查禁。同年 6 月改为《北洋商报》继续出版，由杭辛斋出任主笔。8 月再度停刊，9 月改为《中外实报》继续出版。1917 年第一次世界大战期间被查封停刊。

同月

广学会机关刊物《中西教会报》恢复出版。编号另起。先后担任主编的有美国传教士卫理（E. T. Williams），以及英国传教士高葆真（W. A. Cornaly）、华立熙（W. Gibert Walshe）、莫安仁（Evan Morgan）、季理斐（D. Macgillivay）等。

5 月 2 日（四月初八日）

在甲午战败的危急形势刺激下，康有为联合在京举人 1300 余人实行《公车上书》，要求变法，并提出“纵民开设”报馆的建议。略云：“周官诵方训方，皆考四方之慝；《诗》之《国风》《小雅》，欲知民俗之情。近开报馆，名曰新闻，政俗备存，文学兼述，小之可观物价，琐之可见土风。清议时存，等于乡校，见闻日辟，可通时务。外国农业、商学、天文、地质、教会、政律、格致、武备各有专门，以为新报，尤足以开拓心思，发越聪明，与铁路开通，实相表里。宜纵民开设，并加奖劝，庶裨政教。”（汤志钧编：《康有为政论集》上册，中华书局 1987 年版，第 132 页）与此同时，康有为、梁启超、陈炽等还在北京积极筹办报纸和学会。陈炽认为：“办事有先后，当以报先通其耳目，而后可举会。”梁启超也认为：“欲开会，非有报馆不可。报馆之议论既浸渍于人心，则风气之成不远矣。”他还函告友人：“顷拟在都设一新闻馆，略有端绪”，“此举有成，其于重心力量颇大也”。（1895 年 6 月 21 日《致夏穗卿书》。转引自丁文江等编：《梁启超年谱长编》，上海人民出版社 1983 年版，第 40 页）

6 月 10 日（五月十八日）

澳门《镜海丛报》葡文版停刊。

7 月

《杭州白话报》在杭州创刊。月刊。开始用光连纸，以张的形式发行，后来改用道林纸，以册的形式发行。林白水曾任编辑。（创刊时间据吴工圣《浙江新闻简志》，引文据詹文元《浙江报刊史初探》。两书对此报与 1901 年 6 月创刊的同名报纸的关系，说法不一。吴书认为是一家，詹书认为不是一家。）

8 月 8 日（六月十八日）

马来亚华侨主办的中文《槟城新报》（*Penang Sin Poe*）在马来半岛槟榔屿市创刊。初为石印周三刊，后改铅印，1896 年 7 月 21 日改为日报。创办人为点石斋印字馆主人林花簪及林成辉。是马来半岛的重要中文报纸。

8 月 17 日（六月二十七日）

资产阶级改良派在国内出版的第一个报刊《万国公报》在北京创刊。同年 12 月 16 日（十一月初一日）改名《中外纪闻》。康有为、陈炽等负责筹募经费，梁启超、赵孟华担任编辑。隔日刊。不署出版时间及地点。该报委托印卖《京报》的报房，用木刻活字排印，并即由各报房的报贩随《京报》《宫门抄》分送"王公大臣"及"士夫贵人"。起初每期送出千余份，以后最多可送出 3000 份左右，全部免费赠阅。内容以讲论洋务为主。每期刊载文章一至三篇，题目有工商、铁路、邮政、兵制、学校、报馆等。

同月

康有为、梁启超、文廷式、陈炽等联络部分官僚士大夫和知识分子，在北京成立强学会。会所在后孙公园，推陈炽为会长，梁启超任书记员，每十天聚会一次，并创办强学书局，讲论"中国自强之学"。袁世凯、孙家鼐、张之洞以及英国驻华公使欧格纳、英美传教士李提摩太、李佳白、林乐知、毕德格等都参加了该会的活动。《万国公报》（即《中外纪闻》）自强学会成立之日起，转为该会的机关报。

10 月

康有为在上海成立强学会分会，张之洞捐银 1500 两为之倡，沪上诸当道也有捐助者。该会章程列举当前需要办理的"最要者四事"，其一即"刊布报纸"，有云："今之刊报，专录中国时务，兼译外洋新闻，凡于学术治术有关切要者，巨细毕登，会中事务附焉。其邸钞全分，各处各种中文报纸，各处新事，各人议论，并存钞以广学识，各局互相钞寄。"（汤志钧编：《康有为政论集》上册，第 174 页）

11 月 11 日（九月二十五日）

英籍传教士李提摩太发表《新政策》一文，企图引导清廷当局按照他们的规划进行改良。《新政策》主张多立报馆，鼓动说："欲使中国官民皆知新政之益，非广行日报不为功。"又说："非得通达时务之人，主持报事以开耳目，则行之者一，泥之者百矣，其何以速济？则报馆其首务也。"文章列举了九项"中国目下应办之事"，其中之一就是设"国家日报"，并建议由英人傅兰雅、美人李佳白"总管报事"，以及"派中国熟悉中西情势之人为之主笔"，企图由帝国主义分子和他们所培养的买办知识分子掌握中国的宣传大权。这篇文章后在广学会主办 1896 年 4 月出版的《万国公报》第 87 期上刊出。

12 月 6 日（十月二十日）

文艺期刊《小曼斋画报册汇编》在上海创刊。半月刊。高太痴所撰《艳异集志》逐期随该报附送。

12 月 16 日（十一月初一日）

强学会主办的《万国公报》正式改名为

《中外纪闻》，继续在北京出版。增加了外电、外报选译和国内各报摘录等内容，由强学书局刊行。《中外纪闻》仍为两日刊，署有出版月日，不编期号。它的出版受到一部分维新派官员及士大夫知识分子的欢迎，使这一部分人“渐知新法之益”，“识议一变”。

12 月 25 日（十一月初十日）

澳门《镜海丛报》停办。先后出版 2 年 5 个月。

同年

谭嗣同致书其师欧阳中鹄，建议在故乡浏阳设立算学格致馆，招收子弟学习数理知识，并“广阅各种新闻纸，如《申报》《沪报》《汉报》《万国公报》”等，以“长人学业，益人神智”。（蔡尚思等编：《谭嗣同全集》，三联书店 1954 年版，第 295、296 页）

《七日报》（又名《官语七日报》）在上海创刊。社址在上海江西路。史子平牧师主编。以教会新闻为主，是基督教教会主办的报纸。

用上海方言编写的教会刊物《圣教新报》在上海创刊。

《约翰声》在上海创刊。上海圣约翰大学主办。是在我国出版的最早的大学校刊。

法文日报 *L' Echo de Chine*（《中法汇报》）在上海创刊。

上海《字林沪报》出版晚刊，几天后即停。

英文 *Mesney's Chinese Miscellang*（《华英会通》）在上海创刊。梅斯尼（William Mesney）主办。不久后停刊。

《大观报》在杭州创刊。陈蝶仙主编。内容以消闲性文字为主。

《笑林报》在杭州创刊。秦瑾生主办。光连纸印刷。出版 1 年后停刊。

日文《闽报》在福州创刊。主编中曾根。

英商主办的中文《纪南报》在广州创刊。1901 年前停刊。

李提摩太在天津《时报》上发表《中国各报馆始末》一文，宣布教会方面关于我国报纸出版情况的以下统计数字：从 1815 年到 1894 年，除《京报》外，全国先后出版的中文近代化报纸共有 76 种，计：新加坡一带 6 种，香港 6 种，粤东 6 种，台湾、厦门、汕头共 5 种，福州 3 种，宁波 2 种，上海 32 种，汉口 5 种，九江 1 种，天津 1 种，北京 1 种。（按：以上各单项数字的累计数为 68 种，与所举总数 76 种不吻合，两项数字必有一误，存以备考。）以刊期计，月报为 36 种，周报为 8 种，日报为 21 种，旬刊、二日刊与三日刊各为 1 种。其中 60% 为教会方面所主办。仍在出报的，仅《循环日报》《申报》等 28 种，其中教会方面主办的为 15 种，占 54%。（见李提摩太主编：《时事新论》卷一，1898 年广学会版）

华侨主办的中文《丽记报》在檀香山创刊。

《日闻》在德国勃力门创刊。为德国人在德国创办的中文报刊。

《生活》周刊、《生活日报》创办人，《华商报》主笔邹韬奋出生。邹原名恩润，江西余江人。

1896 年
（清德宗光绪二十二年丙申）

1 月 12 日（乙未年十一月二十八日）

《强学报》在上海创刊。铅印，每五日出版一次，用孔子诞辰纪年。是强学会上海分会的机关报。徐勤、何树龄主编。创刊号发表发刊告白云：“本局现当开创之始，专以发明强学之意为主。派送各处，不取分文，一月以后乃收报费。欲阅者到上海王家沙第一间，挂号即得。至于时事新闻，因限于篇幅，不及多载，俟将来乃陆续录之，非敢累也。谅焉。”同日，该报还发表了题为《开设报馆议》的论说，以《诗经》为报纸的原始，并介绍了该报的体例和办报的宗旨，宣传办报有以下六利：广人才、保疆土、助变法、增学问、除舞弊、达民隐。同时解释称：“一、士夫可通中外之故，识见日广，人才日练，是曰广人才；二、公卿耳目渐广，兵事敌情渐熟，办事立约不至大误，是曰保疆土；三、变法当顺人心，人人以为然，则令若流水，是曰助变法；四、士夫终日从公，余则酬酢，绝无暇日，读书有报，则每日一张，各学皆有，日日增长，是曰增学问；五、吏畏上闻，不敢作奸，是曰除舞弊；六、小民疾苦，纤悉皆知，是曰达民隐。有此六利，亟应举行。由此推广直省郡县，则天下一家，中国一人，其于风化为益大矣。”

1月20日（十二月初六日）

御史杨崇伊秉承内阁大臣、文华殿大学士李鸿章旨意，参劾强学会植党营私，刊印《中外纪闻》“按户销售，犹复藉口公费，函索外省大员，以毁誉为要挟”，请饬严禁。清廷据折命都察院“查明封禁”。《中外纪闻》因此被迫停刊。在此以前，张之洞指责康有为“并不公商，遽先刊报”，《强学报》也被迫停刊。《中外纪闻》共出18期，《强学报》共出3期。

2月4日（十二月二十一日）

御史胡孚宸上《书局有益人才请饬筹议以裨时局折》，奏请将强学书局改归官办，除“选刻中西各种图籍”外，“并将总署所购洋报选译印行，以扩见闻”。清廷批交总理各国事务衙门议奏。

2月5日（十二月二十二日）

总理各国事务衙门在《奏复书局有益人才请饬筹议以裨时局折》中建议“拟照八旗官学之例，建立官书局”，“聘定通晓中西学问之洋人为教习”，负责有关书籍和“各国新报”的选译印售工作。“所需经费由总理衙门于出使经费项下，每月提拨银一千两，以备购置图籍仪器，各国新闻纸及教习、司事、翻译薪水等用，核实散发。”（中国史学会主编：中国近代史资料丛刊《戊戌变法》（二），神州国光社1953年版，第397页）

2月12日（十二月二十九日）

汉口《汉报》（即《字林汉报》）易手。由日本浪人宗方小太郎接办，成为日本在华的第一家舆论机关。馆址在汉口河街茶业公所隔壁。宗方小太郎任社长，篆原邦成、柳原文雄、冈幸七郎等任主笔。日出对开1张。有论说、上谕、电稿、新闻等栏目内容。除在武汉三镇发行外，还销至东京、天津、上海等地。报头上有“明治纪元”字样。宗方小太郎为日本海军省间谍，1884年来华，曾在北京、汉口、上海等地从事情报活动，为当时著名的日本方面的中国通。自本年起，迄1900年止，他主持汉口《汉报》工作，并筹办《闽报》，参与发起东亚同文会。1923年死于上海。

3月4日（丙申年正月二十一日）

清廷派工部尚书孙家鼐为管理官书局大臣，负责该局开办事宜。官书局成立后，除印行新书外，还出版《官书局报》及《官书局汇报》两种。两报均以黄纸为封面，作书册状，形式与《京报》相似，每日一本，内容除奏折上谕外，还有“路透电新闻”“西国近事”“本国新闻”“各种外国新闻”“先儒格言论说”及有关新事新艺的译文。“各路电报只选择有用者，照录原文，不加议论。凡有关涉时政、臧否人物者，概不登载。”戊戌政变后，官书局裁撤，报亦停刊。

3月20日（二月初七日）

清廷创办国家邮政，任命总税务司英人

赫德兼总邮政司，并规定报纸的邮费标准为：中文报纸每张 5 厘，外文报纸每张 1 分。

3 月 27 日（二月十四日）

日文《上海时事》在上海创刊。社址在上海美租界乍浦路。发刊词宣布该报的办报宗旨是使“本邦贸易家”“审知上海商界之形势”。

3 月前后

孙中山在檀香山《隆记报》（即《檀山新报》）馆设立据点，联络同志，筹募经费，并组织兴中会员进行军事操练。

4 月 28 日（三月十六日）

《福报》在福州创刊。福州美华印书局出版发行，黄乃裳主办。每两天发行一次，每次出版 4 开 2 张。该报广泛刊载有关维新变法新政推行情况的消息，支持维新运动。戊戌政变后停刊。产权转卖给日本人井手三郎和前田彪，改名《闽报》继续出版。

6 月 6 日（四月二十五日）

文艺小报《指南报》在上海创刊。日刊。英商主办。著名小说家《官场现形记》作者李伯元（笔名南亭亭长）担任主编。

6 月 12 日（五月初二日）

刑部侍郎李端棻在所上《请推广学校设立译局报馆折》中，向光绪皇帝提出“广立报馆”的主张。略云：“知今而不知古则为俗士，知古而不知今则为腐儒。欲博古者，莫若读书；欲通今者，莫若阅报。”认为只有多办报纸，才能使“在上者能措办庶务而无壅蔽，在下者能通达政体以待上之用”。他分析国内报纸的出版情况是：除邸钞外，“其报馆仅有上海、汉口、广州、香港十余所，主笔之人，不学无术，所言率皆浅陋不足省览。总署海关近译西报，然所译甚少，又未经印行，外间未由得见”。他要求清廷解除言禁，准许“于京师及各省并通商口岸，繁盛镇埠，咸立大报馆”，“广印廉售，布之海内”。（中国史学会主编：中国近代史资料丛刊《戊戌变法》（二），第 292 页）折上，清廷批交总理衙门议奏。后者奏复时未置可否。

6 月 17 日（五月初七日）

《台湾新报》在台北创刊。创办人山下秀实。初为半官方报纸，同年 7 月接受日本驻台湾总督府的津贴，成为台湾总督府的喉舌。由川太吉郎任社长，木下新三郎任主笔。初创时每周出一二次，本年 10 月 1 日以后改为日报。是台湾较早的报纸。1898 年以后，同《台湾日报》合并，改名《台湾日日新报》。

《台南产业杂志》在台湾台南市创刊。后改名《台湾产业新报》继续出版。旋停。

6 月 26 日（五月十六日）

《苏报》在上海创刊。胡璋（铁梅）主办，由胡的日籍妻子生驹悦出名，在驻沪日本总领事馆办有注册手续，托为日商报纸。邹弢任主笔。日出对开 2 张。用白报纸两面印刷，每面高 27 厘米，宽 78 厘米，分 3 版，每天共出 12 版。胡璋主办《苏报》达 4 年之久，在他主办时期，《苏报》和日本方面保持密切联系，有日本外务省机关报之称。

同月

法文周刊 *Le Courrier de Chine*（《中国差报》）在上海创刊。瑞士人喀斯推剌主办。同年 9 月易名 *Le Messager de Chine*（《中国通信》）继续出版。

7 月 11 日（六月初一日）

《博闻报》在上海创刊。创办人邬棠林。出版仅 1 个月，即涉嫌以新闻报道向事主进行敲诈事被控。该报记者邬金生（邬棠林之子）被拘。旋停。

8月9日（七月初一日）

资产阶级改良派的主要机关报《时务报》在上海创刊。社址在上海四马路。黄遵宪、吴德潚、邹凌瀚、汪康年、梁启超等发起。经理汪康年，主笔梁启超，翻译张坤德、郭家骥、古城贞吉（日本人）等。是改良派在强学会停办，《中外纪闻》《强学报》被迫停刊后，创办起来的第一份报纸。每十日出版1册，每册约20余页3万余字。所载有政论、谕折、京外近事、域外报译、西电照译等。梁启超在创刊号发表《论报馆有益于国事》一文，认为“去塞求通，厥道非一，而报馆其导端也”；“其有助耳目喉舌之用而起天下之废疾者，则报馆之为也”；“阅报愈多者其人愈智，报馆愈多者其国愈强”。鼓吹多办报纸。主张报刊应做到：“广译五洲近事”，“详录各省新政”，“博搜交涉要案”，“旁载政治学术要书”，以启民智，以开风气，以助变法。梁的重要政论著作《变法通议》也从该报第1期起连载，全面地阐述了改良派关于变法的主张。《时务报》初创时日销4000余份，半年后增至7000余份，最多时销达万余份，很受读者欢迎。

8月29日（七月二十一日）

《时务报》在本日出版的第3册报纸上公布了该报初期各地代收捐款者名录如下，希望各界读者踊跃捐输。

京城：陈次亮部郎炽；李孟符主政岳端。

天津：孙慕韩观察宝琦。

湖北：王雪澄观察秉恩；叶浩吾茂才瀚。

湖南：邹沅帆大令代钧；张伯纯大令通典。

南京：缪筱珊太史荃孙；郑苏龛大令孝胥。

苏州：文小坡孝廉焯；张逖大令祖翼。

山东：黄幼达孝廉遵楷。

9月11日（八月初五日）

法文*Messager de Chine*（《中国通信》）在上海创刊。周刊。法人雷墨尔（G. Em. Lemiere）和克宁汉（A. Guningham）主编。

同月

湖广总督张之洞发出批示，向属吏推广《时务报》。批示称“本部堂披阅之下，具见该报识见正大，议论切要，足见增广见闻，激发志气”，“实为中国创始第一种有益之报”，并指示“（湖北）全省文武大小各衙门，文职至各州县各学止，武职至实缺都司止，每衙门俱行按期寄送一本，各局各书院各学堂分别多寡分送”（《饬行全省官销时务报札》，《时务报》第6册，1896年9月27日出版），报费由善后局支付。

10月27日（九月二十一日）

汪康年于《时务报》第9册撰文《论中国参用民权之利益》，要求在维护君权的前提下，给士大夫阶层以议政之权。为此，张之洞通过其幕僚梁鼎芬告诫汪：“千万不可动笔，实做经理二字”（《汪康年师友书札》第2册，上海古籍出版社1986年版，第1897页），尤其不要倡民权。对《时务报》文字中的某些悖离封建教条的言论，提出警告。

11月25日（十月二十一日）

梁启超于本月初返粤省亲，即日自澳门致函汪康年，谈他在澳门筹办《知新报》的情况称：“顷偷闲到澳门数日。澳报已成，集股万元，而股商必欲得弟为之主笔。弟言到沪后常寄文来，而诸商欲弟到澳一行，是以来此。此间人皆欲依附《时务报》以自立，顷为取名曰《广时务报》，中含二义：一、推广之意；谓广东之《时务报》也。其广之之法，约有数端：一、多译格致各书各报，以续《格致汇编》。二、多载京师各省近事，为《时务报》所不敢言者。三、报末附译本年之列国岁计政要，其格式一依《时务报》。惟派往广东各埠者，则五日一本十五页，派往外省者，则两本合订一本。去其上谕辕报各条，似此体例亦尚完善。……至其股东，则皆葡之世爵，澳之议员，拥数十万者也。……此事欲以全力助成之，令彼知我实能办事。……将来销报，仍借《时务报》为之代理，但使能得三千份即可支持，公量其情形能否?”（《汪康年师友书札》第2册，第1846页）梁启超离开上海期间，仍遥领《时务报》编辑工作，继续为该报供稿。

同月

《台湾政报》在台湾创刊。

12月29日（十一月二十五日）

章太炎自杭州诂经精舍致书汪康年，提出“驰骋百家，掎摭子史，旁及西史，近在百年，引古鉴今，推见至隐”，以及“证今则不为卮言，陈古则不触时忌”（汤志钧编：《章太炎政论选集》上册，中华书局1977年版，第3、4页）等办报主张；支持《时务报》出版，并表示愿意为《时务报》尽力。

年底

《点石斋画报》停刊，先后刊行13年36卷473期。

同年

教会方面主办的《华北日报》在北京创刊。

美籍传教士赫士（W. M. Hayes）主办的《山东时报》在山东登州创刊。

中华基督教青年会主办的《基督教会报》在上海创刊。

英文 *Shanghai Daily Press*（《益新西报》）、*Report of the Committee of the Shanghai General Chamber of Commerce Annual*（译意《上海和明商会年报》）、*Shanghai Times*（译意《上海时报》）在上海创刊。其中，*Shanghai Times* 为美国人包尔（Frank B. Ball）所创办，由斯密斯（W. H. Smith）主编。每晚出版。

《博闻报》在广州创刊。日刊。社址在广州第七甫。钟荣光任主笔。

《环球日报》（又名《环球报》）在香港创刊。英商投资。

1897年
（清德宗光绪二十三年丁酉）

1月20日（丙申年十二月十八日）

《利济学堂报》半月刊在浙江温州创刊。瑞安利济学堂主办，瑞安利济医院院长陈虬主编。该报分“文录”“院录”“书录”“报录”四大类。“院录”和“书录”讲医学；“文录”既讲医道也论时政；“报录”主要选录国内外报刊有关新学新政的议论及报道。是浙南维新派人士的主要宣传阵地。

同月

章太炎应梁启超、汪康年邀请，离开杭州诂经精舍到上海参加《时务报》编撰工作。章先后在该报发表《论亚洲宜自为唇齿》（刊2月22日出版的第18册）、《论学会有大益于黄人亟宜保护》（刊3月3日出版的第19册）两文。任职不久，即因学派上的纷争，以及反对“倡言孔教”，与报社内的康门弟子“攘臂大哄”。4月下旬辞去该报职务，离沪返杭。

1月前后

岳麓书院院长王先谦指示书院订阅《时务报》，称此刊“洵足开广见闻，启发意志，为目前不可不看之书”。

2月11日（丁酉年正月初十日）

近代中国规模最大的印刷出版机构之一，《东方杂志》《小说月报》等著名期刊的编辑、出版、发行机关商务印书馆，在上海江西路德昌里货屋开业。创办人夏瑞芳、鲍咸恩、鲍咸昌、高凤池等。初创时资本仅4000元。

2月22日（正月二十一日）

维新派的又一个重要宣传刊物《知新报》在澳门创刊。初为五日刊，第20期起改为旬刊，第112期起为半月刊。经理康广仁、何廷光，主笔徐勤、何树龄、刘桢麟、韩文举、吴恒炜、王觉任、陈继俨、孔昭焱等。梁启超为通信主笔。先后担任翻译的有周灵生、卢其昌、陈焯如、康同薇及日本人山本正义等。每期出线装1册，约15页，杭连纸铅印。该报所载有论说、上谕、京外近事、译报等，宣传新学新政，鼓吹变法图强。创刊号及相继出版的第2、第3号连载了吴恒炜所写的《知新报缘起》一文，阐明了维新派的办报宗旨，抨击了封建政府对言论的禁锢，有“报者，天下之枢铃，万民之喉舌也，得之则通，通之则明，明之则勇，勇之则强，强则政举而国立，敬修而民智。故国愈强，其设报之数必愈博，译报之事必愈详，传报之地必愈远，开报之人必愈众，治报之学必愈精，保报之力必愈大，掌报之权必愈尊，获报之益必愈溥”等语。1901年1月停刊。

《知新报》创刊后，杭州知府林启曾札饬所属州县及城乡书院一体购阅。

2月27日（一月二十六日）

《华报》在上海创刊。日刊。同年12月停刊。

同月

《通学报》在上海创刊。社址在上海汉口路1号。初为旬刊，后改月刊。任独（申甫）主编。该报以研究外国语为主要内容，所载有世界语、英语，分历史、物理、化学诸科，由浅入深，略近于函授讲义。1902年停刊。

2月前后

湖南巡抚陈宝箴在发给全省各府厅州县的札文中，表扬《时务报》“议论极为明通，所译西报尤多关系，其激发志意有益于诸生者，诚非浅鲜”，并决定以部院公款预定《时务报》若干，分发全省各书院，供诸生“次第传观，悉心推究”。（陈宝箴：《湘抚订购时务报发信全省各书院札》，《时务报》第25册，1897年5月2日出版）

在此以前，浙江巡抚廖寿丰也曾在发给各府县的札文中赞扬《时务报》“议论切要，采择谨严。于一切舟车制造之源流，兵农工商之政要，旁搜博纪，尤足以广见闻而资治理”，并代订若干，分发给所属各级官员阅读。札文还指令各地方官以公款订购《时务报》，分发给所属各书院，“俾肄业诸生，得资探讨，以长智能”。（廖寿丰：《浙抚廖分派各府县时务报札》，《时务报》第18册，1897年2月22日出版）

3月8日（二月初六日）

《台湾日报》在台北创刊。由日本派驻台湾的总督乃木的同乡川村隆实主持，内藤湖南主编。

3月12日（二月初十日）

《苏海汇报》在上海创刊。翁萃甫主编。同年12月23日停刊。

3月23日（二月二十一日）

《中国商务报》在上海创刊。沈祖荣等集资创办，中国商务报股份有限公司出版发行。隔日刊，逢单日出版。每期出12页左右1册。出版65期后停刊。

同月

孙中山在伦敦《双周论坛》以英文发表

《中国的现在和未来》一文，揭露清朝的黑暗统治，宣传从根本上改造中国的革命主张，强调必须“完全打倒目前极其腐败的统治而建立一个贤良政府”。这一篇文章不久以后被译成俄文，在同年出版的《俄国财富》第5期上发表。后者在彼得堡出版。

御史徐道焜奏请修改邮局章程，减低新闻纸邮费。

梁启超自广东新会经杭州、武昌返抵上海，继续主持《时务报》编辑工作。

4月7日（三月初六日）

上海法文 *Messager de Chine*（《中国通信》）由周刊改为日刊，继续出版。同年6月30日停刊。

4月22日（三月二十一日）

《湘学新报》（同年11月5日出版的第21期起，封面改名《湘学报》）在湖南长沙创刊。用长沙校经书院名义发行。旬刊。每期出40页左右1册，木刻连史纸印。督办江标，主编唐才常、陈为镒等。该报以介绍“新学”鼓吹变法为宗旨，是湖南地区维新派的重要宣传刊物之一。内容分史学、掌故（后改名时务）、舆地、算学、商学、交涉等六栏，间刊有关变法的奏疏、文牍、章程和各报节要。唐才常用洴澼子的笔名在这个刊物上发表了大量介绍西方国家及日本的历史，介绍资产阶级议会制度和鼓吹民权的文章。常德、汉口、江西、沙市、宜昌等地设有分售处，上海设有分馆。每册售价100文，仅长沙一地即销达千余份。

5月6日（四月初五日）

文摘性刊物《集成报》旬刊在上海创刊。连史纸石印。每期约30页。陈念蘐主办。馆址初在上海英租界三马路东昼锦里口42号，第5期起迁至大东门内西唐家弄中。以采辑中外各报文字为主。1898年5月出至34期后停刊。

5月上旬

圣学会的机关报《广仁报》在广西桂林创刊。社址在桂林司门前彭公祠。初为两日刊，后为周刊，再为半月刊、月刊。每期出木刻线装1册。由康有为的门徒况仕应、龙应中、曹硕武、赵廷歘等担任主编。所需经费以广西维新派巨绅唐薇卿“捐赀最多”。提倡今文经学，宣传维新变法。自称“今之刊报，专以讲明孔道，表彰实学，次及各省新闻、各国政学，而善堂美举、会中事务附焉”。（《圣学会章程》，《知新报》第18期，1897年5月22日出版）是广西历史上最早的报刊。

5月21日（四月二十日）

《富强报》在上海创刊。五日刊。程霱（甘园）主编。自称：“本报意主变法，义谨尊王。”（《例言》）以宣传新学新政为主要内容。出版15期以后停刊。

5月22日（四月二十一日）

《策言报》在上海创刊。

5月31日（五月初一日）

《知新报》自即日出版的第20期起，由五日刊改为旬刊。

同月

湖南巡抚陈宝箴札饬所属各州县订购《湘学新报》，“分交书院肄业各生及城乡向学士子，一体披阅”。（《湖南抚院陈饬各州县订购湘学新报札》，《湘学新报》第5期，1897年5月31日出版）

我国最早的传播农业科学知识的专业刊物《农学报》在上海创刊。原名《农学》，第15期以后改名《农学报》，亦称《农会报》。初为半月刊，1898年起改为旬刊。连史纸石印，每册25页。上海农学会主办，上海务农会出版。罗振玉、蒋黻（伯斧）等主编。分公文、古籍调查、译述、专著等栏。翻译大量欧美、日本农书，“以资考究”。所刊务农会会员采访各省农事情况的报告，最为可观。连续出版到1906年1月停刊。“先后垂十年，译农书百余种。”创刊号有梁启超所作序。

广东教会方面人士主办的《光报》在广州创刊。

王韬卒于上海城西草堂，享年70岁。

6月18日（五月十九日）

清廷发布“上谕”，企图通过澳葡当局对《知新报》的言论进行干涉。“上谕”称：“谕军机大臣等：褚成博奏，澳门《知新报》所记各事，语极悖诞等语。此次俄使觐见，礼颇恭顺，该馆报内所记，实系信口编造。著谭钟麟、许振祎派员晓谕该馆，嗣后记事，务当采访真确，不得传布讹言。澳门归葡国管理，或照会彼处洋官，并著斟酌办理，原片均著抄给阅看，将此谕令知之。”（《大清德宗景皇帝实录》卷四〇五，华文书局股份有限公司印行本，第10页）

6月24日（五月二十五日）

《游戏报》在上海创刊。馆址在四马路惠福里。李伯元主编。日出方形版4版，约5000字，用连史纸单面印刷。广告、文字各半。以谐文、市井新闻、诗词、剧评、灯谜等为主。自称：“以诙谐之笔，写游戏之文。遣词必新，命题皆偶。上自列邦政治，下逮风土人情。文则论辩、传记、碑志、歌颂、诗赋、词曲、演义、小唱之属，以及楹对、诗钟、灯虎、酒令之制，人则士农工贾、强弱老幼、远人逋客、匪徒奸宄、娼优下贱之俦，旁及神仙鬼怪之事，莫不描摹尽致，寓意劝惩。无义不搜，有体皆备……”（重印本发行告白）主要撰稿人除李伯元外，还有欧阳巨元等。先后出版约5000号。为晚清小报中的巨擘，是我国较早的文艺小报之一。

同月

《尚贤堂月报》创刊于北京。月刊。同年8月出版的第3期起改名《新学月报》。美国传教士李佳白（Gitbert Reid）创办的尚贤堂印行。主编丁韪良（William Martin）。1898年6月停刊，共出12期。

胡璋主办的上海《苏报》因刊载黄色新闻，受到上海法租界公廨的干涉。

夏

《广通报》在西安创刊。每半月出版20至30页左右1册。为陕西地区最早的近代化报刊之一。

7月1日（六月初二日）

上海法租界当局主办的法文日报*L'Echo de Chine*（中文名称原作《法兴时务报》，后改为《中法新汇报》）在上海创刊。雷墨尔（M. Lemiere）主编。日出4页。内容有本地新闻、邮政消息、气象报告、船期表、汇率表及广告等。为在华法文报纸之领袖。该报先后出版达30年之久。（创刊年月据胡道静《新闻史上的新时代》，戈公振《中国报学史》作1895年。）

同月

《算学报》在浙江温州创刊。月刊。馆址在温州府前街。黄庆澄主编。以介绍数学方面的浅近知识为主要内容。是近代中国最早的数学杂志。自第2期起在上海新马路梅福里设分馆。共出12册。

8月2日（七月初五日）

《经世报》在杭州创刊。旬刊。连史纸石印。章太炎、童学琦、陈虬、宋恕等主编。设有皇言、庶政、学政、农政、工政、商政、兵政、交涉、中外近事、格致、通人著述、论说等十二栏。除自撰论说外，还译载了不少英、法、日等国报章的文章。内容以记述国内外大事和介绍新学术、新知识为主。章太炎的《变法箴言》《平等论》《读管子书后》《东方盛衰论》等文，即在该报发表。是维新派知识分子在浙江地区的主要宣传刊物。1897 年底前后停刊。

8 月上旬

《新学报》在上海创刊。社址在上海北四川路仁智里 13 弄。半月刊。每册 20 余页，石版连史纸印。新学会与算学会编辑，总撰述叶耀元。内容有上谕、算学、政学、医学、博物等栏目内容。约本年底即停。

8 月 22 日（七月二十五日）

《萃报》在上海创刊。周刊。连史纸石印，每册 30 页。主笔朱强父（克柔），与张之洞关系密切。后迁至武昌出版。以辑录中国各报及选译东西洋各报文字为主，分谕折、中国要务、各国要务、中华新闻、外事新闻、路透电音、中外通论、本馆文编等栏目内容。出版 1 年左右停刊。

8 月 25 日（七月二十八日）

上海《游戏报》发表李伯元的《论游戏报之本意》一文，论述了该报的办报目的和办报方针。略称：

> “《游戏报》之命名仿自泰西，岂真好为游戏哉？盖有不得已之深意存焉者也。慨夫当今之世，国日贫矣，民日疲矣，士风日下，而商务日亟矣。有心世道者，方且汲汲顾景之不暇，尚何有恒舞酣歌、乐为故事而不自觉乎？然使执途人而告之曰：朝政如是，国事如是，是犹聚瘖聋跛躄之流，强之为经济文章之务，人必笑其迂而讥其背矣。故不得不假游戏之说，以隐寓劝惩，亦觉世之一道也。……或托诗寓言，或涉诸讽咏，无非欲唤醒痴愚，破除烦恼，意取其浅，言取其俚，使农工商贾、妇人竖子，皆得而观之。庶天地间之千态万状，真一游戏之局也。……虽系诙谐，仍必事事核实，偶有传闻异词，次日必为更正，兢兢焉惟恐不足取信于人。近或有从旁讥之者，惜未能匡其不逮，若出于嫉妒之情。本报素不与人深较，皆以一笑付之。游戏文字，古今人所共有，无足为玷。在议之者自诩以为得计，而不知生意之盈绌，用心之邪正，固人人皆得而辨之，断不因一人之私见而有害于我也。”

8 月 28 日（八月初一日）

《实学报》在上海创刊。旬刊。王斯源、王仁俊等编辑。自称：“本报之设，以讲求学问，考核名实为主义，博采通论，广译各报，内以上承三圣之绪，外以周知四国之为，故名《实学报》。”（王仁俊：《实学报启》，《时务报》第 36 册，1897 年 8 月 18 日出版）内容分天学、地学、人学、物学等四大部分。“不讥时政，不议官常，其一切琐事新闻概不刊载。”所刊王仁俊撰写的《实学平议》等文，宣扬“三纲”，反对改制，为封建顽固派张目，“皆有显与《时务报》为敌之意”（1897 年 11 月 15 日张元济：《致梁启超书》，《汪康年师友书札》第 2 册，第 1713、1714 页）。章太炎曾担任过这个刊物的撰述工作，在这个刊物上发表过《后圣》《儒道》《儒兵》（第 2 期）、《儒法》《儒墨》《重设海军议》（第 3 期）等文章，大部分均收入他早期的文集《訄书》。这个报纸的创刊号所刊的《实学报叙》，也出于章的手笔，有“夫报章者，诚史官之支与余裔也”等语。共出 10 余册而止。

8 月 31 日（八月初四日）

《沪江书画报》在上海创刊。

同月

湖广总督张之洞通饬湖北各道府州县订阅《湘学新报》《农学报》“以开风气”，“《湘学报》并应发给书院诸生阅看，《农学报》并应发给绅士阅看，俾士民人等鼓舞讲求，以储人才，而兴地利”。（《两湖督院张咨会湘学院通饬湖北各道府州县购阅湘学报公牍》，《湘学报》第15期，1897年9月7日出版）在此以前，张之洞曾致电湖南学政江标，要求在《湘学新报》中不要宣传康有为“素王改制”之说。江复电报可。

9月6日（八月初十日）

汪康年函聘谭嗣同为《时务报》董事，谭于即日自南京复函报可，并表示：“此后有一知半解，无不竭尽忠言。”（蔡尚思等编：《谭嗣同全集》，第363页）

9月7日（八月十一日）

《湘学新报》因刊有康有为鼓吹“素王改制”的言论，受到张之洞的批评，在即日出版的第15期上发表编者《附志》，进行检讨，声明：“素王改制之说，例言中本云过激，不以为然，惟以后报中三见，是与例言刺谬，殊恐蹈经生附会之陋，故特重订正义，明分泾渭，已著第14册，阅者祈详辨之。”表示不再宣传“素王改制”之说。

9月30日（九月初五日）

《求是报》（报头附印英文名 *International Review*）在上海创刊。旬刊。每期约30页，铅印。陈季同、陈寿彭兄弟主办，陈衍、曾仰东主编。该报内容分内、外两大编，内编有交涉、时事、附录；外编有西报译编、西律、制造、格致、泰西稗编等。译载了不少国外各科专著，其中多数采自法文书报。也有一些陈衍等人所写的论说。出版约半年即停。创刊号刊有编者所写的《求是报叙》，阐明该报体例及办报宗旨。略称：

> “……前事之不忘，后事之师，昨日之事，前事也。天下变故，非复常理，鉴于古不若鉴于今，鉴于史不若鉴于报矣。
>
> “商务不振，国日贫；邦交不振，国日弱；制造、武备、矿务、铁路诸大政不振，终无救，贫且弱。乃者，税则轻重，彼族把持之；用人可否，彼族干预之；宝藏虚实，彼族睥睨之。其借才之未尽得力者，抑无论已；苟求其故，而思有以善其后，前事乌可忘者。且庚申以后之情形，非甲申以后之情形也；甲申以后之情形，非甲午以后之情形也。变故日亟，国势日异，国势日异，变故愈日亟。考之无素，以办交涉，则撤参不已，继以赔款；赔款不已，继以戮民矣。以兴工商，则整顿不起，付之包办，包办不起，付之停止矣。受病所在，症结必有可指，独不切而药之耶！
>
> “今本报断自甲午，取各省紧要成案，各使馆档案，分类编纂，仿各史纪事本末及近人中西纪事体裁，特删繁就简焉。末缀鄙论，用史汉论赞，资治通鉴臣光曰之例，亦当世得失之林乎？海内君子，有志时务与有任事之责者，其诸亦有乐乎此也。”

10月11日（九月十六日）

湖广总督兼湖北巡抚张之洞致电湖南巡抚陈宝箴和按察使黄遵宪，指责《时务报》第40册（9月26日出版）所刊梁启超《知耻学会叙》一文“太悖谬”，要求“速告湘省送报之人，此册千万勿送”。（许同莘编：《张文襄公电稿》卷二十九，1918年铅印本，第6页）

10月20日（九月二十五日）

《笑报》在上海创刊。馆址附设于上海四马路《苏海汇报》内。“笑报主人”主编。版式与《游戏报》相近。内容则侧重于“花事”。首为一长文，次为纪事，末附诗歌，多赠妓之作。本纸印，每份售5文。

10月26日（十月初一日）

《国闻报》在天津创刊。社址在天津紫

竹林海大道。日出对开 1 张，另《京报》附页 4 开 2 张，用 4 号字排印。支持维新变法，是维新派在华北地区的主要报纸。主编严复、夏曾佑、王修植、杭慎修。该报所刊社论大部分出于严复手笔。有电传、上谕恭录、制台辕门钞、路透电讯、论说、国闻录要、本埠新闻、国内新闻、国外新闻、广告等栏目内容。注意外报选译和新闻采访工作。在国内各地及国外伦敦、巴黎、柏林、彼得堡、纽约、华盛顿等城市设有特约记者。所刊消息以来自华北各省为多，其中社会新闻约占一半。创刊号刊有发起人所写的《国闻报缘起》一文，强调该报的办报目的是“通上下之情”“通中外之故”，帮助读者学习西方的“民主”和“西学”，以求中国的富强。原文还对该报的体例和办报计划作了以下的描述：

> “本馆取报之例，大要有二：一翻译，一采访。翻译之报，若俄、若英、若法、若德、若美、若日本、若欧美其余诸国，萃取各国之报凡百余种，延聘通晓各国文字之士凡十余人。采访之报，如天津本地、如保定省会、如京师、如河南、如山东、山西、如陕、甘、新疆、如奉天、吉林、黑龙江三省，如前后藏、如内外蒙古，外国如伦敦、如巴黎、如柏林、如圣彼得堡、如纽约、华盛顿，访事之地大小凡百余处，访事之人中外凡数十位。本馆编报之例，大要亦有二：凡寻常之事，无论内地边地，中国外国，义取观览明晓者，皆登之每日续印之报。至重要之事，亦无论内地边地，中国外国，苟足备留存考订者，皆登之十日合印之汇编。阅兹报者，观于一国之事，则足以通上下之情；观于各国之事，则足以通中外之情。上下之情通，而后人不自私其利；中外之情通，而后国不自私其治。人不自私其利，则积一人之智力以为一群之智力，而吾之群强；国不自私其治，则取各国之政教以为一国之政教，而吾之国强。此则本馆设报区区之心所默为祷祝者也。”

《译书公会报》（报头附印英文名 *The Translation Society Weekly Edition*）创刊于上海。社址在上海新马路昌寿里。周刊。译书公会主办。总理恽积勋、陶湘，主笔章炳麟、杨模等。该报自称以“开民智、广见闻”为目的。内容以广译东西切要书籍、报章为主，辅以同人论说。经常翻译的外报，有以下 24 种：“法勒当报、中法新汇报、比国自立报、德文新报、德东方报、英泰晤士礼拜报、伦敦东方报、铁路报、纽约信报、京津时报、北中国报、日本捷报、日本邮报、日本告白报、日本泰晤士报、东邦协会录、国光耀志、日本人、世界之日本、太阳杂志、经济杂志、时事新报、东京朝日新闻、大阪朝日新闻、日本。”（见该报所刊《出版告白》）章太炎所写的《译书公会叙》《读日本国志》《论民数骤增》等文即在该报发表。

《渝报》在四川重庆创刊。社址在重庆白象街。旬刊。总理宋育仁，协理杨道南，正主笔潘清荫，副主笔梅际郇。木刻川贡纸印，每期约 30 页。所载分谕旨、谕折、译报、时论、川省物价、各省近闻、本省近闻、外国近闻等。宣传新学新政。先后出版 15 期。

11 月 5 日（十月十一日）

梁启超所写的《蒙学报演义报合叙》在即日出版的《时务报》第 44 期上发表，支持这两个报纸的出版。认为老一代的封建士大夫知识分子在八股、八韵、大卷、白折等旧学的毒害下，“本根已坏”，只有以新学“教小学、教愚民”，才是“今日救中国第一义”。

《湘学新报》自即日出版的第21期起改名为《湘学报》，继续出版。

11月7日（十月十三日）

《演义白话报》（一作《白话演义报》）在上海创刊。馆址在上海四马路惠福里。章伯初、章仲和等主编。是一种用白话文编写的文艺性小报。每期2版，每行隔线，本纸印，售价5文。内容有新闻、笔记、小说等。创刊号刊有《白话报小引》一文，略云："如今东西洋各国四面进来，夺我的属地，占我的码头，他要通商就通商，他要立约就立约……我们中国人种种吃亏，不止一处，讲到这句，便要气死。""中国人要想发愤立志，不吃人亏，必须讲究外洋情形，天下大势，必须看报；要想看报，必须从白话起头，方才明明白白。"

11月12日（十月十八日）

《华洋报》（又名《华洋汇报》）在上海创刊。社址在上海英大马路福利公司隔壁。为中英商界人士合办。

11月15日（十月二十一日）

《国闻报》发表严复、夏曾佑合撰的《本馆附印说部缘起》一文，高度评价小说的社会作用，认为"说部之兴，其人人之深，行世之远，几几出于经史之上"，表示该报将"不惮辛勤，广为采辑，附纸分送"。

11月18日（十月二十四日）

《国闻报》从是日起特辟《山东教案详志》专栏，陆续报道德国军队强占胶州湾的起因、经过及事态发展情况，并接连发表评论，揭露德国政府蓄意侵略，蛮横无理；驳斥列强主张武力干涉中国的谰言；抨击清朝官吏畏敌如虎的丑行；警告当局应注意沙俄政府对我东三省特别是旅大地区的觊觎。

《时务报》《湘学报》《知新报》等维新派刊物也都以各种形式，对这一事件进行了报道和评论。

11月21日（十月二十七日）

德文《德国亚细亚报》在青岛创刊。是德国借口山东教案派兵侵占青岛后，由德国人在当地创办的德文报纸。同时也是青岛历史上的第一家报纸。

11月24日（十一月初一日）

《蒙学报》在上海创刊。每十日出20页左右石印本1册。叶翰、曾广铨、汪康年、汪钟霖等联名发起，叶翰主编。内容以译述西方通俗儿童作品为主，图文并重。社址在上海三马路望平街口朝宗坊，1902年迁至上海大马路泥城桥东首。

上海《字林沪报》附出的《消闲报》创刊。日出毛边纸对开1张，共4小版，随《字林沪报》免费送阅，不另出售。是我国报纸最早的专页副刊。高太痴主编，撰稿人有吴趼人、周病鸳、陈蝶仙等。内容有骈文、散文、新闻、诗词、戏曲、小品等。新闻部分"上自国政，下及民情，以至白社清谈，青楼丽迹，无一不备"。多数是"希奇开笑，艳冶娱情"的"消闲"之作，以所谓的"遣愁、排闷、醒睡、除烦"为目的。凡4次改名：初名《消闲报》；后随《字林沪报》转与《同文沪报》，改称《同文消闲报》；1901年恢复《消闲报》原名；1903年再改为《消闲录》。

《秦中书局汇报》在西安创刊。每半月出版1册，每册约20至30页。为陕西出版的早期报刊之一。

11月26日（十一月初三日）

《杭报》在杭州创刊。杭州日商杭报馆出版。社址在杭州三元坊。发行人加藤能言，主笔秦钟瑞、王纯赋、蒋菊坨等。日出赛连纸对开2张。有论说、电传上谕、中西要事、各国新事、各省新闻、本省新闻、辕门抄、杭沪商情等栏目内容。1898年秋，因群众抵制日商，发行不振，自动停刊。

同月

梁启超在《时务报》问题上和汪康年发生矛盾，离开上海前往湖南长沙，担任当地维新派人士主办的时务学堂总教习，并协助南学会筹办报纸。

12月1日（十一月初八日）

《国闻报》应读者要求，设立《东南各省新闻》专栏，开始报道东南各省要闻。

12月3日（十一月初十日）

《奇闻报》创刊于上海。以德国人鼐普为名义上的经理，实际上的主办人为沈棠。主笔罗汇川，买办兼正账房盛青。自称“事取新奇，有闻必录”。每期附送《青楼画报》1页，是《游戏报》一类的文艺性小报。

12月7日（十一月十四日）

汪康年收到张之洞幕僚梁鼎芬从湖北发来的专函，对《时务报》第42、44、46、48期连载的徐勤《中国除害议》一文进行指责。略云：“徐文太悍直，诋南皮何以听之？弟（指汪）不能无咎也。弟自云不附康，何以至是？”（梁鼎芬：《致汪康年书》，《汪康年师友书札》第2册，第1901页）自是，徐文不再续登。

12月8日（十一月十五日）

《国闻报》附出的《国闻汇编》（报头附印英文名：*The Light Seeker*）旬刊，开始发行。严复、夏曾佑主编。每期3万余字，用3号字排印。内容以“足备留存考订”的“重要之事”为主，也刊载了不少国外专著及外报评论的译文。每期发行仅五六百份，出版6期即停。严复翻译的《天演论》，自1897年12月18日出版的第2期起在本刊连载。

12月13日（十一月二十日）

《申报》买办席裕祺病故。遗缺由其弟席裕福（子佩）继任。席裕祺，江苏青浦人，继赵逸如为《申报》买办，先后在该报工作26年，其中任买办凡18年。

12月18日（十一月二十五日）

陈衍在即日出版的《求是报》第9册上发表《论中国宜设洋文报馆》一文，主张创办外文报纸，“延访中国通人，贯通中外时务者数人，为中文主笔，举所谓务材、训农、通商、兴工、敬教、劝学、使贤、任能各要务，备筹所以整顿之法，皆实在可言可行者，广为论说，又举西人向来之欺我中国者……皆翻译洋文，刊之报纸”，以抵制外报对中国的诬蔑和诽谤。

12月20日（十一月二十七日）

《申报》由赛连纸单面印刷，改为油光纸单面印刷。

同月

康有为从广州赶到北京，起草《上清帝第五书》，痛陈瓜分危机，要求“及时发愤，革旧图新”。天津、上海等地报纸纷纷转载，全文约6000字。

同年

《新学月报》在北京创刊。丁韪良主办。“报中论议之属大致以阐发格致名理为宗，洵足以牖启愚蒙，增益智慧，月出一册。”（《书京都尚贤堂新学月报后》，《万国公报》1897年11月第106期）

基督教会主办的以青少年为读者对象的《训蒙捷报》在上海创刊。月刊。社址在上海新闸路。

文艺小报《青楼画报》在上海创刊。随《奇闻报》附送，每期1页。

《维新报》在上海创刊。日刊。旋停。

《蒙学术报》在江苏创刊。

《实学斋文编》在杭州创刊。季刊。杭州知府林启（迪臣）选定发行。该报以促进“杭郡诸生讲求时务工作”为宗旨。

《平湖白话报》在浙江平湖创刊。陈唯俭、蔡伯华等主办。曾刊载过有民主革命倾向的文章。

《广州报》在广州创刊。所刊文章曾被《萃报》收录。

《香港新报》在香港创刊。日刊。黎少东主编。

《海峡华人杂志》在新加坡创刊。林文庆、宋旺相主办。

中国早期工人报刊的创办者之一邓中夏（仲澥）诞生。邓湖南宜章人。

由上海经天津到北京的陆路电报线路，横跨蒙古，在恰克图附近与俄国西伯利亚陆路电报线路相接。至此，上海和欧洲之间的陆路电报线路开始通报。路透社上海分社及上海各报通过这条电报线路，当天就可以收到欧洲发来的电报通讯。

1898年
（清德宗光绪二十四年戊戌）

1月10日（丁酉年十二月十八日）

《大公报》在上海创刊。出版数月即停。

《笑笑报》在上海创刊。社址在上海四马路石路北首元记石库门内。以轶事奇闻嬉笑之谈为主要内容。

同月

日人出版的中文双日刊《闽报》在福州创刊。宗方小太郎、中曾根武等主编。筹办过程中得到过日本新任台湾总督乃木希典的大力支持。1915年10月改为日刊，1937年停刊。创办人宗方于19世纪80年代来华，1905年起在上海同文书院担任监督，1914年在上海创办“东方通讯社”，自任社长，1923年病故，先后在中国40多年。

2月10日（戊戌年正月二十日）

《岭学报》（报头附印英文名 *Chinese Students Review*）在广州创刊。旬刊。社址在广州十八甫。潘衍桐、黎国廉等主办，朱淇（箓荪）、康伟奇、谭汝俭等任撰述。内容分国政、邦交、文教、武备、史学、民事等栏目内容。该报自称：“凡有西学西政，皆考其源流，详其得失。”（《略例》）除自撰论说文外，间刊译自德、日、英等国报刊的文章。支持维新变法。创刊初期，广东学政司曾饬属一体购阅。

同月

基督教组织中华基督教青年会主办的《学塾月报》在上海创刊。

上海《农学报》自本月出版的第20册起由半月刊改为旬刊。

《求我报》在上海创刊。半月刊。连史纸石印。薛绍元主编。该报以提倡儿童教育为宗旨。该报分“方言”和“正蒙”二篇，由浅入深，以便儿童阅读。

《湘中时务月报》在长沙创刊。木刻活版印刷。

3月3日（二月十一日）

梁启超在离湘返沪前致函汪康年（时在湖南），公开了双方在《时务报》问题上的分歧，指责汪大权独揽，以及“日以排挤侮弄谣诼挖苦南海先生为事”，表示不愿再与汪合作办报，并称：“请兄即与诸君子商定下一断语，或愿辞，于二十五前后与弟一电，俾弟得自定主意。如兄愿辞，弟即接办。如兄不愿辞，弟即告辞，再行设法另办。”（丁文江等编：《梁启超年谱长编》，第103页）

3月7日（二月十五日）

《湘报》在湖南长沙创刊。日刊，逢星期日休刊。每天出对开4张，可裁作4页汇订成册。零售每份5文，每月130文。社址在长沙小东街刘文恪公邸。熊希龄、谭嗣同、唐才常等主持。该报自称与时务学堂及南学会“联为一气”，是维新派在湖南地区的重要言论机关。列名担任该报董事的有蒋德钧、王铭忠、梁启超、李维格、谭嗣同、邹代钧、唐才常、熊希龄等 8 人，列名担任该报撰述的有戴德诚、梁启超、樊锥、何来保、谭嗣同、唐才常等 6 人，担任西文翻译的为李维格，担任总理兼总校的为刘善浤、王兆元。排字、印刷技师聘自上海。湖南巡抚陈宝箴每月自公款中拨银 200 两以助经费。该报文字比《湘学报》稍浅近。内容有谕折、论说、公牍、本地新闻、中外新闻、南学会演讲稿、广告等。所登新闻以国内和本省新政为主。创刊号刊有唐才常所撰《湘报叙》，阐明办报宗旨及报纸筹办的经过。

3 月 13 日（二月二十一日）

《格致新报》在上海创刊。社址在上海新北门外天主堂街。初为旬刊，后改月刊。连史纸石印。朱开甲、王显理主办。内容以介绍数理化方面的知识为主。辟有问答专栏以便初学，并办有学舍，请教师演讲及进行实验。

3 月 18 日（二月二十六日）

本日出版的《湘报》第 11 期发表谭嗣同所写的《湘报后叙》（上、下），论述办报的意义，并提出了报纸是“民史”和“民口”的思想。略称：

> “且夫报纸，又是非与众共之之道也。新会梁氏，有君史民史之说，报纸即民史也。彼夫二十四家之撰述，宁不烂焉，极其指归，要不过一姓之谱牒焉耳。于民之生业，靡得而详也；于民之教法，靡得而纪也；于民通商惠工务材训农之章程，靡得而毕录也，而徒专笔削于一己之私，滥褒诛于兴亡之后，直笔既压累而无以伸，旧闻遂放失而莫之恤。谥之曰官书，官书良可悼也！不有报纸以彰民史，其将长此汶汶暗暗以穷天，而终古为喑哑之民乎？西人论人与禽兽灵愚之比例，人之所以能喻志兴事以显其灵，而万过于禽兽者，以其能言耳。而喑之，而哑之，其去禽兽几何矣。呜呼！‘防民之口，甚于防川’，此周之所以亡也；‘不毁乡校’，此郑之所以安也；导之使言，‘谁毁谁誉’，此三代之所以直道而行也。吾见《湘报》之出，敢以为湘民庆，曰诸君复何忧乎？国有口矣。”（蔡尚思等编：《谭嗣同全集》，第 136—139 页）

3 月 22 日（三月初一日）

《湘报》发表论说《论阅报之有益》，署清泉杨概撰。提倡办报、阅报。

3 月 26 日（三月初五日）

天津《国闻报》刊出告白，宣布自明日起出盘予日本人西村博。

同月

《岭海报》在广州创刊。馆址在广州十八甫。是《岭学报》（旬刊）附设的日报。朱箓荪、杨肖欧、谭汝俭、陈庆林、区宝庆、王笙闲等主编。内容分论说、邸抄恭录、宫门抄、督抚宪辕报、藩宪牌示、京都新闻、各省新闻、羊城新闻、外洋新闻、告白、行情等。曾刊载有关保国会的报道，以及梁启超等人的演说词，对维新变法表示支持。

中华基督教青年会主办的《青年》月刊在上海创刊。1917 年与《进步》合并为《青年进步》月刊。

上海《苏报》主笔邹弢因拒绝利用报纸索诈，与馆主胡璋发生分歧，并就后者强迫其撰稿索诈事，向租界当局提出控诉。

3 月前后

《求是报》停刊。

春

章太炎经钱恂介绍，应邀到武昌协助鄂

督张之洞筹办《正学报》，写有《正学报缘起》《正学报例言》等文，未及出版，即因与张“论政不合”，拂袖而去。参加筹办工作的，除章外，还有梁鼎芬、陈衍、朱克柔等。计划中的《正学报》为旬刊，内容将以“选译东西各报为主”，目的在于“盖使孤陋者不囿于见闻以阻新政，而颖异之士，亦由是可以无遁于邪也”。（《正学报缘起》，汤志钧编：《章太炎政论选集》，第58—60页）

4月7日（三月十七日）

《湘报》刊出了该报经理部门制定的《湘报馆章程》19条，其中对该报馆印刷工人的作息奖惩制度作了以下规定：

> “排字处排字人应听管理人指示，不得杂乱遗失铅字、铅条等件。每日八点钟早膳，九点钟工作；一点钟午膳，两点钟工作；七点钟晚膳，夜间八点钟工作，至十一点钟一律歇息就寝。约计每人每日排成并归架各一千二百字。此就初学而言，故每日以十二点钟为率，若学熟，则十点钟可成。有余力多排者，每百字另加钱十文，以示奖励。”
>
> “印字处摇机理纸诸人应听管理人教导，不得疏忽粗率，致损机器、字版、纸张等物。每晚八点钟开印，计作工十点钟，约印五千张。十二点钟后夜膳一次，歇工时应吹熄灯火，并由管理人察看厨房一遍。”
>
> “馆中缮校排印诸人，不得无故出门旷工，如有要事必须前往，应于上午抽闲一行，一点钟时必须回馆午膳。”
>
> “馆中缮校排印诸人不能时常会客，如有至亲或因要事应会者，先至门房言明，由管门人通报，引至会客堂晤谈片刻，概不得引入住房及工作之处。”

4月10日（三月二十日）

上海《苏报》发表潘老兰所作《论报馆主笔宜出洋游历以增见识》一文，引王韬及国外各报主笔情况为例，论述报刊工作者遍游环宇以增见识的必要。

4月21日（闰三月初一日）

《湘报》增出“附张”一份以容纳各类广告，免费送阅。

4月30日（闰三月初十日）

《湘报》刊出《报友题名》告白，宣布以下12人为该报报友：熊崇煦、易鼐、刘颂虞、罗棠、郑萦、毕永年、洪文治、杨概、涂儒翯、皮嘉祐、彭名寿、姜炳坤，多数是活跃在湖南省城的年轻的生员和新办各式学堂的学生。

同月

中国邮局决定报纸按“货样”标准纳费投寄，邮费略低于普通信件。

《渝报》出至16期后停刊。

5月3日（闰三月十三日）

清廷发布“上谕”，命直隶总督王文韶调查《国闻报》“有无与外人勾串情事”。“上谕”称：“谕军机大臣等：有人奏，天津设有《国闻报》馆，咸谓系北洋水师学堂总办道员严复合股所开。本年三月间，归日本人经理，而水师学堂学生译报如故，请饬查禁等语。《国闻报》馆如系中国人所开，不应借外人为护符，如已归日本人经理，则不应用水师学生代为译报。著王文韶查明该报馆现办情形，及道员严复，有无与外人勾串之事，据实具奏。原片著抄给阅看，将此谕令知之。”王文韶派人调查后，复奏称：“遵查道员严复被参各节，查无其事，应恳免其置议。仍谕饬严复，并学堂学生等，嗣后不得再有只字附登报馆，以自取戾。”（《德宗景皇帝实录》卷四一七，第7、8页）

5月5日（闰三月十五日）

汪康年邀曾广铨、汪大钧等于《时务

报》外，另行创办《时务日报》。馆址设在上海大马路集贤里。由汪康年担任主编。用白报纸两面印刷。每版分成三栏。“首页开明目录，告白分门别类。”文字一律句读加点。在报纸印刷、编辑业务方面，有很多改进。创刊号刊有汪康年所撰《论设立时务日报宗旨》，有“日报之制，仿于中国之邸抄，而后盛行于泰西，又大变其制，能通消息，联气类，宣上德，达下情。内之情形暴之外，外之情形告之内。在事者，得愬艰苦于人；僻处之士，不出户庭而知全球之事。顾其利或全或偏，或有利不能无弊。然要之，利胜于弊，于撤壅蔽，辟顽固，力甚大而效甚捷。譬之隆冬始春，百草枯柄，蛰虫咸俛，震雷一击，而蛰者起，枯者茁；两国交绥，战士懈怠，鼓声一振，而士皆奋发，悉力致死。然则处今之世，而欲使吾壅蔽顽痼之俗，一变而洞彻、而愤厉，惟日报宜也”等语。

《蜀学报》在成都创刊。初为半月刊，第 4 期起改为旬刊。蜀学会主办，尊经书局出版。总理宋育仁，协理杨道南，主笔吴之英，总纂廖平。内容分奏议、讲义、论撰、海外近事、中国近事、蜀中近事等栏目内容。是四川维新派的主要宣传刊物。另有《丛书报》一种，为本报附刊。

梁启超自北京致函夏曾佑，要求在《国闻报》上发表保国会章程。函云：“京中卧病，办保国会，昨十二日为潘庆澜所劾。今上神明，谓会能保国岂不大佳，遂尔留中，吾华之兴废有自乎。付章程请将其事刊之于报，虽西人闻之亦必惊为创事，非如强学之封禁也。……”（丁文江等编：《梁启超年谱长编》，第 110 页）

5 月 6 日（闰三月十六日）

湖广总督张之洞以“近来《湘学报》谬论甚多”为词，指示湖北省善后局停止订阅该报，并咨文湖南学政徐仁铸：“《湘学报》一项，湖北难于行销，以后勿庸续行寄鄂。”（见中国社会科学院收藏的《张文襄公公牍未刊稿》第 14 册“咨札”）

《台湾日日新报》在台北创刊。系由《台湾新报》与《台湾日报》合并而成。发行人为日本人守屋善兵卫，主笔兼社长木下新三郎。受日本驻台湾总督的控制。中日文合刊，每星期休刊一次。

5 月 7 日（闰三月十七日）

夏曾佑等人接受了梁启超的请求，在即日出版的天津《国闻报》上刊出了保国会章程。此后又连续在该报发表了《京城保国会题名记》（5 月 14 日）、《书保国会题名记后》（5 月 19 日）、《闻保国会事书后》（5 月 25 日）等报道和评论文章，以及康有为、梁启超两人在保国会上的演说词（5 月 29—31 日），对保国会的活动，作了舆论上的支持。

5 月 8 日（闰三月十八日）

上海《萃报》周刊自即日出版的第 21 册起，移至武昌出版。旋停。

5 月 11 日（闰三月二十一日）

《无锡白话报》在无锡创刊。五日刊。每册 10 页，木刻、活字、毛边纸印刷。裘廷梁与同里顾述之、吴荫阶、汪赞卿、丁仲祐等共同创办。裘廷梁的从侄女裘毓芬参加编辑工作，并以梅侣女史的笔名，在该刊发表了大量文章，成为我国第一个从事新闻工作的女性。创刊号发表了裘廷梁所写的《无锡白话报序》，极言办报的重要意义，主张大力扩张报务以助变法，有“无古今中外，变法必自空谈始，故今日中国将变未变之际，以扩张报务为第一义。阅报之多寡，与爱力之多寡，有正比例，与阻力之多寡，有反比例”，以及“欲民智大启，必自广兴学校始。不得已而求其次，必自阅报始。报安能人人而阅之，必自白话报始”等语。

湖广总督张之洞致电湖南巡抚陈宝箴及按察使黄遵宪，对《湘学报》和《湘报》横加指责。电云："《湘学报》中可议处已时有之，至近日新出《湘报》，其偏尤甚。近见刊有易鼐议论一篇，直是十分悖谬，见者人人骇怒。公政务殷繁，想未寓目，请速检查一阅，便知其谬。此等文字远近煽播，必致匪人邪士倡为乱阶。且海内哗然，有识之士，必将起而指摘弹击，亟宜谕导阻止，设法更正。"陈宝箴于两日后电复张之洞，表示："当切嘱公度（黄遵宪字）极力维持，仰副盛指。"张电所指的易鼐文，题目为《中国宜以弱为强说》，刊于《湘报》第20期，主张"西法与中法相参"，"民权与君权两重"，"中教与西教并行"，"黄人与白人互婚"，以及听民兴利除害。

同日，张之洞致电湖南学政徐仁铸，以停阅为要挟，对《湘学报》施加压力。电云："近日由长沙寄来《湘学报》两次，其中奇怪议论，较去年更甚。或推遵摩西，或主张民权，或以公法比春秋。鄙人愚陋，窃所未解，或系阁下未经寓目耶？此间士林，见者啧有烦言，以后实不敢代为传播矣。所有以前报资，已饬善后局发给，以后请饬呈日截止，毋庸续寄。另将《湘学报》不妥之处，签出寄呈察阅。学术既不敢苟同，士论亦不敢强拂。伏乞鉴谅。"（《张文襄公全集》卷一五五，第21页）

5月13日（闰三月二十三日）

湘抚陈宝箴复电张之洞，承认《湘报》所刊文字"难尽合辙"，并告张：已通知有关方面，"此后删去报首议论，但采古今有关世道名言，效陈诗讽谏之旨"。（《张文襄公电稿》卷三〇，第26页）在此前后，谭嗣同、唐才常等人相继调离《湘报》馆。谭被委为湖南焙茶公司总办，唐被任为时务学堂中文分教习。报社的工作主要由熊希龄、何来保等人负责。

5月15日（闰三月二十五日）

梁鼎芬致电汪康年，攻击康有为在北京发起组织的保国会"章程奇谬"，嘱咐汪不要在《时务报》上刊登该会会员名单。

5月19日（闰三月二十九日）

本日及5月26日（四月初七日）湘绅叶德辉两次致函皮锡瑞，攻击《湘报》"谬论既多"，并在王先谦的怂恿下，将信件刻板散发，扩大影响。

5月20日（四月初一日）

湘抚陈宝箴札饬《湘报》"厘定报章体裁"，以防止过激言论，并自撰指责平等学说的批语，令《湘报》刊出。

即日出版的《湘学报》第37期被迫刊出张之洞撰写的《劝学篇》。张文主张在维护封建统治的基本原则下，接受西方资本主义的技术，反对维新变法。

5月中旬

上海《集成报》出第34册后停刊。

5月26日（四月初七日）

华侨富商邱菽园主办的《天南新报》在新加坡创刊。邱自任馆主、总理兼总主笔。该报积极支持国内的变法维新运动，成为维新派在海外的重要舆论阵地。1900年康有为流亡新加坡，在当地成立保皇会分会，邱出任分会长，继续利用该报为保皇活动作鼓吹。自立军失败后，邱宣布与康梁脱离关系，并于1901年底辞去《天南新报》的一切职务，并将该报股权转让给阮添筹。该报于1903年3月再度易主，由许山河承办。1905年4月29日出版最后一期后停刊，先后出版7年之久。

5月下旬

中国女学会在《国闻报》《湘报》等报刊上刊登《中国女学拟增设报馆告白》，宣布拟在上海创办官话女子报馆。

同月

《工商学报》周刊在北京创刊。北京工商学馆主办。

《渝州新闻》在重庆创刊。日出 4 开 1 张。社址在重庆来龙巷。创办人为原《渝报》主笔潘清荫等。是四川第一家日报和白话报。戊戌政变后停刊。

6 月 3 日（四月十五日）

湖南邵阳顽固派士绅，在当地学宫大成殿举行集会，以“乱民”及“首倡邪说，背叛圣教，败灭伦常，惑世诬民”等罪名，宣布将《湘报》主要撰稿人樊锥驱逐出境，“永不容其在籍倡乱”。在此之前，樊曾于《湘报》连续发表政论文《开诚篇》《发锢》，猛烈抨击顽固守旧派，倡言民权平等，君民共主。

6 月 11 日（四月二十三日）

光绪皇帝颁发“明定国是”上谕，宣布厉行变法。民间报纸的出版受到鼓励。

《湘报》发表《本馆申定章程》，宣布自 6 月 19 日（五月初一日）正式改章。声明除刊登“用俗话编成工程致富演义”外，“间有论说文字，随时并登”，还准备仿《国闻报》例，“添各处访事，广采新闻”。此外，还降低了广告收费标准，对于新办厂商、发明创造及福利性的广告则免费予以刊登。

6 月 13 日（四月二十五日）

光绪传旨召见康有为、谭嗣同、黄遵宪，梁启超由总署“查看具奏”。

6 月 15 日（四月二十七日）

即将创刊的上海《女学报》在即日出版的第 87 号《湘报》上刊出《中国女学拟增设报馆告白》。宣布该报的宗旨为“通坤道消息”，“广博爱之心”。

6 月 16 日（四月二十八日）

《湘报》恢复有关南学会活动的报道，并刊出樊锥所写敦促湘抚陈宝箴推行变法新政，奖用维新之士的长篇文章《上陈中丞书》。

6 月 19 日（五月初一日）

光绪发布“上谕”：“所有官书局译印各报，著自五月初一起，每五日汇订一册，即按逢五逢十日期，封送军机处呈递。”（《德宗景皇帝实录》卷四一九，第 2 页）

《无锡白话报》自本日出版的第 5、6 期合刊起改名为《中国官音白话报》，此后每两期合出 1 册，实为旬刊。2 个月后停刊。

即日出版的《湘学报》第 40 期，公布了该报自开办以来的主要负责人和各栏主要撰稿人的《题名录》如下：

督办：江标、徐仁铸、黄遵宪。

总理：蔡钟浩。

校理：冯应龙。

各门撰述：

史学：唐才常、蔡钟浩、易鼐。

时务：唐才常、杨毓麟、李钧鼐、胡兆鸾。

舆地：姚丙奎、邹代钧、晏忠悦、徐崇立、汤家鹄、邹家湛、杨兆鳣、左雒麟、周传榑。

算学：黄柏英、李固松、陈棠、廖钧焘、刘佐楫。

商学：陈为镒、李钧鼐、鄢廷辉。

交涉：唐才常、杨概、周传梓。

6 月中旬

《蜀学报》半月刊自本月中旬出版的第 4 册起改为旬刊。2 个月后停刊。

6 月 25 日（五月初七日）

《亚东时报》在上海创刊。馆址在上海北河南路永安里（第 6 期起迁至南浔路 13 号）。初为月刊，后改半月刊。每期出 30 页左右 1 册，连史纸印刷。日本乙未会主办。山根虎之助、白岩龙平、河本矶平、狩野良知等主编，第6期起由唐才常任主编。有论说、汇译、杂志、诗赋等栏目内容。该报以中日携手相标榜，并自称以“通两国心志”，“树立兴亚大计”为宗旨。汪康年、毕永年、宋恕、章太炎等均曾参加过该报的编撰工作。创刊号有汪康年所写的《亚东时报叙》。

6月29日（五月十一日）

即日出版的《时务报》第65册发表汪康年《论将来必至之势》一文，影射康梁“流品混淆，地痞流氓，肆其簧鼓，而良民将受其蹂躏”。张之洞见报后称赞汪文“精确悚切，有功世道人心”，为“自有报以来第一篇文字”。

《趣报》在上海创刊。社址在上海四马路中和里。日出1张。本纸印，售6文。由前《苏报》主笔邹弢担任主编。是一份以刊载趣味性文字为主的小报。首载散文一篇，次为新闻，末附诗词。新闻多关花月，题目间采偶语。每日随报附送连载小说《断肠碑》单页1页。第6期起，采用赠奖的方式推广销路。其法在每一份报纸的右下端空白处顺序编号，并加盖图记，然后逐日摇彩，取中彩的前27名，给予“时式钟表，玲珑家具，彩缎，香烟，肥皂”等奖品。发行数字，自实行赠奖后的第2天起，即由720份，增至1220份，1个月后，突破1万大关。赠奖办法取消后，销数恢复原状。

《东亚报》（*Eastern Asia News*）在日本神户创刊。旬刊。是以康梁为首的维新派的宣传刊物。总理为简敬可，撰述为韩昙云、康同文、韩文举及日本方面的角谷大三郎、春日粛、桥本海关、大桥铁太郎等。设有论说、宗教、政治、商务、艺学等六栏。自称以“救中国”“兴亚东”为宗旨。是在日本出版的最早的中文报纸。同年10月出至11期后停刊。

同月

安徽士绅汪镕等拟仿照《湘报》体例，在芜湖创办《皖报》（又名《江皖日报》），“以益时务，而倡风气”。安徽巡抚邓华熙同意试办，但要求所刊文字“总以有益于时，有关乎实际为主”，反对“浮大虚诞之辞”，并要求该报出版前先拟就样张，“呈本部院阅定，然后印行，以慎厥始”。

湖南衡阳地区士绅陈贞瑞、王家桑、祝炳熊、王家桂等，以“广开民智”为名，集资在当地筹办通俗白话报《俚语报》，并具呈湖南学政徐仁铸请求支持。徐在原呈上批复称：“据禀已悉。此举下江一带近有创刊者，乡民识字者稀，不谙文义，故前此诸报但可开士智耳。该绅等能见及此，具征识量通达，深识时宜，实与本院前颁诰诫所云‘传布歌诀’之论，隐相符合。禀中反复指陈，语语剀切，主笔何人？可嘉之至。仰即切实办理，出报之日，速呈督阅，本院将乐观厥成焉。”（转引自《新闻研究资料》第12辑，展望出版社1982年版，第178页）

7月3日（五月十五日）

光绪召见梁启超，命将梁刊于《时务报》的《变法通议》全文呈进，赏六品衔，令办理译书局事务。

《国闻报》改用赛连纸，扩大篇幅，分类标题，版面较前醒目。

7月4日（五月十六日）

张之洞奏上《妥议科举新章折》，反对在科举考试的策论试卷中引用“报馆之琐语”。（《张文襄公全集》卷四八，第2—9页）

7月8日（五月二十日）

文悌在所上《严参康有为折》中，对改良派报纸肆行攻诋，有“时务、知新等报所论，尊侠力，伸民权，兴党会，改制度。甚则欲去跪拜之礼仪，废满汉之文字，平君臣之尊卑，改男女之外内，直似止须中国一变而为外洋政教风俗，即可立致富强。而不知其势，小则群起斗争，召乱无已；大则各便私利，卖国何难”（朱寿朋编：《光绪朝东华录》第 4 册，中华书局 1984 年版，第 4118 页）等语。

7 月 10 日（五月二十二日）

《采风报》在上海创刊。社址在上海三马路太平坊。日出 4 开 2 版，另附赠《海上繁华梦新书》单页 1 张。用红、黄、兰、绿、白等各种彩色本纸印刷，每份售价 4 文。创办人俞达夫，主笔孙玉声、吴趼人。该报自称以“风世”为目的，所刊新闻及其他散文，时有对清廷的讽刺。戊戌政变后，曾以《捉康有为梁启超法》为题，征求答案，对清廷进行调侃。1910 年以后停刊。

湖南旧党王先谦、叶德辉、张祖同、孔宪教、黄自元等向湘抚陈宝箴递交《湘绅公呈》，攻击湖南维新派利用学堂、报馆、学会传播康学，宣传民权平等，要求当局“严加整顿，屏退主张异学之人”，“以端教术而挽弊习”。

7 月 14 日（五月二十六日）

《湘报》刊出熊希龄等人的《公恳抚院整顿通省书院禀稿》。次日，又以 3 个多版的篇幅刊出熊希龄所写的《上陈中丞书》，点名批评王先谦、叶德辉等顽固派劣绅，对他们破坏变法的言行，进行反击。与此同时，《湘报》还在论说栏逐日刊载时务学堂学生所作的鼓吹“公法”“公权”“自由”“自主”等观点的习作，公开同旧党分子展开斗争。

7 月 17 日（五月二十九日）

御史宋伯鲁上疏光绪，极言“报馆之益”，列举了报纸的四“善”：“首列论说，指陈时事，常足以匡政府所不逮，备朝廷之采择，其善一也；胪陈各省利弊，民隐得以上达，其善二也；翻译万国近事，藉鉴敌情，其善三也；或每日一出，或间日一出，或旬日一出，所载皆新政之事，其善四也。”（叶德辉辑：《觉迷要录》卷一，第 4 页，1905 年刊本）同时，建议清廷将上海《时务报》改为官报，由梁启超主办。清廷准奏，命管理大学堂大臣孙家鼐“酌核妥议，奏明办理”。

7 月 19 日（六月初一日）

《湘报》刊出《本馆告白》宣布因“报馆迁徙对门”，自次日（7 月 20 日）起暂时停刊 13 天。在此以前，湘抚陈宝箴与熊希龄之间就《湘报》出版问题进行了激烈的斗争。陈宝箴曾 7 次令熊交出报馆，停止出版，并曾“以洋枪相拟”，迫熊就范，熊拒不受命，经黄遵宪调解后，始同意“暂行停报”。

7 月 21 日（六月三日）

上海法国总领事下令禁止《时务日报》在法租界内发售。先是，上海法租界当局于四明公所附近筑路，强行通过公所墓地，遭到浙江籍同乡阻止，法方竟开枪镇压，造成血案。《时务日报》以调查所得，刊发“传单”，对法方暴行进行详细揭露，遭到租界当局的嫉恨，故有是命。

7 月 23 日（六月初五日）

出使美国、日国、秘国大臣伍廷芳上疏光绪奏请推广报馆。略云：

> “报馆宜推广也，古者国有大谋，询及士庶，春秋时陈迫于吴楚，犹朝国人而问焉。盖舆论所在，公论自出也。西法议院与报馆相为表里，政有不便报馆引其端，议院即为伸其绪，故上畏清议而下无隐情。相应请旨通饬督抚，于所属郡县，次第扩充广开报馆，风声所播，民智自开。公理在人心，公议在天下，则强邻环伺可以予伐其谋，敌兵要求，可以籍却其请。”（国家档案局明清档案馆编：《戊戌变法档案史料》，中华书局 1958 年版，第 37、38 页）

7月24日（六月初六日）

《女学报》在上海创刊。是上海桂墅里女学会的会刊兼桂墅里女学堂的校刊。社址在上海西门外文元坊。中国女学会主办。创刊后的前8期为旬刊，第9期起为五日刊。每期出单面石印对开1张，分成上下4页，形式一如《湘报》。创刊号用红色油墨印刷。1至3期免费送阅。第4期起，“暂收纸料费三文”。有新闻、论说、征文、告白等栏目内容，间有插画。参加编撰工作的有康同薇（康有为女）、李蕙仙（梁启超夫人）、裘毓芳、沈和卿、刘可青、章畹香、蒋畹芳、龚慧萍、张蕴华、潘璇、文静芳、廖元华、睢念劬、丁素清、沈翠英、朱莳兰、狄宛迦、宗恒宜、周远香、吴亦秋、谢墨卿、朱沁芳、谢佩兰等。以宣传变法维新，提倡女学，提倡男女平等，要求妇女参政为宗旨。是中国历史上最早的妇女报纸。本年10月29日出至第12期后停刊。

7月26日（六月初八日）

孙家鼐上《奏遵议上海时务报改为官报折》，就宋伯鲁改《时务报》为官报的建议实行议复，提出由康有为担任官报督办，并就主笔、内容和经费等问题拟定章程三条，呈请光绪批准。略云：

“一，《时务报》虽有可取，而庞杂猥琐之谈，夸诞虚诬之语，实所不免；今既改为官报，宜令主笔者慎加选择，如有颠倒是非，混淆黑白，挟嫌妄议，渎乱宸聪者，一经查出，主笔者不得辞其咎。

“一，官书局向有《彙报》，系遵总理衙门奏定章程，不准议论时政，不准臧否人物，皆译外国之事，俾阅者略知各国情形。今新开报馆，既得随时进呈，胪陈利弊，将来官书局报亦请开除禁忌，仿陈诗之观风，准乡校之议政。惟各处报纸送到，臣仍督饬书局办事人员，详慎选择，不得滥为印送。

“一，原奏官报经费一节，臣查官书局印报，例令阅报者出价，惟所售无多，故每月经费不足，由书局贴补。兹新设官报，阅报者自应一体出价，拟请将此项官报，随时寄送各省督抚通行道府州县，均令阅看。每月出价银一两，统十八省一千数百州县约计，每月得价近一千两，常年核算约在两万四千之谱，加以官商士庶阅报出价，计亦可得钜款，于纸墨刷印工本，自当游刃有余，可无庸另筹经费。惟创设之始，需费必须数千金，若在上海开办，或由上海道代为设法，可令该员自往筹商。”（朱寿鹏编：《光绪朝东华录》第4册，第4143、4144页）

光绪于本日发布上谕称：

“该大臣所拟章程三条，均尚周妥，著照所请，将《时务报》改为官报，派康有为督办其事，所出之报，随时呈进。其天津、上海、湖北、广东等处报馆，凡有报单，均著该督抚咨送都察院及大学堂各一份，择其有关时事者，由大学堂一律呈览。至各报体例，自应以胪陈利弊，开广见闻为主，中外时事均许据实昌言，不必意存忌讳，用副朝廷明目达聪，勤求治理之至意。所筹官报经费，即依议行。”（《德宗景皇帝实录》卷四二一，第7、8页）

7月27日（六月初九日）

康有为就奉派督办官报事，即日自北京致函汪康年，希望在改《时务报》为官报的问题上得到汪的合作。原函如下：

“久不奉教，无任愿言。一月以来，新政络绎，使人蹈厉，君想同之。昨日忽奉上谕，命弟督办报事，实出意外，殆由大臣相爱，虑其喜事太甚，故使之居外，以敛其气。昔朱子自谓，立朝四十日，弟正同之。天恩高厚，感激靡尽。报事本足下与公度、卓如承强学而起。弟连年在粤，一无所助，馆中诸事，仍望足下相助为理，凡百皆拟仍旧。前经电达，想已洞鉴。惟近日馆中存款想复无多，既改官报，自不能再收捐款，而官款又复无着，且并无款，故各项薪水不能不稍从节省耳。容再开单奉寄，本年出报收款各项，亦望开一清单见示为盼。闻卓如与足下曾小有意见，然我辈同舟共济，想足下必不因此而芥蒂也。顷因进呈书籍尚未告成，须十日外乃可成行，或先奏派一二人出沪商办，到时望一切有以告之。此请大安。弟为顿首。”（《汪康年师友书札》第 2 册，第 1664、1665 页）

北京《世界日报》《世界晚报》、上海《立报》创办人成舍我生。成原名成勋，又名成平，湖南湘乡人。

8 月 2 日（六月十五日）

《上海晚报》在上海创刊。日出 1 张，每日下午 5 时出版。由《游戏报》《中外日报》代为发行。主笔侯疾虁。有社说、连载小说、社会新闻等栏目内容。

《皖报》在安徽芜湖创刊。日刊。

《湘报》恢复出版，并声明“已改订章程，专归商办”，不再接受官方津贴，但所刊文字仍然受到官方限制。

8 月 5 日（六月十八日）

严复在即日出版的《国闻报》上发表《说难》一文，反对报纸上的文章“其论事也，诡入诡出，或洋洋数千言，而茫然不见其命意所在；其记事也，似是而非，若有若无，确者十一，虚者十九”。主张办报纸“一举足则不能无方向，一著论则不能无宗旨”。为报纸写文章，必须“就吾所闻，敬告天下”，否则“何如无此报馆之为愈乎?”此文在《国闻报》上连载 2 天，于次日刊完。

8 月 8 日（六月二十一日）

《博文报》在长沙创刊。总售处在长沙红牌楼青莲室纸局。月出 3 册。“专选中西各国时事新论，荟萃群报精华，按经济六门分类编订”，是一份文摘性期刊。创刊前曾在《湘报》上刊有出版广告。在此以前，曾在《湘报》上刊有出版预告的还有《衡州俚语报》（衡阳县教谕陈贞瑞、清泉县候选知县肖邦恺、衡山县廪生刘煌然等发起主办）、《大同报》《湖南公忠报》（戴展诚、裴健、吴獬等发起主办）、《经济萃报》《经济报》（刘凤苞、张茂涀、张通典、黄培英等发起主办）等报刊。除《衡州俚语报》外，其余均定在湖南省城出版。因为形势变化，这些报刊的出版计划多数未能实现。

《时务报》出至第 69 册停刊。

《湘学报》出至第 45 期停刊。

8 月 9 日（六月二十二日）

光绪发布上谕，指出：“报馆之设，义在发明国是，宣达民情，原于古者陈诗观风之制，一切学校农商兵刑财赋，均准胪陈利弊，藉为韬铎之助，兼可翻译各国报章，以备官商士庶开扩见闻，于内政外交，裨益非浅。”示意各报：“所著论说，总以昌明大义，抉去壅弊为要义，不必拘牵忌讳，致多窒碍。”决定“照官书局之例，由两江总督按月筹拨银一千两，并另拨开办费六千两”（《德宗景皇帝实录》卷四二二，第 7 页），充当计划中的《时务官报》的经费，并命康有为参考西方国家报律，制定中国报律，送交孙家鼐呈览。

8 月 10 日（六月二十三日）

汪康年在即日出版的《国闻报》广告栏刊出告白，声明将另出《昌言报》取代《时务报》，并以《时务报》主人和唯一创办人自居。告白全文如下：

“上海时务、昌言报馆告白

启者：康年于丙申秋在上海创办《时务报》，延请新会梁卓如孝廉为主笔，至今两年。现既奉旨改为官报，则《时务报》名目，自非草野所敢擅用刻印。即从七月初一日起，谨遵六月初八日‘据实昌言’之谕，改为《昌言报》。另延请番禺梁节庵先生鼎芬为总董。一切体例，均与从前《时务报》一律。翻译诸人，亦仍其旧。祈代派暨阅报诸君共鉴之。再七日以前之《时务报》仍由本馆发售。以前《时务报》账目款项，亦请寄至本馆。以后来往信札均请改书《昌言报》馆为荷。

汪康年谨启”

即日起，《国闻报》连续 4 天以显著位置转载了《湘报》所刊熊希龄的《上陈右铭中丞书》，配合后者对湖南顽固势力进行反击。

8 月 12 日（六月二十五日）

复旦大学新闻系第一任系主任、著名新闻教育家和新闻学者谢六逸诞生。谢贵州贵阳人，日本早稻田大学毕业，除担任复旦大学新闻系主任外，还担任过《国民周刊》《立报》《文讯》等报刊的主编。著有《实用新闻学》《通讯练习》《新闻储藏研究》《国外新闻事业》等。1945 年 8 月 8 日逝世于贵阳。

8 月 15 日（六月二十八日）

《申报》发表论说《整顿报纸刍言》，攻击维新派所办报纸“纯驳不一，信口雌黄，好恶从心，笔锋妄逞”，“妄议国政，煽惑人心”；攻击维新派报人为“斯文之蠹贼”；要求制订报律，“使作报者不能恣意妄为”。

8 月 16 日（六月二十九日）

黄遵宪、吴德潚以“上海时务报馆”名义，联名在即日出版的《国闻报》上刊出告白，澄清有关《时务报》创办经过的一些事实，支持该报“归官接办”。告白全文如下：

“上海时务报馆告白

启者：丙申五月遵宪、德潚与邹君展书、汪君穰卿、梁君卓如同创《时务报》于上海。因强学会余款开办。遵宪并首捐千金为倡。当经公推汪君驻馆办事，梁君为主笔，于今两年。籍海内同志惠然相助，捐款万余金，以成斯举。今恭读邸钞，知已奉旨改为官报，以后各事即一切归官接办。特此布闻。

嘉应黄遵宪　达县吴德潚同启”

8 月 17 日（七月初一日）

汪康年将《时务报》改名为《昌言报》继续出版。社址在上海大马路泥城桥边。仍为旬刊。以梁鼎芬为总董，章太炎为主笔。体例同《时务报》。有译论、谕旨恭录、公牍、英文译编、外国时务、附编等栏目内容。创刊号刊有告白，略云：“从前曾订《时务报》全年者，兹即接派《昌言报》”；“七月以前《时务报》仍由本馆分售”；“以前《时务报》账目款项请寄至本馆”；“《时务官报》须待康主事到后另行开办，其报费经决定每月一两，此事本与敝馆无涉，因各处均纷纷函问，故特附告”。出至 10 期后停刊。章太炎所写的《蒙古盛衰论》《回教盛衰论》《书汉以来革政之狱》等文，以及他参加译述的《斯宾塞文集》，曾在该报发表。

《时务日报》改名《中外日报》继续出版。汪康年、汪仲阁任经理。创刊号刊有说明改名原因的《本馆告白》称：“奉上谕，上海《时务报》改为官报，派康有为督办其事。是时务二字，断非草野所可妄用，本馆现定于七月初一日起，改为《中外日报》，以示不敢僭拟，一切如旧。”

上海《益闻录》与《格致新报》合并，改名为《格致益闻汇报》（简称《汇报》）继续出版。以即日出版的刊物为第 1 号。合并后的《汇报》为周二刊，除介绍“格致浅近之理”外，兼刊“上谕”“电音”“中西要事”及“奏章之有维新义者”。其目的在使“中国文人咸知新学，而他日应试作吏，俱有把握，不为迂拘之俦”。(《汇报序》)

《湘报》出至 115 号宣告暂时停刊。

8 月 22 日（七月初六日）

光绪发布上谕命出使日本大臣黄遵宪道经上海时查明《时务报》“是否创自汪康年”，并就该报“现在应如何交收之处”，“秉公核议电奏”。(《德宗景皇帝实录》卷四二三，第 9 页)

天津《国闻报》自即日起，连续两天在第 1、2 版显著位置连载了梁启超 8 月 11 日（六月二十四日）所写的《创办（时务报）原委记》一文，对《时务报》筹备创办的过程和他主编《时务报》的情况作了详细介绍，批驳了汪康年的一些说法。

其中，有关《时务报》创办经过的部分称：

“夫所谓创办者何：一曰筹款，二曰出力而已。查《时务报》初起，系用上海强学会余款。当乙未九月，康先生在上海办强学会，张南皮师首倡捐一千五百两为开办经费，沪上诸当道亦有捐助者。遂在王家沙地方开办。当时康先生以母寿之故，不能久驻上海，因致穰卿一函两电，属其来沪接办。当时穰卿犹在湖北就馆也。既而穰卿到沪，而京师强学会为言者中止，沪会亦因之停办。当时尚余银七百余两，又将原租房屋已交去一年之租银追回半年，得三百五十元，又将会中所置器物书籍等项变卖，得二百余元，共得一千二百金，实为《时务报》嚆矢。第一期报中所登汪穰卿进士、梁卓如孝廉捐集银一千二百两者，即此项也。第三期以后，改为张孝达制军捐银七百两，汪梁集捐六百元者，系原存七百两，乃南皮师原捐，故改登，其追回房租、变卖器物等项，无从指名，故仍冒我等二人名也。当时穰卿因欲灭康先生旧迹，故不将此款声明强学会之余款，而登为汪某等捐集云云。黄公度京卿改之，使并列两名，实则启超何尝有捐集之功，而冒此称，实滋不安耳。此《时务报》最初之起点也。”

有关报社内部分工情况的部分称：

“创办时所印公启三十条，系由启超所拟草稿，而公度大加改定者。（彼时穰卿力主办日报，欲与天南遯叟争短长，公度及启超力主旬报之说，乃定议。）其后聘请英文翻译张少堂，系公度托郑瀚生司马代请者。东文翻译古城贞吉，系由公度托日本驻上海总领事代请者。所立合同，亦出公度之手。其致函各处劝捐，托各处派报，亦均公度之力。……邹展书部郎凌瀚，亦强学会同事之人，志愿与公度同，故首捐五百金开办。吴季清大令德潚与公度、穰卿、启超皆至交，当时又与启超同寓京师，故《时务报》开办一切事，无不共之。丙申五月，季清先生与其子亡友铁樵、石樵同到沪，即寓在报馆，朝夕商榷一切。故《时务报》公启，即以公度、季清、殿书、穰卿及启超五人出名，此人人所共见者。”

有关他自己在《时务报》工作情况的部分称：

“至启超既为穰卿雇工之人，亦复何足比较。然自问创办时，固不无微劳矣。当丙申五六月间，穰卿湖北馆地尚未辞去，恐报馆之或不能支，住鄂住沪，不能自决，屡商之于启超，启超谓报能销四千份，则此事便可支持，因故留之。启超自以不谙会计，惮管杂务，因与穰卿约，彼理事务兼外间酬应，而启超主报中文字，此总理撰述之名所由分也。当时各因天才，自执一职。天泽之分不甚严，总办之与属员名分平等，而启超亦贸贸然自忘其受总办厚恩为总办所请之人也。当时总办之勤劳固云至矣，然即如启超者，忝任报中文字。每期报中论说四千余言，归其撰述。东西文各报二万余言，归其润色。一切公牍告白等项，归其编排。全本报章，归其复校。十日一册，每册三万字。启超自撰及删改者几万字，其余亦字字经目经心，六月酷暑，洋蜡皆变流质，独居一楼上，挥汗执笔，日不遑食，夜不遑息，记当时一人所任之事，自去年以来，分七八人始乃任之。虽云受总办厚恩，顾东家生意，然自问亦无负于《时务报》矣。"

有关《时务报》经营情况及报社内部出现矛盾的部分称：

"当开办之始，公度恐穰卿应酬太繁，（盖穰卿宗旨，谓必须吃花酒，乃能广达声气。故每日常有半日在应酬中，一面吃酒，一面办事，因不能兼办全局之事。）乃议推吴铁樵。（名樵，四川人，季清先生之子，去年已即世矣。）又开办时所出公启内办事规条第九款云：本报除住馆办事各人外，另举总董四人，所有办事条规，应由总董议定，交馆中照行云云。自丙申秋至丁酉夏，公度屡申此议，谓当举总董。以此两事之故，穰卿以此深衔公度，在沪日日向同人诋排之。且遍腾书各省同志，攻击无所不至。以致各同志中，有生平极敬公度，转而为极恶公度者。至去年六月，公度赴湘任，道经上海，因力持董事之议，几乎翻脸，始勉强依议举数人。然此后遇事，未尝一公商如故也。总董虽有虚名，岂能干预汪家产业哉？

"穰卿常谓启超云：公度欲以其官稍大，捐钱稍多，而挠我权利，我故抗之，度彼如我何？公度一抗，则莫有毒予者矣。此言，启超之所熟闻者也。自兹以往正名之论大起。日日自语云：总理之名不可不正，总理之权利不可不定。于是东家之架子益出矣。去年一年中，馆中凡添请十余人，时启超在沪同事也，而所添请之人未有一次与启超言及者。虽总办之尊，东家之阔，亦何至如斯乎？启超性狭隘，诚不能无所芥蒂。自去秋以来，常不免有龃龉总办之事，此实不容自讳也。……穰卿与启超之有意见，自去年以来矣。同事之难，自古所叹。以乱易整，旁观所笑。启超所以隐忍于心，绝不敢为我同志一言之也。独所不解者，穰卿于康先生何怨何仇，以启超有嫌之故，迁怒于康先生，日日向花酒场中专以诋排为事。犹以为未足，又于《时务日报》中编造谣言，嬉笑怒骂。犹以为未足，又腾书当道，及各省大府，设法构陷，至诬以不可听闻之言。夫谤康先生之人亦多矣，诬康先生之言亦种种色色怪怪奇奇无所不有矣，启超固不与辩，亦不稍愤。独怪我穰卿自命维新之人，乃亦同室操戈，落井下石，吾不解其何心也！"（转引自戈公振：《中国报学史》第135—137页）

把他们之间的矛盾，公之于众，并对汪康年表示了强烈的不满。

同日，《湘报》刊出光绪所发褒奖湘抚陈宝箴"锐意整顿"的上谕，促陈抑旧扶新，支持变法。

8月24日（七月初八日）

《湘报》在《论说》栏发表成本璞撰《九经今义自叙》，宣传康有为的托古改制观点。这以后，直到政变消息传到湖南以前，《湘报》曾刊载了不少支持南学会活动，指责旧党谬论和宣传“民权”的文章。

8 月 25 日（七月初九日）

康有为致电两江、湖广督署，指责汪康年私改《时务报》为《昌言报》，抗旨不交，要求转饬各省禁发《昌言报》。

8 月 26 日（七月初十日）

光绪发布上谕，批准梁启超提出的“书籍报纸恳免纳税”的要求。宣布：“书籍报纸一律免税，均著照所请行。”（《德宗景皇帝实录》卷四二三，第 16 页）

同日，张之洞致电孙家鼐，就《时务报》改称《昌言报》事，为汪康年辩护。略云：“查《时务报》乃汪康年募捐集赀所创开，未领官款，天下皆知，事同商办。兹奉旨交黄遵宪查明核议，自应听候黄议。康主事辄电致两江湖广各省，请禁发《昌言报》，殊堪诧异。康自办官报，汪自办商报，自应另立名目，何得诬为抗旨？官报有开办经费，有常年经费，皆系巨款，岂有夺商报之款以办官报之理？况《时务报》馆并无存款，且近日谕旨令天津、上海、湖北、广东各报，俱送钧处进呈，是朝廷正欲士民多设报馆，以副明目达聪之圣谕，岂有转行禁止之理？康主事所请禁发《昌言报》一节，碍难照办。”（《张文襄公全集》卷一五六，第 22 页）孙于 10 日后复电表示同意张的观点。

同日，天津《国闻报》发表题为《时务报各告白书后》的“本馆论说”，对黄、梁、汪在《时务报》权利归属问题上的争议进行调和，希望双方“相爱相宥”，以“忠恕”自处。“不然，吾见其两败俱伤，而维新之事自此残矣！”

8 月 31 日（七月十五日）

上海《汇报》发表《论报章之弊》一文，指出当前的报刊宣传有以下六弊：“一，谤上也”；“一，惑众也”；“一，好异也”；“一，导谣也”；“一，失实也”；“一，自欺也”。同时分析其原因为办报人“执拗性成，居心险诈，借报纸以遂其私”。

同月

《汇报辑要》在河南开封创刊。河南官书局编辑发行。半月刊。第 3 期曾刊有河南巡抚刘树堂所写的《河南官书局汇报辑要叙》。除上谕奏折外，还有近 1/3 左右的篇幅刊载国内外新闻。是河南地区最早的近代化报刊，也是河南第一家文摘式的官报。

《梧报》在广西梧州创刊。向子振、李体乾、姚俶辞等集资创办。有边事、官场近事、商务情形、各省新闻、各国电报等栏目内容。是广西的第一家报纸。

9 月 5 日（七月二十日）

汪康年在即日出版的《国闻报》上刊出告白《书创办〈时务报〉原委记后》，对梁启超在《创办〈时务报〉原委记》一文中提出的指责，进行申辩，并反驳梁文所述各节“皆与从前实在之情形，卓如历年之信札，诸多不符”。告白原文如下：

> “昨日读上海各报，有吾友新会梁卓如孝廉所撰《创办〈时务报〉原委记》，洋洋数千言，于康年办事立言之错谬，针砭备至。康年与卓如订交于庚寅年，两人交若兄弟。自开报馆以后，尤觉亲密。但以学术不同，加以构间，致渐乖异。此记所言，是非得失，尚待公论。康年既不欲毛举细故，以滋笔舌之烦，尤不敢力争大端，以酿朋党之祸。盖恐贻外人之诮，益惧来者之心。良以同志无多，要在善相勉而失相宥。外患方棘，必须恶相避而好相援。此则窃愿与卓如共相劝勉者也。窃意卓如素讲合群之谊，其所撰文字于中国之自相

胡越，自相鱼肉，皆疾首蹙额而道之，似不至以一时不合，遽尔形诸笔墨，见诸报章。又此记节外生枝，离题殊远，其所言皆与从前实在之情形，卓如历年之信札，诸多不符。姑以近事言之。康年六月十三日即电致康工部云：'电悉，公办报甚善，乞速来。'十九日又发一电云：'《时务报》奉旨归官，康不敢擅拟，请公速来。'二十二日接康工部信后，当时即发一回信去，备陈一切。卓如在京，断无不知之理。何以告白中竟有'既无回电，又无复信'之语？则此告白是否出卓如之手，尚不可知，是以暂置不辩之列，庶与我两人平日相待之交情，相许之志愿，不致乖违。特附书数语于此，以释群疑。"

9月8日（七月二十三日）

两江总督刘坤一札饬上海道、转告《时务报》馆，接受钦使黄遵宪有关该报创办人及"现在应如何交收之处"的调查。

9月12日（七月二十七日）

翰林院侍讲学士瑞洵奏请光绪准许他在北京筹办报纸。奏折称："京师首善之区，万国观听所系，除官书局汇报外，并无特设报馆，树之风声，似于作养人才，开通民智，尚嫌有所未尽。拟请饬令顺天府府尹、五城御史暨各省督抚，实力劝谕官绅士民，一体举办，以开风气而扩见闻，期于时局有所补益。奴才现在亦拟商约同志于京城创设报馆，翻译新报，为上海官报之续，行省之倡，且俟筹款如何，再行奏办。"同日，光绪发布上谕，批准瑞洵的请求，并鼓励"官绅士民"踊跃办报。上谕称："报馆之设，原期开风气而扩见闻，该学士所称现商约同志，于京城创设报馆，翻译新报，为上海官报之续等语，即著瑞洵创办，以为之倡。此外，官绅士民，并著顺天府尹、五城御史切实劝办，以期一律举行。"（《德宗景皇帝实录》卷四二五，第16页）

9月14日（七月二十九日）

光绪在乾清宫接见《国闻报》主要负责人、天津北洋水师学堂总办严复。双方就严复和《国闻报》的关系及严复在《国闻报》上发表的文章等问题，谈话如下：

"上（指光绪，下同）问：'本年夏间，有人参汝在天津《国闻报》主笔，其中议论可都是汝的笔墨乎？汝近来尚在《国闻报》馆主笔否？'严对曰：'臣非该馆主笔，不过时有议论交与该报登载耳。'上又问：'汝所上报之文，其中得意文章有几篇？'严对曰：'无甚得意者，独本年正月间有拟上皇帝书一篇，其文颇长，当时分作六七日登报，不知曾蒙御览否？'上云：'他们没有呈上来，汝可录一通进来，朕急欲观之。'严对曰：'臣当时是望皇上变法自强，故书中多此种语。今皇上圣明，业已见之行事，臣之言论已同赘旒。'上曰：'不妨，汝可缮写上来。但书中大意是要变什么法？'严对曰：'大意请皇上于变法之先，可先到外洋一行，以联各国之欢，并到中国各处纵人民观看，以结百姓之心'云云。上微叹曰：'中国就是守旧之人多，怎好？'此外闻垂问事甚多，约奏对三刻钟之久。"（《国闻报》1898年9月19日"北京访事人来信"）

9月16日（八月初一日）

《中国官音白话报》（《无锡白话报》改称）出至第24期后停刊。

《菁华报》在江西萍乡创刊。半月刊。每月阴历初一、十五出版。社址在萍乡县署内小蓬莱书室。顾燮光主编。有谕旨、奏疏、中外近事、东西洋情、实学汇要、经济文萃等栏目内容。

9 月 17 日（八月初二日）

光绪发布上谕，以速往上海督办官报为名，督促康有为尽快离开北京。上谕称："谕内阁：工部主事康有为，前命其督办官报局，此时闻尚未出京，实堪诧异。朕深念时艰，思得通达时务之人，与商治法。闻康有为素日讲求，是以召见一次，令其督办官报。诚以报馆为开民智之本，职任不为不重，现筹有的款，著康有为迅速前往上海，毋得迁延观望。"（《德宗景皇帝实录》卷四二六，第 2 页）

《工商学报》在上海创刊。社址在上海新马路梅福里。每月出 4 期，每期出 20 页左右 1 册。连史纸石印。主编汪大钧。有谕折、论说、公牍、工商情形、译论、调查、市情等栏目内容。曾连载英人惠克斐尔所撰《东方商埠考略》一文，但未刊完。出版不久即停。

《湘报》复刊。本日出版的《湘报》刊登《本馆告白》称，湖南巡抚衙门已停发对该报的每月 200 两的津贴。该报已改订章程，"专归商办"。

同日，江西优贡训导沈兆祎上书光绪，请准"各省遍设报馆"，并支持瑞洵在北京办报。

9 月 21 日（八月初六日）

慈禧太后发动政变，囚禁光绪帝，再出训政，百日维新宣告失败，各地维新派报刊受到影响，自即日起，纷纷停刊。

9 月 23 日（八月初八日）

《中外日报》发表论说《奉读皇太后训政上谕恭注》，宣传慈禧的"训政"是为了"俯顺皇上之意，以慰天下之望，慈恩宽大，实出于不得已也"。

9 月 24 日（八月初九日）

张之洞致电宋育仁，指责《蜀学报》所刊《封列国以保中国论》（刊该报第 5 册）、《五月学会讲义》（刊该报第 8 册）等文"悖谬骇闻"，要求"删毁更正"，并警告说："此后立言选报，务须斟酌，否则必招大祸。"（《张文襄公电稿》卷三二，第 2 页）

9 月 26 日（八月十一日）

清廷发布上谕，宣布停办《时务官报》。上谕称：

> "至开办《时务官报》，及准令士民上书，原以寓明目达聪之用。惟现在朝廷广开言路，内外臣工，条陈时政者，言苟可采，无不立见施行，而疏章竞进，辄多摭饰浮词，雷同附和，甚至语涉荒诞，殊多庞杂。嗣后凡有言责之员，自当各抒谠论，以达民隐而宣国是。其余不应奏事人员，概不准擅递封章，以符定制。《时务官报》无裨治体，徒惑人心，并著即行裁撤。"（《德宗景皇帝实录》卷四二七，第 2 页）

即日出版的第 66 期《知新报》转载了梁启超所写的《创办〈时务报〉原委记》一文。该文原刊 8 月 22—23 日天津《国闻报》。

天津《国闻报》以《汪进士呈稿》为题，发表了汪康年为拒交《时务报》和另办《昌言报》事写给苏松太道蔡钧、两江总督刘坤一和奉派查处《时务报》有关事宜的出使日本大臣黄遵宪的呈文。略云：

> "康年窃惟已前之《时务报》馆，系由众人集捐而成，即是商款商办。故款项出入，非康年所敢独专。伏读六月初二日特派康有为督办之谕中，并有另给开办费六千两之旨。又检查协办大学士吏部大堂孙复奏，第筹议开办常年各经费，亦未提及交收一字，名为开办，事实创而非因；费有常年，责在官而无藉商力。是朝旨既未令交代，而康年所办又系众人集捐之事，亦何能独自擅交。此康年难于交代之缘由也。康年于

获见电传上谕后，遵即暂行停办《时务报》，一面电催康主政速行来沪，候其主持，以明不敢擅专之意。又读谕旨，令民间广开报馆以开风气，康年窃思《时务报》馆原有之款，本系公共纠集，以为办报之用，故即续办《昌言报》，上副圣天子广开言路之盛心，下答捐款诸人集资委托之重任。商款仍旧商办，此则康年另办《昌言报》之缘由也。康年办理报馆，至今两年，以众人公捐之财，办众人愿办之事，若未奉交代之明旨，又未见督办官报之康主政，遽以商馆所有，率行交出，置身事外，设捐款诸人责康年以未能体会谕旨，任意委弃，康年岂能任此众怨？现在，账目一切，本自齐备。所有以前《时务报》馆之商款，应否并归官报之处，迭次上谕并无明文，理合静候秉公核议，谕示遵行。自当按照临时账目交代。兹奉前因，合将先今办理情形，及听候核议交收缘由，呈明查核。除呈苏松太道蔡转呈南洋大臣刘外，合行据实申呈。谨呈。”

《国闻报》的编者在发表这一呈稿的同时，附有以下按语称：

“本馆谨案：新党议论之盛行，始于《时务报》；新党人心之解体，亦始于《时务报》。自汪梁之狱起，识者已知维新党之厄运将临，咨嗟太息，欲为保全者，颇不乏人。而康党不悟也。怙而不改，遂有今日。独惜新党中多有并非康党中人，而亦横罹其祸。故先著录此文，以见新党中又自分党，不能以康党一概相量也。”

9月28日（八月十三日）

即日下午6时，前《时务报》董事、《湘报》主要撰稿人之一谭嗣同，《知新报》总理康广仁在北京菜市口被杀。谭、康与同时被杀的林旭、刘光第、杨锐、杨深秀等并称为“戊戌六君子”。

9月29日（八月十四日）

清廷发布命令称康有为为“叛逆之首”，称梁启超“所著文字，语多狂谬”，要求各省地方官员“一体严密查拿，极刑惩治”。（《德宗景皇帝实录》卷四二七，第6、7页）

9月30日（八月十五日）

汪康年、汪大钧等联名在《中外日报》上刊登启事，声明该报自8月21日起已“统归曾君敬贻一人经理”，其后报馆事务“与康年等无涉”，以免牵连被封。

10月6日（八月二十一日）

清廷谕令陈宝箴、江标、熊希龄等革职永不叙用，并明令解散南学会。《湘报》也借口房屋“年久朽坏”，“修造需时，不能工作”，暂时停刊。

10月9日（八月二十四日）

清廷发布上谕，查禁报馆，捉拿主笔。上谕称：

“莠言乱政，最为生民之害，前经降旨，将官报《时务报》一律停止。近闻天津、上海、汉口各处，仍复报馆林立，肆口逞说，捏造谣言，惑世诬民，罔知顾忌，亟应设法禁止。著各该督抚，饬属认真查禁。其馆中主笔之人，皆斯文败类，不顾廉耻，即饬地方官严行访拿，从重惩治，以息邪说而靖人心。”（《德宗景皇帝实录》卷四二八，第8页）

上谕发布后，仅上海一地，就有近十家报纸被迫停刊。

10月12日（八月二十七日）

《湘报》由职员王笏出面承顶，继续出版。同日，在该报《抚院批示》栏刊出尚未交卸离职的湖南巡抚陈宝箴的《职员王笏等承顶报馆批》云：

“查《湘报》馆之设，系因胶澳事起以后，谣言甚多，熊绅等欲藉此开扩士民见闻，免为流言所惑，致酿乱萌，故有此举。因开办之始，经费不敷，请一月暂津贴银二百两，开通后即行停止不发，此外皆不与闻，亦无所谓报销也。嗣见报中所登论说过于庞杂，殊乖设报本意，因之饬令停止。兹该职等于前报停止之后，承顶机器重开，自应由经理前报人授受明晰，与津贴之款无涉，准予如禀立案，仰布政司转饬长沙府传谕知照可也。”

10月14日（八月二十九日）

上海英文《字林西报》即日发表评论，就清廷禁报事进行嘲讽。评论指出：“对文明来说，这道上谕真是一个罪恶。”又称：“慈禧太后是和那位企图以抹布吸尽海水的帕丁顿夫人一样的。”扬言：“对于这个不幸的国家，除了瓜分它以外，似乎没有别的办法。”（译文转引自中国近代史资料丛刊《戊戌变法》第3册，第496、497页）（引文中的帕丁顿夫人是美国波士顿邮报主笔施拉白尔所著小说中的人物。）

《中外日报》刊出启事，声明该报自即日起为英商老公茂洋行（Libert & Co.）所有，由该行经理英侨杜德勤（C. J. Dudgeon）担任发行人。

10月15日（九月初一日）

《湘报》出至177号后宣布停办。即日在头版位置刊登《本馆告白》称：“顷闻电传上谕，令各省督抚饬各报馆一律停办。本馆遵奉，即于明日停报，特此布告。”停刊后的《湘报》印刷所改组为汇文书局，由原《湘报》董事之一王铭忠主持，从事书籍出版活动。

10月17日（九月初三日）

《上海晚报》更名《白话报》转为日刊报纸于每晨出版。仍由侯疾骧任主笔。

10月21日（九月初七日）

本日及次日出版的天津《国闻报》连续刊出了康有为在香港对《德臣报》记者的谈话，有“往英求援，使皇上出险”等语。庶吉士缪润绂为此具呈清廷，指责该报“语言狂谬，诋斥朝政，摇惑人心”，并要求饬下总理衙门，查明公办约章，照会各公使，不得违约徇庇；同时饬知各督抚，严禁送报、阅报，违者罪之。

10月24日（九月初十日）

张之洞就上海《新闻报》发表康有为香港来函（刊10月19日该报《国事骇闻》栏）事，致电两江总督刘坤一，要求“飞速电嘱上海道，速与该报馆并领事切商，告以康有为断非端正忠爱之人，嘱其万勿再为传播，并将此报迅速设法更正”。（《张文襄公电稿》卷三二，第7、8页）刘于两日后复电称：“报馆虽属西商，主笔则系华人，臣子之谊，中外同昭，此等诬蔑君后之词，岂宜登报传播？揆之泰西报律，例禁亦甚严明，已饬沪道赶速会商该国领事、该报馆主，设法更正。嗣后并不得再为传播。如果不允，即由道饬属晓谕商民，不准阅看该报。”（《张文襄公电稿》卷一五七，第8页）

《申报》刊出论说《论康有为大逆不道事》，攻击康“心存反叛”，“无父无君”，“伪造密谕，离间皇太后及皇上骨肉之亲”，并且咒骂说：“薄海人民皆欲食其肉，寝其皮，以伸普天忠愤者也！”

同月

桂林《广仁报》自动停刊。

上海《农学报》开始挂日商招牌，由日本人香月梅外担任名义上的发行人，继续出版至315期停刊。

《高山国》在台湾创刊。日本众议员佐佐木安五郎主办。1901年1月由期刊改为日报。同年12月29日停刊。

11月12日（九月二十九日）

两江总督刘坤一致函总署，建议对报馆采取缓和措施，以免都改挂洋牌，“我即不能过问，徒示人以不广而启其怨谤”。（《刘坤一书牍》卷一三，1909年刊本）

11月16日（十月初三日）

两江总督刘坤一奏请免禁《农学报》及《商学报》。奏折称：“前奉谕旨，严禁报馆会名。臣愚以为朝廷之意，特指士大夫言，诚不宜动辄设报设会，以逞臆说，而植党援。至于农学会《农学报》、商学会、《商学报》，实所以联络群情，考求物产，于农务、商务不无裨益，似不在禁止之列。可否仰恳特旨，准其设报所、会，或即由臣出示晓谕，以免农商有所疑畏，仍不准其妄议时政，以杜流弊。”（《刘坤一遗集》第3册，中华书局1959年版，第1067、1068页）

11月19日（十月初六日）

《昌言报》出至第10期后自动停刊。

11月28日（十月十五日）

《德商甬报》在宁波创刊。日出铅印4版1张。社址在宁波江北傅家街。德国德丰洋行主办。慈溪人王永年主编。有文牍、历史、新闻等栏目内容。对宁波商务情况有详细报道，是当地最早的商业报纸。

12月4日（十月二十一日）

章太炎为避免党禁株连，潜离上海，即日抵达台湾，经日本诗人山根虎雄介绍，应邀为台北《台湾日日新报》记者。在台期间，除编定他自撰的第一部论政、论学文集《訄书》外，还经常为在日本出版的维新派报刊撰稿。

12月13日（十一月初一日）

《知新报》自即日出版的第74期起，连续3期刊载长篇社论《论中国变政并无过激》，极论维新变法的必要，对守旧分子落井下石，诋毁变法的言论进行反击。同日，该报还发表了论说《八月六日朝变十大可痛说》，对变法的失败表示痛心，对变法的死难者表示哀悼。

12月23日（十一月十一日）

《清议报》在日本横滨创刊。旬刊。每月3册，每册40余页。经费由旅日华侨冯镜如、冯紫珊、林北泉等负责筹集。发行编辑人署“英国人冯镜如”，印刷人署“日本人铃木鹤太郎”，实际上的主编是梁启超。创刊号自揭其办报宗旨为：一、维持支那之清议，激发国民之正气；二、增长支那人之学识；三、交通支那、日本两国之声气，联其情谊；四、发明东亚学术，以保存亚粹。（梁启超：《清议报叙例》）有论说、支那近事、万国近事、名家著述、新书译丛、文苑、外论汇译、群报撷华等栏目内容。继续宣传变法维新，鼓吹政治改良，反对慈禧，拥戴光绪，是戊戌政变后维新党人在海外的主要宣传阵地。

同月

广州《岭海报》以刊载为康梁辩解的文章，受到官方警告。该报为免被禁计，自本月起，托为德商报纸。报名由横排《岭海报》，改为直排《德商岭海报》。版面也由8开8版改为16开8版。

冬

《电钞》在湖南长沙创刊。日出4小页。专刊邸钞之类的消息。

同年

《德华日报》在青岛创刊。为当地德国租界当局的机关报。

《类类报》在天津创刊。属于商办报纸。

《群报辑要》杂志在兰州创刊。

《务本新报》在西安创刊。

上海机器制造局出版的译报《西国近事汇编》停刊。

《晚报》在上海创刊。英商出资经营。

《广智报》在广州创刊。周刊。社址在广州《博闻报》馆内。主编倚剑生。内容分论说、学术、掌故、交涉、兵防、农事、工艺、矿物等类。言论倾向于变法。

《嬉笑报》在广州创刊。旬出 1 小册。朱通儒、杨肖欧、谭汝俭主编。载有粤讴、弹词等文字，以嬉笑怒骂方式讥弹时政缺失。

《广州白话报》在广州创刊。

美以美会在福州主办的基督教教会报纸《闽省会报》改名《华美报》继续出版。月刊。福州华美书局印刷发行。主理人为美国传教士勒锡。

《濠镜报》在澳门创刊。卢雨川、黄式如、陈子韶主编。言论倾向于变法。

已知在同年创刊的报刊，还有上海《谋新报》、《上海医学报》、《卫生报》、《吾言报》，苏州《日新报》，南京《基督教旗报》，重庆《通俗报》，长沙《长沙报》、《经济报》、《演义报》，台北《台北日报》等。

上海印刷业开始采用日本仿制欧式轮转印刷机。

1899 年
(清德宗光绪二十五年己亥)

1月2日（戊戌年十一月二十一日）

《清议报》自即日出版的第 2 册起，开始刊载谭嗣同所著《仁学》，先后连载 13 次，至该报第 100 册始全部登完。

1月29日（十二月十八日）

北京《晨报》、上海《时事新报》特派驻俄记者，《向导》《前锋》《热血日报》主编瞿秋白诞生。瞿初名双，又名爽、霜，笔名宋阳、易嘉、何苦等，江苏常州人。

1月30日（十二月十九日）

《台湾》在台南创刊。旋停。

1月31日（十二月二十日）

上海《亚东时报》自即日出版的第 5 期起，开始刊载谭嗣同所著的《仁学》，以及唐才常用天游居士的笔名所写的诗词。《仁学》共连载 14 次，至该报第 19 期始全部刊完。

同月

《并州日报》《世界晚报》《世界日报》《国民晚报》《实报》《申报》《时代文化》《时事新报》《华商晚报》主笔、编辑、记者，《新华日报》社长张友渔出生。张原名象鼎，字友彝，笔名忧夷、有仪、犹予等，山西灵石人。

2月2日（十二月二十二日）

《香港通报》在香港创刊。馆址在香港中环海旁门牌 26 号。督印人张筱郇。该报自创刊日起，即和广州《岭海报》合作：《岭海报》负责编印羊城新闻、货价及辕抄牌示，由省寄港；《通报》负责编印上谕、奏稿、论说、专件、京都及各省、各国新闻，由港寄省。两报合作，统一收费。合作不久，即行分开，改为各自单独发行。

2月10日（己亥年正月初一日）

《海上日报》在上海创刊。社址在上海四马路中和里。日出对开 1 张。用白报纸双面印刷。创办人张罗澄，主笔张久余。有上谕恭录、论说、中外新闻、广告等栏目内容。广告占一半以上。该报除正刊外，还出有《中西画报》一种，随正刊附送。

2月下旬

新出版的《万国公报》第 121 期发表了李提摩太和蔡尔康共同翻译的《大同学》（原书名《社会进化论》，颉德 B. Kidd 作）

第一章，其中提到了马克思，有“其百工领袖著名者，英人马克思也”等语。此外，还引有马克思所著《资本论》中的一些观点。这是中国报刊第一次提到马克思的名字，也是中国报刊第一次对马克思主义的介绍。

同月

章太炎开始在《清议报》发表文章。本月出版的《清议报》第7册上发表了章太炎用“西狩”这一笔名所写的《祭维新六贤文》。这以后，章太炎还用“西狩”“台湾旅客”“菿汉阁主”等笔名在《清议报》上发表了《台北旅馆书怀寄呈南海先生》《泰风一首寄赠卓如》（第8册）、《答学究》（第14册）、《客帝论》（第15册）、《儒冠》（第20册）、《安昌谣》（第26册）、《西归留别中东诸君子》（第28册）、《儒求真论》（第23册至34册）等诗文。

《澳报》在澳门创刊。日刊。社址在澳门南环大花园1号。主笔李应庚、吴瑞生。为小型报纸。

3月2日（正月二十一日）

张之洞致电总署，攻击《清议报》：“谤议中国时政，变乱是非，捏造诬罔，信口狂吠，且载有各国瓜分中国会章程一则，种种悖逆，令人发指。意在惑乱人心，挑动强敌，必欲中国立时大乱而后已，险恶已极！”建议外交部门和日本方面取得联系，要求后者立即将出版《清议报》的康有为、梁启超等“速遣出境，以免肘腋之患”。（《张文襄公电稿》卷三三，第5页）

3月19日（二月初八日）

张之洞致电日本驻上海总领事小田切，指责《清议报》“所说各事，皆是虚诬”。认为日本方面“不应准其在境内捏造是非，摇动友邦人心”，要求小田切“婉商贵政府妥筹良策，尤须先禁其妄发议论”，并“严饬贵国报馆及商人，万勿代其分送”。（《张文襄公电稿》卷三三，第10页）

4月10日（三月初一日）

澳门《知新报》在本日出版的第83期上发表《论政变后可疑之事》一文，抨击后党及顽固派官僚。

4月30日（三月二十一日）

《湖北商务报》在汉口创刊。旬刊。汉口商务局主办。有文牍、本省商情、各省商情、各国商情、译东报、译西报、商务表、商务专寄等栏目内容。它的出版，得到过湖广总督张之洞的支持。1904年1月8日出至163期后停刊。

同月

出版的《万国公报》第123期继续刊载《大同学》一书的译文，其中有“试稽近代学派，有讲求安民新学之一家，如德国之马客偲，主于资本者也”等语。“马客偲”是出现在中国报刊上的马克思的另一个中文译名。

4月前后

《通学汇编》（又名《江西通学汇编》）在南昌创刊。五日刊。江西致知书局主办。8月前后停刊。

5月4日（三月二十五日）

《亚东时报》自本日出版的第6期起，由月刊改为半月刊。唐才常开始担任该报主编，先后在该报发表《论戊戌政变大有益于支那》《送安藤阳州君入燕都序》《答客问支那近事》《砭旧危言》《日人实心保华论》《前四品京堂湖南学政江君传》等文。唐才常于3月13日离开湖南前往上海，抵沪后立即投入了该报的编辑工作。

5月10日（四月初一日）

旅美华侨主办的中文《华美新报》在美国洛杉矶创刊。主办人伍盘照。1900年移旧金山出版。

同月

《天津报》在天津创刊。

6 月 8 日（五月初一日）

上海《字林沪报》改由星壁利接办，并对报纸业务进行改革。即日在报上发表告白称："本馆自初一日报章改正以来，铅字已全换清楚，各埠访事新闻亦陆续增添，且系《字林西报》分出，是以路透电音及西报上信息，尤格外灵捷，可以早登一天。"

6 月 14 日（五月初七日）

章太炎抵达日本，寄寓横滨《清议报》社，继续为该报供稿。

6 月 15 日（五月初八日）

《台澎日报》在台南创刊。言论倾向于维新派。1903 年更名为《台南新闻》继续出版。

夏

日商主办的《便览报》（又名《商务便览报》）在上海创刊。日刊。

7 月 12 日（六月初五日）

小型报纸《通俗报》在上海创刊。馆址在上海六马路汉阳书局内。日出 6 版，其中广告占 4 版半，每期文字不超过 3000 字。该报出语下流，内容糜烂。

8 月 9 日（七月初四日）

上海《格致益闻汇报》自本日出版的第 100 期起改称《汇报》，并分别出版《时事汇录》及《科学杂志》。

8 月 15 日（七月初十日）

《中外大事报》（*The China & Foreign Necessary News*）在上海创刊。社址在上海四马路西首庭�里内。旬刊。天记书局发行。总经理朱凤衔，副经理高翔。有论说、杂文、外论汇译、训政实录、各国近事、各埠近事、路透汇电、海国丛谈等栏目内容。言论倾向于维新派。出版 6 期后即停。

同月

俄文报刊 НовыйВрай（《新境报》）在旅顺创刊。周三刊。主编 Л. А. 阿尔捷米耶夫。1905 年改为日报迁哈尔滨出版。1912 年 10 月停刊。

9 月 5 日（八月初一日）

《五洲时事汇报》在上海创刊。半月刊。自称"本馆社主日本佐原笃介，支配人中国沈士孙，馆设苏报馆内"。有论说、谕折、五洲近事等栏目内容。所刊《圣躬康泰》《政变余谈》《国事琐闻》等消息，《论中国所以守旧之故》等论说，《维新三杰事略》等译文，均表同情于维新派。本年底出至第 4 期以后停刊。章太炎于 8 月下旬返国抵沪后，曾为该报供稿。所作《论黄种之将来》《翼教丛编书后》《藩镇论》等文，刊于该报第 3、第 4 期。

10 月 5 日（九月初一日）

《日新报》在加拿大温哥华创刊。为保皇派的言论机关。

10 月 15 日（九月十一日）

《苏杭公报》在上海创刊。社址在上海四马路胡家宅。创办人谢懒蝶，主笔李作栋。以刊载风月场中的新闻及有关文字为主要内容。

11 月 4 日（十月初二日）

上海《新闻报》总董英国人丹福士宣告破产，该报为美国人上海南洋公学校长福开森（John C Ferguson）购得。聘汪汉溪为总理，金煦生为总编辑，姚伯欣、孙玉声、叶吟石等为编辑。自称："主张明达之舆论，而又长持此明达之舆论于不衰。凡一切事业，是以助中国各界之进步者，无不助其张目；至若过情之论，又未尝不思有以阻尼之。"（转引自胡道静：《新闻报四十年史》，《报学》1948 年第 9 期）

11月20日（十月十八日）

《亚东时报》第17期出版。章太炎在此前后一度担任该报主笔，先后在该报发表了《游西京记》（第17期）、《今古文辨义》（第18期）等诗文。

11月25日（十月二十三日）

《觉民报》在上海创刊。月出6期，每月逢三、八日出版。每期出有光纸铅印线装1册。由上海四马路《游戏报》馆代办发行。属于以时事和商情为主的小型报刊。为招徕计，每期末页附有彩票1张，定期抽签发奖。

12月19日（十一月十七日）

上海《游戏报》举办的征诗活动宣告结束，即日在报上公布赠奖名单，周树人（鲁迅）名列第十。

12月31日（十一月二十九日）

梁启超自日本抵达檀香山，"居檀数月"，进行"名为保皇，实则革命"的蛊惑宣传。在此期间，梁仍遥领《清议报》笔政。

冬

《女报》在上海创刊。陈撷芬主编。是我国早期的妇女报刊之一。旋停。

《咸报》在天津创刊。1900年冬改名《天津日日新闻》。主编日本人西村博。筹办过程中得到过日本驻天津海军武官泷川县和大尉的支持，是日本在华北创办的最早的汉文日报。方若曾任该报社长兼主笔。

同年

《宗古教会报》在上海创刊。季刊。圣公会主办。

《史学报》在浙江温州创刊。月出1册。黄庆澄主编。有中国史、西洋史、日本史等栏目内容。是中国最早的史学期刊。

《中西闻见录》在福州创刊。

《郇报》（又名《中国郇报》）在香港创刊。周刊。廖卓庵主编。为基督教会方面主办的期刊。1901年停刊。

《东报》在香港创刊。为日本人主办的中文报纸。督印张少春、张鹤臣。

《香港晨报》在香港创刊。督印人李贤士。

《台中新闻》在台中创刊。隔日刊。

《台北新闻》在台北创刊。

《台湾公论》在台湾创刊。

《台湾商业新报》在台湾创刊。以报道台日贸易方面的经济新闻为主。

《益友新报》在菲律宾岷埠创刊。粤人潘遮蕃主办，自备印刷机及中文铅字。支持保皇立宪，是保皇会在海外的言论机关之一。

旅美华侨主办的《宝文报》在美国旧金山创刊。

旅澳华侨主办的《东华新报》在悉尼创刊。言论倾向于保皇派。

1900年
（清德宗光绪二十六年庚子）

1月11日（己亥年十二月十一日）

澳门《知新报》在即日出版的第111期上发表陈荣衮所写的论说《论报章宜改用浅说》，主张改革文言，以"浅说"作"浅报"。认为："大抵变法，以开民智为先，开民智莫如改革文言。不改文言，则四万九千九百分之人居于黑暗世界之中，是谓陆沉。若改文言，则四万九千九百分之人日嬉游于璃（琉）璃世界中，是谓不夜。""作报论者，亦惟以浅说为输入文明可矣。"

1月25日（十二月二十五日）

资产阶级革命派的第一个正式机关报

《中国日报》在香港创刊。社址在香港中环士丹利街 24 号。初为兴中会的机关报，1905 年同盟会成立后，转为同盟会的机关报。孙中山领导并参与了筹办的具体工作，报名也是他亲自拟定的。由于香港当局禁止他入境，只好委托陈少白代为主持。陈少白任社长兼总编辑，先后在该报担任编辑撰稿工作的有洪孝充、陆伯周、杨肖欧、郑贯公、黄世仲、陈诗仲、陈春生、冯自由、廖平庵、卢信、王军演、谢英伯等，英文翻译郭鸿奎、周灵生、冯扶。日出对开 2 张。初办时，言论较缓和，半年后始渐趋激烈。早期的《中国日报》除日刊外，还增出《中国旬报》一种，每十日出版一次，随《中国日报》发行，有论说、译稿、官文、党局、视听录、衡鉴编、要言、杂俎、国是、存疑等栏目内容，刊载大量消息、评论和译稿，配合日报进行资产阶级革命的宣传。1901 年 2 月出至第 37 期后停刊。《旬报》创刊号刊有署名敦煌韬晦子所写的《中国报序》，略称：

> “报胡为以‘中国’名也？盖报主人生长中华，心怀君国，幼从师而肄业，既熟知中国古今，壮游学于外洋，复稔识中国利病。目击自中外通商以来，交际之道，中国固懵然无知也；公法之理，中国亦茫然罔觉也。立和约，则中国尽失自主之权，争均利，则中国尽丧自有之益．疆土日从剖削，屏藩亦尽叛离，遇事掣肘，积弱难振，而举凡园胪方趾乌发白眼，本为中国人者，或则趾高气扬，心迷目眩，诩诩然自称为天朝，睥睨当世，目无余子，如怡堂之燕雀，而不知中国之沦胥以亡也；或则失其本真，昧厥源流，昏昏然甘居奴隶，听人驱策，受人牢笼，数典而忘其祖，而不知中国之当思复兴也，是以泯泯昧昧，几不知尚有中国。此无他，泥于旧习，逐于流俗而不自觉耳。
>
> “报主人见众人之皆醉而欲醒之，俾四万万众，无老幼、无男女，心怀中时刻不忘中国，群策群力，维持而振兴之，使茫然坠绪，得以复存，挺立五洲，不为万国所齿冷。无如草茅伏处，莫假斧柯，怅望龟山，奈何徒唤。因思风行朝野，感格人心，莫如报纸，故欲借此一报，大声疾呼，发聋振聩，俾中国之人尽知中国之可兴，而闻鸡起舞，奋发有为也，遂以之名其报。……
>
> “然则，斯报也，将使中国之人明外交之道，不为邻邦所挠，致沦于危亡；将使中国之人识内治之理，不为旧制所牵，致即于贫弱；将使中国之人知农工商矿之利弊，有所师承而底于兴旺，中国人心已携贰也，而欲有以合之；中国积习已痼闭也，而欲有以破之；举凡中国旧染污俗，又将一洗而新之。则其以‘中国’名报，匪特如辎轩之采，借以问俗，且将如木铎之徇，以警斯世也。其命意不亦深且远乎？”

同月

《北京新闻汇报》在北京创刊。月刊。1 年后停刊。

2 月 3 日（庚子年正月初四日）

《字林沪报》产权易手，由日本人接办，改名《同文沪报》继续出版。

2 月 10 日（正月十一日）

湖广总督张之洞致电当时在东京的钱恂，要他就近和日本外务部取得联系，商请日本政府约束挂日商招牌受日方保护的天津《国闻报》、上海《中外日报》《便览报》《苏报》《沪报》、汉口《汉报》等报纸，“事事务须访实，勿信逆党讹言，刊报勿用康党主笔，万不可诋毁慈圣，有碍邦交”。（《张文襄公电稿》卷三四，第 19 页）

2月14日（正月十五日）

清廷发布上谕，缉捕康有为、梁启超，查禁康党所设报馆，并对购阅康党报纸的读者，实行“严拿惩办”。上谕称：

“谕内阁：前因康有为、梁启超罪大恶极，叠经谕令海疆各督抚，悬赏购线，严密缉拿，迄今尚未弋获。该逆等狼子野心，仍在沿海一带，煽诱华民，并开设报馆，肆行簧鼓，种种悖逆情形，殊堪发指。著南北洋、闽、浙、广东各督抚，再行明白晓谕，不论何项人等，如有能将康有为、梁启超缉获送官，验明实系该逆犯正身，立即赏银十万两。万一该逆等早伏天诛，只须呈验尸身，确实无疑，亦即一体给赏。此项银两，并著先行提存上海道库，一面交犯，即一面验明交银，免致辗转稽延。如不愿领赏，愿得实在官阶及各项升衔，亦必予以破格之赏。至该逆犯等开设报馆，发卖报章，必在华界，但使购阅无人，该逆等自无所施其伎俩，并著各该督抚逐处严查，如有购阅前项报章者，一体严拿惩办。此外如尚有该逆等从前所著各逆书，并著严查销毁，以伸国法，而靖人心。”(《德宗景皇帝实录》卷四五八，第11页)

澳门《知新报》自即日出版的第112期起，由旬刊改为半月刊。同日，发表《废立要闻汇录》，就所传立溥儁为大阿哥事等进行报道，坚持反对“废立”。

2月16日（正月十七日）

美国华侨主办的《中西日报》在旧金山创刊。当地华侨基督教牧师伍盘盟主持，邝富灼、赵宗坛、林若波等曾为该报撰稿。以宣传教义为主要内容。1951年停刊。

2月23日（正月二十四日）

清廷发布上谕，宣布对《国闻报》馆的追查毫无结果，对传说在《国闻报》担任主笔的道员王修植免予置议。上谕称：

“谕军机大臣等：有人奏天津《国闻报》馆为候补道王修植开设，上年封禁之后，贿求日本出名，仍系王修植主笔，造作谣言，变乱是非，乃至诽谤朝廷，请饬查禁严惩等语。著裕禄查明，严行禁止。王修植如果实有主笔情事，并著切实查明，从严参办，毋稍徇隐。原片著抄给阅看，将此谕令知之。寻奏，遵查道员王修植，并未在《国闻报》馆主笔，请免置议。下所司知之。”(《德宗景皇帝实录》卷四五八，第17页)

3月1日（二月初一日）

江南商务沪局主办的《江南商务报》(简称《商务报》)在上海创刊。由上海商务印书馆代印。旬刊。有公牍、贷税、商原、商情、商务列说、西文译编等栏目内容。自称以开通风气，沟通官商感情，介绍中外商务情报为宗旨。每期在江宁布政使所属各州县由总局札发，其余江苏、江西、安徽所属各州县则由各省布政使转发。停刊时间不详。

3月7日（二月初七日）

湖广总督张之洞札饬江汉关道查禁《天南新报》《清议报》两报，以及“语涉悖逆”的报纸，并禁止在汉口、汉阳等地“续开报馆”。札文如下：

“查康梁二逆在南洋造为《天南新报》，在日本造为《清议报》。该逆恃其远在海外，且因洋人不知中国情事，莫能辨其虚实，得以欺蒙洋人，任意诬捏，以掩其凶逆之罪，且谬托忠义之名。其逆报大意专诋朝政，诬谤皇太后，显违皇上硃谕，以有为无，以无为有，肆口狂吠，毫无顾忌。其意不过欲使内地各匪造谣作乱，外洋各国伺便乘机，使我中国不能一日安靖，以遂其凶逆之隐衷而后已。此二报，中国传入各报馆中深明尊亲大义，不为所惑者固不乏人，然亦间有不明事理者，不免以讹传讹，互相采录。甚至托名京城西友来电，而京城各国使馆并无所闻；托名某处访事人来信，而本省并无其事。长江一带会匪素多，因之造为各种揭帖，公然纠众谋逆，实堪发指，亟应遵旨严禁。

“以后沿海各省报章，其恪遵谕旨并无悖逆字句者，仍旧准其阅看。如有语涉悖逆者，一体禁止购阅，并禁止代为寄送，严行查拿惩办。并闻华人有拟在汉口续开报馆者，当此讹言繁兴之时，恐不免摭拾上海及外洋各报，传讹惑众。将来开报馆之人，必致自蹈法网，与其拿办于事后，不若预防于事先。如在华界开设者，禁止购阅递送，房屋查封入官。即在洋界开设，冒充洋牌，亦断不准购阅递送，违者一并拿办。除会同抚部院出示晓谕，暨札行布、按两司转饬通省各属一体懔遵严查拿办外，查现在中国与各国均系友邦，共敦和好，华民冒充洋商，本为条约所禁，久经总理衙门咨行照会在案。报馆并非洋商生计，各领事断不肯曲为包庇。且查外国各报馆，虽许其议论本国政事得失，然必须事属确实，语有根据，亦断不准其捏造黑白，颠倒是非。若造言诬蔑，有碍邦交之词，亦干报律。若如今日沿海报馆，专诋中国朝廷，诬蔑皇太后，悖逆之言，更不容其传播煽乱，致伤友谊而碍邦交。况各国洋人，或来各埠通商，或来各省传教，自必愿我中国安稳强盛，地方静谧。若听报馆为匪党传播谣言，扰乱中国，商民、教士自必先受其害，亦非各国商民之利。查各国领事访闻各处有匿名白帖，诬诋洋人，造谣惑众者，一经照会，本部堂无不立即饬令地方官实力严禁查办。

“今近在租界之内，倘有传播诬捏之事，悖逆之言，本部堂理应实力禁阻，各国领事定当协力相助。合亟札饬为此札，仰该关道即便遵照，迅速照会各国领事，勿令华人在汉口冒充洋牌，续添报馆，以靖地方而安人心，是为至要！并由该关道知照税务司严行稽查。将来无论何省寄来之报，如有言语悖逆，意在煽乱者，断不准其进口销售。并转饬汉阳府夏口厅，如有购阅悖逆报章及递送者，严行查拿惩办。并禁止不准续开报馆，如有将屋租与报馆者，查封入官。懔遵勿违。”（许同莘编：《张文襄公牍稿》卷一四，民国9年铅印本，第3、4页）

3月20日（二月二十日）

梁启超自檀香山致函康有为，建议保皇会组织在新加坡创办一份《西文党报》，以“发表我辈他日政策”。

同月

《书画公会报》在上海创刊。李叔同、黄宗仰、任伯年、高邕之等组织的上海书画公会的会刊。每周出版1张。

4月19日（三月二十日）

以中国维新会名义主办的《新中国报》在美国夏威夷创刊。梁启超为第一任主笔，后由黄绍纯继任。先后参加编撰工作的有陈宣庵、黎大年、梁文卿、陈文谷、黄显操、李启辉、李大明等。是保皇派在海外的重要宣传机关之一。

4月28日（三月二十九日）

《亚东时报》出至21期后停刊，并入

《同文沪报》。

同月

《海上文社日报》（又名《文社日报》）创刊于上海。馆址在上海大马路亿鑫里。日出 4 开 1 张。油光纸单面印刷。是李伯元创办的文学社团海上文社的机关报纸。内容分社说、社榜、社谈、谈薮、笔记、杂著、艺苑等。

《台湾民报》在台湾创刊。日报。社长后藤传策，董事中林启次郎、小林胜民，主笔犀东，后为佐佐木安五郎。中日文合刊，中文占 3/4，日文占 1/4。出版 1000 号后被台湾总督府命令停刊。

5 月 8 日（四月六日）

著名新闻记者、《华商报》《光明报》《星岛日报》《大刚报》《民主报》《现世界》等报编辑、记者和评论撰稿人羊枣出生。羊枣名杨潮，原名杨廉政，号九寰，笔名羊枣、朝水、易卓、潮声、杨月荪等，湖北沔阳人。

5 月 13 日（四月十五日）

《中国日报》增刊《中国旬报》自即日出版的第 11 期起，增设《鼓吹录》一栏，专刊诗词、戏曲、谐文等文艺作品，配合日报进行民主革命宣传，是革命派报刊上出现最早的文艺副刊。

5 月前后

上海《新闻报》不断发表诬蔑义和团爱国活动的报道，并鼓吹对义和团进行镇压，严厉批评清政府的“妥协”政策。

6 月 16 日（五月二十日）

日本人主办的《天津日日新闻》在义和团的冲击下，被迫暂时停刊。

同月

已经由日人接办的天津《国闻报》，以攻击义和团，受到该团所发揭帖的警告。揭帖云：“《国闻报》上多谬妄，胡言乱语任意登。该报因有日人保，故敢造谤诋我们。兹特示汝《国闻报》，此后下笔要留神，倘敢再有诽谤语，定须毁屋不留情！”（杨济安、张寄谦：《义和团在北京的战斗》一文，《光明日报》1960 年 5 月 12 日）

夏

《舞台新报》在上海创刊。日出 4 开 1 张。社址在上海英租界大马路西首寿康里 1 号。该报设有内外两编，外编以文艺方面的稿件为主。

7 月 25 日（六月二十九日）

直隶总督李鸿章、湖广总督张之洞、两江总督刘坤一等联名致电上海英总领事，要求英方和清朝地方当局密切配合，“严禁上海、香港及南洋各埠报馆，凡有语涉谤毁我皇太后者，立饬查办，并请于洋文报纸一律示禁”。（《张文襄公电稿》卷三七，第 8 页）

8 月 14 日（七月二十日）

日本浪人利用八国联军侵占北京的机会，创办《北京公报》，为侵略者张目。社址在北京东城甘雨胡同。因各报房拒绝推销，订户很少。

8 月 22 日（七月二十八日）

前《湘学报》的《史学》《时务》《交涉》等栏编撰，《湘报》总撰述，《亚东时报》主编唐才常，因发起自立军起义失败，在汉口被杀。《湘报》撰述何来保以同案在长沙被杀。

同月

新出版的《中国旬报》第 19 期刊出了章太炎 7 月 29 日写的《请严拒满蒙人入国会状》、8 月 3 日所写的《解辫发》两文，以及章太炎 8 月 8 日写给《中国日报》编者的《来书》。末附编者按：“章君炳麟，余杭人也。蕴结孤愤，发为罪言，霹雳半天，壮者失色，长枪大戟，一往无前，有清以来，士气之壮，文字之痛，当推此次为第一，隶此野蛮政府之下，迫而思及前明，耿耿寸心，当已屡碎矣。君以此稿封寄前来，求登诸报，世之深于世味者，读此文，当有短其过激否耶？本馆哀君之苦衷，用应其请，刊而揭之，俾此文之是非，得天下读者之公断，此则本馆之私意也。”这是《中国日报》创刊以来所发表的第一批激烈的反清文字。

9 月 28 日（闰八月初五日）

日本人主办的中文汉口《汉报》因支持“新党”，扶植亲日势力，迭遭清廷地方当局的限禁，宣布自动停刊，并将报名及所有设备以 3000 两价银，转让给湖北官方。本日该报刊出冈幸七郎所写的《停报辞》，向读者“告别”。

10 月 30 日（九月初八日）

《浙江新潮》编辑、《救亡日报》总编辑、《华商报》主笔夏衍出生。夏衍原名沈端先，谱名乃熙，浙江杭州人。

10 月 31 日（九月初九日）

湖广总督张之洞在所上《宣布康党逆迹并查拿自立会匪首片》中，指控《知新报》和它的编辑人员徐勤等参加了自立会的秘密活动，有“粤省乱党尤多，均在香港余育之花园，澳门《知新报》馆，密谋拜会。最著者有何连旺、何懋龄、徐勤、刘桢麟、麦孟华、陈宗俨、容闳，往来港澳，勾结盗匪，订期起事”（《张文襄公全集》卷一，第 901 页）等语。

11 月 1 日（九月初十日）

《开智录》在日本东京创刊。半月刊。是留日学生团体开智会的机关报。郑贯公主编。初为油印，12 月 22 日后改为铅印。该报随《清议报》发行，每期发行约 500 份。后因倾向于革命，与《清议报》旨趣不同，受到康梁的干涉，被迫停刊。该刊后期曾得到孙中山的资助。

11 月 29 日（十月初八日）

《亚泉杂志》创刊于上海。初为半月刊，第 5 期起改为月刊。杜亚泉主编。商务印书馆印刷，亚泉学馆发行。以介绍自然科学方面的知识为主要内容，是中国人自办的最早的自然科学杂志之一。出版 10 期后停刊。

12 月 6 日（十月十五日）

中国留日学生主办的最早的刊物《译书汇编》在日本东京创刊。月刊。每册约 50 页。编辑兼发行人初署“坂崎斌”，第 2 年起改署胡英敏，实际负责人为戢元丞、杨廷栋、杨荫杭、雷奋等。以翻译介绍国外哲学、社会科学著作为主。卢梭的《民约论》、孟德斯鸠的《万法精理》、斯宾塞的《政法哲学》等欧西名著的译文，均曾在此刊发表。马君武、汪荣宝等人所写的政治、历史、经济等方面的论文，也多在这个刊物上刊出。

冬

《中西新报》在广州创刊。司理人黄清海，主笔陈跃墀，担任撰述工作的还有黄绍午、谭骏谋等。内容分谕旨、官话、论说、粤闻、时局等栏目内容，间刊大量广告。在广东省许多地方设有分销处。印数最多达 2000 份。1904 年停刊。

《越峤纪闻》在广州创刊。其前身为 1891 年后出版的《中西日报》。旋停。

同年

《新闻汇报》在北京创刊。旬刊。每旬出木刻线装 1 册。内容以新闻为主。

《白话爱国报》在北京创刊。

《支那泰晤士报》在北京创刊。设有中文和英文两种版。

日本人主办的天津《咸报》在义和团反帝运动中被毁。战后获得“赔偿”，改名

《天津日日新闻》继续出版，由前《国闻报》主笔方若任社长兼主笔。另一负责人为日本人津村宜光。

《胶澳官报》在青岛创刊。由当时占领青岛的德国当局主办，为德国在当地的喉舌。用中德两种文字合刊。

上海英文《文汇报》(*Shanghai Mercury*) 改组为有限公司，在香港政府注册，公开抛售股票，征求入股。仍由克乐凯 (J. D. Clark) 担任总董兼主笔。

设在上海的路透社远东分社开始同时向在上海出版的《字林西报》(*North China Daily News*)、《益新西报》(*Shanghai Daily Press*)、《捷报》(*China Gazette*)、《文汇报》(*Shanghai Mercury*) 等 4 家英文日晚报发稿。在此以前，该分社电讯稿为《字林西报》一家所独占，该报所刊路透电讯下，印有“特别供给《字林西报》(*Supplied Solely To N. C. DailyNews*)”等字样。这一做法，遭到《字林西报》以外的上海其他外文报纸的反对，《文汇报》总董克乐凯 (J. D. Clark) 曾为此案往伦敦路透总社交涉。至此，《字林西报》垄断路透电稿的局面即告结束，上海各报均可直接订用该分社电稿，不再受到限制。

《字林西报》中文版《字林沪报》因销路不好，出售予日本人主办的东亚同文会，改名《同文沪报》继续出版，成为东亚同文会的机关报。《同文沪报》由日本人田野橘次担任经理，井手三郎担任主笔，另聘高太痴、周品珊等协助编纂，每天附刊《同文消闲录》一张。唐才常谋在汉口起事，曾利用该报进行宣传。东亚同文会由东亚会及同文会合并组成，成立于 1898 年 10 月，以“促进日清两国经济上、教育文化上之密切关系”为宗旨。总会在东京，会长为近卫笃磨公，副会长冈护美子爵，经费由日本政府补助。

英商在上海主办的《独立报》创刊。

上海《苏报》为退职官吏陈范接办。陈原名彝范，字梦坡，晚年更名蜕，号蜕盦，笔名梦逋、忆云、叔柔、锡畴、瑶天，湖南衡山人，己亥科举人。出任江西铅山县知县，以教案落职，移居上海，接办《苏报》，以妹夫汪文溥为主笔。初接办时，以热衷于保皇立宪，一度被社会上目为康党报纸。

《徐家汇报》在上海创刊。

《双管阁画报》在上海创刊。连史纸石印，作折叠式。封面封底用彩色套印。

基督教监理公会主办的《教保》月刊在上海创刊。林乐知主编。1904 年 2 月停刊。

上海《新闻报》公布该报本年度日平均发行数字为 1.2 万份。

上海商务印书馆扩充业务，盘进日商修文印刷所，并开始使用纸型。

《医学报》在杭州创刊。系以报道医学方面的信息为主的期刊。出版 1 年即停。

《觉民报》在杭州创刊。石印。馆址在杭州拱埠。属于通俗小型报刊。

《京电录》在湖南长沙创刊。

与 1897 年上海出版的《算学报》同名的另一份《算学报》在成都创刊。社址在成都桂王桥北街。创办人傅樵林、苏星舫。后者为成都算学馆总教习。仅出 2 期即停。

《史学报》在温州创刊。温州寿昌编书局发行。是一份以介绍中外历史沿革为主要内容的通俗刊物。

广州安雅书局附办的日报《安雅书局世说编》(后改名《安雅报》) 在广州创刊。社址在广州第七甫。黎佩诗（伯尹）主持，朱鹤（云表）、谭荔垣、詹菊隐等主笔。内容有邸抄、辕抄、藩宪牌示、论说、本省新闻、各省新闻、国外新闻、告白、行情等。1918 年停刊。

《商务日报》在广州创刊。主办人许朗甫，编辑陈芝轩，撰述谭汝俭。该报特色是

“以小说体写新闻”。

《寰球报》在广州创刊。日刊。旋停。

广州《博闻报》《岭海报》《中西报》以刊载义和团获胜，西军败绩消息，为当地帝国主义分子所嫉恨，要挟清朝地方当局予以查禁。此后不久，《博闻报》又因所刊两宫“西狩”消息中有慈禧“唇厚”“口大”之类的形容词，被指为大不敬，为广东巡抚德寿札饬南海县查封，社员闻风先逃。在此以前，广州《嘻笑报》（旬刊）也以“对上不敬”的罪名，被粤督李鸿章饬南海县查究，主编人朱通儒、杨肖欧等潜逃，报亦停刊。

《台南日报》在台湾台南创刊。由原籍福建的爱国人士连雅堂主办。经常刊有“眷怀故国”及反对满清的言论。该报与香港《中国日报》保持密切联系。

香港英文《德臣报》的主笔英国人尼古拉·但尼士辞职，由柏内特继任。

香港英文《士蔑西报》(*Hongkong Telegraph*)为邓肯（Chesney Duncan）、法兰西斯（T. T. Francis）所接办，组成有限公司，大部分股份为华人所持有。

菲律宾华侨主办的亲保皇会报纸《益友新报》改组为《岷益报》继续出版。旋停。

《广益华报》在澳洲悉尼创刊。为当地华侨主办的中文报纸。

《万球报》在美国旧金山创刊。为当地华侨主办的中文报纸。

《华美报》在美国旧金山创刊。

1901年
(清德宗光绪二十七年辛丑)

1月20日（庚子年十二月初一日）

澳门《知新报》出至第133册后停刊。

同月

另一份《农学报》在武昌创刊。半月刊。湖北农务学堂主办。以介绍农业科学知识为主。同年夏停刊。

2月14日（十二月二十六日）

《申报》进入第一万号。是日发表纪念性论说《本报第一万号记》。

3月1日（辛丑年正月十一日）

日本驻天津领事馆资助的《天津日日新闻》恢复出版。主编方若。初用日文，后全部改用中文。言论主张受日方控制。

3月5日（正月十五日）

《译林》月刊在杭州创刊。上海商务印书馆印刷发行。每册25页，拷贝纸印。林琴南、林长民、魏易等主编。内容分法律、经济、名人传、商业史、游记等，多数文章译自日本报刊及日本学者的专著。出至12期止。

3月11日（正月二十一日）

英文《中国时报》在天津创刊。主编高文创。

3月22日（二月初三日）

《商务日报》在上海创刊。犹太人哈同出资，以英商名义经营。主笔刘永昌。1905年停刊。

3月31日（二月十二日）

小型文艺报刊《博览报》在上海创刊。

同月

基督教伦敦会主办的《教会七日报》在上海创刊。管秋初、龚尉两人主编。

春

香港《中国日报》馆址由香港士丹利街迁到永乐街。经孙中山介绍，郑贯公由日抵港任该报记者。在该报工作期间，郑贯公向读者介绍了西方资产阶级的自由平等、天赋人权等学说，持论新颖，很受欢迎。该报在广东的销路渐增，影响日益扩大。

4 月 3 日（二月十五日）

《励学译编》在苏州创刊。月刊。励学译社主办。汪郁年、戴昌熙等主编，参加翻译工作的有汪郁年、顾培基、杨学斌、周先振、李志仁等。该刊博采美、英、日等国自然和社会科学方面的专著，各译全书，分期连载。是我国早期的翻译刊物之一。约出 1 年停刊。

4 月 26 日（三月初八日）

英华与天津紫竹林天主教堂总管、资本家柴天宠就筹备在天津创办《大公报》事进行第一次接触。柴声称愿出资万元“甘为赔垫”，创办报纸，并约英主持其事，英欣然同意。英字敛之，号安蹇，赫佳氏，满洲正红旗人。

5 月 8 日（三月二十日）

文摘性刊物《集成报》在上海创刊。旬刊。每旬出版 1 册，有光纸铅印。英商集成报馆印行。第 18 期后，取消“英商经办”字样。该报“取中西各报汇集一册”，主要栏目内容有上谕、奏折、本馆论说、政治、时事、仕宦、文学等，内容与 1898 年 5 月停刊的同名刊物相近。出版 1 年以后停刊。

5 月 10 日（三月二十二日）

《国民报》（*The Chinese National*）在日本东京创刊。月刊。社址在东京小石川区白山御殿町百十番地。编辑兼发行人署名“京塞尔”，秦力山、戢元丞、沈翔云、杨廷栋、冯自由、王宠惠等主持。该报以中文为主，间刊部分英文论说，有社说、时论、丛谈、纪事、外论、来稿等栏目内容。所刊政论有《原国》《说国民》《说汉种》《亡国篇》等，所刊译文有《美国独立檄文》《革命新论》等。均不署撰译人姓名。为留日学生创办的革命报刊的先驱。孙中山曾捐助出版费 1000 元。同年 8 月 10 日出至第 4 期后停刊。章太炎所作的反对复辟、鼓吹排满，批驳改良派主张的重要论文《正仇满论》，即在这个刊物的最后一期上发表。

同月

我国最早的研究教育学及教学法的刊物《教育世界》在上海创刊。初为旬刊，后改半月刊。罗振玉发起，王国维、周家树、汪有龄、高凤谦等编译。有文篇、译篇、学校、卫生、文部教授史、国民教育等栏目内容，所刊文章多数译自日本有关教育方面的论文及专著。间刊日本各学科规划、各学校法令章程、教学法及各种中小学教科书等，以资借鉴。第 69 期起，增辟论说、学理、训练、传记、小说、本国学事、外国学事等栏目内容，进一步充实内容。1908 年 1 月出至第 166 期以后停刊。

6 月 20 日（五月初五日）

《杭州白话报》在杭州创刊。初为月刊，每期出 40 页左右 1 册。后改旬刊、周刊、三日刊，最后改为日刊。用木刻毛边纸印刷。项兰生主办，汪曼铎、林獬、孙翼中、陈叔通等担任编撰。内容有论说、北京纪闻、中外纪闻、历史故事、寓言、杂文、科学小品、翻译及其他白话文艺作品。该报曾一度成为浙江革命党人从事革命活动的据点。1909 年改组为《全浙公报》。

8 月 14 日（七月初一日）

俄文报刊 Харбинский Листокъ Ежелнвных Телеграммъ и Объявлений（《哈尔滨每月电讯广告报》）在哈尔滨创刊。主编为 П. В. 洛文斯基。1902 年休刊。1905 年复刊，1906 年 12 月 24 日停刊。

同月

郑贯公因与陈少白意见相左，辞去《中国日报》记者职务。

9 月 8 日（七月二十六日）

北京最早的白话报《京话报》创刊。黄

中慧主编。社址在北京琉璃厂工艺局内。每十日出 30 页左右 1 册，有光纸铅印。是《辛丑条约》签订后在北京创办起来的第一份报纸。全部用京话写作。有论说、中外新闻、海外拾遗等栏目内容。转载过《无锡白话报》《杭州白话报》等其他白话报的一些文章。同年 12 月出至第 6 期后停刊。

宁波《四明日报》主编、上海《译报》副刊《大家谈》《申报》副刊《自由谈》主编、现代作家、文艺理论家王任叔出生。王笔名巴人、赵冷、屈轶、碧珊，浙江奉化人。

9 月 15 日（八月初三日）

《南洋七日报》在上海创刊。周刊。孙鼎、陈国熙、赵连璧主编。该报自称："身受国恩，愿以笔谏，去新旧之党援，泯中西之畛域，此立言第一要义。"（创刊号：《本馆章程》）有论说、时事六门（内政门、外交门、理财门、经武门、格物门、考工门）、汇论、算学、译编、课艺等栏目内容。1902 年 4 月 27 日出至第 29 期以后停刊。

9 月 21 日（八月初九日）

英华（敛之）为筹办天津《大公报》事，抵达上海。即日起至 11 月 3 日止，在上海与汪康年、朱志尧、蒋智由、马相伯、张元济等人就约聘主笔事进行接触。初拟聘蒋，以蒋智由不愿而罢。再拟聘汪，以双方条件不合，未能成功。

9 月 26 日（八月十四日）

《大公报》主笔、总编辑王芸生出生。王原名德鹏，天津人。

10 月 10 日（八月二十八日）

东京《国民报》以"《国民报》社出洋学生编辑所"名义出版谭嗣同的《仁学》单行本。发行地址署：上海新马路余庆里三衔 19 号。

10 月 12 日（九月初一日）

消闲性小报《春江花月报》在上海创刊。馆址在上海四马路东华里。主编人署"花月主人"。有引首（多为散文）、春浦潮声（多为社会新闻）、江楼酒话（多为讽刺小品）、花丛风信（妓院新闻）、月府霓裳（剧场新闻）、词翰选青等栏目内容。曾以游戏笔法将《论语》改编为嫖经，被指为"侮圣"，禁止发行。不数日即启封。

10 月 21 日（九月初十日）

《苏州白话报》在苏州创刊。周刊。每期出 32 开本线装木刻 1 册。包天笑主办。有论说、新闻、演报等栏目内容。包天笑翻译的《对清策》（日本添田寿一著）曾在该报连载。

10 月 28 日（九月十七日）

英华和汪康年之间就约请汪担任《大公报》主笔事所进行的谈判，宣告失败。10 月 13 日起，由于汪康年的自荐，开始和汪谈判，以所提条件过高，未能达成协议。本日，英华前往汪处作最后恳谈，"以索薪水太昂，故不能延至"。

同月

《普通学报》在上海创刊。月出 1 小册，每册约 10 页。连史纸石印。杜亚泉编辑。普通学书室发行。有经学、史学、文学、算学、格致学、博物学、外国语学、学务杂志等栏目内容。《文学》栏曾刊有林琴南、魏充叔合译的小说《英女士意色儿离鸾小记》。1902 年 5 月出至第 5 期后停刊。

日本帝国主义在中国创办的中文报纸《顺天时报》（初创时名《燕京时报》）在北京创刊。社址在北京正阳门内化石桥。日本人中岛真雄主办。该报受日本财阀及外务省支持，是日本军国主义者的舆论机关。先后担任社长及编辑工作的有上野岩太郎、龟井陆良、渡边哲信、平山武清、辻武雄等。日出对开2张，内5个版为广告。该报着重各地通讯，以及各地矿藏资源和政治经济情况的调查。1930年3月26日出至9284号后停刊。

11月11日（十月初一日）

《选报》在上海创刊。初为旬刊，第42期起改为月四刊。蒋智由、赵祖真、王沅士等先后任主编。该报言论“以发挥国民精神为主”。有论说、谕旨、外交纪事、地球各国纪事、所闻录、经济类志、文学小史、筹远集、他言集、国风集、醵庐杂录等栏目内容。除发表自撰论说外，还大量转载国内外各报文字。自称：“虽购一报，如见各报，耗费无多，精要具在，留备调查，亦易检阅。”（创刊号：《本报缘起叙例》）出版至56期以后停刊。

同月

《胶州报》在山东青岛创刊。周刊。每期出对开1张。是山东地区中国人自己办的第一份报纸。朱淇主办。有谕旨、论说、电报、北京新闻、各省新闻、德国新闻、各国新闻、山东新闻、本埠新闻等栏目内容。反对革命，主张改良。1905年5月为山东巡抚周馥接办，由商务局拨给3000两银子作为日常经费，后又陆续接受官方津贴，成为半官方性质的报纸。

12月初

英华为聘请《大公报》主笔事再度来上海。经汪康年介绍，最后聘定方守六为该报第一任主笔。

12月11日（十一月初一日）

消闲性小报《及时行乐报》在上海创刊。社址在上海三马路昼锦路口。日出6版，广告占2/3。其余部分为论说、采风问俗、笑林杂录、花丛汇纪、梨园谈艺、杂访等栏目内容。部分文字用吴语方言写作。每份6文，停刊时间不详。

12月21日（十一月十一日）

《清议报》第100册出版。本期《清议报》发表了梁启超的长篇论说《本馆第一百册祝辞并论报馆之责任及本馆之经历》，介绍了中国报纸的沿革及《清议报》的简史，并概括该报的特色为：一、倡民权；二、衍哲理；三、明朝局；四、励国耻。同一篇文章还提出了他所主张的评价报纸良劣的四项标准：一、宗旨定而高；二、思想新而正；三、材料富而当；四、报事确而速。

该期《清议报》上还发表了编辑部辑录的《中国各报存佚表》，列举了“吾国自有报以来”，到本年为止已出版的全部中文报刊名单，并分别注明其出版地点及到本年为止的存佚情况。全表原文如下：

报名	出版地点	存佚情况	日报或期刊
《官门钞》	北京	存	日报
《官书局报》	北京	佚	日报
《京话报》	北京	存	日报
《燕京时报》	北京	存	日报
《新闻汇报》	北京	存	日报
《京报》	北京	存	期刊
《谕摺汇存》	北京	存	期刊
《官书局汇报》	北京	佚	期刊

报名	出版地点	存佚情况	日报或期刊
《津报》	天津	未详	日报
《直报》	天津	存	日报
《国闻报》	天津	佚	日报
《国闻汇报》	天津	佚	期刊
《天津时报》	天津	未详	日报
《天津日日新闻》	天津	存	日报
《申报》	上海	存	日报
《新闻报》	上海	存	日报
《时务日报》	上海	（改为《中外日报》）	日报
《中外日报》	上海	存	日报
《字林沪报》	上海	（改为《同文沪报》）	日报
《同文沪报》	上海	存	日报
（附张：《消闲报》）	上海	存	日报
《苏报》	上海	存	日报
《指南报》	上海	佚	日报
《博闻报》	上海	存	日报
《商务日报》	上海	存	日报
《游戏报》	上海	存	日报
《采风报》	上海	存	日报
《笑林报》	上海	存	日报
《寓言报》	上海	存	日报
《华洋报》	上海	存	日报
《奇新报》	上海	存	日报
《世界繁华报》	上海	存	日报
《觉民报》	上海	存	日报
《汇报》	上海	存	日报
《时务报》	上海	佚	期刊
《集成报》	上海	佚	期刊
《昌言报》	上海	佚	期刊
《农学报》	上海	佚	期刊

报名	出版地点	存佚情况	日报或期刊
《蒙学报》	上海	存	期刊
《算学报》	上海	佚	期刊
《实学报》	上海	佚	期刊
《萃报》	上海	佚	期刊
《卫生报》	上海	未详	期刊
《谋新报》	上海	未详	期刊
《益智报》	上海	未详	期刊
《亚东时报》	上海	佚	期刊
《五洲时事汇报》	上海	佚	期刊
《中外大事报》	上海	佚	期刊
《格致新报》	上海	未详	期刊
《教育世界报》	上海	存	期刊
《画报》	上海	存	期刊
《益闻报》	上海	未详	期刊
《选报》	上海	存	期刊
《外交报》	上海	存	期刊
《金粟斋译书》	上海	存	期刊
《中西教会报》	上海	存	期刊
《格致汇报》	上海	佚	期刊
《万国公报》	上海	存	期刊
《广报》	广东	佚	日报
《中西报》	广东	（改名《越峤纪闻》）	日报
《越峤纪闻》	广东	存	日报
《博闻报》	广东	（改名《安雅书局世说编》）	日报
《安雅书局世说编》	广东	存	日报
《岭南报》	广东	佚	日报
《岭海报》	广东	佚	日报
《环球报》	广东	佚	日报
《商务报》	广东	存	日报
《纪南报》	广东	佚	日报

报名	出版地点	存佚情况	日报或期刊
《广智报》	广东	佚	日报
《湘报》	湖南	佚	日报
《电抄》	湖南	佚	日报
《京电录》	湖南	佚	日报
《湘学报》	湖南	佚	期刊
《经济报》	湖南	佚	期刊
《杭报》	浙江	佚	日报
《白话报》	浙江	佚	日报
《译林》	浙江	存	期刊
《经世报》	浙江	佚	期刊
《群学社报》	浙江	存	期刊
《医学报》	浙江	佚	期刊
《励学译编》	江苏	存	期刊
《无锡白话报》	江苏	存	日报
《汉报》	湖北	存	日报
《商务报》	湖北	存	期刊
《博闻报》	江西	未详	日报
《广仁报》	广西	佚	日报
《渝报》	四川	未详	日报
《闽报》	福州	存	日报
《胶州报》	山东	存	日报
《华字日报》	香港	存	日报
《中国日报》	香港	存	日报
《中国旬报》	香港	佚	期刊
《中外新报》	香港	存	日报
《循环日报》	香港	存	日报
《维新日报》	香港	存	日报
《香港新报》	香港	佚	日报
《通报》	香港	佚	日报
《郇报》	香港	佚	日报

报名	出版地点	存佚情况	日报或期刊
《知新报》	澳门	佚	期刊
《澳报》	澳门	佚	日报
《天南新报》	星加坡	存	日报
《日新报》	星加坡	存	日报
《叻报》	星加坡	存	日报
《槟城新报》	槟榔屿	存	日报
《东华新报》	雪梨	存	日报
《广益华报》	雪梨	存	日报
《岷报》	马尼拉	存	日报
《文兴日报》	旧金山	存	日报
《华洋报》	旧金山	存	日报
《万球报》	旧金山	存	日报
《新中国报》	檀香山	存	日报
《隆记报》	檀香山	存	日报
《华夏报》	檀香山	存	日报
《丽记报》	檀香山	存	日报
《东亚报》	神户	佚	期刊
《国民报》	东京	佚	期刊
《译书汇编》	东京	存	期刊
《大同学录》	横滨	佚	期刊
《开智录》	横滨	佚	期刊
《清议报》	横滨	存	期刊

以上共 120 家。内：日报 80 家，期刊 40 家；现存的 68 家，已佚的 47 家，其余存佚情况不详。表末附有文字说明称："右表所列，仅得八九，阙漏谬误，自知不免，深自恧焉。"表的辑录者和文字说明的作者，据姚公鹤《上海闲话》考证为梁启超。

《清议报》出至第 100 册后，即因失火停刊。

同年

《中国时报》（*The China Times*）在北京创刊。英国人科恩兄弟主持。用日、英、中、法、德、意等国文字同时刊行，以外国侨民为主要读者对象。出版 3 个月后，迁天津出版，改用英文一种文字刊行。

《工艺报》杂志在北京创刊。1902 年迁至上海出版。

《北洋报》在天津创刊。该报 1913 年改名《时闻报》继续出版。

基督教青年会方面主办的《青年会报》在天津创刊。该报 1905 年改名《星期报》继续出版。

日文《华北新报》在天津创刊。先为隔日刊，后改日刊。

《奇新报》在上海创刊。

《觉民报》在上海创刊。日报。1902 年改名《觉民录》继续出版。1905 年停刊。

《新大陆》杂志在上海创刊。陈冷曾在该刊工作。

《世界繁华报》在上海创刊。馆址在上海泥城桥东亿鑫里。日出 1 张，4 号字排印。是李伯元继《指南报》《游戏报》之后创办的第三份报纸，属于消闲性小报。内容分讽林、艺文志、野史、官箴、北里志、鼓吹录、时事嬉谈、小说、论著、谭丛等，对官场暴露讽刺得很辛辣。李伯元的《官场现形记》《庚子国变弹词》，吴趼人的《糊涂世界》等晚清著名小说、弹词，都是首先在这个报纸上连载的。先后担任主编的，除李伯元外，还有欧阳巨源、任堇叔等。该报出版达 10 年之久。

《笑林报》在上海创刊。日刊。馆址在上海四马路迎春坊二弄口。有首篇（或为时事论著，或为散文、韵文）、笑林、博物志、官场现形记、春江花月、各地芳讯、粉墨丛谈、沪滨闻见、海外奇谈、京华新语、寓言、谈丛、翰墨林等栏目内容。其中的《笑林》栏，除刊载游戏文字外，兼有关于政治、社会、科学及鼓励人民爱国等方面的文字，其中有一些是南社社员的作品。初用瑞典纸印，后改油光纸。每份 9 文，后涨至 10 文。约 1910 年底停刊。

《寓言报》在上海创刊。馆址在上海四马路大新街。主笔李芋仙。有先声（讽刺诗）、本馆论说、小说、官场笑话、市井嬉谈、时令演说、花国寻芳、梨园谈艺、日下新闻、海隅碎录、灯谜等栏目内容，所载寓言颇多佳构。该报曾将《皇朝掌故丛谈》《国朝诗三百首》《柔乡韵史》等掌故、诗词、小说，印成单页，逐日附送给读者。报价每份 6 文，后改 7 文。

《画报》（丛报）在上海创刊。

基督教青年会主办的《上海青年》在上海创刊。周刊。社址在上海四川路 201 号。以介绍基督教青年会会务进展情况为主要内容，专供会员阅读。1949 年出至第 49 卷后停刊。

《东吴校刊》在苏州创刊。东吴大学出版。

《群学社编》杂志在杭州创刊。

《郴州政学征信报》在湖南郴州创刊。三日刊。每期出 4 页，木刻毛边纸印刷。创办人为原时务学堂学生曹典球。除《馆说》外，内容全部转载外地报纸。该报支持君主立宪。

《启蒙通俗报》在成都创刊。社址在成都三道馆街文伦书局内。傅樵林主编。初为半月刊，第 14 期起改为月刊。用木板印行。

《华西教会新闻》在成都创刊。月刊。

法文 *Revue de L'Extreme Orient*（《亚东法报》）在上海创刊。每周出版。

英文报 *Shanghai Times*（创刊时的中文名称是《泰晤时报申报》，后改为《上海泰晤士报》）在上海创刊。每晨出版。创办人为美人布什（J. H. Bush），后为英人诺丁汉（E. A. Nottingham）所有。辛亥革命后为日本人所收买，成为日人在华的言论机关。销约 4000 份。

上海徐家汇土山湾印刷所从国外引进照相制版术成功，开始用这种方法制版印刷书报插图。在此以前，上海江南制造局印书处也曾小规模地试用照相制版术印刷书籍。

《善报》在浙江嘉善创刊。不定期刊。

每期出石印 8 开 2 版 1 张。社长张风（天方），主笔董阆仙。为当地最早的报纸。

湖广总督兼湖北巡抚张之洞在湖北创设官报馆，出版地方官报。新创刊的这份官报附设在官款主办的武昌《商务报》馆内。有圣训、上谕、宫抄、辕抄、要电、要闻、政务、科学、实业、杂纂、图表、论述、国粹、新说郛、纠谬篇等栏目内容。每旬出版 1 册。张之洞对该报编辑工作抓得很紧，文字必取雅驯，幕府拟稿，偶不惬意，必令重改。经费由善后局支给，创刊号曾赠送至 2 万份之多。

《台中每日新闻》在台中创刊。发行人金子圭介。其前身为《台湾日日新报》在台中的分社。

《台报》在台北创刊。每月发行 6 次。日本人户水汪任社长兼主笔。出版仅 1 年即停刊。

《大同学录》《亚洲时务汇报》在日本横滨创刊。属当地华侨主办的中文期刊。后者为半月刊。

《日新报》在新加坡创刊。

《华洋报》在美国旧金山创刊。

本年出版的《大清律例增修统纂集成》公布了《大清律例》中有关言论出版的以下条款：

> “凡造谶纬、妖书、妖言，及传用惑众者，皆斩（监候。被惑人不坐。不及众者，流三千里，合依量情分坐）。”
>
> “因事造言，捏成歌曲，沿街唱和，及以鄙俚亵嫚之词，刊刻传播者，内外各地方官，即时察拿，审非妖言惑众者，坐以不应重罪。”
>
> “各省抄房在京探听事件，捏造言语，录报各处者，系官，革职；军民，杖一百，流三千里。该管官不行查出者，交与该部，按次数分别议处。”（《大清律例》，天津古籍出版社 1993 年版，第 362 页）

同年，管学大臣张百熙（冶秋）在应诏上疏中，建议清廷创办官报以控制舆论，抵制民办报。略云：

> “创办官报。报纸所以寄耳目，东西洋于开化变法之始，无不以此为要图。官吏不知民情，与草野不识时局，致上下不喻意，中外不通情，皆报纸不能流通之故也。中国通商各埠，由民间自行办理者不下数十种，然成本少而宗旨乱，除略佳之数种外，多不免乱是非而淆视听。又多居租界，挂洋旗，彼挟清议以訾时局，入人深而藏力固，听之不能，阻止不可，惟有由公家自设官报，诚使持论通而记事确，自足以收开通之效而广闻见之途。应请饬各省及有洋关设立等处，酌筹的款，或劝喻绅董各设报馆一所，并粗定报律：一、不得轻议宫廷；二、不得立论怪诞；三、不得有意攻讦；四、不得妄受贿赂；此外则宜少宽禁制，使得以改革立论，风闻纪事；不然，则恐徒塞销售之途，不足间谗慝之口也。”（朱寿朋：《东华续录》卷一六九，中华书局 1958 年版）

1902 年
（清德宗光绪二十八年壬寅）

1 月 4 日（辛丑年十一月二十五日）

《外交报》在上海创刊。主编张元济，编辑马裕藻等。旬刊。每期出有光纸线装 1 册，3 号字铅印。初由普通学书室出版，第 29 期起改由商务印书馆出版，是商务印书馆出版的第一种期刊。有论说、谕旨文牍、外交纪闻、外交史、外交丛谈、译论、国际法等栏目内容，是研究对外关系的专门刊物。该报政治上倾向于改良派。蔡元培曾认股

300 元，参加该刊筹备工作，并经常为该刊撰写论文及翻译日文电讯。1911 年 1 月 15 日出至 300 期后停刊。

1 月 9 日（十一月三十日）

《图画演说报》在杭州创刊。月出 1 册。该报以木刻图画为主，内容分宗教、中外史、时事、益闻、物理等栏目内容。除图画外，兼录歌谣。

1 月 18 日（十二月初九日）

孙中山乘日轮八幡丸号自日本抵达香港，寓上环永乐街《中国日报》3 楼，进行革命联络活动。1 月 24 日离开该报馆返回日本。

同月

《华北译著编》在北京创刊。月刊。文明书局编辑发行。严复的《群学肄言》序曾在该刊发表。出至 1904 年停刊。

《华英合文报》在上海创刊。三日刊。编辑许文卿、金嗣云。旋停。

2 月 8 日（壬寅年正月初一日）

资产阶级改良派在海外的重要舆论阵地《新民丛报》半月刊在日本横滨创刊。创办经费由梁启超、冯紫珊、黄为之、邓荫南、陈侣笙等共同筹集。发行人冯紫珊，主编梁启超。每期出 120 页左右 1 册。有图画、论说、学说、时局、政治、史传、地理、教育、宗教、学术、农工商、兵事、财政、法律、国闻短评、名家谈丛、舆论一斑、问答、绍介新著、中国近事、海外汇报、余录、小说、文苑、杂俎等栏目内容。是改良派继《清议报》之后在海外建立的又一个重要言论机关。该报在介绍西方哲学、历史和社会政治经济学说，传播资产阶级思想等方面起过很大的影响，曾经受到国内青年知识分子读者的热烈欢迎。初销 2000 份，不到半年即增至 5000 份，最高销达 1.4 万份。1903 年以后以坚持保皇立宪、反对民主革命，逐渐为进步读者所抛弃。

《新民丛报》在创刊号上发表告白，自述其办报宗旨。略云：

“——本报取《大学》‘新民’之义，以为欲维新吾国，当先维新吾民。中国所以不振，由于国民公德缺乏，智慧不开，故本报专对此病而药治之。务采合中西道德以为德育之方针，广罗政学理论以为德育之本原。

“——本报以教育为主脑，以政论为附从。但今日世界所趋重在国家主义之教育，故于政治亦不得不详。惟所论务在养吾人国家思想，故于目前政府一二事之得失，不暇沾沾词费也。

“——本报为吾国前途起见，一以国民公利公益为目的，持论务极公平，不偏于一党派；不为灌夫骂座之语，以败坏中国者，咎非专在一人也；不为危险激烈之言，以导中国进步当以渐也。”

2 月 18 日（正月十一日）

《浙江五日报》（又名《浙报》）在杭州创刊。旬二刊。所设《本省新闻》栏，较有地方特点。同年夏，改名《浙江新政交儆报》月刊继续出版。自称以“扩闻见，去壅蔽”为宗旨。

2 月 22 日（正月十五日）

《政艺通报》在上海创刊。社址在上海福州路惠福里。半月刊。每期约 40 余页，拷贝纸印。邓实主编，协助编撰工作的有马叙伦等。每期分上下两篇，上篇言政，有政学文篇、政书通辑、内政通纪、外政通纪、要电汇录、西政丛钞、历代政治文钞、皇朝政治文钞等栏目内容；下篇言艺，有艺学文编、艺书通辑、艺事通纪、附录等栏目内容。第 11 期起增设中篇，专刊介绍和论述中外历史的文章。1908 年改月刊，旋停。

2 月 28 日（正月二十一日）

章太炎由沪抵日。初寓横滨《新民丛

报》社，后迁东京。“间作文字登（新民）《丛报》中，以供旅费”（《致吴君遂书五》，《章太炎政论选集》上册，第 162 页）。刊于《新民丛报》第 5 至第 15 期的《文学说例》等文即作于此时。

同月

《政学征信录》在北京创刊。三日刊。每期 4 页，木版土纸单面印刷。有时论、时事等栏目内容。为湖南郴州旅京人士主办的报刊。

《真光月报》在广州创刊。编辑部在广州沙面美华书局内。每月出线装 32 页左右 1 册，用有光纸印刷。浸信会传教士湛罗弼创办，湛为主笔，廖卓庵为副主笔。属于基督教教会方面的报刊。内容以时事及教会方面的新闻为主。1906 年改名《真光报》，1912 年增出《真光报附张》，1917 年改名《真光杂志》。1926 年 5 月迁上海出版。1942 年停刊。

《中外算报》在上海创刊。社址在上海新马路。月刊。每期出有光纸石印 1 小册，每册 20 余页。杜亚泉主编。分文编、演说、译编、来稿、课艺、问答等栏目内容。译编部分刊有微分学、解析几何学、平面立体几何学、三角、物理计算法、化学计算法、大代数等数学课程的教学参考资料。

英文报 *The East Of Asia Magazine*（《东亚杂志》）在上海创刊。季刊。是英美传教士主办的研究中国问题的专门化杂志。曾刊有李提摩太写的《中国社会与风俗》等文。中国明代话本短篇小说集《今古奇观》经海宁汉（Father Henningham）译成英文后，曾在该刊连载。1906 年停刊。

3 月 4 日（正月二十五日）

《政学报》在上海创刊。旬刊。上海东亚译书会商务报馆发行。主编张鸿，参加撰稿的作者有蛮公、希孟、君直等。有上谕、本馆论说、中外奏议章程、图画、译报、选报、同社著述、政治小说等栏目内容。出版 3 期即停。

3 月 24 日（二月十五日）

《经济丛编》半月刊在北京创刊。北京华北译书局出版。有中外大事记、人物、廷议、教育、文学、农工商、理财、法律、历史等栏目内容。第 42 期起（1904 年 5 月 14 日出版）改名《北京杂志》。旋停。

4 月 10 日（三月初三日）

用京话、官话及宁波、广州、苏州等地方言编写的消闲性小报《方言报》在上海创刊。社址在上海四马路泥城滨观盛里。内容分弁语、朝报、舆论、市声、巷议、情话、游说、瀛谈等。白报纸印，售价每张 6 文。停刊时间不详。

4 月 15 日（三月初八日）

《飞影阁大观画报》在上海创刊。载有中西时事画及小说等文艺作品。每十日出版 1 册。

4 月 22 日（三月十五日）

《飞报》在上海创刊。社址在上海四马路大新街。日出 16 开 4 版 1 张。白报纸印刷。该报广告与文字各半，内容以妓院消息及有关妓女文字为主。刊有李伯元、吴趼人、欧阳巨源、孙玉声等人所作诗词对联。停刊时间不详。

4 月 26 日（三月十九日）

香港《中国日报》为响应原定本日在东京举行的“支那亡国二百四十二年纪念会”，在香港永乐街报社内，举行相应集会。陈少白、郑贯公等主持。“莅会者极形踊跃。”在此以前，《中国日报》还全文发表了章太炎所作的《支那亡国二百四十二年纪念会宣言书》。

4 月 28 日（三月二十一日）

《鹭江报》在福建厦门创刊。旬刊。每

期约 20 页。英国人山雅各（Rev. Jas Sadler）创办，冯葆英等主编。有论说、谕折、中国时务、外国时务、汇论、西文译编、闽峤琐闻、本埠近事等栏目内容。1905 年 1 月 20 日出至第 90 期以后，因刊载金门教案事被英国领事胁迫厦门地方政府予以封禁。

同月

《湖南官报》创刊于长沙。日刊。每期出铅印 4 小页。湖南洋务局主办。由该局委派汪文溥、罗维翰、陈庆森等负责审稿。有谕旨、奏疏、中国近事、外洋近事、来稿、选论等栏目内容。“凡词近荒诞，语涉诽讥，叛道离经，分门立户，一切违犯报律者，概行删去。”1905 年 4 月 4 日因经费困难停刊。后改为《长沙日报》。

5 月 8 日（四月初一日）

《文言报》在广州创刊。半月刊。广东蒙学书局主办。以辑译中西各报有关经世、格致、考工、哲学等方面的文字为主要内容。有历史、政治、学术、时局、吏治、财政、兵政、教育、杂纂、诗词等栏目内容。属于文摘性刊物。旋停。

陈撷芬主办的《女现报》（俗称《女苏报》）于休刊 2 年后恢复出版。新出版的《女报》标明为“续出第一期”。月刊。每期出 20 页左右 1 小册。社址在上海派克路 702 号。委托《苏报》馆代为发行，仍由陈撷芬担任主编。有论说、白话演说、新闻、最新眉语、炜管证闻录、中外女界汇志、女界近史、译件、尺素、词翰等栏目内容。多刊妇女界消息和妇女作家的作品。提倡女学，鼓吹女权，反对缠足、买卖婚姻等迫害妇女的陋俗。主要作者除陈撷芬外，还有陈班仙、吴弱男等。

5 月 18 日（四月十一日）

《岭东日报》在广东汕头创刊。社址在汕头育善街。日出对开 1 张，逢星期六休刊。杨源主编。有论说、谕旨、专件、时事要闻、潮嘉要闻、本省新闻、京都新闻、外国新闻、辕报、牌示等栏目内容，间刊杂文、诗歌等副刊文字。倾向于民主革命。1908 年停刊。

5 月下旬

新出版的《时务汇编续集》第 26 册，刊出该书编者辑录的《新旧各报存目表》，汇录了 1872 年至 1902 年 30 年间我国已出版的报刊名目共 144 种，内已佚的 62 种，现存的 82 种。原表如下（只列报名，未列出版地点）：

已佚册报（即期刊）：

《中西闻见录》《闽省会报》《益闻录》《北京官话报》《新闻汇报》《昌言报》《译书公会报》《画报》《格致新报》（原注：现改《汇报》）《小孩月报》《益智新录》《格致汇编》《官书局汇报》《时务报》《天津国闻汇编》《求是报》《集成报》《萃报》《亚东新报》《谋新报》《中外大事报》《算学报》《广东医学报》《渝报》《经济报》《工商报》《□□报》《江西通学汇报》《五洲时事汇报》《实学报》《女学报》《益智报》《岭学报》《中国旬报》《湘学新报》《经世报》《利济报》《□□报》《澳门知新报》《横滨大同学报》《日本神户东亚报》《开智录》

已佚日报：

《天津时报》《上海时务日报》（原注：现改《中外日报》）《指南报》《博文报》（原注：现改《世说编》）《岭南报》《环球报》《广智报》《国闻报》（原注：现改《天津日日新闻》）《字林沪报》（原注：现改《同文沪报》）《广东中西报》（原注：现改《越峤纪闻》）《广报》《岭海报》《纪南报》《湘报》《湖南电钞》《汉报》《无锡白话报》《京

电报》《杭报》《澳报》

计现有册报：

《政务处汇政要》《北京官报》《京话报》（原注：月出3册）《阁抄》《天津大公报》《蒙学报》（原注：月出3册）《谕摺汇存》《抄报》《时事采新汇选》（原注：每日1册）《北京工艺报》（原注：每月2册）《万国公报》（原注：每月1册）《农学报》（原注：半月1册）《中西教会报》《选报》（原注：月出3册）《图画演说报》（原注：月出1册）《中外算报》（原注：月出1册）《政艺通报》（原注：每月2册）《湖北商务报》（原注：每月3册）《郇报》《杭州白话报》（原注：全年33册）《觉民报》《湖南新报》（原注：每月3册）《教育世界报》（原注：月出3册）《外交报》（原注：全年32册）《普通学报》（原注：月出1册）《政学报》（原注：全年32册）《史学报》（原注：月出1册）《通报》《广西广仁报》《苏州白话报》（原注：7日1册）《南洋七日报》（原注：7日1册）《香港新报》《群学社编》（原注：月出1册）《新民丛报》（原注；每月2册）《励学译编》（原注：全年12册）《译书汇编》（原注：月出1册）《译林》（原注：月出1册）

计现有日报：

《北京公报》《天津直报》《中外日报》《汇报》（原注：三日一出）《商务日报》《申报》《顺天时报》《天津日日新闻》《同文沪报》《郴州政学征信报》（原注：三日一出）《新闻报》《苏报》《广东越峤纪闻》《福州闽报》《香港华字日报》《中外新报》《维新日报》《日新报》《槟榔屿槟城新报》《广益华报》《旧金山文兴报》《翰香报》《世说编》《胶州报》《中国日报》《循环日报》《新加坡天南新报》《叻报》《雪梨东华新报》《马尼剌岷报》《华洋报》《宝文报》《中西报》《万球报》《华夏报》《华美报》《檀香山新中国报》《隆记报》《丽记报》

附：上海游戏文章报七种：

《采风报》《笑林报》《游戏报》《寓言报》《奇新报》《花月报》《繁华报》

表后附有文字说明称："以上各报均系所闻见者大概如此，余俟续录。"

6月1日（四月二十五日）

美国南北长老会主办的《通问报》（*The Christian Intelligencer*, *A Churh and Family Newspaper*）在上海创刊。上海广学会出版。发行人吴板桥（I. S. Wood Bridge），主编陈春生。6开式单张周刊。用有光纸印刷。1950年12月出至1819期后停刊。

6月17日（五月十二日）

《大公报》在天津创刊。社址在天津法租界狄总领事路（Rue Dillon，一名六号路乙，即今哈尔滨道42号）。报头刊有法文："*L'Impartial*"（意为"无私"）。满族天主教徒英华（字敛之）主办。经费主要来自天主教徒资本家柴天宠、朱志尧及王郅隆等人的投资，也接受过法国传教士和法驻华公使的少量入股。先后担任主笔的有方守六、刘孟扬、王瀛孙、黄与之、郭定森、樊子熔等。该报对内主张变法维新、保皇立宪；对外先是亲法，继而亲日，和法日两国的驻华外交人员有密切来往。文字以通俗的文言为主，个别的新闻用京津地区的方言编写．《论说》及《附件》栏刊有不少主张改良社会，兴办公益事业。反对缠足的文章。创刊号刊有英华署名写的《大公报序》，略云：

"岁辛丑，同人拟创《大公报》于津门，至壬寅夏五而经营始成，推都门英华氏董其事。报之宗旨在开风气，牖民智，挹彼欧西学术，启我同胞聪明。顾维浅陋，既惧且惭，兹当出报首期，窃拟为之序曰：忘己之为大，无私之谓公，报之命名，固已善矣。夫徒有其名，毫无其实，我中国事往往而然。今此报得毋亦妄为标榜，而夜郎自大，济私假公乎？抑果是是非非，源源本本而一秉大公乎？要之自亦未敢定其如何也。凡事于初创之时，譬如人当幼稚，志趣虽佳，历练尚少，精神未旺，疏漏必多。迨久而久之，或能取长舍短，推陈出新，渐入自然，折衷一是。故本报断不敢存自是之心，刚愎自用；亦不敢取流俗之悦，颠倒是非；总期有益于国是民依，有裨于人心学术；其他乖缪偏激之言，非所取焉；猥邪琐屑之事，在所摈也。尤望海内有道，时加训诲，匡其不逮，以光吾报章，以开我民智，以化我陋俗，而入文明。凡我同人，亦当猛自策励，坚善与人同之志，扩大公无我之怀，顾名思义，不负所学，但冀风移俗易，国富民强，物无灾苦，人有乐康，则于同人之志偿焉，鄙人之心慰已。”

该报初创时用竹纸印刷，书版式直排，外加版框，每页版心高 21 厘米，宽 11 厘米。日出 8 页，每页两面，每面 17 行，每行 42 字。创刊号共印 3800 份，赠阅 3 天，3 个月后销至 5000 份。在上海、济南、青岛、盛京、南昌等国内外 40 个城市设有代派处。

6 月 21 日（五月十六日）

《大公报》第 5 号发表论说《论归政之利》，公开要求慈禧撤帘归政。指出归政有八利：中外利，满汉利，民教利，新旧利，宫闱利，草野利，君子利，小人亦无不利。指斥刚毅等后党为“国贼”，指责反对慈禧归政的大臣为“谄媚之小人”，希望光绪立即复辟。

6 月 22 日（五月十七日）

《大公报》发表论说《原报》，介绍了中外报纸的历史和现状，论述了报纸的作用和当前报纸工作的一些弊端。

其论中国报纸的起源有云：“古无所谓报也。自前明永乐北迁，边省去京师地穹远，苦不得朝廷意旨，因嘱部吏日录六部征发文檄布告疆吏，时人便之，呼为邸报，始有报之名。”

其论中国报纸的现状有云：“中国南北纵横，报馆仅有二十余家。南居二十，北得余数四五家而已。”“然此非行报纸者不力，实中国识字者太少，致碍报纸之行销也。中国识字人少，故民智不开，民智不开，故国弱。国弱故报纸弗能盛。”

其论报纸的作用有云：“报纸为人生日用不可少之物。世之牖启聪明，增益神智，非此不为功也。”“无报纸必致聋聩，犹之无水火饮食必致饥困一也。”

其论当前报纸工作的弊端有云：“记载琐故，采访异闻，非齐东之野言，即秘辛之杂事。闭门而造，信口以谈，臧否人物，颠倒是非，毁誉不凭公论，訾议过于偏持。或颂扬权贵，为曳裾之阶梯；或指斥富豪，作苞苴之左券。行同无赖，意乖祥言，其弊已不为小。甚或军事敌情，纪载不实。仅凭市虎之口，罔惩夕鸡之嫌。又或揣摩众情，臆造诡说，阃外已成劫烬，纸上犹登捷书，荧惑听闻，贻误大局，则其弊为更大。”

6 月 23 日（五月十八日）

《启蒙画报》在北京创刊。社址在北京前门外五道庙路西。初为日刊，日出 4 开 1 张，双面印刷。后改为月刊，一年后改为半月刊。每期出 16 开本 20 至 50 页 1 册，用白报纸两面印刷。彭翼仲、彭谷孙主办。有常识、时事、天文、历史、地理、博物等栏目内容。以向少年儿童宣传维新和普及科学知识为主要内容，图文并茂。文字部分以2号铅字排印，全部使用白话。图画部分采用木刻制板，由著名画家永清刘炳堂（用烺）执笔。以儿童读者为主要对象。先后出版约44期。

同月

《天公报》在重庆创刊。

7月7日（六月初三日）

《大公报》发表论说《论阅报之益》，宣传阅报有以下四益：一、可以知“政事得失”；二、可以及时了解“乱民蠢动”及“立约通商”情况，以便趋利避害；三、可以了解当前的国际形势，在竞争中立于不败之地；四、可以及时学到“新学”，掌握“新艺”，使智术日辟，技艺日新。

7月16日（六月十二日）

英文 *The Amoy Gazatte*（译意《厦门钞报》）在厦门创刊。当地外侨主办。

同月

《支那小报》在上海创刊。社址在上海四马路。白报纸印刷。自称为“日商”报纸。有译林、奇新、语林、谐林、花林、文林等栏目内容。所刊多游戏文字，风格与《游戏报》《采风报》相近。创刊号刊有论说《论各报》一文，对国内出版各报刊进行分类评介。原文如下：

> “近日江西大学堂品评华字各报，分纪事、纪言、纪录三项。纪事门云：文胜，专重政者，《外交报》《湖南官报》；质胜，重政艺者，《万国公报》《鹭江报》《集成报》；文胜，重政者，《顺天时报》《大公报》《申报》。纪言门云：文质胜，重政艺者，《政艺通报》、安雅书局《世说编选》；质胜，专重政艺者，《工艺报》《农学报》《商务日报》；文胜兼政艺者，《新闻报》《苏报》《中外日报》《同文沪报》。纪录门云：文胜，重政艺者，《励学译编》《汇报》《中学校辑译》；质胜，专重政者，《政法丛书》《译书汇编》；文胜兼政艺者，《译林》《时事丛谈》《普通学报》。共26家，而《直报》《闽报》《汉口报》《直隶官报》不与焉。其《新民丛报》《清议报》之在日本，《中外新报》《循环日报》之在香港，更不与焉。然本馆统中西华字报计之，文胜者，惟《新民丛报》《新闻报》《清议报》；质胜者，《汇报》《工艺》《农学报》而已。其余如《申报》《直报》，便则自郐以下，何足论哉！”

8月4日（七月初一日）

山西地方官报《晋报》在太原创刊。五日刊。全年出72期，每期1张。主笔程淯。经费由藩库支付，发行工作由巡抚衙署札饬各州县向民间强派。有上谕、中外交涉、新闻、京师及各省新闻、本省新闻、各国新闻、告白等栏目内容。自称以速开民智为宗旨。创办时曾得到过李提摩太的支持。除正张外，还附出白话报一种，随报分送。

8月5日（七月初二日）

与1901年在苏州出版的《苏州白话报》同名的另一份文艺性小报《苏州白话报》在上海创刊。馆址在上海望平街文翰斋内。有紧要新闻、上海新闻、苏州新闻、京外新闻、本馆论说及小说等栏目内容。纯用吴语方言写作。编者及停刊时间不详。

9月2日（八月初一日）

《新世界学报》半月刊在上海创刊。发行人“有耻氏”，总撰述陈黻宸，参加编辑撰稿的有马叙伦、汤尔和、杜士珍等。每期出120页左右1册。内容分经学、史学、政治学、法律心理学、思想学、兵学、教育学、宗教学、理财学、伦理学、医学、农学、地理学等。第 15 期后改称《经世文潮》继续出版。

9 月 16 日（八月十五日）

《新民丛报》第 16 期发表了康有为周游欧洲 17 国归来后撰写的《答美洲诸华侨论中国只可行立宪不可行革命书》《与同学诸子梁启超等论印度亡国由于各省自立书》两文，鼓吹君主立宪，反对民主革命，指革命为“大怪不可能之事”。康有为的这两篇文章后辑为《南海先生最近政见书》单独出版，受到革命派报刊的批驳。

同月

香港《中国日报》发表社论《谨拟各报馆公共章程》，对报纸如何处理论说、来稿和新闻编辑工作上的一些问题，提出自己的意见。原文如下：

“一、迩来风气趋新，报馆之设，自日见其多。然现今所有之在内地或在外洋各华人报馆，大都杂乱无章，毫无纪律。良由主持笔政之人，未必通新闻之学；而主席司理等人，又多未谙报务，以报纸为射利之具，故报体日陋，报品日卑。若不设法挽救，必至报德日漓。大为风俗人心之害。本馆为维持世界公益起见，故不忖固陋，特拟就各报馆公共章程。

“一、论说以出自该本报者为佳。虽日著一论，未必所见皆是。然每日必著一论，乃所以抒该本报主笔之意见。亦所以令阅者比较各报意见之异同。非惟西人报馆之例则然，实凡为报馆主笔者应尽之责任也。故凡为报馆主笔者，每日必须自著一论，不可抄袭各报论说，掠人之美为己有。如是日新闻太多，无地位安插，则不著论，而以要件公文等代论，亦无不可。

“一、一人之智识有限，每一报馆之主笔，多者十人，少者一人。日日高谈，难保无有菁华日竭之虞。为此之故。来稿之善者必当录之，各报论说之善者必当选之，而列入来稿、选稿一门。且来稿必当书明来者姓名，选稿必当声明选录某报，方不负作者之苦心及主者之权利。否则窥陈编以盗窃，大违公理；凡作者及主者均可刊登告白以攻之，或下年不与交换。

“一、当今贪官酷吏，充塞朝野，百姓受虐，呼诉无门。惟赖各报纸秉公论事，尚可延民权一线未绝之路。近见某某等报，于贪官酷吏之举动，不但不敢论引其非，且曲意颂扬，以增其势焰。如明明抽捐逼变，乃为之说曰赔款数钜期迫，各宪之抽捐原属万不得已之举，等词。似此助纣为虐，于世上有何稗益？忖作者之意，不过自以为忠君爱国，代朝廷劝捐。不知清国乃专制之国，官吏有全权以办事，何患民间之抗捐，特患官吏压制人民耳，自此以后，切宜痛戒。

“一、各报纸往往于官场事件，意存巴结，不肯照事直书。如新官尚未赴任，乃云想必有一番新政；案情未知有无枉纵，乃石某宪秦镜高悬。如此逢迎巴结，于风俗人心，大有损害，各宜切戒。

“一、报纸以开民智为要务，词贵条达，不尚艰深。尝见某某等报，每喜用词典，使常人不解。如叙厦门琐事，乃云鹭岛春涛；与北直新闻，乃云燕京秋色。似此庸劣，殊背词达之旨。

“一、各报俗尚，如刘坤一，则称之曰岘庄宫太保；张之洞，则称之曰香帅。在恭维之义，原无不合，惟除数显者以外，如称某某别驾，某某刺史，仅书别字，转令人不能悉其官名，殊非妥善。今拟一格，直称其官名而冠以头衔。如刘坤一则称之曰两江总督刘坤一，张之洞则称之曰湖广总督张之洞，使阅者一目了然。

"一、各地新闻，莫如标明某省某国某埠，使阅者不致混乱。惟有时限于时刻，不能细为编列，亦须标明本埠新闻、本省新闻、各省新闻、各国新闻，依类编开，不可混名之曰中外新闻，以至阅者难于分别。

"一、对译西字新闻，宜由译员主权，对译者不得任意可否。惟对译者倘以该项新闻无关紧要，商之译员，译员允为不录，方可不译，倘译员以为宜录，则仍应译出。

"一、选录各处交换之报纸，头绪纷繁，最易厌倦。司其事者往往苟且塞责，未免遗漏。今拟凡即日接得他处寄到之报纸，即于报纸上书明某日选用字样（如初一日接到，书明初一日选用）。如此则将初二日刊出之报章与初一日选余之他处报纸遗稿互对，便知选录者有无遗漏。为此之故，凡有选录各处报纸所遗余稿，宜暂存之，俟再有寄来，方可递次弃去。

"一、对散稿大稿，各有专责。每晚对过之稿底宜与选出之原稿并为一束。五日内勿得抛弃。以备如有人指提错误，即可按日调查，认明对者字迹，便知何人错误，以免互相诿卸之弊。"

10月1日（八月三十日）

在天津出版的英文 *The Peking and Tientsin Times*（《京津泰晤士报》）由周刊改为日刊，成为天津租界工部局的言论机关。

同月

《五洲汇报》在上海创刊。五日刊。社址在上海浙江路718号。

《汉口日报》创刊。社址在汉口后花楼河街。创办人宋炜臣等，经理沈习之、王华轩，主笔吴趼人。该报以华商报纸为标榜，但有日商投资，言论受日方控制。创办初期曾激烈批评时政，以敢言名于时。后为当地官方收买，转为官办报纸。1904年停刊。

11月1日（十月初二日）

梁启超在即日出版的《新民丛报》第17期上发表重要文章《敬告我同业诸君》，论述他的办报观点。认为报纸有两大天职：监督政府，向导国民。其论报纸对政府的监督作用时有云："报馆者，非政府之臣属，而与政府立于平等之地位者也"，"代表国民发公意以为公言者也"。"所谓监督云者，宜务其大者、远者，勿务其小者、近者"，"当纠政府之全局部，而不可挑得失于小吏一二人，当监政府之大方针，而不必摭献替于小节一二事"。"大抵报馆之对政府，当如严父之督子弟，无所假借"。其论报纸对国民向导作用时有云："以向导国民为目的者，则在史家谓之良史，在报界谓之良报"，"既认定一目的，则宜以极端之议论出之，虽稍偏稍激焉而不以为病"。"其对国民，当如孝子之事两亲，不忘几谏，委曲焉，迁就焉，而务所以喻亲于道，此孝子之事也"。

11月14日（十月十五日）

资产阶级改良派的重要文学期刊《新小说》月刊在日本横滨创刊。编辑发行人署赵毓林，实际负责人为梁启超。第2卷起由上海广智书局出版发行。创刊号刊有梁启超所作《论小说与群治之关系》一文，极力提高小说的社会地位，强调小说的社会作用。该刊以小说为主，有论说、历史小说、政治小说、科学小说、哲理小说、冒险小说、侦探小说等栏目内容，间刊文艺理论、剧本、诗、歌谣、笔记等作品。主要作者有梁启超、吴趼人、羽衣女士、春梦生、玉瑟斋主人等。梁启超的《新中国未来记》，羽衣女士的《东欧女豪杰》，吴趼人的《二十年目睹之怪现状》《痛史》《电术奇谈》等小说，陈独秀以三爱笔名所写的《论戏曲》等论说，即在该刊发表。共出 24 期。

《游学译编》月刊在日本东京创刊。湖南留日学生同乡会主办。每月出 50 页左右 1 册。编辑人有杨毓麟、陈天华、梁焕彝、樊锥、黄兴、周家树、杨度等。国内由长沙矿务总局代为发行。以翻译国外书刊上的文章为主。分学说、教育、军事、时事、历史、传记、地理、外论等栏目内容。1903 年 11 月 3 日（癸卯九月十五日）出至第 12 期后停刊。

11 月 15 日（十月十六日）

梁启超在即日出版的《新民丛报》第 18 期上发表《进化论革命者颉德之学说》一文，其中有“麦喀士，日耳曼人社会主义之泰斗也”，“麦喀士谓今日社会之弊，在多数之弱者为少数之强者所压伏”等语。“麦喀士”即马克思。这是中国最早的介绍马克思的文字之一。

11 月 16 日（十月十七日）

中国教育会主办的爱国学社在上海成立。该会成立不久即与陈范主办的上海《苏报》建立密切关系，共同进行革命宣传。

11 月 23 日（十月二十四日）

天津《大公报》发表社论《严设报律问题》，反对制订报律限制报纸言论。对某道员最近提出的“严设报律”条陈，进行逐条批驳。

12 月 1 日（十一月初二日）

《翻译世界》月刊在上海创刊。社址在上海新马路登贤里 455 号。支那翻译会社主办。马君武主编。自称“以导引中国人民之世界知识为主意”（该刊告白）。所译有哲学、社会学、政治、经济、法律、教育、宗教等各方面的专著，多选自日本及欧美大学教材，以选自日本方面的为最多。出版 4 期后即停。

12 月 9 日（十一月初十日）

《大陆报》（封面及书脊题为“大陆”，版权页及目录题为“大陆报”，英文名 *The Continent*）在上海创刊。社址在上海福州路 55 号。留日归国学生戢元丞、秦力山、杨廷栋、雷奋、陈冷等主办。初为月刊，第 3 卷起改为半月刊，每期约百页。有言论、学术、史传、军事、商工、教育、时事批评、杂录、文苑、小说、外论等栏目内容。鼓吹民主革命。发刊词有“大陆云者，盖深有痛于大陆之事，而特为大声疾呼，以觉我大陆者也”等语。1906 年 1 月出至第 47 期后停刊。

12 月 25 日（十一月二十六日）

《北洋官报》（又名《直隶官报》）在天津创刊。社址在天津河北区狮子林。隔日刊（后改十日刊）。为直隶地方当局主办的政府官报。自称“专以宣德通情，启发民智为要义”，“以讲求政治学理，破锢习，浚知识，期于上下通志，渐致富强为宗旨”。内容有圣谕广训、上谕、本省学务、本省兵事、近今时务、农学、工学、商学、兵学、教案、交涉、外省新闻、各国新闻等。“所有离经害俗，委谈隐事，无关官报宏旨者，一概屏不登录”（《北洋官报章程》）。每期出 8 至 10 余页一册，常有诰诫式的序文一篇，并时事风景图画一二纸。附带发行《北洋学报》和《北洋政学旬报》。

冬

《苏报》增辟《学界风潮》专栏，开始倾向于革命。

同年

《白话学报》在北京创刊。周刊。创办

人崇实中学校长文实权。社址即在该校校内。以白话文讲解史地理化及数学等科学知识。

《政务处汇编政要》月刊在北京创刊。

小型报纸《花天日报》在上海创刊。社址在上海四马路大新街口。以记载“花国”事为主要内容。用红纸印刷。

商办刊物《时术丛谭》在上海创刊。

基督教青年会主办的《青年会报》在上海创刊。双月刊。

《瓯学报》在温州创刊，旋迁上海出版。社址在上海西门外北朱家桥。以介绍中外历史沿革为主要内容。

《怡情报》在上海创刊。英商出资主办。

上海《通学报》旬刊自动停刊。

《英文汇报》半月刊在上海创刊。卢和生主编。分论说、上谕、各国政治新闻、中国外交事情、工艺制造、律例等栏目内容。中英文对照，以便学习两国文字的读者参阅。

以德国侨民为主要读者对象的德文 *Der Ferne Osten*（译意《远东报》）在上海创刊。《德文新报》主笔芬克（C. Fink）主办。出版 3 卷即停。

英文 *Native Customs Trade Returns Aunual*（译意《国内贸易统计册》）、*The Engineering Society of China, Proceeding of the Society & Report of the Council Aunual*（译意《中国工程学会年报》）在上海创刊。

《江西官报》在江西南昌创刊。南昌官报局主办。是江西地方政府的机关报。初为半月刊，后改为旬刊。有上谕、奏牍、选报、新闻、各省新闻、中外新闻、论说等栏目内容。1911 年 5 月停刊。

广州《岭海报》在苏域寰主持下恢复出版。延胡衍鸿（汉民）为主笔。胡衍鸿赴日留学后，改由其兄胡衍鹗主笔。

《亚洲日报》在广州创刊。社址在广东省城大新街中约。谢英伯（抱香）主编。内容分谕旨、辕报、牌示、论说、要闻、告白、商情等。

《鮀江旬报》在广东汕头创刊。旬刊。

《汉潮报》在广东汕头创刊。谢安臣主编。

华侨主办的中文《民报》在澳大利亚悉尼创刊。周刊。是澳洲地区最早的华侨报纸。最高发行量达 5000 份。除中文正刊外，还出有一份英文附刊。

清廷颁布《钦定学堂章程》，禁止学堂学生“离经叛道，妄发狂言怪论，以及著书妄谈，刊布报章”；“私充报馆主笔或访事员”；以及“私自购阅稗官小说，谬报逆书”。（张百熙：《进呈学堂章程析》，《光绪朝东华录》卷一七四）

1903 年
（清德宗光绪二十九年癸卯）

1 月 13 日（壬寅年十二月十五日）

《新民丛报》第 24 期发表了黄遵宪致梁启超书，对梁《新民说》中的某些“激烈”言词表示不满。

1 月 29 日（癸卯年正月初一日）

《湖北学生界》（自本年 7 月出版的第 6 期起改名《汉声》）在日本东京创刊。月刊。湖北留日学生同乡会主办。刘成禺、李书城、时功玖、程明超、王璟芳、尹援一、窦燕石等编撰。是倾向于民主革命的留日学生刊物。有图画、论说、政法、教育、经济、实业、理科、医学、地理、时评、小说、词薮、杂俎、外事、国闻、留学记录等栏目内容。自称以“输入东西之学说，唤起国民之精神”为宗旨。创刊号发表《叙论》，主张：“第一义曰不尚空谈”，“第二义曰不责精深”，“第三义曰专为社会说法”，“第四义曰专就目前说法”，“第五义曰陈病症而兼及方法”，“第六义曰婉劝而戒嘲骂”。该报注意调查研究，除前引栏目外，辟有《湖北调查部记事》专栏，集中发表有关湖北地区的调查报告。所拟调查纲目有政法、教育、经济、实业、军事、历史、地理、民族、生产、交通、外人势力等十一大项。其中政治纲目细目为：官吏——作官之来历，在官之情形，去官后之舆论，僚属来往之状态及其陋规；幕僚——职司之名目，修俸之略数；家丁——人数，势力，每年入侵之款项；吏役——已裁未裁者之名目，现存之略数，裁后之安置，平日之生活，需索之名目及其略数；局员——繁剧，闲冗，乾俸；绅董——急公好义之绅董，侵吞款项之绅董，怙势殃民之绅董；警察（附保甲）；讼狱——公堂之惨状，监狱变相及其人数，决囚之数，讼狱上之陋规；“新政之名实”；“旧政之存废”；“对待外人之政法”；“对待人民之政法”。所刊程明超《湖北调查部纪事叙例》论述进行调查的意义称：“今而后若犹甘于奴隶牛马万劫不复也则已，如其不然，其必各取方域之利病，而一一研究之，而后可以图补救之方。庶几朝野士庶不至如冥行者之依依无所之，而措施吾辈之学说者，亦不至于削足适履。此湖北内情之调查所以必不可缓也。”（《湖北学生界》1903 年第 1 期）

同月

《智群白话报》在上海创刊。月刊。唐孜权经理，砭俗道人主编。文明编译印书局发行。有图画、论说、生理、历史、新闻、杂录、小说、唱歌等栏目内容。出版不久即停。

《南洋官报》在南京创刊。初为双日刊，1905 年 3 月改旬刊，1909 年 1 月改五日刊。南洋官报局出版。为南洋通商大臣和两江总督衙门所属的政府官报，宗旨及体例与《北洋官报》同。

2 月 12 日（正月十五日）

《湖北学报》在武昌创刊。社址在武昌汉阳门内广福坊。旬刊。有学务文牍、教育学、史学、地学、外交学等栏目内容。所刊论文多数译自日本书报。创刊号的《例言》中，宣称“以激发忠爱，开通智慧，振兴实业”为办报宗旨。1 年以后停刊。

《羊城日报》在广州创刊。社址在广州十八甫西约。发行人莫伯伊，编辑莫天一、谭汝俭等。该报鼓吹君主立宪，和保皇会关系密切。除行销于京、津、沪、汉等地外，还在旧金山、檀香山、马尼拉、长崎、横滨、神户、海防、河内、西贡、新加坡、庇能等保皇会势力较大的海外城市设有代销机构。（创刊时间据沈琼楼《清末民初广州报业杂忆》。李默《辛亥革命时期广东报刊录》，作 1904 年。前文刊《广东文史资料》第 18 辑，后文刊《新闻研究资料》第 1 辑。）

2 月 17 日（正月二十日）

《浙江潮》在日本东京创刊。月刊。浙江留日学生同乡会主办。孙翼中、蒋智由、蒋方震、马君武、王家驹、许寿裳等编辑。有图画、社说、论说、学术、大势、教育、哲理、经济、历史、谈丛、记事、文苑、小说等栏目内容。自称以“眷念故国”、“输入文明”、“着眼国民全体之利益”（《发刊词》）为宗旨。为留日学生出版的重要的革命报刊之一。出至第 12 期后停刊。

2 月 22 日（正月二十五日）

《直说》在日本东京创刊。直隶留日学生同乡会主办，清国留学生会馆总发行。月刊。每期出 60 页左右 1 册。该刊具有明显的民主革命倾向。创刊前在东京各留学生报刊上刊登告白如下：

“《直说》本编特色：一、本编由同

人精心选译，所取东西各论，皆适合吾国国民程度，务期可企而及；一、本编为一般国民说法，文辞不事艰深，且立论皆以实用为主，非徒尚空谈者可比；一、本编各门理论，皆采日本最新学说，俾内地存志之（士）不必东渡，得闻各学要领。门类如右：图画、教育、政治、经济、军事、外交、实业、历史、地理、中外大事记、杂俎。全册共四万余言。限正月二十五日（1903 年 2 月 22 日）出版。”（《浙江潮》第 1 期）

2 月 27 日（二月初一日）

《女学报》在上海创刊。其前身为 1899 年冬创办的《女报》，以及 1902 年 5 月 8 日重新出版的《女报》月刊。编辑部设在上海新马路华安里，发行所附设在上海三马路《苏报》馆内，随《苏报》发行。陈撷芬担任主编。是陈继《女报》之后创办的又一份妇女报纸。创刊号标明为“第二年第一期”，以示与前一年出版的《女报》相连。有插画、论说、演说、女界近史、译件、专件、尺素、词翰、谐铎等栏目内容。主要执笔人除陈撷芬外，还有沈世才、陈超、俞碧霞、楚南女子、湘南女史等。原定每月出版，但经常愆期。同年 11 月出至第 4 期后停刊。

同月

广州《岭海报》攻击革命为大逆不道，香港《中国日报》著论驳之，双方论战逾月。广东革命志士纷纷投稿《中国日报》以示支持，揭开了革命派和改良派报刊之间的大论战的序幕。

3 月 13 日（二月十五日）

《译书汇编》出至第 21 期后宣告停刊。

3 月 18 日（二月二十日）

即日出版的《浙江潮》第 2 期发表《浙江同乡会调查部叙例》，论述加强调查研究工作的意义称：“故中国而不欲改革也，如欲改革，则必先于国中一切事物之性质之状态，而一一考察而一一研究，知病之所在而后可下药，知弊之所在而后可兴利。否则沾沾焉持外国已成之模范以铸印吾国固有合模范者，要其不合之处，必窒碍难通，毋亦改革之一大缺点，奚若先时预备之为愈焉。”和这一调查研究活动相配合，《浙江潮》自第 1 期起，即辟有《调查会稿》专栏，刊载这方面稿件。所刊有《秀水城乡各镇烟每月销膏捐数》、《海盐地理之关系》（以上第 1 期）、《杭城报纸销数表》、《杭州藏书楼书数表》、《杭州金融机关组织表》、《杭州放足会第二次调查信》（以上第 2 期）、《绍兴物产》、《温州某县教育情况》（以上第 4 期）、《神户、大阪浙商人数及事业》、《浙江运河轮船通行表》、《温州乐清县玉环厅教育情况》、《杭州输出货大宗数目表》、《杭州外国输入货大宗数目表》、《杭州外省货大宗输入表》、《三门湾紧要调查书》（以上第 5 期）、《处州青田县调查表》（第 6 期）、《嘉兴湖州物产调查》、《海盐报纸销数调查》、《海盐征税情况》、《台州黄岩教育情况调查》、《处州宣平等县种种》（以上第 7 期）、《杭州学校一览》、《绍兴当业》、《绍兴书铺》、《宁波奉化学校》、《浙江销场税》（以上第 8 期）、《嘉兴平湖物产》、《台州宁海种种》、《浙江壬寅年房捐酒捐膏捐》（以上第 9 期）、《浙江省防调查表》（第 10 期）、《富阳缙云物产》（第 11、12 期）第 34 篇。

3 月 29 日（三月初一日）

《科学世界》月刊在上海创刊。上海科学仪器馆出版。卢辉耀主编，参加撰稿的有虞和寅、杜亚泉等。自称以“发明科学基础实业，使吾民之知识技能日益增进”为宗旨。

3 月 31 日（三月初三日）

天津《大公报》在论说栏中发表《二十

世纪之新主义》一文，指出："于二十世纪之天地，欧罗巴之中心，忽然露一光明奇伟之新主义，则社会主义是也。"文章对社会主义的内容作了以下的介绍："其目的欲打破今日资本家与劳动者之阶级，举社会皆变成共和资本，共和营业，以造成一切平等之世界。其手段则欲变少数之国家为多数之国家，变海陆军人之国家为农工商人之国家；变贵族专制之社会，为劳动者共有之社会。"但认为："'社会主义者'亦乌托邦之主义焉耳。"

同月

署两江总督张之洞札饬所属州县禁止翻印出售《清议报》等康梁"逆党"报纸。札文如下：

"照得近来中国士习嚣陵，人心浮动，皆出康梁逆党播散谣言，刊布逆报，诬谤朝廷，淆乱国是，党邪丑正，乐祸幸灾，专以煽惑天下。年轻无识好事之辈，以及偏远地方不知国势时局之士民，冀皆受其蛊惑，以与国家相抵抗。大逆不道，罪不容诛。此等悖逆报章，稍具人心者，俱应深恶痛绝，屏之不与同中国。地方官职司风化，苟有耳目，岂容坐观漠视，若罔闻知，乃本部堂访闻上江两县学宫旁设有明达书庄，鸠集股本，翻印《清议》等报，四散出售，足见逆党狡谋不息，蓄心煽乱，其意必欲胥各省士民尽行其邪说，附其逆党，大乱蜂起，中国沦胥而后已。方今和局甫定，海内粗安，民生困穷，匪徒时发，镇抚培养，犹惧不给，岂可再生事端，以致海内骚动，生民同罹荼毒。乃以省城重地，学官之旁，竟容奸徒刊售逆报，招股续印，流播日多，该地方官形同聋聩，并不严加驱逐，竟尔听其所为，实属昧心溺职，殊堪痛恨骇怪。若不严饬查禁，何以肃法纪而靖人心。此等有关国体民心正俗防乱事件，全在司道大员认真考察，督率防维。江宁省城既有此招股发售之书店，各府州县想必不免，亟应通行查禁，设法劝谕阻止。除经札上江两县迅速即驰往该书庄，立将所有逆书板片纸张尽数起获，呈送本部堂，验明销毁，不准有片纸只字遗留外，一面剀切戒谕地方士民，万不可出资附股，私相传布购阅，致干查究，一面查提该书庄店主到案，查究主持招揽之人，一面饬令具结，以后不再售逆书逆报书籍股票，违者重罚治罪。其官绅有买此等股票者，严应惩儆，以遏乱萌。倘该县等有意徇纵，敷衍含糊，希图朦混了事，定即奏明参革，慎勿自贻伊戚。乃将遵办情况迅即会同禀报外，合行札饬。札到该司即便遵照督饬认真查禁惩办，并通行各属地方官随时察访，官绅商民不准买此等股票，坊肆居民不准售买此种逆报，勿任徇隐干咎，是为至要。切切特札。"（转引自《新闻研究资料》第15辑，展望出版社1982年版，第220、221页）

年初

《鮀江辑译报》在汕头创刊。社址在汕头德兴街。袁守明主持。日出对开1张。有论说、日俄战纪、专件、潮记、粤记、京省新闻、各国新闻及小说、笑林、粤讴、谜语等栏目内容。

春

《岭南女学新报》在广州创刊。冯活泉主办，协助编撰工作的有周惠卿、陈秀琼及日本人藤原文子等。设有体育、智育、德育、新闻、什著等专栏。销达900份。

《中国日报》聘冯自由为驻日记者，加强留日学生界消息的报道。

4月6日（三月初九日）

《童子世界》在上海创刊。爱国学社主

办。是一份以青少年为读者对象的宣传资产阶级民主革命思想的报刊。初为日刊，用油光纸石印，1903年4月26日第21期起改为双日刊，同年5月27日第31期起改为旬刊，并用铅字排印。有论说、时局、历史、地理、小说、笑话、谈丛等栏目内容。多数文章都很简短，且时有通俗的白话文。撰稿人有吴忆琴、钱瑞香、陈君衍、翁筱印、薛锦江等。同年6月6日出至第33期后停刊。

4月16日（三月十九日）

《广益丛报》在重庆创刊。旬刊。广益书局发行。杨庶堪、朱蕴章等主编。内容分上编、下编、外编、附编四大部分。有论说、政纪、国闻、盟约、瀛谈（以上属上编）、学说、学派、历史、教育、格致（以上属下编）、杂录（属外编）等栏目内容，转载了不少国内外报刊发表的政论和文艺作品。后期在同盟会员主持下，“对宣传资产阶级民主革命和联络开明文士，进行了一些工作”。继续出版到民国初年停刊。是清末西南地区出版时间较长的综合性时事刊物之一。

4月17日（三月二十日）

即日出版的《浙江潮》杂志第3期刊出“调查会稿”《杭城报纸销数表》，介绍各报在杭州的发行数字如下：

《中外日报》约500份（官场、商家、学堂、住民皆备）

《苏报》约50份（学堂为多）

《新闻报》约230—240份（官场、商家、学堂、住民皆备）

《申报》约500份（官场、商家为多）

《杭州白话报》约700—800份（普通住民）

《新民丛报》约200份（学堂学生为多）

《译书汇编》约250份（学堂学生为多）

4月27日（四月初一日）

《江苏》杂志在日本东京创刊。月刊。江苏留日学生同乡会主办。秦毓鎏、张肇桐、汪荣宝等主编，参加撰稿的有柳亚子、陈佩忍、金松岑、丁初我、陈冷、刘师培、黄宗仰、宁太一、胡彬夏等人，孙中山及何香凝等也曾给该刊写过文章。有图画、社论、学说、时论、小说、记言、文苑、记事、调查等栏目内容。自称：“腐败者，我江苏之特色，而谈腐败者又我《江苏》杂志之特任。”（《发刊词》）有明显的民主革命倾向，是留日学生主办的重要革命报刊之一。共出12期。

《译书汇编》改名《政法学报》继续出版。社址在日本东京骏河台铃木町19番地。戢翼翚（元丞）、杨廷栋（翼之）、杨荫杭、雷奋等主持。仍为月刊。内容减少了译文，增加了留日学生自撰的政治、经济、历史、哲学等方面的论文。

《新世界学报》因主编人陈黻宸离职，自即日出版的第15期起宣告停刊。

《湖南学报》在长沙创刊。旬刊。湖南省城学报处发行。内容以汇录归国留日学生所开设的师范馆的讲义为主，间刊部分经学方面的论著。作者有皮锡瑞、单启鹏、许兆魁等。

5月16日（四月二十日）

即日出版的《浙江潮》第4期在所刊独头撰《俄人要求立宪之铁血主义》一文中，提出用暴力革命手段推翻君主专制制度的主张称：“今夫专制之起，起于强权，习之既久，君主遂悍然不复自知其非，故其民若不合群合力绞其颈血心血以与君主相搏战者，则君主断不肯割弃其特权三揖三让，拱手以畀之于人民，此必然之势也。”

同期《浙江潮》刊出的筑髓撰《论欧美报章之势力及其组织》一文，向读者介绍了报纸是“第四等级”，报纸的力量超过“四千毛瑟枪”，以及报馆为“国民教育之大机关”等资产阶级新闻学观点。末附《欧美报馆组织一览》，对西方国家报馆经营管理的情况作了介绍。

5 月 17 日（四月二十一日）

安徽各界爱国人士在省城藏书楼举行集会，决定组织爱国会，“提倡军人精神”，以抵制“异族之侵凌”。会上还决定由陈仲甫（独秀）、潘缙华等 7 人负责，筹办一份报纸，名曰《爱国新报》，作为该会的宣传机关。

5 月 18 日（四月二十二日）

上海《苏报》发表社论《读〈中外日报〉》，就该报所刊《存诚篇》（5 月 12 日）、《乘时篇》（5 月 14 日）等论说攻击爱国学社“激发语言”、“跳掷叫嚣”、“哄动”、“煽惑”一节，进行反驳。末称：“或曰：彼主笔者，素与康梁为缘者也。戊戌政变，幸以《时务报》之争而免于拘连，常以此自庆。及庚子汉口之变，又拘连矣，以官力得脱。今者，又闻有上海道电告南洋大臣之举，恐又以第二次之集议被拘连也，故亟为此论，以自解于官场也。然则彼之论固自有意，故杂引多数不关痛痒之古语以为门面，而吾之饶舌，诚不免骈赘也欤!”爱国学社在上海张园公开集会进行革命演说的讲稿，也开始在《苏报》上陆续发表。

5 月中旬

《湖南演说通俗报》在长沙创刊。旬刊。每期出 50 页 16 万字左右 1 册，木刻活字印刷。封面有被黜维新派官员前礼部侍郎曾广钧的题签。内容主要分政治、实业、时事三类，每类又分汇编及白话演说两部分，有插图、湘中近事及中外大事记等栏目内容。所刊文字多署名“湘东渔者”。在此前后，长沙地区还出有《湖南时务白话报》一种。日出 3 页，木刻活字印刷。有上谕电传、论说、食土须知、中外新闻、西学俗谈等栏目内容。除上谕外，全部用白话写作。具体创刊日期不详。

5 月 25 日（四月二十九日）

《苏报》全文刊载了《军国民教育会公约》《军国民教育会临时公约》，对留日学生组织的军国民教育会和这一组织所发起的拒俄爱国运动表示支持。在此以前，《苏报》还发表了林调元所写的《温州留学生敬告同乡书》和陈天华所写的《敬告湖南人》等鼓吹拒俄的文章。

5 月 27 日（五月初一日）

《苏报》聘请章士钊担任主编，开始刊载大量公开鼓动革命的文章，言论更趋激烈。

文学期刊《绣像小说》半月刊在上海创刊。李伯元主编。商务印书馆发行。内容 9/10 为小说，或著或译，配以绣像，另 1/10 为杂文。李伯元（署名南亭亭长）的《文明小史》《活地狱》，刘鹗（署名洪都百炼生）的《老残游记》，吴趼人的《瞎骗奇闻》等著名小说，都是首先在该刊以连载的方式发表的。1906 年 4 月停刊，共出 72 期。

即日出版的《江苏》杂志第 2 期发表译文《俄人之自由思想》，向读者介绍了 1895 年以来俄国国内革命运动发展情况，对列宁领导下的彼得堡工人阶级解放斗争协会的活动，社会民主党的成立及其早期的活动，也作了简单的介绍。

留日学生主办的《政法学报》（原名《译书汇编》）杂志宣布自下一期起，增设《欧美通信》专栏，“与欧美在留邦人特约按月报告彼中情形，为吾国作紧要通讯机关”。

5 月底

邹容编写的通俗宣传小册子《革命军》在上海出版。号召推翻清朝统治，建立“中华共和国”。出版后海外各地革命报刊纷纷翻印，流传很广。

同月

青岛《胶州报》由官方接办。山东巡抚周馥命候补道朱钟琪主持该报工作，由商务局拨给公款3000两充当接办费。后规定每月由商务局补贴经费300元。

6月1日（五月初六日）

《苏报》宣布"本报大改良"，即日起，凡文章中的"绝要之处"，一律"夹印二号字样，以发明本报之特色，而冀速感阅者之神经"（《本报大改良》）。同日刊载论说《康有为》，攻击康的保皇主张为"乞怜于满清政府"，"而保圣清子孙万世之业"，宣布"革命之宣告殆已为全国之所公认，如铁案之不可移"。

6月2日（五月初七日）

《苏报》在报首位置，刊出《本报大注意》启事，宣布将《学界风潮》栏移至头版《论说》后的显著位置，并增辟《舆论商榷》一栏，专刊来稿。启事称：

> "本报近来详于学界，颇承海内外君子之不弃，投函无虚日，愧无以荷。今特将'学界风潮'异常注重，论说之下，首隶此门，用以副诸君子之雅望。又增刊'舆论商榷'一种，凡诸君子以有关于学界、政界各条件，愿以己见借本报公诸天下者，本报当恪守报馆为发表舆论之天职，敬与诸君子从长商榷，间亦忘其口陋，附有所论，望诸君子其匡我不逮，幸甚。"

同日，《苏报》发表论说《论江西学堂学生无再留学之理》，号召学堂学生不再"俯首就范于亡国家奴之下"。

6月3日（五月初八日）

《苏报》刊出《本报大沙汰》启事，宣布将减少"琐屑新闻"，加强"时事要闻"，并增设《特别要闻》栏，"间加按语"，以飨读者。启事称：

> "本报务以单纯之议论，作时局之机关，所有各省及本埠之琐屑新闻，概不合本报之格，严从沙汰，以一旨归。其'时事要闻'中，惟择其确有关系者，罗列一二，另设'特别要闻'一门，亦不常置，如获紧要军报，于中国绝大关系等事，则尽前登列，间加按语，以质高明。阅者诸公，或有以采录不备责本报者，本报当敬谢不敏。"

同日，《苏报》刊载论说《客民篇》，以清帝为"客帝"，以被清朝封建统治者"逼拶而出"、"屏之"于"外"的各族人民为"客民"，要求恢复后者"主人"的地位。

6月7日（五月十二日）

《苏报》自即日起，连续2天刊载章士钊撰写的论说《论中国当道者皆革命党》，讽刺封建当局的高压政策。署名韩天民。

6月8日（五月十三日）

上海《中外日报》自即日起，连续2天刊出汪康年所撰论说《革命驳议》，反对革命，攻击革命党人之鼓吹革命，为"暗于大势，昧于近情"。认为就"外情"而言，"我国今日万不可以言革命"，因为"一言革命，必启内乱，一启内乱，则外人必乘虚而至，将藉保护财产之说，以行其扩张权利之计，而大陆沉矣"；就"内情"而言，则"尚未可以言革命"，因为据说中国的"小民"们"但求饱食暖衣而已"，从来"不知有革命之说"，根本不具备革命的条件，"若革命之说一起，则举足之顷，已即酿乱，已即必败，而内讧未已，外侮踵至，中国即非复我有矣"云云。

6月9日（五月十四日）

《苏报》刊出编者启事《本报大感情》，对诸志士的踊跃投稿和支持表示感谢。启事称：

> "本报改良以来，颇承诸志士之所

不弃，深表同情，投稿于本馆者，殆无虚日，可见中国民气之振。此本报绝大希望，铭感何如。故记者宁避三舍，敬谨先登，尤望诸大豪杰之不吝赐教。中国万岁。”

《苏报》发表“爱读革命军者”（章士钊）所作论说《读〈革命军〉》，赞扬邹容所作《革命军》“以国民主义为干，以仇满为用，挦扯往事，根极公理，驱以犀利之笔，达以浅直之词。虽顽懦之夫，目睹其事，耳闻其语，则罔不面赤耳热，心跳肺张，作拔剑砍地，奋身入海之状。此诚今日国民教育之第一教科书也”。认为排满是“今日革命者所必不能不经之一途”，公开号召以革命行动“去世袭君主，排贵族特权，复一切压制之策”。同日该报《新书介绍》栏刊登了《革命军》出版的广告，宣传该书“宗旨专在驱除满族，光复中国。笔极犀利，文极沉痛，稍有种族思想者读之，当无不拔剑起舞，发冲眉竖”。

6 月 10 日（五月十五日）

《苏报》发表论说《读严拿留学生密谕有愤》，对传闻中的“密谕”表示愤慨。行文中有“贼满人”、“汝诬谬狂戾之上谕”等激烈词句。同日该报《来稿》栏刊出章太炎所作《革命军序》（署“余杭章炳麟”撰），赞扬该书“一以叫咷恣言”，“辞多恣肆，无所回避”；认为革命宣传，必须“跳踉搏跃言之”，“若夫屠沽负贩之徒，利其径直易知，而能恢发智识，则其所化远矣”。

6 月 12 日（五月十七日）

《苏报》自即日起，连续 2 天刊出论说《驳〈革命驳议〉》，对《中外日报》的《革命驳议》一文进行反驳。认为“小小变法，不过欺饰观听而无救于中国之亡”，“各国新政无不从革命而成”，只有革命才能够救中国。文章还就《革命驳议》所提出的革命将招致“外人干涉”一说反驳称：“夫干涉亦何足惧！使革命思想能普及全国，人人挟一不自由毋宁死之主义以自立于抟抟大地之上，与文明公敌相周旋，则炎黄之胄，冠带之伦，遗裔犹多，虽举扬州十日嘉定万家之惨剧重演于二十世纪之舞台，未必能尽歼我种族。”文章的最后一部分激昂地写道：“无量头胪无量血即造成我新中国前途之资料，畏闻革命者，请先饮汝以一卮血酒，以壮君之胆，毋再饶舌，徒乱乃公意！”论说发表时署名“汉族之中一汉种”，据柳亚子回忆是章太炎、柳亚子、蔡治民、邹容四人合作，每人各写一段，连缀而成。（见柳亚子：《我和言论界的因缘》一文，1936 年 3 月《逸经》创刊号）章士钊则在回忆文章中说这篇论说是他写的。（《疏黄帝魂》，《辛亥革命回忆录》第 1 辑，中华书局 1962 年版）

6 月 15 日（五月二十日）

即日出版的《浙江潮》第 5 期小说栏，刊出了鲁迅的第一篇小说《斯巴达之魂》（本期未刊完，其余部分在 11 月 8 日出版的第 9 期刊完）。以非凡的热情，歌颂斯巴达人反抗侵略的爱国精神，激励中国人民“掷笔而起”，奋起救亡。发表时署名“自树”。这是鲁迅在报刊上发表文章的开始。在此以后，鲁迅还以同一笔名为《浙江潮》撰写了《说钼》（刊 10 月 10 日出版的第 8 期），以索子这一笔名为《浙江潮》撰写了《中国地质略论》（刊第 8 期）、翻译了《地底旅行》（刊 12 月 8 日出版的第 10 期）等自然科学论文和小品。

6 月 18 日（五月二十三日）

《苏报》发表论说《贺满洲人》，对满族封建统治者压迫各族人民激起反抗一事进行讽刺、调侃和警告，有“杀满、杀满之声已腾众口”，以及“今者睡虎已醒，群盲豁然，吾汉族之曙光已一发而不可遏抑，视满人为九世深仇，切齿裂眥，磨厉以须”等语。

6月19日（五月二十四日）

《苏报》发表论说《虚无党》，赞美俄国虚无党人和沙皇封建专制制度作斗争的献身精神，并以此勉励中国的革命者，有“吾今日震惊于虚无党之事业，吾心动，吾血濆，吾胆壮，吾气豪，吾敢大声急呼以迎此潮流而祝曰：杀尽专制者，非此潮流荡薄之声乎，而何以冲激之气，独钟于斯拉夫民族而使我汉族生偏枯之感耶！”等语。

6月20日（五月二十五日）

《苏报》的《新书介绍》栏向读者介绍新出版的章太炎《驳康有为论革命书》。略称：“康有为《最近政见书》力主立宪，议论荒谬，余杭章炳麟移书驳之，持矛刺盾，义正词严，非特康氏无可置辩，亦足以破满人之胆矣。凡我汉种，允宜家置一编，以作警钟棒喝，定价一角。”

6月21日（五月二十六日）

《苏报》发表论说《呜呼保皇党》，嘲讽保皇党领导人中饱捐款，借保皇以牟利，希望保皇党人“幡然变计”，与革命党相提携，“保中国，不保大清”。

6月22日（五月二十七日）

《苏报》发表论说《杀人主义》，赞美法国资产阶级在大革命时期的革命流血活动，指满族封建统治者为“二百六十年四万万同胞不共戴天之大仇敌”，有“以四万万人杀一人，奚啻摧枯”，“杀尽胡儿才罢手”，以及“今者，断头台上黄旗已招飐矣，借君颈血，购我文明，不斩楼兰死不休，壮哉杀人！”等激烈词句。

6月23日（五月二十八日）

俄文报刊 Харбинский Вестникъ（《哈尔滨新闻》，亦译《哈尔滨日报》或《哈尔滨公报》）在哈尔滨创刊。中东铁路商业部主办，为中东铁路路局的机关报。初为周三刊，1906年改为日报。主编 П.С. 季申科等。1917年4月26日更名《铁路员工报》继续出版。

《苏报》发表论说《反面之反面说》，再次建议“革命党”“立宪党”联合起来，和“政府党”作斗争，以免后者收渔人之利。

湖广总督端方致电两江总督魏光焘，建议将《苏报》“设法收回自开”。否则，“我办一事，彼发一议，害政惑人，终无了时”。（故宫档案馆所藏端方档。转引自中国近代史资料丛刊《辛亥革命》（一），上海人民出版社1957年版，第444页）

6月24日（五月二十九日）

两江总督魏光焘致电兼湖广总督端方，通报已“嘱沪道婉商工部局”对《苏报》进行查禁。

6月25日（闰五月初一日）

《苏报》刊出《本报重改良》启事，宣布再次对编辑工作进行“改良”，着重于调整栏目，变换字号及在论说旁增加圈识。启事称：

> “本报自五月初六（6月1日）改良以来，仍有未臻完善之处，无以副读者诸君之望，心窃歉然。兹于本日闰月一日起，重加一次改良，将目次分为十界：一、论说界（来稿选论，译件附）；二、机关界，内设调查部，凡国内近今趋势极有关系各要件，或由本馆专员访得，或诸同志之寄稿，均隶此界（即‘特别要闻’）；三、教育界（即‘学界风潮’）；四：政事界；五、新闻界，分中国之部，外国之部（即‘时事要闻’‘世界要闻’）；六、评论界（即‘舆论商榷’）；七、通信界；八、纪言界，分‘文苑丛录’；九、纪实界（即专件择要）；十、余录界。此十界者，

不过略为区分，将来或有扩充，随时改订。惟此时限于篇幅，不能全登，当视其报料之倾向，疏密间出。又首次改良，以2号字夹用，今以其占篇幅过多，仍一律用4号字，而于发议精当处，加以圈识，惟机关界则间用二号字，以醒眉目。”

同日，《苏报》发表论说《敬告国民议政会诸君》，有“我中国亡已二百余载，更何有乎政府。今日之政府，固满洲人之政府也。彼与我分两国。我实不国，而彼则并吞之。我无政府，而彼则以彼之政府强加乎我之上。此我所至死不认者也。为我国民计，当推翻彼族之政府，建立汉种之政府，然后不负我国民。不然者，则皇上固不负，太后固不负，而谓我同胞之国民何！”等激烈词句。国民议政会是以改良派为主的一些绅商在上海成立的一个政治团体，起始于拒俄运动中发起的四民公会，后易名国民公会，再易名国民议政会，曾多次公开集会，受到革命派的抵制。

《经世文潮》在上海创刊。半月刊。上海新世界学报社发行。与1902年创刊的《新世界学报》相衔接，“首一期即为学报第十六期”。总撰述陈黻宸，发行人有耻氏。自称：“病世上所行正续《经世文编》支离缪戾，用其体例，变其精神，区教育、宗教、人种、哲学、史学、政治、社会、国际、法律、殖民、国计、兵、农、商、工艺、文学、地学、理化、医学、美术二十部，子目二百则，译辑海内外哲体制及现行政策，按部编成。”（《经世文潮叙例》）

即日出版的《江苏》杂志第3期刊出题为《专制国专制造新世界学生之分厂也》的时评一则，赞成派遣学生去俄国留学，有“二十世纪中树万丈之光芒骎骎乎有倾倒专制政府之势者，非俄国之学生乎？吾国青年苟因其所长而效之，则他日留学于俄之所得，胜于留学于日本，不益多乎？”等语。

同期《江苏》杂志开始辟设《调查录》专栏，专门刊登江苏留日学生同乡会调查部在国内征集的有关调查稿件。所刊有《上海学堂一般》、《江苏内河之航业》（以上第3期）、《武阳土产表》（第4、5期）、《嘉定谈》、《嘉定城乡内外学界表》、《嘉定学院书院学堂产业表》、《嘉定科田亩表》（以上第5期）、《镇江学堂兴废表》、《扬州学界区所表》、《崑山学界谈》、《嘉定农人生计》（以上第7期）、《扬州教堂表》、《淮安山阴县调查稿》（第8期）、《癸卯年上海商情述略》（第9、10期）、《太仓绅董之特质》、《高邮之生计》、《太仓物产表》（第11、12期）等17篇。

《湖北学生界》出版增刊《旧学》1册，刊出岳飞、文天祥、瞿式耜、夏完淳、顾炎武、黄道周、方孝孺、王夫之等宋明人的诗、词、檄、疏、表、笺、序跋、史论等方面的文字共105篇。扉页刊有题词：“摅怀旧之蓄念，发思古之幽情；光祖宗之玄灵，振大汉之天声。”（集文选句）

6月26日（闰五月初二日）

奉两江总督魏光焘、江苏巡抚恩焘等人派遣，协助上海道袁树勋办理查禁爱国学社及《苏报》等事宜的候补道俞明震到达上海。

6月27日（闰五月初三日）

《苏报》自即日起，连续2天发表文章悼念1个多月前以忧国伤时蹈海自杀的留日学生陈海鲲。本日发表的论说《论仇满生》中，有“革命之野火方烧，排满之风声已播，中原豪杰从今恢复河山，北境夷奴，伫看戢藏头角”，以及“杀满之声，腾于黄口”等激烈词句。陈海鲲自号“仇满生”。

6月29日（闰五月初五日）

《苏报》以《康有为与觉罗君之关系》

为题，摘登了章太炎《驳康有为论革命书》的部分文字，斥责改良派“屈心忍志以处奴隶之地”，以及“立宪法，定君民之权”，以为“治法之极则”；赞美革命“非天雄、大黄之猛剂，而实补泻兼备之良药”；对改良派的理论主张作了全面系统的批判，文字激烈，有“载湉小丑，未辨菽麦”，以及“载湉者，固长素之私友，而汉族之公仇也；况满洲全部之蠢如鹿豕者，而可以不革者哉”等语，发表后引起极大反响。

6月30日（闰五月初六日）

清廷和上海领事团经多次密谋，决定由工部局发出拘票对陈范（即陈梦坡）、陈（一作“程”）吉甫、陈叔畴、章炳麟（太炎）、邹容、钱宝仁、龙积之等和《苏报》有关的7人实行拘捕。清方在拘捕前出有牌告称：

> “奉道宪密札奉苏抚宪札，钦奉电旨，查有上海创立爱国学社招集不逞之徒，倡演革命诸邪说，形同叛逆，着严密查拿等因，钦此。札道拿办。并先奉南洋大臣谕：沪上各报内，苏报近更狂吠，愈无忌惮，着即拿办。转饬密派干役将单开各犯分别严拿，务获禀办，毋稍泄漏疏虞，致被兔脱。一面签差协捕立将苏报馆严行封闭，等因奉此。除另单发封苏报馆外，合饬密拿，仰即协捕立提后开人等，限即日解候讯究：钱允生、陈吉甫、陈叔畴，以上苏报馆主笔。章炳麟、邹容、龙积之，以上伪作《革命军》匪人。陈范、即陈梦坡，苏报馆主。以上七名，该差不动声色，即行按名拿获解究，勿延。”（转引自中国近代史资料丛刊《辛亥革命》（一），第372、373页）

当日上午，《苏报》账房陈吉甫在《苏报》馆首先被捕。

上海租界工部局警探在南京路泥城桥福源里爱国学社捕去章太炎，在新马路《女学报》（即《女苏报》）馆捕去陈范之子陈仲彝及办事员钱宝仁。龙积之于当晚自行到案。《苏报》在章、陈等被捕后，继续由章士钊负责编辑出版。

7月1日（闰五月初七日）

上海租界巡捕房将章太炎等人押送会审公廨，由谳员孙建臣及陪审官英总领事署翻译官迪比南会同审讯。章太炎等聘请律师博易（Harold Browett）出庭辩护。清方要求“移县办理”，租界方面不同意。

列名拘票的邹容到租界四马路巡捕房自行投案。

上海《新闻报》总董美国人福开森致电兼湖广总督端方，密报《苏报》案进展情况。电文如下：

> “武昌兼督端制台钧鉴：祓密，苏报悖逆，革命党猖狂，已设法由沪道商美总领事会同各领签押，工部局即允协拿，计六人，现拿五人，苏报馆主在内。俟讯定，即发封。余党案情后达。刻正审度机宜。开森。阳。”（转引自中国近代史资料丛刊《辛亥革命》（一），第409页）

上海《中外日报》发表社论《近事概言》，反对当局“与言者为难”，并劝告清廷说：“不悟陇畔叹息之声，民间怨咨之语，方且日起而未有已，即日获一人而杀之，亦复于事何济？而转足以激浮动之人心，贻恶名于政府，亦复何益之有？”

7月2日（闰五月初八日）

清方“探员”志赞希、赵竹君致电兼湖广总督端方，报告：1.《苏报》初办时“挂日本牌”，现已不挂，因此“即无外人保护”；2.现已拿到主笔三人，“候过堂后，该报即可封闭”；3.被捕诸人中，“以章（太炎）为最要，公宜设法加图除之”。（转引自

中国近代史资料丛刊《辛亥革命》(一)，第409 页)

湖广总督端方复电《新闻报》总董福开森，表彰他协助清朝官方解决《苏报》问题，有“此事深倚大才”，“一切全仗大力”等语，并要求他协助将邹容“拿办”归京。

上海英文《字林西报》就“苏报案”发表社论，从维护租界的治外法权出发，反对查禁《苏报》。略云：

> “华官之意，注重于封报馆，但本馆望报馆不可封禁。若一旦封禁，则在内地酿害甚大。上海之华报馆得西人保护，一旦忽被封禁，而其事为顽固官员所闻，必定大乐，而藉词将其辖境内所有报馆不论善恶，均行封禁。如是，则于维新之事大有阻碍也。”(译文转引自《上海通志馆期刊》第 2 年第 3 期第 965 页，上海通志馆 1934 年版)

7 月 3 日 (闰五月初九日)

上海道袁树勋致电兼湖广总督端方，报告“苏报案”进展情况称：“急，武昌督宪钧鉴：宙密，庚电敬悉。已获之陈仲彝，即陈范之子，钱允生、陈吉夫均苏报馆主笔，又新党章炳麟、龙积之，共五人，由廨管押，有律师到堂代为声辩，须会讯明确，方能拟办。惟封闭苏报馆一节，诸领意讯明再封。刻嘱福开森切商各领等，务将该馆立即封闭。余详禀。谨闻。树勋。佳，印。”(转引自中国近代史资料丛刊《辛亥革命》(一)，第 410 页)

同日，袁树勋和候补道俞明震联名会电两江总督魏光焘，对“苏报案”进行情况，作了同样内容的报告。魏光焘立即将报告内容，用电报方式通报给端方，并就“解宁”“会奏”事，另电端方征求意见，有“解宁一策，已转饬沪道设法。至会奏一节，似应俟其讯确拟办，并将报馆封定后，再行办理”等语。

同日，福开森两次打电报给端方，向他汇报“苏报案”进行情况：报告邹容“顷已拿获”；强调被捕诸人中，“章著逆书，邹著革命军，结苏报主陈范为一党，皆紧要逆犯”；传达上海各领事的以下主张：“凡在租界犯案者，应在公堂定罪，在租界受罪”；并和端方约定：以后来往电报，“请寄商约会议公所”收转。

同日，上海制造局道员赵滨彦也有电报给端方，报告“苏报案”进行情况。

同日，中国教育会常熟支部负责人殷次伊，为上海租界当局缉捕《苏报》社诸人事，在自沪返虞途中激愤投水自杀。

7 月 4 日 (闰五月初十日)

上海道袁树勋亲访上海英、美领事，就封禁《苏报》事进行洽商。上海租界领事团同意“速签封馆之票”，禁止《苏报》出版。

同日，内阁大学士张之洞就“苏报案”被捕诸人“解宁”事致电端方，转达中枢意见，强调要依靠福开森的力量，完成这项计划。电文称：

> “此事枢纽全赖福开森，请公飞电该洋员，务须设法即日将五人点交上海道解宁，勿稍迟缓，致令狡脱，并缉两魁。如事成，必有优奖。”(转引自中国近代史资料丛刊《辛亥革命》(一)，第 412 页)

同日，两江总督魏光焘致电福开森，嘱其立即“切商各领事”，务将《苏报》“立即封闭”。

同日，端方电复江苏巡抚恩寿、上海道袁树勋，要求袁“速延律师如担文者”与被告辩护律师相“抗辩”，“务将该犯解宁，归中国自行办理”，并声明“律师所费，统由鄂任”。

同日，上海制造局道员赵滨彦续电端方，报告“苏报案”被捕诸人情况。

7月5日（闰五月十一日）

上海道袁树勋致电端方报告“苏报案”进展及交涉情况如下：1. 章太炎等“解宁”事，“其中委曲甚多，俟将各逆据翻译，订期决讯，方定办法”；2. 封报事，已和领事们商定，7月6日（闰五月十二日）由清方律师“持报上堂，宣明逆报，即据发封”；3. 对所聘洋律师“惟力是视，决不惜费”。

同日，端方致电内阁大学士张之洞，认为“苏报案”由上海道出面交涉，“力量较薄”。建议由外务部出面在北京和各国公使进行交涉，否则，“逆焰更凶，大局不可问矣”。

同日，端方电复两江总督魏光焘，要求责成上海道袁树勋、候补道俞明震将吴朓（即吴稚晖）缉捕归案，做到“严密访拿’勿任漏网”。

同日，端方致电福开森，要求他抓紧办理“苏报案”被捕诸人“解归宁办”事，有“此事务望阁下以全副精神，妥密办成，为中国除此巨患，以荷优奖”等语。

同日，端方致电志赞希、赵竹君，要求他们邀请专人，以“苏报案”诸人“造言污谤皇室，妨害国家安宁，与国事犯绝不相同，按之西律亦应归本国办理”等为中心内容，“切实著论数首，登之报端”，为清方作宣传。同时，还要求他们“运动”《申报》及《中外日报》等报纸，“使之助力”。

7月6日（闰五月十二日）

《苏报》发表章太炎被捕后所写的《狱中答新闻报记者书》一文，以激昂的文字表达了反满革命的决心，驳斥了《新闻报》对革命和他本人的攻讦和诬蔑。全文如下：

> “读《新闻报·论革命党》一篇，保皇、拒俄、阻法、义勇队、国民会诸事，不知何人发端，而吾章炳麟未尝与焉。自十六七岁时读蒋氏《东华录》《明季稗史》，见夫扬州、嘉定、戴名世、曾静之事，仇满之念固已勃然在胸。中岁主《时务报》，与康、梁诸子委蛇，亦尝言及变法。当是时，固以为民气获伸，则满洲五百万人必不能自立于汉土。其言虽与今异，其旨则与今同。昔为间接之革命，今为直接之革命，何有所谓始欲维新，终创革命者哉？《訄书》之作，与康、梁保皇同时。巴县邹容肄业日本，元旦演说，已大倡排满主义。此皆在拒俄阻法、义勇队国民会之先，孰云始为大清国民，无端而不认大清者？夫民族主义炽盛于二十世纪，逆胡膻虏，非我族类，不能变法当革，能变法亦当革；不能救民当革，能救民亦当革。吾之序《革命军》，以为革命、光复，名实大异。从俗言之，则曰革命；从吾辈之主观言之，则曰光复。会朝清明，异于汤、武；攘除贱族，异于山岳党。其为希腊、意大利之中兴则是矣，其为英、法之革命则犹有小差也。
>
> “逆胡挑衅，兴此大狱，盗憎主人，固亦其所。吾辈书生，未有寸刃尺匕足与抗衡，相延入狱，志在流血，性分所定，上可以质皇天后土，下可以对四万万人矣。而租界权利为外人所必争，坚持此狱，不令陷入内地。此自各行其志，与吾辈宗旨不同。既以租界为大罗，而欲轶出租界外以求流血，此必不可得之数也。谁为吾辈请律师、筹讼费者？下狱之日，神气激扬，宁暇谋及此事！而以四万万人之公心，激于义愤，而相率奔走驰逐以图之。吾以致命遂志为心，彼以公理战胜为的，亦任其从旁规画而已！愚者不察，辄以始勇终怯，妄相诋诮，岂非见夏峰之营救，而讥左、魏之贪生耶？且今日狱事起于满洲政府，以满洲政府与汉种四万万人构此

大讼，江督关道则满洲政府之代表，吾辈数人则汉种四万万人之代表。为四万万人者固欲本种之获伸，而不欲其为异种所胜，况乎满、汉争讼，则裁判之权自非满洲官吏所能有。以英、美诸国中立而判此狱，于法则宜，宁能听其阑出租界，使裁判之权悉归于诉讼人之手乎？此固四万万人之公心，而非吾辈所能阻止，亦非吾辈所当阻止者也。

"去矣，新闻记者！同是汉种，同是四万万人之一分子，亡国覆宗，祀逾二百，奴隶牛马，躬受其辱。不思祀夏配天，光复旧物，而惟以维新革命，锱铢相较，大勇小怯，秒忽相衡，斥鷃井蛙，安足与知鲲鹏之志哉！去矣，新闻记者！浊醪夕引，素琴晨张，郁素霞之奇意，入修夜之不旸。天命方新，来复不远，请看五十年后，铜像巍巍立于云表者，为我为尔，坐以待之，无多聒聒可也。"（汤志钧编：《章太炎政论选集》上册，第 233—235 页）

同日，清朝政府聘请律师古柏（A. S. P. White-Copper）前往上海租界会审公廨，要求封禁《苏报》。会审公廨接受清方请求，发出由谳员孙建臣、陪审官迪比南签署的封条。

同日，两江总督魏光焘两次致电湖广总督端方，通报"苏报案"进行情况，并就被捕诸人交涉"解宁"事不能操之过急一节解释道：

"盖界内拿犯，最为棘手，此次允为签拿，已属难得。惟彼即须会讯明确，方能拟办，中外律法不同，办法即难遽定。倘我操之过急，彼转持之益坚。昔年拿办黄遵宪可谓前鉴。此时总宜先使讯后，勿复干预，方可由我惩办。"（转引自中国近代史资料丛刊《辛亥革命》（一），第 413 页）

同日，端方两次密电魏光焘。其一，就所闻奉派赴沪办理"苏报案"有关事宜的候补道俞明震的儿子俞大纯游学日本期间，曾"剪辫入革命军"一事，进行通报，要魏对俞"不可不防"，并要魏转告上海道袁树勋"随时留心"。其二，指龙积之为"真康党"，谓其罪名为"煽动诸报馆主张逆说"，要魏转告上海道"万万不可放手"，力求"与诸犯一并解宁"。

7 月 7 日（闰五月十三日）

上午 11 时，上海租界工部局接受了由值年领袖领事美驻上海总领事古纳（G. Goodnow）签署的查封《苏报》令。

《苏报》于本日下午 2 时被该局正式查封。封报时，当天的《苏报》已经出版。

袁树勋、俞明震、福开森、志赞希、赵竹君等分别致电端方，报告"苏报案"进行情况。福开森还在电报中介绍了租界工部局迟延执行查封《苏报》命令的曲折经过：

"昨发封《苏报》，会审员翟翻译签字后，值年领及英领加签，乃工部局竟搁起。今晨沪道以该局不从堂谕，即饬会审孙令停堂勿讯别案。嗣该局自知失理，遂于今午将该馆照封，中多曲折情形。"（转引自中国近代史资料丛刊《辛亥革命》（一），第 415 页）

《申报》以《发封苏报》为题，报道租界当局封禁苏报的经过如下：

"昨日，担文律师处帮办人古柏君，偕舌人赴英、美租界会审公堂，捡呈近日所出之《苏报》数纸，声称本律师系中国政府所延，因苏报馆内会党魁首钱允生等业已拿获押候，订期会讯。讵料连日《苏报》仍重登悖逆不道之说，应请将该报发封。谳员孙建臣直刺允之，将所呈《苏报》请英总领事署翻译官迪君披阅，随签派公差李元标发封条四纸，着赍赴租界领袖美总领事署及英总

领事署禀请签字，然后投老巡捕房，浼总捕头派出中西探捕协同前往该报馆将门钉封。”（《申报》1903年7月7日）

实际情况是当天（7月6日）并没有“钉封”，延至第2天（7月7日）才正式查封，见前。

7月8日（闰五月十四日）

军机处致电湖广总督端方、两江总督魏光焘，要求转饬上海道袁树勋、候补道俞明震切实办好“苏报案”各“逆犯”的引渡工作。电文如下：

“武昌总督、南京总督：真电悉。顷接端署鄂督电称：已获逆犯六名，沪上各领事称，在租界犯案当在租界定罪、受罪。深虑袒护轻纵，逆焰愈炽，后患更大。务属南洋设法催交，此系中国痞匪，诬谤皇室，妨害国家不安，与国事犯绝不相同。已电嘱律师担文照此切实辩论，务交中国自办。等语。希饬袁道俞道一体坚持此义，总期办到方妥。仍随时电商端署督，力筹妥办。并将拿办此案情形电奏。”（转引自中国近代史资料丛刊《辛亥革命》（一），第416页）

同日，上海制造局道员赵滨彦续电端方，报告“苏报案”进行情况。

7月9日（闰五月十五日）

英文《上海泰晤士报》自即日起，连续2天就《苏报》被封事发表社论，反对“未断案而先封馆”，要求“设法阻止中国守旧官员在租界妄行其权”。

上海道袁树勋、候补道俞明震致电两江总督魏光焘，汇报“苏报案”犯“解宁”交涉困难情况，有“职道之才已竭，福开森亦已竭力矣。伏乞宪台鉴其下忱，酌据所禀转奏，言已严饬职道设法解省，暂慰宸廑。临电不胜屏营待命之至”（中国科学院历史研究所第三所主编：《近代史资料》，1956年第3期）等语。

同日，两江总督魏光焘致电湖广总督端方，通报“苏报案”犯解宁事交涉进行情况。

同日，湖广总督端方派往联系“苏报案”交涉事宜的知府金鼎抵达上海，即日起以电报方式向端方及时汇报情况。

《绍兴白话报》在绍兴创刊。社址在绍兴府城小校场。旬刊，1907年改为五日刊。创办人陈公侠、王子余、蔡同卿等。自称以“唤起民众爱国和开通地方风气”为宗旨。

7月10日（闰五月十六日）

福开森、金鼎、志赞希等续电端方汇报“苏报案”进行情况。福开森在电报中建议清朝当局在租界会审有关案犯“得其实供”以前，不可急于进行“解宁”的交涉，尤其不要急于和各国驻京公使办理这项交涉，以免操之过急，“转滋贻误”，“步步渐进，乃为至计”。金鼎在电报中建议暂时不要“查拿案外各党”，以免“外人藉口株连，反将本案看松”。（转引自中国近代史资料丛刊《辛亥革命》（一），第418页）

7月11日（闰五月十七日）

两江总督魏光焘、湖广总督端方、江苏巡抚恩焘联名致电军机处汇报《苏报》被封经过及清方与上海租界当局交涉进行情况。电文如下：

“窃光焘于五月二十五日电陈查禁上海爱国会演说一节，经外务部恭呈御览，奉旨饬将此等败类严密查拿，随时惩办，当即钦遵查禁拿办。旋因上海爱国会演说虽禁，复有设在上海租界之苏报馆刊布谬说，而四川邹容所作《革命军》一书，章炳麟为之序，尤肆无忌惮。因饬一并查禁密拿，派员前往会办。并于拿获各犯后，与方焘往返电商，叠饬沪道等设法迅速解宁审办。兹据沪道袁树勋及委员俞明震先后电禀：此等败类皆托身租界，封报拿犯，须由工部局签字协同办理。该道等先因拿犯，约会各国领事向工部局一再切商辩论，始允签票。陆续拿获邹容、章炳麟、龙泽厚、陈仲彝、钱锡尊、陈吉甫等六犯。竟有律师到堂为之申辩。而封报时工部局仍复把持，复经该道等停讯公堂抵制，始于本月十三日将该馆发封停报。刻下犯未过堂，已令律师担文之伙古柏翻译将《苏报》及《革命军》诸谬说译成英文，登于《字林西报》，俾众咸知其谬，复添延律师哈华托会商，妥筹上堂辩驳办法。若辈久视租界为护符，办理甚形棘手，操之过急，窃恐招动全局。拟俟会讯后，设法解宁审办，总当步步逼紧，不敢稍涉轻纵。等情，前来。除仍严饬赶速会讯，设法解宁惩办，并将爱国社余党分别查办外。所有拿办情形，相应合词陈明。以纾宸廑。乞代奏。魏光焘、端方、恩焘仝叩。”（转引自中国近代史资料丛刊《辛亥革命》（一），第421—422页）

同日，上海道袁树勋续电端方汇报“苏报案”交涉情况。据称：“刻工部局突欲续请启封《苏报》，正与领事律师福开森设法坚持”（转引自中国近代史资料丛刊《辛亥革命》（一），第421页）云云。

同日，金鼎写信给端方，汇报他抵沪2天后了解到的有关“苏报案”被捕诸人的情况如下：

“章逆《狱中答新闻报书》，有十六七岁时已怀排满革命之念。邹逆在日本早倡言革命，不变法当革，变法亦当革，不救民当革，救民亦当革，等语。陈范办《苏报》，为章邹播扬革命，意在煽惑人心。所刊论说，章居六，邹陈居二。陈仲彝不过承父宗旨。陈吉夫乃陈吉甫，系办告白，不预主笔事。钱锡尊系帮改新闻，亦非主笔。冯镜如为《清议报》《新民丛报》、广智书局股东，暗助逆党，然助龙不助章邹，盖国民会与革命党又有别。闻各犯律师系工部局代请，不知何心。工部局濮兰德曾放康、梁，权力最大，每与各领为难，非将案情讯明，伊必不肯交付。此次京使致电各领最有力，中西官皆警动。解宁二字，承办此案者皆不敢放松云云。”（转引自《新闻研究资料》第15辑，第242、243页）

在此前后，金鼎还曾写信给在湖北的梁鼎芬，介绍上海各报对“苏报案”的态度称：

“各报馆议论皆无附和《苏报》者，上海舆论以《中外》《新闻》两报为归，《新闻报》论革命党用讽激之法，逆党果中计。有闰五月十二日《答说》一篇亲供，宛然自认。《中外报》不论不议，但即西报之或是或非译而录之，自以为守局外之例。《同文沪（报）》凡《新闻报》先一日议论，次日即随之。《申报》虽议论切实，然素以守旧，为人所恶，故其言亦不足重。此外零星小报，无敢妄言。《文汇西报》视福君开森为宗旨，视美领为宗旨（原注：本系美商），上海《泰晤士报》《捷报》皆西报之最劣者，议论此事偶有反对，然非正经报纸，当不足牵动人心。法文报、德文报尚正经，《字林西报》则时讽领事，因该报视工部局为转移者，故议论间有意见。此各党势力之大概情形也。”（《近代史资料》，1956年第3期，第4页）

7月12日（闰五月十八日）

两江总督魏光焘致电湖广总督端方，通报“苏报案”犯引渡事交涉情况，说明“此事阻力全在工局”，已饬袁树勋等“察看各领宗旨，工局意见，随时因应”，但不能“操之过急”。希望端方向清廷反映这一情况，“姑从缓催，以免枝节”。（转引自中国近代史资料丛刊《辛亥革命》（一），第 422 页）

同日，袁树勋、金鼎及志赞希、赵竹君等分别密电端方汇报“苏报案”进展情况。袁电报告说：“报馆各主笔证供已具，二十一日当可会讯。”金电要求：1. 注意陈范的行动，“毋令狡脱”；2. 将龙积之曾参加自立军活动的有关材料汇寄上海，“以为讯明后解鄂地步”，并要求端方引用他所提供的情况分电各处时，“不必据鼎电称，庶免疑忌”。（转引自中国近代史资料丛刊《辛亥革命》（一），第 422、423 页）

7 月 13 日（闰五月十九日）

军机处致电两江总督魏光焘、湖广总督端方、江苏巡抚恩焘，传达清廷旨意：“邹容等六犯业经拿获，仍著严饬速筹解宁惩办，勿任狡脱，以儆狂悖。”（同上第 423 页）

7 月 14 日（闰五月二十日）

知府金鼎、探员志赞希续电端方报告“苏报案”将于明日“会讯”的消息。

《蜀报》在成都创刊。旬刊。成都文伦书局印刷发行。有论说、谕旨、政治、学校、外交、外纪、艺术、杂志、外国新闻、各省新闻、本省新闻等栏目内容。自称：“论说选录宗旨，统以《直隶官报》《晋报》为衡。”所刊言论支持维新变法。

7 月 15 日（闰五月二十一日）

上海租界会审公廨开始会审“苏报案”。参加会审的有代表清方的孙建臣、汪瑶庭，代表租界方面的英国总领事署翻译官迪比南等。开庭后，首先由古柏律师代表原告清政府宣读《控告苏报馆条款》，指控 6 月 1 日至 22 日该报所刊《贺满洲人》《客民篇》《读革命军》《革命军论》《读严拿留学生密谕有愤》《杀人主义论》《康有为与觉罗君之关系》等论说，“故意诬蔑今上，排诋政府，大逆不道，欲使国民仇视今上，痛恨政府，心怀叵测，谋为不轨”。继由主审官对陈吉甫、陈仲彝、钱允生、龙积之、章炳麟、邹容等人进行审讯。各人供词如下：

> 陈吉甫：“原籍苏州，向在《苏报》专管告白，并不与闻主笔之事。其经理银钱者为李志园。”
>
> 陈仲彝：“《苏报》乃公司，由父亲陈范经理，总主笔为吴稚晖，父亲于事发之前避赴东洋。”
>
> 钱允生：“本名宝仁，非锡尊，教民，由镇江来沪办矿，在新马路《女学报》馆被获。不知《苏报》事。”
>
> 龙积之：“年四十四岁，广西临桂县人，由优贡分发四川知县，光绪二十六年汉口唐才常富有票案，职员并不在内。”
>
> 章炳麟：“年三十六岁，浙江余杭县人，《革命军》序文系我所作”，“今年二月，在爱国学社任教习，因见康有为著书反对革命，袒护满人，故我作书驳之。所指书中‘载湉小丑’四字，触犯清帝圣讳一语，我只知清帝乃满人，不知所谓圣讳”，“不认野蛮政府”。
>
> 邹容：“四川巴县人，《革命军》一书乃我所作。”（胡道静：《上海新闻事业之史的发展》，《上海市通志馆期刊》第 2 年第 3 期，上海通志馆 1934 年版，第 970、971 页）

被告律师博易、高易等两人参加了这次庭讯，但“未发一语”，准备“次堂申辩”。

同日，上海道袁树勋、候补道俞明震、知府金鼎、探员志赞布分别打电报给两江总督魏光焘、湖广总督端方、江苏巡抚恩焘，报告“苏报案”初次开庭审讯的情况，并透露租界当局正在加派探捕差役，准备“票拿陈范、李志园、吴稚晖即胱诸犯”。袁电还对案情作了分析，有“邹容、章炳麟既经供认，容易着手。龙积之鄂省有案，亦不难办”等语。

章太炎退庭后，在致友人信中追记本日“听诉”情况如下：

“传讯时，每一人以一英捕陪坐，马车复有英捕跨辕，数英捕驰车带剑，夹在前后，街巷隘口，亦皆以巡捕伺守，谋不得发。

“既往听诉，则闻南洋法律官带同翻译，宣说曰：‘中国政府到案。’曰：‘中国政府控告苏报馆大逆不道，煽惑乱党，谋为不轨’；曰：‘中国政府控告章炳麟大逆不道，煽惑乱党，谋为不轨’；曰：‘中国政府控告邹容大逆不道，煽惑乱党，谋为不轨’。乃各举书报所载以为证：贼满人、逆胡、伪清等语，一切宣读不讳。

“噫嘻！彼自称为中国政府，以中国政府控告罪人，不在他国法院，而在己所管辖最小之新衙门，真千古笑柄矣。诉毕，钱、程二子，自辩本无干涉；仲岐代父入狱，亦已为大众所知，当可开释。弟与威丹，罪状自重。其所控我，自革命逐满外，复牵引玄烨、弘历、载湉小丑等语，以为干犯庙讳，指斥乘舆，不知律师如何申辩？龙积之无事可执，乃云系富有票会匪，犯事在汉口，情节支离，不值一辩。最可笑者，新衙门委员孙某，不甚识字，觳觫殊甚，但云公等速说，我与公等无仇无怨而已。事毕，乘马车归捕房，观者填咽，诵‘风吹枷锁满城香，街市争看员外郎’而返。”（《狱中与吴君遂、张伯纯书》。汤志钧编：《章太炎政论选集》上册，第238—239页）

当日晚，奉派到上海办理“苏报案”有关交涉事宜的候补道俞明震离沪返宁，不再参加这项工作。

7月16日（闰五月二十二日）

《申报》刊出题为《初讯革命党》的长篇消息，对前一天租界会审公廨开庭会讯“苏报案”的情况作了详细报道，略称：

“昨晨，有印度巡捕数十名，骑马持械，督以捕头，偕某某诸号西捕，拥护车马二辆，风驰云卷，由四马路老巡捕房迤逦过浙江路大桥，以抵英、法租界会审公廨。……钟鸣十下，谳员孙建臣直刺会同英总领事署迪翻译官升堂研鞫。政府律师古柏及哈华托带同舌人到案，邹等亦延博易及高易公馆律师琼司之伙雷满上堂声辩。先由古律师声称：本律师上次到堂，尚未问明各节，现在各人所犯缘由，已逐一稽查清楚，苏报馆主陈范即陈叔畴，为现到案陈仲彝生父，实主持该馆笔政。程吉甫系司账人。该报污蔑朝廷，大逆不道，其中有‘与满人九世深仇’，及‘保护中国不保护满人’之语。甚至本月初五日报中，直呼今上之名，指为‘小丑’。初十日论说，有‘四万万之同胞，不共戴天，仇杀满人，及杀尽胡人方罢手，快哉！’等悖逆之词。某日更谓‘以四万万人杀一人’。其余如‘排满’‘灭清’‘贼清’‘胡牝’之类，种种逆说，不可枚举，容再查出续呈。……有见者，谓章长发毵毵然被两肩，其衣不东不西，颇似僧人袈裟之状。邹剪辫，易西服。余人则仍用华装。……”

同日，知府金鼎、道员赵滨彦致电湖广总督端方，对“苏报案”初审情况作了秘密汇报。金电对清方办理此案诸员和清方律师在会讯前后的表现不满，有“沪道精力不能到，谳员孙令才力不足，福一人支撑甚不易，古懦，哈尚用心”等语，并建议端方联合魏光焘向清廷推荐熟悉“西律”的外务部右侍郎伍廷芳前来上海“会同讯办”。（转引自中国近代史资料丛刊《辛亥革命》（一），第425页）

同日，端方致电内阁大学士张之洞，汇报“苏报案”初审情况。

7月17日（闰五月二十三日）

知府金鼎密电端方，报告“苏报案”进展情况，有陈范已“遁”，吴稚晖“未获”，以及受“苏报案”影响，“此间新党近避往日本不少”等语。（转引自中国近代史资料丛刊《辛亥革命》（一），第426页）

同日，端方致电金鼎，对金和福开森的工作表示满意，赞金“所见极为周密”，赞福“于此事苦费经营，不胜佩慰”。（转引自中国近代史资料丛刊《辛亥革命》（一），第467页）

7月18日（闰五月二十四日）

知府金鼎密电端方，报告“苏报案”犯“解宁”事正在由袁树勋、福开森等“上紧筹议”，积极进行中。（转引自中国近代史资料丛刊《辛亥革命》（一），第426页）

7月19日（闰五月二十五日）

北京“报馆访事”沈荩以报道了有关中俄密约的消息被清廷秘密逮捕。

同日，两江总督魏光焘致电湖广总督端方，通报“苏报案”进展情况，有“陈范潜赴日本，吴朓（即吴稚晖）潜赴胶州，现即照会日德两使，分别转电密拿”等语。又同日探员志赞希、赵竹君续电端方密报：《苏报》一案“闻西人近亦有可归中国自办之说”。（转引自中国近代史资料丛刊《辛亥革命》（一），第427页）

7月20日（闰五月二十六日）

上海道袁树勋走访美领事古衲，协商引渡“苏报案”被捕诸人事。

7月21日（闰五月二十七日）

上海租界会审公廨第二次开庭，对“苏报案”进行会讯。原、被告律师就能否立案问题，进行辩论。《申报》记者对这次会审的情况作有以下的报道：

> “昨日午后两点一刻时，总巡捕头派捕乘马押解奉旨拘拿之革命党章炳麟、邹容、程（陈）吉甫、钱允生、陈仲彝五名，至英、美租界公廨时，中国政府律师古柏及哈华托，章、邹诸党人所延律师博易及琼司，均已到案。少选，谳员孙建臣直刺会同英总领事署迪翻译升堂。古律师声称，上次会讯后，查得此案之外另有交涉，事机尚未停妥，今日未便向堂上声叙，请俟停妥后再互订会讯之期。博律师称：古律所请改期会讯，堂上不能允从。若云交涉事机，究与何人交涉，不妨指明。况《公共租界章程》，界内之事，应归公堂讯理。现在原告究系何人？其为政府耶？抑江苏巡抚耶？上海道台耶？本律师无从知悉。直刺谓章、邹等犯，系奉旨着江苏巡抚饬拘，本分府惟有遵奉宪札行事而已，随将札文出示。博律师又称：政府律师如不能指出章、邹等人所犯何罪，又不能指明交涉之事，应请将此案立即注销。哈律师称此案由最为明白，仍俟政府将交涉事机议妥，然后订期会讯可也。直刺与迪君皆曰诺。遂命将章、邹等五人仍交巡捕带回管押。……”（《二讯革命党》，《申报》1903年7月22日）

内阁大学士张之洞致电湖广总督端方，要求端转饬“苏报案”承办人员根据条约，争回在租界内缉拿审办“中国罪犯”的“治权”，并要求端“飞电金守等，格外重托所延律师，据理申辩，事成后逾格酬谢，亦所不惜”。（《张文襄公电稿》卷五七，第27、28页）

当日下午4时，上海道袁树勋与驻沪各国领事就“苏报案”被捕诸人引渡事进行交涉，但无结果。

同日，上海公共租界工部局致电北京领袖公使威尔彭（Gzikannde Wahlborn），建议修订上海租界地皮章程附则，规定工部局有权检查及管理租界内的华文报纸。

7月22日（闰五月二十八日）

章太炎在押所作《狱中赠邹容》诗：“邹容吾小弟，被发下瀛洲。快剪刀除辫，干牛肉作糇。英雄一入狱，天地亦悲秋。临命须掺手，乾坤只两头。”以革命志节相激励。

邹容和诗称：“中原久陆沉，英雄出隐沦。举世呼不应，抉眼悬京门。一瞑负多疚，长歌招国魂。头颅当自抚，谁为墨新坟。”

本日前后，章太炎致书吴君遂，介绍“苏报案”被捕诸人在狱中的表现情况称：

> “邹君本是同志；积之议论，亦复水乳交融；陈仲岐略有怨尤，亦尚宁静；无如程、钱二子，搅扰不安。钱保仁本镇江流氓，积之在镇江时，曾雇为佣役，后以诳骗银钱一案，投入教会，今又在籍犯法，逃至上海，当张园演说时，满口胡言，自命为三点头目，且与积之书云：‘尔勿败我事，否则尔首领不保矣。’以是积之不敢明言。梦坡本有痰病，遂受其诈。常言某处有一金佛，可往取归，一生吃著不尽，而梦坡竟信之，欲以《苏报》交彼办理。幸仲岐窥破其诈，得以保守，然已骗去墨银三四百元矣。前日禹稽亭来，彼亦相识，辄妄言我与张伯纯曾在某处谋开矿山，矿中五金皆具，似伯纯亦尝受其欺者。而其人识字甚少，所书俗语，亦如拉丁文大悲咒，不可猝解，不知梦坡何以称之？近阅《儒林外史》，每举洪憨仙烧银事，以为谈笑，彼竟不晓。又时诵王褒《僮约》云：奴不听教，当笞一百，亦聊以为狱中谈柄也。……”（汤志钧编：《章太炎政论选集》上册，第240—241页）

同日，知府金鼎续电端方，密报前一天“苏报案”复讯情况。

7月23日（闰五月二十九日）

两江总督魏光焘改派道员杜俞代替俞明震会同上海道袁树勋办理“苏报案”有关交涉事宜。

袁树勋致电湖广总督端方，要求端转电内阁大学士张之洞及清廷外务部对“苏报案”被捕诸人交涉“解宁”事，“主持补救”。（转引自中国近代史资料丛刊《辛亥革命》（一），第429页）

7月24日（六月初一日）

《湖北学生界》自即日出版的第6期起改名为《汉声》继续出版。期数与《湖北学生界》的期数相衔接。声明将“兴扬民族之风潮，兆汉祀于即绝”。

即日出版的《江苏》杂志第4期刊出题为《革命岂可免乎》的社论，以及题为《露西亚虚无党》的论说。前文对清廷镇压拒俄运动表示愤慨。提出“就情势论之，盖几乎革命亦革命，非革命亦革命……迫乎哉，革命岂可免乎！”及“君不革命非丈夫！”等激烈革命口号。后文对专制政体进行斥责，有“天下之政体，莫毒于专制；天下之苦，莫惨于专制政府之压制。……故当文明之世，专制政体者，国民之公敌；专制政府之压制者，实人生之大蠹、社会之蟊贼也”等语。同期《江苏》还在《本省时评》栏刊出短评《祝苏报馆之封禁》，要求清廷给国民以思想、言论、出版的自由，并以讽刺笔法，对反动当局封禁《苏报》事进行抨击。

《奇新画报》在上海创刊。除新闻画及风俗画外，间刊古今名人画稿。

知府金鼎为“苏报案”被捕诸人引渡事，续电湖广总督端方，认为“必得外部与京使切实妥商，始易措办”。（转引自中国近代史资料丛刊《辛亥革命》（一），第430页）

7月25日（六月初二日）

美国驻上海总领事古衲致函美国副国务卿潘尔思及美国驻北京公使康格，对清方和各国驻沪外交团相互勾结就“苏报案”被捕诸人引渡事进行协商，以及因此受到舆论指责的情况，作了如下汇报：“7月20日上海道持函来访，函内转达两江总督电，严责道台与各领事取得协议，告以如不立即将六犯引渡，押解苏州惩办，即以降级问罪。职遂与道台于翌日莅临总领事会议。”次日，“道台告以朝廷曾勒令两江总督要求将该案人犯立即引渡……既在公廨审讯，并已服罪，应立即解交中国官府惩办”。“之后，华人提出要求一事忽告泄漏，上海《泰晤士报》与《中国日报》立论异常激烈，竟以为外交团如若决定将罪犯引渡，应予以反抗。”“街头谣言纷纭，暗示如若外交团决定引渡，六犯将逃逸。”最后还说：“逆书笔端犀利，鼓吹武装革命，杀戮满人，痛诋皇上，西人何故保护此辈莠民，使其谋为不轨，安然造反耶?”（见《美国外交档案显微胶卷》F. M112—R49。转引自汤志钧编：《章太炎年谱长编》，中华书局1979年版，第182页）

7月27日（六月初四日）

清廷外务部与各国驻京公使交涉“苏报案”被捕诸人引渡事毫无结果。同时将进行情况电复两江总督魏光焘称：“此事本处已迭向英日美三使商令将各犯交归中国自办，彼谓尚须详核案情与各使会议，意在推诿延宕。除再切催外。一面仍由贵处转饬沪道抱定租界设官章程，与领事切实商办，务令迅速交办。是为至要。”（转引自中国近代史资料丛刊《辛亥革命》（一），第430页）

7月28日（六月初五日）

上海道交涉“苏报案”被捕诸人引渡事无结果，“各领及工部局至今未将各犯交出”。两江总督魏光焘为此再电清廷外务部，说明“该犯等按照条约、章程，均应交归中国自办”，要求外务部“切商各使，电令各领转饬工局遵照约章，将犯交出，不再干预”。（转引自中国近代史资料丛刊《辛亥革命》（一），第430、431页）

7月31日（六月初八日）

“报馆访事”沈荩以在报纸上透露了有关中俄密约的消息，被慈禧下令用竹鞭行刑，即日杖死于刑部监狱。津、沪、穗各报纷纷报道这一消息，并发表评论，对清廷的凶残表示愤慨。沈原名克诚，字愚溪，湖南善化人，曾参加过1900年的自立军起义活动，担任右军统领。天津《大公报》对沈荩被杖毙一事，先后作过如下报道：

> “拿交刑部之沈荩于初八日被刑。……兹闻是日入奏请斩立决，因本月系万寿月，向不杀人。奉皇太后懿旨，改为立毙杖下。惟刑部因不行杖，故此次特造一大木板，而行杖之法又素不谙习，故打至二百余下，血肉飞裂，犹未至死。后不得已，始用绳紧系其颈，勒之而死。”（《大公报》1903年8月4日）

> “当杖毙时，先派壮差二名，打以八十大板，骨已如粉，始终未出一声。及至打毕，堂司均以为毙矣。不意沈于阶下发声曰：“何以还不死，速用绳绞我。堂司无法，如其言，两绞而死。”（《大公报》1903年9月16日）

同日，到上海探访及交涉“苏报案”有关事宜的知府金鼎被调回湖北。临行电告端方，“苏报案”交涉事毫无结果，今后有关情况将由福开森随时汇报。

同月

《书画谱报》在上海创刊。

8月4日（六月十二日）

章太炎在狱中作诗悼念沈荩遇害。诗云："不见此君久，江湖久隐沦。萧萧悲壮士，今在易京门。魑魅羞争焰，文章总断魂。中阴当待我，南北几新坟。"（《国民日日报》1903年8月14日）

8月5日（六月十三日）

英国首相斐尔福训令英国驻华公使："现在苏报馆之人，不能交与华官审判。"

8月7日（六月十五日）

《国民日日报》在上海创刊。社址在上海英租界二马路中市。聘请英人高茂尔（A. Comall）担任名义上的发行人。主编章士钊，协助章担任编撰工作的有陈仲甫（独秀）、卢和生、张继、苏曼殊、何梅士（靡施）、陈去病、谢晓石、金天翮、柳亚子、高旭、刘师培等。是上海革命党人在《苏报》被封后创办起来的又一份革命报纸。该报拒用清朝正朔，改用黄帝纪元纪年，时称"苏报第二"。副刊《黑暗世界》由连横（慕秦）主编，专刊小说诗词等文艺作品，讽刺、攻击满清官吏不遗余力。创刊号发表《发刊词》一篇，使用了不少攻击封建专制政体的激烈词句，对资产阶级新闻学观点进行了初步的论述。略称：

"舆论者，造因之无上乘也，一切事业之母也。故将图国民之事业，不可不造国民之舆论。舆论谁尸之？此亦不难解决之问题也。夫贵族与平民之界既分，则不在贵族而在平民无疑。然平民之质点甚淆乱，言庞而论驳无当也。盖舆论者，必具有转移社会，左右世界之力者也。大凡一国家之成立，当无不有一种无名之舆论，隐据于工规师谏之巅，而政治之发见，亦间受其影响。不过公理之未著明，民党之无势力，凡文明上之事业，皆甚幼稚，则比称舆论，亦遂旁皇而无所著。自十九世纪欧洲有所谓第四种族之新产儿出世，而舆论乃大定。第四种族者，以对于贵族、教徒、平民三大种族之外，而另成一绝大种族者也。此种族者何物也？乃为一切言论之出发地，所放于社会之影光，所占于社会之位置，至于如是。盖即由平民之趋势，迤逦而来；以平民之志望，组织而成；对待贵族而为其监督，专以代表平民为职志，所谓新闻记者是也。新闻学之与国民之关切为何如，故记者既据最高之地位，代表国民，国民而亦即承认为其代表者。一纸之出，可以收全国之观听；一议之发，可以挽全国之倾势。如林肯为记者，而后有释黑奴之战争；格兰斯顿为记者，而后有爱尔兰自治案之通过。言论为一切事实之母，是岂不然。……"

"中国之业新闻者，亦既三十年；其于社会有一毫之影响与否，此可验之今日而知之者也。有取媚权贵焉者；有求悦市人焉者；甚有混淆种界，折辱同胞焉者。求一注定宗旨，大声疾呼，必达其目的地而后已者，概乎无闻。有之，则又玉碎而不能瓦全也。呜呼！中国报业之沿革如是，国民之程度如是。而欲蔚成一种族，吸取民族之暗潮，改造全国之现势，其殆不能乎？其殆不能乎？故以吾《国民日日报》区区之组织，詹詹之小言，而谓将解说'国民'二字，以饷我同胞，则非能如裁判官，能如救世主（松本君平之所颂新闻记者），诚未之敢望。亦以当今狼豕纵横，主人失其故居，窃愿作彼公仆，为警钟铃铎，日聒于我主人之侧，敢以附诸无忘越人之杀而父之义。更发狂呓，以此报出世之期，为国民重生之日。

哀哀吾同胞，傥愿闻之！”

沈寂《陈独秀与章士钊》记章、陈合编《国民日日报》时的情况称：

“陈、章‘蛰居昌寿里之偏楼，对掌辞笔，总不出门’（《甲寅周刊》一卷三十号）。报纸编发稿件由陈、章轮流值日，当章士钊值日编稿时，陈独秀就在对面翻译法国著名小说《惨世界》。两人‘兴居无节，头面不洗，衣敝无以易，亦并不浣’。有一天早晨起来，章士钊突然发现陈独秀的黑色衬衣上，有点点白色的东西在蠕动，且密集无数。惊呼：‘仲甫！是如何耶？’陈独秀从容地看了看，淡淡答道：‘虱耳！’他们把全付精力都倾注于革命事业上了，个人的生活绝不计较。他俩的友谊，就是在这样并肩战斗中凝聚起来的。”（《未定稿》第116期，中国社科院出版社1981年9月版）

8月9日（六月十七日）

《国民日日报》发表章太炎在狱中所写的短文《论承用维新二字之荒谬》，以《大雅》及《古文尚书》为根据，论证“维新”两字的原来含义是以流血手段改朝换代，而不是温和的变法，以此嗤笑康梁等人之妄。发表时署名“绛叔”。

8月10日（六月十八日）

北京领袖公使威尔彭代表公使团复函上海工部局，反对该局7月22日提出的将“工部局有权检查及管理租界内的华文报纸”的条文列入租界地皮章程附则的建议。

同日，福开森就“苏报案”被捕诸人解宁讯办事交涉情况密电端方，报告说：“交犯一节，他国先后可允，惟英政府云不应交。英萨使由英回华，后日到沪，英领候萨使到再酌办法。”（转引自中国近代史资料丛刊《辛亥革命》（一），第431、432页）

8月12日（六月二十日）

即日出版的《浙江潮》杂志第6期发表大陆之民所撰《最近三世纪大势变迁史》，对社会主义运动表示同情，对其发展趋势作了预测，略称：

“物质的进步之泽，上等社会受之，而贫民无与也。几百万劳动者皆以黑烟为生涯，而呼吸新鲜空气之幸福无与也；于一时间行数十里之汽车安如也，而贫民则奔走茧足焉；一迥间横断大西洋之汽船便利也，而几百万之贫民不能保生养于父母之邦，反乘逆浪以流出海外；衣服之便利之华美，愈竞愈奇，而贫民则不得谋一袭；器物食用之新异，每隔山海万里来输入市场，而贫民则以万斛辛酸之泪，终日奔波之血汗，易一片面包，呜咽就食而已。呵！惨哉！”

“近世社会党蔓布列国，忽而同盟罢工，忽而集会演说，每年秘密出版之劳动杂志，数百万册，抗贵族求平等之血泪，数百万斛。非有昔日之压制，安有今日之炸裂？吾视十九世纪之末，二十世纪之初，纯乎社会主义之世界矣！”

8月18日（六月二十六日）

上海《中外日报》刊登了译自外报的《北京公使会议苏报案》一稿，报道了各国公使对“苏报案”被捕诸人引渡一事的态度：俄使、法使主张“将诸人交于华官”，英参赞认为“不应交与华官”，美使主将“仍交上海领事办理”，日使主张“照约办理”。译文如下：

“近在北京地方各公使因上海苏报馆一案，英国参赞之意，以为诸人不应交与华官，日本公使以为未曾拘人以前，上海道既与各国领事立有约章，现在即应照约办理。惟俄、法两国则欲助中国政府，将诸人交于华官，故其中彼等之意见各不相同。美公使之意以为莫妙于仍交上海领事办理此事也。本馆以为现在惟英领可决言其不允将诸人交于华官，惟闻工部局已有函与各领事，以后须设法使华人所开之馆不许在租界上于报中发抗拒政府之议论。惟本馆则以为工部局虽有此意，倘使华馆有洋商出面，则虽有此意，恐工部局亦难于照办也。”（译自《上海泰晤士报》1903 年 8 月 17 日）

《大公报》登载广告祝贺光绪生日：“恭贺大清国皇帝万寿圣节：一人有庆，万寿无疆，宪法早日，国祚绵长。本馆敬祝。”

8 月 22 日（六月三十日）

内阁大学士张之洞致电湖广总督端方，表示在“苏报案”被捕诸人移交问题上可以作如下让步，即清方保证“此六犯若交出，皆只以监禁了事，决不办死罪”，要求端“饬福开森与各国婉商”。在此以前，盛传沈荩杖毙事，“各国皆不以为然”，有《苏报》案犯“决不肯交”之说。（转引自中国近代史资料丛刊《辛亥革命》（一），第 432 页）

8 月 23 日（七月初一日）

上海各界召开沈荩追悼会于愚园。章太炎在狱中为追悼会撰写了祭文，称清廷为“建虏”“胡清”“膻胡”，有“不有死者，谁申民气？不有生者，谁复九世？哀我遗黎，不绝如系。大波相续，云谁亡继？重曰：支那有人兮君千万岁”，以及“黄帝归兮，鼎湖返兮”等带有反满色彩的激烈词句。在此前后，章太炎还在狱中为章士钊编写的《沈荩》一书写了一篇短序。

即日出版的《江苏》杂志第 5 期发表壮游作《国民新灵魂》一文，对下层社会和“共产均贫富之说”表示同情，有“吾欲鼓吹革命主义于名为上等社会之人而使之翕受，终不可得矣，吾乃转眼而望诸平民”，“共产均贫富之说，乃个人所欢欣崇拜香花祝而神明奉者也”，“吾先献身破产，铲平阶级，以为国民倡，夫吾之愚固不可及也”等语。

8 月 24 日（七月初二日）

上海道袁树勋致电湖广总督端方，就“苏报案”被捕诸人解宁讯办事交涉情况报告说：“此案美俄法德西洋各使均允交犯，独阻于英与日本。”又说：“英萨使过沪，再三争辩，彼谓沈荩办之太过，宜在新廨审办，冀保全各犯首领”云云。同电还提出所谓“补救主权办法两条”，即：“一、拟由地方官审讯，仍照律定罪，请旨办理，俾知朝廷法外之仁；二、由外部照会各公使，申明和约及会审交犯章程，嗣后不得援以为例。”（转引自中国近代史资料丛刊《辛亥革命》（一），第 432、433 页）

袁于发电当晚即离沪赴宁，就“苏报案”交涉事向两江总督魏光焘请示汇报。

同日，魏光焘致电端方，认为上海租界当局之所以反对交犯，“彼系争界内之权，非实惜各犯之命”。他同意张之洞提出的由清方承诺“但监禁不办死罪”的让步方案，但主张在交涉时先留一手，“仍当与之执约筹议，未可骤露监禁不办之意”，因为“恐一经揭明，彼欲监禁界内”，反而达不到目的。（转引自中国近代史资料丛刊《辛亥革命》（一），第 433 页）

8 月 25 日（七月初三日）

福开森密电湖广总督端方，报告近日“苏报案”被捕诸人解宁讯办交涉事，“多议少成”，没有进展。建议由清廷内阁及外务部就近与各国驻京使节进行交涉，“将交出监禁办法与英使说明，饬沪领照办”。（转引自中国近代史资料丛刊《辛亥革命》（一），第 433、434 页）

8月27日（七月初五日）

内阁大学士张之洞致电湖北总督端方，说明“苏报案”被捕诸人解宁讯办事在北京交涉无结果。“探各使口气，皆虑交出后仍置重典，故不肯放松。”建议仍由南洋大臣及上海道在上海就地“商办”。张电还要求交涉时，不要以他提出的让步方案为轻重，说：“勿使将来谓六犯本可允交，而贷死出自鄙意，致失主权。弟敢当此重咎耶?”（转引自中国近代史资料丛刊《辛亥革命》（一），第435页）

8月29日（七月初七日）

美国政府对移交“苏报案”犯事持强硬态度，本日训令驻华美使康格（Edwin H. Conger）：“中国在上海拿获苏报馆革命党，此事不可将党人交中国办理。”同时，将主张移交案犯的美驻上海总领事古衲调离上海。

8月31日（七月初九日）

上海道袁树勋就“苏报案”交涉事与两江总督魏光焘洽商后返抵上海。

同月

日本人主办的日文《华北每日新闻》在天津创刊。初为两日刊，后改日刊。丰冈保平主持。该报又名《北支那每日新闻》。

南京各学堂总办联名颁布《条例》：“禁阅新书新报。凡属康梁著述，及日本近来刊行之各种报册，均不准购携入堂。”

《秦中官报》在陕西省会西安创刊。初为旬刊，后改五日刊。初由陕西课吏馆主办，后改由西安政法学堂出版发行。1905年改名《秦报》，1908年又恢复《秦中官报》原名。有《谕旨恭录》等栏目内容。

《湖北学生界》编辑发行人之一、留日学生王璟芳，潜回国内，投靠清政府，被清廷褒为“效忠守敬”，“赏授举人”。

9月4日（七月十三日）

上海道袁树勋致电湖广总督端方、江苏巡抚恩焘报告有关“苏报案”“交犯”问题近两天交涉情况。有“昨今晤商各领……咸谓沈荩严惩，各国均有违言。从前之允交者，今则意见不同，以后能否商交，实无把握”（转引自中国近代史资料丛刊《辛亥革命》（一），第435、436页）等语。

内阁大学士张之洞为免承担责任计，电告湖广总督端方，声明前此他所提出的有关“苏报案”让步方案“即请作为罢论”。（转引自中国近代史资料丛刊《辛亥革命》（一），第436页）

9月6日（七月十五日）

《集益书画报》旬刊在上海创刊。以刊载“紧要时事”、“新奇”图画、影印古今名人碑帖手卷尺页为主要内容。

上海《国民日日报》副刊《黑暗世界》创刊。以文艺作品及讽刺漫画为主要内容。随正刊送阅。

9月7日（七月十六日）

上海道袁树勋致电湖广总督端方，说明已按张之洞原来提出的让步方案和各国领事就“苏报案”交犯问题进行交涉，希望端方转请张之洞“始终一力主持”，不要改变主张。（转引自中国近代史资料丛刊《辛亥革命》（一），第436页）

9月10日（七月十九日）

清廷放弃要求引渡“苏报案”犯的努力，同意将该案在上海公共租界会审公廨研讯结案。同日商得英驻华公使同意，让上海县参加会审公廨的审讯工作。

9月12日（七月二十一日）

天津《大公报》发表题为《论新闻纸与民智通塞有密切之关系》的社论，阐述了该报编者对报纸作用的认识，略称：“天下有担荷先觉觉人之责，以提倡真理，开导国民为义务，一言既出，而为数万人所瞩目，所信从，化野蛮为文明，警愚顽于睡梦，其机捷于影响，而莫之或爽者，其惟新闻纸乎！国民文野之程度，以新闻纸之多寡为比例。论新闻纸之权力，可以督饬国民，即师父之教训，亦莫能比其严；论报纸之效验，可以转移风俗，即朝廷之政令，亦莫能敌其力。其责重，故其力大；其力愈大而其责愈重。主持笔政者宜若何慎重，以求不负所担荷之责任乎！导引有方，则国民可入于开明之域；方针一误，则国民反入于昏黑之乡。岂可以卤莽为哉!”同文还对他们所认为的“不但不能开通民智，且于愚民所迷信之邪说异端，从而推波助澜”的新闻纸，进行了批评。

9月17日（七月二十六日）

天津《大公报》发表社论《说新闻纸之职分》，反对在报纸上刊登“毒蛇为大王”之类的荒诞无稽的迷信报道。认为这一类报道有悖于办报以开民智的宗旨。末称：“夫以毒蛇为大王，此理果足凭否？倘曰足凭，予从此缄吾口，不复谈论此事。如果不足凭，我辈新闻纸之主持笔政者遇此等事，只可视为无足重轻之列，置之不登可也。且曰有闻必录，为新闻纸之体例，登之亦属宜然，惟似须于叙事之外，加以按语，以为愚民之棒喝，以符乎开民智之宗旨，乃可不负我新闻纸之职分。若人云亦云，无所发明，又何贵乎有新闻纸，又何以称为新闻纸能开民智！或有谓以毒蛇为大王，载在本朝之祀典者，然吾辈议论朝政之新闻纸，岂亦无所辩论，一如愚民之附声附和乎？我辈之争，不足贻笑。深恐以素有名誉之新闻纸，一旦于漫不经意之中而伤损其名誉为可惜耳!”

9月21日（八月初一日）

改称《汉声》的《湖北学生界》月刊，本日出版第7、8期合刊后停刊。

孙中山的《支那保全分割合论》一文，在即日出版的《江苏》第6期上发表，对日本政客叫嚣的“保全”清朝统治和“分割”中国领土的谬论进行了有力的驳斥。署名逸仙。

9月23日（八月初三日）

《申报》在题为《会鞫革命》的新闻中，报道了清方及租界当局准备再次会讯“苏报案”被捕诸人的以下情况：“革命党章炳麟、邹容等六人拘押捕房，迄已多日。日前两江督宪魏午庄制军札饬苏松太兵备道袁海观观察亲赴租界会讯，供辞详报核办。观察因即照会租界领袖美总领事古衲君，订期在洋务局会讯。刻已议定由观察及上海县主汪瑶庭大令，英、美租界谳员孙建臣直刺，会同古衲君及英、日两国总领事官推鞫情由。惟日期则尚未商订也。”

同月

《浙江潮》杂志将日本学者幸德秋水所著介绍马克思、恩格斯科学社会主义学说的专著《社会主义神髓》译成中文，单独发行。该书共7章50页（32开），书中曾九处提到马克思或恩格斯，有两处引了马克思的原话，四处引了恩格斯的原话，是用中文出版的最早的介绍科学社会主义的专著。

10月2日（八月十二日）

清廷外务部行文总税务司，宣布对《国民日日报》“一体示禁”，并要求转知各邮政局，对该报实行禁邮，以“杜其销路，绝其来源”。总税务司复文外务部，同意通饬各口邮局，遇有皮面书明《国民日日报》交局，“概不准其收寄”。但认为“如此禁寄，防不胜防”，建议清廷仿照对付《苏报》的办法，将该报查封。（转引自戈公振：《中国报学史》，第155、156页）

10月4日（八月十四日）

本日午后，各国驻华公使在俄国公使馆集会讨论《苏报》事件，以及有关“交付罪人”的条约。

10月10日（八月二十日）

即日出版的《浙江潮》第8期刊出大我作《新社会之理论》一文，对社会主义作了如下的介绍：

“社会主义者，将以增人间之福祉而消除其厄难也，普及之卫生术、治疗术也。或云是主义之锡名，导源近代，才六十年。千八百三十五年，英人洛朴窦因慧（编者注：今译罗伯特·欧文）氏创一社，曰各国民各种属之协会。世以氏注意社会改革，非计政治改革，故名之曰社会主义，名其社员为社会党。……

“（当前社会主义已经发展成为共产主义与极端民主主义等两派，前一派）创者法人要勃（Baboeuf），其后劲则犹太人埋蛤司（Karl Marx）也，今之万国劳动党其见象也。其原理曰：土地与资本，生产之资也。若地主、若资本主，何需乎？土地、资本离土地、资本主而依然存在也。若财产基于先占，必至后起者无立锥地；若财产基于劳力，必至后起者无劳力地。且机械即盛，工金愈贬，彼劳力者，终无为地主、为资本主之日，故必废私有制相续制而归于国有。”

文中的“埋蛤司”，是出现在早期中文报刊上的马克思的又一个中文译名。

10月20日（九月初一日）

《申报》发表社论，拥护清廷制订《报律》，略称：

“考东西洋各国所出各报，必经官吏核明，始行刊布，其于谤议泄露，亦皆悬为厉禁。中国未有报律，故终无法以处之。必欲整顿各报，非修订报律不可。否则徒禁人阅看，禁人代售，均无益之空言，即使力足以尽之，而亦未见其尽也。”

10月27日（九月初八日）

上海各报刊出上海县知县汪瑶庭所发禁卖《国民日日报》的告示。文如下：

“示仰阖邑商民人等知悉，自示之后，不准买看《国民日报》（原文脱一日字），如有寄卖该报者，一经查出，定予提究不贷。”

10月28日（九月初九日）

上海各报发表两江总督魏光焘所发禁报令，严禁售阅《国民日日报》。文如下：

“上海逆党著书刊报，煽惑人心，大逆不法。业将《苏报》馆办事人等按名拿办，并将报馆封闭在案。乃又有人创办《国民日日报》，依然妄肆蜚语，昌言无忌，实属执迷不悟，可恨已极。仰各属府州厅县，将《国民日日报》荒谬悖逆情形，示知地方商民，不准买看。如有寄售《国民报》者，提究。”（转引自戈公振：《中国报学史》，第155页）

章太炎在狱中致函柳亚子，对《江苏》杂志近期的进步表示满意，有“杂志草创时，辞颇喧塞，数期以来，挥斥慷慨，神气无双，进步之速，斯为极点”等语。

11月3日（九月十五日）

湖南留日学生主办的《游学译编》自即日出版的第12期起停刊。

11月7日（九月十九日）

英文《南华早报》（*South China Morning Post*）在香港创刊。资本15万港币，由以克宁汉（A. Cunningham）为首的南华早报有限公司主办，为香港第一家以一般居民为读者对象的“大众化”英文报纸。日出对开

1 张，售价每份 1 角。初创时销约 600 份。（创刊日期据林友兰《香港报业发展史略》，刊 1962 年台北版《报学》2 卷 10 期。戈公振《中国报学史》作 1881 年创刊。胡道静《新闻史上的新时代》作 1902 年创刊。）

11 月 13 日（九月二十五日）

《觉民》月刊在江苏金山张堰镇创刊。资产阶级革命派的宣传刊物。主编高旭（天梅）、高燮（吹万），参加撰稿的有黄节、陈家鼎、包天笑、顾灵石、马君武、刘师培、马一浮等。有时评、青年思潮等栏目内容。以青年学生为主要读者对象。初为油印，1904 年 7 月 8 日后改为铅印。出版 10 期后停刊。

11 月 23 日（十月初五日）

《宁波白话报》在上海创刊。上海宁波同乡会主办。陈屺怀主编。旬刊，每期出 10 页左右 1 册，1904 年 6 月以后改为半月刊。言论倾向于民主革命，主张实业救国。1904 年 8 月停刊。

11 月 26 日（十月初八日）

清方与各国使馆就“苏报案”处理办法达成默契：“可免死罪，仍会讯定断。”前者并拟定了以下四条处理办法密授参加会议的上海县汪县令“妥筹办理”：“一、邹章两犯已经供认，照中律应科斩决，恭逢万寿，拟改监禁；龙积之系湖北富有票内之犯，或解鄂审，或由鄂派员会讯。二、钱陈两犯乃报馆所雇之伙，既非主笔，又非馆主，已押四月，似可从宽保释；陈仲彝到案时自认为陈范之子，仍暂管押，俟陈范到案，再行保释。三、讯结后，详禀到院，请一面申斥沪道，一面照会领袖，此案在沪讯结，本届不合，以后不能援例；租界不准容留不法之徒，共保和平大局，咨请外部转照各国公使，存此公文，为将来办事地步。四、公廨虽在租界，本国家所设，即此监禁，虽与内地有别，亦足示租界滋事之儆云。”（转引自中国近代史资料丛刊《辛亥革命》（一），第 437 页）以上四条办法是由代表清方负责交涉工作的上海道袁树勋草拟的，已经两江、湖广总督批准。原文见本日上海道袁树勋致湖广总督端方电。

天津《大公报》发表论说《合群以御外侮说》，主张平满汉之见，去种界之争，化新旧之域；呼吁守旧、维新、革命等各方面政治力量，互泯恩仇，联合御侮。

11 月 27 日（十月初九日）

天津《大公报》刊出征文广告：公开出题征文，“藉联文字因缘，互换新颖知识”，酬例为一等酬洋银五元，二等三元，三等二元，“不愿领受洋银者，酬以相抵之书报”。所拟题目如下：《中国之将来问题》《压制释放利弊论》《孟子极重民权说》《大同进化无种类之争说》《东三省与西藏利害关系之比较》《论今日维新党之派别》《论中国讼狱之黑暗》《铜元利弊论》《拟最易动人之劝戒缠足说》《救治天津市面宜缓返当年旧债说》。

同月

原上海出版的《女学报》，自本月出版的第 4 期起，迁至日本东京出版，委托上海《国民日日报》代为发行，旋停。迁往东京出版的《女学报》仍由陈撷芳担任主编，参加写稿的，有楚南女子、言淑华、陈稚云、湘言女史等。第 4 期的《女学报》上刊有主编者刊发的《本报迟出之原因》的告白称：“这个《女学报》是二月初一日出第一期的，一年十一期，每一个月一期，现在是九月，应该出八期了，怎么还出四期呢？咳！真是有负责任，有负诸位阅报的同胞。”

12 月 3 日（十月十五日）

上海租界会审公廨成立“额外公堂”，会同清政府上海地方当局开庭审讯“苏报案”各被告。本日为第一次开庭，上海县主汪瑶庭大令任主审，租界谳员邓鸣谦及英领署翻译官迪比南为会审。当堂决定陈吉甫、钱允生两人立即开释，陈仲彝还押。龙积之另案办理。章炳麟、邹容二人继续受审。

次日《申报》对本日额外公堂审讯情况作有如下报道：

“中国政府律师古柏声称：‘此案现奉驻京钦使允在公共会审公堂讯办，所谓额外公堂也。查所控悖逆各书，均有证据，犯者系华人，又在中国租界，自应照华例究办。案照中外条约，华人在租界犯罪，亦照华例办理，故此罪名应归地方知县核办。……应请堂上先将陈、钱两人开释。其陈仲彝系代其父陈范管押，其父逃避无踪，应请暂准保释。’汪大令曰：‘可着将陈仲彝交保，如奉饬传，即须投到。’古君又曰：‘章炳麟大逆不道，其办法中外一律。第一层，凡国人有谋反悖逆重大各情，西律究办此种人罪名最重；第二层，聚众闹事；第三层，扰乱人心。以上三项罪名，按之各西国律例，皆应科以最重之罪。查章、邹等人登报著书，扰乱人心，在寻常罪名上，作书人岂有不知国人必因此作乱者，料想作书者必知利害。如一国皆思蠢动，则作书者罪名更大。现中国各处不平，如在英国印售此种书籍，固决无闹事情形。倘在印度，则即闹事矣。总之，无论何国，均须禁止究办，而德国办理此事尤严。今章等所著之《驳康有为书》，公堂上有否?’大令曰：‘有’。古君又曰：‘书中最利害之语，前已声明，兹又经本律师一一标注，请堂上披阅，其最要者系仇视今上，及直呼今上之名，指为小丑各节，本律师惟引其大概而已。’大令曰：‘只要写今上一字，罪名足矣。’古君又将闰五月十二日之《苏报》呈上曰：‘章等扰乱人心之处，请阅之，其意欲将满人驱逐，此种重大之事，如华人尽听其语，天下岂不大乱。或言章等系患疯狂，然仇视今上，辱及太后，岂非大逆不道。况伊等均系读书人，似此狂乱行为，想早已料知。其后前堂确经供认，有案卷供单可考，如何究办，请堂上讯断可也。’……博易之伙爱立师律师曰：‘前堂各供不能作据。’大令曰：‘安能不作据。’乃叱章退下，提邹容至案。……大令曰：‘前堂章、邹业已供认，此案自应即照华例办理。’高律师称：‘凡有教化之国，案须有真凭实据，方可定谳，若无凭据，即无罪名。’古君称：‘邹等业已供认，不得谓之无凭’。高称：‘章、邹只认著书，未认印书，今已在押数月，应请堂上开释。’古君称：‘邹等所著之书，有披毛戴角及教堂、满人等语，并非维新，实系悖逆。兹又翻供不认’实属荒谬。’讯至此，时已正午……俟翌日午前十点钟时复讯。”（《会讯革命党案》，《申报》1903年12月4日）

12月4日（十月十六日）

公审公廨“额外公堂”第二次开庭。首由被告律师爱礼司（F. Ellis）代章炳麟、邹容两人进行辩护。继由章炳麟供述本人经历，并就所作文章中的“载湉小丑”四字“触犯清帝圣讳”一事，申辩称：“小丑两字，本作小孩子解，并不毁谤；至今上圣讳，以西律不避，故而直书。”嗣由邹容供述本人简历，并对原告律师提出的问题，作出回答。审讯进行了一整天，最后决定明日再讯。

次日《申报》对本日额外公堂审讯情况作有如下报道：

“古律师复称：‘邹、章等所作所印之书，将来国人见之，如何肇乱，前已伸（申）明。况此书经识者指出纰缪甚多，若直书今上名字，尤大逆不道。况再加以小丑二字，更使民人无亲上之心，此即在俄、德两国亦须究办。若谓并非谋叛，究竟作此书者，其意何居？况邹容书内，更甚于章，不但革命，而且欲杀尽满人。另一段写满人为君主，各国亦然拿办，以德、俄为最重。总之，此等书籍，并非维新，不过欲杀尽满族而已。其肇乱情形，实与从前发逆之事无异。'及提讯章炳麟，供：'杭州人，先曾读书，后至报馆七年，即至台湾，由日本回上海，在《西（亚）东日报》馆为主笔，复至诚正学堂当汉文教习。未及数月，又至苏州东吴大学堂。至前年，又赴日本，去年航海回华。今年二月来沪，在爱国学社教习，常见康有为致书与某商人、某学生，经我拆阅，当即驳其不能流血，只能革命。此信甚长，系托广东人沙耳公带至香港，转寄新加坡交康，未得回信。至于小丑两字，本作类字，或作小孩子解，并不毁谤。至今上圣讳，以西律不避，故而直书。'古律师谓：'尔在绳（诚）正学堂教学生时，是否敬避圣讳。'答言：'教学生之书，皆无圣讳。'大令谓：'只须一字，照中律罪名甚大。况康有为亦是华人，亦不应不避圣讳。'再三驳诘，章不能答。迪君曰：'如不能答，即行定罪。'章始称我实不明回避之理，请查清例。讯至此，时已过午，大令与司马商之迪君，着还押。俟午后两点钟再讯。

"迨钟鸣两点半，大令与司马会同迪君复行升座，传讯邹容，供：年十九岁，四川人，在家读书，嗣来上海广方言馆，后至日本东京留学生学堂读书，因披阅各西国诸书，即作《革命军》，书底稿放在行李内。今年四五月间请假来沪，在马路上看见卖日报人手内持有《革命军》书出售，我未及查问何人所刷印，亦不知其书价若干。至章炳麟系在东京留学生学堂内认识，无甚交情。嗣闻人言公堂出票拘我，即至捕房查询，见提牌上第一名钱允生、二名陈仲彝、三名陈吉甫、四名章炳麟、五名龙积之、七名邹容，下注小字：'以上作《革命军》书匪人'，当即操英语告之，捕头即将我收押。古律师诘以'书中意思，尔现在仍记得否？'邹称不然，现在我意欲改作《均平赋》一书，令天下人无甚贫富。至前作之《革命军》已弃而不问，市上所售系被人所窃，将来至东京时，尚须查究。古律师问：'知《革命军》书不好，何不废弃。既被人窃印出售，何不出而禁止？'邹答：'既非巡捕房，又非上海县，实无此势力能禁止人收书出售。'……大令与司马商之迪君，将邹等还押。明晨十点钟莅堂复讯。"（《续讯革命党案》，《申报》1903 年 12 月 5 日）

上海道袁树勋于本日会讯后致电湖广总督端方汇报本案进展情况称："今日县委会英副领自九点钟讯至四点钟止，其中周折甚多，律法官述彼族意，以监禁不出三年，职道饬县力持，倘过宽纵，当硬断。余俟明日会讯再禀。"（转引自中国近代史资料丛刊《辛亥革命》（一），第 438 页）

上海《国民日日报》出至 118 号后，因内部发生分歧，调解无效，宣告自动停刊。本日该报刊出《特别社告》称："本报发行四月，颇蒙诸君之所欢迎。同人材力绵薄，知识简陋，内容之不齐，深负诸君子之望，良用咎心。今因特别事故，暂行停刊。"

12 月 5 日（十月十七日）

会审公廨"额外公堂"第三次开庭。由

被告律师琼司（E. P. Jones）出庭对《革命军》的内容及思想进行无罪申诉，原告律师提出驳议，双方展开辩论，最后决定两日后继续会讯。

次日《申报》对本日额外公堂审讯情况作有如下报道：

“政府律师哈华托起而言曰：‘查章、邹所犯各节，业经古律师辩明，有罪无罪，显而易见。况章驳康有为之信，昨已直认不讳，伊所称书稿放在字簏中被人窃去付印，堂上可信否？……本律师观此书两本，实在不法已极，想著书者当时实欲使通国之人皆无尊君亲上之心，扰乱国事，莫此为甚。今琼师为章、邹声辩，妄冀开脱罪名，要知若何定罪，堂上自有权衡。’琼师称：‘章、邹二人，系年轻学生，出于爱国之忱，并无谋叛之意。’古律师谓：‘章、邹既扰乱人心，即系国之乱民。各国皆知此案关系重大，即章、邹二人所供各情，谅堂上亦必不信。察其举动乖谬，藐视公堂，本律师深服英领事赫然震怒，斥为应严行究办。今日公堂非寻常讯案之公堂可比，英领事会讯此案，系代各国会讯，应请堂上将章、邹二人从重惩办，以儆将来。且《革命军》一书，目下市中仍有出售者，每本收小银钱一枚。方今广西乱事未平，安知非此书实阶之厉，请即定断可也。’讯至此，日已过午。大令与司马商之迪君，着将章、邹、龙还押捕房，候礼拜一解案定断，陈仲彝亦着暂行管押，俟定案时核夺。”（《三讯革命党案》，《申报》1903 年 12 月 6 日）

上海道袁树勋及福开森于本日会讯后，分别致电湖广总督端方，汇报本案进展情况，并请示交涉办法。袁电称：

“此案本可随时拟结，因英领及工部局暗中力任庇护，被告律师代邹章折辩，希图开脱，经汪令暨古柏律师据理驳诘，今被告律师以罪疑惟轻，陈请公断矣。陈仲彝系陈范之子，无实在证据可以议罪，职道意仍暂押，俟陈范到案再办，法尚平，而英领不以为然，力请释放。又龙积之本富有票犯，前奉前宪台饬拿，此间无实据足以定拟，意解鄂，而英坚执，谓无据证，亦请释放。职道承办此案，始愿未偿，以沈荩事出，变故丛生，无可补救，悚歉莫名。明日礼拜停审。拟十九无论如何，宣示堂谕，将邹章两犯令永远监禁，龙积之仍归另案办理，陈仲彝暂押。倘英领不允，竟当堂将龙陈释放，是不遵堂谕，则即禀请将公堂暂停，与彼持抗。是否有当？伏求训示。”（转引自中国近代史资料丛刊《辛亥革命》（一），第 439 页）

12 月 7 日（十月十九日）

会审公廨“额外公堂”就“苏报案”被捕诸人判刑问题进行会商。代表清方担任主审的上海县令汪瑶庭预先拟好将章、邹两人“定为永远监禁”的“堂谕”，准备“到堂宣示”，但遭到参加会审的英副领事的“阻留”。章、邹及龙积之还押。汪瑶庭的“堂谕”全文如下：

“本县奉南洋大臣委派会同公廨委员暨英副领事审讯苏报馆一案，今审得钱允生陈吉甫一为报馆伙友，一为司账，既非馆主，又非主笔，已管押四月，应行开释。陈仲彝系馆主陈范之子，姑准交保寻交伊父到案。龙积之于苏报案内虽无证据，惟系奉鄂督饬拿之人，仍押候鄂督示谕再行办理。至章炳麟作《訄书》并《革命军序》，又有驳康有为之一书，污蔑朝廷，形同悖逆；邹容作《革命军》一书，谋为不轨，更为大逆不道；彼二人者，同恶相济，厥罪惟均，实为本国律法所不容，亦为各国公法所不恕。查律载：'不利于国，谋危社稷，为反，不利于君，谋危宗庙，为大逆，共谋者不分首从皆凌迟处死。'又律载：'谋背本国，潜从他国为叛共谋者，不分首从皆斩。'又律载：'妄布邪言，书写张贴，煽惑人心，为首者斩立决，为从者斩监候。'如邹容、章炳麟照律治罪，皆当处决。今逢万寿开科，广布皇仁，援照拟减，定为永远监禁，以杜乱萌，而靖人心。俾租界一群不逞之徒知所警惕，而不敢为非，中外幸甚，仍禀请宪示遵行。"（转引自中国近代史资料丛刊《辛亥革命》（一），第382页）

同日，在"苏报案"中被捕的陈吉甫获释。

12月8日（十月二十日）

湖广总督端方就"苏报案"致电福开森，要求做到：①章、邹必应永远监禁；②能在华界监禁最好。

12月15日（十月二十七日）

《俄事警闻》日报在上海创刊。社址初在上海新马路华安里203号，后迁新马路昌寿里52号。陈竞全（又名镜泉，山东卸任知县）担任印刷及负责租房费用，蔡元培、王小徐、汪允宗、蒋维乔等参加筹备，王小徐主编。以揭露和抨击沙俄侵华活动，号召人民奋起抗俄为主要内容。创刊号有以《俄事警闻》社名义发布的广告称："同人因俄占安省，关系重大，特设《警闻》，以唤起国民，使共注意于抵制此事策。社员见闻浅隘，不足为全国耳目，阅报诸君如有要闻，迅请寄示，俾将刊入报端，普告全国。"

12月16日（十月二十八日）

《俄事警闻》发表征文广告，全文如下：

"本社拟为各种社会代筹其能尽之义务，著之论说，以备采择。同人不才，谋虑难周，阅报诸君，有熟悉此各社会情形者，请撰寄本社，当陆续选登。题目如下：普告国民（一文言一白话） 告政府 告外务部 告领兵大员 告各省疆臣 告驻俄国公使 告前日拒俄会会员 告义勇队 告留学生 告中国教育会 告身任教育者 告学生社会 告各新闻记者 告各书局之编译者 告革命党 告立宪党 告保皇会 告厌世派 告和平变法派 告守旧党 告州县官 告洋务人员 告幕友 告各省绅董 告科举家 告村塾师 告文人墨客 告道学先生（以上文言） 告全国父老 告全国儿童 告全国女子 告农 告工 告商 告寓南洋及美国商人 告寓日本商人 告各会党 告马贼 告各省富民 告候补官 告捐官者 告将弁兵丁 告小工 告渔 告江湖术士及卖技者 告娼优 告无业游民 告乞丐 告吃洋饭者 告出家人 告媚神佞佛者 告作善举者 告阔少 告教民 告仇教者 （以上白话） 告东三省居民（官话） 告北京人（京话） 告湖南人（湖南白） 告江、浙、福建人（白话） 告广东人（广东白） 告满人（官话） 告蒙古及西藏人（官话）

此外如有崇论宏议、诗歌、小说，凡关涉俄事者，不拘体裁，均请惠寄本社，刊登报端。幸甚！"

天津《大公报》发表社论《苏报案之感情》，攻击革命党人"怪相毕呈，丑态百出"，"口夷齐，行盗跖"。攻击《苏报》作者"口若澜翻，文如泉涌。讦人之短，则穷形尽相，俨如牛渚燃犀；炫己之长，则奇材异能，居然智珠在握。于朝政则冷嘲热骂，于朋辈则吹毛求疵。见一善事，则带讪含讥；遇一恶行，则笔诛口伐"。攻击《苏报》

的论说，“妄倡杀人主义，不分良莠，不问善恶，皆在诛锄之列”。此外，对被捕的章太炎等人也进行了刻薄的影射攻击，有“嗟乎！巍巍铜像，不铸反复之人；赫赫史书，谁称虚伪之辈”等语。

12 月 17 日（十月二十九日）

会审公廨“额外公堂”对“苏报案”中被捕的龙积之、陈仲彝进行堂讯，宣布龙积之讯无为匪实据，已取结，如查有实据，仍行拿办，结存开释。陈仲彝交保开释。

12 月 19 日（十一月初一日）

《中国白话报》在上海创刊。社址在上海新闸路新马路昌寿里 71 号。初为半月刊，1904 年 6 月 23 日第 13 期起改为旬刊。林獬（白水）主编。有论说、历史、地理、传记、学说、教育、小说、记事、戏曲、实业等栏目内容。自揭其宗旨为：“要使种田作手艺的、做买卖的、当兵的，以及孩子们、妇女们，个个明白，个个增进学问，增加识见。”（《中国白话报发刊词》）所刊文章带有强烈的反满革命色彩。主要撰稿人除林獬外，还有刘师培等。1904 年 10 月 8 日出至第 24 期后停刊。

12 月 24 日（十一月初六日）

“苏报案”清方主审官上海县令汪瑶庭在会审公廨“额外公堂”上宣布：章炳麟、邹容“故意诬蔑今上，排诋政府，大逆不道，欲使国民仇视今上，痛恨政府，心怀叵测，谋为不轨”，应予“永远监禁”。上海领事团各领事有异议，要求继续会商。章、邹两人即日起被押入提篮桥监狱收禁。

日文《上海周报》在上海创刊。竹川藤太郎主办。

12 月 25 日（十一月初七日）

消闲性文艺小报《花世界》在上海创刊。社址在上海广西路宝安里。庞栋材主编。每份售价 1 分。版式与《游戏报》等小报相同。有论说、新闻、小说等栏目内容。内容以花事为主，新闻部分用吴语方言撰写。

12 月 29 日（十一月十一日）

《世界公益报》（*The World News*）在香港创刊。社址在香港歌赋街 32 号。郑贯公、崔通约、谭民三等联合主办，郑贯公任总编辑。日出对开 2 张，约容 4.8 万字。有时论、京省新闻、杂评、万国新闻、粤闻、电报、港闻、杂文、歌谣、图画等栏目内容。言论激烈，与《中国日报》同为同盟会在香港的重要舆论阵地。经费主要靠香港富商林护的资助。（创刊日期据李默《辛亥革命时期广东报刊录》，冯自由《革命逸史》作 1903 年夏。）

檀香山保皇党机关报《新中国报》发表《敬告保皇会同志书》，散布革命将招致帝国主义瓜分，以及中国不宜实行民主共和政治等谬论。

同月

孙中山在檀香山从事革命活动，改组当地侨商程蔚南创办的《隆记檀山新报》，进行革命宣传，撰写《敬告同乡书》一文，认为“革命与保皇，理不相容，势不两立”，“革命、保皇二事决分两途，如黑白之不能混淆”，揭穿了梁启超所鼓吹的“保皇即革命”的谰言。改组后出版的《檀山新报》报头上附有“隆记”字样，并注明：“本馆司理人邝金，访事谭槐，记事者朱月溪。”

《商务报》在北京创刊。旬刊。每期出 30 页左右 1 册。北京工艺官局印书科印行。总司理人吴桐人。有上谕、公牍、译述、论说、实业、丛谈等栏目内容。该报内容以报道经济方面的消息，刊载有关商业发展的论说译著及文艺作品为主。先后出版约 70 期。

《新白话报》在日本东京创刊。月刊。由上海普益书局发行。（第 4 期至第 6 期因延期过久，改印小说代替。）参加撰稿的有担当、易清、捕夷、公因、热潮、轰球、昌汉、殪清等，均为笔名。所刊文字有强烈反满色彩。约共出版 8 期。

同年

《启蒙格致报》《今日请看报》在北京创刊。

法文《天津信使报》（*Courrier de Tientsin*）在天津创刊。周三刊。

《民心报》在天津创刊。顾叔度主办。

《山西白话报》在太原创刊。反对民主革命，反对反洋教活动。

《济南汇报》在山东省会济南创刊。是该省巡抚周馥发起创办的地方官报。每五日出版 1 期，每期出长 22 公分宽 12 公分 1 册。初创时用木板印刷，第 7 期以后改为铅印，第 35 期以后改为石印。有上谕、时政汇览、东政辑要、五洲近事汇编等栏目内容。限省县典史、教谕以上的政府官员阅读。1 年后停刊。

《简报》在济南创刊。日出石印 4 开 1 张。有辕门见闻录、银价、寒暑等栏目内容。主持人吴弼臣、沈敬臣等，主编孙松龄。以地方官员为主要读者对象。

《济南商会日报》在济南创刊。济南商会主办。创刊《缘起》宣传阅读该报的好处，有“居一室之内而知天下之事，治一方之产而知各国之货，披一纸之书而知四方之价”，“居此埠而习他埠之情形”，“治此业而通旁业之利病”，以及“闻时务，考外情”等语。

《福音宣报》在河南创刊。为通俗化的基督教刊物。

中国基督徒会主办的《基督徒报》在上海创刊。

《上海撷报》在上海创刊。为商办的文摘式报刊。

《中外章程报》在上海创刊。商办刊物。

《礼拜报》在上海创刊。基督教美以美会系统所办的教会刊物。

《觉世报》在上海创刊。以时事及商情为主的小型报刊。其前身为 1899 年创刊的《觉民报》。

德商主办的英文《汉口中西报》在汉口创刊。社址在汉口花楼正街宝顺里。该报出有中文版，每日 1 张。由买办杨芝堂任经理，风竹荪任主笔。

《湖南时务白话报》在长沙创刊。日刊。每期 3 页，用木刻活字版印刷。有上谕电传、论说、中外新闻、西学俗谈等栏目内容。

《俚语日报》在长沙创刊。社址在长沙贡院西街。社长宋海闻。以通俗的文字进行民主革命的宣传。1905 年该报职员刘运锋以散发革命宣传小册子《血泪书》被捕，判刑 3 年，该报也连带被封。

《改良启蒙通俗报》在成都创刊。史隽峰主持。

《渝城日报》在重庆创刊。商办。

《滇南钞报》在昆明创刊。日刊。日出毛边纸铅印 1 张。社址在昆明五华山劳山祠内。有辕门抄、文牍摘要、论说摘要、时事汇记、各省新闻、各国新闻、省城市价、折奏照录等栏目内容。

《鹭江日报》在厦门创刊。黄亮臣主办。言论倾向于民主革命。出版仅十几天即停。

《漳泉日报》在厦门创刊。每日出版。

《时报》在厦门创刊。日本人主办。

外国传教士主办的《华美报》在福州创刊。主办人武林吉。出版 1 年后，与美国监理会主办的《教保》杂志合并，改名《华美教保》继续出版。

《省港通报》在广州创刊。朱篆荪、朱秋生等主办。编辑人杨效欧，撰述谭汝俭等。该报言论观点与《岭海报》接近。曾因主张慈禧归政，受到官方的警告。

《时敏报》在广州创刊。社址在广州城西十八甫。邓君寿、陈剑秋、谭少沅等主办，孔希伯主编。与时敏学堂、时敏书局三位一体。有上谕电传、论说、本省新闻、本省警务、中国要闻、外国要闻、专件、辕门抄、牌示、谐部（杂著、南音）等栏目内容。曾对革命党人的活动作过详细报道。1905年后，该报因资金不足招股，逐渐为君主立宪派所掌握。

《潮州白话报》在广东潮州府城创刊。月刊。杨鲁、庄一梧（谦）、赖淑鲁（述）、曾练仙（有毅）、蔡树云（有霖）、钟楚白（宝珩）、蔡惠岩（继缉）、王慕庵等担任编辑。设有论说、中外新闻、潮州新闻、小说、曲本、教育、杂歌等七栏。

《江西白话报》在日本东京创刊。江西留日学生张世膺（华飞）主办。曾为留日学生的革命组织军国民教育会作过宣传。

留日学生主办的《浙江月刊》在日本东京创刊。

《台南每日新闻》在台南创刊。每两日出版1次。1909年7月停刊。

《台澎日报》自本年起，改名《台南新报》，在台南继续出版。

《实报》在香港创刊。潘飞声主编。言论“婉约”而不“偏激”，副刊多风花雪月之作。后改名《真报》，出至1915年停刊。

缅甸华侨主办的《仰江日报》在缅甸首都仰光创刊。由缅华建德堂外总理谢启思主持。初创时言论倾向于康梁，极力宣传“忠君保皇”。

印尼华侨主办的《泗水日报》在爪哇岛的泗水市创刊。每周附出画刊2次。为当地最早的华侨报纸。

泰国华侨主办的中文《汉境日报》在曼谷创刊。是当地最早的华侨报纸。该报在庄银安主编时期，曾连载秦力山所著《革命箴言》一书，明显倾向于革命，但遭到部分股东反对。该书仅刊出2/3，约4万字，即被扣发。

《日新报》在加拿大温哥华创刊。为加拿大最早的华文报纸。梁启田、梁文卿先后担任主笔。是中国维新会在加拿大的机关报。1911年停刊。

华侨洪门致公堂主办的《大同日报》（*Chinese Free Press*）在美国旧金山创刊。洪门致公堂职员唐琼昌、朱三进、邓干隆等主持，康门弟子欧榘甲任总编辑。在欧的把持下，该报一度为保皇会所利用，鼓吹君主立宪。欧的长篇论文《新广东》即在该报连载。（创刊时间据王士谷《早期海外华文报刊重要史实辨介》，见《新闻学探讨与争鸣》1996年第4期。冯自由《革命逸史》作1902年。）

御史高昌生请刊谕旨阁钞，旨令朝事发交报房刊行。

四川学政吴郁生奏请将内阁各部议复折件及各省办事诸章程大量编入报房所办报纸，以便官学人员阅读。略云：

> “简易办法，莫如广刻邸钞。故大学士陈宏谋、曾国藩等，均以点读邸钞为课程，近来报房所录，大抵各省例折，而于在京各衙门折件，仅千百之十一，实属无从取裁。外务部为洋务总汇之区，六部为天下政事根本。庚子定乱以后，朝廷励精图治，迭经谕令中外，删定旧例，举行新政。所有各该部议复折件，及各省办事各章程，时愈近则事愈详，益有裨于实用。”（转引自戈公振：《中国报学史》，第48页）

政务处大臣奕劻、孙家鼐等奉旨议复称：“嗣后凡有内外各衙门奏定各折件，拟由军机处抄送政务处。其非事关慎密，即发交报房刊行，日出一编，月成一册。传观既速，最易流通。则现行政策，外间均可周知。”（转引自戈公振：《中国报学史》，第46页）

《中国青年》主编、《红旗日报》编辑李求实出生。李名伟森，湖北武昌人。

日本人东京政治学校校长、文学博士松本君平著作的《新闻学》，由商务印书馆翻译出版。该书原名《欧美新闻事业》，1900年由东京博文馆刊行，翻译时改名《新闻学》，线装1册，是我国出版的第一本新闻学专著。

1904年
（清德宗光绪三十年甲辰）

1月1日（癸卯年十一月十四日）

《湖广月报》在汉口创刊。月刊。汉口圣教书局发行，英汉书馆印刷。总理杨格非，助编计约翰、林辅华。发刊词宣称："凡有益于圣教会与国家者，皆可登报。一切诋毁国政，谗谤官民，及不合真理之言，概行不录。"主要撰稿人有丁韪良、王理堂等。

1月6日（十一月十九日）

天津《大公报》发表社论《说报》，论述报纸的作用，并对"诬我报界"的报纸，以及"滥厕笔削清议之席"的报人进行指责。略称：

"西国誉报章为政府监督；中国詈主笔为斯文败类。

"夫报者，诚一国之代表者也。国民程度之高下，智识之开塞，风俗之美恶，要以报馆之多寡，消（销）路之畅滞，记载议论之明通猥鄙，征之西国之所以监督之者，中国之所以败类之者，推求其故，莫不皆有致之之原因。

"有人焉，古今成绩之得失，中西政治之优劣，全局在胸，燎若观火。陈一义也，而天下莫之或摇；发一言也，而是非因之以定。彰善殚恶，激浊扬清；心如鉴衡，目同秋水。夫安得而不政府监督！

"乃者，以卑鄙龌龊之身，滥厕笔削清议之席。恩怨偏私，糊涂满纸；恫吓敲诈，拉杂成篇。人乐放僻邪侈也，而复助桀为虐；民信异端邪说也，而更推波助澜。鄙俚芜词，互相标榜；狎亵丑态，自鸣得意。夫安得而不斯文败类！

"夫报者所以存三代之直也。直而不直，已堪唾弃，况复加以种种罪孽，种种痛苦，奸淫邪佞，臃肿溃烂，流毒传染，污我报界乎？

"予之为此说也，固非为个人而发也，独惜我国之颠连困顿，一至于斯。而更有此晦盲否塞之报，以锢蔽人心，闭塞风气，而国民岂复有飞扬发达之一日。或曰，是非自有公论，邪正不容混淆。何如静观默察，以听其自生自灭乎？亦何劳此喋喋，以蹈互相攻讦之陋耶？

"予曰不然，文明之国，固贵言语自由也。而是非邪正，要不得以不辨。凡无端妄肆雌黄，毁谤诬蔑者，大干例禁。况是非之心，人皆有之；好善恶恶，世有同情。膺风化之责者，固不得以善恶混将毋同二语了之也。且栏有瘟牛，群牛皆病；邻有疯犬，村犬皆灾。不灭星星之火，燎原堪虞；不塞涓涓细流，溃堤必见。是消弭灾患者，尤在杜渐防微也。今者强邻四逼，伏莽未安，诚危如累卵之秋。倘非全无心肝，冥顽不灵之辈，谁不思鼓励奋发，力图振作，求所以自强自立之计；而顾忍以有用之心思，置于无用之地乎！夫岂惟无用，且益以坏人心术，败人名节；而孜孜不倦，矜矜自喜！呜呼！我国民之程度，亦何低下如此，是可伤已！……"

1月12日（十一月二十五日）

上海对俄同志会召开全体会议，一致通过以《俄事警闻》为该会的正式机关报，并决定招募股本10万元，扩张规模，将该报名改为《警钟日报》继续出版。同年2月25日，《俄事警闻》出至第73期后停刊。

1月17日（十二月初一日）

《女子世界》在上海创刊。月刊。上海大同书局主办，上海小说林社发行。丁初我、曾孟朴主编。以反对封建礼教，主张男女平等，激起妇女的爱国热情为宗旨。所刊主要文章有《女魂篇》《女界革命》《女权说》《女雄谈屑》《为民族流血无名之女杰传》《革命妇人》《革命与女权》等。1907年发行至2卷6期停刊，共出18期。

1月22日（十二月初六日）

黄藻主编的革命报刊政论文集《黄帝魂》，由上海东大陆图书印刷局印刷出版。全书310页，收有选自《苏报》《国民日日报》《中国日报》等革命派报刊的《黄帝纪年说》《释仇满》《革命必剖清人种》《狱中答新闻报》《正仇满论》《中国灭亡论》等政论文45篇，内章太炎6篇，章士钊8—10篇，秦力山5篇，邹容、张继各2篇，刘师培、谭嗣同、沈翔云、杨笃生等各1篇，黄藻自撰5—6篇。黄藻字菊人，湖南善化人，参加过自立军起义，事败后遁迹沪渎，倾向于革命，主编《黄帝魂》时署名“黄帝子孙之一个人”。

1月30日（十二月十四日）

《俄事警闻》刊出了对俄同志会为筹办《警钟日报》而发表的《招股启事》。宣布该报以“抵御外侮恢复国权”为目的。在启事末署名担任《警钟》发起人的有以下18人：陈竞全、林森（涤庵）、钟观光（宪鬯）、王季同（小瞿），吴无病、虞东明（含章）、虞和钦、汪德渊（允宗）、刘光汉（申叔）、黄公民、章士钊（行严）、钟观浩（衡藏）、林獬（少泉）、吴炎汉、马裕藻（幼渔）、冯鉴（纪明）、贝寿同（季美）、黄韧之，并暂定由钟观光任主计，陈竞全任总理。

同月

《吴郡白话报》在苏州创刊。半月刊。吴郡白话报社编辑发行。有论说、学术、紧要新闻、苏州新闻、歌谣、谭丛、调查、来稿等栏目内容。《发刊辞》宣布其编辑方针为：“把各种粗浅的道理学问，现在的时势，慢慢的讲给你们知道。”

孙中山在檀香山《檀山新报》上发表《驳保皇报》一文，和保皇党在当地主办的《新中国报》展开笔战。揭露了保皇党标榜“爱国”以欺骗群众的伎俩，指出他们所爱的是“大清国”而不是中国人民的“中华国”，批驳了他们的革命会引起瓜分说，以及只有先行“立宪君主”，才能行“立宪民主”说，使不少曾受保皇党宣传蒙蔽的当地华侨，纷纷登报，与保皇党脱离关系。

孙中山自檀香山致函在上海的黄宗仰，要求多寄“新书新报”在美洲、檀香山分售，以“大击保皇毒焰”，扩大革命影响。

沙俄政府准备在海参崴创办中文报纸进行亲俄宣传。当时我国报纸对该报筹备情况，曾经作过以下报道：“据某俄报云，俄人于海参崴东亚学堂教授中东韩之文，近来添课藏文，又拟印行汉字报，以为亲俄主义之地。拟筹二万三千五百卢布充其经费云。”（《大公报》1904年1月7日）

2月6日（十二月二十一日）

日俄战争爆发，两国军队在我东北地区火并。日本方面为扩大宣传计，准许各国记者随同日本军队前往前线采访。日本陆军省为此发布《新订报馆访事人观战条规》如下：

“一、凡愿从军观战之人，须将履

历及馆主保单，禀呈陆军省。外国人须经本国公使领事禀报外务省，只须禀报主姓名，及其报馆之名，无庸履历保单。

二、愿从军观战者，须一年以上从事报馆事物者。

三、不通日语之外国人，准带翻译一人。翻译自雇从仆，须将履历保单，禀报陆军省。

四、外国人除翻译外，准带一仆，如上例。

五、同时数报，可公选一人访事。

六、既准从事，当即给文凭。

七、从军访事之人，属于高等司令部。

八、从军访事之人，常川洋服，左腕围以阔二寸之白布，以红字书报馆之名。

九、从军访事之人，须将文凭随身携带，以便随时查验。

十、从军访事之人，须遵陆军总统之命，恪守所订规则，违即屏斥。

十一、从军访事之人，所有书函电报，非经本管将弁察阅，不得递寄，并不准用暗电。

十二、军署军队给与从军访事之人方便，可在开战之地，随时支给粮饷。仆从人等准附车船。

十三、有犯陆军刑法及保护军机者，依陆军治罪法于军法会议所治罪。

十四、本规第六条第十三条，翻译仆从皆须遵守。”（见《日本陆军省新订报馆访事观战条规》，《日俄战纪》第2册第5页《战国文牍》栏，商务印书馆1904年版）

迄3月23日止，到日方军务部报名申请前往我东北地区进行采访活动的外国各报记者已达109人，其中包括常驻中国的伦敦泰晤士报记者赖斯尼·詹姆斯·莫里逊等。

2月15日（十二月三十日）

华兴会在长沙成立，不久即在长沙府东街设立作民译社，由回国留日学生张镇衡、秦毓鎏、翁巩、郑宪成等主持，秘密翻刻代售日本所出各种革命书报。同盟会成立后，该社社址迁至长沙南洋街，由邹永成、谢介僧主持，成为同盟会在长沙散发、推销革命书刊和进行革命联络活动的秘密机关。

2月16日（甲辰年正月初一日）

《南洋官报》在发行了188期后，另起期数，继续出版。仍为两日刊。主编茅谦。

2月20日（正月初五日）

香港《商报》创刊。日刊。社址在香港上环新海旁13号。除正张外，还出有附张《商报消闲录》。担任督印人的先后有黄君任、陈屿、陈奎，担任主笔的先后有徐勤、伍宪子、伍权公等。主张君主立宪，反对暴力革命，为保皇党的主要言论机关之一。该报创刊后，改良派在旧金山出版的《文兴报》曾刊出《特别广告》，为之吹嘘，有“香港《商报》……维新领袖康有为亲自主笔，以最新之政见就报端而发挥，东亚伟人之卓论，忽现异彩于报界，故该报一出，阅者云集，大博世人之好评……”（《文兴报》1904年4月2日）等语。辛亥革命后易名《共和报》，在伍权公主持下继续出版。1921年停刊。

2月26日（正月十一日）

对俄同志会（后改“争存会”）机关报《警钟日报》在上海创刊。其前身为革命团体争存会主办的《俄事警闻》。社址在上海四马路惠福里。首任主编王季同（小徐），王去职后，由蔡元培等继任。有社说、时评、国内要闻、地方要闻、外论、国外纪闻、极东战局详记、学界纪闻、丛谈、杂录、专件、投函、讲坛、本埠纪闻等栏目内容，间刊插图及白话论说。创刊号发表社论《警钟发刊之旨趣》，声明其办报目的是为了在对俄问题上，“激国民自立之精神，而进之以文明攘夷之举动”，以及“醒其自伐之迷梦，以进于同力之范围”。同日该报刊出启事，征求“足以激发爱国心”的要闻、时论、诗歌、小说等来稿．该报自创刊起，即决定：1. 不录“上谕”，以示“不欲依赖政府”；2. 不挂洋商牌号，以示“不受外人之保护”。

2 月 29 日（正月十四日）

广学会主办的《大同报》在上海创刊。社址在上海福州路。周刊。主笔高葆真。内容分论说、译著、新闻等三部分。最高发行数字达 35000 份，其中约 2000 份直接发行到贝勒、军机大臣、总督、巡抚及各省中上级官员手中。

天津英文 *China Times*（《中国时报》）以刊载批评沙俄政府的论说，被控“扰乱和局”，主笔英国人高文（J. Cowen）被租界当局“驱逐出境”。

同月

广州中兴通讯社开始发稿。主持人骆侠挺。

3 月 2 日（正月十六日）

天津《大公报》发表社论《论今日中国之三大怪相》，对“官场”“士林”“报馆”等方面的所谓“怪相”进行了揭露和批评。有关“报馆”部分如下：

> “一曰报馆之大怪相。世之重视报纸者，谓为政府之监督，国民之向导，其责至大，其力最宏。欧洲文明国之报馆，为政府所资以为耳目，为国民所赖以广见闻，政府从而保护之，绝不压制之，国民从而宝贵之，绝不轻亵之。故其国上下情通，进化神速，国有爱民之政，民有爱国之心。即谓欧洲各国之强盛为发起于报馆，亦非过也。
>
> “自西风东渐以来，我中国亦有报馆之设。然议论朝政，为政府所忌。故业报馆者，非洋人出名，即设在租界，无敢公然创设于内地者。既犯政府所忌，故亦为众人所轻，甚至斥报馆主笔为斯文败类。不特为官场所不喜，亦为士林所不齿焉。究之，其时中国之报纸程度尚低，正当由萌芽而入幼稚之时代。若近数年来，报馆接踵而起，程度日见增高。领异标新，各有宗旨。现今南北所有报纸，凡数十种。虽为数不多，而较之从前，已大见进步。即或仍有一二驳杂不纯者出乎其间，然亦不过程度低浅，识力未充，尚不至于造大罪孽。初不料今日报界中初现出一种龌龊离奇之状，为从来见所未见，闻所未闻者，正不知系何乖戾之气之所钟也。
>
> “夫为报馆主笔者，必深明乎国际关系之利害，熟审乎天下事理之是非，方不敢颠倒黑白，惑人所闻。乃今日有一种报馆，其主持笔政者，聋其耳，瞽其目，而且盲其心。利害是非之不明，以致拉东扯西，糊涂满纸。问其宗旨，则曰兴利除弊也；而其见诸报纸之宗旨，则为诱嫖诲淫，直等于俗所谓妖狐之献媚。而且名为春秋之笔，存三代之公，其实忍心害理，无故败坏良善之声名。揆其意，不过择肥而噬，以造言污蔑者预为诈财之地，其恶毒有甚于俗所谓海怪之食人焉。若此种报馆之主笔，正合以斯文败类四字赠之，然犹嫌此四字之名称不足以满其量，吾无以名之，名之曰报馆之大怪相而已。”

3 月 5 日（正月十九日）

香港《中国日报》发表评论《忠告香港〈商报〉》，嘲讽该报所作日本兵额“不过十余万”的报道缺乏根据，缺乏常识，指出日本海陆军兵额当在30万人以上。

3月7日（正月二十一日）

四川地方政府言论机关《四川官报》在成都创刊。四川总督锡良拨款5万两创办，四川官报书局印刷发行。旬刊。每月3期，逢一出报，每期出40页左右1册。总办陆钟岱，总纂龚道耕。以官绅为读者对象，发行量曾达万余份，大部分由各级官署派订。所刊以谕旨、奏议、公牍、专件等官文书为主，间刊省内外新闻及自撰评论。该报于1911年2月19日改为五日刊，报名也改为《四川五日官报》，每旬逢一、六出版。出至1911年8月6日停刊。

香港《中国日报》发表评论《特别忠告香港〈商报〉》，就该报所刊的日轮沙打丸号“载满煤炭于十四日由贝加尔湖开行，须绕道好望角乃至日本”的错谬报道，进行嘲讽说：“查贝加尔湖在蒙古之北，俄属一西伯利亚地方，与海不通，且南北之壤，万无能航出好望角之理。”

3月9日（正月二十三日）

《济南报》在山东济南创刊。两日刊。同年10月9日（九月一日）起，改名《新济南报》继续出版，仍为两日刊。1905年5月4日起改名为《济南日报》，日出4开1张。

3月11日（正月二十五日）

大型综合性时事杂志《东方杂志》在上海创刊。商务印书馆主办。初为月刊，1919年1月后改为半月刊。先后担任主编的有陈仲逸、杜亚泉、孟森、钱智修、胡愈之、李圣五等。内容以记述国内外大事和选录各报刊的重要文章为主，间刊本刊自撰自译自采自编的论文、译文、新闻和图片。创刊号刊有商务印书馆所刊《新出东方杂志简要章程》，略称：“本杂志以启导国民联络东亚为宗旨。……本杂志略仿日本太阳报、英美两国而利费 *Review of Review* 体裁，除本社撰译论说广辑新闻外，并选录各种官民月报、旬报、七日报、双日报、每日报名论要件，以便检阅。”“本杂志区别门类如左：一、社说（选论来稿附），二、谕旨，三、内务，四、军事，五、外交，六、教育，七、财政，八、实业，九、交通，十、商务，十一、宗教，十二、杂俎，十三、小说，十四、丛谈，十五、新书介绍。”到1948年底停刊时，共出版44年，是近代中国刊行时间最长的一份大型综合性期刊。

3月14日（正月二十八日）

《武汉小报》在汉口创刊。社址在汉口花楼正街宝顺里内。日出4开1张。沈习之、王华轩合资创办，凤竹荪主编。以刊载新闻、小说及游戏文章为主。是湖北地区出版的最早的小型报纸。

3月16日（正月三十日）

《警钟日报》发表社论《论报战》，提出报纸按“阶级”分营垒的观点，并对戊戌变法以来，维新、守旧，革命、保皇等各派报刊的论战，进行了历史的回顾和分析。摘要如下：

> “个人之思想，以言论表之。社会之思想，以报表之。有一种社会，各有其表之之报。社会有若干之阶级，而报之阶级随之矣。其阶级相近者，时而同途，时而异趣。淄渑之辨，或非知味者不能。至于阶级悬殊，理想迥别，则随举一事，皆有其互相冲突之点。特其注意不同，遂成尹邢相避之态，而得免于冲突。及有一大问题出，为各种社会之所注意，则必占各报之主要部分，而论旨之冲突，于是烈矣，是谓报战。报战者，异性社会相战之代表也。大抵旧社会以保守习惯为主义，新社会则以改良习惯为主义。其主义相冲突，而不能不

战，则报战随之而起。观报战之胜负，而各种社会势力之消长可知矣。……溯吾国报战之始，实在辛丑。先是经戊戌政变，《申报》日以谩骂康梁，挑战于各报。而新社会方在骤被打击之时代，势力极弱。如《中外日报》等，虽自命代表新党之资格，亦未尝与之竞论焉。及电争俄约之举，《申报》又代表腐败之官场，而极言密约之无据，电争之悖逆，一切归之于康梁之伪造、之煽动。于是各报遂群起而攻之。虽《游戏》《采风》之流，亦相与扬波而濡沫焉。新报之势力，可谓极盛。然而彼《申报》者，尚张其厚颜，以支持于合从叩关之日，而谩骂康梁，以至于今，使反对者不得已而置之不足论议之列。此亦足以代表旧社会之顽钝矣。……大影响之战，则前者《苏报》之于《中外日报》《新闻报》，今者《中国日报》之于《商报》是矣。前者之战，以《苏报》突遭意外之变，而无从观其胜负之究竟；后者之战，则胜负既较然矣。彼《商报》者，保皇党之机关也。自以挟红顶花翎之奇货，大足以愚海外之商民，而不知海外商业社会，其进化已过于该报一步，故一经《中国日报》之袭击，遂不免陷于覆亡。……天演之理，优胜劣败。前者不知改良，则后起者必起而胜之。社会然，表之之报亦然。天既不能限社会之进化，则亦必不能限报界之进化。社会之进化无已时，则报界之进化亦无已时。欲知社会进化与否，则请观新报之战胜与否。至于代表旧社会之报悉战败如《商报》，则吾全国社会之进化可知也矣。"

日文《上海新报》由周刊改为日刊，易名《上海日报》继续出版。社址在上海靶子路3—4号。永岛高连主持。销约3000份。有"华中日文报之领袖"之称。（创刊日期据胡道静《报坛逸话》。同一作者作的《上海的日报》作本年7月1日。《报学季刊》所刊《外人在华新闻事业调查表》作本年4月1日。）

3月17日（二月初一日）

香港《中国日报》刊出即将创刊的《广东日报》的《定期出纸普告》，文如下：

"本报各器具已备，理宜从速出纸，以慰定阅诸公之渴望，奈陈设校勘尚需多日，而各处代理访员亦要交通，故决于二月十五日（3月31日）出纸，送阅三天，定价全年五大元，外埠邮费另计，内地寄费免收，谨此普告。甲辰年二月初一日香港士丹利街广东报同人谨启。"

3月22日（二月初六日）

《警钟日报》发表来稿《读（新民丛报）感言》（署可权撰），对该报第41期攻击革命党人"神圣洪秀全，英雄张献忠"一节，进行反驳。主要论点是："洪秀全、张献忠所歉者，亦惟是未能即真而已矣，何不可神圣而英雄之哉？"

3月25日（二月初九日）

《警钟日报》自即日起，连续发表《论中国立宪无望于上》（3月25日）、《中国立宪之可危》（6月10日、12日）、《立宪问题》（6月17日）、《中国立宪问题》（8月6—12日）等论说，反对旨在抵制革命的立宪活动。

3月31日（二月十五日）

陈仲甫（独秀）主编的《安徽俗话报》在芜湖创刊（在上海印刷好以后，寄回芜湖发行）。半月刊，逢朔望出版，每期出32开40页左右1册。有论说、实业、历史、地理、兵事、教育、诗词、小说、插图等栏目内容。是一份以工农商学兵下层群众为读者对象，以开通民智、救亡图存、发展实业、改革教育、废除恶习，反对封建伦理道德，激励广大人民革命觉悟为宗旨的图文并茂的通俗性时事刊物。创刊号刊有陈仲甫所撰发刊词《开办安徽俗话报的缘故》，论述该报创办目的称：“我开创这报，是有两个主义：第一，是要把各处的事体，说给我们安徽人听听，免得大家躲在鼓里。……况且现在东三省的事，一天紧似一天，若有什么好歹的消息，就可登在报上，告诉大家，大家也好有个防备。……第二，是要把各项浅近的学问，用通行的俗话演出来，好教我们安徽人无钱多读书的，看了这俗话报，也可长长见识。”协助陈担任编辑工作的，还有桐城学堂长房秩五、吴守一和芜湖科学图书社经理汪孟邹等。在主编《安徽俗话报》期间，陈仲甫以“三爱”笔名为该刊撰写了《说国家》《亡国篇》《瓜分中国》《论安徽的矿务》《恶俗篇》等共 20 篇约 8 万字左右的各种类型的文章，并积极参加了该刊的分发、卷封、付邮等工作，为该刊的出版作出了很大的努力，使该刊成为当时国内销路最广、影响最大的俗话（白话）报刊之一。该报于 1905 年 8 月停刊，共出 32 期。

《广东日报》在香港创刊。社址在香港士丹利街 26 号开智社内。总编辑兼督印人郑贯公，编辑黄世仲、陈树人、胡子晋、劳纬孟等。有言论界、实业调查、两粤要事、东洋访稿、内地纪闻、中国事、外国事、地方新闻、电报、战警、译书等栏目内容。反对君主立宪，支持民主革命，与《中国日报》同属民主革命派方面的言论机关。《广东日报》除正张外，还出有附刊《无所谓》，自称“陈言尽扫，宜张革命之军；妙想自由，雅尚娱情之作”。有俗话史、谈风、舞台新籁、社会新声、灯前卜诗潮等栏目内容，刊载带有强烈民主革命色彩的文艺作品。日出 2 页，随报附送。

同月

《日俄战纪》在上海创刊。月刊。商务印书馆主编。专门报道有关日俄战争的内外评论及新闻、图片、资料。有地图、写真、军事小史、战国文牍、海陆战事、日本防务汇记、俄国防务汇记、中国中立汇记、通讯、杂记、时论等栏目内容。自开战至议和，先后出版 30 期。委托日本记者河野采访前线作战消息，号称中立，实际偏袒日方。创刊号刊有日本天皇、俄国沙皇及俄关东总督等人的照片，是国内报刊上刊出的最早的新闻人物照片。

美国传教士主办的福州《华美报》与美国监理会主办的上海《教保》杂志合并，改名《华美教保》，移至上海出版。仍为月刊。

谢英伯在广州创办的《亚洲日报》为陈庆琛（听香）接办。协助陈担任该报编辑、记者的有苏慎之、卢公愤、凌浩如等。

年初

《汉口日报》为湖北地方当局收购，转为官办报纸，由职官王元常任总办，黄佐臣任经理。该报转为官报后，虽由官方强行派销，仍不景气，经营十分困难。

春

《武昌通俗报》在武昌创刊。

《图南日报》在新加坡创刊。陈楚楠、张永福等发起，陈诗仲主编，尢列为名誉编辑，黄伯耀、何德如、康荫田、胡伯银、邱焕文等分任撰述。初印 1 万份。以宣传民主革命为主要内容，被称为“南洋华侨革命党机关报之鼻祖”。

洪门致公堂主办的旧金山《大同日报》接受孙中山的革命思想，辞退康门弟子欧榘甲，改聘留日学生、前《湖北学生界》编辑刘成禺继任总编辑。协助刘担任该报撰述工作的还有徐甘棠（铁椎）、蒋梦麟（惟心）、廖卓庵（云翔）等。该报言论主张开始倾向于革命。刘成禺，又名禺生，笔名汉公、壮夫、刘汉，湖北武昌人，1903年冬以在东京留学生会馆演说革命排满，被清驻日公使蔡钧取消公费，经冯自由推荐，始来《大同日报》工作。

4月6日（二月二十一日）

孙中山自檀香山抵达美国旧金山。抵达后不久，即在当地致公堂及《中西日报》的帮助下，翻印《革命军》1.1万册，分寄美洲、南洋各地华侨进行宣传。此外，还协助致公堂改组被保皇党人把持的该党机关报《大同日报》，推荐革命党人刘成禺担任主笔，使该报成为革命派掌握下的革命宣传机关。

4月8日（二月二十三日）

英国泰晤士报记者哥里诺，日日报记者纽绵，每日报记者爱茨哀尔等，在我东北地区采访日俄战争消息，“被俄官所扰，致不能尽访事之职”。在此前后，俄方宣布：“凡报馆访事人有用无线电报者，当作侦探论，以枪击之。”

4月16日（三月初一日）

天津《大公报》将前此在报上刊载的用白话文体写作的评论文章汇编成册，题名《敝帚千金》，分开智、辟邪、合群、劝戒缠足、寓言等五类，陆续出版。新出版的《敝帚千金》第1册以开智类为主，收有白话评论文章60余篇，主要作者为安蹇主人、竹园主人、清醒居士等，以安蹇主人（即英华）所作为多，约占百分之七八十。同日《大公报》刊出了英华所写的《敝帚千金序》和该书出版的广告，自述其立言宗旨为：“破除国民愚昧谬妄之见识，唤起国民合群爱国之精神。”

4月22日（三月初七日）

《警钟日报》自即日起，连续2天发表论说《论美国凌侮华民》，缕述美国政府苛虐华工的大量事实，对美国制定的华工禁约，以及“不能自己其民，放弃国权而为他人作傀儡”的清政府，表示愤慨。

英文 *Israels Messenger*（《犹太月报》）在上海创刊。主编爱兹拉（N. E. B. Ezra）。

4月25日（三月初十日）

香港《中国日报》刊出《图南日报》介绍该报宗旨、内容及社员“名表”的启事，全文如下：

> “《图南日报局简明广告》　呜呼，我中国已矣！神州大陆沉而未沉者，不绝如线矣。内讧外侮，登二十世纪大舞台中活演一现象惨剧矣，而朝廷之腐败者如故，民族之野蛮者如故。仆等侨寓天南，托庇外国文明治下，心伤北顾，念切东陆，思振民族之精神，鼓动同胞之热血，因特开图南报局，延聘通儒以司笔政，倡世界之公益，诱民智之开通，此则本报之所以起也。本拟早日出报以慰阅报者先睹为快之心，奈字未即到，故尔延迟至今，将出报在即，用敬申广告，幸知我者谅焉。
>
> 本报内容：本报以改革为宗旨，遵守文明国民族主义，凡论设编辑中外历史、各埠、本埠新闻、专件、讯案、暨附张黑狱红莲，报内一切谐文、杂俎、粤讴、班本、诗词、小说随时撰述，以期报界之昌明，而雅俗普通不窒。
>
> 报费：每月八角。
>
> 社员名表：主笔：陈诗仲、黄伯耀、何式基（兼英文翻译）、吉田诚次郎（兼东文翻译）。访事：邱焕文、陈伯符。
>
> 香港代理处：文裕堂。
>
> 本报局主人　张永福　陈楚楠　启
>
> 司事　林敏溪
>
> 中历甲辰三月初十新加坡宁阳会馆后”

顺德某读者致函《中国日报》，赞扬该

报“秉直书奸，举凡酷吏之贪残，劣绅之庇纵，盗贼之披猖，捕务之废弛，官常之恶习，地方之利弊，时事之得失，皆能痛切指陈，绝无顾忌”。

4月26日（三月十一日）

上海《警钟日报》通过所刊孙中山致友人（黄宗仰）书，向国内读者介绍了“中华革命军”的“驱逐鞑虏，恢复中华，建立民国，平均地权”等16字誓词。

同日该报发表论说《论白话报与中国前途之关系》，指出：“白话报者，文明普及之本也。白话报推行既广，则中国文明之进步，固可推矣。中国文明愈进步，则白话报前途之发达，又可推矣。”同文还对白话报的历史，作了如下的叙述：“溯白话报之出现，始于常州，未久而辍。及《杭州白话报》出，大受欢迎，而继出者遂多。若苏州、若安徽、若绍兴，皆有所谓白话报，而江西有《新白话报》，上海有《中国白话报》，又若天津之《大公报》，香港之《中国日报》，亦时参用白话，此皆白话之势力与中国文化相随而发达之证也。”

4月29日（三月十四日）

《警钟日报》刊出《本报大改良》启事，宣布自次日起，增辟《本埠紧要新闻》《公堂案》等专栏，“以副本埠阅者诸君之希望”。

同月

《武备杂志》在保定创刊。武备学堂北洋武备研究所编辑发行。总编贺忠良。有谕旨、论说、学说、叙事、格言、记录、各国军情、广告等栏目内容。以广泛介绍外国军事制度，练兵方法，作战方略及名将事功为主要目的。是我国最早的一份军队报刊。

《医学报》在上海创刊。旬刊。主编蔡小香。

《浙东杂志》在浙江金华创刊。半月刊。

5月8日（三月二十三日）

清廷军机大臣鹿传霖致函各省督抚，要求查禁各种“悖逆”书报，被点名查禁的“悖逆”书报有《支那革命运动》《新广东》《新湖南》《浙江潮》《并吞中国策》《中国自由书》《中国魂》《黄帝魂》《野蛮之精神》《二十世纪之怪物》《帝国主义瓜分惨祸》《预言新民丛报》《热血谭荡虏丛书》《浏阳二杰论》《新小说支那化成论》《广长舌》《最近之满洲》《新中国支那活历史》等18种。

5月14日（三月二十九日）

北京《经济丛编》改名《北京杂志》（半月刊）继续出版。

5月15日（四月初一日）

《湖州白话报》在上海创刊。半月刊。湖州白话报社编辑发行。

在东京出版的《江苏》月刊出至11、12期合刊后停刊。

5月21日（四月初七日）

上海租界会审公廨“额外公堂”对“苏报案”进行宣判。章炳麟被判监禁3年，邹容被判监禁2年，罚作苦工，刑期自上年闰5月6日（1903年6月30日）到案之日起算。参加宣判的有上海县汪瑶廷大令、谳员黄耀宿司马、英总领事署翻译官德为门（Twymen）等，判词由上海县令汪瑶廷宣读，略谓：

> “本县查苏报馆革命党一案，除当时被拿之龙积之、程吉甫等早已分别开释外，尔二人之罪本无可逭，兹格外恩宽，判押章炳麟三年，邹镛二年，自上年闰五月初六日到案之日起算，期满驱逐出境，不准逗留租界。”（《申报》1904年5月22日）

5月25日（四月十一日）

天津《大公报》辑印的白话文评论集

《敝帚千金》第 2 集公开出版。同日该报刊有傅增湘为这本书所写的序文。

同月

《妇孺报》在广州创刊。月刊（全年出 10 期）。广州双门底蒙学书局发行。例言云："本报以浅顺为主，使妇孺读书四年者，即可阅读。"

《东浙杂志》在浙江金华创刊。月刊。1905 年 5 月改名《浙源汇报》。

6 月 12 日（四月二十九日）

《时报》在上海创刊。狄楚青主办，罗孝高为总主笔，雷继兴、陈冷血为新闻编辑。梁启超手拟发刊《缘起》和体例。发刊词标榜所有言论"以公为主，不徇一党之私见"。自揭其办报方针为："于祖国国粹固所尊重也，而不适于当世之务者，束阁之；于泰西文明固所崇拜也，而不应于中国之程度者，缓置之。而于本国及世界所起之大问题，凡关于政治学术者，必竭同人谫识之所及，以公平之论，研究其是非利害，与夫所以匡救之应付之之方策，以献替于我有司，而商榷于我国民。若夫新闻事实之报道，世界舆论之趋向，内地国情之调查，政艺学理之发明，言论思想之介绍，茶余酒后之资料，凡全球文明国报馆所应尽之义务，不敢不勉，此则同人以言报国之微志也。"有时评、报界舆论、外论撷华、介绍新著、词林、插画等栏目内容。编排"务求秩序"，"务求显醒"。备有 1 至 6 号各种字模，"其最紧要之事则用大字，次者中字，寻常新闻用小字"，以求醒目。除《时报》外，狄楚青还办有《画报》《民报》及有正书局。《画报》印成单页随《时报》附送。《民报》由杨荫杭（老圃）担任主笔，仅出 2 年即以经济困难停刊。《时报》于 1921 年出售给黄伯惠接办，出至 1939 年 9 月 1 日停刊。

6 月 14 日（五月初一日）

《北洋商报》在天津创刊。为德商所主办。社址在天津法租界万国铁桥西岸。杭辛斋应邀担任主编。自称为"开商智，联商情，合商力，以期商业之扩张，导商界之进步"为宗旨。

上海《警钟日报》自即日起加印附张，并增设小说丛谈、史谈等栏目内容。

《宁波白话报》出版改良版。由旬刊改为半月刊，期次重起。参加撰稿的有马幼渔、冯君木等。

6 月 21 日（五月初八日）

清廷特赦戊戌党籍，戊戌案内各员均予宽免，但康、梁除外。梁启超在国内的办报活动仍然不能公开。

6 月 27 日（五月十四日）

龙华会主办的《萃新报》在浙江金华创刊。半月刊。张恭、刘琨、盛俊等主编。出版至第 6 期即被严州知府锡纶查禁，后更名《东浙杂志》继续出版。旋停。张一名临，字伯谦，一字同伯，金华人，光绪癸卯举人，龙华会副会长。

6 月 28 日（五月十五日）

《扬子江》杂志在江苏镇江创刊。半月刊。社址在镇江小闸口。杜课国主编。有社说、学说、政治、记事、选报、文苑等栏目内容。内容有民族主义色彩，主张君主立宪。

7 月 1 日（五月十八日）

日本人主办的期刊《上海新报》周刊在上海创刊。社长先后为永岛高连、原定太郎、井手三郎。1905 年 3 月改为日刊，更名《上海日报》继续出版。

7 月 2 日（五月十九日）

《警钟日报》以刊登《致公党之公启》的方式，宣传了该党的"排满革命"思想，介绍了"兴中会首领孙逸仙君"在美洲旧金山等地与洪门合作，进行革命活动的情况。

7 月 3 日（五月二十日）

湖北新军士兵张难先、胡瑛与青年学生

吕大森、欧阳瑞华、曹亚伯等在武昌发起组织革命团体科学补习所，利用教堂为掩护，附设阅报室，陈列新出版的书报杂志，供众阅览，进行“排满革命”宣传。

7 月 7 日（五月二十四日）

《警钟日报》招股启事进行不顺利。本日刊出启事，有“所收股金，至今仍未及致，为财力所限，一切事务，未能尽举。本报内容，至今犹有遗憾，实为内疚”等语。

7 月 13 日（六月初一日）

汉口《汉报》再度收归官办，发行数字由 8000 份跌至 2000 份。武昌知府梁鼎芬报请鄂督端方批准，令各州县强行派销，大县派销定额为 30 份。

7 月 20 日（六月初八日）

《警钟日报》主编蔡元培辞职，改由汪允宗接任。同日该报刊出《蔡孑民敬白》称：“孑民近担任爱国女学校事务，故《警钟》社编辑之役已由汪允宗君主任。凡以社务投函者，请勿于函面写鄙人姓名，以免致辗转延搁。如与孑民个人交涉之事，则请寄新闸路西胜业里六百三十号。”

7 月 27 日（六月十五日）

天津地方官绅在城内火神庙设立“阅报研究教育所”。每日官绅商民均可在所阅报，互相讲求教法，其报章由府县两署捐送。

同月

以所谓“劝善”为宗旨的小报《捷影报》在上海创刊。馆址在上海望平街口。有论说、新闻、医药等栏目内容。内容以“近年来各省善恶因果之事，祸福报应之人，以及秘要药方”等为主。

8 月 3 日（六月二十二日）

《警钟日报》发表论说《论专制与暴动之相应》，分析了专制与暴动的因果关系，鼓吹“不自由，毋宁死”，主张用暴力手段对付专制政体。

8 月 8 日（六月二十七日）

《警钟日报》刊出《本社增添通讯员广告》，征聘天津、太原、西安、兰州、贵阳、云南、长沙、成都、武昌、汉口、南昌、九江、安庆、福州、厦门、广州、汕头、济南、烟台等地通讯员。条件是：“具普通知识，愿委身于社会。”要求应征者“先寄出新闻数则，开明住所”，以便“觇宗旨之合离，而定取舍”。

8 月 11 日（七月初一日）

《福建日日新闻》在福建厦门创刊。社址在厦门太史巷。日刊。每期出正张及附刊各一张。黄乃裳、连横合办。有言论、国政、史传、电报、内国新闻、外国新闻、商况、杂著等栏目内容。

8 月 12 日（七月初二日）

《警钟日报》主编汪允宗辞职，改由林白水、刘师培承乏。

8 月 16 日（七月初六日）

《京话日报》创刊于北京。社址在北京宣武门外五道庙路西。彭翼仲主办，吴子箴、文啙窳、春治先等编辑。自称“以输进文明，改良风俗，以开通社会多数人之智识为宗旨”。有要紧新闻、本京新闻、各国新闻、宫门钞、告示、专电、演说、时事新歌、小说、讲书等栏目内容。“通篇概用京话，以浅显之笔，述朴实之理，记紧要之事，务期雅俗共赏，妇稚咸宜”。日出洋式书式一页，“散之则每日一张，合之则一月一册”，每份仅售三大钱。（创刊日期据该报自刊告白。《东方杂志》《各省报界汇志》作 8 月 11 日。）

8 月 31 日（七月二十一日）

《警钟日报》刊出《本报大改良》广告，宣布改定“报章体例”，除时评、社说外，设置以下栏目内容：国内警闻，“凡北京及各省重要之事，以及外人在中国之举动，皆入此门”；极东警闻，“凡日俄战事重要之由，入之”；极东战局详记，“凡日俄战争之细事及所译各东报，皆入此门”；学界新闻；国外纪闻；地方新闻。

同月

朱淇主办的《北京日报》（初创时名《北京报》，1905 年 8 月 16 日改名《北京日报》）在北京创刊。朱字箓孙，广东南海人。早年参加过兴中会，因有告密嫌疑，为同志所不齿。曾经担任过广州《岭学报》《岭海日报》《通报》，青岛《胶州日报》主编。本年初，转来北京办报，直至去世。协助朱担任编辑工作的有张殿云、杨小欧等。

上海《时报》刊出题为《演说抵制禁例》的专稿，就美国华工禁约问题进行剖析，主张“以不销美货为抵制之不易法门”。

9 月 1 日（七月二十二日）

《中外实报》在天津创刊。原名《北洋商报》。德商经营。言论倾向于德国政府，内容以政治、经济方面的新闻为主。1917 年中德断交后停刊。

上海《警钟日报》刊出论说《论铁良南来后之中国》，配合所发新闻，对户部侍郎铁良利用南下清理各省藩库厂局的机会大肆受贿敛财的丑行，进行了揭露和抨击。

9 月 8 日（七月二十九日）

《警钟日报》增设《投函》栏，并刊出启事，介绍该栏设置目的及来函注意事项如下：“本报设投函一门，所以通举国之情志，其言之是非，本报不担责任。凡投函者必将姓名居址写于别纸，并须签字，或盖图章。本报虽不必照此登出，然须存留此纸，以备核查。”

9 月 10 日（八月初一日）

文艺期刊《新新小说》在上海创刊。月刊。冷笑主编。所刊创作作品有《中国兴亡梦》《菲律宾外史》（侠民）、《新党现形记》（嗟予）、《京华艳史》（中原浪子）、《侠客谈》（冷血）等，所刊翻译作品有莫泊桑《义勇军》、俄国《虚无党奇话》、希利《巴黎之秘密》（以上均冷血译）、《旅顺落难记》（小道译）、《法兰西革命歌谱》（侠民译）等。

9 月 19 日（八月初十日）

《江苏白话报》在江苏常熟创刊。月刊。常熟琴南学社编辑。有论说、记事、教育、历史、地理、实业、小说等栏目内容。

9 月 24 日（八月十五日）

《白话》报在日本东京创刊。月刊。社址附设于东京神田区骏河台铃木町十八番地中国留学生会馆内，由东京牛込区神田町一丁目二番地翔鸾社负责印刷。留日学生演说练习会主办。秋瑾主编。该报鼓吹推翻清政府，提倡男女平权，观点与《新民丛报》对立。共出 6 期而止。

9 月 29 日（八月二十日）

《海外丛学录》在日本东京创刊。月刊。云南籍留日学生主办。刘昌明、由宗龙、陈治恭等主编。

秋

英文《中国评论报》（*The China Critic*）在天津创刊。英国人纽曼主编。该报在日俄战争期间，倾向于沙俄，时有对日方军事外交政策的批评。1907 年后改名《中国评论家》继续出版。

德文《日报》（*Tageblatt*）在天津创刊。日刊。主编马拉茨德。该报维护德国在华的利益。

10 月 8 日（八月二十九日）

上海《中国白话报》出至第 24 期后停刊。

10 月 9 日（九月初一日）

《福建白话报》在福州创刊。半月刊。

总发行所设在上海。是一份综合性的白话刊物。有论说、历史、地理、传记、学术、军事、纪事、小说、谈苑、诗歌、戏曲等栏目内容。

10 月 17 日（九月初九日）

卞小吾主办的《重庆日报》创刊。社址在重庆定远碑街，发卖所及账房在重庆白象街东华公司内（东华公司为卞小吾创办的火柴厂）。萧九垓、燕梓材、周拱极等分别任编辑、采访等工作。以鼓吹革命，救亡图存，提倡男女平权和振兴实业为宗旨。为避免官府摧残计，聘请日籍教员竹川藤太郎为名义上的社长（称“主干”）。初创时每份售价 12 文，第 5 期起改为 8 文，日销仅约 500 份，后增加到 3000 余份。

10 月 24 日（九月十六日）

湖北官方主办的《汉口日报》因经营不善和“名誉大坏”，被迫于本日起停报整顿，实行全面改组。

同月

中国最早的戏剧杂志《二十世纪大舞台》在上海创刊。半月刊。陈去病主编。有论说、传记、小说、传奇、班本、丛谭、诙谐、文苑、歌谣、批评、纪事、译编、杂录、调查、答问等栏目内容。自称以“改革恶俗，开通民智，提倡民族主义，唤起国家思想”为宗旨，主张用戏剧艺术为革命作鼓吹。创刊号刊有柳亚子所作带有激烈反满革命词句的《发刊词》（署名亚庐）。出版仅 2 期，即被清政府查禁。

《岭南学生界》在广州创刊。每年出 10 册。中英文合刊。主笔为美国人晏文士、黄念美，中国人钟荣光、敖宇润。有论说、新闻、传记、书院介绍、中国学界汇志、外国学界汇志等栏目内容。为岭南学堂的校刊。

孙中山在纽约报纸上发表英文评论《中国问题的真解决》（*The True Solution of Chinese Question*），“全国革命的时机，现已成熟”，宣布“中国现今正处在一次伟大的民族运动的前夕”，说“一旦我们革新中国的伟大目标得以完成，不但在我们的美丽的国家将会出现新纪元的曙光，整个人类也将得以共享更为光明的前景”。（《孙中山全集》，中华书局 1981 年版，第 248—255 页）

11 月 3 日（九月二十六日）

四川地方当局的言论机关《成都日报》在四川省城成都创刊。四川官报局出版发行。日出铅印 2 张，另附刊 1 张。钱叔楚任社长。有谕旨、宫门抄、辕门抄、硃批恭录、紧要时事、省内新闻、省外新闻、外国新闻等栏目内容，正附张均刊有大量广告。是成都地区的第一份近代化日报。1911 年 12 月 1 日停刊。

11 月 7 日（十月初一日）

汉口官办《汉口日报》复刊。由任承纪续任总理，纪友棠任主笔，沈云夫主持发行。销数增至 3000 份。

11 月 10 日（十月初四日）

著名新闻工作者，《世界日报》《民生报》《新民报》《南京人报》等报总编辑张友鸾出生。张字悠然，安徽安庆人。

11 月 14 日（十月初八日）

《警钟日报》刊出《本报十大特色》，公开宣布该报“具有光复祖国之思想”，为“民党之机关”，为“学生社会之机关”，为“民族主义之倡导者”，为“抵御外族之先锋队”，并宣布该报将设置《调查》栏，除对“工商业务”及广西会党活动情况进行切实调查外，“凡学堂、教堂、军制等项皆有比较、有统计，皆可一览而明”。

11 月 16 日（十月初十日）

《警钟日报》以祝贺慈禧太后 70 寿辰为名，发表时评《万寿无疆》，进行嘲讽。文章调侃说，用“万寿无疆”四字颂扬太后，“实为确切不移”。因为，这是有事实为证的：“太后五旬万寿，则为甲申，其时法人攻越南，谅山一役，而安南之疆土无。六旬万寿，则为甲午，其时日人攻朝鲜，平壤一败，而台湾之疆土无。……延至今年七旬之万寿至，而西藏疆土又无。每遇万寿一次，则必失疆土无算。”结论是：“所谓无疆也者，犹言无疆土也。举国而颂无疆，又有贼臣以为之助，吾恐瓜分之日，即在目前矣！”

同月

基督教会主办的杂志《时兆月报》在上海创刊。月刊。社址在上海宁国路 515 号。基督教新教基督复临安息日会主办。李富贵主编。每期约 35 页左右 1 册，最高发行数达 8 万份。为基督教所办刊物中发行量最大的。1949 年停刊。

《滑稽杂志》在上海创刊。东方书店发行。

12 月 5 日（十月二十九日）

《警钟日报》刊出该报分售处一览表，说明该报在北京、苏州、杭州、绍兴、武昌、汉口、长沙、南昌、成都、香港、济南、宁波、无锡、台州、镇江、嘉兴、南京、九江、安庆等 19 个城市设有代售处。

12 月 7 日（十一月初一日）

《中华报》在北京创刊。馆址在北京前门外五道庙路西。日出 1 册，每册 8 张 16 面。每月合订 1 册，另加封面。月收资费京钱 6 吊。彭翼仲、杭辛斋主办，杭辛斋主编，标明“华商”。自称以“恢复国权，启导民智”为宗旨，用文言编写。创刊前在京津各报刊登《华商中华报出版广告》称：“本报发起人为长洲彭诒孙翼仲、海宁杭慎修辛斋，并无洋人资本，亦不藉他国保护，因慨报界风潮冲突，非借重洋人，托居租界，竟不能自存，以致我中华自有之言论权亦复为渊鱼丛雀，授枋外人，尽焉心伤，情难自已，爰不自揣，窃愿牺牲一己，为报界存固有之权，成败利钝，非所料焉，如蒙海内外同志，亮兹苦衷，俯赐提倡，寤寐祷祝，永矢弗谖。……”

《扬子江白话报》在上海创刊。系由《扬子江》与《上海撷报》两刊合并而成。主编杜课园。半月刊。每月逢朔望日出版，朔日出版的称《扬子江白话报》，望日出版的称《扬子江丛报》。

12 月 8 日（十一月初二日）

《警钟日报》自即日起，连续 3 天刊出共和复汉生所撰长篇论说《论中国民族主义》，宣传以汉族为中心的民族思想，鼓吹“排异族，救同种”，“搴独立之旗，创共和政治”。

12 月 11 日（十一月初五日）

《河南官报》在开封创刊。豫督陈夔龙主办，河南官报局发行。初为五日刊，后改周刊。每期出线装 1 册，有光纸铅印。自称以“广见闻，开风气”为宗旨。

12 月 14 日（十一月初八日）

《新小说》杂志迁至上海出版。由广智书局编辑、发行。

12 月 20 日（十一月十四日）

《警钟日报》发表署名“共和”的来稿《孙逸仙书后》，赞扬孙中山为“粤党之魁杰，西学之巨擘”，“固夙倡导民权自由之说，而最富民族思想者也”，宣传“有孙逸仙而中国始可为”。

同年

中文《燕都报》在北京创刊。经费由俄国道胜银行支付，是沙俄设在北京的言论机关。创办以后，极力为沙俄政府的远东政策作鼓吹，并夸大沙俄军队在日俄战争中的战果。和《燕都报》同时期创刊的，还有在旅顺出版的《关东报》，在奉天出版的《盛京报》，都是沙俄在我国境内设立的言论机关。《燕都报》创刊后，和日本人在北京主办的《顺天时报》展开宣传战。后者除“揭露俄国内幕，在政府及民间传播俄国不足畏的思想”外，“（日俄）开战以来，更每日以报纸及号外，派人到城门去免费分发”。（日本东亚同文会编：《对华回忆录》，商务印书馆1959年版，第496页）《燕都报》由于在宣传中处于劣势，不久即停。

《经纬报》在天津创刊。社址在天津日租界四面钟对过。李镇桐主办。以提倡实业为宗旨。1910年为官方接办。1911年停刊。

《华洋时报》在天津创刊。属于商办报纸。1905年停刊。

《北洋学报》在天津创刊。周刊。1906年2月改为五日刊。随《北洋官报》发行。同年9月与《法政杂志》合并，改名《北洋法政学报》继续出版。

《拼音字母官话报》在河北保定创刊。为商办报纸。

《新济南报》在山东济南创刊。为官办报纸。

《中外汇报》在上海创刊。英商所办。另有附刊《上海》，随报发行。

《风云画报》在上海创刊。

《龙旗》在上海创刊。年刊。基督教教会主办。出版至1949年始停。

天主教徒主办的上海《汇报》（原名《益闻录》，后与《格致新闻》合并，改称《格致新闻汇报》，简称《汇报》）改由潘秋麓司铎担任主编，李杕为副主编。

《远东时报》在上海创刊。月刊。李布兰主编。该报为日本军国主义制造舆论。

《花月报》在上海出版。英商投资创办。

《初学白话报》在上海创刊。

《金融日报》在上海创刊。

《维新笔》在上海创刊。为商办刊物。

《滑稽魂》在上海创刊。

《西湖报》在杭州创刊。日刊。许祖谦主办。

《南浔通俗报》在浙江南浔创刊。半月刊。

《商务日报》在镇江创刊。馆址在镇江西门外。主持人刘思让。

汉口《汉报》以揭载华俄道胜银行行员陈延庆利用所办庆安钱庄从事金融投机失败倒闭消息，被沙俄驻华公使指为有损该行信誉，逼迫湖北当局，强行封禁。

《汉口小报》在汉口创刊。英商经营。主编杨铎。

《绎言报》《武汉论坛报》《天声日报》在武汉创刊。

《蚕学月报》在武汉创刊。武昌农务学堂出版。赵叔彝主编。

英文《楚报》（*Central China Post*）在汉口创刊。英国传教士汉口圣教书局经理计约翰（John Avchi—Bala）主办。社址在汉口英租界新昌里。每日出版。销约1100份。

迄本年止，在武汉地区发行的外地报刊已达21种，总销数达2740份，其中包括在日本东京出版的革命刊物《汉声》（原《湖北学生界》）、《浙江潮》《江苏》《政法学报》，在上海等地出版的《中国白话报》《警钟日报》《安徽白话报》《新白话报》《新小说》《新新小说》《政艺通报》《东方杂志》《新民丛报》《时报》《申报》《中外日报》《国民沪报》《外交报》《新闻报》等。（据上海《警钟日报》1904年11月30日）

《大观报》旬刊在长沙创刊。

《安福汇报》在江西创刊。

《青年爱》在江西九江创刊。江西教育会九江支部出版。

基督教（新教）美以美会主办的《兴华报》在福州创刊。

《开智日报》在广州创刊。总编辑谢英伯。

《鮀江公理报》在汕头创刊。其前身为1903年初在汕头创刊的《鮀江辑译报》。日刊，星期日休刊。有论说、日俄战记、新闻等栏目内容。

《南清早报》在香港创刊。

英文《中央邮报》（*Ceneral Post*）在香港创刊。

《女子魂》在日本东京创刊。抱真女士（潘朴）主办。

留日学生主办的《日新学报》《湖北地方自治研究会杂志》《湖南学生》在日本东京创刊。均为月刊。

英文《远东日报》（*Far Eastern Review*）在马尼拉创刊。美国人李布蔺（Brouson Rea）主办。1912年以后迁上海出版。社址在上海外滩24号。月刊。内容以商业、工程、金融等方面的报道为主，间刊政治评论。由澳大利亚记者端纳（William N. Donald）担任主编。

缅甸华侨主办的《仰江日报》宣布改组，更名《仰光新报》继续出版。社址在仰光勒达街20号。经理庄银安，秦力山曾任编辑。言论由“忠君保皇”转为倾向于革命。

印尼华侨主办的中文《苏岛民报》在棉兰创刊。

《中国维新报》在美国纽约创刊。半周刊。当地华侨集资创办。支持保皇派。

澳洲华侨主办的《东华报》在悉尼创刊。周刊。为当地中华商会的机关报。自称：“本报为联邦新西兰太平洋群岛销数最广之报纸，并销行于全中国。”

御史黄昌年上折清廷，要求将政府各部处重要文件及时在“阁钞”上公布。原折略云：“各衙具奏奉旨准驳之件，须令各衙门皆知。重要则明发谕旨；次要则编发阁钞。拟请政务处妥拟办法，凡政务处、练兵处、学务处及银行、铁路、矿务、电报一切举行要政，或揭署前，或发阁钞，或刊刻告示。”（转引自戈公振：《中国报学史》，第48页）政务处奉旨议复云：“嗣后具奏折件，除事关慎密及通例核复之件毋庸钞送外，所有创改章程及议定事件，皆于奉旨后咨送政务处，陆续发刊，以广传布。凡军机处于京外折件，向系明发谕旨及有办法者，概交发钞。”（转引自戈公振：《中国报学史》，第46页）

1905年
（清德宗光绪三十一年乙巳）

1月3日（甲辰年十一月二十八日）

宋教仁等留日学生在东京越州馆举行集会，筹办革命杂志《二十世纪之支那》，参加筹备会的有宋教仁、张柄标、李柏宏、郭安定、鲁鱼、雷光宇、田桐、吴绍先、白逾恒、程家柽等10余人。

1月6日（十二月初一日）

《教育杂志》在天津创刊。半月刊。直隶学务公所主办。该刊自1906年4月24日起，改名《直隶教育杂志》，1909年2月20日起，又改名《直隶教育官报》。1911年停刊。

1月19日（十二月十四日）

《警钟日报》发表启事，宣布原计划招股2万，每股5元，共10万元，实际上仅招得700余股，共3500余元。因此“经济拮据，未能扩张”，要求各界继续认购新股。

1月26日（十二月二十一日）

《警钟日报》发表评论《请看俄国之工人》，热情赞扬俄国工人阶级的革命精神。

1月27日（十二月二十二日）

《警钟日报》发表时评《盗贼政府》，宣

传："今日之政府，即为实行盗窃之人。"号召人民不为清政府捐输报效，不购清政府所发行的公债。

1月30日（十二月二十五日）

《警钟日报》发表《本报一年之大祝辞》，小结该报过去一年的工作，自述该报在宣传上有以下六大特色：1."以爱国之诚，作民党之代表"；2."作留学生之机关，通华民之消息"；3."刊发新图"，"附加浅说"；4."详征现势，立表调查"；5.保存"国学"，输入"西学"；6.广征博采明季文献史料，"诛奸谀于既死，发潜德之幽光"。

1月下旬

《申报》内部实行改组，由金剑华代替黄协埙（式权）担任总主笔，并增聘刚从日本留学归国的张蕴和专任社论主笔。

同月

俄文报刊 Досуги Заамурца（《外阿穆尔人消闲报》）在中国东北地区创刊。画刊。每周1期。由俄国外阿穆尔军区独立团参谋部主办，巴尔达诺维奇上校主编。1912年停刊。

教会中外籍医生联合主办的英文双月刊 *China Medical Journal*（《博医会报》）在上海创刊。1923年以后，改为月刊。为中华博医会（China Medical Association）的机关刊物。

《华北杂志》在上海创刊。月刊。每期出铅印1册。以刊载文牍、函件、章程、电文、纪事、调查表、中外大事记为主。

汉口《汉口日报》因所刊《庆安钱店空虚》一稿，触怒开办该钱店的俄国道胜银行，被俄国驻汉口总领事纠集暴徒200余人，强行捣毁。悬挂该报门前作为官报标志的"督部堂虎头牌"也被砸坏。

香港《世界公益报》实行改组。谭民三辞去司理职务，遗职由莫梓铃承乏。主编郑贯公自行告退，编辑事务改由李大醒、黄世仲、黄耀公等负责。

2月3日（十二月二十九日）

北京《京话日报》发表彭翼仲所作"演说"《瑕瑜不掩》，自述办报立场称："事非经过不知难，办了两年多报，愈办愈胆小。现在我们同事的人，同心同意，事事相商。应该争论的，刀放在脖子上还是要说。不应该多嘴的，说出来无益，不说又有何妨呢。总要抱定宗旨，不必胡乱猜疑。开通风气，热心爱国，这八个字虽成了现在的口头禅，但从实在作去，天下的人总要来原谅的啊！"

2月4日（乙巳年正月初一日）

新加坡《图南日报》以向读者赠送月份牌的方式，进行反满民主革命宣传。月份牌"上题'忍令上国衣冠沦于涂炭，相率中原豪杰还我河山'二十字。下题'暂理皇汉帝位满清光绪三十一年岁次乙巳为耶稣降生后一千九百零五年至零六年'及'文字收功日，全球革命潮，图开新世界，书檄布东南'等句。中刊自由钟及独立旗各一，异常美观。英、荷两属各埠华侨工界各团体会所多悬诸座右……"（冯自由：《革命逸史》，中华书局1981年版，初集第172页）

2月7日（正月初四日）

《申报》进行版面改革，报道内容和版面形式有较大变化。同日发表论说，宣布整顿要点为：更新宗旨，扩充篇幅，改良形式，专发电报，详记战务，广译东西洋各报，搜录紧要奏议公牍，敦请特别访员，广延各省访事，搜录商界要闻，广采本地要事，选登时事来稿等。

2月8日（正月初五日）

《申报》发表论说《述东瀛度岁之感以励中国前途》，公开引用了梁启超的文章，表明该报已不再对康梁采取敌视态度。

上海《时报》刊出论说《日报界之大活

动》，对近日各报业务上的改革，发表以下评论：

"我国之有日报，不自今日始矣，然而自今日以前，我中国之所谓日报，不能如今日之整顿者，何也？去年之日报，无异前年；前年之日报，无异前前年。然而今日则不然，试观今日沪上所出各报，其有一与去年相同者乎？《中外日报》则改样式矣，所谓整顿矣。《新闻报》则改样式矣，所谓整顿矣。即如三十年来一成不变之《申报》，亦复改样式矣，所谓整顿矣。虽其改样式，所谓整顿者，其固视前有胜与否，则天下之人自有明眼，我亦不愿以一人之见，漫为评论，然而无论其胜否何若，其跃然思动之机，实天下所共见。"

2月23日（正月二十日）

《国粹学报》在上海创刊。月刊。每期出40页左右1册。国学保存会主办。邓实主编，参加撰稿的有章太炎、刘师培、黄侃、黄节、陈去病、马叙伦、田北湖、罗振玉等。以"发明国学，保存国粹"，"使东土光明，广照大千，神州旧学，不远而复"为宗旨。有社论、政篇、史篇、学篇、文篇、丛谈、撰录等栏目内容。所载文章大多为经史、文字学等学术论文。附出《国粹学报图画》一种。1911年7月出至82期后停刊。

留美学生王建祖、章宗元等主办的《实业界》（又名《美洲学报实业界》）在美国加州伯克利市创刊。半年刊。每期出40页左右1册。侧重登载经济方面的译著。

同月

《蒙学报》在江苏吴县创刊。半月刊。有修身、国文、算术、地理、历史、理科、图画、乐歌、手工、体操、名胜新闻、童谣、俗话、笑话、小说等栏目内容。属于教学辅导性刊物。

《直隶白话报》在河北保定创刊。社址在保定府西大街二道口大吉祥客栈。半月刊，逢朔望日出版。主办人吴樾。有社说、历史、地理、传记、教育、军事、学术、算术、实业、纪事、政法、卫生、格致、丛谈、小说、歌谣、译丛等栏目内容。自称以"开通民智，提倡学术"为办刊宗旨。积极支持军国民教育，言论倾向于民主革命派。同年9月，吴樾赴北京行刺五大臣，不幸遇难。该刊随即停刊。

留日学生主办的《东京留学界纪实》双月刊在日本东京创刊。中国留学生会馆编辑发行。主要报道留日学生的动态，言论倾向于民主革命。

3月4日（正月二十九日）

天津《大公报》出题征文。"每篇一等赠洋二十元，二等十元，三等五元，文笔以博大精深，痛切透辟者为合格。"题目如下：《中国不亡是无天理，中国若亡是无地理说》《振兴中国何者为当务之急》《日俄战后中国所受之影响如何》《中俄内政之比较》《中国宜划一兵制说》《中国重兴海军当以何处为根据地》《清宦途策》《筹款不病民策》。

3月13日（二月初八日）

上海《时报》自即日起，连续4天在该报刊出专论《宜创通国报馆记者同盟会说》，建议报界成立团体。认为建立团体后有司法之害三：一、对于在外者，二、对于在上者，三、对于报馆之记者。有可兴之利三：一、可得互相长益之肋，二、可得互相扶助之力，三、可得互相交通之乐。

3月15日（二月初十日）

南京官报局主办的《南洋官报》由二日刊改为旬刊，期数另起。

3月16日（二月十一日）

《警钟日报》发表论说，反对《时报》提出的有关创立"通国报馆记者同盟会"的建议。认为各报立场、宗旨、观点不同，言论不能统一，行动也难一致，没有可能结成举国一致的团体，对《时报》的主张，表示“坚不赞成”。

成都商会和农会同人合办的刊物《工会日刊》（又名《四川工会日刊》）在成都创刊。内容以社会新闻为主。

3 月 20 日（二月十五日）

《小说世界日报》在上海创刊。日出 1 张。同年 10 月 28 日改名为《小说世界》半月刊继续出版。旋停。

3 月 25 日（二月二十日）

《警钟日报》被上海道袁树勋串通租界当局以“污蔑中国皇太后、皇上”等罪名查封。发行戴晋鹤，排字头目徐士芳，广告部负责人王信生，印刷部负责人朱存仁，校对何少卿等被拘。主笔刘师培，经理李春波以先期离沪幸免。

3 月 27 日（二月二十二日）

天津《大公报》发表论说《中国报纸将失其言论记载权》，就“毫无心肝之官吏”，“甘为外人之傀儡”，“禁止各华字报之宣布其阴谋”一事，表示愤慨。末称：

> “夫外人狼瞋虎视，环集吾前，各逞贪心，伺隙而动，政府无抵敌之策，民间发嗟叹之声，仅赖有报馆数家，日警察于其侧，以唤醒内界之沉梦，以摘发外国之阴私，外人纵不能因此而戢其雄心，然清议所存，不能不稍有所顾忌，乃今竟借华官之手以夺此言论记载之自由权，而华官竟俯首听其指挥，且允以官家之报，代为更正，此后外人之谋我者，大可公然肆行无忌，为所欲为。吾不能不服外人手段之巧，而恨华官之损辱国体，丧失主权于无形也。呜呼！外人奴隶我乎，抑亦我国官民之自奴隶之耳，外人亡我国乎，抑亦我国政府之自亡之耳。吾益以叹中国之不可救矣。”

3 月 28 日（二月二十三日）

前《时务报》创办人黄遵宪在原籍病逝。黄字公度，广东梅县人。戊戌政变后卧病家乡，晚年曾以东海公、水苍雁红馆主人等笔名为《新民丛报》撰稿，在该报发表了《论学笺》等论文及大量古近体诗词。

3 月 31 日（二月二十六日）

《芝罘报》在山东烟台创刊。周刊。万奎基等创办。有上谕、论说、政界、学界、商界、财政、交涉汇志、各国新闻、译林、谈丛、文苑等栏目内容。是烟台最早的中文期刊。

香港《广东日报》发表社论《书本报出世一周年之纪念日及视报界之前途》，重申该报宗旨为“发挥民族主义，提倡革命精神”。

同月

中岛真雄创办的中文北京《顺天时报》由日本驻华公使馆正式接办，成为日本外务省直接控制下的言论机关。社长改由上野岩太郎接任。以后，相继担任社长的还有龟井陆良（1912 年以后）、渡边哲信（1917 年以后）等人。除出中文日报外，还增刊英文杂志一种。1930 年 3 月在中国人民的抵制下，被迫停刊。

《国文报》在山东济南创刊。社址在济南后宰门内。旬刊。每期出 30 余页 1 册。主办人侯枫震、秦介如、周炳如。自称以“保存国粹，裨益实学”为宗旨。1906 年 3 月改名《山东国文报》继续出版，期数另起。

日本人主办的《上海新报》周刊改名《上海日报》继续出版。日刊。社长先后由永岛高连、原定太郎、井手三郎等担任。

四川地方当局创办的教育界杂志《四川

学报》在成都创刊。初为不定期刊，后改月刊。主持人方和斋。

初春

日本人主办的日文《汉皋日日新闻》在汉口创刊。小川爱日郎主持。1908年改组为《汉口日报》。

4月3日（二月二十九日）

因“苏报案”被捕入狱的《革命军》作者邹容在上海狱中病逝，年仅21岁。邹字蔚丹，四川巴县人。遗骨由刘东海收葬于上海华泾乡。1912年临时政府成立后，被追赠为大将军。

4月4日（二月三十日）

长沙《湖南官报》因经费困难停刊。

4月5日（三月初一日）

湖北省地方官报《湖北官报》在武昌创刊。初拟为旬刊，后改为半月刊。每期出线装1册。张之洞创办，江汉关道梁嵩生任总办，任承纪任总纂述。强调以“正人心，增学识”为宗旨。有圣训、上谕、宫抄、辕抄、要电、要闻、政务、科学、实业、杂纂、图表、论述、国粹篇、新说郛、纠谬篇等栏目内容。

《女界灯学报》在广东佛山创刊。社址在佛山镇走马路女界灯学社。月刊（实际上每年出10期）。总理何志新，总撰述人李颖圆。自称“以新学理开妇女之智”。文白兼用。有社说、时论、白话、科学、实业、译林、歌谣、女学文丛等栏目内容。是当时有影响的妇女启蒙运动刊物之一。

4月6日（三月初二日）

上海租界会审公廨对《警钟日报》被拘人员进行审讯后，即日宣判如下：“戴（晋鹤）系发报出售，应得之咎难辞，著押西牢一年半。何少卿系校对，发押西牢半年”。其余王信生、徐士芬、朱存仁等3人“从宽开释”。朱存仁为该报提供的印刷机1架没收充公。

4月7日（三月初三日）

香港《广东日报》改组，总编辑兼督印人郑贯公去职，改由李汉生接任。协助李担任编辑工作的有李大醒（砭顽）、黄鲁逸（慧铁）等。改组后的《广东日报》，仍以全力支持反美爱国运动，进行民主革命思想的宣传。

4月13日（三月初九日）

天津《大公报》出至第1000号。特发表该报编辑部所写的《千虑一得》和刘孟扬所写的《大公报千号贺辞》等两篇文章，以为祝贺。前一篇文章自述该报的言论宗旨称：“《大公报》到了今天，已竟是一千号了。自从出报到而今，差不多三年的光景，作报的人一番苦心，无非是盼望中国强盛起来，并没有别的意思。故此每天苦苦的对着各等人，说长道短，讲今比古，凡是可以劝善惩恶之事，没有不按着公理论断的，也不管人爱听不爱听，横竖凭我们的天良，尽爱群的本分，虽然我们没有什么高才远见，到底这一片好心，自己是对得起天地鬼神的。……”后一篇文章则提出了“报纸者，与国运之隆污有密切之关系”的论点，举出该报创刊以来发生的“俄军退出奉天”，“日本崛起，战胜强俄，从此白人不敢蔑视我黄人”，“日俄满洲一战……必有与我国以困难，……因刺激而奋发……未始非促我国进步之一大鞭策”等三件事，为“国家”贺，为“本报千号之贺”。同日《大公报》还宣布了为纪念该报创刊1000号而举办的悬奖征文的结果。

4月19日（三月十五日）

湖南巡抚端方主办的湖南地方官报《长沙日报》在湖南省城长沙创刊。馆址在长沙文运街五贤祠右（后迁理问街一条巷，再迁南门外铜元局）。日出 1 张。总办王佐臣，主笔肖元禹、沈习之、王铭心、沈菊青、徐绍仪等。除上谕、宫门钞、奏牍、公文外，间刊外省及本省新闻。所有稿件均须先期送请抚院文案处核定。报费每月 240 至 300 文，仅销千余份。

4 月 23 日（三月十九日）

天津《大公报》总理英华（敛之）在日驻华公使内田康茂及日驻津总领事伊集院彦吉安排下，赴日访问。2 个月后，返抵天津。该报言论自此由亲法，逐渐转为亲日。

同月

《安徽官报》在安徽省会安庆创刊。五日刊。每期出线装 1 册。安徽省官报局主办。有上谕、宫门抄、奏议、政治、外交、杂俎等栏目内容。

4—5 月

汉口英文《楚报》开办中文版。社址在汉口英租界。初为对开 1 张，后改为对开 2 张。刘歆生出面主办，冯特民任经理，著名小说家吴趼人任主笔。以美商名义通过英国总领事在香港注册立案。工作人员中有不少倾向于革命的日知会会员。

5 月 4 日（四月初一日）

《新济南报》两日刊改名《济南日报》继续出版。日出 4 开 1 张。主办人刘西园，总编辑孙松玲、赵小农。有上谕、论说、紧要电报、各国新闻、本日专电、各省新闻、本省新闻、辕抄等栏目内容。

5 月 5 日（四月初二日）

上海《时报》就美国华工禁约问题发表评论，警告说："此约若成，辱国病商，损我甚巨。……深望爱国之士共起而谋所以对付之。"

香港《广东日报》增辟附刊《一声钟》。有文界（或杂文、杂说）、白话、谐文、谐诗、小说、传记、琐闻、艺闻、格致、谈丛、班本、龙舟、粤讴、诗界等栏目内容，以文艺作品支持反美华工禁约及抵制美货运动。出版至本年底停刊。

5 月 8 日（四月初五日）

清廷军机处致函各省督抚查禁《浙江潮》《新民丛报》等悖逆书刊。略云：

> "准军机处函开，近闻南中各省，书坊报馆，有寄售悖逆各书。如《支那革命运动》《革命军》《新广东》《新湖南》《浙江潮》《并吞中国策》《自由书》《中国魂》《黄帝魂》《野蛮之精神》《二十世纪之怪物》《帝国主义》《瓜分惨祸预言》《新民丛报》《热血谭》《荡虏丛书》《浏阳二杰论》《新小说》《支那化成论》《广长舌》《最近之满洲》《新中国》《支那活历史》等种种名目，骇人听闻，丧心病狂，殊堪痛恨。若任其肆行流布，不独坏我世道人心，且恐环球太平之局，亦将隐受其害。此固中法所不容，抑亦各国公法所不许。务希密饬各属，体察情形，严行查禁。但使内地无销售之路，士林无购阅之人，此等狂言，不难日就澌灭等因。……"（转引自戈公振：《中国报学史》第 168、169 页）

5 月 10 日（四月初七日）

上海《时报》刊出《筹拒美国华工禁约公启》，指责美约"损害国家之尊荣"，"玷辱国民之人格"，"失两独立国彼此同等相待之权利"，"失万国通商应享之利益"，"有百害而无一利"，号召国民"群策群力，以谋抵制"。

5 月 11 日（四月初八日）

天津《大公报》即日起到 5 月 25 日止，连续 4 次刊出该报记者经过调查后编制的《报界最近调查表》，详细列举了 302 家报刊的名称、出版地点、创刊年份、经济来源和存佚情况，其中已经停刊的为151家。表前附有该报记者所写的按语，全文如下：

“记者按语：欲觇一国程度之高下，先观其国民程度之高下，而国民程度之高下，则以报纸之多寡为正比例。东西各强国，报馆林立，其销路之多者，日或十数万纸。故其国民程度较我国为高，以日本后起之雄邦，其国民程度，虽不及英、美等国，然报纸之发达，与年俱进，下至人力车夫，亦怀挟报纸而读之，此日本之所以兴也。

“我国自通海以来，顽风渐化，日报、旬报，岁有增加。惜政府不知保护，乃视为仇敌，或徇外人之请而封闭，或逞一己之私而禁止。民间因政府之仇视也，于是亦多怪诧惊疑，指为洋报。以故报纸之名目虽多，而销路多不见发达，经办者不堪赔累，每多功废半途，亦可哀矣。

“今将中国所有报纸之名目，细加调查，除本报不计外，得二百六十八种，虽有已停者占其半数，然不可不存之以慰志在开化者之苦衷，而共白之于世界之上，惟同人知虑未周，其间不免挂漏，尚祈阅报诸君随时示及，以待续编。

记者识

调查表

报名	地名	何年开办	何人创办	存或佚
《京报》	北京		商办	存
《宫门钞》	北京		商办	存
《谕折汇存》	北京	乙未（1895）	商办	存
《官书局汇报》	北京	丙申（1896）	官办	佚
《华北日报》	北京	丙申（1896）	教会办	佚
《尚贤堂日报》	北京	丁酉（1897）	华北日报改名	佚
《北京新闻汇报》	北京	庚子（1900）	商办	佚
《支那泰晤士报》	北京	庚子（1900）		华文佚洋文存
《时事采新》	北京	辛丑（1901）	商办	存
《官话报》	北京	辛丑（1901）	商办	佚
《燕京时报》	北京	辛丑（1901）	日商	佚
《北京公报》	北京	辛丑（1901）	日商	佚
《启蒙画报》	北京	壬寅（1902）	商办	存
《顺天时报》	北京	壬寅（1902）	日商	存
《阁钞汇编》	北京	壬寅（1902）	商办	存
《经济汇编》	北京	壬寅（1902）	商办	存

报名	地名	何年开办	何人创办	存或佚
《启蒙格致报》	北京	癸卯（1903）	商办	佚
《商务报》	北京	癸卯（1903）	官办	存
《今日请看报》	北京	癸卯（1903）	商办	佚
《燕都报》	北京	甲辰（1904）	俄商	存
《京话日报》	北京	甲辰（1904）	商办	存
《北京报》	北京	甲辰（1904）	德商	存
《中华报》	北京	甲辰（1904）	商办	存
《北京官话报》	北京	乙巳（1905）	北京报附张	存
《盛京报》	奉天	甲辰（1904）	俄商	佚
《直隶白话报》	保定	乙巳（1905）	商办	存
《时报》	天津		英商	佚
《津报》	天津		英商	佚
《国闻报》	天津	丙申（1896）	日商	佚
《国闻汇报》	天津	丙申（1896）	日商	佚
《直报》	天津		德商	佚
《天津日日新闻》	天津	庚子（1900）	国闻报改名	存
《北洋官报》	天津	癸卯（1903）	官办	存
《学报》	天津	甲辰（1904）	北洋官报附	存
《北洋商报》	天津	甲辰（1904）	直报改名	佚
《华洋时报》	天津	甲辰（1904）	商办	佚
《中外实报》	天津	甲辰（1904）	德商	存
《格致汇编》	上海		教会办	佚
《中西闻见录》	上海		官办	佚
《万国公报》	上海	丁亥（1887）	教会办	存
《中西教会报》	上海		教会办	存
《点石斋画报》	上海	丁亥（1887）	商办	佚
《益闻录》	上海		教会办	佚
《申报》	上海	己丑（应为壬申）	英商	存
《新闻报》	上海	癸巳（1893）	英商	存
《字林沪报》	上海	癸巳（1893）	英商	佚

报名	地名	何年开办	何人创办	存或佚
《沪报》	上海	甲午（1894）	字林沪报改名	佚
《同文沪报》	上海	丁酉（1897）	沪报改名日商	存
《游戏报》	上海	丁酉（1897）	英商	存
《时务报》	上海	丁酉（1897）	商办	佚
《指南报》	上海	丁酉（1897）	英商	佚
《博闻报》	上海	丁酉（1897）	英商	佚
《华洋报》	上海	丁酉（1897）	英商	佚
《农学报》	上海	丁酉（1897）	商办	佚
《时务日报》	上海	戊戌（1898）	英商	佚
《中外日报》	上海	戊戌（1898）	时务日报改名	存
《采风报》	上海	戊戌（1898）	英商	存
《汇报》	上海	戊戌（1898）	教会办	存
《晚报》	上海	戊戌（1898）	英商	佚
《昌言报》	上海	戊戌（1898）	时务报改名	佚
《集成报》	上海	戊戌（1898）	商办	佚
《蒙学报》	上海	戊戌（1898）	商办	佚
《格致新报》	上海	戊戌（1898）	法商	佚
《算学报》	上海	戊戌（1898）	商办	佚
《萃报》	上海	戊戌（1898）	商办	佚
《新学报》	上海	戊戌（1898）	英商	佚
《卫生报》	上海	戊戌（1898）	商办	佚
《谋新报》	上海	戊戌（1898）	商办	佚
《益智报》	上海		英商	佚
《亚东时报》	上海	戊戌（1898）	日商	佚
《译书公会报》	上海	戊戌（1898）	商办	佚
《飞影阁画报》	上海	戊戌（1898）	商办	佚
《书画公会报》	上海	戊戌（1898）	商办	佚
《海上日报》	上海	己亥（1899）	英商	佚
《海上日报画报》	上海	己亥（1899）	海上日报附送	佚
《日新报》	上海	己亥（1899）	英商	佚

报名	地名	何年开办	何人创办	存或佚
《时新报》	上海	己亥（1899）	英商	佚
《消闲报》	上海	己亥（1899）	同文沪报附送	佚
《苏报》	上海	丙申（1896）	英商	佚
《女报》	上海	己亥（1899）	苏报附	佚
《五洲时事汇报》	上海	己亥（1899）	商办	佚
《海上文社日报》	上海	庚子（1900）	商办	佚
《独立报》	上海	庚子（1900）	商办	佚
《笑林报》	上海	庚子（1900）	英商	佚
《寓言报》	上海	辛丑（1901）	英商	存
《世界繁华报》	上海	辛丑（1901）	英商	存
《繁华旬报》	上海	辛丑（1901）	英商	佚
《奇新报》	上海	辛丑（1901）	英商	佚
《商务日报》	上海	辛丑（1901）	英商	佚
《觉民报》	上海	辛丑（1901）	英商	佚
《教育世界报》	上海	辛丑（1901）	商办	佚
《外交报》	上海	辛丑（1901）	商办	存
《觉世报》（后更正为觉民录）	上海	壬寅（1902）	觉民报改名	佚
《智群白俗报》	上海	壬寅（1902）	商办	佚
《怡情报》	上海	壬寅（1902）	英商	佚
《经济汇报》	上海	壬寅（1902）	商办	佚
《飞报》	上海	壬寅（1902）	英商	佚
《时术丛谭》	上海	壬寅（1902）	商办	佚
《选报》	上海	壬寅（1902）	商办	佚
《大陆报》	上海	壬寅（1902）	商办	存
《女学报》	上海	壬寅（1902）	女报改名	佚
《政艺通报》	上海	壬寅（1902）	商办	存
《经世报》	上海	壬寅（1902）	商办	佚
《新世界学报》	上海	壬寅（1902）	商办	佚
《翻译世界》	上海	癸卯（1903）	商办	佚

报名	地名	何年开办	何人创办	存或佚
《工艺报》	上海	癸卯（1903）	商办	佚
《支那小报》	上海	癸卯（1903）	英商	佚
《消闲录》	上海	癸卯（1903）	消闲报改名	存
《国民日日报》	上海	癸卯（1903）	苏报改名	佚
《黑暗世界》	上海	癸卯（1903）	国民日日报附	佚
《撷报》	上海	癸卯（1903）	商办	佚
《童子世界》	上海	癸卯（1903）	商办	佚
《绣像小说》	上海	癸卯（1903）	商办	存
《中外章程报》	上海	癸卯（1903）	商办	
《俄事警闻》	上海	癸卯（1903）	英商	佚
《警钟日报》	上海	甲辰（1904）	英商	佚
《花月报》	上海	甲辰（1904）	英商	存
《时报》	上海	甲辰（1904）	英商	存
《同文报》	上海	甲辰（1904）	日商	佚
《大同报》	上海	甲辰（1904）	商办	
《中外汇报》	上海	甲辰（1904）	英商	佚
《上海》	上海	甲辰（1904）	中外汇报附	佚
《新新小说》	上海	甲辰（1904）	商办	存
《初学白话报》	上海	甲辰（1904）	商办	存
《二十世纪新舞台》	上海	甲辰（1904）	商办	存
《扬子江》	上海	甲辰（1904）	商办	存
《女子世界》	上海	甲辰（1904）	商办	存
《日俄战纪》	上海	甲辰（1904）	商办	存
《东方杂志》	上海	甲辰（1904）	商办	存
《中国白话报》	上海	甲辰（1904）	商办	存
《日俄战争实记》	上海	甲辰（1904）	商办	存
《日俄大战史》	上海	甲辰（1904）	商办	存
《风云画报》	上海	甲辰（1904）	商办	
《安徽俗话报》	上海	甲辰（1904）	商办	
《新白话报》	上海	甲辰（1904）	商办	

报名	地名	何年开办	何人创办	存或佚
《湖南白话报》	上海	甲辰（1904）	商办	
《福建俗话报》	上海	甲辰（1904）	商办	
《维新笔》	上海	甲辰（1904）	商办	佚
《国粹学报》	上海	乙巳（1905）	商办	存
《实业界》	上海	乙巳（1905）	商办	存
《无锡白话报》	江苏	戊戌（1898）	商办	佚
《励学译编》	江苏	辛丑（1901）	商办	佚
《南浔通俗报》	江苏	乙巳（1905）	商办	存
《南洋官报》	南京	甲辰（1904）	官办	存
《博闻报》	江西		英商	佚
《江报》	江西	甲辰（1904）	日商	存
《青年爱》	江西	甲辰（1904）	商办	存
《杭报》	浙江		商办	佚
《白话报》	浙江	戊戌（1898）	商办	存
《经世报》	浙江	戊戌（1898）	商办	佚
《群学社编》	浙江		商办	佚
《瓯学报》	浙江	壬寅（1902）	商办	佚
《医学报》	浙江		商办	佚
《杭州白话旬报》	浙江	辛丑（1901）	商办	佚
《图画演说报》	浙江	辛丑（1901）	商办	佚
《译林》	浙江	辛丑（1901）	商办	佚
《史学报》	浙江	癸卯（1903）	商办	
《湘报》	湖南	戊戌（1898）	商办	佚
《湘学报》	湖南	戊戌（1898）	商办	佚
《经济报》	湖南	戊戌（1898）	商办	佚
《长沙报》	湖南	戊戌（1898）	商办	存
《汉报》	湖北	丁酉（1897）	日商	存
《商务报》	湖北	辛丑（1901）	官办	存
《汉口小报》	湖北	甲辰（1904）	英商	存
《武汉小报》	湖北	甲辰（1904）	商办	存

报名	地名	何年开办	何人创办	存或佚
《楚报》	湖北	乙巳	商办	存
《汉皋日日新闻》	湖北	乙巳	日商	存
《楚报》	汉口	乙巳		存
《渝报》	四川	戊戌	商办	佚
《启蒙通俗报》	四川	壬寅	商办	存
《渝城日报》	四川	甲辰	商办	存
《官报》	四川	甲辰	官办	存
《秦中官报》	陕西	甲辰	官办	存
《晋报》	山西	辛丑	官办	存
《山西白话报》	山西	乙巳	官办	存
《胶州报》	山东		德商	存
《青岛同益报》	山东		德商	存
《官报》	山东	癸卯	官办	佚
《济南报》	山东	甲辰	官报改名	佚
《新济南报》	山东	甲辰	官报改名	存
《芝罘报》	烟台	乙巳	商办	存
《闽报》	福建	丙申	日商	存
《台南新报》	福建	乙未（1895）	日商	
《福建日日新闻》	厦门	甲辰（1904）	日商	存
《鮀江日报》	汕头	壬寅（1902）	商办	佚
《岭东日报》	汕头	壬寅（1902）	日商	存
《公理报》	汕头	甲辰（1904）	鮀江日报改名	存
《鮀江旬报》	汕头	壬寅（1902）	商办	佚
《广报》	广东	戊子（1888）	商办	佚
《中西报》	广东	癸巳（1893）	广报改名	佚
《中华日报》	广东	癸巳（1893）	英商	佚
《岭南日报》	广东	癸巳（1893）	英商	佚
《纪南报》	广东	乙未（1895）	英商	佚
《寰球报》	广东	丙申（1896）	英商	佚
《岭海报》	广东	丙申（1896）	英商	存

报名	地名	何年开办	何人创办	存或佚
《博闻报》	广东	丁酉（1897）	商办	佚
《女学报》	广东	戊戌（1898）	商办	佚
《广智报》	广东	己亥（1899）	商办	佚
《中外大事报》	广东	己亥（1899）	广智报改名	佚
《岭学报》	广东	己亥（1899）	商办	佚
《安雅书局世说编》	广东	庚子（1900）	博闻报改名	存
《越峤纪闻》	广东	庚子（1900）	中西报改名	佚
《中西新报》	广东	壬寅（1902）	越峤纪闻改名	佚
《亚洲日报》	广东	壬寅（1902）	英商	存
《时敏报》	广东	癸卯（1903）	中西新报改名	存
《羊城日报》	广东	癸卯（1903）	英商	存
《澳报》	澳门		葡商	佚
《知新报》	澳门	戊戌（1898）	商办	佚
《文言报》	澳门	癸卯（1903）	葡商	存
《华字日报》	香港	同治乙巳（应为甲子1864）	英商	存
《通报》	香港		英商	佚
《郇报》	香港		英商	佚
《循环日报》	香港		英商	存
《维新日报》	香港		英商	存
《中外日报》	香港		英商	存
《中国日报》	香港	庚子（1900）	华商	存
《香港新报》	香港	庚子（1900）	华商	佚
《香江日报》	香港	壬寅（1902）	商办	存
《香港日报》	香港	壬寅（1902）	商办	存
《世界公益报》	香港	癸卯（1903）	商办	存
《世界一嚎报》	香港	癸卯（1903）	公益报附张	存
《商报》	香港	甲辰（1904）	商办	存
《商报消闲录》	香港	甲辰（1904）	商报附张	存
《叻报》	新加坡	庚辰（1880）	华商	存

报名	地名	何年开办	何人创办	存或佚
《日新报》	新加坡		华商	存
《天南新报》	新加坡	丙申（1896）	华商	存
《图南日报》	新加坡	甲辰（1904）	华商	存
《黑狱红莲报》	新加坡	甲辰（1904）	图南报附张	存
《星报》	新加坡		华商	佚
《槟城新报》	槟榔屿		华商	存
《东华新报》	雪梨		华商	存
《广益华报》	雪梨		华商	存
《岷报》	马尼剌		华商	存
《台南报》	台湾		日商	存
《中国日报》	仰光	癸卯（1903）	华商	存
《文兴日报》	旧金山	庚寅（1890）	华商	存
《华洋报》	旧金山		华商	存
《翰香报》	旧金山		华商	存
《宝文报》	旧金山		华商	存
《中西报》	旧金山		华商	存
《华美报》	旧金山		华商	存
《万球报》	旧金山		华商	存
《大同日报》	旧金山	癸卯（1903）	华商	存
《中国维新报》	纽约	甲辰（1904）	华商	存
《新中国报》	檀香山		华商	存
《隆记报》	檀香山		华商	存
《华夏报》	檀香山		华商	存
《丽记报》	檀香山		华商	存
《东亚报》	神户	戊戌（1898）	华商	佚
《国民报》	东京	辛丑（1901）	华商	佚
《译书汇编》	东京	辛丑（1901）	华商	佚
《政法学报》	东京	癸卯（1903）	华商	佚
《浙江潮》	东京	癸卯（1903）	华商	佚
《湖北学生界》	东京	癸卯（1903）	华商	佚

报名	地名	何年开办	何人创办	存或佚
《汉声》	东京	癸卯（1903）	华商	佚
《直说》	东京	癸卯（1903）	华商	佚
《江苏杂志》	东京	癸卯（1903）	华商	佚
《新白话报》	东京	甲辰（1904）	华商	存
《白话》	东京	甲辰（1904）	华商	存
《女儿魂》	东京	甲辰（1904）	华商	存
《日俄战纪》	东京	甲辰（1904）	华商	存
《留学生实纪》	东京	乙巳（1905）	华商	佚
《大同学录》	横滨	戊戌（1898）	华商	佚
《开智录》	横滨	戊戌（1898）	华商	佚
《清议报》	横滨	戊戌（1898）	华商	佚
《新民丛报》	横滨	壬寅（1902）	华商	存
《新小说》	横滨	壬寅（1902）	华商	存
《新新小说》	上海	甲辰（1904）	华商	未详
《劝兵白话报》	北京	乙巳（1905）	练兵处办	存
《汇报》	北京	乙巳（1905）	商办	尚未出版
《拼音字母官话报》	保定	甲辰（1904）	商办	存
《华报》	上海		商办	佚
《算学报》（木板）	上海		商办	佚
《中西算报》	上海		算学报改名	佚
《华英合文报》	上海		商办	佚
《书画日报》（石印）	上海		商办	佚
《童蒙易知草》	上海		商办	佚
《恒亨馆画报》	上海		商办	佚
《政学报》	上海	壬寅（1902）	商办	佚
《清议报汇编》	上海	壬寅（1902）	商办	佚
《甬报》	上海	乙巳（1905）	商办	存
《扬子江白话报》	镇江		商办	存
《蜀学报》	重庆		商办	佚
《成都日报》	四川	甲辰（1904）	商办	存

报名	地名	何年开办	何人创办	存或佚
《农学浅报》	山西	乙巳（1905）	农工局办	尚未出版
《济南日报》	山东	乙巳（1905）	济南报改名	存
《医学报》	香港		商办	佚
《日华新报》	横滨	甲辰（1904）	日商	存
《东华报》	澳洲	癸卯（1903）	商办	存
《正言报》（未详）				
《类类报》	天津	戊戌（1898）	商办	佚
《青年会报》	天津	辛丑（1901）	教会办	佚
《星期报》	天津	乙巳（1905）	青年会报改名	存
《青龙报》	天津	乙巳（1905）	日商	尚未出版
《工商学报》	上海	戊戌（1898）		佚
《知新报》	上海	约戊戌（1898）		佚
《飞云画报》	上海		商办	佚
《英文丛报》	上海		教会办	存
《志学报》	上海	与英文丛报轮流出版		存
《小说世界》	上海	乙巳（1905）	商办	存
《湖州白话报》	湖州	甲辰（1904）	商办	存

正误：前表所列有《劝兵白话报》，兹探悉该报有人禀请练兵处开办，未经批准，现在各营所阅各报，为《训兵报》，官办，月出三册，内容略记古事及劝兵教忠等说。

纪实：前表所列天津之《时报》，为丙戌年开办，《直报》为乙未年开办，今之《中外实报》，即《直报》之改名。又《汉声》即《湖北学生界》之改名，又《新新小说》存。

5月22日（四月十九日）

上海《时报》刊出美驻沪总领事先一天（5月21日）送来的专稿，就华工禁约问题进行狡辩，声称“美国只禁华工入境……并非禁止商人、游客、学生等”，指责“各报所载，内多不实不尽之处”，要求中国人民“暂息浮议，勿淆视听，遽行抵制”。

5月23日（四月二十日）

天津《大公报》在主笔刘孟扬主持下，开始参加抵制美货的群众运动。即日在报上显著地位刊出上海商会发起抵制美货的通电。5月30日起特辟《抵制美货要闻》专栏。

上海《时报》自即日起，连续2天发表论说《论抵制美国华工禁约》，赞成抵制美货，有“彼拒华工以保美工，我亦拒美货以保土货”等语。

香港《广东日报》在《言论界》栏发表长篇论说《敬告会议对付美约之诸君》（署名：砭顽），历数美国方面虐待华工的种种暴行，主张对美方进行抵制，并指出这次运动不能“依赖清政府”，只能“专恃民气”，其方式则是“不办美货，不受美佣”云云。

5月30日（四月二十七日）

天津《大公报》发表白话论说《天津也当设立阅报处》，亟论设立阅报处的好处，建议“天津的志士们”仿效北京的办法，广泛设立公共阅报处，以开民智。全文如下：

“报纸的好处，我们早经说过多次，也不再絮烦。今天要说的，是阅报的好处。我们中国的报纸，虽是不如外国多，到底也总算不少了。中国人顽固的多，阅报的风气不大开，你劝他花钱买报看，他是不肯的。就是买报看的，也不能买得许多。但靠着一两种报纸考查天下的事，究竟所知道的事有限，要打算多买，又买不起，惟有设立阅报处最好。

“这阅报处，拣那极好的报买些种，任人观看。不但于明白人有好处，就连那顽固的人，也可以渐渐的化过来。那位说：‘阅报处好可是好，到底是教谁设立呀？’我说：‘冷血的人，他不肯设立，惟有那热血的人，才肯设立。爱钱的人，他不肯设立，惟有那爱群的人，才肯设立。’你们看北京城，不多的日子，立了许多阅报处，这个方才创办，那个闻风而起，大宛试馆，也已设立，照像馆的王子贞，也肯兴办。就连医生卜广海，也肯发热心天天演说报章。可见人之好善，谁不如我，只怕没有开头儿的，有了开头儿的，就有仿办的了。

“天津现在学务之盛，实为别处所不及，开头儿不过是从半日学堂引起，这才几年的光景，居然就得了三四千开通的学生。假如再有人仿照北京的办法，多立阅报处，不但是入学堂的可以开通，学堂以外的人，也可以得开智的益处。天津有志之士甚多，必不至于专让北京人作这个好事，我们今天给天津的志士们提个醒儿，至于怎么办法，就请志士们自己去商量罢！”

同月

黄琮等10人各捐开办经费京足银2两，又每月常捐各2元，在北京西城创办阅报处，购订报刊，供众阅览。陈列的报刊除“京津等处之各报”外，还有《中国白话报》《幕席斋旬报》《湖南俗话报》《新白话报》《童子世界》《福建白话报》《安雅报》等。黄号璘初，湖南人，刑部主政。

上海工商学界人士以《中外日报》非议商务总会抵制美货决议，破坏反美拒约运动，特发表《不阅中外日报之公启》，号召各界读者拒阅该报以为制裁。

6月1日（四月二十九日）

《重庆日报》负责人卞小吾以该报攻击清政腐败、鼓吹民主革命，被地方当局诱捕至巴县衙门软禁，旋奉四川总督锡良之命，解往省城监狱拘押。《重庆日报》因此停刊。

6月3日（五月初一日）

《二十世纪之支那》在日本东京创刊。宋教仁、田桐、程家柽、黄瀛元、白逾桓、陈天华等主办，程家柽为总编辑。《发刊之趣意》自揭其主张为：“对于内足以组织完全之国家，对于外足以御列强于吞噬。于是树二十世纪新支那之旗于支那。”创刊号印有黄帝、华盛顿肖像，并用黄帝纪元纪年。初印3000册，每册120页。委托香港《中国日报》、旧金山《大同日报》担任代派工作。

6月4日（五月初二日）

《唯一趣报有所谓》（通称《有所谓报》）在香港创刊。郑贯公任编辑发行人，黄世仲、陈树人、王斧、李孟哲、卢伟臣、胡子晋、王军演、黄秋湄、骆汉存等参加撰述。该报分庄谐两部，庄部有博议、短评、访稿、要闻、电音、港闻、来书等栏目内容；谐部有落花影、前人史、滑稽魂、官绅镜、金玉屑、新鼓吹、社会声、风雅丛等栏目内容；以谐部的比重为大。文字通俗，持论激烈。在1905年的反美爱国运动中，坚决主张废除美禁华工苛约，刊登了大量的拒约和抵制美货的消息、言论和文艺作品，“义声振于一时”，“一纸风行，为省港各报之冠”。创刊号刊有郑贯公所撰《开智社有所谓出世之始声》，对该报的立场和宗旨作过以下的阐述：

“异族狮睡于上，汉奸虎伥于中，同胞牛马于下，罹此专制野蛮之网罗，凡有血气，莫不怦怦焉，作无可奈何之想，曰舍暗杀主义以为民除害，吾汉族将无噍类矣。……报纸以言论寒异族独夫之胆，以批评而褫一般民贼之魄，芟政界之荆榛，培民权之萌蘖……察人情之趋向，激社会之热肠……以寓言讽时，讴歌变俗，因势利导，化无用为有用……此有所谓之所由命名。”

6月6日（五月初四日）

上海《时报》发表指责政府大员“类具奴隶性质，而无爱国思想”，以及主张抵制美货的读者来函。

6月7日（五月初五日）

天津《大公报》转载了北京学生散发的《奉劝北京城的人莫买美国的货物》的传单，并附加编者按语，号召天津市民也起来抵制美货：

“……现在北京的学生，劝北京人别买美国货物，我们也劝天津人，从此别买美国货物，天津所有的美国货物，一时也查不清，大约北京所有的，天津也都有，就请按这个传单上所开列的记住了，立誓一概不买，那才不愧是个爱国的人。还请天津商务总会诸公传告各商家，遍告各民人，一体照办。有不听说的，就群起而攻之，骂他是汉奸，呼他为美奴，这件事关系重大，万不可看作不要紧呀！本馆附志。”

6月8日（五月初六日）

北京《京话日报》刊出《本馆不登美商告白》，宣布自即日起，“凡有关涉美国的告白一律撤去，已收钱的如数退还”。

6月上旬

《游艺报》在广州创刊。社址在广州十八甫兆南昌映相馆前座。每周出6期，星期日休刊。编辑有啸父、侠庵、亚援、天籁、亚通等。有社说、访稿、笑柄、谐文、灯谜、诗界、粤讴、南音、班本、花丛谈等栏目内容。该报以文艺作品为主，新闻较简略。积极支持抵制美货运动，出版仅数月即停。

6月11日（五月初九日）

天津《大公报》刊出广告，宣布自即日起停刊美商告白。原文如下：

“《本报不登美商告白》　美国续订华工禁约，异常苛虐，激动我国民公愤，已相戒不买美货。但报纸为美商刊登告白，即系为美商招徕生意。本馆拟定自本月初九日起，所有关涉美人之告白，一概不登，已登者亦即行撤去，俟美国禁约废后，再行登载，此布。大公报馆白”

同日该报转载了周思毅等人编写的《禁买美货约》传单，并附编者按语称：

“美国续订禁止华工的条约，非常的苛虐，我们中国要是答应他，以后中国上美国去的人，可就受了大罪了。不但是工人要受大罪，就连经商的、游学的，全都要受大罪。他们美国人上我们中国来的，可是随随便便，不论是商人、工人，或是传教的人，我们中国全要小心谨慎地保护他们。大家想想，我们待他们是这个样子，他们待我们可是那个样子，天地间还有公理吗？

“现在把我们中国人气急了，大家想法子报应他们，因为美国在中国的商务，得我们中国的利不少，我们就约会齐了，一概不买美国货，开洋货店的，也该发一点爱国的心，从此也别办美国货。要是大家齐了心，这一下子就把美国治过来了。无奈下等人，他们不懂这层意思，也不可不教他们明白。”

同日，孙中山在从欧洲去日本途中，利用轮船在新加坡停靠的机会，在船上会见《图南日报》创办人陈楚楠、张永福，对该报带有民主革命倾向的宣传，表示赞许，并嘱以筹建革命团体，作开展大规模革命运动的准备。参加这次会见的，还有该报名誉主编尢列。

6 月 12 日（五月初十日）

天津《大公报》刊出抵制美货的本馆启事：

其一：“《本馆声明》 本报从本月初九日起，所有关涉美国人之告白，一概不登。所有原登之‘长命洋行’‘博克大律师’两告白业经撤去，其鱼肝油、燕制去风药酒、燕制补丸等告白，因不知亦系美商，故尚未撤，今承愿学子来函示及，遵即一律撤去，所收鱼肝油告白费，如数退还，其他告白，如仍有美商者，俟查明再随时撤去，特此声明。”

其二：“《登告白者鉴》 本报从本月初九日起，所有关涉美人之告白，一概不登。此后各洋行如来登告白，皆须注明‘某商’字样，以免混淆误登。其他项生意，如系洋人开设者，亦须注明。惟中国人自开之店铺，不在此例。”

其三：“《请看美货记号》 美国续订华工禁约，苛虐异常，我国民会议相戒，不买美货，以为抵制之道。今将美国货物记号列左，以便买货时识认。

（United States）（United States of America）（USA）

大公报馆启”

同日，该报还刊载了《本报记者敬告天津商务总会文》，对天津总商会在抵制美货问题上行动迟缓，进行了批评和敦促，有“夫天津，大埠也。津商，大商也。价值素重而名誉素高者也。不有以振之，何以大放光彩。乃独让区区学界中人，奔走狂呼，以相抵制，得毋为商界之丑乎？”等语。

6 月 13 日（五月十一日）

天津《大公报》发表论说《敬告北洋烟草公司及吸纸卷烟的》，鼓励民族资本创办的北洋烟草公司“趁此时把造法再精益求精，把价钱再廉上加廉，必可从此推广销路”；劝告吸纸烟者，不可再吸美商制造的品海牌香烟，“我们中国开的北洋烟草公司，顶造的龙球烟、红子烟味也极好，不亚于外国造的，何妨就改吸这个烟呢？”劝告各洋货铺、杂货铺从此不要代售品海牌烟，“卖什么烟不是赚钱？何妨就卖我们本国造的呢？”

6 月 14 日（五月十二日）

天津《大公报》发表该报编辑部所写《本报记者敬告津保两大学堂学生文》，担心抵制美货运动发起后“民气太盛，亦恐有流弊，或致别生枝节”，并就所传天津大学生反对美籍教员事，发表议论称“美国人所立之学堂，中国学生一体散学”是可以的，至于普遍地反抗“学堂中之美人”，则“大有妨害”，“万万不可”。因为这类美人，“为国家所延聘，我国民若反抗之，不但惹起国际之交涉，而其余一切抵制之策，亦将因之而不行”云云。

同日，该报刊载了马玉芳、车敬言、何天爵、言存午、郝子林、陈楚卿、孙少卿、姜赫卿、李义、白斌等联名所写的呼吁抵制美货的倡议书《中国爱国的商民请看》。

6月15日（五月十三日）

天津《大公报》即日起，迄8月20日止，在新闻版增辟《抵制美约要闻》专栏，集中刊载有关反美华工禁约运动进行情况的消息。栏目下附有编者附志称："本报因国民合群抵制美禁华工苛约，风潮极大，特添此一门，凡有关抵制美约之事，均列入此门内。"同日该报发表白话论说《千万别叫美国人抓着小辫儿》。建议：一、"不可跟在中国的美国人为仇"；二、"不可跟美国教会为仇"；把运动只限制在"用工商抵制工商"的范围之内，千万不要"掺杂别的事情"，以免"教美国人抓着小辫儿"。

6月17日（五月十五日）

天津《大公报》为保全经营美货的中国商人的利益，在即日发表的编者按中，就各商店已经定购的美货的处理问题，向"商务总会诸公"提出以下通融办法：

"一、已定购美货而尚未运到者，由该商向商务总会声明，曾于某月某日定购美国某货若干，商会查其实系早经批定者，准其注册。

二、由商务总会将所注之册，送报馆登报声明，此系早经批定之货，不在禁例。

三、由商务总会特派专员，在海关稽查，倘此货到时，逐件验明，如与该商所声明者相符，即插旗标明，由该商运收。

四、此货虽准运收，然暂不准卖，违则重罚。

五、如各商查出商务总会所派专员，有作弊放入华商私自续购禁货情事，即公共议罚该员及该商。"

6月18日（五月十六日）

天津《大公报》发表论说《敬告今天会议抵制美约的诸君》，再一次强调："万不可仇恨在中国的美国人，也万不可仇恨美国教会。"

6月20日（五月十八日）

以选刊各报精华为主的文摘式日报《华字汇报》在北京创刊。社址在北京东单二条路南，分馆在前外铁老鹳庙路东。创办人李洵。日出6版。每月报价铜元28枚。所刊稿件选自全国报刊，"务使阅者读本报一纸，已无异遍读中外之各报"（《北京华字汇报出版广告》）。创刊号刊出李洵所作《华字汇报缘起》，介绍了该报办报的目的及宗旨。略称：

"……客岁曾约二三知己，公集报资立阅报处，得旬报、日报四十余种，始犹以为少也。讵一经亲阅，即此数十种，尽一日之长，竟至不能遍观，或遇事偶辍，则报已山积，更难捡阅矣。久之，佥曰不便，而其事遂废。

"嗟呼！人人皆乐多阅报，或限于财力不易多购，或多购而又限于目力，不获遍观，以仆等身居闲教，尚有此弊。其况从政者劳于案牍，为学者迫于课程，治生者疲于奔走，目不暇给，乌得尽各报而阅之哉。

"不能多阅，则所知者隘，所知者隘，即所信者偏，然则吾国之报界，其终无奏效之一日耶？是亦有志者之一大憾事焉。

"或曰：'择报之精详者一二种阅之，余则概从割爱可乎？'曰：'否！'夫一报有一报之特色，各处有各处之要闻，或详内政，或重外交，或述专家之言以广博闻之益，或为舌人之递迻重译可通，或长俗语之演说老妪都解，或两报各执一端，以辩驳而出真理，或群报共论一事可折衷而得定评，万纬千经，争出竞美。仅阅一二报而欲以周知时势，输进文明，是何异贾者挟微资而冀巨万之获，耕者得片土而望仓箱之积也，必不能矣。

“窃不自揣，与同志诸君约，愿牺牲一己之目力脑力，举中外所出华字各报，全行购备，精选汇登，按日出版，撷其精华，芟其冗琐，有长必录，无美或遗，特此以饷同胞。一层卷而五洲在目，万国罗胸，当代之要政悉知，四方之治情毕露。俾身系民社者，不必倩人选择各报之要，标举以进也，而已如入议院之座，所闻者皆经国要谟。志在开通者，不必集资广求各报之备，肆力遍观也，而已如登赛珍之场，所见者皆最新特产，有一览无余之快，无得此失彼之虞。读此一报，已无异读数十百种报，且胜于读数十百种报。以云增智识，广见闻，计未有便捷于此者。”

该报经常选刊的报纸有以下 47 种：《京报》《北洋官报》《南洋日日官报》《四川官报》《河南官报》《山东官报》《北京报》《燕都报》《天津日日新闻》《顺天时报》《大公报》《满洲日报》《申报》《新闻报》《时报》《同文沪报》《汇报》《南方报》《繁华报》《采风报》《中外日报》《日华新报》《楚报》《汉口日报》《汇报》《长沙日报》《广报》《岭东日报》《时敏报》《羊城日报》《多闻报》《中华报》《中外报》《青龙报》《济南日报》《晋报》《漳泉日报》《福建日日新闻》《孖剌报》《商报》《中国日报》《女报》《世界公益报》《小说世界》《安雅世说编》。

6 月 23 日（五月二十一日）

上海《新闻报》刊载美驻福州领事致福建总督的信，给反美拒约运动泼冷水。

6 月 26 日（五月二十四日）

天津《大公报》发表论说《本报记者与〈益闻西报〉书》，对后者指责中国人民的抵制美货运动为仇美（Anti-America）一节，进行反驳。指出这一次运动“只在不购美货，其举动似甚暴烈，而其范围甚紧严，既不伤中美两国之交情，并不碍在华美人之生命”，因此无“仇”可言。如果硬要说“仇”的话，中国人的“仇美”，是美国人的“仇华”引起的，咎在美而不在华。

6 月 28 日（五月二十六日）

张筠卿（女）在京津各报刊出《创设北京女报缘起》，宣布即日起筹备在北京创办一份以妇女为对象的日报，定名《北京女报》，筹备处设在北京前门外延寿寺街羊肉胡同路北。根据《缘起》所提出的计划，这份女报日出 1 张，以“开女智”为宗旨；上谕、宫门钞、论说、电报、新闻、小说等栏目内容；全部使用白话；论说“必正，必大”，新闻“必精，必确，必速，必多”；由张自任总编辑，其余主笔、翻译、校对等工作人员，均拟“延聘女手”，但“各人即可由家中函件往来，无须到馆，既免往复车从之劳，且免顽固人退有后言”；一切“印行报章采访新闻”等外事，均由张子杜毓书担任；遇有来访时，“男客则由毓书接待，女客则由本主人接待，以严内外之分”。杜时任《北京报》主笔，浙江绍兴人。

6 月 29 日（五月二十七日）

天津《大公报》发表社论《论天津解散团体之可惜》，对直隶总督袁世凯出示“不准二十人以上聚会”，当地拒约团体被迫停止活动一事进行评论，表示遗憾，并对袁提出以下收揽“士商之心”的建议：

“为督宪计，宜代表津郡士商，电致政府，与美人力争，必令美人除去苛例而后已，如此乃可以对津人，乃可以谢天下，且亦可以保名誉。不然以众人所日夜切望组织而成之团体，一旦为督宪破之，知者固以督宪为别有用意，不知者或以督宪为阻抑新机，势必谤议繁兴，将以督宪为众矢之的，此则不能不为督宪深虑者也。”

同月

著名小说家吴趼人激于爱国义愤，辞去美商汉口英文《楚报》中文版主编的职务，返回上海，投入反美华工禁约的爱国运动。该报主编由张汉杰接任。

夏

以兴学劝工为宗旨的《开智白话报》在重庆创刊。重庆精宏书局出版发行。

夏秋之间

湖北方言学堂学生时功璧、瞿芹荪、蒯立三、郭寄生等，利用课余时间，在武昌察院坡横街头创办“教育图书社”，秘密输送革命书报，在青年学生中发行。

7月3日（六月初一日）

香港《广东日报》刊出大醒所作论说《上海人镜学社上各会书书后》，认为当前的抵制美约，只能依靠国民，不能依靠清政府。论说称：

> “此次抵制美约，清政府为一路，我国民为一路，各办各事，不相涉也。始终坚持不办美货者，我国民事也。如何废约，如何改订者，清政府事也。我国民不求清政府之助，清政府亦无庸干涉我国民。无论美如何愚弄，彼清政府自受之，于我国民无与也。美人如何恫吓，亦彼清政府自受之，于我国民仍无与也。我惟挟一往无前之慨，万死不变之计，彼清政府其奈我何，彼美人其奈我何！”

7月7日（六月初五日）

香港《广东日报》刊出大醒所作论说《袁世凯以一身为国民之公敌》，斥责压制抵制美货运动的直隶总督袁世凯为“美人之虎伥”“国民之公敌”，为“阴贼险狠”的“凉血动物”。

自即日起到本年底止，该报还曾就反美华工禁约和抵制美货问题，发表过以下评论：《敬告我同业之资本家》（8月4日，署大醒）、《异哉清政府有何权力而能解散我拒约之团结》（8月28日，署大醒）、《论美总统宽待华人之训令》（9月2日，署“寓美华人来稿”）、《任天下事者不必畏风潮》（10月7日，署大觉）、《注意注意抵制者当以废约为目的》（10月13日，署大觉）、《女界联救马潘夏感言》（10月31日，署大觉）、《致筹抵苛待华工总公所同人书》（11月11日，署大觉。12月14日、15日、19日，又发表了第二书、第三书、第四书。）、《宣布狗党函吓美领事之罪状》（11月28日，署大觉）《看看看对待美国禁工问题以不与别订新约为第一义》（12月13日，署大觉）……

7月8日（六月初六日）

上海《时报》发表温丹铭《对于抵制美约之演说》一稿，宣传抵制美货有三大益：“一、可以鼓我之民气；二、可以结我之民力；三、可以兴我之商业。”

7月14日（六月十二日）

《申报》刊出有关俄国1905年革命的评论和报道。

7月17日（六月十五日）

天津《大公报》发表启事，自称“本报体例谨严，宗旨纯正”，宣布拒刊“一切吟咏娼妓之作”。

7月20日（六月十八日）

以反对美国虐待华工及“以实行抵制利导华工为宗旨”的《保工报》在上海创刊。人镜学社主办，刘韵琴主编。有社说、批评、警闻、调查、专件、译丛、小说、词曲等栏目内容。出版不到 1 个月即停。

7 月 22 日（六月二十日）

香港《有所谓报》刊出郑贯公等所写的《本报抵制美约非常要告》（公启），宣布自即日起拒刊美货广告。《要告》称：

“本社凡于有益同胞之事，无不竭力提倡；于有损同胞之事，无不疾声警告。美人续行禁制华工之例，于吾同胞关系甚大，本社亦国民之一分子，奚肯放弃天职。特于是日起，至改约之日止，凡代刊广告，有关于美货者，概不接刊，以示自行抵制之意。”

7 月 31 日（六月二十九日）

香港《广东日报》在附刊《一声钟》中刊出署名陇西三郎所写的班本，对计划创办的《拒约新报》作了如下的介绍：

“（首板）联同志，组织成，《拒约新报》。（慢板）我同胞，请看看，此报规模。你若问，办此报，所因何故？都只为，那美人，公理全无。可恨他，待我华工，异常残酷，说不尽，那强权手段，比我为牛为马，如仆如奴，还要立，禁工约，不准我华人到他疆土。真可怜，我同胞，地球虽大无处寄得身牢。（中板）本同人，眼看同胞蒙此大辱，又怎能，袖手旁观，苟且糊涂？因此上，办此报，尽一份国民义务，每星期，派一次，向各社会大声疾呼。这内容，将那美人苛待情形，尽来披露，更痛论，我华人，对于此事，真是痛比切肤。或文言，或白话，体备庄谐，动人心脑，又激动，我同胞，不用美货，切莫狐疑。必须要，结团体，不可因循贻误，但能够，众志成城，何患他，不将此约改涂。休靠他，愚昧昏庸的满清政府；休管他，袁世凯，压抑风潮，这个卖国强徒。方见得，廿世纪，民权进步，他日里，自由独立，无限前途，想至此，真令我，馨香以祝。（收板）祝同胞，万万岁，脱却异族羁牢！”

同月

留日学生主办的革命刊物《第一晋话报》在日本东京创刊。月刊。山西留日同乡会主办。同盟会员景定成、王用宾、刘锦若、景太昭等担任编辑。山西太原师范学堂及教育研究会为国内的总发行所。该报以言论激烈，曾被山西当局禁止进口。

8 月 1 日（七月初一日）

北京《京话日报》扩大篇幅，由 6 开改为 4 开，报价由每份 3 大钱增为铜元 1 枚。销数由初创时的 1000 余份，增加到 7000 份，并在城内各地设置了 10 余处免费阅报处。

《南洋日日官报》在江宁（今南京市）创刊。社址在南京城内二道高井。日出对开 2 张。南洋官报局主办。有上谕、论说、专件、路透电闻、译件、国内新闻、督辕抄、各署局牌示等栏目内容。第 1、第 4 版全部为广告。所刊路透电闻附有英文原文。此报前身为《南洋官报》旬刊。

8 月 3 日（七月初三日）

广州《游艺报》发表《本报实行抵制美约要告》。略称：“此次抵制美约，为全国公愤，本报同人，均国民一份子，实行抵制美约主义，凡一切美货告白，不敢领教，待禁约转圜后，始敢从众办理，特此广告。”在此前后，该报还发表了《拒约歌》等鼓吹抵制美约的文艺作品，并曾以《货喜禁销能拒约》为题，发起征联活动，进行抵制美货宣传。

8 月 4 日（七月初四日）

香港《广东日报》为报纸刊登美货告白事发表大醒所作评论《敬告我同业之资本家》，号召沪、津、省、港等地报馆一体拒刊美商及美货广告。

8月6日（七月初六日）

天津《大公报》发表“古燕平心子”所作来论，历数美人有惠于中国的史事，认为我国人当感激图报，不应发起拒约运动，大伤美人之感情云云。

8月上旬

《觉报》在广州创刊。日刊。社址在广州十八甫。

8月12日（七月十二日）

香港《有所谓报》自即日起，迄同月23日止，连续11天，分5次连载了郑贯公所写的长篇论说《拒约须急设机关日报议》，力主创办抵制美约的机关报纸。文章称：

“凡有会必有其自治之制度之规则，则其会必有一报以为机关。历观外国之会，无论属于政界者、学界者，皆有其机关之报焉。今既有拒约会，不能不有拒约报，理也，亦势也，试即其关系之重要略言之。此报之设，非徒开民智，鼓民气，使抵制之普及已也；若只欲开智鼓气，使抵制普及，则到处演说可，到处以图画使触目惊心亦可。然则必急急于设机关报者何居？盖拒约有会，则必有会所；有会所，则必有办事之人员；有办事之人员，则必有政治法律。今拒约会之成立，集各社会同胞之公同心，以成此公同体，其捍护维持经理此会，虽人皆有责，而不能不举员以代表。既举员矣，此员可以下政令以禁人之销货害群否乎？可以查出害群销货而裁判其罪否乎？可以到处查缉其私销暗用否乎？可以持票入人家而搜物拿人否乎？可以有权理词讼之律师乎？可以有与外界战争之炮舰军人乎？由是观之，则虽具无形国家政府之性质之位置，而实无政法上种种之衙署之人员也，有报纸则有之。……报纸能密查侦察，以显其私，何异侦察暗差？报纸能布其证据，直斥其人，何异警察巡兵？报纸能与人辩诬讼冤，何异律师？报纸能笔战舌争，何异军人？由是观之，则报与会之关系重要如此，岂可不设？岂可不急设？”

文章还对理想中的拒约机关报的办报方针，提出以下十点设想：一、报律不能不先认定也。二、调查不能不周密也。三、翻译不能不多聘也。四、讴歌唱本不能不多撰也。五、文字不能不浅白也。六、门类不能不清楚也。七、报费不可不从廉也。八、校对不可不小心也。九、告白不可不选择也。十、图画不可不多刊也。

8月14日（七月十四日）

《北京官话日报》在北京创刊。后改名《北京官话报》。

8月15日（七月十五日）

芜湖《安徽俗话报》出至第22期后停刊。（该报期数据1981年4期《文物天地》王树棣文。《中国社会科学》1980年第5期汪原放文作23期。）

8月16日（七月十六日）

朱淇主办的《北京报》改名《北京日报》继续出版。社址在北京崇文门内船板胡同（后迁琉璃厂西门路南）。日出铅印16开16页1册。编辑张展云、杨小欧。以政治新闻为主，言论倾向于君主立宪派。在此以前，《北京报》曾因内部冲突一度停刊。停刊期间一度出有名为《北京日报》的临时刊物。（创刊日期据上海徐家汇藏书楼藏报目录推算。）

直隶总督袁世凯以《大公报》支持拒约及抵制美货运动，指使天津地方当局于本日发出布告，宣布自次日起，对该报实行“禁阅”。布告全文如下：

“天津南段巡警总局赵 天津府正堂

凌 天津县正堂唐为晓谕事：

照得近来《大公报》所登类多有碍邦交，妨害和平，合行禁阅。以本月十七日为限，仰我津埠士商军民人等，一体遵照，违必究罚不贷。切切特示。光绪三十一年七月十六日”（《大公报》1905年8月17日）

8月17日（七月十七日）

天津《大公报》总理英敛之、主笔刘孟扬等在本日出版的《大公报》上联名发表启事，抗议天津地方当局对该报禁阅、禁邮，为“不封之封”。启事全文如下：

“《大公报总理主笔启事》 抵制美约一事，倡于上海，各省风应，凡华字报纸，无一无之。敝报当仁岂能独让，故随诸君子后，亦尽国民一分之天职，诚以此举关系中国前途者，既远且大也。今不幸敝报独触当道之怒，严禁士人购阅，不准邮局寄递，为不封之封。窃思本总理、主笔等宏愿无穷，人力已尽，今暂与阅报诸君辞，此即《大公报》停歇之原由也。至几时复甦，日期尚未能预定。想海内不乏明达豪杰之士，今遇此摧折芟夷我国民者，非由外人，实为我最有权力之长官也。呜呼！诸君后会有期！兹特奉布。

总理英敛之

大公报 主笔刘孟扬

特白”

启事发表后，该报并未停刊，仍继续在租界范围内出版发售。刘孟扬后被袁世凯收买，辞去大公报职务，改任天津南段巡警局课长，兼警谳局书记官。

8月18日（七月十八日）

天津《大公报》在头版显著地位刊出以下大字广告：

“苟延残喘 之大公报

且度今朝 谁管明朝”

同日，该报发表论说《苟延残喘之大公报》，自称“一息尚存，此志不容少懈”。

8月19日（七月十九日）

天津《大公报》在头版显著地位刊出以下大字广告：

“一息尚存此志不容少懈

从前种种比如昨日死

以后种种犹如今日生”

同日，该报发表论说《一息尚存勉尽天职》，自称该报所犯的是“公罪”，不是“私罪”，并宣布该报决心克服“禁阅”带来的困难，继续出下去，“鞠躬尽瘁，死而后已”。论说全文如下：

“诸位知道天津禁阅《大公报》是什么原故？因为《大公报》得罪了天津的官府，故此遭这个不幸。到底得罪这两个字，大有讲究。罪有公罪、私罪之分。私罪是为自己的利益犯的罪，公罪是因为大众犯的罪。诸位想想我们是犯了什么罪呢？我们此次犯的正是公罪。怎么见得是公罪呢？因为我们立意要救在美国受苦的十几万中国人，并且要除去以后中国人往美国去的苦楚。故此连次登载抵制美约的事，绝没有不合理的事情，总是按公道而论，盼望着美约改良。我们中国人原在美国的，合以后往美国去的，就不至于再受苦了。没想到天津官府说我们的报有碍邦交，妨害和平，真真令人难懂。巡警总局合府县会衔出告示，不准天津人看我们的报。事到如今，我们还说什么，一赌气决意停歇不干了。后来又转一想，我们《大公报》担的责任很大。开民智、正风俗、维国政、保国权，全是我们应尽的天职。若是因此一番挫折，就气愤停止，把偌大的责任丢下不管了，未免辜负了四万万同胞。况且禁阅的就是天津一处，我还可以对别处尽尽责任，不是从此就绝了生路的。既然还有一线的生机，我们就趁此再尽一点儿职份。并且我们报还要更加精彩，更加改良。凡是力之所能尽，我们总要对得住国民。至于究竟成败如何，我们绝不管他。诸葛孔明坚卓不挠的精神，就在鞠躬尽瘁，死而后已两句话上，我们《大公报》也要如是。若是实在《大公报》不能生存于世界上了，要教千百年后的人提起来，说当初《大公报》为国民尽力不成而死，我们《大公报》为国民殉了难，也算死得值。如今在一息尚存之时，对诸位说说这个意思，请诸位鉴察。"

8月20日（七月二十日）

《北京女报》创刊。社址在北京前门外延寿寺街羊肉胡同中间路北。日刊。每天出3开纸铅印一横张。主编张展云。以"开女智"，"开民风"为宗旨。以激励妇女爱国，提倡男女平权，宣传妇女自主，提倡女子教育，推动移风易俗为主要内容。用白话写作。有论说、女界新闻、时事要闻、京外新闻、西学入门、家政学、小说等栏目内容。是我国最早的以妇女为读者对象的日报。除在北京发行外，还销往外埠各地。出至1909年1月15日左右停刊。

中国革命同盟会在日本东京举行成立大会，通过章程草案，并推举孙中山为总理。会上还通过决议，即以部分会员创办的《二十世纪之支那》杂志作为该会的正式机关报。

8月21日（七月二十一日）

天津《大公报》自即日起，每天出书页式4版附张1页，专刊白话论说，随报附送。零购每张铜元1枚。

该报发表社论，要求清廷给报纸以言论出版自由。全文如下：

"《言论自由》　文明国民皆有三大自由：一言论自由，二出版自由，三集会自由。朝廷予国民以此三大自由者，乃得为文明国，否则为野蛮专制。

"专制国不准言论自由，不准出版自由，不准集会自由。中国之专制导源于秦始皇，秦始皇以专制御天下，所以有坑儒焚书偶语弃市之虐政，卒之国祚不永，至二世而终。不意继其后者，仍以专制为自私之计，压制之力，愈积愈厚，自由之苗，愈削愈亡。直至今日优胜劣败强存弱亡之世界，而我中国犹以专制之政钳抑国民。学界有犯禁之书，而出版不自由。团体有解散之令，而集会不自由。又每出新例，禁阅报纸，则言论亦不自由，是文明国民之三大自由，我国民皆无之。我中国果成为何等国乎？请高明下一断语。

"俄罗斯专制之国也。近因新败，国民愤去工罢职，兵叛乱刺，大臣害亲王，纷纷扰扰，举国不宁。此何故，争自由也。俄皇鉴于既无以攘外，又无以安内，专制之政，万难图存，于是批准立宪，与民更始，今后之俄罗斯即将出野蛮而入文明矣。

"近世之强国，无一非立宪政体。大国中，专制者惟中与俄。俄今改行宪政矣，而我中国犹以专制之力，阻国民之自由，岂将以野蛮专制独标特色乎？或曰，中国近日派四大臣出洋，考求政治，即为将来改行宪之先声，文明国之三大自由，我国民亦必有及身享受之一日，少安毋躁可也。

"记者曰：国民既不久有享受三大自由之一日，吾辈报界中人，主持清议，开化民群，盖无一日不发言论者；三大自由中，吾辈当享受其二。而况报纸为维国政、保国权之机关，朝廷既欲改行宪政，尤当急予以自由之权，以为实行宪政之导线。吾于是乎说言论自由，而更延颈企踵，以望实得享受此三大自由。”

广东人民为揭露美国迫害华工暴行和推动抵制美货运动而创办的《拒约报》（又名《美禁华工拒约报》）在广州创刊。旬刊。编辑部设在广州河南海幢寺南武公学内。总发行所在广州西高基进取学堂。总编辑黄晦闻，协助编辑发行工作的有胡子晋、谢英伯、王君衍等。有社说、短评、要闻、专件、舆论一斑、白话、歌谣、粤讴等栏目内容，专刊有关反美禁约和抵制美货运动的新闻、评论、文件及文艺作品。创刊号刊有黎民铎所撰《拒约报出世感言》，述该报筹办经过及办报目的称：

“拒约而有报也，其诸林肯主废奴例（隶）之伟著欤？夫美国特设苛例以待我，天下不平之事孰逾于斯？议续苛约之警告布，吾粤人士相骇奔告曰：此次不力筹抵制，美将曰，支那其无人，而热心之子，奋袂以起，轰轰然曰：此次拒约事，不可不设立一机关报，而于是《拒约报》乃以成立。……士夫不幸而丁此国势危岌，外交酷烈之时代，耳怵于苛约之警告，目愓于不买美货之街招，而心又惧乎吾国民体之不坚，民气之或挫，政界之压力，外界之强权，不得已而假文字以为醒世之铎，指南之针。悲夫！办斯报者之志乎！

“吾闻古今中外之哲，如孔子、孟子、司马迁、卢梭、孟德斯鸠等，各有著述，而悲厉之气，乃流露于行间。噫嘻！吾将本此志以读《拒约报》矣。”

该报创刊前，曾在香港各报刊出以下出版预告：

“《看看拒约报出世》：启者，美禁华工问题，关系重大，本社同人慨然廑此，特办斯报，专以发挥拒约为宗旨，内容资料精确有力。月出三册，价洋二角，零售每本八仙，准于本月廿一日出第一册。凡我爱国同胞欲知此次拒约缘由及海外华侨苦况，允宜手执一编也。

省城总代理处十八甫《游艺报》

香港代理处士丹利街《广东日报》

荷理活道开智社

广州拒约报社启”

（《广东日报》1905年8月21日）

8月23日（七月二十三日）

《南方报》在上海创刊。日刊。中英文合刊。每天出对开3至6张。社址在上海四马路18号。卸任上海道道台蔡钧主办，总理胡板仙。自称其中英文合刊的目的是“遇事辩护，以通外邮”。内容除宫门抄、电讯外，还刊有新闻及小说，其中新闻包括各国新闻、各省新闻及本省新闻，广告占全报篇幅的一半。

香港《广东日报》发表社论，对《大公报》刊载“古燕平心子”反对拒约运动的来论一事，表示不满。指责该报“不啻袁世凯之代表”，谓该报乃“清官之鹰犬，美人之虎伥，而我国民之蟊贼也”。

8月27日（七月二十七日）

即日下午，同盟会在江户川亭举行会议，研究接办《二十世纪之支那》的有关事宜。决定由黄兴代表同盟会总部为接收者，宋教仁代表原创办人为移交者，共同办理交接事宜。

当晚，刚刚在秀光舍印刷所印好的《二十世纪之支那》第2期，以所刊蔡汇东撰的《日本政客之经营中国谈》一文，“妨害安宁秩序”，被东京警视厅全部没收，勒令停刊。《宋教仁日记》记该刊本日被禁经过如下：

“酉初，至秀光舍，该店言《二十世纪之支那》已印刷装制成，即可送交云。余遂至卧龙馆待之。酉正，秀光舍将书送来，交余清点。正交代间，忽有警吏数人至，向余言：此书须押收，不能发卖。余不解其由来，与之辩。彼等不听，只云须押收警署去，并邀余去质问。余遂任其将书押去，而余亦随后行。既到神田警署，该警吏乃向余言：'此杂志有害公安，须押收也。'余曰：'出版自由，非贵国宪法所许乎？'彼曰：'然，但只指不害公安者。'余曰：'此书害贵国之公安乎？抑敝国之公安乎？'曰：'自然为日本之公安。'余曰：'害日本如何之公安乎？何篇文章犯公安乎？'彼停半晌不言，良久，乃以笔书曰：'不说明！'余曰：'我实不知，请说明以教我。'彼复停半晌，乃曰：'此依内务大臣之命令，余辈实不知。'余曰：'本杂志五月已出，何内务大臣不知，而至今乃始禁止耶？得毋清公使之运动耶？'彼曰：'此事与警察无关与也。'彼复问：干事为谁？余曰：'程家柽与黄华盛。'彼曰：'发起何人？'余曰；'我一人发起也，尚有数人，已回国矣。'复与诘辩良久，至亥初始回。"（《宋教仁日记》，湖南人民出版社 1980 年版，第 100、101 页）

著名报刊活动家马荫良生。马字一民，江苏松江人。历任《申报》总经理，国立社会教育学院新闻系教授、系主任，上海新闻图书馆馆长。

8 月 28 日（七月二十八日）

宋教仁、程家柽两人再赴东京神田警署就《二十世纪之支那》被禁事进行交涉，没有结果。《宋教仁日记》记本日交涉情况如下：

"辰正，程润生（程家柽字韵荪，《日记》别写为润生）来，猝向余索报看，彼犹以为在余处也。余乃告以昨夜警吏押收之事，彼亦大惊，乃相与商议办法。润生言须同至警署诘问，并言：'余妻兄某为《万朝报》记者，熟悉报律，可往问之。'余以为然。巳初，遂同至神田警署，晤警吏二人。彼先以本日官报示余，见载有内务大臣告示，称《二十世纪之支那》第二号，妨害安宁秩序，禁止颁布发卖，并差押印本之处分云云（差押，日语，没收的意思）。该警吏彼〔复〕问本社发起者何人？余答以无人，皆系社员公任。又问掌会计者何人？余答以已归国矣。又问募集经费者何人？余答以我一人而已。又问第一篇文稿从何至此？余始知报内第一篇《日本政客之经营中国谈》，所谓妨害公安者即指此也。乃漫应曰：'此香港友人投来者，不知何姓名也，现在香港出版矣。'润生复言：'贵国政府何其愚也！吾等非日本国法下人民也，何处不可出版？吾等即刻送到支那、欧米各国（即欧美各国）出版，其奈我何？适足见日本政府之野蛮而已，吾并将此文译为英、佛、露、独各文（佛、露、独，即法、俄、德），送各国新闻登之，益发日本经营支那之政策，于日本之外交上亦不无影响也。且本报原无甚价值，今与大日本帝国政府作对待，本报荣誉多矣。有难御座イマス（日文，谢谢的意思）。'谈既竟，遂出。……复乘电车往京桥《万朝报》社。既至，晤其人焉。润生乃告以情形，并问其有何办法？彼言此系省令，无可挽回；且内务省并可控君等于裁判所以取罚焉，君等只期继续出报而已。润生并托其将其此事登报，彼颌之。遂辞去。"（《宋教仁日记》，第 101、102 页）

当晚，日本警吏继续对《二十世纪之支那》组织情况及"报中之主义"进行调查。

8 月 30 日（八月初一日）

《济南日报》收归官办，改名《山东官报》继续出版。济南山东官报局主办。社址在济南西门里小沧街。初为日刊，1906 年 1 月 25 日以后改为两日刊。候补道黄华、朱钟琪主编。有上谕、论说、外交、财政、学务、商务、实业、矿政、杂纂等栏目内容。

日本东京神田警署招宋教仁至署，继续追查《二十世纪之支那》原稿。宋答以："已寄上海、香港去!"

8 月 31 日（八月初二日）

两广总督岑春煊以美总统女儿一行即将来粤游历，特发布告示，禁止"造贴侮慢揭帖"，"凡见有前项揭帖者，立即撕毁净尽，如再敢私行张贴，一经查出，定即严拿究惩"。(《广东日报》1905 年 9 月 3 日)

同月

日文《满洲日报》在辽宁营口创刊。社址在营口重盛街。日本人中岛真雄任社长。日俄战争结束后即停。

《娱闲日报》在上海创刊。馆址在上海大马路福康里。有雅事、曲本、丛录、艳谑、戏目、诗词等栏目内容。自称以"娱闲于美人颜色、名士文章"为中心内容。曾经使用 7 种颜色套印，以吸引读者。售价每份 1 分。

人镜学社社员爱国志士冯威夏为抗议华工禁约在美国驻上海领事馆前自杀。《大公报》《天津日日新闻》等报刊详细报道了冯威夏自杀的经过，并发表了他的遗书全文。在此前后，国内各报都进行了拒约和抵制美货的宣传：《广报》刊《不用美面月饼歌》《哭冯公威夏》等文；《岭东日报》刊《用美货者之小照》漫画；《晋报》刊登《节录美国留学生致日本留学生函》，叙述海外华工情况；《中国日报》刊《荷属爪哇各埠情况调查》，叙述海外华工被迫害的情况；香港《世界公益报》因载漫画《龟抬美人图》被港英当局将主笔驱逐出境。

北京《京话日报》连续报道那王府侍妾被那王唆使王府管家活埋惨死事件，并刊出广告，拒绝那王府的更正要求。广告称：

> "那王府活埋人的事，真而又真，本馆访友亲眼目睹，宝钞胡同一带居民，异口同音，如有虚假，本馆甘认其罪。行贿更正，受贿主笔理应同坐。"(《京话日报》1905 年 9 月 3 日)

上海《中外日报》以发表破坏拒约及抵制美货运动的言论，遭到读者的严厉批驳。以李子英所作的《批抉〈中外日报〉近日论记之误谬》一文最为详尽。摘录如下：

> "(《中外日报》) 七月初九（1905 年 8 月 9 日）以前尚未反对不用美货也，至七月初九而反对矣，然尚云补救也。至七月十一日（8 月 11 日）乃不主补救而专责发起人矣。至七月十四日（8 月 14 日）而又责学界矣，责学界之不能禁制匿名揭帖矣，然而尚未行攻击不用美货之人也。至十五（8 月 15 日）而全主反对不用美货之说矣，然当时犹曰美约不可以不抵制也。至十六（8 月 16 日）之论，竟并抵制美约之事而亦反对之矣。……
>
> "十七日（8 月 17 日）之论有云：'诸君之为此举，将以博高名已乎?'……
>
> "七月十四日之记，……以引诱外人干涉为主。其言曰：'按大清律例，凡投匿名揭帖者科罪甚严。'是指引官府干涉之道也。曰：'巡捕报告捕房，谓其扰乱治安，目议会诸君为匪徒'，是教导外人以周纳之方也。……
>
> "七月十五日之论，表明反对不用美货、不卖买美货之意，……又曰：'将有倾家荡产之虞，则华商为自救计，铤而走险，亦何事不有?'（李子英按：

威胁语！）……又曰：‘以公理言，人必自爱其己，而后及于人，故但使之不定美货，彼无可辞也；若必令其不卖美货，使之束手而无策，彼国有法以处之矣’，（李子英按：威胁语！）……又曰：‘以事势言，论人数固以君子为多，而论权力则诸商受挤不已，人自为战，以救旦夕之命，恐亦非诸君所能制，万一诸商人急无能择，咸尽其能力解散诸君子之成局，以救一时之倒悬，诸君子何以处此？’（李子英按：威吓语！）又曰：‘诸君子之为此举也，引商人以为己用，务期事之有成而已，既欲引商人以为己用，则正宜互相提携，使商业中人咸乐遵从我之政策，而万不可迫人于危，绝其生命，致有倒戈相向之处。’（李子英按：私心！）……

“七月十六日（8月16日）之论，则更主张不定美货亦为多事，而工禁不可抵制，华工自当为美人虐待矣；且不但如此，美人虐待华工，尚贤于他国，而我等且当致谢矣。其第一段言我国人无团体，并言结合团体之不可用于抵制美国工约；第二段言美国所以禁制华工之故，以为华人不当归咎美国；第三段则言抵制美约之举动有百错而无一是，始言不用美货之不易行，行之而将有害于华商，继且言粘贴印花之法之无益而有害，末且言即不用美货亦无益于抵制，即抵制亦无益于美国工约；第四段，则历举他国待中国之薄与美国待中国之厚，以为抵制美国工约之事不但势有所不能，抑且理有所不许矣。……作者岂美人乎？何勿一为我中国人计也。……”（民任社主人编：《中国抵制禁约记》，1905年版，第64—70页）

重庆商务总会主办的《重庆商会公报》在重庆创刊。旬刊。重庆广益书局发行。有论著、商情、物价、厘税、案件、余谈、拾遗等栏目内容。以刊载有关商务的公文为主。

9月3日（八月初五日）

《二十世纪之支那》的交接仪式在东京黄兴的寓所举行。由宋教仁代表原创办人将《二十世纪之支那》杂志社的一切簿记、款项、图书、印信、器具当面移交给同盟会接收代表黄兴。孙中山参加了移交仪式。

9月5日（八月初七日）

天津《大公报》由法租界迁往日租界出版。

香港《有所谓报》刊出署名“粤商拒约人”的来稿，对《岭海报》破坏反美华工禁约运动的宣传，进行反击。警告该报“请速自警，毋颠倒黑白，为同业羞”。

9月6日（八月初八日）

北京《京话日报》发起偿还国债的“国民捐”运动，得到王公、大臣、公主、命妇及官、绅、商、学、兵等各界读者的响应，纷纷捐款，并来稿表示支持。

香港《有所谓报》在副刊中刊出风萍旧主所作“班本”《生祭三志士》，对改良派报纸香港《商报》、广州《岭海报》向当局密告马达臣、潘信民、夏重民（一作仲文）3人为革命党一节，进行猛烈抨击。马、潘、夏3人是因为参加反美华工禁约运动被清政府地方当局拘捕的，当时还在广州狱中。“班本”的部分原文如下：

“（二五首板）读《商报》，愤煞我，五中血呕，五中血呕。（叹）世间少有，这么样，谬妄虚浮。（白）不好呀不好，马、潘、夏三人，为拒约事情，被野蛮官吏拘捕。羊城消息说道少时释放，如此拒约前途，还有一线生机。谁想那《商报》蛇蝎为心，奉承官吏，谄媚劣绅，敢在报中狂言怂恿，务令三人不杀不休。……最可愤，《岭海报》，谄谀劣绅，就把狂言乱构，那《商报》，推波助澜，落井下石，更是众罪之尤。他两报，诬捏君，是个孙文党友，揣他意，直想蔽蒙官吏，把君等性命来谋。未事前，既不闻，何以事后就有这般巧凑？可见得，康徒两报，不死君等却未肯干休。”

9 月 17 日（八月十九日）

同盟会在即日召开的干部会议上决定：即将出版的该会机关报不再沿用《二十世纪之支那》原名，拟另出一报，一切关系，表面概与断绝，以明该会“不欲持排外主义，启人嫌忌也”。

黄兴通知宋教仁：同盟会已决定将即将创刊的机关报命名为《民报》。

9 月 29 日（九月初一日）

留日学生主办的《醒狮》杂志在日本东京创刊。月刊。李昙主编，马君武、李惜霜、陈去病、柳亚子等人撰稿。有论说、军事、教育、政法、学术、医学、时评、文艺等栏目内容。以反对专制政体、反对君主立宪为宗旨。创刊号刊有无畏所撰论说《醒后之中国》，转引“吾友某”所拟的未来中国之国歌如下：

“美哉黄帝子孙之祖国兮，可爱兮！
北尽黑龙西跨天山东南至海！
皆我历代先民之所经营拓开兮！
如狮子兮，奋迅震猛，雄视宇内兮！
诛暴君兮，除盗臣兮，彼为狮害兮！
自由兮！独立兮！博爱兮！书于旆兮！
惟此地球之广漠兮，尚有所屈兮！
我黄帝子孙之祖国，其大无畏兮！”

9 月 30 日（九月初二日）

花翎即选知府肇鸿主办的《军事白话报》在北京创刊。出版不到半个月，即被会办练兵大臣袁世凯以“军事动关密计，……最忌泄漏，……决不能任令民间发行军报”为理由，咨请巡警部查封。已印诸报，均令销毁。

同月

以研究经史哲医等学为主的期刊《九经碟学报》在成都创刊。月出 40 页左右 1 册。九经训古学堂主办。吕翼文编辑。

《时事画报》在广州创刊。旬刊。社址在广州十八甫 69 号。发起人高卓廷，编辑人潘达微、高剑父、何剑士、陈垣等。该报分文字及图画两部分，文字部分有论说、短评、旬日要事记、杂文、谈丛、小说、讴歌、剧本、诗界等栏目内容；图画部分则以时事画、漫画为主，间刊岭南画派的山水花卉等新作。所刊连载小说《二十载繁华梦》《党人碑》《三十三年落花梦》，以及《木屋图》《西关抵制图》《华人受虐原因图》《广东拒约公所图》《欢迎马、潘、夏出狱图》《龟抬美人图》《钦廉起义图》《黄冈起义图》《野火烧不尽春风吹又生图》等时事画、漫画，《徐锡麟像》《鉴湖女侠秋瑾像》等新闻人物画，均带有强烈的民族民主革命色彩，对帝国主义，对腐败的清朝政府，进行了有力的讽刺和抨击，对刚刚展开的抵制美货运动起了很好的宣传鼓动作用。创刊号发表了认生作《时事画报出世感言》，有“世界已同长夜，刮明镜而难光；众生半入鼾乡，撼洪钟而不响。沉沉大陆，遍是愁域；莽莽神州，已无净土。用是摇海岳先生之健笔，快描变幻风云；仿福泽渝吉先生之前模，热望开明社会”，以及“三千直扫，寓褒贬于毫端；十万横磨，诛奸邪于地上”等语。

昆明《云南日报》主笔以演绎黄梨洲《原君》篇，被地方当局拘捕、充军。

秋

汉口中文《楚报》因揭载张之洞与美国所签粤汉铁路借款合同密约全文，并著论抨击，被张饬夏口厅予以查封。主笔张汉杰被判 10 年监禁。

山东革命留日学生主办的《晨钟》在日本东京创刊。周刊。蒋衍升、丁鼎丞主编。

《调查月刊》（又名《商业调查月刊》）在缅甸仰光创刊。月刊。庄银安创办。言论倾向于民主革命。

10 月 7 日（九月初九日）

孙中山自横滨乘法邮船赴安南筹款。途经香港时，曾邀集陈少白等人在船上讨论有关革命宣传问题，并对《中国日报》《有所谓报》在抵制美货问题上所产生的意见分歧，进行调解。

10 月上旬

《警报》在广州创刊。社址在广州十八甫。该报内容分庄、谐两部分。自称以“警醒人心，改良风俗”，“阐明公理和平说法”为宗旨。

10 月 13 日（九月十五日）

《津报》在天津创刊。日刊。社址在天津宫北大街。主笔魏铁珊。

10 月 28 日（十月初一日）

《小说世界》在上海创刊。半月刊。其前身为 3 月 20 日创刊的《小说世界日报》。为晚清文艺报刊。

10 月 30 日（十月初三日）

厦门《福建日报》在厦门创刊。黄𪄳臣创办。该报积极宣传革命思想。约 2 年后停刊。

同月

《公论报》在汉口创刊。日刊。

两广总督岑春煊发出布告，“严谕各报馆不得任意诋毁美国雇佣之人，致干查究”，同时查禁“绘图揭帖”。

10—11 月间

四川留日学生主办的《鹃声》白话报在日本东京创刊。创刊前后在东京留日学生所办报刊上有刊以下广告：

> “《四川鹃声白话报紧要广告》　四川僻在西陲，交通不便，政治界之疾苦，呼号莫闻，本社有鉴于此，愿代七千万同胞尽喉舌之责，提倡民气，保护人权。凡有能将四川贪官污吏惨无天日之不法行为调查确实，函告本社，必能哭诉于我四百兆同胞之前，以凭裁判。”（《民报》1905 年 11 月 26 日第 1 期）

11 月 9 日（十月十三日）

香港《广东日报》发表评论《咄咄天津官场对于大公报》（署：亚兴）就《大公报》近日言论及官方弛禁一事进行评论，指责该报“实名场之傀儡”，“除谄以外无文字，除颂扬以外无记载”。末称：“以官场之眼光，而称该报为正大，为和平，则该报之价值，人人可识矣”，“该报慎无以大公名也，易其名曰天津官报可矣”。

11 月初

天津南段巡警总局宣布对《大公报》解禁，并发布告示如下：

> “照得《大公报》前因登载不购美货，有碍邦交，是以禁阅在案。兹据持论尚属正大，奉禁以后，自知过激，近日登载各事颇为和平，今为社会公益起见，恳请开禁等因。本总局查近日《大公报》所载，久无过激情事。除转详奉准外，合即出示晓谕，一体知悉：《大公报》业已解禁，仰照常购阅。”（《广东日报》1905 年 11 月 10 日）

11 月 14 日（十月十八日）

《广东日报》发表大觉所作评论《韶商乃甘为凉血动物》，指责韶关商人乘机购进削价美货牟利，破坏抵制美货运动。评论发表后，韶关商人曾联名致函该报，承认错误，表示“已知悔恨”，并宣布已组成拒约支会，“今后当抵制苛约，不买美货”云云。该报为此再发表《韶商新组织拒约支会之可嘉》（刊12月28日该报《言论界》，署名大觉）评论一则，以为鼓励。

11月23日（十月二十七日）

香港《有所谓报》发表专稿《出资购人行刺本报记者之详情》，揭发保皇党方面企图对该报主编郑贯公行凶的阴谋。据报道，保皇党方面以先付200两，事成后再付2000两为条件，买嘱刺客，于11月3日潜来香港行刺，因事先为该报察觉，投港政府存案，由港政府发出暗差保护，并派人缉凶，故未得逞。

11月24日（十月二十八日）

广州《拒约报》旬刊被地方当局查禁，先后出版3个月，共9期。查禁布告由番禺柴令签发。文如下：

> “现奉督宪札开，光绪三十一年十月初十日接美总领事照会称：接贵部堂文，言粤省商民禁用美货一事，因商民坚持此议，故不可卒为禁遏，只可尽力设法和平办理，以期逐渐消弭等因。查目下禁用美货之事，全然仍旧，各日报传单揭帖等件，任意刊印传布，又有每月三出之《拒约报》每次均依期出版，及投递恐吓书等因，饬县查明。现文所称张贴揭帖，及投递恐吓美领事画函之人，分别查拿，一面将省城《拒约报》饬令刻日停止派送，免滋口实，而敦睦谊。”（《广东日报》1905年11月25日）

11月25日（十月二十九日）

日文《辽东新报》在大连创刊。日报。末永纯一郎主办，是大连最早的日文报纸。该报于1927年为满铁株式会社以20万日元购进，改名《满洲日报》继续出版。销约5万份。（戈公振《中国报学史》作1906年创刊。）

11月26日（十月三十日）

同盟会的正式机关报《民报》在日本东京创刊。月刊（经常脱期），32开本。编辑部设在东京牛込区新小川町二丁目八番地，发行所设在丰多摩郡内藤新宿字番集町三十四番地。自揭该报中心内容，即所谓“民报六大主义”为：一、颠覆现今之恶劣政府；二、土地国有；三、维持世界真正和平；四、建设共和政府；五、主张中日国民的连合；六、要求各国赞成中国之革新事业。创刊号刊有孙中山撰写的发刊词，全文如下：

> “近时杂志之作者亦夥矣。婞词以为美，嚣听而无所终，擿埴索涂不获，则反复其词而自惑。求其斟时弊以立言，如古人所谓对症发药者，已不可见，而况夫孤怀宏识、远瞩将来者乎？夫缮群之道，与群俱进，而择别取舍，惟其最宜。此群之历史既与彼群殊，则所以掖而进之之阶级，不无后先进止之别。由之不贰，此所以为舆论之母也。
>
> “余维欧美之进化，凡以三大主义：曰民族，曰民权，曰民生。罗马之亡，民族主义兴，而欧洲各国以独立。洎自帝其国，威行专制，在下者不堪其苦，则民权主义起。十八世纪之末，十九世纪之初，专制仆而立宪政体殖焉。世界开化，人智益蒸，物质发舒，百年锐于千载，经济问题继政治问题之后，则民生主义跃跃然动，二十世纪不得不为民生主义之擅场时代也。是三大主义皆基本于民，递嬗变易，而欧美之人种胥冶化焉。其他旋维于小己大群之间而成为故说者，皆此三者之充满发挥而旁及者耳。
>
> “今者中国以千年专制之毒而不解，异种残之，外邦逼之，民族主义、民权主义殆不可以须臾缓。而民生主义，欧美所虑积重难返者，中国独受病未深，

而去之易。是故或于人为既往之陈迹，或于我为方来之大患，要为缮吾群所有事，则不可不并时而弛张之。嗟夫！所陟卑者其所视不远，游五都之市，见美服而求之，忘其身之未称也，又但以当前者为至美。近时志士舌敝唇枯，惟企强中国以比欧美。然而欧美强矣，其民实困，观大同盟罢工与无政府党、社会党之日炽，社会革命其将不远。吾国纵能媲迹于欧美，犹不能免于第二次之革命，而况追逐于人已然之末轨者之终无成耶！夫欧美社会之祸，伏之数十年，及今而后发见之，又不能使之遽去。吾国治民生主义者，发达最先，睹其祸害于未萌，诚可举政治革命、社会革命毕其功于一役。还视欧美，彼且瞠乎后也。

“翳我祖国，以最大之民族，聪明强力，超绝等伦，而沉梦不起，万事堕坏；幸为风潮所激，醒其渴睡，旦夕之间，奋发振强，励精不已，则半事倍功，良非夸嫚。惟夫一群之中，有少数最良之心理能策其群而进之，使最宜之治法适应于吾群，吾群之进步适应于世界，此先知先觉之天职，而吾《民报》所为作也。抑非常革新之学说，其理想输灌于人心而化为常识，则其去实行也近。吾于《民报》之出世觇之。”

《民报》创刊后，在孙中山的直接领导下，系统地宣传中国资产阶级民主革命的理论，和改良派的机关报《新民丛报》展开笔战，很受读者欢迎。创刊号曾重印 7 次，发行达 1.7 万余份。先后挂名担任该报发行人的有张继、章太炎（炳麟）、陶成章、汪精卫等，参加编辑撰稿工作的有胡汉民、陈天华、朱执信、汪精卫、汪东、宋教仁、廖仲恺、章太炎、刘光汉、汤增壁、黄侃等。为同盟会时期资产阶级革命派的重要讲坛。共出 26 期。

11 月 30 日（十一月初四日）

立宪派报纸《醒报》在广州创刊。主编人“多属诸生，因废科举而办报”。以谄媚粤督岑春煊、攻诋革命党，被革命派报刊斥为“龟党报”“龟党之机关，淫词之渊薮”。

12 月 6 日（十一月初十日）

《金台组报》在北京创刊。馆址在北京琉璃厂西门内路北。日出单面印刷 1 张。主编沈郢闻。有宫门抄、上谕、外论、各国新闻、国政要闻、学界要闻、实业要闻、时事琐闻等栏目内容。除正张外，还出有附张《白话开通报》一种，随正张附送，不另收费。

12 月 8 日（十一月十二日）

《民报》主要编辑撰稿人之一，《警世钟》《猛回头》作者陈天华，因抗议日本当局颁布取缔留学生规则（取缔，日语为管束的意思），留下绝命书，在日本大森湾蹈海自杀。《民报》第 2 期受此影响，延期出版。陈天华字星台，笔名思黄，湖南善化人。

12 月 17 日（十一月二十一日）

俄文报刊 Манъчжурия（《满洲星》）在哈尔滨创刊。Л. В. 洛文斯基主办。出版仅 5 期即停。

12 月 18 日（十一月二十二日）

即日起，香港《广东日报》《有所谓报》和《中国日报》由于在抵制美货的方法问题上意见分歧，发生争吵。《广东日报》《有所谓报》为一方，先后发表的有关评论及来函有《驳中国报之谬论》《异哉！中国报之所谓舆论》（以上《广东日报》）、《李浩生函揭李煜堂》《邮筒》（以上《有所谓报》）等；《中国日报》为另一方，所发评论有《唯一趣报有所谓及陈公泽等真相发露》《来函什锦》等，经调解始已。

12 月 26 日（十二月初一日）

翰林院侍读学士恽毓鼎上疏清廷，要求

查禁四川留日学生所办《鹃声》报，并撤回留日四川官费生。略称：

“臣顷见日本新来《鹃声》报第一册，专以叛国革命为宗旨，其指斥污蔑之语，臣不敢言亦不忍言。……此报若行，将乱中国。……伏乞密饬出使日本大臣与日外警两部，据理相商，封禁该报，毋使出版。并谕四川督臣，责成该省高等学堂总办自行检举，将官费生酌量撤回。嗣后资遣出洋，务选心术纯正，中学已有根柢之人，庶几弊病较少。……”（见故宫档案馆清巡警部档案卷 1501/165）

《天津商报》（又名《商报》）在天津创刊。馆址在天津北马路商务总会内。是天津商务总会的机关报。创办人为该会总理王贤宾，主编为刘孟扬。言论倾向于君主立宪。

同月

《北直农话报》在河北保定创刊。每半月出版 1 册。保定高等农业学堂主办。张家隽、贺澄源等主编。

冬

蒙文《婴报》在内蒙古创刊。社址在内蒙古昭乌达盟喀喇右旗王府崇正学堂院内。每隔 1 天出石印对开 1 张。创办人贡桑诺尔布。内容有国内外新闻及科学知识等。是我国第一份用少数民族文字出版的报纸。免费在旗内送阅，出版约六七年后停刊。

《群报》在广州创刊。日出对开 1 张。胡子骏、卢谔生、沈厚慈、雷震、陈止澜等主笔政。后易名《二十世纪报》继续出版，并扩充篇幅为日出对开 2 张。康楚狂、邓子彭、黄轩胄、崔肃平等主笔。言论倾向于民主革命。

香港《中国日报》以揭露康有为之女在美洲行骗事，被康党以诽谤罪指控于香港法院。

新加坡《图南日报》因销路不广，亏折甚巨，自动停刊。

同年

《白话普通学报》在北京创刊。周刊。社址在北京崇文门内方巾巷。

《通俗白话报》在北京创刊。

《京师公报》《京话官报》在北京创刊。

《训兵报》在北京创刊。月出 3 册。系属官办刊物。以封建说教为主。

《兵学白话报》在北京创刊。日报。北京练兵处出版。该报用白话撰稿，宣传忠君爱国。

《多闻报》在天津创刊。

《青龙报》在天津创刊。日本人主办。社址在天津日租界。

《星期报》在天津创刊。其前身为《青年会报》。

《白话开通报》在天津创刊。

法文《中国回声报》(*L' Echo de China*)在天津创刊。初为周刊，后改周二刊。

济南《济南报》及上海《中外日报》《时报》《警钟日报》等报，以屡载德国觊觎我山东消息，被德领提请山东及上海地方当局，禁止刊载。

《山东官报》在山东省会济南创刊。日出 4 开 1 张（星期日休刊）。是一份省级的地方官报。新任山东巡抚杨士骧倡办，负责编辑工作的有候补道黄华、朱钟琪等。有上谕、奏议录要、奏折录要、公牍录要、文牍录要、本省公牍、专件、紧要电报、各国新闻、各省新闻、本日辕抄、广告等栏目内容。（创刊年份据曲琦《辛亥革命前山东报纸概述》，载《山东史志资料》第 1 辑。《全国中文期刊联合目录》作 1906 年。）

《大中华》杂志在上海创刊。1906 年停刊。

《实业界》杂志在上海创刊。半年刊。

美洲学报社主办。以探讨工商业方面的问题为主要内容。道林纸印，每期出 40 页左右 1 册。2 期后停刊。

《艺林报》《畅言报》《恒亨馆画报》《童蒙易知草》《华商中华报》《华洋旬报》《书画日报》《华文报》在上海创刊。

《华北杂志》改名《北新杂志》在上海出版。期号与《华北杂志》相连。有光纸铅印。

《志学报》在上海创刊。基督教会主办，与教会主办的另一份英文丛报轮流出版。

《浦东》周刊在上海创刊。李通敏：张伯初等主办。出版 20 余期后停刊。

《医学报》在上海创刊。月刊。周雪樵、王问樵主编。

归国留学生主办的《环球一粟》在上海创刊。月刊。隶属于环球中国学生会。以报告会务、介绍新知为主要内容。

金煦生辞去《新闻报》主编职务，遗缺由姚伯欣承乏。

《妇孺白话易知报》在江苏阜宁县创刊。袁书鼎主办。

《教育研究》杂志在江苏昆山创刊。昆山教育研究部主办。1921 年 12 月停刊。

《商务日报》在安徽芜湖创刊。主办人吴少齐。

《南浔通俗报》在江西创刊。半月刊。

湖北官报局主办的另一份官报《湖北教育官报》在武昌创刊。月刊。出至 1911 年停刊。

基督教会主办的拼音刊物《普通文报》在汉口创刊。月刊。以普通话为标准音，用拉丁字母拼写。

湖北高等巡警学堂编辑出版的月刊《湖北警务杂志》在武汉创刊。

《不缠足会画报》（又名《不缠足话报》）在武昌创刊。社址在武昌大朝街。不定期刊。每期出 8 页 1 册。不缠足会主办。

《大声日报》在汉口英租界创刊。揭发官场利弊不遗余力。

《正言报》《汉口风月报》及小型花报《新小报》在汉口创刊。前两家以英商名义注册登记。

汉口《汉报》以刊载俄商道胜银行买办陈延庆所开庆安钱庄资本不足消息，被沙俄驻华大使要挟湖北地方当局，予以封禁。上海《警钟日报》曾发表论说《外人干涉言论权之警告》，评论其事。摘录如下：

> “……《汉报》馆者，中国之报馆也。报馆有维持清议之天职，报馆有据事直书之实权，并政府且不能干涉，何有于外人？
>
> “陈延庆者，道胜银行之买办也，钱铺空虚，鄂人尽知。其实在《汉报》之记此事也，不过缘有闻必录之例耳，乃陈延庆纠集多人，滋斗报馆，已属无礼之尤，虽有鄂督之索赔，犹不足被其辜。
>
> “在鄂督之惩办陈延庆也。道胜银行亦自知延庆理屈，不欲干涉于其间。而汉口俄领事则以该报败俄人名誉，电致俄使，欲向外部开谈判。彼其意，不过欲封禁《汉报》耳，不过欲惩办该报主笔耳，不过欲华人不敢再议俄人耳。
>
> “俄人之在中国也，施种种之无礼，为华字各报所痛斥，俄人恶之久矣。由是假封禁《汉报》之势焰，以儆各华字报，若谓《汉报》为官办之报，我俄人犹得封禁之权，尔等民立各报馆启闭之权，亦操于我俄人之一言而已。则俄人此举，虽谓干涉华人之言论权可也。
>
> “不特此也，俄人近日以来，欲在上海、天津、北京各地开设新闻社，并欲收买上海某报馆，为该主笔所坚拒，

事卒不成。是俄人之意，非唯欲禁华人之言论权也，且将夺华人言论之权。《汉报》何辜，首罹此厄！

“夫陈延庆者，不过俄人所雇一买办耳！且禁报馆书其恶，则此后外人在中国举动，皆将嘱报馆钳口不言，以掩饰华人之耳目。而彼为洋人奴隶者，亦得假洋人之威力，横行肆虐，无所不为，致数百兆之华人受制于一二洋奴之手。叹我国民何以堪此！……”（《警钟日报》1905 年 3 月 9 日）

以“专谈花事”为标榜的《天趣报》在广州创刊。发行所在广州十八甫威建大药房楼上。发行人孔庆增，主编邓情之，参加编撰工作的有张云飞、何笑仙、邓叔裕、孔仲南等。有天铎音、天南趣录、天国趣闻、天涯趣语、满天飞、花天梦、天宝谈、尺天眼、满天神佛、天外天、趣中趣、天仙奏、天籁鸣、漫天风雪、天花雨等栏目内容。该报有“粤省花界小说之嚆矢”之称。

邓君寿等创办的广州《时敏报》因资金不足接受了江孔殷、吴介铭等人的股本，开始为立宪派分子所掌握，改由曹驾欧、韩善圃等担任主笔。

四川蚕桑公社主办的《蚕业白话演说报》在重庆创刊。

天主教教会刊物《崇实报》在重庆创刊。周刊。社址在重庆通运门外曾家岩。有政令、译论、京讯摘要、世界新闻、本省新闻、本埠新闻、要电、要闻、专件、文苑等栏目内容。

《武德》杂志在昆明创刊。唐继尧主办。

《独秀峰》在桂林创刊。广西归国留学生马君武、蒙经、卢汝翼、万武等主办。仅出 1 期即停。（创刊日期一说作 1906 年。）

日本人主办的福州《闽报》遇火被焚。在日本台湾总督府及日本驻福州领事中村巍的帮助下，重建馆舍，恢复出版。该报有“华南的惟一大报”之称。

厦门《福建日日新闻》更名《福建日报》继续出版。旋因揭露清政府官员贪污，被勒令停刊。

厦门《鹭江报》以刊载金门教案消息，被英领事提请厦门道予以封禁。

驻藏大臣联豫、帮办大臣张荫棠在拉萨创办了西藏的第一份报纸《白话报》。该报用石印机印刷，使用汉藏两种文字，每期发行约 300 份。自称以“爱国尚武，开通民智”为宗旨。

《汇报》周刊在广东佛山创刊。

《女镜报》月刊在广州创刊。郭用逮主编。

《谐铃报》在广州创刊。

香港成立报界公会。

香港《世界公益报》以转载《时事画报》所刊《龟抬美人图》，支持省港地区人民的反美华工禁约爱国运动，受到香港当局的警告，主笔被逐出境。

《晨报》在新加坡创刊。主办人劳培，后为黄花岗七十二烈士之一。

《华暹新报》在暹罗槟角（今泰国曼谷）创刊。萧佛成、陈景华、王斧、康荫田、胡毅生、卢仲琳等主持。

《大越新报》（*Dai Viet Tan Pao*）在河内创刊。周刊，中越文合刊。是在越南出版的最早的中文报纸。1908 年 4 月 26 日停刊。

《光报》在美国旧金山创刊。月刊。旅美华侨宗教界人士主办。

澳大利亚华侨主办的《警东新报》在澳大利亚墨尔本创刊。支持祖国民主革命。

邮电部门在天津设立无线电学校，培养报务员，并在北京、天津、保定等城市安装了中国最早的一批无线电收发报机。

1906年
（清德宗光绪三十二年丙午）

1月17日（乙巳年十二月二十三日）

宋教仁偕何小柳赴东京新智分社会晤该社社长宫崎德太郎，联系委托该社上海分社代销《民报》事宜，以“《民报》内容太激烈”，没有达成协议。

1月19日（十二月二十五日）

上海《大陆》半月刊自即日出版的第3卷第23号起宣告停刊。

1月22日（十二月二十八日）

《民报》第2期出版。这一期《民报》所刊朱执信的《德意志社会革命家小传》一文，介绍了马克思、恩格斯的生平及学说。略云：“前乎马尔克（即马克思）言社会主义而攻击资本者亦大有人，然能言其毒害之所由来，与谋所以去之之道何自者，盖未有闻也。故空言无所裨。其既也，资本家因讪笑之，以为乌托邦固空想未可得蕲至也，是亦社会革命家自为计未审之过也。夫马尔克之为共产主义宣言也，异于是。”文章还提及马克思的《资本论》，指出：“马尔克以为资本家者掠夺者也，其行盗贼也，其所得者一出于朘削劳动者以自肥尔。”此外，还介绍了《共产党宣言》的部分内容。从这一期起，《民报》开始对《新民丛报》坚持改良道路的谬论进行了有针对性的批驳。

日本警方以奉使出国考察政治的载泽等清廷大臣即将来日，特派“巡查”人员，驻守民报社附近，对该报工作人员进行监视。所有出入民报社的人，都遭到跟踪。

1月25日（丙午年正月初一日）

本日出版的《新民丛报》第73期，刊出梁启超的《开明专制论》等文，对民主革命思想发起攻击。

卫生学会主办的《卫生学报》月刊在上海创刊。社址在上海后马路广西路角。孙瑞主编。有论说、记载、时令、新闻、广告等栏目内容。

1月29日（正月初五日）

《广州总商会报》创刊。发起人左宗藩、郑观应、区赞森，发行人金灌青，主笔萧寅廷（炜基）、陈襄廷（廷鎏）、魏襄侯（宗弼）、谢瑰材等。为广州总商会机关报。有上谕、商务、论说等栏目内容。该报言论与官方报纸合拍。出版2个多月后即停。

同月

孙中山、黄兴等同盟会领导人在日本东京约见云南留日学生李根源、杨秋帆、赵伸、罗佩金、吕志伊等，建议他们筹办云南地方刊物，进行革命宣传。《云南》杂志的筹备工作自此开始。

上海《新小说》停刊，共出24号。

《女子世界》发行至2卷6期停刊，共出18期。

《中国日报》由香港荷理活道迁至上环德辅道，继续出版。

《宜昌政学报》在湖北宜昌创刊。月刊。

上海《农学报》停刊，共出315册。

2月1日（正月初八日）

广学会主办的天主教教会系统的综合性刊物《通学报》在上海创刊。发行所在上海江西路41号。旬刊，每月逢一、十一、二十一日出版，2年后改为月刊。每期出30页左右1册。主编任廷旭（保罗），协助编辑工作的有范祎、吕成章等。有英语、世界语、算学、历史、地理、理化、社说、经谈、外论、小说、时事等栏目内容。

2月4日（正月十一日）

俄文报刊 Фарбинъ（《哈尔滨报》）在哈

尔滨创刊。日报。主编 K. X. 韦贝尔。1909 年 12 月停刊。

汉口《汉报》被朱彦达等人集资顶办。朱任总理，纪友棠任主编。日出对开 1 张，销约 4000 份。该报易手后，经张之洞批准，每月由官方资助 100 元，成为湖北地区第一家接受官方津贴的民办报纸。

2 月 5 日（正月十二日）

《申报》发表社论《论阅报者今昔程度之比较》，对官场、学界、工商界、农民等各界读者对报纸的认识和阅报兴趣的提高，作了比较分析。

2 月 8 日（正月十五日）

《祖国文明报》在广州创刊。初为半月刊，1909 年 8 月 16 日第 83 期起改为旬刊。李不懈主编。以宣扬孔教为主要宗旨。

《日日新报》在香港创刊。发行所在香港上环新海旁 13 号。自称“以发挥民族为惟一之方针”。出版后不久，即就广东当局强收粤汉铁路股权问题发表激烈评论。

越南革命志士庞某到日本东京民报社访问。宋教仁出面接见，双方“笔谈甚久”。

《新民丛报》第 74 号出版，继续连载梁启超的《开明专制论》等文。

2 月 10 日（正月十七日）

天津《大公报》就清政府查禁《江苏》《浙江潮》《湖北学生界》《鹃声》等革命报刊事，发表题为《论支那现今第一大问题》的评论，分析当前形势，并为当局借箸代谋，指出当前只有开国会、立议院，实行君主立宪才能抵制和遏止革命，不此之图而一味查禁革命报纸，是不能取得什么效果的。摘录部分原文如下：

> “呜呼危哉！排满革命之风潮如是其激烈哉？禁无从禁，劝无从劝，若袖手坐视其炎炎之势，必有破坏之一日，又安可哉？事急矣，不乘其羽翼未丰之先，及早筹画抵制之方针，又将安待哉？……制排满党革命军之死命者，无他能力，惟有实行宪法、开国会、立议院而已矣。……化最高、最猛、最恶、最险、最可怖之无数排满党、无数革命军之风潮于无形无声之中，同归于平和治安之政策，为支那计，岂为惟一莫上之善法哉？不然，日日忧排满，而附排满者且日多；日日忧革命，而倡革命者且日盛；禁《江苏》报，而排满革命如故；禁《浙江潮》，而排满革命如故；禁《湖北学生界》，而排满革命如故；禁四川《鹃声》报，而排满革命如故……呜呼！政府诸公其有意乎？”

2 月 13 日（正月二十日）

我国最早的音乐期刊《音乐小杂志》在上海创刊。主编李叔同。该刊由主编人在日本东京神田区集贤馆编辑好以后，交由公益社出版发行。公益社社址在上海大东门内北城脚义务小学堂内。

2 月 15 日（正月二十二日）

天津《商报》总理主笔刘孟扬向地方主管部门呈报该报开办以来各项经费开支的一些数据，反映了当时的物价和报纸经营管理方面的情况。原文如下：

> “谨将天津商报开办以来一切开销及印字机器名目份数，并出报数目，开具节略，恭呈宪鉴。
>
> 计开
>
> 各商成本存英洋银一万元，除开销各项外，实在不敷洋银四千六百零九元三角，清单列左：
>
> 一、买机器铅字洋银六千八百零六元九角五分。
>
> 一、买报纸洋银一千八百零五元九角五分。
>
> 一、买墨油洋银五十元。

一、上年十二月日用洋银一百二十二元八角。

一、上年十二月杂项洋银三百零七元五角五分。

一、上年十二月薪水洋银四百四十四元五角。

一、添置家具洋银八百十四元五角。

一、天津报赔项洋银四千二百五十七元零五分〔朱琪经手〕。

以上共出洋银一万四千六百零九元三角，共亏洋四千六百零九元三角。

机器铅字名目份数列左：

印报大机器一架，手扳子机器一架，裁刀机器一架，铡铅条小机器一架，脚踏机器一架，凿眼机器一架，铡铅线小机器两架，刨角小机器两架。二号铅字一副约十万个，三号铅字一副约十万个，四号铅字三副约四十万个，五号铅字一副约十五万个。

出报数目：

现在每月出报一千份。

预算：

每月薪工物料及一切杂费约需洋一千元，将来若出报至二千份，即可顾住本钱。如将来零活告白进款加多，即出报不到二千份，亦可顾住本钱。

以上系开办以来实在情形，伏乞宪台大人从速批款，以便接济，不胜盼切之王。卑职孟扬谨呈。”（《天津商会汇编》所收津商会档案第三类第 166 号卷。转引自天津日报社研究所主编的《新闻史料》1993 年第 27 辑）

2 月 20 日（正月二十七日）

天津文元书局在当地报纸刊出广告，宣布该书局除出售“学堂应用教科等书”外，还兼营在天津出版的《中外实报》《大公报》《津报》《商报》《北洋官报》《北洋学报》《北洋官话报》《青龙报》《日日新闻报》等报的派送任务，并对订户实行赠奖。摘录广告中有关派报业务和赠奖办法的部分原文如下：

“《西马路文元书局卖报赠彩　特别告白》……小号看见商务书局卖书，还有赠彩的告白，这卖报也可以赠彩，为的是多招徕买卖起见。虽然这样谈论，其实还得和气，还得送的早，这才是干买卖的真规矩。看报的先生们：如一家定小号两份报，必定奉送《官商外览七百种》一本。如定小号一份报的，随便择选一样方可：《八木尺牍句解》《外国笑话》《中国地图》《小画谱》。以上这些赠彩，不过是点小意思，无非凑个趣儿罢了。如看一季半载的，方可照规奉送，不然另议。本处的报还送的早，一准不过早九点钟。风雨勿阻，决不食言。……”（《大公报》1906 年 2 月 20 日）

2 月 23 日（二月初一日）

《济南白话日报》在济南创刊。社址在济南市白云楼。日出油印 8 开 1 张。编辑和撰稿人刘冠三、王讷、丁耕农、王祝晨等。是山东地区最早出现的资产阶级革命派报纸。出版不久即被封禁。

同月

《汇报》发刊于北京。季刊。

《朝野报》在天津创刊。

俄文 Молдая Россия（《年轻的俄罗斯》）在中国东北地区创刊。主编 П. В. 洛文斯基。同年 4 月停刊。

3 月 9 日（二月十五日）

《新民丛报》出版第 76 号，载有《申论种族革命与政治革命之得失》等文。

3 月 14 日（二月二十日）

沙俄政府直接控制的中东铁路局中文机

关报《远东报》在哈尔滨创刊。社址在哈尔滨市道里江沿。日出 4 开 4 版（有时出 6 版或 8 版）。主要负责人范介卿、史弼臣。有新闻、评论、文艺、广告等栏目内容。该报言论主张代表沙俄政府利益。是哈尔滨市和“北满”地区较早的中文报纸。1922 年 4 月 1 日停刊。

留日学生主办的《法政杂志》在日本东京创刊。月刊。社址在东京浅草黑船町二十八番地。蔡承焕、林鹍翔发行，张一鹏、林鹍翔编辑。有论丛、译汇、讲演、法令一斑、法政琐闻、时事录要等栏目内容。出版后主要向国内发行，北京、上海、南京、天津、保定等地均有代派处。

3 月 17 日（二月二十三日）

本日出版的上海《时报》及 3 月 29 日出版的北京《京话日报》，先后刊出南昌知县江召棠被当地法国传教士杀害后的遗体照片。《时报》发表照片时，附有以下说明：“江令尸格咽喉连食气嗓有刀伤处，长二寸二分，宽六分，深透。内食气嗓破断，刀口两头平，并无转重伤口。下皮又有刀割痕，均皮卷血污。”《京话日报》刊出照片时，附有编者按语称：“江西南昌县知县江大令召棠被天主教请酒谋杀，凶手便是劝人为善的教士。教士既下毒手，又肆毒口，捏造情形，说是自刎，本馆再四辩白，今特把江大令受伤的照像做成铜板，印入报内，请大众看看，有这样自刎的没有。”这是国内报纸上刊出的最早的新闻照片。

3 月 20 日（二月二十六日）

《民报》第 3 期印出。因校对不善，错误甚多，被迫延期发行。

3 月 25 日（三月初一日）

上海《申报》刊出《新民丛报》所发广告，全文如下：

“启者　本报开办四载，久为士大夫所称许，故销售至一万四千余份，现第四年第一期已到，定阅者争先恐后，此诚民智进步之征也。阅报诸君，务请从速挂号是幸。”

同月

《北京五日报》在北京创刊。北京河北书局出版。

《山东国文报》在济南创刊。其前身为 1905 年 3 月创刊的《国文报》。旬刊。每期出 30 余页 1 册，拷贝纸印。所载分议论、序跋、考古、公牍、书札、讲义等。和《山东国文报》同时创刊的还有一份《官话日报》，日出粉连纸石印 1 张。负责人有李明浦（候补道）、仇纯吉，编辑人有侯丰臣、秦介如等。有电谕、内政、外交、学务、实业、要闻、辕抄等栏目内容。社址附设在《山东国文报》内，每日发行不足千份。辛亥革命后改名《民治日报》继续出版。

中日合资的《北方日报》在天津创刊。社址在天津日租界旭街。主编李大义。其前身为《繁华报》及《白话报》，本报由两报合并而成。

留日学生主办的《政法杂志》刊行于东京。半月刊。

春

新加坡《图南日报》因经费困难停刊。

《南洋总汇报》在新加坡创刊。陈楚楠、张永福、许子麟、沈联芳、陈云秋、朱子佩等主持，为继《图南日报》之后新创办起来的革命派报纸。后因股东陈云秋、朱子佩等反对宣传革命，实行拆股，陈楚楠等退出，该报遂为保皇党人所把持，沦为当地保皇党人的言论机关。

资产阶级革命派报刊《珠江镜》在广州创刊。每日出报 1 张，星期日休刊。总编辑何言，撰述人觉时、敌攻、彰武、浒业等。自揭其办报宗旨为：“言论一主公平，凡关于大局得失，而必须尽纠正之天职者，不以谩骂为能，而以劝诫为主，务尽其提撕警觉，使一切无智识之辈皆在可怜之列，应能知过悔悟，日进文明。”有论说、路事、访稿、粤闻、本国、外国、交涉、电音、专件、港闻、谐文、趣言、谈丛、小说、什志、粤讴、班本等栏目内容。该报言论有强烈的民主革命色彩。

粤督岑春煊以香港各报反对广东当局包庇路棍、把持粤汉铁路逮捕股东黎国廉，下令禁止《中国日报》《世界公益报》《维新日报》《日日新报》等港报在内地发行。

4月5日（三月十二日）

广州《时敏报》以所刊《新军饷项之调查》一稿违禁，主笔人被南海县看管。

《民报》第3期出版。这一期《民报》刊有胡汉民《民报之六大主义》、朱执信《驳法律新闻之论清廷立宪》《德意志社会革命家小传》（第二部分）、宋教仁《一千九百零五年俄国之革命》等文，并刊载了几幅介绍俄国革命情况的照片，主张像俄国人民那样用暴力手段同封建专制政府作斗争。

4月7日（三月十四日）

上海《指南报》《游戏报》《世界繁华报》及文学期刊《绣像小说》主编，著名小说家李伯元去世。李名宝嘉，字伯元，笔名南亭亭长，江苏上元（今南京）人。李去世后，《绣像小说》随即停刊，共出72期。

4月14日（三月二十一日）

广州《时事画报》以所刊《官场之美人局》新闻一则触怒地方当局，被南海县县令陈某传社员潘达微到署问话，指为“不实”，并罚款百元结案。

4月18日（三月二十五日）

广东《亚洲日报》因揭露官府与地方绅董相互勾结把持粤汉路局的种种阴谋，触怒粤督岑春煊，被南海县查封。发行人陈庆琛（听香）被看管，主笔苏慎之被拘留。南海县于本日发表札文称：“案奉督宪札行，照得铁路关系极重，岂容报馆造谣煽惑，有意阻挠。省城各报，于集股一事，多主赞成，惟亚洲日报独鼓异说，意在破坏，殊属有阻大局，应即查封。”《亚洲日报》于是日就被封事发布传单称：“启者：本报因铁路收股，劣棍诸多舞弊，直揭报端，大为所忌，暂奉大吏封禁停派，一俟讼案料理清楚，再与诸君言论接洽。”

天津《大公报》发表编辑部所写的《答来函》一文，就该报在南昌教案交涉过程中“偏袒教士，污我官民”，遭到谴责一事，进行辩解。

4月22日（三月二十九日）

天津道周学熙奉派担任《北洋官报》总办，即日“到局验看一切”。

4月24日（四月初一日）

《潮声》半月刊在汕头创刊。社址在汕头外马路存心善堂后座。每阴历初一、十五日出32开20页1册。主办人曾杏村。有论说、时事、潮记、历史、地理、教育、调查、小说、笔谈、丛谈、歌谣、杂录等栏目内容。全部用潮语方言写作。销约2000份。

《新民丛报》第79号出版，刊有梁启超《答某报第四号对于本报之驳论》等文。

4月28日（四月初五日）

清廷商部主办的《商务官报》在北京创刊。每月3期，逢五出版，每期约40页左右1册。商务官报局出版。由商部主事章宗祥负责编辑出版事宜。该报以“发表商部之方针，启发商民之知识，提倡商业之前途，调查中外之商务”为宗旨。有论说、译稿、公牍、法律章程、调查报告、专件、记事、附录等栏目内容。

《民报》发行题为《民报与新民丛报辩驳之纲领》的号外1张，向读者介绍两报

“辩驳之纲领”如下：

“一、《民报》主共和；《新民丛报》主专制。

二、《民报》望国民以民权立宪；《新民丛报》望政府以开明专制。

三、《民报》以政府恶劣，故望国民之革命；《新民丛报》以国民恶劣，故望政府以专制。

四、《民报》望国民以民权立宪，故鼓吹教育与革命，以求达其目的；《新民丛报》望政府以开明专制，不知如何方副其希望。

五、《民报》主张政治革命，同时主张种族革命；《新民丛报》主张政府开明专制，同时主张政治革命。

六、《民报》以为国民革命，自颠覆专制而观，则为政治革命，自驱除异族而观，则为种族革命；《新民丛报》以为种族革命与政治革命不能相容。

七、《民报》以为政治革命，必须实力；《新民丛报》以为政治革命，只须要求。

八、《民报》以为革命事业专主实力，不取要求；《新民丛报》以为要求不遂，继以惩警。

九、《新民丛报》以为惩警之法，在不纳租税与暗杀；《民报》以为不纳租税与暗杀，不过革命实力之一端，革命须有全副事业。

十、《新民丛报》诋毁革命而鼓吹虚无党；《民报》以为凡虚无党，皆以革命为宗旨，非仅以刺客为事。

十一、《民报》以为革命所以求共和；《新民丛报》以为革命反以得专制。

十二、《民报》鉴于世界前途，知社会问题，必须解决，故提倡社会主义；《新民丛报》以为社会主义，不过煽动乞丐流民之具。”

号外并声明《民报》将自第 4 期起，连续发表文章，对《新民丛报》的一些观点进行“辟驳”，两报论战从此更为激烈。

4 月 30 日（四月初七日）

《宁波新报》在浙江宁波创刊。社址在宁波后市。创办人袁荷龄。

同月

《医报》《大同报》在北京创刊。后者由徐玉昆（璞山）主办。

《雁来红丛报》在苏州创刊。周刊。殷元顺刻字店发行。以“选载前贤未刊及不经见文学名著”为主要内容。《大狱记》《浮生六记》等作品，曾在该刊发表。出版 10 期以上。

《游戏世界》发刊于杭州。月刊。崇实斋书庄发行，寅半生编。以游戏文章为主要内容。

《粤东公报》在广州创刊。社址在广州小南门无着庵。主持人温宗尧，总编辑周绍光，主笔范公说、詹宪慈等。内容以译录公文、公牍及各国新闻为主，论说由学务处撰稿，不议朝政。纯属官办报纸。

《二十世纪报》在广州创刊。前身为 1905 年冬在广州创办的《群报》。日出对开 2 张。主编康梦狂、黄轩曾、邓小彭、崔肃平。言论倾向于民主革命，曾多次发表文章揭露清政府的黑暗腐败。

香港《广东日报》以内地股东不愿以言论贾祸，自动停刊。该报附刊《一声钟》已先期于 1905 年年底停刊。

5 月 1 日（四月初八日）

《民报》第 4 期出版。这一期《民报》发表了汪精卫所写的《驳新民丛报最近之非革命论》、朱执信（县解）所写的《从社会主义论铁道国有及中国铁道之官办私弊》等文。同时还发表了题为《欧美社会革命运动之种类及评论》的译稿，对社会主义及马克思、恩格斯作有以下介绍："社会主义之大目的，在以土地、资本——此二者人民生活所由产也——公诸社会"，"此其说创自德儒卡马（即马克思）、殷杰（即恩格斯）二氏，近乃风靡全欧"。

5月3日（四月初十日）

广州《珠江镜》报因揭发地方官绅互相勾结把持粤汉路局的黑幕，遭到清吏压制，被迫停刊。该报着手筹备迁港出版。

5月8日（四月十五日）

《复报》月刊创刊。在上海编辑，"邮付东京印刷，在上海发行"。其前身是柳亚子以自治学社学生自治会名义在吴江出版的油印刊物《自治报》。《自治报》曾发行67期，68期以后，改名《复报》，并由油印改为铅印，期号另计。由柳亚子、田桐等任主编，陈去病、高旭、金松岑、蔡治民等任主笔。有社说、政法、历史、传记、批评、演坛、小说等栏目内容。宣传民主革命，反对君主立宪。先后刊载过《中国灭亡小史》《民权主义、民族主义》《立宪驳议》《驳梁启超书》等文，与《民报》相呼应。

《赏奇画报》在广州创刊。旬刊。社址在广州故衣街27号仁信西药房后座3楼。创办人杨杏帷，编辑人有季毓、霸伦、张克诚、朱锡昌、海仲等。所刊有地理、风俗、时事、社会画、写生画等，"图说互用"，程度"以合于普通社会为主"。

5月12日（四月十九日）

即将创刊的香港《少年报》在本日出版的香港《有所谓报》上刊出《少年报出世之广告》，介绍该报宗旨及办报原则如下："本报以开通民智、监督政府、纠正社会、提倡民族为宗旨，资料必求其丰，记载必征诸实。或庄论刺时，或寓言讽世，或讴歌变俗。务必多聘有名誉之记者主持笔政，精心撰述，以餍眼光，而尽本报之义务。"

5月23日（闰四月初一日）

《北京画报》在北京创刊。社址在北京羊肉胡同北京女报馆内。张展云、孙玉占主办，著名画师刘炳堂专司图绘。所刊以时事画、风俗画为主，"购阅者颇多"。

5月27日（闰四月初五日）

广州《珠江镜》报迁至香港出版。社址在香港德辅道中9号3楼。日出1张，星期日休刊。何言任总编辑，陈鸣谈任总撰述。港版《珠江镜》报创刊的第一天，发表社论《珠江镜之概言》，宣布该报报名的含义有三："一曰镜珠江之政治，二曰镜珠江之人物，三曰镜珠江之风俗。"同时，对清廷的奴隶教育和"野蛮专制"的黑暗政治发起攻击。与稍后发表的《章君炳麟出狱之喜闻》《满廷其奈遍地危机何》等论说，同具强烈民主革命色彩。新设《汉镜》一栏，专门"搜罗吾国历史上种族之事迹，以备谈民族者之一助"。

5月28日（闰四月初六日）

《香港少年报》（又名《少年报》《少年日报》）在香港创刊。社址在香港海傍干诺道108号。日出一张半。每月初二、十六日休刊。总编辑黄世仲，撰述黄伯耀（病国青年）、冯砺生（生国青年）、赵啸余（飞电）、何萤初（飞剑）、卢蔚起（飞刀），名誉撰述员胡俊文、陈猛进、易侠血、李捷军、王亚斧、何汉捷等。该报分庄谐两部，有蜃楼影、新舞台、新说部、粤人声、故事丛、采风录、新笑林、发言台、政权镜、政治谈、照妖镜、学界潮、工商部、杂记、港志、演义等栏目内容。所刊《鸣呼亡国民之惨状》《光汉檄》等文，追述明亡历史，攻击清朝封建政府盗窃神器、攘据中原，以"割地慷他人之慨"，"频赔款以讨列强之好"，"脂涸髓枯" "筑愁筑怨"，带有强烈反满革命色彩。

5 月 30 日（闰四月初八日）

广东南海县令虞汝钧制颁该县自订报律八条，要求所属各报一体遵行。原文如下：

"（论说）每家报纸各专之一事，以定宗旨，方有独立之性质，如政界、学界、工商界等项，请诸君决议认可，各自承认其界属某报，或二家三家同认一门，而于本门内别其目。

"（公件）阁抄、邸抄、本省辕报、牌示、批行事件，以及其他省奏报事件，凡有关于要政，而已经宣布者。

"（驳议）外埠各报，或传闻异辞，或妄鼓异说，淆惑视听，关系非轻，各报应据真实之见闻，正次之识解，并取而纠正之。

"（实事）政界、学界、工商实业界，或改良，或拟办，或污点所在，其已是实行，或可征之实闻者。

"（访闻）有所闻而未敢信以为实，而无甚关系者。

"（传疑）所闻未确，而关系甚大者入之，应系之以说，如所闻之事，为舆情所拂，而亟望其实行者，则赞其成；为舆论所拂，而惟恐其实行者，则冀幸其否，以至公之论断，寓时论之真是非，力戒叫嚣附和，以存报格。

"（录报）凡事非本报访得，而得之他报者，应注明录某报，以示不事剽窃，而存报格。

"（来函）凡来书辞旨，报馆原不任责，但馆中须存记投函人姓名，但不宣布，而其人之住址来历，尤应查悉，方为照登，如遇函内指列之事，应受政界之干涉者，可以由报馆指引根求，方为无弊。诚以匿名揭帖，中律西律，并予严禁，若报馆不考来历，率予照登，一则报馆适为传布匿名揭帖之人格，予报馆之资格，殊有伤损。"（香港《有所谓报》1906 年 5 月 30 日）

天津候补道丁象震奉派为《北洋官报》会办。

同月

《图书月报》在上海创刊。月刊。社址在上海三马路望平街。上海书业商会主办。陆费逵主编。有社说、出版界、杂俎、本会纪事、谭丛、教育界、小说等栏目内容。是我国出版界早期的业务刊物之一。

《亚东报》在广州创刊。社址在广州大新街。发行人冯勉臣。这个报纸有关粤汉铁路事的评论报道和 1 个多月前被封的《亚洲日报》完全一致。"持论甚公，宗旨甚正，胆不为压力挠，记铁路事较各报独详备，股东之失权利也，则为之要求，办事人之糊涂也，则为之诘责，恪守其爱能勿劳，忠能勿诲之主义。"（李默：《辛亥革命时期广东报刊录》，《新闻研究资料》第 1—3 辑，中国社会科学出版社 1979、1980 年版）

6 月 1 日（闰四月初十日）

上海《新闻报》改组为有限公司，在香港注册，美国人福开森（John C. Ferguson）任公司总董事，克乐凯（J. D. Clark）为副总董，华人董事有朱葆三、何丹书、苏宝森等，聘汪汉溪为经理，中国股东占有该报股份的 35%。销数达 1.2 万份。

6 月 3 日（闰四月十二日）

广东南海县令召集广州各报负责人到署茶会，出示所颁报律，迫使各报就范。

6 月 5 日（闰四月十四日）

天津《大公报》刊出社论《论革命军必不能达其目的于二十世纪之支那》，攻击革命"为最危、最险、最凶、最恶、最可惊、最可怖之重大问题"，断言"革命军之在今世纪，万万不能达其希望之目的于支那"，并提出质问说："试问革命兵起，能保外人不干预乎？试问革命兵力，能保外人不破坏乎？试问革命排满，即使排尽满族，所谓支那者，能入汉人之手乎?”配合在国外出版的保皇党报刊，进行反对革命的宣传。

6月26日（五月初五日）

《学务杂志》发刊于南京。月刊。两江学务处主办。除选刊学务文牍、章程、讲义外，还转载中外各报有关文章。

《民报》第5期出版。这一期《民报》刊有《希望满洲立宪者曷听诸》（汪精卫作，续第3期)、《社会革命与政治革命并行》(朱执信作，署县解)、《斥新民丛报之谬妄》(胡汉民作，署辨奸)，以及《万国社会党大会略史》（宋教仁作，署劈斋）等文。其中《论社会革命与政治革命并行》一文谈到社会主义称："自马尔克以来，学说皆变，渐趋实行，世称科学的社会主义，学者大率无致绝对非难。"《万国社会党大会略史》介绍了从第一国际到第二国际的历史，并摘引了《共产党宣言》的结束语，号召“万国劳动者的团结”。

同期《民报》还刊出了《代理中国日报广告》。广告称：

> “香港《中国日报》，为中国革命的机关报之元祖，自己亥年创始以来，其间经历几许大风潮，屹然不少变动，其名誉其价值，久为一般社会称道不置，无俟赘述矣。本年该报更大改良，言论之精辟，资料之密丰，均臻绝顶，其尤著者为民生主义与中国政治革命之前途一篇，洋洋万余言，受社会之最大欢迎，等于洛阳纸贵，诚空前之杰作也。其他如对于拒约及粤汉铁路各问题，均能实事求是，摘伏惩奸，则其小焉者耳。兹托本社代理，全年连邮费十一元，今为吾国苦学界特别减收全年九元，半年五元，报资先惠，否则恕不应命。”

6月27日（五月初六日）

天津《大公报》发行人英敛之纠集在天津出版的3家日刊报纸的发行人足立传一郎(《北洋日报》)、木村笃（《北支那每日新闻报》)、方若、津村宣光（《天津日日新闻》)等，联名发表《告天津各报大主笔》，倡议在天津成立“报馆俱乐部”，以为“研究报务，交换知识”及“燕息欢娱”之地。原文摘录如下：

> “事务之理，待分争而始明；社会之事，赖合群而始成。报馆一业，何独不然？……至于报馆，业务如何经理，官吏如何对待，读者如何招徕，销数如何推广，采访如何普及，告白如何招揽，及一切新闻行政之事，各馆利害，不期而出乎一途，必须周咨博访，以期齐一进步，是事之应合群者也。查东西文明之国，莫不有报馆俱乐部之设，以为集思广益之地，犹中国各帮中皆有公所，各业皆有会馆，各报主笔及办事之人，以时齐集，研究报务交换知识之余，诗酒征逐，尔汝欢洽，平生辩难攻击如水火者，握手拍肩，情如兄弟，共化党同之见，而去门户之异。……中东两邦，兄弟之国也……两邦报馆处此际，宜如何提倡，极论以联两国之欢，而塞异种之觊觎，安可以传闻附会之辞，臆度悬揣之论，任笔雌黄，腾(誊）之报章，以招嫌隙之端哉。此在报馆之士，互相会集，竭力访询，虚心讨论，以期确实。合则赞之，不合则击之，亦不失为光明磊落之大丈夫。某等近有所感于时局，拟于天津纠集同业，开设俱乐部，以为燕息欢娱地。……乞届期前一日向北洋日报社报会费，每一人金三元。……”（《大公报》1906年7月1日）

6 月 29 日（五月初八日）

章太炎于本日上午 11 时出狱。当晚被同盟会派来欢迎的龚炼百、时功玖、胡国梁、仇亮等人接上日本轮船，前往日本参加《民报》编辑工作。

同月

《川汉铁路改进会报告书》在日本东京创刊。月刊。留日四川籍学生组织的川汉铁路改进会的会刊。蒲殿俊等编撰。1908 年秋蒲殿俊回国后停刊。

留日学生主办的农桑学刊物《农桑学杂志》在日本东京创刊。月刊。群益书社发行。发行所在东京小石川区小日向道端二丁目六十四番地。

《寰球中国学生报》在上海创刊。社址在上海白克路 562 号。寰球中国学生会主办。李登辉、严幾道、唐介臣、曾子安等编辑。有论说、社说、译丛、选稿、词林、学务摘要、文苑等栏目内容。

上半年

《白话报》在杭州创刊。日出对开 2 张。

7 月 1 日（五月初十日）

天津报馆俱乐部即日午后 6 时在天津日本租界旭街芙蓉馆举行第一次集会，宣布该俱乐部正式成立。会上决定以后每月开会一次，下次集会由《大公报》英敛之等负责召集。会后，负责值会任务的英敛之，就下次集会的具体办法，向各报馆发出如下通知：

“一、赴会者于通知单上加准到字样，无论风雨无阻，不到者亦请注明不到，以免临时徒为延候。

二、赴会者每人各携茶点费五角，临时交值会人。

三、同业之外，有愿赞助新闻事业者，有会员之介绍，亦可列席会议，以取集思广益之助。

四、以中历六月初九日午后一点半钟开会，至三点半止。临会者毋得迟延。

五、此次借定李文忠祠为集会所。

六、下次值会者，会议时公举开会日期，处所由值会人决定。

天津大公报馆社长英敛之谨白”

（《大公报》1906 年 7 月 29 日）

7 月 3 日（五月十二日）

纪念邹容逝世 1 周年的追悼会即日下午 1 时在上海华泾乡邹容墓前举行。参加者数十人，会后举行邹容纪念塔揭幕仪式。

7 月 6 日（五月十五日）

上海书业商会主办的《上海书业商会图书月报》在上海创刊。陆费逵主编。以报道出版界动态，介绍新出图书为主要内容。

《新民丛报》第 82 号出报，刊载梁启超《暴动与外国干涉》等文，宣传革命将招致瓜分。

7 月 7 日（五月十六日）

香港《有所谓报》发表题为《喜喜秘密活版报将出现于羊城》的访稿，透露出“志士何某”主办的《飞炸日报》正在积极筹备中，即将在广州出版。据访稿称，筹备中的这份《飞炸日报》将“仿俄国虚无党办法”出版。其宗旨为：“提倡民族，痛斥官场，监督善棍，驱除群蠹。”其方式为：“神出鬼没，使官吏知有其纸出，不知其发行印刷之所在，而无从封禁。”

7 月 9 日（五月十八日）

广东地方政府发布命令，禁止香港《世界公益报》《中国日报》《珠江镜》报等 7 家报纸在广州发售。

7 月 10 日（五月十九日）

香港《珠江镜》报发布传单，宣布“暂行停印”。

7 月 15 日（五月二十四日）

留日学生 2000 人在东京神田锦町锦辉

馆举行集会，欢迎因“苏报案”入狱获释的章太炎。章在会上发表演说，“述平生的历史与近日办事的方法”。

7 月 16 日（五月二十五日）

《新世界小说社报》创刊于上海。月刊。社址在上海棋盘街中市。警僧编。有图画、论著、小说、时事闲评等栏目内容。出版 9 期以上。

本日出版的《复报》第 3 期发表嗣轩作社说《新民丛报非种族革命论之驳议》。

7 月 25 日（六月初五日）

《民报》第 6 期出版。刊有汪精卫《驳革命可以召瓜分说》、汉民《排外与国际法》、县解《就伦理学驳新民丛报之论革命》、枝头抱香客《新民丛报之怪状》等文，继续对《新民丛报》进行批驳。同期还刊有民意写的通讯《纪七月十五日欢迎章炳麟枚叔先生事》，以及章太炎在那次欢迎会上所作的演说。

章太炎以个人名义在《民报》刊出以下《告白》：“接香港各报馆暨厦门同志贺电，感愧无量，惟有矢信矢忠，竭力致死，以塞诸君之望，特此鸣谢！”

广州《亚东报》以揭露粤督勾结善董绅商把持粤汉路局事，被南海县令虞汝钧派员带同书差巡勇严行查封。该报工作人员数人被带回县署问话。

广州《时敏报》以所刊《三水洋关被劫》消息，内容不实，被判罚款，记者丁亦如被拘。

7 月 29 日（六月初九日）

天津报馆俱乐部即日下午 1 时 30 分举行第 2 次集会，《大公报》英敛之为召集人，到会的有杨荫庭（《中外实报》）、小田桐勇辅（《北洋日报》）、津村宣光、方若（《天津日日新闻》）、孙湛征、张兆兰（《津报》）、杨然春、唐蓬荪、胡协仲、唐津田（《北洋官报》）、桥本与三、真藤弃生、木村笃（《北支那每日新闻》）、刘仲誉（《天津商报》）、李秋岩（《北方日报》）、足立传一郎、田中清（《北洋日报》）、刘公弼（《开新报》）、张少秋、英敛之（《大公报》）、井上孝之助（来宾）等 21 人。会上就有关天津报界公益问题进行了讨论，最后“摄影以作纪念”。

即日出版的天津《大公报》，就天津报馆俱乐部第 2 次集会事，发表了英敛之所作的署名文章《报馆俱乐部第二次开会小启》，全文如下：

> “报馆俱乐部第一次集会，即有种种违言。如驻京某西人谓我辈此举为意在排外，因聚集者只有中日两国，无西洋也。又有谓此举为时太早，以中国各报时尚幼稚也。又或谓此会为类不伦，以俱收并蓄也。又有谓此会初次聚集，毫无条理者。纷纷藉藉，莫衷一是。总之我辈之宗旨，果为无理之排外与否，个中人原自了然，即外人亦当徐徐窥其真相，此不必辩。至谓为时太早者，此亦不过叹中国人之不能结合团体也。大凡天下事，未办之先，无不觉其时尚早者，及既办之后，则转每恨其迟，亦往往然也。至品类太杂一言，未免范围太隘。夫士各有志，不能相强，各人宗旨，原不能划之使一，观摩思齐，量长较短，亦社会因竞争而进步之要图也。
>
> “夫报馆之天职，世每谓为政府监督，国民向导，其责任在裨益社会，开通民智，倘非以倾误社会，阻塞民智为目的者，无不可共相为谋，共相资助之理。即有宗旨少偏志趣不大者，亦可彼此婉导曲诱，使之渐趋于正大，追屡劝不改，亦可听其所为，各行其是而已，此亦无庸斤斤于畛域，而自狭其范围也。

“至办事之条理，亦因随时改良，方能日臻完善，断非一蹴即能纯粹美备者也。条理不备，杂乱无章，此亦办事者应历之阶级。吾为此言，固非文过饰非，因陋就简也。

“总之，东西各开明之国，凡有一事业，无不有一团体之集合，以为进步改良之基础。今吾国报界尚在幼稚时代，正应集群智群力，谋所以发达隆盛之机关，此我同业之聚集，尤不得视为缓图者也。

“本俱乐部第一次聚集后，经多数之认可，以后每月开会一次，各报馆轮流值会。第二次六月之会，即蒙诸君公举鄙人与北支那每日新闻社值会。今将所应提议，关于社会公益者若干事，关于同业公益者若干事，请诸君各出卓见，定一妥当对付之法，总不外为社会除雍蔽，为同业保利益起见。至其目的果达与否，虽不敢知，然总期不徒费此数时之晷刻，一番之会晤为幸也。”

《东方报》（又名《东方日报》，*Eastern News*）在香港创刊。发行所在香港德辅道中 137 号顶楼（后迁中环士丹利街 26 号 2 楼，再迁荷里活道 94 号）。印刷人黎新，编辑发行人谢英伯、陈树人、刘思复、易侠、胡子晋、骆汉存等。是《有所谓报》停刊后，该报编辑发行人员另行创办的一家报纸。该报分庄谐两部，庄部有论说、短评、新闻等栏目内容；谐部有生花笔、说部丛、无所谓、观风记、益脑丸、博览会、留声机、汉家仪、迷信镜、学界灯、温峤犀、天地秘、英雄魄、自鸣籁、风雅丛等栏目内容。创刊号自揭其宗旨为“警醒数千年睡狮之憾梦，铲却数千年专制之政体，纠正十八行省野蛮之官吏”，并宣布以“鼓吹民族主义”“纠察政界之怪象”“教育未开化之人群”为己责。行文及标题均有较强烈的民主革命色彩。

天津《大公报》以《剪发易服议》为题，悬奖征文。

同月

北京外城警厅筹办的《警务通告》创刊。专载警务公牍及有关报告，出版后分送有关方面阅览，不公开发行。

归国留学生主办的英文双月刊 *Worlds Chinese Students Journal*（《环球中国学生英文丛报》）在上海创刊。李登辉、朱少屏主编。1914 年 3 月停刊。

上海英美烟草公司主办的《北清烟报》在上海创刊。月刊。社址在上海河南路来安里。有代论、闻见录、谈丛、觞政、新小说、琐事杂志等栏目内容。

清政府颁布商部、巡警部、学部会定的《大清印刷物专律》，共 6 章 41 条。其要点为：

一、凡印刷人、印刷所、印刷品都必须履行登记注册手续，以备检查，违者以犯法论，予以监禁及罚款处分。

二、凡印刷品“令人阅之有怨恨或侮慢，或加暴行于皇帝皇族或政府，或煽动愚民违背典章国制，甚至以非法强词，又或使人人有自危自乱之心，甚或使人彼此相仇，不安生业”者，即构成“讪谤”罪。地方官员有权查封有关印刷品，逮捕有关人犯，包括“作毁谤之人”“印刷毁谤之人”“谤件出版所之主人”“谤件出版所之经理人、发卖人、分送人”，处以 5000 元以下的罚款，或 10 年以下的监禁。

8 月 4 日（六月十五日）

宋教仁、胡汉民、董特生等在东京新宿章太炎寓内研究《民报》工作，决定由章太炎担任该报总编辑。《宋教仁日记》1906 年 8 月 4 日条记载其事称：“董特生遣人来，邀余今日下午至新宿章太炎处议报事。下午二时，余遂至新宿，先至宫崎滔天家，不遇，及至章太炎处，坐谈良久。特生、胡展堂亦至，乃议以太炎为总编辑，每月报由其总纂焉。”

《新民丛报》第84号出版，载梁启超《杂答某报》等文。

8月5日（六月十六日）

天津《大公报》自即日起，连续3天在《言论》栏刊出英敛之所作的旅日通讯《西京游记》《日光游记》，盛赞日本“进步之猛”，鼓吹中日两国“和亲辑睦之不可缓”。

前上海道蔡钧主办的《南方报》因销路不佳，赔累达5万余元，即日起宣布停版整顿。数日后恢复出版，聘日人井手三郎为经理部助理。

8月11日（六月二十二日）

广东南海县令传广州《二十世纪报》负责人到署问话，指责该报著论干涉时政。

8月16日（六月二十七日）

两广总督岑春煊以香港《东方报》所刊《铁路公司久不出数论》（刊1906年8月15日）等论说，攻击广东地方当局把持粤汉铁路权，札饬广东巡警局禁止该报在省内发行。

8月18日（六月二十九日）

天津《大公报》以《中国女学生制服议》为题，悬奖征文。

8月20日（七月初一日）

文艺报刊《小说七日报》在上海创刊。周刊。谈小莲主编。有小说、剧本、传记、时评、杂俎等栏目内容。出版5期以上。

《新民丛报》第85号出版，刊出《答精卫书》等文。

8月25日（七月初六日）

河南地方当局主办的《开封简报》在开封创刊。河南学务公所编印。日出油光纸单面印刷4开1张。有院辕抄、藩辕抄、学务公牍等栏目内容。

8月26日（七月初七日）

清廷学部主办的《学部官报》在北京创刊。初为月刊，第3期后改为旬刊。清廷学部图书处发行。戴展诚主编。出版后分寄各省提学使司，札饬各府州县学界订阅。出至1911年7月停刊。

同月

《爱国报》在天津创刊。社址在天津日租界旭街。

哈尔滨第一家官营报纸《东方晓报》创刊。社址在哈尔滨傅家甸。日销约千余份。出版不久即因失火被焚停刊。

原中国日报社长兼总编辑陈少白离职，该报改由冯自由任社长兼总编辑。

9月1日（七月十三日）

清政府为抵制革命，诏颁预备仿行宪政，宣布：“大权总于朝廷，庶政公诸舆论”，摆出一副尊重舆论的姿态。

日本人中岛真雄主办的中文《盛京时报》在奉天（今沈阳）创刊。社址在奉天大东门内龙王庙后身。日出对开1张。主笔菊池真二。该报与日本驻奉天总领事保持密切联系，为日本官方在我东北地区的主要喉舌。（创刊日期据日本源八郎《海外邦字新闻杂志史》。戈公振《中国报学史》作1906年10月，日本东亚同文会编《对华回忆录》作1906年11月，《报学季刊·外人在华新闻事业调查表》作1910年。）

9月2日（七月十四日）

北京《中华报》刊出题为《保皇党之结果》的新闻，报道保皇党员吴道明及其同伙范履祥在北京被捕及被解往天津，由袁世凯命北洋营务处秘密处决的消息。这一报道，触怒了清朝当局，该报发行人彭冀仲、主笔杭辛斋由此陷入困境。吴道明真名梁尔煦，字铁君，广东顺德人，奉康有为命入京从事秘密活动。

9 月 3 日（七月十五日）

本日出版的《复报》第 4 期刊出该报所发《社告》，自揭其办报宗旨及介绍该报编辑发行情况如下：

> “本社同人痛祖国之已亡，愤异族之无状，爰于去岁孟夏组织斯报，发挥民族主义，传播革命思潮，为国民之霜钟，作魔王之露檄。今春复大加改良，以谋进步。前数期出，即蒙欢迎，骤增销数。本社同人敢不奋勉，以副盛意。如有同志欲携至内地担任代派者，本社定当特别从廉，不胜盼切。”

同期该报还刊出了署名“民报社同人”的告白，介绍《民报》宗旨及近期业务情况如下：

> “本报以发挥民族主义国民主义民生主义而主张我国种族革命政治革命社会革命为目的，创于去冬，兹已发行至第七号。适遇余杭章炳麟枚叔先生出狱至东京，遂任为本报总编辑人，报事益展，销行至万七千余份。然吾国交通机关之幼稚，尚虑有未及周知，故为此以告欲表同情于本报者。至本报杂志中位置价值及特色，阅者当自得之。
>
> 民报社同人白”

9 月 5 日（七月十七日）

《民报》第 7 期出版。章太炎自本期起担任该报主编。本期《民报》所载渊实的《社会主义四大纲》，指出了马克思主义与基督教社会主义的不同。同期《民报》还载有叶复生（笔名梦蝶生）的《无政府党与革命党之说明》一文，介绍了《共产党宣言》的 10 条纲领，阐述了马克思主义与无政府主义的不同，并声明作者“祖社会主义”。

天津《大公报》委托日本建物株式会社在日租界四面钟对过（今和平路 241 号）承建的新馆址落成，即日起由法租界哈尔滨道旧址迁至新址出报，并添置印刷设备，兼营代印书报及章程、仿单、名片等业务。

9 月 8 日（七月二十日）

北京《顺天时报》举办征文活动。以《论中国宪法应如何制定》为题，悬奖征文。规定：“论说一行二十四字，以三百行以上为合格。”奖励办法为：一等 50 元，二等 20 元，三等 15 元，三等以下赠报半年。即日起在京津各报刊出《顺天时报悬赏征文告白》。其前言部分摘录如下：“现在中国政府与国民正宜调查宪法，预备立宪之时也。想京师为文人荟萃之区，硕学奇才各有意见，故本馆特仿征文法，自本月十三日（9 月 1 日）起，八月初五（9 月 22 日）截止，仰薄海同志著为伟论，寄示本馆，必详经鉴定，将前列登报，以宣布芳名，使巨制鸿篇，上可备政府之采择，下可资学界之参观也。乞鉴微衷，勿弃为幸。”

9 月 9 日（七月二十一日）

奉天巡警总局致函各报馆，指责北京《中华报》，论列辽事文章中涉及该局的部分，“危言微词”，“得真相者十无一二”。

9 月 15 日（七月二十七日）

《七十二行商报》在广州创刊。社址在广州太平门外第七甫西向 100 号。每周出报 6 天，星期日休刊。主办人黄诏平、罗啸璈，主笔陈宝尊、陈萝生等。为《广州总商会报》停刊后，广州商业人士集资创办的又一份商会机关报。有上谕、电传、论说、本报专电、本报特别新闻、本省要闻、中外要闻、时评、谈屑等栏目内容。自称以“注意商善两界之机关”，“坚持现在之办路主义”为宗旨，在“办路”问题上极力维护少数拥有粤汉铁路股权的绅商的利益。政治上倾向于立宪。1937 年停刊。

9月16日（七月二十八日）

上海《申报》《同文沪报》《中外日报》《时报》《南方报》等五报在张园联合举行“报界庆祝立宪会”，拥护慈禧9月1日颁布的预备仿行宪政诏，支持清廷的预备立宪活动。

9月17日（七月二十九日）

文学期刊《粤东小说林》旬刊在广州创刊（创刊日期一作10月16日）。发行所在广州十八甫。每期3万字左右1册。以刊载小说、谐文、诗歌等文艺作品为主。

9月18日（八月初一日）

《南洋兵事杂志》（又名《兵事杂志》）在南京创刊。每月初一出版。南洋两江督练公所教练处主办。社址在南京浮桥南街。以清军排长以上军官为读者对象，自称为“军人智识上之交通机关”。

《南洋商务报》在南京创刊。江南商务局主办。夏仁瑞等主编。半月刊，每月朔望日出版。每期出铅印40页左右1册。《发刊词》自揭其宗旨为：“发表朝廷暨商部建设商政一切之方针，启导全国工商各界人群进化之知识，提倡南洋各省商业贸易之前途，阐明东西各国商计等学之新理。”出至1909年11月停刊。

《国事日报》在广州创刊。社址在广州十八甫西约6号。徐勤、黎砚彝、李雍斯、伍博典、陈留侃等主持。有上谕、本馆特电、电报、本省要闻、京省要闻、海外要闻、牌示、专件、辕报、小说、歌谣、粤讴、谐谈等栏目内容。为立宪派在华南地区的重要喉舌。该报创刊前两天，曾组织百人左右的彩色仪仗队，配备鼓乐，在广州市内游行，以广招徕。9月29日《大公报》的《广东时事》栏对该报仪仗队游行情况作以下描述：

“……以彩色顶马仪仗巡行城厢内外，使阅者耳目一新。其彩色顶马，皆装扮新奇，极有思想。其排列巡行次序：首帝国龙旗一面；次彩标两枝，大书‘《国事日报》出世’；次喇叭鼓乐二副；次头牌十四副，标明该报内容：一、代表舆论，二、开通民智，三、振起国魂，四、主持宪政，五、论说，六、特电，七、图画，八、歌谣，九、小说，十、政界要闻，十一、军界要闻，十二、商界要闻，十三、学界要闻，十四、外交界要闻；又次扮顶马五匹：一、黄帝征蚩尤，二、自由神，三、班定远平西域，四、木兰从军，五、华盛顿宣布宪法；又次则有彩色八台：一、徐福东渡，二、貂蝉安汉，三、梁夫人助战，四、林则徐禁烟，五、蒋益沣、马丕瑶禁赌，六、科仑布寻新大陆，七、林肯放黑奴，八、法女侠刺奸。凡顶马彩色所扮之人，皆将其人其事详细标明，以便阅者浏览。复以一狮子殿后。派告白者十人，皆短衣草帽，书《国事日报》字样，分派告白仿外国大报馆派特电传单之法。”

9月20日（八月初三日）

台湾台南人任文毅（日名藤堂调梅）在前往北京《京话日报》及《中华报》访问时，被警方误认为孙中山，予以逮捕。两报因此涉嫌。

9月中旬

《通报》在天津创刊。由天津《津报》馆主自筹资金创办。自揭其宗旨为：“通上下之情，融新旧之见，赞助政府，代表国民。”

9月29日（八月十二日）

北京《中华报》被巡警部以“妄议朝政，捏造谣言，附和匪党，肆为论说”等罪名封禁。主持人彭翼仲、主笔杭辛斋被捕受审。《京话日报》连带被封。被封后的《中华报》《京话日报》社由警方派警察2人实行监守。同年10月1日天津《大公报》刊出该报北京记者所写“京函”，报道其事称：

“京师《中华报》及《京话日报》前因藤堂调梅事，外间喧传该两报馆被封，后知其不确。忽于十二日下午四时，外城总厅果真出谕，实贴该报馆门首。略云：‘禁止《中华报》《京话日报》出版，此谕。’并该报馆主人彭、杭二君同时受总厅文明之拘捕，到厅候质。又闻：彭、杭二君被逮之日，先有总厅委员汪、朱二君将厅丞奉长官之命行将捕拿之意，先为通知，后并偕同赴厅，暂将彭、杭两君拘于稽查处。……”

次日（10月2日）该报又刊出北京记者所写“续志”称：

“兹又探悉于十一日该报馆主人即闻有禁报之说。延至十二日午前，总厅之人即纷纷到馆，至下午四钟，即由总厅派委员王健斋、朱根石二公前往该报馆，实贴禁止出版之谕，并宣布总厅奉长官之命，将施捕拿之举动，虽不知所犯之罪状，而其拟以重辟之风说已有所闻。彭杭二君不胜惊愕，亦不问罪由，即同王朱二公前往总厅听候讯办。总厅朱厅丞颇尚文明，优为接见，暂行安置鹞儿胡同稽查处内。并闻拘捕之前，朱厅丞向长官力争云：如将彭杭处以重辟，似觉太过，敢保其绝非党人云云。后始改从轻罪，递回原籍，交地方官严加管束。……该报已于十二日停止矣。”

又：同年12月12日《台湾日日新闻》中文版《通信》栏刊有“北京短信”一则，报道彭、杭被捕及《京话日报》被封事，题为《清政府禁止新闻发行》，文称：

“北京《京话日报》及《中华报》昨被禁止发行。其主笔彭翼仲、杭辛斋两氏，乃被拘于警察署，不日将解至其本籍浙江省，囚入地方衙门。其罪名虽为附和匪党，妄议朝政，然目下北京地方，实无匪徒之迹。乃因日来痛责警官之失错，竟受如斯之处分焉耳。盖有台湾人陈福者（一名任文毅，称为藤堂调梅）佯装来北京，入京话日报社，常来往官绅家，作政治及改革谈。当路者误认为孙逸仙，遽派巡捕二十余名，包围新闻社，捕之到案，及查知任文毅确在日本国籍，始放免之。由是该报馆悉力攻击之，故至于是也。”

9月30日（八月十三日）

《京话广报》在北京创刊。北京日报馆主办。

同月

《北洋法政学报》在天津创刊。旬刊。北洋官报局主办。主编吴兴让。有图画、论丛、法令一斑、译汇、附录等栏目内容。1910年11月停刊。

《绎志汇报》在汉口创刊。周刊。中外培英学社主办。

《福建新闻》在福州创刊。周三刊。社址在福州城内剑池后。每年共出150号，每期出小4开纸一张半。

《军国民旬报》创刊于广州。卢谔生主办。

《广东地方自治研究录》双月刊（1908年1月23日改为月刊）在广州创刊。广东地方自治研究社发行。总编辑卢乃钟、莫鸿秋，协助编辑工作的有骆鸿翔、骆鸿年、叶夏声、曹受坤、黎庆恩、张树棠、杜之林、姚礼修等。有论说、讲义、本社纪事、杂录、杂报等栏目内容。该报热衷于推行立宪和咨议局选举等方面的宣传。

《新世界报》在广州创刊。言论倾向于立宪派。旋停。

秋冬之间

王无生、刘师培一度参加《申报》编辑工作，负责撰写社论。旋即辞职。

10月2日（八月十五日）

北京“学界”部分人士以“学界同人”名义发表《顺天学界致各报馆书》，对刚刚被警方拘捕的京话日报社长彭翼仲进行人身攻击。

10月4日（八月十七日）

《宪法白话报》在北京创刊。创办人金天根。自揭其办报宗旨称：“中国立宪开四千年未有之创局，惟下流社会未识宪法之意，动辄妄生猜揣，疑窦丛生，故筹集股款，在京创办《宪法白话报》，以期词意显明，广开民智。”

10月9日（八月二十二日）

《晋阳白话报》（其前身为《晋学报》）在山西太原创刊。三日刊。同盟会山西支部主办。王用宾主编，景定成、刘锦若、景耀月等参加撰稿。言论倾向于民主革命。

10月15日（八月二十八日）

《云南》杂志在日本东京创刊。月刊。云南留日学生李根源、赵伸等主办，总编辑张镕西，副总编辑席上珍、孙志曾。以揭露清廷黑暗，宣传民主主义，反对帝国主义侵略为宗旨。也刊载过不少主张地方自治、争回路矿利权的文章。创刊初期每期销约3000册，最多时销达1万册。1911年10月停刊，共出23期。另增刊《滇粹》1册（1908年9月出版）。

10月16日（八月二十九日）

北京《顺天时报》出至第2000号。本日发表社论《顺天时报二千号记》，支持清廷的预备立宪活动，有“念中国为预备立宪之时代也，则我《顺天时报》亦即为预备立宪之报章也”等语。

京师巡警总厅奉巡警部命令，订立《报章应守规则》9条，颁给京津各报，令各报一体遵守。《规则》规定：“不得诋毁宫廷”，“不得妄议朝政”，“不得妨害治安”，“不得败坏风俗”，“凡关外交内政之件，如经该管衙门传谕报馆秘密者，该报馆不得揭载”，“凡关涉词诉之案，于未定案以前，该报馆不得妄下断语，并不得有庇护犯人之语”，“不得摘发人之隐私，诽谤人之名誉”，“记载有错误失实，经本人或有关系人声请更正者，即须速为更正”。此外，还规定新设报馆必须呈报该厅批准。

10月17日（八月三十日）

日本人主办的日文《安东新报》在安东（今丹东）创刊。先后担任主编的有金子弥平、川复等。日销约2500份。（该报于1912年9月并于《安东每夕新闻》。）

10月18日（九月初一日）

《公论新报》在汉口创刊。其前身为前一年创刊的《公论报》。馆址在汉口熊家巷后正街。江汉关文案宦诲之主办。每日发行一正张一附张。该报接受官方津贴，自称言论“主乎和平，一切自由平权、流血革命之邪说，例所不录”（《述本报宗旨》）。辛亥武昌起义后停刊。

《洞庭波》杂志创刊于日本东京。月刊。湖南留日学生陈家鼎、杨守仁（笃生）、仇式匡、宁调元等主办。有图画、论著、学术、译丛、时评、文苑、谭苑、附录等栏目内容。出版仅1期即告停刊，后改组为《汉帜》，继续出版。

10月28日（九月十一日）

《竞业旬报》在上海创刊。发行所在上海爱而近路庆祥里。每旬出60页左右1册。傅君剑、谢诮庄、丁慧仙、胡适等担任编撰。用浅近的语体文写作。自称以“振兴教育，提倡民气，改良社会，主张自治”为宗旨，是以中国公学学生为核心的竞业学会的机关报。

10 月 29 日（九月十二日）

《京话日报》社长彭翼仲，以在拘所“持枪威胁”巡警厅委员朱桂莘，被捆送大兴县拘押。5 天后出版的天津《大公报》刊有自称“彭君之友人”的读者来函，对所传彭翼仲持枪行凶事，进行辩正，并对《京话日报》被封后，报社资产处理情况，以及《北京日报》朱淇对彭实行人身攻击等情况，作有详细介绍。摘录如下：

> “……贵报前所登彭、杭两君事，略有传讹之处，兹特声明如下：彭、杭持枪欲自杀有之，其枪系八月十二日在洋行所买，暗置身中，警察不及察出。彭、杭所以未能即行，因将两报馆及富华公司售出，清还股东之款。后已经人设法将两报馆售与户部银行，得价一万五千元，又富华公司售与某商，得银五千两，业于初十办妥。不意《北京日报》连日登报，捏称彭因挪用国民捐三千两，故户部银行肯买其报馆，又谓彭被控告又谓杭欲与彭分报馆价银。彭愤甚，草一呈，欲警厅饬令北京报馆更正。警厅以彭此时无控诉权，不之理。于十二晚令朱委员促之登程。彭怒，谓若以势相强，余必先以枪杀妻孥，再自杀。即从衣中持枪出示朱委员，不意枪堕地，地上之土飞著朱之面。朱遂走至厅，言彭持枪行凶。即报部派人将彭捆缚，并以彭妻妾叫号，并缚之，送府尹署，府尹不受，乃发大兴县监押。又彭之兄患痫疾，故与其嫂皆养于彭，此次彭嫂至稽察处，就彭商处理家事则有之，并无控彭之事。因《北京报》诬蔑，彭嫂亦愤甚，奔赴北京报馆与朱某大闹，声其同类相残、垂危挤陷之罪，朱惧愧不敢出见。户部银行之承购两报馆，实因国民捐一事全仗彭之大力，故此时特允购取，以济其急，并非以彭之挪用三千金也。《北京报》谓杭与彭争，则绝无是事。”（《大公报·录件》1906 年 11 月 3 日）

10 月 31 日（九月十四日）

北京《中华报》主笔杭辛斋即日由警方派外城总厅委员押送，乘京汉早车赴保定，经汉口、杭州，递回原籍浙江海宁，妻女随同返回原籍。

同月

湖北第一个报业社团“汉口报界总发行所”成立。所址在汉口后花楼街笃安里。由《汉江报》《汉口中西报》《汉报》《公论报》《公论新报》5 家报馆联合组成，推王华轩、宦诲之、郑江灏等 3 人主持，负责联合发行，统一告白价码，催缴报费等事宜。以互助为主旨，每三至五日聚会一次。

11 月 1 日（九月十五日）

《月月小说》在上海创刊。汪维甫主办，吴趼人、许伏民、周桂笙等先后主编。群学社发行。创刊号刊有吴趼人所撰《序》，强调小说与群治之关系，主张“借小说之趣味之感情，为德育之一助”。所刊绝大多数为侦探小说及翻译小说。吴趼人所作的《上海游骖录》《劫余录》《黑籍冤魂》等，即在该刊发表。1909 年 1 月出至 24 期后停刊。

《国民报》（又名《国民日报》）在广州创刊。社址在广州十八甫新街。编辑发行人卢谔生，协助参加编辑工作的有邓子彭、李孟哲等。该报分庄、谐两部，庄部有论著、朝谕、粤事、时评、中国新闻、外国新闻、辕报、牌示、专件等栏目内容；谐部名“亦有谓”，有落花梦、小说丛、新趣语、伟人迹、辅轩录、活剧曲、瀛海谈、实业谈、拍板歌、珠江籁等栏目内容。自称以“唤醒国民精神，而发起其爱国思想”为宗旨。鼓吹民主革命，攻击清政府的假立宪不遗余力，为革命派在广州的重要言论机关之一。出版不久，原编辑发行人卢谔生因言论激烈受到清吏注意，被迫离开广州，改由李少廷、崔秉民接办，社址迁至广州西关第七甫 97 号，由冯百砺、易健三、邓子彭任主笔，宗旨不变，仍为革命派在广州地区的喉舌。（创刊日期据李默《辛亥革命时期广东报刊录》，《中国近代报刊名录》作 1906 年 11 月 30 日。）

《新民丛报》第 90 号出版。从此号至 92 号，连载梁启超《再驳某报之土地国有论》一文。

11 月 3 日（九月十七日）

《醒国魂报》在香港创刊。发行所在香港中环机利文新街 36 号 3 楼。所刊《出世广告》宣称："以救国为宗旨，不立党派，大公无我，广聘通才，庄谐并录，务求输入文明，增进社会幸福。"

11 月 8 日（九月二十二日）

《京话日报》社长彭翼仲经直隶司提讯，"按律定以监禁之罪"。此后不久，又改为"发往军台效力"，流放新疆。在此前后，北京各报曾联合"公禀警部"，要求将彭释放，遭到拒绝。

11 月 11 日（九月二十五日）

鼓吹立宪的报刊《宪报》在上海创刊。月刊。发行所在上海四马路《时报》馆内。主编雷奋。自称以研究宪政及培养国民立宪资格为宗旨。

11 月 14 日（九月二十八日）

香港《中国日报》就萍乡起义事印发题为《革命军大胜利》的传单，报道革命党人在萍、浏、醴等地发动起义，以及"清兵屡弃枪械不战而溃"消息。

11 月 16 日（十月初一日）

《正宗爱国报》在北京创刊。发起人王子贞、丁宝臣，主笔丁宝臣。创刊前后在京津各报刊出启事称："本馆开设在北京琉璃厂东北园，已于十月初一日出版。新闻悉用白话，体例格外精神。演说稿多系著名家。又，随报附印竹园白话全集。不但宗旨正大，材料丰富，而且门类繁多，记载的确，雅俗共赏，无美不臻。是白话报中最有思想，最有精神者。"又据本年 11 月 20 日天津《大公报》报道，该报宗旨"全在提倡国民捐"云云。

中国留日学生主办的《新译界》杂志在日本东京创刊。月刊。范熙壬任总理，谷钟秀、刘廉澡、席聘臣、范绍壬等任编辑发行人，汤化龙、景定成、周钟岳等任译述。自称以"研究实学，推广公益"为宗旨。内容主要为译自国外书刊的论文和时事评论。发行所在东京神田区仲猿乐町十七番地。

11 月 23 日（十月初八日）

汉口《江报》被封。经理李伯敬被捕。

11 月 30 日（十月十五日）

留日学生主办的教育专业杂志《教育》在日本东京创刊。社址在东京神田区仲猿乐町四番地。月刊。每期出 32 开本 120 页左右 1 册。爱智会主办。主要撰稿人有蓝公武、张东荪、冯世德等。鼓吹教育救国，反对政治革命。向国内发行。出版 2 期后即停。

同月

北京《警报》以报名与警方主办的《警务通告》相近，改名《发明白话报》继续出版，仍由陈雄藩担任编辑。

12 月 2 日（十月十七日）

《民报》在日本东京神田锦辉馆召开 1 周年纪念会。纪念会由黄兴主持，章太炎读祝词，孙中山发表题为《三民主义与中国前途》的重要演说，系统阐述三民主义及五权宪法思想。日本友人池亨吉、宫崎寅藏、北辉次郎、萱野长知等致贺词。此外，在会上发表演说的还有田桐等人。纪念会从上午 8 时至下午 2 时，一共进行了 6 个小时，“人人感情淋漓，无倦意”。会间为《民报》募集经费，“即席出资相助者，数凡七百余元”。《宋教仁日记》1906 年 12 月 2 日条详细记录了他参加民报社这次活动的见闻，摘录如下：

“十二月二日晴，九时，偕宫崎氏往赴《民报》纪念大会（在神田锦辉馆）。至则已开会良久，来者已满，门口立者约有千余人。余等不能入，自其旁一窗内蛇行而入。至会场侧望之，满场已无隙地，欲入场竟不可得。乃复出，徘徊良久，余忽思得一法，遂引宫崎氏自大门排挤而入，余在前大呼：‘有特延之来宾一人来，请少让勿却客’云云。则诸人皆偏身让出一路，遂得入场。比至演台后，则余之履物已失矣。时则孙逸仙氏正演说社会主义，拍掌声如雷。余不及细听。逸仙复演说将来宪法不宜仅仿三权分立，宜加入试验权、监察权，皆使独立，为五权分立方好云云。逸仙演讫，则章枚叔继之，又其次则来宾日人池亨吉氏、北辉次郎氏、宣（萱）野长知氏及宫崎氏，皆以次演说。余为之翻译一次，其余皆田梓琴及山西某君翻译之。讫，复有会员演说者数人。一时拍掌声、呼万岁声甚为烦杂，余几不堪。良久，有一人提议捐助《民报》经费，则皆赞成，一时投钱者，书名于册者，不知若干人。良久讫，始散会。散会时发《民报》临时增刊赠书券，人一枚，合计发出五千余枚，合其外未及发券及未得入场者计之，盖将近万人矣！亦未有之盛会也。亦足见人心之趋向矣。既散会，余忽遇得曾（鲁）文卿，皆以未午膳故，遂偕至成昌楼午餐。文卿言：今日之会，令人愉快，可见中国日有进步，且现今表同情之报，如《云南》杂志、《复报》《豫报》《洞庭波》等，亦日益多，实为可贺。然回首一年前，学界萧条，寂然无声，无一人唱为此等动作者，自《二十世纪之支那》杂志出现后，虽无大结果，然继之以《民报》，鼓吹开发，遂有今日之现象。则溯其源亦未始非《二十世纪之支那》之影响也，天下事固不必自我收效力耳云云。余闻之亦深有感。盖《民报》力固大，然未办之前，无一人赞成办报者（余于去年邀黄庆午等办报，皆不赞成；孙逸仙至东京，亦向余言，君等办报，可邀宫崎氏同办之，亦无办报之意）。《民报》之发生，实由《二十世纪之支那》之改名而来者也。回思余初至东京，唱（倡）办《二十世纪之支那》时，所共事者，仅田梓琴、李和卿、郭瑶皆、张步青等，赞成者甚寥寥，反对者到处皆是。以陈星台之热心，而亦畏避之。经几次之波折，几多之变换，始克出报。其艰难之境，及余当时之苦心孤诣（诣），实不堪感慨系之矣。午餐毕，乃复偕之至秀光舍，坐良久，五时乃别。余又至古今图书局王薇伯处，坐谈最久，薇伯以《孙逸仙传》及《文信国指南录》一册赠余。八时乃回寓。”（《宋教仁日记》，第 303—306 页）

12 月 7 日（十月二十二日）

两广总督周馥以香港各报鼓吹革命排满主义，严申禁令，不准销入广东省地。

12 月 8 日（十月二十三日）

《公理报》在北京创刊。社址在北京甘雨胡同。其前身为日本浪人主办的中文《北京公报》。创刊后送阅一星期。

12月9日（十月二十四日）

上海学界、报界部分人士联合组成宪政研究会，进行有关预备立宪问题的探讨。

12月11日（十月二十六日）

汉口《公论新报》宣布该报销数已达4300份左右，为武汉各报之冠。但据汉口报界总发行所公布的数字，该报仅销1500份左右。

12月15日（十月三十日）

御史赵炳麟奏请设立印刷官报局，出版官报，“将朝廷立法行政，公诸国人”，“使绅民明悉国政，为预备立宪基础之意”。清廷命交考察政治馆议复。

清廷电饬上海、天津各关道，对来自日本的报刊、信件进行认真搜检，以防止革命书刊进口。

12月16日（十一月初一日）

《地方白话报》在保定创刊。半月刊。发行人及主编王法勤。

《宪政杂志》在上海创刊。月刊。每期出100页左右1册，道林纸印刷。宪政研究会主办。有社论、来书、译述、资料、记事、报告、回答等栏目内容，文前刊有介绍欧美议院及日本宪政运动领袖人物的铜版照片。创刊号刊有郑孝胥所写序言，宣称“本报志在研究各种宪法之得失，以为国家立宪之助”，“凡空洞激急之言，不适时势之用者，概予屏除”。

上海预备立宪社主办的《预备立宪官话报》在上海创刊。月刊。每期出100余页左右1册。社址在上海棋盘街新学社内。发起人庄景仲、印刷人周琴舫。有论说、宪法、地方自治、教育、实业、历史、时事等栏目内容。自称“专以开化风俗改良社会为宗旨”。是清末立宪派的重要喉舌之一。

12月20日（十一月初五日）

《白话国民报》在北京创刊。社址在北京宣武门外北柳卷北首路西。发起人春麟洲、文砦窳、胡湄溪、王筱山等。除正张外，另出附张1页，专刊当日“上谕”，“全用白话体例”。

12月26日（十一月十一日）

《现世报》在武汉创刊。1911年停刊。

12月29日（十一月十四日）

《革命军报》在东京创刊。“祝革命军大捷之一分子”主编。刊有大量报道萍、浏、醴起义的消息及在起义中发布的《中华民国军政府檄文》。仅刊1期即停。

12月30日（十一月十五日）

宏文馆主办的自然科学刊物《理学杂志》月刊在上海创刊。薛蛰龙主编。每期出140页左右1册。封面彩印，内有插图。

同月

据连日天津《大公报》报道，清廷外务部、理藩院、政治馆、吏部等衙门均有创办官报或机关报的打算。其中理藩院拟办蒙文报。

《豫报》月刊在东京创刊。河南留日学生主办。主要撰稿人有补天、仗剑、创余、太憨、破浪子、燕斌等。有图画、社说、论说、学说、政治、教育、地理、历史、实业、军事、时评、新闻、文苑、译丛、谈丛、小说、杂俎、专件、来稿、调查等栏目内容。自称“以改良风俗，开通民智，提倡地方自治，唤起国民思想为惟一之目的”。创刊号刊有仗剑所写的《豫报之原因及其宗旨》一文，述该报创办经过，有“中国之危迫至于如此其极，我河南之受刺激，又如此其甚，愚等深恐我父老兄弟僻处乡里，或不能知，或知之而不详，或虽能知其详，而不知所以因应对待之法，满腹蓬蓬，肠一日而九回。因与同人商酌于功课之暇，各抒耳目所及，汇集成帙，专供我河南父老兄弟披阅，作扩充见闻之用，此《豫报》之所以出现也”等语。兼用文言白话两种文体。由于编辑部成员复杂，政治倾向不完全一致，这个刊物既刊有鼓吹革命的文字，也刊有一部分主张改良的文字。1908 年 4 月 30 日出至第 6 期后停刊。

冬

《海城白话演说报》在辽宁海城创刊。该县知县衙门发行，县令管洛声主办。自称：“这个报是唤醒大众，叫大众睁眼向后看看。”全部用白话编写。

《醒世画报》在天津创刊。温世霖主办。社址在天津北门。日出 1 小张，刊 4 幅图画。内容以社会新闻为主。是天津最早的画报。

同年

《白话公益日报》《京话实报》《京话公报》《北京新闻报》《中央白话报》《中外华报》《选报》《政学新报》《迩报》《醒报》《燕都繁华报》《风雅报》《中外大事报》《中华汇报》《警世钟》《星期画报》《普通画报》《科学画报》《京师新铭画报》《开通画报》等报刊在北京创刊。其中《开通画报》社址在北京弓弦胡同铭汇画室，英铭轩主编，周刊，每期出 16 开本 1 册，官书局石印。

北京五城学堂学生主办的学生刊物《见闻杂志》在北京创刊。每期出油印 1 册。以“求自治而广见闻”为宗旨。经费由师生捐助。

《北洋官话报》在天津创刊。

俄文 Военная Жизнъ（《军事生活报》）在中国东北地区创刊。俄国满洲部队后方司令部主办。

《东三省公报》在奉天（今沈阳）创刊。自称以“唤醒民族之迷梦，振起社会之精神”为宗旨。

《晋阳学报》《明义学报》《山西白话演说报》在山西太原创刊。《晋阳学报》由庞全震等主办，自称以“济教育之穷，启颛蒙之智”为宗旨。《明义学报》由刘懋赏主办，月刊，自称以“阐明学理，扬厉国徽”为宗旨。《山西白话演说报》为面向妇孺和社会下层的通俗报刊，全部用白话文编写。

《河南白话演说报》在河南出版。月出 6 册。反对民主革命。

《关中学报》在陕西三原创刊。社址在三原北城崇贤街。半月刊，逢朔望日出版。每期出线装 1 册。有文牍、论说、教育、经学、历史、地理、理科、实业、杂俎、要闻等栏目内容。

《陇右报》在兰州创刊。兰州官报局发行。是甘肃地区最早的官办报纸。五日刊。每期出 36 开 1 册。有宫门抄、谕旨、吏政、学务、财政、商务、工政、刑政、兵政、路电等栏目内容。

《学务杂志》《公报》《汇学会月报》《生香馆画报》《星期画报》等报刊在上海创刊。《星期画报》由上海时报馆编印，随《时报》附送。

吴趼人在本年出版的《胡宝玉》一书中，附刊《上海已佚各报考》一文，举出以下报刊曾在上海出版：《新报》《艺林报》《公报》《指南报》《华洋日报》《华洋旬报》《大公报》《苏海汇报》《华报》《奇闻报》《独立报》《华文报》《文社日报》《飞报》《上海日报》《奇新报》《春江花月报》《奇新画报》《亚东时报》《笑报》《笑笑报》《趣报》《便览报》《支那小报》《畅言报》《时事报》《申汇日报》《日新报》《富强报》《书画公会报》《实学报》《集成报》《博闻报》《开新报》《大事报》《妇孺报》《医学报》《通俗报》《博览报》《晚报》《小说世界》。

英人毕尔（H. T. Moutague Bill）继李德尔（R. W. Little）为英文《北华捷报》（*North China Herald*）主编。

英文画刊 *Social Shanghai*（《上海社会》）在上海创刊。月刊。主编 Mrs. Mina Shorrock。

东吴大学文理学院学生会发行的《东吴月报》杂志在苏州创刊。

晚清文艺期刊《著作林》月刊在杭州创刊。陈蝶仙等主编。前 18 期为木刻，后改铅印。以小说、诗文为主。所刊稿件，均须纳费。其标准为：凡刊登近世名人逸事伟绩之稿，每天须纳刊资 2 元，照片半页，纳报费 5 元，如编入附刊专集，每字收刊资洋 2 厘，后改为每页收洋 1 元。1908 年 8 月迁上海出版。

《环球丛报》在杭州创刊。大观书报社编辑发行。“专以预备立宪为宗旨”。

《选报》在江西南昌创刊。周刊。刘博存等创办。为文摘性报纸。

《赣报》在江西赣州创刊。是同盟会外围组织赣学会的机关报。

江西广丰县署主办的《劝学报》在当地创刊。每期出 24 开 30 页左右 1 册。

青岛德国租界当局主办的中文《德华日报》在青岛创刊。

《中西报》在汉口创刊。社址在汉口前花楼宝顺里。其前身为 1903 年由德商创办的《汉口中西报》。由杨芝堂、沈习之等负责经营，后为王华轩所接办。是一份日出对开 3 张的大型日报。由王华轩自任经理，延凤竹荪为总编辑，协助凤担任编辑工作的先后有胡石庵、余慈舫、王葆心、王痴吾、贡少芹、喻迪兹、喻血钟、喻血轮、杨幻庵、喻仲余、喻寄萍、聂醉红、喻耕屑、罗云樵、石信嘉、朱钝根等。以“纯粹商办性质”为标榜。自称“以公理正义为依归，持和平公正之态度”；“以营业为重”；“从未受任何方面之津贴”。言论倾向于立宪派。王华轩原名凤文，湖北黄冈人，主持该报工作近 40 年。王粹轩在《汉口中西报万号纪念献词》中记述他的办报经历云：

> “华轩兄幼年从事笔砚生活，一度涉足政界，毅然舍去，思创一独立事业，为本人及子侄辈立足之基，夙具经济宏才，遂组织中西印书馆，旋因印务枯寂，复添设中西报馆，时馆中任事者，痴吾弟及丽生、钝安两侄尚幼，华轩兄督率指导，俾成有用之才，复罗致报界名人担任编辑，中西报之声誉，与日俱升，不意粗具规模，而武昌义起，阳夏一役，悉付焚如。不得已而停办。”（刊 1936 年出版的《汉口中西报万号纪念刊》）

该报于 1913 年恢复出版，并创办了另一份《中西晚报》，1938 年因严重亏损停刊。

武汉商务局总办孙询刍等主办的《工商日报》，天津李某主办的《交通报》，基督教会主办的《中国教会报》，文华书院出版的《文华学界》和《公益报》《崇实学报》《新汉报》在武汉创刊。

成都《启蒙通俗报》改名《通俗日报》继续出版。刊期也由月刊改为日报。仍由傅樵村主持。

《协群社报》在广州创刊。广州协群社主办。谭伯机主编。自称以“交换智识，联络感情”为宗旨。

原在广州出版的《真光月报》改名《真光报》继续出版。仍为月刊，篇幅由每期 20 余页增至 30 余页。为基督教教会刊物。

《粤东新报》在广州创刊。

《潮报》在广东汕头创刊。编辑熊长卿。有上谕、论说、潮嘉新闻、外国新闻、京省新闻等栏目内容。

《汕头公报》在广东汕头创刊。主编蔡德铭。自称以“开拓民智，提倡商务”为宗旨。

《觉民钟报》在广东汕头创刊。高八乔创办。

广西同盟会员主办的革命派期刊《漓江潮》在桂林创刊。马君武主编。仅出 2 期即被查封。

《香港国民日报》在香港创刊。

《总会新报》在新加坡创刊。日出四张半。

《美南日报》在曼谷创刊。发起人萧佛成、沈荇思、陈景华，陈景华任总编辑。创办不久，即改组为《湄南日报》。

《仰光日报》在仰光创刊。庄银安、秦力山、萧小珊等编撰。

卢信、曾长福、张孺伯等主办的《民生日报》在美国檀香山创刊。

《直言》在日本东京创刊。日刊。留日学生杜羲等主办。

《鹃声》杂志在日本东京创刊。其前身为 1905 年冬创刊的《鹃声》白话报。月出 32 开本 1 册。四川留日学生雷铁崖、董修武、李肇甫等主办。封面有题字“发明公理，拥护人权”，扉页刊有邹容遗像。有社说、论说、宗教、政治、军事、经济、记事、小说、文苑、时评、丛谈等栏目内容。该刊宣传民主革命，大部分文章用白话文写作。创刊号刊有编辑部所写《说鹃声》一文，介绍该刊办报宗旨及命名原意如下：

> “我们这个报取这鹃声的意思，原来是望我们四川人，听了鹃声二字，就想起了亡国的惨历史，触目惊心，自然动了些感情，把这个报买一份来看看。……所以本社同人欲效啼鹃，把以上所说这些事情，及如何造成新国家，救我们四百兆同胞的法子，一期一期的说了出来，哀鸣于我七千万伯叔兄弟之前。日夜啼哭，今日劝不转来，明日依然啼哭，明日劝不转来，后日还是要哭诉的。古人有两句诗云：‘子规夜半犹啼血，不信东风唤不回’，这就是取名鹃声的意思了。”

《革命评论》在日本创刊。月刊。支持革命派的革命活动。曾刊有章太炎所写的《邹容传》和柳亚子所写的怀念章、邹两人的文章。

1907 年
(清德宗光绪三十三年丁未)

1 月 6 日（丙午年十一月二十二日）

天津《大公报》的《要闻》栏报道：“赵侍御炳麟日前具折，略谓：开通风气，以报章之力居多。现在朝廷已颁立宪之诏，尤以拓张民智为不可缓之图。拟请饬下各省，迅速筹办官报，并由政治馆颁行政务官报，藉以联络上下感情，而免朝野之声气日多隔阂云。”

1 月 8 日（十一月二十四日）

两广总督周馥颁布自订报律三条，饬属执行。报律条文如下：

> “一、禁毁谤国家。如本国臣民不准毁谤皇太后、皇上及亲王等。即同是外国人，此国臣民亦不准毁谤彼国之君上，一体从同，以明秩叙。至论议政治得失，事关公益者，不在此列。
>
> 二、官绅、军民贤否得失，准其议论。但须叙明事迹，不可空言胜谤。其出资登报者，报馆须问明送报稿人姓名、住址及所认识保人，详记簿籍。除照登报纸外，应将原稿存留三个月。如六个月内有人究问，报馆可将原送报稿人住址、姓名及保人告知，听其自问理论。逾六个月无人来问，即将原稿销毁。若无人送稿，系报馆主笔人所为，应准受诬之人，请公正人向主笔评论或控官审判。
>
> 三、凡激变生乱之语，鄙野秽亵之词，及涉讼未经判定之案，妄加是非毁

誉者，皆在所必禁。若涉叛逆不道，有碍治安之事，即由官讯明，拘究封闭。”（《中国日报》1907年1月20日）

1月11日（十一月二十七日）

《鄂报》在汉口创刊。王民仆主办。馆址在汉口英租界怡园对面。日出对开1张，销约2000份。以“不阿谀当道”，“独树一帜”，受到社会欢迎。发行五六年后停刊。

孙中山与胡汉民、宋教仁、章太炎等就前一天徐应奎代表梁启超提出的《民报》与《新民丛报》实行休战，“以后和平发言，不互相攻击”的要求进行研究。章认为“可以许其调和”，孙中山表示反对，主张将论战进行到底。参加研究的人接受了孙中山的观点。

1月13日（十一月二十九日）

香港《东方报》因被禁在国内发行，销路锐减，经济发生困难，被迫停办。

1月14日（十二月初一日）

《中国女报》月刊在上海创刊。秋瑾主办，陈伯平（笔名白萍）协助编辑。以宣传妇女解放为宗旨。创刊号载有秋瑾写的《发刊词》《敬告姊妹们》等文。有社说、演坛、评论、传说、小说、新闻、调查等栏目内容。文言白话并用。由于经费困难，仅出2期即停。秋瑾在《敬告姊妹们》一文中，介绍该报经费困难情况如下：

“惟是凡办一个报，如经费多的，自然是好办；如没有钱，未免就有种种为难。所以前头想集万金股本（二十元做一股），租座房子，买个机器，印报编书，请撰述、编辑、执事各员，像像样样，长长久久的办一办。也不枉是《中国女报》为二万万女同胞生一生色；也算我们不落人后，自己也能立个基础，后来诸事要便利得多呢。……然而日子是过得不少了，入股的除四五人以外，连问都没有人问起。我们女界的情形也就可想而知了。想起来实在痛心的呢！我说到这里，泪也来了，心也痛了，笔也写不下去了。但这《中国女报》，不就是这样不办吗？却又不忍使我最亲爱的姊妹，长埋在这样地狱中，只得勉强凑点经费，和血和泪的做点报出来，供诸姊妹的赏阅。今日虽然出了首册，下期再勉力的做去，但是经费很为难呢。”

秋仲英《秋瑾和中国女报》记该报经费困难情况如下：

“《中国女报》在筹备出版时，原计划先要筹集一笔比较充裕的活动资金，然后出版。但后来只筹集了数百元资金，就仓卒出刊，所以创刊号用纸质最劣的普通报纸印刷，装帧与印刷的质量都不理想，销路不广。第二期改用道林纸印刷，又扩充了篇幅，印刷成本就大大增加。将到出刊时，经费发生了困难。秋瑾在奔走无路时，她的嫂嫂张顺以家藏的《又补斋画册》交付秋瑾去典押，才勉强出刊。所以《中国女报》的夭折，经费发生困难也是一个很大的原因。”（《浙江日报》1979年3月4日）

《法政学交通杂志》在日本东京创刊。社址在东京神田今川小路集贤馆。月刊。孟昭常主编。以“研究法政，交换知识，提倡社会”为宗旨，是留日学生主办的专业性杂志之一。

1月20日（十二月初七日）

立宪派刊物《中国新报》在日本东京创刊。月刊（第7期以后迁至上海出版）。杨度主编，参加撰稿的有熊范舆、薛大可、方表、李傥、谷钟秀、胡茂如等。主张君主立宪，要求召开国会。杨度所写的长篇政论《金铁主义》即在该刊连载。每期销仅300册，出9期而止。

1 月 25 日（十二月十二日）

《汉帜》在日本东京创刊。其前身为 1906 年 10 月 18 日在东京创刊的《洞庭波》。陈家鼎、景定成、仇式匡、刘道一等担任编撰。有论说、译丛、时评、时谐、小说、文苑、传记等栏目内容。创刊前在东京各留学生刊物上刊出广告，宣布："此报宗旨在光复祖国，防护人权，唤起黄帝种魂，扫除白山鞑虏，建二十世纪民国，还五千年神州，而尤以维持各国公共安宁，鼓吹汉人实行革命为最大要素。"创刊号刊有章太炎所作《汉帜发刊序》，有"索虏入关以来，汉乃日失其序，然名号犹与所谓满者相对。一二豪杰得依之以生起光复之念，而后乃今将树汉帜焉"等语。仅出 2 期即停。

1 月 28 日（十二月十五日）

汉口《汉报》公布《访友新章》5 条，对记者的工资及稿酬标准规定如下：

> "（甲）按月支坐薪，每日至少须寄新闻四则，头等月薪 24 元，二等月薪 16 元，三等月薪 8 元。（乙）按条计算，每月新闻不拘多寡，凡以二号字列题目者，每条酬洋 5 角；以◎为记者，每条酬洋 2 角；以●○▲为记者，每条酬洋 1 角；无记号者，每条酬洋 7 分；与他报雷同酬一半；落他报之后不酬。（丙）抄奏稿另酬，……（丁）抄公牍另酬……"

1 月 30 日（十二月十七日）

《汉帜》记者刘道一因参加萍浏醴起义活动，在湖南衡山被捕遇害。

同月

《中直报》在北京南横街创刊。

《普通科学画报》在北京创刊。

英文 *The National Review*（《中国公论西报》）在上海创刊。主编 W. Kirton，W. S. Ridge。

《官报》在日本东京创刊。月刊。由清廷派驻日本东京的留学生监督处主办。有章奏、文牍、调查报告、经费报销、学界纪事等栏目内容。

2 月 5 日（十二月二十三日）

《中国新女界杂志》在日本东京创刊。月刊。留日河南女学生燕斌主编。参加撰稿的有佩公、巾侠、筱隐、清可、草碧、娲魂等。有论著、演说、译述、史传、记载、文艺等栏目内容。以宣传妇女解放，男女平等为宗旨。第 2 至 6 期刊有《社章录要》宣布该刊五大主义为：一、发明关于女界最新学说；二、输入各国女界新文明；三、提倡道德，鼓吹教育；四、破旧沉迷，开新社会；五、结合感情，表彰幽遗。该刊出至第 6 期，以所刊论文鼓吹"妇女实行革命应以暗杀为手段"，被日本警方查禁。

2 月 10 日（十二月二十八日）

两广总督周馥在广州《廿世纪报》捕获革命党 4 人。该报因此停刊。

2 月 13 日（丁未年正月初一日）

《科学讲义》月刊在上海创刊。主持人斯学。每月初一发行。自称："纯取世界最新科学，依讲义体例，由留东各专家担任编辑。"

2 月 20 日（正月初八日）

《汉风》杂志在日本东京创刊。日本秀光社印刷。但焘主编。章太炎曾为该刊题词。以宣传民主革命为主要内容。

2 月 27 日（正月十五日）

直隶总督袁世凯发布命令，查禁"悖逆书报"。略称：

> "照得近年编辑之书报日出不穷，渐流庞杂。其足以益人神智者固属不少；而足以坏人心术者亦时有所闻。海外不逞之徒，创为排满邪说……种种悖

谬，骇心听闻。特其逋逃远方，为声教所不及，妄肆议论，蛊惑良民。迨流入内地，贻误青年，若听其流传，则为害风俗人心者，较洪水猛兽尤为惨酷！……凡类似前项悖逆书报，会同巡警局勒令销毁，并出示晓谕严禁。嗣后如再贩运，照原价加罚一百倍，以儆效尤。”（《北洋官报》1907 年 2 月 27 日）

《法政学报》在日本东京创刊。月刊。社址在东京神田神保町十番地。沈其昌主编。是留日学生中拥护立宪一派的宣传性刊物。

同月

《寸心杂志》在北京创刊。月刊。出 6 期后停刊。

《庄言旬报》在北京创刊。旬刊。

天津《大公报》发起赈济江南水灾灾民募捐，累计募得捐款白银 11469 两，并移送有关单位。

俄文 Вестникъ Востока（《东方通讯》）在哈尔滨创刊。主编 Г. О. 列文齐格列尔。同年 10 月停刊。

清末著名文学期刊《小说林》在上海创刊。馆址在上海派克路福海里。月刊。黄摩西、徐念慈（东海觉我）、曾孟朴（东亚病夫）等主编。自称“以输入欧美文学精神，提高小说在文学上的地位为宗旨”。1908 年出至第 12 期后停刊。

《国粹丛编》在上海创刊。月刊。上海国学保存会发行。主编邓实。该刊专载佚书、遗籍。出版 19 期后停刊。

狄杏南主办的《与舍学报》在河南开封创刊。周刊。以提倡国学为宗旨。当年 8 月停刊。

《教育界》在广州创刊。有论说、历史、地理、法政、几何、理化、外国文、诗词、小说、新颁条令、调查、中外要闻等栏目内容。

《小说世界》创刊于香港。旬刊。所载小说等文艺作品，多以反清反帝、鼓吹民族独立为中心内容。

《香山报》在香港创刊。编辑部在香港威灵顿街 162 号。自称其创办目的为：“抑制污吏劣绅使之不敢明目张胆，批评恶习以求改良，并使旅外同胞得梓里的消息。”（《中国日报》1907 年 1 月 15 日所刊该报广告）

《学报》在日本东京创刊。月刊。每期出 100 页左右 1 册。何天柱、梁德猷等编辑。以介绍伦理、地理、博物、数学、化学、物理、英语、法制、经济、生理卫生等方面知识为主要内容，间刊时事方面的材料。出版 3 期即停。

3 月 4 日（正月二十日）

日本政府应清政府之请，驱逐孙中山出境。孙于即日离开东京，前往安南。行前孙曾得到日本政府和日本商人铃木久五郎馈金 1.5 万元，即以 2000 元留作《民报》经费，其余移充武装起义经费。《民报》编辑撰稿人汪精卫、胡汉民等偕行。

3 月 9 日（正月二十五日）

《大江七日报》在日本东京创刊。夏重民、黄增等主编，参加撰稿的有肖子、锄非、血性等。以光复汉族、推翻清朝统治为宗旨。有论说、留学界纪事、时事汇译、国内要闻、虏廷记事、海外要闻、杂文、文苑、讴歌、琐谈片片等栏目内容。章太炎为该刊撰写了仅 67 字的《发刊词》：“贯中国之巨川曰大江。汉族自西来，先至蜀石，纽有禹生之迹；下被扬越，使东海之色黄；中合汉北，邸大别而与上党之国通。呜呼！民怀其祖，犹水之始于滥觞也，作大江杂志。中华开国纪元四千六百零五年丁未正月十有九日章炳麟。”

香港《中国日报》刊有《大江七日报之

畅销》消息一则，介绍该报情况称：“东京留学界有爱国志士某等，创办一《大江七日报》，其特色甚多：一、发挥民族主义，痛数虏廷罪恶；二、排斥康梁汉奸及一切社会蟊贼；三、侦探留学界中败类，而加以口诛笔伐。此外材料甚丰。现已出版，大受留学界之欢迎云。”（《中国日报》1907 年 4 月 2 日）

3 月 14 日（二月初一日）

《中国妇人会小杂志》在北京创刊。中国妇人会成立于 1906 年，总会设于北京珠巢街廖太夫人卫生医院，在天津、上海设有分会，《大公报》英敛之的夫人英淑仲为天津分会长。该刊创刊前，在京津等地报上刊登广告曰：“此杂志乃中国妇人会一部分之组织，内容极为完善，为女界报志中独一无二之作，纯用官字白话……每月两次，朔望出版，每册铜元三枚。”

3 月 19 日（二月初六日）

香港《中国日报》发表社论《清廷之示禁书报》，指责清朝当局禁锢言论，限制报纸出版。

3 月 23 日（二月初十日）

《醒俗画报》在天津创刊。社址在天津北马路启文西阅报社内，后迁鼓楼东大街。创办人吴芷洲，主编陆辛农。初为旬刊，第 13 期起改为五日刊。每期出 32 开 1 册，每册十图，一事一画，夹叙夹议。1908 年 5 月 4 日起更名《醒华》画报，改出三日刊。同年 5 月 16 日起增出《醒华日报》。

《民报》编辑撰稿人宋教仁自东京前往辽东，在当地建立同盟会支部，并运动“马贼”准备起义，事泄，仍返东京。

3 月 26 日（二月十三日）

萨空了生于四川成都。萨内蒙翁牛特旗人，蒙古族。20 年代起从事新闻工作，历任《北京晚报》编辑，天津《北洋画报》通讯员，北京《世界日报》画刊总编辑，上海《立报》总编辑兼总经理，香港《立报》总编辑，《新疆日报》第一副社长，重庆《新蜀报》总经理，香港《华商报》《光明报》总经理，北京《光明日报》秘书长。新中国成立后一度任国务院新闻总署副署长。1983 年《人民政协报》创刊，任总编辑。

3 月 28 日（二月十五日）

汪康年主办的《京报》在北京创刊。社址在北京宣武门外五道庙。汪康年、汪禾青夫妇自任编辑，文实权任采访主任。日出对开 2 张，“附送上谕条一纸”，“网罗既富，印刷亦精”。言论倾向于君主立宪。创刊号刊有汪康年所作《京报发刊献言》，述办报宗旨及办报原则如下：

> “（北京）报章虽多，然于时事多未敢深论，论之或辄致殃咎，士之欲以言救人国，如是难也。虽然，苟以己身为与国无预则已耳，苟尚自知其身为本国之人也，则死且不可避，奚有于殃咎夫？今日时局之危，灾患之繁，举国皆用为忧念，而稍有知识者，乃总逸之是务，祸害之是惧，虽于计为得，如本心何？古语有之云：‘堂上不粪，效草不芸，白刃在前，不救流矢。’处今日之时，合同志结团体力纠政府之过失，以弭目前之祸，犹惧晚也，惶恤其他？然则假发言论之权，以尽己之天职，抑亦无恶于天下欤？若夫以昭昭白日之心，发慷慨激昂之气，言之急，无邻于诡，言之平，无近于阿，通上下之意，平彼此之情，理所与者，必以言助之，虽不訾不馁；理所否者，必以言阻之，虽疆御不避。故将奉以始终，勿致失坠。”

3 月 30 日（二月十七日）

杜药洲（德舆）、黄铭训夫妇主持的《中国妇女会报》在北京创刊。妇女会系从

“中国妇人会”中分裂出的一部分人所组织。杜药洲夫人黄铭训为妇女会成员。该报为隔日刊。自称以“联合女界，保存国粹”为宗旨。

《复报》第9期《批评》栏发表题为《禁民报》的评论文章，对所传江苏巡抚陈夔龙查禁《民报》一事，进行嘲讽，认为陈的禁令，不但遏止不了《民报》在国内的发行，反而扩大了它的影响。摘录如下：

“然则陈氏之禁，果足为《民报》前途之障碍乎？曰：彼乌能为。盖世界上专制政府法令之最强者，莫甚于禁书，而最愚者，亦莫甚于禁书。使其书之主义、书之言论而不足以动人也，则孤雏腐鼠，徒祸梨枣，复瓿薪烧，歧足可待，固无所用其禁也。使书而其有伟大之辩才，严正之义理，其合乎国民知识之良能，则影响所及，沛然若决江河，莫能御之，虽禁何为。行见禁之者愈烈，而读之者乃愈殷耳。我闻诸俄罗斯矣，文网之酷，巡警之严，为世界冠，而虚无党每年出版之书籍，恒达千百种以上。若是乎禁书之无益也！俄犹如此，况荒宴之虏乎。抑《民报》之出也，海外各埠不胫而走，销数及七千，独内地书坛，惧触禁网，不敢代售，故见者不多。即耳闻其名者，亦不过一部分之人士。今得陈氏为此特别之广告，报纸流传，人人知《民报》之名，又知其组织之出于谁氏，则以景星庆云之人物，发为祥麟威凤之文章，孰不仰承其风采而得以一读为快。然则介绍之功，匪陈氏而谁属哉。揆诸陈氏之用心，殆亦所谓孤始愿不及此者耶。为之一笑。”

同期《复报》还刊出《鹃声》杂志恢复出版的广告，全文如下：

“鹃声复现（广告）此报因伪政府之禁，原社诸人，悲而星散，停办已一年余，同人等抱亡国惨痛，恨邪说猖狂，乃组织斯报，以继原名。斥汉奸之妖言，励同胞之义忿，均以透快淋漓之笔出之，文不取乎艰深，言则归于正大，凡内容体裁，改弦更张，一洗前报浅陋之弊，盖名犹是名，而人非其人也。同胞诸君购阅，留学生会馆及各书坊均有，先睹为快者，当不河汉斯言也。”

同月

前已停刊的北京《华字汇报》本月又开始按日出版，但主笔等人已更换。北京《公益报》主笔志仲悌去职，主笔改由喜云趾接任。

孙中山一行经香港抵达新加坡，协助当地同盟会分会筹办机关日报《中兴日报》，进行革命宣传。

春

拥有《申报》产权的英商美查公司，为扩充该公司所办的另一企业江苏药水厂的资本，拟将《申报》出盘，该报买办席子佩积极筹款，准备购进。当时的《申报》日出对开3张，销约5000份。

《医药学报》在日本东京创刊。初为双月刊，后改月刊。每期出130页左右1册。留日学生组织的中国医药学会出版发行。以介绍医药方面的新理论、新学说为主要内容。

《铁路公言报》在广州创刊。发起人黎国廉、钟锡璜。代表粤汉路风潮中的股东方面的利益。有论说、路事要闻、本省路事、本国路事、本省要闻、京省要闻、外国要闻等栏目内容。

4月2日（二月二十日）

《神州日报》在上海创刊。发起人多数是中国公学的师生。是《警钟日报》被封后，革命党人在上海创办的又一份重要机关报。于右任任总理，杨毓麟（笃生）任总主笔，汪允中、叶仲裕、金怀秋、王无生、汪彭年等分别任主笔经理等职。不奉清廷正朔，以公元及干支纪年。鉴于《苏报》及《国民日日报》的覆辙，所有时政批评，多用旁敲侧击手法，以免授人之柄。该报和教育界的关系密切，学界新闻及各地革命运动消息报道綦详。创刊号刊有于右任等人用“函三”笔名合写的发刊词，有“挥政客之雄辩，陈志士之危言，澡雪国魂，昭苏群治，回易众听，纪纲民报，较之仰天独唱，众心不止者，厥用益宏焉”，以及“顾瞻周道，鞠茂草以无时；惆怅新亭，庶横流之有托；此神州日报之所为作也”等语。除日报外，还出有《神州画报》（又名《神州五日画报》）一种，由马星驰担任主编，随日报附送。内容以新闻画、讽刺画、风俗画为主。参加绘画的除马星驰外，还有刘霖等。

香港《中国日报》刊出消息，称梁启超为“梁文妖”，并报告读者，梁所办的《新民丛报》，由于论战失败，即将停办。文如下：

> “新民丛报将停办，梁文妖之《新民丛报》近被《民报》痛攻，销场大减，故日前特派好友蒋智由哀求《民报》总编辑章太炎君宽其既往，予以自新之路，惟章君以其顽钝无耻，又最反复，故严峻拒绝之。第十二号《民报》更有一文曰《告非难民生主义者》，全文约十万余言，详释民生主义之精理，透辟无伦，且末后将文妖为文矛盾不通之特色，详细揭之，文妖见此文，寝席不宁者终日，其《新民丛报》第十六号遂不敢为一字之答辩，此殆文妖出世以来未有之大打击也。现文妖恐自此声名更加坠落，拟于年内停办该报，以免日日出丑云。《民报》之功，可云伟矣。”

4月5日（二月二十三日）

《进化报》在北京创刊。社址在北京东单北大街。蔡友梅主办，编辑杨曼青、李问山、乐绶卿等。出版后销路甚好，“未十日已达一千五百份之数”。

4月7日（二月二十五日）

《神州日报》发表社论《敬告访事诸君》，对担任该报新闻采访工作的各地“访事”提出以下要求：“对于本地，俨然为各种社会之监督。凡于其地发生之事件，害群者，必纠弹之；利群者，必扬厉之。”同时，提醒他们说：“一报之名誉，一报之价值，乃至一报之精神命脉，皆悬于诸君之手，勿谓地相远，人相疏，担负之事，止于一部分而可以淡漠对本报也。”

4月16日（三月初四日）

北京《京话日报》《中华报》发行人彭翼仲，《中华报》主笔杭辛斋“妄议朝政，捏造谣言，附和匪党，肆为论说”一案审结。杭辛斋被判押赴浙江海宁原籍，交地方官严加管束。彭翼仲原拟“由顺天府即日递解回籍，交地方官严加禁锢”，因在被拘期间发生私带手枪“枪伤看管委员”事件，被从重改判“发往新疆效力赎罪”，“到配后酌情监禁十年”。此案由法部审结后奏请定案。奉旨：“依议”。

4月17日（三月初五日）

《京话日报》社长彭翼仲即日起解离京，发配新疆。离京时，有数千读者聚集拘所前为彭送行。

4月18日（三月初六日）

天津《大公报》发表言论《邮便与报纸之关系》。略云：

> “……报纸之传布，必藉邮便以为之转输，故邮便之顺利与否，完备与否，皆与报纸之发达有极大之关系。其

邮便顺利、完备之国，则报纸之发达也易；反是者，则报纸之发达也难。何则？报纸之为道也，以消息灵通为第一天职，而言论、事实、批评种种次之。故各大国最有价值之报馆，往往于紧要之消息，常不惜多掷金钱，以争顷刻之先。如丙申之岁，英国某报以五万金，购中俄之喀希尼秘密条约于内监之手，不崇朝而布之全世界，此其例也。夫既有消息灵通之报纸，则必须有敏捷之邮便以为之传，稍一稽迟，即已黄花昨日。而报纸之为用，则又以邮路周通、邮费轻减为要义。盖报纸之完善与否，常视销路之多寡为正比例。邮路周通，则销报之途广；邮费轻减，则阅报之人多，而报纸乃因之以益增完备。然则以输通文明之故，而推广报纸，以推广报纸之故，而轻减邮费，亦政府应有之义务也。若夫吾国之邮便，则有大不然者。对于报纸也，则不欲其广而欲其狭，对于邮费也，则不日以廉而日以昂，自半分而加至一分，自一分而加至二分，增加之数方无既极，而其所以藉口者，则必曰邮局赔累。故夫报纸者，商业性质之事也，邮局者，亦商业性质之事，以赔累而增加邮费似也。然试问邮局之所以得利者，以多为贵乎？抑以昂为贵乎？世界各国之对于新闻纸类，皆有特减邮费之义务。今即不问义务若何，而专为利计，吾恐邮费愈昂，报纸愈少，报馆之萧条固非彼所惜，而邮局之门亦雀罗可设矣，奈何！日本近者各报馆全体有要求政府宽订报律、轻减邮费之举。夫日本之报纸，其邮费轻重，较我国何若？其人民犹有二者之要求，彼其重视报纸而务为推广之道者，如是其周且挚也。吾国则报律不颁，惟日以加增邮费闻，其视欧美日本之文明程度，诚不可以道里计矣。或曰政府之恶报纸也久矣，以惮于清议，故欲尽绝之而不敢发，今特用此不禁而禁之术，其意与欲绝鸦片必先重税者正同，呜呼，岂其然欤？”

4月20日（三月初八日）

《警华时报》在上海创刊。

4月24日（三月十二日）

由天津迁到奉天省城的《通报》，在重新购置机器后，从本日起发刊。德商俾尔福、华商孙欣合股创办。自称：“本报宗旨全在监督某国在东之横暴举动以警告我国民。”出版仅3个多月，即被当局勒令停刊。

4月25日（三月十三日）

《民报》临时增刊《天讨》在日本东京刊行。载有《讨满洲檄》《四川革命书》《谕立宪党》等文，并附有《吴樾遗书》一卷和图画多幅。

4月27日（三月十五日）

《神州日报》接受留德学生的建议，增设《问对》（德文 Bijefkasten，直译“信箱”）栏，解答读者提出的问题。

4月29日（三月十七日）

《神州日报》发表社论《论现在之报馆》，指责当局“以舆论之勿利于己，则一切归狱报馆而欲尽情摧遏之”。认为报馆的“天职”是“于齐民，须为其导师；而于政府，须为其监史”，其任务一是“监视政府”，二是“为民请命”。

同月

考察政治馆采纳御史赵炳麟建议，同意筹办《政治官报》，并遵旨就赵炳麟所上请办官报折议复如下：

“窃惟预备立宪之基础，必先造成国民之资格，必自国民皆能明悉国政始。东西各国，开化较迟，而进化独速。其宪法成立，乃至上下一体，气脉相通，莫不藉官报以为行政之机关。是以风动令行，纤悉毕达。或谓英国人民政治知识最富，故其宪法程度最高，盖收效于官报非浅鲜也。中国风气甫开，国民教育尚未普及，朝章国典，罕有讲求。向行邸报，大抵例折居多。而私家报纸，又往往摭拾无当，传闻失实，甚或放言高论，荧惑是非。欲开民智，而正人心，自非办理官报不可。前政务处曾经奏明，汇取中外文牍，编纂政要一书，只因各家抄送寥寥，未能编辑。今学部、农工商部、暨南北洋、山东、陕西等处已有官报，刊行，惟关于一部一省之事。亟应兼综条贯，汇集通国政治事宜，由馆派员专办一报，以归纳众流，启发群治。即如该御史所奏，凡一切立法行政之上谕，及内外臣工折件、电奏，并咨牍、章程等类，除军机外交秘密不宣外，所有军机处发抄暨各衙随时咨送事件。依类分门，悉心选录。取东西各报敏速之意，先办日报一种。一俟抄送日多，流布寖广，再行查照前次奏案，择其尤要，编辑月报，一体印行，以期周备。通国官民，从此传观研究，俾皆晓然于政令条教之本，无不与民休戚相关。自然智虑开通，共识负担国家之意；忠爱激发，咸有服从法律之心。非特宪法日以修明，而巩固邦基，要不外此。谨奏。”（转引自戈公振：《中国报学史》，第 48、49 页）

清廷于 4 月 17 日批准以上意见。于 4 月 23 日设立官报局，着手筹办官报。

另一种《时事画报》（旬刊）和《京华报》在北京创刊。后者由唐继星主办。

《通俗新报》在武汉创刊。徐自新主办。

《振华五日大事记》在广州创刊。社址在广州大新街 136 号。广州振华排印所出版。担任编撰工作的有愚公、微全、铁樵、达生、轩胄、亚魂等。每期出 20 余页 1 小册。内容分论说、群言、学理、世界大事、中国大事、本省大事、浅说、白话、粤声等。1908 年 1 月 25 日出至 51 期后停刊。

留日学生主办的《牖报》月刊在日本东京创刊。李庆芳主编。每册 60 余页。有社说、教育、法律、政治、经济、实业、军事、文苑等栏目内容。言论主张倾向于君主立宪。曾在东京各报刊出广告，宣布其宗旨，有“注重国民主义，提倡立宪，融和满汉，混一蒙回苗藏诸族，以及代议政体，政党内阁诸问题，均归本于国民先负责任，与他报之徒事责望政府者迥别，洵救中国之王道也”等语。出至 8 期而止。

《江西日日官报》创刊于南昌。

5 月 7 日（三月二十五日）

《浦东》杂志在上海创刊。社址在上海南市万聚码头信成银行楼上。上海浦东同人会浦东社主办。主编瞿钺，黄炎培、穆湘瑶、雷奋等参加编撰工作。旬刊，每月逢五发行。每期出 4 开 2 张。有上谕、社文、教育谈、专件、里闻纪要、会务报告、实业谈、小说等栏目内容。

5 月 8 日（三月二十六日）

本日黎明，上海《神州日报》受邻居火灾影响被焚，“除同人生命无恙外，所有一切悉数被火毁”。当日该报被迫停刊 1 天。次日起，请商务印书馆印刷厂代为印刷，暂出 1 张，免费送阅。5 月 12 日起，改为对开 2 张，5 月 23 日起恢复日出对开 3 张。同时被焚的还有上海时报馆及《新民丛报》上海分销处。

5 月 9 日（三月二十七日）

《神州日报》以革命乐观主义精神发表社论《本报三十七号纪念词》，表示仍将坚持出版。摘录部分原文如下：

"国民前途之希望无穷无尽，神州将来之事业无穷无竟，则本社社员之责任亦与之无穷无竟。本社一切职事者幸未焦烂，即当重整旗帜，逐日出版，庶有以慰读者诸君之廑存，即以副向来之期望。传曰：火者，所以除旧布新。今旧神州之黑暗将被扫除，新神州之光明，将益见，益已于是乎兆之。昔者柳子厚有贺某京兆失火书，彼个人事业者抑何足道。以吾神州日报与读者诸君之关系，以神州日报读者诸君与我新神州新事业之关系，讵不可贺也耶。"

5月12日（四月初一日）

李钟珏主办的《上海》日刊在上海创刊。社址在上海广西路小花园宝安里494号。经理张逸槎，主笔张伯贤、孙家振。自称以"改良社会，代表舆论，监督自治行政，增进自治能力"为宗旨。重视有关上海地方新闻及风土人文情况的报道。出版约1年左右停刊。

《江西农报》在南昌创刊。南昌农事试验场编辑发行。初为半月刊，第1期后改为月刊。主编龙钟伊。以发展江西农业为宗旨。内容有论说、公牍、学术报告、调查报告、专件、记事、问答、杂俎、介绍新著、编译等栏目内容。

5月14日（四月初三日）

《神州日报》发表该报记者自浙江发来的消息，介绍《中华报》主笔杭辛斋递解回籍禁锢后的情况如下：

"海宁杭辛斋以办《中华报》获谴，由北京递解回籍禁锢间事，现闻本地士绅公禀海宁州郭瀛槎大令，略谓：民政部原奏有倘能深自愧悔，改为善良，由该督抚察看咨部办，各等语。今杭辛斋自到锢后，奉公守法，足不出户，无耀人耳目之举动，且深自引咎，绝口不谈时事，从前该锢员创办国民捐，集金累百万，又于辽东所办之富华公司，北京所办之织布厂均各成效卓著，现宁地实业界尚无提倡之人，该锢员羁押逾年，罪非不赦，倘免厥拘禁，资其熟手，俾得稍有展施，藉为察看地步，则乐观后效，良符大部之初心云云。郭大令据禀以杭君既为舆论所归，实业又属地方之事，当即通详省台核办矣。"

5月16日（四月初五日）

梁启超致函徐佛苏，就筹办《政论》事进行商讨。（见丁文江等编：《梁启超年谱长编》，第396、397页）

5月19日（四月初八日）

《警察报》在天津创刊。馆址在天津河北狮子林。

5月22日（四月十一日）

《神州日报》从合众保险公司得到所保火险的全部赔款。

5月27日（四月十六日）

上海《神州日报》发表题为《论国民当筹救〈云南〉杂志之危》的来稿，就所传法越当局拟以30万元巨款买通清朝地方当局禁止该刊发行一事，发出呼吁，要求舆论界阻止清政府封禁该刊。

5月30日（四月十九日）

《万国公报》主编林乐知（Young J. Allen）卒于上海乍浦路90号寓所。林乐知，美国传教士，1860年被派来中国，在华凡47年，主编《万国公报》近39年。曾获清廷颁给四品衔，自称"美国进士"。

5月31日（四月二十日）

席子佩以7.5万元巨款从英人手中购得《申报》产权，有关产权转让合同于本日签订。

《广州白话报》在广州创刊。社址在广

州靖海门外迎祥街。旬刊。每旬出 32 开 1 册。编撰人黄世仲、欧博明、凤萍旧主等。有议事亭、大笪地、是非窦、地保保戳、杂货铺、门官茶、亘戏台、时闻袋、影相馆等栏目内容。刊载时评、杂文、小品文及戏曲小说等作品，全部用广东方言写作，以宣传民主革命为主要内容。是革命派在广东地区出版的通俗化革命报刊之一。

同月

《医药新报》在日本千叶创刊。月刊。中国医药学社发行。

6 月 6 日（四月二十六日）

江西省城法文学堂在法国教堂庇护下，未经地方当局批准，即于本日创办《南昌日报》，公开发行。江西巡抚瑞良以“依列国公法，他国本无于我国设报纸之权利”，特令洋务局会同地方当局，“严禁官商学界人等一体不准购阅此项报章”。

6 月 10 日（四月三十日）

我国最早的无政府主义团体“社会主义讲习会”主办的机关报《天义报》半月刊在日本东京创刊。发起人为陆恢权、何震、周大鸿、张旭、徐亚尊等，主编何震，主要撰稿人有刘师培、汪公权、苏曼殊等。该报初创时，自称“以破坏固有之社会，实行人类之平等为宗旨，于提倡女界革命外，兼提倡种族、政治、经济诸革命”（《简单宗旨和命名》）。出至第 15 期后，又重申其宗旨为：“破除国界实行世界主义；抵抗世界一切之强权；颠覆一切现近之人治；实行共产制度；实行男女绝对之平等。”有论说、学理、时评、记事、译丛、杂记等栏目内容。是我国第一个宣传无政府主义思想的期刊。曾经介绍过《共产党宣言》。该刊初创时在日本东京何震寓所编辑，秀光社印刷。第 11 期起改在上海西门内天义印刷所印刷发行。

6 月 11 日（五月初一日）

《神州日报》发表杨笃生所作社论《论报律》，反对清政府制定《报律》，有“欲观国家之程度，观其约束报纸之律令”；“国家之以窄迫新闻事业为政策者，其土地人民主权之位置可知”；“然欲用此以为新闻事业之障碍，则吾未见其术之果售也”等语。

汉口《五洲日报》创刊。日刊。盛翰青等主办。

《卫生世界》月刊在日本金泽市创刊。由留日学生组织的中国国民卫生会主办。以介绍通俗性的医疗卫生知识为主要内容。

6 月 17 日（五月初七日）

军机大臣瞿鸿禨以“暗结报馆，授意言官，阴结外援，分部党羽”等罪行，被慈禧太后撤销职务，开缺回籍。汪康年在北京出版的《京报》，接受过瞿的资助和刊载过有关庆王父子受贿纳宠的消息，受到牵连。

6 月 20 日（五月初十日）

于右任宣布退出《神州日报》。本日在该报刊出启事如下：

> “右任启事。不佞自总理神州以来，竭力经营，妄冀鼓吹文明，于神州前途有所裨补，不意出版未久，竟遭祝融，本当收合余烬，勉复旧观，自顾才力竭蹶，不足以肩此重任，乃从权邀集在沪发起人及股东会议，推举叶仲裕、汪漱尘二君接任。此后凡有关于社中一切事件，即与汪、叶二君接洽可也。”

6 月 21 日（五月十一日）

《农工商报》（初创时名《商工旬报》，第 4 期起改称《农工商报》）旬刊在广州创刊。社址在广州光雅里。主编江宝衍（侠庵）。每期出 20 页左右 1 册。有新闻、新法、学理、讲古仔、讲道德、新笑谈等栏目内容。自称以“讲明生财好法，俾大家捞翻起世界”为宗旨。文字“文俗兼用，务求浅白有趣，俾睇报者一见就明”。广东全省农工商总局曾发出告示，要求“各属商民人等一体购阅”。出至1910年停刊。

6月22日（五月十二日）

无政府主义刊物《新世纪》在法国巴黎创刊。周刊。张静江出资，吴稚晖、李石曾、褚民谊等主编。主张废强权，废财产，废婚姻，鼓吹所谓“各尽所能，各取所需”的大同主义。介绍巴枯宁、克鲁泡特金、普鲁东等人无政府主义学说，以及各国社会党、无政府党的活动。赞扬暗杀，激烈抨击清政府。经常刊有讽刺嘲骂专制统治的短文和漫画，并提倡“万国新语”。此外，还出版过《新世纪杂刊》《新世纪丛书》等小册子。创刊号刊有编辑部所撰《新世纪发刊之趣意》一文，有“本报议论，皆凭公理与良心发挥，冀为一种刻刻进化，日日更新之革命报”；“本报纯以世界为主义，同人之意，以为苟能发愿与世界种种之不平等者为抵抗，一切自包其中，不必支支节节，对于一方隅一事类而言，故虽局于情势，限于闻见，止用一种之文字为记载，或对一隅之事状为纠绳，皆不得已，非敢自画”等语。1910年5月21日停刊，共出121期。

6月28日（五月十八日）

清驻德使馆代理大使吴寿金向清廷外务部报告《新世纪》出版情况，并建议对承印单位（设于巴黎专印中国文字的“印宇馆”）施加压力，使该刊无法出版。

6月29日（五月十九日）

《大同报》在日本东京创刊。月刊。社址在东京早稻田鹤卷町493号。出版后也向国内发行。清宗室留日学生恒钧及乌泽声等主办，参加撰稿的还有穆都哩、佩华、隆福、荣陞等。以建立君主立宪政体和召开国会为主要宣传内容。共出7期即停。

同月

《北京商报》在北京创刊。

日本人主办的日文《满韩日报》《安东时报》在安东（今丹东）创刊。前者由野口多内主持，后者由金村长主持。

《文娱报》在上海创刊。日出对开1张，单面印刷。有社说、小说、传书简、博笑院、闲评、藏诗楼、文娱吟社诗辑等栏目内容。

《云南教育官报》在昆明创刊。月刊。1911年9月停刊。

《中外小说林》在广州创刊。黄伯耀、黄世仲主持。文学期刊。

章太炎、张继、陶成章等就孙中山离日前仅留给《民报》经费2000元一节，对孙发起攻击，要求罢免孙的总理职务，改选黄兴继任，遭到黄兴及同盟会执行部代理庶务长刘揆一的反对。

夏初

李纪堂出资千元在《中国日报》上就广东地方自治问题征文。

夏

《营口官报》在辽宁营口创刊。内容以官方的折奏及文件为主。营口官报局主办。

中国天足会主办的机关刊物《天足会报》在上海创刊。初为季刊，后改月刊。沈敦和（仲礼）、管鹤（西园）等主持。有图画、论说、会事记要、会友题名录、文艺、杂俎、戏曲、紧要新闻等栏目内容。以“劝导不缠足”为宗旨。所刊《论缠足是女子所不能做之事》《戒缠足歌》等文，极力宣传缠足之弊，号召家长不为女儿缠足。

7月10日（六月初一日）

北京《爱国报》附出的文摘性附张《暮鼓晨钟》创刊。日出16开1页，随该报免费附送。专以选录各报刊言论为主。创刊号刊有《爱国报》主持人丁宝臣所作《序》，声明该刊宗旨为“博采群言，广知时势”，“激发合群自强之思想，振起爱国保种之精神”，“唤醒我四万万同胞，各知尽当然之义务，免为外人之马牛”，以及“新后生之耳目”“开蒙幼之知识”。所刊文字以选自《竹园报》《大公报》《北京日报》《公言报》《迩报》《顺天时报》《时报》《新报》《天津时报》等 9 家报刊的为多，又以选自《竹园报》为最多。倾向于维护清朝统治，促其改良，走君主立宪道路。

王绍棠主持的北京聚兴京报房即日起对黄皮《京报》加以改良。在京津报纸上刊出《〈京报〉改良特别广告》曰：“向来黄皮京报皆用木字墨印，既不便利，且不醒目。本主人特由上海购备机器铅字，已于六月初一日大加改良，纸墨精美，印刷工整，并添多篇幅，选录要折，仍照原价，不加分文，以便诸公快览。凡新闻报章、杂志、传单、章程、书籍、西式名片，一律代为印刷……”（《大公报》1907 年 7 月 19 日）

7 月上旬

《广东劝业报》在广州创刊。原名《农工商报》，1908 年 12 月 14 日出至第 55 期后，改名《广东劝业报》。馆址在广州光雅里。主编江宝衍。曾接受广东劝业道的经费资助。

7 月 14 日（六月初五日）

《中国女报》主编，妇女解放运动的先驱者、民主革命战士秋瑾在绍兴被捕，次日凌晨遇难，年仅 33 岁。秋字璇卿，别号竞雄，别署鉴湖女侠，浙江会稽人。

7 月 17 日（六月初八日）

《汉口日日新闻》在汉口创刊。社址在汉口小董家巷。欧阳明亭创办。

《黔报》在贵阳创刊。贵州铁路矿务总公司协理于德楷等出资主办。周培艺任经理兼主编，杨文清、徐家驹、李裕增、乐嘉藻、张百麟等担任撰稿人。因资金短缺，撰稿者多尽义务，亦无访员，外地新闻由各大报摘转，本省新闻采用各商会劝学所所作通讯。发行最多时不过千份。1909 年停刊。

7 月 19 日（六月初十日）

黑龙江地区国人自办的第一家报纸《东方晓报》在哈尔滨创刊。社址在哈尔滨道外傅家店南勋街 675 号。日出对开 4 版。总经理兼总主笔奚廷黻。公开宣布的办报宗旨是“研究政治实际，供当道采择；改良东省习惯，导社会先河”，实际的办报目的是为了抵制俄国人主办的代表沙俄利益的中文《远东报》。由于筹办过程中曾经吸收官股，报纸的编辑发行工作经常受到官方的控制和干扰。出至 1908 年 1 月停刊。

《远东闻见录》在日本东京创刊。初为旬刊，后改半月刊。编辑人雷昭性、段瑞兰，总经理李士锐。有图画、论说、外交、军事、殖民、实业、经济、交通、世界要闻、小说等栏目内容。内容多译自日本各报，侧重于日报有关中国问题的评论和报道。

7 月 22 日（六月十三日）

《人镜画报》在天津创刊。周刊。馆址在天津日租界旭街德庆里。图画、论说、谭丛、中外新闻及科学小说等栏目内容。每册售铜元 9 枚。3 个月后停刊，共出 24 期。

《汉口日日新报》创刊。社址在汉口后花楼街小董家巷内。日出对开 2 张。以 1800 元购买已停刊的《公论报》的印刷设备自行印刷。出版仅 50 天即停。

7 月 25 日（六月十六日）

奉天通报馆主人孙颀致书天津《大公报》等，信中说：“……昨年腊月敝报由天津迁移来奉，经营累月，乃获出版。意发行未及三月，始则有代表人之悔约，继则为有权者所压制……敝报对外之胆量虽有余，而

对内之势力则甚弱，处此内外交恶之地，几于时时受敌，不得已至今日而出于停刊之一途。”（《大公报》1907年7月25日）

7月31日（六月二十二日）

梁启超致函蒋观云、徐佛苏、黄与之等人，研究在东京创办“新报”（即本年10月创刊的政闻社机关报《政论》月刊）问题。略称：

> “无论如何，此报万不可不先办，若诸公同意，则弟处拟先筹出二千元为基本金，即日预备材料，以一个月内出版，在东京新租之屋，即以为此报之编辑所，在同人中举一人为编辑主任，一人为会计主任，将来以会为主体，以报为附属，自无待言，初时则不妨两者并重也。公等谓何如？以上各举概要，其他条理万端，非面见不能罄一切，俟十日后定之。”（丁文江等编：《梁启超年谱长编》，第411、412页）

同月

《星期女学报》在北京创刊。周刊，逢星期日出版。善保（字佑臣）、王淑瑗夫人主办。有论说、历史、地理、绘画、算学、要闻、琐闻、文苑等栏目内容。为北京历史上的第一个妇女周刊。（据姜纬堂先生分析，本报创刊日期在本年7月18日至9月2日之间的一个星期日，见1990年光明日报出版社出版的《北京妇女报刊考》第96页姜纬堂文。）

日本人主办的日文《内外通信》在奉天（今沈阳）创刊。

《科学一斑》月刊在上海创刊。上海科学研究会主办，宏文馆出版发行。主编曹祖参等。参加编撰的多为留日学生，其中大部分在上海师范学校任教。每期出70页左右1册，道林纸印。所载分教育、国文、历史、地理、音乐、体操、博物、理化、算学等，以探讨学术和介绍新知为主。出至4期停刊。

《星报》在江苏南通创刊。周刊，每星期日出版。孙立言主办。是南通地区最早的报纸。每期出8页一大张，可对折装订成册。有要件代论、谕旨、论说、中国新闻、外国新闻、通属要闻、专件、小说等栏目内容。

《广西官报》在桂林创刊。初为旬刊，后改周刊、半月刊、月刊、五日刊。1911年10月停刊。1907年12月15日在东京出版的《粤西》杂志第2期，刊有缉奸撰《广西官报之特色》一文，对该刊所刊的官样文章进行了讽刺和调侃。摘录如下：

> “据内地来函云：《广西官报》初本拟月出三册，后又改月二册，今则仅月一册，然尚无自撰之论说。所录粤、沪、京、汉各报外，余则为本省之公牍云。缉奸子曰：此其所以为官报也。奏章疏稿，参革条文，升调补留，辕门牌示，此等官话文章，印版告示，月间能有几何足以布满行间为新闻纸之资料，月出一册是矣。二册不过图一时之好听而已。有思想而后有言论，有言论而后有实行。官场中人，其思想以富贵利达为目的物，其言论以升官发财为口头禅，且公事旁午，案牍劳形，其无自撰之论说也亦宜，况乎京报被封，文章遭妒，纵有思想，何能言论自由？剪录粤沪京汉各报之时闻，照刊本省之公牍，一则可以图官报之稳脚，二则可以掩官家之劣迹，一举而两美备，官报之能事尽矣，又何怪然。……”

8月1日（六月二十三日）

日本人主办的日文《汉口日报》在汉口创刊。冈幸七郎主编。除汉口外，在长沙、重庆、宜昌等地的日侨中发行。以报道华中地区的政治经济新闻为主要内容。其前身为1905年创刊的日文《汉皋日日新闻》。

上海《神州日报》刊登“添聘访员”的告示，在天津、汉口、武昌、长沙、松江等地征聘访员。告示要求应聘者“如有探知政界、军界、学界最新发现之紧要函电重大事情者，请先邮寄”。

8 月 4 日（六月二十六日）

《吉林白话报》在吉林省城吉林创刊。发行所设在东关外官报局内。安镜全主编。有宫门抄、谕旨、辕门抄、演说、本城新闻、各省新闻、京师新闻等栏目内容，以演说所占篇幅最多。自称以“宣上德，通民隐，开通风气，改良社会，使一般人民咸具普通之知识，以预备立宪国民之资格”为宗旨。是一份半官方的报纸。

8 月 5 日（六月二十七日）

梁启超致函蒋观云、徐佛苏、黄与之等人，继续就筹办“新报”事进行商讨。略称：

“新报之文弟即当预备……弟所欲作之文，一为《世界大势与中国前途》，一为《宪政之运用》，一为《货币政策》（原注：此皆大意如此，命题或尚有斟酌），颇欲对于政府举措，常为批评训导，如此乃尽我辈之责任。如彼现在有定币制之议，我即发表吾党对此事之意见，以后或自提问题，促政府反省施行，或对于彼所施行者为之纠正，大率每期中为抽象的论文一二篇，泛论全局者也，为具体的论文一二篇，专论一事者也。如此则庶切实而有效力，诸公谓何如？报每月出一期，此可决定者，惟观云先生言叶数不必太多，鄙见颇持异同，此则弟为自便起见，盖弟每作文，动辄繁而不杀，而一文分登，号数太多，实令人生厌，若欲一二期登完，则每号将仅一二题矣。故鄙意谓新报必当厚于《新民丛报》，约与《中国新报》相等，定价或如丛报，或稍增亦无妨，印刷拟在东京托日人，初时未便，则丛报暂代印一二期亦可。盖丛报年来亏累太甚，即续出亦不欲自印，或交上海广智印刷所印之，改在未遽收者，实缘所赁之房未满期耳。故此后此报必须在东京托印，其关于印刷校对各小事，亦须在东京有人任之也。弟大约阴历初十前必一来相见后复返须磨，方从事于报中文字矣。”（丁文江等编：《梁启超年谱长编》，第 412、413 页）

8 月 20 日（七月十二日）

上海《神州日报》发表论说《哀通报》，就奉天《通报》被迫停刊事，对清政府加以抨击。

《中兴日报》在新加坡创刊。为当地同盟会分会的言论机关。司理林义顺，编辑撰稿人有田桐、胡汉民、林时爽、王斧、周杜鹃、胡伯镶、何德如、方瑞麟、张绍轩等。孙中山也化名“南洋小学生”在该报发表过文章。为南洋一带革命党人的重要舆论阵地。创刊号刊有《创刊词》一篇，宣布其宗旨为“开发民智”及“使数百万华侨生其爱种爱国之思想”，认为“人人自发挥其能力以爱种爱国，则异种罔得为制于内，而我神明之胄光复中兴以此，民族厕于他种人之间则无或敢轻视，举凡今兹所含忍不敢以为不平者，他日将勿争而自祛”。该报出版不久即与保皇党控制下的《南洋总汇报》展开笔战，所刊批驳《总汇报》保皇思想的评论文章不下 50 篇。

8 月中旬

日本驻华临时代理公使阿部守太郎在给日本外务大臣的报告中第一次提出“《民报》所刊记事，措辞激烈反动，宜加取缔”的问题。

8 月 22 日（七月十四日）

上海《申报》刊出苏州大同女学增设编

辑科的消息。全文如下："大同女学添设编辑科　苏城大同女学现拟组织专业编辑之女学生一班，专作女子所习之国文教课书，由高等师范法政三学堂担任删改义务，定于十七日考试，二十四日开学。"该编辑科的考试及开学情况不详。是否办成，也不清楚。这是和新闻教育有关的已知的最早的史料。

8月26日（七月十八日）

汪康年主办的北京《京报》因登载议立储事，并屡揭庆王奕劻受贿丑闻，被民政部勒令停刊。停刊令由京城外城巡警总厅于前一天下达。

8月28日（七月二十日）

《秦陇报》在东京创刊。月刊。为陕甘籍留日学生主办的革命刊物。撰稿人有孑遗、播种、心秦、春晖等。仅出1期即停。

同月

俄文 Лъвятый Валъ（《九级浪》）在哈尔滨创刊。主编 Э. M. 克列奥林。同年10月停刊。

《吉林官报》在吉林省城吉林创刊。吉林官报局出版。创办人达馨，总理徐剑石。初创时为两日刊，1908年11月后改为旬刊。

河南学务公所主办的《河南教育官报》在开封创刊。半月刊。有谕旨、章奏、文牍、本省学务报告、著述、杂志等栏目内容。

香港议政局通过《禁止报章登载煽惑友邦作乱之文字》专律，规定："凡本港发刊之报纸、书籍、文件、图书流入中国内地，能令全国人心作乱者，本港政府为邦交起见，得而取缔，罚款不过五百，监禁不过两年，或罚款与监禁并施，有无苦工不等，惟必须高等裁判署解决。"在此以前不久，香港华民政务司曾以"违例"为词，将《中国日报》代销的《民报》特刊《天讨》全部没收。

9月4日（七月二十七日）

清政府照会日本驻华临时代理公使阿部守太郎，要求日本政府查禁《民报》《复报》《大江》《汉帜》《鹃声》《洞庭波》《天义报》《无政府主义》等7种在日本出版的"悖逆"报刊。照会全文如下：

"为照会事，准北洋大臣函送探访员查呈之《民报》等杂志七种到部，并准函称：'检阅文报，或系日本邮便认可，或系东京刷行，而其输入中土，率由日本邮局寄来。应请面告日使，转达日政府设法禁止'等因前来。本部复加检阅，此项杂志均系本国乱党在贵国境内出版发行之件。其中倡导革命、措词狂悖者，不胜枚举，若听其辗转流传，煽惑人心，实于本国治安大有妨害。贵国政府与本国素敦友谊，休戚相关。此等悖逆书报，不独本国臣民见之发指，即贵国政府亦必深恶痛绝，具有同情。查贵国《新闻纸条例》第三十二、第三十三等条，凡记载论说，有冒渎皇室尊严，变坏政体，紊乱朝宪及坏乱社会秩序风俗者，均分别轻重处以刑罚。又出版法第二十六条，凡将变坏政体，紊乱国宪之文书、图书出版者，处二月以上二年以下之禁锢，并附加罚金等语。此项杂志专以革命煽乱为主义，按诸贵国法规，亦同在应行处罚之列。除饬本国地方官随时严禁递送售卖外，拟请贵代理大臣转达贵国政府，将另单开列之各项杂志，严禁印刷递送。并请嗣后遇有类似此项杂志之各种书报，一体禁止出版，以维秩序而保治安。相应将该报等题号及印刷所等名目、地址，开单照应贵代理大臣查照办理，并希见复可也。

须至照会者　附抄单（略）

右照会

大日本国代理钦差全权大臣阿部

光绪三十三年七月二十七日”

（转引自《新闻研究资料》第25辑，中国社会科学出版社1984年版，第207、208页）

9月5日（七月二十八日）

清政府民政部拟出报馆暂行条规10条，呈请清廷批准，作为正式《报律》颁布前管制报纸出版事业的法令颁布施行。暂行条规的要点为：禁止“诋毁宫廷”“妄议朝廷”；有关记载凡经本人或关系人请更正者，“即须速为更正”；新开设的报纸必须事先办理呈报批准手续。京、津、沪、粤、汉等地报馆纷纷发表评论表示反对。

同日，徐勤致书康有为，报告《时报》近期经营情况和狄楚青专擅情况，对保皇会失去对这一舆论机关的控制表示愤懑。摘录如下：

“……《时报》现销报至万六千份，据挺之、孝实二人云，可以获利矣。据楚卿云，去年只印两张大纸，各账收清，准可支持。今年各家加纸一张，共三张大纸，即此一年已费多万余金矣。楚卿将各数交弟子查验，其账房云：每月约七千余费，除北京访员电费及主笔房各修金不计外，合各费计之，非十万金不可，现每月告白费约四千余元。……《时报》自开办之时至今，只楚青一人主权一切，用人权、理财权外人不能干涉之。孝高、挺之、孝实、孺博皆局外人耳，不过一校对之人耳。楚青除运动、发公函、筹款外，永未有与同人议事者。彼日言在上海最可忌者《时报》之名，知为党人之机关，则言论只成为一党之言，非一国之公论，且人人皆怕其名，故必大为减色。……彼在报上，不倡言一党之宗旨，弟子亦不怪之。但楚卿所办之事，一切不与同人商量，几成为狄氏一人之私产。且不特此也，孝实、挺之总编辑也。而编辑一事楚卿则另托江苏陈景韩、雷奋二人，以致编辑之权，亦授人以柄。……以十余万血汗之钱而成此报，彼则名利相收，故同人对于彼之举动甚为愤激。夫子日言三权鼎立，断未有以十余万之巨资，仅假手于一人之理。此事之误，误于卓如于开办时不早早正定规则，至有今日。外间人及局中人只知有楚卿一人，不复知有粤人者。……挺之、孝实凡有文字刊报，彼甚不欲其出名，二人粤产，恐外人知《时报》有粤人也。报中刊一冷字，此人即陈景韩也。不论作何文字，皆用一冷字，以自别于粤人。此人学问文字极平常，楚则尊之如帝天。卓如、孺博所作之文字，皆须冷公一人鉴定，乃可刊报。前卓如、孺博曾有一论说，竟为冷所阻，不能刊报。楚卿之对外人言，则只言冷为总主笔，故冷之名甚籍籍。外埠同志道经此者，往《时报》无一人招待。《时报》最依附张謇、曾少卿，外人皆云苏省之机关，非吾粤之报，更非吾党之报。……孝实本为总编辑，而凡有各处访函，楚卿必交于冷，以分其权。《时报》之内容腐败混乱，诚各报所未见。开办已四年，而股票尚未发，万一彼据为己有，则奈之何？彼在工务局注册，亦独书己名，外人至云狄氏私产，亦非刻薄之言也。现吾党外省人只剩得楚卿一人，且大权在彼，若操之过急，彼直不认为公产，亦不能与争。……如彼既出有股票，既有凭据，然后派人监督之，或特派一管库员，挺之、孝实二人可胜任，则《时报》或可收拾也。……”（《徐勤致康有为书》，上海文物保管委员会编：《康有为与保皇会》，上海人民出版社1982年版，第374、375页）

9月9日（八月初二日）

香港《中国日报》刊出《代理南洋中兴日报》广告。

9月10日（八月初三日）

天津《竹园白话报》创刊。日刊。零售每份铜元1枚。丁国瑞等主办。馆址在天津北门外针市街南阁以西小伙巷路西。

9月15日（八月初八日）

山西留日学生主办的《晋乘》杂志在日本东京创刊。月刊。社址在日本东京神田区仲猿乐町五番地。撰稿人多数为同盟会员。有论著、文艺、杂俎、图画、附录等栏目内容，以论著为主。大部分采用白话写作。创刊后不久，曾在东京各报刊出广告，宣布该刊“六大主义”为：“一、发扬国粹；二、融化文明；三、提倡自治；四、奖励实业；五、收复路矿；六、经营蒙盟。”吹嘘该刊“议论精实深远，迥非浮夸者所能企及。其中研究国语，阐释大学者诸篇，尤为空前绝后之作。文艺一栏，更能涤旧革新，独树一帜，咸有裨益社会之文，不类无关时世之作。诚文明时代无双之骁将，杂志世界唯一之霸王也”。前后出版3期。

9月21日（八月十四日）

日本驻华代理公使阿部守太郎就清方提出的要求禁止《民报》等7种革命报刊在日本出版一事，复照清政府称“已将来照立即转达敝国政府，要求对此事进行调查，并顾全两国之交谊，加以特别考虑”。（转引自《新闻研究资料》第25辑，第210页）

同月

北京各报联合向民政部提出五项要求：

一、官报与商报视同一律。

二、核减邮电等费。

三、准各报馆访员缮录阁抄等件。

四、公堂审判准访员旁听记录。

五、如令报馆停止出报，须宣布理由，并准其控诉，以昭曲直。

第一、五两项民政部旋即被迫同意。第四项不久也由大理院批准，同意在公堂右侧添设供访员听审的座位。但二、三两项终未得内阁、邮传部允许。

译学馆甲级学生钱文选呈请都察院代奏，建议在京师设立“中央谘议报”，各省设立省谘议报，“以研究宪政、广开言路、上下同心、内外一气为宗旨”。专论与宪政有关之事件，例同官报，但无论中央或省，分别有一名绅民公举的“绅士”襄理报事。不久，朝廷以“该生所陈各节与政治官报所定章程大略相同”为理由，将此议驳回。（《大公报》1907年9月30日、10月9日）

日本人椿井必治主办的日文《满洲实业新报》在安东（今丹东）创刊。

《云南》杂志出版《周年纪念增刊》。

秋

李石曾等主办的《世界》画报在巴黎创刊。季刊。中国留法女学生姚蕙主编。重磅道林纸印刷，取材精粹，印刷精美。所刊上海民众为公廨问题焚毁英领事摩托车图、淮北饥荒图、沪宁路火车开车典礼等新闻照片，都较有新闻价值。出2期即停。

10月1日（八月二十四日）

《东洋新报》在日本东京创刊。主张君主立宪。

10月2日（八月二十五日）

《复报》出至第11期后停刊。

天津《大公报》的《要闻》栏报道：“民政部现于本部设立阅报处一所，凡各省报纸，无论文言白话，均置一份，一以增进知识，一以调查各报宗旨。”

10月7日（九月初一日）

广西最早的商办报纸《广西报》在桂林创刊。

清末立宪派的重要团体政闻社机关报《政论》月刊在日本东京创刊。每期出 180 页左右 1 册。第 3 期起迁往上海出版。梁启超、蒋智由等主编，主要撰稿人有梁启超、蒋智由、黄可权、麦孟华、熊崇煦、张嘉森、吴冠英等。有论著、译述、批评、记载、条录、应问、社报等栏目内容。以“造成正当舆论，改良中国之政治”及“实行国会制度，建设责任政府；厘订法律，巩固司法权之独立；确立地方自治，正中央地方之权限；慎重外交，保持对等权利”为宗旨。梁启超的《政闻社宣言书》《政治与人民》《政治上之监督机关》《世界大势及中国前途》等文，即在该刊发表。共出 9 期停刊。

10 月 9 日（九月初三日）

天津《大公报》发表《报馆与预备立宪时代之关系》的社论，对政府钳制报馆表示不满。

10 月 10 日（九月初四日）

香港当局正式颁布条款，禁止在香港刊印、发售、布告、分派“滋扰中国治安，或鼓动人民在中国行恶之报纸书籍等件”，违者处 2 年以下监禁或 500 元以下的罚款。

10 月 17 日（九月十一日）

日本驻华临时代理公使阿部守太郎就清政府要求查禁在日本出版的《民报》等 7 种革命报刊一事报告日本外务大臣林董，建议日本政府对《民报》等革命报刊“均须采取行政措施，设法加以禁止，至少亦须加以严格限制，不使有不稳之内容出现”。阿部在报告中，认为《民报》等革命报刊“以带有破坏性之词句煽动人心”，“因而引起邻国之不安”，主张“出于国家政策上之必要，区区世间之谈论，可以不必顾虑，对于此类刊物，不论其是否触犯我国法令”，都要加以禁止，或加以严格限制。

10 月 21 日（九月十五日）

资产阶级革命派在广西创办的报纸《广西日报》在梧州创刊。甘绍相、区笠翁等主持。

10 月 26 日（九月二十日）

清廷中央政府机关报《政治官报》在北京创刊。社址在北京王府井大街。日出 1 册。由政治考察馆负责主编。有谕旨、批折、宫门抄、电报、奏咨、奏折、咨札、法制章程、条约合同、报告文谕、外事、广告、杂录等栏目内容，“凡有政治文牍，无不详慎登载”。除京内各部院暨各省督抚衙门，由馆分别送寄外，其余京师购阅者，由馆设立派报处，照价发行。外地由各省督抚衙门分派购阅。1911 年 8 月停刊。该报创刊前，以“《阁钞汇编》与《政治官报》形式相似”为名，呈请政务处代奏，禁止京报房刊印的《阁钞汇编》《谕摺汇存》等出版。在《政治官报》出版的前一天（10 月 25 日），宪政编查馆行文北京外城警察总厅，请其令《谕摺汇存》等即日停刊。

10 月 27 日（九月二十一日）

本月 22 日，天津探访局暗探古德胜，假冒天津《大公报》访员，在老龙头车站纠缠、盘查旅客。本日，《大公报》就此发表声明广告。

《滑稽魂》画报在广州创刊。每星期日出版 1 册。自称：“全主诙谐，以极嬉笑形容为宗旨。内容全部绘图，浅譬曲喻，或肖事摹形，无不涉笔成趣。”（《〈滑稽魂〉出世告白》）

10 月 31 日（九月二十五日）

《经济选报》在北京创刊。

同月

《震旦学报》月刊在北京创刊。月刊。编辑兼发行人吴起潜、侯毅。有学说、心理学、美学、格致数学、杂录、小说等栏目内容。

《四川教育官报》在成都创刊。四川学务公所发行。初为月刊，1911 年改为旬刊。辛亥革命后停刊，共出 112 期。

广东法政学堂主办的《法政丛刊》在广州创刊。主编张树珊。有论丛、什报、质疑应答、时事、要纪、校纪、附录等栏目内容。自述其办报宗旨为“专从学理上研究法律、政治、经济各方面问题，不涉及本国时政得失”。

《广东戒烟新小说》在广州创刊。周刊。李哲主编，参加撰稿的有平庵、芳郎、计伯等。用粤语方言编写，内容以文学作品为主，但不限于宣传戒烟。

11 月 3 日（九月二十八日）

满铁株式会社主办的日文《满洲日日新闻》在大连创刊。星野锡主编。

《竞立社小说月报》在上海创刊。月刊。社址在上海四马路惠福里 1 号。彭俞（亚东破佛）主编。内容有图画、社说、时评、小说、介绍新著、文艺、杂志等，以小说为主。

11 月 6 日（十月初一日）

《日新画报》在北京创刊。北京日新学堂经理陈某主办。

11 月 13 日（十月初八日）

《二十世纪军国民报》在广州创刊。社址先在广州十八甫，后迁至广州西荣巷 26 号。周刊。每星期三出 32 开 82 页 1 册。主办人卢谔生。创刊号发表《军国民报弁言》，公开宣传孙中山的三民主义，要求“锄非种，驱异族”“推专制，诛独夫”“均地权，重共产”。出版 7 期即以言论激烈被广州将军饬巡警道查封。卢先期走避，得免。

11 月 14 日（十月初九日）

俄文 Новая Жизнъ（《新生活报》）在哈尔滨创刊。系由已停刊的俄文《东方通讯》及《九级浪》两报合并而成。1914 年 7 月 14 日改名《生活新闻》继续出版。主办人З. М. 克列奥林、С. Р. 切尔尼亚夫斯基、Г. О. 列文齐格列尔等。

11 月 15 日（十月初十日）

广西留日学生主办的革命刊物《粤西》杂志在日本东京创刊。月刊。卜世伟、刘崛、陆涉川等编辑。

11 月 20 日（十月十五日）

《新民丛报》因论战惨败，销路呆滞，本日出至 96 期，自动停刊。

11 月 23 日（十月十八日）

天津议事会本日与天津 11 家报馆商订旁听公约如下：一、本会特设报馆旁听席，赠与本县境内各报馆旁听券一张，以便来会旁听；二、本会特设书几，以备各报馆主笔旁听时随笔记录，其笔墨纸张报馆自备之；三、本会通知各议员开会时，得将通知书及议案分送各报馆照登；四、本会凡应公布实行事件，一律登报公布，五、本会凡议定各项事件及文件，除暂应秘密者外，一律登载；六、凡本会登载之件，以事关公益，概须勿收报资；七、凡报馆对于本会提议事件，如自有意见或据他人意见，得于开会前来函陈述，以备研究；八、本会禁止旁听之日，报馆亦得一律禁止。

11 月 25 日（十月二十日）

汉口《汉报》易主，由平记、涵记、安记等 3 家商号集资 4000 元接办。

11 月 27 日（十月二十二日）

天津《大公报》发表署名安蹇的社论《北京视察识小录》，其中对北京报界有所评论。

同月

被递解回籍的前《中华报》主笔杭辛

斋，因就苏杭路事发表演说被地方官逮捕下狱。经群众力争，始获释。

《甘肃官报》（其前身为《陇右报》）在兰州创刊。五日刊。每期出线装 10 页左右 1 册。甘肃省官书局出版。有邸抄、陇政汇编、奏议辑要、直牍选记、专件等栏目内容。

《时谐画报》在广州创刊。旬刊。每期出 32 开 18 页有光纸石印 1 册。列名为“美术同人”的有崔芹、伍德彝、付寿嶷、冯如春、梁于渭、尹爟、容祖椿、葛璞、谭泉、陈韶、高麟、陈鉴、桯景宜、崔歧、李煦、卫汉夫、潘达微、刘鸾翔、罗清、郑苌、何剑士等。所刊以时事画，政治讽刺画为主，间刊小说、杂文、剧本、汇电等文艺及新闻稿件。

12 月 2 日（十月二十七日）

《济南官报》在山东省城济南创刊。以“挹注舆论，辅导宪政”为宗旨。

12 月 4 日（十月二十九日）

《振群丛报》在上海创刊。社址在上海北广西路宝泰里。上海振群学社主办。李葭荣、王之瑞主编。月刊。自称以“开通民智，造就立宪国民之资格”为宗旨。

12 月 5 日（十一月初一日）

《社会公报》在香港创刊。社址在香港德辅道中 61 号 3 楼。日出一张半。总编辑兼督印人黄耀公。该报分庄谐两部，庄部有议论、批评、国事、外纪、粤闻、侦探、电音、港志等栏目内容；谐部有文坛、白话、辅轩录、稽古谈、鼓吹等栏目内容。以宣传民主革命为主要内容，对空想社会主义思想也作过介绍。

北京京报房出版的《谕摺汇存》改名《华制存考》，从本日起开始发行。

12 月 8 日（十一月初四日）

广东学界为反对英国侵略，抗议清政府出卖西江缉捕权，要求英军撤出两江流域，组成“国权挽救会”，并出版《国权挽救报》。

12 月 9 日（十一月初五日）

天津《大公报》发表署名熊志中的读者来函和署名安蹇（英敛之）的社论《答来函》，来函批评《大公报》“尚多顾忌而不敢言，间事标榜而涉于阿好”。对此，英敛之在《答来函》中作了辩护。

《时事新报》的前身《时事报》在上海创刊。社址在上海新垃圾桥北首，发行所在四马路望平街。日出对开 2 张。除日报外，还出有石印画报一种，初以单页方式随日报附送，后改为册状旬刊，称《时事报馆画报》，除时事画、人物画外，间刊小说、笔记等文艺作品。（《时事报》创刊日期据本年 12 月 8 日《申报》所刊广告。曾虚白《中国新闻史》、胡道静《上海日报》作 12 月 5 日。）

12 月上旬

《民议报》在上海创刊。日刊。社址在上海英租界南京路张字第 474 号。自称以“持要求立宪急进的主义，以强掖风痹之国民”为宗旨。有论说、刍评、专电、要闻、杂俎、小说、插图、白话、戏曲等栏目内容。

12 月 12 日（十一月初八日）

《官话北京时报》在北京创刊。馆址在北京宣武门内西单牌楼北大街路西。发起人为志仲悌、喜云趾、吴铭三、魁捷臣、贾润田。自称“专以敷陈时事，条举时弊，挽救时局，而唤起预备立宪时代之国民为主义”。分正、副 2 张，一律使用白话。正张设有阁抄上谕、演说、时评、时事要闻、京师新闻、畿辅新闻、各省新闻、外国新闻等八门，副张设有杂俎、插画、商情、专件四门。

2月15日（十一月十一日）

《理工》月刊在上海创刊。旅欧工科学生主办。宾步程主编。稿件在德国柏林编辑好以后，交商务印书馆出版发行。

即日出版的《粤西》杂志第2期发表署名填愤的评论文章《法人干涉粤人言论权之骇闻》，就所传法驻粤领事勾结广东地方当局，对广东各报所刊反法言论进行压制一事，发表评论，提出抗议；并对屈从法帝国主义的压力，对本国报纸的言论实行限制的清朝政府，进行了揭露和指责。

12月20日（十一月十六日）

《神州女报》在上海创刊。月刊。陈以森主编。发刊词有“创此神州女报，以竟女士（指秋瑾）之志……其曰神州女报，则犹中国女报云尔”，以及“神州女报何为而作乎？为鉴湖秋女士流血之大纪念而作也”等语。第2期刊有《神州女界新伟人秋瑾传》。该刊创刊前曾于10月12日在《神州日报》和上海的一些报纸刊出广告。略称：

> “本社前名新女子世界社，续办《女子世界》，经营甫出一期，而鉴湖女侠噩耗至。女侠曾创《中国女报》，今女侠死而《中国女报》亦止。本社不敏，拟赓续之，以竟女侠之遗志。惟同人自愧无才，势难兼顾，爰与《女子世界》合为一种，改名《神州女报》，仿欧西各大杂志体裁编辑。……不日付印出版，特此广告。”

同盟会河南支部主办的《河南》杂志在日本东京创刊。月刊。每册约八十至一百数十页。总编辑刘积学，发行人张钟瑞，协助编辑工作的有朱炳麟、曾昭文等。创刊经费2万元为会员刘青霞（女）所提供。以“牖启民智，阐扬公理”，呼吁救亡和宣传民主革命为宗旨。有社说、政治、地理、历史、教育、军事、实业、译丛、时评、小说、文苑等栏目内容。出版不久，即风行海内外，每期发行8000份以上。鲁迅所写的《文化偏至论》《摩罗诗力说》《科学史教篇》《破恶声论》等重要论文曾在该刊发表。1908年出至第9期后停刊。

12月25日（十一月二十一日）

《民报》主编章太炎以脑病乞休，改由张继、陶成章等代理编辑业务。

同月

俄文 Мыслъ（《思想报》）在哈尔滨创刊。主编 Н. С. 阿列非耶夫、В. П. 布雷吉等。1908年停刊。

广学会主要机关报《万国公报》出版至237期后停刊，先后出刊39年。

贵州张百麟等成立革命团体“自治学社”，发行机关刊物《自治学社杂志》。月刊。仅在社内发行，印数不多。

留日四川籍同盟会员主办的《四川》杂志在日本东京创刊。月刊。每期出160页左右1册。社址在东京牛込区市谷左内坂町三十四番地。吴玉章任编辑发行人，协助吴担任编辑工作的还有雷铁崖、邓絜等。自称以“输入世界文明，研究地方自治，经营藏回领土，开拓路矿利源”为宗旨。内容以反对帝国主义侵略，反对清朝封建专制政府，宣传爱国主义思想和呼吁救亡为主。有论著、译丛、时评、文苑、大事记等栏目内容。出至第3期，遭日本政府封禁。第4期刚刚印好就被没收。

《厦门日报》在厦门创刊。以“说明国家宪政国民义务兼招徕海外华侨向内之心”为宗旨。

冬

《奉天教育杂志》（又名《奉天教育官报》）在奉天（今沈阳）创刊。月刊。

上海《南方报》取消外文部分，改为全部用中文出版。

同年

北京《公益报》刊布梁鼎芬参劾庆亲王、袁世凯狼狈为奸把持朝政密折。刊出后，送报人塞门索报，增印至 2 万余份还不能满足需要。清政府以该报私刊封奏为词，勒令停刊。

《京话时报》、《华报》（三日刊）、《译报》（杨子奇主办，专译各国报纸所刊各国时事）、《爱国报》（通俗性报纸）、《丁巳》杂志等报刊在北京创刊。

《蒙文报》在北京创刊。主办人蒙古喀剌沁亲王，主笔雍和宫喇嘛罗子珍。总馆在北京，内外蒙古、奉天、吉林、黑龙江等地设有分馆。用蒙文出版。以“开通蒙人风气，以期自强”为宗旨。

《天津警务官报》在天津创刊。曾附出白话报一种。该报由官方饬各州县派销。

《钟声白话报》在哈尔滨创刊。

俄文 Голосъ Мэньчжуий（《满洲之声》）在哈尔滨创刊。主编 Ъ. А. 博洛夫斯基。出版仅数月即停。

《东三省日报》在奉天（今沈阳）创刊。房秩五主编。初为官办报纸，有宫门抄、上谕、要件代论、奏议、中外要闻、自治篇、奉天新闻、吉林新闻、黑龙江新闻、辕门抄等栏目内容。改为商办后，增设了言论、译件、国外通信、白话演说、时评、社会琐事、沈阳谈屑、人籁、小说、文苑、杂俎、读者之声、插图等栏目内容。

《简明日报》在奉天（今沈阳）创刊。创办人吕君玉。是一份以介绍通俗知识为主的商办报纸。

《通俗白话报》在奉天（今沈阳）创刊。旬刊。奉天学务公所图书科主办。

《宪报》在吉林创刊。旬刊。吉林自治会会长松涛主办。以宣传预备立宪为宗旨。

《豫省中外官报》在河南开封创刊。

《芝罘日报》在烟台创刊。日本人桑名贞次郎（化名桑学海）主办。日出对开 2 张。辛亥革命后，该报改由中国人接办，主办人王讷，主编王倬之。继续出版至抗战初期停刊。

《医药学报》在上海创刊。月刊。中国医药学会出版。

《新中国白话报》在上海创刊。

《太平洋》杂志在上海创刊。

《澄报》在江苏江阴创刊。油印半月刊。出版 2 期后即停。

《太仓白话报》在江苏太仓创刊。

《钱塘高等小学校报》在杭州创刊。

小学生创办的油印报纸《课余学报》在杭州创刊。杭州高等小学堂的学生主办。日刊。每天刊印 3 张，发行约百余份。

文摘性报纸《群报摘要》在武昌创刊。每期出 4 页。刊期不详。

基督教会主办的《文声学界》月刊在汉口创刊。

《采风报》《花报》《国民报》在武汉创刊。

两湖官报局主办的《两湖官报》在武汉创刊。馆址在武昌巡警南局 68 号。日出 1 张，免费派送。

《丽江白话报》在云南创刊。创办人为云南籍南社成员赵式铭。该报对读者进行启蒙教育，有强烈的爱国主义倾向。

《西藏白话报》在西藏创刊。是西藏地区最早的报纸。用藏文印刷。清廷驻藏大臣联豫创办。以“爱国尚武，开通民智”为宗旨。是我国最早的藏文报刊。期发行数字约 300 份。

《左海日报》在福州创刊。日出对开一张半，周六刊，星期日无报。铅印。言论倾向于立宪派。

《妇孺杂志》在广州创刊。由陈诚任主编。

《新中华报》在汕头创刊。谢逸桥、陈

去病、叶楚伧、林百举等主办。出版不久即以宣传民主革命被当地政府封闭。

《双日画报》在汕头创刊。社址在汕头存心善堂后座。社长兼总编辑曾杏村，编辑吴于春、郑唯一、许唯心、吴梦林、林国英等。该画报模仿《点石斋画报》风格，用石印出版。每期出16开1小册，销达2000余份。为潮汕地区有画报之始。

《人道新报》在香港创刊。陈春生主办。

香港当局颁布第15号法例，即《禁止报章登载煽动友邦作乱文字专律》，宣布：

> "凡在本港发行之报纸、书籍、文字、图画，流入中国内地而能使全国发生叛乱的，本港政府为顾全邦交起见，得加以取缔，判处罚款不超过五百元，监禁不过两年，或罚款、监禁并施，在监禁期间是否须服劳役，须待高等法院裁定。"（《中国日报》1908年1月3日）

《大江报》在日本东京创刊。编辑及发行人夏重民等。

《二十世纪之中国女子》在东京创刊。月刊。河南学生会出版。"恨海女士"主笔。自称"以纠正近世女子教育之谬妄，提倡社会女子，注重道德，恢复女权为宗旨"。

《中国妇女界杂志》在东京创刊。

曼谷《湄南日报》因董事意见分歧，改组为《启南日报》《华暹日报》2个报纸，分别出版。《启南日报》由徐勤主持，宣传保皇立宪。《华暹日报》由萧佛成、陈景华主持，宣传民主革命。孙中山1908年路过泰国时，曾指导过《华暹日报》的工作。萧佛成、陈景华在创办《华暹日报》的同时，还办有一份泰文报纸《中暹日报》，由萧佛成及其女担任主编。有"曼谷早期最成功的出版事业之一"之称。《启南日报》于1912年前停刊，《华暹日报》于1932年停刊。

华侨主办的《槟城日报》在马来半岛的槟榔屿创刊。同盟会员、当地侨商黄金庆、吴世荣等主持。

旅美华侨主办的中文《国魂日报》在美国旧金山创刊。

《启智报》在美国檀香山创刊。由洪门会邓秀隆、林怀等主办。旋停。

中国洪门民治党主办的《大汉公报》在加拿大温哥华创刊。中国洪门民治党驻加拿大总支部机关报。日出对开2张。初创时名《大汉报》，1910年易名《大汉日报》，1914年易名《大汉公报》。先后担任主编的是张泽黎、冯自由。

加拿大华侨主办的《华英日报》在温哥华创刊。周天霖、崔通约等主持。初以宣传"基督福音"及"开通民智"为宗旨，嗣与洪门发生关系，倾向于民主革命。

加拿大华侨主办的《醒华日报》在多伦多创刊。周刊。拥护民主革命。发行数字达1000份。

1908年
（清德宗光绪三十四年戊申）

1月1日（丁未年十一月二十八日）

基督教刊物《圣教会报》在上海创刊。月刊。美国传教士聂高莱主编。社址在上海爱文义路彼得堂内。

赵尔巽发起的"官督商办"报纸《武昌日报》在武昌创刊。日出对开1张，另附送《两湖官报》1张，不另收费。社址在武昌大朝街68号湖北官报局内。经理王仁俊。有上谕、论说、本馆专电、本馆特别新闻、本省新闻、南省新闻、北京新闻、各省新闻、各国新闻、督辕纪事、新小说等栏目内容。日发行约5000份，多数为官方派销。

《云南》杂志刊行至第13期，云南留日学生百余人在日本东京麹町区富士见轩为该杂志举行周年庆祝会。大会自上午八时半开始，至下午二时始告结束。李根源在会上作了长篇报告。会上决定由李根源及吕志伊负责纪念特刊《滇粹》的编辑出版事宜。

《滇话报》在日本东京创刊。月刊。主编刘钟华。出版后向国内各省及云南各大州县发行。用白话编写。有论说、小说、戏曲、演说、时评、记载等栏目内容。以爱国主义的宣传为主要内容。

1月2日（十一月二十九日）

《民报》第18号出版，载有“本社谨白”：“本社总编辑人章君炳麟因脑病忽作，不能用心，顷已辞职，仍请张君继接续主持。”

1月4日（十二月初一日）

汉口各报重组“报界总发行所”，由《公论新报》《汉报》《鄂报》《汉口中西报》四报馆联合组成。所址设在《公论新报》内。

《民生日报》（*Mun Sung Yat Bow*）在美国夏威夷创刊。由《檀山新报》《华夏报》改组而成。张泽黎任主笔。属同盟会报纸。

1月12日（十二月初九日）

《中国新报》出至第9期后停刊。

1月15日（十二月十二日）

《天义报》第15期在《学理》栏刊出民鸣译的《共产党宣言》序言，署“因格尔斯作”。译文后附有该刊编者所作按语《共产党宣言译文后记》称：“案《共产党宣言》发明阶级斗争说，最有裨于历史。此序文所言，亦可考究当时思想之变迁。欲研究社会主义发达之历史者，均当从此入门。宣言全文亦由民鸣君译出，另于下册增刊号载之。记者识。”同期该刊刊出《重要广告》，预告该刊第16期的重要内容，《共产党宣言》的译文列为首篇，署“马尔克斯、因格尔斯著”。

1月16日（十二月十三日）

清政府民政部、法部将拟定的《大清报律》草案42条报请清廷审批。草案规定：办报必须预先呈报备案，否则罚款10—100元；出报前须经该管巡警官署或地方官署查核，否则罚款3—30元；报纸不得刊载未经公判的预审事件，外交、军事部门禁止登载的事件，未经阁抄、官报、公报发表的谕旨奏章，以及“诋毁宫廷”“淆乱政体”“扰害公安”“败坏风俗”等之类的文字，违者处20日以上2年以下监禁，附加20—100元罚款，永远禁止发行。此外，还规定：“凡在外国发行报纸，犯本律应禁止发行各条者，禁止其在中国传布，并由海关查禁入境。”这部报律草案是参考了日本现行的报纸法由商部、巡警部共同拟定的。清廷于即日将该草案批交宪政编查馆考核议复。

1月17日（十二月十四日）

上海租界当局主办的英文周刊 *Municipal Gazette*（译意《工部局市政公报》）在上海创刊。

1月18日（十二月十五日）

《政艺通报》丁未第23号出版，从此改为月刊。

资产阶级革命派的重要宣传阵地，广州《时事画报》出至第33期后停刊。

同月

《黑龙江公报》在齐齐哈尔创刊。是黑龙江巡抚衙门主办的官报。负责人张谦若，参加编辑工作的有韩莲青、杜奎腾等。内容以官方文牍及官方言论为主。由黑龙江官报负责邮递发行。同年5月出至第6期后停刊。

《云南》杂志因制造炸弹事件，社址受到搜查一度停刊，旋得宫琦寅藏帮助复刊。

基督教圣公会的机关刊物《圣公会报》在上海创刊。半月刊。黄天白主编。

《新小说丛》杂志在香港创刊。月刊。以刊载小说为主的文艺性期刊。黄恩煦、区风墀、李维桢、尹文楷等创办，主编林紫虬。内容以翻译作品为主，间刊侦探小说及小说评论方面的文章。

四川地方自治研究会主办的《自治丛录》季刊在日本东京创刊。主编郭开文。以研究地方自治之方法，以期实行为宗旨。

2月1日（十二月二十九日）

上海《南方报》停刊。该报“总股本蔡勉善堂”嗣后在上海报纸上刊出《蔡勉善堂启事》和《南方报馆招盘广告》。《启事》中称：“……鄙人于同治末年听鼓羊城，曾条陈大府，以设报馆开民智为第一要义。……初勉力倡设一报，名曰《大公报》，素愿甫偿矣。旋因经济困难，仅阅数月而中辍。……丁未奉命巡守苏松太……乙巳退处余闲……在沪纠合同志数人组织南方报，其宗旨在宣扬圣德，制抵横流，觉世牖民，隐恶扬善，遇有交涉件，尤必振振有词，秉公辩论，以免中外隔阂之虞。递本因有西文，经费较为紧巨，又因开办伊始，误用前总理胡枚仙，经理失宜，至多靡费。计至上年五月，已费五万余金……不得已停办数日，于去年六月改章，由同人公议，招聘日人井手三郎相助为理，诸冀改良。……嗣今冬初，洋文已经停办，则此报之宗旨，似与本人初愿刺谬良多……”《广告》中称：

> “……创办以来，力求美备，成本既重，积亏遂多。然鄙人本非牟利，虽缠巨耗，未易初心。但报纸贵能尽言，当此外患内忧，岂敢更从粉饰。而怨尤所指，遂不免相与俱□。鄙人感受圣恩，本图报称，求全之毁，惟有引身。……所有南方报馆准于丁未年底截止，情甘折本招盘顶替……”（《申报》1908年2月10日）

2月2日（戊申年正月初一日）

《新朔望报》在上海创刊。半月刊。社址在上海南京路德裕里。自称以“改良社会，增进学识，代表舆论”为宗旨。

西北籍留日学生主办的《关陇》杂志在日本东京创刊。月刊。社址在东京神田区西小川町二丁目四番地。撰稿人有渔江、无畏等。以“提倡爱国精神，浚瀹普通知识”为宗旨。

2月3日（正月初二日）

西北籍留日学生主办的《国报》在日本东京创刊。自称以“指导国民独立，提倡地方自治”为主义。撰稿人有狄海楼、景耀月等。

2月5日（正月初四日）

上海《神州日报》自本日起加以改良，“增加各埠新闻，新闻添印五号铅字，纸幅虽仍旧贯，而每日要闻杂报则增益弥多。其第五第六两页则增加商业论说，扩张商业新闻，冀以广储贸易家参考之资料，增进实业上最新之智识”。

2月7日（正月初六日）

天津《大公报》即日起将《附件》栏改名《白话》栏，逐日刊载用白话文撰写的评论文章。后将本栏所刊文章辑为《敝帚千金》一书，广为发行。

2月9日（正月初八日）

《岭南白话杂志》周刊在广州创刊。社址在广州双门底。每期出32开50余页1册。撰稿人有欧博明、黄耀公、白光明、萍寄生等。有美术家、演说台、藏书楼、记事室、译学馆、俱乐部、游戏坊、洁净局、音乐房、跳舞会、宣讲堂、阅报社等栏目内容。自称以“讲公理、正言论、改良风俗”为宗旨。除文字外，间刊时事讽刺漫画。言论倾向于民主革命。

2 月 10 日（正月初九日）

天津《大公报》出至第 2000 号，以“实行立宪之政体如何?”为题悬奖征文，支持清廷的立宪活动。

2 月 11 日（正月初十日）

日本人冈部次郎主办的日文《满洲新报》（报名据戈公振《中国报学史》，赵敏恒《外人在华的新闻事业》作《满洲新闻》）在辽宁营口创刊。总编辑大川。（曾虚白《中国新闻史》作 1909 年 2 月创刊。）

2 月 16 日（正月十五日）

《汇报科学杂志》（亦作《汇报科学汇编》）在上海创刊。半月刊。赫师慎主编。第 13 期起简名为《科学杂志》。出版 1 年后停刊。

《吉林教育官报》（又名《教育官报》）在吉林创刊。半月刊。吉林提学使司吴鲁主编。吉林官报局发行。

《汉口中西报》刊出《东京留学界杂志纪闻》一稿，公布已知的 12 家在日本出版的中文报刊的发行数字如下：《民报》1.2 万份，《复报》800 份，《云南》5000 份，《新译界》300 份，《天义报》500 份，《中国新报》100 份，《新女界》1 万份，《医药学报》300 份，《牖报》550 份，《卫生世界》600 份，《农桑杂志》250 份，《政论》80 份。

2 月 20 日（正月十九日）

汉口《汉报》被汉口巡警道会同夏口厅强行查封。

2 月 25 日（正月二十四日）

《民报》第 19 期出版。本期《民报》扉页刊有《本社特别广告》称：“本报编辑人张继君以要事已离东京，自二十期起改请陶成章君当编辑主任。”同期《民报》还刊出《特别广告》，声明：“本社自二十期起，改定篇次，专以历史事实为依据，以发挥民族主义，期于激动感情，不入空漠。海内外志士如有谙于明末佚事及清代掌故者，务祈据实直陈，发为篇章，寄交本社。又宋季明季杂史遗集，下及诗歌小说之属亦望惠借原书钞录寄交本社以资采辑，汉族甚幸。”末署“本社启”。

同期《民报》还刊出该社再次发布的《代派香港中国日报》告白。略称：

> “香港中国日报为中国革命提倡者之元祖，夫人知之矣，自惠州革命军兴以来，革命之心理灌输全国，革命之风潮，磅礴大陆，而各地之为革命狂涛的旋涡者，尤推南中国数省。若中国日报，则其原动力也。晚近萍乡之役、黄冈之役、安庆徐锡麟之役、钦廉之役、镇南关之役，该报皆设有特约从军访员，故电报之灵，消息之捷，远非他报所及，又社会问题之重要，知之者鲜，该报乃于数年前首论民生主义与中国革命之前途，洋洋十数万言，透辟无伦，世人有誉该报为民族、民权、民生三大主义之木铎，非虚语也。该报连邮费全年十二元半，半年六元半，今为苦学生计，特别减收全年十元半，半年五元半。有志革命者，诚不可不读也。”

2 月 26 日（正月二十五日）

留日陕甘籍学生主办的《夏声》杂志在日本东京创刊。社址在东京小石川区第六天町四十番地。月刊。有论著、时评、学艺、文艺、杂纂、附录等栏目内容。主要撰稿人有侠魔、尊侠等。于右任、张季鸾等也在该刊发表不少诗文。出至第 9 期后停刊。

2 月 29 日（正月二十八日）

《预备立宪公会报》在上海创刊。每半月（逢阴历十三、二十八日出版）出 20 页左右 1 册，有光纸印刷。上海预备立宪公会主办。归国留日学生孟昭常主编。有撰述、编辑、记事等栏目内容。以促进预备立宪为宗旨。第1年出22期，第2年出至24期后停刊。

京师大学堂留日学生主办的《学海》月刊在日本东京创刊。每期出50页左右1册。社址在日本东京本乡西须贺町九番地。分甲乙两编，甲编以文、法、政、商方面的内容为主，乙编以理、工、农、医方面的内容为主。

同月

清廷电饬驻法公使，请法外交部封禁中国留法学生在巴黎编辑出版的《新世纪》报，为法方拒绝。

山西《晋阳公报》在太原创刊。三日刊。该报为山西“绅商学界合力创办，就晋学报馆旧址，重新整顿”。是同盟会山西支部领导下的革命报纸。刘翼若任总理，王利臣任编纂，“其检查全权，付之教育总会”。1911年起，改为旬刊。由王用宾任总编辑，刘锦若任经理，担任编辑记者的有武缵绪、仇天瑀等。

《国萃一斑》（后改名《国学粹编》）半月刊在北京创刊。编辑部在北京前门外前青厂番禺新馆。沈宗畸主编，参加编校工作的有梁广照、陈澹然等。以“网罗散佚，甄阐幽隐”为宗旨。刊登前贤遗稿、杂著等。

3月1日（一月二十九日）

《河南白话科学报》在河南开封创刊。每五日出版1次。河南官书局主办。其前身为1906年创刊的《河南白话演说报》。是一份由官方主办用白话写作抵制革命的刊物。

3月9日（二月初七日）

东亚同文会主办的上海《同文沪报》扩张篇幅，改名《沪报》继续出版。

3月10日（二月初八日）

日本人主办的日文《辽阳每日新闻》在辽宁辽阳创刊。渡边德重主编。

3月14日（二月十二日）

清廷将宪政编查馆修改审定的《大清报律》批准公布。经宪政编查馆修订的《大清报律》，由原草案的42条增加到45条，加重了对刊载“诋毁宫廷”“淆乱政体”“扰害公安”等三类文字的刑罚，由“处六月以上二年以下之监禁，附加二十元以上百元以下之罚金”，改为“处六月以上二年以下之监禁，附加二十元以上二百元以下之罚金，其情节较重者，仍照刑律治罪”。这部《报律》公布前，曾发交奕劻、载沣、世续、张之洞、鹿传霖、袁世凯等六大臣“详加修补，悉心改正”。该报律公布后，国内各报纷纷评论。上海《神州日报》本年4月19日发表论说《监谤政策之争议》，揭露清廷颁布报律的目的是：“欲以极严酷之手段，虏使人民，以钳制舆论，将使舆论一线方萌之生理，因而摧残消歇，然后政府之言语行动，可以狂猖自恣，为所欲为，不复有人承议其后，自以为是而后快其私心。”同时，斥责该报律“四十五条之所由来，大率剿袭日本新闻条例之全文，而略变换其一二，不审国情，不究现势，文不对题，药不对症”。

3月15日（二月十三日）

《天义报》出至第19期后宣告停刊。

3月17日（二月十五日）

《江汉日报》在汉口创刊。馆址在汉口一码头歆生路余庆里口。日出对开2张。饶翼儒、方聪甫、陈伯龙、欧阳珉澄、姜旭溟等发起，金鍼三、胡石庵、公无等编撰。言论倾向于民主革命，以国民之喉舌自居。曾连续刊载汉口后湖地户反对清丈风潮的消息，对清丈总局以民地为“官荒”，随意“充公”一事，进行过揭露和抨击。

3月20日（二月十八日）

《神州日报》刊出特别启事，宣布该报发行已逾万份。

3 月 23 日（二月二十一日）

汉口《江汉日报》发表时评《对于新定报律之感言》，对清廷公布的报律进行抨击，并指报律的制定者为“宪政之罪人，国民之公敌”。时评的部分原文如下：

> “政府诸公仇视舆论之隐衷，今日已大昭而表示天下。……谕奏阁抄，非录之官报不可；新闻论说，必取决巡警而行。又复重之以押费，威之以刑律，所谓落井而更下之石，刃人而复加之功也。则曷不直捷限制，曰中国人民不准设报。呜呼！以明明组织宪政之地，而为此障碍宪政之律，使吾侪虽有忠君爱国之念，未由以上达君父，是衮衮诸公不啻宪政之罪人，国民之公敌也。”

3 月 27 日（二月二十五日）

《大同日报》在北京创刊。社址在北京琉璃厂土地祠内。恒钧、乌泽声等主办。日出对开 2 张。其前身为前一年在日本东京创办的《大同报》。主张君主立宪及召开国会。

3 月 29 日（二月二十七日）

《京都日报》在北京创刊。社址在北京前门外樱桃斜街。每日出白报纸铅印 16 开 6 页。编辑兼发行人萧德霖，编辑白法章等。有演说、要紧新闻、本京新闻、各省新闻、各国新闻等栏目内容。多刊社会新闻。

《申报》创办人英国人安纳斯脱·美查本月在原籍病故。即日出版的《申报》发表了这一消息，并刊登了题为《报馆开幕伟人美查事略》的短文一则，以示悼念。短文有云：“美查，英人也。于同治初年来申，营洋布业，能通中国语言文字。于同治十一年三月二十三日创办《申报》等。嗣以年老归国，所办各事，委人经理。昨本馆接美查逝世电耗，为之怃然者久之。美查享年七十有几。”

3 月 31 日（二月二十九日）

《舆论日报》在上海创刊。狄葆丰（南士）主办。馆址在上海四马路。鼓吹保皇立宪。除文字版外，还出有石印画刊一种，称《舆论日报图画》，内容以社会新闻画和时事讽刺画为主，随报附送，主编陈炜、陈子青。

同月

俄文 Рассвет（《黎明报》）在哈尔滨创刊。主编 H. C. 阿列非耶夫。同年 4 月即停刊。

《神州国光集》在上海创刊。双月刊。主编邓实。社址在上海福州路惠福里。专门选载历代金石书画及题跋，铜版影印，每期约 50 幅。以“表扬国光，提倡美术”为宗旨。出至 21 期以后改名《神州大观》，仍为双月刊，续出 16 期后停刊。

《数理化月志》在上海创刊。上海集成图书公司出版发行。

《实业报》在广州创刊。创办人曾公健、王权中、刘镜南、施际云、张逸农等。旬刊。每期出 20 页左右 1 册。同年 11 月停刊。

清廷民政部通咨各省，饬属购阅留日八旗子弟主办的《大同报》。

年初

《江宁学务杂志》月刊在南京创刊。江宁学务公所主办。

4 月 1 日（三月初一日）

《中央日报》在北京创刊。日出对开 2 张。留日学生熊范舆等创办。社址在北京琉璃厂大沙土园。

4 月 5 日（三月初五日）

《半星期报》在广州创刊。社址在广州大新街振华印刷所。月出 8 册。每期出 32 开 34 页 1 册。发行人莫梓铃，撰稿人达生、愚公、张硼、心泉、治惧、亚魂等。有论说、短评、科学、群言、谐文、小说、词苑、戏本、世界大事、中国大事、本省大事、上谕、牌示、琐闻、奇谈等栏目内容。为前一年出版的《振华五日大事记》的续刊。

4 月 10 日（三月初十日）

日人宫崎寅藏、武田范之、小室友次郎在东京创办中文杂志《东亚月报》。月刊。系黑龙会机关刊物《黑龙》的改刊。曾连载无畏生译的《地下俄罗斯》一文。共发行 5 期，于 9 月 1 日停刊。

4 月 11 日（三月十一日）

北京《京华报》以转载旧金山华侨报纸《世界日报》的报道，“语多谬妄”，被警方封禁。馆主唐继星被判监禁 10 年。

4 月 16 日（三月十六日）

《绍兴白话报》改组为《绍兴公报》继续出版。两日刊。每期出铅印 4 开 2 张。发行所在浙江绍兴城内丁家弄。陈公侠、王子余、蔡同卿、何屺瞻、胡钟生等合资创办。自称以“开启民智，提倡自治”为宗旨。用浅近文言编写。1912 年停刊。

4 月 17 日（三月十七日）

《中华新报》继《新中华报》之后，在汕头创刊。日出对开 2 张，每星期一休刊。主笔叶楚伧。有论说、谕旨、要闻、政界纪闻、学界纪闻、岭东纪闻、外交纪闻、专件、选论、专电及小说、丛谈、杂文、词苑、投书、小言、谜猜、图画等栏目内容。为革命派在汕头地区的主要言论机关。

4 月 24 日（三月二十四日）

《神州日报》主笔杨毓麟以书记名义随同清国留欧学生监督蒯光典离开上海前往英国。杨在旅英期间，继续为《神州日报》及稍后出版的《民立报》撰写通讯。

4 月 25 日（三月二十五日）

《民报》第 20 期出版。此期及后来的第 21、22 期因张继赴南洋群岛，均为陶成章主编。自本日起，《民报》的发行所由东京丰多摩郡内藤新宿字番集町三十四番地，迁至东京丰多摩郡大久保村百人町二三八番地。

4 月 28 日（三月二十八日）

无政府主义刊物《衡报》在日本东京创刊。托名在澳门出版。主编刘师培。每月发行 3 次。是我国早期无政府主义报刊之一。

4 月 30 日（四月初一日）

中华学会主办的《蒙学画报》半月刊在上海创刊。以儿童为主要读者对象。

汉口《江汉日报》改组，改由姜旭溟个人承办。

同月

《青岛时报》创刊。日出对开 1 张。出版前曾在青岛德国租界当局处备案，以逃避清廷方面对其言论的干涉。曾刊载过不少揭露官府腐败情况的稿件。后由官方收买，言论稍有改变。

《国魂报》在上海创刊。社址在上海广西路宝安里。日出对开 1 张。用书版式排版，售价每份 1 分 2 厘（后增至 1 分 6 厘）。是文学社团“丽则洁身社”主办的文艺性小报。有课艺、诗词、戏文、小说等栏目内容，间刊宣卷、弹词、小调、山歌等通俗文学作品。内容以“闲情”为主，但也发表过《轩亭冤传奇》等之类的悼念秋瑾的文艺作品。本年 10 月 25 日起每天增出附刊《尘天影》1 小页，有粉墨痕、风月谈、时髦话、谐论、杂诗、名妓传等栏目内容。停刊时间不详。

《万国商业月报》在上海创刊。月刊。黄赞熙主编。

湖南官报局主办的另一份官报《湖南教育官报》在省会长沙创刊。月刊。出至 1910 年左右停刊。

湖南永兴县要求将省官报局所办《长沙

日报》派销数由50份减为20份，遭到省提学使批驳。

《醒世月报》在汉口创刊。基督教武汉恳亲会主办。

5月15日（四月十六日）

《并州官报》在太原创刊。五日刊。山西太原并州官报局出版。1911年改为《并州日报》。

5月24日（四月二十五日）

《浙江日报》在杭州创刊。社址在杭州拱宸桥大马路。日出两张半。经理贵翰香，主笔胡晴波、孙佑臣。有交旨、上谕、宫门抄、论说、本地新闻、各地新闻、各国新闻、官场纪事、商市行情等栏目内容。杭州光复后停刊。

5月29日（四月三十日）

即日出版的《粤西》杂志第4期发表辟疚所写的评论文章《希望立宪之效果》，对清廷制颁报律一事，进行揭露和抨击。摘要如下：

> “……夫报律也，结社集会律也，吾不知其何物也。然当日鼓吹立宪者，不尝主张开明专制论耶？今日之报律，今日之结社集会律，其殆实行开明专制之条例欤？果尔，则关系于结社集会二十五条之实施，如第三、第六、第七、第九、第十以及十九、二十并二十二等条，不特我国民无丝毫集会结社之自由，并且集会结社之资格而亦同时尽被丧失。而关于报律之四十三条，又不特不能主持清议，代表舆论，而报馆直可以不置编辑人矣。又不特可以不置编辑人，而报馆有监督政府、指斥官场之权，今且为政府所监督，官场所指斥矣。呜呼报律！呜呼结社集会律！吾真不解其何物也。……自报律定，吾知我四万万同胞倏忽而均守缄人之训矣。清流党锢，吊古怆怀，而自结社集会律定，吾又知我四万万同胞霾云毒雾，其惨况将见告矣。呜呼报律！呜呼结社集会律！……自今以往，我国民之希望立宪者，其亦恍然矣乎？若仍执迷而不知觉，则其智可及也，其愚真不可及也。报律也，结社集会律也，此岂当日鼓吹立宪者所主张之开明专制论，而今之实行耶？或者曰：然，此正希望立宪之效果也。彼希望立宪者，正在心安意肯，踌躇满志间也。呜呼噫嘻，呜呼噫嘻，余欲无言。”

5月30日（五月初一日）

《教育新报》在日本东京创刊。月刊。社址在东京神田区三河町一丁目十四番地。留日湖北教育会编辑发行。张国溶、匡一等主持。以“输入关于教育之新知识，谋内地教育之完全发达”为宗旨。

《武学》杂志在日本东京创刊。月刊。编辑发行人陆光熙、方日中、王裿昌、姜梅岭等，总经理黄郛。提倡振起民力和尚武精神。在国内设有发行处。

同月

《国华报》月刊在上海创刊。有图画、社说、时事新画、文苑、插图、小说等栏目内容。其前身为本年2月2日创刊的《新朔望报》。

陕西学务公所主办的《陕西官报》在西安创刊。每旬出版。同年10月停刊。

《惠兴女学报》月刊在杭州创刊。杭州惠兴女学校出版。每期出20页左右1册。自称其主旨为：“期望女子普及，成就多数贤妻良母为作用。”1911年3月15日出至33期后停刊。

《每日西报》在汉口创刊。

《滇话》半月刊在东京创刊。云南留日学生主办。刘钟华主编。自称以“普及教育，改良社会，统一言语，提倡女学”，“鼓吹军事思想、实业思想、政治思想，及一般必要学说”为宗旨。全部用白话文编写。

6月12日（五月十四日）

同盟会在新加坡出版的《中兴日报》开始和当地保皇党报纸《总汇报》就革命、改良道路问题展开论战。同盟会领导人孙中山、黄兴和胡汉民、汪精卫、田桐、林时爽、陶成章等都积极为《中兴日报》撰稿参加论战。本日《中兴日报》刊出田桐以“恨海”笔名撰写的第一篇论战文章《保皇党之狡谋欤抑亦总汇报之不通欤?》。

6月13日（五月十五日）

《重庆日报》主持人卞小吾在成都狱中被川督赵尔丰指使狱卒杀害，成为四川新闻记者“以文字杀身之第一人”。

《万有学报》在上海创刊。月刊。发行所在上海法租界理科专修学校内。主编杨同衡。以普及理科知识为主。仅出1期即停。

6月17日（五月十九日）

汉口《中西日报》因登载鄂督札饬汉关道整顿官务消息，被罚令停止出版7日。

6月23日（五月二十五日）

君主立宪派刊物《现世史》在广州创刊。社址在广州双门底。旬刊（实为半月刊）。莫任衡主办。

同月

《卫生白话报》在上海创刊。月刊。陈继武主办。

《社镜画报》在上海创刊。半月刊，逢朔望日发行。以时事新闻画为主，兼刊风景画及滑稽画。

《宁波小说七日报》在浙江宁波创刊。实为旬刊。在上海新学会社设有总发行所。

《福建法政杂志》在福州创刊。月刊。福建法政学堂发行。何琇光主编。有插图、论说、译丛、史传、杂报等栏目内容。

7月2日（六月初四日）

上海《神州日报》刊登启事招聘名誉通信员。《启事》中称：“凡各省府州县各学堂教育会、劝学所，以及自治局、商会各公共机关，每月能通函三次以上经本报选刊者，本馆当认为名誉通信员，并酬邮费报章以答高谊。”

7月3日（六月初五日）

《东莞旬报》在广州创刊。社址在广州双门底。旬出32开本1小册。莫侠仁、李亚璇、陈侠魂、刘博鸿（女）等编撰。有论说、文丛、文苑、小说、侦探小说、专件、谐文等栏目内容。属于革命派出版的报刊。

7月8日（六月初十日）

《支那革命丛报》在日本东京创刊。社址在日本东京神田骏河台铃北町中国留学生会馆内。中国留日学生主办。主持人李修文。分电丛、论著、史谈、专件、记事等专栏，内容侧重有关革命的时事报道。（创刊日期据上海图书馆所藏原件）

7月9日（六月十一日）

《中兴日报》刊出张绍轩所写论战文章《看看总汇报小人行为之真相》。

7月10日（六月十二日）

江西留日学生主办的《江西》杂志在日本东京创刊。自称以“导引文明，启发民智，鼓吹地方自治，图谋社会公益”为宗旨。有论著、译述、时评、文苑、杂俎、来函等栏目内容。主要撰稿人有憨生、飞飞等。扉页刊有章太炎题字。出至第4期后停刊。

7月24日（六月二十六日）

孙中山致函荷属邦甲岛侨商黄甲元，要求黄筹款3000元，帮助《中兴日报》解决经济困难，使该报立于不败之地。

7月28日（七月初一日）

《国民白话日报》创刊于上海。社址在

上海马律师路马德里 3 弄。范鸿仙（光启）主编。宣称以“预备立宪”为宗旨。

上海《神州日报》刊登广告，宣布自即日起，增出 5 日画报，每张售价 10 文，凡阅《神州日报》者，一律免费附送。

7 月 30 日（七月初三日）

《中兴日报》刊出田桐以恨海笔名写的论战文章《与总汇报书》，批驳了《总汇报》所刊《立宪为今日救国之唯一手段》一文中的谬误观点，要求展开辩论，并提出以下五项辩论条件：

> “（一）答辩不能清翻白描，须根据事实及法理。（二）答辩不能故延时日，须于《立宪为今日救国之唯一手段》论文后即行登载，敝报答辩亦如之。（三）胜败决之于舆论，如以舆论无标准，则可在本坡开会，决之于举手之多寡。（四）如经众人判断胜败后，败者即行闭门罢业，万一以股东之便宜，不能闭门罢业者，则须即行改变宗旨，以从胜者之所主张。（五）如以上各项，贵报视而不见，则以不战而败论，得用第四条之所约束。”

同月

《医学世界》月刊在上海创刊。社址在上海英大马路泥城桥西首 12 号。上海中国自新医院主办。汪惕予主编。

资产阶级革命团体共进会主办的《湖北日报》在汉口创刊。郑江灏、李介廉、王柏森等主编。出版仅 1 年，即被鄂督陈夔龙查封。（创刊日期一作 1906 年，见张静庐《中国近代出版史料》初编，第 88 页。）

湖北谘议局主办的《宪法学报》在武昌创刊。旬刊。

《大江日报》《深省报》在武汉创刊。

8 月 6 日（七月初十日）

《浙江教育官报》在杭州创刊。浙江学务公所主办。月刊，每月逢十出版（六月、十二月各停刊一月）。每期出铅印 70 页左右 1 册。有谕旨章奏、文牍、学制、科学、图书、论说等栏目内容。1911 年 8 月停刊。

8 月 10 日（七月十四日）

汪康年将《中外日报》全部产权出让给苏松太兵备道蔡乃煌，使《中外日报》由汪康年私人办的报纸，变成官办报纸。本年初，《中外日报》曾因经济困难，接受过蔡的资助，蔡以资助者名义派遣其私人沈仲赫常驻报馆，担任监督。产权转移后，该报遂完全为蔡所掌握。

《民报》第 23 期出版，章太炎复任主编，汤公介副之。自本期起，《民报》的发行所由东京丰多摩郡大久保村百人町二三八番地迁至丰多摩郡淀桥町角筈七三八番地。

新加坡《中兴日报》自即日起，迄本月 21 日止，连载胡汉民以“去非”笔名撰写的长篇论战文章《驳总汇报论国会之趋势》。

8 月 13 日（七月十七日）

清廷军机处以汉口《江汉日报》“词意狂悖，殊足扰乱大局，妨害公安”，致电湖广总督陈夔龙，要求按现行报律予以惩处。

8 月 14 日（七月十八日）

汉口《江汉日报》因所刊长篇连载《清国之革命党》（后改名《革命党史》）一文介绍和宣传民主革命，以及所载《中华帝国宪政会联合海外二百埠侨民公上请愿书》一文昌言“归政”“迁都”，被湖北地方当局以“鼓吹革命”罪名封禁。该报自创刊至被禁，共仅出 149 期，不足 5 个月。上海《神州日报》同年 8 月 17 日发表论说《汉口报界之悲观》，对该报被封表示抗议，文中对清廷的各种官报，亦加以揭露和抨击。略云：

> “北京及各省之官报，登载文牍，与国民毫无关系……次则有所谓半官报者，有所谓名为社会机关而实则官报

者，然则其足以代表社会言论机关者，盖不多觏矣。”

8月16日（七月二十日）

《欧美法政介闻》月刊在上海创刊。留德学生马德润、周泽青编辑。商务印书馆出版发行。每期出40页左右1册。自称其办刊宗旨为“专注在欧美各国法政，次第输入海内，以扩我国人政法之观念”。出版3期后停刊。

8月19日（七月二十三日）

《中兴日报》自即日起，迄本月22日止，连载胡汉民所撰论战文章《驳〈总汇报〉惧革命召瓜分说》。

8月25日（七月二十九日）

政闻社自行解散。该社在上海出版的《政论》月刊自动停刊。

8月26日（七月三十日）

《须弥日报》在上海创刊。每日出对开2张，星期日休刊。馆址在上海英租界马律师路马德里1154号。有言论、谕旨、外电汇要、要闻、要件、通信、汇报、纪事、图画、来稿、报告、小说、词林、谈丛、报余等栏目内容。

8月27日（八月初一日）

同盟会缅甸支部机关报《光华日报》在仰光创刊。总经理庄银安，副经理陈仲赫，主笔居正、杨秋帆、吕志伊，助理编辑黄大衮、何荣禄、苏铁石、傅春帆、陈绍平、林文曲、黄兰士、徐赞周等。以“鼓吹孙中山革命主张，唤醒华侨”为宗旨。所刊《亡国人之伤心地》《三十四年之傀儡》等文，极力宣传反满革命。创刊仅1个月，当地同盟会员人数便增加到4万人。2个月后，以揭发驻缅甸清使萧永熙向华侨诈财丑闻，遭到萧的报复，被迫停刊。

《汉口见闻录》在汉口创刊。社址在汉口花楼街宝顺里。属《汉口中西报》的附刊，随该报送阅。

8月28日（八月初二日）

《中兴日报》自即日起，连续2天刊载胡汉民所写的论战文章《正总汇报之奇谬》。

8月31日（八月初五日）

《中兴日报》发表胡汉民所写的论战文章《再正总汇报之奇谬》。

同盟会员在美国檀香山主办的《民生日报》更名《自由新报》继续出版。隔日刊，逢星期一、三、五出版。发行人曾长福，先后任总编辑的有卢信、温雄飞、吴荣新等。兼用文言白话撰稿。言论倾向于民主革命。

同月

四川通省经征总局主办的《经济成案汇编》在成都创刊。以税务方面的文牍及信息为主。

《庚申学报》在北京创刊。北京庚申学会出版。

《福建教育官报》在福州创刊。月刊。福建提学使署主办。有诏令、章奏、文牍、报告、论说等栏目内容。

9月3日（八月初八日）

《官商总报》在上海试刊。同年10月25日起正式出版。社址在上海跑马厅后芦花荡德福里380号。每日出版对开3张。以各省官吏为主要读者对象。

9月7日（八月十二日）

《中兴日报》发表戡黎撰写的论战文章《总汇报之卑劣》。

9月9日（八月十四日）

上海《江苏商学日报》创刊。

9月12日（八月十七日）

孙中山以“南洋小学生”笔名在《中兴日报》上发表《论惧革命召瓜分者乃不识时务者也》一文，以土耳其、摩洛哥为例，阐明革命不仅不会招致帝国主义瓜分，而且瓜分、干涉问题还可“由革命而解决”，驳斥了改良派宣扬的革命将招致列强瓜分的谬论。

9月15日（八月二十日）

《军学季刊》在上海创刊。上海商务印书馆编辑出版。主编为留德陆军学生陆宗达。出版2期后停刊。

孙中山以“南洋小学生”笔名在《中兴日报》上发表《平实尚不肯认错》一文，指责《南洋总汇报》所刊平实的文章为“满人侵夺中国”辩解，对平实文章中所提出的“满人侵夺中国亦为天命之自然”的观点，进行批驳。

《中兴日报》刊载宅仁所写的论战文章《正总汇报〈定期开设国会为中国自强之基础〉》。该文自本日起在该报连载9天，至本月24日刊完。

9月16日（八月二十一日）

《香山旬报》在广东香山县（今中山县）创刊。社址在香山县石岐西门口李崇正堂大屋内。每期出32开六七十页1册。主编郑岸父（彼岸），编辑人李锐进、黄冷观、李磷庵、郑道实等。自称以“监督地方行政”、“改良社会风俗”、“提倡实业”、“网罗文献”为宗旨。有图画、论著、时评、新闻、小说、文苑等栏目内容。言论倾向于革命，很受社会欢迎，海外华侨纷纷捐款支持。

9月17日（八月二十二日）

《中兴日报》发表胡汉民以“去非”笔名撰写的论战文章《正告总汇报记者平实》。

同月

《旅客》在上海创刊。周刊。进行社发行。有社论、选录、记事、小说等栏目内容。1911年停刊。

《湖北女学日报》在武昌创刊。冯德生主办。

日本人主办的中文《全闽新日报》在厦门创刊。社长泽重信起。是日本人设在台湾的善邻协会的机关报。自称以“敦睦邻谊，指导民众”为宗旨。该报接受日本台湾总督府的津贴，为日本帝国主义在厦门地区的言论机关。

日本人主办的日文《东边时报》在安东（今丹东）创刊。金村长主持。

秋

广州《时事画报》在谢英伯、潘达微主持下复刊。由郑侣泉、何剑士等任编辑。出版10余期后停刊。

10月5日（九月十一日）

《安徽白话报》在上海创刊。社址在上海马律师路马德里3弄1151号。旬刊。每期出有光纸铅印30页左右1册。主持人李燮枢、王钟麒、李铎等。以“开通风气使人人得有普通之知识”为宗旨。同年12月5日因火灾停刊，1909年8月复刊。设有皖社经理，负责向安徽地区发行。

10月9日（九月十五日）

孙中山以“南洋小学生”笔名在《中兴日报》发表《平实开口便错》一文，对《南洋总汇报》所刊平实作《论革命不可强为主张》一文中以天命反对革命的谬论，进行了反驳。指出“人事补天工，人事夺天工”，革命不靠“天数”，只要“有主张革命者，出而唤起同胞”，就能够“造成革命之时势”。

10月10日（九月十六日）

《民报》第24期出版。时《民报》社经济十分困难，章太炎多次要求孙中山接济，因孙没能办到，章颇责难孙中山不支持《民报》。

10月15日（九月二十一日）

《大陆日报》在汉口创刊。

黄嘉德生。黄福建晋江人，曾任《西风》《西书精华》《平论》等刊物主编，上海《侨声报》总主笔，圣约翰大学新闻系教授、系主任。

10月19日（九月二十五日）

日本政府借口《民报》发表的《本社简章》及近期所刊《革命之心理》等文章“败坏风俗，扰乱秩序”，“激扬暗杀，破坏治安”，将新出版的第24期《民报》全部扣押，并禁止今后再刊登类似的文字。《民报》因此被迫停刊。警方本日将有关禁卖《民报》第24期及禁刊类似文字的通知递交给《民报》发行人。全文如下：

> “《民报》发行人兼编辑人章炳麟
>
> 明治四十一年十月十日发行之《民报》第二十四号，因违反《新闻纸案例》第三十三条而经举发，内务大臣特根据该条例第二十三条之规定，命令：停止其销售发行，临时予以押收，并勒令今后不得刊载与《革命之心理》《本社简章》内容相同之文稿。等因，仰希知照。
>
> 合将内务大臣命令相达如右。
>
> 明治四十一年十月十九日
>
> 警视总监龟井英三郎”

（见《报告〈民报〉二十四号停止情形》，《近代史资料》1962年第1期）

《民报》的被封禁，遭到留日革命学生的强烈反对。杨斯洛、王天行、汤受辛、许贻、殷纪伦、叶中镐、甘人祺、李日喧、曾家骥、刘知理、赖庆恢、黄恪×、廖公群、甘同×等14人以“中华国民”名义联名向日本内务部递交抗议书，指出：“《民报》为敝国士民仰望如泰山北斗之巍巍者，对于贵国，亦尝提倡联合，而言维持世界和平。论文明法律，断无可以封禁之理由，不知贵大臣何为而出此也?”另一位广东籍革命留日学生则以“东京居留之一革命党”名义，致函日本内务大臣，声明“《民报》即我革命党之旗”，抗议日本政府以“野蛮手段，率然没收”，指责日本政府“恩将仇报”，并表示“从今吾党唯有进入内地，以秘密手段运动各地排斥日货”，以为报复。

10月20日（九月二十六日）

《白话小说》月刊在上海创刊。姥下余生主编。以刊载长篇连载小说为主。

10月21日（九月二十七日）

《民报》主编章太炎封还日本警视总监龟井英三郎转达的日本内务大臣平田东助关于扣禁《民报》的命令，并致书该大臣，表示抗议。抗议书称：

> “内务大臣鉴：《民报简章》六大主义，前经贵内务省认可，今未将此项保证退还，突令不许登载与此《简章》同一主义之事项，本编辑人兼发行人不能承认，特将此纸缴还贵内务省。如以扰害秩序为嫌，任贵内务省下令驱逐，退出日本国境可也。
>
> 《民报》编辑人兼发行人章炳麟白
>
> 十月二十一日”

（《近代史资料》1962年第1期）

10月22日（九月二十八日）

新加坡《中兴日报》全文刊载《神州日报章程》，对该报的出版表示欢迎和支持。同日《中兴日报》还发表胡汉民用“辨奸”笔名撰写的文章《驳总汇报论国会与君主之关系》。

10月23日（九月二十九日）

章太炎再次致书日本内务大臣平田东助，对封禁《民报》事表示抗议。略云：

> “内务大臣鉴：前封还命令书，经贵内务省饬令警视厅传告牛込警署，令其恳切晓谕以复受命令为期。警署本奉命之地，署长特备役之人，权不己操，本编辑人兼发行人勿庸与之撑拒，当将

命令书仍旧携归。然今有为贵大臣告者，前经牛込警署长当面告言：‘此事关于外交，不关法律’，本编辑人兼发行人早闻北京传说，据云：‘唐绍仪此次途经日本，将以清、美同盟之威胁日本，又以间岛领土之权、抚顺炭矿之权、新法铁道之权啖日本。’今与牛込警察署长之言相校，毫厘不爽。本编辑人兼发行人私谓贵国自有历史以来，以刚毅恺明称于天下，必不茹柔吐刚，以纤毫之利、圭撮之害，而俛首以就满洲政府之羁轭，以挠邻国士民之气。往者，朱之谕以光复中原不胜，违难贵国，贵国士大夫至今称之。本报立论，犹朱之瑜之志也，顾岂前后异哉！

“贵国天性尊君亲上，世笃忠贞，若以此推爱于满洲政府，虽名实相违，而言出由衷，犹为世所共谅。若以威吓利啖之故，而以《民报》之革命宗旨为满洲政府所赠利益交换，本编辑人兼发行人宁为玉碎，不为瓦全。……

“呜呼！圜舆广大，何所无托身之地，黄鹄一举，识天地之圆方。本报刊行，岂必局在东海。必若操之过蹙，即人人能作唐绍仪耳！吾党人在美国者，已明言中美国民连合，变本加厉，或亦本报所有事。自兹以后，更不烦以‘同文同种’酬酢之言，辱我炎黄遗胄矣。《民报》编辑人兼发行人章炳麟白，十月二十三日。”

（汤志钧编：《章太炎年谱长编》上册，第 285、286 页）

同日，清廷军机处以檀香山《自由新报》“昌言革命”，“犯上作乱”，电令沿江沿海各省督抚，“严加搜禁，毋任传播”。

10 月 25 日（十月初一日）

清政府以张继、吴稚晖等在巴黎出版的《新世纪》“语多悖逆，昌言革命”，严禁在国内发行。

10 月 26 日（十月初二日）

章太炎第三次致书日本内务大臣，就封禁《民报》事进行指责。略云：

“内务大臣鉴：二十三日寄去一书，次日即有铁道技师高桥孝之助来作说客。本编辑人兼发行人观其辞气举止，知于政界有瓜葛者。祸福存亡之念，不以撄心久矣，岂此奢阔之言，而足扰乱神听？独有为贵大臣告者，台阁之上，政由己出，龙行虎步，高下在心，欲将《民报》永远禁止，则直令永远禁止耳。今既不敢居严厉之名，而利权所在，又不能不虚与委蛇，由是舍永远禁止之名，而取永远禁止之实，迫胁《民报》，使变其革命宗旨，为此者亦内疚神明，惟欲深秘其事，并贵国诸报章不令记载，以激外人之姗笑；复遣游说之徒，风示意旨；为长吏者，当丸皮如是耶？本编辑人兼发行人虽一介草茅，素不受权术笼络。若贵大臣有意督过之，封禁驱逐，惟命是听。幸勿令纵横之士腾其游说也。《民报》编辑人兼发行人章炳麟白，十月二十六日。”

（汤志钧编：《章太炎年谱长编》上册，第 287 页）

与此同时，章太炎还以“中国革命党同白”名义，将前引“三让内务大臣书”及有关《民报》被禁经过情由，编辑成题为《报告〈民报〉二十四号停止情形》的传单，“印刷分发党员”，对日方施加压力。

在对待《民报》被禁事件的斗争策略和方法上，黄兴、宋教仁和章太炎之间有分歧。黄、宋认为日本政府对于《民报》所采取的措施，并非永远禁止，如果交涉得当，还可以争取日方撤回对《本社简章》的禁令，使《民报》在原来的革命宗旨下继续出版。他们对章太炎逞一时之快，以激烈词句，一再致书日本内务大臣，进行诘责和不留余地的做法，不太满意。他们的意见也不为章太炎所采纳。《民报》停刊事，遂无可转圜。

同月

浙江禁烟处主办的《浙江禁烟官报》在省会杭州创刊。旬刊。约出至1910年停刊。

侨居缅甸仰光的保皇党人购进原《光华日报》的设备，创办《商务报》，以张石朋、李牙聪为主笔，进行抵制革命的宣传。

11月3日（十月初十日）

日本人主办的《泰东日报》在大连创刊。初创时日出4页，后增至8页。社长兼主笔金子平吉，协助金子平吉担任编辑工作的还有村田孜郎等。该报经济上接受满铁公司的津贴。

11月13日（十月二十日）

《梅州》杂志在日本东京创刊。旅日梅县籍华侨主办。问津主编。以海内外梅州籍人为读者对象。注意有关梅州地方情况的报道，支持民主革命。

《民报》在日本东京的社址发生被反革命分子“放火”之“恶戏”。未遂。

部分革命留日学生即日晨在东京早稻田大学清国留学生部入口处，散发和张贴题为《请看东胡、倭奴封〈民报〉之恶劣手段》的油印传单，就《民报》被禁事，对日本方面进行猛烈攻击，有“列祖列宗锦绣河山，已从东胡三百年者，忍今再亡于日本也耶?”“吾汉族与东胡誓不两立者，今与倭奴，已不共生存矣”，“吾汉儿血气之伦，不起而抗倭奴者非人也，不起而杀东胡者非人也”，“必使倭货永排于支那，无政府蔓延于倭岛，所谓野蛮国家野蛮法律，一炬而焚之，则东胡无辅翼之鸟，倭奴亦鲜比目之鱼，大汉光威，于是用张”等语。一味意气用事，使一些同情中国革命的日本人士也感到难以接受。黄兴、宋教仁等人也不赞成这一做法，曾对日本记者进行解释，指出这“并非全体革命党员之意思”，并表示“希望日本国民勿以檄文而产生误解”。

《浦东中学校什志》在上海创刊。每期出160页左右1册。浦东中学校主办。顾次英、黄炎培编辑。

11月14日（十月二十一日）

香港《中国日报》发表论说《促日本外交家之反省》，对所传日本政府应奉天巡抚奉派赴美特使唐绍仪要求对《民报》实行限禁一事，进行抨击。

11月15日（十月二十二日）

《湖北地方自治研究会杂志》在日本东京恢复出版。社址在日本东京神田区千代田馆。刊号另起。吕嘉荣、张伯烈等主编。为清廷的预备立宪活动作舆论上的铺垫。

11月17日（十月二十四日）

《吉林日报》在吉林创刊。自称以“开通风气，鼓吹文明”为宗旨。

《武昌商务日报》在武昌创刊。创办人汪云章。

11月24日（十一月初一日）

美国檀香山《自由新报》全文刊载了章太炎所撰《报告〈民报〉二十四号停止情形》一文，对《民报》的被迫停刊，进行了舆论上的声援。

11月25日（十一月初二日）

日本东京地方法院开庭就《民报》事件对该报编辑人兼发行人章炳麟进行公开审讯。中国人约300人前往旁听，只有60人进入法庭。起诉事实共三项，即：《革命之心理》一文事，编辑及发行人、发行所变更后未作呈报事，以及《本社简章》事。章太炎对第一项起诉的回答是：“该文为汤伯夔所撰，作者目下不在日本，《民报》刊载该文，系供清国学者阅读。”对第二项起诉的回答是：“偶然失误，未曾报告。”对第三项起诉的回答是：《本社简章》自创刊号起每期均刊于杂志之末页，早为日本政府认可，“前日不禁而今日禁之，尤与法律背驰”。审讯过程中，章太炎还据理和日方裁判长进行了以下辩难：“我语裁判长，扰乱治安，必有实证，我买手枪，我蓄刺客，或可谓扰乱治安，一笔一墨，几句文字，如何扰乱？厅长无言。我语裁判长，我之文字，或扇（煽）动人，或摇惑人，使生事端，害及地方，或可谓扰乱治安。若二三文人，假一题目，互相研究，满纸空言，何以谓之扰乱治安？厅长无言。我语裁判长，我言革命，我革中国之命，非革贵国之命。我之文字，即鼓动人，即扇惑人，扇惑中国人，非扇惑日本人，鼓动中国人，非鼓动日本人，于贵国之秩序何与？于贵国之治安何与？厅长无言。我语裁判长，言论自由，出版自由，文明国法律皆然，贵国亦然，我何罪？厅长无言。我语裁判长，我言革命，我本国不讳言革命，汤、武革命，应天顺人，我国圣人之言也。故我国法律，造反有罪，革命无罪，我何罪？厅长无言。”（见《章太炎先生答问》，录自 1915 年 4 月国学书室本《太炎最近文录》）宋教仁以“清语教授”名义，诡称“与章炳麟并无任何关系”，经辩护律师花井皂藏申请，出庭担任被告翻译。

11 月 26 日（十一月初三日）

日本东京地方法院第二次开庭，就《民报》事件对该报编辑人兼发行人章炳麟继续进行审讯。先由检察官宣读起诉书，继由被告辩护律师花井皂藏等进行无罪辩护。最后宣布 12 月 12 日上午 9 时宣判。这次审讯禁止旁听。

本日及本月 30 日，东京《民报》社被变节分子汪公权两次潜入投毒。社员汤增璧在第二次投毒后，误饮带有“猛性毒剂”的茶水，经送入邻近医院抢救后，得解。时称“毒茶案”。案发后，日本警署在留日学生中进行侦察，被拘讯者十数人，历时半月，迄无要领。汪公权以投毒成功，受到清驻日使馆奖励（当时传闻为 5000 元），返抵上海后，被光复会员王金发在上海四马路击杀。

同月

无锡锡金教育社主办的《锡金白话报》月刊在江苏无锡创刊。裘廷梁等发起，尤惜阴主编。

日本人嘉纳三治主办的日文《安东每夕新闻》在安东（今丹东）创刊。该报 1912 年与日文《安东新报》合并，继续出版。

文学期刊《灿花集》在上海创刊。上海灿花书社出版。

《竟化》杂志在上海创刊。上海竟化女校出版。

12 月 2 日（十一月初九日）

清廷发布上谕，要求各地邮局对“外洋”寄来的各项函件进行检查，“语涉悖诞”的，一律销毁。邮政部门以“拆阅函件，甚悖联邮章程，恐在华客局不肯允办”为词，没有完全执行。

12 月 3 日（十一月初十日）

宣统皇帝先一日登基。上海《神州日报》本日用红色印报，并发表《嗣皇践祚颂言》等论说，鼓吹尽快实行君主立宪。

12 月 7 日（十一月十四日）

檀香山英文报纸《太平洋商业广告报》（*The Pacific Commercial Advertiser*）发表《呼吁给予同情》（*Appealing for Sympathy*）一文，对《民报》的被禁和被迫停刊表示同情。该文称《民报》为“中国革新派之喉舌”（An Organ Of Chinese Reform）。

12 月 12 日（十一月十九日）

东京地方法院就《民报》违反《新闻纸

案例》事件宣判如下：

1. 所刊《革命之心理》一文违反《新闻纸案例》，判罚五十元。

2. 所刊《本社简章》违反《新闻纸案例》，判罚五十元。

3. 编辑及发行人、发行所未作呈报，判罚十五元。

以上共判罚一百十五元。

原内务大臣发布的封存《民报》第24号及禁止刊载与《本社简章》《革命之心理》主旨相同之文章的命令，仍然有效。

《民报》方面估计到即使上诉，“亦无胜诉之希望”，“即使《民报》复刊，其主义方针亦不能发表”，加以内部意见分歧，难以弥合，决定暂时休刊。

曼谷《华暹日报》发表评论《斥保皇匪之谣言惑众》，对保皇党报刊的反革命言论进行反驳。

12月13日（十一月二十日）

侨居缅甸仰光的同盟会会员通过募捐方式筹得资金1.3万余盾（缅元），在当地创办第二份《光华日报》。居正、吕志伊为主笔，陈仲赫、黄永田、陈汉平等先后任经理。和当地新创办的保皇党报纸《商务报》展开笔战。

12月14日（十一月二十一日）

广州《农工商报》旬刊接受广东劝业道津贴，自本日出版的第55期起，改名《广东劝业报》继续出版。仍由江宝衔担任主编。有论说、学理、农业、工业、商业、古仔、章程、报告等栏目内容。该报代表官方进行改良实业等方面的宣传。1910年停刊。

上海《神州日报》刊登要闻《摄政王重视报纸》，内称：“闻摄政王每日由宫廷返府后，夜间专以三小时为阅视各种报纸之用”，并“裁剪存留”，以备日后“分别办理”。同日该报还发表题为《因摄政王注重报纸感言》的论说。文中说：

> “（报纸）在欧美日本有为一政党所组织者，有为一会社所组织者，约而言之，大都出于政治、经济之两途，盖亦表见人民意思之一机关也。泰东西政治之发达，实赖于报纸机括之完全，故其攻错也愈力，其促政治进步也愈速。新闻记者殚心竭力于政治问题，使国家社会之间，幸福日增进，而享无冠帝王之荣。……故当创立宪法时，比照欧美各国载言论自由之条文，于思想、言论、出版三者，皆能加意保护。返观我中国，政府以报纸之直言无隐，不便其私图也，故压制之；官吏希望意旨，亦相率仇视，必欲得而甘心焉，呜呼！中国民气之权摧丧，已达极致，独此意思机关一线之存在，犹欲多方破坏，所谓言论自由，得宪法上之保障者，将来已不可得，遑问参政之权利耶？今者摄政王监国伊始，海内外方喁喁望新政，既洞鉴中外政治得失之源，又复殷殷注意报纸。……吾愿当道远师欧美日本保护言论之陈轨，近体摄政王注重报纸之盛心，上下一德，毋俾疑忌，则幸甚矣。”

12月19日（十一月二十六日）

俄文 Железнодорожная Жи знъ на Далънем Востокъ（《远东铁路生活》）周刊在哈尔滨创刊。主编H. A. 乌伯夫。1917年10月停刊。

12月20日（十一月二十七日）

《河南》杂志停刊。共出9期。

12月23日（十二月初一日）

《滨江日报》在哈尔滨创刊。社址在哈尔滨道外傅家店黎明街。周六刊。每期出对开一张半。创办人兼总编辑奚廷黻。办报的目的仍在和沙俄方面在哈尔滨创办的《远东报》作抗争。为了弥补办报经费的不足，曾接受滨江厅同知何厚琦的津贴。1910年10月停刊。

同月

《全浙公报》在杭州创刊。

《图画新闻》月刊在上海创刊。上海时事新报社出版。

日文《南满日报》创刊于沈阳。日人矢野勘创办。1912年9月1日改名《奉天日日新闻》。1918年又改名《奉天满洲日报》。

冬

《时事报》附出的《时事画报》在上海创刊。旬刊。有光纸石印。随报附送。以新闻画为主，间刊花鸟等作品。

年末

兼用中英两种文字对照出版的《中西星期报》《*Conton Weekly News*》在广州创刊。社址在广州沙基屈臣氏2楼。每星期日出8开14页。有论说、本省新闻、各省新闻、北京新闻、外国新闻等栏目内容。自第89期起，中文名改为《省城星期报》，取消中文，纯用英文，篇幅增至8开16页。该报副刊曾刊有《格列佛游记》《哈利慧星考》等小说及科学小品。

同年

《大同报》在北京创刊。创刊不久即与《中央日报》合并，改名《中央大同报》继续出版，由康士铎主持。

《浅说日日新闻画报》在北京创刊。柳赞成主编，德泽臣绘图。北京浅说画报社出版。所刊以新闻画、讽刺画为主。后改名《浅说画报》。1911年出至942期停刊。

《中华圣公会报》月刊在北京创刊。

《北京时报》在北京创刊。为拥护君主立宪的白话报刊。

《当日画报》在北京创刊。总理张小泉，编辑李瑞臣，图画编辑英铭轩。内容有京师新闻、时事讽刺画、灯谜等。

《京都白话日报》在北京创刊。王子贞主编。

《蒙学画报》在北京创刊。中华学会主办。

《商报》在北京创刊。徐皆子集资创办。内容有商界、制造、实业等栏目内容。

《吉林公民日报》(日刊)、《吉林实业官报》(周刊)在吉林创刊。前者由吉林地方自治会主办，后者由吉林农工商局主办。

《东三省民报》在奉天(今沈阳)创刊。主编赵中鹄。支持民主革命。出版不久即因经费困难停刊。

《醒时报》(又名《醒时白话报》《奉天醒时白话报》)在奉天(今沈阳)创刊。创办人张兆麟，编辑记者均为张的家属，故有"家庭报馆"之称。

《白话报》在哈尔滨创刊。主办人赵秉璋。

《营商时报》在辽宁营口创刊。营口商会总理潘达球主办，为当地商会的言论机关。以交流商业情报为主要目的。

日本人主办的英文 *The Manchuria Daily News*(译意《满洲每日新闻》)在大连创刊。销约1500份。

日本侨民主办的日文《北满洲》报在哈尔滨创刊。旬刊。1918年起改为日报。

吉林省农会发刊《吉林农报》旬刊。

《山东日日官报》在济南创刊。日出对开1张。有选论、本馆特别要闻、时事近闻、本省近事、汇报、杂录等栏目内容。辛亥革命后停刊。

《渤海日报》在烟台创刊。创办人李凤五、齐芾南、丁训初等。主要读者是当地清朝陆海军下级官兵。辛亥革命时期成为同盟会策划武装起义的重要联络机关。

上海《格致益闻汇报》改名《汇报》，并附出《时事汇编》三日刊。

中国耶稣教自立会全国总会的机关刊物

《圣报》在上海创刊。月刊。柴连复主编。

《娜嬛杂志》在上海创刊。社址在上海广西路宝安里。有艺文志、游戏志、要事志、月旦表、诙谐志、北里志等栏目内容。属消闲性小报。每张售价 1 分。停刊时间不详。

环球中国学生会在上海出版的《环球一粟》月刊，改名《学生报》继续出版。双月刊。中英文合璧。由李登辉、伍连德、严复、马君武等任撰述。

《女学生》（城东女学社主办，月刊）、《龙门师范学校校友会杂志》（年刊）、《汇报时事汇录》（半周刊，李杕主编，天主教刊物）、《鹤鸣报》等在上海创刊。

《甬报》在浙江宁波创刊。日刊。创办人张让三。出版仅 4 个月即停。

《英语学杂志》在杭州创刊。杭州钱塘高等小学主办。以提高学生英语阅读能力为目的。

《宁波七日报》在宁波创刊。

《绍兴医药学报》在绍兴创刊。月刊。总编裘吉生，副总编何廉臣。以发展民族医药、交流医学经验为宗旨。

《通俗报》在安徽安庆创刊。由韩衍组织的读书会主办。陈白虚、孙养癯、高超等编辑。经费由同情革命的人士资助。是资产阶级革命派的宣传机关。

《安徽通俗公报》在安庆创刊。韩耆伯主办。属革命派报刊。该报对清廷当局时有揭露。

安徽学务公所主办的《安徽学务杂志》在安庆创刊。月刊。出至 1910 年 4 月停刊。

官商合办的《江报》在南昌创刊。发行人李之鼎。自称：“以宣布政教，扶植人心，求风气之开通，俾民智之浚瀹为宗旨。”曾以日商名义经营。1909 年接受官方拨款后，改称《江西日日官报》。

《艺林报》《中华圣公会报》《竞业旬报》《政论》《武昌白话报》《武汉杂志》等报刊在武汉创刊。

《两湖通俗报》在武汉创刊。杨涤湘主办。

《丽泽随笔》半月刊在西安创刊。同盟会会员郭希仁、王铭丹等编辑。西安泾阳会馆发行。

《成都通览》在成都创刊。傅樵村主编。以介绍成都工商学等方面情况，以及当地风土人情、方言俚语、掌故等为主要内容。

《成都白话报》在成都创刊。谭焯等集资创办。以“开通民智，述皇仁，保国粹”为宗旨。

甘绍相等主办的《梧州日报》在广西梧州创刊。刘古香、周放年等主办的《民铎日报》在广西桂林创刊。均以宣传民主革命为宗旨。

《桂报》在广西创刊。广西铁路公所发行。自称以“振兴本省路矿，提倡地方自治”为宗旨。

《妇孺日报》在广州创刊。番禺监生陈诚主办。自称以“开通风气，维持世道”为宗旨。内容“注重德育，于新闻外，兼演绎列女传及古今格言”，是一份代统治阶级向妇女及儿童进行封建说教的通俗报刊。它的出版，得到了番禺县提学司的支持，该司曾“出示晓谕劝阅”。

以儿童为读者对象的期刊《初等教育》周刊在广东创刊。江侠庵主办。

以小学生为读者对象的刊物《小学界旬报》在广东大埔创刊。旬刊。

《蚕学报》在广东创刊。广东蚕业学堂出版。全年出 10 期。

广州各报以论佛山轮船命案，被葡萄牙领事提请广东地方当局“严行申斥”。

广州报界公会成立。由广州各报联合组成，是广东地区最早的报业团体。会址初设广州十八甫新街《国民报》旧址，后搬至西关自置会所。会员有《安雅报》《羊城报》《时敏报》《岭海报》《七十二行商报》《总商会商报》《国民报》《国是报》《天趣报》《天游报》等 10 家。除在有关新闻事业的问题上由公会决定方针，协同步调外，并设有阅报处，搜集全省报纸，供会众阅览。

汕头《双日画报》以所刊光绪逝世消息有为西太后毒毙等字样，被封。发行人曾杏村被捕入狱，经省港舆论界极力声援，一年后始获释。

美国传教士主办的《奋兴报》在福建莆田创刊。该报出版至 1949 年停刊，历时 41 年，为新中国成立前福建省出版时间最长的报纸。

《人道日报》在香港创刊。督印人李孟哲。

《真报》在香港创刊。主编陈自觉。其前身为在香港出版的《实报》，言论较《实报》为激烈。1915 年停刊。

香港《维新日报》由刘少云接办。接办后第 2 年改名《国民日报》继续出版，仍为保皇党作鼓吹。民国成立后停刊。

《德华朔望报》半月刊在香港创刊。

《日华新报》创刊于东京。五日刊。夏重民主编。言论支持国内的民主革命。

留日中国穆斯林创办的伊斯兰教刊物《醒回篇》在日本东京创刊。季刊。该报内容也涉及政治。旋停。

留日学生主办的《法政新报》在日本东京创刊。社址在东京牛込市比谷加贺町一丁目四番地。有社说、宪法、行政、民法、商法、刑法、诉讼法、国际法等栏目内容。

《同侨报》在曼谷创刊。尢列、康荫田等主办。支持革命。

同盟会会员主办的马来文报纸《阳明日报》在新加坡创刊。以不懂汉文的华侨土生子弟为主要读者对象。报名是孙中山拟定的。

《民铎报》《泗滨日报》在荷属东印度泗水市创刊。后者由田桐主编，部分资金来自当地的同盟会会员。

《爪哇电报》创刊于荷属东印度泗水。晚刊。华侨主办。

马来文《东耀报》创刊于荷属东印度的马隆。华侨主办。每周出版 3 次，每次对开 1 张。

《苏门答腊报》创刊于印尼棉兰。支持革命。

菲律宾华侨主办的《警铎新闻》在马尼拉创刊。总经理王汉全。日出对廾 2 张，销约 400 份，纸张印刷较精美。发行仅 1 年余即因经费困难停刊。

《大声报》在美国檀香山创刊。卢信、孙科等主编。以宣传民主革命为宗旨。

同年前后

《华民自由日报》在美国旧金山创刊。蒋梦麟曾任该报主笔。以宣传三民主义为主要内容。该报的出版得到过孙中山的支持。

1909 年
（清宣统元年己酉）

1月1日（戊申年十二月初十日）

日本人主办的日文《长春日报》在长春创刊。箱田琢磨主编。该报于 1917 年改名《北满日报》，1932 年后再易名为《新京日报》。

同盟会主办的机关报《长春公报》在长春创刊。主持人蒋大同，主笔徐竹平、董耕芸。创刊不久，即改名《国民新报》，旋改名《长春日报》。1909 年 5 月一度停刊，复刊后改名《长春时报》，不久又复名《长春日报》。1911 年因言论激烈，被当局勒令停刊。

1月22日（己酉年正月初一日）

《女报》在上海创刊。月刊。陈以益、谢震主编。自称“以破除迷信、注重道德与职业，期改良妇女社会，为惟一之目的”。该报第4期增刊名为《女论》，第5期增刊名为《越恨》，后者为秋瑾被杀害案专号。言论倾向于民主革命。

1月25日（正月初四日）

《申报》开始由油光纸单面印刷改为白报纸两面印刷。

1月31日（正月初十日）

《疁报》在江苏嘉定（今属上海市）创刊。半月刊。主编秦曾越。是嘉定地方自治派的报刊。

同月

《扬子江白话报》在上海创刊。

南京官报局主办的《南洋官报》由旬刊改为五日刊，期数另起。

英国驻芜湖领事馆致函安徽巡抚朱家宝，要求查封《安徽白话报》。函称：

> “阅《安徽白话报》载有《安徽人哭安徽人》一节，诋毁英人，耸听排外，应由官府严行禁止，歇闭。请转饬将该主笔提案惩办，严禁再发，以敦睦谊，而固邦交。”

《杭州白话报》（日刊）自本月起改名《全浙公报》继续出版。日出对开2张。社址在杭州保佑坊大街。叶仲裕、钟寅、吴复斋、徐伟人等先后任经理，景韬伯、程光甫、马绪卿等任编辑。

《华西教会报》在成都创刊。月刊。每期出32开30页1册。用白话文编写。内容以宣传教义及教会方面的新闻为主。属基督教教会刊物。

《时敏新报》在广州创刊。社址在广州城西十八甫55号。周六刊，星期日休刊。发行人岑侣豪，主编陈新吾。有论说、本报特派员专电、本报特电、本报译件、本省要闻、本省新闻、本省警务、中国要闻、外国要闻、画镜、专件、辕报、牌示、杂著、南音等栏目内容。其前身为《时敏报》。属于君主立宪派的言论机关。

《图画新报》在汕头创刊。日出石印1张，逢星期日休刊。主持人吴子寿，主画人为名画家王逊。该报分文字及图画两部分，图画部分有时事画、漫画、讽刺画等。

《女报》在日本东京创刊。中国女留学生主办。

2月15日（正月二十五日）

《教育杂志》在上海创刊。月刊。月出150页左右1册。商务印书馆出版。陆费逵主编。继陆费逵之后，担任该刊主编的先后有朱元善、李石岑、周予同等。自称以“研究教育，改良学务”为宗旨。内容分图画、论说、学术、教授管理、教授资料、史传、教育人物、教育法令、章程、文牍、纪事、调查、评论、文艺、诗话、杂纂、质疑回答、绍介批评、名家著述、附录等20门。1932年“一·二八”事变后一度停刊，1934年9月复刊。抗战期间迁长沙、香港等地出版，战后迁回上海。是近代中国刊行时间最长的专门研讨有关教育问题的期刊之一。

《外交报》自本日出版的第232号起，对内容进行改革，增加了中国外交大事记、世界大事记、国际法等栏目内容。

2月20日（二月初一日）

《直隶教育杂志》即日起改名《直隶教育官报》继续出版。半月刊。

2月27日（二月初八日）

《农工杂志》在杭州创刊。月刊。浙江农工研究会主办。杭辛斋、黄希之、章俊卿等主编。自称“专以研究农工实业改良进步”为宗旨。有谕旨、社说、奏议公牍、调查、纪事、译述、谈丛答问、政要、民隐、演说等栏目内容。

同月

日本人主办的日文《满洲新报》在大连创刊。

《畿辅公言报》在北京创刊。

广东台山地区具有民主思想的知识分子在当地创办《新宁杂志》，进行民主思想的宣传。创刊号自揭其办报宗旨为：改良风俗、博征旧闻、浚输新智、申明群理。参加编辑工作的有赵拱震、谭毓芝、刘小云、刘日初等。旅美台山籍革命华侨极力支持该刊出版。旧金山《少年中国晨报》主编温雄飞、黄超伍等，均曾为该刊撰稿。《新宁杂志》出版不久，当地"势恶豪右"曾联名上书县提学司，要求将"《新宁杂志》发行所招牌撤去"，没有得逞。阴谋失败后，这伙人又纠集创办《宁阳公报》进行对抗。双方笔战经年，以《宁阳公报》理屈词穷自动停刊结束。

两广总督张人骏应日本驻穗领事之请，饬令广东"省城各报馆"，"凡关系邦交之事，务宜审慎，免惑观听而滋口实"。

3 月 3 日（二月十二日）

章太炎以积欠东京地方法院所判《民报》应纳罚金，被东京小石川警察署拘留。当日如数完纳罚金后释放。

3 月 6 日（二月十五日）

《华商联合报》在上海创刊。半月刊。上海华商联合会主办。金贤寀主编。有海内外图画影片、海内外要电等栏目内容。

3 月 7 日（二月十六日）

《民兴报》在天津创刊。创办人刘孟扬，经理李镇桐，主笔颐宗越。鼓吹君主立宪，反对民主革命。

3 月 11 日（二月二十日）

《通俗日报》在四川成都创刊。其前身为《启蒙通俗报》。傅樵村主编。用白话撰稿。

3 月 16 日（二月二十五日）

《南洋劝业会通告》在南京创刊。双月刊。以"官商合资试办，以开风气，而劝农工"为宗旨。

3 月 25 日（闰二月初四日）

孙中山致函张永福、陈楚楠，建议改进《中兴日报》工作。又函曾壬龙，请协助《中兴日报》加股工作。

3 月 28 日（闰二月初七日）

上海各报联合成立"上海日报公会"，作为新闻界的行会组织。本日召开特别会议，讨论通过了上海日报公会会章。会章规定"以互联情谊，共谋进行为主旨"；设干事长一人，由各报指定的专人轮流担任，每月一个轮换；入会报馆每月各交会费二十元，充当该会的经费开支。同时规定：①船期、商情及各衙署公电由公会统一派人抄录，分送各会员报馆，非会员报馆不得享此权利；②"凡在会各报馆对于本埠会外各报馆所有函电新闻概不转送。会外报馆转来函电新闻，无论何种，亦概不照登。"

同月

《长沙日报》增出副张 1 页，除公牍、附件外，间刊诗词、诗话及连载小说，为湖南报纸有副刊的开端。

《新女界》杂志在日本东京创刊。月刊。

旅美华侨黄伯耀、黄超五、温雄飞、李是男和留美学生黄芸苏等，在旧金山成立少年学社，出版油印刊《美洲少年》周刊。总经理温雄飞，总编辑黄超五。声明其宗旨为："以民主立宪为志愿，以美国政体为主义。"所刊评论有"痛祖国之沉沦，惊风云之危急，愤保皇之恣横，叹华侨之受虐，尤伤心痛恨社会之不平"等语。

春

上海《舆论时事报》附出的《戊申全年画报》创刊。旬刊。随《舆论时事报》赠阅。内容以社会新闻画为主。

香港《中国日报》举办春节征联活动。针对摄政王载沣重用贵族、厉行排汉政策事，以朱执信所拟“未离乳臭先排汉”七字为上联，向读者征对。新加坡《中兴日报》、槟榔屿《光华日报》、仰光《光华日报》、檀香山《自由新报》、旧金山《大同日报》等革命派报纸，接受该报委托，也纷纷代为募集。应征者十分踊跃，所收对联在10万以上。经评议，有200件对联中选。首名为：“将到长毛又剪清”，次名为：“横扫膻腥独立旗”，第三名为：“一洗辫污大革新”。与此同时，仰光《光华日报》也举行了征联活动，所出上联为：“摄政王兴，摄政王亡，建虏兴亡两摄政”（吕志伊拟），应征下联首名为：“驱胡者豪，驱胡者杰，汉家豪杰再驱胡”。

4月12日（闰二月二十二日）

《中兴日报》自即日起，迄本月17日止，连载诘奸所作论战文章《揭总汇报之无耻》。

4月18日（闰二月二十八日）

《广西新报》在广西梧州创刊。日出对开一张至一张半。广西谘议局议长陈树勋、副议长甘德藩及当地士绅周元济、陈太龙等合办。自称以“助成地方自治”为宗旨。属于立宪派的报纸。

4月20日（三月初一日）

我国最早的体育期刊《体育界》在上海创刊。中国体育学校主力。

《通俗画报》在成都创刊。社址在成都桂王桥通俗报社内。原随《通俗日报》附送，不另收费，自本日起单独发行。旬刊。每月逢一出版石印5—6页1册。主编傅樵村。内容有成都街道图，成都劝业场全景、川省山川形势图、名胜古迹、人物肖像等，全部手绘。

4月22日（三月初三日）

上海发生2名印度巡捕轮奸宝山县乡女刘翠英事件。《神州日报》从本月25日起，用大号字对此进行了详细、连续报道，并配以评论、插图和醒目标题，“大胆记实，力揭其悲”，受到上海市民的赞扬和支持，销数以此过万。

4月26日（三月初七日）

上海《时事报》馆主办的《图画旬刊》创刊。油光纸石印。内容有世界名胜、中国名胜、沪滨百景、新百美图、小说等。每期15页，折叠成狭长本子，封面有套色，随《时事报》附送。

4月29日（三月初十日）

《趣报》在汉口创刊。社址在汉口四官殿后大巷15号。日出4开1张（后增为对开3张）。附出不定期的画报一种，随报赠阅。胡玉梅主办，胡玉潜主编。自称以“提倡风月，催促宪政，保黄种之凌夷，挽世道之衰弱”为主旨。是当地立宪派及湖北铁路协会的言论机关。

同月

伦敦《泰晤士报》驻北京记者莫理逊经四川进入西藏采访，成为最早进入西藏采访的新闻记者。

5月1日（三月十二日）

自《神州日报》详细报道、评论印人轮奸乡女刘翠英案后，上海英文报纸《文汇报》攻击《神州日报》“排外”。《神州日报》本日发表《本报特别之驳复》一文，驳斥《文汇报》的污蔑。略云：

> “本报迭记印奴强奸乡女案，而更加以评论，原欲保持此安宁之秩序与华

人之身命故，欲请法官尽法律之能力，以痛惩此大恶之印奴，初无他意也。不意本埠文汇西报，遂谓本报之言词中含有排外之意。此种加于本报之语，至为可怪。文汇报其欲以排外之名，以钳本报之言论乎？……今日人类既有国界，则凡一国之民，但知自卫其国，自卫其同种。排外与不排外，抑排外之为善为恶，本报无暇与辩，但请观于英美诸国对于入境之华人，当可悟矣。……”

5 月 7 日（三月十八日）

加拿大华侨主办的《新民国报》在域多利（今译维多利亚）市创刊。油印，不定期出版。后改铅印，迁温哥华出版。

5 月 15 日（三月二十六日）

《民呼日报》在上海创刊。日出对开 2 张，两面印刷。于右任主办，范光启、周锡三、杨天骥、戴季陶、陆秋心、吴宗慈、王无生等任编撰，柏筱鱼、沈缦云、张静江等出资。发刊前后在各报及该报显著地位刊登《本社启事》，申明“以实行大声疾呼为民请命”为宗旨。创刊号发表蹈海子所作《民呼日报宣言书》，有“呜呼，民呼日报何为而出现哉？记者曰：民呼日报者，黄炎子孙之人权宣言书也”，“报馆者，固平民之代表也。平民者，又与贵族立于反对之地位者也”等语。《民呼日报》附出的《民呼图画日报》（简称《民呼画报》）同日创刊。每月 1 册。以攻击官场的讽刺漫画为主。

5 月 19 日（四月初一日）

《扬子江小说报》在汉口创刊。月出 32 开 1 小册（后改 28 开）。汉口中西日报馆发行。胡石庵主编。内容有小说、传奇、小说史论等。胡石庵所作长篇小说《蒲阳公梦》《湘灵瑟》等，即在该刊连载。何海鸣《民元报坛识小录》记胡石庵主办该刊时的情况称：

“胡石庵不拘写任何体裁的小说，实不亚于李涵秋，且大气磅礴，甚有施耐庵《水浒传》的风味。又创办了一家《扬子江小说报》，专门提倡小说，即找不着西译名著，也能自出心裁，创造出西洋的小说故事来，人名地名全步上西洋译音，充作译本。如侦探冒险等作，应有尽有，居然能以伪乱真。”

5 月 31 日（四月十三日）

席子佩（裕福）与英商美查有限公司签订转让合同，以银元 7.5 万元接盘《申报》全部产业。《申报》从此成为中国人自己主办的报纸。席子佩接办《申报》后，聘请原该报翻译葡萄牙人毕礼纳（H. A. Pereira）为总理，继续用外商名义发行。

席的儿子撰写的《先严子佩府君之行述》一文，叙席子佩一生活动情况甚详。摘录如下：

“先府君讳裕福，字子佩，别号切龕，世居吴县洞庭东山，自七世祖鸿陶公始迁居青浦县属珠街阁镇。……先府君昆季三人，长为先伯父荫庭公，早世。仲为先伯父子眉公。先府君其季也。……以家道中衰……到申习贾……适英人美查创办《申报》于沪，聘先伯子眉公为华经理，推销顺利，业务日臻隆盛。岁丁酉（1897 年），先伯父子眉公以中风逝世……美查知先府君精明干练，特聘继子眉公之任。待美查年事已高，不愿久久留华，先府君以彼时沪上报纸，均为外人所操纵，深切痛心，今以美查亟欲返英，机不可失，逐纠合同志，集资盘受该馆，时在前清光绪壬寅（1902 年）……此全国言论中心之《申报》，遂为纯粹华人言论机关。……先府君以吾国积弱之原，在讲求实学者少，于是不惜厚币，礼聘通人，校刊九通、廿四史等书，廉价印行，以惠士林。复以印刷事业关系全国文化甚巨，遂纠合沪上名流，创办中国图书公司，又以重价盘受图书集成局、点石斋、申昌书室等，改组为集成图书公司，专营印刷业。先府君又以吾国实业窳败，影响民生甚大，乃有大有榨油公司之组织，并设蛋厂七处于淮、扬、徐属各地……对于国际贸易亦有关系。先府君性赋慈善，举凡一应赈济事务，莫不踊跃输将，尽心筹募。前清光绪之际，迭以捐输巨款，奖给花翎道衔、候选郎中等职，暨三代正二品封典。民国成立，以襄办华洋义赈出力，奉颁三等嘉禾勋章，并经大总统聘为谘议官。……岁甲辰（1904 年）上海总商会成立，先府君复被推为议董。民国初元，先府君自知体气渐衰，遂萌归念，举《申报》馆、集成图书公司等所有权，一并让渡与人。岁乙卯（1915 年），复以友人之怂恿，组织《新申报》馆于沪。……先府君在沪前后三十余年，所经营之事业不胜缕述，就中尤以报馆及印刷事业为著。先府君以报馆为人民喉舌，所关綦重，故不能以营业为目标，对于编辑人选，极为注意，一时名流硕彦，先后礼聘甚多。……岁甲子（1924 年），先府君以体衰多病，不耐尘嚣，所有沪上一应事业，尽数抛弃，举家迁居珠街阁故里。……（1931 年）5 月 5 日丑时……长逝。……”（原文刊《上海画报》1931 年 6 月 3 日。该文所记盘受《申报》的时间有误）

同月

《燕都时事画报》在北京创刊。每日 1 张。广仁山、来寿臣编辑。内容有北京新闻、名人演说、讽刺画等。

《砭群丛报》在广州创刊。广州阜成实业研究所出版。半月刊。编辑兼发行人刘悲庵。自称以“发扬道德，鼓吹学术，提倡实业”为宗旨。有上谕、论说、时事、奏旨、传记、说部、文苑等栏目内容。

华侨主办的中文《华铎报》在荷属东印度巴达维亚市（即雅加达）创刊。周刊，后改三日刊。每期出 20 页左右 1 册。华巫编辑所出版。白苹洲主编。自称“以引导华侨有独立合群尚武之性质，有国家之思想为宗旨”。创刊号发表社论，有“今日者，吾不惧他人之欺我，侮我，杀我，奴隶而牛马我。吾惟惧我之等于自欺，自侮，自奴，自杀而自牛马，则黄帝之华胄终没，而周礼之遗泽永沦。吾为之惧，吾不得不大声疾呼，痛哭哀号曰：同胞醒！同胞醒！”等语。该报在革命与保皇两派当中，倾向于保皇派，主张君主立宪。1910 年 9 月停刊。

6 月 1 日（四月十四日）

日本人吉野直治主办的日文《大陆日日新闻》在奉天（今沈阳）创刊。该报于 1923 年并入《辽东新报》。

《海军》杂志在日本东京创刊。季刊。每期出 270 页左右 1 册。留日海军同学会主办。湖北留日海军学生范腾霄主编。以“讨论振兴海军方式，普及国民海上知识”为宗旨。

6 月 18 日（五月初一日）

中国时事通讯会社在上海成立。社址在上海白克路登贤里。自称“购备国内及东西国最有价值报章”，专供各界查询，“调查每事一件，取通询费二角”，“复函以五百字为限，多则照例递加”。

6 月 22 日（五月初五日）

《南越报》在广州创刊。社址在广州第七甫。苏棱讽、卢博浪、李孟哲、杨计白等主编。内容分庄谐两部，庄部主要刊载新闻及评论；谐部则有题词、文界、冷评、说部、笑话、剧本、诗歌、粤讴等栏目内容，专刊文艺作品。同情革命，反对伪立宪。是革命派在广州地区的舆论机关之一。（创刊日期据李默《辛亥革命时期广东报刊录》。冯自由《革命逸史》第三集作1911年，《中国革命二十六年组织史》作1908年，《香港广东报纸与革命运动》作1909年。）

同月

《丈务杂志》创刊。江苏宝山清丈局主办。

夏

《川东日报》在重庆创刊。

7月1日（五月十四日）

俄文 Вѣстникъ Азии—Жу рнала Общества Русских Ориенталииетов（《亚细亚时报——俄国东方学者机关刊》）在哈尔滨创刊。是俄国东方学者学会的机关刊物。主编И. А. 多布罗洛夫斯基。1926年停刊，先后出版50余期。

7月9日（五月二十二日）

《中兴日报》发表张绍轩所撰《有是总汇报亦应有是启南新报》一文，对在曼谷出版的保皇党报纸《启南新报》的保皇言论，进行揭发和抨击。

7月10日（五月二十三日）

清廷外务部咨文民政部，要求后者对北京《国报》“记载失实”一事，“按照报律，严行究办”。7月5日出版的北京《国报》曾刊有外务部接受贿赂的消息。

上海《神州日报》发表论说《本报吁天之言》，抗议公共租界巡捕房屡次干涉该报报道印度巡捕强奸中国女子事，驳斥巡捕房的诬陷与恫吓。文中说：

“印度人在上海之凶淫不法者，吾国民所切齿久矣。本报对于此案，义不容默，稍有论说，亦皆本乎人类爱同种爱国家之天性激而发出，诚欲使吾同胞急为之备，且欲租界之公安不因少数印人而被其扰乱……讵知竟以是触怒于公共租界之工部局巡捕房，屡屡出而干涉，恣蹂躏于本报。本报以爱国卫族之心，阐发正义，实非得已，非以私意有憾于捕房也。捕房不谅本报之忠告，且以积怼于本报。记者虽陋，固曾受先圣之教育，闻西哲之诸论，安敢因一朝之利害，枉道从人，损吾种之声价，缄口而不一言，以损吾国报界全体之名誉乎？……侧闻彼所指为本报罪案者，约有二端：一谓本报毁坏印度人公众之名誉，一谓本报扰害公共租界之治安……”。

《中兴日报》发表“过客”所撰论战文章《告总汇报记者伍宪文》，对伍在《总汇报》上所发表的鼓吹保皇的文章，进行辩难。

7月12日（五月二十五日）

上海公共租界公审公堂发出传票，传《神州日报》有关人员次日（13日）到案。

7月13日（五月二十六日）

《神州日报》发表论说《本报摅诚以告于同胞者一》，揭露并抗议租界当局对该报的迫害。文中说：

“本报固为华民所主之事业，自有中国之法律在，自有中国之报律在，本报苟犯中国法律报律与否，自有公平之法官在……先是三月以后，印人屡次污辱我同胞。其惨酷绝无人理，本报每有陈论。工部局之巡捕房，已屡屡来干涉。夫我国今日既已实行立宪，政府已默许人民之言论自由权，彼乃欲从旁而剥夺之，其藐视吾人也奚若？故本报本乎人类之公义，严正拒绝。及至近日巡捕房，忽然掇拾本报前此之言论，误解误译，一面向公堂控告，一面复由某君手交来一底稿，要胁本报登载，不许更改一字，用以取消前论。夫使所来之稿无碍于本报宗趣，无伤于吾国国体，无损于吾民胞之名誉也，则本报又何乐于结讼，而不为之一一揭出。无如所来之稿，既背本报宗趣，复大有伤夷于吾国国体，故决然拒绝之，而遂有今日之事。……”

作为附录，《神州日报》还在论说后面，揭载了巡捕房送来的那份题为《取消前论》的底稿，其内容为：“阅报诸君应忆三月初六、初九及五月十一日（即西历四月二十五、二十八及六月二十八三日）本报登有极重字句，论及印捕与印度守门人等。又于此等日内或用插图或用标题，欲令印度国人在上海执事者受大众之怒与愚民之侮。现承有人忠告，兼之平心自问……前因犯法明明有据三案，一时怒气填膺，按捺不住，致辩驳之间，措词过当，越出理之分际也。……”

7月15日（五月二十八日）

《神州日报》发表《本报讼事报告一》，略云：“本报因三月以来，记论印度人淫凶不法情事，不幸至于成讼，连日迭承本埠及外埠关切诸君来函询问，多至三百余函……本报对此讼案，已延律师爱理思及德雷斯二君辩护。昨承会审公堂示期于下礼拜（即六月初三日）下午二点半钟开审……”

7月19日（六月初三日）

前《神州日报》经理叶仲裕以脑疾陡发，精神抑郁，在乘东方公司立丰轮由沪去汉途中，投泰兴附近江面自杀。叶浙江仁和人。

7月22日（六月初六日）

北京报馆公会致电上海《神州日报》表示声援，电文云：“神州报转各报鉴：印人诉讼事，公会拟举代表向英使交涉，请诸君子合力坚持，以保我同胞言论权，并将全案始末及最近情形速复为要。京报公会。初九日戌刻北京电。”在此前后，上海报馆公会也为声援《神州日报》，曾以公会名义，增聘一个代表公会的律师为《神州日报》辩护。

7月26日（六月初十日）

《神州日报》复电北京报馆公会，电文云：“北京报馆公会暨各报同志诸君公鉴：他族逼处，国权不张，既蹂躏吾民，复钳制言论。敝报为同胞人格争存亡，宁掷巨金于诉讼，不能自贱其国民之资格，以贻我报界羞。承电各情具见风义。敝报既抗论于前，决不能退让于后。敬布腹心，惟公等图之。全案颠末，容当另函驰达。藉颂侠安！”

7月27日（六月十一日）

《谐评》在上海创刊。日刊。社址在上海白克路登贤里。自称“以嬉怒笑骂，唤醒大众，淋漓酣畅，直达世情为宗旨”。

7月28日（六月十二日）

上海租界会审公堂本日午前11时宣布堂谕，对工部局巡捕房和《神州日报》的诉讼案判以和平了结。巡捕房方面律师提出的由《神州日报》赔偿讼费的要求，也为公堂所拒绝。

7月30日（六月十四日）

护理陕甘总督毛庆蕃致电上海道，诬指《民呼日报》假甘省旱灾义赈之名，揽收捐款，任意营私。要求立即“札行英界廨员，饬令查明”，“勒令解清，以重赈款”。

同月

清廷民政部通令各省，禁止报纸刊载有关东三省安奉路政交涉事宜的新闻和评论。

《湘路警钟》杂志在日本东京创刊。湖南留日学生组成的湖南铁路研究社主办。焦达峰主编。后改名《湘路危言》。

8月2日（六月十七日）

上海租界当局以“查究赈款”为名，对

《民呼日报》主笔于右任、陈非卿实行传讯。讯问后，即将两人送至会审公廨拘留。该报“外埠邮寄之执照”同时被停止。

8月4日（六月十九日）

上海租界会审公廨开庭，对《民呼日报》主笔于右任、陈非卿被控短解甘肃旱灾赈款一案，进行第一次审讯。皖省铁路公司协理朱云锦到庭控告《民呼日报》诽谤名誉，已故上海道蔡钧之子蔡国桢到庭控告该报“毁坏故父生前名誉”，与前案一并审理。担任审判员的为代表清方的宝子观，以及代表租界方面的英国驻沪副领事布辣德。被告律师费信惇出席为被告辩护称：“查被提之被告，实与赈款丝毫不涉，系属误拿。查陕赈乃刘姓道员经办，与于友好，故在该馆开办。刘道派有司赈两名，经手出入之款，俱有账据，与于右任无干。……今三案同时告发，所最要者灾赈案。但查文明国法律，控告须有原告到堂，证明实据。今办赈之刘道等，明知于右任误拿，故将应解赈款预备汇解，无论何国法律，断不能再将被告收押。”会审官员同意将陈非卿交保候讯。于右任则以“赈款尚未核查”为名，继续收押，定期再讯。

8月5日（六月二十日）

同盟会贵州分会的机关报《西南日报》在贵阳创刊。贵州省自治学社主办。张百麟主编。参加编辑工作的还有杨寿篯等。

留日学生主办的《中国蚕丝业会报》在日本东京创刊。双月刊。以“振兴祖国丝业”为宗旨。所载多国内各省蚕业情形与海外各国蚕丝制品销行状况。出至14期后停刊。

8月6日（六月二十一日）

上海租界会审公廨第二次开庭审理《民呼日报》被控短解甘肃旱灾赈款案。于右任在庭上申辩称：“《民呼日报》协赈浙江、湖北两项赈款，随收随解，均有账据可查，惟甘赈与《民呼日报》并不联合。至于账房代交一节，或者有之。”审判各员以“案关宪饬，不得不详细研究”，判于仍带回捕房待讯。

《民呼日报》发表《筹赈公所与民呼报之命运》一文，对该报与甘赈的关系解释如下：

> “当筹赈公所之发起也，本报编辑所尚在宝安里，发行所在四马路。望平街之房屋，虽订租而修理未竣。公所诸人欲择一适中之地，为收赈款之所，商酌数日，苦不易得。……本社总理于君，为桑梓大局起见，情愿让屋一间，于是望平街遂为筹赈公所发祥之地，所有饮食零用，皆由本社开支，盖不敢轻动义士捐助之款也。公所中初经手收款者，为徐君翥云。……清单开出……由望平街送至宝安里，及排出小样，送他报已不及，于是由本报报告，遂成为例，此本报登载甘肃筹赈报告之原因也。……”

8月7日（六月二十二日）

《民呼日报》刊出启事《正告读民呼日报者》，对清朝地方政府和租界当局的“遂拘本报主笔而禁锢之”，“竟夺本报之发行权，甚至就卖报者手中夺取本报，焚于上海县城门口”等暴行，表示愤慨。疾呼：“今日世界，犹是一恶浊世界”，并“正告”读者，不要对清廷的预备立宪抱有不切实际的幻想。

上海江海关道电呈外务部，报告上海《民呼日报》一案处理情况。诬蔑该报专以讹诈毁谤为事，建议对该报负责人于右任进行严惩。

8月14日（六月二十九日）

《民呼日报》被迫停刊，先后出版仅92

天。本日该报在显著地位发表社说《民呼日报辞世之言》。略称：

“民呼日报出世以来，为时仅阅三月，销行已逾万纸，以阅报诸君之贡词欢迎，天下同胞之赐书奖饜，诚为同人所不敢据受。而其位置，其声价，固犹存宇宙间也。故自民呼报出世，而社会之视听正，而国民之正气振，是阅者诸君之加惠于民呼日报者甚至，而民呼日报可告无罪于天下矣。

“然而象有齿而焚身，兰以薰而先折，罪由罗织，祸起隐微，主笔于君已羁狴犴，平时中官家之忌，以致讼案纷至。……同人智尽能索，终不足以测高远之堂廉，而审顾民呼报平日之宗旨，权奸丧魄，远近寒心，此次构陷，必以报馆存亡为唯一之目的，乃当道之目光在报馆，而使于君独当其冲，此同人所以含忍踌躇，欲言而又咽者耳。

“于君狱中书至，持论正直，至有宁死不停报馆以负阅报诸君之语。噫！于君亦自行其义耳。独是民呼报以于君而出世，有于君而后有民呼报，则于君者，即民呼报之灵魂而已。于君不死，即民呼报之灵魂不死，他日必有千百民呼发生于世界；否则民呼报之名虽存，安得千百之于君为之建树，为之发挥。故同人又于摧伤侘傺之余，窃自抱定其宗旨曰：宁使民呼报先于君而死，不愿于君先民呼报而亡。……天乎，人乎，言尽于此，予欲无言。”

8月16日（七月初一日）

《图画日报》在上海创刊。社址在上海四马路568号。日刊。每期出12对页1册，彩色纸封面。上海环球社编辑部出版。中日双方人士合办。该报兼有文字和图片。

8月24日（七月初九日）

新加坡《中兴日报》发表评论《看看民呼日报辞世之哀声》，对该报的被迫停刊表示不平。

8月27日（七月十二日）

《中国萃报》在天津创刊。

8月30日（七月十五日）

邮传部图书通译局主办的《交通官报》在北京创刊。初为月刊，第7期起改为半月刊。总编辑张嘉璈。

《甘肃教育官报》在兰州创刊。月刊。编辑陈良均、段堃烊等。甘肃官报局主办。

同月

《山东自治报》在济南创刊。月刊。馆址在济南后宰门。山东省自治筹办处主办。

席子佩以经济困难，将《申报》股份的一半出让给上海道蔡乃煌，实行官商合办。馆务仍由席主持，蔡仅派一人为襄理，监理会计，不久即解约，蔡的股份由席出资收回，《申报》产权仍归席子佩个人所有。

《浙江官报》在杭州创刊。社址在杭州上扇子巷。周刊。每期出有光纸铅印线装1册。浙江官报局主办。自称“为全省政事发表机关而设”，所刊谕旨、部文具有法令效力。

《孔圣会旬报》在广州创刊。初创时名《祖国文明报》。初为旬刊，后改周刊。有保宗教、挽颓风、醒国魂、保国粹等栏目内容。

9月1日（七月十七日）

日本人松岛宗卫主办的日文《香港日报》在香港创刊。

9月8日（七月二十四日）

上海租界会审公廨经15次研讯，本日对《民呼日报》被控案进行宣判，将于右任驱逐出租界。判文如下：

“堂谕：赈务为救灾要政，报馆为舆论代表，宜如何洁身自爱，一秉至公。于右任系甘赈发起之人，公所账房系为民呼报所派，岂容推诿。经公堂调查账册，弊混丛生，现虽据悉数呈缴，然非经此审彻查，将公款归其私蚀，律以挪移，百喙难辞。至朱星斋、陈德龙等各控案，报载诸多失实，大乖舆论代表之旨，原告控其损坏名誉，不为无因，叠被控发，至再至三，攻讦甚而讼狱繁，非地方和平之福。于右任外借公论，内便私图，言是行非，昧良肥己，道听途说，捉影捕风，实非安分之徒，足扰公安之治，本应从重严办，姑念赈款清缴，尚未侵吞，言论萌芽，未宜摧折。查上海各报，时有凭空诋毁是非之事，向来未经公堂惩办。民呼报馆不安本分，叠被控发，念系初犯，姑予从轻议结。于右任已在押一月零七天，毋须再行押办，判逐出租界。陈飞卿系公所发起，且系民呼报馆主笔，应并饬具安分结存案。嗣后如有借开报馆不安本分凭空毁诋叠被控发情事，定当重办，不得仍援民呼之案为例也。” （《申报》1909 年 9 月 9 日）

上海租界工部局接受清吏请求，宣布撤销《民呼日报》发行权，不许再行出版。

9 月 9 日（七月二十五日）

上海《时报》发表评论，对会审公廨判罚《民呼日报》主笔于右任、陈飞卿一事进行指责。略称：

“呜呼！此堂判耶？此实摧折言论萌芽之大刀阔斧耳。人心何在？天理何在？今后之言论权更何在？……且即如判语所称，民呼报所犯之罪，与于、陈二人所犯之罪，亦应明定其罪援引中外报律何条？若何惩罚？在前既不当无故拘押，在后更不当以拘押抵罚。在押一月零七天，是援引何国报律而判定之也？至若判陈飞卿之具安分结，不许再开报馆，开报馆而不许再被人控告，是又天下所未闻，古今所未有矣。……”

9 月 14 日（八月初一日）

《十日小说》在上海创刊。旬刊。环球社印行。最初 3 期为《图画日报》附赠本。每期首为插图，次为“余墨”，此外全为长短篇小说。

《宪政新志》在日本东京创刊。月刊。右翼留日学生团结咨议局事务调查会主办。张君劢主编。属于宣传君主立宪的刊物。

9 月 15 日（八月初二日）

清廷民政部以泄漏交涉机密，妨碍邦交为名，宣布将揭载中日安奉铁路节略，攻击外交当局的北京《国报》《中央大同日报》两报封禁。《国报》被封后，改名《中国报》继续出版。

9 月 23 日（八月初十日）

《江苏自治公报》在上海创刊。旬刊。上海苏属地方自治筹备处主办，商务印书馆出版。

同月

《宪法新闻》在北京创刊。周刊。每期约 50 页。李庆芳编辑。内容分宪政、宪史、杂纂三大部十六类。1910 年 3 月停刊。

《贵州官报》在贵州省会贵阳创刊。月刊。贵州官报局主办。

秋

《吉林日报》改组为《吉林时报》继续出版。日刊。社址在吉林省城吉林市。

10 月 3 日（八月二十日）

《民吁日报》在上海创刊。是于右任继《民呼日报》之后创办起来的第二份“民”字头的报纸。日出对开 4 至 5 张。社址在上海四马路望平街黄字 160 号。参加编辑工作的除《民呼日报》原班人马外，还增加了景耀月等人。由范鸿仙出任名义上的社长，朱少屏为发行人，在法国驻沪领事馆登记注册。有社论、时论、公言、专电、译电、时事要闻、各省通信、大陆春秋、来函、本埠纪事、上海春秋、丛录、译丛、文苑、小说、漫画等栏目内容。创刊号刊有于右任所撰《发刊宣言书》（署名“海”），有“自祖龙禁书，以愚黔首，黜涉操之一己，清议乖乎庶人，行道者惧砧砣之诛，偶语者危约法之令……富强之原，实惟报纸之力……用集资本，组斯报章，小之可以觇民情，大之可以存清议，远之可以维国学，近之可以表异闻……”等语。

《常昭月报》在江苏常熟创刊。月刊，每月二十日出版。常昭教育会主办。庞树柏主编。发行所在常熟寺前大街海虞图书馆，在上海汇通信记书局印刷。有论说、记事、文牍、演稿、批评、文艺等栏目内容。自称“以推广教育，改良社会为宗旨”。

10月5日（八月二十二日）

《民吁日报》发表社论，阐明该报宗旨为“宣达民情，鼓舞民气”；“振发国民精神，痛陈民生疾苦”；“保存国粹，讲求实学”。

10月8日（八月二十五日）

《商务报》在汉口创刊。社址在汉口英租界大马路致祥里8号。自称以“沟通商务”为宗旨。出版2个月后辍业，由蒋翊武、刘尧征、詹大悲、何海鸣、查光佛、杨王鹏等接办，宛思演、邢伯谦任正副经理，詹大悲、何海鸣任主笔。成为革命团体群治学社的言论机关。改组后的商务报，日出对开2张，“鼓吹革命，言论激昂，抨击无所忌讳”（喻的痴：《铿园漫识》），“各同志受其熏陶者，无不益自淬励”（章裕昆：《文学社武昌首义纪实》）。

求幸福斋主（何海鸣）在《民元报坛识小录》中记作者参加《商务报》编辑工作的情况如下：

“我第一次进的报馆，是汉口《商务报》。起初尚不知道是发起之一，后来因停顿了一些时而二次复刊，我更成为半个主体（另一半是詹大悲兄）。这报上的论说和时评，便由我和詹大悲轮流包办。有时想多找一点零用钱，并还替汉口别家报馆也写上几篇，每一篇好卖那时候湖北官钱局台票一张，票面是当十铜元一百枚，合大洋约八角多，那并是我开始卖文的老行市。”（《越风》半月刊1936年2月第7期）

10月14日（九月初一日）

上海《时报》附出的文学期刊《小说时报》月刊创刊。陈冷、毕倚虹主编。1912年改为四月刊，由李涵秋主持。1917年11月停刊，共出33期。

江苏省谘议局在南京成立。成立大会上特设新闻记者席，供记者采访。

10月16日（九月初三日）

黄兴、林文等积极筹划《民报》复刊事宜，邀汪精卫到东京担任编辑工作，并在本日出版的巴黎《新世纪》114号上登载《民报》第25号即将出世的广告，托名在巴黎濮侣街4号（《新世纪》社址）出版。章太炎为此在《日华新报》上发表《伪民报检举状》一文表示反对，攻击即将出版的《民报》为“伪民报”。《伪民报检举状》及《孙文罪状》等文曾被章、陶等印成传单，在日本、南洋等地散发。

著名新闻记者范长江出生。范原名希天，四川内江人。历任《大公报》记者、国际新闻社社长、新华社华中总分社社长、《新华日报》华中版社长、华中新闻专科学校校长、新华社总编辑、《解放日报》社长、新闻总署副署长、《人民日报》社长、国家科委副主任等职。

10月20日（九月初七日）

《金陵捷报》（原名《时报号外》）在南

京创刊。日报。江苏谘议局在南京开会期间旅宁记者临时创办的报纸。王廷驷编辑，庄逢乐发行。1909 年 12 月 3 日出至 39 期后停刊。

10 月 22 日（九月初九日）

石印画报《卓报》在上海创刊。两日刊。每期出 12 页左右 1 册。封面为铅印。发行所设在《民吁日报》内。有社说、游戏、小说、字史、画史、滑稽、讽刺画、绣像新聊斋等栏目内容。

同月

《醒世画报》在北京创刊。日刊。张凤纲编辑，李菊侪绘图。所刊以社会新闻画为主。

湖南绅士谭延闿、龙璋、陈文璋、文斐等发起主办的《湘省铁路周报》在长沙创刊。

11 月 2 日（九月二十日）

《劝业会报》在上海创刊。社址在上海广西路宝安里。每晨随《图画日报》免费赠阅。旨在为 1910 年举办的南洋第一劝业会作舆论上的准备。自称以“提倡实业，浚浃农工商之知识”为宗旨。

11 月 3 日（九月二十一日）

《民吁日报》自即日起，迄本月 6 日止，连续刊出题为《今日创设通信部之不可缓》的长篇评论，主张全国新闻界联合起来，成立“通信部”（即通讯社），采访国际新闻，以打破外报垄断国际新闻的局面。

黄色小报《潮声》在杭州创刊。日刊。社址在杭州拱宸桥。

11 月 7 日（九月二十五日）

黄兴致函孙中山，揭露并反对陶成章、章太炎等在东京抵制《民报》复刊的破坏活动。略称：

“在东京与陶表同情者，不过与江浙少数人与章太炎而已。及为弟以大义作阻止，又无理欲攻击于弟，在携来之附函中，即有弟与公朋比为奸之语，弟一概置之不理。……彼不但此也，且反对将续出之《民报》，谓此《民报》专为公一人虚张声势，非先革除公之总理，不能办《民报》。见弟不理，即运动章太炎在《日华新报》登一《伪（民报）之检举状》（切拔，附上一览），其卑劣无耻之手段，令人见之羞愤欲死。现在东京之即非同盟会员者亦痛骂之。此新闻一出，章太炎之名誉扫地矣！前在《民报》所登之与吴稚晖君书，东京同志已啧有烦言，知其人格之卑劣，今又为此，诚可惜也。弟与精卫等商量，亦不必与之计较，将来只在《民报》上登一彼为神经病之人，疯人呓语，自可不信，且有识者亦已责彼无余地也。总观陶、章前后之所为，势将无可调和。然在我等以大度包之，将亦不失众望，不知公之见意若何也？……”（《黄兴集》，中华书局 1981 年版，第 9、10 页）

《白话新报》（又名《杭州白话新报》）在杭州创刊。日刊。社址在杭州通商场仁信堂，印刷所在杭州佑圣观巷。杭辛斋、许祖谦等创办。自称以“唤起我同胞爱国之思想，振发其独立之精神”为宗旨。

11 月 12 日（九月三十日）

《越报》在上海创刊。浙江旅沪学界创办的革命报刊。赵汉声等主编。月刊，逢月底出版。每期出 110 页左右 1 册。以呼号救国为主，对封建礼教也作了某些批判。曾出版增刊《越恨》1 册，支持民主革命。

孙中山从美国东部致函吴稚晖，建议由吴以巴黎《新世纪》杂志名义致函美洲各华侨报纸，澄清陶成章等人对孙本人的诋毁。

11月18日（十月初六日）

《中江日报》在安徽芜湖创刊。馆址在芜湖西湖池后。有电闻、电传、宫门抄、电抄谕旨、论说要闻、短评、本省通信、本埠记事、世界一斑、小说、杂文、报余、商情等栏目内容。

11月19日（十月初七日）

《民吁日报》以所刊《中国之危机》（11月16日）、《锦齐铁路与远东和平》（11月17日）及《买日货者看看》等论说，揭露日本帝国主义侵略罪行，被日驻沪总领事松冈照会上海道蔡乃煌转请租界当局予以封禁。社长范光启被传讯后交保释出。前后出版仅48天。《民吁日报》被封后，刘仁航、李方漠等宁苏皖赣四省学界人士800人，曾联名分电外务、民政两部及苏松太道，要求启封。上海道蔡乃煌发布牌示，悍然拒绝。牌示原文如下：

> "照得民吁报宗旨不正，所著论说，类多臆断，挑动中日衅隙，损碍两国邦交，既为日本领事所持，故饬令封禁，实属咎由自取。该报本托法商出面挂号，交法国书信馆及日本邮便局递寄各埠销售，本未到道请领执照。初则乞怜于外人，以图抵制中国，被封之后，又复百出其技，鼓动多人胁制本道启封。本道既恶其诪张，外人又嫌其反复，弄巧成拙，何能照准。为此牌示诸色人等一体知之，特示。"（《申报》1909年11月20日）

11月20日（十月初八日）

上海租界会审公廨召开特别公堂，就日本驻沪领事指控《民吁日报》造谣煽惑，恣意怒骂，伤害感情，破坏邦交一节，对该报主笔范光启（鸿仙）进行审讯。由谳员宝子观及驻沪日本副领事中畑三穗出堂会讯。范光启延礼明律师出庭辩护。日本方面以原告身份作裁判官，受到舆论谴责，指为"开数十年未有之特别公堂"。

即日起，连续2天有读者在《民吁日报》门前张贴吊词，燃香痛哭，并黏贴揭帖，为该报被封事抱不平。

11月21日（十月初九日）

上海劝业会报馆主办的《会场捷报》创刊。日刊。随《劝业会报》及《图画日报》免费附送。

11月22日（十月初十日）

《吉长日报》在吉林长春创刊。馆址在长春西三道街五分局188号。1910年10月23日迁至吉林省城出版，社址在吉林市通天街。发刊词称："专门报道国际问题，侦察务求详细，报告务求正确。俾三省至危极险之情形，宣布于我，上下有所预备。"

《湘路新志》在长沙创刊。月刊。龙研仙主编。湘路集股会主办。

11月27日（十月十五日）

上海《时事画报》更名《舆论时事报图画新闻》继续出版，期数另起，每日随《舆论时事报》附送。

《陕西》月刊在陕西三原创刊。

11月28日（十月十六日）

《神京白话报》因刊载宫廷新闻被封。

同月

广东基督教青年会主办的《广东青年报》在广州创刊。周刊。以报道该会会务为主。

天津《大公报》发表社论，指责地方当局对报纸的迫害，并对该报在租界出版一事进行解释，有"报馆迁移租界口岸，为求安全，非有托庇外人之心，乃出于万不得已"等语。

12月2日（十月二十日）

《危言报》在杭州创刊。日出对开2张，

另附刊《潮报》4开1张。社址在杭州城内三元坊巷。创办时的经理兼主笔为何志鳌（企岳），附刊主编为费有容。报名危言，含有“末世危言，愿人听纳”之意。言论短小精悍。1911年后改名《昌言报》，由费有容任主编。

12月4日（十月二十二日）

孙中山从纽约致函吴稚晖，介绍章太炎就《民报》复刊问题对孙进行攻击的情况云：“（章太炎）以民报社为中国，以《民报》之编辑为彼一人万世一系之帝统，故供应不周，则为莫大之罪；《民报》复刊，不以彼为编辑，则为‘伪《民报》’。”表示尽管当前“胡氛黑暗，党有内哄”，但“倘有少数人毅力不屈，奋勇向前，支撑得过此厄运，则以后必有反动之佳境来也”。

12月11日（十月二十九日）

苏松太道蔡乃煌致电外务部、民政部尚书及两江总督报告《民吁日报》被封经过及该报被封后各界抗议情况。略云：

> “外务部宪、民政部宪、南京督宪钧鉴：申密。《民吁报》即《民呼》别名，系海外党人所开，宗旨在激动风潮，乘机煽惑，不禀道注册，反托法商出面，为窝聚抵抗地步。缘力诋中日交涉，日领持之甚急，故饬封禁。日来各学界及东洋香港，纷纷来电函，要求启封。大旨不外借炸药手枪及毁坏名誉以为胁制，其气焰之大，党羽之多，已可概见。上海为天下要区，风气嚣张，莠民勾聚，辱能畏其凶锋，竟徇所请。所谓手枪炸药，自有天命，若辈不能操权。至毁坏名誉，苟问心无愧，无论如何造谣，方寸均不为动。职道为朝廷任地方守土，治乱是其专责，死生毁誉，度外置之。宪台阅报，及收各处函电，乞付一笑为祷。”（见中国第一历史档案馆所藏清民政部档案1509—519号）

12月13日（十一月初一日）

孙中山再函吴稚晖，告以章太炎攻击孙中山及所谓“伪《民报》”的文章已为新加坡保皇党报纸《南洋总汇报》转载，请《新世纪》杂志发表文章予以评论。

《天铎》半月刊在广州创刊。广州砺群学社发行。黄守愚等主编。逢朔望出版。自称以“提倡孔教，磨砺人群，匡扶世道，增长公德”为宗旨。该刊言论保守。

12月17日（十一月初五日）

著名新闻记者萧乾生于北京。萧祖籍黑龙江兴安岭，蒙族人。1935年毕业于燕京大学新闻系，历任天津、上海、香港等地《大公报》副刊主编，《大公报》驻英记者，《人民中国》副总编辑，《文艺报》副总编辑等职。著有报告文学集《人生采访》等。

12月22日（十一月初十日）

《劝业会旬报》在南京创刊。南京劝业会事务所主办。旬刊。有图画、谕旨、奏议、论说、专电、公牍、规章、纪事等栏目内容。

12月27日（十一月十五日）

《扬子江白话丛报》在江苏镇江创刊。社址在镇江镇屏街。半月刊。发起人凌探原、成觉民，总理杜清碧。发刊词声称：“注重扬子流域一切兴革，尤以监察社会开通风气八字为主。”

12月29日（十一月十七日）

上海租界会审公廨对“民吁日报案”进行审讯后，于本日宣布终审判决：该报永远停止出版，机器不准作印报之用，社长范光启免予深究。判决全文如下：

> “案奉道宪札开，上海《民吁日报》所载论说，多系臆测造谣，妨碍邦交，准日本总领事函，请将该馆该人严行惩

办，饬即提讯等因。下廨正饬传问，续奉道宪札饬，准日本总领事函，该报日来所载各论，仍然一味揣摩造谣，实属有意挑衅，饬将该报馆封禁。遵即将该馆封禁在案。查该报并未注册挂号，已属有违报律，乃所载论说多系臆测造谣，实于中日邦交有损，迨经传讯，复不稍自悛敛，尤敢有意挑衅，实为不合。本日会讯，据所延担文律师声称，须俟领事公会核议，现在未便代为辩护等语。查此案关系中日两国邦交，该报发封业经多日，日领事摘出六十余条，律师既未能辩护，此案自未便久悬。到案主笔范鸿仙并非该报紧要之人，从宽判将该报永远停止出版。所有主笔人等，均免予深究完案。机器不准作印刷报张之用，由该被告切实具结领取可也。此判。”（《申报》1909年12月30日）

“民吁日报案”审结后，各地革命派报刊纷纷发表评论，对日本帝国主义、清朝政府及擅自封报的上海租界当局进行指责。

新加坡《中兴日报》（1909年12月31日）发表评论称：

“真正文明之国，对于言论之违法者，仅罚及发言者之身，未有举其报而封之者也。乃《民吁日报》而竟有罪案未明产业先封之悲剧，最足令人心伤发指者也。以记者之理论及法律观念裁判此案，则沪道有媚外委弃国权之罪，日本领事有借野蛮威力压制邻国民气之嫌，英领事有放弃陪审责任之咎，工部局有不能保护居民权力之罪，殆所谓无一是处者也。”

新加坡《星洲晨报》（1909年12月31日）发表评论称：

“吾不悲民吁报哀民吁报之沦亡，而悲哀我四亿余万同胞之耳目闭塞。自今而后，盲人瞎马，永无仰首之日也。……仆等居倭，曾见伊国报纸，鄙笑中国，诋骂中国者，不一而足，我中国得以干涉之乎？得而封禁之乎？何以日本领事之封民吁报也，易易若是。异日国新闻，谁敢一言及于外人者？吾人于世界，非特不得一容身地，且将不得一开口地，率全国人人而为瘖聋，虽有形式政府，与朝鲜何以异？”

同月

《帝国日报》在北京创刊。日出对开1张。陆鸿逵主编，协助陆担任编辑工作的有宁太一、刘少少等。自称以“扶持宪政，指导舆论，扩张国权，发表政见”为宗旨。是资产阶级民主革命派在北京地区的最早的言论机关。

《杭州商业杂志》在杭州创刊。月刊。主编周庆云。杭州商学公会编辑发行。社址在杭州扇子巷。

湖南自治报社主办的《湖南白话报》在长沙创刊。半月刊。

下半年

《吉林日报》以刊登消息指责外务部门被地方当局勒令停刊。

冬

《中日僧报》在浙江台州创刊。台州僧教育会巍峰与日本僧人合办。后被地方当局查禁。

黄兴就章太炎反对《民报》续刊事致函《新世纪》杂志，介绍有关背景情况。略称：

“至章太炎此次之发布《伪〈民报〉检举状》，乃受陶成章运动（陶因在南洋欲个人筹款不成，遂迁怒中山，运动在南洋之为教员者，连词攻击之。陶归东京后，极力排击，欲自为同盟会总理，故谓《民报》续出，则中山之信用不减，而章太炎又失其总编辑权，无以施其攻击个人之故智，遂为陶所动），遂有此丧心病狂之举。已于二十六号中登有广告，想同人阅之，皆晓然于太炎人格之卑劣，无俟辩论也。”（《黄兴集》，第 11、12 页）

同年

我国人在国外创办的通讯社——“远东通讯社”在比利时首都布鲁塞尔成立。中国出使驻比利时大臣李盛铎及王侃叔等共同创办，汪康年、黄远生、雷奋、陈景韩等担任国内通讯工作。

清廷中央政府官报《内阁官报》在北京创刊。内阁印铸局印行。以公布法律命令为主。本年内曾出 8 期。

《中央大同新闻》在北京创刊。社长恒诗峰。日出对开 1 张。自称“以变通旗制，促进宪政”为宗旨。

《国报》在北京创刊。日刊。黎堃甫主办。社址在北京琉璃厂西口。

《京话选报》、《神京白话报》（荣光主办）、《公言报》、《白话图画日报》、《正俗画报》在北京创刊。

《时闻报》在天津创刊。

《忠言报》在天津创刊。社址在天津马路草厂庵前。支持民主革命。

鼓吹立宪的通俗报刊《醒俗报》在天津创刊。主办人严范孙，总编辑温世霖。

我国最早的朝鲜文期刊《月报》在吉林延吉创刊。延吉垦民教育会主办。以当地朝鲜族人民为读者对象。

《亚东白话报》在辽宁营口创刊（在哈尔滨印刷）。以中俄合办名义在当地官署申请登记，主笔来自《远东报》，与后者同为帝俄方面的喉舌。

上海《舆论日报》与《时事报》在本年内合并为《舆论时事报》继续出版。日刊。每日出版对开 2 张。社址在上海望平街 162 号。

《商务日报》（又名《中国商务日报》）在上海创刊。乌目山僧主办，刘永昌任主笔。旋停。

《新闻报》在上海公共租界汉口路 19 号（山东路东）自建五层洋楼新馆舍一所，本年内迁入新址办公。全馆职工由数十人增至 200 余人。

上海震旦学院院刊《震旦学院》杂志在上海创刊。

《觉民录》在上海创刊。画报。形式仿《图画日报》。先托《游戏报》经售，后独立发行。

《神州画报》在上海创刊。

《新世界画刊》在上海创刊。有光纸单面印刷。有世界名胜、名家墨宝、博物画、大事画、讽刺画等栏目内容。

《医学公报》在上海创刊。半月刊。中国医学会办事处主办。

《庄谐杂志汇编》在上海创刊。

上海法国租界当局机关报、法文半月刊 *Bulletin Municipal*（译意《法公董局市政公报》）在上海创刊。

《江南日报》在江苏镇江创刊。主编张丹斧。是镇江最早的报纸。

《浙江白话报》在杭州创刊。日刊。主笔许祖谦。除正张外，还附出画报一种，用有光纸石印。

《浙江地方自治筹办处文报》在杭州创刊。每期出有光纸铅印线装 1 册。刊期不详。

《醒钟报》在杭州创刊。社址在杭州三元坊。

《商业杂志》在浙江绍兴创刊。月刊。绍兴商学公会主办。史久衡、周锡经等主编。

河南地方当局主办的《宪政月刊》《自治官报》在开封创刊。社址设在河南巡抚衙门内。以刊布官方文件公牍为主，群众不能购买。

《江西学务官报》在南昌创刊。月刊。南昌学务公所主办。1911年7月停刊。

《湖北日报》以刊载湖北文普通学堂学生向炎生所作漫画《石龙》《怪兽图》，讽刺湖广总督陈夔龙、鄂军统制张彪，以及发表《中国报纸于官场有特别之利益》一文，被湖北巡警道金鼎查封，经理郑江灏及漫画作者向炎生被捕。郑不久即被释出，向被禁至武昌起义后始出狱。所作讽陈漫画，为一石龙。附题词云："这石龙，真无用，低头伏处南山洞；镇日高拱不动，徒劳地方香烟奉。虽有王爷撑腰也是空，勿怪事事由人弄。"讽张漫画为一似虎似猫的动物。附题词云："似彪非彪，似虎非虎，不文不武，怪物一条。因牝而食，与獐同槽，恃洞护身，为国之妖。"（《辛亥首义回忆录》第3辑，湖北人民出版社1958年版，第170、171页注⑦、⑧）

《通俗白话报》（又名《武昌白话报》）在武昌创刊。日知会员李亚东任经理，陈少武任主笔。筹办时，李亚东尚在汉阳狱中，所有筹备工作都是在狱中进行的。出版后言论激烈。嗣以李亚东的活动受到限制，旋停。

与在上海出版的《扬子江白话报》同名的另一份报纸在汉口创刊。4开小报。主笔杜木天。以常有指摘官场得失的评论文章，"为官场所嫉视"。后以刊载有关江汉关监督陶某之子的丑闻被当局封禁，杜木天被关入夏口县牢。

《军国日报》在武昌创刊。

汉口《楚报》以揭露清政府拍卖主权，借外债修筑粤汉铁路事，被鄂督陈夔龙以"鼓吹革命"罪名，勾结英国驻汉领事馆予以查封，主笔张汉杰被引渡给清地方当局，羁狱数月，经营救获释。

《湖南自治报》半月刊在长沙创刊。

同盟会会员主办的革命报刊《兴平报》（后改名《兴平星期报》）在陕西兴平创刊。周刊。主编张瑞玑。创刊不久即迁至西安出版。

《贵州公报》在贵阳创刊。日刊。谷寅宾、王国佐等主持。任可澄、曹企韩等曾任主笔。属于君主立宪派报纸。

《商报》在贵州贵阳创刊。初为三日刊，后改日刊。张静波、陈廷棻等先后任主笔。

《平论报》在成都创刊。朱山主编。出版1个月后改名《平论日报》，并改由陈绍儒主编。旋停。

《国民报》在广州创刊。邓悲观、冯百厉、黄轩胄等编辑。

《四邑旬报》在广州创刊。湘皖等主编。

《粤东公报》在广州创刊。日刊。日出对开2张。由赌商苏秉枢（星衢）独资创办。主持人陆伯海，参加撰稿的有李大醒、杜星曹等。在陆等主持下，言论倾向于民主革命。

《观潮报》在广东汕头创刊。

《岭东月报》在汕头创刊。蔡德铭主编。

《自治报》在广东海丰创刊。陈炯明主编。

《时事画报》在香港复刊。仍由谢英伯、潘达微、郑侣泉、何剑士等人担任编辑。出版10余期后停刊。

香港《维新日报》改名《国民新报》继续出版。刘少云主编。1912年停刊。

同盟会方面主办的《星洲晨报》在新加坡创刊。周之贞、谢心准主编。1年后停刊。（创刊年份据向诚《星马华文报业的过去与现在》。冯自由《革命逸史》作1908年。）

同盟会方面主办的《吉隆坡日报》在马来半岛的吉隆坡市创刊。林道南主编。1年后停刊。

商务印书馆聘徐锡祥创制正楷铅字。

1910年
(清宣统二年庚戌)

1月1日（己酉年十一月二十日）

《中国公报》在上海创刊。社址在上海爱而近路庆祥里。陈其美等主办。以“鞭策国群，促进公益，代表清议”为宗旨。主要栏目内容有论说、专电等。

《民报》第25期出版。社址标明为法国巴黎濮侣街4号，实则仍在日本印刷发行。主编汪精卫。

日本人在天津创办的日文《北支那新闻》和日文《北清时报》，以营业上未能获利，议定合并。本日起改名为《天津日报》出版。先后担任主编的有西村、新渡等。

1月6日（十一月二十五日）

御史江春霖上疏弹劾上海道蔡乃煌后，天津《大公报》发表“闲评”：《报馆与流氓》，全文如下：

> “蔡乃煌之摧残舆论，收买报馆，久为天下所共愤。乃迟至今日始有揭忝之案，始有查办之命，政府之重视蔡乃煌于此可见。
>
> “蔡乃煌之言曰：政府之视沪道，实较一军机大臣为重。吾敢易一言曰：政府之视报馆，实较一广东流氓不如。”

1月11日（十二月初一日）

《天津白话报》创刊。日刊。馆址在天津日本租界地街福仁里，与民兴报馆同院。

1月21日（十二月十一日）

北京外城警厅传谕，惩罚北京《公言报》，谓“该报初七日（编者注：本月17日）登有英德优待洵邸之用意论说一篇，有碍邦交，关系甚重，且语多无根。现奉肃邸之谕，饬令暂行停版七日，以示薄惩”。（《舆论时事报》1910年1月23日）（洵邸指郡王衔贝勒载洵，时任海军大臣；肃邸指肃亲王善耆，时任民政部尚书。）

同月

《时事闻见录》在北京创刊。月刊。旅京福宁学社出版。

《申报》增出周刊《新申报》。每星期日出版。专门刊载各种重要文件，以补《申报》之不足。

《金陵杂志》在南京创刊。南洋劝业会主办。

《福建农工商官报》在福州创刊。月刊。福州农工商局主办。出3期即停。

2月1日（十二月二十二日）

《民报》第26期出版。卷末刊有胡汉民、汪精卫等人驳斥章太炎称24期以后的《民报》为“伪民报”的声明。《民报》亦自此停刊。

2月5日（十二月二十六日）

湖北革命知识分子宛思演以变卖田产所得，顶办《汉口商务报》。宛思演、邢伯谦分别任正副经理，刘复基任会计兼发行，詹大悲、何海鸣任主编。顶办后的该报由大成印刷公司承印，日出对开2张。以宣传民主革命为宗旨，成为当地革命团体群治学社的言论机关，以及革命党人秘密联络秘密集会和贮存枪械弹药准备武装起义的重要基地。

2月11日（庚戌年正月初二日）

《浙江白话新报》在杭州出版。社址在杭州佑圣观巷。由《白话新报》与《浙江白话报》合并而成，日出对开2张。主任杭辛斋。

2月15日（正月初六日）

《简字报》在北京创刊。邵笠农等人集股创办。自称“专以开通民智，提倡宪政为宗旨”。

《财政观》杂志在上海创刊。月刊。主编刘成志。上海衡社事务所发行。

2月19日（正月初十日）

《保国粹》在广州创刊。旬报。发行所在广州大新街136号。黄德钧（继和）、黄警群主编。有论说、经学、史学、理学、文学、传记、来书、杂录、学务、要闻等栏目内容。自称“以保存国粹为宗旨”。出6期即停刊。（创刊日期一作2月24日。）

2月20日（正月十一日）

梁启超主办的《国风报》在上海创刊。旬刊。每月阴历初一、十一、二十一日出版，每册出数十页至百余页不等，约8万字左右。由何国桢担任名义上的编辑发行人。自称以“忠告政府，指导国民，灌输世界之常识，造成健全之舆论”为宗旨。要求清廷迅速召开国会，建立责任政府。有谕旨、论说、时评、著译、调查、记事、法令、文牍、谈丛、小说、文苑、答问、图画、附录等14个栏目内容，主要文章均出自梁启超的手笔，创刊号刊有梁写的长篇《叙例》，以“健全之舆论”自诩，鼓吹报纸应有“常识”“真诚”“直道”“公正”“节制”等五本，和“忠告”“向导”“浸润”“强聒”“见大”（“务其大者远者”）、“主一”（“持义至坚，以一贯之”）、“旁通”“下逮”（“牧竖传诵，灶婢能解”）等八德。认为只有具备了这“五本”“八德”，才能“造成一国健全之舆论，使上而政府大臣及一切官吏，下而有参政权之国民，皆得所相助，得所指导，而立宪政府乃有所托命，而我德宗景皇帝凭几末命所以属望于我国民者为不虚，而国家乃可以措诸长治久安，而外之有所恃以与各国争齐盟”。该报每期销约3000册，以零售为主。

2月24日（正月十五日）

《中国商业杂志》在上海创刊。初为月刊，第2期起改为双月刊。发行人陈籽辉，社长白瑞琨，编辑陈家璨。

上海《华商联合报》改名《华商联合会报》继续出版。仍为半月刊，期数另起。

同月

《黑龙江官报》在齐齐哈尔创刊。旬刊。每期出30页左右1册。总理兼编辑长张仁静。是官方主办的鼓吹“预备立宪”的报纸。

基督教刊物《尚贤堂晨鸡录》月刊在上海创刊。美籍传教士李佳白主编。有本堂纪事、论著译辑等栏目内容。内容：时事评论占5/10；“演述教理及灌输新知识”占3/10；纪述“该堂办理、进行事宜”方面的文字占2/10。

《龙门杂志》在上海创刊。月刊。上海龙门师范学堂出版。

革命文学社团南社的机关刊物《南社》在上海创刊。不定期刊。柳亚子等主编。以社员所创作的诗词和散文鼓吹民主革命。

《顺德新报》在广东顺德创刊。有论说、时评、新闻、文牍、实业、卫生、杂俎、小说等栏目内容。

两江总督张人骏在奏复御史江春霖参案折中，承认清政府外务部曾指使上海道蔡乃煌对上海《中外日报》《舆论报》《时事报》《申报》《沪报》等报进行收买。

《华商联合会公报》月刊在上海创刊。金贤寀主编。

《地学杂志》在天津创刊。（1913年迁至北京出版。）中国地学会主办。张相文主编。初创时每年出10期，1912年改为月刊，

1924 年起又相继改为季刊、半月刊。用有光纸印刷。有论丛、杂俎、说部、记事等栏目内容。为研究地质地理学和报道有关方面学术动态的专门刊物。

广州《羊城日报》向地方当局重新办理登记手续，主笔改由谭荔垣担任。

《河南官报》半月刊在开封创刊。河南官报局主办。

《警铎日报》在绍兴创刊。社址在绍兴上大路坤记 3 号。日出 4 开 1 张。主编周伯川、何镳蓉。自称以“鸣警铎世，铁笔诛奸”为宗旨。属于自由党系统的报纸。

3 月 6 日（正月二十五日）

《慈善月报》在上海创刊。月刊。每期出 8 页左右 1 册，免费赠阅。上海贫儿院主办。以介绍和宣传慈善事业为主要内容。

3 月 8 日（正月二十七日）

文摘性报纸《报海》在上海创刊。社址在上海法租界吉祥街 13 号。日出 2 张，另画报 1 张，每份售大洋 2 分。自称以“撷采全国报纸之精华，灌输社会普通之知识”为宗旨。

3 月 10 日（正月二十九日）

章太炎、陶成章在东京创办《教育今语杂志》，作为光复会“通讯机关”。月刊。每册约 70 页左右。自称以“保存国故、振兴学艺，提倡平民普及教育”及“明正道，辟邪词”为宗旨。所刊文章，皆“演以浅显语言”。有社说、中国文字学、群经学、诸子学、中国历史学、中国教育学、附录等栏目内容。

中英文合刊的《中国商业研究会月报》（*The Chinese Commercial Research Association Journal*）在日本东京创刊。留日学生组织的中国商业研究会编辑。每册 80 余页。所载分论说、学说、调查、统计、英文等。后改名《中国商业月报》迁至上海继续出版。1920 年 5 月停刊。

3 月 11 日（二月初一日）

《天铎报》在上海创刊。创办人为浙江谘议局议长汤寿潜。一年后为粤籍资本家陈芷澜所有。先后任主笔的有洪元祥、陈屺怀、戴季陶、李怀霜、陈布雷等。言论逐渐倾向于革命。所发评论，有声于时。该报除日报外，兼出画刊一种，随报附送。

《江南警务杂志》在南京创刊。月刊。每月初一出 80 页左右 1 册。江南巡警总局主办的官方刊物。

3 月 15 日（二月初五日）

王子余等主办的《绍兴白话报》在绍兴创刊。社址在绍兴城关丁家弄。旬刊。每月逢五出版 1 张。其前身为 1903 年创刊的同名报纸。

3 月 17 日（二月初七日）

宁调元应邀自长沙赴京，担任《帝国日报》总编辑。“除编纂紧要新闻及中央地方新闻外，尚有时评、丛话、文苑之责。”宁在长沙狱中所作的长篇小说《碧血痕》也在该报副刊连载。

3 月 20 日（二月初十日）

《南洋商报》在南京创刊。旬刊。江南商务局主办。其前身为《南洋商务报》。

3 月 26 日（二月十六日）

俄文 Торговый Бюллетенъ Фарбинской Биржи（《哈尔滨商业通报》）在哈尔滨创刊。周刊。哈尔滨交易所主办。1935 年停刊。

同月

《江苏师范学校同学会杂志》在南京创刊。

《音乐界》在南京创刊。

《公民日报》在杭州创刊。自称以“鼓

吹宪政，发扬民气”为宗旨。

《吉林司法官报》在吉林创刊。吉林提法司署主办。半月刊。每期出10余页1册，有光纸单面印刷。

《湖南地方自治白话报》在长沙创刊。湖南地方自治筹办处主办。月刊。每期出有光纸单面印刷1册，页数不定。

《广东教育官报》月刊在广州创刊。有图画、表解、谕旨、章奏、文牍、报告、附篇等栏目内容。

《伊犁白话报》在新疆伊犁创刊。社址在新疆伊犁惠远北大街（今霍城县猛进乡）。冯特民、冯大树、李辅黄、郝可权等主编。是同盟会在新疆地区创立的主要言论机关。用汉、满、蒙、维4种文字发行，汉文版为铅印，其他民族文字版为油印。辟有《爱国活动史》等栏，报道新疆各族人民反对帝国主义侵略，维护国家统一的各项活动消息。

《孔圣会旬报》改名《孔圣会星期刊》继续在广州出版。

《经铎》在广州创刊。广州宣讲孔经团主办。

香港《华字日报》因报道了有关新军起义的消息，被两广总督袁树勋札饬关道禁止进口。札文称：“香港之《华字日报》议论既多狂悖，记载尤多虚诬，往往捏造谣言，颠倒黑白，甚至肆口簧鼓，希图煽惑滋事，有关世道人心，大碍于地方治安，故通饬关道，亟应从严查禁。”（转引自李默：《辛亥革命时期广东报刊录》，《新闻研究资料》第1—3辑）

同盟会山西支部主办的《晋阳公报》因揭露晋抚丁宝铨以禁烟为名，屠杀交城、文水两地百姓百余人的暴行，被丁以“簧鼓革命、摇动人心”等罪名查封。记者张树帜、蒋虎臣被捕，主编王国宾潜逃。

春

《河南自治报》在开封创刊。河南自治筹办处出版。月刊。以“督促自治之进行，增益人民之知识”为宗旨。

《福建官报》在福州创刊。旬刊。每期出铅印1册。福建官报局编辑出版。有谕旨、宪政、吏政、财政、教育、民政、军政、实业、外交等栏目内容。

冯自由辞去《中国日报》社长职务，前往加拿大从事革命宣传活动。《中国日报》的工作改由谢英伯主持。

4月4日（二月二十五日）

孙中山利用檀香山《自由新报》联络当地爱国华侨，进行革命活动，将檀香山兴中会改组为同盟会分会，本日晚亲自到报社要求宣誓加盟的过百人。“人心极为踊跃，大非昔日之比。”檀香山同盟会分会成立后，该报随即转为该分会的正式机关报。

4月7日（二月二十八日）

仰光《光华报》经理陈汉平、主笔刘觉生以“倡言革命，诋毁中朝”，被缅英当局驱逐出境。

4月16日（三月初七日）

前《民报》主编汪精卫以谋刺清摄政王失败，在北京被捕入狱。

4月22日（三月十三日）

李伯元创办的上海《世界繁华报》以刊载吴娼蟾月楼事被控。主编任董叔被捕，报纸也随之停刊。

4月24日（三月十五日）

《雄风报》在汉口创刊。赵孔达主办，共进会员杨玉如、刘公、杨时杰等编撰。是共进会掌握下的言论机关。日出4开1张。不久，即被当局以有违报律为词查封。被封后，该报再次呈请立案，并于5月9日复刊。继续出版数月后，因经费困难停刊。

4月29日（三月二十日）

《劝业日报》在南京创刊。馆址在南京

双龙巷。南洋劝业会主办。向瑞琨任总理，留日法政毕业生彭渊恂、郭玉书任编纂主任。每日出对开1张，售铜元1枚。自称以“指导国民，振兴实业”为宗旨。

同月

《中西医学报》在上海创刊。月刊。丁福保主编。

汉口《商务报》以反对铁路国有政策，被鄂督瑞澂饬江汉关道齐耀珊予以查封。

《神州日报》编印的《神州日报画报》在上海创刊。随该报附送。同年，该报还出有《神州杂俎》一种，图文并茂，供众阅览。

本月前后

《女学生杂志》在上海创刊。城东女学社主办，发行所设在上海北市棋盘街天字99号。年刊。每期出白报纸铅印120页左右1册。以“吾女学谋进步”为宗旨。

5月2日（三月二十三日）

《诗谜改错录》在武汉创刊。

5月8日（三月二十九日）

《虞阳新闻》在苏州创刊。旬刊。每期2张。社址在苏州大东门内洗砚池。

5月9日（四月初一日）

天津《北方日报》创刊。日出对开2张。馆址在天津河东奥租界大马路10—14号。王厚齐等人主办。有谕旨、社说、专电、电报、要闻、京津新闻、直隶各府州县新闻、时评、文苑、插画、调查、白话、晴窗漫录、宪政刍言、自治琐谈、奏议、专件、来函、小说等栏目内容。自称“本报以监督政府，向导国民为天职”。创刊当日，即被直隶总督衙门串通租界当局查封。同年6月5日恢复出版。

《广西军国指南》（又名《军国指南》）在桂林创刊。月刊。广西军国指南社主办。是广西第一份宣传和研究军事问题的报刊。干事长杨曾蔚，总编辑覃鎏鑫（天存），编撰武士，经理吕公望。其中有不少是同盟会会员。有论说、学术、法制、调查等栏目内容。自称以“发达广西人民尚武精神，普及军事知识及研究军事学问”为宗旨。该刊支持民主革命。仅出3期即停。

5月上旬

《宪政白话报》在汉口创刊。周刊。汉口请愿速开国会同志会的机关刊物。张国溶主编。

5月14日（四月初六日）

天津《大公报》在《本埠新闻》中报道《北方日报》被封详情如下：

> “……上月二十八日（5月7日），奥界领事官曾派捕将该社长传去，谕以不许出报。问何由，答：贵国洋务局来有照会，请去质问，本领事决不敢冒摧残舆论之名云云。该馆长随至洋务局探询不许出版之理由，则以该馆所出之广告有‘监督政府，向导国民’等语，与存案之禀所云宗旨不合。该馆长答：以宗旨如何，当俟该报纸出现时以报律绳之，岂以广告故即停报纸出版，且广告之‘监督政府，向导国民’，乃报纸之天职。……及至初一日（5月9日）出报后，早八（点）钟，督宪派巡捕持公文谒奥领事，使停该报。领事遂派捕将馆长主笔及同人等数人拘至奥署，略谓：如明日不出报，即将诸君释回，否则长此拘留。……”

《预备立宪公会报》改名《宪志日刊》在北京继续出版。总发行所设在北京顺治门外达智桥和上海泥城外54号。

5月18日（四月初十日）

《帝京新闻》在北京创刊。每日出对开2张。馆址在北京李铁拐斜街西首路南。社长陆鸿逵，编辑康甲臣。自称以“扶翼民气，鼓吹宪政，指导舆论，发表政见”为宗旨。有谕旨、言论、译著、电报、新闻、通信、来信、奏议、专件、小说、文苑、时评、杂俎、图画等栏目内容。

5月21日（四月十三日）

张静江、吴稚晖等在巴黎出版的《新世纪》（周刊）停刊，共出121期。

5月23日（四月十五日）

《民声丛报》（封面作《民声报》）半月刊在上海创刊。社址在上海马霍路德福里。陈其美、陈匡等主办。有图画、政治、时论、译述、谕旨、国内大事、世界大事、特别纪事、调查、法令、文谭、诗歌、小说、杂俎等栏目内容。所发评论文章对清廷预备立宪活动的欺骗性和改良派有关君主立宪的主张，进行了揭露和批评。

《湖北农会报》在武昌创刊。月刊。湖北农务总局主办。主编占瑞廷。有译丛、报告、海外农事等栏目内容。

同月

《台湾日日新报》（台北）首任社长守屋善兵卫退休，由副社长今井周三郎升任社长。

上海基督徒会出版《中国基督徒月报》。

《砭群日报》在广州创刊。编辑发行所在广州第七甫。

6月5日（四月二十八日）

天津《北方日报》被迫停刊后，津京各报纷纷表示不满，在舆论压力下，直隶总督衙门被迫同意该报继续出版。本日，该报正式复刊，并于下午2时在天津新亚饭店举行续刊式，绅商各界百数十人到会，《大公报》社长英敛之等发表演说。据次日《大公报》报道，“参会人员对政府嬉笑怒骂，庄谐杂出，并拍照留念”。

6月7日（五月初一日）

《成都商报》在成都创刊。旬刊。社址在成都总府街商务总会内。廖用之主编。以介绍国外商界和报道四川省内实业动态为主要内容。该报后改名《四川商会公报》。1911年12月下旬又改名《四川公报》。后者为日刊报纸，日出对开1张。1912年3月因触犯当局一度被川督尹昌衡查封。

6月16日（五月初十日）

《京津时报》在北京创刊。日报。馆址在北京樱桃斜街。曾参加上海《时报》发起的全国报界俱进会。

6月17日（五月十一日）

《南洋群岛商业研究会杂志》在日本东京创刊。季刊。每期出40页左右1册。主编李文权。是南洋群岛商业研究会的会刊。第3期后迁北京出版。

6月26日（五月二十日）

上海师范讲习所主办的综合性刊物《师范讲义》月刊在上海创刊。

同月

《无锡竞志女学杂志》在无锡创刊。

夏

同盟会在缅甸仰光出版的第二份《光华日报》以“鼓吹无政府主义”罪名，被英缅当局封禁。主笔居正、经理陈汉平被驱逐出境。当地同盟会员吕志伊等在《光华日报》被禁后1个月，利用该报设备，别创《进化报》，吕志伊为主笔，陈钟灵为经理，继续进行鼓吹革命的宣传活动。

7月7日（六月初一日）

《雄风报》在浙江汙口创刊。社址在汙口张美之巷后街18号。

7月10日（六月初四日）

《大中公报》在沈阳创刊。日出对开2张8版。社址在沈阳大北门外东鹿店街。袁昆乔创办，沈肝若主编。重视政治时事报道，力主保持国权。

7 月 20 日（六月十四日）

《铁路界》两月刊在日本东京创刊。是留日铁路专业学生所组织的中国铁路研究会的会刊。总编辑张大义。以研究铁路学术，启发铁路知识，发展中国铁路事业为宗旨。

同月

《北洋兵事杂志》在天津创刊。月刊。总编辑章亮元。为北洋军方刊物。

《图书汇报》在上海创刊。不定期刊。

上海《新闻报》总编辑姚伯昕病故，改由张铁民担任总编辑，张继斋、吴叔子为编辑，黄国英任翻译。

《上海医报》旬刊在上海创刊。顾宾秋主编。

《安亭旅沪同乡报》在上海创刊。月刊。社址在上海派克路昌寿里。总编辑马明良。发刊辞自揭其办报原则为：“不谋于众，无求于人，笔则笔，削则削，自由言论，无牵制顾忌之虞，有善必彰，使良者有所劝；无恶不记，使莠者有所惩。”

《艺林》月刊在南京创刊。

《法政讲义录》在杭州创刊。浙江法政学堂主办。

四川留日工商学生协会于成都出版《工商学报》。吴鼎昌主编。

8 月 5 日（七月初一日）

《奉天劝业报》在奉天（今沈阳）创刊。奉天劝业公所主办。

8 月 8 日（七月初四日）

德国督理胶澳租界事宜都大臣致函山东巡抚，指责中国报纸刊载“离间两国邦交之新闻”，要求更正。清廷外务部、民政部为此发布命令，禁止各报登载有关德国要求山东路矿权利等方面的消息。

8 月 18 日（七月十四日）

同盟会美洲总会机关报《少年中国晨报》在旧金山创刊。（创刊日期据《孙中山年谱》，曾虚白《中国新闻史》作 8 月 19 日。）日出 4 开 2 张。其前身为前一年在当地出版的爱国华侨报纸《美洲少年》周刊。担任编辑工作的有李是男、黄超五、黄魂苏、张霭蕴、黄伯耀等。

该报工作人员追记该报筹办经过情况称：

> “当时革命同志人数不多，筹款甚难，预算日报创办需款万元，即勉强开始，至少亦需七八千元。经过一番筹划，虽经各埠同志响应，所得仍属有限。于是变计组织股份有限公司，每股一元。凡加入同盟会者，最少须认一股。李是男和黄伯耀各认股二百元以示提倡，其余陆续招得股份约三千余元。于三月间在企李街租赁了一所房子，创立少年中国晨报书庄，兼印务公司。并准备作日报编辑营业等各部门的工作地点。全部装修等费，共支出三千余元，所取得股款，一转瞬便已告罄；而购买印刷机器等项，需款约四千元，而出版后每日所需纸料，尚未列入预算。计无所出，乃召集股东会议，选举职员，以专责成。当场选出黄伯耀为本报总理兼营业部经理，李梓青为司库，黄超五为总编辑，而财政问题，仍责成总理与司库协商解决办法。可是股东多属学生、工人同志，尽力出钱，终属有限。后卒由黄伯耀与印刷机器公司说妥，机器尽先安置，先免延误出版日期，而款项则分期按月付给。至每日出版所需之报纸，亦与供应纸店说妥，按月清算结账，不须现款购买。这两大问题解决后，印刷工场之工金，亦一问题，必须每月清发，不容拖欠。于是司库李梓青

与总理黄伯耀约定，为维持报馆的信誉，彼此分别负担垫付一个月经费，单月属李梓青，双月属黄伯耀。以此本报经济问题，得暂解决。（据《少年中国晨报》社 1960 年出版《〈少年中国晨报〉五十周年纪念专刊》）

8 月 19 日（七月十五日）

四川谘议局机关报《蜀报》在成都创刊。半月刊。每月朔望日出版，每期 30 页左右 1 册。社长蒲殿俊，主编朱山，主笔吴虞、邓孝可。参加撰稿的有萧湘、杨化欧、叶治钧、黄言昌、沈宗元、白坚、程莹度等。自称以“监督行政，促进立宪”为宗旨。有论著、译丛、文汇等栏目内容。发行所在成都东桂街。共出 12 期。

8 月 24 日（七月二十日）

《国民公报》在北京创刊。社址在北京宣武门外后铁厂。日出对开 2 张。社长文实权，名誉社长孙伯兰，编辑徐佛苏、黄舆之、吴赐岭、黄荫狐、黄佛午等。用文言文撰稿。自称为“鼓吹国会、扶植宪政之惟一机关报”，以促成实施宪政、速开国会为宗旨。

《江宁实业杂志》在南京创刊。月刊。江宁劝业公所主办。曹赤霞主编。

8 月 26 日（七月二十二日）

北京《帝国日报》以所刊黄河铁桥损坏，火车不通消息失实，受到清政府的警告处分。

8 月 29 日（七月二十五日）

著名文学期刊《小说月报》在上海创刊。商务印书馆出版。恽铁樵、王蕴章等主编。自称：“以移译名作，缀述旧闻。灌输新理，增进常识为宗旨。”有图画、长篇小说、短篇小说、译丛、笔记、文苑、新知识、改良新剧等栏目内容。所刊以“才子佳人”式的文言言情小说为主。林琴南、傅东华等人的翻译小说也多在该刊发表。该刊自 12 卷起，改由文学研究会接办，沈雁冰、郑振铎等任主编。1931 年 12 月出至第 22 卷 12 期停刊，先后出版 21 年。是近代中国刊行时间最长影响最大的文学期刊之一。

同月

《白话简报》在北京创刊。

《公论报》在北京创刊。

《北京新报》在北京创刊。

《芝林》月刊创刊于南京。

《广东警务官报》在广州创刊。半月刊。广东警务公所主办。

9 月 4 日（八月初一日）

中国历史上的第一个全国性新闻界团体中国报界俱进会在南京成立。除担任发起的上海《时报》《神州日报》外，积极支持并派出代表参加成立大会的还有以下 20 个省市的 41 家报纸：上海《申报》《中外日报》《舆论时事报》《天铎报》，北京《北京日报》《中国报》《帝国日报》《帝京新闻》《宪志日刊》《京津时报》《国民公报》，天津《大公报》《北方日报》，奉天《东三省日报》《大中公报》《微言报》《醒时白话报》，营口《营商日报》，吉林《自治日报》《长春公报》，哈尔滨《滨江日报》，广东《时报》《又新报》《国事报》，香港《商报》，南昌《江西日日官报》《自治日报》，赣州《又新日报》，汉口《中西报》，杭州《全浙公报》《浙江日报》《白话新报》，南京《江宁实业杂志》《劝业日报》，福州《福建新闻报》，成都《蜀报》，重庆《广益丛报》，贵阳《西南日报》，芜湖《皖江日报》，汕头《中华新报》，无锡《锡金日报》。大会推举郭定森（宝书）为该会主席。

9 月 13 日（八月初十日）

《青浦报》在上海青浦创刊。每月 2 期，每期 2 张 8 版，逢初十、二十五日出版。有城厢新闻、镇乡新闻等地方新闻栏目内容。

9月19日（八月十六日）

《直隶警察杂志》在天津创刊。半月刊。每期出白报纸铅印32开1册。直隶警务公所主办。主编储承忠。

9月23日（八月二十日）

《南报》月刊在广西桂林创刊。同盟会广西支部主办。是该支部的秘密机关报。赵正平主编。自称“以军国主义为纲，世界、民族两主义为目”。有论说、历史、地理、军事、传记、讲演、本国纪事、特别纪事、时论、调查、英雄之声、国民之声、小说、通信、杂俎等栏目内容。创刊号所刊《出世辞》鼓吹树立“民族建国之思想”。仅出3期即停。

同月

长沙筹办自治公所主办的《长沙地方自治白话报》月刊在长沙创刊。

秋

《民主报》在上海创刊。宋教仁主编。

《光华医事卫生杂志》月刊在广州创刊。广州光华医院主办。

10月3日（九月初一日）

《长春公报》在长春创刊。长春府城董事会创办。公报以“开通民智，鼓吹公益”为宗旨。4开4版。主笔为原《长春时报》继任编辑人魏毓兰。得到各界赞助与官府津贴，1911年8月4日更名为《国民新报》。

《东陲公报》在哈尔滨创刊。日刊。经理姚岫云，主笔周浩。该报经费募自当地绅商。曾对帝俄对我东北的侵略进行强烈抨击。为东北地区有影响的爱国报纸。

《瀛州日报》在广东潮州创刊。日出对开2张。馆址在潮安开元后巷。创办人钱热储，主笔温敬廷。以“改良社会陋俗，普及国民思想”为宗旨。

10月4日（九月初二日）

《江西谘议局会期日刊》创刊于南昌。

10月6日（九月初四日）

德国人主办的中文《协和报》在上海创刊。周刊。道林纸精印。发行人芬克，主编人费希礼。1913年以后改由白虹主编。有时论、军事、工业、商业、农业、学术、中外新闻等栏目内容。第一次世界大战期间极力为德方作宣传。

10月7日（九月初五日）

《热诚报》在上海创刊。旬刊。社址在上海四马路望平街。在日本东京编辑发行。蓝公武主编。自称“以鼓吹速开国会，输入世界知识，革新国民精神为宗旨”。

10月11日（九月初九日）

《民立报》在上海创刊。与前此出版的《民呼日报》《民吁日报》一脉相承，被合称为“竖三民”。于右任主持。资金由沈缦云、庞青城、陈其美等负责筹集。先后担任主笔的有景耀月、范鸿仙、宋教仁（渔父）、马君武、吕志伊、王毓麒（无生）、章士钊、叶楚伧、徐天复（血儿）、张季鸾（一苇）、谈善吾、邵力子等。该报详细报道各地革命运动，激烈攻击清政府。所辟《论说》《天声人语》《大陆春秋》《上海春秋》《时评》等栏，放言高论，鼓吹革命，尤为国内外爱国读者所欢迎。创刊号刊有于右任用“骚心”笔名写的题为《中国万岁民立万岁》的发刊词，比喻该报为“植立于风霜之表、经秋而弥茂”的“晚节黄花”，以“不敢以讹言乱国是，不敢以浮言伤国交，不敢以妄言愚国民”的“正确之言论机关”自期，并宣布其办报宗旨为“使吾国民之义声，驰于列国；使吾国民之愁声，达于政府；使吾国民之亲爱声，相接相近于散漫之同胞，而团体日固；使吾国民之叹息声，日消日灭于恐慌之市面，而实业日昌”。日销近2万份。来往于日本、南洋及国内各地途经上海的同盟会员，多以该报为联络中心，成为同盟会在上海的重要联络机关。

10月14日（九月十二日）

《公论实报》在北京创刊。其前身为2个月前在北京创刊的《公论报》。沈实甫（乃诚）主办。自称“以伸起国家公理，铸成国民公德为宗旨”，强调“闻见确实”，“服从舆论，一秉至诚”。出版仅2个月，即因刊载太监德彰盗库事被禁，经罚款400元后，始准继续出版。

10月21日（九月十九日）

《消闲报》《采风报》《奇新报》《寓言报》《汉口日报》《楚报》《月月小说》等报刊主编、著名小说家吴趼人在上海海宁路鸿安里315号寓所去世，卒年45岁。吴原名沃尧、又名宝震，字小允，笔名我佛山人，广东南海人。

10月30日（九月二十八日）

《经纬日报》在天津创刊。日出对开2张。馆址在天津日租界旭街四面钟对过。自称以鼓吹宪政，提倡实业为宗旨。

10月31日（九月二十九日）

《平民日报》在广州创刊。主笔卢博浪、李孟哲、邓慕韩、潘达微、陈树人、廖平子、邓警亚、黄霄九等。攻击保皇党，揭露清廷的立宪活动不遗余力，有“内地第一革命机关日报”之称。除新闻、评论外，设有专门性副刊，刊登剧评、小说、诗词、粤讴等类文字。

同月

北京《国民公报》《帝国日报》等7家报馆联合上书资政院，请求修改报律，减轻对报纸言论的限禁。

《沧浪杂志》（双周刊）创刊于苏州。苏州府中学堂发行。

《湖北自治公报》在武昌创刊。湖北自治筹备处出版。

《中国实业杂志》在日本东京创刊。月刊。社长李文权。出版后发往国内，由北京、上海商务印书馆发行。该刊自1917年8卷8期起移至天津出版。1919年停刊。

11月2日（十月初一日）

《上海白话报》创刊。馆址在上海二马路石路86号。谢慧禅主编。用4号字排印。日出4开4版1张，其中广告占3版，文字仅占1版。有演说坛、见闻录、得事谭、莺花志、歌吹海、新小说等栏目内容。以消闲性的文字为主要内容。

《刍言报》在北京创刊。五日刊。编辑部在北京梅竹胡同。汪康年主办。该报“以变法图存为宗旨”，专以评论时事为主。出版至1911年9月停刊。

11月6日（十月初五日）

《桂林官话报》在广西桂林创刊。日刊。广西教育会主办。该报曾多次揭露官场的劣迹。

11月16日（十月十五日）

《国华报》在上海创刊。日出2张。社址在上海四马路望平街。主任编辑徐馨荃。该报偏重于“花界新闻”和消闲性文字。

11月20日（十月十九日）

安庆《安徽通俗公报》主笔韩耆伯因揭露社会丑恶及支持铜官山农民暴动，于本日下午8时被暴徒刺伤。该报被迫暂时停版。同年12月29日，该报两次被有关方面指使流氓捣毁。

11月30日（十月二十九日）

天津《大公报》出至3000号，报社编辑部以《立宪国之要素，一曰国会，一曰宪法，然当预备立宪之时，究应先开国会而后定宪法欤？抑应先颁宪法而后开国会欤?》

为题，发起纪念性征文，支持清廷有关预备立宪的宣传。

同月

《医学杂志》月刊在上海创刊。蔡小香主编。

《苏州新闻》在苏州创刊。孙来主编。

《蚕丛》月刊在成都创刊。

《台湾日日新报》（台北）购进新式轮转机，并扩充版面为日出对开 2 张。

12 月 11 日（十一月初十日）

北京《国民公报》因《欧洲通信》栏内载有“涉及宫廷之语”，被饬令停刊一周。

12 月 14 日（十一月十三日）

《大江白话报》在汉口创刊。馆址在汉口歆生路。日出 4 开 1 张。创办人兼经理胡为霖，主笔詹大悲、何海鸣。以揭露英国巡捕无理殴毙汉口人力车夫吴一狗一案的有关消息，受到社会瞩目。属革命派报刊。

12 月 15 日（十一月十四日）

《民立报》刊出《官报病民记》新闻一则，揭露《北洋官报》靡费公帑的情况称：“该局经费每年竟用至十万四千八百九十九两七钱七分五厘之多，内计员司薪水三万四千八十八两零，技师匠徒一万七千七百十一两零，其他可知。”

12 月 20 日（十一月十九日）

原在缅甸仰光出版的《光华日报》被迫停刊后，迁至马来半岛的槟榔屿出版。社址在槟榔屿打铜街 120 号。总经理仍为庄银安，主笔雷昭性、方次石、周杜鹃、苏眇公、陈匪石、罗一士、李慕曦、李怀霜、金葆光等。时称第三《光华日报》。是同盟会在马来亚地区的重要宣传机关。

12 月 24 日（十一月二十三日）

《裕南报》周刊在上海创刊。

同月

《北洋政学旬报》在天津创刊。主编吴兴让。天津北洋官报总局出版。其前身为此前不久停刊的《北洋政法学报》。1911 年 1 月停刊。

陕西学务公所主办的《陕西教育官报》月刊在西安创刊。出版至 1911 年 10 月停刊。

《女学生》（年刊）在上海创刊。后者由尹锐志主持。

英文《北京日报》（*Peking Daily News*）（又名《北京英文日报》）在北京创刊。办报经费来自总理各国事务衙门。主笔颜惠庆。民国成立后，该报为朱琪所有，先后任主笔的有英人伍海德（George Woodhead）及董显光等。该报注重评论，不重新闻。仅销 1000 份。1919 年停刊。

《浙湖工业同志会杂志》在日本东京创刊。由设在东京的浙湖工业同志会编辑出版。

同年

《白话晨报》在北京创刊。

《宪志日刊》在北京创刊。

《全球画报》在天津创刊。为外国人所主办。费希礼主编。内容有新闻、历史、科学知识等。

在天津出版的日文《北支那每日新闻》与《北清时报》合并，改名《天津日报》继续出版。

《公民白话报》在天津创刊。温世霖主编。1911 年停刊。

《微言报》在奉天（今沈阳）创刊。

《自治日报》在吉林创刊。

俄文 Бюллетень—Сведения О Фоле Чумной Зцидемий（《防鼠疫通报》）在哈尔滨创刊。哈尔滨卫生机委会抗鼠疫总局主办。

日本人山崎庆之祝主办的日文《间岛时报》在图们江北江东滩创刊。半周刊。

《奉天自治办法》杂志在奉天（今沈阳）创刊。奉天全省地方自治筹办处主办。

《晨星报》月刊在山东烟台创刊。

《香山旬报》驻沪发行所发行上海《香山旬报》。1911年第84期改名《香山循报》。

以振聩社名义发行的《梨园杂志》月刊在上海创刊。

文艺小报《鹤立报》在上海创刊。社址在上海二马路大新街口游戏报社内。

基督教美以美会和监理会合办的宗教刊物《兴华报》在上海创刊。周刊。其前身为林乐知等在1904年创办的《华美教保》月刊。

《获卫报》在上海创刊。上海永年人寿保卫金有限公司主办。以宣传人寿保险业务为主。

《通信报》晚报在上海创刊。社址在沪宁车站对面的进行社内。自称其宗旨为："捷便确实，补各日报之所不及，亦并以集各日报之精粹。可省时节力，可作茶前酒后之谈笑资。"

《数理化学会杂志》《开明报》（旬刊）在上海创刊。

日本人主办的日文《上海佛教》杂志在上海创刊。

英文季刊 *Educational Review*（《教育季报》）在上海创刊。在华基督教教育协会主办。主编 Mrs. Ida Belle Lewis。

基督教会主办的《真光报》周刊在上海创刊。湛乐弼主编。

英文季刊《中国基督教年鉴》（*China Christian Year Book*）在上海创刊。季理斐（Mac Gillwray）主编。

《劝导日报》在南京创刊。

《天目报》在杭州创刊。日报。王朗月主编。

《全浙新报》在杭州创刊。

《四明日报》在宁波创刊。蔡琴孙、董翔遂、李霞城3人创办，经理张申之，历任主笔有吴铁花、张楚钰、叶伯元、陈布雷等。日出有光纸2张。

《又新日报》在江西赣州创刊。

《自治日报》在江西南昌创刊。日刊。社址在南昌席公祠。主编吴宗慈。支持民主革命。

《安庆通俗报》在安庆创刊。安庆绅学界人士主办的通俗报刊。

《皖江日报》在安徽芜湖创刊。同盟会会员陈子范任主笔，李铎任主编。属民主革命派报纸。

《滨江日报》在芜湖创刊。

革命派报刊《帝州报》在西安创刊。半月刊。郭希仁、王铭丹、贺绂之主编。

《声铎公社质言》在陕西创刊。

《警钟报》（刘玉堂主编）、《长江日报》（向炎生主编）等报在武汉创刊。

《湖北地方自治白话报》在武昌创刊。湖北地方自治筹备处主办。

湖南宁乡筹办自治公所发行的《宁乡地方自治白话报》（月刊）、湖南衡山宣讲所发行的《衡山白话自治报》在当地创刊。均以推行地方自治为宗旨。

《云南日报》在昆明创刊。日出1张。馆址在昆明大德寺内。云南教育总会主办。钱用中主持，编辑赵世铭、甘德光。言论有民主革命倾向。

《警醒报》在福州创刊。月刊。创办人祁暄、黄家宸等。言论倾向于君主立宪。

《武学报》在广西桂林创刊。属资产阶级革命派所办报刊。

《指南月刊》在桂林创刊。尹昌衡等创办，主笔赵正平，经理吕公望。为同盟会在广西的宣传刊物。出版不久即被迫停刊。

《广东报》在广州创刊。日刊。陈听香主办，冯冕臣等编辑。该报偏重社会新闻。

《广州化学会实业报》在广州创刊。

《公言报》在广州创刊。日报。编辑兼发行人陈听香，副编辑梁浩明。资金出自广东富绅钟宰荃。所刊新闻贴近下层社会，颇受市民读者欢迎。

《时报》在广州创刊。

《佗城日日新闻》在广州创刊。日刊。创办人陈听香，主编冯冕臣。简称《佗城报》。是陈听香利用《公言报》的部分资金另行创办的。

《晓钟报》在广州创刊。沈友士主编。

光华医社主办的《光华医事杂志》在广州创刊。

《女界星期录》周刊在香港创刊。洪舜英、洪美英主编。

《学林》杂志在日本东京创刊。季刊。章太炎主编。《〈学林〉缘起》记载杂志筹办经过称："余杭章先生以命世之才，旅居不毛，赫然振董，思所以延进后生……同人复请著《学林》，尽其广博，以诒逖近，先生则诺。"有名言部、制度部、学术流别部、玄学部、文史部等 12 个栏目内容。每季刊行 1 册，仅出 2 册即停。

《四州周报》在马来半岛的吉隆坡创刊。陈占梅主编。

《新报》(中文版）在雅加达创刊。印尼华侨主办。

《民气日报》在纽约创刊。赵公璧主办。言论倾向于民主革命。

《平民画报》在美国旧金山创刊。李是男主编。

《民国日报》在悉尼创刊。澳大利亚华侨洪门致公堂的言论机关。先后主持编务的有刘涤里、伍洪培等。以宣传民主主义革命为主要内容。

《地理杂志》创刊。

1911 年
(清宣统三年辛亥)

1月1日（庚戌年十二月初一日)

《春申报》在上海创刊。社址在上海小花园宝安里。日刊。每天出 2 张。有新闻、电报、论说、小说、批评、商品、杂著、文苑等栏目内容。

1月3日（十二月初三日)

汉口《大江白话报》改名《大江报》继续出版。社址在汉口新马路 52 号。日出对开 2 张。由大成印刷公司印刷。詹大悲任经理兼总编，何海鸣任副总编。经常撰稿的有蒋翊武、查光佛、宛思演、梅宝玑、温楚珩、黄侃、凌大同、居正、田桐等。改版后的《大江报》遇事敢言，被称为"专以骂字为主义"，经常揭发官场黑幕及文武官吏蠹国残民的丑行，支持湖广地区的保路运动和各地的革命斗争。此外，它还特别注意新军士兵的工作，在新军的每个营中都设有分销处，除每营免费送报一份外，还在士兵中发展订户，并鼓励士兵写稿、投稿，和新军士兵保持密切联系。

1月6日（十二月初六日)

北京《公论实报》以所刊《狗说》《群狗竞争图》等文，讽刺资政院议长议员，被当地警厅罚洋 30 元，罚令停刊 7 天。

1月7日（十二月初七日)

天津《公民白话报》主编温世霖以在国会请愿活动中领衔组织学生罢课请愿，被当局逮捕。两日后押解北京，旋被发戍新疆。

1月9日（十二月初九日)

北京警察当局以北京各报声援《公论实报》被罚事件，加重对该报的迫害。即日发布公告，宣布该报"永远禁止发行，并附科罚金百元”。《公论实报》同人于本日发表声明称：“同人等受创虽深，此心不死，决为卷土重来之举，以收再接再厉之功，现已整备旗枪，改换报名，续行出版，特此预闻。”（《帝国日报》1911年1月10日）

1月10日（十二月初十日）

同盟会福建支部的重要言论机关《建言报》在福州创刊。社址在福州仓前山梅坞岭。每星期二、四、六出版。先后任总编辑的有张冠瀛、刘通等。

1月15日（十二月十五日）

上海《外交报》出至第300期后宣告停刊。

1月16日（十二月十六日）

《阳秋报》在上海创刊。社址在上海三马路宝安里。主编人不详。自称为一家之言，内容多抒发个人牢骚之作，间有对官场丑闻的揭露和抨击。

1月20日（十二月二十日）

上海《国粹学报》停刊，共出82期。

1月29日（十二月二十九日）

清廷批准民政部对《大清报律》所作的修订。修订本共38条，减少了部分条目，但保存了原《报律》的主要内容。批准前，曾发交资政院及军机处议复，两部门对其中第十二条的文字有不同意见。资政院拟为：“外交陆海军事件及其他政治上秘密事件，经该管官署禁止登载者，报纸不得登载。”军机处拟为：“外交陆海军事件，及其他政务，经该管官署禁止登载者，报纸不得登载。”（戈公振：《中国报学史》，第338—340页）清廷同意军机处的提法，即禁止登载的不以政治机密为限。

1月30日（辛亥年正月初一日）

湖北振武学社改组为文学社，即日召开成立大会，举蒋翊武为社长，并确定以《大江报》为该社正式机关报。

2月7日（正月初九日）

《香山旬报》自本日出版的第4年第1期（总号第84期）起改名《香山循报》，并由旬刊改为周刊。编辑发行工作由李磷庵负责。除新闻、评论外，多刊粤讴、南音、班本、龙舟等地方说唱文学作品。与同盟会关系密切，为广东香山地区的主要革命派报刊。该报于1910年11月香山光复后，改为日报，更名《香山新报》继续出版。编辑人李景纲。社址在广东香山（今中山市）石岐大庙前。

2月8日（正月初十日）

资产阶级革命派主办的《国风日报》在北京创刊。日出对开1张。社址在北京宣武门外南柳巷。景梅九主持，参加编辑发行工作的有白逾桓、田桐、仇亮等。自揭其宗旨为：“赞助真实立宪，提供爱国精神，以世界之眼光，发精确之议论，指导政府不使政令偏颇，引诱国民勿令责任卸驰。”

2月11日（正月十三日）

云南督军府法制局主办的《云南政治公报》在昆明创刊。以刊载官方发布的法令为主。

2月13日（正月十五日）

《夏报》在汉口创刊。留日学生彭渊恂邀约虞和德、李仲钰、罗饶、向瑞彝、张铭彝、何世准、高汉声等发起主办。日出对开1张。以“敢言”闻名于时，曾以刊载清军三十一标管带萧国斌兄妹通奸丑事，被萧率兵捣毁，编辑遭到搜捕。旋以“直言”被鄂督瑞澂查封。

《南风报》（月刊）在桂林创刊。社址在桂林文昌门内福旺巷2号。是同盟会广西支部在《南报》停刊之后创办的又一份机关报。赵正平任总主笔，廖璋等人参加编辑撰稿工作。自称以“灌输世界知识，发扬军国精神”为宗旨。在广州光复后自动停刊，先后出版 8 期。

2 月 22 日（正月二十四日）

广东省巡警道发布“传谕”，禁止省城各报刊载有关中外交涉消息及有关外事活动消息。

2 月 25 日（正月二十七日）

上海《中外日报》实行改组，经理编辑全部易人，报名也改为《中外报》。旋停。

同日，汕头《瀛州日报》以刊出金山中学学生在妓馆、酒馆“挟妓侑酒，喧哗达旦”消息，被该校学生百余人强行捣毁。编辑部门窗被拆；“文件信稿，尽行散失”；印厂设备全部被掷散，“狼藉满地”。该报因此停刊。

2 月下旬

《四川警务官报》在成都创刊。四川警务公所高等巡警学堂编辑。以“普及巡警法令知识于人民”为宗旨。

同月

《国学丛刊》在北京创刊。双月刊。每期出石印 120 页左右 1 册。王国维、罗振玉主编。自揭其宗旨为“续前修之往绪，助学海之涓流”。

在上海出版的教会刊物《尚贤堂晨鸡录》月刊，改名《尚贤堂纪事》继续出版。每月出有光纸单面印刷 20 页左右 1 册。仍由李佳白任主编。

《震旦日报》在广州创刊。主笔康仲荦、梁慎余、陈援庵（垣）等。日出对开 2 张，另石印画刊 1 张，随报附送。社址在广州第七甫 77 号。自称以“诱导舆论，扶植人权，奖进民德，提倡实业”为宗旨，“政府有背理举动，足害吾民者，必痛加批诋”。（《震旦日报出版广告》，《南越报》1911 年 1 月 23 日）副刊名《鸡鸣录》，有杂文、谐著、专件、文艺、传记、新知识、小说、班本、板眼、南音、杂俎、词林等栏目内容。特雇派报专人负责发行工作，“城厢内外，限晨八点钟以前一律派到”。

《自理月刊》在广州创刊。

展民通讯社在广州创立，并开始发稿。主办人杨实公、毛诵芬。

3 月 1 日（二月初一日）

商务印书馆主办的《少年杂志》月刊在上海创刊。初创时每期出十数页，后扩充至 100 页左右。以少年儿童为主要读者对象。有修身、文学、历史、地理、算学、格致卫生、运动、植物、矿物、实业、手工、习字、图画、体操、音乐、歌谣、游戏、中外时事等栏目内容。

基督教刊物《左海公道报》半月刊在福州创刊。福州美华印书局印刷。福州安立甘、美以美、美部三教会联合主办。黄乃裳主编。

3 月 5 日（二月初五日）

《粤路丛报》在广州创刊。月刊。广东黄沙商办粤路总公司主办。主编沈文尉。维护粤路股东的利益。

3 月 6 日（二月初六日）

奉天《大中公报》以前一天刊出评论《请问巡警总局防疫所并告国人预备自由行动》，谴责防疫所陆军及二区巡警无理干涉妇女坐车，本日下午被防疫所总办张孝候指派防疫委员露厚带领军警四五十人予以捣毁。该报社长杜某被打伤，经理袁昆乔被拘。

3 月 10 日（二月初十日）

同盟会在秘鲁主办的《民醒报》在秘鲁首都利马创刊。周卓吾、李介平、刘伯擎等主持。初为周刊，后改日报。（创刊日期一作 3 月 11 日，见冯爱群《华侨报业史》。）

《中国青年学粹》在日本东京创刊。双月刊。日本东京中国青年学粹社编辑。以中学生为读者对象。出版后在国内发行，上海、成都等地均有代理发行的机构。

3月12日（二月十二日）

哈尔滨《东陲公报》以触怒当地沙俄当局，被后者唆使吉林交涉使兼署西北路道郭宗熙，饬令当地警局予以查封。上海《申报》曾于同年4月3日、4日连续刊载长篇通信《东陲公报被封之悲愤录》报道该报受迫害及被封经过。

3月15日（二月十五日）

陕西革命报刊《暾社学谈》在西安创刊。月刊。

3月17日（二月十七日）

上海《神州日报》就所传东三省地方当局摧残报纸事，发表题为《论摧残报馆之适以速亡》的社论，进行评论。略称：

> "……今日敌国外患愤兴之日，而官吏乃与人人舆论为难也。比如奉省巡警之摧残《大中公报》，哈尔滨郭道之摧残《东陲公报》，乃连翩而至，并出于今兹之时，此其事固绝可异者也。夫今外患方棘，东三省又方为首祸之区，果使官吏有丝毫为国之心，固当百加护惜，以图苞桑之系。顾今报馆之被摧残者，旬日以来，事乃迭发不绝，而皆起于东三省。然则东三省之官吏之用意，殆欲将此一线未亡之人心，与其绵辍仅存之舆论，锄而去之，以为敌人先驱之彗乎？噫！"

社论署名：金刚。

3月18日（二月十八日）

《神州日报》刊出漫画一幅，画面为4个不同身份的人同看一张《神州日报》，旁边注有文字："志士看报纸竟与毛瑟枪一样"，"官场看报纸竟与眼中钉一样"，"寻常人看报纸与古书一样"，"外人看报纸竟与百斯笃一样"。

3月25日（二月二十五日）

《法政杂志》在上海创刊。月刊。商务印书馆发行。发起人林长民，主编陶保霖。以"研究法律政治现象，参证学理，促进群治"为主旨。

3月29日（二月二十九日）

《人权报》在广州创刊。社址在广州城西神洞坊。主笔劳纬孟、陈耿夫、李孟哲、黄浩公、黄霄九等。以"唤起民族思想"为宗旨。为革命派在广州的重要言论机关之一。

3月30日（三月初一日）

资产阶级革命派在广州出版的《可报》创刊。主办人陈炯明，主笔朱执信、叶夏声、马育航、邹鲁等。租用《平民报》的社址及设备编辑出版。同年4月22日停刊。

同月

英人主办的英文《天津星期西报》（*Tientsin Sunday News*）在天津创刊。该报曾在评论中声明，外国人在中国办报的目的，是为了"保卫外国在中华所有之政治商务利益，并抵拒华人之舆论"。

《北洋旬日画报》在天津创刊。旬刊。

《新佛教》半月刊在宁波创刊。宁波白衣寺主办。

福建警醒社主办的《民心》月刊在福州创刊。林刚主编。主张革命、共和，反对立宪。同年8月停刊，共出6期。

成都商会与农会同人合办的《工会日刊》因揭载当地官员巡警道周肇祥国忌期间宴会事，被周利用权势予以查封。

同盟会缅甸支部在仰光出版的《进化报》遭到侨居当地的保皇党人和缅甸警方的摧残，被迫停刊。该报负责人徐赞周联络张永福、杨子贞、曾上苑等人另创《缅甸公报》，继续进行革命鼓吹。

年初

革命派报刊《缅甸公报》在缅甸仰光创刊。徐赞周、张永福、杨子贞、曾上苑主持。

春

河南同盟会总分会机关报《国是日报》在开封创刊。杜潜创办，刘积学主编。

《太仓日报》在江苏太仓创刊。总理闻冠生。

郑江灏主办的《政学日报》在汉口创刊。

广州《平民报》因经济困难休刊。所有印刷设备暂时借与《可报》使用。

春夏之交

广州《时敏报》改由陈新吾负责编辑，岑侣豪负责发行，陈宝山负责印刷。

4 月 5 日（三月初七日）

民政部大臣肃亲王善耆通令各省，严禁各报登载有关中俄交涉方面的消息。

支持保皇反对革命的粤东报界公会指责《公言报》发行人陈听香、《佗城报》发行人冯冕臣，“济恶流毒社会，包庇匪徒，破坏赌禁，扰害公安”，并“函揭张督（鸣岐），立饬警道执行报律，即夕勒令该两报停版”。两报于本日被迫停刊。

4 月 7 日（三月初九日）

上海日报公会发表《质问上海商务总会函》，就后者唆使上海地方当局限制各报刊载有关英军进据片马消息和云南人民反英斗争消息一事，进行严厉批评。在此以前上海商务总会中的一部分买办资产阶级代表人物，曾以该会名义致函上海地方当局称：“……中英睦谊素敦，通商最久，此等无意识之举动，殊于通商条约及两国邦交大有损碍。除电外务部商部暨两院宪密电滇省，切谕滇省绅商万勿再为此种抵制，以免于事无益，而于大局有损，并请邮传部密谕各处电局，随时查察，勿再传递此种电报，以期镇静。一面饬县妥筹防范，免滋事端外，用特密布，即祈密谕各报馆，不得将此种电报再行登载。……”（《申报》1911 年 4 月 7 日）

4 月 10 日（三月十二日）

清廷外务部咨行民政部，就日本方面提出的北京《公论实报》在有关日本公使伊集院来华活动的报道中，“对于日本公使加以倭奴二字，殊属不合”一节，进行通报。要求民政部“查核办理”，“设法禁止”。北京《公论实报》于 4 月 4 日、6 日、7 日的报道中有“倭奴一个打尽”“倭奴乘隙图侬了”“倭奴又偷我矿产”“倭奴暗探军容”等语。

民政部接到咨文后，立即札饬京师警厅转告各报馆“此后宜格外谨慎”，并指出此后“即有所指摘，亦当平心静气，庶几言者无罪，闻者足戒。否则徒伤国际感情，必来意外波折。执笔人聊快一时之意气，当局者乃添无数之葛藤”（《申报》1911 年 4 月 26 日）云云。

4 月 13 日（三月十五日）

民政部大臣肃亲王善耆密令各省当局，严禁各报刊载有关日本公使伊集院来华办理交涉事宜的消息和评论，“以免淆乱”。

基督教会主办的《光荫》季刊在上海创刊。朱问渔主编。

4 月 18 日（三月二十日）

日本驻华使馆以清朝民政部没有对北京《公论实报》进行惩办，特向京师地方审判厅对该报提出控告，要求究办。

4 月 19 日（三月二十一日）

京师地方审判厅就北京《公论实报》被控称日本公使为“倭奴”一案，进行公开审讯。该报编辑人在庭上进行答辩，略称：“本报倭奴二字，并未冠诸于伊集院三字之上……与公使有何牵缀之处？再倭奴二字，乃日本国之固有名称。中国自唐以来，历史所载，见不一见。日本史亦载此二字。何得指为诋毁？……既与公使无涉，又非诋毁之词，日使横来干涉，任情诬指，摇动我舆论机关，是在所居国扰乱治安，因请外务部与该国交涉。至该国报纸之诋我前使杨枢为豚尾奴，近又诋我元首及我皇族，种种悖谬，不胜枚举。即使本报对于该国公使有不文之词，报酬之道，亦公理上所共许。"承审官万某对该编辑人的答辩，"颇为称许"，即商请检察长将日使来文，据理驳回。同日《公论实报》还发表了《为日使指控上地方审判厅书》，重申该报编辑人的以上观点，并对日本自隋朝以来就被史书称为"倭奴"一节，作了详细考订。

4月中旬

《民立报》主笔宋教仁应黄兴电召抵达香港，担任广州起义统筹部编制课长。临行，"将馆中笔政，托方潜暂代，仍署名渔父，免人启疑"。（王绍子编：《革命先烈传记·宋教仁传》，上海经纬书局1927年版，第43页）

4月21日（三月二十三日）

《江苏日报》在苏州创刊。日出1张。有省城新闻、各属新闻等栏目内容。

4月23日（三月二十五日）

《通州师范校友会杂志》在江苏南通创刊。发行人校友会会长张謇，副会长江谦。

4月26日（三月二十八日）

北京《国风日报》刊出《三女成奸戕一男》新闻，涉及"某女师范学生"，内容失实，被京师女子师范学堂以诽谤罪控诉于京师地方审判厅。经审讯后，判罚100元结案。

4月27日（三月二十九日）

《白话日报》在哈尔滨创刊。

4月29日（四月初一日）

《法政浅说报》在北京创刊。旬刊，逢一发行。编辑发行人白鉴。

《启民爱国报》在上海创刊。日出2张。用白话文编写。社址在上海英租界汉口路望平街口。创办人王河屏，主编王南。该报还出有画报一种，随该报附送，不另收费。

同月

《民辛画报》在天津创刊。日刊。曾刊有天津妇女开会纪念"天津失城纪念"，以及讽刺清朝大员迷信女巫等新闻画及时事漫画。

《商报》在重庆创刊。郭又生主编。

贵州学务公所主办的《贵州教育官报》（月刊）在省会贵阳创刊。同年8月停刊。

《克复学报》在上海创刊。月出线装本1册。社址在上海爱而近路存厚里。李瑞椿主编。属于资产阶级革命派主办的宣传民主革命的刊物。所刊篇目有《梁说驳谬》《满汉大臣表》《王邸暗杀案》《民变录》《乱事记》等，支持民主革命。

《梦花杂志》在南京创刊。南京存古斋发行。

5月13日（四月十五日）

《两广官报》在广州创刊。周刊。两广总督署主办，两广官书局编印发行。有谕旨、宪政、外务、吏政、民政、财政、典礼、教育、军政、法令、实业、邮传、要件等13个栏目内容。同年10月停刊。

5月18日（四月二十日）

上海《舆论时事报》改名《时事新报》继续出版。社址在上海新垃圾桥北首。其前身为1907年创办的《时事报》及1908年创办的《舆论日报》。新出版的《时事新报》在增辟栏目、改革版面、加强副刊及专任采访记者等报纸业务工作上有不少创新。创刊伊始就宣布以下措施：聘前《中外新报》总理汪仲阁主持报事；"于京师、各省、各埠添聘访员并请特别通信员，以期调查确实、消息灵通”；“广译东西报章，并请海外特别通信员随时调查世界事件，以为研究之资料”；“特设征文一门，征集政见，研究政纲，以引起政党言论之端倪”；“特设介绍问答一门，俾研究学术，调查事实者得借为通信之公共机关”。该报政治上倾向于立宪派。

5 月 24 日（四月二十六日）

即日起，上海《申报》连续 3 天在该报刊出林复所撰《创办妇女日报意见书》和《妇女日报社简章》。

《爱国报》在上海创刊。日刊。社址在上海三马路。

5 月 28 日（五月初一日）

清廷宣布即日起邮政与海关脱离。所有邮递业务，统归邮传部领导，各地设立邮局。邮寄报纸每份收费 1 分。

《吴门杂志》在苏州创刊。月刊。有本国大事、吴门偶录等栏目内容。

5 月 30 日（五月初三日）

同盟会在美国旧金山出版的机关报《少年中国晨报》刊出该刊编辑黄超五所写的《斥纽约维新报说谎之无耻》一文，对保皇会在纽约出版的《维新报》的反革命言论进行批驳。

同月

北京《中国报》因所刊言论谴责帝国主义，被清廷民政部取缔。有关人员黎宗岳、叶崇榘、顾瑗等被驱逐出京，递送回原籍交地方官严加管束。

杭州《惠兴女学报》以刊载《社会主义与女学之关系》等文，宣传无政府主义思想，主张恋爱自由，反对三从四德及夫死不嫁，受到浙江巡抚增韫严重警告。作者之一的江亢虎被勒令驱逐出境。

官办《长沙日报》宣布改版。改版后仍为正副两张，每张一面为新闻，一面为广告，可折叠装订成 16 开大小的本子。有谕旨恭录、日下政要、江汉汇志、郡国佥载、三湘奏牍、会垣记事、货殖琐录、青阳杂俎、特别专件等栏目内容。形式呆板，文字冗长，所刊《湖南工艺出品略表》《湖南民情风俗调查书》等至二十余续。

《妇女时报》在上海创刊，月刊。上海妇女时报社主办。

《演说报》（《湖南通俗报》的前身）在长沙创刊。何雨农、徐特立、杜庆湘等主办。除演说词外，还刊有地方及国内外新闻及歌谣故事等。

香港《中国日报》由卢信接任主编。

《留日女学会杂志》（季刊）在日本东京创刊。唐群英主编。自称“以注重道德，普及教育及提倡实业，尊重人权为宗旨”。

6 月 3 日（五月初七日）

上海《神州日报》的《花花絮絮》栏刊出一署名“怆余”的读者来信，文曰：“余素患疟，病时四肢寒颤，然每读《神州日报》革命风云一节，则拍案绕室，距跃三丈，病亦顿失，亦不知其何故。”

6 月 8 日（五月十二日）

《益闻录》《汇报》主编耶稣会司铎李杕在任内病逝。李字问渔，上海南汇人，主编《益闻录》垂 32 年。除办报外，一度担任过上海震旦大学校长。著译有《古文拾级》等 57 种。

6 月 10 日（五月十四日）

天津《北方日报》以刊载奥租界尚有疫情的消息，被报社所在地的奥租界当局勒令停刊，并罚金 25 元。该报被迫迁至华界天吉里继续出版。

上海《申报》刊出“贯虹女士”所撰《女铎宣言书》，宣布将在上海创办一份以“促进女界程度，联系女界声气”为宗旨的妇女月刊，定名《女铎》。计划中的《女铎》月刊，“仿欧美各大杂志”体例，将有社说、演坛、传记、谈丛、文苑、小说、专件、图画等栏目内容，每期约 4 万字，逢望日出版。《宣言书》的序言部分论述了当前的形势，以及“组织女报，以求根本之改革”的重要意义。

6 月 11 日（五月十五日）

《法学会杂志》在北京创刊。月刊。北京法学会主办。

6 月 21 日（五月二十五日）

《医学新报》在上海创刊。社址在上海英租界爱文义路。双月刊。每期出 80 页左右 1 册。中国医学校友会主办。

汕头《晓钟报》以先一天（6 月 20 日）在报上刊出检举私赌来函，遭到当事人冯氏兄弟的威胁。二冯的父亲是前汕头警务负责人，他们倚仗父势，带领警官，到报社勒令交出写稿人。遭到拒绝后仍不罢休，扬言要进行报复。该报为此于本日致函全国各报，介绍二冯倚势逞凶经过并要求支持。

6 月 22 日（五月二十六日）

《天民报》在广州创刊。主笔卢谔生、郭唯灭、黄霄九、卢博浪、李孟哲等。为革命派的言论机关。出版仅 2 天，即被巡警道以冒渎乘舆、谤毁朝政罪名封禁，勒令停版，编辑发行人被判徒刑 1 年。

6 月 25 日（五月二十九日）

上海《时事新报》增出《时事新报星期画报》一种，以图画方式介绍本国及世界重要时事及各种新知，随《时事新报》附送，不另收费。

广东报界公会致电清廷，就《天民报》未经审判遽由警方勒令停版一事，提出抗议。要求转饬地方当局依照《报律》规定的法律程序办事，“以重法权”。

6 月 26 日（六月初一日）

四川保路同志会机关刊物《四川保路同志会报告》在成都创刊。初为日刊，第 22 期起改为两日刊。每期出对开 1 张（只印一面）。罗纶、邓孝可、黄绶等主持。有报告、纪事、著录、附件等栏目内容。每期发行约 1 万份，最多时日出 6 万份，为全川各报之冠。

同月

《大中日报》在长春创刊。

《吴声》杂志在苏州创刊。

《时事新报月刊》在上海创刊。月刊。每期出 50 页左右 1 册。汪仲阁主持。

夏

《女铎报》在上海创刊。社址在上海南市万裕桥头荣福里。月刊。每月逢十五日出版 4 万字左右 1 册。主编贯虹女士。是一份以维护女权为目的的妇女刊物。

7 月 1 日（六月初六日）

上海《神州日报》在《编辑阳秋》栏就广东几家报纸遭到地方当局迫害事发表评论。

7 月 4 日（六月初九日）

官办湖南《长沙日报》刊出湖南藩司“移文”，宣布该报改归财政所管理。

7 月 5 日（六月初十日）

《图画报》在上海创刊。日刊。社址在上海四马路 497 号。顾祝筠等绘图。每期出 12 页左右 1 册，封面为彩色印刷，有仕女铜版照片 1 张，里面的图片为石印。有欧亚风俗、上海百怪图、新小说之描绘、旧小说之形容、游戏典、新剧画、科学画、杂俎等栏目内容。

7 月 6 日（六月十一日）

《申报》在第 4 版刊出游戏文字《戏拟要求阎王延长报馆寿命禀》，就近期各地报馆受到当局摧残的事实，进行自我嘲讽。

7 月 9 日（六月十四日）

社会主义研究会的机关刊物《社会星》周刊在上海创刊。自称目的有四：一、输布全世界广义的社会主义之学说；二、评载国内外关于社会主义之事情；三、发挥中国古来社会主义之思想；四、交通中国近来社会主义之言论。创刊前，曾以社会主义研究会名义发表通告，有“二十世纪之世界，固社会主义独标之新舞台也。其学说之流行，势力之膨胀，日进千里，风靡全球，地无论东西洋，国无论君民主，罔不有如火如荼之历史。惟我中国阒焉无闻。同人为提倡研究起见，特发起本杂志，为最初惟一言论机关”等语。

7 月 10 日（六月十五日）

《民声报》在奉天（今沈阳）创刊。日出对开 2 张。社址在沈阳小北门外六局二区对门 365 号。自称以“开通民智，纠正民风，振作民气，扩张民权，宣达民情，发挥民意”为宗旨。

《朔望报》在宁波创刊。社址在宁波日升街。社长应彦开（天恨），主编沧浪、化尘。自称以“唤起国民爱国思想，鼓吹国民尚武精神，灌输学术，针砭社会”为宗旨。

《中州日报》在河南开封创刊。日出单面印刷 2 张。河南学务公所主办。其前身为 1906 年创刊的《开封简报》。该报坚持清廷立场，反对革命。

7 月 15 日（六月二十日）

《申报》汉口路新馆址落成，即日起迁至新址办公，并在本日该报头条位置，发表纪念性文章《本馆新屋落成纪言》，表示将“益注重于社会上之公益事业，发挥立宪国民之精神，以尽本馆同人之责任”。

7 月 16 日（六月二十一日）

《平民画报》在广州创刊。社址在广州第八甫。月出 3 册，逢一出版。编辑兼发行人邓警亚，撰述廖平民、冯百砺、尹笛云，画师有何剑士、郑侣泉、冯润芝、谭云波、李耀屏、潘达微等。该画报分文字、图画两部分，文字部分有论说、词苑、杂文、小说、龙舟歌、粤讴等栏目内容；图画部分则以时事画、社会画、讽刺画为主。所刊《焚攻督署图》《七十二坟秋草遍，更无人表汉将军图》《三月二十九日纪念图》等，以反对清政府为主要题材，带有强烈民主革命色彩。

7 月 17 日（六月二十二日）

《大江报》发表该报副总编何海鸣所作短评《亡中国者和平也》（发表时署名“海”），鼓吹革命，并驳斥资产阶级改良派抵制革命的言行，指出立宪派分子“伏阙上书”的“和平”做法是“亡中国”之道，只有革命才能救中国。

7 月 26 日（闰六月初一日）

《大江报》发表该报特约撰述黄侃所写的著名时评《大乱者，救中国之妙药也》，文长 200 余字，署名“奇谈”。发表后，传诵一时。

《滇南公报》在云南创刊。

7 月 30 日（闰六月初五日）

《通俗新报》在成都创刊。

同月

军国学社主办的《军华》在北京创刊。月刊。杨曾蔚、何澄等主持。自称以“研究军事学问，鼓吹军国主义”为宗旨。

《醒报》在天津创刊。

《留美学生年报》在上海创刊。年刊。每册约百页。上海留美中国学生会主办。胡彬夏（女）编辑。所载分美国留学界情形、美国之政治风俗、时事感言、新思想等。1914 年 3 月起改名《留美学生季刊》继续出版。

《民立画报》在上海创刊。《民立报》编

辑发行。张聿光、钱病鹤等绘图。16开有光纸石印，每份6面。（创刊月份据张静庐《中国近代出版史料》第2辑，彭永祥《旧中国画报见闻录》作本年4月。）

《锐进学报》在上海创刊。社址在上海法租界平济利路良善里。陶成章、李燮和、尹维峻主持。是光复会方面主办的革命报刊。

四川保路同志会机关报《西顾报》在成都创刊。池汝谦、杜万菁、邱聘三、陈子驳等编辑。初为期刊，在保路运动发展到高潮期间，改为日刊。最高销数达1.4万份。

《新中华报》在广东潮州创刊。华侨集资创办。

《顺德公报》在广东顺德创刊。旬刊，自第8期起改周刊。

8月1日（闰六月初七日）

汉口《大江报》被湖北地方当局以“言论激烈、语言嚣张”和“淆乱政法，扰害治安”等罪名查封，“永禁发行”。总编詹大悲、副总编何海鸣被捕，并被判处18个月徒刑。

日本人主办的日文《铁岭时报》在辽宁铁岭创刊。西尾信主编。为当时日本领事馆及日本侨民的言论机关。

8月5日（闰六月十一日）

即日出版的上海《神州日报》，就汉口《大江报》被封事在《编辑阳秋》栏发表评论，推测该报的被封，是由于评载了《社会主义定义》一文，并对汉口地方当局摧残新闻事业表示强烈不满。

8月6日（闰六月十二日）

《民立报》欧洲特约通讯员、前《游学译编》《神州日报》主笔杨笃生痛广州起义失败，兼以“脑炎剧发、不可复耐”，本日在英国利物浦海口投大西洋自杀。遗嘱将所存英币百镑捐献给革命党人，作为革命经费。杨原名毓麟，又名守仁，号叔壬，笔名寒灰、椎印寒灰、卖痴子，湖南长沙人，卒年40岁。

上海《民立报》发表于右任所写时评《报馆与官吏》，对湖北当局借端查封《大江报》事表示愤慨。上海《时报》自即日起，以《汉口大江报被封情形》为题，连续报道该报被封经过，以及詹大悲等人被审讯情况。对《大江报》的被封及詹大悲等人的被监禁，表示同情。

《小上海》在上海创刊。为地方性小型日报。社址在上海四马路五层楼。日出铅印2张，星期日增出画报1张。自称以“鼓吹民论，辅翼宪政，改良社会”为主旨。兼用文言、白话及苏白撰稿。

8月9日（闰六月十五日）

《国光新闻》在北京创刊。日出对开1张。田桐、景定成、续西峰、井勿幕、龚国煌等主编。社址在北京西草厂胡同。以倡导立宪为掩护，进行民主革命宣传。是同盟会在北京地区的言论机关和北方革命党人的秘密联络机关。

8月10日（闰六月十六日）

汉口《夏报》以揭载当地驻军三十一标三营管带萧国斌虐待士兵消息，受到萧的威胁，主编彭义民被殴辱。

8月11日（闰六月十七日）

《启智画报》在成都创刊。四川保路同志会主办。发行所在成都暑袜街泗熙隆钱庄内。日出2张，单面石印。以时事漫画为主，文字全用白话。

8月13日（闰六月十九日）

同盟会菲律宾支会机关报《公理报》在马尼拉创刊。日出4开1张。郑汉淇任总理，吴孟嘉任主编，叶楚伧任该报驻上海特约撰述员。

8 月 14 日（闰六月二十日）

上海《神州日报》刊登题为《大江报之泪痕血影》消息一则。略云："十四日晚，又大开公审，提副总编辑何海鸣到刑事第一法庭。（厅长戴邦桢发问）尔系大江报副编辑乎？答曰：然。问：初一日时评，果何人手笔乎？答：此系外稿，由詹培翰所发，不知何许人。又问：时评注有大悲二字，即系詹培翰，注有海字即系海鸣所作否？何答曰：是。戴即出报纸数张，问：此《拍掌拍掌》之时评，注有海字；《乱后之广州》时评，《亡中国者即和平也》时评，均注有海字，系汝所作否？答曰：是。"

8 月 18 日（闰六月二十四日）

成都《通俗日报》改名《通俗新报》继续出版。同年停刊。

8 月 19 日（闰六月二十五日）

清廷批准内阁建议，决定由内阁印铸局接办《政治官报》，出版内阁机关报《内阁官报》，以公布法律命令。

汉口《新鄂报》以原申请登记的报名上无"新"字，被湖北当局以"违律取巧"罪名，勒令停刊。经多方交涉申诉后，终以取消"新"字，恢复《鄂报》的原报名，恢复出版。但销数已由 2000 份跌至数百份。

8 月 20 日（闰六月二十六日）

《申报》再次改版，宣布新的编辑方针为："合简便与详尽于一纸，兼顾严肃与活泼。"

8 月 21 日（闰六月二十七日）

《东三省日报》由官办、官商合办改为完全商办，仍由房秩五任主编。武昌起义后因主张共和，提倡独立，在东北首先报道革命军武装起义消息，被反对革命方面纠众捣毁，房秩五被打伤。

8 月 22 日（闰六月二十八日）

天主教耶稣会主办的上海《汇报》（半周刊）出至 3106 号后，宣告停刊。停刊号上刊有启事如下：

> "本馆辞别　本馆创刊三十余年，承诸君青眼频加，报务日行发达。中间由《益闻录》，改名《格致益闻汇报》，改名《时事科学汇报》，卒名《汇报》。虽再三屡改，不外乎益闻及科学宗旨也。今本刊别有事故，定于七月初一日停版。从此停笔言别。"

8 月 24 日（七月初一日）

英文日报《大陆报》（*China Press*）在上海试刊。由美国人密勒（Thomas C. Millard）、克劳（Car Crow）、弗里许（B. W. Fleisher）等联合组成中国国家报业公司（China National Press，Inc）共同筹办，兼有中美两方股本。该报和孙中山领导下的革命党有密切联系。5 日后（8 月 29 日）正式出报。首任主笔密勒。除出版英文日报外，还计划增出中文《铁笔报》一种，由柳亚子等任主笔。后一计划因情况变化，未能实现。同年 5 月 2 日上海《申报》刊有题为《中美合组大报社》的消息一则，报道有关英文《大陆报》筹备出版的经过："近有美国文人米辣君，在沪组织一大报馆，期与《字林西报》颉颃斗胜，并与上海寰球学生会联合进行。体面华人入股甚众，数集资本，现在已有十万两。前出使美国大臣伍廷芳，及沪宁路总办钟文耀，闻亦均有股份云。"

改组后的清廷中央政府机关报《内阁官报》在北京出版。日刊。社址在王府井大街。内阁印铸局主编。为清廷公布谕旨、奏章及法律命令的正式机关报。凡首都各衙门通行京外的文书，一经该报刊布，即不另行文。凡在该报刊布的法令条文"京师以刊登《内阁官报》之日始，各行省以《内阁官报》递到之日起，即生一体遵守之效力"，其余"各衙门对于一部一省并非通行事件，或虽应通行而事关秘密者，仍令各以文书传达，以示区别”。

《申报》发表《本报改革要言》，宣布再次实行版面改革。改革的指导思想是：一、“简便”与“详尽”结合。二、“严重正当”与“活泼”相结合。具体做法是：“增加纸张、改用小字”；“有精神有趣味之新闻，置诸易于翻阅之地，使阅者开门见山，一目了然”；“不染时下浮滑之习，而游戏解颐之文章亦不可尽无”。改革后的各版版面安排如下：第一张正面：谕旨、评论、专电、译电、要闻、小说，“凡最新、最切之时事，撷以取之”；反面：专件、要闻、各埠通信。第二张正面：商业游记、商业谈论、商业问答、本埠新闻、海上闻谈，“凡最新最切之本埠事件，悉以编之”，反面：专件、奏折、来稿报告、调查。

《申报》专刊文艺诗词作品的副刊《自由谈》创刊。首任主编王钝根。为旧中国出版时间最长的报纸副刊。

《白话省钟报》在杭州创刊。馆址在杭州三元坊下首东平巷。

8月28日（七月初五日）

上海《神州日报》发表汉口《大江报》同人所写的“公启”，抗议湖北当局摧残舆论。

同月

《资政院公报》在北京创刊。名为日刊，实为不定期刊。资政院秘书厅主办。

汪康年主办的北京《刍言报》自动停刊。

上海华洋义赈会编印的《图画灾民报》在上海创刊。主编江绍墀。随《图画日报》附送。

《武汉白话新报》在汉口创刊。日出4开1张。余慈舫任经理。言论倾向于民主革命。

小型“花报”《繁华报》在汉口创刊。创办人孙亚二、包抽斧，主笔张云渊。

9月2日（七月初十日）

《北京法政学杂志》在北京创刊。月刊。社址在北京宣武门外潮州会馆。马有略主编。以“召集同志以与海内之业法政学者研究法律政治”为宗旨。

湖北省会巡警道以汉口《武汉白话新报》发表《陆军痛》《大江报被封一月之哀辞》等文，为被封的《夏报》《大江报》等报鸣不平，勒令该报停刊。经该报主办人余慈舫据理力争，始允继续出版。

9月7日（七月十五日）

四川谘议局机关报《蜀报》因反对铁路国有及揭露邮传部尚书盛宣怀十大罪状，被川督赵尔丰封禁。《蜀风杂志》《白话报》《启智画报》《西顾报》同日被封。

9月8日（七月十六日）

《谐铎报》在上海创刊。社址在上海三马路336号。有要闻、时评、戏谈、梨园、花丛、小说等栏目内容。

9月18日（七月二十六日）

北京《帝国日报》以所刊禁烟公所徇私舞弊消息，被京师地方审判厅以“有碍名誉”罪名，判罚50元。本日该报特发表《帝国日报控地方审判厅及检察所文》，表示抗议，并声明将向高等审判厅提出上诉。

9月19日（七月二十七日）

《申报》从本日起开辟专栏，逐日刊载徐家汇天文台提供的每日气象观察报告。

《中原报》在广州创刊。社址在广州十八甫。主笔郭唯灭、卢岳生、杨计白、李劲生。有时论、译论、特电、粤海春秋、神州月旦、世界风云等评论和新闻栏目内容，以及光怪陆离、落花飞絮、小说、裨剩、谈丛、海客谈瀛、城狐社鼠、美人香花等文艺栏目内容。为革命派在广州的言论机关之一。(据李默《辛亥革命时期广东报刊录》。杨计白,余少山、李蘅皋《清末广州几家日报简介》作杨计黑;李劲生,余文作李劲公。余文刊《广州文史资料》第10辑。)

9月20日(七月二十八日)

上海《神州日报》刊登《本馆特别启事》,征集各地水灾"灾区之面积,灾民之口数,及被水之日期情形暨原因"方面的消息,并表示"倘能照相随报告寄来,俾得灾民真相尤盼"。

9月21日(七月二十九日)

常州军政分府主办的机关报《新民日报》在江苏常州创刊。日出4版1张。有录电、评论、要闻、琐闻、杂俎等栏目内容。主张在政治上风俗上革故鼎新。

广州《中原报》以所刊《中原报宣言书》宣传"尊攘主义""复仇主义""人道主义"等三大主义,被地方当局勒令停版。主笔郭唯灭遭到广东高等审判厅传讯。

9月22日(八月初一日)

中国报界俱进会于北京开第二次常会,推朱淇为主席。大会通过了《中国报界俱进会章程》共16条,宣布该会"由中国人自办之报馆组织而成","以结合群力,联络声气,督促报界之进步为宗旨"。决定设事务所于上海,每年8月开常会一次。此外,还讨论了以下议案:

1. 陈请邮传部核减电费、寄费案。

2. 设立各地通信社案。

3. 联合设立造纸公司,并用国产纸印报案。

广州《平民日报》改名《齐民报》继续出版。编辑人邓慕韩、邓警亚、王秋湄、梁襄武。宗旨与《平民日报》相同。为革命派言论机关。

《尚武会旬报》(又名《武风鼓吹》)在宁波创刊。旬刊。每期出20页左右1册。同盟会外围组织宁波尚武分会主办。总编辑章自(叔言)。借发扬尚武精神进行革命宣传。有论说、学术、稗乘、国内大事记、本郡纪事、时评等栏目内容。

9月26日(八月初五日)

《醒民报》在哈尔滨创刊。哈尔滨商会主办。

上海《神州日报》从本日起扩充篇幅,"于日刊三大张之外更增一小张",以便刊载更多的新闻、遗闻逸事等。在《本报扩充篇幅之通告》中还特别指出:

> "发挥国产,提振商业,尤为本报之素志。凡我域内天然物产之特色,制造事业之进步,为邦人蒐讨所获,或经验而有心得者,幸以精确简练之说明书相饷,本报特辟余地,甄录此种稿件,曰《实业指南》。若夫商业,或运输国外,或贸易域中,其消长盈虚、利害得失,关系尤巨。凡为本报调查所得,或商界巨子有以其营业状况详确见告者,皆为表而出之,曰《商界明星》。斯二者皆为国民生计根本所在,故本报于此尤极注意,当为内外鸿达赞许也。"

同月

京津同盟会机关报《民国报》在天津创刊。创刊不久即迁北京出版。叶范舆主办,社长甄元熙,总编辑孙炳文,编辑任锐、梁漱溟。

《奉天官报》在奉天(今沈阳)创刊。二日刊。奉天官报经理发行处发行。1912年改名《奉天公报》继续出版。

《香山新报》在广东香山(今中山市)创刊。社址在香山石岐大庙前。每日出版。主笔李景纲。创刊后不久即改名《香山日报》继续出版。

秋

《正俗新白话报》在成都创刊。不定期

刊。为川督赵尔丰拨款主办的通俗化的官方报纸。由官报局编印发行。

10月5日（八月十四日）

上海《时报》刊出该报驻汉口记者发来的《汉口商埠地方审判厅判决〈大江报〉之判词》。

10月8日（八月十七日）

两广总督张鸣岐就打着外国人旗号的革命报刊"究应若何办理"，以及是否适用本国报律等问题打电报向民政部请示。民政部将电报咨送外务部商议办法。外务部作出答复如下："报馆既挂洋旗，则吾国报律不能适用。因吾国领事裁判权尚未收回故也。现在只好电商该外国驻粤领事，请其秉公干涉。"（《申报》1911年10月8日）

10月10日（八月十九日）

《民德报》在上海创刊。社址在上海南京路抛球场东首575号。

10月11日（八月二十日）

清廷民政部通咨各省督抚转饬各级地方当局，将当地出版的日报逐日寄送一份到部，备案存查。

上海惜阴公会主办的期刊《社会》（又名《社会杂志》《社会报》）在上海创刊。月刊。每期出24页左右1册。第2期与中国社会党合办，江亢虎任总编辑。社址在上海英大马路虹庙对门三层楼上。

10月12日（八月二十一日）

《江苏公报》在苏州创刊。社址在苏州都亭桥东。日出对开2张。

10月15日（八月二十四日）

胡石庵主编的《大汉报》在汉口创刊。社址在汉口歆生路大成印刷公司内。初创时编辑、采写、校对等工作，由胡石庵一人独自承担。该报极力支持革命，是武昌起义后创办起来的全国第一份革命报纸。日发行数字一度达2万份。

一贯代清廷立言攻击革命党人的汉口《公论新报》，被汉口军政府下令封闭，财产全部没收，主办人宦诲之被捕入狱。汉口军政分府利用该报厂房设备，出版《新汉报》。

奉天《大中公报》本日晚11时，被东三省总督赵尔巽以违犯报律等莫须有罪名，派出警兵数十名，予以查封，经理杜葛岭、主笔沈肝若被围捕。当地各界人士，为此"大动公愤"。

《近事画报》在上海创刊。社址在上海法租界褚家桥宝安里。

《革命军》（又名《新中国之少年革命军》《少年中国革命军》）在上海创刊。日刊。以报道武昌起义及各省独立的有关消息为主。

10月16日（八月二十五日）

上海《时报》开始出版临时增刊《时报紧急号外》（后改名《战报——时报紧急号外》）。

湖北军政府机关报《中华民国公报》在武昌创刊。馆址在武昌大朝街68号官纸印刷局内。日出对开2张。张樾任第一任社长，牟鸿勋任第二任社长，协助张担任编辑撰稿工作的有严山谦、张祝南、高攀桂、朱峙三、蔡寄鸥、任岱青、韩玉辰、蔡良村、聂守经、欧阳日茂、张世禄、毛凤池、龙从云等。有论说、时评、特别记事、紧要新闻、外省新闻、本省新闻、武昌新闻及附刊等栏目内容。用黄帝纪元四千六百零九年代替宣统年号纪年。创刊号刊出《本报出版简章》，宣布："本报暂为军政府军务部附设机关……本报之宗旨即以军政府之宗旨为宗旨，大要以颠复（覆）现今之恶劣政府，改建共和民国为主义。"黎元洪以中华民国军政府鄂军都督名义发表的文告，以及湖北军政府颁布的《中华民国军政府条例》《中华民国军政府特告》《军政府暂定饷章》等重要文件都首先在该报发表。该报言论主张接近共进会，大部分的工作人员也都是共进会会员。该报初创时每日印刷约 4000 份，全部免费送阅，“不取分文”，出版后不久，改为每份收费铜元 1 枚。1913 年“二次革命”爆发后停刊。

10 月 17 日（八月二十六日）

上海《时事新报》增出《午报》一种以加快有关武昌起义及各省独立情况的报道。每日中午出版。

黎元洪以湖北军政府都督名义通知《中华民国公报》，“凡关于与外人交涉事，极宜慎重，不得擅加评论”。（刘望龄：《黑血·金鼓——辛亥前后湖北报刊史事长编》，湖北教育出版社 1991 年版，第 260 页）

10 月 18 日（八月二十七日）

上海《神州日报》为及时报道有关武昌起义及各省响应情况的消息，即日起出版临时增刊。

《中外晚报》在上海创刊。每天下午发行。彩色纸石印。内容有专电、译电、紧要新闻、杂录、评论、读者投书等。新闻主要录自各使馆的传单和张贴出来的电讯，按地区分类。

10 月 19 日（八月二十八日）

《警报》在上海创刊。柳亚子、朱少屏、胡寄尘、金慰农等合办，柳亚子主编。内容以报道武昌起义后各地革命胜利的消息为主。

柳亚子在《辛亥光复忆语》一文中回忆该报出版情况称：

> “辛亥武昌起义的时候，我在上海和朱少屏同住安澜路大吉里。为了宣传前方胜利的消息，我们便办了一个《警报》。地址在城内一家小印刷所。见方不到一丈的楼面，编辑、印刷、校对都色色俱全。同事的，除我和少屏外，还有胡寄尘和金慰农。少屏和慰农翻译外报。方方的小纸儿，一天出两次，或是三次，批给报贩子，据说销路还不错呢。少屏、慰农老早就穿西装的，我还拖着辫子，长衫披发。寄尘呢，他本来有一根线香辫子的，一天，忽然剃了个和尚头，跑进印刷所来。少屏很不满意，埋怨他为什么要这样卤莽，他也以一笑报之。原来这时候上海还是清朝的世界，尤其是城内，我们所做的工作，颇有危险性，恐被他们识破机关。但当时的警察，浑浑沌沌，简直不晓得革命党是什么东西，我们也就安全地过去了。”（《越风》半月刊 1936 年第 30 期）

上海《时事新报》以所贴“传单”报道有关革命军失利的消息，引起了围观读者的愤怒，报馆招牌被捣毁，所贴“传单”被撕去。同日，该报还接到匿名信数封，有“倘若再登官军胜革军败之谣，则将以炸弹奉赠”等语。

上海《申报》开始出版《公报——申报馆临时增刊》。

10 月 21 日（八月三十日）

上海《字林西报》发表社论，谓“武昌方面无疑是一只很不容易夹碎的硬壳果，但是用武力做不到的事情，用计谋却能做到”。

10 月 22 日（九月初一日）

《新事报》在上海创刊。

《新汉报》在汉口创刊。社址在汉口熊家巷后正街。是汉口军政分府利用反动官报《公论新报》被查封没收的印刷设备创办起来的革命政府机关报。何海鸣任总经理，贡少芹任总撰述，郭寄生等任编辑。北军占领汉口后停刊。

湖南新军起义，建立革命政权。原湖南抚署主办的地方官报《长沙日报》为新政权接收，由颜息庵（昌饶）主持，任戆沈、黎邵西（锦熙）、颜锡畲、宋让枏、李晋康等担任编辑。出版后不久，颜、任、黎等辞职，改由文牧希（斐）主持，傅君剑任总编辑，孔昭绶（攘夷）、黄梦递、刘约真、郑叔容、龚芥弥、马惕冰、谭艺甫等分别任编辑、撰述。其中有不少人是同盟会员。言论倾向于同盟会和稍后成立的国民党。改组后的《长沙日报》日出对开 3 张，内新闻 6 版、广告 5 版、副刊 1 版。除社论、专论外，还设有《呻吟语》《大陆观》《湖南观》《大言小言》等短评专栏。副刊除文字外，间刊时事漫画。

10 月 23 日（九月初二日）

《湘省大汉报》在湖南长沙创刊。主持人为同盟会员杨宗实（华生），担任编辑工作的有李任民、刘苾、游大瀛、雷预等。4 开单面印刷。该报极力宣传革命意义，并及时发表湖南军政府重要文电，报道有关各省起义消息。第 8 期起改名《大汉民报》继续出版，同期还刊有补拙生所写的《大汉民报发刊词》，阐明该报办报宗旨如下：

> “关于政治、军事、商业、学务，无不因事纪实。即如政治一端，凡我中华民国立一法，则必曰：某也利，某也弊；用一人，则必曰：某也莠、某也良。或者征集意见之书，登载□简以促政治之进行，或者以浅说之词，或者上条陈之策，事必征实，语必摘要。至于军事一途，尤为注意。大汉方兴，英豪起事，远攻近守，直入长驱，全唯我国军民是赖。故凡各处侦探，必详细而记载之，以为我军国民臂助之言论。至于虚张声势之言，则一律刷去。”

该报旋以揭载王隆中部湘军酗酒杀人消息，被王率部捣毁。先后出版仅 4 个月。

《午报通信》（后改名《午报》）在上海创刊。

10 月 24 日（九月初三日）

《国民晚报》《小民主报》在上海创刊。

《光华报》在广州创刊。社址在广州第七甫 54 号。

10 月 25 日（九月初四日）

广州几家革命派报纸纷纷印发号外，发表广州将军凤山遇刺消息，并刊出凤山遗尸照片，极大地振奋了人心。

10 月 26 日（九月初五日）

《紧报》在上海创刊。每天中午出版。

10 月 28 日（九月初七日）

《国民军事报》《国民日报》在上海创刊。

10 月 29 日（九月初八日）

上海《时报》以《宫琦氏之中国革命谈》为题，译载宫琦滔天所著《清国革命军谈》一文，表示对革命的支持。该文原刊 10 月 19 日日本《东京日日新闻》。

汉口《大汉报》在清军进攻汉口时被焚毁，馆内工作人员 3 人罹难，胡石庵逃至武昌，该报被迫暂时停刊。

10 月 30 日（九月初九日）

《电报》在上海创刊。

同月

武昌起义后，北京《国风日报》“亦力以伪电报新闻为鼓吹”，警吏抽去其鼓吹革命之新闻。次日该报除《杂栏》外，《专电》《要闻》栏，全张白纸，不载一字，都人以为消息尽被抽去，情势不知如何恶劣，人心惶惶，不可终日。后警吏许以不再检查其登载，乃更以“伪电新闻”，张皇革命军之事实。

清廷陆军部在河北永年举行演习，特准京津沪汉四地报馆“会同各派遣主笔记者二人、照像二人”参加。

《江汉报》在汉口创刊。日刊。龚霞初主办。出版仅 1 个月即停。

《黄汉新闻》在湖南长沙创刊。

《共和日报》在成都创刊。由原《西顾报》同人集资合办。主持人杜万菁。后转为共和党机关报，由邓亚琛主持。旋又改名《四川民报》，由谭剑之主持。

《南声日报》在厦门创刊。经理吴济美，主笔黄幼垣。日出对开一张半。社址在厦门小走马路广东会馆。自称以“发挥宪政精神，指陈民生利病”为宗旨。

广州惠州总兵陆提秦发布告示，禁阅《世界公益报》等港澳地区出版的革命报纸。全文如下：

> “惠属盗匪最多之区，经本军门剿抚兼施，渐臻平靖。惟海外乱党，发为革命狂言，刊布伪书，谣传内地，而港澳报馆恃居租界，非我政权所及，转相登载，极力鼓吹，全无阅历者，未免被其煽惑。查港澳报纸，倡言邪说，经前督宪及现任张督宪禁止入口，乃内地有小轮可通，仍未禁绝。其《公益报》专鼓吹革命，由港至澳头，小轮运入惠属平山、淡水、龙冈，学堂工厂购阅日久，为害何可胜言。除咨请张督宪及函请总商会张京卿饬关厂轮船公司，将《公益报》及宗旨不正、省城行禁等报禁止外，札饬惠州府属禁阅。尔等务须父诫其子，兄诏其弟，勉为良善之民，自然有余庆而断除殃，云云。”（《申报》1911 年 10 月 29 日）

《改良婚嫁会月报》在广东番禺创刊。月刊。每期出 20 页左右 1 册。

《新汉报》在香港创刊。卢博浪、李孟哲主笔。南北议和后停刊。

《民国报》创刊于北京。叶范舆主办。

印尼华侨主办的巫文版《新报》在巴达维亚（今名雅加达）创刊。初为周刊，第 2 年后改为日报。自称以“增进寓居爪哇的各国人士的互相理解”为宗旨。

11 月 1 日（九月十一日）

《滨江画报》在哈尔滨创刊。社址在哈尔滨道外傅家店黎明街。王于山创办。

长沙《湘省大汉报》改名《大汉民报》继续出版。篇幅由日出 4 开 1 张改为对开 1 张。社址在长沙曾子庙。

中华基督教青年会主办的杂志《进步》在上海创刊。社址在上海四川路 120 号（后改迁上海虹口崑山公园路 3 号）。月刊。每期出 28 开 150 页左右 1 册。主编范祎（皕海）。有时评、内国观、世界观、社会百评、世界名人轶事谈、物质文明识小录等栏目内容。内容涉及政治、经济、教育、科学、社会、文学、艺术、体育等各个方面，绝大部分稿件译自美、英、法、日等各国报刊。以在学的和已经就业的青年为主要读者对象。

11 月 2 日（九月十二日）

《民声》报在上海创刊。

上海《民立报》刊出内容不同的 2 种版面。2 个版的社论不同，一题为《议和驳议》，一题为《檄文中之檄文》。

11 月 3 日（九月十三日）

《大汉报晚报》《大汉新报》在上海创刊。

知名报人汪康年在天津病逝，卒年 52 岁。

11 月 4 日（九月十四日）

《大汉报》在上海创刊。每晚出红色有光纸单面石印 4 开 1 张。

《光复报》在上海创刊。午刊。日出对开 1 张，楷书石印。有急电、译电、要闻、报余等栏目内容。同日在上海创刊的还有《新汉报》，日出铅印 4 开 1 张。

11 月 6 日（九月十六日）

前《民立报》记者，同盟会中部总会总务干事陈其美，以积极参加光复上海的各项准备工作，被推为沪军都督。

行刺清摄政王未遂的前《民报》主笔汪兆铭（精卫）获释出狱。

《民国军苏省捷报详情》在苏州创刊。日出对开1张。

11月7日（九月十七日）

小型报《新世界》在上海创刊。

11月8日（九月十八日）

《新汉民报》在上海创刊。

汉口《大汉报》迁至武昌继续出版。社址在武昌斗级营（后迁大贡院前街14号）。日出对开3张。有社论、译著、要件、小说、命令、本馆专电、特约路透电、公电摘要、紧要新闻、各省新闻、国外新闻等栏目内容。仍由胡石庵任编辑兼发行人。湖北官报印刷局提供部分机器及铅字，湖北军政府曾拨助复刊经费。

11月9日（九月十九日）

《快报》《机关急报》在上海创刊。

《新汉日报》在香港创刊。社址在香港永乐街45号。发起人邝敬川、黄耀公、郑兆君、黄世颂、卢梭功、卢博浪、梁大拙、林伯祥、陈耿夫、李振声，总经理黄世仲，主笔卢博浪、李孟哲。自称“以开通民智、讨论政治为宗旨”。《新汉日报》对各地军政府的活动作了较详细的报道。

武昌《中华民国公报》宣布该报发行数字已超2万份。

11月10日（九月二十日）

《大汉报》（又名《江苏大汉报》）在苏州创刊。社址在苏州沧浪亭对面可园内。由原江苏巡抚改变旗号后担任江苏都督的程德全拨款1200元创办。发行人张涵秋，主编陈去病。日出4开2张。初为石印，后改铅印。除赠阅外，还销往省内外各地。出版仅1个月11天即停。

11月11日（九月二十一日）

《大风》（后改《大风晚报》）、《大汉公报》《军政总机关报》在上海创刊。

11月12日（九月二十二日）

《兴汉报》在上海创刊。发行所在上海望平街。

11月15日（九月二十五日）

同盟会会员王讷、赵心如等主办的《齐鲁公报》在山东济南创刊。是山东宣布独立后山东各界联合会的机关报。鼓吹革命，拥护共和。

11月17日（九月二十七日）

《飞报》在上海创刊。

奉天（今沈阳）民主革命派组织联合急进会机关报《国民报》创刊。主办人张榕，主编杨大庆、赵元寿、田一横等。自称以“人道主义政治革命积极进行”为宗旨。

11月18日（九月二十八日）

上海都督陈其美就上海《民立报》《神州日报》《新闻报》等报所刊上海军政府致武昌黎元洪、黄兴函纯属伪造一节，发表声明，要求各报查明投件人，“听候惩办”，并通知新闻界“以后各报馆登载此种文件，务须调查确实，以免误会”。

《汉民日报》在杭州创刊。创办人杭辛斋，主笔邵振青（飘萍）。社址初在杭州上扇子巷，后迁荐桥焦旗杆。日出对开2张。有时评、新闻、要电等栏目内容。言论坚决拥护孙中山的革命纲领，对袁世凯及浙江地方当局持批判态度。1913年8月被地方当局查封。

香港印刷工人为抗议港英当局逮捕该业职工同盟会职员，举行同盟罢工。当地英汉文报纸全部停刊。

11月19日（九月二十九日）

《迅报》在上海创刊。

保皇党在广州出版的《国事报》，本日在报馆门口贴出大幅字招“广东现已独立，快看《国事报》投降”，并悬挂写有“汉族光明”4个字的大旗，燃放鞭炮，宣布支持革命。

11月21日（十月初一日）

《民国报》在上海创刊。旬刊。馆址在上海四马路老巡捕房旁惠福里。邓秋枚主编，主要撰稿人有鸡鸣、朴庵、晦同、剑农等。是国学保存会的同人继《国粹学报》之后，创办的另一份政论性刊物。有论说、时评、学说等栏目内容。自揭其宗旨为：“一、建立共和政府；二、以汉族主治，同化满、蒙、回、藏，合五大民族而为一大国民；三、维持现在社会经济之恐慌与安宁之秩序；四、实行社会主义，先平均地权；五、规定外交之方针；六、企图世界之平和。”

《蜀醒报》在成都创刊。杨叔克主办。日出对开1张。发行一度达8000份。曾对四川军政府的成立，作过详细报道。

11月24日（十月初四日）

《独立白话报》在上海创刊。

11月25日（十月初五日）

《皇汉大事记》在重庆创刊。朱国琛主办，总编辑燕翼。以宣达重庆军政府法令为主要内容。后改名《国民报》继续出版。

同盟会南方支部机关报《中国日报》由香港迁广州出版。

广州《齐民报》恢复《平民日报》原名继续出版。仍由邓警亚担任主编。

11月29日（十月初九日）

《山西民报》在太原创刊。由《晋阳公报》改组而成。是太原光复后出版的资产阶级革命派报刊。创刊号报头及标题均套红印刷，以示庆祝。

同月

《中东日报》在哈尔滨创刊。社址在哈尔滨道外十八道街。李逢春主办。

《虞阳白话报》在江苏常熟创刊。

江西革命报刊《自治日报》改名《江西民报》继续出版。社址在南昌席公祠。主编吴宗慈。

《川南报》在四川泸县创刊。

12月1日（十月十一日）

上海《民立报》第一页刊登“本社特别启事”，宣布报社同人（编辑部、发行部、印刷部以及茶房均在内）决定各以月俸2/10捐献军政府助饷，以后月月如此，“至大功告成而止”。

《钟声日报》在上海创刊。

12月2日（十月十二日）

《申报》以印发号外，刊登革命军退出汉阳的消息，引起群众公愤，报馆玻璃窗被捣毁。

《四川军政府官报》创刊于成都。日刊。专刊军政府颁布的命令、法令、批示及布告。

12月9日（十月十九日）

上海都督陈其美在《时事新报》负责人汪诒年的“禀帖”上作出批示，就《中外日报》指责《时事新报》所刊评论文章《危言》有攻击民军言论一节，发表意见。批示原文如下：

> “据禀并粘载报纸均悉阅。危言一则，非但无反对之意，且足为各处民军之砭石。此后正当时时有此箴规，庶足以保言论自由，俾为政者得闻得失。《中外报》护（误）会词旨，指为反对，虽由爱国热度之高，究属失于斟酌。当此民族竞存时代，报馆愈多愈好，讵庸自相倾轧，致失报界资格。希汪主笔为大局维持，勿与争较，《中外报》应自知误会，引为失言。以后其各交欢，毋负本都督之厚望焉。此批。”（《民立报》1911年12月11日）

《民心报》在福州创刊。日出对开 1 张。社址在福州南台前山南南墅庐。原《民心》月刊的同人主办。主编林刚，经理黄家宸。自称以“指导国民，匡扶时局，提倡实业，保存国粹”为宗旨。

12 月 17 日（十月二十七日）

《大汉国民报》在成都创刊。日刊。李澄波等集资创办。拥护共和。

《军声》日刊在成都创刊。单面铅印。支持新成立的大汉四川军政府。

12 月 20 日（十一月初一日）

《民意报》在天津创刊。社址在天津法租界。主办人李石曾、赵铁桥、张煊、罗世勋、甄亮甫等。为京津同盟会的言论机关及从事地下革命活动的秘密联络点。

另一份《民意报》在上海创刊。资产阶级革命派创办的大型日报。孙中山曾为该报创刊一周年纪念写过祝辞。

12 月 21 日（十一月初二日）

纽约“华侨全体”致电国内各报、各团体，谓“希勿受袁愚，速以灵敏手段布置周密，庶可致北满死命，寝袁之皮”。（《民意报》1911 年 12 月 30 日）

12 月 26 日（十一月初七日）

《华兴报》在上海创刊。日出对开 1 张。社址在英租界棋盘街。

12 月 27 日（十一月初八日）

《黑河白话醒时日报》在黑龙江黑河创刊。社址在黑河中原街 12 号。主持人胡润南。

12 月 28 日（十一月初九日）

四川军政府机关报《四川独立新报》在成都创刊。日刊。

同月

《时事新报》发行附刊《时事新报星期画刊》。

文学期刊《空中语》旬刊在上海创刊。

冬

《帝国大同报》在北京创刊。由倾向于革命的《帝国日报》与倾向于保守的《大同日报》合并而成。清帝逊位后，自动停刊。

同年

君主立宪派报纸《民视报》在北京创刊。劳乃宣攻击武昌起义的《共和正解》一文，即在该报发表。

《北京官报》《白话午报》《妇女杂志》（月刊）、《浅说直报》（月刊）、《海军杂志》（月刊）（海军协会主办，吴振南主编）、《中国国民禁烟总会杂志》在北京创刊。

俄文 Маньчжурская Газта（《满洲报》）在中国东北地区创刊。主编 M. X. 切尔尼霍夫斯基。不到 1 年即停。

俄文 Северная Манbчжурия（《北满洲》）在哈尔滨创刊。属日文旬刊《北满洲》的俄文版。后者为日本人布施胜治所主办。

《北报》在齐齐哈尔市创刊。主办人胡祖溶。1912 年停刊。

《并州日报》在山西太原创刊。经理石荣暲，编辑张朗村、王锡九、曾望生、范剑侪、俞幼樵、石诚斋、翁厚庵、翁济生、沈寿柏、李抡三等。是山西最早的日刊报纸。

《四大都旅沪学会杂志》在上海创刊。广东四都、大都两地（靠近澳门）旅沪同乡主办。出版于武昌起义以前，所刊文字包含反清思想。

《天问》（周刊）、《天声丛报》《中国革命记》（周刊）、《明报》《黄浦潮》在上海创刊。

《明星画报》在上海创刊。上海图书美术学院主办。

德国人主办的德文《东亚教师报》（*Ostasiatsche Lehrerzeitung*）在上海创刊。

《妇女日报》《女界杂志》在上海创刊。

英人葛林（O. M. Green）继毕尔（H. T. Montague Bill）为上海英文《北华捷报》（*North China Herald*）主编。

《自治旬报》（又名《青浦自治旬刊》）在上海青浦创刊。王钝根主办。

《通海新报》在江苏南通创刊。日刊。陈琛创办，主笔刘伯英，编辑陈竹坪、王芑搴。以刊载南通、海门两地地方新闻为主。

《江阴杂志》在江苏江阴创刊。半月刊。主笔章砚春，记者吴研因等。

《兴汉报》在江苏镇江创刊。是武昌起义后创办的支持革命的报纸。

《常报》在江苏常州创刊。旬刊。主笔周淦生。用白话编写。

《新阳羡报》在江苏宜兴创刊。潘苏平主办。

《赤霞报》在浙江海门创刊。日出对开 4 版。创办人赵见微。

《闲闲报》在杭州创刊。专载杭州拱埠与江干一带妓院密集区的“花事”信息。为杭州《昌言报》附出的小报。《昌言报》原名《危言报》，主笔费蛰园，编辑范铭勋、邱培荪，社址在杭州三元坊。除附出《闲闲报》外，每日还出有画报 1 张，随正张免费送阅。

《醒狮潮》在杭州创刊。社址在杭州拱埠。日出 4 开 1 张。

《青年军报》在安庆创刊。韩衍主持。是安庆光复后当地学生的革命组织青年军的机关报。

《安徽日报》在合肥创刊。日出对开 2 张。为安徽光复后资产阶级革命派在当地出版的报纸。总经理李公案，总编辑夏印农。经费由合肥、芜湖两地军政府拨给。

日本驻汉口总领事濑川浅之近主办的日文《鹤唳》周刊在汉口创刊。专供在汉的日本侨民阅读。该刊 1912 年由田岛月海接办。1927 年停刊。

《军事报》在长沙创刊。唐蟒、危道本主持，总编辑萧汝肖。属于同盟会方面的报纸。

《光复学报》在陕西创刊。支持民主革命。

在成都出版的《四川商会公报》更名《四川公报》继续出版。

统一党主办的《益报》在成都创刊。

《蜀风日报》在成都创刊。主编钟书船。

《四川实业杂志》在重庆创刊。

革命派报刊《国民报》在重庆创刊。周文钦、燕子才主持。

一种在狱中编写的报纸《游艺》在成都创刊。编写人黄方、张辑五。稿件在狱中编写后，送出牢外用油印机印刷。每周出版一次，在成都街头零售。

《中医杂志》在成都创刊。何仲皋、刘熙和主办。

《国民话报》在昆明创刊。李理、孙天霖编辑发行。是同盟会外围组织国民会的机关报，后转为同盟会的机关报。期发行数在千份以上。

资产阶级革命派主办的报刊《大汉滇报》在昆明创刊。

《南兴报》在厦门创刊。张海珊主办。为革命派报刊。

《福建商业公报》在福州创刊。旬刊。社址在福州南台。

《录名报要闻》在福建漳州创刊。革命人士主办。为当地出版的第一家报纸。

《军国民报》在广州创刊。卢岳生等主办。

《广东警务什志》在广州创刊。广东警务公所官报处编印发行。有谕旨、论说、宪政、奏章、文牍、禁令、报告、评述、记事、时评、谈丛、小说、选报、舆论等栏目内容。

《珠汇画报》《仁声报》在广州创刊。

《平民画报》在广州光复后重新招股，改用《时事画报》名义继续出版。担任招股的有卢怡芳、潘达微、黎梦、邓慕韩、龙济光、叶夏声、孙寿屏、陈廉伯、钟悭可、朱润之等，总理邓警亚，编辑鲁达等。发行所在广州第808号。

资产阶级革命派报刊《新少年报》在香港创刊。除正刊外，还出有附刊《新少年谐报》一种。

《中国军事日报》在香港创刊。徐桂主编。

《人道杂志》在香港创刊。

革命华侨主办的《南侨日报》在新加坡创刊。黄吉辰、卢耀堂等主编。旋停。

中文《光华日报槟城新报联合版》在马来半岛的槟榔屿创刊。该报支持孙中山的民主革命运动。

加拿大革命华侨主办的《新民国日报》在加拿大域多利市创刊。初为不定期的油印小报，后改铅印周报，出版一年后又改为铅印日报。其前身为1909年5月7日在当地创刊的《新民国报》。1912年迁温哥华出版。先后主持报务的有李伯豪、余超平等。创办时得到过孙中山的积极支持。在为国内革命武装斗争筹募经费的活动中，发挥过一定作用。

《民权画报》在上海创刊。每日出版。刊有反对借外债、反对帝国主义瓜分中国，以及揭露立宪丑剧的时事漫画。出版地点不详。

法国人主办的法文报纸 *Le Journalle Pekin*（《北京新闻》）在北京创刊。创办人冯勒培。1916年由亚尔培·那巴接办。是北京最早的法文报纸。

北京《新民报》社长文实权创立报市，集各报发行所于一处，打破了6家报房送报的专利。

1912年
（壬子）

1月1日

公民通讯社创办于广州。主办人杨公民。日发稿16份。

杭州《汉民日报》改用民国纪年。报名由隶书体改为行书体，编号相连。该社社址及编辑部设在杭州城内的焦旗杆，印刷及校对在城内的上扇子巷官书局内。经理杭辛斋，主笔邵飘萍。属于同盟会系统的报纸。

1月3日

《越铎日报》在绍兴创刊。社址在绍兴大善寺。日出对开1张。由绍兴革命文学团体越社发起创办。担任编辑和经理工作的先后有陈去病、宋子佩、张越民、王铎中、陈瘦蝶、陈子英、马可兴、孙德卿等，绝大部分是绍兴府中学堂的教师和学生。当时在绍兴担任山会初级师范监督的周豫才（鲁迅）积极参加了该报的发起和筹备工作，并用黄棘这一笔名，为该报写了题为《越铎出世词》的代发刊词，规定了该报的办报宗旨为："抒自由之言论，尽个人之天权，促共和之进行，尺政治之得失，发社会之蒙复，振勇毅之精神，灌输真知，表扬万物。"出至1927年3月停刊。

1月4日

《大共和日报》在上海创刊。日出对开2张。社址在上海老旗昌路247号。社长章太炎，经理杜杰风，总编辑马叙伦，先后担任编辑记者工作的有汪东、王伯群、钱芥尘、张丹斧、余大雄、胡霖（政之）等。该报原为中华民国联合会的机关报，后相继为统一党、共和党、进步党的机关报。章太炎为该报撰写的发刊词，有"民主立宪、君主立宪、君主专制，此为政体高下之分，而非政事美恶之别。专制非无良规，共和非无秕政”等语。该报曾与同盟会系统的报纸展开过笔战。

1 月 7 日

湖南国民党人主办的《汉口民国日报》在汉口创刊。报名由谭延闿题写，社长黄言九，主笔赵光弼、蔡寄鸥、张谐英等，记者编辑杨端六、曾毅、周鲠生、皮宗石、温楚珩等。1913 年 6 月 25 日该报因支持武装反袁，被北洋当局查封。

1 月 8 日

北京《正宗爱国报》开始连载康有为所写的《共和政体论》，为所谓的虚君共和政体作鼓吹。

1 月 10 日

以报道商业新闻为主的《商业日报》在北京创刊。经理尹厚田。自称日销 8700 份。

同日，广东各报刊出“燕塘新军解散”（个别报纸写作“燕塘新军逃散”）消息，触怒代理粤督陈炯明，引起轩然大波。事发后，《国事报》被迫停刊，其余各报编辑人受警告处分。

1 月初

《风俗改良报》在吉林创刊。日出对开 1 张。社址在吉林省城通天街路北。

1 月 11 日

陈去病应聘担任绍兴《越铎日报》主笔。

1 月 12 日

广东代理都督陈炯明以 1 月 10 日广州各报所刊“燕塘新军解散”消息，有“扰乱军心”嫌疑，勒令更正。

1 月 13 日

以冯国璋为首的同志联合会，具呈清廷内阁总理袁世凯，要求取缔报馆，禁销沪报。略称：

“……此次乱事之兴，首恃报纸鼓吹之力。今北方诸报，其宗旨纯正者固多，而附和共和，以淆乱人心者，亦复不少。若南方诸报，则无不诪张为幻，变乱是非。加之匪党奸徒，遍地皆是，到处煽惑，乱机伏生。如前月任丘大城之蠢动，近日滦城一带之骚乱，以及奉天开封等处潜图起事，皆报纸与奸徒鼓吹煽惑之所致也。闻南方各埠，凡尊重朝廷，主张君主之报纸不准售销，偶有为反对共和之说者，或加禁锢，或处极刑。而京师重地，对于鼓吹邪说之报纸及扰害治安者，皆谓之社会犯而非国事犯。民部对于社会之蠹，听其簧鼓，是谓放弃职守。国璋等迭次开会讨论，众论佥同，皆以取缔报馆，禁销沪报及清除内奸为入手实行之策。为此合词呈请，伏乞总理转饬邮传部，于轮船火车抵埠，严加稽查。凡南方造言构乱各报，一律禁止行销，即悖谬之函电等件，亦应一律取缔。其京津报馆，如有违背报律，煽惑人心者，分饬民政部，直隶总督查明封禁……至外国租界报馆及旅店居留之奸匪，亦请饬外部与各国公使交涉，必须守我范围。如此则议论衷于一是，秩序赖以保全。人心既专，大局自定。……”（北京《帝国大同报》1912 年 1 月 20 日）

1 月 14 日

贵州报界同盟会在省会贵阳成立。

1 月 15 日

上海《申报》以“民国新造，政体改良，见见闻闻，必较往日为夥”，宣布自即日起，扩充篇幅，改用大型纸张印刷。

《中华报》在南京创刊。有论说、时评、要电、军事、译述、实业新闻、小说、插画等栏目内容。自创刊日起，免费送刊广告

3天。

《新浙江潮》在杭州创刊。经理兼主笔王莘。创办初期，政治上拥护孙中山。1年后，王莘加入袁世凯御用的公民党，该报言论转为拥袁。日出一张半，一张为新闻，半张为副刊。副刊取名《银涛雪浪》，刊登诗文、小说、杂记等。

广东省警察部长陈景华致函各报，就1月10日各报刊出“燕塘新军解散”事，约请各报编辑人到部谈话。原函全文如下：

“报界公会先生鉴：初十日各报所登‘新军逃散’一事，当经本部函请更正，惟都督命令，以事关军政，不容捏造事实，扰乱军心，是以令本部干涉，十二日经本部长邀请各报编辑人，同赴都督府解释其事，当时都督以事关军政，必须根究来历，是以暂留陈听香、陈藻卿两君于军务部，随将造谣之黎耀西一名逮捕，送交都督府，而两君即行释回。都督对于此事，并非不知报馆有应负之责任，无庸根究访事，但如此办理，盖不欲因文字以与报馆作难，是以通融办理。今各报馆自谓有应负之责任，与访事无干。是以都督又谕本部从新干涉登此新闻之报馆，除《国事报》业已停版外，其余八家（照后开各编辑人）请为约齐，于十六日上午九点钟到本部面谈为要。各报编辑人：安雅黎佩诗，羊城谭荔垣，中原郭唯灭，公言冯冕臣，光汉江侠庵，震旦陈援庵，中华谭德鳌，人权陈藻卿。

中华民国元年一月十五日

警察部长　陈景华”

（《申报》1912年1月23日）

《越铎日报》发表鲁迅所写的时事短评《军界痛言》。这是鲁迅在报刊上发表的第一篇时评。发表时署名“树”。

1月20日

中国社会党机关报《人报》在南京创刊。

1月21日

《党民报》在上海创刊。是中华民国工党的机关报。该报自称“以开通民智，提倡实业为宗旨”。出版2个月后停刊。

1月22日

浙江军政府主办的《浙江军政府公报》在杭州创刊。日刊。经理马叙伦，总纂杭辛斋，编辑邵飘萍。同年5月1日起，改名《浙江公报》继续出版。

1月23日

同盟会会员王讷等在济南出版的《齐鲁民报》被宣布取消山东独立的山东省临时都督孙宝琦查封。

广东各报联名发表告同胞书，拒绝广东警察部长陈景华对8家报纸主编实行传讯的通知，并对广东都督陈炯明“无理干涉”报纸工作的种种做法，进行揭露和批驳。原文如下：

“广州报界全体布告同胞书：启者，元月初十日各报登载燕塘新军解散事，十一晚既接警察部函，均即更正，十二日下午，陈都督复押留主笔，勒交访员，十五晚陈都督又饬警部从新干涉。只此一事，而陈都督离奇变幻，一若欲得报馆而甘心者。呜呼！陈都督岂欲借报馆以逞威福，欲为数月封八家报馆之张鸣岐第二耶？夫各报馆登载新军解散事，只谓其功成身退，并无如何诋毁，扰乱军心。若责失察误登，则更正已归消灭，陈都督固不必横加干涉，演此押留主笔，勒交访员怪剧。陈都督曾充记者，专制国亦无勒交访员例，陈都督固未知之耶？虽战争时代，最忌间谍造谣煽惑，扰乱军心，报馆倘有为满虏机关，应以军法严办。第今登载此事之八家报馆，是否为满虏机关报，公论具在，陈都督岂能以一手掩尽天下人之耳目耶？

“夫报馆登载失察，有应更正者，有罪不止于更正者，第罪不止于更正，则不应嘱其更正，宜直控诉其罪过，予以相当之处罚。今警部既函嘱各报更正，则明明认此事只应更正，不应于更正后复有所干涉。何陈都督竟于更正后复干涉，干涉之不已，而又从新干涉也？

“昨警部函嘱各报主笔，到该部面谈，敝同人以既经更正，责任已尽，再无劳奔走之理。至陈都督种种无理干涉，实有所不受。惟恐我同胞误会，有不得不为我同胞告者，盖今日之广东军政府，为广东三千万同胞之军政府，敝同业任监督之责，只知竭力维持，无论何人，有违背共和政体之不规则行为，必起而纠正之。今诘驳陈都督干涉各报之野蛮举动，只属陈都督个人之事，实于军政府无涉，吾粤无陈都督，固尚大有人在也。今陈都督之任诘驳陈都督者，实所以维持军政府而已，愿同胞谅之，吾粤幸甚！大局幸甚！

总商会报　中原报　光汉报　光华报　粤东公报　安雅报　羊城报　震旦报　广东公言报　国民报　人权报　时敏报　华中民报　佗城报　南越报　天连报　七十二行商报”

（《申报》1912年1月23日）

1月24日

《彙报》在北京创刊。三日刊。每期出10页左右1册。社址在北京琉璃厂宣元阁。属文摘性刊物。

1月27日

《西成报》在成都创刊。该报为黄体珊、严绳武、严雨楼、邢雨苍等集资创办。编辑黄体珊、吴虞。编辑所在成都邢雨苍处，发行所在成都商业场71号。

1月29日

《南京临时政府公报》在南京创刊。是中华民国临时政府的机关报。由南京大总统府印铸局编纂，但焘主编。该报宗旨为宣布法令，发表中华民国临时政府中央和地方政事，分法制、咨文、令示、纪事、抄译外报、什报等六类。于同年4月5日停刊，先后共出58册。

同月

《豫省简报》在河南开封创刊。日刊。

《共和宁报》在南京创刊。创办人何锡康等。

神州女界共和协济社在上海成立。推宋庆龄为名誉会长，张汉昭、杨季威为正副会长，谈社英为书记，并立即创办《神州女报》十日刊作为该社机关刊物。新创办的《神州女报》，由张昭汉、杨季威、谈社英任主编。以普及教育，提倡实业，鼓吹女子有平等参政权，发扬国民道德和尚武精神为宗旨。孙中山曾为该刊题词：“发达女权，共进文明。”

天主教耶稣会主办的《圣教杂志》在上海创刊。月刊。潘秋麓、张渔珊等主编。该刊自称以“为同志服务，以尽荣主救灵之心”为宗旨。

广学会在上海出版的《中西教会报》，改名《教会公报》继续出版。

广学会主办的《女铎》杂志在上海创刊。以妇女为主要读者对象。

《社会世界》月刊在上海创刊。上海中国社会党总部主办，沙淦主编。该报自称“以鼓吹实行共产，倡导无治主义为宗旨”。

《中华教育界》月刊在上海创刊。月出100页左右1册。倪文宙等任主编。有论著、世界教育界、国内教育界、法规章则、教育论文索引、专载等栏目内容。

《司法实记》在上海创刊。月刊。上海地方审判厅主办。黄涵主编。

《禾报》在浙江嘉兴创刊。日刊。用写真版印刷。是嘉兴地区最早的报纸。

《共和》报在福州创刊。社址在福州南台梅坞。周六刊，星期天无报。日出对开1张。李慕牺主编。属同盟会—国民党系统的报纸。

《共和急进报》在安庆创刊。日报。

《湘汉新闻》在湖南长沙创刊。主办人孙冀豫，编辑徐石禅、黄谰父、陶曾佑等。出版后不久，改名《天声报》。孙原为同盟会员，后加入江亢虎的中国社会党，担任湖南社会党的组织工作，该报因此刊载过一些议论社会主义的文章。

《泰风日报》在西安创刊。

《河东日报》在山西运城创刊。薛笃弼任社长。有社论、专电、新闻、时评、文艺等栏目内容。日销约300份。经费由河东民政长公署支付。年内停刊。

《广西公报》在南宁创刊。每周出版。

《中华报》在重庆创刊。社址在重庆陕西街。属于同盟会—国民党系统的报纸。1913年停刊。

《正论日报》在重庆创刊。社址在重庆大阳沟。属于共和党系统的报纸。1916年4月停刊。

《益报》在重庆创刊。为统一党系统的报纸。

2月1日

中国社会党机关报《社会日报》在上海创刊。日出4开1张。创刊前发表公告称：“本报实行鼓吹社会主义，为本党言论之总机关。凡党员均有投稿寄新闻，任代派之责任……中国社会党各支部所在地，即本报寄售处。”除《社会日报》外，该党本年内还办有《社会党月刊》《社会世界》《新世界》等刊物。其中，《新世界》为该党绍兴支部的机关刊物，曾发表恩格斯《社会主义从空想到科学的发展》一书的译文。中国社会党是一个无政府主义的政党，党魁为江亢虎。

2月2日

《兴汉日报》在江苏镇江创刊。

2月6日

天津《民意报》发表题为《沪报多受袁使贿赂》的新闻，报道了袁世凯以巨款收买上海报纸一事，以提法笼统，遭到上海新闻界的抗议。

《民信报》在苏州创刊。

2月7日

扬州《江淮报》更名《民声报》继续出版。

2月8日

济南《齐鲁日报》被山东巡抚张广建封闭，报社内的工作人员多人被捕。

2月12日

山东《济南日报》以刊载张勋部官兵骚扰百姓的消息，被山东巡警道吴炳湘勒令封闭。后改为停刊7天。

2月13日

清政府发行《临时公报》，附《内阁公报》发行。

上海《大共和日报》《民立报》刊载文章，公开反对孙中山提出的建都南京的主张，由此引起有关建都问题的争论。

2月15日

上海部分报纸联名致电南京参议院，指责该院在定都问题上“为政府所牵制，舍北取南”，并通电各省，望公电抗议，“以全大局”。自本日起，上海各报所载争议建都地点的通电，连篇累牍，充斥版面。直到袁世凯在北京宣誓就任大总统后，才停止辩论。

《民心报》在武汉创刊。日刊。社址在武昌斗级营。文学社领导人湖北军务部长蒋翊武主办，蒋翊武自任社长，杨王鹏任经理，赵光弼、毕襄武、蔡寄鸥、方觉慧、吴月波、高仲和等任编辑。该报自称“以随时进化，确定民国前提为宗旨”。该报言论拥护同盟会和南京临时政府，反对民社及黎元洪控制下的湖北军政府。

2月18日

《益世主日报》在天津创刊。社址在天津旧意租界大马路。创办人刘豁轩。

《天声日报》在绍兴创刊。社址在绍兴城局弄护国寺。系属民办报纸。

《群报》在武汉创刊。社址在武昌昙华林（7月6日后迁多公祠街6号）。是共和党在湖北地区的言论机关。创办人汪啰鸾、何辑五、谢少卿、杨刚安等，马效田任社长，贡少芹、李继膺等任编辑。该报自称以“扶植民权，恢张群治，化除界域，促进共和”为宗旨。该报言论上拥袁拥黎，与《震旦日报》《大江报》等革命派报刊相对峙。

2月20日

《民声日报》在上海创刊。日出对开2张。主笔宁调元、刘仲蘧、汪旭初等。属于民社的言论机关。该报经济上得到黎元洪的支持，言论上主要为以黎元洪、孙武为核心的政治团体民社作鼓吹。后转为共和党的言论机关。

2月22日

《新报》在新疆伊犁创刊。用汉维两种文字发行。是伊犁起义后，新成立的革命政权机关新伊大都督府的机关报。

2月23日

天津《大公报》改印“中华民国”年号。同日，该社总理英敛之以“外出”为词，退隐香山静宜园，报务委托樊子容、唐梦幻等代为主持。

2月24日

天津广益社主办的《广益录》周刊创刊。王耀华主编。1914年出至148期后，改名《广益报》继续出版。

2月25日

黑龙江省谘议局主办的《黑龙江时报》在齐齐哈尔创刊。日刊。总经理王润，总编辑施治乾。销约500份。

《公论日报》在成都创刊。原是统一党的机关报。先后担任编辑记者的有孙少荆、刘师培、吴虞、饶伯康、谢无量、潘立三、祝�怀、张梦余等。四川报纸向省外派出特派记者，领取交通部门颁发的发电执照，购买路透社的新闻稿，均自该报始。该报后与《演进报》合并，改称《四川日报》，由黄美涵担任主编，成为共和党的机关报。

2月27日

湖北革命团体文学社社员和革命党人联合组织的改良政治群英会，以《民心报》为指挥机关，发动起事，企图推翻黎元洪、孙武控制下的湖北军政府，但未能成功。

成都《大汉国民报》改名《中华民国报》继续出版。主编汪象荪。

同月

北京《国风报》恢复出版。

《京师公报》改名《新民报》继续出版。

鼓吹君主立宪的《帝国大同报》及《宪报》等报自动停刊。

《越社丛刊》在绍兴创刊。

《安徽船》报在安庆创刊。日刊。由韩衍创办并主持，编辑包道平。宣传革命，提倡共和，是新建立的安徽革命政权的喉舌。

《演说报》在湖南长沙创刊。日出洋杭连纸8开1张。湖南都督府演说总科发行。主持人为该科科长何劲，总编辑盛范五。有演说、总统命令、公电摘要、中央新闻、本省新闻、外省新闻、天花乱坠、昨日日记等栏目内容。“自首至尾，虽公电函件亦皆译成语体。”该报政治上接近谭延闿。1914年起，改名《通俗教育报》。

湖南岳阳《岳阳日报》主笔李澄宇，因发表题为《阅岳州筹饷分局公拟办法章程之诤言》的社论，对该局所拟筹饷办法，提出不同意见，被岳阳地方当局逮捕。经长沙各报联名致函湖南都督谭延闿提出抗议后释放。

《通俗周报》在成都创刊。社长陈国福，发行人游澍。社址在成都白丝街。

秘鲁华侨在利马创刊的《民醒报》以“资金告罄”，被迫暂时停刊。

3月1日

孙中山以大总统名义下令发给上海《天铎报》优等旌义状，赞扬该报“于中华民国开国之始，宣明大义，不遗余力”。（《申报》1912年3月3日）

《高州民国日报》在广东高要创刊。

秘鲁华侨主办的《民醒报》短期停刊后，由周卓吾、潘侣安、李介平、何辉、张达初、梁余永等人集资复刊。石印。由梁振华担任主编。出版1年后，又以经济困难停刊。1914年再度复刊，1915年起，由旬刊改为铅印日报继续出版，报名由《民醒报》改为《民醒日报》。

3月2日

南京临时政府内务部宣布废除大清报律。

3月4日

南京临时政府内务部公布《民国暂行报律》三章，规定：

> “（一）新闻杂志已出版及今后出版者，其发行及编辑人姓名，须向本部呈明注册，或就近地方高级官厅呈明，咨部注册。兹定自暂行报律颁到之日起，截至阳历4月1日止，在此期限内，其已出版之新闻、杂志各社，须将本社发行及编辑人姓名呈明注册；其以后出版者，须于发行前呈明注册；否则不准其发行。
>
> （二）流言煽惑，关于共和国体，有破坏弊害者，除停止其出版外，其发行人、编辑人并坐以应得之罪。
>
> （三）调查失实，污毁个人名誉者，被污毁人得要求其更正。要求更正而不履行时，经被污毁人提起诉讼，讯明得酌量科罚。”（《临时政府公报》第30号，1912年3月6日）

以上报律由当时代理部务的内务部次长居正指定内务部参事林长民起草。颁布时居正因公赴沪，由秘书张大义代行。暂行报律颁布后，引起全国新闻界强烈不满，上海报界俱进会、长沙报联合会等新闻团体，纷纷发表通电，表示反对。

3月6日

上海报界俱进会及《申报》《新闻报》《时报》《民立报》《时事新报》《神州日报》《天铎报》《大共和日报》《民声日报》等报联名致电临时大总统孙中山，反对内务部颁布的暂行报律。略称：

> “今统一政府未立，民选国会未开，内务部拟定报律，侵夺立法之权，且云煽惑。关于共和国体有破坏弊害者，坐以应得之罪；政府丧权失利，报纸监督，并非破坏共和。今杀人行劫之律尚未定，而先定报律，是欲袭满清专制之故智，钳制舆论，报界全体万难承认。”（《申报》1912年3月6日）

3月7日

上海《申报》《大共和日报》刊出章太炎所写的评论文章《却还内务部所定报律

议》，强烈反对内务部所定的暂行报律。全文如下：

“南京政府已辞职之内务部，于阳历三月四日，发行通告，自言：‘前清政府颁布一切法令，非经民国政府声明继续有效者，应失其效力。查满清行用之报律，军兴以来，未经民国政府明白宣示，自无继续之效力；而民国报律，又未行编定颁布。兹特详定暂行报律三章，即希各报界各社一体遵守’云云。

“案民主国本无报律，观美法诸国，对于杂志新闻，只以条件从事，无所谓报律者。亡清诸吏，自知秕政宏多，遭人指摘，汲汲施行报律，以为壅遏舆论之阶。今民国政体初成，杀人行劫诸事，皆未继续前清法令，声明有效；而独皇皇指定报律，岂欲蹈恶政府之覆辙乎？

“且立法之权，职在国会，今纵国会未成，未有编定法律者，而暂行格令，亦当由参议院定之。内务部所司何事，当所自知，辄敢擅定报律，以侵立法大权，已则违法，何以使人遵守。

“夫名曰‘暂行’，则不得称律可知。三数吏人，口含天宪，越分侵权，已自陷于重辟，身居其职，曾不知官刑之可凛乎？读其第二章律，盖实未知法律者。自唐律以下，有斩、绞、流、徒、杖、笞六科，今或改为死刑、徒刑、惩役、禁锢、拘留诸等，此名例之崖略也。今于刑名尚未制定，贸然言‘坐以应得之罪’，所云‘应得之罪’者，杖乎？笞乎？禁锢乎？拘留乎？夫云‘坐以应得之罪’者，此据律文已定，而后以条教告示申明之，未有无律文而直言应得之罪者也。内务部苟知律文体裁，而不质举刑名，是钬猾吏舞文骩法；若不知律文体裁，而以条教告示之言，用为法律，无怪他人笑为‘外行’矣。

“详案三章之律，其第一章言‘自令到之日起，截至阳历四月初一日止，其已出版之新闻杂志各社，须将本社发行及编辑人姓名呈明注册，否则不准其发行。’详前清报律，未呈报者，尚只罚金，今云不准发行，是较前清专制之法更重。且内务部所管辖者，独言论一端而已邪？集会、信教，皆内务部所应与闻，今于哥老、三点诸会，白莲、八卦诸教，妨众惑民，尚未尝迫其呈明，未尝有所取缔，独斤斤于报馆言论界中，自非钳制舆论，何以下此偏枯之令也。

“其第二章言‘关于共和国体，有破坏弊害者，除停止其出版外，其发行人、编辑人，并坐以应得之罪。’案共和国体，今已确定，报界并无主张君主立宪与偏护宗社党者。本无其事，而忽定此法律禁制，已为不根；所谓破坏弊害者，其词亦漫无界限，‘弊害’二字，盖剿袭日本人语，施之中土，文义绝不可通。（法律只许用本国文义，不许用他国文义）今详问内务部，是否昌言时弊、指斥政府、评论约法，即为弊害共和国体？不然破坏共和国体者，惟是主张君主；弊害共和国体者，当复云何？若果如前所说，内务部详定此条，直以约法为已成之宪，以政府为无上之尊，岂自处卫巫之地，为诸公监谤乎？

“其第三章言‘调查失实，污毁个人名誉者，被污毁人得要求其更正。要求更正而不履行时，经被污毁人提起诉讼，得酌量科罚。’详个人名誉，亦全无界限之词，有法律之罪者，有道德之罪者，刑律既定，而有诬人以法律之罪，乃为污毁个人名誉；若污毁人以道德之罪，即非此例。例如，欺诈取财，监守自盗，此法律之罪也；贪财鄙吝，此道德之罪也；以贿求官，此法律之罪也；争权干禄，此道德之罪也。诬人以法律之罪，略同诬告，故法律得而惩之；诬人以道德之罪，只寻常评议之言，尚不得与骂人同例。二者有罪无罪，名实自殊，今刑律尚未制定，突云不得毁人名誉。名誉云者，以何为标准耶？苟无标准，若有人颜色白皙者，而称为面貌丑黑，亦得为毁人名誉矣。

“种种不合，应将通告却还，所定报律，绝不承认。当知报界中人，非不愿遵守绳墨，惟内务部既无作法造律之权，而所定者，又有偏党模糊之失，若贸然遵守斯令，是对于官吏则许其侵权，而对于自身则任人陵践，虽欲委屈迁就，势有不能。除电告孙总统外，特公布驳议，以明内务部无知妄作之罪。”（《申报》1912 年 3 月 7 日）

3 月 9 日

临时大总统孙中山令内务部取消《民国暂行报律》。令文称：

“昨据上海报界俱进会及各报馆电称：‘接内务部电，详定暂行报律三章，报界全体万难承认，请转饬部知照’等语。案言论自由，各国宪法所重，善从恶改，古人以为常师，自非专制淫威，从无过事摧抑者。该部所布暂行报律，虽出补偏救弊之苦心，实昧先后缓急之要序，使议者疑满清钳制舆论之恶政，复见于今，甚无谓也。

“又，民国一切法律，皆当由参议院议决宣布，乃为有效。该部所布暂行报律，既未经参议院议决，自无法律之效力，不得以‘暂行’二字，谓可从权办理。寻三章条文，或为出版法所必载，或为国宪所应稽，无取特立报律，反形裂缺。民国此后应否设置报律，及如何订立之处，当俟国民议会决议，勿遽亟亟可也。除电复上海各报外，合行令仰该部知照。此令。”（《孙中山全集》第 2 卷，第 198、199 页）

3 月 10 日

《强国公报》在武汉创刊。馆址在汉口白布街笃安里。经理谢树滋，主编何何山，主笔凤竹荪、高筹观，编撰胡瞿园、贡少芹、梅小舟、钱槭荪等。日出对开 2 至 3 张。除新闻、评论外，有译著、小说、诗古文词、杂俎、函电等栏目内容。该报主张以“和平手段”维持现状，反对革命。所刊评论及副刊文字贬抑孙黄，吹捧袁、黎和孙武，被认为是黎元洪、孙武一派的代言机关。

3 月 11 日

《中华民国临时约法》经参议院讨论通过后，本日由临时大总统孙中山正式公布。全文共 7 章 56 条。其中第二章第六条第四项规定：“人民有言论、著作、刊行及集会结社之自由。”同章第十五条还有以下补充规定：“本章所载人民之权利，有认为增进公益、维持治安，或非常紧急必要时，得依法律限制之。”（《临时政府公报》1912 年 3 月 11 日）

3 月 15 日

《中华民报》在南京创刊。日出对开 2 张。创办人黄兴、胡汉民、蔡元培等。

3 月 20 日

上海《申报》《新闻报》《神州日报》《时事新报》《民立报》《天铎报》《启民爱国报》《民报》《大共和日报》《民声日报》等报，联名致电同盟会会长孙中山，就同盟会南京本部在 3 月 5 日通电中所说的“沪上各报，各政界人物多被收买”一节，提出抗议，并质问说：“各报收受贿赂，有何确证，公为会长，负有责任，请明白宣布，各报愿受重罚，否则贵会任意诬捏，报馆损失名誉作何办法?”

《东方日报》在上海创刊。自创刊之日起，送报半月，送登广告 15 天。

詹大悲、何海鸣等联名发布《〈大江报〉卷土重来》公告，宣布《大江报》将恢复出版。

3 月中旬

孙中山以临时大总统名义饬令交通部：“嗣后凡关于报界之电费，悉照现时之价目减轻四分之一，邮费减轻二分之一。”（《临时政府公报》1912 年 3 月 20 日）

3 月 22 日

《国是报》在重庆创刊。社址在重庆长安寺半边街。唐廉江任社长，蓝炳臣、程月阶任副社长。是中国社会党四川支部与汉流社合办的机关报。

3 月 27 日

《政进报》在成都创刊。发行人倪公伟、王少凤，主笔吴虞。日出 2 张。编辑部在成都青石桥，先后由探源公司昌福公司负责印刷。是共和党系统的机关报。

3 月 28 日

《民权报》在上海创刊。自称自由党机关报，标榜以“扩张民权，监督新政府，保持自由幸福”为宗旨。发行人周浩，主编戴季陶。与邓家彦在上海创刊的《中华民报》，吕志伊在上海创办的《民国新闻》相呼应，同属同盟会系统的报纸，有“横三民”之称。

求幸福斋主（何海鸣）在《民元报坛识小录》中记他在《民权报》工作时的情况称：“我在前清末年，便只有专写论文的份……为此小小出了一点名，从汉口避难到上海，被戴天仇（季陶）兄所邀，进了《民权报》，也是专写论文，就又开始在上海作起文人来了。那时候论说这一种东西，在报纸上真是行时，一般民字号报馆，如《民立》《民权》《民国新闻》《中华民报》等，为革命党所办的，尤以寓有尖锐性的论说为重。《民权报》一天登一篇论说，还嫌不够，特创出论说一、论说二等名目来。依次排列论说四、论说五，如后的小报刊载小说一样，至少得有三四篇。我在《民权报》，常与天仇分任这“论说一”的工作。因为是劈头的第一篇，排印起来，还又与今日各大报的头一条要闻相似，要用大字标题，在旁边再加上一两行短注。那时印刷所还没预备那种初号字，和特号字，故皆由天仇写出来，另刻木戳。文中的警句，也须特别点明，或以四号加二号字，五号字加三号字，又或在旁边加上双圈。至于一般写论说的好手，《民权报》除天仇领头外，还有尹仲材、牛霹生、江季子诸兄。”（《越风》半月刊 1936 年 2 月第 7 期）

3 月 31 日

《演进报》在成都创刊。社址在成都总府街 108 号。每日发行对开 2 张，单面印刷。该报系演进党党报，后与统一党出版的《公论日报》合并，改称《四川日报》，成为两党合并后的共和党的机关报。

同月

各地向北京民政部提出申请，要求创办的报纸，已多达 200 多种。其中，申请在北京出版的 50 多种，申请在上海出版的 40 多种，申请在天津出版的 30 多种，申请在广州出版的 30 种，申请在四川出版的 23 种，以下为浙江 20 多种，湖南 11 种，武汉 9 种。全国已出版的报纸近 300 种。据当时人统计，民国元年，全国报纸陡增至 500 种，总销数达 4200 万份。

日本人主办的日文《新支那》周刊在北京创刊。社址在北京前门外香炉营。藤原镰见主编。1923年后，增出《新支那日报》。

《通报》在江苏南通创刊。

《农友会报》在杭州创刊。浙江农友会事务所主办。沈望农、周又山主编。

汉口《大江报》恢复出版。社址在汉口后花楼街。凌大同、何海鸣等任编辑。该报自称“畅所欲言，毫不忌讳”，对袁世凯、黎元洪及拥袁的共和党，时加抨击。

湖北通讯社在武汉成立。社址在武昌芝麻岭。冉剑虹主持。是湖北地区的第一个通讯团体。

武汉《中华民国公报》《民心报》《大汉报》《强国公报》《群报》等5家报社工作人员联合组成的武汉报界联合会，在武汉成立，并制定了《武汉报界联合会草章》8条。

《大同报》在武汉创刊。

《四川都督府政报》在成都创刊。前身是《四川军政府官报》。每天一张，逢一无报。总发行所在成都东玉龙街四川印书局内。

《天民报》《国民共济报》在重庆创刊。后者由重庆国民共济会主办。

成都《大汉国民报》更名《中华国民报》继续出版。

年初

《浙江潮》日报在杭州创刊。总编辑王庐球。该报言论上支持孙中山的革命纲领。

同盟会机关报《中国日报》自香港迁至广州出版。社址在广州第八甫（今光复中路）。仍由卢信担任发行人，李民瞻为总编辑，潘惠畴、陈春生任主笔。日销逾万份。

春

《新会醒报》在广东新会创刊。社址在新会府前街（今惠民中路）伦氏养德祠。创办人何琴樵、施见三。是新会地区的第一家日报。该报创办经费仅40元，出版后得到新会县第一任县长、前香港《中国日报》记者李孟哲的支持。出版2年后停刊。

《独立日报》在桂林创刊。系同盟会员所办。出版数月后即停。

4月1日

《军事日报》在北京创刊。

《女子国学报》在天津创刊。潘连璧、伍崇敏、郑毓秀等发起创办。

《太平洋报》在上海创刊。社址在上海马霍路。是同盟会方面于民国后在上海出版的第一家大型日报。社长姚雨平，经理朱少屏，总编辑叶楚伧，协助编辑工作的有柳亚子、苏曼殊、李叔同等。日出对开3张。其中第1张第3版有1/3左右的篇幅刊载英文新闻。日常经费由陈其美负责供应。出版半年后，因经费困难停刊。

在沪外侨主办的英文《亚洲通信月刊》（*News Letter for the Asiatic Division Monthly*）在上海创刊。1914年3月停刊。

济南《齐鲁公报》更名《齐鲁民报》继续出版。日出铅印对开1张。仍由王讷、赵心如等主持。言论倾向于同盟会—国民党。

《共和民报》在武汉创刊。日出对开2张。社址在汉口英租界湖北街。胡瑛、周道腴、柳聘农、彭羲民等集资创办，发行人为前咨议局长立宪党人张国溶。该报自称“以鼓吹共和政治之完成，扶翊国民能力之发展为宗旨”。实际上全力拥袁拥黎，与民主党关系密切，成为该党在汉的言论机关。该报出版后，经常和同盟会—国民党方面的《震旦民报》《大江报》等展开笔战。内容设论说、电报、中央要闻、国内外新闻、时评、小说、文苑、杂俎、插画等门类。

4月6日

孙中山领导创办的以在华外侨为主要读者对象的英文《民国西报》（*Republican*

Advocate The Weekly）在上海创刊。馆址在上海英租界博物院路（今虎丘路）50 号。每周出版。主编李登辉（Tenghwee Lee）、马素（Ma Soo）。经费由张静江、庞青臣资助。设有《本周报纸言论》等专栏，定期译载《民立报》《民权报》《民强报》《民国新闻》《太平洋报》等同盟会系统报刊的评论文章，系统地阐明同盟会—国民党方面的政治主张。1913 年起，每期增发一篇用法文撰写的社论。为同盟会—国民党方面的重要对外宣传机关。1913 年 9 月停刊。

广州《佗城独立报》发行人陈听香以“依附叛军”罪名被捕。

4 月 7 日

《广东司法五日报》在广州创刊。广东高等裁判所主办。宗旨为“维持司法界前途，公布裁判事件，使民皆晓然裁判内容”。

4 月 8 日

四川成都《四川公报》及《天民报》以“违及报律”罪名，被都督府查封。《四川公报》旋被揭封。

4 月 9 日

孙中山于本日抵达武汉访问，前后在武汉逗留 4 天，于本月 12 日结束访问后离汉。其间，武汉报界联合会曾与武汉商会等 15 个社会团体，联合举行欢迎会以示欢迎，孙中山曾在欢迎会上发表演讲，并在离汉前致函武汉报界联合会，肯定武汉报界在辛亥革命时期鼓吹和支持革命的功绩，并提出希望。略称：“此次民国成立，舆论之势力与军队之势力相辅而行，故曾不数月，遂竟全功。我报界诸公鼓吹宣导于前，尤望指引维持于后，俾我国民得所指南，是则文所属望于报界诸公者。”（刘望龄：《黑血·金鼓——辛亥前后湖北报刊史事长编》，第292 页）

4 月 10 日

《新国民杂志》（旬刊）在上海创刊。旋停。

《大中民报》在河南开封创刊。经理候永楦。该报出版不久，即因经费困难，被河南都督张镇芳以两万金收买，改派胡石青前往接办。河南省议会对此有异议，曾公开表示：“报馆为舆论代表，决不能令官厅收买，如果实无经费，本议会可合力维持”云云。

4 月初

《广东日日新报》在广州创刊。社址在广州西关十八甫 55 号。内容分论说、专电、公电、各地新闻、本省新闻等。

《天民报》在成都创刊。日出对开 1 张。发行所在总府街 64 号。（创刊日期一说作 1912 年夏。）

4 月 12 日

上海日报公会以查出 3 月 6 日天津《民意报》所刊有关沪报受贿的专电，系由南京临时政府总统府发出，特致电卸任总统府秘书长胡汉民，要求追究责任，有“大总统内阁总理行贿，是何等事？言论机关受赂被买，又是何等事？而可令二三宵小，捏名假电，掩天下之耳目，淆事实之黑白乎？事出不知，谓之失察，知之而不能禁，谓之溺职。不意所谓奸人，即托生于肘腋，而暗昧之地点，即为我最高级最荣誉之总统府。春秋之义，责备贤者，敝同人实不能为先生宽其责也”（《申报》1912 年 4 月 15 日）等语。

4 月 15 日

《民约报》在天津创刊。日出对开 3 张。有社说、译论等栏目内容。自创刊之日起，免费送阅 3 天，自称销达 10 万份。

《共和言论》在上海创刊。月刊。旋停。

詹大悲主办的《东亚日报》在山东烟台创刊。发行所设在烟台朝阳街 131 号。詹大悲任该报发行人兼总编辑，该报总经理由张岩南担任。该报自称以“提倡东亚主义以唤起全国人之自觉心，谋我民国卓越之位置为宗旨”。创刊前自揭其言论纲领如下：一、提倡稳健政治，发展国家能力；二、造我健全舆论，巩固共和基础；三、注意边防及海外计划，扩张殖民事业；四、研究适当经济政策；五、研究适当外交政策；六、研究民国对于东亚惟一之政策；七、灌输世界之知识。

广州《佗城独立报》发行人陈听香以"造谣惑众，扰乱军心"罪名，本日下午4时被押赴北校场枪决。刑前，广东都督府发布布告如下：

> "照得月前王和顺在省叛乱，当经本都督调兵围剿，幸赖将士用命，刻日戡平，不致糜烂地方大局。乃佗城独立报发行人陈听香，竟敢依附叛军，于乱潮甫平之时，伪造揭帖，连日登载该报，希图摇惑众军，扰乱大局，实属罪不容诛。本都督为大局计，当饬警厅勒令该报停版，并将陈听香严拿惩办。讵料该犯自知罪恶贯盈，先行逃避，正在密缉访拿，适据警察厅将该犯缉获，当经地方检事局及法务局讯明，自应按律惩办。查该犯依附叛军，妨害军政，按照现行军律第十条，'造谣惑众扰乱军心者，处死刑'。应将陈听香一名，押往枪毙，以申法纪，而维治安。合行宣告，仰军民人等，一体遵照，切切特示。"（《申报》1912年4月16日）

当时担任代理广东都督的是陈炯明。王和顺是广东地区的一支民军部队的首领。陈听香名庆森，广东番禺人，熟悉下层社会情况，同情民主革命，和光复后建立的广州城乡民军组织多有来往。

《震旦民报》在武汉创刊。社址在汉口歆生路兴业里13号。张振武主办，张樾任总经理，宛思演、方觉慧任正副总编辑。日出对开3张。内容分论说、译论、国内通信、国外通信等20多个栏目内容。经费据传系由当时担任鄂军军政府军务司副司长的张振武，从军务部购买枪械款中私自拨付。该报开始和民社方面的关系较为密切，后因张振武和孙武之间的矛盾激化，才逐步转向同盟会。言论上与孙武主办的《中华民国公报》、蒋翊武主办的《民心报》相对峙。

4月20日

《民兴日报》在浙江绍兴创刊。社址在绍兴丁家弄。宋紫佩、马可兴等创办兼主编，参加编辑工作的有郁治清、郁稚清、范爱农等。内容有社论、小说、省内要闻、各县纪事、学术、杂俎、文苑、新闻、要电等。日出对开1张，发行约300份。该报的出版，得到过鲁迅的同情和支持。工作人员大多来自《越铎日报》。半年后停刊。

《国民新报》在武汉创刊。四川都督府驻汉办事处处长李振主办。社址在汉口如寿里124号，后迁苗家码头横街。日出对开2张。该报自称以"下达舆情，上匡政府，造福和平，共保安宁"为宗旨。有社论、专件、小说、时评、专电、紧要新闻、文苑、本省新闻、海外函电、外省新闻、插画、杂俎等栏目内容。言论上拥袁拥黎。发行约1万份。

4月22日

《新纪元报》在北京创刊。章太炎为该报撰写了发刊词。

《警务丛刊》在上海创刊。月刊。上海警务所警务长穆湘瑶任主编。

《国民公报》在成都创刊。社址在成都总府街165号。系由汪象荪主持的《中华国民报》及樊孔周主持的《四川公报》合并组成。社长汪象荪，编辑陈少松、沈峰，经理谢翼谋。日出对开1张，逢2日、16日停印。该报以能反映时代政事，消息多快新及内容丰富受到读者欢迎。发行数字达2万份。1936年8月1日迁重庆出版。

4月27日

孙中山在广东新闻界的一次集会上，发

表演说，主张民国以后的报纸，不应再攻击政府。略称："报纸在专制时代，则利用其攻击，以政府非人民之政府。报纸在共和时代，则不利用攻击，以政府乃人民之政府也。"（《中国日报》1912 年 4 月 28 日）

4 月 29 日

《社会党日报》在重庆创刊。李绪主编。是中国社会党重庆分部的机关报。

同月

《政府公报》在北京创刊。

《社会党月刊》在上海创刊。中国社会党本部主办。

《晚钟报》在上海创刊。

广学会主办的《女铎报》月刊在上海创刊。初由美籍传教士亮乐月（Lanra White）任主编，继由李冠芳任主编。英文报名原为 *The Women's Messenger*，后改为 *The Home Beautiful*。

《湖南公报》在长沙创刊。社址在长沙东长街（后迁洪家井）。是一家大型对开日报。主持人贝元征，经理李葆霖，总编辑袁子素，编辑黎锦熙、李抱一、任凯南、曾星笠、陈天倪、张平子等。经费由共和党负责，属于亲共和党的报纸。该报政治上拥袁拥汤，经常和同盟会—国民党系统的报纸展开笔战。进步党成立后，转为进步党的机关报。

长沙《湘汉新闻》以刊出湖南民政司次长左学谦贿买差缺消息，受到有关方面威胁，特投诉驻军独立第一协协统王隆中，请求保护。王为此在该报门口张贴布告称："报馆为舆论机关，有闻必录即或传闻失实，亦只有更正之条。如其事出有因，更不容遇事苛责。倘或因报端指摘，即至该报社任意滋闹者，即属摧残舆论，妨害公理。本协有维持秩序之责，如有以上情事，准该社随时报告本协，当以军法从事。"（《申报》1912 年 4 月 30 日）

长沙《大汉民报》以发表《致湖南军界请公逐王隆中书》，指责湘军第四师师长王隆中酗酒杀人，恣意横行，被湖南都督谭延闿罚令停刊 7 天，并罚款 30 元。该报旋即停刊，不再出版。

《进化白话报》在成都创刊。社址在成都少城关帝庙。少城社会教育公社主办。发起人罗纶。3 个月后，由四川教育司接办，编辑所改在四川教育司署内，发行处改在成都文庙前街 19 号。

四川省的第一个新闻界团体成都报界公会宣告成立。会址在卧龙界川北会馆。发起人樊孔周。先后加入该会的有《四川公报》《中华国民报》《天民报》《女界报》《公论日报》等报。每星期聚议一次。

北洋政府邮传部颁布《减收新闻电费章程》，规定"经地方长官或民政长官核准后，再由邮传部核定给予减收电费执照"的国内各报，可享受减收新闻电费的待遇。

5 月 1 日

上海《民报》实行业务改革。宣布自即日起增加版面，增聘记者，改进印刷，并免费送阅报纸 3 天，送登广告 10 天。

5 月 4 日

孙中山在广州报界欢迎会上发表演讲，阐述事实、舆论、新闻工作者三者之间的关系，有"舆论为事实之母，报界诸君又为舆论之母"等语。

福建《民心日报》以揭载该省行政官吏种种不法之事，被省警务司派警备队强行查封，经理、编辑人受到通缉。

5 月 5 日

《群化日报》在山东济南创刊。有社论、来稿、译论、要件、专电、公电、译电、海外通信、各地通信、本省记事、文苑、来件、时评、小说、投函等栏目内容。该报自称"以敦励民德，以组织纯粹高洁之政党为宗旨”。

5月11日

《报选》在四川成都创刊。社址在成都惜字宫街15号。旬刊。每十日出32开本1册。成都聚精新社发行。是四川省内出版的第一份文摘性刊物。

5月15日

国家学会主办的《国权报》在上海创刊。经理闫孝荃。

上海《天铎报》迁至五马路37号新址出版，并宣布自即日起，实行大改良：聘请法政、外交、财政等方面的专家担任编辑工作，创设翻译部，转译外报新闻评论，增辟小说、杂俎、滑稽、图画等栏目内容，送阅报纸10天，“每天十万份”。

5月17日

即将创刊的《新世界》杂志，本日在上海各报刊出以下广告：

> “新世界杂志出世　本杂志之纲领与特色：一，社会主义之大本营；二，中国数千年来破天荒之新学说；三，解决二十世纪之大问题；四，造成太平大同之新世界。以上四纲为本杂志所主张，兼翻译东西最新名著，采辑古今精确学说，编述现今世界大势，演为浅显文词或通俗之语言，务使人人能解，期达目的。即杂俎、小说亦以灌输知识，增进道德为主旨，诚我国惟一之杂志也。”（《天铎报》1912年5月17日）

上海各报刊出署名《人权报》的一幅广告，宣布该报计划日出对开3张，“以监督政府，改造社会，恢复人权，促进大同为宗旨”。

5月18日

上海《舆论时事报》改名《时事新报》继续出版。

5月19日

《新世界》半月刊在上海创刊。社址在上海法大马路自来火西街537号。中国社会党绍兴支部主办。煮尘主编。该刊第5期（7月15日出版）曾刊有恩格斯的《社会主义从空想到科学的发展》一书的译文，译题作《理想社会主义与实行社会主义》，这是恩格斯这一名著的第一个中译本。

5月22日

上海《民权报》以所刊《讨熊希龄檄》（刊5月20日该报，署名天仇）等论说，“毁谤袁总统、熊希龄、唐绍仪”，被公共租界捕房提起公诉。主笔戴季陶被捕。戴有文记被捕经过称：

> “甫提笔续昨稿，忽来狱吏，出拘票以示，且笑且言。票上大书特书：‘戴天仇鼓吹阅报者，杀袁、唐、熊、章，应即提究’。予阅拘票，竟不禁大怪。我行我素，既未妨租界之治安，亦未违法定之明文，吹皱一池春水，干卿底事？何竟出此？虽然，来在短檐下，怎敢不低头？去即去耳，何多言？复询陈华其人者。天仇笑曰：‘本社并无陈华其人。吾作文，吾负责。’彼又曰：‘发行者何人?’天仇更笑曰：‘君等执法人，法制之拘票中既无发行人，何能涉及无关系之第三者？行矣!’遂行。到捕房，天仇脱帽，询狱吏：‘原告何人？与租界捕房何涉？租界捕房有此权责否?’置不答。命缴随身品，时计、名片、图章、银币悉付之，竟导予入暗室。予欲言自止。笑谓曰：‘今日方知狱吏尊’。更默想曰：‘今日益知专制苦。’
>
> “入室，狱吏去。键户，室半暗，阴气逼人。中已有二人在，皆起视予，见衣裳楚楚，笑询曰：‘公何故亦来此?’予曰：‘苍颉造字累我，鸦片条约病我。质言之，阶级制度苦我，强弱关系害我。我识字，我住租界，我不作官，我弱，我为中国人。有此种种原

因，我遂来此矣。我不入地狱，谁肯入地狱？地狱不空，我不成佛；己身不净，不证菩提。南无阿弥陀佛！’

“言未竟，友人数辈来省予矣。一小钱孔，仅可对语。旋慰问者、赠食者，殷勤恳切，皆较平日数倍。诸君去，同室之少者，以英语为予唱教会歌，音高远，催人入梦去。忽有人呼起，隔铁户询，闻予爱妻声，谓予曰：‘君以国事至此，予甚慰。主笔不入狱不是好主笔，周浩君常言也。予为君贺。’语竟遂去，予亦就寝。……”（《戴季陶辛亥文集》下册，香港中文大学出版社 1991 年版，第 895 页）

5 月 23 日

上海《天铎报》在第 5 版刊出有关《民权报》主笔戴季陶（天仇）被捕经过的详细报道，题为《戴天仇被捕记》，全文如下：

“本月二十二日午后四点钟，忽有捕房西探及华探各一人，至《民权报》编辑部，谓有要事须面唔该报记者戴天仇，当由馆役请入客厅，一面据情知照天仇前往接洽。该探等谓须作密谈，天仇延入办公室内，甫坐定，该探等取出会审公堂提票一张，因二十日该报论说及时评反对熊希龄等允借监督财政之外债，措词稍涉激昂，捕房指为鼓吹杀人，已在会审公堂控准，须提戴天仇及陈华堂讯。天仇告以该报无陈华其人，该探等遂提天仇押入英租界四马路老巡捕房内，以待今晨解堂讯断云。

“按：捕房因该报二十日论说及时评反对熊希龄等允借监督财政之外债，措词稍涉激昂，指为鼓吹杀人，遂出而控告逮捕天仇。夫此为言论上之事，捕房加以干涉，岂欲保护文中所指之人欤？则其人均未居上海租界。抑欲尊重中华民国之政府欤？则各国尚未正式承认。要其理由，皆未充足。说者谓天仇近日著述，正以反对外债不遗余力，外人因借题发挥，使之知儆。顾以本报观之，外人原极文明，天仇之反对外债，出于爱国热诚，在外人当能鉴谅，决不致如说者之卑劣，是则真百思而不得其解也。”

5 月 24 日

上海《天铎报》在第 5 版继续发表新闻，报道《民权报》主笔戴季陶（天仇）被捕后的有关情况，题为《戴天仇被捕再志》，全文如下：

“美巡捕房以《民权报》于五月二十日论说《讨熊希龄檄》及时评栏内所载袁世凯、唐绍仪、章炳麟、熊希龄四人可杀等词，太形激烈，指为暗杀等情，请公廨出票，昨将该报主笔戴天仇逮至公堂审讯。戴延德雷司律师上堂，译称捕房以被告毁谤有名人物之名誉，亦应出单传讯，不应牌提，且本律师尚未研究报载诋毁之词，际今共和时代，报馆为舆论之机关，有自由言论之权，此案堂上务请留意讯问，应再改期订讯。并据捕房代表侃克律师上堂译称，捕房因被告诋毁有名之人名誉，颇有关系，故出票提，并无不合等语。关谳员商之美强副领事，判戴交保，即由通义银行经理张静江投案，声请担保候讯。中西官准如所请”。

5 月 25 日

北京《亚东新报》本日在上海各报刊出广告，宣布该报已“筹有巨款，一俟编辑印刷发行诸部及各地通讯机关组织齐全，即行宣告出版”。同一广告还声明该报设社论、命令、电闻、要闻、中央新闻、地方新闻、世界新闻、时评、专件、杂录等栏目内容，“以监督政府，指导国民，巩固共和政体，注重民生主义为宗旨”。该报负责人为宋教仁，社长仇鳌，总编辑易象。创刊时间约在本月下旬。社址在北京宣武门外南横街。日出对开2张，销约1000份。

5月28日

《民强报》在上海创刊。共和建设会王博谦、共和促进会厉明度联合创办。

5月30日

沪军都督陈英士主动约请上海各报负责人举行谈话会，就当前时局及有关政策交换意见。先一天就开会事致函各报馆，略称：

> “我国共和初立，时局方艰，而政策之棘手，党派之分歧，大非前途之幸福。兹拟于本月30日3时至5时，假座二马路老介福绸庄隔壁工业建设会开谈话会，与诸君子共相讨论，商榷政策之进行，排解党派之攻讦，俾得藉鼓吹之大力，奠民国之基础。幸甚！幸甚!”（《申报》1912年5月30日，原题作《陈都督调和党派》）

5月下旬

《女权报》月刊在上海创刊。上海望平街时中书局发行。张亚昭主编。该刊以“破除依赖性，提倡独立精神，使男女受同等教育同等之幸福”为宗旨。

同月

北洋政府主办的《中华民国政府公报》在北京创刊。

《警华画报》在河南开封创刊。日刊。田小白主编。

《自由报》在杭州创刊。日刊。社址在杭州十五奎巷。中华民国自由党浙江支部机关报。总经理许畏三。该报言论上支持孙中山，主张共和。同年8月15日改名《南强报》继续出版。

《促进报》在宁波创刊。月刊。宁波社会公益促进会主办。

《嘉言》在浙江嘉善创刊。

《自由月刊》在浙江平湖创刊。系自由党平湖县党部机关报。创办人李怀霜、戴季陶。该报言论上拥护孙中山，主张共和。

《中华周刊》《军事白话报》在武昌创刊。

《警察日报》在成都创刊。四川警察厅主办。

5—6月

《荆江日报》在湖北沙市创刊。社址在沙市刘家场24号。是民国初年在湖北县城出版的第一家报纸。发行人兼总经理胡石庵，编辑王峨松、谢汉庭、张毓斋等。日出2张。有论说、译闻、本馆专电、本馆公电、各省新闻、本埠新闻、时评等栏目内容。另有副刊名《荆棘》。该报对民初政治，时有针砭。

6月1日

《新中华报》《五民日报》在北京创刊。

《惜阴日报》在上海创刊。中国社会党的外围组织惜阴公会主办。

《武汉小报》在汉口创刊。胡少卿、冉剑虹等发起主办。日出4开1张。

6月2日

北京《中央新闻》报以两天前在告白栏刊出题为《看看赵秉钧之大事记》一文，揭露内务总长赵秉钧营私舞弊，包庇重用前宗社党人现任步军统领军警督察长乌珍等丑闻，本日晚被赵、乌唆使城南游击队管带振林、参将袁得亮等，带领军警200余人包围，经理主笔及校对等11人被捕。当时报纸曾对《中央新闻》工作人员被捕情况，作过详细报道。摘录如下：

> “六月二日下午七点钟，《中央新闻》社门前，忽有内城两翼外城南营游缉队振林（乌珍之弟），并南营参将袁得亮两游缉队管带，率领各该队兵约二百人，及两厅巡警缉探队等甚夥，进该

报社，且有各队分驻该社前后及南北两巷口，隔断交通，似捕大盗。逾时闻院内摔砸之声，又逾时由内绑出该报社之十一人，形似斩决。当由振林、袁得亮指挥兵丁，在胡同口外，扭来旧式骡车数辆，立令营兵垫底，将绑获报社十一人分装车内，复令队兵荷枪拥护，解往崇文门外抽分厂南营参将衙门，寄监候讯。……”（《申报》1912 年 6 月 8 日）

6 月 3 日

《白话晚报》在天津创刊。社址在天津广兴大街。社长刘仲赓，经理白幼卿。

《醒群报》在成都创刊。日刊。每月逢一、十一、二十一日休刊。社址在成都文庙后街 16 号，总发行所在成都商业场 40 号。系属共和党系统的报纸。1914 年 1 月 11 日被当地政府查封。

6 月 4 日

北京《国风日报》刊出《中央新闻》报记者吴山所写《启事》，抗议内务总长赵秉钧对该报的摧残和迫害。摘录如下：

“……共和民国，以舆论为监督政府机关，临时约法亦明明规定言论自由，出版自由。赵秉钧身为内务总长，关系民国前途匪轻。今竟施行其野蛮专制之手段，封报馆，捕主笔以下十余人，暗无天日，至斯极矣！自民国成立以来，各报馆与总统府平等对待，其性质与参议院同为监督公仆之机关。岂有总统、总理等皆受国民之监督，赵秉钧身为内务总长，独非吾民之公仆乎？全球共和，未有政界之公仆不受主人翁之监督者。乃赵秉钧不知法律，不谙事体，倒行逆施……虽专制时代，无此横暴。本社记者皆前清迭捕未死之党人，而造成今日民国之分子也。以高级之主人翁，不愿与奴隶为伍，组织言论机关，以爱国救国为前提，甚恐若辈有负前人缔造之艰，不得不苦口婆心，裨若辈得终晚节，是若辈之幸。如秉钧者，不惟不知感激发愤，竟轻误全国内务要公，而徒植个人私利……更变本加厉，惨无人道，如此之极也。……”

中国报界俱进会在上海召开特别大会，接受上海《民立报》《太平洋报》《民国新闻》《民强报》《爱国报》《民报》《大共和日报》《黄报》，北京《公民报》《天民报》《中央新闻》，扬州《民声报》，南昌《晨钟报》《民报》《商务日报》《豫章日报》，武昌《武昌公报》《震旦民报》《国民新报》，吉林《吉长日报》《新吉林报》，绍兴《越铎日报》，广州《震旦报》《平民报》等为新会员。推朱少屏为主席。讨论通过了以下提案：一、加入国际新闻协会案；二、不认有报律案；三、自办造纸厂案；四、设立新闻学校案；五、设立通讯社案；六、设立广告社案；七、组织记者俱乐部案。同时，将该会改名为中华民国报馆俱进会。参加这次大会的各报代表约 30 余人。其中，上海代表为朱少屏（《太平洋报》）、邵仲辉（《民立报》）、吕天民、陶铸、邓辉宇（《民国新闻》）、曹民父、汪瘦岑（《神州日报》）、孙起渊、唐幼常（《申报》）、徐寄顷（《时事新报》）、王河屏（《民强报》）、何竣业、杨若春（《民报》）、邹亚云、梁重良（《天铎报》）、王伯群（《大共和日报》）、狄南士（《时报》）、汪汉溪（《新闻报》）、夏廉声、倪寄生（《黄报》）。各地代表为：吴书箴（北京《公民报》）、廖书筹（汉口《国民新报》）（兼天津代表）、刘笑澄（汉口《共和报》、龚含章（汉口《震旦民报》）、王庆杨（《武昌公报》）、覃啸秋（《武昌群报》）、朱伯厘（武昌《大汉报》）、廖国仁（江西《晨钟报》）、唐瑞甫（绍兴《越铎日报》）、徐公时（扬州《民声报》）。

6月5日

北京《中央新闻》被捕编辑记者11名，本日获释。

《真相画报》在上海创刊。高奇峰主编。用铜锌版道林纸印刷。每旬出16开本1册。该报内容以政治、军事等方面的新闻照片为主，间刊大页画幅及时事漫画，封面用彩色套印，是当时国内质量最高的大型画报。先后出版约20期。

上海《民立报》发表通讯《武汉报界一席话》，介绍了武汉各报相互“倾轧”情况。文云：

> “湖北报界前因满清钳制，言论不昌，自《大江报》被封，《夏报》被辱，言论界几成为荆棘场。迨民国成立，报馆日增，言论自由，势力日形膨胀。由《大汉报》经理胡石庵发起组织报界公会，力图进行。讵同业相忌，其中不无破坏公益者，前汉口《强国公报》出版之始，改国字为圀字，《民国公报》即出时评，极力痛诋，两方并几于肆口乱骂。日前《大汉报》登载张鸣鸾选举舞弊劣迹，本属确实，乃《群报》社无端干涉，在报端登函请问访员。又湖北理财司司长潘祖裕引用私人，浸蚀舞弊，经《大汉报》揭载，以昭大公，而《民国公报》亦无端干涉，在本报登辩驳书更正，词甚激烈。《大汉报》以该馆有违公理，致书质问。现各报彼此各怀意见，互相倾轧，亦报界前途之隐忧也。”

6月7日

中国报界俱进会本日在上海江苏教育总会继续开会。就报律问题进行讨论，并通过了该会致参议院电，要求该院就北京《中央新闻》遭到迫害一事，对赵秉钧实行弹劾。电文如下：

> “北京参议院鉴：《中央新闻》社登载署名‘刷印’来稿，竟被逮捕，并及家眷。赵秉钧以行政官擅用军队，侵害法权，破坏共和大局，莫此为甚。贵院代表国民，理宜弹劾，以保言论自由，而重民国约法，不胜盼祷。中国报界促进会阳”（《民立报》1912年6月8日）

本日晚，赵秉钧在北京灯市口德昌饭店设宴招待北京各报及上海各报派驻北京记者，宣布《中央新闻》一案已经“和平了结”，借此“联络情意”，并对新闻记者进行安抚。席间宾主致辞情况如下：

> “酒半，赵总长举盏属客曰：‘日来多病，致地面各事，精神未能贯注，失于照料之处甚多，惟望诸君原谅。并求诸君时加督教，俾知所鉴戒，敬奉一觞，为诸君寿’。
>
> “各记者公推于右任君致答词云：‘今日报界承赵总长招待，同深感谢！在报界所求者，言论自由四字，政府之对报界，亦望以言论自由四字为爱护报界之范围，敬此奉答，并敬总长一觞！’举杯铿然，尽欢而散。” （《天铎报》1912年6月8日）

《罗报》在杭州创刊。每日出4开4版1张。社址在杭州十五奎巷。是自由党系统的报纸。创办人罗传。该报内容以报道商业新闻和与自由党有关的消息为主。有《包罗万象》《拨罗见闻》《森罗殿冷判》《罗汉真诠》《罗浮春梦》《罗峰碎锦》等栏目内容。出版5周后，改名《四维报》继续出版。旋停。

6月8日

中国报界俱进会本日在上海二马路工业建设厅继续开会，就上海《太平洋报》、汕头《新中华报》、吉林《吉长日报》《新吉林报》等报代表提出的“自办纸厂”问题，进行讨论。先后发言的有朱少屏、龚含章、廖舒筹等。最后决议：先在上海设立筹办处，附属于俱进会事务所，推朱少屏负责草拟

《招股章程》，由全国报馆共同发起，俟招股有头绪后，再开会公议。朱少屏在会上的发言，摘录如下：

> “民国成立，言论机关日增月盛。现全国统计有报纸五百家，而所用之纸，无一非购自外洋。平均每家发行五千份，每份二大张，计日用纸五千令，每令平均价银一两七钱五分，一年即需支出银三百十九万有奇，漏卮之巨，思之寒心。为挽回利权计，我报界不得不筹办造纸。惟敝人曾经调查本埠某纸厂，该厂资本五十万，现其成绩，日可出纸八百令。以此类推，是欲办日出三千令之纸厂，预算须有资本二百万，现在报界力实有所未逮。今日不妨将要办不要办，先行解决，再谋进行之法。……”（《申报》1912 年 6 月 9 日）

6 月 9 日

中国报界俱进会本日在上海二马路工业建设厅继续开会，就以下四项提案进行讨论，并作出以下决议：

一、设立新闻学校问题。提案称：“吾国报馆日来异常发达。查各国大学，均有新闻一科，若访员、若编辑、若广告、若发行，各有专门学。我报界欲与欧西媲美，非设此项学堂不可。”经公决：由报馆俱进会设立新闻学校一所。公推朱少屏草拟章程。

二、发起通讯社问题。提案称：“报馆纪事，贵乎详、确、捷。试问我国今日所登之新闻若何？吾恐即同业诸君亦不自以为满意。同人等以为吾国报界急宜设法组织一通讯机关，互相通信，俾各报馆得以低廉之价，得至确之新闻，以供读者用。”经公决：由俱进会设通信社，仍推朱少屏草拟章程。

三、发起广告社问题。提案建议设立广告社，为各埠报馆收发广告之总机关。决议：由俱进会设立广告社。

四、设立记者俱乐部问题。提案称：“各馆记者，当联络感情，交换知识，是宜组织记者俱乐部。可以提起友善爱亲之心，彼此免无谓之攻击，亦可以增进学识技艺，而报章有灵通之消息。”经公决：由俱进会提倡记者俱乐部。（《申报》1912 年 6 月 10 日）

6 月 10 日

《平民日报》在杭州创刊。社址在杭州金刚寺巷。同盟会浙江支部机关报。阚麟书、张恭等共同创办，徐糊僧主编。该报拥护孙中山的政治主张，曾积极进行反袁宣传。1913 年 7 月 24 日被浙江都督朱瑞查封。

《大江报》在汉口复刊。馆址迁至汉口后花楼街。经理何海鸣、主笔凌大同等。为同盟会系统在武汉的言论机关。

湖北军政府机关刊物《湖北公报》在武昌创刊。总发行所在武昌西厂口编制处。有命令、公电、法制等栏目内容。每日发行。

武汉地区的《强国公报》《国民新报》《共和民报》《震旦民报》《大江报》《汉口民国日报》《繁华报》等 7 家报纸联合组成“武汉报界联合会事务所”，以便利汉口各报之间的联系。事务所设于汉口小关帝庙。主任由各报馆按月轮流担任。

《西方报》在成都创刊。社址在成都总府街 65 号。日出对开 1 张。王季烈任发行人兼社长、经理，宋仲父、曾曼公任主笔，陈秋舫任编辑。支持该报出版的是新任征藏军总司令的四川都督尹昌衡。该报自称“派员于西藏、青海、新疆、甘、陕、外蒙等处调查物理，刊兹日报”。

6 月 11 日

《大自由报》在北京创刊。总发行所在北京顺治门外海北寺街。编辑兼发行人大公。日出对开 3 张。有各地要闻、世界新闻、各界新闻、自由言论等栏目内容。

上海《申报》自即日起至 1913 年 6 月 1 日止，托名为外人马格里（R. Maigre）所有，报头下印有“R. Maigre Proprietor”等字样。

6月13日

上海租界会审公廨就《民权报》被控事，审结宣判如下：

“共和国言论虽属自由，惟值此过渡时代，国基未固，建设方新，尤贵保卫公安，维持大局，苟政府措置失当，亦宜善言规导，使之服从舆论。该报措词过激，捕房以鼓吹杀人罪具控到案，迭经讯明，应依照中华民国新刑律第二百十七条妨害秩序罪，减五等处断，着罚洋三十元。此判。”（《申报》1912年6月14日）

该报主笔戴季陶于缴纳罚款后当堂被释。

《女界报》在成都创刊。社址在成都童子街3号，后迁冻青树7号。创办人孙少荆、方琢章、饶伯康等，主笔曾兰（吴虞夫人）。是四川境内的第一份妇女报纸。原定逢三、六、九日出版，但经常愆期。以反对封建礼教，宣传男女平等为主要内容。四川省议会开会时，曾为该报记者专设旁听席，以示尊重和支持。

6月15日

国家学会会员主办的日刊报纸《国权报》在北京创刊。社址在北京前门外西河沿排字胡同。日出对开2张。经理闫孝荃。有社论、要件、专电、紧要新闻、外国新闻、国内新闻、本埠新闻、时评、铎论、小说、文苑、杂俎、来稿、来函等栏目内容。该报自称以“造成健全舆论，巩固共和国家”为宗旨。创刊时对外宣布：“集股十万元，由发起人先认两万元”，“凡政治、法律、经济、财政、军事、外交诸问题，根据学理，按切时势，正当解决。一扫阿附权势，迎合流俗之弊”。

上海《天铎报》刊出题为《大共和报大扩充》的广告，对《大共和日报》的办报旨趣和该报的业务活动及业务改革等情况，作了详细介绍。文如下：

“本报发刊以来，抱宁为诤友，不为佞臣之旨趣，虽内容未臻美备，乃荷爱顾诸君群相购览，销数之多，为始愿所不及，至感且愧。当此民国甫经缔造之时，正我国人共和相奋勉之日。本报丁此时机，敢不自勖。用于六月二十一日起，刷新内容，每日赠送画报一大张，不另取资。谨布区区，幸赐览焉。（一）宗旨正大。本报宗旨，无故无新，不偏不倚。立言敷论，平允正当。无一毫偏狭之见，容与其间。（二）论议警辟。本报聘请法政经济各专门撰述家数人，凡所论著，皆针对时局。切实可行，不鹜高远，不涉理想。（三）电信敏捷。本报于各省会各商埠，皆置特别采访员数人，每日以电讯报告一切。敏捷非常，足供先睹。（四）新闻确实。本报采访诸君，率皆执役于政学军商各界，故于各方面消息，可得真相。凡一事发生，必举其原因结果，详载靡遗。而于国际之缔结条约，尤强调查其内容，赶先揭出。使国人得于事先讨论其得失，毋使有丝毫丧失权利，更于参议院特派员速记逐日议案，快信传递，按日刊登。（五）材料丰富。每日三大张，一律改用五号字，较诸前此，增出三倍。（六）广告新颖。凡惠登广告者，本报可代为绘成种种美观之图画，使阅报者之眼光为之吸引，商业上实行莫大之利益。（七）画报特色。本报画报，聘请钱倜庵、沈伯尘、陈抱一三先生暨张昭汉女士，担任绘事。计分二种：甲，尽使新闻异录盛事奇观，趣味既浓，寓意深远；乙，画苑花卉麟毛人物山水，可供画家之研究，可作学校之图画范本。至于小说之旨趣新奇，丛录之耐人寻味，商业行情之调查见尽，轮船火车表之备列无遗，印刷之精良，定价之低廉，犹其余事。”

6 月 16 日

上海《民国新闻》发起人吕志伊等联名发表《紧要广告》，宣布已聘到汪精卫为该报总编辑。

6 月 20 日

《民主报》在北京创刊。社址在北京顺治门外椿树二条胡同。该报自称“以发挥民主立宪精神，巩固共和建国基础为宗旨”。有政治、法律、经济、财政、外交、军政、教育、社会事业、国内新闻、国外新闻等栏目内容。

6 月 24 日

《汉群》周报在成都创刊。社址在成都总府街 37 号。每星期一出 32 开 1 册。有论著、要电、时评、要件、国内记事、国外记事、省内记事、杂录、小说等栏目内容。该报自称“以改良社会，灌输政治经济常识为主义”。

6 月 30 日

《自由报》在河南开封创刊。社址在开封老府门街路西。发起人曾昭文、刘基炎、陈芷屏、方贞等。自称其办报宗旨为：“监督政治之改良，增进国民之知识，发挥自由之真髓。”属于同盟会系统的报纸。本年 9 月 1 日，同盟会河南支部改组为国民党河南支部，该报转为国民党河南支部机关报。总编辑贾英，总经理陈芷屏。出版仅半年，即被河南都督张镇芳封禁。

同月

《亚细亚日报》在北京创刊。主编薛大可。初创时，言论倾向于共和党，后被袁世凯收买，成为御用报纸。

《群强报》在北京创刊。后者系小型报纸，内容以市井新闻为主。

天津工商研究会会长宋则久创设直隶国货维持会，并编辑出版《白话报》，宣传国货的销售与改良。

《山西实业报》在太原创刊。旬刊。

《通俗教育研究录》在上海创刊。月刊。

《江苏省政府公报》在镇江创刊。旬刊。出至 1949 年 1 月停刊。

《军事白话教育日报》在武汉创刊。日刊。

湖南长沙各报联合组成湖南报界联合会，拒绝承认湖南都督谭延闿所制定的《湖南报纸暂行条例》。

湖南教育会发行的《湖南教育杂志》在长沙创刊。半月刊。

《西方日报》在重庆创刊。筹边处总理黄籀青主办。

《华严报》在广州创刊。社址在广州第八甫 27 号发行人兼主编宋季辑。除正刊外，副刊部分有文界、小说、谈薮、杂俎等栏目内容。

《云南教育杂志》在昆明创刊。月刊。云南省城教育总署发行。

《蜀风日报》在成都创刊。钟书船主办。

夏

《爱黑公报》在黑龙江黑河创刊。周刊。社址在黑河迎恩路南头。主办人同盟会黑河分会负责人周天麟。同年 9 月 27 日因馆舍失火被焚停刊。

《春秋报》夏秋在武昌创刊。社址在武昌三道街。由前文学社社员胡玉珍主办，担任编辑的有范希仁、王缵承等。该报被认为是“同盟会之机关”。出版仅 3 个月即停。

7 月 1 日

《新东陲报》在哈尔滨创刊。由原《东陲公报》编辑王德滋及前滨江厅禁烟所所长尹连元联合集资5000元共同创办。尹连元任发行人，王德滋任总编辑。该报自称“系纯粹的商办性质，所有办法全按照股份有限公司律进行”，并确定“以向导国民，提倡实业为宗旨”。该报经常和沙俄方面控制的《远东报》展开论战。

同盟会机关报《民生报》在南京创刊。社址在南京卢妃巷横街。日出对开2张。自称“本报由中国同盟会同人组织之，为完全同盟会之机关报”，并宣布“以鼓吹民生主义，及阐发共和真理，监督政府行政，冀实行本党之政纲为宗旨”。有社论、专件、政令、电报、译件、新闻、时评、插画、小说、文苑、杂俎、同盟会纪事等栏目内容。初创时免费送阅10天，免费送登广告10天。

7月5日

即日晚5时，北京《国风日报》同盟会干事白逾桓、《民主报》同盟会干事仇亮、《国光新闻》同盟会干事田桐，以本日北京《国民公报》所刊时评，称南京临时政府为“南京假政府”，率领同盟会系统的《民主》《国光》《国风》《民意》《女学》《亚东》等七报工作人员20余人，前往问罪，将该报经理徐佛苏、主笔蓝公武殴伤，并将承印该报的群化印书馆全部捣毁。徐佛苏被殴至“口鼻流血，面青气喘，后脑左颊均有裂痕，左手青肿，两足跟筋露血出，其内伤更重”；蓝公武被殴至“内外受伤”，“咯血不支”；群化印刷厂机器字架全被推翻，营业损失约3600元，该所承印的《新中华国民公报》连带被迫停刊。事发后的第二天，双方均向法院提出公诉，要求惩治。

同盟会方面七报的诉呈如下：

> “具呈人白逾桓、田桐、仇亮、公孙长子、仇鳌、李元著、魏尧等为反叛民国，破坏约法，公同告发事：顷阅七月初六日《国民公报》时评，载有‘南京所设假政府以迄今日’云云，窃现在政府，产自南京，参议院由南迁徙而来，约法由南京所制定，袁大总统由南京所选举，国务员由南京议员所通过，若得曰‘假’，参议院亦假也，国务院亦假也，约法亦假也，民国与袁大总统何亦非假。据该报所载，其反叛民国，破坏约法，罪据昭然，警厅有捕拿之责任，检查厅有提起公诉之职务，人民有告发之特权。国民公报总理徐佛苏、编辑人蓝公武，罪在不赦。伏乞贵厅拿获，交审判厅尽法惩治，以彰国宪，而维国体。是为公便。谨呈。”（《申报》1912年7月13日）

《国民公报》方面发出的介绍被捣毁经过的公启如下：

> “敬启者，昨日午后五时，有国风日报白逾桓、国光新闻田桐、民主报仇亮、亚东新闻某某等，至敝报而面晤佛苏。甫入座，即有念余人一涌而入，其中尚有军人装者。声言：‘本日时评中有南京所设假政府一语，有违国法’。命将作者蓝公武交出。佛苏答以出门。并言时评中‘假’字为‘假定’之义，日本文又作‘暂’字义，日报中多称南京政府为假政府，蓝君习见日报，即沿用此名称。词未毕，不料田桐等齐起诟骂，强谓‘假’字为‘真假’之假。佛苏再三温言解慰无效，白、田等即将佛苏包围，拳足交加，顷刻头面青肿，口鼻流血，后脑受伤尤重。据馆中人役云：‘其中有数人各携枪械，畏其凶焰，不敢上前救护’云云。而白、田等遍行搜查，见人即殴，遇物即毁，受微伤者六人，物被毁者多件。力挟佛苏两手，在泥泞中拖走，拥至外城警厅，诬为叛逆，欲胁厅官收押。警厅亦知伊等为现行犯，不应反坐被害人，故遂听佛苏归

家。佛苏现卧病床蓐，痛苦难堪。当时白、田等又一面分派十余人至承印敝报之群化印书局，将机器铅字及一切用具全行捣毁，勒令停业。声言：‘即行封禁’。排印工人见其遇人即殴，只得听其所为，敝报不得不因此暂行停版。窃思民国约法，国家有保护人民生命财产之条，人民应有身体言论之自由，今敝报时评中沿用日报中‘假政府’三字，何得有违国法？及加以谋反叛逆之恶名？纵措词稍有不合之处，自有官厅干涉，否则提起诉讼，自有法庭审判。白、田等何得怀挟党见，仇视异己，遽行统率多人，肆行凶殴？似此情形，不独违犯警律，扰乱治安，而其罪之尤重者，实在破坏共和国法。敝报自当提起诉讼，以俟法庭公判。惟我同业，或有不知此事真相者，谨略述当时情形，乞诸公鉴察。并望同伸公谕以警凶顽，而全报界名誉不胜盼祷之至。专此，敬请公安。国民公报记者徐佛苏、蓝公武同启。七月六日。”（《申报》1912 年 7 月 14 日）

7 月 7 日

北京《新纪元报》《亚细亚报》《新中华报》《京津时报》等 20 余家非同盟会系统报纸，就《国民公报》被捣毁，徐佛苏、蓝公武被殴问题，在城南广和居举行集会，决定联合向大总统提出申诉。

7 月 10 日

上海《申报》就北京《国民公报》被捣毁，徐佛苏、蓝公武被殴事，发表评论《国民公报总理被辱感言》，对白逾桓、田桐、仇亮等人及同盟会方面进行指责。有“曩者政府将行报律，论者犹以为非，今以私人而干涉报界之言论，并以野蛮行为而毁损言论者之身体财产，此真环球万国之所罕闻者也。而不意于吾国首善之地见之，不意于吾国堂堂同盟会干事及新闻记者辈见之”等语。

詹大悲主办的《东大陆报》在上海创刊。

绍兴《民兴日报》编辑人之一范爱农在乘船下乡途中失足落水淹死。鲁迅写有《哀范君》诗三首，表示哀悼。

7 月 17 日

本日出版的成都《通俗画报》刊载了四川都督府制定的《都督府招待新闻记者简章》，共 8 条，内容有“都督府制造特别徽章”，准许新闻记者“佩戴徽章”，“出入府中”；“都督府特设新闻记者室，指派专员二人随时招待”，记者可抄录未盖“秘字图记”的“文卷电报”；以及“政务会议厅旁设新闻记者席”等。

7 月 20 日

《中华民报》在上海创刊。创办人邓家彦，主笔刘民畏。

《实业公报》在成都创刊。社址在成都后子门。月刊。每月 20 日出版。四川实业司刊刻发行。编辑兼发行人王国辅。该报“以宣传各项实业、事件及条例，并发挥实业学识及技术为宗旨”。

四川都督府发布命令，对新闻界实行保护。规定：“自都督府以至各行政官厅，特设报界招待所，各给新闻记者券入所撮记。除机要文件，应严守秘密，不得辄行登揭外，其余一切皆许抄登。凡行政官厅不得任意逮捕主笔，封锁报馆，用示特别优待。”“此后各报馆如有不实、不正之论，只能令其据实更正，或交报界联合会以公法自处，登报宣布，不得动辄封闭逮捕，以致摧残舆论，为国民之不幸。”（《四川都督政府公报》1912 年 7 月 20 日）

7 月 25 日

《民国新闻》在上海创刊。社址在上海

江西路 2 号。日出对开 3 张。总编辑吕志伊，主笔邵元冲。有论说、译述、专件、专电、译电、中央新闻、地方新闻、本埠新闻、外国新闻、插画、时评、文苑、小说、杂俎、来函等栏目内容。列名为发起人的有姚勇忱、陈陶怡、陶铸、邝若谷、马知、陈泉清、吕志伊、邓恢宇、徐甫、吴敬恒、洪翼升、张恭、肖坤、丁洪海等 14 人。该报自称以“保障共和政体，宣扬民生主义”为宗旨。创刊前，曾在上海各报刊登出版预告，有“民国初成，根基未固，凡我同胞对于中央之新政令，地方之新事业，希望其完成共和政体弘道国民幸福之心，不知其若何迫切也，然非有精确之新闻，无以造正大之舆论，非有正大之舆论，无以扶初步之共和，本社有怵于斯，厚集资金，创立兹报”等语。

上海《太平洋报》发表消息，公布上海各报的政治背景如下：

属于同盟会者：《中华民报》《民权报》《天铎报》《民强报》《民立报》。

属于反对派者：《时事新报》《民声日报》《神州日报》《大共和日报》《时报》《民报》《新闻报》《申报》《东大陆报》。

7 月 29 日

章士钊在《民立报》上发表社论《毁党造党论说》，在上海新闻界引起“毁党造党”问题之争。

同月

《经济杂志》在北京创刊。月刊。商务印书馆发行。

《评议报》在河南开封创刊。日刊。吴悟吾主编。

《时事画报》《群学会杂志》在上海创刊。后者由王宗毅主编。

《一得报》在浙江绍兴创刊。社址在绍兴城上大路。创办人汪寿洗，经理孙子松。半年后即停。

湖南地区最早的通讯社湖南通讯社在长沙创立。

同盟会湖南分会机关报《湖南民报》在长沙创刊。主持人唐支厦，总编辑彭名时。

同盟会在长沙创办的《军事报》改名《军国日报》，继续出版。

《广州共和报》在广州创刊。社址在广州第八甫 27 号。主办人宋季辑，总编辑梁展鸿。内容分庄谐两部。1938 年广州沦陷前停刊。

《晚报》在四川成都创刊。四川省临时参议会议员樊孔周主办。该报以揭载省议会方面的消息和评论文章为主。因所刊言论切中时弊，深受读者欢迎。是成都地区的第一家晚报。省议会闭幕后即停。

重庆《正论日报》被当地驻军捣毁，社长向执中被拘。

8 月 1 日

长住北京的伦敦《泰晤士报》驻华记者莫理逊（G. E. Morrison）被袁世凯政府聘请为政治顾问。

《龙江民报》在齐齐哈尔创刊。周六刊。经理陈谟，主笔孔繁穀。该报支持同盟会的各项主张。销约 1000 份。

绍兴《越铎日报》被当地军政分府都督王金发纵容部下士兵捣毁，社员葛星驰等 17 人被殴，葛伤重致死。当时报纸对该报被捣毁事，曾有以下报道：

> “绍军捣毁越铎报　绍兴《越铎日报》出版以来，颇有能言之名。王分府在绍种种失常暨三黄一切不法，《越铎》均一一揭载，不留余地，久为若辈所切齿。
>
> “八月一日下午一时，忽来口操嵊音之卫队三十余人，持利器，逢人即殴，逢物即毁，室中物件，劫抢一空。社员中有由屋顶避至邻家者，有由后门

落水避至对岸者。其不幸而被害者孙君德卿，腹部下被刀伤颇危，立请神州医院谢佩铭君医治，虽尚可救，而欲愈非半年不可矣，葛君星驰为卫队所获住，以最粗之绳系其喉部，复以椅脚极力殴打，身无完肤，满地鲜血，令人惨不忍睹。

“及卫队去，而王分府与俞知事芝祥、何管带悲夫始闻信前来，略一查看即去。巡警局亦派警站岗，驱逐闲人。

“不料分府方去，而无法无天如虎如狼之军人又来，巡警一见星散。前所未捣毁、未劫抢者，而捣毁之，劫抢之，并以刃斩车湘舟君之背。车君声言：‘斩我头颅者为英雄，否则非男儿也。’盖当时车君视死如归，急欲激之以成名尔。至倪君雪恨，头部三处被刀伤，血流如注。该兵士等始呼笛一声，哄然而去矣。

“越铎同人脱险后，即通电省垣各同业暨各官厅，不料电局已为卫队所守，有人打电者，即敬以手枪，而电为不通。故至二号，省垣尚未得一确实消息。次晨，以为守电局者或可稍懈，不但如故，且加甚焉。而侦探四出，必欲置越铎同人于死地，大路左右更为严密。尤奇者，王分府、俞知事自亲行后，并不加以保护，唯付之，一笑而已。”（《申报》1912年8月5日）

“越铎日报劫后谈　《越铎日报》自八月一日被绍兴军政分府王金发卫队捣毁，迄今已逾两月，尚未了结。当该报被毁时，所有重伤十七人，现尚吟呻床褥疮痍未收。内有社员葛星驰者，因伤势过重，竟致惨毙。葛甫新婚，父母年老，闻此哀耗，倍切痛心。且因家境甚寒，其父迭向该报经理赵汉卿要求抚恤，闻赵现已筹填巨款，为之埋葬抚恤，一面呈请浙江朱介人都督，严缉凶犯惩办，以慰冤魂。

“闻该社此次耗费万余金，均由主任赵君极力支持，幸旅京浙省参议院议员，对于此案甚抱不平，拟特别提出议案，要求大总统特令浙都督严速处理，藉保将来云。”（《申报》1912年10月21日）

《广东公报》在广州创刊。广东都督府印行。内容分法律、命令、公文、公电、附录、广告等栏目内容。办报目的在于“宣布各项法令”。创办后，广东都督府曾命令各属一体订阅。

8月2日

《绍兴公报》印发传单，宣布绍兴各印刷所因受《越铎日报》被捣毁事件影响，不敢承印报刊，该报被迫暂时停刊。

8月5日

武汉湖北通讯社因发布了武昌南湖炮队发动倒黎的消息，被黎元洪以“摇惑人心”罪名查抄。社长冉剑虹被捕，初拟“立即正法”，后改判2年监禁。

8月7日

《大东日报》在济南创刊。王丕熙主持。是共和党山东支部的机关报。该报经常和国民党在济南出版的《齐鲁民报》展开笔战。共和党改组为进步党后，该报成为进步党内部的一个派系诚社的机关报。由张公制、王景尧等人主持。1928年停刊。

8月8日

即晚11时，湖北都督黎元洪以汉口《大江报》鼓吹无政府主义，“擅造妖言，图谋不轨”为词，派出卫兵10余人，巡警数十人，奉都督大令过江，将该报查封。该报编辑朱华斌、发行人黄吉人及唐某等3人被捕，主要负责人何海鸣、凌大同、候伯章等潜逃。凌在事后被捕，惨遭杀害。黎元洪以大都督名义发布的封报布告如下：

> “国家要素，在尊重夫主权；共和人民要服从夫法律。无政府何以安国，无法律何以治民。当此建设之秋，岂容破坏之事。查《大江报》出版以来，专取无政府主义，为图谋不轨之机关。擅造妖言，摇惑人心，废婚姻之制度，灭父子之大伦，无国家，无家族，无宗教，无男女。近乃益肆猖狂，毫无忌惮，至有除去政府，取消法律之邪说，实属大逆不道，悖谬已极。我中华礼义之邦，岂可沦于禽兽之俗，此等妖人，诚民国所共弃，世界所不容。等诸非种朱虚候，在所必锄；例以国人少正卯，是宜务去。本府为扶持人伦，保护治安起见，著军警即行查封该报馆。该报馆主笔何海鸣、凌大同等，现尚在逃，应一律严缉，解府究办，以惩悖逆，而维法纪。”(《申报》1912 年 8 月 15 日)

《大江报》被封不久，在武昌出版的《民心报》也以发表《哀大江报》一文，指责黎元洪摧残舆论，被迫停刊。

8 月 9 日

汉口《民心报》发表蔡寄鸥所写《哀〈大江报〉》一文，抨击黎元洪摧残舆论，有“夫黎元洪不过一庸常人耳，英雄不出，遂令竖子成名，亦不能为之讳”等语。《民心报》因此被迫停刊。

同日，黎元洪发表通电，通缉和《大江报》案有关的何海鸣、凌大同等人，有“《大江报》出版以来，专取无政府主义，为图谋不轨之机关，擅造妖言，摇惑人心，废婚姻之制度，父子之大伦，无国家，无家族，无宗教，无男女。近乃益肆猖狂，毫无忌惮，至于除去政府，取消法律之邪说，实属大逆不道，悖谬已极”等语。

8 月上旬

福州《群报》以所刊《安溪乱事》消息，同情反对地方当局的闹事分子，被福建总督孙道仁指为“有意鼓煽，希图构成内乱”，予以查封。总编辑苏鉴亭遭到杖责，并被押送审判厅讯办。福建旅沪知名人士潘训初、陈楚南等，为此曾联名致电孙道仁，认为“上下游乱事，人民横遭杀戮，荡析离居，各属吏治不修，实尸其过，似不能归咎报馆”，要求孙“毋违约法，秉公办理”。该报创刊于本年初，日刊，言论倾向于国民党。

8 月 14 日

上海《民立报》《民权报》《民国新闻》《天铎报》《太平洋报》《民强报》《中华民报》等 7 家报纸，联名公电参议院黎元洪，对黎元洪封闭《大江报》严缉何海鸣、凌大同“就地正法”一事，提出严重抗议，指斥黎“违背国宪，蔑视人权”，要求黎立即“取消全案”。

同盟会湖北支部为《大江报》被封事，密电同盟会总部，请求声援。电文称：“同盟会机关部：内密。黎封《大江报》，拘编辑三人，令黄祯祥拿杀何海鸣。请电各省救护。鄂支部。”

上海《民立报》刊发长篇报道《〈大江报〉被封记》，报道《大江报》被封经过如下：

> “被封原因　《大江报》主任何海鸣君，见武汉军政各界之腐败，尝著论纠正，是以武汉军政各界颇为侧目。前章太炎自京至汉，见黎副总统，以参议院不通过国务员之风潮，实受约法上之影响，请黎副总统电致袁总统，主张取消约法。《大江报》当时曾著论痛斥之，题为《恶政府之现状》，遂因此被封。
>
> “被封情形　八月八日黎副总统特派参谋黄祯祥带兵二十人、刽子手四人，各执大刀，又卫兵十名，各执手枪及令箭一支，写明将何海鸣就地正法。

前往《大江报》社时，何君适不在馆，免于难。惟黄祯祥挟有宿嫌，将该报馆任意蹂躏，所有物件一律捣毁，并将该社社员唐绳武、黄继纬、卓武初等三人拘捕而去。当时派人四处搜捕何海鸣，迄未获得。

“断绝交通 《大江报》被封后，各报馆非常惊恐，纷纷以电话诘问。凡打电话至他处报告此事者，电局拒而不发。各处电话嗣亦阻断，并禁止各报不许议论此事云。”

上海《民立报》就该报驻汉记者冉剑虹被捕事致电黎元洪，要求“迅予查明省释”。

8月15日

《南强报》在杭州创刊。经理李云卿。系由原自由党机关报《自由报》脱离自由党后，改组而成。

武汉《震旦民报》主办人湖北军政府军务部长张振武，被袁世凯以“蛊惑军士，勾结土匪，破坏共和，图谋不轨”等罪名，在北京执行枪决。

上海日报公会发表公电，要求黎元洪立即释放《民立报》驻武汉记者冉剑虹，“若处重刑，与报界通信机关影响甚巨”。武汉报界同人也推举胡石庵为代表，联合武汉各机关团体与黎直接交涉，要求立即释放冉剑虹。

武汉《强国公报》改名《强国报》继续出版。丁笏堂任经理，何何山任总编辑，凤竹荪、高筹观、任素、王民仆等任编辑。本日该报刊出《本报改良宣言书》一文，重申该报宣传“强国”“强民”的宗旨。言论观点仍倾向于黎元洪、孙武及共和党。

8月18日

共和党系统的《正论报》社在四川成都成立。不久后发刊。

8月20日

《民铎报》在杭州创刊。日刊。每天出对开8版2张。言论上拥护共和。

8月25日

福州《民言报》以触怒地方当局，即日晚12时，被全闽警厅总监彭寿松派遣警备队数十名，以“诬谤长官”等罪名，予以查封。同日在福州通衢贴出彭寿松所颁查封《民言报》告示，有“权行专制手段”，“先将该报馆标封，以示惩儆”等语。全文如下：

“全闽警察总监彭示：照得报馆代表言论，本可开通民智，匡济政府所不逮。现在民国成立，政体变更，一般人民未必尽知底蕴，全赖报馆诱掖启导，凡全国统一之计划，庶政进行之方针，经济筹措之手续，亦藉报纸抱定主义，发舒议论，鼓吹实行，以期利国利民，方为不负天职。兹查《民言报》即《群报》之余孽。其编辑人多半无识之徒，毫无政法思想，致于法律范围以外，误解言论之自由，显犯刑章而不顾及，自出版以来，未闻提及国计民生之大事，动则诋毁政府，颠倒是非，指摘事实，公然侮辱官长，推其居心，无非散布流言，损害官长信用，必欲离间吾闽三千万之同胞，达其煽惑内乱，糜烂地方之目的而后快意。按此等行为，无一不构成民国刑律第三百二十一条及五百五十九条、三百六十条等罪状。似此年轻好事，并无学识之人，宗旨不正，措词乖张，名虽报馆，实与匿名揭帖无异，巧借名义，鱼目混珠，信口雌黄，殊与风俗人心大有关系。不特为政府所不容，即各报馆名誉亦为所累。现在宗社党反对政府，到处煽动，此幼稚报馆，毫无国家观念，难保非受其运动，藉以混乱是非。本总监抱革命宗旨，呼号奔走闽、粤、楚、蜀之间十有余年，当汉满构衅伊始，本总监招集同志共谋国是。

彼全体保妻子之辈，多年不敢参加，及至光复告成，人人竞争权利，要求位置，本总监以建设方始，人浮于事，总应因地择人，不能人尽有事。此辈所求不遂，捏造无稽之言，任意诬蔑，滥登报中，言之深堪愤懑。现民国虽已成立，国际潮流日急，基本未尝巩固，功罪尚不敢自知，何暇计及求全之毁。业败垂成，本总监非有司马昭之心，不可无伊尹之志。不得已，权行专制手段，期达共和目的。应即先将该报馆标封，以示惩儆。嗣后各报登载，须据事直书，不得以捕风捉影之词，任意滥登，其关于内政外交之事，尤须以最确之议论，为最良之解决，庶政府有所借鉴，逐渐进行。倘再造谣兴谤，黑白混淆，本总监定当逮捕送厅，按律究办，决不宽贷。为此仰各报馆一体知悉”。（《申报》1912 年 9 月 8 日）

至此，福建地区已有《民心》《民听》《帝民》《群报》《民哭》《民言》等 6 家报纸，相继被封。

8 月 30 日

天津《民意报》以点名指责袁世凯，言论激烈，被后者串通法国驻京公使指令法国驻津领事，以勒令迁出租界方式，禁止在当地出版。法国领事禁止该报在租界出版的通知如下：

“大法驻津总领事官甘为谕知事：照得本总领事，于西本月念九号，接奉本国驻京公署电，准北京总统府以十二、十三、十四等日天津法界《民意报》，言论激烈，应请设法饬令迁出租界等因。准此，合行电知，转饬该报遵照办理等因。奉此，除札知本界巡警官查照办理外，为此仰该《民意报》馆即将报馆家具从速一律迁出界外，勿稍延宕。切切特谕。右谕《民意报》馆”。（《申报》1912 年 9 月 8 日）

该报接到通知后，被迫暂时停止出版。

8 月 31 日

民国第一通讯社在上海创立。创办人李卓民。每日发稿一至三次，每月收费 10 元。

同月

《农林公报》《军学杂志》在北京创刊。前者为农林部所主办。

《实业杂志》在天津创刊。半月刊。天津直隶劝公所主办。

《河南白话报》在开封创刊。三日刊。祝鸿元主编。

《生活》半月刊在上海创刊。上海平民共济会主办。1913 年 6 月停刊，共出 14 期。

《飞艇》报在上海创刊。日刊。李铁公、陈宝宝、詹禹门等创办。以报道戏剧界方面的信息为主。发行数字一度达 1000 份。1917 年停刊。

《金山共和杂志》在江苏金山创刊。月刊。金山县公署主办。

《安徽公报》（三日刊）、《霹雳白话报》在安庆创刊。

《湖北教育杂志》在武昌创刊。月出 1 册。社址在武昌大板桥 41 号。湖北军政府教育司主办。张国恩、邱前模、姚仙舟等编辑。专刊有关教育方面的内容。

《湖南司法旬报》在长沙创刊。湖南省教育厅发行。

9 月 1 日

《新中国报》在北京创刊。社址在北京棉花八条胡同。日出对开 2 张，附画报 1 张。该报自称：“以国家主义之精神，世界主义之眼光，牖启国民之智识，扶植人群之道德为宗旨。”有社说、译论、命令、专电、公电、各国通电、紧要新闻、世界新闻、议院纪事、各省新闻、本京琐闻、公牍、专件、译林、时评、舆论扶危、法律问答、小说、文苑、杂俎、詹詹录、投函、人事介绍、梨园花影、市声、插画等25个栏目内容。该报标榜其特色为：一、“于中央紧要机关及各行省通商大埠，特派专员以资采访，函电络绎，消息灵通”；二、“特聘专家担任编辑，记载则朗若列眉，叙述则确有条理，务以餍阅者诸君之望”；三、“对于政府发表之政见，主商榷不主攻击，对于政治家之行为，主忠告不主谩骂，对于党派之批评，主公允不主偏激”。

上海民国第一通信社即日起开始发稿。

何天炯、吕志伊、熊樾山、邓恢宇及日本友人宫崎滔天、尾崎行昌、山田纯三郎、金子克已等联合主办的《沪上评论》在上海创刊。以中日两种文字出版。发刊词中文部分说，该刊宗旨为提倡实行中日两国“同文同种同门”；日文部分说，该刊创办目的，在于“得两国交流之赞助”，“融合疏通两国的国交”。

日文《南满日报》改名《奉天日日新闻》继续出版。

9月2日

北京各报联合举行集会，欢迎卸任大总统孙中山。孙中山在欢迎会上第一次提出他的修筑20万公里铁路的计划。

《大公日报》在杭州创刊。日出对开8版2张。创办兼主编人苏景由。

9月8日

《九澧共和报》在湖南澧县创刊。每周出2万字左右1册。第13期起改名《九澧民报》继续出版。经理丘昌荣。该报自称以“普及教育，开通民智”为宗旨。有社论、浅说、记事、时评、文苑、商情等栏目内容。该报政治上倾向于国民党。

9月14日

黄兴在北京报界欢迎会上发表演说，指出：“此次改革政体，虽由五大族行动一致，实赖报界鼓吹之力。”（《国权报》1912年9月15日）

9月16日

《新四川》报在四川成都创刊。日出对开1张。发行所在成都鼓楼北二街78号，事务所在成都北门草市街77号。

9月20日

《共和党湖北支部杂志》在武昌创刊。半月刊。共和党湖北支部主办。经理李介如，主编汪书城。事务所设在武昌黄土坡共和党湖北支部机关内。该报自称以“遵共和党纲，鼓吹共和之精神，发展国民之福利”为宗旨。

9月21日

温州《东瓯日报》以刊载当地法政学堂学生不守纪律消息，本日下午被该校学生数十人捣毁。主笔周予出面制止，被殴成重伤。

9月22日

《独立周报》在上海创刊。章士钊主编。每期50余页。有纪事、社论、专论、投函、评论之评论、别报、文艺等栏目内容。参加撰稿的，除章士钊外，还有知难、汪炳尤、李燕民等。

9月23日

席子佩（裕福）于本日签约，将《申报》出售给史量才、张謇、应季中、赵竹君、陈景韩等5人，售价12万元。议定分3期付清。

9月26日

天津《民意报》迁出法租界继续出版。

9月27日

袁政府总检察厅本日通令京师及各省各级检察厅：“凡报纸登载之事实，有触犯刑

律第一百三十三条、第二百二十一条之规定者，即行依法检举，以尽代表国家之职。”（《国风日报》1912年9月28日）

9月29日

北京京师地方检察厅向北京《中央新闻》《国风日报》《民主报》《顺天时报》《中国日报》《国维报》《民视报》《北京日报》《国光新闻》《新中华报》《燕京时报》《爱国报》《大一统报》《亚细亚报》《国民公报》等15家报纸发出传票，就以上报纸连续报道参议院秘密会议讨论对外借款条件有关消息一事，追究责任。“勒令交出访员”，按刑律第一百三十二条及第二百二十一条泄漏国家机密罪惩处。

9月30日

北京《中央新闻》等报，以北京报界同仁名义，致函京师地方检察厅，声明泄漏参议院秘密会议讨论内容的，是参加会议预闻机密的人，而不是报纸记者，报纸不任其责，并拒绝交出“访员”。原文摘录如下：

“昨因各报纸登载参议院秘密会议一案，致劳尊厅票传。查参议院之秘密会议，各报未有旁听者，是则报馆非预闻秘密之人，即不能负泄漏秘密之责任。盖必有人泄漏，然后外间喧传，报馆始能据所闻以登录，是报馆只能负登载之责任，不能负泄漏之责任也。”

“……尊厅如欲追究泄漏秘密之人，应向预闻秘密之人追问，不应向不能预闻秘密之报馆追问也。夫预闻秘密者何人乎？一曰国务院，一曰参议院也。然国务院与参议院皆最有权力之人，在尊厅或有难于办理之处，然诸君子平日皆称司法独立者也。岂可以言行相违，而不为名誉上稍留地步乎？夫尊厅之票传各报，其目的固云追究访员也，不知报馆访员，本无追问之办法，无论万国报馆通例，止有编辑、发行、印刷三种人员负责任，访员系不负责任之人，按照报馆通例，不能追问。就令尊厅止用权力，不讲文明，而对于事实上亦有不能追究之理由也。盖访员一经追究，则无人敢充访员，而报馆又不能无访员，于是止有雇用外国人充当访员之一法。五六年前，日本人在北京香厂创设中外益闻社，为采访新闻机关，至今年而该社营业日益发达。近已迁入东单牌楼附近矣。此等访员之营业，一国之人获利，则别国之人亦将效尤，而尊厅又出其追究访员之手段以为渊驱鱼为丛驱雀矣。是将我中华民国采访新闻之机关，尽驱而入诸外国人势力范围而后已也。尊厅无治外法权，又不能票传外国访员而追究之，于是流毒于我中华民国者，将无穷尽矣。他日追原祸始，尊厅诸君子岂能当此重咎耶？就令尊厅倒行逆施，不顾中华民国之利害，而我报界同人，亦宁愿牺牲一报馆，决不将访员交出，以免他日受全国人民之唾骂也。”

“……倘尊厅不以此函为然，则请由尊厅迳行起诉，敝报界同人当聘律师与诸君子在法庭上相周旋。此刻表面既称共和，或不至全无公道也。敢布区区，惟诸君子顾名誉自爱！自爱！”（《申报》1912年10月10日）

同日，参议院召开常务会议，就《国光新闻》代表田桐等，为天津《民意报》被袁政府串通法国驻京领事，迫令迁出租界，向该院请愿要求查办一事，进行讨论。决定向袁政府发出咨文，希望后者“澈查究办”。咨文略称：

“……报章为舆论代表。言论自由，载在约法，行政机关，自应依法保护，何得任意摧残。此次《民意报》事件，如果仅以“言论激烈”四字封禁报馆，已属不合，乃复藉托外人，禁止发行，强扶出界，尤属违法招侮。据临时约法十九条第十款，因咨政府澈查究办，以专重约法而保障人民权利。经公众表决，相应缮录该代表等原请愿书，咨请大总统查照，希即迅饬澈查究办。”(《申报》1912年10月25日)

同月

《新纪元星期报》在北京创刊。

日文《安东新闻》并入《安东每夕新闻》继续出版。

《中华民国实业协会鲁支部杂志》在济南创刊。

《上海市公报》在上海创刊。初为月刊，后改半月刊。每期出线装1册，用道林纸印刷。上海市政厅发行。

《新纪元》在上海创刊。章太炎撰写发刊词。分论说、时评、法令、报粹、大事记、文苑、谈丛等栏目内容。

《文艺俱乐部》半月刊。在上海创刊。

《练水湖》半月刊在江苏嘉定创刊。

《青浦国民报》在江苏青浦创刊。

《安庆通俗教育报》在安庆创刊。

《自由花》日刊在武汉创刊。社址在汉口歆生路蕙芳大旅馆内。日出4开1张。发行人闫继春。有美人魂、飞艇、韩潮苏海、新笑林、菊部阳秋等栏目内容，专刊风月文字及有关妓女的花事消息。

《经济杂志》在武昌创刊。月刊。湖北经济学会主办。

汉口《大江报》主编凌大同由上海潜归陕西省母，途经武汉时，被湖北当局逮捕，立即被下令枪杀。成为湖北地区被地方军阀杀害的第一位报人。

国民党湖南支部成立。原在长沙出版的《湖南民报》《军国日报》等两份同盟会报纸，宣告合并，改名《国民日报》继续出版。总经理罗介夫，总编辑胡谓城。是国民党在湖南地区的主要言论机关。

共和党四川支部主办的《四川日报》在成都创刊。编辑部在成都北暑袜街7号，发行所在总府街108号。该报系由原统一党出版的《公论日报》和原演进党出版的《演进报》合并组成。新创办的《四川日报》，由黄美涵主持。

国民党四川支部主办的《四川民报》在成都创刊。谭创之任总编辑，郭亮东、张赤父、李晁甫等编辑。该报于1913年被川督胡景伊查封。

秋

路透社上海分社开始向中文报纸发行译稿。有18家中文报纸订阅该社稿件。

《现世报》在杭州创刊。主持人方铁英。该报言论倾向于国民党。创刊后不久，改名《醒世报》，旋又改名《兴华报》。出版至本年年底，自动停刊。

《青年报》在武汉创刊。万宗周主持。

《民风报》在广西南宁创刊。社址在南宁城内马草街城守营。国民党广西支部主办。蒙经、卢汝翼主编。1913年停刊。

10月1日

狄平子主办的《佛学丛报》月刊在上海创刊。由狄及濮一乘担任主编。有正书局发行。出版12期后停刊。

《天职报》在杭州创刊。

《花花报》在武汉创刊。社址在汉口小董家巷《群报》分社内。贡少芹、徐新哉、何何山、李涵秋、蒋景缄等参加编撰工作。日出对开1张，用五色纸印刷。该报专载“花丛韵事”之类的内容。

《天民报》在湖南长沙创刊。其前身为本年初在当地创刊的《湘汉新闻》(后改名《天声报》)。总编辑初为成本璞，继由徐石禅接任。该报创刊前，曾在当地报纸出大幅广告，吹嘘“不为党派生竞争”，“不为个人作机关”，标榜自己为超党派的为工商界说话的报纸。附出画报一种，专刊纪事画、小说画、通俗教育画，为湖南最早的画刊。

10月10日

《民国经济杂志》在武汉创刊。湖北军政府财务司主办。王世杰、董家森任经理，蒋羲明、吕嘉荣主编。社址在武昌花堤中街27号。该报以“研究经济学理，调查经济状况，供政府改良、学者讨论之资料”为宗旨。自称有三大特色：“论著宏正”“调查确实”“装订精良”。每千字稿酬3至5元。

10月12日

上海报界公会举行集会，欢迎卸任总统孙中山。孙在会上即席发表演讲，寄希望于新闻工作者，有“今日有言责，诸君所荷之责任甚重。……革命成功，全赖报界鼓吹之力。……当革命时代，报界之鼓吹不可少；当建设时代，报界之鼓吹更不可少”（《民立报》1912年10月13日）等语。

10月14日

《河南日报》在开封创刊。

《通俗报》在福州创刊。半月刊。自称以“普及教育，开通民智”为宗旨。用白话文编写，是福建第一家白话报纸。

10月18日

《民立报》举行创刊两周年纪念会。黄兴出席致词，略称：“《民立报》于破坏、建设两时代，均极尽力，所持言论、态度，尤各如分际。破坏时则激烈，建设时则稳健。此不独吾党所公认，即一般国民对于《民立报》，皆具一种敬之爱之之心理。”（《民立报》1912年10月19日）

10月20日

史量才等于本日正式接管《申报》，并对该报经理、编辑部进行改组：陈冷任总主笔，张蕴和任副主笔，席子佩仍任经理（1913年冬解职，改由张竹平继任经理），史自任社长兼总经理。自接办之日起，迄1913年6月1日止，该报名义上仍托名为外人玛格里（R. Maigre）所有。

10月22日

内务部公布调查报告：自1912年2月12日起，迄本日止，北京报纸报部立案者，共89种，北京各党会报部立案者，共85个。

10月24日

《山西共和白话报》以发表军队滥发“恩饷”消息，被太原警厅封闭。

10月28日

四川共和党人主办的《西蜀新闻》在成都创刊。日出对开4版1张。编辑部在成都大坝巷2号，发行所在成都华兴街54号，后移总府街111号。社长印焕门，编辑文凤池、谢春帆、杨德轩，经理来玉如。发刊词中自揭其宗旨有三：一、监督政府；二、指导国民；三、融和党见。1915年左右停刊。

10月29日

《风人报》在汉口创刊。社址在汉口苗家码头北巷第107号。日出4开1张。该报有社说、时评、专电、要闻、插画、文苑、花镜、剧谈、谐语、小说等栏目内容。自称以“改良风俗，纠正人心”为宗旨。

10月30日

《湖北教育会报》在武昌创刊。月刊。湖北教育会机关报。张祝南主编。

同月

袁世凯就参议院咨请大总统彻查天津《民意报》被法国领事强令迁出租界一事，咨复该院，指责该报“措词乖谬”，“妨害公务”，否认违反约法，拒绝“澈查究办”。咨文如下：

“据国务院呈称：查天津《民意报》近数月以来，措词立论，屡犯刑律，其八月十九日、二十四日论说题目为《讨袁、黎两大民贼》，文中‘袁贼’‘袁逆’语凡数见。又八月二十三日论说，诋大总统为‘桀纣’，为‘操莽’，为‘狼子’，为‘猘犬’，甚至有‘食其肉，寝其皮’等语。大总统外则代表全国，内则代表政府，国民之所以尊重大总统，即所以尊重民国。乃该报竟斥之为贼，詈之以人世极不堪之语，在大总统固不介意，其如民国何？现在国基未固，若任报纸混淆是非，荧惑视听，内则妨碍公务，扰乱治安，外则侮辱国家，招人轻侮。近日讹言四起，政府与人民事多误会，情每隔阂，外人疑虑，啧有烦言，承认稽迟，借款留难，内忧外患，纷至沓来，未尝非该报措词乖谬，立言不当，有以致之也。又八月十九日该报论说有‘呜呼！民国！非速立大决心，人怀死志，全国奋起，与此残害民国之民贼相周旋’等语。又有八月二十日论说有：‘率天下爱共和爱自由之士，与民贼拼命！’等语。是教唆人民群起暴动，起而颠覆政府矣。其他似此之语，不一而足，而即就以上所举各节论之，已构成妨害公务罪，妨害秩序罪，政府为维持治安计，本拟即日具文照会法使，饬法领事勒令其即日迁出租界，然后绳以法律，以示惩警。而总统府洋随员曼德已先期往见法使，告以此意，法使即令法领事勒令该报迁出租界。迁出以后，政府本欲将该报罪状一一胪列，遣员向该管检察厅告发，旋念报已停刊，可免追究，告发之议乃寝。此案原委大略如是。非不知人民自由，载在约法，特自由须在法律范围以内，政府固不敢稍事蹂躏，以侵人权，亦何敢任其恣肆。报纸诚能劝善规过，指陈得失，政府必引为借鉴，敬拜嘉言，该报则横肆诋诬，干法乱纪，按诸刑律，确有罪名可坐，实不仅言论激烈而已。法领事勒令迁出，实属咎由自取，政府未向司法衙门告发，已属格外从宽，尚何摧残之有？至谓政府藉托外人禁止发行强扶出界一节，尤属非是。……闻该报馆在天津租界外继续出版，如再敢违犯法律，不顾大局，政府必依国法办理，不稍假借。来咨所称‘违法’之处，并未指明系何官吏，即无约法第十九条第十款所称事件不同，无凭澈查究办，除行直隶都督饬属严密检查，随时按律办理外，应请大总统咨复参议院查照等因，相应咨复贵院查照。”(《申报》1912 年 10 月 25 日)

女子参政同盟会主办的《女子白话旬报》在北京创刊。总理唐群英。编辑所在北京前青厂武阳馆夹道。以鼓吹妇女参政为主要内容。第 8 期起改名《女子白话报》。1913 年 5 月出至第 11 期后停刊。

《军事杂志》在北京创刊。月刊。北洋政府陆军参谋本部发行。

《中国医学白话报》在天津创刊。周刊。

《铁道》(月刊，上海铁道协会主办)、《社会教育白话宣讲书》(月刊，国民教育实进会主办)、《国学丛选》(半年刊，国学商总会主办)在上海创刊。

《铁路协会杂志》在南京创刊。月刊。

民国新闻社在杭州创立。社长陶铸。陶后赴日留学，社务由王芍庄代理。是浙江地区最早的通讯社。

《湖北教育公报》在武昌创刊。日刊。湖北行政公署主办。

武汉地区出现专门承揽订报及广告业务的营业性机构，称“联和记总派报处”。地址在汉口小董家巷内。自称“派有汉申各报”、“招待各报告白”、受理“订阅订寄各报并登各报广告”等业务。

《广东教育公报》在广州创刊。广东教育司主办。

湖南通讯社在长沙创立。主持人李景侨。

11月1日

《蒙文大同报》在北京创刊。社址在北京前门外北火扇胡同。半月刊。每期出石印32开1册。发起人为喀喇沁旗的巴达尔胡，主编特克斯加布提。该报反对蒙古独立，支持“五族共和”及“五族大同”。其内容以刊载政府法令、法规及蒙古地方新闻为主。

《国风报》在北京创刊。

《天觉报》在浙江绍兴创刊。日出对开2张。宋紫佩、马可兴等创办。创刊号上刊有鲁迅的贺画“如松之盛”，以及鲁迅从北京发来的贺电：“敬祝天觉出版自由”。1914年前后因销数锐减自动停刊。

女子参政同盟会发起创办的《女学日报》在武昌创刊。社长柳绍华。日出对开1张。

广州公民通讯社开始发稿。发行人杨公民，编辑人杨谈庵。每日发稿16份。

11月2日

黄远生在本日自北京发往上海的题为《历历伤心录》的通讯中指出：“最近新闻界有一奇事，则以中国各报宣传俄国革命，而外国报纸无一言之者。”（《远生遗著》，商务印书馆1920年版，第201页）反映了北京各报报道俄国布尔什维克所领导的以连拿事件开始的俄国1912年革命运动的一些情况。

11月9日

《图画剧报》在上海创刊。日刊。每期出8开单面印刷2张。主编郑正秋。内容分游戏画、新闻画、戏画三大类。

11月10日

中国公学同学会主办的《学艺杂志》在上海创刊。

11月13日

上海公共租界会审公廨就英商新老沙逊等11家经售鸦片的洋行，控告英文《民国西报》毁坏名誉，损害营业一案，进行公开审讯。该报总编辑马素出庭抗辩，并严正声明：“我祖籍广东……生平对于烟土买卖，极为反对。……烟土非正当之营业，报馆有言论自由之权，对于一般无道德、无公理之营业，均应发表意见，无论何国商人，出而干涉，公理何在，何惧之有！”（《申报》1912年11月13日）

11月18日

《白话晨报》在天津创刊。社址在天津南市广兴大街。社长刘仲赓，经理白幼卿。

11月19日

北京《国风日报》宣布该报将筹募股金30万元，改组为股份有限公司。据该报本年12月26日所刊特别启事，当时在该报从事编辑工作的主要有以下一些人：景定成、景耀月、孤愤子、景胜公、罗毅父、吴虎头、宋寰公、刘定僧、张超父、王筑隐、朱民史、华林等。

11月23日

杭州《天职报》因报道当地东亚大同社人员聚赌的消息，被该社成员齐海平、蒋六三等率暴徒数十名捣毁。

11月24日

济南《齐民报》被暴徒30余人捣毁，一名编辑被殴伤。

11月28日

著名新闻工作者、中国青年记者学会理事徐盈生于山东德县。

同月

《民誓》（月刊）、《中国学报》（月刊）、《西北杂志》（月刊）在北京创刊。

神州女界协济社机关报《神州女报》在上海创刊。初为旬刊，1913 年 3 月起改为月刊。张昭汉、姚景苏、汤国黎、杨季威、谈社英等参与编辑工作。该刊自称以“发挥共和真旨，代表社会言论，导启女界政治及实业思想，鼓吹国民道德及尚武精神”为宗旨。

《警务日报》在杭州创刊。日刊。

展民通讯社在广州成立。每日发稿仅 12 份。

中国同盟会广东支部主办的《民谊》月刊在广州创刊。后改为国民党广东支部的机关报。该报内容有图画、论说、译述、演述、文粹、时评、本党纪要、中国纪要等栏目内容。

前《蜀报》主笔朱山被四川都督胡景伊逮捕。罪名是“在武担山照像测绘，意欲炮轰都督府”，被捕后第二天即被斩首。是成都第一个被杀的报人。

陈禅生主办的《重庆日报》在重庆创刊。1915 年停刊。

中文《军声》杂志在日本东京创刊。参加编辑工作的有蒋介石、张群、桂永清等人。1913 年 2 月出版 4 期后停刊。

12 月 1 日

《庸言》半月刊在天津创刊。社址在天津日租界旭街 17 号。梁启超主编。每期出 10 万字 1 册。参加撰述工作的有林纾、林长民、夏曾佑、徐佛苏、梁启勋、麦孟华、汤觉顿、严复、吴贯因、黄远生等。该刊内容有建言、译述、艺林、佥载四大部，有通论、专论、杂论、讲演、名著、外论、杂谈、国闻、外记、史料、随笔、谈艺、文录、说部等 14 个栏目内容。最高发行数字达 1.5 万份。梁启超的《国性篇》《省制问题》《政策与政治机关》《中国道德之大观》《箴立法家》《治标财政策》《论国务会议》《论审计院》《政治上之对抗力》《专设宪法案起草机关议》《宪法之三大精神》等文，即在该刊发表。创刊号刊有梁启超的署名启事称：

> “一，启超所为文皆署姓名，文中词义直接全负责任。二，本报撰述诸君之文，皆经启超校阅，负附带之责任。三，对于各种问题，撰述诸君各自由发表意见，或互有异同，或与启超有异同，原不为病，故一号中或并载两反对之说，或前后可互相辩难，著者各负责任。四，启超除本报外，与一切日报、丛报皆无直接关系，故对于他报之主义言论，毫不负责任。缘国中多谣传，某报某报为启超所办，故特声明。五，启超独立发表意见，虽最敬爱之师友，其言论行事，启超一切不负连带责任。六，启超现在对于国风各团体尚无深切关系，无论何团体之言论行事，启超皆不负责任。”

《女权月报》在上海创刊。发起人文典、乐勤、滋生、冷亚等，多为社会党党员。有图画、论说、记事、小说、传记、文艺、科学问答等栏目内容。该报以争取妇女权利为主要目的。

四川陆军第一师偕行社主办的《军报》在四川泸县创刊。月刊。该师师长周骏任社长兼编纂主任。有社论、电报、学术、杂俎等栏目内容。

12 月 6 日

《慧星报》在杭州创刊。社址在杭州上华光巷。日出对开 4 至 8 版。发行人兼主编马叙伦。报头曾题为《日刊慧星》。曾增出 4 开 4 版副刊，随报附送。

12 月 7 日

《砭俗报》在齐齐哈尔创刊。日出对开 1 张。主办人舒毓才，主编金振铎。

12 月 9 日

《公民日报》在杭州创刊。社址在杭州

城内上珠宝巷。自称其宗旨为“化公就私，拥护公权，发展民意”。是公民激进党浙江支部的机关报。

12月11日

《梧江日报》在广西梧州创刊。社址在梧州城内东门横街文昌宫。日出对开4张。发行人甘陆耕，编辑人区笠翁，印刷人朱醒群。属于梧州地区同盟会—国民党系统的报纸。参加撰稿的有广西同盟会分会长刘尊权等。

12月13日

北京《亚东新闻》以所刊青年会副会长、女子参政同盟会会长沈佩贞被步统领衙门拘拿消息，内容失实，本日下午6时，被沈率众捣毁。报社招牌同时被沈取走。沈在捣毁该报时曾大骂称：“我系女界革命元勋，我系女子参政同盟会会长，何人不怕，曾打参议院，曾打国务院，曾闹总统府，曾闹国民党，谁人不知。今日到步军统领衙门及总统府去，该处护卫军士，莫不举枪立正，何尝有拿我之事，尔报所载，全系诬我，我岂干休!”（《申报》1912年12月19日）

12月15日

袁世凯政府公布《戒严法》。该法规定，戒严期间，戒严地区内的军事长官，有权“停止集会结社，或新闻杂志图画告白等之认为与时机有妨害者”。

12月18日

梁启超写信给其女梁令娴，谈《庸言报》发行情况称：“《庸言报》第一号印一万份，顷已罄，而续定者尚数千，大约明年二三月间，可望至二万份，果尔，则家计粗有足矣。（原注：若至二万份，年亦仅余五六万金耳。一万份则仅不亏本，盖开销总在五六万金内外也。）”（丁文江等编：《梁启超年谱长编》，第661页）

苏州《吴报》以揭载该地商团内部纠纷问题，被该团捣毁。

12月20日

孙中山为天津《民意报》发刊周年纪念撰写祝词，勉励该报“所主张者，仅共和之一事”；“所揭橥者，当综全国而陈词”；“毋激而过，毋党而偏，以国利民福为前提”。（《民立报》1912年12月30日）

12月中旬

《演说报》在上海创刊。

12月28日

《中华信义报》在武汉创刊。社址在汉口洞庭街。周刊。每星期三出版。初由豫鄂信义会主办，后为中华信义会接办。是一家向全国发行的教会刊物。总经理慕天恩，主编杨味根。期发行约4000份。新中国成立后改名《新教会》。出至1952年停刊，先后发行40年。

同月

统一党河南支部主办的《河声日报》在开封创刊。阎枚主编。

《钟声报》在山东烟台创刊。日出对开2张。自称日销1000份。创办人丁训初。属于同盟会—国民党系统的报纸。1937年停刊。

《珠报》在江苏省青浦县朱家角创刊。

冬

北京《新民公报》社长文实权以“君宪余孽”罪名被捕。不久释放。

《云南政报》在昆明创刊。日刊。云南省行政公署编辑发行。

同年

《旭日报》在天津创刊。社址在天津广兴大街。创办人周彩臣。

《白话报》在天津创刊。直隶国货维持会主办。宋则久主编。该报以宣传振兴实业，强国富民为宗旨。

《新春秋报》在天津创刊。创办人傅立鱼。

《觉民白话报》在河南开封创刊。日刊。刘景向主编。

《邺华日报》在河南安阳创刊。日刊。

日本人主办的日文《吉林时报》周刊在吉林创刊。

柳亚子、李叔同等创办的艺术团体文美会在上海出版《文美杂志》。李叔同任主编。专门发表会员所作书画拓片。数月后即停。

天主教会在上海主办的《汇报》易名《圣教杂志》继续出版。

英文周刊 *Cosmopolitan The Weekly*（《环宇周报》）在上海创刊。尼尔逊（Gordins Nielsen）主编。

美国人主办的英文月刊 *Far Eastern Review Monthly*（《远东时报》）从菲律宾的马尼拉迁至上海出版。先后担任主编的有端纳（W. H. Donald）和李布兰（G. Bronson Red）等。内容以有关远东的工程、金融、商业、航运、等方面的新闻和评论为主。出至 1932 年 12 月停刊。

刘舜英主办的《民国女报》（半月刊）、汤云秋主办的《中华女报》（周刊）等一批妇女报刊在上海创刊。

平民共济会本部主办的《生活杂志》（半月刊）在上海创刊。康率窘主编。

《道路杂志》在杭州创刊。月刊。

《警察杂志》在杭州创刊。月刊。

《法灯》月刊在杭州创刊。浙江法学研究会主办。

《平湖新闻》在浙江平湖创刊。属于自由党方面的报纸。

《东瓯日报》在温州创刊。创办人陈怀、孙治域。是民国成立后，温州地区出版的第一份报纸。

《自由报》在武汉创刊。日出对开 1 张。陈醒黄主持。为自由党机关报。该报言论上支持国民党。

张海若主办的《共和民报》在汉口英租界创刊。主笔石榘周（山倜）、赵璧原、吴月波等。该报言论倾向于共和党。出版几个月后因内部意见分歧，自动停刊。

《南京人报》在武汉创刊。湖北女学生李瑛、黄纬等主办。以鼓吹男女平等为主旨。该报还附出一份期刊名《女学杂志》。

湖北通讯社在武汉创立。冉剑虹主持。

《中华民报》（日刊）、《震旦日报》（张樾创办）、《平民报》《通俗报》《湖北农林会报》（湖北农林总会主办）、《工业世界》（湖北省工业总会主办）等报刊在武汉创刊。

《晨钟报》在成都创刊。王光祈主编。李劼人曾任该报记者，采写过讽刺共和党利用游园会拉选票的报道。创刊不久，即被川督胡景伊封闭。

《燃犀报》在成都创刊。属于四川警察厅直接控制下的报纸。

《成都月刊》在成都创刊。以刊载司法方面的消息为主。

《新中华报》在重庆创刊。郑雨笠主编。

《中国日报》自香港迁至广州出版。社址在广州第八甫（今光复中路）。由卢信主持，李民瞻为总编辑，潘蕙畴、陈春生等为主笔。属于同盟会—国民党系统的报纸。是当时广东地区影响最大的报纸。日销逾万份。

《民生报》在广州创刊。社址在广州打铜街（今光复南路）59 号。发行人陈德芸，主编陈仲伟。属于同盟会—国民党系统的报纸。

《觉魂日报》在广州创刊。主编兼发行人欧阳寿石。该报与国民党人及基督教会方面均有一定联系。曾刊载过讨袁檄文。

《华国报》在广州创刊。主办人马名隆，编辑张镜藜，撰述谭汝俭等。为进步党的机关报。

《大公报》在广州创刊。社址在广州第七甫。副刊名《公余录》，内容有文界、说苑、杂俎、笔记、剧本、板眼、粤讴、嬉怒笑骂等。属于公民党系统的报纸。

《天职报》在广州创刊。社长卢以芝，主编何杰之、梁焯丹，均与君主立宪派有一定渊源。为统一党的机关报。

《两江报》在广西南宁创刊。总主笔雷沛鸿，主笔马冠麒、蒙起鹏等。1913 年 4 月停刊。

《良知日报》在广西梧州创刊。经理陈远瞻，主笔廖百芳。其后的主持人有陈太龙、林绎、李济朝、黄绍侃、孙廷辅等，多为拥袁的议员。属于共和党系统的报纸。

前香港《世界公益报》主编黄世仲被广东都督陈炯明枪杀。

《澳门时报》在澳门创刊。

华侨主办的中文《天汉日报》《中华民报》在暹罗曼谷创刊。前者由蔡俊卿担任主编，不久即停。后者由刘茂新主编，鼓吹君主立宪，反对民主革命。出版至 1939 年停刊。

本年在国内出版的报纸，一度接近 500 种。到年底为止，仍坚持出版的约仅 270 种，其中，北京 41 种，天津 35 种，上海 29 种，广州 17 种。除上文已著录的各报外，知道名称的还有以下几种。现按出版地点开列如下：

北京：《商务报》《新民公报》《通报》《中华日报》《燕京时报》《北京日日新闻》《民命报》《民权报》《共和报》《国华报》《国报》《民意报》《中华民报》《太凡日报》《公论报》《中央新闻》《共和日报》《新华日报》《民牖报》《五族民报》《大民报》《大自由报》《快报》《大一统报》《工商公报》《北京时报》《新直报》《新社会日报》《黄钟报》《新华报》《世纪新闻》《救国报》《兴华日报》《先闻报》《平权报》《国民自强报》《燕声日报》《新世界报》《塞北日报》《女学日报》。

天津：《天津公论》《国风日报》《益世主日报》。

齐齐哈尔：《黑龙江实业公报》。

吉林：《吉林公报》《新吉林报》《吉长日报》。

沈阳：《醒时报》《奉天公报》《教育杂志》。

太原：《山西公报》。

济南：《大东日报》《山东日报》《新齐鲁公报》。

开封：《河声报》《民立报》。

上海：《汇学杂志》《沪大周刊》《新少年》《佛学丛刊》《佛学月报》《圣教杂志》《图画灾民录》《警务丛报》《民国报》《民信日报》《共和新报》《爱国报》。

南京：《中华报》。

扬州：《民声报》《扬州日报》。

常州：《公言报》《新兰陵报》。

无锡：《锡报》《新无锡报》。

苏州：《苏州日报》。

南昌：《晨钟报》《民报》《商务日报》《大江报》《天佣报》《新闻迅报》《豫章日报》《章贡潮》。

安庆：《民岩报》《皖报》《公论日报》。

武昌：《湖北教育厅公报》《武昌公报》。

长沙：《黄汉湘报》《湖南政报》《实业杂志》。

常德：《沅湘日报》。

福州：《民听报》《民言报》《民心报》《群报》《共和报》《福建民报》《求是报》《民兴报》《正言日报》《舆论日报》《民生日报》。

广州：《震旦报》《平民报》《广南报》《新醒报》《广州共和报》《大公报》《岭华日报》《南越报》《惟一报》《天职报》《华国报》《商权报》。

汕头：《中华新报》。

成都：《测量界》《川报》《民国公报》《蜀报》《民宪报》《成都月刊》《晨钟报》《益风报》。

重庆：《重庆新中华报》。

宜宾：《日新报》。

泸州：《新蜀日报》。

香港：《中外新报》《华字日报》《循环日报》《世界公益报》《商报》《实报》《新汉报》《香港时报》。

据邮政总局发表的统计数字，本年内全国经各地邮局发寄的报纸与印刷品总数为37163500件。

1913 年
(癸丑)

1月3日

日本驻汉口总领事芳泽谦吉，本日致函日本外务大臣桂太郎，建议在武汉地区创办为日方操纵的中文报纸，函内有“在两湖地区大力扶植、扩张我之权利，发扬我之国威，为我国朝野各界之夙愿……而扶植扩张我国利权，方策之一即为在本地创办中文机关报纸……将其置于我自由操纵之下，一方面可便于我政策之运用，他方面又可为促进我国贸易之发展。此事实行颇易，效果颇大”（刘望龄：《黑血·金鼓——辛亥前后湖北报刊史事长编》，第351、352页）等语。该函还对在当地创办中文报刊的经费作了预算。其中，中文报创办费为1.1万元，中文报经营1个月经费为2190元，中文报经营1个月收入估计为1100元。

1月8日

北京《亚细亚日报》以揭载农林部长陈振先狎妓新闻，被当事人指控。该报特请精通法律的名记者黄远生，担任此案的辩护律师。

1月14日

芜湖《皖江报》以所发评论《忠告社会党》，触怒当地社会党人，被该党党员邢荡湖、董自由等率众百数十人捣毁。

武汉《群报》《武汉民报》以揭载湖北司法司署总务科长李家谷与司长张知本贿卖法官事被控，两报经理被拘，并被勒令说明新闻来源，交出撰稿的记者。武汉报界联合会为此通电全国，谴责司法当局徇私枉法，呼吁维护记者正当权利。

1月19日

东三省中日记者大会在吉林举行。出席中日双方记者80余人。

11月29日

开封《自由报》以所刊评论多次谴责袁世凯及张镇芳，本日被地方当局查封。记者被拘，经各方呼吁后，获释。

1月30日

上海《申报》自本日起，增设天津、奉天、济南、太原、开封、西安、成都、保定、泸州、广州、福州、桂林、潮州、龙江等15个分销处，以扩大发行。

南京《中华报》以发表评论，指责民生国计会会长王润身拖欠广告刊费，被王率众捣毁。

同月

《江苏教育行政月报》在镇江创刊。

《无锡教育杂志》在无锡创刊。

《嘉禾警商钟》在浙江嘉兴创刊。

《陕西省农会杂志》在西安创刊。

《贵州实业杂志》在贵阳创刊。

《四川省会警察月报》在成都创刊。每月下旬出版1册。由省会警察厅编辑发行。总理佘司礼，编辑张奇等。

四川进步党人主办的《说报》在成都创刊。

湖南《岳阳日报》以“亏累甚巨”被迫停刊。

2月2日

《漳州日报》在福建漳州创刊。日出对开单面石印1张。向连如、陈慎、陈家瑞等主持。发刊词有“挟太平洋文明之潮，长涌入台湾海峡，激九龙江而西上，记者之愿也”等语。

2月6日

烟台《芝罘日报》以如实报道了海关道王监督在当地得月楼挟妓饮酒消息，遭到王的指控，被斥为造谣。

2月8日

《大光报》在香港创刊。尹文楷主办，先后担任主笔的有洪孝允、张亦镜、陆丹林、黄冷观等。日出对开4张。该报销数名列香港各报前茅，为基督教方面主办的时事性大型日报。

2月11日

日本人主办的日文《上海周报》在上海创刊。是日本人在我国出版的主要日文期刊之一。历任主编佐原笃介、西本省三、山田仪四郎等，均为日人当中的中国通。初为周刊，后改半月刊。专载中国政治经济时事。1933年出至899期后，改名《上海杂志》。

2月12日

国民党汕头支部机关报《大风日报》创刊。该报声明以“巩固共和，实行平民政治”为宗旨。

2月15日

《法学会杂志》在北京恢复出版。该刊自称“以研究法学，赞助立法、司法事业为宗旨”。着重发表法学会讨论的有关宪法问题的各项主张。

《星期汇报》在上海创刊。每周出版1册。

《不忍》杂志在上海创刊。月刊。康有为主撰，康门弟子陈遐宜、麦鼎华等担任编辑。有政论、教说、瀛谈、艺林、诗文等栏目内容。康有为的《大同书》《孔子改制考》《进呈日本明治变政考序》《波兰分灭记序》《康广仁传》《哀烈录》等专著和诗文，均曾在这个刊物上连载。创刊号上刊有康有为写的《不忍杂志序》，自称：“痛人心之堕落，吾不能忍也；嗟纪纲之亡绝，吾不能忍也；视政治之窳败，吾不能忍也；伤教化之陵夷，吾不能忍也；……慨国粹之丧失，吾不能忍也。”极力攻击辛亥革命，宣扬尊孔读经，鼓吹帝制复辟。同年出至第8期后停刊。1917年12月由潘其璇续编9、10两期合刊1册，旋停。先后共出9册10期。

2月16日

湖南《长沙日报》以收刊了郑师道捏造的《郑师道、唐群英结婚启事》，本日下午3时及晚8时，两次被唐群英率众捣毁。第一次，“打碎玻璃窗、茶碗、椅子等件”；第二次，“将门窗招牌取去，直入排字房，将已排成之版，及一切架上铅字、铅料、铅件、盆灯、玻璃窗等，尽行捣毁”。该报被迫自即日起，暂时停刊。唐群英捣毁该报后，发表通电如下：

> “《长沙日报》阳历二月十六日广告栏内登载唐群英要郑师道同婚一则，此事实系一面捏诬。查郑师道为浙江极无赖之人，昨称调查盐务来湘，屡来群英处求见未遂。遂捏造同婚，往该馆登载，为污蔑计。未付印时，适张汉英先生往该馆，闻知斥其谬妄，乃该报不问事实，竟行登载，此其受贿营私，损失名誉，毫无道德，不顾公理，不畏法律，已达极点。《长沙日报》本系公资开办，如此荒谬，实于社会人心有大障碍。除由群英将该馆诘责外，一面呈请湘都督将郑拿办，并将该报取消，另行

组织，以为不法者戒。诚恐各界误听，特此通告。唐群英谨叩”（《申报》1913 年 2 月 26 日）

女子参政同盟会湘支部也于同日发出通电，称唐“学问道德久为女界矜式”，对《长沙日报》“污蔑唐君名誉，摧残女界”，表示不满。唐群英（1871—1937）名恭懿，号希陶，湖南衡山人，1904 年赴日留学，1905 年加入同盟会，曾为《洞庭波》等刊物撰稿。辛亥革命后在湖南从事革命活动，担任过女子参政同盟会的负责人，湖南女子参政联合大会的主席，《女权日报》的发行人。

2 月 18 日

唐群英捣毁《长沙日报》事件发生后，双方互控于长沙地方检察厅。本日，该厅举行预审，唐群英未到庭。唐所主办的《女权日报》连日对《长沙日报》发起攻击，《长沙日报》则用出版号外的方式为该报申辩。

2 月 19 日

上海商埠巡警厅长穆湘瑶，训令所属将第 30、第 31、第 35、第 36 等 4 期《警务丛报》各 1900 本，全部“如数收回，无使有一本留遗在外”，并对该报刊出侮辱回民风俗文字一节，向全国回民赔罪道歉。

2 月 25 日

长沙地方检察厅就唐群英与《长沙日报》互控一案，本日下午举行第二次预审。唐群英由丁宝龙代表出庭，《长沙日报》由文斐代表出庭，庭方在听取双方陈述和声辩后，宣布如下：

“广告系营业性质，报馆不负责任，即令视同新闻、时评，亦只可要求更正，不应捣毁。至于损失一节，巡警厅有正式公文在此，在法律应为有效。此事据本厅决定，认为诉讼成立。至唐、郑有无婚姻关系，及二月与十二月之改稿，均不在此案范围以内。至‘奸夫淫妇’之语，文斐当日并无此言，可请公报更正。将来审判厅开庭审讯，唐群英、张汉英为案中要人，须亲行到案，否则当照法律处置。”（《申报》1913 年 3 月 7 日）

该案后经调解，不再涉讼。《长沙日报》损失，由湘督谭延闿拨公款 2000 元以为补偿了结。

《川边通信社》杂志在当时属于四川的打箭炉地区创刊。该刊自揭其宗旨为“俾海内人民知藏中事迹，则蚕食鲸吞之辈，或可稍戢其雄心”。

2 月 28 日

北京《中国日报》以所发稿件有攻击冯国璋的文字，被法庭传讯。

同月

《临时纪闻》在河南开封创刊。日刊。陈伯昂主编。

《实业日报》在开封创刊。日刊。当地商会主办。刘海楼主编。

《孔教会杂志》在上海创刊。月刊。孔教会主办。该刊自称以“昌明孔教，救济社会”为宗旨，极力鼓吹以孔教为国教。出版 12 期后停刊。

《女权日报》在长沙创刊。留日学生唐群英、丁云龙、丁佩兰等主办。是湖南地区第一份支持女权运动的报纸。出版仅数月，即因经济困难停刊。

《教育部月刊》在北京创刊。

《博物杂志》月刊在武昌创刊。

《求是报》在福州创刊。社址在福州桥仔头龙潭书院。日出对开 2 张。先后任社长的有王文耀、李承绶、陈君珪等。

《实报》月刊在沈阳创刊。

3 月 1 日

北京《中国日报》更名《大中华民国日报》继续出版。日出对开 2 张。社址在北京前门外樱桃斜街大安澜营12号。陆鸿逵主编。该报言论倾向于国民党。

广东警察厅致函广州《新醒报》，就先一天该报《车大炮》栏所刊《外交家传谐文》一文讽刺该厅缉私工作一节，提出警告，有“嗣后本厅事宜，果有办理不善，尽可正言庄论，俾可纠正。如再造此谐文，藉图嬉笑。则本厅宁居野蛮之名，断不容贵报如此侮弄”（《民立报》1913年3月10日）等语。

3月3日

《民声报》在上海创刊。

3月5日

湖南《岳阳日报》恢复出版。

3月6日

西安《国民新闻》报以连续在报上刊出“指斥军人”消息，本日下午2时，被当地驻军第二十一团团长王英率众捣毁。该报为此发布《告全国同胞书》，有“此心不死，此舌犹存，仍将以一枝毛锥，敌彼十万横磨，再振霹雳，重张旗鼓，决不因横逆之来，遂稍挫昔日之锐气也”（《民立报》1913年3月10日）等语。

3月7日

广州《新醒报》以转载香港《华字日报》所刊指责广州警厅的消息，被该厅查封。

3月9日

近期长驻中国进行采访活动的外报记者名单，经《申报》资料室调查后，于本日公布如下：

《纽约新报》	阿尔
《芝加哥时报》	安徒生
《美国联合报》	柯克
《伦敦泰晤士报》	佛来斯
《伦敦五月报》	卜斯
《伦敦电讯报》	薛姆逊
《柏林日报》	萨次曼
《德文新报》	柯理尔
《每日新闻》	丰岛
《朝日新闻》	神田正雄
《新支那报》	安藤

3月上旬

中国红十字会编辑部主办的《人道指南》杂志在上海创刊。半月刊。

3月13日

广州《新醒报》以发表《陈景华外交之一斑》（刊3月12日该报）一文，讽刺广东警察厅长陈景华在对外交涉过程中，不敢得罪洋人，被该厅勒令停版。

3月14日

广东报界公会致函广东警察厅，对广州《新醒报》被该厅勒令停版一事，表示抗议，并提出质问如下：

> “公启者：昨《新醒报》因贵厅长勒令停版，禁止发行，当将贵厅之处分令原文抄送敝公会。敝公会即集同人再三研究，窃有所疑，用敢质问。第一款，谓该报倒乱事实。‘倒乱’二字作何解释？倒乱事实是否即应停版？第二款，谓该报淆惑观听。贵厅长原文于致英领事函，确已承认为有，其所争辩者为侦探、为稽查字样耳。……而贵厅长即指为淆惑观听，是否疑词即属淆惑观听，又是否淆惑观听即应停版？第三款，谓该报有意诋毁，而所持理由以十二日‘车大炮’栏痛诋一般之侦探，及十三日‘车大炮’栏声东击西之谬论为根据。是否一般侦探悉神圣不可侵犯？而所谓声东击西者，于文义上为无所指定之词，是否无所指定之词，可确定为有意诋毁？又是否即应停版？他如谓该报‘扰乱行政’，此四字作何解释？界

线若何？以上各款均可疑之点，而且共和政体，言论自由，出版自由，民国成立后，未将报律颁布，最近中央农林总长起诉《亚细亚报》一案，认前清报律为有效，贵厅长禁止该报发行，究竟适用何种法律？如仍照中央认前清报律为有效，贵厅长所依据者为前清报律之第几条？统希逐款明白，从速答复，以便登报，俾释群疑。”（《申报》1913 年 3 月 28 日）

3 月 16 日

北京部分报纸的联合组织北京报界同志会宣告成立。参加的有非国民党系统的《民视报》《北京时报》《京津时报》《国维报》《新中国报》《北京日报》《燕京时报》《黄钟日报》《国民公报》《大自由报》《国华报》《天声报》《国权报》《国报》《神州报》《庸言》等十几家报纸。会址设在前门外余家胡同东北园。除募捐一部分开办费外，日常经费由各报平均负担。各报编辑、撰述、访员、翻译等工作人员，均可报名入会。在本日召开的成立大会上，通过了《北京报界同志会规约》15 条，宣布“以联络感情，交换知识而谋言论之健全为宗旨”，“凡内政外交有重要问题发生时，本会应开会商酌言论方针，以期共济时艰”，并规定：“本会各报馆得有重要消息时，应互相通知，以便公开宣布，其余普通消息，由本会派员逐日探访，抄印分寄。”（《国民公报》1913 年 3 月 17 日）

3 月 20 日

前《二十世纪之支那》《民报》《民立报》主要编辑撰稿人，同盟会检事长、国民党代理理事长宋教仁，被袁世凯派人暗杀于上海，卒年 31 岁。宋字遁初，号渔父，湖南桃源人。

北洋政府陆军部致函内务部，传达袁世凯的指示：“对于外交、军事秘密事件，一律不准登载”，并宣布自 3 月 21 日起，将由陆军部派人对各报所刊新闻，实行预检，“有擅载者，科以军法”。内务部于接到此函后，即训令京师警察厅将以上决定转知各报。陆军部原函如下：

“近日京外报纸，多方刺探外交军事秘密事件，漏泄登载，实于国家政务大有妨碍。昨由府秘书厅奉谕，函请贵部饬知各报馆，对于外交军事秘密事件，一概不许登载，违者按律严惩在案。惟秘密军情，一经漏泄，即碍进行，虽严惩报馆于事后，实已无从补救，诚不如先事预防，免生枝节。应请贵部转知各报馆，嗣后凡登载军事，均应先行具稿到本部检阅签字后，方准登载。否则一概认为禁止事件，不准滥登。盖军事消息，本部闻之最详，知之最确，其于可否宣布各情，尤有斟酌之责，固不尽以事之虚实为衡。譬如库伦事件，各报日言征伐，日言调兵，适足启敌国警备之资。又各报捏称专电，妄言某处兵变，使民心惶惑不定，妄毁军人名誉，实不啻激之使变。科以军法，无可稍宽，徵之报律，亦难藉护。本部若骤与为难，似乎不教而诛，逼人太甚。然究不能听其谬谬悠悠，以无稽之词，祸天下后世。今与诸报约，自二年三月二十一日起，由总务厅派员于每日午后一点至三点，接待各新闻记者，实行检阅签字办法。倘有故违，本部立即饬员究办，自有相当之对待。本部实心任事，一秉大公，但求于国家前途有益，决不畏摧残舆论之谩言，亦决不以党见纷争为顾忌。报界诸君子既负代表舆论之责，必多明通谙达之材，委曲苦衷，当蒙深谅也。除电致各省都督转饬各路高级军事官署一体遵办外，请先行饬知本京各报馆，并转饬各省民政长查

照办理。……”（《申报》1913 年 3 月 28 日）

同日，北京报界同志会召开第二次大会，决定吸收《天声报》《国权报》两报为集体会员，并决定：一、定期召开东西洋记者茶话会，以“互通声气”；二、宴请各界重要人物，“以通消息”；三、每逢星期六下午开常会一次。会上还商定，会内暂设常驻编辑一人，访员二人，负责有关探访事宜。

3 月 21 日

京师警察厅正式向各报转发陆军部致内务部函。宣布自即日起，“由部（陆军部）派员实行新闻检阅签字办法。倘有故违，立即派员究办”。

同日，北京报界同志会举行集会，讨论京师警察厅转发的上述公函，认为：一、“军事外交秘密，惟当事者有保守秘密之义务……报馆无此责任”；二、“军法所施，仅限于军人，万无可以施之报馆之理”，并决定致函袁世凯，“恳其取消该部之违法命令”。（《国民公报》1913 年 3 月 22 日）

3 月 31 日

江西参议员李国珍等就北京《民主报》所刊李等受贿万余元代汪瑞恺运动民政长消息一事，呈北京地方检察厅，指为损害名誉，要求追究法律责任。北京地方检察厅作了调查，认为李等所控各节属实，于本日票传《民主报》编辑人到案，进行审讯。该报编辑人复函该厅拒绝到庭，有“有闻必录，报馆天职。纵有失实，当函请更正。李国珍并未致函本社，遽向贵厅呈诉，本社不能承认”等语。

同月

《民强报》《大陆周报》在北京创刊。

《长芦盐务公报》在天津创刊。半月刊。长芦盐运公署主办。

《时事豫报》在开封创刊。日刊。张凤九主编。

《开封公理报》在开封创刊。日刊。崔寅彤主编。

《大河通报》在开封创刊。日刊。

《平论报》（月刊）、《万国女子参政会月刊》在上海创刊。

《交通丛报》月刊在长沙创刊。

北京《亚细亚日报》《国民公报》《大自由报》，上海《大共和日报》等报，相继刊出王昌国与谭人凤结婚消息。当事人王昌国为此发布传单，指责以上报纸造谣，要求立即更正，有“……读其语，则半讽半讥，究其心，则如鬼如蜮，萋斐成锦，白圭遭玷，舆论价值，于斯扫地矣”等语。谭号石屏，湖南新化人，同盟会中部总会负责人之一。当时在湖南从事反袁活动。王昌国，湖南人，女权运动的积极参加者。

《文史杂志》月刊在武汉创刊。文史社主办。

《大风旬刊》在湖北黄梅县创刊。经理胡撷云。

年初

自由党在武汉地区出版的机关报《自由日报》在汉口创刊。陈醒黄任社长。该报经济上曾得到过国民党汉口交通部的津贴。

春

袁世凯为笼络武汉报界，向汉口《大汉报》经理胡石庵颁发四等嘉禾章。胡立予拒绝，并复电称：

> “……自共和告成以来，石庵即闭门谢客，不与政界党派一通往来，乃昨日忽接命令，以四等嘉禾章见锡，捧读之下，惭悚万状，无论石庵初心，原不在赏，即曰有志求荣，当此内忧外患纷至沓来，天下滔滔，人心摇摇，石庵一

身，尚不知埋骨何所，区区爵赏，又何乐者。况迩日以来，我公所加赏之人，石庵已熟察之矣，马贼也，流寇也，奸商也，贪吏也，反对共和之巨奸，痛杀民军之凶徒，焚烧汉口之元凶，皆巍巍然受民国之重赏，得有功之荣名，石庵自惭形秽，实不愿偕此辈受非分之赏，况民国新立，百凡待治，勋赏云云，不过牢笼英雄之具，如石庵书生本色，何须此者，伏乞大总统收回成命，取消石庵之四等勋章，为民国略重神器，为石庵少留面目，不胜惶恐待命之至。”（刘望龄：《黑血·金鼓——辛亥前后湖北报刊史事长编》，第362页）

湖南通讯社在长沙创立。社址在长沙犁头。创办人李抱一、张平子。用油印方式发稿，大部分投寄外省各报，每月定稿费10元，订户约数十家。

《沅湘日报》在湖南常德创刊。创办人熊希龄、夏国瑞、张伯良。日出对开2张。（在此以前，曾有另一份同名的报纸在当地出版。）

4月1日

北洋法政专门学校和北洋法政学会联合主办的《言治》杂志在天津创刊。月刊。李大钊任编辑部长。在担任主编期间，李大钊一共为该刊撰写了27篇诗文。其中，发表在《言治》第1年第3期上的《隐忧篇》，作于1912年6月，是现已搜集到的李大钊的最早的一篇文稿。

《之江日报》在杭州创刊。社址在杭州青年路青年里。日出对开2张，另画报1张。发行人张树屏，主笔徐文蔚，经理李开福。有社说、译论、命令、省令、专电、各国通电、中央新闻、各省新闻、本省要闻、本省琐闻、公牍、专件、时评、小说、文苑、杂俎、译林、投函、市声、人事介绍等栏目内容。日销约1700份。

4月2日

张珍等人向北洋政府内务部申请创办北京通信社。

4月6日

《文艺周报》在四川成都创刊。社址在成都羊市街11号。有文苑、诗坛、诗余、诗话、小说、戏曲、游艺等栏目内容。出6期后停刊。

4月8日

赵秉钧、陆建章出资，黎宗岳主办的《国报》在北京正式发刊。主笔宋通儒。该报矛头主要指向国民党，尤集矢于黄兴、李烈钧、柏文蔚等人。

《教育剧报》在四川成都创刊。社址在成都骆公祠街4号。该报以“改良社会，补助教育”为宗旨。有社论、教育政令、新闻、杂俎、文苑、剧评、小说等栏目内容。

4月9日

上海《中华民报》发表题为《强盗政府》的社论，指责袁政府“无殊于强盗”，有“袁世凯乎，实全国人民之公敌也，手不操戈矛之大盗也。共和政治之能在于中国否，当视此大盗之能驱逐否”等语。

4月11日

袁世凯一方面指使其御用报纸《国报》刊载诬陷黄兴、柏文蔚、李烈钧等人的消息，一方面故作震惊，佯指该报“情词荒诞，任意造谣，摇惑众听”，于本日命令北洋政府内务部“饬查根究，以正人心”。

4月15日

《说报》在上海创刊。月刊。属共和党系统的报纸。

《浙江民报》在杭州创刊。发行人李开福，主笔许蓍孙。社址在杭州保佑坊大街。

国民党驻日各支部联合主办的机关刊物《国民杂志》月刊在日本东京创刊。发行人居正，社长夏之时，副社长吴作模，总编胡汉民。该刊自称以“赞扬党纲，阐明平民政治原理”，急图“民智、民德、民力”之进步为宗旨。在国内京、津、沪、宁等地设有代派处。同年7月15日停刊，共出4期。

4月16日

汕头国民党机关报《大风日报》发表题为《万恶政府》的时评，历数袁政府结党营私，丧权辱国，排除异己，杀戮党人等种种罪恶，开始公开进行反袁宣传。

4月17日

上海《中华民报》发表题为《讨逆》的社论，列举袁世凯的十大逆迹，呼吁全国人民“诛奸讨逆”，“勿任彼逆贼断送共和”。

4月19日

天津市民李晴海以当地《大同报》“揭发隐私，污蔑名誉”，提出抗议后又迟不更正，一时气愤，于本日持刀将该报经理王鉴华砍伤，并吞食红矾自尽。天津地方检察厅为此发表通告称：

> “虽李晴海自杀之原因，因由《大同报》污蔑名誉而发生，非该报经理王鉴华威逼所致，核诸新律，并无专条。第事由该报登载阴私而起，该报业已违反报律第十一条禁止事项，既经被害人通告起诉，该经理王鉴华自应担负报律二十四条之责任，业经敝厅讯明，将人犯卷宗发交天津第一初级检察厅按照报律起诉，从重拟办。”（《申报》1913年5月7日）

4月21日

湖北黄梅县《大风旬报》以拒绝反黎宣传，被自称“退伍军官”的聂振东等人捣毁，总理胡撷云被殴。

4月26日

是日起，上海反袁各报开始陆续公布宋案有关证据44件，在社会上引起强烈反响。

4月27日

国民党黑龙江支部黑河分部主办的《边声报》在黑龙江黑河创刊。周刊。周天麟主编。该报以“监督政府，代表舆论，巩固共和，筹卫边徼，开通民智，发展民生”为宗旨。

4月29日

北京亲国民党的《国风日报》《国光新闻》《新中国报》等报，就宋案发表评论，猛烈抨击袁政府，使用了“万恶政府”“政府杀人”“政府罪状”“民贼独夫”等激烈词句。

4月30日

上海租界工部局以“近来报纸每有非分之记载、图画，攸关国家政事，煽惑攻击公家，过分诽谤责备……似将扰乱治安”为词，发布公告，“禁止报纸言论过激”。

同月

与1910年3月停刊的《宪法新闻》同名的另一份《宪法新闻》在北京创刊。周刊。同年出至24期后停刊。

《山东教育报》在济南创刊。月刊。

《万国女子参政会旬报》《谈盐丛报》在上海创刊。

《教育周报》在杭州创刊。浙江教育会主办。

《人道日报》《实业丛报》在杭州创刊。前者由人道会主办，它自称以“扫除人道障碍，鼓励人道进行，化除种族区域界限，倡导国家社会政治”为宗旨。

《通俗教育杂志》在福州创刊。半月刊。福建教育司第三科主办。

5月1日

袁世凯以北京《国风日报》《国光新闻》《新中国报》等报所载评论宋案文章言论激

烈，本日命令北洋政府内务部，对上述各报“严重取缔”。内务部为此发表训令如下：

“据五月一日总统令：凡罪案未经审判以前，照律不得登载新闻。乃有《国风报》《国光新闻》《中国报》等，任意诬蔑，有‘万恶政府’‘政府罪人’等语，应据报律十一、十三条，刑律二百二十一及三百二十九及三百六十条，先行告诫云云。”（《申报》1913年5月7日）

《中华实业丛报》在上海创刊。吴稚晖、王幼安编辑。该报以鼓吹实业救国为中心内容。创刊号所刊《本报宣言》称“凡强国所以致此者，其原千条万端，而悉归于实业”，“实业者，得之则利重于泰山，失之则祸在眉睫，此本丛报编纂之由也”。

《惧报》在上海创刊。

5月3日

北洋政府交通总长朱启钤奉袁世凯令，转饬北京电报局检查京外各报馆新闻电稿。上海《民立报》连日所发四电，均被截扣。

天津《新春秋报》经理人以该报指斥袁为“杀人卖国贼”，被天津警察厅串通地方检察厅，票传到厅审讯。卖报者数人同日被拘。

5月4日

《大同周报》在上海创刊。吕凤痴主编，大同学社出版。

5月6日

京师警察厅总监王治馨具呈北洋政府内务部，要求对北京各报所发号外传单，实行预检。未经检查的号外传单，一律没收。呈文摘录如下：

“……查《国风报》等对于宋案，妄加揣测，奉令告诫，业经录令函知各该报馆遵照在案。此次秘书厅原函，不仅止宋案而言，自应按照现行报律，认真检查。遇有违犯情事，即行按律办理。惟现在各报馆于报纸之外，时发号外传单，累牍连篇，肆意诋毁。如前日《民立报》附送断送民国大借款政策，即以传单刊发，《中国报》乃转相登载。查报律对于号外传单并无规定，似应设法取缔，以维言论，而保公安。拟由厅函知各报馆，嗣后关于营业之传单暨议院纪事录外，无论何项号外，或传单，均应送厅检查。其事机紧迫不及送厅检查者，则就近送该管警察署检查。检查许可后，立时加盖检字戳记发还，方可刊布。倘不送检查，遽而发布者，其号外传单一律没收。并将发行人依律办理。所有遵令严切取缔妄论各报馆办法，理合呈复鉴核。是否有当，仍候指令施行。谨呈。

内务总长

京师警察厅总监　王治馨

中华民国二年五月六日（印）”

（《国民公报》1913年5月10日）

同日，广州共和党支部机关报《华国报》以发表李烈钧整军备战消息，被当地警厅勒令停刊两周。停刊期间，该报工作人员另创《国华报》一种，顶替出版，直至该报复刊。在此以前，该报还刊载过《李烈钧之抵抗中央》《黄兴造反》等透露各地反袁军事活动进行情况的消息，为掌握当地军政大权的国民党当局所不满。广东警察厅勒令该报停版两周的处分令如下：

“令《华国报》发行兼编辑谭荔垣：本日阅该报‘本国要闻’栏内登载李烈钧惊人举动一则，旁注‘此亦谣言之类欤’等语。该报既知系属谣言，岂可以谣传谣，复登报端，骇人耳目。本省迭奉中央命令禁止造谣，该报何明知而故蹈之也。且此等言论，不但足以扰乱治安，更于南北感情大有损害，应令该报

由本月七日起，停版两星期，以示惩罚，此令。”（《申报》1913 年 5 月 16 日）

《国华报》同日就被勒令停刊两周事，在广州市内散发传单，进行抗辩。全文如下：

“本报自出版以来，主张国家统一，言论稳健，蒙阅报诸君子不弃。乃五月六号接广东警察厅处分令，本报忖思报纸登载，有闻必录，本无成见，如近日报章或对于袁总统附会罪案，斥为袁贼，此种谣言，固违抗中央之命令，反逆社会之心理，亦不至受扰乱治安，损害南北感情之处分。而本报仅登载李烈钧一事，独不免于停版，按之法律，揆之情理，均所未喻。惟既奉此种命令，亦不妨稍息辛劳，特于本月七日起，停版两星期，定于本月二十一日接续出版，决不愆期。”（《申报》1913 年 5 月 16 日）

谭荔垣（汝俭）《四十七年来广东报业史概略》一文记《华国报》被警厅勒令停刊事云：

“……唐天如、马季峰等主办《华国报》，张镜蓁与俭任编辑撰述之役，冯智慧、陈柱亭等佐之，于时政多所纠绳，颇采主文谲谏之义，而以婉词出之，当局者憾焉，旋以纪载不慎，被警厅停版两星期，社员于是日即成立《国华报》，以承其乏，为当道所不及料……”。（载 1935 年华字日报社出版的《华字日报七十一周年纪念刊》）

5 月 8 日

北京《民主报》以刊载张勋所部开至徐属消息，被指为报道失实，遭到宪兵马队滋扰。

济南《齐鲁民报》以所刊评论《为宋案敬告北方军界同胞》，极力攻击袁世凯政府，并有“政府而叛国民，军人不应听政府之命令”等语，遭到罚款 100 元及停刊一星期的处分。旋被查封。

5 月 10 日

《日日新闻》在北京创刊。日出对开 2 张。该报标榜“超然独立，不受政党支配，不为威挠力屈，宗旨正大，议论宏辟，材料丰富，消息灵通”。

《新中华报》在南京创刊。日出对开 2 张，发行约 3000 份。主持人于振寰。

《教育研究》月刊在上海创刊。江苏省教育会主办。黄炎培主编。出版 28 期后停刊。

5 月 11 日

天津《新春秋报》以“妨害治安”被封。

5 月 12 日

北京《国风日报》以刊载《忠告政府与军警同胞》（副题为“对于民国为忠良，对于某氏为叛逆”）一文，触怒当局，本日下午 6 时，被京师警察厅派出军警百余人强行包围，并以“登载叛逆之论说”，“煽动军警，妨害治安”等罪名，将该报协理裴梓青、编辑郭究竟及经理部门工作人员 2 人逮捕，交检察厅审讯。

北京地方检察厅发出传票，对《国风日报》记者吴虎头、张秋白、胡思平、王赓雅等实行传讯。

5 月 13 日

北京《国风日报》特出白版 4 页，对当局的迫害表示抗议。全报消息、评论等栏目内容不著一字，仅于头版显著位置以头号大字刊登该报启事一则，略称：“本报昨因军警干涉，自昼达暮，声势汹汹。拘去协理及编辑人，扰攘竟日，不获事事。空白之页，阅者谅之。”

国会议员王有兰为《国风日报》遭到迫害事，根据临时约法第十九条第九款，向袁政府提出质问。要求就“《国风日报》被捕人员系犯何种罪名，警察厅发令拘捕，根据何项法律”等问题，于3日内作出明确答复。

《佛教月刊》（即日为释迦牟尼诞生2940年纪念日）在上海创刊。社址在上海平凉路清凉大院内。中国佛教会主办。释太虚、智府等主编。

5月14日

山东都督周自齐以济南《齐鲁民报》本月8日所刊社论《为宋案敬告北方军界同胞》，有“政府而叛国民，军人不应听政府之命令”等语，指为“有意煽惑”，唆使地方检察厅提起公诉，于本日判罚500元，停版7日。该报恢复出版后不久，又遭当地靳师长的干涉，被后者强行查封。

5月15日

《新浦东周报》在上海创刊。沈心斋主编。日销约4000份。

《中西晚报》在汉口创刊。社址在汉口英租界张美芝巷1号维新印书馆内。每晚出版。王华轩主办，留日学生杨幻庵主编，协助杨担任编辑工作的有喻血轮、喻耕屑等。该报标榜“公正稳健”。“二次革命”前后以所刊军事电讯十分详尽蜚声于时。“日售万数千张，营业殊不恶。”

《寰一报》在四川成都创刊。属于国民党四川支部的报纸。钟鹤初、黄廷锐编辑。吴虞曾为该报撰写社评。

5月16日

上海《申报》就北京《国风报》主笔被拘、广州《华国报》被勒令停版两周事发表评论《北京国风报与广东国华报》（注：此处《国华报》应为“《华国报》”之误），指责南北政府“各有所偏”。摘录如下：

> “北京《国风报》传拘主笔，广东《国华报》（注：此处《国华报》应为“《华国报》”之误）勒停出版，拘主笔，以其倡反抗中央之说也。勒停版，以其载李督惊人之事也。是亦南北遥遥相对之一证。斥北以助南，则北干涉之。斥南以助北，则南干涉之。今日之舆论界亦苦矣哉。
>
> “然《国华报》（注：此处《国华报》应为“《华国报》”之误）载李督之举动，固注明‘谣言’者也。注明谣言，人自不视为实事，即有不符，似若可恕。乃粤警厅反以其注明谣言而干涉之，以为明知其谣言而载之，是为以谣传谣。粤警长之思想，亦太敏妙矣。所恶夫谣言者，以其托于实事也。托于实事，则人将疑为真有其事，而恐慌以起。若先声明我之言为谣言，则人亦一笑置之耳，乌足以惑人者哉？抑天下岂有欲惑人而先自声明谣言者哉？如粤警长言，倘该报不注明此亦谣言之一语，则反可免于停版之处分乎？该报恐其事之不实，而注此谣言一语，不谓即以此一语而得处分，真可谓小心之过矣。
>
> “该报布告谓近日报章对于政府附会罪案，大声呼斥，亦不至受损害南北感情之处分。而本报仅载李烈钧一事，反不免于停版云云，则犹之北方报纸，日日登载伟人造反事，警厅视若无睹，而《国风报》著一敬告政府及军警同胞论而传主笔也。故曰：南北各有所偏。”

5月19日

北京《国风日报》再出白版2页，并在头版头条位置刊出《本报暂行停刊痛启》，宣告自即日起被迫停刊。

5月20日

国民党上海交通部主办的机关刊物《国民》月刊在上海创刊。孙中山亲自为该报题写报头，并和黄兴合作为该刊撰写了《出世词》，号召全体国民党员“以进步思想，乐观精神，准公理，据党纲，以达巩固中华民国，图谋民生幸福之目的”。该刊设有言论、专载、记事、丛录等四栏。出 2 期即停。

北京《大中华民国日报》社长陆鸿逵离京，该报业务改由周震麟负责经理。

国民党河南支部主办的《民立报》在河南开封创刊。日出对开 2 张。陈伯昂任总编辑，马静生任总经理。该报自称以“启发民智，采访民隐，发扬民主，坚定民心”为宗旨。有命令、本社专电、省议会记事、评论、海外新闻、紧要新闻、本城新闻、译文、广告等栏目内容。创刊不久，即对袁世凯的篡权活动进行揭露和抨击。

5 月 23 日

黎元洪串通驻汉口法领事，对在汉口法租界出版的《民国日报》的言论横加干涉。本月 26 日该报遣社员 2 人往晤法领事，要求租界当局停止干涉，遭到拒绝。

5 月 24 日

杭州《浙报》以本日《本省新闻》栏所刊《咄咄戒严期内之征兵》消息，透露了浙省当局秘密防范“二次革命”的有关情况，被省会当局指为“捏造谣言”“煽惑军心”“有意扰乱治安”，强令自次日起停刊三星期。

《汉口民国日报》派出记者往见法国驻汉口领事，抗议租界当局限令该报不得妄用“袁贼”“赵犯”等字样。

《宪演报》在四川成都创刊。日刊（每月逢 2 日、16 日各休刊一天）。社长栗雨、汪泽，经理圣达余，编辑周荟山等。属于共和党系统的报纸。

长沙《湖南公报》以发表攻击“二次革命”消息，被国民党方面人士投掷炸弹，以示警告。

5 月 25 日

浙江报界公会本日下午在杭州举行临时大会，研究《浙报》被迫停刊问题，要求当局缩短该报停刊期限。

5 月 26 日

天津警察厅厅长杨以德以天津《民意报》主持人赵铁桥为反袁组织血光党的负责人，特派军警前往围捕，适赵不在，乃将报社全部捣毁，该报被迫停刊。

5 月 30 日

北京京畿警察厅执法处即晨派出军警百余人搜查北京《国光新闻》社，该报被迫停刊 3 日。

5 月 31 日

北京京师警察厅以“贮有关于煽惑军界之印刷物品”为由，派出军警对北京通讯社进行搜查。该社文件、新闻电报稿件及所有存款，以及时表、戒指、零星贵重物件，全被抄走。

5 月下旬

广东警察厅就广州《南越报》《华国报》《人权报》《民治报》等报对有关南北问题报道失实事，发布命令，取缔“造谣煽惑之新闻电报论说”。原文如下：

> “广东警察厅令报界公会云：现奉都督来函，近日各报对于南北事情，类多造谣生事，而尤以特电为尤甚。如本日《南越报》‘电报’栏载陕西、山西、直隶、奉天、山东、河南、甘肃各都督等通电，力诋黄兴及赣粤两督不爱国家，甘为戎首，本府并未接此通电，定系该报造谣。又昨日‘今日粤事’栏载孙中山之北行有待征集对外之意见，及胡都督责备两院议员三则，均无其事。又《南越报》、《国华报》（注：此处《国华报》应为“《华国报》”之误）‘本日特电’载，粤东护军使陈炯明电陈弭乱之策，及分任某为特任镇抚使办法，当以电话询陈军长，亦云未有其事。又《国华报》（注：此处《国华报》应为“《华国报》”之误）昨日‘本省要闻’载梁士诒面面俱到之电文。又粤省财政人员联翩北上，本府日来并未接有梁士诒此项电报，亦未派财政人员北

上。似该两报造谣生事，实欲煽内乱遂其破坏之心，不知该两报编辑意果何居，是否必欲酿成乱端，滋扰商场而后快。又如各报‘本日特电’载，粤都督电保汪精卫为国史馆协修官，袁总统已准等语，亦无此事。应饬令更正，并谕以后关于无根据之电报、新闻不得登载，以免混淆是非为要，等因。查近日有等报馆，其记载与言论俨有南北业已分裂，不日宣战之景象。查南北同是一家，何来恶感，其对于宋案、借款两事或有不以为然者，亦为政见之不同。共和时代言论自由，应得有研究，而罔识大体之报馆，动辄持此以为反抗中央，肆其排击，实足制成南北恶感，破坏大局而有余。今奉都督函令，如此近在咫尺，尚且造谣，何况其他。即如本日《南越》、《人权》、《华国》、《民治》等各报载有胡都督电禀辞职消息，当即询问并无其事。以上种种谣言，殊属妨害治安，扰乱人心。本厅长为顾全大局计，不能不严加取缔。嗣后如再有此等造谣煽惑之新闻、电报、论说等等，则本厅惟有予以停版之处分，请为慎重出言论可也。除分令《南越报》、《国华报》（注：此处《国华报》应为“《华国报》”之误）、《人权报》、《民治报》、查照更正外，合令该公会转饬各报，如有登载以上情事，并即更正为要。此令。”（《申报》1913 年 5 月 29 日）

同月

北洋政府交通部通知各报凡“碍及国家治安或滋生乱事”的新闻电报，将按“万国电报通例”，一律扣发。各地报业公会纷纷致电该部表示抗议，但无效果。

《国是》月刊、《论衡》周刊在北京创刊。

《黑龙江公报》在齐齐哈尔创刊。日报。

《新东亚报》在哈尔滨创刊。进步党哈尔滨交通处主办。魏毓兰主编。

《教育报》月刊在济南创刊。

《宗圣杂志》在山西太原创刊。

《大河日报》在甘肃兰州创刊。

《中国红十字会杂志》在上海创刊。年刊。

《江苏自治汇报》在镇江创刊。江苏县议会联合会主办。

《新神州杂志》在杭州创刊。

《成都国是报》在成都创刊。社长李幡书，编辑李光烈等。

汉口《共和民报》自行停刊。

6 月 2 日

北洋政府司法总长许世英承袁世凯旨意，于本日发布约束报纸的通令。略称：“有闻必录虽为报界之通例，传闻失实最足以淆乱是非”，“且报律刑律均有应遵守之范围，是言论自由仍须以法律为标准”，“深愿发言切勿为成见所拘，勿为感情所迫，勿伐异而党同，勿扬汤而止沸”。（《国民公报》1913 年 6 月 10 日）

6 月 7 日

黄色小报《潇湘雨》在湖南长沙创刊。4 开 1 张。朱懒仙主编。文字广告各半，内容以有关色情业的消息和广告为主。和《潇湘雨》同时创刊的还有一份《香国魂》，也是黄色小报。宋痴萍主编。

6 月 10 日

苏州《苏州日报》以所刊《倚女作门楣》新闻一则，有损吹鼓手史阿荣名誉，本日上午被史率领流氓四五十人捣毁，经理陈寿霖、编辑盛钰初被殴。该报社址在苏州崇真宫桥庆云弄，社长石裕生。

《四川译学报》在成都创刊。社址在成都大墙后街 60 号。每月出版 1 册。四川译学会主办。社长李璜，编辑杨松年等。向省内发行。

6 月上旬

广东《粤声报》发行人敖乐天以转载上海报纸所刊《武汉游客谈》一稿，有李烈钧、柏文蔚、胡汉民等“骑虎难下”，“位置已将不保”等语，被广东都督胡汉民饬令永远停版。广东警察厅为此向该报发出处分令如下：

“现准都督秘书来函，转奉都督面谕：本日《粤声报》载《武汉游客谈》一段，内多造谣之言，其煽动南北恶感不一而足。其末云：‘李、柏、胡等大有骑虎难下之势。南方谣传，又有谓政府兴问罪之师者，果尔则都督之位置已将不保，故不得不秣马厉兵，暂为目前自保疆土之计等语’。……近日本省犹且造为此种言论，以图煽乱。都督嘱将该报永远停止出版，不准改名复业，以儆傚尤。等因，合行令知该报即日停版，永远禁止发行。此令。”（《申报》1913年6月8日）

后经有关方面缓颊，改为停版两星期。期满恢复出版。

6月12日

杭州《汉民日报》主笔邵振青（即邵飘萍），以该报所刊“九花娘聚赌”案、“共和春殴斗”案的消息和评论，涉及浙江司法筹备处长范贤方及杭州地方检察厅厅长许畏三，本日晨6时被后者逮捕。逮捕时出动了法警十六七人，汹涌而至，如捕大盗。邵为此曾致电北京当局，要求对挟嫌滥权的范许等人进行查办。邵被捕后，许畏三亲自讯问。邵据实答复，态度从容。当时上海各报曾载有庭讯时许邵问答情况如下：

“许问：即是邵振青？

邵答：是。

许问：年几岁？

邵答：二十五岁。

许问：前曾在何处？

邵答：高等学校三年毕业，曾充金华中小两学校历史教员三年。

许问：范在九花娘家事究竟如何？

邵答：此事外间传闻，众口一词，故各报皆据访稿登载。

许问：有何凭据？

邵答：报纸有闻必录，无凭据之必要。若各报皆须凭据，那有许多凭据？

许言：各报虽同一登载，但名誉罪为亲告罪，故本厅只得传《汉民日报》与《浙报》。

邵答：既系名誉罪，应在初级厅告诉。

许言：但范告诉，亦为诬告罪。

邵答：报载可作诬告罪，则各报几日日犯诬告罪矣！况苟指本报为诬告，则各报载者，亦为诬告。检厅何不一律提起公诉？

许言：但时评中有告发之意味。

邵答：时评从未直书姓名，姓名尚未宣布，何谓告发？所以不叙姓名，正以所闻如是，故隐约以使闻者足戒。报纸之职务使然，无如何也。

许言：依报纸上，诬告罪固似不能成立，但尚有尔致北京之电，则更与诬告为近。

邵答：电中只言范、许因各报登载九花娘事，挟嫌滥权，请查办。非但不得指为诬告，且在兹案发生以后，系属两事。果请查办之电文可作诬告，则不服上诉者无一非诬告矣。

许言：前传何以不来？

邵答：已有前函声明，并非规避者可比。若欲规避，则今日将派二十人来，我昨日已知之。时评中已有说破，何不及早规避。既蒙另眼看待，屡派多人，不堪其扰，故今晨早起恭候。法警在前，可问也。

许无言。但云：然则我可以起诉。

邵答：请依法起诉可也。”

（《申报》1913年6月15日）

6月13日

《中华医学白话报》在上海创刊。每星期出版1次。该报以“提倡中医，发明新理，保存国粹，尊重人道”为宗旨。

6月22日

北洋政府内务部发布通令，诫告各地报纸不得“谩骂”及“漏洩秘密”，否则按刑律、报律惩办。(《申报》1913年6月23日)

进步党四川支部主办的《四川正报》在成都创刊。由该支部副部长邵从恩主持。出版2个月后被查封。

6月24日

汉口《震旦民报》以出版画刊攻击讽刺袁世凯、黎元洪，被后者唆使汉口法租界当局予以封闭。编辑野马、邓狂言及所出画刊的漫画作者何铁华等被捕，押往武昌。野马、何铁华被杀，邓狂言瘐死狱中。《震旦民报》被封后，所遗印刷设备，曾被杨芸岗等人用来创办《中报》，旋以黎元洪禁止该报在市内发行，经济发生困难，被迫停刊。

汉口《民国日报》以窝藏军械、窝藏革命党人、鼓吹湖北独立等罪名，被黎元洪派出军警会同租界西捕强行查封。编辑周览、杨端六、曾毅、成希禹等被捕。

6月25日

北京《大中华民国日报》发表时评《超然报乎？朝宗报乎?》，揭露所谓的《超然报》，其实是并不超然的袁党报纸。略称：“据本社调查员详细调查，该报名目虽是超然，而其股本家为步军统领江朝宗君。夫江朝宗非袁系之一般人物乎！以袁系人物之股本，而发起超然报纸，则该报虽未有政党性质寓乎其中，然私党之兴味，恐亦甚浓厚也。”

沙俄驻华大使就齐齐哈尔地方政府拘捕俄报记者一事，向北洋政府提出抗议，并要求赔款3000卢布。

6月26日

北洋政府内务部再次发布限制报纸言论自由的通令。略称：“内外报纸对于宋案、借款以后多所误会。不问是非，肆意诋諆，痛加诬蔑，且于外交、陆海军事件尽情登载，漏洩无遗……若不依法限制，实足扰乱大局，妨害治安”，“用特剀切布告各该报馆须知……不得飞短流长，徒逞胸臆……不得有一毫成见参乎其间”，否则“法律具在，断难宽容”。(《申报》1913年6月27日)

中外报界恳亲会在北京举行。到会的中、日、德、法、英记者共100余人。会上通过了组织中外报界联合会等议案。

上海《天铎报》在5月28日上海地区反袁军事行动失败后，因经费困难停刊。本日由公共租界会审公廨指定鲁意师摩洋行将该报所有印刷设备进行拍卖。

浙江杭县地方审判厅驳回许畏三以检察长名义对《汉民日报》主笔邵振青提起的公诉，认为被告律师的申诉有理，起诉无效。上海各报对此案在杭县地方审判厅审讯和宣判的经过，作有如下报道：

“《汉民日报》邵振青一案，昨日下午一时杭县地方审判厅开庭，邵振青延阮性存、许壬两律师，范贤方请一徐某为代理人。开庭以后……即由许壬律师起言：‘本律师认许畏三起诉文绝对无效。查起诉文之标题虽曰：《汉民日报邵振青、浙报记者等故意陷害范贤方一案起诉文》，然内容则有曰：诬告本检察长者一，诬告本检察长者又一，及并案诉究等语。是许畏三已居于被害人地位，以被害人资格，自己拿人，自己起诉，是以检察厅长之名义，办自己私人报复之实事，益坐实其滥用职权之罪，故起诉文只可当作许畏三个人之私诉，万不能认为检察厅长之公诉，应请堂上决定，作为无效’。审判官讯问莅庭之检察官，有何意见，余检察官期期不能答。于是审判官等暂退，开一评议会约三十分钟，仍莅庭，即宣布阮、许两律师所主张为有理由，将起诉文驳回，作为无效。遂退庭。”(《申报》1913年6月27日)

6月27日

汉口《自由日报》被湖北当局查封。社长陈醒黄被捕，旋遇害。

6月28日

汉口《民国日报》被捕的周览等4人获释。当日，在法国驻汉领事馆官员监护下，乘轮离汉赴沪。

同月

《善导月报》在江苏松江创刊。

《金陵光》（金陵大学主办）在南京创刊。

《浙江省农会报》月刊在杭州创刊。

民主党四川支部主办的《大中报夕刊》在成都创刊。

7月1日

北京《大中华民国日报》宣告改组，由恒石峰、石寅生、黎桂生等3人接办。

国民党河南支部机关报开封《民立报》，因参与本日在开封发生的，以反袁为目的的开封城西南角火药库爆炸事件，被河南都督张镇芳派军警包围查封。编辑主任罗飞生，编辑敖瘦蝉、刘寿青，访员章培余，会计邢贲臣等被捕。其中敖瘦蝉、章培余等两人旋被杀害。至此，开封城内所有国民党及亲国民党系统的报纸，被全部查禁。

7月6日

《长沙日报》在副刊《大言小言》栏发表讽刺短文，攻击袁政府摧残言论自由，有“报馆遭封闭，还说什么自由?”“邮电受检查，还说什么自由?”等语。

同日，武汉《汉口民国日报》发表《宣言书》，就黎元洪在通电中指该报为“乱党机关”一节，进行批驳，并对黎进行谴责，有“……夫黎氏以副总统之尊而兼领鄂赣两省都督、参谋总长之重职，当此举国危疑，人心震撼之秋，亟宜持以宽宏，根据法律，慎重人命，以奠国基。且功宜唯重，罪宜唯轻，在古仁人之用心，莫不以包容含覆之大公，臻苍黎于融融遂遂之域。今黎氏居如此重要之地位，不惟不据理断案，而事之无者，反从而附益之，索染周内，若惟恐不至于死，揆之古训，按之约法，皆相背驰，天理沦丧，法纪荡然，安得不为我四万万生民痛哭耶!”等语。

7月7日

《梦话日报》在上海创刊。

7月8日

《四川民报》《宪演报》《人权报》《四川正报》等报纸联名散发传单，指责四川都督胡景伊“蹂躏议会”，“卖官殃民”，“贿买报馆”。

7月10日

上海《申报》刊出湖南省政府《各报津贴一览表》，说明有27家报纸、3家杂志、3家通讯社，经常接受该政府的津贴。数额自400至1万元不等。

7月15日

部分共和党人主办的《讨报》在汉口创刊。谢石钦主编，郑江灏、黄志强、陈云五等参加编辑工作。该报在“二次革命”中，力主调停，反对镇压，同时坚决反对帝制。该报筹备期间，曾发表《讨报露布》，自揭其办报宗旨称：

> “溯自武昌起义以至民国成立，其间不知牺牲几何烈士性命、志士脑血，而始获以有今日者也。新国初建，百端待理，宜如何协力同心，力谋建设，以完全此大好河山，方不负死难之先烈、起义之志士。乃秉政者时为帝制自为之心，在野者亦现暴民专制之象，推其究竟，非酝酿而使帝制复活弗止。同人见此，两者均足以危国而丧邦，于是有《讨报》组织于汉口之举，其有帝制自为以图子孙万世之业以乱吾国者，吾其讨之；其有暴民专制以扰乱治安以亡吾国者，吾亦讨之，而不稍宽假。”

汉口警察厅、鄂东观察使、内务司等地方主管部门曾以该报“意存攻击”为由，拒绝该报的立案申请，勒令“停止出版”。该报不为所动，仍坚持如期发刊，但最后仍遭到迫害。

《楚学杂志》在武昌创刊。月刊。楚学会主办。张继煦、纪鸿等编辑。

7 月 18 日

北京袁世凯御用各报，由《亚细亚报》领衔，联合发表所谓“讨贼露布”，攻击国民党“不恤国家，不顾民意，竟敢首发难端，破坏民国统一”。

7 月 19 日

国民党方面主办的反袁报纸《公论》晚报在上海创刊。汪兆铭（精卫）、蔡元培、张继、吴敬恒等负责编辑工作。日出铅印 4 开 1 张，傍晚 6 时左右发行。有社论、名论、舆论粹言、时评、谈丛等栏目内容。除在各地公开发售外，并随《民立报》《民权报》《中华民报》《民强报》等报免费附送给订户。创刊前曾在上海各报刊登告白，声明该报所刊文章，均属“民党对于最近国事临时所发布之意见”。出版不久即停。

陈炯明担任都督的广东省政府颁布戒严令、邮电取缔法及出版取缔法，规定各报出版后须先送警厅核准始得发行，并规定凡电报非经广东政府发出者，一律不准登载。广东省政府于前一天（7 月 18 日）宣布独立。

本日前后，同盟会员谢英伯主办的《讨袁日报》在广州创刊。社址在广州第八甫。谢任总编辑，杨愿公为撰述。该报以声讨袁世凯，支持“二次革命”为宗旨。在省港两地发行。“二次革命”失败后停刊。

独立党在广州出版的《华国报》，以“反对二次革命”被封。8 月 8 日恢复出版。

长沙共和党机关报《湖南公报》被国民党方面聚众数十人，携带手枪、炸弹，予以捣毁。当地警察厅于同日将该报查封。公布的罪名是：“袁氏机关，颠倒是非，淆乱视听，挫共和民气，扬帝制淫威。”

7 月 20 日

京师警察厅查封北京《日日新闻》。

上海《中华民报》发表定夷作《本报一周年之回顾》一文，总结该报一年来的言论主张，重申该报反对袁世凯的坚定立场。略称：“拥护共和，进行防止专制复活，固本报唯一之宗旨”，“本报自出版以来，讨袁之声无日或断，然方其时也，举世诺诺，惟吾谔谔。袁世凯之气焰，炙手可热，聚蝇逐臭之徒，拥护惟恐不至，对于本报主张，有指为邪恶者矣，有以为倡乱者矣，众口铄金，积毁销骨，本报遂日处于旋涡之中”，“本报于声讨袁世凯之罪状而外，主张箝制袁世凯之为恶，防止专制之复活，惟有实行内阁制，组织政党内阁，此实至正大之主张也。……至于发奸摘伏，使一般蟊贼不敢肆然为恶，绳愆纠谬，使各种社会因此促进改良，尤其小焉者”。

上海《民立报》发表评论《讨袁党报纸》（署名宗良），指责袁政府御用报纸“骄袁之气，炽袁之焰，推波助澜，逢迎长恶”，“虽袁违法昭彰，无可掩饰，亦辄以维持大局等词为之解脱。民党稍伸公论，则诬诋之无所不至”。

7 月 21 日

北京《亚东新闻》以所刊九江北军战败，死伤 1300 人消息（刊 7 月 20 日该报），触怒袁政府，本日上午 9 时被陆军部派出宪兵 10 余人包围，发行人刘绍传、经理彭佛公受到盘问。

7 月 22 日

本日午后 2 时，京师警察厅借口 20 日北京《民国报》所发时评“扰害治安”，“鼓吹二次革命”，迫令该报停刊。同日晚 7 时，北京《民主报》遭宪兵 20 余人包围，工作人员陈某被捕，该报被迫停刊。

7 月 23 日

北京《亚东新闻》发表《陆军部特派宪兵干涉本报》消息一则，揭露该报被宪兵包围经过，末有“宪兵天职在整肃军纪，绝无取缔报馆之权，此次派出，不知部中何所授意，殊属不解。然经此一番风潮，言论界又人人自危矣。呜呼临时约法！呜呼出版自由！”等语。

7 月 24 日

浙江《平民报》《浙报》《天钟报》《浙江民报》《浙声》五报因发表反袁言论，同情国民党，被浙督朱瑞下令查封。

7 月 25 日

《湖南公报》、湖南通讯社被当地政府查封。

7 月 26 日

北洋政府内务部发布第 578 号训令，命所属转饬京内外新闻界，禁止各报发表有碍“中日国交”的“激烈言论”。训令原文如下：

> “令京师警察厅、各省警察厅、各省民政长：民国建设以来，各友邦热诚赞助，自各国政府以及各国国民均属上下一心，以保持东亚和平为宗旨，当亦我国民所咸知。而新闻记者发抒正当言论，尤必洞悉世界大势，注意于国际间相互之感情，固无待政府之长虑而却顾也。此次湖口暴徒倡乱，政府依法用兵，所有救国救民之苦心，友邦早已共谅。日本与我为同洲同文同种之国，休戚相关，更为密切，对于我国内乱，绝无丝毫冀幸于其间，实政府所敢深信。乃查京外报界，间有以道路传闻之词，竟谓东南乱事与日本人有如何之关系，并谓商界现已决意为抵制日本之计等语。在各该新闻记者以激于一时爱国之热心，出言罔知所择，政府亦深信其无他。惟此等言论，并无事实可指，即于邦交有碍。万一国际感情竟为捕风捉影之谈所误，究于两国国民何利，念之宁不兢兢。为此合仰京外警察厅、民政长转饬该管警厅迅即布告报界商界，须知中日国交素睦，嗣后不得再发如前项激烈言论，以免政府交邻别生障碍。此令。”（《民权报》1913 年 7 月 28 日）

黎元洪以武汉《国民新报》《汉口中西报晚报》等两报，“伪造新闻”，攻击“二次革命”十分得力，特面许每月津贴 5000 元，以示奖励。

7 月 27 日

北洋政府内务部命令京师警察厅转饬各报馆不得刊载经官方查禁的有关外交、军事、政务等方面的消息。命令原文如下：

> “查报纸言论应以法律为范围，不得逾越范围，昌言无忌，前经本部申明，约法、报律、刑律各项条文，布告登载二年六月二十日公报在案。近因浔乱事起，谣诼因之繁兴。查报纸采取新闻，宜如何主持公论，维护大局，数日以来，查阅各报所载专电访稿，记载正确者实居多数，而间不免有无稽之言。现在时事方艰，民生重困，休养生息，犹虑弗遑，倘以虚造不实之言论，扰害公共之安宁，当亦顾大局维人道者所不忍为。本部为整齐言论维持地方起见，舆论固当尊重，法权尤应保持。为此训令该厅转饬各报馆，除关于外交、陆军、海军事件及其他政务，曾经该管官署禁止登载者，不得登载外，其余各项专电访稿，仍须以国家为重，一律慎重登载。倘有不顾大局，不问是非，漫无检查，任意登载，或谣造事实，耸人听闻，则是有意妨害秩序，有碍治安。法律具在，断难宽容。该厅有地面之责，应即认真查察，遵照法律，从严取缔，至要。切切此令！”（《申报》1913 年 7 月 29 日）

浙江衢县《衢民新报》因所刊报道为该县当局所忌，被后者以“造谣”罪名迫令停刊。

安徽芜湖《皖江日报》被当地国民党方面人士带领军队数十人，以搜查军火为名，全部捣毁，排字工人两名被拘。

7 月 28 日

日本人主办的日文《满洲重要物产商况日报》在大连创刊。照井长次郎主编。

7 月 30 日

北京《爱国白话报》创刊。

7 月 31 日

北京《中央新闻》被当局封禁。上海《民立报》被禁止在北京发行。

京师警察厅发布命令，戒告北京各报馆，“勿用过激言词，损害中日邦交”，并禁止各报发表排斥日货的言论。

同月

与进步党方面关系密切的著名记者黄远生向袁世凯呈递秘密条陈，指国民党为“叛党”，建议袁政府对反袁报纸实行新闻检查，并建立“新闻通讯机关”，以控制舆论。条陈原文如下：

> “叛党仍袭故智，专用虚声伪报，淆惑听闻。各地方之不附逆徒者，无所依附，最为危险。今日最要关键，在沟通消息，壮大声势。
>
> “谨拟办法如左：
>
> “一，报纸论调，今日关系最重，而反对党报纸，尤足供我参考。今日号称独立地方之报纸，所记人物、事实，均足为侦缉材料。某意宜令警察厅，组织特殊机关专司二事，①检阅反对报纸，专从法律干涉。②搜集反对报纸所记人事，择要编辑为侦探材料。二，今日宜特组织一新闻通讯机关，整齐一切论调及记事，此中有种种作用在内。（下略）”（见中国第二历史档案馆所藏北洋政府内务部档案，转引自张克明《黄远庸是否帝制派》一文，《历史档案》1982 年第 1 期）

社会党刊物《良心》在上海创刊。重忧（吕大任）编辑。以废除婚姻，鼓吹无政府主义式的“恋爱自由”为主要内容。

《国会丛报》在上海创刊。每月出版 1 次。内容以报道临时国会新闻为主。

上海《新闻报》刊出各种体裁的文稿，对国民党人和他们所发动的“二次革命”进行攻击，并刊出大量反对讨袁的函电。

以报道盐业界动态和交流制盐技术为主要内容的《谈盐丛刊》月刊在上海创刊。文明书屋出版发行。

《人权报》在成都创刊。社址在成都西御街川东公所内。杨集生、萧子涵、李静怀等合办。有社说、专论、学术、杂俎等栏目内容。

共和党人在重庆主办的《正论日报》被当地驻军第五师师长熊克武率众捣毁，社长向执中被拘。

《云南实业杂志》（月刊，云南昆明云南公署发行）、《学丛》（月刊，陕西城固西北大学主办）、《吉林农业杂志》（吉林省农业学校主办）发刊。

同日，路透社驻广州记者黄宪昭，以发表“胡汉民、陈炯明联同反对袁世凯”的新闻，被当地警厅以“造谣惑众”罪名逮捕。

8 月 1 日

京师警察厅封禁北京《正宗爱国报》《京话报》，并逮捕《正宗爱国报》主笔丁宝臣。

《民生报》在齐齐哈尔创刊。社址在齐齐哈尔官银号胡同。社长牛得仁，主笔舒毓才。

上海《中华民报》自即日起，连续 14 天发表大量号外，报道各地宣布独立，以及反袁军事进展情况的消息。

《神州丛报》在上海创刊。月刊。神州

编辑社出版发行。

8月2日

武汉《中华民国公报》发表题为《送报亦有行规乎》的评论，反对当地报贩对报纸发行工作的垄断。

8月4日

江苏淞沪警察厅发布《禁绝乱党机关报纸》告示，禁止售卖《民权报》《民立报》《民强报》等报。文如下：

> “案奉江苏都督民政长兼会办江苏军务行署通令，内开：照得新闻报纸，为舆论机关，自非宗旨纯正，议论平允，不足以代表人民心理，导引政治进行。乃有《民权》《民立》《民强》各报，专为乱党鼓吹异说，破坏民国，捏造事实，颠倒是非，信口开河（原文作‘渠’），肆无忌惮，亟应严速禁售，以免淆乱人心。为此，训令该厅长遵照，凡《民权》《民立》《民强》暨乱党各种机关报纸，均即禁止售卖，并布告人民一体，切速勿违，此令。等因，奉此。合亟布告周知，仰各卖报人遵照，嗣后凡《民权》《民立》《民强》暨乱党各种机关报纸，均即禁止售卖。凡我人民亦应一体勿再购阅上开各项报纸，以免淆乱人心，是为至要。切切勿违，特此布告。”（《申报》1913年8月5日）

同日，广西桂林警察厅借口桂林《通俗报》第257号所载要电“殊与时机有妨”，迫令该报停止发行。

8月5日

北洋政府内务部，向袁世凯密报京师警察厅遵照戒严法对反袁各报进行迫害的情况。略称：“（京师警察厅已）先后将认为与时机有妨害之《民主报》《民国报》《亚东新闻》《华报》《京话日报》《爱国报》一律令其停版。复以南京《中华报》、浙江《天钟报》、湖南《女权报》、上海《中华民报》《民立报》并无在京发行所，经该厅通饬各派报处禁止送阅，并由该厅呈由司令官知照交通部转饬邮电局，勿为递送。”密报还说：“已训令京师警察厅及各省都督……对于造谣各报，一体按照法律切实办理。”（《民立报》1913年8月10日）

8月6日

南京《民魂报》改名《江南公论报》继续出版。

湖北军政府饬令汉口邮政总局扣发来自上海的《民立报》《民权报》，以及来自长沙的《国民日报》《新民国日报》等革命报刊，并命令汉口警察厅传知各派报处，“不得贩卖上述诸报”。

四川都督胡景伊，以成都《四川民报》《宪演报》《人权报》《四川正报》等4家报纸，“时时造谣，意存煽乱”，本日下午命令军事警察厅，“立加封闭，以免摇动人心”。《四川民报》总编辑谭创之被捕，该报创办人李俊侠被杀。重庆《新中华报》成都分销处同日下午被勒令关闭。

8月9日

成都共和党机关报《四川日报》主笔龙德金，本日在该报刊出自撰社论《二论重庆》，支持熊克武独立。该报总编辑董麟书以“该主笔自由行动，不守权限”，事权不一，难以负责为由，宣布辞职。

8月10日

《农报》在广州创刊。该报以“研究农学，改良农事，指导农政，开发农业经济，以谋幸福”为宗旨。

8月初

黎元洪创办《战事日刊》，专门报道有关“二次革命”的战讯，以防止有关新闻“揭露不一”，并控制舆论。所有工作人员均由黎事先派定，经费和机器设备，由黎所在的督署提供。

8月11日

黎元洪饬令汉口警察厅查封《讨报》。命令称："现查《讨报》馆言论不正，鼓惑人心，有害治安，著该厅长即日发封，为要。此令。"汉口警厅当即传知该报停版。

成都《国民公报》《四川日报》以"妄评政事"，被当局查封。

8月12日

汉口《讨报》发表评论文章《释讨》，抨击黎元洪摧残舆论，并发表《通告》，宣告停版。

8月13日

吉林当局以《新吉林报》为"乱党机关"，予以封禁。

8月14日

上海《民立报》本日在所发消息中，揭露北京《民视报》《京津时报》《国华报》《国民公报》《新社会报》《大自由报》，上海《大共和报》等报，接受袁政府的贿赂和津贴。

同日，被迫停刊的汉口《讨报》派员进京，呈请两院弹劾湖北地方当局无理查封该报。两院接受了呈文，并通过了议案，但形同具文，无法执行。

同日，极力鼓吹"二次革命"的湖南《长沙日报》，以湖南反袁失败，取消独立，宣布自即日起暂时停刊。一个月前被湖南当局查封的共和党方面的报纸长沙《湖南公报》，则由工作人员贝允昕、李海、朱矫、吴涧、袁家元、黎锦熙等，呈请北京国务院，要求启封，并赔偿损失。

8月15日

温州《东瓯日报》被永嘉县知事冯守典以"赣事发生以来，照译上海《民立报》专电"，"造谣惑听"，"妨碍治安"等罪名，强行查封。

武汉《中华民国公报》实行改组，撤换担任领导职务的革命党人，改由进步党人胡捷主持，使该报进一步成为袁、黎控制的舆论工具。该报原总经理蔡良村及主笔苏宪民、张祝南等，被迫离职。

《四川矿业杂志》在成都创刊。季刊。社址在成都海会寺。四川矿业总会发行。主编孙海环。

8月17日

杭辛斋、邵飘萍主办的杭州《汉民日报》，以"诋毁中央"，"包庇乱党"，"于地方治安有害"，被内务部咨行浙江民政长转饬浙江省会警察厅，勒令停版。该报停版后出现产权纠纷。官厅方面认为该报创刊时使用过前清官报局的房屋、机器设备，并曾经从官库领取过1000元开办费，系属官产，要求收归官有。《汉民日报》方面则声明该报原来使用过的前官报局的机器等物件，已交省公报处收回，现存设备，系属自置，并非官产，云云。

杭州《天钟报》被浙江当局查封。

8月18日

粤督龙济光以"袒护逆党"，"煽惑国民"等罪名，迫令广州《平民报》"永远停版"。

8月19日

北京《正宗爱国报》主笔丁宝臣被军事裁判所以"受贿赂造谣，为秘党机关"等罪名，判处死刑，于本日处决。

北洋政府国务院密电福建都督孙道仁，封禁福州《福建民报》《群报》《共和报》等"乱党"报纸，电文如下：

> "国务院午密皓电，开：访闻《福建民报》《群报》《共和报》本属乱党机关报，平日议论荒谬，纯取无政府主义。自湖口倡乱，三报即极力鼓吹，日日捏登匪徒获胜假电，并于七月十八日号外广布传单，聚众集会，肆力运动，促成十九日独立，确系有意煽乱。希由贵都督将各该报馆，即日封禁，并将主笔苏郁文、黄光弼、陈群等严拿，务获惩办，以肃国纪。"（《申报》1913年8月29日）

上海《中华民报》总编辑邓家彦以“捏造新闻”，支持“二次革命”，被北洋政府咨请上海租界当局予以拘捕。经审讯后，判处徒刑半年，罚款 5000 元。

8 月 20 日

福建都督孙道仁密饬城守驻军及福州警察厅，于本日晚派出军警，查封国民党方面主办的《群报》《福建民报》《共和报》等 3 家报纸，捕去《群报》主笔陈群，《福建民报》主笔黄鲁贻（展云），《共和报》主笔祝茂郫等 3 人。《群报》总编辑苏郁文（眇公）“闻风先遁”，未获。事后，孙道仁曾就此案办理情况，电告北京国务院。电文摘引如下：

> “奉国务院皓电，饬将《福建民报》《群报》《共和报》封禁，严拿主笔苏郁文、黄光弼、陈群，惩办并严拿著匪林斯琛、郑祖荫、彭荫祥、黄展云、刘通等，一并惩办，并乱党机关部及国民党查明封禁等因，当经一面函知前代民政长，一面密派孙旅长葆榕率带兵弁，会同巡警，同时分往封禁查拿。其郑祖荫、刘通二名，现在本府供差，并饬司法课长沈珂，密传看管。顷据孙旅长报告，分遣兵警于是夜一点半钟，将该三报馆一律封禁，并查拿获黄展云、陈群二名，又于《共和报》馆内拿获祝茂郫一名。查获林斯琛、黄光弼二名，早赴香港，现时均不在闽。苏郁文系《群报》主笔，两日前曾作数次狂言，畏罪潜逃琯头、连江一带，已会同水巡警前往该处访拿，尚未回报。……黄、陈既已就获，应交检察厅按律惩办。郑祖荫、刘通二名，光复前本系桥南社人员，自光复后，入政界供差，尚无劣迹。上月许崇智迫胁独立，未见该两员鼓动，郑祖荫于上年护闽社一案，事前曾向道仁密告，足见尚知轻重。且此次既已自行投案，又据课长沈珂联名力保，可否即交该课长严加审看，暂缓严处。刘通尚未到案，俟到案再行查讯核办。苏郁文系《群报》主笔，其论说荒谬，目无政府，较《民报》《共和报》尤甚。据称逃往琯头、连江一带，距省匪遥，仍应严缉，务获究办。林斯琛、黄光弼、彭应祥早已他往，应仍随时侦探。如敢潜回，立即拿获具报。至祝茂郫一名，系原电无名之人，既在《共和报》馆拿获，是否主笔，有无与乱党交通情事，拟一并发交检察厅讯明，分别办理。所有奉电缉拿缘由，是否有当，合行电请示遵。”（《申报》1913 年 9 月 13 日）

刘师复主编的无政府主义刊物《晦鸣录》（一名《平民之声》）在广州创刊。周刊。该刊隶属于无政府主义团体“晦鸣社”。用中文、世界语两种文字对照刊印。仅出 2 期，即被粤督龙济光封禁。第 3 期（12 月 20 日发行）改名《民声》迁至澳门出版。不久又遭葡萄牙当局封禁。

8 月中旬

河南都督张镇芳以“任意捏造，鼓惑众听”为词，封禁开封《民立报》，并逮捕主办人员。该报主笔罗飞声被枪杀。前开封《自由报》主编贾侠飞也遭杀害。

8 月 21 日

湖南《长沙日报》改由刘人熙担任名誉总理，廖汉瀛担任主编，恢复出版。

8 月 23 日

江苏交涉使诬指上海《中华民报》所刊《叛逆之政府》《讨亡国进步党》《我看还是违命好》《利害拼一掷耳》等评论“诋毁政府及袁大总统”，所刊《武昌之反正》《黎氏之被戕》等专电“假造事实”，委托英籍律师向租界会审公廨提出控诉。本日审结。由该公廨援照新刑律第二百二十一条，判处该报总编辑邓家彦押西牢6月，罚款500元。

8月25日

北京《国风日报》以进行反袁宣传，被北洋当局封禁。

8月26日

《蜀粹日报》在成都创刊。社址在成都珠宝街14号。发行人张培杰，主编张逸樵。该报自称以“维持孔教，提倡实业，化除党见，鼓吹共和”为宗旨。

8月27日

南昌《晨钟报》《豫章报》以“均系秘密党人机关”，被江西护军使李纯查封。

8月30日

江苏民政长应德闳封禁无锡《锡报》。

同月

北洋政府总统府成立“外国新闻记者访问所”，设秘书4人，负责对外发布新闻的有关事宜。

湖南宣布独立后，严禁拥袁的报在当地发行。指出“袁氏私报，颠倒是非，荧惑众听，发行各处，希图捣乱”，必须一体查禁。

《四川民报》创办人之一李俊侠被四川都督胡景伊杀害。

在广州出版的《中国日报》《民生报》《中原报》等国民党系统报纸，以鼓吹“二次革命”，被龙济光查封。

广西南宁《民风报》，以同情“二次革命”，被地方当局查封。

《白话捷报》《蒙学报》（周刊）在北京创刊。

《神州》在上海创刊。月刊。

9月1日

缅甸革命华侨主办的《觉民日报》在仰光创刊。总编辑梁冰弦，助理编辑黄农思，经理饶潜川、陈钟灵等，多为同盟会员。该报言论上积极支持国内的反袁斗争。

9月3日

香港《实报》主笔陈仲山以在评论中支持“二次革命”，被香港当局指为“印发煽乱新闻，煽动中国内地居民作乱”，遭到香港警方逮捕。

9月4日

上海《民立报》以遭到袁政府禁售，经济不支，被迫停刊。

9月9日

北京《国报》因所刊社论反对先举总统后定宪法，并攻击袁党梁士诒，有“御用党”等字样，即日凌晨1时被京师警察厅封禁，经理黎国岳被捕。

9月10日

江苏常州地方审判厅诬指当地出版的《公言报》“附和乱党”，迫令停刊。

9月12日

广东香山《纯报》以所刊论著“捏造谣言，淆乱听闻”，被北洋政府内务部咨行广东都督龙济光，勒令停版。

9月15日

汉口《中西报》宣告复刊（该报于1911年北军南下时被禁，一度停刊）。馆址在汉口后花楼街百子巷内。王华轩任经理，凤竹孙任主编，王痴吾、喻耕屑、喻血轮、喻的痴等任编撰。

9月16日

广东汕头《大风报》以“措词荒谬，摇惑人心”，被当地巡警局勒令停刊。

9月17日

北京《大中华民国报》与《大同报》合并。

上海《中华民报》以总编辑邓家彦被押，经济困难，被迫自即日起自动停刊。

9月18日

绍兴《绍兴公报》因揭露绍兴县知事陆钟麟营私舞弊事，被陆查封。该报在本日出版的终刊号上，刊出了该报主编王子余所写的《绝命纪念号》一文，对被封事表示抗议。

9月20日

上海《申报》出版的《自由杂志》月刊创刊。上海自由谈话会主办。童爱楼主编。内容以讥讽时政的滑稽游戏文字为主，多数辑自王钝根主办的《申报》副刊《自由谈》。仅出2期即停。

9月21日

广州《震旦报》主笔康仲荦被广东都督龙济光扣留，送往宪兵队看押。

9月24日

上海《民权报》发表题为《辜负尊孔热心》的时评，申明该报决不刊载尊孔稿件。

前《洞庭波》主编，《民报》庶务，《帝国日报》《民声报》总编辑宁调元，在武昌被黎元洪杀害。宁字仙霞，笔名太一、辟支、林士逸，同盟会员，湖南醴陵人，卒年31岁。

同月

《日知报》在北京创刊。内容以社会新闻为主。销仅1000余份。

日文《新支那》报在北京创刊。日刊。总编辑音渡。日销200份。

《新无锡日报》在江苏无锡创刊。主持人杨楚孙。日出对开1张。销约1000份。

《法学杂志》月刊在长沙创刊。

《林损杂志》在永嘉（今浙江温州市）创刊。

汕头《揆华报》以“任意鼓吹，意图煽惑”，被粤督龙济光勒令“永远停版”。同时被龙济光勒令“停售”和“严行取缔”的，还有在海口出版的《琼岛日报》，和在梅县出版的《培风日报》。前者的罪名为“语言悖谬，破坏共和”，后者的罪名是“宗旨不正，煽惑人心”。

马来西亚华侨创办的中文《新闻启明星期报》在今马来西亚沙捞越地区的古晋市创刊。周刊。逢星期六出版。主持人李东成等。同年12月3日被沙捞越王封闭。

秋

《冈州日报》在广东江门创刊。社址在江门新市庙。初出4开1张，后改对开1张。陶元恺主编。内容“庄谐并重，力求丰富”。除日报外，还附出《冈州星期报》一种，向海外发行。

《进化报》季刊在上海创刊。法兴报馆出版。旋停。

10月5日

浙江都督训令杭州市警察厅转饬省会各报馆，不得刊载“有损官厅威信及动摇军心”的新闻。

10月6日

黎元洪串通驻汉口法领事，诬指前一日（10月5日）在汉口法租界创刊的进步党报纸《中报》“言论不正”，迫令停刊。

10月13日

北京《超然报》以所刊报道，“毁坏军人名誉”，被“停止出版”。

同日，广东警察厅根据广东都督龙济光指示，本日发出处分令，以“语多悖逆，煽惑人心”为由，勒令在省内出版的《东莞日报》《香山实报》《民治报》《公论报》《粤声报》等，“一体勒令停版”。《粤声报》为此发布《停版辩明书》，声明该报并未支持“乱党”，有“敝报向来持论正大，与乱党作极端之反对。……除陈逆宣布独立时，不敢彰明拥护中央外，其余未宣布独立前，及取消独立后，所有新闻特电、论说，俱极反对乱党，可查核而见也”等语。《民治报》为此发布《停版传单》，声明该报“从未敢为非常可怪之论，以炫惑人心，宗旨之纯正，纪载之翔实，久在阅者心目中”。《公论报》也发布《传单》，声明该报“所有独立时期一切撰述文稿，皆守正不阿，兢兢自持，从无悖逆助乱文字”。（以上引文见《粤省报界最近之风潮》，《申报》1913年10月21日）广东拥袁各报也对以上三报的被封，表示惊讶。广东报界公会曾为此致函广东民政长，证明以上三报“向来宗旨纯正，持论平允，确无助逆悖乱情事”，要求“准予复业，以重舆论”（《粤报界请求三报复业》，《申报》1913年10月26日），但无结果。据当时报界人士分析，《民治报》之所以被禁，是因为该报创办人是陈炯明的惠州同乡，该报初创时，陈炯明曾经有过资助。《公论报》和《粤声报》之所以被禁，是因为怀疑它们和国民党系统的粤军和民军有关系。

10月14日

《湖北通俗教育报》在武昌创刊。日刊。湖北行政公署教育司主办。鄢祖润主编。

10月15日

广东《公论报》更名《公言报》继续出版。

绍兴《绍兴县教育月刊》创刊。绍兴教育会主办。该会会长周作人及评论员周建人等参加编辑工作。内容除有关教育的论著外，还刊有涉及学术、民俗等方面的内容。第1期至第10期上曾刊有周作人、周建人所写的近30篇文章。

10月19日

江苏如皋县公署主办的《通俗报》创刊。每周出版。

10月20日

《生活日报》在上海创刊。创办人徐朗西，主笔叶楚伧、邵力子、朱宗良、谢良牧等。该报标榜“无党无偏”，自称以“开导社会，增进人民知识，研究生活问题”为宗旨。半年后因经济困难停刊。

10月21日

北京《超然报》以所刊《顺天府中之黑幕》消息，涉及顺天府中路巡防队队长寇宗华，被寇率队员多人，强行包围。经警署排解，始率队离去。

10月23日

《新上海报》在上海创刊。朱恨孟主编。该报自称以“发挥民意，鼓励民生，改良社会，提倡实业”为宗旨。

10月26日

在新疆从事办报活动的革命党人冯特民，被新疆军阀杨增新杀害。

原新伊大都督府机关报《新报》改名《伊江报》继续出版，成为以杨增新为首的新疆地方军阀的言论机关。

10月29日

袁党赵秉钧指责北京《超然报》“肆意诋毁军人名誉”，“实足妨害时机”，下令京师警察厅对该报进行惩处。

10月30日

北京京师警察总监吴炳湘发布命令，勒令北京《超然报》立即停刊。命令全文如下：

> “京师警察厅处分令第四号：令《超然报》社。本月二十九日奉警备司令官令开：据顺天府中路巡防队全体呈控，二十一号《超然报》载有顺天府中之黑幕一节，信口诬蔑，请为严究，并呈阅报纸前来。查该报肆意丑诋，毁损军人名誉，致动公愤，实足防害时机。为此，令行该厅即将该报馆停止出版，一面将该报编辑人提讯，认真追究。等因，奉此。除将该报编辑人传讯外，为

此令行该报，仰即遵照停止出版可也。

此令。

中华民国二年十月三十日　　京师警察厅总监吴

执行处分令外右二区署长何绪振”

（《申报》1913年11月5日）

该报主编章纵瀛于同日遭传讯。

10月31日

北京《超然报》致函北京报界同志会，控诉京师警察厅迫令停版事，有“武人专制，法纪空存，言论之厄，一至于此，恐不独敝报独受无妄已也”等语。（《申报》1913年11月5日）

10月下旬

广州《民治报》主笔致函广东当局，声明该报在“二次革命”期间所刊关于“乱事”之文电，是由于当时掌握广东军政大权的陈炯明等人，“常以压力迫登”，“其时寄命于军律之下，不敢抗拒”，恳求谅解，准予恢复出版，但遭到拒绝。新任广东省长李开先在批复时指出，该报7月21日所刊评论，有“袁破共和，则不得不声其恶而讨之，袁恢专制，则不得不正其罪以讨之”等语，“语意悖谬，助逆煽乱，业已信而有征，此则出自心裁，万难诿诸强迫”。（《申报》1913年11月8日）

同月

北洋政府国务院诬指上海《飞艇报》“语多捏造，妨害治安”，令江苏民政长“切实取缔”。

浙江都督朱瑞行文杭州警察厅，转饬省会各报馆，不得刊载“有损官厅威信”，以及“摇惑军心”的消息。略称：

“现当戒严期内，人心未靖，报纸记载事件，极应审慎。乃查近日杭垣各报，尝有载本都督召集军官会议某事，公举某人任某职者，纯属虚造。且用人行政之权，操诸本都督，下级军官对于上级官长，只有服从命令之责，何得有干预之事。似此妄行记载，不特有损官厅威信，且足摇惑军心。为此，令仰该厅长亟便传知省会各报馆，嗣后毋得再有此等记事，致干从严惩罚。”（《申报》1913年10月6日）

湖南同盟会方面机关报《长沙日报》《国民日报》被袁世凯派往湖南镇压革命的汤芗铭查封。“二次革命”后，两报自行改组。《长沙日报》原主持人文斐、傅君剑等去职，改由廖汉瀛任总经理，龚芥弥任总编辑。《国民日报》原主持人罗介夫、胡谔城去职，改由方重肩、方古愚接办，企图“适应环境”，保存报纸，但终于被查封。继两报被封后，遭到查封的湖南报纸，还有在长沙出版的《天民报》和《大同报》。

新任湖南都督汤芗铭以官款创办《国民新报》（后改名《大中报》），为自己作宣传。在此之前一度被封的共和一进步党系统报纸长沙《湖南公报》，也恢复出版。复刊后的《湖南公报》极力攻击孙中山、黄兴和他们所领导的国民党，支持汤芗铭对湖南地区的统治。

《司法公报》（月刊）、《内务会报》（月刊）、《中国商会联合会会报》（月刊）、《法政学报》（月刊）在北京创刊。

《神州医药学报》（月刊）在上海创刊。

《吴县教育杂志》在江苏吴县创刊。

11月1日

《风月报》在武汉创刊。社址在汉口福宝里27号。日出4开1张。郭镜冰主办。该报自称“以阐扬骚雅，平章风月为宗旨”。有社文、词林、小说、滑稽、花信、花评、剧部、杂俎等栏目内容。属花事小报。

成都《日日新闻》自本日起，每日增出《日日新闻副张》1页，用油光纸单面石印，每页4开1张。该报以刊载讽刺画、滑稽画、时事画、花鸟画为主。讽刺的对象，主要是以袁世凯为首的北洋政府。

11月3日

河南都督张镇芳密电袁世凯，宣布已将原国民党河南支部机关报开封《民立报》编辑主任罗飞生捕获处决。

11月5日

北洋政府交通部对所属邮政部门，发出第428号训令，宣布："嗣后再有以国民党名义发布印刷品者，应一律拿办，勿稍宽纵"，并规定四条办法："一，凡封面题有国民党字样之寄件，一体扣留，送交地方官检查；二，凡戒严地方之地方官派员到局检查寄件，即应遵照办理；三，凡属地方官指名停寄某报，亦应遵办；四，所有反对中央传单及一切印刷、抄写等件，停止寄递。"（《湖南公报》1913年11月10日）

11月6日

国民党主办的英文日报《民国西报》因进行反袁宣传，被上海租界当局迫令停刊。

11月8日

北洋政府内务部通电各省都督、民政长，宣布："如遇有意煽惑，登载报纸或印刷品，或散布传单，是即以乱党自居。……应即严饬各地方官吏、警察厅署，一律严加取缔，并就近知照该地邮局不准递送。"（《湖南公报》1913年11月12日）

11月10日

广州《中国日报》《震旦报》《国民报》《粤东公报》《民国报》《民生报》等6家国民党报纸，被地方当局封禁。《民国报》主笔被捕，其余各报主笔遭到通缉。

广东警察厅本日致函广东报界公会，就六报被封事，通知如下：

"现奉行政公署第3811号指令……《粤声》《民治》《公论》三报系独先奉部令指明，故先予严办，并非专办三报，余全漏网也。

"现经查确有《中国报》《震旦报》《国民报》《粤东公报》《民国报》《民生报》等六家，皆为乱党机关，所登载悖谬之言论，彰彰皆可复按。当遵照中央办法，凡乱党机关报均应停版，合行令仰该厅长即便遵照，刻日将《中国报》《震旦报》《国民报》《粤东公报》《民国报》《民生报》等六家，勒令一律停版，并不准改名复开，使《粤声报》不至有幸有不幸之叹，而《民治报》亦可心平。至《中国报》主笔人员，仍仰该厅长查明，择其一二甘心从逆之尤者，严拿究办，以伸国纪，以杜乱萌，毋得瞻徇。等因，奉此。除指令该管区长刻日将《中国报》《震旦报》《国民报》《粤东公报》《民国报》《民生报》等六家，勒令一律停版，并不准改名复开，仍查明该各主笔人员甘心从逆之尤者，择其一二，严拿究办外，相应专函布达，希为查照。

此致报界公会。

厅长　邓瑶光"

（《申报》1913年11月16日）

11月上旬

北洋政府内务部行文各省长公署，要求转饬所属，通知当地报馆，根据《报律》第一条的规定，将各报出版及停止变更情形，立即造具表册，报部存案，"嗣后如有新设报馆及变更情形，仍按月汇报一次，以便考核"。

11月13日

广西南宁《指南日报》总编辑何永福，以在评论中揭发官办振南矿务公司垄断九府之利，并指责广西地方当局"政治多与法令不合"，触怒广西都督陆荣廷，被陆以"迭造蜚言，诬蔑政府"等罪名，饬属立即收押。何永福在接受审讯时为自己申辩称：“各国报律，如记载失实，无论何人，皆可函请更正，而不更正然后起诉。今不见公署函令，遽将永福褫职讯办，亦太冤矣。且今日所讯者，无一诬蔑政府事实，而罪案则为‘迭造蜚言，诬蔑政府’八字……永福实不能当此罪。”问官的回答是“《指南报》可以诬蔑都督，都督岂不可以诬蔑汝乎？”（《广西之文字狱》，《申报》1913 年 12 月 5 日）审讯结果，初判死刑，后改监禁。

11 月 15 日

北洋政府内务部再次通电各省都督、民政长，宣布：“报纸如有登载失实，或故甚其词，任意捏造事实，或訾议命令，淆乱是非，有竟为该党辩护者，亦照曲庇党人例拿办。”（《申报》1913 年 11 月 18 日）

湘督汤芗铭借口长沙《湖南公报》本日所刊“大总统令杀前财政司长杨德邻”等消息，报道失实，罚令停刊 15 天。

共和党四川支部主办的《蜀风报》在成都创刊。社址在成都上翔街 27 号。每半月出 32 开 1 册。发行人陈子全，经理吴西林，社长詹策鳌，编辑詹劭逵。有本国纪事、本省纪事、外国纪事、特别纪事等 14 个栏目内容。该报言论上拥护袁世凯。

11 月 19 日

成都《蓉城晚报》更名《蓉城时报》继续出版。日出对开 1 张。樊孔周主办。

11 月 20 日

四川省巡按使公署主办的《四川政报》在成都创刊。社址在成都市皇城内。该报每期除分寄中央及各省行政机关、“本省都督、民政长”外，还向省以下各机关及学校发行。该巡按使署还规定中央和本省的法令，除特别规定施行日期外，均以此报到达日期为生效日期。

11 月 25 日

《歌场新月》月刊在上海创刊。民友社出版发行。王笠民主编。

《禹域新闻》在绍兴创刊。社址在绍兴城内丁家弄。王子余、刘大白、甘润生等合办。

11 月 27 日

北洋政府国务院密电湖北军政府，严禁汪精卫主办，在巴黎出版的《社会杂志》入境。黎元洪接到密电后，立饬武汉邮政部门进行严格检查，汉口警察厅奉命通告各书肆不得发售，如已寄达，一律“缴官焚毁”。

11 月 29 日

上海《民权报》发表评论，指责袁世凯滥发勋章，“几于叶片之纷落”，并指出其目的是“因恢复帝制而竟仿行满清之故智”。

11 月 30 日

名记者黄远生应聘为《申报》驻京记者，本日在该报刊出他为该报撰写的第一篇通讯《岁暮遗闻》。

同月

广东省长公署发布命令，禁止各报刊载未经公署发布的政界消息及“交涉事项”，禁止公署内的科员、书记、录事为报社通报消息，禁止各报记者闯入办公室内采访新闻。

《中华杂志》月刊在上海创刊。李靖园、徐侠儿主编。

《华侨杂志》月刊在上海创刊。上海华侨联合会主办。

《医药新报》在上海创刊。日本人渡边久作主编。

《滑稽杂志》月刊在苏州创刊。

《中华工程师会会报》在汉口创刊。

《鼎权报》在成都创刊。

12 月 7 日

北洋政府内务部警务司以“语多妨碍治

安”为由，通令禁止仰光《觉民日报》在国内公开发行。《觉民日报》为国民党方面在海外出版的反袁报纸之一。

12 月 10 日

进益研究学社主办的《进益月刊》在上海创刊。

12 月 20 日

《墨海》双月刊在上海创刊。圣约翰大学墨海社出版。

12 月中旬

旧金山华侨在上海发行的《中华民国公报》，被北洋政府内务部指为“语多悖谬，有害治安”，特令江苏民政长转饬淞沪警察厅严禁发售。

12 月 22 日

湖南《天民报》《大同日报》以“附和民党，鼓吹乱事”，被当地警厅封禁。

12 月 25 日

《雅言》半月刊在上海创刊。康率寯编辑。有论说、记事、文艺等栏目内容。该刊以拥袁为宗旨，为袁党的重要言论机关之一。1914 年 12 月出至 12 期后停刊。

12 月 26 日

常州《兰陵报》以触怒新任江苏都督张勋，被张派员会同当地警察当局，予以查封，并缉拿该报主笔。

12 月 30 日

《政法月报》在成都创刊。社址在成都会府东街 23 号。有社说、要电、司法要闻、行政要闻、议会要闻等栏目内容。

同月

《孔社杂志》在北京创刊。月刊。是以徐世昌为名誉社长的尊孔团体孔社的机关刊物。徐琪主编。该刊自称以“阐扬孔学”“通经致用”“巩固国基”为宗旨。

上海《时事新报》馆编辑出版的月刊《时事汇报》创刊。第 7 期后改为季刊。1915 年 5 月停刊。

《电气协会杂志》月刊在北京创刊。

《游戏杂志》月刊在上海创刊。

《香江杂志》月刊在香港创刊。

长沙《女权日报》以经济困难停刊。

冬

张竹平应聘为上海《申报》经理，并着手改进广告工作，设广告推广科，招揽广告。

上海《新闻报》总编辑金世和辞职，张继斋任编辑主任，金剑花、吴叔子、张叔通、周梦熊为编辑。

同年

受“二次革命”失败及袁世凯政府迫害的影响，到本年底止，全国报纸总数仅余 139 种。史称“癸丑报灾”。

据邮政部门发表的统计数字，本年内全国经由邮政系统邮寄发行的报纸及印刷品总数为 51524800 件。

《中华》（半月刊）、《众议院公报》《参议院公报》《大理院判决录》（月刊）、《铁路协会会报报萃》（年刊）在北京创刊。

《赤县新闻》在天津创刊。创刊不久，即因著论指责袁政府，被天津警察当局查封。

天津《北洋报》改名《时闻报》继续出版。

《直隶教育界》（月刊）、《政学旬报》在天津创刊。

用蒙汉两种文字编印的《蒙文白话报》创刊。月刊。每期出 16 开 1 册。该刊支持民国政府及五族共和。未署出版地点及主办人姓名。

《归绥日报》在归绥（今呼和浩特市）创刊。同盟会会员王定圻主办。每天出 4 开

1张。是内蒙古西部地区最早的报纸。

《公教白话报》在山东兖州创刊。当地天主教堂主办。

《山东农工杂志》在济南创刊。

《河南教育报》在河南开封创刊。

上海《申报》增出《新申报》周刊。

4开小型报纸《沪报》在上海创刊。三日刊。社址在上海北山西路德安里25号。发行人郁悼庵。

上海圣教书局出版的月刊《图画新报》（*Chinese Illustrated News*）停刊。

英文月刊*China Sunday School Journal Monthly*（译意《中国主日学校月报》）在上海创刊。为教会学校刊物。

英文周刊 *Shipping and Engineering*（《航业机务西报》）在上海创刊。主编奥利弗拉船长（Captain D Oliveyra）。该报以在华外籍海员及机务人员为主要发行对象。

旅沪葡萄牙侨民主办的葡文周报 A Rotunda（译意《葡侨议事厅周报》）在上海创刊。主编阮格（T. Rangel）。

《学渊》（月刊）、《通商报》《佛教月报》《上海公报》（半月刊）、《圣经报》（季刊）在上海创刊。

《秦中公报》（月刊）、《陕西教育行政》（月刊）在西安创刊。

《民强报》在绍兴创刊。主编张子和。

《中报》利用《震旦民报》遗留下来的各项设备，在武汉创刊。馆址在汉口日租界。原《震旦民报》经理张樾担任发行人，马野马、任岱青、李镇安、蔡寄鸥、杨芸冈等参与编辑工作。该报以反对袁、黎为主要内容。出版后，湖北当局禁止在租界以外发行，销路因此颇受影响。

武汉《群报》因在党争中失去依托，被迫自动停刊。

《游戏报》（日刊，花报，孙亚二等主办）、《共和日报》（谭延闿创办）、《武汉新闻》（汪友竹创办）、《崇实报》（日刊，经理刘挫尘）、《中庸报》（日刊，陈平侯主办）等报在武汉创刊。

《湖南农报》《湖南教育公报》在长沙创刊。

大中通讯社在湖南长沙成立，并开始发稿。

《日日新闻》《新繁商业报》在成都创刊。

无政府主义者主办的《民声日报》在广州创刊。副刊名《民声日报杂著》，有文苑、诗界、趣闻、谈、谐文、卫生、经济、笔记、法科、国民常识等栏目内容。

《民治报》在广州创刊。该报内容分庄谐两部，有本省要闻、中国要闻、外国要闻、都督批词、小说、文苑、谈薮等栏目内容。

《国报》在广州创刊。由徐勤、陈柱廷、谭荔垣、陈如东等主持。属于共和党（进步党）方面的报纸。

《总商会新报》在广州创刊。社址在广州十七甫。张镜藜主持。该报标榜在商言商，不带政治色彩。

基督教会主办的《觉魂报》在广州创刊。

《协群报》在广州创刊。

《民报》在广西桂林创刊。编辑李天佐、蒋道授、杨伯调等。属于国民党广西支部的报纸。“二次革命”后停刊。

《公言报》在桂林创刊。主编王豫，编辑谢宗韩等。属于进步党系统的报纸。

《指南报》在广西南宁创刊。社址在南宁下石牌坊街左营家庙。

《南宁日报》在南宁创刊。

香港《商报》更名《共和报》继续出版。由霍公实任主笔。

《澳门通报》在澳门创刊。

留日中华圣公会主办的《醒氓》季刊在东京创刊。

澳大利亚华侨主办的中文《民国报》在澳大利亚悉尼市创刊。周刊，每星期六出版。

旅美华侨洪门致公堂组织主办的中文《民国公报》（*Chinese Republic News*）在纽约创刊。初为半周刊，后改周刊。该报1933年左右更名《国权报》。1934年更名《纽约公报》，并改为日刊。1947年更名《五洲公报》。1948年停刊。

1914年（甲寅）

1月1日

《中华实业界月刊》月刊在上海创刊。陆费逵主编。中华书局发行。先后出版11期。

文艺期刊《中华小说界》在上海创刊。中华书局出版发行。

1月5日

《国民新报》在上海创刊。日出对开3张。

1月7日

北洋政府以大总统名义通令各省切实查禁国民党印刷品。规定："如有散布或售卖该乱党各种印刷文件"者，"从严惩办"。

1月10日

北京《新社会日报》以在时评中透露有关国务院总理熊希龄窃取热河行宫古玩消息，被内务部查封。罪名是"关系个人名誉""挑动清宫恶感"，"有妨治安"。

1月16日

基督教青年会童子部主办的《童子声》月刊在上海创刊。

1月29日

古巴华侨集资发行的《华文日报》（后改名《华文商报》）在哈瓦那创刊。李叔腾任总理兼总编辑。日出对开3张。初销仅五六百份，后逐渐增至2000余份，最高时曾达3000余份。

同月

《正谊》月刊在上海创刊。谷钟秀、杨永泰、丁世铎、孙润宇、卢信等主办。该刊以袁政府在野党刊物自居。自称以"指导社会""忠告政府"为宗旨。内容分论说、时评、译述、记载、通讯、艺文、杂纂七门。每期约15万字。出9期后停刊。

《京师教育报》《税务月报》在北京创刊。

《新民报》月刊在上海创刊。中国圣教会主办。

上海中美维新商务公司主办的《中西商务报》创刊。

《超然》杂志在江苏常熟创刊。

《法律周报》在杭州创刊。

《笑报》在绍兴创刊。社址在绍兴城内下大路。创办人杨一放，主持人周鹿栖，参加撰稿的有周作人、平智峰、张月楼、沈颂萱、李士铭等。该报内容以趣味性方面的稿件为主。日出200份左右。

长沙《湖南演说通俗报》改名《湖南通俗教育报》继续出版。该报对袁世凯隐持反对态度。

《四川月报》在成都创刊。社址在成都青龙巷26号。每期出石印1册。

2月12日

中国加入万国邮政会，成为该会的正式成员。

2月15日

《蜀报》在四川成都创刊。社址在成都少城西马棚街10号，印刷部在打金街26号。每周出32开1册。主任兼总编辑范赓，编辑李稌、张树芬等。该报自称"专以增长人群道德，鼓吹文明进行为宗旨"，实际上是袁世凯在四川的御用宣传工具。该报言论上全力支持以袁世凯为首的北洋政府。

2月21日

长沙《湖南公报》刊出题为《质问湖南公报》的短评，对该报慑于军阀淫威，不敢放言的困难处境，进行自我嘲讽。略称：

> “《湖南公报》，汝自出世以来，时而捣毁，时而停版，遭难多矣。汝一再宣言，谓当强固不挠，坚持到底，吾固以为汝勇矣。……而岂知今日之汝，迥非前此之汝，委懦依违，奄奄无生气，于湖南用人行政，绝不加以批评，岂湖南自政变后，遂无一不当之人，不法之事乎？‘圣朝无阙事，自觉谏书稀’，汝或亦如是也。”（《湖南公报》1914年2月21日时评，作者署名：“阅者”）

同月

上海市政厅改组为上海工巡捐总局。原由该厅主办的《上海市公报》停止出版。

上海海啸文艺研究社主办的《狂风》月刊创刊。

南京金陵神学院主办的《神学杂志》季刊创刊。出至1950年11月停刊。

重庆《正论日报》社长向执中获释，该报恢复出版。社址设在重庆县庙内。同年7月6日因经费困难停刊。

福建省长公署主办的《福建省教育行政月刊》在福州创刊。出至1918年10月停刊。

3月2日

袁世凯政府颁布《治安警察法》，规定：警察官吏对被认为有“扰乱秩序之安宁”之嫌的，包括报刊在内的印写物品，有权予以禁止及扣留。

3月5日

汉口各国租界公政厅西董会议，决定在租界章程中增加限制华文报纸出版的条款，规定凡华人在租界内开设报馆者，须先将宗旨报请公政厅批准给照之后，始能出版。“若其后来宗旨不正，罚金须在五百两以上，仍行勒令停版，迁出租界。”

3月6日

《新报》在广州创刊。社址在广州第七甫30号。发行人兼总编辑李远公。有本省新闻、地方新闻、中外要闻、评一、评二、滑稽新语、新说部、新谈屑、故事新谈、新舞台、珠海新声、歌棚新唱、迷骗术、报丛新艳等栏目内容。该报社论多出自老报人李大醒之手。该报曾以葡商主办的名义出现，以避免当局的干预和迫害。1934年停刊。

3月14日

汉口《大汉报》以刊载题为《落花有主》的通讯，揭露鄂督段芝贵强买坤伶王克琴为妾事，触怒当道。本日被当地军警机关借口该报《中原狼祸记》专栏中的某些报道，有“通匪”及“泄漏军事”嫌疑予以查封。社长胡石庵及编辑记者倪琴舫、金绒三、丁愚庵、彭蟫庵、朱钝根等13人被捕。经审讯后，胡石庵被判三等有期徒刑3年10个月，朱钝根被判1年1个月，丁愚庵、彭蟫庵各被判3个月，其余各人无罪开释。

福建漳州《漳州日报》停刊。

3月24日

北京京师警察厅宪警十数名，本日凌晨4时，奉命前往化石桥日本人主办的《顺天时报》，企图扣押当日该报出版的报纸，遭到拒绝。宪警等刚刚来到报社门口，“已有日本兵多名，强行抗拒，不许入雷池一步”，宪警等“为顾全邦交起见，遂让步而去”。据当时报载，中国方面对该报采取行动，是因为该报刊出了讽刺袁世凯的漫画。

同日，黄兴致函章士钊，邀章参加即将出版的国民党机关刊物《民国》杂志的编辑工作，共同进行反袁宣传。函云：“昨晚劭襄兄来云：‘杂志之事，昨日汉民兄等仍要求兄主任其事，尚未得见承诺，殊为悬悬'弟思袁氏作恶已极，必不能久于其位，兄能于此刻为收拾人心之举，亦不为早。……至组织后，如最激烈分子，当可设法使其不偾事，劭襄兄亦言及此。如何之处，乞示知，不胜盼祷。”（上海图书馆所藏影印件，见《黄兴集》，第 351 页）章未报可。

3 月 31 日

上海《生活日报》以经费困难，自行停刊。

3 月下旬

美国密苏里大学新闻学院院长威廉博士（Dr. William）来华讲学，受到上海、北京两地新闻界人士的欢迎。

同月

清华大学主办的《清华大学周刊》在北京清华学校创刊。

上海商务印书馆出版的《出版界》月刊创刊。

《苏州国民教育励进社杂志》在苏州创刊。仅出 1 期即停。

法政学会四川支部主办的《法政杂志》在成都创刊。社址在成都净慈寺。月刊。社长四川内务司长裴铁侠。

《开智白话周报》在成都创刊。社址在成都中南大街 26 号。社长罗子培，编辑孙敬昭等。

春

上海东方广告公司主办的《进化报》在上海创刊。

《宜俗趣报》在四川成都创刊。社址在成都老关庙街。主办人戴传勋。

4 月 2 日

袁世凯政府制定的《报纸条例》，即日由当时担任大总统的袁世凯签署，国务总理孙宝琦、内务总长朱启钤副署公布。新公布的《报纸条例》共 35 条。要点如下：

1. 发行报纸，须经该管警察官署认可，并交纳保证金一百至三百元。禁止军人、官吏、学生和官方认为有神经病的人，充当报纸编辑、发行人。

2. 禁止报纸刊登以下文字：“淆乱政体者”；“妨害治安者”；“败坏风俗者”；“外交军事之秘密及其他政务经该管官署禁止登载者”；“预审未经公判之案件，及诉讼之禁止旁听者”；“国会及其他官署会议，按照法令禁止旁听者”；“攻讦个人阴私，损害其名誉者”。违者，处以五等以上徒刑，停刊十日至永远停刊，二十至二百元罚金等刑罚。

3. 国外报纸违反以上规定者，没收报纸，处分发卖人。

同日，北京各报召开报界会议，就袁世凯政府颁布《报纸条例》一事，研究应对办法。会上有四派意见：第一派主张挂洋旗，雇佣一日本人充当主笔，或将报馆全盘卖与外国人。第二派主张同盟罢工，各报一律停版，所有主笔，全数到外人报馆尽义务。第三派主张请愿大总统，或分头向法制局、内务部设法请求。第四派主张到天津租界印刷发行，或迁往上海、香港出版。据当时报载，第三派、第四派赞成者极少，第一派占最多数，第二派占次多数。《亚细亚报》表示赞成第一派，《黄钟报》《大自由报》表示赞成第二派，《民宪报》对第一、二派均表赞成云云。

同日，北京英文《京报》发表评论，对新颁报律表示强烈反对。摘录当时报纸所译部分原文如下：

> “吾人殊不解何以内务部必订如此严酷之报律。若该律一旦实行，则不独为世上报律比较之最恶者，且将中国公民言论出版自由之权剥夺殆尽也”。
>
> “此新报律之宗旨，无非禁止登载政府所不乐闻之消息也。以欲达此目的

之故，凡各文明国已经废除之苛律，内务部一一利用之。并闻政府不但令各报存款备罚，并主笔之资格亦须取缔，凡人年不满二十五岁，或犯神经病，或曾受监禁之罪者，皆不得为主笔。……内务部之报律果实行者，中国主笔之得神经病者，必更视前加多也。”

“新报律于取缔主笔及报主人之外，尚须干涉其报之内容。照该律，凡未付印之先，必须将大样呈请警察厅检查。此种苛酷条件，无论在专制国或民主国，皆当视为极恶者也。不知检查之警官亦受资格之取缔否？彼亦有年龄及神经病之不合格否？彼之识见，是否确有审定何者当发表，何者不当发表否？彼等要求报馆更正之权，是否绝不加以限制？总之，若以监督报馆之权，完全委之警察，则凡属独立之报，从此可以休业矣。不然则不堪其骚扰与讹诈也。夫警察监督报馆，实与禁止报馆登载议论国体文件相等，人民居于何等国体之下，而尚不许人过问，则此报律之为专制苛酷，可想见矣。”（《申报》1914年4月7日）

4月上旬

汉口《国民新报》发表文章，就新颁报律的内容进行剖析，指出新报律的大部分条例，多系照套日本新闻纸条例，“而去其宽平，加以苛重”。

4月11日

无政府主义团体晦鸣社的机关刊物《民声》（初创时名《晦鸣录》）由澳门迁至上海秘密出版。伪称在日本东京印刷发行。

4月13日

袁政府有关官员，就新报律处分过严一节，发表谈话如下：

“新报律稍失繁苛，处罚亦稍失于严，是为不可免之事。其理由盖以报界中人虽不乏正人君子，而不免有败类杂其中，如关于政党上主张极端之意见者，暂措不论，现如京中二三报馆之社长及主笔某某，滥用报纸之势力，敢行不正之手段，良民受害，社会被毒，而彼等今日已化成一个富家翁。政府此次颁布新报律，比前稍严者无他，惟在欲扶助报界中之正人君子，而驱除报界中之无赖徒，以刷新报界之面目，是乃一时便宜之处置耳！若幸依新报律而实行，报界之风气面目逐渐刷新，则政府亦决非吝于修改也。”（《申报》1914年4月15日）

4月14日

北京报界同志会公推李庆芳、康士铎、乌泽声等3人为代表，前往内务部就新颁报律条文中不够明确之处，提出质询，要求作进一步解释。计开：

1. 报律第六项规定，“国会及其他官署会议，按照法令禁止旁听者，报纸不得登载”。“其他官署会议”，指的是哪些会议？希望有限制性的解释。

2. 报律第八项规定，报纸不得“攻讦个人阴私，损害其名誉”。“事关公益”的是否在此限？如果不在此限，两者怎么区别？希望明白解释。

3. 报律规定要交“保押费”，而且数量很大。当前报界经济困难，这一条能否缓期执行？

内务总长朱启钤派警政司长陈时利代为接见，并就三代表提出的问题，解释答复如下：

①“报律第十条第四项，关系外交军事之秘密，当然不能登载；至其他政务，如关系秘密，自然有明文禁止，如无明文禁止者，自然非关系秘密，报纸焉有不可登载之理。第六项国会秘密

会，自然不能登载，至其他官署会议，如无官厅明文禁止者，自然可以登载。”

②“第八项攻讦个人阴私，损害其名誉者，个人与阴私，乃系对待的，事关公益，自然不是阴私。”

⑧“关于保押费。条例中第三十条并未规定期限，现在市面萧条，诸君所陈，自是实情，缓期缴纳，尚与条例不背，本部当通知警厅办理。”（以上引文据《申报》1914 年 4 月 14 日至 18 日所刊的《北京报界之陈情书》《官中之新报律理由说》《关于新报律之商榷者》《北京报界对于新颁报律之进行》等报道）

4 月 18 日

上海英文《字林西报》就袁政府颁发报律事，发表评论。认为“律中多有可笑可怪之处”，“北京以外之各报，当不致受有影响，而京中之报，能否遵行，亦不可必”，“自革命之后，北京宣布之法令多矣，言者谆谆，听者藐藐，大约报律之结果，亦不外乎此也”。

4 月 20 日

《普通白话报》在重庆创刊。社址在重庆文华街文昌宫内。每天傍晚出对开 1 张。经理杨南坡，主编汪述平。有社说、选论、选电、时评、新闻、小说等栏目内容。是重庆市最早的晚报。

《云南农业丛报》在昆明创刊。月刊。云南省农会主办。以提倡农业，输进农民生计常识，并以交换农家之学识经验为宗旨。

4 月 25 日

《民权素》月刊在上海创刊。主编人刘铁冷、蒋著超等，均为原《民权报》的成员。以刊载言情小说为主，是鸳鸯蝴蝶派的主要园地。出至 1916 年 4 月左右停刊。

《商务日报》在四川重庆创刊。重庆总商会机关报。社址在重庆商业场。首任社长兼总编辑周文钦。《发刊词》自称其办报方针是：“以消息灵通为第一义；注重报德，一切记载惟尚简要；凡有伤风教，无关劝惩者，概屏不载；对于国群问题，非重大者，不著笔，不发言；商事虽特注重，然不苟抑扬，时寓利导整齐之意，总期达福国善群为目标。”该报创刊时原名《商报》，1915 年一度停刊。1916 年更名《重庆商务日报》恢复出版，1938 年改名《商务日报》继续出版。1951 年 1 月 16 日终刊。

同月

北洋政府总统府秘书长梁士诒商请英国《曼彻斯特卫报》（*Manchester Guardian*）出版《中国专版》，为袁世凯政权作宣传。

进步党本部在北京创办《中华杂志》半月刊。该刊自第 8 期起改为月刊。

《天津晨报》《既报》在天津创刊。

《福幼报》（*Happy Childhood*）月刊在上海创刊。美国季理斐夫人（Mrs. D. Macgiliveray）主办。所刊以圣经故事及图画为主。出版经费曾经得到过美国妇女联合会（United Women's Board of America）的资助。

英文 *Asiatic Division Mission News*（译意《亚洲教会新闻》）月刊在上海创刊。1917 年 3 月停刊。

《浙江兵事杂志》月刊在杭州创刊。

长沙《湖南公报》进行改组。原主持人贝元徵调离，该报完全为进步党所控制。改组数月，由刘腴深任经理，黎劭西任总编辑。

共和党四川支部主办的《蜀风报》半月刊改名《共和报》继续出版。主编印焕门、钟山。曾发表不少反袁文章。

5 月 1 日

《白话报》在天津创刊。周刊。天津南开学校主办。主编马千里。

《商务报》在上海创刊。以报道商业金

融方面的新闻为主。

民鸣新剧社主办的《新剧杂志》在上海创刊。管义华主编。

5月5日

广州《觉魂日报》以报道了有关潮梅兵变的消息，奉命停版。主编欧阳寿石等4人被捕。

5月8日

汕头《竞正日报》《公言日报》《大东报》等3家报纸以所刊潮梅兵变消息，涉及海阳县知事兰和光，有“兰知事梦中惊觉，踉跄由后墙逃走，状甚狼狈，旋即树白旗投降”等语，本日被兰串通潮梅绥靖督办吴祥达，以“附和乱党，扰乱治安”等罪名，派兵包围，《竞正日报》经理李伯约、《大东报》经理林秀宕、《公言日报》编辑邱醒虎等被捕，三报被迫停刊。经汕头警长凌鸿年出面调停，被捕诸人各交罚金100元后释放，三报旋即恢复出版。汕头报界公会为此曾分电广东都督、省长、上海报界俱进会、北京进步党本部，说明原委，要求查处。在此以前，汕头还发生过《新华报》工作人员被捕事件。当地《新华报》，被潮梅绥靖督办吴祥达在社内搜获“三民党印一颗”，主笔蔡则康及杂役等共50人因此被捕，“闻有一概枪毙之消息”云云。

5月10日

《甲寅》杂志在日本东京创刊。月刊。主编章士钊，经常为该刊撰稿的有章士钊、陈独秀、高一涵、周鲠生、杨端六等。该刊自称以“条陈时弊，朴实说理”为宗旨。积极支持反袁斗争。1915年5月起，移至上海印刷出版。同年10月停刊。

孙中山发起的《民国》杂志在日本东京创刊。刊期不定。总编辑胡汉民，经理居正，编撰戴季陶、朱执信、廖仲恺、田桐、杨沧白、李根源等。有论说、译述、文艺、纪事、杂著等栏目内容。中华革命党成立后，该刊即转为该党的正式机关刊物。

5月上旬

广州《觉魂日报》以刊载“乱党檄文”，被广东都督龙济光查封。编辑欧阳寿石等4人被捕，并被押入陆军监狱。广东警察厅长邓瑶光曾就被捕4人的处分办法，向粤督龙济光请示，龙在前2人名下批示：“打靶！打靶！”在后2人名下批示：“监禁！监禁！”后以该报为“中西教会人士合股创办”，驻广州美领事且为此提出交涉，遂或为“从宽处理”结案。

5月11日

本日《北京日报》所刊“陆军部请添次长”消息一则，被宪兵指为“捏造谣言”，勒令更正。几天后，徐树铮受任陆军部次长的消息正式公布，该报特发表更正启事如下：“本日已奉命以徐树铮为次长，可见非捏造。但本报与日本人之《顺天时报》不同，谨奉谕更正。”

5月16日

广州《岭华日报》《大公日报》以所刊福亨押遇劫消息，涉及济军士兵，被广东都督龙济光指为“诬蔑军士行劫”，罚令停刊3天，并通过广东警察厅转饬两报及广州各报：“嗣后凡关于此类事项，及未经政府公布之文件军情等件，一律不准妄登。”

5月20日

马来亚华侨主办的中文《国民日报》在新加坡创刊。创办人陈新政。日销达3000份。该报于1919年改组为《新国民日报》，改由谢文进负责。后迁吉隆坡出版。

5月28日

《汉口新闻报》在汉口创刊。社址在汉口英租界一码头致祥里。日出对开5张，销约3000份。经理张云渊，主编凤竹荪，编辑曾梓庐、王芷衡等。该报自称“专以营业为目的”。该报原名《新闻报》，因与上海的《新闻报》报名相同，被后者以“假借名义”为由，向汉口法庭提起诉讼，才改用现名。该报与日文《汉口日报》关系密切，受《汉口日报》社长冈幸七郎控制，发表过不少亲日的言论。1937 年抗战爆发后，被迫停刊。

同月

英文《北京时报》（*Peking Gazette*）（通称《英文京报》）在北京创刊。英国记者伍德海（George Woodhead）主办。内容以时事评论为主。创刊不久，即为袁世凯政府的财政总长周自齐以 7 万元购进，由陈友仁出面主持，辜鸿铭应邀为该报撰写特写等稿件。销约 1000 余份。1936 年左右停刊。

《消闲钟》（半月刊）、《沪宁沪杭甬铁路管理局公报》（月刊）在上海创刊。

《四川税务汇刊》月刊在成都创刊。

6 月 1 日

江苏省政府机关报《政闻日报》在南京创刊。

6 月 6 日

文艺期刊《礼拜六》在上海创刊。每周 1 册。中华图书馆出版发行。1916 年 4 月出至百期停刊。1921 年 3 月复刊，1923 年停刊，前后共出 200 期。是鸳鸯蝴蝶派作家的主要阵地。

同月

北洋政府教育部主办的《教育公报》月刊在北京创刊。出至 1926 年停刊。

清华国学会研究会主办的《国学丛刊》在北京创刊。

《黄花旬报》《夏星杂志》（月刊）、《财政经济杂志》（月刊）、《上海图书界》《新民剧报》在上海创刊。

7 月 8 日

中华革命党在日本东京正式成立。先期出版的《民国》杂志自即日起，转为该党的机关报纸。袁世凯帝制失败后，停止出版。

7 月 15 日

上海《新闻报》日销达 2 万份。为提早出报时间计，该报自即日起，使用新购置的巴德式（Potter’s）二层轮转印报机印报，每小时可出报 7000 份，为我国报界使用轮转印刷机之始。在此之前，我国各报皆使用单张平版印刷机印刷。

7 月 16 日

成都《四川公报》的特别增刊《娱闲录》创刊。半月刊。每月农历初二、十六日出版 1 册。是四川较早的文艺刊物。发行人樊孔周，参加编辑及撰稿的有吴虞、李劼人、曾安素、方觚斋、刘觉奴、曾兰、胡安澜等。

7 月 20 日

商务印书馆编辑出版的《学生杂志》月刊在上海创刊。历任主编人有朱天民、陈功甫等。以青年学生为主要读者对象。1932 年 1 月停刊。

7 月 23 日

北京《大自由报》以所刊“查办军务徐树铮在张查办兵变事已竣，拟不日即赴包头”，以及“创设兵器厂借款问题”等消息，与事实稍有出入，被陆军部指为“毫无根据”，“无端造谣”，勒令暂时停刊，编辑 2 人被陆军部所派宪兵送至警厅拘押。

7 月 25 日

北京《醒华报》以本日各省新闻栏所刊“四川制造步枪减重量”新闻一则，涉及军事秘密，被陆军部饬宪兵营将该报负责人送至警厅，听候处分，经审讯后，罚令停刊 3 天。

7 月 28 日

陆军部函咨足师警察厅，要求该厅转告

各报，对于“军事政事”不得“随意登载”，并要求该厅转饬北京各报，将所出报纸逐日分送该部及统率、外交、礼官各部处，以备随时查核。原函摘录如下：

“现在欧洲战机甚迫，我中国为新造之邦，一举一动皆为列强注意，而内地报纸大抵不加审慎，于军事政事随意登载，细则淆乱人心，大则贻害国家。贵厅于报馆营业，有管辖之责任，即请密为诰诫：嗣后不惟本国军事，如关于编制及剿匪等项，应按照条例，审慎登载，即对于列强战争，亦不宜轻率发议，或引起意外之交涉。各报馆既为中国人民所设立，于关系国家应守秘密之事，岂容取快笔舌，任情宣告。如其故意违犯，自不得不以法律绳之。并祈贵厅通饬本京各报馆，将所出报纸，逐日分送本部及统率、外交、礼官各部处，以备随时查核。”（《申报》1914 年 8 月 4 日）

7 月 31 日

京师警察厅本日下午 2 时在该厅举行茶话会，邀请北京各报负责人及陆军部、外交部特派员参加。会上传达了陆军部 28 日函请该厅转告各报的有关内容。

同月

《旗族月报》在北京创刊。出至同年 11 月停刊。

日本人主办的日文《北满洲》周刊在哈尔滨创刊。水野清一郎主持。

日本人宗方小太郎主办的东方通讯社在上海创刊。

《五铜元》周刊、《学生月刊》《礼拜三》周刊在上海创刊。

上海各中文报纸开始普遍采用路透社稿件，以充实有关第一次世界大战消息的报道。

湖南都督汤芗铭主办的《国民新报》改名《大中报》继续出版。由将军署洋文秘书王继周担任经理。该报代表官方发言。销数极少。

《湖南公报》以报道郴州、衡阳发生兵变消息，被湘督汤芗铭指为泄漏军事机密，罚停刊 2 个月。

《湖南通俗教育报》以反对袁世凯，遭到湘督汤芗铭的摧残。发行人何劲（雨农）被拘入陆军监狱，判处徒刑 6 个月。发行人由郭勉斋接任，总编辑由刘盅园接任。改组后的《通俗教育报》，言论受到控制，沦为帝制派的喉舌。在刘盅园担任总编辑期间，《通俗教育报》曾因刊载美帝国主义者虐待菲律宾人的故事及插图，引起美方的抗议，被地方当局罚停 1 周，并勒令补刊中美“友好”故事 21 天。

《教育粹编》在湖南湘潭创刊。湘潭县教育会主办。

国学扶危社主办的《国学》杂志在日本东京创刊。

8 月 6 日

京师警察厅根据外交部、陆海军部咨文，通饬各报馆：“关于欧美战事消息，译登外电外报仍将名目载明外，其稍涉影响，无确切根据之词，一律不准登载。”

8 月 12 日

北京《亚细亚报》发行人薛伯平、总编辑周孝怀以本日该报所刊“日兵准备”，“东三省美国人之戒备”等新闻两则，“均未指明明确根据”，被京师地方检察厅以违背《报纸条例》第十条第四款及第二十三条，提起公诉。

8 月 13 日

德商德华银行致函京师警察厅，以北京《亚细亚报》所刊有关德华银行停止营业消息一则，严重失实，有损该行信誉，要求赔偿业务损失费 5000 元。该报于本日致函警厅，严词拒绝，有“现在外人之在我国，虽享有领事裁判之权，然若不在租界而对于我国人民有所诉讼，则应依照我国法律，对于法定审判厅提起诉讼，非可以私人资格致函行政官厅，便可要求何种权利者也”等语。

8 月 14 日

前《大汉报》编辑余慈舫，本日被湖北都督段芝贵以反袁罪名押送汉口满春园（一说杏初里）杀害，“先后共砍八刀始死”。余慈舫是 7 月 17 日在汉口被捕的，当时他刚从江西潜返汉口，秘密组织“救国接厉团”，准备从事反袁活动。

管雪斋在《武汉新闻事业》中记余被杀事称：

> “段芝贵任，更有一惨痛之事，便是余慈舫的被杀。余在《大江》《大汉》各报撰文，言论极为犀利，对任何人不稍顾忌。曾以武汉稽查处长刘友才搜捕蒋翊武宅事，作有《好恶的狗》一文，刘乳名贵狗，因之怀恨在心，派人密捕，诬以串通乱党的罪名，在杏初里（今民众乐园）前，将余斩首。凌大同之后，报人被杀，此为第二次。”（1936 年 9 月出版的《新闻纸展览特刊》）

朱纯根在《新闻界之一页光荣史》中记余被杀事称：

> “此君笔锋甚健，而性极刚烈，嫉恶如仇，于官吏之贪污不法者，检得证据，必于报端尽情痛诋，不稍宽假，以此被小人挟怨衔仇，亟思乘机报复，而君不知之也。会江西事败，噩耗传来，君本赣籍，痛邱墓田庐，为人蹂躏，乃辞报社职务，只身潜返原籍，将谋联络党人，共起讨袁。此二年冬间事也。至三年春间，君复莅汉上，则携一爱人与俱，且曾来社小住，旋于外间僦居既妥，始复辞去，而此行目的为何，则秘不告人，虽以余等同事之久，相知之深，亦未以半字行藏相示，及余等入狱，瞬隔不过月余耳。……余案共五人，皆送至汉口后湖空场枭首。而是时斩刑久废，刽子手均已改业，是日为慈舫服务者，系一兵士，视杀人为儿戏，强欲执刑，讵举刃而刃不入，闻先后共斩八刀，始死。盖新闻记者死事之惨，慈舫实为第一人。”（转引自刘望龄：《黑血·金鼓——辛亥前后湖北报刊史事长编》，第 391 页）

8 月 15 日

《快活世界》月刊在上海创刊。中国图书公司出版。庄乘黄主编。所刊以滑稽小品为主。

8 月 16 日

上海《新闻报》文艺副刊《庄谐丛录》改名为《快活林》，继续出版。由严独鹤任主编。

同月

北洋政府农商部主办的《农商公报》月刊在北京创刊。

北京劝学办公总处主办的《京师教育画报》在北京创刊。

上海《时报》主办的《余兴》月刊创刊。内容大部分选自每日出版的《时报》副刊《余兴》。出至 1917 年 7 月后停刊。

以报道欧洲战场消息为主要内容的《欧洲战纪》半月刊及《欧洲战事汇报》旬刊在上海创刊。后者由广益书局出版发行，金石主编。

中外编译社主办的《欧洲风云》周刊在上海创刊。

四川财政厅主办的《四川财政汇编》在成都创刊。不定期刊。

重庆《正俗日报》以刊载四川都督胡景伊“患肝病甚剧”消息，被当地警察厅指为

“故意造谣，妨害治安”，予以查封，发行人刘安国被捕。

9月10日

文艺期刊《小说旬报》在上海创刊。

9月上旬

广东省城警察厅厅长邓瑶光发布饬令，要求省城各报对有关外交、军事等方面的消息，“慎重登载”。原文如下：

> “广东省城警察厅饬文云：现奉广东巡按使公署饬第2145号开：‘案查列国战事发生，我国因同为友邦，严守中立，所有关于外交、军事各项，迭饬该厅转饬各报馆慎重登载在案。乃日前《南越》《华国》等报对于列国宣战一节，迭次著为论说、时评，妄生揣测，不特有伤睦谊，抑且摇惑人心，市虎杯蛇，混淆视听，实于弭患保安之道大有妨碍。查本省弭患保安办法第八条，严禁报馆，不许登载有关外交、军事之重要文件，及造谣生事之访稿，业经呈奉大总统核准照办，通饬遵照。仰即传知各报馆，一体遵行。如再故违，即由该厅将登载之报馆勒令停版，以符省令，而靖人心。此饬。’等因，奉此。查日前《南越》《华国》等报，对于列国宣战一节，著为论说、时评，妄生揣测，迭奉饬行，严为查禁。均经转饬遵照，各在案。兹奉前因，除通饬外，合饬该报馆一体遵照。此饬。厅长邓瑶光”（《申报》1914年9月16日）

9月14日

南昌《天佣报》以9月11日所刊新闻《警厅有缢死鬼》一则，有“煽动”嫌疑，被南昌地方检察厅提起公诉，本日在南昌地方审判厅审结，判处该报负责人李玉文有期徒刑2个月，缓刑3年，判罚该报停刊10天。

9月20日

戏剧期刊《俳优杂志》半月刊在上海创刊。冯叔鸾主编。

9月22日

日本驻广州领事以当日广州《时敏报》《共和报》《七十二行商报》《商权报》《国报》《人权报》等报刊有“日军强取骡马，并不给值，华人却之，遂被击毙”等消息，致函广东地方当局，指为“全属子虚”，要求饬令各该报馆“用大字更正”。广东省政务厅于当日致函广东报界公会，要求各报“一律于明日要闻栏，用大字更正，以敦睦谊”。当日深夜2时，《时敏报》被广东省警察厅勒令停版。

9月23日

广州《时敏报》为被迫停刊事，发布传单。全文如下：

> “启者：本报于九月念二号夜二时接到警厅第九区署函开：‘现奉警察厅长面谕，转奉巡按使面谕，即勒令《时敏报》馆即日停版，听候批示办理，仰区遵照执行。等因，奉此。合行传知，希即遵照为要。’按此函并未声叙停版理由，本报编辑人即于二十三号午，亲到警厅诘问，据云：‘系由日本领事干涉所致，惟至今尚未奉到正式文件’。未知因何干涉，姑先停版后再理论，特此布告。九月二十三日。”（《申报》1914年10月3日）

广东报界公会即日为《时敏报》被勒令停版事，致函北京政事堂、都肃政使、平政院诸长官，暨同乡京官，要求维护法令，尊重舆论。末称：

> “查该报所载各节，先经中外各报登载，原与报律实无违犯。且报纸条例第二十八条、第二十二条至二十七条之处罚，由司法官署审判执行之，今官厅

不经司法审判，竟以警区命令执行，并与报纸条例不合，乃竟委令停版，舆论哗然。迭询警厅，一味含糊，似此滥用职权，实与大总统尊重言论，绥定人心之旨，大相违背。除由该报赴京公诉外，应请据实纠弹，以维法令，而饬官常。大局幸甚！广东报界公会叩敬。”（《申报》1914年10月3日）

经报界公会呼吁后，广东省警察厅判罚《时敏报》停刊一星期。该报于停刊期满后，恢复出版。

9月下旬

汉口日文《汉口日报》社长冈幸七郎发起“中日报界恳亲会”，以与武汉报界联谊为名，企图缓解抵制日货风潮，但受到汉口报界同人的抵制。应邀到会的仅《汉口中西报》杨幻庵及《国民新报》李振等2人。

同月

《山东教育公报》旬刊在济南创刊。

烟台警厅通知当地各报，所有新闻必须先一天送厅审查，经批准后，始得见报。

《江东杂志》半月刊在上海创刊。江东书局发行。

《织云杂志》月刊在上海创刊。扫叶山房出版。属文学期刊。

《繁华杂志》月刊在上海创刊。锦章图书局创办。

《医药观》月刊在上海创刊。少年社主办。

《新疆公报》在新疆迪化（今乌鲁木齐）创刊。三日刊。1926年12月前后停刊。

《人籁》半月刊在日本东京创刊。

10月1日

日本人主办的日文《上海日日新闻》在上海创刊。社址在上海乍浦路121号。宫地贯道主编。该报注意中国政局内幕及有关中国经济情况的报道。日销约3500份。

《世界杂志》在上海创刊。于天声主编。

《共和》半月刊在成都创刊。社长钟山，总编辑马质，主笔吴虞、孙少荆等。

10月7日

广东报界公会所属《国报》《时敏报》《南越报》《羊城报》《惟一报》《总商会报》《商权报》《天职报》《共和报》《华严报》《人权报》《华国报》《七十二行商报》《大公报》《觉魂报》《广州报》《安雅报》等17家报纸联名致函广东警察厅，要求对弭患保安办法所规定的“禁载外交、军事之重要文件”，“禁载造谣生事之访稿”，以及禁载经官厅禁止登载之论说、时评等禁令的范围作出解释，并要求确定执法机关，避免行政长官“自由处分”。

10月17日

江苏镇江《京江日报》主编以刊登卸任知县某贩土被获消息，被当地警察机关逮捕入狱。

10月23日

日本商人斋藤氏申请在重庆创办《瀛华报》，主管部门以“外国人不能在我国内地办报”为由，不予批准。各印刷局也以“未奉警厅明文”为由，不予代印。

10月29日

北京《亚细亚报》被控违背《报纸条例》案，本日在京师地方审判厅审结。法厅根据被告供词、辩护人辩护词及所作调查，确认该报所刊“日兵准备”，“美国之戒备”等新闻，“系由政事堂接待新闻记者人员所传出，并非毫无根据”，判决该报发行人薛伯平、总编辑周孝怀无罪。在审理此案过程中，著名记者黄远生以被告辩护律师身份两次出庭辩护，所作辩护理由书摘录如下：

“本案辩护理由，至为简单。查起诉理由，以违背《报纸条例》第十条第四项为根据。该项明载‘外交、军事之秘密及其他政务，经该管官署禁止登载者’，故其犯罪特别要素有三，①中国之外交军事及其他政务……②属于中国外交军事等之秘密……③则必经该管官署预先禁止登载者……以上解释，若果不误，则《亚细亚报》八月十二日所载‘日兵准备’及‘美国人之戒备’二则，无一合于犯罪条件。盖日兵准备云云，乃日本陆海部所管，非吾国之军事；美国人之戒备，乃美国领事一种命令，为美国之外交部所管，绝非吾国之外交；其为秘密与否，固无由知，其在中国既无所谓该管官署，更乌能预先禁止登载，其于犯罪事件，根本缺乏，固无从发生本条例之责任也。

“故八月六日北京警察厅准外交部、陆军部咨，通饬各报馆，关于欧美战事消息，除译登外电外报，仍须将名目载明外，其稍涉影响，无确切根据之词，一律不许登载之晓谕，只能认为官厅对于报馆一种之好意劝告，不能认为在本项条例范围内之行政命令。盖此项晓谕，若使合于条例明文，则固不特待颁禁令，若使不合于条例明文，则违反此项好意劝告者，固不能认为违犯报纸条例。若不能认为违反报纸条例，则即令违背此种劝告，在法律之独立解释上，固无从认为犯罪。

“况警谕所注意者，乃系欧美战事，今该报所载，一系日本人在营口之戒备，一系美领事在东三省警告美侨之命令，事在东方，无关欧美，尤与战事两不相涉，故该报所登，不特不违犯报纸条例，并未违反此项好意之劝告也。

“故本辩护人以为法庭并无命令被告人提出根据之必要，盖既不违法，则何须举证，若使违法，则虽有根据，明其新闻之所自来，则亦证明其犯罪之原因而已。若无根据则有罪，有根据则无罪，在报纸条例之独立解释上，固有所不许也。

“检察官论告，明认本辩护人外交军事须为中国之外交军事之解释为不谬。但谓际此时期，报纸任意登载事项，恐有影响于中国外交，则事经该管官署禁止者，犯罪即可成立云云。本辩护人则认为必须有具体之事实或范围，乃能成立本项之犯罪。至或因恐有影响于中国，或恐有妨碍于中国，而将其不属于中国该管官署之该管事项禁止登载，则绝对非法所许也。……

“以上为本辩护人法律上大体之意见，至关于今日新闻之刑事政策上，则尤望法庭取严正之解释，以为将来言论界之保障。盖今日言论界所处内外之地位，益极困难，而为国家社会计，实不可不加意维持，其维持方法，除拥护法律以为保障外，无他途也。

“据以上理由，应请贵审判长宣告，本案犯罪不能成立，合具理由书如右。此上地方审判厅刑庭审判长公鉴。”（《申报》1914年11月6日）

同月

周恩来主编的《敬业》杂志在天津创刊。属天津南开学校进步学生团体敬业乐群会的会刊。每半年出1期，先后共出6期，每期发行约1000份。

《商学余社什志》在上海创刊。

中华学生实业团救济部主办的《慈善》月刊在上海创刊。

《振青书画集》月刊在上海创刊。以刊载吴昌硕、高邕之、刘海粟等中西画家的作品为主。

文学期刊《七天》周刊在上海创刊。锦章图书局出版发行。

专刊滑稽小品的文艺期刊《白相朋友》

旬刊在上海创刊。广益书局出版发行。

中华博物学会研究会主办的《博物学杂志》在上海创刊。年刊。吴家煦主编。出至1928年10月停刊。

《江东》杂志在上海创刊。月刊。江东书局出版发行。

中华医药学会主办的《医药观》月刊在杭州创刊。

11月8日

杭州警察厅致函省城各报馆，宣布自即日起，对各报馆实行新闻检查。同日颁发《检查报纸规则》6条如下：

> ①本规则各报馆均应遵守之；②报纸未经检查，不得擅自印刷；③各报馆每日下午九时应将次日出版之新闻排就，印一样报，送交本厅检查处检查；④检查员如认为不应登载之新闻，应于题上加盖禁止登载戳记；⑤报纸如有不应登载之新闻经检查剔去者，报馆记者应将补稿送厅复查，如报馆不愿补登，不在此限；⑥检查员检查报纸，应于每条新闻上盖一戳记。（《申报》1914年11月10日）

11月14日

北洋政府以“信口雌黄，极为悖谬”为由，禁止在美国纽约出版的反袁报纸中文《民国公报》在国内公开发行。

11月15日

北京《亚细亚日报》自本日起，连续4天刊载参政院参政劳乃宣所写的《正续共和解》《君主民主平议》等鼓吹恢复帝制的文章，为袁世凯的帝制活动作舆论上的准备。

11月17日

以刊载滑稽小品为主的《快乐杂志》在上海创刊。东亚印书馆出版。童爱楼主编。

同月

京都市政公所主办的《京都市政通报》旬刊在北京创刊。该刊于1916年3月暂时休刊，1917年改为月刊继续出版。

《剧场月报》在上海创刊。

新学会社主办的《眉语》月刊（又名《眉语小说杂志》）在上海创刊。专刊妇女作家作品。1916年3月左右停刊。

以刊载滑稽小品为主的文艺期刊《快乐世界》周刊、《上海滩》旬刊、《好白相》半月刊在上海创刊。

文学期刊《七襄》在上海创刊。周刊。七襄社主编。

江苏松江县教育会主办的《研究杂志》双月刊在松江创刊。1915年4月左右停刊。

镇江《京江日报》以所刊《卸任官烟土被获》新闻一则，涉及丹徒知事刘鸣复，被刘唆使卫队长王海珊率领多人将该报工作人员颜道生等捕送县署，该报被迫停刊。

绍兴教育会主办的《绍兴教育杂志》月刊在绍兴创刊。

湖南省财政厅创办的《湖南省财政汇要月刊》在长沙创刊。约出至1918年1月停刊。

12月5日

袁世凯政府制定的《出版法》，本日经国务卿徐世昌副署后正式公布。其中第十一条规定：“文书图画有左列各款情事之一者，不得出版：一，淆乱政体者；二，妨害治安者；三，败坏风俗者；四，煽动包庇犯罪人、刑事被告人，或陷害刑事被告人者；五，轻罪重罚之预审案件未经公判者；六，诉讼或合议事件之禁止旁听者；七，揭载军事外交及其他官署机密之文书图画者；但得该官署许可时，不在此限；八，攻讦他人阴私，损害其名誉者。”以上条文经常被袁政府引用来对进步的和异己的报刊进行迫害。

12月8日

《通俗教育报》在齐齐哈尔创刊。黑龙

江省立通俗教育社主办。周六刊。每期出4开1张。主编郭毓奇。该报以普及国民教育为宗旨。期发行数约1000份。

12月10日

《妇女鉴》在成都创刊。每月出32开本1册。佘畏尘（女）主编。是在四川出版的第二家妇女刊物。该刊既有向妇女灌输新思想，以及提倡妇女不可无学的内容，也有宣传封建妇德方面的内容。

12月上旬

北京部分新闻记者联合组织的“新闻记者俱乐部”宣告成立。薛大可、乌泽声、陆哀、周春霖等4人被举为干事。其《简章》规定“凡为新闻记者，皆可入本俱乐部为部友”，每月开会一次，以“交换知识并发展新闻事业”为宗旨。

12月15日

广东都督龙济光以“任意颠倒是非，捏诬诋毁，显系乱党报纸”等罪名，禁止香港《共和报》《大光报》《人报》等3家报纸进口。禁令原文摘录如下：

> “案照报纸造谣惑众，最足妨害治安。现值乱党伺隙图逞，尤应严行查禁，以遏乱萌。兹查有香港《共和报》《大光报》《人报》连日登载佛山乱事，及省城发现炸弹，拿获乱党各新闻，任意颠倒事非，捏诬诋毁，显系乱党机关报纸，有意扰乱治安，若任其散布内地，殊足以淆乱观听，摇惑人心，亟应严禁入口，以息邪说。……如有前项报纸入境发售，立即禁止，并即毁销。仍将遵办情形具报。”（《申报》1914年12月25日）

被查禁入口的3家报纸中，《大光报》是教会方面的报纸，《共和报》由《香港商报》改组而成，历来是康梁的言论机关，“向来拥护中央”。香港华商总会于接到三报被禁消息后，曾召集全港商人，举行集会，为三报“昭雪”，证明“绝非乱党机关”。

12月26日

重庆《正论日报》以所刊消息触怒盐运使晏安澜，被后者藉端查禁，社长项执中、经理李钧铨被扣留。

同月

黑龙江清丈兼招垦总局主办的《垦务公报》月刊在齐齐哈尔创刊。主编魏毓兰。1915年9月停刊。

上海中华图书馆主办的《女子世界》月刊在上海创刊。

文学期刊《金星杂志》周刊在上海创刊。

上海改良新小说社主办的《十日新》（旬刊）及《朔望》（半月刊）杂志在上海创刊。后者由冯孤舟主编。

香港《真报》主笔毛仲莹以宣传反袁，在回内地探亲期间，被粤督诱捕枪杀。

《民声》杂志在日本东京创刊。

同年

据邮政管理部门公布的数字，本年内全国通过邮政部门邮寄的报纸及印刷品共42139300件。

《益闻摘录报》《农商部观察所年报》在北京创刊。

英人主办的英文 *North China Daily Mail*（《华北每日邮报》）在天津创刊。

《一报》在内蒙古创刊。每日出4开铅印1张。王定圻主办。该报支持同盟会、国民党的政治主张。

《山东实业公报》月刊在济南创刊。

日本人在中国创办的第一家通讯社东方通讯社在上海成立。主持人波多博。该社自称以搜集中国消息，宣传“东亚主义”为目的。

《中华全国商会联合会报》在上海创刊。出至1916年10月停刊。

中华书局主办的《中华童子界》月刊在上海创刊。

《医学新报》周刊在上海创刊。

徐枕亚主编的《小说丛报》月刊在上海创刊。

东方印刷所主办的《最新滑稽杂志》在上海创刊。

以“昌明礼教”为宗旨的《扶风月报》在上海创刊。昌明礼教社主办。

《东社》杂志在上海创刊。

《欧战风云》周刊在上海创刊。

广学会主办的上海《大同报》周刊在出版10年后自动停刊。

外国传教士主办的上海《小孩月报》改名《开风报》继续出版。出版5期后停刊。

英文周刊 *International Review The Weekly*（译意《国际周报》）在上海创刊。主编费伯瑞斯（Cecil Fabris）。

浙江省教育会主办的《浙江教育月报》在杭州创刊。

江西省财政厅主办的《江西财政公报》月刊在南昌创刊。

《民德报》（鄢从龙主办）、《午报》（童宾秋主办）、《通报》（熊辑文主办）、《黄钟杂志》《湖北女子教育杂志》等报刊在武汉创刊。

汉口《中西日报》恢复出版，仍由王华轩主持，编辑撰稿人凤竹荪、王痴吾等。

《花世界》在武昌创刊。日出1张。李冷公经理，刘菊坡、易雪泥、黄蠹声等编辑，郑秋帆、邹碧痕、朱春驹、贺有年等撰稿。该报曾因讽刺汉口警厅拟设娼妓诊所一事，被警方禁销。

《唐风报》在武汉创刊。以“空言招祸”，旋被查禁。

《正论日报》《民信日报》《正俗杂志》在成都创刊。

《危言报》《繁华报》在重庆创刊。

重庆《正俗日报》以发表《胡都督肝病甚剧》消息一则，被当地警厅以“故意造谣，妨害治安”为由，勒令停刊，发行人刘安国被捕。

《民信日报》在重庆创刊。社址在重庆五福街。主编廖仲和。1920年5月停刊。

重庆各报发起成立重庆报界俱进会。

《现象报》在广州创刊。馆址在广州打铜街。创办人郭唯灭。该报与国民党方面关系密切。

菲律宾华侨主办的《民号报》《中华日报》在马尼拉创刊。前者隶属国民党，为该党驻菲第二支部所主办。后者隶属共和党，创刊一年后出售给白苹洲，改组为《新福建报》继续出版。

印尼华侨主办的《苏门答腊民报》在棉兰创刊。创办人为当地侨商叶燕浅。初为周三刊，后改日刊，日出对开3张。该报为当地侨报中的巨擘。

1915年（乙卯）

1月5日

《妇女杂志》在上海创刊。月刊。商务印书馆出版发行。历任主编有杨润余等。1932年1月停刊。

《白话小报》在哈尔滨创刊。哈尔滨山东同乡会主办。

1月15日

日本人主办的日文《青岛新报》在青岛创刊。创办人小谷节夫。

1月20日

梁启超主办的《大中华》杂志在上海创刊。月刊。中华书局出版发行。该刊自称以“养成国民世界知识，增进国民人格，研究事理真相，以为朝野上下之南针”，以及“赞助我国民从事个人事业社会事业”为宗旨。创刊号刊有中华书局总经理陆费逵所撰《宣言书》称：“梁任公先生学术文章，海内自有定评。窃谓吾国中上流人稍有常识，固先生之功居多，而青年学子作应用文字其得力于先生者尤众。《大中华》杂志与先生订三年契约，主持撰述。”

1 月 23 日

成都《国民公报》以刊载袁世凯亲信陈宧即将入川任职消息，被当地宪兵司令部以“无端造谣，煽惑军心”罪名查封。

1 月 25 日

中华书局主办的《中华学生界》（月刊）、《中华妇女界》（月刊）在上海创刊。出版 18 期后停刊。

同月

北洋政府通令所属各省市地方政府，派员进驻当地邮局，检查往来邮件，遇有国民党人出版的反袁报纸和书刊，即予没收。

英文《华北日报》在天津创刊。

日本人鬼头玉汝在山东青岛创办《大青岛报》。日刊。

《科学》月刊在上海创刊。中国留美学生胡明复、赵元任、周仁、秉志、章元善、过探先、金邦正、杨铨、任鸿隽等发起，历任主编有杨铨、王进等。中国科学社出版发行。该刊以注重纯粹及应用、自然科学，用浅近文字说明各科基本概念，传播世界最新科学知识，以期唤起一般民众兴趣为宗旨。有通论、物质科学及其应用、自然科学及其应用、历史、传记等栏目内容。该刊为便于插写数学物理公式及化学分子式计，实行横排，并采用西式标点符号。1950 年停刊。

广学会在上海主办的《大同报》由周刊改为月刊继续出版。改组后的《大同报》，卷期另起，刊名也改为《大同月报》。

《学生会会报》双月刊在上海创刊。寰球中国学生会主办。出版至本年 11 月停刊。

广益书局出版的《女子杂志》月刊在上海创刊。

《中国银行通讯录》月刊在上海创刊。中国银行总管理处主办。1921 年前后停刊。

《小说海》月刊在上海创刊。中国图书公司主办。1917 年 12 月左右停刊。

《艺苑真赏集》在上海创刊。上海真赏社主办。

商务印书馆主办的英文周刊 *English Student*（《英文杂志》）在上海创刊。

英文月刊 *The Chinese Recorder*（《教务杂志》）在上海创刊。主编 F. Rawlingson。为在华基督教传教士的言论机关。

《华英普及月报》《上海杂志》《文艺杂志》在上海创刊。

《广济医报》双月刊在杭州创刊。杭州广济医学专门学校同学会主办。

《游艺杂志》月刊在浙江临海创刊。

《四川公报》在成都创刊。社址在成都东玉龙街将军署印刷局。日出一册，逢一停印。该报自称“为本省法令公布之机关”。所刊《本报条例》中宣称：“凡中央电令，本省法制文告，统由《四川公报》公布。凡本省法令实行日期，均以《四川公报》到达日为施行日。……《四川公报》到达各县日期，由将军、巡按两署按路途远近规定，凡本省法制文告，未经《四川公报》刊布，其在他项报刊登载者，不得援据。本省军政、行政、司法各机关，及各所在各学校，均须购阅。”

《四川第四区教育杂志》在四川阆中创刊。

《崇正日报》在四川成都创刊。杨宏稣主办，吴虞、孙少荆任副总编辑。出版不久，吴、孙等退出，该报转为川督胡景伊的机关报。同年 6 月，胡景伊离川后停刊。

《贵州政治公报》周刊在贵阳创刊。贵州省政务厅主办。同年 5 月即停。

《广西教育公报》月刊在南宁创刊。广西省长公署教育科主办。

2 月 1 日

文学期刊《莺花杂志》月刊在上海创刊。孙静庵主编。新中华图书馆出版发行。2 个月后停刊。

浙江温州《瓯江报》《飞霞报》《醒报》等 3 家日报，以揭载永嘉县承审员陆诵芬受贿枉法消息，被永嘉县知事查封，三报主笔被捕。承印三报的公懋印刷局也接到官方通知："不许再为该报等代印，如违即将该印刷局封闭。"

2 月 25 日

以宋则久为经理的工业售品所主办的《售品所半月报》在天津创刊。社址在天津北马路 137 号售品所内，由天津南市印刷局承印。每期出 4 开铅印 1 页。主编宋则久。以接受订阅为主，不零售。销约 3000 至 5000 份。该报自称其宗旨为："提倡实业，鼓吹国货，激发道德，矫正风俗，灌输知识，传递技能。"是一份在华北地区有影响的企业报纸。

同月

北京《国风报》主笔吴鼐以进行反袁宣传，被北京军警执法处捕杀。吴别号虎头，贵州黎平人。

中华学生实业团主办的《富强》杂志、广益书局出版的文学期刊《上海》月刊、中华书局主办的《图书月刊》在上海创刊。

湖南都督汤芗铭颁布湖南地区《检查报纸条例》。

《江西新报》在南昌创刊。日刊。

3 月 3 日

昆明《滇声报》以所刊时评《云南之实业教育观》指责巡按使任可澄裁减教育经费，被任饬令当地司法机关派出法警数十人强行搜查，并拘捕该报编辑李石公，该报被迫停刊。

3 月 5 日

昆明《滇声报》就该报被搜，编辑被捕事，发布紧急号外，要求云南各界给予声援。略称：

> "夫任使裁减教育费之议，早已演为事实，我滇之父老童孺罔不知之。此次倡议停办实业学校，外报早经揭载，本报情殷桑梓，知而不言，未免有负天职。况报馆为监督政府机关，对于时政之得失，当然有规谏褒贬之义务，天职所在，何敢默尔。既且已更正，何期又起此波澜。同人等一介鲰生，无权无勇，然无论拘押处罚，即使粉身碎骨，亦断不为所软化。所可惜者，不意文字之狱，在专制时代犹罕见者，今竟再见于共和之时。似此妄施威权，摧残舆论，暴戾蛮横，大悖公理，眷念前途，曷胜悲悼。我滇中父老子弟，不乏热忱素著之人，岂忍坐视旁观，任此虎狼横行，使我金碧河山，竟成一黑暗世界，伏冀主持公道，共谋维持，协力同心，赞襄此举，则云南幸甚，仆等幸甚。……"（《申报》1915 年 3 月 21 日）

3 月 13 日

袁世凯的英籍顾问伦敦《泰晤士报》驻北京特派记者莫理逊，密函袁政府政事堂机要局，建议立即禁止北京各报对日本帝国主义强迫中国方面接受"二十一条"一事，进行强烈谴责。原函的部分译文如下：

> "顷得可靠消息，谓本京各华文报纸措词激昂，日本军界大为愤怒，思有以报复云云。理逊愚见所及，宜立即命警厅传谕各报，际两国交涉进行之时，静候消息，勿再出言无状，以免惹起两

国之恶感也。”（据中国第二历史档案馆北洋政府内务部档案编号第1001/3143）

3月14日

北洋政府内务部饬令京师警察厅：“传谕各报：际两国交涉进行之时，静候消息，勿再出言无状，以免引起两国之恶感。”

3月15日

青岛警察厅为防止当地报纸发表反日文字，“引起恶感”，宣布自即日起实行稿件预检制度，规定各报应在出版前一天将全部稿件送厅检查，通过后始得付印。

3月18日

《申报》副刊《自由谈》主编易人，王钝根辞职，吴觉迷继任。

《中西名医丛学汇刊》半年刊在上海创刊。

3月27日

广东警察厅行文广州各报，传达广东都督龙济光的以下命令：

> “无论军事外交以及行政公文，凡内有秘密字样者，禁止登载。若不凛遵，即勒交访员，尽法惩办。万一不能交出访员，定拘主笔严究。”

无政府主义刊物《民声》的主编人刘师复病逝，该刊改由君复担任主编，仍在澳门出版。

同月

国内各报纷纷就日方强迫中方接受“二十一条”事，进行声讨。日本方面要求中国当局对报界进行压制，袁世凯下令不准各报“用过激之论损害中日邦交”。

《军鉴报》在山西太原创刊。晋北镇守使孔庚主办。自称以“输通军人知识，培养军人道德”为宗旨。

《小说新报》月刊在上海创刊。国华书局出版。先后担任主编的有李定夷、贡少芹、天台山农等。出至1923年停刊。

文学期刊《双星》月刊在上海创刊。同年6月停刊。

新剧小说社主办的《戏剧丛报》月刊在上海创刊。出1期即停。

上海国学昌明社主办的《国学杂志》月刊创刊。1916年12月前后停刊。

南洋公学同学会主办的《南洋》季刊在南京创刊。同年6月停刊。

《扬州日报》在江苏扬州创刊。日出石印对开2张。

《家庭》杂志在四川成都创刊。

春

《道枢杂志》在武汉创刊。油印。恽代英等创办。

4月1日

张云渊主办的《新闻报》在汉口创刊。社址在汉口英租界。张自任总经理，以前《中西日报》主笔凤竹荪为总编辑。该报赖广告收入维持经济上的独立，言论平平。张云渊在创办《新闻报》前，还办有《繁华日报》一种，为小型报刊，因销路不好停刊。（本报创刊日期一作1913年5月28日，见《武汉新闻史料》第1辑。）

《五七报》在上海创刊。同年6月停刊。

4月11日

《四川旬报》在成都创刊。社址在成都文庙街20号。逢一出版。四川巡按公署教育科主办。编辑兼发行主任萧湘。该报宣传教育救国。除评论外，还刊有一定数量的新闻和通讯。1916年2月起改名《四川教育杂志》。

4月17日

汉口英文《楚报》英籍主编岳齐伯尔，应召参加欧战，本日在法比边界附近阵亡。

4月30日

《正志》月刊在上海创刊。上海新闻社

出版发行。李卓民主编。

《法政丛报》在四川成都创刊。法政学会四川支部主办。

同月

北京教育会主办的《都市教育》月刊在北京创刊。

法国侨民主办的中文《欧战实报》周刊在上海创刊。该报以报道欧洲战场消息为主。有论说、杂俎、战电等栏目内容。每期封面均刊有法国将领的彩色照片或法军获捷情况的新闻照片，极力为法方及协约国方面作宣传。出版 58 期后停刊。

《申报》的广告业务在张竹平、王尧钦主持下有较大发展。广告面积已超过新闻面积。

醒社出版的《笑林杂志》月刊、鸿文书局出版的《小说周报》、东方书局出版的《家庭杂志》月刊、时报馆主办的《滑稽时报》月刊在上海创刊。

长沙《湖南公报》反对袁世凯接受日本的“二十一条”，鼓吹抵制日货，并拒刊日商广告。日本驻长沙领事为此向地方当局提出抗议，要求封闭该报，并向日方道歉。湘督汤芗铭怵于舆论，不敢公开下手，仅在暗中施加压力。该报因此被迫改组，贝元征等人去职，由刘腴深、黎锦熙分别任总经理总编辑。

5 月 1 日

《光华学报》在武昌创刊。社址在武昌南楼前街 145 号。月刊，但经常脱期。私立中华大学主办。刘树仁、恽代英等先后任主编。该报以“研究学术，发扬国光”为宗旨。创刊号曾刊有恽代英学生时代所写的著名论文《新无神论》，认为世界是可知的。

5 月 7 日

《救亡报》在上海创刊。为反袁组织民义社骨干王道、邹永成等所主办。该报以反对日本侵略和诋斥袁世凯卖国罪行为宗旨。以言论激烈，出版仅 3 个月，即被上海法租界当局封禁。

5 月 15 日

上海英文 *The National Review*（《公论西报》）载文指责英日帝国主义同恶相济，妨害中国独立。英政府委托律师向法院提出控诉。法院经调查后，宣判该报无罪。调查期间，伍廷芳、王宠惠等曾出庭作证。

5 月中旬

日文《汉口日报》连日发表评论，攻击中国“仇日”，诬诋武汉商民召开的救国储金大会为“排日运动”。上海《申报》驻汉记者曾为此向该报社长冈幸七郎提出质问。

5 月 22 日

和林白水主办的《中国白话报》同名的另一份《中国白话报》在上海创刊。旬刊。创刊号销逾 1 万份。

5 月 26 日

《公论报》在上海创刊。

同月

陕西省模范巡行宣讲团主办的《讲案》月刊在西安创刊。1921 年前后停刊。

《摩尼》旬刊在上海创刊。上海民友社出版。沈印秋主编。

《会报》在成都创刊。由成都昌福公司组织的编辑协会出版。郭季吾、曾孝谷等编辑，吴虞曾为该报撰稿。

《光华青年月刊》在成都创刊。

6 月 3 日

《崇德公报》在武昌创刊。每周出 1 册。武昌天主堂文学书院主办。廖湘予主编。该报以反对袁世凯称帝为主旨。自称：“鉴大事之日非，思补救于万一。”创刊号刊有廖湘予所撰《愿国民勿忘五月七日》一文，抨击日本帝国主义强迫中国政府接受不平等的

“二十一条”。

6月13日

沈佩贞以上海《神州日报》所刊《沈女士大闹醒春居》消息一则，有损其名誉，本日晚率众前往该报驻京通信员汪彭年寓闹事。汪拒不出见，同寓郭同家什物被摔毁。当时报纸记载沈闹事经过如下：

> “……十三深夜一时许，沈率著名之蒋三小姐、刘四奶奶，又男子十名，前往南横街汪宅，坐于客厅，大声叫汪彭年出来。汪君彭年外出耶？在家匿不见面耶？此时不得而知。有汪君之婶夫人出见之，问其来意。沈大怒，谓：我一生不愿意同女人说话，可叫汪出来。此老太太答以汪现往天津去了。沈答：我就等他回北京。遂直闯上房，上房有汪君之如夫人，出而拦阻。汪如夫人乃曾助汪君力批王金发之颊者也。沈一见，亦殊温柔，又折回至客厅，叫汪出来。此时有汪同寓之郭同君（前众议院议员，新社会日报总理），出面排解。谓：汪现不在家，倘报馆所登不是，尽可更正，何必如此大闹。沈震怒，谓：你是个什么东西！议员没有一个好东西，卖票拿钱，我们在北京是出气力拿人家的钱的。郭亦愤，谓：我好意相助，何得尔尔。沈即奋力摔坏室中之瓶。……其时，先后以电话请到之和事老人，有黄祯祥君，有刘成禺君，有步军统领衙门之某君，皆不得要领，先后而去。……沈后又退至门房大呼大骂，约至三时许，沈之马夫忽鞠躬恭谨而言曰：请大人（沈之下人平日向称沈为大人）回去吧！沈乃回去。此关于此次战事之实在始末情形也。……汪君翌日尚自打电话与沈。谓：我系汪瘦岑（汪之号），你拿我怎么样？沈于是在电话中骂不绝口。谓你：你这□□昨天为什么不出来？汪答：我系在家，不过我特地不出来，以中国有两句俗语，好男不同女斗，好鸡不同狗斗也。不过你也应该够了，我听见你连我第一世的祖宗都骂过了。……有人问汪：是日何故不出？汪答：我并非怕她，因我被王金发打怕了，一只脚踢破我两层裤子，当时头晕半日，又沈之手最毒，宋教仁被她打了两记巴掌，就此命丧黄泉也。云云。”（《申报》1915年6月19日。署名：冷眼生）

6月16日

上海《五七报》《救亡报》《爱国晚报》负责人方建权、曾孟明、顾孟平等，以所办报纸“发表激烈反日文字”，被法租界巡捕房拘捕。曾、顾各罚50元，《五七报》被勒令停刊。

6月30日

上海《大共和日报》停刊。

同月

法文月刊 *L'Ecoleen China*（《华校杂志》）在上海创刊。

中华学生实业团主办的《中华富强杂志》、上海工业专门学校主办的《上海工业专门学校学生什志》（季刊）在上海创刊。

汉口中华大学主办的《光华学报》，以发表抨击袁政府接受日方不平等的“二十一条”的文字，被地方当局封禁。

《湖北财政》季刊在武昌创刊。湖北省财政厅主办。

7月10日

北洋政府修改《报纸条例》，由国务卿徐世昌副署后公布。修改后的《报纸条例》由35条减为34条，仅在文字上作了一些修饰，内容无大更动。

《震铎日报》在镇江创刊。创办人童仁甫、杨声远、吴寿亭等。

7 月 15 日

旅美华侨社团同源总会主办的中文《金山时报》在美国旧金山创刊。

同月

北洋政府教育部中央观象台主办的《观象丛报》月刊在北京创刊。高鲁主编。1921 年 12 月停刊。

《司法讲习所讲义录》月刊在北京创刊。

中华书局出版的《国货汇刊》在上海创刊。

江苏吴县公署第三科主办的《教育月刊》在吴县创刊。出至 1917 年 6 月前后停刊。

江苏吴江县教育局主办的《吴江县教育月刊》在吴江创刊。1922 年改名《吴江教育半月刊》。

安徽省教育会主办的《教师杂志》在安庆创刊。月刊。1916 年 1 月停刊。

长沙《湖南公报》以刊登有关郴州发生兵变消息，被湖南当局罚停 2 个月。

重庆《危言报》编辑姚天笑以所发新闻触怒当地宪兵司令马传楷，被马私行拘捕。

邵飘萍联合留日同学共同创办的东京通信社正式成立。社址在日本东京小石川区大富坂町十九番地。该社用中文向国内各报发稿。内容以国际及外交方面的新闻为主。

8 月 1 日

《通俗杂志》半月刊在上海创刊。李辛白主编。

8 月 4 日

成都《国民公报》复刊。出至 1935 年 5 月 15 日停刊。

8 月 10 日

北京《亚细亚报》发表袁世凯政治法律顾问美国教授古德诺（F. J. Goodnow）所作鼓吹帝制文章《共和与君主论》，为袁称帝作舆论准备。

8 月 15 日

中华国货维持会主办的《国货月报》在上海创刊。黄砺生主编。该报以提倡国货，鼓励开办实业，研究改进产品质量，发展民族资本主义经济为主要内容。出版 7 期后停刊。

8 月 20 日

梁启超反对袁世凯称帝的著名政论《异哉所谓国体问题者》，在本日出版的上海《大中华》杂志上发表，在全国范围内引起强烈反响。

8 月 23 日

杨度、严复、刘师培、孙毓筠、李燮和、胡瑛等发起组织的筹安会在北京石驸马大街成立。该会成立后，袁世凯的帝制活动转入紧锣密鼓阶段，反对帝制的报纸大受摧残。北京报纸只余 20 家，上海只余 5 家，汉口只余 2 家。全国报纸总销数由 4200 万份，降到 3900 万份。

同月

周恩来担任编辑代表和总经理的《校风》杂志在天津南开学校创刊。周恩来曾在这份校内刊物上发表过《中国现时之危机》《本社的责任观》《吾校新剧观》等评论文章和大量文艺作品，宣传民主和科学，宣传达尔文进化论思想，揭露旧社会的腐朽黑暗，唤醒民众的觉悟。

《日本潮》杂志在上海创刊。不定期刊。群益书局出版。

《船山学报》在长沙创刊。月刊。湖南船山学社主办。1916 年 5 月前后停刊。

《世界观》杂志在成都创刊。社址在成都青石桥南街 30 号。月刊。萧公弼主持，主要撰稿人有萧公弼、彭举、曾学传、辛瑞书、赵尧生、张树、胡继曾、王灼明、撷清女士等。该刊自称以“阐扬国学，提倡民德、民智、民生”为宗旨。

日本人主办的日文《齐鲁时报》双日刊在济南创刊。冈伊太郎主编。

9月1日

湖南《大公报》在长沙创刊。馆址在长沙犁头街。是《湖南公报》中的主张反袁的一些人，分裂出来，另行创办的一家报纸。创办人刘人熙（字蔚庐，浏阳人，曾任民初湖南民政司司长，并发起创办船山学社），总经理贝元徵，经理朱让楠、李晋康，总编辑李抱一、张秋尘，编辑龙兼公、张平子等。该报创刊时曾发表刘人熙所撰《本报发刊词》，以及未署撰人的《本报宣言》。前文宣布以“贿鬻”“感情”“浅识”“听荧”等四事为戒，以“爱国救民”为宗旨；后文则具体阐述了该报的办报主张，自称“唯知以拥护共和，巩固国家为职志”，“唯以大公无私之本怀，发表中立不倚之言论”。初创时，日出对开3张，内新闻及评论5个版，副刊1个版，广告6个版，销约四五千份。社论前印有“毋忘国耻”4个大字。该刊在反对帝国主义侵略，反对袁世凯称帝和驱张运动中，起过一定积极作用，但政治态度偏于保守：害怕革命，反对孙中山，支持谭延闿在湖南的统治，幻想各派军阀在湖南能够和平相处，维持湖南地区的安定局面。长沙《大公报》出版至1947年停刊，是近代湖南地区刊行时间最久的日报。青年时代的毛泽东曾在该报发表过20多篇文章。

9月3日

上海《申报》在显著位置刊出该报工作人员发表的《本馆启事》，反对帝制活动，暗示拒绝接受袁世凯的收买。原文如下：

“东电传言，有人携款十五万元，来沪运动报界主张变更国体者，事之确否，固不敢信，惟已有人投书本馆，询问此事，并及本报宗旨者，故略表数语如左。按本馆同人自民国二年十月二十日接手后，以至今日，所有股东除营业盈余外，所有馆中办事人及主笔等，除薪水分红外，从未受过他种机关或个人分文津贴，及分文运动。此次即有人来，亦必终守此志。再本报宗旨，以维持多数人当时切实之幸福为主，不事理论，不尚新奇，故每遇一事发生，必察正真人民之利害，秉良心以立论，始终如一，虽少急激之谈，亦无反复之调。此次筹安会之变更国体论，值此外患无已之时，国乱稍定之日，共和政体之下，无端自扰，有共和一日，实难赞同一日，特此布闻。

申报经理部主笔房同人启”

9月6日

著名记者黄远生本日在上海《申报》刊出启事，声明拒不担任即将创刊的《亚细亚日报》上海版总撰述职务。

9月8日

袁世凯发布命令，禁止报纸刊载议论国体的文电。命令称：“大总统谕：凡政界军界文电关于议论国体事件，应由内务部通告各报馆一概不准登载。”

9月10日

袁世凯御用报纸《亚细亚日报》上海版创刊。社址在上海望平街11号。由北京《亚细亚日报》经理薛子奇亲自来沪主持，聘刘笠佛任总经理，刘少少为总撰述，黄哲维、高叔子、孙几伊等为驻京记者。公开宣布：“以赞助帝制运动为宗旨。”出版当天就接到读者勒令停刊的警告信。

文学期刊《秋星》月刊在上海创刊。徐知希、徐惕子主编。

《中华国货月报》在上海创刊。发行人李卓民。

9 月 11 日

上海《亚细亚日报》本日下午 7 时许，遭到炸弹袭击。当场炸死华捕 1 人，行人 2 人，伤 10 余人。该报在筹备期间即已受到各方警告。此次袭击前，曾接获署名“帝制之敌”“中国公民一分子”的警告信，声称将以激烈手段对付。

上海《爱国报》发表社论《讨亚细亚报》(署名孟平)，对上海《亚细亚日报》的帝制宣传进行针锋相对的斗争。末称：“子等听之！今日虎狼当道，政在权奸，子等社鼠城狐，有恃无恐，且文虎嘉禾晶莹可羡，无惑子等之倒行逆施，然须知公理不磨，民国尚在，犯大难，冒大险，以与民贼战者，犹自有人也。”同日该报还发表《共和之精神》一文，以维护和光大共和精神为该报“今后之天职”。

9 月 15 日

《青年杂志》(1916 年 9 月改名《新青年》）月刊在上海创刊。群益书社出版。陈独秀主编。每月由书社付给陈独秀编辑费及稿费 200 元。创刊号上刊有陈写的代发刊词《敬告青年》，向青年提出以下六项希望：“自主的而非奴隶的”，“进步的而非保守的”，“进取的而非退隐的”，“世界的而非锁国的”，“实利的而非虚文的”，“科学的而非想象的”。提倡民主与科学。号召青年“进冒险苦斗之兵”，去“战胜恶社会”。公开宣布：不论什么事务和观念，如果经理性和科学的检验，认为不适合于现今社会的，即使它是“祖宗之所遗留，圣贤之所垂教，政府之所提倡，社会之所崇尚，皆一文不值也”。出版后，深受青年读者欢迎，成为当时最有影响的刊物之一。

同月

文学期刊《文星》月刊在上海创刊。倪义抱主编。国学昌明社出版。

文学期刊《小说大观》季刊在上海创刊。包天笑主编。上海文明书局出版发行。

秋

上海《新闻报》编辑部实行改组，编辑主任张继斋因病辞职，李浩然接任总编辑，张铁民、严独鹤、许东雷、孙弥卿、倪澜深、张秋声等任编辑。

在华基督教书刊出版总机关广学会的负责人李提摩太辞去该会总干事职务，遗缺由传教士瑞恩义接任。

10 月 1 日

《益世报》在天津创刊。社址在天津南市荣业大街。创办人为原籍比利时的天主教神父天津教区副主教雷鸣远。创刊初期由雷鸣远任监督，刘浚卿任社长，唐梦幻任总编辑，杜竹轩任总经理。先后担任编撰的有颜泽祺（旨微）、潘云超、成舍我、牟虚白、郭春涛等。初创时日出对开 2 张，1 个月后，改为对开 3 张。创办经费约 1.5 万元，多数募自教友。

《新中华》月刊在上海创刊。

10 月 2 日

商务印书馆主办的《英国周刊》(*English Weekly*）在上海创刊。主编周由廑。

10 月 6 日

《四川群报》在成都创刊。社址在成都总府街商务总会内。樊孔周主办。该报原名《四川公报》。因与官方本年初创办的《四川公报》报名相同，为免重复计，自即日起，改名《四川群报》继续出版。日出对开 8 版，每月逢初二、十六两日休刊。每天发行约 2000 份。首任主笔李劼人，参加撰稿及担任驻外记者的有吴虞、刘觉奴、王光祈、周太玄、曾琦等。10 月 15 日起改为每日出版。

10 月 10 日

《中华新报》在上海创刊。社址在上海三洋泾桥。杨永泰、谷钟秀主办，参加编撰工作的有张镕西、傅汝霖、陈白虚、曾松翘、谈善吾、吴稚晖、张季鸾、汪馥炎、包世杰等。创刊号发表声明称：“特延在野名流，誓以忠言报国，根据确当国情，宣达真正民意，只求公理正义所在，不为金钱势力所倾。”初创时，该报以反袁为中心内容。袁死后，该报介入议会党争，倾向于政学系。吴稚晖的《朏厂客座谈话》曾在该报副刊连载。1924 年冬停刊。

《四川群报》主编樊孔周以庆祝民国国庆名义，本日在该报门前张贴以下对联，以抗议四川当局支持帝制压制舆论：“庆祝在戒严期间，半是欢欣，半是恐惧；言论非自由时代，一面下笔，一面留神。”

广州《华国报》以连日发表揭露三省禁烟督办蔡乃煌等人组织“集思广益会”，配合筹安会进行帝制活动的消息，遭到蔡的恫吓，扬言将以“武力对待”。本日该报特在要闻栏刊出《蔡乃煌拟毁本报之可哂》新闻一则，表示不为武力所屈。原文如下：

> “前日本报登载集思广益会鬼蜮之内幕新闻后，是日晚间，有自称蔡乃煌之代表二人，到本报称说：‘该新闻为蔡大人所不喜，本拟即日到报馆毁拆，姑从宽来说，要明日更正，如不更正或更正不满意，明日仍以武力对待’云云。当时记者外出，后回馆闻之，以为蔡氏为简任大员，不应有此强横语气，或以拨马尾之流所为，姑置之。不料旋有电话来，自称蔡乃煌，所言与代表同，而声口尤为躁切。嗣又接警厅电话，转达蔡氏之意，亦大略相同。至昨日记者闻此事之始末，悉蔡氏见此新闻后，即向将军巡按使请封禁本报，将军巡按使以为不应封禁，或有不实，可依报纸条例要求更正，饬向警察厅长商量善法。蔡乃向王厅长宣言，派人毁拆《华国报》，请警察中立，勿为干涉云云。王厅长以地方治安所在，岂容有此办法，经多方劝解，并允代达本报更正，始暂息怒。
>
> “本记者以为如果登载失实，自当更正。但不知蔡氏以该新闻中何者为失实，又如何更正而后满意，仍应蔡氏具函来本报照登。故记者随到区长处，请厅长转达于蔡氏。至昨晚十一点钟，仍未见蔡氏函来，特先将此事始末，择要录出，以博阅者一粲。”

新闻中的将军、巡按使指龙济光、张鸣岐，警厅王厅长指王广龄。蔡乃煌等人这一时期的活动，是在他们的默许下进行的。只是怵于舆论，不敢公开支持而已。

10 月 15 日

湖南地方当局秉承袁世凯旨意，严禁报刊议论国体。长沙《大公报》为此于本日发表《本报编辑部特别启事》称：

> “国体变更，渐成事实，已无研究之余地。本报昨又奉警厅命令，每日派员来馆检查，以昭慎重。兹经同人议决，以后对此问题不加讨论，惟力求消息灵通，以饷阅者，祈其谅之。”

10 月 19 日

广州《觉魂报》以在评论及副刊文字中攻诋帝制，被广东都督龙济光命令省城警察当局予以查封，编辑黄笏南、赖逸民、黄益阶等 4 人受到传讯。警察厅命令该报停版的饬文如下：

> “案照本厅长现奉上将军面谕：‘《觉魂报》连日论说、谐谈诋毁大总统，应行将该报编辑发行人传案讯问，并勒令即日停版。’等因，奉此。除饬第八区署执行外，为此饬仰该报即便遵

照，刻日停版，毋得违延。此饬。”（《申报》1915 年 10 月 30 日）

10 月 20 日

《工商日报》在安徽芜湖创刊。经理张九皋。日出两张半，销约 2600 份。

10 月中旬

中华革命党的机关报《现象报》在香港创刊。日出 8 开 8 版 1 册，销约二三千份。有时事、小品、小说、诗歌等栏目内容。以反袁宣传为主要内容。发行人梁智亭，总编辑邓寄芳，总经理罗翼群（后改朱卓文），主要编辑人员有陈云峰、梁楚三、邹呼伸等。全部工作人员均为义务职：只供膳宿，不开工资。出版不久即停。

10 月 23 日

上海《时事新报》以进行反袁宣传，被袁政府取消邮局挂号，即日起不能销往外埠。

10 月下旬

广东都督龙济光发布命令，宣布由都督府及省警察厅各派干员 5 人组成检查所，对省城各报稿件实行预检。命令全文如下：

“现奉振武上将军龙饬开：照得报馆为言论机关，必须宗旨纯正，方不致颠倒是非，淆惑观听，省城报馆林立，持论不无偏倚，殊与世道人心，大有关系，应由该厅设立检查所，选派明白大体人员五人，再由本上将军加派五员为检查员。各报馆每日所出报章编成后，须经检查员审定盖章，方准印行。如有不妥，立即更正。仰即于本日遵照办理，并传知各报馆一体遵照，勿违。此饬。……”（《申报》1915 年 11 月 5 日）

负责新闻检查工作的 10 名“干员”的分工如下：

《惟一报》《新报》检查员邓滚候

《总商会报》《天游报》检查员陈履初

《大公报》《广州报》检查员谭乃炘

《南越报》《商权报》检查员谭右逵

《华严报》《共和报》检查员吴惠畴

《安雅报》《七十二行商报》检查员莫鼎煌

《华国报》检查员龚看麟

《时敏报》《羊城报》检查员钟午云

《人权报》《声东报》检查员何伯述

《国报》《天职报》检查员黎永泉

据当时报载，新成立的检查所中，“警厅所派之员，尚为和平；军署所派之员，较为严厉”。凡经检查被禁止刊载的文字，各报多用空格表示，并注明“此段经检查员抽起”。（《申报》1915 年 11 月 6 日）

同月

《月月红》月刊在上海创刊。振南书局出版发行。属文学期刊。

《中西医药学报》月刊在上海创刊。

《杭州青年》旬刊在杭州创刊。杭州基督教青年会主办。主编董承光、朱孔阳。1930 年 4 月出至第 12 卷第 17 期停刊。1946 年 10 月复刊。

日本人主办的中文《闽报》由双日刊改为日刊。

11 月 3 日

北洋政府内务部禁止上海《中华新报》在租界以外地区“出卖散布”。

11 月 7 日

北洋政府颁布《著作权法》，对书、报、刊作者的权利与义务，作出具体规定。

11 月 10 日

《大夏月刊》在上海创刊。月刊。由绍兴张天权担任主编，上海四马路中国图书公司和记印刷所承印。有社论、司礼、学术、名著、小说等栏目内容。出版后，在上海、绍兴两地发行。

11 月 12 日

北洋政府通令各省，严禁“党人”报刊印刷品由海外寄往内地。规定：一旦查出，立即销毁，“以遏乱萌”。

11 月 22 日

苏州《苏州日报》以所刊时评《西区巡警见死不救》，触怒警察当局，主笔吴生花于本日被当地警方逮捕，理由为“破坏巡警名誉”。

11 月 26 日

上海《爱国报》刊出何海鸣所写社论《失态之政府》，指斥袁世凯政府为“叛国之万恶政府”。

同月

上海《爱国报》日晚刊以鼓吹革命反对帝制被禁。主笔王血痕被捕，发行人简书等潜逃。

《大学丛刊》在上海创刊。

《中华医学杂志》在上海创刊。中华医学会主办。以刊登医学学术论文和传达国内外的医学消息为主要内容。初为中英文合刊，后分开出版。（英文部分另由北京协和医院出版。）初为半年刊，1916 年起改季刊，1924 年改双月刊。

台湾人曾原坤主办的《台湾公会报》在厦门创刊。受日方控制，由日本人冈本要八郎担任主笔。

《警华报》在四川成都创刊。出版不久即因触怒当局被查封，主笔叶树声、记者辛丹书等 4 人被捕，拘留 12 天后释出。

《天府新闻》在四川成都创刊。社址在成都少城支矶石街。日出对开 2 张，逢 2 日、16 日休刊。编辑李述尧，发行人柴光第。

《益州新报》在成都创刊。社址在成都会府东街 32 号。日出对开 1 张。发行人毛汝骥。

广州《通报》以在《阳秋新闻》栏发表反对帝制消息，被广东都督龙济光饬令广东警察厅予以封禁，主笔朱通儒遭到通缉。

12 月 4 日

长沙《大公报》发表社论《报纸之责任与价值》（署名“迂叟”）对报纸不能实现“监督政府，改良社会”的理想，表示失望，对袁政府的禁锢言论表示愤慨，有“万能之政府，决不须报纸之监督，万恶之社会，又决非报纸之绵力所能改良”，“夫报纸因责任而有价值者也，既不能不放弃其责任，即不能不丧失其价值，责任价值均不足惜，所难堪者，从事斯业之人日日执笔磨墨……以作此无价值之生活，对于社会仅有要求原谅之一法，而又不得不出于此，为可悲耳”等语。

12 月 10 日

《华报》在上海创刊。日出对开 3 张。该报自称以“提倡物质文明，增进和平幸福”为宗旨。

12 月 12 日

袁世凯宣布称帝。次日在中南海内的居仁堂接受百官朝贺。国内御用各报纷纷出“红报”（用红色油墨印刷），称“臣记者”。多数报纸则不予理睬。

12 月 15 日

苏州警察当局要求苏州各报遵照报纸条例缴纳保证金，每家 350 元，以本日为最后期限。除《苏州日报》照章交纳获准继续出版外，其余《苏醒日报》《新新日报》等两家，自即日起停止出版。

12 月 17 日

本日下午 8 时 50 分，袁世凯御用报纸上海《亚细亚日报》社再度遇炸。炸弹从该报二层楼窗口掷入，炸毁桌椅器具及对街之玻璃窗，主任刘笠佛几被炸死。该报房主东裕公司，以该报迭次被炸，使公司房产遭受损失，特向租界会审公廨提出控诉，要求该报立即迁走。

12 月 20 日

《尊孔报》在四川成都创刊。社址在成都南关外国学学校内，由该校印刷所代印。发行人杜焘，编辑廖平、黄镕、季邦俊等。该报以“尊孔教，明新经”为宗旨。

12 月 21 日

北洋政府内务部根据湖南巡按使的呈文，以“言论悖谬”为由，通令各省，查禁上海《爱国报》及《中华新报》，并咨行交通部转饬各地邮局，对以上两报“一律停止邮递”。

12 月 25 日

《民信日报》在上海创刊。

著名新闻记者，前上海《申报》《时报》《东方日报》特约驻京通讯员黄远生，本日晚在美国旧金山唐人街广州楼酒家门前遇刺逝世。发动这次行刺活动的，是中华革命党海外支部的负责人林森，执行这次行刺任务的是接近中华革命党方面的华侨工人刘北海。黄远生是在本月初从上海经由神户、西雅图、波特兰等地到达旧金山的。在此以前，他曾经为北京《亚细亚日报》撰稿，并曾一度被邀担任筹备中的上海《亚细亚日报》的总撰述，但辞未就任。后一情况，不为海外反袁的中华革命党人所了解，以致遭到误杀。黄名为基，字远庸，笔名远生，江西九江人，卒年 31 岁。以撰写新闻通讯蜚声于时，有“通讯界之大师”“新闻界之奇才”之称。所作新闻通讯，散见以上各报及《少年中国》《庸言》《论衡》《国民公报》等报刊。后辑为《远生遗著》公开出版。

12 月 30 日

北洋政府内务部以上海《民信日报》进行反袁宣传，禁止该报邮递。

同月

清华学校师生合编的《清华学报》在北京创刊。季刊。分著述、记述、译述三大部分，有中英文两种文本。1919 年 12 月出至 5 卷 1 期后暂停。1924 年复刊，1925 年起改由清华大学编辑发行。

《北洋大学校季刊》在天津创刊。

袁世凯左右的梁士诒、袁乃宽等人，以巨款约请上海《时报》等报，将经过加工，删去所有反对帝制言论的各该报，逐日印送给袁世凯阅读，以取得袁的欢心。

复旦公学浙江同学会主办的《学生杂志》在上海创刊。

《公余杂志》在上海创刊。孑遗主编。

《游艺粹报》在四川成都创刊。

《台山舆论报》在广东台山创刊。日出对开 2 张。社长李克明。

上海《申报》原主人席子佩，以《申报》未能按约付款及长期拖欠席的薪金为由，向上海公共租界会审公廨起诉，要求史量才等人赔偿损失。史量才等败诉。根据判决，分期付给席子佩补偿款 24.5 万两。与史合作的张謇、应季中、赵竹君等股东，无意继续经营，相继脱离，该报股权全归史量才所有。《申报》由此成为史量才独资经营的报纸。

长沙《大公报》以揭露筹安会丑闻，遭到袁世凯的嫉恨，特电令湖南督军汤芗铭、巡按使沈金鉴，“严拿究办，销毁报纸”。因有警察厅长张树勋从中维护，该报幸免被封，销数陡增至四五千份。在此前后，汤芗铭还曾以补助经费为名，拨给该报 3000 元，要求该报停止反对帝制，该报言论因此稍有缓和，但仍刊有不少讽刺文章。

年底

《大公报》创办人英敛之致函天主教某教士，对天津《益世报》滥登广告和支持袁世凯称帝一事，进行严厉谴责。原文如下：

“……《益世报》之创办，自始至终，讳莫如深，某亦何苦妄加干涉，然早断其必无好果矣。因靛缸不能出白布也。乃报纸既出，果污词秽语，不一而足，以教会教友之资本，作相反道理之提倡，已为不合，乃愈出愈奇，弥撒圣体之字样，竟与壮阳海狗肾同列于广告。某诚不知何所取义也，其效果但令人识此恶劣之报，为天主教人所办而已。今者更穷促无归，势迫利使，遽变宗旨，丑态百出，犯社会之公怒，南北各报排斥之来者，已不一见矣。在教会出名之报，本当处于中立地步，前者以无端之邪火任意讥贬；今者又以无端之邪火百般谄媚，胁逼要挟，情形显然，无怪人言之啧啧也。某固知言论有自由权，某亦何敢妄干人之自由，惟念我亦天主教一分子，今见此玷辱圣教道德，败坏圣教名誉之事，倘缄默不言，天良何在。而公左右之人，非贪功之俦，即谋利之辈，终日怂恿觊觎，非升官即发财，而口中所托者，则广扬圣教灵魂，以此，公遂为其所卖，供其所役，虽至死而无悟矣。今《益世报》恶果已成，其已暴露之污点，非一时所能洗刷，最妙惟求公此后不必以圣教会之事之言，登之该报，以清界限，无重为我圣教会羞，是所切盼。”（转引自陈垣：《天主教徒英敛之的爱国思想》，《大公报》上海版 1951 年 4 月 12 日）

同年

据邮政部门公布，本年内全国邮寄报纸及印刷品数为 39224600 件。

北洋政府公布《电信条例》。为中国历史上第一部涉及无线电和广播事业的法令。条例规定无线电器材为军用品，非经陆军部特别许可，不得自由进口。条例还规定，不准外国人在中国境内私自设立无线电台。

《实业汇报》《清华大学临时增刊》《实业浅说周刊》在北京创刊。

《新学镜》在天津创刊。

日文《长春商业时报》在长春创刊。

《豫南爱国报》在河南信阳创刊。

汪彭年将上海《神州日报》出售给袁党帝制派议员孙钟（震东），使该报沦为帝制派的喉舌。《神州日报》易手后，全馆人员纷纷辞职，报纸销路一落千丈。汪彭年出售该报系属被迫，出售前，曾经受到袁党威胁，在北京一度被拘捕。

英文周刊 *China Weekly*（《中国周报》）在上海创刊。主编汉弥尔顿夫人（Mrs. Hamilton）。

法文月刊 *Bulletin de la Chambre de Commerce*（译意《上海法商会报》）在上海创刊。主编佛雷德（Mensieur Fredet）。是旅华法国商务总会的机关报。该刊以在上海的法国商人为主要读者对象。每期销约 250 份。

上海《大共和报》停刊。

《铁路会计统计年报》在上海创刊。

《初等教育研究杂志》、《励进杂志》《江苏公立医学专门学校校友会杂志》在苏州创刊。

文艺小报《詹詹报》在宁波创刊。创办人金臻庠，主编乌一蝶。铅印 4 开 1 张。专载剧评及戏剧界消息。出版 10 余期后停刊。

《浙江公立图书馆年报》在杭州创刊。

《安徽省立第二师范学校杂志》在安徽休宁县创刊。

《江西省农会报》在南昌创刊。

《正心报》在武汉创刊。陈孝芬主编。日刊。创刊不久即被封禁。

《军声报》在四川宜宾创刊。日刊。护国军第一梯团刘云峰和护国招讨军熊克武联合创办，经费由两军分担。社长母剑魂，总编辑赵石如。该报以“发扬军威，反对帝制”为宗旨。每期发行约 200 份。出版 20 天左右，因北洋军攻入宜宾，宣告停刊。

《光华医社月报》在广州创刊。

《仁言日报》在广东中山创刊。总编辑黄亦姚。日出对开 2 张，销约 2000 份。

福州《求是报》被北洋政府查封。

《义声报》在云南昆明创刊。主持人李钜裁。日出一张半，销约 1000 份。是唐继尧私人的言论机关。

香港《华商总会报》创刊。

香港《真报》停刊。

澳大利亚华侨主办的中文报纸《平报》在墨尔本创刊。

本年内在各地公开出版的报纸，有报名可考的还有以下几种：

北京：《政府公报》《陆海军公报》《税务公报》《顺天时报》《北京日报》《京津时报》《民视报》《亚细亚日报》《国华报》《天民报》《黄钟日报》《国是》《日知报》《大国民报》《民强报》《醒华报》《爱国报》《群强报》《京话日报》《帝国新报》《大中华日报》《北京时报》《兴中日报》

齐齐哈尔：《黑龙江报》《通俗教育》

哈尔滨：《远东报》

长春：《大东日报》

吉林：《吉林公报》《吉长日报》

局子街：《延边时报》

奉天：《奉天时报》《盛天时报》《奉天醒时报》《东三省公报》《健报》

牛庄：《营商日报》

芝罘：《芝罘日报》《钟声》《进化日报》

济南：《山东公报》《山东日报》《大东日报》《简报》《教育公报》《实业公报》

太原：《山西公报》《公意日报》《晋阳公报》

上海：《申报》《新闻报》《时报》《神州日报》《时事新报》《商务日报》《亚细亚日报》《华报》《民国日报》《民意报》

苏州：《苏州日报》《苏醒报》《新新报》

杭州：《浙江公报》《全浙公报》《之江日报》《浙江报》

绍兴：《越铎日报》

南京：《大江南日报》《金陵话报》《南方报》

芜湖：《皖江日报》《直言报》《闻谭》

安庆：《民岩报》

开封：《河声日报》

南昌：《江西民报》《大江日报》

汉口：《国民新报》《中西报》《汉口民报》《汉口天声报》《武汉新报》

武昌：《湖北公报》

长沙：《湖南政报》《湖南公报》《大中报》《醒华报》《教育通俗报》

重庆：《重庆日报》《重庆商务报》《重庆商报》《正论日报》《崇实报》

成都：《国民公报》

西安：《秦中公报》《秦风日报》《秦镜报》

兰州：《通俗日报》

福州：《福建公报》《闽报》《民生报》《去毒钟日报》

厦门：《全闽新日报》《闽南报》

汕头：《大东报》《公言报》

广东：《广东公报》《羊城报》《七十二行商报》《人权报》《广东共和报》《南越报》《华国报》《总商会新报》《觉魂日报》《天职报》《国报》《时敏报》《大公报》《庆州报》《安雅报》《广东惟一报》《中华日报》《新报》《声东报》《天邀报》

梧州：《商业日报》《良知日报》

南宁：《广西日报》《良知日报》《指南日报》《公论日报》

贵阳：《黔风》

云南：《云南公报》《崇实日报》《国是报》《中华民报》《滇声报》《共和滇报》《义声报》

大连：《泰东日报》

香港：《循环日报》《华字日报》《共和报》《世界公益报》《中外新报》《大光日报》

以上共140多种。除去政府公报之类的官报及日本人主办的报纸后，约130多种。

1916年（丙辰）

1月1日

袁世凯改中华民国为中华帝国，年号洪宪，以本年为洪宪元年，以本日为洪宪元年元旦，并强迫国内各报改用洪宪年号纪年。但多数报纸拒不受命。除个别御用报纸外，其余各报仍用民国纪年。

天津《大公报》改用白报纸两面印刷，版式不变。

1月4日

北京《新中国报》以刊出题为《披露某国之阴谋》的消息一则，揭露日本帝国主义分子的侵华野心，本日晚被京师警察厅查封，编辑何宇澄、宋辽鹤等4人被捕。

上海《商务报》宣布，该报将招收学生10名，赴日留学，专攻新闻。具体办法是：一、与日本新闻学会商定，由该会选派教师每日向这批学生讲授新闻学两小时。二、年赠学费300日元。三、学生留日期间，除必修新闻学外，还可以“自由认定”各种“实业学校”学习。四、学生学习期间，每月需给报社写通讯稿4至5篇，毕业回国后，需担任该馆新闻学教授1年。

向上海《亚细亚日报》投掷炸弹的杨玉桥被袁世凯政府的淞沪护军使援引《刑律》第三百一十一条判处死刑，于本日遇难。杨是反袁革命组织民义社的社员。

1月6日

北京《新中国报》发行人何斐，以该报发表反日言论，被司法当局判处5年徒刑。

1月12日

袁世凯政府内务部命令地方当局：所有使用民国纪年的报纸，一律停止邮寄。上海各报自即日起改用公元纪年。

北洋政府驻沪军队长官特下命令：“凡系军人，无论各种日报，一律不得购阅。”

1月13日

四川省会警察当局对成都《益州新报》进行“搜检”，并广布侦探，搜捕反对帝制的“谈国事者”。

1月22日

《民国日报》在上海创刊。馆址初在上海法租界天主堂街，后迁至上海公共租界河南路12号。是中华革命党在国内的主要宣传机关。主编叶楚伧，经理邵力子，先后参加编辑工作的有胡朴安、陈匪石、朱宗良、严慎予、陶百川等。该报经济上曾经得到过陈其美的大力支持。言论以讨袁为主，对北洋军阀各派的当权人物也时加针砭。1919年10月中华革命党改组为中国国民党后，该报转为中国国民党的机关报。

1月26日

袁世凯通过淞沪警察厅警告上海各报：如再不用洪宪纪元，即按《报纸条例》严行取缔。不少报纸自即日起，用6号小字将“洪宪纪元”四字，嵌于公历年月日之下，以为应付。同日各报还将淞沪警察厅致上海日报公会的以下来函，全文登出，以求读者谅解。来函称：

> “上海各报应各改用洪宪纪元一案，前奉宣武上将军接准内务部佳电，如再沿用民国五年，不奉中央政令，即照《报纸条例》，严行取缔，停止邮递，

等因，饬行到厅，当经函请遵改在案。兹接上海邮务管理局来函：以此案奉交通部电饬照办，函请查照前来。查各报不用洪宪纪元，既奉部饬停止邮递，敝厅管辖地内，事属一律，应即禁止发卖，并将报纸没收。第以报纸为言论机关，且上海各报馆亦与敝厅感情素笃，为再具函奉告。务希贵会转知各报馆，即日遵改。如三日内犹不遵改，则敝厅职责所在，万难漠视，惟有禁止发卖，并报纸没收也。”（《申报》1916 年 1 月 26 日）

1 月 27 日

参与投弹轰炸上海《亚细亚日报》事件的民义社社员萧梅成，被袁世凯政府的淞沪护军使判处死刑，于本日下午遇难。

1 月 29 日

梁启超致函友人，介绍《时事新报》与进步党的关系，以及该报进行反袁宣传的情况。略称：

“此间《时事新报》为吾党惟一之言论机关，所关甚巨，前此支持本已极难，自筹安会发生后，本报首登密电，揭其阴谋，伪政府禁销内地，每月更需赔垫二千元以上，今为鼓吹主义起见，凡外邮可通之处，皆分途寄赠各机关，不收报资，所费逾（愈）浩。此间同人皆不名一钱之辈，公所知也。数月以来，勉支此局，力竭声嘶，重以近来派人往各省及外洋游说运动，区区川资，且穷于罗掘，将来外洋虽捐款有得，同人亦觉不欲经手收支，惟一切交富滇，听军政府调拨而已。坐是此间乃无涓滴可资活动，意欲请蓂督命富滇行长张木欣就近拨一二万，交沪初使用，其大部分则用以支持《时事新报》，小部分则供同人奔走资斧。……希密商蓂公速予处分，不胜大愿。”（梁启超：《致亮侪我兄书》，转引自丁文江等编：《梁启超年谱长编》，第 753、754 页）

同月

《清华同学会中文期刊》季刊在北京创刊。

《直隶省商品陈列所月报》在天津创刊。直隶劝业公所主办。1917 年 10 月停刊。

上海《申报》增设《老申报》专栏，选载该报创刊以来发表过的奇闻轶事。

《丙辰》月刊在上海创刊。郑立三主编。该刊自称以“主持正谊，阐明治术，灌输近世文明，促进民国福利”为宗旨。有论说、专件、译件、汇录、艺苑等栏目内容。创刊号刊有孙中山所题祝词。出版仅 4 期即停。

《江苏教育会临时刊》旬刊在上海创刊。

《湖北交涉署节要》月刊在武汉创刊。以刊载湖北省外事案件节要为主要内容。

2 月 8 日

天津《益世报》北京版创刊。社址在北京和平门外南新华街。杜竹轩主持，雷鸣远任董事长。

2 月 10 日

半官方报纸《黑龙江报》在哈尔滨创刊。周六刊。每期出对开 8 版 2 张，另附送 8 开文艺性《小报》1 张。社长兼总编魏毓兰。该报部分经费来自黑龙江省公署。

2 月 17 日

《吴县市乡公报》在苏州创刊。主办人颜忍公。日出对开 1 张，销约 2000 份。

2 月 24 日

北洋政府内务部以上海《民信日报》“罔顾舆论，任意造谣，竟以逆党为倡义，以朝廷为袁政府，且敢大书御讳不避，实属罪大恶极”，“决系乱党机关”，通令查禁。

同月

《卫生丛报》月刊在北京创刊。

《励学》杂志在天津创刊。南开学校自治励学会主办。

曾孟鸣主办的《中华革新报》周刊在上海创刊。该刊报面载发行所在日本长崎，实际上在上海秘密印行。该刊自称以“鼓吹中国革命”为宗旨，被认为是中华革命党方面的报刊。

上海《青年杂志》出至1卷6期，暂时停刊。

《新世界》在上海创刊。新世界游艺场主办。历任主编郑正秋、夏小谷、周剑云、王小逸等。属游艺场小报。

汉口警察厅向汉口《汉口新闻报》《汉口中西报》《国民新报》发布禁令，严禁转载上海各报及译载外文报纸中有关护国运动及护国军事行动的消息。此外，还严禁汉口派报业派送上海出版的《时事新报》《中华新报》《民国日报》《民信日报》《爱国报》等多种报纸。

《四川旬报》改名《四川教育杂志》，并由旬刊改为月刊继续出版。社址在成都文庙街20号。冯少襄、张重民主办，吴虞任名誉主笔。该刊基本内容和形式与《四川旬报》相近，取消了《记载》《时评》2个栏目，增加了《名著》《评述》《调查》等3个栏目。该刊提倡尊孔读经，并曾一度使用洪宪纪年。

《天府新闻》更名《天择日报》继续出版。社址由成都少城支矶石街迁至叠湾巷9号。仍由柴光第任发行人，主编改由周仲云担任。

3月1日

《实业汇报》月刊在上海创刊。本年7月停刊。

3月3日

上海租界会审公廨本日就东裕公司控告《亚细亚日报》拒不迁出事，进行判决，勒令该报于三星期内迁走。该报因此停刊。

3月中旬

北洋政府内务部以天津《公民日报》“系属乱徒所组织”，“近日该报登载专电均属捏造，意欲藉此煽惑”，又上海《民意报》“系在沪乱党”刊布的“逆报”，“专以造谣煽惑鼓吹构乱为事”，通令各地“一体从严查禁”。

3月22日

袁世凯宣布撤销帝制。次日宣布取消洪宪年号。全国各报自3月24日起，恢复用民国及公元年号纪年。

3月29日

上海《新闻报》由英国公司改组为美国公司，在美国特拉华州注册，仍以福开森为总董，汪汉溪为总理。同年，该报发行超过3万份，为提早出报时间计，开始使用新购进的波特式三层轮转机1架，四层轮转机2架印报。

同月

《黑龙江财政月刊》在齐齐哈尔创刊。黑龙江省财政厅主办。1919年12月前后停刊。

文学期刊《春声》在上海创刊。文明书局出版发行。姚鹓雏主编。

《新浙江报》在杭州创刊。社址在杭州羊坝头。日刊。创办人王文庄，主笔罗骚，编辑孙纶襄等。出版仅半年即停。

《正谊报》日刊在武昌创刊。其前身为前一年创刊的《崇德公报》周刊。主持人李德生。

《岭南日报》在广州创刊。李嵩常主编。

年初

《浙东公报》在宁波创刊。宁波同盟会会员卢浩、钱衍等创办，经理袁丙熊，主编向龙。日出对开1张。售价每份铜元1枚。

该报以“鼓吹民权，讨伐奸佞”为宗旨。出版 1 年后因经费困难停刊。

春

《新中华报》在武汉创刊。龚村榕主办。该报以反袁驱王（指当时担任湖北督军兼民政长的王占元）为宗旨。

《正谊日报》在武汉创刊。经理李定一，主笔刘泥青、秦纵先等。出版仅数月即停。

4 月 1 日

上海《申报》副刊《自由谈》更换主编人，由姚鹓雏代替吴觉迷担任主编，偏重文艺，多载南社诗人所作的旧体诗词。姚名雄白，江苏松江人，擅诗、古文、词及掌故、小说，著有《春奁艳影》《燕蹴筝弦录》《沈家园传奇》《恨海孤舟》等，笔墨赡丽。除主编《自由谈》外，还曾经担任过《太平洋报》《民国日报》《江东》《七襄》《春声》等杂志编辑。新中国成立后，一度任松江县副县长。1954 年逝世。

湖北夏口县知事侯小汀传知《汉口中西报》《汉口新闻报》《国民新报》及派报公会，禁止发卖新创刊的上海《民国日报》及转载该报的报道。

4 月 4 日

重庆《正论日报》因所刊评论非议帝制，被重庆行军总执法处封禁，发行人张楠、经理陈锡之被捕。陈旋被保出，张被判 9 年徒刑。

4 月 10 日

《护国军纪事》月刊在上海创刊。曾嵩峤主编。上海《中华新报》社出版发行。有论说、文告、纪事等栏目内容。该刊集中报道护国战役进展情况的有关消息，为蔡锷领导的护国军做宣传。出至第 5 期后停刊。

同月

《白话益世报》在北京创刊。

《日知日报》在成都创刊。刘实夫主办。吴虞曾为该报的创刊撰写祝词。

5 月 1 日

在汉字旁加注汉语注音字母的《注音字母报》在北京创刊。社址在北京宣武门外大街徽州会馆。注音字母传习所主办。王韵山主编。有世界大势、政府方针、浅近科学、真确新闻等栏目内容。

《民报》在汉口创刊。日出 4 开 1 张。黎宗岳主编。该报以反袁反段为主要内容。出版仅 12 天即被查封。同年 8 月 20 日复刊，1917 年 1 月停刊。

《汉声报》在武汉创刊。属于接近国民党方面的报纸。

5 月 8 日

《汉口民报》在武汉创刊。社址在汉日租界北四路怀安里 5 号。黎宗岳主办，江友白、王元震任经理。该报以讨袁“救国”及与“专制恶魔宣战”为宗旨。

5 月 10 日

《天声报》在武汉创刊。社址在汉口日租界槐荫里 30 号。日出对开 2 张。发行人丁愚庵，主编胡石庵。参加该报工作的基本上是前《大汉报》的原班人马。有社论、专电、公电、命令、紧要新闻、各省新闻、本省特别纪事、诗文、小说等栏目内容。该报标榜反袁，以“与袁世凯恶魔政府相挑战”为宗旨。同年 11 月 19 日被迫停刊。

5 月 15 日

《民彝》杂志在日本东京创刊。不定期刊。中国留日学生总会主办。李大钊曾一度担任该刊编辑工作，参加撰稿的有邓初民等。1917 年 2 月出至第 3 期后停刊。

5 月 18 日

前《民立报》记者、《民国日报》发起人，中华革命党总务部长陈其美，本日被袁世凯派人暗杀于上海。

《汉口民报》主办人黎宗岳遇炸身亡，该报于同日被查封。

5月中旬

汉口警察厅禁止《汉口民报》《天声报》《武汉民报》在租界外发行。

同月

《京话日报》在北京复刊。仍由彭翼仲主持。复刊号的《京话日报》报头上印有“复活”字样。

《铁道时报》在北京创刊。主持人李保璞。日销约1000份。

湖南报界联合会请求省方撤销《检查报纸条例》

湘军第四师师长程潜主办的《湖南新报》在长沙创刊。日出两张半。属于国民党系统报纸。总经理宁坤（湘军第四军经理处处长），编辑陶菊隐、杨绩荪、杨承曾、杨绩熙等。该报经费由湘岸榷运局按月拨给，由自设的汇同印刷公司负责承印。有社论、时评、电讯、重要新闻、本省新闻、社会新闻等栏目内容，其中时评散见于各版。初创时，曾聘请刘少少为该报北京特约通信员，章士钊为该报旅行记者，兼撰社论。日销达2万份。

英国传教士、前基督教书刊出版中心广学会负责人李提摩太离沪回国。

川军第一师师长周俊主办的《评论新报》在成都创刊。言论拥袁。出版仅1个月即停。

6月3日

上海《民国日报》载文揭露汉口《国民新报》在帝制活动中“甘心附逆”的种种情况。略称：“汉口《国民新报》……自筹安会发生以后，该报主任李振又以北京《亚细亚报》等均获袁政府津贴数万，乘车北上，千方百计邀得筹安会某子解囊数千元，遂俨然为袁政府党之机关报。李振以湖北国民代表署名，有劝进书一通，洋洋数千言，用二号大字刊于报首。其为论文之何何山、刘云集等，亦得略占分润，极力鼓吹。一则曰《大皇帝俯顺民意》，再则曰《杨度君宪救国书后》。……甘心助逆，实为可恨。”《国民新报》创刊于民国元年，原属共和党系统的报纸。

6月6日

鸳鸯蝴蝶派作家创办的第一份报纸型文学刊物《小说日报》在上海创刊。创办兼主编人徐枕亚，发行人黄玉汝。日出方形6开3张12版。内容分小说、艺文、杂纂三大部。1923年停刊。

6月7日

日本人主办的日文《山东新闻》日报在济南创刊。川村伦道主编。

6月8日

《蜀报》在成都创刊。日出对开1张。编辑部在成都打金街26号，发行所在成都总府街96号。张星平主办，曾樵书主编。报头下刊有黑体字，揭橥该报的四大主义为：“民德主义，民智主义，民权主义，民生主义。”有选论、社论、专电、政令、译件、时评、紧要新闻、国外新闻、国内新闻、公电、本省纪闻、文苑、小说等栏目内容。曾刊出过吴虞所写的反孔文章《大同主义本于老子说》，引起过一定的反响。

6月15日

《民铎》季刊在日本东京创刊。留日学生组织的中华学术研究会出版发行。李石岑主编。该刊自称以“促进民智，培养民德，发扬民力”为宗旨。出版仅1期即被日本政府查禁。1918年12月移至上海出版，社址在上海贝勒路同益里4号。经常脱期。1931年1月停刊。

6 月 17 日

成都《四川群报》因纸张缺乏停刊。同年 7 月 29 日复刊。

6 月 20 日

内务部电令上海各官厅，撤回前颁禁止《时事新报》行销的命令。

上海日报公会电请交通部将袁世凯政府停止邮递的各报纸弛禁。

同月

北京《益世报》主编潘云巢被释。潘以反对帝制被捕，被关押达 2 个月之久。

天津《益世报》将馆址自荣业大街迁至东门外小洋货街，并增加了两部新式印机，扩大了发行数字。

《学术丛编》月刊在上海创刊。仓圣明智大学主办。1917 年 9 月前后停刊。

汉口《大汉报》主持人胡石庵出狱，该报在汉口日租界复刊。复刊后的《大汉报》由祝润湘任经理，朱钝根、丁愚庵等任编辑。所辟短评专栏《大汉天声》，颇有对时局及地方当局的讥评。

《湘省日报》在长沙创刊。萧石朋任总经理兼总编辑。该报受当时在长沙的国民党秘密支部负责人覃振的领导，对外以正谊社名义发行，实质上是国民党的党报。

夏

武昌各报记者联合组织“新闻记者俱乐部”，推马韵鸾为部长，程稚侯、李敬侯为副部长。俱乐部地址在武昌朱家巷勺庭书院内。

7 月 4 日

汤芗铭被逐出湖南，他所创办官报《大中报》(原名《国民新报》) 悄然停刊。

7 月 6 日

内务部咨文各省区，宣布对上海《民国日报》《中华新报》《民信日报》《民意报》《共和新报》等报解禁。咨文如下：

“为咨行事。准交通部函开：‘据上海日报公会电称：读大总统复《商务报》电，悉该报请准时事、中华、民国、民信、民意、共和新报等挂号通销一节，业奉批交国务院核办，现值百度维新，请大部仰体大总统盛意，电饬沪局准予挂号，以维言论等情到部。查前项报纸，原由前统率办事处等先后行知转饬禁递或勿为挂号，均经本部分别饬遵各在案。兹据电称前情，除《时事新报》前准贵部咨行转饬仍准邮递，并发还新闻电报执照，业经本部照办，并《共和新报》由上海外交特派交涉员请邮局准其挂号，由邮政总局详情核示，亦经本部函准贵部函复照准，均已无庸再置议外，其余各该报纸，应否准其挂号通销之处，除函国务院外，相应函达贵部查核见复，以便饬遵’等因。并准国务院交同前因到部。除《时事新报》业经通行弛禁，及《共和新报》并未经本部查禁亦准邮递行销，毋庸再行置议外，查上海《中华新报》系陆将军电请查禁，上海《民国日报》系统率办事处函请查禁，上海《民信日报》系政事堂发交查禁，均经本部通行禁销各在案。现在时局正宜宣达民意，提携舆论，所有上海《民国日报》《中华新报》《民信日报》，应即准予解禁，至上海《民意报》并未经本部查禁，与《共和新报》事同一律，自可自由行销。除函交通部准其挂号邮递外，相应咨请查照施行。”(《新闻报》1916 年 7 月 7 日)

龙济光暂署广东督军。在龙督粤期间，广州地区设有新闻检查员，所有反袁及拥护共和的新闻及评论均被扣发。广州《华国报》主笔林灿予以作《大盗移国论》，被龙下令缉捕，仓皇走避得免。“龙部四将最专横，粤人称为四大天王，有误载军事者，则率队至报界公会，立召记者至，拔枪置案上，瞋目怒语，若呵斥奴隶。”（谭汝俭：《四十七年来广东报业史概略》，见1935年出版的《华字日报七十一周年纪念册》）

7月16日

黎元洪以大总统名义废止袁世凯政府1914年4月颁布的《报纸条例》。

7月22日

驻汉商学界人士主办的《大中华日报》在汉口创刊。社址在汉口法租界三德里36号。经理杨励志，编辑李警予。日出对开2张。有论说、专电、译电、公电、来函、命令、紧要新闻、时评、本省新闻、各省新闻、小说、文苑、当头棒等栏目内容。该报自称以“拥护共和，指导政府，扩张民权，提倡实业”为宗旨。主要负责人有不少当选为国会会员。

7月23日

《新民国日报》在汉口创刊。社址在汉口法租界望平里28号。日出对开1张。经理龚村榕，主编周聆琴。有社论、国内要闻、命令、专电、公电、来件、时评、各省新闻、本埠纪事、骚坛赤帜、传奇、姑妄言之等栏目内容。该报自称“系纯粹商股组织而成，主持公论，独立发表意见，不受外界羁縻”，但实际上“对革命多所指责”。

7月25日

毛泽东致函萧子升，对近期长沙《湖南公报》《大公报》的评论和新闻报道工作作了比较和评论。认为《湖南公报》所载孙中山等名流演讲，对读者很有启发，为《大公报》所不及。

7月29日

《四川时报》《成都时报》《至公报》等报在成都创刊。三报均出版于蔡锷率部进驻成都和罗佩金担任护理四川督军兼省长之后。

同月

邵飘萍在北京创办的通讯社、新闻编译社开始发稿。社址在北京宣武门外珠巢街。每晚7时左右以油印方式向京内外各报发稿一次。

我国邮政部门修订印刷品邮递章程，自本月起，邮寄印刷品一律按重量收费，不再按份数计费。

日本人冈伊太郎主办的日文《济南经济报》在济南创刊。日刊。1923年改名《胶济时事新报》继续出版。

以中国国防会名义主办的《国防报》在上海创刊。季刊。

《广仓学窘演说报》月刊在上海创刊。

《江苏省教育会月报》在上海创刊。

《浙江省立甲种商业学校校友会杂志》年刊在杭州创刊。1920年12月出至第5期后停刊。

《健报》在福州创刊。日出对开1张，星期一无报。创办人为何琇先、徐宗稚等。该报曾接受进步党的津贴，成为该党在福建的喉舌。1927年左右停刊。

《湖南公报》在汤芗铭离开湖南后，自行停刊。

谭延闿主办的《民国日报》在湖南创刊。社址在长沙仓后街。由包道平、鲁荡平、谭戒甫、朱凤蔚等担任编辑。同时创刊的还有国民党系统的《湖南民报》，社址在长沙戥子桥，宾月卿主办，许彦飞、陶菊隐等任编辑，出版不久即因经费困难停刊。

8月1日

《民苏日报》在重庆创刊。孙铁安主办。1931年5月停刊。

8月13日

滨江农产信托公司主办的《星期报》在

哈尔滨创刊。社址在哈尔滨道外。1917 年 6 月停刊。

8 月 14 日

武汉《大中华日报》以经理杨励志、编辑李警予赴京任职，改聘前副总统秘书长杨玉如接任经理，吴晴堂接任主笔。社址也由法租界三德里 36 号，迁至兴仁里 40 号。

8 月 15 日

汤化龙等进步党领导人主办的《晨钟报》在北京创刊。刘铿任总经理，李大钊任总编辑。创刊号刊出的带有炽烈革命民主主义色彩的代发刊词《〈晨钟〉之使命》，即由李大钊执笔。

8 月 20 日

汉口《民报》（*The National Daily News Hankow*）正式复刊。社址迁至汉口法租界伟英里 29 号。日出对开 3 张，号数重起。王元震任经理，刘苍水、张天视、杜若、黄负生等编撰。有专论、专电、公电、译电、政令、要闻、时评、本省要闻、各省新闻、本埠新闻、艺苑等栏目内容。其中艺苑栏每日出一整版，包括稗乘、文林、诗荟、词宗、剑痕眉朊、寒山冷翠、沙界轮言、质学摘华等专栏。该报自称以“社会道德，国家秩序，人民生计”为关注的重点。在征文启事中，宣布其稿酬标准为论文每千字甲等 6 元，乙等 3 元，丙等 1 元；杂著每千字甲等 10 元，乙等 5 元，丙等 3 元。

8 月中旬

《民宪报》创刊于成都。编辑部在成都中暑袜街 19 号。

8 月 21 日

《晨钟报》从本日出版的第 7 期起，增辟《新思潮》专栏，由李大钊执笔，每天介绍一位欧西名人。

8 月 23 日

名记者邵飘萍应聘担任上海《申报》驻北京特派记者，即日起为该报撰写《北京特别通信》。

8 月 25 日

小型“花报”《飞艇报》在汉口创刊。发行所在汉口伟英里 29 号。主编邓志龙。该报专刊妓女“芳名”及花界轶事。

8 月 31 日

上海《民信日报》迁至北京出版。

同月

《杭州民国日报》创刊。

湖南国民党支部机关报《长沙日报》，在谭延闿回任湖南省长兼督军后，恢复出版。仍由文斐任总经理，傅君剑任总编辑。同时恢复出版的还有罗介夫、胡谔城主持的《国民日报》。

《湖北交涉署交涉节要》月刊在武昌创刊。本年底停刊。

《民主日报》在成都创刊。社址在成都少城斌升街 33 号。发行人施清宇，编辑陈利群等。该报自称：“纯以正确主张，唤醒民众，期纳全川团练于轨道，并预防以后暴民专制之实现为宗旨。”

《渝州日报》在重庆创刊。李克峰主办。1931 年 4 月停刊。

《民治日报》在重庆创刊。社址在重庆纯化街。李显文主持。不久即停。1920 年复刊。

《重庆红十字会杂志》在重庆创刊。

留法学生主办的《旅欧杂志》半月刊在法国都尔创刊。1918 年 3 月停刊。

9 月 1 日

政学会机关报《中华新报》北京版在北京创刊。社址在北京绒线胡同。张季鸾、李述膺、韩玉辰、高仲和等主持。

《青年杂志》休刊半年后，更名《新青年》恢复出版。即日出版的《新青年》编为2卷1期，刊有李大钊所写的《青春》一文。

《公言报》在北京创刊。主笔林白水、王士澄、黄秋岳、梁鸿志等。该报鼓吹“武力统一”。是公认的安福系的言论机关。

《民德报》在上海创刊。陈静庵主编。

9月5日

李大钊发表启事，宣布脱离《晨钟报》，不再担任该报总编辑。从本年8月15日到9月5日，李大钊一共在该报工作了22天，发表了14篇文章。

9月15日

《东亚日报》在哈尔滨创刊。社址在哈尔滨道外。周六刊。滨江劝学所所长刁子明主办，经理王趾舒，总编辑周祉民。每期出对开2张，并附赠画报1张。

同月

《宪法会议公报》在北京创刊。北洋政府参议院众议院主办。出至1923年4月前后停刊。

《民言》杂志在北京创刊。

《大公论》月刊在北京创刊。仅出1期即告停刊。

《平安》季刊在北京创刊。华北中华圣公会主办。

英华（敛之）将天津《大公报》产权盘售给安福系资本家王郅隆。王自任该报总董，聘胡政之为经理兼总编辑，以亲日色彩过于浓厚，为群众所不齿，销数大减，最少时每天出报仅数十份。王死于1923年的日本关东大地震，王记《大公报》于1925年11月27日停刊。

《嵩岳日报》在河南开封创刊。日刊。李絅斋主编。1917年10月停刊。

《天中日报》在河南开封创刊。1917年6月停刊。

《广仓学会杂志》在上海创刊。

《小甬报》在宁波创刊。日刊。社址在宁波江北岸鸿运里。主编汪北平。

因反对帝制遭到查禁的重庆《新中华》《国民报》《正论日报》等三报，经重庆报界俱进会呈请当地主管机关批准后，恢复出版。

秋

《汉口中西报》举行3000号纪念，并发行纪念专刊。黎元洪书赠“觉世功深”四字，以为祝贺。

10月1日

武汉《正谊日报》和《崇德公报》本日起宣告合并，合并后的两报定名为《崇德公报》继续出版。按新的编号计算刊期。社址由武昌迁至汉口如寿里84号。经理廖湘予，主笔刘泥清、秦纵先等。该报自称以“拥护共和，扩张民权，监督议会政府，注重民生事业”为宗旨。

10月2日

《觉民报》在成都创刊。发行所在成都提督西街57号。该报自称以“不偏不党，觉悟人民”为主旨。

10月10日

上海《时事新报》开辟《上海黑幕》专栏，专刊黑幕小说。主要作者有向恺然、陆士谔等。

10月11日

《天津午报》在天津创刊。社址在天津南市广兴大街。社长刘仲赓，经理白幼卿。

10月15日

《四川晚报》在成都创刊。社址在成都会府西街46号。

10 月 31 日

上海《申报》副刊《自由谈》更换主编，由陈蝶仙代替姚鹓雏担任主编。陈名栩，别号天虚我生，浙江钱塘人，南社社员。擅诗词，著有《泪珠缘》《栩园诗剩》《香雪楼词》等。他主编《自由谈》期间，以多刊家庭生活小知识方面的文章，受到读者的欢迎。1940 年卒于沪寓。

同月

《申报》驻北京特派记者邵飘萍在本月发往《申报》的《北京特别通信》中，对北洋政府国务院设立新闻记者招待所发布官样文章一事，进行讽刺和批评。略称：

> “自共和复活以来，‘开诚布公’四字，为当轴号令天下之一利器，就其小者言之，国务院中设新闻记者招待所，派人专司其事，亦开诚布公之一道也。记者初到北京，往晤徐秘书长（树铮），秘书长忙极，寒暄数语即出。其所谓招待新闻记者之执事，述其办法，则每日以可以发表之文件消息，印刷分送，记者深以为然。但官场之事有足令人失望者，自有印刷之件分送以来，每日仅有绝不相干之文件摘由数十字，其材料最称丰富之日，则当内阁总理通过之日，各省贺电，照例如雪片纷纷飞来。段总理曾对此叹曰：‘吊且不暇，贺于何有?’而国务院乃印刷之以夸示吾辈来自田间之新闻记者，岂不可怜。然此或曰可以使吾人见四海之景从也。而第二次材料最多者，则为各省干涉政治某事之电，又次则康圣人既不跪拜，留此膝何为之电。至最近又极枯窘。而昨日乃印刷贵阳议会反对省长民选之电，及反对交通部取消搭现令，某某长官之电，此外无一物焉。问之内部人，云：材料尚不止此，但办事人懒惰，惟摘录其最短者，出为应酬。然则对于极长之腐败文电，亦印刷以分送者，殆出于上司之特命矣。在彼言开诚布公者，欲以此广为流布，庶几奉扬仁风，或则利用新闻以反对其所欲反对者。然此等材料，岂值新闻记者之一顾！亦徒糟蹋若干纸墨油印之费，多养几位中下等游民而已。呜呼！我国所谓开诚布公者，皆当作如是观也。”（《申报》1916 年 10 月 29 日）

孙中山致函中华革命党各同志，表示希望在上海为该党创办一份“完善之机关报”。略云：“吾党于沪夙无完善之机关报，以至吾党之用心行事足以为国利民福者，世人莫或知之，虽有良善政策，无从宣达，以起国人之信仰，此最为缺憾者。（前实因军事急逼，吾人更无余力以及于此。）兹当建设伊始，自应从事鼓吹，以坚吾党之信用。……现拟将徐朗西君所办之民意报，从事扩张，完全代表吾党意思，发挥吾党政纲。”（《孙中山全集》第 3 卷，第 376—378 页）由于经费困难，这一计划未能实现。

《宪法公言》旬刊在北京创刊。出至 1917 年 1 月停刊。

河南省议会为讨论议员资格问题创办的《晚报》《中州晚报》在河南开封创刊。每晚出版。

《诚报》半月刊在上海创刊。英国侨民主办。该刊以报道欧战消息为主。第一次世界大战结束后，改以报道中英两国商务，“联络中英人士感情”为主。

《新共和报》在上海创刊。

《新民德》双月刊在上海创刊。出至 1914 年 4 月停刊。

《吴县日报》在苏州创刊。马飞黄主编。日出对开 1 张。

湖南省议会以长沙《大公报》批评省议员，禁止该报记者在议会旁听，并咨请省会警厅对该报实行“取缔”。经有关方面调停后解禁。

湖南地区最早的晚报《长沙夜报》创刊。

中华通讯社、华美通讯社、亚陆通讯社、大中通讯社等通讯社在长沙成立。

《四川新闻》在成都创刊。刘存厚主办。出版不久即被罗佩金控制的卫戍部查封。

《广东农林》月刊在广州创刊。广东省农林试验场主办。

10—11 月间

《商报》在汉口创刊。日出对开 3 张。陆济寰主办，经理王春先，主编盛了厂。1919 年以后改由王春先主办。1929 年 8 月停刊。

11 月 1 日

与 1911 年春彭羲民主办的《夏报》同名的另一份《夏报》在武汉创刊。

11 月 10 日

席子佩主办的《新申报》在上海创刊。孙东吴任总编辑，原《申报》副刊《自由谈》主编王钝根也应邀参加该报编辑工作。

武汉《民报》因亏损严重，不能支持，由原承办人转让给陈平侯、龚村榕接办。宗旨有所变化，言论也因而日趋平和。

11 月 17 日

《四川报》在成都创刊。编辑所在成都文庙后街 76 号，发行所在成都总府街群仙茶园。日出正副各一张。发行人李玉峰，经理袁钟灵，主编曾德远。

11 月 22 日

北京《公言报》以揭载北洋政府向美国秘密借款 500 万美元消息，被控泄漏机密，发行人黄希文、编辑王德如被捕。

11 月 25 日

《新少年》杂志在上海创刊。

新世界游艺场编辑发行的《新世界日刊》在上海创刊。该刊以刊载和介绍该场游艺节目及演员动态为主要内容。先后任主编的有孙玉声、郑正秋等。继本刊之后在上海创办的同类刊物，有《大世界报》《劝业场日报》《新舞台日报》等。

同月

《太阳周刊》在北京创刊。

《大梁日报》在开封创刊。

《公民杂志》月刊在上海创刊。

《军事通俗白话报》在武汉创刊。日刊。湖北督军署主办。主要在当地驻军中发行。

《刍言报》在成都创刊。编辑部在成都铁脚巷 2 号，发行部在成都总府街 63 号。社长王蓉。吴虞、曾兰夫妇及其女吴楷均曾为该报撰稿。1917 年 1 月 20 日停刊。

《云南实业要闻》周刊在昆明创刊。云南省省长公署主办。

12 月 1 日

天津《大公报》在胡政之主持下实行版面改革，改书版式为报版式，日出对开 3 张。

武汉《震旦民报》复刊。社址在汉口法租界望平里 46 号。日出对开 3 张，号数重起。经理邓狂言，编撰刘天民、杨芸冈等。开办经费主要由杨芸冈负责筹措。有社论、专件、专电、译电、要闻、时评、本省要闻、本省琐闻、本埠要闻、本埠琐闻、小说、文苑、谐乘、丛闻、畅所欲言等栏目内容。每日必刊出 2 篇社论、3 篇时评。复刊前曾在各报刊出《〈震旦民报〉复活广告》称：

> “本报与辛亥革命同时崛起，主持正论历有年余。袁氏窃国，本报同人早已洞烛其奸，秉笔诛之，不遗余力，饵我金钱不为所动，威我斧钺不为所屈，过去历史已印在社会之脑中。癸丑政变，袁氏得乘机而蹂躏之，同人星散，

报乃停办，秋蝉蛰伏，四年于兹矣。天相中国，逆贼膺诛，蚩蚩者氓，重见天日，同人以鼎镬余生，得与同胞握手，我舌尚在，自应卷土重来，垂正气于千秋，露曙光之一线。……特此预闻。”（《新民国日报》1916 年 9 月 4 日）

12 月 10 日

《鸣报》在绍兴创刊。日刊。

12 月 26 日

《每日新闻》在哈尔滨创刊。社长张陶庵。社址在哈尔滨道外。1917 年 11 月 15 日停刊。

同月

《时言报》《河南晚报》在开封创刊。前者由杨东升主办。

中华基督教女青年全国协会主办的《女青年月刊》在上海创刊。蔡希真、黄养恩等主编。年出 8 期。

《瓯海潮》周刊在浙江温州创刊。出至 1917 年 11 月停刊。

汉口《大汉报》复刊。社址在汉口日租界槐荫里 30 号。胡石庵继任经理，颜觐棠任主笔，参加编辑工作的有金缄三、丁愚庵、朱伯厘、彭覃庵等。全馆工作人员近 80 人。日出对开 4 张。《大汉报》复刊后，本年 5 月 11 日由《大汉报》原班人马创办的《天声报》先期停刊。《大汉报》复刊前，曾在《天声报》刊出《〈大汉报〉复活通告》一文，略称：

“启者：本报于辛亥八月二十日与义军同时出现于汉上，后经兵火，迁居武昌，至民国成立，南北一统，本报日销之量已达 17000 余份，欧美各国及中国二十行省各大商埠，皆设有分销处所与通信专员。壬子、癸丑年间，本报言论颇为一时所信仰，曾蒙今大总统黎公手书‘赤手回澜，四字匾额见奖，又蒙各界阅报君子以‘民国首功’相过誉……讵甲寅春月因揭载袁奴段芝贵私购女伶王克琴进呈袁克定一事，段因羞成怒，竟显违法律，滥用威权，封禁本报，且逮捕同人入陆军监狱，横加以‘漏泄秘密，鼓吹乱党，散布谣言，希图煽惑’十六字，欲置同人于死地，赖今大总统黎公通电援救，国中各报同声代为呼冤，段始敛。然犹授意执法当事含糊定案，处本报主任胡石庵以三年有期徒刑，而编辑朱伯厘、丁愚庵、彭覃庵、杨殿卿、颜觐棠及机工访事等十二人皆冤陷囚中，或一年或数月不等，而《大汉报》三字乃从此与诸公别矣。今幸袁氏自毙，黎公继任，约法恢复，报律取消，共和既已再生，本报当然复活……”（《天声报》1916 年 9 月 1 日）

《国民日报》在汉口创刊。日出 4 开 1 张。地址在汉口日租界富士里。覃振发起，王玄奕、王小芹发行，蔡寄鸥主编。该报以驱王（占元）讨袁为主要内容。为中华革命党秘密宣传机关。

《武汉新报》在武汉创刊。胡祖舜主办。出版仅 64 天即停。

《鄂州日报》在武汉创刊。由龚村榕主办。

《女铎报》在重庆创刊。程悲娲主办。是重庆妇女界创办的第一家报纸。

《云南学术批评处周刊》在昆明创刊。

下半年

上海《神州日报》主人孙钟将该报出让给钱芥尘接办。

受袁世凯垮台帝制活动失败的激励，河南仅省城开封一地，就有嵩岳、天中、大梁、晚报等 6 家报纸创刊。

冬

《复报》《环球日报》在汉口创刊。后者为白拱辰所创办。

《民主报》在广州创刊。社址在广州打铜街。主办人陈耿夫，撰述卢博郎、李孟哲、谢愤生等，多为老同盟会会员。该报积极支持孙中山的护法运动。

同年

据邮政部门发表的统计数字，本年内全国经邮政部门发寄的报纸及印刷品总数为47373040件。另据有关部门本年底的调查，全国公开出版的报纸总数为289种。

北洋政府通令全国，禁止报纸刊载内容淫亵的文字、图片和广告。

《政治学报》（季刊，中华政法学会主办）、《宪法会议审议会速记录》（不定期刊）、《宪法会议速记录》《国立北京农业专门学校杂志》（季刊）、《社会星报》（周刊，社会改良会主办）在北京创刊。

北京英文《京报》（*Peking Gazette*）主笔陈友仁以发表反日言论，一度被拘。

《商业杂志》（周刊，河北商学会主办，1921年停刊）、《新学书院季报》《益世女报》（《益世报》附出，刘居常主持）在天津创刊。

《郑州日报》在河南郑州创刊。日刊。刘瑞璘主编。

《公言报》在济南创刊。社长陈翰轩、张思维，编辑张湘岑等。属于国民党系统内的民治社的报纸。

《东鲁日报》在济南创刊。民治社主办。发行人胡冠臣。

共和党山东支部主办的《新山东日报》在济南创刊。发行人王贡忱。

济南商会主办的《山东商务日报》在济南创刊。日刊。

《齐美报》在济南创刊。

日本驻济南领事馆主办的日文《济南日报》在济南创刊。负责人楠正秋，主编平冈小太郎。

《芝罘商报》在烟台创刊。发行人李循芳。

上海《学生报》改名《寰球》继续出版。

青年编译社主办的《青年镜》月刊、复旦公学主办的《复旦杂志》半年刊、江苏省教育局公有林总局主办的《江苏省教育团公有林报告书》年刊，以及《旅沪广东中华基督教会会务月刊》在上海创刊。

基督教美以美会主办的英文周刊《美以美会教报》（*China Christian Advocate*）、基督教女青年会主办的英文月刊《绿年》（*Green Year*. 主编 Miss Tsai Kwei）、在华英国商人主办的英文月刊《上海英商会报》（*British Chamber of Commerce Journal*）在上海创刊。

上海《申报》由汉口路旧馆址迁进望平街263号新馆址继续出版。发行数字达到1.4万份。

上海《新闻报》公布该报本年度平均发行数字为33045份。这是当时国内报纸的最高发行数字。

《司法月报》（浙江高等审判厅主办）、《浙江月刊》《广济医刊》（月刊）在杭州创刊。

《瓯海公报》在温州创刊。经理王云龙，主编李竟植，编辑叶木青、周志侨、王德芬等。出版第2年改名《大公报》。1921年恢复原报名。1927年停刊。

《武汉消闲录》（日刊，刘云集创办）、《学生杂志》《晨钟报》在武汉创刊。

武汉通讯社在汉口成立。社长徐公仆。每日发稿一次，内容以京津通讯及本省通讯为主。

《湖南省农会农业旬报》在长沙创刊。

《云南实业周刊》在昆明创刊。云南省行政公署政务处主办。

《福建劝业杂志》（月刊，福建劝业会筹备事业局主办）、《福建盐政公报》（月刊）

在福州创刊。

《政治日报》在福州创刊。受福建督军公署津贴，为该署机关报。

《求是日报》在福州创刊。其前身为1914 年被查封的《求是报》。

《伸报》在福州创刊。《民钟日报》在厦门创刊。均为华侨主办的报纸。

《中华新报》在广州创刊。社址在广州第七甫 58 号。发行人高铁德，社长容挺公，编辑陈萝生、邓警亚等。该报经费募自海外华侨。后接受桂系军阀的津贴，成为桂系军阀的喉舌。

《民意报》在广州创刊。编辑卢博郎。

广州《南越报》发行人李汇泉以反对当局弛赌禁事，为把持广东军政大权的桂系军阀枪杀。

《四邑平报》在广东江门创刊。社址在江门市竹楼街 7 号。创办人赵慕韩，发行人雷日生，主编赵健。

《岭表报》在广西南宁创刊。周锡恒、黄宏宪等主办。1920 年停刊。

《华兴报》在美国檀香山创刊。檀香山中华商会主办。该报曾一度接受袁世凯的津贴，为帝制活动作鼓吹。帝制失败后，该报改由冯成龙主持。1920 年停刊。

《神户华侨商业研究会季报》在日本神户创刊。1917 年 10 月停刊。

1917 年（丁巳）

1 月 1 日

即日出版的《新青年》2 卷 5 号刊出胡适所写的《文学改良刍议》一文，揭开了五四时期“文学改良”宣传的序幕。

上海澄衷中学主办的《澄衷学报》在上海创刊。主编曹慕管。

成都华西大学主办的《大学季刊》在成都创刊。用中英两种文字刊行。编辑刘豫池、杨少峰、杜焕然、石亨利等。创刊号所刊的《绪言》称“本报固不批评政治，然有时亦言政治”，“不登寻常新闻，然有时亦记载各部分之特长……并载本大学以次各校之特别事实及进步”。

1 月 7 日

恽代英应中华大学陈时校长之聘，代理《光华学报》主编。在他主持下，本日出版的该刊第 2 年第 1 期，大加改良，面目一新，提倡学术争鸣，宣布凡“怀抱特殊见解之论稿”，“特别有所主张之论文”，“介绍世界最新思潮”之稿件，尤为欢迎。

1 月 19 日

汉口《大中华日报》迁至汉口法租界后马路华兴里 1 号继续出版。

1 月 20 日

《谭风新闻》在黑龙江省齐齐哈尔市创刊。社址在齐齐哈尔市南门外。日出对开石印 1 张。社长张浮生，编辑闻大言。同年 4 月起改为铅印。

1 月 28 日

章士钊主办的《甲寅》日刊在北京创刊。李大钊任编辑。

同月

《道德学志》旬刊在北京创刊。是王士珍任社长的道德学社的机关刊物。江朝宗、张炳桢等主编。该刊自称以“阐明圣学，敦崇道德，实行修身”为宗旨。1919 年 10 月左右停刊。

天津《大公报》开始在特别纪事栏发表人物访问记。该报总编辑胡政之亲自担任这一类专访稿件的撰写工作。

《山西教育报》在太原创刊。山西省省长公署教育办事处主办。

济南地方审判厅以济南《齐美报》所刊卜某窝赌包娼新闻一则，报道失实，援引

《刑律》，判处该报发行人五等有期徒刑。山东报界联合会认为判刑过重，特电大总统、司法部及参众两院要求减刑。

《豫言报》在开封创刊。日刊。冯翰飞主持。

《新中州报》在河南开封创刊。日出对开2张。创办人为中原煤矿公司总经理胡汝麟，社长孙凌铣，主笔马和庚。该报自称以“拥护国宪，启钥民智，不涉党派，促进文明”为宗旨。言论偏于保守。

《小说画报》月刊在上海创刊。包天笑主编。文明书局出版发行。1920年8月出至22期后停刊。

华安寿险公司主办的企业刊物《华安》在上海创刊。

《中西工商杂志》在上海创刊。月刊。中华工商研究会、南洋商业公学联合主办。吴衡之主编。用中英两种文字合刊。英文刊名为 *The Commercial and Industrial Magazine*。

《良言报》在杭州创刊。创办人兼主笔许祖谦、任凤岗，编辑李望之。社址在杭州保佑桥。出版1年后因经费困难停刊。

《绍兴蠡报》《警钟报》在绍兴创刊。前者由蒋艇仙主编，同年2月20日停刊。后者社址在绍兴城内学士街，由周伯川主编，同年10月停刊。

《基督教公报》月刊在南京创刊。本年8月即停。

《湖南省农会报》月刊在长沙创刊。出至1918年2月停刊。

《株萍铁路管理局月报》在湖南株洲创刊。株萍铁路管理局主办。出至1919年8月停刊。

《四川公报》在成都创刊。四川官印刷局出版发行。每五日发行1册，每月出6册。由四川官印刷局文牍员朱正宇（一作朱正学）担任该报编辑专员，并兼办文督事务。

以华工为读者对象的中文《华工杂志》在法国巴黎创刊。半月刊。留法勤工俭学会主办。

日本人主办的中文《中和报》在厦门创刊。主编山下江村。

2月1日

陈独秀撰写的《文学革命论》在《新青年》杂志2卷6期发表，引起重大反响。

2月6日

英文 *Chefoo Daily News*（《芝罘日报》）在烟台创刊。仁德公司（James Mcmullan & Co.）出版。主笔茂兰（J. Mcmullan）。是当时中国唯一的小型英文报纸。日销约300份。

2月7日

北京《公言报》以在新闻栏刊出政府与美国签订500万大借款合同草案，以及众议院讨论借款事有关情况，被地方检察厅指为泄漏秘密，于本日提起公诉。该报为此向审判厅提出辩护书，认为政府及议院中人泄密在前，报纸刊登其事在后，不应由报纸负泄密责任云云。

2月17日

北京地方法院以“泄漏国会秘密”罪，判处北京《公言报》编辑王德如徒刑4个月，发行人黄希文徒刑3个月。

《甲寅》日刊改为周刊继续出版。

2月25日

天津工业售品所主办的企业报纸《售品所半月报》停刊。主编宋则久为使“报中言论仍能继续输送于全国多数同胞之目，报中之良法美意，不至日就澌灭”，特将该报出版以来所刊文字辑为《国民必读》一书公开出版。该报后于1919年、1930年两次复刊，出至1935年前后停刊。

2 月 26 日

《楚宝》杂志在北京创刊。月刊。湖北旅京学会主办。汤化龙主编。有论说、译述、科学研究、修养资料、杂录等栏目内容。是一份兼刊文理科知识的综合性刊物。

恽代英应聘为武汉《光华学报》正式主编。

2 月 28 日

成都《民宪报》以先一天所刊《刑杖悲声动衙署》新闻一则，揭露司法部门滥用刑罚，触怒当局，发行人雷建侯、编辑人曾砚愚于本日被捕。

同月

《外交商榷会临时杂刊》《丁巳》月刊在北京创刊。后者出版 2 期后即停。

《河南鸣报》在开封创刊。日刊。

上海《教会公报》出至 294 期后宣告停刊。

《宜兴地方旬报》在江苏宜兴创刊。同年 9 月停刊。

《虞阳日报》在江苏常熟创刊。发行人赵治衡。日销仅 500 份。

《农业浅说》月刊在杭州创刊。浙江农会主办。1918 年出至 2 卷 7 期后停刊。

《财政经济周报》在福州创刊。福建财政经济研究会主办。同年 5 月停刊。

3 月 1 日

中华基督教青年会主办的《进步》月刊出至 64 期后，与《青年》月刊合并，改名《青年进步》继续出版。仍由范丽海任主编。每年出 10 期，每期约 100 页。有德育、智育、体育、卫生、社会事业、会务研究、经训、本会消息等栏目内容。先后出 148 期。

《太平洋》月刊在上海创刊。杨端六、周鲠生、李剑农等任编辑。泰东书局发行。有论说、海外大事、评林、译述、国内大事等栏目内容，侧重于政治、经济等方面的论述。经常脱期。2 卷 1 期以后改为双月刊，由商务印书馆出版发行。1925 年 6 月出至 4 卷 10 期后停刊。

《大晚报》在武汉创刊。

3 月 8 日

北京《国风日报》以“言论过激，事实不符”，被地方检察厅援引《刑律》第一百五十五条、第三百六十条，判处该报经理裴梓青、发行人彭翼臣拘禁 3 日，并科以罚金。

3 月 14 日

北京《国风日报》又以“抨击段祺瑞太过激烈”，被指控犯有“侮辱官吏”罪，编辑裴梓青、发行人彭翼臣各判罚款 20 元。

3 月 19 日

《中论》月刊在成都创刊。主编廖平，参加编撰工作的有宋育仁、吴虞、周钟岳、颜楷等。自称“以讨论学理，敷陈时政为主旨”。出 2 期后停刊。

3 月 23 日

群学社主办的以妇女为对象的《闺声》月刊在上海创刊。

3 月 25 日

《雅言报》在哈尔滨创刊。社址在哈尔滨道外。庞秋言主办。

同月

《通俗周报》《霜钟杂志》《说丛月刊》《政法学会杂志》在北京创刊。

《新国民》月刊在上海创刊。同年 5 月停刊。

《椒江日报》在浙江海门创刊。经理许祥椿，主笔柯潇魂，编辑赵见微、吴全清。同年 7 月被临海县知事汪莹以“乱党机关”罪名查封。

《矿业杂志》季刊在长沙创刊。中华矿业研究会主办。1923 年 10 月停刊。

马来亚华侨主办的《南洋华侨杂志》月刊在今马来西亚的槟榔屿市创刊。

年初

《民新报》在成都创刊。李贞白、吴冰子筹办，潘力山等编辑。

4月1日

毛泽东写的《体育之研究》一文，在即日出版的《新青年》3卷2号上发表，署名二十八画生。

4月3日

北京《醒华报》以所刊《外交投票记名》新闻，触怒当道，编辑人被捕。

4月10日

中国商业函授学校主办的《商业杂志》月刊在上海创刊。杨公炎主编。

4月14日

《学生周刊》在上海创刊。中国学生联合会主办。“苦海余生”主编。

4月24日

《蜀声报》在成都创刊。编辑部在成都提督街三义庙。

4月25日

北京《北京晚报》美籍主笔李佳白以所写评论有亲德倾向被拘，旋转送美驻华大使馆处理。

同月

《言治》季刊在北京创刊。北洋政法学会主办。

信阳《大中日报》在河南信阳创刊。

《中华编译社社刊》月刊在上海创刊。

英文 *Asiatic Division Outlook*（译意《亚洲现势》）月刊在上海创刊。1924年4月停刊。

《汉口新闻报》自本月起扩充版面，每日发行对开5张，成为武汉地区版面最多广告容量最大的报纸。

长沙《大公报》揭露湖南当局拟与日本合办水口山炼铅厂及签订“抛砂借款”密约内幕，引起湖南人民的关注。

《学艺》季刊在日本东京创刊。丙辰学社（1923年6月以后改名中华学艺社，陈豹隐、郭沫若、夏丏尊、王亚南等均为该会会员）主办，为该社机关刊物。主编吴君毅。该刊自称以“介绍科学及艺术，从两方面阐明自然及人生诸问题”为宗旨。1920年3月以后改为月刊，迁上海出版，由商务印书馆发行。

《中华药学杂志》半年刊在日本东京创刊。中华药学会主办。

5月6日

《通俗白话报》在山东济南创刊。日出对开1张，销约1200份。负责人罗亚民。出至1937年停刊。

5月11日

小型报纸《东方报》在武汉创刊。社址附设在汉口致祥里《汉口新闻报》社内。有社说、小说、谐文、时闻、花史、剧话等栏目内容。

5月12日

《龙沙日报》在黑龙江省城齐齐哈尔市创刊。社址在齐齐哈尔南门外二道街。发行人李建元、郝鉴临。日出对开2张。

5月14日

《绍兴民报》在绍兴创刊。社址在绍兴日晖桥。日刊。创办人张连生、许一飞。出至1930年后停刊。

5月19日

英文《京报》记者陈友仁因揭载段祺瑞政府与日本商议借款密约消息被捕。经地方审判厅审讯，以“妨害公务”罪被判徒刑4个月。

5月22日

《时事日刊》在浙江临海创刊。日出对

开 1 张。社长陆翰文，主笔项士元。该报反对北洋军阀对浙江的统治，反对张勋复辟，言论态度十分明朗。出版仅 3 期，即被地方当局查封。

5 月 26 日

北京警察当局自即日起实行邮电检查，各报新闻电稿多被删改。

5 月 29 日

张公权主办的《银行公报》在上海创刊。上海钱业同业公会发行。诸青来主编。是近代中国出版的时间最长的一份财政金融方面的刊物。出至 1950 年 7 月停刊。

同月

《同德杂志》月刊在北京创刊。

《公民周刊》在西安创刊。

《绍兴日报》在绍兴创刊。社址在绍兴城内火珠巷。日出对开 2 张。屠长鉴、周彝主编。

《回浦杂志》在浙江临海创刊。主编陆翰文，编辑项士元。回浦高级小学回浦学会主办。1920 年改为《回浦潮》周刊。

《安徽实业杂志》月刊在安庆创刊。

《江西教育行政月报》在南昌创刊。

6 月 1 日

杭州报业公会成立。会址在杭州金钗袋巷。负责人徐竹斋、周幼堂。是一家由报贩组成的协调报纸发行工作的行业组织。1929 年改称“杭州市派送沪杭各报同业公会”。

6 月 4 日

北京《中华新报》以“时局濒危，纵言无益”，宣布自动停刊。在此前后，北京共有《民国新闻》《共和新闻》等 8 家报纸相继停刊。

黎元洪以大总统名义，对英文《京报》记者陈友仁实行特赦。陈于半个多月前以“妨害公务”罪，被判 4 个月徒刑。

《通俗教育报》双日刊在哈尔滨创刊。哈尔滨通俗教育社主办。张维中主持。间日出 4 开 1 张，另画报 4 开 1 张。

6 月 5 日

福州《心声报》以“言论不自由”，发表宣言，自动停刊。

6 月 6 日

华侨集资主办的《民国大新闻》在上海创刊。每日出版。创刊号刊有《出版宣言》，宣布该报以“保障共和国体”为宗旨。该报用整张报纸印刷，版面比一般报纸大一倍。

6 月 7 日

《白话画报》在哈尔滨创刊。社址在哈尔滨道外天裕昌院内。社长牛安甫。同年 7 月因反对张勋复辟，被地方当局查禁。

济南《齐美报》被当地警厅勒令停刊。在此以前，该报曾以刊载当地某有力者窝赌包娼新闻被控。

《世说新报》在武汉创刊。严式悳等发起创办。

《东边报》在黑龙江省创刊。主办人陈兴宽。

6 月 9 日

英文周刊 *Millard's Review of the Far East*（《密勒氏评论报》）在上海创刊。创办人为前美国《纽约先驱报》（*New York Herald*）驻远东记者密勒（Thomas F. Millard）。2 年后，密勒退休，由美国人鲍威尔（J. B. Powell）接办。该报内容以政治和经济方面的报道和评论为主，目的在使中外读者加强对西方发展情况及远东局势的了解。英文报名改为 *The Weekly Review of the Far East*，再改为 *The China Weekly Review*，直至终刊。每期发行约 5000 份。著名美国记者埃德加·斯诺曾任该报记者。

成都《四川群报》发行人樊孔周因在社论中反对川军第三师违章抽收盐税，遭到该部嫉恨，本日在由渝返蓉经过简阳施家坝途中，遭到三师团长张鹏午派遣的暴徒的狙击，身中八弹被害，年仅42岁。樊遇害后，该报改由孙少荆主持。

6月10日

民生通讯社在北京创立。经理卓兰畹。日发稿70份。

6月12日

《江汉日报》在汉口创刊。社址在汉口兴业里17号。前湖北讨袁军司令长官蔡济民主办，张祝南主编。该报自称“以发扬法治精神，提倡国民道德，灌输世界知识，改进社会事业为宗旨”。

6月15日

北京《国风报》停刊。

日本东亚同文书院沪友同窗会主办的日文《沪友》月刊在上海创刊。内容以报道该书院毕业生在上海等地工作的情况，以及刊载有关政治、经济等方面的杂感文章为主。

国民党全美临时代表大会决议创办的《国民日报》在美国旧金山创刊。为该党在美洲的言论机关。主编陈拔荆。

6月20日

文学期刊《云烟杂志》月刊在上海创刊。

6月23日

《民论日报》在成都创刊。编辑部在成都王家坝街6号。发行人邓含光，编辑李蛰庵。该报自称“以发挥共和真谛，排除门户党见，崇尚德义，讨究民生为宗旨”。出版至同年7月28日停刊。

6月25日

武汉日文《汉口日报》负责人冈幸七郎向日本驻汉领事馆总领事濑川浅之进提出申请，要求提供13500元补助，增办该报中文版，“作为日本的言论机关”。申请书称：

“作为日本在汉口的言论机关需要发行中文报的必要性，这里无须再作陈述。目前如果要创办中文报纸，开办费约需五六万元，而且为补助经费上的困难，至少每年不得不准备三四万元的补助费，即令如此，尚有难以支撑之感。所以从来无人敢从事此项工作。然而言论机关的重要，近来已成当务之急。敝社一向经营日文报，这次乘扩大事业之机，准备作为附录来增添发行中文报，并向一般中国人广泛发行，作为日本的言论机关，可收一举两得之效。但是敝社的报纸一直由当地印刷所印刷，随着事业的发展，该印刷所终难全部承担，因此，有新设印刷机械之必要。……恭请依照如对北京、上海等处中文报纸补充拨款之先例，希望对本社也能予以特别考虑，给予相应的补助。……”

申请书的附件开列了申请补助各费的预算如下：

设施费总额　银7500元

内含：

大印刷机一台、小印刷机两台　银1800元

各号活字　银3500元

印刷用各种杂具　银1500元

两种假名（日文字母）字模　银200元

准备费　银500元

计银7500元

报纸补充费　银6000元

补充费年额（按每月平均500元计算）

内含：

中文记者津贴（按每月平均200元计算）　银2400元

中文职工工资（按每月平均100元计算）　银1200元

纸墨费（按每月平均120元计算）

银1440元

采访通讯及原稿费　　银960元

计银6000元

（转引自刘望龄：《黑血·金鼓——辛亥前后湖北报刊史事长编》，第464—466页）

同月

《豫言》周刊在河南开封创刊。1918年6月停刊。

中华编译社主办的《社刊》半月刊在上海创刊。

上海墨梯大学主办的《墨梯》杂志在上海创刊。

南洋商业专门学校学生联合会主办的《调查周刊》在上海创刊。

《心声》月刊在上海创刊。李祖模主编。

《江苏省农会杂志》季刊在南京创刊。

《妇女旬刊》在杭州创刊。创办人何慨秋、陈兰言、张丽娟、徐云波，主编楼尹庚。以“改良妇女地位，创造妇女的新环境和新生命”为宗旨。1948年11月停刊。

《国民新闻》在浙江诸暨创刊。日出对开1张。社长孙霞蔚。

国民党湖南支部主办的《湘省日报》停刊。

夏

聂氏家族主办的在家庭内发行的《进德周刊》在上海创刊。主编聂光墀。该刊自称以发表个人思想联络家庭情谊为宗旨。出版6期后休刊。1918年以后曾以《童子周刊》《仁勇团周刊》《家声周刊》等名目恢复出版。1925年将以上各刊所刊重要文字编为《家声选刊》一书单独印发，戈公振为该书作序。

7月1日

受清逊帝溥仪复辟影响，本日内北京有14家报纸自动停刊。

游艺场小报《大世界》在上海创刊。大世界游艺场主办。孙玉声、刘山农主编。以报道演出剧目、演员名单及消闲性文字为主。

武汉《大汉报》副刊《楚宝》在溥仪复辟期间暂停出版。

7月14日

日本驻汉口代理总领事川越茂，为日文《汉口日报》申请增办中文版事专函日本外务大臣本野一郎，介绍日文《汉口日报》社长冈幸七郎的情况，以及论证增办该报中文版的必要性。略称：

> “冈幸七郎社长在汉口已经二十年，已故水野参事官在任时，曾予以支持。在水野帮助下，《汉口日报》自创刊至今，有将近十年的历史，其人品不同于一般的新闻记者，为人宽厚廉洁，在中日两国人民间极有信用。该报馆在各方面都乐于同此人共事，其功绩应录著者亦不少。同时，众所周知，在当地由于此人担当东方通信的工作，与当地人士有密切交往。为此，在适当时机，使其得以扩展业务，更好的发挥作用，这是该报的希望所在。……对此，应给予很大的帮助，促其实现。”（转引自刘望龄：《黑血·金鼓——辛亥前后湖北报刊史事长编》，第468页）

同月

《京兆公报》周刊在北京创刊。京兆尹公署公报处主办。出至1927年停刊。

《两河新闻》在开封创刊。日出对开1张。社长鲍增源，曾任河南官印刷局局长。内容有命令、国内外新闻、本省新闻、来件、词林等。出至1926年停刊。

《国民日报》主办的《文坛艺丛》月刊、少年进德会主办的《少年进德汇编》（不定期刊）在上海创刊。

复刊后的《长沙日报》因失火被焚，宣告停刊。

《四川盐务公报》在重庆创刊。四川盐运使署编辑发行。

8月1日

《上海经济时报》在上海创刊。旬刊。用中日两种文字出版。

8月5日

汉口《大汉报》恢复《楚宝》副刊。

8月14日

北洋政府宣布对德宣战，废除中德条约，收回天津等地德国租界，并发布处置敌国侨民条规9条，规定："凡敌国人民所出书报，无论何国文字，该管地方官厅认为必要时，得禁止发行。"

8月15日

《并州新报》在山西太原创刊。日出对开2张，销约2200份。

8月17日

本日下午7时，江苏特派交涉公署委员会同公共租界工部局所派巡捕将德国人在上海出版的德文 *Der Ostasiatische Lloyd*（《德文新报》）、中文《协和报》及英文《战报》全部查封。

8月20日

《牖民杂志》在上海创刊。旬刊。中华全国学生救亡会主办。

德国人在汉口主办的英文《中西日报》奉命停刊。该报创刊于1903年，有近15年的历史。

8月31日

《亚洲日报》在上海创刊。

9月1日

日本人主办的日文《奉天新闻》在奉天（今沈阳）创刊。创办人佐藤雄，总编辑斋藤吉大。日销约5000份。

9月16日

《汉口日报》在汉口创刊。与日本人在汉口主办的日文《汉口日报》同名不同文。社址初在汉口张美之巷，后迁汉口后花楼街百子巷口。王华轩创办，喻的痴主编，参加编撰工作的有聂醉仁、邓瘦秋、叶聘三等。1920年停刊。

9月26日

天津《大公报》因市内洪水泛滥，被迫停刊。洪水退后复刊。

同月

北方通讯社在北京创立。社长赵雨琴。所发稿件以本埠新闻为主。日发稿约100份。

华英亚细亚通讯社在北京创立。社长张敏之。日发稿约60份。

《电界》半月刊在北京创刊。邓子安电气工程师事务所主办。

《宏远商报》在黑龙江创刊。日刊。经理闻鲁瞻，编辑刘崇幽。

《神州学丛》在上海创刊。神州学会主办。

《农学杂志》季刊在上海创刊。罗士嶷主编。商务印书馆出版发行。

《学校新闻》在温州创刊。油印的学生刊物。浙江省立十师附属小学学生自治会"勤朴市"自治会主办。五四运动前后曾刊载过不少学生写作的白话诗文作品。

傅良佐督湘，湖南国民党支部机关报《国民日报》及谭延闿主办的《民国日报》被迫停刊。后者一度迁至郴州出版，1920年6月随南军迁省复刊，1923年因经费困难停刊。

10月18日

《汉口小说日报》在汉口创刊。社址在汉口歆生路通济里4号。孔文荪任经理，何铺山主编。内容除刊载各类小说外，还刊有野史谐乘、翰林群芳谱、征求答案等。

10 月 20 日

中华职业教育社主办的《教育与职业》杂志在上海创刊。初为双月刊，第 17 期起改为月刊，1923 年以后改为年出 10 期。先后担任主编的有蒋梦麟、顾树森、俞泰临、秦翰材、邹恩润（韬奋）、潘文安、廖世承、黄炎培、郑文汉等。该刊以有关职业教育方面的论文、报道和资料为主要内容。1949 年 12 月停刊。

10 月 21 日

《劝业场日报》在上海创刊。劝业场游艺场主办。主编刘沧遗。

10 月 24 日

北京《北京日报》以前一天该报误载热河都统姜桂题病故消息，本日上午被驻京姜部毅军士兵捣毁，该报营业部、编辑部、铸造部、装订部、华文排字部等处所有门窗户壁器具均被砸烂，损失约 13800 余元。当时报纸记载该报被毁经过如下：

> “当其初往时，毅军约二十余名，军服上罩便衣，暗藏手枪，乘人力车，齐集报馆门前，要求面见朱经理。朱氏即派代表接待。正拟叩其来意，该兵等遂蜂涌而入，各取铁棍木棒，始砸毁门窗，继捣坏机器活字等。至十一时始一同出门，各乘人力车欲出崇文门将李铁拐斜街分馆亦一并捣毁，但为警察所阻未果。遂各四散而去。”（《申报》1917 年 10 月 29 日）

同月

刘建藩、林修梅等湘军将领在湖南宣告独立，反对傅良佐督湘。后者在长沙宣布戒严，其《戒严办法》第一条规定：“凡认为与时机有妨害之集会结社或新闻、杂志、图画、告白等类，一律禁止。”

《天民日报》在广州创刊。创办人老同盟会员夏重民，总编辑陆煞尘。该报言论上积极支持孙中山领导的护法政府。1919 年底停刊。

11 月 1 日

《江汉新报》在汉口创刊。社址在汉口歆生路通益里 36 号。日出对开 1 张。

11 月 3 日

日本人主办的日文《铁岭每日新闻》在辽宁铁岭创刊。

11 月 10 日

北京《晨钟报》，上海《申报》《时报》《民国日报》《中华新报》等报即日起陆续以大字标题在显著地位报道了有关十月革命的消息。这是我国报刊上关于十月革命的最早一批报道。

11 月 15 日

《大舞台》杂志在上海创刊。日刊。

11 月 19 日

北军撤出湖南，长沙秩序混乱，长沙《大公报》在一日之间 4 次遇抢，被迫停刊，公私财产损失在 5000 元以上。

11 月 24 日

北京英文《京报》社长陈友仁以揭载有关“中日密约”新闻被捕，该报同日被封。

11 月 29 日

上海新闻界组成“上海新闻记者视察团”，本日抵达日本进行访问活动。

同月

《直隶教育旬刊》在天津创刊。直隶省教育会主办。1927 年停刊。

12 月 4 日

日本人主办的日文《大连经济日报》在大连创刊。松本彬之主编。1923 年改名《满洲商业新报》继续出版。

12 月 6 日

长沙《大公报》恢复出版。6 天后又被

进驻长沙的南军林修梅部查封。

12月22日

《经世报》在北京创刊。孔教会主办。陈焕章任总经理兼总编辑。该报以尊孔为宗旨。创刊号发表社论称："经世既为孔子之志，则吾人愿学孔子者，自当志孔子之所志，事以经世为事矣。此《经世报》之所以作也。"

同月

天津《益世报》创办人兼监督人比利时籍神父雷鸣远暂时回国，该报京津两版报务由刘浚卿、杜竹轩分别负责。

《南开思潮》半年刊在天津创刊。南开学校主办。1920年停刊。

新出版的《学生杂志》4卷12期刊出了茅盾所写的《学生与社会》一文，对封建主义的治学思想进行了批判。这是茅盾在报刊上发表的第一篇论文。

《同文游艺报》在上海创刊。中华编译社主办。仅出1期即停。

《水产》杂志在上海创刊江苏水产学校校友会主办。

《河海月刊》在南京创刊。河海工程专门学校主办。

冬

《珠江日刊》在广州创刊。社址在广州第七甫100号。发行人兼总编辑为老同盟会员甄亮甫。支持护法军政府。（梁群球《广州报业》一书作1916年创刊。）

《国华时报》在广州创刊。主办陆孟飞，编辑人秦六吉。

同年

据邮政部门宣布，本年全国邮寄报纸及印刷品总数为53606960件。

基督教救世军派主办的期刊《救世报》月刊在北京创刊。

《司法部统计年报》《中华民国医药学会会报》在北京创刊。

北京《中原日报》以所刊评论抨击北洋政府前副总统冯国璋被控，编辑王元震被拘押。

中文《京津泰晤士报》在天津创刊。

《青山报》在内蒙古地区创刊。日刊，每天出4开铅印1张。主办人张焰亭。出版数月后因经费困难停刊。

《大东日报》在长春创刊。社长霍占一。为吉林地区出版时间最长的报纸之一。

日文《长春日报》改名《北港日报》继续出版。

《奉天通俗教育讲演录》在奉天（今沈阳）创刊。奉天通俗教育讲演所主办。

日文《山东新报》在青岛创刊。日本人长谷川清主办。后改名《山东每日新闻》。

《大鲁日报》（罗腾霄主办）、《山东民报》（李仲刚主办）在济南创刊。后者为国民党方面的报纸。

《桓台报》在山东桓台创刊。六日刊。

上海《新闻报》本埠新闻编辑张秋声辞职，先后由郭步陶、张啸山、陈也梅、汪逸修、余哲文、汪企韩、陈华村、王定九等接任编辑。

上海《神州日报》易主。原主办人钱芥尘将该报出让给余洵（大雄）接办。

上海英文《大陆报》（*China Press*）为大鸦片商英籍犹太人爱兹拉（Edward Ezra）购进。

日本人主办的日文《上海与日本人》月刊在上海创刊。出至1925年停刊。

《闰癸卯》（中华编译社主办）、《斯觉》（斯觉社事务所主办）、《复旦》（半年刊，复旦公学主办）、《中国名画》（有正书局主办）、《银行周报》（上海银行公会主办，戴霭庐主办）、《大陆周报》等杂志在上海创刊。

杭州《之江日报》因避免言祸，一度主动停刊。数月后恢复出版。

《湖州报》在浙江湖州创刊。铅印，日刊。

《全蜀新闻》在成都创刊。社址在成都提督街三义庙内。发行人黄子民，编辑人周日庠。该报自称以“巩固中央权威，发舒地方正气”为宗旨。

成都《警华报》副总编辑顾品珍等6人，以该报所刊新闻讽刺四川督军罗佩金，被罗示意当地警察机关予以逮捕。顾等在被捕期间，曾多次受到军棍刑辱。

《民鸣日报》在重庆创刊。四川盐运使公署主办。

《公言报》在四川宜宾创刊。社址在宜宾抚州馆后门。护法靖国军第一混成旅马聪发起主办，社长金剑秋，总编辑赵石如。出版仅3个月，即因靖国军退出宜宾而停刊。

《中华医报》在广州创刊。岭南学校主办。1922年停刊。

《快报》在广州创刊。社址初在广州第七甫，后迁广州上九东路。主办李抗希（伯远）。每日下午4时左右“埋版”（截稿拼版），6时左右上街叫卖。从发行时间看，类似于晚报。该报内容有一部分摘自沪港报纸，并刊有一部分“花事”方面的新闻。副刊以连载小说吸引读者。

《采风报》在广州创刊。主办人为省议会副议长罗晓峰，主编陈武扬。该报在罗副议长职务任满后停刊。

香港《世界公益报》以经济困难停刊。停刊后设备被人收购，改名《公益报》继续出版，半年后停刊。

《澳门日报》在澳门创刊。

《工读》在美国俄亥俄州创刊。该刊为俄亥俄州留美工读会主办的中文期刊。

《精神杂志》季刊在日本神户创刊。中国精神研究会主办。

秘鲁华侨主办的中文《民醒报》改名《民醒日报》继续出版。

成舍我、王钝根等发起在上海成立上海记者俱乐部。

姚公鹤所著《上海报纸小史》被辑入《上海闲话》一书，在上海商务印书馆出版。

1918年（戊午）

1月1日

以报道欧战消息为主的《大战事报》在上海创刊。每半月出版1次。仅出3期即停。

上海学生砺志会主办的《砺志》杂志在上海创刊。

《新瓯潮》日报在浙江温州创刊。日出一张半，销约700份。

日本人主办的日文《汉口日日新闻》在汉口创刊。原日文《上海日日新闻》社社长宫地贯道主办，宫地自任社长，井村薰雄任总编辑，参加编撰工作的还有内田和吉等。该报出版前，曾得到日本外务省的认可。每天出对开1张，星期天、星期一无报。销约400至1000份。每月从《上海日日新闻》总社领取补助金200元。当年5月，因经费困难，转让给陆军中尉本间文彦接办，旋改由住友洋行股东奥野四郎接办。1923年，奥野去世，宇都宫五郎接任社长，内田佐和吉任主编。1937年停刊，先后出版近20年。

1月10日

道德学社南京分社主办的《道德浅言》月刊在南京创刊。王廷桢等撰稿。

1月15日

《新青年》杂志自本日出版的第4卷第1号起，改用白话文，并使用新式标点符号。

1月30日

江西《九江日报》以所刊“段党拥宣统

复辟”消息严重失实，被当地警厅封闭。编辑主任罗常彬，经理万和悦事先逃走，遭到通缉。

同月

《国强报》（日刊）、《益闻摘录》（月刊）、《京兆财政汇刊》《乐群月刊》《交通研究会报告》（双日刊）、《数理杂志》（季刊）在北京创刊。

《复旦季刊》在上海创刊。复旦大学主办。出至1924年左右停刊。

《小说俱乐部》半月刊在上海创刊。中华编译社主办。

《上海图画美术学校杂志》半月刊在上海创刊。

以介绍扶乩为主要内容的《灵学杂志》在上海创刊。月刊。盛德坛灵学会主办。俞复主编。出至2卷8期后停刊。

上海《申报》副刊《自由谈》主编陈蝶仙（天虚我生）辞职，该刊主编改由陈冷接任。经常刊载短小精悍的短论。

《江苏教育公报》月刊在南京创刊。江苏省教育厅主办。

《武进月报》在江苏武进县创刊。武进县商会主办。出至1921年12月前后停刊。

《浙江教育月刊》在杭州创刊。浙江省教育厅主办。1941年停刊。

《安徽教育》月刊在安庆创刊。安徽省教育厅主办。

《西三省教育月报》在成都创刊。社址在成都青龙街福音堂。总编辑陶维新。该报自称以“扶翼道德，催促教育，改良社会，交换智识”为宗旨。属于宗教性刊物。

2月15日

小型报纸《国强报》在天津创刊。社址在天津南市平安大街。日出4开1张。创办人杨松林。

同月

北洋政府海军部和日本方面签订合同，决定两国合作在北京东郊双桥建立大型无线电台，并同意日本方面提出的条件，30年内不许别的国家在中国建立无线电台。

广东军政府所属广东警察厅颁布《暂行报律条例》，禁止省内报纸刊载以下新闻：1. 淆乱自主政体者；2. 损害自各省之治安者；3. 外交军事之秘密经该管官署禁止登载者；4. 煽动、曲庇、赞赏、救护叛逆犯及陷人于叛逆者；5. 军事裁判之案件未经判决者；6. 官署会议按照法律禁止旁听者。条例还规定省外出版的报刊刊有以上新闻的，禁止在省内发行。

3月4日

上海《时事新报》的综合性副刊《学灯》创刊。初为周刊，后渐次改为半周刊、两日刊、日刊。张东荪、俞颂华、宗白华等主编。该报自称以“促进教育，灌输文化”为宗旨。初期以介绍资产阶级学术文化为主要内容，是五四运动时期的主要报纸副刊之一。1947年2月24日终刊。

3月20日

《劳动月刊》在上海创刊。上海大同书局发行。吴稚晖主编。该刊在鼓吹无政府主义的同时，曾发表过不少宣传工读主义和勤工俭学的文章，认为工读是解决学费，以便短期内普及教育的最好办法。此外还刊载过《列宁传略》。

3月中旬

《民报》在成都创刊。编辑部在成都德盛街1号，发行所在成都总府街。发行人刘右民，主编冉仔亦。该报自揭其宗旨为“促进民宪，代表民意”。言论上支持熊克武领导的靖国军。出版仅10余天即停。

《民知日刊》在成都创刊。社址在成都总府街。发行人陈能智，主编孙少荆，主笔吴虞。每日发行1张，星期日增出附录1张。该报自称其宗旨为“代表平民，促进宪治，本良心之主张，为公道之援助”。有社论、时评、政令、专电、公电、外国新闻、外省新闻、本省新闻、杂俎、文苑、小说、插画等栏目内容。同年 4 月 28 日被地方军事当局查禁。共出版 38 号。

3 月 26 日

程潜（时任湘军总司令）在长沙创办的《湖南新报》，以北军逼近省城，被迫停刊。

同月

《法政学报》月刊在北京创刊。国立北京法政大学主办。有论著、译述、法令、判例、文苑、笔记、通讯、时事述评等栏目内容。1926 年出至 5 卷 4 期后停刊。

《体育季刊》在北京创刊。京师体育研究社主办。

《烟酒杂志》在北京创刊。全国烟酒专卖局主办。1919 年 5 月停刊。

《直隶省商品陈列所报告》半年刊在天津创刊。1920 年前后停刊。

《中国与南洋》月刊在上海创刊。暨南学校主办。

《广东浸信会美门月刊》在上海创刊。旅沪粤籍基督教徒主办。

《金陵杂志》（南京共和书局主办）、《江苏水利协会杂志》在南京创刊。

《养正学报》季刊在新加坡创刊。养正学校主办。

春

《湖广新报》在武汉创刊。社址在汉口日租界诚忠街。是日本人经营的一家中文报纸。笹川洁任社长，吉福四郎任经理，何何山任主编，参加编撰工作的还有张子余、秦纵仙、萧楚女等。是湖北地区最先使用新式动力印刷机器印刷的报纸。该报言论受日本陆军中国中部派遣队司令部的控制。在反对不平等的“二十一条”和收回山东利权的反日浪潮中，秦纵仙、萧楚女等宣布自本年 6 月 7 日起脱离该报，不再担任该报主笔。该报出至 1922 年停刊。

《尚志》月刊在云南昆明创刊。云南学术团体尚志学社主办。参加撰稿的有由云龙、陈度等。该刊以研究学术，讨论社会问题为主旨。该刊还附有云南星期报社编印的周报一份，名为《星期》，每周星期日出版 1 张，以提倡文化，改进社会为宗旨。

《香江晨报》在香港创刊。社长兼总编辑夏重民。该报积极支持护法军政府。日销约 4000 份。

4 月 3 日

《南通新报》在江苏南通创刊。总编辑费范九。

4 月 10 日

北京《京津时报》《民视报》《北京日报》《公论言报》《日知报》《国是报》《公报》《大中华日报》《爱国白话报》《新民报》《新民国报》《晨钟报》《国民公报》《北京新闻》《亚东新闻》等 15 家报纸联合组成北京报纸视察团，赴日本考察报业。

4 月 11 日

《友声日报》在上海创刊。

4 月 19 日

《笑舞台》杂志在上海创刊。

4 月 22 日

英文 *Shanghai Gazette*（《英文沪报》）在上海创刊。每晚出版。先后担任主笔的有丹麦人尼尔逊等。1922 年 11 月 11 日与英文《星报》（*Evening Star*）合并，改称《大晚报》（*Evening News*），成为 1929 年 4 月 16 日创刊的英文《大美晚报》（*Shanghai Evening Post and Mercury*）的前身。

同月

《统计月刊》在北京创刊。北洋政府国务院统计局主办。出至 1924 年前后停刊。

《北京高等师范学校周刊》创刊。

《吉林教育公报》在吉林创刊。初为月刊，1929年4月改为周刊。

《来复》周刊在山西太原创刊。

《戊午杂志》在上海创刊。月刊。汪彭年主编。

文学期刊《沪江》月刊在上海创刊。

英文杂志 *China Bookman*（《基督教出版界》）在上海创刊。在华基督教出版者协会主办。主编 J. Darroch。

《正义报》在汉口创刊。每日出版。张弥川主办。该报后为华中基督教会接办，成为该会的言论机关。

5月1日

《女鉴日报》在成都创刊。社址在成都梓橦桥街1号。社长韩伯良，总编辑余一钧。吴虞、吴楷父女曾义务为该报撰稿。出版仅2个月即停。

5月6日

《日日新闻报》在江苏苏州创刊。创刊日起送刊广告一星期。

5月15日

《戊午》（又名《戊午周报》）在成都创刊。发行人路铭松，编辑人金赣民。社址在成都四道街45号（后迁刀子巷46号）。初为每星期三出版，第8期起改为每星期日出版。有撰述、评论、诬述、谭荟、纪事、文苑、杂俎、小说等栏目内容。该报自称“以针对时势，辨义析理为主旨”。参加撰稿的有蔡元培、李大钊、吴玉章、汪精卫、张东荪、吴虞、宋育仁等。是孙中山领导的南方护法军政府在四川的言论机关。该刊在省内设有14个代办处，在国内设有28个代办处，在国外英、法、美、加、日及新加坡、香港等11个国家和地区设有代派处，每期发行在3万份以上，巴黎和会期间一度发行达4万份，是近代成都地区发行量最大的报刊。1919年9月1日起，更名《戊午日报》，迁至成都北暑袜街25号继续出版，日出对开2张。1920年7月停刊。

《国立武昌高等师范学校数理学会杂志》在武昌创刊。国立武昌高等师范学校数理学会主办。黄际遇主编。发行至1922年停刊。

5月20日

长沙《大公报》停刊半年后恢复出版。

5月中旬

法资上海顾家宅无线电台经过技术改造后，能够接受华盛顿发来的新闻电讯。上海路透社所发美国消息，即由该台供给。

5月28日

厦门《民钟日报》被当地暴徒迫令停刊。

同月

北京《启商报》以著论抨击北洋政府的冯国璋大总统，被京畿警备总司令部查封。

另一份《道德浅言》月刊在北京创刊。北京道德学社主办。

《微言》半月刊在北京创刊。出至1921年前后停刊。

《天声日报》《大中日报》在河南开封创刊。

《日新杂志》月刊在上海创刊。上海学生研究会主办。

《之江潮声》在杭州创刊。月刊。之江大学学生主办。曾一度停刊。1919年4月恢复出版，刊期另起。

《平报》在成都创刊。创刊不久即因主笔被捕停刊。

日文《福州时报》半周刊在福州创刊。日人津田七郎主办。

南洋兄弟烟草公司主办的《天声日报》在广州创刊。社长廖平子，总编辑冯百励，参加编撰工作的有甘六持、沈琼楼等。该报积极为该公司生产的香烟作宣传。胡汉民、蔡孑民、梁实秋等曾为该报撰稿。

6 月 2 日

《山西日报》在太原创刊。总理刘建孚。日出一张半，销约 3500 份。

6 月 10 日

《国立武昌高等师范学校博物学会杂志》在武昌创刊。钱城、何治安主编。

6 月 15 日

《民仇报》在广州创刊。社址在广州太平街 98 号。发行人郭唯灭。

6 月 24 日

广东《民主报》主笔陈耿夫本日凌晨 6 时被广东督军莫荣新以乱命枪杀。陈耿夫于先一天下午被捕，起因是该报所刊《财政厅之更动》新闻一则，有“挑动军心”嫌疑。捕陈时，莫荣新以督军名义发布“手谕”如下：“照得本月二十二日《民主报》载政治变化之酝酿，财政厅变动之恶潮，要人电中之密语，如是我言各节，连篇累牍，无非故为挑拨军心，仰该司令即会同警厅将该馆主笔陈耿夫拿获送署究办。此谕。”（《申报》1918 年 7 月 2 日）

6 月 25 日

广东报界全体同业，本日在报界公会就《民主报》主笔陈耿夫被枪杀事举行集会，对当局摧残舆论，妄杀无辜，表示抗议，并公决议案如下：（一）公议报界全体由二十六日停刊报纸一天，以志哀悼。（二）请愿国会及省会，要求伸雪。（三）嗣后关于督军署文件，概不刊登。（四）通电中外报界全体，讨论维持办法。

同月

《梅溪》杂志在上海创刊。上海梅溪学校主编。

成都《群报》《川报》相继约请王光祈为该报驻北京记者。王字润与，笔名若愚，四川温江人。当时刚从中国大学法律系毕业，为少年中国学会的创办人之一。

夏

《新国民报》在广州创刊。吴宗慈、汪彭年等主持。该报支持护法军政府。

7 月 1 日

李大钊在《言治》季刊第 3 册发表重要文章《法俄革命之比较观》。

日本人在奉天出版的日文报纸《内外通信》为松宫干树接办，改名《奉天每日新闻》继续出版。

《川报》在成都创刊。日出对开 2 张。发行所在成都总府街总商会内。社长兼总编辑李劼人，王光祈、周太玄、曾琦等为驻外记者。五四运动时期，曾刊有王光祈以若愚为笔名撰写的大量运动进展情况的消息和通讯。参加该报编辑和撰稿工作的还有吴虞、孙少荆、李哲生等。1919 年 8 月后，由卢作孚接办。1924 年被当局查封。

7 月 4 日

《北京大学日刊》发表消息，预告：“本校将于下学年设一新闻研究会”，以“灌输新闻知识，培养新闻人才”。

7 月 5 日

《救国日报》在上海创刊。社址在上海法租界。湖北留日学生喻育之等主办，喻育之任经理，王兆荣任社长，曾琦、温立先后任总编辑。该报以反日救国为宗旨，得到过孙中山的支持。发行至 1920 年停刊。

7 月 6 日

即日出版的《北京大学日刊》发表了由校长蔡元培拟定的我国第一个新闻学研究团体北京大学新闻学研究会的简章全文。确定该会名称为北京大学新闻研究会。宣布该会研究的主要内容为：新闻之范围，新闻之采集，新闻之编辑，新闻之造题，新闻通信法，新闻纸与通讯社之组织。同时规定：研究时间为每周3小时；“校内外人员均得入会”；会费校内每年每人9元，校外每年每人18元。

7月15日

《长江日报》在成都创刊。编辑及发行部在成都总府街。日出对开2张。发行人郭大璋，主编魏琴轩。该报自称以“代表舆论，促进共和”为宗旨。约出2个月后停刊。

7月18日

长沙《大公报》以刊载冯玉祥在常德宣布独立消息，被新任湖南督军张敬尧罚停23天。

同日，长沙《正义报》以刊载同类消息被封，经理杜启荣被判刑。

同月

仓圣明智学会主办的《仓圣明智大学学生杂志》在上海创刊。半月刊。

文学期刊《小说季报》在上海创刊。清华书局出版发行。徐枕亚主编。

《江苏农学会月刊》在南京创刊。

《广东省会学生联合会旬报》在广州创刊。

8月1日

《实事白话报》在北京创刊。日出4开1张。经理戴徵。

《劝业场》杂志在上海创刊。

8月9日

上海《先施乐园日报》创刊。

8月15日

鲁迅用唐俟笔名在《新青年》杂志第5卷第2号上发表著名文章《我之节烈观》。

8月中旬

《中华日报》在成都创刊。日出对开2张。编辑兼发行人谭了梦。该报自称以“阐扬学术，鼓吹休明，伸张公理，代表舆情”为宗旨。

同月

《民国公报》在北京创刊。

英文 *North China Star*（《华北明星报》）在天津创刊。社址在天津法租界派斯特路78号。资本6万美元。在天津美国领事馆及美国内华达州注册。日销约350份。福克斯（Dr. Charles J. Fox）主编，协助福克斯担任编辑工作的还有董显光等。福克斯，美国人，曾任记者、律师，并曾在北洋大学任教。

《黑龙江教育行政月刊》在齐齐哈尔创刊。黑龙江省教育厅主办。出至1920年6月停刊。

《河南通俗教育报》旬刊在河南开封创刊。

《边声周报》在甘肃兰州创刊。

文艺期刊《文艺游戏场》月刊在上海创刊。陆律西主编。文艺编译社出版。

《军政府公报》在广州创刊。三日刊。广东军政府总务厅主办。出至1920年9月前后停刊。

《华铎》周刊在菲律宾创刊。

9月1日

《同济》双月刊在上海创刊。同济医工专门学校主办。内容分医学什识、工科什识两大类。

9月3日

西方通信社在成都成立。社址在成都白丝街50号。社长张必，编辑谢尔农，发行人范鹤龄。

9月5日

《新丹桂笔舞台日报》在上海创刊。

9月8日

《越州公报》在浙江绍兴创刊。社址在

绍兴火珠巷火神庙内。日刊。每期出对开1张。创办人俞微民，先后任主编的有李士铭、章曼伽、翁天寥等。内容有国际新闻、本省新闻、本地新闻、广告，以及副刊《湖光山色》等。五四运动前后，该报曾热情宣传新思潮。1927年4月停刊。

9月23日

北京新闻交通通讯社以所发通讯稿《呜呼三大借款》，抨击段祺瑞政府擅举外债，触怒当局，负责人何某被警厅拘捕。

9月24日

北京新闻交通通讯社被查封，罪名为“扰乱治安，颠覆政府”。

北京《亚陆日报》《经世报》《中华新报》《国民公报》《晨钟报》《大中华日报》《民强报》《大中日报》等八报，以刊载北京新闻交通社所发的《呜呼三大借款》一稿，被京师警察厅以“故意造谣，泄漏秘密”，“破坏邦交，扰乱秩序，颠覆政府”等罪名，强行查封，并传讯有关编辑人。

9月25日

《大中报》在黑龙江创刊。经理王趾舒，编辑孙斗山。自称以“拥护民国，提倡民权，指导民生，阐扬实业”为宗旨。1919年5月21日停刊。

法资上海顾家宅无线电台经过技术改造，本日上午6时起，已能接到法国里昂发出的无线电讯。上海各报利用该台的这一条件，纷纷开辟《法国无线电》专栏，及时向中国读者报道有关第一次世界大战的最新消息。

广州《南越报》《新中国报》以所刊消息失实，被当局封禁。广州警察厅第八区署在封禁《南越报》前，接有上级训令如下：

“现奉广东省会警察厅训令第3010号开：现奉广东督军署训令开：查《南越报》于本月二十一日专电栏内载‘闻马济奉陆荣廷命令，将程潜枪毙于郴州之长寿寺，程潜曾擅取某款，不肯交出之故’等语。羌无故实，造谣挑拨，扰乱军心，无异敌间，合亟仰该厅长即将该报馆封禁，并传究该电文底稿，听候核办。等因，奉此。合亟令仰该区署长即便遵照，将该报馆封禁，并传究该电文底稿，复候转呈核办，毋得违延，切速，此令。等因，奉此，合亟照转，希即遵照办理为要。”（《申报》1918年10月4日）

同月

《民福报》在北京创刊。

《农学月刊》在河北清苑创刊。直隶公立农业学校主办。

《中华美术报》周刊在上海创刊。中华美术专门学校主办。

《虞美人》月刊在上海创刊。环球出版社主办。1919年1月停刊。

《青年游戏杂志》月刊在上海创刊。林禹川主编。

《东方杂志》自本月起至1919年3月止，以《新闻学大意》为题，连载了徐宝璜在北京大学主讲新闻学课程时所撰写的讲稿。这部讲稿，约为6万字，后经增订，于1919年11月由北京大学出版，题名《新闻学》，是我国人自撰的第一部新闻学专著。被称为中国新闻界“破天荒之作”。

《湖南日报》在长沙创刊。由原《湖南新报》的伍芋农、杨绩荪、陶菊隐等联合创办，伍等三人轮流担任总经理、总编辑，参加编辑工作的还有许彦飞等。该报言论上反对北洋军阀，还刊载过一些介绍新思潮的文章。

长沙《湖南通俗教育报》负责人何雨农，以在该报发表《孔二老师发气》一文，被湖南督军张敬尧撤职。

《体育周报》在长沙创刊。《新国民日

报》在湖南郴州创刊。《新湖南报》在湖南零陵创刊。后两家报纸1920年6月后迁长沙出版。

《博济》月刊在广州创刊。广州博济医院主办。1921年4月停刊。

《四邑新商报》在广东江门创刊。主持人梁志明。日出对开2张，销约1200份。

秋

《小春秋日报》在成都创刊。社址在成都白丝街45号。日出4开1张。社长邱树泉，编辑赖炯。自称以“鼓吹教育进行，提倡国货改良”为宗旨。本年底停刊。

《大西南》在成都创刊。本年底停刊。

10月1日

上海《申报》由上海山东路旧馆址，迁至上海汉口路24号新馆址营业。《申报》新馆址共5层，有房屋百余间，1915年开始施工，本年建成，共支付建筑费70万元，设备条件为当时国内各报之冠。与此同时，该报向美国定购的最新式印报机，也已运到，安装后，投入生产，每小时可印日出3张的对开报纸4.8万份。

10月5日

邵飘萍主办的《京报》在北京创刊。社址初在北京城南珠巢街，后再迁至小沙土园及魏染胡同。邵自任社长，协助邵担任编撰及经营管理工作的还有汤修慧、潘公弼、吴定九等。发刊词有“必使政府听命于正当民意之前，是即本报之所为作也”等语。创刊号还刊出评论文章，声明：“民国以来，军阀所为者，俱为祸国病民，今则必须国民共起，志同道合，协力以除之。”出版以后，以新闻多，评论多，副刊多，消息灵通，内容充实，深受读者欢迎。

《上海新报》在上海创刊。

10月9日

湖南督军张敬尧查封湖南《公言报》，并逮捕该报发行人及一工人。

10月14日

我国第一个新闻学研究团体北京大学新闻学研究会在北京成立。即日晚8时在北京大学理科第16教室召开成立大会。到会者约数十人。会上首先由蔡元培校长发表演说，略称：

> “凡事皆有术而后有学。外国之新闻学，起于新闻发展以后。我国自有新闻以来，不过数十年，则至今日而始从事于新闻学，固无足怪。我国第一新闻，是为《申报》，盖以前虽有所谓邸抄，若京报，是不过辑录成文，非如新闻之有采访有评论也。故言新闻自《申报》始。《申报》为西人所创设，实以外国之新闻为模范。其后乃有《沪报》《新闻报》等。戊戌以后，始有《中外日报》《时报》《苏报》等。十五年前。鄙人在爱国学社办事时，与《苏报》颇有关系。其后亦尝从事于《俄事警闻》《警钟日报》等。其时于新闻术实毫无所研究，不过藉此以鼓吹一种主义耳。即其他《新闻报》《申报》等，虽专营新闻业，而其规模亦尚小。民国元年以后，新闻骤增，仅北京一隅，闻有八十余种。自然淘汰之结果，其能持续至今者，较十余年前之规模大不同矣。惟其发展之道全恃经验，如旧官僚之办事然。苟不济之以学理，则进步殆亦有限。此吾人所以提出新闻学之意也。
>
> “新闻之内容，几与各种学科无不相关。外国新闻，多有特辟科学、美术、音乐、戏曲等栏目内容者，固非专家不能下笔。即普通纪事，如旅行、探险、营业、犯罪、政闻、战报等，无不与地理、历史、经济、法律、政治、社会等学有关。而采访编辑之务，尤与心理学有密切之关系。至于记述辩论，则

伦理学及文学亦所兼资者也。根据是等科学，应用于新闻界特别之经验，是以有新闻学。欧美各国，科学发达，新闻界之经验又丰富，故新闻学早已成立。而我国尚为斯学萌芽之期，不能不仿《申报》之例，先介绍欧美新闻学。是为吾人第一目的。我国社会，与外国社会有特别不同之点。因而我国新闻界之经验，亦与外国有特别不同之点。吾人本特别之经验而归纳之，以印证学理，或可使新闻学有特别之发展。是为吾人第二目的。想到会诸君均所赞成也。

“抑鄙人对于我国新闻界尚有一种特别之感想。乘今日集会之机会，报告于诸君，即新闻中常有猥亵之纪闻若广告是也。闻英国新闻，虽治疗梅毒之广告，亦所绝无。其他各国，虽疾病之名词，无所谓忌讳，而春药之揭帖，冶游之指南，则绝对无之。新闻自有品格也。吾国新闻，于正张中无不提倡道德，而广告中则诲淫之药品与小说触目皆是，或且附印小报，特辟花国新闻等栏目内容，且广收妓寮之广告。此不特新闻家自毁其品格，而其贻害于社会之罪，尤不可恕。诸君既研究新闻学，必皆与新闻界有直接或间接之关系，幸有以纠正之。”（《北京大学日刊》1918年10月16日）

继由徐宝璜教授演讲《新闻纸之职务及尽职之方法》，并推选徐宝璜、邵飘萍为导师。规定每周活动时间为星期一、三、五晚上8至9时，地点在北大红楼第34教室或理科第16教室，活动方式为讲课、研究、议事。除徐、邵外，应邀为该会作专题演讲的还有李大钊、高一涵等。参加该会听讲活动的会员有以下55人：

陈公博　何邦瑞　谭植棠　区声白　倪世积　谭鸣谦　黄　欣

严显扬　翟俊千　张廷珍　曹　杰　杜近谓　徐思达　杨亮功

章韫船　傅馥桂　温锡锐　缪金源　冯嗣贤　萧鸣籁　欧阳英

邱昭文　罗汝荣

（以上23人听讲1年以上，得有听讲1年证书）

李吴祯　陈秉瀚　徐恭典　朱云光　姜绍谟　来焕文　马义述

杨立诚　易道尊　毛泽东　罗璈阶　钟希尹　常　惠　吴世晋

王南邱　鲍　贞　韩萌谷　陈光普　朱存粹　华　超　朱如濡

舒启元　刘德泽　梁颖文　倪振华　杨兴栋　曲宗邦　尉士杰

黄　琴　吴宗屏　高尚德　陈　鹏

（以上32人听讲半年以上，得有听讲半年证书）（《北京大学日刊》1919年10月21日）

10月15日

李大钊在即日出版的《新青年》5卷5号上发表重要文章《庶民的胜利》《Bolshevism的胜利》。

《民信日报》在重庆创刊。社址在重庆商业场西三街楹字5号。创办人曹笃、赵铁桥、任鸿泽、曾道等。

10月17日

北洋政府召开内阁会议，通过法制局起草的新《报纸条例》（共33条）。和1914年袁世凯政府颁布的《报纸条例》（共35条）相比，新《报纸条例》在内容上有以下一些变动：

（一）报纸发行人、编辑人、印刷人的年龄由年满二十岁以上，改为年满二十五岁以上。

（二）原条例规定“海陆军军人”“行政司法官员”不得编辑、发行、印刷报纸。新条例在“海陆军军人”“行政司法官员”前面，增加了“现役”两个字的限制词。

（三）原条例第六条有关缴纳保押费一百元至三百五十元的规定全部取消。

（四）原条例第十条所规定的禁载事项，“淆乱政体者”，改为“淆乱国宪者”；“妨害治安者”，改为“妨害公安者”；“攻讦个人阴私者”，改为“记载他人之私事者”；“外交军事之秘密及其他政务经该管官署禁止登载者”，改为“外交军事及其他政务经该管官署预行指定范围或临时禁止登载者”。另外，还增加了一句“侮慢元首者”。

（五）增加了以下一项条文：“报纸登载第九条（原条例为第十条，专载禁载事项）第一款至第八款事件之一者，警察官署认为有重大危害时，得以警察处分，停止其发行。警察官署须于前项之处分后十二小时以内报告检查厅，检查厅于接受前项报告三日内，认为无庸提起公诉时，须通知警察官署解除停止发行之处分。警察官署认为无停止发行之必要时亦同。”

法制局在送交内阁讨论时，附有四点说明。大意为：

（一）报纸为传达舆论机关，固不可不予以自由，借以发抒民意，传播消息。然使漫无限制，则又不免有扰乱治安妨害公益之虞。查德法等国之法例，报纸之取缔，即包括于普通出版法之内，英美等国则于著作权法中规定出版之限制，日本于出版法外，另有新闻法。现于德日诸国立法先例，兼采其长，编为本案。

（二）查前清报律及前奉明令废止之《报纸条例》，均以保押金之缴纳，为发行报纸要件，本案为发展社会舆论起见，不设此种规定。

（三）报纸之处罚，分别为由行政官署判定者，与司法官署判决者二种，凡属违反法定程序发行报纸者，由警察官署判定处罚，其不应登载事件而登载者，大之足以扰乱安定秩序，小之亦足以损害个人名誉，按诸刑法，厥罪甚重。惟报纸以言论为其职务，偶一不检，易触刑章，故本案特定专条，比较刑律，分别减轻或酌易罚金，而其刑法之判决，仍属司法官署，以示慎重法权，体恤报纸营业之意。

（四）报纸传播极速，登载事件如有淆乱政体，妨害治安等言论，一经发布，煽惑已成，虽有刑律以绳其后，亦于国家社会之危害无补，审判程序繁重，非可临时应变，故本案第二十七条规定，警察官署有暂行停止发行之权，以资救济。又规定经检察厅认为无庸提起公诉时，即应解除其停止处分，以防滥用。

10 月 20 日

北京学生救国会在北京大学举行集会，决定成立《国民》杂志社，请李大钊担任指导。

同月

日本人主办的日文《京津日日新闻》在天津创刊。森川照太、田原祯次郎等主持。日销约 1200 份。

《学艺杂志》在天津创刊。泰兴学艺研究会主办。

《新华字报》《美术》杂志在上海创刊。

《江苏省议会汇刊》在镇江创刊。

《广东省会学生联合会月报》在广州创刊。

11 月 1 日

日本人主办的中文《极东新报》在哈尔滨创刊。社址在哈尔滨道里石头街。发行人斋藤竹藏，聘华人王鼓晨、王作东为主笔。该报标榜“中日亲善”。每期发行约 1000 份。出版仅 1 个多月即因经费困难停刊。

11 月 11 日

第一次世界大战宣告结束。天津《大公报》特派胡政之前往欧洲采访有关巴黎和会的新闻。继胡政之之后，被派往欧洲采访有关国际联盟消息的国内各报记者还有朱少屏、夏奇峰、王一元、李昭实等。

11 月 12 日

上海《新闻报》刊出该报自设无线电收报台收到的有关巴黎和会的消息，并发表该台先一天收到的巴黎和约全文，成为轰动一时的独家新闻，销数因此大幅度上升。

11 月 15 日

《湖北日报》在汉口创刊。社址在汉口日租界有余里 11 号。日出对开 2 张。自称以“协赞和局，促进法治”为宗旨。

11 月 25 日

《民治日报》在成都创刊。社址先后在成都纯化街国民社及岳府街 13 号。日出对开 2 张。社长游运炽，编辑郭亮东，发行文瑞生。自称以“拥护民权，促成法治”为宗旨。有社论、时评等 18 个栏目内容。1920 年 8 月 1 日改名《四川民报》，迁至成都新开街 69 号继续出版。

11 月 30 日

日文《上海经济日报》在上海创刊。社址在上海汤恩路 1 号。深町佐次郎主办。上海证券交易所每年津贴办报经费 3 万元。1924 年 10 月后，改名《上海每日新闻》继续出版。销约 4000 份。

同月

北京基督教青年会主办的《北京学生》杂志在北京创刊。

北京神州通讯社开始发稿。社长陈□雅。经常选译英日文报纸所刊有关华府会议消息，供各报参考。

《秋声杂志》月刊在浙江杭州创刊。

12 月 1 日

北京《晨钟报》易名《晨报》恢复出版。刘铿任总经理兼总编辑，蒲伯英、陈博生、林仲易等任编辑。

12 月 22 日

《每周评论》在北京创刊。每周出 4 开 1 张。是一份以刊载政论性文章为主的小型报纸，前后共出版 37 号。前 25 号的主编是陈独秀，26 号以后的主编是胡适，参加撰稿的除陈独秀、胡适外，有李大钊、周作人、高一涵、王光祈、张申府等。创刊号发表了陈独秀所写的《发刊词》，宣布：“我们发行这《每周评论》的宗旨，也就是‘主张公理，反对强权’八个大字。只希望以后强权不战胜公理，便是人类万岁！本报万岁！”该报在陈独秀主编时期，以对外反对列强以强权侵略他国的平等自由，对内反对军阀以强权侵害百姓的平等自由，为其言论的指导思想。曾对军阀操纵的“武人政治”进行过强烈的抨击，并刊载了李大钊所写的《新纪元》等宣传社会主义的文章，以及《共产党宣言》的部分译文。在胡适主编时期，则发表了不少宣扬实用主义的文字。1919 年 8 月 31 日出至第 37 号后，被北洋军阀政府查封。

《通俗白话报》在黑龙江双城县创刊。双城县公署主办。

12 月 28 日

北京报界联合会在北京成立。

12 月 31 日

上海报人史量才、汪汉溪、李伯瑜、狄楚青、包朗生、金谷民等联合组成上海报界代表团，本日启程赴北京等地访问。

同月

《春柳》月刊在天津创刊。1919 年 10 月前后停刊。

《浙江蚕业学校校友会杂志》在杭州创刊。

冬

孙中山直接领导的国民通讯社在上海创

立。社址在上海霞飞路渔阳里口。社长林焕庭，编辑区燕如、郑佩刚。每日选辑全国主要报纸要闻和国民党活动情况，印成《国民通讯》，向海外华侨报纸发稿，也接受华侨个人订户。附设华强印刷所，自办印刷业务。

同年

据有关方面公布的调查材料，到本年底止，全国共有221种报纸，全年邮寄报纸及印刷品总数为58789470件。

朱淇主办的英文《北京日报》（*Peking Daily News*）为皖系政客段祺瑞内阁的陆军次长、国务院秘书长徐树铮收买。该报言论亲日。出版1年后停刊。

《真理与生命》月刊在北京创刊。属基督教现代派的刊物。

《国立北京农业专门学校丛刊》在北京创刊。

《重庆中校旅外同学总会会报》在北京创刊。主编舒启元。北京前门外虎坊桥京华印刷所印刷发行。

《教育与职业》《天津反日周刊》在天津创刊。

《堂报》在黑龙江望奎县创刊。1923年停刊。

日本人主办的蒙文报纸《蒙文报》在沈阳创刊。创办人中岛真雄。该报为《盛天时报》的附属报刊，主要向内蒙地区发行。

《山西教育公报》半月刊在太原创刊。山西教育厅主办。

《西北实业报》在绥远地区（今属内蒙古）创刊。绥远总商会资助创办。主持人孙雅臣。为绥远地区的独家报纸。

《山东法报》在济南创刊。山东律师公会主办。发行人张思维。

《山东时报》在济南创刊。日刊。庄仲舒主办。

《民声报》在济南创刊。济南盐商主办。负责人赵悔庵。

《海岱新闻》在济南创刊。日刊。主办人陈干。属安福系系统报纸。1920年停刊。

《公教白话报》在山东济南创刊。当地天主教人士主办。

《大同日报》在河南创刊。社长张敢陈。该报经费来自官方的津贴，被认为是河南地方军阀宏威军司令赵倜的御用宣传机关。

《图画剧报》在上海创刊。郑正秋主办。日出4开2张。

《儿童画报》在上海创刊。徐应旭主编。商务印书馆出版发行。初为月刊，后改为年刊10册、年刊20册。该报宗旨是“以活泼的图画及简明的文字，增进儿童的知识”。

《觉社丛书》季刊在上海创刊。中国佛教会主办。释太虚主编。出版5期后停刊。

华商纱厂联合会主办的《中国棉花统计》《华商纱厂联合会会刊》《纺织时报》等专业报刊在上海创刊。

《哲学会刊》半年刊在南京创刊。南京高等师范学校哲学研究会主办。

《浙西水利议事会年刊》在杭州创刊。

《新民报》在浙江平湖创刊。1923年停刊。

《教育月报》在浙江兰溪创刊。

《勤业》杂志在浙江嵊县创刊。

《工商白话报》在汉口创刊。日出4开1张。胡砚农、罗云樵、黄既明等主办。

《科学观摩》杂志在武昌创刊。武昌匀庭中学主办。发行人李伯刚。仅出2期即停。

《端风》年刊在湖南新城创刊。

《中华恸报》在成都创刊。编辑所在成都君平街12号。母剑魂主编。有插图、言论、学说、新闻、杂俎、文苑、小说、乐府等栏目内容。该报自称以“代表舆情，彰明学理，唤醒国魂，促进治平”为宗旨。

《蜀华日报》在成都创刊。社址在成都君平街12号。日出对开1张。主编陈国华。

《新川南日报》在四川宜宾创刊。社址在宜宾黄州馆。为广东非常国会护法军政府派驻宜宾的劳军使李国定所主办，社长兼总编辑赵石如。日发行约1000份。该报以发扬孙文主义，拥护约法，反对段祺瑞为宗旨。

《救国日刊》在昆明创刊。日出对开2张。归国留日滇籍学生张天校、杨宝昌等创办。以抵制日本帝国主义的侵略和进行爱国宣传为主要内容。出版1年左右即停。

《复旦报》在云南昆明创刊。主笔杨玉川。日出对开1张，销约800份。

《福建日报》在福州创刊。社址在福州黄巷。日出对开1张。编辑梁道钧、郑君常等。该报政治上接近安福系。1927年停刊。

《新民国报》在广州创刊。社址在广州第七甫89号。创办人国会议员吴宗慈、汪彭年。属于非常国会中的民友社系统的报纸。该报拥护孙中山的政治路线。参加编辑工作的除汪外还有高承元、黄开山等。

《广东日报》在广州创刊。社址在广州打铜街。江孔殷、江仲雅、江仲颖父子主办。销路一度达到1万份。

《南圻日报》在越南西贡创刊。是越南华侨在当地主办的华文报纸。

《华侨报》在越南西贡创刊。创办人为法国牧师伟大烈。创办不久，因阅者不多，亏累甚巨，转让给华侨余奋公、岑崎波等接办。

暹罗华侨主办的《侠报》在泰国曼谷创刊。区卢侠、陈愚侠、马精侠、李少侠等主办。1922年停刊。

1919 年（己未）

1月1日

《国民》杂志在北京出版。是五四运动前夕成立的全国性学生爱国组织学生救国会的机关刊物。原定为月刊，后为不定期刊。每期出16开1册。参加编撰工作的有邓中夏、高尚德、马骏、黄日葵、曾琦、易家钺、吴载盛、段锡朋等。其中有后来的共产党人，有无政府主义者，有国家主义者，有基尔特社会主义者，和后来的国民党反动组织AB团的成员。李大钊对该杂志社的组成和该刊的出版，曾给予积极的帮助和指导，并经常为该刊撰稿。北大校长蔡元培也曾给该刊以一定的支持。该刊自揭其宗旨为：一、增进国民人格；二、灌输国民常识；三、研究学术；四、提倡国货。所刊文字具有鲜明的反帝爱国色彩，对五四运动的准备和发动，起了积极的作用。但该刊前期的部分文章，对新旧思想的斗争，取妥协调和态度，对十月革命抱有怀疑心理，不少文章用文言写作，还发表过一些脱离实际的旧体诗词。该刊后期在五四运动的影响下，在李大钊等共产主义知识分子的帮助下，从形式到内容，都有较大改变。主要表现为：杜绝了国粹主义的宣传，全部改用白话文写作；开始发表介绍苏俄和马克思主义的文章，同时也刊载一些介绍各种流派社会主义的文章。1921年5月出至2卷4期后停刊。

《新潮》（*The Renaissance*。意为“文艺复兴”）月刊在北京创刊。是北京大学学生和部分校外人士共同组织的“新潮社”的机关刊物。五四运动以前，编辑部由傅斯年、罗家伦、杨振声三人组成，傅斯年任主任编辑。五四运动后不久，改由罗家伦一人主编。罗家伦出国后，改由周作人主编。毛子水、顾颉刚、陈达材、孙伏园等为编辑。该刊的创办，曾经得到过当时担任北大文科学长的陈独秀及文科教授胡适的大力支持。李大钊在该刊筹备期间，曾应邀担任过顾问。该刊经费上曾经得到过校方的补助，并由北京大学出版部负责出版发行。《发刊旨趣书》

中，自揭其主旨为“介绍西洋近代思潮，批评中国现代学术上、社会上各问题”。在提倡新文化，反对封建文化，推动“伦理革命”“文学革命”等方面，起过一定的积极作用。

《自强日报》在江苏镇江创刊。经理张逸珊。所刊以地方新闻为主。日出对开 2 张，销约 2500 份。

《湖州公报》在浙江吴兴创刊。社长张正文。日出对开 1 张，销约 1000 份。

1 月 5 日

李大钊在即日出版的《每周评论》第 3 号上发表了他的著名文章《新纪元》

1 月 11 日

《新时报》在上海创刊。

1 月 15 日

《新青年》自本日出版的第 6 卷第 1 号起，成立编辑委员会，采取责任编辑制，由陈独秀、钱玄同、高一涵、胡适、李大钊、沈尹默等 6 人分期轮流主编。同期《新青年》还发表了陈独秀所写的《本志罪案之答辩书》一文，对封建卫道者加给《新青年》的罪名，进行反驳。宣布：“要拥护那德先生，便不得不反对孔教、礼法、贞节、旧伦理、旧政治；要拥护那赛先生，便不得不反对旧艺术和旧宗教。”“若因为拥护这两位先生，一切政府的压迫、社会的攻击笑骂，就是断头流血，都不推辞。”

日本人主办的《岭南新报》在广州创刊。社址在广州新基联兴街口。该报免费赠阅，并以高稿酬征求“中日亲善”方面的文章。

1 月 18 日

巴黎和会开幕，天津《大公报》经理兼总编辑胡霖以记者名义到会采访，是和会中唯一的中国记者。和会结束后，继续留欧，游历英、德、意、瑞等国，撰写旅行通讯。胡字政之，笔名冷观，四川成都人，日本大学法律系毕业生，入《大公报》前，曾任上海《大共和报》日文翻译、总编辑。

同月

《国立北京大学月刊》在北京创刊。为北大师生共同研究学术，发挥思想，发表心得的言论阵地。每期由校长及各系系主任轮流编辑。横排。创刊号上刊有蔡元培所写的发刊词，提出办刊的宗旨是“尽吾校同人所能尽之责任”，“破学生专己守残之陋见”，“释校外学生之怀疑”。

《北京报》在北京创刊。经理梁赞庭。日出一张半，销约 2500 份。

《善报》月刊在北京创刊。北京贫儿院主办。

《数理杂志》季刊在北京创刊。北京大学数理学会主办。出至 1921 年 3 月前后停刊。

《京兆通俗周刊》在北京创刊。京兆尹公署通俗书志编纂会主办。出至 1920 年 9 月停刊。

《京师总商会月报》在北京创刊。

无政府主义期刊《进化》在上海创刊。主编陈延年。华强印刷所印刷，亚东、泰东两书局代为发行。每月出版 1 期。创刊号印了 2000 册，不到 1 个月即售罄。

《觉书》季刊在上海创刊。觉社主办。

《测绘学报》在上海创刊。中华测绘公会主办。

《文学杂志》在上海创刊。中华编译社主办。只出 1 期即停。

基督教会刊物《福音钟》在上海创刊。季刊。中华国内布道会主办。

《东方杂志》自本月起由月刊改为半月刊。

《中华农学会会报》月刊在南京创刊。南京农业学校中华农学会主办。

《心声》半月刊在开封创刊。

《云南盐政公报》不定期刊在昆明创刊。云南盐运使公署主办。

2 月 1 日

天津《益世报》第一任主编唐梦幻因病逝世，遗缺由董郁青承乏。本年起，《益世报》改用轮转机印刷，报纸篇幅由对开 3 张增为对开 4 张。

《上海花世界》杂志在上海创刊。

《成都晨报》在成都创刊。社址在成都少城刀子巷 46 号。编辑人徐济民。日出 4 开 1 张。自称以“改良社会，输入文明”为宗旨。

2 月 4 日

上海《时事新报》副刊《学灯》宣布扩充篇幅，增设《讲坛》《学校指南》《青年俱乐部》《科学丛谈》等栏目，提倡“教育主义”，“人格主义”，提出“对于原有文化，主张以科学解剖之”，“对于西方文化，主张以科学及哲学调和而一并输入之”。

2 月 6 日

《公论日报》在汉口创刊。王琴甫主办，王民仆主编。资金来自汉口巨贾刘子晋。自称以“发展工商业，贯彻商民之主张”为宗旨。一度接受过安福系的津贴。1933 年 11 月 25 日停刊。

2 月 11 日

日文《开原新报》在辽宁开原创刊。创办人山田民五郎。

2 月 16 日

广州报界公会致电上海日报公会，建议联合发起成立全国性报界联合会组织。电文称：“欧战结束，南北息兵，世界与国内和平问题，关系国家存亡，人民利害。全国新闻界应不分畛域，泯除党见，研求正谊，一致主张。外为和会专使之后盾，内作南北代表之指导。准兹前提，特由本会同业共同议决，结合全国报界，开联合会于沪上，并由各报推定代表赴沪，协商组织事宜。除通电全国报界外，谨电奉闻。至斯会开于上海，拟公推贵会就近主持一切。事关报界全体，尚望预为筹备。”（《新闻报》1919 年 2 月 17 日）上海日报公会复电表示赞同，并设筹备事务所于上海静安寺路 22 号。

2 月 17 日

即日起，上海《新申报》连续 2 天刊载了林琴南所写的影射攻击新文化运动的小说《荆生》，咒骂批判孔子、提倡白话文的文章为“禽兽自语”，幻想能有一“伟丈夫”出来，对新文化运动进行暴力镇压。

2 月 19 日

本日下午北京大学新闻学研究会在北京大学文科第 34 教室召开改组大会。蔡元培当选为会长，徐宝璜当选为副会长，曹杰、陈公博当选为干事。会上还对该会简章作了修订：名称由原来的“北京大学新闻研究会”，改为“北京大学新闻学研究会”；宗旨由原来的“输灌新闻知识，培养新闻人材”，改为“研究新闻学理，增长新闻经验，以谋新闻事业之发展”；会费由原来的校内每人每年 6 元，校外每人每年 12 元，分别改为 4 元、8 元。同时，决定增办日刊或周刊以及中外通信社。参加这次大会的有会员毛泽东等 24 人。

2 月 20 日

以刊载国内南北代表会议及巴黎和会消息为主的《平和日刊》在上海创刊。社址在上海望平街 163 号。林白水主编。有论说、国内平和纪事、世界平和消息、外交要闻、紧要新闻、译电、专件等栏目内容。该报代表北京政府配合会议，进行和平鼓吹。自称“为平和会议而设，平和会议告终，本刊即行停止”。同年 5 月和平会议宣告破裂，该报随即停刊。

日本驻汉口领事濑川浅之进为汉口《公论日报》发表反日言论事，照会湖北地方当局，要求严加取缔，“以重邦交，而敦睦谊”。

2月24日

上海《时报》增出《世界教育新思潮》副张。

2月25日

《童子军月刊》在上海创刊。上海童子军联合会主办。潘坤主编。

同月

李大钊开始担任北京《晨报》第7版（该报副刊的前身）的编辑工作。

《时事旬刊》在北京创刊。北京亚洲文明协会主办。原为旬刊，1921年改为月刊。当年底停刊。

《大北新闻》在黑龙江创刊。日刊。主编韩华堂。

《新教育》月刊在上海创刊。每年出10期。由北京大学、南京高等师范学校、暨南学校、江苏省教育会、中华职业教育社等单位联合组织的新教育共进社主办。先后担任编辑工作的有蒋梦麟、陶行知等。该刊自称“以教育方法，养成健全之个人，使国人能思能言能行，能担重大之责任，创造进化的社会”为宗旨。1925年10月停刊。

《三廉月刊》在上海创刊。三廉学社主办。

《醒世画报》在上海创刊。

《中华工业月报》在上海创刊。中华工业劝学会主办。

《国立武昌高等师范学校周报》在武汉创刊。1920年停刊。

《民新日报》在成都创刊。社址在成都铁路公司内。自称以“阐发国民智识，改良社会恶习，扩充民生道德”为宗旨。

3月2日

《振胜日报》在上海创刊。

3月3日

《晶报》在上海创刊。社址在上海山东路161号。每三日出4开1张。余洵（大雄）、张丹斧、包天笑等主编。以刊载社会新闻及小说、掌故、剧评、散文等小品文字为主。初为《神州日报》附页，随该报分送，后改为单独出版，成为这一时期和稍后一个时期有较大影响的小型报纸。

3月10日

本日晚7时半，李大钊应邀到北京大学新闻学研究会为全体会员作关于辩证唯物主义的演讲。

3月18日

北京《公言报》发表林琴南所写的《致蔡鹤卿太史书》，指责蔡元培在北大的改革是“覆孔孟，铲伦常”，“尽废古书，行用土语为文字”，“施趋怪走奇之教育”。

3月20日

国故社主办的《国故》月刊在北京创刊。自称以“昌明中国固有之学术”为宗旨。用文言文写作，不用新式标点，印刷形式也仿照古书。出至4期后自行停刊。国故社是刘师培等发起组织的以提倡旧学为目的的学术团体。

同月

《新青年》《每周评论》《晨报》《新潮》等报刊大量刊出介绍新思想，提倡新文化的文章，反对旧思想旧文化，展开了新旧思想和文化之间的论战。

《时言报》《小公报》《少年中国学会会务报告》（月刊）、《世界大势概要》（月刊）在北京创刊。

英文月刊 *The China Review*（译意《新中国评论》）在上海创刊。英国学者

Samnel Conling 主编。以“论列中国学术上普通问题”为主要内容。

《铁路救亡汇刊》在上海创刊。全国铁路协会主办。不定期刊。出至本年11月前后停刊。

恽代英、黄负生、林育南等主办的《新声》半月刊在武汉创刊。

马来亚华侨主办的中文《益群报》在今马来西亚吉隆坡市创刊。创办人林青山。

春

《兰言周报》在浙江兰溪创刊。周刊。社址在兰溪东门县前街。创办人方挟云等，社长郑宝谦。是当地最早的报纸。出至1927年停刊。

4月1日

北京《公言报》刊出蔡元培所写《致〈公言报〉函并附答林琴南君函》，就林琴南对北大教员“覆孔孟，铲伦常”，“尽废古书，行用土语文字”的责难，进行批驳。重申了他的“思想自由”，“兼容并包”的办学主张。

微型报纸《小日报》在上海创刊。社址在上海望平街257号。日出16开4版1张。有时事述评、诗歌、小品、广告等栏目内容。主要编辑撰稿人有王钝根、周瘦鹃、姚鹓雏、李涵秋等。自揭其办报宗旨为：“政治也讲讲，却没有什么政党臭味；社会也说说，却也不一定有改良的心思；道是文艺，有时粗鄙的事俚俗的话，也登载的；道是浅近，有时重大的事，深隐的话，也排刊的。”5月10日以所发时评斥责章、曹、陆等人为卖国媚日“诸贼”，遭到当局嫉恨，自动停刊。

上海《时事新报》开始使用新式卷筒印刷机印报。自称销数由1万份增至5万份。

浙江省教育会主办的《教育潮》双月刊在杭州创刊。编辑沈仲九、经亨颐、夏丏尊、刘大白。以介绍世界上新的教育思想，批评中国教育的弊端，讨论新教育的建设为主要内容。1920年1月出至第6期后停刊。同年10月复刊，改为月刊，由何绍韩主编，提倡尊孔读经，受到进步文化界的攻击。1921年1月因“经济困难”停刊。

4月4日

《北京白话报》在北京创刊。社址在北京前门外大安澜营10号。社长任振亚。日销约5000份。

4月5日

中华书局主办的《中华英文周报》(*Chung Hwa English Weekly*)在上海创刊。桂绍盱主编。以辅导英语学习为主要目的。

《四川农会会报》在成都创刊。社址在成都藩库街四川省农会内。每月出16开本1册。总编辑汪书祥。以“讨论学理，提倡改良，发展四川农业”为宗旨。

4月6日

本日出版的《每周评论》第16号刊载了《共产党宣言》的节译，并附编者按语称：“这个宣言是马克思和恩格斯最先最重大的意见……是表示新时代的文书。”

4月13日

本日出版的《每周评论》第17号及稍后出版的第19号增刊《特别附录》中的《对于新旧思潮的舆论》，辑录了北京、上海等地报刊所载评论27篇，对反动势力破坏新文化运动，压制进步舆论，鼓吹尊孔读经等倒行逆施，进行了集中的批评。

4月15日

中华民国报界联合会在上海召开成立大会。参加的报馆有83家，内北京15家，上海13家，广州9家，南京7家，汉口5家，天津1家，福建3家，湖南2家，安徽2家，山东1家，广西1家，四川、云南、贵州共6家。其余扬州、武进、桐乡及海外的小吕宋、槟榔屿、仰光、曼谷、檀香山、维多利亚、雪梨、旧金山等地，也派有代表出席，共有代表84人。推叶楚伧为主席。会议通过了以下决议案：对外宣言案，对借款宣言案，维持言论自由案，减轻邮电各费案，阴历年终报纸不停版案，以及拒登日商广告案。此外，还讨论通过了该会的章程，宣布以“谋世界及国家社会之平和的进步”，“保持言论自由，联合人类情谊，企图营业利便，以谋新闻事业之进步”为宗旨。

4月16日

北京大学新闻学研究会在北大文科第34教室，召开全体会员大会。决定立即出版会刊《新闻周刊》，并议定周刊社的分工如下：主任徐宝璜，新闻部主任干事陈公博，评论部主任干事黄欣，翻译部主任干事严显扬，通信部主任干事曹杰。

4月20日

北京大学新闻学研究会主办的《新闻周刊》在北京创刊。是我国最早的传播和研究新闻学的专业刊物。横排。每份铜元2枚。出版3期后停刊。

4月21日

《浙江农言》月刊在杭州创刊。浙江省立甲种农业学校主办。

4月23日

即日起，迄本月27日止，成都《国民公报》连载渊泉所写的《近世社会主义鼻祖马克思之奋斗生涯》一文，为成都报纸刊出的第一篇宣传马克思和马克思主义的文章。

4月27日

林白水主办的《平和日刊》，原拟与南北和会共始终，后因会议进展缓慢，自动提前停刊。共出58期。

同月

《国际联盟同志会丛刊》在北京创刊。不定期出版。

《中国大学学报》半年刊在北京创刊。仅出2期即停。

《教育》杂志在天津创刊。教育学术编译社主办。1920年4月前后停刊。

《广益杂志》月刊在上海创刊。

5月1日

北京《晨报》副刊出版《劳动节纪念专号》。这是我国报刊出版的第一个纪念“五一”劳动节的专号。李大钊的《五一节杂感》一文，即在本期《晨报》副刊上发表。

本日北京各报广泛报道了美、英、法、日、意“五强”在巴黎和会上拒绝中国的正义要求，公然把战败国在山东的主权让予日本的消息，在国内引起了强烈的震撼。

5月2日

本日出版的《新青年》第6卷第5号刊出了《马克思主义研究专号》。李大钊撰写的重要文章《我的马克思主义观》即在新出版的这一期《新青年》杂志上发表。

5月4日

本日下午，北京14所大专学校学生3000余人齐集天安门前，举行示威大会，矛头直指帝国主义及卖国的北洋军阀政府。伟大的五四运动由此爆发，中国的历史揭开了新的一页，中国新闻事业也进入了新的历史阶段。

北京《晨报》在第7版设《妇女问题》专栏，认为妇女问题是今日世界一大问题，该栏将征求海内学士名媛对于妇女问题研究的资料，逐日登载。到1920年2月12日止，存在9个多月，刊出62期，发表专题著译文章20篇，内容是提倡女子教育，呼吁大学开禁招收女生；反对封建礼教对妇女的束缚与迫害，主张婚姻自由；倡导妇女解放，鼓励妇女自强。同时，还讨论妇女就业和参政问题。主要撰稿人有王光祈、易家钺、康白情、苏灵芬、黄英（庐隐）、徐彦之、罗家伦、潘公展、杨钟健等新文化运动的参加者。

同日，北京《晨报》发表社论《山东问题与国人之决心》（总编辑刘放园执笔，署名方文）写道：“噫，事急矣，势危矣，山东问题，已濒于生死关头矣！吾国既加入协约，则德国在山东所获之权利，不应由日本继承，其理由万端，吾人已屡言之”，今终不能如吾国之主张，说明和会已不能主持真理。社论提出国人应取的三层办法：（1）请政府电专使坚不署名。（2）请政府向和会宣告脱离关系。（3）政府如让步屈服则吾民不能承认政府之所为。

5月5日

《晨报》第 2 版《紧要新闻》栏消息《山东问题中之学生界行动》，用 4 号字详尽报道 4 日学生运动消息，刊发学生散发的传单、标语，如“卖国求荣早知曹瞒碑无字/倾心媚外不期章惇死有头”，“中国的土地可以征服而不可以断送/中国的人民可以杀戮而不可以低头”等。次日又发表社论《为外交问题警告政府》，并刊出各界人士保释被捕 30 多名学生的函电，为爱国学生请命。5 日、6 日两天报纸全部售尽，一时日销数由近万份猛增至 2 万份左右。8 日报纸刊出启事称：愿原价收购 5 日、6 日两天的报纸，以便发寄外埠订户。

是日，为马克思诞辰 101 周年纪念日。李大钊指导革新后的《晨报》副刊特辟《马克思研究》专栏，至同年 11 月 11 日止的整半年中，刊载了大量介绍马克思主义经典著作和纪念马克思的文章，其中有马克思的《劳动与资本》，考茨基的《马氏资本论释文》，河上肇的《马克思唯物史观》等。

5月6日

上海《民国日报》以“本社北京 5 日专电”报道北京学生 2000 余人因山东问题游行示威的消息，附照片国贼曹汝霖像，文字说明：“不成西湖之铁像，来为东洋之金刚，国民曰予及汝偕亡。”同时转录北京《京报》文章《北京学生之奋起》。从即日起，该报开辟 3 个专栏：《北京学生爱国运动》《山东问题大警告》《黑暗势力与教育界全体搏战》，连续报道五四运动的进展。5 月 12 日起，该报第 12 版副刊《民国小说》停刊，改出《大家讨贼救国专刊》，刊登读者来信。

北京报界全体致电巴黎和会中国委员称：“国民誓死争青岛，公等如稍退缩，誓不与公等同中国，望坚持到底，青岛若不能直接交还，万勿签字于和约。”（《晨报》1919 年 5 月 7 日）

上海日报公会致电北京政府，要求立即释放被捕学生，指出北京学生为青岛问题示威，行动虽激，但出自“爱国真诚”，“倾闻有主张解散学校，处学生死刑之说，风声所播，舆情愤激”，警告北京政府“请勿漠视舆论，致激巨变”，又说：“际此国家存亡所关，全持民气激昂，为政府后盾”，“望立开释被捕学生，以慰人心”。（上海《民国日报》1919 年 5 月 7 日第 10 版）6 月 15 日，上海日报公会再次电北京政府，正告指出：“风潮所荡，必致全国辍业。人心既去，岂武力所能压制，大局危殆，非立释学生、惩办曹、陆、章，不足挽回人心而保国家。”（《申报》1919 年 6 月 6 日）

5月11日

《每周评论》从今日出版的第 21 号起，接连 5 号连续重点报道五四运动，有新闻综述《一周中北京的公民大活动》，新闻资料《青岛交涉失败史》，又增出特别附录专页《对于北京学生运动的舆论》，辑录北京《晨报》《国民公报》《益世报》等报同情和声援学生运动的评论，与《顺天时报》《公言报》的诬蔑言论形成鲜明对比。该报发表一系列见解独到，议论精辟的评论，如陈独秀写的《山东问题与国民觉悟》，李大钊写的《秘密外交与强盗世界》等，对运动的性质、经验和发展前景，作了深刻的分析，对运动起了有力的舆论引导和一定组织作用。

5月12日

全国报界联合会发出“讨贼通电”，指出“曹汝霖、章宗祥、陆宗舆、徐树铮等人丧心卖国”，已经激起“人民积愤”，要求北京政府“严惩四凶，以保国权，以彰公道”，呼吁全国民众“国权一去则不复返”，应举国一致“据理力争”，“誓与存亡”。（上海《民国日报》1919年5月13日）

唐山《救国报》创刊。唐山工业专门学校学生创办的小报。由几位学生轮流手写，送天津石印，在唐山和京津地区公开发行，并和各地进步报刊交换。主编朱泰信，编辑有许元启、葛天回等。创刊号发行1000多份，1个铜板1份。后改铅印，增为2000多份。据许元启回忆，当时主编《湘江评论》的毛泽东曾来明信片商讨交换、推销该报，并提出进一步办好它的建议。1920年3月被反动当局以“未遵照出版法”、“未来局呈报”为由勒令停刊。旋改名《爱国报》，刚出1期，又被禁。

5月15日

上海《申报》《新闻报》《民国日报》《时事新报》《时报》《神州日报》《中华新报》等7家大报自即日起，拒绝刊登日商广告，在报纸上刊出联合决议宣称：“敝报等公决，自五月十五日起，不收日商广告并日本船期汇市商情等。”10日全国报界联合会决定通告全国报界说：“在山东问题未圆满解决之前，对于日商广告，一律拒登。予以表示我同业爱国之热忱，事关国民公意，务希坚决执行。”（上海《民国日报》1919年5月16日）

据胡道静《新闻史上的新时代》第18页所述，这一决定维持了十六七年，直到1933年中日订立《塘沽协定》后，日商广告才重新出现在中国报纸上。据说，《塘沽协定》有一秘密条款（或系口头商定），是日方要求中国报纸重刊日商广告。这在新闻史、外交史、经济史上，都是一件重要的事情。

5月20日

北京学生联合会出版《五七报》，不到3天即销行四五千份。次日京师警察厅即通令该报“禁止发行”，指为“对于此次风潮（指五四运动——编者），意存鼓荡，且词句之间弥加激切”。该报不顾禁令继续秘密出版发行。7月28日京师警察厅再次呈报内务总长称：各区署查送《五七报》《平民周报》《救国周刊》各报纸到厅，“核阅内容，指摘政府，妨害邦交，论调极为偏激。……至《五七报》前经本厅禁止出版，此次重印发行，仍不遵章具报，均属违反出版法之规定”。该厅检送内务部备案的《五七报》为7月26日出版的第8号。后因印刷所迫于当局压力不予代印，该报不久即夭折。

5月22日

北京《益世报》由于转载山东第五师军人对外交失败的通电被武装警察数十人查封，并逮捕总编辑潘蕴巢。29日该报恢复出版，潘被报界同仁保释。

5月23日

京师警察厅从即日起每晚派员到国民公报和晨报馆检查所有稿件，未经审核，一律不准登载。24日至27日《晨报》第2版报头用2号字刊出《本报特别广告》（6月4日—7月7日，又逐日登载《本报特别启事》）

说明自 5 月 23 日起京师警察厅来报馆检查发稿，“凡读者诸君所极感兴味极欲闻知之言论事实，不敢保其不受限制”。监视发稿直到 7 月 7 日始解除。

5 月 26 日

《南开日刊》在天津创刊。天津南开学校学生主办。少年中国学会会员章志任后期主编。《发刊词》称其职责是：“鼓吹同胞之爱国心，唤起同胞之敌忾。”第 1—9 期用竹纸印刷，每期对开 1 张。第 10 期后用新闻纸印刷，日出 4 开 1 张。6 月 5 日起因警察局干涉停刊 6 天。22 日出刊的第 19 号宣布大加革新：“（一）以浅明切实的文字诚恳的思想，打破陈腐的观念；（二）输入最新的知识，希望国人有根本的觉悟，起来做国民当尽的责任；（三）用批评的精神促当局觉悟；（四）注意新闻以灵通消息。”（《本报革新的计划》）报道南开和天津学生五四爱国活动，宣传抵制日货，提倡国货，抨击安福派是甘为日人牛马的卖国党的鹰犬。该刊第 57 号用蓝色油墨印刷，发表短文《易色原因》，悼念和抗议山东军阀马良残杀爱国民众，该刊代表了五四运动时期中间和中间偏左的青年学生的思想面貌。

5 月 29 日

武汉学生联合会创办《学生周刊》，恽代英写《发刊词》，激励学生宣扬救国之声。仅出 1 期即被查禁。6 月，恽代英领导复刊主持编撰，要求该刊应办成学联“对外之报，用以达到联合会之目的”，并提出新闻传播的四点要求：（一）浅近，（二）有条理，（三）真，（四）能动人。（《恽代英日记》，中共中央党校出版社 1987 年版，第 559—560 页）销数由 500 份增为 2000 多份。出版 10 多期后因经费困难停刊。

5 月下旬

日本驻华公使照会北洋政府外交部，诬指《国民公报》刊登“故意煽动之文章，致酿成五月四日北京大学生纵火伤人之暴动”。又指近来北京散发的《胶州亡矣！山东亡矣！》等传单及其他檄文、宣言，“传之于各省各处，实行煽动，排斥日货”，胁迫北洋政府从速处置，“禁止排日宗旨之集会及散布传单，并约束报馆之记事”。（《五四爱国运动档案资料》，中国社会科学出版社 1980 年版，第 201、202 页，第 495 页）京师警察厅当即加紧控制舆论，摧残新闻机关与报人。

同月

上海《时报》增设《医学周刊》，是中国报纸最早的医学专刊。

6 月 4 日

《上海学生联合会日刊》在上海创刊。社址设在上海法租界贝勒路义和里内。上海学生联合会机关报。陈学瑜、李果任正副编辑长。8 月因物资困难一度停刊。9 月 1 日复刊，日出 2 张。《发刊辞》称该刊宗旨是“唤醒农工商各界，共做救国的事业”，“团结一致，来与旧势力抵抗”。主要刊载学界消息，也报道工商界消息。7 月，邹恩润（韬奋）从宜兴任家教后回上海参加会刊的编辑工作。邹时为南洋公学上院（大学）电机工程科（系）二年级学生。

6 月 8 日

《星期评论》创刊于上海。8 开 4 张，周刊。孙中山领导的中华革命党（同年 10 月改组为中国国民党）主办。主编戴季陶、沈玄庐，主要撰稿人有朱执信、廖仲恺、李汉俊、康白情等，李大钊、陈独秀曾为该刊写稿。该刊注意研究社会主义和劳工问题，刊登介绍世界和中国劳工运动的文章和材料。主要栏目有《评论》《世界大势》《世界思潮》《杂文》《通信》《书报介绍》《研究资料》等。1920 年 5 月出有《劳动节纪念》专号。该刊在单独发行的同时，由上海《民国日报》免费附送。初销1000份，后增至数千份，在青年知识分子中有相当影响。1920年6月6日出至第53期停刊（连同《双十节纪念》增刊，实际共出54期）。

6月11日

《新青年》主编陈独秀当晚在北京“新世界”游艺场5层楼上，向民众抛散传单《北京市民宣言》时，被跟踪的巡警和便衣密探当场逮捕。当局出动军警连夜围抄其住宅北河沿箭桿胡同9号（兼为《新青年》编辑部），抄走书籍和信件。陈起草的《宣言》（由胡适译成英文，用中英两种文字排印）提出：取消对日秘约，罢免卖国官吏，取消步军统领及警备司令部机关，保障市民集会、言论自由等“最后最低之要求”。陈的被捕震惊全国，京沪和各地许多社会团体和报界函电交驰，发表消息和评论，多方营救，迫使北洋政府于9月16日释陈出狱。陈被囚狱中83天。

6月16日

上海《民国日报》发刊综合性副刊《觉悟》。邵力子主编。初仅占4开1版的大半页，以论文为主，不分栏。1920年起，篇幅扩大为4开2页，开始分栏，5月20日起改为单行的8开对折4页随报附送，7月起每月发行汇刊单行本。1924年，改为16开8页、16页，该刊《通信》栏，经常回答青年的疑难问题，副刊受到读者信任，充满了“力子呀，力子”的呼声。1920年8月后，该刊的编撰工作在中共上海发起组的影响下，由先前传播民主主义思想进而成为介绍社会主义思潮的主要园地。发行量最高时达几万份。

6月23日

《南京学生联合会日刊》在南京创刊。阮真主编。张闻天是主要撰稿人，他撰发的长篇论说《社会问题》，是最早用马列主义观察、分析中国问题的重要文章。是江苏第一张宣传马列主义的报纸。

6月25日

《杭州学生联合会报》在杭州创刊。原定出周刊，实为不定期刊。初期办报宗旨是巩固学生团结力，唤起国民爱国心。第19期起进一步改革，提出谋知识阶级和劳动阶级的联合，破坏黑暗强权，建设光明社会。内容是报道学生爱国活动，介绍新思潮，注重实际调查。1920年4月15日学生联合会被查封，5月该报出版第31号《增刊五四号》，约在第32号后停刊。

6月29日

《上海法租界发行、印刷、出版品定章》（共7条）正式公布。规定各种出版物“未奉法领事允许，不能在法租界内开设”，已批准的出版物“非预将底稿一份送法捕房及法总领事署，不能在外发行”，所“刊行文字内，有违反公众安宁与道德者”，其“经理人、著作人和印刷人，一并送会审公堂追究，按法惩办”等。法驻沪总领事函告公共租界工部局称，此项条例，亦适用于公共租界内以法商名义注册发行的中国报纸。

同月

上海《时报》增出《英文周刊》，是中国报纸第一个社会教育专刊。

夏

私营公同通信社成立于上海。主要业务是提供外国报纸或公团以中国的消息。至1920年3月止，共发稿40件，公布资料40种，自存关于中国事务的各种报纸资料2万件，与大同电影公司合制关于中国情形的影片3万英尺。多次代外国实业界调查花生、木材、樟脑、铅矿状况，发表详细报告。又与美国杂志，如“*Trade Pacific*”、“*Independence*”、“*Asia*”等订立特约通信，活动范围包括美国、加拿大、澳大利亚。所发新闻均不取费，办事人亦无薪资。每次邮寄费用一项达 260 元。

暑期，《南昌学生联合会周刊》创刊。以指导南昌学生的爱国运动。

7 月 10 日

上海公共租界工部局召开纳税西人特别会议通过《印刷附律》议案。《附律》规定，凡要经营印刷或发行报纸杂志者，必须“先从工部局领取执照”，还规定“领有执照者，或领有执照之屋”不得印刷、复制或发行“煽乱性质，或其性质足以煽惑至成破坏治安或扰乱秩序者之件”。如违犯规定，巡捕房可以“立即中止”或“永远吊销”其执照，再诉诸法律。上海书业报界联合会、上海日报公会等团体和报刊纷纷发表声明、评论，抨击《印刷附律》违反新闻出版自由原则。北京公使团内部由于美国、西班牙等从自身利益出发表示反对，使该《附律》未获公使团批准而无效。但工部局并未声明撤销，实际仍据以随意查抄、没收、封禁《新青年》《民国日报》等进步报刊。1925 年 4 月工部局在纳税人年会上，再次提出《印刷附律》议案，因不足法定人数而流产。后又策划修改议案原文，在 6 月 2 日再次召开纳税人特别会议力图通过。时值“五卅”爱国反帝斗争高潮，反对《印刷附律》议案成为重要目标之一。上海总工会、上海学生联合会、上海市总商会等 31 家群众团体，在 6 月 1 日联合发表抗议宣言，指出该《附律》将使新闻文化印刷界甚至非印刷界，“人人皆在危险之中，刑法森严，如是之甚，凡我国民孰能容忍”，呼吁国人坚决斗争。《向导》周报、上海《民国日报》、英文《密勒氏评论报》和《大陆报》等中外报纸均著文严厉揭露、批评工部局。纳税人特别会议到会仅 177 人，远不足法定人数，仅 15 分钟便终会。从此，工部局迫于社会舆论压力再未提出此案。

7 月 13 日

《星期日》周报创刊于成都。少年中国学会成都分会出版。李劼人主编，孙少荆任经理。4 开 4 版小型报。该刊宗旨是传播新思潮，开展新文化运动。1920 年 1 月 4 日第 26 期增出《社会问题号》4 张 16 版，刊有《说孝》（吴虞著）、《男系制与遗产制》（陈独秀著）、《什么是新文学?》（李大钊著）等文，还出有《妇女问题号》《劳动号》。第 19—21 期全文转载了《湘江评论》上毛泽东写的政论《民众的大联合》。第 36 期起转由星期日周报社编印，吴虞为常任编辑。1920 年 8 月停刊，共出 52 期。平均销数 3000 份左右。

五四运动中成都出版的宣传新文化，主张社会改造的报刊，还有《威克烈》（即英文 Weekly 音译）周刊（1919 年 11 月 18 日成都外国语专门学校学艺讲演会创办）、《新空气》（1919 年 8 月成都工商业界青年同人创办）、《川东学生周刊》（1919 年 12 月 21 日川东学生联合会出版）、《商学联合会会刊》（日刊，1919 年 12 月下旬吴玉章等组的商学联合会创办）等。

7 月 14 日

《湘江评论》创刊于长沙。以湖南学生联合会名义出版，毛泽东主编。这张小型报纸为 4 开 1 张周报，每期约 1.2 万字。以评论为主，报道多用述评形式，设有《湘江大事述评》《西方大事述评》《东方大事述评》《世界杂评》《湘江杂评》《新文艺》《放言》等专栏，全用白话写作。文章大部分出自毛泽东手笔，计有政论、述评、杂文等近 40 篇。其中第 2—4 号连载的长篇政论《民众的大联合》，为京沪等地报纸转载，影响广泛。创刊号《本报启事》称：“本报以宣传最新思潮为主旨。”毛泽东写的《创刊宣言》

强调：“各种改革，一言蔽之，‘由强权得自由’而已。各种对抗强权的根本主义，为‘平民主义’（兑莫克拉西。一作民本主义，民主主义，庶民主义）。”该报进行了彻底反帝反封建的民主主义宣传，热情歌颂俄国十月革命的胜利，具有一定的社会主义因素，也表现出无政府主义的思想观点。每期印发四五千份，迅即售尽。同年8月上旬报纸正付印中，遭到湖南军阀张敬尧武力查封，第5号报纸未来得及公开发行即被没收。迄今能看到的只有第1—4号和一张8开的《临时增刊》第1号。

主编《湘江评论》期间，毛泽东倡议组织长沙学校周刊联合会，《湘江评论》《岳麓周刊》《工学周刊》《明德周报》《新湖南周刊》《救国周报》《女界钟》《体育周报》《岳云周刊》《长郡周报》《励进会旬刊》等10多家报刊参加。会址设在长沙楚怡学校内。每周开一次会，统一宣传步调，增强合力。

7月15日

少年中国学会会刊《少年中国》创刊于北京。同年11月15日第5期起改由上海亚东图书馆印行。16开大型综合性月刊。自第4卷起改竖排为横排。王光祈、李大钊先后任编辑主任。1921年编辑部迁上海后，由左舜生主持编务。以注重“文化运动，阐发学理，纯粹科学”为办刊方针。（见《五四时期的社团》（一），三联出版社1979年版，第249页）刊载学会会员著译的有关自然科学、文学、社会学和哲学的文章，涉及人生观、世界观和社会问题，出有《诗学研究号》《宗教问题号》《妇女号》等专号，也有会务消息和会员通信。期发行量达5000份，编撰队伍包括了左、中、右三部分知识分子。该刊反映了五四运动时期中国青年知识分子在追求真理和寻求社会改造中的发展、演变和分化过程。1924年5月停刊，共出4卷48期。

7月21日

《天津学生联合会报》在天津创刊。对开日报。周恩来主编。周在7月12日撰发的《天津学生联合会日刊发行旨趣》中说，《会报》是天津学联的“舆论机关”，学联在求社会同情的时候，应该掌握“两个利器：一个是演讲，一个是报纸”。该报提出：“本革新的同革心的精神为主旨”，“本民主主义发表一切主张”。周写社论和重要文章，常用笔名“飞飞”。该报进行了彻底反帝反封建的宣传，期销数6000多份，最高达2万多份，被称为是“全国的学生会报冠”。（《五四时期期刊介绍》第二集上册，三联书店1979年版，第329页）9月22日，被迫停刊。经多方斗争，于10月7日复刊，由日刊改为周二刊。周恩来撰写《本报继续出版的布告》，说明本报出版以来“天天在奋斗里讨生活”，今后仍将用全力同反动势力奋斗到底，该报第100期特地取名“奋斗号”。1920年初停刊，共出100多期。迄今仅见17期。

五四运动时期，天津出版的宣传新文化运动的刊物，还有女界爱国同志会和天津学联合办的《平民杂志》半月刊（1919年11月1日）、直隶第一女子师范学生团出版的《醒世周刊》（到1919年底已出26期）、真学会的《新生命》半月刊（1919年11月1日）、新心学会的《导言》半月刊（1919年11月1日）、又新学社的《又新周刊》（1919年12月12日）、新生社的《新生》杂志（1920年4月1日）、《南开特刊》（1920年1月）、觉悟社的《觉悟》月刊（1920年1月）等。

同日，济南学生和各界爱国群众数千人，结队捣毁安福系喉舌《昌言报》，并将该报经理编辑7人捆绑游行，押至省法院审处。因该报著论诋毁学生爱国运动为“狂热”，致激起公愤。

7 月 26 日

《川滇黔旅苏学生会周刊》创刊于上海。由旅居江苏的四川、云南、贵州学生联合创办。编辑主任黄鉴远，发行主任王莲魂。该刊主张广设义务学校、公共图书馆，以进行社会改良。该刊在京津、长江一带亦畅销。

8 月 1 日

《建设》杂志创刊于上海。孙中山领导的中华革命党（同年 10 月改组为中国国民党）主办的理论刊物。胡汉民任总编辑，主要编撰人有汪兆铭、廖仲恺、戴季陶、朱执信等。孙中山撰写《发刊词》称该刊目的是：“以鼓吹建设之思潮，阐明建设之原理，冀广传吾党建设之主义，成为国民之常识……由是万众一心以赴之，而建设一世界最富强最快乐之国家，为民所有，为民所治，为民所享者。”这份大型月刊有论说、杂录、记事、通讯等栏目内容。陆续发表孙中山著《实业计划》英文原稿的中译文初稿（后编为《建国方略》第二部分：“物质建设”）。1920 年 12 月出版的第 3 卷第 1 期，为迄今看到的最后一期。

8 月 9 日

周恩来领导成立天津学生报社联合会。以《天津学生联合会报》为中心，《醒世周刊》《南开日刊》《北洋日刊》《师范日刊》等参加。该会宗旨是“联络感情，交换意见，造成强有力之言论机关，以指导社会，监督政府及会外各言论机关”。每月定期开会，研讨形势和对策，统一战斗步伐，从而加强学生报刊的团结，推动天津舆论界走向进步。

8 月 22 日

《京报》著论抨击安福系主持的北洋军阀政府对日本借款是“祸国阴谋，借债愚策”，被京师警察厅指为“侮辱政府”，派军警武装包围报社，搜捕社长邵飘萍。邵窬墙出走避居于六国饭店，仍执笔撰述，报纸照常出版。8 月 22 日《京报》被查封，编辑潘公弼被捕，监禁 2 个月。后安福政府以“扰乱北京之治安”为名，要求各国驻京外交使团引渡邵飘萍，邵化装离京，取道上海流亡日本，被朝日新闻社聘任为中国问题顾问。

8 月 24 日

《新生活》创刊于北京。32 开周刊。新生活出版社出版，北京大学出版社主任李辛白（笔名薑素）编辑。该刊以通俗宣传普及科学与民主思想为职志，用白话文写作。李大钊在该刊撰发 60 多篇短小时评、杂感，蔡元培、陈独秀、胡适亦为该刊写稿。

8 月 31 日

《申报》创办《星期增刊》。由项远村、康通一等编辑。每周日出版对开 1 张（后增为对开 2 张 8 版），随报附送。刊载国际时事的系统记载，多选译国外报章杂志的论著与要闻，以补充每日国际新闻电讯之不足。出至 1924 年秋停刊。

《每周评论》被北京政府武力查封，并派员检查已出各期文字，借口《司法独立与教育独立》（王光祈著）一文，主张司法官不应充当军阀的“鹰犬”，是有辱司法总长朱深的尊严，以罗织“罪证”，该刊第 37 期遭铲版，只剩下第 1 版。

9 月 1 日

《解放与改造》杂志在北京创刊。中国研究系团体新学会主办，中华书局出版，时事新报发行。初为 32 开本半月刊，1920 年 9 月第 3 卷起改名《改造》，扩为 16 开本。张东荪、俞颂华任前期主编，改名后增加梁启超、蒋方震为主编。创刊号发表《新学会宣言》和《解放与改造宣言》，宣称将从学术思想上谋求根本改造，以为将来新中国的基础。该刊主张社会革新，反对封建文化和军阀统治。鼓吹社会改良主义，反对科学社会主义在中国的传播与实践。张东荪的《现在与将来》和梁启超的《复张东荪书论社会主义运动》是该刊的代表作。《新青年》《共产党》和《民国日报》的副刊《觉悟》等同它的伪社会主义思想进行了论战。1922 年 9 月出至第 4 卷第 10 期停刊。

9 月上旬

毛泽东应邀接编湘雅医学专门学校学生会出版的《新湖南》周报。该刊创刊于 6 月 15 日，分为月刊和周报两种，月刊仅出 1 期即停刊。《新湖南》以改造社会思想，灌输医学卫生常识为宗旨，并声言“言论不涉政事”。毛泽东接办后在第 7 号周报上发表《刷新宣言》称：“本报第七号以后的宗旨是：1. 批评社会；2. 改造思想；3. 介绍学术；4. 讨论问题。”本报同人“本着这四个宗旨去做，‘成败利钝’，自然非我们所顾，就是一切势力 Authority 也更非我们所顾。因为我们的信条是：‘什么都可以牺牲，惟宗旨绝对不能牺牲’。”北京《晨报》接连发表《长沙特约通信》等 3 篇文章，称赞革新后的《新湖南》是《湘江评论》的“化身”。12 月 1 日出版的《新青年》第 7 卷第 1 号著文详尽介绍《新湖南》的刷新宣言后，又评介第 7 期的内容说：“精彩真是不少。最要的是社会主义是什么？无政府主义是什么？洋洋数千言，说的很透。又有评假冒新招牌的《新中国》杂志，及《哭〈每周评论〉》《工读问题》等，都是很好的。”出至第 10 号，又被查封。

秋

方志敏在江西弋阳创办《寸铁》旬刊。宣传爱国民主思想。不久被地方当局查封。

《全国学生联合会日刊》在福州创刊。

10 月 1 日

中美合资的《大民主报》创刊于济南。由周郎山、董郁青等知识分子与中美通讯社社长克劳、齐鲁大学教授奚尔恩等合办，在美国注册登记。对开 8 版，日报。该报新闻充实，敢于发表言论，积极支持抵制日货等爱国运动，揭露军阀政府，一度成为济南第一大报。1920 年 9 月因著论指斥军阀“惧外仇内”，经理和主笔被捕，经美方交涉始保释。后因美国政府伙同列强妄图瓜分中国，中方进步编辑人员愤而辞职。1928 年停刊。

10 月 10 日

《浙江新潮》创刊于杭州。初名《双十》半月刊，第 2 期即改现名。4 开 4 版，周刊。由浙江第一师范学校、第一中学、甲种工业学校进步学生俞秀松、宣中华等 20 多人创办。发刊词提出该刊“四种旨趣”：一谋全人类生活的幸福与进化；二改造社会；三促进劳动者的自觉与联合；四对现在的学生界劳动界，加以调查、批评和指导。该刊受十月革命影响，倾向于社会主义。施存统撰发《非孝》一文，震惊社会。夏衍用沈宰白笔名写了批评杭州 4 家日报的文章和两篇《随感录》。转载日本《赤》杂志一幅“社会新路线”图，指出社会改造的方向，终将走向“布尔什维克”。该刊在长沙、武昌、上海、北京、黑龙江等地设有 30 多处代派处，甚至远销日本。出版第 2 期后即被查禁，加以“主张社会改造，家庭革命，以劳动为神圣，以忠孝为罪恶”（《北廷查禁〈浙江新潮〉电》，《民国日报》1919 年 12 月 15 日）的罪名。仅出 4 期即被迫停刊。现杭州图书馆存有第 2 号一份“孤本”。

《浙江新潮》被查封后，浙江地区又相继创办一批宣传新文化运动的刊物，如杭州《钱江评论》（1920 年 1 月 1 日—1920 年 6 月 20 日共出 13 期）、绍兴《浙江学生联合会周刊》（1919 年 12 月 21 日）、杭州《浙人》旬刊（1920 年 3 月 15 日）、《浙江第一师范校友会十日刊》（1919 年 10 月 10 日）、《浙江第一师范十日刊》（1920 年 11 月 10

日）、《浙江第一中学学生自治会半月刊》（1920 年 1 月 17 日）、杭州女青年办的《进修团刊》（1920 年 2 月）、浙江印刷公司工作互助会出版的《曲江工潮》半月刊（1920 年 12 月）、浙江一师等中等学校师生组织的任社办的《责任》周刊（1922 年 11 月 27 日）等。

《平民教育》周刊创刊于北京。由北京高等师范学校师生组织的平民教育社主办。该刊主张通过改革教育来改造社会。到 1920 年 5 月 8 日，共出 23 期。同年 11 月高师学生续出《平民教育》半月刊，着重宣传唯心主义的教育思想主张。1924 年下半年停刊。

10 月 16 日

北京大学新闻学研究会举行第一次研究期满仪式。校长兼会长蔡元培颁发听讲一年和半年的两种证书，获证者 55 人。据次日《北京大学日刊》报道，得听讲一年证书的会员 23 人；得听讲半年证书的会员 32 人（名单见 1918 年 10 月 14 日条）。10 月 19 日，该会招收新班会员 40 人继续活动。至 1920 年 12 月学会停止活动。

10 月 24 日

北京《国民公报》因致力宣传新文化运动，参与北京各界联合会工作，支持学生爱国行动，被军阀政府查封。次日，记者孙几伊被捕。北京地方审判厅以该报译载克鲁泡特金自叙传、报道北京学界活动及“所登载之评论等件，均有触犯刑律及出版规定之处”为罪名，判处孙有期徒刑 1 年 2 个月。孙不服上诉。1920 年 5 月 14 日，大理院判决以“连续出版妨害治安之所为”处孙几伊五等有期徒刑 5 个月。孙在押已 6 个多月，虽准予折抵亦已超出应服刑期。这一案件引起社会，尤其是司法界、新闻界广泛关注，一时成为舆论焦点，京沪各地报纸纷纷报道评论声援国民公报和孙几伊。北京《晨报》连续报道，刊出详尽材料，有被告律师的辩护书，有某检查官论被告无罪的理由，有判决书全文等件。在时评栏发表李大钊用笔名“明明”写的《国民公报判决感言》，对“妨害治安”罪提出尖锐质疑和批评，还连续刊发专件《国民公报案院判之批评》（署名“王”）。这一事件充分暴露了军阀政府压迫言论自由的面目，酿成轰动一时的“国民公报案”。

11 月 1 日

《曙光》月刊创刊于北京。由中国大学、法文专修馆、俄文专修馆学生组织的曙光社出版。编辑宋介，主要撰稿人王统照等。该刊以鼓吹科学与教育救国为宗旨。1920 年 8 月后，在李大钊指导下，从第 1 卷 6 号起开始倾向社会主义。1921 年 6 月出版第 9 号后停刊。

《新社会》旬刊创刊于北京。地址设北京米市大街青年会内。以青年实进会名义出版。主要编撰人有瞿秋白、郑振铎、耿济之、许地山、瞿菊农等。该刊以“尽力于社会改造的事业”为宗旨。前 6 期为 4 开 1 张小型报，1920 年起改出 8 开本，每期 12—14 页。内容广泛讨论社会改造、妇女解放、劳动问题、知识分子的前途等。瞿秋白撰写《中国的劳动问题？世界的劳动问题？》《社会与罪恶》等数十篇政论和杂文，表现了社会主义倾向。该刊远销东北、四川、广东、广西等地。1920 年 5 月第 19 号编为“劳动节”专号，当月即被京师警厅查封，经理人被拘禁。同年 8 月，改组出版《人道》月刊，出版仅 1 期停刊。

11 月 8 日

长沙《大公报》从是日起连续 3 天登出特别启事称：“本报添约毛润之先生为馆外撰述员。”同月 16—28 日，毛泽东就轰动长沙城的新娘赵五贞因反对包办婚姻在花轿里自杀事件，在长沙《大公报》和《女界钟》上连续撰发《对于赵女士自杀的批评》《婚姻问题敬告男女青年》《“万恶社会”与赵女士》等10篇评论和杂感，尖锐抨击封建礼教和社会的罪恶，引起社会广泛讨论，形成对封建婚姻制度的强烈舆论制裁。在此后的3年中，毛泽东为《大公报》撰写了不少文章，与该报建立了良好的合作关系。

12月1日

徐宝璜著《新闻学》，由北京大学新闻学研究会出版发行。这本中国人自著的第一部新闻学专著，是作者在北京大学授课的讲稿，初名《新闻学大意》，曾在《北京大学日刊》《东方》杂志等报刊上部分连载，经多次修改定名《新闻学》正式出版。全书共14章，约6万字。内容包括新闻理论、新闻业务和新闻事业的经营管理等，对新闻的定义，新闻的要素、价值，新闻媒体的性质、任务、作用，以及编辑、采访、评论写作、广告处理等，均有论述。北京大学校长兼新闻学研究会会长蔡元培作序称该书“在我国新闻界实为‘破天荒’之作”。1930年增补重印，改名《新闻学纲要》。1994年为纪念作者百年诞辰，由中国人民大学出版社重印发行。

《闽星》半周刊创刊于福建漳州。孙中山部属粤军首领陈炯明建立闽南护法区后创办。1920年1月1日，又出版《闽星日刊》，陈自任主笔，编辑有梁冰弦、陈秋霖、刘石心等。一度宣传新文化新思潮。1920年8月21日，陈部奉召回粤，半周刊先行停刊，日刊交由当地陈忏真、陈家瑞等接办。2年后被皖系军阀查封。

12月6日

《民心周报》创刊于上海。由归国欧美留学生及国内有志言论事业者创办，申报总分馆代销。16开本，出满52期为1卷。《发刊宣言》阐述其宗旨主要是提倡发展实业，研究国际形势和中国外交政策，启发国民的责任心，介绍评论欧美新思想和学说，并声明：“本报虽旨在改良社会，然不偏取何种社会主义。”内容涉及国内外大事，对军事、政治、经济、文化教育等问题均有论述，重点在对俄、对日问题和振兴实业。该报强烈反对日本帝国主义的侵略，揭露军阀政府镇压爱国学生运动，以及媚外卖国的行径。该刊反映了中国民族资产阶级的两重性。到1922年1月出版第3卷第8期后停刊。

12月22日

毛泽东同张百龄、罗宗翰等在北京组织平民通信社，自任社长。社址设在北京北长街99号福佑寺大喇嘛庙中。该社充作湖南公民驱除军阀张敬尧赴京请愿团的舆论机构。从即日起发送驱张新闻，每日油印或石印稿件150多份，供京、津、沪、汉各地报纸采用。北京《益世报》《惟一日报》《京津泰晤士报》，上海《申报》，汉口《大陆报》《正义报》等，均发表社论或时评给以支持。该社稿件多为毛泽东手笔。现存原稿10篇，附件2篇，有《湖南请愿团详记》《张敬尧罪状大纲（25条）》等。1920年4月，毛泽东离京赴上海后，由罗宗翰主持，到年底停止活动。1920年1、2月间湖南学生驱张代表团相继分赴衡阳，出版石印的《湘潮》周刊，赴上海，出版《天问》周刊，均以鼓吹驱张，传播新文化为宗旨，并与平民通信社互通声气。

同月

上海公众阅报社成立。社址设在上海嵩山路47号。由学生组织的上海少年宣讲团主办。广搜国内报刊，提供给群众阅读。

英文《远东共和国》（*The Far Eastern Republic*）月刊创刊于美国旧金山。由侨美学商合组的中国国民幸福会发行。李襄民任总编辑。该刊宗旨是“以关于中国事之中国舆论供献外人”。另兼出有华文半月刊。

年底

《福建时报》在福州创刊。日刊。社址在福州总管前。经理李文滨，编辑李遂先等。出版不久，因揭载连江驻军索饷哗变事，被当局查封。

《滇潮》月刊创刊于昆明。云南省一中等校部分师生创办。该刊以政论为主，主旨是宣传民主与科学的新文化，揭露政治黑暗。1923年改为旬刊，李生萱（艾思奇）等参与编辑。宣传孙中山新三民主义，支持“五卅”运动，介绍马克思主义理论。1926年底被迫停刊。

同年

英文《华北正报》（*North China Standard*）创刊于北京。是日本人在中国出版的第一家英文报纸。由日本记者鹫泽吉创办并主持社务。1926年渡边哲信接任社长。同年秋，英国记者哥尔门（Garman）担任主笔。该报面向在华的西方外交人士和商人，为日本侵华政策宣传和辩护。曾与美国人主办的英文《北京导报》展开竞争和争论。出至1930年3月26日停刊。

五四运动后的一年中，全国涌现新文化报刊约400种，其中以学生报刊占多数，并有相当影响。

1920年（庚申）

1月1日

《少年世界》月刊创刊于南京。是少年中国学会创办的第二种刊物，由南京分会会员负责编辑。该刊注重记载事实，面向青年学生、劳工和华侨，刊登关于学校、工厂、农村的调查，以及应用科学知识材料，特设《华侨消息》栏目。同年12月出满1卷12期停刊。第7、8两期是《妇女号》特刊。1921年4月，又出版一期增刊《日本号》。李大钊、蔡和森、恽代英、赵世炎、黄日葵、王若飞、张闻天等均为该刊写过文章。

《新妇女》半月刊创刊于上海。由上海务本中学5位教员组织的新妇女杂志社主办。32开本通俗刊物。每年出4卷，每卷6号。创刊号发表《新妇女宣言》，称其办刊宗旨是改造现社会，促进妇女的觉悟。提出四点主张：一、扫除社会上阻碍新妇女的思想制度风俗；二、研究新妇女应当采取的进行方法和途径；三、介绍欧美各国关于妇女的新思潮；四、调查社会上各种妇女的生活状况。内容主要反映了五四时期部分知识分子热心妇女解放运动及对民主、自由的渴望。1921年5月1日出版第5卷1号后，因承印的国光书局失火，5卷2号付印的稿件被毁，未及出版而停刊。

1月4日

《北京大学学生周刊》创刊。北京大学学生会主办。宣称是“全体同学共同发表思想的机关”。16开本，每期12—14页。该刊重报道评论时政和社会问题，辟有《近事批评》专栏，经常公开批评和揭露军阀政府卖国行径，大胆鼓吹革命。高君宇撰发有《我们为什么要反对直接交涉》一文（第10号）。从第6、7号起受主要编撰人黄凌霜、黄天俊等人影响，无政府主义倾向日益明显。5月1日出版的第14号《劳动纪念号》，充满浓厚的无政府工团主义色彩。5月23日出版第17号后因编辑部人员于暑假中赴各地调查而暂告停刊。在同年5月的《旅欧周刊》上曾刊出该刊第20号的文告。

1月10日

《东方杂志》从本日出版的第17卷第1号起变更体例，由月刊改为半月刊，原有介绍新知识、汇记国内外大事的职志不变，增加新栏目《专论》《世界新潮》《读者论坛》《时论介绍》等，开始发表白话小说。宣称今后该刊要成为“发表言论商量学术之公共机关”。

1月20日

《觉悟》杂志创刊于天津。青年社团觉悟社创办。周恩来主编。32开本。创刊号发表《〈觉悟〉的宣言》（经全体社员讨论，周恩来执笔）提出：“凡是不合于现代进化的军国主义、资产阶级、党阀、官僚、男女不平等界限、顽固思想、旧道德、旧伦常……全认他为应该铲除应该改革的。”社员著文均以抽签所得的阿拉伯数字号码署名，如周恩来署名“5”，邓颖超署名“1”。仅出版1期。因周恩来等学生运动领导人被捕，第2期已收到40多篇文章，未能编成付印即停办。

《秦钟》月刊创刊于北京。旅京陕西学生联合会创办。该刊宗旨是：一、唤起陕人自觉心；二、介绍新知识于陕西；三、宣布陕西社会状况于外界。内容包括提倡民主、科学、平民教育、妇女解放，注重陕西社会状况的调查，揭露陕西军阀统治下人民的痛苦生活，是最早向陕西传播新文化的刊物之一。出刊不久，陕西军阀从邮局检扣寄往西安的该刊达500多本。出版第6期后，因学生联合会内部意见分歧和陕西军阀的阻挠而停刊。

1月21日

《晨报》刊载《新学报》即将在浙江温州创刊通知。该刊每年出版2册。代售处是温州各书坊、上海时事新闻报馆及北京大学出版部。内容主要介绍新教育、革新家、中国妇女问题、社会主义思想及各国经济等问题。该刊第1期刊有郑振铎撰写的《中国妇女解放问题》。

《晨报》刊登《新浦江半月刊》不日即将出版的通知。该刊由浦江旅京学界及同乡在北京组织创办。以改良浦江社会、灌输新知识为宗旨。每月出版2次（1日及16日），每次1张。

同月

《官商日报》创刊于上海。由商业界出版。该刊宗旨是“监督官厅，提倡商业”，“打破官商之阶级，促成民治商业”。

《台江事件》（前编）一书，由福建健报馆出版。前编内容共6章。第一章：日人杀害华人之准备。第二章：日人杀害华人之情形。第三章：日人杀害华人之证据。第四章：日人杀害华人之余音。第五章：关于日人杀害华人之交涉。第六章：各界对于日人杀害华人之激昂。书中并附有大量图片。全册共67页。

《新四川》杂志在北京创刊。王光祈、康白情、陈启修等在京的川籍青年组织的新四川杂志社创办。该刊以传播新文化，创造新四川为宗旨。该杂志社社章宣称其社约为“一不嫖，二不赌，三不娶妾”，信条是“一真实，二奋斗”（《川报》1920年2月3日）。吴虞的女儿吴楷、吴桓和上海的王瑞华、胡蜀英是该杂志社的4位女社员。

华文《政学丛刊》（季刊）在美国纽约创刊。中国政学会编。华文《汉民报》亦在美国檀香山创刊。

上海《时报》增出《儿童周刊》，是中国报纸第一个儿童专刊。1923年，北京《晨报》创办《儿童世界》，《京报》创办《儿童周刊》。

2月1日

《青年旬刊》由北京第四中学青年学社编辑出版。该刊宗旨为“本劳工互助的精神、论发新知识”，是一种“研究现代思潮，研究引渡思潮方法”的学术性出版物。每月逢一日、十一日、二十一日出版。

《教育声》创刊于北京。云南旅京同乡在北京高等师范成立的云南教育研究会创办。每年出 3 期。该刊以研究改良教育为宗旨。分有研究、介绍、批评、报告、纪事等门类。夏耀南、楚图南、杨映华先后任编辑。1924 年第 8 期后改为半月刊，不久停刊。1926 年出《教育声年刊》1 册。1931 年 10 月 10 日续出第 9 期，改名《云南教育季刊》。广告称今后将恢复原名，年出 2 期。

2 月 4 日

《奋斗周刊》第 1 期（奋斗号）在北京出版。该刊由北京大学法科学生和京津各大学校学生中的志同者自发组织创办。向广大青年学生介绍世界潮流及国内时势。发行处有：天津劝学所内，天津学生会出版委员会营业股，北京大学法科。

2 月 7 日

北京《晨报》从今日起，每逢星期日在第 3 版增加《世界周观》一栏，将一周中世界大事作系统的叙述，以供关心时事者参考。

2 月 12 日

《晨报》刊载北京政府发布国务院通电，通令全国实行邮电检查。称“现在过激潮流深延滋蔓，妨碍地方秩序，影响于国家安宁。……为防范过激意见，对于往来邮电各地应施以检查”。

3 月 1 日

上海《民国日报》刊载河南开封商务印刷所工人的《罢工宣言》，提出七条要求：“1. 要尊重工人的人格；2. 每天工作十小时；3. 每工价必在四角以上；4. 薪金按时发；5. 星期停工一日；6. 补习常识；7. 得自由服务社会（但不妨正业）。不达到目的，就是全体饿死，也不给他做工。”

俄文《前进报》在哈尔滨创刊。中东铁路俄国职工联合会创办。是俄国布尔什维克领导下在中国出版的第一家报纸。该报宣传十月革命，和白俄的《光明报》进行斗争。1921 年 4 月 18 日，东省特别区警察总管理处以“宣传过激主义”罪名，逮捕该报主编海特。6 月 5 日，该报停刊，共出 370 期。9 天后，该职工联合会又办俄文《俄罗斯报》，1922 年 7 月 5 日，以同样罪名被查封。同年 8 月 16 日又改出俄文《论坛报》，1925 年 4 月 26 日，再次被查禁。

3 月 30 日

《晨报》自今日起在第 7 版《游欧通信》专栏连载梁启超《欧游心影录》，共 11 篇，分 106 次刊登，8 月 17 日连载完毕。

同月

《武汉星期评论》创刊。黄负生、刘子通、李书渠等负责编辑。武汉共产党组织成立后，该刊转受党组织领导。基本作者增加了李汉俊、林育南等。1921 年后，董必武写过不少短评。陈潭秋、钱亦石、夏之栩等曾为该刊写稿。萧楚女写有《资本制度的汉水流域》等文。该刊先后由利群书社、时中书社发行，永盛印书馆等承印。该刊的宗旨是宣扬民主与科学，主张反帝、反封建主义。该刊后期传播马克思主义，反映武汉地区工人、学生、妇女运动状况，并予以评论支持。1923 年 7 月出版的《评论之评论》载文介绍该报，说当时它已出刊二十五六期。本年停刊。

年初

中央写真通信社成立，是中国最早向报纸提供照片的新闻摄影机构。由北京大学学生周刊的部分师生员工褚保衡等主办。每月平均发稿 8 次，每月收费 10 元。

4 月 8 日

中国全国报界联合会代表中国新闻界，对俄国劳农政府 3 月致中国国民及南北政府的宣言（编者注：《宣言》提出废除前沙皇政府与中国签订的一切不平等条约，归还中东铁路，放弃庚子赔款等建议）发出复电称："我们接受俄国劳农政府很公正而很有力的通牒，无限欢喜。我们谨代表中国的舆论，对于俄罗斯社会主义联邦苏域共和国人民，表示最诚恳的谢意。希望中俄两国人民在自由、平等、互助的正义下面，以美满的友谊致力于芟除国际的压迫、国家的种族的阶级的差别"，表示对苏俄新政权的友好态度。（《全国报界联合会对俄通牒之表示》，《申报》1920年4月9日）

4月16日

《四川教育新潮》在北京出版。16开，半月刊，后改为月刊、季刊。北京高等师范学堂和北京女子高等师范的川籍学生创办。该刊以灌输教育新潮，改良四川教育为宗旨。寄赠四川各县劝学所、地方学校、川省教育当局，期发千余份。1924年4月出刊的第13号，可能是最后一期。

5月1日

《醒农》半月刊在北京创刊。北京农业专门学校醒农社创办。4开小型报。该刊旨在向农民进行通俗宣传，"促农民之觉悟"，"谋农业之改进"（创刊号《发行〈醒农〉的用意》）。该刊主张社会改良，介绍改进农业的实用方法和科学知识，文章短小，全用白话。至少出有6期。

5月5日

全国报界联合会在广州召集第二次常会，到会报馆和通讯社112家，代表196人。推举罗啸翱为主席。议决重要议案10多项，有"表扬报界先烈案""派员考察劳农政府内情案""拒登日商广告案""筹设新闻大学案""力争青岛案""劝告勿登有恶影响于社会之广告与新闻案""加入国际新闻协会案"（戈公振：《中国报学史》，第285、286页）等，有的付诸实行，一般虽未能实施，亦表现了报界的爱国进取精神。如"组织国际通信社案"称："吾国报纸，欧美情势及外交消息，类皆取材外电，彼多为己国之利害计，含有宣传煽惑之作用……各本其主旨，任意散布，指鹿为马，入主出奴，混淆庞杂，取信无从"，"抄载稍一不慎，鲜不堕其术中"。因此，提议由全国报界联合会"醵集基金，组织一国际通信社，选派富有学识经验之员，分赴欧美重要都会，协同该处留学生，将国际情形采访调查，缓用邮告，急以电达，俾对外言论，有所遵循，不至为外电所左右"。（戈公振：《中国报学史》，第255、256页）又如会议议决的《新闻大学组织大纲》对新闻大学的宗旨提出四条："（一）造就新闻专门人才，（二）促进全国新闻业之发达，（三）补助国际舆论，（四）输入新文化。"（戈公振：《中国报学史》，第263页）

5月20日

《新陇》月刊在北京创刊。16开本。由在北京学习的部分甘肃青年组织的新陇杂志社创办。有社员40余人，在甘肃有特约记者2人。张明道等发起，编辑部主任王自治。该刊宗旨是"输入适用之知识于本省，传播本省状况于外界"。内容主要提倡教育改良，宣传民主与科学。曾转载《新青年》上陈独秀《新文化运动是什么?》，胡适《新思潮的意义》等文，刊发北京高校情况调查、甘肃地震灾情材料。经常脱期，现见最后一期是第5期。

同月

《新青年》第7卷第6号《劳动节纪念号》出版，360多页篇幅，比平时扩大一倍。刊有陈独秀的《劳动者的觉悟》、李大钊的《"五一"运动史》，以及全国各地工人劳动、生活状况大量的调查报告和材料（包括数十幅照片)，揭露在资本主义、封建主义剥削下劳工们牛马不如的奴隶生活。这些材料有相当部分是《新青年》记者和各地进步学生团体深入工人群众调查得来，还有工人自己写的稿件和多幅工人题词。专号在附录中刊出《对于俄罗斯劳农政府通告的舆论》，发出“以俄为友”的呼声。这期专号是《新青年》转向宣传工人阶级解放事业的标志。

6 月 1 日

《申报》增出《常识》专刊。逐日出版，半张 2 版。该刊以介绍新知识培养健全公民为宗旨。内容包括评论、经济、卫生、科学、时政、礼俗、杂录等栏目内容。形式多样，趣味性强。每日有一幅插图，寓意抨击黑暗势力，提倡自由精神和民权主义。出至 1927 年 3 月底停刊。

6 月 9 日

《时报》开始增出《图画周刊》。每周日出版 1—2 个版，随报附送。另出单张，名《图画时报》，戈公振首创并主编。内容以刊登中外时事照片为主，兼及绘画书法，用道林纸铜版精印。这是中国报纸增辟现代画刊之始，使中国画报由“石印时代”进入“铜版时代”。戈公振写《图画周刊》发刊《导言》称，该刊以“彰善阐恶”为宗旨，“若夫提倡美术，增进阅者之兴趣，又其余事耳”。《图画时报》的成功，引起各报仿效。相继出刊的有北京《京报》的《图画周刊》(1924 年 12 月 26 日)、《晨报》的《星期画刊》(1925 年 9 月 6 日)、《世界日报》的《世界画报》(1925 年 10 月 1 日)，上海《天民报》的《图画附刊》(1926 年 8 月 26 日）等。

6 月 13 日

《四川学生潮》在成都创刊。对开 4 版，周刊。四川省学生联合会创办，该会出版部发行。该刊以“促进文化，改良社会”为宗旨，宣称“本革新同革心的精神，作贯彻‘民本’、‘工本’主义的主张”(《四川学生潮》，1920 年 8 月 14 日第 10 号)。该刊受到当局的一再阻挠和查禁而多次停刊。是年 9 月第 15 号因故暂停，到 1922 年 6 月 3 日始续出第 16 号，8 月出至第 18 号，被成都卫戍司令部以“著述思想过新”，“诚恐影响治安”为由查禁。后学联改组，该刊重新申报备案，于 1923 年 12 月 19 日复刊出版第 19 号。何时终刊不详。该刊是五四运动时期四川的重要报刊。

同月

《江声报》创刊于武汉。国民党员杨绵仲创办。武汉共产主义小组与该报联系密切，林育南、李书渠、李仅俊、夏之栩、马彦一（哲民）等经常为该报撰稿，1923—1924 年为该报主编副刊《妇女旬刊》。大革命时期，该报宣传反帝反军阀的主张，出有纪念十月革命、“二七”大罢工、“五一”国际劳动节等专刊。1927 年大革命失败后停刊。

中俄通信社成立于上海。社址在上海法租界霞飞路（今淮海中路）新渔阳里 6 号。中共上海发起组在共产国际代表帮助下创办。社长杨明斋。7 月 1 日正式发稿，后改名华俄通信社（简称“华俄社”）。大量译介苏俄政治、经济、文化教育、工人运动，以及共产国际的情况和材料。如《列宁小史》《布尔什维克沿革史》《关于苏维埃俄罗斯的一个报告》《列宁答英记者的质问》等。上海《民国日报》从 1920 年 7 月 2 日到 1925 年 8 月 1 日，采用华俄社稿件 100 多篇。《申报》从 1921 年 1 月起的一年中，采用该社稿件 60 多篇。《新青年》也常用它的稿件。华俄社同时译介中国报刊的重要消息，用电报发往莫斯科，供苏俄报刊采用。1921 年 7 月后，该社转属中共中央领导。五卅运动中，《热血日报》等报刊上仍有“华俄社”新闻，该社一直活动到 1925 年 8 月。

是中共创办的第一个通信社。

7月1日

天津《大公报》正式革新，由刚从欧洲游历归国的胡政之主持。胡政之发表署名文章《本报改造之旨趣》，提出系统介绍国际形势，向国民灌输政治常识，为公共谋利益，彻底改造国民思想等四点改革要求。半个月后，直皖战争爆发。这家皖系报纸身处直系统治下的天津，仍极力为皖系张目，甚至伪造战报，称皖系大胜，直系大败，并刊发段祺瑞讨伐直系首领曹锟、吴佩孚的檄文，被天津当局禁邮、禁售，报纸印数惨跌为日仅数十份。8月12日《大公报》宣告停刊，是日刊出胡政之启事，声明辞去《大公报》主笔兼总经理职务。主持人王郅隆以王槐庆堂的名义声明已将股本提退，自8月13日起与该报脱离关系。一周后，《大公报》复刊，雷行出面主持，更换报头字体。

7月8日

江西《民报》因登载“四十七团出发”消息，被江西督军陈光远以泄漏军机罪名，派军警将该报查封。同日《江声日报》因登载“米谷涨价，民食恐慌”一事被勒令交出投稿人，该报为不伤害投稿人，自行宣告停刊。

北京《公言报》刊载《请看曹锟谋叛之确据》一文，指出近日政潮的焦点。又在将军府会议未开前发表《段督办之将军阀大会议》消息，披露段祺瑞对时局的意见。8月9日，该报被直系军阀查封，该报原编撰人汪世澄被捕。

东方杂志社社长（主笔）陶景藏（保霖）病逝于上海。1919年7月《东方杂志》第16卷7号曾以景藏署名发表《今后杂志界之职务》一文，主张“兼收并蓄”，以促进社会进化，切于人生实用为职务。所写评论认为社会主义不适于中国，中国没有阶级斗争。

7月11日

京师警察厅对新闻界下达第91号《布告》。称：“近来时局俶扰，谣诼繁兴，凡服务新闻界者自当格外审慎，以持平之论调记载真确之事实，庶不至妨碍时局，摇动人心。”《布告》之后，倘再有捏造新闻与他处通讯者，则是“有心煽惑，别有作用”，将“依法究惩”。

北京《晨报》刊登《求是》杂志定于7月30日在北京创刊通知。该刊由求是学社主办发行，代派所为各省大书坊。该刊自称特色是“对于学术有精密的研究，有新颖的切要的介绍”，“对于社会有公正的批评，有真确的明晰的调查”。

7月13日

天津《益世报》被当局禁止发行。

7月16日

《台湾青年》在日本东京创刊。由台湾留日学生组织的新民会创办。在台湾集稿，从东京排印后运销台湾，并发行于祖国大陆和海外侨胞。该刊以反对殖民文化侵略，追求民族文化革新，呼唤台胞自新自强求得解放为宗旨。蔡培火任编辑、外交及发行人，林呈禄任司库，彭华英管庶务。1922年4月1日第3卷第1期起改名《台湾》杂志。分出汉、日两种文版。后又改名《台湾民报》。一共出刊19期（第1、2卷各出版5期，第3卷出版6期，第4卷出版3期）。

8月1日

《半月》杂志在成都创刊。半月社创办。《半月报社简章》称该刊以“传播文化，改良社会”为宗旨。从第13期以后，成为宣传无政府主义的刊物。芾甘（巴金）参与后期编撰。1921年7月15日第24号因载文反对四川当局不准女子剪发的禁令而被查封。

8 月 2 日

毛泽东等从 7 月开始筹组的长沙文化书社正式成立。通过毛泽东起草的《文化书社组织大纲》，称“本社以运销中外各种有价值之书报杂志为主旨”。9 月 9 日开始营业，易礼容为临时经理。半年中，销售《新青年》《劳动界》《新生活》等进步报刊均达 2000 份以上。省内外的代销点，到 1921 年春已发展到数十处。1927 年 7 月 21 日“马日事变”中，该社被湖南军阀许克祥查封。

8 月 9 日

英文《北京日报》随安福系失势停刊。

8 月 10 日

《东方杂志》第 17 卷第 15 号在《科学杂俎》栏以《用无线电传达音乐及新闻》为题，第一次把正在孕育中的现代化媒体无线电广播介绍给中国读者。

8 月 15 日

《劳动界》周刊创刊于上海。周刊。每期 32 开 16 页。中共上海发起组创办，新青年社发行。陈独秀、李汉俊主编，沈玄庐、陈望道、陈为人、郑佩刚等参与编撰。共产国际代表魏金斯基曾以“吴廷康”笔名写稿。该刊宗旨是向工人通俗地宣传马克思主义的基本观点，以启发工人的阶级觉悟，促进工人阶级的团结和工人运动的发展。设有国内劳动界、国外劳动界、本埠劳动界、演说、通信、调查、时事、小说、诗歌、闲谈、趣闻、读者投稿等专栏。全部用白话写作，经常刊登工人来稿。北洋政府曾以“煽惑劳动，主张过激”罪名予以查禁，并密令“缉拿惩办”编辑出版人陈独秀等。工人们称赞该刊是工人自己的“喉舌”和“明星”。该刊曾帮助发起组成上海机器、印刷等工会，指导出版《机器工人》《友世画报》等工人报刊。1921 年 1 月 23 日停刊，共出 24 期。

9 月 1 日

《新青年》第 8 卷第 1 号出版，从此该刊实际改组成中共上海发起组的机关刊物。继续担任主编的陈独秀此时已成为共产党的首要发起人，发起组成员陈望道、沈雁冰、李达、李汉俊、袁振英等加入编撰队伍。解除原来与上海群益书店的关系，成立新青年社独立印刷发行。刊发陈独秀《谈政治》一文，是改组后第一篇拥护无产阶级革命与专政的政治宣言。增辟《俄罗斯研究》专栏，大量刊载有关苏俄情况和各方面政策、列宁生平及其著作的译介材料。改组后的《新青年》，仍然保持原来新文化运动统一战线的面貌，照旧采用原有编作者鲁迅、胡适等人的来稿，以争取原有作者读者逐步适应刊物方向的演变，同时也避免打出纯粹的赤色旗号而引起反动势力的注意。1921 年 7 月后，《新青年》成为中共的理论刊物，仅出 1 期暂停。至 1922 年 7 月，又出 1 期后停刊。从 1915 年创刊起连续计号，共出版 9 卷 6 号。

9 月 12 日

《湖南通俗报》革新出版，由新任湖南通俗教育馆馆长、新民学会会员何叔衡主持，谢觉哉任主编，罗宗翰、周世钊、熊瑾玎参与编撰。毛泽东应邀为办好该报出谋划策，在第一次编辑会议上，他说：“报纸主张什么，反对什么，态度要明朗，不可含糊”，“《通俗报》是向一般群众进行教育的武器，文字必须浅显生动，短小精悍，尤其要根据事实说话，不可专谈空洞的大道理”。（周世钊《湘江的怒吼》）他经常到报馆提出建设性意见。据此，谢觉哉执笔写《湖南通俗报宣言》，阐明改版宗旨。这张 4 开 4 版报纸，一周出 6 次，星期一休息。报头旁注有注音字母，全用白话写作。有中外新闻、讲演、社会调查、新智识、新字课、小批评等栏目内容，生动活泼、通俗易懂，成为揭露湖南军阀黑暗统治和传播新文化的利器。1921年6月，军阀赵恒惕以“宣传过激主义”罪名撤销何叔衡馆长职务，6月15日该报被迫停刊。现存有50多期（1920年11月3期，1921年1—6月49期）。

9月15日

天津《新民意报》创刊。马千里等进步青年创办的民营报纸。周恩来参与筹办，对报纸的立场主张，内容材料，经营方式，提出多项建议。马千里任总编辑，刘铁庵任经理，时子周、孟震候任编辑。该报宗旨是主张民主政治，讨论社会问题，提倡社会改革。办有《星火》《觉邮》等多种副刊。周恩来在狱中编写的《警厅拘留记》和《检厅日录》（在法国脱稿寄津，托马千里修正、补充），于1920年12月4日和1921年春先后在该报开始连载，后由该报及又新印字馆分别集印成书发行。该报因销量小，长期亏损，于1925年1月停刊。

9月17日

湖南《民国日报》、《湖南日报》、长沙《大公报》、《新国民日报》、《大中国日报》、《觉民新报》、《民意日报》、《学生周刊》等报在长沙成立报界联合会，推举民国日报包道平为主席，该会以争取新闻自由为中心任务。

9月20日

邵飘萍主办的北京《京报》复刊。提出“以京报供改良我国新闻之试验，为社会发表意见之机关”（《京报三年来之回顾》）。几年中逐步完成报社机构设置、报纸版面、排字印刷的改造。编辑部人员有孙伏园、徐凌霄、吴定九、潘劭昂、周吉人、邵新昌等10多人。在津、沪、杭等地设立分馆或派驻访员，建立昭明印刷局。《京报》成为对开2张，日销4000—6000份的大报。1925年10月26日，迁入北京宣武门外骡马市大街魏染胡同新建的二层灰砖楼。在李大钊、罗章龙等共产党人影响下，复刊后的《京报》成为北方宣传革命的重要舆论基地。1923年报道支持“二七”罢工斗争，协助中共北京区委出版发行《工人周刊》和《京汉工人流血记》小册子，与劳动通讯社合作采访。1924年起，该报报道赞成国共合作，支持孙中山和广州革命政府联俄、联共、扶助农工的政策，曾出版《列宁特刊》《纪念马克思诞辰专号》《纪念五一专号》。1925年五卅运动中，该报拒登英、日商的声明和广告，出版特刊，大量刊登各界民众反帝斗争的新闻、评论和图片。1926年“三一八”惨案中，该报详尽调查报道事件真相，刊发社论和鲁迅的一系列杂文。1926年4月下旬，邵飘萍遇害，该报被迫停刊。

同月

上海圣约翰大学报学系开始草创，在普通文科内附设报学系，聘英文《密勒氏评论报》主笔毕德生兼任教职，晚间授课，选读学生四五十人。1924年独立成立报学系（后改称新闻系），由美国校董会派武道来华主持系务。课程设有新闻、编校、社论、广告、新闻学历史与原理等，用英语授课，办有实习英文报纸《约大周刊》。每学期选读者约五六十人，毕业生授以文科学士学位。1942年停办。1947年复办，武道再次出任系主任。

10月1日

《晨报》一版刊登《京报》启事，题为《京报与救灾问题》。内容大致是《京报》复刊后因华北灾情，义务增刊《赈务日报》一张。汤修慧任该刊编辑。专载华北灾荒问题。增刊目的是为了唤起海内外慈善家的同情，尽几分互助之义。刊载内容共六个方面：（一）研究救灾的方法；（二）介绍各灾区的实情；（三）受灾各地状况的照片；

(四) 救灾各团体进行的广告纪事函电;(五) 捐款收入与用费的报告;(六) 介绍各国对救灾的政策。

10 月 3 日

《劳动者》创刊于广州。32 开本周刊。广东共产主义小组创办。主编梁冰弦,编撰人有刘石心、黄凌霜等(多为无政府主义者)。经费由苏俄政府派赴广州建立罗斯塔通讯社分社的代表米诺尔、别斯林提供。该刊以向工人进行通俗的马克思主义的宣传教育为主旨,但内容有明显的无政府主义和工团主义倾向。期印二三千份。第 2、4、5、6 号连载的《劳动歌》(列悲译)是中国最早的《国际歌》的译文。第 7、8 号连续刊登无政府主义者《重印〈克鲁泡特金的思想〉的通告》。1921 年 1 月 2 日出版第 8 号后,因梁冰弦等退出共产主义小组而停刊。

10 月 12 日

《晨报》刊发《外人不加入万国新闻记者俱乐部》一文,介绍北京新闻记者组织万国新闻记者俱乐部的近况称:"北京万国新闻记者俱乐部,自为安福系之康士铎、乌泽声所把持后,自好者皆避而之他。直皖战争后康、乌逃匿,该俱乐部遂几至倒闭。近据外人方面传闻,该俱乐部副会长英人辛博森,正向政府某方面运动恢复该俱乐部。惟闻驻京外国访员,如美国联合报之惠芬,上海字林西报之甘伯尔,美国记事报联合通信社及日本报知报之伯尔,美国杜里本报之费甫,及英文导报记者侯雅性等,均决定即使该俱乐部复活,亦不再加入。"

10 月 16 日

瞿秋白、俞颂华、李宗武 3 人应聘任北京《晨报》和上海《时事新报》派驻俄国的特派员由北京起程,于 1921 年 1 月 25 日抵达莫斯科。行程(包括途中在哈尔滨、赤塔等车滞留)费时计 102 天。他们是中国赴十月革命后的苏俄采访的第一批新闻记者。其中,瞿秋白独自坚持在苏俄活动达 2 年,采写发表《共产主义之人间化》等 50 多篇通讯(从邮局寄失的还有 10 多篇),拍发不少专电,写作 2 本著名散文集《饿乡纪程》《赤都心史》等。他的真实、客观的报道增进了中国人民对新生苏俄的了解,在一代青年读者中产生了重大影响。1922 年 2 月,瞿秋白在苏俄加入中国共产党,并于同年 8 月脱离了与《晨报》《时事新报》的关系,继续在苏俄活动,成为中国最早的无产阶级新闻记者。

10 月 20 日

《批评》半月刊创刊。为北京大学学生组织批评社创办的小报型刊物。4 开 1 张,随上海《民国日报》附送(也有零售)。第 7 号声明出完第 8 号后停止发行。第 4、5 两期出版《新村号》,实为北京《人道》月刊第 2 号《新村号》的化身(因该期未及出版即被查封,全部稿件转交《批评》出版),刊有周作人、黄绍谷《新村的讨论》、李大钊《欧文的传略和他的新村运动》等文。周作人是新村主义的首倡者,他在北京设有"新村支部",但仅限于纸上的宣传。《批评》等关于新村主义的主张实际上是行不通的,它反映了知识分子的个人主义和人道主义的幻想。

10 月 30 日

北京《益世报》增出《女子周刊》副刊。4 开 4 版单张,随正张免费附送。该刊以城市知识妇女为主要读者对象。由北京女子高等师范学校周沁君、刘静君等相继主编。《发刊词》称该刊宗旨是向妇女介绍普通常识,提倡贤妻良母式的道德观念。第 24 号刊出《紧要启事》又声明四点:"一、主张女子教育平等与生活独立;二、提倡女子艺术,以期造成艺术化的新妇女;三、研究中国妇女界种种难题，以促成最善之解决；四、介绍合理的新学说，而抛弃过于偏激与未经考量之理论。”内容广涉天文、地理、风土人情、社会问题，主要揭露中国妇女的悲惨境遇，提倡女子教育，抨击封建的婚姻家庭制度，要求妇女参政，从经济、体育等多方面宣传妇女解放。曾刊登李大钊的《各国的妇女参政运动》（第15—17号）、《关于图书馆的研究》（第47—48号）、《理想的家庭》（第53号）等几篇演讲记录稿。

同月

《互助》月刊创刊。由恽代英等发起组织的武昌利群书社创办。该书社成立于1920年初，包容了互助社等几个进步学生社团。它们在五四运动前后曾相继出版过《新声》《向上》《教育旬刊》《教育改进》《共进》《新学生》等刊物，不久先后停刊。利群书社成立后，曾出版内部油印刊物《我们的话》，出3期后，应社员要求决定改出扩大的铅印月刊《互助》。仅出1期，32开本，105页。刊有《利群书社》《共同生活的社会服务》等文，刊登社员活动消息，阐明他们对工学互助新生活的理想。利群书社与长沙文化书社等互通声气，成为传播新文化新思潮的重要基地。

《广东群报》创刊于广州。北京大学毕业生谭平山、陈公博、谭植棠创办。该报以改造社会为宗旨。创刊号发表陈独秀《敬告广州青年》一文，希望他们“做贫苦劳动者的朋友，勿做官僚资本家的佣奴”。1921年春转为共产党广东支部机关报。1922年1月《新青年》刊登《广东群报》广告，自称“本报是中国南部文化运动的枢纽”。是年《星报》并入该报，在陈秋霖主编下，发表《讨孙记》《荡寇志》等文，依附陈炯明，诋毁孙中山，受到《向导》周报批判。1923年1月后停刊。

11月7日

《共产党》月刊创刊于上海。是中共上海发起组创办的理论刊物。16开本，每期约50页，半秘密出版发行。不标明编辑、印刷、发行地址。每期在《新青年》刊出广告启事和要目，假称在广州发售。编辑部设在上海法租界辅德里625号，即主编李达仅有6平方米的住所中。上海发起组成员参与编撰，一律用化名写作，如陈独秀（TS）、沈雁冰（P. Y）、李达（江春、胡炎）等。每期相当于社论的“短言”，实为陈独秀执笔（不署名）。该刊为组建中国共产党服务，着重介绍马克思主义和国际共产主义运动的情况、文献资料，特别是列宁的著作和俄国共产党的经验，论述中国革命问题，批判无政府主义思潮，报道国内工人运动发展状况。创刊号“短言”，表达了中共上海发起组拟定的《中国共产党宣言》的中心思想。该刊发行最高达5000份，远销国内外各地，是酝酿建党的重要纽带。1921年7月出版第6号后停刊。毛泽东曾称赞它“颇不愧‘旗帜鲜明’四字”。

《劳动音》创刊于北京。32开本周刊。由北京共产主义小组创办。版式和宗旨均仿效上海《劳动界》。创刊初，由无政府主义者黄凌霜、陈德荣负责编发，不久由罗章龙接编。主要编撰人邓中夏（笔名“心美”）写发刊词《我们为什么出版这个〈劳动音〉呢?》称，该刊出版目的是为劳动同胞提供进行阶级斗争的知识和方法。在李大钊指导下，该刊重视理论和实际的结合，着重反映工人受压迫的悲惨生活和反抗压迫的罢工斗争，指导工人运动的开展。期销2000份。1920年12月5日出版第5期后被查禁停刊。后改名《仁声》，出版第3期后因缺乏经费停刊。

周恩来从上海乘轮船赴法国勤工俭学，12月中旬抵达巴黎。赴法前的10月间，他与天津《益世报》商定，担任该报特约通讯员，以撰写海外通讯所得稿费来维持旅欧期间的生活。从 1921 年 2 月到 1922 年 2 月，周恩来在《益世报》上撰发专栏《旅欧通信》56 篇，约 20 万字。这些通信正确反映了欧洲的革命形势，旅欧华工与中国留学生的斗争与生活。1922 年 2 月 6 日刊发的通信《劳动世界之新变动》，详细介绍了社会主义在欧洲发展的情况，富有预见性地指出不仅在欧洲，而且在亚洲，“社会主义之不可侮，实已成了必然的趋势”。

11 月 27 日

即日起，北京《晨报》和上海《时事新报》馆在 2 家报纸上接连数日刊出《共同启事》广告，宣布派往欧美 5 国特派员名单及此举的重大意义。启事称：“吾国报纸，向无特派员在外，探取各国真情者，是以关于欧美新闻殊多简略之处。国人对于世界大势，亦每因研究困难，愈趋隔阂淡漠，此诚我报界之一大缺点也。吾两报有鉴于此，用特合筹经费遴派专员，分赴欧美各国，担任调查通讯事宜，冀稍尽吾侪之天职，以开新闻界之一新纪元焉。”启事列出 8 名特派员名单：美国陈筑山，英国陈溥贤、刘秉麟，法国刘延陵，德国吴统续，俄国瞿秋白、俞澹庐（颂华）、李续忠（宗武）。（1921 年 5 月，俞颂华由莫斯科赴柏林，任驻德国特派员。）启事还附列各国特约通讯员姓名如下：（甲）晨报：美国罗家伦，英国傅于，法国张若名（女）、张崧年（申府）。（乙）时事新报：英国郭虞裳，法国周太玄，德国王若愚（光祈）、格司德夫（Gersdavff）。

12 月 1 日

《新青年》第 8 卷 4 号出版一组文辑《关于社会主义的讨论》。此前，11 月 6 日，《时事新报》记者张东荪在该报发表《由内地旅行而得之又一教训》一文，接着又发表《大家须切记罗素先生给我们的忠告》和《现在与将来》等文，该报主持人梁启超发表《复张东荪书论社会主义》等文，宣传罗素关于中国的出路是发展实业，兴办教育的主张，宣称“社会主义不妨迟迟”，由此挑起关于社会主义的论战。《新青年》、上海《民国日报》副刊《觉悟》发表驳斥文章。陈独秀将他给罗素和张东荪的信及有关文章编成上述专辑，以便引起广泛讨论。随后，《新青年》《共产党》月刊，又连续发表系统批驳张、梁观点的文章，主要有《讨论社会主义并斥梁任公》（李达）、《社会主义批评》（陈独秀）、《马克思学说与中国无产阶级》（蔡和森）、《中国的社会主义与世界的资本主义》（李大钊）、《发展中国的实业究竟要采用什么方法?》（何孟雄）等。这场争论延续一年多，为马克思主义在中国的传播进一步扫清了障碍。

12 月 13 日

《京报》在海内外人士的赞助下，再增刊《海外新声》。萧子升任编辑主任。每周 1 张，随《京报》发行。增刊目的是“使本报成为北京最完美之报纸，以副海内外爱读本报诸君之希望”。其宗旨为：“增高社会对于国际联合之兴味，促进海外各种事业之发展。”内容有海外事业纪述、侨务进行商榷、国际要闻介绍。自称特色是：真切的记载，精确的图表，名人论著，专电新闻。同日，邵飘萍在《京报》发表《谨介绍〈海外新声〉于读者》一文，称 3 年前编辑《甲寅日刊》时即建议在报纸上辟《华侨消息》一栏，今始得实现。

12 月 25 日

长沙《体育周报》出版的第 59、60 期合刊发表《体育革命》一文（署名“本社同人”）说：“《体育周报》原是为着体育应该革命而发生的；虽说以前出版的五十八期，没有标明革命两字，却带着浓厚的革命色彩。”在“干涉言论自由的张敬尧离开湖南”以后，该报即举起体育革命的鲜明旗帜。主张实行优生学，扑灭病菌，防止性病蔓延，改善城市环境，普及农村医药。特别强调把体育和德育结合、和生活与劳动相结合，通过体育发展人们的爱群性、牺牲心和工作效能。蔡元培写的《体育周报周年纪念之祝词》，陈独秀写的《欢迎湖南人的精神》，均赞扬该刊上述主张。《体育周报》创刊于1918年12月，长沙楚怡小学体育教员黄醒主编，田汉、李振翩等24人组成体育周报社。该报在全国有一定影响。

冬

《广州晨报》创刊。由夏重民接收改组《中华新报》而成。夏自任社长，黎工饮任总编辑，邓蕙芳为发行人。该报以敢言著称，常著文揭载抨击陈炯明及其部下的横行跋扈。1922年6月17日，陈炯明叛变的次日，陈部叶举等悍将即逮捕夏重民，毒打后捆绑沉于珠江中淹毙，并捣毁封禁《广州晨报》。

同年

日本官方派记者波多博来华，将日人在上海自办的东方通讯社改组扩充，实际成为日本外务省在华官方通讯社。定期领日本政府津贴。从此，该社开始向中国报纸发华文稿，实现它“在中国表示东京的意见”的使命。1926年5月1日日本政府将国际通讯社与东方社合并，改名日本新闻联合社。但在华仍以东方社名义向中文报纸发稿。1929年7月31日，在华东方社始改称日联社分社。1936年日联社和电报通讯社合并，改组成立日本官方通讯社同盟通讯社，加紧对华的新闻侵略活动。

天津社会主义青年团创办《劳报》日刊。该报在青年工人中发行，仅出20多天即被查禁。后移到天津法租界出版，改名《来报》（取英文 labour 一词的译音）。1921年1月中旬，被巡捕房查封。后曾在马千里帮助下又改名《津报》继续出版。

英文《北京导报》（*Peking Leader*）创刊。由中国人自办。1923年（一说1925年）由美国记者克拉克（Grorer Clark）收购，任社长兼主笔。美国长老会教士来仪廷（W. H. Gleysteen）任董事长。该报以言论著称。1928年（一说1930年1月10日）该报转归南京国民党政府所有。

马来西亚华文报纸《华侨日报》和《南洋时报》在槟城创刊。《南洋时报》的副刊政治性较强，态度较严肃，至1930年停刊。

美国人主办的中文《公道报》在福州创刊。社址在福州古仙桥。由美国驻福州副领事弼履仁任社长，晨光堂牧师李汝统任经理，文山女子中学教师郑君常任编辑。该报以敢于指摘时政，受到读者欢迎。1926年北伐军入闽后停刊。

厦门《思明日报》创刊。对开2张。广告占4版多。一、二版为国内外要闻、地方新闻、社论、短评、政府法令、布告等，经济信息、市场行情占1个版，《鹭江潮》副刊占1个版。报道支持市民抵制日货，响应五卅运动，言论倾向于民主、进步。1932年突出报道“一·二八”淞沪抗战，加出号外，有时一日数次，销量达数万份。1935年秋后在报业竞争中失败，销数由最高4000份降为900份。1938年5月日军占领厦门后停刊。

北京《晓报》创刊。通俗性小报。董素（即北京大学出版部主任李辛白）负责编辑，毋我任经理。出版后十分畅销。1921年4月起，该报应社会需要和酬答读者，内容趋重社会新闻，增加趣味性门类，力求办成“一个今日社会方面所万不可少，更万不可缓的通俗日报”。

本年底—次年初

《新青年》改组后编辑部发生分裂。1920年12月16日陈独秀写信告知在北京的社员，他应邀赴任广东省教育委员会委员长，今后《新青年》编辑工作交由陈望道负责，希望北京同人多做文章支持。胡适复信说《新青年》“色彩过于鲜明”是已成之事实，“北京同人抹淡的功夫决赶不上上海同人染浓的手段之神速”。他提出或者脱离《新青年》另办一个哲学文学的杂志；或者把《新青年》移回北京编辑，发表“不谈政治”的新宣言。陈独秀对这两个“办法”十分反感和生气。胡适又写信给北京同人，一面说他并不反对《新青年》和陈独秀；一面指责改组后的编辑方向说：“今《新青年》差不多成了《*Soviet Russia*》（美国进步刊物《苏俄》周刊）的汉译本。”他给“素不相识”的陈望道寄去明信片，反对他“把《新青年》作宣传共产主义之用”。在传阅陈、胡往来书信中，李大钊认为应以不破坏《新青年》精神的团结为前提。鲁迅不赞成发表“不谈政治”的新宣言，钱玄同反对《新青年》“劳农化”，主张“还是分裂为两个杂志为好”。1921年2月中旬陈独秀再次致信胡适，力主不赞成移北京编辑。陈望道表示对胡适“不能信任”。结果，《新青年》继续在上海编辑出版，坚持改组后的宣传方向，北京同人李大钊、鲁迅、周作人积极撰稿支持。胡适从此与《新青年》分道扬镳，后来另办《努力》周刊。

1921年（辛酉）

1月1日

《商报》在上海创刊。由证券交易商汤节之创办，得到上海证券交易所人士资助。社长陈屺怀，编辑主任陈布雷（实为主笔），电讯编辑潘公展，本埠新闻编辑先后有沈仲华、朱宗良、潘更生、冯柳堂等。该报主要面向商界推销。设有《商业金融》栏，刊登行情价目表，发表金融评论及介绍经济思想的文字。所创新闻分类编辑法，经济醒目，为同业仿效。副刊以低级趣味招徕读者。陈布雷以畏垒笔名发表的社评，及时评论时政，见解独到，颇有影响。其文笔，为报界称道。该报在部分知识分子和青年学生中亦受到欢迎。1923年汤节之生意失败将报纸转让李徵五后，以中国通商银行为后盾，1926年又售与商人方椒伯。1927年12月31日停刊。1928年复刊不到半年，于1929年停办，全部机器物资，盘给国民党中央日报社。

《青年》半月刊在河南开封创刊。河南开封第二中学社团青年学会主办。曹靖华负责编辑。4开4版报纸型。每期印四五千份。该刊讨论家庭和社会改造问题，主张工读，呼唤工农觉醒，宣传民主主义和社会主义思潮，在河南有相当大的影响。同年5月出版第7期后因经费困难停刊。

日文《满洲报》创刊于大连。日刊。创办人西片朝三。

1月6日

万国新闻记者俱乐部在北京开会，会议中途摒除外国记者专门讨论会章及报告新加入会员，如《益世报》杜竹宣，《民福报》王太素等。会间庄庶管等攻击邵飘萍的新闻编译社和远东通讯社，说：国务院设有中外记者招待会，因两社在政府方面招摇垄断，政府只准二通信社到场。某记者发印刷品要求各报不再使用两社稿件。王太素质问提案人对此有何证据，《日知报》汪伯谦附和。庄庶管力举邵飘萍与远东通信社社长已担当统一委员会议员及其他各处的席位为证。王太素反问：“两家稿件用不用的问题，未经同人议决，何以令同人遵行？”双方争论激烈。杜竹宣提出：“两家稿件登否，各报自由。”会议不欢而散。

1月9日

《世界语》月刊创刊于上海。世界语学会发行。

1月10日

商务印书馆出版《小说月报》第12卷第1期。自本期起该刊改由沈雁冰（茅盾）主编，实际成为文学研究会的社团刊物。发表沈雁冰执笔的《改革宣言》，从体例到内容大力革新，致力于发展新文学运动，介绍世界文学，整理中国文学，倡导新文学创作。被推为国内最好的“纯文艺杂志”之一，并出版影响文坛的文学研究会丛书。

1月21日

北京《中华新报》恢复出版。章秋桐、谷九峰、丁佛言等任编辑。该报创办于1916年，当年因督军之变而停刊数月。1917年冬复刊，不久又因披露当局丧权辱国的密约而遭禁闭。复刊后自揭其宗旨为：反映民众之声，拯救国家。

同月

商务印书馆出版《妇女杂志》第7卷第1期，改由章锡琛主编。该刊从此革新内容，倡导妇女解放和婚姻自由。发行数由原2000份增至1万份以上。

2月1日

《新蜀报》创刊于重庆。少年中国学会会员集资万余元主办。陈愚生发起并任社长，刘泗英任总编辑。以倡导民主与科学，改造社会为职志。5月29日因报道支持学生抵制日货的爱国运动被查封。6月13日改组复刊。由沈与白任社长兼总编辑，宋南轩任经理。初期日出4开土纸1张，发行仅数百份。后增扩为新闻纸对开2张，间出4开增刊1张，最高销数达3万多份。1922年春留法归国的周钦岳任主笔、总编辑，他以救国为民为办报思想，致力于改进业务。同时受聘的陈毅虽未就任编辑职务，仍为该报撰写不少文章。1923年春陈毅入北京中法大学学习后，仍继续为它撰发短评、小说、白话诗等近10万字。1923年夏到1925年春，萧楚女应聘任主笔，撰写文章近千篇，约百万字，使该报成为宣传新文化运动和传播社会主义思想的阵地。1926年初漆南熏继任主笔，以犀利笔锋，继续进行反帝反封建的新闻宣传。

2月2日

《新闻报》出版第一万号。2月11日出版纪念刊，发表《本报一万号纪念词》，记述该报各部门发达经过及编撰宗旨，述及编辑发达概略：“本报初发刊时，仅有谕旨奏疏，别无专电，其后随时扩充，增用专电，以期消息灵捷，初仅注意中央，今则京汉粤港湘鄂鲁汴，日益扩充，近自苏杭宁扬，远至吉林哈尔滨，日有文电；且特约各国电信，报告世界大事，使万里无异户庭。初出版时，限于篇幅，各地及本埠新闻，合列一纸，其后乃分门别类，区别务求其详，纪事务求其精，益以小说杂著，为阅者余暇消遣之资。”

2月11日

上海新青年社发行部被法租界巡捕房查封，经理周少伯罚洋50元，限3日内迁出租界。承印《新青年》的印刷所亦被查抄，排印中的《新青年》第8卷第6号稿件全被没收，并以“言词激烈，有违租界章程”为由，禁止在上海印行。经理人乔雨亭和孙诒康各罚洋100元，该刊第8卷第6号推迟到4月1日才出版发行。5月1日第9卷第1号在《编辑室札记》栏中以答读者问的方式向读者致歉并披露说：“本志8卷6号排印将完的时候，所有稿件尽被辣手抓去，而且不准在上海印刷；本社既须找寻原稿重编一道，又须将印刷地点改在广东，所以出版便不能如期了。”“这也许是中国应该替我们道歉!”封面假托在广州出版，是用以迷惑租界当局，其实以后各期仍在上海印刷，不过换了印刷商而已。同年 10 月 4 日下午 2 时，法租界巡捕查抄环龙路渔阳里 2 号陈独秀住宅（即《新青年》编辑部），抄走存放的《新青年》《劳动界》等印刷品多件，捕走陈及其妻和 5 位友人。共产国际代表马林和刚从日本归来的张太雷等，延请巴和律师出庭辩护，又先交白银 500 两，人银并保，孙中山等知名人士亦电函保陈，陈被拘押 2 天后即被开释，展期候审。10 月 26 日，法租界公堂判决：“此案捕房控被告违背禁令等情，查得《新青年》书籍，前经法总领事，封闭禁止出售在案，此次被告不应明知故犯，应照新开律第二百二十一条，着陈独秀罚洋一百元充公，抄案书籍，一并销毁。”（《时报》1921 年 10 月 27 日）

2 月 13 日

《劳动与妇女》创刊于广州。4 开 4 版，周报。广东共产主义小组主办，总发行所为广东群报社。编撰人有沈玄庐、陈独秀、谭平山、陈公博等。该报号召劳动者和被压迫的妇女从经济独立着手，寻求自身的解放。共出 11 期停刊。

2 月 15 日

《中国晚报》创刊于上海。馆址设在上海南京路 238 号。沈卓吾发起，联合国内外报界同人合资创办，得到孙中山为首的国民党人支持。日出对开 2 张。《创刊通告》称：“本报为国内外新闻界同志与旅外华侨有志祖国新闻事业者共同组织，谋消息宣传之迅捷，策国家建设之进步。”（《申报》1921 年 2 月 3 日）积极报道孙中山等的革命活动。1924 年 7 月刊出广告，发售孙中山在广州讲话的留声唱片。1928 年初一度停刊，4 月复刊时宣称：“本报受先总理之指导，奋斗东南，宣传主义，与恶势力作殊死战，受厄者再，停刊多时”，复刊后征求各大都市、海外大商埠、沪宁沪杭两路各大站和沿长江各埠的通讯员、代销员，以便扩大业务。（《申报》1928 年 4 月 6 日）

《时事月刊》在北京创刊。原名《时事旬刊》。亚洲文明协会主办。刊载内容分评论、译论、纪事、附录四类，主要为读者提供时事参考材料。

2 月 17 日

北京《新日报》出版《春明日刊》，随报赠阅。以刊载文艺作品为主。

同月

上海《民国日报》在北京铁老鹳庙胡同和天津南市广兴大街华昌派报社分设京津分馆。

3 月 1 日

北京《新社会报》创刊。社址在北京宣武门外棉花头条 1 号。该报的创刊得到北京政府财政总长周自齐的支持。总撰述林白水，编辑主任胡政之。该报自称其旨趣是：（一）纪事注重社会实况，表现国民生活状态。（二）论旨务求切实平易，力戒高渺浮夸之谈。（三）延聘富有学识经验之士担任国外通信，以深切之观察，系统之纪述，以作读者有益之参考。（四）尽量搜集世界要闻，养成国民最新世界知识。（五）多纪国内外经济界消息，以建造国民经济新生活之基础。（六）新闻以直接探访所得者为主，拣择从严，用示翔实。该报宣布愿“树改造报业之风声，作革新社会之前马”。（《新闻研究资料》总 42 辑，第 65 页）该报注重社会新闻，间日即有“白水”署名的评论。1922 年 2 月，该报因刊登军阀吴佩孚搬运飞机炸弹和盐务公债黑幕等消息，被警察厅勒令停刊3个月。5月初复刊，去掉原报头中的“新”字，改名《社会日报》。1923年4月曹锟贿选总统，林白水撰文揭露议员受贿丑闻，该报再次被查封，林被监禁3个多月。

北京《晨报》在天津南市广兴大街设分馆。

3月15日

《滨江时报》创刊于哈尔滨。民营日报。经理范聘卿，社长范介卿，王跐舒、赵逸民相继任主笔。该报宗旨是提倡实业，研究工艺。该报政治上依附当权者，一贯反苏反共，初捧奉系当局，领取地方当局的按月津贴。1927年“四一二”政变后，投靠国民党。1932年伪满洲国成立后，又服务于日伪。创刊初，日出对开一张半，半年后增为对开2张。自办印刷厂。1924年1月起，附出小报《消闲录》，1925年8月，又随报附出绘图石印《滨江画报》。1928年扩为对开3张，广告占1/2、甚至2/3的版面。从要闻版到副刊设4个《说部》栏，分别连载“艳情小说”“侠情小说”“社会小说”。又设《花界》《花国集艳》栏，刊载黄色下流新闻。报纸销数最低四五百份，高时仅千份。该报还以开设赌场、私卖鸦片为副业，受到正派读者的非难。1937年10月31日终刊。

3月上、中旬

北京神州通讯社成立。社址在北京南横街甲23号，并在各省会、商埠及欧美、日本、南洋等处设立分社。该社由同人组织采访中央地方及各国重要新闻编辑译述，供中外各报采用。该社自称其特色是：（一）中正不倚之精神，促进社会之发展。（二）宣扬东西文化，维持世界和平。（三）除京内各重要机关聘有专任访员，并由社友直接询访，各省区及内外蒙古、西伯利亚、欧美、日本、南洋等处，均设有《特约通信》或《特别专电》。（四）办理写真通信。（五）除按日发新闻稿外，每月并送赠附号数次，均为关于政治、外交、劳动、妇人、文化、经济、教育、实业、法律、思潮等问题之译著。（六）编辑各稿均用浅近文言，以期各报均能采用。（七）发行迅速，印刷精明。该社通信稿，本埠各报按日派人专送，每月收现洋8元，外埠各报按日快信每月收现洋15元，普通信每月收现洋10元。

3月23日

北京《晨报》即日起在第8版设《分类广告》专栏，分召租、拍卖、收买、声明、通信、杂件六类。刊费低廉，如召租一类，一则1角钱。该栏广告分甲乙两种：甲种面积2方寸（5号字，96字），广告费每日2角；乙种1方寸（5号字，48字），广告费每日1角。无论登载若干日，概不打折。凡面积超过2方寸以上，每方寸加费1角，若不满1方寸，亦以1方寸计算。

春

人民通讯社在武汉成立。湖北共产主义小组创办。陈潭秋任社长，陈荫林、刘子通、包惠僧等参与采编业务。初办时手抄发稿，后改油印，供本市和湖北各地报纸采用，并寄发上海、北京、广州等地一些大报。该社任务是传播武汉地区与全国各地工人运动，以及学生革命活动的消息。

4月7日

《共产党》月刊第3号全文译载列宁起草、共产国际第二次代表大会通过的《加入共产国际的条件》。其中第一条、第十二条规定有党的报刊出版原则：“日常的宣传和鼓动必须具有真正的共产主义性质。党掌握的各种机关报刊，都必须由已经证明是忠于无产阶级革命事业的可靠的共产党人来主持编辑工作。……”“同样，不管整个党目前是合法的或是不合法的，一切定期和不定期的报刊、一切出版机构都应该完全服从党中央委员会；出版机构不得滥用自主权，实行不完全符合党的要求的政策。”（《列宁选集》第 4 卷，人民出版社 1995 年版，第 251、253、254 页）

《共产党》月刊第 3 号首页《告中国的农民》一文开头部分被检扣，留下整页空白，印有一行醒目黑体字“此面被上海法租界捕房没收去了”。这是中共报刊首次“开天窗”。

4 月 12 日

北京《晨报》刊出《投稿本报者注意》启事，称今后扩张篇幅，加大社会问题的记述，欢迎读者投稿。稿件分为甲、乙两类：甲种，一事一时的新闻，人地详实，具有首尾。每条酬金 2 角，多达 1 元。乙种，有系统的调查记载，一地方或一职业组织及生活状况。每千字 5 角，多达 2 元。

同月

东亚新闻记者大会在日本召开，北京神州通信社主任陈定远自费赴日出席会议。

5 月 1 日

《萼山钟》报在四川绥定（达县）创刊。是四川万源旅外学生专为万源县民众办的一张报纸。创办人李家俊是万源县早期共产党人之一。初为油印，第 3 期起改为石印。1923 年 9 月第 7 期起移北京大学重新出版，改为铅印 4 开 4 版，改赠阅为每份收银洋 1 分，由北京大学万源籍学生娄之亮等主持。该报以批评县事，改良风俗，振兴教育，唤醒民众为宗旨。在本县组织有通讯、发行网，印发数由初期的 300 份渐增为 1500 份。1925 年春，万源县反动当局以停发旅外学生的“贷费”，迫使学生停学，该报停刊。

《新江西》杂志创刊于南昌。原定季刊，实为不定期刊。袁玉冰等组织的改造社创办。16 开本，每期 100 多页。刊登关于社会问题的讨论和实际调查的报道，内容涉及改造社会、妇女解放、教育问题、婚姻问题、人生观等方面，同时刊载改造社活动的消息与通讯。创刊号发表《〈新江西〉宣言》称：发行本刊是实现改造社宗旨“改造社会”的一种方法。着重于社会的研究、批评和调查。提出三点主张：一、发展“德谟克拉西”的真精神；二、倡劳工神圣；三、批评社会现象。目的在使“黑暗的旧江西”变成一个“光明的新江西”。主要编撰人袁玉冰（又名冰冰）的著论公开宣传马克思主义，主张马克思派的社会主义是改造社会的唯一方法。曾撰发《江西的出版界》长篇评论，猛烈攻击阻碍进化，桎梏思想，毒害青年的腐朽低下的报刊，表彰《大江报》等进步报刊，并指出江西报纸的共同缺点有二：“一不能指导舆论”，“二不能传播消息”，提出两条改进意见：“取公开的态度”和“注重社会运动”。1923 年 1 月 15 日出版第 3 号后，被迫停刊。袁玉冰被逮捕入狱。该会还出过 4 开周报《青年声》，以批评社会现象，谋求青年思想和生活环境的改造为宗旨。

5 月 10 日

北京《民风日报》创刊。社址在北京宣武门外棉花上六条 16 号。该报以“改良社会，作人民之正尊，开通知识，播世界之新闻”为宗旨。聘有国内外特别通信员。定价每月大洋 6 角，半年 3 元 3 角，全年 6 元，零售每份铜元 4 枚。

上海《时事新报》增出附刊《文学旬刊》。文学研究会主办。先后由郑振铎、谢六逸、叶绍钧、赵景深等负责主编。创刊号郑振铎写《〈文学旬刊〉宣言》称，该刊“为中国文学的再生而奋斗，一面努力介绍世界文学到中国，一面努力创造中国的文学，以贡献于世界的文学界中”。侧重发表文学评论和理论研究文字，主张为人生的艺术，提倡现实主义，批判封建复古思想。1923年7月30日第81期起改名《文学》周刊，1925年5月第172期起改名《文学周报》，脱离《时事新报》，先后由开明书店、远东图书公司出版发行。1929年12月出版第9卷第5期后停刊，共出380期。

5月15日

《芜湖》半月刊在安徽芜湖创刊。4开4版报纸型。芜湖进步中学教员沈泽民、高语罕、王肖山、李宗邺、陈德徵等组织的芜湖学社主办。除单独发行外，还随上海《民国日报》附送。创刊号发表恽代英致编者沈泽民等的信，主张改造全部社会，教育等一切问题才能解决。

5月31日

《戏剧》月刊创刊于上海。是为五四运动后最早出版的戏剧期刊。郑振铎、陈大悲、欧阳予倩等组织的民众戏剧社创办，中华书局发行。从第2卷起由北京新中华戏剧协社出版。1922年4月停刊，共出10期。

6月1日

哈尔滨《午报》创刊。日出4开2版。赵郁卿独资创办，任总经理兼发行人，并以愤慨、啸天等笔名著论。以市民为读者对象，是哈市第一份国人自办的晚报型小报。该报以本埠新闻为主，言论切近市民生活，设有《讲坛》《警世钟》栏目，常抨击劣顽官绅，言读者所不敢言。一创刊即销4000份，最高达二三万份。与日本人创办的中文《大北新报》相对抗，抵制该报。1923年自办印刷设备。1925年增出《午报画刊》，日出4开2版，以社会新闻吸引读者。“九一八”前后，该报猛烈抨击日军侵华罪行，被日本占领者指为是“带有浓厚排日色彩，善用煽动性语言”的报纸（《黑龙江省志·报业志》征求意见稿，黑龙江日报1992年编印，第40页），严加限制，使之销数锐减至2000多份。1936年赵被日本宪兵逮捕殴伤。1937年9月，《午报》被伪满弘报协会强行收买，作为《大北新报》的子报继续出版，成为充满殖民地色彩的黄色小报。

东亚通讯社在北京创办。社址在北京宣武门内西单灵境胡同1号。该社自称：“消息灵通，言论纯正，材料丰富，分送敏捷。”自成立发稿起，赠阅1个月。

同月

苏俄国家通讯社罗斯塔社在上海成立分社。得到中共上海发起组帮助。次年派有驻北京记者。1925年该社改名为塔斯社，在上海、北京、广州、汉口派驻记者。同年8月在哈尔滨设分社。鲍罗廷曾领导该社。它突破路透社等西方国家在华通讯社的新闻垄断，为传播中国的社会和革命真相作出了贡献。

7月1日

厦门侨办《民钟日报》在厦门鼓浪屿复刊。陈嘉庚资助。经理王雨亭，总编辑梁冰弦。日出对开2张，成为当地一流报纸。1923年夏王雨亭辞职后，该报一度变成拥护陈炯明，鼓吹无政府主义的报纸。不久，因内部人事矛盾和失去华侨支持经济困难而停刊。1924年1月第3次复刊，李硕果任经理，主要编辑先后有刘石心、刘抱真、傅无闷等。该报坚持舆论公正和报格，敢于反对权势和日本侵略，维护地方权益和民族尊严。常刊内幕消息和切中时弊的言论。副刊《鼓浪》周刊得到鲁迅指导，报纸销数日增。1930年9月8日厦门国民党思明县党部呈报中央党部，以常有过激言论为借口，勾结工部局查封该报，并勒令禁止再刊。

7月12日

北京《晨报》自即日起在第3版（或第6版）设《读者日历》专栏。

7月31日

《工人周刊》在北京创刊。北京中共组织以工人周刊社名义出版，为中国劳动组合书记部北方分部的机关报。罗章龙、吴汝铭、李善元相继任主编，李大钊、高君宇、宋天放等10余人为编委。1924年2月改为中华全国铁路总工会的刊物。该刊反映了中国工人第一次罢工运动高潮，反映了工人运动从经济斗争提高到反帝反军阀政治斗争的转变过程，被誉为“北方劳动界的一颗明星”。初为4开1张，第64期后缩为8开1张。期印2000—6000份。由铁路工会运往全国各地，远销东南亚、法国华工中。被军阀政府多次查禁停刊。1926年迁往天津出版，同年底停刊，共出150期以上。工人周刊社得到邵飘萍京报社支持，出有《京汉工人流血记》《五月一日》等小册子。

北京劳动通讯社成立。为工人周刊社附属的宣传机构。该社设有编委会，成员先后有高君宇、王有德、缪伯英、黄日葵等人，发稿负责人刘铭勋。在各地聘有通讯员和特约记者，有阮啸仙、赵醒依、孟冰等。除向《工人周刊》供稿外，还向北京《晨报》、上海《申报》等大报发稿。后期曾与邵飘萍的《京报》及新闻编译社合作采访。1926年4月下旬后被迫停止发稿。

同月

中共“一大”通过的第一个决议中关于宣传工作部分规定如下：

> “杂志、日刊、书籍和小册子须由中央执行委员会或临时中央执行委员会经办。
>
> “各地可根据需要出版一种工会杂志、日报、周报、小册子和临时通讯。
>
> “无论中央或地方的出版物均应由党员直接经办和编辑。
>
> “任何中央地方的出版物均不能刊载违背党的方针、政策和决定的文章。”（中国社会科学院新闻研究所编：《中国共产党新闻工作文件汇编》上册，新华出版社1980年版，第1页）

8月1日

《新青年》第9卷第4号出刊《讨论无政府主义》专辑，发表陈独秀和区声白关于无政府主义论争的通信。

8月3日

上海《民国日报》增出《妇女评论》副刊。由妇女评论社主编，主要编撰人有陈望道、沈雁冰、邵力子、杨之华等。该刊内容包括言论、翻译、讨论、文艺、通讯、随感录、书报介绍、杂载等门类。创刊号《宣言》称：“我们是主张解放了历来施于女性的种种束缚，让女性自由发展出伊们的能力来。凡思想、制度，能够成为新锁镣的，我们都要不容情的攻击。”编者表示：“尽我们微力，与愚夫斗，与顽力斗，为未来青年修植了一段道路”（《两周年感言》，第104期）。该刊开始注意把争取经济独立、妇女参政、婚姻自由等口号，和消灭私有制及剥削阶级联系起来，关心工人运动。出有《上海丝厂女工罢工问题》专号，积极宣传妇女解放，引导妇女走上无产阶级妇女运动的方向，在社会上产生一定影响。1923年5月15日终刊，共出104期。它和妇女问题研究会创办的《现代妇女》（1922年9月6日创刊，1923年3月16日出版第14期）合并改组出版《妇女周报》而停刊。

8月20日

《劳动周刊》创刊于上海。是中国劳动组合书记部的机关报。铅印4开4版。编辑主任张特立（国焘），实际上由李启汉负责编辑，参加编辑工作的有包晦生（惠僧）、董锄平、李旦新等。发刊词宣称：“我们的周刊不是营业的性质，是专门本着劳动组合书记部的宗旨为劳动者说话，并鼓吹劳动组合主义。”该刊发行最多达5000份，前后累计印行16.5万张，被称誉为“教育训练劳工们的一个最好的机关报”。1922年6月3日出至第41号，被上海公共租界工部局以“登载过激言论”“鼓吹劳动革命”的罪名勒令停刊。李启汉被捕，指控其犯有“煽动邮务工人罢工”“发表含有煽动性和引起纠纷及扰乱治安的文章”的罪名（中共上海市委党史资料征集委员会等合编：《上海革命文化大事记》，上海书店出版社1995年版，第45页），于同年6月9日被会审公堂判处监禁3个月，并驱逐出租界。

此后一二年中，中国劳动组合书记部地方支部相继出版一批劳动周刊，计有《山东劳动周刊》（1922年7月9日）、汉口《劳动周报》（1922年底）、广州《劳动周报》（1923年4月14日）等。

同月

《新太平洋日报》在北京创刊。社址设在北京东城煤渣胡同2号。梁秋水主持。该报宗旨为：报道太平洋会议情况，为国人讨论各种问题提供信息，唤起民众自决精神，促进世界和平。努力在言论上有所贡献。

9月1日

国闻通讯社在上海正式发稿。社长胡政之，总编辑周培艺。该社《开办预告》称：“当兹世界改造潮流方急之时，国中凡百事业胥待刷新。而国民喉舌之新闻界自亦有待改进，不佞业报有年，不自揣其能力，窃欲于报界革新事业稍效绵薄。”（《国闻通讯社开办预告》，《申报》1921年8月18日）创办初期受孙中山和浙江军阀卢永祥的资助，实际成为反对直系军阀的联合势力的宣传机构。每日向各地报社邮寄发稿，先后在北京、汉口、天津、沈阳、长沙、广州、贵阳、福州、重庆、哈尔滨等地设置分社，或聘有特约访员。相继增设广告部和英文部。1924年8月，出版《国闻周报》。同年10月江浙战争中卢永祥失败后，该社得到吴鼎昌支持。1926年9月，胡政之与吴鼎昌、张季鸾合组新记公司接办天津《大公报》，国闻通讯社人员和各地分支机构并入大公报社。1936年5月上海总社停办。

人民出版社在上海成立。是中共建立的第一个出版社。它的宗旨和任务是“指示新潮的趋向，测定潮势的迟速，一面为信仰不坚者祛除根本上的疑惑，一面和海内外同志图谋精神上的团结”，所有编译图书，均严加选择，“内容务求确实，文字务求畅达”，以满足读者需要。为适应白色统治环境，出版物上假托社址在广州。1923年与新青年社合并，后又并入上海书店，在广州另设平民书社。曾印行《向导》周报、《新青年》季刊、《前锋》月刊等中共早期报刊。

9月10日

《黄报》在北京创刊。社址在北京宣武门外大街。日出对开5张。赠阅3天。薛大可主持社务。所有中外要闻均特置专员采访，国内各主要地区均有特约通电，国外如伦敦、巴黎、华盛顿、彼得堡、东京等地亦设有特约通信员。又据天津《新闻史料》（1982年第3期）介绍，天津亦出有《黄报》，办报人亦为薛大可，由张宗昌出资所办。1926年自行停版。

10月1日

《东南日报》在北京创刊。由江浙旅京同人组织创办。11月1日起，扩充内容，日出对开2张8版。《言论》《要闻》《专电》《快信》等占2版，《社会新闻》《善本书目》占1版，《友声》占1版，《艺林》占1版，其余3版为广告版。该报自称其特色是：（一）在沪、港、汉、苏、杭等主要省会、商埠聘有特约通信员担任拍电通信。（二）

按日刊登京师图书新编善本书目。（三）《友声》一栏宣传新文化运动。（四）《艺林》一栏专供读者娱乐。（五）言论力求公正，重大新闻力求翔实。扩充后每月售价大洋8角，学界6折优待。

10月10日

世界报界第二次大会在美国檀香山火鲁奴岛召开。美、法、意、比、葡、西班牙、德、奥、日、瑞士、中国等13个国家130多人出席。中国新闻界首次派代表参加这一国际新闻界会议。6名代表是：许建屏（代表上海日报公会及《大陆报》）、董显光（代表上海《密勒氏评论报》）、钱涵伯（代表天津《益世报》）、黄宪昭（代表广州《明星报》）、王天木、王伯衡（代表《申报》）。公推美国威廉博士为大会会长，副会长每国2人，中国为史量才、黄宪昭。会议广泛讨论了新闻宣传与世界和平的关系，促进言论自由，改良世界新闻通讯，保障新闻记者地位，各国新闻记者的交流，发展新闻教育，沟通新闻信息，改进新闻业务等方面问题。中国方面有代表4人作大会发言。董显光的发言题目为《中国记者对于世界记者之谨告》，大意说中国近已成为世界紧要国之一，各国报纸关于中国的记载却很少，希望各国记者到中国游览考察，加强对中国问题的研究。王伯衡的发言题目为《中国印刷之历史及中国与报界密切之关系》，大意说中国是世界最早有印刷术和报纸的祖先，进步中的中国报界希望世界报界协助组织世界通信社，以谋求中国和世界的和平。许建屏的发言题目为《中国报界对于世界报界的意见》，以巴黎和会为例，批评世界报界仅知为各国外交家登载对于世界和平的政见，而不知督促其政见之实行，使人类失望，这是世界报界的失职。黄宪昭的发言题目为《美国宜组织一记者团至中国》，大意说中国新闻事业尚在幼稚时代，希望美国派新闻学家来华提倡新闻教育。中国代表的发言引起关注，促进了国际新闻界之间的交往。

大会结束后，同月21日又开太平洋新闻记者大会，董显光被推为大会主席之一，并发表演说《外交公开，太平洋报界之目的及希望》。1922年8月，上海新闻界翻译出版威廉博士主编的《世界报界大会纪录》一书，内收有大会章程、决议和会上发言。

《共进》半月刊创刊于北京。由在北京大学求学的旅京陕西青年创办。次年10月，五四进步社团“共进社”成立后，转为该社机关刊物。第1—47号为4开4版小报；第48—72号，改出16开本，每号8页；第72号后，再改为32开本书册型。1926年9月终刊，共出105号。该刊以传播新文化和反对陕西军阀的黑暗统治为主要内容，接受中共革命纲领影响，逐渐成为当时陕西最进步的刊物，销数最多达四五千份，远销日本和欧洲各国。从北京寄往陕西的《共进》，常常被军阀中途扣压，最终在北京被奉系军阀张作霖查封，借口是：“大共（按指共产党）小共（按指“共进”），都是一共。”（《五四时期期刊介绍》第二集上册，第514页）

10月12日

北京《晨报》刊载副刊文字的第7版脱离正张独立，改出4开4版单张，名《晨报副镌》。每日1张，每月合订1册，名《晨报副镌合订本》，售价3角，销行颇广。在孙伏园主编下，该刊积极倡导新文学，宣传新文化运动。同年12月4日起到次年2月12日，连续刊登鲁迅的《阿Q正传》（署名巴人）。

10月22日

上海《民国日报》刊出《新青年》主编陈独秀启事称：“鄙人在粤时，曾有无耻的懦夫，不敢与我正面为敌，躲在人背后，造下流谣言，中伤我，说我主张‘仇孝’、‘讨父'、'公妻'，说我演说'万恶孝为首，百善淫为先'等语，居然传诸报章，我立即撰《辟谣》一文，登载《民国日报》（注：指同年3月18日《辟谣——告政学会诸人》一文，针对3月8日政学会机关报《中华新报》一篇《广州归客谈》而发），辨正此事，不图仍有一二家报章，传载此种无稽之言，以致法租界会审公堂亦据此项谣言，对于鄙人有所怀疑。兹特声明，今后各处倘有印刷物公然传载此类谣言者，即认为有意损害鄙人名誉，立即诉诸法庭，以儆邪僻，决不取从前置之不理态度。"

11月1日

英文《北京快报》创刊。日刊。社址设在北京东城官帽胡同。该报以介绍国内外重要新闻，灌输欧美科学知识为宗旨。为方便学界读者，酌加汉文注解。该报自称文字简明，消息快准，富有趣味性。特约中外名人投稿，注重太平洋会议消息的报道。每日出4开1张，每月大洋5角，学界优待。

11月3日

晚7时燕京大学博晨光等教员在佟府夹道女校设宴招待新闻界，宣告该校设立新闻科。到者10余人。

11月9日

上海新闻记者联欢会成立。由戈公振、曹谷冰、潘公展、严谔声、周孝庵、胡仲持等20多人发起组织。该会宗旨是"研究新闻知识，增进德智体群四育"。戈公振任第一届会长。次年7月，该会召开第二届会员大会，32名会员出席，戈公振、谢福生、潘公展、严独鹤、周孝庵、严谔声、张静庵等7人被选为评议员。戈公振任书记和体育干事，后来"联欢会"改名为"联合会"，会员增至40余人。1931年3月2日第四届会员大会修改会章，定宗旨为："发展新闻事业，增进舆论权威，拥护国民利益，保障新闻记者生活。"推选戈公振、周孝庵、顾执中、余空我、马崇淦、钱沧硕、徐耻痕、严独鹤、范敬五等11人为执委会委员，戈公振为3人常务委员之一。执委会下设总务部、交际部、文书部、游艺部、友谊部和编辑部。戈公振、李子宽、周孝庵3人为编辑部编辑。同年5月18日出版会刊《记者周报》，至12月21日止共出32期。国民党控制成立上海新闻记者公会后，该会即停止活动。

11月15日

《晨报副镌》第1、2、3版刊登介绍本月10日到北京访问的伦敦《泰晤士报》社长北岩勋爵的长篇传略，题为《介绍世界最著名之新闻家诺士克立夫》，系晨报驻英特派员陈贤溥寄稿，全文发表，并配发北岩氏半身照片一幅，以表欢迎。记者著杂感谈介绍北岩的意趣有三点：一是中国新闻事业太幼稚，二是新闻记者缺乏应有的常识，三是中国一般人太看轻新闻事业。因而值得学习借鉴外国新闻事业，以改进中国新闻事业。北岩在北京访问后，赴上海，参观申报等报馆，介绍泰晤士报的发展情况与管理经验，回答中国记者的采访提问。

11月27日

《申报》创办《汽车增刊》。每星期六出刊，对开1张。主要为汽车推销商服务，内容包括介绍国内各地使用汽车状况、欧美汽车性能和市价、汽车使用与保养知识。增刊特设服务部，为用户介绍合适的汽车，招雇车夫，出售旧车等。该刊把广告和知识性结合，在全国报纸中独具特色。

12月1日

北京《晨报》创刊3周年纪念日。即日出报3张，用8个版刊发纪念文章。其中有关新闻事业的文章8篇，有《晨报的三周年纪念》（谭熙鸿）、《理想中的未来的晨报》

（罗隆基）、《对于晨报的一些贡献》（孙几伊）、《新闻事业之两大趋势》（瞿世英）、《新闻为编辑弄不确实的原因》（刘家镀）等，上述文章肯定《晨报》3年来进行了不少改革，并取得了进步。如在北京报界最先提倡注重社会新闻的倾向等。瞿世英希望《晨报》继续坚持两点：一、新闻事业的国际化。即报纸要使国人知道国际间事，又要使外国知道中国的情形；二、新闻事业的社会化。即报纸要做社会的工具，替社会做事，对社会上的种种活动（包括经济、政治、教育、宗教），保存什么，排斥什么，都应当作明白的表示，更应将新理想传播于一般人。社长止水撰写《我们对于"人的生活"的责任》代表社论，与上海《时事新报》主编张东荪的《由内地旅行而得之又一教训》相呼应，认为促起一般人对于"人的生活"的认识，是着手改造社会的"根本中之根本"，是《晨报》和言论界的责任，而不是眼前就抓住什么社会主义来应急。

《东三省商报》创刊于哈尔滨。中国南洋兄弟烟草公司在哈市经销机构出资7000大洋创办。发行人兼社长叶元宰，总编吴春雷。日出对开2张。第1、4、5、8版广告，第2版要闻，第3、6版国内和地方新闻，第7版副刊和本埠新闻，编排印刷较精致。期发仅500份。该报以提倡国际贸易，启发人民商业知识道德为宗旨。被称为南洋兄弟烟草公司的广告报。"九一八"后，张子淦收购该报，较多采用英亚电讯社稿，客观地安排国内各地和伪满消息，一定程度上表现了和日本占领者不合作的态度。文艺副刊《觉悟》改用白话。中共党员方曦一度任副刊编辑，编发《原野》副刊专号，刊载萧军、萧红的作品。中共党员金剑啸曾考入该报作记者。1933年1月张子淦病逝后不数月停刊。

张家口《大西北日报》移至北京出版发行。社址在宣武门外西南园。每日仍出对开1张。每月定价4角。京内送阅3日，外省各机关送阅1个月，广告送登1周。该报自称内容丰富，消息力求灵通。

天津《华洋公论报》今起增加篇幅，日出对开2张，并取消北京代办处。中英文合刊。该报社址在天津法租界5号路16号。

12月4日

北京万国报界协会在北京东单二条该会址开茶话会，欢迎应邀来华访问的世界报界联合会会长、美国密苏里新闻学院院长威廉博士。北京中外报界同人到会者约50余人。路透电报社记者文尔为主席，京津时报记者汪健在会上致欢迎词称："舆论足以左右政治，敝国自国体革新以来，政局未宁。太平洋会议为谋世界永久和平而召集，敝国亦列席其间，各国均极关注。想诸先生必能于舆论上救敝国补偏，维持匡济，使永久和平，得以实现。"威廉博士在会上发表演说，认为世界和平与舆论极有关系，不相信国际间某国与某国缔结条约就是为和平担保，相信最大力量仍在新闻界为和平之振导。美国报界联合会会长，世界报界联合会副会长格特士、美国记者柏关、路透电报社文尔等，也在会上作了发言。这是威廉博士第二次访华（1919年2月曾首次访华）。这次茶话会之前，威廉还曾应邀到北京大学演讲。他演讲时（胡适口译），称赞中国是世界最早有报纸的国家，介绍美国新闻报道的特点，提出好的报纸要具备五个条件：一是"独立的精神"；二是"大胆和勇气"，"不为迫诱而变更志向"；三是"说老实话"，"不伪饰、捏造"；四是"记载有趣味"；五是前四条的总汇，即"干净、纯洁而有用处"，即"消除卑鄙恶浊的新闻"，"一秉至公，不偏不党"，"有益于社会"，并强调新闻记者应兼具"智识、技能、人格"三个方面的修养。他宣读密苏里新闻学院学生致北京大学学生的信，希望北大能培养出“最高尚最良好的新闻记者”，愿中美学生合作发展新闻事业，使之为促进世界和平和民族幸福效力。（任白涛：《应用新闻学》，杭州中国新闻学社 1922 年版，第 201—208 页）

12 月 8 日

全国报界联合会在北京中央公园来今雨轩开茶会，欢迎世界报界联合会会长威廉博士及该会委员、哥伦比亚大学新闻学教授加拉士等 8 人组成的欧美报界视察团来中国考察。董显光等到会。加拉士发言说，此行负有调查中国情形的任务，美国驻华通信员不少，但发电多报告中国政治状况，且均属政局不统一、时有兵乱一类不好消息，而关于年来中国商业和社会进步情况绝少报告，故美国人对中国情形，多半不明真相。还说，且用通信传达消息，由华到美，非一个月不可，早已陈旧，不能引起读者注意，因此主张对美消息，非用通电不可。而由华到美的电报费，每字须华币 1.3 元，百字消息即须百元以上，表示今后当活动争取电报费减价。

12 月 9 日

北京《晨报》消息，威廉博士发言批评北京报纸消息雷同的缺点说，到京后聘一翻译嘱其每日择京中较有价值的华字报 4 份，就要闻栏各择译一条加以对比，结果发现四报所载要闻大致同属一事，甚至词句文字亦相同。究其原因，当因资本不足共同采用通信社材料所致。他认为报纸是国民耳目所寄，必须增厚实力，广集新闻，始能有裨于实际，并建议说北京报纸约七八十家，其资力薄弱者，似不妨停办，有 10 家左右的规模宏大的报纸即可。

12 月 10 日

威廉等到上海访问，多次与新闻界座谈，介绍美国新闻事业与新闻教育，参观《新闻报》社、《密勒氏评论报》社、商务印书馆、圣约翰大学新闻系等。回美国后，威廉给上海《字林西报》寄来《新闻记者信条》，许多报纸相继刊登。

《时事新报》出版第 5000 号，发表《本报五千号纪念辞》。纪念辞称：

> “同人等殊不敢以清高自诩，但酷爱自由，习而成性；常觉金钱之来，必自势力，无论受何方面金钱之补助，自然要受该方面势力之支配，即不全支配，最少亦受牵掣。于是乎吾侪相与自矢，无论经济若何困难，终不肯与势力家发生一文钱之关系。吾侪十余年守此苦节，虽于精神上差获慰安，而事业上之艰窘乃无极。昔有节孀，年八十而被旌，集其妇子，示以念珠一串，齿痕满焉，则五六十年间深宵啜泣时嚼苦茹辛以自策励所留之遗迹也。吾侪今为本报庆祝五千号，吾侪回检过去之诸号，自觉号号皆饰以深宵齿痕……”

12 月 13 日

《妇女声》半月刊在上海创刊。4 开 4 版报纸。以上海中华女界联合会名义主办，实际由中共中央宣传局主任李达主持。是中共领导创办的第一个妇女刊物。该刊宗旨是：“宣传被压迫阶级的解放，促醒女子加入劳动运动。”主要编撰人有王会悟、王剑虹等，陈独秀、沈泽民、沈雁冰、邵力子等都为它写过文章。内容着重讨论妇女解放问题，主张废娼，提倡节制生育，大量介绍国内外妇女运动状况，特别是苏俄妇女和儿童的幸福生活，报道反映上海纱厂等国内女工的罢工斗争。第 6 号是《平民女校特刊号》，专门介绍实际受中共领导的上海平民女校情况。1922 年 6 月停刊，最后一期是第 10 期。

同月

邹韬奋经黄炎培介绍进入中华职业教育

社，担任编辑股股长，主编职教社机关刊物《教育与职业》月刊（于 1917 年 11 月创刊），编译《职业教育丛书》，并参与“职业指导运动”。到 1925 年止，共编译、编著丛书 6 种：《民主主义与教育》《职业教育研究》《职业指导》《职业心理学》《职业智能测验法》《书记之知能与任务》，均署名邹恩润，由商务印书馆出版。邹努力改进《教育与职业》杂志，从 1923 年 1 月出版的第 41 期起，改原 16 开本为 64 开袖珍本，年出 10 期（逢 6 月和 12 月停刊）。他在上海、北京的大报上广登该刊改刊布告，介绍刊物内容有言论、研究、报告、调查等项，强调注重增益读者兴味，宣布期销 4500 份，发行国内外。凡订阅一年者，另赠专号一种，并减价召登广告。他还为刊物撰写不少稿件，多方设法促进刊物发展。

同年

据中国参加第二次世界报纸会议的报告，1921 年中国定期刊物共计 1137 种，其中日报 550 种，二日刊 6 种，三日刊 9 种，五日刊 9 种，周刊 154 种，旬刊 46 种，半月刊 54 种，月刊 303 种，季刊 4 种，年刊 1 种，二年刊 1 种。

德国通讯社海通社在北京建立分社（1928 年迁上海），向京、津、沪、汉口、哈尔滨等地报纸发稿。

法文《天津人报》（*Le Tientsinois*）创刊。其内容与北京法文日报《北京新闻》（*Journal de Pekin*）完全一样。两报主持人均为亚尔培·那巴。两报同在北京印刷，共销五六百份。读者主要是法侨、法国和意大利传教士、法国驻京津的士兵。

上海《时报》易主。狄楚青以 8 万元价格出售《时报》给富商黄承恩（伯惠），黄聘任金剑华主管编务，金雄白任采访主任。自此，《时报》改变原有风格，仿效美国赫斯特黄色报纸发展的路子，以注重社会新闻、体育新闻的采访报道和大量新闻图片招徕读者，产生轰动效应。黄承恩爱好并擅长和提倡新闻摄影，因而报社配有多架相机，记者采访均可领用，并发给软片一盒（12 张），规定凡采用图片 2 张可抵消一盒，鼓励记者多拍新闻照片。新建报馆大楼设有设备齐全的摄影部、制版部，摄影部还与业余摄影家建立联系。接办后不久，在福州路小花园兴建中西结合的浮图式 7 层报馆新厦，为该报进一步发展打下物质基础。为纪念新馆落成出版《时报馆纪念册》（陈冷编）。

长城画片公司在纽约成立。几位旅美青年愤慨当时纽约放映辱华影片《红灯笼》等，决心自拍电影，宣传祖国的文化和历史。初期拍有《中国的服装》《中国的国术》。五卅运动中，拍有新闻纪录片《上海五卅市民大会》。

厦门大学设报学科，由陈嘉庚创办。初只有学生 1 名，次年增为 6 人。1922 年冬聘孙贵定为科主任后渐有起色。1923 年因发生反对校长风潮，报学科停办。

《云南教育公报》在云南创刊。云南省教育司（厅）编辑发行。1922 年 8 月出至第 2 卷第 1 期后，随省官厅改组，又从头计期为第 1 卷第 1 期。原为月刊，1933 年改为半月刊，卷期另起。1935 年发行第 3 卷 12 期后曾停刊，同年 10 月复刊，1938 年停刊。该报以公布教育法令，介绍学术思想，促进全省教育为宗旨。

《新世界日报》在上海创刊。为上海新世界游戏场创办的收费企业报。4 开小报。初发数百份，最高曾日销近万份。第 4 版辟为广告版后，销量即大跌。在上海随之出版的同类报纸有《天韵》报（永安百货公司天韵楼游戏场于 1922 年 4 月创办）、《大世界日报》（大世界游戏场创办）、《世界小报》（小世界游戏场于 1923 年创办）、《新新日报》（新新百货公司新新花园于1926年2月创办）、《先施乐园》报（先施百货公司先施乐园创办），内容主要为各个场子的剧种、剧目，为名伶捧场的文字，名妓照片等，成为企业办的文艺小报。一般刊期均不长，少则几十期，多则一二年。

1922年（壬戌）

1月1日

《新镇江周报》在江苏镇江创刊。每期出8开4版。江苏镇江教育界同人创办。陈斯白主编，邀请恽代英、杨贤江等撰稿。该报通俗地宣传新文化运动和社会改造。1924年该报同人嵇直等均加入改组后的国民党，报纸内容开始着重介绍和讨论社会科学。1925年春，该报改组成为国民党镇江区分部机关刊物，杨公崖主持编务。1927年“四一二”政变后停刊。

1月7日

《儿童世界》周刊创刊于上海。为中国第一个儿童文学刊物。郑振铎主编。商务印书馆出版。郑振铎在该刊撰发作品近百篇。发行全国31个城市，远及新加坡、日本。1923年出版《新华特大号》后，郑振铎离去。出至1937年8月停刊。

1月15日

《先驱》半月刊（实为不定期刊）创刊于北京。4开4版小报。为中国社会主义青年团的机关报。邓中夏、刘仁静主编。因受到北京政府查禁，从第4期起迁上海出版，改为团中央（先是临时中央）机关刊物。施存统主编，蔡和森、高君宇一度主持编务。《发刊词》称其任务一是“努力唤醒国民的自觉，打破因袭、奴隶、偷懒和依赖的习惯，而代之以反抗的创造的精神”，二是“努力研究中国的客观的实际情形，而求得一最合宜的实际的解决中国问题的方案”。同时介绍各国社会主义运动。该刊内容是传播马克思主义理论，介绍国际共产主义运动，特别是苏俄的革命与建设，宣传反帝反封建的政治主张，批判基尔特社会主义（行会主义）和“好人政府”的改良主义，出有反帝的《非基督教学生同盟号》。后期偏重于讨论青年运动和团的建设问题，曾出版3期关于少共国际的专号，反映了团的“一大”“二大”之间的活动和情况。1923年8月15日出至第25期后停刊。

《诗》杂志创刊于上海。文学研究会主办的中国第一份新诗期刊。叶绍钧、朱自清等编辑。中华书局印行。1923年5月15日停刊，共出7期。

同月

日文《北京周报》在北京创刊。由日本新闻工作者创办，藤原镰兄主编。大量译介中国现代作家，特别是鲁迅的作品。1927年11月由燕尘社接办。1930年9月停刊，共出版411期。

《学衡》月刊在南京创刊。为学术性刊物。上海中华书局印行，编辑部设在南京。部分留美归国的东南大学教授创办。吴宓任主编，主要撰稿人有梅光迪、胡先骕、汤用彤等。该刊宣称其宗旨是：“论究学术，阐述真理，昌明国粹，融化新知；以中正之眼光，行批评之职事。无偏无党，不激不随。”自第61期起，改为双月刊后时断时续，1933年7月出至第79期后终刊。为该刊撰稿的作者先后不下百人，在中国文化教育界形成一个以《学衡》为中心的倡导文化复古主义和折中主义学术派别，被称作“学衡派”。

2月2日

香港英文《大光日报》（*Great Light*）出版10周年纪念号。

2 月 7 日

《人声》报创刊于成都。为社会主义青年团四川地方组织机关报（前身是 1921 年 1 月出版的《新四川旬刊》）。由四川高等师范学堂学监王右木教授（共产党人）出资创办。初为 4 开 4 版旬刊，3 月 28 日起改为《人声日报》，4 月下旬改为周刊。创刊号《本社宣言》宣布“直接以马克思的基本要义，解释社会上一切问题”，以及揭露现实社会罪恶现象，促进平民的阶级觉悟，注重介绍国内外劳动界状况等八条宗旨。出到第 3 号，即被警察厅以“鼓吹社会主义”罪名勒令停刊。加上经费困难，坚持到 6 月初停办。该刊的出版标志着四川无产阶级报刊的诞生。

2 月 12 日

北京大学新闻记者同志会召开成立大会。该会由北大部分从事新闻业的师生组成。该会宗旨是研究学识，促进新闻事业。黄右昌任主席，顾名、张煊任会务书记，罗敦伟、费觉天任讲演书记，汪涵、谢绍敏任会计书记。会上应邀出席的徐宝璜、胡适、李大钊 3 位教授均发表演说，一致祝贺该会的成立。认为这类新闻职业团体一方面可以增进友谊，提高学识，同时又应关注社会、政治问题，提高记者人格，尽为国民宣传的责任。

2 月 14 日

北京《晨报》第 3 版发表消息《北大新闻记者同志会成立》，详录 3 位教授在会上的演说词。现摘要有关新闻的论述如下：（一）徐宝璜演说。认为新闻是世界近百年来“新发明的一种大武器”，是“无枪阶级”对付“有枪阶级”的唯一武器。希望北大记者同志会，“将来扩充之，再为全国，或一地的新闻记者结合，对于社会上各种问题有一致坚决主张，而对于有枪阶级反抗，也容易得多”。认为同志会的宗旨“除研究学识，促进新闻事业之外，应该加以互相勉励，提高人格的意思”。（二）胡适演说。批评北大同学近来从事新闻事业，大半替一些报纸的附张作充篇幅的事情。认为“专替马克斯、克鲁泡脱金、契诃夫、莫泊桑翻译几篇著作，充充篇幅”，并不是北大记者当负的责任。应该讨论“社会上活的问题，真的问题”，“发为有力的主张，这对社会才算有贡献”。“如果把活的问题与真的问题抛开，专门来捧马克斯……谈谈赢余价值，或者捧捧契诃夫、莫泊桑，对于社会上事业，一点影响也没有”。“不研究活的问题，专门研究死的问题”，“自然也没有什么危险”，“如果讨论活的问题，如总统问题，国会问题，那可就发生问题了，甚至于封报馆，坐监禁，受枪毙”。但是宁可这样，“不可拿马克斯……来替曹锟、张作霖、叶恭绰、薛大可的报纸充篇幅!”（三）李大钊演说。“新闻事业是一种活的社会事业。”“要想把这不断的、发生的、多方面的社会现象描写出来，而加以批评，或指导，非有相当的学问和知识不可。”希望北大同学“出其所学，把新闻界在社会上的地位提高，给新闻界开一个新纪元”。他针对胡适的话说，“新闻记者的责任，于纪述事实以外，还应该利用活的问题，输入些知识”。像克鲁泡脱金、马克斯的学说，材料虽是死的，“若是随着活的事实表现出来，便是活的、有趣味的材料”。他还强调“新闻是现在新的，活的，社会状况的写真。历史是过去，旧的社会状况的写真。现在的新闻纸，就是将来的历史，历史不应是专给一姓一家作起居注，或专记一方面的事情，应当是注重社会上多方面的记载，新闻纸更应当如此”。指出当时新闻界的旧习惯、一大缺点，就是突出刊载“督军的举动”或“阔人的一言一行”，而对于“穷人因穷自尽”或“因受环境压迫发生不幸的结果”这类“社会上很大的变故”，反用小字排在报纸最后面不引人注意的地方。又针对胡适关于同志会“不希望主张必定一致，希望人人能发挥个性”的说法，强调指出“有了这个团体，总可以藉此情谊，立在同一的、知识的水平线上，常有机会来交换各人不同的意见。遇有国民的运动发生时，我们总可以定一大目标，共同进行，以尽指导群众，而为国民的宣传的责任”。

2月26日

《青年周刊》创刊于广州。是社会主义青年团广东省委的机关报。创刊号《宣言》，否定封建主义和资本主义制度，认定“社会主义革命六个大字”是改造旧制度的“先行的旗帜”，“革命的无产阶级学说，就是指示实现社会主义的实际道路”。该刊积极介绍马克思主义，与无政府主义者展开论战，主张走俄国十月革命道路，反映和报道广东团组织的活动，注意组织和参加工、农、学、兵、妇女等各项实际运动。同时，阐述了农民问题的重要性。阮啸仙《社会主义与军人》（刊第2号）一文，阐述建立无产阶级军队的必要性，并希望注意团结旧军队中的朋友。现见到的最后1期为第6号。

同月

《新农业》杂志在北京创刊。北京国立农业专门学校农声社创办。全年6册。胡鸿如写《发刊词》。设有《研究》栏，提供给研究各地农业情况者参考。

3月12日

通俗小报《实报》在《晨报》刊登启事，定于3月16日出版，赠阅3天，免费刊登广告7天。社址设在北京宣武门外铁老鹳庙胡同。编撰人员多为北京白话报界的报人，如：耀亭愚、谯竹荪、翘生、耀臣谔、华兰生、沈丹仲等。主要栏目内容有：电报要闻、京闻、论评、讲坛、三千毛瑟、读者问答、自由投稿、白话集典、介绍慈善、笑林、戏评、趣闻、谜语、插画、漫画、时人照片、白话聊斋、古事今说、实事、西游记、词典、新旧剧脚本及各种趣味小说等。定价每月铜元30枚，零售每份铜元1枚。

3月20日

《国语月刊》在北京创刊。由中华民国国语研究会创办。该刊宗旨为：宣传关于国语的著述，备研究或教授者的参考。主要内容有：研究讨论、教授学习材料、儿童文艺和平民文学等。

3月22日

北京《白话晚报》创刊。社址在北京西安门内。该报宗旨为“记载确实的消息，灌输平民的知识，主持社会的公论，传播东西的文化”。内容主要有时评、专电、要闻、北京及各地新闻、命令、学术、文艺等。定价京内每月铜元30枚，每份1枚。京外每月银元3角，半年1元6角，全年银元3元（含邮费）。免费登广告7日。特别欢迎“社会新闻”稿件，“一经录用稿酬从优”。

4月1日

北京《振华日报》创刊。北京各校学生组织集资创办。编辑大多由对于新闻事业有经验的学生担任，采用美国式的编辑方法，设有多种专栏。每周出《问答周刊》1张，无论何人有何种意见或疑问咨询者，均随时刊答。定价4角，直接订阅3角，学生2角7分。

《台湾青年》从本日出版的第3卷第1期起改名《台湾》杂志，分为汉、日两种文版，仍在日本东京出版，向台湾发行。去掉“青年”两字，以扩充内容和读者范围。第4卷第3期汉文版刊出计划在1923年4月增刊《台湾民报》的预告，目的是增大篇幅报道时事，以补杂志的不足。

4 月 15 日

上海《新闻报》增设《经济新闻》专栏。聘经济学家徐沧永任编辑。内容有商情和市场的动态报告和分析，国际贸易和各国经济简况，经济学理知识介绍和讨论。消息多而快，材料充实，有新闻、评论、调查报告、统计图表等，深受商界人士欢迎。

4 月 30 日

北京《晨报》第 7 版增出《一星期之余力》专刊。逢周日出版。由该报几位记者用业余时间编撰。社长止水在第 1 期上撰写《我们的余力利用》，称本刊立论与社论不同，写作各抒胸臆。10 月 29 日出版第 26 期后停办。它的前身可能是 3 月 19 日《晨报》增出的《晨报周刊》，至 4 月 23 日仅出 6 期后停刊。随即改出《一星期之余力》专刊。

《申报》创刊 50 周年，编印出版大型学术纪念册《最近之五十年》。辑有海内外名人、专家孙文、李守常、胡适、梁启超、蔡元培等对各自的经验或研究所得撰写的专著 70 余篇，分为三部分：第一编，《五十年来之世界》；第二编，《五十年来之中国》；第三编，《五十年来之新闻业》。纵论世界的变迁，中国的得失，详述《申报》发展的历程。《发刊词》称：这既是《申报》50 年纪念史，也是世界与中国 50 年进化史。申报馆主史量才执笔的《自序》，纵观 50 年国内外形势的变化，立足《申报》，表示要“以奋斗之精神，主义而不为感情所冲动，事实而不为虚荣所转移”，力争自存与发展。

此时，《申报》发行数已由 1920 年的 3 万份增至 5 万份。到 1925 年又增至 10 万份以上。在此前后，《申报》逐步扩大读者面，相继增出以下多种专刊专栏：《星期增刊》（1919 年 8 月）、《知识》专栏（1920 年）、《汽车增刊》（1921 年 11 月）、《教育与人生》周刊（1923 年 10 月）、《本埠增刊》（1924 年 2 月）、《商业新闻》专栏（1924 年 10 月）、《艺术界》专栏（1925 年 9 月）等。

同月

《小朋友》周刊创刊于上海。中华书局编印发行。黎锦晖、吴翰云、陈伯吹相继任主编，赵蓝天、严个凡等绘图。

北京《晨报》刊出《北京各报社通信社启事》，商议筹备招待第三届全国报界联合会事宜。列名报纸 45 家、通信社 12 家，共 57 家。排名如下：《晓报》、《大中华自治公报》、《亚东新闻》、《共和民报》、《京报》、《新华日报》、《觉报》、《大陆日报》、《正阳日报》、《中报》、《铁道时报》、《民国公报》、《公论日报》。民生通信社、《民强报》、《大义报》、《又新日报》、《日知报》、《惟一日报》、新闻编译社、《北京晚报》、《国报》、《民和报》、《言中报》、《大中华日报》、《新民报》、《道心报》、《统一日报》、《北京新报》“北方通信社”《北京益世报》“大同通信社”《新社会报》、《燕京画报》、中央政闻社、英文亚细亚通信社、远东通信社、《中国民报》、《北京报》、《北京白话报》、《京津时报》、《中央时报》、《晨报》、《京国新报》“庚申通信社”《群报》、北京通信社、《民意日报》、《小公报》、《日知小报》、《群强报》、醒民通信社、《正言报》、中英新闻社、《北洋时报》、《都门新报》、神州通信社。另据《北京日报》朱淇称，拥护该派主持召开报界联合会的有 30 多家，但未见公布具体单位名称。连同《晨报》上述 57 家，可知当时北京的报社、通信社至少有七八十家。

5 月 1 日

南昌进步报纸《大江报》专门出版一期《五一劳动节特号》，但是这个特号在江西军阀陈光远的摧残下未能和读者见面。该报也因此被查封。此后不久被查封的，还有在当地出版的《正义报》《中庸报》和《匡报》。

《创造季刊》创刊于上海。文学团体创造社主办的第一种刊物。上海泰东书局出版发行。郭沫若和郁达夫、成仿吾、邓均吾负责编辑。创刊号校对荒疏，错字达2000字以上，初版2000册，还余下500册。后经改版，精心编辑，设《编辑余谈》专栏，加强与读者联系，发表郭沫若等的新作，开展文艺批评，逐渐成为有影响的刊物。1924年2月出版第2卷第2期后停刊，共出6期。郭沫若在最后一期的《编辑余谈》中说及该刊愆期原因是："不愿学坊间的市侩，只图竞争市场而粗制滥造"，为保证刊物质量，只根据稿件情况，只好"多时多出，少时少出"。

北京《晨报》因销量日增，需添置机器设备，成本增加，随之提高本埠报费（每月1元）。同时连日刊登启事：对京内学界实行8折优待，并刊出"学界订报优待券"，方便订阅。

北京《新社会报》改名《社会日报》恢复出版。林白水写复刊社论，用大字刊出，称："蒙赦之，不改不可也。自今伊始，斩去《新社会报》之'新'字，如斩首然，所以自刑也。"（《新闻研究资料》总第42辑，第66页）

5月2日

北京《真理晚报》创刊。由在京知识界同人组织创办。该报宗旨是"于监督政府，拥护民权之外，尤注重于发展教育，宣传文化"。每日发行早刊、晚刊各一张。本日先出晚刊（早刊于7月1日刊发），及时详尽地记载时局消息。自称"较普通晚报材料多，并聘有教育界名流担任撰述"，每晚7时前出版，特别消息临时发行增刊。定价零售铜元2枚，每月3角。凡于出版3日内订阅4个月者特别减价，只收大洋1元。

5月3日

华文《开明公报》创刊于古巴哈瓦那。为洪门致公堂的机关报。

5月5日

北京《晨报》的《是非之林》专栏刊登思聪女士所撰文章《报纸应当改用国语》。认为："报纸乃社会的喉舌，提倡国语，当然义不容辞。最好先以身作则，全国报纸一律改用国语，每句全用新式标点，每字旁边附加国音字母；一面关于国语的文字多多发表；久而久之必能见效。"

5月7日

《努力周报》创刊于北京。政治评论刊物。胡适等自由派知识分子发起创办。胡适任主编，高一涵曾任代主编，丁文江、陶孟和、罗家伦、张慰慈等是主要撰稿人。胡适在创刊号和第4号撰写的《努力歌》和《后努力歌》，为该刊定下鼓吹"好政府主义"的改良基调，倡导建立"好人政府"，实行西方民主、议会制度。胡适写的《国际的中国》等文，与中共"二大"制定的反帝反封建民主革命纲领相对立，受到《向导》等革命报刊的批驳。该刊对军阀的专制统治有一定揭露。后期逐渐加重学术思想研究内容，曾开展"科学与人生观"的论战。1923年10月停刊，共出75期。努力周报社另出版有《读书杂志》增刊，综合性月刊，提倡整理国故，作者有梁启超、吴虞、顾颉刚等。1922年9月创刊，1924年2月终刊，共出18期。《努力周报》和《读书杂志》在青年学生中有相当影响。

5月16日

中华全国报界联合会在北京中央公园召开第三届大会。全国各报社、通讯社代表145人出席，来宾34人（内有外宾数人）。公推年龄最长的黑龙江报代表宋连甲为主席致开会词，临时干事报告筹备经过。会员演说主要有：山西日报代表邓希禹（筹备会主席及临时干事）发言说，经报界全体议决，此次会议不受任何方面的津贴，经费全由与会各报随力分担。谈及新闻界职责有二：第一，对外须抱“大同主义”，以谋人类共同发展；第二，对内须不分党派，而为“主张公道”之言论，以促进社会政治之改良。要求北京政府废除袁世凯时代颁布的《出版法》和《报纸条例》。北京神州通信社记者陈定远演说，主张今日应提倡“国家主义”，以促进将来实现“大同主义”。对内，与其坐等良好社会来发展新闻事业，不如以新闻之势力来改造不良之社会；对外，要注意“国论统一”，面对日本等对华政策，全国报界应以“统一的精神”，为国家的后盾。来宾、万国报界协会书记长史炯明主张中外报界应有切实的联络，既可以交换意见，又可将我国思想输入于各国。大阪朝日新闻北京特派员大西斋说，全国报界大会是中国统一的朕兆，希望中国舆论界合力谋东亚和世界的幸福。其他来宾演说亦赞此次会议是人民统一之象，望报界从改造人心着眼，逐渐消除军阀、财阀、学阀、报阀等等名词，以实现平等主义。

为筹备在北京举办第三届报界大会，北京报界于四五月间突起风波，会员忽分为《北京日报》与《晨报》两派，各自开会，互相攻讦。后经全国各地赴京与会代表调解商定，由各报来京代表与北京报界共同组织大会筹备会，推举临时干事北京4人，各地8人，计有：晨报兼福建健报的林仲易、晓报的方梦超、社会日报的林白水、京津时报的汪健斋、广东黎明通讯社的俞诚之、广州国是报的陈友琴、江西实报的刘晓瀛、汉口武汉商报的王瑞麟、山西日报的邓希禹、福建日报的梁志和、四川国民公报的康宝恕、山西宗圣报的马甲鼎。

戈公振《中国报学史》第286页（三联书店1955年版）记有：全国报界第四次常会，《北京日报》派定在福州，《晨报》派定在汉口，各报无所适从，此会遂归消灭。

5月17日

北京《晨报》连日刊出神州通讯社《征求张作霖卖国之事实》启事，全文如下：

> “张作霖勾通日本卖国之阴谋，本社首先揭载，此种危害东亚和平之毒计，非独中国人士之所疾者，亦当为日本国民所痛心。本社今特郑重申明，以唤起中日两国国民之注意，如中日各界人士，能以张作霖勾通日本事实，及其秘约，向本社投稿者，定当尽情披露，决不宣布投稿者之姓名。同人等一息尚存，誓尽其为国除奸之天职。一当不畏强暴，二当不避嫌疑，值此存亡一发稍纵即逝之时，尤望各界人士急起直追，共谋挽救，慎勿轻视之，国家幸甚，同人幸甚。”

6月4日

《晨报》第6、7版出《晨报特刊·新闻纸问题号》，共发表5篇文章。天云写的《我们刊行“新闻纸问题号”的意思》称：近来北京报纸在日日退步中，一些以敲竹杠为目的的记者，用恐吓、欺诈、诬蔑、造谣等手段来糟蹋报纸。究竟新闻纸的使命、目的是什么？出版这个特号，就是向大众普及新闻知识，促进报纸的进步。这些文章是：黄绍谷《新闻纸》、明宵译《中国之新闻事业》、张维周《编辑新闻之我见》、M·T《我国新闻事业不发达的原因》、闷闷《北京新闻纸的趣谈》。

6月5日

北京《晨报》刊出《京话日报大改良》广告称，该报系彭翼仲先生在前清光绪末年创办的，10余年来很有一段奋斗的历史。本社同仁鉴于现在社会组织不良，暂以本报作平民主义的先驱，以唤起社会改革的运动为唯一使命，决定于本月10日起大加改革。

内容分为社说、专讯、紧要新闻、社会新闻、小说、诗歌、旧剧新评、谣谚新解、小辞典、随便谈谈等门类，选词纪事都本一贯的精神，并含深刻的趣味。

同月

上海世界语学会创办《绿光杂志》。商务印书馆出版的《学生杂志》设《学习世界语》专栏，胡愈之为两刊写了许多倡导学习世界语的文章。

7月9日

《山东劳动周刊》创刊于山东济南。4开4版，周报。中国劳动组合书记部山东支部主办的机关刊物。支部负责人王烬美主编。它的前身是1921年5月出版的《济南劳动周刊》。该刊的宗旨是“促一般劳动者的觉悟，好向光明的路上去寻人的生活”。提出三条办刊方针：“（一）增进劳动者的知识；（二）提高劳动者的地位；（三）改造劳动者的生活。”（创刊号《本刊出版的宣言》）从仅见的1号中看，该刊内容很充实，刊有劳动组合书记部山东支部的宣言，有一个机车厂工人告厂友书，有津浦路一司机为无故被开除写给编辑部的控告信和“编者按”，辟有《特刊记事》栏报道反映各地工人运动的开展。同时全文刊载山东支部发表的《为上海劳动周刊被封及李启汉君下狱事敬告全国劳动朋友书》和北方分部为此事发表的《告北方工人书》两个文件，团结支持劳动群众抗议帝国主义势力摧残工人言论机关和工人运动的斗争。

7月初

上海《时事新报》因所刊《杭州观潮日记》一文，涉及浙江军阀卢永祥，被卢电令上海护军扣留刊有上述文章的该报。

8月1日

《少年》杂志在法国巴黎创刊。为旅欧中国共产主义青年团创办的理论刊物。编辑部设在巴黎南郊戈德弗鲁瓦街17号小旅馆3楼16号一间5平方米小房间中（即团的执委会办公处）。初为油印16开本月刊，每期30页左右。曾停刊2个月。第7期复刊改出24开本42页，第10期起为不定期刊。前期主要由赵世炎负责编辑，1923年3月后周恩来接任编辑。陈延年、陈乔年负责刻印，由巴黎中国书报社、加拿大华人工会和上海新青年社代售。该刊主要任务是“传播共产主义学理”，对旅法学生和华工进行马克思主义教育。刊发赵世炎（列父）著《旅法的中国青年应该觉醒了》，周恩来（伍豪）著《共产主义与中国》等政论，阐述只有共产主义才能救中国的真理，与鼓吹无政府主义的《工余》杂志和《青年会星期报》展开论战，批驳其惑众宣传。译载马克思《法兰西内战》片段和列宁《共青团的任务》等著作，刊登共产国际和少共国际的文件，报道世界和中国工人、青年运动消息。1923年12月出版第13期后停刊。次年2月改名《赤光》，继续出版。

8月9日

上午11时，上海法租界捕房再次查抄陈独秀住所，抄去《新青年》等“禁书及底稿等物”，陈独秀被捕候审。中共组织发动社会团体和新闻界开展大规模营救活动。沪京各报迅速报道陈又被捕消息，刊登各方营救通电，8月15日，北京《晨报》刊发自治同志会、共存社、马克斯主义研究会、少年中国学会、中国社会主义青年团、非基督教学生同盟等十团体《为陈独秀被捕敬告国人》的宣言书，称“陈独秀是一个改造中国的先驱，一个为解放中国劳苦群众奋斗的革命家”，“他所办的《新青年》，是我们一刻不能离的好朋友”，表示要牺牲一切以营救陈独秀。8月18日法租界会审公堂宣判：“陈独秀罚洋四百元充公”，交保释放，“抄案书籍底稿一并销毁”（《时事新报》1922年

8 月 19 日)。9 月 24 日北京《晨报》刊出蔡元培、胡适、邓中夏、李大钊等 14 人署名的《为陈独秀君募集讼费启事》,称陈案虽了结,“而关于讼费及销毁书籍版费损失在二千元以上”,“陈君清贫,其何以堪”,呼吁社会各界人士解囊相助。《新青年》从此被迫停刊。

8 月 20 日

北京小报《实话》报实行改革。随《晨报》赠送 1 天。该报自称“是向不爱听谣言的朋友报告各方面种种真实情况的白话日报,是宣传实话主义的机关报”。栏目有《演说台》《七嘴八舌》《开心话》《新书评》《知识小卖店》《社会照像馆》《公开邮政柜》《游艺俱乐部》《剧学研究所》《眼前的市面》《社会新闻》《政界新闻》《国际新闻》等。该报由北京实话社于本年 3 月中旬创办。一创刊就日印 1 万份,颇受欢迎。9 月 10 日上海《时事新报》著文《介绍〈实话〉》,称该报是“中国首屈一指的小报”。《实话》报材料丰富,文章占三版半,封面和广告只占小半版。政治、国际、社会新闻都实行精编,力求真实、快捷、有趣。《实话》报的《开心话》《七嘴八舌》两栏,专载讽刺社会的短文;《新书评》《知识小卖店》栏,通俗介绍科学知识、各项常识;《游艺俱乐部》栏,用科学的方法讨论中国各种戏剧,介绍外国戏剧。

北京《晨报》专刊《一星期之余力》第 16 期发表伏庐(孙伏园)《论社会新闻》一文说:“无论怎样大的新闻家,遇见社会新闻难免搓钢。因为写社会新闻有文字、采访、发表上的困难。从前的《国民公报》就不要社会新闻一栏。”作者认为社会新闻比政治新闻更重要,特别要多发表各项社会事业或事件的调查。

8 月 21 日

《正报》在北京创刊。社址设在北京宣武门外香炉营四条。日出对开 1 张。内分评论、要闻、社会琐闻、小说、文苑、笔记、剧话等栏目内容。

8 月 28 日

《国民新闻》在北京创刊。该报自称以拥护法统,促成宪法,改进政治,调剂社会为宗旨。

《远东日报》在《晨报》刊登出版启事,预告不日出版。社址设在北京北新华街 14 号。出版时赠阅 3 天,送登广告 7 天。新闻分政治、国际、社会、经济等项。另有副刊,专门讨论研究译述政治、社会经济等问题。该报宗旨是以科学的方法、批评的态度从事新闻事业,供有志于改造中国的青年阅读。

8 月 29 日

《北京新闻报》创刊于北京。社址设在北京北新华街 41 号。日出对开 1 张。赠阅 3 天,免费登广告 7 天。内容分著述、新闻、文艺、广告四大部分。自称“消息确捷,材料丰富,言论公开”。

9 月 1 日

亚洲通信社在北京成立,正式发稿。

《无锡新报》在江苏无锡创刊。对开日报。工商界人士李柏森等投资创办。孙中山为该报题词“阐扬民治”。设有《新闻》《经济调查》等栏,副刊《艺府》,还日出 4 开 1 张小报《无锡新报市价日刊》,随大报免费附送。1936 年 1 月 18 日停刊。

9 月 6 日

上海民国日报社出版《现代妇女》副刊。由妇女问题研究会和中华节育研究社共同主办。1923 年 3 月 16 日出刊的一期,为已见的最后一期。后该刊与《妇女评论》合并改组,出版《妇女周报》。

9 月 13 日

《向导》周报创刊于上海。中国共产党

中央主办的第一份政治机关报。政治时事评论性周刊。16开本，每期8页，后增为16页。陈独秀作为中共中央执行委员会委员长，为《向导》题写刊头、撰写发刊词《本报宣言》，指导办刊方针的制定，总结办刊经验（写有《本报三年来革命政策之概观》）。他以独秀、只眼、田诚、致中、实庵、实等笔名（有的未署名）撰发时评、政论200多篇，为《寸铁》栏写作随感、短言400多则，成为周报的首席撰稿人。蔡和森是首任主编，以和森、振宇笔名撰文160多篇。继任主编有瞿秋白、彭述之。瞿以秋白、巨缘、双林、屈维它、它等笔名撰写政论、时评、杂感、答读者问近80篇。李大钊、张太雷、毛泽东、罗章龙、高君宇、郑超麟、赵世炎、周恩来等，以及共产国际驻中国代表马林（孙铎）、维金斯基（魏琴）先后参与编务或撰写重要政论、通信、时评。《本报宣言》依据中共"二大"的纲领，宣称该刊使命是："打倒帝国主义""打倒军阀"，建立"统一、和平、自由、独立"的中国。在出刊近5年中，共刊发国内外政论、时评、通信、文告宣言、读者来信千篇以上，总计260万字左右。该刊通过大量的事实报道和马克思主义理论分析，揭示各国帝国主义竞相控制中国政治、经济命脉，压榨中国人民的真相；揭露各派军阀勾结帝国主义争权夺利，祸国殃民的罪恶；唤醒广大民众的觉醒，促进国共合作领导的国民革命的开展。1925年1月中共"四大"肯定《向导》在中国民族革命运动中，"立在舆论的指导地位"。《向导》曾多次遭到军阀政府和帝国主义势力的查禁、搜捕，但它在中共领导下依靠读者支持，先后在上海、北京、广州、武汉等地公开或秘密编印发行。销数开始仅千份左右，1926年4月增为2.9万份，最高达10万份。除全国各地销行外，在巴黎、柏林设有分售处。1927年7月18日出至第201期后，因政局逆转被迫停刊。

9月17日

《小学生周报》在江苏无锡创刊。无锡城南学校校长徐珠冰创办，并任社长和编辑主干。由无锡锡成印刷公司用彩色纸精印，每期用一种颜色，图文并茂，16开折叠式，长长的一条，每期6版，几期即可装订成册。第3期起，每期均出专号，有国庆号、圣诞号（指孔子诞辰）、重阳号、光复号、运动号、菊花号、卫生号等，不登地方新闻和商业广告，以向小读者系统介绍知识为职志。直至1932年秋仍在出刊。

9月18日

《教育日报》创刊于北京。由北京教育界同人创办。该报专载中外教育消息及言论，宗旨是谋中国教育之改良与进步。

9月24日

华文《民声日报》在古巴创刊。前身为张梅初主持的《民声》周刊，石印（1919—1920）。招得首期股本2万元，向香港购买铅字印刷机等设备，并汇千元请孙中山介绍总编辑。孙函复照办并退回寄款，亲笔题写《民声日报》报头四字。蔡元培撰写发刊宣言。首任董事长赵式睦，总理李月华，总编辑梁楚三。1927年又招股，添置轮转印刷机，内部改组，黄雨亭任社长，李清如任总编辑。

同月

《孤军》杂志创刊于上海。时事评论月刊。孤军杂志社出版，泰东图书局发行。创刊号发表有《孤军宣言》和郭沫若的《孤军行》。1925年11月停刊。

秋

《闽光日报》在福州创刊。主笔廖忧民。

10月1日

北京《晨报》专刊《一星期之余力》第

22期发表闷闷的《新闻记者的一种苦处》，文中说："今日中国的新闻记者真可不做了，除必须编些不爱编，不忍编，不得不编，毫无趣味的新闻外，还要受官厅的束缚和威吓，朋友的讥讽和仇恨。"

日本人办的中文《大北新报》创刊于哈尔滨。山本久治主办。为沈阳《盛京时报》的"北满版"，1933年6月脱离该报独立。1944年6月改名《康德新闻》（哈尔滨版）。

10月10日

《真报》创刊于汉口。该报利用工贼郭聘帛的财产创办，中国劳动组合书记部武汉分部主任林相拂（育南）等编辑。为湖北省工团联合会机关报。它报道反映工人、学生运动，维护劳动者利益，宣传民主进步思想。1923年2月8日，"二七"惨案发生的次日清晨，军阀吴佩孚、萧耀南派军警包围报馆，以"鼓动罢工，扰乱社会秩序"的罪名查封该报，并悬赏通缉报纸编辑人员，附设在该报馆址汉口笃安里内的《实话报》（一说《闲话报》）同遭封闭。

10月14日

北京七十二团体代表蔡元培、林长民、邓仲澥（中夏）、毛一鸣向北京政府递交请愿书，要求废止《治安警察条例》。称该条例剥夺人民言论自由，且系袁世凯时代所订。

10月20日

北京《晨报》刊出《神州通信社紧急启事》称："自参议院改选议长问题发生以来，金钱运动选举之说，九城内外传播殆遍。本社本爱惜国会、监督国会之精神，对于此种污辱神圣国会之事实不详，调查不周密，今特登报征求，凡以该院议员买票卖票事实及其证据报告本社者，一律欢迎，定当尽情披露，只求明白是非，保持人格，并不以疆御为畏也。"

10月31日

日文《青岛日日新闻》创刊于青岛。小川雅三创办，代表无产阶级大众的利益。与1915年创刊的代表资产阶级利益的日文《青岛新报》相对立，是在中国出版的唯一日文无产阶级报纸。

11月9日

《唐山潮声》创刊于上海。4开4版，不定期刊。由在上海的唐山大学校友会以唐山通讯社名义编辑出版，民国日报馆发行。该刊出版于唐山开滦煤矿大罢工期间。《发刊词》称出版旨趣是："贡献我们表同情于罢工的人们一点策略，一点勉励，给我们苦朋友在此生死关头一些勇气，以搏最后的胜利。"该刊以反映和指导罢工斗争为中心。但第3期后转向要求恢复因援助罢工被解散的唐山大学和驱逐校长俞某的斗争，同年12月18日出刊第6期。停刊年月不详。

11月10日

北京言论自由期成会召开成立大会，新闻记者、作家140多人出席。公推大同通讯社林天木为主席，推定林天木、胡适、李大钊、梁启超等60人为评议员。该会成立于10月27日，由京内外记者、作家组成。会章规定宗旨是："向国会请愿，废止出版法，亦别定保护言论自由条例，实现言论自由。"（《晨报》1922年12月31日）经费由会员负担，达到目的即自行解散。

11月11日

上海国闻通讯社设北京分社。发布稿件，并附设广告部。

同月

任白涛编著的《应用新闻学》一书，自费由杭州中国新闻学社出版。32开，208页。全书分为《总论》《搜材》《制稿》《编辑》等四编，另有附编《欧美报纸史略》。

分别论述了新闻事业的性质和新闻记者的地位与资格，新闻社的组织和报纸的制作；新闻的定义和价值，记者的访问和材料的搜集；新闻和言论的写作，文艺创作；编辑工作等。书末附有美国密苏里新闻学院院长威廉博士 1921 年在北京大学的讲演《世界的新闻学》。1926 年、1928 年、1929 年该书作为中国新闻学社丛书第 1 种，接连订正再版 4 次，1937 年又一次出版。

美国联合通讯社社长诺彝斯访华。12 月，美国 25 家大报联合访华团来中国。

12 月 1 日

《晨报》发表社论《本报四周年纪念日》（作者渊泉）说：我们的主张是拿定“拥护正义，主持公道”的旗号，抱定“宁为玉碎，勿为瓦全”的方针，主张中国非全部改造不可。其预备行为就是“先供群众能读、能说、能听”，《晨报》的职责就是注重这方面的宣传教育。同日，《晨报副镌》出版 4 周年纪念特刊，共 5 个版。其中有：梁启超的《什么是文化》、谭熙鸿《记念晨报的四周年》、蒋梦麟《晨报四周年纪念日之感想》、周建候《我希望晨报今后对于教育方面应做的两件事》、甘蛰仙《最近四年中国思想界之倾向与今后革新之机运》、李大钊（守常）《国际的资本主义下的中国》、余上沅《晨报与戏剧》等。蒋梦麟等赞扬《晨报》对教育界时有好意的批评与热诚的帮助，肯定它在改良新闻和介绍思想方面的努力，希望它继续发挥社会教育的有力作用。余上沅称《晨报》是戏剧的爱护者和提倡者，是促进“新中华戏剧”的一员健将，并向《晨报》提出四点要求：（1）宣传戏剧的价值；（2）解决旧戏的处置；（3）促进“新中华戏剧”的实现；（4）唤起人民的觉悟。用戏剧这件利器去鼓荡中华民族的希望、志气和思想。

上海群益书社在北京《晨报》上登出《新青年》杂志前 7 卷廉价广告称，该社印行的 7 卷《新青年》，共有 400 万字，6000 页，文章 2000 篇。一些极其重要的问题，如孔教问题、文学革命问题、注音字母问题、世界语问题、贞操问题、灵学问题、新银行团问题，都是在这几卷里讨论的。此外，还有很多的诗词小说，无一不是有精彩文章，确有保存价值。本社为清除积压，把可以配成七整卷的约 1000 部特别廉价出售，其余单本付之一炬。清理之后，即行绝版。从第 8 卷第 1 号起，由编辑人在广东印行。

12 月 17 日

《北大经济学会半月刊》在北京创刊。北京大学经济系学生主办。每月 1 日和 16 日出版，寒暑假休刊，到 1925 年 5 月 17 日共出 38 期。其中有 3 个专号：《北大经济学会半月刊纪念号》《劳动节纪念号》《马克斯纪念号》。初为 4 开 4 版报纸型，逢纪念节日增为 8 版或 12 版，第 30 期起改为 16 开本杂志。《发刊词》宣称该刊目的是：“集思广益，博采兼收，欲以谋经济之繁昌，求学术之发展。”主要内容是介绍资产阶级政治经济学，并用以观察分析问题，如开展“救亡图存”问题讨论。

12 月 27 日

《向导》周报第 15 期发表《敬告本报读者》一文，蔡和森主持以“本报同人”名义撰发。称本报出刊 15 期，支出不下 1300 元，收入却只 150 元，加上邮局经常没收，损失不小。为此呼吁读者援助，并申述援助必要性的理由有四点：第一，“《向导》有一种不可磨灭的价值。”“像《向导》这样有系统的批评政治……不断的攻击国际帝国主义和本国军阀，在中国也算第一次发现。它是真正代表中国民众利益的报纸，它是中国苦同胞的忠实好友，它是中国革命运动中不可少的先锋，它的影响现已布满全国。”第二，

“《向导》是中国共产党的政治机关报”，共产党与著述机关不同，它由出版物得来的代价仍然用在发展宣传事业上，赞助《向导》，既是“赞助共产党的宣传事业”，读者又可以“不断的看到共产党的各种出版物”。第三，“因为敌人压迫本报。本报既是中国民众的喉舌，所以北京政府，军阀，外国侵略家莫不压迫本报”，因此更需本报好友的赞助。第四，“本报是有组织的活动的表征。本报并不像别的报纸一样，只是发空议论。本报所发表的主张，是有数千同志依着进行的。”赞助本报，就是赞助中国革命。提出三种赞助办法：1. 捐款，以 3 分邮票起码即可；2. 订阅本报；3. 为本报宣传，帮助推广销路。本文还简明阐述了中共党报的性质和特点。

同月

《云南公报》在云南创刊。实为云南省政府政书式的日报。内容有：省府公文、各机关文牍、法规、中央令、部谘（及各省谘附）、图表、法庭判词、专件、杂录九类。该报宣称“凡经本报刊布之命令章程及本省文牍之可援据者，在本省区域内与正式公文有同一之效力；未经公报刊登之本省文牍及单行章程，载在其他报纸者，不得援据”（李生葂：《云南期刊录》，《新闻研究资料》总 24 期，第 249 页）。至 1927 年初，出刊 1268 期。1927 年起另计期数，全年出刊 264 期。1935 年停刊。

冬

上海新闻报馆在馆内设置无线电收报台，直接抄收外国通讯社电讯，及时译出，用“本报国外专电”电头，抢先刊发，增强竞争能力。

下半年

南昌《新民报》增出《时代之花》周刊，为刘和珍、孙师毅等学生组织的进步社团觉社主办。

同年

《红灯》周刊创刊于南昌。社会主义青年团南昌地方团组织机关刊物。仅出 1 期停刊。

《新福建报》在福州创刊。为国民党福建省党部机关报。出版仅 1 年即停。

针对新文化刊物出版热状况，陈独秀对青年团体提出几点意见：

> “（一）出版物是文化运动的一端，不是文化运动的全体；出版物以外，我们急于要做的实在的事业很多，为什么大家都只走这一条路？若是在偏远的地方——云南甘肃等处——发行杂志，倒也罢了；像北京上海同时出了好些同样的杂志，人力上财力上都太不经济了。
>
> （二）我们的民性，是富于模仿力，缺少创造力……现在许多人都只喜欢办杂志，不向别的事业的方面发展，这也是缺少创造力的缘故。就以办杂志而论，也宜于办性质不同读者方面不同的杂志，若是千篇一律，看杂志的同是那一班人，未免太重复了。
>
> （三）凡是一种杂志，必须是一个人一团体有一种主张不得不发表，才有发行的必要；若是没有一定的个人或团体负责任，东拉人做文章，西请人投稿，像这种‘百衲’杂志，实在是没有办的必要，不如拿这人力财力办别的急于要办的事。”（转引自袁玉冰：《江西的出版界》，《五四时期期刊介绍》第三集上册，第 57、58 页）

美国联合通讯社开始在中国活动。在中国的总社设在上海，经理为伊金斯（H. R. Ekins）。在上海、北京、天津、汉口、南京、香港等处设有分社及通讯员。许多中外报纸采用它的消息。美国合众社和国际新闻社也派有驻中国记者。

1922—1925年间

福州出版的宣传新文化、新思潮的报刊，有《冲决》周刊（1922年12月）、《尖兵》半月刊（1923年春）、《工学报》周刊（1923年春夏）、《民导报》（1923年秋）等，由陈任民团结省立二中部分师生组织的民社、福建工学社和民导社等进步社团创办并编撰，为福州成立中共党团组织作了一定准备。1925年1月，陈任民组织福建青年社，出版《福建青年》，引导学生开展反帝反封建国民革命运动。同年4月1日共青团福州支部成立。同年冬天，陈用国民党要人黄展云的名义，创办《海滨日报》，任社长。1926年春该报被督办署封闭。

云南旅京学生组织云南革新社，自筹经费出版《革新》周刊（实为不定期刊），宣传反帝反封建政治思想。出版后多数寄回云南，部分寄国内各大城市和留日云南学生。1923年至1924年，革新社易名新滇社，接受共产党影响，《革新》同时改名《铁花》周刊，杨青田主编。内容转向宣传社会主义和十月革命。与同时期在京的云南右派学生组织云南青年社的《云南青年》周刊相对立。

1923年（癸亥）

1月1日

天津《新民意报》的《星火》副刊创刊。南开中学教员马千里任编辑主任。由此开始《新民意报》的副刊改革，到同年10月止，该报相继推出13种副刊，性质不同，各具特色，单独发行。《星火》以讨论改良社会为目的，几乎每日出刊。《明日》（1月5日创刊，在该报上仅出3期，另外单独发行）专事宣传马克思主义，实际由天津社会主义青年团主办。《女星》（4月25日创刊，旬刊，每月逢五出版）专论妇女问题，由女星社主编，邓颖超是主要编撰人。《青声》（7月创刊，至10月，共出17期）代表青年呼声，由青年问题讨论会主编。《觉邮》（4月5日创刊，不定期刊，1924年3月出第9期）是天津觉悟社的通讯刊物，曾发表周恩来1922—1923年间在国外寄回的一些通讯《西欧的“赤”况》《伍的誓词》《生别死离》（诗）等。《向明》（1月10日创刊，仅出2期）以学术研究为旨趣，学生团体向明学会主编。《朝霞》（1月1日创刊，几乎每日出刊，8月起与《星火》合并，改称《新民意报副刊》）、《小说》、《诗坛》、《绿波》、《卿云》（仅出1期）、《戏剧》均系文艺园地。在进步青年努力下，这10多种副刊猛烈抨击帝国主义和封建军阀的黑暗统治，传播民主、科学和马克思主义思想，反映青年和妇女的呼声，开展了一些新文化活动，提高了副刊的品位。现存1923年《新民意报副刊》合订本（每月1本，共10本）为横排16开本。

1月22日

《晨报》发表紧要声明称：“国会复活以来，政团林立，机关报亦乘时并起。外间因此有推测本报与宪法研究会亦有何等关系者。兹特严重声明，本报一切言论，绝对本于所信，完全自由。即经济上亦纯以营业所得为维持，绝对独立。无论何党何派，本报与之绝无丝毫关系。公是公非，断不稍受牵制。”又1921年12月1日《晨报》刊发的谭熙鸿《晨报的三周年的纪念》一文，曾评价说：最应注意的一点是《晨报》“已渐渐的脱离私人式的言论机关的态度，而入于社会式的言论机关的规模”。

《北大学生新闻》在北京创刊。北京大学学生干事会出版。日出4开1张，共出13

期。2月7日，《北京学生联合会日刊》创刊，它实际上是《北大学生新闻》的续刊，是北京全体学生的言论机关。北大学生中的共产党员黄日葵、邓中夏、何孟雄等参与领导学生会活动和报纸的编撰。该报以反映和推动1923年学生运动为宗旨，集中攻击军阀政府的黑暗统治和反对帝国主义的侵略。现存共51期，第51期是4月11日出刊的。

1月23日

上海“大陆报—中国无线电公司广播电台”于当晚8时开播，是中国境内第一座广播电台。由美国商人奥斯邦（Osborn）创办。发射功率仅50瓦特。开播不久即与《大陆报》签约：《大陆报》刊载该台的新闻及节目内容；该台播送《大陆报》的新闻，并介绍报社情况。每天播音1小时，主要播送新闻娱乐节目，星期日设有宗教祈祷节目。开播第4天，全文播发了《大陆报》提供的孙中山的《和平统一宣言》。为此，孙中山对《大陆报》记者发表谈话：“余之宣言，亦被之传，余尤欣慰。余切望中国人人能读或听余之宣言，今得广为宣布，被置有无线电话接受器之数百人所听闻，且远达天津及香港，诚为可惊可喜之事。吾人以统一中国为职志者，极欢迎如无线电话之大进步。此物不但可于言语上使中国与全世界密切联络，并能联络国内之各省各镇，使益加团结也。”（上海《民国日报》1923年1月28日）当时北京政府《电信条例》规定，无线电器材属军用品，未经陆军部批准不能输入，广播无线电业属国有，不得私自购造设立。据此，该台于4月被拆除停办。

1月24日

《晨报》刊出北京政府为废止出版法令一事咨各省文如下：

> “查袁氏时代筹备帝制，恐人非议，先后颁布报纸条例及出版法，使不敢为反对之论调。现在报纸条例，虽已废止，而出版法依然存在，殊属非是。若出版物宣传之主张未合，自有社会评判，无庸国家干涉。且出版物关于败坏他人名誉，及社会风化，泄漏机密等，各项刑律均有明白规定，亦无须再有出版法之二重限制。现由本部准将出版法律废止。”

同月

《小说世界》创刊于上海。叶劲风主编。商务印书馆创办。初为月刊，1928年改为季刊。该刊主要刊载鸳鸯蝴蝶派作品。1929年9月停刊。

2月1日

江西人在北京创办的《赣事周刊》因发表言论，揭露抨击军阀蔡成勋罪恶，被警察厅检查员禁止发行。

2月2日

本日晚12时京师警察厅派便衣警察和巡警10余人至亚洲通信社，逮捕该社社长林超然。因该社日前发稿触犯国务院秘书长吕均，遂以侮辱罪拘捕候审。事发后激起报界公愤，5日，众议员钱崇恺等提出《质问政府违法逮捕新闻记者书》，限政府3日内明确答复。6日，50多家通信社代表赴国务院质问总理张绍曾：（一）以国务院函令警察厅捕人，系根据何项法律？（二）如何可以担保今后不再发生此种违法举动？张置之不理，再次激起各界公愤，外国驻京记者亦讨论声援办法。

2月8日

北京学生联合会通电国务院，声援林超然被非法逮捕一事，全文如下：

> “北京亚洲通信社主任林超然君，因登载国务院新闻，触怒国务院秘书长吕均，吕遂用国务院秘书厅公函，令警厅逮捕林君。兹事发生，舆论哗然，北

京新闻界，迭次开会，讨论援助方法，并派代表质问总理总监，将来结果，尚难预料。查人民言论出版自由，载在约法，报章之责，有闻必录，纵有记载失实，何妨请其更正。即使报纸有破坏名誉，公然侮辱之嫌疑，亦只可诉之法庭，静候解决。今吕均竟借院秘书长之职权，擅令警厅逮捕新闻记者，如此挟嫌恃势，摧残舆论，破坏司法，蹂躏人权，凡属国民，皆当声讨。敝会爱护自由，保障民权，天职所在，不敢自后。对于吕均此举，除与北京报界一致设法反对外，特此电闻，伏希亮察。”（《晨报》1923年2月9日）

《京汉路罢工日刊》创刊。京汉铁路总工会为指导“二七”罢工斗争而创办。总工会项英（德钟）负责编辑，林育南、许白代表湖北省工团联合会参与工作。用红、绿、白色纸张印刷，公布罢工消息，揭示事实真相。罢工被血腥镇压后停刊，历时不到1周。

北京震旦通信社成立并开始发稿。赠阅1个月。社长崔藩，总编辑张光烂，主干赵之成。该社由同人自行创办，自称：“无党派关系，态度光明，新闻确实，内容丰富，消息灵通。”

2月12日

重庆报丁组织成立“群工互助社”。该社以劳工互助为宗旨。凡全市所有各报馆的报丁均为社员。经营主业是：承担各报总发售及零售。副业是：承担各机关、法团、学校、商号等的公文、传单、广告、访单、代投信件等。

2月19日

上海《新闻报》为该报创刊30周年，举行庆典，出版《新闻报馆三十年纪念》一厚册，刊发蔡元培、孙中山、梁启超等的题词和论著。所刊《新闻报三十年之事实》一文，介绍其历史发展，说该报始终以“经济独立，无党无偏”为宗旨，先后在各地设分馆、分销处500多处，销量从开始的五六千份近来增至近10万份；陆续从美国购进最新巴德式轮转机4部，每部每两小时可印报10余万份；广告收入由不到万元现已及百万元，广告占篇幅的十分之六七；报纸由对开3张增为五六张，多至六七张；1920年添设照相制版部；该报广受读者，尤其是上海金融界的欢迎。福开森、汪汉溪以及严独鹤、郭步陶等该报主持人和新老记者写有多篇纪念文，总结经验，展望未来。于右任、张季鸾等为它写祝词。“译文”部分用中英文对照刊载美、英、法各国报界人物的祝辞或文章，作者有世界报界大会会长美国威廉博士、路透社总理兜纳、泰晤士报主金萨雅、中法新汇报主笔范达来、上海密勒氏评论报主笔鲍威尔、上海字林西报主笔格里恩、美国记者斯密司等。他们肯定近年中国报纸的发达，实为中国进步中一显著特色；肯定《新闻报》影响及于国外；希望该报学习西方报纸，不党不偏，保持经济独立，尤望其成为正苏醒中的中国中等阶级的舆论助力。

2月21日

《哈尔滨晨光》报在哈尔滨创刊。该报为哈尔滨救国唤醒团8位爱国青年合办的综合性日报。滨江商务会出资5000大洋并提供房屋。初期发行人兼著作人韩庆昌（铁声），年底改由于芳洲任社长，张树屏任总编辑，唤醒团团员参与编撰，均为兼职，不支薪水。日出对开2张。3月，中共党员李震瀛和陈为人以晨光报记者名义，化名骆森、陈涛进行采写活动，促进该报发展。该报注重新闻，时配短评，抨击直系军阀，特别着意揭露日本侵华野心，逐步改变反对苏俄的趋向。副刊《艺林》，传播新思想，倡导新文化。12月中共党员退出后，该报向地方当局靠拢，取得官方资助。报纸扩为日出对开三张半，仍坚持反日，副刊更名《光之波动》，陈新会（凝秋）主编，继续宣传新文化运动。该报销数居哈市报界第一，被日本特务机关视为“排日”“左倾”的报纸，地方当局加强对它的监视。1926年12月滨江警察厅指该报副刊《江边》所刊文字“似有鼓吹赤化之旨趣”，传押报纸主持人追究，该报被迫停刊，直至2年后始复刊。

2月26日

设在上海肇嘉路（今复兴东路）蓝发里8号的《向导》周报发行处被查封。

3月14日

《全国学生大会特刊》创刊。为反映在上海召开的全国学生代表大会而出版。4开1张，间日1期。共出9期。

4月10日

《新时代》月刊在长沙创刊。毛泽东领导的湖南自修大学的机关报。李达主编，长沙文化书社发行。16开本。创刊号共120页，文章用4号字排印。《发刊词》称，该刊不同于“兼收并列”“文字的杂货店”式的普通校刊，而是“有一定主张有一定宗旨的”。从第一篇文章毛泽东写的《外力、军阀与革命》和全部刊物内容可以看出，其宗旨和主张就是依据中共“二大”制定的革命纲领，传播马克思主义，着重研究和宣传反对帝国主义和封建军阀的必要性和途径。同年11月，军阀赵恒惕借口“所倡学术不正，有害治安”封闭湖南自修大学，该刊随之被迫停刊，共出4期。

4月15日

在日本东京出版的《台湾民报》（半月刊）第1号发刊。台湾留日学生组织的新民会创办。该报用通俗白话，介绍世界情事，批评时事，刊载有关大陆时政问题文章。创刊号有《二十一条日华协约历史》，第7期转载陈独秀《敬告青年》一文等。倡导新文学，大力介绍祖国大陆新文学的理论、状况和成果，刊登胡适、鲁迅、郭沫若、冰心、徐志摩等的作品。同年11月第1卷第9期起改为旬刊，1925年7月12日起改为周刊，销量过万份。1926年8月1日由东京迁入台湾发行第1号（总号167号），版面改为8开，编辑发行人蔡培火写《民报岛内发刊所感》一文。1929年1月13日，在台中成立株式会社台湾新民报社，有资本金30万元。林献堂被推任首任董事长，留美归台的罗万俥任常务董事，为筹划早日改旬刊为周刊、日刊继续努力。

4月17日

北京《晨报》编辑处发表启事称：“本报现拟多登各种社会新闻，如愿投稿者请于每日夜间九时以前送发本社，一经登载，酬金从优。”

4月23日

上海《民国日报》附刊《艺术评论》创刊。每周一出刊。由东方艺术研究会和上海师范专科学校同人组织的艺术评论社编辑。该社宗旨是联络海内外艺术家和艺术教育家，共同宣传艺术与艺术教育。内容分八类：绘画、音乐、文学、雕刻、建筑、演剧、舞蹈、美术工艺。

4月24日

北京《晨报》编辑处刊出启事《欢迎本京社会新闻投稿》，提出五条注意要点：（一）新闻务须确实详细（如事件发生之地点、门牌、姓名、月日时等）。（二）报告务须迅速（如某事件发生，最好能即日报告，如不得通即函电话报告亦可）。（三）凡抄袭他报，或任意杜撰者，一经查出，即行取消酬金，以后不收来稿。（四）来稿字迹务须明了，最好能照本报样式，自加圈点。（五）凡投稿本报者，同时不得再投他报。

北京《晨报》编辑处经济部刊登收集财

政经济新闻启事称："如有能将各财政机关、各银行公司，以及金融界确实消息，尽先报告者，愿以极重酬金相报。至投稿者姓名，本报一律严守秘密，不必顾虑（惟投稿者，于初次投稿时，须将真姓名及住址，通知本报）。又如有能将各处经济状况，以及各种货价寄本报者，酬金亦当从优奉赠。"

5月1日

北京《晨报》创刊《经济界》专版（第7版）。自称创办原因和宗旨是："今日我国财政，应如何整理？内外债基金，应如何分配？社会经济，应如何发展？皆急需解决之问题。惟国内报纸能供给此项资料者，寥若晨星，致研究者无从着手。"故特刊《经济界》，"搜集务求丰富，调查必期翔实，藉为国人研究之资"。该刊第1号刊有渊泉写的《发刊词》，称创刊目的是："侧重研究经济组织的改革及财政、国债等问题，同时反映各地经济发达，金融变动和各国财经状况。"

5月7日

北京《晨报》第1版上半版用大字标题《无忘国耻》，重新刊出"二十一条"全文及7次换文内容。渊泉写社论《国耻的意义》，主张"做宣传的工夫"，"把尊重公理、服从正义的精神，感化一般人类"。

5月9日

上海英文《密勒氏评论报》增设《经济特刊》。本日北京《晨报》对此作有报道称："上海《密勒氏评论报》，系美人密勒所办，对于中国政治经济，非常注意，颇博一般人之信仰。该报近拟倡设一种经济特刊，将中国的政治经济实况，介绍欧美，曾函请我国各机关予以资助，兹闻财政部、外交部、银行公会三处，已各承助大洋五百元。"

5月13日

《创造周刊》创刊于上海。16开本综合性文化刊物。创造社主办，泰东图书局出版。郭沫若、郁达夫、成仿吾编辑。刊登政论、文艺评论、散文、杂感和文学作品译著。郭沫若以所作诗《创造工程之第七日》代发刊词，宣告该刊宗旨是："我们是不甘于这样充满缺陷的人生，我们是要重新创造我们的自我。我们自我创造的工程，便从你贪懒好闲的第七天上做起。"初印3000份，很快增为6000份，并一再增印。1924年5月中旬出版第52期后停刊。郭沫若欣赏近代报纸的传播功能说："可感谢的是新闻纸，可感谢的尤其是印刷业了。一夕之内可以印出一部世界的活影，一刻的工夫我们便可以游遍五洲万国。"（《答复王从周》，《创造周报》第7号）他曾回忆办周报的辛劳写道："办到十几期上来便觉得有点筋疲力尽了。每周要发一次稿，我们最争的是头一篇，三个人轮流着做，都感觉有点青黄不接。又要自己校对，自己跑印刷所。礼拜一发稿，礼拜三送初校，礼拜五送二校，礼拜六送三校，礼拜日出版。弄得整整一个礼拜全没有空闲的时间，真正如坐在囚船上的奴隶一样，动也不能动一步。"（《郭沫若全集·文学编》第12卷，人民文学出版社1992年版，第172页）

同月

《曙滇》月刊创刊于日本。在东京编辑，寄上海印发。由云南留日学生张天放、寸树声等发起组织曙滇杂志社创办，得到旅日、旅缅侨胞及省内外同乡资助。该刊以谋求云南社会经济的改造为宗旨。上海印发负责人相继为复旦大学云南籍学生张耀参、留日回沪开设东方医院的云南人张德辉。1925年停刊。

6月15日

《新青年》季刊在广州重新创刊。中国共产党中央理论机关刊物。瞿秋白主编。主要撰稿人有陈独秀、彭述之、任弼时、郑超麟、蒋光赤等。该刊以研究和传播马克思列宁主义与中国革命问题为主旨。1924 年 12 月出版第 4 期后暂告休刊（其中第 3、4 期为陈独秀、彭述之相继主编）。1925 年 4 月复刊，原定为月刊，实际不能定期出刊。1926 年 7 月出版第 5 期后，因忙于北伐战争而终刊，合计共出 9 期。瞿秋白执笔的发刊词《〈新青年〉之新宣言》，是一篇论述中国无产阶级报刊产生的源流及其性质、任务的纲领性文章。该刊主要内容译载有列宁《民族与殖民地问题》《亚洲的觉醒》《落后的欧洲与先进的亚洲》等 8 篇论著，斯大林《论列宁主义基础》的大部分章节；从理论上探讨论证中共民主革命的纲领和策略；发表瞿秋白《实验主义与革命哲学》和陈独秀《科学与人生观序》等文，参与“科学与人生观”等论战，批驳中国思想界的唯心主义思想和实用主义哲学。创刊号为《共产国际号》，发表国内首篇完整的《国际歌》中文歌词和曲谱（瞿秋白编译）。还相继出有《国民革命号》《列宁号》《世界革命号》等专号。

同月

广州《民国日报》创刊。国民党员吴荣新等集股自办。孙仲瑛任社长兼编辑主任。日出对开 2 张。该报言论立场拥护孙中山国民革命的主张。同年 8 月 29 日，粤军以其泄漏军事秘密，勒令停刊 3 天。1924 年 1 月，吴永生继任编辑主任。国共合作后，一些共产党员参加报纸工作，促进该报发展。增聘政、军、学、工、商界访员。打破周日停刊惯例，从 1924 年 3 月 16 日起，出版星期特刊一大张，有本省新闻、中外要闻、评论、专电、译述、文艺、小说、国民思潮等门类。6 月 23 日，陈雁声接任吴荣新主要编撰职位。7 月 15 日，该报改由国民党广州市执行委员会主办。16 日发表《本报宣言》，宣布该报宗旨是：（一）阐发主义，（二）鼓励同志，（三）唤醒民众，（四）介绍思潮，（五）纪述实况，（六）评论是非。从 8 月 1 日起开始刷新，由日出对开 2 张扩为 3 张，使新闻编排更加醒目，特辟《学汇》专栏，刊登革命学说、文艺、哲学、美术、科学，并开展讨论，以辅助正张之不足。曾发表恽代英、萧楚女的文章。后《学汇》每星期又出专号，有《电影号》《教育号》《家庭号》等。10 月 27 日，该报收归国民党中央宣传部接办，陈秋霖任社长。增设《党务消息》。《学汇》栏改为《党声》周刊，单张附送。1925 年 6 月，销数增至 1.2 万份。同年 8 月 21 日，廖仲恺被刺，陈秋霖同时遭到狙击身亡。陈孚木接任社长。国民政府迁武汉后，该报成为国民党广州市党部机关报。1927 年广州“四一五”政变，该报完全站在国民党右派的立场。此后，随着国民党内派系之争，该报成为掌权派的宣传工具。

上半年

北京《佛化新青年》月刊创刊。由佛化新青年会编发。自称“本慈悲的宗旨，行拔苦的工作，显扬佛化精神”。

7 月 1 日

《前锋》创刊于上海。中国共产党中央机关刊物。为避免当局注意，封面上假托在广州出版。16 开本杂志。第 1 期 84 页。同年 12 月出版第 2 期，102 页。1924 年 2 月出版第 3 期，106 页。后停刊。瞿秋白主编，用屈维它、巨缘等笔名撰写政论、杂评。陈独秀用实庵、致中笔名写政论，实际成为首席撰稿人。主要作者有向警予、张太雷、刘仁静，共产国际代表马林（笔名孙铎）和蔡和森、恽代英、毛泽东（笔名石山）等亦曾为该刊写稿。该刊侧重于国内外政治经济的系统研究和评论，运用大量调查材料和统计数据，剖析帝国主义列强对中国的军事、政治、经济、文化侵略的本质和手段，揭露军阀政府的独裁统治，论证中国社会革命问题，介绍苏俄的内政外交、欧美各国革命和印度、埃及等亚非殖民地的状况。设有《寸铁》专栏，每期刊发 10 多篇杂感，由瞿秋白、陈独秀撰写，针砭时弊，短小精悍。第 3 期设有《实庵笔记》专栏。发刊词《本报露布》，表现了忽略革命领导权的右倾观点，实为陈独秀执笔。

《新学生》创刊于广州。中国共产党人阮啸仙等组织领导的进步社团新学生社主办。前 36 期为半月刊，16 开本，每期 4 页。中间时断时续，1925 年 7 月 21 日后，改为定期旬刊，8 页小册子，又出版 4 期，同年 9 月停刊。创刊号《本报宣言》，接受中共“二大”纲领，明确提出以宣传反帝和反军阀，推进中国国民革命运动为基本使命。内容以时事述评为主，开展学术研究，青年问题讨论，介绍新刊，刊载革命文艺，反映青年读者呼声。围绕重要事件或话题出有多期专号：《反帝国主义运动号》（反映“沙基惨案”）、《反基督教号》（配合全国反基督教运动）、《国际妇女节特号》、《国民党改组号》《五月专号》（纪念“五一”“五四”和 5 月 5 日马克思生日等）、《纪念二七并追悼列宁号》等，对激励青年参加大革命起了重要作用。

7 月 5 日

上海《民国日报》增出《文艺旬刊》副刊。由浅草社编辑。创刊号《特别启事》称，完全以公开态度欢迎投稿，尤其希望无名的文艺家帮助。到 1924 年 1 月 25 日止共出 20 期（另有 1 期增刊）。同年 2 月 19 日起，改为《文艺周刊》，仍为《民国日报》副刊，但是改作独立发行，周二出刊。同年 9 月 16 日出第 51 期后停刊。

7 月 21 日

上海《中华新报》增出《创造日》文学副刊。是创造社应该报主笔张季鸾的要求承编的，由成仿吾、郁达夫、邓均吾编辑。初期每周六刊，周日休息，后改为每日刊。因经费困难，同年 11 月 2 日停刊，共出 101 期。郭沫若执笔写《〈创造日〉停刊布告》称：“凤凰虽已化成灰，凤凰不曾死。秋菊虽已凋残尽，花已成种子”，表示深信创造的精神永在。1927 年 3 月创造社选编《创造日》近一半的文章作品，辑为《创造日汇刊》，由光华书局出版。

7 月 26 日

北京京津晚报社和民治通讯社被警厅查封，晚报编辑曾青云，发行人吴凤鸣，通讯社社长刘子任等人被拘押，北京报界同人群起营救，于 30 日保释。8 月 1 日，上海报界戈公振、叶楚伧、邵力子、张季鸾等 20 多人联名致电京津和全国各报馆、通讯社，呼吁共同一致声援，以保障人权，而维护舆论。民治通讯社被查封两个半月后于 10 月 11 日复业。

8 月 5 日

无锡《轰报》创刊。横式 8 开 4 版，间日刊。吴观蠡创办并主编，继由朱冰蝶接办。编撰人有包天笑等知名报人。用道林纸精印。以小品文为主，刊登间日新闻和短小时评。发行数期销 4000 份。1937 年 8 月，因日本飞机轰炸停刊。该报以其内容形式较好，出刊历史长，在无锡报界有“小报霸王”之称。

8 月 10 日

戈公振在《东方杂志》第 20 卷第 15 号发表《中国新闻事业之将来》一文。

8 月 21 日

北京《晨报·文学旬刊》发表鲁迅《〈呐喊〉自序》一文。28 日，上海《民国日报·觉悟》副刊转载。31 日，《觉悟》载文介绍鲁迅小说集《呐喊》。该书由北京新潮社出版，收入鲁迅 1918 年至 1922 年间在《新青年》《晨报副刊》等报刊上发表的全部小说创作共 15 篇：《狂人日记》《孔乙己》《药》《明天》《一件小事》《头发的故事》《风波》《故乡》《阿 Q 正传》《端午节》《白光》《兔和猫》《鸭的喜剧》《戏剧》《不周山》。《呐喊》与《胡适文存》《独秀文存》，同时成为当时青年的首选读物。

8 月 22 日

上海《民国日报》增出《妇女周报》副刊。系由原该报的《妇女评论》和《现代妇女》两个副刊合并改组而成。中共中央妇女工作领导人向警予是前期主编之一和主要作者。沈雁冰、邵力子、陈望道等撰写社评。《发刊辞》宣称其精神是“应用我们所信仰的主义”，“批评社会上发生的一切与妇女问题有关的事实”。该刊密切结合现实政治斗争和工人运动，提出妇女解放的正确方向和任务，成为当时唯一能反映全国妇女运动全貌的刊物。出至第 100 期以后，因“编辑乏人”停刊 1 个多月。1925 年 11 月 4 日复刊，出至第 85 期后，又停刊近 2 个月。1926 年 1 月 6 日继续出版第 86 期，同月 27 日出刊的第 89 期是已见的最后一期。后期因《民国日报》被国民党右派掌握，该刊遂脱离现实斗争，向警予亦退出编撰班子。

8 月 31 日

日文报纸《北京新闻》创刊于北京。森山照太创办。

8—9 月间

《东方时报》（*Far Eastern Times*）创刊于北京。用中英两种文字出版。张作霖的顾问、英国记者辛博森（Lenox Simpson）为创办人。由奉天督军署支付经费，实际是奉系军阀的重要宣传机关。五卅运动中该报因袒英受到北京民众的抵制，许多爱国群众团体发表通告拒订并不送广告给该报刊登，该报工人宣告罢工，并提出驱逐馆内英人及对主要编撰人撤职为复工条件，使该报销路大降，辛博森被迫辞职。1925 年到 1927 年间，该报社长和主要编务人员有张培风、赵雨时、吴晋、史俊民等。1928 年奉军失败后，该报随之停刊。后来辛氏被刺身亡。

9 月 1 日

《岩声》创刊于福建龙岩。进步青年团体奇山书社创办。铅印期刊（前身为油印刊物《同声》）。该刊在龙岩编辑，送厦门江声报社印刷厂排印。总经理、主要撰稿人邓子恢，总编辑章独奇，主笔陈少征。邓子恢为创刊号写《宣言》称该报使命是：“改造旧社会，宣传新文化。”初为月刊，第 25 期起改为半月刊，第 42 期又改为周刊。该刊在青年学生、教员和店员中颇有影响，发行上海、广州、北京、江西、湖南、湖北等十二省市，远销新加坡、仰光。

天津《大公报》总董王郅隆在日本关东大地震中遇难。

9 月 3 日

北京《晨报》第 2 版突出报道日本大地震消息，以《空前悲惨之日本大地震》为题，编发来自大阪每日新闻社北京分社、北京东方通信社、中美通信社的七则电讯，迅速反映实情。渊泉写社论《日本大震实》，寄予同情。

9 月 6 日

《南洋商报》在新加坡创刊。陈嘉庚投资创办的华文日报。经理林青山，主编方怀南。每日午后 2 时出版，对开 4 张。创刊号一版为整版广告，二版有《本报启事》《祝词》《宣言》《发刊辞》和《本报专电》。标题一律用 2 号字。1 个月后因社论触犯当地法律被罚停刊。1924 年春复刊，经理叶清沙，主编杨智湘。经多次改进、扩充，1932 年 8 月脱离陈嘉庚有限公司，另组南洋商报有限公司，林庆年、李光前、叶玉堆、李玉荣等为董事。1937年再增资，李玉荣接办自任社长兼总经理，李光前任董事主席。1938年购进《新国民日报》，改组为南洋报业有限公司，两报同时发行，早报对开4张，晚报1张。1942年2月日军占领新加坡后停刊。战后又恢复出版。《南洋商报》于1939年曾编印《南洋年鉴》，250万字。

9月16日

中共北京区委派赴哈尔滨的陈为人、李震瀛与韩铁声合作创办哈尔滨通信社。

9月25日

北京《晨报》刊出《中报》定于10月1日出版启事。日出对开1张。该报自称“以不偏不倚之精神瀹启民智，宣达民隐为宗旨”。内容除中外要闻、社会新闻、小说外，《经济业载》一栏，对于产业界、劳工界、金融界的调查改革均极注重。社址设在北京宣武门外。

同月

邵振青（飘萍）著《实际应用新闻学》一书，由北京京报馆出版，又名《新闻材料采集法》，是中国人撰写的第一本新闻采访学专著。原系作者在北京大学新闻学研究会授课讲义，后修改作为平民大学新闻系教材。全书约6万字，分14章，分别论述了记者的地位、资格和准备；访问的类别和方法；新闻价值和新闻写作等。该书系参考美、日新闻学著作，总结作者自身十余年记者实践经验编写而成。被赞誉为“立论本于国情，举例由于实践”，“足以振起新闻事业之精神”。（转引自《新闻文存》，中国新闻出版社1987年版第482页）曾多次再版重印，成为许多新闻从业者的常用参考书。

北京平民大学报学系成立。是中国人最早自办的大学新闻系。1921年平民大学创办时设有报学系科（两年制）。正式建系后，聘北大新闻学教授徐宝璜任系主任，北京新闻通信社社长吴天生、京报社长邵飘萍等任教授。学制4年。设有42门课，除文、史、哲、经济和外语类课外，专业课有新闻学概论、新闻采集法、新闻编述法、广告学、新闻经营法、新闻评论法、新闻事业发达史、剧评书评共八门。还有英文、日文读报、速记和照相制版等。第三、四年级安排学生去报社实习采编和评论。学生组织有新闻学研究会，1924年出版发行《平民大学报学系级刊》（半月刊），王豫洲主编，是当时报学界罕见的出版物。建系第一年即有学生113人（内女生8人）。

10月1日

《新江西》半月刊创刊于南京。旅居上海、南京等地的20多名江西进步青年创办。16开本杂志，每期8页。编辑部设在南京，由上海发行。以“专批评记载政治社会状况”为宗旨。第6号是《欢迎民权运动者专号》，为欢迎袁玉冰（冰冰）出狱而出版的。专号提出欢迎冰冰的三种精神：一、能舍弃一己幸福来谋民众幸福的“牺牲精神”；二、能勇往直前不屈不挠的“坚强精神”；三、能用科学的眼光和方法观察与救济社会的“科学精神”。第8号是《追悼列宁特号》。第10、11两号为合刊，是已知出版的最后一期。

10月15日

《申报》出版《教育与人生》周刊。初为小型杂志，单独发行。内容主要报道文化教育界消息，讨论国内教育的实际问题，介绍各国教育理论与方法。辟有《青年之友》和《体育》专栏。第1期刊登一篇访问李大钊的谈话录，李强调对学生进行人格教育的重要性说：“教育只是偏重知识，而忽于使用知识之人格，知识也不过是作恶的材料，这是一定的。所以至少于每小时授课之余，当授以三五分钟的人格教育……”发行至第60期后，1924年12月8日改为《教育消息》专栏，每日刊出。

10月18日

《金刚钻》创刊于上海。4开4版，三日刊。一批小报作者集资创办，初轮流负责，后公推施济群主持。与当时上海《晶报》《福尔摩斯》《罗宾汉》，并称为上海小报中的“四大金刚”。陆澹盦、冯梦云、韦兰史等相继任主编。常登名人随笔、掌故、轶闻，注重刊登长篇小说连载，曾发表《西征随笔之文字狱》、张恨水著《铁血情丝》等多部长篇作品。施济群多次革新，1932年8月1日起改为日刊，居小报界第二位。1937年8月停刊，共出版14年。

同日，据北京《晨报》报道，上海《时报》因传播反对直系军队新闻，被邮禁，北京方面连日不见该报。

10月20日

《中国青年》于上海创刊。32本，周刊。中国社会主义青年团中央机关报。社址设在上海辣裴德路（今复兴中路）186号，上海书店出版发行。邓仲澥（中夏）题写刊名并负责编辑最初几期。恽代英长期担任主编，以代英、但一、F·M笔名写了百余篇文章，并主持《答读者信》。萧楚女、张太雷、林育南、任弼时、李求实等先后参与编撰。《发刊辞》称，该刊是“为中国一般青年服务的”，是供给青年需要的“一种忠实的友谊的刊物”，要引导青年到“活动的”“强健的”“切实的”路上去。该刊主要内容是帮助青年树立革命的人生观，正确对待学习、工作和生活问题；报道评述国内外政治时事，宣传贯彻中共“二大”的民主革命纲领和策略；传播马克思主义理论，批判各种侵蚀青年的反动的、错误的思想。要求稿件“有益而有味”。设有《社评》《时事述评》《寸铁》《新刊批评》《青年界消息》《书报评论》《文艺》等栏，以后又增设《通讯》《我们的时代》等栏，后期增加漫画插图。该刊注意征求读者意见（包括举办问卷调查），改进编辑工作，平时发行1.2万份，最高达3万份。1926年5月迁广州，李求实主编。1927年5月又迁武汉，汪精卫“七一五”政变后迁回上海。同年10月10日出版第8卷（每出满25号，合成汇刊本1卷）第3号后，被国民党查禁停办。

同月

《中国共产党党报》创刊于上海。中共中央出版的内部刊物。不定期刊。刊载党内问题讨论和党的正式文件报告。初期，凡正式党员均赠阅一份。1925年1月中共“四大”后，扩大范围，凡候补党员亦赠阅。“四大”通过的《对于宣传工作之决议案》，检讨《党报》的缺点，明确规定“《党报》是我们现时秘密组织用以教育党员的最重要机关。今后当多登关于政策和各种运动非公开的讨论文件”。在有些支部，可以“宣读并讲解《党报》《向导》”。1926年9月中共中央《关于宣传部工作议决案》规定，对《党报》“还须改良整顿，使能集合中央各部及各地之党内生活和工作经验，以为训练同志之材料及指导”。（《中国共产党新闻工作文件汇编》上册，第20、21、30页）

11月1日

上海书店成立。中国共产党早期出版发行机构。徐白民、毛泽民负责主持。店址设在民国路小北门振业里（今人民路1027弄）11号，租用的店房是一楼一底，带一间过街楼。《开幕启事》宣称其宗旨和任务是：“我们要想在中国文化运动上尽一部分的责任，所以开设这小小的书铺子。我们不愿吹牛，我们也不敢自薄，我们只有竭我们的力设法搜求全国出版界关于这个运动的各种出版物，以最廉价格贡献于读者之前，这是我们所愿负而能负的责任。”（张静庐编：《中国现代出版史料》，中华书局1954年版，甲编第76页）该店承担中共报刊《向导》《中国青年》《新青年》（季刊）、《前锋》等的出版发行，同时出版有关马克思主义和社会主义的书籍，有由瞿秋白等为上海大学写的各种讲义整理而成的《社会科学讲义》等，共计30多种。到1924年下半年经费始转亏为盈，从此党的报刊的印刷费全由该店支付。1926年各地同志成立有广州、南昌、宁波书店、巴黎书报社、香港代售处，均经售上海书店的出版物。1926年2月被军阀孙传芳查封后，中共出版发行全部转入地下。

11月4日

北京《晨报》刊出湖北宜昌报界联合会通电，称宜昌《商报》出版数日，尤受社会欢迎（1922年秋，该地始出有报纸）。9月25日，该县知事张某，突然封闭该报，逮捕主笔，并未宣布何罪。报界同人为此通电全国报界声援，并向法庭提出公诉。

11月6日

北京《中国新闻》出版。社址设在北京宣武门外四川营7号。赠阅3天，送登广告7天。

11月20日

北京民治通讯社因所发有关金佛郎案的报道涉及阁员受贿等情节，被政府当局查究。该社为此发表声明称：“查敝社此项新闻系转录16日天津《大公报》，且同时京中其他报纸亦有同样记载，并非敝社造谣诬蔑，诚恐外间不明真相或有误会。”（《晨报》1923年11月20日）

《新建设》杂志创刊于上海。国民党在上海创办的综合性理论刊物。16开本大型月刊，每期约13万字。恽代英、萧楚女、邓中夏、李求实、林育南、陈为人、罗章龙等共产党人是该刊的主要编撰人，恽代英主编。由新建设杂志社编辑发行，社址设在上海法租界辣裴德路（今复兴中路）186号。发刊词强调继承和发扬《建设》杂志的传统。内容以论述当前国内外形势、民主革命理论及国民党的建设为主，同时介绍社会科学、经济理论、俄国革命的历史和现状。由上海书店总代销，在天津、北京、保定、成都、长沙、武汉、南京、广州、香港、巴黎等地设有20多个代销处。1924年8月终刊，共出8期。

11月24日

北京新闻记者公会在中央公园召开发起大会，80多家报纸、通信社记者数百人到会。京报社长邵飘萍被推举任大会主席，报告开会宗旨，在于保障记者言论及人身之自由。会议推举20人为筹备员。

12月1日

《晨报》发刊5周年纪念，渊泉写社论《吾报之使命》称“始终抱定不要使我们的晨报变成一个商品”，“相信报纸惟一存在的意义，在实行社会教育”，认为“思想革命”是改造中国和世界的唯一工具，是《晨报》存在的唯一使命。

12月6日

北京新闻记者公会筹备会通过《新闻记者公会简章草案》，邵飘萍是筹备者和简章起草人之一。同月9日，该会开董事会成立大会。7日，《京报》发表《北京报界之宜自警惕》（飘萍）一文，认为年来北京报馆通信社发展快，但是，“多则多矣，而有确实基础与言论之能勉成自由独立者，仍居少数”，成立新闻记者公会，当能抵制来自政界的收买与压迫。

12月7日

《安源旬刊》在江西萍乡安源创刊。4开石印期刊。中共安源党、团地委创办的安源路矿工人俱乐部机关刊物。该刊“专以阐明萍矿的内容，启导平民知识，提倡工人自治为宗旨”（《工人周刊》1923 年 12 月 30 日）。刘少奇、李求实、贺昌、施洋、林育南、李维汉、朱少连、毛泽民等为该刊写过文章。1927 年 6 月，随路矿工人运动被镇压而停刊。

同月

商务印书馆出版《新闻事业》一书，列为东方杂志社 20 周年纪念选编的“东方文库”第 30 种（全套文库共 81 种，为 64 开本小丛书）。书中收入徐宝璜著《新闻学大意》（部分章节）和胡愈之编写的《欧美新闻事业概况》，故本书署名徐宝璜、胡愈之合著。全书共 92 页，定价大洋 1 角。1924 年 9 月再版。

同年

《女师大周刊》在北京创刊。国立北京女子师范大学校刊（初为女高师周刊）。1924 年 11 月，女师大风潮爆发，在学生自治会控制下，该刊成为进步学生的喉舌。一般为 8 开 4 版，有时增为 8 版，每期约 1.3 万字。现存的《驱杨运动特刊》（1925 年 6 月 3 日出版），反映了反对校长杨荫榆封建专制统治的风潮。《刘和珍、杨德群二烈士追悼特号》（1926 年 3 月 24 日出版的第 123 期）及第 124—128 期，集中反映了女师大学生参加“三一八”反帝反封建的英勇斗争。1926 年 8 月 22 日出版的《毁校纪念特刊》，为现存的最后一期。

军阀孙传芳进入浙江后，一次下令查封《浙江晨报》《三江日报》《新浙江报》《浙江日报》《杭州报》《浙江民报》《平湖日报》等十几家报纸，连上海《申报》《新闻报》《时事新报》《商报》等在杭州设立的分馆也同时被封。

民新影片公司在香港成立（初名民新制造画片有限公司）。黎民伟（同盟会员）创办。开始拍有球赛、龙舟赛等新闻片。1924 年黎把摄影棚建在广州后，两年中为孙中山的革命活动拍摄了一系列新闻纪录片，在改组后的中国国民党“一大”新闻片中，有孙中山和李大钊并肩步出会场的镜头，有《孙中山先生北上》《出巡东北江记》《孙中山先生出殡及追悼典礼》新闻片。1927 年编成《国民革命军海陆空大战记》的大型纪录片。

1924 年（甲子）

1 月 20 日

北京《中外日报》创刊。社址在北京石驸马大街 16 号。出版后送阅 5 天，送登广告 2 周。

2 月 1 日

《赤光》杂志创刊于巴黎。为中国旅欧共产党和共青团组织合办的机关刊物。前身为《少年》月刊。创刊号称：改理论的《少年》为实际的《赤光》，目的在加强对中国政治时事的评论。半月刊，16 开本，每期 12 页左右。任卓宣、李富春、萧朴生先后主编。前 10 期的主要编撰人是周恩来，他用伍豪、恩来、飞飞、翔宇等笔名撰发政论、时评 30 多篇。邓小平（希贤）参加编撰并负责刻印。该刊内容主要是揭露帝国主义列强和封建军阀统治压榨中国的黑暗事实，阐述现阶段中国民主革命的任务和方针，促进国民革命运动的发展。该刊曾与青年党的《先声》周刊展开论战。法国政府曾查禁没收该刊，逮捕编者。1925 年 6 月 7 日出版第 33 号后停刊。第 33 号是《反对帝国主义屠杀上海市民特刊》，32 开本，共 6 页，油印，白色封面。署名中国共产党旅欧支部和中国共产主义青年团旅欧区印发。1928 年《赤光》复刊。1929年迁德国柏林出版，由成仿吾、谢唯俊、章文晋等负责编务，连续计号。1930年初出版的第54期是现存的最后一期。该刊的读者主要是旅欧中国共产主义者、勤工俭学学生和华工。该刊大部分在欧洲发行，少数发行于国内和加拿大、古巴等地。

2月8日

《申报》创办《本埠增刊》版。每日出版对开2张8版。向上海订户发行或零售。广告占版面的十分之七八，登载上海各种社会事业活动的预报和纪录，剧院、商店的广告。这一创举后为各大报所仿效。《申报》经理张竹平曾说："本报首创发行本埠增刊，其目的为便利本埠商业各界之委登广告。所以仅限本埠原因，一因内容限于本埠……一因本埠广告价值较轻，外埠销数且两倍于本埠，我即利用少纳邮税与少耗纸张之两点，直接给予本埠广告登户以实质之利益。事实昭然，今同业且步武其后矣。"（胡道静：《新闻史上的新时代》，世界书局1946年版，第94页）1925年9月《本埠增刊》的体裁调整为《述要》《商店消息》《团体消息》《出版界消息》和专载艺术方面的评论与消息的《艺术界》专栏。这一每天出的固定专栏至1931年底停办。

2月9日

《复报》创刊于北京。社址在南京南河沿东边12号。林众难主办。设《论坛》栏，专载名流著述，关于新思潮和经济界记载。每星期二、五另行出版副刊。

2月28日

北京《中外日报》社长林松庵因吸毒被人挟嫌举报，警察厅捕送戒烟所，时该报仅出33号。林系台湾人，入日本籍。经日本公使行文外交部交涉，次日林即被保释。

3月1日

上海《民国日报》改组成为国民党中央在上海的机关报。国民党中央执行委员会推任叶楚伧为编委会委员长，胡汉民、汪精卫、瞿秋白、邵力子为编委，后两人均系加入改组后的国民党的共产党员。

3月30日

远东通讯社在上海成立，4月1日正式发稿。黄克明与人合作创办并自任社长。该社以"宣达民意，传播确速消息"为宗旨。在一些大中城市招聘通讯员。1925年7月在上海组织新闻学演讲会，先后聘请朱少屏、潘公弼、严谔声、汪英宾、戈公振、周孝庵、张东荪等为讲师，讲授新闻理论、新闻业务知识、国内外新闻事业的历史与现状。第一次讲演的专题有《女记者》（李昭实女士讲）、《报纸之价值》（旅欧新闻学家王一之讲）。听讲者通常有50多人。同年10月2日，在演讲会基础上，正式成立"上海新闻学会"。1926年9月后，朱少屏主持社务。1927年3月参加发起组织上海通讯社记者公会。

4月1日

中央通讯社在广州正式发稿。国民党中央宣传部主持创办。3月28日，国民党中央执行委员会第29号《通告》宣称：本委员会为求新闻确实，宣传普及起见，特由宣传部组织中央通讯社。凡关于中央及各地党务消息，及社会、经济、政治、外交、军事，以及东西各国最新之要闻，足供我国建设之参考者，靡不为精确之调查，系统之记述，以介绍于国人。中央社创办初期规模较小，但它将广东民主革命基地和各地的消息向全国发布，开始打破外国通讯社垄断重要中外新闻来源的局面。在国民革命运动中，中央社派记者随军采访，及时报道东征胜利进军和各地政权建设的消息；及时报道揭露帝国主义阴谋攻击广州国民政府和商团的反革命活动；派记者随军报道北伐战争，当北伐军攻占一地，迅用急电报告广州总社。记者随身带有油印机，按日印发军事通讯，详细报道各地的战况和各地民众支援北伐军情景。北伐军占领武汉后，该社随即迁往汉口。

4 月 14 日

上海书业商会、书报联合会、日报公会、书业公所联合宣言，反对公共租界工部局本月 3 日又一次提出的《印刷附律》。《民国日报》等立即报道评论，予以声援。16 日纳税外人会议因到会不足法定人数，《印刷附律》等案遂告搁浅。

4 月 16 日

《世界晚报》创刊于北京。社址设在北京西单手帕胡同 35 号成宅。4 开 4 版。成舍我独力创办（实有现金仅 200 元）并担任社长，经理吴范寰、编辑龚德柏，副刊《夜光》版主编张恨水。其时，北京市面常见的晚报已有 17 家，该报在《京报》刊登广告，自称有五个特色。实践中最显著的是：特设《教育》专栏，注重揭载教育界有关消息；《夜光》副刊连载张恨水长篇小说《春明外史》等有趣文字，吸引众多读者；重要新闻成舍我经常自己采访，对政治问题时有公正批评。报馆设备简陋，由私人印刷局承印，版面粗糙。创刊初，全靠卖报，收入很少。半年后该报营业稍有起色，销数一般达三四千份，但仍不能完全按时支付报馆人员薪金。次年，增出《世界日报》后，才逐步好转。

4 月 27 日

《政治生活》周刊创刊于北京。李大钊领导创办。初为中共北京地委机关报，后为中共北方区委机关报。初期由刘仁静主编，1924 年秋到 1926 年 5 月由赵世炎主编，范鸿劼主持后期编务。创刊号《发刊辞》宣布宗旨说："中国的政治不良，但是谁能逃出外力与军阀的宰割?""本刊的使命，便是要领导全国国民向：奋斗反抗的政治生活走!"该刊逢周日出版，16 开杂志，初仅 4 页，第 40 期起增至 8 页，第 62 期扩为 16 页，发行数千份。该刊报道评论政治时事，宣传贯彻中共的方针政策，传播马克思主义理论，反映和推进反帝反封建军阀的国民革命。赵世炎用士炎、乐生、罗敬、列甫等多种笔名撰写政论、时评等文约八九十篇。"其言论风采为一般革命青年所景仰，赵世炎之名遂扬溢于全国。"该刊设有《政治生活与读者》专栏，重视读者工作。该刊曾作读者调查统计，在数千按期订阅的读者中，大多数是学生、工人和自由职业者，而且 90%以上的读者赞成该刊的政见，并在它提出的政策指导下行动。现有影印本最后一期是 1926 年 7 月 22 日出刊的第 79 期（一说能看到的最后一期是第 88 期）。

同月

美国旧金山《太平洋日报》主笔麦力克思来北京。麦氏曾数次来华，注意中国政治、财政状况。此次来华，接受记者访谈，认为改造中国必先注重道德。

4 月初—7 月底

沈雁冰接编上海《民国日报》副刊《社会写真》（后改名《杭育》）。每天为该刊撰写一篇杂文，二三百字，或五六百字，抨击劣政，针砭时弊。本年，沈还为该报另一副刊《妇女周报》写过不少短文。

5 月 1 日

《赤心评论》创刊于成都。16 开月刊，每期 1 册。吴玉章、杨闇公等创办的中国青年共产党的机关刊物。由成都社会主义研究会刊行。创刊号为《追悼列宁纪念号》。同年 11 月 1 日第 7 期是《反帝国主义运动特号》。该刊前期热情宣传马克思主义，介绍列宁，揭露帝国主义和封建军阀的罪恶。第11期起由于以傅无双为代表的赤心评论派的分裂，该刊转向了反对列宁和中国共产党的立场。1926年10月10日出版第14期后停刊。

5月5日

北京今闻通信社及其附属的《今晚》晚报发稿和创刊。各赠送3天。社长陈沧客。社址在北京宣武门外麻线胡同12号。

5月15日

开洛无线广播电台在上海开播。美商开洛电话材料公司主办。发射功率初为100瓦特，同年8月增加为200瓦特，电台呼号为KRC。台址设在上海福开森路（今武康路）。该台先后与《申报》《大美晚报》《大陆报》和租界工部局、派利西饭店及美国社交会堂建立联系，设立播音室。该台利用市内专用电话线，使各个播音室与该台的发射直接联系，在不同时间发射各个播音室的节目。内容主要有中、英语新闻，中外音乐唱片，专题讲座，气象报告，商情和广告等。曾举办无线电常识演讲，借以推销收音机。主持人开洛公司经理迪莱。中国人曹仲渊、徐大雅被聘担任电台的正副主任。为加强与听众的联系，该台曾组织"中国播音会"。1929年10月停办。

5月20日

《中国共产党党报》第3号刊登中共中央扩大执行委员会通过的《党内组织及宣传教育问题议决案》，指出："中央宣传部应当在党报上加重党内教育的工作……政治宣传亦急于有全国的进行规画。所以中央必须特别设一个编辑委员会（主持中央一切机关报的编辑委员会），以七人组织之，其中四人必须在中央所在地。中央机关报的编辑委员会只对中央全体大会报告，遇有必要时，更可以向全国大会报告。中央机关报编辑委员会同时指导各地参与国民党报纸的同志。中央机关报编辑委员会应当是真正工作的集合体，指导并训练政治及策略问题的全党思想。"

同月

中共中央出版部在上海成立。洪鸿（张伯简）任出版部书记。

《贵州青年》旬刊创刊于上海。由周逸群联合在上海的贵州进步青年李侠公等组织的贵州青年社创办。共出12期。《中国青年》第36期《新刊批评》栏曾刊出萧楚女的文章，对《贵州青年》进行介绍。

《电影杂志》月刊创刊于上海。晨社出版。顾肯夫、程步高、朱瘦菊主编。第10期起改由李怀麟主编，第13期由蔡晓白主编。该刊以扶植中国电影事业，介绍外国先进经验为宗旨。设有《艺术论坛》《影片评论》《新片剧本》《著名电影家小史》《电影界消息》《析疑录》等栏目。1925年秋停刊，共出13期。

《外交旬刊》创刊。中共外围组织上海市民协会主办，为配合收回关税自主权的斗争而出版。关向应负责从写稿、审稿、校对到联系印刷厂或刻蜡纸油印等全部编务，有时还上街推销叫卖。

《福建青年》在福州创刊。32开，16页。共青团福州支部领导。社长陈任民，主编方尔灏。因警厅干涉，印刷所不敢承印而停刊。

6月1日

北京每日通信社成立。同日开始发稿。社长赵之成。京内赠阅一月，外埠赠阅半月。社址设在北京宣武门内国会街。

6月18日

《向导》第71期发表李大钊写的《新闻的侵略》一文，署名T. C.。文章指出："中国遍地尽是外国通讯社的宣传机关，如东方、路透、中美等，他们挟资本雄厚的优势，在内地时时操纵新闻”，造谣惑众，破坏中国革命运动，这是一种“新闻的侵略”。他主张“中国政府应根本取缔外国利用通讯社在国内各地宣传，应将那些造谣生事的、侮辱中国的外国新闻记者，驱逐出境”。

同月

邵飘萍著《新闻学总论》一书，由北京京报馆出版。其基础为邵在北京国立法政大学讲授新闻学时所写的讲义。全书 6 万多字，共分 10 章：一、新闻事业之性质；二、新闻记者之地位与资格；三、新闻社之组织（包括编辑部、排印部门、发行部、广告史与广告技术）；四、新闻纸之表里（讲述新闻的定义和要素，新闻纸的形质差别和材料来源）；五、世界的通信事业（介绍路透社、美联社、哈瓦斯社和官办通信机关）；六、新闻纸之进化史略（讲述新闻纸与新闻记者的起源，各国新闻的特色）；七、新闻纸之法律问题（要求制定真正的新闻保护法，维护新闻事业的正当权益）；八、中国新闻事业之现状；九、新闻事业之将来；十、余论。作者称该书与其前著《实际应用新闻学》可相互参照，目的均为供给学新闻者以基本之知识。书末寄希望于读者：“新闻之学期于应用，尤贵经验，对于原理及方法各有心得与发明，书是死的，只能助初学者开道以前进，不宜求剑刻舟。”同时强调指出：“记者之尽职，以道德人格为基础，以侠义勇敢为先驱，而归本于责任心之坚固，缺此全书皆成虚语。”

夏

《新群》半月刊创刊于上海。由吉国桢、何尚志、曹聚仁、关中哲、党伯弧等发起组成的上海大学陕西同学会创办。宣传马列主义，揭露帝国主义和军阀孙传芳的罪行。

7 月 21 日

《少年日报》在北京出版。

同月

《摄影学周刊》创刊。这是上海最早专门研究摄影的期刊。

《青岛时报》（*Tsingtao Times*）创刊。该刊在香港注册，主笔黎尔德。

8 月 1 日

《广州英文日报》（*Canton Gazette*）创刊。日出对开 1 张。社址在广州西湖路 43 号。发行人莫卓华，编辑人张华颔。国共合作后，孙中山为向国际友邦人士宣传中国革命，计划在国内各大城市举办英文报纸，这一计划叫“钞报链环”（Gazette Chain）。《广州英文日报》的出版是计划之一。该报由广东国民政府外交部长陈友仁指导，陈和廖仲恺及孙中山的美国顾问那文均为该报写稿。该报内容是报道国民革命形势，声讨北洋军阀，揭露帝国主义对华侵略的罪行，集中反映“五卅”惨案、省港大罢工等重大事件，主张废除不平等条约。1938 年 10 月 21 日，日寇侵占广州前夜停刊。

8 月 3 日

《国闻周报》创刊于上海。为国闻通信社的附属事业。这份政治时事性新闻周刊，以发表政论和时评为主，报道、评论国内外时事。胡政之主编，并以冷观等笔名撰文。主要编撰人有吴鼎昌（前溪）、张季鸾（一苇）、潘公展、严慎予、何心冷、李子宽、金诚夫、曹谷冰、王芸生、徐铸成等。胡适经常为该刊撰稿。该刊设有《时评》《一周间国内外大事述评》《一周大事日记》《评论选辑》《凌霄一士随笔》《文艺》《时人汇志》等栏目，注重搜集国内外时事，刊登每周系统记述，并尽量介绍新学识，以利读者作为史料保存。1926 年迁天津，成为天津《大公报》的姊妹刊，每周择优辑录《大公报》的重要社评，对南北各报有价值的论文亦择要辑存。创刊一年后，发行 3000 多份，1933

年增至 2 万多份。除发行全国各地外，还远销欧美、东南亚等地。1936 年又迁回上海。1937 年 12 月 27 日出版第 14 卷第 50 期后停刊。

8 月 18 日

北京《维纳丝》报创刊。日出 4 开 4 版。社址设在北京西河沿 191 号。编辑张谬子，撰述人宋春舫。自称其宗旨为："提倡美术，促进文化。"送阅 3 天，送登广告 2 个星期。

8 月 20 日

《洪水》创刊于上海。创造社创办。为刊登政论、文艺的综合性刊物。周刊。由敬隐渔、倪贻德等主持编辑。郭沫若从日本寄来封面题字和文稿《资本主义与盲肠炎》。仅出 1 期即停刊。1925 年 9 月复刊，改为半月刊，由光华书局出版，编辑费每期 50 元。初印 3000 份，后增至 5000 份。复刊第 1—12 期由周全平编辑，25 期后由郁达夫编辑。1926 年 12 月出版 1 册《洪水周年增刊》。该刊反映了创造社社员文学思想和政治立场的发展变化，影响众多青年突破文艺圈子，走向革命道路。1927 年 12 月终刊，共出 3 卷 37 期。

同月

北洋政府交通部公布《装用广播无线电接收机暂行规则》，这是中国新闻事业史上第一个关于无线电广播的法令。该《规则》共 23 条，要点有：一、装用接收机（即收音机）者，须先呈请交通部核准，发给执照；二、接收机只限装设在通都大邑及繁盛市镇，不得装设在军事边防、海防及政府示禁的区域；三、凡中国人安装接收机者，应由其同乡委任以上职官一人或六等以上殷实商号一家出具证书。凡外国人安装接收机者，应由其本国公使或领事或同国籍的殷实商号两家为之证明；四、接收机只准供接收音乐、新闻与气象、时刻、兑汇的报告及演说、试验之用，不得借以牟利或将所收任何电信私自泄漏；五、安装真空管接收机每副每年缴纳执照费六元，安装矿石收音机每副每年缴纳执照费四元；六、对于违背《暂行规则》有关规定者，处以五元以上、二百元以下之罚金或没收其接收机。《暂行规则》表明北洋政府对广播事业由先前无条件取缔改变为有条件的限制，这在客观上促进了中国早期广播事业的发展。

燕京大学报学系成立。美国人白瑞华（R. S. Biitton）任第一任系主任，聂士芬（V. Nash）等为教授。初仅有学生 9 人，其中女生 1 人。课程设有新闻学原理、编辑、采访、写作、管理、印刷、照相等。师生承编《燕大周刊》的新闻副刊，并合办燕京通讯社。初仅发英文稿，后增发中文稿，供北京、天津、上海、汉口和香港、东京、纽约等地 10 多家报纸采用。1927 年因经费短缺而暂时停办。

中国共产党领导的上海书报流通处成立。该处设在上海北浙江路（今浙江北路）华兴坊 1 弄上海店员联合会内。负责人董受之。该处旨在促进《向导》《中国青年》等党的报刊的销售和发行。初期有 3 名推销员，后渐增至十几人，向各大学、工厂推销进步书刊，兼办代购书刊业务。1925 年 7 月被迫停办。

中国共产党领导成立上海各界非基督教大同盟（以非基督教学生同盟为基础）。该同盟以反对帝国主义的文化侵略为主旨。由张秋人、唐公宪、李春蕃等 5 人组成委员会主持同盟事务。从 1925 年 1 月 7 日起，该组织在上海《民国日报》副刊《觉悟》上创办《非基督教特刊》，共出 25 期。

上海《时报》《商报》《新申报》因如实报道评论市民叶乾亨被公共租界非法逮捕一事，被工部局以"散布谣言，登载不确实消息”，“损害西捕头邓汤姆司之名誉”为由，强行干涉。时报总经理狄楚青、主笔陈冷血，新申报总经理许建屏、主笔孙东吴，商报总经理李征五、主笔陈布雷等6人遭到拘捕。会审公堂不听被告律师正当申诉，分判罚款，强行结案。

9月1日

《北京新报》创刊。社址设在北京虎坊桥甲48号洋楼。该报曾发布启事公开征聘访员和稿件：“凡京内外熟悉政情及社会状况，消息灵通者，请于出版日速投稿三日，一经聘定，薪金特别从优，如有不愿宣布真实姓名者，本报当代守秘密。其他有关于近代学术思想及文艺小说之作品，亦在征求之列，一经采用，报酬每千字五角至二元不等，按月算付不误。”

京师警察厅传讯国闻通讯社编辑周某。指责该社前两日刊载奉天通信员关于奉张致曹锟函失实。6日，该社被勒令停止发稿。

9月2日

世界通信社编辑被京师警察厅传讯。该社总经理遭到监视。5日，该社停止发稿。

9月3日

京师警察厅布告称，“以时局不定，谣言四起，舆论界对于各省军政事项，均应持以镇静态度，不得任意登载”，并指出目前仍有一些报馆及通信社，“故意造谣，存心煽惑挑衅情事，影响治安”，除饬传有关报社经理人，“严加根究法办外”，特布告各报馆，“往后对于军事及有关大局各项，务宜审慎登载，勿得故违”。

9月5日

京师警察厅传讯上海《申报》驻京记者秦墨哂及亚东新闻社记者，并查封《民德报》。

9月21日

北京《晨报》致读者信称：当此时局多事之秋，报纸传递消息，尤贵神速，本报平日发行“素称快捷”，虽近来销数日增，更设法提早，“使阅者先睹为快”。为此规定，本京准在上午9时前将报纸送到；天津方面亦于9时前运到，并由津分社自备脚车十数辆分途投送，限定12时前送到。

10月10日

中国国家主义青年团（即“国家主义派”，又称“醒狮派”）的主要机关报《醒狮周报》创刊于上海。4开周报。曾琦、左舜生、陈启天等主办。为政治时事评论周报。设有时评、论说、纪事、讲演、评述、笔枪墨剑等专栏，也刊登一些散文、小说、诗歌。该报鼓吹“国家主义”，反对马克思主义，攻击中国共产党及其领导的民主革命运动，曾受到《向导》《中国青年》等革命报刊的批驳。1927年11月19日出至第162期时，由于和国民党发生矛盾，被上海治安当局勒令停刊。同年12月10日复刊。1930年9月出版第221期后终刊。

北京《广告日报》出版。社址设在北京长安街大栅栏甲字16号。日出对开3张。除刊登广告外，还有小说、文艺、游记、谐谈、剧本、常识、银幕、时事等栏目内容。

10月15日

北京民舆通信社成立并开始发稿。社址设在北京宣外大街210号。京内各报一律赠送1月，外埠赠送半月。

10月20日

京畿警备总司令部通知北京各报，嗣后各报馆各通信社，关于登载军事新闻，应先将原稿按照检查时间表，先行送交该部检查，经验讫，始准刊发。北京《晨报》为此于同月22日在第2版上用4号字登出特别启事：“在此种限制之下，本社所发稿件，不敢保证不受减削，不及选择材料补充时，即留一空白，请阅者原谅。”同版登出的军事消息《张作霖向榆关增援》稿，即留有部分空白。

10 月 24 日

北京《晨报》出版该报特派记者俞颂华所著《游记》第 2 集。该书为作者旅游俄、德的通信汇集。

同月

《中国工人》创刊于上海。32 开本综合性月刊（实际是不定期刊）。中国共产党指导工人运动的刊物。1925 年 5 月转为中华全国总工会机关刊物。罗章龙主编，主要编撰人有邓中夏、赵世炎、刘少奇、任弼时、罗亦农等。该刊以指导工人运动为主要任务。设有《短论》《时评》《转载》《劳工消息》《通讯》《书报介绍》和《无情斧》等专栏，介绍国内外工人运动的经验，引导工人把争取自身经济利益的改善和反帝反封建的国民革命运动结合起来，系统地阐述工人阶级在民主革命中的领导地位，以及工农联盟的重要性等问题。“五卅”运动发生后暂告停刊，后迁广州出版。1927 年 7 月中旬暂告停刊，共出 5 期，销数仅次于《向导》周报。

日文《上海经济日报》改名《上海每日新闻》。

《晨报》副刊主编孙伏园愤而辞职。原因是《晨报》代理总编辑刘勉己没有征求孙同意，即自行抽去由他签发的鲁迅新打油诗《我的失恋》一稿，又说不出那首诗“要不得”的原故。孙认为这是对其副刊主编职责权利和言论自由的侵犯，引以为耻，并由此深感创办自由发表文字的机关的重要性。孙辞职后的第一个举措便是于同年 11 月 17 日筹办出版《语丝》周刊，并在《语丝》上刊出《我的失恋》一诗。

10—11 月

《星火周报》创刊于福建集美。集美师范学校福建青年协进社创办。协进社发起人共青团员李觉民、罗明等以列宁创办的《火星报》为榜样，宣传马克思主义，研究社会实际问题和国际政治状况，倡导青年学生到民间去宣传。该报每次出版，即销售一尽，对集美学生的思想影响甚大。1925 年《五一特刊》是最后一期。

11 月 1 日

上海《民国日报》增设副刊《杭育电影周刊》。何味辛、汤笔花合编。主要内容：一、批评中外新产影片；二、报道电影消息；三、介绍电影技术。

《少年共产国际》在上海创刊。中国共产主义青年团创办。

11 月 2 日

国民军冯玉祥部入京后，新任京师警察厅总监张璧举行北京新闻界招待会。张在会上说：“冯总司令二十三日之主张和平，第一可使军阀知武力不可恃，而杀其凶焰；第二北京得冯军为领袖，各军队皆将变而为守法之军队，此实为中国前途之曙光。”他又说，舆论力量，最为伟大，“可抵十万兵”，希望新闻界与冯部合作。

11 月 8 日

《新闻报》总经理、董事汪汉溪在上海病逝，享年 50 岁。汪汉溪（1874—1924），浙江温州人，早年在上海南洋公学负责总务，1899 年福开森购进《新闻报》聘其主持报业经营，前后 24 年，历任总理、总经理，办事谨慎，一心致力于报业的经营改革，使《新闻报》成为旧中国销量最多的商业报纸。其子汪伯奇继任该报总理。

11 月 17 日

《语丝》创刊于北京。这是一份以批评社会和文化思想为主旨的综合性文艺刊物。该刊由孙伏园发起筹组，鲁迅支持创办，周作人负责编务，北京北新书局出版发行。初期应邀撰稿的有 16 人，固定作者有鲁迅、周作人、钱玄同、江绍原、刘半农、林语堂、冯文炳、顾颉刚等。初为 16 开本周刊，从第 81 期起改为 20 开本。主要刊登杂感、散文，也有少量诗歌、小说、译文。鲁迅是首席作者，他的作品代表了该刊的特色："任意而谈，无所顾忌，要催促新的产生，对于有害于新的旧物，则竭力加以排击"（鲁迅：《我和〈语丝〉的始终》，《鲁迅全集》第 4 卷，人民文学出版社 1982 年版，第 167 页）。创刊号仅印 2000 份，因读者争购而增印 7 次，计 1.5 万份，行销全国。该刊是鲁迅在北京期间用以抨击北洋军阀专制统治，批驳"甲寅派"和"现代评论派"的重要阵地。1927 年 10 月 22 日被奉系军阀查禁而停刊，北京北新书局亦被封。

11 月 19 日

北京《晨报》自当日起扩大新闻栏，将各版隔行加密，计每版可增 1500 余字，全张约增多五分之一内容，力求更丰富、真确。

《向导》周报第 92 期发表署名"记者"的文章《答国民党中央执行委员会》，针对该会在广州《民国日报》上刊登警告《向导》的两封信，指出：一、关于指责《向导》第 85 期所谓"强分"国民党为左、中、右三派一事，记者列举左、右派半年来对江浙战争的不同态度等种种事实说，"本报之所以一再根据事实，揭示国民党内派别之分，不仅在使民众了解国民革命之必然方向，亦在唤起国民党诸领袖之注意，对于党的组织有所整顿"，如果否认派别存在的事实，反而是破坏国民党；二、关于指责《向导》第 87、88 期对广州政府姑息商团态度的批评是所谓"捏造事实、诋毁中伤"一信，答复说："这类批评本报同人一贯以革命的忠诚耿直态度出之，不仅没有丝毫恶意，而且非常忠实近情。"最后坚持中共党报的独立立场，严正宣称："贵会并非本报上级机关，本报言论方针，自有权限，绝不容贵会之干涉"，"来函威吓无礼诬拘谩骂之失态，同人不敏，恕不裁答"。11 月 6 日，中共中央出版部第 1 号通告，决定将《向导》第 85—90 期加印 3000 份，赠送当地国民党员或其他群众，广为传播对国民党右派分裂行为的批评，以引起警惕。

11 月 24 日

《申报》刊载《上海夜报十大特色》一文，对该报的宗旨、内容、编排、文风等，概括为十大特色：（1）经济独立，不受资本家之束缚；（2）言论自由，不为一党派之倾向；（3）消息灵通，各地都有通电通讯员；（4）议论精辟，均为短刀直入之谈；（5）记事简要，不尚冗论，以免耗读报人之脑力；（6）行文优美，执笔者皆为有文学修养之人；（7）编排适宜，不死守通常之呆滞；（8）出版迅速，每日应于下午 7 时前出版；（9）注重文艺，收罗文坛杰作甚多；（10）加强小品，庄谐杂录，以引起读者之兴味。

同月

英文版《北京快报》（*Peking Express*）为纪念出版 3 周年，决定扩充内容，增加欧美名著、滑稽、言情、侦探、小说、戏剧、诗歌、趣话、谜语等栏目内容，并增加汉文注解。

申时电讯社在上海成立。由《申报》经理张竹平创办。初期没有正式名称，由《申报》《时事新报》两报编辑记者，用业余时间撮要编译两报所得中外电讯，提供外埠有关系的几家报纸采用。稿件分电讯和邮寄两类。电讯按内容和字数，分为甲种稿（每日约 1000 字）、乙种稿（每日约 500 字）、丙种稿（每日约 100 字）、丁种稿（每日约 50 字），由各报社选订并自理电报费用。邮寄稿分平信、快件两种。订稿的报社亦可用当地新闻（包括政治、经济、文化、风俗等方面）进行交换。试行数年，外地委托发电者日增，业务逐渐发展，资本扩充。1928年改组，正式定名为申时电讯社。

12月1日

北京《晨报》自即日起，在该报第6版的下半页辟设《北京》版，刊载趣味性、娱乐性、知识性的文字，供北京市民茶余饭后阅读。设有《七嘴八舌》《随便谈》《社会写真》《运动界》《电影界》《商情》《开心话》《小说》《读者日历》等栏目。

12月5日

《京报》创办《京报副刊》。孙伏园主编。除每日见报外，又另印成16开本日刊，每期8页，单独发行。创刊号刊发孙伏园署名“记者”的《理想中的日报附张》一文，总结五四以来副刊改革的经验，提出理想中的日报附张需具备以下几点要求：一、内容上应对宗教、哲学、科学、文学、美术等“兼收并蓄”，且取材应与日常生活有关，用平易有趣之笔表达，倾向附张杂志化，力避教科书式的艰深沉闷的弊端；二、文学艺术作品，应是附张的主要内容，供人娱乐和有益滋养；三、重视刊登“短篇的批评”，包括对社会、学术、思想、文学艺术、书报的批评。此外，亦应广载有益思想的小说、短诗、短剧、游记、散文一类的文字。强调“竭诚欢迎新进作家”的投稿。《京报副刊》得到鲁迅的大力支持，鲁迅为它提供长篇译文，如日本厨川白村的《出了象牙之塔》（第5—85号断续刊登），“作为从外国药房贩来的一帖泻药”，用以医治国人精神文明上的痼疾（鲁迅：《从灵向肉和从肉向灵》译者附记，《京报副刊》1925年1月9日第31号），并撰写了《忽然想到》等大量杂文，有力地针砭时弊。到1926年4月止，该刊共出477期，对提倡新思想和新文学作出了重要贡献。

12月9日

上海英租界巡捕房搜查上海大学，掠走大量书报。几天后，会审公廨发出传票，传讯代理校长邵力子，理由是该校“于12月8日出售《向导》报，内含仇洋词句，犯刑律第一百二十七条，又不将主笔姓名刊明报纸，违犯报律第八条”。19日开审，上海大学聘请的英国律师克威据理辩驳，结果所谓“仇洋”一事，准予注销，并证明《向导》的刊印发行均与当事人无关系。12月出版的《向导》第95—97期刊出《本报启事》，声明“本报上海通讯处遭帝国主义捕房搜查后，从第94期起暂将上海通讯处改在杭州”。同时向读者呼吁：“本报是国内向来反对帝国主义侵略和军阀剥削的唯一言论机关”，要想使本报“不断在恶势力下生存，只有本报同人努力的奋斗，尤其要爱读本报诸君一致的起来反对万恶的帝国主义和军阀，拥护全国的言论自由才行”。该报自95期起，还刊出了大量读者声援的来信来稿，其中有上海大学学生何秉彝写的通讯《帝国主义蹂躏上海大学的追记》，南京读者夏梦生来信《快起来反抗外国人摧残中国的言论自由》，还有《向导》编辑郑超麟化名马道甫写的读者来信《〈向导〉周报与上海外国捕房》等。读者在来信来稿中一致强调，帝国主义的压迫，反而唤醒更多的民众起而拥护最具价值的《向导》周报。

12月10日

《京报》增出副刊《妇女周刊》。由北京女子师范大学学生、女作家陆晶清，北师大附中教员、女作家石评梅等相继主编。《发刊词》提出的宗旨是：“一、粉碎偏枯的道德；二、脱弃理教的束缚；三、发挥艺术的天才；四、拯救沉溺的弱者；五、创造未来的新生；六、介绍海内外消息。”副刊于1925年12月停刊，共出50期，每期约

1.15 万字，共 57 万多字。该刊曾合订成 16 开本册子，附有《周年纪念特刊》单独出版。该刊出刊期间，积极支持妇女参政、废娼和反对缠足，大力声援“五卅”运动和北京女师大反对校方和北洋政府教育部封建教育统治的学潮，同时倡导新文艺，刊发了大量散文、诗歌和石评梅、陆晶清等妇女作家的作品。周年纪念特大号上刊有邵飘萍题字：“妇女界之喉舌”，并发表鲁迅的杂文《寡妇主义》。

《京报副刊》第 6 号发表邵飘萍《“七种周刊”在新闻学上之理由》（副题为“新闻社与学术团体之关系”）一文，说明《京报》除新增《京报副刊》一张外，同时计划近期内附设“七种周刊”，从新闻学上说，是出于“日报应力避单调之病”，主张编辑新闻，“当眼光四射，使各方消息，应有尽有，一若预备各种不同之食物，以迎合多数不同之嗜好者然”，每日增发一种周刊，每七日则周而复始，各刊内容各有所别，这样既可使各方任择其适口者，且日日翻新，亦可以免除读者神经之疲倦。文章说，附设“七种周刊”更为重大的使命，则是借以促进新闻社与社会学术团体间合作互助的连锁关系，依靠不同学术团体主办各种副刊，“一方面可以发表研究之兴趣，一方面可以增加报纸之声光”，这种互助互利的结果，又使一般读者可以不出分文而能日读多量廉价的刊物。

12 月 13 日

《现代评论》创刊于北京。为政治学术性周刊。主编陈源（西滢），主要编撰人有胡适、王世杰、高一涵、徐志摩、唐有壬等。曾得到段祺瑞资助。该刊以发表政论为主，亦刊登文艺作品和文艺评论，提倡白话文。该刊标榜自由研究，但有明显政治倾向，在对待国民会议问题上，在 1925 年北京女师大风潮、“五卅”运动和 1926 年“三一八”惨案中，一贯支持北洋当局。鲁迅曾在《莽原》《语丝》周刊和《京报副刊》上给以严厉的批判。由于该刊代表了与进步文化运动相对立的自由派知识分子思想倾向，被称为“现代评论派”。1927 年“四一二”政变后，该刊转向拥护国民党政权。1927 年 7 月第 6 卷第 138 期起，迁到上海出版。1928 年 12 月出版第 9 卷第 209 期后终刊。

12 月 22 日

《京津晚报》在北京出版。这是该报第 3 次“复活”。

朝鲜文《上海评论》周报在上海创刊。朴点洙主编。

同月

民治通信社自天津移至北京。社址在北京西单二条 8 号。

冬

《儿童报》创刊于上海。徐朗西主办，周琴父编辑。为 4 开张旬刊。次年初因经费困难停刊。

年底

《平民世界》半月刊创刊于上海。由上海大学学生余泽鸿、郭伯和、李硕勋等组织的平民世界学社主办。该社同时在上海福煦路（今延安中路）同仁里开办平民夜校。

同年

《琼崖青年》月刊创刊于上海。由暨南学堂的海南琼崖籍学生王文明、郭儒灏、许侠夫、陈垂斌、黄昌炜等组织的上海琼崖青年社出版。创刊号发表恽代英关于青年参加政治运动的文章。

复旦大学设立新闻学讲座，由国文部主任邵力子建议设置，聘请报馆主笔、编辑、记者讲授新闻学知识。

中共领导创办的上海大学，在邵力子的主持下，开设新闻学课程，并由邵力子主讲。

《中国学生》创刊于上海。中华民国学生联合会总会的机关刊物。初为半月刊，出至第5期后暂时停刊，后恢复出刊16期，因经费困难，军阀阻挠而停刊。1925年经李硕勋主持的学联总会决定，于8月1日复刊，改为周刊。主要撰稿人有牧武、硕坛、仲雯、成湖等。该刊刊登学联总部文件，反映各地学生运动情况和经验，讨论学生关注的问题，揭露帝国主义的侵略罪行，探讨反帝的理论与实践。该刊对推动全国学运起了重要作用。创刊号发行5000份，后加印8000份。1926年10月，因学联总部被军阀查封，该刊出至第40期后被迫再次停刊。1927年3月12日，又出版《纪念孙中山先生专号》，这是迄今见到的最后一期。1925年11月，学联召开全国临时代表大会期间，曾出版4期增刊特号。在此前后出版的进步学生报刊和各地学联刊物，除《中国学生》外，还有《北京学生联合会日刊》、广东《新学生》半月刊、《北京学生》、上海学联的《上海学生》《湖南学生》《厦门学生》《香港学生》《武汉学生》等，均以反帝反封建军阀为主旨。

成都《川报》逐日连载该报主笔刘小青专文《四川新闻事业之改进》。

《厦门学生》创刊于厦门。由厦门学生联合会创办。该刊与当地倾向进步的《江声报》《厦声报》相配合，成为非基督教运动的重要喉舌，在学生中很有号召力。1927年1月该刊出至第23期。停刊期不详。同年，厦门集美学校师范部学生出版同类性质刊物《集师学生》，1925年12月该刊曾出版《非基运动专刊》。

1925年（乙丑）

1月3日

天津《明星报》创刊。日出对开2张。自称“宗旨言论公开，不偏不倚”“以鼓吹和平主义为职守”。

1月22日

在上海召开的中共第四次全国代表大会通过《对于宣传工作之议决案》，充分肯定了近几年党的宣传工作对民族革命运动的巨大影响，特别是中央机关报《向导》“立在舆论的指导地位”。同时，批评了《向导》《新青年》《前锋》《党报》等报刊在宣传中“过于推崇了资产阶级的力量，忘了自己阶级的宣传”，对党员的政治理论教育和政策教育不足等右的错误，以及党员在国民党报刊上经常出现不当言论，党的宣传和阶级教育没有深入工人群众，对知识分子很少注意共产主义理论的宣传和引导等宣传工作上的问题。决议制定了相应的改进措施，明确规定《向导》《新青年》《中国工人》《党报》等报刊的不同任务和编辑方针，强调指出：“没有革命的理论，即没有革命的运动。有了健全的革命理论，然后党的宣传工作方得依此范畴融通各部，使党员行动方有所准绳。”（《中国共产党新闻工作文件汇编》上册，第19页）

同月

上海《时报》发表1925年度索引绪言，称“报纸之功用，非只传递消息而已。举凡世界大事，人群进化，科学发明，文艺著述，莫不统见于是，洵一活页之历史也”。“我国刊行报纸，垂数十年，但未闻有索引之举。本报有见于此，爰将本年度之报纸，编为索引”，以便阅者之检查和供学者研究之参考。《时报》1925年度索引为中国报纸史上的第一本索引。

伍超著《新闻学大纲》，由上海商务印书馆出版。全书共222页，有导言、如何构成新闻、访事员探访、新闻概论、制稿、测定新闻价值之标准、新闻社、结论等8章。

卷首有孙中山于 1923 年 11 月为该书写的序。

上海《妇女杂志》出版《新女性道德号》，受到“现代评论派”陈百年等的攻击，主编章锡琛被迫辞职。

2 月 10 日

北京《世界日报》创刊。社址在北京石驸马大街。成舍我任社长。北洋政府财政总长贺得霖从东陆银行拨给 3000 元，后又给过几次现金，共计 4000 多元，作为该报开办经费。开始日出对开 4 版，两个月后扩为对开 8 版。除日报外，还出版晚报。历任总编辑有龚德柏、罗介卯、张恨水、陶镕青、黄少谷、周邦式、成济安、张友鸾、左笑鸿等。该报内容以军事政治新闻为主，兼刊教育新闻。重视言论，大多数社评由成舍我撰写。先后出有多种副刊和专刊。该报创刊时的副刊《明珠》和晚报副刊《夜光》为姊妹刊，出刊时间最长，均由张恨水主编，曾连载他自己撰写的多部长篇小说《春明外史》《金粉世家》等。日报第 5 版曾办有《世界日报副刊》，内容以讲科学与趣味并重，刘半农、张友鸾相继任主编。初期发行四五千份，很快增为二三万份。开创初期曾同情和支持反对封建军阀的斗争。

北京仁民通信社创办。社址设于北京前门内草帽胡同 11 号。社长陈坚诚。

2 月 20 日

《北京第一报》创刊。自称将着重报道和研究“恶法如何废除？坏人如何屏绝？兵工政策如何实行？平民教育如何可以普及？”等问题。设有《平民的朋友》一栏，力求“有价值、有兴趣，为平民教育提供材料”。

《中国军人》创刊于广州。是中国青年军人联合会（黄埔军校和其他军校学生联合组成）的会刊。初为旬刊，从第 7 期起改为月刊。主编王一飞。撰稿者多为共产党人，主要有蒋先云、周逸群、李富春等。该刊的宣传宗旨是：“鼓吹革命精神，团结革命军人，唤醒全国军人，促起全国军人的觉悟。”（转引自方汉奇、张之华主编：《中国新闻事业简史》，中国人民大学出版社 1995 年版，第 227 页）该刊善于从实际出发，组织读者讨论，如我们为什么当兵？当兵的与工人、农民是什么关系？怎样才能解放自己？除在军校学生中发行外，还寄发各军，最高销行 2 万多份。1926 年 3 月出版第 9 期后，因“三二〇”事件停刊。

同月

戈公振编译的《新闻学撮要》（美·开乐凯〈Fower Nathaniel Clark〉著）一书，由上海新闻记者联欢会出版发行。戈公振在《序言》中写道：“我国关于新闻事业的著作和译述，近来虽有几本书印出来，但是可算极少数了；而且偏重理论的多，注重事实的少。我常想将自己在新闻界十余年中的经验，一一写出来，供给有新闻记者志愿的人们参考。但是担任的事务多，至今未能如愿。这本美国开乐凯氏的《新闻学撮要》书中所说，句句先得我心，是一本很有价值的著作。……其中有与我国情形不同的地方，由译者酌量删节或附加注释，使此书便于我国人实用。”

上海新闻大学成立。由上海新闻界创办。校长周孝庵。宗旨是：“根据实践参以新闻学理，造就优秀之男女新闻记者，服务报界。”（《上海新闻大学启事》，《申报》1925 年 2 月 20 日）为应新闻界之急需，先设函授部。“有志新闻事业者，随时均可入学”，“报名者分文不收”，“学费低廉”，报名者达 700 多人。

3 月 1 日

上海《影戏春秋》周刊创刊。由程步高、周世勋、何味辛、汤笔花、舒廷浩合编。影戏春秋社出版，平民书局发行。6月停刊，共出12期。

3月5日

《向导》记者高君宇在北京积劳病逝。第106期《向导》刊发悼文《悼我们的战士！》写道："君宇再不能以文字与读者诸君相见了！但他那热烈的革命精神永留在本报，也便永留在读者诸君的记忆之中！"

高君宇（1896—1925），名尚德，字锡三，号君宇，笔名天辛、江越，山西静乐人。中共早期报刊宣传活动家。五四前后在北京大学学习，为北大新闻学研究会会员，参与编辑《国民》《新潮》杂志，为多家报刊撰稿，参与并宣传新文化运动和五四运动。1920年加入北京共产主义小组后，参与创办《劳动音》周刊，编辑《先驱》半月刊。1922年当选为中共中央委员，任中共北方局负责人。参与筹办《向导》，任编辑、记者，为它撰写政论、《北京通信》和编者按语、答读者问近30篇，广泛评论国内外时事，致力于反帝反封建的国民革命宣传。

北京《民国日报》创刊。日出对开2张。社址设在北京前门外香炉营四条2号。该报以宣传孙中山的新三民主义为宗旨。内容分评论、要闻、京外新闻、世界新闻、社会新闻、经济新闻、文艺思潮等，此外还设有《民意栏》特刊。是改组后的中国国民党在北京及华北地区的党报。总经理黄昌谷，总编辑先后有邵元冲、邹明初等。特邀吴稚晖、汪精卫、李石曾、于右任、戴季陶、杨杏佛、易培基、张溥泉、徐季龙、周鲠生、顾孟余、高一涵、王世杰、燕树棠、王星拱、鲁迅、周作人等撰述论评。每月定价大洋8角，零售每份铜元8枚。创刊后优待工人及学生，一律仅收纸费3角。日销1万份左右。创刊不久，由于《民意栏》刊登上海国民会议策进会所写《丧权辱国的安福系》一文，3月17日，被北京警厅以"侮辱国家元首临时执政段祺瑞"的罪名查封。编辑邹德高（明初）被捕。该报仅出刊13天。

3月6日

《新新日报》在北京创刊。日出对开、4开各一张。社址在北京宣武门大街199号。该报自称"以提倡国际道德，促进民族进步，研究科学，弘扬国光为宗旨"。内容分社论、评坛、电报新闻、各省新闻、经济新闻、新旧学术等门类。定价每月大洋5角，零售铜元5枚。赠阅3天，送登广告7天。

《猛进》周刊创刊于北京。为政论性刊物。北京大学哲学系教授徐炳昶主编。第27期起，由北京大学法文系教授李玄伯接编。经常撰稿的有肖子昂、张定璜、鲁迅、张凤举、徐宝璜、彭基相等。北京大学猛进社发行。鲁迅收到《猛进》创刊号后，曾两次复信徐炳昶，希望该刊能致力于先前《新青年》所倡导的"思想革命"，称赞这类小刊物的出版说："现在的各种小周刊，虽然量少力微，却是小集团或单身的短兵战，在黑暗中，时见匕首的闪光，使同类者知道也还有谁还在袭击古老坚固的堡垒，较之看见浩大而灰色的军容，或者反可以会心一笑。"（《通讯》，《鲁迅全集》第3卷，第21—24页）"五卅"运动中，该刊从第14期到第23期集中刊发《猛进社同人对于英日惨杀同胞案特别宣言》等20多篇文章，抗议帝国主义暴行，声援上海同胞的斗争。1926年3月19日出至第53期停刊。

3月22日

北京印刷厂和隆华造纸厂工人，要求增加工资而举行罢工，北京20多家报纸因此不能出版。

3月24日

《楚光日报》创刊于汉口。以国民党湖北省党部名义出版，实际由共产党人主办。董必武化名郭炯堂任经理，宛希俨任总编辑，连同四五名工作人员，均为共产党员。陈潭秋、董必武轮流撰写评论。该报以报道国民革命，反映民众生活和要求为主要内容。用浅显文言文写作，力求通俗易懂，没有商业性广告。该报曾因揭露军阀吴佩孚滥发官票，搜刮民财，而被勒令停刊，宛希俨一度被捕。1926 年秋北伐军进入武汉后，该报由原 4 开扩充为对开大报。1927 年“七一五”汪精卫政变，该报发表宣言，揭示其反革命性质，号召革命同志继续奋斗，随之被迫停刊。

3 月 30 日

《南鸿》周刊创刊于重庆。川东联合县立师范学校教师张闻天联络几位青年共同创办。16 开 8 版小报。萧楚女曾为它写稿。该刊以反对封建旧道德旧思想，提倡新思想新文化为主旨。同年 5 月中旬被查禁，共出 7 期。

同月

上海《民国日报》主笔邵力子、《商报》主笔陈布雷、《中华新报》主笔张达吾 3 人因报道评论上海纱厂工人罢工事件，被上海公共租界工部局指为“鼓动工潮”“扰乱治安”而被拘捕。陈、张各罚款 90 元，邵力子除罚款 90 元外，还判交保 1000 元，不准再“宣传过激主义”，并“将逐其出租界”。（马光仁主编：《上海新闻史》，复旦大学出版社 1996 年版，第 578—579 页）

春

上海南方大学报学系成立。由《申报》协理、美国密苏里新闻学院硕士汪英宾任主任。该系设有报学系本科、报学专修科及报学特别班。入本科资格为修毕大学本科 2 年学程者，规定学完必修、选修课程，满 80 学分，毕业考试及格，授予学士学位。入专修科资格为大学预科或高中毕业达相当程度者，学完必修选修各课，满 100 学分，考试及格，给予毕业证书。入特别班资格为有 1 年编辑工作（或相当工作）经验，或国文精通，或能用英文记课堂讲授者，所选课程考试及格，给予修业证书。新闻学必修课有 3 门，汪英宾讲授报学原理、广告原理，戈公振讲访事学。该系于同年暑假中因发生反校长风潮而停办。

4 月 1 日

国闻通信社在北京恢复营业。社址在北京宣武门内椿树胡同 37 号。每日发稿两次。定价第一次稿每日 5 元，第二次稿每日 10 元。寄往外埠快稿每日 15 元。总社设于上海，北京、汉口为分社。该社附设广告部，经办沪、汉、津、粤等处广告，并在上海发行《国闻周报》。同日，该社在《晨报》刊登启事，宣布在奉天、太原、哈尔滨、张家口、绥远等地添聘通信员。

京师警察厅发布新制定的《管理新闻营业规则》共 12 条。其中第六条规定，凡办理报纸杂志或通信社者，均须“取具五等捐以上通保两家”。第七条规定，发行所、社址房屋，“房主须出具同意切结”。京中新闻界对此一致表示反对。4 月中旬，胡适、陈源、钱玄同等 18 人联名致函司法总长章士钊请其提出阁议撤销该项规则，以维护言论出版自由。

4 月 3 日

北京中国大学学生主办的《冲锋》旬刊被京师警察署查封。

4 月 4 日

上海书报联合会、日报公会、书业商会、书业公所召开联席会议，认为《出版法》钳制言论出版自由，违背共和国家性质。议决分别致电吁请北京政府法制院、内务部、司法部予以废除。8 日，上海总商会亦电北京政府，要求废止出版法。

4月5日

《向导》周报第109期发表主编蔡和森写的《安福政府对于舆论的摧残》一文，提到年初段祺瑞政府通令查禁《向导》等20种刊物，以及百余读者给《向导》来信，表示愤怒抗议和呼吁言论自由等情况。文章说：“本报是民众生活的寒暑表。人们只要测验帝国主义与军阀所加于本报的压迫是怎样，便可推知全国舆论界和民众的命运将怎样。”

4月6日

《明星晚报》在北京创刊。赠阅3天，送登广告一星期。曾在报上刊出启事，征求政治及社会新闻。

实话通信社在北京创办。社址在北京前门内草帽胡同。

4月8日

北京《晨报》登出《世界晚报》特别启事，称“京师地检厅，对于本报，一再以妨害公务，犯出版法第十一条第五款等罪，传讯本报经理成舍我。成君因应付讼事，所有经理职务由协理龚德柏兼任”。

4月23日

中华图书馆协会在上海成立。首任董事部部长梁启超，蔡元培、胡适、陶行知等15人为董事。该会创办《中华图书馆协会会报》，刊行20多年；于1926年创办《图书馆学季刊》，出至1937年停刊。

4月24日

文学期刊《莽原》在北京创刊。鲁迅主编。为《京报》副刊之一。逢周五发刊，随《京报》附送。初为周刊，同年11月27日出至第32期休刊。1926年1月10日由未名社出版，改为半月刊。1926年8月，鲁迅离京后，由韦素园接编，1927年12月25日出至第48期停刊。该刊注重对旧社会和旧文化的批判。鲁迅曾说：“我早就很希望中国的青年站出来，对于中国的社会，文明，都毫无忌惮地加以批评，因此曾编印《莽原周刊》，作为发言之地，可惜来说话的竟很少。”（《华盖集·题记》，《鲁迅全集》第3卷，第4页）该刊曾与《语丝》相配合，对“现代评论派”和“甲寅派”展开笔战，抨击北洋军阀政府、帝国主义的罪行。

4月27日

上海《民国日报》增办《文学》副刊。半月刊。由上海大学中文系负责编辑。

4月28日

《东方时报》总经理史俊民在北京《晨报》登出启事称，因与该报英文部主任辛博森意见冲突，决定内部改组，定于4月27日起暂时停刊，并已登报声明。不料辛博森依外侨势力，竟雇印度人2人，把守报馆，阻止史氏及编辑入内，并另雇职员出版报纸。为此，史俊民特声明自4月27日起至实行收回日止，对辛氏出版之《东方时报》不负任何责任。在此以前，辛博森曾致函警厅称：《东方时报》系英商资产，警厅不应无故干涉，以免牵动外交。警厅当即复函指出：外人不准在内地开设营业（包括办报），且该报立案时系以经理人史俊民名义并无洋股，方予批准的。据此，勒令该报于5月2日停刊。

同月

北京《晨报》刊出《考聘新闻记者》广告。列出考试资格4条：1. 刻实耐苦誓不沾染时下记者习气者。2. 高中以上学校卒业，或与有同等学历者。3. 至少须通达一种外国文。4. 体格特别强健，善于讲演者。

北京《晨报》发行的6周年纪念增刊，出版不到3个月，即加印5次，发行达1.3万册，即日起又赶印第6版。

《新民周报》创刊于长沙。国民党湖南

省党部机关报，但实际上由共产党人负责编务。每期出 16 开 1 册，每册 8 页。经理李六如，主编李维汉（笔名佳水）、萧埃弥（即萧三），主要撰稿人夏曦（笔名蔓伯）、夏明翰、罗学瓒、曹典琦、萧述凡等，都是共产党员。该报以用新思想理论教育民众，培植新人，改造社会制度为宗旨。报道评论世界大势和中国现状，宣传反帝反封建的民族民主革命，并关注学生运动。现存第 5—30 期，为 1925 年 5 月 15 日至同年 11 月 6 日出版的。第 30 期增出附刊《苏俄革命纪念特刊》。

5 月 1 日

《爝光》周刊创刊于重庆。四川平民学社发行。萧楚女任主笔，发行人罗世文。该刊以批评研究政治、经济问题，尤以关注青年界问题为宗旨。5 月中旬，军阀王陵基以“败坏风俗，煽惑青年”的罪名，饬令巴县知事会同警察厅，将《南鸿》《爝光》两种出版物查封，勒令萧楚女、张闻天、廖划平 3 人于两周内离开重庆。《爝光》仅出 3 期即被迫停刊。

5 月 7 日

北京大陆通信社发行《国耻日刊》。日出对开 1 张。

5 月 8 日

北京《晨报》迁入宣武门外大街 181 号新社址。

5 月 20 日

《蒙古农民》在北京创刊。北京蒙藏学校中共蒙古族支部创办。是中国少数民族的第一个马克思主义刊物。为 64 开半月刊，用蒙汉两种文字刊行。编辑发行人多松年。李大钊指导该刊的创办，看到创刊号后，赞扬多松年说：“真想不到你能搞得这样漂亮，完全像个老手办的！”（《中国新闻事业通史》（二），第 1163 页）同年多松年奉派赴苏联学习。1926 年回国任中共察哈尔特别区工委书记。1927 年参加中共“五大”，返回绥察时在张家口被奉军逮捕，拒绝利诱，壮烈牺牲，年仅 22 岁。

5 月 29 日

青岛《公民报》主笔、共产党员胡信之被军阀张宗昌以煽动纱厂罢工风潮为罪名杀害。

同月

《新世纪》半月刊创刊于北京。由部分在京四川人士联合创办。该刊的出版，得到中共北京地方组织的支持。吴玉章、陈毅曾为该刊各捐款 50 元，萧华清参与筹备，主编吕寒潭（拂尘），印刷发行人吴光灵、孙壶东。刊物内容主要是宣传反帝反封建、介绍苏联十月革命和各国工人运动。由北京大学传达室代售。本年内川籍旅京学生在北京创办的进步刊物还有：《新江安》，北京大学学生李介彬、徐崇林、傅襄模先后任编辑，约出 20 期左右。谭卫根、贺诚（均为共产党员）等 13 人组织的梓光社（三台县古称梓州）创办《梓光》，创刊号为 16 开本，百余页。每期寄回家乡 100 多份，1927 年“四一二”后停刊。《四川江北留京学会会刊》，3 月 10 日创刊，16 开本，以研究学术，促进乡梓文化为宗旨。《今日之南川》，南川旅外学会北京分会创办，共出 9 期。

6 月 1 日

北京《平民报》改组后重新出版。由中华平民教育促进会接办。改组后的宗旨是：“提高平民常识，促进平民道德，指导平民正当娱乐。”暂定出版正篇 4 开 1 张，外附图画，增刊半张，用白话文编写。

6 月 3 日

《公理日报》在上海创刊。发行所和编辑部设在上海市宝山路宝兴西里 9 号郑宅。4 开小型报纸。上海学术团体对外联合会主办。该会由以下 12 个团体组成：中华学艺社、太平洋杂志社、孤军杂志社、学术研究会、醒狮周报社、少年中国学会、上海世界语学会、上海通信图书馆、文学研究会、妇女问题研究会、中国科学社上海社友会、中华农学会。实际负责编辑有郑振铎、胡愈之、叶圣陶、沈雁冰等。该报靠三四百元的捐款开办，此后的经费亦完全依靠同情者的捐助和少量广告收入，日印 1.5 万到 2 万份，印刷费约 80 元以上，而每日收入至多不过 30 多元，因经费短缺和印刷困难等原因，同月 24 日出版第 22 号停刊。该报以中华民族的立场，唤醒国人反抗帝国主义的压迫，号召对英实行经济绝交，要求全国报纸拒登英日货广告，还代表群众意见向上海各大报写了一封哀启格式的信，吁请各报撤销所登的英日货广告，并发表声明，在经济绝交期间，永不刊登（工商学联合会决议中亦有一条"劝告各报馆勿登英日广告"——编者）。在该报敦促下，上海《神州日报》《民国日报》《中华新报》《新申报》《时事新报》《商报》等报均公开表示不再刊登英日广告。该报在"五卅"运动中起了较好的教育鼓动作用。郑振铎写的《停刊宣言》，提醒读者说，事实证明，赤手空拳高叫"公理"是无用的，"公理"是"要实力来帮助的"。

6月4日

《热血日报》创刊于上海。这一中国共产党出版的第一份日报，是为指导"五卅"运动而创办的通俗政治报纸。4 开 4 版。瞿秋白主编，并亲笔题写报头。编辑人员有沈泽民、何味辛（公超）、郑超麟等。通讯处设在上海北浙江路华兴坊 567 号转，后又设发行所于华兴坊 56 号。《发刊词》仅 250 来字，以满腔热血坚定预言，中华民族的解放斗争必将以热的血和冷的铁（指武装）相结合而夺得最后胜利。创刊号发表长篇新闻综述《五月三十日—六月二日上海外国巡捕屠杀市民之略述》。该报言论鲜明，尖锐泼辣，每天必有一两篇社论或专论。设有《舆论之批评》《舆论之裁判》《外人铁蹄下的上海》等专栏。所刊新闻，多用国民通信社、华俄社消息或本报记者专访，不少是被外报封锁或租界一般报纸不敢发表的消息，采取集纳或分类编排。第 4 版副刊《呼声》，刊载言论犀利的短评随感、读者来信来稿、用民间曲调谱写的革命歌词等。及时报道评论运动发展形势，阐明"五卅"惨案的性质，提示民众斗争的方针和要求，反映世界进步力量对中国民族革命斗争的支持，批驳帝国主义新闻机关的造谣挑拨和上海资产阶级报纸的软弱、妥协言论。出版仅 10 天，销数即达 3 万份。瞿秋白曾用维、维摩、维一等笔名为该报撰写社论和专论共 21 篇，还用各种笔名为副刊的《小言》专栏写作短小时评 23 则，其中有用"热""血""沸""腾""了"5 字单个署名的。6 月 27 日，出至第 24 期被迫停刊。据杨之华回忆：5 月 31 日中共中央在上海闸北宝兴里秘密机关召开紧急会议，决定由瞿秋白、蔡和森、李立三组织行动委员会，并出版《热血日报》，由瞿主编，同时具体领导中共办的国民通讯社的工作。报社设在闸北华兴路 56 号一间客堂里，陈设很简单，中间放着一张白木长桌，四周摆着几条长凳。瞿忙着写社论、审改文稿，布置采访，听取记者汇报，和同志们一起做编辑、校对，天气很热，满头大汗，但显得非常高兴。瞿曾对杨之华说："这项工作比在大学讲台上讲课要有效得多。"（参见《回忆秋白》，人民出版社 1984 年版，第 36—45 页）

《血潮日刊》创刊于上海。上海学生联合会主办的机关报。设有《来论》《谈话》《传单》《寸铁》《文苑》等专栏，反映各校抗议"五卅"惨案的活动，刊登各地学生团体的抗议文电、宣言，声援民族革命运动。

发行 1 万多份。出至第 94 期后停刊。上海学联还出有《英文周报》，共出 9 期停刊。

国民通讯社在上海成立。社址设在上海总工会所在地闸北湖州会馆内。由中共中央宣传部在"五卅"运动中创办。编辑、通讯处与《热血日报》在一起。瞿秋白曾领导该社工作。历任社长有邵季昂、宋云彬、何味辛（何公超）等。该社曾在上海《民国日报》《申报》等大报上刊登招聘北京、广州、天津、汉口、重庆、福州、南京、杭州、郑州、哈尔滨、奉天、安庆、济南、青岛等地访员的启事。（见《申报》1925 年 6 月 20 日）各地党组织指定专人以个人名义应聘，也聘有一些进步青年。1926 年 9 月，淞沪警察厅查封该社，邵季昂等 5 人被捕，活动暂停。1927 年春，上海工人三次武装起义中，该社恢复活动。中共领导的市民通讯社并入。"四一二"政变后被查封。

6 月 5 日

上海《字林西报》《大陆报》《泰晤士报》等外国报馆雇用的中国排字和印刷工人实行罢工，以抗议租界当局的屠杀罪行。受此影响，各家外报均减少篇幅到两张，英文《文汇报》只出油印数页。同日，中西印刷工人联合会成立，开会议决，凡西文报纸，应一律停刊。7 日西报罢工工人组织西报业工会，千余工人游行示威，沿途散发传单，途人为之感动。到 6 月中旬，罢工的印刷工人中有西文排字工人 500 多人，日文排字工人 200 多人，中文排字工人 400 多人。

《华侨日报》在香港创刊。岑维休、岑协同、陈楷等主办。

6 月 6 日

《向导》周报第 117 期以首篇地位刊发《中国共产党为反抗帝国主义野蛮残暴的大屠杀告全国民众书》，并刊出两幅照片：一是南京路被屠杀之牺牲者，一是被日人杀死之顾正红。这是该刊首次运用图片宣传。从 117 期起到 9 月上旬出版的第 128 期止的 3 个月中，每期均以报道评论"五卅"事件为主要内容，发表了《此次争斗的性质和我们应取的方法》（独秀）、《帝国主义之五卅屠杀与中国的国民革命》（秋白）、《此次运动中之帝国主义与军阀》（独秀）、《五卅后反帝国主义联合战线的前途》（秋白）、《我们如何继续反帝国主义的争斗?》（独秀）、《义和团运动之意义与五卅运动之前途》（秋白）等重要评论，充分发挥了有力的舆论导向作用。

6 月 8 日

上海一小贩因贩卖《热血日报》在上海四马路被租界捕房拘捕殴打。

6 月 9 日

北京《晨报》社沪案后援募款团在该报刊出启事称："上海惨案，举国同愤。现在罢工工人已有二十余万之多，全国非举其全力援助，则罢工者将难以为继。本社以事关对外，人人皆有应尽之义务，不揣微力，特组织晨报沪案后援募款团设法募捐，援助工人。所有捐款，悉数汇托上海总商会代为分配各罢工团体。凡我国人，务望量力捐助，使此外交得获最后之胜利。"该报并宣称凡与沪案有关的广告一律免费刊登。

无锡《血泪潮》创刊。由锡社编印。安剑平、安若定先后任主编。主要作者有共产党员秦邦宪（署名邦宪、则明）、唐光明等。初为日刊，第 12 期起改为三日刊。每期横式 16 开 2 张。以声援"五卅"惨案为宗旨。同年 7 月 29 日停刊，共出 24 期。

6 月 10 日

北京《晨报》增出报道和评论"五卅"事件的《雪耻特刊》。

《京国夕刊》在北京创刊。社址在北京前门内銮舆卫夹道 17 号。

《民族日报》创刊于上海。杨杏佛主编。创刊号所刊《出刊启事》称：“本社同人因‘五卅’惨案发生，痛民族地位之堕落与租界言论之不自由，特编刊斯报。”它专载有关“五卅”事件的言论和消息，并提倡中华民族精神。杨杏佛每日撰写社论，抨击英、日帝国主义罪行，驳斥妥协论调，积极推进民族革命斗争。同月26日被迫停刊，仅出刊16天。杨杏佛在终刊号所刊的《告别辞》中说：“方期继续努力与国人长共患难，而环境所迫，竟使我生于忧患之民族日报，不得不向读者为暂时之告别……前路茫茫，杞忧何极，一息尚存，终当与国人别谋相见，共济时艰。”

厦门大学学生组织的外交后援会主办的《声援》周刊在厦门创刊。该刊后成为厦门国民外交后援会的机关刊物。7月19日出第6期后停刊。以声援“五卅”惨案为宗旨的厦门地区刊物还有：《青年思潮》周刊（7月10日创刊），厦门学生联合会创办。《厦门外交协会旬刊》（8月20日出刊）等。

6月初

《上海画报》在上海创刊。毕倚虹主办。以全力报道“五卅”惨案，得到社会好评。在该刊影响下，上海一度出现“画报热”，各种画报纷纷问世。

上海友联公司拍摄新闻纪录片《五卅沪潮》。陈鉴然监制，刘亮禅、郭超文摄影，徐碧波编写字幕说明。“五卅”惨案发生1小时后，友联公司的摄影师当即驱车赶赴南京路现场拍摄。在中共领导的上海工商学各界联合委员会的帮助下，他们冒险拍摄了被杀害烈士的尸体，同济大学学生抬棺游行，上海大学被封闭，罢市、罢工场面，以及英军在黄浦滩登陆示威等。摄影师还化装成医务人员拍摄医院中受重伤市民的情况。当一位医生手心托着一颗刚取出的子弹头时，字幕说明写道：“呜呼，这是帝国主义的恩赐。”（徐碧波：《纪录片〈五卅沪潮〉拍摄经过》，《中国电影》1957年5月号）

6月11日

上海总工会机关报《上海总工会日刊》在上海创刊。初为日刊，同年9月被军阀查封复刊后改为三日刊，1926年2月改为五日刊。该报主旨着重唤起工人的阶级觉悟，协助组织工会，指导工人进行反帝反军阀斗争，后期对宣传鼓动上海工人三次武装起义起了相当大的作用。同年11月5日出版的第126期，是现存的最后一期。

上海召开30万市民大会，瞿秋白秘密参加群众大会。次日出版的第9期《热血日报》的《本埠要闻》栏发表消息《三十万人之市民大会》，及时报道大会情况，并刊发《上海市民大会宣言》。

6月12日

北京《东方时报》工人举行同盟罢工，向该报中方经理人提出三点要求作为复工条件：（一）驱逐该报英方主持人辛博森；（二）拒绝袒护英日罪行的主笔；（三）许可工人以《东方时报》名义，加入上海“五卅”惨杀后援会。北京不少群众团体发表通告拒买亲英的《东方时报》，并不在该报登广告，使该报销路大减，辛氏也被迫辞职。

北京《民报》创刊。社址设在北京东单象鼻子前坑6号。日出对开3张12版，汉英文各半。该报创刊时宣布出版一星期内报费全部援助“五卅”沪案。该报系冯玉祥国民军系统与北京国民党组织合办的日报。顾孟余主管，经理陈友仁，林语堂等负责编辑。出版预告自称为“科学的进步的日刊”。宗旨是：“中国不是闭关的中国，中国在受着世界的影响；世界也不是与中国隔绝的世界，世界的命运多少要靠了中国的未来决定。现状而外，人类的生活，不当继续束缚于狭义的笼中；那么中国与世界的相互理解，实十分重要。其作用就是想教不识外国文的国人多明瞭世界，不识中国文的外人多明瞭中国。”（《晨报》1925年5月3日）同年8月5日起增出副刊，韦素园经鲁迅托徐旭生介绍任副刊编辑。共产党员朱务善任该报编辑，因在报上连载列宁的《帝国主义论》，引起顾孟余不满，提议免去朱的职务，李大钊断然拒绝说：“务善在该报作编辑工作很好，没有更换的必要。”（朱务善：《回忆守常同志》，《人民日报》1957年4月29日）同年8月26日奉系军阀以“登载不确实消息”为借口，派警察、便衣6人逮捕陈友仁。27日，国民党员开会讨论援助办法。28日《民报》停办。出版仅两个半月。

北京《晨报》沪案后援募款团刊登广告称：“诸君！上海数十万工人为什么罢工？他们站在前线奋死打仗，我们应该怎样呢？中国是大家的，难道我们坐着看热闹么？我们援助他们，就是救中国。我们援助他们的唯一方法，只有供给战费。”此后，又多次刊登募捐广告。

北京《晨报》登出《紧要启事》，声明拒登英、日商广告。

6月13日

北京《晨报》参与北京政法大学、北京大学、北京工业大学、北京医科大学、北京中法大学、北京农业大学、北京女子师范大学、北京师范大学、北京大学学生会等联合组织的北京各界援助上海失业同胞募捐总会。捐册及收据由《晨报》募款团及北大教职员沪案后援会经济股提供。从6月10至11月23日的164天中，该报收到捐款共计8.5万多元。7月15日该报刊出上海专电称：新汇捐款3万元，以2万元交海员工会，以1万元接济各业工人，由上海总商会、总工会、学联会代收转，并在《申报》《商报》等刊出广告致谢。

6月15日

《上大五卅特刊》创刊。上海大学学生会编印。每三日出刊一期。

6月16日

北京《文报》创刊。该报创刊启事自称：“本报略仿德京柏林各报之体例，用4开纸按日印行，张数多寡将随材料之丰啬时为增减。论事主朴实，说理记载力求详确。”社址设在北京宣武门内旧雁子胡同79号。

本日出版的《热血日报》第13期在中缝刊出《本报启事》称：“五卅惨案，民气沸腾，本报应时出版，凭满腔热血，兀立高呼，纳救国运动于正轨，作被压迫民众的喉舌，出版十期，销数即达三万，投稿通信，与亲来接洽者，日以百计，此固由于本报之敢言，亦足见民心之未死。”

6月19日

上海北火车站界路兴义茶楼门口一报摊处，突来华队商团一员，将报贩所有《热血日报》《公理日报》全部抄走，并将报贩拘往捕房。

梧州《民国日报》创刊。日出对开8版。国民党广西梧州市党部机关报，实际由共产党人主办。社长谭寿林、总编辑龙启炎均为共产党员。宣传孙中山的新三民主义政策，鼓动反帝反封建军阀。1926年11月中旬，反动军警袭击报社，逮捕社长，报纸停刊。

6月22日

《上海工商学联合会日报》中文版在上海创刊。上海工商学联合会包括全国学生总会、上海学生联合会、各马路商界联合会、上海总工会等，是“五卅”运动中共产党领导的最有实力的统一战线组织。该会机关报是运动中很有影响的日报。每期约需经费20多元。在所刊启事中称，该报专载“五卅”惨变事实经过，以及对此事之公正言论。出版后得到各界人士欢迎，每日接到不少索报来信，逐期增印，仍不敷供应。该报还出有英文版，言论原则依据中文版，以扩大对外宣传。7月12日第20期报纸刊出《本会宣传部启事》称：“本会英文报，经本会委员大会决议停办。”

6月23日

《大同晚报》创刊于北京。社址设北京宣武门内头发胡同27号。由退出世界日报的龚德柏主办。

6月24日

《工人之路特号》日刊创刊于广州。4开4版。其前身是中华全国总工会机关刊物《工人之路》周刊。现改出每日一期的特号，为中华全国总工会省港罢工委员会机关报。由全国总工会宣传部长、省港罢工委员会党团书记邓中夏兼任主编。他为该报题写报头，设计版面，撰写重要稿件，要求报纸办得生动活泼，通俗易懂。主要编撰人先后有郭瘦真、蓝裕业、李时英、罗伯良等。这张4开4版的日报以登载省港罢工消息和省港罢工委员会文告为主，并传递各地反对帝国主义消息，及时发表评论。第4版为副刊《吼声》。同年10月起该报改版刷新，第1版专载罢工委员会一切重要文件；第2、3版分设短评、罢工消息、政治要闻、劳动要闻、国际要闻等专栏，力求新闻简短，文字明洁；第4版为副刊《工人俱乐部》，先后有讲演录、小言、工友之声、讨论、新名词解释、书报介绍、游记、什货店、歌曲（用广东多种方言）、小说、无情斧、笑话、谜语、世界珍闻、卫生、港侨泪等栏目内容。1926年9月，增设《小孩子周刊》，是中国革命报刊最先设立儿童园地的报纸。该报初印3000份，后最多增至日销1万份。1927年4月14日停刊，现存最后1期的编号是第616期。它是大革命时期中共领导的工人报刊中出版最久的一张日报，对省港罢工的反帝斗争起了有力指导作用。

北伐战争中，各省市总工会创办一批工人报刊，计有湖北的《工人导报》，上海的《上海总工会五日刊》《上海工人》《平民日报》，天津《工人小报》等，一些行业工会办有《铁路工人》《中国海员》《印刷工人》等，形成一个从中央到省市地方工会和行业工会的工人报刊系统，有力地推动了工人运动和大革命的发展。

6月25日

《热血日报》自即日起，连续3天在该报第4版《呼声》副刊连载江西新闻记者联合会委员舒味三所写的《我们要免灭亡须实行民族革命》一文。

6月26日

全国学生代表大会（各地代表50余人，来宾百余人）在上海召开。同日出版代表大会特刊第1号。《热血日报》应邀派代表出席大会并致祝词，大意是希望全国学生继续发扬革命精神，作国民革命的先锋，巩固自己的力量，助全国工商学界打倒帝国主义，根本取消一切不平等条约。

同月

“五卅”惨案发生后，上海租界工部局秉承北京公使团旨意，宣布上海戒严两星期，规定将“停止集会结社或新闻杂志图画告白等之认为与时局有妨害者”，并对往来的邮信电报实行检查。（《热血日报》1925年6月24日第21期社论《公使团快可以允许续议了！》）戒严令发布后，白色恐怖笼罩上海。6月11日，上海30万市民集会，发表宣言，要求取消戒严令。

“五卅”惨案发生后，北京公使团训令各国在华之新闻机关，尽量宣传学生与俄人如何联络，使世人不同情于此次学生运动。

“五卅”惨案发生后，邵飘萍主办的北

京《京报》作了大量的报道和声援。《京报副刊》与正张相配合，从 6 月初起，暂停《京报副刊》，改出由清华大学学生会主编的《京报副刊·上海惨剧特刊》（逢周一、三、五出刊，共出 12 期）。直到 6 月 22 日《京报副刊》始复刊。后又续出有北京大学学生会主编的《沪汉后援专刊》（逢周二、四、六出刊，共出 5 期）、北京救国团主编的《救国特刊》（周日出刊，共出 16 期）、女师大附中学生会主编的《反抗英日强权专刊》等。

《热血日报》自创刊之日起连续发表一系列批驳、揭露外报的文章，计有《请看外国报纸破坏我们的言论》（第 1 号，署名凤），《该死的日本舆论》（第 2 号，凤），《斥文汇报记者》，《字林西报的谬论》（第 3 号，凤），《当心外国人离间的阴谋》（第 4 号，舒严），《外报造谣之技穷》（第 5 号，凤），《字林报之污蔑中国人》（第 8 号，凤），《裁判大陆报的社论》（第 11 号），《日本报纸自五卅以来之态度》（第 12、13 号，凤），《问日本经济通信社记者》（第 14 号，毅），《无耻的美国帝国主义者》，《东京报纸论五卅大屠杀》（第 15 号，凤），《我们是受了消息的封锁——帝国主义列强的新闻政策》（第 19 号），《调查些什么东西》（第 20 号）等。

戈公振编写的《新闻学撮要》一书再版。和初版比较，增加了不少附录和联系中国新闻工作实际的内容。戈公振为该书再版写了《再版的序》称："此书的第一版，居然有人欢迎，立刻销售罄尽，这是编者所非常欣慰而以为荣幸的。并且得了读者的指教不少，更使我非常感谢。此次再版，除将应当改正之处，重行排过外，又加入若干新材料，我相信可以供读者的参考。"

国华印刷所在上海成立。所址在上海闸北香山路香兴里。中共中央宣传部领导创办。倪忧天、陈豪千负责。主要承印《向导》《中国青年》《平民课本》，中共中央、全国总工会和上海总工会的时事宣传品、标语，以及上海书店发行的马列主义书籍等。另挂"崇文堂印务局"招牌对外营业，把国华印刷所作为崇文堂的加工场。同年 9 月，有关人员被捕，该所停业。10 月迁上海青云路另建印刷所。

夏

上海国民大学成立，并设立报学系。该系专读学生 6 人，选读学生 30 多人，聘《时报》戈公振讲中国报学史和新闻学，《商报》编辑潘公展讲编辑法，《时事新报》总编辑潘公弼讲报馆管理，《商报》总编辑陈布雷讲社论编写。

7 月 1 日

《交通日报》在北京创刊。赠阅 3 天，送登广告一星期。该报以"代表舆论，指导政府，传播消息，力谋交通事业之发展"为宗旨。

世界新闻编译社在北京成立。社址设在北京西长安街 101 号。

7 月 5 日

商务印书馆主办的《学生》杂志第 12 卷 7 号出版《择业问题号》专辑，刊发戈公振撰写的《告有志于报业者》一文，提出从事报业者必须具备的四个条件：一、热心；二、文字清顺；三、身体强健；四、接受过高等教育。

7 月 8 日

《工商日报》在香港创刊。1929 年由何东接办。1984 年 12 月 1 日停刊。

7 月初

《东方杂志》出版发行《五卅事件临时增刊》1 册，封面加黑框，约 200 页。内容有《五卅事件之责任与善后》（王云五）、

《五卅惨杀事件事实之分析与证明》（陶希圣）、《五卅事件纪实》（胡愈之）、《什么是诚言》（岫庐）、《会审公堂纪录摘要》《重要函电汇录》（国内外团体、著名人士发表的宣言、通电、抗议书、信函共23件），由胡愈之实际负责主持编辑。内容注重法律证据和事实调查，为“五卅”事件的交涉提供根据。《增刊》正印刷中，租界当局中断电力供应，设置障碍。商务职工当即采取购买发电机等应急措施，多方设法出版。但卷首所附插图需用新式影写机，一时无法付印，只好暂缺。后全部移到7月10日出刊的第22卷第13号卷首，共计45幅，有“五卅”事件之被难者、物证，上海市民大会、北京各界大示威和全国响应活动等。《增刊》的卷首2页刊登4幅政治讽刺漫画。其中第一、二幅为黄文农创作的《最大之胜利》（图为黑暗中一武装巡捕枪击游行民众）、《公理、亲善、和平、人道》（图为一帝国主义者手拉小提琴奏出所谓“公理、亲善……”之音，一个被压倒在地的中国人两手掩耳拒听），另一幅《文明人的假面揭破了》，署名乙未生画。《增刊》免费赠送《东方杂志》订户，并廉价广泛发行，读者争购。

7月11日

《申报》《新闻报》在广告版用大字刊出租界工部局以克劳广告公司名义送登的《诚言》第1号。《诚言》系工部局编印的类似传单的造谣宣传品，不署出版机关，篇幅不定，从6月30日起共印发3号，第1号标题为《英外长张伯伦演说》，第2号为《沙面一役中国学生先放枪》，第3号为《苏联对于中国的野心》，2个月内共发出《诚言》110万份，在上海各街道、电车、各公共场所到处张贴，遭到《血潮日刊》《上海工商学联合会日报》《向导》《东方杂志五卅事件临时增刊》等报刊的揭露和驳斥。广大群众愤怒地把张贴的“诚言”涂改为“谣言”“谎言”“贼言”，打×或写上“不看”。申、新两报刊出《诚言》后，当即引发众怒。《血潮日刊》刊行《反对申、新两报特号》，《上海工商学联合会日报》发表社论《申新两报与〈诚言〉》，《中国青年》周刊第85号刊登海员工人组织印制的“铲除妖报团”传单，列举两报三条“罪状”：一、“五卅”惨案后始终刊登英日广告；二、登载毫无事实而有利于敌方的空气；三、登载满纸胡说的《诚言》。上海学生联合会当即取消在两报所登广告，通电全国以激烈手段对付两报，并在租界以外地区扣留这两家报纸。在社会舆论压力和教育下，两报于7月17日发表启事认错，并刊登《辟〈诚言〉》（副题《敬告张伯伦与刊行“诚言”之人》）全文，又印发《诚言是英国人的谣言》的传单20万份。这一事件标志帝国主义报刊欺骗宣传的又一次破产。

7月18日

《甲寅》周刊创刊于北京。北洋政府司法总长兼教育总长章士钊主办，钟介民编辑。该刊的主旨是，提倡尊孔读经和文言文，反对新文化运动，压制学生运动，为段祺瑞执政府的反动统治辩护，并吹捧章士钊自己。内容杂载公文、通信、评论。第1卷9号和14号发表的章士钊以“孤桐”为笔名撰写的《评新文化运动》和《评新文学运动》两文，是反对新文化运动的代表作。鲁迅在《语丝》《莽原》《猛进》等刊物上撰写《十四年的读经》《答KS君》《碎话》《这个与那个》等杂文，嘲讽《甲寅》周刊是章士钊“自己广告性的半官报”，是十分滑稽的“公报尺牍合璧”式的刊物。（《鲁迅全集》第3卷，第112页）1927年2月停刊，共出45期。

7月25日

北京《晨报》社出版《五卅痛史》一

书。全书 478 页，插图 14 幅，记述沪案经过事实，外交谈判情形，专家具体意见，中英重要条约，上海租界之性质与组织，会审公廨之沿革及现状等内容。

7 月下旬

《工人生活》在天津创刊。刊期不定，每期出 64 开本 20 至 30 页 1 小册。是中国共产党在天津建立地方组织后，在当地创办的第一个工人运动的刊物。以通俗易懂的文字，采用讲话、问答、歌曲等多种体裁，向工人群众进行阶级斗争和爱国主义教育。每期印数不同，按需要而定。如《五卅特号》就印了 1000 份，最多印到 2000 份。通过秘密传递的方法发送到工人手中。1927 年春被迫停刊，共出版 10 余期。

8 月 1 日

《向导》周报在北京《晨报》登出广告，自称是“反帝国主义、反军阀的先锋，领导民众运动理论与实际，人人必读的”刊物。“每期的论文是实际政治的预言，每期的内容是民众运动的寒暑表。”“现已出至一百二十多期，全国各地发行。”

自由周刊社成立。社址在北京西城二龙坑口袋胡同 16 号。北京中国大学出版部发行。

《联益之友》旬刊在上海创刊。上海联益贸易公司出版部创办。初由企业主陆文忠之子陆企豪主编，后由赵眠云、郑逸梅合编。用道林纸彩印。戈公振《中国报学史》列该报为“商店之报纸”的代表，并将其封面制版编入插页。1926 年夏停刊。

8 月 15 日

《东北早报》在哈尔滨创刊。是中共地下组织在黑龙江省创办的第一家公开报纸。中共哈尔滨市特别支部书记吴丽石负责主办，张晋任主笔。日出 4 开 4 版。有时论、紧要消息、国外新闻、国内要闻、本埠新闻等栏目内容和副刊《东北思潮》，第 4 版为广告。9 月，中共北京区委派任国桢等回东北，以《东北早报》编辑身份进行活动。曾不顾当局禁令，连载郭松龄起兵反奉消息。12 月底，中共哈尔滨市组织遭破坏，任和早报主要编辑陈晦生等共产党员被捕，后在吉林监狱遇难。陈晦生是黑龙江地区被杀害的第一个革命报人。（参见《黑龙江省志·报业志》征求意见稿第 25—26 页）

8 月 20 日

广州《民国日报》总编辑陈秋霖被国民党右派暗杀，与廖仲恺同时遇难。陈系广东惠阳人，1919 年春任漳州《闽星日报》总编辑，1920 年在广州创办《星报》，后并入《群报》，1922 年主持该报。后主办《香港新闻报》，该报不久改名《中国新闻报》，宣布拥护孙中山，反对陈炯明。1924 年秋，陈秋霖主持国民党机关报广州《民国日报》，致力于新三民主义的宣传，因此遭到右派的嫉恨。

8 月 22 日

《北京公报》创刊。社址设在北京宣武门外梁家园西夹道。日出对开 1 张。社长余瑞瑜，主笔梁纶才。每月售价大洋 4 角。直接订阅，每 3 月售价 1 元，并另赠 1 月。

8 月 25 日

《国民新报》在北京创刊。社址在北京前门外延寿寺街 30 号。日出对开 1 张。自揭其宗旨为“主张国民救国，宣传民族自决，铲除黑暗势力，打倒帝国主义”。是国民党左派办的机关报。李大钊曾指导该报的出版，用苏联退回的庚子赔款作为主要经费来源。1926 年 2 月 23 日起增出英文版，日出对开 1 张，中文版则增办甲乙两种副刊，日出两大张，成为用中英两种文字编印的大报。总编辑邓飞黄，英文编辑陈友仁、林语堂。甲种副刊内容为社会科学，由陈启修主编。乙种副刊内容为文学艺术（1925 年 12 月 5 日创刊），由张凤举（定璜）、鲁迅按月轮流值编，鲁迅每月得编辑费 30 元。该报揭露抨击北洋军阀及其支持者英日帝国主义。“三一八”惨案发生后的 1 个月中，曾集中报道事件的经过，评论、揭示事件的性质，连续发表社论《段祺瑞之大屠杀》《卖国贼及其走狗之妖言》《段祺瑞应受人民审判》等，猛烈抨击段祺瑞执政府屠杀民众的罪行。1926 年 2 月 10 日，2 种副刊停刊，共出 46 期。北伐前夕，随着国民党北京党部被封，该报于 4 月 10 日停刊。

戈公振在《东方杂志》第 22 卷 16 号上发表《报馆剪报室之研究》一文。文章前面引用梁启超《新大陆游记》中的一段文字：“报馆愈古者则愈有价值。盖泰西之报馆，一史晟也。其编辑文库，所藏记事稿，无虑百千万亿通；所藏名人相片名胜图画，无虑百千万亿袭；分年排比，分类排比。吾尝游大报馆数家，其最令吾惊起者，则文库也。故无论何国，有一名人出现或移动或死亡，今夕电报到，而明晨之报纸即登其相，地方形胜亦然。彼何以得此，皆其文库所储者也。”戈公振认同梁的见解，并详细介绍了美国《世界报》、法国《晨报》及外国通讯社搜集整理和利用剪报资料的情况，供中国新闻业者参考。文章结尾提出希望称：“日本新闻家本山氏有言：‘新闻贵新鲜，有如蔬菜鱼肉之不可陈腐，而储蓄御冬之计，亦不可不为之绸缪。’吾国报馆，有起而行之者乎？跂予望之!”

8 月 27 日

当日下午 4 时，一名叫白济川的卖报人，在北京东珠市口一带叫卖画报，大喊“打仗的新闻，开火的号外”等。警察以扰乱治安将其揪询，所售之报名叫《舆论》，内容尽属故甚其词之谣言。后又与《舆论报》联系，该报日出正副两张，并无画报，请求追究。此画报实属白济川每日搜集各报之稿，自用石印印刷而成，以图卖钱。该区署长以其意图扰乱治安，遂将其看押。

9 月 1 日

《中州评论》创刊于开封。中共豫陕区委机关刊物。萧楚女主编，区委书记王若飞直接领导。该刊宣传马克思主义，发动群众进行反帝反封建国民革命，驳斥国民党右派言论。曾出有《工人运动专号》《战争专号》。1926 年初被河南省军阀当局查封。

9 月 6 日

北京《晨报》增出《星期画报》1 张，每周日刊行。随报赠阅第 1 期。自次年 2 月起画报随正张发行，凡订阅《晨报》者优待，每月加大洋 1 角。该刊偏重艺术，第 1 年出刊 50 期，每期均介绍一位画家的作品。

9 月 7 日

《向导》第 128 期出版《九七特刊及向导第三周年特刊》，刊发陈独秀撰写的《本报三年来革命政策之概观》一文，总结 3 年来《向导》宣传的成效，即始终坚持“打倒国际帝国主义”“打倒军阀”两大口号，打破政论界幼稚的谬见和幻想，终于被革命的工人和学生、国民党中的部分革命派、一部分进步的教授和商人所接受，使这一号召深入民众了，从而促进了民众组织的扩大，使民族解放运动成为全国人民的实际运动。本期《向导》还刊登《本报启事》称：为纪念创刊 3 周年，根据实际需要，特编印《中国关税问题》《不平等条约》两本共 10 万册，随报附送。

9 月 25 日

《向导》第 131 期刊登署名 S 生所写的《山东通信》，揭露奉系军阀张宗昌在济南督署对当地报社通信社记者所作的以下训话：“今天我请你们大家来，没有别的话说，就是你们的报上登载的消息，只许说我好，不许说我坏。如有那个说我坏，我就以军法从事。”此后不久，济南半数以上的报馆被迫倒闭。

同月

上海新闻专科函授学校成立。上海新闻文化界主办。以普及新闻知识，造就新闻人才为宗旨。不收学费。学制为 6 个月一期。第 1 期招收学员 200 多人。

9—10 月

《东方杂志·五卅事件临时增刊》和该刊第 22 卷第 13 号发行后，被上海公共租界总巡捕房向会审公廨提起控诉。9 月 11 日首次开审。商务印书馆编译所所长王云五和该馆上海发行所副所长郭梅生先后列名被告，由自聘律师礼明出庭辩护。10 月 10 日第 3 次开审，捕房律师梅脱兰说，查被告所著之文，凡有涉及学生方面的缺点，一概不提，实有激动人心之处，且其销数较一般报刊广大，为祸亦烈，要求对被告课以相当罚金。10 月 24 日，会审公堂既无罪状宣告，亦无审判理由，即判令被告罚款 200 元，一年内不得再发行同样书籍。王云五一直未出庭，《东方杂志》对被控案亦无只字记载，默然接受罚金，以期早日销案。9 月 20 日北京《京报副刊》第 275 号发表无悔写的评论《上海商务印书馆〈五卅增刊〉事件》，披露了 9 月 11 日开审经过，对商务发行五卅增刊表示敬意，对该馆被控表示声援。

10 月 1 日

北京《世界日报》增办《世界画报》。褚保衡主编。由原日报第 5 版画报扩充改出，每期出 4 开 4 版，单独发行。第 1 版刊登时事、风光、艺术照片，其他 3 个版多登广告。初为隔日刊，11 月起改周刊，逢周日出刊。因销路不好，不再单独发行，改为免费赠送日晚两刊的订户。

10 月 2 日

北京《大晚报》改组出刊。社址在北京南池子灯笼库 8 号。聘请王解生编辑。原编撰人李戴侠、沈茹秋、刘果航、刘秉衡 4 人辞职。

10 月 7 日—11 月下旬

北京《晨报》副刊之一《社会周刊》借讨论中俄关系为由头，掀起一场所谓“仇友赤白”的大争论，指苏俄为“赤色帝国主义”，主要编撰人把争论的矛头引向排苏、反共，攻击共产主义不适合中国国情。

10 月 11 日

中华职业教育社主办的《生活》周刊在上海创刊。黄炎培在职教社社务会议上宣布的该刊的宗旨是：“专门宣传职业教育及职业指导的消息和简要的言论。”由刚从美国学银行学归来的王志莘担任主笔，徐伯昕兼任发行，邹韬奋等为撰稿人。创刊初期为单张印刷，仅印 1000 多份，大部分是向职教社社员及教育机关赠阅。从第 2 期起，韬奋开始为该刊撰写文章。

10 月 20 日

国民党中央领导召开的国民党广东省第一次代表大会开幕，毛泽东为该会的会刊《广东省党部代表大会会场日刊》写了《发刊词》，宣扬孙中山改组国民党制定的革命的三民主义，强调只有反抗帝国主义、军阀、大商买办阶级和封建地主阶级，才能使中国大多数穷苦人民享有经济幸福。

10 月下旬

《西北日报》在包头创刊。是冯玉祥所属的西北国民革命军的机关报。中共北方区委负责人李大钊从北京高校抽调共产党人协助出版。蒋挺松任社长，马良吉任总编辑。1926 年 9 月改名《中山日报》，中共党员、西北军党代表刘伯坚指导该报后期工作。该报以宣传新三民主义为主旨。理论副刊曾大量介绍马列主义学说、共产国际和苏俄十月革命的有关资料。1927年秋停刊。

同月

《中国妇女》杂志在上海创刊。全国妇女联合会主办。是在中共中央领导下出版的全国性妇女刊物。1926年9月，中共中央设立党报编辑委员会，该刊主编是成员之一。

在此前后创办的革命和进步的妇女报刊，还有北京的《妇女之友》（1925年底出版，郭隆真主编），国民党中央妇女部办的《妇女之声》，湖北省妇女协会办的《湖北妇女》旬刊（1926年3月创刊于武汉，由亢文慧、袁溥之先后主编，得到中共湖北区委指导，1927年“七一五”后停刊），汉口市妇女协会办的《妇女运动》，国民党广州市特别党部办的《新妇女》，广州的《妇女旬刊》（1925年创刊），长江书店出版的《赤女杂志》（1927年创刊于汉口，中共领导创办，出有《三八国际妇女纪念专号》），共青团长沙地委办的《青年妇女》等。

中国青年社丛书之六、萧楚女著的小册子《显微镜下之醒狮派》公开出版。该书共分27小节，以马克思主义的观点，对创刊50期来的《醒狮周报》，作了全面系统的剖析和批判，观点鲜明，论据确凿，笔锋犀利，是长篇论辩的佳作。

11月15日

北京万国电信社发稿。社长林众可。月收稿费20元，同业减半。

11月19日

北京《晨报》揭露北洋政府参政院、国宪起草委员会、军事善后委员会、财政善后委员会、国民会议筹备处、国政商榷会等六单位联合向新闻界赠送“宣传费”的情况。所赠“宣传费”分为四级：一、超等6家，每家300元；二、最要者39家，每家200元；三、次要者38家，每家100元；四、普通者42家，每家50元。总计为1.45万元。受赠的125家新闻单位中，有日报47家、晚报17家、通信社61家。

11月26日

《北京时报》创刊。社址在北京阜成门内前抄手胡同。自创刊日起送阅3天，送登广告7天。

11月27日

《新春秋日报》在北京创刊。社址在北京宣武门外校场五条北口。日出对开2张。赠阅5天，送登广告5天。定价零售大洋2分5厘。

11月29日

北京《晨报》被四五十名暴徒纵火，部分房屋和纸张被烧毁，该报被迫停刊1周，于12月7日复刊。复刊日报纸送阅并赠画报1张。12月10日出版的《向导》周报第140期发表了赵世炎所写的《北京通信》，对这次事件作了介绍，并称：“焚毁晨报馆时，左派群众并未参加，完全是右派的把戏，他们当晚送登的新闻反诬是共产党所为。”

上海报学会正式成立。由上海国民大学、大夏大学、光华大学报学系师生发起组织。选举戈公振、黄养愚、周尚等等15人为执行委员。《学会简章》规定：“以研究报学，发展报业为宗旨。”后来，上海及各地有志于新闻学研究者纷纷加入，浙江、江苏、北平、广东、辽宁、湖南、江西、山东、四川等省市均有会员。1930年10月成立杭州分会。报学会的活动主要由戈公振主持。他在成立大会上发表演说称：“中国自汉即有邸报，为世界最早之报纸。现与各国比较，几至落伍，甚属可耻！但经济不足，交通不便，亦为报纸发达之阻碍。然人才缺乏，更为阻碍之重大原因。近年各大学渐有报学科之添设，诸位今创报学社，研究报学，社员亦极踊跃，甚为可喜。”（洪惟杰编著：《戈公振年谱》，江苏人民出版社 1990 年版，第 22 页）1929 年 8 月他主持出版学会的学术刊物《言论自由》，为不定期刊，1931 年 11 月出至第 3 期。学会大约在 1935 年底停止活动。

同月

上海《民国日报》为国民党右派“西山会议派”所把持，成为该党右派的喉舌。国民党中央执行委员会为此电告各地党部：“上海《民国日报》近为反动分子所盘踞，议论荒谬，大悖党义，已派员查办。”并停止给该报的经费补贴。该报于 1926 年 10 月 26 日被迫停刊。经整顿后，同年 11 月 7 日复刊，开始脱离“西山会议派”的控制，拥护国民革命和广东政府。1927 年 1 月 10 日迫于军阀孙传芳的压力再次停刊。

《广告心理学》，由上海商务印书馆出版。作者日本井关十二郎，由唐开斌翻译，32 开本 125 页。是该馆出版的商业丛书之一。1931 年 2 月曾再版。

12 月 5 日

中国国民党中央机关报《政治周报》在广州创刊。国民党中央宣传部主办。16 开本，刊期不定。由国民党中央代理宣传部长、共产党人毛泽东筹办并任主编。第 5 期起，由共产党人沈雁冰、张秋人接任主编，萧楚女、杨开慧助理编务。毛泽东撰写发刊词《〈政治周报〉发刊理由》，并以子任、润等笔名撰发政论、新闻、时评、通讯近 20 篇。该报主要刊载国民党中央和广东革命政府的重要会议、文件、报告，知名人士的专稿，有部分新闻报道材料，辟有《反攻》专栏，刊登短小犀利的时评。注重用事实说话，通过大量事实报道与评论，宣扬广东革命政府领导下在政治、经济、文化、教育方面的成就，工农群众反帝反封建斗争的业绩，揭露国民党右派勾结帝国主义和军阀势力的阴谋活动，揭示右派分裂的必然性，反击敌对新闻工具的反革命宣传，为维护国共合作的统一战线和巩固广东民主革命基地，发挥了重要作用。每期发行数达 4 万份。1926 年 5 月，国民党通过限制共产党的《整理党务案》，毛泽东被迫离去国民党中央的职务。6 月 5 日，《政治周报》出至第 14 期后停刊。

毛泽东在他为《政治周报》创刊号所写的发刊词《〈政治周报〉发刊理由》一文中，提出了以下几点新闻思想：一、办报的宗旨是“为了革命”，是“为了使中华民族得到解放，为了实现人民的统治，为了使人民得到经济的幸福”。二、革命的报刊必须“向反革命派宣传反攻，以打破反革命宣传”，不能放任反革命的宣传。三、用事实说话是最有力的宣传方法。

12 月 11 日

国民党中央第 126 次联席会议对上海《民国日报》擅自发表拥护右派西山会议的言论进行谴责，并决定交中宣部部长审查和拟具处置办法。本月 20 日，毛泽东在《政治周报》第 3 期发表了《上海〈民国日报〉反动的原因及国民党中央对该报的处置》一文，揭露了该报的反动面目及其向右转的原因。

12 月 25 日

《明报》在北京创刊。社址在北京北池子南头文书馆胡同 12 号。日出对开 1 张。副刊为五日刊，刊载专门论著、科学研究、文艺创作、名人讲演、外国评述等方面的文字。创刊初期赠阅 3 天。

同月

《战士》期刊创刊于长沙。中共湖南区委机关报。初为旬刊，第 14 期起改为周刊，实为不定期刊。曹典琦（伯韩）主编。该刊刊登党的文件，报道和评论时政，揭露军阀赵恒惕的联省自治阴谋，反映湖南农工支援北伐战争的业绩，支持促进农民运动的开展。曾全文发表毛泽东的著名调查报告《湖南农民运动考察报告》（第35—36、38—39期连载）、李维汉的《湖南革命的出路》（第41期）等一系列有关农民问题的评论文章（后辑为《农民问题论文集》出版）。1927年4月停刊，共出42期。（1982年人民出版社出版影印本，内缺8期。）

同年

苏联摄影师来中国拍摄新闻纪录片《伟大的航行与中国国内战争》，纪录了北京、上海、广州各地国民革命活动，介绍了1925年中国的反帝斗争和广州革命政府的情况。全片可放映30分钟，是苏联在西欧放映的第一部新闻纪录片。

《上海远东通讯社一周年纪念册》，由远东通讯社编印出版。

《世界报纸大观》，由上海时报馆出版。李昭实著。该书系《时报》增刊，介绍了世界各国著名报纸155种，并附有各报小史。

1926年（丙寅）

1月1日

《中国农民》月刊创刊于广州。是第一次国共合作时期，在中国共产党的领导下，以国民党中央执行委员会农民部的名义主办的指导农民运动的理论性刊物。撰稿人大多是共产党人和国民党左派，有林伯渠、阮啸仙、廖仲恺、邓演达等。第1、2期接连发表毛泽东写的《中国农民中各阶级的分析及其对于革命的态度》和《中国社会各阶级的分析》两文（后者最早发表在1925年12月1日出版的国民革命军第二司令部编印的《革命》第4期上）。李大钊写的《土地和农民》，彭湃写的《海丰农民运动报告》等亦发表在该刊。北伐军到武汉后，农民部迁汉口，同年12月出至第1卷10期后暂停。1927年6月复刊，并出版第2卷第1期《土地问题专号》。1927年7月宁汉合流反共后停刊。

《济难》月刊创刊于上海。是中国济难会的机关刊物。共出2期。同年6月26日该会又创办《光明》半月刊，胡愈之、孙伏园、杨贤江、蒋光慈为该刊写稿，出至第6期被当局指为“赤化”而停刊。

《新女性》月刊在上海创刊。妇女问题研究会主办，章锡琛主编。先后由新女性社、开明书店出版发行。讨论学理，批评现实，介绍海外新学说，注重文艺和书籍批评。1929年12月出至第4卷第12期后停刊。

1月3日

上海新闻学会在汉口路会所举办“南洋各报展览会”。这是中国最早的报纸展览会。上海新闻学会成立于1925年10月2日，本年9月21日召开周年大会，选出执行委员潘竞民、顾执中、陈冰伯、黄警顽、吴凯声、翁国勋、钱化佛、黄翠英、程本海、汤得明、杨贤江、汪英宾、宋哲夫、叶如音、侯可九等。9月26日第一次委员会上推选汪英宾、潘竞民任正、副委员长。

1月8日

毛泽东在国民党“二大”上作《宣传报告》，总结两年来在办报、图画及口头宣传、重要事件宣传等方面取得的成绩和缺点，列举了国民党办的报纸、刊物致军队办的报刊、社团办的报刊的名称和简况，详细分析了敌方新闻宣传的状况。指出两年来在革命宣传和反革命宣传相对抗之中，革命宣传取攻势，反革命宣传取守势，它们招架不住，才抬出“反共产”“赤色帝国主义”这两块挡箭牌来。结论说：“这种对抗攻守的现象，乃中国革命势力日益团结进取，而反革命势力日益动摇崩溃的结果。”大会审查通过了这个报告，并在《政治周报》第6、7期合刊上刊出了该报告的全文。

1月10日

天津《大公报》创办人英华在北京去世，享年59岁。英字敛之，满族人。遗著有《也是集》《敝帚千金》《万松野人言善录》《安蹇斋丛残稿》《劝学罪言》等。

1月20日

北京新闻界争自由大同盟开会，推举毕蔚真为主席。议决选派报馆通信社记者10多人为代表，于22日赴执政府国务院，递送呈文，要求废止袁世凯时期制订的《出版法》及现有的新闻营业管理条例。同月，上海日报公会、上海新闻记者联欢会等联合致电北洋政府，呼吁废止《出版法》。迫于全国舆论压力，本月28日段祺瑞执政府下令取消现行《出版法》。

1月25日

《犁头》创刊于广州。广东省农民协会主办。初为旬刊，后改为周刊。1926年下半年到1927年5月—6月的大革命高潮期间，各地创办了一批农民报刊，除《犁头》外，还有《江西农民》(1927年3月，江西农民协会在南昌创办)、《锄头》《血潮画报》《山东农民》《山东农民画报》《农友》《耕牛》等。在农民运动迅猛发展的广东、湖南、湖北等地广大农村中，墙报、传单、标语、漫画等宣传品到处可见，“打倒帝国主义”“打倒军阀”的口号深入人心。

同月

《向导》从第142期起扩幅，从8页增为12页，多登各地通信和读者来稿。从144期起，应读者要求，封面加印目次。4月出版《向导汇刊》第3集。1925年12月第140期刊出的预约广告说，《汇刊》第1、2集出版后，再版均售完，正重印中。

《国家与教育》周刊在北京创刊。定价半年5角，全年1元。

2月4日

中共领导的上海书店被军阀孙传芳查封，罪名是“印刷过激书报，词句不正，煽动工团，妨害治安”(转引自《上海革命文化大事记》，第147页)。中共后在宝山路设立宝山书店，继续发行革命书刊。

2月7日

《人民周刊》在广州创刊。是中共广东区委的机关刊物。区委宣传部长张太雷主编。撰稿人有恽代英、周恩来、邓中夏、张国焘、黄平等。初为16开本，从第26期起改为单张纸1张，另增加专载理论文章的附刊半张(从第48期起附张合并入共青团广东区委机关刊物《少年先锋》)。该刊对支持省港大罢工，反对国民党右派和巩固广东民主革命基地，推进北伐战争，起了重要宣传作用。出有《纪念孙中山特刊》(逝世周年)、《纪念廖仲恺特刊》。该刊发表的《言论自由与检查党报》一文，阐述了中共早期对言论自由的看法。1927年4月30日停刊，共出刊50期。1927年11月，为准备广州起义，一度复刊。

2月15日

上海《良友》画报创刊。月刊。良友印刷公司总经理伍联德创办兼首任总编辑。用道林纸铜版印刷。以照片为主，图文并茂，注意报道政治、经济、文化各方面动态，也刊登文艺作品，是中国第一本大型综合性摄影画报。它以“普及教育，发扬文化”为使命。第5期起周瘦鹃继任总编。1927年初由齐鲁大学青年学生梁得所接任总编。梁得所接编后，在内容与编排上大力革新，苦心经营，一两年内该刊月销达 4 万多册，不仅发行国内，还远销世界五大洲。1930 年起改用影写版，成为当时全国印刷精美，销行最广的画报。抗战爆发后一度迁香港出版。1939 年由良友复兴图书公司在上海复刊，1941 年 12 月太平洋战争爆发后休刊。1954 年 8 月在香港复刊，1968 年再次停刊。1984 年在香港再度复刊。

2 月 19 日

《新闻晚报》在北京创刊。社址设在北京西长安街 101 号。赠阅 3 天，送登广告 7 天。社长李锦铭，经理陈劭南。

2 月 21 日

北京《大同晚报》经理龚德柏，编辑胡春冰，庶务唐维桢及《北京晚报》经理刘仰乾本日晚被警方拘捕。《大同晚报》被查封。旋即复刊。

2 月 23 日

进化通信社在北京成立。社址在北京东单贡院大街 1 号。社长郭持平，总编辑赵公谨。

同月

《湖北农民》在汉口创刊。湖北农民协会机关刊物。陈荫林主持。初为 32 开本半月刊，后不定期秘密发行。1926 年秋北伐军攻占武汉后，该刊迁武昌公开发行，改出旬刊。内容有时事论文、农民运动消息、专载、名词解释、故事、笑话等，经常刊登读者和农民来稿。初销 5000 份，公开发行后曾销行达 2 万份。附出有《湖北农民画报》，4 开，油光纸石印，由原《楚光日报》编画刊的龚士希编辑。

3 月 16 日

《创造月刊》在上海创刊。大 32 开本综合性期刊。创造社主办，泰东图书局出版发行。郁达夫、成仿吾、王独清、冯乃超相继主编。创刊号《卷头语》表示，要以反映被压迫者的呼声，促进现社会改造为主旨。1928 年 12 月出至第 2 卷第 6 期被查禁，共出 18 期。

3 月 17 日

长沙国民党机关报《大湖南日报》以抨击省宪，拥护湖南长沙人民委员会，被当地军阀查封。该报为此通电全国报馆：“在军权统治之下，法律失其效力，自由无所保障，敝报代表民众利益而奋斗，与军阀利害，绝对相反，横遭封闭，当非偶然。”呼吁湘民为争自由而战。

同月

厦门《党声周刊》创刊。中共厦门地方党团组织与国民党左派合办的刊物。以宣传国共合作和新三民主义，反击右派分裂活动为主旨。出有《三八特号》《纪念总理特号》。到 4 月 16 日止，共出刊 4 期。停刊期不详。

年初

《自然界》月刊创刊于上海。商务印书馆出版发行。周建人主编，杜其尧协助编辑。以普及自然科学为宗旨，注意汇集散见国外科学期刊的中国科学史料。1932 年 1 月出至第 7 卷 1 期终刊。

《四川国民》创刊于重庆。是国民党四川临时执行委员会的机关报。共产党员冉钧负责编辑工作。以宣传新三民主义，促进国民革命为主旨。从编撰到发行工作，几乎全由冉钧一人承担。现存 3 期为：1926 年 2 月 25 日第 3 期，4 月 21 日第 7 期，5 月 18 日第 10 期。后两期连载陈独秀《中国革命势力统一政策与广州事变》一文。冉钧在 1927 年“三三一”惨案中被害。

春

重庆《四川日报》（1923 年 8 月创刊）由地方实力派的报纸，转为国民党左派和共产党合办的进步报纸。吴玉章从广东国民党中央党部每月领取津贴费 1000 元支持该报。该报总编辑、北京朝阳大学经济系毕业生牟炼先加入共产党后，接受中共重庆地委负责人杨闇公、童庸生的影响，贯彻国民党左派——重庆莲花池省党部的意图，使《四川日报》成为大革命时期的有力号角。同年底牟炼先离渝，由省党部秘书、共产党人熊子骏接任总编辑。1927 年“三三一”惨案发生后，该报被国民党右派捣毁。社长吴自伟逃往武汉，报纸被迫停刊。

4 月 1 日

上海《新闻报》增出《本埠附刊》。以登载戏目广告和适合本市居民需用的小商品广告为主。辟有《艺海》专栏，兼载电影评论，文艺消息和小品文字。这个附刊是专为戏馆、电影院等游艺事业服务的，为他们提供廉价的宣传园地。

《军人日报》创刊于广州。日出对开 1 张。国民政府军事委员会政治训练部主办。罗汉任总编辑，罗伯先、王炳南、郭慕亮等任编辑。以“提高军人之政治观念，使军队成为真正拥护人民利益之军队”，“提倡军民合作”，“促成国民革命”为宗旨（广州《民国日报》1926 年 3 月 25 日）。注意报道国民革命军各军的动态，反映军人的生活与要求，介绍全国工农运动发展形势，揭露帝国主义和封建军阀的罪恶，介绍苏联情况。为集中力量办好该报，政治训练部将原来出版的《政治工作日报》改为月刊。

1925 年 7 月国民政府设立军事部，8 月统一军队编制，统称国民革命军。各军设党代表和政治部，一批共产党人派往黄埔军校和各军担任政治工作，参加了国民党报刊的宣传活动，给国民党报刊带来积极影响。到 1927 年 5、6 月止，全国各地相继出版一批军人报刊，除《中国军人》《军人日报》外，还有黄埔军校的《军人周报》、《黄埔日刊》《黄浦潮》半月刊、《革命军》（1925 年 9 月创刊，军校特别党部办）、《青年军人联合会周刊》、《先声旬刊》，国民革命军总政治部的《革命军日报》、《军人俱乐部》，总司令部学生兵团的《学兵日刊》，广州的《战事新闻报》（日刊，1925 年 10 月 6 日出刊，为宣传东征创办，日出 5 万份，该报出有《战事新闻画报》周刊、《战事新闻北伐特刊》），第一军的《突击》，第二军的《先锋》、《革命》半月刊，第四军的《军声》、《四军周刊》，第六军的《奋斗周刊》，第七军的《革命军人》，第八军的《前声》、《党声》，第十五军的《重光》（汉口），第二十军的《军育周刊》（万县），第二十四军的《军人周报》（成都），攻鄂军的《人道》，烟台的《新海军》月刊，武汉黄埔分校的《革命生活》日刊，西北国民革命军的《西北日报》等。据统计从 1925 年初到“四一二”蒋介石叛变前，仅在广东出版的军人报刊就有 30 多种。

4 月 9 日

北京《大同晚报》以刊载军事消息失慎，再次被警方查封，经理龚德柏再次被捕。

4 月 16 日

《京报副刊》发表鲁迅所写的《大衍发微》一文，提及“三一八”惨案后，段祺瑞政府发出的通缉名单，并将列名该名单的 48 人的籍贯职务一一列出，其中现任各报编辑、记者的有陈友仁、邵振青、陈启修、林玉堂、周树人、张凤举、孙伏园、成平、潘蕴巢、罗敦伟、邓飞黄等 11 人，以及《猛进》的撰稿者李玄伯、徐炳昶等 7 人。鲁迅还在文章中揭露北洋政府摧残新闻界的以下计划：“扑灭四种报章：1.《京报》；2.《世界日报》及《晚报》；3.《国民新报》；4.《国民晚报》。”“‘逼死’两种副刊：1.《京报副刊》；2.《国民新报副刊》。”“妨害三种期刊：1.《猛进》；2.《语丝》；3.《莽原》。”

4月22日

奉直联军进入北京。当日出版的北京《京报》刊出邵飘萍所写的《飘萍启事》一则，声明：“鄙人至现在，尚无党籍（将来不敢预定），既非国民党，更非共产党。”启事还嘲讽地自数其“罪状”有五：“一不该反对段祺瑞及其党羽之恋栈无耻”；“二不该主张法律追究段、贾等之惨杀多数民众（被屠杀者大多数为无辜学生，段命令已自承认）”；“三不该希望取消不平等条约”；“四不该人云亦云承认国民第一军纪律之不错”；“五不该说章士钊自己嫖赌，不配言整顿学风”。这篇启事系4月21日邵避居六国饭店后所写，是邵的绝笔。

4月26日

《京报》社长、名记者邵飘萍被奉系军阀杀害于北京天桥。邵飘萍和他所办的《京报》，在反帝反封建军阀方面十分坚决，对奉系军阀时有批判和嘲讽。冯玉祥部国民军撤离北京后，又在《京报》上发表署名文章《欢送国民军》，对国民军大加赞扬。这些，都触怒了奉系军阀，必欲除之而后快。奉直联军入京前夕，邵被迫避居六国饭店。4月24日晚因事返回报馆，在魏染胡同口被暗伏的侦缉队截捕。北京新闻界人士得讯后，紧急会议推举刘煌等13名代表面见张学良，请军方尊重舆论对邵从宽处理，被拒绝，并以“勾结赤俄，宣传赤化，罪大恶极，实无可恕”等莫须有的罪名于26日凌晨公开处决。（参见《中国新闻事业通史》第2卷，第212页）

邵飘萍，生于1886年10月11日，原名新成、镜清，后改名振青，笔名阿平、飘萍、素昧平生等，浙江东阳人。毕业于浙江高等学堂。1911年在杭州与人合办《汉民日报》，并被推任省报界公会干事长。1913年因著论反对袁世凯被捕，报纸停办。1914年入日本东京政法学校攻读法律学，并与人合组东京通信社，向国内报刊供稿。1915年回国，任上海《申报》《时事新报》《时报》主笔。1916年到北京，任《申报》驻京特派记者，撰写《北京特别通信》200多篇，深受欢迎。同年在北京创办新闻编译社。1918年10月创办《京报》，任社长，经常撰写评论和采写重要新闻。同时参与创办北京大学新闻学研究会，被聘为导师，讲授新闻采访学，并积极参加五四运动。1919年8月《京报》被查封，再次出走日本，任大阪《朝日新闻》顾问，潜心研究各国社会思潮和俄国十月革命，后写作出版《综合研究各国社会思潮》《新俄国之研究》两书。1920年回国，复刊《京报》，致力于反帝反封建军阀的宣传。1924年起，兼任北京平民大学、国立法政大学新闻学教授。在讲授基础上，写成《新闻学总论》《实际应用新闻学》等两部专著。1925年秘密加入中国共产党。为培育新闻人才，促进国民革命作出了重要贡献。所写新闻评论和通讯收入《邵飘萍选集》（上、下卷）。

4月30日

《云南青年》创刊。云南省学生联合会创办。半月刊，32开本。以宣传反帝，反映组织学生活动为宗旨。撰稿人多为进步学生，后来大多遭到云南军阀唐继尧的迫害。

6月8日

《哈尔滨日报》创刊。国民党哈尔滨市党部主办，共产党人负责编务。日出对开2张（内副刊1张，书页式）。期发1200多份。穆绍武任社长，共青团北满地委书记杨宁涛任总编辑。着重宣传反帝反军阀的国民革命，不少稿件转自《新青年》《向导》和《革命周报》。滨江警察厅以该报“有宣传赤化性质”，10 月 24 日派军警予以查封，并下令查拿社长、总编等 3 人。

6 月 12 日

《黄报》在天津创刊。日出对开 8 张。社址在天津日租界芙蓉街，北京社址在宣武门外大街。

6 月 19 日

京师宪兵司令部副官凌某，以京皖通信社记者名义，前往国民军机关报《中美晚报》社，将该社编辑范治平带到宪兵司令部，由王琦总司令问话，指该报 15 日登载的五台山代县失守消息失实。当晚报界同人组织营救，派神州通信社管翼贤、民声晚报社高伯奇、新闻晚报社胡峻甫、复旦通信社华觉民、五洲通信社田某等 5 人为代表前往宪兵司令部申请保释。范于 2 天后获释。8 月 26 日，该报停刊。该报书记黄觉民和广告管理人张德禄同时被传讯，于 9 月 2 日被保释。

6 月 20 日

本日起北京环宇通讯社实行整顿，增刊英文稿件。该社成立于 1921 年 5 月 24 日。

《中外新报》在北京创刊。赠阅 5 天，送登广告 10 天。社址在北京西城鸭子庙 16 号。

同月

刘湛恩博士应邀赴欧洲参加世界青年大会，行前接受远东通讯社委托，顺便考察欧洲新闻事业。考察的内容有：一、各国新闻事业发展史；二、各国关于新闻事业的著作；三、最著名报馆的内部组织与管理；四、通讯社之经营方法；五、各国新闻事业的现状。重点是“参酌欧美最近之经营方法，取人之长，以补我之短”。（《申报》1926 年 6 月 26 日）

戈公振《中国报学史》一书完稿。作者在该书《自序》中写道：

> “民国十四年夏，国民大学成立，延予讲《中国报学史》。予谓报学(Journalism)一名词，在欧美亦甚新颖，其在我国，则更无成书可考。无已，姑取关于报馆之掌故与事实，附以己见，编次成书，时未越岁，已裒然成帙矣。……欧美人有不读书者，无不读报者。盖报纸者，人类思想交通之媒介也。夫社会为有机体之组织，报纸之于社会，犹人类维持生命之血，血行停滞，则立陷于死状；思想不交通，则公共意识无由见，而社会不能存在。有报纸，则各个分子之意见与消息，可以互换而融化，而后能公同动作，如身之使臂，臂之使指然。报纸与人生，其关系之密切如此。故报纸之知识，乃国民所应具。
>
> “军事扰攘，岁无宁日，吾人欲挽此危局，非先造成强有力之舆论不可。报纸既为代表民意之机关，应摒除己见，公开讨论，俾导民众之动作，入于同一轨道。……操笔前驱，吾报界实责无旁贷。”

7 月 1 日

天津《大公报》旧主王郅隆之子王景珩将该报营业牌号及其机器等财产，以 1 万元售价售与新记公司代表胡政之等。由该公司以大公报馆新记名义营业经营。售购双方曾委托汪有龄律师在北京《晨报》刊出《大公报》转让广告。

7 月 3 日

小型报纸《福尔摩斯》创刊于上海。4 开 4 版，三日刊。报名暗寓以刺探社会黑幕为宗旨之意。胡雄飞、吴微雨、姚吉光等为创办人和主编。经常刊出社会内幕新闻，并借以大作文章，招徕读者，扩大销数。1930 年曾兼出《福报》《克雷斯》报。1937 年抗战爆发后停刊。

7月7日

《北洋画报》创刊于天津。由冯武越、谭北林所办，吴秋尘主编。是一家独资经营的刊物，得到奉系军阀的资助。刊期为周刊，继改为三日刊，最后为隔日刊。其宗旨为“传播时事、提倡艺术、灌输知识”。抗战爆发后于1937年7月29日停刊，共出1587期。

7月14日

《向导》第163期卷首刊出《中国共产党对于时局的主张》（7月12日通过），指出“帝国主义和军阀统治下的中国新闻界，日在中外官厅控告、逮捕、罚金、监禁、枪毙、封禁报馆、干涉言论及记载的状况中生活”，呼吁包括农、工、商、职员、学生、记者、兵士在内的全国民众，结成“国民的联合战线，推倒帝国主义和军阀，建立人民政府”，以达到解放之路。

7月25日

本日起广州40多家报社，因工人罢工要求增薪，受到影响，除纯政府之机关报外，其余全部停刊。

7月28日

北京《晨报》登出《本报紧要声明》称：“7月24日本报副刊小品栏内有涉及回教之句，本报确无他意，该稿援引譬喻颇有失检之处，因恐引起回教同胞误会，特此道歉。”

8月1日

杭州《浙江民报》《大江报》等6家报馆因工人罢工停刊。

《农民运动》周刊创刊于广州。国民党中央农民部主办，共产党人支持出版。这份通俗刊物着重刊登有关农民运动的政论文章、国民党中央农民部的宣传材料，并广泛报道湖南、湖北、广东、广西、山东、河南、江西、直隶等省的农民运动状况，反映各地农民对北伐战争的支援，批驳敌对势力对农民运动的诬蔑。后期迁武汉出版，1927年6月出刊的第29期是现存的最后一期。

8月4日

《庸报》在天津创刊。创办人叶庸芳，经理王镂冰。1927年后董显光接办并担任社长，总经理蒋光堂，总编辑张维周（琴南）。该报1935年前日出对开3—4张，言论（评论和星期评论）较严谨，重视本地新闻，但趋向趣味性琐闻，编排较新颖，标题活泼醒目，栏目的排列和铅字的运用多具艺术性。1930年左右，发行约2万份，成为天津的第三大报。1935年被日军特务机关“茂川公馆”派人暗中收买后，失去原有风格。1940年4月改为《天津华北新报》。1945年8月停刊。

8月6日

北京《社会日报》社长林白水本日凌晨被京畿宪兵司令王琦奉张宗昌之命诱捕，3小时后即押赴天桥刑场枪毙。宪兵司令部为此发布布告称：“顷奉张督办令，查社会日报经理林白水通敌有据，着即枪毙。”（北京《晨报》1926年8月7日）事由直接起因是林在8月5日《社会日报》撰发时评《官僚之运气》，对奉系政客潘复与张宗昌的关系进行嘲讽，比为“肾囊之于睾丸”，从而激怒潘、张，招致杀身之祸。林白水被捕后，北京新闻界当即推举杨度、薛大可出面求情，但为时已晚，林白水已在半小时前被处决。次日，日本在京新闻记者团曾为林举行哀悼仪式并发表宣言。9月12日，林白水开吊式在京举行，中外各界人士前往悼念者络绎不绝。《社会日报》在林被捕后宣告停刊。

林白水原名獬，又名万里，字少泉，晚年又号白水，福建闽侯人，生于1874年1

月 17 日。1901 年 6 月任《杭州白话报》编辑。1902 年在上海与蔡元培等组织爱国学社，鼓吹反清革命。1903 年创办主编《中国白话报》，兼任《俄事警闻》主笔。1904 年入日本早稻田大学学习法律兼修新闻。1911 年底任福建法制局局长，主编《新中国日报》，后当选为众议员，1915 年参加拥戴袁世凯称帝的“筹安会”。1916 年 9 月在北京与友人创办《公言报》，任主笔。1919 年 2 月，在上海创办《和平日报》。1921 年春在北京创办《新社会日报》，因触犯当局被停刊，后改名《社会日报》继续出版。常以辛辣嘲讽的笔锋揭露军阀政客们的丑行，因而触怒当道，遭到杀害。历年所写报刊文字，收入《林白水先生遗集》一书。

8 月 7 日

北京《世界日报》社长成舍我被奉系军阀张宗昌派遣军警逮捕。罪名是：一、恶毒反奉；二、和冯玉祥有密切勾结；三、替国民党宣传。经曾任北洋政府国务总理的孙宝琦出面营救后获释。张宗昌在开释令中称：“《世界日报》成舍我，既属情有可原，着即开释，并派人送往孙总理宅可也。此令。”孙遵令写一收条说：“兹收到成舍我一名。孙宝琦。”次日，成舍我在报上登出特别启事致谢称：“平（成舍我又名成平）此次被捕，情势危急。幸蒙军事当局及宪兵司令王君景韩，曲予矜全，业于十日下午七时安全回寓。被捕期中，承各方师友竭力营救，再生之德，没齿难忘。”（张友鸾等：《世界日报兴衰史》，重庆出版社 1982 年版，第 47 页）

北京《民立晚报》被奉系军阀查封。该报经理成济安事先闻讯逃脱，幸免被捕。

8 月 28 日

上海《天民报》增出《图画附刊》，并开始招聘“特约摄影记者”。

同月

《革命军日报》在湖南衡阳创刊。由原广州的《军人日报》改组而成。国民军总司令部政治部主办，政治部宣传科长郭沫若兼任总编辑。日出 4 开 1 张。曾先后在长沙、南昌出版，同年 10 月迁武汉出版。潘汉年、杨贤江相继主编。社址在汉口交通路生成里口。扩为日出对开 8 版、副刊 4 开 4 版。报道北伐军事形势和动态、国内外新闻，并大量刊登共产党人和国民党左派人士的政见。1927 年“马日事变”后，曾载文抨击蒋介石背叛革命。同年“七一五”后，共产党人和国民党左派被迫退出该报。桂系控制武汉期间，继续出版的《革命军日报》转为宣传反共的工具。

9 月 1 日

天津《大公报》恢复出版。社址在天津日租界旭街四面钟对面。日出对开 2 张 8 版。由吴鼎昌、胡政之、张季鸾三人组成的新记公司接办。吴鼎昌一次出资 5 万元，任社长，胡政之任经理兼副总编辑，张季鸾任总编辑兼副经理。编号与 1902 年创刊的旧《大公报》相衔接，本日出版的续刊号为第 8316 号。本日该报头版刊出《大公报续刊辞》。同时刊发评论《本社同人之志趣》（署名“记者”，由张季鸾执笔），阐述该报的“四不”办报方针：“第一不党。……不党云者，特声明本社对于中国各党阀派系，一切无联带关系已耳。惟不党非中立之意……故原则上等视各党，纯以公民之地位发表意见。此外无成见，无背景。”“第二不卖。欲言论独立，贵经济自存。故吾人声明不以言论作交易。换言之，不受一切带有政治性质之金钱补助，且不接收政治方面之入股投资是也。”“第三不私。本社同人，除愿忠于报纸固有之职务外，并无私图。易言之，对于报纸并无私用，愿向全国开放，使为公众喉舌。”“第四不盲”，即“不盲从、不盲信、不盲动、不盲争”。“夫随声附和，是谓盲从。一知半解，是谓盲信。感情冲动，不事详求，是谓盲动。评诋激烈，昧于事实，是谓盲争。吾人诚不明，而不愿自陷于盲”。从此，该报即以“四不”为社训，并形成该报办报特色。续刊时报纸发行数仅2000份，广告月收入仅200元，营业结算月亏损4000元，到1927年日销数增为6000份，广告收入上升，逐渐成为北方大报之一。

《少年先锋》旬刊创刊于广州。共青团广东省委机关刊物。李求实主编。多刊政论、时评及通讯，内容丰富，文风活泼。1927年初销数达1.3万份。同年4月1日停刊。

9月15日

《妇女之友》半月刊在北京创刊。中共北方区委和国民党北京特别市党部合办。回族同胞刘清扬、郭隆真领导出版，张挹兰主编。在天津秘密印刷。1927年3月下旬被京师警察厅取缔，被迫停刊。张挹兰、郭隆真相继被捕，4月28日张挹兰与李大钊等20位革命者同时被绞杀。该刊共出12期，内有2期特刊：《本社成立特刊》（第9期）、《国际妇女节特刊》（第12期）。期销四五千份，在妇女界有较大影响。

同月

中共中央第三次扩大执委会通过《关于宣传部工作议决案》，强调中央政治机关报《向导》，“应当更加加增鼓动的性质，使能反映中国革命民众的日常斗争而予以指导，不可太重于分析的论述”。同时，应加强“宣传各地工农运动的意义”，整顿“各地政治通信”，“务使每一地方重大事件都不空放过”。为此，规定：各区委及地委必须按月向中央写寄地方报告；切实实行工农通信员制度，从工人中挑选能够写普通信的人，使他们随意写出自己的生活、工作状况，说出自己的感想和政治认识；选派几个学生到工人区或农村中去，笔录工人农民的谈话；派人到发生罢工抗租抗税事件的地区记录群众对事件的意见感想或通信等。决议案还提出必须设立一个中央机关报的编辑委员会，由《向导》、《新青年》、《劳农》（拟办中的中央通俗的机关报）、《党报》《中国青年》《中国工人》、《中国妇女》（妇女联合会机关报）等报的主任编辑联合组成，每月开会一次，报告审查中央及各地党的机关报状况，从而保证使党“主持的工会、农民协会、妇女团体、青年团体的机关报能与党有密切的关系并能适当的运用策略”。（《中国共产党新闻工作文件汇编》上册，第29—34页）

中共中央宣传部领导的上海国民通信社社长邵季昂等5人被捕。10月5日该社被淞沪警厅查封。

《中央通讯》（又称《中央政治通讯》）创刊于武汉。中共中央委员会主办。后一度停刊。1927年8月11日复刊。重新编号。主要任务是：一、公布中央的政策、决议、重要的政治消息；二、登载各地重要的报告；三、登载一般党员对党的政策和其他问题的意见。同年9月，随中央机关迁上海，从第8期起在沪出版。中共“六大”后，1928年12月24日又重新编号，不定期刊行。1930年6月22日第6期刊出《改变内容与性质的声明》称：自本期起，刊登全党工作报告和斗争经验，带策略指导性，并与《沪潮》合并，改出周刊。该刊大部分用伪装封面，曾用《昭觉禅师传》《催眠术》《离骚》《宋六十名家词》等化名作为封面，以利发行。

10月1日

哈尔滨广播无线电台正式开播。奉系当局主办。呼号XOH，发射功率100瓦，日播音2小时。内容有新闻、音乐、演讲、物价报告等。这是中国第一座官办的广播电台。

10 月 5 日

《荒唐世界》创刊于上海。三日刊，横 4 开，彩色纸印刷。创办人骆无涯。是专门介绍、传授吃喝嫖赌诀窍，宣扬腐朽世界观、人生观的黄色小报。栏目和文章标题有《嫖学入门》《花间春讯》《赌经》《性学指南》等，内容不堪入目。有的文章公然宣扬“吃喝嫖赌，是狭义的荒唐……是表示一种嗜好，完全无罪恶可言”，甚至“主张给子弟读荒唐经”，说“如果荒唐惯了，阅历透了，那便看得破、想得穿、放得落，任凭到了怎么地步，都能够勒马悬崖”。由该报开头，上海在半年中出现了 70 多种类似的黄色小报，其中有《电灯泡》《千里镜》《阿要开心》《叽里咕噜》《希奇古怪》《白相世界》《阴阳怪气》《瞎话三千》等。这些黄色小报的出版，受到了舆论的谴责，被斥为“社会之蠹，害群之马”。

10 月 10 日

《向导》第 173、174 期合刊出版，内容以报道和评论 5 月 29 日英国军舰炮击万县造成的惨案为主。实际上成为万县惨案专刊。这期专刊发表了《中国共产党为英帝国主义屠杀万县告民众书》，陈独秀撰写的评论，两篇记者采写的惨案经过详情和社会的反响。此外，还刊出了有关这次炮击事件的新闻图片 6 张。

10 月 14 日

四川旅京同乡万县案委员会在北京举行中外新闻记者招待会，到会者百余人。会上报告了万县案交涉经过，提出处理该案的两个方针以及五项最低条件，并当场散发了有关万县案的照片多张。日本记者横田氏发言表示同情中国反英斗争，北京记者管翼贤发言称：“新闻界一致援助，取消不平等条约，尤为急务。”

10 月中旬

《生活》周刊主编王志莘辞职，邹韬奋以中华职业教育社编辑股主任的名义奉派接任该刊主编。邹韬奋接办该刊初期，连同协助他侧重主持发行营业和广告的徐伯昕、侧重主持会计的孙梦旦在内，全部职员仅 3 人。《生活》周刊的办公地址设在上海辣斐德路（今复兴中路）的一个小小的过街楼里。韬奋接手后即确定《生活》的宗旨为：“暗示人生修养，唤起服务精神，力谋社会改造。”接办时每期印数约有 2800 份左右，赠送的居多。为了打开刊物的销路，进行改版，“变换内容，注重短小精悍的评论和‘有趣味，有价值’的材料，并在信箱一栏讨论读者所提出的种种问题。对于编排方式的新颖和相片插图的动目，也很注意”。从接手主编《生活》周刊开始，韬奋以全副精力，毕生从事新闻出版事业。

10 月 24 日

邹韬奋主编的《生活》周刊第 2 卷第 1 期出版。接受读者建议新设《读者信箱》专栏，用以反映读者的呼声，讨论读者关切的问题。“九一八”前，信箱的内容以讨论青年的婚姻、恋爱、家庭、职业、教育等方面问题为主；“九一八”后，逐渐注意社会政治问题，每年收到读者来信一两万件，多时达 3 万件。韬奋每天用半天阅看来信，“好像天天和许多好友谈话，静心倾听许多好友的衷情”。一小部分来信公开发表和答复，大部分来信虽不能发表还是认真给以直接答复，有的复信长达数千字。韬奋说：“信箱里解答的文字，也是我所聚精会神的一种工作。”来信最多时，有五六个同事全天协助处理信件，凡复信都留有底稿。来信读者的姓名、地址专门编制一套卡片，以便联系。从第 2 卷第 47 期起，在卷首辟设《小言论》

专栏。韬奋说：“每期的小言论虽仅仅数百字，却是我每周最费心血的一篇，每次必尽我心力就一般读者所认为最该说几句话的事情，发表我的意见”。“要使读者看一篇得一篇的益处”。在韬奋的主持下，《生活》深受读者信任，1928年底，销数即由接办初的2000多份，增为4万份。1929年12月第5卷起，形式由原来的单张报纸扩充改为16开册状期刊，每期销数上升为8万份，1931年底增至12万份。1932年再增至15.5万份以上，居全国杂志期发行量之冠。（韬奋：《经历》，三联书店1978年版，第71—77页）

10月31日

成都新闻记者联欢会成立。1927年5月8日改名为成都新闻记者协会。

同月

上海文明印务局成立。是中共开设的地下印刷厂。由倪忧天、陈豪千负责。厂址在上海新闸路西斯文里（今594弄）23号。另一地下印刷所——中兴印刷所同时成立。负责人倪忧天（实际负责管理人是毛飞）。所址设在新闸路鸿祥里（今57弄）14号。1927年1月该所迁往汉口。

《群众周刊》创刊于武汉。是中共湖北区委的机关刊物。罗章龙主编，主要撰稿人有陈潭秋、林育南、李立三等。该刊主要刊登论文和通讯，歌颂北伐战争的胜利，支持湖北农民运动的发展，批驳国民党右派的言论。1927年4月中旬停刊，共出14期。

《牖觉报周年纪念刊》出刊。16开本，石印。四川三台牖觉报馆编印。刊有署名“春秋”的专论《新闻学概论》，详细论述新闻的定义，报纸对于社会和民众的关系，采访与编辑业务，并介绍路透社、美联社历史。是四川早期研究新闻学的较为系统的著述。

广州新闻记者联合会成立。陈宝尊任主席。11月26日发表《致国人书》，称该会宗旨是“统一宣传，促进国民革命”。1927年广州“四一五”事变后，该会倾向于反共。1929年2月，进行了五届执监委选举，提出了不同的政治口号，有的会员被开除，不少会员退会，反映了政治社会的动荡。

11月9日

北京《舆论报》停刊。该报出刊4年多，终刊号为1509号。

11月11日

北京《市声日报》创刊。日出1张。林鹏南主办。内容侧重于社会新闻，并辟有讨论、游艺、文苑、笔记、小说、常识、谐文等栏目内容。每份售价铜元2枚。

11月22日

即日起北京《晨报》北京版扩充为五栏，添设笔记、游记、食谱及有趣味的纪事等。

11月25日

汉口《民国日报》创刊。社址在汉口歆生路（今江汉路）。国民党湖北省党部和汉口特别市党部机关报。1927年1月后成为国民政府和国民党中央言论机关。编务实际由共产党人主持。时任国民党湖北省党部常委和中央候补执委的董用威（必武）担任社长，毛泽民任经理，宛希俨、高语罕、沈雁冰先后任主笔。编辑方针、宣传计划、经营管理均由中共中央宣传部指导。该报日出对开3张12版，其中新闻占7个版，文艺副刊《国民之友》半版。1927年5月沈雁冰主编后，调整为新闻6个版，广告4个版，文艺副刊2版，可单页发行。消息来源主要依靠党政机关和群众团体，部分采用武汉各通信社的稿件。该报宣传武汉国民政府政策，报道北伐战争的胜利进展，支持工农运动，揭露帝国主义和军阀的罪恶。初期发行4000

份，后最高增至 1 万份，影响及于国内外。同年 7 月 8 日，沈雁冰写完最后一篇社论《讨蒋与团结革命势力》后，辞去该报职务，与毛泽民一起转入地下秘密活动。“七一五”后，该报改组，共产党人全部退出，武汉国民党中央宣传部指派曾集熙为社长，从此执行反共宣传方针。

11 月 26 日

济南新鲁通信社北京分社成立。社址在北京宣武门外丞相胡同 24 号。

同月

上海复旦大学国文部改名中国文学科，科内设立新闻学组，由谢六逸主持。当年招收了第一批专攻新闻学的本科生。

12 月 8 日

小型报纸《罗宾汉》创刊于上海。4 开 4 版，三日刊。朱瘦竹、汤笔花等相继任主编。以宣扬京剧为主要内容，详尽报道评介当时南北名伶的轶闻和动态，出过梅兰芳、盖叫天、荀慧生、程砚秋等的专版、专刊，并刊登他们的剧照，被报界称为“清一色的京剧传声筒，名伶现身舌”。抗战期间断续出版，胜利后复刊。1949 年 7 月 9 日停刊，共出版 23 年，是小报中历史最长者。

12 月 10 日

长沙新闻记者联合会成立。发表宣言称，辛亥革命迄今 15 年来，在汤芗铭、张敬尧等专横统治下，“检查稿件，封闭报馆，没收印刷品，扣禁记者，举凡摧残言论出版之手段，无所不用其极，我新闻界从未尝有全部屈服之表现”。“在每一高压时代，至少也有一二报纸，挟其锋利之笔，以与恶魔挣扎奋斗”。“一时限于无可奈何之境，亦必刊发检查剩余之日报……以暴露摧残言论出版自由之罪恶”。（《湖南省志·新闻出版志·报业》，湖南人民出版社 1993 年版，第 448 页）宣言提出促进新闻事业进步，拥护并监督国民政府，拥护联俄联共和扶助农工政策等十一项革命纲领。该会积极发起筹办成立全省新闻记者联合会。

12 月 18 日

《甲寅》周刊停刊半年后，在天津复刊。社址在天津日租界须磨街春生里 4 号。

12 月 22 日

陕西《国民日报》创刊。日出对开 4 版 2 张，油光纸单面印刷。名义上是国民党陕西省党部机关报，实际由共产党人主持编务。初由共产党员雷晋笙任社长。国民联军驻陕总司令于右任为该报题写报头。次年 2 月中共陕甘区委成立后，对该报实行改组，由区委候补委员刘天章任社长，杨慰祖、王子林相继任总编辑，编辑多为共产党员。出有多种副刊。宣传报道工人、农民及陕西各界民众的革命斗争活动，支持北伐战争，揭露抨击蒋介石“四一二”政变的反革命实质，宣传马克思主义的基本观点。期销 2000 多份。1927 年 7 月 6 日，刘天章和编辑白超然（共产党员）被军阀逮捕，报社被改组，当年 8 月中旬停刊。

12 月 31 日

北京《晨报》登出《本报紧要启事》称：警厅 30 日晚令区署传谕该报，“每晚发稿，应先送区呈警厅检查”。“惟本报销数过多，不能待稿发还，始行铸版。以后如有禁载之件，只得就原版刮去原文，报上自不免有空白之处。此外尚有因检查费事，或致本报不能早时送达各节。敬希读者见谅”。

同月

上海报界工会成立。为上海各报社工人的团体。1927 年 5 月 27 日召开改组成立大会，选出执行委员 11 人，其中陈庆荣、费曼清、唐海泉 3 人为常务委员。该会以维护报社工人的合法权利，为工人谋取福利为主要宗旨。1927 年 8 月，创办上海报界工会义务小学（4 年制）。同月创办《上海报界工会刊》半月刊，文字通俗浅显，以报社工人为读者对象。1928 年 1 月召开的第三届会员大会曾通过减少工作时间、保障工人福利等议案。1931 年会员发展到 1000 多人。是年 2 月国民党上海市党部提出派去 6 人任该工会的指导员和委员会书记等，企图控制其活动。该工会发表宣言指出当局所为是“对于总理扶助农工团体发展之学说，亦且背道而驰”，表示坚决反对，呼吁“全国工友予以切实援助”。各新闻团体和社会各界均给以支持。国民党当局控制该工会的图谋遭到破产。

同年

北京《燕京大学周刊》刊发《新闻学略说》。

蒋裕泉编著《实用广告学》，由上海商务印书馆出版。1931 年 1 月出第 3 版。32 开本，61 页。为该馆所编商业丛书之一。

四川第一本新闻学专著《新闻学要领》出版。成都《川报》主笔刘小青编撰。

近代报刊活动家和报刊连载小说作家胡石庵病逝。胡原名人杰、金门，别号忏憨室主等，湖北天门人。1909 年起，历任《中西报》《公论报》《扬子江小说报》主笔，撰写大量时事评论和连载小说。武昌起义后，创办主编《大汉报》，日销 2 万份。二次革命后，该报因反袁被封，胡氏多次被捕。出狱后复刊《大汉报》，又创办《天声报》，直至去世。

《新腾冲》杂志创刊。编辑总部设在北京工业大学内。主编兼发行人李辅仁和编辑杨青田、董率真都是共产党员。曾得到云南腾冲旅外华侨和国内进步乡人的支持。以宣传反帝反封建思想，提倡新文化为宗旨。不定期刊，免费赠阅，共出 10 多期后停刊。

1927 年（丁卯）

1 月 6 日

上海北洋军事当局本日晚集合当地新闻记者，宣布不准刊载国民党方面的通电、记事及一切可能妨碍治安的消息，否则将分别扣报，封报馆，拿办主笔。

1 月 9 日

上海《民国日报》被孙传芳迫令停刊。

1 月 29 日

名记者戈公振本日起自费赴欧洲各国考察。行前一天，曾在上海《时报》刊出《启事》称：“公振以服务本报 15 年之休假，定于明日赴欧考察。……”戈公振的这次考察，历时 2 年，于 1928 年返国。在这 2 年中，他历经英、法、德、意、美、瑞士和日本等国，曾走访英、法、德外长，国际联盟秘书，考察各国社会政治状况；出席日内瓦国际新闻专家会议；在伦敦参加国际笔会活动，被接收为会员；到大英博物馆东方图书室查阅书报，写作《英京读书记》；在伦敦政治学院听课，访问泰晤士报和路透社；在德国科隆参观世界报纸博览会；在美国参观《纽约时报》《芝加哥论坛报》；在日本参观大阪《每日新闻》，研究日本新闻史……沿途为《时报》撰写旅行通讯，并为《申报》《生活》周刊、《东方杂志》《国闻周报》写稿，同时开始编写《世界报业考察记》。胡愈之曾说：戈公振此次环球之行，“花了最少的钱，走了最多的路，看了最多的东西”。（陈学昭：《追念戈公振先生》，转引自《戈公振年谱》，第 28 页）

同月

北京新闻学会成立。黄天鹏、张一苇（航庐）等发起创办。以研究新闻学术，发展新闻事业为宗旨。该会于 2 月间出版《新闻学刊》。

福建《民国日报》创刊于福州。国民党福建省党部拨款 8000 元创办。马式材（共产党员）任社长，主笔潘谷公（国民党左派）。致力于孙中山的新三民主义宣传。福州“四三”事变后，该报被国民党右派接收，转向反共宣传。甘沄等任社长，王新命等任总编辑。“九一八”后，开始宣传抗日救国。1933 年 11 月 20 日“福建事变”发生后停刊。1934 年 1 月复刊，后更名《福建民报》。

2 月 13 日

《国闻周报》第 4 卷第 5 期发表戈公振著《中国报纸进化之概观》一文，同年出版单行本。

《红灯》杂志在江西南昌复刊。袁玉冰奉中共指示主持。该刊创刊于 1923 年 12 月，为中国社会主义青年团南昌地方团组织的机关刊物，仅出 1 期即停刊。本日复刊后，到同年 7 月 16 日出第 15 期后终刊。是中共在江西宣传革命理论，抨击蒋介石叛变革命的舆论阵地。

2 月 17 日

《牵丝攀藤》在上海创刊。为横 8 开本黄色小报。康不驼创办。在此前后，上海出版有百余种类似小报，内容比横 4 开的小报更加污秽。报名有《五花八门》《长三堂子》《情话》《老门槛》等。因逃避当局的查禁，一般不在报上署明地址，并一再更换报名，社会舆论指责这种报纸为“小报末流”，“荒淫别动队”。有人提出应予打倒，但屡禁不绝。直到 30 年代初才逐渐销声匿迹。

同月

《新闻学刊》在北京创刊。北京新闻学会出版，北京“新书林”发行。黄天鹏主编，参加编辑工作的还有张一苇、王一心等。季刊。每 4 期合为 1 卷，共出版 2 卷 8 期，另出有增刊 4 期。1928 年底停刊。撰稿人多为报界知名人士，有徐宝璜、顾红叶、戈公振、徐彬彬、鲍振青、周孝庵、王伯衡、李昭实、吴贯因、黄天鹏等。曾选登过邵飘萍遗著。该刊内容涉及新闻理论、中外新闻事业和新闻史、报人生平、报纸编辑、新闻写作和广告术等。1930 年 3 月，黄天鹏选取该刊及该刊创办 1 年后，由黄主办的另一刊物《新闻周刊》（附北平《全民报》发行）上的一些文章共 70 篇，合为 1 册，定名《新闻学刊全集》，由上海光华书局出版。全集分通论、演讲、纪事、序言、杂文、短简、小说、附录八编。

《平民日报》在上海创刊。中共江浙区委、江苏省委主办的对外宣传报纸。高语罕、郑超麟、糜文浩等负责编辑。以上海工人、市民、商人为主要读者对象。“四一二”政变后化名《繁华世界》《青天白》《满江红》，秘密散发。后又改为上海流行的小报形式，多次换名，同年 9 月停刊。（一说 4 月 14 日被查封，见《江苏报业史志》1993 年第 3 期第 18 页。）糜文浩在办报中被捕牺牲。

3 月 5 日

《九五日报》在成都创刊。中共川西特派员刘愿庵等主办。日出 2 张，正张对开 1 张，副刊 4 开 1 张。1929 年 7 月 6 日被查封。

3 月 6 日

即日起，天津《大公报》连续 4 天在该报第 2 版连载胡政之以“冷观”笔名撰写的长篇通讯《南行观察记》。这是该报刊发系列通讯连载的开端。5 月，该报销数增至 6000 多份，到年底又增至 1.2 万份，广告收入达 3200 元。

3 月 12 日

《向导》第 191 期刊发毛泽东 2 月 18 日

在长沙撰写的通讯《湖南农民运动考察报告》，仅刊用该报告的前半部分：（一）农村革命，（二）革命先锋。为答复党内外对农民革命斗争的责难，毛泽东在湖南5个县进行了32天的调查研究写成这篇报告。报告记述和歌颂湖南农民所做的14件大事都是革命的行动，“是四十年乃至几千年未曾成就过的奇勋”。强调革命党人要坚定支持农民的革命举动。同年3月28日，《湖南民报》开始连载这篇报告。4月，汉口长江书店以《湖南农民革命（一）》为书名出版了该报告的单行本。瞿秋白作序说：“中国革命家都要代表三万万九千万农民说话做事，到战线去奋斗，毛泽东不过开始罢了。中国的革命者个个都应当读一读毛泽东这本书，和读彭湃的《海丰农民运动》一样。”5月27日和6月12日，共产国际执委会机关刊物俄文版和英文版的《共产国际》先后以《湖南农民运动考察报告》为题，转载了《向导》刊载的《报告》。英文版编者按说：“在迄今为止的介绍中国农村状况的英文版刊物中，这篇报道最为清晰。”（金冲及主编：《毛泽东传》上卷，中央文献出版社1996年版，第127页）

国民党浙江省党部机关报《杭州民国日报》创刊。宣中华、张柳生、杨贤江等主持。出版1年后，改由胡健中主持。

3月19日

上海新新公司广播电台开始播音。这是中国第一座民办的私营广播电台。发射电力仅50瓦。以推销该公司创造的矿石收音机为目的，主要播送唱片和转播游艺场的南方戏曲。同年底，北京出现一座民办的燕声广播电台。

上海日报记者公会成立。会章规定：“以巩固同人之团结，共谋本身之福利，保障职业之自由与安全，促进报业之进步为宗旨。”当选的执委会委员15人，有严独鹤、金雄白、胡仲持等，潘公展、潘公弼、吴树人3人为常务委员，轮流主持公会活动。

3月20日

武汉新闻记者联合会成立。这是以共产党和国民党左派报人为主干组成的进步记者团体。由陈启修、秦君侠、宛希俨、董用威（必武）等20多人及19家新闻单位发起。会址初设在汉口旧俄租界青年会2楼，后迁到汉润里8号。出席成立大会的有汉口《民国日报》《中央日报》《楚光日报》《江声报》《大汉报》、人民通信社、血光通信社和天津国闻通信社、上海《新闻报》《商报》等驻汉口新闻单位。共有正式会员105人。联合会筹备委员会主任、汉口《民国日报》总编辑宛希俨被推任大会主席。大会宣言，以“统一革命宣传，改良新闻技术，增进舆论权威，拥护本身利益”为该会宗旨。选出执行委员9人：宛希俨、陈启修、邹碧痕、邓瘦秋、秦君侠、王民仆、喻的痴、邵季昂、凤竹荪。“四一二”政变发生后，该会通过《质问蒋介石摧残革命舆论》《肃清新闻界反动分子》等项决议，鲜明支持国民革命运动。李大钊遇难后，该会曾通电声讨新旧军阀残杀革命领袖的罪行。同年“七一五”宁汉合流后，该会被迫解体。

3月22日

上海《民国日报》复刊。复刊后的该报成为国民党上海特别市党部和国民革命军东路军前敌总指挥部的机关报。初由叶楚伧主持，成立报务委员会，陈德征任总主笔，是实际负责人。日出对开2张。4月15日，该报配合“四一二”政变，增设《前敌之前敌》栏，由东路军指挥部政治部宣传科编辑，专事传播反共、反革命言论。1928年，该报扩为日出对开3张，增出8种周刊：《星期评论》《农工商》《文艺》《青年妇女》《科学》《教育》《卫生》《电影》。1930年3

月出版《五千号纪念刊》，蒋介石为该报题词："莫忘陈英士先生创立之精神。"同年秋，由严慎予继任主持人。

上海通讯社记者公会成立。会章规定："以联络感情，改善新闻事业，增进记者地位，力谋记者福利为宗旨。"当选执行委员的有潘竟民、陈冰伯、李次山、韩子明、孙梦花、何味辛、文公直等 7 人，3 名监察委员为谢介子、徐烺亭、汤德民。该会与同月成立的上海日报记者公会的宗旨和上海记者联欢会宗旨基本相同，部分会员又是联欢会的会员，因此两会成立后不久即并入记者联欢会。

《中央日报》在汉口创刊。社址设在汉口交通路生成里 6 号。日出中英文版各 1 张。国民党中央机关报。由中央宣传部长顾孟余兼任社长，陈启修任主笔，杨绵仲任经理。英文版由林语堂、沈雁冰、杨贤江等编辑。中文版 4 开 5 页，一页电讯、二页党政要闻、三页武汉新闻、四页国际新闻、五页《中央副刊》（孙伏园主编）。英文版对开 1 张，内容取自中文版。该报刊登启事，声明其性质与宗旨称："本报为中国国民党中央党报，职在作本党的喉舌，指示国民革命之理论与实际，以领导全国民众实行国民革命。"（《武汉市志·新闻志》，武汉大学出版社 1991 年版第 58—59 页）。该报曾刊登瞿秋白的《中国之革命与马克思主义》，鲁迅的《老调子已经唱完》，毛泽东的《湖南农民运动考察报告》（3 月 28 日第 7 号《中央副刊》），郭沫若的《我离开蒋介石以后》，高一涵的《李大钊同志传略》等文。所连载的谢冰莹的《从军日记》（5 月 14 日—6 月 22 日），在中文版发表后，又由林语堂译成英文，在该报英文版连载（1928 年 12 月由上海春潮书店出版单行本，后又有法、俄、日、朝鲜等文本出版）。同年"七一五"前后转向反共宣传。9 月 15 日停刊，共出 176 号。次年 2 月迁上海复刊。

3 月 27 日

《向导》《新青年》《中国青年》总发行所成立。为中共公开的出版发行机构。社址设在上海闸北宝山路宝昌路口。北伐军进入上海后，该所易名为上海长江书店。开业启事称："本店愿意于这革命高潮中，供给民众以研究高深革命理论的材料。"（转引自《上海革命文化大事记》，第 168 页）

邹韬奋在《生活》周刊第 2 卷第 21 期撰发《本刊与民众》（本刊动机的重要说明）一文，宣布："本刊的动机完全以民众的福利为前提"，"替民众里最苦的部分，对于社会的呼吁"。文章还对该刊的文风提出了以下的要求："本刊力避'佶屈聱牙'的贵族式的文字，采用'明显畅快'的平民式的文字。"

3 月 31 日

中共四川地方委员会领导发动各群众团体在重庆打枪坝举行万人大会，抗议英美帝国主义炮击南京，惨杀民众。四川军阀王陵基等派兵镇压，死伤千人以上。史称"三三一"事件。在这次事件中，《四川日报》被捣毁，社长、总编辑被迫逃亡；《新蜀报》主笔漆南熏被杀害，总编辑周钦岳被通缉逃离重庆。

戊戌维新时期的报刊活动家及报刊政论家康有为在青岛病逝。

康有为（1858—1927 年）名祖诒，字广厦，号长素，广东南海人。戊戌变法前后领导创办维新派报刊《中外纪闻》《强学报》《时务报》《知新报》等。变法失败后，领导保皇党人在海外出版《清议报》《新民丛报》《文兴报》等。辛亥革命后，创办主编《不忍》月刊，为《孔教会杂志》等刊物撰稿，宣传封建复辟。一生所写报刊文字辑为《康有为政论集》（上、下卷）一书，公开出版。

3月底

湖南省新闻记者联合会成立。主要发起人和领导人为谢觉哉、熊亨瀚、龚饮冰等。该会成立大会发表宣言，提出七项任务：组织健全广大的言论团体，以统一宣传；扑灭封建思想与反动言论；推进民主主义新政纲的实现；贡献国民以国际知识；提高言论的价值与信用；言论与记载应取严正态度与明晰的批评等。

年初

邹韬奋应聘兼任《时事新报》秘书主任，并主持该报副刊《人生》的编务，时间近1年。韬奋曾说，他这一年的“练习”，比进什么大学的新闻科都来得切实，都来得更有益处。

4月1日

北京世界通信社社长孙剑秋被警厅逮捕。北京新闻界发起营救，派张恨水、吴范寰、田挺、赵之成、管翼贤等为代表持函分谒张学良等奉军将领要求保释。

北京国声通讯社成立。社址在宣武门内宗帽胡同三条10号。

4月2日

北京《正言晚报》增出副刊《燕语》。两日刊。撰述人员除在京者约定各家数人外，还聘上海红玫瑰杂志主任赵苕狂担任撰述兼驻沪指导员，负责上海方面的征文征画工作。电影界陈大悲长期为该刊撰稿并代约上海电影闻人徐卓呆、汪复游、秦铎如、徐公美等撰文。该刊广泛征求明星照片，每星期增出1期《电影周刊》。

4月15日

上海《商报》刊出胡愈之起草，郑振铎、冯次行、章锡琛、周予同、吴觉农、李石岑等7人联合签名的《致国民党中央抗议书》。该书就“四一二”惨剧的善后事宜，提出了以下三点要求：1. 国民军最高军事当局应交出对暴行直接负责的官兵，组织人民审判委员会加以裁判；2. 当局应保证今后不向徒手群众开枪，不干涉集会游行；3. 国民党统辖下的武装革命同志，应当即宣告不与屠杀民众的军队合作。《抗议书》是通过《商报》编辑胡愈之的二弟胡仲持在该报发表的，发表后引起社会上的震动，遭到反动派的迫害。郑振铎、胡愈之被迫流亡欧洲。抗战初期，周恩来曾对夏衍说：“中国知识分子是有勇气、有骨气的，‘四一二’事件之后有两件事我一直不会忘记，一是胡愈之、郑振铎他们写的抗议信，二是郭沫若写的《请看今日之蒋介石》，这是中国正直知识分子的大无畏的壮举。”（转引自于友：《胡愈之传》，新华出版社1993年版，第62页）

4月22日

萧楚女被国民党在广州狱中杀害，时任黄埔军官学校政治教官、军校国民党特别党部宣传委员会特别顾问，主持《黄埔日刊》的《政治问答》专栏工作。5月1日，北京《晨报》首次披露萧等共产党领导人被害消息。5月20日，成都《国民公报》报道：“萧楚女在粤被捕，蒋介石电令处极刑。”5月29日汉口《中央日报》发表悼念文章。6月25日，《中国青年》第7卷16期，继上期发表《悼我们的死者》文章后，刊出征求萧楚女遗作启事，称萧是“本刊的创始人之一”，“青年群众的明星”，“刻苦忠实的革命家”。悲痛地指出，他的遇害使“革命青年失去了良师”，“革命队伍丧失了勇敢的战士”。

萧楚女（1893—1927年），中国共产党早期青年运动领导人、报刊政论家。原名秋，笔名楚女、抽玉、匪石、丑侣、野马等，湖北黄陂人。五四运动前后，编辑武汉《崇德报》《大汉报》《湖广新报》，参加利群书社，传播新文化新思潮，支持五四运动。1922 年加入中共。1923 年—1925 年，被派赴四川，在重庆执教中学，兼任《新蜀报》主笔。为该报撰写社论、时评、通信近千篇，约百万言，宣传民主与科学思想和反帝反封建主张。被青年赞誉为黑暗社会中的开路人。1925 年 5 月调上海共青团中央，任《中国青年》编撰人，同时为《向导》《新建设》《学生杂志》《民国日报》等报刊撰稿。同年 8 月，在河南主编《中州评论》。1925 年底调广州，任国民党中央宣传部干事，协助毛泽东编辑《政治周报》。1926 年，先执教农民运动讲习所，后转到黄埔军校任职。他的政论文字影响广泛，被青年读者称为“真理的战士”“革命的煽动家”。《显微镜下之醒狮派》和《国民革命与中国共产党》2 本小册子，是他与国家主义和戴季陶主义进行论战的代表作。

4 月 28 日

中共早期领导人、中国无产阶级新闻事业的开创人之一、著名报刊政论家李大钊在北京被奉系军阀张作霖杀害。同时遇难的还有 19 位革命者。李大钊于 4 月 6 日被捕，在狱 22 天中，迭经酷刑和利诱，始终坚贞不屈，表现了共产党人的浩然正气。5 月 8 日出版的《向导》第 195 期卷首发表《悼李大钊同志》一文（署名魏琴，即共产国际代表维经斯基——编者注），称赞他是“最勇敢的战士”，“他的名字早就为全中国革命者所认识了”；指出烈士的被害，宛如“晴天霹雳一般”，使所有的同志都“感觉异常的悲痛”，他的名字，将为中国人民所“牢记不忘”。

李大钊（1889—1927），字守常，笔名明明、孤松等，河北乐亭人。1913 年在天津北洋法政专门学校学习期间，创办、主编《言治》月刊。1916 年在日本留学时主编留日学生总会会刊《民彝》杂志。1916 年 8 月回北京，任《晨钟报》总编辑，撰写发刊词《〈晨钟〉之使命——青春中华之改造》。1917 年任北京《甲寅》日刊编辑。1918 年—1919 年任《新青年》和《每周评论》的主要编撰人，揭开中国报刊宣传马克思主义的新页；主编《少年中国》月刊，主持《晨报副刊》改革，指导北京大学学生刊物《国民》与《新潮》的出版，传播新文化新思潮。1920 年 10 月发起成立北京共产主义小组，领导创办《劳动音》周刊。1921 年后，任中共北京区委书记和改组后的国民党中央执行委员，指导创办《工人周刊》《政治生活》周刊、《国民新报》等，并为《新青年》《向导》等多种报刊撰稿，一生主编或指导编辑出版报刊约 20 种，写作政论、时评、通讯、文艺作品 300 多篇，百万余字。他把报刊比作是“晨钟”，借以警醒青年为创建青春中华而奋斗。他在文章里论述提出，政论家应具备“知识、诚笃、勇气”三个方面的充分修养，下笔立论，才能认识真理，洞察事物，不畏权势，取信于社会大众。他要求新闻工作者要把“眼光映注到全社会的生活上”，使报刊能反映工农大众的呼声。他一生的著述收入《李大钊选集》、《李大钊文集》（上、下卷）。1923 年 8 月 30 日《顺天时报》第 7000 期纪念号第 6 版上刊出署名北京大学教授李大钊写的《报与史》一文未收入文集，1997 年第 3 期《北京大学学报》作为新发现的 4 篇重要佚文全文刊出。这是反映李大钊新闻思想的又一篇重要文章。

4 月 29 日

上海新闻记者联合会召开成立大会，到会各报社、通信社记者 59 人。通过会章，选出执行委员 15 人：严慎予、蒋剑侯、陈冰伯、张振远、何西亚、潘竟民、叶如音、顾执中、管际安、胡憨珠、胡仲持、周孝庵、杭石君、张静庐、朱雨轩，监察委员 7 人：范敬五、康通一、严独鹤、张君璞、严谔声、金华亭、汤德明。

4月30日

苏联《真理报》《消息报》等以显著地位报道李大钊遇难消息。《真理报》发表社论《刽子手们动手了》，严厉谴责中国军阀的罪行，并在第1版刊登李大钊的传略，指出："李大钊同志是中国五四时期新文化运动的领导人之一，是中国共产党的创始人之一，是中共北方地区的领导人。……李大钊同志在与孙中山的合作中，在反对帝国主义和军阀的斗争中，起了杰出的作用。孙中山死后，李大钊同志在北京既领导着北方的共产党，又领导了国民党。他不仅在工农群众中享有威信，而且在敌视他的一些人中间，他也被公认为最有名的学者。"本日出版的《真理报》还在第2版刊登了李的照片和两篇悼念文章。

5月1日

官营的天津广播电台建立。归属北洋政府的东北广播无线电管理处天津办事处领导。负责人是该办事处处长耿励、副处长吴越。5月15日正式开播，功率为500瓦。广播节目有戏曲、曲艺、音乐、新闻、商情及各种讲座。1933年底停播。

《生活》周刊第2卷第26期《读者信箱》栏刊出读者来信，痛斥上海流行的小报为"专害青年的妖精"。邹韬奋复信赞同，并分析指出，小报盛行的原因：一是闲时的消遣；二是多说"俏皮话"，或不易听见的"秘密消息"，足以"寻开心"；三是刊载"诲盗诲淫"的材料，迎合一般卑下的心理。认为对这第三类小报应在"打倒"之列。

5月26日

孙少荆在成都被暗杀，时在成都市政府任职。被杀原因，一说是"共产嫌疑"，一说是军阀挟嫌报复。孙氏曾在成都创办主持过多家报纸，曾任成都最早宣传新文化的刊物《星期日》的经理、编撰人。

同月

《新闻事业与社会组织》一书，由北京北新书局出版。著者英国安格尔，译者张友松。32开本，154页。内容论述新闻事业同社会的一般关系及其与社会制度的关系，指出资本主义制度下的新闻事业是一种资本主义"图利事业"，分析其弊病所在，并探讨如何创办代表劳工利益的报纸。

国民通讯社在上海成立。由国民党中央宣传部驻沪办事处与国民党上海市党部宣传部联合创办。首任社长张静庐，继任陈德征。1931年后改组，杜刚任社长。

《斗争》在昆明创刊。中共云南工委创办的油印党刊。不定期刊。1930年初被迫停刊。

6月1日

即日起北京《晨报》调整内容，扩充新闻及调查材料。自称该报一贯"超然于现实势力之上，报告事实，批评时事，不偏不倚，不激不随。现时局日益复杂，政治中心，已非一处。各省新闻，皆极重要。南方制度，变革甚多，社会问题，尤应调查"。调整后，扩充北京版有趣味材料，增加社会新闻、经济新闻、各省重要新闻及调查材料。《晨报》副刊自今日起，由先前的单张发行改设在正张第10版。

6月4日

北京《益世报》被查封，编辑朱鉴堂被传讯。京师警察厅发布布告，指该报"近日登载军事消息不实"，"造谣淆惑观听"，"影响治安"。

6月15日

中央通讯社开始在南京发稿。

6月20日

南京政府秘书处密令政府各部、省市政

府、公安部门：从速取缔并派员前赴邮局，查扣讨蒋书刊。

同月

上海国民通讯社成立。负责人李才。

夏

国民新闻社在上海成立。为国民政府半官方通讯机关。向驻华外国记者供给中国的官方消息。

7月3日

北京《晨报》增辟《家庭》附刊。每周日第10版出1个版。栏目内容有：妇女问题、社会问题、儿童问题、家庭小说、童话、故事、常识、戏剧、文学、创作等。

7月17日

行业小报《大罗天》在上海创刊。上海大罗天饮食店老板杨吉云创办，冯梦云主编。创刊号封面是大罗天店的商业广告，创刊号印刷5000份，很快销光。同年10月28日，该店又出刊《真正大罗天》报，由黄雨斋主编。在20年代后半期，上海出版的行业小报和同乡会小报如《广东小报》等约有50种。行业小报均由行业出资，聘请名士任主编，以刊登本行业生产的产品或经营的商品，以及为本行业作宣传的文字为主，有时也登连载小说和社会新闻。一般出版时间不长，达到宣传目的后即停刊。一直延续到40年代，仍有行业小报出版。同乡会小报到30年代基本停刊。

7月19日

赵世炎在上海被国民党杀害，时任中共江浙区委组织部长、军委主任、上海总工会党团书记、第三次上海工人武装起义的副总指挥等职。赵世炎（1901—1927），中国无产阶级革命家，著名报刊宣传活动家、评论家。号国富，笔名士炎、乐生、罗敬、施英等。四川酉阳（今属重庆）人。五四运动时期，加入少年中国学会，主编《少年》半月刊、《平民》周刊和《工读》半月刊，传播新文化新思潮。1920年赴法国勤工俭学，创办《华工周报》《华工旬报》，担任中共中央驻巴黎通讯员。1922年参与创办《少年》月刊，任编撰人。同年6月与周恩来等在巴黎发起成立旅欧中国少年共产党。1924年秋，任中共北京地委书记、北方区委宣传部长，主编《政治生活》周刊，成为著名报刊评论家。1926年春创办主编天津《工人日报》。大革命洪流中，担任《向导》周报的记者、编撰人。1924年秋到1926年春，他用罗敬、乐生等笔名在《向导》撰发《北京通信》10多篇，报道评论北方政象。1926年5月到1927年7月负责江浙和上海地区中共领导工作期间，创办主编区委机关报《教育杂志》，参与《向导》编撰工作。以“施英”笔名在《向导》撰发七论上海罢工潮的述评。在参与策划组织领导三次工人武装起义的同时，又在《向导》撰发通讯《上海总同盟罢工的记录》《上海工人三月暴动纪实》，为百万工人所景仰。赵世炎一生主编或领导创办的报刊有10多种。他丰富的办报实践，鲜明地表现了坚强的党性原则，坚定的群众观点，实事求是而又勇于开拓创造的作风，极大地充实了无产阶级办报的优良传统。他是中共第一代政治家办报群体中的一个典范。

同月

陈延年在上海被国民党杀害，时任中共江浙区委书记和中共江苏省委书记。

陈延年（1898—1927），中国无产阶级革命家、中共早期报刊宣传活动家。安徽怀宁（今安庆）人。1920年在法国勤工俭学，初期受无政府主义影响，任工余社刊物《工余》主编。1922年6月，参与发起成立旅欧中国少年共产党，任宣传部长，参与编辑《少年》月刊。1924年回国后任中共广东区委书记，领导创办《人民周刊》，是著名报刊评论家。

8月1日

新时代通信社在北京成立。社址在北京西长安街101号。用中英文印发稿件。经理郑崇汉，汉文总编辑王止谷，编辑陈尔冬，英文编辑卞赞尧、刘治公。

8月22日

《飞沙》在上海创刊。共青团江苏省委主办，李求实主编。同年10月14日停刊，共出版7期。

8月23日

《上海工人》创刊。上海总工会秘密出版的工人报纸。李昌荣、王若飞、项英、徐承杰任编委。8开4版1张，逢双日出刊。1928年4月改出64开袖珍本小册子，10天左右出1本，伪装封面印刷发行。至同年底，出刊20多期。

8月24日

国际联盟在日内瓦召开国际新闻专家会议。出席的有36个国家的新闻界人士118人，正在欧洲游历考察的戈公振以中国《时报》主笔身份应邀参加。会议的内容是：为增进国际间的相互了解，消除误会，讨论如何使新闻的收集、传递迅速而减少费用，如何推进各国舆论以维护世界和平等问题。当天下午大会讨论议案，戈公振第一个发言，题为《新闻电费率与新闻检查法》，呼吁会议认真讨论解决“中国与欧美两洲间之新闻电费，较欧美两洲相互间，高过二倍有半”的不合理状况，要求减少中国报纸的国外新闻费用问题。戈以游历欧洲的亲身经历严正指出“观察各国对于今日中国之国民运动，殊多误会”，主要原因在于外国新闻界“从中国发出之消息，大半不确实”，甚至“发出不负责任侵害中国利益之消息”所造成的。希望国际新闻界摒除成见，增进世界了解中国的愿望。会长、英国《每日电讯报》主持人彭汉子爵当即代表全体向戈致谢说：“倾聆戈君演讲，能言善辩，深为钦佩。”戈公振被大会推选为海电委员会委员。会议于本月29日结束。

同月

美国密苏里大学新闻学院院长威廉博士来华访问。21日到上海，受到上海日报公会和上海新闻记者联欢会的热情接待，邀请威廉博士在青年会作题为《报人信条》的学术报告。次年8月，威廉博士再次访沪，在各报馆和各团体联合欢迎会上作了长篇演说，并回答上海新闻界同人提问。他说“贵国目前欲求建设，须将新闻事业范围扩大，程度提高，搜集世界种种重要新闻，造成建设舆论”，希望“中美两国，应赶快创办交换消息的机构”。

8—9月间

《前锋》周报在上海创刊。中共江苏省委主办的政治报纸。当时江苏省委领导成立党报委员会，由省委书记邓中夏、省委常委王若飞、省委宣传部长刘伯坚、省委职工运动委员会秘书项英和华少锋、黄文容7人组成，以加强对党报的领导。期印5000份，同年11月停刊。

9月1日

北京广播电台今日正式播音。每日播音时间为上午11时30分至12时30分，下午3时至6时。波长420米，呼号为COPK，电力仅20瓦特。主要用矿石收音机收听，京城以内，亦未必能收到。放送节目主要有：中西唱片、本京商情行市、广播消息及国内新闻、戏剧、戏曲、气象等。

9月4日

北京《晨报》登出《招聘法界访员》广告称：“本报现拟招聘访员担任报告各级法庭公开审理之各种案件，案情及审问情形。”

9 月 11 日

《民众》旬刊创刊于上海。政论性革命刊物。民众旬刊社出版。郁达夫主编。10 月 21 日第 5 期刊发鲁迅杂文《革命文学》。11 月 19 日被国民党当局查封。

9 月 20 日

《宣南晚报》在北京创刊。社址在北京宣外丞相胡同 7 号。

《伊光日报》在天津创刊。社址在天津清真北大寺前。日出 4 开 4 版。由王静斋任总经理兼编译。王静斋（1880—1949），回族，天津人，中国伊斯兰教阿訇。协助王担任该报编辑的还有尹伯清等。1939 年 2 月停刊。

同月

《中国新闻发达史》一书，由世界书局出版发行。作者蒋国珍。32 开本，74 页，售价 3 角。本书共 5 章，分别为：《中国报纸的滥觞》《中国近代报纸的先驱》《中文报纸的发达》《论中国报纸的诸特征》《现代中国各种报纸概况》。

秋冬之交

中共湖北区委创办党刊《长江》。黄松龄等主编。后改名《大江报》继续出版。每期出 4 开铅印 1 张。向警予主编。该报由汉口文新印刷厂负责排印，出版后由地下交通传发给基层组织和群众。曾一度停刊。1928 年 2 月 7 日复刊，改为油印小报。有工农消息、政治要闻、主要政治消息等栏目内容。宣传中共政策主张，揭露国民党叛变革命。同年 3 月 20 日向警予被捕后停刊。

10 月 16 日

重庆报界协会成立。该会为争取言论自由，维护新闻从业人员权益积极开展活动。1930 年 8 月，曾发函呼吁启封被查禁的自流井《自流商务》三日刊，释放社长朱贻东，同时对被重庆法院拘押的渝钟通讯社记者刘俶舟进行援救。刘被地方军阀惨杀后，该会会同重庆新闻记者协会、重庆新闻社协会联合发表宣言，为刘俶舟鸣不平。1933 年 5 月，该会开会讨论上海《新大陆报》创刊人、《大中华日报》前任主笔王鳌溪被国民党当局秘密杀害事，曾分别致电国民党军事委员会、中国民权保障同盟和上海川籍要人，要求查询究竟，呼吁伸张正义。同年 7 月，重庆军方逮捕《新蜀报》《新民报》记者，该会联合重庆各报一致停刊 3 天，以示抗议。后经当局调解，释放被捕人员，各报始复刊。

10 月 21 日

《民生报》在南京创刊。成舍我创办并自任社长，张友鸾任总编辑。初期日出 4 开 1 张，后扩为 4 开 2 张。该报采用“小报大办”的办法，以消息迅速，通俗易懂，编排新颖，敢于讲话著称。初发行 3000 份，1 年后达 1.5 万份。出版期间曾多次被勒令停刊，后因揭露南京政府行政院官员贪污渎职，于 1934 年 7 月 23 日被封闭。成舍我被捕监禁。旋释出。

10 月 24 日

《布尔塞维克》在上海秘密出版。编辑部设在上海愚园路亨昌里 418 号（今愚园路 1376 弄 34 号）。中共中央政治理论机关刊物。中共中央常委会在关于出版《布尔塞维克》的决定中指出：“《布尔塞维克》报当为建立中国无产阶级的革命思想之机关。当为反对资产阶级思想及一切反动妥协思想之战斗机关。《布尔塞维克》报并且要是中国革命新道路的指针——反对帝国主义、军阀、豪绅、资产阶级的革命斗争的领导者，它应当做工农群众革命行动的前锋。”该刊由瞿秋白、罗亦农、邓中夏、王若飞、郑超麟组成编辑委员会，瞿为主任。12 月 1 日，中共中央决定扩大编委会为26人，排名如下：瞿秋白、郑超麟、罗亦农、邓中夏、蔡和森、张太雷、黄平、以栗、任旭、毛泽东、一飞、卓宣、周恩来、王若飞、李立三、恽代英、陆定一、昌群、罗章龙、伯庄、任弼时、尹宽、李富春、绮园、夏曦、夏之栩。瞿秋白、蔡和森、李立三先后任总编辑。初期是16开本周刊，每期三四十页，约3万字。第2卷第1期起改为月刊，扩幅为100—130页，约8万字。第2卷第17期起改为32开本，每期约5万字。实际不能定期出版，并两度休刊。该刊曾大量地报道和评论中共领导的“八一”南昌起义、海陆丰农民运动、广州起义和各地工农反抗国民党统治的斗争，批驳国民党改组派和托陈取消派的反动言论。后期曾错误地宣传“左”倾机会主义的路线主张。在白色恐怖下，该刊伪装封面出版，曾先后用过9种化名：《少女怀春》《中央半月刊》《新时代国语教授书》《中国文化史》《金贵银贱之研究》《经济月刊》《中国古史考》《平民》《虹》。到1932年7月1日出至第5卷第1期停刊，累计出刊共52期。

10月25日

上海国民党各军各师各政治部及其他各机关讨伐唐生智的宣言与通电，洋洋万余言，均交当地各报刊载。各报平日版面的十分之八已为党军各项记事占尽，今讨唐事起，宣言文电纷至沓来，又不能迟滞一日减去一字。不得已，只好在各报本埠新闻版内尽量登载，将其他新闻和广告一律取消。上海各报几乎全部成为讨唐宣言专号。

10月31日

《醒狮》周刊在北京的发行部被北洋警方的便衣侦缉队10余人搜查，抄走该刊及各种国家主义书报和发行部的往来函件多件。带走经理林时茂，社内差役及购报者数人同时被拘。

同月

《晓光》周刊在北京创刊。

天津《坦途》杂志创刊。为综合性文化刊物。社址在天津日租界协昌里。

11月1日

中央通讯社在上海建立分社。

11月2日

英文《东方时报》由北京迁至天津出版。社址在天津东浮桥小洋货街22号。

11月7日

《中国青年》在上海改名《无产青年》，用各种伪装封面秘密出版（现存5期）。1928年10月23日改名《列宁青年》，陆定一主编。初为半月刊，后改旬刊、周刊。殷夫（徐白）一度负责编辑工作。1932年5月31日出至第5卷第6期后停刊。

11月9日

小型报刊《常识》创刊于上海。每期出6开1小张，用红色纸印刷。林泽沧主编。以介绍吃穿住行方面的知识为内容。一创刊印数即达8000多份，很受市民欢迎。此后半年中，上海相继出现一批常识性小报，如《上海常识》《过年常识》《社会常识》《美的常识》《新常识》《常识晶报》《普通常识》《住的问题》《新生活》《知识周刊》等。这类小报常登切合市民需要的实用性文章，如《废物利用》《过年须知》《戒烟良方》《健身与耐心》《怎样保护目光》《养花的方法》等，富有生活情趣；还介绍上海历史掌故，如《上海俗称名路》《上海的影戏馆》《上海的谚语》等。骆无涯在《上海常识》创刊词中说，该刊目的一是“指导上海人民在上海社会中得一个立足的方法”；二是“介绍上海的风土人情”。

同月

《红旗》半周刊在广州创刊。中共广东

省委秘密创办。约出 20 期。12 月 12 日广州起义当天，一度改出《红旗日报》，单面 4 开 1 张，印刷 25 万份。起义失败后，广东省委继续秘密出版《红旗》周刊、《红旗》特刊和号外，直到 1930 年。

大连日文《辽东新报》合并《满洲日日新闻》，改名《满洲日报》继续出版，成为东北地区销数第一的日文报纸。

戈公振著《中国报学史》一书，由商务印书馆出版发行。全书分 6 章，近 30 万字。首次系统叙述了从古代邸报起至 1926 年初止中国新闻事业发展的历程，被公认是中国新闻史研究的奠基之作。曾多次再版印行。1943 年日本东京人文阁出版了该书的日文译本，由小林保翻译，改书名为《支那新闻学史》。1955 年 3 月，生活·读书·新知三联书店在北京再次整理重印；1964 年香港太平书店出有翻印本；截至 1982 年，台北的台湾学生书局先后出有 4 版影印本；1985 年 11 月，中国新闻出版社又一次出版重印本，卷首为戈宝权撰写的《谈戈公振和他的〈中国报学史〉》，附录辑有《〈中国报学史〉史实订误》。

《新评论》半月刊创刊于上海。章乃器独资创办。他以“要做潮流的指导者，不做潮流的追逐者”作为办刊信条（转引自瞿作君等：《章乃器——中共的诤友》，《炎黄春秋》1997 年第 4 期），敏锐地批评时政。1929 年春，国民党当局以“袒共”罪名查禁该刊。

11 月底—12 月

戈公振在英国伦敦大英博物馆东方图书室查阅得见所藏《察世俗每月统记传》》《东西洋考每月统记传》》《特选撮要每月记传》《各国消息》等外人在华创办的近代报刊原件及《旧金山唐人新闻纸》等报刊，弥补了过去只闻其名未见其物的遗憾，并写有《英京读书记》一文，对上述报刊详加介绍，作为对《中国报学史》的补充。此文于 1928 年 1 月和 3 月刊发于《国闻周报》第 5 卷第 2、10 期两期。

12 月 2 日

天津《大公报》第 1 版刊出张季鸾所写的社评《蒋介石之人生观》，对蒋进行批评。在此以前，该报还曾发表社评《呜呼，领袖欲之罪恶》（1927 年 11 月 4 日第 1 版），批评汪精卫“好为人上”的领袖欲。另一篇社评《跌霸》（刊 1926 年 12 月 4 日第 1 版），则着重剖析吴佩孚的直系政权何以倒台。这三篇“三骂”的社评，被认为是《大公报》“敢言”的代表作，受到社会好评。

12 月 10 日

法文《上海日报》（*Le Journal de Changhai*）创刊。是在华出版的最大和最有影响的法文报纸。日出对开 2—4 张，销数达 2000 份。除上海外，在外埠，特别是华南各地的法国军官、传教士和其他法侨中也有不少订户。历任主笔有马雷司德等。

12 月初

《红旗》（一说叫《福建红旗》）在漳州创刊。中共福建临时省委主办的机关报。出版 6 期后迁厦门。64 开油印小册子，页数不定。主编林启铎，编辑陈尚友（伯达）、裘东莞（即谢怀丹）。初为五日一刊，后约半个月出一期。以报道工、农、青年运动、苏区工作、白区斗争和革命团体活动为主要内容。因省委机关被破坏，该报于 1931 年 3 月 25 日停刊。

12 月 12 日

张太雷在广州起义中牺牲，时任广州工农民主政府代主席兼海陆丰人民委员长。

张太雷（1898—1927），中国无产阶级革命家，中共早期报刊宣传活动家。原名曾让，字泰来，笔名大雷、椿年、之椿等，江苏常州人。早年在天津北洋大学法政科学习时，曾任《华北明星报》英文翻译，1920年参与组建中国社会主义青年团和共产党的活动，出版《劳报》（被禁后改名《来报》《津报》）。1923年参与创办《中国青年》，一度任主编，又任《向导》编撰。1924年曾任上海《民国日报》主笔和社论委员。1926年2月创办并主编中共广东区委机关报《人民周刊》。历任中共四大候补中央委员、五大临时中央政治局候补委员。

12月17日

《语丝》周刊从第4卷第1期起移到上海出版。上海北新书局发行。鲁迅任主编。是反对国民党文化“围剿”的阵地之一。曾受到上海国民党当局的警告和国民党浙江省党部的查禁。后因北新书局主持人胡乱刊发稿件和广告，刊物质量逐渐下降。鲁迅以所提改进意见不被尊重，于1928年12月辞职。1929年1月起，改由柔石接编。柔石离去后，由李小峰接编。1930年3月出至第5卷52期后停刊，累计共出刊260期。

同月

《报报》在上海创刊。由一批大报记者合作创办，是一份颇有特色的4开4版三日刊小报。专载一般大报缺漏或不便刊发的新闻，以及新闻界的幕后新闻。该报新闻来源比较可靠，以“报外之报”自居。

中共早期报刊编撰人李汉俊在武汉以反对国民党右派反革命政变，被桂系军阀逮捕杀害，时任国民党湖北省党部执行委员兼教育厅长。李汉俊（1890—1927），湖北潜江人，原名书诗，笔名人杰、汉俊、海镜、厂晶等。早年留学日本。五四运动时期，参与上海《星期评论》的编撰，参与发起组织上海共产主义小组，任改组后的《新青年》《劳动界》周刊的主要编撰人。1921年7月参加中国共产党第一次全国代表大会。中共“一大”后，继续为《共产党》月刊、上海《民国日报》等撰稿。后脱党。1927年初加入国民党。1922—1925年为《武汉星期评论》撰稿，协助编辑上海《民国日报》副刊《社会科学特刊》。为中国早期马克思主义的启蒙宣传作出了贡献。1952年被人民政府追认为烈士。

詹大悲被桂系军阀杀害。詹大悲（1887—1927）系革命派报刊活动家，名瀚，号质存，笔名大悲，湖北蕲春人。1909年与友人接办汉口《商务日报》，任主笔。1911年春，与友人创办《大江白话报》，后改名《大江报》，任经理兼总编辑。同年7月，因编发《大乱者救中国之妙药也》（黄侃作）等两篇时评，引发《大江报》事件，被捕入狱。武昌起义后获释。被推任汉口军政分府主任、湖北省议会议长，并继续主办《大江报》。1926年随北伐军到武汉。次年春任湖北财政厅厅长。

同年

朝鲜文《临时时报》在上海创刊。上海独立党促成会青年会主办。创办人韩唯青。

苏联电影导演雅可夫·布里奥赫在上海拍摄新闻纪录电影《上海纪事》（5本）。内容有上海工人第三次武装起义和蒋介石叛变革命后屠杀共产党和劳动人民的场景。1928年在苏联上映。

兼士作《中国报纸变迁史略》一书公开出版。

1928年（戊辰）

1月1日

文学期刊《太阳月刊》在上海创刊。太阳社创办，春野书店出版。蒋光慈主编，编委有钱杏邨、孟超、杨邨人、徐迅雷。蒋在为创刊号所写的代发刊词《卷头诗》中说：

“兄弟们！向太阳，向着光明走！我们相信黑夜终有黎明的时候，正义也终将不屈服于恶魔手。我们只有奋斗，因为除开奋斗而外，我们没有出路。”倡导革命文学，介绍马克思主义。出至第 7 期后被查禁。后改名《时代文艺》，出刊 1 期又被禁。

《新生命》月刊创刊于上海。由蒋介石示意，陈果夫出资创办，戴季陶、潘公展、陶希圣等相继出任主编。以反共拥蒋，以及同国民党内反蒋各派进行的论争为主要内容。1933 年 12 月 1 日出至第 3 卷 12 期后停刊。

天津《大公报》增辟《小公园》副刊。何心冷主编。第 1 号发表《我们的公园》一文（署名“园丁”，即何心冷）称该刊是“为需要精神上得到安慰的人们而设的”。经常开设一些引人注目的栏目，如《蜂尾》《镰刀》《仙人掌》《三言两语》等，每天刊小品文一篇，颇受欢迎。

1 月 2 日

天津《大公报》从本日起开设 6 个专刊，5 个周刊，1 个周二刊，每周在第 9 版定期出刊：周一《文学副刊》，周二《电影》周刊，周三《戏剧》周刊，周四《家庭与妇女》，周五《体育》，周六和周日《儿童》。9 月 1 日起专刊移到第 10 版，撤去《体育》，增添《公开评论》和《艺术》专刊，《儿童》改为周刊。

《文学副刊》第 1 期出刊。吴宓主编。所撰《本副刊之宗旨及体例》称该刊是“全国文学界之公开机关”，欢迎社外人士和读者投稿。内容分设四类：通论及书评；新书介绍；诗词、小说、笔记、丛谈等文学作品；读者通信、问答和辩难。

1 月 15 日

《文化批判》月刊在上海创刊。是创造社部分成员创办的综合性理论刊物。创造社出版部出版。成仿吾主编，冯乃超、朱镜我、李初梨、彭康等为主要撰稿人。创刊号《祝词》（成仿吾写）称该刊的任务是“从事资本主义社会的合理的批判”，并引用列宁的名言：“没有革命的理论，（就）没有革命的行动”（今译为“没有革命的理论，就不会有革命的运动”——编者）这一名言作为办刊指针。同期发表冯乃超《艺术与社会生活》一文，点名指责鲁迅、叶圣陶、郁达夫等为小资产阶级的文学家。由此引起创造社、太阳社同鲁迅关于革命文学的一场论战，持续 1 年多。该刊于同年 4 月停刊，仅出 4 期。5 月出版第 5 号改名《文化》，仅出 1 期停刊。

同月

文学月刊《生路》在上海创刊。王任叔、胡行之等组织的生路社创办，新学会出版。同年 6 月停刊，共出 6 期。

《民众日报》在上海创刊。国民党内反蒋派别“再造派”创办。曾得到新桂系李济深的资助。谌小岑、程元斟主编。鼓吹再造国民党，限制蒋介石势力。现存报纸止于 1929 年 2 月，终刊期不详。同年 4 月，该派又办《再造旬刊》，曾与改组派的《革命评论》展开论战。出刊一年半后停刊。

《新闻周刊》在上海出版。黄天鹏创办。为《新闻学刊》的姊妹杂志。内容侧重于新闻的报告，即新闻界的新闻。共出 4 期。

2 月 1 日

《中央日报》在上海创刊。日出对开 3 张，共 12 版。社址设在上海四马路望平街口。被有关方面称为国民党“第一个中央直属党报”。（见台湾出版的曾虚白主编的《中国新闻史》。该书认为，1927 年 3 月在武汉出版的《中央日报》系由国民党汪精卫派控制创办。上海《中央日报》创刊后，编号另起，以示与武汉《中央日报》没有继承关系。台湾官方著述亦持这一观点。）国民党中央党部指定孙科等组成该报董事会，由孙科任董事长，任命国民党中央宣传部长丁惟汾任社长，潘宜之任经理，彭学沛任主笔。成立编辑委员会，由各方面代表人物吴稚晖、戴季陶、李石曾、陈布雷、叶楚伧、蔡元培、杨杏佛等组成，胡汉民任主席。又设撰述委员会，应邀任撰述委员的有该党内外知名人士胡适、邵力子、罗家伦、傅斯年、邵元冲、唐有壬、马寅初、王云五、潘公展、郑伯奇等。每张第1、2版是广告版，第3、4版是文字版。第1张的文字版以刊登国内外要闻和重要文章为主；第2张的文字版设有《党务》专栏，刊登本埠新闻和各地通讯等；第3张的文字版是专版和副刊，有《摩灯》（文艺性副刊）、《商情与金融》《国际事情》《经济特刊》《一周间的大事》等栏目。初期无社论或社评专栏，在报纸的社论地位发表的署名文章实际起着社论的作用。该报在出版广告中提出六条具体使命：

> “（1）《中央日报》是国民党的喉舌；（2）《中央日报》发扬国民党的主义，解释国民党的政策，研究具体的建设方案；（3）《中央日报》志在打倒恶化和腐化势力；（4）《中央日报》要发挥中国人的义侠的革命精神；（5）《中央日报》要把科学和艺术振兴起来，发扬中国人的创造力；（6）《中央日报》是一把熊熊的火炬，要把全国革命民众的胸腔一个一个燃烧起来。”（《申报》1928年2月1日）

1928年10月31日该报出至第271号暂告停刊，筹备将馆址迁往南京。

2月8日

张秋人在杭州被国民党杀害。张出生于1898年，浙江诸暨人。1921年加入中国共产党，1923年任团中央宣传部长，为《中国青年》等报刊撰稿。大革命期间在广州协助毛泽东编辑《政治周报》，后任黄埔军校政治教官，为《黄埔日刊》的《政治问答》栏撰稿。在“四一五”事变中被捕。狱中仍组织难友学习马列主义，保持革命气节。

2月12日

《民声报》在吉林延边龙井创刊。由当地教育界和工商界人士集资创办。朝文版和汉文版兼有。在汉城设有总分社，罗南设分社。朝文总编辑何仰天、金成龙，文艺版主要编辑周东郊和其他一些办报人员，大多数是中共党员。9月1日，分别出版汉文报和朝文报。该报的宗旨是：“唤醒同胞”，“代表民意、为民族喉舌”，高举反帝反封建的旗帜，有力推动民族运动和工农运动的发展，其影响遍及朝鲜半岛。所刊的《延边调查录》，用事实揭露日军罪行，作者沈茹秋因此被日本警察暗杀。后该报将《延边调查录》辑印成书单独发行，报社领导并为之作序，赞扬沈的斗争精神。该报曾多次遭受日本帝国主义迫害，1931年12月被迫停刊。

同月

上海《民国日报》增出《民国晚报》，每晚7时出版对开1张。任务是：“将所有本外埠党国大事、社会新闻，悉以迅速详明之记载，报告读者。”（《上海新闻史》，第615页）

《青年之友》在上海创刊。许德良、徐庚敖等组织的青年之友社集资创办，沙千里主编。该刊以提高青年修养，努力改造社会为宗旨。向上海各中学普遍发行，读者远及东南亚。10月初被迫停刊，共出刊62期。

《当代》月刊在上海创刊。孙伏园主编，嘤嘤书屋出版。同年5月停刊，共出4期。

《中国的新闻记者》一书，由上海光华书局出版。作者张静庐。32开本，82页。该书是作者积十几年来新闻工作的经验编著而成。全书共分8章：（1）新闻事业与新闻记者，（2）新闻记者的地位，（3）新闻记者的资格，（4）外勤记者与访员，（5）外勤记者的采访新闻，（6）内勤记者的分工，（7）新闻记者的养成与待遇，（8）中国新闻记者的组合。每册定价 2 角半。

3 月 10 日

《新月》月刊在上海创刊。为新月社主办的文艺综合性刊物。新月书店出版，徐志摩主编。由徐执笔写作的代发刊词《新月的态度》，提倡用资产阶级的文学抵制无产阶级文学运动的兴起。（同年 7 月，《创造》月刊第 1 卷 12 期曾发表彭康的《什么是“健康”和“尊严”——〈新月的态度〉的批评》，驳斥新月派对无产阶级文学运动的攻击——编者注。）该刊曾开展关于“人权与约法问题”的讨论，批评国民党的独裁统治，要求言论自由，同时反对共产党和共产主义。1933 年 6 月出至第 4 卷第 7 期后停刊。

3 月 15 日

《流沙》半月刊在上海创刊。社会科学刊物。创造社出版部出版。华汉（即阳翰笙）、李一氓编辑。创刊号所刊《前言》宣称其宗旨是：“只为无产阶级意识和精神在文坛另辟一地，帮助青年得到一些正确而必要的社会科学知识。”5 月 1 日出版《五月特刊号》，纪念马克思诞辰 110 周年，发表李一氓编辑的《唯物史观原文》，并介绍马、恩生平。5 月 30 日停刊，共出刊 6 期。

4 月 1 日

《战线》在上海创刊。文艺周刊。泰东图书局创办，潘汉年编辑。创刊号发表弱水（即潘梓年）《谈现在中国的文学界》一文。同月 29 日出至第 5 期被查封，当局指为“攻击国府”。

南昌《新闻日报》创刊。由南昌市记者公会、江西记者公会先后主办。是江西主要民营报纸之一。1949 年 5 月终刊。

4 月 11 日

《先觉》报在上海创刊。由徐朗西主持的先觉社创办。创刊目的是：“一、以过去革命历史诸先觉为师表，从事国家建设，拥护中国独立。二、谋所以扶助后来革命诸志士之事业，愿为前驱，奋斗到底，完成国民革命，进而为世界大同之运动。”（祝均宙：《上海小报的历史沿革》（中），《新闻研究资料》总第 43 辑第 140 页）该报系格调较健康的社团小报。

4 月 14 日

《少年画报》在北京创刊。社址在北京米市大街。以中学生为主要读者对象。内容包括德、智、体、美、群等方面的图画与文字。每星期六出版对开 1 张。

4 月 21 日

《上海漫画》周刊创刊。上海漫画会创办。大型石印漫画刊物。叶浅予、张正宇任主要编辑。内容有政治、风俗、肖像和连环漫画，新闻、名媛、人体照片，古今名画等。出有两个彩色版。曾连载叶浅予的连环漫画《王先生和小陈》及《留京外史》。1930 年 6 月 7 日出至第 110 期后，与《时代画报》合并。

同月

《京报》在南京创刊。陈立夫创办，赖琏、石信嘉负责编务。1929 年初《中央日报》迁南京后不久，该报停刊。

《礼拜六》在上海创刊。4 开张三日刊小报。编撰人多为小报界的一些老报人。以刊登小品文见长，曾声言不刊登妓女照片。

5 月 1 日

《洪荒》半月刊创刊于上海。现代书局发行。潘梓年编辑。刊载思想评论、社会解剖、文艺介绍、书报批评方面文章。共出

3 期。

无产阶级革命活动家、妇女报刊活动家向警予在汉口被国民党杀害。向警予出生于1895 年，女，原名俊贤，笔名警予、振宇等。五四时期参加新民学会，后赴法国勤工俭学，参与组建旅欧共产主义小组。1922 年加入中国共产党。曾任中共中央妇女部长、中央妇女运动委员会书记等职，领导开展妇女运动和组织罢工斗争。同时为《向导》《前锋》《妇女杂志》和《民国日报·觉悟》副刊撰稿，主编《民国日报》副刊《妇女周报》。大革命失败后，负责中共湖北省委工作，任地下刊物《长江》和《大江报》主编。是中共第二、三届候补中央执行委员。1928 年 3 月被捕。

5 月 7 日

《革命评论》周刊在上海创刊。陈公博创办并任主编。后成为国民党改组派的机关报。撰稿人多半是大陆大学教员，有施存统、刘侃元、许德珩、萧淑宇等。内容主要批评国民党现行政策和蒋介石个人独裁，主张改组国民党，同时反对共产党领导的革命斗争。《布尔塞维克》报曾发表《论国民党改组派》《国民党的新理论家——陈公博》等文给予批驳。该刊期发三四千份，最高万余份。出版 18 期后被南京政府查封。

5 月 12 日

“万国新闻博览会”在德国科隆开幕（10 月结束，为期半年）。中国馆陈列有 16 个玻璃橱，展品分十五类：（1）政府报纸——有《京报》（清道光年间出版的）、邸钞、宫门钞、《官书局汇报》《中华民国公报》等。（2）早期近代报纸——有《察世俗每月统记传》《特选撮要》《东西洋考每月统记传》《强学报》《时务报》《旧金山唐人新闻纸》等。（3）都市报纸——有沪、汉、平、津、粤、港等城市著名报纸。（4）国民党报纸——有《民国日报》（上海）、《革命军日刊》《黄埔日刊》及广州、福建、梧州、琼岩、汉口各地的《民国日报》等。（5）外人办的华文报纸——有《新闻报》《顺天时报》《泰东日报》等。（6）画报——有《图画时报》《北平画报》《良友》等。（7）小报——有沪、平两地的著名小报。（8）华侨报纸——有《金山时报》《美洲民国日报》等。（9）学术杂志——有《国学季刊》《科学》《地质汇报》《哲学月刊》等。（10）文学杂志——有《小说月报》《创造周报》《太阳月刊》《白露》《贡献》等。（11）学生及妇女杂志——有《南开大学月报》《中国留美学生月报》《新女性》《现代妇女》等。（12）工农报纸——有《中国海员》半月刊、《太平洋工人》、《农民运动》、《村政周报》等。（13）共产党杂志——有《向导》周报、《双十》等。（14）经济杂志——有《上海总商会月报》《银行周报》《道路月刊》等。（15）报学撰著——有《新闻学刊》《现时世界报纸大观》《中国报学史》《中国新闻发达史》《新闻学撮要》。5 月 12 日戈公振参观中国馆后，感叹展品“无准备故无系统遂无精彩”，“不免挂一漏万”。认为“我国为造纸及有报纸最先之国，大可借此宣传”。其时，中国政局混乱，官方对此未加重视。德方委托德国中国学院院长在青岛传教多年的卫礼贤博士代为筹办中国馆，由柏林中国通讯社主任廖焕星协助，并托在北京主编《新闻学刊》的黄天鹏帮助搜集“中国各日报杂志及传单等物”，勉强参展。戈公振还评价说，“博览会性质以报纸为主体者，吾未前闻。有之，自科恩（即科隆）始”。戈所撰通讯《纪德国世界报纸博览会》，刊于本年 7 月 1 日出版的《国闻周报》第 5 卷第 25 期。

5 月 28 日

北京《晨报》开始分 3 次连载该报德国特约通信《世界报章展览会》，对 5 月 12 日起在德国科隆举行的这次博览会，作了详细介绍。据称“各国赴会参观者计 10 万人，至 5 月 31 日增至 50 万人，实为空前所未有”。

同月

北京《晨报》出版 7 周年增刊。内容有论文 13 篇，国际 4 篇，科学 6 篇，国学 6 篇，国画 19 幅，西洋画 4 幅，诗 8 篇。全书 404 页，40 万字。

日本侵略者于本月初制造济南惨案。上海日报公会、上海新闻记者联欢会等新闻界团体，自惨案发生之日起，相继集会，并发表通电，抗议日军暴行。指出“济南事件，全国愤慨，上海新闻界目睹日方暴行及反宣传”，坚决给予“迅速之披露”，希望政府当局对日严正交涉。

《我们》月刊创刊于上海。太阳社部分成员组织的我们社创办，晓山书店出版。内容主要刊登文艺创作和翻译作品。同年 7 月被查禁，共出 3 期。晓山书店同时被封。

《畸形》半月刊在上海创刊。创造社出版部出版。仅出 2 期即停。

《戈壁》半月刊在上海创刊。光华书局发行。叶灵凤等编辑。出版 4 期后停刊。

宛希俨在率领农民武装攻打万安县城时牺牲。时任中共赣南特委书记。宛希俨出生于 1902 年，湖北黄梅人。1923 年加入中共。大革命期间，协助董必武主编《楚光日报》和汉口《民国日报》，发起组织并领导武汉新闻记者联合会。1927 年 7 月，任中共江西省委宣传部长，从事地下工作。同年底进入江西革命根据地，开展工农武装割据斗争。

6 月 1 日

《前进》在上海创刊。国民党改组派机关刊物。顾孟余主编。泰东图书局发行。初为半月刊，第 9 期起改出月刊。主张改组国民党，鼓吹资产阶级改良主义。1929 年 1 月出至第 11 期停刊。

6 月 5 日

北京《晨报》停刊。本日该报刊出《本报停刊启事》称，该报“创刊十年，每天处在不满意环境之中，委曲求全”，希望能对社会有所贡献。但由于“事实所限，所欲言者，既未及什一，而所言者，又未为各方所了解，徒求苟存，毫无意义”，因此决定自本日起停刊。其时，蒋、冯、阎军队逼近北京，张作霖率部向关外撤退，奉系军阀在北京的统治告终，以蒋介石为首的新军阀开始登台。该报素以亲奉著称，在此情况下，不得不自动停刊。

6 月 12 日

北京《京报》复刊。由邵飘萍的夫人汤修慧主持。继承邵氏生前的评论主张，提出以宣传“主义的军队；整理财政；培养民主；低调的整理地方”四点主张，为该报复刊后的新使命。（《本报之新生与新使命》，《京报》1929 年 1 月 1 日）系统记载国内外大事，附张不登盗拐奸诱的恶性新闻，注重市政建设和体育消息，第 8 版《复活》栏刊登名家撰写的历史写实小说。次年 1 月起，增加《京园剧刊》（凌霄汉阁主主编）、《医学周刊》（每周五增出《医讯问答专号》，医学社主办）、《影光周刊》（影光社主办）、《荒岛》文学周刊（荒岛社主办）、《图画周刊》等副刊，努力适应社会的需要。同月，《京报》在天津设分馆。复刊后的《京报》出至 1929 年 10 月，被地方当局查封。后与《成报》合并，于 1930 年 4 月 10 日再次复刊，由汤修慧任社长和总经理，潘劭昂任主笔。1937 年 7 月 28 日停刊。

6 月 16 日

《大公报》同人成立救灾委员会，并在报上刊出启事称，该会成立目的是，本着服务社会的天职，为救济战乱中天津四郊流亡的难民同胞作呼吁。同月29日，出版《救灾特刊》两个版，刊登灾民生活照片和呼吁救济文章。该会于同年8月1日宣告撤销，并在报上公布一个半月中陆续收到的捐款数为大洋15083.5元。

6月20日

《奔流》月刊在上海创刊。鲁迅、郁达夫合编，北新书局出版。内容主要刊载文学译著和文艺创作。鲁迅负责末校，并负责撰写每期的《编校后记》。郁达夫谈及该刊出版的主旨时说："用意是想介绍些真正的革命文艺的理论和作品，把那些犯幼稚病的左倾青年稍稍纠正一点过来。"（转引自《上海革命文化大事记》，第205页）该刊销数2000多份。1929年12月出至第2卷第5期，因北新书局拖欠稿费而停刊，共出15期。

6月27日

天津《商报》创刊。叶庸方、王镂冰创办，总经理王镂冰，总编辑王芸生。该报名为《商报》，实际上是一张综合性报纸。该报社评浅显通俗，立论严正不阿。重视中外政治消息及社会新闻，副刊也很出色，受到天津市民的欢迎。又因经济报道较多，商情既快又翔实，也为天津商界所重视。

6月30日

中共中央向各地党部发出第55号通告，要求各地党组织出版灰色刊物。通告略称：最近反国民党及国民政府之刊物如雨后春笋一般的出世，证明一般小资产阶级甚至部分店员群众对四分五裂的国民党开始感到失望，因此应加紧对小资产阶级的宣传工作。中央决定："各地党部须出版一种或以上的灰色刊物"，并对办好这种刊物提出三条原则性意见：（一）"不能登载党的文件或论文中露出与党有组织关联的话，而应作为第三种人的口气，既非国民党也非共产党"。（二）说话的态度不要用党的口气，也不要完全按党的政策和口号，"她的使命只在如何使小资产阶级脱离国民党的影响而投到我们方面来或力守中立"。同时要经常用事实，"证明国民党的统治实在与北洋军阀相同，甚至更反动"。（三）"应该表示，只有工农兵的苏维埃革命，才是小资产阶级的出路——但注意，不过暗示如此并非彰明较著的鼓吹工农兵苏维埃革命"。通告同时强调，应注意坚持党的独立宣传工作，设法推广《布尔塞维克》报，并在京、津、沪、汉、郑州、广州、长沙、南昌、济南等地用党或工会名义组织出版"赤色刊物"。（见《中国共产党新闻工作文件汇编》上册，第38—40页）

同月

国民党中央常委会通过并颁布《设置党报条例》《指导党报条例》《补助党报条例》，以此集中党中央对党内新闻事业的领导权。条例规定有："中央宣传部特设指导党报委员会，专施党报的设计、管理、审核、考查及其他一切指导事宜"；"直属于中央之各党报由中央宣传部直接指导之"；"凡中央及各级宣传部直辖之日报杂志，其主管人员及总编辑由中央或所属之党部委派之"。（《中国新闻事业通史》第2卷，第352页）

成都报界联合会成立。

7月1日

河北《民国日报》在天津创刊。日出对开2张。国民党河北省党务指导委员会创办，由该委员会委员兼宣传部长刘瑶章主持。后随省党部移北平，于同年10月21日在北平继续出刊。该报认为"北平青年是中共活动的中心"，因此，它发刊的使命之一便是"尽量阐发本党正确的革命理论，以摧毁共产党不健全的谬误思想，而引导一般迷途的北平青年入于革命的正轨"。（黄河编著：《北京报刊史话》，文化艺术出版社 1992 年版，第 101 页）1929 年 8 月 18 日因办理不当停刊。

上海《申报》登出《申报为国货运动周敬告国货商家启事》，称："上海市农工商局规定自 7 月 7 日起至 13 日间，为国货运动周。……本报对于此次国货运动，自当格外努力，所有国货运动消息，尽先发表，列入正张，以昭郑重。……所有国货广告，无论直接间接送登，定有优待办法，以资提倡。……"

7 月 7 日

上海《工商新闻报》在《申报》刊出启事，自称为"推广国货的先锋"，并说该报"发刊六载，向以提倡国货，发展国内实业为职志，为资格较老之纯粹工商报纸，亦即吾国货工厂之喉舌"。本日出版的该报，为提倡国货特刊，刊有《国货运动与工业》《国货运动宣言》《推广海外贸易之我见》等文，免费赠阅各界。

7 月 8 日

《民言日报》在北平创刊。梁巨川创办，为阎锡山的宣传机关。主持人方闻，社长林超然。1930 年起，由先前的拥蒋转向倒蒋，宣传阎锡山的"护党运动"和在北平另立"中央政府"的主张。同年随阎锡山在蒋冯阎混战中失败而停刊。

7 月 10 日

中共"六大"通过《宣传工作的目前任务》决议，提出两条基本宣传任务："(1) 增高一切党员的政治知识。(2) 特别应该增高党在广大工农群众中工作和宣传员的理论认识。"在宣传工作方式上，规定除利用各社会团体的图书馆、党开办的书店外，党员可参加各种科学、文学和新剧团体；还必须组织每日出版的工农报纸向全国发行，报纸的内容、文字、价格要十分适合广大群众的能力和程度，对不识字的工农，尽可能的组织读报小组。

7 月上旬

中共上海文化工作者支部成立，属江苏省委领导。将分散在街道支部的党员文化工作者组织成支部，第一批共 21 人，分 4 个小组。潘汉年任支部书记，孟超、李民治（一氓）任支委。

7 月 13 日

上海《申报》即日起在该报连载署名天笑翻译的一位美国记者所写的《一个新闻记者》一书。全书共分十章，第一章《乡村新闻的通信员》，第二章《外勤记者》，第三章《破了理想的梦》，第四章《编辑室之空气》，第五章《编辑的里面》，第六章《两同志的提携》，第七章《动身》，第八章《入社》，第九章《铅报新闻》，第十章《杜士威来》。翻译者在附记中声明，翻译此书的目的是为了纪念他的亡友、被奉系军阀杀害的著名记者邵飘萍。

7 月 19 日

《中央日报》增出《红与黑》副刊。胡也频编辑。初为周二、四出刊，第 8 期起改为周二、五出版。撰稿人有丁玲、沈从文、戴望舒、施蛰存、徐霞村等。至同年 10 月 31 日停刊，共出 49 期。

7 月 20 日

北平通讯社成立。社址在北平宣武门大街 58 号。成立初期，赠阅 1 月。自称在京、沪、汉、粤、郑、甘、陕及各要地，均派有负责专员。主任万梅子，编辑唐景张、杨浚明。

中央通讯社上海分社奉国民党中央宣传部令，即日起移交上海特别市党务指导委员会宣传部管理。

7 月 23 日

英文《游艺报》在上海创刊。周报，每

星期五出刊。上海英文丛刊社出版发行。社长王步贤。

7月25日

《朝报》在北平创刊。社址在北平宣武门外大街58号。日出正刊新闻4中张，附刊1张。总经理陈伯琛，社长孟永之，总编辑万梅子。自称宗旨是“努力宣传，效忠党国”。

7月27日

《革新日报》在南京创刊。日出1中张。自称其宗旨是：“发扬革命民众的呼声，代表革命同志对党的要求，打破封建的联合进攻，造成三民主义的统一战线。”

7月30日

《北平小报》在北平创刊。日出2小张，另附戏剧副刊。

同月

文艺期刊《灿星》月刊在哈尔滨创刊。中共地下党员楚图南指导的哈尔滨市第六中学学生组织灿星文艺研究社创办。以倡导无产阶级文学为目标，实行“三不”原则，即不刊登对当局歌功颂德式的奴才作品，不刊登风花雪月、才子佳人式的封建作品，不刊登对人生悲观失望的灰色作品。后因经费缺乏，《灿星》作为《国际协报》副刊之一出版。每周对开1张，每期加印200份作为稿酬。楚以介青为笔名为该刊撰写了不少论文、诗歌、散文和剧本。1930年12月，当局指为“煽动青年”、“危害治安”，查禁该刊，逮捕楚图南。

天津《益世报》在北平设立总分销处，并代办各项广告。地址在北京前门外铁老鹳庙16号。

《判断》周刊在上海创刊。总代售处上海北四川路奥迪安及各大书局。

《开明》月刊在上海创刊。开明书店出版。索非、徐调孚先后任主编。创刊号《致读者》说，它将“成为半文艺半广告的刊物”。内容以刊登论文、小说、诗歌、戏曲、杂记、批评介绍等文字为主。1932年淞沪抗战爆发后停刊，共出38期。1947年复刊，改为双月刊，向该书店读者免费赠阅。

国民党北平特别市党部主办的《国民周刊》在北平创刊。

南京国民政府发起组织上海中外记者济案调查团，外交部负责经费，赴济南实地调查“五三”惨案详情，为对日交涉作准备。记者团不以官方名义而系自由参加组成，共9人，其中，外国记者4人是：鲍惠尔（上海《密勒氏评论报》主笔兼美国《芝加哥时报》驻华访员）、赖伏爱（美国新闻摄影专家、百代摄影公司记者）、马克（美国记者）、耶拿（女，上海《法文日报》特派员）；中国记者5人是：顾执中、姚家夔（《新闻报》记者，后者临时自愿同去）、康通一（《申报》记者）、赵叔雍（《时事新报》记者）、金雄白（《时报》记者）。7月9日离上海，取道青岛，13日晨抵济南，分头调查一天多，17日返回，来回历时8天。归途中，中国记者推康通一、顾执中起草调查报告，由4名正式团员签名后交《申报》等各报采用。7月21—24日，《新闻报》率先连载，题为《上海中外记者胶济观察记》，这篇1.6万多字的调查报告，客观翔实地记录了日本帝国主义者制造“五三”惨案的罪行。此次中外记者团不顾个人安危，冒险赴实地调查的举措，为同业树立了学习的榜样。

8月1日

《民报》在南京创刊。日出对开1张。社址在南京城内虞妃巷堂子巷10号。

燕京通信社在北平成立。社址在北京西单二龙坑甲13号。具有国民党方面的背景。曾在《京报》上刊登启事，自称其创办目的，是由于“中国新闻消息多操之帝国主义者之通信机关，离间挑拨扰乱听闻，非打破此种恶势力不可”。

《海上旬刊》在上海创刊。创刊号主要文章有：《时评四则》《中国革命与日帝国主义》《对中央五次会议的要求》《自杀问题》及张资平写的《女人》等。

中央广播电台（全称为“中国国民党中央执行委员会广播无线电台”）在南京开始播音。是国民党建立的第一座广播电台。呼号为 XKM。发射功率 500 瓦。每日下午、晚上各播音 1 次，计 3 小时。设有演讲、新闻等节目。新闻稿件全由中央社提供。本日《中央日报》刊登该台的第 1 号《通告》称：“嗣后所有中央一切重要决议、宣传大纲以及通令通告等，统由本电台传播。”开播当天，蒋介石、陈果夫、戴季陶等均前往致词。负责筹建该台的陈果夫认为，广播是“宣传主义的无上利器”。（赵玉明：《中国现代广播简史》，中国广播电视出版社 1987 年版，第 19 页）基于这一认识，国民党中央十分注意发展党办广播事业。本年 10 月，开办第一座国民党主办的地方台——浙江省广播电台。本年 12 月，南京国民政府公布《中华民国广播无线电台条例》，次年 8 月公布《电信条例》，规定除开办官办广播电台外，也允许公私团体和个人经营广播电台。

8 月 5 日

《新晨报》在北平创刊。社址在北平宣外大街 181 号。日出对开 2 张，副刊对开 1 张。另有画报同日出版并赠阅 1 月。该报系由原北平《晨报》改组更名而成。由阎锡山部下平津卫戍司令部交通处处长李庆芳出任社长，罗秋心、张慎之等任总编辑，邓之诚任主笔。为阎锡山系的宣传机关。自揭其政治主张为：“依据三民主义，主张民族独立，文化复兴，肃清腐败，消弭反动，扶植生产事业，赞助裁兵运动。”设有北平教育、经济专版、蒙藏消息专页和文化、戏剧、体育、妇女儿童等专刊及画报。其中《妇女》专刊共出 28 期（1928 年 9 月 16 日—1930 年 8 月 17 日）。《日曜画报》专刊建筑、风景、雕刻、绘画、书法、写真及金石等图片。（见《京报》1929 年 3 月 10 日所载《北平新晨报之六大特色》）1929 年 10 月 27 日，该报曾奉令停刊半个月，同年 11 月 11 日复刊。1930 年 9 月，阎氏在蒋冯阎大战中失败下野，9 月 24 日该报自动停刊。

北平新闻记者公会召开执监委联合会。秦墨哂任主席。会上决定推举朱镜心、张亚庸、吴定九出席各界济南惨案后援会，并决定派人向公安局交涉请求免检新闻。

8 月 10 日

《全民报》在北平创刊。对开 2 张，日报。为阎锡山的宣传机关。张荫梧主持。1930 年 10 月该报发表《本报改组重要声明》称，该报“业经与旧业主完全脱离关系，由张见庵负责承办”（张系张学良控制下的河北省政府教育厅长）。改组后的该报，拥护以蒋介石为中心的中央政府，支持蒋介石国民党的政策。除正刊外，还出有《全民副刊》《妇女》《图书馆》《滴露》《儿童》周刊等副刊和专刊。1937 年“七七”事变后，由日伪接收，继续出版。日人作野秀一任社长。1938 年 8 月 10 日停刊。抗战胜利后，1947 年 6 月 15 日复刊，同年 11 月 15 日终刊。

8 月初

李公朴赴美国德雷大学政治系留学，行前被邹韬奋聘任为《生活》周刊驻美特约撰述。10 月 28 日起，《生活》周刊开始刊发李撰寄的《美国通讯》。其时，韬奋为了在《生活》上开设《国外通讯》栏，特地调查了解在各国的留学生情况，从中选聘一些特约通讯员；每月信函联系，根据各国情况出题，要求他们来稿反映各国社会政治问题，以供改良中国政治经济生活的参考。到 1929 年，《生活》先后刊登有来自英、法、美、日、德、比利时、墨西哥、意大利和东南亚各国特约通讯员的专稿。

8 月 12 日

北京《京报》实行扩版，增出 1 张，辟有社会调查、新旧文艺、笔记、剧讯、小说、电影等栏目内容及摄影铜版画刊。

8 月 14 日

《党锄》在上海创刊。自称以“贡献中国国民党根本的理论及国民革命建设的方案并各种批评”为办刊宗旨。每册定价 3 分。

8 月 15 日

中央通讯社北平分社成立。社址在北平东单牌楼喜鹊胡同 5 号。主任沈君匋。自称以宣传国民党党义和沟通国民党中央与平津消息为宗旨。

《思想》月刊在上海创刊。综合性刊物。创造社主办。作者基本上是原《文化批判》的一班人。以介绍科学真理，帮助青年研究社会现象，了解中国的过去与现在为宗旨。1929 年 1 月被查禁。

8 月 18 日

国民党上海特别市党务指导委员会宣传部戏曲电影审查委员会发布审查条例，规定凡在市内演唱的旧戏曲和放映的中外影片，均须事先送交该会审查批准后，始准演出或放映。

8 月 19 日

北平新闻文化、社会各界人士徐宝璜、成舍我、胡政之、黄天鹏、张一苇、张恨水等 81 人联名发起在中山公园举行邵飘萍、林白水追悼大会，以缅怀报界先烈。

《觱篥月刊》在上海创刊。

8 月 24 日

中国通讯社在南京成立。赠阅 1 月。自称在平、沪、汉、汴、粤及各要地均派有负责专员，随时传递消息。

8 月 28 日

沈玄庐在浙江被特务暗杀。沈出生于 1883 年，名定一，字剑侯，浙江萧山人。早年留学日本。1912 年任《公民丛报》编撰。五四时期，参与编辑《星期评论》，参加上海共产主义小组，为《劳动界》《共产党》月刊撰稿。曾参与创办《劳动与妇女》周刊，并经常为《民国日报》的副刊《觉悟》及《妇女评论》《劳动周刊》等刊物撰写文章。国共合作后，当选为国民党中央候补委员。孙中山逝世后，成为国民党右派，在上海作反共、反苏宣传。“四一二”后投蒋。因与浙江地区新军阀发生矛盾而被杀。

8 月 29 日

上海公共租界巡捕房两探长率员往福煦路 920 号，查抄“共产党之机关”，“查获共产书刊 1.5 万余册”。（《上海新闻史》，第 621 页）

同月

《编辑平民报纸的经过》一书，由上海商务印书馆出版发行。周德之编。32 开本，53 页。叙述编辑《新民报》的经历，被列为城市平民教育丛刊之一。

文学期刊《生路》改为《山雨》半月刊，继续在上海出版。同年 12 月停刊，共出 9 期。

《大公报》总编辑张季鸾到南京进行采访活动约 1 个月，写作系列通讯《新都观政记》，发表在 8 月 27 日至 9 月 2 日的《大公报》第 2 版上。9 月 3 日发表《京沪杂记》。

中国新闻专门学校在广州创立。谢英伯创办。1929 年广东省新闻记者联合会成立后，交由该会主办。同年秋，该校专门部除设预科本科外，并附设附属中学部、华侨新闻学速成科和新闻学函授部。谢英伯仍为校长，王纫豪、倪世清、黄策等任教师。1931年10月广东省政府核准“私立中国新闻职业学校校董会”立案。1932年郑国屏参加合办。

《海王》旬刊创刊于天津。天津永利制碱公司、久大精盐公司和黄海化学工业研究所联合主办。著名企业家范旭东为该刊撰写《海王发刊词》。初为对开1张，1932年改为16开期刊式，每期16至32页。抗战中先后迁长沙、乐山、重庆出版，1947年迁南京。直到全国解放，公私合营后停刊，共出刊20多年，为旧企业报中历史较长的一家。期印三四千份，除在内部散发外，还赠送给有关团体和个人。

9月8日

北平《时代晚报》增出附刊《时代画报》。主编张鸣琦。着重介绍新艺术。

9月10日

《无轨列车》半月刊创刊于上海。第一线书店发行。施蛰存、刘呐鸥、戴望舒合编。第2期曾刊发《革命与知识阶级》（冯雪峰写，署名“画室”）一文，批评创造社等对鲁迅的错误态度，为停止关于革命文学的论争，打下了基础。同年11月第一线书店被当局指为“赤化”，受到警告，宣告停业。该刊也被查禁，先后共出8期。

9月13日

北平报夫工会自即日起停止发送各通讯社的稿件给日本人办的中文《顺天时报》，以抗议济南惨案。

《康健报》创刊于上海。上海名医陈存仁创办。该报创刊后，上海医界相继仿效，一时竟出有30多种医学小报。其中有陈范我办的《骊珠》，丁济万办的《卫生报》，陆清洁办的《清洁报》，妇科专家汪洋办的《性欲周刊》等。这批报刊同家庭常识小报一起，对普及科学常识，传授医学科学作出了一定贡献。到30年代，各大报纷聘名医担任医学副刊主编后，这类小报才逐渐消失。

9月20日

《大众文艺》月刊在上海创刊。郁达夫、夏莱蒂主编。专门刊载文艺作品和译文。1929年11月第2卷1期（总第7期）起，由陶晶孙接编，现代书局出版。后成为“左联”的机关刊物。曾出有《新兴文学专号》（第2卷3、4期）。1930年6月出至第2卷5、6合刊被查禁，共出刊12期。

9月28日

国民党上海警备司令部政训部社会科，经调查后，在报上公布了一批所谓“反动刊物”的名单，计有《创造月刊》《流沙》《抗争》《现代小说》《血潮》《海上》《畸形》《峡潮》《洪荒》《奔流》《我们》《澎湃》《思想》《战线》《流荧》《戈壁》《太阳月刊》《前线》等多种，并指出售上述刊物的创造社、现代书局、晓山书店、光华书局、新宇宙书局“是共产党的大本营”，污蔑郭沫若、成仿吾、潘汉年、钱杏邨、蒋光慈、郁达夫等是“新卖国贼”“第三国际的走狗”。（《上海革命文化大事记》，第209—210页）

同月

北平市政府社会局致函该市各报馆、通信社，指出：“新闻事业，重在指导社会，启迪民智，与地方事业有重大的关系。”同时，附寄新闻调查表，要求按照以下栏目，一一填写：（一）名称，（二）地址，（三）沿革，（四）资本，（五）经理人简历，（六）主笔人简历，（七）组织，（八）刊物种类，（九）刊行日期，（十）印机件数，（十一）备考。

上海日报公会致电南京政府交通部，要求划一邮资，优待新闻电讯，全国新闻界对此表示支持。交通部为此制颁《便利新闻界使用邮电办法》，规定：本外省新闻电每字由3分减为2分，长途电话按二成收费，在南京和上海之间，增设专线，新闻电报电话随到随发。

《未明》月刊在上海创刊。金溟若主持的未明社创办，时代书店发行。仅出1期即被查禁。

美国记者埃德加·斯诺（Edgar Parks Snow）来到中国。先住上海，被聘任上海《密勒氏评论报》助理编辑，后一度任代理主编，兼《芝加哥论坛报》驻华记者。在此期间，他沿当时仅有的8000英里铁路线在中国各地作旅行采访，目睹中国人民的深重苦难，采写《拯救二十五万生灵》等报道。曾去东北采写“九一八”事变，在上海采访报道“一·二八”事变，并结识鲁迅、宋庆龄等，加深了对中国的认识。1933年春移北平定居。

10月1日

《时代文艺》月刊在上海创刊。太阳社创办，蒋光慈编辑，时代文艺出版部出版。仅出刊1期即停。

10月4日

小型报纸《实报》在北平创刊。管翼贤创办并担任社长。曾接受华北地区军阀政客的津贴。馆址初设在宣武门内嘎哩胡同，次年移至和平门新帘子胡同，1930年再迁宣武门大街路西56号。日出4开4版。以市民阶层为主要读者对象。取“小报大办”“精编主义”方针。多登国内外政治时事新闻，对中外通讯社稿件加以缩编，每天必有一篇500字左右的社论，副刊每日刊登四五种言情、武侠小说，时有连环画。陈豹隐、李达、张友渔、张申府、丁玲、沈从文、老舍等曾应邀撰写社论、通讯和文稿。创刊初仅销800多份，后增至两三万份，最多时曾销达14万份。沿铁路线发行到南方、西北、东北和全国各地。该报曾宣传抗日和民主，但始终反对马克思主义，攻击共产党。不少社论，以及《疯话》（宣永光主持）、《匪的新闻》等专栏，发表了不少反共反苏和丑诋马克思主义的言论。

10月6日

北平《荷莱坞》周刊创刊。

10月14日

北平《京报》发行部刊出启事称：为便利爱读早报诸君起见，自雇骑车送报夫10余人，分途派送，规定每晨9时以前一律送到，尚有过时送到或遗漏等事，请随时电告该报。

10月15日

《大江》月刊在上海创刊。陈望道、汪馥泉编辑，大江书铺出版发行。仅出3期停刊。

10月16日

文艺期刊《白华》半月刊在上海创刊。中国济难会主办，郁达夫、钱杏邨主编。该刊的宗旨是，要“站在人道主义立场上，反对统治阶级对民众的一切压迫与屠杀”，“做被压迫民众的痛苦的喉舌”（创刊号《创刊辞》）。至12月停刊，共出刊3期。

10月27日

南京《中央日报》改组。国民党中宣部改派曾谞煦为总经理，查光佛为总编辑。

同月

《中国的新闻纸》一书，由上海光华书局出版。张静庐著。全书分设4章：1. 新闻纸的起源；2. 新闻纸的发展；3. 新闻纸与革命运动；4. 上海报馆的组织和现状。1929年9月再版，32开本，86页，有插图。列为上海新闻学会丛书之二。

《新宇宙》月刊在上海创刊。潘梓年等主编，新宇宙书局出版。仅出1期。

11 月 15 日

《烈火》周刊在厦门创刊。中共福建省委机关刊物。罗明主编。《发刊词》提出，将“经常的将马克思、恩格斯、列宁等革命领袖的理论在一切实际事件之中应用并解释，务使每个无产阶级的战士手内都要有一个熊熊的火炬”，去照亮革命斗争的道路。该刊宣传中共“六大”的方针政策，介绍马列主义基本理论，报道厦门和各地工农斗争消息。仅 1929 年就出刊 17 期，发行 5490 份。（1929 年 12 月中共福建省委《一九二九年的出版品统计》，转引自《福建新闻史料》第 9 期，第 20—21 页）至 1931 年 3 月 25 日省委机关被破坏后停刊。

11 月 18 日

邹韬奋在《生活》周刊第 4 卷第 1 期上撰发《〈生活〉周刊究竟是谁的?》一文，再次阐释办刊的方针和态度，表明《生活》周刊“是以读者的利益为中心，以社会的改进为鹄的”。表示自己要“竭其毕生的精力，奋勉淬励”，把这份周刊办得“精益求精，成为社会上人人的一个好朋友，时时在那里进步的一个好朋友”。当时《生活》每期实销数已达 4 万份以上。

11 月 19 日

《申报》出版第 2 万号。本日增出一张红色印刷的纪念特刊，并刊发馆主史量才撰写的《申报发行二万号纪念》一文。文章写道：“吾思服务《申报》十六年，实为十六年公共之老罪犯，盖无一日不受人指责，无一日不在法令裁制当中。吾志力薄弱，学殖荒芜，不能使《申报》光而大之，以餍阅报者之耳目，吾何能辞其咎？……慨自十七年中兵争俶扰，而国家之文献荡然无存。一旦政治清明，朝失而求之于野，此戋戋报纸，或将为修史者所取材乎!”为纪念发刊 2 万号，该报还举办了悬赏征求报纸商标活动，并经史量才等评定采用木铎商标，呈报南京国民政府工商部商标局注册，1929 年 7 月正式批准专用，成为中国第一家有注册商标的报纸。为纪念出版 2 万号，该报还出版了陈冷主编的《申报二万号纪念册》1 册。

11 月 20 日

《红旗》周刊创刊于上海。中共中央秘密出版的机关报。限于印刷条件，版式不定，第 1—4 期为 16 开本周刊，每期约 30 页，第 5—23 期改为 32 开本周刊。从 1929 年 6 月 19 日第 24 期开始，改为 4 开报纸型，逢周三、六出版。谢觉哉、肖保璜先后主编。谢觉哉曾用觉哉、觉等笔名为创刊号到第 19 号的该刊撰发文章 11 篇。中共中央交通员钱希均任发行科长，指定同谢单线联系，负责送稿、取稿。1929 年 8 月，恽雨棠任发行部主任。出版周刊期间，该刊以刊登文章为主，没有新闻、通讯和广告。改为报纸后，设有《社论》《国内外消息》《时事短评》《工农斗争》《红军消息》《党的生活》《国际妇女》等栏目和副刊。到 1930 年 8 月停刊，共出 126 期。1930 年 8 月 2 日发表编辑部特别启事，声明：“因为革命形势的紧张，本刊的任务也随着更加重大。中国共产党中央委员会感觉到本刊每三日出一期，决不能满足目前全国革命发展的需要。因此，决定本刊与《上海报》合并，改为日刊，每日出版一张，定名《红旗日报》，现在积极筹备，定于 8 月 15 日出版，在 8 月 15 日以前，本刊还可以出一期。”

同月

上海日报公会发表调查报告《中国报业经营状况》。

上海新闻记者联合会出版《时代》月刊。

12 月 1 日

迁至北平的河北《民国日报》增出副

刊。自称其目的在“阐扬革命理论，激发一般民众之革命情绪；且欲实行文艺政策，提倡时代的文艺”。由女作家陆晶清任主编。

《中国工人》在上海秘密复刊，并由月刊改为半月刊。罗登贤写发刊词《卷头语》。罗章龙、林育南、项英负责重组编委会。伪装封面印发，曾化名《漫画集》《爱的丛书》《红拂夜奔》等。1931年后因印刷困难停刊。

12月6日

《朝花》在上海创刊。文艺周刊。文艺团体朝花社创办，合记教育用品社发行。鲁迅、柔石合编。1929年5月16日出至第20期停刊。同年6月，改出《朝花旬刊》。9月21日出至第12期停刊。

12月16日

《硬报》在上海创刊。是国民党改组派主办的小报。李焰生主持。内容以政界新闻为主。此后，上海出现的党派小报约50多种，较著名的有改组派的《革命日报》《上海民报》《上海鸣报》《单刀》，国民党蒋介石派的《锋报》《江南晚报》《精明报》，第三党的《行动日报》，桂系的《吼报》《响报》《冲锋》，醒狮派的《闲报》，国家主义派的《黑旋风》，中国青年党的《潜水艇》等，党派小报以激烈的党派倾向和揭载政界内幕新闻吸引读者。上海一些与各派别有关系的文人亦办有专揭党派政界内幕的小报，如《孙中山》《机关枪》《迫击炮》《春光》《无线电》《血报》《战士》等，这类小报为避免当局查禁，一般不在报上署明地址和主编，只在报摊上零售，没有固定订户。《硬报》出版仅1个月，即被当局封闭。1929年1月23日，改名《上海小报》出刊，不久又被查禁。同年2月25日，又再办《狂风》，发行仅7期，销数即从7000份上升为1.5万份，不到1个月，再次被查禁。

12月下旬

美国女记者艾格丽丝·史沫特莱（Agnes Smedley）以德国《法兰克福日报》记者身份来中国。起初几个月，在哈尔滨、沈阳、大连、天津、北平等地旅行采访，开始看到中国社会的黑暗和劳动人民的苦难。后在上海寓居。参加宋庆龄领导的中国民权保障同盟，担任英文出版和通讯工作，支持鲁迅为首的左翼作家联盟的斗争。1933到1934年，写作出版《中国人的命运》和《中国红色风暴》两本书。1936年在上海参与创办英文刊物《中国呼声》，同年赴西北采访，报道“西安事变”真相。1937年1月到延安，深入采访朱德总司令，为后来撰写朱德传记《伟大的道路》积累了大量材料。

12月底

戈公振结束对欧美日本等国报业的考察，返抵上海。

同月

上海各报驻南京记者联合会成立。

青岛《平民报》因刊载揭露日人暴行的文字，被进驻山东的日军强行封闭。该报记者张乐古、王愧菴等潜逃到北平，得到各界声援，并一度在北平出版该报平津号，继续反日宣传。

《世界》周刊在上海创刊。蒋光慈、钱杏邨、孟超等筹办。1929年10月停刊，共出41期。

国民党中央政治会议制定《取缔各种匿名出版物令》称，凡“无负责人、无发行所、无注册管辖、专以邮箱为通信机关之出版品（小报、小册子等），非共产党之宣传即捣乱分子之言论”，通令由“内政交通两部快速严加取缔”。（《上海革命文化大事记》，第217页）

冬

上海民治新闻学院筹组成立，开始招生。由新闻报记者顾执中发起私人集资1100元，福开森捐款500元开办。顾任校长，执教新闻采访，闵刚侯任教务长。1929 年 2 月，首届学生开课，学制 2 年，1 个班，约四五十人。下午 5 时到夜间 9 时上课。聘新闻报副总编辑严独鹤讲编辑课，律师李中道教国际公法。第二届学生约五六十人，又聘杨霁明教摄影课，还设有写作、外文课（初学英、日文，后改学俄文）。田汉、戈公振等应邀作过专题报告。1932 年改名民治新闻专科学校。1937 年“八一三”上海抗战前后办有短期战地记者训练班。

同年

时间通讯社在北平成立。1931 年 7 月 5 日起改名北平时闻通讯社。

《新闻事业进化小史》，由上海中央日报社出版。作者黄汝翼。

《小报审查》一书在上海出版。内附《上海小报调查》。国民党上海市教育局编印。

《新闻报》从 1926 年起兴建的钢筋水泥 4 层大楼在上海汉口路落成，标志着该报已发展成为经济独立的现代化大报。

上海《时报》聘郎静山、蔡抱仁为摄影记者，每日拍摄各种新闻照片一二百幅，报纸仅用三五幅。这是中国报纸有专职摄影记者的开始。

申时电讯社扩充资本，正式成为独立的通讯社。张竹平任社长，夏奇峰任经理，聘请专职人员，设立电讯、广告、通讯、摄影等部门，分别编发中英文电讯，并提供新闻照片。到 1934 年前后，该社与国内外签约供稿的报纸已达百十余家，分布国内许多大中城市及香港、马尼拉、新加坡、爪哇、檀香山等地，专任访员驻各重要都市的有 30 多处，每日收发电讯平均约 6 万多字，逐渐形成全国性的消息总汇。1934 年 5 月，正式组成股份有限公司。推杜月笙、厉树雄、俞佐庭、张孝若、萧同兹、张竹平、董显光、潘公弼、米星如等为董事，张翼枢、宋春舫等为监察人。先后在南京、武汉、天津、香港设立分社。

《包头周报》在包头创刊。16 开，石印。由包头一些知识分子主办。

1929 年（己巳）

1 月 1 日

《华北日报》在北平创刊。社址设在北平王府井大街 117 号。日出对开 3 张 12 版。是国民党中央直辖的华北地区党报。国民党中宣部总务科主任沈君匋任经理兼营业部主任，国民党中央委员李石曾及河北省政府委员沈君默（即沈尹默）和萧瑜、段宗林（锡朋）等组成报务委员会，李任主任委员。该报的使命是：“宣扬党义，辅助建设，主张公道，启发民众。”（《大公报》1928 年 12 月 2 日）创办初始，即登报在全国各大中城市招聘特约通信员，要求应聘者在出版前半个月试稿一周。注意吸收北平大学生参加编撰，委托国外留学生采写国际新闻。另出有画刊和学术月刊《华北画刊》《现代国际》《边疆周刊》等。注重文教、国际新闻，版面编排较新颖，在北平文化界有一定影响。该报于 1937 年 7 月 29 日暂告停刊。后迁重庆出版。

《京报》出版《二次复活第一新年增刊》。发表《本报之新生与新使命》一文，追述邵飘萍对革命宣传的努力，并引用邵生前阐述过的评论主张，表示将继承其遗志进行宣传。

北平市政府主办的《市报》创刊。日出 1 张或 2 张。其前身为日出 1 册的市政府公报。

《党的生活》在上海创刊。中共中央创办的党内秘密刊物。初为不定期刊。2 月出版第 5 期后停刊 1 年。1930 年 4 月 1 日，续出第6期，改为半月刊。同年6月15日出最后一期，共出12期（内有1期无编号）。使用过的伪装封面，有《南极仙翁》《国语读本》《知难行易浅说》等。该刊的任务是“发展党内的讨论，实行‘自己批评’，提高全党同志的政治认识”，加强“党的布尔塞维克化”。（创刊号《〈党的生活〉的任务》）主要撰稿人有李立三、向忠发、刘少奇、邓颖超、胡锡奎、潘问友、余鸿泽等。

《海风》周报在上海创刊。钱杏邨主编，泰东图书局出版。提倡无产阶级文艺。同年8月被禁，共出刊17期。

《金屋》月刊在上海创刊。邵洵美、章克标编辑。倡导唯美主义文艺观。1930年9月停刊，共出刊12期。

1月9日

《大公报》开始启用从美国购进的轮转机印报。篇幅扩张为日出对开4张16版。版面也随之调整。《小公园》副刊置于第16版，各种周刊安排在第15版，除保持《文学》《儿童》《电影》《家庭与妇女》《戏剧周刊》外，又增设《科学周刊》《市政周刊》两种周刊。同年4月27日，增出《社会研究》月刊，由北平社会调查部主编。7月3日，增出《医学》半月刊，由丙寅医学社编辑。

1月10日

国民党中央常务委员会通过《宣传品审查条例》，共15条。规定凡“宣传共产主义和阶级斗争者”，“反对或违背本党主义政纲政策及决议案者”，均为“反动宣传品”，应予“查禁、查封或究办之”，加紧了反革命的文化“围剿”。

《红黑》月刊在上海创刊。胡也频、丁玲、沈从文合编。红黑出版社出版。（湖南话“红黑”是“横竖”“反正”之意。）出至8月10日停刊，共出8期。

1月19日

中国资产阶级维新派报刊政论家、宣传活动家梁启超在北平病逝。2月17日，北平各界与广东旅平同乡会公祭梁启超。在广惠寺大门，高扎蓝花白地素牌楼一座，祭台前素花牌楼缀有“天丧斯文”四字，挽联哀章约2000余件。有胡适的“文字收功，神州革命。生平自许，中国新民”；钱玄同的“革命思想的先觉、整理国学之大师”。到场致哀者约500多人。迄逝世时止，梁氏著述已刊行者计38种，正着手编著《辛稼轩年谱》，于1928年10月28日左右搁笔，成为梁氏之绝笔。5月，遗榇安葬于西山卧佛寺东坡梁夫人之墓侧。

梁启超（1873—1929），字卓如，号任公，笔名饮冰室主人、中国之新民等，广东新会人。1889年中举后，师从康有为于广州万木草堂。1895年，在北京随康有为发动“公车上书”，组织强学会，主编《万国公报》和《中外纪闻》，主张变法维新。1896年任上海《时务报》总撰述，撰发《变法通议》《论报馆有益于国事》等数十篇政论，鼓吹变法自强，朝野震动。在此期间，还指导创办《知新报》《湘报》，为两报和《国闻报》等多家维新派报刊撰稿。1898年，受光绪皇帝召见，以六品衔承办京师大学堂、译书局事务。变法失败被通缉，逃亡日本，先后在横滨创办并主编《清议报》《新民丛报》和《新小说》，宣传“拥帝反后”和君主立宪，介绍西方资产阶级学说，撰发《清议报第一百册祝词》《舆论之母与舆论之仆》等新闻学论文。1903年访美返日后攻击共和，挑起《新民丛报》与《民报》的激烈论战。1907年组织政闻社，出版《政论》杂志，指导创办上海《国风报》，鼓吹君主立宪。1912年11月回国后，在天津出版《庸言》，组织进步党，出任袁世凯政府司法总长。1915年在上海创办主编《大中华》月刊，反对袁世凯复辟帝制。后一度任段祺瑞政府财政总长，参与领导研究系办的上海《时事新报》和北京《晨报》。1918 年底到 1920 年春游历欧洲，回国后鼓吹东方文化，主编《解放与改造》。晚年在清华大学研究院讲学，兼任南开大学教授。一生领导创办报刊 17 种，著述 1400 万余言，后编为《饮冰室合集》。

1 月 20 日

《人间》月刊创刊于上海。胡也频、沈从文合编，人间书店发行。共出 4 期。

1 月 30 日

《自由》月刊创刊于上海。马拉（即巴金）主编，自由书店出版。4 月停刊，共出 4 期。

同月

北平大学法学院增设新闻专修科，聘成平（成舍我）为该科教授兼主任。入学资格为：（1）曾在高中毕业者；（2）大学预科毕业者；（3）专门部本部一年修业期满者；（4）为新闻记者两年以上者。开办费 1000 元，经常费每月 1500 元，名额 60 人，学制 1 年，给毕业证书，无学位。设置科目 14 种，有：新闻学概论、各国新闻发展史、中国新闻发展史、中国新闻业概况、新闻业组织法、新闻业管理法、新闻业营业法、编辑学、采访学、摄影学、速记学、小说作法、漫画、特别研究等。

《认识》周刊在北平创刊。清华大学部分学生主办。内容以学术为主，特别注重书报介绍，刊登书报出版消息。撰稿人多为大学教授。

戈公振应史量才聘请，任《申报》总经理助理，负责调查研究、调整机构和报纸内容的改进等方面事宜。经手创建《申报》剪报室，进行资料积累，以及建立科学管理制度（包括各类报纸新闻资料的分类、剪贴、统计、编目等），使之成为旧中国报界中惟一完备的报纸资料室。

《最新实验新闻学》一书出版。《时事新报》记者、编辑周孝庵著。全书 420 多页。共分三编：第一编为新闻采访法；第二编为新闻编辑法，第三编为新闻标题法。该书吸收欧美日各国新闻学著作的观点，融会自身 10 年实践经验，业余写作而成。该书作者认为报纸是舆论的代表，宣扬欧美称新闻记者是“无冕帝王”的观点。

上海《新闻报》馆主福开森将他拥有的股份 1300 股（占全部股份的百分之六七十）私下转让给《申报》主人史量才。以《新闻报》经理汪伯奇兄弟为代表的其他股东联合该报部分职工，出面抵制。从 1 月 13 日起的半个多月中，《新闻报》一面刊登本馆同人宣言，一面发表全国商界和国民党上海当局声援该报收回股权的函电，反对史量才控股，使此事成为南北报界关注的焦点。上海《民国日报》并为此发表评论，提出要给报业托拉斯“一个严厉的制裁”。最后史量才让步，与《新闻报》的其他股东达成以下协议：改组《新闻报》为华商股份公司，重估资本为 120 万元，史将已购 1300 股让出 300 股，持股占全部 2000 股的百分之五十，所让股份由银行界人士钱新之、吴蕴斋、叶琢堂、秦润卿等收购。吴任新董事会董事长。馆务仍由原总经理主持，原有职工全部留任，不另派人员入馆。历时 20 天的股权风波始告平息。

2 月 1 日

国民党中央机关报《中央日报》在南京复刊，续出第 272 号。社址在南京珍珠桥。国民党中央宣传部长叶楚伧兼社长，沈君匋、严慎予为总编辑。1931 年 6 月赖琏（其吾）继任总编辑。复刊后的宣传方针为：“阐明党义，宣扬国策”；“拥护中央，消除反侧，巩固党基，维护国本”。新闻多用中央社和路透社稿，当年发行仅 2 万份。

《工人宝监》在上海出版。不定期丛书。中华全国总工会编印。刊载了不少介绍工人运动的文章。仅见 2 期。

2 月 2 日

《华北日报》增设《妇女周刊》专页。逢周六出刊，每期约 1 万字。内容是讨论妇女运动和妇女问题，揭露封建大家庭制度弊害，谴责男子蓄婢纳妾和嫖妓，主张废娼等。署名编作者有尧颂、青琴、洁心等。5 月 25 日出至第 17 号后停刊。停刊号发表《辞行》一文，坦言该刊勉强支撑 4 个月，既不能说透一点妇女问题，也不能撒下革命的种子，实在愧于敷衍下去。

2 月 7 日

创造社出版部被上海当局查封，改名江南书局继续出版工作。

2 月 17 日

广东省新闻记者联合会在广州成立。宗旨有 4 条："1. 团结力量；2. 宣传党义及国民党主张；3. 要求言论自由保障新闻界；4. 发展新闻事业。"（梁群球主编：《广州报业》(1827—1990)，中山大学出版社 1992 年版，第 164 页）选出谭元沛等 17 人为执委，骆侠挺等 9 人为监委。后改称广东省新闻记者公会。

2 月中旬

《大公报》在平津两地分别举办慈善演艺会，售票收入 6100 多元，全部分捐平津两地慈善机关以救济两地贫民。

同月

《新闻学撮要》，由商务印书馆再版发行。戈公振重新设计封面：右下角印有人类脚印的图案。封面上引用美国探险家和考古学者亨利·韦尔科姆（Henry S. Wellcome）的话："人类的最初记录是脚印，说明他的来，他的去和他的作为。"再版本附录部分收入了大量新鲜材料，即戈公振环游世界一周所得有关各国报业的文字和图片资料及专稿，有《世界报纸的三大趋势》《新闻教育的目的》《国际报界专家会议纪略》《纪世界报纸博览会》《英京读书记》等。

3 月 1 日

《新流》月报在上海创刊。蒋光慈编辑，现代书局发行。主要刊载中外文学作品。共出 4 期。

南京新闻记者联合会成立。当日召开执监联席会议，推举金华亭、余维一、张友鸾等为常务委员，葛润斋为秘书。

3 月 10 日

北平建设通信社成立。以"阐扬党义"及"促进新闻繁荣"为宗旨。社址在北平西单二条 14 号。

3 月初

南昌新闻记者联合会召开大会改选执监委员，24 人当选。胡兰畦（女）为候补执委。

3 月 15 日

北平《盖世报》自本日起增添《三毛钱小广告》栏，每条能容 80 个 5 号字，每日只收大洋 3 角，凡招租、出让、征求、寻访、待聘、招请等均可刊登。

《牺牲》第 1 集出版。中国济难会全国总会编印。是悼念在上海工人第三次武装起义和"四一二"政变中牺牲的烈士的纪念专刊。8 月 1 日《牺牲》被查禁。

3 月 30 日

上海《晶报》因刊登《兔儿爷与法律》一则新闻讽刺旦角和票友，引起当地梨园公会公愤，开会讨论对付该报方法。会后艺人霹雳火独赴《晶报》馆及其总经理住宅寻衅，日数十起。后经上海大亨黄某出面调解，达成协议 2 条：1.《晶报》向梨园公会和票友公开道歉；2.《晶报》停刊 1 期。4 月 8 日，《晶报》经理到梨园公会致歉，并在上海各报刊登道歉启事，风波遂告平息。

同月

北平广播无线电台，于每星期增加名人讲演节目 1 次，请各界名人分别讲关于教育、卫生、实业与社会等方面的常识。

和记制版所在上海建立。中共地下印刷所之一。该所是一个化整为零的印刷机构，专事排版、打纸型，由彭里和负责。所址设在上海华德路（今长治路）惟昌里。11 月停业。

《报学》月刊在上海创刊。黄天鹏主编，光华书局印刷发行。该刊继承其前身《新闻学刊》的编辑方针："阐明新闻学术，光扬新闻事业，唤起国人之注意与兴趣，而谋臻斯学斯业于郅隆。"内容比《新闻学刊》有所扩充，除注重理论研究外，亦重视实践经验，并介绍国外新闻事业。主要撰稿人有戈公振、徐宝璜、张竹平、张季鸾、戴季陶等。6 月出至第 1 卷 4 期后停刊。后辑成《报学丛刊》第 1 集出版，售价 1 元。

美国合众社在上海设立分社，开始在中国活动。美新任国务卿史汀生发来贺电称："……以前美国在东亚，缺乏足以代表美国之机构，及在亚洲植其势力之不易，即因中美间往来之新闻为量不多也。……今此项新闻事业之发展足以使美国在本部之人民，与东亚发生较密之关系；并能发扬美国在华正大无私之旨。"（《美国合众社在中国》，转引胡道静：《新闻史上之新时代》，第 54 页）合众社上海分社设立后，除搜集中国消息向总社报告外，也向上海各报发稿。中文稿由国民新闻社代发。该社与国民新闻社签约，以合众电讯交换国民电讯，国民新闻社则以合众电讯译稿供给国内各华文报纸。英文稿由当地报纸出高价专买，不普遍发稿。1930 年起，上海《字林西报》每月用 1000 两银订购其英文稿，后来上海《大陆报》及英文《大美晚报》亦用巨资购用。

4 月 1 日

《新社会日报》在重庆创刊。中共四川省委军委创办。由川军刘文辉部师长、中共地下党员张志和主办，总编辑罗承烈（地下党员）。创刊宣言称要"抱着大无畏的精神，站在时代的前头"，成为"被压迫民众痛苦呼吁的总机关"。（见《四川省志·报业志》，四川人民出版社 1996 年版，第 63—64 页）该报抨击蒋介石国民党劣迹，驳斥国家主义派言论。以敢于斗争的精神得到读者信任，日销 1000 多份。5 月 2 日被当局指为"反动荒谬"，予以查封。同月 20 日复刊，由刘瘦奇（即中共川东特委书记苏幼农）任社长，罗静予任总编辑。《复刊宣言》称要"本着过去奋斗的精神，继续向敌人冲去"，"决不受任何方面的津贴，也决不与任何方面妥协"。6 月 25 日，当局以"蓄意挑拨，淆乱视听"为罪名，再次查封该报，罗静予被捕，并通缉前任总编辑。

4 月 15 日

《吴淞》月刊在上海创刊。胡适、高一涵、罗隆基等创办。1930 年 7 月停刊，共出 7 期。

4 月 16 日

英文《大美晚报》（*Shanghai Evening Post*）在上海创刊。是美国商人创办的英文报纸。发行人史带（C. V. Starr），总编辑克劳（C. Crow），美国报纸公司发行。以旅居上海的美侨为主要读者对象，内容主要报道美国和世界各国侨民在中国的商业、教育和文化等活动。1930 年 8 月 13 日并入英文《文汇报》后，英文报名改为 *Shanghai Evening Post and Mercury*。1931 年美国记者高尔德（R. Gould）接任总编辑。1933 年 1 月

16 日增出中文版。初为 4 开纸 4 栏横向印刷，每份 16 页。同年 9 月改为对开报纸。中文版初期发行人兼总编辑为石克雷（T. O. Thackrey），1936 年改由史带任发行人，中国人张似旭任总经理兼总编辑。创刊号《向读者致敬》宣布办报宗旨是：“以迅捷敏快之方法，谋中外消息之沟通，采访务求准确，记述务求公正，不作任何个人之工具，不为一党一系而宣传。”宣布其办报风格是：“实事求是，活泼之中不涉轻薄，新闻之中不卖标题，准确之中不参呆笨，简要之中不流短促。”设有多种栏目及副刊、专刊，是一份内容丰富，雅俗共赏的晚报。

4 月 17 日

《上海报》创刊。中国共产党在上海创办的半公开通俗工人报纸。李求实、谢觉哉、吴永康、陈为人等负责编务。初名《白话日报》，5 月 19 日起改名《上海报》。两周后被查禁。又另找印刷厂出版十几期特刊，先后改名《天声》《晨光》《沪江日报》《海上日报》。同年 11 月 12 日起恢复《上海报》名称。日出 4 开 4 版，间为 8 开版，曾出过彩色图画增刊。以上海工人大众为主要读者对象。创刊初期曾向读者宣布，它不同于资产阶级的报纸，“它们是专门给大人先生看的，我们是准备给起码社会中的朋友看的”，“它们只说大人先生要说的话，我们是想说起码社会中的朋友要说的话”。“天下国家，不管它大事小事，都预备报告给你们”。（老元：《请看起码货》，《上海报》1929 年 5 月 19 日）内容主要报道工人运动，反映工人的斗争和生活，评述国内外时势，介绍苏联和各国工人运动情况。还设有生动有趣的副刊，刊登文艺作品、游戏文字和图画，后又增加短小评论和政治常识材料。副刊名称随正刊名称的变动而改动，先后取用过《小白话》《余味》《杂耍场》《海上俱乐部》等刊名。公开发行时，由千余份增至最多 8000 份，转入秘密发行后，销数少时 600 份，最多 3500 份左右。该报属秘密编印出版，曾多次被国民党当局查抄、禁售，编辑人员被通缉，承印人和不少报贩被捕，处以罚款，并被监禁、判刑。为适应环境，该报从实践中总结积累了一套编辑、采访和建立通讯网、发行网的经验。后编印出版《上海报周年纪念册》。该报被当时的党中央认为是“全国最好的地方报纸”（《发行革命报纸是一种群众性的政治斗争》，《红旗》三日刊，1930 年 5 月 27 日第 105 期）。

4 月 18 日

国民党中央秘书处制定《查禁伪装封面的书刊令》。该禁令称：“据中央宣传部呈报：查共党刊物，到处寄递，煽惑民众；且有假托本党刊物名义与式样，或用小说名称，印成封面，而内容则纯系宣传共党谬论，企图掩饰，冀便流传等事。为此，通令各级党部及政府所属机关，对各种反动刊物，严加检查。一经查出，即予扣留烧毁。”

同月

中国新闻学会决定筹办新闻函授学院。院址设在北平西城老莱街 5 号。学制 2 年，学程分三级，聘请上海戈公振、黄天鹏、周孝庵，北平徐宝璜、徐彬彬、徐一士、王浩青、姚道培、张一苇，日本鲍振青等负责授课。本年 6 月 29 日的北平《京报》曾刊有该学院的招生广告。列名该院董事的有吕健秋、徐宝璜、胡已任、吕咸、戈公振等，导师为徐彬彬、戈公振，院长为王浩青。开学时间为 6 月 1 日，开学后仍可随时报名入学。该学会除办学外，还出有《新闻学刊》一种，并拟刊行《中国新闻旬报》，其第 1 期为讨论中国新闻事业专号。

《天山日报》在迪化（今乌鲁木齐市）创刊。国民党新疆省政府机关报。由刘光汉、潘树基、任尚志任主笔。是金树仁统治新疆的宣传工具。日出 4 开 4 版，周六刊。用汉文出版，新闻纸铅印。1931 年该报因纸张困难，改用白棉纸单面印刷，日出 2 版。1932 年恢复新闻纸印刷，扩张为日出对开 4 版。1936 年 4 月更名为《新疆日报》。是新疆第一张全省性现代报纸。

5 月 3 日

北平燕京通信社停止活动。该社自 1928 年 8 月成立以来，经常报道社会黑幕和小道新闻，近因发表有关国民党三中全会的消息，内容“不当”，被国民党中央指为“反动宣传”，明令查禁。

5 月 15 日

《引擎》月刊创刊于上海。社会科学期刊。孟超、董每戡等组织的引擎社编辑，启智书局出版。仅出 1 期即被查禁。

5 月 22 日

国民党中央宣传部通令查禁《先声周刊》、《快乐之神》（系《红旗》伪装封面化名)、《中国工人》、《觉悟青年》等书刊。

5 月 29 日

北平新闻学会举行集会，欢迎上海日报公会组织的新闻记者赴东北考察团来平。戈公振在会上发表了题为《世界新闻事业的现状》的演讲，听众 300 余人。

5 月 30 日

上海数百名学生、工人等群众因上海报界违背“五卅”停刊 1 天以示哀悼的惯例，愤而捣毁《民国日报》《申报》，后者损失 1260 元，迫使报界同意停刊 1 天。

同月

北平大陆广告书报社成立。专事承办全国各省市报纸广告，特别是京津各报刊书籍的广告，并代派京津沪等地的《京报》《大公报》《新闻报》等大报。

6 月 4 日

南京国民政府公布《查禁反动刊物令》，称各地“反动刊物”屡经查禁，依然流行，如不严予纠正，将“危害”日大，令各地军警机关迅即严查。

6 月 10 日

《武汉日报》创刊。国民党中央宣传部直辖的华中地区党报。1932 年由总编辑胡伯玄代理社长，1935 年起王亚明任社长，宋漱石任总编辑。抗战前，日出对开 3 张 12 版，新闻和副刊 8 版，广告 4 版。1933 年 6 月增出晚刊，该晚刊于 1934 年 4 月停刊。1934 年 6 月 10 日该报 5 周年，增出《星期画刊》，4 开 1 张，用铜版纸套色精印，随正报附送。

6 月 15 日

《小物件》半月刊在上海创刊。叶灵凤、周全平、潘汉年主编。开本极小，主要刊发杂文。编辑部启事称，该刊的出版“在摆脱一切旧势力的压迫与束缚，以期能成一自由发表思想之刊物”（《上海革命文化大事记》，第 229 页）。7 月，国民党中央以该刊“捏造是非，混乱视听”为由，密令查禁，仅出 2 期。

6 月 22 日

南京国民政府公布《取缔销售共产党书籍令》，称市上共党刊物颇多，读者日多，“无志之青年，每为诱惑，幼稚之工农，更易煽动”（《上海革命文化大事记》，第 229 页），必须严查。法令附有取缔办法 2 条：1. 取缔销售书店；2. 取缔印刷场所和工人。

6 月 25 日

中共中央六届二中全会通过《宣传工作决议案》，分 7 个部分，阐明当前宣传工作的重要性，提出宣传工作的任务、路线。强调做好对一般群众的宣传，要求“尽可能地公开发行日报及其他地方性的党报”，或“新闻式的定期刊物”，“编印发行画报画册及通俗小册子”，以适合一般工农群众的兴趣和文化水平。“尽量利用群众的宣传组织与刊物”，“党应当参加或帮助建立各种公开的书店、学校、通信社、社会科学研究会、文学研究会、剧团、演说会、辩论会，编译新书刊物等工作”，并注意给予审查和正确指导。还要求“建立秘密发行路线”，在广大群众中推广《布尔塞维克》《红旗》等党报。关于宣传工作的组织，规定党报委员会应当与宣传部在组织上有明确划分，“党报委员会在中央以政治局全体委员充当，在省委及地方党部应以全体常委充当”，认为只有这样才能使整个组织直接注意党报，才能使党报真能代表党的正式意见。规定“宣传部应与党报委员会发生最密切的关系，但宣传部不能代替党报委员会”。这个“决议案”前后，中共中央还成立了党报委员会。（《中国共产党新闻工作文件汇编》上册，第41—61页）

同月

本月出版的《报学月刊》第1卷4期刊发张友鸾撰写的《新闻与图照》一文，评论说：“吾国报纸，近年亦知图照重要，故略具规模之新闻社，必皆设立摄影制版部。上海以《时报》图照为最佳，《申报》《新闻报》之制版部，亦甚完善，而年来摄影记者之专门人才亦辈出。”

重庆《新社会日报》于6月25日被地方公安局查封后，重庆报界协会和社会进步团体发起请愿，要求言论自由和启封该报。中共重庆地下组织领导成立“重庆市民众争言论自由大同盟”，积极声援，争取该报第二次复刊（5月2日被查禁曾停刊18天）。结果，地方当局连后援团体一并查禁。两次查禁均奉有蒋介石国民党中央的电令。指该报“肆意诋毁中央”，令地方当局“严行查封，并惩处其主持人”（《四川省志·报业志》，第64页）。

国民党中央宣传部下令查禁北平“反动刊物”《民意》和《急转》。

7月1日

用蒙汉两种文字出版的《民众日报》在绥远地区出版。国民党绥蒙党务特派员办事处主办。

7月29日

上海销售革命书刊的现代书局、光华书局、创造社等书店被打着“上海市民铲共锄奸团”等招牌的50多名暴徒捣毁。第2天，该团在报上发表“宣言”，叫嚷反苏、反共。

7月下旬

成都《庸报》创刊。日出4开2张8版。第三党四川省委机关报。曾得到地方实力派的经费资助。李守白、冉庆之先后任社长，经理高思伯，总编辑董人宁。该报利用地方实力派与蒋介石的矛盾进行了有限的反蒋宣传。日销3000份左右。于1931年停刊。

8月1日

中共中央出版部在上海创办华兴书店，接替被查禁的党办书店。该店还用启阳、春阳、浦江和中华书店等名称出书。1931年被查封。

同月

《新兴文化》月刊在上海创刊。创造社出版的社会科学刊物。由新兴文化社编辑，江南书局出版。仅出1期。

《大华晚报》在广州创刊。经理麦乙楼，总编辑杨劲伯。日出2张。同年7月26日，该报在广州《民国日报》刊登出版《宣言》称：“晚报在报业中占重要地位，方诸欧美各国恒有驾日报而上者。乃反观我国，结果辄不尽然，即新闻事业最发达之上海，亦无一规模宏大组织完备之晚报。我南方唯一都会之广州，则可谓之绝无晚报存在，即或下午发刊而强冠以翌日报，一若晚报之必不能发展者，讵不知求报纸自身之猛进，而只求延长时间之推销，非正道也。三年前，当吾人创办《南中晚报》时，香港晚报事业亦极衰微，在港办报者，动曰港地不能容规模宏大之晚报。迨《南中晚报》一出，不特开港地晚报之新纪元，简直可称全国晚报之冠。”并据此断言，广州晚报事业必能发展。同年12月6日，增出《大华晨刊》。1930年5月前停刊。

《阿旗简报》在内蒙古创刊。阿拉善实验简报社主办。8开2版。用蒙汉两种文字油印发行。社址设在定远营（巴颜浩特）。该报以抄收国民党中央广播电台简明新闻为主，实际上由国民党阿拉旗中央直属区党部主办。

9月1日

本日出版的《布尔塞维克》第2卷第10期刊发《布尔塞维克党的组织路线——列宁论“党的组织”》一文。其中，第一节题为《党报是一个集体的组织者》，第一次介绍了列宁的著名论断：“党报不仅是集体的宣传员和集体的鼓动员，而且是集体的组织者。”（《从何着手?》，《列宁全集》第5卷，人民出版社1986年版，第8页）1930年3月26日《红旗》第87期刊发了《提高我们党报的作用》一文，其中第一部分题为《列宁论党报的作用》，对列宁的上述论断又作了具体的阐释。这一论断，后来被中共报刊广泛引用，成为对党报作用的基本要求。

9月9日

《新民报》在南京创刊。社址设在南京洪武街几间简陋平房中。4开1张。发起人为中央通讯社青年编辑陈铭德、余唯一、刘正华、吴竹似，陈铭德任社长，吴竹似、刘正华兼任编辑。四川军阀刘湘出资2000元作开办费，并每月津贴700元。国民党中宣部以所出《七项运动》周刊随《新民报》附送为条件，月给津贴800元（到1932年停止）。中山文化教育馆以在报纸刊登该馆季刊广告为名义拨给津贴2000元。初创时全社员工十五六人。日印2000份左右，很多是赠阅，广告月收入不到200元。实际上充当了宣扬刘湘“文治武功”的工具。1929年冬，张友鸾应约任总编辑后，明确以青年为主要读者对象，扩为对开1张，充实内容，改进编排，增加专稿，办好副刊《葫芦》（金满成主编），又自办“明明印刷所”，报纸渐有起色。“九一八”后，发表社论《请向日宣战》，支持各界青年和学生的抗日要求。销数一度增为1万多份。曾多次遭到当局的警告和停刊处分。1931年12月因报道国民党镇压请愿学生的“珍珠桥惨案”真相，受到《中央日报》的攻诋。1932年6月19日因有3条新闻未事先送检，被南京警备司令部下令停刊1日。

同月

复旦大学新闻学组（1926年9月起设于文学科内，招收3名本科生）扩建为系。谢六逸任系主任。他在《复旦大学新闻学系简章》中宣布该系创办宗旨称：“社会教育，有赖报章，然未受文艺陶冶之新闻记者，记事则枯燥无味，词章则迎合下流心理，于社会教育了无关涉，本系之设即在矫正斯弊，从事于文艺的新闻记者之养成，既示以正确之文艺观念；复导以新闻编辑之轨则；庶几润泽报章，指导社会，言而有文，行而能远。”《简章》规定该系的培养目标为：“养成本国报纸编辑与经营人才。”（秋阳：《谢六逸与复旦大学新闻系的创办》，《新闻大学》1997年秋号）教学方法采取理论与实践并重，课内与课外结合，学习与研究并重。1930年12月号的《教育杂志》上，曾刊发谢六逸写的《新闻教育的重要及其设施》一文，从理论和实践上阐明了新闻教育的重要性，论述了大学新闻系的“课程”“设备”和“计划”。除教学外，该系还陆续创办了《新闻世界》半月刊（1930年）、《明日新闻》（1931年）、《新闻学期刊》（1934年）及复新通讯社，用以发表新闻学方面的论著，以及给学生提供实习的基地。

国民党广州市党部宣传工作人员训练所成立。设有《新闻学大纲》等课目。

中共江苏省委宣传部长李富春找中共上海文化支部负责人阳翰笙谈话，指出创造社、太阳社在报刊上对鲁迅的围攻是不对的，党员应站在党的立场团结鲁迅。几天后，文化支部负责人开会决定：创造社、太阳社的所有刊物，一律停止对鲁迅的批评，还决定派冯雪峰、沈端先、冯乃超3人去告诉鲁迅，党要求停止争论，并承认自己的不正确做法。此次会后，文化支部着手组建左翼文化工作者组织的工作。（《上海革命文化大事记》，第236页）

10月1日

黄天鹏编著的《新闻学名论集》，由上海联合书店出版发行。戈公振题签。该书收入了当时散见于各报刊的重要新闻学论文。1930年5月和9月分别再版时，作了较大增删。其中，有徐宝璜的《新闻学讲话》，邵飘萍的《中国新闻学不发达之原因》，潘公展的《新闻概说》《新闻记者的观点》《特殊新闻与趣味新闻》，戈公振的《一个代表通讯社》《新闻所有权》《报馆剪报室之研究》，黄天鹏的《新闻运动之回顾》《中国新闻事业》《日本新闻事业之分野》，蒋震泉的《新闻述辑概要》，吴贯因的《新闻职业化与科学化》，潘公弼的《新闻编辑法》，徐霄汉的《报纸评论之分类》，以及祈伯文翻译、日本岛谷亮辅著的《新闻事业之将来》《新闻事业之改善》等20多篇论文。

《上海报》创刊。上海蓬莱市场主人匡仲谋出资创办，主持人于兰荪，主编王雪尘。注重政界新闻，并连载包天笑、孙漱石的长篇小说。该报以为蓬莱市场作宣传为宗旨，一、四版均登该市场的商品广告。一年后由秦瘦鹃接任主编，侧重社会新闻。30年代中期，改由匡克衡主编。先后开辟近20个副刊，其中，有曹聚仁主编的《文艺周刊》，封禾子（凤子）主编的《剧运周刊》，中西名医主编的各类医学副刊就有12个。1937年“八一三”事变时停刊。1938年1月23日复刊，1939年3月31日终刊。

10月2日

《工农兵》报创刊。湘鄂边苏区革命委员会宣传部出版。不定期刊。用毛边纸石印，每期出4开单张2版。创刊号用红色油墨印刷，全张约五六千字，内容有新闻、言论、文艺等。《发刊词》指出该刊的使命是：“加紧团结工农兵的力量，正确地认识革命的前途，尽情的暴露统治阶级的罪恶。”（黄河、张之华编著：《中国人民军队报刊史》，解放军出版社1986年版，第20页）。现仅存第1、2期。文章署名多为“国平”，疑即袁国平烈士。（《湖南省志·新闻出版志·报业》，第141页）

10月3日

南京国民政府电令北平市派军警查封《京报》，传询社长汤修慧，指该报近日披载汪精卫等联合宣言十一项为反动宣传。以后，该报改名《成报》出版。1930年4月1日复名《京报》，曾一度支持阎冯方面反蒋。1930年9月，张学良发表拥蒋通电并就任陆海空军副司令以后，转为拥蒋。“九一八”后，赞成蒋“攘外必先安内”的政策。1937年7月抗日战争爆发北平沦陷后停刊。

10月7日

北平《新报》因登载不慎被公安局勒令

停刊。该报经理部长凌启佑、编辑朱大枬等人被监视。北平新闻界就在此之前《京报》被停及《新报》被停事发出呼吁，函请当局撤销对凌、朱等人的监视。凌、朱等于 10 月 16 日被保释。

10 月 10 日

《中东路》报在南京创刊。日出对开 2 张。国民党中央宣传部主办。以反苏宣传为主要内容，曾揭载有关中俄问题的历史及评论。

10 月 20 日

济南市新闻记者联合会筹备会首次开会，通过抵制日本在华报纸议案两条：一、应青岛市新闻记者联合会函请，自即日起停止供给日本帝国主义的宣传工具《大青岛报》新闻材料。二、停止供给在“五卅”惨案中造谣的日人《济南日报》新闻材料，并吁请该报中国员工辞职，脱离该报。

10 月中旬

《兵士呼声》在北平创刊。北方兵士呼声社出版。中共在国民党统治区秘密印行的宣传士兵运动的刊物。64 开油印小册子。在此以前召开的中共六届二中全会曾根据“六大”加强兵士运动工作的精神，规定党组织“必须出版特别给士兵看的刊物”。该刊是在这一背景下创办的。继《兵士呼声》之后，各地相继出版的类似刊物有：福建省士兵委员会出版的油印 64 开《士兵福音》（创刊于 1930 年初），第 5 期伪装封面化名《洪秀全初集》；南京士兵委员会出版的铅印 64 开《士兵的话》（1930 年 5 月 1 日创刊），第 1、2 期化名是《三字经》《精神讲话》；中国革命兵士委员会和江西革命兵士委员会合办的油印 16 开本《士兵的话》（创刊于 1931 年 6 月 21 日）；四川士兵指南社出版的油印 32 开《士兵指南》（1932 年 3 月 18 日创刊）；河北省士兵委员会出版的油印 64 开《士兵的话》（1933 年 2 月中旬创刊）；陕西省革命士兵委员会出版的油印《士兵的话》（创刊于 1934 年 3 月左右），第 2 期化名《常识课本》等。六届二中全会规定这批刊物的使命是“加紧动摇军队的宣传，鼓动士兵日常生活的斗争，以联系和发展到士兵群众投身于土地革命运动”。（引文均见《中国人民军队报刊史》，第 80 页）

10 月 26 日

南京卫戍司令部奉蒋介石命令，自即日起检查各报馆各通信社稿件，以后军事消息，一律由卫戍司令部汇发。

10 月 27 日

国民党上海特别市党部执行委员会宣传部发布《日报登记办法》，规定：“凡登记不合格或不履行登记之日报，得由当地高级党部呈准中央宣传部禁止出版”；“日报经登记合格后，如发现有反动之言论，经当地党部之检举，上级党部宣传部之审查确实，中央宣传部之核准者，得撤销其登记资格，禁止出版”。（《上海革命文化大事记》，第 238 页）

10 月 28 日

国民党中央宣传部发布通令，要求北平日、晚各报及各通信社于 10 月 28 日至 11 月 27 日履行登记手续，并规定如下：（一）填缴志愿书；（二）呈缴最近一个月所出版之刊物；（三）填写登记考查表；（四）答复登记员之询问；（五）日报经登记合格后，如发现有反动言论，经当地党部之检举，上级党部宣传部审查确实，中央宣传部核准者，撤销其登记资格，禁止出版；（六）凡登记不合格者或不履行登记之日报，得由当地高级党部呈准中央宣传部，禁止出版；（七）各地报纸之登记时间，由中央宣传部按各地情形规定之；（八）日报登记手续，发现错误者，须重新登记，但若隐匿实情，冒领登记证者，经发现后，其登记即作为无效。

同月

《白话报》在哈尔滨创刊。中共哈尔滨市委创办。是一份秘密出版的主要面向工人的小报。用蜡纸油印，期发500份。内容是记载哈尔滨工人的生活和斗争，介绍国内外革命消息。中共中央宣传部主办的《上海报》发表的《一九三〇年全国革命报纸调查》中，曾列举并称赞该报说："《白话报》是哈尔滨工人群众最欢迎的小报。"（转引自《黑龙江省志·报业志》征求意见稿，第27—28页）1929年11月15日滨江公安局从邮检中发现该报第6期（纪念十月革命12周年专号）后，即通令军政机关严查。1930年2月13日哈市委在给满洲省委的报告中说，虽然"困难已达极点"，但仍要坚持"《白话报》照常出版"（同上）。终刊时间不详。

《大美晚报》发生罢工工潮，上海各报工人及上海市总工会支持工人合理要求。

中共中央宣传部成立文化工作委员会。潘汉年任书记。中宣部秘书吴黎平参加文委工作。不久，中宣部长李立三向吴传达中共中央的以下三点意见：一、文化工作者需要团结一致，共同对敌，自己内部不应该争吵不休；二、我们有的同志攻击鲁迅是不对的，要尊重鲁迅，团结在鲁迅的旗帜下；三、要团结左翼文艺界、文化界的同志，准备成立革命的文化组织。又派吴征求鲁迅的意见，鲁迅完全赞同。（《上海革命文化大事记》，第239页）

《时代画报》在上海创刊。张光宇、叶灵凤、叶浅予等主持编辑。1936年梁得所接编。先后由中国美术刊行社、时代图书公司、时代画报社出版。初为月刊，后《上海漫画》并入，改为半月刊。刊发过不少重要时事照片，如《东北义勇军专号》《热河战事》《蒙边西北专号》《绥远特辑》《钱塘江铁桥之建筑工程》、沙飞拍摄的鲁迅逝世及其生前的照片，以及沈逸千、张印泉、郎静山等拍的艺术作品等。1937年5月停刊，共出118期。

中共早期的女新闻工作者缪伯英在上海病逝。缪出生于1899年，湖南长沙人。1919年入北京女子高等师范学校学习，发起组织北京女子工读互助团，在《晨报》《妇女杂志》等报刊撰文，倡导妇女解放。1920年加入北京共产主义小组，是中国第一个女共产党员。1922年负责中国劳动组合书记部北方分部妇女部工作，兼任《工人周刊》编辑。1923年负责中共北方区委妇女工作，秘密出版革命刊物和传单，有《京汉工人流血记》等。1925年任中共湖南省委书记、省妇女运动委员会主任。1926年参加国民党第二次全国代表大会后，当选湖南人民临时委员会常委。1927年8月，调上海任沪中区委妇委主任，从事地下工作。

《广告学概论》被纳入"万有文库"，由上海商务印书馆出版。作者苏上达。32开本63页。1934年又被纳入"商业小丛书"在上海再版。1940年3月出版第3版。

11月1日

《社会日报》在上海创刊。由胡雄飞发起，与陈灵犀、姚吉光、冯若梅、钟吉宇、黄精陶、吴农华等10人集资500元创办。初为对开1张2版，三日刊。出版仅2个多月，即于年底停刊。后由胡雄飞独资，于1930年10月27日复刊，陈灵犀主编，改为横4开4版日报。言论一度倾向进步，注重政治社会新闻和副刊文字，成为上海著名小报。为该报撰稿的有曹聚仁、恽逸群、柯灵、徐懋庸、王尘元等。张恨水为该报写社会言情小说《春明外史》。最高销数达2.5万份。1941年底停刊。

11 月 5 日

《右江日报》在广西百色创刊。社址在百色城内清风楼红七军政治部驻地。铅印，日刊。中国工农红军第七军政治部主办。百色起义时继续出版。

11 月 6 日

《上海晚报》被当局查封。次年 3 月 24 日恢复出版。

11 月 15 日

《新思潮》在上海创刊。24 开本，月刊。创造社主办的社会科学刊物。江南书局出版。王学文主编，编撰人有朱镜我、李一氓、吴黎平、彭康、杜国庠、潘梓年等。主要介绍马克思主义，论述中国当前政治、经济、文化等问题，批判资产阶级学术文化思想。曾与托派杂志《动力》进行关于中国社会性质问题的论战。出有《中国经济研究专号》。后被查禁。1930 年 7 月改名《新思想》，仅出版 1 期停刊，前后共出 7 期。该刊系由 1929 年 1 月被禁的《思想》月刊改名出刊的。曾在创刊号编辑杂记中提出："以后无论如何，我们一定为确保它的生命之发展而奋斗——虽有时会因狂风暴雨之摧折而不能不变更其外形，然而读者们可捉住本志的精神，每月按时的向街头寻找本志的现身。"

11 月 22 日

广州觉悟社因擅自发布中央将派军队赴广东消息，受到惩处，有 7 名记者被捕。

11 月 25 日

国际报界在日内瓦召开会议，讨论推广报纸办法，要求废除一切捐税及一切繁杂手续，使各国报纸能够直接销行各地。欧洲各国报社还主张利用特别快车及飞机专运报纸，并要求简化检查手续，指定地点为飞机人员空投报纸之用。

11 月 27 日

北平市有关部门公布该市办理过登记手续的报社及通讯社数字为 55 家。其中，日晚报共 28 家，计为：《北平晚报》《北平报》《群强报》《平报》《北平白话报》《新报》《艺光报》《全民报》《北平导报》《卍字日日新闻》《北平商报》《商业日报》《大义报》《小小日报》《实事白话报》《实报》《新晨报》《铁道时报》《成报》《世界日报》《世界晚报》《民言日报》《社会晚报》《北平日报》《益世报》《日知报》《华北日报》、北平《民国日报》；通讯社共 27 家，计为：北方通讯社、国闻通讯社、民众通讯社、民舆通讯社、复旦通讯社、时闻通讯社、民国通讯社、华日通讯社、每日通讯社、东亚通讯社、亚洲通讯社、统一通讯社、政治通讯社、快达通讯社、中国通讯社、民声通讯社、启明通讯社、商学电闻社、公言通讯社、华英亚细亚通讯社、建设通讯社、北平新闻通讯社、亚陆通讯社、民权通讯社、民生通讯社、三民通讯社及中央通讯社。

12 月 1 日

天津《民国日报》创刊。国民党中央宣传部直辖党报。由原河北《民国日报》改组而成。1930 年 2 月被阎锡山控制下的天津市政府查封。9 月，国民党中央派该报经理赵雨苏赴津交涉，于 11 月 1 日复刊。1933 年 5 月 31 日《塘沽协定》签订后被迫停刊。该报停刊后，部分器材转运西安，创办《西京日报》。

12 月 10 日

《环球》旬刊在上海创刊。刚从莫斯科回国，任中共中央宣传部秘书的吴黎平主编。1930 年 2 月 15 日第 6 期起改为半月刊。主要介绍国际共产主义运动和各国民族民主革命运动情况。设有《国际时事述评》《国际政治经济状况》《各国革命运动》《殖民地情况》《苏联研究》等栏目。1931 年 1 月被查禁。

12 月 23 日

亚美广播电台（初称上海广播电台）开始播音。亚美无线电公司创办，是中国自己制造的第一家无线电台。发射功率初仅 50 瓦，后增为 100 瓦。该台偏重无线电常识的传播，借以促进无线电器材的销售。曾将《无线电问答》节目广播稿汇集编印《无线电问答汇刊》发行。“一·二八”淞沪抗战中连续播出战事消息，报道第十九路军英勇抗战，民众踊跃捐输情况，受到听众欢迎。

12 月 25 日

《出版月刊》在上海创刊。新书推荐社编辑，书报邮售社发行。谢旦如、孟通如、周全平主编。刊登新出版书刊目录和进步书刊广告、书评和对出版界的评论。1930 年 10 月被当局以“言论谬误，且备列反动书目介绍销售”为罪名查禁，共出 8 期。

12 月 28 日

蒋介石发出“大公报并转全国各报馆”的通电（时称“勘电”），希望各报自 1930 年元旦起，“于国事宜具灼见，应抒谠言”，对于国民党当局的“党务、政治、军事、财政、外交、司法”各方面，“以真确之见闻，作翔实之贡献，其弊病所在……亦请尽情批评”，并声明“凡属嘉言，咸当拜纳，非仅中正赖以寡尤，党国前途，亦与有幸焉”。表示开放“言禁”。（《大公报》1929 年 12 月 28 日）

12 月 29 日

《大公报》第 2 版发表张季鸾执笔撰写的社评《国府当局开放言论之表示》称赞蒋介石的“勘电”是“开放言论之诚恳表示”，批评国民党过去的做法是“完全置全国言论界于党部指导管理之下”，“多少有承袭苏联式或法西斯式理论之趋势”，因而形成各报言论、记事均一律，使报纸的职责变成“完全为当局作政策之宣传，不复含自由宣达民隐之意”。认为这样做有两大流弊：一是“宣传过于统一严整之结果，人民神经，久而麻痹，反使宣传失效”；二是“全国言论界，单调化，平凡化”，从而使民众失去读报的兴味，甚至使报纸失去信用。指出现在全国统一，政府“奖励言论自由愈早，所减除社会危机愈多，故于党国利益愈大”。

同月

《华报》在北平创刊。新加坡华侨英义全筹资创办。日出 2 小张。报告国内外消息，介绍华侨生活，同时为改正外人对华谬误观念起见，将另附英文报 1 小张。该报出版的宗旨是：一方面，将中华民族运动之真精神，尽量披露，作国际上之宣传；另一方面，介绍外国文坛上之著名作品加以注解，以备研究英文者之助。

《生活》周刊从第 5 卷起，进一步调整编辑方针，以时事报道评论为主要内容，加强对社会、政治问题的讨论。刊物形式也从单张改为 16 开订本，销数增加到 8 万份。邹韬奋回忆说：“也许是由于我的个性的倾向和一般读者的要求，《生活》周刊渐渐转变为主持正义的舆论机关，对于黑暗势力不免要迎面痛击。”（《韬奋文集》第 3 卷，三联书店 1955 年版，第 77 页）

上海《新闻报》副刊《快活林》，从本月起开始连载张恨水所作的长篇章回小说《啼笑因缘》，吸引了众多的市民读者。1930 年 12 月，该小说由三友书社出版单行本，后又被搬上银幕和舞台上演。

中共红军第四军第九次代表大会通过毛泽东起草的《古田会议决议》，其中关于红军宣传工作的部分指出：中国的红军是一个执行革命的政治任务的武装集团。红军的打仗，不是单纯的为了打仗而打仗，而是为了宣传群众、组织群众、武装群众，并帮助群众建设革命政权才去打仗的。强调宣传工作是红军的“第一个重大的工作”。规定宣传工作的任务是“扩大政治影响，争取广大群众”。在宣传方法上，要求从实际出发，简便易行，通俗生动，便于群众接受。（《红军宣传工作问题》，《毛泽东新闻工作文选》，新华出版社1983年版，第15—24页）这个决议案对红军和革命根据地的新闻事业起了重要指导作用。

哈瓦斯社开始正式在中国活动。它收购越南政府一家机关通讯社太平洋社，加以扩充，总社设在西贡，向远东各重要城市设置特派员，在中国上海设一远东总经理。该社在中国4个城市派驻特派记者：上海为黄得乐（M. Jean Fontenoy）、北平为那巴（M. Nachbaur）、滨江（哈尔滨）为布龙（M. Brown）、香港为罗拉哈（M. Noronha），这些记者每天将就地所得消息发往西贡总社；西贡总社一方面将所得中国方面的消息用无线电转发巴黎，一方面将法国及欧洲各地的特别消息供给中国各报；在上海、北平、滨江三处发稿，每天供给中国各报的消息，约1200字。早在1927年，哈瓦斯社即开始注目中国。该社将驻莫斯科记者黄得乐调到上海，负责搜集中国方面的政治、经济情报，用电报或通讯发往巴黎总社，但并不向中国各报供给消息。1931年后，该社不再使用太平洋社名义进行活动，所有在中国的分社，直接称哈瓦斯社某某分社。1931年10月，上海分社正式成立。远东总经理驻上海，初为包尔德（M. Henry Barde）任总经理，1936年7月改由上海分社总主笔谭诗谷（M. Jacgues Deschodt）代理，同年底由白雅礼（M. Breal）继任总经理。

同年

中华电讯社在上海成立。总编辑周钦岳。

《报学讨论集》，由上海崇明书局出版。傅双元主编。

《新青海》日报在青海建省时创办。3开有光纸单面石印，每份2张，期发量1200多份。后更名《青海日报》，改为新闻纸铅印。1938年底终刊。

国民党颁布《全国重要都市邮件检查办法》《各县市邮电检查办法》等条令，在全国各地遍设邮电检查所，进行新闻邮电检查。对进步书刊，密令禁止邮递发行。据国民党中宣部印发的秘密文件记载：自1929年到1934年，被查禁的书刊约887种。（见《中国新闻事业通史》第2卷，第403页）

据国民党当局发布的《中央宣传工作概况》所作统计，1929年全年查禁的刊物共计272种，比1928年增加90%。其中，共产党刊物148种，占总数的54%。其余为国民党改组派、国家主义派、无政府主义派、第三党、“帝国主义”的刊物及其他“反动”刊物。（见《中国国民党年鉴（民国18年）》，第789、790页）

辛亥革命时期的著名报人潘达微在香港逝世。潘达微出生于1880年，名心微，笔名铁苍、景吾等，广东番禺人。1905年在广州与高剑父等创办《时事画报》，后因资金不足停刊。1907年为广州《时谐画报》撰稿。1909年在香港复刊《时事画报》，为香港最早的中文画报。同年加入同盟会，进行革命宣传活动。1910年与友人在广州创办《平民日报》，任发行人兼编辑。1911年7月，与友人在广州创办《平民画报》（后改名《时事画报》）。辛亥革命后，在广州、香港一带从事慈善事业。

1930年（庚午）

1月1日

《萌芽》月刊在上海创刊。鲁迅、冯雪峰等合编。光华书局发行。从第3期起改为中国左翼作家联盟的机关刊物之一。以刊登文艺作品译著和文艺评论为主。辟有《社会杂观》栏，专载针砭时弊的杂感。第3期后刊发有关“左联”和其他左翼文化团体的动态和文章。同年5月出至第5期被查禁。6月第6期改名《新地》，仅出1期，又被查禁。创刊号发表鲁迅著《新月社批评家的任务》一文。第3期出版《三月纪念号》，发表一组纪念马克思、恩格斯和巴黎公社的文章，刊发鲁迅杂文《“硬译”与“文学的阶级性”》及柔石的短篇小说《为奴隶的母亲》。第4期发表鲁迅在“左联”成立会上的演说《对于左翼作家联盟的意见》。第5期发表鲁迅的《“丧家的”资本家的乏走狗》。

1月7日

北平公立第四中学高中生组成新闻学会，于本日招待北平新闻界，请予指导，并联系到各新闻单位进行新闻采访实习。校长齐树芸、教务主任张小忱任该会顾问。

1月10日

英文《北平导报》易主，原股东将股权售出，由南京国民政府外交部接办。是国民党中央直属的唯一外文报纸。蒋、冯、阎混战期间一度停刊，同年9月复刊。国民党接办该报的目的是为了加强国际宣传。

《拓荒者》月刊在上海创刊。蒋光慈、钱杏邨主编。现代书局出版。创刊号为特大号，第3期起改为“左联”机关刊物之一。以介绍无产阶级文学的理论和创作为主要内容。同年5月出至第4、5期合刊被查禁，出第6期后停刊。第6期的部分封面改名《海燕》。2月出版的第2期曾译载列宁的《党的组织和党的文学》一文（署名成文英，即冯雪峰），题为《论新兴文学》。

1月11日

北平《新时代报》创刊。李敬穆等组织创办。

1月15日

本日前后，《工农兵》报在广西龙州创刊。中国工农红军第八军在领导龙州起义中出版。铅印4开报纸，逢周一出版。出刊约1个月即因起义失败而停刊。现存仅1期，是2月12日出版的第5期。（见《中国人民军队报刊史》，第22、23页）。

《麐尔》月刊在北平创刊。北京师范大学等校学生组织的麐尔读书会主办。32开本综合性刊物。“麐尔”是英文 our 的音译，意为“我们的”。仅出1期停刊。

同月

《新东方》月刊在北平创刊。新亚洲书局出版发行。林淡秋曾任编辑。创刊号有《本刊使命》《1929年东方大事记》及专论、时评等。除在国内发行外，在国外各大商埠亦均有分售处，华侨、机关、文化团体均有赠送或交换，单邮寄费一项即达百余元，为国内定期刊物所少有。

1—2月

陶行知主办的《乡村教师》周刊在南京创刊。陶在创刊号上发表《本刊宣言》称：“乡村教育运动只是一出历史剧，全世界的乡村教师都同是这一出戏中的演员。……周刊的使命是要从笔头里透出心头的力量，来完成这部永远不会脱稿的杰作……”

2月1日

本日出版的《北平画报》第69期因所刊《观巴黎名画记》一文介绍了若干裸体画，被国民党北平市党部下令销毁，并予严重警告。警告令称：“裸体写真，固为时尚，而伤风败俗，则当厉禁。”

国闻通讯社北平分社一度奉令停止发稿，经报界公会呼吁后，于今日复业。

2月12日

长沙市新闻记者联合会成立。由湖南省

政府每月津贴 100 元。历任执监委有《中山日报》的陈介石，《国民日报》的凌璋，《大公报》的李抱一、龙兼公，《全民日报》的文任武等。该会章程规定：“以联络同业感情，增进同业利益及保障言论自由为宗旨。”曾通过《记者公约》，规定：会员不得借本会名义在外招摇撞骗；不得借新闻纸揭发他人隐私；会员因新闻纸关系受外来不正当侮辱或威胁时，应共同主持正义等。编印出版有《长沙市新闻记者联合会年刊》。初有会员 161 人，1933 年为 290 人。

2 月 15 日

《全总通讯》月刊创刊于上海。中华全国总工会秘书处编印。该刊专供工会干部阅读。仅见 5 期。

《文艺研究》季刊在上海创刊。鲁迅编辑。大江书铺发行。仅出 1 期被查禁。

中国自由运动大同盟秘密举行成立大会。由鲁迅、冯雪峰、郁达夫、潘汉年、柔石等 51 人发起。大会宣言称，我们处在现在统治之下，没有丝毫的自由，组织这个大同盟的目的就是要团结感受不自由痛苦的人们为自由而斗争。出版有机关刊物《自由运动》(7 月 10 日创刊，仅出 2 期)。

2 月 19 日

国民党淞沪警备司令部接连 2 天搜查华通、乐群、北新、群众 4 家书店，逮捕华通书店经理余祥森（11 月始释放），凡发现华兴书局（中共地下书店）出版的书籍一律没收。

2 月 24 日

上海《民国日报》的《闲话》栏刊发洪深所写的《大光明戏院唤西捕拘我入捕房经过》一文，详述 22 日该戏院放映美国侮辱华人影片《不怕死》时，他因当场抗议而被捕情况。26 日，该报又报道该影片引起上海民众义愤的详情。25 日，该报《戏剧周刊》刊发《上海戏剧团体反对罗克〈不怕死〉影片事件宣言》。3 月 7 日，该报《觉悟》副刊发表洪深的《敬问〈中国评论周报〉的负责主笔先生》一文，责问该报 6 日社论为《不怕死》辩解。9 日和 11 日，《觉悟》又发表《〈中国评论周报〉的答复》和洪深再次批驳该报的文章。在社会舆论压力下，4 月 2 日大光明戏院在报上公开向国人道歉。8 月 15 日《民国日报》刊出《不怕死》主要演员罗克 5 月 29 日致中国驻旧金山总领事的信，向中国人民正式道歉，表示愿意收回在中国的全部拷贝不再放映。

2 月 30 日

燕京大学新闻系举行招待会，招待北平新闻界。会上，由司徒雷登教务长向到会新闻界人士介绍该系成立后的情况，说明该系已向美国延聘聂士芬和黄宪昭 2 人任教授，现有学生 40 余人。继由聂士芬教授报告该系学习美国大学新闻系教学经验的情况，说明该系的教学，四分之三为基础理论，四分之一为业务课程，学生一方面在校求学，一方面派往各报实习，深盼新闻界给予指导，云云。

同月

《反帝战线》月刊在北平创刊。北平反帝国主义大同盟发行。该大同盟曾先后创办过《工农周报》《反帝新闻》《反帝青年》《工农兵小报》等刊物。

《中学生》在上海创刊。开明书店出版发行。夏丏尊主编。《发刊词》称该刊的使命是：“替中学生诸君补校课的不足；供给多方面的趣味和知识；指导前途；解答疑问；且作便利的发表机关。”1937 年“八一三”战争爆发后停刊。1939 年 5 月在桂林复刊，改名《中学生战时半月刊》，叶圣陶主编。

中国革命互济会秘密筹办的谦泰印刷所

在上海成立。印有一本英文小册子，揭露国民党镇压广州起义的暴行，提供国际宣传。8月停业。

《鄂豫皖苏维埃报》在湖北红安创刊。鄂豫皖苏维埃政府机关报。油印，三日刊。出至1932年8月停刊。

蒋、冯、阎大战前夜，国民党中央在华北的新闻机构《华北日报》、中央社北平分社、天津《民国日报》等均被令停刊。同年10月上旬，《华北日报》、中央社北平分社始复刊和发稿。1929年底被查封的燕京通信社，于本年6月11日恢复发稿。

3月15日

《转换》月刊在北平创刊。综合性理论刊物。创刊号文章有《唯物辩证法介绍》《现制度下全社会总量的损失》《文艺思潮与社会改造》等。第2期《最近两周经济形势的分析》一文，说明中共领导的苏区和红军势力日大，揭露国民党军事"围剿"的失败。1931年1月1日出版第2期后停刊。1932年2月1日出版的《转变》，实际上是《转换》的继续。这一期发表《中日事件的认识及我们应持的态度》，批评国民党当局的"不抵抗主义"，该刊也宣传了"左"倾错误。仅出1期停刊。

3月16日

《艺术月刊》在上海创刊。沈端先（即夏衍）主编。北新书局出版。创刊号发表郑伯奇《中国戏剧运动的进路》，认为民众受着无限的压迫、掠夺和屈辱，戏剧如果回避斗争，不敢站在时代的前端，那种艺术一定没落。同时，文章还指出中国戏剧运动的进路是普罗列塔利亚演剧。仅出1期被查禁。

3月19日

北平青年会放映大阪《每日新闻》社摄制的新闻片，内容为反映该报编辑印刷采访等内部情形。邀请北平各报派人前往观看。

3月22日

《学生画报》在北平创刊。北平各大学部分学生联合创办。用铜版纸精印。

3月27日

日本人主办的北平《顺天时报》，因受中国人民抗日民气的抵制，销数下跌，难以维持，被迫自行停刊。该报从1901年创刊，在华出版近30年。

同月

上海《时事新报》被人捣毁。传说原因是未刊登祥生工厂工潮的消息，因而触怒工人。

《新闻学刊全集》，由上海光华书局出版。黄天鹏主编。32开，513页。列为新闻学丛书之一。系选取《新闻学刊》和《新闻周刊》的部分文章汇集而成。共收入63篇文章，分为8个部分：通论部分有《新闻说概论》（徐宝璜）、《威廉论新闻学》（吴天放）、《新闻学上之精编主义》（周孝庵）、《新闻事业浅论》（王小隐）、《予之中国新闻事业观》（鲍振青）、《中国新闻界鸟瞰》（黄天鹏）、《新闻文学研究》（徐霄汉）、《报纸评论之分析》《中国之广告术》（张一苇）、《外人在中国经营之通讯事业》（黄梁梦），以及介绍日、英、美、苏新闻事业的文章共20余篇；演讲部分有《中国新闻事业》（胡政之）、《新闻事业与国际宣传》（吴凯声）、《新闻纸与平民教育》（顾红叶）等6篇；纪事部分有《官报史考》《华文报纸第一种》《新闻文学开山祖梁任公》《民国初元名记者黄远生》等11篇；杂文部分有《北京新闻学会纪略》等；其余部分为序言、短简、小说和附录。书前有序文3篇，分别由赵尊岳、徐宝璜、吴贯因3人执笔。

春

成都报界联合会实行改组。改组后的该会曾发表宣言，宣布其立场及主张为：一、言论绝对自由；二、痛陈民众痛苦；三、为民众疾苦造成决战舆论。当年 7 月，该会在成都市民反对外人在华西坝修筑租界的运动中，起了有力的舆论鼓动作用。同月，曾两次声援重庆《西蜀晚报》和当地军阀之间的斗争，一次是抗议刘湘查封该报；一次是抗议重庆军界捣毁该报。1932 年 4 月该会议决，今后凡遇群众正义集会，均派代表参加，并及时报道，以便唤起民众广泛关注。

4 月 6 日

《生活》周刊第 5 卷第 17 期发表周孝庵《新闻记述》一文，提出新闻写作 8 条要点：(1)“新闻须根据事实”，不要写小说式的虚构；(2) 文字“简洁明了，并须通俗”，不像小说侧重文字的富丽；(3)“新闻中的事实，愈重要的愈记在前”，贵在“单刀直入”，即“第一段的引子 (Lead) 必须把新闻全部的事实（发生及结果）扼要的记在其中”；(4) 一件新闻，必须说出“新闻的事主 (Who)，出事的地点 (Where)，出事的时间 (When)，出事的原因 (Why)”，不能含糊其辞；(5)“须在极短促之时间内做成，往往一事尚未记毕，而惊讯频至，记者又须出发调查访问了”；(6)“有价值的事实应该详细记述”，一般的只须简单明了，无聊事件的铺张扬厉，决不会引起人们阅读的兴趣；(7)“须侧重于客观的记述”，“记者不可把他个人的爱憎夹杂在新闻当中”；(8) 对重要而复杂的新闻，要用“提要化”记法，即先做一个引子（或称总冒），使读者未读新闻前，就已明了新闻中的重要事实。该刊在文前写有编者按语，称周“是我国新闻界的一位健将，著有《实验新闻学》风行于世”。

4 月初

中共领导创办的《先锋周报》在美国纽约创刊。美国工人日报社印刷。其前身是1927 年底出版的美洲华侨反帝大同盟的机关刊物，不定期油印报《先锋》。1928 年得到美进步大主教伯郎捐助 800 美元，添置设备，扩充改为铅印周报，每期 8 开 8 页。1934 年上半年改为半月刊，刊名《先锋》。后再改名《先锋报》。历任负责人有施滉、李道煊、张报、徐永英、何植芬、余光生等。1938 年 8 月并入《救国时报》。

4 月 11 日

《巴尔底山》旬刊在上海创刊。李一氓负责编务，朱镜我、潘汉年、姚蓬子、周全平参与编辑。刊名是鲁迅从提出的十几个名称中选定，原名“游击队”，因太显露，决定改用英文同一词汇 Partisan 的音译，并由鲁迅亲笔题写刊头。创刊号公布“基本的队员”名单有鲁迅、潘汉年、沈端先、阳翰笙、朱镜我、白莽（殷夫）、柔石等 30 人。以刊登锋利的杂文时评为主，也有讽刺诗、漫画。5 月 21 日出至第 5 号被查禁。

4 月 24 日

《大公报》刊出《本报特别启事》，并于 25 日发表社评《诉之公众》称，23 日北平市政府和警备当局派员找该报驻平记者谈话，指该报受蒋介石贿赂，言论记载均袒蒋攻阎（锡山），并就此向该报提出警告。《启事》说：“本报近在南方全被扣留，又于北平将遭干涉。国乱政纷，自由扫地。”《诉之公众》则重申该报的“四不”方针，并向读者说明南北对峙形势下，报纸的困难处境。

4 月 26 日

《大公报》发表社评《对于言论自由之初步认识》，呼吁批评自由。

同月

《上海报周年纪念册》出版。主要发给该报通讯员。纪念册刊载了 16 篇文章和一些祝词，主要有李求实的《本报一周年工作之回顾》和《本报编辑工作之过去与未来》，为人的《一年来的采访与发行》等。这些文章全面地总结了该报一年来的工作，介绍了全国革命报纸的现状，以及办工厂小报的经验和苏联工农通讯员运动情况。李求实回顾一年工作说："应当归荣于工人大众，他们不仅维护并发展了本报，同时他们也教育了办报的我们——无经验的少数书生。"（转引自《中国新闻事业通史》第2卷，第276页）。这本纪念册是研究中国共产党的报刊理论和实践的重要资料。

据《上海报周年纪念册》发表的《全国革命报纸调查》，到本年春止，国民党统治区（上海除外）出版的革命报纸有12家：《天津报》，华北的《北方红旗》（周刊）和《无产者》（油印旬刊），哈尔滨的《白话报》（不定期刊，工人报纸），郑州的《河南报》（三日刊），湖北的《武汉小报》（三日刊，工人报纸）和《湖北红旗》，福建的《福州工人》（周刊）和《厦门工人》（三日刊），香港的《小日报》和《香港周刊》等（革命的文艺报刊和工厂学校的小报均未列入）。

成都最早的新闻函授机构新闻函授社成立。由黎明社、中华通信社合办。

《新闻事业经营法》，由上海联合书店出版。作者吴定九。32开，118页。分为总社、编辑部、营业部、印刷部四编。部分内容曾发表于《报学杂志》。1932年11月由上海现代书局再版，累计印发2000余册。是中国第一部有关报纸经营管理方面的专著。

5月6日

恽代英在上海被捕，关押在上海漕河泾监狱。

5月上旬

安东鸭绿江大铁桥守桥日军严厉查禁中文报纸，防止中文报纸进入朝鲜。其中《东边商工日报》《新民晚报》两种，检查尤严。5月25日安东报差蔡某过桥向新义州地区各户商民送报，被日本军警追回，并将所有报纸扣留。

5月12—18日

《大公报》发起赈救陕西灾民活动，并代收捐款。在此期间，每日于一版用大字标题敬告读者：《数百万同胞生命最后五分钟，三元钱救一命希望各界捐助》，16日，还用半版篇幅刊出"全陕灾区图"，题为《人间地狱》。一周中共募得捐款7万多元，捐款者数千人。

5月15日

美国记者观光团一行18人，应日本记者协会邀请参观中国东北，团长为林德博士。该团于本月1日由上海出发，13日到大连，14日经过旅顺，本日由沈阳转来北平。计划在北平参观完毕后，再赴沈阳参观抚顺煤矿，经安东、朝鲜、日本，返回美国。

5月16日

《上海日报》创刊。于兰荪发行，王雪尘主编。注重政界新闻。最高销2.4万份。因锋芒太露，曾几次被勒令停刊。1934年秋因触犯当权者被迫停刊。

5月17日

太原《民话报》刊登《黑幕重重之山西高等法院》一文，揭露该院太原监所本年1月至4月死亡人犯达17人之多。该报编辑张荫轩因此被省高等法院院长田汝翼非法拘捕。太原市新闻记者联合会于5月23日举行集会，对《民话报》进行声援。

5月18日

北平《民主日报》创刊。社址在北平东城西堂子胡同18号。国民党改组派创办。创刊日起赠阅7天。该报在郑州、洛阳、太原、天津、上海、香港及各大商埠均派有记者。该报鼓吹改组国民党，反对蒋介石，同时反对共产党。

《申报》创办影写版《图画周刊》。戈公振主编。每期出铜版纸精印，对开 1 张，逢周日出版，随报附送。以刊登国内外时事照片和艺文图照为主。在编排技术、思想内容和印刷质量上均超过《图画时报》。邹韬奋称赞该刊“可与《纽约时报》的星期画刊比美”。1932 年 1 月 31 日出至第 87 期，因“一·二八”淞沪抗战爆发停刊。

5 月 19 日

美商主办的汉口英文《自由西报》由南京国民政府外交部接办，李芳效主持。该报对外宣称与政府绝无关系。

5 月 20 日

《广州日报》创刊。国民党广州特别市党部机关报。市党部宣传部长蒲良柱兼任社长。该报自揭其编辑方针为：“依据中央意旨，从事于巩固中枢，拥护领袖，保持统一及发扬党义推行政令之宣传。”设有《社会服务》栏，副刊名《新星》。1933 年，刘重明继任社长。1937 年 6 月 30 日，该报奉令接管《广州市民日报》，由丘正欧任社长。1938 年 10 月 20 日广州沦陷停刊。1945 年 8 月 26 日复刊，1948 年 3 月 28 日终刊。

同月

《京报》记者吴鼎在北平病逝。吴字定九，上海嘉定人，生于 1889 年。南洋公学中学部毕业后，入日本名古屋高等工业学校学土木工程。在日本结识邵飘萍。1919 年回国任职北京市政工所，主持设计“公理战胜”纪念碑坊，并在《京报》兼职。曾为《京报》设计兴建魏染胡同二层楼新馆，楼上镌刻的“京报”两个大字和《京报》报头两个字，均出自他的手笔。1923 年后，全力供职《京报》，分管报纸经营，并从事采访写作，撰写《留东忆语》在《京报》连载。著有《新闻事业经营法》一书，是中国第一部报业经营管理的专著，曾重印两版，发行 2000 多册。1926 年邵飘萍被捕时，他逾墙逃走，幸免于难。后协助汤修慧继续为办好《京报》努力，直至病故。

天津中华通讯社成立发稿。管孟仁任社长。1932 年改出《中华新闻画报》，日出 4 开 2 张，图文并茂，发行量较大。后因管孟仁另有活动，宣布停刊清理。原任记者华连瀛、张家彦 2 人仍用中华通讯社原登记证，出版新闻通讯稿。1937 年 7 月抗战爆发天津沦陷后，被迫停刊。

王文萱翻译的《新闻学概论》（日本杉村广太郎原著），由上海联合书店出版。黄天鹏校订。为该书店编辑出版的新闻学丛书之一。32 开本，246 页。该书论述报纸的起源和发展，近代报纸的出现和种类，新闻的意义和新闻价值，近代报社的组织，通信事业和通信社，新闻事业的未来等，共分 9 章。书前有著者（用“楚人冠”笔名）和黄天鹏写的《卷头语》各一篇。

6 月 1 日

著名新闻学者、北京大学教授徐宝璜在北平病逝。

徐宝璜（1894—1930），字伯轩，江西九江人。1912 年于北京大学毕业后赴美国密歇根大学攻读经济、新闻学科。1916 年回国，任北京《晨报》编辑，北大教授兼校长室秘书。1918 年参与组织北大新闻学研究会，任副会长兼导师，撰写《新闻学》一书，为国人自著的第一本新闻学专著。1920 年起，先后执教于民国大学、朝阳大学、中国大学等院校，创设平民大学新闻系，任主任。一生培植专门人才甚多。1926 年“三一八”惨案后，被北洋军阀政府列名通缉。其著作还有《保险学》、译著《货币论》和与胡愈之合著的《新闻事业》小册子等。

《中国儿童时报》在绍兴创刊。4 开，三日刊。由教育界人士集资创办。田锡安任社长，高季琳（柯灵）任首席编辑。1931 年 9

月迁杭州，向全国发行。初销数2000多份。“九一八”后最多达2.5万份，远销日本、朝鲜。1949年停刊。

6月4日

《大公报》在第11版开设《读者论坛》，在每周三副刊地位刊出，专供读者发表言论之用。

6月7日

上海抗日小报《正气报》创刊。4开4版。郑子褒编辑。现见最后一期报纸为1933年5月16日出版。抗战胜利后曾复刊一个月，随即停刊。

6月14日

《中国通信》月刊在上海创刊。中国革命互济会全国总会出版。兼用英日两种文字刊行，每期约5万字。

6月15日

据重庆青年通信社记者调查统计，重庆市通信社经官厅立案批准的定期和不定期出版者，共有45家。

6月16日

《北平日报》《民言报》《世界日报》《实报》《全民报》《益世报》《新晨报》《京报》《群强报》《实事白话报》等报自今日起分期担任陕灾赈募宣传，每期一周。

《沙仑》（系英文Siren一词的音译，意为汽笛）在上海创刊。为艺术剧社创办的戏剧电影刊物。沈端先主编。沙仑社出版。仅出1期被查禁。

6月22日

《前锋》周报在上海创刊。潘公展等组织的前锋社主办。曾刊登《民族主义文艺运动宣言》一文，攻击鲁迅等左翼作家和左翼文化运动。1931年2月停刊，共出26期。

同月

《北平红旗》《反战报》创刊于北京。北平行动委员会和反军阀战争委员会出版的机关报。

北平西城广播无线电台函请市政府协助其进行听户调查。

夏

福建通讯社在福州成立。国民党福建省党务指导委员会主办。十九路军将领入闽主政后，于1933年6月停办。1936年12月国民党省党部又办福建国民通讯社，并在厦门、涵江设分社。1949年初停办。

7月1日

《现社会》杂志在北平创刊。社会科学理论刊物。宗旨是“站在新兴科学的立场，客观地分析现社会”，指出今后的出路。创刊号多为介绍马克思主义理论的文章。仅出1期即被查禁。

7月10日

《思想批判》在北平创刊。进步的社会科学刊物。

《琼崖红旗》在琼崖创刊。中共琼崖特别委员会宣传部主办。土纸油印小册子。到1932年1月5日，共出15期。

7月11日

《北平日报》《民言日报》《世界日报》《益世报》《全民报》《新民报》发表联合启事，宣布自7月16日起，每月报费增加大洋1角。

7月14日

北平大陆通信社成立发稿。社址在北平和平门内翠花湾2号。

7月15日

《大公报》发表社评《报纸如何可以为民众说话》，指责国民党执政以来，摧残言论，压迫报界甚于北洋军阀时代。呼吁党国当局应给予报界“充分纠察规劝之自由”，“使全国报界皆得为党国之诤友”。

7 月 24 日

《大公报》发表社评《言论自由与立言之态度》，一面指出近年政治上最大失策为“锢闭思想，干涉言论，以致士气消沉，人心萎靡”；一面指责青年学生，“好以揭发暴露的语调”发表文章，“辄有褊狭空疏，铺张过火之感”，失却言论的权威信用。结论说：“一方面应为言论之自由奋斗，一方面亦应为言论之价值努力。”

7 月 28 日

北平华联电讯社成立发稿。该社自称“以发扬民主精神，实现民主政治”为宗旨。

7 月 29 日

《红军日报》在长沙创刊。社址在长沙皇仓街 38 号。中国工农红军第三军团攻占长沙后，由该军团总政治部主办。左基忠主编。铅印对开大报。前 3 期日出一张 4 版，后 3 期增为一张半 6 版。到 8 月 4 日止，共出 6 期，随红军撤出长沙而停刊。该报利用接收国民党长沙《民国日报》设备出版，是红军报刊中第一张铅印大报。每期刊有署名社论一篇，并在头版固定位置刊登《共产党十大政纲》和《土地政纲》及红军告工农兵和各界群众书。设有国内、国际、本省、地方、本埠等五个新闻专栏及《红军特讯》《专电》等栏，短新闻居多，标题简练生动。该报副刊独具特色，初设有《血光》文艺专栏，第 6 期第 5 版扩充出版《红军》副镌专页。发刊词《开场白》，表明它不同于资产阶级报纸的副刊，它的立场和使命是做无产阶级的喉舌，开导、发扬、充实无产阶级的革命情绪，烧毁旧世界的一切陈腐与障碍，唱着“新的音曲”，引导劳苦工农努力建造一个赤色的新都。

7 月 30 日

上海公共租界塔斯社通信员罗巴和苏俄代表马拉哈姆的住宅受到国民党上海地方法院的搜查。结果毫无所获。

同月

《中国的新闻记者与新闻纸》，由上海光华书局出版。作者张静庐。32 开本，144 页。系将 1928 年出版的《中国的新闻记者》和《中国的新闻纸》两书合并而成，出版时作了部分修改，并增添了一些材料。

《现代文学》月刊在上海创刊。北新书局出版。赵景深编辑。共出 6 期。

8 月 1 日

重庆《西蜀晚报》以所刊小品文字触怒当地弁兵，被后者聚众捣毁。员工多人受伤，社长黎纯一出逃。事发后，重庆报界协会、重庆新闻记者协会、重庆通讯社协会当即发动全市新闻界于 5 日起罢工，并成立“重庆新闻界八一事件罢工委员会”。市民和各界人士同时成立“重庆市新闻界罢工民众后援会”。“三协会”联名向江巴城防司令刘湘提出三条要求：一、惩办凶手；二、保障将来；三、赔偿《西蜀晚报》损失，并由肇事弁兵向新闻界道歉。重庆军方被迫接受条件，18 日起重庆各报恢复出版。

8 月 3 日

邹韬奋在《生活》周刊第 5 卷第 34 期著文《征求一位同志》，提出刊物编辑应具备四个起码条件：（一）大公无私，（二）思想深入，（三）文笔畅达，（四）至少精通一种外国文。他阐述说，大公无私是撰述评论人最重要的品性，动机要绝对纯洁，不受任何私人或团体的指使威吓利诱。思想深入，指遇事要具有分析、组织及创造等能力，不要人云亦云。平时要多阅中外书报，以便“搜集材料，贮蓄思想”，所以要求精通外语。

8 月 12 日

上海平凡书店被国民党当局查封。上海书业总会开会发表宣言，抗议当局对文化事业的摧残。

8月15日

《红旗日报》在上海创刊。日出对开1张。中共中央出版的半公开机关报。从1931年2月第162期起改为中共中央和中共江苏省委机关报。该报系由《红旗》三日刊和《上海报》合并改组而成。李求实等编辑。发刊词《我们的任务》宣告“本报出版的任务，不仅是要登载每日的全国的政治事变，传达各地的革命活动，并且要根据着马克思列宁主义的原则，发布中国共产党对革命中各个问题的观点和主张”，要“成为全国广大工农群众之反帝国主义与反国民党的喉舌”。发刊词还明确提出了“在现在阶级社会里，报纸是一种阶级斗争的工具”的观点。除新闻和评论外，该报还刊载了大量的中共中央文件、革命根据地来信、莫斯科通讯和欧洲通讯等。每周有一篇系统分析国内外形势的时评，并设有副刊《红旗俱乐部》。出版1个月后发行达1.2万份。同年10月30日单独出版附刊《实话》，专门刊载论述中共革命路线与策略的文章。4开单张，五日一刊，随正张发行。到次年3月5日停刊，共出13期。该报曾宣传李立三为代表的“左”倾错误路线。在白色恐怖下，该报在租界的代派处和订户曾有四五十处被搜查，五六十人被捕，承印机关多次被查封。9月15日、28日报纸头版发表决议、文告，继续要求“扩大发行”，结果受印刷等条件限制，只能时出时停，缩小为4开张、16开张，销数迅速下降。至1931年3月8日停刊，共出182期。次年，改出《红旗周报》。

《中国苏维埃周报》在上海创刊。全国苏维埃代表大会中央准备委员会主办。4开报纸，铅印。仅见1期。

《文化斗争》周刊在上海创刊。“左联”和“社联”（即中国社会科学家联盟）合办。潘汉年主编。所刊《本刊出版的意义及其使命》一文，抨击国民党查禁进步书刊和书店的罪行，表示要举起马列主义旗帜，争取广大青年联合起来为苏维埃政权斗争。创刊号刊有“左联”《无产阶级文学运动的情势及我们的任务》和《拥护苏维埃代表大会宣言》等文。现仅见2期。

8月16日

新声通讯社在上海成立。严谔声创办并自任社长。宗旨是“宣达社会工商建设等真实消息”。1931年后，相继设立广告部、摄影部、出版部，增发午稿，聘吴中一任副社长。1934年设立南京分社。出版有《民国二十年之新声通讯社》《新闻法令规章》等书。

8月25日

北平华北电信社成立并开始发稿。社址在北平宣外校场头条32号。由腾祖周创办。编辑访员均系新闻界人士。曾得到日本人杜林三郎和美国人爱得俄得的支持。

北平平旦通讯社成立并开始发稿。新闻界人士杨紫美创办。

同月

俞康德翻译日本后藤武男原著《新闻纸研究》一书，由上海光华书局出版。32开本，210页。全书分七章：一、现代新闻纸的观念；二、为自由的圣战；三、记者职业的地位；四、杂报与社论；五、电报讲话；六、新闻社的组织与经营；七、新闻纸的制作。黄天鹏作序，附译者《后记》。

9月1日

《大公报》发表社评《本报续刊四周年纪念感言》，重申其独立营业的性质，表示“本报同人对于政治上，始终将不逾越新闻记者地位之范围，在国省法令之下，虽力争自由之言论，但政治斗争则不参与”，谨愿为全国读者“作一忠实之报告者评论者”，以努力有益于国事。到本年12月，该报日销达2万多份，广告收入每月6000多元。

9月7日

《赤色海员》在上海创刊。中华全国海员总工会机关刊物。中华全国海员总工会宣传部编辑。

9月10日

《世界文化》月刊在上海创刊。中国左翼作家联盟出版的机关刊物之一。泰东图书局发行。综合性政治文化刊物。创刊号《编辑后记》宣称，该刊“要成为中国文化领域中的最大无线电台。它报告资本家阶级的残酷统治，也报告无产阶级的互济运动。它报告中国无产阶级的阶级斗争，也报告世界各国的解放运动。它报告无产阶级文化的发展，也报告歪曲、反对、压迫无产阶级文化的各种实情。它报告国内文化上种种组织和建设”。创刊号发表冯乃超的《“左联”成立的意义和它的任务》和柔石用“刘志清”笔名写的《一个伟大的印象》，反映苏区红军和民众的斗争生活。仅出1期即被查禁。

9月15日

中国国民党中央党部《公报月刊》在南京创刊。内部发行。内容有：总理遗容及遗嘱、摄影、议事录、法规、公牍、报告、特载、党务消息、统计、附录等。

《社会科学战线》在上海创刊。中国社会科学家联盟机关刊物。以驳斥非马克思主义为中心任务。创刊号刊有《中国社会科学家的使命》和用中、英、德3种文字发表的社联纲领等文。在《联盟纪事》中提及该盟成立3个月来的主要工作有：已成立编辑出版委员会、书报审查委员会，并与上海反帝大同盟、中国革命互济会、“左联”等团体经常联络，共同参与革命斗争。

9月21日

《北满红旗》创刊于哈尔滨。中共北满特委主办。油印8开4版。每份铜元2枚，每期印发300份。创刊号刚出版即被查禁，但仍继续秘密出刊。1931年4月左右停刊。该刊的前身为中共哈尔滨市委创办的《群众》和《无产者》，因受到当地特警处的查禁，才改名为《北满红旗》继续出版。

同月

《中国新闻事业》，由上海联合书店出版。作者黄天鹏。大32开本326页。分为7章，首绪论，依次论述中国新闻事业的起源、变迁、勃兴、现状及将来。《现状》一章记述报馆组织、通讯社今昔、新闻教育、新闻团体和七大城市报纸近况。附录有全国报纸调查录、国民政府出版条例、新闻界大事记、作者的新闻学藏书编目。罗翼群写序。1932年11月上海现代书局再版。

《新闻文学概论》，由上海光华书局出版。作者黄天鹏。是该书店出版的新闻学丛书之一。32开本，257页，分为9章。《新闻文学之分类》一章约占全书2/3篇幅，将新闻文学分为评论、新闻纪事、余兴文学、广告文学四类；其余各章分述新闻文学的成立、特质、体裁、演进、变迁、势力和将来等。全书引用实例较多。

10月10日

天津莫尔斯新闻社成立。自称以传播消息，启发民智，促进社会发展为目的。

《前锋》月刊在上海创刊。朱应鹏编辑。现代书局出版。系民族主义文学运动的刊物。1931年4月停刊，共出7期。

10月初

胡适在北平就言论自由问题发表谈话，指出须注意两点：一、取消一切新闻检查机关；二、凡报馆对法律负责任之新闻，应许记载，不加限制，凡著作者负责任之言论，亦应许其尽量发表。党部宣传部如认为某项新闻或言论为不合时，当取纠正或辩论态度，而不以其他方式出而干涉。

10 月 20 日

天津《国闻周报》第 4 期刊发戈公振《伦敦泰晤士报社参观记》一文，并附有插图多幅。该报在本月 18 日的《大公报》上登载启事称：“胡适先生说：‘中国新闻纸以天津为第一’，世界新闻纸中最有权威者当推伦敦《泰晤士报》。”

同月

张竹平、董显光等购进上海英文《大陆报》。董任总编辑，张任经理。后来组成股份有限公司，张拥有 1/3 的股份，任总经理。是当时国内唯一的由国人主办的英文报，报纸发行和广告收入比原英商经营时期均增加一倍以上。每日发行约 7000 份，读者 2/3 是在华外侨，1/3 是中国人。

上海报学社杭州分社成立。

生活周刊社设立“书报代办部”，代读者订购全国各种杂志、书籍。1932 年 7 月生活书店成立后，代办部改组为生活书店邮购课，到 1937 年抗战前夜，拥有邮购户 6 万多户。

11 月 3 日

南京国民政府公布《电影检查法》。1931 年 1、2 月又相继公布《电影检查实施细则》和《电影检查委员会组织章程》。

11 月 6 日

南京国民政府决定停止检查新闻。第二天的天津《大公报》为此发表短评称：“这是新闻界一道福音”，并说近半年来，新闻界在各派势力对抗中受够苦痛。“南方报界好比挨打挨怕了的孩子，见了大人，便吓得发抖，即使是个天才，也够弄成低能儿了。……北方报界恰恰在两大对抗势力的夹攻中间，说出话来，不是得罪这边，便是得罪那边。打出电报，不是被这边扣留，就是被那边没收。比什么‘两姑之间难为妇’还要难处”。认为“现国家统一，新闻界便得到了解放”。（《大公报》1930 年 11 月 7 日）

11 月 8 日

李公朴从美国留学回到上海。在美国两年中，他作为《生活》周刊的特约通讯员，为该刊撰写了《海外通讯》数十篇，内容涉及海外政治、经济、文化、生活、风俗等各个方面。

11 月 28 日

天津《大公报》发表通讯《新都印象纪》第二篇，作者胡政之记述 11 月 20 日在南京见蒋介石的情景。蒋对胡说：“战事告终，今后建设，端赖全国智识阶级群策群力，共谋进行，报界亦与有重责也。”胡建言说：“今日急迫应办之事，莫过于剿除匪共。……军事与政治宜并重。”

同月

《天庐谈报》，由上海光华书局出版。作者天庐主人（即黄天鹏）。32 开本，77 页。内容上卷为“天庐谈报”，浅谈新闻学基本知识；下卷为“报坛逸话”。

12 月 7 日

经过史沫特莱的联系，美国新群众杂志社致信“左联”，要求互通情报，加强合作。该信发表在 1931 年 4 月《前哨》创刊号上。

12 月 13 日

《生活》周刊第 6 卷第 1 期发表邹韬奋撰写的《我们的立场》一文，再次系统地阐述了《生活》的办刊宗旨，表示“依最近的趋势，材料内容尤以时事为中心，希望用新闻学的眼光，为中国造成一种言论公正评述精当的周刊”，并表示刊物将用“分析的眼光，研究的态度，组织的能力，创造的思想”批评讨论各种较重要而有意味的问题，以引导国民“养成分析，研究，组织，与创造的种种能力”。最后提出“希望我们的思想是与社会进步时代进步而俱进”，努力

"在振兴中国民族改进中国社会"中作出贡献。

12 月 15 日

南京国民政府颁布《出版法》共 6 章 44 条。主要内容有三方面：一、实行出版登记许可制度，规定"未经许可出版而擅行出版之书籍，概行扣押"。二、出版管理范围，除新闻纸、杂志、书籍及其他出版品外，还包括传单、标语等印刷品。三、出版内容的限制有"意图破坏中国国民党或三民主义者"，"意图颠覆国民政府或损害中华民国利益者"，"意图破坏公共秩序者"，"妨害善良风俗者"等四项。1931 年 10 月又颁布《出版法施行细则》25 条，严厉钳制言论出版自由。

12 月 16 日

《晨报》在北平复刊。由张学良接收原阎锡山控制的《新晨报》改名后出版。原《晨报》总编辑陈博生主办。日出对开 3 张，后增出半张，共 14 版。拥护蒋介石及南京国民政府。"九一八"事变后，宣传"先安内而后攘外"的政策，嘲讽学生抗日救亡运动，主张学生应该回到课堂，在学问上下功夫，因而一度受到爱国者的警告。1935 年 7 月《何梅协定》签订后，成为宋哲元的宣传机关。1937 年 1 月后，由罗隆基、谢友兰等主持笔政。

12 月 25 日

天津《人民日报》创刊。社址在天津日租界橘街 30 号。以综合的科学、综合的艺术及用科学的批评眼光，重新考虑一切为标榜。

12 月 26 日

国民党中宣部在南京宴请新闻界，并宣布中央决定 28 日至 30 日为"剿匪宣传期"，盼各大报多刊"剿匪"记载及评论，中宣部可供给资料。

12 月 28 日

上海法租界捕房开列查禁 40 种报刊清单，内有《苏维埃画报》《赤色海员》《红旗日报》《列宁青年》《革命工人》《上海工人》《东方日报》等，要求巡捕们"将所有报纸及售报人一并拘入巡捕房"，如系再犯，"即送解公堂罚办"。（《上海新闻史》，第 621—622 页）

同月

《海光报》在上海创刊。中国革命互济会全国总会主办。铅印 4 开报纸。初为二日刊，后改为日刊。1931 年 2 月 8 日出版的第 28 期，是现存最后 1 期。

年底

《列宁报》（周报）在鄂豫皖苏区创刊。初为中共鄂豫边特委主办，1932 年初改由中共鄂豫皖省委主办，后再改为鄂豫皖中央分局机关报。中共鄂豫皖省委宣传部长成仿吾曾任主编。1931 年春发行 2000 份。曾宣传"肃反"扩大化等"左"倾错误。

同年

北平新民社出有中、英文两种《新民日报》及中文《新民晚报》。1932 年 6 月并成立新民通信社。

《审查全国报纸杂志刊物总报告》，由南京中央政治学校出版部出版。中央政治学校编。

《民治新闻学院章程》（增订），由上海民治新闻学院出版。顾执中编。

复旦大学新闻学会出版《明日的新闻》周刊。内容以新闻学理论与实践为主，兼及社会科学、文哲新议、特约国外通讯等。1933 年改为半月刊。

《新闻教育之重要及其设施》，由上海复旦大学出版。作者谢六逸。

《最新应用新闻学》，由复旦大学新闻学

会出版。作者陶良鹤。列为复旦大学新闻学会丛书之一。

《现代新闻学》，由上海联合书店出版。作者黄天鹏。

《新闻记者论》，由上海联合书店出版。作者黄天鹏。32 开，123 页。论述新闻记者的起源、地位、资格、分类、责任、教育、待遇、团体和将来等问题。附录两篇：《怎样做一个新闻记者》《一个新闻记者的自述》。次年 5 月，改名《怎样做一个新闻记者》再版。

《广告学纲要》，由上海商务印书馆出版。作者苏上达。

辛亥革命时期的革命派报刊活动家田桐在上海病逝。田生于 1879 年，字梓琴，笔名恨海、玄玄等，湖北蕲春人。1903 年留学日本，1905 年参加同盟会，曾参与《二十世纪之支那》杂志的编务，并为《民报》撰稿。1906 年编辑《复报》。1907 年主编新加坡《中兴日报》。1908 年主编《泗滨日报》。1911 年潜赴北京，创办《国风日报》和《国光新闻》，提倡民权立宪。1913 年“二次革命”失败后，参与编撰《民国》杂志，后为《民国日报》撰稿，声讨袁世凯、张勋的复辟活动。晚年在上海创办主编《太平杂志》。反对孙中山领导国民党改组。一生报刊政论文字辑为《玄玄遗著》出版。

1931 年（辛未）

1 月 15 日

《书报评论》月刊在上海创刊。中国社会科学家联盟创办。柯柏年主编，主要撰稿人有林伯修、王学文等。同年 7 月被查禁，共出 6 期。

1 月 24 日

天津《大公报》刊载该报记者所写太原通讯，对近来太原新闻事业的情况作了如下的介绍：“太原现有《山西日报》《晋阳日报》《并州日报》《政报》四家。前两家均日出二千七八百份，《并州日报》出二千左右，重新恢复的有《民国日报》《民众晚报》两家。外埠报界在太原日销总数约一千三四百份，其中《大公报》约占一半，《益世报》次之，约二百份，余则百份，以至三二十份。通讯社有山西、大同等数家。新闻团体有报界协会、新闻记者联合会、平津沪驻晋记者团三机构。”

1 月 25 日

《党的建设》在上海创刊。中共中央关于组织问题的机关报。32 开本，铅印。发刊词宣称它的主要任务“是代表党的中央指导各级党部和全党同志，怎样运用马列主义的组织理论、组织原则和实际工作方法，以完成中国无产阶级的布尔塞维克主义政党的建设”。伪装封面出版，曾化名《健康杂志》《摩登杂志》等。1933 年 3 月 8 日停刊，共出 12 期。

1 月 27 日

中共中央政治局通过《关于党报的决议》，明确规定 4 个中央机关报的性质：《红旗日报》为中央机关报，《实话》为中央经济政治机关报，《布尔塞维克》报为中央理论机关报，《党的建设》为 4 个主笔中央关于组织问题机关报。各机关报设主笔一人，由 4 人合组成中央党报编辑处。同时成立中央党报委员会，负责中央党报一切领导。王稼祥任中央党报委员会秘书长和《红旗》《实话》报总编辑。2 月中旬，张闻天从苏联回到上海，接任中共中央宣传部长，兼中央党报委员会书记，后负责《红旗周报》和《斗争》的编辑。

1 月 29 日

北平《华北日报》驻齐齐哈尔通信员尉

迟正荣，因拒绝为当地警察局作宣传，被后者以“开设烟馆，窝藏匪人”等罪名逮捕。3月5日被判刑1年6个月。

1月30日

国民党南京政府公布《危害民国紧急治罪法》，规定：凡从事反帝反封建民主主义运动的，处死刑；凡与反帝反封建运动有联系或以文字、图画、演说作宣传的，处死刑或无期徒刑；凡接受上述文字、图画、演说或告诉别人的，处十年以上有期徒刑；凡组织自由文化团体、集会宣传反法西斯主义自由思想的，处五年以上十五年以下有期徒刑等。31日，《红旗日报》发表社论《反对反革命的国民党政府底“紧急治罪法”》，指出这是镇压革命群众的白色恐怖手段，号召国统区民众起来反对，以响应苏区的革命战争。

同月

《申报》成立总管理处，负责领导60周年后《申报》的建设与改革。史量才（总经理兼）和马荫良（经理兼）分别任总务部正副主任，聘陶行知任顾问（未对外公开），黄炎培、戈公振分别任设计部正副主任。

上海闸北巡捕房派中西巡捕查抄承印《红旗日报》的大中印刷所，抄走4000多份《红旗日报》，捕去钱金淦、曹根发等职工数人，押送特区地方法院审讯。

2月2日

《宣传者》在上海创刊。中共中央宣传部主办的内部刊物。不定期刊。主要刊登有关党的宣传工作的决议、指示、文件，介绍各地方党组织的宣传工作经验。

2月7日

李求实在上海龙华与柔石等23名革命者被国民党杀害。李求实是中共早期青年运动领导人之一，报刊宣传活动家、作家。1903年出生于湖北武昌，原名伟森、国玮、北平，笔名求实等。五四运动时期，与恽代英等组织利群书社、共存社。1922年加入中国共产党。同年在武汉编辑《日日新闻》。1923年在安源从事工人运动，编辑《安源旬刊》。1924年赴莫斯科东方大学学习。1926年任共青团广东省委宣传部长，兼任《少年先锋》主编。大革命失败后，先在武汉主编《中国青年》，后调上海，相继任《红旗》《上海报》《实话》等报刊的编辑或主编，同时翻译发表外国小说作品，化名林伟参加中国左翼作家联盟的活动。1931年1月在上海公共租界被捕。

2月12日

本日出版的《红旗日报》报道了中共骨干林育南、何孟雄和“左联”李伟森等23名革命者在龙华国民党淞沪警备司令部被害消息。3月12日《群众日报》发表周恩来撰写的社论《反对国民党残酷的白色恐怖》，痛悼23位无产阶级的先锋战士的牺牲“是革命中巨大的损失”。3月30日《文艺新闻》刊出《在地狱或人世的作家?》一文，向白区的读者透露了“左联”五烈士遇难的消息。

2月20日

上海英文《大陆报》正式移交改组，由张竹平和董显光等用26万两规银合股购进。中西董事各4人，内有张学良的顾问端纳。董显光为总编辑，张竹平为董事之一，实际由董负责经营。日销约7000份，约2/3的读者为在华外侨。

同月

《前哨》在上海创刊。中国左翼作家联盟北方分盟（1930年9月18日成立）创办。段雪笙、郑文波等编辑。创刊号刊有悼念“左联”五烈士的诗文。此后，到1936年止，“左联”北方分盟先后创办过30多种刊物。

天津《社会日报》创刊。社址在天津法租界31号路天昌里8号。自称“以阐发社会文化，改正世道人心为宗旨”。总经理周靖南、孟效会，编辑王一民、崔仲江、纪景苏等。

天津《新北方》月刊创刊。社址在天津意租界南东马路16号。该刊专载社会科学和华北实际问题之研究文字。

王澹如编《新闻学集》在西安出版。由《大公报》西安分馆代售，列为报学丛书之一。32开本，210页。收有中外新闻学者、名记者论著40多篇。作者有朱执信、黄远生、吴敬恒、胡适、戈公振、包天笑、周孝庵、樊仲云等。

3月1日

《列宁青年》在闽西创刊。陆定一主编。初为共青团闽粤赣特委机关报，当年9月改为中共闽粤赣省委机关报。

3月4日

上海公共租界捕房查封北新、联合、江南、群众等4家书局。罪名是，代售左翼作家创办的华兴书局出版的“反动”社会科学刊物。华兴书局经理被拘捕，判监禁1年，后交5000元保释。

3月8日

本日晚北平《华北日报》社被携带枪支、铁棍、木棒的打手数十人涌入，捣毁编辑部、印刷部，并打伤4人。打手们在捣毁过程中，曾高呼“打倒华北日报！”“国家主义派万岁！”等口号。9日该报暂时停刊，14日恢复出版。

3月9日

《红旗周报》在上海创刊。是《红旗日报》停办后改组出版的中共中央机关报。张闻天负责主持。撰稿人多用笔名或化名。第1—9期为报纸形式，第10期起改为书册式，不定期出刊。伪装封面，先后用过16种化名，其中有《实业周报》《时时周报》《光明之路周报》《摩登周报》《佛学研究》等。第59期到64期，恢复《红旗》名称，改为半月刊。到1934年3月1日出到第64期后终刊，另出有13期附刊。

3月10日

《群众日报》在上海创刊。中共江苏省委机关报。同月30日停刊，共出21号。

3月13日

南京国民政府外交部拒见日本联合通讯社驻南京记者，交通部亦暂停寄发该社电稿。该社记者在上海以日本记者团名义发布宣言，指责两部“压迫舆论”，要求日本政府交涉。南京方面则列举了该社的一系列不实的报道，指出采取上述措施的目的在促其改正。若仍挑拨造谣，妨碍驻在国治安，将严予取缔。

3月14日

毛泽东以中央军委总政治部主任名义签发《普遍地举办〈时事简报〉》的通令，要求红军连队和乡级工农民主政府普遍举办这种用大黑墨字抄写的大张壁报。通令指出，这种《时事简报》，“是苏维埃区域中提高群众斗争情绪、打破群众保守观念的重要武器”；一般三天一期，每期可容数条至十条消息，字数至多四百字。随通令下发的《怎样办〈时事简报〉》的小册子，则强调了新闻的真实性和要求面向实际与群众，“严禁扯谎”，要“由近及远”，多登本军、本地、近地消息，“一定要是与群众生活紧密地关联着的”。（《毛泽东新闻工作文选》，第26—33页）

3月16日

《文艺新闻》在上海创刊。社址在上海四马路512号。袁殊及其妻马景星集资创办。前期由袁殊主编，后由楼适夷、沈端先、叶以群先后编辑，实际是“左联”的外围报刊。鲁迅、瞿秋白（T. V.）、茅盾等曾为它写稿。袁殊在所写的发刊词中提出：“文化的主人是大众，《文艺新闻》的主人亦是大众。”其使命是“以绝对的新闻的立场，与新闻之本身的功用，致力于文化之报告与批判”。该报为 4 开 4 版周报，主要报道文化界和新闻出版方面消息。除每期一篇评论“代表言论”外，设有《出版界之一周》《每日笔记》《作家与作品》《新刊介绍》等栏，大量报道国民党封闭书店、迫害文人和文艺团体的消息。曾及时披露了“左联”五烈士遇难的消息（第 3—6 号报纸）。“九一八”后以报道和评论时政为主。1932 年 2 月 3 日起每日出版战时特刊《烽火》（由该报读者联欢会和中国新闻学研究会集资出版），共出 13 天。同年 6 月 20 日，《文艺新闻》出至第 60 号停刊。最后一期第 4 版辟设《集纳版》，专门面向新闻界。

3 月 19 日

英文《新报》（*Canton Daily Sun*）在广州创刊。中国出版公司发行。初由中国人伍某为主笔，1935 年改由英人范达也继任。《新报》于 1933 年 8 月 19 日起增出中英文合刊的《广东实报》周刊，综述一周要闻。《新报》每天都印有孙中山遗嘱，其言论完全遵从南京国民政府。

3 月 26 日

武汉地区国民党军事当局提出严厉取缔武汉市各报社与通讯社办法。起因是当地《警钟报》所刊某要人在扬子江饭店豪赌消息，严重“失实”；《锄报》所载有关国民会议的文章，“诋毁政府”；《新汉口报》所刊黄公略、彭德怀投诚消息，“有关军事机密”。武汉各报为此发起救报运动，结果各大报及大通讯社被允许继续出版和发稿，小报、小通讯社一律取缔。奉令自动停刊者达 13 家之多。

年初（或 1930 年底）

《红军报》在江西瑞金创刊。中国工农红军总政治部创办的第一张红军中央机关报。该报消息丰富，除发给红军之外，还发给地方工农民主政权，供给苏区普遍举办的《时事简报》以编写材料。从 1931 年 3 月起，该报每期发给江西省苏维埃文化部 220 份，大约每一个区苏维埃有一份。（该报原件迄今尚未发现。）

春

中国工农通讯社（英文名简称 CWPC）在上海成立。中共中央创办，中央宣传部领导。初名中国工人通讯社（英文名简称 CWC），次年改现名。负责人和工作人员先后有林电岩、朱镜我、朱伯深（朱明）、李少石、廖梦醒等。每周或 10 天左右发稿 1 次，英文稿打字油印 80 多份，寄发国外进步报刊，中文稿每期复写七八份，秘密发送白区党报和工人报刊。主要内容是宣传中共政治主张，介绍根据地建设和红军战况，揭露国民党政权的黑暗统治。该社的活动曾得到作家应修人、丁玲、洪深等和旅居上海的史沫特莱、尾崎秀实和伊罗生等美、日进步记者的支持。1935 年该社负责人被捕，停止发稿。

《西北文化日报》在西安创刊。不久，杨虎城为主任的西安绥靖公署接办为机关报。陈子坚任社长，宋绮云任总编辑。该报主张联合抗日，批评国民党不抵抗政策，报道西北进步文化活动。创办有两个附属机构：边闻通讯社（1933 年 2 月 1 日成立）和《西北画报》（1934 年 9 月 9 日创刊，共出 30 多期）。1938 年停刊。

4 月 1 日

《北平新报》在北平创刊。社长萧训。初为 4 开 2 张，次年起改为对开 1 张。

4月2日

《上海晚报》创刊。周佛尘任经理，刘辖公、辜天保先后任主编。1932年初停刊，共出98期。

4月11日

宁沪各报以日本新闻联合社发表不利中国消息，宣布拒用该社稿件。

4月25日

《前哨》在上海创刊。中国左翼作家联盟主办。编委有鲁迅、茅盾、冯雪峰、沈端先、阳翰笙、丁玲等。创刊号是《纪念战死者专号》，为纪念被暗害的柔石、胡也频、李伟森、殷夫、冯铿“左联”五烈士和宗晖而出版。鲁迅题写《前哨》刊头，并为专号撰写《中国无产阶级革命文学和前驱的血》和《柔石小传》。专号刊发“左联”《为国民党屠杀大批革命作家宣言》和致各国革命文化团体与作家思想家的呼吁书，美国新群众杂志社等国际团体的抗议和哀悼信，烈士的传略和遗著等。由于环境危急，烈士的照片是另行印制，最后再贴到《被难同志传略》预留的空白方框中去的。专号秘密印发两三千份，引起国内外震动。国民党当局随即严加查禁。8月5日，《前哨》从第2期起改名《文学导报》出版，以刊登文艺理论研究，批判民族主义文学为主要内容。11月15日出至第8期被查禁。

4月29日

中共早期青年运动领导人、报刊宣传活动家恽代英在南京被国民党杀害。恽代英生于1895年8月12日，江苏武进人，字子毅，笔名但一、天逸等。1917年在武昌中华大学学习时主编校刊《光华学报》，为《东方杂志》《新青年》等撰稿。五四运动时期，创办利群书社，指导创办《新声》半月刊、《学生周刊》。1921年组织共存社，同年加入共产党。1923年当选为中国社会主义青年团中央委员，任团中央宣传部长兼《中国青年》周刊主编。1924年任国民党上海执行部宣传部秘书，主编《新建设》月刊，参与领导上海《民国日报》副刊部工作。1926年任黄埔军校政治总教官，主持校刊《黄埔日刊》的编撰工作。次年转赴武汉筹建黄埔分校，指导出版校刊《革命生活》日刊，同时参与创办和编辑中共湖北省委机关报《群众》周刊。大革命失败后，参与领导南昌起义和广州起义，后任中共广东省委宣传部长，主编《红旗》半周刊。1928年秋调上海后，任中共中央宣传部秘书，主编《每日宣传要点》，主编中共中央机关刊物《红旗周报》。是中共第五、第六届中央委员。1930年5月6日在上海浦东被捕。一生从事报刊宣传活动16年，主编或参与编辑报刊10多种，发表报刊文章约500篇左右，对中共报刊宣传的实践和理论作出了贡献。其报刊文字收入《恽代英文集》（上、下卷）、《来鸿去燕录》中。

5月18日

《记者周报》创刊于上海。8开4版。上海新闻记者联合会主办的会刊。戈公振是主要编撰人。发刊词《发刊的希望》，提出该报的主旨是：以公正之态度，记述国内言论界之现状。除报道上海新闻记者联合会的活动消息外，主要介绍工作经验，交流体会，介绍全国各地新闻事业的历史与现状。目前所见最后一期是1931年12月21日出版的第32期。

5月20日

《金刚日报》创刊于上海。上海莲花文艺社出版。主要编撰人有倪高风、张碧微、吴承达等。以刊登文艺创作为主。约出100多期。

5月22日

《大公报》发表社评《本报一万号纪念

辞》(张季鸾执笔),重申“四不”的办报方针,并阐述“言论报国”等观点。

同月

杜超彬著《新闻政策》出版。上海复旦大学新闻学会丛书之一。全书共 6 章:导言、新闻政策发凡、新闻政策的近状、新闻政策的展望、新闻政策与中国、结语。卷首有谢六逸、戈公振、黄天鹏所写序文各一篇。

《扫荡》三日刊在南昌创刊。32 开本小册子。国民党军事委员会南昌行营政训处创办,政训处处长贺衷寒主办。以服务于蒋介石对江西苏区的军事“围剿”为目的,在军内政工系统发行。1932 年 6 月 23 日改为《扫荡日报》,对开 1 张,后改为 4 开 2 张,扩大向军队以外范围发行。任命三民主义力行社分子刘咏尧为社长。明确提出其编辑方针为:“在军事方面是,激励士气,剿灭赤匪;在政治方面是,阐扬三民主义,宣传政纲政策,辟斥共产邪说,揭发共匪暴行。”(台湾中华文化基金会编:《〈扫荡〉二十年》,1978 年版,第 76 页)该报附出有《扫荡旬刊》(共出 54 期)、《扫荡画报》(共出 25 期),编印出版《扫荡丛书》13 种,成为国民党控制下的反共号角。1935 年迁往汉口出版。

黄粱梦(即黄天鹏)著《新闻记者外史》,由上海光华书局出版。32 开本,140 页。记述有关中外新闻记者和报纸的趣事 23 篇。

6 月 15 日

《编辑者》月刊创刊于上海。上海市出版业商务编译所办事处内部刊物。郑振铎、周予同主编。《发刊词》提出编辑者们应该“督促监视出版社当局,不使其为了‘利令智昏’而印刷任何有毒害的东西”,要反抗“任何无理的新的压迫,凭借了资本势力而加到我们的身上”。共出 5 期停刊。

6 月 24 日

天津《民铎报》创刊。社址在天津意租界西马路 24 号。

7 月 1 日

《青年实话》在江西永丰县创刊。中国共产主义青年团苏区中央局机关刊物。总编辑所设在江西雩都,总发行所设在福建长汀,1934 年 5 月均迁到瑞金。初为半月刊,后改旬刊、周刊。一般为 32 开小册子式,从第 3 卷 24 号起改为五日刊,8 开 4 版。主编阿伪,编委陆定一、王盛荣等,主要撰稿人顾作霖、何凯丰、张爱萍等,多为团的负责人。发刊词提出,“力求文字作风的青年化大众化”。创刊号发表共青团苏区中央局书记顾作霖写的《建立团报的领导作用》,全面阐述了该报的性质和任务。该报紧密配合根据地党政中心工作,进行宣传报道;通俗介绍马克思、列宁的生平事迹和革命学说;交流团和青年群众工作经验;为青年提供科学知识和文化娱乐材料。发行数初期为 8000 份,后增至 1.5 万份,最高 2.8 万份。长征前夕停刊。1934 年 9 月 30 日出版的第 113 期,是迄今所见最后一期。

7 月 5 日

上海《世界晨报》创刊。4 开 4 版小报。来岚声创办,黄雨斋、蔡冰白先后接任编辑。曾集中上海 30 位名家联袂编写集锦小说。抗战开始后停刊。1945 年 12 月 10 日复刊,1946 年底停刊。

7 月 23 日

本日晨宋子文在上海被刺未中,当日津汉各报驻沪记者所发有关这一事件的专电,全被扣留,迟至第二天才允许发出。各报记者为此致函上海警备司令部,要求将无常识的检查员撤换。

同月

《新社会》半月刊在上海创刊。综合性刊物。李孤帆主编，第2期起俞颂华接任主编。该刊主张革新政治，抗日救国，反对贪污和独裁。出至1936年6月停刊。

8月1日

《四川晓报》在成都创刊。中共四川省委主办，秘密出版发行。初为4开报，单面石印（少数油印），后改32开书册式，不定期刊。创刊号刊有省委书记罗世文所写的《发刊词》。初期印发500份，到1932年3月，达1500份。1934年9月11日停刊，共出64期。

青海《民国日报》创刊。初为石印，2年后改为铅印。又过2年始用新闻纸双面印刷。1949年8月终刊。

8月3日

天津《大公报》发表社评《新闻界何敢有奢望!》，略称：国民会议新闻界提出扶植新闻事业案，经各方讨论未果，等于白说。新闻检查和邮电机关遗失报刊，为新闻界最感困难的两事。为此向政府提出三点要求："一、检查电报，勿过无理取闹。二、拍发电报，务予迅速痛快。三、邮递新闻杂志，当事者多为注意，勿令动辄遗失。"

8月9日

现代教育家、报刊宣传活动家杨贤江在日本长崎病逝，时为中国左翼文化运动领导人之一。杨出生于1895年，浙江余姚人，字英父，又名李浩吾，笔名曲它、李谊、姚应夫等。1919年加入少年中国学会，任南京分会书记，编辑会刊《少年世界》和《少年社会》。1921年到1926年，主编商务印书馆出版的《学生杂志》。1923年加入中国共产党，参与编辑《中国青年》。大革命期间从事青年教育和学生运动。1927年春，一度任杭州《民国日报》编辑。后调武汉北伐军总政治部任《革命军日报》编辑。大革命失败后赴日本避难，曾著有《教育史A、B、C》一书。1929年5月返上海，参与领导文委工作，筹建中国左翼社会科学家联盟，写作《新教育大纲》。1931年因病赴日本就医，不治逝世。后归葬于上海。

8月15日

《生活》周刊第6卷第34期发表读者来信和编者复信，公布调查材料，揭发和批评了南京政府交通部长王伯群以公款营造私邸的丑行。《生活》周刊从本年6月出版的第27、30期起，即开始刊登揭发此事的读者来信，同时刊出王的自辩信。与此同时，该刊还派记者亲往南京做调查，又请有经验的建筑师为王的私邸估价为40余万元，并拍摄照片5幅为证。编者复信中，还就王自辩信中所说："伯群素尚俭约，虽备员中央数载，自顾实无此'多金'"一节，进行嘲讽，并对王企图以10万元巨款，用"补助"的名义，对该刊进行收买一事作了揭露。王的这一行动，遭到该刊的拒绝。

《涛声》文艺周刊在上海创刊。曹聚仁主编。群众图书公司发行。同年10月至年底一度休刊。1933年11月25日，因未获准登记停刊，共出82期。

8月21日

青岛市记者公会召开紧急会议，通电全国，声讨青岛日人行凶案，并请该市当局禁止寄递日文报，各商家撤登日文广告。此案真相是：18日晚9时，一华商与日商口角，警方正排解时，突来手持刀、枪、木棍的日人数人，逢华人便打。事后，日本通信社公然造谣，竟说日人死伤60余人，以此进行反华宣传。

8月25日

天津《天风报》自本日起，每日增加1小张，专刊小说，计有名小说6种，并扩大刷新副刊《黑旋风》。

8 月 31 日

《太阳》月刊主编、“左联”候补执委蒋光慈在上海病逝。蒋生于 1901 年，安徽六安人。五四时期曾以光赤、赤等笔名在《新青年》等报刊发表作品。

同月

胡愈之写的长篇通讯《莫斯科印象记》在《社会与教育》杂志连载，全文约 6 万字。同月，出版单行本。到 1932 年 10 月，重印 5 次。

《健康》报在江西瑞金创刊。中央苏区前敌委员会总军医处创办。后由中央军委总卫生部宣传科接办。4 开麻黄纸单面油印小报，不定期刊。开始仅印数百份，发到红军团以上单位。后来向地方发行到乡，销数增多。内容以宣传贯彻苏区中央关于医疗卫生和战场救护的命令、指示，对卫生工作人员进行政治思想和工作作风教育，交流卫生工作经验，介绍卫生防病常识为主。是现在北京出版的全国性报纸《健康报》的前身。

9 月 1 日

天津《大公报》宣布本日为“大公报馆救灾日”，决定将该报当天发行、广告收入的全部用来赈济湘苏皖鄂等 16 个省的水灾灾民。全馆同人工友也捐薪一日，以为响应。当日该报还在头版刊登醒目启事，呼吁读者“为七千万被灾同胞服务一天”。这一呼吁，迅即得到一些工厂、机关、学校的支持，第一天就收到了救灾款 1 万多元（内该报同人捐款 3260 多元）。继《大公报》之后，沈阳《东三省民报》也定本日为救灾日。

《世界日报》专刊《妇女界》复刊。每日随日报出版。其前身为该报 1925 年 6 月 1 日开设的一个专栏，由总编辑张友鸾兼管，1926 年 3 月 31 日停刊，主要撰稿人文娜女士，曾汇集所刊文字出版《妇女论集》一书。1926 年 4 月 6 日，《世界日报》将《妇女界》栏改为《妇女周刊》，由平大翳箴社主编。同年 6 月第 12 期起，由成冰女士编辑，至 11 月 9 日止，共出 32 期。这次复刊的《妇女界》，到 1937 年 7 月 14 日停刊，历时近 6 年。1935 年以前由金秉英主持编辑，撰写评论栏《闲话》（后改名《小贡献》）。《发刊词》提出以推进妇女运动的建设为使命，将致力于介绍改进思潮，报告妇女界现况，提倡妇女作品。“九一八”后大力宣传抵制日货，抗日救国。1931 年 12 月 21 日起至 1934 年 12 月 20 日止，出有《抗日救国专号》（半月刊）72 期，由北平中华妇女救国十人团编辑。1935 年主编易人后，言论谨慎，内容趋于平淡。

《申报》发表《本报六十周年纪念年宣言》。1932 年是该报创刊 60 周年，该《宣言》宣布从 1931 年 9 月 1 日开始的一个年度为“纪念年”，提出将从以下七个方面努力改进，摘要如下：“一、当尽力宣扬以科学新知识介绍于国人，鼓励研究兴趣，以促其进步，更鼓吹建设，务使中国进入近世科学世界之领域，建设一崭新之社会与国家。”“二、当努力陈述世界之经济情势，解剖我国经济之特质，供大众之探讨，以求得我国家应走之前路。”“三、当从矛盾之现象中，探求诸问题之症结，并求所以正当解决之道，使社会步入正轨，民生趋于安定。”“四、当以极挚诚之态度，对政府尽舆论之刍荛，对国民尽贡献之责任。”“五、愿与青年作诚意之商讨，愿为青年探路之良友，相携以共进于健全、纯洁、勇敢、进取、奋斗之坦途。”“六、当探讨移民殖边之实施计划与方案，并力加鼓吹，促其实行。”“七、当力求使国人知彼，并使自知，同时使其知彼而愈以自知，以求奋发我民族之伟力，锤碎束缚我生命自由之枷锁，而跻我国家民族于自由平等之地位。”

《新时代》月刊在上海创刊。新时代书局出版。曾可今主编。初期标榜没有政治背景，不谈主义。1932年起，因反对鲁迅为首的左翼文化运动，受到左翼作家批判。1937年4月出至第4卷4期终刊，共出36期。

9月2日

《申报》辟《不除庭草斋夫谈荟》专栏，陶行知以“不除庭草斋夫”笔名主撰。到1932年1月结束，共写杂文上百篇。同年4月，申报馆出版《斋夫自由谈》单行本。

9月6日

中外记者水灾筹赈会在北平举办游艺大会，会上路透社记者伊文思发言称赞中国记者赈济灾民的精神，表示外国记者当将灾情向国际宣传，使各国了解补助。大阪《每日新闻》社记者松本代表日本记者团发言，并以“岸之柳”“道成寿”两种歌舞参演。《世界日报》记者成舍我代表赈灾会致词说：“此次南方水灾严重，各报均作报道。华北各报代收赈款成绩极佳，捐款者多为工人、妇女、十五岁以下男女小学生，表现了中华民族急公好义，毁家纾难的美德。此次赈灾目的，在使北平民众深知我国有数千万同胞正在生死求援之中，而热心参与救灾。”会上各报记者纷纷登台献艺，观众达2000余人。

9月11日

《北平反帝新闻》创刊。北平反帝大同盟机关刊物。油印16开4版。现仅存创刊号和第2期。此前，该盟曾发行《反帝战线》。

9月17日

著名报刊活动家、报刊政论家、中共秘密党员杨度在上海病逝。杨出生于1875年，湖南湘潭人。1902年留学日本时，编辑《游学译编》，写《游学译编叙》，并曾为《新民丛报》撰稿。1907年1月，在东京创办主编《中国新报》（月刊），撰发14万字长篇连载论说《金铁主义》。1908年后参加预备立宪活动，并为报刊写稿，成为有影响的主张君主立宪的宣传活动家。辛亥革命后，一度依附袁世凯，参与筹安会拥袁复辟活动。晚年放弃君主立宪道路，转向革命。1929年秘密加入中国共产党，从事白区地下工作，曾为中共中央机关报《红旗日报》题写报头。有《杨度集》。

9月20日

上海湖风书局开业。宣侠夫主办。曾出版发行《北斗》《文学导报》等报刊，实际成为“左联”和“文总”（即中国左翼文化界总同盟）活动的据点之一。1933年3月被查封。

《北斗》月刊在上海创刊。湖风书局出版。丁玲主编。刊登文艺作品和文艺理论文章。1932年7月出至第2卷3、4期合刊后被查禁。

9月25日

《明报》在上海创刊。中共江苏省委主办的地下秘密报纸。4开4版。隔日刊。10月5日改名《进报》，同月25日又改名《大声报》，日刊，红纸印刷。《发刊词》称其使命是“以我们的声音震撼帝国主义者的军国主义迷梦，打破百年来养成的奴隶根性，唤起广大民众起来走上真正求解放的道路上去”。11月20日再改名《大通报》，三日刊。

同月

国民党中央执委会发布密令，悬赏通缉瞿秋白、周恩来（2人各2万元）及陈绍禹（王明）、沈泽民、张闻天、罗登贤、秦邦宪（5人各1万元）。（见《上海革命文化大事记》，第310页）

上海新闻社成立。负责人薛元白。

据国民党长沙市党务整理委员会本月编

印的《工作报告》统计，国民党当局以“宣传共产主义”“言论反动”为名，查禁的书刊已达 228 种。

“九一八”事变爆发后，有关事变及其后进展情况的评论和报道，成为全国各报刊的中心内容。9 月 19 日，事变爆发后的第二天，北平广播电台即宣布“停止放送娱乐节目，以报告暴日出兵消息”（赵玉明：《中国现代广播简史》，第 28 页），并在此后一个多月的时间内，停止播出戏曲节目，改为宣传节目，呼吁反对日本侵略。9 月 19 日北平《世界晚报》要闻版和 20 日《世界日报》要闻版，都用整版报道日本侵略罪行，日报的标题是：《国难至矣，速起御侮！日军昨陷沈阳！》。全国各地的其他大小报刊，也都集中力量和版面，报道这一事变。上海《申报》通过该报驻北平、哈尔滨、东京、平壤等地的访员，收集各国通讯社电讯进行报道，9 月 20 日所刊有关事变的电讯多达 80 余条，并标以醒目标题：《日军大举侵略东省——蔑弃国际公法，破坏东亚和平》等。9 月 23 日，发表时评《国人乎速猛醒奋起》，提出自救、抵抗，作“背城战”的坚决抗日主张。9 月 26 日出版的《生活》周刊则刊有邹韬奋所写的评论，呼吁国人明了国难真相，以决死的精神，团结起来苦斗。《大公报》因受蒋介石“缓抗”主张的影响，曾在 9 月 20 日所发社评《日军占领沈阳长春营口等处》中提出“务须共助政府，镇静应付”的观点。因此受到东北留平反日救国会等爱国读者的警告。

中共地下党员张友渔以大学教授身份应聘任北平《世界日报》主笔，直至 1932 年夏。1933 年夏到 1934 年夏，又任该报总主笔。在以上一年零九个月的时间里，曾撰写社论近 400 篇，每篇 1200—1500 字左右。1932 年，张友渔为北平燕京大学新闻系主讲社论课。撰写讲义《何谓社论》，总结自己写社论的经验，概括为五点：（1）社论是一种论评，不可泛然不切事实；（2）社论是代表报社意见的论评，是表现报纸个性的灵魂，不同于专论、来论、代论、时论等；（3）社论是关系时事的论评；（4）社论是对时事问题作解释批评或主张的论评；（5）社论是以指导读者为目的的论评。（《新闻研究资料》总第 8 辑，第 52—59 页）

9—10 月间

上海报界工会为“九一八”事变先后发表三次宣言，揭发日军罪行，驳斥日方谬论，批评国民党政府不抵抗政策，向全国同胞提出 11 条斗争要求：“（1）自动武装起来，向日宣战；（2）驱逐日兵出境；（3）不与日人工作，不供给日侨饭食以及一切物品；（4）无情的格杀勾结日人的奸商；（5）收回日帝国主义在中国的一切特权；（6）没收日帝国主义者在华一切财产，作东北三省事件损失偿赔的抵押；（7）反对一切内争，一致对外；（8）反对不抵抗的镇静的亡国政策；（9）反对秘密外交及签订丧权辱国条约；（10）打倒帝国主义；（11）取消一切不平等条约。”（《申报》1931 年 10 月 3 日）反映了上海新闻界和民众反帝爱国的共同愿望。

10 月 6 日

北平新闻记者公会在中山公园招待欧美记者（日本记者未被邀），报告日本在东三省暴行经过，有 9 个国家的记者出席。

10 月 7 日

南京国民政府颁布《出版法施行细则》，共 25 条。

上海《新报》创刊。以宣传抗日为主要内容。每天在一版用黑体大字印有“大家抗日，永远经济绝交”口号。陆丹翁、尤半狂每日写时评，抨击时政。

10 月 8 日

《新大陆报》创刊于上海。上海一批爱国记者创办的抗日小报。

上海《硬的评论》创刊。为宣传抗日的小报。

10 月 9 日

国民党中宣部在南京召开记者招待会，副部长陈布雷出席讲话，强调在当前严重局势下，新闻界应注意三事：真确、慎重和防止奸人利用，“要以国家民族利益置于一报馆之上”。要“多登正面的鼓吹人民爱国之文字，而少登反面的冷嘲热讽，暴露政府社会弱点之文字”。

10 月 21 日

中国新闻学研究会在上海成立。《申报》《新闻报》《时报》的部分记者，复旦大学新闻系、民治新闻学院的部分师生参加。会员 40 多人。该会属中国左翼文化界总同盟领导，瞿秋白、邓中夏曾给予指导。研究会发表《宣言》，论述该会发起的动因是：“对过去新闻学是不满足，对现在的新闻业是不信任。”主要任务是“全力致力于以社会主义为根据的科学的新闻学之理论的阐扬”，以及“统一起中心的目标与意志”。（《文艺新闻》第 33 号，1931 年 10 月 26 日）该会曾在《文艺新闻》上开辟《集纳》专页，作为研究活动园地（仅出 1 期）。1932 年 4 月淞沪抗战后，发表《檄全国新闻记者》，呼吁“全国的新闻界同志们团结起来”，组成“统一的集团”，迅速“从新闻研究到新闻行动”（《文艺新闻》第 51 号，1932 年 4 月 18 日），肩负起拯救国家民族危亡的神圣职责。这篇檄文为许多通讯社、报刊采用，广播于国内外。该会曾参与筹建中国左翼新闻记者联盟。

10 月 28 日

北平新闻记者公会致电南京政府称，因抵制日本新闻纸及一切用品，请政府通令各关卡，凡属国产及欧美新闻纸运销内地，均应予免税。

同月

《九一八》周刊在上海创刊。是中国左翼文化界总同盟创办的公开性政论刊物。成仿吾主编。第 2 期改名《公道》，因成调往苏区工作，改由潘梓年主编。第 3 期后又改名《中国与世界》，由瞿秋白、朱镜我、潘梓年编撰。次年 3 月停刊，共出 17 期。

邹韬奋此前在《生活周刊》上发表的小言论，辑为《小言论》（第一集）一书，由生活书店出版。

黄天鹏编著的《新闻学演讲集》，作为现代新闻学丛书之一，由上海现代书局出版。内收有戈公振的《新闻学泛论》《报纸的将来》 《复旦大学新闻学会成立演讲辞》等。

10—11 月

上海时事新报馆无故解雇记者、工人 16 人，编辑部同人为此举行集会，表示抗议。馆方又将出席会议的 10 多名编辑记者一并解职。未被解职的同人联合发表宣言指出：馆方裁员绝非“经济支绌”，显系“蓄意摧残”，要求社会各界给予同情与帮助。上海新闻记者联欢会、上海报界工会等新闻团体闻讯纷起声援，迫使《时事新报》收回成命。

《体育周刊》《体育报》等体育小报在上海相继创刊。

11 月 7 日

新华社的前身红色中华通讯社在江西瑞金成立。中华苏维埃共和国临时中央政府创办的机关通讯社。广播呼号是 CSR (Chinese Soviet Radio 的英文缩写)。它与临时中央政府的机关报《红色中华》同属一个机构，即红色中华社，简称红中社。首任负责人周以栗，后由王观澜、李一氓、沙可夫、瞿秋白等继任，组成 5 人编委会。仅有一部收报台，抄收中央社和少量外国通讯社电讯，每日油印出版《无线电材料》（后称《每日电讯》）四五十份，供中央领导机关参考。利用军委机要电台每日对外发稿五六条，约一二千字，内容有苏区中央党政的文告、宣言，红军战报，革命根据地建设消息等。湘鄂赣、鄂豫皖、湘鄂西、闽浙赣、川陕等革命根据地报刊和上海地下党的报刊，经常抄收刊登电头为“红色中华社电”或“红中社讯”的消息。1934 年 10 月随中央红军长征，继续抄收电讯，但对外新闻广播中断。1935 年 11 月在陕北瓦窑堡恢复广播。1937 年 1 月迁延安，改名新华社。1931 年 11 月 7 日因此被确定为新华通讯社的诞生日。

11 月 10 日

天津《大公报》被迫暂时停刊。因 8 日起日本侵略者在天津中断日租界交通，制造骚乱，9 日，《大公报》印毕不能发行，被迫将社址迁往法租界。10 日至 15 日这 5 天，该报暂停出版。16 日起缩小篇幅，日仅出对开 1 张，22 日起恢复正常，日出对开 3 张。“九一八”事变发生后，蒋介石曾嘱于右任打电报给张季鸾，要张支持“缓抗”。《大公报》在一些评论中，如《日军占领沈阳长春营口等处》(9 月 20 日)、《愿日本国民反省》(9 月 26 日)、《望军政各方大觉悟!》(10 月 6 日）等文中，均强调朝野各方应“镇静应付”，并寄望于国际联盟的干预和美苏的发言表态，以贯彻蒋介石“不抵抗主义”的“缓抗”意图。该报的这些评论，引起了爱国读者的不满和批评，报馆曾被投掷炸弹，张季鸾曾收到过装有炸弹的邮包。

11 月 15 日

清末民初的著名报人朱淇在北平病逝。12 月 20 日，北平新闻界同人举行公祭，到会 70 余人。报界祭文追述其为开发民智，反清救国的毕生办报经历，称赞其“开北京言论界之先路”，“为报界耆宿”。蔡元培题写挽联致哀。朱生于 1872 年，广东南海人，青年时代加入兴中会，草拟讨满檄文，后参加广州起义。30 岁开始在广州办《岭海日报》《华东日报》，任主笔，后赴香港创办《通报》。戊戌政变后，赴青岛主编《胶州日报》。1904 年，受山东布政使等人资助到北京创办《北京报》（1907 年改名《北京日报》），与日本人在京办的《顺天时报》相抗衡，历任该报社长、总经理、总编辑。同时，在北京推广创办《华字汇报》《京话广报》，一度任《商务官报》总办，英文《北京日报》（*Peking Daily News*）的发行人。1908 年被推任北京报业公会会长，1911 年任中国报界俱进会第二届主席。成为当时北京资格最老的报人。所办《北京日报》发表过反对袁世凯言论，曾拒绝袁氏收买。但该报言论偏于保守，因而在民国以来的多次政潮中仍能保持出版，成为当时北京出刊最长的报纸。

《生活》周刊社在《申报》《时事新报》《生活》上同时刊登《为筹款援助黑省卫国健儿紧急启事》，号召全国人民捐款援助奋起抗日的东北军马占山部。这一义举轰动全国，到次年 2 月，即收到并代转读者捐款 129900 余元。邹韬奋后来回忆写道：“门口挤满了男女老幼的热心读者，数十成群，继续不断，争伸着手把钞票，洋钿，角子，乃至铜板，纷纷交入，卖报的孩子与卖菜的乡下老伯伯，都挤在里面慷慨捐输。……我们仅仅十几人的全体同事全体动员，收钱的收钱，记录的记录，打算盘的打算盘，大家忙得喘不过气来，十多架算盘的的搭搭算到深夜二三点钟，把姓名和数目赶着送到日报去登广告，第二日全张四分之一的大广告赫然显露了。”（《韬奋全集》第9卷，上海人民出版社1995年版，第735页）次年1月，《生活》周刊社又相继发起援助东北义勇军、慰劳十九路军抗日捐款，均得到读者热烈响应。

11月19日

著名诗人、报纸副刊及文学期刊编撰人徐志摩因飞机失事遇难。徐生于1896年，浙江海宁人。笔名诗哲等。1916年秋入北京大学学习政治学。1920年获英国剑桥大学政治经济学硕士。1921年开始新诗创作。1922年回国后，参与组织新月社，任北京大学等校教授和《现代评论》编撰人。1925年10月接任《晨报副刊》主编，增辟《诗镌》专刊。1927年春起在上海与胡适等相继创办新月书店、《新月》月刊，与无产阶级革命文学相对立，被称为“新月派”。1929年兼任中华书局编辑。1931年1月创办主编《诗刊》，直至遇难。

同月

《包头日报》在绥远省包头市（今属内蒙古自治区）创刊。

12月1日

大通通讯社在上海成立。负责人周天球。

12月11日

《红色中华》报在江西瑞金创刊。中华苏维埃共和国临时中央政府机关报（1934年2月16日第150期起取消“临时”二字）。是中国红色政权创办的第一份中央报纸。首任主笔周以栗，继任负责人先后有王观澜、李一氓、沙可夫（陈微明）、谢然之（后叛变投靠国民党）、瞿秋白等，成立有5人编委会负责出报和开展部分通讯社业务工作。编辑工作人员连新闻台在内，最多时只有12个人，内有任质斌、徐名正（在长征路上失踪）、韩进、岳夏等。社论多由中央党政各部门负责人撰写。铅印4开报纸，平时出4—6版，有时增为8—10版。初为周刊，每期售铜元1枚。第49期起改为三日刊，第149期起改为双日刊。1934年10月3日出至第240期后，因中央红军长征转移暂告停刊。发行量初期仅数千份，后最多时增至4万份。该报以宣传、教育、组织根据地民众参加工农民主政权建设，反对国民党军事“围剿”的革命战争，发展生产为主要任务。同时，揭露日本帝国主义侵略罪行，抨击南京政府的妥协政策，宣传中共抗日救国主张。设有《社论》《要闻》《专电》《小时评》《红色区域建设》《中央革命根据地消息》《党的生活》《赤色战士通讯》《工农通讯》《红色小辞典》《工农民主法庭》《红角》《突击队》《警钟》等栏目和不定期副刊《赤焰》。常有木刻漫画和插图，创刊初期每期附送画报1张。注意培养工农通讯员，拥有一支400人的通讯员队伍。受王明“左”倾路线影响，该报宣传中带有“左”的偏向，助长了实际工作中的“左”倾错误。中央红军长征后，曾移到赣南继续出版，由中共中央分局和苏维埃中央政府办事处主办，中央分局宣传部长瞿秋白仍任主编。1984年瑞金革命纪念馆发现1期残报，系1935年1月21日出版的第264期。据此推算，赣南版《红色中华》至少出版有24期。

《红色中华》创刊号刊出本报编辑部欢迎投稿启事称：“红色中华是中华苏维埃临时中央政府机关报，凡在苏维埃旗帜下工作的同志，最好而且应该将他对于苏维埃运动一切有关系的文字，在本刊贡献出来。”投稿启事征求论文、时评、社会调查，有关工农运动和红军斗争的新闻，对于政府与群众运动各种工作的批评，以及群众文艺等方面的稿件，文字上的要求是要用白话，通俗简明，要打标点符号。凡经登载的稿件，均付稿酬，每条每篇自2角至1元不等。

《红星报》创刊于江西瑞金。中国工农

红军军事委员会机关报。红军总政治部出版。周恩来、王稼祥、贺昌、博古、洛甫、罗迈、朱德、聂荣臻等为该报撰写署名社论或专论。1933 年 5 月后邓小平接任主编，遵义会议后陆定一继任主编。铅印 4 开报纸，初定为五日刊，实际上有时两天一期，有时半月一期，一度出过 32 开本油印书册式，有时增出《号外》。1933 年 8 月起增出《红星副刊》。以红军指战员和根据地的干部、群众为读者对象。创刊号《见面话》称其使命是“提高红军的政治水平线文化水平线”，“完成使红军成为铁军的任务”。固定栏目有《社论》《要闻》《专电》《前线通讯》《捷报》《国际时事》等，先后还辟有《红军家信》《军事测验》《红星号召》《俱乐部》等 10 多种专栏，经常配有漫画或插图。编辑部通常只有三五个人，拥有 500 多人的通讯员队伍。罗荣桓、袁国平、彭加伦、罗瑞卿、肖华、张爱萍、向仲华、张际春、舒同等红军领导干部都是通讯员。后期发行量曾达 1.7 万多份。1934 年 10 月长征开始后，继续出版，改为油印报，期印七八百份，发到连队。1935 年 8 月 3 日停刊，累计出版 100 多期。

《十字街头》在上海创刊。“左联”主办。鲁迅、冯雪峰主编。4 开 4 版小型报纸。初为双周刊，第 3 期起改为旬刊。内容以时事和文艺评论为主。鲁迅的《好东西歌》《沉渣的泛起》等诗文，即在该报发表。1932 年 3 月 5 日出至第 3 期后，被查禁。

上海日报公会发表宣言，抗议国民党上海市党部借口违检，下令对《申报》《新闻报》《时事新报》《时报》《民国日报》等报实行“禁邮”的非法行为，并宣布实行拒检。《宣言》说，中国 60 多年来，报界“备受横逆”，南京国民政府建立以来，更“愈演愈烈”，“立言纪事，动辄牵制，黑白混淆，是非泯灭”。声明“言论出版之自由，乃民权之大纲，垂著遗教，明见约法，固非命令所得变更，亦非暴力所得蹂躏”，为保护报纸尊严，决定从即日起“绝对不受任何检查和干涉”。（《申报》1931 年 12 月 12 日）该会同时致函国民党上海市党部，指责它禁邮各报是“违背约法，闭遏言论，侵害营业”。（同上）

12 月 17 日

南京、上海及各省市抗日爱国学生万余人在南京举行联合示威，并捣毁国民党中央机关报南京《中央日报》。学生十余人受伤，百余人被捕。次日该报缩小篇幅，改出 1 张，并在当地各报刊出启事，诬指学生“危害国家，扰乱社会”。

12 月 19 日

宋庆龄在上海发表题为《国民党已不再是一个政治力量》的时局宣言，抗议国民党当局杀害邓演达和镇压群众运动。本日下午，上海日报公会召开紧急会议，史量才主持，会上就是否全文发表宋庆龄的宣言一事进行了讨论。《民国日报》代表怕触犯新闻检查，表示反对。史量才说：“宋庆龄是国父孙中山夫人，她的宣言，我们各报纸为什么不能发表。谁敢扣压，谁就负法律责任。”多数报纸均同意发表。（参见《上海革命文化大事记》，第 316 页）

12 月 20 日

《申报》等多数上海报纸不顾新闻检查，全文刊发了宋庆龄的时局宣言。

12 月 23 日

《国讯》杂志在上海创刊。中华职业教育社机关刊物。初名《救国通讯》，不定期出版，免费赠阅。1934 年 1 月改名《国讯》。该刊以唤起民族精神，评论世界大事，指示人生修养，灌输科学常识为宗旨。同年 6 月第 71 期起改出半月刊，略收刊费。1935 年 1 月改为旬刊。1937 年 10 月暂告停刊。1938 年 1 月迁重庆出版，后又相继出有香港版、桂林版。抗战胜利后迁返上海，出版半月刊。发行人黄炎培，杨卫王、俞颂华任主编。1948 年 4 月出至第 457 期，被国民党当局查封，借口是“刊载为匪宣传的文字”。

初冬

中共早期领导人之一、报刊宣传活动家蔡和森在广州被国民党杀害。蔡于本年初被派赴香港秘密指导中共广东省委工作，6 月被港英当局逮捕，后引渡到广州被害。蔡和森，1895 年出生于湖南湘乡，字润寰，学名彬，笔名和森、振宇等。1918 年和毛泽东等组建新民学会。1920 年赴法国勤工俭学，致信《新青年》主编陈独秀，赞成科学社会主义。在与毛泽东通信中，主张迅速建立中国共产党，并创办严格的党的出版物。1921 年回国，加入中国共产党，在中共中央从事理论宣传工作，一度编辑《先驱》半月刊。1922 年起，在中共“二大”至“六大”上，均当选为中央委员。长期担任中共中央第一份政治机关报《向导》周报的主编，撰写文章 160 多篇，注重理论联系实际，分析精辟，逻辑性强，富有战斗性和说服力。大革命失败后，任中共中央宣传部长，中共中央《布尔塞维克》报主要编撰人。是中共第二至第四届中央执行委员，第五、六届中央政治局常委。一生报刊文字数十万言，收入《蔡和森文集》。

同年

《播音周刊》在上海创刊。是当时全国惟一介绍播音工作的刊物。内容有新闻广播知识、各电台广播节目表、新闻广播现状、业务交流等。1934 年 12 月已出版 3 卷 48 期，停刊时间不详。

著名华侨报人伍盘照在美国病逝。伍生于 1866 年，广东台山人。1881 年赴美，毕业于旧金山神道学院。1898 年在洛杉矶办华文周报《华美新报》。不久迁旧金山，于 1900 年 2 月改出《中西日报》（*Chung Sai Yat Po*）任总编辑，宣传中国和华侨社会的改革，维护中国移民利益。1904 年曾在报上著文，并译有《非禁说》一书，批评美国排华法案违反人权。伍氏任总编辑时期，该报行销于美国西海岸和墨西哥一带，影响广泛。伍氏逝世后，该报继续出版，1950 年停刊，是美国出刊历史最长的华文报之一。

李公凡著《基础新闻学》，由上海联合书店出版。32 开本，212 页。全书分 6 章：绪论；新闻的实质；新闻事业的认识；新闻机关的组织；怎样做新闻记者；新闻的问题。1936 年 8 月复兴书局再版。

杜超彬著《最近百年中日两国新闻事业之比较观》，32 开本 1 册，由上海复旦大学新闻学会列为学会丛书出版。

孙孝钧编《广告经济学》，由南京书店出版。

中共湘鄂西分局机关报《红旗日报》和湘鄂西苏维埃政府机关报《工农日报》创刊。前者为 4 开油印小报，编排好，印刷清晰，期发 2000 多份。主编毛简青，湖南平江人，曾留学日本，大革命中任中共平江县委书记，苏区“肃反”扩大化中被错捕，病死狱中。谢觉哉称他“是个颇有道德和学问的人”。继任主编李培之，是曾留学苏联的“女秀才”。《工农日报》是 4 开小报，油印或石印。谢觉哉主编。从《谢觉哉日记》中可知他十分重视报纸的群众化、通俗化。1932 年 10 月，洪湖苏区丧失后，这两家报纸均停办。

1932 年（壬申）

1 月 1 日

戈公振著《新闻学》完稿。这本书约 3 万字，系应商务印书馆之约，为“万有文库”撰写的新闻学普及读物。该书通俗简明地叙述了报纸的起源，中国现代报纸的进化，报馆、通讯社组织，报业教育和报纸的命运等问题。此书迟至 1940 年 4 月才在长沙由商务印书馆出版发行。

1 月 7 日

《反日民众》创刊于上海。上海民众反日救国联合会宣传部出版。三日刊，4 开 4 版。《发刊词》提出其任务有三：“第一，真实地暴露日本进攻中国以及各帝国主义瓜分中国的实况，唤起一切被压迫民众的注意。第二，反对一切哀求国联、不抵抗撤兵、出卖民族利益、镇压反日运动、屠杀反日群众的政策，唤起庶民群众了解自身的重大任务。第三，宣布本会的反日方针，力谋统一反日战线，随时贡献上海市民以至全国反日群众以反日的具体工作。”2 月 1 日，该联合会被租界当局封闭。《反日民众》刊出联合会《第二次对时局宣言》，号召上海和全国民众“以自己的力量，奔向反日帝国主义的战场去!”2 月下旬起，出版临时特刊《战火》(日刊)。

1 月 8 日

《大公报》增出《军事周刊》。以普及军事知识为目的。是该报实行“明耻教战”的举措之一。

1 月 9 日

《生活》周刊第 7 卷第 1 期发表《我们最近的思想和态度》一文，这是邹韬奋与胡愈之、艾寒松、毕云程等反复讨论后，由邹执笔写成的。宣布《生活》“最近已成为新闻评述性质的周报，故有所论述，多以当前事实为对象”。“就事论事”的核心标准“简言之可曰‘正义’”，即“反对少数特殊阶级剥削大多数劳苦民众的不平行为”。认为：“剥削大多数民众以供少数特殊阶级享用的资本主义的社会制度终必崩溃；为大多数民众谋福利的社会主义的社会制度终必成立。”这篇爆裂弹式的宣言发表后，当月中旬国民党当局派胡宗南找韬奋谈话，就抗日问题和《生活》周刊的主张，辩论 4 个小时，要他“拥护”国民党政府。韬奋站在人民大众立场回答说：“只拥护抗日‘政府’。不论从哪一天起，只要‘政府’公开抗日，我们便一定拥护。在‘政府’没有公开抗日之前，我们便没有办法拥护。如违反这种民意，《生活》便站不住。”（参见穆欣编著：《邹韬奋》，中国青年出版社 1958 年版，第 87—88 页）

1 月 11 日

《大公报》第 2 版开始连载王芸生编撰的《六十年来中国与日本——从同治十年中日始订条约到民国二十年“九一八”新日祸》。本年 4 月汇集出第 1 卷，到 1934 年 5 月出至第 7 卷，写到 1919 年。曾出有中日两种文本，是王的成名之作。1980 年三联书店重印前 7 卷修订本。王芸生晚年又补写了第 8 卷，内容延伸到 1931 年。

1 月 12 日

青岛《民国日报》以所载日皇被刺消息，有“韩国不亡，义士行刺”等语，被当地日侨捣毁。理由是对“天皇”不敬。14 日，南京国民政府外交部就此事向日本政府提出抗议。

1 月 13 日

英文《中国论坛》(*China Forum*) 周刊在上海创刊。综合性刊物。中国论坛社发行。中共中央宣传部和国际友人史沫特莱等协助创办。美籍犹太人伊罗生 (H. R. Isaacs) 主编。内容侧重于介绍中国人民的革命斗争，刊载进步文艺作品。出至第 24 期后休刊。1933 年 2 月 11 日复刊，改为中英文对照刊物，不定期出版。同年 11 月 14 日，被国民党特务捣毁。1934 年 1 月停刊，出至第3卷第4期。中共中央领导的中国工人通讯社（CWC）工作人员朱伯深（朱明）曾被派往复刊后的《中国论坛》工作。1934年2月14日朱德总司令曾致电该刊的中共党员，称赞他们3年来用铁笔把工农红军和苏维埃的胜利“宣布到全世界”，“击破了帝国主义和国民党封锁消息的铁壁”。还提及通过他们转来的捐款已经全数收到。朱德代表中华苏维埃共和国和工农红军向他们致谢！同时，朱德请该社转发致全世界工人和被压迫民众的电文。（上述两则电文均刊载于《红色中华》报1934年3月1日第156期）

1月20日

《中国日报》在南京创刊。社址在南京明瓦廊。日出对开2张。国民党特务组织复兴社机关报。由康泽奉蒋介石手令，领取3000元开办费并接收《建业日报》创办。复兴社成立后，康泽任该社宣传处长兼该报社长。注册时对外公开的报社负责人是：社长顾希平，总编辑郐绳武，总经理康忍安，总主笔周天僇。头版不登广告，每天一篇社论，用3号字体排印。新闻取混合编辑法，按轻重程度依版排列。设有固定的文艺副刊《大观园》，第8版为专刊版，一周一轮，最多时有7个专刊，即《卫生》《影戏》《文艺》《社会科学》《书报论衡》《现代军事》《国际述评》等。该报为确立蒋介石独裁地位服务，以宣传国民党“攘外安内”的对日妥协政策，鼓吹“一党独裁”和“领袖中心”的理论为基调。1933年6月27日增出《挺进》副刊，专刊宣传法西斯主义的文章。日销最高达1.8万份。

1月21日

《斗争》在上海创刊。中共中央机关刊物。临时中央政治局常委分管宣传工作的张闻天编辑。《卷头语》说明，因《红旗周报》印刷困难不能按期出版，特出《斗争》代替该报副刊，作为讨论党内问题之用。

1月26日

上海《民国日报》被迫停刊。上海公共租界工部局于本日下午通知该报称：“现因本埠形势紧张，工部局董事会劝告贵报停版。”该报接到通知后，随即自动停刊。《民国日报》的这次被迫停刊事件，起因于“九一八”事变后，该报宣传上的鲜明的爱国反日倾向。1932年元旦，该报副刊《闲话》刊头旁曾刊出警语：“今天不是元旦，今天是沈阳被倭奴占领后的第106天。”元月9日，该报在报道日本天皇遇刺未中消息时，所用标题有“韩人刺日皇未中”，“不幸仅炸副手，凶手即被逮”等语，被日方指为“触犯天皇”。日驻上海总领事曾为此向上海市长吴铁城提出训诫该报社长，处分责任记者，并向日方致歉等要求。元月20日，日本浪人焚毁引翔港三友实业社工厂，该报作了如实报道，曾遭到日本海军陆战队和日侨的捣乱。以上这些宣传和报道，都深为日方所嫉恨。

1月27日

北平公安局通告各报慎载日皇遇刺消息。

2月12日

《大晚报》创刊于上海。张竹平联合董显光、曾虚白、郑跃南等和广告界人士集资创办。属民营报纸。张任社长兼总经理，总编辑汪倜然，总主笔曾虚白。创刊时名《大晚报国难特刊》，4月15日起简名《大晚报》。初为4开1张，后扩充为对开2张。第1张第1版为国内电讯，第2版为评论及国际电讯，第3版为本埠新闻，第4版为社会新闻；第2张为通讯及附刊。文字用白话体，讲求趣味性，重视战时消息采访。销数由几千份很快增至三四万份。1934年达7万份。同时资本亦由初办时的 5 万元增为 10 万元。1935 年 6 月，股权为孔祥熙所控制，杜月笙、崔唯吾等相继任总经理，销数逐渐下降。1937 年“八一三”事变后，上海成为“孤岛”，该报继续出版。曾接受日方新闻检查，后挂名英商独立出版公司出版。1941 年太平洋战争爆发后，被日本侵略者查封。

2 月 22 日

北平《华北日报》增出《新妇女》副刊。吕云章、庄静女士主编。占该报第 7 版的 1/3 版面，每周二、四出刊。何香凝为该刊题写刊头。该刊从 3 月下旬起增辟《法律问答》和《妇女问题讲座》两栏。

2 月 29 日

《妇女之光》周刊在上海创刊。中国妇女反日救国大同盟主办。每周一出 8 开 2 版 1 张。创刊号刊发《中国妇女反日救国大同盟为日本帝国主义侵占上海告劳动妇女书》，号召要彻底打倒帝国主义，首先要推翻国民党政府，建立工农兵及劳苦民众的政权。

2 月下旬

《白话报》在上海创刊。4 开 4 版，周报。中国左翼文化界总同盟和“左联”“社联”等合办。朱镜我、楼适夷、柳丝（杨邨人）、季楚书组成编委会，季楚书兼经理。新闻和评论占 2 版，其他两版刊载配合时事的说唱、诗歌和散文等大众文艺作品。

同月

英文《北平导报》（*Peking Leader*）被华北绥靖公署应日本领事馆要求勒令停刊。起因是 1 月 27 日该报刊登了高丽独立党宣言，并配发了支持该宣言的社论，触犯了日本军国主义者的利益。4 月 10 日经改组复刊。6 月 7 日改名英文《北平时事日报》继续出版。由英籍在华老报人希尔顿·李治投资并担任主编。同年 10 月，经理沈衡书辞职，由李治兼任。该报股东和南京国民政府外交部保持密切联系。1935 年冀察政务委员会成立后，李治以私人名义继续主持该报，1941 年太平洋战争爆发后，被日本军队逮捕拘禁，1945 年 7 月在狱中瘐死，曾得到南京国民政府的明令褒奖。1945 年 10 月 1 日复刊，日出对开 3 张。1948 年 6 月，增办天津版。1949 年 12 月，平津版同时停刊。

3 月 5 日

《生活》周刊第 7 卷第 9 期发表邹韬奋《创办〈生活日报〉之建议》一文，介绍了创办《生活日报》的设想，并提出了九个方面的具体建议，包括组织、特色、张数、广告、销数、资本、会计、开办费、经常费等。韬奋在文中表示：“倘此计划果能实现，同人愿以纯洁的意志，沉着的毅力，热烈的精神，刻苦的奋斗，为中国产生一个为民族振兴及民众福利而努力的舆论机关。”3 月底，韬奋与胡愈之、戈公振等共同发起由读者集资创办《生活日报》，公布《生活日报社股份两合公司章程》，公开招股，规定由《生活》周刊社投资 3000 元，担任无限责任股东（韬奋为代表）。不到半年，股款已认满 15 万元。在此期间，《生活》周刊曾公布计划中的《生活日报》主要职员名单：杜重远、李公朴分别任经理部正副主任，毕云程任总稽核，戈公振任筹备处主任兼编辑部主任，韬奋任撰述。10 月 29 日《生活》第 7 卷 43 期刊登《〈生活日报〉宣告停办发还股款启事》称：“……惟自近月来，《生活》周刊遭受压迫，日在挣扎奋斗之中。就目前形势言，周刊存亡，未卜朝夕，在此环境之下，日报即令勉强出版，亦难为民众喉舌。韬奋受二千余股东付托之重，不愿冒昧将事，为此决定停办。所有股款自十月一日起（因计息需时），统由新华银行凭股款收据分别发还。……”

3 月 7 日

汉口国民党警备部勒令《正义报》自本

日起停刊3天，听候查核。勒令称：“该报五日社评谓中央政府幸勿误国殃民，言论荒谬，意存鼓惑，显系别有用心，亟应严加取缔，以正视听。”3月19日《生活》周刊发表韬奋所写的小言论《谁荒谬?》，质问说：“劝‘中央政府幸勿误国殃民’而为‘言论荒谬’，则劝中央政府实行误国殃民，当为言论公正！……我们痛念尚在暴敌铁蹄下之东北三千万同胞，及最近淞沪惨死流离的民众，是否‘误国殃民’，大可‘心照不宣’!”

3月初

伪满洲国中文报纸《大同报》在长春创刊。文化汉奸王希哲为挂名社长，实权操在日本特务都甲文雄手中。表面为个人经营，实际是伪满国务院的机关报。

3月16日

《北方青年》半月刊在北平创刊。“社联”北平分盟创办，北方青年社主编。时事评论性刊物。每期出16开本10多页。杨季徽参与编务，并首次使用“杨刚”这一笔名。创刊号刊有《纪念三月十八日》（纪念巴黎公社和三一八惨案）、《转换中的现阶段》《反日与反帝》《在劳动大众政权之下》等。

3月20日

中国左翼新闻记者联盟（简称“记联”）在上海成立。成立大会通过《中国左翼新闻记者联盟斗争纲领》和“开办国际通讯社传播革命消息”“广泛建立工农通讯员”等项决议，提出争取言论出版自由、反对国民党政权的新闻统制，主张新闻文化的大众化。先后创办国际新闻社，以及《集纳批判》《华报》等刊物。不久，均相继被查禁，一些盟员被捕。它还利用盟员的职业身份，通过上海新声通讯社及远东通讯社，报道中共主张停止内战、团结抗日的重要消息。1935年秋，创办中华新闻社，向报刊供稿。1936年5月自动解散。

同月

北平《小工报》创刊。共青团北平门头沟组织的机关报。每两日油印8开1张。现存4月1日出版的第2期是《加入共青团专号》。刊有言论、歌谣、相声、漫画、连环画等，文章短小，形式活泼。鼓动工人为改善生活，赶走工头、经理和小日本，建立工人自己的政府而斗争。

《九一八周报》在北平创刊。梅公任等主办。

南京《中央日报》改组，实行社长责任制，任命国民会议秘书、37岁的程沧波任社长。每月从中央党部领取8000元津贴，形式上是独立法人单位。程提出“经理部要充分营业化，编辑部要充分学术化，整个事业当然要制度化效率化”的整顿口号（《中国新闻事业通史》第2卷，第366页）。版面由对开2张扩为对开3张。改进言论写作和新闻采编，抓好广告、发行环节。同年9月，增办《中央夜报》。11月5日，再增办《中央时事周报》。1935年10月，在南京市中心新街口建起中央日报大楼，引进新式轮转机和其他印刷设备。日销数由6000份增至3万份。1937年6月发行第一个分版庐山版。成为国民党在全国实力最雄厚的党报。

国际联盟委派李顿调查团来中国调查日本侵华事件。戈公振以中国记者身份，随团采访。从4月21日到6月初在沈阳调查40多天，撰写《东北之谜》在《申报》连载5天，后又为《生活》周刊写《到东北调查后》，批评国民党政府的不抵抗政策和依靠国联的幻想，赞扬东北抗日义勇军，呼吁全民族共起抗日。

4月1日

外论通讯社在上海成立。负责人方焕如。

《研究》在上海创刊。中国社会科学家联盟的机关刊物。“社联”宣传部长柯柏年主编。《发刊词》提出任务是，给读者以正确的社会科学理论，用作解剖现社会现象的武器。仅出 1 期即被查禁。接着，又办《新文化》，沈志远主编。出 2 期被查禁。

4 月 7 日

国民党 CC 系报纸上海《晨报》创刊。初为对开 1 张，后扩为对开 3 张。潘公展以私人名义集资创办，并任董事长兼社长。积极为国民党反共“剿赤”出谋献策。该报精于编排，设有《华侨副刊》《现代妇女》《科学世界》《儿童朋友》《青年生活》等多种副刊，并陆续增办《晨报晚刊》（同年 6 月 6 日创刊，后改名《新夜报》）、《图画晨报》（同年 6 月 19 日创办）及《儿童晨报》（同年 10 月 10 日）。1933 年成立晨报出版社，出版“晨报丛书”“家庭文库”和《晨报月刊》，并设立家庭服务部，为读者代办购物和进行升学指导。该报所出的《每日电影》专刊，由严独鹤、洪深等编辑。1935 年 9 月，增办 4 开《小晨报》，以刊载副刊性文字为主。日、晚报销数一度达 5 万份，《儿童晨报》销达 2 万份。

4 月 10 日

《江南正报》在上海创刊。是日本人三田纯三郎创办的中文报纸。

4 月初

《北大新闻》改组出刊。北大学生主编。

4 月 11 日

《中华日报》在上海创刊。国民党改组派的舆论机关。日出对开 2 张。社长林柏生，总编辑赵慕儒，总主笔许力求。销路不畅，每月靠津贴维持。1933 年 3 月，增出大型理论刊物《中华月报》。日报于 1938 年 10 月停刊。

4 月 12 日

北平市记者公会举行招待茶会，欢迎外埠同业。出席招待会的有天津《益世报》罗隆基、刘豁轩，《庸报》蒋光堂，《民国日报》吴秋尘，《商报》王镂水，《东三省民报》赵雨时，上海《申报》戈公振，哈尔滨光华通信社刘天佑，上海《新闻报》顾执中等。戈公振在会上致词，希望全国报界有一组织。罗隆基在致词中说，中国政治未上轨道，报界应负部分责任。会上讨论了筹组全国性新闻记者总会的问题。

中国新闻学研究会发表《檄全国新闻记者》文，呼吁当此“国难日趋深化，外侮益与时俱迫”，政府当局“派系分歧妥协于外而自弃于民”之际，“新闻界全体在业的同志，赶速的集合、组织起来，从研究到行动，负起新闻界对社会所应负的任务，并谋充实有效的忠尽我们的职责”，以拯救国亡族灭的危机。这篇文告通过上海中外、日日、太平洋、新声和国际等通讯社同时发出，并在 4 月 18 日出版的《文艺新闻》第 51 号全文发表。

4 月 15 日

国际联盟调查团在北京饭店接见平津新闻界，到会记者有胡政之、萨空了、陈博生、尹思齐、孙瑞芹、罗隆基、潘仲鲁等。由罗代表到会记者用英语发言。略称：自“九一八”事变以来，日人对我国新闻舆论界横加摧残，或被直接捣毁，或被威胁停刊，如上海《民国日报》、青岛《民国日报》、北平《英文导报》等，即其实例。我全国报纸在本国领土之内，亦失却言论之自由，而在东三省方面，自“九一八”事变，日军即禁止中国内地报纸输入，致我东三省同胞半年之久不得一读本国报纸。罗在发言中还指出：日军干涉我舆论，扣留我报纸之用意，原因有二：（一）使中国内地及世界各国，不明东三省内部真相，俾得任意宣传，以掩饰其操纵伪满国组织之事实；（二）不令东三省同胞得悉省外情况，使失其耳目效用，以便任所欲为。

汉口长江通信社华北新闻采访组西北考察团抵达北平，向当地报界报告西北情况。

4月20日

《北方文艺》在北平创刊。“文总”北方分盟主办。

《大中报》在上海创刊。日出8开2版。应修人主编。宣传苏区红色政权的抗日主张和红军战况，报道上海工人反日罢工运动，抨击国民党的对日屈辱外交和对苏区的“围剿”。

4月28日

燕京大学新闻系自即日起至30日止举行新闻学讨论周，邀平津记者参加讲演。讲题有：合众社驻北平记者伊肯思的《沪战为新闻之资料》，《大公报》经理胡政之的《我理想中的新闻事业》，北平《晨报》记者林仲易的《谈谈新闻业的几个问题》，天津《益世报》主笔罗隆基的《政治与舆论》，《世界日报》社长成舍我的《中国报纸之将来》，《北洋画报》总编辑吴秋尘的《副刊之研究》，《华北日报》总编辑安怀音的《新闻记者之责任心》，《大公报》副刊《小公园》主笔徐凌霄的《报纸与文艺》等，讨论周期间还举办了中学刊物讨论会和中外报纸展览会。中学刊物讨论会有中学生代表40余人参加，旁听者30余人。马丁教授在会上作了题为《美国中学刊物》的演讲，介绍了美国中学生刊物的编辑出版情况。中外报纸展览设有两室，一室陈列平津沪各大小报纸100种，珍品10数件，该校各团体的出版物30余种，以及该系的中英文刊物7种；另一室则陈列全国各地的大小日报200余种，世界各国的著名日报70余种，以及国内中学刊物数十种。

同月

中华通讯社在上海成立。负责人蔡佑民。

山西《太原民报》和《一报》因揭露该省政府公卖鸦片一事，被阎锡山下令查封，两报负责人被捕。记者孙培文化装逃至北平，向中央及平津报界同人呼吁援助。

阿英（钱杏邨）编辑的《上海事变与报告文学》一书，由上海南强书局出版。辑入的29篇文章，系编者从《大美晚报》《大晚报》《时事新报》《时报》《太平洋日报》《烽火》《社会与教育》等报刊发表的反映“一·二八”事变的大量报告文学作品中精选的，是国内第一部报告文学文集。

上海《时事新报》工人因劳动量增加而报酬未相应增加，反对代印《大晚报》。馆方诬指为“共党煽动罢工”，要求租界巡捕房“逮捕工友”，并驱逐部分工人出馆。该报工人为此发表抗议宣言，呼吁社会各界支持。上海报界工会号召所属各报馆工人于6月1日起，“宣布总罢工，以促该馆资方之早日解决”。《申报》《新闻报》《时报》等报工人还发表宣言，对《时事新报》馆方进行谴责，表示誓与凶恶狠毒的馆方资本家作坚决斗争，迫使馆方承认错误，并采取一系列善后措施。

国民党中央常委会议决定改组中央通讯社，实行社长负责制，任命中宣部秘书萧同兹任该社社长。萧提出“工作专业化”“业务社会化”“经营企业化”目标，以淡化该社的党部工具色彩，增加宣传的灵活性。5月，该社从南京丁家桥国民党中央党部迁出，搬入洪武路寿康里新址，开始发展的新阶段（中央社同人称这一阶段为“寿康里时代”）。从本年5月到1937年6月，该社在国内大中城市设有11个分社和20多处通讯员办事处，形成了全国性的通讯网络。国外在东京、新德里、日内瓦也设有特派员、通讯员办事处。从本年 7 月到 1934 年 1 月，经南京政府批准，和路透社签约，陆续收回该社在中国各城市的中文发稿权（上海除外）。1933 年 12 月和 1937 年 1 月，先后与法国哈瓦斯社、美国合众社订立交换新闻合约，从而在相当程度上控制了国内外新闻的发布。

商务、中华、湖风、昆仑、南强、开明书店和《生活》周刊社等 49 家出版单位向国民党四届一次代表大会提交请愿书，要求废除《出版法》和《出版法施行细则》，争取言论出版自由。

陈彬龢编《申报评论选》第 1 集，由申报馆出版。收入评论文章 80 多篇。

《文化通讯》周刊创刊于上海。上海文化界反帝抗日联盟创办。楼适夷、郁达夫、丁玲、叶绍钧编辑。仅出 1 期即停。

《新闻言论集》，由广州新启明印务公司出版。李锦华、李仲诚主编。辑文 31 篇，分列五部分：关于新闻学通论的 9 篇；关于新闻记者的 5 篇；关于英、美、法、德、日等各国新闻事业的 8 篇；关于中国新闻事业的 5 篇；杂录 4 篇。冯节作序。

5 月 1 日

《大众文化》月刊在北平创刊。“社联”北平分盟机关刊物。大众文化社编辑。现存创刊号，刊有列宁《五一工人节》的宣言、刘方《国际斗争五一劳动节》、辛犁《今年红色的五月》、信一《目前政治的危机与左翼文化斗争》等。内容曾受“左”倾路线影响。

北平《北方小报》出版“五一”特大号。16 开 8 版（平时为 4 版）。披露国民党对日妥协和“围剿”苏区消息，报道北平工农斗争情况。在《什么是我们民众的出路?》总题下刊发三篇文章，主张“推翻统治阶级，一切政权归咱们民众自己的工农兵政府”。创刊和终刊期均不详。

5 月 4 日

《民报》在上海创刊。日出对开 2 张。由同年 1 月下旬被迫停刊的《民国日报》改名而成。胡朴安任社长，管际安、叶季平负责经理部，钱沧硕负责编辑部，主笔袁业裕。继续《民国日报》的编辑方针和传统。日销 2000 余份。出至 1937 年 11 月 25 日停刊。

5 月 22 日

《独立评论》在北平创刊。政论性周刊。胡适主编，主要编撰人有丁文江、傅斯年、翁文灏等 10 多人。该刊头两年的经费由独立评论社社员自行集资。《发刊词》称，不倚傍任何党派，不迷信任何成见，用负责的言论发表各人思考的结果，标榜“独立”精神。主要刊载政治时事评论，支持当局“攘外必先安内”的政策，主张对日妥协退让。倾向自由主义，提倡西方民主政治，反对独裁专制和文化复古主义。最高发行数达 1.3 万份。1936 年底因著论反对日本策划的“华北政权特殊化”，一度被迫停刊。1937 年 4 月复刊。同年 7 月 18 日终刊，共出 244 期。

5 月 26 日

《大陆新闻》日刊在上海创刊。中共江苏省委宣传部委托楼适夷主办。出版不到 1 个月即被迫停刊。

5 月 29 日

《真话报》在上海创刊。中共江苏省委机关报。铅印 4 开 2 版，双日刊。同年 10 月 1 日起改为 8 开 4 版，有时增页出特刊。1933 年 3 月起，改为油印，每两三天出版 4 开 1 张，间或用铅印。

同月

史量才约宋庆龄、杨杏佛、陶行知两次在其寓所深夜长谈。杨杏佛详细报告了他年初访问苏区经过。事后，陶行知根据集体讨论意见，参阅《申报》资料室汇集的蒋介石和国民党军政长官关于“剿匪”的文告、演讲与各地有关消息，以及外文报刊对苏区的报道等材料，于6月中旬写好提纲，准备由《申报》发表评论文章。6月底到7月初，《申报》连发三篇《剿匪与造匪》（一）（二）（三）时评，即系编辑部依据陶的提纲写成。文章针对蒋介石国民党对苏区发起的第四次军事“围剿”，列举事实指出：“所剿之‘匪’，何莫非我劳苦之同胞，何莫非饥寒交迫求生不得之良民”，“今日之所谓‘匪’者，与其谓由于共党政治主张之煽惑，毋宁谓为由于政治之压迫与生计之驱使”，并抨击说：“一部分‘剿匪’军队，剿匪其名，而剿民其实……实则兵之扰民，尤甚于‘匪’，民之畏兵，尤甚于‘匪’”。（《申报》1932年6月30日、7月2日、7月4日）《申报》的大胆放言，使蒋介石大为恼怒，亲下手令：“申报禁止邮递”。（参见《中国新闻事业通史》第2卷，第429页，《上海革命文化大事记》第337页）后经多方疏解，才撤销禁令。但从此埋下了蒋介石对史量才、杨杏佛等的杀机。

上海新声通讯社严谔声等新闻工作者，编印出版《日本商标汇刊》一厚册，供国人抵制日货作参证。

《苏区工人》在江西瑞金创刊。中华全国总工会苏区中央执行局机关报。主编倪志侠，主要撰稿人有寿昌、郭南薰等。前期是8开铅印小报，半月1期，6—8版，有时4版或10版。1933年初，中华全国总工会由上海迁入苏区中央根据地，该报改出16开本期刊，重新编号计数。总工会执行局委员长刘少奇和执行局党团书记陈云主持编撰工作。前期着重报道根据地职工运动，常用通信讨论和问答形式，引导工人为实现劳动法，争取自身的经济利益而斗争，激励工人积极参加革命战争。改为期刊后，主要刊载全总的文件、工会领导人文章，交流工会工作经验。刘少奇撰发有《模范的工人要求纲领》《用新态度对待新劳动》等多篇文章，反对“左”、右倾机会主义和形式主义做法。曾连载反映南昌起义中红军英勇战斗的报告文学《学习她吧》，1934年9月3日长征前夕停刊。迄今见到的最后一期是同年5月25日出版的第17期。

6月6日

中外通讯社成立并开始发稿。社址在北平宣外大街79号。

6月10日

《文学月报》在上海创刊。“左联”创办的刊物之一。光华书局出版。初由姚蓬子主编，第3期起由周起应（周扬）主编。瞿秋白用宋阳笔名撰发《大众文艺的问题》等文。同年12月出版第5、6期合刊后被查禁。

6月16日

中央通讯社上海分社成立。除传发该社总社通稿外，还向上海各报增发中英文本埠新闻稿。

6月上—中旬

经瞿秋白同意，钱杏邨、夏衍、郑伯奇等进入上海明星公司，并成立“剧联”（即中国左翼戏剧家联盟）影评人小组，通过电影评论，逐步扩大左翼文化运动在影剧界的影响。上海各报纷纷创办电影副刊，计有《晨报·每日电影》《时事新报·电影时报》《申报·电影专刊》《民报·电影与戏剧》和《影谭》《中华日报·电影新地》《大晚报·星期电影》《新闻报·艺海》《中华时代·银座》《大美晚报·文化街》等。这些电影副刊大多为左翼影评人小组所掌握，成为他们发表进步影评的园地。

6 月 21 日

上海《文化日报》创刊。横 4 开 4 版小报。主要刊载有关文化界、新闻界和政界的史料性文章，如《上海的报纸》《武汉时代的共产党人物》等。一些时评，既骂共产党又反对国民党，因此被小报界称为是“棒喝党”小报。7 月 15 日发表孙席珍写的《共党主席——毛泽东》，是小报中较早介绍毛泽东的文章。

6 月 24 日

上海新闻记者公会正式成立。由原上海记者联欢会改组而成。成立大会上，选举执行委员 15 人，其中钱沧硕、余空我、严谔声、瞿绍伊、马崇淦为常务委员；监察委员 9 人，有严独鹤、胡朴安、李浩然、郭步陶、顾执中等。该会设有组织科、事务科、交际科、游艺科、文书科。创办有会刊《记者周刊》。

6 月 27 日

上海《时报》举行发刊第一万号纪念。本日该报首页用三色版套印“威尼斯”图，成为亚洲第一个使用三色套印的报纸。该页连同黑色文字，共为四色。这一天出版的《时报》还刊出了评论《时报万号》和狄平子写的《时报万岁》等文。

同月

《覆巢报》在北平创刊。社址在北平府右街运科门里。由流亡北平的东北爱国人士主办。五日刊。每期出 4 开 2 张。以宣传抗日救亡为主要内容。

上海新世纪函授社增设新闻函授科。设有本科、选科、研究三个班。

《新闻学研究》在北平出版。燕京大学新闻学系编辑。大 32 开本，370 页。卷首为照片，收有新闻学论文 30 篇。其中包括徐凌霄的《中国的戏剧与报纸》、吴秋尘的《文艺版的研究》、林仲易的《谈谈几个改良报业的问题》、沈颂芳的《随军记者与特派记者的工作》、安怀音的《新闻记者的责任心》、萨空了的《五十年来中国画报之三个时期及其批评》、孙瑞芹的《对于中国报纸之普遍观察》、张友渔的《何谓社论》及《日本新闻事业概观》、邹毓秀的《报社组织刍议》、高青孝的《分类广告之研究》、汤晋的《美国新闻事业变迁史》、张铁生的《新闻界常用术语略述》、黄宪昭的《燕京大学新闻学系概况》等。黄宪昭、马丁各作序言一篇。

上半年

张竹平将他主持和参加主持的《时事新报》《大陆报》《大晚报》和申时电讯社四个新闻机构联合组成“四社联合办事处”（简称“四社”）。办事处设在《大陆报》馆三楼，张竹平自任总经理。“四社”内部在新闻业务和经营上实行合作：三报将每日所得专电和重要新闻供给申时社，申时社则将稿件优先发给三报；以“四社”名义成立一个规模较大的资料室，资料共享；纸张、油墨、印刷方面互通有无；《时事新报》馆代印《大晚报》；成立“四社出版部”，附设于《时事新报》馆内；出版申时社编辑的《报学季刊》《申时经济新闻》，《时事新报》编的《时事年鉴》和其他书籍；《大陆报》制版车间为其他两报制作铜、锌版；成立“四社业务推广部”，为四家机构做发行推广工作等。联营“四社”中的申时电讯社，由张竹平独资经营，每日收发中英文电讯 6 万余字，向国内外 110 多家报纸供稿。1934 年 2 月，申时电讯社成立股份有限公司，聘米星如任社长，在南京、汉口、天津、香港设立分社，成为国内最具规模的民营通讯社。“四社”中的《时事新报》《大陆报》《大晚报》等三报都是股份公司，各有董事会，张竹平在三报的股份不超过 1/3。

7月1日

《时代日报》在上海创刊。来岚声主办。4开4版小报。一版时事分析；二版两个专栏《假法庭》和《何丽英信箱》，由朱惺公主编；四版主要是社会秘闻，曾附印叶浅予主编的彩色精印《漫画增刊》。该报是30年代上海较有生气和特色的小报，后被蓝衣社特务陈某劫夺。抗战爆发后一度停刊。1945年8月16日复刊，改名《新生活报》，一个月后复用《时代日报》原名。1948年6月停刊。

《大陆》杂志在上海创刊。综合性刊物。创刊号有巴金《从南京回上海》，徐悲鸿《对泥人感言》等文。1934年2月停刊。

生活书店在上海开业。由《生活》周刊社书报代办部扩充组成。1933年8月，改组成立生活出版合作社（对外仍称生活书店），邹韬奋任理事长，徐伯昕任总经理，胡愈之、张仲实、张友渔、胡绳先后主持编辑工作。

7月8日

上海《晨报》增办《每日电影》专刊。中国电影艺术研究会编辑。严独鹤、周瘦鹃、洪深、朱应鹏、季小波、姚苏凤等16人为发起人。提出主要研究两个问题：（一）电影所给予我们祖国的贡献究竟是什么？（二）国产电影可以长此投机取巧而不讲艺术么？

7月11日

《民治报》在北平创刊。社址设在北平宣武门外潘家河沿33号。自称以倡导和维护民治为宗旨。日出对开4版。一版为时事，二版为杂文，三版刊登小说、杂记及《妇女之声》专栏（碧霜女士主撰，仅出21天），四版是社会新闻。

7月13日

北平《华北日报》增出《副叶》。刊登轻松风趣的作品，包括笔记、掌故、游记、逸闻、小品文、考证文、文艺批评及短篇小说等。

7月15日

申报主办的综合性刊物《申报月刊》创刊。俞颂华主编。主要刊载有关国内外政治经济文化方面的文章，以补日报之不足。曾刊发翁照垣的《淞沪血战回忆录》，出版纪念“九一八”特辑。鲁迅用洛文、罗怃笔名撰写的《关于女人》《偶成》《谣言世家》《捣鬼心传》等十几篇杂文，茅盾撰写的《林家铺子》《春蚕》《秋收》等小说，都首先在该刊发表。1935年12月出至第4卷第12期停刊。1936年1月，改为《申报周刊》，石西民参与编辑。每期随报免费附送，发行量很大，影响广泛。1937年12月停刊。

7月19日

北平《民国日报》创办《妇女与家庭》周刊。主编雷香庭。（雷同时在《京报》主编同名的《妇女与家庭》副刊。）该刊设有《理论》《文艺》《通信》三个栏目，侧重于理论。《发刊词》主张通过刊物的宣传和讨论，实行男女平等，实现妇女解放。至同年12月27日止，共出24期。累计发表文章近百篇。

同月

国民党中宣部下令查禁“反动”刊物，内有郭沫若著《文艺论集续集》及《礼拜六》《上海各团体救国联合会旬刊》等。

袁殊著《学校新闻讲话》，由上海湖风书局出版。32开本，226页。共收入作者著译文章10篇，著有《学校新闻讲话》《学校新闻的编辑与经营》《上海报纸之批评》《现代学生与现代新闻》等，译文有《日本的学校新闻》《早稻田学校新闻遗话》《英美的学校新闻》等。任白涛作序，文内附有图片。

8 月 15 日

《戏剧新闻》在北平创刊。“剧联”北平分盟创办。宋之的主编。以报道国内外左翼戏剧活动为主，曾开展戏剧大众化等问题讨论。11 月 5 日出第 5 期后停刊。

8 月 28 日

北平市外勤记者协进会成立。自称以增进记者能力和改造新闻事业为目的。经常举行聚餐会交流经验。

同月

国民党当局以“言论反动，毁谤党国”罪名，下令禁止《生活》周刊邮寄。邹韬奋和同事们设法突破封锁，一面依靠在铁路、轮船、航空等交通部门任职的读者协助，把一捆捆刊物运送给外埠订户；一面改头换面用各种封套邮寄，争取避过邮检一关。本年，《生活》期销数达 15.5 万份，位居同时期国内期刊发行数的榜首。

赵敏恒著《外人在华的新闻事业》，由中国太平洋国际学会出版。为该学会丛书之一。16 开本，80 页。内容较详细地介绍了英、美、日、德、法、俄等国在中国新闻活动的历史与现状，揭露帝国主义新闻侵略罪行，呼吁中国政府加强新闻通讯机构的建设，改变中国国际宣传完全“仰外人之鼻息”的状况。

9 月 1 日

北平《老百姓日报》创刊。李子青等创办。面向市民读者。社址在北平宣武门内后牛肉湾。4 开 4 版。第 2 版为副刊版，设有 7 种副刊，每日轮流刊出。其中《妇女周刊》9 月上旬创办，至 1933 年 8 月 25 日出至第 47 期告终。1933 年 9 月 1 日另出《妇女与家庭》周刊，重新编号。《妇女周刊》的编者是萧蕴辉女士，以揭露社会黑暗，抨击时弊，宣传奋起抗日的评论性文章为主。代表性文章有《悲溯满洲少女的使节》《替贫民向阔太太小姐们呼吁》《丁玲女士之不识时务》《高跟鞋与妇女运动》等。《妇女与家庭》到 1934 年 10 月 19 日止，共出 58 期，由张静娴主编。辟《妇女界消息》栏，有关家庭日常生活的文章增多。1934 年 1 月第 20 期起由李萨雪如接任主编后，更以讨论家庭日常生活具体问题为主。

9 月 3 日

《大公报》在第 8 版增出《世界思潮》周刊。邀请清华大学哲学系教授张申府主编。每周六出刊。该报原周六出版的《现代思潮》于本年 6 月 25 日出至第 40 期停刊。

9 月 4 日

北平新闻记者公会致函北平市政府、公安局，希望尊重约法赋予新闻界的言论自由，不得随意干涉。

9 月 5 日

戈公振以特派员身份作为顾维钧率领的中国代表团成员乘坐意大利邮轮离开上海，与国际联盟调查团一起去日内瓦，出席国际联盟举行的关于解决日本侵略中国问题的特别大会。7 日抵香港，写途中见闻，于 13 日起在《时事新报》连载。10 月 2 日到日内瓦。17 日会议闭幕。25 日写通讯《万木无声待雨来》，揭露国际联盟对满洲问题、东北问题均悬而未决，软弱无力，可见“联盟之日暮途穷”。指出“希望国联为中国收回失地，无疑纸上谈兵”。此通讯刊于 11 月 20 日上海《时事新报》。

9 月 18 日

大白通讯社在上海成立。金雄白等主办。

9 月 26 日

北平市新闻记者公会通电国民党中央和南京政府，吁请保障言论自由和人权。此事起因于 9 月 24 日北平《导报》《益世报》登载第二十九军驻北平办公处处长秦德纯骗婚新闻一则，被秦指令其副官率领武装士兵 20 余人直入《导报》编辑部，殴打编辑李耕古、罗静夫、宋天恨等 3 人并欲将 3 人绑走，后经该地警察交涉，始暂交该管区警察看管。该副官等又蜂拥到《益世报》逮人未果。该公会通电称：言论自由，载在约法，今秦某竟殴绑记者，私擅逮捕，实为摧残言论，蔑视人权，望中央依法处置。该公会同时通电全国各界请求声援。

同月

天津《正闻报》创刊。社址设在天津法租界 33 号。

以刊登小品文为主的文艺期刊《论语》半月刊在上海创刊。林语堂创办并主编，陶亢德、邵洵美等相继接编。时代图书公司出版。初期提倡幽默，不谈政治。1935 年后提倡“以自我为中心，以闲适为格调”。鲁迅曾撰写《“论语一年”》《小品文的危机》等文批评林语堂和《论语》。1937 年 8 月 1 日出至第 117 期后停刊。

10 月 1 日

《女声》半月刊在上海创刊。社长刘王立明，主编王伊蔚。16 开本，每期 32 页。创刊号《发刊词》称：“《女声》的历史使命是鼓动劳动妇女和所有爱国人士投身于伟大的民族解放运动中去。”有短评、论著、问题探讨、文艺等栏目内容，并刊有介绍劳工妇女、国内外著名妇女的生活和事业情况的文章。发行数达 3000 多份。

10 月 2 日

《社会生活》周刊在上海创刊。“左联”和“社联”合办。沈端先、楼适夷、蔡馥生编辑。本年 11 月出至第 5 期后被查禁。

10 月 3 日

《少年真理报》（原名《冬季冲锋报》）在上海创刊。共青团江苏省委创办。8 开 2 版。该报动员青少年反对国民党反动统治，拥护革命政权，参加抗日救亡运动。一度中断停刊。1934 年 4 月上旬，共青团江苏省委将《冬季冲锋报》改名为《少年真理报》继续出刊。同年 12 月 22 日停刊。

10 月 6 日

北平《京报》副刊《妇女与家庭》周刊创刊。逢周四发刊。约占该报第 10 版的 2/3 版，每期有三五篇文章，约 5000 字。至 1933 年 3 月 23 日止，共出 23 期。前 19 期由雷香庭主编，第 20 期后由王俊杰女士接编。《发刊词》提出以继续宣传争取妇女的平等、自由和解放为主旨，倡导妇女谋求生活自立，号召妇女参加抗日救亡。具有代表性的文章有《中国妇女往哪里去》（第 18 期）、《献给资产阶级的妇女们》（第 21 期）、《一九三三年的北平妇女》（第 23 期）等。后一篇文章号召北平妇女学习“一・二八”淞沪抗战中的上海妇女，学习历史上的女杰梁红玉、花木兰、秦良玉，在参加挽救中华民族的危亡斗争中求得妇女的解放。

10 月 7 日

北平《矿工小报》创刊。中共北平门头沟地下组织的机关刊物。《发刊词》说：“现在街上卖的大小报都替有钱人说话，来欺骗我们受苦的工人。本报是咱们工人办的，是替工人说话的，咱们有什么委屈和不受压迫的办法都登出来，叫大家伙知道，大家伙齐心来干。”现存仅创刊号 1 期。

10 月 15 日

天津新闻界联名通电全国各地新闻界，吁请为废止内战运动一致奋斗。

10 月 21 日

《主张与批评》半月刊在上海创刊。时政评论性刊物。王造时主编。中国美术刊行社发行。王造时为该刊撰写的《国民党怎么办?》一文，被当局指为“肆意诋毁本党”，该刊也因此被指为“反动刊物”，受到查禁。先后仅出4期。第4期发表《紧要启事》，抗议该刊非法被禁说：“国民党训政时期约法第十五条规定：‘人民有发表言论及刊行著作的自由，非依法律，不得停止或限制之。’……言犹在耳，墨迹未干，本刊即遭查禁，信义何存，保障何在。”表示当以不屈不挠精神据理抗争。

10月22日

北平《晨报》创办副刊《妇女青年》。每周1期。由中国妇女青年社主编。此前，该社曾单独出有《妇女青年》杂志，因经济困难停刊。改在《晨报》以副刊名义出版后，称为“妇女青年的复活”。该刊主张以解决妇女实际问题为解放妇女的先声，把调查反映各地妇女现状作为重点。这类文字多为该刊编辑、妇女青年社成员回乡探亲或外出办事的见闻，侧重于农村社会。1936年9月26日停刊，共出214期。

10月26日

北平《华北日报》在本日所刊专电中，报道了当前南京新闻事业的以下统计材料：日报21家，晚报5家，小报20家，通讯社33家，杂志社39家。

同月

据北平公安局报告，该局邮件检查员近期检扣的有关宣传共产的“反动刊物报纸”已达千余种，均已销毁。与此同时，该局还通令所属继续查禁宣传普罗文艺的“反动刊物”。

“一·二八”事变中被日军炸毁停刊的《东方杂志》复刊。胡愈之主编。胡与商务印书馆约定，每期支付一定编辑费，由胡决定编辑人员的聘请和稿费的支配。商务印书馆原出版的《教育杂志》《妇女杂志》《小说月报》一时不能复刊，亦并入《东方杂志》，分设《教育》（周予同主编）、《妇女与家庭》（金仲华主编）和《文艺》（茅盾是主要编撰人）3个专栏。从第29卷第4号复刊起，该刊全面革新，胡愈之撰发《本刊的新生》一文，宣告：“以文字作分析现实指导现实的工具，以文字作民族斗争社会斗争的利器，我们将以此求本刊的新生，更以此求中国知识者的新生。”约请郑振铎、叶圣陶、朱自清、郁达夫、谢六逸、陈翰笙、老舍、巴金等学者、作家撰稿，并增设《编者、作者与读者》专栏。在胡愈之主持时期，该刊成为宣传进步思想，要求民主抗战爱国的重要舆论阵地。期发行数达6万多份。

《社会新闻》在上海创刊。新光书店经售。初为三日刊，后改旬刊、半月刊。以“内幕新闻”和长篇连载吸引读者。曾一再造谣攻击鲁迅、丁玲等左翼作家。1935年10月起改名《中外问题》。1937年10月停刊。

11月1日

《北平进报》创办。社址在北平宣武门外包头章8号。日出对开1张。内容主要有中外重要新闻、社会新闻、地方琐闻、学术论著及文艺作品等。

《申报》增办《电影专刊》。每日出刊。凌鹤为特约撰稿人。栏目有《影片谈评》《电影专著》《本埠影讯》《国片介绍》《新片预告》《海外珍闻》《外论撰述》等。

11月12日

南京中央广播电台江东门新台正式播音。开播前举行开幕典礼。陈果夫在会上致词说，此后可利用大电台传播党国正确消息，普及全民教育，统一全国意志。该台1928年初建时仅500瓦特电力，1929年用21.5万美金从德国购得75千瓦发射机等设备。8月13日试播，波长44公尺，呼号为XGOA，收听范围可达东南亚，功率之大居亚洲之冠。新台开播后，对节目编排进行全面革新，使节目内容由先前单一的政治宣传扩展到教育、文艺、商业、社会服务各个方面，每日播音增至 11 小时，其中新闻约占 1/3，成为宣传国民党“攘外必先安内”政策，巩固蒋介石独裁统治的重要工具。该台曾组织邀请蔡元培、马寅初、叶圣陶、赵元任、竺可桢、苏步青等学者作广播讲演，传播了一些有益的科学文化知识和进步思想。

11 月 15 日

《北辰报》在北平创刊。社址在北平西直门大街 26 号。日出 4 开 2 张。主要刊载国内外政治、军事、教育、经济文化等方面的重要新闻，并刊有小说、戏剧及各种文艺作品。月售价 4 角。后改为对开 2 张，社址迁北平报子街 39 号。现存最后一期是 1935 年 6 月 30 日出版的。

《文化月报》在上海创刊。中国左翼文化界总同盟主办。署名周乐天编。仅出 1 期即被查禁。次年 1 月改名《文艺月报》，徐介石编辑。仅出 2 期再次被查禁。

国民党中央宣传部公布《宣传品审查标准》。规定凡宣传共产主义、国家主义、无政府主义者均属“反动”，凡批评国民党政策者均为“危害民国”，应“一律禁止”。

11 月 18 日

在上海出版的中共中央机关报《斗争》第 31 期发表歌特（张闻天）《论我们的宣传鼓动工作》一文。提出反对“党八股”式的宣传，并分析其表现形式、产生的原因和危害。认为宣传鼓动要因时因地出发，要充分利用图画、唱歌、戏剧等活泼的、群众化的形式，才能把党的政治影响传达到工厂、农村、学校和兵营中去。文章强调党处于地下状态时，应尽量争取利用公开工作的可能性，利用反日、反帝、拥护东北义勇军等公开报刊进行宣传，以扩大党的活动范围。

同月

《工农报》在江西葛塬创刊。闽浙赣省苏维埃政府创办。省苏维埃主席方志敏题写报名。

南京电报局局长解释新闻电报时有被扣留的情况时说：本局奉交通部令，负有检查责任，凡对政治治安有妨碍的新闻一律扣留。又说：按部颁检查电报办法的规定，明码官商电报，如查有危害民国、违反法律或妨碍公安或风化之处，均应扣留。

12 月 1 日

北平《华北日报》自即日起增出晚报，随日报附送，不另收费。《华北晚报》设有新闻版、文艺版。

《申报》副刊《自由谈》全面革新，聘请刚从法国留学归来的青年作家黎烈文接任主编。本日《自由谈》刊出了他写的《幕前致词》，表示要使《自由谈》立足于文艺的进步与近代化，不迁就一般的低级趣味。本日《自由谈》还刊出《编辑室启事（一）》，指出为了不负读者的赞许，“务使本刊内容更为充实，成为一种站在时代前面的副刊，决不敢以茶余酒后消遣之资的‘报屁股’自限”。革新后的《自由谈》，除散文、游记、文艺评论、科学小品、短篇译著外，最受欢迎的是鲁迅、茅盾等左翼作家用笔名撰写的针砭时弊的杂文。其中仅鲁迅在《自由谈》上用何家干、丁萌、游光等 40 多个笔名撰写的杂文，就达 140 余篇之多。《自由谈》在黎烈文主持时期，坚持进步倾向，又兼容并包，先后组织了关于“大众语”“京派与海派”等大小 20 多次讨论，吸引团结了一批思想观点不同的作者，成为反对和突破国民党文化“围剿”的一个重要阵地。

12 月 3 日

《出版周报》新刊第 1 号出版。商务印书馆主办。李伯嘉任编辑兼发行人。1937 年 7 月 24 日停刊，共出 243 号。

12 月初

《申报》创办流通图书馆。馆址设在上

海大陆商场三楼（今南京东路）。免费为店员、工友、学徒服务。负责人有李公朴和艾思奇、柳湜、夏子美等。馆藏图书仅 1.2 万册，但两年中的周转量达到 19 万册。设有“读书指导部”，为读者指导读书内容和方法。同时在《申报》辟设《读书问答》专栏，扩大和读者的联系，引导青年读者走向进步道路。

12 月 30 日

中国民权保障同盟在上海举行中外记者招待会。胡愈之、邹韬奋、史量才、陈彬龢、钱华、顾执中、陆诒和《中国论坛》主编伊罗生、德国《法兰克福日报》驻华美籍记者史沫特莱等出席。蔡元培主持会议并代为发表该同盟主席宋庆龄的致词，要求新闻界同人和民权保障同盟的盟员们应该并肩站在一起，“共负促进人类社会进步之使命”，并声明我们组织的宗旨在于支援为争取结社、言论、出版、集会自由等民主权利而进行的斗争。换句话说，民权保障同盟是倡导和保卫出版自由的。因此，新闻界为它自身的利益，应该热忱地赞助这一组织。

12 月 31 日

《大公报》发表社评《送民国二十一年》，回顾说：“综合过去十二个月中，惨雾愁云，弥漫社会，比之往岁，弥感凄怆。”着重向当局建言“应反省者”有三条：第一，从淞沪抗战及其影响，可知好的结果“胥从奋斗得来”；第二，从国府上层斗争情况，可知“领袖诸彦之廉洁公忠，精诚团结”，“矢敬矢诚”“取信于民”是“刷新政治”的前提；第三，从“剿共”一事，可知“改革学制，善导思想，救济民生，整顿地方”，是对待赤区事宜的根本办法。是年 6 月配合蒋介石对江西苏区的第四次军事“围剿”，《大公报》除连续报道蒋介石亲自指挥“剿匪”进展动态消息外，半个月中连发三篇社评：《治军清军为剿匪先务》（6 月 15 日）、《剿匪要义》（6 月 19 日）、《今后之剿匪问题》（7 月 1 日），为当局出谋献策。

同月

东北爱国人士主办的《覆巢报》改名《东方快报》继续出版。刊期由五日刊改为日报，每天出 4 开 2 张 8 版。社址仍在北平府右街运科门里。1937 年 7 月抗战爆发后停刊。该报的副刊《家庭》周刊创刊于 1933 年 1 月 24 日，同年 12 月 20 日第 63 期起改名《妇女与家庭》周刊，由式如女士主编，到 1937 年 1 月 30 日出至第 218 期突然中断。

世界语月刊《世界》在上海创刊。上海世界语者协会主办。叶籁士、胡绳先后主编。第二年 10 月起，每月出版《言语科学》增刊。1935 年 12 月停刊。

同年

上海亚美公司创办《无线电问答汇刊》。苏祖国编辑。共出版 14 期。1933 年 1 月，该公司又出版《中国无线电》半月刊，普及广播知识，交流业务经验。

刘葆儒著《广告学》，由上海中华书局出版。

季达著《宣传学与新闻记者》，由暨南大学文化部出版。郑洪年、吴天放、戈公振等 5 人分别作序，刘士木写跋。

查光佛在江苏病逝。时任国民党中央党史编纂委员会编纂兼秘书。查生于 1885 年，湖北蕲春人。清末加入同盟会，1909 年与詹大悲合作，接办汉口《商务报》，任主笔，使该报成为湖北革命团体群治学社的机关报。1911 年，又参与接办《大江白话报》，更名《大江报》，任主编，使该报成为振武学社、文学社的舆论机关。民国建立后，曾任国民党汉口市特别党部宣传部长等职。1928 年被任命为上海《中央日报》总编辑。

1931年从事国民党党史编纂工作。著有《武汉阳春》一书。

《长沙市新闻记者联合会年刊》出版。李抱一、陈介石、萧石朋、袁惠瞻等编辑。分为两册，一册收集国内学者有关新闻学的论文；一册为湖南新闻事业史料，刊有《长沙报纸史略》(李抱一)、《湖南通讯社史略》(黄性一)、湖南已故新闻界人士传略，以及该会章程、纪事、会员名单等。

哈尔滨《国际协报》被伪满当局查封。《哈尔滨公报》《晨光报》《国民公报》《东华日报》自动停刊。与此同时，伪满当局实行邮检，严禁关内报纸进入东北。

1933年（癸酉）

1月1日

胡愈之主编的《东方杂志》第30卷第1号出刊《新年的梦想特辑》（占83页篇幅）。编者在1932年11月出刊的第29卷第6号上向社会提出两个征文题：一、先生梦想中的未来中国是怎样？二、个人的生活中有什么梦想？发出400多封征稿信。《特辑》刊出142位读者寄来的250个“梦”。其中来自教授、作家、研究人员、记者、职员、律师、学生等知识分子的，约占总数的90%，另外还有政府官员、银行家及其他阶层一般读者的。《特辑》还刊发丰子恺、陈升洪创作的8幅“梦”的漫画，绘出建筑家、母亲、教师、人力车夫、投稿者、科学家、艺术家、兵士的梦想。记者（胡愈之）在《读后感》中遗憾地说：占人口90%以上的农民、工人、商店职员，“决没有用文字描写的能力和闲暇，这实在可以算是最大的国耻”。他概括来信反映的时代色彩有两点：第一，是“物质的需要”。有的说，大多数中国人处在“挨饿受冻，甚至易子而食”中（娄立斋）；有的希望“全国的人有饭可吃，有衣可穿，有屋可住”（洪业）。第二，“是诅咒国家”。有的不满“过去和现在的乌烟瘴气的中国”，希望的是“脱皮换骨改造过后的新中国”（徐调孚）；有的说：“中国不是由日本独占，便是国际共管”（谢扶雅）；有的说：“中国是没有未来的”（巴金）。胡愈之指出来稿普遍倾向是：“大家都希望生活安定，而且这梦想的个人生活，必待梦想的中国实现的时候才能实现。”国民党中央监察委员柳亚子、燕京大学教授郑振铎、《生活》周刊主编邹韬奋、豫丰纱厂毕云程、新闻记者楼适夷，以及著名学者、作家陈翰笙、叶圣陶、茅盾等明确表示，希望中的中国，将是不受帝国主义奴役，没有剥削阶级，人人共劳共享的独立、自由、平等的社会。《特辑》是对国民党统治的黑暗社会的一次曝光，是对理想的社会主义新中国的呼唤，在社会上引起强烈反响。这引起商务老板王云五的不满，胡愈之因此被迫离开商务。后来，胡回忆总结提出这次“梦想”征文在做法上是失策的。他说：“《东方杂志》是一个很有影响的刊物，丢去这个阵地是很可惜的。后来鲁迅先生也说没有必要搞这样一个‘梦’的专栏。今天回过头来看，当时我们如果做得更策略一些，保持这块阵地，对革命文化工作发展更有利。”（胡愈之：《我的回忆》，江苏人民出版社1990年版，第23页。又见于友：《胡愈之传》，第92页）

《现代文化》月刊在上海创刊。“社联”主办。创刊号为《批判自由人专号》。出版2期被查禁。

上海《明星日报》创刊。4开4版小报。沈秋雁创办，苏三主编。以刊登连载小说、电影、戏剧为主要内容。抗战爆发后停刊。

1月10日

《新中华》半月刊在上海创刊。中华书局出版。周宪文、钱歌川、倪文宇编辑。分设有论著、文艺、新刊介绍、漫画、时论摘粹、参考资料、半月要闻等。1937 年 8 月暂告停刊。1943 年 1 月在重庆复刊。

1 月 16 日

上海英文《大美晚报》增办中文版。宋子文出资经营，以美商大晚报公司名义出版。张似旭任总经理兼总主笔。新闻多译自英文版，言论主要译自上海中外报章，为适合中国读者需要，注意宣传抗日救亡。所设文艺综合性副刊《夜光》，以及《商业》《妇女》《记者座谈》等专栏，多具特色，发行数很快上升。

1 月 21 日

江苏镇江《江声日报》因揭载政府官吏公卖鸦片黑幕及吸毒罪行，被国民党江苏省政府主席顾祝同抓住该报副刊《铁犁》所刊社会写实文字，罗织罪名，指为“蓄意煽起阶级斗争，鼓动红色恐怖”的“共党报纸”予以查封。经理兼主笔刘煜生被指为“共党”，下令枪杀。这一事件激起了社会各界的强烈抗议。

1 月 28 日

《国光日报》在福州创刊。入闽主政的十九路创办。创刊日期正是淞沪“一·二八”抗战周年，蒋光鼐、蔡廷锴均题词纪念。

同月

上海《申报》创办申报新闻函授学校。史量才兼任校长，张蕴和任副校长。培养目标是：“以养成管理与编辑地方报纸人才，训练采访新闻通讯技能为宗旨。”（《申报函授学校章程》，《申报》1933 年 1 月 15 日）课程设置以实用为主，分必修、选修两大类，包括基础知识课、专业课、辅助知识课与写作训练等 18 门课。聘请谢六逸、郭步陶、伍蠡甫、赵君豪、钱伯涵等教授和报人讲课。该校共办 4 年，先后出版教材 14 种，学员最多时有 500 多人。

《盟报》在上海创刊。“社联”创办的内部油印刊物。到 1935 年底共出 29 期。

2 月 1 日

中国民权保障同盟在上海举行中外记者招待会。同盟副主席蔡元培主持并宣读抗议记者刘煜生被杀害宣言，指出：“此种蹂躏人权、破坏法纪之黑暗暴行，已明白证明顾祝同为实质上与北洋军阀毫无二式，亦即为我国人民之公敌。”宣言向当局提出三项要求：“一、迅将顾祝同及其他有关负责人免职，并依法惩办；二、公布顾祝同所认为‘宣传共产’之《江声日报》副刊所刊载诸文；三、切实保障民权，务使以后不至再有此种同类之事实发生。”同盟主席宋庆龄即席发言，主张由上海报界领导全国新闻界罢工一日，以示抗议。蔡元培建议报界应对此案发表宣言，伸张正义。《申报》总经理兼上海日报公会会长史量才在会上表示：“此案与报界有切身利害关系，当提请上海日报公会讨论。”2 日，《申报》《时报》《大陆报》等报纸刊发民权保障同盟的上项宣言，《申报》并配发时评。2 月 19 日，上海新闻工作者 239 人联名发表宣言为刘案辩诬，伸张正义。全国律师协会等各界团体亦要求追究并惩处刘案制造者。蒋介石为平息民愤，被迫解除顾祝同江苏省政府主席职务。（同年 10 月，却任命其为“湘鄂赣粤闽五省剿共军北路军总司令”。）国民党当局并于同年 8 月和 9 月 1 日，相继发出“保障正当舆论”和“切实保障新闻从业人员”的通令。为纪念这一胜利，1934 年全国新闻界公定 9 月 1 日为“中国记者节”。从此，每年是日均集会或著文纪念，借以团结新闻界同业为维护自身权益而斗争。

2 月 4 日

《斗争》在江西瑞金创刊。中共苏区中央局机关报。由《党的建设》和《实话》两份党刊合并而成。铅印 16 开本，周刊。1933 年 1 月，中共中央党报编辑委员会随中共临时中央政治局由上海迁入江西中央革命根据地，改称中央党报委员会，中央政治局常委、宣传部长张闻天任主任。《斗争》等党刊的编审工作，即由党报委员会负责。中共中央局正式成立后，《斗争》实际成为中共中央机关报。它主要刊载中共中央的决议、指示和中央负责同志的文章。发行量最高达 2.7 万份。曾发表毛泽东两篇著名调查报告《兴国长冈乡的苏维埃工作》《上杭才溪乡的苏维埃工作》(后改名《长冈乡调查》《才溪乡调查》)。张闻天在该刊第 38 期发表《关于我们的报纸》一文，总结苏区办报的经验，指导党报工作的改进。该刊受王明“左”倾机会主义影响，对形势任务的分析和党内斗争的报道评论，曾犯有“左”倾错误。1934 年 9 月 30 日长征前夕出版第 73 期后停刊。

王造时主编的《言论自由》半月刊在上海创刊。创刊号发表了王写的《安内必先攘外》一文，批评国民党当局“攘外以必先安内”的错误政策。

2 月 5 日

《艺术新闻》周刊创刊于上海。“剧联”创办。夏伟编辑，邹敬之发行。出至第 4 期后被迫停刊。

2 月 11 日

中国诗歌会机关刊物《新诗歌》在上海创刊。以中国诗歌社名义编辑发行。初为旬刊，第 5 期起改为半月刊。穆木天为创刊号写了《发刊词》称：“我们要唱新的诗歌，歌颂这新的世纪。”提倡诗歌的大众化，刊登有用民间小调写的《义勇军打仗景》等歌曲。1934 年 12 月，出至第 2 卷第 4 期被查禁。

2 月 12 日

《大公报》创刊《写真周刊》(第 12 版)。逢周日出刊。聘画家赵望云为写生通讯员。赵在赴农村实践旅行的四五个月中，连续在该刊发表速写素描 150 幅。后从中选辑 130 幅成册出版，不胫而走。后请冯玉祥为每幅画题写一首白话短诗，题名《赵望云农村写生集》，于同年 12 月由大公报馆再版。自同年 9 月 1 日起，《写真周刊》扩幅改出《每日画刊》。

2 月 17 日

北平新闻记者公会举行追悼会，悼念镇江《江声日报》经理刘煜生、上海《时事新报》驻南京记者王慰三和北平正闻社记者陈去病等三位新闻工作者。刘、王死于当局的迫害，陈死于车祸。北平市外勤记者协进会同日就刘煜生、王慰三两位新闻工作者被害事，通电全国，要求政府严惩凶手。

英国文学家萧伯纳抵达上海。当日《申报·自由谈》出刊《萧伯纳专号（上）》，发表黎烈文《欢迎萧伯纳》，何家干（鲁迅笔名）《萧伯纳颂》等文。18 日，续出专号(下)，批评《大晚报》等上海一些中外报纸攻击萧“宣传共产”的愚昧和别有用心。3 月，鲁迅和瞿秋白编辑出版《萧伯纳在上海》一书，鲁迅写《序言》说，本书是重要文献，“将文人、政客、军阀、流氓、叭儿的各式各样的面貌，都在一个平面镜里映出来了”。

2 月 20 日

南京新闻检查所成立。由宪兵司令部、警备司令部、警察厅三机关共同组成。国民党中央党部及军委会后来一并加入。

2 月 22 日

北平《华北晚报》自即日起增刊《燕京附刊》。由燕京大学新闻系主编。每日出版。

2 月 26 日

《新闻夜报》在上海创刊。为上海《新闻报》的附属报纸，由《新闻报》副总编辑严独鹤主编。所刊登每日广播节目消息和评弹开篇唱词，受到读者欢迎。每月赠送《美术生活》一本，以吸引读者。1941 年 12 月太平洋战争爆发后停刊。

同月

新加坡《星洲日报》驻北平特约记者陈子实在热河省宁城县被日本侵略军杀害。陈原名昭绪，生于 1902 年，江苏徐州人。曾在北京大学哲学系旁听。1925 年主编《哲学批判》杂志。1926 年到东南亚，先后在马来亚一些中学任教，同时为马来亚、新加坡各报撰稿。1930 年前后入新加坡《星洲日报》工作。1932 年回国，任该报驻北平特约记者。1933 年日军侵犯朝阳后，专程奔赴热河前线采访。行前在给该报经理林蔼民的信中写道："自投虎口，危则危矣，然为我三千万被难同胞计，杀身救国，义不容辞。"（《中国新闻年鉴》1989 年版，第 478 页）曾在该报发表有关日军侵占热河地区情况的系列报道。同年 2 月在宁城县老局子被日军掳去，挖眼割鼻后惨杀。是"九一八"事变后第一位在抗日前线牺牲的中国记者。著作有《马来半岛华侨文化教育概观》《南洋文化建设》等。

国民党决定在上海、汉口、南京、北平、天津五处设立新闻检查所。平津两地新闻检查所由中央宣传委员会秘书萧同兹指导筹办。北平新闻检查所由郑介民任主任，侯汝芳、胡天册为副主任。平津新闻检查所成立后，北平于 5 月 19 日起实行新闻检查。天津于 5 月 22 日起实行新闻检查，到 6 月 3 日停止。

3 月 1 日

《现象月刊》在上海创刊。"社联"委托李剑华以社会学教授身份自筹经费创办并主编。撰稿人多为"社联"和"左联"的成员。陈望道常为该刊审阅修改稿件。内容以介绍苏联情况，宣传反帝反法西斯，揭露国民党的反动统治为主。同年底被迫停刊，共出 10 期。

《社会主义月刊》（又名《民族与社会月刊》）在上海创刊。国民党社会主义学会创办，新生命书局出版。发行人顾修坚。鼓吹法西斯主义，提出"一个领袖、一个法西斯党、一支别动队"的主张。第一年出版的 12 期刊物共载文 81 篇，其中有 36 篇的论述主题是宣扬法西斯主义。1934 年 6 月停刊。

3 月 3 日

国民党政府外交部制定外籍记者注册证规则四条：（一）凡外籍记者应先填具请领注册证事项表，并附缴该国领事馆所发之身份证明书，呈请外交部情报司发给注册证。（二）情报司对请证者，如查有违反我国出版法令行为或对我国有恶意宣传之行为，应予拒绝，原已领证者，并应予取消。（三）注册有效期以两年为限。（四）非外籍而系代表外国新闻报社之记者，除关于身份证明书之规定外，均一律适用是项规则。

国民党中宣部部长叶楚伧在南京中央组委会社会事业研究会演讲新闻事业问题称：办新闻事业固应求营业发展，但仍须负指导社会责任，应勇敢能言，力求移风易俗。认为今日报纸新闻冗长，应力求精干。主张副刊文艺材料应混合排列于重要新闻之间，文艺副刊不必要。

3 月 10 日

《西京日报》在西安创刊。国民党在西北地区的党报。第一任社长邱元武。创办该报的部分器材来自天津《民国日报》。"西安事变"中该报一度被张学良、杨虎城的西北联军接收。

3 月初

戈公振辞去《申报》职务，以中央社特派记者身份随同中国驻苏大使颜惠庆等 4 人于5日自日内瓦抵达莫斯科。从此在苏联旅居采访近3年。他以莫斯科、列宁格勒为中心，曾先后去乌克兰、南俄、高加索、中亚细亚、乌拉尔等地参观访问，力求全面了解这个新的国家、新的生活，以亲历见闻向国内读者作忠实报道。所写文章，主要发表在他担任特约撰述和国外特约通讯员的《生活》周刊、《新生》周刊、《国闻周报》《世界知识》《东方杂志》《时代画报》等报刊上。后辑为《从东北到庶联》一书单独出版。

3月13日

北平中国学院新闻学会召开全体会议，颁发新制徽章，并讨论会务。

3月16日

《东方杂志》主编胡愈之被迫辞职。该刊自下一期即第30卷第7期起，改由亲汪精卫的李圣五担任主编，该刊的进步色彩随之改变。

《艺术信号》在北平创刊。“剧联”主办的戏剧刊物。魏照风、张季纯、俞竹舟主编。以戏剧评论为主，有文学、美术、音乐等栏目内容。同年6月16日出至第4期后停刊。

3月17日

燕京大学抗日国际通讯社召开常会，议决短期内编发以下稿件：（一）中国之军政制度；（二）中国平民在政治上之地位；（三）中国学生之活动；（四）历来中国之北患；（五）日本之战事心理；（六）在国难中之中国新闻界；（七）中国古今之战术。该社以前编发的稿件，已分别寄美国、加拿大各大学，以及英、法、德等国的刊物登载。该社共有社员15人，由5位外国教职员担任顾问。

3月18日

国民党中央委员会委员邵元冲在北平举行新闻界招待会，并在会上发表演说，鼓吹“一致安内攘外”，并称新闻界应以此作为褒贬标准，凡是违反这一目标的舆论，应该给以严厉制裁。

3月22日

上海报贩周翼亭在车站被砍伤致死。周贩报30余年，7年前曾获京沪、沪杭两路火车上卖报权，所有沪界大小报均归其承销，获利颇丰，为同业所嫉妒，因此被害。

3月26日

上海《晨报》副刊《每日电影》刊发《电影文化协会宣言》，呼吁电影工作者组织起来，“认清过去的错误”，“探讨未来的光明”，开展“电影文化的向前运动”。该协会成立于2月9日，下设文学、组织、宣传各部，由执委沈端先、聂耳、沈西苓分别负责。

同月

中共文化工作委员会在上海领导成立电影小组，由沈端先、阿英、凌鹤、尘无、司徒慧敏5人组成。沈任组长。该组工作之一是搞好报纸的影剧副刊，建设革命的电影理论，以正确引导电影从业人员和观众。

《大声》周刊在上海创刊。柳亚子、朱少屏等创立的大声周刊社编辑。9月停刊，共出25期。

《欧美新闻界鸟瞰》一书，由南京民族通讯社出版。甘家馨编著。为南京民族通讯社丛书之一。32开，130页。共设7章：一、美国新闻事业的考察；二、美国新闻大王哈斯梯及其事业；三、英国新闻界概况；四、英国新闻巨子罗斯克里夫及其事业；五、苏俄与新闻纸；六、法国新闻事业丛谭；七、意大利的新闻纸与法西斯蒂。蒲良柱写序。

4月5日

华联通讯社在上海成立。负责人谢

光南。

4 月 15 日

《文学杂志》创刊于北平。“左联”北平分盟创办。王志之、谷万川负责编辑。7 月 31 日出版 3、4 期合刊后被禁，编辑和主要撰稿人被捕。

同月

天津检查新闻委员会成立。由河北省政府、第一军部、天津市政府、公安局及市整委会五机关派员组成。决定：（一）由会逐日派专员至各报馆检查大样。（二）各通讯社新闻稿件不受检查。

《汗血月刊》在上海创刊。国民党上海市党部执委潘公展主办，刘达行编辑。同年 7 月增出《汗血周刊》，公开鼓吹法西斯主义，主张对左翼文化实行“焚书”政策。11 月 6 日，两刊联合刊发《征求“文化剿匪研究专号”稿文启事》，提出“文化剿匪”口号。1937 年 10 月停刊。

《申报年鉴（1932）》出版。《申报》馆编印发行。本版《年鉴》共 180 多万字，重要统计 700 多种，由 30 多位专家费时 7 个多月编成。《申报年鉴》于 1936 年出版第 4 卷后停刊。是中国最早出版的年鉴之一。

上海新闻通讯社在上海成立。负责人徐烺亭。

5 月 1 日

《明星月报》在上海创刊。上海明星影片公司编辑，华威贸易公司发行。《创刊旨趣》称电影“是属于大众的”，“是大众所需要的银色的安慰”。创刊号文章有：张凤吾（阿英）《论中国电影文化运动》、席耐芳《电影罪言》、尘无《中国电影之路》，以及柯灵《论电影宣传》等。1935 年 1 月出至第 2 卷第 6 期停刊。同年 4 月 16 日改出《明星》半月刊，1937 年“八一三”淞沪抗战爆发后停刊。

重庆市新闻学研究会正式成立。会址设在重庆晚报社内。以研究新闻学术和发展新闻事业为宗旨。发起人为新闻界人士朱典常等。该会自 1932 年 10 月开始筹备以来，募得新闻等图书数十册。

5 月 12 日

国民党中央宣传委员会与联华电影公司订立摄制放映新闻影片合同，规定双方合作摄制南京、上海、天津、香港等地重要时事影片。该会还要求联华电影公司摄制其他关系时事之影片，附于联华影片之前放映，以广宣传。

5 月 14 日

中共江苏省委宣传部长应修人在上海去丁玲寓所联系工作时，被守候的国民党特务追捕，搏斗中坠楼牺牲。

原《北斗》主编丁玲与同在她寓所的《真话报》主编潘梓年被国民党特务秘密逮捕。5 月 23 日，蔡元培等 38 位文化界知名人士致电当局保释，宋庆龄亦出面营救。6 月 19 日，“左联”在《中国论坛》发表《为丁、潘被捕反对国民党白色恐怖宣言》。直至 1936 年、1937 年，丁、潘 2 人始先后获释。

上海《今日之苏联》创刊。4 开小报。以研究、考察、介绍苏联的建设状况为宗旨。章乃器、胡愈之曾为该报撰文。仅出 3 期停刊。

5 月 15 日

《北平文化》半月刊在北平创刊。“左联”北平分盟机关刊物。每期出 16 开本 14 页。创刊号发表《北平文化总同盟为号召一切文化团体宣言》，呼吁“一切要求言论、出版、研究、批评等自由的文化团体与个人联合起来”。主张供给大众需要的反日反帝反封建，开展民族解放运动的文化武器。声援被当局以宣传共产主义罪名判处两年半徒刑的侯外庐、马哲民教授。6月26日出至第3期后停刊。现存1—3期。

5月25日

黎烈文在《申报·自由谈》以编者名义刊出《编辑室启事》，吁请该刊作者“从兹多谈风月，少发牢骚”，并称：“若必论长议短，妄谈大事，则塞之字簏既有所不忍，布之报端又有所不能，陷编者于两难之境，未免有失恕道。语云：识时务者为俊杰，编者敢以此为海内文豪告。区区苦衷，伏乞矜鉴！”到1934年5月9日黎烈文被迫辞职。

同月

原重庆《大中华日报》《团悟日报》主笔，上海《大陆新报》创办人王鳌溪被捕后，在南京雨花台遇害。重庆报界协会得知消息后，迅即开会议决分别致电军委会、民权保障同盟会、上海川籍要人等，查询究竟，伸张正义。

《文化新闻》在上海创刊。周刊。中国左翼文化界总同盟刊物。文化新闻社编辑出版。

《红色闽赣》在福建建宁创刊。中共闽赣省委创办。

《天山日报》随盛世才取代金树仁统治新疆而改变编辑宣传方针，突出宣传国民党党义，增加抗日救国、中苏友好，以及有关新疆经济、文化建设的内容。1935年1月，盛世才委派宫振翰、郎道衡（满族）分别任正、副社长。同年5月，盛向苏联请派帮助工作的苏共党员万献廷出任编辑长，不久改任社长，由傅希若任副社长兼编辑长。

6月1日

《文艺月报》在北平创刊。“左联”北平分盟创办。张磐石、刘瑞澄、陈北鸥等编辑。刊物发表有介绍列宁的文学党性原则，批判第三种人鼓吹的“超阶级的文艺”，提倡工农通讯员运动等文章。11月1日出版第3期后被查禁。

《社会科学》半月刊在北平创刊。何起予编辑。是继《大众文化》之后，“社联”创办的又一刊物。《发刊词》称其使命是发扬无产阶级理论与策略，批驳反动理论。延至7月16日才出版的第2期，是现存最后一期。

6月6日

北平新闻记者公会举行集会，吁请当局停止新闻检查。

6月10日

美联社董事长何怀德抵达上海。上海日报公会设宴欢迎，席间该会主席史量才致词，对何氏主持正论表示景仰。何在答词中表示希望中美，尤其新闻界合作。次日，何怀德由沪抵宁，董显光偕同。12日在南京受到蒋介石的接见。

6月17日

北平市新闻记者公会召开大会，改选下届执监委员。到会者65人。会上选出执行委员管翼贤、常振春、季迺时、金达志、苏雨田、戴兰生、马芷庠、白陈群、赵蔚如、李诚毅、安怀音、徐致颖、汤修慧、叶子贤、夏铁汉等15人，监察委员温利时、宋抱一、朱镜心、唐友诗、王文彬、李海涛、林质生、林敬霆、林鼒士等9人，候补执委萧训、何卓然、王以之、成舍我、李士林、王丹忱、汪逸民、宋信生等8人，候补监委谢鹏张、曹见微、杨仲华、张啸空、童煦菴等5人。

6月18日

北平《华北日报》在第5版增出《回民特刊》（不定期刊）。由西北学社主编。《发刊词》称其宗旨是：介绍回民生活，回教教义，以促进汉回的相爱与合作。沟通政府与回民之间的声息，努力记述回民最多的西北情况，供开发西北之参考。

原《科学》杂志编撰、《民族日报》主编、中国民权保障同盟执委兼总干事杨杏佛，本日晨 8 时 15 分在上海被国民党特务暗杀。杨杏佛生于 1893 年，名铨，江西清江人。早年留学美国时，参与《科学》杂志的编撰。“五卅”运动中曾创办并主编《民族日报》。1932 年初赴江西苏区访问。归来后曾将亲历见闻写成英文稿摘要在《字林西报》上发表，又将中文稿摘要印 500 份分送友人和国民党元老，反映苏区真相。同年底，协同宋庆龄、蔡元培等发起组织中国民权保障同盟，反对蒋介石法西斯统治，直至遇害。

国闻通讯社、中央通讯社、时闻通讯社、电闻通讯社、新民通讯社、建国通讯社、觉今通讯社、正闻通讯社等 8 家通讯社，联名刊登启事，指责北平《京报》及《益世报》“不愿团体行动”，宣布自即日起停止供给该两报稿件及一切消息。经调解后，始恢复供稿。

上海《晨报》的副刊《每日电影》创刊一周年。电影小组组织蔡叔声（夏衍）、洪深、尘无、柯灵等 15 人以《每日电影》同人名义在该刊发表《我们的陈诉，今后的批判》的联合通启，总结一年影评工作，提出今后影评方针任务，强调要揭发批判思想内容有毒素的影片，更多介绍和宣传有教育意义的影片，并注意扶植国产影片。

6 月 22 日

广东新闻通讯社记者侯友礼，未经宣布罪状，即被当局执行枪决。

6 月 26 日

南京国民政府内政部警政司负责人宣布：截至本日，全国报刊登记者已有 2224 种。这一统计数字，不包括苏区报纸。

同月

燕京大学社会学系教授杨开道及本届毕业生杨庆堃、周振光、严景珊、费孝通、周逸澜等 6 人发起组织社会通讯研究机关。先在北平成立“社会通讯研究本部”，设干事 4 人，取公开印刷纸办法，分发各地通讯员或通讯机关。以沟通全国各地社会学研究的进展情况，交流社会学研究的方法。

平津新闻检查所规定每日各报照常送稿到所受检。禁登稿件，先行通告，令勿排版。设有问讯处备各报咨询。

《正路》月刊在上海创刊。中国左翼文化界总同盟创办的综合性刊物。7 月出版第 2 期后停刊。

中国社会科学家联盟与中国社会科学研究会联合组成中国社会科学工作者联盟。杜国庠、钱亦石先后任党团书记。“社联”曾先后出版过《新思想》《社会科学战线》《世界》《环球》等 30 多种杂志，因政治色彩鲜明，大多出版一二期即被查禁。1933 年后会员改为利用“合法”刊物发表文章。

《上海通志馆期刊》（季刊）创刊。上海通志馆创办。共出 8 期。

《红色东北》在江西葛塬创刊。中共闽浙赣省委、省苏维埃政府、省军区政治部、省总工会联合出版。4 开 2 版，石印，附出不定期画刊。

夏

上海新声通讯社恽逸群、《新闻报》陆诒、新世纪通讯社季步飞等几位记者发起星期聚餐会，议论时局和新闻从业人员应取的态度。由起初的三五人，渐增为十一二人，最多达 30 多人。次年在《大美晚报》增辟《记者座谈》周刊，整理发表议论的话题。

7 月 1 日

南京新新通讯社成立。社长仇培之。

《文学》杂志在上海创刊。大型文艺月刊。文学社创办，胡愈之主持的生活书店出版。第 1 卷署文学社编辑，第 2—9 卷先后由郑振铎、傅东华、王统照主编。初期编委会有傅东华、郑振铎、茅盾、洪深、陈望道、郁达夫、叶圣陶、徐调孚、胡愈之等9人。有社谈、论文、小说、诗、散文随笔、杂记杂文、国外通讯、书报述评等栏目内容。该刊是在《小说月报》停刊，“左联”刊物一再被禁情况下创办的。宗旨在集中全国作家的力量，供给文学读者内容充实而代表最新倾向的读物。内容主要刊登名家的文学创作、文艺理论和作品研究。特约撰稿人有鲁迅、巴金、老舍、丁玲、冰心等10多人。期印1万份，一再重印仍供不应求。1937年11月10日出至第9卷第4号后停刊，共出52期。

胡愈之主编的《时事问题丛刊》第一册出版。每十日出一册。宗旨是：“分析国际现势，研究中国问题，征集现代史料，提高时事常识。”后出有金仲华《国际新闻读法》，戈公振《苏联观感录》等。

《真报》在北平创刊。社址在北平西城辟才胡同头条。设有西北通讯、教育等专栏。

7月3日

北平《华北日报》的《新妇女》周刊停刊，共出83期。编辑人员另在上海出版《女子月刊》，提倡女子文化、女子职业、女子教育。

7月7日

北平中国学院学生徐振树被捕。原因是在他的住处抄出《北方红旗》等革命书刊。徐的同学李朝梁等5人，一并被宪兵拘走。

7月14日

《中国论坛》（中英文合刊）第2卷第8期刊出题为《钩命单》的短文，文中开列了鲁迅、胡愈之、茅盾、邹韬奋和已被害的杨杏佛等56人的姓名。编者加按语说，这是当局准备实行暗杀的黑名单，是一位匿名者寄来的；并说此暗杀计划已经推迟执行，因上海当局担心大批屠杀会在外国人中造成不好名声。

邹韬奋搭乘意大利邮轮离开上海出国，开始第一次流亡。此行既是为了接受朋友的建议，“出国暂避”，也是为了暂时放下繁杂的编务，“赴国外考察，换换空气，并增见闻”（7月1日致戈公振信）。邹在国外两年中，《生活》交由胡愈之、艾寒松编辑，徐伯昕负责经营。

7月15日

青岛新闻界宴请各地记者，提议发起成立全国新闻记者协会，商定由出席的各报记者签名作发起人，并函请全国各报记者参加。

《生活》周刊第8卷第28期发表韬奋写的《萍踪寄语》通讯报告的第一篇《开端》。告知读者：“此次赴欧考察的内容，当特别注意各国新闻事业的实际状况和趋势”，以及政治经济和社会各方面问题。指出：“黑暗势力的劲敌是大众的意志，决不是铲除几个人就能高枕而卧的。”《寄语》先后在《生活》和《新生》周刊上连载，并编成初集、二集、三集，共37万多字，由生活书店于1934年6月、9月、1935年10月出版。在1934年2月写的初集的《弁言》中他说，在观察研究和写作时，“心目中，却常常涌现着两个问题：第一是世界的大势怎样？第二是中华民族的出路怎样？”在1935年4月25日写的第三集《弁言》中找到了两大问题的答案：“现在的世界，除苏联外，很显然的现象是生产力的进步已和生产工具私有的社会制度不相容。……要彻底解决这种‘不相容’的问题，只有根本改造束缚这生产力的社会组织，代以为大众福利尽量利用进步生产力的社会组织。”指出了资本主义必将为社会主义代替的世界发展趋势。同时提出中华民族的解放斗争，“决不能倚靠帝国主义的代理人和附生虫，中心力量须在和帝国主义的利益根本不两立的勤劳大众的组织”。这显然暗指的是中国共产党。

7 月 22 日

国民党江苏省党部新闻业委员会公布该委员会所作的调查统计，全省已有日报 123 家，两日刊、三日刊、周刊 72 种，通讯社 22 所，从事新闻业人数 1569 人，内有国民党员 440 人，全省每日报纸发行总数 181162 份，全省新闻纸每日共需经费 60400 多元。

同月

《鲁迅杂感选集》，由上海北新书局化名青光书局出版。瞿秋白用何凝笔名选编。收入鲁迅从 1918 年以来所写杂文 74 篇，其中大部分都在报纸上发表过。瞿为选集写了约 1.3 万字的序言，深刻评介鲁迅杂文的特点及其重要价值，称它是“战斗的‘阜利通’”(Feuilleton，文艺性论文)。

西安《民意报》因所登社会新闻触怒当道被控，社长裘兰生被地方法院拘押。西安新闻界吁请全国新闻界声援。

8 月 3 日

南京国民政府通令各省市政府，凡因违反出版法经注销登记的书刊报纸，不得再次要求登记。

8 月 10 日

《红色中华》出版第 100 期纪念特刊。刊发 10 篇纪念文章，内有《愿红色中华成为集体的宣传者和组织者》(博古)、《使〈红中〉更变为群众的报纸》(洛甫，即张闻天)、《把〈红中〉活跃飞舞到全中国》(邓颖超)、《苏维埃的新闻事业》(阿伪)、《论目前〈红中〉的任务》(氓，即李一氓)，还译载了列宁夫人克鲁普斯卡娅的《自由的刊物》等。李富春在《〈红中〉百期的战斗纪念》一文中，列举了该报克服编辑、印刷、发行上种种困难的事实，强调提出：“《红中》这种向困难作顽强斗争的精神，值得全苏区的党和苏维埃工作同志学习!”

8 月 19 日

北平公安局禁止各报刊载“描写男女猥亵之事”的诲淫文字，规定如经警告仍不遵行者，将予扣留，不准发行。

8 月 28 日

唐山《工商日报》发行部被人投掷手榴弹，职员 2 人重伤，报贩 2 人轻伤，报架玻璃均被毁坏。

9 月 1 日

南京国民政府行政院颁布《保护新闻从业人员》的“训令”。训令称：“察核该省(指江苏省)党部，及各地方政府，对于新闻从业人员，常多不知爱护，甚且有任意摧残情事，特此通令保护。”并训令内政部、军政部通令各省市政府和各军队及军事机关“对于新闻从业人员，一体切实保护”。(南京《中央日报》1933 年 9 月 2 日)这是国民党当局迫于舆论，对《江声日报》主编刘煜生被杀一案作出的反应。

9 月 17 日

《论语》第 25 期刊发鲁迅应林语堂之约于 8 月下旬写的《“论语一年”》，明确表示对林语堂过去提倡的“费厄泼赖”和现在主张的“幽默”均持反对态度。指出“幽默”在现实中国的作用，“是将屠户的凶残，使大家化为一笑，收场大吉”。8 月下旬鲁迅又写了《小品文的危机》一文(发表于 11 月 1 日《现代》第 3 卷第 6 期)，认为闲适、幽默的小品文，已经走向了危机，是“麻醉性的作品，是将与麻醉者和被麻醉者同归于尽的”，指出现时的中国“却只用得着挣扎和战斗”。“生存的小品文，必须是匕首，是投枪，是能和读者一同杀出一条生存的血路的东西”，“自然，它也能给人愉快和休息……是劳作和战斗之前的准备”。

复生新闻编译社在北平成立并开始发稿。社址在北平西四羊市大街马家二条5号。自称其宗旨是，以坦白精进的精神为社会服务，致力采访重要新闻并编译国内外的研究资料。每日发行午稿及夜稿两次。

9月21日

中国工人运动领导人、著名革命报刊活动家邓中夏在南京被国民党杀害。邓中夏出生于1894年，原名康，号仲澥，笔名心美等，湖南宜章人。1917年考入北京大学中文系，五四运动前后，发起组织北京大学平民教育演讲团，编辑学生社团刊物《国民》杂志，撰写时评。1920年参加北京共产主义小组，编辑《劳动音》周刊。1921年负责中国劳动组合书记部北方分部工作，参与创办编辑《工人周刊》。1923年领导“二七”罢工中，主编地下刊物《青年工人》。同年10月参与创办《中国青年》周刊，任主要编撰人。1924年领导编辑《中国工人》。1925年领导省港大罢工，主编罢工委员会机关报《工人之路特号》（日刊）。1926年任中共广东区委机关报《人民周刊》编委。1930年7月任中华全国总工会宣传部长。1933年任中国革命互济会党团书记。同年5月在上海被国民党当局逮捕，后囚禁并牺牲于南京。著有《中国职工运动简史》。主要报刊文字收入《邓中夏文集》。

国民党中央执行委员会通过《修正重要都市新闻检查办法》。10月5日，通过《新闻检查标准》。

9月23日

《大公报》增辟《文艺副刊》（第12版）。周双刊，逢周三、六发刊。约定郑振铎、闻一多、朱自清、俞平伯、梁思成、金岳霖、余上沅、杨金甫、沈从文、林徽音等编辑，并特约周作人、叶公超、卞之琳、谢冰心等长期撰稿。创刊号发表沈从文《〈记丁玲女士〉跋》、林徽音《惟其是脆嫩》等文。

9月30日

《反战新闻》在上海创刊。每两天出一期，4开4版。上海反战新闻社为配合是日在上海召开的世界反对帝国主义战争远东会议而创办。该报突破国民党对新闻的封锁，详尽地报道了大会的情况。“左联”成员参与大会宣传工作。宋庆龄当选为大会成立的远东反帝反战同盟中国分会主席。

同月

《北平晨报社论集》出版。赵雨时著。16开本，242页。收入1932年3月至1933年3月赵所写该报社论83篇。附录5篇。

《编辑与评论》一书，由上海商务印书馆出版。郭步陶编著。32开，197页。讲述编辑工作与方法，评论的地位、种类与变迁，评论写作，评论记者的条件等。书前刊有张蕴和、谢六逸、李浩然等三人所写的序。

中共四川省委宣传部长兼《四川晓报》负责人谭德政和省委交通兼《四川晓报》发行部负责人谢荣华被国民党当局逮捕，后被杀害。谭、谢二人临死不屈，保护了地下报纸的出版机构和发行网络。

香港《天南日报》在北平成立华北总发行处，由冯千里负责。

10月4日

《中和报》在北平创刊。社址在北平西单牌楼安福胡同76号。日出对开2张8版。除发行国内各地外，还远及港澳地区和日本、东南亚和欧美。1937年7月29日因北平沦陷缩幅为日出对开1张。现见最后一期（8月14日出版）仅出半张2版。11月30日曾出有专刊《妇女》周刊（1934年7月19日第25期起改名《妇女与儿童》周刊），以宣传中国正统的伦理道德为宗旨，为中性大型妇女刊物。陈济明主编的前 141 期，曾发表大量儿童作品。

10 月 5 日

《时刻准备着》半月刊在江西瑞金创刊。苏区中央儿童局机关刊物。由原《青年实话》的儿童专栏扩充单独出版。每期出铅印 32 开本 20 页。刊登新鲜活泼的时事新闻，深入浅出的时事讲话。（要求来稿至多不超过 350 字。）此外还刊有诗歌、笑话、谜语、故事画、游戏、悬赏征答、小辞典等。胡耀邦、陈丕显、张爱萍、李伯钊常为该刊写稿。第二、三期曾刊出胡耀邦写的儿歌《哥哥在前方》《苏区农民分了田》等。期销八九千份，儿童局组织儿童叫卖队，孩子们边演讲边唱叫卖歌。1934 年秋长征前夜停刊，约出 17 期。

10 月 16 日

福建广播电台试播。国民党福建省政府创办，为全省首座。同年 11 月十九路军将领等发动“闽变”，接管电台。“闽变”失败后该台归国民党中央广播事业管理处管理。

10 月 17 日

天津《大报》创刊。社址在天津法租界兆丰路兴义里 3 号。刘云若主撰。该报注意大众化、趣味化，连载小说数种，其中有刘云若的言情小说《续春风回梦记》，还珠楼主的武侠技击小说《蛮荒侠隐记》等。

10 月 30 日

南京国民政府行政院发出密令，要内政部在审查普罗作家的刊物时，“须更严密，勿使漏网”；对“决定已禁之出版物现仍流行市面者，应由各执行机关切实认真取缔”。（《上海革命文化大事记》，第 411、412 页）

同月

中共中央宣传部发出《关于中国反法西斯蒂的提纲》。提出开展广泛的反法西斯蒂宣传鼓动工作，建立反法西斯蒂的群众组织，进行反法西斯蒂的斗争等任务。提纲分析揭露法西斯蒂的纲领和政策，指出最近成立的法西斯蒂文化运动的组织“翰社”，是潘公展、吴醒亚领导的。

鲁迅杂文集《伪自由书》，由北新书局以青光书局名义出版。收入是年 1—5 月在《申报·自由谈》发表的杂文 43 篇。《后记》中辑录了《大晚报》和《社会新闻》《微言》《文艺座谈》等对左翼文化运动和《自由谈》主编黎烈文诬蔑攻击的大量材料。

复旦大学新闻学会丛书之一的《新闻学论集》，由上海汉文正楷印书局出版。管照微编。大 32 开，260 页 1 册。收入论文 20 篇。内有《新闻学论》《向 Journalism 之道》（袁殊）、《新闻教育的重要及其设施》《新时代的新闻记者》（谢六逸）、《报纸的将来》（戈公振）、《注音符号与新闻纸》（黄天鹏）、《报纸的评论》（潘公弼）、《编辑的艺术》（傅红蓼）、《评上海各日报的编辑法》（郑振铎）、《报纸的实益主义》（周孝庵）、《今日中国报界应有的觉悟》（郭步陶）、《资本主义新闻事业的危机》（李兴）、《封建势力在报纸上》（东生），译文《Journalism 与文学》《舆论与新闻》，以及樊仲云、陶希圣、焦尾、何子恒、程天放等的文章。谢六逸写序。

11 月 1 日

《铎声日报》在北平创刊。社址在北平东皇城根北头 49 号。日出 4 开 8 版 2 张。主要编撰人有徐梅影、李醒非、徐平平、陈亚男、王惟一、于善庆等。创刊号用新 5 号字套红印刷，发表标题为《不敢作金木，窃愿效牛风》的《铎声问世宣言》，自称以“指导社会，警醒民众”为宗旨。第 3 版为专刊版，设有《美术》《儿童》《银幕》《戏剧》《招待》《妇女》《学术》等栏目，轮日出刊。该报《招待》专刊创办于 11 月 5 日，以提倡女子职业为宗旨。现存报纸最晚为1934年1月，终刊日期不详。

《大众》画报在上海创刊。大众出版社发行。梁得所主编。8开本月刊，每期40页。图片约占十分之九，其余为文字。重视新闻照片，设有《国内时事》和《国际瞭望台》专栏。创刊号有郎静山、王小亭的摄影，徐悲鸿、梁韬云等的绘画，老舍的小说《柳家大院》，还有随笔等。从不刊用名伶、校花一类美女照片。1935年5月停刊，共出19期。

11月7日

在莫斯科旅居的中央社驻欧洲记者戈公振受上海日报公会、北平记者公会和南京、汉口、天津各地新闻界委托，作为中国新闻界代表，和丘正欧一起，去西班牙首都马德里，参加本日起到12日止，由国际联盟召开的第二次国际新闻专家会议。

11月11日

国际联盟召开的国际新闻专家会议通过了10项议案，多数为阻止传播虚伪消息方面的内容。苏联提出的议案也获通过。该议案声明各国政府应采取步骤与新闻界合作，以避免“（一）登载或采取挑拨各国间怨恨之消息或行动。（二）煽动侵略或分割他国领土之一部。（三）宣传对他国内政之干涉观念”。中国代表戈公振和丘正欧赞成此议案，但宣布保留反对军阀及侵略国的要求。会议通过组织一国际报业机关，由报纸专家与政府代表合组一委员会，处理审议防止不实报告的传播等议案。

11月21日

《人民日报》在福州创刊。为“闽变”成立的“中华人民共和国革命政府”机关报。胡秋原、王亚南先后任社长。“闽变”失败后停刊。

12月1日

《文化列车》创刊于上海。小型文艺刊物。五日刊。方含章、陈栾编辑。刊登文学、评论、戏剧、电影消息。第5期为《文艺刊物批评专号》，评介《现代》《文学》《文艺》等6种刊物。1934年3月25日停刊，共出12期。

12月2日

上海《大都会》小报创刊。初为对开2版，后改4开4版。一版《要闻》，二版《本埠新闻》，三版副刊《漫谈》，四版《银幕》（冰华主编）。嵇希宗曾主编副刊《霓虹》。1935年夏停刊。

12月5日

《民兴报》在天津创刊。日出对开2张。社址在天津意租界六马路39号。

12月6日

原《亚泉杂志》《东方杂志》主编杜亚泉在绍兴病逝。杜亚泉（生于1873年），原名炜孙，字秋帆，号亚泉，笔名伧父、高劳等，浙江绍兴人。自学成才，通晓文理百科。1900年赴上海创办亚泉学馆，并创办主编中国第一个综合性自然科学刊物《亚泉杂志》。1901年主撰《普通学报》。1904年入商务印书馆任编辑所理化部长。1912年任《东方杂志》主编，历时9年，对该刊的改革多有建树。1932年“一·二八”事变中，住房财物全部被日机炸毁，始离开任职28年的商务印书馆，返回绍兴，在稽山中学执教，并继续从事编译书籍，直至病逝。

12月14日

据本日天津《大公报》报道，天津市现有外文报纸7家，计为《华北明星》《华北日报》《泰晤士报》《德华日报》、俄文《霞报》、日文《天津日报》和《京津日日新闻》。国人自办的大小报纸总数计40多种。

其中大报 9 家，有《大公报》《益世报》《庸报》《商报》《民报》《大中时报》《津报》《振报》和《民兴报》。小报 20 种以上，计有《新天津》《天津午报》《大报》《平报》《时报》《国强》《中南》《晓报》《实报》《天风》《津沽民报》《治新日报》《中华新闻》《快报》《亢报》《逐日新闻》《复兴》《民族》《正论》等。晚报除《益世报》《新天津报》发行的晚刊外，单独发行的有《华北晚报》《天津晚报》和《中美晚报》3 种。画报有《北洋画报》（三日刊）、《风月画报》（周三刊，除随大报赠送外，还单独发行）。各报销数多的千份至数万份，少的百份至数十份。天津市的派报社有 18 处，除派发本市各报外，还代发上海、北平各大小报纸。通讯社 20 家以上，除中央社分社外，还有平民、新大闻、中华、民治、光华、公言、大陆、中外、市民、纽斯、国风、经纬、新华、中原、河北、博爱、中联、远东、民中、华洋等通讯社。

12 月 16 日

《生活》周刊出至第 8 卷第 50 期后被迫停刊。本月初国民党上海市政府情报处曾禁止报贩销售该刊。同月 8 日，国民党上海市党部曾指该刊发表的“小言论”《让人民起来吧》（胡愈之写）为“同情福建人民政府”（指国民党内反蒋派陈铭枢、蔡廷锴、李济深等在福建组织的“人民政府”——编者注）。至此，又以“言论反动、思想过激、毁谤党国”罪名下令查禁《生活》。本期《生活》发表韬奋早在去年出国前写好的《与读者诸君告别》一文，声明“宁为保全人格报格而决不为不义屈”，并刊出以“同人”署名的《最后的几句话》，表示“统治者的利剑可以断绝民众文字上的联系，而不能断绝精神意识上的联系。人类的全部历史记载着，民众利益永远战胜了一切”。

12 月 29 日

中共中央宣传部作出《关于〈青年实话〉的决定》，指出该报 12 月 17 日在报上指责《红色中华》造谣，是“诬蔑中央政府的机关报，企图将少共中央局的《青年实话》同中央政府的《红色中华》对立起来。中央宣传部认为这是绝不能容许的现象，特给《青年实话》编辑部以严重警告，并在《红色中华》与《青年实话》上公布这一决定”。先是 12 月 11 日《红色中华》第 134 期所刊郑茂德偷骡子的报道，有“回来就与少共中央局的某些同志大吃馆子”等语，和事实不符。该报为此于 17 日出版的第 135 期作了“重要更正”。但同日出版的《青年实话》第 3 卷第 4 号上却用 4 号字标题刊出《红色中华的造谣》一文。这是一起违反党的宣传纪律的个案。

同月

曹用先著《新闻学》，由上海商务印书馆出版。32 开，130 页。为“万有文库”中的一部。该书简略概述新闻学的定义和范围，报纸与新闻事业的特性和价值，记者的地位和训练，并分述采访、写作、编辑等新闻业务技巧，以及发行与广告、新闻法、报馆和通信社组织等。附录有《全国主要日报调查》和《全国外人刊行各主要日报表》。1935 年 3 月再版，1939 年列为“百科小丛书”，出第 3 版。

同年

《新闻学之理论与实用》，由北平立达书局出版。编著人吴晓芝。32 开，226 页。分为五编。首编总论三章：新闻纸之创始及新闻学内几个西文字之缘起，新闻学及新闻记者，新闻社之组织及各国新闻事业与我国比较。第二编新闻编辑四章：编辑之概要，编辑部之组织，材料之来源与编成，画报与制版。第三编新闻评论二章：评论家应具之条件及评论之关系，评论之种类。第四编新闻管理三章：新闻管理之方法，发行，广告。第五编通讯社和新闻社概况。黎锦熙题签书名。

《宋则久论著》，由天津国货售品所出版。为1915—1917年天津《半月报》创办人宋则久在该报的言论汇集，约四五万字，是中国报刊史上第一部企业报文章汇编。

《大公报》记者何心冷在天津积劳病逝，年仅36岁。何心冷，江苏苏州人，生于1897年。1921年进入上海国闻通讯社，1924年任该社主办的《国闻周报》编辑。1926年到天津《大公报》，主编副刊《小公园》，兼本市新闻编辑和采访主任，一度编辑社会新闻版，是《大公报》的骨干之一。他主编的综合性副刊《小公园》，栏目多样，格调清新。所撰写的杂感，颇能针砭时弊。

辛亥革命时期的革命派报刊活动家陈去病在江苏病逝。陈去病生于1874年，原名庆林，字佩忍，号巢南，笔名季子、伯雷等，江苏吴江人。1903年赴日本考察，编辑《江苏》月刊。1904年回国，参与编辑《国民日日报》《警钟日报》，主编《二十世纪大舞台》。1906年加入同盟会，任汕头《中华新报》主笔，与柳亚子等创办南社，编辑《南社丛刻》。1911—1921年曾主编苏州《大汉报》、绍兴《越铎日报》和杭州《平民日报》。晚年任江苏革命博物馆馆长，东南大学教授。著作有《浩歌堂诗钞》。

《新闻记者》，由上海光华书局出版。聂世琦著。

《大晚报评论选》，由上海四社出版部出版。曾虚白编。

《时事新报评论集》，由上海四社出版部出版。潘公弼编。32开，202页。列为“四社文库”之一。

《广告学》，由上海世界书局出版。王贡三编著。大32开，153页。

《最新广告学》，由上海世界书局出版。罗宗善著。

《经济新闻读法》，由上海黎明书局出版。杨荫溥著。

《英文报阅读举偶》，由上海开明书店出版。陈希周编。32开，214页。

1934年（甲戌）

1月1日

上海《社会与教育》杂志刊发《停刊启事》说：“本刊自出版以来，于今三年又一月，兹因邮递被禁，7卷5期新年特大号，寄发订户3800余份悉在邮局被扣，致业务无法继续，不得不暂时停刊。”该刊系亲汪精卫的樊仲云所办。

1月6日

《文学生活》半月刊在上海创刊。“左联”秘书处主编。以报道联盟内部活动为主。创刊号刊有《为发刊机关杂志檄全体同志》等文告。仅见1期。

1月7日

《大公报》增设《星期论文》专栏。本日刊出该专栏的第一期。首篇论文是胡适的《报纸文字应该完全用白话》。该报在本年元旦刊登的特别启事中，宣布为该栏担任撰述的首批8位名家是：丁文江、胡适、翁文灏、陈振先、梁漱溟、傅斯年、杨振声、蒋廷黻。他们轮值撰稿。后来论文团的作者队伍逐步扩大，先后近200人，有作家、教授、政论家、军事学家、实业家、科学家、政治活动家等。政治倾向上，包容了左、中、右各派。这一专栏成为《大公报》的一个特色，提高了该报的声誉和影响。

中国左翼记者联盟在上海创办《集纳批判》周刊。创刊号发表《我们的使命》一文宣称："要统一中心目标与意志来阐扬以社会主义为根据的科学的集纳主义"（"集纳"为英文Journalism新闻事业一词的音译——编者）。1月21日出版的第2号，刊发《中国左翼新闻记者联盟行动纲领》。该刊内容是争取言论出版自由，强调新闻的阶级性，探讨无产阶级新闻学和尝试建立代表大众利益的新闻事业。仅出4期即停刊。

1月23日

中国青年铲共大同盟散发《铲除电影赤化宣言》，威胁"各电影刊物及各大报之电影副刊"，"勿再刊载鼓吹赤化之影评"，否则"当以炸弹奉飨"。还公然宣称，他们已"呈请政府通缉"田汉、沈端先、茅盾、沈西苓、楼建南、许幸之等"赤色作家或共产党徒"。（《上海革命文化大事记》，第425页）

1月25日

《时代漫画》月刊在上海创刊。鲁少飞主编。上海时代图书公司出版发行。是以图画、文字、摄影并重的综合性刊物。图画作者有丁聪、王乐天、张乐平等，文字撰稿人有王新命、戈宝权等，摄影作者有王玉槐、郎静山等。1937年6月20日出至第39期后停刊。

同月

北平各报馆、通信社，陆续接到署名太和俱乐部、居留民团、东亚同盟会的油印、铅印恫吓信件，威吓各报馆，不得刊登反日宣传，以及攻击伪满皇帝溥仪的稿件。

《文学季刊》在北平创刊。文学季刊社主办，北平立达书局发行。郑振铎、章靳以编辑。第4期起，改由文学季刊社发行，后改由上海生活书店发行。编撰人有冰心、朱自清、沉樱、吴晗、李长之、林庚等。创刊号共360多页，内容有论文、小说、诗、散文、随笔、书报副刊。1935年12月出至第2卷第4期停刊。

开封记者联合会向全国同业发出代电，吁请声援开封记者罗曦初被非法判刑一事。罗为开封《河南晚报》总编辑，该报于1933年1月11日曾刊出《风雨飘摇中之西北中学》一文，对该校有所非议，被该校负责人范某以妨害名誉罪提出控告。开封地方法院袒范，以"妨碍公务"罪判处罗曦初3个月徒刑。开封记者联合会为此发出代电，内有"驱逐污吏，还我自由"等语。

天津《益世报》社长刘浚卿病逝。刘名守荣，河北蓟县人。天主教徒。1915年任天津教区副主教雷鸣远创办的《益世报》总经理。五四运动中作为报界代表参加天津各界联合会，该报报道支持天津学生反帝爱国运动并一度承印《天津学生联合会报》。1920年底聘周恩来任该报特约通讯员，1921—1922年间，在报上连续刊发周撰寄的《旅欧通信》56篇。后曾依附直系军阀。1928年收回《益世报》，任总经理，其堂弟刘豁轩任总编辑，致力于报纸改革，销数日增，成为华北地区影响较大的报纸之一。

上海《文学》月刊第2卷第1期《新年号》被书报检查人员大肆抽删。所刊征文特辑《文坛何处去?》和巴金的长篇小说《雪》、夏征农的《恐慌》等，均被扣压。

2月1日

北平复生新闻社以所发《日方要求取消华北党部》一稿"失实"，被北平市公安局勒令停止发稿，该社记者林霁融、赵志敏被捕。经北平报界出面营救后，两记者被释放，该刊不准复业。

2月2日

上海《商报》因刊登姬觉弥犯奸新闻，被特区第一法院判处该报编辑徒刑4个月，引起上海报界公愤。

2月10日

《新生》周刊在上海创刊。编辑人兼发

行人署名杜重远。生活书店出版发行。封面用彩色影写版精印，每期有影写版画报4页，全期24页，约3万多字。1933年12月邹韬奋主编的《生活》周刊被查禁后，《生活》周刊社的原班人员转而创办《新生》，以示《生活》的新生，并反击国民党所谓“《生活》死了”的谰言。实际主编艾寒松，具体发行工作则由徐伯昕负责。《发刊词》称：“本刊不顾艰困，不辞劳瘁，愿与读者诸君共同努力，以求实现中华民族之新生。”每期首页是杜重远主撰的《老实话》专栏。设有《国际问题讲话》《时事问题讲话》《街头讲话》（柳湜主编）、《读者信箱》等20多个专栏。韬奋的《萍踪寄语》从本年5月19日起在该刊连续刊载。该刊继承和发扬《生活》的传统，宣扬抗日救亡，以立场鲜明、编排活泼，受到读者欢迎。期销最高达10万份。1935年6月22日，因“新生事件”被禁停刊，共出2卷72期。韬奋曾说：《新生》的创办，“好像我手上撑着的火炬被迫放下，同时即有一位好友不畏环境的艰苦而抢前一步，重新把这火炬撑着继续在黑暗中燃烧着向前迈进”（韬奋：《经历》，第329页）。

2月12日

《申报》增设副刊《妇女园地》。沈兹九主编，杜君慧参与编辑。11月史量才被暗杀后，该刊在第88期付印时被迫停刊。

2月15日

上海《大晚报》增设副刊《上海通》。由上海通志馆业余组织上海通社主编。专刊该社社员所写研究上海历史和掌故方面的文字。1937年冬停刊，共出149号。1945年12月后恢复，1948年8月终刊。

2月16日

《生活教育》半月刊在上海创刊。陶行知主持，白桃（戴白韬）主编。生活书店出版。1936年8月停刊，共出3卷60期。

2月22日

南京国民政府令行政院军事委员会，今后如有报纸不服检查者，当由军政机关予以一日至一周之停版处分。

同月

蒋介石下令全国推行“新生活运动”，提倡尊孔读经，掀起复古逆流。“左联”带领进步文化界，在报刊上展开了文言和白话的论争。

《新闻学概要》被列入“中华百科丛书”，由上海中华书局出版。黄天鹏编著。32开，126页。是作者根据他在复旦大学新闻学系和其他学校讲授新闻学的讲义整理而成。分设7章，论述新闻学的成立、性质和重要性，报纸的起源、职能和现状，新闻社的组织，新闻的内涵、定义和价值，新闻采访和编辑，记者的职责、资格和培养，新闻事业的性质等。舒新城作总序，附有中西文名词索引。

3月1日

《中华日报》增辟副刊《动向》。聘刚从日本归国的聂绀弩主编，叶紫为助理编辑之一。以刊登短小犀利的杂文为主。在鲁迅和左翼作家的支持下，这个副刊成为游离于正张之外的宣传进步文化的阵地。在讨论大众语问题中，聂写了20多篇文章。至10月31日停刊，8个月中每日1期，共出刊240多期。

《春光》月刊在上海创刊。综合性文艺刊物。陈君冶、庄启东编辑。上海春光书店出版发行。5月1日出第3期后被查禁。

上海《社会晚报》创刊。蔡钓徒任社长兼总编辑。副刊丰富多彩，从星期一到星期天依次出有以下副刊、专栏：《新旧上海》《人生医学》《摩登家庭》《国货与银行》《医学常识》《舞蹈》《无线电》。这些副刊和专栏兼有知识性、趣味性和可读性，受到读者欢迎。

3 月 15 日

《申报》复刊《图画特刊》。由周刊改为周双刊，随正报免费附送。《复刊词》称："本报前年发行之图画周刊，取材精严，颇得全国读者之赞许与同情，出版至 86 期，适值'一·二八'事变，致告停顿。"所记周刊出版期数缺少 1 号。自 1936 年 1 月 5 日第 183 期起改为每周发行 1 次。1937 年"七七"事变后停刊。

3 月 23 日

南京《朝报》创刊。王公弢、朱庐白主办。自称："以拥护国家利益为第一义，以发展事业基础为第二义。"（1934 年 2 月 10 日天津《大公报》所刊《朝报筹备出版通告》）出版不到 3 个月，即因编辑印刷好，副刊吸引人而畅销于时。7 月 14 日，该报曾因同月 12 日的所刊新闻触犯当局，被罚停刊 1 日。

同月

《少年阅报指导》一书，由上海乐华图书公司出版。巴克著。

4 月 1 日

《美术生活》月刊在上海创刊。金有成创办，编辑先后有钱瘦铁、吴朗西、郎静山、唐隽等。美术生活社发行。以提倡美术的生活化、大众化、实用化为宗旨。主要刊登国画、油画创作，也刊载部分艺术研究文字，是 30 年代较有影响的大型美术专刊。1937 年 9 月停刊，共出 10 期。

4 月 5 日

《人间世》在上海创刊。小品文半月刊。林语堂主编，陶亢德、徐讦编辑。良友图书印刷公司发行。林语堂在《发刊词》中提倡"以自我为中心，以闲适为格调"的小品文。同月 14 日，廖沫沙用笔名野容在《申报·自由谈》发表《人间何世?》一文，批评说："和近来的《论语》相似，俏皮埋煞了正经，肉麻当作有趣；压根儿语堂先生要提倡的是'苍绳之微'，而不是'宇宙之大'么? ……这种东西，倘说它不是吗啡红丸，但也并不是什么清心补脑之物罢。"1935 年 12 月停刊，共出 42 期。

4 月 7 日

北平《益世报》因发表清华大学教授钱端升撰写的社论，揭露了行政院驻平政务整理委员会主任黄郛及其下属殷同、殷汝耕、陶尚铭等人丧权辱国的罪行，触怒黄郛，受到停邮处分。经该报社长刘豁轩多方奔走，历时 1 个多月，才获准恢复邮寄。复邮后，黄郛将其秘书朱枕薪塞进报社，主持该报社论撰写工作。

4 月 10 日

《劳动季刊》在南京创刊。

5 月 4 日

上海《民报》创办电影副刊《影谭》。名义上由鲁思任主编，实际是"剧联"的同人刊物。常用"影谭同人"署名发表集体执笔的评论。主要成员有：洪深、尘无、欧阳山、宋之的、陈鲤庭、赵铭彝、郑君里、林林、鲁思等。第 1 期发刊《前言》表示，将从理论和实践两个方面引导中国电影的正确走向。

5 月 9 日

黎烈文被迫辞去《申报》副刊《自由谈》主编职务。该刊由张梓生接编。在张梓生主编时期，该刊继续实行原革新方针，仍然刊登鲁迅等左翼作家的文稿。1935 年下半年，《晶报》《金刚钻》和其他受国民党津贴的小报，对该刊进行围攻，肆意造谣诬陷，张梓生又被迫辞职。

5月17日

《一周间》周刊在上海创刊。主编洪深、张常人。现代书局出版。自称是一份立足于老百姓的立场，报告一周间的大事，指出是与非、公道与不公道的刊物。逢周四出刊，每期3万多字。设有《特载》（曾发表庐隐女士遗作两篇：《少女的哀怨》《夏天最后的一朵玫瑰》）、《一周间》《一周电影》《社评》《一周画刊》《现代新史料》《名人名言》《生活映画》等栏目，知识性、社会性、趣味性兼具。至本年6月停刊，仅出6期。

5月26日

南京《民生报》以“肆意造谣，不服检查”罪名，被当地警厅罚令停刊3天。原因是该刊24日所刊行政院政务处长彭学沛贪污舞弊一稿，曾被检查部门命令“缓登”，但未遵办。

同月

上海杂志公司成立。地址在上海福州路324号。张静庐创办，张鸿志任经理，金则人任编辑主任。是国内第一家专门发行杂志的书店，专门经销上海和各地的杂志。后公司逐渐扩展，自行出版杂志和书籍。1937年秋，迁往汉口，再迁重庆。

《章乃器论文选》，由上海生活书店出版。收有作者自“九一八”事变以来在《大晚报》《申报月刊》《新社会》半月刊上发表的社评、时论约20万字。

6月1日

国民党中央宣传委员会发布《图书杂志审查办法》。规定：“凡在中华民国国境内之书局、社团或著作人所出版的图书杂志，应于付印前将稿本呈送中宣会图书杂志审查委员会审查。”同时决定先在上海试行。

6月初

《华北日报》因在国内要闻版头条位置刊出关内与东北即将通车通邮消息，被国民党中宣部勒令自6月3日起停刊，社长刘真如被宪兵团押解南京讯办，总编辑陈国廉自行晋京请罪。7月1日关内与东北正式通车通邮后，该报奉令于7月3日复刊，国民党中宣部另行派员接任该报社长、总编辑。

6月16日

杭州《民国日报》改名《东南日报》继续出版。是国民党在东南地区的党报。董事长陈果夫，社长胡健中，刘湘女、杜绍文等任总编辑，严北溟任总主笔。该报每周刊行7种副刊：《民众卫生》《今代儿童》《读书之声》《教育园地》《科学常识》《银幕风光》《现代经济》，轮流出版。每日刊行的副刊有两种：《沙发》和《吴越春秋》。注意经营管理。1936年销达2万份。1937年11月19日迁金华出版，杭州版于12月22日停刊，抗战胜利后复刊。

上海《乒乓世界》副刊《连环画周刊》举行征稿座谈会。陈望道、胡愈之等召集，旨在倡导“大众说得出、听得懂、看得明白、写得顺手”的大众语，发起一个“比白话稍进一步的文学运动”，以抵制某些国民党御用文人提出的“尊孔读经”“文言复兴”的逆流。会上拟定以《申报·自由谈》为基地，由陈望道等负责撰写一组有关大众语的文章。《中华日报》副刊《动向》和《文学》杂志等也参加了这一运动。

同月

《方舟》月刊在天津创刊。天津东亚公司创办。旨在为推销该公司经销的羝羊牌毛线做宣传。月销1.2万份，直接订户约七八千。1937年7月停刊。

《社会月报》在上海创刊。陈灵犀主编。上海社会出版社发行。曾出有《大众语问题特辑》，刊登鲁迅、吴稚晖、赵元任、曹聚仁、野容、陈子展等10余人的讨论文章。

1935年9月停刊，共出12期。

《时事新报社评集》（1934年1—3月），由上海四社出版部出版。潘公弼编。32开，338页。为“四社文库”之一。

7月1日

北平武学书馆因所出《中国大革命史》等书，系属“共产党宣传品”，遭到当地公安局搜查。该馆经理程焕卿（兼北平中央印刷局经理）被判徒刑3个月，罚金500元；该馆职员耿泽民被判徒刑2个月，罚金100元。

上海《大日报》创刊。主编吴农花。这份4开小型报纸采用精编方式，一版是国际新闻和社会新闻，其余以刊登小品和长篇小说为主。出至1937年初停刊。

7月5日

《新语林》半月刊在上海创刊。徐懋庸主编。第5期起改由新语林社编辑。上海光华书局出版。10月出至第6期后停刊。

7月8日

重庆《新蜀报》《新民日报》因对市民关心的重庆市政管理上的问题提出批评意见，遭到军警搜查，记者吴秋影等3人被捕。代理市长石体元坐堂审讯，并下令杖责吴军棍数下，致使吴血肉横飞，奄奄一息。事发后，该市新闻界一致罢工，自10日至13日停刊4天；并通电省内外新闻界，呼吁主张正义，要求当局彻查此事，以平舆情。7月17日天津《大公报》发表短评《重庆的滥捕记者案》，对此案受害者表示声援。

7月9日

天津《旅行周报》创刊。社址在天津伦敦路世界里42号。

7月20日

陈独秀、彭述之两人因“以文字为叛国之宣传”，被江苏高等法院根据《危害民国紧急治罪法》，判处两人徒刑15年。两人不服上诉。月底，经南京最高法院审讯后，作出终审判决，判处两人有期徒刑各8年，并将两人押赴苏州第一监狱服刑。最高法院在判决书中，曾提及陈、彭所主编的刊物多至百余种，其中最著名的有《火花》《校内生活》《无产者》《热潮》等。8月13日、14日天津《大公报》第9版曾刊出判决书全文。

7月23日

国民党中央以南京《民生报》所刊《蒋电汪于勿走极端》新闻一则内容失实为由，命令南京宪兵司令部予以查封。社长成舍我被捕，经多方呼吁营救，被非法关押40多天后，于9月1日释放。释放时对成提出以下几点要求：一、《民生报》永远停刊。二、不许再在南京用其他名义办报。三、不得以本名或其他笔名发表批评政府之文字。此前（即本年5月）该报曾因揭发彭学沛贪污舞弊一事，被罚停刊3日。5月29日复刊后，即在当日出版的该报显著位置发表长达万言的《停刊经过敬请国人公判》一文，说明被罚经过，指责当局摧残舆论，非法封禁报馆。是日报纸销数增至万份，31日再将该文加印1万张单页，赠送读者。彭学沛以妨害名誉罪向地方法院控告成舍我，后迫于舆论压力自动撤诉。全国各报界对《民生报》被罚停刊3日，彭、成涉讼及成舍我被捕、《民生报》被迫停刊一事，作了连续报道，并呼吁言论自由。

同月

语言学家、新文化运动时期《新青年》主要编撰人、著名报纸副刊主编刘半农在北平逝世。刘生于1891年，原名寿彭，又名复，号曲庵，字半农，江苏江阴人。1918年参与《新青年》编撰，倡导文学革命。1920年后公派赴英国伦敦大学、法国巴黎大学留学，获法国文学博士学位。1925年秋回国，任北京大学中文系教授。1926年6月起任《世界日报》副刊主编。1930年后任北平大学女子文理学院院长、北京大学文学院研究教授。著作有《半农杂文》《中国文法通论》等。

北平中国新闻社派记者虞复光、杨思忠、周犇3人，徒步旅行全国进行采访活动，行抵山东平原县时，被县长曹梦九无故痛殴，杨、周均受重伤，赶赴济南又被包围，不许声诉，被迫返回北平。8月7日两人在平招待同业，报告被辱经过。北平记者公会电山东当局请求查处此事。

申时电讯社编辑发行的《十年》一书出版。上海人文印书馆印刷。16开本，316页。系属申时电讯社创立十周年纪念特刊。内容侧重于有关新闻事业的探讨，共收入征求来的各项文稿82篇，分类编排。其中论述通讯事业的14篇，内有张竹平《申时电讯社之回顾与前瞻》、萧同兹《中国之通讯事业》、米星如《从世界通讯事业说到中国通讯事业》和《十年来之申时电讯社》等；论述社会各个方面与新闻事业的关系的21篇，内有吴铁城《新闻事业与政治社会之关系》、王陆一《舆论与监督》、朱庆澜《国难与报界》、朱家骅《新闻事业与交通》、俞佐庭《新闻事业与金融业之连锁性》、吴宝丰《新闻与电报之关系》、陈光垚《新闻事业与简字之关系》等；论述新闻教育的3篇，内有谢六逸《新闻教育与新闻事业》、李公朴《我所从事新闻事业的社会教育》等。此外，还刊有不少老报人介绍自身从事新闻工作经验的文章，作者有陈彬和、李浩然、曾虚白、胡健中等。还有国内外新闻事业状况介绍21篇，国外的涉及美国、英国、日本等国，国内的涉及上海、江苏、无锡、浙江、华北、武汉、江西、河南、山西、陕西、绥远、青海、四川、云南、广州等地。南洋等地的华侨新闻事业也有专文介绍。附录收有最近国内报纸调查和有关新闻事业的法令规章。另有25则有关国内外新闻事业的趣闻作为补白。卷首为插图、名人题字和祝词。

8月1日

《南方日报》在福州创刊。由黄埔军校校友和省保安处处长等发起创办。日出对开一张半6版。抗战期间迁南平，在福州、莆田、福安、邵武出分版。

天津《晶报》（1929年创刊）由原三日刊改出日刊，每日仍出一张半，并出不定期增刊。

8月5日

北平《妇女月报》创刊。北平九所大学的女生联合创办。创刊号80余页，刊有论文、小说20余篇，译稿有《一个女记者的自白》，书报评介有《介绍世界日报妇女界》等。创刊号刚出版不久，经销该刊的北平西单商场朔风书局和东安市场双义书局负责人即被逮捕审讯，指该刊“内容注解隐有反动宣传”（姜纬堂、刘宁元主编：《北京妇女报刊考》，光明日报出版社1990年版，第487页）。委托代卖该刊的北京大学法文系二年级女生吴春莲亦被宪兵逮捕。仅出版创刊号即被查禁。

8月19日

《中华日报》开辟副刊《戏》周刊。袁牧之主编。创刊号开始连载袁梅（牧之）改编的《阿Q正传》剧本。11月25日第15期发表鲁迅答、寄《戏》周刊编者信两封。1935年4月28日停刊。

8月20日

天津《中国新报》创刊。日刊。社址在天津法租界4号路103号或5号路28号。自称注重平民化、艺术化。创刊号刊登张资平的长篇小说连载《断崖上的酒神》等。9月1日起增刊北平版。

8 月 31 日

上海记者座谈会同人在《大美晚报》（中文版）开设《记者座谈》专栏。每周五出刊一期，约占半个版面。恽逸群、陆诒、刘祖澄负责编辑。主要撰稿人有袁殊、吴半农、沈颂芳、徐心芹等。创刊号代发刊词《在〈座谈〉席上》宣称："作为我们座谈探讨的，除对于时事的理论以外，主要的当然还是关于新闻的一切学理、智能、技术的研究与心得。"初期主要交流新闻工作意见，讨论如何投入抗日救亡运动，后陆续刊载了不少介绍各地新闻界动态，以及探讨新闻理论、报业管理、记者职业道德与修养、新闻教育、国内外新闻事业现状和历史等方面的文章。1936 年 5 月停刊，共出 89 期（曾两次停刊）。

同月

杭州记者公会通电全国新闻界，倡议定 9 月 1 日为"中国记者节"，得到不少地区新闻界响应。

《新生活报》在新疆喀什创刊。王谟行主编。该报于 1937 年改组为新疆日报喀什分社，出版《新疆日报》（喀什版），用维、汉两种文字发行。

9 月 1 日

北平、杭州、太原、绥远、长沙、青岛、南昌、厦门等地新闻界分别举行庆祝"九一"记者节活动。北平市报界百余人集会，通过决议：（一）电中央请饬令全国各属执行去年"九一"保障新闻业和记者安全令。（二）通电全国新闻界定每年"九一"为记者节。杭州市除开会、聚餐、出版特刊外，还组织汽车游行、飞机散发传单等活动。从此，"九一"记者节得以确立，海外华侨新闻界亦予以认同。每年 9 月 1 日，全国新闻界都要举行纪念活动，或者进行争取言论出版自由，保障人权的抗争；或者研讨新闻工作的改进，促进新闻事业的发展。中华人民共和国成立后，"五一"国际劳动节成为各种职业劳动者共同的节日，9 月 1 日新闻界不再单独举行纪念活动。但台湾新闻界仍继续保持"九一"记者节。

9 月 4 日

北平《民声报》创刊。社址在北平宣武门内未央胡同甲 9 号。日出对开 1 张。社长应宝堂，编辑杨君如。有要闻、文艺、小说、社会等栏目内容，刊有不少社会新闻短讯。抗战爆发后停刊。

9 月 6 日

日本朝日新闻社派飞机两架由东京大阪出发飞抵北平，作友好访问，并带有致中国各界书信。天津《大公报》于 9 月 7 日发表短评，欢迎善意来访，称该报对中日问题比较持和平主张。

9 月 7 日

北平《晨报》因所刊某项新闻触怒当道，受到停邮扣电处分。经各方疏解，于 11 月 2 日复邮复电。

9 月 8 日

天津《大公报》的《文艺副刊》第 100 期（1933 年 9 月 23 日创刊）出版。本期该刊发表了几篇关于大众语问题的文章。编者在《本刊一百期》一文中声称，该刊在"老实、诚恳、健康、向前的态度下，已与读者建立了良好友谊，今后当使本刊成为国内报纸上一个最合理想的文学刊物，更加面向大众"。

9 月 10 日

国民党成立中央新闻检查处。叶楚伧任主任，成员有崔唯吾、方治等。叶在招待新闻界会上讲话，要求新闻界与检查处"在国家利益之同一立场上，和衷共济"（《大公报》1934 年 9 月 11 日）。该处自 10 月 1 日起实行新闻送审事前预检制度。

《教育杂志》复刊号出版。何炳松主编。该刊于1908年创刊，连续刊行20多年，在“一·二八”淞沪战火中因商务印书馆总厂被日军炸毁而停刊两年多。

9月14日

天津《大公报》的《科学周刊》出至第80期后休刊。本期该刊发表李书田所写的《休刊辞》称，该刊自1933年3月3日发刊以来，已出刊80期，每期约八九千字，共计六七十万言，以介绍科学研究，传播科学知识为宗旨，所刊稿件自动投稿约占四分之三，同人自撰仅四分之一。停刊后，拟将重要科研文章随时编入新闻版，以广流传。

9月15日

天津《大公报》刊发启事，为7月在瑞士病逝的前日内瓦新闻工作者马丁·威廉（William Martin）的遗族募捐。启事说，自1931年东北问题发生，马丁主持的报纸“始终为中国力持正义，阐扬公理，国联迭次决议案多受其言论之影响，洵可称为中国之友”。马丁曾于1933年来中国，南北所至，其演讲均备受欢迎。病逝后遗子女3人，身后萧条。《大公报》为此发起募捐，到11月15日止，共募得大洋近6000元（内《大公报》同人捐款200元），后汇欧洲交马丁遗族收领。

9月16日

以国际时事述评为主的综合性半月刊《世界知识》在上海创刊。胡愈之发起创办并担任首任主编，署名由徐伯昕、毕云程分别任发行人和编辑人。生活书店出版发行。胡愈之写《创刊词》，纵论国际形势的变化和特点，指出：“中国是‘世界的中国’了。”“我们的后面是坟墓，我们的前面是整个世界。怎样走上这世界的光明大道去，这需要勇气，需要毅力，——但尤其需要知识。”《世界知识》的使命就是：“它将帮助你认识世界！在走向‘世界的中国’的途程上，它将尽一点小小的力量。”钱亦石、张仲实、金仲华、钱俊瑞4人在1937年10月以前先后继任主编。但胡愈之始终是该刊的主帅。初期的撰稿人除主编外，还有夏衍、平心、张明养、羊枣、孙怀仁、胡仲持、王纪元、邵宗汉、郑禹森、姜君辰等。重视插图是该刊特色之一，由金仲华设计、沈振黄绘制，后辑印出版《世界知识参考地图》一册。

9月18日

天津《大公报》出版《九一八三周年纪念特刊》。刊发本报特派记者写的《沦陷三年之东北纪要》一文。文中有关奴化教育的部分，提及伪满禁止中国书报入境的情况，举出如《大公报》《益世报》《申报》《时报》《世界日报》《晨报》等和各种新思潮书籍，均在禁止之列。

9月20日

《漫画生活》月刊在上海创刊。吴朗西、黄士英、黄鼎主编。美术生活杂志社出版发行。以刊登讽刺画和杂文为主。漫画作者主要有张谔、蔡若虹等。鲁迅为该刊写的漫谈《阿金》，被当局检扣盖有紫色“抽去”印记。1935年9月停刊，共出13期。

小品文半月刊《太白》在上海创刊。陈望道主编，鲁迅（不公开列名）、艾寒松、黎烈文、郑振铎、曹聚仁等12人为编委。生活书店发行。以刊登杂文为主；有短论、速写、漫谈、科学小品、读书记、风俗志、杂考等栏目内容。1935年9月5日出至第2卷第12期停刊，共出2卷24期。

9月21日

天津《大公报》增出《史地周刊》。由北平史地周刊社主编。目的是使史地知识兴趣化和普遍化。版面约占第12版的2/3。

同月

天津《广播日报》创刊。社长袁无为，编辑李然犀。4 开 4 版小报。是我国北方第一家专门报道广播界消息的报纸。1936 年 3 月起，该报增出一份 8 开 4 版的《广播日报三日画刊》，随报附送，以吸引更多的读者。1938 年初被日本侵略者取缔。

《黑白半月刊》第 2 卷 5 期出版《九一八三周年纪念特刊》。上海东北协会主编，北平民友书局发行。

《日报索引》月刊出版。由上海中山文化教育馆编印。内分每月份分类索引和每月份著者索引。选材包括上海《申报》《新闻报》《时事新闻》，南京《中央日报》，天津《大公报》，北平《北平晨报》，汉口《武汉日报》，广州《民国日报》，新加坡《星洲日报》，香港《工商日报》。

《新新新闻五周年纪念特刊》在成都出版。新新新闻编辑部编。16 开，152 页，附有照片。

10 月 1 日

《觉今日报》在北平创刊。社址在北平西长安街双栅栏。日出对开 1 张 4 版。一版是时事新闻，二版是时事座谈，三版为文艺版，四版为社会新闻。北京图书馆藏有该报从创刊至 1935 年 12 月 16 日止的原件。

10 月 6 日

上海法租界吕班路远东新闻社本日晚七时半被人从墙外掷一小炸弹，炸毁门窗，并散发反共传单。

10 月 10 日

《中国农村》月刊在上海创刊。中国农村经济研究会创办。薛暮桥主编，对外代表人孙晓村、冯和法。《发刊词》表示："本会为谋求民族独立，全世界和平，而从事中国农村经济的研究。"根本问题"是要找寻压迫中国农民的主要因素"，并给以"铲除"，方能求得"中国民族的独立"和"世界和平"。曾开展关于中国农村社会性质的论战。1936 年 1 月第 2 卷 1 期起，侧重刊登通俗化文章，面向农村大众宣传抗日救亡。抗战爆发后，改出战时特刊，先后移南昌、长沙、汉口、桂林出版。1943 年 5 月被查禁。

10 月 14 日

上海《大晚报》开辟《星期电影》周刊。沈端先、钱杏邨合编，名义上由崔万秋主编。王尘无、尤兢（于伶）、凌鹤等撰稿。12 月 9 日出至第 9 期后停刊。

10 月 15 日

新闻通讯社在上海成立。负责人傅润林。

10 月 21 日

《红色福建》在闽西创刊。是主力红军长征后，由中共福建省委《战斗报》和军区《战线报》合并改名而来。

10 月 25 日

上海《读书生活》半月刊创刊。是在《申报》的《读书问答》栏基础上扩办。李公朴主编，编辑有柳湜、夏子美、艾思奇等。由上海杂志公司、读书生活出版社先后出版发行。经常参加撰稿的，时事解说有章汉夫、吴敏（杨放之）、钱亦石等；社会科学理论有沈志远、胡绳、薛暮桥等；文学评论和写作指导有周立波、凌鹤、张庚等。艾思奇的《哲学讲话》在该刊连载一年。每期几乎都有高士其写的科学小说一篇。1936 年 11 月出至第 5 卷第 2 期被查禁，共出 50 期。

10 月 28 日

清末民初著名报人，原《晨报》总编辑蒲伯英因病在北平逝世，享年 59 岁。蒲伯英出生于 1875 年，名殿俊，字伯英，又字沚庵，四川广安人。光绪进士。1904 年赴日本法政大学学习。1908 年回国，任法部主事。1909年被推任四川咨议局议长，次年在成都创办《蜀报》，宣传立宪，灌输新知。1911年因领导四川保路同志会活动而被川督逮捕。辛亥光复后曾任四川军政府都督、众议院议员、内务次长等职。后努力于新闻事业，曾办有《实话报》。1919年应聘任北京《晨报》总编辑，支持《晨报副刊》的改革，并为该刊题写刊头，约请梁启超、胡适、鲁迅、王国维、冰心、王统照等众多名家为该刊撰稿，使《晨报》成为传播新文化的重要园地。1928年后，退隐于江湖，以卖文为生，直至逝世。

中国文化建设协会新闻事业委员会在上海开会，议决发起组织全国性新闻团体。

同月

天津《博陵日报》创刊。创办人刘震中。4开4版小报。一版为要闻，采用中央社及北平国闻社新闻稿。本市新闻稿，除由本社记者采访外，并用大陆通讯社和国风通讯社的外稿。刊发的里巷琐闻，均配有插图，标题多用顺口溜，便于报贩沿街叫卖。二版为副刊《饮冰室》，刘墨村等主编。三版为《娱乐园》，包括戏剧、电影、伶人动态和剧评等。四版刊登外省县乡镇的新闻报道。1937年“七七”事变后改称《博陵报》。1950年8月2日停刊。是天津刊行时间较长的报纸。

《程善之先生时评汇刊》，由《新江苏报》编辑，作为该报六周年纪念册公开出版。16开本，176页。

《报学季刊》创刊于上海。申时电讯社主办，上海杂志公司发行。宗旨是“阐明新闻学术，促进新闻事业之发展”。作者主要有曾虚白、米星如、萨空了、郭步陶、马星野、梁士纯、刘坦登、舒宗侨等。内容广泛，刊有《中国当前最重要的国际宣传问题》《新闻编辑方法论》《社论如何做法》《报馆编辑部的剪报问题》《报纸上的剧评》《一九三四年我国新闻事业鸟瞰》《各地新闻事业之沿革与现状》《全国新闻从业人员及各地记者公会调查史料》等，交流新闻工作经验，介绍中外新闻事业的历史与现状，以及有关中国新闻教育与新闻检查等方面的文章。被当时的新闻工作者认为是研究新闻学者唯一之参考，亦是社会最需要新颖之刊物。

11月8日

燕京大学新闻系自本日起，到10日止，在该系召开新闻讨论会。会期三天。第一天由国文教授郑振铎讲办杂志经验，第二天由哲学教授博晨光讲《一个哲学家的新闻学观》，第三天由政治学教授徐淑希讲《中俄合作问题》，教育教授高厚德讲《一个教育家的新闻学观》。在此期间，曾宴请毕业生和各报馆来宾。由蒋荫恩代表毕业生致词。出席这次讨论会的有代理校长陆志韦、教务长司徒雷登及文学院院长黄子通等。

11月13日

爱国民族资本家、著名报业家、上海《申报》总经理史量才被国民党特务杀害。史本日乘私人汽车从杭州返上海，行至沪杭公路浙江海宁县翁家埠附近时，遭到早已守候在那里的蓝衣社上海特别行动组的狙击，司机和史量才之子史咏赓的同学邓祖询当场被乱枪打死，史量才弃车出逃，被追杀于公路旁的田野中。史量才的遇害引起了国内外的震惊。上海各界举行隆重的追悼活动，2000多人参加葬礼。国民党上海市政府不得不下半旗志哀。追悼会上有一副挽联写道：“舆论在人间公过去公不曾过去，元凶犯众怒他将来他没有将来”（转引自《中国新闻事业通史》第2卷，第441页）。蒋介石表面上佯令缉拿凶手，暗地里却犒赏执行暗杀活动的特务。这一暗杀案还被作为范例，编入军统特务训练教材。全国各地新闻界纷纷致电上海或自行举办追悼活动，形成对蒋介石国民党白色恐怖统治的又一次强烈抗议。

史量才出生于1880年，名家修，江苏江宁人。早年在上海任中学教员。1908年任上海《时报》主笔。1912年与张謇等购买《申报》产权，任该报总经理。1921年参与创办中南银行和民生纱厂。1927年收购《时事新报》部分股权，1929年收购《新闻报》大部分股权，成为国内最大的报业资本家。“九一八”后，反对内战，主张团结抗日。“一·二八”淞沪抗战中，被推选任上海市民地方维持会会长。同年任上海临时市参议会议长。在参与抗日救亡活动的同时，致力领导《申报》进行全面改革，使之成为宣传抗日救亡和民主进步的重要舆论阵地。他常以“三格”谆嘱《申报》同人：“人有人格，报有报格，国有国格，三格不存，人将非人，报将非报，国将不国。”（马萌良：《一位爱国的新闻事业家》，《新闻记者》1984年第11期）最终为坚持爱国进步而以身殉报。

同月

天津《大公报》刊出该报记者所写上海通讯，介绍上海新闻教育发展的情况称，近年随着新闻事业的发达，新闻教育渐为教育界重视。仅上海一地，先后设有复旦大学新闻学系，沪江大学商学院新闻学专科，民治新闻学院，上海商学院附设的新闻学专修科，江南学院附属的新闻学科，申报函授学校等。其中以复旦、沪江较为完善。记者还引述了沪江大学校长刘湛恩和复旦大学新闻系主任谢六逸的谈话。刘在谈话中说，报纸是广义教育的工具，欲推行广义教育，必自新闻教育始，新闻教育包括灌输新闻知识和训练新闻技能，前者可于书本研究中得来，后者非实习不可，因此该校同意与上海各报合作，聘各报主编、记者兼任教职，对学生注意品德修养，树立服务新闻界的志愿。谢在谈话中说，该系创办于1929年，教学方法参照德（国）、美（国），德偏重理论，美注重实用。该系目的则在养成地方报纸之人才，促进地方报纸发展。该系成立时内遇经济困难，新闻系每周授课15小时，但每日的钟点费和本系开支，仅165元，教授待遇菲薄；对外困难是未能获报界的了解与援助，恐新闻系毕业生傲气不易调动，或滥作高论，提倡改良，以至影响营业。实际上复旦毕业生都能苦干，并无普通大学生之习气。

申报流通图书馆和申报业余补习学校，把馆名和校名中的“申报”两字改为“量才”，用以纪念史量才和脱离业已转向的《申报》。这是主持人李公朴同柳湜、艾思奇、夏征农等共同议定的举措。此后，图书馆藏书由2000多册增为3万多册，读者从二三百人增至2万多人，补习学校由1所增至8所，学生从二三百人增至4500多人。

12月9日

上海《时事汇报》周刊创刊。全册40页20多万字，内容有政治、金融、统计表格、各地通讯等。由时事汇报社发行。

12月10日

天津《大公报》、北平《晨报》等24家报纸及各通讯社电国民党中央，提出三点要求：一、检查新闻纵不能取消，应一律遵照中央颁布标准，审慎实行；二、对新闻机关和新闻记者的处分，纵有言论失检，请依出版法和普通刑法制裁，不必施诸非常手段；三、以前被停闭、拘禁或其他处分的新闻机关和记者，苟非以暴力及暴动为背景，请一律开复。

《大公报》发表社评《为报界向五中全会请命》。一面赞成当局近几个月来的“统制新闻”做法，认为在国内外情形万分复杂现状下，报纸采用新闻、报告消息，“当以整个国家的利益为前提，不能毫无顾忌地登载”；一面把“统制新闻”和“统治言论”分开，认为前者必要，后者不该。说言论是报纸的灵魂，应“自负责任”，如“触犯法律”，应“照律惩罚”，不宜在未发表前，“加以束缚”，在已发表之后，“任意苛责”。“政府要拿全国的报纸文章，都弄成清一色”，“到处都看见千篇一律的对政府恭顺的文辞”，这对官方只能有害而无益。要求国民党中央交主管机关改良新闻检查办法，解除全国新闻界的苦痛。

12 月 12 日

上海日报公会、记者公会电国民党中央，呼吁保障言论自由。要求：（一）解除“剿匪”期中限制言论自由之权宜处置；（二）取缔新闻检查所前，应通令检查所严遵标准，勿涉苛细；（三）受处分之新闻机关不以武力暴动为背景者，从宽开复。

12 月 17 日

美国密苏里大学新闻学院成立燕京密苏里基金会，以推进燕大新闻学系教育。基金会董事有该学院马丁主任（系新闻系创始人之一，1932 年曾任燕京新闻系教授一年，回国后为燕京新闻系活动颇力）、密苏里大学校长威廉·克拉克、纽约《编辑发行人报》主编卜朗、《胡斯顿报》编辑福斯特等。

12 月 29 日

《北平晚报》出版至第 5000 号。社长季迺时主持刊印专号，随报附送。平津新闻界均撰文祝贺。专号由萨空了主编，他撰写纪念感言，回顾创刊 14 年的历程写道：“我们饱尝了旧军阀的蹂躏，封报捉人，什么都经历过了。就是旧军阀崩溃之后，我们却因为向读者报道了真实的消息，揭露叛国行为（指《塘沽停战协定》的号外），触怒了投降主义者、卖国贼、新军阀，而遭受停刊。”近一两年来，“转注目于下层社会群众有关生活上的问题，特别是属于北平市各方面情况，加以调查研究，作出报道，反映给地方当局，使此衰弱的城市，能够转为繁荣”。表示，“同人等思保存不偏不倚之独立言论机关之志，将愈磨愈坚而已”。（季迺时：《北京的第一家晚报》，《文史资料选编》第 13 辑，北京出版社 1982 年版，第 90—91 页）《北京晚报》于 1921 年 1 月 5 日创刊（1928 年改名《北平晚报》），刘仰乾任社长。1925 年秋后季迺时进入报馆，历任事务、记者、编辑，后逐渐主持馆务。1935 年 11 月，日寇黑名单指其为抗日分子令北平当局派人逮捕，季闻讯出走南京。该报于 1937 年 8 月 12 日停刊。

同月

上海福音广播电台开始播音。福音广播社主办。曾得到外国宗教势力的支持，与国民党的关系也很密切。初为 150 瓦，1936 年初扩为 1000 瓦，是国内民营台中发射电力最大的。该台标榜以“辅助造就基督人格”为宗旨。主持人曾自称：“本电台素以提倡基督教之信仰与实行为职志，与蒋委员长之主张如出一辙。”（《福音广播季刊》1937 年 3 月第 1 卷 3 期，转引自《中国新闻事业通史》第 2 卷，第 423 页）每天播音 10 多小时，用汉语普通话和广州话、英语、俄语播音。

《包头日报三周年暨新屋落成纪念特刊》出版。包头日报社编印。16 开，28 页，有照片。收有 17 篇文章和各界人士的题词。

同年

中央通讯社与路透社、哈瓦斯社签订交换新闻合约。该社上海分社开始发英文稿，供本市各英文报纸刊登，并用以与路透社、哈瓦斯社交换新闻。从此，除上海外，国内报纸刊登国际电讯，不再冠以“路透社某某日伦敦电”“哈瓦斯社某某日巴黎电”等字样，而是用“中央社某某日伦敦路透电”“中央社某某日巴黎哈瓦斯电”。1937年2月1日起，上海中文报纸的路透电亦由中央社供给，3月1日起，哈瓦斯社亦照此办理。

本年起至1935年止，胡道静著《上海新闻事业之史的发展》《上海的日报》《上海的定期刊物》3本书，相继由上海市通志馆出版。共约10万多字。第一本书记述上海报业自1850年至20世纪30年代初曲折发展的历程，内容包括中外文报纸、期刊，以及报纸法律、新闻团体、新闻教育、报学研究组织等方面。后两本书列表简介700多种中外文报纸、期刊的基本情况，对30多种影响较大的报纸作了较详细评述。但对通讯社和电讯广播仅附带提及，对中国共产党主办的报刊只字未提。

辛亥革命时期的革命活动家、报刊宣传活动家陈少白病逝。陈生于1869年，原名闻韶，号夔石，笔名黄溪、天羽、无咎等，广东新会人。1889年在香港雅利士医务学校学习，结识孙中山。1895年参加兴中会，1897年到台湾设立兴中会分会。1900年1月奉孙中山之命在香港创办《中国日报》，任社长兼总编辑，曾出版《中国旬报》、创办《鼓吹录》副刊，并先后与保皇会的《商报》《岭海报》展开论战。1905年任香港同盟会负责人。1911年广州光复，一度任广东都督府外交司长，不久即辞职，开办广东航运公司。1921年任孙中山总统府顾问。1930年任国民党党史史料编纂委员会委员。著作有《兴中会革命史要》《兴中会革命史别录》。

《新闻学入门》，由上海光华书局出版。黄天鹏著。

《国际新闻读法》，由上海生活书店出版。作者金仲华。

史沫特莱著《中国红军在前进》(*China's Red Army Marches*)一书（又名《中国红色风暴》），在莫斯科出版。她于1933年5月去苏联疗养期间写成。该书记述了从1927年到1932年间中共领导创建红军和苏维埃共和国，反抗国民党反革命“围剿”的英勇斗争。该书后在西方连续再版。同年底史沫特莱再次到中国。

1935年（乙亥）

1月2日

上海《星期导报》发刊。国际经济文艺周刊。上海星期导报社创办发行，上海杂志公司总代售。

1月15日

中国左翼文化界总同盟编印的《文报》（油印秘密刊物，32开，不定期刊）出版新年号。刊有“文总”《过去工作之检讨与我们今后的努力》等文。

1月23日

国际记者考察团本日起赴江西南城、广昌、宁都、临川等地参观访问，24日返回南昌。上海《字林西报》克诺斯代表该团称，对国民党收复“匪区”，发展农村建设，表示钦佩。

1月24日

国民党中常会经讨论确定的新闻检查的原则是：凡对于党政设施有事实之根据，而为善意之言论者，除涉及军事或外交秘密或妨害党国大计者外，均得自由刊布之，但不得宣传与三民主义不相容之主义。

同月

《北平火线》在北平创刊。中共北平工作委员会机关刊物。除《北平火线》外，北平工委还编印出版有《北平实话报》《东方暨白》等报刊。

2月19日

中共上海中央局机关和其他一些机关被

国民党破坏。中央局文委书记阳翰笙、成员田汉，“社联”党团书记杜国庠、成员许涤新，上海中央局书记黄文杰、宣传部长朱镜我等36人同时被捕。但文委系统包括“文总”及各联盟中的党组织仍然存在并继续活动。同年夏天重建以周扬为书记的文委，以胡乔木为书记的“文总”党团。章汉夫协助钱亦石领导“社联”及其所属团体。

2月22日

无产阶级革命家、五四时期和大革命时期的报刊宣传活动家何叔衡在福建长汀地区突围时牺牲。何生于1876年，湖南宁乡人。1918年与毛泽东等创立新民学会，任委员长。1920年在衡阳主办《湘潮》周刊，反对军阀张敬尧。同年任湖南省通俗教育馆馆长，主持革新《湖南通俗报》。1921年出席中共“一大”，后从事湖南建党工作。1926年北伐军攻占长沙后，任《湖南民报》馆馆长。大革命失败后，在上海筹办聚成印刷公司，任经理，秘密印刷党的文件和刊物。1928年赴莫斯科东方大学学习，出席中共“六大”。1930年回国，在上海负责全国共济会工作。1931年到江西苏区，历任中央工农民主政府最高法院院长、内务人民委员等职。1935年2月在福建长汀附近被国民党军队包围，于突围时牺牲。

同月

戈宝权以天津《大公报》记者、《新生》周刊、《世界知识》等刊的特约通讯员名义离开上海去苏联。后在上述报刊和《申报月刊》《文学》等报刊上发表不少访苏通讯。

复兴通讯社在上海成立。负责人钱文镛。

3月20日

日本朝日新闻社飞机飞抵南京访问。是日早7时40分由东京起飞，于下午5时30分抵达南京明故宫飞机场。

同月

上海广播电台开始播音。属南京国民政府交通部管辖，由上海国际电信局收购外商美灵顿广播电台设备改建而成。该台呼号XQHC，发射功率500瓦，后扩充为2000瓦，是上海第一座官办广播电台。与此同时，交通部还辖有北平台（由收购英商增茂广播电台改建）和成都台。

春

清华大学学生会改组该校学生刊物《清华周刊》，由该校中文系学生共产党员蒋南翔任总编辑，学生中的其他共产党员姚克广（依林）、杨学诚、赵德尊、纪毓秀、李鼎声（李伟）等任编辑。成为中共在学生中宣传抗日救亡的重要舆论阵地。

4月1日

《中国新论》月刊在南京创刊。为南京上海学者雷震、徐逸樵、罗鸿诏等组织的中国新论社创办。创刊号文章有徐逸樵的《中国不适于独裁乎》、雷震的《养成斗士的精神建设中国》等。广赠国内文化机关，征求批评意见。

4月25日

《国衡》半月刊在南京创刊。撰稿人有高一涵、马星野等。

同月

《中外论坛》创刊于太原。中外论坛编译委员会编辑，中外语文学会出版。

5月1日

张竹平在上海各大报刊出启事，宣布辞去《时事新报》《大陆报》《大晚报》及申时电讯社四公司董事及总经理兼职。“四社”的产权以法币20万元的低价出售给孔祥熙。6月“四社”举行新股东大会，改选董事会。杜月笙任董事长，魏道明兼“四社”的总经理，曾虚白任《大晚报》社长。自此，原民营的“四社”全部转为国民党控制经营的舆论工具。后孔以“四社”未还清债务为名，未予付款。张竹平仅得到孔“赠送”的5万元法币。对“四社”的收购，实际成了劫夺。（黄卓明、俞振基：《关于时事新报的所见所闻》，《新闻研究资料》第19辑第187页）

《扫荡报》自南昌迁到汉口复刊。袁守谦、刘翔、丁文安先后任社长，陈友生任总编辑。初为日出对开2张，后增为对开3张，每周另外发行画报1张。言论宣传主旨由原来的强调“攘外必先安内”，改为强调“国家民族利益高于一切”，“建国必先建军”，“集中力量必须统一意志”。（转引自《中国新闻事业通史》第2卷，第382页）半年后，以新购进的新式卷筒印刷机代替原平板印刷机，又添置电气铸字机、制纸版机、压纸版机、制铜锌版机、无线电台等较先进设备。经过调整改进，销数由复刊初时的5000份，逐年上升，到抗战前夜已达2万多份。

5月2—3日

天津亲日派报人《国权报》社长胡恩溥、《振报》社长白逾桓在日租界内相继被人狙击身亡，两报停刊。胡于1934年12月来天津与陈某组办《国权报》，发表宣言自称国权党总裁（属“国家主义派”）。本年4月29日由伪满来天津，化名沈竹君，5月2日被人枪杀。死后未见人向法院报案。5月3日白逾桓在义德里22号亦被人刺杀。白系湖北天门人，清末毕业于日本明治法律学校。1911年初与人在北京创办《国风日报》，任社长兼总编辑，追随孙中山，宣传民主革命。1924年反对孙中山改组国民党及新三民主义政策。1930年前后，在日本和陈炯明等办报。1931年“九一八”后，接受日本津贴，在天津办《震报》，后被禁，改名《振报》。宣传泛亚细亚思想。1933年11月28日曾被刺，身中二枪，但未毙命。这次是第二次遇刺。

5月4日

本日出版的上海《新生》周刊第2卷第15期刊发易水（艾寒松）的文章《闲话皇帝》，泛论中外古今的君主制度，谈到日本时说，“日本的天皇，是一个生物学家，对于做皇帝，因为世袭的关系，他不得不做，一切的事，虽也奉天皇之命而行，其实早作不得主……日本的军部、资产阶级，是日本的真正统治者。……然而目下的日本，却是舍不得丢弃‘天皇’的这一个古董，自然，对于现阶段的日本的统治上，是有很大帮助的，这就是企图用天皇来缓和一切内部各阶层的冲突，和掩饰了一部分人的罪恶”。5月5日，上海日文报纸在头条位置指责《新生》周刊“侮辱天皇”。一群日本浪人在日侨聚居的虹口示威游行，捣毁中国商店。日本驻沪总领事以“妨碍邦交”“侮辱天皇”为由，向国民党上海市政府和南京政府提出抗议，蛮横要求正式“向日谢罪”，“废刊《新生》”，“处罚《新生》责任者及记事执笔者”，“保障今后不再有此类事件发生”等。国民党当局一概承诺照办。此期《新生》全部文稿系经过国民党中央宣传部图书杂志审查委员会审查，认为合格准予出版的。当局怕日方进一步追究，引起外交纠纷，当即派上海文化官员童行白、潘公展等到《新生》周刊社要求交出验迄证和文章清样。又派出中宣部副部长方治、中央社社长萧同兹等专赴上海处理事件。6月24日，上海市公安局查封《新生》周刊社，对《新生》发行人杜重远提请公诉。《新生》周刊印发《告别读者诸君》传单，要国人记住这一屈辱，坚信最后胜利不是属于帝国主义者，而是属于被压迫人民。在此期间，日方探悉将以罚款结案，再次向国民党当局施加压力。7月3日，日驻华有吉大使访南京政府，当面重申并要求全部兑现先前的允诺。（见《大公报》1935年7月4日第3版消息）7月8日，国民党中央电令各省市党部，严厉“取缔排日运动”，并以正式文书，承认日方要求。7月9日，江苏高等法院第二分院对《新生》一案进行第二次审理。各界群众上千人挤满法庭内外旁听，杜重远严正申诉：《新生》文章并无侮辱天皇之意，希望日本不要干涉中国内政。如天皇能对军人加以约束，应令日军撤出东北，还我河山。（参见吴凯声：《我为“新生事件”出庭辩护的经过》，上海《社会科学》1984年第5期）法庭早奉令草率结案，便在日驻沪领事馆官员监督下宣判，主文称：“杜重远散布文字，共同诽谤，处徒刑一年二月，《新生》周刊二卷十五期没收”，并声言不准缓刑或改罚金，不准上诉，当即送监执行。杜当庭疾呼，闻国外杂志有甚于《新生》稿者，未闻获罪，“法律被日本人征服了！我不相信中国还有什么法律！”愤怒的听众高呼“爱国无罪！”“打倒卖国贼！”等口号，有的掏出衣袋中的铜元掷向法官和旁听的日本记者。国内外报纸纷纷报道这一事件，指责日方小题大作伺机寻衅，痛斥国民党政府的媚日妥协行径。《新生》读者自动组织“新生后援会”，印发《告〈新生〉全体读者》传单，提出组织《新生》读者联合会，继续争取扩大抗日救亡宣传的言论自由等要求。7月9日当天，国民党中宣会撤除上海图书杂志审查委员会6人职务，该会停止活动。上海市公安局长亦被撤换。因《新生》周刊《闲话皇帝》一文引起的纠纷，起始于5月4日，结束于7月9日，历时两个月零四天，史称“新生事件”。

5月10日

《大公报》第10版开始陆续刊登长江的《旅行通信》。编者按说，范长江从天津到川南旅行，“与本社约定沿途撰述通信，寄本报发表”，旨在“从各方面来表现‘现实的中国’”，中国处在变化过程中，“而且正沉沦于破落与痛苦”，我们所得的印象，“即是有一些安乐的现象，它的背后实存在着无限的苦痛与辛酸”。（《旅行通信》记者开头的话，《大公报》1935年5月10日）这组通信记述了从塘沽经烟台、杭州、上海，再溯扬子江而上，过重庆、内江到成都的见闻，到7月28日止刊完，共21篇，其中不少分两天连载。

5月15日

《救国时报》的前身《救国报》创刊。共产国际中共代表团根据中共中央指示创办的中共在海外的机关报。以加强反法西斯和建立抗日民族统一战线宣传为宗旨。报头所印的社址为法国巴黎，实际上编辑部设在莫斯科红场附近的外国工人出版社中文部内，由代表团秘书廖焕星负责组织编辑班子，廖和李立三、陈潭秋先后任主编。由莫斯科星火印刷厂排字，打成纸型后航寄巴黎，在巴黎印刷发行，由吴克坚、饶漱石等先后负责主持。初为半月刊，第11期起改为周刊，每期出对开1张。曾在天津《大公报》刊登出版广告称是“唯一铅印的西欧侨胞的喉舌”，特色是“有复兴民族之言论，有国际时事之新闻，有浅显通畅之文字，有兴趣怡然之图画”。发行欧美和国内各地。（《大公报》1935年6月21日第1版）10月1日出版的第10期报纸，首次向国内外读者刊发中华苏维埃共和国政府、中共中央联合发布的“八一宣言”。国民党当局通过驻巴黎使馆，要求法国政府停邮该报。11月中旬，正要出版第16期报纸时，突接法方通知：经法内阁通过决定，停止邮寄《救国报》。后经共产国际中共代表团派遣吴玉章到巴黎交涉，在法国共产党帮助下，把报名改为《救国时报》，重新申请立案获准出版。同年12月9日《救国时报》创刊号发刊。这期内容实际是原已编好未能印发的第 16 期《救国报》，编辑、发行力量亦是《救国报》的原有人员。

5 月 18 日

《读书与出版》月刊在上海创刊。平心、艾寒松编辑。生活书店出版。1936 年停刊。1937 年 3 月 16 日复刊，张仲实、林默涵编辑。抗日战争爆发后停刊。

5 月 20 日

本日出版的《太白》半月刊第 2 卷第 5 期刊出鲁迅所写的《论“人言可畏”》一文，对上海某些报纸炒作著名电影演员阮玲玉婚变的新闻，对阮造成伤害，导致阮自杀身死一事，进行批评。

5 月 27 日

上海《时事新报》获准恢复邮寄。该报自去年起被停邮达 8 个月。

同月

《当代知识》在北平创刊。“社联”北平分盟的刊物。裴丽生主编。刊登国际政治、经济论文和短评。

《申报》馆编印的《申报概况手册》出版。内有《申报》总经理史量才的肖像和传略，《申报》创刊号图片，《申报》馆组织系统表，报馆各部情况，以及张默所写的《六十年之申报》一文。

《杂文》月刊在日本东京创刊。由“左联”在日本的成员创办。杜宣、勃生先后任编辑。国内由上海群众杂志公司发行。出至第 3 号被国民党当局查禁。12 月第 4 号起改名《质文》。1936 年初移至国内印刷，仍在日本编辑。11 月停刊，共出 8 期。

6 月 3 日

天津《大公报》的《电信特刊》手册创刊。天津电报局主编。每两周出一期（第 16 版）。内容是介绍电信知识，以增进读者对现代化电气通信的兴趣。

6 月 10 日

《前进》报创刊。中共中央总政治部在长征路上创办。第 3 期起改由陕甘支队政治部前敌委员会主办。32 开，油印不定期刊，每期约 5000 多字。以红军中上级干部为读者对象。第 1 期《卷头语》说明该报的任务是：“为着党的总的政治路线与战略方针的彻底实现而斗争。它将从各方面解释这一总的政治路线与战略方针，反对各种机会主义的动摇，特别是‘左’倾机会主义，使全体干部在这一总的政治路线与战略方针之下像一个人一样团结起来，以最坚强的意志为实现创造川西北新苏区与赤化全川的伟大任务而斗争。《前进报》将跟随着中国苏维埃革命的前进而前进，同时，将领导中国苏维埃革命前进!”该刊是一份理论性、战斗性、指导性极强的中央政治理论刊物。撰稿人有洛甫（张闻天）、博古、陈云、罗迈（李维汉）、凯丰、李富春等党和红军主要领导人。现存第 1—4 期（1935 年 6 月 10 日—10 月 7 日出刊）。第 3 期用的是灰、粉、深黄杂色纸张，有的甚至是利用废纸的反面拼凑刻印而成。但是封面设计图案精美，字体刻写工整、刚劲，字迹迄今仍然很清晰。

6 月 18 日

中共卓越的政治活动家、宣传家瞿秋白在福建长汀被国民党当局杀害。瞿秋白出生于 1899 年，原名霜，别名涤梅，在党刊用的笔名有巨缘、屈维它、双林、维摩、美夫、狄康、范亢等，江苏常州人。1917 年入北京俄文专修馆学习。1919 年参与五四运动，与郑振铎等创办编辑《新社会》旬刊。1920 年初参加李大钊组织的马克思学说研究会，同年 10 月应聘任北京《晨报》和上海《时事新报》特派记者赴苏俄采访，两年中寄发《莫斯科通信》50 多篇，写作两本散文报告集《饿乡纪程》《赤都心史》，最早向中国人民如实报道了苏俄的真相。1922年2月加入中国共产党。1923年1月回国后，相继担任中共中央机关报刊《新青年》《前锋》和《向导》的主编，上海大学教务长兼社会学系主任。1925年参与领导“五卅”运动，主编《热血日报》。1927年中共“八七”会议上当选为中央书记。同年10月创办《布尔塞维克》周报，任主编。1928年5月赴苏联，主持召开中共“六大”。后担任中共中央驻共产国际代表团团长。在此期间，曾任《共产国际》中文版和俄文《中国问题》季刊的编委、撰稿人。1930年8月回国，1931年1月被解除中共中央领导职务后，在上海同鲁迅一起领导左翼文化运动。1934年2月到中央苏区，任中央政府教育人民委员，兼任红色中华社社长。同年10月中央红军开始长征，他暂留赣南，任中共中央分局宣传部长，继续主编《红色中华》，直至撤离苏区。次年2月在转移途中被俘。瞿秋白一生著译文字计500多万字，主要著作收入《瞿秋白选集》（4卷）和《瞿秋白文集》（14卷）。

同月

《斗生》周刊在上海创刊。《新生》周刊被迫停刊后，由新生周刊社继续创办。在《新生》读者中秘密传阅，仍保留原有的《老实话》《大小言》等栏目。出至9月停刊。

7月1日

天津《时事报》创刊。社址在天津法租界29号路吉祥里35号。该报广告事务委托长城广告社代理。

《妇女生活》在上海创刊。生活书店出版发行。发行人兼主编沈兹九，后由曹孟君接编，彭子冈等参与编辑。初为月刊，1936年7月16日第3卷第1期起改为半月刊。抗战前，曾两次被国民党当局查禁，是国民党统治区坚持出版最久的进步妇女刊物。抗战爆发后迁汉口、重庆出版。1941年1月“皖南事变”后停刊，共出83期。

7月11日

英国《曼彻斯特卫报》驻北平记者琼斯及德国记者穆勒自行赴内蒙采访，本月28日，在张家口附近被土匪绑票，勒索赎金5万元。穆勒被放回北平筹款，琼斯被杀害。8月17日天津《大公报》发表社评《被掳英记者之噩耗》，表示哀悼。

7月14日

范长江自即日起，以《大公报》特约通讯员名义从成都出发，开始西北地区的考察旅行，历时10个月，行程万余里，跋涉四川、陕西、甘肃、青海、内蒙广大地区，西达敦煌，北至包头，追踪观察了解红军北上动向和考察西北社会情况，沿途采写数十篇通讯，陆续寄《大公报》发表，深得读者欢迎。次年8月，整理汇集成《中国的西北角》一书出版，数月中连印7次。长江的通讯，不仅揭示了国民党腐败统治下西北的黑暗和日本帝国主义侵略的危机，反映了人民的痛苦，而且第一次真实、公正、客观地披露了红军长征的行踪和影响，比较正确地反映了红军发展和成长的过程。西北之行的采写结束回到天津后，1936年6月范长江成为《大公报》的正式记者。

7月26日

北平《立言报》社被戏剧界30余人捣毁，27日记者公会呈报当局要求给予严惩。

同月

《大众日报》创刊于北平。社址在北平绒线胡同。对开1张4版。

南京国民政府立法院于本月12日通过修正《出版法》，共7章49条，对现行出版法条文多有变动，规定繁苛。19日，上海日报公会开会电南京国民政府，称此种修改碍难实行，要求缓布。28 日，南京新闻学会通电全国同业，一致主张中央复议。31 日，全国各地派驻南京新闻机构代表赴国民党中央党部请愿。30 日，《大公报》继 14 日社评《读新出版法》后，又发社评《新出版法的再检讨》，认为修正出版法“不仅繁琐”，而且限载新闻范围“过于广泛”，使言论界今后记载批评，“可以动辄得咎”，总之，“统制之方法与程度不甚合理”。国民党中政会碍于舆情，决定将新闻界所提意见交付审核。最终推迟公布，悬而待决。直至抗战期间才出台修正出版法。

张明养著《时事研究法》，由上海亚细亚书局出版。列为基本知识丛书。32 开，174 页。讲述国内新闻读法和主要报刊现状，国际通讯社内幕和国际新闻读法，经济新闻读法，时事研究的技术方法等。

美国《现代历史》杂志 7 月号发表美国记者斯诺写的《中国的新闻检查》，揭露国民党法西斯统治对中国人民言论出版和人身自由的严重压迫。

8 月 6 日

无产阶级革命家、宣传家方志敏在江西南昌狱中被秘密杀害。方生于 1899 年，江西弋阳人。1919 年参加五四运动。1920 年与袁玉冰等成立改造社。1921 年创办《新江西》杂志，1922 年开办新文化书社，并为上海《民国日报》撰稿，传播马克思主义。1924 年加入中共。大革命失败后，参加“八一”南昌起义，后领导创建赣东北革命根据地。1935 年 1 月，在江西德兴县境战斗中被俘，转押南昌囚禁。狱中坚贞不屈，写下《清贫》《可爱的中国》《狱中记实》等名篇，托人密交鲁迅转交党中央，为后人留下了宝贵精神财富。

同月

《国论》月刊创刊于上海。“国家主义派”主办的刊物。撰稿人有陈启天、左舜生、李璜、常燕乐等。

据国民党中央宣传部新闻事业处统计，江浙地区报纸总数有 414 家，占全国报纸总数 1000 家的 41.4%。其中，江苏 237 家，浙江 98 家，上海 41 家，南京 38 家。同时，北方冀鲁豫地区有报纸 222 家，仅占全国总数的 22.2%。全国报业重心南移的原因，主要是江浙地区政治、经济的发展比较稳定而为私营报业的发展提供了社会条件。（参见《中国新闻事业通史》第 2 卷，第 414 页）

国民党中央宣传部秘密印发《中央取缔反动书籍杂志一览》，查禁社会科学书刊 676 种。（《上海革命文化大事记》，第 486 页）

9 月 1 日

《文艺群众》在上海创刊。是“左联”创办的机关刊物。徐懋庸主编。创刊号发表“本社同人”悼文《悼瞿秋白同志》，为“失掉了最好的领袖，失掉了最亲切的战斗的同志”而深表悲痛。

《星光日报》在厦门创刊。对开 3 张 12 版。发行人兼社长胡资周。是著名华侨胡文虎办的星系报纸第三家。抗日爱国态度鲜明。1938 年 5 月厦门沦陷停刊。1945 年 11 月 10 日复刊，办至 1949 年 11 月 17 日。

9 月 4 日

《北平新报》实行革新。革新后，第 1 版专载中外要闻各地通信。第 2 版包括 7 种周刊：周日《学生列车》，周一《教育周刊》，周二《每周文艺》，周三《妇女》，周四《国际动向》，周五《经济周刊》，周六《人间像》。第 3 版为《现代史料》日刊。第 4 版为本市新闻和针对每日新闻的《灯下闲话》栏。改革后的《北平新报》在“一二·九”运动后，实际成为“左联”北平分盟的一个宣传阵地。金肇野、洪君实参与编辑，曹靖华等写稿。在这次革新中创办的该报

《妇女》周刊，到1937年7月22日止共出94期，发表约400篇文章，近40万字。围绕妇女应参加抗日救亡、民族解放这一主题，对妇女参政、就业、婚姻等问题进行讨论，进步倾向鲜明。1936年8月至1937年7月，中共地下党员、北平妇女救国会理事张晓梅担任该刊主编后，更成为妇女界进步舆论的代表。

9月12日

《小晨报》在上海创刊。原是上海《晨报》的副刊，后分出独办。姚苏凤主编。一版是精编的国内外新闻；二、三版出过副刊《黑白》和《漫画》俱乐部；四版以特写、专访稿为主，刊有体育、社会新闻。该报与《立报》并称为上海小报革新的旗帜。1936年1月，因《晨报》所刊文章开罪孔祥熙，殃及《小晨报》，两报同时被封禁。6月，姚又另办风格与《小晨报》类似的《辛报》。

9月15日

北平《京报》辟设《妇女周刊》。每周三刊于第8版，约占2/3版面，每期约4000字。创刊初期由郑清君任主编，第17期起改由张淑明主编。《发刊词》称其宗旨是："对过去和现在妇女界的弱点，不客气的批判纠正；对目前或将来妇女界问题，不惮烦的解决指导！"内容主要宣传妇女解放和抗日救亡，也反映下层妇女生活的痛苦。经常推荐进步书刊和转载沈兹九主编的《妇女生活》的文章。

"左联"在《时事新报》的《青光》副刊创办《每周文学》。由徐懋庸、周立波、王淑明编辑。共出36期。

韬奋的《萍踪忆语》在《世界知识》第3卷第1号起开始连载。1937年5月，由生活书店辑印出版单行本。

广州南风社记者叶云笙被公安局逮捕，经讯与此前被捕记者陈锡余事无关，于17日释放。省市记者会再派代表谒陈济棠，请求释放陈锡余，不准，并被斥。

9月20日

《立报》创刊于上海。日出4开1张。成舍我邀10余名著名报人集资10万元创办，成出资3万自任社长，董事长萧同兹，总经理严谔声，总编辑张友鸾，后褚保衡、萨空了继任，恽逸群先后任编辑、评论员和主笔。《发刊要旨》说明办刊目的是为了创办一份"定价低廉，阅读便利，日销达百万之大众化报纸"（《申报》1935年9月10日）。创刊号发表《我们的宣言》一文，提出了为民众服务的"大众化"办报方针，"要使报馆变成一个不具形式的大众乐园和大众学校"，使民众"能读、爱读、必读"，引导读者认识自身"对于国家的关系"，从而努力于"立己""立人""立国"。实行"精编主义"，新闻丰富，评论精练，设有《言林》《花果山》《小茶馆》三个副刊，各有特色，版式新颖，被誉为"小型化的大报"。创刊不久，发行迅即突破10多万份。1937年1月1日扩为4开6版。曾出过8开2版的《立报晚刊》（1936年3月16日创办，仅出两个半月停刊），后又出8开1张的增刊，随日报赠本埠订户。1936年7月，成离沪后，由萨空了负责主持该报。

同月

新知书店在上海成立。钱俊瑞为理事长，姜君辰主持编辑，徐雪寒、华应申负责店务工作。到抗战前夜的近两年中，出版《新世纪》《语文》等4种期刊，20多种社会科学书籍。

燕京大学《燕大周刊》从第6卷1期起，在左派学生掌握的学生会主持下，改变在此之前的宗教色彩浓厚的状况，成为团结、引导学生关心国事，宣传抗日的校刊，为"一二·九"运动作了一定的舆论和思想准备。1935 年秋，由学生会执委会主席王汝梅（黄华）、文书陈翰伯和周刊主编刘柯（克夷）负责主持。1936 年春赵荣声继任主编（学生会执委）。4 人均为中共地下党员。“一二·九”运动前，曾出有《抗日问题特辑》《法西斯问题专号》。“一二·九”运动中，出有《一二·九特刊》。1936 年 12 月，该刊曾连载斯诺的长篇通讯《毛泽东访问记》（刊第 7 卷 17、18 期）。该刊为 16 开本，每期 30 页。

《反帝战线》杂志在迪化（今乌鲁木齐市）创刊。出有汉文版、维吾尔文版。由新疆反帝联合会主办。编委会由杜重远、沈雁冰、张仲实、萨空了、王寿成（即俞秀松）、万献廷、陈培生等进步人士和共产党人组成。初为半月刊，实为不定期刊。1940 年 1 月第 3 卷第 4 期起，改为月刊，每月一日出刊，并开始每月 20 日出版维文版。该刊是新疆最早传播马列主义的刊物。通过评论、专栏、特刊和专辑，宣传反帝、亲苏、民族平等、清廉、和平等六大政策，报道国内外形势，宣传抗日救亡运动和中共主张。介绍抗战文艺理论的基本知识，经常刊有木刻、漫画、连环画。创刊初发行 4000 份，后增至 1.5 万份。1942 年 4 月被迫停刊，共出刊汉文版 55 期，维吾尔文版 8 期。

秋

中央政治学校新闻系在南京成立。主持人马星野。1934 年该校先于外交系开设新闻学必修课，马星野主讲。新闻系成立后，有二、三年学生 19 人（由他系转来）。课程设置分三大类：社会科学类约占 1/2，语言文字和新闻学专业课各占 1/4。三年级开设报业经营课。1935 年 12 月，出版有实习报刊《中外月刊》。1936 年秋，有 1—4 年级学生 40 多人。1937 年 7 月抗战爆发，随学校由南京迁往重庆。其时，《中外月刊》出至第 2 卷 3 期，期发 5000 份。

10 月 5 日

《生活知识》半月刊在上海创刊。沙千里、徐步编辑。《发刊词》声明该刊将为读者提供“生活于国土丧失、农村破产、天灾因人祸加剧的现代中国的社会所特有的知识”。以巧妙的方式，宣传中共的抗日救亡主张。1936 年被查禁。

10 月 7 日

复旦大学新闻系在庆祝复旦大学建校 30 周年纪念之际，举办“世界报纸展览会”。经半年筹备征得各类展品 3000 多件，包括国内外报纸、通讯社稿件、珍贵报刊、图片、照片、新闻教育资料等。英、美、德、法等国 10 多家印刷、电讯机械制造厂商参加展览。这次展览共分四大部分：一、新闻教育。陈列有国内外新闻教育发展历史与现状的资料、图片，有历史价值的报纸，各项统计图片，新闻界先烈及报社、通讯社工作图片、新闻稿件、遗著、论文等。二、本国报纸。陈列有全国十八省二市、各地区报纸 1500 种和特刊、号外、画刊、副刊、合订本等 560 多种。其中有《申报》《新闻报》等大报的创刊号及《京报》等珍贵资料。三、外国报纸。陈列有各类报纸约 450 种，杂志数百种。包括世界五大洲 38 个国家和地区的报刊。其中，有美国《纽约时报》《华盛顿邮报》，英国《泰晤士报》，日本《每日新闻》等，还有外国报纸创刊号 50 多件。在中外报纸展览室中，还陈列出各类小报上百种。四、印刷、电讯机器展品。12 个厂家参展展品 30 多件。有全开张印刷机、浇铸机、无线电话机、彩印机、浇字炉等，大部分还进行现场操作表演。展览会自本日开始，至 13 日结束，共 7 天，参观者有 1 万多人。《申报》评论说，此次报展，“足使吾人自知所短，力求改进”。会后，复旦新闻系编辑出版《报展》纪念册一本，16 开，400 多页，收入39篇有关文章和大量图片，包括报展活动和珍贵报刊史资料照片。

10月8日

上海《时事新报》刊行1万号。当日该报发表评论《一万号》略称：

> “时事新报之诞生，正清室倒行逆施，天怒人怨之时。……辛亥十月十日之《时事新报》，刊行才千余号。改元而后，人心奋发，国情丕变，曾见短时期之朝气郁勃，顾乃如昙花一现；国体殆危于帝制与复辟，政治劫持于军阀与官僚，虽在强邻环伺之下，犹是朝野哄争之局，庶政不修，百事俱废。报纸之相习以与政府对立为当然，以对政府作唾骂为快意，国人且以不获痛快淋漓之论著纪述为不痛快者，皆黑暗政治形成之后果也。迄国民政府成立，举国目光始渐次自内移外。今者，覆亡之危机与复兴之自信，两相搏击，光明之归宿有待奋求。顾今日之犹在转变过程之中途，不可讳言。《时事新报》则自始经历其转变者也。”

10月16日

《实报半月刊》在北平创刊。是北平《实报》社附设的综合性杂志。管翼贤、罗保吾编辑。32开本。设有《论著》《半月来》《人物志》《学术之话》《内地风光》《海洋通讯》《艺术圈》《古人鉴》《史料》《随笔散记》《青年生活座谈》《戏剧》《银色讲座》《故都杂写》等20多个栏目。第1、2卷各出24期。1937年7月出至第3卷18期停刊。

10月22日

著名新闻工作者、新闻学者戈公振在上海病逝。戈于本月15日自莫斯科返抵上海。20日即因病住虹桥疗养院检查治疗，21日疑为盲肠炎开刀，不治而逝。经遗体解剖，确定其死因为败血症和急性腹膜炎。22日中午当弥留之际，戈公振断续地对好友邹韬奋等说：“在俄国有许多朋友劝我不必就回来……国势垂危至此，我是中国人，当然要回来参加抵抗侵略者的工作。”（《戈公振年谱》，第96页）本月24日在中国殡仪馆举行入殓仪式，12月15日举行公葬和追悼大会，200多人参加吊唁。后安葬于上海江湾公墓。黄炎培撰书《戈公振先生纪念碑》。戈公振治丧处同人决议，将其遗著编成单行本，以留纪念，公推邹韬奋负责搜集编辑。成书后，韬奋按其生前意愿，题名为《从东北到庶联》。

戈公振生于1890年，原名绍发，字春霆，号公振，江苏东台人。1912年于东台高等学堂毕业后，任《东台日报》图画编辑。1913年冬进入狄楚青主持的上海有正书局和《时报》。在服务《时报》15年中，历任校对、助理编辑、编辑、总编辑，努力改革报纸业务，创办《图画时报》和多种副刊。同时从事新闻教育和新闻学研究，发起成立上海新闻记者联合会，主持创办会刊《记者周报》，组织上海报学社，先后执教于上海南方大学、国民大学、大夏大学和复旦大学，讲授新闻采访和新闻史。1927年赴欧美、日本考察新闻事业，后来撰发《世界报业考察记》。同年8月和1933年曾两次出席国际联盟召开的国际新闻专家会议。1928年回国后应聘于上海《申报》，历任总经理助理、申报总管理处设计部副主任，建立科学的书报资料积累、管理和使用制度，创办主编《申报图画周刊》。1932年随同国际联盟考察团赴东北调查采写“九一八”日本侵华真相。同年9月赴日内瓦采访国联讨论日本侵华特别会议。1933年赴莫斯科，在苏联旅居两年半，任《生活》周刊特约撰述和《新生》周刊国外特约通讯员，撰发不少反映苏联建设的通讯。著有《新闻学撮要》（编译）、《中国报学史》《新闻学》等书。其中《中国报学史》一书，被公认为中国新闻史研究的奠基之作。

10 月 25 日

《盍旦》月刊在北平创刊。综合性期刊。齐燕铭、管舒予主编。刊物封面里页写有诗句“相彼盍旦尚犹患之”，刊名寓“深深长夜何时旦”之意。设有《短长书》《杂文》《诗歌》《小说》《学林》《批评》《读者园地》《新文字专页》等栏。1936 年 2 月 15 日停刊，共出 5 期。

中国左翼文化总同盟内部油印刊物《文报》第 11 期刊出《中国左翼报人联盟纲领草案》和“文总”“社联”“教联”“左联”及中国妇女运动大同盟各自的纲领草案。

10 月 31 日

《申报》副刊《自由谈》主编张梓生因遭到亲国民党方面的小报的围攻，被迫辞职。该刊自 11 月 1 日起停止出版。

11 月 1 日

南京晨光通讯社记者孙凤鸣在国民党中央四届六中全会开幕典礼照相时，伺机行刺蒋介石，因蒋未到场，改向汪精卫发枪，汪中弹倒地，仅受轻伤。孙则被卫兵击中，于次日去世，年仅 30 岁。孙是江苏徐州人，曾任十九路军排长，参加过淞沪抗战，是不满蒋介石对日不抵抗政策的爱国青年。行刺事件的策划者是晨光社社长华克之。华是国民党左派，1934 年 11 月初，化名胡云卿在南京创设晨光社，任社长，与张玉华、贺坡光、孙凤鸣等以办通讯社为掩护，伺机诛杀蒋介石。事件发生后，蒋介石曾下令悬赏 10 万大洋缉拿华克之等，未果。华克之后去延安，并加入中共，在秘密战线上，做了大量工作。

11 月 8 日

上海《新闻夜报》和《小晨报》因未遵禁令，大量报道刺汪事件有关消息，受到停止邮递和停刊多日的处分。从此各报噤若寒蝉，不再报道有关刺蒋、汪案消息。

《书报展望》月刊在上海创刊。书报展望社出版，上海杂志公司总发行。以报道出版界消息，介绍新刊物为主。每期篇末附有每月杂志月报和每月新刊介绍。1936 年 7 月出至第 8 期后停刊。

11 月 16 日

《大众生活》周刊在上海创刊。邹韬奋创办，并任主编兼发行人，金仲华、柳湜等参加编辑。生活书店以大众生活社名义出版发行。16 开本综合性时事期刊，每期约 40 页左右。封面、封二、封三、封底刊登彩色时事照片。韬奋写《我们的灯塔》（发刊词），提出该刊的使命是努力实现三大目标：“力求民族解放的实现，封建残余的铲除，个人主义的克服。”该刊《星期评坛》栏由韬奋主持，集体执笔，每期发表两三篇不署名时评，纵论国内外时事。《漫笔》栏专刊韬奋署名的杂感。金仲华编、沈振黄绘的《时事在地图中》和鲁少飞、蔡若虹供稿的《社会漫画》栏，充分发挥图像材料的功效。《大众信箱》栏讨论大众关注的话题，反映大众呼声。日收读来信平均百来件，“一二·九”运动高潮的一个月中来信突破 1 万份。该刊全力报道评论“一二·九”运动，成为支持学生爱国斗争的宣传、组织中心。期销数由 15 万份增至 20 万份，创当时全国期刊发行的最高纪录。1936 年 2 月 19 日，国民党当局下令禁邮《大众生活》。此前，2 月 15 日出版的第 14 期增刊发《韬奋紧要附启》表示始终坚持这个信仰，“决不投降于任何和大众势不两立的反动势力”。2 月 26 日，《大众生活》出至第 16 期被查禁。是期刊出《韬奋紧要启事》，奉告读者两点：第一，“本刊虽以迫于环境，暂时停顿，而抗日救亡的运动却是必然地会持续开展发扬光大的”。第二，“我个人既是中华民族的一分子，共同努力救此垂危的民族是每个分子所应负起的责任。我决不消极，决不抛弃责任，虽千磨万折，历尽艰辛，还是要尽我的心力，和全国大众向着抗敌救亡的大目标继续迈进”。

11月25日

《红色中华》报在陕北瓦窑堡复刊（与苏维埃报社合并）。编号与瑞金时期相衔接，本日所出报纸为第241期。初为4开油印五日刊，1936年1月9日第247期起改为三日刊。初期仅印发几百份，或一二千份，每份售铜元1枚。同年11月30日第313期起增出《红中副刊》，由刚到延安的女作家丁玲主编（仅出4期）。同时，红色中华通讯社亦恢复工作，向红四方面军发报，继续出刊《参考消息》。后逐渐抄收国内外通讯社新闻电讯，供《红色中华》选用。一报一社统称红色中华社。复刊初由苏维埃中央政府西北办事处秘书长任质斌主持，1936年春改由向仲华负责。同年7月初，红中社随中央党政机关由瓦窑堡迁到保安县。12月起，廖承志负责红色中华通讯社的工作，向仲华负责《红色中华》报的工作。复刊后的红中社贯彻中共中央瓦窑堡会议建立抗日民族统一战线的决策，宣传方针逐渐由先前的“反蒋抗日”调整为“逼蒋抗日”。1936年9月13日出版红色中华第300期纪念特刊，刊发《要使〈红色中华〉成为抗日统一战线的宣传者与组织者》等纪念文章，明确努力目标，充分肯定《红色中华》已“成为全苏区人民的一个喉舌”，“是全苏区每个人民与红色战士必读的报纸，战斗动员有力的一支喇叭，推动工作有力的武器”。

同月

《台风》杂志在北平创刊。由北京大学、北平师范大学、清华大学、燕京大学、朝阳大学、北平大学工学院等校部分学生共同创办。以介绍进步思想，宣传抗日救亡，批判和认识现实为主要内容。发行至天津、上海、南京、汉口、太原各大城市。1936年12月出至第1卷第10期，被查禁。后改名《新知识》，于1937年1月出版，由北平师大武尚仁主编，张友渔、杨秀峰、吴承仕、顾颉刚等教授给予支持指导。5月，遭到查禁。“七七”事变后终刊，共出5期。该刊对促进北平各界抗日民族统一战线的形成起了一定作用。

《漫画和生活》在上海创刊。张谔编辑。大众文化出版社出版。1936年2月出至第4期后停刊。

12月1日

《亚洲民报》在北平创刊。社长林耕宇，总编辑李衡。社址初设在北京东交民巷西口瑞金楼内，后迁北京东单牌楼北东堂子胡同19号等处。该报发起人和董事会及职员中均有日本人参加。初由河北省政府出资，后从国民党华北“党务”经费中拨款，充作宣传“中日亲善”之用。创刊初为对开3张12版，后改为对开2张或2张半。自称以提倡亚洲民族的团结自救，共图生存为宗旨。内容涉及政治、经济、文化、教育、青年、妇女、劳工等方面。现存最后一期是1936年7月31日出版的。

《中外月刊》创刊于南京。中央政治学校新闻学研究会出版。马星野主编。自称是“杂志的杂志，报人的参考”。创刊号所刊有关新闻方面的文章有马星野的《报纸杂志化问题》、刘觉民的《伦敦泰晤士报》、龚一弘的《申报》等。后每期设有《新闻界》专栏，对各报及各大通讯社进行评介。1937年6月停刊。

南京《新民报》增辟《新园地》副刊。名义上由总编辑赵纯继主编，实际邀请刚出狱的阳翰笙、田汉负责编撰。郭沫若、洪深、马彦祥、徐悲鸿、华君武等为特约撰稿人。致力于反帝反封建和救亡图存的宣传。曾围绕“国难艺术运动”开展讨论。出有高尔基、鲁迅逝世专刊和聂耳逝世周年纪念专刊。至 1937 年 5 月 3 日出至第 761 号停刊。紧接出版的《新民副刊》，由施白芜主编，继承《新园地》的精神，续刊田汉名剧《青年进行曲》。抗战爆发后，8 月 8 日《新民副刊》改名《战号》，直至 11 月下旬迁出南京停刊。

《知识》半月刊在上海创刊。综合性刊物。江瀚秋主编。光明书局出版。1936 年 3 月出至第 7 期后停刊。

12 月 3 日

《大公报》发表社评《勿自促国家之分裂》，批评平津地区军政长官宋哲元企图利用日本侵略者与南京政府的矛盾以自保的做法。被宋勒令停止邮递。南京、上海各报纷起声援。正在召开的国民党五届一中全会通过决议，“要求行政院立刻纠正”。该报于 12 月 12 日恢复邮递，先后被停邮近 10 天。

《新疆日报》在迪化（今乌鲁木齐市）创刊。由原《天山日报》改名出版。是新疆边防督办公署和省政府的机关报。社长万献廷，副社长兼编辑长傅希若，副社长满素尔（苏共党员、维吾尔族）。除出汉文版外，后又增出维吾尔文、哈萨克文版。3 种文版分别为周六刊、隔日刊、周刊，均为对开 4 版。次年 1 月，该社分别成立伊犁、塔城、阿山、喀什分社。伊犁分社出版维、哈、汉、蒙 4 种文字的伊犁版《新疆日报》；塔城分社出版维、汉、哈、蒙 4 种文字的塔城版《新疆日报》；阿山分社出版哈、汉、蒙 3 种文字的阿山版《新疆日报》；喀什分社出版维、汉 2 种文字的喀什版《新疆日报》。除伊版和塔版的维、汉文报为铅印周六刊外，其他各种文版分别为油印或铅印的间日刊、三日刊或周刊。同年 3 月，《新疆日报》汉文版改版，一版社论、国内外新闻；二版本省新闻；三版副刊和专刊；四版广告。维、哈文版的版面安排与汉文版大体相似。1937 年 5 月，万献廷调离，由新疆省外交办事处处长、苏共党员王宝乾兼任社长。到同年 12 月，该报汉文版平均日销 3500 份，维文版 2300 份，哈文版 2000 份，发行省内外各地。

12 月 4 日

《华北烽火》在北平创刊。16 开期刊。中共北平地下组织领导创办，以北平烽火社名义出版。该刊以发表评论和国内外新闻为主，突破了国民党对新闻的封锁，传播了中共“对内停战，对外抗战”的主张，还有红军北上抗日，东北抗日联军活动的消息。国民党当局畏惧《华北烽火》的影响，曾盗用该刊名义出版同名的冒牌刊物，企图鱼目混珠。该刊因此停办。

12 月 9 日

《救国时报》在巴黎创刊。中共在海外创办的机关报。由同年 11 月被停邮的《救国报》改名出版，仍由廖焕星、李立三等主编，副主编先后是张报（莫国史）、周翼和王揖（赵毅敏）。继续原有办报方针，面向海外华侨和国内民众进行宣传。曾大力报道和支持“一二·九”学生运动和“一·二八”淞沪抗战。所设《民族出路问题论坛》《救国阵地》等专栏，刊发研讨有关问题的文章和杂感随笔。《侨胞生活》栏，报道海外华侨抗日救亡活动。《祖国消息》栏，介绍江西中央革命根据地和红军长征情况。该报还广泛介绍国内各地救亡团体活动和救亡刊物出版动态。每期都有 10 多幅甚至 20 多幅插图。内容丰富，编排精美，版面活泼。在国外行销 43 个国家和地区。在国内，发行到天津、北平、上海、广州、重庆、太原、西安等大、中城市，远至东北和新疆。

总发行量达2万多份。1938年出至第152期后暂告停刊。同年8月迁往美国纽约，与《先锋周报》合并。1939年10月停刊。

12月10日

清华大学学生会和清华大学抗日救国委员会创办《怒吼吧》杂志。发表清华救国会于12月9日付印的《告全国民众书》，喊出华北学生共同的呼声："华北之大，已经安放不得一张平静的书桌了！"号召全国民众："自己起来保卫自己的民族"，"要以血肉和头颅换取我们的自由"！12月21日，清华救国会又创办《觉民报》（后改名《觉报》），和学生会办的《清华周刊》和《清华副刊》（第44卷—45卷）一道，系统报道了学生运动的进展、经验和教训。与此同时，清华民先队组织还出有《热浪》杂志。在出版进步报刊的同时，清华大学中的一些人也出有反动刊物如《清华评论》等，专事诬陷学生爱国运动。有人统计，从1935年底到1936年4月的5个月中，清华大学出版的各种公、私营的刊物在10种以上（包括按期出版的壁报），学生方面用去的纸张不下两吨半。

12月12日

上海文化界马相伯、沈钧儒、邹韬奋、章乃器、李公朴、郑振铎、钱亦石、钱俊瑞等283人联名发表《上海文化界救国运动宣言》，声援北平"一二·九"学生爱国运动。《宣言》提出八点主张，内有："否认一切有损领土、主权的条约和协定"；"要求用全国的兵力、财力反抗敌人的侵略"；"要求人民结社、集会、言论、出版之自由"；"全国民众立即自动组织起来，采取有效的手段，贯彻救国主张"。

12月14日

《一二·九特刊》第1号出版。燕京大学学生自治会出版委员会主办。该会以前此出版的《燕大周刊》时效太慢，才决定改出3天一期的这一特刊。曾发表《告全国同学书》《读胡适〈为学生运动进一言〉》《一二·一六示威游行记》《下乡扩大宣传报告》《北平各校消息一束》等文，为"一二·九"爱国运动做宣传。到次年1月28日，共出11期，对爱国的学生运动起了指导的作用。

12月22日

《救亡》第1期《"一二·一六"特刊》创刊。国立北平大学工学院学生会学术股编。

《一二·九青年》创刊特大号出版。北平朝阳大学青年民卫组编。刊有赵岳《我们不愿做殖民地的学生——答复平市各大学校长第一次"告学生书"》等文。

12月27日

上海文化界救国会成立。马相伯、沈钧儒、章乃器、邹韬奋、钱亦石、王造时、陶行知、潘大逵、史良、沙千里、艾思奇、江问渔等30多人当选为执行委员。发表《上海文化界第二次救国宣言》。

《新疆阿勒泰》报创刊。阿勒泰地区出版的一张哈萨克文版报纸。为中国最早的哈文报刊。

12月28日

《北大周刊》创刊。第1期为《一二·一六示威特刊》，北大学生会主办。曾发表鼎峙《读〈宋哲元告学生书〉后》、刘砥《"一二·一六"以前的酝酿》等文，支持"一二·一六"示威运动，报道"一二·九"后南京、上海、汉口、广州学生相继游行声援北平学生的情况。"一二·九"运动后，北京大学还出版有《北大学生》《北大旬刊》（1936年4月1日创刊）、《老百姓》等刊物。

12月30日

在陕北瓦窑堡出版的《战士报》第206期刊登红军第三军团政治部主任朱瑞写的评论《艰苦的一年，伟大的一年》，作为该报的新年献词。作者在这篇评论中，以亲身的经历，介绍了长征的过程，颂扬了长征的精神，长征的胜利和长征的伟大意义。《战士报》是 8 开油印小报，长征前在江西苏区创刊，长征路上继续出版，连续计号共 200 多期。现仅发现 3 期：第 194 期（1935 年 9 月 27 日）、195 期（1935 年 9 月 30 日）和第 206 期。

同月

戈公振的通讯文集《从东北到庶联》，由上海生活书店出版。邹韬奋搜集编辑。收有戈公振 1932 年到 1935 年，赴东北考察“九一八”事变问题，继而转赴日内瓦参加国际联盟召开的讨论日本侵华特别会议，后旅居苏联两年多期间所写通讯和报道共 17 篇。这些通讯报道曾在《生活》周刊、《新生》周刊、《世界知识》《国闻周报》等报刊上发表。韬奋所写《弁言》评价说：作者“对于中国民族危机的悲愤的热情，和游历海外时在认识和学力上的飞跃的进步，都在字里行间流露着”。

年底

《捷报》在闽西创刊。是主力红军长征后在闽西坚持游击战争的张鼎丞领导的闽西南军政委员会创办的。

同年

新疆边防督办盛世才利用无线电收发报机在迪化（今乌鲁木齐）播发时事消息及戏曲唱片，为新疆有广播节目之始。

辛亥革命时期的报刊政论家黄侃病逝。黄原名季刚，生于 1886 年，湖北蕲春人。早年留学日本，参加同盟会，协助章太炎编辑《民报》。归国后，曾任汉口《大江报》特约撰述，所写时评《大乱者救中国之妙药也》，轰动一时。武昌起义后，主编民社机关报《民声日报》。1919 年参与编撰《国故》月刊，反对新文化运动。后在北京大学、中央大学等校执教，为音韵训诂学家。

中外新闻社（又名中外新闻学社）在天津成立。中共地下党员吴寄寒（吴江）发起创办。社员有周勉之、钱重光、方大曾、戴延曾等。该社是从事新闻采访报道和时事照片发稿的新闻业务性机构。所采编的有关绥蒙抗战、“一二·九”运动、华北危机、“七七”事变等新闻照片（署“中外新闻社摄”或“小方摄”，后者即方大曾），为《良友》《时代》画报、《生活》周刊、英文《中国呼声》、美国《生活》画报等不少中外报刊采用。抗战爆发后，该社内迁到太原、武汉、重庆等地，改用全民通讯社名义发稿。

李次山在上海逝世。李原名时蕊，生于 1887 年，湖北英山人。1912 年参加反对袁世凯的武装斗争。后流亡日本。1916 年回上海任律师。1918 年开始为报纸写稿，并加入上海新闻记者俱乐部。1919 年为打破外国通讯社的垄断，创办联合通讯社，任社长。报道支持孙中山新三民主义政策和北伐战争，1933 年被国民党除名，并一度被捕囚禁。

梁士纯辑《新闻学概观》一书，由北平燕京大学新闻学系出版。大 32 开，49 页。该书是燕大新闻学系 1935 年度新闻学讨论会的演讲稿汇编。收有陶孟和、高原德、博晨光、洪煨莲、徐淑希、聂士芬、梁士纯 7 人的讲演稿各一篇。梁士纯写弁言。

《新闻事业与国难》一书，由北平燕京大学新闻学系出版。燕京大学新闻讨论会编。

张蕴和等著《申报函授学校概况》，由申报馆出版。

谢六逸编《实用新闻学》，由申报馆出版。是申报新闻函授学校讲义之三。32 开，304 页。分设 20 章，论述报纸的作用，新闻的性质、意义、职能和进化，新闻记者，新闻的要素，新闻记事的分析和构成，标题、撮要和正文的写作，混合编辑，硬性和软性新闻的编辑方针，副刊和地方版的编辑，评论，采访，发行工作等。

1936 年（丙子）

1 月 1 日

《中国学生》出版新年特大号（编序号为第 2 卷 1—4 期）。刊出上年 12 月报载的《胡适氏为学生运动进一言》全文，同情“一二·九”学生运动，但又反对学生罢课，认为“培养个人的知识与能力，才是报国的真正准备”。《大公报》于 1935 年 12 月 15 日摘要转载胡适文章。同年 12 月 21 日《大众生活》第 6 期发表永生的《为胡先生进一言》，提出批评意见。上述新年特大号还刊有《全国学生反对华北“自治”运动前后记》（方本裕编记）。1936 年 2 月，《中国学生》出版《学生救亡运动专号》。

平津新闻学会成立。该会曾召开会员大会，通过向政府请愿取消新闻检查制度的决议。

1 月 4 日

北平交通大学主办的《交大周刊》停刊。该刊自 1932 年秋创刊至今，除寒暑假停刊外，共出 82 期。

1 月 11 日

本日出版的《大众生活》第 9 期刊出《上海新闻记者为争取言论自由宣言》，由顾执中、萨空了、谢六逸、恽逸群、郭步陶、陆诒、卜少夫等 71 名职业记者联合署名发表。《宣言》抗议国民党当局新闻检查制度对人民言论出版自由的剥夺。指出“在整个中华民族解放斗争的阶段上，报纸应该是唤起民众，组织民众，反抗一切帝国主义者侵略压迫的唯一武器”，为使这一武器真正发挥功效，只有争取言论自由。为此，提出两点主张：“一、反对新闻检查制度的继续存在。二、检查制度虽不立刻撤销，一个自己认为还算是舆论机关的报纸，绝对不受检查!”

1 月 12 日

著名记者、报刊政论作家王光祈在德国波恩病逝。王生于 1892 年，字润屿，笔名若愚，四川温江人。五四运动时期，毕业于北京中国大学，先后任成都《群报》《川报》驻京记者，与李大钊等发起组织少年中国学会，为《新青年》《每周评论》《少年中国》等报刊撰稿，宣传新思潮，倾向无政府主义。1920 年赴德国入法兰克福大学攻读政治经济学，兼任上海《申报》《新闻报》驻德记者。30 年代初任波恩大学东方学院音乐讲师。“九一八”事变后，曾在柏林、法兰克福等地大报上著文反对日本侵华。

1 月 16 日

《学联日报》在北平创刊。北平学生联合会创办（该会成立于 1935 年 11 月 28 日，领导成员有郭明秋、姚依林、孙敬文、邹鲁风、黄华等）。4 开 4 版铅印报纸。它的前身是“一二·九”运动初期学联出版的《学联情报》不定期刊。《学联日报》曾刊登旅法、旅德、旅美华侨声援国内学生抗日爱国运动的函电。巴黎《救国时报》曾致函该报，望北平学生“坚持到底，促进全国工农商学大团结，一致救亡”。（《学联日报》1937 年 2 月 7 日）

1 月 26 日

美国记者施乐（即斯诺）致函平津新闻学会祝贺该会成立，并抨击现行新闻检查制度。施乐时任《纽约太阳报》和伦敦《每日先锋报》驻平通讯记者，对中国国情有深刻同情与了解。施乐在致平津新闻学会信中，赞成该会提出的开放“言禁”，废止现行之新闻检查制度；切实保障报馆及新闻从业者的安全；不得利用政治权威，迫令报纸为图利一人一派之宣传；非法处分之报馆或记者，应一律撤销其处分，并追惩非法加害之官吏及酌童赔偿等主张。认为争取新闻业的自由与独立，不仅对中国，而且对全世界都具有普遍意义。还指出一个民族的新闻事业自由而独立，为人类的尊严、行为与教导而努力，它是不会被征服的——无论是外侵的帝国主义者或是专横的国家独裁者。施乐在信中还希望平津新闻学会与中外新闻界密切合作。（参见《世界日报》1936 年 2 月 9 日、10 日第 7 版报道）

同月

《上海复旦大学三十周年纪念世界报纸展览会纪念刊》，由复旦大学新闻学会出版。该展览会筹备会编。16 开，284 页。谢六逸写《发刊词》和《复旦大学新闻系概况》，汪伯奇写《世界报纸展览感言》。纪念刊收有论文 20 篇：《三种报纸的出路》（成舍我）、《小型报》（吴秋尘）、《新闻职业与大学教育》（马星野）、《中国报业的几个好现象》（梁士纯）、《外勤记者应注意的三端》（陆诒）、《新闻文学的产生及其任务》（陈珍干）、《新闻纸上的“特写”》（夏仁麟）、《新闻摄影》（胡伯洲）、《新闻与广告之伦理观》（谢小鲁）、《新闻标题的研究》（陈铭德）、《日本的新闻事业》（谢六逸）等。另刊有《报业杂感》（马荫良）、《统制新闻方法有改善之必要》（郭步陶）、《从新闻文学说到黄远生》（沈秋雁）、《林白水先生》（于振）、《英国泰晤士报一百五十年史》（沈颂芳）、《美洲新闻怪杰黑斯脱》（盛澄荣）等“谈荟”14 篇。参展报纸和通讯社一览表 6 个。附录两篇：《有关新闻之法令章则》《我国新闻界近百年大事记》。

2 月 1 日

北平《全民报》增办《妇女周刊》。主编孙文淑（执教北平榆林中学），主要撰稿人张晓梅，都是中共党员、北平妇女救国会委员。该刊主要宣传妇女参加抗日救亡，革命性鲜明，受到进步妇女的欢迎。曾出有《妇女周刊选集》1 册，从刊发的 80 多篇文章中选辑 31 篇，约 90 多页。8 月 27 日终刊，共出 30 期。

英文《中国呼声》（*The Voice of China*）半月刊在上海创刊。国际友人曼尼·格兰尼奇及其夫人格雷丝受美共派遣来华主持创办。以中国呼声社名义出版，并得到宋庆龄的支持。主要编撰人有路易·艾黎、史沫特莱、希伯、斯诺等。一般多用化名写稿。中共地下党派朱伯深（朱明）参与编务和翻译工作，协助组织陶行知、鲁迅等写稿，曾请陈赓介绍中国政情。该刊以伸张正义，让世界人民听到中国人民的抗日声音为职志。创刊号印 2500 份，迅即全部售尽。第 2 期起增至 5000 份，超过蒋介石支持的英文《中国评论》销数的一倍。后为扩大读者面，在英文稿后面增加 1/3 的中文稿。除在中国发行外，还远销东南亚、加尔各答等地。国民党特务多次没收刊物，逮捕报童，并迫使美国领事馆取消该刊注册商号。1937 年 9 月正付印时，因日本宪兵闯入砸坏排字车间而被迫停刊。该期版样被路易·艾黎抢救得以保存，内容有格兰尼奇执笔的社论《上海往何处去?》，艾黎用笔名“乔大奇”写的政论《爱好和平的我们必须斗争》，还刊有《彭德怀论游击战争》《朱德访问记》（配有两人的木刻头像）等文。1938 年格兰尼奇回美国后，主办《今日中国》。

2 月 21 日

汉口举行全国新闻纸杂志及儿童读物展览会。展出国内报纸 1208 种，外国报纸 258 种，杂志 3199 册，公报 1500 册，儿童读物 8355 册。当日观众达 2 万多人，展期 10 天。

同月

国民党中央广播事业指导委员会成立，统管全国广播事业。陈果夫、吴保丰分别任正、副主任委员。2月20日，该会通令全国公私营广播电台，自即日起，每日下午8时至9时05分，必须一律转播中央广播电台的节目，内容包括简明新闻、时事述评、名人演讲、学术演讲、话剧、音乐等，以便“齐一宣传步骤”。

国民党中央宣传部查禁《海燕》《大众生活》《读书生活》《漫画和生活》等23种杂志。

3月1日

《北平妇女》创刊。中共领导的北平妇女救国联合会主办。计划出半月刊，实为不定期刊。16开本，每期约3万字。《发刊词》宣称其任务是宣传妇女解放与民族解放。设有《短评》《论著》《文艺》《专载》《生活面影》等专栏。作者均用笔名。创刊号发表3篇论著：《妇女问题与民族解放》（倩文）、《现代妇女的觉醒》（霜稜）和《中国妇女往哪里去?》（江），还刊有《北平妇女救国联合会宣言》和妇救会《为反对南京中日会议宣言》及《上海文化界救国会对中宣部告国人书之辨正》等文件。仅存2期，终刊期不详。

3月7日

《永生》周刊在上海创刊。金仲华、钱俊瑞先后任主编。生活书店出版。为承续2月被停刊的《大众生活》而创办。《创刊词》称要“求得个人的永生！民族的永生!”6月27日出至第17期后被查禁。

3月15日

《全民月刊》创刊特大号在巴黎创刊。中国共产党主办。曾刊发第一部反映红军长征的长篇通讯报告《随军西行见闻录》，这篇通讯报告全文约4.5万字，系中共中央政治局委员、长征领导人之一的陈云根据亲身经历，于1935年秋写成。发表时假托为一名被俘的国民党军医廉臣。同年7月，在莫斯科出版单行本。1937年3月，北平东方快报印刷厂秘密印行的《外国记者中国西北印象记》，全文收入此稿。1937年7月30日，巴黎《救国时报》再次发表此文。8月5日的《救国时报》刊载作者“廉臣”捐赠《随军西行见闻录》的版权启事。同年11月和12月国内相继由民生出版社和陕甘人民出版社出版单行本。前一版本改名《从江西到四川行军记》。1939年1月大文出版社将斯诺采访毛泽东关于红军长征一段记述和这篇报告结集出版，题名《长征两面写》。1985年1月，为纪念遵义会议50周年，《红旗》杂志再次发表报告全文。90年代又收入新版《陈云文选》中。

3月18日

北平《晨报》编辑人员为抗议北平市政府武装接管该报，全体向社长陈博生、经理林仲易辞职。参加联名辞职的有詹辱生、刘尊棋、赵效沂、林颖生、熊伯庚、郑太初、吴汝栽、瞿冰森、张铁笙、冯华熙、谭邦杰、于非厂、岑继英、张椿轩、计培元、王志民等16人。

3月19日

日文《上海日报》全体华工50多人于本日罢工，以抗议该报无故开除工友多人。社长日人波多博同意发给开除者退职金2个半月后，罢工宣告结束，计5个小时。

同月

北平市外勤记者联欢会成立。推举管翼贤任会长。该会会章规定“以联络外勤记者感情观摩举行为宗旨”。（《世界日报》1936年6月4日）

台湾《新民报》组织祖国考察团一行13人，由总经理罗万伸率领到达上海。19日参观申新两报，后赴南京、杭州考察。

燕京大学新闻学系为纪念该系创办人、前年逝世的美国密苏里大学新闻学院院长威廉博士，特聘任其夫人担任燕大客座教授 1 年，讲授《比较新闻学》和《特写文学》。

胡鸣祥编写的《投稿术》一书，由上海晨光书店出版。32 开，112 页。收入 30 多篇文章，讲述向报刊投稿方法、注意事项，以及有关写稿方面的问题。

4 月 1 日

《大公报》上海版创刊。胡政之、张季鸾主持，经理李子宽，编辑主任张琴南，本埠新闻编辑王文彬。该报日出对开 3 张，6 月 1 日起又增出《本埠增刊》对开 1 张。创刊号发表社评《今后之大公报》（天津版同时刊登），表白该报因时局所迫重心由天津南移的心态说：“在国难现阶段之中国，一切私人事业，原不能期待永久之规画，即规画矣，亦不能保障其实行。倘成覆巢，安求完卵。借曰避地经营，实际又何所择。”这篇社评重申了《大公报》的办报方针和对于内政、外交的主张。

贵阳新闻记者协会成立。全市报纸停刊 1 天。

4 月 8 日

《南京人报》在南京创刊。4 开 4 版日报。是张恨水用 4000 元稿费开办的民营报纸。张自任社长，张友鸾任副社长兼经理。版面新颖，栏目多样。主张抗日，重视社会新闻，文字通俗。副刊《南华经》由张恨水主编，曾连载他写的两部章回体小说《中原豪侠传》和《鼓角声中》。销数最高达 1.5 万份。1937 年 12 月 9 日南京沦陷前 4 天被迫暂告停刊，抗战胜利后在南京复刊。

4 月 10 日

上海《大晚报》辟设《每周影坛》专刊。夏衍主编，主要撰稿人有春亩（夏衍）、孟公威（王尘无）、尤竞、洪深、曹聚仁等。同年 12 月 27 日，出至第 36 期后停刊。

4 月 12 日

北平《世界晚报》刊登启事，称该报于 4 月 5 日登出《哈密出美女》一则，回教人士指出与事实不符。为此特向全体回民道歉，并处分负责人员。

4 月 17 日

中共西北中央局机关报《斗争》第 95 期（32 开蜡纸刻写油印本）刊出 3 月 29 日鲁迅、茅盾祝贺红军东征胜利的信，题为《中国文化界领袖××××来信》。信中写道：“读了中国苏维埃政府和中国共产党中央的《为抗日救国告全体同胞书》、中国共产党《告全国民众各党派及一切军队宣言》、中国红军为抗日救国的快邮代电，我们郑重宣言：我们热情地拥护中国共产党、中国苏维埃政府的号召，我们认为只有实现中国共产党、中国苏维埃政府的抗日救国大计，中华民族方能解放自由!”信中祝贺红军在山西的胜利，写有：“英勇的红军将领们和士兵们，你们的勇敢的斗争，你们的伟大胜利，是中华民族解放史上最光荣的一页！全国民众期待你们的更大胜利，全国民众正在努力奋斗，为你们的后盾，为你们的声援！你们的每一步前进将遇到极热烈的欢迎和拥护!”等语。（冯雪峰、茅盾的回忆，和 1979 年 6 月 9 日《人民日报》发表的唐天然《新发现的鲁迅佚文》均误认此信为贺红军长征胜利到陕北——编者）。

又，同期《斗争》还刊有《全国×××抗日救国代表大会来信》，写有：“在你们身上是寄托着人类的光明和幸福的未来”等语。（1976 年版《鲁迅书信集》卷首刊载《致中共中央》：“在你们身上，寄托着人类和中国的将来。”其他书刊也有类似引文，均系误引。）（参见阎愈新：《六十年前鲁迅、

茅盾致红军贺信之发现》，《新文学史料》1996年第3期）

同月

北平市立第一普通图书馆长李文裿主持调查全国新闻纸结束。据统计，全国日晚报纸共375种，其中江苏50种、浙江24种、安徽11种、福建16种、广东22种、云南9种、贵州1种、四川14种、山东15种、山西7种、江西8种、广西4种、湖南8种、陕西2种、甘肃4种、宁夏1种、绥远7种、察哈尔1种、青海2种、南京市13种、上海市30种、北平市48种、青岛市12种、西安12种、威海卫1种、香港7种。

《知识》半月刊在上海创刊。金则人、骆耕漠、王达夫合编。主要撰稿人有何干之、石西民、刘群、李凡夫等。先后换用《时代论坛》《大时代》等刊名，一再遭到查禁，每出一期，几乎全部被邮局检扣。出至第17期后被迫停刊。

刚刚参加过二万五千里长征的刘少奇重返天津，以中共中央代表名义主持中共北方局工作，充分利用中共北方局和中共河北省委的机关刊物《火线》杂志，宣传抗日民族统一战线新政策，批判“左”的错误思想，指导学生和各界救国运动的正确发展。他用K.V的笔名在《火线》先后发表《肃清关门主义与冒险主义》《论北平学生纪念郭清烈士的行动——给北平同志的一封信》（第55期）《把一般的原则与现实生活中的具体问题联结起来》（第63期）、《论“左”派》（第70期）等文，并在《火线》上发起组织讨论与现实生活有关的重大问题，新策略路线中的问题。引导北平学生在刊物上热烈开展“联合战线”问题的讨论。在他的关心下，《火线》的水平有了很大提高，刻印、装帧工作有较大改进，成为当时党内较好的秘密刊物之一。“七七”事变后，《火线》转移到平西抗日根据地出版。为庆祝《火线》100期，出有百期特大号。1936年4—6月间，刘少奇还用陶尚行、莫文华笔名在国家社会党刊物《自由评论》撰发《关于共产党的一封信》（22期），在香港《生活日报星期增刊》上发表关于人民阵线问题讨论的两封信，宣传中共抗日民族统一战线主张。

5月5日

成都新闻学会成立。陈斯孝、王白与等30多人发起。

5月6日

《救亡情报》在上海创刊。上海各界救国联合会机关报。钱俊瑞主持，徐雪寒任经理，章乃器主管言论，吴大琨、柳乃夫等参与编撰。刘群负责具体编务，陆诒、恽逸群担任义务记者。为避免破坏，没有注明编辑出版地点，印刷地点亦经常变动。每周日出4开4版，有时出增刊或号外。曾详细报道5月31日全国各界救国联合会在上海成立情况，刊载成立大会《宣言》和《抗日救国初步政治纲领》等文件，及时报道全国各地和海外华侨救亡团体的活动。因“七君子事件”沈钧儒等救国会领导人被捕而于12月中旬停刊，共出29期。

5月7日

燕京大学新闻学系自本日起，迄9日止，在该系举办新闻讨论会。讨论的总题目为《新闻事业与国难》，听众约200多人。会上，罗隆基演讲《国难时期新闻事业的使命》，《大公报》记者王芸生讲《国难期间报纸要平常化，要雪报界本身之耻，要提倡国家思想》，南京中央政治学校新闻系主任马星野讲《要从物质、人才方面进行意见合作》，潘光旦教授讲《国难时期新闻事业与青年》。

5月上旬

《生活十日》创刊。署燕京大学学生会出版，实为民族解放先锋队创办的对外宣传刊物。5 月 21 日第 2 期发表《民族解放先锋队对时局宣言》。仅出 2 期。续出《民族解放》，共出 10 期。

5 月 12 日

辛亥革命时期的著名报刊政论家胡汉民在广州病逝。胡生于 1879 年，原名衍鸿，字展堂，笔名去非等，广东番禺人。早年曾任广州《岭海报》记者、总编辑。1905 年参加同盟会，任《民报》的主要编撰人。1907 年后，历任新加坡《中兴日报》和槟榔屿《光华日报》的主编，并为香港《中国日报》撰稿，成为同盟会报刊宣传的骨干。1914 年主编中华革命党的《民国》杂志。五四运动时期，任上海《建设》杂志的编撰。1924 年中国国民党改组，成为国民党右派首领。历任南京国民党中央政治会议主席、立法院院长等职。晚年在香港、广州主办《中兴日报》《三民主义月刊》《国民新闻》等报刊，充作反革命宣传的喉舌。

5 月 18 日

南京中德文化协会邀请德国名记者胡德曼讲演《今日德国新闻事业》，宣扬法西斯国家机构对新闻事业的控制。到会者 40 余人。

5 月 22 日

鲁迅致信唐弢谈及办刊物的经验说："编刊物决不会'绝对的自由'，而且人也决不会'不属于任何一面'，一做事，要看出来的。如果真的不属于任何一面，那么，他是一个怪人，或是一个滑人，刊物一定办不好。"（《鲁迅全集》第 13 卷，第 381 页）其时，上海今代书店拟请唐弢等合编《今代文艺》，要求编者"不属于任何一面"，又表示编者采用稿件有"绝对的自由"。为此，唐弢写信向鲁迅请教，最后接受了鲁迅的上述意见，未答应编辑该刊。

6 月 1 日

小型报纸《辛报》在上海创刊。由前《小晨报》主编姚苏凤主编。该报注重批评及特写等稿件。

6 月 5 日

《文学界》月刊在上海创刊。实际是"左联"解散后部分左翼作家创办的，主编署名周渊，戴万平负责具体编务。本年 9 月出至第 4 期被迫停刊。创刊号起曾连载捷克记者、报告文学作家、德共党员埃贡·埃尔温·基希 1932 年 3 月至 8 月秘密访华考察所写反映旧中国现实的报告文学，有《吴淞废墟》《金融投机》《一个印度人指挥交通》《死刑》《黄包车！黄包车！》《纱厂童工》等。由周立波翻译。

6 月 7 日

北平教育文化记者协会成立。由北平各报社、通讯社教育新闻记者及津、沪、汉、宁、粤各报驻平教育新闻记者组成。以联络友谊、交换学识，促进新闻事业之改善与发展为宗旨。

《生活日报》在香港创刊。邹韬奋任社长兼主编。中共党员胡愈之、金仲华、柳湜、恽逸群等参与编撰。社址设在香港利源东街 20 号贫民窟中。是略大于 4 开的中型报纸，日出外埠 2 张 8 版，本埠加 1 张，为 12 版，逢周日出《生活日报星期增刊》3 张 12 版。邹韬奋写的《发刊词》称："本报的两大目的是努力促进民族解放，积极推广大众文化。"表示将努力以"全国民众的利益为一切记述评判和建议的中心标准"。在天津主持中共中央华北局工作的刘少奇于 5 月 24 日和 6 月 19 日两次致信韬奋（用"莫文华"化名），对《生活日报》的出版寄予希望和支持，对该报的性质、任务、方针提出建议说："贵刊应当担负促成解放中国民族的伟业，而目前的中心问题是民族解放的人民阵线之实际的组织。”“贵刊应成为救国人民阵线的指导者与组织者；成为千千万万各种各色群众的权威的刊物。”第2封信阐明统一战线政策，批判关门主义做法。《生活日报星期增刊》第1卷第1号（6月7日出版）、第6号（7月12日出版）在《信箱》栏刊出上述来信，题为《民族解放与人民阵线》和《人民阵线与关门主义》。韬奋加编者按，表示接受建议，同时提出，用“民族联合阵线”取代“人民阵线”名称更为清楚。韬奋每天为该报撰写一篇约500字的社论，主持日报《读者信箱》和星期增刊《信箱》，并关注同人的工作和生活。该报在韬奋领导下，克服了港英当局的新闻检查，以及印刷设备落后和工作环境艰苦等困难，成为宣传抗日救亡的舆论阵地。日销达2万份，为当地一般日报销量的两三倍。后因向内地发行困难，日报于7月31日自动停刊。星期增刊改名《生活日报周刊》，8月16日出至第11期后迁往上海改名《生活星期刊》继续出版。

6月10日

《光明》半月刊在上海创刊。综合性文艺刊物。洪深、沈起予主编。生活书店出版发行。创刊号刊发夏衍的著名报告文学《包身工》。1937年8月10日第3卷第5期后，改出《光明战时号外》，每周1期。同年10月停刊，共出7期。

汉口市记者公会成立。合格会员247人。

6月14日

辛亥革命时期的著名报刊活动家、政论家章太炎在苏州病逝。章生于1869年，名炳麟，又名绛，字枚叔，浙江余杭人。1897年春一度任上海《时务报》撰述。同年先后任杭州《经世报》、上海《实学报》和《译书公会报》撰述、主笔。戊戌政变失败后被通缉，到台北任《台湾日日新报》记者。1902年到上海参加中国教育会和爱国学社的活动。1903年在《苏报》撰发《序革命军》和《康有为与觉罗君之关系》等文，酿成了轰动一时的“苏报案”，被捕判刑3年。1906年获释，赴日本东京任《民报》主编，在此期间为该报撰写政论、时评等50多篇，鼓吹排满革命和保存国粹。武昌起义后回国，1912年在上海创办《大共和日报》。五四运动后，反对新文化运动，退居为学者，研究经学和文字音韵训诂等学，主张读经，创办《华国》月刊、《国学商兑》《制言》等学术杂志，宣扬国故。著有《章太炎政论选集》《章氏丛书》等。

6月15日

《浪花》杂志在北平创刊。北京大学学生魏伯、宋昕等发起创办，柳林主编。16开本，约2个月1期。同年秋被查禁。同年10月，柳林又编辑出版《通俗文学》，32开不定期刊，约出3期，于1937年春夏停刊。

南京中国日日新闻社、《大华晚报》社被宪警机关查封。《大华晚报》社长殷再为被秘密逮捕入狱，另两名职员被囚。罪名是“泄露机密”。《大华晚报》后易名《京华晚报》，更换发行人后另行出版。两三个月后，由《新闻报》驻南京采访部主任俞树立接盘。南京政府行政院政务处长彭学沛曾出资5000元。沈雨苍、穆逸群先后任总编辑。1937年“八一三”后停刊。

6月20日

《长城》杂志在北平创刊。中国共产党北方局领导创办。重视引导学生抗日救亡运动，第5期出有《关于学生运动问题特辑》，第10期辟有《学生问题》专栏，及时阐明学生运动的性质、任务和工作方法，反对群众运动中某些关门主义和冒险主义倾向。“西安事变”发生后，用大量篇幅正确阐明事变起因、性质与前途。发表中共北方局发言人《关于陕变的谈话》和《西安事变的和平解决与蒋氏的恢复自由》等文，要求国民党停止对红军的“围剿”，实现国共合作，一致抗日。曾刊登《中国共产党致国民党书》《毛泽东同志关于停战抗日的重要谈话》等文件，宣传抗日民族统一战线政策。1937年1月10日出至第13期，再次遭到国民党迫害，暂告停刊。2月6日所出第14期改名《国防》杂志。3月15日所出《国防》杂志第17期，被当局指为“污蔑领袖”，再次查禁。4月改名《人民之友》继续出版。

中央社聘请前北平《晨报》社长陈博生任驻东京特派员，海通社编辑刘尊棋为驻东京记者，于20日赴日本。在日本一年中，刘尊棋撰写大量剖析日本政治、经济现状的文章，揭露日本军国主义的战争准备，寄国内《大公报》《国闻周报》《世界知识》等报刊发表。

6月28日

辛亥革命时期的报刊活动家连横在上海逝世。连生于1878年，字武公，号雅堂，笔名慕秦，台湾台南人。1897年到上海游学。1898年任台湾《台澎日报》《台南新报》汉文部主笔。1903年任上海《国民日日报》副刊《黑暗世界》主笔。1905年在福建加入同盟会，创办《日日新报》，鼓吹排满革命。1908年，参与创办台南南社分社。民国成立后，旅游大陆各地，先后任《新吉林报》《边声报》主笔。1914年回台湾致力学术研究。1924年创办主编《台湾诗荟》月刊。1926年后移居杭州、上海。是台湾资历最深的著名新闻工作者。著作有《台湾通史》《台湾语典》《大陆诗荟》等。

同月

满铁株式会社记者团6人由沈阳到天津、北平、通州参观。

刘元钊编著的《新闻学讲话》，由上海乐华图书公司出版。32开，160页。全书分五章，讲述新闻学的基本知识，包括新闻学的意义和本质；新闻纸的史的发展；新闻纸的生产过程（采访、编辑、校对、印刷、发行）；新闻通讯社；国际新闻纸概述（英、美、法、德、日、苏六国）等。

张忧虞（即张友渔）著《新闻之理论与现象》，由太原中外语文学会出版。32开，366页。收有新闻理论、新闻政策、中外新闻事业等方面的文章《新闻的性质和任务》《政治与报纸》《报纸与舆论之构成》《论“机关报”》《何谓社论》《报纸评论之起源》《论统制新闻》《新闻是必要的》（列宁著）、《苏俄新闻政策》《社会化的苏俄报纸》《日本新闻事业概观》《东京的三大新闻》《法西斯蒂势力下之德国新闻的命运》（译文）、《英美德法的新闻》《中国新闻界的新动向》等27篇，另有附录4篇。

梁士纯著《战时的舆论及其统制》，由北平燕京大学新闻学系出版。

许晚成编《全国报馆刊社调查录》，由上海龙文书店出版。16开，279页。按地区著录全国各省、市的报刊简况，包括名称、地址、创刊年月、总经理、主笔略历、重要编辑姓名等。

6—10月

美国记者埃德加·斯诺得到美国报刊和出版商的赞助，在宋庆龄的联系和中共地下党组织的秘密安排下，离开北平取道西安，进入陕北苏区。后到甘肃、宁夏一带红军西征前线，行程3000里，历时百余天。对所见到的从后方到前线，从工农群众、红军指战员到共产党的最高领导人毛泽东、周恩来、彭德怀等，进行广泛采访。毛泽东同他作了十几个晚上的长谈。10月返回北平。11月14日起，斯诺在上海《密勒氏评论报》和国内外多家报刊上发表《毛泽东访问记》

等数十篇有关陕北苏区的考察报道和上百幅新闻照片，突破国民党长达9年的新闻封锁，向世界传播了中共对时局的看法和主张，真实地介绍了中共领导的人民斗争业绩和中国工农红军英勇的长征，生动刻画了共产党领导人物的鲜明形象，热情描述了根据地人民的革命理想和崭新生活，成为轰动世界的重大新闻。次年，正式出版英文版《红星照耀中国》一书。

7月15日

被迫离粤的新闻记者黄士强等17人通电全国，声讨陈济棠压迫记者，摧残舆论的罪恶，并劝导广州同业勿为利用，以存人格而重天职。

同月

《太原日报》编辑许德洁，因忧愤国难，在寓所用剃须刀将下部割伤企图自杀。自杀前留有遗书。

截至本月，香港仍在出版的报纸为24种，其中华文报20种，英文报4种。另周刊3种，通讯社4家。已知的各报刊及通讯社当时的简单情况如下：

《华侨日报》：创刊于1924年，资本15万元，发行1.4万份，日出对开4张，总经理岑维休。同时发行晚报香港《南中报》，销路较《循环晚报》《工商晚报》为佳。言论持中庸之道。读者多为工商界及华侨。

《南强日报》：创刊于1927年，资本约2万元。为《华侨日报》系统内的报纸。

《循环日报》：创刊于1874年，资本约40万元，发行1.5万份，日出对开4大张，总经理温荔玻。无党派色彩，论调较稳健中立，《循环晚报》及日报同属一系统，在港华人报中有“好好君子新闻”之称。

《工商日报》：创刊于1925年，资本12万元，发行1万份，日出对开4张，总经理胡秩五。与日报《天光报》、晚报《工商晚报》均属同一系统。采拥护国民党中央立场。

《华字日报》：创刊于1872年，资本10万元，发行6000份，日出对开4张，社长陈止澜。无政党色彩，态度中立。

《超然报》：创刊于1926年，资本2万元，发行4000份，日出对开3张，社长由《华字日报》社长兼任。论调稳健，注意调查记事。

《大光报》：创刊于1912年，资本4万元，发行4000份，日出对开4张。是香港基督教会系统的报纸。

《南华日报》：创刊于1930年，发行7000份，日出对开4张，总经理陈光文，为汪精卫出资创办。

《东方日报》：创刊于1931年6月，资本4万元，发行5000份，日出对开3张，社长陈雁声。为国民党中央控制下的报纸。

《中兴报》：创刊于1932年，资本4万元，发行4000份，日出对开3张，社长为胡汉民之女胡木兰，每月受西南政务委员会津贴，实权操在冯康候、何家为之手。

《大众日报》：创刊于1934年，资本2万元，发行9000份，日出对开2张，总经理蒋光亮。

《香港午报》：创刊于1934年，资本1万元，发行5000份，日出对开2张，社长杨笔中。

《新中日报》：创刊于1932年，资本10万元，发行6000份，日出对开3张，社长欧阳川，由广东民政厅长林翼中私人经营。着重宣传政治经济建设。

《南华晨邮报》（*South China Morning Post*）：创刊于1896年，日出对开4张半，销行5000份，为哈斯东（J. Scott Harston）及西凡（R. G Shewan）所有，编辑者为H. Ching。注重经济消息。

《香港电闻报》（*The Hong Kong Tele-*

graph）：创刊于 1881 年，日出对开 3 张，销行 3000 份，为弗兰克林（E. P. Franklin）所有，编辑人雪克斯（Alfred Hicks）。

《香港日日新闻》（*Hong Kong Daily Press*）：创刊于 1857 年，日出对开 4 张，销行 3000 份，为茂罗（Col. H. L. Murow）所有，编辑雪克斯。与香港政府有密切关系。

《中国邮报》（*The China Mail*）：创刊于 1845 年，日出对开 3 张，销行 2400 份，为威尔逊（D. C. Wilson）所有，编辑白纳脱（G. C. Burnett）。属英国系报纸。

《香港日曜先驱报》（*Hong Kong Sunday Herald*）：创刊于 1924 年，每期 20 页，销行 3000 份左右，编辑与前者相同，附有新闻照片，为星期日唯一的英文报。英国系报纸。

《全华邮报》（*Overland China Mail*）：创刊于 1845 年，周报，销行 1000 份。英国系杂志。

《香港周报》（*Hong Kong Weekly Mail*）：创刊于 1857 年，为日日新闻社所有。

《评论报》（*Tne Critic*）：创刊于 1932 年，为 R. T. Barvett 所有。

新亚通讯社：资本约 3 万元，社长卫国纶，主任叶飞絮，通讯员约 12 人。态度中立。

中央社香港分社：资本约 8 万元，社长周野荪，主任林嘉文，通讯员约 10 人。

国风通讯社：资本约 3 万元，社长冯康候，主任潘友诚，通讯员约 6 人，由前西南政务委员会指导。

新闻通讯社：资本约 8000 元，社长唐碧川，通讯员约 3 人。态度中立。

8 月 6 日

本日出版的北平《世界日报》的《新闻学周刊》第 135 期发表《广东之新闻事业》（董夏译）一文，说明广州现有广州《民国日报》《司法日报》《民生报》《广州市民报》《国民新闻》《持平日报》《环球报》《诚报》《广州日报》《现象报》《宏道日报》《公道报》《共和报》《越华报》《公评报》《国华报》《七十二行商报》《六华晚报》《新国华报》《英文日报》《广东新闻》等报纸 21 家，广东通讯社、中国通讯社、博爱通讯社、河南新闻通讯社、东南通讯社、超然新闻通讯社、路透社、哈瓦斯社、美联社及日本同盟社等中外通讯社 43 家。

8 月 16 日

《现世界》半月刊在上海创刊。钱俊瑞主编，李凡夫、柳乃夫负责实际编辑工作，胡耐秋协助编校。拥有 60 多人的撰稿队伍，其中有马相伯、沈钧儒、冯玉祥、孙科、郭沫若、胡愈之、张仲实、艾思奇、章汉夫、章乃器、千家驹等知名人士。内容以报道评论国内外时事，分析比较中日两国情况，介绍科学知识，讨论青年切身问题，刊载译著小说为主。发行到东京后，受到留日中国学生欢迎，但遭到日方查禁。1937 年 3 月 16 日出至第 2 卷 4 期后被国民党当局勒令停刊，共出 15 期。

8 月 18 日

《华美晚报》在上海创刊。由英文《大美晚报》部分职工脱离该报后创办，朱作同任总经理，石招泰任总主笔。在美国特莱华州注册，发行人及董事会主席为密尔士（H. P. Mills）。

8 月 21 日

《大公报》记者范长江的通讯文集《中国的西北角》正式出版。该书由《大公报》馆出版部印行，大 32 开本，354 页 1 册。自本日初版后，数月内连印 7 版，畅销不衰。全书分为 5 篇：一、成兰纪行；二、陕甘形势片断；三、祁连山南的旅行；四、祁连山北的旅行；五、贺兰山的四边。作者在《四版自序》中写道："记者此次旅行的完成，和本书的出版，此中百分之九十五是各地朋友们的力量，其余百分之五才是机会和我自己的微力"。本书所收通讯，对国民党统治下的西北地区政治上的黑暗，经济上的贫穷落后，民族、宗教的矛盾，民众的疾苦，西北战略地理位置的重要和日本侵略的危机，以及红军长征的行踪等，均作了客观真实的报道。内容充实，文笔生动，议论精辟。表现了作者强烈的革命民主主义和爱国主义思想。1983 年，日本筑摩书房出版东京都立大学名誉教授松枝茂夫所译《中国的西北角》日文本。

8 月 23 日

《生活星期刊》在上海创刊。邹韬奋任发行人兼主编。生活书店出版。是由原香港《生活日报周报》迁上海后改名出刊的，续原编号计为第 1 卷第 12 号。该期发表《不是创刊词》，重申努力"促进民族解放，推广大众文化"两大目标。从 11 月 1 日第 22 号起由原中型报改出 16 开本。11 月 23 日"七君子事件"中韬奋被捕。12 月 4 日，国民党下令查禁《生活星期刊》等 13 种刊物。12 月 13 日，改由金仲华任发行人兼主编，向国民党上海市政府社会局申请更换登记，未准，出至第 1 卷 28 期后被迫停刊。韬奋撰写的《在香港的经历》和《二十年来的经历》先后在《生活星期刊》上连载。从续刊号起，韬奋总结在香港办《生活日报》的经验，连续发表怎样办《生活日报》的一系列文章：《绝对公开》《什么背景?》《广博的言论》《统一性》《广泛性》《研究化》《文字大众化》《建立全国通讯网》《销数》等，系统论述了民主主义的办报思想主张。9 月初，该刊举办以讨论"我们需要怎样的报纸"为主题的每月征文，20 天中收到来稿 436 篇。9 月 27 日韬奋在通读来稿后发表《阅卷记——九月征文总结》，表示将诚挚地依靠读者办好报纸。

8 月 24 日

南京新闻学会邀请美国《纽约时报》驻京记者斯拜尔讲演《今日美国新闻事业》，介绍美国报纸广播和电传照片的发展情况。

同月

天津市政府公布有关天津新闻事业的统计材料。宣布天津现有报馆 43 家，其中日报 32 家，晚报 4 家，大报 7 家；通讯社 28 家；周刊及杂志社 29 家。

国民党内政部公布有关新闻事业的统计材料，宣布自 1931 年 11 月起，至 1936 年 3 月止，由部核准登记的报社为 1053 家，通讯社为 788 家，杂志社为 1875 家。从数量上看，南京、上海最多，北平次之。其分布情况是：江苏 108 家，湖南 244 家，安徽 114 家，江西 70 家，湖北 208 家，四川 158 家，浙江 368 家，福建 67 家，广州 135 家，广西 15 家，云南 29 家，山东 145 家，山西 90 家，河南 136 家，陕西 30 家，甘肃 23 家，贵州 14 家，河北 240 家，宁夏 3 家，青海 8 家，绥远 32 家，察哈尔 19 家，南京 371 家，上海 697 家，北平 352 家，青岛 46 家，天津 35 家，威海卫 6 家。正在办理登记手续的，尚未列入。

9 月 1 日

《大公报》发表社评《本报复刊十年纪念之辞》。为纪念新记公司《大公报》复刊 10 周年，该报决定拿出 3000 元设立《大公报》文艺奖金（1000 元）和科学奖金（2000 元）。次年 5 月 15 日公布文艺奖金获奖者名单为：曹禺的剧本《日出》，芦焚的小说《谷》，何其芳的散文《画梦录》，这是在中国颁发的首次文艺奖金。同年 7 月 1 日公布了科学奖金获奖者名单，计有数学、化学、动物学、植物学、气象学 5 门学科的 6 人获奖。另清华大学华罗庚获荣誉奖。

《新世纪》月刊在上海创刊。姜君辰主编。新知书店出版。发表胡愈之的《两种势力和三个战线》等文。共出4期。

9月5日

《新认识》半月刊在上海创刊。夏征农主编，艾思奇、章汉夫、羊枣、吴敏编辑。新认识社出版。创刊号刊发《世界与中国》(汉夫)、《科学的国防与国防科学》(羊枣)、《怎样建立民族的“统一战线”》(征农)等文。次年3月被查禁，共出6期。

《中流》半月刊创刊。综合性文学刊物。黎烈文主编。上海杂志公司发行。撰稿人主要是鲁迅、茅盾、巴金等一批左翼作家。刊登评论、散文、小说、诗歌、书评、游记、通讯、报告文学、生活记录和杂文随笔等多种体裁的作品。1937年8月5日出至第2卷10期后停刊。

9月10日

北平《世界日报》本日发行的副刊《新闻学周刊》，发表了穆频所作的《上海之主要通讯社》一文，介绍上海市通讯社的有关情况，说明上海现有大小通讯社32家，其中主要的有24家，他们的收费和发稿情况如下：(一)中央社上海分社，成立于1927年11月1日，代表人钱沧硕，每月收费50元，发电讯与市内通讯，发稿时间、电讯不变，本地通讯为午前2时。(二)申时电讯社，成立于1925年7月18日，代表人张竹平(董显光)，本地通讯每月收费30元，通讯算次数，发稿电报不足，市内通讯一两次至4次。(三)上海国民通讯社，成立于1927年6月，代表人李才，每月收费30元，专发市内通讯，发稿一日3次。(四)华东通讯社，成立于1928年，代表人沈雁秋，每月收费50元，以发政治体育消息为主，每日发稿1次。(五)国闻通讯社，已于本年4月停办。(六)新声通讯社，成立于1930年9月18日，代表人严谔声，午后发稿，每月40元，夜间稿每月30元，专发本地消息。(七)大白通讯社，成立于1932年9月18日，代表人金雄白，专发本地消息。(八)上海新闻通讯社，成立于1933年4月，代表人徐烺亭，每月收费40元，专发本地消息，每日发稿2次。(九)中国日日社上海分社，成立于1927年，代表人吴公汉，每月收费20元。(十)新上海通讯社，成立于1932年，代表人黄轩陶，每月收费30元，专发本地新闻，每日发稿2次。(十一)复兴通讯社，成立于1935年2月，代表人钱文镰，每月收费以通讯次数多寡而定，每日发稿3次。(十二)中华通讯社，成立于1932年4月，代表人蔡佑民，每日1次，每月20元，2次30元，专发本市消息。(十三)上海新闻社，成立于1931年9月，代表人薛元白，每月收费20元，发本地消息，每日1次。(十四)沪声通讯社，代表人杨雅云，每月收费分15元及20元两种，发本地消息，每日1次至2次。(十五)华联通讯社，成立于1933年4月5日，代表人谢光南，通讯种类分电报、电话、邮信等，收各国放送之消息，每日发稿2次。(十六)大通通讯社，成立于1931年12月1日，代表人周天球，收费标准每日1次，每月15元，2次25元，专发本市内消息。(十七)民言通讯社，成立于1933年，代表人谢荫坡，收费每月10元，专发市内通讯，每日1次。(十八)和平通讯社，成立于1933年，代表人吴干变，每月收费10元，专发市内通讯，为佛教宣传机关，每日1次。(十九)实业外论通讯社，成立于1933年8月8日，代表人汪万吾，每月收费10元，专发市内通讯，每日1次，午前2时。(二十)外论通讯社，成立于1932年4月1日，代表人方焕如，每月收费20元，专发市内新闻及外国翻译通讯，每日2次。(二十一）新闻通讯社，成立于1934年10月15日，代表人傅润林，每月收费20元，专发市内消息，每日1次。（二十二）世界电讯社，成立于1934年，代表人陈之义，每月收费20元，专发市内一般通讯，经销消息最博好评，发稿每日1次。（二十三）大公通讯社，成立于1935年，代表人朱学范，每月收费20元，发市内及上海交通方面消息，每日1次。（二十四）神州通讯社，成立于1929年，代表人邹某，每月收费30元，专发市内及西南消息。

9月15日

《力报》在长沙创刊。黄埔系的雷锡龄任社长，一批进步知识分子主持编务，有总编辑康德、记者兼副刊编辑严怪愚、新闻编辑陈楚等。中共地下党员李仲融、刘乐扬暗中给予支持，后进步力量逐渐占主导地位。初为日出对开2张，3个月后改为对开1张。以编排新颖、多种附刊吸引读者。不久，即销7000多份。

9月26日

满洲弘报协会在伪满新京（今长春）成立。该会系由关东军决定伪满洲国、满铁和电信电话株式会社投资300万元伪币，以“特殊法人”身份出现的报业托拉斯，统辖东北全境的新闻通讯机构。第一任理事长为原日本陆军中将高柳保太郎。最初的理事全部由日本人担任。

同月

大型报告文学集《中国的一日》，由上海生活书店出版。茅盾主编，编委会有王统照、沈兹九、金仲华、柳湜、陶行知、章乃器、张仲实、傅冬华、钱亦石、邹韬奋等，助理编辑孔令境。编委会于4月初刊出征稿启事，要求以5月21日24小时内所发生于中国范围内的大小事故和现象为内容，来表现现代中国的一个横断面。半年中共收到全国征稿3000多篇，约600万字。该书从中精选490篇，近80万字，忠实生动地记录了从“一·二八”事变到“一二·九”运动前后中国抗日救亡运动发展的历程。蔡元培为该书作序，茅盾写前言《关于编辑的经过》。

《新闻纸展览特刊》在汉口出版。汉口市新闻纸杂志暨儿童读物展览大会编。16开，102页。

罗承烈编《新民报社论》第1集，由南京新民报社发行部出版。为“新民报丛书”之一。32开，434页。收文154篇。梁寒操、陈铭德和编者各作序一篇。

杨东莼著《国际新闻读法》，由上海大众文化社出版。为“大众文化丛书”之一。40开，82页。介绍各国通讯背景及其作用，讲述国际新闻读法。

10月1日

巴金、王统照、包天笑、林语堂、洪深、周瘦鹃、茅盾、陈望道、郑振铎、郭沫若、黎烈文、鲁迅、谢冰心、丰子恺等21人联名发表《文艺界同人为团结御侮与言论自由宣言》，声称：“言论自由与文艺活动的自由，不但是文化发展的关键，而在今日更为民族生存之所系。”要求政府当局“即刻开放人民言论自由，凡足以阻碍人民言论自由之法规，如报纸检查、刊物禁扣等，应立即概予废止”，并呼吁全国学者、新闻记者、作者与读者，“一致起而力争言论自由，促其早日实现”。《新认识》《文学》和《申报·每周增刊》相继刊发这一宣言。

10月3日

《大公报》《中央日报》《申报》《新闻报》等20多家报馆联合发表《中日关系紧张中吾人之共同意见与信念》一文。呼吁舆论界“听命于整个国策”，指责主张抗战是“轻言决裂，以逞快一时”，是“仇外阴谋”

等等。《中国农村》《生活知识》《生活星期刊》《妇女生活》《读书生活》等 20 个杂志社联合发表《我们对于现阶段中日关系之共同意见》给予驳斥，指出该文是“替敌人帮忙”的“叛逆文件”，并提出外交公开、抗日自由等要求。10 月 10 日出版的《学生与国家》创刊号刊发的徐芸书《论无条件的统一》一文，则对《大公报》领衔发表的前文所称“形势所迫，中国苟不牺牲到底，必完全亡国，中国全国民意至此，固绝不许政府再有委屈忍受以求和平”一节表示赞成，认为这一宣言“实在是国人对外意见日趋一致的最高证明”。没有全盘否定。10 月 14 日，北平学生救国会发表《对目前政治形势宣言》，亦肯定南京、上海报界发表的宣言是一件可喜事件，并对其中所说的“事至无可如何，唯有率四万万人以卫国殉国于最后之一瞬”等语，表示赞赏，并说“北平学生愿以行动拥护这样的言论”。北平学生救国会等上述态度是在检讨过去工作中“左”倾错误后采取的正确行动。

10 月 8 日

上海新闻学会举行座谈会。座谈的主题是《非常时期之新闻界》。出席会议的有郭步陶、黄天鹏、黄宪昭、钱华、马崇淦、赵慕儒、高向杲、胡仲持、顾执中等 10 余人。

10 月 10 日

北平《燕京时报》经改组复刊，由成舜卿接办。

《学生与国家》半月刊在北平创刊。第 1 卷第 1 期刊发北平市学联《我们对于目前学生运动的意见和希望》和徐芸书文《论无条件的统一》，宣传抗日民族统一战线的正确主张。第 2 期刊发《教授界对时局意见书》，由徐炳昶、钱玄同、梁士纯、雷洁琼等 66 人于 10 月 10 日联名发表，呼吁政府当局明了华北真正的民意，树立救亡目标。

10 月 17 日

《厦门大报》因文字涉及日方，经日领事要求，被市政当局勒令停刊 1 个月。

10 月 19 日

著名文学家、报刊活动家、报刊评论作家鲁迅本日凌晨 5 时 25 分在上海寓所病逝，享年 56 岁。当日的《大沪晚报》《大晚报》《华美晚报》《大美晚报》等上海晚报和次日的上海、南京、北平各日报纷纷报道了鲁迅逝世的消息，并出版悼念专刊。22 日中共中央和中华苏维埃中央政府发表《为鲁迅先生告全国同胞和全世界人士书》，电文说：“鲁迅先生的死，使我们中华民族失掉了一个最前进最无畏的战士，使我们中华民族遭受了最巨大的不可补救的损失！”“鲁迅先生一生的光荣战斗事业，做了中华民族一切忠实儿女的模范，做了一个为民族解放、社会解放、为世界和平而奋斗的文人的模范。”同日在万国殡仪馆举行鲁迅启灵祭后安葬于万国公墓。蔡元培、沈钧儒、宋庆龄、内山完造、章乃器、邹韬奋发表演说，萧军代表治丧办事处和《译文》《作家》《中流》《文季》4 个杂志社致词。一面上书“民族魂”大字的白底黑字旗覆盖于棺上。吕骥作曲并领唱《安息歌》。数千民众参加了葬仪。

鲁迅原名周树人，生于 1881 年，浙江绍兴人。除从事文学创作外，一生曾编辑过 19 种报刊，指导过许多报刊的编辑出版。1902 年 11 月，在日本东京与许寿裳等组织浙江同乡会，出版《浙江潮》并为其写稿。1907 年为《河南》月刊写稿。1911 年冬，支持进步青年文学团体越社创办《越铎日报》，任名誉总编辑。从 1918 年 5 月在《新青年》发表《狂人日记》起，到 1921 年 8 月止，为该刊撰发小说、新诗、杂文、译文、通讯 50 余篇（其中为《随感录》栏写杂文 27 篇），倡导新文化运动，成为《新青年》的主要编撰人。大革命时期，支持创办《语丝》周刊（后担任主编），创办主编《莽原》周刊。担任《国民新报》文学艺术副刊主编，支持出版《京报副刊》，在政治思想战线上坚持反帝反封建思想文化的斗争。30年代在领导左翼文化运动中，先后主编或参与编辑“左联”机关刊物《萌芽》《巴尔底山》《前哨》《十字街头》等，支持《申报·自由谈》副刊的改革，利用报刊作为反文化“围剿”的重要阵地。鲁迅始终坚持报刊的“思想革命”方向和原则性，注意总结报刊编辑出版工作经验，从精心写作（特别是杂文文体的倡导）、编排创意，到认真编校所体现的革命求实精神和一丝不苟的优良作风，都是新闻工作者学习的典范。

10月20日

《大众知识》半月刊在北平创刊。北平通俗读物编辑社出版，上海亚东图书馆总经销。顾颉刚主编，编辑有连士升、郑侃慈、杨刚等。杨刚曾为该刊撰写采访见闻《绥行日简》《从河北新村到五原拾记》，以及《境与真》《李广》等文艺评论。1937年4月5日停刊，吴世昌写《辍刊致词》。共出12期。

10月23日

南京新闻学会邀请苏联驻华大使鲍格洛夫讲演苏联报业之发展。到会听讲者60多人。

10月26日

本日出版的上海《大公报·文艺》版在正中位置辟设四栏高长方形专栏，刊登司徒乔画的鲁迅遗容和一篇不署名的悼文（用大号楷体排出）。这个专栏是经过一番抗争取得的。在此以前，上海《大公报》曾发表短评《悼鲁迅先生》（未署名，实为王芸生执笔），歪曲和攻击鲁迅，引起读者的愤慨。《大公报·文艺》责编萧乾为此质问报馆老板，并以辞职相抗争，但老板不肯透露执笔者是谁，也不同意萧辞职，对于由报馆刊登道歉启事也表示难办。最后才同意采取上述辟专栏，发悼文的做法，以挽回影响。

同月

国民党中央文化事业委员会成立新闻事业研究会。中央宣传处处长彭革陈为主任。聘请的专门委员有：前申时电讯社社长、大美晚报主笔米星如，前《时事新报》总编辑、现任《神州日报》主笔朱应鹏，《东南日报》社长胡健中，中央文化事业委员会秘书马元放，中央政治学校新闻系主任黄忏华，中央宣传处处长彭革陈，《中央日报》社社长程中行，立法委员、前《时代公论》主笔杨公达，复旦大学新闻系主任谢六逸。

福建仙游县《商报》编辑蔡名良因该报登载国民大会选举舞弊消息，被地方当局逮捕并遭到刑讯。仙游各报为此停刊，以示抗议。

11月5日

天津市政府宣传室经调查后宣布该市现有日报40家。其中大报6家，小报34家。另通讯社30家。

11月7日

《天文台》报在香港创刊。创办人陈孝威。初为半周刊，后改为双日刊。以军事评论著名，最高销数曾达10万份。1941年12月25日因香港沦陷停刊。1950年10月9日复刊。

11月21日

绥远新闻界组织救国后援会，发表宣言，呼吁各界捐款慰劳绥远抗战将士。

11月23日

全国各界救国联合会领导人沈钧儒、邹韬奋、章乃器、李公朴、王造时、沙千里、史良等“七君子”，本日凌晨被国民党当局逮捕。当日出版的上海《立报》在头版右下方发表加黑边短讯一则，题为《今晨七人被捕》，最早播出了这一震惊全国的新闻（因匆忙，未列出名字）。24 日，救国会发表紧急宣言，要求释放被捕者，保护爱国运动。26 日，宋庆龄发表了《为“七君子”被捕向报界发表声明》，表示强烈抗议，并呼吁舆论界主持正义。此后《立报》及全国各地报纸，均对此案作了连续报道，直至“七君子”被释。

同月

上海英文《密勒氏评论报》在 14 日、21 日的两期报纸上，连续刊出斯诺在陕北苏区访问毛泽东的谈话记录和对苏区访问情况的综述，标题为《与共产党领袖毛泽东的会见》，文前有斯诺加的按语：“谈话太长，涉及的面太广，无法全部登录”，“以问答形式刊出摘要，似乎对当前局势的发展有特殊的意义”。14 日一期在显著地位配合刊出斯诺拍摄的毛泽东头戴红军八角帽的大幅照片。这篇会见记突破国民党政府对苏区长达 9 年的新闻封锁，使国民党统治区读者，第一次比较全面地了解了中共对于抗日战争的路线、方针和政策，以及陕北苏区的情况。

袁殊著《记者道》，由上海群力书店出版。32 开，154 页。收入作者从 1934 年秋到 1936 年春发表在上海《大美晚报》的《记者座谈》专栏的文章 32 篇，分为 4 个部分：职业与学术的修养，新闻道德风纪，人事记和集纳杂钞。

《大家看》半月刊在上海创刊。柳湜主编。读书生活出版社出版。撰稿人有李公朴、章汉夫、金仲华、恽逸群、林默涵、以群、张天翼、张谔等。创刊号《见面的交代》说：“大家看，大家看，不仅看，还要干！挺起身子来把天下兴亡担，大家都如此，中国有希望。”仅出 3 期即被查禁。

国民党中央党部发出“训令”称：“查左翼作家鲁迅逝世后，各地报纸刊物多为文纪念。阅其内容，复逾常轨，殊有纠正之必要。兹指导两点如下：一、鲁迅在五四运动时，提倡白话，创作小说，于文化界自有相当之贡献，此点自可予以赞扬。二、自转变为左翼作家后，其主张既欠正确，著作亦少贡献。对于此点，应表示惋惜之意。至盲从左翼分子之无谓捧扬文章，利用死者大肆煽惑，尤应绝对禁止刊载。此令。”（转引自《湖南省志·新闻出版志·报业》第 160 页）

丹麦著名新闻记者《白林斯克日报》访员希尔仙和丹麦《政治日报》特别访员赖斯穆仙来中国访问。先到上海，后赴四川内地。同月，丹麦《政治日报》主笔鲁穆生在南京新闻学会讲演，题为《丹麦、瑞典、挪威新闻事业之发展》。

12 月 13 日

西安《解放日报》在西安创刊。对开 4 版大报。西北抗日联军在“西安事变”后的第二天创办的机关报，利用原国民党陕西省政府机关报《西京日报》的设备印刷出版。创刊初期由丛德滋任社长，不久由原东北民众救国会宣传部副部长、总编辑张兆麟兼社长。中共地下陕西省委派韩进、魏文伯参加编辑工作。自称以宣传抗日救亡理论，传播民族解放呼声为使命。曾用多种新闻手段，生动活泼的形式真实报道“西安事变”的发生和发展进程。设有多种专栏，其中《一片救亡声》专栏（后改名《救亡呼声》），逐日编发各界群众的抗日救亡呼声；《解放先锋》专刊（12 月 20 日发刊，共出 38 期），向读者宣传革命理论和中共抗日民族统一战线政策；文艺副刊《烽火台》刊发诗歌、散文、通讯，用文艺教育大众，打击敌人。后又增出多种专刊，有西北文艺青年协会主编的《冲锋号》，新兴世界语协会主办的《新语言》周刊，西北妇女救国会主编的《妇女阵线》，学生抗日先锋队政治组主编的《士兵呼声》，国防文化大同盟主编的《文艺生活》等。1937年2月5日，抗日联军西北军事委员会宣告撤销，2月8日，国民党陕西省政府接收《解放日报》，2月10日出至第57期后终刊。

12月16日

《中国人》在北平创刊。中共北方组织领导创办。大力宣传中共抗日民族统一战线政策。次年2月16日停刊，共出5期。

蒙藏通讯社在南京成立并开始发稿。樊曼云任主任，朱章任副主任。自揭其成立的目的有三：（一）发布边疆正确消息；（二）沟通中央与边疆之文化与政情；（三）传达中央意旨。

12月18日

北平《世界日报》出版《消毒专刊》，宣传禁毒。

同月

在本月12日至26日的“西安事变”前后，西安涌现出了一批进步的报刊、通讯社和广播电台。其中报纸有西北抗日联军的机关报《解放日报》，西北军机关报《西北文化日报》，东北军机关报《西京民报》，中共影响下的《工商日报》，地方进步人士办的《新秦日报》《长安晚报》《联合新闻》等。通讯社有解放、华西、西京、长安等通讯社和红色中华社西安分社，此外还有接管后的西安广播电台。它们联合成立西安新闻记者救国会，发表救国宣言，举办新闻界联欢聚餐会。《解放日报》等7家报纸于1937年1月2、3、4日合出《新年联刊》，通过上述活动，建立起西安新闻工作者的抗日救国联合阵线。“西安事变”期间，中央社极力谴责张学良、杨虎城劫持领袖，犯上作乱。全国约157家报馆联合发表《全国报界对时局宣言》，表示拥护南京政府的对内对外政策。南京政府则把《大公报》12月18日社评《给西安军界的公开信》（张季鸾执笔）加印数万份空投西安，要张、杨释蒋并认罪悔过。许多人不明真相，为上述观点所左右。《解放日报》、西安电台等及时报道了事实真相，澄清谣言，为和平解决事变，停止内战，团结抗日作出了贡献。

为和平解决西安事变，周恩来于12月16日率中共代表团抵达西安。19日，在致毛泽东的电报中提出：“决定在西安设红中通讯社。”（《中国新闻事业通史》第2卷，第563页）红色中华社西安分社随即成立。由从上海到西安从事秘密工作的陈养山负责，陈克寒、布鲁（陈泊）两人为工作人员。一周后，陈养山调离，由中共陕西省委宣传部长李一氓主持分社工作。西安分社是红中社建立的第一个分社。它向西安各报和社会团体印发西安红军办事处抄收的红中社发自陕北的新闻和中共的文告、宣言等，同时将西安消息发回延安。次年1月29日改名为新华通讯社西安分社。3月，中共代表团返回延安，该分社随即结束活动。

同年

日本人主办的《新兴报》在北平创刊。4开小型报。猪上清四郎任社长，陈蝶生任总编辑。1938年3月停刊，并入日本人主持的《华北日报》。

李文裿编《全国日报调查录》出版。北平市立第一普通图书馆印行。收入1935年底以前全国各省、市发行的日报名录。

杨家骆编《中国期刊社报社通讯社一览表》，由南京中国辞典馆出版。列为民国史稿副刊之一。

韬奋著《时论写作》和胡仲持著《新闻学概论》，由生活书店出版。列为青年自学丛书第2辑12册中的两册。

王凤文等编《汉口中西报万号纪念刊》，由汉口中西报馆出版。

刘觉民编著的《报业管理概论》，由商务印书馆出版。32 开，精装，319 页。全书共 11 章 14 节。主要介绍报馆的组织结构、管理制度、人事制度、广告、发行、印刷、材料、财务政策等实际问题，并论述了报业与社会、商业的关系，报业管理的范围与任务等，既吸收欧美新闻学者的有关论述见解，又参以国内报业经验。新闻学者称赞该书的出版，“才使这门学问呈露出了曙光”。（胡道静：《新闻史上的新时代》，第 64 页）作者立足民主立场，认为，报业的财政独立，是保持报纸的独立和言论自由的必要条件之一，是从封建专制政治中解放的唯一武器。书末附有参考用书表。

梁士纯著《实用新闻学》，由上海商务印书馆出版。

俞爽迷著《新闻学要论》，由上海大众书局出版。

《无线电广播的文化教育作用》，由上海中华书局出版。国际世界文化合作院编。

罗茜著《日文报纸译读法》，由瀚沪印刷所出版。

《申报》馆出版申报新闻函授学校系列讲义 10 余种，均为 32 开本。

讲义之一是孙怀仁编《新闻学概论》，计 220 页。首为总论“未成科学之新闻学”和“新闻学之对象”。依次分为 8 篇：一、新闻本质论；二、新闻的史的考察，包括新闻的起源、手写新闻、印刷新闻、新闻的政治发展、产业革命与新闻的大量生产等；三、言论出版自由和政府的新闻管理；四、新闻的生产；五、经营管理；六、新闻编辑论，包括编辑部的组织、消息价值和消息的搜集，特派员、从军记者、妇人记者、报道的确实性，新闻文艺、编辑整理、评论等；七、新闻消费论；八、新闻广告论，包括新闻广告特质和新闻广告伦理运动。

讲义之二是钱伯涵、孙恩霖编的《报业管理与组织》，计 224 页，分 12 章：绪论、报纸与商品、中国报纸发达的现象、报纸的种类及其区别、报馆的组织法、发行方法及组织、发行推销、报纸广告的研究、怎样发展广告业务、各部事务管理概说、报馆用人与投资、结论。

讲义之三是谢六逸编的《实用新闻学》（已于 1935 年出版）。

讲义之四是谢六逸编的《通讯练习》，计 280 页。分 8 章：首章通讯事业概况，简介英、美、法、苏、日、德等国通讯社；第二、三章讲述通讯文字和通讯写作的准备工作；第四—七章讲述地方通讯，地方通讯员的采访工作，国外通讯，军事通讯；末为结论。

讲义之五是郭步陶编的《评论作法》，计 218 页。分 3 章：新闻评论的本质和种类，新闻评论的作法。

讲义之六是谢六逸编的《新闻储藏研究》，计 158 页。分 14 章，讲述报纸的保存，报纸索引与报纸剪裁的差异，剪报的重要和实用，剪报的方法和管理，报纸的装订，报纸索引的功用，剪报室，新闻书提要等。

讲义之七是汪馥泉编的《记者常识》，计 222 页。分 7 章，讲述记者应具备的经济、政治、法律、历史、地理和一般学术方面的基本知识。

讲义之八是章先梅编的《报纸印刷术》，计 244 页。分 31 章，讲述报纸制版印刷技术和设备，印刷厂的组织、计划和管理等。

讲义之九是徐润若编的《新闻发行学》，计 230 页。分 21 章，讲述报馆发行科的组织、新闻贩卖份数的研究、决定发行地址的要素、生产效率的研究、广告收入与发行，介绍美、日新闻社的发行组织与活动等。

讲义之十是赵君豪编的《广告学》，计 160 页。共 26 章，讲述广告的发展、功用，推销方式的演进、设计、效率，绘图与制版，普通杂志、特种杂志和报纸的广告，直接、户外和特种广告，广告公司，广告的试验，广告与推销人的关系等。

讲义之十一是郭步陶编著的《本国新闻事业》，计146页。分两部分：一、新闻事业的本质；二、本国的新闻事业。后者包括：甲、从纵的方面，叙述“官府的新闻事业”和“民众的新闻事业”的产生与发展；乙、从横的方面介绍国民党统治区各省、市的报刊、通讯社，比较重要都市的新闻事业，叙述军阀摧残下的新闻事业，外人势力下的华侨新闻事业，“九·一八”以后的东北新闻事业。

讲义之十二是谢六逸编的《国外新闻事业》，分7章：首章概述世界新闻事业，再依次分述法、日、美、德、苏、英6国的新闻事业。

讲义之十三是凌其翰编的《出版法》，计124页。分3篇：上篇出版契约；中篇出版制度与出版法；下篇著作权法。各篇均附有民国时期颁布的有关法规条令。

讲义之十四是罗又玄编的《时事问题研究》，计403页。分4篇：总论（研究对象和方法，世界和中国经济政治的一般概念），国际问题，中国问题，结论。附录：读书方法。

讲义之十五是蒋寿同编的《散文研究》，计302页。讲述散文元素、散文文体、纪叙文、说明文、议论文、记事文、叙事文、小品文等。

讲义之十六是申报新闻函授学校选编的《报文选读》。

申报新闻函授学校自1932年成立以来，用通讯方式，培训各地通讯、新闻人员，先后有学员800多人，远及内蒙、西藏、新疆，欧美、东南亚也有不少学员。

1937年（丁丑）

1月10日

《报告文学》半月刊在上海创刊。萧军、舒群、罗烽等任编委。由于经费困难，仅出3期即停刊。

1月11日

南京国际通讯社成立并开始发稿。陆玄南创办。专门传播国际消息。

1月12日

中国留日学生张健冬、王瑞符、简泰梁等在东京主办的《留东新闻》被日方禁止发行，时已出刊49期。该刊记者吕奎文于本日被捕，罪名是贩卖反日书籍，拘捕10天后被驱逐回国。1月14日该社又被日警搜查，拘去8人查询。

1月15日

大型文摘刊物《月报》在上海创刊。每月出16开本，250页1册。胡愈之创办并主编，夏丏尊任社长。开明书店出版发行。分设六栏，胡愈之主管政治栏，孙怀仁主管经济栏，邵宗汉主管社会栏，胡仲持主管学术栏，叶圣陶主管文艺栏，还有参考资料栏。各栏还设有综合一个月内情况的“情报”。创刊号的“政治情报”就全面报道了“西安事变”情况。胡愈之在第1期的卷头语中阐述了发刊的宗旨，说明《月报》是一本摘取各报精华的“真正像样子的综合刊物”。胡愈之还在同一期的结束语中呼吁文艺界“大家举起笔杆，一致对外”。第6期，同时刊出“七君子”案中国民党高等法院的起诉书，以及被告沈钧儒等7人与他们的21位大律师的答辩状。“八一三”战役中，因开明印刷厂被毁而停刊，共出7期。

香港《天演日报》创刊。由华侨集资创办。

1 月 16 日

《新大众》在北平创刊。曾发表静澄写的《动荡中的北平学生救亡运动》一文。

1 月 17 日

《大声》周刊在成都创刊。中共川西特委领导人车耀先主办并担任社长。以宣传团结御侮，抗日救国和民主自由，反对安内攘外，独裁专制为主要内容。曾发表《和平、奋斗、救中国!》《宣传与谣言》等社论，呼吁和平解决“西安事变”，团结抗日。车耀先执笔的每期一篇数百字的“社声”（代表社论），简短精练，笔锋犀利，深受读者欢迎。刚出第 3 期，销数即由 1500 份增至 5000 余份。4 月中旬出版至第 13 期，被国民党当局以“消息言论多不正确”为名予以查封。不久，化名《大生》周刊继续出版，5 期后又被当局以“更名出版，言论更为荒谬”为由，再次查封。（沈寄踪、钟永玉：《车耀先与〈大声周刊〉》，《新闻春秋》1994 年第 3 期）7 月 9 日，化名《图存》周刊继续出版，仅出 3 期，第 3 次被禁。同年 11 月 5 日《大声》复刊，1938 年 8 月 13 日被勒令停刊。车耀先于 1940 年 3 月被捕，1946 年 8 月 18 日牺牲。

1 月 20 日

国民党外交委员会专门委员欧大庆主办的《北平英文日报》，奉蒋介石命令停办。2 月 1 日该报改名为《北平新闻》（*Peiping Daily News*）继续出刊。日出对开 2 张。社址在北平东堂子胡同 20 号。欧大庆任社长兼总编辑。

1 月 29 日

根据中共中央决定，《红色中华》报改名《新中华报》，红色中华通讯社改名为新华通讯社，报、社仍合为一个机构。改名后的《新中华报》，仍然是苏维埃中央政府的机关报，油印三日刊，续《红色中华》第 324 期编号，为第 325 期。编辑部随中共中央从保安县迁到延安。红色中华通讯社改名为新华通讯社后，第一任社长为博古，主要工作人员有：廖承志负责外电翻译，李南柱负责中文译电。每日播发 2000 字中文电讯稿，由廖承志、向仲华编写。同年 3 月，廖承志奉命筹办《解放》杂志，《新中华报》和新华通讯社工作改由向仲华负责。同年 4 月，新华社增设新闻台，沈一立任台长，聘美国人马海德为英文顾问。

1 月下旬

美国作家、记者史沫特莱从西安到达延安。在延安期间，她出入各种政治、社交和群众活动场合，广泛接触各种各样人物，关心苏区民众的医药卫生情况，设法托各方朋友向苏区运送医疗器械和药物，和毛泽东、朱德分别联名致函美国总统罗斯福、印度国大党尼赫鲁，希望派遣援华医疗人员，促成了白求恩的中国之行。3 月 1 日，毛泽东在凤凰山住处会见她，回答她对中日战争与“西安事变”提出的一些问题。毛泽东很重视这次谈话，在 3 月 10 日和 29 日给斯诺、范长江写信时，均随信附上这次谈话记录，希望他们宣播、发布。3 月 16 日第 338 期《新中华报》开始连载这次谈话的全文。从 3 月起，她每周用两三个晚上重点采访朱德总司令，为日后撰写朱德传记积累了大量一手资料。直到 9 月初因骑马摔伤到西安检查治疗止，在延安生活了 7 个月。

同月

英文《民主》（*Democracy*）杂志在北平创刊。双月刊。由美国记者斯诺及其夫人海伦·福斯特与燕京大学部分教授梁士纯、张东荪等合办。斯诺采写的有关陕北苏区的部分报道和拍摄的照片在该刊发表。创刊号还发表了燕京大学校长司徒雷登写的关于中国民主的文章。该刊的许多文章被译成中文在中国刊物上发表。日本南满铁路总督松冈购买400本创刊号寄回日本。“七七”事变爆发后被迫停刊，仅出刊几期。

2月8日

清华大学学生自治会复刊《清华周刊》。每周六出刊。该刊是学生发表意见的良好园地，约请众多名教授撰写文章。

2月14日

《东北知识》杂志在北平创刊。东北旅平各界抗日救国联合会创办。以介绍东北人民抗日斗争为主要内容。曾提出“抗日”“救国”“打回老家去”的主张。到本年6月，销数由创刊时的1500册增为6000册。

美国霍华德系报纸负责人及《纽约电讯报》发行人等9人，联合组成美国报纸发行人与编辑人观访团，抵达南京访问，受到蒋介石接见。该团当晚去上海、17日返回美国。

2月17日

南京、北平、天津、上海、汉口驻绥远记者团宣告成立。

2月中旬

青岛《民治日报》《公言报》《众报》因受物价影响，销路不旺，相继停刊。《公言报》改为公言通讯社，继续发稿。

受物价波动、商业危机影响，天津报业极度困难，《建国日报》《大路晚报》《社会日报》和平凡通讯社等7家报纸、通讯社被迫停业。少数大报缩小篇幅，由原日出对开2张改为1张。

2月26日

北平市日报公会致电南京国民政府及全国新闻界，说明当前的中国新闻事业，受社会经济萧条的影响，正面临经营上的严重危机，员工生活困难，已到了难以维持的境地。呼吁当局增加纸张进口数量，以缓解纸荒，并准许报社与国家银行保持经济往来，以获得必要的贷款。

同月

范长江只身冒险从绥远前线取道宁夏、兰州，经半个月艰难行程于本月2日进入西安，准备详细考察了解“西安事变”的真相。本月4日上午，出席西安新闻界座谈会，下午在杨虎城公馆见到周恩来，周对他说：“我们红军里面的人对于你的名字都很熟悉，你和我们党和红军都没有关系，我们很惊异你对于我们行动的研究和分析。”（范长江：《塞上行·西安里面》，新华出版社1980年版）5日，周恩来与范长江作了长谈，详尽介绍了“西安事变”的真相，以及中共对内和平统一，对外团结御侮的主张。6日，由博古、罗瑞卿陪送乘车前往延安。在延安，长江广泛采访了工、农、学生、干部和中共党政军领导人朱德、林彪、张闻天、刘伯承、徐特立、林祖涵等。9日晚，毛泽东在凤凰山住处窑洞里同范长江作彻夜长谈，向他详细介绍十年内战的经过，解释中国革命的性质、任务、两个阶段和抗日民族统一战线的方针政策。2月16日，范长江回到上海的第二天，上海《大公报》即发表了他写的时事述评《动荡中之西北大局》，分析“西安事变”的原因，介绍中共对事变的态度并透露中共关于建立抗日民族统一战线的主张，引起巨大震动。接着，又撰写了《西北近影》和《陕北之行》几篇通讯（包括《西安里面》《万里关山》《肤施人物》），使《大公报》销路大增。范长江是当时从白区进入延安，向全国采访报道红色区域情况的第一个中国记者。3月29日，毛泽东写信给范长江，对他关于西安和延安的采访报道，“深致谢意”（《毛泽东年谱》上卷，第667页）。从此，国民党当局下令特务机关检查范长江的私人信件，并严密监视他的行踪。

读书半月刊社主办的《读书》半月刊在上海创刊。陈子展主编。仅出2期即被查禁。

3月1日

本日起全国日报一律涨价，南京、上海各报纸价格较1个月前超过4倍。沪报每份售700元，南京每份500元。南京《中央日报》由对开3张减为2张，并停办所有副刊、周刊。北平各报也调整售价，大型报每份300元，小型报200元。白报纸价格，每张成本约150元。大型报如按5折批售，仅能勉抵纸价。北平各报广告收入不及沪津，在此次“纸荒”巨潮中，所受影响最大。

上海《南报》创刊。经理庄洪先，总编辑张一苇。一版是时事要闻，四版设有副刊《南风》和《南音》。曾发表许钦文、陈白尘、赵景深、陈慎言、克木等的文章。是30年代上海小报改革主潮中质量较好的一份。1937年底上海沦陷后停刊。

3月5日

《文化食粮》半月刊在上海创刊。夏征农主编。创刊号发表恽逸群《对于三中全会的观感》、艾思奇《启蒙运动和中国的自觉运动》、杨潮《西班牙内战透视》等文。4月停刊，仅出2期。

3月10日

《生活学校》半月刊在上海创刊。读书生活出版社出版。是继《读书生活》和《读书》被查禁后，由柳湜约请陈子展再次主编出版的综合性刊物，内容仍保持《读书生活》的特点。每期的《读书问答》《大众信箱》仍由艾思奇主持，内容更多结合形势，有《时事问答》《国难史话》，讨论救亡的特约稿和专论，以及冼星海、任钧、周巍峙、马达等创作的救亡歌曲、木刻或漫画。第7期出版后，“八一三”抗战爆发，改出《战线》五日刊。

3月11日

南京国民政府通令禁售上海出版的《新认识》《读书生活》《文季月刊》等13种刊物，并限2日内将所有存刊焚毁。

3月15日

本日出版的北平《国防战线》第17期发表刘少奇用莫文华笔名写的《“联合抗日”与“团结建国”》一文，批评《大公报》记者王芸生在他所写的《三寄北方青年》一文中提出的反对“联合抗日”，提倡“团结建国”的主张。指出这种主张是本末倒置，它“可以麻痹大众，解除抗日的武装”。5月1日延安《解放》周刊第2期发表凯丰的《我们所望于北方青年者》一文，继续对王芸生的文章进行批评。5月9日北平《晨报》的《青年问题》副刊发表于刚写的《与王芸生先生谈青年政治思想》一文，肯定王关怀国家民族的赤心和爱护鼓励青年的善意，同时批评王的一贯态度是“对国民党过分的辩护，对共产党过分的苛求”。

3月16日

《漫画之友》半月刊在上海创刊。王敦庆、张鸿飞编辑。中国图书杂志公司出版。5月停刊，共出4期。

同月

《外国记者西北印象记》一书在北平出版。东方快报印刷厂秘密出版发行。这是主要由外国记者撰写的介绍中共真相的第一本书。书中译载了发表于上海英文《大美晚报》、伦敦《每日先驱报》、美国《太阳报》等报的介绍陕北苏区的13篇报道。其中《毛施会见记》一文，用50多页篇幅介绍了毛泽东在保安和斯诺（斯诺曾用中文名“施乐”）的多次谈话。该书还收入了毛泽东同史沫特莱的谈话《中日问题与西安事变》，美国《亚细亚》杂志刊发的诺尔曼·韩威尔关于四川苏区见闻的3篇文章。此外，还转载了巴黎《救国时报》发表的介绍红军长征的《随军西行见闻录》（陈云用“廉臣”笔名撰写）。全书共320多页，附照片32张，由进步青年王福时等用2个月时间突击编译出版。初版5000册，迅速售完。“七七”事变后，全国各地出有多种翻印本。

中共中央决定由张闻天、凯丰、王明、博古、周恩来组成中央党报委员会，廖承志任秘书。党报委员会成立后即领导筹办《解放》周刊，管理新华通讯社、《新中华报》和中央印刷厂。

原《红旗》《上海报》等报编辑吴永康在战斗中牺牲。吴生于1900年，原名庞大恩，广西玉林人。早年留学日本，1926年回国。1928年任中共中央机关报《红旗》编辑，1929年任《上海报》编辑。1932年进入鄂豫皖根据地，任红四方面军总部秘书，后随军西征。1936年红一、二、四方面军会师甘肃会宁后，任红军西路军政治部地方工作部部长。

中国赴日记者团一行19人，由团长陈博生率领，赴日本各地及朝鲜汉城访问，14日回国。

4月9日

《申报》自即日起，迄本月25日止，特派《申报周刊》主编俞颂华和记者孙恩霖赴西北和延安采访，历时16天。其中在延安3天。毛泽东曾在窑洞住处同他们谈了一个晚上，回答了他们的提问，分析了当前形势和抗战前途。他们还采访了朱德、周恩来、徐特立、傅连暲等。此次采访，所写通讯和拍摄的照片，发表在《申报周刊》的有5月9日第2卷12期封面照片《陕西肤施（延安的古称——编者）的城门》，城墙上“和平统一”“团结御侮”“停止内战”等大字标语，清晰醒目。5月23日第2卷14期刊出俞颂华写的通讯《从上海到西安和陕北》，经删节全文发表时仅5000多字，内延安部分约千余字，用记者目睹的事实，点出陕北“足以代表国难严重中的一线曙光”。这是继斯诺、范长江之后，国民党统治地区报纸对陕北苏区进行的又一次真实客观的采访报道。

4月11日

江西省《商报》和《健报》记者，因所发新闻涉及该省教育厅长程某，被南昌警察局关押。南昌新闻界为此呈诉南京当局并呼吁全国新闻界援助。汉口记者协会于4月25日致电江西省要求保释两报记者，以爱护新闻事业。

4月20日

《华美周报》在上海创刊。梅益、王任叔等先后负责编辑。1939年6月被迫停刊，共出61期。

4月24日

《解放》周刊在延安创刊。中共中央创办的政治理论机关刊物。张闻天主持，吴亮平任编辑主任。每期出16开本1册。初为周刊，后改为半月刊。设有时评、论著、翻译、来件专载、通讯、文艺等专栏，经常刊登木刻插图。创刊初期，以争取千百万群众进入抗日民族统一战线为宣传中心。创刊号发表2月10日《中国共产党中央委员会致中国国民党三中全会电》，提出了实现国共合作的具体要求和保证。此后又相继发表毛泽东在延安共产党活动分子会上及中共全国代表会议上的两篇报告：《中国抗日民族统一战线在目前阶段的任务》（第2期）、《为争取千百万群众进入抗日民族统一战线而斗争》（第4期）。毛泽东根据形势的发展，提出了“巩固和平”“争取民主”“实现抗战”三位一体的口号，并强调现阶段以争取民主为中心，一面促进国民党一党独裁专制政体改变为各党派各阶级合作的民主政体，一面争取实现人民的言论、集会、结社自由。

《解放》周刊依据上述指导思想，抓住国民党三中全会决定召集国民大会和沈钧儒等“七君子”“爱国有罪”案正被起诉这两件大事，进行了连续报道和评论，并批驳了各种反对民主的言论。创刊不到半年，解放区和国统区各地的需求量就超过 1 万份。发行地区遍及上海、南京、武汉、北平、天津、西安等地。曾多次遭到国民党当局的禁售和邮扣。7 月 11 日出版的第 11 期发表时评《本刊被扣》，抗议国民党当局对该刊和一切爱国言论的迫害，要求取消一切压制人民抗日救亡言论自由的禁令。

新华书店在延安的清凉山万佛洞一个石窟里成立，初称陕西延安新华书店，同年 10 月改名新华书店。该店成立的直接导因是发行中共中央机关刊物《解放》周刊。《解放》周刊由中央党报委员会负责编辑。延安新华书店创办初期，其内部建制即为中央党报委员会发行科，共有 7 名员工，其中 6 人来自中央红军、陕北红军和红四军。1939 年 3 月，中共中央发出《关于建立发行部的通知》，规定：从中央到县委，一律设立发行部，按照不同环境建立公开或秘密的发行网。同年 9 月 1 日，成立中央出版发行部，中央党报委员会的出版部和发行部并入该部，新华书店单独建制，隶属中央出版发行部。延安新华书店除发行好《解放》周刊外，抗战前期还曾出版发行《全民抗战》《老百姓报》等进步报刊。

辛亥革命前后的著名妇女报刊活动家唐群英在湖南逝世。唐生于 1871 年，原名恭懿，号希陶，湖南衡山人。1905 年在日本加入同盟会后，为《洞庭波》撰稿。1910 年秘密回国，从事革命宣传活动。1911 年创办《留日女学生会杂志》。民国初年致力于女子参政运动，1912 年 10 月，在北京成立全国女子参政同盟会任总理，并创办主编《女子白话报》，作为言论机关。同年底，在长沙成立女子参政同盟会湖南分会，次年参与创办长沙《女权日报》。1914 年后退隐于乡里。1924 年被推选为湖南女界参政联谊会主席。是中国妇女运动和妇女报刊的先驱。

4 月 25 日

《人民之友》在北平创刊。该刊第 4 期所载《抗日民主与北方青年》一文，是毛泽东 5 月 15 日在延安与美国记者韦尔斯（即海伦・福斯特・斯诺）的谈话记录。

同月

蒙文《蒙古新报》在新京（长春）创刊。周刊，对开 4 版。铅印。由蒙古会馆主办。蒙古会馆是伪满洲国当局支持设立的“民族互相亲善机构”。

5 月 6 日

《大公报》第 12 版辟设《燕大新闻学系新闻学讨论会特刊》，发表了梁士纯的《今日中国报界的使命》，刘豁轩的《如何造就领袖的报人》，王九如的《从目前报界的使命谈到燕大新闻学系》等三篇文章。《发刊词》说，去年 5 月燕京大学新闻学系曾在该报出有一页《新闻教育特刊》，讨论培养专门新闻人才的问题。这次的特刊扩大讨论范围，进一步探讨今日中国报界的使命究竟是什么。

即日起到 8 日止，燕京大学新闻学系举行第六届新闻学讨论会，总题为《今日中国报界之使命》。讲演人有天津《大公报》张琴南、上海《密勒氏评论报》主笔鲍威尔和陶希圣等。当日《世界日报》《新闻学周刊》第 173 期发表林依为该讨论会所写的祝辞《今日中国报界之使命》，呼吁“努力造成有人格、有操守、有灵魂的新闻记者”。

5 月 7 日

《国民》周刊在上海创刊。胡愈之创办，谢六逸主编。生活书店出版发行。谢写了《创刊的话》，说明该刊出刊的目的：“乃是为大多数的读者而办。……希望本刊能成为全国民众的言论机关。同时我们希望本刊生命能够永久，让大家有常常发表意见的地方。”从第 14 期起，成立由以下 12 人组织的编辑委员会：谢六逸、邹韬奋、钱俊瑞、章乃器、张仲实、张明养、胡愈之、金仲华、长江、李公朴、沙千里、王纪元。11 月 19 日出至第 19 期后停刊。

5 月 15 日

毛泽东在延安与美国记者尼姆·韦尔斯（即海伦．福斯特·斯诺）谈话，回答她提出的关于国共合作、阶级斗争、争取民主、准备抗战等问题。这个谈话，后发表在北平出版的《人民之友》，题为《抗日民主与北方青年》。同年 8 月 20 日巴黎《救国时报》转载。

5 月 16 日

《大公报》上海馆出版《芸生文存》，是该报记者王芸生的第一部文集。全集共约 15 万字。内容大部分为有关中日问题。出版广告说：“作者对于中日外交史曾用过一番功夫，这些文章是在‘九一八’以来的大时代中写作的。无论在学术上及当前的国家问题上，均有其固定的价值及特殊的意义。”

北平《世界日报》在该报第 9 版创办《报学半月刊》。平津新闻学会主编。每月 1 日、16 日出版。潘仲鲁写《发刊词》，称该刊的使命是：提供报界同人探讨观摩园地，求报业的改进，以担当国家的大难。该刊同时在该学会的会员报天津《商报》《益世报》，北平《华北日报》等 5 家报纸上刊出。

5 月 18 日

上海公共租界巡捕房传讯开明书店经理章锡琛，处以 30 元罚金，并宣布禁售该店销行的《民众周报》。《民众周报》由北平通俗读物编刊社主编，徐炳昶、顾颉刚负责编辑。内容注重灌输普通常识，包括自然、经济、法律等。初在北平发行，后改由上海开明书店经销，销数过 1 万份。《民众周报》被禁售后暂时停刊，同年 7 月初恢复出版。

同月

日本人主办的《进报》在北平创刊。4 开小型报。武田南阳任社长，吴菊痴任总编辑。1938 年 8 月停刊，并入《新民报》。

6 月 1 日

《北方青年》在北平创刊。创刊号所载《北平学生运动的新精神》一文，系 4 月 25 日北平学联第三届一次代表大会宣言。提出今后学运的中心是从事文化工作：“一是追求知识，自我教育；二是传播文化，教育大众。”6 月 25 日第 2 期刊发的陆璀写的《中国学生运动是全世界青年运动的冠军》一文，介绍了世界舆论对中国学生运动的高度评价和支持。

6 月 15 日

《认识》月刊在上海创刊。综合性社会科学刊物。艾思奇主编。读书生活出版社出版。第 1 期是《思想文化问题特辑》，第 2 期是《中国经济性质特辑》，撰稿人有胡绳、何干之、薛暮桥、孙冶方、沈志远等。“七七”事变爆发后随即停刊。

6 月 23 日

《新闻报》记者陆诒到苏州江苏高等法院看守所访问邹韬奋。韬奋应他的请求在笔记本上题词：“力争救国无罪，不是为个人，是为着救亡运动的前途。不许侮辱人格，也不是为个人，是为中华民族人格的光辉。”（陆诒：《学习韬奋同志的革命精神》，《忆韬奋》，学林出版社 1985 年版，第 339 页）

同月

南京《中央日报》出版庐山版。是该报第一个国内分版。程沧波任社长。8 月初停刊。

据统计，到本月止，国民党统治地区共有官办广播电台 23 座，总发射功率 116 千瓦多，其中江苏省（内含南京、上海）为 6 座，浙江、四川各 2 座，山西、山东、江西、福建、云南、河北、河南以及广州、汉口等省市各 1 座。江苏武进、浙江嘉兴县党部也各有电台 1 座。另，全国商业台共有 45 座，大多数靠广告收入维持。（吴保丰：《十年来的中国广播事业》，《十年来的中国》，商务印书馆 1937 年版）

据统计，1934 年以来，到本月止，国民党统治地区正式在政府登记的民营通讯社，1934 年 12 月底止为 509 家，1935 年 7 月底止为 532 家，1936 年 11 月止为 528 家，1937 年 4 月止为 520 家。其中，1937 年 520 家的分布情况是：南京市 34 家，上海市 31 家，汉口市 34 家，北平市 40 家，天津市 20 家，青岛市 8 家，广州市 16 家，江苏省 42 家，浙江省 68 家，安徽省 14 家，江西省 16 家，湖北省 8 家，湖南省 66 家，四川省 20 家，贵州省 3 家，广东省 16 家，广西省 1 家，福建省 12 家，山东省 32 家，河南省 17 家，山西省 5 家，陕西省 4 家，甘肃省 2 家，宁夏省 1 家，绥远省 9 家，哈尔滨市 1 家。（邵力子：《十年来的中国新闻事业》，《十年来的中国》）这些通讯社或有国民党派系背景，或属不同的社会团体与商业机构，真正属于私营的不多。一般规模很小，设备简陋。稍具现代通讯社规模较有影响的仅国闻通讯社、申时电讯社等寥寥几家。

7 月 1 日

北平《世界日报·新闻学周刊》第 181 期刊出邵力子在 6 月 21 日上海采访记者联欢大会上的演说全文《采访记者》。

南京《新民报》股份有限公司宣布集资 5 万元正式成立。当日该报发表了该有限公司董事会的名单：董事长、国民党中央社社长萧同兹。董事 11 人，内有 CC 系头目方治，四川民族资产阶级代表卢作孚。监察人 5 人中有黄埔系的李秉中，刘湘势力的沈辅彝等。包括了国民党统治集团陈孔宋家族以外的各派系。陈铭德由社长改称总经理，邓季惺任经理，罗承烈任总主笔，赵纯继任总编辑。同年 11 月 27 日因日军逼近南京乃停刊。该报在南京共出刊 2916 号。后迁至重庆复刊。

7 月 5 日

上海《逸经》半月刊第 33、34 期发表《红军二万五千里西行记》（署名幽谷作），全文 1.5 万字。从 1934 年中央苏区第五次反“围剿”写起，叙述红军实行战略转移的决策过程，最后以吴起镇红一方面军与陕北红军会师，胜利完成长征告结束，准确纪录了长征的全过程。作者在序言中说：“余既非参与其役，又未列于追剿，何能言之凿凿，一若亲历其境者？盖于双方对峙之营垒中均有余之好友，各以其所知者尽述于余。余乃考其异同，辨其虚实，然后以其可言者言之，以其可记者记之，而成此篇。”幽谷，即中共地下党员董健吾。1936 年曾化名“王牧师”护送美国记者斯诺去陕北采访。

7 月 15 日

伪满广播配合日本的侵华战争，开始利用伪大连广播电台的 10 千瓦短播发射机，对我国南京、上海等地进行广播。

7 月 17 日

周恩来、秦邦宪（博古）、林伯渠到庐山，代表中共中央同国民党代表蒋介石、张冲、邵力子继续谈判国共两党合作抗日的各项问题，并就中国共产党在国民党统治区公开出版报纸和刊物一事，进行了磋商。

7 月 18 日

国民党政府公布《修正出版法》。7 月 28 日又公布《修正出版法细则》。

8月4日

《大公报》天津版因日军侵占天津后已不能送出租界，登出“暂行停刊”启事，宣告停刊。

8月12日

国民党中常会第50次会议通过了《新闻检查标准修正案》。

8月14日

《大公报》上海馆增出《大公报临时晚刊》。每天下午出半大张。11月11日停刊，共出版91天。

8月19日

《抗战》三日刊在上海创刊。是邹韬奋主编的抗日的进步刊物。同年9月迫于上海租界当局的压力，从第7号起改名为《抵抗》三日刊。后恢复原名，迁武汉出版。1938年7月7日和《全民周刊》合并，改名《全民抗战》。

8月21日

《救亡呼声》旬刊在广州创刊。是由中共支持和领导的进步群众团体“救亡呼声社”出版的社刊，具有统一战线性质。编委会由谌小岑、瞿缓如（以上为国民党员）、黄泽成、容惠兰（以上为共产党员）、邓明达、卓炯（均不久加入共产党）、何希齐（进步青年）共7人组成。1938年10月广州沦陷，被迫停刊，共出版20多期。

8月24日

《救亡日报》在上海创刊。上海文化界救亡协会的机关报。4开4版。社长郭沫若，总编辑夏衍。它是中国共产党领导的具有统一战线性质的一张报纸。编委会中有共产党人、国民党人和其他抗日人士。撰稿人有宋庆龄、何香凝、冯玉祥、邹韬奋、胡愈之、郑振铎、田汉等知名人士。1938年4月，周恩来指示夏衍：这张报纸是以郭沫若为社长的上海文化界救亡协会的机关报，这一点就规定了你们的办报方针。办成像国民党的报纸一样当然不行。办得像《新华日报》一样也不合适。办成《中央日报》一样，人家不要看；办成像《新华日报》一样，有的人就不敢看了。总的方针是宣传抗日、团结、进步，但要办出独特的风格来，办出一份左、中、右三方面的人都要看，都喜欢看的报纸。该报坚持上述方针。它讲人民大众想讲而国民党政府不肯讲的话，讲《新华日报》不便讲的话。它不登中央通讯社和外国通讯社的消息，而以其独具特色的特写专稿、评论、战地采访通讯和文艺作品，赢得广大读者的喜爱。1937年11月22日因上海沦陷被迫停刊。1938年1月1日在广州复刊，1938年10月21日因广州沦陷再次停刊。1939年1月10日在桂林再次复刊，还出版有综合性刊物《十日文萃》，选辑该报及《新华日报》等报上重要文章，有时评、政论、通讯、消息及文艺作品。这本刊物是在广州时创刊的，1940年7月在桂林复刊。皖南事变后，1941年2月28日《救亡日报》被国民党当局勒令停刊。抗战胜利后，1945年10月10日改名《建国日报》在上海出版。同年10月24日被国民党政府查封。

8月25日

《呐喊》在上海创刊。由《文学》《文季》《中流》《译文》四家杂志联合创办。茅盾、巴金任主编。后改名《烽火》。

8月29日

《国难》在成都创刊。三日刊，4开4版。该报是四川省各界抗敌后援会主办的报纸，得到中共四川省工委的领导和支持。社长陈炳光，总编辑钟汝为。它不用中央社电稿，基本上都用自己写的稿件。1939年6月停刊。

同月

澳门《朝阳日报》《大众报》两报同人

联合发起组织了抗日救国组织“澳门四界救灾会”（四界是指文化、体育、音乐和戏剧，其中文化包括新闻、学术、教育等。因当时澳门当局的限制，难用“抗日”“抗敌”一类的字眼，故只得采用“救灾”一词）。8 月 12 日召开四界代表大会，通过了会章，发表了成立宣言。《朝阳日报》社长陈少伟被一致推选为四界救灾会理事会主席，《朝阳日报》《大众报》两报派出的另三位代表陈大白、曾枝西、曾奇玉也获选为理事。不久《大众报》创办人陈天心也增选为候补理事，主持四界救灾会出版股的工作。四界救灾会每周出版该会主编的《救灾特刊》，进行抗日救国的宣传。

9 月 1 日

《战时联合旬刊》在上海创刊。由《世界知识》《妇女生活》《中华公论》《国民》周刊 4 家杂志联合出版。金仲华等主编。

上海编辑人协会主办的《文化战线》在上海创刊。旬刊。

9 月 5 日

天津《益世报》因在天津沦陷后继续主张抗日，被迫停刊。1938 年 12 月 8 日由罗马教廷指派的南京教区总主教于斌在昆明复刊。1940 年 3 月 24 日迁重庆出版。抗战胜利后，1945 年 12 月 1 日在天津复刊。1949 年 1 月天津解放后停刊。

9 月 11 日

《抗敌导报》在杭州创刊。五日刊，4 开 4 版。由浙江图书馆、浙江博物馆、浙江大学、浙江医专、杭州艺专、杭州高中等文教单位联合创办。浙江图书馆编。社长陈训慈、项定荣，主编翁植耘。同年 11 月 12 日出至 13 期后停刊。

9 月 15 日

全民通讯社在山西太原市成立。成立前，周恩来在太原与两位民主人士沈钧儒、李公朴在一次谈话中，都认为最好有一个通讯社，不仅报道正面战场的消息，而且把敌后的战斗也报道出去。后来商定，由李公朴出面组织并任社长，吴寄寒主持实际工作。1937 年 12 月迁武汉，1938 年 10 月武汉沦陷，迁至重庆。在重庆时，由周科征（周勉之）任社长，主持实际工作，在宣传上由《新华日报》负责人领导。周科征是共产党员，他的公开身份是重庆中央银行总行的高级秘书。1941 年 2 月该社受国民党当局迫害而宣告结束。曾在成都设有分社，陈翰伯任总编辑。

9 月 18 日

国际新闻供应社（简称国新社）在上海成立。当时，胡愈之任上海文化界救亡协会常务理事兼宣传部副部长，经他倡议，成立了国际宣传委员会，专门负责向海外宣传中国抗战的情况。上海“八一三”抗战开始后，胡愈之组织了一个班子，将各报进步记者在各地采访的消息和从上海八路军办事处要来的中共及八路军在敌后活动的消息汇总起来，译成外文，整理成打印稿，在每日举行一次的新闻发布会上向外国记者散发，很受记者的欢迎。于是，胡愈之将这个班子改组为国际新闻供应社，向海外华侨报刊供稿。上海沦陷后，迁往香港，定名为国际新闻社，由恽逸群主持工作。1939 年香港国际新闻社并入桂林国际新闻社，桂林社为总社，香港社为分社。太平洋战争爆发后，香港社停止活动。1945 年日本投降后，国新社在香港重建，直至中华人民共和国成立，乃宣布结束。

《大公报》汉口版创刊。由张季鸾主持，许萱伯、曹谷冰先后任经理，张琴南任编辑主任。每天出对开 1 张。次年 9 月 9 日汉口馆发行重庆航空版，10 月 18 日汉口版停刊。

《星芒周报》在成都创刊。该报由中华民族解放先锋队成都队部组织的星芒通讯社主办。主编胡绩伟。同月，四川青年救国会在成都成立，创办《救亡周刊》，主编熊复。后青年救国会与中华民族解放先锋队成都队部合并，出版了《星芒救亡联合周报》。

9月25日

《战时教育》旬刊在上海创刊。由民主教育家陶行知主办的《生活教育》改名而成。国难教育社主编。

《抗敌导报》杂志在厦门创刊。油印的政论刊物。主编洪雪立。由中国共产党领导的厦门市文化界抗敌后援会宣传工作团出版。1938年1月中旬因国民党当局阻挠被迫停刊。

同月

以高仲明名义出版的《纪事报》在沦陷后的天津租界内秘密创办，或称《高仲明纪事报》。原天津《大公报》采访主任顾建平是主要创办人。工作人员还有《大公报》记者林墨农、孔效儒，《益世报》记者程寒华。该报是油印的，16开，日出12张。主要内容是秘密收抄的中央广播电台新闻。1939年9月28日，日军闯入租界大肆搜捕，乃停刊。共出版700余期。

澳门新闻记者联合会成立。澳门新闻界鉴于国难当前，为支援抗战，有加强团结的必要，乃由陈少佛、陆翼南、文非一、陈仲霭等联同发起，组成该会。它是澳门报业最早出现的新闻同业组织。经会员大会选出陆翼南、文非一、陈少佛、陈天心、陈仲霭、许国潮、何曼公、黄蕴玉、何霭生等为首届理事，陆翼南为主席。成员包括了《朝阳日报》《大众报》《澳门时报》《新声日报》《民生报》《平民报》等报的新闻从业人员。该会所属各报致力救亡宣传工作及支持澳门同胞抗日救国活动外，更发挥了新闻同业救亡热情和加强联系的作用。其中《朝阳日报》《新声日报》还承担了每周出版的四界救灾会主编的《救灾特刊》及在“七七”“八一三”等纪念日增出专刊的任务，其后《大众报》也加入出版专刊的行列，这对唤起澳门同胞努力救亡起了积极的作用。

秋

国民党政府制订了《战时图书杂志原稿审查标准及办法》，并在汉口设立中央图书杂志审查委员会，在各省市设立分会。

10月1日

《新申报》在上海创刊。它是日本军部的中文机关报。由在上海出版的日文报纸《上海日日新闻》改组而成。日出一张半，后缩减为一张。1939年4月29日改组为日文《大陆新报》的华文版。首任社长是福家俊一，后为坂尾与市、上野祝二，日高清磨磋曾任总编辑。

10月5日

《战时日报》在上海创刊。是一份宣传抗战的4开4版小报，由上海较有影响的10家小报联合出版。这10家小报是：冯孟云的《大晶报》、匡孟槐的《上海报》、尤半狂和黄转陶的《小日报》、施济群的《金刚钻报》、邓荫先的《东方日报》、郑子褒（梅花馆主）的《正气报》、来岚声的《世界晨报》、毛子佩的《铁报》、胡佩之的《明星报》、姚吉光的《福尔摩斯》报。《战时日报》由冯梦云、龚之方任主编。大量刊登抗战新闻和分析抗战形势的文章，以往小报惯用的社会花边新闻不再刊登，令人耳目一新。12月11日接到租界工部局的禁令被迫停刊。上海失陷后，冯梦云被日本海军陆战队逮捕，结果被日军枪杀，以身殉国。

10月10日

《救亡周刊》在上海创刊。由上海市职业界救亡协会主办。同年11月停刊。

《妇女呼声》月刊创刊于成都。是四川省妇女抗敌后援会会刊。主编先后有朱若华、肖玲等。是中共四川省地下组织直接领导的妇女刊物。由于人力不足，出8期后停刊。

10月16日

《救中国》周刊在武汉创刊。胡绳主编。综合性大众读物。

伪德王蒙古联盟自治政府机关报蒙文《蒙疆日报》在归绥（今呼和浩特）创刊。4开4版，铅印。

10月25日

毛泽东对英国记者贝特兰发表谈话，阐述了中国共产党和抗日战争、抗日战争的情况和教训、在抗日战争中的八路军、抗日战争中的投降主义、民主制度和抗日战争等重要问题。（见《毛泽东选集》第2卷，人民出版社1991年版，第373—386页）

同月

本月初起，潘梓年、章汉夫、杨放之、徐迈进、钱之光、何云、许涤新等陆续聚集南京，在周恩来等的领导下，积极筹备在南京出版《新华日报》和《群众》周刊。但由于国民党当局的刁难和阻挠，以及其后抗战局势的急剧变化，《新华日报》和《群众》周刊没能在南京出版。

《战时妇女》旬刊创刊于上海。中共地下党员王汝琪主编。后迁武汉出版。

中共鲁西北特委在山东聊城创办《山东人报》，同年12月改为《抗战日报》。油印，日刊。1938年5月1日，改为4开铅印。社长申仲铭，总编辑齐燕铭。1940年秋，并入《鲁西日报》。

《南方月刊》在云南创刊。它是中共云南省工委用非党名义公开登记出版的铅印党刊。李剑秋负责编辑出版。交流救亡工作的经验，批判有害于抗敌救亡的言论。

11月1日

《抗战大学》杂志在广州创刊。半月刊。它是在中共广东省委领导下创办的综合性刊物。主编阳光（温京）。第1卷出版了10期。1938年10月出至第2卷第3期时，由于日本侵略军逼近广州，自动停刊。后在香港复刊，续出了3期，前后共出版了16期。

11月5日

《妇女前哨》半月刊创刊于汉口。总编辑彭子冈。第9期发排后，因武汉失守而停刊。共出8期。

11月8日

中国青年新闻记者协会在上海成立。推选范长江、恽逸群、杨潮、袁殊等为总干事。上海沦陷后迁至武汉，1938年3月15日改名为中国青年新闻记者学会。3月30日在汉口举行第一届代表大会。这次大会是中国新闻界首次全国性的大会。大会选举范长江、钟期森、徐迈进三人为常务理事。该会受中国共产党领导，具有统一战线性质。它团结中外同业，为抗日宣传服务；并教育青年记者坚持抗战、团结、进步的立场，促进中国新闻事业的发展，为中华民族的解放事业贡献力量。曾出版《新闻记者》月刊，举办“记者之家”，组织战地记者团赴前线采访，并争取国际新闻界的援助。武汉失守后，总会迁至重庆。先后在桂林和华北敌后设立南方办事处和北方办事处，在成都、桂林、昆明、香港、延安、晋察冀、苏北等地建立了25个分会。会员近2000人。1941年“皖南事变”后，总会和国民党统治区各分会被国民党当局查封。但香港、延安和敌后抗日民主根据地各分会仍继续活动，一直到中华人民共和国成立。

11月9日

中共冀豫晋省委机关刊物《战斗》创刊。先后改为晋冀豫区党委、太行分局、太行区党委等党组织的机关刊物。

《大刚报》在郑州创刊。对开日报。由

国民党中央宣传部和国民党将领刘峙（国民党第二集团军总司令、原豫皖绥靖公署主任）合办。国民党中央宣传部月给津贴2000元作固定经费，河北省政府出资2500元作开办费。毛健吾任社长，刘人熙任总编辑。因日军大举进攻，1938年6月8日迁至信阳出版，改为4开。编辑部工作暂由张兰舟负责，另招聘了严问天任编撰，后任主笔。因日军逼近信阳，9月18日停刊。11月1日迁至衡阳出版。这时因国民党当局停拨经费，乃自行改为以进步知识分子为主经营的同人报纸。杨潮、俞颂华、王启芳、王淮冰先后任总编辑。它的基本宣传方针是坚持抗战，反对投降。在衡阳时还曾两度出版过《大刚晚报》。第一次是1942年4月15日创刊，出版不到1个月就被迫停刊。第二次是同年10月20日复刊，到12月30日又被迫停刊。它还曾出版过敌后航空版。8开小报，义务发行。1944年因湘桂大撤退，衡阳版出至6月19日停刊。同年7月10日，迁至柳州复刊，9月5日停刊。同年10月15日迁至贵阳复刊，先后由熊佛西、方敬任主编。1946年元旦因出版反内战增刊，被迫于2月28日停刊。此前，1945年11月9日出版汉口版，社长王淮冰，总编辑董祚楷，主笔李龙牧。呼吁和平民主，反对内战。1946年1月9日出版南京版，后终于被国民党CC派控制。汉口版在武汉解放后继续出版，1951年底终刊。1952年元旦改出《新武汉报》，为中共武汉市委机关报。

11月12日

《老百姓报》在西安创刊。教育家李敷仁主编的通俗报纸。每周4开1张。积极宣传抗战，反对投降，反帝反封建，宣扬民主，反映劳动人民的痛苦生活。以工农群众为主要读者对象，采用群众喜闻乐见的形式，很受欢迎。除国内各地外，在苏联、匈牙利、法国、加拿大等国也有订户。1940年4月18日，被国民党当局勒令停刊，共出版113期。

11月20日

日本驻华大使馆武官原田少将前往上海租界工部局，会晤总裁费信惇（S. Fessenden）等工部局官员，当面要求工部局采取措施，禁止租界内一切反日宣传活动，并恐吓说如果租界当局措施不力，日本军事当局将在必要时采取行动。租界当局为维护其自身的利益，采取了一系列措施，取缔租界内的抗日宣传活动。一是警告各报不得采用过于激烈或引起日本人不满的字眼，如称日本人为“敌人”；二是实行报刊登记制度，任何报纸、刊物或小册子未经登记不得在公共租界内刊行、印刷或分送；三是“劝告”抗日报刊停止出版或改变态度。

《华侨报》在澳门创刊。当时是香港《华侨日报》的澳门版。创办人兼社长赵斑斓。在香港沦陷前一段时期，它还曾出版晚报。

11月25日

《华美晚报晨刊》在上海“孤岛”创刊。是上海“孤岛”时期出版的第一张挂洋商招牌的中文报纸，是抗战前已出版的《华美晚报》的姐妹报，均由美商华美出版公司出版。名义上的老板是美国人密尔斯，实际上由中方老板朱祝同主办。1938年4月19日改名为《华美晨报》。1938年底，因经济上无力维持，进行了大规模的改组，八路军驻沪办事处秘密派人接办，改为中国共产党领导的报纸。聘蒋介石的女婿陆久之为社长，左翼作家徐怀沙为总编辑，共产党员金学成、恽逸群分别主持经理、社论工作。

11月28日

日本侵略者强占国民党中央宣传部设立的上海新闻检查所。12月13日向各报发出通知，迫令各报自第二天（14日）晚上起，须将稿件小样送交该所审查，否则不得刊载。在这种情况下，《大公报》《申报》在 12 月 14 日宣布停刊，迁往武汉。

11 月下旬

潘梓年等撤到武汉，继续筹备出版《新华日报》和《群众》周刊。但国民党当局继续刁难和阻挠，迟迟不发给出版登记证。按照周恩来指示，潘梓年向国民党当局提出抗议，并指出如不立即给报纸和刊物同时发出版登记证，那就必须准许先出版《群众》周刊。经过交涉，国民党当局终于先让办理了《群众》周刊的出版登记手续。后又经过反复交涉，才办理了《新华日报》的出版登记手续。

月底

《火线报》在福建龙岩创刊。由闽西人民抗日义勇军政治部创办。后来这支部队与汀瑞游击队等合编为新四军二支队北上抗日，《火线报》成为机关报，历经闽、皖、苏、浙四省。

同月

《团结》周报在上海创刊。是上海各界救亡协会的机关刊物。潘蕙田任主编，胡愈之等参加编辑工作。该报印出后由总发行员按各界所需份数分配，分发给各救亡团体。它是中国共产党领导出版的，伪称在宁波印刷。

第二战区民族革命战争战地总动员委员会创办战动通讯社。负责人先后为赵宗复、段云。编印有《战动通讯》油印日刊，向国内外一些报纸、杂志、通讯社发稿，共出 182 期（曾一度停刊）。1939 年 7 月 1 日战动总会被阎锡山解散，战动通讯社随之停办。

12 月 1 日

《大美晚报晨刊》在上海“孤岛”创刊。它是一张洋商的中文报纸，经营管理由美商负责，老板是史带。编辑部负责人由国民党推荐，吴中一任总编辑，他邀请恽逸群任主笔。1938 年 5 月 1 日起改名《大美报》，号数续前。1940 年 5 月 18 日，因刊载蒋介石为敌机轰炸重庆一事告国人书，工部局吊销该报登记证，乃自动停刊。

12 月 9 日

《译报》在上海“孤岛”创刊。当时“孤岛”存在着许多具有合法地位的外文报刊。在这些外文报刊上，有关中国抗战的消息、评论、资料很丰富。中国共产党上海地下组织利用这一特点，创办了纯翻译外报信息的抗日报刊《译报》，还有《集纳》周刊。《译报》是 4 开小型日报，由夏衍、梅益等主持。该报精心选译有利于我国抗战的材料，报道抗日前线的战事和国内外形势，宣传中国共产党关于坚持抗日民族统一战线和持久抗战的主张。该报只出 12 期，即被日军通过租界当局取缔。1938 年 1 月 21 日改名《每日译报》复刊，以英商名义发行。

12 月 10 日

《力报》在上海创刊。商办的消闲性小型报纸。创办人胡力更。

12 月 11 日

《群众》周刊在汉口创刊。它是国共建立抗日民族统一战线后中国共产党在国民党统治区创办的一个公开的机关刊物。国民党当局多方阻挠共产党在国民党统治区创办公开报刊，几经交涉，乃得先出版《群众》周刊。署名编辑兼发行人是潘梓年，实际负责人是许涤新，后为乔冠华。翌年 12 月 25 日第 2 卷第 12 期起在重庆出版。先后由中共中央长江局和南方局直接领导。1946 年 6 月 3 日第 8 卷第 5 期改在上海出版，担负起中国共产党机关报的任务。1947 年 3 月 2 日出至第 14 卷第 9 期被迫停刊。1947 年 1 月出版香港版《群众》，直到 1949 年 10 月中华人民共和国建立后停刊。

晋察冀军区政治部宣传部主办的《抗敌报》在河北阜平创刊。初为石印，三日刊。次年8月16日改为铅印，隔日刊。1938年4月改为中共晋察冀省委机关报。同年11月中共中央北方局（又名晋察冀分局）成立后，成为中共中央北方局机关报。1940年11月7日改名为《晋察冀日报》。1942年11月，中共中央晋察冀分局决定该报兼有北岳区党委机关报性质。邓拓长期任《抗敌报》和《晋察冀日报》的社长兼总编辑。1944年5月，该报社出版了我国第一部《毛泽东选集》。在反“扫荡”战争中，他们以“八匹骡子办报”的精神坚持在游击战中办报。在战争年代，该报社共牺牲38位工作人员。1948年6月14日终刊，与晋冀鲁豫《人民日报》合并，改组出版中共华北中央局机关报《人民日报》，即华北《人民日报》。

抗日进步的综合性政论刊物《全民周刊》在汉口创刊。社长沈钧儒，主编柳湜，编辑有李公朴、钱俊瑞、张志让、张仲实、王昆仑、张申府等人。1938年7月2日出至第2卷第5期后，与邹韬奋主编的《抗战》三日刊合并，于7月7日改出《全民抗战》。

12月13日

南京沦陷，在南京出版的国民党《中央日报》被迫停刊。该报分两路西撤。一路由总主笔张客公、总编辑周邦式、总经理贺壮予率领，抵达长沙。1938年1月10日在长沙复刊，编号接南京版，社长由张明炜担任。另一路向四川撤退，1938年9月1日重庆《中央日报》出版。程沧波任社长兼总主笔，刘光炎任总编辑，张明炜任总经理。编号接长沙《中央日报》，长沙《中央日报》改为分版。此后，各地《中央日报》分版相继出版。至抗战胜利前夕，国民党中央直属党报共有20家，地方省、市、县党报共438家。

12月14日

《大公报》上海版拒绝日军检查新闻，自动停刊。

12月23日

中共中央代表团和中共中央长江局举行联席会议，决定设立党报委员会，由长江局书记王明兼任主席。此后，长江局成立了由王明、周恩来、秦邦宪、何伟、潘梓年组成的党报委员会，具体领导《新华日报》和《群众》周刊的工作。

12月24日

《剑报》在南昌创刊。由国民党黄埔系同学主办。

同月

南京《新民报》在南京陷落前西撤，途经武汉时，周恩来通过郭沫若告诉《新民报》负责人陈铭德、邓季惺说：《新华日报》正准备出版，希望我们两家报纸今后密切合作，共同为抗战宣传服务。

国民党办的《民意》周刊在汉口创刊。负责人叶溯中。1938年9月迁重庆出版。

《云南学生》在昆明创刊。是中共云南省工委领导下的云南学生抗日后援会出版的铅印刊物。至1938年2月，只出了3期即被迫停刊。

冬

冀中人民自卫军在河北高阳县城内创办《自卫报》。铅印，8开4版，不定期。负责人武税。1938年初，移至安平县侯疃村，改为铅印，8开4版。领导人是自卫军政治部宣传部路一，具体负责人是彭架。后来将铅印设备调给《导报》，《自卫报》改为油印，随军游动出版。

同年

川康通讯社在成都成立。川康绥靖公署

主任刘湘授命侍从室主任曾伟澜任该社干事长。后设社长，由绥靖公署秘书处长刘东父担任，总编辑刘克俊。1949 年底成都解放乃停止发稿。

高向杲编《中国新闻学文字索引》在北平《图书馆学季刊》第 11 卷 1 号发表。这个索引曾受燕京大学新闻学系荣誉讲师德国人罗文达博士（R. Lowenthal，后加入中国籍）的指导。此前，罗文达曾编有《关于中国报学之西文文字索引》，刊载于南开《社会经济季刊》第 9 卷第 4 号。此后，汤健文编有《新闻学文字书目引得》，由北平印行单行本。胡道静评价说："合这三部索引，关于我国新闻学的中西论文，才有一个完美的检查目录。"（胡道静：《新闻史上的新时代·报坛逸话》，第 65 页）

1938 年（戊寅）

1 月 1 日

敌伪新民会之机关报《新民报》在北平创刊。该报系奉日本华北派遣军报道部命令接收和改组《世界日报》《世界晚报》而成。社长是日本文化特务武田南阳。1944 年 4 月 30 日停刊，与其他一些报纸合并改组为《华北新报》。

香港《星岛日报》的专刊《青年记者》周刊发刊。由中国青年新闻记者学会香港分会主编。

1 月 10 日

《战时青年》半月刊在武汉创刊。由中共中央南方局青年委员会主办。

1 月 11 日

中国共产党在国民党统治区公开出版的大型机关报《新华日报》在汉口创刊。同年 10 月 25 日汉口沦陷后迁至重庆出版。初由中共中央长江局领导，迁至重庆后由中共中央南方局领导。中共中央南方局书记周恩来兼任董事长。社长潘梓年，总经理熊瑾玎，总编辑先后是华岗（华西园）、吴克坚、章汉夫。抗战胜利后，1945 年 9 月，根据中共中央指示，决定在上海设总馆，在南京、重庆设分馆。其中重庆分馆改为中共四川省委机关报。后因国民党当局阻挠，上海、南京两地的计划未能实现。重庆分版先后由傅钟、张友渔任社长，熊复任总编辑，于刚任经理。抗日战争时期，该报坚持抗战，反对投降；坚持团结，反对分裂；坚持进步，反对倒退。解放战争时期，该报坚持和平民主和独立解放。该报卓有成效地宣传了中国共产党的路线、方针、政策，受到国民党统治区广大人民的欢迎。毛泽东和周恩来多次称赞《新华日报》和八路军、新四军一样，是中国共产党领导下的又一支方面军。同时，该报也受到国民党当局的种种迫害，与之进行了英勇的斗争。《新华日报》还曾先后建立过山西、广州、重庆、西安、华北、桂林等分馆。华北分馆出版了《新华日报》华北版，为中共中央北方局机关报，后改为太行分局机关报。《新华日报》还在成都、昆明建立了营业处。1947 年 2 月 28 日，在国民党全面发动内战的情况下，重庆《新华日报》被国民党当局查封。

1 月 13 日

毛泽东为正在延安采访的《新蜀报》特派记者温田丰题词："用一切努力求得抗日民族统一战线的巩固与扩大，战胜日本帝国主义。"温田丰撰写了《毛泽东的印象和谈话》专稿。毛泽东亲自校正了此稿，又为《新蜀报》题词："发扬民气，建设新四川，造成抗日战争的有力根据地。"（以上题词均引自《四川报业大事记》，四川人民出版社 1996 年版，第 78 页）

1 月 15 日

上海《申报》迁至汉口出版，出至 7 月

31日。后迁回上海“孤岛”。

《上海人报》在上海创刊。4开1张，日报。胡愈之以“胡震亚”的笔名主编。已见出版至4月17日第16期。

《新中国日报》在汉口创刊。它是中国青年党中央党部的机关报。同年9月15日迁至成都出版。李璜兼任社长，宋涟波任副社长，经理周冶坊，总编辑赵毓松。后宋涟波任社长，左干臣任总编辑，常燕生任总主笔。1949年12月7日自行停刊。

《行都日报》在洛阳创刊。社长郭担宇，经理梁之超，编辑部主任阎少显，名誉总编辑李名章，后由李续刚任代总编。初为4开4版，1939年3月改为对开大报，周肇瑚任编辑主任。1940年秋由李辛霖任编辑主任。1944年春洛阳沦陷时，梁之超带着全班人马和部分机器至宝鸡发行《行都日报》宝鸡版。梁之超任发行人兼社长，张履之任总编辑。1945年9月，原社长郭担宇又在洛阳复刊《行都日报》。郭仍任发行人兼社长，王纪野任总编辑，阎少显任副社长兼代总经理。1946年4月停刊。

南京《新民报》迁至重庆复刊。复刊词中说：“目前任何工作莫急于救亡图存，任何意见莫先于一致对外。战局虽促，但我们必须坚定最后胜利的信念，吾人认定民族统一战线实高于一切。”它的副刊和专栏有：张恨水的连载小说和《上下古今谈》，赵超构的《今日论语》《新闻圈外》，张慧剑的《山楼一百话》《世象杂收》，张友鸾的《山城夜曲》，姚苏凤的《重庆私语》等，颇受读者喜爱。1952年重庆《新民报》自行停刊，共出渝版4274号。

1月16日

《反攻》半月刊在武汉创刊。由东北抗日救亡总会宣传部主办。

1月17日

中共中央机关报《新华日报》在武汉创刊仅仅7天，国民党当局便指使特务流氓，将该报的营业部、排字房和机器房捣毁。该报发行人潘梓年1月18日给国民党湖北省政府主席何成濬呈文，摘要如下：

> “具呈人在汉刊行《新华日报》，旨在巩固团结，抗日救国，立言纪事，一本此旨。不图因此触忌汉奸匪徒，于1月16日得报，谓将有人冒充伤兵来馆打毁。具呈人因事属无稽，未遽置信，除派本报经理面陈汉口市警察局第十二分局外，毫未作何防备。讵于1月17日下午6时半，突有匪徒二三十人，身着便衣，手持短斧，行动健捷，蜂拥闯入本报营业部，首将电话割断，肆行捣毁，并高呼‘先打机器要紧’，即有多人冲入机器房，乱打机器，推翻排字架一座。直至宪兵队、警察局闻警驰至，始行散去。当有匪徒两人，因在排字房捣毁脱逃稍迟，当场捕获，由宪兵队带走。所有捣毁情形，已蒙武汉警备司令部、宪兵队第七团第三营第八连、汉口市警察局十二分局派员查明，并由本报办事人员具实具报备案。窃谓抗战为汉奸所深忌，原无足为怪，但在光天化日之下，匪徒竟胆敢横行不法，对后方治安实属可虑；捣毁报馆，尤为难恕。钧府于后方治安素所注意，于抗战言论尤所保护，而本报抗战初衷今后更当力求贯彻。用特开具损失清单具呈，请予彻查严办，并对今后本报特予保护，庶汉奸匪徒不再横行，本报幸甚，抗战幸甚！……”（《新闻研究资料》第22辑，中国社会科学出版社1983年版，第130—131页）

国民党当局虽说要查办，但实际上是打掩护，连当场捕获并由宪兵队带走的两名匪徒，也毫无消息。不久后，国民政府军事委员会宣传部复函，竟说什么“当前强敌压

境，宜使国民目光一致对倭，对此种枝节，尚望处以镇静为要！”（同上，第 132 页）

1 月 21 日

《每日译报》创刊于上海“孤岛”。该报由中国共产党直接领导。它的前身是《译报》，被迫停刊后，改以英商名义并改名复刊。梅益、王任叔等负责编辑工作。后综合各方电讯报道抗战新闻，不再单纯翻译外报。从 5 月起，开始转载内地重要报刊的文章，特别是《新华日报》的文章，纯翻译的性质起了根本变化。还增辟社评、副刊，与一般报纸就更没有多少区别了。它还出版综合性丛刊《公论丛书》和《译报周刊》。1939 年 1 月增出《新闻学周刊》，由上海法政学院新闻专修科编辑。该报 1939 年 5 月 18 日被迫停刊。

中国共产党陕西省委机关刊物《西北》周刊在陕西西安创刊。主编李初梨。同年 12 月 24 日出至第 29、30 期合刊后被西安国民党当局迫令停刊。1939 年 7 月 1 日在延安复刊。

1 月 25 日

《文汇报》创刊于上海“孤岛”。以英商名义出版，实际负责人是经理严宝礼，总编辑胡惠生。不久徐铸成任主笔，以后成为报馆编辑部实际负责人。1939 年 5 月 18 日，因坚持抗日宣传在日伪压迫下停刊。抗战胜利后，1945 年 9 月 6 日正式复刊。此前曾出版 19 天“号外”。复刊后积极宣传民主，反对内战，出至 1947 年 5 月 24 日被国民党当局勒令停刊。部分人员去香港创办香港《文汇报》。上海解放后，1949 年 6 月 21 日复刊。1956 年 5 月奉命迁至北京并入《教师报》，同年 10 月 1 日又迁回上海恢复出版。

《观察日报》在长沙创刊。它是中共湖南省委领导出版的抗日报纸。4 开 1 张。社长唐文燮，主要编辑人员有黎澍、杨隆誉等。同年 11 月长沙大火后迁邵阳出版。1939 年 4 月 18 日被国民党当局勒令停刊。

1 月 28 日

《抗战日报》在长沙创刊。田汉主编。田汉去武汉后，廖沫沙以副主编的身份主持编辑工作。该报在创刊词中声明其宗旨是：“团结各方力量，特别是文化界的力量，援助政府抗战。”它是一张 4 开小型报纸，内容和形式大体和《救亡日报》相似。7 月 31 日，报纸暂时休刊。后迁往湘西沅陵复刊，1939 年 6 月中旬停刊。

同月

美国记者斯诺采访中国红色根据地后写成的《红星照耀中国》（1937 年 10 月出版的英文版原名）一书，由上海复社翻译为中文出版，改名为《西行漫记》。

金仲华主编的《世界知识》由上海迁至汉口出版，7 月迁至广州出版，8 月迁至香港出版。后来的主编有刘思慕、乔冠华、郑森禹、张铁生等。1941 年 12 月日本侵略军占领香港，乃停刊。

复旦大学新闻系在重庆复课。这是在四川开办的第一个新闻系。新闻系主任先后是谢六逸、程沧波（兼任）、陈望道。直至 1946 年 5 月提前放假，准备迁回上海。

星芒社在成都公开发行星芒通讯稿。前期由蒋牧岳任社长，1939 年 2 月以后由徐天语任总编辑，主持社务。1940 年 3 月被当局查封。

《良友画报》因淞沪抗战爆发从上海迁至香港出版。由马国亮主编，助编李青、丁聪。从第 133 期起至第 138 期止。1939 年 2 月又迁回上海在“孤岛”复刊。

2 月 1 日

中共陕甘宁边区委员会机关刊物《团结》在延安创刊。初为半月刊，后改为月刊。

2月6日

上海社会晚报社经理蔡钓徒被敌伪杀害。蔡死后，其头颅被悬挂在上海马路的电杆梢头，上面有写着“抗日分子结果”的白布一方，以恐吓抗日报人。蔡钓徒并不是真正的抗日报人，因两面投机，被日本人误认作抗日报人而加以杀害。

2月7日

《大众报》在汉口创刊。由何惧、江陵、长江、曹荻秋、阎宝航、陈农非、闵刚侯等人发起，江陵主编。它是一份抗日的通俗的小型报纸。初为铅印七日刊，后改为三日刊。7月撤至河南出版油印的豫东版。1939年秋天因国民党“围剿”乃停刊。

2月15日

《新华日报》山西分馆在临汾建立。同月27日，临汾沦陷时撤销。

2月24日

《浙江潮》在金华创刊。名义上是国民党浙江省政府机关报，实际上是中共掌握的抗日刊物。主办人黄绍竑（省政府主席），主编严北溟（民主人士）。先为旬刊，后为周刊，铅印，16开。1941年1月25日遭到军统特务的搜查，该刊被迫停刊，共出128期，129期已发排，但未能问世。1944年3月12日在龙泉复刊，半月刊，期号另起。主编严北溟。同年夏出至新6期后停刊。

同月

中共晋察冀省委创办党刊《战线》。

3月1日

《申报》从上海迁至香港出版。1938年10月10日上海版复刊。港版出至1939年7月10日停刊。

上海文汇报馆收到一只用纸盒盛装的手臂，并附有匿名信一封，内称“希望阁下更改笔调，免尝同样之滋味”。（《新闻研究资料》第39辑，中国社会科学出版社1987年版，第111页）这是日伪恐吓抗日报刊的一种残忍的无耻手段。

3月4日

新华日报成都分销处开始营业。该处由罗世文领导，曹福源负责具体工作。次年4月，正式成立新华日报成都分馆，洪希宗任经理，发行数近万份。除发行《新华日报》外，还经销中共机关刊物《群众》和毛泽东等中共领导人的著作。

3月10日

国民党的中央广播电台开始在重庆恢复播音。呼号仍为XGOA。由国民党中央广播事业管理处领导。发射电力从南京时的75千瓦锐减为10千瓦。抗战胜利后，随国民党政府迁回南京。

3月20日

冀中人民自卫军政治部在河北安平县侯疃村创办《红星》杂志。铅印，16开本，综合性半月刊。主编路一。共出版3期。同年5月，冀中军区成立，在任丘县陈王庄出版《火线》杂志。主编先是路一，后是魏泽南。

日本侵略军的“上海广播无线电台监督处”发布第1号指令，宣布成立并自4月1日起取代原国民党中央广播事业指导委员会和交通部对广播事业进行管理。该处处长是浅野一男。

3月31日

日本侵略军的“上海广播无线电台监督处”发布第2号指令，要求各电台于4月15日前携带原国民党交通部许可证及报告书前往登记。5月3日，监督处发布第4号指令，命令未登记的电台停止播音。

春

《中国画报》3月或4月在上海创刊。由英文大美晚报社出版。8开本，半月刊。在中日战争中持中立态度。曾以中国共产党军事领导人朱德将军的肖像作封面，介绍八路军的抗战活动。1939 年 10 月停刊。

《强民日报》在绥远五原创办。石印。内容偏重于社会新闻。

4 月 1 日

中国青年新闻记者学会（简称“青记”）学术组主编的《新闻记者》月刊在汉口创刊。后迁重庆出版。范长江在“青记”总会兼负学术组责任，在该刊创刊号上写了《青年记者学会组织的必要和前途》一文代发刊词。主要负责人是范长江、刘尊棋等。该刊主要内容是研究新闻学术，反映国内外新闻界情况，传播新闻工作经验。“皖南事变”后被迫停刊。已见最晚一期是第 2 卷第 10 期，1941 年 3 月 16 日出版。

香港《立报》出版。当时原上海《立报》（上海沦陷后被迫停刊）社长不在香港，中国共产党香港办事处投资 3000 元港币，支持萨空了把《立报》再办起来。萨空了任总编辑和总经理。茅盾主编《言林》副刊。该报在《发刊词》中说：“我们主张：积极的，对外求中华民族的独立；对内求民主政治的实现。消极的，我们决不屈服，不苟全，遇到必要的时机，是不惜一切牺牲，以坚定我们的立场，也就是坚定我们中华民族的人格。”同年 8 月，当时已来到香港的成舍我在该报进行了反共的宣传，于是萨空了离开了《立报》。9 月以后，总编辑易人，该报的面目就逐渐改变。太平洋战争爆发后停刊。

4 月 2 日

《导报》在上海“孤岛”创刊。以英商名义发行。蒋光堂任经理，刘述笙、恽逸群先后任总编辑。它积极宣传抗日，1939 年 5 月曾被租界当局下令停刊一周。后不断遭到日伪的袭击和破坏，被迫于 1939 年 7 月 1 日停刊。还曾出版《导报增刊》13 期。

中共中央作出《关于党报问题给地方党的指示》。其中指出：“由于过去党处在长期秘密工作之下，不能发行全国性党报，因此对于党的各项政策只能靠秘密的油印刊物传达，这样就养成同志们不了解党报的作用。在今天新的条件之下，党已建立全国性的党报和杂志，因此必须纠正过去那种观念，使每个同志应当重视党报，读党报，讨论党报上的重要论文。”“各地方党部应当尽一切力量来帮助新华日报，以达到加强报纸与群众的联系。”（《中国共产党新闻工作文件汇编》上册，第 86 页）

4 月 5 日

《星芒报》在成都创刊。三日刊，8 开 2 版。由中共领导的抗日救亡团体星芒社主办。发行人兼社长蒋慕岳，主编胡绩伟。1939 年 8 月 28 日被国民党四川省党部查封。

4 月 10 日

《通报》在上海“孤岛”创刊。日出对开 1 张。该报由上海通志馆和民间学术团体上海通社成员创办。聘请英国侨商亨利·欧希（Henry. O. Shea）任报纸发行人，总编辑是胡道静。是一张以外商名义出版的抗日报纸。因经费困难，出版两三个月后停刊。

4 月 11 日

周恩来应邀在汉口广播电台发表了题为《争取更大的新的胜利》的广播演讲，号召巩固全民族的团结，不断夺取前线斗争的新胜利，打败日本帝国主义强盗。

4 月 15 日

民族革命通讯社（简称民革社）开始发稿。该社隶属国民党第二战区文化抗敌协会。社址在山西吉县古县村。社长梁铤武，总编辑曲咏善。1939 年春迁至陕西宜川县秋林镇。先后建有 12 个分社：岢岚（晋西北）、上党（晋东南）、五台（晋察冀）、吕梁（汾西）、平陆（晋南）、榆林（绥蒙）、河口、雁北、重庆、成都、香港（香港沦陷后迁至桂林，改称桂林分社）。民革社的总原则是："巩固团结，抗战到底。"中共曾派党员参加工作，编辑记者中有许多进步人士。1939 年 12 月阎锡山发动"晋西事变"，分社大部解体，进步人士纷纷离去。其在抗日根据地建立的分社先后与总社断绝联系，人员大部分转入中国共产党领导的新闻、文化单位。总社直接联系的分社仅剩下绥蒙、平陆、重庆、香港（后为桂林）四处。1946 年，民革社正式宣告结束。

4 月 16 日

《新华日报》广州分馆建立。由汉口总馆航寄纸型，印发广东、广西、云南、贵州、福建等省及南洋各地。同年 10 月广州沦陷后撤销。

4 月 20 日

《上海妇女》半月刊创刊。它是中国共产党领导的一个妇女刊物。蒋逸霄任总编辑兼发行人，实际负责具体工作的是许广平和姜平。

4 月 27 日

《时事新报》在上海沦陷后迁至重庆出版。总经理先后为崔唯吾、张万里，总编辑为黄天鹏。抗战胜利后迁回上海，于 1945 年 9 月 27 日复刊。重庆《时事新报》仍继续出版，直到解放时停刊。

同月

《华美》周刊在上海"孤岛"创刊。它是中国共产党领导的一个时事政治类综合性刊物。由美国人密尔士挂名、朱作同主持的美商华美出版公司发行，梅益、王任叔等担任编辑工作。

《东方画刊》在香港创刊。8 开本，月刊。彩色封面。它是商务印书馆香港分馆出版的综合性摄影画报。初期主编兼发行人为史谷尧，从 1939 年 4 月起，发行人为黄觉民。内容注重介绍时事和中国抗战事迹。1941 年 7 月停刊，共出版 40 期。

5 月 1 日

中共晋冀特委机关报《胜利报》在山西和顺县园街村创刊。4 开 2 版，隔日刊（有时三日刊）。先为油印，后改石印。1939 年 9 月 20 日改为晋冀豫区党委机关报。报名是八路军总司令朱德题写的。主要负责人先后有：张大英、安岗、王雪松等。1941 年 7 月 7 日改名为《晋冀豫日报》。1941 年 12 月底与华北《新华日报》合并而终刊。

中共晋冀豫区委机关报《中国人报》在山西沁县创刊。4 开 2 版，逢单日出版。先是油印，后改铅印。主编李竹如。1939 年元旦并入《新华日报》华北版。

国民革命军新编第四军军部机关报《抗敌报》在安徽泾县创刊。五日刊，铅印，对开 4 版。冯定等主编。它是中国共产党在东南地区的主要报纸之一，以战士为主要读者对象。因"皖南事变"，1941 年 1 月 4 日出版"告别号"后停刊。1939 年 9 月 1 日，新四军江北指挥部曾与鄂豫皖边区党委联合创办《抗敌报》（江北版），不久停刊。同年 11 月，根据刘少奇指示，再以新四军江北指挥部名义出版《抗敌报》（江北版），实际上成为中共中央中原局的机关报。

5 月 4 日

中国青年新闻记者学会成都分会在成都成立。理事有王达非、唐征久、刘克俊等，监事有孙蕴实、赵其文等。1940 年 3 月国民党在制造"抢米事件"进行反共时，"青记"成都分会被捣毁后停止活动。

5 月 5 日

《中山日报》梅县分版创办。

5 月 8 日

上海租界工部局警务处召集各民营电台

负责人，要求再次具结保证不播放反日宣传及一切政治性内容。

5 月 9 日

南昌《大众日报》创刊。江西民众教育馆主办的通俗化报纸。

5 月 10 日

《战旗》在绍兴创刊。浙江第三专员公署主办。社长方元民，总编辑罗越崖，主编曹天风。该刊积极宣传团结抗战。1939 年 3 月，周恩来回绍兴，巡视战旗杂志社，与曹天风多次交谈，赞扬该刊工作。该刊初为五日刊，4 开，自 41 期起改为周刊，16 开。1940 年 3 月 15 日自 81 期起改版，改为旬刊，由中共绍属特委直接领导。主编张普君（骆宾基，中共党员，三区政工队政治教官），副主编陈午韵（陈静之，中共党员，三区政工队指导员）。该刊的进步倾向引起国民党顽固派注意，“皖南事变”后形势险恶，陈午韵奉令撤离，1941 年 1 月 15 日该刊出至 100 期终刊。

5 月 20 日

日本侵略军的“上海广播无线电台监督处”处长浅野一男要求租界当局封闭未登记的电台。

5 月 28 日

《新华日报》重庆分馆建立。由汉口总馆航寄纸型印发。同年 10 月总馆迁重庆后，另在歌乐山、北涪设分销处。

同月

《大美画报》在上海创刊。它是大美晚报社编辑出版的时事性摄影画报。8 开本，月刊。套色封面。在“孤岛”时期大量刊载反映中国抗战事迹的作品，第 7—9 期封面分别刊出朱德、毛泽东、周恩来的大幅照片。1939 年 11 月停刊。

中央通讯社的摄影部在汉口设立。摄影部主任罗寄梅。后迁重庆。因大后方报纸使用土纸，不能印刷照片，业务处于停顿状态。抗战胜利后迁南京恢复工作，1949 年随中央社迁往台湾。

武汉有 20 多名新闻记者组成战地记者团，赴徐州会战的前线采访。其中有《新华日报》陆诒，《大公报》范长江、高元礼，《扫荡报》张剑心，《中央日报》陈振纲，中央社胡定芬，《武汉日报》房沧浪，《动员日报》汪止豪，还有新加坡华侨报纸《星中日报》胡守愚、黄薇，苏联塔斯社谷里宾司基等。这些记者随军采访，作现场报道。他们在敌军包围下，冒险突围，于 5 月下旬分批回到武汉。他们的活动受到各方面的关怀和称赞。中共代表团周恩来于 5 月 26 日、6 月 7 日与 11 日三次致函范长江，对战地记者表示关切。他还听取了战地记者的汇报，鼓励他们据实反映前线情况，认真总结抗战报道的经验与教训。生活书店出版了《徐州突围》一书，记载了战地记者们的亲身经历。

《五日时事》创刊于晋西南。1939 年底晋西事变后迁至兴县，成为中共晋西区委的报纸。该报后来与《新西北报》并入《抗战日报》和《晋西大众报》。

《西南日报》创刊于重庆。每日对开 1 张。国民党军事委员会委员长西南行营主办。名誉董事长顾祝同，董事长贺国光，常务董事康泽，发行人杨平章，后为张廷蛟。1939 年 5 月 4 日日寇飞机狂炸重庆后，参加重庆各报联合版，9 月 18 日复刊后改出《西南日报晚刊》。因业务不好，时出时停，不久即停刊。1941 年 5 月 4 日复刊，1946 年 4 月 12 日再次停刊。

6 月 1 日

成都《新新新闻》新增专刊《青年记者》旬刊创刊。由中国青年记者学会成都分会主编。

6月10日

《战时知识》在云南创刊。它是中国共产党领导下的进步刊物。半月刊。编辑冯素陶、发行人徐绳祖是爱国民主人士，实际负责人是共产党员刘惠之、唐登岷。1940年2月被查封。

6月14日

“保卫中国同盟”在香港宣告成立。该组织是宋庆龄为团结国际上进步人士以及海外华侨援助中国抗战而创办的。它出版合刊《保卫中国同盟新闻通讯》，其英文版由爱泼斯坦和贝特兰负责编辑，中文版由邹韬奋、金仲华等负责编辑。

6月15日

《新动向》旬刊在云南创刊。《发刊词》中说：“我们希望这一个刊物，能够作中国思想界公共交换意见的机关。”撰稿人多为著名学者。

6月25日

《时事新刊》在成都创刊。8开晚报，日刊。创办人是《国难》三日刊原班人马。征得邓锡侯的川康绥靖公署秘书长张雪岩同意，由他任社长，实际负责人是主笔王达非。该报不用中央社的稿件，一些专电和特约稿由中国青年记者学会的范长江提供。该报全面宣传抗战，勇于揭露一切妨碍抗战的行为。1940年3月被国民党当局查封。

同月

晋察冀边区行政委员会秘书处创办的《边政导报》在晋察冀地区创刊。

晋察冀军区政治部创办《抗敌三日刊》，1942年第340期起改为《子弟兵报》。它的前身是《抗敌副刊》。

《南声日报》在广东梅县创刊。日出4开1张。大革命时期参加共产党组织的陈信材任报社社长兼主编。该报积极宣传抗日。1938年冬停刊。

蒙文《蒙古周刊》在归绥（今呼和浩特）创刊。伪蒙古联盟自治政府外交处主办。铅印。

夏

中共晋豫特委机关报《大众报》在山西沁水县创刊。主编赵培心。

7月1日

《大英夜报》在上海“孤岛”创刊。由英商中华大学图书公司发行。创办人为国民党CC系骨干翁率平，褚保衡任总编辑。

毛泽东为《解放》周刊题词：“坚持抗战，坚持统一战线，坚持持久战，最后胜利必然是中国的。”（实其文：《毛泽东同志报刊活动简表》，《新闻研究资料》第28辑，中国社会科学出版社1984年版，第50页）

傅作义主办的《奋斗日报》在归绥（今呼和浩特）创刊。为绥远地区国民党政府的机关报。对开，铅印。

7月7日

《全民抗战》三日刊在汉口创刊。由邹韬奋主编的《抗战》和柳湜主编的《全民周刊》合并而成。邹韬奋、柳湜任主编，编委会成员有沈钧儒、张仲实、艾寒松、胡绳等。同年10月迁至重庆出版。先后改为五日刊、周刊。曾创办有战地版、通俗版。该刊注重贯彻全民动员、抗战到底的基本要求，旨在巩固全国团结，提高民族意识，灌输抗战知识。每期销售量最高达30万份。“皖南事变”后，1941年2月22日出至第157期被国民党当局查封。

中国国家社会党机关刊物《再生》周刊在武汉创刊。

7月21日

国民党第5届中央委员会第86次会议通过了《战时图书杂志原稿审查办法》和《修正抗战期间图书杂志审查标准》。

7 月 30 日

中国青年新闻记者学会重庆分会成立。

同月

山西省牺牲救国同盟会长治中心区在长治县创办《战斗日报》。1939 年 5 月在长子县改为《黄河日报》。1940 年 6 月停刊，改出中共太岳区委机关报《太岳日报》。

《循环报》在上海“孤岛”创刊。由中英出版公司发行。国民党人耿嘉基主持。

中国国民党时事政治性刊物《中央周刊》在长沙创刊。不久移重庆出版。1946 年第 8 卷起迁至南京出版。1948 年 11 月终刊，共出版 10 卷。该刊还曾出过桂林、金华、昆明、兰州、台湾等版。较长时期的主编是陶百川。

8 月 1 日

战斗通讯社在晋西南成立。山西省第六区行政督察专员公署创办。不定期地编印《战斗通讯》，寄发大后方报刊。1939 年 12 月晋西事变后停止发稿。

《南京新报》创刊于南京。它是伪“维新政府”建立后在南京发行的机关报。日出对开一张，后增至一张半。

《南京晚报》迁重庆出版。1949 年 11 月 22 日停刊。在重庆出版 11 年多，是重庆晚报出版时间最久的一种。

广州《救亡日报》副刊《新闻战线》发刊。由中国青年新闻记者学会广东分会筹备处学术组主编。

《星岛日报》在香港创刊。综合性报纸。由星岛报业有限公司经营，著名华侨企业家、星系报纸创办人胡文虎主办，金仲华任总编辑，后聘杨潮（羊枣）为军事评论员。他们积极宣传团结、抗战、进步，遭致国民党海外部的嫉恨，用威迫利诱手段要胡文虎辞去金仲华等的职务。1941 年 6 月 1 日，金仲华与羊枣、邵宗汉、郁风在该报刊登启事，自 6 月 1 日起辞去该报职务。太平洋战争爆发香港沦陷后，该报被日军接管，改名为《香岛日报》。抗日战争胜利后恢复原名。星岛报业有限公司 1938 年 8 月 13 日还在香港创办了《星岛晚报》，聘郭步陶为编辑主任。同年 11 月 11 日又创办《星岛晨报》，聘叶启芳为主编。1939 年 5 月 14 日，还正式发行《星岛周报》。这些报刊都是胡文虎星系报业的重要组成部分。

8 月 13 日

胶东《大众报》在山东黄县创刊。原为中共胶东特委机关报，后为胶东区党委机关报。有时日刊，有时二日刊，有时三日刊。初为 4 开 4 版铅印报，有时石印，有时油印，1946 年 4 月 1 日改为对开 4 版。1948 年 12 月 1 日改称《胶东日报》。1939 年 12 月，在残酷的反“扫荡”战争中，报社共牺牲 34 人，社长阮志刚也在战斗中英勇牺牲。继任社长先后是王卓青、王人三。报社还印刷发行了其他几种刊物，有综合性的文化刊物《胶东大众》、青年刊物《胶东青年》《大众画刊》和《胶东画报》等。该报还抽调人力物力创办了《烟台日报》《新威日报》。新华社胶东分社也是以该报为基础创办的。1950 年 4 月 20 日终刊。

《大公报》香港版创刊。每日出对开 3 张。由胡政之主持，金诚夫任经理，徐铸成任编辑主任。11 月 15 日香港馆增刊《大公晚报》，每日午后出版半大张，有时增出 2 次。1941 年 12 月 13 日，日军侵占九龙，香港版发表社评《暂别香港读者》，宣告停刊。

8 月 20 日

《青年团结》在江西南昌创刊。月刊。中共东南分局青年部主办。主编杜麦青、邝辛芜。1939 年 1 月出至 6 期后停刊。1939 年 2 月 16 日在金华复刊，期号续前。1939 年 3 月 17 日周恩来到金华视察时曾接见

《浙江潮》编辑瞿毅和《青年团结》主编邝辛芜。周恩来指示：无论办报纸还是办刊物，都要十分重视与读者的联系，了解群众的思想和要求，吸引群众和我们一起办刊。在国共合作时期，报刊的宣传要避免对国民党的不必要的刺激，加强抗日统一战线。该刊同年6月以后停刊。

8月25日

《新华日报》西安分馆建立。该分馆准备筹备出版西安《新华日报》，未能实现。由总馆寄纸型印发河南、陕西、宁夏、甘肃、新疆等地。1940年7月30日被迫停止。

同月

商务、中华、开明、世界、生活等10多家出版社和书店联合具文吁请国民党当局撤销刚刚出笼的《图书杂志原稿审查办法》。10月，生活书店负责人邹韬奋在第一届第二次国民参政会上提出了《撤销图书杂志原稿审查办法以充分反映舆论及保障出版自由案》，得到70多名参政员的联署。经过激烈辩论后，提案获得通过。但国民党当局继续实施该原稿审查办法，而且变本加厉。

周恩来与毛泽东等十几位中共中央负责人向中国青年新闻记者学会捐款，并给范长江写信，对学会工作表示关注。

《云南民先》创刊。中共云南省工委领导下的云南民族解放先锋队出版。油印，月刊。1939年因“民先”被国民党迫令解散而停刊。

民族革命通讯社香港分社成立。社长是林焕平。1941年12月日军侵占香港后即告结束。

《儿童新闻》在新京（长春）创刊。4开4版，周刊。蒙古文铅印报纸。该报系1937年4月创刊的《蒙古新报》的副刊。

9月1日

《新闻报》及其晚刊《新闻夜报》请回原主持人美国人福开森（J. G. Ferguson），声称由美商太平洋出版公司发行，脱离日伪的新闻检查，返回抗日报刊阵营。

新闻学刊物《战时记者》在金华创刊。月刊。浙江省战时新闻学会主办。主编杜绍文。1941年2月出至3卷6期后停刊。1—2卷各出12期。

《中央日报》由长沙迁至重庆出版。程沧波任社长兼总主笔，刘光炎任总编辑，张明炜任总经理。接替的社长先后为何浩若（1940年10月至12月）、陈博生（1940年12月至1942年12月）、陶百川（1942年12月至1943年11月）、胡健中（1943年11月至1945年9月）。该报是国民党中央宣传部直辖的主要党报，是国民党的最高言论机关。重庆版为该报总社。日本投降后，南京《中央日报》复刊，重庆《中央日报》继续出版。1946年7月16日，国民党中央宣传部决定，将重庆《中央日报》改组为陪都《中央日报》，由刘觉民任社长，王抡楦任总编辑。1949年11月30日重庆解放前夕停刊，后由重庆市军管会接管。

9月10日

中共冀中区委员会机关报《导报》在河北任丘县陈王庄创刊。日刊。铅印，4开4版。社长彭桀，总编辑朱子强。1939年初，为适应游击战争环境，改为油印三日刊。春季，由于敌人频繁“扫荡”，乃暂时停刊。夏秋季，在敌人“扫荡”的空隙，曾临时出过一段油印4开小报。1939年底，《导报》复刊，改名《冀中导报》，仍为油印，4开4版，三日刊。社长范瑾，副社长兼总编辑朱子强。因报社跟随领导机关频繁移动，困难很多，于是离开领导机关和部队，单独在群众掩护下开展工作。1940年夏，油印改为石印，4开4版，三日刊。有时是4开6版，五日刊。1941年开展《冀中一日》（5月27日）的群众写作运动，冀中导报社和前线报社都参加了征集和选编工作。从 1942 年 5 月 1 日开始，敌人对冀中进行了极残酷的大“扫荡”。报社编为八九个小组分散活动，曾办过油印的《前线》报、8 开 2 版的《冀中导报》《冀中导报》临时刊等。经过这次大“扫荡”，区党委决定《冀中导报》第二次停刊，大部分工作人员分在冀中各地区，由各地委分别办报。1945 年春，形势大大好转，冀中区党委决定停办各地委报纸，恢复《冀中导报》，6 月 15 日在饶阳县长流庄再次复刊。社长由区党委书记林铁兼任，副社长王亢之（后任社长），后又调来总编辑魏泽南。报纸为石印，4 开 4 版。同年 8 月 13 日改为铅印日报，4 开 2 版，11 月 1 日改为 4 开 4 版。1949 年 1 月 1 日，《冀中导报》改为《河北日报》，实际仍为冀中区党委机关报。同年 8 月 1 日，河北省建立，冀中的《河北日报》与《冀南日报》《冀东日报》合并，出版中共河北省委的机关报《河北日报》。

《群众》周刊第 2 卷第 10 期发表潘梓年的文章《战时图书杂志原稿审查问题》，针对国民党政府公布的《战时图书杂志原稿审查办法》《抗战期间图书杂志审查标准》，作了分析批判。其中指出，检查书报的标准与办法，应当根据抗战建国纲领第 26 条来规定，从抗战的利益出发，以巩固全国的团结为依归。现在公布的审查办法与标准，显然和第 26 条不相符合。同时登载了武汉出版界为要求撤销战时图书杂志《审查办法》与《审查标准》给国民党当局的呈文。

9 月 11 日

《国民公论》在武汉创刊。综合性时事政治刊物。主要负责人有张仲实、张铁生、胡愈之、千家驹等。1939 年 1 月 1 日迁至桂林出版。1941 年 2 月停刊，共出版 5 卷 49 期。

9 月 18 日

《抗日战场》在晋西北地区创刊。是八路军一二九师政治部出版的部队内部刊物。32 开本，先是油印，1941 年下半年改为铅印。编辑有王敏昭等。内容有部队生活、军事和政治工作研究等。

9 月 29 日

新四军游击支队政治部在河南确山竹沟镇创办《拂晓报》。初为油印，后改为铅印。初为不定期刊，后改三日刊、二日刊、日刊。1941 年 9 月《拂晓报》分别出部队版和地方版，部队版是新四军第四师机关报；地方版后与淮北区党委机关报《人民报》合并，改为中共淮北区委机关报，仍名《拂晓报》。1945 年还出版了《拂晓报》路西版，后改名《雪枫报》。《拂晓报》还分别出版了《拂晓电讯》《拂晓丛刊》《拂晓增刊》等。《拂晓报》油印极其精美，曾被送到莫斯科和纽约展览。该报的主要创办人和领导人是新四军第四师师长兼政委彭雪枫。1939 年 12 月该报百期纪念时，毛泽东写信给彭雪枫说：“《拂晓报》看到了几期，报纸办得好。祝同志们继续努力，作出更好的成绩。”（欧远方：《拂晓前的〈拂晓报〉——坚持洪泽湖斗争纪实》，《江淮论坛》1980 年第 3 期）解放战争时期，淮北地区一度被国民党军队占领，该报坚持在洪泽湖上出版。新中国成立后，该报成为中共安徽省宿县地委机关报。

同月

冀中军区在驻地任丘县青塔镇创办报纸《前线上》。石印，4 开 4 版，五日刊。总编辑魏泽南。不久改名《前线报》。1939 年 2 月改为油印，4 开 2 版，有时 4 版，周双刊。后由林朗任编委会主任，11 月由李纪峰任社长。1940 年 4 月恢复石印。1942 年 5 月，因日寇进行毁灭性大“扫荡”乃停刊。1944 年 10 月复刊，仍为石印，4 开 4 版，三日刊。社长路扬，副社长兼总编辑张烽。该报一直出版到新中国成立前夕。

《公论丛书》在上海“孤岛”创刊。每日译报社出版的综合性丛刊。每月1册。王任叔任主编。专门刊载中国共产党中央在延安公开发表的社论和重要文章。

延安电影团成立。八路军总政治部设立的摄制新闻纪录片和新闻照片的机构。八路军后方留守处政治部主任谭政兼任团长，工作人员有袁牧之、吴印咸、徐肖冰、李肃等。在抗战期间，仅吴印咸一人就拍了上万张底片。1939年，他从延安到晋察冀根据地采访，拍摄了著名的摄影作品《白求恩大夫》。1940年回到延安，又陆续拍摄了《毛主席在延安为八路军作报告》《南泥湾的战士》《为群众演出秧歌剧〈兄妹开荒〉》等反映陕甘宁边区生活的优秀照片。徐肖冰去前线工作时，拍摄了《百团大战时彭德怀亲临前线指挥》《朱德总司令、刘伯承、邓小平、聂荣臻等同志在一二九师驻地会见军民》等历史性镜头。从1942年起，电影团的工作由吴印咸主持。1942年至1945年，电影团在延安办了3期摄影训练班，培养出一批新闻摄影干部。抗战胜利后，吴印咸、徐肖冰等摄影师调往东北解放区工作，延安电影团宣告结束。

秋

中共冀鲁边区委员会机关报《烽火报》在山东宁津创刊。三日刊，后改为双日刊，4开4版，石印。社长兼总编辑傅国光。1942年12月16日改名为《冀鲁日报》，对开4版，周二刊，铅印。1944年2月，《冀鲁日报》与《群众报》合并，成立渤海日报社，并于7月1日正式出版《渤海日报》，成为新建立的中共渤海区委员会机关报。

10月1日

《前线日报》在安徽屯溪创刊。是国民党第三战区主办的一张军报。以军事报道为重点。后迁江西上饶、铅山和福建建阳等地出版，抗战胜利后迁上海。

重庆《扫荡报》出版。重庆版是该报总社。该报是国民党军事系统的报纸。1944年成立有限公司，实行报社企业化。何应钦任理事长，张治中、陈诚任副理事长，黄少谷任总经理兼总社社长。抗日战争胜利后，自1945年11月12日起改名《和平日报》，总社迁到南京。1949年总社迁往台湾。

国民党中央宣传部、社会部、行政院、教育部、内政部、军事委员会政治部合组的“中央图书杂志审查委员会”在重庆成立。

10月10日

《译报周刊》在上海“孤岛”创刊。是每日译报社出版的时事政治周刊。冯宾符、梅益等主持编务。发行2万多份，在当时“孤岛”杂志中占首位。1939年6月22日出版到第2卷第11期被迫停刊。

《申报》副刊《自由谈》恢复出版。王任叔主编。

《文献》杂志在上海“孤岛”创刊。是中国共产党领导的一个以发表抗战文献为主要内容的月刊。由英商中华大学图书公司发行，风雨书屋出版，阿英（钱杏邨）任主编。至1939年5月10日共出版了8期，被日本宪兵会同工部局巡捕房查封。

《申报》挂上美商哥伦比亚出版公司的招牌，从汉口迁回上海出版。聘请美国人安德森（P. M. Anderson）为董事长，阿乐满（N. F. Allman）为董事兼总主笔。

10月20日

国际新闻社（简称“国新社”）成立于长沙。武汉沦陷前夕即在武汉筹建，撤至长沙后才建成。11月21日迁至桂林，正式成立总社。该社在中国共产党领导下，以中国青年新闻记者学会的骨干为基础组成。主要创办人和领导人有胡愈之、范长江、刘尊棋、孟秋江、黄药眠、邵宗汉、恽逸群等。1939 年，香港国际新闻社并入，并在重庆设立办事处。在国统区与八路军、新四军往来的主要通道上，设立了金华办事处和洛阳通讯站。国统区和解放区其他一些地区的通讯站，也陆续建立起来。上海沦陷后，还在上海设立了秘密的办事处。“青记”的各地分会实际也成了“国新社”的分社。桂林总社、香港分社和重庆办事处的发稿业务，对国外有英文《远东通讯》，对华侨有《祖国通讯》《国新通讯》，对国内有《国际新闻通讯》、桂林本市稿、特约专电和特约专稿。登载“国新社”稿件的国内外报纸共达 150 家以上。“皖南事变”后，1941 年 5 月，桂林、重庆的“国新社”在国民党当局多方迫害下被迫关闭。1941 年 12 月香港沦陷后，香港分社也停止了活动。日本投降后，“国新社”上海办事处于 1945 年 12 月成立，由孟秋江主持工作。“国新社”香港分社在 1946 年初重建。中华人民共和国成立后，“国新社”才结束了它的光荣的使命。

10 月 21 日

《中山日报》从广州迁至广西梧州出版。1943 年经过改组，直属国民党中央宣传部，并改名《中央日报》。不久因战局紧张暂时休刊，撤退到百色，于 1944 年 11 月 6 日复刊。抗战胜利后迁到南宁出版，日出对开 4 版，社长、发行人徐咏平。

10 月 23 日

武汉《新华日报》社和八路军驻武汉办事处工作人员 100 多人，在潘梓年、李克农的率领下，乘轮船“新升隆”号向重庆西撤，行至湖北嘉鱼县的燕子窝时，遭日寇飞机轰炸，轮船沉没，有 25 人牺牲，其中《新华日报》社的员工 16 人。

10 月 24 日

武汉沦陷前夕，周恩来深夜来到《新华日报》社编辑部，口授 25 日社论，题为《告别武汉父老兄弟》，由秘书陈家康笔录。社论宣告：我们只是暂时撤离武汉，我们一定要回来的，武汉终究要回到中国人民的手中。社论排出后，周恩来审看了校样。当时印刷了几份报纸准备带走。情况紧急，报社人员在周恩来指挥下立即撤离了武汉。可惜，刊有这篇社论的报纸，一直没有被发现。

同月

毛泽东在中共第六届中央委员会扩大的第六次全体会议上做报告。第四部分为《全民族的当前紧急任务》，其中指出，全民族要“高度发扬民族自尊心与自信心，克服一部分人的悲观情绪，坚决拥护政府继续抗战的方针，反对任何投降妥协的企图，坚持抗战到底”。“为此目的，必须动员报纸、刊物、学校、宣传团体、文化艺术团体、军队政治机关、民众团体，及其他一切可能力量，向前线官兵、后方守备部队、沦陷区人民、全国民众，作广大之宣传鼓动”。“一切宣传鼓动应顾到下述各方面。一方面利用已经产生并正在继续产生的民族革命典型（英勇抗战、为国捐躯、平型关、台儿庄、八百壮士、游击战争的前进、慷慨捐输、华侨爱国等等），向前线后方国内国外广为传播。又一方面，揭发、清洗、淘汰民族阵线中存在着与增长着的消极性（妥协倾向、悲观情绪、腐败现象等等）。再一方面，将敌人一切残暴兽行的具体实例，向全国公布，向全世界控诉，用以达到提高民族觉悟、发扬民族自尊心与自信心之目的”。（《毛泽东新闻工作文选》，第 39—40 页）

中央社萧同兹、《大公报》曹谷冰、《新民报》陈铭德等人在重庆发起成立报界联谊会，以轮流做东的方式，集会商讨纸张、燃料、粮食等物资供应问题，以便集体请求政府当局解决，同时协调各报广告收费标准、印刷工人工资标准等。《新华日报》也派人参加了这一活动。

《新华日报》在四川自贡正式设立分销处，发行范围除自贡外，还有内江、富顺、荣县、威远等县，发行量近千份。同时销售共产党党刊及进步书刊。分销处经常受到国民党当局的迫害，于1941年夏国民党第二次反共高潮中被迫关闭。

11月1日

《中美日报》在上海“孤岛”创刊。它是国民党系统CC派办的抗日报纸。资金由中国农业银行承担，该银行上海分行经理吴任沧任社长。该报由几位美国人出面担任股东，组织“罗斯福出版公司”，聘请美商施德高（H. M. Stuckgold）为发行人，总编辑先后为杨勋民、查修、王锦荃、詹文浒等。1941年12月8日太平洋战争爆发后停刊。1945年8月27日在上海复刊，1946年4月终刊。

11月24—25日

上海“孤岛”出版的《导报》发表恽逸群撰写的评论《异哉汪精卫之言》。当时国民党副总裁汪精卫散布“抗日必败”的悲观论调和妥协投降的言论，对蒋介石火烧长沙一事借题发挥，发表《为什么误解焦土抗战》一文，对抗战前途表示绝望，认为坚持抗战是“不负责任”。恽的评论指出“只有日本军阀和汉奸王克敏、梁鸿志等曾经用这种字句诬蔑过中国的抗战”，“难怪使人怀疑汪先生在代替日本军阀和汉奸作‘栽赃’的工作”，并深刻揭露汪的言论实质是“反对抗战”。这篇评论在报刊上第一次公开揭露了汪精卫的汉奸嘴脸，立即引起了强烈反响。重庆国民党中宣部部长周佛海指责该评论“曲解国策，自误误国”，反诬作者破坏国民党威信，是“汉奸”。但不久汪精卫公开投敌，事实作出了不可辩驳的结论。

同月

《大晚报》在上海“孤岛”改为以外商出面发行的报纸，由英人弗利特主持的英商独立出版公司发行，在香港注册。它是孔祥熙所有的一个报纸。此前它曾接受日伪的新闻检查，此后回到了抗日报刊的阵营。总主笔汪倜然、经理王锦城受到汪伪政府的“通缉”。太平洋战争爆发时“孤岛”沦陷，该报停刊。抗战胜利后，1945年9月1日在沪复刊。上海解放时停刊。

中国青年记者学会延安分会成立。胡乔木、赵毅敏、李初梨、向仲华、吴亮平、丁玲、郁文、海棱等都曾被选为理事。会员最初70余人，1940年9月增至170余人。曾同新华社、新中华报社合办了一个会刊《通讯》。

《大地》画报在香港创刊。是大地图书公司出版的综合性时事画报。8开本，双月刊。创办人为马国亮、丁聪、张光宇、黄苗子、叶浅予，编辑为丁聪等人。创刊号曾介绍延安女青年“红色的女儿”。1941年11月停刊，共出版18期。

12月1日

《文汇报晚刊》在上海“孤岛”创刊。由文汇报社出版。李秋生主编。

《大公报》由汉口迁至重庆出版。日出对开1张。评论和编辑最初由总编辑张季鸾主持，经营管理业务由经理曹谷冰负责。1941年9月张季鸾病逝后，总经理胡政之长期住在重庆，并组成“大公报董监事联合办事处”，总管重庆、桂林、香港3个大公报馆。同时正式成立“大公报社评委员会”，王芸生任主任委员。该报在抗日战争时期销数最多时曾达到9.7万多份。抗日战争胜利后，撤销了董监事联合办事处，正式成立大公报总管理处，1946年迁到上海。重庆《大公报》出至1952年8月14日终刊。1944年

9月，重庆馆还增出《大公报》(双周版)，航寄到纽约发行，出到1945年5月止。

12月11日

中共中央南方局利用国民党中央政府与桂系当局之间的矛盾，征得桂系首脑的同意，设立《新华日报》桂林分馆，翻印重庆《新华日报》航空版，发行于广西、广东、湖南等省。分馆的活动受到了国民党当局的重重限制，《新华日报》曾为此和国民党当局进行了坚决的斗争。分馆于1940年初被迫改称营业分处。1941年初被国民党以武力查封，但营业实际维持到1944年秋才结束。

12月15日

国民党军事委员会机关报《扫荡报》在桂林复刊。它是1938年11月从武汉迁来的。日出对开4版。总编辑钟期森。

12月18日

重庆《新华日报》为了支援浴血苦战的抗日将士，进一步把抗日募捐活动推向高潮，特举办了该报义卖活动。义卖半天，共卖出《新华日报》1.4万多份，得款3200多元。有人拿10元买一张报纸，相当于250份该报零售价格。再加上当天的广告收入及报社同志的捐献等，实际献金5200多元。次日《新华日报》发表了社论和新闻予以评论和报道。新闻的大字标题是：《全市参加本报义卖，献金政府抗战到底》。随之，重庆《新民报》在12月25日也举办了报纸义卖，一天共献金1.6万多元。这种报纸义卖在中国新闻事业史上是一个创举。

12月20日

《妇女新运》杂志创刊于重庆。是新生活运动妇女指导委员会主办的刊物。该会原是宋美龄1934年创办的妇女组织，1937年7月改组为国民党统治区妇女界的统一战线组织，中共南方局妇委派遣大批中共党员和进步妇女参加其中工作。《妇女新运》由郑还因负责编辑工作。初为季刊，出版5期后，于1940年改为月刊。

12月29日

汪精卫在香港《南华日报》上公开发表通电，主张向日本投降求和。《南华日报》在12月31日还配合这一通电发表了一篇该报社长林柏生写的社论《汪先生之重要建议》。

同月

绍兴专员公署(嘉属沦陷区游击政府隶属绍兴专署)主办的《浙西导报》在绍兴创刊。日刊。4开4版，铅印。系由《啸报》改名而成。社长胡云翼，副社长兼总编辑吴曼华。该报是浙西沦陷区影响较大的抗日报纸。1939年冬中共浙西特委派张纪斐、陈才庸、骆静婉等地下党员参加工作，秘密发展党员。1940年4月11日建立中共《浙西导报》特别支部。吴曼华等先后入党。国民党浙西行署主任贺扬灵认定该报为中共在游击区的据点，1940年11月1日下令崇德县政府将该报封闭。

《中央日报》邵阳版创刊。长沙大火后，由《中央日报》长沙版部分人员迁至邵阳出版。社长段梦晖。

国民党《中央日报》贵阳版创刊。社长王亚民。

《迅报》创刊于广州。是日本南支派遣军军部主办的中文机关报。初为五日刊，后改为三日刊、日刊。日人唐泽信夫任社长，台湾人林宝树任总编辑。1941年太平洋战争前夕发行晚刊，是沦陷时期华南地区的第一份晚报。

《三罗日报》在广东罗定县创刊。由中共罗定县中心支部以中山大学三罗(罗定、郁南、云浮)同学会的名义创办。一般为16开版。负责人为黄焕秋、谭朗昭等。1940年4月26日被国民党顽固派迫令停刊。

冬

《文化岗位》在昆明创刊。中华文艺界

抗敌协会云南分会（或称昆明文协）出版。季刊。主编是轮流担任的，编过该刊的有张子斋、唐登岷、张天虚、杨季生、杨亚宁、马子华、杨东明等。1940 年 12 月停刊。

同年

中共琼崖特委在琼山县树德乡创办《抗日新闻》。三日刊。4 开 4 版油印报。社长林李明，编辑陈健、李英敏等。抗战胜利后改为《新民主报》。

中国电影制片厂在香港成立了大地影业公司。左翼电影工作者蔡楚生、司徒慧敏等参加了工作。司徒慧敏摄制了抗战纪录片《保卫四大邑》，纪录广东省中山、台山、开平、鹤山四县抗击日本侵略者的斗争事迹。

伪满洲电信电话股份有限公司制定了《广播设施五年计划》，开始在东北对广播电台及其设施进行了大规模的修建扩充工作。到 1941 年底，伪满已经有广播电台 17 座，其中 12 座实行二重广播（汉语广播和日语广播）。

1939 年（己卯）

1 月 1 日

中共中央北方局机关报《新华日报》华北版在山西沁县南部后沟村创刊。4 开 4 版，隔日刊，铅印。社长兼总编辑何云，副社长兼副总编辑陈克寒，副社长杜毓沄。该报在激烈的反“扫荡”战争中坚持出版油印的战时版，还曾组织出版东线版、西线版、南线版、北线版。1939 年 7 月创办了《新华日报》太南版，同年 11 月改为中共太南特委机关报《太南日报》。1940 年 8 月 1 日创办了专门向敌占区和游击区发行的小报《中国人》周刊，主要负责人是赵树理、王春。1941 年 3 月创办了《新华周刊》，随报附送。1942 年积极进行整风改版，加强了对华北各抗日根据地的报道，使报纸进一步联系实际和联系群众。该报培养了大批新闻干部和技术骨干，积极支援了华北各敌后抗日根据地的一些新闻单位。1943 年 10 月 1 日，改为《新华日报》太行版，成为中共中央太行分局机关报。太行版一直出版到 1949 年 8 月 20 日，因撤销太行区建制而终刊。1942 年夏季反“扫荡”中，报社共有 46 人牺牲。社长兼总编辑何云就是其中之一。

何云，出生于 1904 年，原名朱士乔，浙江上虞人。“九一八”事变后，曾编辑《中国论坛》（中文版）杂志。1932 年加入中国共产党。抗日战争爆发后，任南京《金陵日报》编辑。1938 年初任汉口《新华日报》国际版编辑。同年 11 月，被派往晋东南筹办《新华日报》华北版，任社长兼总编辑，兼任新华通讯社华北总分社社长和中国青年新闻记者学会北方办事处主任。1942 年 5 月 28 日，在山西辽县（今左权县）反“扫荡”战争中牺牲。

《大众日报》在山东沂水县王庄创刊。初为中共中央山东分局机关报。第三次国内革命战争时期，先后为中共中央华东局和山东分局的机关报。1955 年 1 月 1 日改为中共山东省委机关报。该报至今仍继续出版，是中国共产党党报中连续出版时间最长的一家。主要负责人有刘导生、匡亚明、李竹如、陈沂、白学光等。该报在《发刊词》中宣称自己的任务和宗旨是：“为大众服务，成为他们精神上的必要因素之一，成为他们自己的喉舌，更成为他们所热情支持的最公共的舆论机关。”“我们将尽量登载各方面有益于抗战的言论，同时欢迎各方面善意的批评。”该报在抗日战争和解放战争中，在极其艰苦的条件下坚持出版，有 500 余名编辑、记者、印刷工人、发行员、交通员为之献出了生命。原大众日报社管理委员会主任李竹如，在 1942 年秋冬日军“扫荡”沂蒙山区根据地时，不幸壮烈殉国。

李竹如，出生于 1904 年，山东利津县人。1927 年参加中国共产党。1933 年在济南创办《新亚日报》。1934 年底离开该报赴上海，在上海创办《文化报》三日刊。1938 年秋，任冀鲁豫区党委机关报《中国人报》社长兼总编辑。后该报并入《新华日报》华北版，任编辑。1940 年春调任山东分局宣传部长，兼《大众日报》管理委员会主任，实际负责该报主要领导工作。1941 年冬调离该报。1942 年在反“扫荡”战争中牺牲。

《黄河日报》在山西壶关县树掌镇创刊。牺盟（即山西牺牲救国同盟会）长治中心区和山西青年抗敌决死队第三纵队合办。4 开 4 版，铅印。总编辑先后有高沐鸿、魏克明、史纪言等，经理邱吉夫。同年年底停刊。1940 年 12 月在山西平顺县鹞子坡村复刊，总编辑为姚天珍。

邵阳《力报》创刊。由康德任总经理，严怪愚任总编辑，陈楚任副总编辑，侯佩瑛任副刊编辑。之后，冯英子任主笔兼采访部主任，唐旭之任主笔。1939 年，汪精卫逃出重庆，叛国投敌，这时重庆的进步记者已经得知消息，但无法发表。当时邵阳还没有新闻检查机构，范长江将全部有关材料交给了严怪愚，于是邵阳《力报》第一个揭发了汪精卫叛国投敌的经过，震动了国民党统治区。1940 年 5 月 13 日，湖南省政府主席薛岳，终于以“言论荒谬，内部复杂”八个字的莫须有罪名，下令查封了该报，并逮捕了康德、严怪愚和冯英子 3 人。

《今日评论》在昆明创刊。周刊，综合性刊物。该刊撰稿人几乎全是西南联大、云南大学、中山大学等校的著名人士，如冯友兰、钱端升、叶公超、朱自清、潘光旦、陈岱孙、陆侃如、沈从文等。1941 年 4 月出至第 5 卷第 14 期停刊。

《龙川日报》在广东龙川创刊。由广东龙川县的中共组织创办。4 开小报，铅印，有时为二日刊、三日刊。积极宣传抗战。发行到广东兴宁、五华、梅县、和平、连平等地。因县政府停拨经费，当年 5 月 28 日被迫停刊。

1 月 5 日

《民族日报》在浙江于潜创刊。它是国民党浙江省政府浙西行署机关报。日刊，4 开 4 版，铅印。创办人黄绍竑（浙江省主席），社长王闻识（中共党员），总编辑金瑞本（后加入中共），副总编辑陆鲁一（中共党员）。1939 年 7 月，中共民族日报社特别支部建立，书记王闻识，直属中共浙西特委。该报 60 余名工作人员中半数为共产党员。1940 年 9 月，浙西行署下令改组民族日报社，撤换全部编辑部人员。社长曹天风，副社长郑小杰，总编辑许焘。1941 年 12 月，该社进行第二次改组，完全被国民党 CC 分子控制，反共文章迭出。1945 年 8 月下旬，该报部分人员进入杭州，发行杭州临时版，4 开 4 版，同年 9 月底终刊。同年 10 月 3 日，上海版发行，4 开 4 版，续出第 2419 号。同年底，上海版因未经正式登记不准出版而终刊。

1 月 11 日

中共中央致电《新华日报》董事会及全体同志，祝贺该报创刊一周年。贺电说，一年来《新华日报》正确地执行了党的路线，坦白地反映了全中国同胞的意志，坚定地执行了坚持抗战，坚持持久战，坚持统一战线的主张，忠实地执行了坚持抗战到底、争取最后胜利的责任。中央深信，《新华日报》在党的六中全会方针指导之下，对于巩固和扩大全民族团结、巩固国共长期合作的伟大任务，对于争取民族独立、民权自由、民生幸福的新中华民国的伟大事业，更能尽其应尽的作用；对于任何进步现象和任何有利工作，更能加以应有阐扬；对于一切腐化堕落现象和一切汉奸国贼败类，更能加以无情的暴露。中央要求《新华日报》力求内容的改进，加强与读者的联系，并希望加紧努力在近期内实现编得好、出得早、销得多的口号。

1月13日

《新华日报》华北版专刊《战地报人》创刊。由中国青年记者学会太行分会主编。

1月15日

《八路军军政杂志》在延安创刊。月刊，24开本。是国民革命军第八路军政治部创办的军事、政治刊物。毛泽东、王稼祥、萧劲光、郭化若、萧向荣组成该刊编委会，由萧向荣主编。毛泽东为它写了《发刊词》，指出该刊出版的目的是："为了提高八路军的抗战力量，同时也为了供给抗战友军与抗战人民关于八路军抗战经验的参考材料。"1942年3月停刊，共出39期。

1月20日

《东南战线》在金华创刊。半月刊。该刊由《抗建论坛》和《战时生活》合并而成。中共浙江省文委主办。是国际、政治、经济、文化综合性大型刊物。主编骆耕漠（文委书记）、邵荃麟（文委委员）。1939年3月，周恩来巡视新四军军部后途经金华，约见该刊负责人并作了重要指示：宣传上不要搞得太"红"，要讲斗争策略，隐蔽一点。不能把《东南战线》编得同《群众》一样，两者性质不同，应该"内外有别"。同年5月出至第1卷第5期后，被国民党当局查禁。

1月28日

国民参政会在重庆开会，由参政员74人提出"撤销图书杂志原稿审查办法，以充分保障出版自由案"，获得通过。国民党中宣部虽然没有完全采纳这个提案，但不得不根据参政会的大部分意见将审查标准及办法重加修改。

《新云南》半月刊在昆明创刊。《发刊词》中说："本刊目的在以公正的立场，客观的态度，批判的精神，对抗战建国实际问题作虚心的研讨；以严谨的立场，研究的态度对云南政治经济文化各项问题作忠诚的建议。"

同月

晋察冀边区政府机关报《救国报》创刊。

2月6日

国民党政府主办的国际广播电台在重庆开始播音。初名中央短波广播电台，呼号XGOX，XGOY。1940年1月定名为国际广播电台，英文名称是Voice Of China，简称VOC，意为"中国之声"。它用英、德、法、俄、日等10多种语言向欧洲、北美、苏联、日本、南洋、澳洲等地广播。抗战胜利后，仍在重庆继续播音。1949年11月重庆解放前夕，被国民党军队炸毁。

2月7日

陕甘宁边区政府机关报《新中华报》改出刷新版，改组为中共中央机关报。同时，仍兼为陕甘宁边区政府机关报，并由五日刊改为三日刊，4开4版铅印，继续在延安出版。李初梨任《新中华报》主编。《新中华报》于1941年5月15日出至230号终刊，与《今日新闻》合并，次日改出《解放日报》。

2月10日

毛泽东为延安《新中华报》题词："把新中华报造成抗战的一支生力军"，是日在该报发表。

同月

《良友》画报在上海"孤岛"复刊。刊

期续前，为第 139 期。聘美国人密尔士（H. P. Mills）担任发行人。张沅恒任主编。赵家璧等《良友》同人负责编务。1941 年 12 月太平洋战争爆发日军进驻租界后被查封，共出版至第 171 期。抗战胜利后，在上海出版第 172 期后宣告停业。

中国共产党领导的晋察冀军区设立新闻摄影科。地址在军区驻地河北省平山县。沙飞任科长，罗光达任摄影干事。该科积极培训新闻摄影干部，建立摄影组，后又为筹划摄影刊物做了大量的准备工作。1941 年 5 月，晋察冀画报社筹备组成立，沙飞等人全力投入画报筹划工作，军区新闻摄影科实际上停止了活动。

《大路》画报在上海“孤岛”创刊。综合性摄影画报。8 开本，月刊。主编楼适夷。在上海出版 3 期后休刊，1940 年 5 月在香港复刊。1941 年 5 月停刊，前后共出版 12 期。

越南华侨救国总会创办机关报《全民日报》在越南西贡市创刊。总会会长张长兼任社长，总编辑吴敬业。1939 年底被封闭。后以《华南日报》名义继续出版，3 个月后又被勒令停刊。

3 月 11 日

中共中央书记处发出《关于建立〈新中华报〉的边区通讯网问题的通知》，要求“延安市的党、政、军、民、学各机关必须由党支部指定一定数量之同志担任新中华报通讯员”。（《中国共产党新闻工作文件汇编》上册，第 87 页）

3 月 18 日

毛泽东、王稼祥、谭政、肖劲光发给八路军、新四军各政治机关的电报指示：“在抗战中，从我们八路军、新四军的干部与战士中涌现出许多民族英雄。表扬这些英雄及其英勇行为，对外宣传与对内教育均有重大意义，各政治机关应注意收集这些英雄的事迹，除在各部队报纸上发表外，择其最重要者电告此间及广播。军政杂志今后专设八路军、新四军抗战英雄一栏，望各级政治部供给材料。”（《毛泽东新闻工作文选》，第 43 页）

桂林《救亡日报》副刊《新闻记者》月刊创刊。由中国青年新闻记者学会桂林分会主编。

3 月 22 日

中共中央发出《关于建立发行部的通知》，指出：“为了适当的散发、分配与推销党的各种出版物，统一对于各种发行机关的领导，打破各地顽固分子对于本党出版物的查禁与封锁，研究各种发行工作的经验”，决定“从中央起至县委止一律设立发行部”。（《中国共产党新闻工作文件汇编》上册，第 88 页）

同月

周恩来到皖南视察新四军军部，向军部干部讲话时，特别指出：“我们政治部以后应该听敌人的广播，好来研究对策。”（《目前形势和新四军的任务》，《周恩来选集》上册，人民出版社 1980 年版，第 108 页）

日伪特务通过《时报》经理王季鲁转告《文汇报》经理严宝礼，只要《文汇报》改变抗日态度，酌登他们的言论，愿投资 50 万元。这一无理要求遭到了严宝礼的断然拒绝。

中共苏鲁豫区委员会在张花园（现属山东单县朱集乡）创办《团结日报》。1940 年底苏鲁豫区党委改为湖西地委，地委将《团结日报》改为《湖西日报》，任命地委宣传部长郝中士兼社长。《湖西日报》4 开 2 版，石印，周二刊，后为二日刊。1948 年底停刊。

年初

《总汇报》创刊于上海。该报名义上是一

份美商报纸，由美国人基恩（A. M. Kiehn）任董事长，实际上是伪维新政府主办的报纸。徐蕴和任主编。

《新西北报》创刊于山西岢岚。由牺盟会西北办事处主办，实际上是中共晋西北区委领导的报纸。该报后来与《五日时事》并入《抗战日报》和《晋西大众报》。

中共中央决定新华社与新中华报社分立，成为独立的新闻机构。中共中央任命向仲华为新华社社长。6 月间，新华社机构进行了调整，分设编辑科，科长由向仲华兼任；通讯科，负责人缪海稜；译电科，科长李柱南；新闻科（负责油印《今日新闻》），负责人杨逢春。至此，新华社初具规模。

春

日本侵略者扶持原国民党特务骨干丁默邨、李士群等在上海建立起一个汉奸特工组织。该组织因设在沪西极司斐尔路 76 号，隐称“七十六号”，后正式定名为汪伪“中国国民党中央执行委员会特工总部”。这个特工组织一成立，即以抗日宣传活动作为其迫害的主要对象。1939 年 6 月 16 日，“七十六号”特务以“中国国民党铲共救国特工总指挥部”的名义，向所有坚持抗日宣传的新闻工作人员分别投寄恐吓信，以暗杀为威胁，警告收信人不得“反汪”“反和平”。

4 月 1 日

综合性刊物《抗战生活》在冀鲁豫抗日民主根据地的太行山附近地区创刊。张磐石主编。6 月 15 日休刊，共出 6 期。1940 年 5 月 1 日复刊。

《改进》创刊于福建永安。黎烈文、沈炼之等先后为主编。是一份综合性刊物。始为半月刊，后为月刊。改建出版社主办。

桂林《扫荡报》副刊《新闻记者》双周刊发刊。由中国青年新闻记者学会桂林分会主编。

《新华南》杂志在广东战时省会韶关创刊。该刊是中共广东省委的机关刊物，但以统一战线的名义，由民主党派、各界人士创办。初为旬刊，后改为半月刊。主编石辟澜，后为谭天度。他们二人也先后是该杂志内部的中共支部书记。该支部直属中共广东省委宣传部领导。设有编委会，主任编委尚仲衣，编委有何家槐、左洪涛、任毕明、石辟澜等。尚仲衣是名教授、爱国进步人士，在第四战区长官司令部第三组任上校组长。何家槐和左洪涛当时任第四战区司令长官张发奎的秘书。《新华南》积极宣传抗日、团结、进步，受到国民党当局种种迫害。1941 年春皖南事变后被国民党政府封闭，共出版 50 多期。

4 月 2 日

《导报增刊》创刊于上海“孤岛”。它是导报社出版的时事政治性的周刊。1939 年 6 月出版第 13 期后与《导报》同时被迫停刊。

4 月 12 日

日本驻沪总领事三浦义秋、领事寺崎前往上海工部局会晤樊克令总董等官员，面递要求租界当局取缔反日报纸的备忘录。接着，三浦义秋又访晤了英美两国驻沪总领事，提出同样的要求。樊克令与三浦义秋会谈时当即答应对抗日报刊采取钳制性措施。

4 月 15 日

《职业生活》创刊于上海“孤岛”。该刊是中国共产党领导的一个职工周刊。以英商《国际日报》增刊的名义出版。何持中为发行人，汪之行（汪熊）为编辑人。1940 年 4 月 18 日被上海工部局下令限期停刊。中共上海地下组织乃决定停办这一刊物，筹备另出新的刊物，即后来出版的《人人周刊》。

4 月 16 日

《中国青年》杂志在延安创刊。初为半月刊，后为月刊。全国青年联合会延安办事处宣传部主办。当时该刊是中共中央青年工作委员会的机关刊物，实际上是第一次国内革命战争时期创办的中国共产主义青年团机关刊物《中国青年》（第二次国内革命战争时期改出《无产青年》《列宁青年》）的继续。领导这个刊物工作的，主要是当时在中央青年工作委员会主持宣传工作的胡乔木。该刊第2期发表毛泽东的论文《五四运动》，第3期发表毛泽东的讲演《青年运动的方向》（以上两文后均收入《毛泽东选集》）。1941年3月5日出至第3卷第5期停刊。

4月22日

英国领事馆在日本侵略者的压力下，以备忘录致各英商报纸发行人。其主要内容是：禁止用“鬼子”“敌人”“汉奸”等字样，禁止刊载国民党及类似团体的文告消息，禁止刊载日本或在华日军的反战消息，禁止刊载一切抗日文字及足以刺激感情妨碍治安的文字。因英领事备忘录只能对英商报纸有约束力，于是工部局警务处又于4月28日致函美商报纸，不准刊载一切足以刺激感情与妨碍治安的文字，否则将撤销登记证。

4月24日

中国新闻学院在香港创立。中国青年新闻记者学会香港分会倡议主办，得到爱国进步力量的支持。许世英、陶行知任该学院正副董事长，郭步陶任院长，金仲华任副院长。是一所新型的、适应抗日救亡运动需要的新闻学府，先后招过3期学生。1941年12月太平洋战争爆发前夕停办。抗战胜利后，于1946年5月复办，到中华人民共和国成立前夕结束，先后共办了5届。同时，1946年9月和1948年10月又开办了函授班和函授学院。第4届院长是叶启芳，第5届院长是刘思慕。该学院后两届改称香港中国新闻学院。招生简章申明它的办学宗旨是：“养成健全之新闻工作人员适应战时新闻事业上之需要。”每届学制为3至6个月不等。许多著名的新闻工作者为该院讲课，如刘思慕讲国际新闻，羊枣讲军事评论，萨空了讲新闻学概论，千家驹讲经济新闻，恽逸群讲中国报业发展史，徐铸成讲编辑学，等等，很受学员的欢迎。第1至第5届共招学员300多人，函授生共招100多人。1946年以后开办的第4届和第5届，由于有共产党领导的《华商报》作后盾，进步倾向更加明显。1947年3月第5届毕业之后，由于校舍困难，加上由共产党领导的达德学院创办，香港中国新闻学院的讲师转到达德授课，并开设了新闻系，因而自动宣布停办。

《西康新闻》在西康省康定市（今四川省甘孜藏族自治州首府）创刊。出有汉、藏两种文字版。

同月

晋察冀边区文化界救国会主办的《边区文化》在晋察冀地区创刊。

5月1日

上海工部局发布第5092号布告，明令禁止抗日宣传活动。5月11日，上海工部局又与法租界公董局联合发布告示，重申这一禁令。

《成报》创刊于香港。初为三日刊，后为日报。何文法等创办。1941年12月日本侵占香港时停刊。抗战胜利后复刊。

5月3日

即日起，日本飞机连续2天大肆轰炸重庆。《新华日报》于5月6日被迫暂时停刊。停刊期间，该报编辑出版了油印的《新华日报壁报》，4开两面，式样和报头字体与《新华日报》相仿，只在下面加印“壁报”2个小字。壁报大部分在街上张贴。国民党当局竟要报社送检，而且颁发了《壁报检查条例》。报社人员把检查机关涂改后的报纸张贴出去，以暴露国民党新闻检查的暴行。

5月5日

上海工部局警务处发出公函，要求上海各外商报纸将稿件送该处检查。次日，各报代表开会商讨对策，一致议决拒绝新闻检查，进行联合抵制。5月10日，工部局不得不收回成命。

5月6日

重庆10家大报开始出版《重庆各报联合版》。5月3日和5月4日连续2天大轰炸后，重庆的一些大报受到严重破坏。国民党当局趁机以此为由，通知重庆10家大报暂时停刊，由《中央日报》牵头出版各报联合版。各报社派人组成各报联合委员会，《中央日报》社长程沧波任主任委员，《时事新报》黄天鹏任经理委员会主任委员，《大公报》主笔王芸生任编撰委员会主任委员，《新华日报》社长潘梓年任委员主持笔政，《扫荡报》《新蜀报》《国民公报》《商务日报》《新民报》《西南日报》也都派人参加各报联合委员会。编辑部设在《时事新报》的防空洞内。报纸由10家报人分组轮值编辑。开始日出半张，后来扩大为对开1张4版，7月25日起增为6版，发行量每日达3万—5万份。《新华日报》坚持独立自主原则，并团结《新蜀报》《新民报》《大公报》等，反对拖延限期，要求早日复刊。联合版出至8月12日宣告停刊，共出版99期。此后各报恢复出版。

周恩来致函国民党中央宣传部部长叶楚伧，就重庆各报出联合版一事作出如下说明：

“一、《新华日报》为尊重紧急时期最高当局之紧急处置及友报迁移筹备之困难，特牺牲自己继续出版之便利，同意参加重庆各报暂时联合版以利团结。二、《新华日报》同人郑重声明，一俟各报迁移有定所，筹备有头绪，《新华日报》即将宣布复刊。三、附上启事一则，务请先生即交联合版明日刊登，无任盼祷。”（《新闻研究资料》第43辑，中国社会科学出版社1988年出版，第74页）

5月9日

《前方日报》在江西吉安市创刊。前方文化社出版。创办人是救国会“七君子”之一王造时，王任该报社长兼发行人。新中国成立前夕曾被国民党迫害停刊10余天。1950年4月1日复刊，改名《前进日报》，1951年6月30日终刊。

5月14日

晋察冀通讯社正式成立。社址设在晋察冀边区阜平三将台。负责人刘平。1940年5月通讯社与《抗敌报》社合并，成为报社的通讯部。1939年10月，新华社在延安召开通讯员大会时，该社曾以“晋察冀边区新华分社”的名义派代表出席。

5月15日

《群众》周刊第2卷第24、25期合刊出版，在内容和版面上都作了一些调整。因当时《新华日报》参加《重庆各报联合版》而暂停单独出版，故集中主要力量加强了《群众》周刊的编辑工作，使之承担起《新华日报》的部分任务。《新华日报》的所有时评和专论，均改载于《群众》周刊。该刊增辟了《国内一周》《国际一周》等新的栏目，还发表了一些通讯、特写。《新华日报》的订户也暂行改送《群众》周刊。《新华日报》于1939年8月13日复刊后，《群众》周刊自8月20日出版的第3卷第12期起恢复原貌。

5月17日

中共中央发出《关于宣传教育工作的指示》。其中决定：“从中央局起一直到省委、区党委，以至比较带有独立性的地委、中心县委止，均应出版地方报纸。党委与宣传部均应以编辑、出版、发行地方报纸为自己的中心任务。各中央局、中央分局、区党委、省委应用各种方法建立自己的印刷所（区党委与省委力求设立铅字机）以出版地方报纸，翻印中央党报及书籍小册子。”（《中国共产党新闻工作文件汇编》上册，第 90—92 页）

中共中央发出《关于交涉〈新华日报〉继续单独出版给南方局的指示》，说：“国民党以各报联合出版办法，取消新华日报的出版，对我们党的政治宣传和政治影响，是一个大的打击。”“现提议你们公开向国民党说明新华日报是代表共产党的言论机关，与其他报纸不同，坚持新华日报继续单独出版的权利。”（《中国共产党新闻工作文件汇编》上册，第 89 页）

5 月 31 日

周恩来应邀到国民党中央广播电台发表了题为《二期抗战的重心》的广播演讲。他在讲演中告诫人们要提高警惕，努力发展生产，号召抗日民众深入敌后建立根据地，广泛开展游击战争，争取反攻阶段的早日到来。

同月

上海租界当局征得各国驻沪领事同意，开始对态度激烈的抗日报刊予以吊销执照勒令停刊的处分。《华美晨报》是第一家受到这一处分的报纸。该报 4 月 28 日在副刊发表《读褚民谊启事》一文，内有主张杀汉奸的文字。工部局认为有碍租界治安，即于 5 月 1 日由警务处派人吊销其执照，迫使该报于次日停刊一天。5 月 16 日、17 日两天《中美日报》等登载蒋介石在全国生产会议上的演讲等文字，于 5 月 18 日由警务处吊销了《中美日报》《大美报》两报执照，迫令停刊两周。同日，《每日译报》《文汇报》也分别接到英国驻沪领事馆的通知，受到同样处分。

《中央日报》昆明版创刊。由该报长沙版撤至昆明出版。社长袁业裕。

6 月 1 日

《华报》创刊于上海“孤岛”。由美商华美出版公司出面发行。石招泰任总编辑。

《中国妇女》杂志在延安创刊。月刊。中共中央妇女运动委员会主办。第一任主编是中央妇委秘书长吴平。毛泽东为创刊号题词：

> “妇女解放，突起异军，两万万众，奋发为雄。男女并驾，如日方东，以此制敌，何敌不倾。到之之法，艰苦斗争，世无难事，有志竟成。有妇人焉，如旱望云，此编之作，伫看风行。”

1941 年 3 月出至 2 卷 10 期终刊，共出 22 期。

国民党中常会通过《战时新闻检查办法》《战时新闻检查局组织大纲》。

6 月 2 日

桂林《广西日报》副刊《新闻记者》月刊创刊。由中国青年新闻记者学会桂林分会主编。

6 月初

《大美周报》在上海“孤岛”创刊。该刊是大美晚报社的附属刊物。

6 月 16 日

上海租界各抗日报刊的编辑记者，不少人接到日伪“中国国民党铲共救国特工总指挥部”具名的恐吓信。信中说：“我等奉令谨慎行动，故未以暴力相加，无识之徒认为我等无此力量，实属大谬。自今伊始，台端主编之部分，如再发现反汪拥共反和平之记载，无论是否中央社之稿件，均认台端甘为共党爪牙，希图颠覆本党及危害国家，按照国法，断难容忍，并决不再作任何警告与通知，即派员执行死刑，以昭炯戒。见信与否，均希自裁。如此欲一试我等力量，也悉听尊便也。”（《新闻研究资料》第48辑，中国社会科学出版社1989年版，第165页）

《新华日报》宜昌分销处被国民党当局查封，分销处负责人也遭逮捕。经交涉，负责人释放，但分销处一直没有恢复正常营业。与此同时，襄樊市《新华日报》鄂北分馆也遭到国民党当局的查禁。由于《新华日报》各地的分销处、分馆遭到封闭查禁，该报的发行不得不由重庆总社直接发往全国各地，但又遭到国民党控制的邮件检查部门的扣发。

同月

国民党中央将全国新闻检查之权统一起来，由军事委员会成立了“战时新闻检查局”，局长由军委会办公厅主任兼任。第一任局长熊斌，第二任陈焯，第三任商震，末任贺国光。该检查局成立后，对机构进行了升级和调整。在全国设五大特级新闻检查处，升各省新闻检查所为检查处（负责人为少将或上校级），省以下大都设新闻检查室。五个特级新闻检查处是：一、重庆，处长为少将级宫其光，总检查为张梓生。二、成都，处长周意彪。三、西安，处长李红杰。四、桂林，处长谭夔卿。五、昆明，处长黄香山。

夏

四川大学新闻学会在成都四川大学成立。该会成立后，开展了新闻理论研究和时事讨论，定期出版会刊、民众壁报，还通过广播收集新闻，供《川大日报》采用，并组织会员进行采访实习。1940年出版铅印16开本的《新闻学报》。

7月7日

《七七报》创刊于湖北省京山县养马畈。初为中共鄂中区委员会机关报，同年11月成为中共鄂豫边区委员会机关报。初为油印报，8开2版，后改为铅印4开4版。最初大约三五天出一期，后为三日刊、双日刊。鄂中区党委宣传部长夏忠武直接领导该报，社长兼编辑为李苍江。1939年12月，李苍江在突围时英勇牺牲，改由谢文耀继任社长。抗日战争胜利后成为中共中原局机关报。1946年1月14日改出《七七日报》，夏农苔任社长，谢文耀、周立波任副社长。1946年6月24日，因国民党军队围攻中原解放区，该报出版至第536期后停刊。

7月10日

汪精卫的《中华日报》在上海复刊。为汪伪集团的中央机关报。该报日出对开一张半。社长林柏生，总经理叶雪松，总编辑郭秀峰。日本投降后于1945年8月20日停刊。

同月

国民党中央主办的《国民日报》在香港创刊。先后担任主持人的有陶百川、陈训悆等。1941年香港沦陷后停刊。抗战胜利后复刊，1949年春再次停刊。

《今日中国》画报在香港创刊。8开本，月刊。是国民政府军事委员会政治部三厅主办的大型画报。用英、法、俄、中4种文字说明。宗旨是对外宣传中国抗日战争的正义性，争取世界各国的同情和支援。1941年3月停刊，共出版18期。

8月1日

中共清河区特委机关报《群众报》在山东临淄县创刊。社长刘洪轩、杜振东，总编辑张逢元、陈淑等。初为油印小报，后《前锋报》并入，1940年3月6日改为石印。4开4版，三日刊。在反“扫荡”中曾出版油印的《群众快讯》。出至第505期与《冀鲁日报》合并，成立渤海日报社，1944年7月1日正式出版渤海区党委机关报《渤海日报》。

8 月 2 日

国民党中央宣传部密令所属图书杂志审查委员会称："顷接该会报告，以《群众》周刊最近五期以来之内容日趋恶劣，究应如何处理，呈请核办到部。当经据情签呈总裁核示。顷奉总裁侍秘渝字第 7115 号代电，内开：'呈件均悉，该《群众》周刊既系共党公开杂志，经准发行有案，则所登共党宣言及毛泽东、朱德、王明等名义之文字，原为该党本身之主张见解，社会人士当能明其作用所在，可姑准发表，不必检扣。唯其他人员化名发表之文字，或其他化名之刊物，而与中央政策法令有抵触者，自可予以查扣，不必顾忌。希即指示检查人员依此办理可也。'等因，奉此，自应遵办。唯总裁所颁指示，应守绝对秘密，不得公开表示，俾免异党资为口实，更为漫无忌惮之宣传。为特密令该会遵照办理。"（群众周刊大事记编写组编：《群众周刊大事记》，红旗出版社 1987 年版，第 67 页）

8 月 13 日

香港被汪精卫控制的 3 家报纸《南华日报》《天演日报》和《自由日报》的全部工人 82 人，以个别辞工的方式离开汉奸报，实现了事实上的罢工，致使这 3 家报纸被迫停刊 2 个多月。同年 11 月，辞职工人自动组织回国服务团，参加抗战工作。

8 月 30 日

爱国报人朱惺公在上海"孤岛"遭汪伪特务暗杀。朱惺公 1938 年 2 月进《大美晚报》任副刊《夜光》主编。他在副刊中发表许多文章，特别是在小言论专栏《夜谭》中发表大量杂文，痛斥日本侵略者和汉奸卖国贼。敌伪恨之入骨，向他寄发附有子弹的恐吓信。他无所畏惧，1939 年 6 月 20 日在《夜光》发表公开信《将被"国法"宣判"死刑"者之自供——复所谓"中国国民党铲共救国特工总指挥部"书》，义正辞严地宣告："今贵'部'将宣判余之'死刑'矣！此诚余之宠幸也！余不屈服，亦不乞怜，余之所为，必为内心之所安，社会之同情，天理之可容！如天道不亡，正气犹存！""余生为庸人，死作雄鬼，死于此时此地，诚甘之如饴者矣。"8 月 30 日下午，他在回家途中即遭枪杀，年仅 39 岁。

同月

晋察冀边区新长城社创办理论与实践的指导刊物《新长城》。

日伪"中华电影有限公司"（简称"华影"）在上海建立文化电影厂，开始摄制《世界电影新闻》。"华影"还摄制有《中华电影新闻》《大东亚电影新闻》及号外、特报、《中华时报》等。这些都是宣传所谓"大东亚圣战"，用以麻醉和奴化中国人民的。

9 月 1 日

《挺进报》创刊于北平西郊抗日根据地。初为中共冀热察区委机关报。1942 年移至平北出版，是中共平北地委的机关报。油印或石印。1945 年夏与平西《群众报》合并。

9 月 12 日

毛泽东以及陈绍禹、秦邦宪、林伯渠、吴玉章、董必武、邓颖超捐洋 350 元，慰问和支持香港《南华日报》《天演日报》《自由日报》三报工人反汪罢工。

9 月 16 日

山东大众日报社创办的大众通讯社开始播发新闻，呼号CSRA。每日播出 2 次，每次 1 小时。后撤销。同年 12 月成立新华社山东分社。

《学习》半月刊在上海"孤岛"创刊。由中国共产党上海地下组织领导创办。发行人王方舟，编辑人柳静，实际领导人为王任叔等。

毛泽东在延安接见中央社、《扫荡报》《新民报》三记者，发表重要谈话。这个谈话后收入《毛泽东选集》第2卷，题为《和中央社、扫荡报、新民报三记者的谈话》。1939年6月，设在重庆的全国慰劳总会组织前线抗敌将士慰劳团，分南北两路到各个战区慰劳。中央社记者刘尊棋、《新民报》记者张西洛、《扫荡报》记者耿坚白是北路慰问团的三位随行记者。他们途经延安时采访了毛泽东，毛泽东对他们提出的问题一一作了详细的回答。他们整理了这个谈话，预计到中央社、《扫荡报》和《新民报》都不会发表，便给重庆的国际新闻社寄去一份。延安《新中华报》10月6日予以发表。重庆《新华日报》10月19日也予以发表。香港、南洋也有几家华侨报纸在显著位置发表了这个谈话，在国内外引起重大反响。

9月18日

中共冀南区委机关报《冀南日报》创刊。石印。1942年4月因日军大"扫荡"，环境十分险恶，乃休刊，改由各地委自己办报。各地委出版的报纸有：一地委的《黎明报》，二地委的《滏阳报》，三地委的《人山报》，四地委的《群众报》，五地委的《滏运报》，六地委的《运河报》等。抗战胜利后，1945年9月《冀南日报》复刊，1949年7月底终刊，与冀北《河北日报》《冀北日报》等合并，改出中共河北省委机关报《河北日报》。

9月23日

《中美周刊》在上海"孤岛"创刊。该刊是《中美日报》的附属刊物。

同月

八路军山东第三军区机关报《前线报》创刊。1943年春成为胶东军区机关报。初为油印，1943年以后改为铅印。32开本，半月刊，后为旬刊、五日刊。1944年改为报纸型，8开4版。主持该报工作的先后有鲁萍、姜浪拂、丛笑难。1951年10月随着胶东军区撤销而停刊。

秋

国民党重庆军事委员会政治部开始在中央训练团办了两期新闻研究班，培训军队报纸《阵中简报》的报业人员。

10月10日

中共泰山地委机关报《泰山时报》在山东莱芜创刊。三日刊，4开4版，石印。该报直接受地委宣传部领导。创刊时地委宣传部长是董琰，后为高启云。报社编辑部主任最初是李力众，后为陆干、宫达非。1944年11月停刊。

《时代晚报》创刊于上海。是周佛海系的报纸。金雄白主编。该报的前身是《国际夜报》。

《中央日报》成都版创刊。社长张明炜、胡健中等。总编辑张琴南，后为瞿冰森。

10月19日

新华社华北分社成立，附设在华北《新华日报》社内。社址曾在晋东南沁县、武乡县、辽县等地，故早期又称晋东南分社。社长由《新华日报》（华北版）社长何云兼任，副社长兼总编辑为陈克寒，主管分社业务。1941年初，华北分社改称华北总分社，编辑工作由《新华日报》（华北版）通联部电讯科负责，电讯科科长为袁勃。

重庆《新华日报》发表题为《中国共产党领袖毛泽东同志与中央社等记者谈话》的报道（即《毛泽东选集》中的《和中央社、扫荡报、新民报三记者的谈话》）。此稿于黎明前送检，被国民党新闻检查局扣留，命令免登。《新华日报》"违检"刊出，被新闻检查局罚令停刊一日。《新华日报》要求登一启事，说明停刊原因。有关方面指令：要登启事就要登这样的启事，"本报奉令二十日停刊一天，此启。”并要求“勿有其他字句，免致另生枝节”。《新华日报》于 10 月 23 日登出启事，坚持说明事实真相：“本报因十九日载有《毛泽东同志与中央社等记者谈话》一文后，当日新闻检查局予以停刊一天之处分，虽经多方交涉，未获谅解，本报为顾全团结大局起见，被迫停止发行一日，以致二十日本报未能与读者见面，三日以来各界人士中外记者本报读者纷纷以函电或派人亲临本报，询问真相，并亲切慰问，勖勉有加，毋任感激，特此致谢!”

10 月 20 日

中共中央党内理论刊物《共产党人》在延安创刊。月刊。洛甫（张闻天）主编，李维汉负责编辑出版的实际工作。毛泽东于 1939 年 10 月 4 日为该刊撰写了发刊词（后收入《毛泽东选集》第 5 卷），其中提出该刊的任务是：“帮助建设一个全国范围内的、广大群众性的、思想上政治上组织上完全巩固的布尔什维克化的中国共产党。”发刊词还总结了中共 18 年历史的根本经验就是拥有统一战线、武装斗争和党的建设这“三个主要的法宝”。该刊在延安和各敌后抗日根据地，甚至在国民党统治区的共产党组织中发行。1941 年 8 月停刊，共出版 19 期。

同月

晋察冀边区工、农、妇、青抗援会创办《群众杂志》。

《世界大战画报》在上海“孤岛”创刊。该刊是良友图书印刷公司出版的专门报道第二次世界大战的摄影画报。初为不定期刊，后改为月刊。1941 年 9 月停刊。

吉安《民国日报》副刊《记者通讯》周刊创刊。由中国青年新闻记者学会吉安分会主编。该分会主编的吉安《大众日报》副刊《记者通讯》周刊同时创刊。

民族革命通讯社重庆分社成立。主办人为阎云溪、陈北鸥。

11 月 1 日

《上海周报》在上海“孤岛”创刊。由中国共产党上海地下组织领导创办，英商独立出版公司发行。英国人弗利特为编辑人，王任叔、姚溱、姜椿芳主持编辑工作。

国民党中央宣传部与中央政治学校合办的新闻事业专修班开学。专修班由国民党中宣部副部长潘公展任主任，中央政治学校新闻系主任马星野任副主任。

11 月 3 日

汪精卫卖国集团在上海成立中华通讯社。林柏生任社长，赵慕儒任副社长，郭秀峰任总编辑。

11 月 15 日

中共北方局机关刊物《党的生活》在晋东南地区创刊。油印，32 开本。

11 月 20 日

《新闻学季刊》创刊于重庆。国民党中央政治学校的新闻学研究会主编。一年出 4 期，4 期为 1 卷。1942 年 2 月 20 日出到 2 卷 2 期后停刊，共出 6 期。1947 年 5 月 20 日在南京复刊，仅出 1 期。前后总共出了 7 期。

同月

日伪“华北电影股份有限公司”在北平成立。它曾摄制《华北电影新闻》及纪录片，反映“治安强化”运动、“大东亚共荣”、“华北反共运动”，宣扬日军战绩等。

中共中央中原局主办的《抗敌报》（江北版）创刊。创刊日期为 11 月 20 日左右。社址在安徽定远县一个村庄里。它是根据中共中央中原局书记刘少奇指示，以新四军江北指挥部名义出版的，实际上是中共中央中原局机关报。初为油印的 4 开小报，1940 年 5 月改为铅印 4 开，由三日刊改为二日刊。

同年10月下旬，该报因中原局东进而停刊。

周恩来在莫斯科治病期间，同共产国际领导人季米特洛夫会谈，研究在延安建立广播电台有关事宜。共产国际决定援助一部广播发射机。次年3月，周恩来由苏联回到延安，将广播发射机带回。

12月1日

《神州日报》以美商名义在上海“孤岛”复刊。

新华社业务刊物《通讯》创刊于延安。由毛泽东题名。它的对象是陕甘宁边区通讯员。从1940年3月20日第4期起，改由新华社和中国青年新闻记者学会延安分会联合编辑出版。

12月11日

国民党军事委员会批准和公布《修正战时新闻禁载标准》。

12月12日

甘肃《民国日报》副刊《兰州记者》创刊。由中国青年新闻记者学会兰州分会主编。

12月18日

国民党军事委员会颁布《战时新闻违检惩罚办法》，规定各通讯社稿件，未经检查先行发表者；不遵照删改刊载者；或对删免稿件之处不设法补足，于稿件文字内故留空白，或另作标记易致猜疑者，均属违检。违检惩罚为“口告、警告、严重警告、定期停刊、永久停刊”五种。

12月底

中共冀中区委机关报《导报》复刊，改称《冀中导报》。报社办有冀中通讯社，对内是报社的记者科。《冀中导报》社长范瑾负责领导冀中通讯社的工作，而通讯社的日常负责人是记者科科长沈蔚。1941年冀中通讯社与延安新华社取得通报联系，乃改为新华社冀中分社。1942年《冀中导报》在反“扫荡”中暂时停刊，冀中分社也随之停止活动。1945年6月，《冀中导报》复刊，冀中分社也恢复活动，并在新华社晋察冀分社的领导下，改称新华社冀中支社。

同年

鄂豫边区党委创办的《小消息》报在河南确山创刊。不公开发行，不注明出版机关和地址，以掩国民党顽固派的耳目。除在边区发行外，还通过秘密途径发行到国民党统治区去。

《曼德礼指南》周刊在缅甸创刊。由共产党员容希文、张培道和国民党进步人士邓景芬发起。次年扩大为日报，定名《缅京日报》。1941年12月改为《侨商报》。

第二版

ZHONGGUO
XINWEN
SHIYE
BIANNIAN
SHI

中國新聞事業編年史

中

方汉奇 主编

王润泽 赵永华 副主编

海峡出版发行集团
THE STRAITS PUBLISHING & DISTRIBUTING GROUP
福建人民出版社

1940年（庚辰）

1月1日

冀东党委机关报《救国报》在河北遵化南部山区秘密创刊。初为周二刊，油印小报，8开2版。在反“扫荡”中，有时为五日刊或七日刊。但不论环境多么艰苦，始终坚持出版。社长崔林，以小学教员身份公开活动。1945年11月，该报更名为《冀热辽日报》出版。

毛泽东为山东《大众日报》周年纪念题词：“动员报纸、刊物、学校、宣传团体、文化艺术团体、军队政治机关、民众团体及其他一切可能力量，以提高民族自信心与自尊心，反对任何投降妥协的企图，坚持抗战到底，不怕困难，不怕牺牲，我们一定要自由，我们一定要胜利。”（窦其文：《毛泽东同志报刊活动简表（上）》，《新闻研究资料》第28辑，第51页）

伪满开始实行《广播节目编成规程》和《广播实施办理规程》，对伪满的广播节目内容和广播从业人员进行严格控制。

1月6日

重庆《新华日报》因连送两篇社论《论冬季出击胜利》和《起来，扑灭汉奸!》，均被国民党的新闻检查机关无理扣押，于是在当天报纸社论位置只刊出“抗战第一！胜利第一!”八个大字，以示抗议。这是该报第一次也是以最大篇幅“开天窗”。

国民党新闻检查局传达蒋介石指令，规定关于战况之发布，除中央社稿，业经送由军令部军事新闻组审检后发表者外，其余各报社一律不得擅自发表。

1月11日

广州发现伪造的香港《大公报》。本日的《大公报》香港版发表《揭发日伪阴谋》的报道，说：“想不到魔手下的广州，会出现冒牌《大公报》，昨天承读者寄来一张，我们看了，真是可气可笑。”“日伪的阴谋，当然想利用读者对我们的爱护，来欺骗沦陷区的同胞。”“看到‘和平’‘反共’等等谣言怪语，便知道这些决不是大公报会登载的，便可证明它是日伪的冒牌报。”该报并登出两张伪报的照片。

1月25日

中共中央电示南方局：在重庆加强翻印和秘密发行延安出版的党报党刊，尽量采取过去白色恐怖下的一切经验和手段进行。南方局按照中央指示的精神，立即组织《新华日报》和《群众》周刊及其他有关方面的力量，将延安《新中华报》、《共产党人》、《解放》、《八路军军政杂志》的社论和其他重要文章印成单页或小册子，通过秘密的发行网点及其他方法散发，以回击国民党对《新华日报》和《群众》周刊的限制、封锁和迫害。

同月

伪满洲国撤销弘报协会，设立“满洲新闻协会”。其职能一是在新闻纸供应上给予各报社以协调，二是推动各新闻单位之间的业务活动。

伪满新京中央广播电台设立报道课，以加强汉语新闻的报道力量，使之成为伪满报道的中心机构。

《中山日报》在广州创刊。它是汪伪在广东的主要报纸之一。社长陈伯起，后为林汝衡。日出对开一张半。

2月7日

毛泽东为《新中华报》由陕甘宁边区政府机关报改为中国共产党机关报一周年在该报发表纪念文章，题为《强调团结与进步》。（其中第2段后收入《毛泽东选集》第2卷，题为《必须强调团结和进步》。）文中指出：“这个小型报，依我看，是全国报纸中最好的一个。其主要的原因，一是共产党办的，二是在民主政治下，没有这两个同时具备的条件，要办得这样好，是不可能的。报馆诸同志的直接努力，亦是一个重要条件，没有他们的积极性，创造性，要办好也是不可能的。”还指出：“《新中华报》第二年的政治方向是什么？我认为就是强调团结和进步，以反对一切危害抗战的乌烟瘴气，以期抗日事业有进一步的胜利。”（《新中华报》，1940年2月7日第103号）

2月15日

陕甘宁边区文化协会主办的综合性文化学术杂志《中国文化》在延安创刊。月刊。艾思奇主编。毛泽东的重要著作《新民主主义的政治与新民主主义的文化》（后收入《毛泽东选集》，题为《新民主主义论》）在创刊号上发表。文中指出：“科学的态度是‘实事求是’”，“惟有科学的态度和负责的精神，能够引导我们民族到解放之路。真理只有一个，而究竟谁发现了真理，不依靠主观的夸张，而依靠客观的实践。只有千百万人民的革命实践，才是检验真理的尺度。我想，这可以算作《中国文化》出版的态度。”1941年8月20日，该刊出至第3卷第2、3期合刊后停刊。

2月16日

日伪中华通讯社在北平成立。它的前身是日本同盟社北支总局的华文部。原华文部部长日本人佐佐木健儿任社长。

2月18日

凌晨2时，国民党特务分子数十人闯入重庆《新华日报》和《群众》周刊高峰寺印刷所，非法拘捕林肖硖、姚黎民等13名工作人员。22日，潘梓年以新华日报社和群众周刊社社长的名义，致函国民党中央宣传部表示抗议，要求立即放回被捕人员。在中共南方局的领导下，经过斗争，3月6日下午全部被捕人员获释。

同月

《中国工人》月刊在延安创刊。由中共中央职工运动委员会主办。毛泽东为该刊写了发刊词。1941年3月终刊。

《挺进报》创刊于湖北省京山县八字门。初为新四军豫鄂挺进纵队的机关报，1941年4月成为新四军第五师的机关报。初为油印，后为石印，1942年6月改为铅印。部队政治部宣传部长刘放和副部长蒋立负责指导工作，后由蒋立、马仲凡先后任社长。1945年秋与《七七报》合并。合并前曾出过几期《七七报·挺进报》合刊。

3月22日

汪伪特工头子李士群主办的《国民新闻》在上海“孤岛”创刊。日出对开1张。李士群任社长，代理社长黄敬斋，总编辑朱永康。

3月24日

《人民报》在安徽省泗南县小刘圩（现属江苏省泗洪县）出版。由《皖东北日报》改名，成为公开的苏皖区党委的机关报。仍为石印，后改铅印。4开4版，三日刊。社长贺汝仪，编辑部负责人李文涛、孙觉。该报创办不久，便在敌伪顽的左右夹攻中，经受了第一次战争的洗礼，虽受到重大损失，但一直坚持出版。1941年5月，苏皖区党委改组为淮海区党委。1941年11月7日，作为淮海区党委机关报的《人民报》改名为《淮海报》，铅印，4开4版，三日刊。1942年11月，淮海区党委改为淮海地委，报纸也改为淮海地委机关报。1945年8月23日，《淮海报》改名为《苏北报》（淮海版），为苏北区党委和淮海地委的联合机关报。

《益世报》由昆明迁至重庆出版。日出对开1张。是天主教主办的报纸。总负责人是主教于斌，社长是杨慕时。

3 月 25 日

《边区群众报》创刊于延安。大众读物社出版，后成立边区群众报社。初为 4 开 2 版，石印，旬刊。后改为 4 开 4 版，铅印，周刊。是以农村基层干部和农民为读者对象的通俗小报。谢觉哉任社长，胡绩伟任主编。该报先是陕甘宁边区党委机关报，后改为中共中央西北局机关报。1948 年 1 月 10 日改为《群众日报》。1954 年 10 月改为《陕西日报》。《边区群众报》是一张著名的大众化小报。读者称赞它“念着顺口，听着顺耳”。出版 6 周年时，毛泽东写信给该报说：“希望读者多利用报纸，推动工作，学习文化。”（延安《解放日报》1946 年 3 月 27 日）当时满 300 期，创刊以来共发行 200 余万份。

3 月 30 日

周佛海系统的汉奸报纸《中报》在南京创刊。社长由罗君强兼任，后由顾仲韬代理，倪蝶荪任总编辑。9 月另出《中报译丛》（半月刊）和《中报周刊》。

同月

中共中央决定建立广播委员会筹建广播电台，周恩来任主任，中央军委三局局长王诤、新华社社长向仲华等为委员。周恩来离开延安后，由朱德主持广播电台的筹建工作。

国民党当局在成都制造了一个所谓“抢米事件”，诬栽在中国共产党身上。16 日晚，国民党特务闯进《新华日报》成都营业分处，绑走了中共川康特委书记、营业分处领导人罗世文，接着又在当晚绑走了营业分处经理洪希宗，并在室内翻箱倒柜，肆意搜查。接着营业分处被封闭。后经《新华日报》总社派潘梓年亲往交涉，营业分处乃得恢复工作。但罗世文未能获释，1946 年 8 月 18 日在重庆中美合作所被杀害。洪希宗当年 3 月即被国民党残酷地活埋。当时，国民党当局借口“抢米事件”，还逮捕了成都在抗战后出版的通俗刊物《时事新刊》的记者、共产党员朱亚凡，这位新闻战士就在成都南门外被公开枪杀了。

桂林《力报》创刊。日出对开 1 张。张雅琴任总经理，欧阳敏纳任总编辑，后曾由冯英子代替一段时间。主笔先后有刘虚、沈光曾、邵荃麟、杨承芳、宋云彬、储安平等。该报在桂林沦陷后停刊。

4 月 1 日

《战国策》半月刊在昆明创刊。由西南联大“战国策派”编辑。它是一个包括政论、哲学以及文艺的综合性刊物。第 13 期起改为月刊。1941 年 7 月 20 日出第 17 期后停刊。《群众》周刊和《新华日报》曾对“战国策派”进行批判。

4 月 24 日

成都《新民报》专刊《青年记者》创刊。由中国青年新闻记者学会成都分会学术组主编。

4 月 25 日

《现代文艺》创刊于福建永安。改进出版社主办。王西彦、章靳以主编。1942 年 12 月出至 33 期终刊。

同月

《新山东报》创刊于山东沂南县匣石村。该报为中国国民党抗敌同志协会山东省会部（主任李澄之）和山东省民众总动员委员会合办的统战性质的报纸。其前身是陶钝、刘惠吾等编辑出版的《动员半月刊》。《新山东报》对开 4 版石印，曾一度改为铅印，后改为 16 开装订本，周刊。先后任社长、总编辑的有：杨希文、张立吾、刘导生、刘惠吾、马民、田佩之、周文源。该报宣传的重点是：在中国共产党领导下，发动群众，扩大和巩固抗日民族统一战线。1943 年春停刊。

5月1日

中共太南区委机关报《人民报》在山西平顺县创刊。由《太南日报》与《黄河日报》路东版、八路军一二九师主办的《晋豫报》等合并而成。1941年1月“皖南事变”后终刊。

5月27日

《新会战报》在广东省抗战前哨新会临时县治天亭圩创刊。4开4版，铅印。该报由中共新会江南区工委直接掌握领导、以国民党新会县政府名义出版的。主编钟克夫。该报在创刊词《我们的立场》中宣告：“只有加强团结，面向进步，坚持抗战到底，才能渡过难关，争取最后胜利。”出版仅3个多月，共30多期，被国民党当局限令停刊。

同月

汪伪在南京建立中央电讯社。由汪伪原在上海设立的中央通讯社和原维新政府所属的中华联合通讯社合并而成。隶属于汪伪宣传部之下，作为汪伪新闻、通讯事业的最高统制机关。除南京总社外，还先后在东京、上海、广州、武汉、杭州、苏州、南通、蚌埠、芜湖、扬州、镇江、无锡、嘉兴、汕头等地设立分社和通讯处，在香港设特派员。理事长由伪宣传部长林柏生兼任，社长赵慕儒，副社长兼总编辑许锡庆。

6月1日

桂林“暑期新闻讲座”开学。由中国青年新闻记者学会桂林分会和中华职业教育社联合主办。共有学员265人，讲课的有夏衍、王文彬、胡愈之、张铁生、孟秋江等人。同年9月底结束。

6月7日

太岳区党委机关报《太岳日报》在山西沁源县创刊。4开石印，三日刊。1944年4月1日，改名《新华日报》（太岳版）。1943年10月，社长兼总编辑魏奉璋在反“扫荡”中带领出报组在阳城不幸遇难。他是《太岳日报》的主要创办人，为该报流尽了最后一滴血。1949年4月1日该报恢复原名。1949年8月末终刊。

6月16日

国民党中央宣传部致函战时新闻检查局，传达蒋介石手令：所有稿件“凡意存挑拨、攻击或煽动者，绝对不应刊载”，“对投稿人务取得其真实姓名地址”，“违反该项规定，即严加检扣，倘不遵从，严予论处”。（群众周刊大事记编写组编：《群众周刊大事记》，第89页）此后，国民党当局更加紧了对《新华日报》和《群众》周刊以及其他进步报刊的限制和迫害。

7月1日

汪精卫以伪国民政府代理主席、行政院长的名义发布了对83人的“通缉令”，其中新闻工作者有32人，如《申报》的金华亭、胡仲持、马荫良、赵君豪、黄寄萍，《新闻报》的汪仲韦、顾执中，《大美晚报》的张似旭，等等。

《新民主报》在淮南创刊。为中共路西（淮南津浦路西）区委（后改地委）的机关报。社长朱凡，总编辑先后有方琦德、徐尹复、何若人等。该报为石印、油印，1943年改为铅印。一直出版到1946年夏天从路西地区撤退。

中共鲁南区委员会机关报《鲁南时报》在山东费南县天宝山区油篓村创刊。其前身是八路军一一五师对地方办的刊物《时事通讯》。初为8开4版，后为4开2版、4开4版。由油印、石印到铅印，刊期由周刊发展为三日刊。第一任社长由区党委宣传部长林乎加兼任，总编辑是白刃。此后，社长是赵宏弼，总编辑是黄华、勒耀南。曾两次因环境恶化停刊。1948年2月15日终刊，前后共出 702 期。

苏中三分区《江潮报》在苏中地区的黄桥附近创刊。为中共苏中第三地方委员会机关报。油印，四日刊、三日刊、二日刊。抗战胜利后发展为《江潮日报》。1945 年 11 月，同四分区《江海报》合并改组为苏皖边区一分区《江海导报》。解放战争中成为苏中区党委机关报。1947 年 11 月又同苏北区党委《苏北日报》合并改组为中共华中工委机关报《新华日报》华中版。《江潮报》油印很精美，办得很出色。在华中地区被誉为“北有《拂晓报》，南有《江潮报》”。许多读者称它“简直是工艺品”。该报在大后方油印报展览会上得到很高的评价，并且曾介绍到国外去，被认为是中国共产党伟大毅力与克服物质困难的最具体的表现。该报后改为铅印。初期，苏中第三地委宣传部副部长徐进兼任社长，周静愚任总编辑，后任副社长、社长。

7 月 8 日

旅美华侨办的中文报纸《美洲华侨日报》(*China Daily News*) 在美国纽约创刊。由梅参天、冀贡泉、徐永英、唐明照等人和纽约华侨衣馆联合会的一些会员创办的。首任社长冀贡泉，总编辑唐明照。该报积极响应中国共产党提出的抗日民族统一战线的号召，着力报道祖国正面战场和敌后开展游击战的情况，赢得广大侨胞的欢迎。

7 月 19 日

上海“孤岛”《大美晚报》的经理张似旭被汪伪特工人员杀害。当时他正在一家咖啡店准备吃晚餐，被特工暴徒包围后，乱枪齐发，多处重伤，当即殒命。7 月 22 日，在法租界当局的森严戒备下，上海新闻界为张似旭举行了追悼会。

7 月 21 日

上海大光通讯社社长邵虚白于傍晚坐着黄包车回家，在离他家不远处，突然遭到四五个伺伏已久的汪伪特工暴徒们的枪击，当场身亡。

同月

华北广播协会在北平成立。是日伪“华北政务委员会”控制下的地区性广播管理机构。日军在华北的广播电台由该会“专营统制”，实权控制在日本人手中。该协会以北平台为广播中心，总发射功率为 100 多千瓦。抗日战争胜利后，该会及其控制的广播电台均被国民党当局接收。

中华新闻学校在北平创办。是侵华日军“北支派遣军”报道部为培训日伪新闻宣传骨干而在华北设立的新闻教育机构。1942 年 7 月改称中华新闻学院。招收大专以上毕业生，培养一年后分配工作。前期院长是日本同盟通讯社北支那总局华文部部长佐佐木健儿。后期院长是汉奸报人管翼贤。1945 年日本投降前停办。

8 月 1 日

中国青年记者学会北方办事处在华北敌后抗日根据地正式成立。代理主任何云，秘书陈克寒。

《自由报》在桂林创刊。日出 4 开 2 版 1 张。社长宗棋仁，总编辑张常人。

8 月 6 日

上海工部局警务处设立新闻检查部，对租界内的中文报刊实行新闻检查。自 8 月 8 日起，该部每晚派遣由英籍、华籍职员各一人组成的检查组，分赴各报编辑部执行检查任务，钳制抗日宣传。

同月

《求知文丛》创刊于上海“孤岛”。由梅益等负责。

《中央导报》创刊于南京。汪伪政权创办的综合性周刊。林柏生兼任社长，华汉光任总编辑。

八路军陕甘宁边区留守处政治部创办《连队生活》旬刊。1943 年 4 月 13 日改出《部队生活》周报，后改五日刊、三日刊。1947 年停刊，共出版 400 多期。

9 月 1 日

《平报》创刊于上海。为周佛海控制的报纸。罗君强、金雄白先后任社长。不刊社论，注重刊载特稿。

重庆《国民公报》专刊《青年记者》发刊。

9 月 18 日

《抗战日报》在山西兴县创刊。初为晋西区党委机关报，1942 年夏改为中共中央晋绥分局机关报。1946 年 7 月 1 日改名《晋绥日报》。该报是 4 开 4 版铅印报纸，曾出三日刊、间日刊，1944 年 9 月 18 日起改为日刊。社长廖井丹，第一任总编辑赵石宾，后为郝德青、常芝青。1949 年 5 月 1 日终刊，共出版 2171 期。

赵石宾，1914 年生，山西榆次东阳镇人。1932 年秋考入山西大学，致力于编辑鼓吹抗日救亡的《学生新闻》，不到半年该刊被查禁，石宾被当局通缉，被迫潜往北平。1933 年在北平加入中国共产党。同年，曾参与张家口《民众日报》的编辑工作。1936 年底回山西在牺牲救国同盟会编辑《牺牲救国》周刊。后还主持《政治周刊》《黄河战旗》的工作。1940 年经过半年多的筹备，创办了《抗战日报》，任总编辑，还被选为中国青年新闻记者学会晋西分会的主任理事。1942 年 3 月 30 日不幸病逝，年仅 28 岁。

同月

《大陆》月刊在上海“孤岛”创刊。王任叔、楼适夷等负责。

秋

衡阳《力报》创刊。日出对开 1 大张。社长雷锡龄，总经理戴哲明，总主笔刘思慕，总编辑李幻如，副刊主编端木蕻良。该报在衡阳沦陷后，迁往贵阳出版。

日文期刊《士兵之友》在延安创刊。为在华日人反战同盟延安支部的机关刊物。4 开 4 版铅印，月刊，后改为半月刊。在华日人反战同盟延安支部成立于 1940 年 7 月 7 日，主要成员有森健、高山进、市川春夫、原清志（女）等。该刊的宗旨主要是向八路军、新四军中的日本士兵和日俘宣传中国共产党及其领导的八路军、新四军等抗日部队对待日本人民的态度和立场，以及优待反战日人、宽待日俘等政策，指明中日战争的性质，揭露日本法西斯对日军官兵的政治欺骗，消除日军官兵对中国共产党和八路军、新四军的疑虑和误解，激发其反战意识。从 1942 年起，《士兵之友》的发行对象逐步扩大为整个侵华日军部队中的士兵。由八路军等抗日部队的敌军工作部门和各地日人反战组织以散发传单的形式发出。1945 年 9 月停刊，连同增刊共出 60 余期。

10 月 1 日

汪伪国民政府行政院第 20 次会议通过《重要都市新闻检查暂行办法》。为实施这个办法，汪伪在所辖地区的一些重要城市设立了新闻检查所。12 月，日本侵略者也将上海新闻检查所移交汪伪宣传部管理。

10 月 10 日

伪《民国日报》创刊于南京。是汪伪宣传部直属报纸，由《南京新报》改组而成。秦墨哂任社长。

10 月 20 日

国民党主办的《正言报》在上海“孤岛”创刊。该报名义上由美商联邦公司发行，直接向美国国务院注册，并聘请刚卸任的上海工部局总董樊克令（Franclin）任董事长，实际上由国民党人吴绍澍、叶风虎等创办并先后主持社务。

10月26日

《晋西大众报》在山西兴县创刊。1945年6月5日改名《晋绥大众报》，为晋绥抗联的机关报，由中共中央晋绥分局宣传部领导。先是周刊，后为五日刊、三日刊。4开铅印，先为2版，后为4版。社长和主编先后有王修、周文、樊希骞、卢梦、吉喆、马烽。1949年7月24日终刊。

同月

中国青年记者学会冀中分会创办的机关刊物《冀中报人》在冀中地区创刊。油印，32开本，不定期。编委会由朱子强、沈蔚、黄应3人组成。

冀中通讯社（当时与《冀中导报》编辑部是一套机构两块牌子）创办《通讯与学习》。为指导通讯员写作的刊物。油印，32开本，不定期。主编沈蔚。1942年5月停刊。1945年6月《冀中导报》复刊后，又出版《通讯往来》，铅印，32开本，不定期。主编李麦。

四川大学新闻学会主编的《新闻学报》第1期出版。

11月7日

汪伪政权主办的《新中国报》在上海创刊。社长为严军光（即中共地下党员袁殊），总编辑先后为鲁风、王平、郑介等。日出对开1张。1941年12月9日增出《新中国晚报》，还出版过《新中国周报》。日本宣布投降后，于1945年8月16日停刊。

11月22日

《*Sin Wenz Bao*》(《新文字报》) 在延安县政府所在地川口创刊。该报是一种拼音文字报。1940年秋，陕甘宁边区政府决定当年冬天在延安县和延安市用拉丁化新文字开展扫盲的试验。边区政府委托吴玉章主持这一工作。该报就是为了促进新文字冬学扫盲工作的顺利开展，根据吴玉章的指示创办的。每周1期，4开2版，油印。1941年1月，新文字冬学扫盲试验结束后，《新文字报》继续在延安出版发行，归边区政府教育厅领导。同年5月15日从第21期开始改为铅印。这一期发表了毛泽东的题词：“切实推行，愈广愈好。”（李绵、翟准：《延安〈新文字报〉简介》，《新闻研究资料》第37辑，中国社会科学出版社1987年3月版，第192—194页）李绵、王见石、翟准先后任主编。1943年1月新文字扫盲试验工作停顿下来，该报随之停刊，共出版110多期。

英文华侨报纸《华美周报》在美国旧金山创刊。刊载祖国抗战消息、美国华侨社会救国运动的新闻以及华侨旅居美国的历史资料和文章。1943年10月底停刊。

12月2日

中共中央中原局机关报《江淮日报》在江苏盐城创刊。对开，日刊。翌年5月中原局改组为华中局，成为华中局机关报。中共中央中原局书记胡服（即刘少奇）兼任社长，王阑西任副社长兼总编辑。报头是胡服题写的，发刊词是由陈毅草拟经讨论后由他定稿的。发刊词开宗明义，说明《江淮日报》既是党报，又是华中人民的喉舌，是党联系广大群众的纽带，是建设华中敌后抗日民主根据地的有力的宣传工具。1941年7月22日因日军“扫荡”而停刊。

12月30日

延安新华广播电台开始播音。是中国共产党领导创办的第一座广播电台。这一天后来定为中国人民广播事业创建纪念日。呼号是：XNCR。隶属于新华通讯社。稿件由新华社口播科编辑。编辑有刘克刚、李伍、陈笑雨、王惟真等，播音员有徐瑞璋、姚雯、肖岩、孙茜等。初创时由于技术条件限制，时播时停。1943年春因某些广播器材损坏得不到补充而暂停播音。1945年8月中旬，在抗日战争胜利声中，中共中央决定恢复播音。解放战争时期，1947年3月中旬撤出延安，迁至瓦窑堡继续播音。3月21日起改称陕北新华广播电台。后转移到河北涉县、平山县。1949年3月25日迁至北平，改名北平新华广播电台。同年5月，中央广播事业管理处成立，该台脱离新华社，改归该管理处领导。1949年12月5日定名为中央人民广播电台。

同年

冀中抗日根据地军区政治部和晋绥抗日根据地一二〇师师部相继成立摄影科，科长分别为石少华、蔡国铭。石少华在冀中开办摄影训练班。1940年至1942年先后开办4期，培养摄影干部120余人。

在晋西北，晋绥军区（八路军一二〇师）政治部除办有《战斗报》外，还成立战斗通讯社，于1940年开始发稿。所发战报和通讯，除供给《战斗报》和晋绥边区《抗战日报》外，还编印《战斗通讯》，寄发大后方和解放区报刊采用。

新华社山东分社在沂水县王庄成立，附属山东《大众日报》社。社长先后由《大众日报》社长（管理委员会主任）李竹如、陈沂兼任。编印有《大众电讯》油印刊物，每日一期，刊登电台抄收到的中央社电讯等，供领导机关参阅。到1942年底，已陆续建立起鲁中、鲁南、胶东、渤海4个支社。

珠江三角洲的游击队建立顺德县西海抗日根据地时，曾出版《抗日旬刊》，发行100多期，后因敌人“扫荡”而停刊。1943年当部队挺进中山县五桂山区时，改办4开4版油印报纸《正义报》。出版100多期后，1945年春，因工作人员随部队挺进粤中创办《挺进报》而停刊。

1941年（辛巳）

1月1日

《新康报》在西昌创刊。4开4版。初为周刊，同年9月1日改为日刊。董事长兼发行人刘俊琳，总经理章苍萍，总编辑许成章，主笔罗西玲。有不少中共地下党员、民盟成员和进步人士参与采编工作。中共中央宣传部对《新康报》的斗争给予了肯定。博古写信称赞该报“持论公正，为民喉舌”（四川省报业志编辑部编：《四川报业大事记》，第100页）。1947年8月1日停刊。1949年7月8日在雅安复刊，1949年12月9日终刊。

胡愈之在新加坡正式接手《南洋商报》的编辑工作。《南洋商报》是陈嘉庚出资创办的一份商业性报纸，对言论不感兴趣，编排也较粗糙。胡愈之是根据中共南方局负责人廖承志传达的周恩来指示，到南洋商报社任编辑部主任的。他对报纸进行了改革，主持工作一年多时间，经常亲自撰写社论，大力宣传团结抗日，反对分裂投降，在南洋颇有影响。

1月11日

重庆《新华日报》社及八路军办事处的工作人员在报馆举行创刊3周年纪念活动，周恩来、叶剑英到会致词。会间，周恩来接到中共中央和新四军苏北部队关于新四军皖南部队奉命北移，途中遭国民党军包围和袭击的急电，当即在会上强烈谴责国民党顽固派制造这次事变的罪行。他激励大家说：黑暗是暂时的，光明一定会到来。会后，他立即指示，在《新华日报》上将国民党军袭击新四军的阴谋透露出去。

1月12日

重庆《新华日报》在报道昨天庆祝该报

3周年的消息中说："周恩来同志就以很现实的比例告诉我们：有革命斗争经验的人，都懂得怎样在光明和黑暗中奋斗。不但遇着光明不骄傲，主要是遇着黑暗不灰心丧气。……黑暗是必然被冲破的。如像刚才的消息，说到新×军最近在向北转移中，被敌寇重重包围；但相信那些战士们是会冲破包围和黑暗的，因为他们有必胜的信心和艰苦卓绝的毅力。"这是《新华日报》最早透露关于"皖南事变"的消息。

1月17日

国民党中央通讯社发布了国民党军事委员会的通令和发言人谈话，诬指新四军"叛变"，悍然宣布撤销新四军番号，扬言要把叶挺交付军事法庭审判。国民党当局强令重庆各报刊发上述消息并发表社论，以示社会舆论的支持。《新华日报》关于揭露"皖南事变"真相的消息和驳斥国民党反动军令的社论，全部被重庆新闻检查机关扣压。当日午夜过后，编辑部拿到了周恩来的亲笔题词"为江南死国难者志哀"和挽诗"千古奇冤，江南一叶；同室操戈，相煎何急?!"准备在《新华日报》发表。这时新闻检查官亲来报馆监视，一定要等着看到报纸印出来没问题后才肯离去。于是编辑部发排了两篇能通过检查而又与木刻的题词、挽诗所占版面一样大小的稿件，先印出几张让检查官审查通过，然后立刻换版，迅速开机印刷。等18日天刚蒙蒙亮，大家便采用各种方式分头把报纸发送出去。周恩来的题词和挽诗表达了对国民党顽固派的强烈抗议，震撼了山城。事后，毛泽东致电周恩来说："收到来示，欣慰之至，报纸题字亦看到，为之神旺。"（中共中央文献研究室编：《周恩来传》，人民出版社、中央文献出版社1989年版，第486页）

1月24日

汪伪国民政府公布《出版法》。它强调出版物不得刊登所谓"违反国策"的言论和新闻，以及主管部门禁止登载的文字，违者处罚。

1月25日

新华社华北分社通讯联络科编辑的业务刊物《北方记者》在山西黎城创刊。

同月

伪满政权对广播的监督机构实行所谓"一元化领导"，决定由伪国务院弘报处直接监督。原来由伪交通部对广播宣传的审查以及监听国际短波的任务，也改由伪弘报处统一管理。这样，伪弘报处实现了对伪满广播的全面控制。

2月6日

因国民党当局大量没收重庆《新华日报》，周恩来前往交涉，并找来国民党中央委员张冲，经过两个多小时的交涉和斗争，宪兵队才将剩下未毁的报纸发还。周恩来即将发还的部分报纸当着张冲散发给了周围的群众。

国民党中央特种会报对《新华日报》秘密作出"只准印，不准发"的决定。

2月22日

汪伪政府宣传部与日本大使馆共同声明，创立中国广播事业建设协会，接办抗战爆发后被日本军部控制的沦陷区广播电台。该协会为汪伪宣传部直属机构。理事长由林柏生兼任，常务理事为中田末广、章乃纶、浅野一男、郭保焕，实权仍为日本人所控制。该协会下属电台有6处：汪伪中央台和上海、汉口、杭州、苏州、宁波等台。华北方面，另有1940年成立的华北广播协会。

同月

"皖南事变"以后，《新华日报》和《群众》周刊受到国民党当局更加严重的迫害。仅2月4日至16日的13天中，被国民党军警宪特拘捕殴打的报丁报童就有35人次。其中以2月6日最为严重。这天周恩来曾亲往宪兵队交涉，责成他们立即放出被拘捕的人员，归还扣留的报刊。在此前后几天内，社长潘梓年先后5次致函国民党当局，对其迫害《新华日报》和《群众》周刊的恶劣行径，提出严重抗议，要求立即制止。2月10日，国民党中央宣传部竟复函伪称“予以保护”。

3月8日

《山东妇女》创刊。山东省妇女救国联合总会编印。主编戈明。

3月10日

《知识与生活》在上海“孤岛”创刊。姚溱等主持编务。该刊是在中国共产党上海地下组织领导下创办的。1941年2月下旬，姚溱分别找了与他有联系的沪江大学、大同大学、暨南大学的一些学生，建议他们出面创办一本公开发行的青年通俗刊物。这些学生立即行动起来，解决了经费等问题，很快办起了这个刊物。

3月15日

《大公报》在桂林出分版。香港沦陷后，该报在香港的人员撤至桂林，充实了桂林版的力量。经理由胡政之兼任，副经理王文彬，编辑主任蒋荫恩。后来经理是金诚夫，总编辑是徐铸成。日出对开4版1张。1944年9月12日停刊。

3月26日

侵华日军报道部的“南京广播电台”改名为汪伪的“中央广播电台”。呼号也定为XGOA，与重庆国民党的中央台的台名和呼号完全一样。1945年8月日本投降后停止播音。

同月

冀南三分区《人山报》创刊。8开4版，石印，每五天出版1期。后因日寇“扫荡”暂时被迫停刊。1942年7月，《人山报》复刊，作为中共冀南三分区地委的机关报。暂出4开2版或3版的油印报，隔日1期。社长胡林昀，总编辑翟向东，后由翟向东任社长兼总编辑。1944年秋，冀南区党委决定一、三地委（也是一、三分区）合并，一分区的《黎明报》并入《人山报》。翟向东任社长，程光远任总编辑。1945年《人山报》改为石印。抗日战争胜利后，到9月中旬，冀南区党委为了适应新的形势，决定以《人山报》和四分区《群众报》一部分人员为主，恢复出版《冀南日报》，停出各地委报纸。

苏联侨民匝开莫在上海“孤岛”创办俄文《时代》半月刊。苏德战争爆发后，当时塔斯社远东分社社长罗果夫用它来宣传报道苏联的卫国战争。后来中国共产党上海地下党组织与罗果夫磋商，以苏商名义出版中文报刊，结果就出版了中文的《时代》周刊。（参看本年8月20日条。）

中共中央宣传部主办的对外宣传的外文刊物《中国通讯》（*Report from China*）在延安创刊。负责人是吴文焘。用英、法、俄3种文字撰稿。每月1期，蜡纸刻印，小32开本，对外散发。该刊约请在延安的外籍友好人士和懂外文的人员撰稿，向国际人士介绍中国人民的抗日斗争和根据地建设情况。本年8月由新华社接办，只登英文文章，改为打字机打印。太平洋战争爆发后停刊。

春

香港中国通讯社在九龙创立。是中国共产党领导的一个通讯社。社长是乔冠华。1941年12月太平洋战争爆发后停办。

4月8日

《华商报》在香港创刊。是中国共产党领导的爱国统一战线报纸。对开，晚报。中共在香港的负责人廖承志主持筹办。该报总经理邓文田，副总经理范长江，总编辑胡仲持，编辑主任廖沫沙，总主笔张友渔。该报以港澳同胞、海外华侨和各国进步人士为主要发行对象。1941年12月12日因太平洋战争爆发而停刊。抗战胜利后，1946年1月4日复刊，改为早报。1949年10月15日终刊。

4月14日

晋察冀军区政治部主办的《抗敌三日刊》上登出了铜版照片《边区人民反对反共内战》(周郁文摄)。这是在晋察冀边区出版的报纸上发表的第一幅新闻照片。

4月20日

《华西晚报》创刊于成都。名义上由带有川康地方色彩的《华西日报》的同人创办，实际上则是中共中央南方局领导下的由地下共产党员主持的一张小型报纸。初为8开4版，1942年4月改为4开4版，1945年7月1日改为4开2版，1946年恢复为4开4版。国民党川陕鄂边区绥靖公署主任潘文华任董事长，华西日报社长罗忠信任发行人兼社长，中共地下党员、日报社经理田一平任总经理，总编辑是李次平。1943年周恩来派黎澍来当主笔，陈白尘主编副刊。初创时，报纸采取平庸的姿态，涂着一层保护色，该说的话也说得比较委婉。到后来政治色彩比较明显起来，便受到了国民党的种种迫害。在这种情况下，该报于1945年7月1日宣布改请民盟主席张澜先生为董事长，以此作为政治上的庇护。1947年6月1日，大批国民党特务将报馆捣毁，逮捕了重要的工作人员，报纸被迫停刊。

同月

《中央日报》福建版在永安创刊。由《福建民报》改名而来。《福建民报》福州版也于同年9月10日更名《中央日报》。

5月10日

国民党中央图书杂志审查委员会通过《杂志原稿送审须知》。其目标显然是针对《群众》周刊和其他进步杂志的。其中规定：免登稿件，不能在出版时仍保留题名，并不能在编辑后记或编者按语内加以任何解释与说明。其被删之处，不能注明上略、中略、下略等字样或其他足以表示已被删节之符号。这些都是《群众》周刊过去揭露和抗议国民党图书杂志审查机关的迫害所常用的办法。

5月15日

毛泽东为中共中央书记处起草《关于出版〈解放日报〉和改进新华社工作的通知》。全文如下：“五月十六日起，将延安《新中华报》《今日新闻》合并，出版《解放日报》，新华通讯社事业亦加改进，统归一个委员会管理。一切党的政策，将经过《解放日报》与新华社向全国宣达。《解放日报》的社论，将由中央同志及重要干部执笔。各地应注意接收延安的广播。重要文章除报纸、刊物上转载外，应作为党内、学校内、机关部队内的讨论与教育材料，并推广收报机，使各地都能接收，以广宣传，是为至要。”(《毛泽东新闻工作文选》，第54页)

美国密苏里大学新闻学院授予《大公报》1941年度荣誉奖章。该报委托代表在美国接受。重庆新闻界集会庆贺。这是中国报界第一次获国际新闻奖。

5月16日

中国共产党中央委员会机关报《解放日报》在延安创刊。由中共中央机关报《新中华报》(三日刊)和新华社出版的《今日新闻》合并而成。初为4开中张2版，9月16日起扩充为对开4版。第一任社长博古(秦邦宪)，后为廖承志，第一任总编辑为杨松，后为陆定一、余光生。该报在中共中央和毛泽东的直接领导下，工作不断改革进步，取得很大的成绩，发挥了重大作用。毛泽东经常对该报作指示，为该报撰稿、修改重要社论、新闻和文章。他为该报撰写了发刊词，其中指明："本报之使命为何？团结全国人民战胜日本帝国主义一语足以尽之。这是中国共产党的总路线，也就是本报的使命。""中国共产党的政策，始终是抗日民族统一战线政策。""团结，团结，团结，这就是我们的武器，也就是我们的口号。今当本报发刊之始，愿掬至诚，以告国人。"1942 年 8 月 29 日，中共中央政治局决定《解放日报》兼作中共中央西北局机关报。1947 年 3 月 14 日因国民党军队进攻而随中共中央撤离延安，次日在陕北子长县史家畔村继续出版。出至当月 27 日终刊，共出 2130 期。

5 月 17 日

邹韬奋创办的上海《大众生活》周刊在香港复刊。邹韬奋自任主编，编委会由茅盾、夏衍、胡绳、千家驹、金仲华、乔木(乔冠华)、邹韬奋 7 人组成。每期的社论都是经编委讨论后由邹韬奋执笔。平均每期发行 10 万份。同年 12 月 6 日出至第 30 期后，因太平洋战争爆发停刊。

5 月 25 日

毛泽东为中共中央写的对党内的指示（即《毛泽东选集》第 3 卷《揭破远东慕尼黑的阴谋》一文）指出："日本和军事进攻同时发动了谣言攻势，例如所谓'八路军不愿和国民党中央军配合作战'，'八路军乘机扩大地盘'，'打通国际路线'，'另立中央政府'等等。这是日本挑拨国共关系以利诱降的诡计。国民党中央社和国民党报纸照抄散布，不惜和日本的反共宣传互相呼应，其用意所在，甚为可疑。我们也应揭穿它，反对它。"

中共中央发出《关于统一各根据地内对外宣传的指示》，强调"一切对外宣传均应服从党的政策与中央决定"，"一切对外宣传工作的领导，应统一于宣传部"。指示"各地方报纸下的通讯社，应成为对外宣传的重要机关。广播台及起广播台作用的战报台，应划归通讯社，并设立广播委员会专门负责广播材料的审查编辑，并由宣传部指定一政治上坚强的同志领导之，并经常检查其工作"。"各地应经常接收延安新华社的广播，没有收音机的应不惜代价设立之，各地报纸的通讯社，应有专门同志负责接收与编辑的工作，应同延安新华社直接发生通讯关系，并一律改为新华社某地分社。关于电台广播内容与广播办法等，应受延安新华社之直接领导"。（《中国共产党新闻工作文件汇编》上册，第 98—99 页）

重庆《新华日报》发表周恩来本月 21 日《致大公报张季鸾、王芸生两先生书》，以确凿的事实，批驳了重庆《大公报》21 日社评《为晋南战事作一种呼吁》所散布的十八集团军"迄今尚未与友军协同作战"的谣言。23 日，《大公报》在发表周恩来的信的同时，又发表张季鸾的题为《读周恩来先生的信》的社评，用"国家中心论"来抗拒周恩来的批评。

同月

《华北妇女》在晋东南地区创刊。该刊由中共中央北方局领导出版，通过党内文件发行系统发到各级妇女干部手中。1942 年 5 月停刊，共出版 7 期。

夏

《真理的斗争》月刊在重庆创刊。在华日人反战同盟本部主办。主编鹿地亘等。反战同盟本部 1940 年 7 月成立于重庆，鹿地亘、绿川英子等均为本部主要成员。该刊印制后送国民党前线作战部队散发。1941 年 8 月，国民政府军事委员会发出解散反战同盟的命令。几经争取，重庆本部得以保留。但国民党大后方的日人反战运动逐步被瓦解，其反战新闻活动遂告停止。

7月4日

中共中央宣传部发出《关于各抗日根据地报纸杂志的指示》。其中指出："近年来，各抗日根据地尤其是华北，报纸、杂志在种类上和数量上有很大的发展，大都起了一定范围中和一定程度上的作用。但大多数报纸杂志，显示出分工不明，彼此重复，数量多而质量差，形式铺张而内容贫乏的严重弱点。""为了提高质量及合理的使用人力物力，各根据地的报纸杂志，一般的应集中力量办好下列几种：1. 中央局、中央分局和地域上有独立性的区党委（如晋西北），可办一种政治报纸（三日刊、隔日刊或日刊），作为党及党所领导的军、政、民的共同言论机关。……2. 上列机关可办一种政治杂志（月刊）。……3. 上列机关可出版一种党内刊物（月刊）。……4. 上列机关可出版一种在党指导下的综合的文化文艺性质的杂志。……5. 各边区可以出版一种作为社会教育工具的通俗报纸。……上述五种，第一种及第五种是必须办的，其次是举办第三种，第二第四两种须依人力物力来决定，不要勉强凑数。"（《中国共产党新闻工作文件汇编》上册，第114—117页）

7月28日

延安《解放日报》一版首次刊出张谔作的讽刺德国法西斯必然失败的漫画。

同月

新华社晋冀豫分社成立。当时，中共晋冀豫区委的机关报《胜利报》改名为《晋冀豫日报》，同时民族革命通讯社上党分社更名为新华社晋冀豫分社。它对内是《晋冀豫日报》的记者部。分社社长由《晋冀豫日报》副社长安岗兼任，后为何微。1941年12月《晋冀豫日报》并入《新华日报》华北版而停刊，新华社晋冀豫分社同时撤销，人员并入华北总分社。

8月1日

"苏联呼声"广播电台在日军占领下的上海开始播音。是以苏商名义创建的。呼号：XRVN。使用汉语、俄语、英语、德语播送新闻节目。1945年8月，苏联对日本宣战后被日军查封。不久日本投降，该台随即恢复播音。1947年1月6日被国民党当局查封。

中共冀鲁豫区委机关报《冀鲁豫日报》创刊。该刊由鲁西区党委机关报《鲁西日报》和老冀鲁豫区党委机关报《卫河日报》合并而成。初为石印，后改铅印。初为三日刊，后改日刊。出至1949年8月21日终刊，接着改出《平原日报》。

8月20日

《时代》周刊在上海"孤岛"创刊。该刊是中国共产党上海地下组织创办的一个政治时事性杂志。以苏商时代出版社的名义用中文出版。姜椿芳主编。该刊的内容主要是反映苏联卫国战争的情况，向坚持抗战的中国人民介绍苏联人民、苏联红军正在进行的艰苦卓绝的战斗，传达他们那种一定要打败法西斯主义的必胜信念。1941年末太平洋战争爆发后一度停刊。次年元旦复刊，改为半月刊。1944年2月，因汪伪政权借口外国人不能在中国出版本国文字以外的报刊，乃被迫停刊。次年5月1日，在苏军已攻入柏林的形势下，自行复刊。解放战争时期坚持出版。至1951年8月停刊。

8月25日

伪满洲国国务院弘报处公布了《通讯社法》《新闻社法》《记者法》，即所谓的"弘报三法"，以进一步强化对伪满新闻事业的管制。

同月

《新文昌报》在海南岛文昌县创刊。是海南敌后民主政府的报纸。1942年春改办《新琼崖报》——琼崖抗日民主政府的机关报。社长是林李明，主编是李英敏。

9月6日

《大公报》总编辑、总主笔张季鸾在重庆逝世。8日，周恩来与董必武、邓颖超联名发了唁电，称："季鸾先生文坛巨擘，报界宗师。谋国之忠，立言之达，尤为士林所矜式。不意积劳成疾，遽归道山。音响已沉，切劘不再。天才限于中寿，痛悼何堪。"（重庆《大公报》1941年4月8日）

张季鸾生于1888年，名炽章，字季鸾，笔名一苇、榆民、一记者、老兵等，陕西榆林人。青年时官费留学日本，课余任陕西留日学生主办的《夏声》杂志的编撰。1910年到上海参加于右任创办的《民立报》工作。1913年在北京创办另一个《民立报》，任主编。后曾任《大共和日报》的编译和《民信日报》的总编辑。1916年应聘为上海《新闻报》驻北京记者。同年兼任北京《中华新报》总编辑。1919年任上海《中华新报》总编辑。1926年与吴鼎昌、胡政之合组新记公司，接办天津《大公报》，任总编辑兼副总经理，主持该报笔政达15年之久。遗著有《季鸾文存》。

9月14日

延安《解放日报》发表调查报告《鲁忠才长征记》，同时发表毛泽东于8月26日为之加写的按语。该报告记述了鲁忠才带领运输队到陕甘宁边区所属的"三边"地区长途运盐的情况。毛泽东在按语中写道："这是一个用简洁文字反映实际情况的报告，高克林同志写的，值得大家学习。现在必须把那些'下笔千言、离题万里'的作风扫掉，把那些'夸夸其谈'扫掉，把那些主观主义、形式主义扫掉。""我们需要的是这类东西，而不是那些千篇一律的'夸夸其谈'，而不是那些党八股。"

9月15日

大公报社董监事联合办事处在重庆成立。胡政之任主任，统一领导该报重庆、香港、桂林三馆。正式成立社评委员会，重庆版由胡政之、王芸生、曹谷冰、李纯青、孔昭恺、赵恩源为委员，香港版由金诚夫、徐铸成为委员，桂林版由蒋荫恩、王文彬为委员。

9月16日

延安《解放日报》开辟了《文艺》专栏，标志着该报副刊的正式诞生。每周出版四五期，每期占半个版。此后，《青年之页》于9月21日创刊，《中国工人》于9月24日创刊，《敌情》于9月27日创刊，《中国妇女》于9月28日创刊，《科学园地》于10月4日创刊，《军事》于10月29日创刊，《卫生》于11月24日创刊。以上这些专栏，共称之为"八大专栏"。它们的接连问世，为该报副刊的发展奠定了基础。1942年4月《解放日报》改版之后，副刊的篇幅扩大了，占有第4版一整版，并改为综合性副刊。

9月18日

中国民主政团同盟机关报《光明报》在香港创刊。梁漱溟任社长，萨空了任督印人和总经理，俞颂华任总编辑，羊枣任国际新闻版编辑，李炳海任副经理。这些工作人员来自多方面，表明该报是多党派共同的报纸。中国民主政团同盟由三党三派组成，三党是农工民主党（第三党）、国家社会党（后改为民主社会党）和青年党；三派是职业教育派、乡村建设派和人民救国会。《光明报》在创刊前与各方面协商订立了五项出版公约，其内容是：

> "（一）抗战建国为国人共勉之大业，抗战建国纲领亦为公认之南针。在

此大前提下，举国之内，义不当有政敌而不可无诤友。吾人本此信念，于任何方面不取敌对态度，而窃愿附事诤友之义，贡其诤言。（二）眼前最初之要求为加强国内团结，本报言论是以此为目的，其讨论措辞，有不利于团结者，均所不取。（三）民主精神为团结之本，其义甚近，并不在远，吾人以政治上实现民主为基本，而先以言论之民主精神自勉。（四）国内如有力之党派难抒发其言论，而大多数之国民顾未得自建其言论机关，本报愿贡献国人为言论抒发之公共园地，凡无背上列原则者悉为刊载。（五）凡代表本报之言论例不具名外，其余皆以具有姓名或笔名为原则，以明责任。”（萨空了：《创办香港〈光明报〉的回忆》，《新闻研究资料》第 36 辑，中国社会科学出版社 1986 年 12 月版，第 10—11 页）

太平洋战争爆发后，该报于 1941 年 12 月 14 日起停刊。1946 年 8 月和 1948 年 3 月两度复刊，出版旬刊和半月刊。1949 年 9 月终刊。

同月

延安中央研究院成立新闻研究室。中共中央宣传部副部长李维汉兼任主任。

秋

中共鄂豫皖边区委员会宣传部创办群众性通俗报纸《老百姓》报。铅印，先为周刊，后改周二刊。后改为《农救报》。

10 月 10 日

《国民日报》藏文版在西康省康定市创刊。该报系国民党西康省党部机关报。对开 4 版，有时出 6 版，周刊。发行至青海、西藏、甘肃、云南等地，最高销售量达 2000 份。

11 月 1 日

重庆《新民报晚刊》创刊。崔心一任总编辑。陈翰伯曾任副总编辑。张友鸾主编《社会新闻》版，张慧剑主编副刊《西方夜谭》，夏衍也曾主编副刊《西方夜谭》。《西方夜谭》经常刊登张恨水的《上下古今谈》，赵超构的《今日论语》《新闻圈外》，张友鸾的《山城夜话》，张慧剑的《山楼一百话》等，吸引了广大读者。晚刊销数最多时达 4 万份，超出日刊 4 倍。

11 月 2 日

延安《解放日报》边区栏刊登介绍边区参议员徐特立的文章，并附徐特立照片一帧。这是该报发表的第一张照片。

11 月 7 日

中共淮海区委机关报《淮海报》创刊。前身是苏皖区党委机关报《人民报》。1941 年 5 月苏皖区党委改组为淮海区党委，《人民报》随之改为淮海区党委机关报。11 月 7 日改名《淮海报》。铅印，4 开 4 版，三日刊。新中国成立后继续出版。

11 月 30 日

德国记者汉斯·希伯随山东八路军作战地采访，不幸在战斗中光荣牺牲，时年 44 岁。后在临沂烈士陵园建有希伯的墓，墓志铭写道：

“希伯同志，德国人，共产党员，太平洋学会记者，伟大的国际主义战士，中国人民的亲密朋友。1925 年希伯同志为研究中国革命问题，初次来华，后曾发表了《论马克思对中国的评论》等著作。1937 年抗日战争爆发，希伯同志毅然参加了伟大的中华民族解放战争，以笔作武器和中国人民并肩作战。1941 年 5 月希伯同志到苏北抗日根据地，随我新四军作战地采访。同年 9 月到山东，当时我山东抗日根据地正遭受敌、伪、顽三面夹击，战斗生活极为艰苦。希伯同志与战士们同甘共苦，在纷飞的战火中夜以继日地工作，写出了《在日寇占领区的旅行》《无声的战斗》等文章，向全世界人民真实地报道了中国共产党及其领导下的抗日军民英勇斗争的事迹。1941年11月30日，希伯同志所随部队与日寇遭遇于沂南县大青山，战斗酷烈，希伯同志投笔持枪，与敌人展开殊死战，不幸光荣牺牲。希伯同志对国际无产阶级解放事业的赤胆忠心和对无产阶级新闻事业的献身精神，将永远活在中国人民的心里。希伯同志永垂不朽！"（《新闻研究资料》第3辑，中国社会科学出版社1980年5月版，第84—85页）

12月8日

太平洋战争爆发，日军进占上海租界。上午日军查封了《申报》《新闻报》《大美晚报》《中美日报》《正言报》《大美周报》《大晚报》《大英夜报》和《华美晚报》等外商新闻机构。12月15日，命令《申报》和《新闻报》仍以美商名义恢复出版，以欺骗读者。1942年6月5日，日寇发给《申报》《新闻报》负责人的"希望事项"共分四点：一、申、新两报须变更昔日之态度，而支持日本及国民政府，在相当之范围内可保持两报之原有特性。二、申、新两报之人事、经营以及编辑大纲，须由军报道部长管辖之，遇必要时报道部长得派遣适当之人物担任两报之指导及监督。三、申、新两报之美国籍法人暂不变更。四、对于两报之编辑方针大纲如下：1. 发扬中日提携精神。2. 宣明大东亚战争之意义，强调东亚民族之解放，以及确立大东亚共荣圈之重要性。3. 使民众确认国民政府为代表中国全体政权之唯一政府。4. 协力帮助在上海方面日本之各种工作。

12月22日

重庆《大公报》发表社评《拥护修明政治案》，其中揭露国民党政治腐败的实例之一，是"飞机洋狗事件"。说的是当时太平洋战争爆发，从香港逃难至重庆的飞机，竟装来了国民党权贵的箱笼、老妈、洋狗。社会上议论纷纷，颇为不满。国民党政府交通部乃致函大公报社，要求更正。《大公报》于12月30日以"交通部来函"的方式全文刊出。此事激起了群众的更大愤慨。遵义的浙江大学学生和昆明的西南联合大学学生先后游行示威，抗议"飞机洋狗事件"。蒋介石遂让陈布雷找王芸生再写一篇社评，劝学生不要闹事。王芸生遵命写了社评《青年与政治》，发表在1942年1月22日的《大公报》上，劝学生不要"荒废学业，作越轨之举动"。社评发表后，一些青年读者致函质问《大公报》的言论为何出尔反尔，前后两歧?

同月

太平洋战争刚爆发时，港英政府下令封闭了亲日和亲汪的《香港日报》《南华日报》《天演日报》等。香港沦陷后，这些报纸纷纷复刊。其他只有《华侨日报》《星岛日报》等在被迫与日占军合作的情况下继续出版。1942年6月以后，香港中文报纸只剩下5家：《香港日报》、《南华日报》、《华侨日报》、《香岛日报》（即《星岛日报》，合并后改名）和《东亚晚报》。此后，《东亚晚报》于1945年3月停刊。同年4月，《华侨晚报》创刊。

同年

回民救国总会在山东渤海地区创办《正道周报》。后改为《伊斯兰报》半月刊，一直出版到1949年。

中国新闻学会在重庆成立。该学会出版了《中国新闻学会年刊》。

香港的大观影片公司摄制了反映保卫中国大同盟为救济中国难民而发动的“一碗饭运动”的新闻纪录片《一碗饭运动》。大观影片公司是拍摄新闻纪录片较多的一个公司，几年中约拍过 10 多部，其中有《广州抗战记》等。

1942 年（壬午）

1 月 1 日

中共盐阜区委机关报《盐阜报》在江苏阜宁创刊。后为中共盐阜地委机关报。主要领导人和工作人员都来自《江淮日报》。1945 年 8 月停刊。

1 月 24 日

中共中央政治局决议：“同意毛主席指出今后《解放日报》应从社论、专论、新闻及广播等方面贯彻党的路线与党的政策，文字须坚决废除党八股。”（《毛泽东新闻工作文选》，第 91 页）

1 月 25 日

综合性刊物《华北文化》月刊在晋东南地区创刊。张秀中等负责。1943 年 4 月改出“革新号”。1944 年 2 月 25 日停刊。

同月

百团大战照片展览会在延安军人俱乐部举行，展品共百余幅。影展负责人是徐肖冰。

2 月 8 日

毛泽东在中共中央宣传部召集的一次干部会上发表讲演《反对党八股》。（见《毛泽东新闻工作文选》，第 70—89 页）这是指导当时延安整风运动的重要文献之一，是党的新闻宣传工作的重要指针。2 月 10 日，延安《解放日报》报道了毛泽东发表的《反对党八股》演说的消息。11 日，该报发表社论《宣布党八股的死刑》。6 月 18 日，该报全文发表毛泽东的《反对党八股》。

3 月 8 日

毛泽东为延安《解放日报》的“三八”国际妇女节纪念特刊题词：“深入群众，不尚空谈。”

3 月 13 日

延安《解放日报》的《文艺》副刊（第 102 期）开始发表王实味的杂文《野百合花》，3 月 23 日的第 106 期《文艺》副刊接着发表了该文的后半部分。毛泽东 3 月 31 日在《解放日报》改版座谈会上批评该文称：“有些人是从不正确的立场说话的，这就是绝对平均的观念和冷嘲暗箭的办法。”（《毛泽东新闻工作文选》，第 91 页）该文及其作者在整风运动中受到严厉的批判。

3 月 14 日

毛泽东在给周恩来的电报中说：“张申府纪念《新华日报》的文章表示对我党满腔热情，已在解放转载。他希望把党报变为容许一切反法西斯的人说话的地方，这一点是很对的，新华、解放都应实行。关于改进《解放日报》已有讨论，使之增强党性与反映群众。《新华日报》亦宜有所改进。关于共产党员与党外人员的关系，中央已准备了一个决定草案，下周可通过，党报应容纳党外人员说话亦包括在内。”（《毛泽东新闻工作文选》，第 93 页）

3 月 16 日

中共中央宣传部发出《为改造党报的通知》。其中指出：“各地方党部应当对自己的报纸加以极大注意，尤应根据毛泽东同志整顿三风的号召，来检查和改造报纸”。“如果报纸只是或者以极大篇幅为国内外通讯社登载消息，那末这样的报纸是党性不强”，“就须立即加以改正”。“要使各地的党报成为真正的党报，就必须加强编辑部的工作，各地高级党的领导机关，必须亲自注意报纸的编辑工作，要使党报编辑部与党的领导机关的政治生活联成一气”，“要有与党的生活与群众生活密切相联系的通讯员或特约撰稿员”。“党报要成为战斗性的党报，就要有适当的正确的自我批评，表扬工作中的优点，批评工作中的错误”。“另一方面，要有对于敌人的思想的批判”。“各地党报的文字，应力求通俗简洁”。（《中国共产党新闻工作文件汇编》上册，第126—127页）

3月29日

广东人民抗日游击总队机关报《前进报》创刊。由总队政治部将《东江民报》改名而成。初为油印的4开报，1945年改为铅印的对开大报。社长杨奇，副社长涂夫。1943年冬，广东人民抗日游击队东江纵队成立，此后该报成为东江纵队机关报。报社还出版有《抗日杂志》《政工导报》等。日本投降后，为了适应新的形势，该报分别出版江南版和江北版。1946年6月，东江纵队奉中共中央命令北撤山东烟台，从此，《前进报》的任务乃告完成。共出版了100多期。

3月31日

毛泽东和博古在延安杨家岭中共中央办公厅主持召开《解放日报》改版座谈会，到会的有延安各部门负责同志和作家70多人。毛泽东在座谈会结束时发表讲话。他说：“利用《解放日报》，应当是各机关经常的业务之一。经过报纸把一个部门的经验传播出去，就可推动其他部门工作的改造。我们今天来整顿三风，必须要好好利用报纸。”“关于整顿三风问题，各部门已开始热烈讨论，这是很好的现象。但也有些人是从不正确的立场说话的，这就是绝对平均的观念和冷嘲暗箭的办法。”（《毛泽东新闻工作文选》，第90—91页）

同月

中共晋豫区委机关报《晋豫日报》在山西阳城创刊。油印，4开，三日刊，后改为石印，两日刊。1943年5月终刊，并入《太岳日报》。

毛泽东为中共中央起草的《关于共产党员与党外人士的关系的决定（草案）》中指出：“《新华日报》《解放日报》及各抗日根据地的报纸刊物，应吸收广大党外人员发表言论，使一切反法西斯反日本帝国主义的人都有机会在我党党报上说话，并尽可能吸收党外人员参加编辑委员会，使报纸刊物办得更好。党报工作者必须学会善于吸引党外人员在党报上写文章、写通讯的方式和方法。某些党报工作者的主观主义与宗派主义态度，须受到批评。”（《毛泽东新闻工作文选》，第94页）

4月1日

延安《解放日报》发表改版社论《致读者》，宣布“今天我们的版面以新的形态呈献在读者面前”，“我们认为需要使我们的工作，有一个彻底的改革”。“改革的目的，就是要使解放日报能够成为真正战斗的党的机关报。要达到这个目的主要的环节，就是要使我们整个篇幅贯彻党的路线，反映群众情况，加强思想斗争，帮助全党工作的改进。这样来贯彻我们报纸的党性、群众性、战斗性和组织性！”从这天起，《解放日报》的版面进行了重要调整。改版以前，第一、二版主要是国际新闻，三版主要是国内新闻，四版是陕甘宁边区新闻和副刊。这样的版面安排以主要的和最大的篇幅供给了国际新闻，在相当程度上脱离了党的中心工作，脱离了抗日民主根据地广大军民斗争的实际。改版以后，第一版主要是反映各抗日民主根据地的要闻版，第二版是陕甘宁边区版，第三版是国际版，第四版是副刊和各种专论。这样的版面安排加强了党性，在联系实际、联系群众方面向前迈进了一大步。社论《致读者》从党性、群众性、战斗性、组织性等方面检查了《解放日报》自创刊以来工作中的缺点，特别强调指出，“尤其重大的弱点是，最近中央号召全党反主观主义反宗派主义反党八股进行思想革命与改造全党工作的时候，党报没有能尽其应该的责任”。《致读者》还强调，“没有广大的读者的赞助和鞭策，则报纸要办得好，是不能设想的”。“我们诚恳地期望着，读者们给我们一切援助和批评，使我们的报纸能够成为真正的集体宣传者、集体鼓动者和集体组织者”。

《大公晚报》在桂林创刊。该报是《大公报》桂林版的派生物，是利用该报从香港撤退来的人力创办的。

4 月 7 日

延安《解放日报》开始对《野百合花》（参见本年 3 月 13 日条）及其作者王实味展开批评。起初对王实味还是以“同志”相称，希望他改正立场。6 月 15 日，发表陈伯达在中央研究院座谈会上的发言，题目是《关于王实味》，第一次公开地在报纸上说王实味是托派，并且说：“总而言之，统而言之，王实味的思想是包含一个反民众的、反民族的、反革命的、反马克思主义的、替统治阶级服务的、替日本帝国主义和国际法西斯服务的托洛斯基主义。”从此，报纸上发表的批判文章的基调，就上升到了对敌斗争。6 月 16 日，发表丁玲的《文艺界对王实味应有的态度及反省》，指出王实味的问题，已经不是思想方法问题，立场或态度的失当，而是反党的政治问题。她还对自己担任《解放日报》文艺副刊主编期间，发表王实味的《野百合花》和自己写的《三八节有感》作了自我批评。到 7 月底止，这场批判以周扬写的《王实味的文艺观与我们的文艺观》（《解放日报》1942 年 7 月 28、29 日）而告结束。

4 月 9 日

延安《解放日报》开辟《一得书》杂文专栏。由谢觉哉执笔，笔名焕南。至 11 月 11 日止，共发表杂文 71 篇。该专栏积极配合当时的延安整风运动。毛泽东 8 月 17 日写信给谢觉哉说：“……我对《一得书》感到兴趣，是有益的；虽间有一二点觉得说不甚恰当，但不要紧。”（《新闻研究资料》第 16 辑，展望出版社 1982 年 9 月版，第 38 页）

4 月 10 日

延安《解放日报》开始出《整顿三风讨论资料特辑》。它是刊登整风学习中重要文件的专刊，至 4 月 20 日，共出 6 期。中共中央决定必须学习的 22 个整风文件，基本上都是发表在这个专刊上。在当时印刷设备差、纸张很困难的情况下，这个专刊就是给干部发的学习材料。

4 月 16 日

汪伪国民政府宣传部实施无线电收音机登记，以防止广大人民群众收听抗日广播。宣传部为中央主管机关，各地警察局为登记执行机关。

4 月 19 日

《华侨导报》在菲律宾马尼拉创刊。它是菲律宾华侨进步组织创办的抗日地下报纸。油印，周报。曾协助出版地下抗日报纸《侨商公报》，油印，周报。1945 年 2 月美军进入马尼拉后，《华侨导报》于 2 月 9 日改为公开出版，并改为铅印日报。这是马尼拉光复后出版的第一张华文报纸。3 月 26 日扩大篇幅，每天出对开 4 版 1 张。光复前，《华侨导报》的主要负责人有林季良、李实（罗理实）、黄南君（黄薇）等。光复后，《华侨导报》建立起编辑部和经理部，由张思明（张敏思）任总编辑，黄南君任编辑主任，后任总编辑，龚韬毅任经理。此后，国民党反动分子勾结菲律宾当地官员，加紧对华侨进步力量的迫害，该报出至 1947 年 10 月 30 日宣布停刊。

4 月 23 日

延安《解放日报》发表《轻骑队》编委会的《我们的自我批评》一文。《轻骑队》是延安的一个很有影响的墙报，出版已经一年。它的内容主要是开展批评，但在开展批评中背离了正确原则，影响很不好。《解放日报》曾发表文章进行批评。《轻骑队》编委会通过当时在延安开展的整风运动，进行了检讨。《我们的自我批评》一文中说："过去《轻骑队》的编辑方针是有错误的，那就是没有能坚持以照顾全局的与人为善的同志的精神来进行批评，因而我们的批评就往往成为片面的，甚至与被批评者完全对立的，因而也就不但不能达到我们积极的巩固团结的初衷，而且实际上助长了同志间的离心倾向，有时还产生了涣散组织的恶果。"该文还提出了今后改进批评的措施，要"使延安的一切更健康，更美满"。

5 月 10 日

总政治部发出《关于为供给〈解放日报〉稿件的指示》。其中指出："延安《解放日报》自改版后，决定要用更多篇幅来反映和报道八路军新四军及敌后抗日民主根据地的情形。因此，在部队中建立通讯工作，组织同志写稿，经常供党报材料，是我各地军政机关重要任务。"(《中国共产党新闻工作文件汇编》上册，第 130—131 页)

5 月 13 日

延安《解放日报》创办《学习》副刊。该刊是根据中共中央的决定，为帮助延安和全边区党组织当前的整风学习运动而创办的。目的是为了造成浓厚的学习空气，解释问题，解释疑难，创造经验，交换意见，发扬好的，批评坏的。该刊编委会公布的收稿负责人名单是：中宣部陆定一，解放日报吴敏，中央研究院范文澜，文抗丁玲，中央党校彭真，枣园李克农，总政肖向荣，西北局陈正人，军事学院郭化若，留政莫文骅，鲁艺周扬，王家坪伍修权，延大何思敬，排庄王诤。《学习》共出版 24 期，至 1943 年 1 月 16 日停刊。

5 月 19 日

中共中央晋绥分局机关报《抗战日报》实行改版。该报在《为改版告读者》的社论中说："作为根据地的报纸，最主要的任务，就是能针对根据地的实际情形，团结广大人民，组织一切力量，以实现根据地的政策法令和工作服务。它应当是深入群众的，不仅要把个别的日常的细微的活动，变为全面的综合的系统的报道，不仅是从这些报道来标明工作的进步，而且主要的是根据这些实际情况，解决实际问题，改进实际工作。这是本报过去所没有做到的，也正是今后所要努力的方向。"它将地方消息扩大为两版，加强了通讯工作的组织和领导，记者编辑也都开始重视地方新闻的采编工作，报纸上反映根据地群众生活和斗争的东西逐渐多了起来，对实际工作中存在的缺点和错误也开始有了批评。改版前，该报根据党的整风精神，检查出该报的新闻和论文常患有聋、盲、哑、软四种病症，即常常听不见群众的呼声；看不见群众的活动和根据地的各种症结问题；说不出群众的要求，也不能向群众透彻地解释党的政策法令；斗争性差，对工作中的缺点错误批评不够。同时，该报还征求了广大读者对报纸的意见，读者特别提出报纸应以报道晋西北根据地各方面的建设及晋西北人民生动的生活为主要内容。这些检查和意见对改版很有帮助。

5 月 23 日

重庆《新华日报》发表社论《敬告本报读者——请予本报以全面的批评》，公开向读者征求意见，为整风改版做准备。社论中说："本报既为中共机关报，又以人民喉舌自期，就更加要切实进行整顿三风的工作。在这个当中，最重要的办法，就是倾听各党友人，各界先进和广大读者的批评。”

5 月 31 日

《群众》周刊第 7 卷第 10 期出版。为了按照中共中央整风精神改进刊物，这一期发表了该刊《启事——敬向读者要求指示》。《启事》向读者郑重征询意见：1. 你最喜欢和最不喜欢哪一类文章，哪几篇？为什么？2. 你觉得应当增加一些和减少一些哪一类文章？3. 本刊文字，你觉得够不够通俗？有些什么毛病？最好能举例言之。4. 对本刊的编排形式有些什么意见？5. 你能否按期收到刊物（长期订户）？6. 其他。此后，该刊又连续 5 期刊登这一启事。

同月

“抗日初期之一角”照片展览先后在延安军人俱乐部和作家俱乐部展出，郑景康摄影。一部分是艺术作品，一部分是新闻摄影。毛泽东看后赞扬他能抓住动态，总政宣传部长肖向荣为影展题名。

6 月 1 日

《中央日报》和《扫荡报》奉命在重庆联合出版，10 月又各自单独出版。

7 月 1 日

《新华报》在苏北阜宁创刊。五日刊，4 开 4 版。是中共中央华中局的机关报，也是新四军军部的机关报。新四军军长陈毅兼任新华报社社长，总编辑陈修良，副总编辑黄源。读者对象主要是华中地区的党政军干部，根据地内各阶层人士也可订阅。地下交通人员曾将此报秘密带入上海、南京、武汉、合肥、杭州等敌占区大城市，受到爱国人士的欢迎。1942 年底，由于日伪军加紧对苏北地区调兵，形势险恶，华中局和新四军军部机关于 12 月 25 日撤离苏北，向淮南转移。在此情况下，《新华报》乃停刊，共出版 35 期。后改出《无线电讯》报。

7 月 7 日

《晋察冀画报》在河北平山县创刊。由中国共产党领导的晋察冀军区政治部主办。是抗日根据地第一份以刊登新闻照片为主的综合性画报。1942 年 5 月 1 日，晋察冀画报社正式成立。军区政治部任命沙飞为主任，罗光达为副主任，赵烈为政治指导员。经过艰苦的努力，画报作为向抗战 5 周年的献礼而正式出版。画报为 16 开本，创刊号连封面、封底共 94 页。原计划尽可能每半年出 1 期，结果 1943—1945 年的 3 年中，每年出版 3 期，都超额完成。1948 年 5 月，因晋察冀军区与晋冀鲁豫军区合并为华北军区，该画报社与晋冀鲁豫军区的人民画报社合并，组成华北画报社。在 6 年时间内，共出画报 13 期。还出版《晋察冀画刊》，从 1946 年 12 月 30 日到 1948 年 5 月 28 日，共计 44 期，主要发到野战部队。该画刊从 1947 年 8 月 25 日的第 22 期开始，改由野战军政治部出版。晋察冀画报社还曾出版《晋察冀画报增刊》《摄影新闻》《时事增刊》，画报丛刊、月刊、旬刊，画报号外，画报传单等。

7 月 18 日

《中央日报》屯溪版在安徽屯溪创刊。直属国民党中央宣传部管辖。冯有真任社长，总主笔李秋生，总编辑胡博明。抗战胜利后迁往上海，于 1945 年 8 月 30 日改出《中央日报》上海版。屯溪版《中央日报》继续出版至 1945 年 10 月 30 日停刊。

延安《解放日报》发表社论《把我们的报纸办得更好些》。社论指出：“我们需要一次政治的教育，使大家用新的对报纸的观念来代替那些旧的观念。我们还需要一次技术的教育，使大家学会怎样来供给报纸所需要的稿件。”“进行这两方面的教育，而且不光是教育，同时就照正确的方向动手动脚起来，这首先也自然是党报本身的工作。”“但是，党的每一个工作部门的负责人，每一个党员或同情者的读者，请你也记着：把我们的报纸办得更好些，更好些——这也就是你的不容回避的责任呀！”

同月

国民党政府公布《国家总动员法》，其中规定：“本法实施后，政府于必要时，得对报馆及通讯社之设立，报纸通讯稿及其他印刷物之记载，加以限制、停止，或命令其为一定之记载”，“本法实施后，政府于必要时，得对人民之言论、出版、著作、通讯、集会、结社，加以限制”。（张宗厚：《国民党政府统治时期的新闻法制》，《新闻学论集》第 11 集，中国人民大学出版社 1987 年版）

8 月 4 日

延安《解放日报》发表社论《报纸和新的文风》。指出：“建立新的文风，是整顿三风中的一件大事，同时又是报纸、和报纸有关的一切工作者应当首先来倡导的事情。”

8 月 25 日

延安《解放日报》发表社论《展开通讯员工作》，指出：“我们的报纸，如果没有广泛的通讯员，如果没有参加实际工作的、生活在群众中间的党与非党的通讯员，是不可能办好的。”“因此，做通讯员，为党报写稿，关心与帮助通讯员的工作，也就不仅是报社对于每个工作同志、每个工作机关的希望和要求，同时这也应该是每一工作同志、每一工作机关的责任与义务。”

8 月 29 日

中共中央政治局会议作出关于《解放日报》问题的如下决定：一、同意毛主席指出的《解放日报》自 4 月改版以来，有较大的进步，但尚未能做到完全成为中央的机关报。有些重大的新问题未能事先提出与中央商量，而报社所采取的立场有不妥当者，今后在这方面必须实行改善。报社的日常政策须在中央会议上作通知，其他事项须作明确规定者，委托博古、定一协同王稼祥、陈正人起草党报工作条例与报馆管理规则，交中央讨论。二、各机关学校负责人必须管理所属机关、学校人员在报上发表的消息和稿件，不得任其随便乱发，以明责任。三、《解放日报》是中央机关报，同时在一定范围内又是西北局的机关报。西北局应积极管理边区范围内的事项，并决定陈正人参加中央党报委员会。

9 月 9 日

中共中央西北局作出《关于〈解放日报〉工作问题的决定》。其中说：“党中央最近决定中央机关报《解放日报》同时又是西北中央局的机关报。”“西北中央局特责成各级党部在党内进行关于党报的教育工作，使每个党员干部认识对党报漠不关心的态度乃是党性不好的一种具体表现。而经常看党报，帮助党报的发行及组织党报的通讯工作，则是每个党员所应当努力的责任。”“各级党委要把帮助与利用《解放日报》的工作当作自己经常的重要业务之一，定期的检讨自己对《解放日报》所做的工作，并将讨论情形报告西北中央局。”（《中国共产党新闻工作文件汇编》上册，第 132—134 页）

9 月 15 日

毛泽东在给何凯丰的信中说，延安《解放日报》“可以希望由不完全的党报变成完全的党报”，并说“各部门利用报纸做工作的事，我想还要讨论一次，以促中央各部门同志的注意”。（《毛泽东新闻工作文选》，第 99 页）

9 月 18 日

重庆《新华日报》经过筹备和广泛听取各方面读者的意见后正式改版。是日发表社论《为本报革新敬告读者》。其中写道："总之，我们还没有使报纸充分具有中共党报的品质，人民大众喉舌的作用。"今后"其主要方向，是要使报纸从各方面贯彻党的政策，从各方面反映人民的呼声和要求，使《新华日报》真正做到不仅是中共的机关报，同时，要成为人民自己的报纸"。其主要的具体改革内容，正如《本报"九一八"起内容革新》启事（刊登于该报 9 月 11 日至 9 月 18 日第 1 版）所说："言论：质量加强，力求及时反映当前事变。友声：特辟专栏，增多篇幅，邀请各界人士撰稿，以便反映各方意见。新闻：尽量增加国内外专电及通讯；翔实报道边区敌后情形。四版：除保留'青年''妇女'专页及增加'团结'专页外，余为综合的文化版，力求内容丰富，文字生动活泼。"

重庆《新华日报》创办《新华副刊》，放在第 4 版。它是一个文化性的综合的副刊，很受读者欢迎，许多读者是受到这个副刊的吸引而在政治上逐步接近《新华日报》的。应广大读者的要求，曾以单页形式印发。胡绳、林默涵、徐光霄、郑之东、李亚群等人曾先后任主编。出至 1947 年 2 月 28 日后停刊。

9 月 19 日

重庆《新华日报》创办《团结》副刊。周恩来为它撰写发刊词《"团结"的旨趣》，指出："最近我党中央号召整顿三风，便是要在党的正确路线和巩固基础上，认真的做反省的功夫。新华的改革，就是响应这个号召和在事实上执行自己对抗战对人民所负担的义务。"

9 月 20 日

毛泽东为延安《解放日报》第 4 版拟订征稿办法，约陈荒煤、江丰、张庚、柯仲平、范文澜、邓发、彭真、王震之、冯文彬、艾思奇、陈伯达、周扬、吕骥、蔡畅、董纯才、吴玉章负责征稿。（见《毛泽东新闻工作文选》，第 101—103 页）征稿人确定之后，毛泽东在枣园设便宴招待征稿人。席间他指出："党报是党的整个事业的一部分，办好党报是全党的事，不是哪一个人的事，全党的事要全党来办。"（《新闻研究资料》第 18 辑，中国社会科学出版社 1983 年 3 月版，第 27 页）

9 月 22 日

延安《解放日报》发表社论《党与党报》。它解释"报纸是集体宣传者和集体组织者"这句名言中的"集体"时说，这"决不是指报馆同人那样的'集体'，而是指整个党的组织而言的集体"。"党报不但要求忠实于党的总路线、总方向，而且要与党的领导机关的意志呼吸相关、息息相通，要与整个党的集体呼吸相关、息息相通，这是党报工作人员的责任"。这是一个方面。还要有另一个方面，"这就是党必须动员全党来参加报纸的工作"，"首先是党的领导机关要看重报纸"，"而且党的各级机关，各级组织，以至于每个党员，都对党报负有责任"。"这样，党报才真正能成为党的喉舌，成为集体的宣传者与集体的组织者"。"如果不这样做，如果不动员全党来办报，其结果，党报还是不能成为党的报纸，而会多多少少成为报馆同人的报纸"。

9 月 25 日

《联合画报》在重庆创刊。由联合幻灯供应社创办，年底由美国新闻处接办。社长先后由美国人司徒华、杭勤斯担任，主编舒宗侨。初为半月刊，4 开 4 版，1943 年 1 月改为周刊，后增至 4 开 6 版、8 版。图文各半。1945 年抗日战争胜利后，美国新闻处将画报所有权转让给舒宗侨，改由私人经营，仍由舒宗侨主编。11 月迁上海出版。初为单张周刊，后为10开本月刊。1949年5月停刊，前后共出版227期。

9月29日

汪伪国民政府公布《无线电收音机取缔暂行条例》《违禁收音机使用持有特许标准》《各地违禁收音机特许委员会组织办法》。所谓“违禁收音机”，指有短波装置的收音机。

同月

晋察冀边区抗联创办《群众报》。

新华社华中分社成立。社址在江苏阜宁。社长为范长江，编辑部主任为谢冰岩。后改为华中总分社，下有苏中分社、淮南分社、苏北分社、浙东分社、皖中南分社、淮北分社、苏南支社等分支机构。

秋

1941年起，晋绥边区《抗战日报》社组织的电讯编辑委员会责成专人逐日向延安新华总社编发新闻电讯，1942年秋正式成立新华社晋西北分社。分社社长由延安《解放日报》社和新华总社派来的郁文担任，他同时兼任《抗战日报》通讯采访部副主任。

10月1日

中共中央晋绥分局作出《关于〈抗战日报〉工作的决定》。其中强调：“《抗战日报》是晋绥边区六百万人民的报纸，是根据地党政军民的喉舌，是体现党和政府一切政策的有力工具，是反映人民生活和要求的镜子，是对敌斗争的锋利武器。凡我晋绥边区每个党员都有爱护它，研究它，为它写稿，为它传播的责任。”“从分局起到各级党委党团，要把帮助与利用《抗战日报》的工作，当作自己经常的重要业务之一，定期检讨自己对《抗战日报》所做的工作。各级党委党团要把讨论的情形按期经过一定系统报告分局；分局宣传部即作为工作检查之一。”（《中国共产党新闻工作文件汇编》上册，第135—136页）

10月2日

北平燕京大学在成都复校。该校新闻系随之恢复教学活动。同月3日，该系师生主办的4开小报《燕京新闻》复刊。次年3月6日，该报8开英文版复刊。

10月4日

毛泽东来到延安清凉山中央印刷厂俱乐部，接见了新华社和解放日报社的全体工作人员，并发表讲话，说：“你们的工作很重要，中央了解国内外情况有许多来源，但主要靠你们。”（窦其文：《毛泽东同志报刊活动简表》，《新闻研究资料》第28辑，第53页）

10月12日

毛泽东为《解放日报》写的社论《红军的伟大胜利》发表，该文深刻地分析和预示了苏联红军反击德国法西斯的胜利。此文后收入《毛泽东选集》，题目改为《第二次世界大战的转折点》。

10月28日

毛泽东为中共中央书记处起草给各中央局、中央分局的指示，指出：“查各地中央局、中央分局对当地通讯社工作及报纸工作注意甚少，对宣传人员及宣传工作缺乏指导，尚不认识通讯社及报纸是革命政策与革命工作的宣传者组织者这种伟大的作用，尚不懂得领导人员的很多工作应该通过报纸去做。西北中央局已经发表了一个关于报纸工作的决定，各地亦应仿此办理，改正过去不讨论新闻政策及社论方针的习惯，抓紧对通讯社及报纸的领导，务使通讯社及报纸的宣传完全符合于党的政策，务使我们的宣传增强党性，拿《解放日报》所发表的关于如何使报纸增强党性的许多文件去教育我们的宣传人员，克服宣传人员中闹独立性的错误倾向。”（《毛泽东新闻工作文选》，第97页）

延安《解放日报》和中国青年记者学会

延安分会合编的《新闻通讯》（第 1 期）在延安《解放日报》第 4 版刊出。在此以前，已出过 3 期，是油印的。该刊的主要目的是为了联系和帮助广大通讯员，鼓励大家的写作勇气，提高写作水平。

11 月 17 日

延安《解放日报》发表社论《给党报的记者和通讯员》，其中说道："我们党报的记者通讯员，决不能像资产阶级报纸的记者通讯员那样，自称为'无冕之王'，我们老老实实自称为公仆，我们是党和人民这个大集体的公仆。"

11 月 23 日

延安《解放日报》第一任总编辑杨松病逝。杨松原名吴绍镒，湖北黄安人，1907 年 11 月 14 日生。北伐时任血光通讯社编辑和记者。1926 年 8 月加入中国共产主义青年团。1927 年赴莫斯科中山大学学习。不久成为中国共产党党员。1931 年至 1933 年在海参崴太平洋职工会任中国部主任，并负责编辑《太平洋工人》杂志。不久调莫斯科职工国际东方部工作，主编《全民》杂志。1938 年到延安，任中共中央宣传部秘书长兼宣传科科长，并任《解放》周刊编委。1941 年 5 月调《解放日报》任总编辑，直至病逝。

11 月 25 日

日本海军于上午 11 时查封上海申报馆。这次查封主要是日本海、陆军之间的矛盾引起的。海军以查账入手，找陆军报道部控制《申报》的岔子，同时搜括储存在《申报》栈房里的纸张以及燃料、油墨、铅合金等物资。12 月 8 日《申报》再度出版。日本驻沪海军报道部捧出陈彬龢出任《申报》社长。

11 月 28 日

重庆《新华日报》的《新华副刊》开始发表司马牛的杂文。司马牛先是夏衍个人的笔名，后为集体的笔名，主要作者还有：胡绳、乔冠华、杨刚等。《新华日报》被迫停刊前不久，1947 年 2 月 24 日的《新华日报》发表了司马牛最后的一篇杂文。司马牛的杂文短小犀利，脍炙人口。

同月

《苏联文艺》月刊在上海"孤岛"创刊。苏商时代出版社出版。先后由罗果夫、施维卓夫任主编。是我国最早的一份专门译载苏联文学作品的刊物。该刊及时将苏联卫国战争时期的重要作品介绍给中国广大读者，如《青年近卫军》《日日夜夜》《他们为祖国而战》等等，都是先在这本刊物上连载，后来再出单行本的。这些文学作品对我国产生了巨大影响，对鼓舞我国人民坚持抗日战争发挥了重要作用。

日本驻沪海军在取代陆军接管《申报》的同时，也接管了《新闻报》。在日军劫夺时期，该报由吴蕴斋任社长，后由李思浩任董事长。

12 月 1 日

新华通讯社和解放日报社合编的《参考消息》第 1 号在延安出版。它的前身是红色中华社编印的《无线电材料》《每日电讯》。该报以选编外电、外报报道和港澳及海外报刊材料为主。原为内部发行，1985 年改为限国内发行。

12 月 10 日

中共中央宣传部发出《对各地出版报纸刊物的指示》。其中提出："新华分社与当地日报社在组织上可以合一，分社即以报社之材料择要供给总社，分社应以收听总社广播为主。"（《中国共产党新闻工作文件汇编》上册，第 128—129 页）

12 月 30 日

《群众》周刊第 7 卷第 24 期发表社论《送 1942 年寄读者》。其中说：根据中共中央整顿三风的号召，读者来信的指教，以及我们自己的省察检讨，对本刊的改造革新，谨作如下陈述，以答复读者诸君不吝指教的雅意，同时也就作为1943年第8卷的编辑方针：本刊是比较偏重于理论研究的刊物，但所研究的是理论与实际的联系而不是单纯的理论，因此，不能不着重到思想意识上与思想方法上的斗争方面去。研究可有两方面，即历史实际的研究和革命实际的研究，前者以农民战争和近百年史为研究中心，后者则以时事和现实问题为研究对象。时事不以政治形势为限，同时也涉及思想上文化上的各种问题。现实问题则包括军事问题、经济问题、国际问题等等在内。

同月

《中央日报》梧州版创刊。后迁南宁、桂林出版。社长徐诛平。

同年

1942年后，伪满洲国实行新闻社新体制，建立起《康德新闻》《满洲日日新闻》《满洲新闻》三个大新闻社，垄断了伪满报纸的发行。康德新闻社合并了18家用中文出版的报社，如盛京时报社也被改组为康德新闻社奉天支社。满洲日日新闻社合并了3家日文报社。满洲新闻社合并了4家日文报社。1944年5月，《满洲新闻》和《满洲日日新闻》又合并为《满洲日报》。

广州国民大学（战时迁校至广东曲江）创办新闻学系。由该校文学院院长黄轶球兼任系主任，次年由袁昶超继任系主任。抗战胜利后该校迁返广州。

1941年香港沦陷后，日伪势力不断伸展到澳门。1942年，日伪先后在澳门创办了两份日报。先创办了《西南日报》，它是日本侵略者在澳门的喉舌报，社长刘传能，台湾籍人。不久创办了《民报》，它是日伪的附庸报，社长唐清宇，主编陈昌文。

1943年（癸未）

1月1日

《现代妇女》月刊创刊于重庆。该刊受中共南方局妇委领导，以爱国妇女同人刊物的面目出现。主编曹孟君，是中共秘密党员。1946年5月迁上海继续出版，1949年3月被国民党当局查封。

《台湾青年》在福建龙岩创刊。4开4版。由三民主义青年团台湾义勇队分团部创办。抗战胜利后，台湾义勇队开赴台湾而停刊。

1月2日

由福州迁往福建战时省会永安的福建广播电台遭日机轰炸，台长钟震之被炸死。

1月16日

重庆《新华日报》的《国际述评》专栏正式与读者见面。两周一期。从这时到1946年3月，主要由乔冠华以“于怀”的笔名（第1期笔名为“洛木”）撰稿。1944年4月至8月乔冠华因病暂时搁笔，专栏由夏衍以“余伯约”的笔名为之撰稿。这个专栏很受读者欢迎，风靡一时。

1月26日

延安《解放日报》的《新闻通讯》专刊第2期出版，其中刊有乔木的《报纸是教科书》一文。

同月

晋冀鲁豫根据地八路军一二九师政治部战场画报社编印的《战场》画报创刊。主编艾炎。只刊登木刻、绘画等美术作品。1944年8月出版的第12期刊出照片21幅，有八路军首长的肖像和活动，以及百团大战等内容。不久停刊。

2月15日

国民党政府明令公布《新闻记者法》，

对新闻记者提出种种限制。因遭到新闻界反对，1945 年 8 月明令暂缓执行。

3 月 20 日

中共中央政治局通过的《中央关于中央机构调整及精简的决定》，其中有一决定为：在中央政治局和书记处之下，设立宣传委员会，由毛泽东、王稼祥、博古、凯丰四人组成。毛泽东任书记。该会统管五个部门：中央宣传部、解放日报社（包括新华社、广播电台）、中央党校、文委和出版局。宣传委员会成立后，原有的中央党报委员会即取消。

冀鲁豫军区机关报《战友报》正式创刊。2 版，周刊，石印。同年 8 月 16 日正式成立了战友报社，胡痴任社长，梁秋任总编辑，报纸改为 4 版。同年又出版了《战友》月刊和《战友画报》。1945 年 7 月 1 日，《战友报》出版到第 131 期改为铅印。1947 年 3 月 20 日，《战友报》改为晋冀鲁豫军区野战政治部和冀鲁豫军区政治部联合出版，胡痴、王时春任正副主编。同年 4 月 25 日又恢复为冀鲁豫军区出版。1948 年 1 月 7 日暂时停刊，1949 年 2 月复刊，同年 8 月终刊。

中共中央西北局发出《关于〈解放日报〉几个问题的通知》，再次强调"各级党委要把帮助与利用《解放日报》的工作，当作自己经常的重要业务之一"。除了肯定各地党委这方面工作的收获外，同时指出还有不够的地方，"最主要的，就是对于各地情况的报道，还嫌不够具体和深刻"。特决定一系列具体办法，要求"各级党委负责同志，应当经常向《解放日报》投稿"，"地委应加强对《解放日报》通讯处的指导"，"各级党委应负责整顿各地通讯员"，"各级宣传部应将通讯员的组织和教育工作，作为自己的重要业务之一"，"各级党委应当检查半年来执行西北局'关于《解放日报》工作的决定'的程度"。（《中国共产党新闻工作文件汇编》上册，第 141—144 页）

4 月 5 日

《征信新闻》在重庆创刊。初为油印，翌年改为铅印。除星期日及例假休刊外，每日出版。该刊由联合征信所主办。该所是中央银行、中国银行、交通银行、中国农民银行组成的联合办事处，为了适应银行业务的需要而在重庆建立的。《征信新闻》的内容，一部分是报道国内和本埠的经济、金融、财政、交通、工商业等新闻；一部分为本埠和外埠的当日金融行情和物价行情。该刊分中文、英文两种版。抗战时期，只在重庆一地出版发行。抗战胜利后，联合征信所总所迁至上海继续出版《征信新闻》，各大城市联合征信所分所也出版发行《征信新闻》。1949 年，联合征信所上海总所和各地分所在新中国成立前夕纷纷停业。1949 年 11 月重庆解放时，《征信新闻》继续出版。是年 12 月，军管会通知重庆分所由西南贸易部接管。西南贸易部令《征信新闻》照常出版发行。1951 年 2 月，重庆分所转由重庆市工商局接管。联合征信所于接管后结束，《征信新闻》亦随之停刊。

4 月 9 日

美国华侨报纸《纽约新报》（*China Tribune*）创刊。该报是余仁山和李莘之向在美国的国民党员招股创办的。

4 月 25 日

《盐阜大众》报在江苏盐阜地区阜东县施头庄创刊。中共盐阜地委主办的一张通俗报纸。第一任社长王阑西。一直出到 1966 年 12 月 31 日停刊。1980 年 1 月 1 日复刊。

同月

国民党当局公布《非常时期报社、通讯社、杂志社登记管制暂行办法》，加强对新闻出版事业的控制。

伪满洲电信电话股份有限公司对其机构

进行了一次较大的调整，撤销了广播部，成立“广播总局”。该局又与伪新京中央广播电台合并，称为“新京广播总局”，负责全伪满的广播工作。

5月20日

山东滨海军区政治部机关报《民兵》创刊。初为6开2版，周刊，油印，后改为铅印。1944年1月改为4开4版，五日刊。1948年1月15日停刊。

同月

晋察冀边区创办的英文《晋察冀杂志》在晋察冀地区出版。其主旨是向外国宣传晋察冀边区的抗战业绩。

6月1日

广东韶关《晨报》创刊。该报是以《明星报》为基础出版的。4开小型报。社长梁若尘，经理赵元浩，后任主笔。该报是当时韶关唯一的非官办的日报。1944年1月21日，日军进逼韶关，该报印出了少量报纸后撤退。

6月10日

延安《解放日报》发表社论《政治与技术——党报工作中的一个重要问题》。其中指出，“好的技术能把正确的政治内容最完善地表达出来，坏的技术则不能做到这点，甚至会起相反的作用”。认为党报工作应做到“政治第一，技术第二”，反对“技术第一，政治第二”，并认为后者是反对党性，反对群众性，反对战斗性的口号。

6月15日

《大公报》经理胡政之在桂林馆对经理部同人讲话，其中说：“大概官办报纸，重在宣传，所以编辑部比较着重，经理部人没有地位。商办报纸看重营业，所以经理部无形高于编辑部。我们的报是经理编辑两部同等重视，没有高低之分。而且我们为经理部与编辑部打成一片，传统的办法是：从编辑部选拔经理人才。所以，经理部完全了解编辑部的需要。当节省的自然要节省，当花费的一定肯花费，决不会专打小算盘。”（《新闻研究资料》第7辑，新华出版社1981年12月版，第216页）胡政之这一段话总结了该报的一条重要经验。《大公报》确是这样做的。如李子宽、金诚夫、曹谷冰、王文彬、费彝民等，都是从编辑部选拔出来当经理的。

6月18日

《新民报》成都版创刊。始出晚刊，后出日刊。1949年解放前夕被国民党强夺霸占。该报曾先后由崔心一、赵纯继任经理。

7月

《山东画报》在山东抗日根据地莒南县创刊。康矛召任山东画报社社长，那狄、龙实先后任主编。该画报既有照片，又有木刻等美术作品，还有诗歌、小说、连环图画等。初为石印，1945年7月1日第25期开始刊登铜版时事照片。基本上每月或隔月出版1期。有时出对开单张，有时出16开本，每本多达32页。华东军区成立后，《山东画报》自1947年第40期起改为《华东画报》。1949年3月停刊，共出版49期。

8月13日

《秦风工商日报》在西安创刊。它由中国民主同盟西北总支部主办，由西安的《秦风日报》和《工商日报》两家民营报纸联合出版。发行人杜斌臣，社长成柏仁，副社长兼主笔张性初。该报积极宣传抗战、团结、进步与和平、民主，曾遭到国民党当局种种迫害。1946年，国民党特务多次将该报捣毁，并将该报包围，报纸无法发行出去，被迫于该年5月3日停刊。

8月25日

重庆新闻学院创办。它是中美文化合作

计划中的一个项目，由国民党中央宣传部国际宣传处与美国纽约哥伦比亚大学新闻学院合办，目的是为国民党培养国际宣传和新闻人才。院长、副院长分别由国民党中宣部国际宣传处正副处长董显光、曾虚白兼任。学制一年半（实习半年）。每期招收 30 人，大都是大学毕业、英语程度较高的学生。学院出版有实习报纸《重庆新闻》，英文周刊。教学方面实际负责人是美国哥伦比亚大学新闻学院派来的美籍教师。1947 年 7 月停办，共办 2 期。

同月

《战斗月报》在昆明创刊。是中共云南地方组织出版的秘密油印刊物。内容刊登中共中央文告、领袖著作、延安《解放日报》社论和其他重要文章，报道解放区情况，还登载云南各界民主座谈会的通电之类的文章。姚黎民和严达夫担任编辑刻印工作。从 1944 年 4 月起改为秘密翻印党的单项文告、文献，不以月刊形式出版，并改为铅印。1944 年 11 月，因人员调动停刊。

9 月 1 日

延安《解放日报》发表陆定一的文章《我们对于新闻学的基本观点》。其中提出：“唯物论者认为，新闻的本源乃是物质的东西，乃是事实，就是人类在与自然斗争中和在社会斗争中所发生的事实。因此，新闻的定义，就是新近发生的事实的报道。”“事实是第一性的，新闻是第二性的，事实在先，新闻（报道）在后。这是唯物论者的观点。”“只有把尊重事实与革命立场结合起来，才能做个彻底的唯物主义的新闻工作者。”“只有为人民服务的报纸，与人民有密切联系的报纸，才能得到真实的新闻。……只有共产党的党报，才能这样建设自己的报纸……”

延安《解放日报》第 1 版刊登消息《国民党摧残新闻事业，去年查禁报章杂志五百余种》，并发表社论《反对国民党的反动新闻政策》。

9 月 6 日

《大公报》经理胡政之在张季鸾逝世 2 周年纪念会上，宣布《大公报同人公约》5 条，其中第 1 条为：“本社‘不私不盲’四字为社训。”（《新闻研究资料》第 7 辑，第 216 页）把 1926 年 9 月 1 日《大公报》社评所宣布的“不党不卖不私不盲”的“四不”，去掉了“二不”。

同月

沅陵《力报》创刊。日出对开 1 张。李宗理任董事长，朱德龄任社长，严怪愚任副社长，陈永言任总经理，冯英子任总编辑。1946 年因抗战胜利，迁回长沙出版。

秋

周恩来从延安托人捎话给晋绥边区《抗战日报》社长廖井丹和晋绥分局：穆欣同志这几年向大后方报纸写过不少介绍敌后军民坚持对敌斗争的通讯，对于粉碎国民党诬蔑我们“游而不击”的谣言，起了好的作用。

10 月 1 日

《新华日报》华北版改为太行版，新华社华北总分社同时改为太行分社。负责人先后为蒋慕岳、安岗、史纪言。

同月

上海一些汉奸报纸联合成立“上海新闻联合会”。由《申报》社长陈彬龢任理事长。

11 月 12 日

美国华侨报纸《美洲日报》（*The Chinese Journal*）在纽约创刊。其前身是《纽约商报》。1944 年，国民党驻美总支部决议向党员招股，将它改为国民党党报。

11月22日

中共中央宣传部致电董必武，指出：《新华日报》《群众》周刊在国民党统治区的险恶环境下，采取各种方法开展斗争，是有成绩的。但在7、8、9月反击蒋介石国民党反共高潮中，却刊登了几篇宣传宋子文、苏州反省院长等国民党官僚和两年实行宪政的文章。在平时，对蒋介石国民党亦常用头条大题，安排不当。指示编辑部必须保持头脑清醒，以严肃的态度继续同大资产阶级反动派展开斗争。要坚持宣传我党我军的抗日成绩，宣传解放区的进步，宣传唯物主义世界观和革命人生观，坚持报纸的群众性，并要求作出详细检查与具体改革计划。12月16日，董必武致电周恩来和中共中央宣传部，报告对《新华日报》和《群众》《中原》两杂志近期内所犯错误的检查情况和今后的改进意见。

12月23日

蒋介石电令新闻检查局：近来各报对于经过检查、删扣之言论、新闻，常有“遵检”两字代替被删之文字而刊于报上者，或留有不完全字句而附以“遵检”等字样登出者。此与违抗检查无异，均应一律严加取缔禁止。如有违背，应照违检例予以处罚。

1944年（甲申）

1月1日

华北沦陷区由于纸张供应极其困难，无法供给该地区25家敌伪报社的需要，自即日起，北京仅保留《新民报》《实报》和《民众报》3家，天津仅保留《庸报》《新天津报》2家，其余均宣告停刊。

重庆《新华日报》的《新华副刊》以《毛泽东同志对文艺问题的意见》为题，介绍了毛泽东在延安文艺座谈会上的讲话的基本内容。编者加以说明称：“毛泽东同志在延安文艺界座谈会上曾发表过两次讲话，有系统地说明了目前文艺和文艺运动上的根本问题。原文不可能全部发表，只好提要介绍一下。在这里三篇文章中，关于普及与提高的一篇，全部是毛泽东同志的原文，另外两篇中加着引号的部分也都是他的原文。”另外两篇是《文艺上的为群众和如何为群众的问题》《文艺和政治》，基本上都是引文。当时编辑设法把这三篇文章分别通过了检查官的检查，然后编在一起，加上总的标题和编者的说明，终于使这一伟大著作的光辉思想得以和国民党统治区广大读者见面。

《宪政》月刊在重庆创刊。发行人为黄炎培，主编为张志让。从2月至年底，该刊每月举行一次座谈会，邀请各界知名人士和专家学者讨论民主宪政问题，并将发言记录发表在该刊上。

2月3日

中共中央晋察冀分局发出《关于党报工作的指示》，其中强调：“必须实行列宁斯大林和毛泽东同志一再教导我们的‘全党办报’的方针，把党报办好是全党的业务。”（《中国共产党新闻工作文件汇编》上册，第145—147页）

2月16日

延安《解放日报》发表社论《本报创刊一千期》，总结说：“改版之后，本报依照中央方针，实行改革。从那时到现在，已经一年又十个月了。这一年又十个月中间，我们的重要经验，一言以蔽之，就是‘全党办报’四个字。”社论还强调指出：“我们的报纸是中国共产党的党报，是人民大众的报纸，这是我们这个报纸的第一个特点。”

3月1日

胶东兵工总厂党委创办《工人生活报》。周刊，铅印8开2版。这是中国共产党创办的早期企业报之一。1945 年日本投降后，该报改为《勤建报》继续出版，一般情况下是出周刊或周二刊。

3 月 3 日

延安《解放日报》发表中共中央军事委员会总政治部宣传部编写的文章《苏联的军事宣传与我们的军事宣传》，提出了改进军事宣传的意见。

3 月 19 日

重庆《新华日报》开始连载郭沫若著《甲申三百年祭》，至 22 日载完。此文被中共中央列为整风学习材料之一。

3 月 22 日

毛泽东在陕甘宁边区文化教育工作座谈会上发表讲话。其中讲道："我们地委的同志，应该把报纸拿在自己手里，作为组织一切工作的一个武器，反映政治、军事、经济又指导政治、军事、经济的一个武器，组织群众和教育群众的一个武器。""过去我们学会了一种工作方式，就是开会。……如果你们再把办报这个工作方式采用起来，那么许多道理、典型就可以经过报纸去宣传。""报纸发出去可以省得开许多会，所以报纸也可以当做重要的工作方式，教育方式。不但发行的报纸可以当做工作方式，墙报也可以当做工作方式。""首长负责，亲自动手，墙报才能办得好。要把墙报办得又有革命的内容，又生动活泼，成为组织各机关工作的一种工作方式。""这样来办报纸，那末全边区可以有千把种报纸，这叫做全党办报。"（《毛泽东新闻工作文选》，第 112—118 页）

4 月 1 日

1944 年春全台湾在日本统治下只有《台湾日日新报》《台湾新闻》《台湾日报》《东台湾新报》《高雄新报》《兴南新闻》共 6 家报纸。4 月 1 日，台湾总督府强迫《台湾新闻》等 5 家报纸并入《台湾日新报》，改名《台湾新报》，独家出版。日本投降后，《台湾新报》被国民党政府接收，改名《台湾新生报》继续出版。

5 月 1 日

敌伪《华北新报》在北平创刊。当时敌伪华北当局迫于战争形势和纸张极其缺乏，乃下令停刊北平的《新民报》《实报》《民众报》和天津的《庸报》《新天津报》。将《新民报》改组成北平《华北新报》，以原社址为总社，总社社长由管翼贤兼任。各城市成立《华北新报》地方分社，分社社长及主要负责人均由管翼贤任命。如天津《庸报》改为天津《华北新报》，社长为王以之。从此，华北地区的宣传工具均由汉奸出面代替日本侵略军掌管，北平和天津的报纸只剩下两家。

伪满洲国将《满洲日日新闻》和《满洲新闻》两家报社合并，改名为《满洲日报》，实现所谓的"弘报体系一元化"，对全满洲的报纸言论统一控制。该报本社设于新京（长春），松本丰三为理事长。

6 月 1 日

延安《解放日报》第 1 版发表毛泽东修改定稿的社论《我们从科尔内楚克的〈前线〉里可以学到些什么》。此前，该报从 5 月 19 日至 5 月 26 日，在第 4 版连载了苏联作家科尔内楚克的剧本《前线》。该剧本的一个重要特点是具有尖锐的自我批评精神。社论中说："像《前线》这样的批评，乃是很有益于工作，有益于团结的。进行这样的批评，乃是每个革命者应有的责任，乃是高度的责任心的表现。学会赞扬好的，这是很重要的，学会批评不好的，这也同样重要。像《前线》中的新闻记者客里空那样，倒是不好的。"

6 月 20 日

国民党政府颁布《战时出版品审查办法

及禁载标准》和《战时书刊审查规则》。其中仅对图书及不以论述军事、政治、外交为目的之杂志，改原稿审查为著作人或发行人自行审查，而对新闻纸和其他杂志仍坚持实行事前检查。禁载事项比以前略有减少。

同月

《胶东画报》创刊。由山东抗日根据地胶东行政区胶东画报社编辑出版。16 开本，每期 30 余页。主编鲁萍。从 8 月出版的第 2 期开始刊登新闻照片。至 1945 年 4 月，共出版 7 期。

夏

国民党当局由于美国提出要派记者到延安访问，乃不得不在重庆组织中外记者西北参观团访问延安。领队是谢葆樵、邓友德。中国记者有：徐兆镛（中央社记者）、杨嘉勇（中央社记者）、张文伯（中央日报主笔）、谢爽秋（扫荡报采访主任）、金东平（商务日报总编辑）、赵炳烺（时事新报编辑）、周本渊（国民公报采访主任）、孔昭恺（大公报编辑主任）、赵超构（新民报主笔）。外国记者有：美联社的斯坦因、纽约时报的爱泼斯坦、合众社的福尔曼、路透社的武道、塔斯社的普金科。国民党中宣部指示中央日报记者访问延安的任务有二：一是扩大反共宣传；二是为准备在延安出版发行《中央日报》摸底。如果中国共产党不同意在延安出版《中央日报》，国民党就可以此为借口，取缔重庆的《新华日报》。参观团 1944 年 5 月 17 日从重庆出发，5 月 31 日进入陕甘宁边区，6 月上旬到达延安。6 月 12 日，毛泽东接见参观团并答复各记者提出的问题。关于在延安办《中央日报》的问题，中国共产党的答复是不反对，但延安人民愿意不愿意读，国民党也不能勉强。后来国民党当局深感困难重重，只好作罢。中外记者参观团 7 月 12 日结束了对延安的访问，回去后纷纷撰文报道陕甘宁边区的情况，冲破了国民党的新闻封锁。毛泽东在《论联合政府》中说："在一九四四年中外新闻记者参观团来到中国解放区以前，那里的许多人对于解放区几乎是什么也不知道的。国民党政府非常害怕解放区的真实情况泄露出去，所以在一九四四年的一次新闻记者团回去之后，立即将大门堵上，不许一个新闻记者再来解放区。"（《毛泽东选集》第 3 卷，第 1054 页）《新民报》主笔赵超构写了《延安一月》的长篇通讯在该报连续发表，通过客观事实进行报道，颇受读者欢迎。而张文伯写的《陕北归来答客问》一书和金东平等写的报道，大肆歪曲诬蔑，但也无法掩盖事实真相。

7 月 1 日

中共渤海区委员会机关报《渤海日报》在山东惠民创刊。由《冀鲁日报》和《群众报》合组而成。4 开 4 版。历任社长有陈放、张庆逊、王力、吴建、王一黎，历任总编辑有戴夫、张镛、舒文、吴建、宋英。1950 年 4 月 26 日，随渤海区党委撤销而停刊。

7 月 24 日

著名的爱国新闻工作者邹韬奋因患癌症在上海病逝，享年 49 岁。邹韬奋原籍江西余江，1895 年 11 月 5 日生于福建永安。1921 年毕业于上海圣约翰大学。1922 年任中华职业教育社编辑股主任，主编《教育与职业》月刊。1926 年 10 月任《生活》周刊主编。"九一八"事变后，积极宣传抗日救国，反对国民党当局的不抵抗政策。1935 年 11 月在上海创办《大众生活》周刊。1936 年 3 月被迫出走香港，在香港创办《生活日报》和《生活日报星期增刊》，同年 8 月返回上海，出版《生活星期刊》。1936 年 11 月 22 日，与沈钧儒等 6 位救国会负责人被国民党当局逮捕，1937 年 7 月 31 日获释。1937

年 8 月在上海创办《抗战》三日刊。1938 年任国民参政会参政员。同年 7 月与柳湜共同主编《全民抗战》。1941 年 5 月在香港复刊《大众生活》。逝世后，中国共产党中央委员会接受他在遗嘱中的申请，追认他为中国共产党正式党员。毛泽东为邹韬奋的逝世题词，对邹韬奋的精神予以高度赞扬。（题词见本年 11 月 22 日条。）

8 月 8 日

新华社英文文字广播开始试播。9 月 1 日正式广播。定向美国旧金山。英播部由副社长吴文焘负责。年底，英国人林迈可（原名麦克尔·林赛）来新华社作英播部顾问，负责英文稿件的修改工作。

8 月 15 日

《市民日报》创刊于澳门。初为周刊，不久改为日报。创办人有何曼公、徐佩之、余寄萍、陈霞子、李铿、潘豪等人，社长是何曼公。初出版时，以副刊、娱乐消息为主，没有新闻版。后来才改为一般性日报。

9 月 1 日

《国际时事研究》在福建永安创刊。周刊。著名新闻工作者、军事政治评论家杨潮（羊枣）主编。国民党福建省政府编译室和省研究院社会科学研究所发行。羊枣在该刊发表 54 篇国际时事和军事评论文章。1945 年 6 月 25 日出至第 39 期被迫停刊。

《大公晚刊》在重庆出版。为《大公报》的晚刊。日出 4 开 1 张。该晚刊抗战初创刊于上海。上海沦陷后，1938 年在香港出版。香港沦陷后迁桂林。今起迁重庆。

9 月 12 日

周恩来写信给邹韬奋夫人沈粹缜，对韬奋逝世表示悼念和慰问。信中高度评价了韬奋的贡献："在他的笔下，培育了中国人民的觉醒和团结，促成了现在中国人民的胜利。中国人民更一定要继续努力，为实现韬奋先生所全心向往的和平、团结、民主的新中国而奋斗不懈。韬奋先生的功业在中国人民心目中永垂不朽，他的名字将永远是引导中国人民前进的旗帜。"（《新闻研究资料》第 43 辑，第 83 页）

9 月 25 日

汪伪中国新闻协会在上海成立。李思浩任会长，郭秀峰、管翼贤、陈彬龢任副会长。

10 月 21 日

延安《解放日报》编委会召开会议，讨论了西北局各县办的报纸，指出最好的是《关中报》，因为首长负责，管理得也好。地方报纸希望《解放日报》培训基干通讯员，会议确定请他们派人到报社接受训练。

同月

进入中国境内协助抗日的美军先后在广西、云南、四川境内建立起 8 座美军广播电台，供美军收听新闻和娱乐节目。日本投降后，美军支持国民党当局发动内战，又相继在北平、南京、天津、青岛等地建立军用广播电台，后随美军撤出中国而陆续停播。

11 月 1 日

《广西日报》昭平版创刊。4 开 1 张。该报表面上是国民党广西省政府的机关报，实际上是共产党地下组织领导主办的报纸。桂、柳撤退以后，该报在尚未沦陷的广西昭平县出版，是以生活书店、新知书店和读书出版社为基础创办起来的。报社的领导机关是社务委员会，主任委员先后是陈劭先、欧阳予倩，社务委员有莫迺群、张锡昌、千家驹、胡仲持等人。莫迺群是原《广西日报》的老报人，任发行人。该报利用广西地方势力与国民党中央的矛盾，进行了坚持抗战、团结、进步的宣传。1945 年 9 月 30 日休刊。

11月16日

陕甘宁边区文教大会作出《关于发展群众读报办报与通讯工作的决议》。它指出："最近一年来，全边区有一万多群众加入读报组，各分区许多村镇都已办起为群众所欢迎的黑板报，工农通讯员已发展到一千人以上。这些活动，已经证明是发扬民主、帮助领导、改进工作和学习文化的极有力的武器。"决定采取各种措施以进一步发展这些活动。（《中国共产党新闻工作文件汇编》上册，第168—169页）

11月22日

延安《解放日报》出版《邹韬奋先生逝世纪念特刊》，毛泽东在特刊上发表题词称："热爱人民，真诚地为人民服务，鞠躬尽瘁，死而后已，这就是邹韬奋先生的精神，这就是他之所以感动人的地方。"

12月9日

《民主周刊》在昆明创刊。该刊为中国民主政团同盟云南省支部的机关刊物。主编是闻一多、楚图南，经常撰稿人有罗隆基、潘光旦、曾昭抡、潘大逵、费孝通、闻家驷、张奚若、吴晗、邓初民、尚钺、伍启元、周新民、沈志远等。该刊力争民主，对国民党统治区的民主运动的开展发挥了重要作用。它在当时的知识界中和中上层小资产阶级知识分子中，拥有广大读者。该刊在1946年"李、闻惨案"发生后，于1946年8月被迫停刊。

12月20日

毛泽东在延安和晋绥分局代理书记林枫谈话，谈到了对晋绥边区《抗战日报》的意见。当时他拿起两张报纸作比较。12月1日报纸的头条是《八分区我军收复东社》，他说，这一天的报纸编得好，应当这样办；而12月6日的报纸，以第一、四两个整版刊载林彪的一个讲话：《今年怎样练兵》，他说，这张报纸不应当这样编，长的文章，可以印小册子，或者节录一部分要点在报纸上发表。随后，毛泽东对如何改进《抗战日报》的编辑工作发表了意见："本地消息，至少占两版多至三版。排新闻的时候，应以本地为主，国内次之，国际又次之。对于外地与国际消息，应加以改造。对新华社的文章不能全登，有些应摘要，有些应印成小册子。不是给新华社办报，而是给晋绥边区人民办报，应根据当地人民的需要（联系群众，为群众服务），否则便是脱离群众，失掉地方性的指导意义。"（《毛泽东新闻工作文选》，第120页）

12月22日

《中国学生导报》在重庆创刊。4开4版，周报。该报由中国学生导报社主办，由复旦大学少数共产党员和部分进步学生，联合其他学校进步学生与职业青年合办。该报在中共中央南方局青年组领导下建立了党的核心小组，杜子才、陈以文分别担任正副组长。发行人甘祠森，社长杜子才，副社长陈以文，总编辑戴文葆。1946年5月分别编辑出版上海版和重庆版。上海版出4期后休刊，重庆版一直出至1947年6月才停刊。

1945年（乙酉）

1月1日

《中国晨报》在湖南晃县（今新晃侗族自治县境内）创刊。对开铅印，日报。社长李宗理，副社长兼总编辑冯英子，主笔是严怪愚、姚家积、蒋牧良等。该报宣传抗战、团结和进步。同年5月1日迁辰溪出版。抗战胜利后，该报准备迁武汉出版，后因主要负责人意见不一，决定结束该报，不再出版了。

1 月 20 日

《新闻天地》在重庆创刊。卜少夫、毛树清、邱楠等主办。初为月刊，后改周刊。抗战胜利后迁上海出版，1949 年 5 月迁香港出版。1993 年 4 月起改出月刊。

1 月 26 日

重庆《新华日报》全文发表中国民主同盟 1945 年 1 月 15 日发表的对时局宣言。该宣言提出立即结束一党专政，建立联合政府等 10 项主张。国民党当局下令禁止出售这天的《新华日报》，并派出军警四处搜查。2 月 12 日，毛泽东在写给博古的信中说："《民主同盟宣言》请予发表，广播。当《新华》发表时，当局动员没收，但由于报童勇敢，大部分发出去了；最后没有了，卖到 200 元一份，可见民众情绪。"（《毛泽东新闻工作文选》，第 121 页）

同月

冀热辽画报社正式成立。社长罗光达。《冀热辽画报》试刊两期单张画刊后，于 1945 年 7 月 7 日在冀东地区正式创刊，16 开本 54 页。不久日本投降，画报社因进军东北乃停刊。

中华民族解放行动委员会（后改名"中国农工民主党"）在重庆创办《中华论坛》半月刊。章伯钧主编。

2 月 7 日

山东省胶东区各界人民抗日救国总会机关报《辟力报》创刊。1948 年 1 月改为中共胶东区委员会机关报。初为 8 开 4 版，1948 年 9 月起改为 4 开 4 版。出版过旬刊、五日刊、三日刊、日刊，共出刊 518 期。创办人为胶东区各界人民抗日救国总会主任张修己，总编辑赵铎，继任总编辑有蒋守全、陈晓东、于梦尤。1949 年 11 月底停刊，并入《胶东日报》。

3 月 23 日

延安《解放日报》发表社论《新闻必须完全真实》。其中指出："我们有了若干新闻在分寸上夸大的毛病，另一方面我们还有一个毛病，就是对于我们的抗战成绩与建设成绩还宣传得不够。""这两方面的毛病，都说明我们的新闻工作还不够深入群众，不够深入运动。"

5 月 1 日

《新民主》在福建平和创刊。系中共闽粤赣边区委员会创办。1946 年一度停刊，1947 年 6 月复刊。

《世界日报》在重庆出版。当时为中国新闻公司主办的企业。日出对开一张。董事长钱新之，成舍我任公司总经理兼报社社长，程沧波任总主笔，赵敏恒任总编辑。1945 年 9 月 1 日起改由陈云阁接办。1949 年，由于该报发表指责国民党四川省主席王陵基和重庆市长杨森的文章，7 月被查封。其后，国民党重庆市党部宣传处处长吴熙祖夺得该报，自任社长。该报实际上已成为国民党重庆市党部机关报。重庆解放，该报于 1949 年底停刊，由军管会派人接管。

5 月 9 日

《北江日报》在粤北山区阳山县创刊。该刊为民办报纸，主持人是阳山县知名人士刘平，主要工作人员是从韶关撤退出来的《晨报》原有的编访人员及职工。主编是梁大任。初为 8 开，同年 6 月 16 日扩大为 4 开。日本投降后，出版至 1945 年 9 月 30 日，因工作人员赴广州参加《广州晨报》的工作乃停刊。

5 月 16 日

延安《解放日报》发表社论《提高一

步——纪念本报创刊四周年》。它根据毛泽东在中共第七次代表大会的政治报告《论联合政府》中指出的党的三大作风，提出："理论与实际结合，和人民大众紧密地联系，以及自我批评这三者统一的作风，可以使我们天天发现新事物，新问题，取得新经验，发展新理论，坚持真理，修正错误，不断前进，不断发展。贯彻这种精神在报纸之中，就可以使我们的工作提高一步，为人民群众服务得更好。"

6月1日

《滨海农村》在山东莒南县创刊。是中共滨海区委机关报。8开2版，石印，三日刊。1946年1月1日改为4开4版，铅印，二日刊。该报前身是1943年冬滨海区党委创办的《滨海农村》小册子，32开本，油印，不定期出版。1945年夏，抗日战争即将取得胜利的前夕，为了迎接新的任务，区党委决定将《滨海农村》小册子改为报纸，由滨海军区政治部主任赖可可兼任社长，辛纯任总编辑，后由吴建任社长兼总编辑。1948年1月22日停刊。

7月12日

国民党当局在永安及福建全境逮捕进步文化人31人，其中有《国际时事研究》主编、《民主报》主笔羊枣，《民主报》副刊主编董秋芳等11名新闻工作者，史称"羊枣事件"或"永安大狱"。

8月1日

中共岳北地委机关报《岳北人民报》在岳北地区创刊。

8月9日

延安《解放日报》第1版以《战争技术上的革命》为引题，转发了一些外电报道原子弹首袭日本广岛的消息。消息发表后，毛泽东找胡乔木、余光生、陈克寒谈话，指出不应当夸大原子弹的作用。8月13日，《解放日报》第4版刊载了关于原子弹的问答，题目是《原子弹绝不是万能的武器，绝不能过度夸大原子弹的作用》。

8月10日

汪伪南京中央广播电台的值班人员及时转播了重庆电台有关日本请降的消息，引起了市民的轰动和欢呼。这天晚上，汪伪南京中央广播电台青年无线电技术员谭保林在中心控制室值班。晚上8时是"大东亚联播"节目时间，照例转播东京广播电台新闻。此节目开始后，谭保林即将另一部转播机调到重庆电台位置上，抢听头条新闻。耳机中突然传来日本请降的消息，他顿时热血沸腾，马上与发射台联系，得知机房内并无日本人，于是毅然卡断"大东亚联播"节目，改播重庆电台的新闻。胜利的消息顿时在南京传播开来，广大市民欢欣鼓舞，爆竹声、欢呼声从四面八方升起。

8月13日

北平《益世报》复刊。对开半张。该报编辑部人员，从副社长到总编辑，以及编辑、记者，几乎全为中共地下党员和爱国的民主人士。社长马在天，经理先后为杨芳清、张骖，副社长陈北鸥，总编辑黄卓明，编辑部主任袁克夫，记者有刘时平、张青季、李炳泉等。1948年10月后停刊。

毛泽东在延安干部会议上发表讲演《抗日战争胜利后的时局和我们的方针》，其中针对延安《解放日报》等一些报纸关于夸大原子弹作用的错误宣传讲道："这些同志把原子弹看得神乎其神，是受了什么影响呢？是资产阶级的影响。这种影响是从哪里来的呢？是从资产阶级的学校教育中来的，是从资产阶级的报纸、通讯社来的。""对于我们

队伍中的这些资产阶级的东西，也要像打扫灰尘一样，常常扫除。”（《毛泽东新闻工作文选》，第 129、130 页）

8 月 14 日

重庆中央广播电台向敌伪各广播电台发布广播命令，严饬伪方工作人员努力保护机件器材，听候派员接管，允予立功自赎。

8 月 15 日

延安清凉山新华社新闻台抄收到了英国路透社的“急电”：“日本投降了！”新华社副社长吴文焘飞步跑出窑洞，赶往社长博古住处，可是博古到枣园开会去了。吴文焘马上摇动电话机：“请接毛主席！”对方回话了，是叶子龙的声音。吴说：“这里是新华社，有重要新闻，快请毛主席！”很快，毛主席来接电话了。吴报告了情况，毛主席第一句话就说：“噢，那好呵！”随即嘱咐新华社有新情况时继续汇报。不久博古打来电话，要吴文焘在电话机旁等候中央指示。半夜，传来了朱德总司令签发的、勒令敌伪军向八路军、新四军投降的延安总部第一号命令，当即由新华社向全国广播。

抗日战争胜利结束。重庆国民党的中央广播电台、国际广播电台两台播出国民政府给侵华日军总司令冈村宁次的命令，要他给所属部队下令按照指定地点向国民党军队投降。

中共中央山东分局机关报《大众日报》，由双日刊改为日刊。仍在山东临沂县出版并扩大发行。

8 月 16 日

苏商时代出版社在上海出版的汉文报刊《时代日报》创刊。初名《新生活报》，第 1 号上刊印出毛泽东的画像。9 月 1 日改名，由苏商匝开莫任发行人，姜椿芳任总编辑。据 1948 年南京政府出版的《大众新闻》记载：“所有的消息，只属于一个种类；足以刺激工潮与学潮。”“评论方面，并无社论之栏，但有一个似乎轻描淡写的《时事杂感》，其战斗性之强，远非一般‘党报’所可望其项背。”（见《〈时代日报〉的停刊》一文，载 1 卷 2 期第 20 页）该报广泛宣传抗战后中国共产党的立场、主张，揭露国民党当局的政治阴谋和反动统治。1945 年 6 月 3 日，被国民党上海市政府勒令停刊，共出版 891 天。

在上海出版的日伪《新中国报》停刊。该报创刊于 1940 年 11 月 7 日，社长初为严辉光，后为袁殊。侧重报道日寇侵华的“大东亚圣战”消息及江苏省“反共清乡”新闻，还有时局人物、社评及社会特写等。

新华社发表毛泽东写的评论《评蒋介石发言人谈话》。这篇评论与 13 日新华社发表的评论《蒋介石在挑拨内战》，深刻揭露了蒋介石发言人的谈话“从头到尾都是在挑拨内战”（《毛泽东选集》第 4 卷，第 1138 页），是“公开发出的全面内战的信号”，并强调指出“反对内战”是中国共产党的一贯方针。（《毛泽东选集》第 4 卷，第 1148—1151 页）

8 月 18 日

《文汇报》在上海复刊。储玉坤应邀主持编务。社址设在新闸路小沙渡路（今西康路）一家印刷厂内。由于人员缺乏，物资条件困难，初期仅日出 8 开 2 版，以“号外”形式发行，没有正式刊号，一直出到 9 月 5 日，共出“号外”19 天。9 月 6 日，报纸改版，日出对开 4 版 1 张（后又改为对开大报），使用正式刊号，发表《复刊词》。报社迁到圆明园路，报纸由中央日报印刷厂承印。从复刊到 1945 年底，《文汇报》出版的

4 个多月里，由于主编者站在亲国民党的立场上，该报脱离广大人民群众，销量不断下跌，广告客户锐减。该报发行人严宝礼决定邀请《前线时报》总编辑宦乡主持编辑工作，中共上海地下市委也派陈虞孙到报社与宦乡一起，担任撰写言论的副总主笔。从 1946 年元旦起，该报以崭新的面貌出现在读者面前。4 月底徐铸成回到报社，担任总主笔。原总主笔储玉坤辞去该报工作，到《申报》任职。自 5 月以后，这张报纸对学生反内战游行、“下关事件”“羊枣事件”“李、闻事件”、通货膨胀，以及美国水兵打死人力车夫臧大咬子事件，都进行了报道，对国民党政府的暴行及美军暴行进行了抨击。1947 年 5 月 24 日，《文汇报》被国民党政府的淞沪警备司令部勒令停刊，自复刊到被查封共出版了 1 年 9 个月。

8 月 20 日

哈尔滨广播电台开始播音。这座电台是利用日伪广播设备开办的。该台由赵乃禾具体负责。1946 年 5 月 28 日停止播音。

汪伪南京政府机关报《中华日报》终刊。

8 月中旬

延安新华广播电台恢复播音。

8 月 21 日

《大公报》发表社评《读蒋主席再致延安电》。

8 月 23 日

国民党上海市党部机关报《正言报》在接收原汉奸报纸《平报》基础上复刊。成为战后国民党系统在上海出版的第一家报纸。

8 月 24 日

张家口新华广播电台开始播音。八路军解放张家口市，接管了日伪的全部广播设备，建立起张家口新华广播电台，呼号为 XGNC，发射电力 1500 瓦。这座电台初属新华社冀察支社领导，后改由晋察冀日报社领导。电台主要人员有黎伟、柳荫、丁一岚。每天以中、短波两部发射机播出早、中、晚 3 次节目。

8 月 25 日

晋察冀解放区的《张垣日报》创刊。9 月 12 日原在阜平的中共中央晋察冀分局机关报《晋察冀日报》迁往张家口出版，《张垣日报》停刊。《晋察冀日报》原为周六刊，4 开 4 版，抗战时期最高销量达 2 万份，进入张家口市后改为对开 4 版，日刊。最高销量达 5 万份。

第一批外籍记者 25 人自重庆出发，前往南京、上海等东南沿海大城市采访。中国再度成为外国记者报道的热点。其中著名记者有《纽约时报》的窦丁（Tillman Durdin）、艾特金特森（Brooks Atkinson），巴尔的摩《太阳报》的波特（Phil Potter），《新闻周刊》的马丁（Rohert P. Martin），《芝加哥日报》的鲍大可（Authur D. Barnett），《时代·生活》杂志的白修德（Theodore White）、杰科地·格鲁英（F. Gruin），《时代》杂志的布立特（W. C. Bullitt）、史蒂芬（B. Stepher Rand），《纽约人》杂志的夏普兰（Robert Shaplen），《纽约世界电讯报》的慈伍恩，《芝加哥论坛报》的惠勒，以及美国著名进步记者斯特朗（Anna Louise Strong）等人。

8 月 28 日

中共中央主席毛泽东偕周恩来、王若飞等飞抵重庆，与蒋介石、国民党举行为期 43 天的政治谈判。当天下午《新华日报》发号外《毛主席今天到达重庆》。此时嘉陵江洪水泛滥，《新华日报》在一片汪洋中照常出版。

8月29日

重庆《新华日报》详细报道了毛泽东为商讨团结大计飞抵重庆的消息和毛主席在飞机场上向中外记者的谈话，并发表《迎毛泽东同志来渝》的社论。这篇社论指出："国内国外的法西斯残余一直企图挑拨离间、破坏中国团结的阴谋，因为毛泽东同志的来渝而被击破了，毛泽东同志的来渝，象征着中国民主潮流的空前高涨，象征着中国和平团结前途的胜利希望。"该报还发表了一批读者来信，反映国统区各界民众向毛泽东致敬，响应中共和平民主团结的政治主张的意愿。

《新民报》以《走向和平建国之路/毛泽东为团结而来》为栏题，详细报道了重庆各界热烈欢迎毛泽东的盛况，全文刊载毛泽东在飞机场上向中外记者的谈话。

《新民报》发表《迫切的期待》社论，社论说："中共领袖毛泽东氏昨日来渝，进行团结建国问题的商讨，这是一切关心国事的人所欢迎的消息。"我们"迫切期待在这良好时机中见到的我们国家能够在团结统一方面迈步前进"。

西安的《秦风工商日报》为毛泽东来渝商讨团结建国问题，连续发表社论。

《大公报》发表社评《毛泽东先生来了!》，称毛泽东来渝谈判是"中国的一件大喜事"，因为它维系着中国目前及未来的历史和人民幸福。

8月30日

《中央日报》上海版创刊。冯有真任社长，胡传厚任总编辑。该报原在安徽屯溪出版的《中央日报》分版迁至上海，并入该报出版。

8月下旬

国民党中央广播事业管理处陆续派"专员"分赴各地"接收"日伪广播电台，从1945年8月到1946年5月的10个月的时间里，共"接收"日伪广播电台21座，大小广播发射机41部，总发射电力为274千瓦。

同月

《平津晚报》在北平创刊。8开4版。社址设在北平沙滩东皇城根30号。由王真夫（现名吕平）任社长兼主笔。

《中央日报》漳州版创刊。抗战胜利后迁厦门出版。

9月1日

中共冀晋区委机关报《冀晋日报》在河北创刊。

抗战时期华北地区主要的人民军队报纸之一、晋察冀军区政治部机关报《子弟兵》报由五日刊改为三日刊。

成舍我把重庆《世界日报》移交给陈云阁接办，经费仍由"中国新闻公司"提供，编辑部、经理部两部职工一律未动，只增加了一个经理、一个编辑。

重庆《新华日报》在日军宣布投降后的第一个记者节，发表时评《为笔的解放而斗争》，批评国民党当局长期实行原稿审查制度的恶果，号召"为笔的解放而斗争"。

9月4日

国民党中央宣传部派陈训悆与重庆中央日报副总编辑卜少夫、中宣部科长李荆荪，由重庆乘专机飞往南京，筹备在南京复刊《中央日报》。

重庆《新华日报》发表社论《走向和平的新中国》，向国民党政府提出："现时的一切束缚人民的言论出版结社集会自由的法令必须立即废除。"首先响应《新华日报》号召，争取新闻出版自由的是重庆八大杂志社：《东方杂志》《新中华》月刊、《民宪》半月刊、《宪政》月刊、《民主世界》《国讯》半月刊、《中学生》月刊、《现代妇女》。它们出版联合增刊，声明拒绝原稿再送审查。

9月5日

广东东江纵队机关报《前进报》举行百期庆祝活动，发表纪念文章，举行报展和庆祝会。该报于1942年3月29日在宝安创刊，原为广东人民抗日游击队总队机关报。1943年12月3日成为东江纵队机关报。1946年6月，东江纵队奉命北伐，该报停刊。

9月8日

上海《周报》创刊。周刊，每逢周六出版。名义上由马叙伦主编，实际由唐弢、柯灵主持。经常为该刊撰稿的有茅盾、郭沫若、夏衍、吴晗、叶圣陶、宦乡、楼适夷、郑振铎、李平心、景宋、徐铸成等人。该刊是在中共领导下，由民主人士主办的革命刊物。发刊词强调其宗旨为“站在人民的立场，将以坦白的心地，诚恳的态度，坚定的意志，主张加强团结，实行民主”（转引自《上海新闻史》，第1007页）。销量达1万多册。该刊不但反映南京政府统治区广大人民对于民主要求的呼声，对于散布不利于民主团结错误论调影响的报刊，也展开严肃的揭露与批评。1946年6月1日，该刊第36期载文《论大公报的态度》，就《大公报》在5月30日《论宣战休战》社论中所表现的非人民的立场，予以警告。由于受到国民党政府上海当局的胁迫，1946年8月24日出版第49、50期合刊休刊号后宣告休刊。在休刊号上刊登《上海杂志界联谊会为抗议〈周报〉被迫停刊宣言》，对于该刊被官方不合理不合法的强迫停刊，“以沉痛的声音为人民团体及全世界正义人士发出呼吁和申诉”。

成都的《新中国日报》《成都快报》《华西晚报》、川康通讯社、自强通讯社、国论社、《开明少年》、《现代周刊》、《大学月刊》、《天风周刊》、《大义周刊》等16家文化新闻团体集会，一致决定以行动响应重庆出版界的拒检斗争，宣布自负言论与报道之责，稿件不再送任何机关检查，并向重庆新闻界发出《致重庆杂志界联谊会公开信》，掀起拒检运动的高潮。

9月10日

中国国民党中常会第九次会议通过《收复区宣传事业管理暂行办法》，规定：“敌伪报纸、通讯社、杂志及电影影片、广播事业，一律查封其财产，由宣传部会同当地政府接收管理，但其中原属未附逆之私人及非敌国人民财产，而由敌伪占用，经查明确实，并经中央核准后，将予发还。”（《申报》1945年9月13日）

南京《中央日报》复刊。在中国战区受降典礼之前就接收了汪伪政权的《中央日报》《中报》和新中印刷所，利用这些设备和原班人马，在原址南京新街口出版该报。社长由当时国民党中宣部新闻处处长马星野担任。

成都参加拒检斗争的新闻出版机构增至22家。

冀南解放区《冀南日报》在河北威县复刊。该报系冀南区党委机关报，创刊于1939年，原为石印，复刊后改为铅印。

9月11日

延安《解放日报》报道：“延安广播电台，即日起开始中国国语广播。呼号XNCR，同时用千周7500与9625，波长40米与30.8米，时间每日11时30分至12时30分，与18时30分至19时30分（上海时间）。播送节目有时事新闻、解放区消息、时评及名人讲演等。”此外，还有记录新闻供各地抄收。报道这一消息的还有重庆《新华日报》、晋绥《抗战日报》《冀鲁豫日报》等报刊。延安新华广播电台于 8 月中旬恢复试验播音。试播第一天，播出了延安八路军总部 8 月 10 日就日寇投降问题向各抗日民主根据地所有武装部队发布的命令，宣读了朱德总司令 8 月 11 日给日本侵华总司令冈村宁次的命令及各路人民武装挺进敌占区收复失地的消息。接着广播了毛泽东 8 月 13 日、16 日为新华社写的评论《蒋介石在挑动内战》《评蒋介石发言人谈话》。延安台地址设在延安西北 10 多公里的盐店子村的寨子峁山上（以后又迁到裴庄、大砭沟、北关等地）。发射机房是在山顶上盖起的一间平房。播音室设在寨子峁的半山腰上打出的几排窑洞里，这几排窑洞为电台工作人员的宿舍。动力机房设在盐店子附近的关帝庙院内新修的两孔石窑洞。广播稿由新华社编辑科口播组负责编辑供稿。口播组组长杨述，成员张纪明、韦君宜等，播音员有李慕琳、孟启予等。延安台的开始曲是电影《渔光曲》的主题歌，后改为秧歌剧《兄妹开荒》的主题歌。

9 月 12 日

国民党中宣部长吴国祯向外国记者宣布：“遵照蒋主席之指示，我政府已决定自 10 月 1 日起废止战时新闻检查制度，但收复区在军事行动尚未完成以前除外。”（《中央日报》1945 年 9 月 13 日第 2 版中央社消息：《十月一日起废止新闻检查》）自 8 月初以来，重庆、成都、昆明等大后方城市的报纸、杂志及通讯社等新闻出版机关，展开了全面的大规模的拒检活动。8 月 7 日，以黄炎培《延安归来》一书的出版为标志，重庆杂志界首先发起了拒检运动。重庆国讯出版社在其他进步出版机构的支持下，未经国民党当局检查自行出版了《延安归来》一书。该书出版后，张志让、杨卫玉、傅彬然三人起草了重庆杂志界宣传拒检的联合声明。在征得《宪政》月刊、《国讯》杂志、《中华论坛》《民主世界》《再生》《民宪》半月刊、《民主与科学》《中学生》《新中华》《东方杂志》《文汇周报》《中苏文化》《现代妇女》《战时教育》《国论》《学生杂志》16 家杂志社的签名后，于 8 月 17 日正式发表，庄严宣布这 16 家杂志自 9 月 1 日起一致不再送检，并将这一决定正式函告国民党中宣部、宪政实施协进会和国民党参政会。同时，《宪政》月刊、《国讯》杂志、《中华论坛》《民主世界》《民宪》《再生》《东方杂志》《新中华》《中学生》《文汇周报》十大杂志决定出版一份不向国民党政府办理登记手续、稿件全部不送检的《联合增刊》。8 月 27 日，重庆杂志界联谊会集会在拒检声明上签名的杂志社增至 33 家。响应 16 家拒检声明的，还有生活书店、新知书店、读书出版社、国讯书店等 19 家出版社组成的新出版业联合总处。叶圣陶等进步人士发表了《我们永远不要图书杂志审查制度》等文章。9 月 1 日，重庆《新华日报》发表社评《为笔的解放而斗争》，抨击国民党当局的原稿审查制度。9 月 4 日，《新华日报》社论《走向和平的新中国》呼吁“现时的一切束缚人民的言论出版结社集会自由的法令必须立即废除”。9 月 8 日，成都《新中国日报》《成都快报》《华西晚报》、川康通讯社、自强通讯社、国论社、《大学月刊》、《天风周刊》、《开明少年》、《现代周刊》、《大义周刊》等 16 家新闻出版机构集会，一致决定以行动响应重庆出版界的拒检斗争，并发表《致重庆杂志界联谊会公开信》声援之。10 日，成都参加拒检斗争的新闻出版机构增至 22 家。

《晋察冀日报》迁往张家口市出版。从 1817 期起扩大为对开报纸。

9月13日

华中宝应解放后第二天印出《新宝应报》，兴化解放后即出《兴化新报》，读者十分喜欢，出版后立即抢购一空，有人甚至拿出白纸让报社打出大样给他们，以先睹为快。

9月14日

毛泽东急电党中央并转华中解放区负责人，指示他们“尽快去上海等地办报”。电报云：“（一）上海《新华日报》及南京、武汉、香港等地以群众面目出版的日报，必须尽速出版。根据国民党法令，可以先出版后登记，早出一天好一天，愈晚愈吃亏。（二）华中可去上海等地公开活动的，如范长江、钱俊瑞、阿英、梅雨（梅益）等，要多去，快去。除日报外，其他报纸、杂志、通讯社、书店、印刷所、戏剧、电影、学校、工厂等方面无不需要。就近请即先到上海工作，在今后和平时期中有第一重大意义，比现在华中解放区意义还重要些，必须下决心用最大力量经营之。”（《毛泽东新闻工作文选》，第131页）

当时毛泽东正在重庆同蒋介石进行和平谈判。

9月15日

重庆《宪政》月刊、《国讯》杂志等十大杂志联合出版、国讯书店发行的、不向国民党政府登记、稿件不送检的4开报纸《联合增刊》第1期与读者见面。《联合增刊》以民主与团结为中心，刊有张志让的《胜利后的民主与团结问题》。

昆明《民主周刊》、《大路》杂志、北门出版社、进修教育出版社等11个新闻出版机构集会，宣布一致响应重庆、成都两地的拒检斗争，成立“昆明杂志界出版界联谊会”。

重庆《中央日报》发表国民党中宣部新闻事业管理处处长马星野的文章《舆论政治之历史基础》。

国民党中央通讯社上海分社主任冯有真，会同上海市政府的应易安，接管了日本设在外滩的同盟社华中总局。16日接管了该社设在海格路的电台，后来又接管了德国海通社。

9月17日

成都27家新闻出版机构集会，决定成立“成都文化新闻界联谊会”，推举叶圣陶、黎澍、沈志远等7人为执行委员，并发表宣言，提出了七项争取“发表的自由”的主张，即：“（一）取消一切出版发行的特许制度，实行备案办法；（二）取消新闻和图书杂志的检查制度；（三）撤除传递检查（即在邮电局里检查书报邮电）的办法；（四）改变印刷出版发行的独占倾向；（五）由政府公平协助经营文化事业复员；（六）惩办降敌附逆的文化人；（七）保障文化人的人身自由。”（《新华日报》1945年9月20日第2版消息：《成都27家新闻文化团体举行联谊座谈加紧团结》）

成都文化新闻界联谊会决定出版一份联合刊《自由言论》，双周刊。

9月18日

中国共产党机关刊物《群众》杂志发表社论，赞扬拒检运动是“一个意义重大的民主运动”，明确指出不合理的法律规章都“是应该立即废除的”。

朝鲜文版《韩民日报》在延吉创刊。8开4版。龙井县开山屯书堂堂长韩锡基为发行人，日本投降前任朝鲜《每日新闻》间岛分社社长的崔文国任该报编辑。该报反对日本帝国主义的侵略行径，但是政治倾向并不鲜明。共产党和国民党，北朝鲜和南朝鲜，无论站在哪边说话的新闻通讯，该报都予以报道。1945年11月4日终刊。

中共上海地下组织职工运动委员会主办的《人人周刊》创刊。

中共烟台市委机关报《烟台日报》在烟台创刊。

9月21日

刘尊棋创办的《联合日报》创刊。这是抗战胜利后第一家由进步人士在上海创办的报纸。不久便被国民党当局查封。

9月22日

国民党中央第十次常委会通过废止新闻出版检查制度的决定与办法。其要点是："（一）自民国34年（即1945年）10月1日起，废止战时出版品审查办法及禁载标准，战时书刊审查规则及战时违检惩罚办法。（二）新闻检查，除军事戒严区外，一律废止。军事戒严区之范围，依军事委员会之规定：'收复区其复员工作尚未完成者应视为军事戒严区域。'（三）电影戏剧检查仍继续办理，其检查标准应予修订。（四）现行出版法应酌予修订。（五）中央图书杂志审查委员会，军事委员会战时新闻检查局及其附属机关，由该会局呈请主管机关规定办法，分别结束改组。（六）出版物负责人如对于其将行刊载之言论与消息是否合法发生疑问时，得向中央宣传部或当地政府询问请求解答，宣传部或当地政府对于该项询问应负责予以解答，当地政府如遇不能解答时，得请宣传部代为解答，但虽经解答仍应由出版物负责人负法律上之责任。"（《出版检查明日废除》，《中央日报》1945年9月30日）

昆明《大路周刊》等11个新闻出版机构联合致函云南图书杂志审查处，宣布自即日起所有文稿不再送审，同时致函昆明市印刷业同业公会，请该公会转告各会员印刷厂，此后一切付排稿件由各单位自行负责，无须再受任何方面的限制，以致影响出版时间。

桂林、西安等地的新闻出版界也纷纷成立联谊会，集体投入拒检运动。四川大学、南京大学、复旦大学等高校响应拒检。

根据周恩来的指示，夏衍由重庆抵沪筹办出版《建国日报》（原《救亡日报》）。

同月

国民政府行政院公布《管理收复区报纸通讯社杂志电影广播事业暂行办法》（原件存南京中国第二历史档案馆）。随后，其"收复区全国性事业委员会"又拟定了《广播事业接收三原则》。

英文《大美晚报》在上海复刊。日本侵占租界期间，该报改名《上海报》。由迈纳（C. Miner）任主编。不久，由高尔德（R. Grould）主编。

中国新闻摄影社在上海成立。1949年停业。1950年8月在台湾复业。

《华侨晚报》在香港创刊。该报属《华侨日报》系统。

秋

燕京大学新闻系从成都迁回北平，在北平"燕园"复校。仍由蒋荫恩任系主任。蒋1948年赴美考察期间由张隆栋代理系主任。中文科目与英文科目并重。

中国新闻专科学校在上海成立。陈高傭任校长。

民治新闻专科学校迁回上海长乐路原址办学。仍由顾执中主持校务。

国立社会教育学校（校址设在四川璧山）设立新闻系。俞颂华任系主任。该学院于1946年夏由四川璧山迁至苏州拙政园。俞颂华病逝后，由马荫良任系主任。

为适应战后美国官方扩大新闻宣传与文化影响的需要，美国政府在首都华盛顿成立美国新闻处，该处驻华总办事处设在上海，并分别在上海、广州、汉口、北平、南京、台北和沈阳等10个城市设立分处。总办事处主任先后由威廉·霍兰德（William L. Holland）、费正清（John King Fairbank）、康纳斯（Bradley Connors）担任。

10月1日

重庆《新华日报》发表社论《言论自由初步收获》，指出："检查制度的废止，是言论自由的开始；但还不是言论自由的真正实现。言论的自由还受着重重障碍。首先，检查制度本身还没有完全废止，彻底废止。大后方是废止了，收复区却还在继续"；"其次，报章杂志的创刊，须经登记核准，这一制度还没有废止"；"再其次，这是很重要很迫切的，邮检制度还没有废止"。社论号召为争取更多的民主自由而继续斗争："只是希望政府信任人民是不够的，尤其重要的是加紧自己的努力。'自由不是赐予的'，是要用自己的力量争取得来的，盼望人家来赐予，不知自己用力争取的人是不会得到自由的。今天所得到的这一点自由，正是大家努力争取的初步收获。今天，言论自由还只是开始，其他的民主自由更是连开始都还没有。我们因得到这一点自由要高兴，我们更要因得到这一点自由增加信心，更加努力，争取更多的自由，争取一切应有的民主自由！"

响应《新华日报》社论号召的有昆明《民主周刊》、《人民周报》、《大路周刊》、天野社、诗与散文社、北门出版社、孩子们社、进修教育出版社等10余家新闻出版团体，他们联合发表宣言，提出新的斗争目标，即：1. 废除新闻检查制度，必须做到"彻底"二字，"收复区不能例外"。2. 取消中央社的新闻垄断政策，民营通讯社和报馆有自由采访，收发新闻和翻译外国新闻的自由权利。3. 人民有经营通讯社和创办报纸杂志、印行书籍的绝对自由。除呈报政府备案外，不受任何党派的限制。4. 取消邮电书报检查。5. "保障民营出版机构"，"取消以命令强迫接受印件，占用印刷工具政策"，"废止纸张的垄断和囤积独占政策"，"减低邮电包寄费"，"优先协助民营文化事业复员"。6. "尊重文化人的人身自由、言论自由、保证人民有批评以至反对政府的权利"。（《新华日报》1945年10月2日）

威海卫《新威日报》在山东威海卫创刊。该刊是在地方党委的指导下，由地方各界人士联合筹办的。由于它坚持贯彻为人民服务的方针，办得通俗，真正反映了人民群众的呼声，很受群众欢迎。

原国民党直辖党报《华北日报》，利用接收日伪《华北新报》的设备资财在北平复刊。

广东的国民党报纸《中山日报》由韶关迁往广州出版。

10月5日

中国民主同盟机关刊物《民主星期刊》在重庆创刊。邓初民任主编，陶行知任发行人。以"宣扬民主学说，介绍民主生活"为宗旨。

10月8日

重庆《新华日报》编辑兼十八集团军驻渝办事处秘书李少石遭国民党特务枪击，壮烈牺牲。

10月9日

根据毛泽东、周恩来尽快去上海等地办报的意见，在中共中央南方局的支持下，由上海国际新闻社记者孟秋江和贵阳来沪的记者黄立文等筹建的《文萃》周刊在上海创刊。周刊，16开本。发刊词明确指出其办刊目的：一、沟通内地与收复区的意志；二、传达各方人士对于国是的意见；三、分析复杂善变的国际情势。（《文萃》1945年10月9日第1期：《编后小语——代创刊辞》）该刊是一个集纳性和文摘性刊物，以转载重庆、成都、贵阳、昆明、西安等地报刊的进步文字为主。由于《解放日报》（延安）、《新华日报》（重庆）不能及时发行到上海来，《文萃》就负起了转载这两家党报的重要言论的任务，使上海、南京等地的人民及时看到党报的社论。初创时期，孟秋江为负责人，1946 年 6 月由黎澍接办并任主编，孟秋江任经理，陈子涛任编辑，骆何民负责印刷，吴承德负责发行和管理。该刊逐步改为时事政治性刊物，增辟胡绳署名“念青”“公孙求之”的时事评论，以及姚溱署名“丁静”的、根据抄收的新华社电讯稿撰写的军事评论等栏目内容。该刊重视反映人民呼声，设《读者信箱》，鼓励人民把所见所闻，心里想说的话，尽量写出来，使这个专栏成为人民控诉特务暴行和社会黑暗的一块阵地。该刊曾组织读者讨论蒋介石是否可以参加联合政府问题，参加讨论的 83%的读者反对蒋介石参加联合政府。为该刊撰稿的有郭沫若、茅盾、田汉、马叙伦、宦乡等人。1947 年 3 月，中共代表团撤离上海，国民政府统治区一片白色恐怖，《文萃》周刊转入半地下状态，以《文萃丛刊》的形式出版小型 32 开本，同时组织公开的“人人书报社”，充作发行机关。黎澍撤离上海后，由陈子涛接任主编。以后，连《文萃丛刊》的名义也不再使用，更灵活地用小册子的形式坚持出版。

10 月 10 日

中共吉林省委机关报《吉林日报》于长春创刊。它是由原中共吉林市委机关报《人民日报》和《吉林日报》合并后创办的。

《救亡日报》改名《建国日报》在上海复刊。仅出版 15 天，即在 10 月 24 日，就被国民党当局查封。

10 月初

哈尔滨《生活报》创刊。中共中央东北局宣传部主办。该报以城市青年为主要读者对象，以知识分子思想改造为主要任务。1949 年 8 月迁往沈阳市出版，改名为《生活知识》，前后共出版 350 期。

10 月 11 日

国共双方会谈纪要签字。《会谈纪要》明确规定：双方“一致认为政府应保证人民享受一切民主国家人民平时应享受身体、信仰、言论、出版、集会、结社之自由，现行法令，当依此原则，分别予以废止或修正”。（会谈纪要全文载《新华日报》《中央日报》1945 年 10 月 12 日）

10 月 12 日

重庆《新华日报》就《国共双方会谈纪要》公布发表社论《和平团结、民主统一的基础——国民政府与中国共产党代表会谈的结果》。

《中央日报》发表社论《政府与中共的会谈》，社论说：“解决问题固贵迅速，尤贵彻底，以完成军令政令的统一，消灭团结的障碍。”“抗战虽然胜利，第二次世界大战虽已结束，但和平是否将在中国遭遇危机，原是每一个中国国民和若干关切中国问题之友邦人士所急欲明了的问题。因为中国的统一团结，显然还有一点罅隙，这罅隙能弥补，中国才有和平建设可言；不能弥补，便有引起内战的危险。”

《扫荡报》发表社论《论政府与中共会谈初步结果》，该社论有这样一段文字：“中共军队在未接受中央命令之前，殆亦无从参加受降，却初政府有所轩轾。至所谓解放区问题，中共虽亦持之有故，而在政府及国家立场，则政令统一，实为先着。且日本投降后，解放区名词，已成过去，今既决定续商解决方案，我们亦盼中共再加慎重考虑。”

10 月 13 日

上海《民主》周刊创刊。由郑振铎主

编。生活书店出版。该刊宗旨是：阐扬民主思想，促进国内和平，评析重要时事，介绍最新学术。自1946年10月10日出版第2卷第1期起，开始革新，增加《民主论坛》《读者信箱》等内容。该刊创刊后，由于不断遭受到上海国民党政府当局的没收刊物、逮捕报贩等阻挠，不得已于1946年10月31日休刊，前后共出版34期。在其休刊号《我们的抗议》栏内，发表了郑振铎、叶圣陶、马叙伦、柳亚子等17人的抗议书，以揭露国民党反动政府扼杀言论自由的法西斯统治。

10月16日

朝鲜文版《人民新报》在牡丹江市创刊。该报是中共牡丹江市委为了领导北满一带朝鲜族人民的实际斗争而创办的。由李鸿烈、赵庆洪、许律主办。月刊，8开2版。1947年5月改为4开4版。以北满朝鲜族广大同胞为主要读者对象。初创时，政治倾向并不明确，直到1945年底，才认识到在反对日本帝国主义侵略和人民革命斗争中，共产党和人民政府的领导作用，并从版面的编排报道内容上，明确表现出拥护共产党、人民政府、北朝鲜和苏联红军的倾向。1948年3月2日终刊。1948年4月1日，在哈尔滨市出版的《民主日报》系该报之延续，由东北行政委员会民族事务处主办，发行近万份。

10月19日

吕平创办的《平津晚报》在鲁迅逝世9周年时被国民党当局查封。不几日，吕平等人在北京复外什坊院41号（今海军大院一带）创办《老百姓日报》，油印散发，不久又被迫停刊。

10月22日

国民党上海当局以重新登记为借口，查封《建国日报》。夏衍据理驳斥：我们在十月七日就用挂号信向你处登记，并且国民党中宣传部早有规定：凡在抗战前或抗战中出版过的报刊可先出版后登记。

10月24日

国民政府上海市长吴国桢说：《新华日报》不可在上海出版。新华社报道：上海市《建国日报》《正义报》《民族日报》《前进日报》等11种报纸，由于政府的迫害，“奉命停刊”。

10月25日

《台湾新生报》在台北创刊。由国民党台湾省政府主办。其前身为日本在台唯一官报《台湾新报》。

国立社会教育学院新闻系和上海新闻专科学校成立。

重庆《大公报》社评《为交通着急!》，字里行间指责津浦线一带同国民党军队作战的八路军、新四军破坏交通。社评说：“对于此时还要破坏交通的有枪杆者，我们老百姓不能不提出抗议。”“如果不管老百姓死活，一味用破坏手段去达到目的，在这些势力集团本身来说，也是作践人心，自掘坟墓。”

延安《解放日报》发表《介绍XNCR》和《大家办广播》的文章，提出了“大家办广播”的方针，主张“人民大众的号角要人民大众来鼓吹”。

10月28日

内蒙古人民党东蒙总部机关报《人民之路》（蒙古文版）在王爷庙（今乌兰浩特）创刊。油印，三日刊。1946年1月16日改由东蒙自治政府宣传处出版，编辑有玛尼杜布，还有孟和毕力格、曹都必力格等人。1946年2月停刊。

10月30日

重庆《新华日报》开辟《小论坛》专栏。先后发表《舆论的责任》《中央日报的

“企图”》《向中央社同业说几句话》等文章。

同月

由苏联德列科夫·桑杰少校主办的蒙古文报纸《蒙古人民》在长春创刊。4 开 2 版，铅印，不定期。稿源来自俄文报纸和长春《光明日报》，编辑人员还有塔钦。报上不署主办者和地址。终刊时间不详。

英文《密勒氏评论报》在上海复刊。由鲍威尔（John B. Powell）之子 J. W. 鲍威尔（John william Powell）任主编。

香港《成报》复刊。为抗战胜利后香港复刊最早的报纸。后销量激增。

11 月 1 日

中共中央东北局机关报《东北日报》在沈阳创刊。但报头上的地址却是山海关，这个假地址只用了 10 天。不久蒋介石的部队全力进攻东北，沈阳各报停刊。该报随军于 11 月 23 日在本溪以及海龙、长春等地出版。1946 年 4 月，东北民主联军解放长春，该报迁往长春出版。5 月，东北民主联军在“让开大路，占领两厢”的战略方针指引下，又主动撤出长春，28 日撤退到哈尔滨，该报随军撤退，与已在哈市出版的《哈尔滨日报》《北光日报》合并，出版对开 1 张。1954 年中共中央东北局撤销后，《东北日报》于同年 8 月 31 日停刊。

上海《大公报》复刊。由徐铸成负责编辑工作。

11 月 8 日

《新华日报》刊登国民党调集 70 万大军打内战，高树勋部起义的消息。9 日起外寄报纸被全部扣截。

11 月 11 日

成都《华西晚报》接到恐吓信，16 日又接到恐吓信，以捣毁、枪杀相威胁。

11 月 12 日

中国国民党中央军事委员会政治部主办的《扫荡报》改名为《和平日报》。后陆续设上海、重庆、武汉、兰州、广州、沈阳、台北、海口等 8 个分版。连南京总社一起算，该报共计 9 家。总社社长黄少谷。到 1949 年，除南京总社外，各地分版停刊。总社于 1949 年 4 月 23 日停刊，其工作人员经上海撤到台湾，与台湾分社合并后继续出版。同年 7 月 1 日又恢复《扫荡报》名称。1950 年 7 月 7 日终刊。

11 月 13 日

香港《正报》创刊。由中共广东区委宣传部长饶彰风主持，抽调东江纵队《前进报》骨干 6 人，经过数月筹备后创办起来，是抗战胜利后党在香港创办的第一张报纸。初为 4 开 4 版，三日刊，后改为两日刊。1946 年 7 月 21 日出至第 110 期时改为 2 开版面，旬刊。同年 10 月 19 日再改为周刊。该报日发行 8000 份，最高时达 2 万多份，对香港同胞及海外华侨影响很大。前期社长兼总编辑为杨奇（杨子清），后期（即 1946 年 7 月 21 日改为杂志式之后）为黄文俞。1948 年 11 月 13 日自动停刊。

一张特殊的蒙古文报纸《民报》创刊。4 开 4 版铅印，周刊。以宣传和歌颂苏联红军、介绍蒙古人民共和国现状，号召蒙古人民奋起谋求民族的解放为主要内容。出版发行地署“满洲国图书株式会社”。

11 月 14 日

中共滨江地区工作委员会机关报《松江新报》在哈尔滨创刊。其前身为苏军报纸《情报》（1945 年 9 月，由苏军驻哈尔滨卫戍司令部出版，汉文，日报，4 开）。日报，8 开 2 版。发行 3000 份。不久，经中共北满分局批准该报于 11 月 23 日停刊。

《新民报》重庆版晚刊发表毛泽东的词

《沁园春·雪》。

11 月 15 日

中共长春市委以个人名义创办《长春新报》。三日刊。该报于 12 月下旬出版 10 期后停刊。1946 年 2 月 25 日，中共长春市委向国民党市政府当局申报出版《长春新报》，该报再次复刊，4 月 4 日再次停刊。4 月 18 日东北民主联军解放长春，该报于当天再次复刊，5 月 20 日再次停刊。

《延边民报》（朝鲜文）在延吉创刊。由延边人民民主大同盟政治部主办。8 开 2 版，日刊。1945 年 11 月 21 日，中共延边地委主持召开延边各族人民代表大会，成立了延边政务委员会。该报成为延边行政督察专员公署机关报，4 开 4 版。主笔姜东柱。该报发刊词阐明其宗旨："为实现新民主主义的三民主义，体现绝大多数人民的要求，实现中韩群众的互相提携。"该报主要刊登有关各族人民团结和苏联红军的消息与其他地方新闻。为欢送苏联红军撤离归国，该报还出版了 32 开号外。1946 年 4 月底终刊，共发行 104 期。1946 年 5 月 1 日，《延边民报》改为吉东军区政治部机关报，4 开 4 版，周六刊。主编俞明善。1946 年 9 月 1 日停刊，发行 120 期。

11 月 18 日

北平《国民日报》《平津晚报》《国光日报》等被国民党政府当局查封。

11 月 20 日

《世界日报》《世界晚报》和《世界画报》在北平同时复刊。复刊第一号上，成舍我发表长文《我们这一时代的报人》，要求"国民党还政于民"，"共产党还军于国"，提出"走第三条道路"。其重庆版继续出版。

《大公报》重庆版发表社评《质中共》，鼓吹"国家有兵，人民不得有兵"，要共产党"循政争之路堂堂前进，而不可在兵争之场滚滚盘旋"。认为这才是"国家民族的大幸"，一旦实现，便可"万家生佛"了。

11 月 21 日

重庆《新华日报》发表社论《与大公报论国是》。这篇社论引用孙中山关于"国民之武力"的论述，驳斥了《大公报》社论《质中共》中所谈的"人民不得有兵"的谬论。社论说，《大公报》"借大公之名掩大私之实，借人民之名掩权贵之实"的一贯立场。又说："在若干次要的问题上批评当局，因而建筑了自己的地位的《大公报》，在一切首要的问题上却不能不拥护当局。这正是《大公报》的基本立场，昨天的社评当然不是例外。"

11 月 22 日

《申报》复刊。国民党当局派中委 CC 头目潘公展为指导员兼总主笔，立法委员陈训畬为总经理兼总编辑，将该报"接管"。1946 年 5 月，国民党强行投资《申报》，加入所谓"官股"，实际是用不值钱的法币劫收《申报》的产权，并组织新的官商合办的董事会，由杜月笙任董事长，史咏赓任副董事长，潘公展为社长兼总主笔，陈训畬为总经理兼总编辑，陈景韩为发行人。1949 年 5 月 27 日，上海解放，《申报》停刊，其机器设备被用来出版《解放日报》（1949 年 5 月 28 日创刊）。

安东《辽东日报》创刊。该报系中共中央辽东分局的机关报，开始名叫《安东日报》，1946 年由于人民解放军撤离大城市，它和《辽宁日报》合并，迁往临江出版，改名《辽东日报》。1948 年停刊。

11 月 24 日

中共中央东北局宣传部在沈阳创办《文化导报》，名义上是辽宁中苏友协机关报。初为对开 2 版，后为 4 开 4 版。

11 月 25 日

中共哈尔滨市委机关报《哈尔滨日报》创刊。该报是在接收《大北新报》的房产和设备的基础上，以社长唐景阳个人名义创办的。该报与《北光日报》曾以显著位置对李兆麟将军被暗杀作了连续报道，并用大量事实，戳穿国民党当局在“东北问题”上制造的各种谣言，报道苏军撤出沈阳、长春的情况。

11 月 30 日

国民党当局以重新登记为借口，强令《联合日报》停刊。

云南昆明青云街《新华日报》营业分处被国民党当局捣毁。12 月 1 日再次被“奉命而来”的特务捣毁。

11 月下旬

东北地区中共合江省工委接收原《三江报》，创办《人民日报》。

同月

《东北画报》本月起在哈尔滨出版，45 期起迁至沈阳出版。1953 年改名为“东北工人”。原为半月刊，127 期（1954 年 1 月）起改为月刊，又改回“东北画报”。1955 年 7 月改为“辽宁画报”。

上海《文汇周报》创刊。它是在中共领导下创办的进步刊物。孙伏园发行，陈翰伯、石啸冲编辑。

俄文日报《保卫祖国》在哈尔滨创刊。社长王树德，主编吉赫诺夫。发行 8000 份。1946 年苏军撤走后，改名《俄语报》继续刊行。

12 月 1 日

中共察哈尔省委机关报《新察哈尔报》在宣化创刊。

12 月 9 日

中共中央华中局机关报《新华日报》（华中版）在江苏淮阴地区的清江市出版。4 开 4 版。该报影响很大，曾有少量渗入国民政府统治区的上海。

12 月 12 日

《北光日报》在哈尔滨创刊。该报名义是哈尔滨中苏友好协会机关报，主要工作人员均为中共党员。1946 年 3 月 9 日，东北抗日联军第三路军指挥李兆麟将军被特务暗杀，该报与《哈尔滨日报》以显著地位作了连续报道，揭露特务罪行，反映人民群众的呼声。

12 月 13 日

延安《解放日报》发表《从五个 W 说起》，强调“五个 W”是把事实弄清楚的最起码的条件，是走向精确的阶梯。开始注意对根据地新闻工作者进行业务指导。

12 月 14 日

重庆《新华日报》发表《异哉所谓“戡乱”!》的社论，社论说：“国民党的政权本是由于篡窃而来”，它“抗战无功，建国无能，残民有勇，毁国有余”。

12 月 15 日

《内蒙古自治运动联合会成立大会会刊》在张家口出版。16 开，铅印。由联合会宣传部用蒙汉文对照印刷出版。

12 月 23 日

重庆《自由导报》被国民党重庆市党部查封。

《新生晚报》在香港创刊。1976 年 1 月停刊。

12 月 28 日

《新华日报》刊载：广州共有 24 家报纸，其中《先粤报》《民众日报》《晨报》等 13 家已被政府当局查封。

同月

辽宁《胜利报》（后改名《胜利新报》）创刊。原是中共辽西省委机关报，后改为中共辽北省委、辽吉省委机关报。1949 年 1 月与《辽西日报》合并。

1946年（丙戌）

1月1日

新华社发布给各地总分社、分社的指示信《把我们的新闻事业更提高一步》。（见《中国共产党新闻工作文件汇编》上册，第172—179页）

南京政府国防部在上海出版《和平日报》上海版。由万枚子任社长，王卓球任总编。

山东渤海解放区《伊斯兰报》创刊。它是渤海解放区回族人民的喉舌，反映并报道回族人民的政治、经济和文化生活。

《新民报》南京版晚刊创办。总经理邓季惺，总编辑曹仲英。

重庆《民主星期刊》被迫停刊。

台湾《大众报》创刊。社址设在台中县大里乡中兴路2段381号。

1月4日

香港中共领导的统一战线报纸《华商报》（日刊）复刊。由晚报改为早报。初期党派饶彰风参加该报的领导工作。董事长、督印人为邓文钊，总经理萨空了，总编辑刘思慕，副总编辑先后由邵宗汉、廖沫沙、杜埃等人担任。其副刊初名《热风》，后改为《茶亭》，由吕剑、黄文俞、华嘉等先后任负责人。1949年10月15日，《华商报》刊出《暂别了，亲爱的读者！》，全体工作人员到广州，参加《南方日报》的创办。

1月6日

重庆各杂志社开会筹备《民主联合日刊》，以报道政协会议详情。由罗隆基任发行人兼社长。

1月9日

重庆《民主生活》周刊创刊。该刊系中国人民救国会的机关刊物。该刊注重对社会生活中现实问题的批判，内容丰富，短小精悍，具体生动，甚得读者欢迎。发行人沈钧儒。

1月10日

万里新闻摄影社在沈阳成立。

中国民主同盟主办的进步报刊《民主星期刊》在桂林创刊。该报又称《民主》桂林版。4开4版。负责人徐寅初、周匡人、张锡昌、勒为霖。陶行知为其书写报头。桂林文化供应社总经售。

由国共两党以及国内其他政党、派别参加的政治协商会议在重庆市召开。蒋介石在政治协商会议开幕式上许诺：“人民享有身体、信仰、言论、出版、集会、结社自由。”

重庆《新华日报》为中国民主同盟机关报《民主报》的创刊在要闻版上发表消息：《民主号角！〈民主报〉下月一日发刊》。

1月11日

中国民主建国会机关刊物《平民》周刊在重庆创刊。由黄炎培发行，章乃器、施复亮等9人为编委。其发刊词阐明了这个刊物的编辑宗旨：全国平民现阶段的根本任务是结束党治、和平建国，号召平民组织起来，过问国事。

周恩来为重庆《新华日报》题词：“新华日报应永远为中国人民服务。”

著名记者、军事评论家、国际问题专家羊枣（杨潮）在杭州监狱被国民党反动派秘密处死。上海60多名记者为羊枣之死向国民政府递交抗议书。

杨潮，湖北沔阳人，1900年生。原名廉改，号九寰，笔名羊枣等。上海交通大学毕业。1933年初在沪参加中国左翼作家联盟，同年加入中国共产党。为“左联”刊物《太白》《申报》副刊《自由谈》等撰写杂文和科学小品。1936年进入苏联塔斯社上海分社做电讯翻译，并为《世界知识》等报刊撰稿，与夏征农等合编《新认识》《文化食粮》半月刊。上海“孤岛”期间，支持以外商名义创办《导报》《译报》等，并为它们撰稿。参与范长江等发起组织中国青年新闻记者学会。1940 年起历任香港《星岛日报》记者，国际新闻社编委，《光明报》编辑，《世界知识》半月刊和《华商报》撰稿人。1942 年在衡阳主编《大刚报》。1944 年赴福建永安创办并主编《国际时事研究》，兼任《民主报》主笔。所写国际时事和军事评论，颇有影响。1945 年 7 月在永安被国民党当局逮捕。

1 月 12 日

冀南军区政治部主办的《团结报》在河北创刊。

蒙古文刊物《团友》创刊。该刊系内蒙古人民革命青年团科左中旗委员会机关刊物。

1 月 14 日

中共中央中原局机关报《七七报》改名为《七七日报》。该报原为鄂豫边区党委机关报，于 1945 年 8 月与新四军第五师的《挺进报》在随县出版合刊，成为中原局机关报后在礼山县宣化店（现为湖北省大悟县）出版。《挺进报》随即停刊。

1 月 16 日

东北解放区的大连广播电台开始播音。该台是接管日伪广播设备建立起来的，发射功率为 1 千瓦。设有新闻、文艺节目，并转播延安台和莫斯科广播电台的节目。第一任台长康敏庄。

1 月 31 日

旧政协闭幕。由这个会议通过的《和平建国纲领》，规定了确保人民有言论出版的自由，“现行法令有与以上原则抵触者，应分别予以修正和废止之”，并具体规定，废除战时实行的新闻、出版、电影、戏剧、邮电检查办法。

同月

中共中央晋绥分局机关报《抗战日报》于 1946 年 1 月更名《晋绥日报》，在山西兴县出版。

晋绥解放区《人民时代》半月刊创刊。综合性刊物。

《愿望》周刊在香港创刊。由爱国人士陈建功、梁若尘、胡守愚等人筹办，陈建功任社长，胡守愚和梁若尘先后任主编。其宗旨为反对内战、独裁，争取和平民主。出至 19 期停刊。

由《民族报》《经济时报》和《全民日报》三家发行人创办的《联合报》发行国外航空版。

2 月 1 日

中国民主同盟总部机关报《民主报》在重庆创刊。初为 4 开小报，后改为对开大报。由张澜任发行人，罗隆基任社长，马哲民任总编辑，编辑部负责人叶丁易。郭沫若、马寅初、陶行知、张申府、邓初民、张君劢、章伯钧、张东荪、梁漱溟、周鲸文、孙宝毅是社论委员。该报发刊词称该报为“一切民主信徒的共同工具”，“愿努力担负起代表民主信徒意见这个责任”，增强民主舆论，并致力于保障民权、要求民主的宣传。

2 月 5 日

香港《工商时报》复刊。董事长何东，总经理胡秋五，总编辑龙实秀。

2 月 9 日

范长江创办的华中新闻专科学校在江苏淮阴开学。由范长江（时任新华社华中总分社社长）任校长，包之静任副校长，谢冰岩任教育长。其前身为华中建设大学文教系。（关于华中新闻专科学校的开学日期还有一种说法，即陈坚在《华中新闻专科学校》一文中所说的“2月15日”。陈文载《新闻大学》1991年夏季号。此处采用的是林麟发表在《新闻研究资料》总26辑上的文章《华中新闻专科学校》的说法。）内战全面爆发后，华中新闻专科学校停办。

2月10日

重庆发生“较场口事件”。重庆各界人民在较场口举行庆祝政协成功大会，因国民党特务的破坏捣乱而流产，参加会议的部分民主人士、新闻记者和各界群众被殴。中国民主同盟总部机关报《民主报》就此发表号外，大标题是《今晨较场口庆祝会上暴徒捣乱演成血案》，眉题是《政协成功，人民无庆祝自由》，副题是《强占会场，殴打主席团，郭沫若、李公朴、马寅初、罗隆基、施复亮、章乃器及群众多人受伤》。

2月11日

重庆《新华日报》、《民主报》、《新民报》、《大公报》、《世界日报》等8种日报和3种晚报均在头版头条或显要位置详细报道较场口事件的真相。重庆《新华日报》就此发表社论《较场口暴行》。社论说：“这些有指使有组织的暴徒竟敢利用特殊势力，在万目睽睽之下，公开破坏一般民主国家人民应享受之自由权利，大打出手，这置政府之诺言于何地?！且置政治协商会议之协议于何地?！”要求政府“认真查办主凶”。

国民党中央通讯社发表背离较场口事件真相的消息，说特务头目刘野樵是“临时推举出来的大会主席”，把特务行凶说成是“民众互相殴打”。《中央日报》发表短评《较场口事件》，严重歪曲事实真相。《和平日报》发表消息《陪都各界民众　发生纷扰真相　刘野樵、李公朴等被殴受伤》。

《新华日报》《新民报》《民主报》等9家报社于下午召开记者会议，发表《致中央社的公开信》，指出中央社对较场口事件的报道，“颇有失实之处”。在公开信上签名的有石西民、浦熙修等42名记者。

重庆《民主报》发表社论《民主耻辱》。

2月12日

《新华日报》发表社论《恳切的忠告》，谴责中央社、中央日报等新闻单位对较场口事件颠倒是非的报道。

中央社就此社论的发表致函《新华日报》，要求《新华日报》“平心检讨，幡然改正”。

2月14日

重庆《新华日报》发表《给中央社之公开复信》，揭露中央社“夫子自道”的嘴脸，指斥其无稽之责难，要求该社“痛加反省”。

2月15日

北平成立“北平市出版业联合会”。选出解放三日刊社、民主出版社等29个新闻出版业单位为常务理事，并通电全国提出贯彻政协决议，制止北平当局对出版业之迫害，切实废止出版物登记制度，制止各地邮局限制和检扣书刊，彻底取消特务机关等五项要求。

香港《工商晚报》复刊。

2月17日

国民党军警特务捣毁了“沈阳新华日报筹备处”。重庆《新华日报》以《保障人权，忠实报道》为题，发表221名新闻从业人员的意见，谴责国民党政府制造惨案，钳制言论自由，要求国民党宣传领导机关停止直接或间接对新闻自由之干涉。

2月20日

国民党台湾省党部和省政府机关报《中华日报》创刊。社址设在台北市松江路131号。该报南部版同时创刊，社址设在台南市西华街75号。

2月22日

中共华北地区公开出版的机关报《解

放》报在北平创刊。社址设在北平宣武门外方壶斋 9 号，发行部设在北平三道栅栏 41 号。由徐特立任社长，钱俊瑞任总编辑。4 开小报，初为三日刊，自第 27 期起改为双日刊。“以致力于和平民主建设”为其办报宗旨。宣传中共的和平民主团结方针，报道解放区的建设成就，揭露美蒋发动内战反共反人民的阴谋。辟有《群众呼声》《读者通信》《问与答》等专栏。发行量高达 5 万份。5 月 29 日，被国民党当局查封。前后共计出版 37 期，其中三日刊 26 期，双日刊 11 期。

新华社北平分社同时成立。由钱俊瑞任社长。

重庆《新华日报》《民主报》营业部遭到国民党特务捣毁。

2 月 24 日

成都《新华日报》营业分处遭到国民党特务捣毁。

2 月 25 日

中共长春市委机关报《长春新报》，在国民党长春市政府办理登记手续后复刊。

《鲁迅晚报》在北平创刊。社址设在北平隆福寺的家坑胡同（今连丰胡同）。创办人为吕平（原名王真夫）、金冶、戈更等。8 开 2 版。头版为要闻版，创刊号摘发毛泽东《新民主主义论》有关鲁迅部分，还登过《论联合政府》；二版为副刊，郭沫若、何其芳、林默涵、吴晗、杨朔、丁玲、秦牧等皆在副刊上发表过作品。

同月

国民政府交通部公布《广播无线电台设置规则》，交通部开办的广播电台称国营广播电台；其他政府机关开办的称公营广播电台；允许中国公民以及厂商、学校、团体开办民营广播电台，并规定“凡外籍机关人民，非华人组织设置之公司、厂商、学校、团体一律不准在中国境内设立广播电台”。

中共中央东北局宣传部决定筹办《新华日报》沈阳版，购买机器设备，挂起了“沈阳新华日报筹备处”的牌子。

中国青年党在上海创办机关报《中华时报》。由该党宣传部长左舜生主持。该报以第三种势力面目出现，实际依附于国民党反动派。销数约 1 万份。

海南岛琼崖抗日民主政府机关报《新琼崖报》，改名为《新民主报》。成为中共琼崖特委机关报。海南岛解放后终刊。

3 月 1 日

《新华日报》（华中版）由 4 开 4 版扩为对开 4 版。发行由苏皖解放区传播到国统区的上海市。

中国农工民主党机关报《人民报》在香港创刊。4 开 4 版，日刊。社长李伯球，总主笔黄药眠，丘哲任发行人，张琛（中共党员）任总编辑。同年 4 月 1 日，迁广州出版，改为周刊，又改为半月刊。《人民报》副刊《语丝》由作家楼栖主编。1946 年 8 月底被迫停刊，其负责人撤退到香港。

华北解放区大型综合性杂志《北方文化》在张家口市创办。半月刊。由成仿吾主编。（据《中国新闻事业通史》第 2 卷第 1059 页，另有一说法，该刊创刊于 2 月 1 日。）

西安《秦风日报》由于宣传和平民主，横遭国民党特务捣毁，记者李敷仁被暗杀。该报是西安唯一的民办报纸。遭破坏后，西安人身自由保障会发起人之一、名律师王任自动出任其法律顾问，据理为该报辩护。4 月 9 日，西安国民党政府当局以“莫须有”的罪名将其逮捕，后处决。

3 月 2 日

《群众》周刊在上海出至第 14 卷第 9 期后停刊。

3月4日

国民党沈阳当局封闭了中苏友好协会及该会的机关刊物《文化导报》。

3月5日

民本通讯社在徐州成立。

3月9日

国民党拟定了改组《申报》《新闻报》办法，用加入官股的办法改变申、新两报的纯民营性质，并在此基础上改造董事会，调整报社工作机构，《申报》由杜月笙任董事长，陈景韩任发行人，潘公展任社长兼总主笔，陈训悆任总编辑兼总经理。《新闻报》由钱新之任董事长兼总主笔，詹文浒为总经理，赵敏恒任总编辑。申、新两报完全变成了国民党御用的报纸。

3月15日

上海杂志界联谊会为抗议摧残言论、出版、发行自由，联合重庆、西安、北平、广州被压迫同业发表宣言，在宣言上署名的有《新文化》《文萃》《民主》等25个杂志社。

3月17日

经国民党当局允许出版的《新华日报》沈阳版，在即将出刊时，被国民党沈阳地方当局武装劫走全部印刷器材，并逮捕该报人员余白金等。

内蒙古地区第一张党的报纸《内蒙古周报》创刊。该报系内蒙古自治运动联合会机关报。书册状，16开本，每期20余页，周报。第一页上半页是蒙古文，下半页是汉文。蒙汉两种文字并排对照印刷出版。有的稿件是由汉文译成蒙古文，蒙古文篇幅较汉文要大些。社址设在张家口市，由勇夫、石琳、丁仕一、应坚等共同筹划创办。

3月26日

吕平等人在北平创办的《鲁迅晚报》停刊。停刊词云："本报昨晚横遭警察非法检索，印刷工厂亦被百般刁难，以致不得不忍痛与读者暂别数日，待一切问题解决，当即本不屈不挠之为真理奋斗精神，与读者再会。"

3月30日

国民党广州市警察局密令查禁《自由世界》《新世纪》《学习知识》《国民》《现代生活》《民主》《愿望》《再生》《时代学生》《学生知识》《平民周刊》《民主生活》《耕耘》《光明之路》《昆明》《文艺新闻》《窃国大盗袁世凯》《政治协商会议文汇》等报刊。

同月

中共上海地下党组织以"上海市文化运动促进会"名义创办的中联广播电台开始播音。呼号XGCA，由钟沛璋负责。7月被查封。

重庆新闻党团聚餐会开始活动。这个聚餐会的任务是控制新闻发布，扩大反动宣传，破坏报业，迫害报人。

华北联合大学新闻系创办于河北省张家口。罗夫任系副主任。10月10日停办。

年初

国际新闻社在上海、香港两地恢复工作。上海国新社由孟秋江负责，社员有黎澍、郑森禹、刘尊棋、金仲华、冯宾符、任重、唐海、陆诒等；香港分社由高天负责，社员有萨空了、刘思慕、狄超白、张铁生、千家驹、陈此生等。社址设在香港坚道20号底层。1949年大陆解放后，国新社完成其历史使命，于4月间停止活动。

中共大连市委机关报《人民呼声报》（当时以大连职工总会的报纸名义出版）派人接收《满洲日日新闻》。

春

东蒙古自治政府宣传处主办的《人民之友》创刊。该报是我国民族地区创办最早的一张 8 开大众画报。在乌兰浩特油印发行。

4 月 1 日

山东胶东区党委机关报胶东《大众报》，由 4 开 4 版改为对开 4 版。印刷厂由一家扩大为三家铅印厂和一家石印厂。

《新华日报》华中版由 4 开扩大为对开 4 版。

4 月 3 日

国民党当局以“查户口”为名，逮捕了《解放》报和新华社北平分社的 39 名工作人员。后经全国新闻界的抗议和中共的交涉，国民党当局才被迫释放被捕人员。当日 7 时，军调部叶剑英委员和军事顾问第十八集团军副参谋长滕代远在北京饭店招待记者，揭露事件真相，滕代远还亲赴国民党北平行营及十一战区司令长官部与市政府，严重抗议此种侵犯人权的非法逮捕事件。

4 月 4 日

《长春新报》再次停刊。

《新民报》北平版创刊。日刊。由张恨水主持。创刊之日发行即达 4 万多份。其《发刊词》指出：“我们应当向执政的党和在野的党，作积极的建议，请他们怎样顾全老百姓。倘若我们拿不出什么办法来建议，我们也不和执政的或在野的曲为解说，去欺骗老百姓。”“八年来，新闻是一贯的紧张，我们愿意在纸面上轻松一点。免得读者对报纸寂然寡欢。”

4 月 6 日

上海《周报》发表《声援重庆、西安、北平、广州被压迫同业宣言》，要求政府当局保证言论自由。

4 月 7 日

延安《解放日报》发表《驳蒋介石》长篇社论，公开斥责蒋介石在国民参议会上关于撕毁东北停战协议的讲话。

就北平国民党当局不顾《和平建国纲领》和蒋介石的“四项诺言”，公然逮捕《解放》报及新华社北平分社工作人员一事，解放区新闻记者联合会等单位，纷纷通电抗议。

以报道时事政治新闻为主的《消息》半周刊在上海创办。主持人为姚溱（化名宋明志）、方行（化名丁北城）。

4 月 8 日

著名的民营小型报纸《南京人报》在南京复刊。该报原创刊于 1936 年 4 月 8 日。由创办人张恨水、张友鸾任正副社长。复刊时，由张友鸾任总经理，郑时学（拾风）任总编辑。

重庆《新华日报》全文转载延安《解放日报》社论《驳蒋介石》，使该社论迅速在国统区传开。

《解放日报》社长兼新华社社长秦邦宪（博古）等同志在由重庆飞返延安途中，因飞机失事，不幸遇难。

4 月 12 日

在广州，国民党当局唆使暴徒连续 3 天（12 日、13 日、15 日）扰乱《华商报》、《正报》广州分社门市部，撕毁书报。

4 月 16 日

《大公报》上海版发表王芸生执笔的社评《可耻的长春之战》。诬蔑说：“共军常是用徒手的老百姓打先锋，以机枪迫击炮在后面督战。”

4 月 17 日

天津《大公报》全文转载该报上海版的社评《可耻的长春之战》。

4 月 18 日

《长春新报》复刊。

重庆《新华日报》发表社论《可耻的大公报社论》。这篇社论是在周恩来指导下，由陆定一执笔写作的，标题也是由周恩来拟定的。社论痛斥《大公报》的社评《可耻的长春之战》。

4月25日

东北民主联军总政治部出版的《自卫》报创刊。初为4开2版，石印。1947年5月停刊。1947年9月1日复刊，改为对开2版，三日刊。1948年9月26日改名《东北前线》，由中国人民解放军东北野战军政治部出版，对开2版，周刊。1949年2月7日改名为《前线》，4开4版，3月21日改为四野政治部机关报。

西安国民党当局出动大批特务在街头殴打《秦风日报》报贩，撕毁该报，禁止群众阅读并散发传单，指责该报为“赤色帝国主义喉舌”、“中共尾巴”，借以制造封闭该报的“理由”。

4月27日

《秦风日报》法律顾问被迫刊登辞职启事。

5月1日

民盟成都机关报《民众时报》创刊。日出对开1张。张澜任发行人，马哲民任总主笔，赵铭彝任总编辑，杨伯恺任总经理。坚持和平、民主、团结的言论方针。

《新民报》上海晚刊创刊。总经理邓季惺，总主笔赵超构，总编辑程大千。初为4开1张，8月改出对开1张。其发刊词《我们的志趣》指出：“我们愿意在国民的立场上，忠于民、忠于国，但是坚决地不效忠于任何政治集团。”1947年5月25日被国民党上海当局以“破坏社会秩序，意图颠覆政府”的罪名查封。7月30日在屈辱的条件下复刊。由国民党中宣部钦派记者和总编辑，王健民任总编辑。

西安《秦风日报》被迫停刊。

5月4日

综合性学术刊物《昌言》在上海创刊。由马叙伦主编。出版至6月9日即被勒令停刊。

5月5日

国民政府的中央广播事业管理机构（中央广播事业指导委员会、中央广播事业管理处及中央广播电台），由重庆迁回南京。中央广播电台增设对国外广播。迁宁后该台腐化堕落之风有增无减，“合理进步不多见，腐化恶习布满庭”，人称“养老院”（麦克疯语）。在房荒严重之时，该台在南京大兴土木建造高级西式楼房，供高级职员使用。1948年底，中央台开始拆迁设备，准备撤离大陆。1949年4月在台北播音。

5月9日

《七七日报》发表以《中原问题一定要解决》为题的周恩来讲话稿。5月初，国民党部队欲进攻中原区，“围剿”新四军第五师，阴谋败露后，中共代表周恩来提议军调部执行组出面调处。5月8日，周恩来对400名中共县团以上干部发表讲话。报社连夜校阅记录稿，于次日见报。这就是《中原问题一定要解决》一文。

5月15日

中共晋冀鲁豫边区中央局机关报《人民日报》在河北省邯郸市创刊。对开4版。该报《发刊词》自揭其宗旨称“本报的出版，在于发扬晋冀鲁豫边区人民驱逐日寇，热爱民族，热爱和平民主的传统精神”，“我们的口号是毛主席昭示我们的：全心全意为人民服务，这也就是本报的方针和宗旨”。

5月16日

重庆《新华日报》发表社论《起来，制止反动派全国内战阴谋!》，呼吁全国人民“起来，赶快制止反动派全国内战的阴谋”。

5 月 17 日

民盟总部机关报《民主报》发表社论《警管区！特务团!》，指出国民党当局的警管区，“实质是特务团”。

5 月 20 日

《长春新报》终刊。该报 3 次出版，3 次停刊，共出版 45 期。

5 月 23 日

国民党当局查封上海《消息》半周刊，该刊共出版 14 期。

5 月 29 日

国民党查封了北平的《解放》报、新华社北平分社等 75 家新闻机构。《解放》报和新华社北平分社发出《告全国同业及各界同胞书》，抗议国民党当局对民主言论的摧残。

共产党在上海出版的英文刊物《新华周刊》被国民党当局查封。

同月

新华社口头广播组扩大为语言广播部（通称“口播部”）。温济泽任主任，编辑有韦君宜、苗力沉、刘志云、刘衡、高虹等，播音员先后有王恂、钱家楣、于一、杨慧琳和吴作贤等人。

香港中国新闻学院在香港复校。由叶启芳任院长（第二任）、梁若尘任教务主任。9 月，刘思慕任院长、高天任教务主任，增设函授班。1948 年增设函授学院。1949 年中华人民共和国成立前夕，该校停办。

6 月 1 日

中共渤海区委主办的《渤海大众》在渤海区创刊。

6 月 3 日

原中共中央长江局领导的《群众》周刊迁往上海出版。

6 月 10 日

南京《中央日报》主办的《报学》双周刊创刊。以刊载亲西方的新闻学论著和报道国统区新闻界的动态为主要内容。马星野主编。

6 月 16 日

《东南日报》上海版创刊，并成立管理处，改杭州版为分版。上海总社由胡健中任总经理兼社长，总主笔胡秋原，总编辑杜绍文，总经理刘子润。1949 年 5 月间，《东南日报》上海版、杭州版均停刊。该报前身为国民党浙江省党部机关报——《杭州民国日报》，创刊于 1927 年 3 月。1934 年 6 月 16 日改为《东南日报》，并成立东南日报股份有限公司，由陈果夫任董事长，胡健中任社长，严北溟任总主笔。刘湘女、杜绍文先后任总编辑。行销江、浙及闽北、皖南、赣东一带，是当时我国东南地区著名大报。

6 月 23 日

《新民报》南京版采访部主任浦熙修在“下关事件”中被国民党特务殴打致伤。该报于 1948 年 7 月 8 日被查封。

6 月 24 日

中原解放区在鄂豫皖抗日根据地出版的《七七日报》被迫停刊，共出版 536 期。

6 月 29 日

广州文化出版社、广州书报杂志供应社、现代出版社等 13 家文化机构，以及香港《华商报》广州分社、《正报》广州营业处、《人民报》和蔡廷锴发起的《现代日报》筹备处，遭到国民党当局的查封。

6 月 30 日

毛泽东给新华社代社长兼总编辑余光生的信中说：“从现在起，凡各地蒋军向我进攻之消息，均请发表，并广播；因蒋口头说停战，实际在作战，我应发表新闻予以揭穿。”（《毛泽东新闻工作文选》，第 133—134 页）

同月

美国记者路易斯·斯特朗第5次来华。在延安作了半年的访问，8月毛泽东在延安杨家岭会见了她，8月6日毛泽东在与她的谈话中，发表了“一切反动派都是纸老虎”的著名论点。1948年，她根据此次采访，出版了长篇报道《中国黎明》。

温济泽主持制定了《新华社语言部暂行工作细则》，这是解放区广播史上最早的一份关于宣传工作的规章制度。在《细则》中规定了新华社语言广播部的任务：“建设全国性的语言广播机关，宣传党的政策和主张，报道国内外时局的动向；有计划与有系统地宣扬我党我军与解放区的事业和功绩，揭发国民党的腐败黑暗统治并宣传与鼓励其统治区广大人民的民主运动。”（《中国现代广播简史》，第217—221页，原件存广播电视部档案室）

复旦大学新闻系从重庆迁回上海。陈望道任系主任。

夏

由复旦大学新闻学会主办的学生实习和学运喉舌双重身份的报纸《复旦新闻周报》创刊。4开油印。1948年夏天终刊。

7月1日

《抗战日报》改名为《晋绥日报》。

一份用汉、蒙两种文字出版的报纸《群众报》在内蒙古王爷庙（今乌兰浩特）出版。汉文版8开2版，蒙古文版8开4版，均为周二刊。原名《黎明报》，由蒙古青年特古斯创办，油印，系内蒙古人民革命青年团机关报。日本投降后改名为《群众报》。1946年6月，由张策、胡昭衡等人提议，把该报改为内蒙古自治运动联合会东蒙总分会的机关报，改油印为铅印。任命包彦（蒙古族）为社长，特古斯为副社长兼总编辑。汉蒙两种文版，其内容大同小异。该报从创刊到终刊共出版59期。

蒙古文刊物《内蒙古》在海拉尔创刊。16开油印旬刊。

《绥蒙日报》在集宁创刊。绥蒙区党委机关报。8开，三日刊。1946年9月15日停刊，共出版20多期。

7月2日

中华全国文艺协会张家口市分会编辑出版的大型文艺月刊《长城》在张家口创刊。

7月5日

《自由报》（蒙古文）创刊。社址设在海拉尔。8开1版，三日刊，油印。其宗旨是反对国民党对蒙古人民的奴役与同化，增强蒙汉团结。

7月11日

著名报刊活动家，原环球通讯社社长，《读书生活》半月刊、《全民》周刊、《青年》周刊及北门书屋的创办者，西南联合大学教授李公朴在昆明被国民党特务暗杀。

7月12日

就李公朴遇害一事，重庆《民主报》发表社论《抗议！抗议！抗议！》。

7月15日

张家口新华广播电台增设英语节目。在菲律宾出版的《华侨导报》对此作了报道。

著名的爱国民主人士、中国民主同盟中央执行委员、《民主周刊》社社长闻一多在昆明被国民党特务暗杀。重庆《民主报》不仅报道血案真相，而且连续发表社论：《杀的教育》《血债》《最严重的关头》，还刊登了《中国在屠杀中》《闻一多先生的道路》《血债要用血来还》等文章。

7月18日

民盟成都《民众时报》被迫停刊。

7月25日

著名教育家、报刊编辑、撰稿人陶行知

患脑溢血在上海逝世。

7 月 30 日

昆明国民党当局布告禁止《学生报》《民主周刊》《农村青年》《自由论坛》等 46 种报刊发行。

同月

中央政治学校改组为国立政治大学。该校新闻系主任仍由马星野担任（《中国新闻事业通史》第 2 卷，第 1051 页）。另外，还有两种说法：1. 1947 年改为国立政治大学（甘惜分：《新闻学大辞典》，河南人民出版社 1993 年版，第 409 页）；2. 1948 年更名国立政治大学（刘家林：《中国新闻史漫话》，第 219 页）。

我国唯一的一张锡伯文报纸——《自由之声报》在新疆创刊。该报系新疆伊宁、塔城、阿勒泰三区革命政府机关报。

8 月 1 日

中国民主同盟机关报《民主报》，由 4 开 1 张，扩大为对开 1 大张，增加新闻报道和副刊。

《人民》画报创刊。由晋冀鲁豫军区政治部人民画报社出版。艾炎主编。16 开本，20 余页，有时出单张。

内蒙古人民革命青年团本部机关刊物《青年周报》（蒙古文）在内蒙古王爷庙（今乌兰浩特）创刊。16 开，油印。

中共黑龙江黑河地区机关报《黑河日报》创刊。该报系抗战胜利后东北地区创办最早的地方党报之一。

邯郸新华广播电台设立对南下人民解放军广播节目。

8 月 3 日

《民主报》发表《威武不屈　富贵不淫》社论，痛斥政府当局对民盟的威胁利诱。

8 月 8 日

从 1 月 12 日至本日止，北平、上海、广州、西安、昆明、重庆几个城市，有 195 家报纸、杂志、通讯社、印刷所、民营广播电台被国民党当局查封，2 家报纸被勒令停刊，2 家报纸被停止邮寄，9 家报纸被特务捣毁，20 多名新闻记者和大学教授被特务殴打，47 名新闻记者被捕，1 名读者、3 名新闻工作者被杀害。

8 月 15 日

自即日起至 9 月 8 日，晋察冀画报社出版《晋察冀画报》号外，或 8 开单张 1 版，或 16 开单张 2 版。

8 月 19 日

《民主报》就民盟主席张澜在成都参加李公朴、闻一多追悼会后被特务包围、侮辱一事，发表社论《还像不像一个政府》。

8 月 20 日

《群众》周刊被国民党当局勒令停刊。

8 月 23 日

《张家口日报》在张家口创刊。

8 月 24 日

唐弢、柯灵主编的《周报》出至第 49、50 期合刊被迫停刊。

8 月 30 日

《晋察冀画报》半月刊创刊。4 开单张，两面印刷。由晋察冀军区政治部晋察冀画报社编辑出版。

8 月底

在广州的中国农工民主党机关报《人民报》被国民党当局查封。

同月

中共中央西北局在延安成立延安电影制片厂。

民盟中央机关报《光明报》在香港复刊。萨空了任代理督印人。以旬刊形式出版 22 期，至 1947 年 7 月暂时停刊。1948 年 3 月 1 日再次在香港复刊，陆诒任督印人兼主编。

9月1日

《新民报》北平版刊出启事，发起冬季扶贫运动。报社首先捐助100万法币作为经费，然后向读者募捐，还开展了两项影响较大的活动，一是举办义演音乐会，二是举行书画展览和义卖，吸引了许多音乐家、画家、书法家参加，共募集了捐款法币2400万元、4000斤小米及一些御寒衣物等。这些钱物，除分别救济3200多名老弱病残的贫民外，还拨出部分给私人兴办的养老院、孤儿院和贫民学校。

邯郸新华广播电台在河北涉县沙河村开始播音。呼号XGHT。台长常振玉。1949年3月23日停止播音。

朝鲜文版《人民日报》在延吉创刊。4开4版，周六刊。1946年11月1日该报改为日刊。该报实为中共吉林省委机关报的一个组成部分。

宣传“第三条路线”的代表性刊物《观察》周刊在上海创刊。其前身为《客观》周刊。储安平任社长兼主编。在其《我们的志趣和态度》中，自揭其宗旨为“大体上代表着一般自由思想分子”，“背后另无任何组织”，无党无派，是一个“发表政论”而不从事政治活动的刊物；对国内各政党不偏不倚，主张民主、自由、进步和理性。

国民党第三战区顾祝同系统的报纸《前线日报》从安徽屯溪迁至上海出版。

延安《解放日报》发表胡乔木的《人人要学会写新闻》。

9月5日

上海警备司令部稽查处对《群众》周刊进行武装搜查。9月6日上海各书店报摊的《群众》被撕毁。

延安（陕北）台举办专题节目，播出中共中央宣传部部长陆定一为纪念恢复广播一周年撰写的文章《延安广播电台一周岁》和《大家都来说话——XNCR周年纪念广播》。

9月12日

上海市警察连续两天（9月12、13日）再度前往《群众》周刊，予以查封。

9月15日

民本广播电台在上海创立。

9月23日

中共中央东北局宣传部领导下的东北新华广播电台在佳木斯开始播音。其前身为1945年8月20日创办的哈尔滨广播电台。这座电台有新闻报道、讲座、文艺演播等栏目内容，并经常采用转播群众大会的方式宣传中共的主张，揭露蒋介石集团。呼号XNMR。

9月27日

延安《解放日报》发表胡乔木的《短些，再短些!》，建议该报刊登“新闻要五分之四是一百字到四百字的”，“通讯和副刊稿件五分之四是四百字到一千字”，“研究论文、专文等等五分之四四百字到两千字”，以克服冗长的弊病。

同月

国民政府通过《取缔外人在华设立广播电台决议案》，规定凡外人在沪设立之广播电台，同时一律取缔（美国军用电台不在此限）。

截至本月底，各地已建立人民广播电台11座。

秋

上海暨南大学新闻系成立。冯列山任主任，一年后由詹文浒继任。1949年9月停办，并入复旦大学新闻系。

国立社会教育学院新闻系学生主办的《栖霞新闻》周刊在南京创刊。该系学生主办的栖霞新闻通讯社（简称“栖新社”）同时成立。在报道学生运动的过程中，发挥过一定影响。1949 年停刊。

10 月 1 日

东北电影制片厂在佳木斯以北的兴山创建。由舒群任厂长、吴印咸和张辛实任副厂长。

10 月 3 日

王震在陕北延安台发表演讲《人民的军队是不可战胜的》。

10 月 9 日

北平《世界日报》刊出社评《我们不能“中立”——我们要行使主人的职权》。

《张家口日报》被迫停刊。

10 月 10 日

《新民报》南京版复刊。日刊。总经理邓季惺，总编辑曹仲英，主笔宣谛之、周绶章，采访主任浦熙修。其《复刊词》比较具体的反映了当时中国民族资产阶级的政治观点。《复刊词》说：

> “本报是一个民间报纸，以民主自由思想为出发点，不管什么党，什么派，是者是之，非者非之。……但我们的态度很鲜明：主张和平、反对内战，主张民主、反对独裁，主张统一、反对分裂。我们服膺三民主义，决不信奉共产主义；我们拥护现政府，但确不满现状，认为一党专政的办法，应该赶快结束。我们相信大家只要以国家民族为重，不要向同归于尽的道路走，则忠实执行政协的各项决议，未始不是解决政治纠纷的有效办法。我们反对一面倒的外交政策，不能反苏，也不能反美，中国应做苏美间的桥梁。我们对官僚资本、买办资本式的财政经济政策，深恶痛绝，希望增加生产，促进外销；紧缩通货，平抑物价；提高人民生活水准，救济贫苦失业大众。……”

1948 年 7 月 8 日，该报南京版再次被勒令停刊。

《蒙汉联合画报》（专刊）创刊。4 开 2 版，石印。以蒙汉两种文字撰写说明。由尹瘦石、张凡夫、张绍河等人主办。社址设在内蒙古林东（巴林左旗）。

内蒙古自治运动联合会呼伦贝尔盟分会《呼伦贝尔报》（蒙古文版）在海拉尔创刊。8 开 2 版，铅印，初为不定期，后改为四日刊。总编兼出版部主任玛尼扎布。约于 1948 年末停刊。

10 月 12 日

《大公报》画刊创刊。既刊登国内新闻照片，也刊登少量国际新闻。由大公报社通讯课主任张篷舟负责编辑。

10 月 15 日

晋察冀军区政治部电影队在河北涞源成立。队长汪洋，摄影师苏河清。

10 月 25 日

国民党中央宣传部召集该党全国党报会议，研究宣传办法。

10 月 31 日

郑振铎主编的《民主》被迫停刊。

同月

《老百姓报》在延边汪清创刊。1948 年 7 月终刊。

11 月 1 日

《福建时报》在福州创刊。国民党福建省政府主席刘建绪为跟《中央日报》争夺舆论阵地而创办。地下民盟成员曾任总编辑。

11 月 9 日

《新华时报》在重庆创刊。董事长为国民党警察总署署长唐毅，常务董事为重庆市警察处处长谈荣章，社长兼发行人为军统特务薛树华。以宣传反共为唯一宗旨。

11 月 15 日

蒋介石在南京召开“国民代表大会”，于 12 月 15 日闭幕。通过了《中华民国宪法》，其中有言论自由、出版自由和人身自由的条文。

11 月 16 日

中共代表团团长周恩来在南京举行记者招待会，严正声明：中国共产党坚决不承认反动派包办的“国民代表大会”。

同月

广东韩江纵队（前身为潮汕人民抗日游击队）的《新潮》报在顺德创刊。共出版 20 期，于 1946 年 4 月终刊。

中共冀热辽区委员会机关报《冀热辽日报》在承德创刊。

中共东北局西满分局机关报《西满日报》在齐齐哈尔创刊。1947 年 8 月因组织机构变动停刊。前后共出版 300 期。

胡道静撰写的《新闻史上的新时代》，由上海世界书局出版。该书为新闻学术研究提供了较为丰富的有关新闻事业史的资料，并提出了作者的一些意见。全书共三大部分，由 5 章组成。

12 月 1 日

国民政府空军广播电台在南京创办。12 月 15 日，以“空军之声”正式播音，1949 年迁台湾继续播音。

12 月 26 日

《新华日报》华中版终刊。

12 月 30 日

《晋察冀画刊》在河北阜平县创办。由晋察冀军区政治部晋察冀画报社编印。以报道前线战事为主要内容，以刊登摄影作品为主。16 开本，原计划每月逢 15、30 日出版，实际不定期，每期多为 4—8 页。每期印刷 1 万份。到 1948 年 5 月 28 日共出 44 期。

同月

中共哲盟地委机关报《前进报》（蒙汉文版）在通辽出版。8 开 2 版，不定期。蒙古文版油印，汉文版铅印。约于 1948 年停刊。

同年

华中野战军江淮画报社编辑出版的《江淮画报》在江苏盐城附近地区创刊。

《永春日报》海外版创刊。是福建侨区永春县的《永春日报》创办的，开福建报纸刊发专供境外侨胞阅读的海外版之先河。

时事新闻社的前身建中新闻社在南京创办。

益世广播电台在南京创立。1952 年 3 月 25 日在基隆市恢复播音。

《东北韩报》在长春创办。8 开 2 版。韩国驻我国代表团东北总办事处主办。许禹成任社长，玄泰均任编辑局长。

1947 年（丁亥）

1 月 1 日

蒙古文报刊中的第一张省级党报《内蒙自治报》在内蒙古王爷庙（今乌兰浩特）创刊。初为内蒙古自治运动联合会东蒙总分会机关报，自 1947 年 9 月 1 日起正式成为中共内蒙古委员会机关报。它是《群众报》的延续，没有创刊号，只有首日刊，编号也承《群众报》序列，没有第 1 期，而是从第 60 期开始。

晋察冀新华广播电台恢复播音。其前身为张家口广播电台。1946 年 10 月，人民解放军撤出张家口，该台迁往阜平山区，更为现名。

《经济导报》(*Economic Reporter*) 周刊在香港创刊。以报道中国经济为重点。创办人许涤新等，董事长兼社长谢明干。

1月6日

《新华日报》就1946年12月24日北平发生美国兵强奸中国女大学生的严重事件，发表社论《高举爱国主义的大旗挺进!》。

国民政府当局下令封闭"苏联呼声"广播电台。

1月11日

重庆《新华日报》发表社论《我们面对着新环境新课题——本报创刊九周年纪念》社论说："(本报)现在，成了爱国主义的统一战线的标徽"，"是独立和平民主的旗帜"。

《新华日报》发表编辑部文章《检讨和勉励——读者意见总结》，在总结读者意见和检查本报工作的同时，还说明了报纸所处的环境，比抗日战争时期更为困难。

桂林《民主星期刊》被迫停刊。

1月24日

由东北民主联军炮兵政治部出版的《骨干》报前线版在东北前线创刊。16开2版，油印小报。从74期后改为4开4版或2版，原定三日刊，实为不定期。1949年1月8日改由第四野战军特种兵政治部出版。报头"骨干"二字，是由朱德题写的。

1月30日

《群众》周刊香港版在香港出版。由中共中央华南分局报纸工作委员会书记章汉夫任社长。旨在开展对海外的宣传工作。1949年10月20日出至第143期（香港）停刊。

同月

东北民主联军总政治部出版的《学习》杂志创刊。24开本，一般为月刊，每期2.5万—7.5万字。该刊无自己的社论，类似学习文件汇编，但并非简单的文件汇编，有的文章加有编者的按语。它保存了一部分领导同志的著作和中国共产党及人民解放军的一些重要文献资料。

2月1日

中国民主同盟机关报《民主报》为创刊一周年发表社论《为民主奋斗到底》。吴玉章为该报题词："为人民服务，替人民说话，作暗室明灯，作迷津宝筏。"

2月4日

国民党政府行政院绥靖区政务委员会发出密令，指令有关宣传部门"以各种技术打击一切反动刊物之流行及散布"(《国民党行政院绥靖政务委员会档案》，1947年2月4日密电稿)。

2月14日

东北军区四十四军一三〇师党委机关报《战士报》在东北通辽县（现属内蒙古）创刊。它的办报方针是"为战士服务"。以连队干部和战士为主要读者对象。新中国成立后继续出版。

2月15日

察哈尔省盟旗文化福利委员会机关刊物《蒙声》在张家口创刊。为铅印（其中蒙古文为石印)、蒙汉合璧式半月刊。

2月27日

《解放日报》发表题为《粉碎蒋介石进攻边区的阴谋》的社论，分析战局和蒋军动向，号召边区军民"迅速和紧张地动员起来，为保卫边区，保卫延安而战斗、而工作"。

2月28日

《时与文》周刊在上海创刊。发行人程博洪，撰稿人有周谷城、施复亮、石啸冲等。1948年9月被查封。

重庆《新华日报》被国民党当局查封。

该报前后发行3231号，连续出版9年零49天。2月27日夜，重庆化龙桥地区警察分局的一位局长来到报社宣读国民党当局的通知书，限定中共人员在2月28日零时以前停止一切活动，3月5日全部撤退。该报最后一期（2月28日）是用黄绿色的土纸印的。刊有鲁中莱芜大捷、活捉蒋军最高指挥官李仙洲的重要消息和重要文章《解放日报》24日社论《剥开皮来看》。共印刷200多份。由于国民党当局连夜派人查封报社，这一期报纸未能与广大读者见面。3月9日，最后一批人员全部撤离重庆，飞回延安。

国民党政府在残酷镇压台湾人民的反抗斗争的同时，查封台湾报刊54家。

3月1日

中共吉林省委机关报《吉林日报》（朝鲜文）在延吉市创刊。该报系朝鲜文最早的省委机关报。金平和林民镐为报纸负责人。1948年3月1日迁到蛟河县后停刊，共出版382期。

重庆《民主报》被迫停刊。

3月2日

《群众》周刊在上海出至第14卷第9期被迫停刊。

《盐阜日报》特派记者钱毅在石塘镇被国民党当局杀害。钱毅系安徽芜湖人，是作家阿英之长子，曾任《盐阜大众》地方版副主编。23岁任新华五支社和《盐阜日报》特派记者。1947年2月初，他到淮安石塘区，随当地民兵联防队深入蒋占区采访。3月1日，被蒋军包围，他在突围中被俘遇害。

3月9日

《解放日报》改出半张2版（原为一张4版），本日第1版上对8日延安召开万人大会，动员保卫边区保卫延安，打垮蒋介石的进攻，作了详细报道。

3月初

中共重庆市机关报、著名的地下报纸《挺进报》创刊。第1期取名《黎明》，油印。第2期改名《挺进报》，成为中共重庆市委的机关报。创办和编印人为陈然、刘国鋕。1948年4月，由于叛徒的出卖，《挺进报》被破坏，陈然、刘国鋕同时被捕。1949年11月，重庆解放前夕，他们分别被国民党反动派杀害。

3月14日

延安（陕北）广播电台本日晚开始在陕北子长县好坪沟播音，发电机放置在一位老乡的家里，附近的一座破庙就变成了播音室。本日《解放日报》没有出版。

3月15日

《解放日报》在陕北子长县出版第2118号，改出一小张（中型2版）。自此，报道和评论战争形势成为该报主要内容。

3月20日

冀鲁豫军区政治部机关报《战友报》改由晋冀鲁豫军区野战政治部与冀鲁豫军区政治部联合出版。胡痴、王春时任正副主编。1个多月后，由冀鲁豫军区出版。1946年1月报社设在山东菏泽，同年5月与七纵队主办的《前进报》合出战时联合版。1946年8月11日自第286期起，发行4500份。8月由不定期2版改为4版三日刊。1948年1月7日停刊。

《文萃》周刊自第73期起改出《文萃丛刊》，32开本，每期以一篇文章为书名，第1期书名为《论喝倒彩》，共发表8篇文章和1首歌。

延安台向全中国和全世界宣布，在给予蒋军重大杀伤后，人民解放军已于19日主动撤离延安，中共中央仍然留在陕北继续指挥全国的爱国自卫战争。

3 月 21 日

延安广播电台撤出延安，更名陕北新华广播电台，始用“陕北”电头。先后在陕北、太行、平山等地播音。

3 月 25 日

周恩来、朱德先后到播音室（一座破庙），看望陕北新华广播电台的工作人员，鼓励他们坚守岗位，确保及时把党中央的声音传播到全国去。

3 月 27 日

延安《解放日报》出至第 2130 号终刊。

3 月 28 日

陕北新华广播电台播出青化砭大捷，歼灭蒋介石部队 4000 多人及活捉旅长李纪云的胜利消息。

3 月 29 日

设在晋冀鲁豫解放区的邯郸台自即日晚上起使用“陕北新华广播电台”的呼号播音，接替了陕北好坪沟的广播。

同月

晋察冀画报社编辑出版《晋察冀画报》季刊。每期出 16 开 46 页 1 册。

年初

中共牡丹江市委机关报《牡丹江日报》创刊。1949 年 6 月停刊。

《绥蒙新闻日报》在内蒙古归绥（今呼和浩特）创刊。4 开 4 版。是一张私营报纸，其前身为《绥蒙新闻》。1948 年停刊。

春

延安大学开设新闻班，学习期限为 1 年半至 2 年。

西南学院新闻系在重庆创立，并设有新闻研究会。1949 年 12 月停办。

4 月 1 日

设在太行山麓的新华社临时总社根据中共中央指示，承担了原总社的全部宣传任务。直到 7 月上旬，廖承志率领的队伍到达太行，临时总社宣告结束，恢复了总社的建制。

设在河北涉县的陕北新华广播电台正式启用，开始播音。

4 月 22 日

重庆《世界日报》载文披露：近几个月来，各地各级国民党政府以“登记未准”或“尚未办竣登记手续”为名，查禁或勒令停刊的报纸杂志达 100 种以上。

4 月 28 日

晋察冀豫野战军出版的《人民战士》在晋冀鲁豫地区创刊。7 月暂时停刊。1949 年 1 月 26 日，作为第二野战军政治部机关报恢复出版。7 月底，再度停刊，共出刊 26 期。

同月

地下革命组织新疆民主革命党机关报伊犁《民主报》创刊。原为对开半张 2 版，周刊，4 号字编排，后改为 4 版，5 号字编排，三日刊。该报 1949 年春天以前，由李泰玉主编，后来由陈锡华、范邱仲先后任主编。参加创办工作的还有彭国安（化名王南迪）、刻字技工何锐，于春盛负责排版工作。该报以消除民族间对立为重点宣传内容，以开创一个包括汉族在内的各民族团结一致共同反对国民党反动派的新局面为主要任务。其主要内容曾译成少数民族文字进行宣传，效果良好。新疆和平解放后停刊。

5 月 1 日

东北解放区的大连广播电台改名为关东广播电台。

5 月 4 日

华东野战军政治部出版的《华东前线报》在华东地区创刊。4 开 2 版，五日刊。该报还出版一种不定期的 32 开本的小册子，刊登军政工作经验及工作总结的文章。

5月10日

中共齐齐哈尔市委机关报《齐市新闻》创刊。1949年6月终刊，前后共出版333期。

5月19日

国民政府修正公布《戒严法》，规定在戒严地区停止集会结社，“取缔言论、讲学、新闻杂志、图画、告白、标语暨其他出版物，认为与军事有妨害者”。

5月20日

《晋绥大众报》停刊。

中央政治学校新闻学研究会主编的《新闻学季刊》在南京复刊。仅出1期（第3卷第2期）。

5月23日

陕北新华广播电台随新华总社一起，由太行北上，来到平山县，开始播音。

5月24日

上海《文汇报》被国民党当局勒令停刊，并逮捕该报记者和工作人员3名，一部分采编人员受到特务的追捕，分别逃往香港或转入解放区。该报从1945年8月复刊，到本日（1086号）被查封，共出版1年零8个月。

上海《新民报》晚刊被勒令停刊。此前，因发表《冥国国歌》被罚款。此外，上海《联合日报晚刊》也被勒令停刊。

国民党淞沪警备司令部查封三报的命令原文：“查该报连续登载妨害军事之消息，及意图颠覆政府破坏公共秩序之言论与新闻，本市为戒严地区，应予取缔。依照戒严法规，着令该报于明日起停刊。毋得违误。此令。”（文汇报报史研究室编：《文汇报大事记》，文汇出版社1986年版）

5月29日

国民党爱国人士创办的福州《民主报》被所谓复员军官大队捣毁而停刊。该报副刊主编叶康参于前一天发表杂文，嘲讽热衷于打内战的“希特勒之类的黩武军人”。

同月

国民党当局把一部分原属国民党中宣部的业务划归行政院新闻局管理，如政令宣传、图书杂志登记的审查、对报纸通讯社的指导与联络、新闻社登记的审查、国际宣传等。

在国统区公开发行的学生报刊《大学新闻》停刊。

《内蒙古人民代表会议特刊》（蒙汉文对照）在内蒙古王爷庙（今乌兰浩特）出版。16开铅印，折叠式刊物。

6月1日

上海市学生联合会机关报《学生报》创刊。该报为三日刊，8开铅印2版，后改为4开1张，旬刊。该报有一个秘密发行网，遇有重大事件发生时，以“快报”“号外”以及传单形式散发。1949年4月停刊。

国民党当局出动军警、宪兵、特务，对一些重要城市的新闻界进行大搜捕。重庆市新闻界有30多人被捕。其中，《国民公报》4人、《商务日报》6人、《新民报》8人、《大公报》8人、《世界日报》4人。此外，成都、南京、上海的《新民报》均有人被捕，分别为3人、9人和1人。

6月10日

温济泽起草制定了新华总社语言广播部《对目前改进语言广播的几点意见》。

6月15日

《晋绥日报》选刊了苏联剧本《前线》中有关“客里空”的章节，拉开了解放区新闻界反“客里空”运动的序幕。该报署名“本报编辑部”的按语称：“编者作者应该更加警惕，并勇敢地严格检讨与揭露自己不正确的采访编写的思想作风，更希望我们每一个读者都起来认真、负责、大胆的揭发客里空和比客里空更坏的新闻通讯及其作者，在我们新闻阵营中，肃清客里空。”

6 月 25—27 日

《晋绥日报》以整版篇幅发表编辑部文章《不真实新闻与“客里空”之揭露》。

同月

抗日战争以来在国统区出版时间最长的学生报纸《中国学生导报》（1944 年 12 月 22 日创刊）停刊。

东北解放区西满新闻干部学校自 6 月至 9 月开班。

夏

中共西科中旗委员会机关报《草原之路》（蒙汉文版）创刊。初为不定期，后改为半月刊（不严格）。初为石印，8 开 2 版（蒙古文、汉文各一），大约出版四五期后改为油印。1948 年 8 月，扩大为 4 开 2 版，改为《西中报》，由原来的油印改为铅印。

7 月 1 日

《星闽日报》在福州创刊。是著名华侨胡文虎办的又一家星系报纸。社长胡梦洲。

中共锡察盟工委宣传处在内蒙古贝子庙出版《今日消息》（汉文）和《群众报》（蒙古文）。两种报纸均为油印。后者 8 开 2 版，不定期。1948 年 4 月 14 日，两报并为《牧民报》，用蒙汉两种文字同时出版。1953 年改为铅印。

蒙古青年励志社机关刊物《蒙古青年》（蒙汉合璧式）在归绥（今呼和浩特）创刊。16 开铅印（蒙古文版为石印），月刊，但不能按时出版。“励志社”成立于 1946 年 5 月 12 日。

晋察冀军区政治部电影队（华北电影队）制作的《自卫战争新闻第一号》（即《华北新闻第一号》）在晋察冀军区放映。

7 月 5 日

兴安省省府创办的《解放报》（蒙古文）在海拉尔油印出版。8 开，三日刊。由玛尼杜布、道尔吉宁等人主办。

7 月 6 日

蒋介石到中央广播电台发表纪念“七七”抗战 10 周年演讲，要求全国人民“以抗日精神‘剿共’”。

7 月 18 日

国民党当局公布《动员戡乱完成宪政实施纲要》，该《纲要》共 18 条。其中第 7 条是“为维持安宁秩序，政府对于煽动叛乱之集会及其言论行动，应依法惩处”。

7 月 21 日

《文萃丛刊》出至第 10 期时被国民党特务查抄，工作人员吴承德、陈子涛、骆何民三人先后被捕。1948 年 12 月 7 日，陈子涛、骆何民（负责编辑和发行工作）在南京雨花台被国民党特务活埋，吴承德（负责发行工作）被押往宁波，于 1949 年 5 月惨遭杀害。史称“文萃三烈士”。

7 月 30 日

《新民报》晚刊复刊。复刊后的该报受到国民党当局的控制，总编辑由国民党派人担任，并派有 2 名特务为记者。

同月

由国民党中央宣传部国际宣传处与美国哥伦比亚大学新闻学院合办的重庆新闻学院停办。共办 2 期，每期收学员 30 人，由国民党宣传处处长董显光兼任院长，副处长曾虚白任副院长。（据甘惜分：《新闻学大辞典》第 409 页；另一说，该院于 1946 年 7 月停办，见许焕隆：《中国现代新闻史简编》，河南人民出版社 1988 年版，第 453 页。）

8月3日

北平《华北日报》的《现代报学》周刊创刊。黄卓明主编。

8月28日

新华总社发表评论《锻炼我们的立场和作风——学习〈晋绥日报〉检查工作》。

9月1日

延安新华总社广播题为《纪念“九一”贯彻为人民服务的精神》的社论，检查解放区新闻工作者过去工作中存在的缺点和弱点，号召全解放区新闻工作者，要加强思想锻炼，提高业务，以更有效地为人民服务。

新华社发表社论《学习晋绥日报的自我批评》，肯定《晋绥日报》反“客里空”运动的倡导是非常有意义的，并分析了出现不真实新闻的根本原因，是新闻工作者的思想和立场有了毛病。社论说：“我们的队伍中有许多革命的知识分子，其中很多出身于地主富农的家庭，在与帝国主义和大地主大资产阶级斗争时，立场常常比较坚定，但是在革命运动深入到普遍的土地改革、普遍的消灭封建制度时，出身于地主富农家庭的知识分子，因为他们与封建制度有若干联系，如果舍不得割掉封建的尾巴，舍不得为整个革命的利益而牺牲个人的和家庭的利益，就会发生立场上的动摇，其中一部分就会堕落到袒护地主、反对农民的立场上去，或者堕落到自私自利独占农民斗争的果实的富农立场上去。”社论还号召全国“学习晋绥日报的自我批评”。（复旦大学新闻系新闻史教研室编：《中国新闻史文集》，上海人民出版社1987年版，第351—352页）

刘邓大军南征中坚持出版的《军政往来》复刊。该报是一张蜡纸对折两个页码的油印小报。与此同时，野战军政治部还每天编印出版油印小报《时事新闻》，刊载新华社的广播内容。

9月3日

台湾《更生日报》创刊。社址设在花莲市五权街36号。

9月5日

陕北新华广播电台为纪念恢复播音两周年调整节目，增加时间（增加到3个小时），开办《对国民党军广播》（原名《对蒋军广播》，每天半小时）和《星期文艺》节目。

陕北台发表告听众书称：“今年3月间，胡宗南匪军侵犯延安，敌人曾经以为这一来延安新华广播电台总不会再发出声音了。在3月30日那一天匪徒们在延安架了一架流动电台，派一个男人模仿女人的声音，企图冒充本台播音。实在无耻到极点。然而，本台同人，仅仅两天，就打破一切困难，胜利地完成了转移的任务。我们从延安的山沟，转移到陕北的另一条山沟。我们的声音，又重新越过天空，响亮地传布到祖国和南洋的每一个角落。”“蒋家的中央广播电台XGOA也曾经得意忘形地说：‘延安新华广播电台不只一次说过，蒋军侵入延安就是进入坟墓，现在延安新华广播电台，你们为什么不再说了呢?’让我们现在回答蒋家的中央广播电台吧：本台的预言，现在大部分变成了事实。不久之后，即将完全证实，而你们的吹牛和叫嚣，早已完全破产了。”（《陕北新华广播电台二周年告听众》，《中国现代广播简史》，第80页）

9月11日

陕北新华广播电台开办英语新闻节目。

9月12日

陕北台连续4天播送新华社社论《人民解放军大举反攻》。

9月13日

香港《华商报》以《陕北中共电台宣布大反攻已展开》为题在头版头条加以报道。

10 月 10 日

周伯庄创办的《自立晚报》在台湾创刊。为台湾省最早的晚报。

10 月 11 日

著名新闻工作者、新闻教育家、国立社会教育学院新闻系主任俞颂华在苏州病逝。俞江苏太仓人。

10 月 25 日

中国青年党在台湾创办《公论报》。李万居任社长。

10 月 30 日

为纪念人民音乐家冼星海逝世两周年，陕北台在新开办的《星期文艺》中播送《黄河大合唱》。

10 月 31 日

《昆仑报》在青海创刊。8 开 4 版，周刊。主要刊载回族文化教育信息。

国民政府公布《出版法修正草案》。

同月

由晋察冀军区政治部晋察冀画报社编辑出版的《晋察冀画报》复刊。到 12 月停刊，共出 3 期。

11 月 9 日

中共中央宣传部发出《对反“客里空”运动的指示》，指出：“由晋绥发动的反‘客里空’运动，是土改中一个重要收获。中央已号召将此种精神应用到各种工作中去，使我们的各种工作，都能有带有根本性质的某种改变……”（《中国共产党新闻工作文汇编》上册，第 180 页）

11 月 18 日

石家庄市解放后，中共石家庄市委机关报《新石门日报》创刊。周六刊，4 开 4 版。

同月

中共松江省委机关报《松江农民》创刊。三日刊。1949 年 1 月改名《松江日报》。前后共出版 140 期。

12 月 1 日

国民党汉口的《中国晚报》《建设晚报》《新闻晚报》3 家晚报宣告出版联合版。

12 月 20 日

《新威日报》停刊。

12 月 25 日

国民政府公布《戡乱时期危害国家紧急治罪条例》。该《条例》共 12 条，其中第 6 条是“以文字、图画或演说为匪徒宣传者，处 3 年以上 7 年以下有期徒刑”。这里有 102 项内容是要“处死刑或无期徒刑或 10 年以上有期徒刑”，大多与新闻宣传有关。

李红光支队机关报《团结日报》（朝鲜文）在吉林通化市创刊。对开 4 版，周刊。初名《团结时报》。金信奎任社长、白南彪任主编。读者对象主要是南满一带的朝鲜族同胞和李红光支队的指战员。

12 月底

国民党中央广播事业管理处所属广播电台增加到 42 座，总发射功率 423 多千瓦，全国估计有收音机 100 万台左右。

同年

绥远盟旗文化福利委员会出版《新蒙》半月刊。其前身为国民党绥境蒙旗自治指导长官公署机关刊物《绥蒙月刊》，公署撤销后，绥远省政府设盟旗文化福利委员会继续负责指导省内蒙古各旗地方自治事宜，改出《新蒙》半月刊。该刊蒙汉合璧，16 开本，汉文铅印，蒙古文石印。仍按原刊序号排列，即始于 3 卷 4 期。

由东土耳其斯坦青年联合会主办的《阿图什报》在新疆阿图什市创刊。该报的新闻、言论，还有诗歌等作品，都为宣传、组织、动员阿图什地区人民的斗争发挥过积极作用。

1948年（戊子）

1月1日

中共石家庄市委机关报《新石门日报》改名为《石家庄日报》。由张春桥任社长兼总编辑。

中共内蒙古委员会机关报《内蒙古日报》在乌兰浩特创刊。出有蒙、汉两种文版，蒙文版为周三刊，汉文版为日刊。1950年1月迁张家口市出版，1952年10月迁至呼和浩特市出版。1954年3月与《绥远日报》合并出版，报名仍为《内蒙古日报》。

《晋中日报》在山西榆次创刊。

延安（陕北）广播电台开办代播军属家信节目。该台还自即日起连续一周反复播出毛泽东1947年12月25日在中共中央会议上的报告《目前形势和我们的任务》。

中共中央中原局在郑州成立，并出版《中原日报》。由陈克寒任社长兼总编辑。

天津《大公报》发表社评《人类大觉醒之年》，说什么“此方铁幕，彼方布障，明争暗斗，强权飞跃，一步步走上备战之途”。革命不已，流血不止，“武力不能解决问题”，“为世界生灵请命”，希望这一年成为“人类大觉醒之年”。

《大公报纽约双周刊》在美国创刊。其主要内容是把两周内的社评译为英文。

1月10日

中共领导的陕甘宁边区通俗报纸《边区群众报》更名《群众日报》。西安解放后，迁往西安出版。胡绩伟任总编辑。

1月19日

江苏武进国民党的7家日晚报全部停刊。

1月29日

香港《群众》周刊第2卷第3期刊登卓云的文章《大公报的“中间路线”》，批驳该报1月8日的社评《自由主义的信念》。

同月

《中国学生丛报》在香港创刊。同年8月停刊。

2月1日

《申报》由每天2张半改为2张。

2月11日

毛泽东写了《纠正土地改革宣传中的“左”倾错误》的指示，指出错误的表现，要求各地党的领导机关、新闻机关和新闻工作者，根据马克思主义原则和中央路线，检查工作，纠正错误。

2月22日

国民政府国防部机关报《忠诚报》在台湾台北新店创刊。

2月26日

香港《群众》周刊第2卷总第57期，刊载题为《大公报向上海学生挑战》的文章，批驳《大公报》社论《关于冬令救济》，指责其有计划地破坏1947年底以来上海80多所学校15000多名学生所开展的募捐救济工作。

同月

《人民》画报停刊，共出8期。

3月1日

民盟中央机关报《光明报》在民盟中央宣传工作委员会领导下复刊。陆诒任督印人、主编。新一卷第1期复刊社论《坚持路线，击破阴谋》，阐释民盟三中全会精神。

3月3日

东北行政委员会民族委员会机关报《民主日报》（朝鲜文）在哈尔滨创刊。4开2

版，日刊。其前身是牡丹江市办的《人民新报》（朝鲜文版）。7月，改为4开4版。该报“反对为办报而办报”。朱德海任报社社长，李旭成任副社长。1949年3月停刊。

3月15日

《大公报》香港版复刊。社址设在香港利源东街15号。每天出版对开2张。沪、津、渝、港4版同时发行，发行总数每日为20万份。由胡政之主持，费彝民为督印人。胡氏主持工作不足1个月，因病回上海治疗，改由费氏主持报社工作。费氏主持香港《大公报》近40年，为香港新闻事业做了很大贡献。《大公报港版发刊词》阐述了报纸的性质，介绍了报纸的历史，说明了复刊的理由，最后，表达了该报要在香港长期发展的决心。

春

华中新闻专科学校开学。由中共华中工委宣传部长俞铭璜任校长，《新华日报》（华中版）社长徐进任副校长，罗列任专职教务长。校址设在江苏射阳河畔千秋港（现属滨海县）。前后共办4期。1949年5月校址迁无锡，后改校名为苏南新闻专科学校。

由重庆大学进步学生主办的《大学新闻周报》在重庆创刊。4开，铅印。发行对象为高中毕业生，为其报考大学提供方便，并报道国统区各地大专院校学生罢课游行的形势。

《辅仁通讯》在北平创刊。在中共的领导下秘密出版。每周或10天出1期，每期8开4版或6版，油印三四百份。

据统计，北平此时共有报纸17家，其中小型报12家。（见林家琦：《北平的小型报》，载《报学杂志》第1卷第8期）

4月1日

《延边日报》（朝鲜文）创刊于吉林省延吉市。创刊词指出，该报衷心地为延边人民群众服务。“经常反映延边人民群众斗争的生活动态、土地改革、支援前线，特别是要介绍当前春耕生产活动的情况和工作经验。”主要读者对象是朝鲜族广大人民群众。

内蒙古自治区第一个综合性蒙古文刊物《人民知识》创刊于乌兰浩特。月刊，16开本。每期40页左右。主要读者对象以初级干部和农牧民为主。1949年1月1日终刊，共发行10期。

4月2日

毛泽东在中共中央晋绥分局和晋绥军区司令部所在地山西省兴县城西蔡家崖村发表了《对晋绥日报编辑人员的谈话》。《谈话》对《晋绥日报》1947年6月以后土改和整党宣传中的经验和教训作了系统的分析和总结。他结合《晋绥日报》的实践，提出了中国共产党新闻工作的基本纲领，并精辟地阐述了党报的性质、任务、作用，以及办报的路线、报纸的文风，建立无产阶级新闻队伍等一系列重大问题。

4月18日

南京《中央日报》的《报学》双周刊终刊。

4月21日

《内蒙古日报》刊载《内蒙画报》第1期要目：①突击送粪加紧春耕；②男女齐动员；③围剿地主武装；④春耕谣等诗歌。《内蒙画报》由内蒙古日报社出版。4开单张，月刊。说明部分由蒙汉2种文字写作，并以3种颜色套印。前两年由齐齐哈尔市《嫩江农民画报》社负责印刷，由尹瘦石创办。

同月

国民政府交通部修正公布《广播无线电收音机登记规则》。

中央政治学校与中央干部学校合并成立

国立政治大学。所设新闻系分普通科和专科两种，在校学生总数约200人。该校于1949年初停办，1954年在台北复校，新闻系于1955年起恢复招生。历任系主任有程天放、刘振东、詹文浒、马星野等。

5月1日

《展望》周刊创刊。其前身为中华职业教育社主办的《生活》周刊和《国讯》杂志。周刊由俞寰澄任社长，黄炎培、陈仁炳任副社长。名义上在南京出版，实则在上海出版。

《新潍坊报》在山东潍坊创刊。

5月23日

陕北新华广播电台开始在河北省平山县播音。陕北台在太行的播音于5月22日结束。

5月26日

中共中央和毛泽东主席从陕北、经晋绥解放区到达晋察冀解放区平山县西柏坡村。

5月28日

《晋察冀画刊》停刊，共出版44期。

东北新华广播电台从佳木斯迁往哈尔滨后正式播音。此前，3月19日曾试播。

同月

晋察冀画报社与人民画报社合并，在石家庄成立华北画报社。沙飞任社长，石少华任副社长。

北平一些大学教授组成了“中国社会经济研究会”，出版《新路》周刊。提出了一个资产阶级改良主义的纲领，发表了一些改善国民党统治区经济的意见。

6月3日

毛泽东发出《关于加强报纸通讯社领导的指示》。（见《中国共产党新闻工作文件汇编》上册，第184页）

上海《时代日报》被国民党淞沪警备司令部以“煽动工潮、学潮，扰乱金融，歪曲军情”的罪名查封，共出版891天。

6月5日

中共中央发出《关于宣传工作请示与报告制度的决定》，共8项。（见《中国共产党新闻工作文件汇编》上册，第186—188页）

6月10日

华北军区政治部、华北画报社编辑出版的《华北画刊》在华北地区创刊。16开，4页。是面向连队的摄影画刊。1949年8月停刊。

6月14日

《晋察冀日报》在河北阜平县农村终刊，共出版2845期（当日序号误排为“2854”）。

晋冀鲁豫《人民日报》终刊，共出746号。

6月15日

晋冀鲁豫《人民日报》与《晋察冀日报》合并，在河北省平山县创刊华北《人民日报》。该报系中共中央华北局机关报。社长张磐石，总编辑邓拓。1949年3月迁至北平（今北京），同年8月起改为中共中央机关报。

6月22日

华东野战军山东兵团机关报《华东前线》创刊。它是以连以上干部为读者对象的综合性活页杂志。铅印，16开，三日刊。每期约计4页，每出10期下发一张编有总目录的封面，由读者自行装订成册。该刊的任务是：“（一）反复宣传毛泽东思想与党的政策，贯彻前委司政机关对部队的思想指导和工作作战指导，保证全兵团在思想上、政策上、作战方针和工作作风上完全一致，并通过报纸帮助领导及时了解情况，取得经验，改进工作。（二）为全体指战员服务，首先为连营级干部服务，根据他们作战、工作、学习的需要，有计划地介绍、交流经验，供以必要之参考资料及文艺读物，使报纸真正成为干部学习的园地。”（《〈华东前线〉创刊词》，转引自《中国人民军队报刊史》，第202页）《华东前线》还出版不定期的32开的增刊，根据内容的多少，决定增刊的页数。

同月

《大学新闻周报》被迫停刊，大约出版13期。

夏

中共热北地委机关报《牧民报》（蒙古文版）创刊。8开4版，分要闻、地区经济、政文、副刊4个版。该报的汉文版创办于1947年底。

中共中央东北局宣传部、东北军区政治部联合发出《关于组织对敌军广播的通知》。

7月7日

东北地区各广播电台联系会在哈尔滨召开。参加会议的有安东、齐齐哈尔、延吉、吉林、海龙、通化、牡丹江等电台的台长。会议由东北新华广播电台台长罗清主持。会议通过了《关于统一广播电台的决定》。

7月8日

国民政府下令《新民报》南京日、晚刊“永久停刊”。被查封的主要原因是该报对国共和谈、内战再起、中美关系、学生运动等问题发表消息和言论，大都违背国民政府的意旨，副刊也刊登了不少被称为“挖墙脚”的玩意。

7月16日

通俗小说期刊《群众》在延安创刊。

同月

第一野战军第一军创办的《前线生活》创刊。8开2版，油印小报，不定期（3至8日一期）。后由青海军区出版。以连队干部及战士为主要读者对象。1949年9月13日改为铅印后，以连以上干部为读者对象。交流省军区的工作经验，指导部队工作，宣扬英雄模范事迹是其主要内容。

8月1日

国民党青海省党部机关报《民国日报》停刊。该报创刊于1931年8月，铅印对开1张。

西安市《同仁日报》因经济困难，宣布停刊。

8月15日

中共中央宣传部发出《关于城市党报方针的指示》。对于城市党报的读者对象，报道内容及其副刊工作都做了明确的规定。（见《中国共产党新闻工作文件汇编》上册，第201、202页）

8月16日

《报学杂志》半月刊试刊号在南京出版。

8月19日

据国民政府内政部统计，截至本日，南京市经该部核准登记之通讯社总计83家。

9月1日

中共江汉区党委机关报《江汉日报》创刊。其前身为《江汉报》。初为石印，后改铅印。1949年6月3日停刊。

《报学杂志》在南京正式创刊。中央日报社出版。马星野主编，编辑孙如陵、武月卿、李果、余利民等。社址设在南京中山路39号4楼。

9月2日

汉口《新闻夜报》复刊。社长刘半农。

9月5日

北平《商业日报》被国民党政府认为所刊消息有问题，勒令停刊。

9月8日

澳门《中华日报》创刊。日出对开2张。社长黄浩然。

9月9日

《文汇报》在香港恢复出版。社址设在香港荷李活道。复刊的筹备工作由徐铸成、严宝礼主持。该报香港版创刊后，日出对开2张，由李济深任董事长，严宝礼为总经理（实由徐铸成主持社务）。1949年初，徐铸成应邀参加新政协会议，总经理改由张稚琴担任。

9月10日

《临汾人民报》在山西临汾创刊。

9月12日

华东新华广播电台在山东临朐县程家庄试播，12月20日正式播音。呼号XNEC。周新武任管委会主任，苗力沉任副主任。

9月16日

南京《真理新闻》因所载新闻触犯国民党的“总动员法”被罚停止发稿。

9月18日

华东野战军前委机关报《人民前线》在华东地区创刊。8开铅印，版数不定，三日刊。以连以上干部为其主要读者对象。主要任务是指导连队军政建设，以刊登宣传党的政策、思想、军政工作指导、各种经验交流、革命英雄主义、军政常识、科学知识、时事问题讲述、批评与建议、问题解答为主要内容。

9月21日

南京《中国日报》社因刊载流亡学生失实，被学生局部捣毁。

9月24日

晚上，陕北台打破惯例，重新开机，播出电话传来的“号外”消息：山东人民解放军于当天下午5时解放济南市。

9月26日

《鲁中南报》在鲁中南地区创刊。

9月30日

中原军区、中原野战军政治部联合出版的《中原画报》在中原地区创刊。16开本，季刊。每期4页。主编裴植。主要刊登摄影作品。后改由第二野战军政治部出版。

国民党苏州监狱教化课创办的《苏监刊闻》出版。半月刊，4开。主要刊载新闻摘要、监狱消息及犯人的作品。

10月1日

《新民主报》在山东济南地区创刊。

南京《中央时报》复刊。日出对开1张。

10月2日

刘少奇在河北省平山县西柏坡华北记者团学习班发表《对华北记者团的谈话》。（见《中国共产党新闻工作文件汇编》下册，第248—263页）

10月3日

《人民子弟兵》报在河北邯郸创刊。

10月10日

华北《人民日报》发表《全区人民团结斗争，战胜各种灾害》的长篇报道，罗列水灾惨象。11月8日，该报刊出检讨文章，纠正新闻报道中的客观主义倾向。

《前卫报》在鲁中南区创刊。

10月12日

上海《正言报》因社论所发议论“不妥”，被国民党当局责令停刊。

10月14日

《新唐山日报》在河北唐山创刊。

10月23日

《长春新报》在长春复刊。

10月26日

正当西安报业奄奄一息之时，该市唯一

女记者李芳兰创办的《时代新闻》正式出版。日出对开 1 张。

10 月 28 日

《人民报》在辽宁锦州创刊。

10 月 30 日

王芸生收到由《大公报》地下党员转给他的来自中共领导方面的信息，通知他前往北平参加新的政治协商会议。

同月

新华总社召开关内广播台长会议。出席会议的有廖承志、徐迈进、梅益、温济泽、黎伟、胡若木、常振玉、苗力沉，由梅益主持会议。

《华北画报》在华北地区创刊。16 开本，58 页。该刊是由《晋察冀画报》和《战场画报》合并后创刊的。由华北军区政治部主办。1950 年停刊，共出 3 期。

上海学生联合会《学生报》工作人员严庚初被捕。

华东军区政治部华东画报社编辑出版的《战士文化》在华东地区创刊。32 开，36 页画报。刊登新闻照片、连环画和漫画。到 1949 年 1 月共出版 4 期。

11 月 1 日

青岛 8 家报纸：《青岛民言报》《公报》《军民日报》《时报》《平民报》《青报》《民报》《青岛晚报》宣布休刊，联合发行《青联报》，日晚刊各一份。

11 月 4 日

沈阳解放后，东北新华广播电台接收了国民政府沈阳市的广播电台，利用原有设备，开办了沈阳新华广播电台。

11 月 5 日

王芸生秘密离开上海，转至台湾，3 天后飞往香港，主持《大公报》香港版的言论，促使其言论明显转变。在共产党和进步人士的帮助下，领导了《大公报》香港版报馆的起义。

11 月 8 日

中共中央作出《关于新解放城市中中外报刊通讯社处理办法的决定》。《决定》认为，“我军现已解放许多大中城市，以后还要解放许多大中城市，这些城市中存在着大量的对城市人民生活有重大影响的报纸、刊物与通讯社，其中并有少数对国际宣传极有影响并与外交有关系的外国通讯社，外国人办的报纸、刊物，以及外国报纸刊物与通讯社派驻中国的记者。这些新闻宣传工具，绝大部分是反动派所掌握的，少数是中间性的，只有极少数是进步的”。《决定》还对新解放城市中旧有报纸、刊物及通讯社的有关政策作出具体规定。（见《中国共产党新闻工作文件汇编》上册，第 189—193 页）

燕京大学新闻系学生主办的铅印学生报刊《燕京新闻》终刊。该刊原是 1932 年在北平创办的《平西新闻》，后改称《燕京新闻》，抗日战争时期随燕大新闻系迁成都出版。1946 年由成都迁往北平复刊，只出汉文版。从校内实习报纸，走向社会，变成一份政治性刊物，是在国统区公开发行的合法出版物。在解放战争时期国统区的学生运动中发挥过重要影响。

济南特别市新华广播电台开始播音。台长黎伟。1949 年 6 月 13 日，改名济南新华广播电台，6 月 20 日改名济南人民广播电台。

11 月 10 日

《大公报》香港版发表社评《和平无望》开始转变立场，靠拢人民，改变拥蒋态度。社评对蒋政权坚持打内战忧愤难平，指出“我们所付战乱的代价已甚高，希望历史的轮子是向前进”，“真正的历史创造者，并不是稀世的英雄，而是亿万人民”。

11 月 11 日

第二十军前锋报社出版的《前锋》报火线版在徐州附近地区创刊。16 开 2 版，油印。该报常常日出 2 期（类似上下午版）。设有《最后消息》栏。该报出版 22 期（11 天）。

11 月 13 日

中国著名报刊政论家，原上海《天铎报》、《商报》主笔，蒋介石的秘书陈布雷，因对国民党前途失望服药自尽。

11 月 18 日

中共中央宣传部、新华总社发出《关于纠正各地新闻报道中右倾偏向的指示》。（见《中国共产党新闻工作文件汇编》上册，第 205—206 页）

台北《国语日报》创刊（原拟于 10 月 25 日台湾光复纪念日创刊，报上所印日期仍为原定之时间）。由胡适题写报头。4 开 4 版。魏建功任社长。

11 月 20 日

中共中央作出《对新解放城市的原广播电台及其人员的政策的决定》。（见《中国共产党新闻工作文件汇编》上册，第 194—196 页）

11 月 25 日

北平《华北日报》的《现代报学》出至第 68 期停刊。

11 月 26 日

中共中央颁布《关于处理新解放城市报刊、通讯社中的几个具体问题的指示》。（见《中国共产党新闻工作文件汇编》上册，第 197 页）

11 月 27 日

毛泽东以中国人民解放军总部名义和以中原人民解放军司令员刘伯承、华东人民解放军司令员陈毅名义撰写了《人民解放军总部向黄维兵团的广播讲话》和《刘伯承陈毅两将军向黄维兵团的广播讲话》，由陕北台播出。（见《毛泽东新闻工作文选》，第 266—269 页）

同月

新疆伊宁、塔城、阿勒泰三区革命报纸《战斗周报》，油印秘密出版。李维新任总编辑，于振武负责评论，涂治、罗志主持报社工作。该报之前身是新疆共产主义同盟内部出版的不定期手抄刊物《熔砂》，即 1945 年改名为《战斗》的地下刊物。1945 年 11 月 7 日《战斗》出版过纪念“同盟”成立一周年和庆祝十月革命的专刊，油印了从狱中传出的林基路烈士的遗作《囚徒歌》。周报从创刊到 1949 年 9 月 28 日第 45 期止，共刊登有关解放战争、解放区生产建设的新闻报道 600 多条。

12 月 5 日

国立社会教育学院新闻学系为庆祝建院 7 周年，特举办“全国报纸展览会”，共展出报纸 1650 种，是旧中国历届报展中展出种类最多的一次。

12 月 6 日

中共中央宣传部、新华总社发出《关于改善新闻通讯写作的指示》，要求新华社各分社及报社编辑人员采取具体办法，以改进党的宣传工作的质量。

12 月 12 日

中共中央东北局机关报《东北日报》由哈尔滨迁往沈阳出版。

12 月 17 日

陕北台反复广播毛泽东的《敦促杜聿明等投降书》。

12 月 20 日

暂由中共中央青年工作委员会负责出版的《中国青年》在河北省平山县复刊。中国新民主主义青年团成立后，仍为青年团的机关刊物。该刊从第4期起迁往北平出版。

12月21日

北平市军事管制委员会文化接管委员会在良乡成立。

国民党新闻机构领导人，原中央通讯社南京分社主任、重庆分社主任、上海分社主任，国民党中央宣传部驻上海专员，《中央日报》屯溪版的创办者，《中央日报》上海版分社社长冯有真，乘飞机飞往广州市筹备上海《中央日报》迁穗出版事宜，因飞机在香港附近的火石山撞山失事身亡。前国民党中宣部部长彭学沛亦同机遇难。

12月24日

储安平主编的《观察》周刊被国民党当局查禁。

12月25日

东北新华广播电台（总台）由哈尔滨迁往沈阳继续播音。

同月

上海《东方杂志》停刊。该刊刊行45年，共出44卷。

1949年（己丑）

1月1日

新华社发表毛泽东为新华社写的1949年新年献辞《将革命进行到底》。（见《毛泽东选集》第4卷，第1372—1380页）

以新闻报道为主的综合性蒙古文周刊《内蒙周报》创办。由内蒙古日报社主办。16开本，书册状，每期40页左右。1950年终刊，共发行91期。前53期在乌兰浩特出版，从54期到91期随内蒙古党委和政府所在地迁往张家口出版。

香港版《大公报》发表社评《展望中华民国三十八年》，指出这应该是旧中国开创新中国划时代的一个大年代。

新华社开始编印《新华广播稿》，每天4至8页不等。

西北新华广播电台在延安试播，1月5日正式播音。由中共中央西北局宣传部领导。由金照兼任台长，武英任编辑部主任。6月1日迁往西安播音，改名西安新华广播电台，7月1日改名西安人民广播电台。

1月14日

陕北台播发毛泽东《关于时局的声明》。

1月15日

天津解放，《大公报》天津版出至本日第16246号停刊，改名为《进步日报》，于2月27日继续出版。

天津新华广播电台开始播音。5月18日改名为天津人民广播电台。朱九思、鲁获先后负责领导工作。

1月16日

马星野主编的《报学杂志》出至第1卷第10期终刊。

1月17日

《天津日报》在天津出版。

1月18日

中共中央发出《对处理帝国主义通讯社电讯办法的规定》。（见《中国共产党新闻工作文件汇编》上册，第265、266页）

1月20日

北平《世界日报》自即日起，一面刊登新华社新闻稿，以及北平市民、学生筹备欢迎解放军的新闻，一面刊登中央社的广播新闻。

1月31日

北平和平解放。范长江、徐迈进等进入北平，并筹备出版《人民日报》北平版。2月1日北平版内部试刊。2月2日，利用国民党《华北日报》的设备正式创刊。创刊号上，头版头条是毛泽东主席《关于时局的声明》，此外，还有李济深、沈钧儒等55人对时局的意见，社论《为建设人民民主的新北平而奋斗——代发刊词》，特写《北平人民的狂欢》，以及一些安民告示。由中共北平市委宣传部部长赵毅敏兼任社长，范长江任总编辑，袁勃任副总编辑，马健民任秘书长，刘希龄任编辑室主任，李千锋任采访部主任，李亚群任副主任，李更生任群工部主任。2月7日，由平山县华北《人民日报》总社调派近200人，赶赴北平，加强北平版的力量。此时，《人民日报》华北版还在解放区出版发行。

北平市军事管制委员会文化委员会接管了王府井大街上的国民党中宣部机关报之一《华北日报》，该报所有设备交人民日报社使用。

同月

中共松江省委机关报《松江日报》创刊。6月15日，与《合江日报》合并，仍称《松江日报》。1954年8月1日终刊，前后共出版2040期。

鲁中南军区政治部出版的《前卫画报》创刊。4开单张，双面印刷，从12期起改为16开4页。以刊登美术作品为主，主要刊登新闻照片。到中华人民共和国成立前夕，共出版15期。

2月1日

徐州新华广播电台开始播音。

2月2日

《南京人报》因编辑部被国民党特务捣毁，被迫停刊。4月8日复刊后再次停刊。

北平新华广播电台开始播音。

2月8日

中共中央宣传部、新华总社联合发出《关于克服新闻迟缓的指示》。（见《中国共产党新闻工作文件汇编》上册，第301、302页）

2月18日

中共中央颁布《对北平市报纸、杂志、通讯社登记暂行办法的批示》。（见《中国共产党新闻工作文件汇编》上册，第273页）

2月20日

中共中央颁布《关于停止外国通讯社、记者、报纸、杂志的活动和出版给平津两市委的指示》。（见《中国共产党新闻工作文件汇编》上册，第276页）

2月23日

中原新华广播电台在郑州开始播音。

2月25日

北平市军管会文化委员会接管北平《世界日报》的全部财产，该报日、晚两刊于即日停刊。

2月27日

中国人民解放军北平市军事管制委员会通令外国在北平记者停止活动。（通告全文见《东北日报》1949年3月1日）当时在平外国记者17人，其中美国记者9人，英国记者4人，法国、加拿大、瑞士、瑞典、荷兰各1人。

2月28日

中共中央发布《中共中央关于对私营广播电台的处理办法给天津市委的指示》，规定了中共中央对私营电台的处理办法。（见《中国共产党新闻工作文件汇编》上册，第278、279页）

同月

《华北画报》迁北平出版。

《中国青年》迁北平出版。

3月1日

中国人民解放军第十九兵团政治部出版的《子弟兵》报在晋察冀地区创刊。

英文《虎报》(*Hong Kong Tiger Standard*)在香港创刊。发行人胡文虎，是胡文虎所属的星系报业集团的报刊之一。

3月5日

中国共产党七届二中全会在河北省平山县西柏坡开幕。毛泽东在会上作了《在中国共产党第七届中央委员会第二次全体会议上的报告》。关于新闻工作，毛泽东在报告中说："从我们接管城市的第一天起，我们的眼睛就要向着这个城市的生产事业的恢复和发展。……通讯社报纸广播电台的工作，都是围绕着生产建设这一个中心工作并为这个中心工作服务的。"(《毛泽东选集》第4卷，第1428页)

中共北平市委机关报《北平解放报》创刊。不久，因大批新闻干部随军南下，该报于8月1日停刊。

3月10日

东北军区政治部出版的军区机关报《前进》报创刊。初为周刊，8月后改为三日刊。该报面向连队，以连以上干部为主要读者对象。1949年6月15日该报出版战士版，4开2版，铅印，初为旬刊或周刊，从第17期起改为三日刊。专供战士阅读，每个排可发到一份。主要任务是"配合练兵，反映各部队思想和工作情况；帮助咱们认清革命的道理，表扬好同志，批评坏思想，不当糊涂兵"。(见战士版发刊词《办好咱们的战士报》，《中国人民军队报刊史》，第236页)《前进》还出版一种24开本的增刊。

3月12日

南京《中央日报》迁至台北出版。仍由原国民党中宣部新闻处处长马星野任社长，王新命为总编辑，陶希圣为总主笔。

3月15日

华北《人民日报》迁入北平，《人民日报》北平版随即停刊。当天，《人民日报》刊登《出版启事》："本报移平后，当更加强城市工人、学生及城市中一切劳动人民生活的报道，加强工商业的报道。加强改造和建设城市的各种报道。同时仍将以相当大的篇幅报道农业生产与农村情况，使我们的报纸成为城乡联系的桥梁，进一步巩固工农联盟，密切知识分子与工农群众的结合。"社长张磐石，总编辑邓拓。

3月19日

《展望》周刊出至第3卷第18期，被国民党当局查封。

3月20日

南通新华广播电台开始播音。7月8日，改名南通人民广播电台。

3月23日

陕北台播发中共七届二中全会公报。

3月25日

新华社迁往北平(香山)。

陕北新华广播电台随新华社迁往北平(西长安街)，更名为北平新华广播电台。原北平新华广播电台改名为北平人民广播电台。

4月1日

中共吉林延吉地委机关报《东北朝鲜人民报》(朝鲜文)在延吉市创刊。对开4版，周六刊。该报由延吉(东满地区)的《延边日报》、哈尔滨(北满地区)的《民主日报》和通化(南满地区)的《团结日报》合并而成。1954年12月24日终刊，共出版发行1583期。

4月8日

中国人民解放军第二十兵团的《战场报》在太原解放前夕创刊。其前身为1948年12月17日创办的《战场快报》。

4月14日

中国著名新闻记者、报业经营者、新记

《大公报》总经理兼副总编辑胡政之因患肝病在上海逝世。

4月15日

《大公报》上海版第2版载文说，该报续刊时期即组织社评委员会，由吴鼎昌、胡政之、张季鸾3人组成，“研究时事问题，商磋意见，决定主张”，“意见有不同时，以多数决之，三人各各不同时从张先生”。

4月21日

南京李宗仁政府拒绝在国内和平协定（最后修正案）上签字后，北平新华广播电台反复播发毛泽东主席、朱德总司令发布的《向全国进军的命令》。

4月22日

北平新华广播电台播发毛泽东撰写的《我三十万大军胜利南渡长江》《人民解放军百万大军横渡长江》两篇消息。

4月24日

国民党南京的“中央广播电台”开始全部转播北平新华广播电台节目。

4月25日

山西人民广播电台于太原解放的第二天开始播音。

4月26日

中共山西省委机关报《山西日报》在太原创刊。毛泽东曾两次为其题写报头，一次是1949年初，一次是1965年9月间。

4月27日

常州人民广播电台试播。10月1日正式播音。

4月30日

经中共中央批准，《新华日报》在刚刚解放的南京市出版。周恩来在北平中南海亲自发布出刊消息。1952年9月，由中共南京市委机关报改为中共江苏省委机关报。

同月

渤海军区政治部编印的《前卫画报》创刊。不定期。到中华人民共和国成立前夕，共出版3期。

《上海人民》报创刊。8开2版，周报。中共中央上海局文委主办，以上海各人民团体联合会名义出版。上海解放后，出对开4版。《解放日报》创刊前一天（5月27日）出至第8期终刊。

5月1日

《晋绥日报》终刊。

《人民铁道》报在北平创刊。

东北新华广播电台（总台）改名沈阳新华广播电台，原沈阳新华广播电台改名沈阳人民广播电台。

5月9日

中共浙江省委机关报《浙江日报》在杭州创刊。

5月15日

苏州新华广播电台开始播音。9月1日改名苏州人民广播电台。

5月16日

中共中央宣传部发出《关于城市报纸应注意的问题给中原局宣传部的指示》。（见《中国共产党新闻工作文件汇编》上册，第314页）

5月19日

南京新华广播电台开始播音。该台是在接管南京政府中央广播电台和国防部广播电台的设备后建立起来的。

5月23日

中共中央中南局机关报《长江日报》在武汉创刊。1952年12月31日，因中南局撤销，该报随之停刊。

武汉新华广播电台在汉口开始播音。8月1日起改名武汉人民广播电台。

5 月 25 日

上海《新闻报》停刊。该报负责人程沧波、吕晓光出逃，詹文浒被监禁，死于狱中。

浙江人民广播电台开始播音。6 月 9 日更名杭州人民广播电台。

5 月 27 日

《申报》出至本日停刊。是近代中国出版时间最长的报纸。

上海人民广播电台播音。周新武为台长，苗力沉为副台长。

上海解放后，黄嘉德任圣约翰大学新闻系主任，始用汉语授课，改出汉文《约翰新闻》周刊。该校于 1952 年 9 月院系调整时并入复旦大学新闻系。

5 月 28 日

中共中央华东局兼上海市委机关报《解放日报》在上海创刊。上海解放后，上海军管会派工作人员进入申报馆，实行军管，该报出至第 25599 号终刊。上海市委在申报馆原址出版《解放日报》。范长江任首任社长兼总编辑。

南昌新华广播电台开始播音。6 月 3 日改名南昌人民广播电台。

6 月 1 日

经上海市人民政府批准，《展望》周刊复刊。

中共河南省委机关报《河南日报》在开封创刊。于大中任社长兼总编辑。

山东军区综合性杂志《前导》创刊。16 开，旬刊。以连以上干部为读者对象。其主要任务是：帮助干部学习毛泽东思想，贯彻党中央和毛泽东建军路线和政治路线，提高全军干部的思想、理论、政策、业务水平，配合中心工作指导部队正确了解和贯彻执行中央和上级的指示，进行纪律教育，开展批评与自我批评，交流军事、政治、后勤、文艺等各项工作经验等，以推动部队各项建设工作向正规化方向前进。

6 月 3 日

中共中央颁发《关于未登记报纸施行新闻管制给华中局、华东局、西北局的指示》。（见《中国共产党新闻工作文件汇编》上册，第 281 页）

6 月 5 日

中共中央决定将原新华社的口语广播部，扩充为中央广播事业管理处，管理领导全国的广播事业。廖承志任处长，李强任副处长。

6 月 7 日

中共江西省委机关报《江西日报》在南昌创刊。

6 月 10 日

上海英文《字林西报》在本日该报第 1 版显著位置发表题为《本埠航运停业》的长篇报道，所述内容严重歪曲事实，引起读者的强烈愤慨，要求政府予以严惩。23 日，该报总编辑葛立芬致函上海市军管会“郑重道歉”。24 日市军管会发布命令，鉴于该报已承认错误，“特从宽处分，予该报严重警告一次”。[《上海市军事管制委员会命令》（外新字第一号），载上海《解放日报》1949 年 6 月 25 日]

《九江报》在江西九江创刊。

6 月 11 日

新华社上海分社开始发稿。

6 月 16 日

中国民主同盟机关报《光明日报》在北平创刊。对开 4 版。读者对象主要是知识分子和干部。社长章伯钧，总编辑胡愈之。毛泽东为创刊号题词“团结起来，光明在望”。朱德题词“民主光明”。创刊号发表了题为《团结一致建设民主新中国》的发刊辞。发刊辞最后阐明了其言论和报道的方针，一是“负责的态度”，“应当是正确地反映人民的意见，帮助人民政府推行政策和政令，发掘各项问题，并寻求问题的解决”，“对人民负责，是人民的报纸应有的态度”；二是“服务的精神”，该报主要是“为各革命阶级服务，为各民主党派服务，为各人民团体服务，为人民服务是人民的报纸应有的精神”；三是“建设的批评”，“除了反人民反民主的言论之外，一切批评应当是自由的”，“批评是为了团结，为了建设”，“以团结为基本精神的批评，才有利于人民解放事业和新民主主义的建设工作”；四是“忠实的报导”，“新闻报导必须与人民的利益、行动的方针相联系，才能使报纸成为真正教育指导人民的工具”。1953年起改由各民主党派、全国工商联联合主办的报纸。1957年改由中共中央宣传部和中共中央统战部领导。现在是中共中央领导下的主要面向知识分子的日报。

6月17日

《大公报》上海版发表《大公报新生宣言》，宣布报纸归人民所有。

6月19日

《新闽北报》在福建建瓯创刊。4开4版。中共闽浙赣省委和中国人民解放军建瓯军管会联合创办。1949年8月22日停刊。

6月20日

北平新华广播电台播送本月15日毛泽东在新政治协商会议筹备会上的讲话录音。

《台湾新闻报》在台湾高雄创办。

6月21日

被国民党当局查封的《文汇报》在上海恢复出版。总编辑徐铸成，副总编辑钦本立、柯灵、浦熙修、唐海、刘火子、张树人。

6月24日

毛泽东、周恩来批准了改组后的新华社社委会名单，主要负责人有：社长胡乔木（兼），副社长范长江，副社长兼总编辑陈克寒，第一副总编辑吴冷西，第二副总编辑朱穆之。

6月29日

上海《新闻日报》创刊。每天对开4版，每逢周日增刊半张。社长金仲华。该报是在已停刊的《新闻报》的基础上经改组后创办起来的。主要读者对象是工商业者、商业职工和里弄居民。

6月30日

北平新华广播电台播出毛泽东为纪念中国共产党成立28周年而作的《论人民民主专政》。

同月

上海英文《大美晚报》由于坚持帝国主义立场，攻击中共政策，受到上海军事管制委员会的严厉处分后，自动停刊。

《民生评论》半月刊在香港创刊。

7月1日

中共湖北省委机关报《湖北日报》在武汉创刊。

台湾《中国日报》（英文）创刊。社址设在台北市信义路2段277号。

7月7日

《南京人报》因南京解放，再度复刊。

7月13日

中华全国新闻工作者协会筹备会在北平成立。主任胡乔木，副主任胡愈之、廖承志，秘书长萨空了，副秘书长徐迈进。推举出正式代表12名，候补代表2名，代表新闻界参加中国人民政治协商会议。正式代表有：胡乔木（人民日报社兼新华社社长）、金仲华（上海《新闻日报》社社长）、陈克寒（新华社副社长兼总编辑）、张磐石（华北《人民日报》社兼新华社华北总分社社长)、邓拓(《北平解放报》社社长、《晋察冀日报》兼原晋察冀新华总分社社长)、恽逸群(上海《解放日报》社社长、原华中《新华日报》社兼新华社华中总分社社长)、杨刚(女,《大公报》驻美国记者)、邵宗汉(首任香港《华商报》副总编)、徐迈进(曾在重庆《新华日报》社、延安《解放日报》社工作)、刘尊棋(长期以中央社记者公开身份为党工作)、王芸生(上海《大公报》总编辑)、赵超构(上海《新民报》主笔)。候补代表有:徐铸成(上海《文汇报》社长兼总编辑)、储安平(《观察》周刊社社长兼总编辑)。

7 月 15 日

《新中国妇女》在北平创刊。毛泽东在创刊号上题词:"团结起来参加生产和政治活动,改善妇女的经济地位和政治地位。"

中华全国总工会机关报《工人日报》在北平创刊。4 开 4 版小报,1950 年改为 4 开 2 版。王春任社长,冯诗云任总编辑。

中国人民解放军军事管制委员会通令美、英大使馆新闻处停止活动。8 月又命令所有外国通讯社停止活动。

第一野战军政治部出版的《人民军队》报创刊。4 开 4 版,周刊,铅印。其宗旨是"为了七届二中全会提出的人民军队应该是战斗队、工作队的任务,为了交流全军战斗与工作经验,全军指导机关必须有一个比较完善的报纸,作为从思想上、政治上、经济上经常指导工作的武器","其方针是要坚决在全军中贯彻为人民服务的思想"。(见该报《代发刊词》,引自《中国人民军队报刊史》,第 245 页)创刊伊始,该报在西安出版。兰州解放后,自 8 月 30 日起在兰州出版。

《华东前线》在山东地区创刊。32 开本,半月刊。华东野战军山东兵团机关报。主要刊登素描和连环画。

7 月 25 日

重庆《世界日报》被国民党政府当局查封。

同月

华东新闻学院创办于上海。由恽逸群任院长,王中任教务长。先后招收 3 期学员,于 1952 年 10 月停办。

苏南新闻专科学校在无锡开学,一次录取学员 240 人。其前身为华中新闻专科学校,于 1949 年 4 月底迁到无锡,改称苏南新闻专科学校。1950 年 4 月停办。

8 月 1 日

中共中央决定将华北《人民日报》改为中共中央机关报。由地方报纸改为中央级大报,未作任何声明,期号也未重新编排。社址设在北平市煤渣胡同。全社编辑、记者及工作人员共 112 人,加上行政部门职工,全社共有 366 人。胡乔木、范长江先后任社长,邓拓任副社长兼总编辑。邓拓领导报社进行了讨论和总结,使全社职工明确了办报方针:进一步发扬党报的优良传统,联系实际,联系群众,开展批评与自我批评。编辑部内设政治、工业、农业、文艺、国际、理论、通联等编辑室(部),加强与中央各部门的联系,密切报纸与实际工作的关系。改为中央报纸初期,发行量为 9 万多份,平均每天收到读者来信 42 件。

华北军区机关报《华北解放军》报创刊。4 开 4 版,铅印,五日刊。朱德题写报头,并在创刊号上刊登题词:"学习正规化,保卫国防。"《发刊词》阐明该报之任务为组织与动员华北人民解放军"勤勉地学习毛泽东思想,掌握党的政策路线,学习近代化的指挥艺术与武器技术,提高文化科学知识",为建设"一支有高度政治觉悟的有无比强大战斗力的,有文化教育的人民军队"而奋斗。

第一野战军政治部出版的《人民军队画报》在陕甘宁地区创刊。4 开 2 版，半月刊。共出版 17 期。

8 月 2 日

中国共产党和中国人民解放军通令所有外国通讯社立即停止活动。

8 月 4 日

国民党宣传部门在香港主办的《香港时报》创刊。日出对开 3 张。主办人许孝炎。是国民党在香港的主要宣传机关。社址在香港告士打路 64—66 号。

8 月 5 日

中共湖北省委主办的《湖北农民》在武汉创刊。三日刊。该刊是以农民和区乡干部为读者对象的通俗报纸。1950 年 5 月 31 日终刊，共出版 214 期。

8 月 15 日

中共湖南省委机关报《新湖南报》在长沙创刊。

8 月 24 日

福建人民广播电台开始播音，用普通话、福州话、厦门话广播。

8 月 25 日

中共福建省委机关报《福建日报》在福州创刊。社长杨西光，总编辑何若人。

同月

《华北画刊》共出 15 期后停刊。

9 月 1 日

中共甘肃省委机关报《甘肃日报》在兰州创刊。

中共伊盟盟委机关报《伊盟报》出版。该报原为 1936 年三边（陕西省安边、定边、靖边）地委创办的《蒙古报》。它是中共创办的最早的一张地区性报纸。1945 年，中共伊克昭盟工作委员会成立后，该报以蒙汉两种文字出版，由工委宣传部长薛向晨任社长，浩帆（蒙古族）主持报纸工作。解放战争期间，该报随工委和伊盟支队转战在西乌旗和城川地区，有“马背报”之称。该报及时报道解放战争的胜利消息，经常出版战报和号外。

第四野战军政治部与华中军区政治部合编的《前卫画刊》创刊。16 开，月刊。以刊登摄影照片为主。

《前线画报》在武汉创刊。由第四野战军政治部、华中军区政治部出版。主编那狄。16 开，月刊，后改为 12 开。共出版 12 期。

北平新华广播电台增播《自然科学讲座》节目。后又增加《曲艺》节目。

无锡人民广播电台正式成立。

9 月 7 日

兰州人民广播电台开始播音。

9 月 9 日

《新闽西报》在龙岩创刊。是新中国成立后中共闽西地委办的第一张报纸。在此之后，中共泉州地委的《泉州日报》、中共龙溪地委的《漳州日报》、中共建瓯地委的《群众报》、中共永安地委的《永安电讯》相继创刊。

9 月 14 日

东北人民解放军工兵学校政治部出版的《工兵生活》终刊。4 开 2 版，周刊。原为油印，自 66 期起改为铅印。该报大约创刊于 1947 年 8 月，前后共出版 131 期。

西宁人民广播电台开始播音。

9 月 15 日

全国性理论杂志《学习》月刊在北平创刊。

9 月 21 日

中国人民政治协商会议第一届全体会议在北平开幕。晚 9 时 15 分，北平新华广播电台播出毛泽东在会上的开幕词《中国人从此站立起来了》。

9 月 25 日

《文艺报》在北平创刊。

《中国儿童》在北平创刊。月刊。以少年儿童为主要读者对象。共青团中央主办。1951 年 10 月 13 日停刊。

步兵二〇五师政治部编印的《连队画报》创刊。为蓝图画刊。

9 月 27 日

北平改名北京。北平新华广播电台改名为北京新华广播电台。

9 月 28 日

中国人民政治协商会议通过《中国人民政治协商会议共同纲领》。《共同纲领》第四十九条规定："保护报导真实新闻的自由，禁止利用新闻诽谤，破坏国家人民的利益和煽动世界战争。发展人民广播事业。发展人民出版事业，并注意出版有益于人民的通俗书报。"

9 月 29 日

新华社发表社论《中国人民对全世界的庄严宣告》。社论指出：即将成立的中央人民政府致电联合国大会，声明中华人民共和国业已成立，中央人民政府为唯一能代表中国人民的政府。

同月

中共中央发出《关于对旧广播人员政策的补充指示》。（见《中国共产党新闻工作文件汇编》上册，第 286 页）

湘西地区解放后出版的《湘西日报》在湖南沅陵创刊。1952 年 8 月停刊。

10 月 1 日

本日下午，北京 30 万军民举行开国大典，庆祝中华人民共和国诞生。北京新华广播电台在天安门广场进行持续 6 个半小时的实况广播，全国各解放区的一些广播电台同时联播，这是中国人民广播史上第一次大规模的实况广播，也是第一次在天安门城楼上进行的关于国家庆典的全国性实况转播。

《人民日报》发表社论《中华人民共和国万岁》，强调中华人民共和国成立标志着"四万万七千五百万中国人民开始自己当权管理国家，我们这个古老的东方民族揭开了历史的新的巨册"。

直接受中共中央宣传部领导的中央广播事业管理处，改组为中央广播事业局。由中央人民政府新闻总署领导。中央广播事业局的任务主要是：1. 直接领导中央人民广播电台对国内和对国外的广播；2. 领导全国各地人民广播电台的工作；3. 指导和管理各地私营广播电台；4. 发展人民广播事业；5. 培养和训练广播事业干部。

10 月 6 日

上海军管会发出通告，规定自即日起凡与我无外交关系之各国报纸、刊物、通讯社、广播电台等在沪记者，无论其为中国籍或外国籍，一律停止以记者身份活动。

10 月 15 日

新华社华南总分社在广州成立。

为筹办中共中央华南分局机关报《南方日报》，香港《华商报》于本日停刊。

10 月 19 日

中央人民政府委员会举行第三次会议，任命郭沫若为副总理兼文化教育委员会主任。会上还通过了任命新闻总署署长胡乔木（新华通讯社社长兼人民日报社社长），副署长范长江（原上海解放日报社社长）、萨空了（《光明日报》社秘书长）的决定。

10 月 20 日

中共青海省委机关报《青海日报》在西宁创刊。毛泽东为《青海日报》题写了报头。该报的前身是原中国人民解放军一军政治部编印的刊物《新闻》。

中共山西省委宣传部主办的《山西农民》在太原创刊。4开4版，周三刊。专供农民群众和农村基层干部阅读。

广东人民广播电台在广州开始播音。当时称广州人民广播电台。

10月21日

政务院文化教育委员会（简称“国家文委”）成立。郭沫若任主任。

10月22日

中共福建省厦门市委机关报《厦门日报》创刊。

10月23日

中央人民政府新闻总署作出《要求报道城乡实际工作反映和指导劳动人民生活和斗争》，指出“报纸和新闻广播，要联系和提高群众，除了报道一般政治动态而外，必须经常地有系统地反映和指导劳动人民的生活和斗争”。要求通讯社和报纸编辑部，密切联系党和政府的各个工作部门，参加他们的会议，了解工作情况，研究实际问题，并将调查研究的结果写成新闻通讯。（《中国共产党新闻工作文件汇编》上册，第361页）

中共广东省委机关报《南方日报》在广州创刊。当时是中共中央华南分局机关报。

10月26日

《人民日报》就北京市军管会查封3家广播电台发表短评。短评揭露中国、民生、军友3家广播电台均为国民党特务分子主办。短评说，广播电台是近代化的强有力的宣传工具。解放前，这个工具大多操在封建买办阶级及其代表者国民党当局手里。除了官办广播电台外，还假借私营名义，设立广播电台，由特务分子支持和支使，进行各种反人民的宣传。短评强调，新中国除了办好国营广播电台外，对于真正私营广播电台，不但允许其存在，还要帮助它们进步。

10月30日

中共中央宣传部、新华通讯社发出《关于中央人民政府成立后宣传工作中应注意事项给新华社各总分社和各地党报的指示》。指出，在中央人民政府成立后，凡属政府职权范围的事，应由政府讨论决定，由政府明令颁布实施，不要再像过去那样有时以中国共产党名义向人民发布行政性质的决定、决议或通知。各地中国共产党党报的社论、论文和新闻按语，也要注意不再用行政命令的态度和口气，而应该用号召、建议和商讨的态度和口气。报纸用行政命令的态度和口气，不仅现在是错误的，就是过去也是不对的。（《中国共产党新闻工作文件汇编》上册，第324页）

同月

中共湖南省衡阳市委机关报《衡阳日报》创刊。4开4版，日刊。

《平凉报》在甘肃平凉创刊。4开4版，周三刊。

北京新华广播电台（中央人民广播电台前身）成立广播剧组。

11月1日

中央人民政府新闻总署召开成立大会，开始正式办公。新闻总署受中央人民政府政务文化教育委员会领导，负责领导全国的新闻事业，管理国家的新闻机构。下属一厅（办公厅）、一社（新华社）、三局（广播事业局、国际新闻局、新闻摄影局）、一校（北京新闻学校）。

新华社附设的新闻干部训练班改名为北京新闻学校。为新闻总署直属单位之一。范长江兼任校长。该校办了2期，第2期于1951年8月结束。

中央人民政府新闻总署国际新闻局成立。乔冠华任局长。

11 月 7 日

长沙人民广播电台正式播音。

中共广州铁路局委员会机关报《铁路工人》创刊。

朝鲜文《延边日报》更名《东北朝鲜人民报》继续出版。

11 月 8 日

《福建青年》创刊。由青年团福建省工委领导。初为周刊《福建青年》，在《福建日报》开辟专栏出版。1964 年改办期刊，名为《共青团支部》。1978 年改为《福建青年》月刊。1993 年改为《青春潮》。

11 月 11 日

中共宁夏省委机关报《宁夏日报》在银川创刊。1958 年 8 月 1 日改为中共宁夏回族自治区委员会机关报。

新闻总署发出《关于稿件须经有关方面审阅后始得发表的指示》，规定："今后无论记者、通讯员，采写新闻均应首先交由各该新闻的机关、团体负责人，和各该新闻本身的当事人审查（包括各党派和无党派的组织和人士在内），要求他们考核事实是否准确，政治上、政策上有无问题，新闻本身可否发表，最好由他们签字同意，然后送往编辑部。这种审查是必不可少的。应该定为新闻稿件的必经手续和采访记者的纪律责任。编辑部在处理稿件的时候，首先就应检查这些手续已否完成。如有特殊原因无法交给当事人审查（例如采写敌方情况或俘虏官兵谈话的新闻），也应经过有关机关的负责人考核。"（《中国共产党新闻工作文件汇编》上册，第 363 页）

11 月 15 日

《新华月报》在北京创刊。人民出版社主办。属大型文献性综合刊物。主要选载全国报刊刊登的中国共产党和人民政府的重要文件、领导讲话、文章、重要新闻报道。创刊号内容选自 100 多种中外报刊。

11 月 16 日

中国广播公司在台北成立。该公司是国民党当局的广播机构，下设对台湾广播部、海外广播部和大陆广播部。

11 月 20 日

中宣部发出《关于克服新闻工作系统中无政府无纪律现象、坚持请示报告制度的指示》。通报了一批忽视请示制度、违犯宣传纪律的稿件，强调"请示审查制度是保障党和国家的宣传统一，防止政治上、政策上发生错误的重要步骤，破坏这种制度，会使我们在政治上遭受损失，是绝对不能允许的无政府无纪律状态"。（《中国共产党新闻工作文件汇编》上册，第 325、326 页）

11 月 21 日

中共湖北恩施地委机关报《恩施报》创刊。

11 月 22 日

中宣部发出《关于发布军事新闻的指示》，就十兵团司令部未经中央同意，擅自在 10 月 25 日《厦门日报》发布我军在炮火掩护下登陆金门消息，造成政治损失一事作出规定：一、凡重要战报、军事评论、部队首长谈话、作战经过和战绩总结公报，必须发交新华总社，转请中央审核，由新华总社统一公布。在新华总社未广播前，不得在当地报纸和广播电台发表。二、对于军事行动，不应在事先作预测性的报道，也不应在动作开始时即行公布，而应于战役完全结束或告一段落时，将已经成为确定事实的胜利，发交新华总社披露。（《中国共产党新闻工作文件汇编》上册，第 327 页）

《建国日报》在台湾澎湖创刊。是澎湖列岛地区唯一的报纸。该报为台湾国民党军营报纸，兼具军报与地方报双重特性。

11 月 27 日

新华总社就分社、总分社关系问题致电华中总分社及各总分社，指出："总分社仍应经常地指导分社业务，随时检查督促它的新闻报道工作，并向总社报告总分社和分社情况。而分社发总社的稿件，必须发给总分社，并向总分社报告工作，请求指示，服从总分社的领导，不能因与总社有直接联系而松懈与总分社的关系，总社如对某一分社直接有所指示，当同时通知负责领导该分社的总分社。"（《中国共产党新闻工作文件汇编》上册，第 422 页）

11 月 28 日

中共贵州省委机关报《贵州日报》在贵阳市创刊。初名《新黔日报》。

新华社贵州分社在贵阳成立。

11 月 29 日

中央广播事业局第一次局务会议根据六月五日中共中央《关于成立中央广播事业管理处的通知》精神，决定广播事业局的任务是：领导全国各地人民广播电台；直接领导中央人民广播电台及国际广播电台；普及人民广播事业；指导与管理各地私营广播电台。

同月

《佛山报》在广东佛山创刊。对开 4 版，周四刊。

《台山报》在广东台山创刊。4 开 4 版，周二刊。

《广州铁道报》在广州创刊。4 开 4 版，周三刊。

《福建邮电报》在福州创刊。4 开 4 版，周刊。

12 月 3 日

中共广西省委机关报《广西日报》在桂林创刊。

12 月 5 日

北京新华广播电台改名为中央人民广播电台。

北京人民广播电台开办《俄语广播讲座》。这是全国电台中第一个开办的外语教学节目。

12 月 6 日

中共新疆维吾尔自治区委员会机关报《新疆日报》（汉文版）在乌鲁木齐创刊。毛泽东题写了报头。

12 月 7 日

新华社新疆分社成立。

浙江《劳动时报》在杭州创刊。

12 月 9 日

中央人民政府政务院第十次政务会议通过《关于统一发布中央人民政府及其所属各机关重要新闻的暂行办法》。规定：为了保障关于中央人民政府及其所属各机关的新闻的正确性和负责性，实行统一发布新闻的办法。凡中央人民政府委员会、政务院、人民革命军事委员会、最高人民法院和最高人民检察署通过或同意的一切公告，以及须经上述机构负责首长同意发布的一切公告性新闻，均由国家通讯社即新华通讯社统一发布。对于外国记者发布中央人民政府及其所属各机关的新闻，由新闻总署国际新闻局统一办理。各政府机关不得自由对外国记者发布新闻。（《中国共产党新闻工作文件汇编》上册，第 290、291 页）

12 月 10 日

中共中央西南局机关报《新华日报》在重庆创刊。出至 1954 年 8 月 31 日因大行政区撤销而停刊。

中共山东省青岛市委机关报《青岛日报》创刊。对开 4 版。

12 月 13 日

新华社重庆分社成立。

12 月 17 日

新华社绥蒙分社改名为绥远分社。

中央人民政府新闻总署自即日起，迄本月 26 日止，在北京召开全国报纸经理会议。会议决定实行两个重要措施：一是报纸经营实行“企业化”方针；一是报纸发行实行“邮（递）发（行）合一”方针。要求全国报纸特别是公营报纸，必须转变供给制思想，把报纸作为生产事业来经营，逐步实行经济核算制，精简机构，厉行节约，逐步改变依靠政府补贴状况，达到经费全部或大部自给。

12 月 20 日

中共沈阳市委机关报《沈阳日报》创刊。4 开 4 版。前身为《工人报》。

12 月 21 日

新疆人民广播电台正式播音。初期使用迪化人民广播电台的呼号，用汉语和维语两种语言播音。一年后改名为新疆人民广播电台。

12 月 28 日

中共广西壮族自治区柳州市委机关报《柳州日报》创刊。

12 月 30 日

中共中央批转中央人民政府新闻总署党组《关于全国报纸经理会议的报告》，就解决全国公、私营报纸的纸张与赔耗问题作出决议：一、用纸问题由政务院财经委员会、文教委员会合组文化用纸委员会，统筹新闻出版用纸的生产、进口与配售，其原则是发展国产纸，限制进口纸，以优待价格统一配售给新闻出版机关。二、条件好的公营报纸应争取自给，其主要方法是：报纸定价必须不低于纸张成本；多登有益的广告；根据苏联及东北、山东经验，报纸发行逐步交邮局统一办理，以减少发行上的开支与损失；健全会计制度，消灭浪费，缩减冗员。三、凡在实行上述办法后仍不能自给的报纸，均由政府新闻行政部门与财政部门在审核报社预算后实行定期、定额的补贴制度，废除现在许多地方予取予求的单纯报销制度。（《中国共产党新闻工作文件汇编》上册，第 294、295 页）

同月

中宣部发出《关于今后各级党报名义不要公开宣传的指示》，规定今后各行政区、省、区的主要报纸，都不必公开宣传是中共机关报，也不必说是政府机关报，只称某地某报即可。（《中国共产党新闻工作文件汇编》上册，第 328 页）

新华社广西分社在桂林成立。

河北开滦矿务局主办的《开滦矿工报》创刊。该报是新中国最早获正式报纸刊号的企业报。

国民党中央通讯社从成都迁往台湾。

同年

截至年底，包括接管及经过改造的旧中国留下的广播电台，全国（不包括港、澳、台）共有 49 座广播电台，其中，中央台 1 座，地方台 48 座。

新中国诞生后，许多中共各省市委机关报的宣传重点由农村转为兼顾城市，由战争转为经济建设，并且多次组织思想讨论，动员人民群众建设新中国、树立新风尚。

《超然报》在香港创刊。日报。

1950 年（庚寅）

1 月 1 日

《内蒙古日报》东部版（汉、蒙文）在乌兰浩特出版。对开 2 版。该报系中共内蒙古分局东部党委机关报。1950 年底终刊。

贵州人民广播电台正式播音。当时称贵阳人民广播电台，1951年6月改用现名。

中共新疆分局伊犁区党委主办的《伊犁日报》在伊宁创刊。有哈萨克文和维吾尔文两种文版。

中共玉门石油管理局委员会机关报《石油工人报》在甘肃玉门创刊。4开4版。

中共广西自治区梧州市委机关报《梧州日报》创刊。

1月4日

《人民日报》增设副刊《新闻工作》（双周刊），该刊着重介绍苏联新闻工作经验。创刊号《编者的话》号召，在创建中国人民新闻事业中，大量利用苏联的丰富经验。到1950年底，共出26期，刊登了近30篇译介列宁、斯大林论报刊和苏联新闻工作经验的文章。

重庆人民广播电台成立并正式播音。

1月12日

新闻总署对全国各报采用新华社电讯稿作出规定。主要精神是：采用新华社电讯稿不得增改删节；需要改写删节的，不应再用新华社电讯名义，应改为“本报讯”，并加“据新华社×日电讯”字样。（《中国共产党新闻工作文件汇编》中册，第31页）

1月18日

江西省萍乡矿务局党委机关报《萍矿工人报》创刊。

1月20日

中宣部批复西北局宣传部对民主人士稿件处理办法，指出：“民主人士的稿件在一部分群众中有相当影响，只要这些稿件不违背人民政协共同纲领和人民政府政策法令，便应尽可能发表。……今后遇到民主人士稿件中发生问题，凡全省性的民主人士的应请示省委决定；凡西北全区性的民主人士的如当地领导同志不能确定者应请示高级领导机关。”（《中国共产党新闻工作文件汇编》中册，第15页）

1月25日

台北市报业公会成立。以“维护增进同业之公共利益及矫正弊害，并服务社会”为宗旨。

1月26日

新华社开始印发《新华社通讯稿》，供各地报纸采用，以补该社广播之不足。

同月

新闻总署设置新闻摄影局，副署长萨空了兼任局长。下设摄影处、研究室等部门。主要任务是采集和发布新闻照片，收集和保存国家照片资料，指导全国的新闻摄影工作。

新闻总署国际新闻局主办的《人民中国》（半月刊）杂志英文版在北京创刊。

台湾当局依据1948年修订公布的《戒严法》，宣布在台湾全省实行戒严，并对新闻事业实行军事管制。

《内蒙古日报》迁至张家口出版，但仍在乌兰浩特出东部版。

《泸州报》在四川泸州创刊。4开4版，周二刊。

《遵义报》在贵州遵义创刊。4开4版，周三刊。

《江苏邮电工人》在南京创刊。4开4版，周刊。

2月1日

中共吉林省委机关报《吉林工农报》改名《吉林日报》，仍在吉林市出版。

2月7日

中央人民广播电台为纪念“二七”铁路工人大罢工，播出了广播剧《一万块夹板》。这是新中国成立后录制的第一部广播剧。

中共安徽省淮南市委机关报《淮南报》

创刊。是新中国成立后安徽省出刊的第一家工矿区报纸。

2 月 15 日

中央广播事业局组织各地方台转播和组织收听关于中苏友好同盟互助条约签订的特别节目。全国有 200 万以上人次收听了这次特别节目。

2 月 27 日

新闻总署召开京津新闻工作会议。会议讨论了发布新闻的制度；报纸、通讯社、广播电台的发展方向与相互关系；各级新闻组织间的分工；京津公私营报纸间的分工等议程。会议规定广播电台应以发布新闻、社会教育及文化娱乐为主，这成为后来广播系统在相当长的时间里一直贯彻的“三大任务”。

2 月 28 日

全国总工会发出关于各级工会组织与《工人日报》关系的通知，号召全国工会组织和广大职工群众，积极办好《工人日报》。新中国成立初期，除《工人日报》外，大区和省市工会，大都办有工人报纸。

同月

邮电部和新闻总署共同发出《关于邮电局发行报纸暂行办法》。从此，人民邮政成为全国最大的报纸发行机构。

《四川工人日报》在成都创刊。4 开 4 版，周六刊。

《四川通信报》在成都创刊。4 开 4 版，周刊。

3 月 1 日

中央人民政府铁道部政治部作出《关于〈人民铁道〉报的决定（草案）》。（见《中国共产党新闻工作文件汇编》中册，第 38—41 页）

3 月 4 日

中共云南省委机关报《云南日报》在昆明创刊。

云南人民广播电台正式播音。当时称昆明人民广播电台，1951 年 3 月 23 日改为现名。

3 月 5 日

《人民日报》率先交邮局在全国发行，此后各地、各部门出版的报纸大部分相继交邮局发行。

3 月 28 日

根据中共中央决定，新华社成为统一集中的国家通讯社。本日，中共中央发出《关于改新华社为统一集中的国家通讯社的指示》，指出：“使新华社成为统一的集中的国家通讯社的条件，现已成熟。过去新华社的各总分社、分社、支社是带有浓厚的地方性的，他们在工作上是以地方为主，组织上是受地方负责机关的支配。这种分散性，在战争与地区被分割的条件下是正确的和必需的。但现在全国已基本解放，这种分散性已不需要，而且已成为一种落后和有害的现象。现在新华社所需要的是强有力的统一和集中。今后新华社的各总分社、分社和支社，除向总社发稿和印发总社的稿件外，不应再单独对外发稿；其所有人员，应全部交新华社统一调度与供给。但在执行这一改变后，各地方党的和政府的领导机关对新华社在各地的机关和工作人员的领导与监督责任，不应有丝毫减弱，在政治上思想上和生活上仍应负责领导，在工作上仍应给予帮助和监督。”（见《中国共产党新闻工作文件汇编》中册，第 1、2 页）

3 月 29 日

新闻总署在北京召开全国新闻工作会议，讨论关于改进报纸工作、统一新华社的组织和工作、建立全国收音网等问题。署长胡乔木在会上讲话，强调全国报纸的宣传报道应服从于生产建设这一中心任务，并指出报社“本身就是一个大规模的调查机关、研究机关和监察机关”。会议于4月16日结束。（见《中国共产党新闻工作文件汇编》中册，第42—61页）

同月

中共中央发出《关于各级党委及政府负责同志应经常为报纸撰写社论或论文的指示》。要求各级党委及政府各部门的负责同志“经常亲自动手在报纸上写这种能够透彻解决问题的社论。各地方和各部门的负责同志，每人每月或每两月或每三月应写一篇文章在报纸上发表，以便对自己所负责的地方和工作中的情况加以分析，并提出问题，解决问题，指出大家努力的目标，动员群众去完成一定的任务”。“对于此事，望各级党委加以讨论，作出决定，报告中央，并将写出的重要的社论发给新华社或将题目和发表日期和作者通知新华社，以便酌量广播或由《人民日报》转载，是为至要”。（《中国共产党新闻工作文件汇编》中册，第3、4页）

4月1日

中央广播事业局发出关于各地方台联播中央人民广播电台节目的规定。规定各地人民广播电台必须联播7时（或7时45分）和21时的两次新闻及21时15分的评论，北京、天津等九地市台应用一个波长联播22时30分的新闻。

华东人民广播电台在上海开始播音。该台是华东行政区广播电台，同时负责管理本地区内的广播事业。1954年12月31日，随华东行政区撤销而停办。

中共四川省酉阳地委机关报《群众报》在四川酉阳创刊。

台湾每日新闻通讯社在台北成立，简称“每日社”。每日发行综合性新闻稿和特稿，供台湾内外新闻传播媒体免费采用。

台湾正声广播电台在台北正式创办。1955年扩组为台湾正声广播股份有限公司。

4月4日

中宣部发出关于中央人民广播电台设立《社会科学讲座》节目的通知，要求各地组织干部收听。

4月10日

中央人民广播电台开始举办《社会科学讲座》。首先开办的是艾思奇主讲的《社会发展史》和于光远、王惠德主讲的《政治经济学》。这是新中国成立初期影响最大的两个帮助干部学习马克思列宁主义的理论讲座节目。全国27个省市都有单位组织收听，仅登记收听《社会发展史》讲座的人就有8万人。《社会发展史》讲座共讲23次，到6月底结束。

中央人民广播电台对国外广播开始用“北京电台”的呼号播音，对国外的汉语广播仍用“中央人民广播电台”的称号。从此，对国内和对国外广播开始使用不同的呼号和频率。

4月14日

新闻总署发布《关于建立广播收音网的决定》。这是人民广播史上第一个由政府公布的有关无线电广播的法令。指出：“无线电广播事业是群众性宣传教育的最有力的工具之一，在我国目前交通不便，文盲众多，报纸不足的条件下，作用更为重大。”规定全国各县市的人民政府、每个部队的政治机关，都应设置收音员；全国各机关、团体、工厂、学校，也酌量设置收音员。收音员的任务是：收听或记录中央和地方人民广播电台广播的新闻、政令和其他重要内容，向群众介绍和预告广播节目，组织群众收听重要节目。（见《中国共产党新闻工作文件汇编》中册，第64、65页）

4月15日

东北人民广播电台在沈阳开始播音。该

台是东北行政区广播电台，除面向东北地区听众广播外，还负责管理本地区的广播事业。1954年8月31日，随东北行政区撤销而停办。

4月21日

新华社播发中共中央4月19日作出的《关于在报纸刊物上展开批评和自我批评的决定》。《决定》阐明了开展批评与自我批评的重大意义，正确的立场态度和应该遵循的重要原则、方法。《决定》指出，我们的党已经领导着全国的政权，我们工作中的缺点和错误很容易危害广大人民的利益，而由于政权领导者的地位，领导者威信的提高，就容易产生骄傲情绪，在党内外拒绝批评，压制批评。对于党政领导工作中的缺点错误，如果不公开地及时地开展批评与自我批评加以纠正，党领导的新中国建设事业就会被严重的官僚主义所毒害。《决定》要求党的各级领导机关、党员和干部，对于来自群众的批评，要采取“热烈欢迎和坚决保护的革命态度”，反对那种“置之不理，限制发表和对批评者实行打击、报复与嘲笑的官僚主义态度”。要求报刊工作人员，要提倡正确的批评，反对破坏性的批评，即提倡“以促进和巩固建设事业为目的的，有原则性有建设性的，与人为善的批评”，反对“为着反对人民民主制度和共同纲领，为着破坏纪律和领导，为着打击人民群众前进的信心和热情，造成悲观失望情绪和散漫分裂状态的那种破坏性的批评”。

《决定》规定，批评在报刊上发表后，“如完全属实，被批评者就应即在同一报纸刊物上声明接受并公布改正错误的结果。如有部分失实，被批评者应即在同一报纸刊物上作出实事求是的更正，而接受批评的正确部分”。还强调指出，“如被批评者拒绝表示态度，或对批评者加以打击”，将依据情节性质，分别受到党纪和国法的处理，等等。（《中国共产党新闻工作文件汇编》中册，第5—8页）

4月25日

新闻总署第八次署务会议通过《关于统一新华通讯社组织和工作的决定》和《关于省市区新闻机关员额暂行编制的决定》。《关于统一新华通讯社组织和工作的决定》指出：“现在中国大陆解放战争已基本结束，统一全国的中央人民政府业已成立，我国已与许多国家建立了外交关系，加之邮电交通在全国范围内已恢复正常，新华社必须从组织上、工作上完全统一起来，彻底改变分散的情况，加强对全国和全世界的报道工作，俾能充分发挥其为国家通讯社的作用，真正成为代表国家发布新闻的机关”。规定：各地新华社总分社、分社，在工作上、组织上与财务上均统一受总社指挥与管理；现有新华社总分社、分社及支社全部人员，完全受总社的任免和调动，各地不得抽调或派遣；各地总分社、分社和支社除向总社发稿和印发总社的稿件外，不再单独对外发稿；各地党政领导机关对新华社的地方机构和人员，负责在政治上的领导和工作上生活上的帮助和监督。《关于省市区新闻机关员额暂行编制的决定》，对各地新闻出版行政机构、新华社的地方组织、人民广播台、公营报纸的员额做了具体规定。（《中国共产党新闻工作文件汇编》中册，第66—69页、第70—73页）

4月26日

中央广播事业局发出《关于各台编播分工、工程方针、中波波段分配、短波机使用及干扰敌台办法的规定》。指出：各级人民广播电台应明确分工。中央台为发布新闻、社会教育、文艺娱乐三者并重。对全国及对国际广播应统一于中央台。区台与省台应着重于发布报告新闻、传达政令及新闻、政令的通俗解释工作。市台则以社会教育为主。（《当代中国广播电影电视大事记》，中国广播电视出版社 1997 年版，第 32 页）

同月

《郴州报》在湖南郴州创刊。4 开 4 版，周刊。

《西江报》在广东创刊。4 开 4 版，周四刊。

《昭通报》在云南昭通创刊。4 开 4 版，周二刊。

《徐州矿工报》在江苏徐州创刊。4 开 4 版，周四刊。

《云南邮电报》在昆明创刊。4 开 4 版，周刊。

5 月 1 日

新闻总署发布《关于改进报纸工作的决定》，明确提出，为了适应全国逐步转入以生产建设为中心任务的情况，全国报纸的主要内容和篇幅应当用来“报道人民生产劳动的状况，宣传生产工作和经济财政管理工作中成功的经验和错误的教训，讨论解决这些工作中所遇到的各项困难的办法”。“报纸应当把建立和领导通讯员网和读报组的工作当作重要的政治任务”，编辑部要指导帮助通讯员“写出重要的、公正的和迅速的报道，并写出群众中的和他们自己的对于政府工作、生产建设事业和其他社会生活的意见”。报纸应当建立并鼓励读报组的活动，使读报组不仅成为“报纸内容的经常的和有组织的学习者和宣传者”，而且成为“向报纸报告地方情况和群众意见”的一个渠道。“报纸对于政府机关及其工作人员、经济组织及其工作人员的工作中的缺点和错误，应负批评的责任”。这种批评的立场，“应当是积极的富于建设性的，实事求是的，和与人为善的”。“报纸应当用很大的注意来发表和答复读者的来信”，因为读者来信中有相当部分是属于批评性的。（《中国共产党新闻工作文件汇编》中册，第 75—77 页）

西南人民广播电台在重庆开始播音。该台是西南行政区广播电台，同时负责管理本地区范围内的广播事业。1954 年 9 月 5 日，随西南行政区撤销而停办。

中南人民广播电台开始播音。该台是中南行政区广播电台，同时负责管理本地区范围内的广播事业。1953 年 4 月 30 日，随中南行政区撤销而停办。

广西人民广播电台正式播音。当时称南宁人民广播电台，同年 11 月 15 日改用现名。

《天南日报》维文版在新疆喀什创刊。中共喀什地委成立后，改名《喀什日报》继续出版。

5 月 4 日

《健康报》从沈阳迁北京出版，改为中央人民政府卫生部的机关报。

5 月 7 日

中共广东省海南区委员会机关报《新海南报》（后改名《海南日报》）在海口创刊。1988 年 4 月 26 日海南省成立，《海南日报》成为中共海南省委机关报。

5 月 13 日

中央人民广播电台开始举办《新歌剧讲座》。这是中央台第一次举办的文艺性讲座。

5 月 15 日

《人民中国报道》在北京创刊。该刊是中华全国世界语学会主办的对外发行的综合性世界语刊物。

邮电部主办的行业报纸《人民邮电》在北京创刊。

《西南画报》在重庆创刊。该刊是综合性摄影美术画报。由中国人民解放军西南军区政治部编辑、出版。

5 月 16 日

邓小平在西南区新闻工作会议上作报告。其中涉及新闻工作的主要精神是：一、领导同志要学会拿笔杆。“拿笔杆是实行领导的主要方法”。“拿笔杆子中，作用最广泛的是写文章登在报纸上和出小册子，再就是写好稿子到广播电台去广播”。二、“领导同志不愿意写文章，新闻工作同志要主动去做工作”，“这样就可以逐步解决领导机关、领导同志运用报纸、领导报纸的问题”。三、要办好地方报纸。报纸要“结合当时当地的中心任务”，“作为地方报纸，新华社总社的广播稿不一定全用，要适当选择、改编、压缩、提炼”，报社“要根据本地当前的任务的变化，随时调整自己的报道方针”。四、“报纸搞批评，要抓住典型，有头有尾，向积极方面诱导，有时还要有意识地作好坏对比”。五、社会上很多人看报，看共产党什么态度，人民政府政策如何，要从报上找自己需要的东西，解决自己的问题，正因为干部群众都重视报纸，我们就要很慎重。（《邓小平文选》第 1 卷，人民出版社 1994 年第 2 版，第 145—150 页）

5 月 22 日

中央人民广播电台藏语广播正式开播，这是中央台开办的第一个少数民族语言节目。

5 月 30 日

新闻总署、出版总署联合发出《关于各级新闻出版机关的任务与组织暂行规定（草案）》，规定：“各级新闻出版行政机关（大行政区设新闻出版局，或分设新闻与出版两局，重要省市设新闻出版处，一般省市有必要时设新闻出版室）的任务，主要为新闻与出版行政的管理，除发布同级政府必须统一发布的公告性新闻外，不负担其他新闻出版的业务工作。”（《中国共产党新闻工作文件汇编》中册，第 78 页）

5 月 31 日

新华社西北总分社与第一野战军总分社统一整编，成立新华社陕西分社。

同月

《万县日报》在四川万县创刊。4 开 4 版，周六刊。

6 月 1 日

《湖北农民》改为《湖北日报》。中共湖北省委机关报《湖北日报》1949 年 7 月 1 日在武汉创刊，由原《江汉日报》、《鄂豫报》合并而成，出版 10 天即停刊，于 8 月 5 日改出《湖北农民》，自本日起又恢复为《湖北日报》。

6 月 8 日

《人民日报》发表社论《各级领导应当有效地利用无线电广播》。论述了在目前交通不便、文盲众多、报纸不足的条件下，无线电广播的宣传教育、传布新闻、下达政令、交流经验和提供正当娱乐等作用。要求各级领导机关，迅速执行新闻总署不久前发布的《关于建立广播收音网的决定》，充分地和多方面地利用广播来推动和改进工作。

6 月 10 日

英文日报《上海新闻》在上海创刊。金仲华任社长兼总编辑。1952 年底停刊。

6 月 21 日

《福建农民报》在福州创刊。4 开 4 版，五日刊。以宣传报道土地改革斗争为主。1952 年 4 月 21 日停刊。

6 月 30 日

《人民日报》全文发表刘少奇在全国政协第一届第二次会议上所作的《关于土地改革问题的报告》。这是该报关于土改宣传的重要文献。在发表报告之后，《人民日报》连续刊登有关土改的文件和评论，宣传和报道土改。

同月

新华社宁夏分社在银川成立。

7月1日

面向知识界的综合性期刊《新观察》半月刊在北京创刊。初期先后由人民出版社、人民日报社出版，1954年成为中国作协机关刊物。

中共湖北省郧阳地委机关报《郧阳报》创刊。初名《两郧新闻》。

7月3日

新华社就《目前通讯工作中的两个问题》，发出给各总分社、分社同志的信。信中提出两个问题：1. 报道的全国观点问题；2. 分社的活动方法和组织形式问题。指出报道的全国观点，就是"面向全国来进行报道的观点"，即"无论在内容方面和写作形式方面，都要做到适应全国革命斗争和建设事业的需要，满足全国范围读者的要求，能够教育全国的工作干部和广大读者，对全国的革命和建设能起推动和指导作用"。在组织形式和活动方法上，要求尽量减少层次，"机构越简单越好"，实行"采访、编辑、资料三项工作合一的制度"，以便把全部或大部人力集中到采访写作的业务工作上去，要求分社社长或采编主任亲自动手写新闻。（方汉奇、陈业劭主编：《中国当代新闻事业史》，新华出版社1992年版，第69页）

7月14日

《内蒙古日报》在察哈尔省张家口市复刊。中共内蒙古分局和内蒙古自治区人民政府的机关报。1952年11月15日出至第156号终刊。

7月20日

综合性画报《人民画报》在北京创刊。这是新中国出版的第一份面向全国的综合性摄影画报。由新闻总署新闻摄影局创办。内容以向外国读者介绍中国政治、经济、文化、军事、人民生活、社会风俗等方面的情况为主。

7月24日

《人民日报》发表《政务院和最高人民法院镇压反革命活动的指示》，配发了短评《严惩反革命分子》，动员人民开展镇压反革命运动。全国其他报纸也进行了相应的宣传。

同月

国家体育运动委员会主办的综合体育刊物《新体育》杂志在北京创刊。

公安部发出《关于发布公安新闻办法的规定》。（见《中国共产党新闻工作文件汇编》中册，第26、27页）

8月1日

中共西康省委机关报《西康日报》在雅安市创刊。

8月2日

华东军政委员会发出《关于开展广播工作的指示》，要求各地必须迅速普遍进行建立广播收音网的工作，"务期于秋收以前，全部完成，并把收音员加以初步训练，以便在今年土改运动中发挥其迅速下达指示和交流经验的作用"。（《中国共产党新闻工作文件汇编》中册，第164、165页）

8月10日

新闻总署新闻摄影局自即日起，迄12日止，在北京召开京津两地摄影工作座谈会。萨空了在会议上报告了京津两地的摄影工作和该局目前工作的现状，并指出了摄影工作今后发展的方向。

8月14日

中央广播事业局发出《关于广播电台如何进行批评与自我批评工作的指示——1950

年 8 月 14 日给东北人民广播电台及各地人民广播电台》。指示指出："由于我们这一宣传工具——无线电广播，是个没有距离的报纸，传播得很广很远，同时我们用声音来宣传，不像有记录的文字，可以反复研究，有时人们只听到它的片断，而没有听到它的全篇，很可能被断章取义，产生适得其反的效果。"指示根据上述特点，分别就市台和矿区台、省台、大行政区台和中央台应如何进行批评与自我批评工作作了具体的说明。（《中国共产党新闻工作文件汇编》中册，第 93、94 页）

8 月 15 日

中央人民广播电台蒙古语节目开播。

8 月 30 日

中共中央中南局机关报《长江日报》开始在《大众园地》专栏里发表马铁丁的《思想杂谈》。到 1952 年 4 月 28 日止，共发表 380 篇左右。马铁丁是司马龙（即陈笑雨）、张铁夫、郭小川（当时人称"小丁"）三个人的名字各取一个字合起的集体笔名。其写作特点是密切结合干部群众的思想实际，文章短小精练，形式生动活泼，文字通俗易懂。后来，《思想杂谈》成了专门的栏目，主要是发表马铁丁的杂文，也发表其他人的杂文。该专栏一次发表一篇文章，没有固定位置，先是发在 2 版，后来发在 3 版。从 1952 年 4 月 28 日以后，《思想杂谈》主要是发表柳倩的杂文，"马铁丁"这一笔名改为陈笑雨所专用。

同月

《贵州邮电报》在贵阳创刊。4 开 4 版，周刊。

《广东邮电报》在广州创刊。4 开 4 版，周刊。

9 月 1 日

西北人民广播电台在西安开始播音。该台是西北行政区广播电台，同时负责管理本地区范围内的广播事业。1954 年 9 月 10 日，随西北行政区撤销而停办。

台北市新闻记者公会成立。以"研究新闻学术，发展新闻事业，砥砺学行，交换经验，促进文化建设，服务国家社会"为宗旨。

辽宁《抚顺工人》改名《新抚顺报》，作为中共抚顺市委的机关报继续出版。1951 年 1 月 1 日又改名《抚顺日报》，日出 4 开 4 版。

9 月 5 日

《民众日报》在台湾省基隆市创刊。以台湾南部、中部地区为主，发行全省。

9 月 6 日

新闻总署发出《关于各报应保守国家机密的指示》。指出："全国人民为了解放台湾，消灭残匪，正作若干必要的准备。这些属于军事范围的准备工作及其情况，在新闻报道上是不应当加以公布的。"指示中还通报了上海市人民政府新闻处发布的"森昌木作劳资纠纷"、《旅大人民日报》所刊"各工厂企业文盲工人大部参加识字学习"、《解放日报》所刊"上钢二厂扩大生产"等三则新闻所涉及的泄密事件。（《中国共产党新闻工作文件汇编》中册，第 81、82 页）

9 月 7 日

中共中央宣传部批转中共中央东北局宣传部《关于加强广播电台工作的决定》。东北局的这一决定是 8 月 21 日作出的。它要求各地党委宣传部门加强对广播电台的领导，吸收电台负责人列席党政机关的某些重要会议，并指出各地党报必须与电台编辑部门在工作上互相联系与配合等。中宣部的批示要求各中央局宣传部和各省、市委宣传部讨论上述决定，作出改进本地广播工作的相应决定。

9 月 17 日

胡乔木当选为国际新闻工作者协会副主席。

同月

中宣部发出《关于报纸实行企业化经营情况的通报》，通报中针对新闻总署党组的报告，要求新闻总署“检查一下各报的经营情况，批判各种错误观点，督促各报切实执行企业化经营方针，已自给者做到自养（以盈余来减低报价，扩大发行，帮助发展下级小报等）。未自给者应向已自给者参观学习，尽量使省级以上的报纸在一九五一年中消灭赔耗数字，做到自给自养”。（《中国共产党新闻工作文件汇编》中册，第 20、21 页。）

10 月 2 日

《中国时报》的前身《征信新闻》在台北创刊。

10 月 5 日

香港《大公报》为及时报道朝鲜战争，创办了一份姐妹报纸《新晚报》。每晚出版，以白领阶层为主要读者对象。

10 月 10 日

《人民日报》发表社论《克服以功臣自居的骄傲自满情绪》，对某些党员干部在胜利之后以功臣自居的骄傲自满情绪提出严厉批评。

海外通讯社在台北成立。海外通讯社简称“海外社”，是国民党中央海外工作会的宣传机构，主要向海外华文报刊供稿。

10 月 14 日

《人民日报》发表社论《坚决肃清恶霸作风》，揭露了极少数干部严重违法乱纪的行为。这篇社论和《人民日报》10 月 10 日的社论《克服以功臣自居的骄傲自满情绪》，是新中国成立初期整风肃纪的宣传中针对性最强，最有影响的两篇社论。

10 月 16 日

中共中央宣传部主办的《时事手册》半月刊在北京创刊。

10 月 25 日

中国人民志愿军跨过鸭绿江，新华社和一些报社派出记者随中国人民志愿军到朝鲜前线采访。不久，新华社成立志愿军前线分社。

10 月 27 日

济南人民广播电台改名山东人民广播电台。

10 月 28 日

出版总署发布《第一届全国出版会议关于改进和发展全国出版事业的五项决议》。在《关于改进期刊工作的决议》中指出：“期刊是教育、团结和组织群众的有力武器之一。各种期刊应根据其性质和读者对象，逐步做到专业分工，以消除目前存在着的重复混乱现象。性质相同的期刊，可在自愿的原则下，协商分工、联合或合并等办法。”此外，还应“大量增加各种性质的通俗期刊，以配合工农兵的识字教育与文化、政治、技术教育。在多民族地区，注意出版各民族语文的期刊”。（《中国共产党新闻工作文件汇编》中册，第 88 页）

同月

中宣部发出《关于反对反革命宣传的指示》。其中第二条（甲）规定：“加强在报纸上反对反革命活动的新闻报道、评论、读者来信等工作，但在内容上须注意击中要害，令人注目。使匪特畏惧，使群众警惕，而不发生恐慌，此外，在报纸宣传中应继续防止泄漏秘密，包括反奸工作中的秘密。”（《中国共产党新闻工作文件汇编》中册，第 22、23 页）

新华社建立简要新闻广播工作室，专门

对全国地方小报发稿，每天播发约 6000 字。

《湖南邮电报》在长沙创刊。4 开 4 版，周刊。

11 月 1 日

长沙人民广播电台改名为湖南人民广播电台。

11 月 15 日

中共中央东北局发布《新闻与公开出版物保密条例（修正草案）》。规定了保密范围、审稿制度，并决定："凡东北出版的报纸及有关东北实际工作刊物均应停止向关内和国外作公开发行。关内各地机关团体学校或个人之需要订阅此项报纸刊物者，应由各有关机关团体负责人出具证明信正式函件证明或介绍，必要时并须经东北人民政府新闻出版局批准。无机关团体学校负责人证明或介绍的订户概不接受。"（《中国共产党新闻工作文件汇编》中册，第 168—172 页）

11 月 16 日

新闻总署、出版总署联合发出《关于注意保守国家机密的通报》。规定："一、不要在新闻通讯中涉及任何人民解放军部队的番号、驻地、调动、训练、复员情形。二、不要发表尚未经中央发表的一切有关人民海军和人民空军的新闻通讯。三、不要发表尚未经中央公布的有关军事的重要铁路公路等交通建设。四、不要发表与动力工业、机械工业、造船工业等有关的国防工业的地点、产量、设备、工人数目以及其他可据以推算出这些工业的生产力的资料。"（《中国共产党新闻工作文件汇编》中册，第 91—92 页）

11 月 25 日

新华社播发的随军记者陈伯坚《记中国人民志愿军部队几个战士的谈话》中，引用了志愿军某部政治指导员麻扶摇所写的出征诗"雄赳赳，气昂昂，跨过鸭绿江……"作曲家周巍峙读后为它谱曲，成为人们喜爱的《中国人民志愿军战歌》。

12 月 1 日

台湾自由新闻社成立。自由新闻社简称"自由社"，为民营新闻通讯社。日出对开 6 张《自由新闻》稿。

12 月 8 日

中宣部发出《对兵工生产系统新闻报道问题的指示》。（见《中国共产党新闻工作文件汇编》中册，第 24、25 页）

12 月 20 日

台湾经济新闻社在台北成立。台湾经济新闻社简称"台经社"，专门从事经济方面的报道，是台湾历史最久的专业经济通讯社。

12 月 26 日

新闻总署发出《关于发展工农通讯员写稿问题的通报》。（见《中国共产党新闻工作文件汇编》中册，第 95、96 页）

12 月 31 日

新华社柏林分社成立。

同月

新华社召开第一次全国社务会议。社长陈克寒致开幕词《建设统一集中的国家通讯社》，提出："使新华社在政治上、工作上、组织上、制度上以及其他各个方面，逐步地完全统一起来。"吴冷西作报告《把新华社的报道工作提高一步》。（见《中国共产党新闻工作文件汇编》中册，第 97—128 页）

新华社新德里分社成立。

同年

《人民日报》发表一封农民感激毛主席、共产党"赐"给他们幸福的来信。此举受到党中央批评：农民的幸福不是任何人恩赐的，而是农民通过斗争得来的。

中央人民政府政务院发布《关于中央人

民政府所属各机关在〈人民日报〉上发表公告及公告性的文件的办法》，规定：凡属中央人民政府及其所属各机关的一切公告及公告性新闻，均应交由新华通讯社发布，并由《人民日报》负责刊载；如各种报刊所发表的文字有出入时，应以新华通讯社发布、《人民日报》刊载的文字为准。（《中国共产党新闻工作文件汇编》中册，第9、10页）

朱德在中央直属系统各级党的纪律检查委员的联席会议上讲话时指出，运用报纸进行批评是向官僚主义、自由主义等错误思想行为作斗争的重要方法之一，并谈了在报刊上进行批评时应注意的事项。（《人民日报》于1979年7月4日全文发表了这个讲话。）

中央人民广播电台和苏联广播电台建立了互相交换文艺节目的关系，随后同波兰、匈牙利、民主德国、捷克斯洛伐克、保加利亚等国签订的文化合作协定中也都有了交换音乐广播节目的规定，后来又发展成为与上述一些国家签订专门的广播合作协定，交换的内容也从单纯的音乐节目发展到多种形式的节目。

在抗美援朝和镇压反革命运动中运用了当时特有的宣传形式——“广播大会”。这是上海、旅大和沈阳等地方台首先运用的。

《全国报纸杂志登记暂行办法草案》经有关部门制定颁布。《草案》规定：各地凡出版报纸杂志，必须一律先行登记，经过地方新闻出版机构初审并转呈新闻总署核定，取得登记证后，始准出版发行。《草案》第9条还明确规定了报刊言论记载必须遵守下列4项要求：“（甲）须遵守共同纲领，拥护人民民主事业。（乙）须遵守各级人民政府的政策法令。（丙）须保守国家的国防、外交、财政、公安等有关机密事项。（丁）须报道真实新闻，并禁止利用新闻以进行诽谤，破坏国家人民的利益，和煽动世界战争的议论与记载。”《草案》提出，凡违反各项规定者，得由各级新闻出版行政机构，按照情节轻重，分别给予警告、教育、定期停刊或终刊的处分，其有涉及刑事范围内之行为者，则由人民法庭依法处理。（《中国共产党新闻工作文件汇编》中册，第11、12页）

中国图片社在北京创建。该社是中国最大的照片制作中心。初建时属原新闻总署新闻摄影局领导。1952年新闻总署撤销，新闻摄影局并入新华社，改组为新华社新闻摄影部，中国图片社也随之划归该社新闻摄影部领导。1975年中国图片社成为新华社独立企业单位，经济上实行单独核算。

《北京矿工报》创刊。京西煤矿工会创办。是中共北京矿务局委员会机关报。

《零陵报》在湖南零陵创刊。4开4版，周二刊。

《湖南工人报》在长沙创刊。4开4版，周二刊。

山西省大同矿务局党委机关报《大同矿工报》创刊。4开4版，周二刊。

《河南邮电报》在郑州创刊。4开4版，周刊。

中共内蒙古察哈尔盟委机关报《生产报》创刊。油印。

《人民广播》创刊。该刊由中央人民广播电台编辑、中央广播事业局出版。主要刊登中央台的广播稿件，公开发行，是中国第一代广播刊物。

本年是实行“邮发合一”的第一年，到本年底为止，全国（不包括港、澳、台地区）由邮局接办发行的报纸为140种，每期发行数230万份。

1951年（辛卯）

1月1日

中共中央发布《关于在全党建立对人民群众的宣传网的决定》。要求在党的每个支部设立宣传员，在党的各级领导机关设立报告员，“收听和传布人民广播”。

河南人民广播电台正式播音。

1月8日

上海人民广播电台转播苏联男子篮球队同上海“沪联”篮球队的友谊比赛实况。这是新中国成立后第一次通过电台转播体育比赛的实况。

1月15日

经朝鲜人民军司令部批准，中国人民志愿军政治部创办的《志愿军报》在朝鲜创刊。4开4版铅印，五日刊。除社论、专论、消息、通讯外，还在报头的一角设有《光荣的志愿军》新闻图片专栏。该报的宗旨是：统一志愿军全军思想和意志，贯彻志愿军党委及志愿军司令部、政治部的领导意图，交流与总结各部队的战斗经验和工作经验，表扬英雄模范，鼓舞战斗热情，揭发缺点，改进工作，并反映志愿军战士群众的意见。

1月16日

中共青海省委机关报《青海藏文报》在西宁创刊。对开4版，双日刊。由青海日报社编委直接领导。

1月25日

新华社的内部刊物《新闻业务》（32开）第1期出版。该刊自1956年10月出版的第37期起改为16开月刊，改版后的《新闻业务》仍然是内部刊物，以总结新闻工作经验，研究新闻理论与实践为主，并力求内容多样化。除刊登有关新闻理论与实践的新闻学论文、新闻业务问题讨论、新闻编采工作经验、编辑札记等外，还刊登一些国内外的新闻史料，著名通讯社、报刊的介绍，以及一些外国的、包括资本主义国家的关于新闻业务的论著，以供研究参考。1958年9月出版的第60期起改为半月刊，1959年后又改为月刊。

新华社中国人民志愿军前线分社扩建为新华社中国人民志愿军总分社，社长由志愿军政治部副部长李唯一兼任。

《新内蒙古》在呼和浩特创刊。月刊，16开。系《内蒙古日报》蒙文编辑部主办的综合性刊物。1952年底终刊，共出24期。

1月26日

华东新闻出版局发出《致苏南新闻出版处关于机关通讯员稿件送审问题的批复》，明确规定“通讯员撰写稿件（包括新闻报道），除必须统一发布与不得泄密两项规定他们亦应遵行外，不应要求他们事先送审”。“记者通讯员自己不能决定真伪的稿件，仍然可以而且应当征求有关部门或当事人的意见，但是凡是自己确认无误的，可以不经过有关部门或当事人审阅”。（《中国共产党新闻工作文件汇编》中册，第208页）

同月

《人民中国》俄文版（半月刊）在北京创刊。

《人民画报》英文版、蒙古文版、维吾尔文版、藏文版出版。

中宣部发出《关于在报纸上正确地大张旗鼓地宣传“三反”斗争的指示》。

新华社和国内其他新闻机构开始大规模报道中国人民保卫世界和平反对美国侵略委员会发起的慰问中国人民志愿军和朝鲜人民军并救济朝鲜难民的群众运动，拉开了抗美援朝报道的序幕。

江西人民广播电台开始播音。

2月27日

中央广播事业局发出《关于记录广播内容与时间的规定》。这个规定是为了适应广播收音网已在全国多数地区普遍建立起来而作的。它要求各地人民台“应该利用这一有利条件，增设记录广播，并将记录广播的内容逐步加以改善，把迅速传布新闻、政令，组织时事宣传的任务担负起来”。为了便于各地收音员抄收记录广播，还具体规定了中央台、区台和省台记录广播内容的分工及播送时间等事项。(《当代中国广播电影电视大事记》，第39页)

同月

中共中央发出《关于纠正电报、报告、指示、决定等文字缺点的指示》。中央宣传部加按语指出，中央这个指示所指出的文字缺点，在报纸、刊物及其他出版物中也都存在。全国报纸应当按照这个指示精神发表纠正各种文字缺点的文章，以引起党内外的普遍注意。(《中国共产党新闻工作文件汇编》中册，第176—181页)

中共中央转发西北局《关于检查各级领导同志为报刊写文章的情况报告》，规定：“今后报纸和党内通讯仍须每半年对各负责同志的来稿加以总结，并在党内通讯或报纸上公布一次。各省委亦须根据中央、西北局及本省关于负责同志写文章的指示，对去年下半年的执行情况，进行检查，并公布一次。”(《中国共产党新闻工作文件汇编》中册，第173—175页)

新华社第一次开展了全社范围的练笔运动，提出在3个月内，基本上消灭稿件中的事实错误、文法错误与文字冗长现象，还组织记者、编辑从学习语法入手，改进写作，并在具体工作中制订有关的规章制度，抓住各个环节，堵塞稿件生产过程中的漏洞。

3月1日

中共陕西省安康地委机关报《安康日报》创刊。初名《安康报》。4开，三日刊，石印。

3月3日

四川省《自贡日报》创刊。报头由当时西南军政委员会负责人邓小平题写。

3月5日

中宣部、《人民日报》社发出《关于在各地设立〈人民日报〉特约记者的通知》，规定在省市区党委以上的党委会所在地以及重要的工矿地区（具体地区另行商定），设立《人民日报》特约记者。《人民日报》特约记者由中央局分局及省、市、区党委及主要工矿区党委之宣传部就当地党报或工人编辑或其他人员中选择条件适当者向人民日报社提出。其条件为：有观察与写作能力，而熟悉当地工作情况之党员干部。特约记者的任务有：写重要的地方通讯；团结为人民日报写稿的积极分子；注意当地群众对于重大问题以及对人民日报的意见，通知人民日报编辑部；接受人民日报的特殊委托。(《中国共产党新闻工作文件汇编》中册，第188页)

3月7日

中共中央军委总政治部发出《关于军队报刊及报道工作的几个问题的通知》。通知对部队各级报刊出版的分工、各级新闻报道机构的建立与任务、部队报刊的保密工作、各级党委对部队报刊的领导作了详细规定。(《中国共产党新闻工作文件汇编》中册，第183—185页)

3月10日

《人民日报》发表社论《改进报刊发行工作是重要的政治任务》，指出：“人民报刊发行工作，在本质上是一个思想传播的工作……发行报刊是严肃的政治任务。”社论还指出改进发行工作的关键在于：必须坚持“邮发合一”的方针，邮局对于大部分报刊必须和书店对于书籍一样地负责做好发行工作；必须放手壮大发行力量。

3月15日

新闻总署就区、省、市广播电台及新闻行政机构关系问题批复西南新闻出版局，指出：“各级人民广播电台，都应受各当地新闻行政机构的领导，区台与省、市台在广播业务上是指导关系，但日常编播业务及配合当地的宣传工作等均应由当地宣传机关领导，至于有关经费方面的问题，应由当地新闻行政机关负责办理。”（《中国共产党新闻工作文件汇编》中册，第 195 页）

3 月 21 日

新闻总署、出版总署发出《关于全国报纸期刊均应建立书报评论工作的指示》，规定：全国各种报纸期刊，都应当根据需要和可能，增设定期的或不定期的书报评论（或图书评论、出版评论、报纸述评等）一栏或一种专刊，刊载有关出版物的评论和消息。报纸期刊上对出版物的评论应当是帮助广大的读者和作者、编辑者、发行者的严肃而与人为善的益友。评论中的任何文字，应当力求认真负责，恰如其分，既不应模棱两可，敷衍了事，或是吹嘘恭维，流为恶俗的广告；也不应粗暴鲁莽，夸大缺点错误，以致打击了正当的作者、编辑者和出版者的积极性。书报评论的编辑应当与作者、编辑者、出版者和新闻出版行政机关建立应有的联系，并应负责督促被批评者在同一报刊上迅速发表对于批评的认真的答复，使正确的批评得到实际的效果，不正确的批评得到应有的辩正。（《中国共产党新闻工作文件汇编》中册，第 193、194 页）

3 月 25 日

新华社编辑办公室发出《关于纠正新华社新闻稿件中文字缺点的通知》。要求：不要滥用省略；必须遵守文法；纠正交代不明的现象；纠正眉目不清的现象；认真压缩，防止冗长。

同月

新华社受中宣部委托，接办《时事手册》，这是新华社接办报刊的开始。该刊创刊于 1950 年 10 月 16 日，读者主要是初中以上文化水平的各级干部、教师、学生、宣传员和其他读者。内容主要是对党的重大方针政策和重大时事的讲解和介绍。新华社接办后，该刊的发行量达到 120 万份。

《摄影工作》在北京创刊。该刊是中华人民共和国成立后第一家公开发行的新闻摄影杂志。由新闻总署新闻摄影局主办。

《甘肃农民报》在兰州创刊。4 开 4 版，周二刊。

年初

辽宁本溪油印 4 开小报《职工生活报》改名《工人报》，并改为铅印 4 开 4 版，周三刊。

4 月 4 日

台湾国民新闻通讯社在基隆成立，简称“国民社”。日出铅字 4 开单张《国民新闻》。

4 月 11 日

《人民日报》发表战地特约记者、作家魏巍的著名通讯《谁是最可爱的人》。此后，“最可爱的人”就成为全国人民对于志愿军最亲切最尊敬的称呼。

4 月 16 日

中共中央军委总政治部发布《关于建立部队广播及广播收音网的指示》。指出：“目前部队驻地辽阔……而多处交通不便，难以及时看到报纸，且大部分人员文化水平不高。在此情形下，无线电广播——这种最快，最直接而可以不受群众文化水平限制的宣传武器更能适合部队的迫切需要。”《指示》对在全军部队中建立部队广播与广播收音网的工作做了具体部署。（广播电视部政策研究室等编：《中央人民广播电台编年纪事》，中国广播出版社 1983 年版，第 50 页）

4 月 17 日

新华社发出指示，要求大力加强抗美援朝的报道。

4 月 23 日

《人民日报》发表社论《必须重视广

播》。社论指出，广播是群众性宣传教育的强有力的工具之一。社论回顾了人民广播事业在党的领导下的迅速发展，列举事例说明了广播在抗美援朝运动和镇压反革命运动中所起的显著作用。社论批评了一些地方领导机关不重视利用广播或怀疑广播作用的现象，要求各级宣传机关，要把关心和领导广播工作，发展和应用广播事业，作为重要的日常事务之一。

4 月 24 日

新华社东北总分社开始整顿社内干部的思想。老干部以检查政策思想、工作作风和党与群众的关系为主；新干部以明确革命的人生观为主。

4 月 27 日

中国共产主义青年团中央委员会机关报《中国青年报》在北京创刊。毛泽东为该报题写了报头。对开 4 版，周二刊。每期发行约 6.5 万份。以后相继改为周三刊、周六刊、日刊。“文化大革命”前发行量为 128 万份。该报以全国青年、共青团团员和干部为主要读者对象。

5 月 1 日

《福建工人报》在福州创刊。4 开 4 版，五日刊。由福建省总工会筹委会主办。

中央人民广播电台《各地人民广播电台联播节目》开播。时间一般安排在 19 时 30 分，播送时间是半小时，其中有国内外重大政治新闻、国家重大成就、先进模范人物的先进事迹等。同时又开办《对少年儿童广播节目》《部队节目》。

5 月 4 日

中央人民广播电台播送了全国篮排球比赛大会的篮球比赛实况。这是中央台第一次现场播送篮球比赛。

5 月 6 日

《人民日报》在本日出版的《图书评论》栏发表报刊述评《工人报纸应该向通俗化努力》。在此前后，该栏还介绍过一些地方报刊的经验。4 月 15 日刊登了《通俗报纸长沙大众报经验介绍》，4 月 22 日刊登了《西北区报纸走向通俗化》，4 月 8 日和 5 月 27 日刊登了力群的《一年来的〈山西画报〉》和《山西画报的编辑和发行》，5 月 20 日刊登了孟奚的《通俗期刊〈新农村〉的编辑工作》，4 月 29 日刊登了傅白芦的《湖南通俗读物出版社走对了方向》等。该栏编者还在前三篇文章前加了编者按语，指出“通俗化是目前报纸和出版工作中最重要的问题之一”，“各级地方报纸按照需要向通俗化的方向走，是十分必要的”。

5 月 14 日

毛泽东在对中共中央办公厅《关于处理群众来信报告》的批示中指出，必须重视人民群众的通讯。要给人民来信以适当的处理，满足群众的正当要求，要把这件事看做是共产党和人民政府加强和人民群众的联系的一种方法，不要采取漫不经心、置之不理的官僚主义态度。

5 月 16 日

中共中央发出《关于不必过多地利用广播大会及诉苦会问题的指示》。指示说：“在大城市中，利用广播电台举行广播大会，是对人民群众进行突击性的大规模动员的有力方法。在抗美援朝和镇压反革命运动中已经收到显著成效。但这种宣传方式影响社会各阶层人民生活很大，且在动员和组织群众收听和收集反映上，每次都必须费很大力量，因此，不能经常采用，以免群众疲劳……今后在大城市中除广大群众所普遍关心的事情，必须进行大规模的紧急动员者外，不必过多采用这种方式。”（《当代中国广播电影电视大事记》，第 42 页）

5 月 20 日

《人民日报》发表毛泽东撰写的社论

《应当重视电影〈武训传〉的讨论》；并发表专论《共产党员应当参加关于〈武训传〉的批判》。新华社于当天播发了上述两篇文章。随后，《人民日报》一连 7 天以显著位置报道上海等地文化界开展批判的动态新闻。各报刊也纷纷发表批判文章，从不同侧面对武训或《武训传》展开批判。

同月

《泰州市报》在江苏泰州市创刊。4 开 4 版，周二刊。

《桂林日报》在广西桂林市创刊。对开 4 版，日刊。

《冶钢报》在湖北黄石创刊。4 开 4 版，周二刊。

6 月 6 日

《人民日报》发表毛泽东修改定稿的社论《正确地使用祖国的语言，为语言的纯洁和健康而斗争!》。从这天起，该报连载吕叔湘、朱德熙合写的《语法修辞讲话》（每周刊登两次，时间长达半年多）。这是中华人民共和国成立初期新闻界为语言问题而展开的一场持久的学习运动。其背景是：各报纸的编辑、记者大都来自农村革命根据地，对祖国语言的使用未经严格的锤炼。《人民日报》社论把报刊使用语言中的问题归结为以下三点：1. 生造一些群众难懂的过分简略的词语。2. 文理不通，逻辑混乱，不合语法规范。3. 空话连篇，缺乏条理，重犯“党八股”的老毛病。社论认为这些不能容忍的语言混乱状况，在政治上是对于人民利益的损害，也是对于祖国语言的破坏。社论号召新闻工作者要向中国古典语言巨匠和现代语言大师鲁迅和毛泽东学习语言，发扬祖国语言的优秀传统，为祖国语言的纯洁和健康而斗争。

新闻总署发出《关于各地人民广播电台与新闻行政机构关系的补充与说明》。确定：“各大行政区的省、市人民广播电台，为了保证政治上和业务工作上以及广播事业的发展上得到及时的领导与帮助，以受当地宣传工作领导机关、新闻行政机关和本区区台的双重领导较妥。”（《中国共产党新闻工作文件汇编》中册，第 196—197 页）

6 月 8 日

中央人民政府政务院公布《保守国家机密暂行条例》。条例第 11 条规定：“凡有关国家政策的新闻、论文、资料的公布或报道，属于政务范围者，由中央人民政府政务院统一规定发布办法，属于军事范围者，由中央人民政府人民革命军事委员会统一规定发布办法。”“凡报刊公布、电台广播的新闻、论文、资料等，内容均不得涉及国家机密。各通讯社、报馆、广播电台、出版机关均应订定发布新闻、论文、资料的保密审查办法。”（中国人民大学新闻系资料室编：《当代中国新闻事业史编年》，中国人民大学出版社 1982 年版，第 20 页）

6 月 10 日

台湾“行政院”依据《国家总动员法》第 22 条的“政府于必要时得对报馆及通讯社之设立加以限制或停止”的规定，发出训令，宣布：“台湾省全省报纸、杂志已达饱和点，为节约用纸起见，今后新申请登记之报社杂志通讯社，拟从严限制登记”。该禁令被台湾新闻界称为“限证”，是“报禁”的主要内容之一。

7 月 1 日

宁夏人民广播电台在银川开始播音。

中共四川省达县地委机关报《通川日报》创刊。胡耀邦题写报头。

中共铁道部第二工程局委员会机关报《铁道建设报》在成都创刊。初名《西南铁道》。

7 月 23 日

《人民日报》自即日起，在该报第 3 版

连续6天全文刊登《武训历史调查记》。这一调查是由文化部和《人民日报》联合组成的“武训历史调查团”作出的。这个“调查团”由化名李进的江青指挥。调查的结论是：“武训是一个以‘兴义学’为手段，被当时反动政府赋予特权而为整个地主阶级服务的大流氓、大债主和大地主。”

7—8月

《新湖南报》在该报组织的“李四喜思想”的讨论，在全国产生了广泛深远的影响。“李四喜”是一个虚拟的人名，是一部分土地改革后满足于现状，不愿继续前进的农民的典型。“李四喜思想”反映了土改后一些农民和农村基层干部的松劲思想。湖南省政府主席王首道8月25日在报上发表《批判李四喜思想，加强干部思想教育》一文，号召全省各地党和政府领导机关都来重视这一讨论。9月，中央通报推广这个经验，认为在党报上开展思想讨论，“是加强思想领导，提高党员和群众的政治水平的有效方法之一”。《人民日报》转载了王首道的文章，并加编者按，希望各地读者普遍注意，参加讨论，以便克服这种错误思想。

8月1日

中共乌鲁木齐铁路局委员会机关报《新疆铁道》创刊。初名《西北铁道报》。

同月

中国图片展览会在柏林举办，展出照片400幅左右。除抗日和解放战争的历史照片外，着重介绍新中国成立以来中国人民在抗美援朝和经济建设方面的成就。这是新中国成立后在国外举办的第一个大型新闻摄影展览会。

9月12日

新闻总署和全国总工会联合发布《关于在全国工厂、矿山、企业中建立广播收音网的决定》。《决定》指出：收听广播已经成为广大职工文化生活中不可缺少的一部分。为此，《决定》要求凡是没有建立有线广播台或收音站的上述单位都应在行政方面的帮助下和当地人民广播电台的协助下，将有线广播台或收音站建立起来。《决定》并就建立广播收音网问题作了八项规定。（《人民日报》1951年9月13日）

9月13日

《人民日报》发表社论《大力开展工人中的广播工作》。社论认为，新闻总署、全国总工会联合发布的《关于在全国工厂、矿山、企业中建立广播收音网的决定》是一个及时的有重要意义的措施。社论号召各级工会和各地人民广播电台，把实行上述决定作为当前的政治任务。

9月16日

台湾省最有影响的民营报纸之一《联合报》在台北创刊。该报由《全民日报》《民族报》《经济时报》合并而成。创刊时的报名为《民族报、全民日报、经济时报联合版》，1953年9月16日改名《民族报、全民日报、经济时报联合报》，1957年6月20日始正式定名为《联合报》。

9月22日

《长江日报》全文发表中共中央中南局8月作出的《关于加强报纸工作中马克思列宁主义和毛泽东思想宣传的决定》。（见《中国共产党新闻工作文件汇编》中册，第198—203页）

9月26日

《人民日报》用整版篇幅发表了出版总署发布的《标点符号用法》。详细规定了14种标点符号的名称、意义和用法。

同月

上海民治新闻专科学校并入上海复旦大学新闻系。

秋

中国人民解放军进藏部队在拉萨创办油印小报《新华电讯》。先后由霍春禄、张成治负责。

10 月 11 日

《人民日报》的《文化生活》栏就对待毛泽东和斯大林函电所发生的错误，对《广西日报》等 20 家报纸政治上不够负责的态度进行批评。广西日报社社长廖经天在 1952 年 1 月 17 日《人民日报》上发表《反对编辑工作中腐朽的自由主义，为没有错误的报纸而奋斗》一文，对所犯错误进行了检查。《人民日报》加了编者按。

10 月 12 日

《毛泽东选集》第一卷出版发行。《人民日报》和各地报刊纷纷发表言论，指出此事的重大意义，号召党内外认真学习马克思列宁主义、毛泽东思想。各报刊陆续发表负责同志和学术界人士所写的学习文章和联系实际工作的读书笔记等。

同月

中共中央发布《关于在报纸上宣传整党办法的通报》，指出："在公开报刊上宣传整党是需要的，但在公开宣传中主要是介绍教育方面的成功经验（经党委审查过的）及宣传整党的成绩。""整党宣传……不必在公开报刊上作很多的宣传，而可多在党内刊物上宣传，但在公开报刊上进行适当的宣传仍是必须的。"（《中国共产党新闻工作文件汇编》中册，第 182 页）

中外新闻通讯社在台北创立。中外新闻通讯社简称"中外社"。发稿内容以大陆各种动态新闻为主。

《贵州农民报》在贵阳创刊。4 开 4 版，周刊。

《广东公安报》在广州创刊。

《新疆工人报》（维、汉文版）在迪化（乌鲁木齐）创刊。原名《迪化工人》。1953 年并入新疆日报社，成为该报《新疆工人》专刊，周刊。后停刊。1981 年 6 月 1 日复刊，不定期，内部发行。1984 年 1 月 5 日公开发行，维文版对开 4 版，汉文版 4 开 4 版，均为周刊。1989 年改为《工人时报》。

11 月 5 日

共青团中央主办的中国少年先锋队队报《中国少年报》在北京创刊。主要读者对象为初中一、二年级及小学高年级学生。

11 月 11 日

中共内蒙古自治区大兴安岭牙克石林业管理局委员会机关报《林海日报》在内蒙古牙克石创刊。

11 月 21 日

抗美援朝广播收音工作团出发到朝鲜前线。这个工作团是由北京、天津、沈阳等地的无线电技术工作人员组成。他们携带 1000 架长短波收音机和大批干电池，到达朝鲜前线后，设立了"中国人民志愿军广播收音服务站"，开办了志愿军收音员训练班。当时，广播收音工作是志愿军各部队政治、文化生活的主要来源之一，前线流行的"广播新闻""战壕新闻""战地传单"等都是根据广播的内容编辑而成的。

同月

中宣部、中组部发出《关于加强对新华通讯社各地组织的领导的指示》。规定新华社在各地的组织（各总分社、分社、记者组）在政治上、业务上以及组织上受新华总社直接领导，并规定："各地党委应由书记或宣传部部长负责经常对当地新华社工作加以检查指导，指示报道方针，审核新华社重要稿件。""各地党委应给予新华社各级组织负责人和记者以了解当地情况、参加必要会议、取得党政资料之便利。新华社各地组织负责人之政治待遇，因其工作重要，一般应与当地党报负责人相同。”“新华社各地组织工作人员由新华总社统一管理与调动，各地党委不得任意抽调，亦不得分配以其他工作任务。”“新华社各地组织党员的组织生活，应由当地党委机关支部直接管理。”“新华社各地组织……应每隔三个月向当地党委报告工作一次，以便主动地取得党委的领导和帮助。”（《中国共产党新闻工作文件汇编》中册，第191、192页）

《新青年周刊》在香港创刊。1955年出至168期后停刊。1957年4月复刊。

12月1日

中央人民广播电台开始举办第一套广播体操节目。各地广播电台也陆续举办。

12月19日

新华社召开第二次全国社务会议。总编辑吴冷西作了《进一步建设国家通讯社》的报告，提出“新华社应成为全国消息总汇”。

12月28日

中央广播事业局《发出关于反贪污运动应如何进行宣传的通报》。《通报》指出：中央台或某些由于电力或地理关系，其广播能达国外的地方台，对具体案件，目前一概不播。如公审大贪污犯案件确需广播时，须由上级决定。有关反贪污的原则性的评论，可以广播。但重点应放在增产节约的号召和报道。地方性人民台的尺度可以放宽，当地发生的具体贪污案件可以广播。

国际广播组织宣布中国为该组织的正式会员国。

12月29日

中央广播事业局发出1952年广播收音网建设工作的方针和计划。规定1952年广播收音网建设工作的方针是：健全和巩固县的、工厂矿山企业的和部队的广播收音站，并有计划地在全国建立中等以上学校的收音站；有重点地在有电源的中小城市推广有线广播，在靠近大中城市的农村推广矿石机；在华北及华东若干地区建立收音站。

同年

新华社开展练笔运动。主要解决编辑工作中的粗心大意，更正频繁的问题，并逐步消灭新闻稿中的技术错误、事实错误和语法错误，以提高业务水平。

中共中央东北局发出《关于整理党内外报刊的决定》。（见《中国共产党新闻工作文件汇编》中册，第210—212页）

《浙江邮电报》在杭州创刊。4开4版，周刊。

本年内全国（不包括港、澳、台）通过邮局发行的报纸共有214种，期发数514.3万份。

香港政府通过《刊物管制综合条例》，以条例形式对刊物的出版及内容、报刊和印刷品的印刷、出版、发售、发行、输入、统制、登记与领照营业等，都作了规定。这是香港有史以来最严厉的管制条例。

台湾军队领导机关创办政工干部学校，并设立新闻系，这是台湾的第一个新闻教育单位。

1952年（壬辰）

1月1日

中共江西省抚州地委机关报《赣东报》创刊。4开4版，周三刊。

同月

中国福利基金会主办的综合性对外报道月刊《中国建设》英文版在北京创刊。

《太原日报》创刊。对开4版。

福建省厦门市民营日报《江声报》并入中共厦门市委机关报《厦门日报》。《厦门日报》成为福建省地市级唯一的大报。

2 月 1 日

中共山东省淄博市委机关报《淄博日报》创刊。4 开 4 版。初名《淄博工人报》，后改称《淄博日报》。

2 月 18 日

根据中央人民政府政务院 1951 年 12 月 7 日第 114 次政务会议决定，新闻总署于本日正式撤销。中央广播事业局由政务院文化教育委员会领导，宣传业务由中宣部领导。

同月

中宣部发出《关于西安〈群众日报〉发生右倾错误的指示》。批评西安《群众日报》2 月 5 日、7 日关于西安市政治协商委员会扩大会议、西安市工商联“五反”运动扩大会议的四篇报道和社论表现了严重的右倾思想。

毛泽东批转西北局宣传部《关于报纸“三反”“五反”宣传的检查报告》。西北局宣传部在报告中提出，为了继续在报纸上大张旗鼓进行关于击退资产阶级进攻的宣传，各地报纸必须注意以下几点：一、报纸必须集中火力选择群众最痛恨、最关心、又能击痛资产阶级要害的重大事件，作连续的深入的宣传，以激发起广大群众对资产阶级进攻的普遍义愤。为此，报纸必须事先有周密计划，有充分准备，并组织专门记者组，对专门案件进行专门采访和报道。二、报纸应遵守中央宣传部的指示，对“打虎”数目、贪污分子数目和比例不要公开发表；对军事机关及公安机关贪污材料不要公布。三、报纸对整个运动的报道，应着重宣传成功的经验，应该通过运动和不断揭发的具体事例来批判右倾思想。四、报纸在对敌斗争中，应发挥充分的组织作用；应责成参加“打虎”战斗的各单位负责干部，特别是宣教机关负责干部亲自动手为报纸写新闻和评论，对于某些宣传工作者在对资产阶级作斗争中一弹不发的现象应加以批评。（《中国共产党新闻工作文件汇编》中册，第 216—218 页）

《解放军画报》在北京创刊。中央军委总政治部主办的大型摄影刊物。8 开本，月刊。以连队干部和战士为主要读者对象。对部队进行爱国主义、集体主义、革命英雄主义和共产主义的教育。

3 月 6 日

从即日起到 4 月 10 日止，《工人日报》组织了“谁养活谁”的讨论。从 4 月 12 日到 24 日，该报又组织了“怎样对待资产阶级”的讨论。两次讨论中，编辑部收到来信 2100 多件，发表意见的职工有 5 万人以上。同时，全国许多工人报纸也组织职工讨论和学习。

同月

毛泽东主席批转中共福建省委宣传部对《福建日报》“三反”报道发生错误的检讨。批示说：我希望各中央局、分局、省市区党委的宣传部都照华东局宣传部（前已通报）和福建省委宣传部一样检查一次自己的工作，是否在“三反”“五反”斗争中管好了自己的报纸、通讯社和广播电台的工作？（《中国共产党新闻工作文件汇编》中册，第 219 页）

4 月 1 日

新华社新闻摄影部成立。该部是新华社主办的摄影机构。其前身是 1951 年末成立的国家新闻总署新闻摄影局所属的摄影处、研究室和图片经理部。

中共邯郸地委机关报《邯郸日报》创刊。4 开 4 版，日刊。

吉林省九台县试验成功利用电话线传送广播节目后，办起了中国第一座县级农村有线广播站。当年召开的第一次全国广播工作会议肯定了九台县农村有线广播的经验。不久，九台的经验先在东北，后在全国许多省份的农村推广。

4月24日

国际广播组织布拉格会议举行中国加入该组织的仪式，会议同意汉语为国际广播组织合法语言之一。

同月

《闽北报》在福建南平创刊。4开4版，周三刊。

5月18日

周恩来总理本日作出关于新闻稿件的指示："我们的发言和新闻稿件中所用刺激性的词语如：'匪类'、'帝国主义'、'恶魔'、'法西斯'等甚多，以致国外报刊和广播方面不易采用。各国友人特别是世界和大朋友们对此均有反应，望指示记者和发言起草人注意简短扼要地揭发事实，申述理由，暴露和攻击敌人弱点，避免或少用不必要的刺激性语句。"（《中国共产党新闻工作文件汇编》中册，第223页）

5月30日

《人民日报》刊登山西省崞县赶车工人张顺有口述的《我检举反革命分子时遭遇了重重阻难》，同时发表4月9日中共中央华北局书记刘澜涛给全国总工会秘书长赖若愚的信和以《必须肃清官僚主义》为题的政法工作简评。6月，又发表有关人员的检讨和上级领导机关负责人在处理张顺有事件会议上的讲话。"张顺有事件"在全国引起极大反响，《工人日报》《山西日报》等也以大量篇幅对此事件进行了报道。

同月

《天津工人报》创刊。4开4版，周三刊。

6月1日

中共安徽省委机关报《安徽日报》在合肥创刊。

新华社安徽分社成立。

新华社淮河记者组扩建为淮河分社，专门报道豫皖苏三省同时施工的治淮工程。

6月7日

政务院文化教育委员会决定成立唱片审查委员会。

6月25日

中共中央发出《关于国外华侨报刊编辑方针的指示》，确定我华侨报刊的编辑总方针是：一、争取长期存在，不要求一时痛快，而要求得在环境变坏时，仍能继续出版。二、要以当地大多数华侨为读者对象，要以他们的觉悟程度、政治水平和文化水平作为我们编辑工作的出发点。三、华侨报纸的主要任务是宣传祖国的建设与成就，用爱国主义的精神教育和团结广大的华侨。四、华侨报纸目前的重要斗争对象是蒋匪帮及其反动报纸。五、我华侨报纸应当适当地揭露美帝国主义挑拨新战争和危害中华人民共和国的阴谋。六、我华侨报纸不参与当地人民的革命运动，不干涉当地内政，不应当成为反对当地政府的言论机关，应当与当地人民的革命报纸严格地区别开来，不卷入当地人民斗争的旋涡。（《中国共产党新闻工作文件汇编》中册，第224—226页）

同月

《红安报》在湖北红安创刊。4开4版，周刊。

《安徽日报农村版》在合肥创刊。对开4版，周刊。

皖南、皖北行政公署合并成立安徽省，两个行政区电台合并成立安徽人民广播电台，在合肥正式播音。

7月1日

中共安徽省芜湖市委机关报《芜湖日报》创刊。初名《芜湖报》。4开4版，周三刊。

中共湖南省资兴矿务局委员会机关报《资兴日报》创刊。

8月5日

中共重庆市委机关报《重庆日报》创刊。对开4版，日刊。

8月15日

中共湖北省黄石市委机关报《黄石日报》创刊。初名《工人报》。4开4版，周三刊。

8月16日

中央人民政府政务院公布《管理书刊出版业印刷业发行业暂行条例》。条例规定：凡公营、公私合营、私营之书刊出版业印刷业发行业，均应按规定手续向当地行政出版机关申请核准营业，取得营业许可证后，再凭证另向当地工商行政机关申请登记。凡经营书刊出版业、印刷业、发行业者，“不得印行违反中国人民政治协商会议共同纲领及政府法令之书刊”，不得承印或发售政府明令禁止出版发行之各种书刊。（《中国共产党新闻工作文件汇编》中册，第235—237页）

中央人民政府政务院公布《期刊登记暂行办法》，规定各种期刊发行前，应由主要负责人具函向当地出版行政机关领取申请登记书及申请登记表，逐项据实填明，申请登记；经受理之出版行政机关呈报上级机关核准并发给登记证后，方得发刊。（《中国共产党新闻工作文件汇编》中册，第238、239页）

8月27日

中共中央作出《关于国际时事宣传的决定》。规定：“国际时事的报道和评论，完全集中于中央，经中央审查后，统一由新华社和《人民日报》发表。中央其他报纸及各地报纸除刊载新华社和《人民日报》的报道和评论外，在未得中央同意和批准以前，不得发表任何报道和评论，如有必要发表者，须先经中央批准。”（《中国共产党新闻工作文件汇编》中册，第229、230页）

同月

八一电影制片厂新闻纪录片室成立。该室是中国人民解放军摄制新闻纪录片的专业机构。以“立足部队、面向全国、配合教育、宣传军队”为宗旨。主要拍摄《解放军生活》专题片和对外报道纪录片。

维汉两种文版的《莎车群众报》在新疆莎车创刊。中共莎车地委机关报。维文版铅印，汉文版油印。1956年6月停刊。

9月1日

中共四川省委机关报《四川日报》在成都创刊。对开4版。

9月3日

台湾英文报纸《中国邮报》创刊。该报是台湾第一份英文早报。主要发行对象是到台湾的外国人。内容以对外贸易和旅游观光为主。

9月13日

中宣部发出《关于建立通俗的新闻广播的决定》。决定新华通讯社建立通俗的新闻广播，以适应专区及专区以下地方报、工矿报和城市小报的需要。（《中国共产党新闻工作文件汇编》中册，第245页）

9月15日

为配合《调查在朝鲜和中国的细菌战事实国际科学委员会的报告书》的发表，中央人民广播电台从即日起展开了大规模的关于反细菌战的宣传，持续了一周。

9月19日

梅益任中央广播事业局局长，徐迈进、温济泽任副局长。

9月28日

中共中央宣传部决定由新华社播发“口语记录新闻”，供给全国各专区及专区以下的小型报纸和工矿、城市、部队小报的需要。为此，新华社设立地方部和播音室，从10月1日起，每天播发口语记录新闻5000字，呼号仍为“中央人民广播电台”。

同月

中宣部、中共中央军委总政治部宣传部作出《关于摄影图片宣传的几项规定》。规定：1. 向国外宣传的图片今后统一由新华社发布；2. 各报社、画报社、图片供应部门同新华社摄影部取得密切联系，并及时供给各种重要的时事图片，以便向国内外广泛宣传；3. 各地各部门所存有关政治、经济、人民生活、文化艺术、名胜古迹、山水风景、革命史迹、对敌斗争等有价值的底片或照片，应通知新华社并尽可能将原片或将原片翻制后送新华社；4. 军队系统对外发稿一律交总政审查，然后由解放军画报社统一发出。

《西北画报》在西安创刊。该刊是西北民族事务委员会编辑出版的综合性摄影画报。

10月1日

中国新闻社开始发稿。中国新闻社简称“中新社”，9月14日成立于北京。以海外华侨、港澳台同胞和外籍华人为主要对象。初期，该社的编辑机构附设在新华社内，称华侨广播组（后改为部），主要报道中国政治、经济、文教、卫生等建设成就和闽粤要闻、侨乡情况。该社广播华语纪录新闻，初期每天广播5000字，后逐渐增至8000字。同时向海外航寄新闻稿《中国新闻》，还发行有关中国风光、文物、建设等内容的照片，以后逐步增加供应文字特稿、摄制电影、制作唱片、出版画报等项业务。

中共北京市委机关报《北京日报》创刊。

四川人民广播电台在成都开始播音。

中共黑龙江省哈尔滨市委机关报《哈尔滨日报》创刊。4开4版。

中共湖南省湘西土家族苗族自治州委员会机关报《团结报》在湖南吉首创刊。社址设在自治州首府吉首。1956年改为横排版，1958年改为周六版。毛泽东为其题写报名。这是毛泽东最早为州级报题写报名。

上海联合广播电台成立。该台由上海人民广播电台与已经公私合营的大沪、沪声两台和其他14家私营台联合组成，上海人民广播电台在编辑业务上对联合台负有政治领导责任。

10月10日

台湾《青年日报》的前身《青年战士》报在台北创刊。该报是台湾国民党军队中的一份军营政治宣传教育性报纸。由台湾“国防部政治作战部”主持。

同月

中共中央发出《关于报纸应按时出版与发行的指示》。

《香港商报》创刊。该报读者对象以中下层市民为主，主销香港、澳门地区，部分销往广东及福建省。

北京各报和邮局签订《关于报纸出版和发行时间的联系合同》。规定各报保证按时出版，邮局保证按时发行。

《内蒙古日报》随内蒙古党委和自治区人民政府由张家口迁至呼和浩特市，和《绥远日报》并存一段时间，以后又出过联合版。

《涪陵日报》在四川涪陵创刊。4开4版，周六刊。

《南充日报》在四川南充创刊。4开4版，日刊。

《安徽邮电报》在合肥创刊。4开4版，周刊。

11月1日

原中共南京市委机关报《新华日报》

（1949 年 4 月 30 日在南京创刊）与《苏南日报》《苏北日报》合并，改为中共江苏省委机关报。

西藏军区主办的《新闻简讯》在拉萨创刊。汉、藏两种文版。初为油印月刊、半月刊，后改为石印五日刊、三日刊。1955 年改为 4 开铅印日报。

同月

中共江苏南通市委机关报《南通日报》创刊。4 开 4 版，日刊。

《江苏工人报》在南京创刊。4 开 4 版，周四刊。

12 月 1 日

中共广州市委机关报《广州日报》创刊。对开 8 版，日刊。

中央广播事业局自本日起，迄同月 11 日止，在北京召开第一次全国广播工作会议。这次会议确定 1953 年广播事业将采取“重点建设、稳步前进”的方针，首先集中力量建设中央台，同时加强对地方广播的领导和管理。会议探讨了广播工作的特点、对象和任务等基本问题。此次会议还提出了广播宣传要“精办节目”的方针。

12 月 9 日

台湾“行政院”公布《新闻用纸供应办法》，规定根据各报申报的用纸数量，核实后由指定的公司按低于市价 1/3 的优惠价格供纸。未予核实的部分得不到优惠。此规定被台湾新闻界称为“限张”，是“报禁”的具体内容之一。

12 月 20 日

中共中央发出《关于加强报纸、期刊出版发行工作的规定》。规定除报纸按时出版外，期刊也应按时出版，不得无故缺期，以免发行工作紊乱；全国报纸除在元旦、五一、七一、国庆四天可以增刊一大张外，平时不得增刊；报纸和期刊应按核定的发行控制数字印行，不得临时任意加印份数，突破季度或年度的出版计划；非经核准兼营出版社的报社、期刊社，除了出版资料性的书籍（如年鉴、手册等）外，不应出版其他书籍；报社应设法建立适当的休息制度。（《中国共产党新闻工作文件汇编》中册，第 233、234 页）

12 月 25 日

新华社各总分社、分社、记者站，从 10 月起相继进行了业务整训，普遍检查了在贯彻执行总社“深入实际，深入群众”的报道方针中所存在的问题。

12 月 28 日

中央人民政府邮电部、出版总署发出联合决定：自 1953 年 1 月 1 日起，报纸、杂志由邮电局总发行。

同月

中共中央发出《关于报刊发行问题的指示》。规定：今后全国各地包括中央一级的机关、团体、学校、企业在内，凡创办铅印的向人民群众公开发行的报纸，在行政上应经当地出版行政机关核转出版总署申请核准登记，期刊在行政上应按政务院 1952 年 8 月 16 日公布之《期刊登记暂行办法》申请核准登记。（《中国共产党新闻工作文件汇编》中册，第 231、232 页）

同年

中国高等学校实行院系调整。原燕京大学新闻系，交由调整后的新的北京大学接办，改为新闻专业，属中国语言文学系的建制。上海的华东新闻学院、暨南大学新闻系、圣约翰大学新闻系、中国新闻专科学校等并入复旦大学新闻系。苏州的社会教育学院新闻系随该学院并入江苏文化教育学院后停办。

新闻学家任白涛病逝。任白涛出生于

1890年，笔名冷公、一碧，河南南阳人。辛亥革命后，先后担任上海《民立报》《神州日报》《新闻报》驻河南特约通讯员，参加当地反袁世凯活动。1916年去日本留学，在早稻田大学攻读政治经济学，并参加大日本新闻学会，为首届会员，从事新闻学研究。1916年冬至1918年夏，完成中国人自著的第一部新闻学著作《应用新闻学》初稿。1921年回国后，在杭州创立中国新闻学社，1922年11月以学社名义自费出版了《应用新闻学》。1935年至1937年，又完成《综合新闻学》4册，共130万字。此外，还著有《抗战期间的新闻宣传》《国际通讯机构及其作用》《日本对华的宣传政策》等书。

《新疆画报》在乌鲁木齐创刊。以刊登新闻摄影图片为主。先后由新疆人民出版社、新疆画报社、新疆日报社编辑出版。

台湾“立法部门”修订和颁布了《出版法》。该法第9条规定：一家报纸只能有一个印刷所及发行所，而且必须在原登记的印刷和发行地点印刷发行，不得随意变更。此规定被台湾新闻界称为“限印”，是“报禁”的具体内容之一。

中共包头市委调整了《包头日报》的工作人员，将该报改组为中共包头市委机关报。

中共阜新煤矿委员会机关报《阜新矿工报》更名《阜新工人报》，成为中共阜新市委机关报。

全国（不包括港、澳、台）本年通过邮局发行的报纸共有236种，期发数803.1万份。

中共河北省唐山地委机关报《唐山日报》创刊。

除西藏外，全国各大行政区和省、直辖市都成立了人民广播电台，并且完成了对上海、重庆等7大城市中的34座私营电台的社会主义改造。

在本年的“三一事件”中，香港左派报纸《大公报》、《文汇报》、《新晚报》等三报被指控，《大公报》并被迫一度停刊。

1953年（癸巳）

1月1日

《人民日报》发表社论《迎接一九五三年的伟大任务》，指出“一九五三年将是我国进入大规模建设的第一年”。从年初开始，各新闻单位派出一批记者进入各大型工业建设工地采访。

上海《大公报》同天津《进步日报》合并为天津《大公报》。王芸生任社长。

《光明日报》改组成为各民主党派、中华全国工商联和政协无党派人士联合主办的报纸。该报成立社务委员会，章伯钧担任主任委员兼社长。该报以报道评述统一战线方面活动和文教工作为主要内容，以多种专刊见长。创刊后几年中出有《史学》《文学遗产》《哲学》《民族生活》等专刊。

中共武汉市委机关报《新武汉报》（1952年1月1日由原公私合营的《大刚报》改组而成）改名《长江日报》，同时担负中共中央中南局机关报任务。

由于南京市和苏南、苏北合并成立江苏省，南京台和苏南台、苏北台合并建成江苏、南京人民广播电台，从本日起分别使用江苏人民广播电台和南京人民广播电台的呼号在南京播出。

中共黑龙江省齐齐哈尔铁路局委员会机关报《齐铁工人报》创刊。

中共四川阿坝藏族自治州委机关报《岷山报》创刊。1981年改名《阿坝报》。

1月5日

毛泽东在为中共中央起草的关于反对官僚主义、命令主义的党内指示中要求，要在报纸上揭发坏人坏事，表扬好人好事。

1月27日

中央广播事业局发出《关于贯彻婚姻法运动的宣传提要》。要求各地人民广播电台自1月下旬至4月底，分阶段运用各种方式，开展一次广泛而深入地进行贯彻婚姻法运动的宣传鼓动工作。《提要》指出，必须广泛运用各种文艺广播形式，因为这种广播形式最易深入人心。

1月30日

中央人民政府邮电部制订出报纸杂志定期预订的具体办法。

同月

中共中央发出《关于重视运用〈光明日报〉和〈大公报〉的通知》。通知指出：《光明日报》除仍保持各民主党派机关报的特点，报道各民主党派的工作和学习外，确定以报道和讨论文化教育工作问题为主；《大公报》除加强国际问题的报道外，确定以报道和讨论财政经济问题，特别是公私关系和劳资关系为主。《光明日报》为国营报纸，《大公报》实际上是公私合营报纸。《通知》要求：各级党委要领导和督促各有关部门重视运用这两个报纸，各地邮局要很好地进行推销工作，不得有所歧视。

中共中央批转华东局《关于公布黄逸峰事件的通知》。华东局在《通知》中宣布，华东交通部部长黄逸峰等人压制批评，打击报复，华东局决定将其开除党籍。中共中央批示：应注意检查干部中类似黄逸峰这样违抗中央一九五〇年四月关于在报纸刊物上展开批评和自我批评的决定，压制批评、压制民主、对上欺骗隐瞒、对下打击报复的事件，对于这些事件均应严格处置并选择重要者在报上公布（但不必在电台广播）。（《中国共产党新闻工作文件汇编》中册，第246、247页）

《文汇报》社建立中共党组织，成为中共上海市委领导下的，以知识分子为主要读者对象，以宣传党的各项文教方针、政策为主要任务的社会主义报纸。

上海新闻学校建立。校长鲁平。1954年初停办。

《祖国》周刊在香港创刊。主持人徐东滨。1972年12月停刊。

2月1日

《吉铁工人报》在长春创刊。中共吉林铁路局委员会主办。

台湾中声广播电台在台北成立。成为台湾中部各县市唯一的民营广播电台。

2月2日

毛泽东写信给新华社，指示该社及各地分社采访揭露官僚主义、命令主义、违法乱纪的消息刊入“内部参考”。

2月6日

《人民日报》发表《鞍山〈工人生活〉报在开展批评中遭遇到官僚主义者的严重阻碍》。这篇报道实际上是鞍山《工人生活报》编辑部通过中央党报向自己的同级党委实行了开展批评的权利，因而成为当时如何正确贯彻中共中央《关于在报纸刊物上开展批评和自我批评的决定》的一个典型事例。鞍山《工人生活报》在贯彻中央关于开展批评决定的几年中遇到了一连串的困难和麻烦，集中表现在当时的中共鞍山市委负责人给报社编辑部的一封显然不符合中央决定精神的信上。为了既坚决贯彻中央的决定，又不违反组织纪律，《工人生活报》编辑部将情况反映给《人民日报》，《人民日报》派副总编辑安岗作为特派记者去鞍山采访，于是当时的中共鞍山市委压制报纸批评的事在中央党报上被揭露。随后，鞍山市委主要负责人按照中央《关于在报纸刊物上开展批评和自我批评的决定》的规定，在《人民日报》上作了公开检讨。

2月7日

中共柳州铁路局委员会机关报《柳铁工人》创刊。

2月12日

《人民日报》发表报纸工作述评《必须广泛吸引群众在报纸上展开批评》。

2月14日

陕西人民广播电台在西安开始播音。

中共云南文山壮族苗族自治州委机关报《文山报》创刊。1961年2月停刊。1988年7月1日复刊，4开4版，周二刊。现改为周三刊。

同月

中共中央东北局召开了省市报纸工作座谈会，讨论在报纸上开展批评。东北局指示《东北日报》编辑部写了《经常在报刊上开展群众性的批评是推进我国建设事业的强大动力》的社论。

新华社召开第一次国外分社会议，确定国外分社的报道方针为：立足国外、面向国内、面向东方及全世界。任务是：对国内报道；向国内提供情况、资料；学习外国语文，培养干部；对外联络和对外宣传等。会议提出，分社要注意深入掌握驻在国情况，执行我国的外交政策，根据中国人民的具体情况进行报道。

《福建画报》创刊于福州。月刊。由福建人民出版社创办。初创时为8开通俗性画刊，以连环画为主。1956年停刊。1978年复刊，1984年成立福建画报社，明确提出“让世界了解福建，让福建了解世界”的办刊宗旨。

《湖南广播电视报》在长沙创刊。初创时名《广播节目报》。“文化大革命”初停刊。1979年5月复刊后，改为现名。4开4版，周刊。

3月1日

辽宁省北票矿务局党委机关报《北票矿工报》创刊。

3月2日

海南人民广播电台在海口开始播音。

3月4日

中宣部发出《关于通知各报停止出口并复华南分局宣传部》的通知。通知说，自国内各报配合反对官僚主义斗争大力展开批评与自我批评后，香港反动报纸利用报纸此项内容大肆造谣污蔑。为加强宣传战线上的对敌斗争，不予敌人反宣传以可乘之机，兹特规定：今后只允许《人民日报》《光明日报》《中国青年报》《大公报》向各国出口，北京《工人日报》向苏联和各新民主主义国家出口，其他报纸一律不准出口。（《中国共产党新闻工作文件汇编》中册，第278页）

3月15日

毛泽东在《贯彻婚姻法运动情况简报》（第十一号）的批示中指出：“简报上的许多材料，都应当公开报道，并发文字广播，三五天一次，方能影响运动的正确进行。如本号凤城县的好事例及各地的不好事例，凡典型性的，都应当公开报道。请与人民日报和新华社同志商酌处理。”（《毛泽东新闻工作文选》，第176页）

3月29日

航海通讯社在台北成立。航海通讯社简称“航海社”，是台湾“交通部”办的专业性通讯社。

同月

中宣部就《宜山农民报》在报纸上批评宜山地委一事，发出《关于党报不得批评同级党委问题给广西省委宣传部的复示》。指出，党报是党委会的机关报，党报编辑部无权以报纸与党委会对立。党报编辑部如有不同的意见，可在自己权限内向党委会提出，必要时并可向上级党委、上级党报直至中央提出，但不经请示不能擅自在报纸上批评党委会，或利用报纸来进行自己与党委会的争论，这是一种脱离党委领导的作法，也是一种严重的无组织无纪律现象。党委会如犯了错误，应由党委会用自己的名义在报纸上进行自我批评。(《中国共产党新闻工作文件汇编》中册，第279页)

新华社召开编委扩大会，明确提出要使新华社成为“消息总汇”的总任务和国内外并重的方针。

中央人民广播电台第一次派记者出国，到朝鲜随中国人民志愿军采访。

《桦甸报》在吉林桦甸创刊。4开4版，周二刊。

4月1日

台湾中华广播电台在台北成立。

4月10日

中央人民广播电台文艺部召集的第一次文艺广播工作会议本日起迄17日止在北京召开，各大区台和部分市台参加了会议。会议提出要加强中央台与各地人民广播电台文艺广播部门的联系，提高编播业务的水平，充实文艺广播节目。

4月12日

《人民日报》发表报纸工作述评《正确进行反官僚主义斗争的宣传》。

4月15日

新华社《新闻业务》第18期，对通讯《马特洛索夫式的英雄黄继光》进行了讨论。有的认为是优秀的通讯，写出了英雄人物的先进思想，有的认为其中的一些细节不真实，是变相的“客里空”。该刊本期发表了华山的总结性文章《文学不能代替新闻》。

同月

中共中央军委总政治部发出《关于进一步加强部队广播及广播收音网的指示》。指示在叙述了两年来部队广播和收音网工作的成绩及存在的问题后，要求部队的各级政治机关进一步做好整顿与巩固现有的收音网工作，确定收音网与有线广播站的负责人选，并规定有线广播站的广播节目中文字稿应占1/2至2/3，文艺节目占1/3，最多不超过1/2。

新华社指示各地总分社、分社，检查新闻报道中的失实现象。

中宣部发出《关于重庆市委宣传部和〈重庆日报〉宣传上的客观主义错误的通报》。

《哈尔滨铁道报》在哈尔滨创刊。4开4版，周四刊。

中国广播艺术团成立。是中国最大的综合性专业广播电视文艺团体。1962年定名为中央广播文工团，成为一个独立的部门。1982年改名为中国广播艺术团。

5月1日

湖北人民广播电台在武汉正式播音。

台湾国际新闻社在台北成立，简称“国际社”。每日发行甲乙两种新闻稿，以经济消息、国际贸易为主，供稿对象以台湾有关机构、岛内商业团体机构和商业团体为主。

中共甘肃省甘南藏族自治州委员会机关报《甘南报》在合作市创刊。分汉、藏两种文版，均为4开4版。汉文版为周双刊，藏文版为周三刊。

5月4日

台湾国声广播电台在彰化市成立。1972年改组为国声广播股份有限公司。

5月6日

中共安徽省徽州地委机关报《徽州报》创刊。

5月7日

中央广播事业局与捷克斯洛伐克广播委

员会广播合作协定在布拉格签订。这是中华人民共和国成立后同外国签订的第一个广播合作协定。

同月

中共中央宣传部转发《东北局宣传部关于〈辽西日报〉开展“新三反”斗争的宣传方法的通报》。通报在按语中指出：“《辽西日报》在开展反坏人坏事的斗争之后，抓住典型的好人好事进行集中的、连续的宣传，这种方法值得各地报纸仿效。”（《中国共产党新闻工作文件汇编》中册，第297—299页）

《黄山日报》在安徽黄山创刊。4开4版，周六刊。

《新疆军垦报》在乌鲁木齐创刊。对开4版，周四刊。

6月1日

新华社内部刊物《新闻业务》活页版第1期出版。新华社在《关于编印〈新闻业务〉活页版的通知》中说，活页版为期刊《新闻业务》的一部分，不定期出版，随有随刊，迅速及时。该活页版原为32开本，从1959年3月1日总1141号起改为16开本。至1960年7月出至总1204号停刊。

6月18日

中宣部发出《关于地方报纸等候紧急新闻时间的通知》，通知说：“当重大事件和重要文告发布时，往往因为通知和发布过迟，地方报纸在出版时遇到极大困难，或延误出版，或改版重印，并因而引起读者群众对报纸的不满。这种状况的确需要改进。一般地，地方报纸无配合外交斗争的责任，对于必需等候的最后紧急新闻不宜受过分机械的约束。”（《中国共产党新闻工作文件汇编》中册，第284、285页）

同月

《人民中国》日文版在北京创刊。该刊由文化部外文出版发行事业局主办。面向日本读者。

《新社会》月刊在香港创刊。主持人樊仲云。

7月1日

中共陕西省西安市委机关报《西安日报》创刊。1961年2月改名为《西安晚报》。“文化大革命”初期停刊。1969年6月16日复刊，改为《西安日报》。1981年1月1日改出晚刊，并改名《西安晚报》，为4开小报。

中共山东省济南市委机关报《济南日报》创刊。4开4版。初名《济南工人报》。

中共锦州铁路局委员会机关报《锦铁消息》创刊。

中共四川成都铁路局委员会机关报《成都铁道报》创刊。

7月7日

中央新闻纪录电影制片厂成立。该厂是中国唯一摄制新闻纪录片的专业电影制片厂。

7月30日

中共中央发出《关于〈人民日报〉记者和特派记者的规定》。决定在各大行政区、各省和工矿区逐步设立《人民日报》常驻记者站或地方特派记者。其任务是：在当地党委领导下，深入进行群众工作，熟悉当地情况，按照《人民日报》的编辑方针、当地党委的要求和实际工作情况，订出报道计划，经过当地党委批准，组织党内外积极分子和广大通讯员，来完成报道计划，求得比较全面比较系统地反映当地各方面的主要情况和重要问题。中央要求各地党委按照记者不同的政治条件和工作需要，准予列席党的适当会议和阅读文件，并由党委的常委中一位负责同志经常指导记者进行工作并审阅其稿件。（《中国共产党新闻工作文件汇编》中

册，第 249 页）

同月

中共中央作出《关于新华社记者采写内部参考资料的规定》。规定共 5 条，对记者采写参考资料的范围，采写中应注意的问题以及同地方党委的关系作了明确规定。（《中国共产党新闻工作文件汇编》中册，第 250—252 页）

中宣部发出《关于调整农村报刊的指示》。指示省级以办好一个党报、一个农民报、一个有图有文的文艺刊物为原则。专区级的农民报目前一般地不要再去发展。（《中国共产党新闻工作文件汇编》中册，第 286、287 页）

专门采访“板门店谈判”的中国开城记者团在朝鲜开城成立。普金任团长，徐肖冰任副团长。新华社、《人民日报》和北京、上海、天津等地的各主要新闻单位都派记者参加，共有 100 多人。

8 月 11 日

中央人民广播电台和中央气象台订立《关于危险天气广播办法》。这个办法规定关于危险天气的情报，中央台应在各次新闻节目里随时播出，特别紧急的气象情报，临时在其他节目里广播。

同月

中共中央作出《关于引用毛主席或中央其他负责同志言论应注意事项的规定》。规定今后各级党、政机关及人民团体，不论是公开做报告或发布文告，凡引证毛主席或中央其他负责同志的言论时，均应以其正式发表的文章或公开的文件为准；对于毛主席或中央其他负责同志在党内会议或政府会议上的口头指示，在中央未予公开发表之前（或未经中央批准可以公开发表），任何机关、团体一律不得在对内或对外的文件上加以引用；即使在党内会议上作口头传达时，亦应将传达部分与传达者的个人领会和个人见解部分严格分开，禁止随意引申，或把个人见解夹杂在所传达的毛主席或中央其他负责同志的指示当中，以免混淆不清，发生错误。以上原则适用于报刊。（《中国共产党新闻工作文件汇编》中册，第 258、259 页）

新华社在越南河内成立河内分社。

9 月 15 日

国际广播组织理事会第 24 次会议和技术委员会第 9 次会议在北京举行。中国首次担任该组织的东道主。

9 月 18 日

《西北建筑通讯》在西安创刊。

同月

公私合营上海联合广播电台私方代表提出自愿将私方财产实行转让，上海人民政府以 9 亿人民币（旧币）收购了私方的设备和器材，联合台并入了上海人民广播电台。至此，中国最大的私营广播电台集中地——上海的私营台改造任务宣告完成。

《临沂大众》在山东临沂创刊。4 开 4 版，周三刊。

《陕西广播电视报》在西安创刊。4 开 4 版，周刊。初创时名《陕西广播》。1967 年停办。1979 年复刊，改为现名。

《陕西建筑报》在西安创刊。4 开 4 版，周刊。

10 月 10 日

台湾胜利之声广播电台在台南市创办。1964 年改组为胜利之声广播股份有限公司。

10 月 29 日

政务院发布《关于中央人民政府任免国家机关工作人员新闻发布办法的规定》，明确了中央人民政府任免国家机关工作人员新闻发布的范围及手续。（《中国共产党新闻工作文件汇编》中册，第 274—277 页）

11月8日

中共中央在《关于转发邮电部党组和出版总署党组关于报刊发行工作的报告的指示》中指出，今后定期定额计划发行的办法应该继续推行，但鉴于中国读者的组织程度不如苏联那样高，各方面的准备条件也差，在具体措施上要有更大的灵活性，即：定额控制暂时不要太死；预订办法要尽可能便利读者，照顾许多特殊情况；并须对于某些报刊特别是读者层较广的杂志保持适当的零售额。（《中国共产党新闻工作文件汇编》中册，第260、261页）

11月9日

自本日起到次年1月止，全国报刊大力宣传党在过渡时期的总路线。《人民日报》发表以《必须大张旗鼓地向农民宣传过渡时期的总路线》为题的社论；15日发表《帮农民算三笔账》的社论；从11月26日开始，《人民日报》在《向农民宣传总路线》专栏里，发表一批文章，用作农村工作干部学习总路线和向农民宣传总路线的材料。各主要报纸也纷纷发表社论、文章、讲话和问题解答等，宣传过渡时期总路线。

12月

新华社召开第三次全国社务会议，讨论了1954年的主要任务。社长吴冷西作了题为《贯彻消息总汇，为实现党的总路线而奋斗!》的总结报告，提出了新华社编委会对新闻写作的八条要求：1. 用事实说话；2. 叙述事实要精练；3. 稿件里事实的安排要有一定的规格。即：将最重要、最新鲜、最吸引人的事实放在最前面；4. 逻辑清晰，条理分明；5. 交代背景，说明意义；6. 生动活泼，饶有风趣；7. 文字简洁、确切、优美；8. 迅速及时。

中央新闻纪录电影制片厂主持召开第一次新闻纪录电影创作会议，决定各省设立摄影记者站，加强新闻纪录电影的拍摄工作。此次会议着重讨论了真实性的问题，批评了前几年新闻纪录电影中的真人假事、假人真事、假人假事等违反真实性原则的拍摄方法。

中宣部发出《关于调整全国报刊的补充规定》，对报刊的创办、停办或改变刊名刊期作出规定：一、大区级或省（市）级报刊，应经中央宣传部批准；二、省属市及地委报刊，应经中央局批准并报中央宣传部备案；三、县及工厂小报的创办及停办，由省（市）委批准，并报中央局及中央宣传部备案；四、各级报刊的创办或停办或改变刊名刊期，均须向出版总署登记。（《中国共产党新闻工作文件汇编》中册，第288、289页）

《山西邮电》在太原创刊。4开4版，周刊。

同年

中国私营报业全部实行公私合营。

本年底到1954年，《东北日报》《人民日报》《中国青年报》《工人日报》等报纸，连续报道王崇伦的模范事迹，在全国青年工人中掀起争做“走在时间前面的人”的劳动竞赛。王崇伦是鞍山钢铁公司的青年工人，他8次改进生产工具，创制成功万能工具胎，一再突破生产定额，获得特等劳动模范称号。许多报纸发表新闻、通讯、文章、照片，集中报道王崇伦的事迹，介绍推广他的成功经验，称赞他是“走在时间前面的人”。

《新疆建筑报》创刊。4开4版，周刊。

南疆地区汉文版《天南日报》在喀什创刊。4开4版，隔日刊。1956年中共喀什地委成立后，改名《喀什日报》继续出版。

《海南农垦报》创刊。对开4版，周刊。

本年全国（不包括港、澳、台）通过邮局发行的报纸共有247种，期发数797.7万份。

中国同匈牙利、波兰、罗马尼亚、保加利亚签订了广播合作协定。

新华社总社和各总分社、分社及报社的电台，逐步由过去的手抄方式改成打字机抄报，使国内广播的发稿速度由原来每分钟28个汉字，提高到37个汉字。

香港《新晚报》副刊试辟《武侠小说连载》专栏，约请陈文统（笔名梁羽生）、查良镛（笔名金庸）以笔名在《新晚报》上发表连载，结果一炮打响，销路大开。《新晚报》遂开香港报纸刊载新派武侠小说之风气，梁羽生、金庸也因此声名大噪。

香港《新生晚报》在全港首家启用传真机（时称自动电讯打字机），直接与美联社联络，电讯传送时间比一般快约2小时。

1954年（甲午）

1月1日

中央人民广播电台首都文艺台开始播音。4月16日“首都文艺台”呼号取消，改称“中央人民广播电台”，全天以播送文艺性节目为主。

1月25日

中共中央西北局发出《关于改进报纸工作的决定（草稿）》，要求西北各省市报纸，加强党在过渡时期的总路线的宣传；开展报纸上的批评与自我批评；加强报纸的内部领导；加强党委对报纸经常的具体的领导。（《中国共产党新闻工作文件汇编》中册，第371—380页）

同月

中宣部发出《对西北局报纸工作会议的总结的批示》。《批示》指出，说报纸在开展批评问题上“一个字也不许闹独立性”，容易使人误以为每个字都必须经过党委审查批准。批示认为，应强调在党委政策方针的领导下，主动负责地在报纸上展开批评与自我批评，并强调报纸帮助党和政府机关揭露和消灭工作中缺点和错误的重要。（《中国共产党新闻工作文件汇编》中册，第330、331页）

据全国新闻工作会议公布的调查统计材料，全国专区以上报纸共270种，每期发行总量约800万份（部队报纸，许多县、大企业办的铅印报纸，农村、工矿、机关办的墙报等均未计入）。

新华社雅加达分社成立。

《人民日报》总编辑邓拓率领由《人民日报》等各报组成的中国新闻工作者代表团于本月初赴苏联访问《真理报》，历时50多天，3月3日返回北京。代表团回国后编写出版了《学习〈真理报〉的经验》一书，由此掀起了国内报刊向苏联报刊学习的高潮。

2月1日

北京—柏林无线电图片传真电路开通。

2月15日

《文艺报》第3期发表陈荒煤在中央新闻纪录电影制片厂创作会议上的发言《将新闻纪录电影的创作提高一步》。

同月

中共中央中南局发出《关于改进报纸工作的决议（第二次草稿）》，要求报纸的宣传必须紧紧地掌握住提高报纸的思想质量、改善报纸的宣传方法和加强报社的组织工作这三个基本环节，以经济建设为中心，进行社会主义思想的建设工作，批判一切违反总路线的错误观点，动员和组织人民积极参加祖国各项建设事业。（《中国共产党新闻工作文件汇编》中册，第381—394页）

3月1日

《光明日报》增辟副刊《文学遗产》。

警察广播电台在台北市正式开播。该台由台湾警政当局设立。初期以警察人员为主要听众，后逐渐成为一般性电台。

3月6日

中央人民政府政务院发出《关于加强灾害性天气的预报、警报和预防工作的指示》。《指示》要求各地人民广播电台对于各级气象预报台、站的大范围灾害性天气的预报、警报应定时予以广播，必要时可临时增加广播次数；各地广播收音站也应认真组织收听，并尽可能向邻近地区进行传达。同时还要求各地人民广播电台注意对大范围灾害性天气的预报、警报、预防方法及有关气象知识，进行广泛宣传。

因绥远省建制撤销，《绥远日报》并入《内蒙古日报》，《内蒙古日报》成为中共内蒙古委员会机关报。对开4版，蒙文版为周六刊，汉文版为日刊。

3月7日

北京《科学小报》创刊。双周刊，8开2版。由北京市科学技术普及协会主编。该报是中国第一张科技报。

3月8日

内蒙古人民广播电台正式播音。

中共中央东北局发出《关于改进报纸工作的决议（草案）》。（《中国共产党新闻工作文件汇编》中册，第401—409页）

中共中央西南局发出《关于改进报纸的决议（草案）》。（《中国共产党新闻工作文件汇编》中册，第410—412页）

3月31日

新华社《新闻业务》第3期刊登《新华社1954年消灭新闻报道中错误的实施计划》和《新华社稿件中发生的错误的登记、统计制度》《新华社总社消灭新闻报道中错误的责任制度》《新华社总社消灭新闻报道中错误的奖惩制度》等文件。从5月到7月，新华社在全社开展了一次消灭错误的活动。

同月

中共中央发出《关于在报刊上发表国民经济数字应遵守的原则的通知》，批评了《人民日报》在社论中发表有关国民经济数字屡次发生错误和不准确、不合理、不统一的情况，要求今后在报上发表全国性的对国民经济有重要意义的数字，事先应征询国家统计局的意见。（《中国共产党新闻工作文件汇编》中册，第300、301页）

中宣部、中央人民政府公安部批转中南局宣传部、中南公安局《关于镇反宣传的指示》，要求各地加强对干部和群众的敌情观念和警惕性的宣传教育，克服正在滋长着的麻痹情绪。同时规定各地在报纸上进行镇反宣传中均应注意以下各项：一、公布处理外国籍的帝国主义间谍案件，一律须经中央公安部和外交部的审查批准，重要者并应报中央批准；二、公布处理归中央公安部掌握由各地直接侦察的和各地掌握但需报中央公安部审查备案的中国籍美蒋匪帮派遣特务案件，亦应报中央公安部审查批准；二、在报纸上公布特务间谍案件，应选择有教育意义的典型案件，不必件件登报。（《中国共产党新闻工作文件汇编》中册，第332—335页）

中共中央华东局发出《关于进一步加强〈解放日报〉工作的决定（草案）》。（《中国共产党新闻工作文件汇编》中册，第413—420页）

《山东广播电视报》创刊。4开4版，周刊。初创时名《广播节目介绍》。1967年停办。1979年复刊，易名《山东广播电视》。1983年9月改为现名。

交通部长江航运管理局党委机关报《长江航运报》在武汉创刊。4开4版，周二刊。

4月1日

中宣部和中央军委政治部发出《关于全国各省民兵报停刊的通知》。《通知》说：鉴于目前民兵工作主要以生产为中心，民兵报内容大部分与省农民报重复，加以民兵报干部对农村政策和工作情况不熟悉，很难办好报纸。《通知》决定所有民兵报在本年 4 月 15 日前一律停刊，把向民兵进行宣传教育的任务交给省农民报、省党报或地委级报纸。

4 月 2 日

新华社华沙分社成立。

4 月 8 日

时事新闻通讯社在台北成立。以报道党政新闻、省市地方新闻为主，对台湾报社及杂志社发稿。

4 月 16 日

中国建设的第一座大功率中波发射台在北京郊区投入使用。

4 月 20 日

《人民日报》发表社论《党委应该积极领导报纸正确展开批评和自我批评》。

同月

周恩来总理率团出席在日内瓦举行的印度支那国际会议，我国新闻界第一次派出较大记者团采访报道国际会议。这个 30 余人的记者团包括来自新华社、《人民日报》《光明日报》《大公报》《中国青年报》和《世界知识》杂志等新闻单位的记者和报务人员。

中央人民广播电台增设了对国内广播的第二套节目。它的任务是进一步发展新闻广播，增办对象性节目和知识性节目。重播第一套节目里的重要的政治性节目，并且播送文艺性节目。

中共长春市委机关报《长春新报》改名《长春日报》，4 开 4 版。

《大冶报》在湖北大冶创刊。4 开 4 版，周二刊。

《河南广播电视报》在郑州创刊。周刊。初创时名《一周节目表》，8 开 4 版，内部赠阅。1966 年停刊。1980 年 3 月复刊后改为现名。

毛泽东在对胡乔木等的一次谈话中提出，报纸上的批评，要实行“开、好、管”的三字方针。开，就是要开展批评。不开展批评，害怕批评，压制批评，是不对的。好，就是开展得好。批评要正确，要对人民有利，不能乱批一阵。什么事应指名批评，什么事不应指名，要经过研究。管，就是要把这件事管起来。这是根本的关键。党委不管，批评就开展不起来，开也开不好。（《毛泽东新闻工作文选》第 177 页）

5 月 20 日

中央广播事业局发出《关于建立大城市转播台和中央台改用夏季节目表的通知》。《通知》规定，从 5 月 30 日开始，上海、天津、沈阳、武汉、西安、重庆 6 个市的人民广播电台，拨出一个波长全天转播中央台 640 千周（或与 640 千周同时播音的其他波长）除记录新闻外的全部节目。

5 月 24 日

《福建广播电视报》创刊。初创时名《广播节目介绍》，后改名《每周广播》《福建广播周报》《福建广播》。“文化大革命”中停刊。1978 年 10 月 1 日复刊，改为现名。

同月

中共中央召开第二次全国宣传工作会议，会议起草了《中共中央关于改进报纸工作的决议》。在会议期间举办了全国农民报纸展览，专门评介了《山西农民》《江苏农民》《黑龙江农民》《新海南报》《延安报》《南充报》等 6 家报纸关于总路线的宣传，在肯定成绩的同时，也指出了报纸在报道互助合作发展方面的急躁冒进现象。

《建筑时报》创刊。4 开 4 版，周刊。

6 月

中共中央批转全国总工会党组关于《工

人日报》发表《生产战线上的黄继光》一稿所犯错误的报告和《工人日报》编委会、《工人日报》副总编辑章容就这一问题所作的检讨报告。《生产战线上的黄继光》一稿发表于4月2日《工人日报》，纯属虚构，发表后许多报纸进行了转载，有的报纸还就稿子中杜撰的所谓王玉中的模范事迹展开了讨论。

中共中央宣传部转发了军委总政治部关于郭忠田所写会见斯大林一稿严重失实的通报。郭忠田在《悼念亲爱的导师伟大的斯大林同志》一文中所写会见斯大林一节纯属虚构。该文曾在多种报刊发表并在电台广播。

7月6日

以温济泽为团长的中国广播代表团一行18人赴苏联访问，9月5日回国。代表团回国后，除口头汇报外，还在全国广播电视系统出版发行了《苏联广播工作经验》一书。

7月9日

中共中央宣传部批转中央广播事业局党组《关于在地方台中设立中央台的地方记者的决定》。规定地方记者由各地方台集体担任。地方记者的任务是：组织地方台的力量，以其适合于向全国广播的稿件和录音报道供给中央台，使中央台的广播能进一步反映国家经济建设的成就，反映全国人民的生活和各民族的友好团结，提高宣传的思想性，更好地为国家过渡时期的总路线服务；地方记者原则上应包括全部地方台，但目前采取逐步发展的方针，先指定18个地方台集体担任地方记者。

7月16日

中宣部、中组部发出《关于组织对台湾广播编辑部的几项具体办法的通知》，决定在北京设立对台湾的广播电台。

7月17日

中共中央政治局通过《中共中央关于改进报纸工作的决议》。决议共分六部分。主要内容是：1. 目前报纸的基本任务；2. 为实现基本任务，克服现存缺点，必须加强理论宣传、党的生活的宣传、经济宣传、国际问题的宣传，加强评论工作和改进新闻报道；3. 积极地广泛地开展批评和自我批评；4. 办好报纸，使各种报纸都具有它自己的鲜明的特点；5. 整顿编辑部的工作，提高新闻干部的水平；6. 加强各级党委对自己机关报的领导。（《中国共产党新闻工作文件汇编》中册，第319—329页）

7月31日

松江省和黑龙江省合并，中共松江省委机关报《松江日报》出至本日，并入《黑龙江日报》。

同月

中宣部发出《关于加强报纸杂志上的图书评论的指示》。《指示》要求中央的和省（市）的报纸及各部门的机关杂志应建立图书评论工作，积极地组织科研机关、高等学校教研室、文艺团体及其他机关中的作者参加写作，尽可能使图书评论栏成为报纸杂志的经常的内容。（《中国共产党新闻工作文件汇编》中册，第338、339页）

8月1日

原黑龙江省和松江省合并为黑龙江省后，中共黑龙江省委机关报《黑龙江日报》由齐齐哈尔迁至哈尔滨出版。该报由原《黑龙江日报》和《松江日报》合并而成。

新华社辽宁分社在沈阳成立。

黑龙江人民广播电台在哈尔滨开始播音。

黑龙江日报社主办的《黑龙江农民报》在哈尔滨创刊。

8月15日

中央人民广播电台对台湾广播开始播出。每天播出1小时的综合节目，内容有国内外要闻、建设成就、人民生活、家信等，分别使用普通话和闽南话播音，早晚各 1 次，每天播音 4 小时。

8 月 23 日

中共四川甘孜藏族自治州委机关报《甘孜报》在四川康定县创刊。4 开 4 版，周三刊。原名《康定报》。藏汉文合刊，一、二、三版是藏文版，四版是汉文版。5 天 1 期。1956 年改为《甘孜报》，由合刊改为分刊，汉文版周三刊，藏文版周二刊。80 年代后均为 4 开 4 版，周三刊，有汉、藏 2 种文版。

8 月 31 日

中共中央东北局机关报《东北日报》因大行政区撤销停刊。

同月

中宣部发出《关于统一和加强国营、地方国营、公私合营报社、杂志社、出版社企业管理的指示》，确定全国国营、地方国营和公私合营的报社、杂志社和出版社的企业经营，原则上均由中央人民政府出版总署和各级出版行政机关统一管理。（《中国共产党新闻工作文件汇编》中册，第 340—342 页）

《怒江报》在云南泸水县六库镇创刊。出有汉文、傈僳文两种文版，前者为周二刊，后者为周刊，均为 4 开 4 版。

新华社吉林分社在长春成立。

宁夏省建制撤销，与甘肃省合并。《宁夏日报》《宁夏农民报》停刊。

9 月 1 日

根据《中共中央关于改进报纸工作的决议》中培养和训练新闻干部的精神，中央党校设立新闻班。新闻班共办了 3 期，原定每期 2 年，第 2、3 期由于反右派斗争分别推迟和提前半年左右同时结业。学员是相当于省报编委以上的新闻干部，每期约 30 人到 50 人。聘有苏联专家讲课，还进行了新闻学方面的研究工作。新闻班在 1957 年 11 月左右结束。

台湾工商新闻通讯社本日正式发稿。该社简称“工商社”。报道内容主要是台湾地区及国外工商经济新闻、财经行情，台湾各私营机构招标消息与一些重要的地方要闻。

中共辽宁省委机关报《辽宁日报》在沈阳创刊。日出对开 4 版。其前身为《东北日报》。

中共吉林省委机关报《吉林日报》迁至新省会长春市，与《长春日报》合并出版，由 4 开 4 版改为对开 4 版，报名仍为《吉林日报》。

中共锦州市委机关报《锦州报》在辽宁锦州市创刊。后改为《锦州日报》。

中共辽宁安东市委机关报《安东日报》创刊。前身是安东省委机关报《安东日报》、辽东省委机关报《辽东日报》。1965 年随安东市改称丹东市，报名也改为《丹东日报》，4 开 4 版。

辽宁人民广播电台正式播音。

9 月 14 日

新华社召开动员大会，在全社开展新闻写作学习。学习分 3 个单元：1. 有关新闻报道的基本认识；2. 关于采访和写作中的一些重要问题；3. 关于语法的基本知识。这是新华社第一次在全社范围进行有计划、有组织的学习。

9 月 15 日

中共黑龙江省齐齐哈尔市委机关报《齐齐哈尔日报》创刊。初为隔日刊，8 开 4 版。1955 年 5 月 1 日起改为周六刊，4 开 4 版。1959 年改名《嫩江日报》，1964 年恢复原名。

9 月 20 日

第一届全国人民代表大会第一次会议通过《中华人民共和国宪法》，第三章《公民的基本权利和义务》中第八十七条规定：

“中华人民共和国公民有言论、出版、集会、结社、游行、示威的自由。国家供给必需的物质上的便利，以保证公民享受这些自由。”

9月24日

中央人民广播电台开始播送莫斯科广播电台对中国听众广播的华语节目。

同月

中华全国新闻工作者联谊会成立。会长邓拓，副会长吴冷西、梅益、金仲华、王芸生。该会宗旨是：“团结全国的人民新闻工作者，密切与世界各国正直的和爱好和平的新闻工作者团结合作，共同为推进世界进步新闻事业，为世界持久和平而奋斗。”

天津第一个新闻电影院建立。其后北京等大中城市相继开办专业新闻电影院。

《新疆商业报》（汉文）在乌鲁木齐创刊。新疆商业厅主管，新疆商业厅、新疆医药局、新疆烟草局、新疆建设兵团联合主办。1958年1月停刊。

10月1日

吉林人民广播电台由吉林市迁至长春市播音。

10月15日

苏联《真理报》编委率领苏联报刊工作者代表团20人应邀来我国访问。一个月中在北京等地新闻出版界举行多次专题报告会和座谈会。人民日报社总编室将报告、座谈记录汇集出版《苏联报刊工作经验》一书。

10月16日

毛泽东给中共中央政治局的同志和其他有关同志写了《关于〈红楼梦〉研究问题的信》，并附上山东大学学报《文史哲》1954年第9期发表的李希凡、蓝翎的文章《关于〈红楼梦简论〉及其他》，该文批评了俞平伯在《红楼梦》研究中的唯心主义观点。毛泽东在信中称赞“这是三十多年以来向所谓《红楼梦》研究权威作家的错误观点的第一次认真的开火”，要求由此开展一场“反对在古典文学领域毒害青年三十余年的胡适派资产阶级唯心论的斗争”。信中指责《文艺报》《人民日报》没有及时发表李、蓝的文章是“阻拦‘小人物’”，“同资产阶级作家在唯心论方面讲统一战线，甘心作资产阶级的俘虏”。由此，继批判电影《武训传》之后，又一次自上而下地以报刊为主要阵地，展开了一场学术思想批判斗争。

中共中央西北局机关报兼陕西省委员会机关报《群众日报》因大行政区撤销，改为中共陕西省委机关报并改名为《陕西日报》。

10月23日

中国新闻社在福建设办事处，2年后成立中新社福建分社。

10月28日

《人民日报》发表署名文章《质问〈文艺报〉编者》，此文和10月23日《人民日报》发表的《应该重视对〈红楼梦〉研究中的错误观点的批判》这两篇文章基本上体现了毛泽东10月16日信的主要观点。

同月

中共中央宣传部发出关于《大公报》若干问题的通知，就《大公报》方针、任务，和加强对《大公报》的领导、支持问题作了明确规定。

中共中央宣传部就展开《红楼梦》研究问题的批判，给中央写了报告。全国展开了对《红楼梦》研究中的资产阶级立场、观点、方法的批判，同时展开了对胡适派唯心主义思想的批判。

《常州日报》创刊。4开4版，日刊。

《陕西农民报》在西安创刊。4开4版，周二刊。

《四川林业报》在成都创刊。4开4版，周二刊。

11 月 8 日

全国第二次广播工作会议自今日起迄 20 日止在北京召开。会议着重讨论了改进广播工作和学习苏联广播工作经验等问题。

11 月 24 日

中宣部报纸处自今日起迄 29 日止，在北京召开报纸上党的生活的宣传问题座谈会。参加会议的有《四川日报》《甘肃日报》《南方日报》《黑龙江日报》《新华日报》《北京日报》的编委或党的生活组（部）负责人，《人民日报》党的生活组和地方报纸组及中央一级的其他报纸、全国总工会宣传部和青年团中央宣传部都有人参加会议。会议认为虽然在七届四中全会决议和中央关于改进报纸工作的决议发布之后，许多报纸对党的生活的宣传有所改进，但总的来说还是薄弱环节，要求加强党的领导，努力改进。会议还讨论了中宣部报纸处起草的《关于改进报纸上党的生活的宣传的意见（草案）》。

同月

中宣部发出《关于各日报休刊办法的通知》，对全国省市以上主要报纸出版张数和休刊办法作了明确规定。

《桥工报》在北京创刊。4 开 4 版，周刊。

12 月 1 日

中共中央华东局兼上海市委机关报《解放日报》，因大区撤销改为中共上海市委机关报。

中共辽宁省委主办的农民报纸《辽宁农民报》在沈阳创刊。4 开 4 版，周二刊。

12 月 8 日

中国文学艺术界联合会主席团、中国作家协会主席团通过《关于〈文艺报〉的决议》。决议批评了该报在《红楼梦》研究问题的讨论中所采取的错误态度，以及对于文艺上的资产阶级错误思想的容忍和投降，对于马克思主义新生力量的轻视和压制，在文艺批评上的粗暴、武断和压制自由讨论的恶劣作风等错误。决定改组该报编辑部，同时把对《红楼梦》研究的批判进一步扩展到对胡适思想的全面批判。

同月

中宣部发出《关于转发〈黑龙江日报〉和〈内蒙古日报〉关于宣传个人崇拜的检查报告（摘要）的通报》。指出党报不仅要正确地宣传和贯彻党的政治原则和政治路线，而且要正确地宣传和贯彻党的组织原则和组织路线。指出许多报纸都有夸大个人作用和宣传个人崇拜的现象和错误。要求各地报纸在贯彻中央关于改进报纸工作的决议中进行检查，并根据七届四中全会决议的精神，结合当前党和国家的斗争任务，改进这方面的工作。（《中国共产党新闻工作文件汇编》中册，第 344—361 页）

同年

我国新闻界出现了赴苏对口学习的热潮。年初，人民日报总编辑邓拓率领由人民日报等各报组成的中国新闻工作者代表团访问《真理报》，在苏联学习 50 多天。回国后，先在《人民日报》等报上发表了多篇关于学习收获的文章。不久人民出版社汇集出版《学习〈真理报〉的经验》一书。同年 7 月，中央广播事业局副局长温济泽率领中央广播事业局代表团赴苏访问，回国后编印了《苏联广播工作经验》一书。同年底，新华社副社长朱穆之率领新华社代表团出访塔斯社，回国后编印了《塔斯社工作经验》一书。

刘少奇向《人民日报》提出关于在报纸上开展批评与自我批评应遵循的三项原则：1. 在报纸上必须坚决开展批评和自我批评；

2. 报纸上发表的批评必须正确；3. 报纸开展批评和自我批评的工作必须在党委领导下进行。

河南省会由开封迁郑州，中共河南省委机关报《河南日报》迁郑州出版。

香港报业公会成立。全港16家主要报纸均为其成员。该会由《南华早报》《华侨日报》《星岛日报》和《工商日报》(1985年停刊) 4家报社倡议组成，由4家报社负责人轮流担任主席。

浙江省新闻工作者协会成立。当时称中华全国新闻工作者协会浙江省分会，1958年改为现名。

《北京科技报》创刊。对开4版，周二刊。

《甘肃广播电视报》在兰州创刊。初创时名《甘肃广播节目报》。"文化大革命"中停刊。1981年4月复刊，改为现名。

宁夏省与甘肃省合并后，宁夏人民广播电台成为甘肃人民广播电台的一个转播台。

人民出版社翻译出版《联共（布）中央直属高级党校新闻班讲义汇编》第一、二集，作为全国新闻工作者和大学新闻系学生学习用书。

本年全国（不包括港、澳、台）通过邮局发行的报纸共有237种，期发数927.5万份。

中央人民广播电台文艺部广播剧组和原北京台剧团的部分成员与从上海台调来的广播剧演员合并成立中央广播剧团。

中共山西省忻县县委机关报《忻县报》创刊。4开4版，周刊。

中国同苏联和民主德国签订了广播合作协定。

自本年起，香港《成报》销量居全港中文日报之首，并保持了20多年，直到70年代末才被《东方日报》超过。

1955年（乙未）

1月1日

《光明日报》版面由竖排改为横排，是新中国最早改为横排的报纸。

上海人民广播电台《每周广播》创刊。

中共云南省德宏傣族景颇族自治州委机关报《德宏团结报》在潞西市创刊。出有汉文版、傣文版、景颇文版、傈僳文版、载瓦文版等5种文版。原名《团结报》。1988年改为现名，增出载瓦文版。从80年代后期起，汉文版为周三刊，傣文版、景颇文版为周二刊，傈僳文版为周刊。各种文版均为4开4版。

中共河南省洛阳市委机关报《洛阳日报》创刊。

中共山西省太原市西山矿务局委员会机关报《西山矿报》创刊。4开4版，不定期。

1月2日

吉林日报社主办的农民报纸《吉林农民报》在长春创刊。4开4版，周二刊。其前身为1948年8月在吉林市出版的《农民报》。

1月8日

中共湖南省委作出《关于〈新湖南报〉贯彻执行〈中共中央关于改进报纸工作的决议〉的决定》。《决定》提出：1. 突出本省中心工作的宣传，又要恰如其分地兼顾其他一般工作和各种问题的宣传；2. 进一步开展报纸上的批评和自我批评；3. 要加强干部队伍的建设；4. 要加强报纸的群众工作；5. 应向省委加强请示报告。

1月20日

中宣部发出《关于开展胡风思想批判的报告》，报告称胡风的文艺思想是彻头彻尾的反党反人民的文艺思想。中共中央批发了这个报告，从此在全国报刊上开始了对胡风的批判。

同月

中共中央发出《关于改进〈光明日报〉工作的问题和关于协助〈光明日报〉和〈大公报〉在各地的通讯工作的问题的通知》。指出，《光明日报》仍为各民主党派主办，决定将《光明日报》的编辑方针作如下局部改变：1. 仍以文教工作为重点，但在学校教育方面着重高等教育和中等专业教育，并加强科学、文化艺术、卫生和体育活动的宣传报道；2. 继续办好各种专刊。同时继续进行各民主党派的报道，并注意加强国际问题的宣传和报道。通知还对中央各地有关部门支持和协助“光明”“大公”两报工作的事项作了具体规定。

中共中央山东分局撤销，成立中共山东省委。原分局机关报《大众日报》成为省委机关报。

《旅行家》杂志在北京创刊。

新华社新闻摄影部编辑出版的内部刊物《摄影业务》月刊（32 开铅印），自今年第 1 期（总第 19 期）起接受订户，机关、学校、工厂、人民团体等单位和个人凭本单位介绍信订阅。

《人民日报》等全国主要报刊分两批在报纸上刊出 141 个简化汉字，并首先在报纸上试用。

《天津广播电视报》创刊。初创时名《天津广播》。1982 年改为现名。

2 月 5 日

中央广播事业局就 1957 年在北京建立中等电视台向国务院二办写了报告。周恩来总理 2 月 12 日批示：“将此事一并列入文教五年计划中讨论。”

同月

中央人民政府民族事务委员会主办的《民族画报》在北京创刊。周恩来为画报题写了刊名。该刊是 8 开本月刊。用汉、蒙、藏、维吾尔、哈萨克、朝鲜等 6 种民族文字出版。报道少数民族地区的建设成就，介绍少数民族的新人新事、风土人情。以国内少数民族为主要读者对象，并向国外发行。

3 月 16 日

《人民日报》发表社论《使报刊深入农村推动互助合作运动》。

3 月 20 日

上海市报刊图书馆编印的《全国主要期刊资料索引》双月刊创刊。该索引共收全国出版主要期刊 211 种，多为全国性和地方代表性的各种刊物。自 1956 年 2 月总第 6 号起，在资料搜集方面增加了全国主要报纸资料，并改名为《全国主要报刊资料索引》。每期搜集资料包括全国主要杂志约 250 种，报纸 40 种左右。自 4 月起改由邮局发行。从 7 月起，将双月刊改为月刊。1959 年，该刊改由上海图书馆编印。该刊从总 39 号开始，分自然、技术科学和哲学社会科学两部分出版，直到 1966 年 9 月总 131 号停刊。1973 年 10 月复刊（总第 1 号），改名为《全国报刊索引》。

3 月 21 日

中央人民广播电台开始举办《唯物主义讲座》。这个讲座连续播送中共北京市委、中国文学艺术界联合会等单位组织的关于宣传唯物主义和批判资产阶级思想的演讲录音。

3 月 29 日

国务院发布《关于在农业、畜牧业、渔业生产合作社重点建立收音站的指示》。决定在全国一部分组织比较巩固和户数比较多的农业、畜牧业和渔业生产合作社，建立 1 万个收音站，所需收音机由中央广播事业局免费供给，收音员由省、市、区台代为训练。

国务院发布《关于在边远省份和少数民族地区建立收音站的通知》。特拨1500部收音机，在云南、贵州、西康、甘肃、青海、新疆、广西、海南和内蒙古自治区建立收音站。

同月

中共浙江省舟山地委机关报《舟山日报》创刊。4开4版，周六刊。

《浙江交通报》在杭州创刊。4开4版，周二刊。

4月3日

中央人民广播电台接办北京市台的节目。中宣部于3月8日批准北京市台直属中央台领导，对内作为中央台一个编辑部（首都生活部）。

4月4日

中央人民广播电台开办《中央报纸摘要》节目。

4月10日

华声广播电台在台北成立。1968年改组为华声广播公司。

4月11日

参加亚非会议的我国代表团工作人员、越南民主共和国代表团工作人员和随行前往采访的我国、波兰和奥地利记者共11人，乘坐代表团包用的印度国际航空公司的星座式客机自香港起飞前往雅加达转赴万隆。由于潜入香港启德机场的国民党特务分子在飞机右翼轮舱处安放了定时炸弹，致使飞机在飞越北婆罗洲沙捞越附近的海面上空时爆炸起火，机身坠入海中，乘客全部遇难。其中，有新华社记者沈建国、黄作梅，中国新闻工作者联谊会副秘书长杜宏，新华社记者兼《光明日报》记者李平，中央新闻纪录电影制片厂摄影师郝风格。

《人民日报》发表社论《展开对资产阶级唯心主义思想的批判》，这篇社论对批判俞平伯的运动的原由和目的作了说明。

4月24日

台湾幼狮通讯社在台北成立。幼狮通讯社为台湾国民党青年组织“中国青年反共救国团”的文宣单位。创办初期主要作为报道团务的推行单位，后逐渐成为为岛内青年服务，提供大专青年实习的新闻机构。

4月25日

中央人民广播电台编辑出版的《广播节目报》在北京创刊。4开4版，每周一出版。出至1967年1月3日第515期后停刊。1978年6月24日复刊，改名《广播电视节目报》。1985年1月更名为《广播之友》。1986年改名《中国广播报》继续出版，每周出4开8版。

5月1日

北京、天津一些报纸和杂志，开始试用57个简化汉字。

5月6日

中共中央宣传部就报社编委会的性质、任务问题函复中共浙江省委宣传部。指出党委机关报编辑委员会是在总编辑领导下对报纸工作进行思想政治领导的机关，党委机关报总编辑和编委会应按照中央《关于改进报纸工作的决议》中的规定进行工作，并对党委会负责。至于编辑部的党组织，应按一般机关党组织的任务进行工作。

5月13日

《人民日报》以《关于胡风反党集团的一些材料》为题，登出了经过分类整理加注的舒芜交出的胡风信件，毛泽东为第一批材料写了“编者按”，指出：“从舒芜文章所揭露的材料，读者可以看出，胡风和他所领导的反党反人民的文艺集团是怎样老早就敌对、仇视和痛恨中国共产党的和非党的进步作家。”编者按还要求“一切和胡风混在一起而得有密信的人，应当都把密信交出来”。之后一个月内，《人民日报》又相继发布了有关胡风问题的第二、第三批材料，这两批材料都是经过摘编的胡风和被称为胡风派成员的他的朋友们之间的私人通信。每批材料毛泽东都以“编者按”形式加了多处“按语”。

5 月 18 日

《人民日报》自本日起迄 6 月底止，逐日在第 3 版用 2/5 以上甚至整版篇幅，有时还扩印 2 版共计用 12 个版面来刊登声讨胡风的文章、读者来信和漫画。

5 月 30 日

《安徽广播电视报》在合肥创刊。初创时名《安徽每周广播》，“文化大革命”中停刊。1979 年 10 月 1 日复刊，改名《安徽广播电视》。1982 年 12 月改为《安徽广播电视报》。

同月

据统计，全国（不包括港、澳、台）现有专区以上报纸 265 种，每期平均发行总数达 936 万多份；杂志 305 种，每期平均发行 1246 万册。

《景德镇日报》在江西景德镇创刊。4 开 4 版，周六刊。

6 月 1 日

辽宁本溪《工人报》改为《本溪日报》。4 开 4 版，周六刊。是中共本溪市委机关报。

山西省太原钢铁公司党委机关报《太钢报》创刊。初名《钢铁小报》。

6 月 4 日

共青团安徽省委机关报《安徽青年报》在合肥创刊。郭沫若题写报头。

6 月 10 日

《人民日报》发表社论《必须从胡风事件吸取教训》，提出在社会主义建设中阶级斗争“更加尖锐”的观点。认定“胡风分子”已经混入中国共产党以及某些政、军、教、文、经、工、团等机关，号召全国各地各部门进行肃反清查，并提醒人们“不能和老虎睡在一起，不能把反革命分子认作好人”。

6 月 27 日

中央广播事业局发出《关于地方台应协助中央台做好听众联系工作的通知》。《通知》指出，地方台听众来信部门应加强和中央台听众来信组的联系：1. 各台听众联络部门，要结合当地具体情况向当地听众宣传中央台的广播节目。2. 各台听众联络部门，应注意汇集当地听众收听中央台广播节目的情况和意见。在每月底向中央台作一次简要的汇报，如有特别重要的政治性广播节目，需要及时反映收听情况和意见的，由中央台临时通知作专题汇报。

同月

《广东广播电视》报在广州创刊。4 版，周刊。初名《广东广播》。1967 年 1 月停刊。1978 年底复刊，改名《广东广播电视》。

《河北广播电视报》在石家庄创刊。4 开 4 版，周刊。初创时名《河北广播》。“文化大革命”中停刊。1980 年 1 月 5 日复刊，改名《河北广播电视》。1983 年 12 月 30 日改为现名。

7 月 1 日

原中共中央华南分局机关报《南方日报》，因华南分局撤销，成立中共广东省委而改为广东省委机关报。

江苏省无锡市有线广播站开始播音。无锡成为中国第一个既有无线广播电台，又有有线广播站的城市。

《渔盐民》在福州创刊。4 开 4 版，五日刊。福建日报社主办。后改为《渔盐民报》

《渔民报》。该报是中共福建省委根据福建面对台、澎、金（门）、马（祖），专门向沿海渔盐民进行对敌斗争教育和爱国主义、社会主义教育而创办的。1960 年 12 月 29 日停刊。

7 月 4 日

中央人民广播电台《中央报纸摘要节目》改名为《新闻和报纸摘要节目》。

7 月 10 日

文化部、国家文字改革委员会联名通知全国报社、杂志社、出版社以及印刷厂试用第一、二批简化汉字。

7 月 11 日

中共中央宣传部转发中央广播事业局《关于组织地方人民广播电台承担中央人民广播电台集体记者的决定》，规定集体记者应由地方台编辑部集体担任，并指定编辑部负责人之一具体掌握。集体记者的任务是：1. 供给本地区各项重要新闻和适合于向全国广播的通讯、录音报道和讲话等；2. 完成中央台指定的报道和组织一定节目的任务；3. 汇报当地和广播有关的各种情况。

同月

经中宣部批准，中央人民广播电台又发展集体记者 31 个，加上原有的 18 个共为 49 个。至此，全国所有地方台都担负起中央台集体记者的任务。

《东北画报》改名《辽宁画报》。该刊是以刊登新闻照片为主的地方性综合画报。

中共浙江省湖州市委机关报《湖州日报》创刊。初名《吴兴报》。4 开 4 版，周六刊。

中共浙江省诸暨县委机关报《诸暨报》创刊。4 开 4 版，周三刊。

《武昌报》在湖北武昌创刊。4 开 4 版，周刊。

《铜陵报》在安徽铜陵创刊。4 开 4 版，周三刊。

中共四川省乐山县委机关报《乐山报》创刊。

8 月 22 日

中央广播事业局发出《关于地方台转播中央台节目若干问题的指示》。《指示》说：为使地方台在转播中央台节目时能保持一定的音质音量，在遇到特殊情况时地方台可以停止转播。《指示》对特殊情况作了明确的规定。

9 月 10 日

中国第一座监测台在上海郊区建成，用于监测中央直属发射台的播出质量。

9 月 12 日

国务院作出《关于地方人民广播电台管理办法的规定》。规定各省、自治区、直辖市、省辖市人民广播电台为各该省、自治区、直辖市、省辖市人民委员会的直属机构，受各该级人民委员会及广播事业局的领导。广播电台的编制、财务、计划及一般行政业务，受各该级人民委员会的领导；广播业务、广播技术和广播事业建设规划，受广播事业局的领导。（《中国共产党新闻工作文件汇编》中册，第 465、466 页）

9 月 20 日

中央广播事业局发出在两年内在全国有条件的省、自治区逐步建设农村有线广播的指示。

同月

中共中央宣传部发出《关于各级党委宣传部应加强对广播宣传的领导和监督的通知》。《通知》指出，国务院《关于地方人民广播电台管理办法的规定》实行后，地方人民广播电台的日常宣传业务，广播电台工作的政治思想领导以及广播电台干部的教育管理，仍应由各级党委领导。各级党委宣传部应从下列 4 个方面加强对地方人民广播电台的监督和领导：一、定期讨论和检查当地广播电台及收音网的工作；二、审查批准广播宣传计划，对重要的宣传任务及时给予指示；并对广播电台为完成宣传任务而进行的社会活动给予支持；三、适当吸收广播电台的党员负责干部列席党委的会议，阅读党内文件和电报，使他们能及时地、全面地了解党委的领导意图和当地的各种情况；四、加强对广播电台干部的教育和管理。（《中国共产党新闻工作文件汇编》中册，第 470、471 页）

中国人民大学新闻系第一批学生入学。该系于四、五月间筹建，是新中国成立后创办的第一个大学新闻系。开始是由新闻单位保送应试，以后逐步扩大了招生范围，也招收非新闻单位的干部和高中毕业生。首任系主任安岗。

《江西广播电视报》在南昌创刊。4 开 4 版，周刊。初创时原名《江西广播》。1967 年停刊。1980 年 11 月 28 日复刊，易名《江西广播电视》。1985 年 2 月改为现名。

《江苏广播电视报》在南京创刊。4 开 4 版，周刊。初创时名《江苏广播》。“文化大革命”中停刊。1979 年 6 月 30 日复刊，改名《江苏广播电视》。1982 年 4 月 23 日改为现名。

10 月 1 日

中共内蒙古呼伦贝尔盟委员会机关报《呼伦贝尔报》在海拉尔创刊。前身为《内蒙古日报》东部版。4 开，周六刊，同时出汉、蒙 2 种文版。

毛泽东同志在中共七届六中全会上提出要“发展农村广播网”。

10 月 31 日

中央人民广播电台开始举办《政治经济学讲座》。这次讲座是根据《政治经济学教科书》各章提出若干主要问题，进行系统讲授。它和 11 月开始举办的《马克思列宁主义基础讲座》一样，听众遍及全国各地，驻在朝鲜的中国人民志愿军部队也收听这两个讲座，很多单位的收听人数占到学习理论的干部的 60%—70%，最多的达到 92%，有的单位完全依靠收听广播进行理论学习。

11 月 1 日

中共杭州市委机关报《杭州日报》创刊。对开 4 版，日刊。

同月

中共中央制订了《农业十七条》，后扩展为 40 条，形成《一九五六年到一九六七年全国农业发展纲要》，其中专门有一条讲了发展农村广播网问题。

12 月 15 日

第三次全国广播工作会议自本日起到 22 日止在北京召开。会议讨论修改了我国广播事业发展计划，提出 1956 年到 1962 年发展农村有线广播网的规划，并确定“依靠群众，利用现有设备，分期发展，逐步正规，先到村社，后到院户”的方针。

12 月 25 日

《中国晚报》在台湾高雄创刊。初期每日出对开 1 张。以高雄及台湾南部地方新闻为主。

12 月 30 日

《人民日报》发表社论《发展农村广播网》。社论指出：“随着农业合作化运动高潮的到来，发展农村广播网的工作，已经排到日程上来了。”地方各级领导机关应该充分重视和关心这一工作，把它列为地方全面规划的一个重要项目，加强对它的领导。根据近几年来发展农村有线广播的经验，凡是建立农村有线广播站的地方，在提高农民的政治和生产积极性、推广农业生产的先进经验、活跃农村的文化生活以及预报灾害性天气等方面都产生了十分显著的作用。为了保证农村有线广播网的建设速度和工作质量，社论要求各地必须坚持依靠群众，利用现有设备，分期发展，逐步正规，先到村庄，后到院户的方针。

同月

毛泽东为《合作社的政治工作》一文写了按语，对报刊上的文章的写作与编辑问题提出了要求。按语称："这篇文章写得很好，值得向每个党和团的县委、区委和乡支部推荐，一切合作社都应当这样做。本文作者懂得党的路线，他说得完全中肯。文字也好，使人一看就懂，没有党八股气。在这里要请读者注意，我们的许多同志，在写文章的时候，十分爱好党八股，不生动，不形象，使人看了头痛。也不讲究文法和修辞，爱好一种半文言半白话的体裁，有时废话连篇，有时又尽量简古，好像他们是立志要让读者受苦似的。本书中所收的一百七十多篇文章，有不少篇是带有浓厚的党八股气的。经过几次修改，才使它们较为好读。虽然如此，还有少数作品仍然有些晦涩难懂。仅仅因为它们的内容重要，所以选录了。哪一年能使我们少看一点令人头痛的党八股呢？这就要求我们的报纸和刊物的编辑同志注意这件事，向作者提出写生动和通顺的文章的要求，并且自己动手帮作者修改文章。"（《毛泽东新闻工作文选》，第 180、181 页）

毛泽东针对当时新华社在发展国外工作方面思想保守、行动迟缓的情况作出指示："新华社这几年做了一些工作。但是，驻外记者派得太少，没有自己的消息，有，也太少。为什么不派？没有干部？中国这么大，抽不出人？是不是中宣部过去没有管？应该大发展，尽快做到在世界各地都能派有自己的记者，发出自己的消息。把地球管起来，让全世界都能听到我们的声音。"（《毛泽东新闻工作文选》，第 182 页）

《辽宁广播电视报》在沈阳创刊。4 开 8 版，周刊。初创时名《辽宁广播报》。"文化大革命"中停刊。1979 年 3 月复刊，改为现名。

《湖北广播电视报》在武汉创刊。初创时名《湖北广播节目报》。1967 年 5 月停刊。1979 年 7 月 1 日复刊，改名《湖北广播电视报》。

同年

《吉林广播电视报》在长春创刊。初创时曾名《一周节目预告表》《广播节目》。1966 年停刊。1979 年 3 月复刊后，改用现名。4 开 4 版，周刊。

中共中央宣传部作出《关于地方报刊的创办、停办或改变刊名、刊期的补充规定》。《规定》鉴于中央局已撤销，原由中央局批准的权限改由省委行使。中共中央宣传部对报纸同兄弟国家使馆新闻处的联系问题，也作出补充规定。

全国野战部队划分为 13 个大军区，每个大军区均办有供本军区指战员阅读的报纸，计为：《战友报》（北京军区）、《前进报》（沈阳军区）、《人民前线》（南京军区）、《战士报》（广州军区）、《战斗报》（武汉军区）、《建军报》（成都军区）、《国防战士》（昆明军区）、《人民军队》（兰州军区）、《国防前线》（济南军区）、《内蒙战士》（内蒙军区）、《新疆解放军》（新疆军区）、《解放前线》（福州军区）。

新疆建设兵团农六师主办的《胜利报》创刊。

国民党中央政治大学在台北复校，并恢复新闻系，这是台湾的第二个新闻教育单位。该系的教授和讲师编写出版了一套大型新闻学丛书，代表了台湾新闻学研究的最高水平，在海外华人社会中有一定影响。

本年全国（不包括港、澳、台）通过邮局发行的报纸共有 249 种，期发数 1200.5 万份。

中国同阿尔巴尼亚和蒙古签订了广播合作协定。

1956 年（丙申）

1月1日

中国共产党中央军事委员会机关报《解放军报》在北京创刊。

《中国青年报》改为日刊（星期日无报）。

全国妇女联合会主办的月刊《新中国妇女》改名《中国妇女》。

《人民日报》《工人日报》《大公报》《健康报》4 家全国性报纸和《北京日报》《天津日报》、上海《解放日报》《山西日报》等 17 家大城市省级报纸实现横排。全国性期刊除一二种仍用直排外，全部改为横排。

西藏人民广播电台在拉萨开始播音。

《新疆石油报》在乌鲁木齐创刊。新疆维吾尔自治区石油管理局党委和中共克拉玛依市委主办。初名《新疆石油工人报》，周刊，星期二出版。1958 年改为现名，1960 年停刊。1961 年复刊，4 开 4 版，周二刊，有维吾尔文和汉文 2 种文版。现改为周三刊。

中共宁波市委主办的综合报纸《宁波日报》创刊。

中共大连市委机关报《大连日报》更名《旅大日报》，仍为对开 4 版。

福建省侨务办公室机关报《福建侨乡报》在福州创刊。对开 4 版，周刊。为全国首家侨报。“文化大革命”期间停办。1981 年复办，易名《福建侨报》。

1月9日

中央人民广播电台开始举办《进一步做好资本主义工商业改造工作》节目。节目内容是邀请中央各有关机关的负责同志，就对资本主义工商业改造的政策、原则和办法等问题，向听众作广播讲话，还有已经实行公私合营的企业的公方和私方负责人介绍合营后企业发展的情况，以及工商业者谈自己的体会等。

1月21日

中央宣传部《宣传通讯》第 1 期发表述评《报纸应该重视对资本主义工商业的社会主义改造的宣传》。

同月

中共中央宣传部批转中共浙江省委宣传部《关于县报工作问题的报告》。认为浙江省委宣传部提出的关于县报的性质、任务、对象等问题的意见基本上是正确的，可供各地参考。指出必须有计划、有步骤、积极地发展党的县委机关报。（《中国共产党新闻工作文件汇编》中册，第 491—495 页）

中共中央颁发的《全国农业发展纲要》第 32 条规定：“从 1956 年开始，按照各地情况，分别在 7 年或者 12 年内，基本上普及农村广播网。”随后，中央广播事业局确定了农村广播网的建设方针：“在党的领导下，依靠群众的积极性，充分利用现有设备，因陋就简，分期发展，逐步正规，先到村庄，后到院户。”

《甘肃画报》在兰州创刊。该刊由甘肃画报社编辑，甘肃人民出版社出版。内容以连环画、摄影图片为主。

《承德群众报》在河北承德创刊。4 开 4 版，日刊。

《天门报》在湖北天门市创刊。4 开 4 版，周二刊。

《青海青年报》在西宁创刊。4 开 4 版，周刊。

辽宁鞍山《工人生活报》改为《鞍山日

报》。4 开 4 版。为中共鞍山市委机关报。

2 月 1 日

中共武汉市汉阳县委主办的《汉阳报》创刊。

2 月 3 日

中央广播事业局发出《关于注意保存各地重大政治事件的录音资料的通知》。

2 月 6 日

国务院发布《关于推广普通话的指示》。规定：全国各地广播电台应该同各地的推广普通话工作委员会合作，举办普通话讨论。各个方言区域的广播站，在他们的日常播音节目中，必须适当地包括用普通话播音的节目，以便帮助当地的听众逐步地听懂普通话和学习说普通话。同时还规定，全国的播音人员必须受普通话的训练，少数民族地区广播电台的汉语广播应该尽量使用普通话。

2 月 14 日

中央人民广播电台与苏联莫斯科广播电台同时播出北京—莫斯科“呼应”广播节目。

2 月 16 日

新华社即日起对国内分级分类发稿。对中央报纸每日发送新华社的全部稿件，共约 6 万字左右；对省级报纸每日选播 2.5 万字左右；同时针对大城市、工业城市、农业地区以及香港报纸的不同需要，每日分别发一定数量的补充稿件；对专区以及专区以下的农村报纸每周发稿 6 天，星期日不发稿；对于中、小城市日报和工矿城市 4 开报纸，每周发稿 6 天，星期日不发稿。

2 月 20 日

国务院发出《关于农村广播网管理机构和领导关系的通知》。

由于从外国电台收到的节目日益增多，中央人民广播电台从今日起定期举办《国外寄来的音乐》专栏节目。

同月

中共中央制订了《关于报纸和期刊的创办、停办或改刊的办理手续的几项规定》。统一了全国从中央到地方各级各类报纸的创办、停办或改刊（包括改变刊名、刊期、刊张等）的有关手续，对各级主管机关批准的权限作了规定。（《中国共产党新闻工作文件汇编》中册，第 481、482 页）

中宣部发出《关于纠正某些报纸对资产阶级分子改造的宣传的错误的通报》，要求报纸既不应当替资本家捧场吹嘘，也不应当不加区别地揭露资产阶级分子的丑恶历史。（《中国共产党新闻工作文件汇编》中册，第 496—498 页）

中宣部发出通报，批评《解放日报》对周总理在政协所作政治报告的不适当的解释。通报重申中央的指示：各省、市报刊向读者综述和分析当前的国际形势和国际问题，不仅是可以的，而且是应该的。但是，在进行这种宣传时，应该采取严肃的和慎重的态度；特别在解释和说明我国外交政策的时候，必须严格限制在中央党报和中央负责同志业已公开发表的言论的范围之内，任何超越中央文件的擅自解释和说明，都是不允许的。（《中国共产党新闻工作文件汇编》中册，第 499、500 页）

中共江苏省宜兴县委机关报《宜兴报》创刊。4 开 4 版，周三刊。

《永定乡讯》在福建永定创刊。是侨区福建永定县出版的以海外乡亲为读者对象的小型报纸。至 1962 年，福建有 13 个县市创办这类乡讯，发往海外乡亲。

沈阳铁路局党委机关报《火车头报》创刊。

3 月 8 日

第三次全国报刊推广工作会议在北京闭

幕。会议确定了1956年和1957年报刊推广发行工作的任务。

中共新疆巴里坤县委创办《巴里坤报》汉、哈2种文版。汉文版双周刊，哈文版五日刊。

3月16日

中共长春市委机关报《长春日报》复刊。

3月20日

复旦大学新闻系编印的《新闻学译丛》第1期出版。1956年出了3期，到1957年6月又出了2期，共出5期。

3月25日

中共广东省番禺县委机关报《番禺报》创刊。初名《番禺农民报》。

同月

中宣部转发中共陕西省委宣传部《关于报纸在资本主义工商业社会主义改造的宣传中的错误的通报》。通报指出，按照《中共中央关于资本主义工商业改造问题的决议》，对待资产阶级队伍中的几部分人，必须“灵活地运用党的又团结又斗争的政策，对于他们中的好人好事加以鼓励，对于他们的错误和缺点加以批评，有多少好人好事就说多少好人好事，有多少错误缺点就说多少错误缺点”。这个精神也同样适用于宣传工作。（《中国共产党新闻工作文件汇编》中册，第501—506页）

毛泽东在最高国务会议上讲话时说，新华社主办的《参考消息》要扩大发行，由现在的2000份扩大发行到30万份，发到县一级，党内外都可以看。

中共南京市委机关报《南京日报》在南京创刊。对开4版，日刊。

中共广西壮族自治区灵山县委机关报《灵山报》创刊。

《恩平报》在广东恩平创刊。4开4版，周刊。

中共云南省保山县委机关报《保山报》创刊。4开4版，周刊。

《文化周报》在安徽合肥创刊。对开4版，周刊。

中共湖北省武汉钢铁公司委员会机关报《武钢工人报》创刊。4开4版，周六刊。

4月1日

共青团江西省委机关报《江西青年报》在南昌创刊。

4月3日

中央广播事业局发出《关于推广普通话的指示》。指出广播电台和广播站拥有广大听众，是推广普通话的有力工具。全国广播工作者应该把推广普通话作为自己光荣、重大的责任。

4月10日

中共江苏省平阳县委机关报《平阳报》创刊。

中共广西壮族自治区宾阳县委机关报《宾阳报》创刊。初名《宾阳农民报》。

4月11日

第一次全国广播技术维护工作会议在北京召开。

4月15日

侨光新闻通讯社在台北成立。侨光新闻通讯社简称“侨光社”，业务主要是将台湾的新闻图片报道发往海外，供各地华文报刊采用。

4月22日

中共西藏自治区委员会机关报《西藏日报》（汉、藏文版）在拉萨创刊。这是西藏历史上的第一张日报。

4月25日

中国国民党革命委员会中央机关报《团结报》在北京创刊。1966年6月停刊。1980

年2月复刊。周刊，4开2张。1988年1月2日起改为周二刊，对开1张。以促进中华民族的大团结，统一祖国、振兴中华为办报宗旨。向国内外发行。

同月

邮电部、中央广播事业局联合颁发了《利用县内电话线路建立农村有线广播网暂行规则》。

《秦皇岛日报》创刊。4开4版，日刊。

《丹阳报》在江苏丹阳创刊。4开4版，周三刊。

《榕江报》在广东揭阳创刊。4开4版，周刊。

《横县报》在广西横县创刊。4开4版，周二刊。

5月1日

中共成都市委主办的晚报《成都晚报》创刊。对开4版，日刊。

中共石家庄地委机关报《建设日报》创刊。4开4版，周六刊。

中共河北省保定地委机关报《保定日报》创刊。4开4版，日刊。初名《保定农民报》。1960年2月21日起改名《保定日报》。

中共天津地委机关报《渤海报》创刊。

中共浙江省江山县委机关报《江山报》创刊。4开4版，周三刊。

《安徽文化报》在合肥创刊。4开4版，周二刊。

中共甘肃省兰州铁路局委员会机关报《兰州铁道报》创刊。4开4版，周五刊。

5月4日

中共长江流域规划办公室委员会机关报《人民长江报》在武汉创刊。

5月5日

《晶报》在香港创刊。创办人、首任社长钟萍，总编辑陈霞子。

5月7日

新华社在巴基斯坦首都卡拉奇设立分社。1966年1月改为拉瓦尔品第分社，1977年12月又改为伊斯兰堡分社。

5月19日

中共铁道部第一设计院委员会机关报《铁道勘设》在兰州创刊。4开4版。初名《铁道设计报》。

5月23日

《高原战士报》在西藏拉萨创刊。由西藏军区主办。1969年2月停刊。

5月26日

中共中央宣传部长陆定一在中共中央宣传部举行的报告会上作了题为《百花齐放，百家争鸣》的讲话，指出我们所主张的“百花齐放，百家争鸣”是“提倡在文学艺术工作和科学研究工作中有独立思考的自由，有辩论的自由，有创作和批评的自由，有发表自己的意见、坚持自己的意见和保留自己的意见的自由”，“对批评工作来说，就是批评的自由和反批评的自由”。这一讲话的精神，被简称为“双百方针”。适用于报刊宣传工作。1956年6月13日《人民日报》刊登了陆定一的讲话。

5月28日

新华社编委会向中央汇报了新华社的工作情况和问题。在汇报会上，刘少奇对新华社的性质、任务和作用，国际新闻报道，国内新闻报道，新闻报道的基本要求，分社工作、记者工作、干部工作、电讯工作、学习塔斯社，以及创办报纸等问题，作了极重要的原则性的指示。

同月

中共山东省德州市委主办的《德州市报》创刊。4开4版，周二刊。

中共江苏省淮安县委机关报《淮安报》

创刊。

中共江苏省无锡县委机关报《无锡县报》创刊。4 开 4 版，周三刊。

中共云南省宜良县委机关报《宜良报》创刊。

《永康报》在浙江永康创刊。4 开 4 版，周三刊。

《余姚报》在浙江余姚创刊。4 开 4 版，周二刊。

《长安报》在陕西长安创刊。4 开 4 版，周二刊。

《四川交通报》在四川成都创刊。4 开 4 版，周二刊。

6 月 1 日

中共黑龙江省海伦县委机关报《海伦报》创刊。

《新疆少年报》在乌鲁木齐创刊。新疆维吾尔自治区共青团委员会主办。用维吾尔文出版。4 开 4 版，周二刊。1967 年 3 月停刊，1976 年 4 月复刊。

中共江西省波阳县委机关报《波阳报》创刊。4 开 4 版，周二刊。

中共四川省酉阳县委机关报《酉阳报》创刊。

6 月 11 日

中央广播事业局和中央气象局发出《关于在各人民广播电台、有线广播站建立“天气报告”广播节目的联合通知》。决定自 6 月起逐步在全国各人民和有线广播站建立《天气报告》广播节目，每日定时广播天气预报。

6 月 20 日

《人民日报》根据中共中央政治局的意见，发表题为《要反对保守主义，也要反对急躁情绪》的社论。这篇社论是刘少奇根据中央一次会议的意见，指示中宣部同志起草，经他审定发表的。社论着重批评了党内出现的急躁冒进情绪，不久，这篇社论连同《人民日报》总编辑邓拓遭到毛泽东的严厉指责，说“6 月 20 日社论有原则性的错误”，“形式上两面反，实际上是反‘左’”。（转引自《邓拓传》，山西教育出版社 1991 年版，第 80 页）

同月

中共河北省邢台地委机关报《邢台日报》创刊。

《佳木斯日报》在黑龙江佳木斯创刊。4 开 4 版，周六刊。

中共江苏省铜山县委机关报《铜山报》创刊。4 开 4 版，周三刊。

贵州《兴义报》创刊。4 开 4 版，周刊。

《广西侨报》在南宁创刊。4 开 4 版，周刊。

《安徽体育报》在合肥创刊。4 开 4 版，周刊。

《重庆广播电视报》创刊。初创时名《重庆广播节目报》。“文化大革命”中停刊。1981 年 1 月复刊，改为现名。4 开 4 版，周刊。

7 月 1 日

《人民日报》实行改版。自即日起，由 4 个版改为 8 个版，篇幅较前扩大了一倍。与此同时，编辑工作也有所改变。同日发表社论《致读者》，对改版提出了三个方面的设想：1. 扩大报道范围，多发新闻，发多方面的新闻，力求适应读者的需要。2. 开展自由讨论。可以发表不同观点的文章，在群众性的讨论中，把社会的见解引向正确的道路。3. 改进文风。杜绝党八股，力求言之有物，言之成理，而且言之成章。提倡写短文，造成生动活泼的文风。社论指出：“《人民日报》是党的报纸，也是人民的报纸”，“报纸是社会的言论机关”。“报纸的编辑部无论凭着什么名义，总不能设想自己是全能全知的，或者故意摆出这样一副神气，活像对任何问题可以随时作出绝对正确的结论”。“有许多问题，虽然已经有了正确的答案，应该在群众中加以广泛的宣传，但是这种宣传也并不排斥适当的有益的讨论”。“害怕讨论的人总是可笑的人”，“我们希望读者注意：在我们的报纸上发表的文章，虽然是经过编辑部选择的，但是并不一定都代表编辑部的意见……我们发表的某些文章的某些观点是跟编辑部的有所不同，这些文章的作者的观点彼此也不同，这种情形希望读者认为是正常的”。社论还指出，要力求根除“生硬的、枯燥的、冗长的”“空洞的、武断的党八股以及文理不通的现象”。社论最后指出：“我们的报纸名字叫做《人民日报》，意思就是说它是人民的公共的武器，公共的财产。人民群众是它的主人。只有靠着人民群众，我们才能把报纸办好。”改版后的《人民日报》，使读者耳目为之一新。

新华社决定在全社实行记者工作定额，规定了总的发稿量和各类稿件的比例。

中共长沙市委机关报《长沙晚报》创刊。初名《长沙日报》。

中共内蒙古自治区伊克昭盟委员会机关报《鄂尔多斯报》（汉文版）在内蒙古伊克昭盟东胜市创刊。4开4版，周三刊。

中共辽宁省海城县委机关报《海城县报》创刊。

中共吉林省怀德县委机关报《怀德报》创刊。4开4版，周二刊。

中共内蒙古哲里木盟委机关报《哲里木报》汉文版在通辽市创刊。4开4版，周三刊。

中共河北省沧州地委机关报《沧州日报》创刊。初名《沧州报》。

中共江西省临川县委机关报《临川报》创刊。

中共湖南省澧县县委机关报《澧县报》创刊。

7月6日

中央人民广播电台朝鲜语节目开播。

7月17日

中宣部召集省（市）报纸代表，举行关于省（市）级报纸进行国际时事宣传工作的汇报会，首都有关新闻单位也派代表出席会议。会议认为全国各报国际时事宣传的任务是正确地、经常地反映和解释当前国际生活中的重大事件。地方报纸与中央报纸不同之处在于，地方报纸只负责对国内进行国际时事宣传，没有对外宣传的任务，因此不能随意对外发言。地方报纸的国际宣传，不仅要符合我国整个外交政策，而且要符合特定国家、特定问题、特定时间的外交政策。

7月23日

冶金部主办的全国性行业报纸《冶金报》在北京创刊。

7月25日

中央广播事业局自即日起到8月16日止，在北京召开第四次全国广播工作会议。会议讨论了广播事业的体制和改进广播宣传等问题，确定了重点建设对国外广播，中央台和地方台建设并举的方针，明确了广播宣传报道的以下6条业务指导思想：1. 新闻节目是广播电台的主要节目，要努力改进，做到又多又快又短又好；2. 扩大选材范围，让广播节目更接近和更能体现人民的生活；3. 在广播中开展批评；4. 要根据广播特点对待“百家争鸣”，着重介绍学术讨论情况，不宜播送长篇论文；5. 要贯彻“百花齐放”的方针，办好文艺节目；6. 调整和增加节目，满足听众多方面的需求。

7月31日

新华社伦敦分社成立。

新华社和解放军总政治部共同决定，建

立新华社解放军分社。

同月

改版后的《人民日报》平均每天登出新闻 74 条，约占全部版面的 40%。在头条新闻中，经济建设新闻居各类新闻的首位。社会新闻增多。改变了改版前新闻数量少、面窄的状况。

中共江西省修水县委机关报《修水报》创刊。4 开 4 版，周二刊。

《海城市报》在辽宁海城市创刊。4 开 4 版，周三刊。

《公主岭报》在吉林公主岭创刊。8 开 4 版，周三刊。

《萍乡报》在江西萍乡创刊。4 开 4 版，周三刊。

《贵港市报》在广西贵港创刊。4 开 4 版，周二刊。

《玉林市报》在广西玉林创刊。4 开 4 版，周二刊。

四川省石油管理局党委机关报《四川石油报》创刊。4 开 4 版，周二刊。

8 月 1 日

中共山东省泰安县委机关报《泰安县报》创刊。

中共湖南省耒阳县委机关报《耒阳报》创刊。

8 月 19 日

《人民日报》编委会做出《关于加强消灭错误的几项规定》。规定：一、作者必须对自己写的文章负全部责任，在原稿上注明引语出处和材料来源，并且有责任提供检查。二、各编辑部设检查员，协同本部记者、编辑负责本部全部发稿的事先查对，并在定稿上签名，以示负责。三、各编辑部对所发稿件，特别是专门性的学术、科学技术问题等方面的稿件以及稿件中的数字、保密等，应建立严格的审查、核对制度。四、地方记者稿件采用的全部材料，记者必须认真进行检查核对，其准确性由记者本人负完全责任。五、一般读者来信，其材料的真实性由读者本人负责。但是编者引用读者来信的材料写评论的应对所引用的材料进行调查核对，并对其真实性负责。

8 月 23 日

中共内蒙古昭乌达盟委员会机关报《昭乌达报》（汉文版）试刊。10 月 1 日正式出刊。4 开 4 版，周刊。1956 年 12 月改为周二刊，1957 年 9 月改为周三刊，1958 年 4 月 1 日改为周六刊。

同月

中宣部发出《关于省（市）级报纸进行国际时事宣传工作情况和今后改进办法的通报》。通报就省（市）级报纸进行国际时事宣传工作的任务、政策界限和政策思想的掌握、群众路线、工作方法等问题作了详细说明。（《中国共产党新闻工作文件汇编》中册，第 507—512 页）

中共中央批转《〈人民日报〉编辑委员会向中央的报告》。中央认为《人民日报》改进工作的办法是可行的，并希望各地党委所属的报纸也能够进行同样的检查，以改进报纸的工作。中央在批语中指出，《人民日报》应该强调它是党中央的机关报又是人民的报纸。过去有一种论调说："《人民日报》的一字一句都必须代表中央"，"报上发表的言论都必须完全正确，连读者来信也必须完全正确"。这些论调显然是不实际的，因为这不仅在事实上办不到，而且对于我们党的政治影响也不好。今后《人民日报》发表的文章，除了少数的中央负责同志的文章和少数的社论外，一般地可以不代表党中央的意见，而且可以允许一些作者在《人民日报》上发表同我们共产党人的见解相反的文章。这样做就会使思想界更加活跃，使马克思主义的真理愈辩愈明。还指出我们党的各种报纸，都是人民群众的报纸，它们应该发表党的指示，同时尽量反映人民群众的意见。批示还要求《人民日报》和各地方报纸要尽量多登新闻，扩大报道的范围。地方报纸要多登本地新闻。（《中国共产党新闻工作文件汇编》中册，第483、484页）

中共湖南省常德县委机关报《常德县报》创刊。初名《常德报》。

《镇江日报》在江苏镇江创刊。4开4版，周六刊。

《兰石机械报》在兰州创刊。4开4版，周刊。原名《兰石工人报》。

9月1日

中共辽宁省辽阳市委机关报《辽阳日报》创刊。

先声广播电台在台湾桃园县正式开播。该台兼负干扰大陆电台对台湾广播的任务。

9月9日

中国人民大学新闻系教学实习报纸《新闻与出版》试刊，10月15日正式创刊。吴玉章写了发刊词。该刊每期出对开4版一大张，向全国各新闻、出版、通讯、广播、高等学校和宣传部门内部发行。1957年出至第30号停刊。

9月15日

中共南宁市委机关报《南宁晚报》创刊。初名《南宁人民报》。1958年3月1日改名《南宁日报》继续出版。

同月

《扬州日报》在江苏扬州创刊。4开4版，周六刊。

10月1日

国务院发出通知，提倡在国家机关、团体、部队、企业、学校中，取消公费订报，实行私人自费订报。

中共黑龙江省合江市委机关报《合江日报》创刊。

10月13日

中央广播事业局作出《关于各地方台转播中央台冬春季节目的规定》。规定指出：《各地人民广播电台联播》节目、《国际时事》节目，各地方台都必须转播；早上《新闻和中央报纸摘要》节目，各地方台选择转播其中一次；其他节目是否需要转播，可由各地方台根据当地情况自行决定。

同月

新华社和《民族画报》社在北京联合开办摄影记者训练班。参加学习的正式学员50人，旁听生20人。教学内容有政治思想教育、摄影技术教育和新闻摄影理论与实践等几个方面。这是新中国成立7年来举办的第一个比较正规、也是规模较大的摄影干部训练班。训练班于1957年3月结束。

《文汇报》迁回上海复刊。

《池州报》在安徽贵池创刊。4开4版，周二刊。

《广东侨报》在广州创刊。对开4版，周刊。广东省侨务办公室主办。

11月1日

《莎车报》维吾尔文版创刊。4开4版，周二刊。原名《莎车农民》，石印，1957年改为铅印。它是维文报纸中唯一的县报。

中共吉林省吉林市委机关报《江城日报》在吉林市创刊。初名《吉林市日报》。对开4版，日刊。发行万余份。

11月3日

中共安徽省蚌埠市委机关报《蚌埠报》创刊。

11月4日

中共新疆和田地委机关报《和田报》维文版创刊。对开4版，周三刊。1957年9月

1 日汉文版创刊，4 开 4 版，周四刊。

11 月 10 日

新华社编委会就新华社事业发展中的几个重大问题向中共中央提出请示报告。报告提出关于把新华社建设成为世界性通讯社问题，以及关于新华社办报问题。

中共中央宣传部发出《关于宣传报道中发生事实错误的通报》，希望各新闻工作机关要重视这个问题，并采取切实的措施，在采访、编辑、出版的各个环节上，加强消灭错误的工作。

11 月 15 日

毛泽东《在中国共产党第八届中央委员会第二次全体会议上的讲话》中提出要在报刊上宣传勤俭建国，提倡艰苦朴素。讲话指出："要抓报纸。中央，各级党委，凡是出版报纸的地方，都要把办报看成大事。今年这一年，报纸上片面地、不合实际地宣传要改善人民生活，而对勤俭建国，反对铺张浪费，提倡艰苦朴素、同甘共苦这些东西，很少宣传，以后报纸的宣传重点要放到这方面来。广播电台讲的那些东西，恐怕也是从报纸上来的。所以，要把新闻记者、报纸工作人员和广播工作人员召集起来开会，跟他们交换意见，告诉他们宣传的方针。"（《毛泽东新闻工作文选》，第 183 页）

《阜新蒙古族自治县报》在辽宁省阜新自治县阜新镇创刊。该报系中共阜新蒙古族自治县县委主办。1962 年 4 月停刊。

12 月 10 日

中央人民广播电台维吾尔语节目开播。

12 月 15 日

新华社开罗分社成立。

同月

中国摄影家协会在北京成立。该协会是中国文联所属团体之一，前身为中国摄影学会。宗旨是：团结和组织会员进行创作、交流经验，发展社会主义摄影艺术事业。

《安阳日报》在河南安阳创刊。4 开 4 版，周六刊。

同年

新华社在发稿方式上有所改进。过去由于过分强调统一集中，统得太死，一切稿件完全由总社发布，忽视了地方的某些需要，使当地领导机关和报纸都感到不便。因此决定：（一）分社发给总社的稿件，除必须经中央审查的以外，可以同时用新华社的名义发给当地报纸和广播电台。（二）各地分社应该采写和发布当地党委指定向当地报纸统一发布的少数重要稿件。（三）分社在人力和时间允许的条件下，应当主动供给适合于当地报纸和广播电台采用的稿件，并可接受当地报纸、广播电台的少量约稿。

《聊城日报》在山东聊城创刊。4 开 4 版，周三刊。

《祁阳报》在湖南祁阳创刊。4 开 4 版，周二刊。

《贵州体育报》在贵阳创刊。4 开 4 版，周刊。

《四川体育报》在成都创刊。"文化大革命"期间停刊。

《山西广播电视报》在太原创刊。初由山西人民广播电台主办，刊名为《广播节目报》。1959 年停刊。1978 年 7 月 15 日改为现名恢复出版，由山西省广播电视厅主办，每星期三出 4 开 4 版。

《上海海运报》创刊。

《安徽交通报》在合肥创刊。

《农垦报》创刊。

本年全国（不包括港、澳、台）通过邮局发行的报纸共有 1236 种，期发数 1537.8 万份。

中国同朝鲜签订广播合作协定。

台湾幼狮广播电台成立。“青年反共救国团”主办。

新华社国内广播由使用海尔机改为使用汉字模写机发报，速度提高到每分钟 100 个汉字。

新华社在全国 36 处派出了常驻记者，发展了一批特约记者，形成了以省（市）已有分社为中心，在全国各重要城市、工农业地区和少数民族地区设立常驻记者或特约记者的布局。至此，新华社共设国内分社 31 个，国外分社 20 个，加上香港分社，共有采编业务人员 800 多人。其中，驻国外记者 28 人。对国内外的文字新闻和图片新闻的发稿量均大幅度增长。

全国（不包括港、澳、台）广播电台的发射总功率比 1952 年增加 4 倍。其中，中央台增加 5.66 倍。有线广播站发展到 1458 个，广播喇叭 50.6 万只。

香港中国通讯社成立。该社主要业务是向香港、澳门地区及海外华文报刊提供多种新闻及副刊文稿，包括发行《中国通讯》《通讯副刊稿》、专稿等。

1957 年（丁酉）

1 月 1 日

中共牡丹江地委主办的《牡丹江日报》（朝鲜文版）创刊。

内蒙古《哲里木报》蒙文版在内蒙古通辽创刊。4 开，周三刊，后逐步变为周六刊。曾两度停刊。1970 年 10 月 1 日第二次复刊。

中共河北省井陉矿务局委员会机关报《井陉矿工报》创刊。

中共新疆克孜勒苏柯尔克孜族自治州委主办的《克孜勒苏报》柯文版在阿图什市创刊。1960 年 4 月 18 日停刊。当年 7 月改出维文版和汉文版。1979 年 12 月柯尔克孜文版复刊。

1 月 10 日

新华社贝尔格莱德分社成立。

1 月 11 日

新华社开始对欧洲播发新华社新闻图片传真。

1 月 21 日

中华人民共和国文化部向各省、自治区、直辖市文化局（厅）发出通知，请协助各地广播电台文艺广播工作。通知指出，为了加强广播电台的文艺广播工作，我部主管局、司和各省、市文化局与广播电台建立一种业务上的指导关系是必要的。这种关系的建立，不是具体的去指导广播业务，而主要的是加强与广播电台的联系，及时地将文艺团体的重要演出、活动和有关会议通知他们，使他们能有准备地有计划地布置文艺广播节目；同时，对他们制定重大文艺活动的广播计划加以必要的指导和帮助。

1 月 27 日

毛泽东在省、市、自治区党委书记会上说：“现在，我们决定扩大发行《参考消息》，从两千份扩大到四十万份，使党内党外都能看到。这是共产党替帝国主义出版报纸，连那些骂我们的反动言论也登。为什么要这样做呢？目的就是把毒草，把非马克思主义和反马克思主义的东西，摆在我们同志面前，摆在人民群众和民主人士面前，让他们受到锻炼。不要封锁起来，封锁起来反而危险。这一条我们跟苏联的做法不同。为什么要种牛痘？就是人为地把一种病毒放到人体里面去，实行‘细菌战’，跟你作斗争，使你的身体里头产生一种免疫力。发行《参考消息》以及出版其他反面教材，就是‘种牛痘’，增强干部和群众在政治上的免疫力。”（《毛泽东新闻工作文选》，第 185 页）

《浙江日报》发表中共永嘉县委副书记李云河论述“包产到户”的文章《“专管制”

和“包产到户”是解决社内主要矛盾的好办法》，从理论上说明了“包产到户”后，农业生产合作社更能具体地实行“按劳取酬，多劳多得”的社会主义分配原则，有效地调动社员劳动积极性，发展生产力。“包产到户”的理论很快遭到批判，李云河被划为右派分子。

同月

《新闻摄影》在北京创刊。该刊是新华社主办的摄影刊物，由新华社摄影部编辑，中国图片供应社发行。

《黑龙江画报》在哈尔滨创刊。

2 月 12 日

中国人民解放军海军政治部主办的海军党委机关报《人民海军》在北京创刊。

同月

毛泽东《关于正确处理人民内部矛盾的问题》讲话发表后，全国各报围绕“百花齐放，百家争鸣”的方针，展开了热烈的讨论，出现了自由“鸣放”的空气。

3 月 10 日

毛泽东在同参加全国宣传工作会议的部分新闻出版界代表座谈时说：“报纸是要有领导的，但是领导要适合客观情况……群众爱看，证明领导得好；群众不爱看，领导就不那么高明吧？有正确的领导，有不正确的领导。正确的领导按情况办事，符合实际，群众欢迎；不正确的领导，不按情况办事，脱离实际，脱离群众。使编报的人感到不自由，编出来的报纸群众不爱看，这个领导一定是教条主义的领导。”“报上的文章‘短些，短些，再短些’是对的，‘软些，软些，再软些’要考虑一下。不要太硬，太硬了人家不爱看，可以把软和硬两个东西统一起来。文章写得通俗、亲切，由小讲到大，由近讲到远，引人入胜，这就很好。”“在阶级消灭之前，不管通讯社或报纸的新闻，都有阶级性。资产阶级所说的‘新闻自由’是骗人的，完全客观的报道是没有的。”“在报纸上开展批评的时候要为人家准备楼梯，否则群众包围起来，他就下不了楼。……有些人对别人总想用大民主，想整人，到了整自己，民主就越小越好。我看在文学、新闻等方面解决问题要用小小民主，小民主之上再加上一个‘小’字，就是毛毛雨，下个不停。”（《毛泽东新闻工作文选》，第 186—195 页）

3 月 14 日

全国新闻工作者代表会议自本日起到 16 日止在北京举行。在这次会议上，成立了中华全国新闻工作者协会。讨论并通过了中华全国新闻工作者协会章程，规定协会的宗旨和任务是：1. 团结全国新闻工作者，为我国的社会主义事业和世界持久和平服务；2. 保证正当的新闻采访、报道和传播的自由。反对诽谤、破坏国家和人民利益及煽动世界战争的宣传；3. 帮助全国新闻工作者加强业务学习，交流工作经验，提高新闻工作者的思想和业务水平，并注意改进新闻工作者的福利工作；4. 同全世界爱好和平民主的正直的新闻工作者团结合作，为世界和平和人类进步事业共同奋斗。会议选出了由 65 人组成的中华全国新闻工作者协会理事会，理事会推举了 23 人组成的常务理事会处理日常事务。会长邓拓，副会长王芸生、吴冷西、金仲华、范瑾、梅益。中国记协当时共有会员 6 万人。各省、自治区和直辖市都成立了地方新闻工作者协会。

3 月 24 日

《人民日报》发表费孝通写的《知识分子的早春天气》。

同月

《参考消息》改为报纸版（4 开 4 版），由过去仅供党内外高级干部阅读，扩大发行到县团级干部。

中共云南西双版纳傣族自治州委机关报《西双版纳报》（汉、傣文版）在景洪创刊。4开4版，周二刊。1966年停刊。

《湖北新生报》在武汉创刊。4开4版，周刊。

4月10日

2月27日，毛泽东在最高国务会议第十一次（扩大）会议上作了《关于正确处理人民内部矛盾的问题》的讲话；3月12日，又在中国共产党全国宣传工作会议上作了讲话。对此，《人民日报》没发消息，也没有撰发社论。为此，4月10日，毛泽东召见《人民日报》总编辑邓拓，副总编辑胡绩伟、王揖、林淡秋等，就《人民日报》没有报道他在最高国务会议第十一次（扩大）会议和全国宣传工作会议上的两次讲话一事，严厉批评说："过去说是书生办报，现在应当说是死人办报。你们到底是有动于衷，还是无动于衷？我看是无动于衷。……你们多半是对中央的方针唱反调，是抵触的，反对中央的方针的，不赞成中央的方针的。……"（转引自《邓拓传》，第89页）

4月22日

河北省新闻工作者协会在保定成立。

4月30日

中国摄影协会编辑出版的《中国摄影》双月刊在北京创刊。图文并重，以刊登摄影作品为主。

同月

新华社社长吴冷西提出，新华社要建设成为世界性通讯社，第一步必须建立自己的国外记者网。为此，新华社创办一所外国语学校，专门培养驻外记者及其他新闻工作人员。

《江西体育报》在南昌创刊。4开4版，周刊。

《合肥晚报》创刊。4开4版，日刊。为中共安徽省合肥市委机关报。

5月8日

上海《文汇报》发表题为《新闻记者的苦闷》的报道。就新闻记者的采访活动受到限制一事，表示不满。报道说：4月17日，苏联最高苏维埃主席团主席伏罗希洛夫在刘少奇陪同下参观农业展览会，首都各报记者跟随采访，当时在场的外宾和欢迎群众很多。新闻电影制片厂摄影师韩德福在人群拥挤的情况下，把挡在前面的农业部长助理左叶拉了一把。左叶转过脸来大骂："你重要还是我重要？滚出去！"后来，外交部新闻司一位同志又对记者们说："你们别挤了，方才已经有一位同志有意见了。再挤就叫记者都滚出去！"记者们听到这话以后，当场有好几个人扯下了记者证说："像这样可以不要我们采访了！"同时，《文汇报》还发表了以《尊重新闻记者》为题的社论，其中写到："卑视新闻记者在我们国家是有传统的，遗憾的只是这个衣钵竟传到如今。""我们可以下这样一条定律：当一个政权反人民的时候，它是排斥记者、怀疑记者的。"不过社论也写道："我们人民政权是尊重新闻记者的"，但是卑视新闻记者的"种种旧作风还是存在的"。《文汇报》的报道发表后，上述事件被新闻界称为"左叶事件"。继《文汇报》之后，北京和上海一些报纸也发表了消息和文章，对"左叶事件"提出批评。例如《人民日报》5月10日发表了袁水拍写的诗《官僚架子滚开！》，并配有方成插绘的讽刺画。5月11日，新华社又发了通稿，使其影响进一步扩大，并由此引起了全国新闻界关于全国新闻工作者的地位和反官僚主义的大讨论。

5月14日

中共中央发出《关于报道党外人士对党政各方面工作的批评的指示》。16日，又发出《关于对待当前党外人士批评的指示》。对整风运动中各级中共党报的宣传报道方针作了具体规定。其要点是：应充分报道党外人士的言论，特别是对于右派分子的反共言论要原样地不加粉饰地报道，使群众明了他们的面目；对少数有反共情绪的人的带有煽动性的言论，应放手让他们发表，并且暂时不要反驳；对于有关市场物价、外交政策和个别肃反案件的消息和言论必须加以领导和控制。

5 月 15 日

中共上海市委召集上海各新闻单位党内外负责人，座谈当前新闻工作中存在的问题。在谈到党的领导问题时，《新民报》社社长赵超构发言认为，过去党在办报上不够放手，忽视各报特点，要求今后根据求同存异的精神，在马列主义立场和观点的前提下，来发扬和创造各报的风格。在谈到通过报纸正确处理人民内部矛盾时，《解放日报》总编辑杨永直检查了该报的教条主义，不敢大胆干预生活的缺点。他认为，《解放日报》的文章并不都代表市委或编辑部意见，不同意见可以展开争论。《新民报晚刊》提出“知过必改，有花必放，不怕毒草，力放香花”的方针。座谈会还谈了报社和业务部门的关系等问题。

5 月 16 日

中华全国新闻工作者协会研究部、北京大学中文系新闻专业和中国人民大学新闻系自本日起到 18 日止，联合在北京召开新闻工作座谈会。参加会议的有北京、上海、辽宁、山西等地的新闻工作者 200 多人。《人民日报》5 月 17 日和 19 日对会议进行了两次报道。5 月 17 日的标题是《北京新闻界“鸣”起来了》。此次座谈会讨论的问题主要有以下五点：第一，关于当时新闻工作特别是党报工作的评价。有的与会者认为，党报工作中教条主义严重，党报是“布告牌”，是一副“铁青的面孔”。他们认为，报纸有两种态度：一种是板起面孔，正襟危坐的严师；一种是和颜悦色，无所不谈的良友。我们需要严师，更需要良友。有的人甚至认为，从解放 7 年以来新闻事业的发展来看，中宣部似乎不太熟悉领导新闻工作的规律，因此需要不断学习和提高。第二，关于新闻事业的性质、任务和作用。有的与会者认为，报纸是阶级斗争的宣传工具这种观点已不适应变化了的新形势，应该再加上供消费者消遣、求知的作用和服务性等。因为报纸除了是一定阶级的宣传工具外，还应当是读者借以获得新闻知识的出版物。读者花钱买报，我们要对得起人家的五分钱。党委考虑问题时偏重党性、指导性、思想性，如果人家觉得没有意思，没有兴趣，看不进去，报纸的什么“性”都没有了。有的人甚至认为，党委机关报公报指示多，教训口吻多，首长言行多，有些话不便讲，有些话不敢讲，有些话不准讲。如此下去，它就会脱离群众。第三，关于新闻工作者的地位和待遇。大多数与会者认为，新闻工作者“是蜜蜂，不是苍蝇”，他们的工作应该受到全社会的尊重。但是，有些人却由此得出结论说：对于主观主义者、官僚主义者和宗派主义者，我们可以说，“记者不讨厌，不是好记者；报馆不闯祸，不是好报馆”。也有人认为，中共党报和私营报纸之间不是处于平等的竞争地位。在新闻采访、纸张分配、进口机器、批准外汇、发行和广告等方面，党报与非党报的待遇有不公平的地方。这些都是应该予以改进的。第四，关于新闻自由与新闻体制。个别与会者认为，新闻工作中的“鸣放”问题就是彻底实现新闻自由，言论自由和出版自由的问题。过去，这三大自由被官僚主义、宗派主义和教条主义给限制在极狭窄的范围内，我们要向这三个主义索还新闻自由。有些私营新报纸的老报人甚至提出了多办同人报的主张。他们认为，通讯社不能一家独放，实际上我们全国只有一家通讯社。我们不是一党专政的国家，除中国共产党外，还有其他民主党派，那末我们同时有几个通讯社又何妨？他们认为，非中共党报不是太多而是太少了。非党报刊能多办几种只会有好处，不会有坏处。第五，关于继承旧中国报纸的传统。有些与会者认为，旧中国有些民营报纸是进步或比较进步的，它们对民主革命有过多少贡献且不去谈它。但它们在编辑、采访、经营管理方面，似乎还有可取法之处，不能一概抹煞，全盘否定。否则，失去了中国报纸自身的传统和特色，就会办得死气沉沉。会上，也有一些人对上述问题提出了不同的看法。他们认为，报纸过去是阶级斗争的工具，今后还有这个任务。即使在今天的新形势下，报纸也仍然是阶级斗争的工具。因为我们说国内阶级斗争已基本结束，是指所有制的改变而言，至于思想领域内，阶级斗争就远还没有完结。因此，否认报纸的党性和阶级性，显然是不对的。

5月29日

丽的呼声（香港）有线公司开办“丽的映声”中英文黑白有线电视，这是香港最早的电视台。初期只设有英文台，播放的仅是一些个人的小型节目，1963年才加设中文台。

同月

上海《文汇报》副刊《彩色版》首创“艺术摄影比赛”。作品以1949年10月1日以后拍摄未经发表过的为限。入选照片分为三等，分别授予奖金100元、50元、30元；其余入选者赠阅该报3个月。

《鄂尔多斯报》蒙文版在内蒙古东胜创刊。4开4版，日刊。

中共辽宁省营口市委机关报《营口市报》创刊。4开4版，日刊。

《焦作日报》在河南焦作创刊。4开4版，日刊。

《大众文摘》月刊在香港创刊。总编辑白志安。

6月2日

中央广播事业局提出“广播怎样进行关于正确地处理人民内部矛盾的宣传”的初步意见。意见强调，广播在报道人民内部矛盾的时候，应当尽可能选择那些具有代表性的为多数人所关心的、而又可以公开报道的事例，并且尽可能交待背景，分析原因，使各种不同的听众对矛盾和它的正确处理能有比较全面的了解。关于人民内部矛盾的报道一般地不要零敲碎打，不要追求数量，也不要作纯客观的报道，而应该更多采用综合和分析的方法。广播电台应该组织一些通俗地向听众讲解为什么人民内部有矛盾，和怎样处理这些矛盾的节目。

6月8日

《人民日报》发表社论《这是为什么?》，一场大规模反击右派分子的斗争正式开始。

6月14日

《人民日报》发表编辑部文章《文汇报在一个时间内的资产阶级方向》，同时转载发表于《文汇报》的姚文元文章《录以备考——读报偶感》。《人民日报》编辑部文章批评《文汇报》以及《光明日报》，“在一个时间内利用‘百家争鸣’这个口号和共产党的整风运动，发表了大量表现资产阶级观点而并不准备批判的文章和带煽动性的报道”，因而报纸的“基本政治方向”“变成了资产阶级报纸的方向”。姚文元的文章抓住《文汇报》和《人民日报》在某些新闻编排方法上的不同，认为“编排也有政治性”。《人民日报》编辑部文章肯定了姚文元的文章“含蓄地指出了《文汇报》的资产阶级方向，看到了《文汇报》一些人站在资产阶级立场上向无产阶级进行阶级斗争的这个明显的和有害的倾向”。

6 月 15 日

本日出版的新华社《新闻业务》第 6 期报道，一些地区党政领导机关采取措施，为记者创造方便的工作条件。中共上海市委和江苏省委分别于 5 月 7 日、17 日发出通知，要求各所属单位允许记者凭记者证进行采访，并尽可能提供方便条件。中共湖北省委第一书记王任重在 5 月 18 日的记者座谈会上表示，各报记者一律可凭记者证采访，党和非党的记者在采访中，将受到一视同仁的待遇，一般的党的会议，非党记者也可以采访。

6 月 16 日

《文汇报》在转载 6 月 14 日《人民日报》编辑部文章的同时，发表了自我检查的社论《明确方向　继续前进》。

6 月 18 日

《人民日报》报道：光明日报社务委员会举行会议，讨论和检查《光明日报》在过去一个时间内的资产阶级政治方向。

6 月 21 日

九三学社举行中央常务委员会扩大会议，发表声明撤销储安平代表九三学社担任光明日报社务委员会委员的职务，要求追究储安平同章伯钧篡改《光明日报》方向的责任。

6 月 24 日

第二次全国新闻工作座谈会自本日起到 8 月中旬止在北京举行，共有北京、上海、辽宁、山西、江苏、山东等地新闻工作者 400 多人参加，在新闻界开展反右派斗争。这次会议批判了“新闻界的右派分子”，如《光明日报》社长章伯钧、总编辑储安平，《文汇报》社长兼总编辑徐铸成、驻京办事处主任浦熙修，复旦大学新闻系主任王中等人。会议着重批判了王中和他的《新闻学原理大纲》。王中这部论著的核心观点是认为党报有两重性，即宣传工具性和商品性。如果只考虑报纸的党性、指导性、思想性，不考虑读者的利益，读者对党报看不进去，那么报纸的指导性思想性也就无从谈起。在第一次座谈会时王中批评党报教条主义严重，版面如铁青的面孔，内容则是“布告牌”，只刊登文件、指示，缺乏新闻。

7 月 1 日

《人民日报》发表毛泽东撰写的社论《文汇报的资产阶级方向应当批判》。社论不满意《文汇报》6 月 14 日的检讨，认为“文汇报的批评是不够的。这个不够，带着根本性质。就是说文汇报根本上没有作自我批评。相反，它在十四日社论中替自己的错误作了辩护”。社论还断定《文汇报》有一个罗隆基—浦熙修—文汇报编辑部这样一个民盟右派系统。“民盟在百家争鸣过程和整风过程中所起的作用特别恶劣”，“文汇报在春季里执行民盟中央反共反人民反社会主义的方针，向无产阶级举行了猖狂的进攻，和共产党的方针背道而驰。其方针是整垮共产党，造成天下大乱，以便取而代之”。社论肯定了《光明日报》的自我批评。认为“光明日报工作人员开了几次会议，严肃地批判了社长章伯钧、总编辑储安平的方向错误，这种批判态度明朗，立场根本转过来了。由章伯钧、储安平的反共反人民反社会主义的资产阶级路线转到了革命的社会主义的路线”。社论也肯定了《新民报》的自我批判，认为“新民报犯的错误比文汇报小，它一发现自己犯了错误，就认真更正，表示了这张报纸的负责人和记者们对于人民新闻事业的责任心”。

社论同时对两次首都新闻工作者座谈会作了不同的评价："新闻记者协会开了两次会，一次否定，一次否定之否定。时间不过一个多月，反映了中国时局变化之速。会是开得好的，第一次黑云压城城欲摧，摆出了反动的资产阶级新闻路线。近日开的第二次会，空气变了，右派仍然顽抗，多数人算是有了正确方向。"

《中国朝鲜族少年报》在延吉市创刊。初名《少年儿童》。1966年1月改名《延边少年报》，1985年元旦改名《中国朝鲜族少年报》，东三省团委（吉林省团委为主）主办。用朝文出版。

《壮文报》在广西南宁创刊。周刊。广西壮族自治区少数民族语言文字委员会机关报。1986年7月改名《广西民族报》，周二刊，用壮、汉两种文字出版。

7月2日

本日起《文汇报》连续发表社论，检查该报此前所犯的错误。2日，发表了题为《向人民请罪》的社论；3日，又发表了《痛切改造自己》的社论。同时，2日、3日还以该报编辑部的名义，连续发表了《我们的初步检查》。4日，《人民日报》刊登《文汇报向人民请罪》的消息和《文汇报编辑部的初步检查》。《文汇报》在编辑部文章中公开承认自己"这几个月中确确实实成了章罗联盟向无产阶级猖狂进攻的喉舌"。

7月3日

本日起各主要报纸纷纷发表社论或编辑部文章，检查前一段时期所犯的错误。3日，上海《解放日报》发表社论《从文汇报的错误中吸取教训》；5日，《大公报》发表编辑部文章《关于本报几个错误报道的检查》；9日，《中国青年报》发表编辑部文章《整风以来本报几个错误宣传的初步检查》；15日，《光明日报》发表编辑部文章《光明日报在章伯钧、储安平篡改政治方向期间所犯错误的检查》；21日，《北京日报》发表编辑部文章《整风以来本报一些主要错误的检查》；8月26日，新华社播发新闻稿《新民报社社长赵超构检查资产阶级办报路线》。

7月5日

中共中央电复吉林省委关于省台对反右派斗争的宣传的请示。中共吉林省委根据邓小平曾在沈阳所作关于"地方广播宣传的方针和报纸宣传的方针根本不同，一不鸣，二不放"的指示，于6月12日就省台在当时反右派斗争中的报道问题向中央请示。中央在复电中批示："反右派斗争目前已经成为工农参加的群众性的政治斗争，地方广播台可以在省委的领导下对当地主要的右派典型人物的反动言行进行揭露和驳斥。"（《当代中国广播电影电视大事记》，第93页）

7月6日

新华社巴黎分社成立。

同月

毛泽东在《一九五七年夏季的形势》一文中提出，要培养出色的编辑和记者。文中说："各省、市、自治区要有自己的马克思主义理论家，自己的科学家和技术人才，自己的文学家、艺术家和文艺理论家，要有自己的出色的报纸和刊物的编辑和记者。第一书记（其他书记也是一样）要特别注意报纸和刊物，不要躲懒，每人至少要看五份报纸，五份刊物，以资比较，才好改进自己的报纸和刊物。"（《毛泽东新闻工作文选》，第201页）

以繁荣新闻漫画艺术创作为宗旨的陕西省"金箍棒"漫画学会成立。

《湖南文化报》在长沙创刊。4开4版，周刊。

8月1日

《团结报》公开向全国发行。该报是中

国国民党革命委员会中央委员会主办的一张时事政治周报，也是当时中国唯一的由某一个民主党派创办并公开发行的报纸。

复兴广播电台在台北成立。该台以遮盖大陆广播为主要任务。

8 月 10 日

《昭乌达报》（蒙文版）在内蒙古昭乌达盟赤峰市创刊。初为周二刊，后改为周二刊、周三刊。1979 年 8 月改为周六刊。

8 月 14 日

《人民日报》发表《“左叶事件”报道失实》一文，介绍说中华全国新闻工作者协会曾派员向有关各方进行了调查，并召集了一次专门座谈会，经调查核实，左叶并没有说“再挤就叫你们滚出去”，外交部新闻司的那位同志也没有说“传达别人命令”的话，左叶只是态度急躁地说：“你的工作重要，还是我的工作重要?”不是说的“你重要还是我重要”。《人民日报》同时发表社论《对新闻工作者的一个教训》。其中写道：“新闻界的右派分子恶毒地抓住这件事情，尽力把它夸张、渲染，并且歪曲某些重要的情节，煽起了反动的火焰。”这件事之所以有广阔的市场，“原因是我们人民的新闻工作队伍还存在着严重的思想不纯和组织不纯的现象”。重要的教训是：“我们如果严格遵守新闻必须真实的根本原则，坚持真实新闻的新闻自由，就能避免这次的错误。”《文汇报》也接着发表社论《“左叶事件”的沉痛教训》，其中写道：“事实极为清楚，制造‘左叶事件，向党、向人民、向社会主义发动猖狂进攻，《文汇报》的右派分子是罪魁祸首。”批评左叶的有关报纸和个人也都纷纷做了公开的自我检讨，最早报道和评论此事的一些编辑、记者被错划为“右派分子”。

同月

新疆哈萨克自治州共青团委主办的《伊犁少先报》在新疆伊犁创刊。用哈萨克文出版。4 开 4 版，周二刊。1981 年改名《伊犁少年报》。

9 月 3 日

《马祖日报》在台湾马祖创刊。该报是受台湾军方的“军事新闻社”督导的军营报纸，也是马祖地区唯一的报纸。

9 月 30 日

中共昆明市委机关报《昆明报》创刊。

同月

中共湖北省委机关报《湖北日报》从本月中旬开始，以刘介梅的忘本思想为主题，组织一场大规模讨论。刘介梅是湖北黄冈县一个出身于三代讨饭、当雇工的农民家庭的基层干部。土改后，他翻身解放，加入共产党，担任乡农业技术指导站站长，全家生活日益富裕。可是他却不满农业合作化和国家粮食统购统销政策，因为这堵住了他开始放债走资本主义的路。这次讨论历时两个多月，《湖北日报》收到各界读者来稿 2000 多件，发稿 90 篇，还配发了《刘介梅忘本回头》的连环画、有关画刊和新闻照片。《人民日报》评介这次讨论是一次生动有效的社会主义教育。《新闻战线》发表了总结《湖北日报》开展这次讨论经验的文章。

新闻战线的反右派斗争基本结束。从 6 月 11 日至本月底在《人民日报》上被点名批判的新闻界右派分子共 104 人。

10 月 1 日

中共广东省委主办的《羊城晚报》在广州创刊。该报是中华人民共和国成立后创办的第一家综合性大型晚报。

中共湖南省株洲市委机关报《株洲日报》创刊。

湖南省科协主办的《湖南科学小报》在长沙创刊。1976 年易名《湖南科技报》。该报是全国科技报中发行量较大的报纸之一。

中共新疆维吾尔自治区伊犁哈萨克自治州委主办的《伊犁日报》汉文版在伊宁创刊。4开，周六刊。

10月7日

著名记者杨刚因病逝世。杨刚，生于1905年，湖北沔阳人。原名杨季征，又名杨缤。抗战期间，在上海、武汉从事抗日宣传活动。1939年至1941年，先后任香港、桂林《大公报》文艺副刊主编。1943年到重庆，在周恩来领导下从事宣传工作。1944年去美国留学，兼任《大公报》驻美记者。1948年回国后在香港《大公报》任社评委员。1949年到天津主持《进步日报》。同年5月，参加上海版《大公报》的接管工作。中华人民共和国成立后，曾任中宣部国际宣传处处长、《人民日报》副总编辑等职。

10月19日

中央广播事业局、新华社关于改进纪录新闻的发播工作达成协议：一、恢复对各县广播站的纪录新闻，时间是上午8时30分到9时30分。二、对县报广播，改为星期一、三、五下午2时到3时广播。三、把对专区农民报广播的纪录新闻，改到晚上11时30分到凌晨2时。四、纪录新闻编稿内容安排由新华社负责，发播的技术方面全部由中央广播事业局负责。

同月

南京图书馆举办了中国报刊展览会。展出了从清末的《京报》到现在的报刊共200多种。

国家民族事务委员会主办的政治性综合性期刊《民族团结》（汉文版）在北京创刊。该刊是中国最大的全国性民族刊物。

《河北画报》在河北保定创刊。

《常熟市报》在江苏常熟创刊。4开4版，周三刊。

《洪湖报》在湖北洪湖创刊。4开4版，周二刊。

11月7日

社会主义国家广播电台联合举办音乐节目，庆祝苏联十月革命40周年。节目内容有各国人民为庆祝十月革命的讲话、各国音乐家和歌唱家演奏和演唱的音乐节目。参加这次联合音乐会的有苏联、中国、阿尔巴尼亚、保加利亚、匈牙利、民主德国、波兰、罗马尼亚、捷克斯洛伐克等国家的电台。

11月11日

中央人民广播电台壮语节目开播。

光明日报社务委员会邀请各民主党派中央负责人举行会议。决议撤销章伯钧社长职务和储安平总编辑职务。决定任杨明轩为社长，陈此生为副社长兼总编辑。

11月13日

《人民日报》发表社论《发动全民，讨论四十条纲要，掀起农业生产新高潮》，最早提出“大跃进”的口号。

11月21日

黑龙江省新闻工作者协会在哈尔滨市成立。当时称中华全国新闻工作者协会黑龙江省分会，1960年5月改为现名。

12月1日

《新闻战线》在北京创刊。该刊是人民日报主办的全国性新闻专业期刊。其宗旨是：以提高新闻工作队伍的素质为己任，宣传中国共产党的办报方针，交流新闻工作的情况及经验，传播有关新闻工作的各种知识，探讨并研究新闻理论，研究新闻写作技巧，介绍国内外新闻界人物、世界新闻发展状况等。读者对象是新闻工作者、通讯员、研究人员、新闻院系师生和新闻爱好者。

12月3日

中宣部发出《关于加强报纸刊物对农业宣传的通报》。这一通报是根据中宣部召集首都各报刊和《天津日报》《河北日报》等报座谈如何根据党的八届三中全会指示，加强对于农业宣传的意见写成的。

12 月 17 日

中华全国新闻工作者协会召开常务理事会议，讨论了有关协会组织工作的问题。认为协会不能代替新闻单位中的工会组织。协会在国内的任务，主要是团结新闻工作者，进行新闻业务学习、研究，以改造思想，提高业务。协会在新闻单位中不设基层组织。会议还讨论了《新闻战线》的编辑方针和协会与各国新闻工作者组织联系和合作问题。

12 月 27 日

国务院发出《关于改进文教事业管理体制的规定》（修改稿）。规定地方广播事业由地方管理，但地方广播电台的频率和发射功率的确定和变更，由中央广播事业局核定。

同年

《中华人民共和国全国人民代表大会常务委员会公报》在北京创刊。该刊是由中华人民共和国全国人大常委会主办的全国性政治类刊物。主要刊登历次全国人民代表大会和全国人民代表大会常务委员会所通过的法律、决定、决议、报告、人事任免事项等文件。

湖北省新闻工作者协会成立。当时称中华全国新闻工作者协会湖北分会。

四川省新闻工作者协会成立。当时称中华全国新闻工作者协会四川分会。

四川南桐矿务局党委机关报《矿工通讯》创刊。初名《东林工人报》。

《湖北邮电报》在武汉创刊。4 开 4 版，周刊。

《包钢报》在内蒙古包头创刊。4 开 4 版，周三刊。

《参考消息》（维文版）在乌鲁木齐出版。4 开 4 版，周六刊。新疆日报社翻译出版。

国民党军方主办的复兴广播电台（台北市）开播。除台北总台外，另设 20 个分台，是仅次于台湾中国广播公司的一家最具规模的广播机构。

本年内全国（不包括港、澳、台）通过邮局发行的报纸共有 1325 种，期发数 1508.6 万份。

从新中国成立至本年底，中国共向国外输出新闻纪录片 421 部，居输出各类影片的首位。

香港报纸总数达到 42 份（包括几份周报、双周报）。

中国劳工通讯社在台北创办。中国劳工通讯社简称“劳工社”。由台湾国民党“中央委员会社会工作会”的前身“中央第五组”创办，为国民党党营通讯社。

1958 年（戊戌）

1 月 1 日

《人民日报》发表社论《乘风破浪》，提出了“超英赶美”的高指标和“大跃进”的战略任务，开始了“大跃进”宣传的高潮。

中共延边朝鲜族自治州委机关报《延边日报》继朝文版之后，本日出版汉文版。4 开 4 版，周三刊。

中共安徽省马鞍山市委机关报《马鞍山报》创刊。1960 年改名《马鞍山日报》。1972 年 4 月 1 日停刊。1981 年 1 月 1 日恢复出版。

辽宁省大连海洋渔业公司党委机关报《渔业工人》创刊。郭沫若题写报头。

1 月 12 日

毛泽东给广西壮族自治区党委主要负责人刘建勋、韦国清写信，指出，一张省报，对于全省工作，全体人民，有极大的组织、鼓舞、激励、批判、推动的作用。又说：“精心写作社论是一项极重要任务，你们自己、宣传部长、秘书长、报社总编辑，要共同研究。第一书记挂帅，动手修改一些最重要的社论，是必要的。”（《毛泽东新闻工作文选》，第202页）

1月15日

毛泽东在对新华社社长、《人民日报》总编辑吴冷西的谈话中提出，要组织大家写评论。毛泽东说：“评论大家写，各版包干是好办法。总编辑是统帅，要组织大家写，少数人写不行。……写评论要结合情况和政治形势。转变要快。写得不要刻板，形式要多样化。政论应该像政论，但并不排斥抒情。”“人民日报社是中央一个部门，同中央组织部、宣传部一样，都应该向地方学习。《人民日报》有一个重要任务，就是转载地方报纸的好东西，把这件事当作一个政治任务来做。这样，对地方报纸是鼓励，使他们非看《人民日报》不可。”（《毛泽东新闻工作文选》，第203、204页）

1月20日

中央人民广播电台和天津、上海、广州、武汉、沈阳、哈尔滨台负责对少年儿童广播工作的同志，本日起到24日止，在北京举行第一次对少年儿童广播业务座谈会，就少年儿童节目的方针、任务，一些业务问题及中央台与地方台对少年儿童广播部、组如何加强联系的问题，交换了意见。

同月

《思南报》在贵州思南创刊。4开4版，周刊。

《合阳报》在陕西合阳创刊。4开4版，周刊。

《吉林体育报》在长春创刊。吉林省体育运动委员会主办。

2月15日

新华社日内瓦分社成立。

同月

《安徽画报》在合肥创刊。

《山东体育报》在济南创刊。4开4版，周刊。

3月1日

中共兰州市委机关报《兰州日报》创刊。

3月4日

文化部外文出版发行事业局主办的外文时事政治性刊物《北京周报》英文版创刊。该刊主要是向国外及时报道中国经济政治、文化和对外关系的发展情况。内容以独立采写组稿为主，辅以改编国内报刊上的文章，有时转载政论。

3月9日

中共上海市委书记处书记魏文伯对《解放日报》工作人员讲了新闻工作的三个基本问题：1. 要明确报纸既是集体的宣传者，集体的鼓动者，又是集体的组织者，对各项工作起着重要的指导作用。2. 要在党的领导下进行工作才不会迷失方向。3. 要有使读者容易接受，乐于接受的好的宣传方法。

3月10日

中国人民解放军空军党委机关报《空军报》在北京创刊。

3月11日

中共上海市委自本日至12日召开各报负责人和各区委宣传部长会议，对改进报纸工作提出八项要求：1. 改善报纸宣传中思想性不够突出的问题。2. 报道面要力求广泛。3. 报纸文风要大革命，新闻要短，言论要进行改革。4. 报纸内容要丰富多彩，图文并茂。5. 记者采访要深入。6. 全党办报。7. 开展通讯员运动。8. 编辑部在发挥积极性、创造性的基础上，应保持头脑清醒。

3 月 13 日

《山西日报》向全国各省级党报发出挑战书，提出“比先进，学先进，赶先进”，苦战一年，在十个方面实现“大跃进”，在新闻界掀起了一个相互竞赛的热潮。

我国第一套电视发送设备和电视接收机试制成功。

3 月 15 日

北京日报社主办的综合性晚报《北京晚报》创刊。中共北京市委确定晚报的办报方针是：“面向基层，补日报之不足。”

《新闻战线》3 月号在《报纸在大跃进中》的标题下，报道了《人民日报》的“大跃进”的纲领，《中国青年报》《光明日报》《大公报》《解放日报》《新闻日报》《文汇报》《劳动报》《新民晚报》及河北省各地报纸的“跃进”情况。

3 月 16 日

中华全国新闻工作者协会上海分会正式成立。黑龙江、湖北、江苏等省市也在此前后成立了分会。

3 月 18 日

中共阜新市委机关报《阜新工人报》改为《阜新日报》。4 开 4 版，周六刊。

3 月 21 日

郭沫若同志就“关于文风问题”答《新观察》记者问。这篇文章最早对毛泽东起草的《工作方法六十条》中提出的文章必须准确、鲜明、生动的要求，在报刊上进行了阐述。

3 月 22 日

燕声广播电台在台湾花莲县创办。是台湾东部唯一纯民营性质的电台。1962 年改组为燕声广播公司。

同月

北京出版的各报纷纷降价。《人民日报》由每月 2.40 元降为 2 元；《光明日报》《大公报》《中国青年报》《北京日报》由每月 1.50 元降为 1.20 元；《工人日报》由每月 1.40 元降为 1.10 元。《中国少年报》《新少年报》也决定从 4 月 1 日起降低报价。

新华社召开国内分社会议，制订了新华社国内部分苦战三年的工作计划（草案）。在改进报道业务、培养又红又专的记者编辑队伍和改进总社及分社的领导工作三个方面提出了具体的要求和措施。会议提出的口号是：苦战三年，把新华社建成充分满足全国报纸、广播电台需要的消息总汇和新闻图片总汇，更好地为社会主义服务。

新华社国内分社会议根据中共中央的指示，决定新华社各地分社和人民日报社记者站合并。合并后，两家单独挂牌，联合办公，在财务和编制上由当地省市委领导，在业务上由总社和人民日报社会同当地省市委双重领导。

《黔南报》在贵州都匀创刊。4 开 4 版，周二刊。

《粤西农垦报》在广东创刊。4 开 4 版，周二刊。

4 月 1 日

中共营口市委机关报《营口市报》改名为《营口日报》继续出版。改名后的报头为郭沫若题写。

中共湖南省湘潭市委机关报《湘潭日报》创刊。

4 月 7 日

第五次全国广播工作会议在北京召开。会议讨论了广播工作“大跃进”的方针、目的；如何贯彻执行多快好省的方针；广播事业的体制；建立和扩大广播工作者队伍和加强党的领导等问题。会议于 18 日结束。

4 月 15 日

《新闻战线》倡议举办省市报纸标题评

比。其后陆续参加评比的报社共 26 个，推荐出好标题 52 个。该刊本年 8 月号公布了评比结果。

4 月 22 日

随着省会搬迁，中共河北省委机关报《河北日报》今日由保定迁天津出版。

4 月 24 日

新华社实行“分社体制下放”，将国内各地方分社完全交由省、自治区、直辖市党委领导。分社下放后，新华社在新闻报道等方面受到了损失。1961 年新华社将“下放”的分社全部收回。

4 月 28 日

建国广播电台在台湾台南县成立。该电台为民营机构，1968 年改组为建国广播公司。

同月

中共上海市委宣传部主管的晚报《新民报》改名《新民晚报》，赵超构任社长。

中共江苏省连云港市委机关报《连云港报》创刊。因当时连云港市叫新海连市，故当时报名为《新海连日报》。

《云南科学普及报》创刊。云南省科普协会主办。1960 年停刊。

辽宁本溪钢铁公司党委机关报《本钢报》创刊。1960 年停刊。1964 年复刊，1969 年再次停刊。

《展望》月刊在香港创刊。

5 月 1 日

北京电视台开始实验性广播。新华社为此发布消息，向全世界宣告了新中国第一座电视台的诞生。

中央人民广播电台举办的第一次广播优秀歌曲评奖揭晓。获得一等奖的歌曲有三首：《真是乐死人》《我的祖国》和《合作社就是好》。

中共河北省张家口地委出版的《长城报》、张家口市和宣化市两市委合出的《张宣日报》合刊出版《张家口日报》。

中共湖北省宜昌市委机关报《西陵报》创刊。4 开 4 版，双日刊。初名《峡江报》。

中共四川省凉山彝族自治州委机关报《凉山报》（汉文版）在西昌创刊。4 开，周刊。

广西壮族自治区总工会主办的《广西工人报》在南宁创刊。

5 月 20 日

江西省新闻学会成立。

5 月 23 日

新华社总社自本日起至 27 日止，在布拉格召开了苏欧地区分社工作会议。会议根据讨论了苏欧地区新闻报道的“大跃进”问题。会议决定对苏联、东欧的报道不能少于 20 条，各分社不能遗漏驻在国的重要新闻，重大事件性新闻发生后，各分社要在半小时内向总社发出报道。会议还提出了奋斗口号：苦战三月，改变报道面貌；苦战一年，使苏联东欧报道达到世界通讯社水平。

同月

《阳泉报》在山西阳泉市创刊。中共阳泉市委机关报。

《广东画报》在广州创刊。

《二机工人报》在内蒙古包头市创刊。4 开 4 版，周二刊。

中共吉林化学总公司党委机关报《吉化工人》在吉林市创刊。

6 月 1 日

中共中央主办的《红旗》杂志在北京创刊。它是中共八届五中全会决定出版的中央政治理论刊物。半月刊。1965 年改为月刊。1980 年 1 月恢复半月刊。

北京电视台播出了第一条电视新闻片：《红旗》杂志创刊。

6月8日

北京电视台第一次播送电视讲话。讲话人是河南封丘县应举农业生产合作社主任崔希贤。

6月15日

北京电视台播出中央广播实验剧团演出的我国第一部电视剧——《一口菜饼子》。这部电视剧是直播的，当时没有正式的演播室，在一个只有60多平方米的房间进行演出和现场直播。

中国人民大学新闻系编成《列宁论报刊》一书。内容包括：报刊的任务和作用，党报的基本原则，党对报刊的领导，党的机关报，论新闻自由，批判资产阶级报刊，报刊与社会主义建设，写作与文风和编辑工作等几大部分，全部引自列宁的论著。全书共20万字。本日出版的《新闻战线》对此事作了报道。

6月17日

中国唱片社成立。该社1983年前是全国唯一的唱片出版机构。

6月18日

中共湖北省委宣传部自本日起至26日止，在武汉召开全省第二次报纸工作会议。提出了“七多、五快、六好、三省”的奋斗目标。七多是：典型报道多；言论多；通讯员多；群众来稿多；培养又红又专的新闻干部多；报道形式多；报纸发行量多。五快是：了解贯彻党委意图快；反映群众要求意见快；抓思想苗头快；传播先进经验快；报纸发行快。六好是：依靠党委好；突击中心、全面报道好；言论——准确、鲜明、生动好；文图并茂、通俗易懂好；学习好；宣传效果好。三省是：省版面——文章精悍；省钱——勤俭办报；省人——鼓足干劲。

6月19日

北京电视台第一次现场直播体育比赛实况：八一男女篮球队同北京男女篮球队表演赛。解说用中央人民广播电台实况转播声道。

6月21日

北京大学中文系新闻专业，正式合并到中国人民大学新闻系。当天举行了合并大会，中国人民大学校长吴玉章参加。合并到中国人大新闻系的原北大中文系新闻专业的师生共260多人，合并后中国人大新闻系师生达800多人。

辛亥革命时期的著名报刊活动家、政治家柳亚子病逝。柳亚子出生于1887年，江苏吴江人。原名慰高，号安如，改字人权，号亚庐，再改名弃疾，字稼轩，号亚子。笔名春蚕。1903年起在上海《苏报》《警钟日报》《二十世纪大舞台》等报刊上发表评论，进行反清宣传。1906年与他人创办《京报》，倡导民主革命。辛亥革命期间，与人在上海创办《复报》，任主编，积极报道各地起义活动。以后历任上海《天铎报》《民声日报》《太平洋报》主笔。

6月30日

刘少奇到北京日报社，就该报正在开展的“共产党员应不应该有个人志愿”的讨论的有关情况，听取了报社同志的汇报，就“共产党员应不应该有个人志愿”的提法是不是有毛病，跟大家交换了意见。并针对讨论中提出的种种看法，论述了共产党员应该怎样对待个人志愿的问题。该报编辑根据他的讲话精神，整理出讨论总结，送他审阅，于1958年7月29日作为《北京日报》的社论发表，题目是《共产党员应该有什么样的志愿?》。新华社当即发了通稿，广播电台进行了广播，《人民日报》等中央以及省、市报纸都用了新华社的电稿，北京出版社还编辑成书，印刷发行350万册。

同月

《平度大众报》在山东平度创刊。4开4

版，周二刊。“文化大革命”初停刊。

《枣庄日报》在山东枣庄创刊。4开4版，日刊。

7月1日

《红旗》杂志第3期发表《全新的社会 全新的人》一文，第一次提到人民公社。这篇文章介绍了湖北一个农业合作社办工业的经验，说“把一个合作社变成为一个既有农业合作又有工业合作的基层组织单位，实际上是农业和工业相结合的人民公社”。（张涛：《中华人民共和国新闻史》，经济日报出版社1992年版，第147页）

河北省邯郸、邢台合并为邯郸地区，中共邢台地委机关报《先锋报》（《邢台日报》前身）与中共邯郸地委机关报《农民报》（《邯郸日报》前身）合并，改名为《滏阳日报》。

天南广播电台在台北市成立。1978年改组为天南广播公司。

中共江西省南昌市委机关报《南昌晚报》创刊。初名《南昌日报》。

中共福州市委机关报《福州日报》创刊。4开4版，周六刊。1961年停刊。

中共广东省汕头地委机关报《汕头日报》创刊。

7月7日

中共湖北省黄冈地委机关报《黄冈报》创刊。

7月8日

中国摄影家协会主办的《大众摄影》在北京创刊。

7月15日

本日出版的《新闻战线》7月号刊载了中共山西省委第一书记陶鲁笳的文章《党委要把机关报紧紧地掌握在自己的手里》、中共湖北省委书记张平化在湖北省第一次新闻工作者代表大会上的讲话《新闻工作的群众路线》。本期该刊还报道了中华全国新闻工作者协会安徽分会筹备委员会建立新闻夜大学的决定，以及上海和甘肃等地成立新闻夜大学的消息。

同月

北京电视台拍摄了我国第一部电视纪录片——《英雄的信阳人民》。

新华社摄影部收到美联社发出的彩色传真照片。

《浙江画报》在杭州创刊。

《太行日报》在山西长治创刊。4开4版，周六刊。

《晋中报》在山西榆次创刊。4开4版，周三刊。

《四平日报》在吉林四平创刊。4开4版，周六刊。

《白银有色报》在甘肃白银创刊。4开4版，周二刊。

《甘肃地质报》在兰州创刊。4开4版，半月刊。

中共湖北大冶有色金属公司委员会机关报《大冶有色报》在湖北大冶创刊。4开4版，周二刊。

8月1日

《辽宁农民报》（朝文版）在沈阳创刊。周二刊，4开4版。1961年终刊。

《山东画报》在济南创刊。

中共乌兰察布盟委员会机关报《乌兰察布日报》（汉文版）在内蒙古集宁市创刊。4开4版。1961年停刊。1963年元旦复刊。

中共巴彦淖尔盟委员会机关报《巴彦淖尔报》（汉文版）在内蒙古临河县解放镇创刊。4开，周三刊。1985年元旦改为周六刊。

河北省峰峰矿务局党委机关报《峰峰矿工报》创刊。4开4版，周三刊。

8月2日

电声广播电台在台湾省台南市正式播

音。该台是由台湾“中国无线电协进会”为了发展电子科学以及无线电技术而申请设立。

8月8日

《人民日报》发表题为《土洋并举是加速发展钢铁工业的捷径》的社论，提出“想要高速度，就有高速度”。

8月11日

《人民日报》刊登通讯《毛主席到了徐水》。其中说，中共河北徐水县委书记张国忠向毛主席报告该县1958年夏粮总产量9000多万斤，秋季要收11亿斤，全县夏秋两季一共计划要拿到12亿斤粮食。此后，报纸报道上的浮夸风愈演愈烈。

8月15日

《澳门日报》创刊。该报是在澳门知名新闻工作者张阳主编的《新园地》基础上发展起来的。

8月18日

《人民日报》发表《人民公社好》的报道，这是第一篇报道人民公社的新闻。该报道肯定人民公社具有“十大优越性”，并把人民公社化运动和大炼钢铁运动联系起来进行宣传，报道人民公社在大炼钢铁中发挥了重大作用。

8月23日

《解放前线》前线版在炮轰金门前方指挥部出版。福州军区解放前线报社创办。至1959年1月13日终刊，共出56期。

8月24日

海峡之声广播电台在厦门开始播音。当时称“中国人民解放军福建前线广播电台”，是全军唯一的专业广播电台。建制属南京军区，由中国人民解放军总政治部联络部进行业务指导，总呼语是“对国民党军官兵广播”。1964年10月迁福州。1984年元旦改用现名。

8月25日

新华社开始发送传真新闻照片，在国内有北京、天津、上海、武汉、广州、重庆、西安、乌鲁木齐、沈阳等9个城市可以互通传真；在国外，同苏联、捷克斯洛伐克、罗马尼亚、德国、波兰、日本、印度、瑞典和美国9个国家建立了新闻照片传真关系。

8月27日

《人民日报》加编者按发表中共中央办公厅派赴山东寿张县了解情况的同志写回来的信《“人有多大胆，地有多大产”》，介绍那里“大跃进”的形势。《人民日报》为这封信加了编者按，认为“这封信生动地反映了那里大跃进的形势，提出了一些足以启发思想的问题”。

同月

《人民日报》《新闻战线》等报刊作为新闻界的一个典型，全面介绍了《山西日报》“大跃进”的经验，主要包括以下三点：1. 以外促内，内外结合，在报社内部开展群众运动。所采取的措施包括向实践学习，向群众学习，用大字报、墙报的形式开展批评和表扬。2. 在业务上，提出人人争当多面手，即人人会编辑、采访、写作社论，同时还要会做群众工作。3. 搞版面“大跃进”，即在版面设计上将“现实主义与浪漫主义相结合”，实现“小题大作”（以较大的篇幅，刊登较小稿件，并使用各种编辑手段，突出主题）。（参见《人民日报》1958年8月14日）《山西日报》的经验被推广后，很快为全国各省级党报所仿效。

新华社《新闻摄影》月刊发起和组织了关于新闻摄影真实性的全国性讨论。这次讨论一直持续到1959年底，共在北京、上海、沈阳、西安、武汉、郑州、太原、南京、兰州等地举行座谈会19次，参加讨论的共计

21个省、市新华社分社及27家报纸、12家画报及杂志的摄影工作者161人（次），除各地座谈会纪要外，先后发表文章39篇。这次讨论不限于在组织加工和摆布上争是非，而是把问题提高和深入到新闻摄影的任务、功能和采访路线的层面上来，探讨新闻摄影的特性与基本规律。

《吉林画报》在长春创刊。

《湖北画报》在武汉创刊。

《人民日报》正式公布实行《人民日报苦战三年的工作纲要》。《纲要》号召全体编辑部工作人员苦战三年，使《人民日报》真正成为名副其实的党中央机关报，真正成为全国人民爱不释手的精神食粮。《纲要》中强调："对中央的路线、方针和重大政策的宣传，要做到准确、及时而又有系统。"要加强研究中央的路线方针政策、各项中心工作和群众生活中各项重要问题，"才能对中央的方针政策进行创造性的宣传，并且才能逐渐成为中央研究全国情况的一个有力的助手，能够经常向中央提供确有参考价值的第一手资料"。"社论也应贯彻'大中小同时并举'的方针。《人民日报》每月应该有四篇至八篇思想性、理论性很高的社论……编委会的成员每年至少写出这样的社论两篇。"此外，还"应该有更多'中小型'的社论……争取每天都有，其中质量较好、得到一般好评的，应占十分之三到十分之五"。对一些重大的思想问题，"应该组织生动具体的针锋相对的辩论"，"辩论结束时要有比较精彩的总结"。"在新闻报道方面，力求及时地全面地连续地反映全国各地社会主义建设中的新创造、新经验、新人物、新问题、新气象和其他新情况，使《人民日报》真正成为一部活的中国历史"。在国际宣传方面，要"使人民日报在东方问题的宣传方面，成为一个最有权威的报纸，成为我们党和国家进行国际斗争的有力的武器"。"贯彻全党办报的方针，利用各种机会组织县以上的各级党委的负责同志亲自为本报布置宣传，指挥记者和撰写稿件。""千方百计地利用广大读者的来信，使读者来信真正成为丰富报纸内容的源泉，每月争取利用读者来信600件至1000件。""三年中分三批下放，使半数以上的编辑部人员受过半年到一年的劳动锻炼和基层工作锻炼。在下放期间，每三月至少写一篇文章，并经常向编辑部反映当地的情况。""开展一个除三害运动：第一，消除报上的错误……第二，消除不按时出版的现象。第三，消除文理不通和冗长枯燥的毛病。""报纸的文风要有一个大跃进，一切文章都要达到准确性、鲜明性和生动性的要求。""报纸的版面既要有鲜明的花朵，也要有雅致的枝叶，既突出中心又丰富多彩。""应坚决挤出篇幅来刊登一些文艺性、科学性和知识性的多种多样的品种。""报纸工作干部都应该钻研新闻业务，……争取在研究新闻工作的某一方面作出比较出色的贡献。""努力使《人民日报》的副刊在内容上和形式上都成为全国最出色的副刊。要做到百花齐放，图文并茂，既有高度的思想性、群众性，又有丰富的艺术性和知识性。"还要"使《人民日报》成为全国印刷得最好的报纸"，等等。（《中国当代新闻事业史》，第127—128页）

新华社摄影部进行了彩色照片传真试验取得成功。

中国人民大学新闻系编成《马克思恩格斯论报刊》一书并交付出版。全书约20万字，分六编：1. 论宣传；2. 报纸的性质、原则和任务；3. 论出版自由；4. 论新莱茵报；5. 批判反动报刊；6. 论写作。

原中共海南区工委机关报《新海南报》改名《海南日报》。

《鹤壁报》在河南鹤壁创刊。4开4版，周三刊。

《河北科技报》在石家庄创刊。4 开 4 版，周二刊。河北省科学技术协会主办。

《甘肃科技报》在兰州创刊。4 开 4 版，周刊。甘肃省科学技术协会主办。

9 月 1 日

《人民日报》以《中共中央政治局扩大会议号召全党全民为生产 1070 万吨钢而奋斗》为题，报道了北戴河会议精神，为大炼钢铁运动作舆论上的鼓吹。

世新广播电台在台北成立。该电台是中国唯一由学校——台湾世界新闻专科学校附设供学生实习研究，并参加对外播音的广播电台。

中华人民共和国体育运动委员会主办的报纸《体育报》在北京创刊。毛泽东为它题写了报头。1966 年 11 月停刊。1974 年 1 月复刊，1988 年 7 月 1 日更名《中国体育报》，对开 4 版，日刊。

中共新疆维吾尔自治区阿克苏地委主办的《阿克苏报》在阿克苏创刊。有维吾尔文和汉文两种文版。

9 月 2 日

中国第一座电视台——北京电视台经过 4 个月的试播，今日正式播出。每周播出 4 次（星期二、四、六、日），每次 2 个半小时左右。

北京广播专科学校成立。这是中央广播事业局直属的第一所专科学校。

9 月 3 日

《人民日报》发表社论《高举人民公社的红旗前进》，宣传了“共产风”和平调风。

9 月 17 日

中央人民广播电台开始举办《迎接人民公社化》专题广播，向听众系统讲解人民公社的优越性，人民公社的性质、任务、组织机构和分配制度等问题，并介绍先进地区和先进公社的办社经验。

9 月 19 日

新华社报道：文化部召开全国报纸书刊印刷工作会议，确定了报纸书刊的印刷工作应该为政治服务，为出版服务的方针。《人民日报》20 日发表社论《印刷事业要更好地为政治服务》。

9 月 25 日

《巴彦淖尔报》蒙文版在内蒙古自治区巴彦淖尔盟临河县创刊。周刊。1985 年元旦改为周四刊。

9 月 30 日

中国人民大学新闻系开办县报班，招收各地县报学员 200 多人，学制 1 年。

同月

新华社举行“大跃进飞行集会”，会上提出，国内新闻、亚非新闻、南美新闻是新华社新闻报道工作中的三大“元帅”。迎接三大“元帅”升帐，是把新华社迅速建设成为以东方新闻为权威的世界性通讯社的重要保证。新华社要以这三个方面的“大跃进”，带动整个工作前进。

毛泽东在对吴冷西的谈话中指出，报纸一个时期要有一定的方向，把大家的注意力集中过来。毛泽东说：“对国际问题应该有研究，有一定的看法，不要临时抱佛脚，发表感想式的意见。对许多国际问题都要有基本的看法，应该有比较深刻的议论。现在对国际问题的意见，有些是感想式的。搞新闻工作，光务实，不务虚，不好。有了看法，有了意见，就要找机会、找题目发挥。”（《毛泽东新闻工作文选》，第 209 页）

在匈牙利举行的社会主义国家新闻图片展览会上，中国作品《雨越大干劲越足》荣获一等奖。这是新中国成立以来中国在国际摄影展上获得的第一枚奖牌。

黑龙江省《双鸭山日报》在双鸭山创刊。4 开 4 版，周六刊。前身为《矿工周报》

和《双鸭山工人》。

中共锡林郭勒盟委员会机关报《锡林郭勒日报》在内蒙古锡林浩特创刊。报头为毛泽东亲笔题写。同时出蒙汉两种文版，均为4开4版，周六刊。该报系原锡、察两盟的《牧民报》《察哈尔报》合并而成。

《雁北日报》在山西大同创刊。4开4版，周刊。

《山西卫生报》在太原创刊。4开4版，周刊。

10月1日

北京各主要报刊、出版社，决定自本日起，一致实行一般地降低稿酬标准一半左右的办法，并向全国各报刊、出版社发出倡议。

上海电视台试播。它是中国最早建立的地方电视台。

中共湖北省孝感地委机关报《孝感报》创刊。

中共湖北省荆州地委机关报《荆州报》创刊。

中共黑龙江省伊春市委机关报《伊春日报》创刊。4开4版，周六刊。

中共新疆哈密地委机关报《哈密报》复刊。用汉、维文两种文字铅印出版。4开，周三刊。

10月4日

《人民日报》发表通讯《毛主席在安徽》，报道毛泽东视察舒城县舒荣人民公社的情况。当知道这个公社公共食堂吃饭不要钱时，毛泽东说："吃饭不要钱，既然一个社能办到，其他有条件的社也能办到，既然吃饭可以不要钱，将来穿衣服也就可以不要钱了。"此后，各新闻单位陆续树立了一批吃饭不要钱、不限量的典型，提倡供给制部分越多越好，推广实行"七包""九包""十三包"等做法。

10月9日

《新闻战线》改为半月刊，每月9日和24日出版。

10月12日

《汉语拼音报》在北京创刊。同时用汉语拼音和文字出版。国家文字改革委员会主办。

10月13日

《人民日报》转载上海《解放》半月刊第6期张春桥《破除资产阶级法权思想》一文。该文赞美供给制，否定按劳分配原则。《人民日报》在编者按中说："张文基本上是正确的，但有一些片面性，就是说，对历史过程解释得不完全。"在这以后的半年时间内，《人民日报》连续发表54篇文章，开展了讨论。讨论中也有些文章不同意张春桥的观点，认识不一致，这次讨论没有作出总结就结束了。

10月17日

中央广播事业局广播科学研究所成立。这是中国第一个以专门进行广播电视技术应用和开发研究为主的专业科研机构。

同月

宁夏回族自治区成立，宁夏人民广播电台于自治区首府银川市开始播音。

中共西宁市委机关报《西宁日报》创刊。

南京大学附属新闻学校开学。这是一所专门为县市、厂矿、人民公社培养新闻工作人才的学校，招收初中毕业生，学制4年，实行半工半读。

《广西科技报》在南宁创刊。初创时名《广西科技小报》。4开4版，周二刊。广西科学技术协会主办。该报1974年易名《广西科普》，1979年易名《广西科技报》继续出版。

《河南科学技术报》在郑州创刊。4开4版，周刊。河南省科学技术协会主办。朱德题写报头。该报1965年改名《河南科学报》，1974年改名《河南科技报》继续出版。是综合性的科普报纸。

《兰化工人报》在兰州创刊。4开4版，周刊。

11月2日

北京电视台开始播出口播新闻节目，名称为《简明新闻》，这是电视新闻的又一形式。每次5分钟，由中央人民广播电台供稿。

11月4日

内蒙古呼和浩特铁路局党委机关报《呼铁工人》创刊。初名《内蒙古铁道报》。

11月7日

新华通讯社正式开始不定期向国外发彩色新闻照片稿。

11月15日

中共新疆维吾尔自治区昌吉回族自治州委主办的《昌吉报》创刊。4开，周三刊。

11月25日

中共北京市委主办的理论刊物《前线》（半月刊）创刊。

同月

毛泽东在对吴冷西的谈话中提出，记者的头脑要冷静，要独立思考，不要人云亦云。“做报纸工作的，做记者工作的，对遇到的问题要有分析，要有正确的看法、正确的态度。”“到下面去看，对运动的成绩和缺点要有辩证的观点，不要把任何一件事情绝对化。好事情不要全信，坏事情也不要只看到它的消极一面。”“记者到下面去，不能人家说什么，你就反映什么，要有冷静的头脑，要作比较。”（《毛泽东新闻工作文选》，第211、212页）

12月3日

陕西西安铁路局党委机关报《西安铁道》在西安创刊。

12月8日

新华社波恩分社成立。

中共江西省委宣传部召开新闻工作座谈会，学习毛泽东对报纸工作的指示，讨论1959年的工作。会期3天，到11日结束。

12月9日

本日出版的《新闻战线》第14期发表了中共安徽省委第一书记曾希圣的文章《按照毛主席的指示改进我们的报纸工作》，中央广播事业局局长梅益的文章《总结跃进经验，迎接更大丰收》。本期该刊还转载了《广西日报》就毛泽东给刘建勋、韦国清的信公开发表而写的社论《给读者》，并报道了《新湖南报》《安徽日报》《大众日报》《内蒙古日报》等学习毛主席对报纸工作指示的情况。

12月20日

黑龙江电视台开始播出。当时称哈尔滨电视台。

12月25日

中央广播事业局在北京召开全国电视台基本建设工作座谈会。会议着重研究了我国电视广播事业的发展方针、规划、技术方案和电视台基本建设中的问题。中央广播事业局局长梅益就电视节目的指导思想和电视台建设中的几项原则作了发言，指出电视广播节目应该是新闻性、知识性和文艺性三者并重。副局长周新武就电视广播事业的发展方针作了报告，指出必须贯彻因陋就简，逐步正规，大中小结合，电视与调频相结合的方针。会期5天，至30日结束。

同月

本月出版的《广播业务》第12期发表

梅益的文章《总结跃进经验，迎接更大丰收》。这篇文章全面概括了1958年“大跃进”以来广播宣传工作取得的三点经验：党委领导，政治挂帅；为生产建设服务，为中心工作服务；结合群众运动，坚持群众路线。

中共新疆维吾尔自治区塔城地区委员会主办的《塔城报》创刊。用哈萨克文和汉文两种文字出版。曾两度停刊。

《福建卫生报》在福州创刊。4开4版，周刊。

同年

《湖北日报》《新华日报》《陕西日报》《河南日报》《广西日报》《江西日报》《新湖南报》等，先后都建立了党委通讯组（有的叫党委报道组、党委写作小组、特约通讯小组）。一般是由各级党委负责人挂帅，吸收各方面负责人参加，根据工作、学习、写作三结合的原则给报纸写评论和其他报道。这类组织最早出现在中共湖北省委，1955年下半年，湖北省委在第一书记王任重的发起下，组织了一个写作小组，用“龚同文”的笔名，给报纸杂志写文章。

新华社在乌鲁木齐市建立了转播台，基本上解决了新华社对欧洲和非洲地区的广播问题，同时还提高了对西亚地区广播的质量。

杭州大学新闻系、江西大学新闻系相继成立。

外贸部国际贸易研究所主办的全国性经济报纸《国际经贸消息报》在北京创刊。

《新闻与成才》杂志在北京创刊。该刊是《解放军报》主办的新闻专业期刊。主要介绍报界人物、军事记者采写经验及成功之作，举办新闻写作知识的通俗讲座和历代文论选译讲座，解答通讯员有关新闻知识的问题。以军内外报刊的编辑、记者、新闻界骨干和各类业余新闻写作人员为主要读者。

全国各地报纸、广播电台开始大量报道小麦高产“卫星”。“卫星”一个比一个高，亩产量也从几百斤到5000多斤。6月8日，《人民日报》刊登《卫星社坐上了卫星，五亩小麦亩产2105斤》的“丰产新纪录”。6月12日《人民日报》以大字标题在一版头条位置刊登《卫星农业社发出第二颗“卫星”》的两条高产消息，一是河南遂平县卫星农业社第二生产大队2亩9分小麦亩产3530斤；一是湖北幸福社11亩小麦亩产3215斤，并发社论《向创造奇迹的农民兄弟祝贺》。7月12日，《人民日报》报道河南省放出西平县城关镇和平农业社试验田亩产小麦7320斤的“卫星”。对此，上海《解放日报》以一版大标题《伟大中国人民创造伟大奇迹》做了十分突出的报道。8月13日，《人民日报》在一版头条位置用通栏套红大字标题刊登新华社消息：湖北省麻城县建国第一农业社“创造了平均亩产干谷三万六千九百五十六斤的惊人纪录。截至目前，这是我国早稻大丰收中放射出的大批高产‘卫星’中的‘冠军’”。这些新闻和社论，对当时盛行的瞎指挥风、浮夸风和“共产风”起到了推波助澜的作用。

为实现中共中央制定的年产1070万吨钢的高指标，各新闻单位普遍使用以下一些宣传方法：鼓吹“以钢为纲”，宣扬大搞全民炼钢运动；弄虚作假，大放钢铁“卫星”；搞“插红旗”，“拔白旗”，一方面对虚报浮夸进行提倡和表扬，另一方面对于那些提不出高指标和假产量的单位，指责他们思想右倾，是保守派、观潮派、算账派，是“白旗”，号召展开大批判，把他们“拔掉”。

《长春卫生报》创刊。长春市卫生宣传教育所主办。

《安顺报》在贵州安顺创刊。4开4版，周三刊。

《邹县大众报》在山东邹县创刊。4开4

版，周二刊。

《固原报》在宁夏固原创刊。4 开 4 版，周二刊。

《江西卫生报》在南昌创刊。4 开 4 版，旬刊。

中共辽宁省喀左县委机关报《喀左县报》创刊。以蒙汉两种文字同刊出版。1960 年停刊。

吉林省农村开展“红色社员”活动，《吉林农民报》改名《红色社员报》。

《吉林日报》开始在经营管理方面实行“以报为纲，以厂养报”方针。

中共云南大理白族自治州机关报《大理日报》创刊。

河北省沧州专区与天津专区合并，中共沧州地委机关报《沧州报》与中共天津地委机关报《渤海报》合并为《渤海日报》。

企业报发展迅速，本年共新创办 15 种企业报。由矿山、铁道、机电等系统，扩展到了钢铁、石油化工等系统。

本年内全国（不包括港、澳、台）通过邮局发行的报纸共有 1776 种，期发数 4473.1 万份。

中国和越南签订广播合作协定。

1959 年（己亥）

1 月 1 日

《人民日报》发表社论《迎接新的更伟大的胜利》，提出“继续实行以钢为纲，全面跃进的方针”，要求各项事业“跃进再跃进”。

中国科学院机关报《科学报》在北京创刊。8 开 8 版，周刊。

中共山西省潞安矿务局委员会机关报《潞安矿报》创刊。4 开 4 版，周刊。

1 月 5 日

新华社写出《关于国内宣传报道中的虚夸现象的初步检查报告》。随后，新华社国内部、国内各分社进一步检查了 1958 年新闻报道中的浮夸现象。

1 月 17 日

宁夏日报社、新华社宁夏分社、宁夏人民广播电台联合举办的新闻夜大学开学。

1 月 22 日

河北省新闻学会成立。

1 月 26 日

福州铁路局党委机关报《南昌铁道》在南昌创刊。

同月

《新闻采编》在太原创刊。初名《新闻战士》，是山西省新闻工作者协会主办的新闻业务刊物。

《东川报》在云南东川创刊。4 开 4 版，旬刊。

《山东科学小报》在济南创刊。

《鄂钢报》在湖北鄂城创刊。

2 月 8 日

中央人民广播电台举办的第二次广播歌曲评奖揭晓，歌曲《社会主义好》获得一等奖。

2 月 19 日

周恩来、陈毅、薄一波、习仲勋等到新建成的中央广播大楼视察。同月 25 日，陈云、彭德怀等亦来视察。该大楼 1958 年 12 月基本建成，除电视设备外，全套技术设备都是苏联供应的。

2 月 23 日

第六次全国广播工作会议在北京召开。中央广播事业局局长梅益在会上讲话，指出 1958 年对总路线、“大跃进”、人民公社的宣传，存在缺乏实事求是精神等缺点。会议于 3 月 3 日结束。

2 月 27 日

中华全国新闻工作者协会河北省分会、天津市分会、河北省新闻学会召开改进文风座谈会，提出用一丝不苟、坚持不懈的精神改进文风。

同月

《黔东南报》在贵州凯里市创刊。4 开 4 版，周二刊。1960 年 9 月停刊。

3 月 1 日

因齐齐哈尔市与嫩江地区合并，《齐齐哈尔日报》改名《嫩江日报》，作为中共嫩江地委机关报。4 开 4 版，周六刊。仍在齐齐哈尔市出版。

3 月 2 日

中央人民广播电台开始举办《各省、市、自治区人民广播电台编排的节目》，报道各地区的先进事迹和建设成就。这个节目由各地方台轮流采录、编制，由中央台广播。节目形式包括新闻、通讯、录音报道和综合报道等。

3 月 5 日

《野马小说周刊》在香港创刊。发行人沈宝新，总编辑查良镛。

3 月 10 日

中国人民解放军总政治部召开全军报刊工作会议。会议总结检查了“大跃进”以来部队报刊工作的成绩和经验教训，着重对搞好今年的宣传报道问题进行了讨论研究。会议 20 日结束。

3 月 15 日

《贵州画报》在贵阳创刊。

3 月 28 日

新华社发表关于平息西藏叛乱事件的公报。从 3 月 29 日至 5 月，新华社共播发有关西藏问题的国内稿件近 300 篇。

4 月 13 日

新华社哈瓦那（古巴）分社成立。

4 月 18 日

北京电视台第一次直播周恩来总理在第二届全国人民代表大会第一次会议上作《政府工作报告》的实况。

4 月 22 日

中南地区六个省报在长沙举行座谈会，就报道“落实”改进文风等问题交换了意见。会期 5 天，于 27 日结束。本年出版的《新闻战线》第 10 期发表了这次座谈会的发言纪要。

4 月 25 日

胡乔木召集各新闻单位布置有关西藏问题的宣传，指示中央人民广播电台的对印度广播要写评论，每天一篇。中央台编委会当晚开会讨论，并做了安排：1. 对国内和对国外广播以集中编排的方法，充分利用各国的反面言论（对西藏的藏语广播应另写专文揭露英帝国主义和印度扩张主义分子）。2. 群众反映除《联播》节目选用外，其他节目大量使用。3. 对国内广播的《新闻和中央报纸摘要》节目和对外广播的所有语言节目，都介绍当天《人民日报》刊登的各国反面言论的情况。4. 对国外广播的中心部和对国内广播的国际生活部共同抽调四人成立对印度广播的评论小组，由中心部一名副主任负责，立即开始工作。

同月

《解放日报》进行小整风，重点是根据八届七中全会和中共上海市委扩大会议精神，检查编委会的工作。

5 月 1 日

北京电视台首次在天安门广场直播首都人民庆祝“五一”国际劳动节的实况，并在当晚播出记者拍摄的新闻片。

中共黑龙江省牡丹江地委机关报《牡丹江日报》创刊。前身为已经出版一年的中共牡丹江市委机关报《牡丹江日报》。

《平庄矿工报》在内蒙古平庄创刊（创刊前曾试刊三个月）。4开，周三刊。为平庄矿务局党委机关报。

5月4日

中央人民广播电台开始举办《在社会主义国家》节目。播送各社会主义国家广播电台寄来的对中国听众广播的节目，中央台编制的介绍这些国家的政治、经济、文化生活的节目，以及这些国家寄来的音乐节目等。

成功广播电台在台湾高雄市开播。

5月9日

中央人民广播电台与莫斯科广播电台举办北京—莫斯科少先队“呼应”广播节目。

5月15日

《北京晚报》《新晚报》（天津）、《新民晚报》（上海）、《羊城晚报》（广州）负责人在北京举行新中国成立后第一次晚报座谈会，讨论晚报的特点。一致看法是：晚报同样要宣传党的各项工作，是当地日报的辅助和补充力量，特点是着重从各项运动的侧面进行报道。

北京电视台和国家语言文字改革委员会联合举办《汉语拼音字母电视教学讲座》。这是我国第一个电视教育节目。

5月19日

中央人民广播电台自本日起，连续两天通过国家民委先后请班禅和阿沛·阿旺晋美作广播讲话（录音），庆祝5月23日和平解放西藏协议签字8周年。准备播出录音前一天，中央台把汉文译稿送胡乔木审阅。胡乔木认为，这个题目出得不对。协议已被西藏上层反动分子撕毁，不应当再请班禅和阿沛·阿旺晋美发表纪念性广播讲话。这样重要的政治问题，事先不向中央请示，等约请人家写好稿子录了音，才把稿件送审，木已成舟，态度极不严肃，以后不要再犯这样的错误。根据胡乔木意见，中央台在5月24日班禅离京前广播他们的讲话，删去讲话稿中关于纪念协议签订8周年的段落。

5月20日

香港《明报》创刊。该报由查良镛、沈宝新创办，香港明报有限公司出版。以知识阶层、专业人士及一般市民为主要读者对象。该报重视对内地消息的报道和评论，在港报中首家开辟《中国消息版》。社长查良镛以金庸的笔名写了很多武侠小说在报纸上连载，这是该报吸引读者的一个重要原因。

5月21日

根据中朝两国广播机构协议，从6月开始，中央人民广播电台和平壤电台定期互办广播节目。中央台准备每月第一、第三周的星期二，播送平壤广播电台对中国听众举办的广播节目。

同月

中共河南省委为了加强对《河南日报》的领导，成立了《河南日报》领导小组。小组的任务是根据中央指示和省委工作部署，经常提出各个时期的宣传报道方针，审查《河南日报》的报道计划和业务措施，定期检查《河南日报》工作，审查和组织写作社论和重要评论。

6月1日

中共河北省委发出关于整顿全省报纸刊物的指示，要求办好地委报纸，县报一般则停办。

6月11日

民立广播电台在台湾屏东市正式开播。

6月20日

毛泽东在新华社关于广东水灾的内部参考材料上批示：“广东大雨，要如实公开报道。全国灾情，照样公开报道，唤起人民全力抗争。一点也不要隐瞒。政府救济，人民生产自救，要大力报道提倡。工业方面重大事故灾害，也要报道，讲究对策。”（《毛泽东新闻工作文选》，第 214 页）

同月

中央人民广播电台注意按中央精神对今年各地夏收产量数字的报道严加掌握，力戒虚夸。为此设了三道关口：1. 产量是否核实，要省委第一书记或第一书记指定的负责人签字；2. 是否符合中央精神；3. 对有疑问的稿件，询问中央农业部粮油局。凡不合规定的一律不报。

毛泽东在对吴冷西的谈话中提出，搞新闻工作，要政治家办报。毛泽东说：“新闻工作，要看是政治家办，还是书生办。有些人是书生，最大的缺点是多谋寡断。”（《毛泽东新闻工作文选》，第 215 页）

7 月 1 日

天津电视台开始试播。

7 月 2 日

中央广播事业局编委会讨论了北京电视台的工作。编委会认为，一年来电视事业从无到有，电视台工作有成绩，培养了一批干部，初步掌握了无线电运用于电视方面的技术，摸索到一些电视宣传的经验，为今后发展电视事业打下了基础。但工作中存在较大缺点，不能满足观众要求（北京现有电视机 5000 台左右）。编委会指出：节目花色不多，内容单调，编、导、演、摄、播、装饰工作粗糙，思想水平和艺术水平低，经常出错；技术方面，图像不稳定，故障频繁。主要原因是缺乏经验，还没有摸到电视宣传的基本规律，人力和物力不足。目前北京电视台编辑部只有编辑、导演、摄影、摄像、播出、美工、洗印、剪辑等工作人员 60 多人。编委会要求电视台编辑部总结一年工作，把节目质量提高一步，同时进一步改进播出状况，减少事故。

7 月 16 日

全国各自治区（西藏未参加）、延边朝鲜族自治州和办有少数民族语言节目的中央、四川、青海、云南、贵州、甘肃等广播电台，在呼和浩特市举行少数民族广播协作会议。讨论了正确认识少数民族地区广播宣传的任务，根据民族特点、地区特点，进行广播宣传和少数民族文艺广播及培养民族广播干部等问题。会议于 21 日结束。

7 月 24 日

本日出版的《新闻战线》第 14 期发表了《几位省市委同志谈当前的报纸工作》一文。

7 月 27 日

中共中央宣传部科学处曾召开两次会议，讨论《科学技术成就宣传的问题和意见》（草稿）。认为报纸上对科学技术成就的宣传，太少了不好，滥了更不好，应积极组织报道，实事求是，不要单纯追求数量，力戒浮夸失实，严防泄密，并认真执行稿件送审制度。7 月 27 日中宣部部长办公会对这一问题进一步进行了讨论。指出应积极宣传，要有分寸，要分清对内对外，对外要严一些，对内可松一些。

7 月 28 日

震华广播电台在台湾基隆市正式开播。1963 年改组为震华广播公司。

8 月 3 日

在北京电影学院学习的我国第一批电视摄影干部结业。这批干部共 70 多人，是全国 20 多个省市广播电台选送的。

8 月 5 日

人民日报社、新华社、中央人民广播电台分别召开编委扩大会、编委会，讨论宣传报道问题，加强注意大鼓干劲，反对右倾情绪和松劲现象。从此，在中央和地方报刊上开始了声势浩大的“反右倾鼓干劲”的宣传。

8 月 11 日

《人民日报》《工人日报》《中国青年报》《光明日报》《大公报》《北京日报》《文汇报》和《健康报》的广告工作人员，在北京日报社举行座谈会，交流广告工作经验。

8 月 24 日

本日出版的《新闻战线》第 16 期报道，《西安日报》印刷厂老工人雷光荣经过长期钻研，写成了一部近 10 万字的著作——《实用排字技术》。

8 月 26 日

香港商业电台开始广播。该台是香港私营商业电台之一，简称香港商台（CR）。设有中、英文各一台，自制中文节目，最重要的节目是广播剧。1963 年 6 月，该台又增设面向青年听众的第二个中文台。

9 月 7 日

北京广播学院正式成立。前身是中央广播事业局专科学校，更早一些，则是一个广播技术训练班。它是我国的第一所培养广播电视各类专门人才的综合性高等学校，创办初期设有新闻、外语、无线电三个系，共 11 个专业。

9 月 12 日

周恩来总理视察北京电视台。同年，朱德委员长亦视察过北京电视台。

9 月 27 日

辽宁电视台开始试播，当时称沈阳电视台。

9 月 30 日

广州电视台（后改称广东电视台）开始试播。

10 月 1 日

上海电视台正式播出。

吉林电视台开始试播，当时称长春电视台。

辽宁省鞍山钢铁公司党委机关报《鞍钢报》创刊。

10 月 5 日

香港《新报》创刊。罗乃豪创办。初创时以蓝领阶层和小市民为主要读者对象。1978 年 5 月 16 日该报更改注册，由罗斌担任东主。

10 月 19 日

国家主席刘少奇到中央广播事业局视察工作。在听取有关我国 1958 年春生产出第一部 1000 瓦黑白电视发射机和播送设备，并于同年 5 月 1 日试播的汇报后，刘少奇指示下一步应该搞彩色电视。

辽宁省铁法矿务局党委机关报《铁法矿工报》创刊。

同月

《乌达矿工报》在内蒙古乌达创刊。4 开 4 版，周刊。

11 月 2 日

中央人民广播电台开始按新制订的《各项新闻性节目安排标准》发稿。新标准规定《全国联播》《新闻和中央报纸摘要》是重点节目。每天最早两次和最晚一次的新闻是最新要闻的汇编，稿件要简短，一般情况下每 15 分钟节目要播 5 条到 20 条。9 时新闻播发《新闻和中央报纸摘要节目》用不上的重要消息。12 时新闻播发专稿、集体记者来稿、本台采访稿。16 时新闻播出当天晚报可能见报的重要新闻。19 时新闻要有一定数量的文教科技体育方面的新闻，每周六专门播送一次知识新闻。23 时新闻除播送最新的重要国内新闻外，至少要有一半国际新闻。

11月12日

中华全国新闻工作者协会副会长金仲华率领中国新闻代表团出席在莫斯科举行的苏联新闻工作者第一次代表大会。

11月30日

北京电视台第一次向国外电视台和观众寄送祝贺新年的电视片，也叫贺年片（由中央新闻纪录电影制片厂代拍），陆续寄往苏联、东欧各国及古巴。

同月

中央人民广播电台文艺部把《长篇小说连续广播》改名为《小说连续广播》，这样可以不受“长篇”的限制。文艺部已把它列为文学方面的重点节目。节目对象主要是工农群众和一般市民，也包括中小学生。中央台最早是请老艺人说评书，如《三国演义》《水浒传》《说岳全传》等；后来改为以说评书的形式来说《新儿女英雄传》《铁道游击队》等革命故事。1958年改为请优秀话剧演员、电影演员朗诵现代题材的长篇小说，从1958年5月以来，先后播出13部作品。

12月2日

中共中央批准《人民日报》编委会《关于当前国内问题宣传的请示报告》。报告说，根据中央政治局和书记处指示，认为当前国内宣传必须继续深入贯彻中共八届八中全会精神，反对右倾，鼓足干劲，实事求是地充分宣传全面“跃进”的大好形势。

12月9日

《新莱茵报》和《火星报》在我国全部影印出版。《新闻战线》第23期发表了介绍文章。

同月

《新疆科技报》在乌鲁木齐创刊。初创时名《科学与技术》（汉文版）。新疆维吾尔自治区科学技术委员会主办。有汉、维两种文版。1961年1月停刊，共出版47期。

同年

《广西广播电视报》在南宁创刊。初创时名《广西广播》。1966年停刊。复刊后改为现名。

中共甘肃省委批准《甘肃农民报》的新方针是：不再以新闻报道为主，主要任务是交流农村工作经验，帮助农民和农村基层干部进行政策、时事、文化、科学、技术的学习，使报纸杂志化。

中共福建、内蒙古、安徽省委，决定调整报纸和内部刊物，合并、精简、停办了一批地方报刊。

中共贵州、江苏、湖南、湖北等省委，相继整顿报刊，压缩、停办了一批地方报刊。

据《新闻战线》编辑部对《黑龙江日报》等14个报社的调查，1959年读者来信普遍下降，一般比1958年下降40%左右，下降最少的《陕西日报》，下降了32%，下降最多的《福建日报》达69.44%。《黑龙江日报》下降48.5%，自中共八届八中全会和中共黑龙江省委第十二次扩大会议（1959年下半年召开）以后，读者来信、来访数量更见减少。

内蒙古旗、县以上党委，普遍建立了以党委书记为核心的写作小组，到12月中旬已成立写作小组117个。

中共中央高级党校新闻班、中国人民大学新闻系等单位部分教师参与编写的《中国现代报刊史讲义》出版，这是我国第一部以马克思主义为指导思想的中国新闻事业史教材。

《商洛报》在陕西商县创刊。4开4版，周二刊。

据统计，从1954年到本年止，全国（不包括港、澳、台）出版的摄影书籍及摄影画册共达 637 种，发行 2151 万册。

我国（不包括港、澳、台）的新闻纪录电影进入发展的极盛时期，包括故事片厂在内共有 31 个电影制片厂生产新闻纪录片。全年共生产长纪录片 30 部、短纪录片 313 部、各种新闻杂志片 139 本、地方新闻 566 本，共约 1400 本影片。

本年内全国（不包括港、澳、台）通过邮局发行的报纸共有 1390 种，期发数 3237.1 万份。

香港政府新闻的重要喉舌和来源之一——政府公共关系办公室改称为“政府新闻处”，扩大工作范围，给报社、广播电台提供有关政府的消息。

1960 年（庚子）

1 月 1 日

北京电视台试行固定节目时间表，设置了十几个栏目内容，如：儿童节目、文教节目、学校生活、新书介绍、科技节目、体育爱好者、摄影爱好者、电视新闻、工业节目、商业节目、首都建设、祖国各地、新人新事新气象、故事影片等。

1 月 11 日

《人民日报》发表中共广东省委第一书记陶铸的文章《思想·感情·文采》。此文是陶铸向广州市各新闻单位业务干部的一次讲话。

1 月 20 日

文化部召开会议，讨论文化部电影局和北京电视台的协作问题。会议决定北京电视台今后需用的影片，由北京市电影发行放映公司负责供片，并按市委规定的原则，所有新片在北京影院上映前半月交电视台播送。电影局将指定一些制片厂拍摄一部分专供出国的电视新闻片、电视纪录片和短的电视故事片。

同月

《云南画报》在昆明创刊。

2 月 12 日

李先念召集《人民日报》、新华社、中央人民广播电台、《大公报》等单位有关同志，谈了当前财贸工作的报道问题。提出总的报道原则是：既要抓，又要顶。抓就是抓紧工作，千方百计地促进国民经济高速度按比例发展；顶就是顶住不正确的思想。有了右倾要反对，但是对正确的批评要接受改正。

2 月 28 日

《中国青年报》发表记者采写的《为了六十一个阶级弟兄》的通讯，同时配发评论《又一曲共产主义的凯歌》，报道和评论了山西平陆 61 名筑路工人因食物中毒，急需某种药品，得到首都军民和当地干部群众的深切关心和大力支援，及时获救的事件。2 月 29 日，《人民日报》全文转载了《中国青年报》的通讯和社论，并加编者按说，这件事表现了“共产主义的崇高风格”，《中国青年报》“生动地报道和评论了这次抢救行动的感人事迹”。

2 月 29 日

根据《山西日报》倡议，《河北日报》《山西日报》《河南日报》《内蒙古日报》《天津日报》和《北京日报》在北京召开了六报协作竞赛会议。会议交流了 1958 年“大跃进”以来报纸工作经验，讨论了报纸工作的一些重要问题，达成了六报协作竞赛协议书。会议于 3 月 9 日结束。《新闻战线》本年第 7 期分 5 个专题发表了座谈会纪要。5 个专题是：一、加强理论宣传，组织广大读者学习毛泽东思想是当前重大的政治任务；二、报纸工作要适应全党办报的新形势；三、充分运用和发展典型报道的经验；四、从多方面改进文风；五、改进报社内部的领导方法和工作方法。

2月下旬

《河北日报》开始在报上开辟《全党办报》专栏，向读者介绍各地贯彻全党办报方针，开展通讯报道活动的新措施、新经验。

3月1日

由于地、市隶属关系的变化，石家庄市的《石家庄日报》与石家庄地区的《建设日报》合并，统称《石家庄日报》。

河北邯郸地、市合并为邯郸市，原《滏阳日报》与《邯郸日报》合并为《邯郸日报》。

中央广播事业局召开第七次全国广播工作会议，提出了1960—1962年三年规划，要求广播事业有个大发展，基本建成一个完整的国内广播系统。会议于3月15日结束。

3月2日

中央人民广播电台把《新闻和中央报纸摘要》节目改为《新闻和首都报纸摘要》节目，增加了介绍《北京日报》的内容。

3月11日

中国新闻工作者第二次全国代表会议在北京举行。会议听取和讨论了中华全国新闻工作者协会理事会的工作报告，修改了协会的章程，选出了新的领导机构。吴冷西任中国记协主席。

3月20日

天津电视台正式播出。

3月29日

台湾教育广播电台在台北市成立开播。是台湾省唯一国营的教育专业性电台。

3月30日

中华全国新闻工作者协会国内工作部在记者俱乐部召开了体育报道经验交流会。参加会议的有新华社、《中国青年报》《工人日报》《北京日报》、电视台的体育记者和《体育报》来京开会的全体地方记者，共约60人。

同月

北京电视台和北京市高教局合作创办北京电视大学，为全国第一所利用电视手段进行教学的大学。学制3年。限于当时的技术条件，教师上课采用直播，只限于北京地区收看。它是以电视教育为主，面授、函授为辅的专科性的基础大学，由北京市副市长吴晗任校长。从开办到“文化大革命”前，6年中先后开设了数、理、化、中文等近30门的基础课程，还筹办了医学专业基础课。教师主要由北京大学、北京师范大学等校委派，学员主要是在职职工和机关干部。入学不进行入学考试，进行学期和毕业考试。办了3届，近8000人毕业，单科结业生有5万人，还有近千人的附中单科结业生。与此同时，上海也开办了电视大学。在当时的亚洲，我国的电视教育名列前茅，在国内外都有一定影响。

4月1日

中南区第三次报纸工作座谈会在广州举行。参加会议的有《湖北日报》《河南日报》《江西日报》《广西日报》《南方日报》《长江日报》《郑州日报》《新湖南日报》和《广州日报》等九报的总编辑、副总编辑、编委和编辑记者。会议在交流经验的基础上着重讨论了全党办报，加强理论宣传等问题。会议于6日结束。

4月2日

由国际新闻记者协会召开的第一次国际摄影记者和图片编辑专业会议在柏林举行，新华社副社长兼摄影部主任石少华出席会议。

4月5日

全国第二次晚报工作座谈会在广州举行，《新民晚报》《新晚报》《羊城晚报》《北京晚报》四家晚报参加。座谈会着重研讨了晚报的新闻报道和副刊工作等问题，认为晚报的新闻报道特别要深刻地发掘新生事物中的共产主义因素，副刊也应以最大的热情歌颂新人新事，“更高地举起毛泽东文艺思想的红旗，充分地反映我们伟大的时代”。座谈会中也提出，“在不断加强晚报副刊的思想性的同时，还应该适当地注意加强知识性”。此次会议会期7天，于12日结束。（《新闻战线》1960年第3期）

4月13日

黑龙江省大庆油田《战报》创刊。4开4版，周三刊。1977年改名《大庆战报》。1980年中共大庆市委、市政府成立后改称《大庆报》。

4月16日

哈尔滨广播师范大学、哈尔滨电视大学开学。

4月21日

北京电视台用英语配音制片交国务院对外文化联络委员会，送给一些亚洲国家播放。这是北京电视台第一次用外文配音制片。

4月23日

辽宁电视台正式播出。当时称沈阳电视台，1979年7月1日改称现名。

同月

北京广播学院开始进行学术批判。先是全院师生普遍“鸣放”，然后转入以新闻系和外语系为重点的边鸣边辩阶段，最后结合对“资产阶级新闻观点”的批判进行教学改革。

《大庆日报》在黑龙江大庆创刊。4开4版，周六刊。

中共新疆维吾尔自治区克孜勒苏柯尔克孜自治州委主办的《克孜勒苏报》维文版和汉文版在阿图什创刊。4开，周三刊。

5月1日

北京电视台彩色电视试播成功，使中国成为世界上第6个开始彩色电视试播的国家。我国彩色电视研究工作从开始研究到正式试播，一共用了1年零4个月的时间。后因国家遇到经济困难，试验停止。

中共辽宁省朝阳地委机关报《朝阳日报》创刊。4开4版，周三刊。

江苏电视台开始试验播出，当时称南京实验电视台。

四川电视台开始试验播出，当时称成都电视台。

中央人民广播电台增办第3套节目。第3套节目增办后，中央人民广播电台3套节目每天播音总时间，从原来的每天30小时10分，增长到46小时15分。第3套节目主要播送文艺节目。

5月24日

据本日出版的《新闻战线》第10期报道：《解放日报》印刷厂实现了高速轮转机穿纸自动化，浇版自动化；晋城有线广播站实现广播自动化；黑龙江广播电台举办广播农业大学。

5月25日

山西电视台开始试验播出，当时称太原电视台。

5月28日

中国登山队的3名运动员于25日从北坡登上了世界第一高峰珠穆朗玛峰，这是有史以来中国人第一次成功登上珠峰。随队采访的新华社记者郭超人、景家栋登上了海拔6600米高度，创造了中外记者采访登山运动史的新纪录。他们采写的《红旗插上珠穆朗玛峰》《英雄登上地球之巅》等一系列报道，在全国引起较大反响，新华社予以通报表扬。

同月

《人民日报》和新华社在合肥召开了国内分社社长会议。中共安徽省委第一书记曾希圣在会上就全党办报问题讲了话。《人民日报》6 月 16 日发表了就这个讲话改写成的文章《关于全党办报问题》，并加了编者按语。

6 月 13 日

新华社和《人民日报》联合邀请出席全国教育和文化、卫生、体育、新闻方面社会主义先进单位和先进工作者代表大会的新闻界代表进行座谈，介绍和交流先进经验，并征求他们对新华社和《人民日报》的意见。代表们反映：《人民日报》登载的省委书记的文章，“党委书记手记”“要闻快报”等很受读者欢迎，希望报上更多地刊登读者的东西，并经常向他们介绍新闻报道工作的经验。

同月

上海《新闻日报》停刊。

《小学生拼音报》在山西运城创刊。4 开 4 版，周刊。

天声广播电台在台湾省苗栗县成立。1963 年改组为天声广播公司。

7 月 1 日

中共湖南省委的理论刊物《学习导报》改名《新湘评论》继续出版。湖南省委在关于改名的决定中说，所以要改名为《新湘评论》，是为了继承和发扬《湘江评论》（1919 年 7 月 14 日创刊）的光荣传统。在《新湘评论》发刊号上，中共湖南省委第一书记张平化写了文章《继承和发扬〈湘江评论〉的光荣传统》，阐述了《湘江评论》的光荣传统。《人民日报》1960 年 6 月 30 日发表了这篇文章，并写了编者按语，号召“党的报刊继承和发扬《湘江评论》的这种光荣传统”。

中共山西省委主办的《山西注音报》在太原创刊。4 开 4 版，三日刊。山西省委宣传部和文教部、共青团山西省委通知各地利用这一报纸进行扫盲。

广东电视台正式播出，当时称广州电视台。

陕西电视台开始试播，当时称西安实验电视台。

中共新疆维吾尔自治区博尔塔拉蒙古自治州委主办的《博尔塔拉报》在博乐县创刊。用维吾尔文和汉文两种文字出版。

7 月 9 日

本日出版的《新闻战线》第 13 期发表《光明日报》编委会的文章《做文化革命的促进派》，认为文化革命主要是抓意识形态领域中“兴无灭资”的斗争。还发表了《黑龙江日报》总编辑的文章《我们找到了提高报纸工作的途径》，认为提高报纸工作的途径主要是抓新事物，抓全面宣传，抓提高质量，抓迅速及时，抓短小精悍，抓生动活泼。

7 月 10 日

东北协作区 7 个省市报纸在哈尔滨举行首次工作会议。会议交流了毛泽东思想宣传、全党办报、技术革命和文化革命宣传、培养工人阶级新闻队伍等方面的情况和经验。会议于 15 日结束。

7 月 17 日

北京电视台同日本电波新闻社签订交换电视新闻片合同。

7 月 29 日

香港第一张夜报《新闻夜报》创刊。该报强调要网罗每日最后之香港及国际新闻。

同月

《人民日报》、新华社和中华全国新闻工作者协会整顿业务刊物和内部刊物，把原《新闻业务》《新闻业务》活页版、《新闻战线》合并为《新闻业务》。合并以后，《新闻业务》作为《人民日报》、新华社和中华全国新闻工作者协会的内部发行的刊物。其任务是：对《人民日报》、新华社编辑部和分社、记者站的工作进行指导；交流全国新闻界的经验；反映外国新闻界的动态。为了便于执行上述任务和保密，《新闻业务》分为普通版和增刊两种：普通版是一般内部刊物，16 开，半月刊，主要任务是交流经验；增刊是不定期的供党内阅读的刊物，主要任务是对《人民日报》、新华社编辑部和分社、记者站进行指导，登载《人民日报》和新华社报道提示、内部活动情况和中央领导同志改稿情况。《新闻业务》第 1 期于 8 月 18 日出版，出至 1966 年 5 月后停刊。1978 年 12 月，恢复《新闻战线》重新出版。

中央人民广播电台向各集体记者发出对当前钢铁生产的报道意见。要求以鼓干劲、树信心、立榜样为中心，既反映群众运动的进展，又反映工作的细致扎实。要报道各地党委加强对钢铁生产的领导，介绍提高钢铁质量、产量、达到国家计划水平的典型企业的经验；报道各地按时、按质、按量调拨重点物资，保证钢铁企业生产等。

《四川画报》在成都创刊。

8 月中旬

中央人民广播电台向各地集体记者发出《关于增产节约运动的报道意见》，说明以粮、钢为中心的增产节约运动，是当前宣传报道的中心。报道中应把增产粮食放在第一位，粮多于钢。多做正面宣传，不要讲“困难”“缺点”等消极因素；着重讲增产，也提倡节约。增产节约的计划、指标一概不报。反映群众干劲要注意实干苦干巧干相结合，劳逸结合。

8 月 24 日

《北京日报》刊出读报专页，号召人人读报，天天读报。

9 月 1 日

中共陕西省委决定，全省报刊除《陕西日报》《思想战线》《西安日报》外一律暂停出版，进行检查整顿。检查出如下几类问题：1. 泄密、失密；2. 政治性错误严重；3. 歪曲马列主义理论，散布修正主义思想和资产阶级观点；4. 编辑队伍不纯；5. 严重无组织无纪律，胡乱出版刊物，有的不经请示随便出口。

西北政法学校新闻系开课。首批学员 80 多人，学制 4 年。

9 月 7 日

甘肃电视台开始试播，当时称兰州电视台。

9 月 14 日

中央人民广播电台向各地集体记者发出通知，要求江苏、山西、湖南、上海、西藏、辽宁等 20 个地方台分别寄送反映大办农业、大办粮食和人民公社优越性的专题节目。在工业方面，请各地发来煤炭工业增产节约竞赛、小高炉优质高产运动、红旗单位和先进人物为迎接国庆做出的新成就新创造等报道。

9 月 24 日

西藏体育运动委员会把国家三级登山运动员称号授予新华社记者郭超人、景家栋和陈宗烈，并把国家体育运动委员会颁发的攀登珠穆朗玛峰的奖状和登山运动纪念章授予了他们。

9 月 30 日

安徽电视台开始试验播出。

10 月 1 日

福建电视台开始试播，当时称福州电视台。

湖南电视台开始试验播出，当时称长沙

电视台。

山东电视台开始试播，当时称济南电视实验台。

浙江电视台开始试播，当时称浙江人民广播电台电视台。

同月

吉林怀德县报《怀德报》并入《四平报》。

11月1日

香港第一份用彩色印刷的报纸《天天日报》创刊。香港二天堂药厂韦氏家族创办。

11月7日

湖北电视台开始试播，当时称武汉电视台。

11月17日

中国少年先锋队队报《中国少年报》（以小学五、六年级学生为主要对象）和《新少年报》（以小学三四年级学生为主要对象）合刊，定名为《中国少年报》。合刊后仍为中国少年先锋队队报。读者对象是具有小学四、五、六年级文化水平的少年，并适当照顾具有初中一年级和小学三年级文化水平的少年儿童。

同月

《红旗》杂志对所引革命领袖的文章、信件、批示和讲话开始用黑体、仿宋体等字体。

江苏省在南京创办了江苏省新闻专科学校。这个学校是由原南京大学中文系新闻专修科和江苏省新闻学校（后改为南京大学附属新闻学校）合并而成。主要培养县级新闻工作干部，在校学生课程有政治、语文、新闻业务等。

西藏人民广播电台建成正式播音。

12月3日

本日出版的中宣部《宣传工作动向》第122期报道，中央书记处指示新华社和《人民日报》注意：对于今年全国灾情，必须经常做适当的报道。要把现在的情况同旧社会有灾年份的情况加以对比，以增强人民克服暂时困难的信心。

12月5日

征得国家民委党组同意并经中宣部批准，中央人民广播电台的壮语、蒙古语、维吾尔语、朝语、藏语5种少数民族语言节目今日停办。停办的原因有三：1. 各自治区均有较强大的电台；2. 各地自办节目可以更好地联系当地实际；3. 中央台精简机构。原在民族广播部工作的各民族语言干部，除蒙语留下一部分人，开办对国外广播的蒙语节目外，其余33人经中组部批准，调到各自治区工作。

12月19日

参加中共中央宣传部召开的关于国际问题宣传会议的省市报纸总编辑30多人举行座谈会，讨论了国际宣传、国内宣传、省报和《人民日报》的关系、干部培养、总结新闻工作经验等问题。

年底

《人民日报》决定每个星期日以4个版专门登“知识性”和“艺术性”的稿件，并专门开辟《知识版》。

同年

暨南大学在中文系设立新闻专业，学制4年，共办两届，招生大约80人。山东大学中文系成立新闻专修科，本学年招生32人，学制2年。安徽大学增设新闻专业，第1期招生13名。

中国人民大学新闻系开展“学术批判运动”，这次批判运动就以下几个方面的问题进行了批判：一、关于报纸的性质问题，只能说报纸是阶级斗争的工具。批判了报纸

“同时也是教育人民的工具”、“是观察生活的学校”，以及“资产阶级报纸有一点商品性”等观点，认为列宁的在社会主义建设时期报纸是“对群众进行经济教育工具”等论点，也是“否认报纸是阶级斗争的工具”的。认为报纸要“执行无产阶级思想专政的职能”，并由此引申出报纸是“暴力机关”的主张。二、关于报纸的党性和真实性问题，批判了“报纸的真实性是新闻工作的根本原则”的观点，认为这是“公然反对党性的口号”，认为“真实性要求报纸只能反映主流，不能反映支流；只能报道先进的东西，不能报道落后的东西，只能报道成绩，不能报道缺点”。三、关于记者和党委的关系问题，批判了记者在马克思主义指导下进行“独立思考”的观点，认为这是“向党闹独立性，反对党的领导”。四、关于无产阶级报刊和资产阶级报刊是否有批判继承的关系问题，认为“无产阶级报刊与资产阶级报刊之间只有斗争，而没有继承关系”，批判主张有继承关系的教师是“向资产阶级垃圾堆里寻找珍珠”。这次批判运动中还批判了“报纸是阶级斗争的工具，但不是阶级斗争的产物”的观点，认为这“实质上就会得出否定报刊是阶级斗争工具的结论，而掉入社会需要论的泥坑”。这次批判运动是当时新闻教育和新闻学研究中的一次严重的“左”倾错误事件。1961年，中共中央宣传部派出调查组到中国人民大学新闻系进行调查。中国人民大学党委也成立调查组，在中宣部调查组的帮助下，对新闻系这次学术批判运动进行认真的调查，并组织师生重新讨论，分清了一些理论上的是非，纠正了“左”的错误。(《中国当代新闻事业史》，第154、155页)

由于纸张严重缺乏，全国各家科技报几乎全部停办。

本年内全国（不包括港、澳、台）通过邮局发行的报纸共有1274种，期发数2104.1万份。

从1958年北京广播专科学校创办到本年底，先后有湖南、福建、山西、山东、安徽、上海、江西、吉林、辽宁、黑龙江、内蒙古、陕西、广东等省、自治区、直辖市建立了广播学校。

从本年起，中国电视台开始向外国电视台寄送祝贺新年的节目。

香港报纸总数达到64种，其中每日出版的报纸有38种（34种中文，4种英文）。

星系报纸属下香港英文《虎报》创刊。

1961年（辛丑）

1月1日

中央人民广播电台对首都广播部（即北京人民广播电台）移交中共北京市委领导。

《北京广播电视节目报》创刊。初创时名《北京人民广播电台广播节目报》。1967年1月停刊。1979年10月1日复刊，改为现名。

1月2日

中共中央中南局对报刊工作作出几项规定。决定合并中南区各省（自治区）党委主办的理论刊物，出一个全区性的理论刊物；停办各省画报，集中力量办一个中南画报；各省会所在地的市报，或同省报合并，或改出晚刊。《广州日报》同《羊城晚报》合并，由中共广州市委领导。

1月3日

《新闻业务》第1期开始连载王芸生、曹谷冰撰写的有关旧《大公报》历史的文章，全文共约19万字。

1月5日

中央人民广播电台和北京电视台派记者随同周恩来总理率领的中国政府友好代表团访问缅甸。这是中央电台、电视台第一次派记者报道国家领导人的活动。这次采访活动历时 9 天，于本月 14 日结束。

1 月 10 日

梅益在中央人民广播电台党组编委会上讨论文艺广播工作 1961 年工作计划时发表了一些意见：广播文艺节目的水平既反映了广播文艺编辑的思想水平、业务水平，也反映了国家文化艺术的状况。是否可以这样设想，文艺部和表演团体，在半年以内，除了处理日常工作以外，不做别的事情，大家都留在家里，读读书，听一些过去的节目，摆摆看法，但不要搞运动。在这样的学习过程中，要把学习党的文艺政策，总结工作，统一认识和工作实践结合起来。抓住几个关键问题，好好调查，研究研究，思索思索，总结总结，把思想提高一步，这样，提高节目质量就有基础。在宣传方面，对欣赏性的作品还要适当加以注意。传统作品是劳动人民的智慧结晶，在艺术上和技巧上有很高成就。许多优秀的传统节目是有积极的思想内容的，运用得好，同样是可以从广泛的或间接的意义上为社会主义事业服务的。文艺节目要体现“百花齐放”“推陈出新”的方针。古今中外，凡是好的，都拿来，当然要有个比例。知识性节目同样要注意。知识性节目可以提高人民的艺术欣赏水平，扩大人民的知识领域。生活不但要有面包、玫瑰，还要有音乐。现在广播是缺少日常生活的声音。相声为什么受人欢迎？有一条，它不是念稿子。政治和艺术两者的关系要摆好，如果片面强调政治性，忽视艺术性，就是取消了艺术，也取消了政治，要犯错误。（《中央人民广播电台编年纪事》，第 159 页）

1 月 12 日

中共中央统战部长李维汉提出，要加强对民主党派的报道。要求在政协设新闻组，负责同新华社和各报社的联系。

1 月 21 日

《人民日报》自本日起，连续 6 天在第 2 版以《粤西行》为题，连载了《南方日报》发表的《随行纪谈》中的 6 篇文章。1960 年 9 月至 11 月，《南方日报》以《随行纪谈》为总题，陆续发表了 20 篇关于粤西地区和海南岛的工作情况的文章。这些文章是随同中共广东省委第一书记陶铸到这些地方考察的同志，根据在考察中同各级干部和群众共同议论的一些意见写成的。《人民日报》在选登时加的编者按说：这些文章“既叙述了情况，又提出了问题，发表了意见，文字简洁，生动，读起来感到亲切有味，毫无八股气”，“希望这样的内容和形式都可取的文章能够多起来”。这是当时最有影响的一组调查文章。

1 月 29 日

《人民日报》发表社论《大兴调查研究之风》。社论引用毛泽东的话说明了没有调查就没有发言权，批评了“大跃进”的浮夸和瞎指挥。

1 月 30 日

吉林《红色社员报》因纸张缺乏停刊。

同月

《人民日报》进行部分改版，对星期日的版面进行了调整。每逢星期日拿出 4 个版来刊登知识性、艺术性的东西。第 5 版为国际杂文和国际知识、国内外学术动态、外国旅行游记。第 6 版为各地风光或游记、科学知识小品、文物古迹、文娱体育（包括象棋棋局选介）。第 7 版为文学艺术作品。第 8 版为星期画刊，有新闻图片、摄影艺术作品、美术作品等。

中共新疆巴音郭楞蒙古自治州委员会主办的《巴音郭楞报》在库尔勒创刊。

2 月 1 日

中共辽宁省辽阳市委机关报《辽阳日

报》改为《辽阳市报》。

2月20日

中共沈阳市委机关报《沈阳日报》改刊为《沈阳晚报》。改刊后地方特点较前突出。

2月27日

中国青年报社社长兼总编辑孙轶青在报社做会议总结报告《提高质量，发展特点，增强党性，把我们的报纸办得好些更好些》。他把《中国青年报》的经验归纳为“四报”：思想报、旗帜报、知识报、战斗报。

3月1日

《南宁日报》改为《南宁晚报》。改刊后仍为中共南宁市委机关报。关于编辑方针，提出了8条要求：1. 新闻性强；2. 对中心工作的宣传，正面和侧面并重；3. 在方式方法上，不多搞大配套、大集中，而主要注意提高稿件质量、排放位置和进行连续报道；4. 直接教育和潜移默化教育并重；5. 评论方面提倡短小精悍，生动活泼，形式多样，谈吐亲切，平易近人；6. 保证用一定篇幅刊登文化娱乐和知识性的稿件；7. 文章的体裁、标题的风格提倡多样化，使群众喜闻乐见；8. 编排生动活泼，图文并茂。

3月2日

早晨6时43分，北京东郊热电站因发生电源线路故障，又逢通县发电厂设备检修，没有备用电源，致使中央人民广播电台对国内广播的第一套节目全部短波停播51分钟，第二套节目全部中波、短波和对台湾广播停播25分46秒—33分09秒不等。这次停播是建国11年来最严重的一次事故。

3月19日

《北京晚报》设置《燕山夜话》专栏，开始刊载中共北京市委书记处书记邓拓用马南邨为笔名所写的杂文。

3月21日

中共湖北省委宣传部召开了全省首次通讯工作会议。参加会议的有62个县市（缺7个县）的通讯干事和《湖北日报》各记者站的负责人。会议交流了经验，明确了宣传党的政策是党报的重要任务，全面地系统地宣传好政策的关键是加强政策学习，深入基层，调查研究，向群众学习。会议还制订了《通讯干事工作条例》。

4月4日

北京电视台自本日起至14日止，第一次在北京直播世界性体育比赛——第26届世界乒乓球锦标赛。比赛期间，北京电视台向英国、联邦德国、巴西、古巴、澳大利亚、日本、苏联、罗马尼亚等国电视台寄去87条电视片。同时以最快速度向上海、天津、广州、沈阳电视台寄送了电视片。这是北京电视台第一次印制拷贝片。

4月10日

山西、河北、河南、内蒙古、北京、天津6家省市日报的总编辑、副总编辑、编委、部主任和编辑共15人，在呼和浩特市举行座谈会。以中共八届九中全会精神回顾了一个时期以来的宣传报道工作，回顾了宣传大办农业、大办粮食的方针的情况，并着重座谈了加强调查研究的问题。会议进行了7天。

4月24日

新华通讯社和人民日报社合编的不定期内部刊物《新闻业务》增刊出版。穆青写了《重新开始》一文，说“《新闻业务》活页版，从这一期起我们想恢复它原来的面目”。“它将作为新华社和人民日报两个编辑部和分社记者之间共同探讨业务，交流工作经验的园地”。（《新闻业务》增刊后改由新华社独家出版，在“文化大革命”中曾中断一个时期。继续出版时改名为《新闻业务》活页版。）

4月26日

东北区7家省市报纸举行座谈会。讨论

了加强调查研究，政策宣传和进一步改进新闻工作者的作风等问题。认为调查研究是办好报纸的基础，是新闻工作者的首要任务。

同月

中宣部部长陆定一在全国文教书记会上指出，文教战线有特殊问题，要搞典型调查。还指出，中国人民大学新闻系1960年开展的所谓“对资产阶级和修正主义新闻学的批判”，是错误的。（《当代中国新闻事业编年》，第99页）

《国际新闻界》在北京创刊。该刊是中国人民大学新闻系主办的研究外国新闻学和传播学的新闻学术期刊。其宗旨是：研究外国新闻学和传播学，评述外国的报刊宣传，介绍外国新闻事业的新技术、新经验。

河北省邢台地区和邯郸地区邯郸市分家，中共邢台地委机关报《邢台日报》出版。周恩来题写报头。

5月1日

刘少奇在湖南省长沙县天华大队蹲点调查研究期间，针对“大跃进”时期宣传工作中存在的问题，同《人民日报》副总编辑胡绩伟等谈话，指出《人民日报》应该好好总结3年来的办报经验。他指出，3年来报纸在宣传生产建设成就方面的浮夸风，在推广先进经验方面的瞎指挥风，在政策宣传和理论宣传方面的片面性，对实际工作造成了很大恶果。你们宣传了很多高指标，放“卫星”，《人民日报》提倡错误的东西，大家也以为是中央提倡的。刘少奇还说，报纸的工作人员是专职的调查研究人员，报纸上的文章都应当是调查研究的结果。（《刘少奇年谱》下卷，中央文献出版社1996年版，第518、519页）

《解放军报》开始摘登毛泽东语录。这是以后报刊上大量引用领袖语录的开端。

5月8日

新华社总社国内各部召开全体工作人员大会，布置整风准备工作。从3个方面进行了检查。第一，检查宣传贯彻党的政策方面的问题，主要检查三条：1. 查真假，有无虚夸；2. 查对错，是否符合党的政策；3. 查作用，是起了好作用还是坏作用。第二，检查近几年来的业务思想。第三，检查工作方法、工作作风等。

5月9日

应中央广播事业局邀请，以苏联国家广播电视委员会主席卞弗坦诺夫为团长的广播电视代表团对我国进行访问。25日签订了中苏广播与电视合作协定。27日回国。

同月

薄一波副总理在大区经委主任和11个省市工业书记座谈会期间，对中央人民广播电台记者说，工业报道需要热闹些，生动些，方面广些。要多宣传些好的典型。他说，报道不能单纯谈成绩，还可以报道些过去有问题、有缺点，现在解决了、改进了的典型。当然，这种典型不要报道很多，也不要每篇稿子都去对比。还要注意宣传矿工中的模范人物。中央人民广播电台照此通知集体记者组织报道。

《山西日报》自本月起，连续两个月开展“三比”“五好”活动。三比是：比调查研究，比报道业务，比思想工作和组织工作。五好是：调查研究好，掌握政策好，完成任务好，改进文风好，遵守纪律好。

《武汉晚报》创刊。4开4版，日刊。

6月1日

中共中央宣传部批转了中央新闻纪录电影制片厂关于拍摄工作中弄虚作假的检查报告，要求新闻纪录片“一定要严格遵守完全真实，完全是真人真事的原则”，禁止“补拍”和“组织拍摄”。

6月3日

本日出版的《新闻业务》第6期发表

《南方日报》总编辑黄文俞的文章《痛下决心搞调查研究》，介绍《南方日报》的经验和做法。

6 月 15 日

《哈尔滨日报》改为《哈尔滨晚报》。

同月

河北省邯郸、邢台两个地区恢复原建制，《邯郸日报》成为新设的中共邯郸地委的机关报。

7 月 4 日

新华社圣地亚哥（智利）分社成立。

7 月 25 日

新疆维吾尔自治区党委宣传部召开自治区第一次地、州、县报纸工作座谈会。座谈会总结了“大跃进”以来的宣传报道经验，检查了工作中的缺点和问题，并着重讨论了地方报纸的方针任务等问题。会议于 8 月 7 日结束。

7 月 28 日

北京市 4 家报刊（《北京日报》《北京晚报》《前线》《北京文艺》）举行“神仙会”，中共北京市委书记处书记邓拓就当前报刊工作提出改进意见。指出目前北京报刊面临着一个共同任务，大家必须努力打开一条新路。他要求记者要深入群众交朋友，要精心经营报刊，关键是记者自己要勤学苦练。

7 月 31 日

台北广播电台成立。初名台北市市政广播电台，1991 年改现名。

同月

《羊城晚报》在第 1 版开辟《一周影窗》专栏，用 1/3 的版面刊登照片，打破了报纸画刊和定期照片专栏不上头版的传统习惯。

8 月 12 日

北京电视台为配合当前机关精简，城市人口下乡和中小学毕业生参加农业生产，自本日起迄 9 月 2 日止，先后举办了 4 次《知识分子在农村》连续节目，每周播出 1 次。

9 月 4 日

《中国青年报》刊登何其芳为《不怕鬼的故事》一书写的序，并选登了两个整版不怕鬼的故事，第 4 版是副刊《星期天》。这期没有新闻的报纸，在新闻界成了最大新闻。第二天，新华社就《中国青年报》刊登的不怕鬼的故事发了通稿。

同月

上海复旦大学招收两名新闻史专业研究生，成为中国第一所培养新闻史研究生的大学。

10 月 1 日

《黑龙江日报》朝鲜文版在哈尔滨创刊。4 开 4 版。初创时名《黑龙江日报朝鲜文版》，1963 年元旦改为周二刊，同年 7 月 2 日改为周三刊，后改为隔日刊。1979 年 12 月 12 日改名《黑龙江朝鲜文报》。1983 年 1 月起改名《黑龙江日报》朝文版，并脱离黑龙江日报社，单独组建报社。

同月

北京《前线》杂志自本月出版的本年第 19 期起，开辟了《三家村》杂文专栏。作者“吴南星”是吴晗、邓拓、廖沫沙三个人合用的笔名，吴晗出“吴”字，邓拓出“南”字（邓的笔名叫“马南邨”），廖沫沙出“星”字（廖当时的笔名是“繁星”）。这一专栏办到 1964 年 7 月《前线》第 13 期才告结束。三位作者用杂文的形式，介绍了一些古人读书治学、做事做人、从政打仗等各方面的经验得失；针砭了现实生活中一些不良倾向和作风；赞扬了社会主义的新人新事；还介绍了一些可以借鉴的各种知识。

11 月 13 日

从苏共二十二大开幕到本日止，莫斯科

电台一共寄来13次华语节目，其中11次全部都是宣传二十二大的，2次以宣传十月革命44周年为主，同时联系到二十二大的。这13次节目，中央人民广播电台只播出了其中的2次，撤销了其中的7次，另4次因迟到未播。播出的2次是莫斯科台在二十二大前组织的，主要介绍出席二十二大的苏共代表和苏联人民为迎接二十二大，开展劳动竞赛的情况，未涉及对二十二大的评价。经请示国务院外办以后，对莫斯科台寄送的提到二十二大和苏共纲领的华语节目确定了以下几条处理原则：一、属于友好的，不涉及修正主义政治内容的可照播。二、虽联系到二十二大，但未宣传二十二大错误论点，主要是谈经济建设成就的照播。三、全部或大部分都是宣传二十二大的，不播。四、内容总的没有什么问题，但个别或少数字句为二十二大大肆吹嘘的，删节后播出。五、虽然没有直接联系二十二大，但宣传二十二大中某些不正确的观点，或暗中有所指，或吹捧赫鲁晓夫的，拟根据具体情况不播或删节后播出。

11月28日

新华社达累斯萨拉姆（坦桑尼亚）分社成立。

同月

中央人民广播电台开始减少苏联和东欧国家音乐作品的播出数量，同时提高亚非和拉美地区作品在整个外国音乐中的比重。对苏联和东欧国家以歌颂党为主题的歌曲，只选播以革命历史为题材的歌颂党的歌曲，以及以祖国、劳动等为题材的作品和民歌。一般群众歌曲中带有不恰当政治词句的不播。古典作品多播一些。一般器乐曲中政治色彩鲜明的标题音乐作品不播。

12月6日

国务院外事办公室向北京电台传达周恩来总理关于改进对日宣传的意见。周总理认为，现在对日宣传比较生硬，特别是广播，对日宣传要适合日本情况。强调要做调查研究。

12月29日

新华社里约热内卢（巴西）分社成立。

12月31日

云南电视台开始试播，当时称昆明实验电视台。

同年

梅益在中央人民广播电台党组、编委会讨论中央人民广播电台年度工作计划时谈了一些意见。他说，从今年起，我们的任务应该是在已有的数量（播音时间）的基础上提高质量，增加花色品种。我们的知识性节目太少。地理的常识、自然的常识等等，都可以谈。中央台应该有更多的名牌节目，能不能在1961年再精心办好一二个或二三个节目，把牌子打出去，提高和扩大中央台的地位和影响。有了好的节目，就可以把整个中央台的水平推进一步。（见《中央人民广播电台编年纪事》，第158页）

刘少奇、邓小平批准了中央宣传部《关于毛泽东思想和领袖革命事迹宣传中的一些问题的检查报告》，纠正学习毛泽东著作中的简单化、庸俗化和形式主义。

根据中央关于压缩新闻用纸的指示，北京各报压缩发行量。《人民日报》从11月1日起，每天由8版改出6版，星期一出4版，发行份数由控制数133万份压到100万份。《解放军报》发行份数压缩10%；《光明日报》由13万份压到7.2万份；《工人日报》由每周出6天对开4版，改为每周3天出对开4版，3天出对开2版；《大公报》压缩发行量30%，压缩到10万份；《中国青年报》由周六刊改为周三刊；《北京日报》的发行量由 15.6 万份压缩到 12 万份，并每周休刊 1 天。各省、市、自治区都对报刊进行了整顿，削减了用纸量。

老报人徐凌霄病逝。徐生于 1888 年，江苏宜兴人。笔名彬彬、凌霄汉阁主。1916 年起，担任上海《申报》《时报》驻北京特派记者，撰写《北京通讯》。由于他对当时一些政界要员的身世经历较熟悉，通讯中常透露一些内幕材料，文笔流畅，颇受读者欢迎，成为民国初年负有盛名的记者之一。邵飘萍的《京报》创刊后，徐凌霄应邀担任特约编辑，主编副刊并撰写剧评。从 1927 年起，徐曾和其弟一士合撰《凌霄一士随笔》在《国闻周报》上连载，达 10 年之久，内有不少新闻界的掌故。30 年代，担任天津《大公报》副刊《戏剧周刊》和《小公园》主编。

著名记者、新闻学者赵敏恒逝世。赵生于 1904 年，江苏南京人。1923 年 7 月在北京清华学校毕业后，公费去美国留学，先后在科罗拉多大学文学院、密苏里大学新闻学院、哥伦比亚大学新闻研究生院读书，并获硕士学位。1928 年至 1944 年，任美联社南京特派员，英国路透社驻南京、汉口特派员，路透社中国分社、重庆分社社长。是最早向世界报道了“九一八”事变、国际联盟李顿调查团东北秘密调查报告、西安事变和开罗会议的消息的记者。1944 年，因在重庆《新民报》上连载长篇通讯《伦敦去来》，披露英国在非洲殖民地的高压政策，受到路透社领导的非难而辞职。后历任重庆《世界日报》、上海《新闻报》总编辑，重庆中央政治学校新闻系、上海复旦大学新闻系教授。1949 年后，担任复旦大学新闻系教授。著有《外人在华新闻事业》《采访十五年》《伦敦去来》《新闻圈外》等。

本年全国（不包括港、澳、台）通过邮局发行的报纸共有 451 种，期发数 1285 万份。

全国电视台数已增加到 26 座（包括实验台、转播台。）

1962 年（壬寅）

1 月 1 日

中央广播事业局所属表演团体定名为中央广播文艺工作团（简称中央广播文工团）。共辖 5 个分团：中央广播合唱团、中央广播管弦乐团、中央广播说唱团、中央广播民族管弦乐团和中央广播电视剧团（1980 年 5 月改名中国广播艺术团）。

1 月 27 日

毛泽东在党中央召开的扩大的工作会议（又称七千人大会）上指出：《人民日报》、新华社、广播事业局要检查一下，看前几年说了哪些不妥当的、违反政策、对人民不利的话，说了哪些助长“五风”的话。

1 月 30 日

根据毛泽东的指示，中央人民广播电台对近几年来（主要是 1958—1960 年）在国内问题宣传方面所犯的严重错误，写出了书面的初步检查。检查所犯主要错误有：严重的浮夸、宣传刮“共产风”、瞎指挥；多次组织广播大会，压高指标，形式主义地搞群众运动，劳民伤财；在文艺广播中做了很多机械配合政治任务和中心工作的宣传，质量不高，枯燥无味；在广播宣传中乱提错误口号。

2 月 12 日

中央人民广播电台进一步压缩广播节目时间。新节目表上，三套节目每天总播音时间是 34 小时 15 分，比改节目前每天减少 6 小时 45 分，比 1961 年夏秋季节目每天减少 16 小时 35 分。压缩时间以后，第一套节目从早上 6 时到夜里 0 时 35 分，全天连续播音；第二套节目早、中、晚三次播音，主要压缩了14时到17时30分的一段；第三套节目只保留了晚上一段时间。

3月15日

南方日报社在广州举行第一次通讯员代表大会。到会代表300多人。会议对通讯员提出了5项要求：1. 为报纸撰写稿件；2. 反映情况；3. 开展经常性的多种形式的评报活动；4. 参与报纸宣传计划的制订、报纸宣传报道和选题工作；5. 组织群众读报。会议举行了6天，于21日结束。

4月29日

中央人民广播电台在19时30分开始教唱《国际歌》。修改的《国际歌》歌词28日在《人民日报》刊登。中国音协和中央广播事业局在28日给上海、广州、天津、沈阳、成都、西安、武汉、南京音协分会和广播电台发出了在各大城市电台教唱《国际歌》的通知。

同月

《中国评论》周刊在香港创刊。

台湾电视公司（简称台视）成立。该公司是台湾的第一家电视公司，同年10月开始播送节目，揭开台湾电视事业的序幕。

5月4日

《人民日报》副刊开辟杂文专栏《长短录》。自本日起到12月止，共发表了37篇文章。专栏的作者是夏衍（笔名：黄似）、吴晗（章白）、廖沫沙（文益谦）、孟超（陈波）和唐弢（万一羽）。这个专栏的方针是："在配合进一步贯彻百花齐放、百家争鸣方针方面，在表彰先进、匡正时弊、活跃思想、增加知识方面，起更大的作用。"（《中华人民共和国新闻史》，第180页）"文化大革命"开始后，在署名"高炬"（化名）所写的《向反党反社会主义的黑线开火》（刊1966年5月8日《解放军报》）和其后以"两报一刊"名义合写的《把新闻战线的大革命进行到底》两篇文章中，《长短录》遭到点名批判。

5月16日

《人民日报》转载了原载于《解放日报》的杨志豪所写的通讯《姑娘的亲事》。《新闻业务》第7期发表了李耐因的《〈姑娘的亲事〉读后》，推荐了这篇通讯。第10期又刊登了共青团浙江省三门县委员会的文章《〈姑娘的亲事〉是一篇虚假的报道》和王士谷的文章《新闻必须完全真实》。

同月

作家老舍在中国青年报社作题为《漫谈语言和生活》的报告，建议记者通过练写短剧，掌握语言。

6月13日

陈毅副总理应日本电波新闻社董事长柳泽恭雄邀请，发表电视讲话。陈毅副总理讲话内容包括中日关系、中国外交政策、禁止核武器，以及中国的社会主义建设等问题。电视讲话日方在10月1日播出。电波新闻社是中央广播事业局接待的第一个外国电视摄影队，也是我国家领导人第一次对外发表电视讲话。

6月18日

新华社召开国内分社社长会议，着重解决调整国内分社的管理体制问题，确定了分社的精简方案，将国内分社实有人员1082人减少到568人。

7月15日

中共中央转发人民日报、新华社《关于新华社各省（市）、自治区分社体制问题的报告》。

7月21日

国务院批转中央广播事业局《关于全国广播事业调整方针和精简工作的报告》。

国家民族事务委员会副主任萨空了传达周恩来总理指示，要求中央广播事业局研究恢复少数民族语言广播。

同月

北京、江苏、广东、广西、湖南、湖北、河南、黑龙江、四川、山东、贵州等12省（区）市报先后增出农村版。中共陕西省委决定恢复《陕西农民报》，于1963年3月1日出刊。

8月3日

据本日出版的《新闻业务》第8期报道，《新民晚报》新近提出的对一版头条要求是：重要的、新鲜的、短小的、群众关心的、有文采的。《新华日报》新近对编辑记者的稿件提出的三点要求是：有评论的针对性、通讯的吸引力、杂文的风格。《羊城晚报》在通讯员刊物上结合评报，对什么是新闻开展了讨论，并开展了出租报纸的业务。

8月6日

国际新闻工作者协会在布达佩斯举行，中华全国新闻工作者协会副主席金仲华参加大会并作了讲话。

9月1日

中共河北省衡水地委机关报《衡水日报》创刊。4开4版，周三刊。初名《衡水群众报》。邓拓题写报头。

同月

新华社对国外分社进行调整，保留国外分社35个，驻外记者51人，在21个国家聘有外籍报道员。

针对农村基层干部中有的人平时很少参加集体生产劳动，工作不深入，有的认为当干部“吃亏”，有的多吃多占甚至贪污腐化等情况，《浙江日报》陆续报道了一批干部参加劳动，领导生产，廉洁奉公等典型。随后又从各方面宣传了干部参加劳动的意义。在1963年5月毛泽东批发《关于浙江省七个干部参加劳动的好材料》之后，这一报道进一步深入展开，直到“文化大革命”开始后才中止。

《宁夏科技报》在银川创刊。

11月10日

“中华民国新闻编辑人协会”在台湾省台北市成立。以“研究新闻学术，增进会员知能，砥砺品德，联络感情”为宗旨。

同月

中央人民广播电台、北京电台和电视台集中宣传我国人民支持古巴人民的斗争。3日全国联播节目在头条播出了首都人民示威游行，支持古巴人民反对美帝国主义的战争挑衅的实况录音报道。13条新闻中有11条是关于古巴问题的。文艺节目当晚作了配合，紧接《联播》节目播送一组《支持古巴人民反对美帝国主义战争挑衅》的文艺节目。4日、5日、6日各次新闻均以绝大部分或全部时间连续报道了北京、上海、天津、武汉、沈阳、广州、成都、西安八大城市电台发来的支持古巴游行示威的录音报道和消息。

中共中央中南局第一书记陶铸在中南五省（区）宣传工作座谈会上的讲话中，讲了办好省报的农民版问题。他说：“为了更好地对农民进行社会主义思想教育，为了使农民及时地、正确地理解党的政策，出版一张直接联系农民，为农民所爱看的报纸，是迫切需要的。”“它应该是一张真正的农民报纸。对象是生产大队、生产队的干部和广大的农民群众。这就是办‘农民版’的方针。所谓真正的农民报纸是什么意思？就是要有效地促进农村经济建设和提高农民思想觉悟；反映农民的要求和思想情绪（当然是正当的和先进的），讲农民真正要讲的话，帮助农民正确地解决他们需要解决的问题。文字上要农民读得懂，听得懂。这就要求精干一点，字数不要多，版面不要大，‘山不在高，有仙则名，水不在深，有龙则灵’，小小的报纸，只要群众爱看，就会发生很大的作用。”

12 月

毛泽东同志指出：广播电台要在任何情况下都能各就各位，坚守岗位，正常工作，安全播音。

同年

中央广播事业局开始对广播事业进行整顿。通过压缩规模，合理布局，广播电台由135 座减少到 94 座，有线广播站几乎减少了一半。全国电视台和电视实验台由原来的 23 座减少到 5 座（北京、天津、上海、广州和沈阳电视台）。

《咸阳报》在陕西咸阳创刊。4 开 4 版，周二刊。

随着经济形势的好转，科技报逐渐恢复和发展起来。《山东科学小报》《湖南科学小报》得到恢复。

本年全国（不包括港、澳、台）通过邮局发行的报纸共有 308 种，期发数 1342.8 万份。

台湾教育电视台成立。除一般教学节目外，该台还与台湾省国立政治大学合作，在学校内进行电视教学。

1963 年（癸卯）

1 月 1 日

《黑龙江农村报》在哈尔滨创刊。4 开 4 版，周二刊。

1 月 7 日

北京电视台和英联邦国际新闻影片社从今年 1 月起试行交换电视片半年。北京电视台 1 月 7 日寄出锡兰总理访问我国的电视片。

1 月 8 日

《辽宁日报》从今日起，连续突出宣传雷锋事迹。

1 月 21 日

“中华民国新闻通讯事业协会”在台湾省台北市成立。首任理事长曾虚白。

同月

《河南农民报》在河南郑州创刊。4 开 4 版，周三刊。

《广东农民报》在广州创刊。4 开 4 版，周刊。初名《南方日报·农村版》。

2 月 7 日

《人民日报》发表《雷锋日记摘抄》和该报记者写的《毛主席的好战士——雷锋》，并配发了评论员文章《伟大的普通一兵》。

2 月 19 日

国务院文教办公室批复中央广播事业局：“同意保留哈尔滨、长春两个电视台和西安电视实验台，作为实验性的电视台。太原、南京、武汉、合肥电视实验台撤销后，可以保留少数技术人员，协同有关部门举办电视教学，不作为正式电视台。”按照 1962 年的调整计划，全国电视台和电视实验台只保留北京、上海、广州、沈阳、天津 5 座，现已增加为 8 座。（中央电视台编：《中央电视台大事记》，人民出版社 1991 年版，第 15 页）

同月

周恩来总理对电台大量播出轻音乐提出批评。

中央人民广播电台研究了贝多芬《第九交响乐》和戏曲中的“鬼戏”的播出问题。中央台认为《第九交响乐》是一部充满革命热情和英雄气概的好作品，有它的历史价值和革命意义。这首交响乐和现代修正主义是两回事。在与现代修正主义的斗争日益尖锐的情况下，中央台播出时拟掌握如下原则：1. 被歪曲和篡改过的，坚决不播；2. 在一般节目中可以附加一些介绍播出，但不宜多播；3. 在宗教节日不播。关于鬼戏问题，中央台认为，鬼戏是个复杂问题，“有鬼无害”“有鬼即有害”两种说法均有片面性。处理“鬼戏”要有具体分析，还要结合广播特点（没视觉形象）来考虑，要看它的主题是否有积极意义，是否借鬼魂来反对封建统治、封建礼教和封建的宿命论的思想等，不能把鬼戏一律看作宣传迷信。对于现有录音的“鬼戏”拟作如下处理：一、内容无害，但艺术价值不高的，停止广播；二、内容有一定积极意义，但台词或音乐中渲染鬼魂或恐怖气氛的停止广播；三、内容有一定积极意义，艺术性又较强，台词及音乐没有渲染“鬼气”，仍可广播。

在北京举行的中共中央工作会议上，毛泽东提出“阶级斗争，一抓就灵”。会议确定在农村进行“四清”，在城市进行“五反”运动。报纸上关于“四清”和新“五反”运动的宣传报道，统称为“社会主义教育运动”。

3月1日

香港《快报》创刊。该报由著名报人胡文虎女儿胡仙投资经营。以一般市民为读者对象。

3月5日

《人民日报》发表毛泽东题词“向雷锋同志学习”。3月6日，《解放军报》刊登了刘少奇、周恩来、朱德、邓小平等的题词。从此，在全国范围内开展了学雷锋运动，在全国报刊、广播电台、电视台上开展了学雷锋的宣传。

同月

中央人民广播电台停办轻音乐节目，取消了《月末舞会》。

各省（区）报纸应约为《西藏日报》组织《兄弟省（区）介绍》专页。

《人民日报》编辑部和中国作家协会邀集了30多位作家、记者，座谈了报告文学问题。会议历时11天，对如何发挥报告文学的战斗作用，如何动员更多作者参加报告文学队伍等进行了广泛讨论。《新闻业务》杂志第5、6期合刊发表了座谈纪要。

4月5日

由北京电视台主持，在广州召开了北京、上海、广州、天津、沈阳、哈尔滨、长春、西安8个电视台负责人或主管电视新闻负责人座谈会。会议进行了7天，讨论了如何加强电视片的对外宣传工作和提高出国电视片的质量问题。

4月24日

亚非新闻工作者协会在印尼雅加达成立。中国记协是该协会的发起者之一。共有48个国家的记协参加了该组织。中国记协副主席梅益率领13人组成的代表团出席成立大会，并在会上提出六点建议。

5月5日

中央人民广播电台《联播》节目播出了“南京路上好八连”正式命名大会的录音报道。

5月6日

《文汇报》发表由江青组织的长篇文章《“有鬼无害”论》，批判孟超1961年改编的昆曲《李慧娘》和繁星（廖沫沙）发表在《北京晚报》上肯定此戏的剧评《有鬼无害论》。文章认为，《李慧娘》的要害有两条：一是戏中出现了鬼魂形象，是“鬼戏”，宣扬封建迷信；二是李慧娘是个借以反抗现实，攻击共产党的“厉鬼”。

5月10日

本日出版的《新闻业务》第5、6期合

刊发表《根据“两个建设”的观点改进报纸工作》一文，它是该刊编辑人员根据上海市委几位负责人对宣传报道工作的意见写成的。

中央人民广播电台从本日起，在《解放军生活》节目中，连续6天介绍“南京路上好八连”的典型事迹，以及各部队学习“好八连”的情况。

7月3日

梅益同中央人民广播电台文艺部外国音乐组谈外国音乐广播问题。他说，我们对待外国音乐不存在民族沙文主义的问题。我们也没有，也不应该排斥外国音乐。现在外国音乐节目编排上有困难，是由于我们手头上能用的节目太少。过去外国寄来的节目，信手拿来就用，而现在的情况不同了，过去用的今后不能用，如肖斯塔可维奇的交响乐。我们不能在政治上旗帜鲜明，而在音乐上旗帜不鲜明。关于苏联音乐的播出问题，梅益说，苏联现在题材的音乐节目不要播。苏联的革命歌曲，20年代、30年代、40年代的可用。苏联的民间音乐，没有理由排斥。苏联的古典音乐作品，可以用。关于外国音乐节目中的古今比例问题，梅益说，现在古典东西多一点是不得已的，不是厚古薄今，是因为现代可用的节目太少，古典的来源广泛一点。根据目前节目情况，古典的占50%左右是可以的。（见《中央人民广播电台编年纪事》，第204、205页）

7月12日

十大城市广播电台第五次协作会议在哈尔滨召开，到23日结束。会上交流了广播宣传的经验。提出的问题有：希望中央人民广播电台建立地方记者站；希望早日召开第八次全国广播会议；要求中宣部直接领导召开一次文艺广播会议；希望召开地方广播局的体制标准会议，以及加强地方台的管理等。

7月19日

我外交部发言人发表声明，就捷克斯洛伐克政府无理要求我国政府召回新华社驻捷记者黄振声、张毓秀、陆郝庆一事，提出强烈抗议。随后，新华通讯社和全国新闻工作者协会也分别发表抗议声明。25日，周恩来接见了被捷政府无理要求召回的新华社记者黄振声等人。27日，首都新闻界各机关团体1万多人举行集会，欢迎被捷政府无理要求召回的三记者。

7月21日

新华社墨西哥分社成立。

7月24日

中宣部发出通知，规定报纸和刊物关于“四个现代化”的提法是：农业现代化、工业现代化、国防现代化和科学技术现代化。

8月1日

中央人民广播电台新闻节目自即日起一律由男女播音员轮播，取消新闻的“电头”，即“××消息”“××电台报道”等。

8月17日

新华社斯德哥尔摩分社成立。

8月19日

《全国优秀广播节目欣赏会》即日起到9月3日止在北京举行。这次欣赏会有中央台、省市台等32个台的37位代表参加，听了31个台选送的优秀广播节目，选出了供全国广播工作者学习研究的广播节目35个。

8月24日

我外交部发言人发表声明，强烈抗议捷克斯洛伐克政府22日宣布无理封闭我新华社布拉格分社。同日，新华社发表声明，严正驳斥并强烈抗议捷政府制造借口蛮横封闭布拉格分社。25日，我全国新闻工作者协会对布拉格分社被封一事发表声明，表示强烈抗议。

同月

国民党在香港的宣传机关《香港时报》实行改组，自此该报由蒋经国控制。

9 月 1 日

以中央广播事业局副局长左漠野为团长的中国电视代表团参加了本日起在阿拉伯联合共和国（埃及）亚历山大港举行的第二届国际电视节。我国影片《金小蜂与红铃虫》获科教片二等奖。这是我国首次参加国际性电视节。

9 月 2 日

台湾新闻评议委员会成立。该委员会是台湾新闻界的自律组织，其宗旨是："维护新闻自由，推行新闻自律，提高新闻道德标准，促进新闻事业善尽社会责任及健全发展。"由报界和广播电视系统的 8 个新闻团体共同推荐的专家、学者组成，经费由这 8 家负责提供。该委员会的主要工作是受理新闻评论、节目、广告所涉及的当事人的投诉或社会各方人士的检举，经调查听证后作出裁定，但这种裁定只有道德约束力，而无法律制裁力。

9 月 6 日

《人民日报》编辑部和《红旗》杂志编辑部联名发表《苏共领导同我们分歧的由来和发展——评苏共中央的公开信》。

9 月 13 日

《人民日报》编辑部、《红旗》杂志编辑部联名发表《关于斯大林问题——二评苏共中央的公开信》。

9 月 26 日

《人民日报》编辑部和《红旗》杂志编辑部联名发表《南斯拉夫是社会主义国家吗？——三评苏共中央的公开信》。

10 月 3 日

本日出版的《新闻业务》第 10 期报道，为了更好地继承和发扬革命报刊的优良传统，坚持无产阶级新闻观点和工作作风，进一步提高报道质量，陕西日报社举办报纸工作展览会。3 个展览室共展出 1400 多件材料和实物。

10 月 22 日

《人民日报》编辑部、《红旗》杂志编辑部联名发表《新殖民主义的辩护士——四评苏共中央的公开信》。

中共郑州市委创办的《郑州晚报》正式出版。

10 月 28 日

贺龙给国家体委党组和体育报社写信。指出：体育报必须认真贯彻执行"体育为无产阶级政治服务"的方针；坚持政治挂帅，增强党性。

同月

中共吉林省白城地委机关报《白城农民报》创刊。初名《白城报》。

11 月 10 日

第一届新兴力量运动会在雅加达开幕。北京电视台第一次派记者到国外报道体育活动。

11 月 19 日

《人民日报》编辑部、《红旗》杂志编辑部发表《在战争与和平问题上的两条路线——五评苏共中央的公开信》。

同月

法国广播电视公司摄影组来我国拍摄电视影片。这是中央广播事业局接待来自法国的第一个摄制组。

中央人民广播电台检查、调整音乐节目。《轻音乐》专栏节目已停办。音乐节目的比例作了调整：中国音乐由原来每周占文艺节目 25.69％增加到 27.22％；外国音乐由原来每周占文艺节目 9.7％减少到 8％。

在外国音乐节目中，现代题材的内容由46%增加到66%，主要播送朝鲜、阿尔巴尼亚、越南、古巴等亚、非、拉国家古典音乐、民间音乐，以及苏联十月革命时期和卫国战争时期的歌曲，现实题材作品很少播送。

12月12日

《人民日报》编辑部、《红旗》杂志编辑部联名发表《两种根本对立的和平共处政策——六评苏共中央的公开信》。

同月

新华社决定恢复日内瓦分社。日内瓦分社是1962年停办的。

同年

中国人民大学新闻系编写的《新闻摄影讲义（初稿）》出版。是建国后出版的第一本新闻摄影教材。

香港中文大学设立新闻与大众传播系。

《昆明卫生报》创刊。4开4版，周刊。

中共中央华东局恢复，中共上海市委机关报《解放日报》改为华东局兼上海市委机关报。

随着国民经济的全面调整，大部分新闻教育单位停办或停止招生。至本年，继续开办并招生的仅有中国人民大学新闻系、复旦大学新闻系和北京广播学院。由此，形成了中国新闻教育的三大基地。

澳门《星报》创刊。日出对开1张半。以中小商人及知识分子为主要读者对象。

1964年（甲辰）

1月1日

中央人民广播电台对《国歌》《国际歌》的播送办法作如下规定：中央人民广播电台三套节目每次播音开始均依旧例以《国歌》（铜管乐）为开始曲。第一套节目在零点开始时播《国际歌》（有歌词）。《联播》节目开始时播《国歌》，结束时播《国际歌》（均有歌词）。早上的两次《报纸摘要》节目，开始和结束时都不再播《国歌》和《国际歌》。对国外广播，每次节目开始时播《国歌》，结束时播《国际歌》。

1月8日

毛泽东在对吴冷西的谈话中提出，《人民日报》要注意发表学术性文章，发表历史、哲学和其他的学术文章。毛泽东说："抓哲学，要抓活哲学。我写文章，不大引马克思、列宁怎么说。报纸老引我的话，引来引去，我就不舒服。应该学会用自己的话来写文章。列宁就很少引人家的话，而用自己的话写文章。当然不是说不要引人家的话，是说不要处处都引。"（《毛泽东新闻工作文选》，第217页）

1月10日

中央人民广播电台《解放军生活》节目自本日起，先后7次播送解放军某部战士欧阳海舍身救火车的英雄事迹，共收到听众来信240封，表示欢迎。

1月21日

《新湖南报》发表介绍为抢救列车而牺牲的解放军战士欧阳海先进事迹的通讯，并配发社论《学习欧阳海的共产主义精神》。中共中南局第一书记陶铸题了词。

同月

中共吉林省白城市委机关报《白城日报》创刊。4开4版，周六刊。

《贵州科技报》在贵阳创刊。初名《贵州科学小报》。贵州省科学技术协会主办。

2月3日

《人民日报》发表一批材料，揭露苏共中央所谓的"停止公开论战"并为此加了编者按。《北京日报》发表了评论员的评论。

中央人民广播电台和北京电台对编者按和评论都播送了全文，并作了版面介绍。

2 月 4 日

《人民日报》编辑部、《红旗》杂志编辑部联名发表《苏共领导是当代最大的分裂主义者——七评苏共中央的公开信》。

2 月 8 日

中央人民广播电台自即日起到 26 日止，对山西昔阳县大寨大队的先进事迹作了集中的宣传。春节前夕宣传 3 天，播送长篇通讯《大寨之路》，大队党支部书记陈永贵在人民大会堂报告的录音（共 2 个小时）和讲话稿。19 日到 26 日举办了《学大寨、赶大寨》专题广播节目，播出中央台和山西台记者联合采写的 7 篇稿件。

2 月 10 日

《人民日报》刊登了新华社记者莎荫、范银怀的通讯《大寨之路》，介绍了大寨大队同穷山恶水作斗争，改变山区面貌，发展生产的事迹，并发表社论《用革命精神建设山区的好榜样》，号召学习大寨的革命精神。此后，全国农村掀起了农业学大寨的运动。

2 月下旬

胡乔木指示新华社，要大量搜集西方各国经营管理、商业、市场行情、交通运输、医疗技术、文化教育和体育新闻等方面的材料，并要求《内部参考》介绍西方的广告和照片。

同月

新华社第六次摄影报道会议提出了“四立一破”的方针，要求新闻摄影工作者树立马克思列宁主义、毛泽东思想的世界观，学习“抗大”作风，实行深入群众、深入实际调查研究的采访路线，锻炼不干涉对象的摄影本领，破除摆布的不良作风。“四立一破”方针得到许多报刊、新闻、摄影工作者的赞同。

3 月 26 日

中国人民解放军总政治部召开全军报纸工作会议。解放军报社党委会作了《更高地举起毛泽东思想的伟大红旗，为提高〈解放军报〉的现实性理论性而斗争》的报告，总政治部宣传部作了《坚决地、迅速地贯彻执行林彪同志的指示，把军区、军种、兵种的报纸办得更好》的报告。《新闻业务》第 4 期刊登了会议的报道、解放军报社党委会的报告，并转载了《解放军报》为这次会议发表的社论《一定要把军队报纸办好》。会议到 4 月 4 日结束。

3 月 31 日

《人民日报》编辑部、《红旗》杂志编辑部联合发表《无产阶级革命和赫鲁晓夫修正主义——八评苏共中央的公开信》。

同月

冶金工业部第一冶金建设公司党委机关报《一冶工人报》在武汉创刊。4 开 4 版，周刊。

4 月 1 日

中共山东省胜利油田委员会主办的《胜利报》创刊。初名《勘探》。

4 月 8 日

中央广播事业局召开第八次全国广播工作会议，讨论了《为进一步提高广播、电视宣传的质量而奋斗——宣传业务整改提纲（草案）》。提纲指出，广播电视的宣传要强调提高质量，争取尽可能多的听众和观众。为此必须进一步加强业务领导，抓好广播宣传干部在思想上、业务上和组织上的建设工作。

《新湖南报》农村版在一版头条位置开辟《省委信箱》专栏。专栏刊登了贫下中农代表给省委的信和省委的复信。

4 月 15 日

中宣部部长陆定一向出席第八次全国广播工作会议和新华社分社社长会议的人员说：广播节目要搞新的东西，如火葬、新式结婚等。广播要“百花齐放”，音乐无害的就行，外国的、中国的、古代的还是要的。过分严格，结果会起反作用。社会主义内容要包括广一些，越搞越窄，会引起一个反动。

4 月 17 日

新华社副社长朱穆之在总社全体工作人员大会上做报告，提出新华社要建设成为现代化的世界性通讯社，必须过好六关：一是报道关；二是调查研究关；三是干部队伍关；四是思想作风关；五是经营管理关；六是技术设备关。他说，该社的干部队伍大约需要 1 万人左右。

4 月 20 日

新华社播发袁木与范荣康合写的通讯《大庆精神大庆人》，这是有关大庆报道的第一篇通讯。

4 月 27 日

《人民日报》以 6 个版的篇幅发表苏共中央的反华报告和文件，并为此加了编者按。

同月

《新闻业务》编辑部邀请新华社、《解放军报》《大公报》《工人日报》《中国青年报》《体育报》和《北京日报》的一些编辑记者，座谈了提倡写短新闻问题。《新闻业务》第 5 期发表了会议纪要。

《亚洲周刊》（*Asia Weekly*）在香港创刊。1975 年 11 月停刊。

5 月 1 日

辽宁《辽阳市报》恢复为《辽阳日报》。

辽宁抚顺矿务局党委机关报《抚顺矿工报》创刊。

河南省鹤壁矿务局党委机关报《鹤壁矿工报》创刊。

铁道部第四工程局党委机关报《铁道建设》在北京创刊。

5 月 2 日

中华全国新闻工作者协会、中国摄影学会联合举办的全国新闻摄影展览，在北京中国美术馆举行。这是新中国成立以来首次举行的全国性的新闻摄影展，按政治、军事、经济、文化和国际 5 个部分，共展出 482 幅新闻照片。在展出的 23 天中，观众人数共达 45360 人次，不少来北京参加“五一”国际劳动节庆祝活动和进行友好访问的外国朋友，也观看了这个展览。在展出期间，首都一部分新闻工作者曾在现场举行了座谈会。影展于 24 日结束，后还送往外地巡回展出。

5 月 5 日

中共齐齐哈尔市委机关报《齐齐哈尔日报》复刊。4 开 4 版，周六刊。

5 月 9 日

北京、天津两电视台微波线路互送节目试验成功。

5 月 12 日

中国国际贸易促进委员会、全国新闻工作者协会、新华通讯社 5 月 12 日联合致电巴西临时总统，抗议巴西当局企图把我 9 名人员（其中有新华社记者王唯真和翻译鞠庆东）提交军事法庭审判，要求立即释放我人员。5 月 31 日，我三团体发表联合声明，正告巴西当局立即停止诬陷和迫害我人员。5 月 18 日，巴西当局在非法逮捕并长期无理监禁我 9 名人员后，竟宣布对他们实行“预防性逮捕”。20 日和 28 日新华社报道：新华社记者先后 2 次就巴西当局在美蒋特务的策划下伪造“信件”和其他“罪证”，诬陷在巴西被捕的中国人员发表评论。12 月 23、

26、27 日，中国政法学会、全国总工会、全国青联、妇联分别发表声明，严重抗议巴西当局对 9 名中国人员的非法判决，要求立即恢复他们的自由。12 月 25 日，《人民日报》发表社论《卑鄙的丑剧》。1965 年 4 月 21 日，9 位同志获释回国。

6 月 13 日

新华社波恩（联邦德国）分社恢复。

6 月 22 日

新华社军事记者会议在北京举行。会议根据二月中共中央工作会议精神，检查和总结了 12 年来的军事报道工作，并讨论平时报道和战时报道，下连队蹲点等问题，制订了工作规划。

6 月 23 日

吴冷西在人民日报社和新华社两个编辑部全体工作人员大会上传达毛泽东对《人民日报》的批评：在 1962 年中共八届十中全会以后，全党都在抓阶级斗争，但是《人民日报》一直没有批判“有鬼无害论”；《人民日报》在文艺方面的工作做得不好；长时间以来不抓理论工作。

同月

不少报纸辟专栏宣传新人新事。如：《河北日报》的《破旧俗树新风》；《新华日报》的《传新风赞新风》；《浙江日报》的《大家都来破旧俗立新风》等。

《解放日报》进行了关于抵制奇装异服问题的讨论。讨论持续了 3 个多月时间，直到本年 10 月才告一段落。

7 月 1 日

《河北农民报》在石家庄创刊。4 开 4 版，周二刊。受《河北日报》编委会领导，1967 年初停刊。毛泽东题写了刊头。

《浙江科技小报》在杭州创刊。浙江省科学技术协会主办。

中共安徽省滁县地委机关报《滁州报》在安徽滁县创刊。

安徽省马鞍山钢铁公司党委机关报《马钢工人》在马鞍山创刊。郭沫若题写报头。

7 月 3 日

本日出版的《新闻业务》第 7 期发表了贺龙副总理近年来对《体育报》工作的意见。包括以下几方面：1. 报纸要高举毛泽东思想红旗，大力宣传毛泽东思想。2. 政治思想工作应摆在一切工作之上，摆在第一位。3. 报纸要政治挂帅，要贯彻党的路线、方针、政策，要进行表扬和批评。4. 大反骄娇二气。5. 关于找差距。6. 报纸要大力宣传新风格。7. 报纸要抓好典型。8. 关于全党办报，依靠群众办报问题。9. 指出了报纸的样版。

7 月 14 日

《人民日报》编辑部、《红旗》杂志编辑部联合发表《关于赫鲁晓夫的假共产主义及其在世界历史上的教训——九评苏共中央的公开信》。

7 月 27 日

新华社渥太华（加拿大）分社成立。

同月

香港《摄影艺术》月刊自本月改出《摄影画报》，成为在香港和海外行销的中文摄影月刊。

9 月 26 日

天津电视台通过微波成功地向北京电视台传送了由天津歌舞剧院和天津市曲艺团演出的文艺晚会。这是我国第一次由地方电视台向北京电视台传送电视节目。

9 月 29 日

新华社东京分社成立。

10 月 1 日

中共湖南省委机关报《新湖南报》改名《湖南日报》。

10 月 17 日

《人民日报》刊载新华社发布的新闻公报：10 月 16 日，中国爆炸了一颗原子弹，成功地实行第一次核试验。

10 月 25 日

中国派出新闻工作队，前往越南南方各地采访和拍摄新闻照片、彩色纪录片和电视片。新闻工作队由八一电影制片厂、北京电视台、《人民日报》、新华社等单位共 10 人组成。

11 月 10 日

辛亥革命时期著名报刊活动家、报刊政论家于右任在台北逝世，享年 86 岁。遗体暂厝于台北郊区淡水镇大屯山下八拉卡墓园。于生于 1879 年，原名伯循，字诱人，笔名大风、骚心、神州旧主等，陕西三原人。1907 年发起创办上海《神州日报》。1909 年又先后在上海创办《民呼日报》《民吁日报》《民立报》，以“迂回宣传”方式，鼓吹反清革命。民国成立后，曾任交通部次长，并参加反袁反北洋军阀的斗争。1922 年任上海大学校长。支持国共合作。大革命失败后，历任南京政府审计院院长、监察院院长等职。1949 年去台湾。著有《于右任文集》等。

11 月 30 日

全国科协在济南召开第一次科学小报经验交流会议。21 个办有科学小报或科普期刊、副刊的省、市、自治区科协的干部参加了这次会议。会议对小报的性质、方针、任务，进一步提高小报的质量和加强领导等三个问题作了研究。

12 月 20 日

毛泽东表扬了《人民日报》。他说：“现在，《人民日报》有看头了。理论上加强了，也有一些有意思的东西。今天二版关于设计讨论的四篇小文章全看了，编者按也写得好。大白菜也上了头条（注：指《人民日报》12 月 5 日《卖菜札记》），很好。要继续努力。《解放军报》《中国青年报》有些短的、生动活泼的、思想性强的内容，要学习。”（《毛泽东新闻工作文选》，第 218 页）

12 月 22 日

新华社建立北京—巴黎卫星专线，使北京总社通过巴黎与非洲、中东、东欧国家各分社建立通讯联系。此后，新华社在国外陆续建立了 10 余条卫星专用线。

下半年

全国报刊在历史学方面开展了对李秀成评价的讨论，在哲学方面开展对杨献珍“合二而一”论的批判，在美学方面开展对周谷城“时代精神汇合论”的批判。

同年

《人民日报》等发表文章批判《北国江南》《早春二月》等多部影片，批判它们“调和阶级矛盾”，“抹煞阶级斗争”，搞“修正主义”。

中共辽宁沈阳地委机关报《沈阳新报》在沈阳创刊。

中央广播事业局同阿尔及利亚广播电视台签订广播电视合作协定，同几内亚广播电台签订广播合作协定。

中央广播事业局创办的《广播业务》停刊。该刊自 1955 年创刊至停刊共出版 85 期，是“文化大革命”以前影响最大的广播业务刊物。

本年全国（不包括港、澳、台）通过邮局发行的报纸期发数 2784.8 万份。

1965 年（乙巳）

1 月 6 日

复兴岗广播电台在台北开播。该台以提

供学校新闻学系及大众传播科学生实习，培养军队广播人才为主要任务。

1 月 25 日

毛泽东和美国作家兼新闻记者斯诺谈话时说，中国确有个人崇拜，而且需要有更多的个人崇拜。从此，中国报刊上对毛泽东个人崇拜的稿件和有关的宣传逐渐增多。

同月

毛泽东主持制定的题为《农村社会主义教育运动中目前提出的一些问题》的文件，提出这次运动的重点“是整党内那些走资本主义道路的当权派”，把阶级斗争的矛头指向党内和党的领导机关，为发动“文化大革命”做了重要的理论准备。

首都各报以显著地位刊登徐寅生的讲话《关于如何打乒乓球》和《人民日报》的按语。

《鸡西矿工报》在黑龙江鸡西创刊。4 开 4 版，周四刊。

《太原晚报》在太原创刊。4 开 4 版，周六刊。

2 月 11 日

中共中央宣传部同意中央广播事业局党委提出的在各地建立广播记者站和电视记者站的意见，并将中央广播事业局党委的请示报告转发各地，要求各地党委协助解决建立记者站工作的领导。记者站的干部编制，由中央广播事业局统一调剂解决。当时建立了黑龙江省、浙江省、山西省、广西壮族自治区记者站，由当地党委领导。

2 月 16 日

《现代杂志》在香港创刊。苏明璇主持。1968 年 12 月 16 日停刊。

2 月 27 日

北京电视台把我国第一颗原子弹爆炸成功的电视片寄给日本电波新闻社和英国维斯新闻社。3 月 1 日，北京电视台复电日本电波社，同意他们向英、美和其他电视机构发行。

同月

中共中央发出《关于在新闻报道中必须消灭弄虚作假的通知》。

《解放军报》连续发表 7 篇论“突出政治”的社论。这些言论片面强调了主观能动性和政治思想工作的作用，为当时盛行一时的“左”的指导思想和社会思潮推波助澜。

3 月 8 日

新华社摄影部召开第七届摄影报道会议，重申了第六次会议提出的建立社会主义新闻摄影学的要求应该坚持下去，并提出反对资产阶级的新闻观点和美学观点，重申坚决反对摄影采访中的虚构和摆布，还制定了摄影记者工作守则。

3 月 15 日

英文《星报》（*The Star*）在香港创刊。创办人胡仙。1984 年 5 月 13 日停刊。

同月

《北京日报》开展“为谁办报”的学习讨论。

美国《读者文摘》在香港出版中文版。该刊由读者文摘远东有限公司（香港）和读者文摘亚洲有限公司（台北）出版。所登文章不全是由美国版翻译过来，还选载港台一些报刊的文稿、特约稿和读者投稿。

中共湖北省襄樊市委机关报《襄樊报》创刊。4 开 4 版。

《华北石油报》在河北任丘创刊。4 开 4 版，周三刊。

4 月 20 日

中央人民广播电台及时播出我男女乒乓球队双获世界冠军的消息。女队比赛在北京时间 3 时 45 分结束，中央台在 5 时 30 分的新闻节目中播出，接着分别在 5 时 20 分和 6

时播出了中国男队以二比一领先、三比一领先的消息。6时35分在《新闻和首都报纸摘要》节目中，以刚刚收到的消息播送了男队也获世界冠军的消息，这时离比赛结束只有5分钟。

同月

周恩来、邓小平等批示同意将民族语言广播建设列入1966年—1970年的第三个五年计划。

《沈阳科技报》创刊。

《攀枝花报》在四川攀枝花创刊。4开4版，周六刊。

6月5日

国务院文教办公室同意将哈尔滨、长春、西安电视实验台和太原电视教育台转为正式电视台。

6月15日

北京电视台驻越南记者采访越南总理范文同，这是中国电视记者第一次采访外国政府首脑。范文同通过中国电视台发表重要讲话，北京电视台于6月19日播出。《人民日报》和越南《人民报》同日发表范文同的电视讲话，这次讲话的有声拷贝片发往海外21个电视机构。

7月1日

“中华民国杂志事业协会”在台北成立。以“团结杂志界同仁，群策群力，发扬文化使命，并谋联络感情、互相合作、共同推进业务”为宗旨。

7月10日

中共中央宣传部同意并转发中央广播事业局党委《关于将省、市、自治区广播电台列入国家机密单位范围的报告》。

8月2日

北京电视台在北京召开第二次全国电视台对外报道座谈会。会议着重讨论了进一步开展对外电视宣传工作，提高出国电视新闻片质量的问题。北京、上海、广州、天津、沈阳、哈尔滨、西安、长春、太原、武汉10个电视台的有关人员参加了座谈会。会议于9日结束。

8月3日

本日出版的《新闻业务》本年第7、8期合刊以《农业劳动模范对报纸工作的意见》为题，摘要发表了山西著名农业劳动模范陈永贵、李顺达、申纪兰、王德合等人对报纸工作的意见。他们要求报纸上的文章尽量短一些，精一些，通俗一些。

8月28日

周总理要求中央人民广播电台开办专门面向农村的一小时节目。

同月

《中国民主论坛》在香港创刊。

9月5日

中央广播事业局职工集会纪念延安新华广播电台正式播音20周年（注：1970年经过调查，确认延安新华广播电台第一次试播的日期应为1940年12月30日，这一天被定为我国人民广播事业创建的正式日期）。彭真、陆定一等出席了纪念会。陆在会上讲话。

10月3日

本日出版的《新闻业务》本年第10期在《党委领导同志谈报纸工作》的栏题下，刊登了《陶鲁笳同志对报纸工作的几点意见》。这一期还开辟了《为什么短不了》专栏，编者按语要求大家共同来研究这个问题。

10月6日

《金门日报》在台湾金门创刊。该报是台湾国民党军“金门防卫司令部”创办的专对民间发行的报纸，后属“金门战地政务委员会”。

10 月 14 日

中华全国新闻工作者协会国内工作部召开国际评论写作座谈会，交流写作经验。首都各新闻单位和《河北日报》《天津日报》从事评论写作的同志出席了会议。

11 月 1 日

《人民日报》发表社论《农业靠大寨精神》。从这一天开始，到 1966 年 1 月上旬，《人民日报》共报道大寨式典型 50 个。

山东《大众日报》刊登济南部队某部工程兵班长王杰舍己救人的事迹和王杰日记摘抄，还陆续发表了《以王杰为榜样，一心为革命》等 3 篇社论。

11 月 10 日

上海《文汇报》发表姚文元的《评新编历史剧〈海瑞罢官〉》。把剧中写的“退田”“平冤狱”同 1961 年的所谓“单干风”“翻案风”联系起来，说这是当时“资产阶级反对无产阶级专政和社会主义革命的斗争焦点”，并说该剧“是一株毒草”。11 月 30 日，《人民日报》转载了该文。

11 月 17 日

中央人民广播电台安排关于王杰的宣传。这一宣传活动从 10 月底开始，宣传规模和宣传雷锋相同。

12 月 8 日

《红旗》杂志第 13 期发表戚本禹的文章《为革命而研究历史》，对吴晗、翦伯赞等人的历史观展开猛烈批判。

12 月 9 日

《人民日报》报道：毛泽东、刘少奇、周恩来、朱德、邓小平、彭真、陈毅、陆定一等领导人，为我国人民广播事业创建 20 周年题词。毛泽东的题词是：“努力办好广播，为全中国人民和全世界人民服务。”刘少奇的题词是：“高举毛泽东思想红旗，把广播工作做好，使全国人民和全世界人民都得到鼓舞。”周恩来的题词是：“高举毛泽东思想伟大红旗，发扬艰苦奋斗、自力更生的革命精神，为发展人民的广播事业而努力。”朱德的题词是：“联系群众、联系实际，进一步把广播宣传工作做好，为社会主义革命和建设服务、为世界革命服务。”

同年

著名报人陈景韩病逝。陈景韩，1877 年出生，上海松江人。笔名陈冷、冷血、不冷、华生、无名、新中国之废物等。1904 年上海《时报》创刊时，受聘为该报主笔，锐意新闻业务改革，首创日报“时评”体，配合时事，抒发议论，为不少报纸所效仿。1913 年受聘任上海《申报》总主笔，历时 16 年之久。1945 年复入《申报》任报务委员会委员。1946 年 5 月《申报》成立新董事会，陈景韩任常务董事兼发行人，直至 1949 年 5 月《申报》停刊。

《吉林科技报》在长春创刊。4 开 4 版，周刊。吉林省科学技术协会主办。

四川《冶金快报》创刊。

本年内全国（不包括港、澳、台）经邮局公开发行的报纸共有 413 种，每期发行数 2784 万份。全国（不包括港、澳、台）已建立县、市有线广播站 2365 个，收听喇叭 8700 多万只。

中国广播电视机构先后同 19 个国家的广播电视机构签订了广播和电视合作协定。协定的主要内容是节目交换、在双方国庆时举办专题庆祝节目、广播电视记者和代表团互相访问等。

从 1963 年至本年，中国连续 3 年参加阿拉伯联合共和国（今名埃及）主办的第二、三、四届国际电视节，以在更大范围内进行电视节目的交换。继 1963 年参赛的科教片《金小蜂和红铃虫》获电视节教育片二等奖后，1964年中国科教片《对虾》获教育片二等奖，1965年科教片《水地棉花蹲苗》获电视节教育片一等奖。

香港报纸达到52家，销数90万份。

香港中文大学新亚书院开办4年制新闻系。

台湾“行政院新闻局”创立广播电视金钟奖，奖励范围包括广播及电视节目、广播及电视广告、广播及电视事业暨有关从业人员。

1966年（丙午）

1月1日

首都各大报发表元旦社论，强调要活学活用毛泽东思想，进一步突出政治，争取更大的胜利。

中央人民广播电台开始举办《对农村广播》和《农村俱乐部》节目。

《内蒙古日报》蒙文版由周六刊改为日刊。

《辽宁日报（朝鲜文农民报）》创刊。4开4版，周二刊。由辽宁日报社朝鲜文版部主办。1982年6月更名为《辽宁朝鲜文报》。1986年改为《辽宁报》。

1月2日

新华社、《人民日报》、中央人民广播电台和其他中央报纸广泛报道工业学大庆活动。新华社记者写的《大庆人高举毛泽东思想伟大红旗不断革命》《大庆人勇登世界油田开发技术高峰》《大庆人许多方面打出了世界先进水平》和各篇按语，引起强烈反响。

中央人民广播电台自本日起迄本月18日止，举办《大庆节目》，专题宣传大庆的革命精神和先进事迹。节目时间长度为半小时。

1月5日

《安徽青年报》复刊。

1月初

新华社国外分社发展到51个，分布情况是：亚洲19个，非洲16个，欧洲13个，美洲3个。新闻的发稿对象达81个国家和地区的240家报刊。国外发稿站达26个，用9种文字向世界100多个国家和地区发行日刊、周刊、月刊等各类新闻稿近2万份。

1月20日

中央人民广播电台在乙巳年除夕播出文艺节目大型综合晚会《春节文艺晚会》。播出时间120分钟。

1月25日

自即日起至2月22日，中央人民广播电台对少年儿童广播《星星火炬》节目，播出经改编的长篇小说《欧阳海之歌》。播出后至3月5日，共收到群众来信1950多封。

1月26日

为纪念《解放军报》创刊10周年，肖华、杨成武接见了报社全体同志。

同月

北京电视台首次使用黑白录像设备制作节目。录制的第一个节目是相声《女队长》。

北京电视台开始向日本广播协会、日本东京广播、日本富士电视台、日本电视广播网、日本教育电视5个电视台供片。

中央人民广播电台开始关于钢铁战士麦贤德的宣传。

《明报月刊》在香港创刊。内容偏重于对内地政治、经济、文化的评论和分析。

2月7日

《人民日报》发表穆青、冯健、周原等采写的通讯《县委书记的榜样——焦裕禄》，介绍河南省兰考县委书记焦裕禄全心全意为人民服务的光辉事迹，并发表社论《向毛泽东同志的好学生——焦裕禄同志学习》。《新闻业务》本年第 3 期在《向毛泽东同志的好学生——焦裕禄学习》的标题下，发表新华社兰考采访小组的文章《焦裕禄的革命精神教育了我们——采写〈县委书记的榜样——焦裕禄〉的几点初步体会》。

中央人民广播电台自即日起，迄 9 日止，多次播出长篇通讯《县委书记的榜样——焦裕禄》。7 日、8 日两天全文播出 3 遍，9 日播出 1 遍。

2 月 10 日

中央人民广播电台举办《各地有大庆》节目的计划，经薄一波同志审批同意。

2 月 26 日

北京电视台播出广播电视剧团排演的电视剧《焦裕禄》，全剧长约 2 小时。这是该团完成的最后一部直播电视剧。至此，结束了直播电视剧的历史。

2 月 27 日

中央人民广播电台文艺部和《曲艺》《歌曲》编辑部联合举办《学习焦裕禄朗诵演唱会》。

同月

周恩来指示：新华社主办的《参考消息》倾向性太大。《参考消息》不能光登对中国好的反应，都是称赞的，也要适当登一些反面的东西，骂我们的东西。

中共中央宣传部副部长吴冷西向宣传部门传达中共中央指示：对“毛泽东思想是当代马克思列宁主义的顶峰，是最高最活的马克思列宁主义”这一提法，有不同意见。既然过去宣传了，以后慢慢不说。今后宣传毛泽东思想不要起哄，不要庸俗化、简单化，不要搞形式主义。

3 月 1 日

中共湖北郧阳地委机关报《郧阳报》复刊。

3 月 5 日

中共新疆阿勒泰地委机关报《阿勒泰报》汉文版创刊。4 开 4 版，周三刊。

3 月 8 日

河北邢台地区发生强烈地震，中央人民广播电台派出 2 名记者到地震中心地带采访。随后，《各地人民广播电台联播》节目和《解放军生活》节目分别广播了录音报道《用毛泽东思想武装起来的人民是不可战胜的》和《感谢你们，亲人解放军!》

3 月 11 日

北京电视台派出 3 名记者，前往河北邢台地震灾区拍摄电视片。同月 17 日至 20 日 2 次播出电视报道《支援地震灾区人民重建家园》。

3 月 17 日

3 月 17 日至 20 日，中共中央政治局常委会扩大会议在杭州举行。毛泽东在会上专门就学术批判问题作了讲话。他说：现在学术界和教育界是知识分子掌握实权。社会主义革命越深入，他们就越抵抗，就越暴露出他们的反党反社会主义的面目。各地都要注意学校、报纸、刊物、出版社掌握在什么人手里，要对资产阶级的学术权威进行切实的批判。他提出：文、史、哲、法、经要搞“文化大革命”。

3 月 20 日

第九次全国广播工作会议在北京召开。这次会议的中心任务是研究如何贯彻执行 1965 年 12 月党和国家领导人为人民广播事业的题词。周恩来到会作了重要讲话。

3 月 21 日

陕西宝鸡人民广播电台恢复。“文革”开始不久，自办节目全部停止，只转播中央台和省台的节目。

3 月 27 日

周恩来总理自即日起至 4 月 2 日连续 3 次视察中央广播事业局，视察了广播大楼中央控制室、电视发射技术区，并了解大楼周围的警卫情况和职工生活方面的一些问题。

同月

北京、上海、浙江、广东、河北、山东等省、市一批支援西藏的新闻业务骨干到达拉萨。

吉林《战斗报》创刊。

春

《羊城晚报》成为中共中央中南局机关报。

4 月 1 日

新华社雅加达分社被印尼当局封闭。该社于本日发表《告印度尼西亚读者书》，指出印度尼西亚政府悍然封闭新华社雅加达分社是破坏两国关系的粗暴行为。10 日，周恩来总理接见暂时撤离回国的新华社驻雅加达分社全体人员，并向他们表示亲切的慰问。

中央人民广播电台在《新闻和首都报纸摘要》节目中，播出了《北京日报》批判《燕山夜话》和《三家村》的编者按和版面介绍。

天津新闻图片社成立。该社每月不定期出版新闻展览照片 4 至 5 套，主要拍摄、编辑天津市各条战线上的社会主义建设新成就、新面貌和先进模范人物的图片；配合党的中心任务宣传党的方针、政策，以及进行国际交流、积累资料等。此外，还出版发行新华社编辑的新闻展览图片。每年出版发行新闻图片约 50 套，总计 10 多万张。

4 月 16 日

《北京日报》用 3 个版的篇幅，在《关于“三家村”和〈燕山夜话〉的批判》大通栏标题下，发表了批判材料和自我检讨的编者按语。按语检查了编者“丧失阶级立场或者丧失警惕”，“放松了文化学术战线上的阶级斗争”，“没有实行无产阶级政治挂帅”，并按照姚文元批判《海瑞罢官》的调门，批判了《三家村札记》专栏的作者邓拓、吴晗、廖沫沙。

4 月 18 日

《解放军报》发表社论《高举毛泽东思想伟大红旗　积极参加社会主义文化大革命》。19 日，《人民日报》在头版头条转载了这篇社论。《红旗》第 6 期也予以转载。这篇社论全面否定建国以来文艺界的工作，宣称建国后的十几年来，文艺界存在着一条“与毛泽东思想相对立的反党反社会主义的黑线”，并且公开号召开展“文化大革命”。

4 月中旬

文化部决定向全国发行由北京电视台拍摄编制的电视纪录片《收租院》。该片介绍了四川省大邑县《地主庄园陈列馆》内收租院部分的泥塑群像，全片长约 30 分钟。

同月

亚非记者协会在北京召开第四次书记处（扩大）会议，有 20 多个亚非国家的记协组织参加。会议确定书记处由雅加达转移到北京办公，继续开展各项活动。

5 月 1 日

中共河北省沧州地委机关报《沧州日报》复刊。

吉林电视台恢复播出。

5 月 4 日

《解放军报》发表题为《千万不要忘记阶级斗争》的社论。

5 月 8 日

《解放军报》和《光明日报》分别发表高炬（化名）的《向反党反社会主义的黑线开火》和何明（化名）的《擦亮眼睛　辨别

真假》的文章。文章说：邓拓对“三家村”和《燕山夜话》的批判，是假批判、真掩护，假斗争、真包庇。同日，这两家报纸同时刊登林杰等合编的题为《邓拓的〈燕山夜话〉是反党反社会主义的黑话》的长篇材料。10 日，上海《解放日报》和《文汇报》，同时发表姚文元的文章《评“三家村”——〈燕山夜话〉〈三家村札记〉的反动本质》。11 日，《红旗》第 7 期发表戚本禹的文章《评〈前线〉〈北京日报〉的资产阶级立场》。14 日，《人民日报》发表林杰的文章《揭破邓拓反党反社会主义的面目》。20 日，《人民日报》发表文章，说《北京文艺》是“‘三家村’黑店的一个分店”。《新闻业务》第 5 期，除转载姚文元、戚本禹和高炬、何明等攻击的文章外，还在《高举毛泽东思想伟大红旗彻底捣毁“三家村”大黑店》的特大标题下，发表了该刊编者写的《〈学艺札记〉是“三家村”反党反社会主义的办报纲领》等一组文章，并加了按语。《学艺札记》的作者是顾行，时任《北京晚报》编委、编辑部副主任兼副刊主编，《燕山夜话》就是在他担任《北京晚报》副刊主编时开设的专栏。邓拓的稿件也是由他亲自登门组织来的。《学艺札记》中引述了不少邓拓关于如何办报特别是办晚报的意见。

5 月 10 日

中央人民广播电台三次全文播送姚文元的文章《评“三家村”——〈燕山夜话〉〈三家村札记〉的反动本质》。

5 月 16 日

中共中央政治局扩大会议通过了《中国共产党中央委员会通知》（即《五一六通知》），要求全党“高举无产阶级文化革命的大旗，彻底揭露那批反党反社会主义的所谓‘学术权威’的资产阶级反动立场，彻底批判学术界、教育界、新闻界、文艺界、出版界的资产阶级反动思想，夺取在这些文化领域中的领导权”。提出“混进党里、政府里、军队里和各种文化界的资产阶级代表人物，是一批反革命的修正主义分子”。十年“文化大革命”从此开始。

5 月 18 日

著名新闻工作者和专栏作家邓拓含冤逝世。邓拓生于 1912 年，福建闽县（今福州市区）人。1930 年参加左翼社会科学家联盟，同年加入中国共产党。抗日战争爆发前投身抗日救亡运动。1937 年进入晋察冀边区，先后担任晋察冀中央局宣传部副部长、党报委员会书记、《晋察冀日报》社长、新华社晋察冀总分社社长。北平解放后，任中共北京市委政策研究室主任、宣传部长。1950 年任《人民日报》总编辑、社长。1958 年调任北京市委书记处书记，主管文教工作，同时负责主编北京市委理论刊物《前线》。1960 年起兼任中央华北局书记处候补书记。是中国共产党第八次全国代表大会代表，中国新闻工作者协会主席。先后从事党的宣传工作达 30 年之久。他写的《燕山夜话》和《三家村札记》等杂文，深受读者欢迎，在社会上引起过广泛影响。

5 月中旬

中共中央《五一六通知》发表后，北京电视台作出关于宣传社会主义“文化大革命”的一些安排。下旬又提出在“无产阶级文化大革命”中关于文艺节目的 4 项措施，要求编审人员加强阶级斗争观念，“不播毒草”，对“文化大革命”前制作的大量节目“一律不播”。（《中央电视台大事记》，第 26 页）

5 月 25 日

新改组的中共北京市委决定：1. 撤销《北京日报》《北京晚报》原来的编委会；撤销范瑾的社长职务。2。成立新的《北京日报》《北京晚报》编委会，领导《北京日报》《北京晚报》的工作。3. 撤销《前线》编委会，《前线》暂时停刊，进行整顿。

5 月 31 日

中共中央总书记邓小平在中南海怀仁堂召集《人民日报》、新华社和中央广播事业局的部主任以上干部开会。邓小平指示，除了认真做好“文化大革命”的报道以外，还要更好地，全面地反映党和国家的有关情况。当夜，新华社国内部即向各分社作了部署。

经毛泽东同意，陈伯达率工作组进驻《人民日报》社夺权，注意掌握报纸的每天版面，同时指导新华社和中央人民广播电台的对外报道。

同月

北京电视台的黑白电视节目通过微波线路（经太原）传到西安。

北京人民广播电台由中央广播事业局代管，从宣传业务到其他各项工作，均由其领导。

6 月 1 日

《人民日报》发表陈伯达口述定稿的社论《横扫一切牛鬼蛇神》，指出一个“势如暴风骤雨”的“无产阶级文化大革命的高潮”已在我国兴起，号召群众起来“横扫一切牛鬼蛇神”。许多城市随即掀起以学校校长、教师为批判对象的所谓“斗黑帮”的浪潮。

经毛泽东批准，中央人民广播电台于当日晚向全国广播了北京大学聂元梓等人攻击和诬蔑中共北京大学委员会和北京市委的大字报。《人民日报》在第 1 版用《北京大学七同志一张大字报揭穿一个大阴谋》的大字标题发表了这张大字报，同时配发了中央文革小组以“本报评论员”名义发表的文章《欢呼北大的一张大字报》，指责北京大学是“反党反社会主义的顽固堡垒”，北京大学党组织是“假共产党”，号召“无产阶级革命派”起来“造反”。大字报中强调对“反对毛主席，反对毛泽东思想的人，不论他们打着什么旗号，不管他们有多高的职位、多老的资格”，都要把他打倒，“把他们的黑帮、黑组织、黑纪律彻底摧毁”。

6 月 4 日

中国、伊拉克广播电视合作议定书在巴格达签订。

6 月 7 日

《人民日报》发表中共北京新市委的决定，撤销《北京日报》《北京晚报》原编委会；撤销范瑾的社长职务；并宣布成立新的编委会，领导《北京日报》《北京晚报》的工作；撤销《前线》编委会，《前线》暂时停刊，进行整顿。同日，中央人民广播电台播送《解放军报》社论《毛泽东思想是我们革命事业的望远镜和显微镜》，《人民日报》也予以全文转载。

6 月 20 日

《人民日报》发表《革命的大字报是暴露一切牛鬼蛇神的照妖镜》，鼓励用大字报为“文化大革命”制造声势。

6 月 24 日

清华大学附属中学红卫兵贴出了题为《无产阶级革命造反精神万岁！》的大字报。宣称：他们敢造反，要把旧世界打个天翻地覆，而且要打得乱乱的，越乱越好。7 月 4 日、7 月 27 日，他们又贴出了《二论无产阶级革命造反精神万岁！》和《三论无产阶级革命造反精神万岁！》。8 月 1 日，毛泽东写了《给清华大学附属中学红卫兵的信》，认为他们对反动派造反有理。毛泽东支持他们，并说凡是同他们采取同样革命态度的人们，要一律给予热烈的支持。清华附中的红卫兵立即在报刊上公布了毛泽东的这封信。

在北京和全国各地学校、机关、团体和工人、农民中，迅速成立了成千上万个红卫兵组织，掀起了举世震惊的红卫兵运动。

同月

《红旗》杂志第8期发表社论《无产阶级文化大革命万岁》。该文罗列了建国以来新闻界等文化领域的“阶级斗争”，提出“夺取政权要靠枪杆子、笔杆子，巩固政权也要靠这两杆子”。从保卫和巩固政权的高度，鼓动对新闻界进一步批判与夺权。

《广东侨报》二度停刊。

《新闻业务》停刊。

7月1日

《人民日报》发表社论《毛泽东思想万岁——纪念中国共产党成立四十五周年》。

中央人民广播电台从即日起举办《毛主席语录》节目。

中共大兴安岭特区委员会机关报《大兴安岭报》在加格达奇创刊。4开4版，周六刊。“文化大革命”中改为地区革委会机关报。1973年中共大兴安岭地委成立，改为地委机关报。

中共湖北咸宁地委机关报《咸宁报》创刊。周三刊。

7月10日

《安徽青年报》第二次停刊。

7月中旬

中央广播事业局作出宣传刘英俊英雄事迹的安排，中央人民广播电台于7月12日起在《联播》节目中开始宣传；北京电视台于7月14日起播放电视通讯《执行最高指示的光辉榜样——刘英俊》。

7月21日

《北京晚报》停刊。

7月22日

中央人民广播电台连续两天播出首都各界人民举行援越抗美大会和游行的消息和文件。

7月25日

《人民日报》在头版以大字标题报道了毛泽东畅游长江一小时零五分钟的“特大喜讯”，刊登了毛泽东在长江中游泳和在随行的小轮船甲板上向游江健儿招手的照片。

7月26日

《人民日报》发表社论《跟着毛主席在大风大浪中前进》。指出“亿万人民”为毛主席的健康同声欢呼，衷心祝愿毛主席万寿无疆！号召“永远跟着毛主席”，把“反革命复辟的阴谋一个一个地揭露和粉碎”，在“文化大革命”中“英勇进军”。

同月

云南《团结报》停刊。

北京《科学小报》第二次停刊。

8月1日

《人民日报》发表社论《全国都应该成为毛泽东思想的大学校——纪念中国人民解放军建军三十九周年》。文中详细地摘引了毛泽东给林彪的信（即后来通称的“五七指示”）的内容。不久，全国各地陆续办起一大批“五七干校”。

《新疆铁道》停刊。

8月5日

毛泽东在党的八届十一中全会上发表了《炮打司令部——我的一张大字报》。

8月9日

《人民日报》发表中共中央8日通过的《关于无产阶级文化大革命的决定》，13日发表社论《学习十六条，熟悉十六条，运用十六条》。《红旗》杂志第10期发表了《决定》全文和社论《无产阶级文化大革命的纲领性文件》。中央人民广播电台于8日至10日连续播送13遍，北京电视台全文播出1遍。

8月12日

《人民日报》以套红标题报道了8月10日毛泽东到中共中央接待站接见革命群众的消息。这些群众是组织前往祝贺中共中央八届十一中全会通过《关于无产阶级文化大革命的决定》的。

安徽《华北铁道建设报》改名为《新线战报》，同年9月3日停刊。

8月14日

《人民日报》发表《中国共产党八届十一中全会公报》。8月1日至12日，八届十一中全会在北京举行。

8月17日

《中国少年报》停刊。

8月18日

首都和来自全国各地的百万群众及红卫兵"庆祝无产阶级文化大革命大会"在北京天安门广场举行。毛泽东出席。新华社向全国全世界播发毛泽东接见与会红卫兵新闻。19日，《人民日报》以最好的版面、最醒目的编排刊登了毛泽东接见的照片和消息。中央人民广播电台和北京电视台做了现场直播。中央人民广播电台在播送过程中发生严重停播事件，误将备稿的声音"首都庆祝无产阶级文化大革命大会的实况转播完了"当作正式播音播放出去，实况转播也就此停止，但此时离大会真正结束还有一个多小时。

《江西青年》停刊。

8月20日

《中国青年报》《大公报》《工人日报》《北京日报》《河北日报》《浙江日报》《陕西日报》等许多报纸相继被迫停刊或被查封，许多"造反派"的小报纷纷出版发行。

8月22日

上海《新民晚报》停刊。

8月24日

毛泽东为北大新校刊《新北大》题写报头。《人民日报》为此发表社论《欢呼〈新北大〉在斗争中诞生》。

早期的革命报刊活动家政论家李达逝世。李达，字永锡，号鹤鸣，笔名李特、江春、H. M、胡炎等，1890年出生，湖南零陵人。1920年8月与陈独秀等筹建中国共产党上海发起组，担任发起组机关刊物《共产党》月刊的主编和改组后的《新青年》的编辑，同时为《劳动界》《民国日报》的《觉悟》副刊、《妇女声》等撰稿，努力传播马克思主义。1921年7月在中共"一大"当选为中共中央局宣传主任，主持中共第一个地下出版社人民出版社的工作。后主编湖南自修大学校刊《新时代》月刊，宣传中共反帝反封建的革命纲领。1924年脱党后，长期从事理论研究与教育工作。1949年12月，重新加入中共。历任武汉大学校长、中国哲学学会会长。

同月

《健康报》停刊。

中共大同市委机关报《大同建设》停刊。

甘肃《兰州铁道报》停刊。

9月1日

毛泽东和中央其他领导同志8月31日在北京第二次接见来自全国各地和首都的50万名红卫兵和革命师生。本日起中央人民广播电台连续2天播出实况录音，1日、2日共播出13遍。

中央人民广播电台对台湾广播举办《毛主席语录》节目，每天用北京话、闽南话各播5遍；并且增办《对国民党陆海空三军短语喊话》节目，每天晚上广播，每次20分钟；增办《每周一首革命歌曲》节目。

9月7日

北京电视台于7日、9日播放毛泽东于

8 月 31 日在天安门广场接见 50 万红卫兵的实况。

中央人民广播电台原《有关无产阶级文化大革命的专题节目》改名为《无产阶级文化大革命节目》，内设“红卫兵”专题。

9 月 15 日

毛泽东接见来自全国各地及首都的百万红卫兵和革命师生。北京电视台播出了电视片。中央人民广播电台于 16 日、17 日、18 日、19 日共播出 16 遍实况录音。这是毛泽东第三次接见红卫兵。

9 月 24 日

上海《大公报》在红卫兵的督促下，改名为《前进报》。

9 月 26 日

《人民日报》发表社论《毛泽东思想是革命人民的灵魂》。社论说：“没有命令，毛泽东思想就是命令。”社论把理论是行动的指南同具体组织指挥混淆起来，否定了组织指挥的必要性，实质上是在宣传无政府主义。

同月

中共新疆塔城地委机关报《塔城报》停刊。

秋

《天津晚报》停刊。

10 月 1 日

中央人民广播电台和北京电视台现场直播首都庆祝国庆大会和群众游行的实况。《人民日报》发表社论《用毛泽东思想武装七亿人民》，中央人民广播电台播发了该社论。

10 月上旬

中央人民广播电台从本月上旬起，连续一个月，集中宣传上海革命京剧文工团来京演出的“样板戏”《智取威虎山》和《海港》。

10 月 18 日

毛泽东在北京天安门广场接见来自全国各地的 150 万红卫兵和革命师生。这是毛泽东第四次接见红卫兵。中央人民广播电台 19 日、20 日播送实况录音 13 次。20 日，毛泽东又一次接见红卫兵。

10 月 27 日

北京电视台于本日晚派出 30 名记者，次日晨又派出 10 多名记者，拍摄首都人民欢呼我国发射导弹成功的电视片。《人民日报》发行号外，报道了这一喜讯。

同月

《人民邮电报》停刊。

江西《赣东北日报》停刊。

北京《京西矿工报》停刊。

齐齐哈尔教育电视台停办。

11 月 3 日

毛泽东在北京天安门广场第六次接见首都和外地来京的红卫兵和革命师生，北京电视台和中央人民广播电台进行了现场直播。

11 月 7 日

中央人民广播电台经中共中央宣传部同意，取消主要播文艺节目的第三套节目；增办《全世界人民热爱毛主席、热爱新中国》的专题节目；增办《毛主席语录歌曲》专栏节目；增办《毛主席著作选读》节目。

11 月 10—11 日

毛泽东在北京天安门广场第七次接见来自全国各地的 200 多万革命师生和红卫兵。中央人民广播电台和北京电视台做现场直播。

11 月 25—26 日

北京电视台直播毛泽东 25 日、26 日第八次接见来自全国各地 250 万革命师生和红卫兵的实况。26 日播出电视新闻。27 日、

28日，中央人民广播电台播送实况录音剪辑13遍。

11月27日

中央人民广播电台抽调11位工作人员组成两支长征报道队徒步去延安。一队由北京去延安，另一队从瑞金沿当年红军二万五千里长征的道路去延安。

同月

湖北《先锋报》二次停刊。

12月初

红卫兵上海市大专院校革命委员会（简称“红革会”）批判《解放日报》是中共上海市委推行资产阶级反动路线的忠实工具，要求将他们的《红卫兵战报》与《解放日报》一并发行，以便扭转《解放日报》的资产阶级立场。遭到拒绝后，红卫兵进驻该报，使报纸无法出版。僵持数日后，上海市委被迫答应其要求，《解放日报》恢复出版，夹带《红卫兵战报》向外发行。

12月12日

无产阶级革命家、著名的革命报刊活动家吴玉章逝世。吴玉章生于1878年，原名永珊，字树人，四川荣县人。早年参加同盟会。1907年，被推为《四川》杂志编辑发行人，在他主持下，《四川》杂志先后出版4期，发表近200篇反帝反封建、宣传革命的稿件。1908年秋，《四川》杂志被迫停刊，吴玉章被判刑半年（缓期执行）。1923年，吴玉章与他人在成都创办《赤心评论》，促进工人运动的开展。1935年10月，吴玉章赴法国巴黎指导扩大出版中共主办的《救国时报》，加强对反法西斯和建立抗日民族统一战线的宣传。抗战胜利后，吴玉章任中共四川省委书记，直接领导后期重庆《新华日报》的工作。1947年3月，吴玉章率领全报社380余名职工全部撤回延安。1949年以后，吴玉章长期担任中国人民大学校长，十分关心新闻教育和新闻干部的培养。

12月16日

林彪在《〈毛主席语录〉再版前言》中，提倡在报纸上要经常刊登毛主席的语录，说“活学活用毛主席著作的经验，证明带着问题选学毛主席的语录，是一种学习毛泽东思想的好方法，容易收到立竿见影的效果”。从此，报刊文章中开始盛行断章取义地摘引毛泽东的语录。

12月29日

《武汉晚报》停刊。

12月31日

《工人日报》《羊城晚报》停刊。

中央广播事业局给中共中央宣传部写了《关于停止电视播出的请示报告》。停播理由是：电视观众绝大部分投入“文化大革命”，能看电视的很少；专业文艺团体早已停止演出，八届十一中全会以前的影片一律停止发行，缺乏节目来源。

12月下旬

中央人民广播电台《国际时事》节目改为《毛泽东思想的光辉照耀全世界》特别节目。

同月

《成都晚报》改名为《红色新闻》。

《贵州科学报》停刊。

年底

《冶金报》《保定日报》《沙市晚报》《黑河日报》《陕西农民报》、云南《西双版纳报》《河南科学报》《广西科技报》、内蒙古《平庄矿工报》《沈阳科技报》、江西大学新闻系停办。

中国记协停止工作。

长春人民广播电台自办节目停播，以转播中央人民广播电台节目为主。

《兴隆矿工报》在河北兴隆创刊。

同年

天津市由河北省省会恢复为中央直辖市。中共天津市委机关报《天津日报》，也由省属市报恢复为中央直辖市市报。

从本年起《长沙晚报》三度停刊，多次易名。1978年5月1日复刊，1981年10月1日定名《长沙晚报》，该报是中共长沙市委机关报。

《嫩江日报》一度改名为《红色电讯》。

《工人日报》、共青团上海市委机关报《青年报》《体育报》停刊。

截至本年，香港报社总数达44家。

1967年（丁未）

1月1日

《人民日报》和《红旗》杂志联合发表社论《把无产阶级文化大革命进行到底》。社论回顾了“文化大革命”的历史，宣称“一九六七年，将是无产阶级联合其他革命群众，向党内一小撮走资本主义道路的当权派和社会上的牛鬼蛇神，展开总攻击的一年”。中央人民广播电台全文播出8遍。

中央人民广播电台《新闻和首都报纸摘要》节目，从当天起改名为《新闻和报纸摘要》节目。

北京电视台从即日起在节目开始时先播出毛泽东语录和毛泽东像。

四川电视台停播。

1月2日

北京电视台播放通知：从1月3日起除重大政治事件和重要新闻仍将转播或播出外，在一个时期内暂时停止一般的电视播出。

1月3日

在张春桥、姚文元在上海刮起的夺权斗争中，《文汇报》的“造反派”全面接管报社领导权。4日，《解放日报》也被社内的“造反派”组织夺了权。接着，全国各地的中共党委机关报，都被“造反派”夺了权。

《合肥晚报》停刊。

1月5日

中央文革小组批准北京电视台暂停播出。批示称：（1）同意停播，但不是全停，不是永远停；（2）在停播期间遇到重大政治任务还要播出。1月6日起北京电视台暂停播出。

1月8日

毛泽东肯定了《文汇报》《解放日报》的夺权。说：《文汇报》5日的急告全市人民书，可以转载、广播。

《黑龙江农村报》停刊，改出《新华社电讯稿农村报》。

1月10日

《沈阳晚报》、安徽《阜阳报》停刊。

1月11日

中共中央发出《关于广播电台问题的通知》。决定对地方广播电台实行军事管制，停止编辑和播送本地节目，只转播中央人民广播电台的节目。

中央人民广播电台各新闻节目全文播出中共中央、国务院、中央军委、中央文革小组联名向“上海工人革命造反派总司令部”等32个“造反派”组织发出的贺电，称赞他们1月9日发出的《紧急通告》“好得很”。1月12日还播出《人民日报》《红旗》杂志社论《反对经济主义，粉碎资产阶级反动路线的新反扑》。3天内，中央人民广播电台对上述贺电、《紧急通告》和社论都全文广播了39遍。

中共吉林省委机关报《吉林日报》被群众组织掌握。

1月13日

《解放军报》社肖力等贴出《〈解放军

报〉向何处去!》的大字报，称刘志坚在报社“推行资产阶级反动路线”。17日，林彪写信支持肖力等人。

1月14日

北京人民广播电台少数人和北京广播学院个别学生以“红色革命造反战斗队”名义于本日晨强行进入北京人民广播电台播音室，播出《夺权宣言》，宣布他们已夺取了北京人民广播电台的领导权。周恩来打电话制止：不许再播《夺权宣言》。

1月15日

吉林电视台停播。

1月17日

陈伯达、江青、王力、关锋、戚本禹等人到中央广播事业局，江青在群众大会上讲话，诬陷中央广播事业局负责人丁莱夫是“敌人”，并挑起派性斗争。

上海人民广播电台被群众组织夺权。当晚在21时的新闻节目里连续广播了《告全市革命造反派和革命群众书》（简称接管声明）和《向毛主席致敬电》。

《辽宁日报》《延安报》停刊。

1月18日

上海警备区于本日凌晨对上海人民广播电台实行军事管制。

1月19日

《人民日报》发表社论《让毛泽东思想占领报纸阵地》。提出报纸“是无产阶级专政的重要工具”，要使报纸真正成为无产阶级革命派的喉舌，必须由革命左派掌握报纸的领导权，再次赞扬《文汇报》《解放日报》的被夺权是“上海的无产阶级革命派，从资产阶级右派手里夺回来了报纸的领导权”，是“一个新创举”，号召全国各地造反派向他们学习。

1月22日

《人民日报》发表社论《无产阶级革命派大联合，夺走资本主义道路当权派的权!》。于是，在很短的时间内，首都和全国各地的“造反派”全面夺了各级党政机关、人民团体和企事业单位的领导权。

1月27日

新华社发布消息《苏修疯狂镇压我留欧学生》及我外交部抗议照会。《人民日报》发表社论《痛击苏修混蛋们的疯狂挑衅》。

中共新疆哈密地委机关报《哈密报》改出周三刊“造字号”，至1968年3月20日，共出25期。1968年3月20日起，改出“军字号”，到1969年3月15日止，共出312期。此后又出“革字号”790期。

1月30日

国务院对外文化联络委员会转来日本东京广播公司报道局局长给廖承志的信，提出愿在平等互利的基础上直接同北京电视台签订交换电视片合同。这一建议为北京电视台婉言拒绝。

同月

《人民日报》被首都大专院校的造反派组织进驻监督。

《太原日报》《长江日报》复刊。

《郑州晚报》《西安晚报》、四川《重钢报》停刊。

2月4日

北京电视台在停播近1个月之后播出第一次节目。从即日起电视上出现字幕“让我们敬祝我们心中最红最红的红太阳，我们最敬爱的伟大领袖毛主席万寿无疆”。

同月

中央人民广播电台实行新的节目时间表。根据新的节目时间表，各类节目的比例有所变动：政治性节目占72.1％（原占48.02％），文艺性节目占4.2％（原占48.33％），其他节目占3.7％（原占

3.65%)；增加了《老三篇天天读》《红卫兵》和《无产阶级文化大革命和文件》节目；撤销了知识性节目如《科学和生产》《农业科学技术》《讲卫生》等节目。

2 月 11 日

中央人民广播电台和北京电视台本日上午同时直播了“首都革命造反派最强烈抗议苏修法西斯暴行大会”的实况。

2 月 12 日

黑龙江哈尔滨《新华社电讯稿农村报》改称《黑龙江日报农村报》。

2 月 14 日

北京电视台与英国维斯新闻社互供电视片的合同期满。因该公司拒绝停止发行台湾影片，经请示国务院对外文化联络委员会和国务院外办，北京电视台于即日去函表示合同到期后终止双方合同。2 月 23 日，该公司经理来函表示“遗憾”。

2 月 15 日

中共济南市委机关报《济南晚报》(1964 年 10 月 1 日创刊）改为《济南日报》。(1956 年到 1961 年，中共济南市委曾办过《济南日报》。)

同月

《南宁晚报》停刊。

3 月 1 日

北京电视台向新成立的日本“中国通讯社”发出贺信，并提议建立业务联系，由他们代销中国电视片，向日本各电视台提供。该通讯社是旅日华侨创办的。

3 月 16 日

著名记者孟秋江含冤逝世。孟出生于 1910 年，江苏常州市人。1937 年参加革命，1941 年加入中国共产党，历任《新华日报》记者，国际新闻社代社长，上海《文汇报》采访部主任，天津《进步日报》经理，天津《大公报》副社长等职。

同月

《红旗》杂志发表《一定要把报纸的领导权夺过来》。

《安康日报》改名为《新安康报》。

《新疆少年报》停刊。

年初

唐山人民广播电台停止自办节目，只转播省台和中央台节目。

4 月 1 日

《人民日报》转载了《红旗》杂志第 5 期发表的戚本禹的文章《爱国主义？还是卖国主义——评反动影片〈清宫秘史〉》。文章引述了毛泽东的语录：“《清宫秘史》，有人说是爱国主义的，我看是卖国主义的，彻底的卖国主义。”文章称与毛泽东持相反意见的人就是“党内最大的走资本主义道路的当权派”，这些人就是“假革命”“反革命”，“就是睡在我们身边的赫鲁晓夫”。从此，在全国报刊上掀起对以“中国的赫鲁晓夫”为代称的刘少奇的大批判。

4 月 20 日

台湾《经济日报》在台北创刊。是台湾第一家以经济为内容的专业性报纸。

4 月 23 日

周恩来总理针对福州一造反组织强占福建日报社，报纸被迫只出新华社电讯版 4 天的情况，来电指出：“报社不能封，《福建日报》报头不能改，不能出新的报纸，不能中断党中央和毛主席的声音，进报社的人要立即退出去。”经国务院和中央军委批准，福州军区 4 月 28 日派出人员，对福建日报社实行军事管制。

同月

《浙江科技小报》改名为《农村科技报》。

辽宁《抚顺矿工报》《福建侨乡报》

停刊。

《人物》月刊在香港创刊。主持人许冠三。1968年8月改名《人物与思想》，旋停。

5月1日

中央人民广播电台举办特别节目，从19时开始播出当天上午毛泽东、林彪和首都群众一起参加“五一”国际劳动节庆祝活动的录音报道；从20时30分开始转播毛泽东、林彪在天安门广场和城楼同首都百万群众、外国朋友一起参加“五一之夜”联欢的实况。

北京电视台播放林彪为庆祝“五一”国际劳动节的题词。题词全文是：

“伟大的导师　伟大的领袖

伟大的统帅　伟大的舵手

毛主席万岁！万岁！万万岁！”

香港《大公报》增出海外航空版。

5月2日

北京电视台播音员在文艺节目播出前首先作了突出江青的说明：在欢庆“五一”国际劳动节的日子里，首都文艺舞台隆重公演了一批闪耀着毛泽东文艺思想光辉的文艺节目。其中有由江青关怀和支持树立起来的第一批革命样板戏——京剧《沙家浜》《红灯记》《奇袭白虎团》、芭蕾舞剧《白毛女》和交响音乐《沙家浜》等。

5月4日

香港《文汇报》《大公报》《新晚报》因受国内“左”倾路线影响，退出当地报业公会。

5月8日

《人民日报》《红旗》杂志等发表中共中央政治局常委会扩大会议讨论过的《红旗》杂志、《人民日报》编辑部文章《“修养”的要害是背叛无产阶级专政》。文章把刘少奇的重要著作《论共产党员的修养》称为“完全地、彻底地背叛了马克思列宁主义，就是完全地、彻底地背叛了无产阶级的革命事业”。从此，全国新闻媒介开展了对刘少奇的大批判运动。

5月10日

中央人民广播电台播出江青《谈京剧革命》的讲话和《红旗》社论《欢呼京剧革命的伟大胜利》。

5月18日

《人民日报》发表《红旗》杂志编辑部和《人民日报》编辑部合写的文章《伟大的历史文件》。文章说，发动“文化大革命”的纲领性文件《五一六通知》，是“一个伟大的马克思列宁主义的文件”。

5月28日

首都各大媒体自即日起至31日报道了《林彪给中央军委党委的信》和《林彪委托江青召开部队文艺工作座谈会纪要》。

5月31日

香港《大公报》创办英文版。每周三、六中午出版。

6月1日

成都人民广播电台停止自办节目，成都电视台也停止播出。

6月6日

著名新闻工作者袁勃逝世。袁出生于1911年，河北广宗人。1937年参加革命，1938年加入中国共产党。历任汉口、重庆《新华日报》助理编辑、记者，中共中央北方局宣传干事，太行《新华日报》副总编辑，晋冀鲁豫和华北《人民日报》副总编辑，《北平解放报》总编辑，《云南日报》社长，西南军政委员会新闻出版处处长，中共云南省委宣传部副部长、部长等职。

6月19日

中央人民广播电台从当天起调整节目时间：文艺节目由原来的每周4510分钟增至5520分钟，以便播出“样板戏”。

同月

周恩来指示新华社：把目前国内报道的做法硬搬来对外，这样不行，应该研究一下。对外斗争既不能丧失原则，又有许多不同的特点要注意。

7月1日

四川《群众报》改名为《新华电讯》。

7月16日

北京电视台决定，自8月1日起由原来每周播出1次，增加到每周2次，即周三、周六各播出1次。

7月19日

新华社驻港记者薛平，因“非法集会”等罪名，被港英当局判入狱2年。

7月20日

《红小兵报》在上海创刊。

7月23日

自本日起至8月28日《人民日报》连续报道了王力、谢富治在武汉制造的“七二〇”事件，刊登有关这一事件的新闻34条、评论22篇、文章11篇，集中宣传“揪军内一小撮走资派”，打倒“军内的资产阶级代表人物”，散布了大量反军乱军的言行。

7月31日

《人民日报》《解放军报》和《红旗》杂志分别发表社论，把彭德怀元帅、罗瑞卿大将称作“党内最大的走资本主义道路当权派……在军队里的代理人”。8月16日，《人民日报》在第1版头条位置刊登了1959年8月16日通过的《中国共产党八届八中全会关于以彭德怀为首的反党集团的决议》（摘要），并发表社论《彭德怀及其后台罪责难逃》。8月17日，《人民日报》又以大字标题发表长篇报道《展开彻底摧毁资产阶级司令部的大斗争，坚决清算彭德怀及其后台篡党篡军罪行》，并发表评论《彻底清算彭德怀篡军反党滔天罪行》。

同月

《少年报》在上海创刊。

8月1日

《红旗》杂志本年第11期发表两篇由关锋主持起草的号召“揪军内一小撮走资派”的社论，公开提出“打倒军内一小撮走资本主义道路当权派”的口号，在全国掀起冲击军事机关的浪潮。

《解放军报》改为日刊。

8月11日

香港记者陈凤英、陈德穆、邝宝文、梁丽仪、周捷君、谭思俊、罗向英、罗贵生因“非法集会”罪被判罚款或入狱7天。

同月

中共黑龙江海伦县委机关报《海伦报》停刊。

吉林《战斗报》改名《工农油田报》，年末停刊。

9月5日

《香港商报》记者沈启林被判入狱2年。

9月13日

新华社记者罗玉和、《文汇报》记者黄一溜、《香港商报》记者陈子峰、《晶报》记者吴东城、《大公报》记者王宁等5人因“作恐吓性集会”及“煽动性言论”罪，各被判入狱3年。

9月19日

《大公报》职工邵工鎏被判入狱1年。

10月1日

湖南《株洲日报》在“文化大革命”中一度停刊，今日复刊。

11月6日

《人民日报》发表由陈伯达、姚文元起草的“两报一刊”编辑部纪念文章《沿着十月社会主义革命开辟的道路前进——纪念伟大的十月社会主义革命五十周年》。文章将发动“文化大革命”的理论基础概括为“六点”，其核心是：在无产阶级取得政权并建立了社会主义制度的条件下，还要进行一个阶级推翻一个阶级的政治大革命，“文化大革命”就是这种“继续革命”的最重要方式。中共“九大”以后报刊宣传中的“大批判”即以这个理论为指导思想。

11月19日

香港商营电视台——香港电视广播有限公司（简称无线电视）开播。设中文台、英文台，不收费。

11月23日

《人民日报》《红旗》杂志、《解放军报》编辑部联名发表《中国农村两条道路的斗争》的文章。23—25日，中央人民广播电台多次播出。

同月

《万人》杂志在香港创刊。主持人万人杰。

12月12日

中央广播事业局实行军管。军管小组组长刘路明在广播局向全体工作人员宣布了《中共中央、国务院、中央军委、中央文革关于对广播事业局实行军事管制的决定》。

同年

中共邢台地委机关报《邢台日报》停刊，改名为《东方红报》出版。

《河北科技报》、辽宁《渔业工人》停刊。

吉林通化人民广播电台停止自办节目。

山西太原《钢铁小报》改名《红太钢报》。

山东新汶煤矿报《红新汶》创刊。

香港发生“反英抗暴”事件。《香港夜报》《新午报》《田丰日报》等3家爱国报纸被判停刊。

香港《新灯日报》创刊。该报没有社会新闻，也不登马经，只登电影电视内容和言情小说。

1968年（戊申）

1月1日

《人民日报》《红旗》杂志、《解放军报》联名发表元旦社论《迎接无产阶级文化大革命的全面胜利》。

1月9日

从1967年上海“一月风暴”以来，到西藏和新疆两个革命委员会成立，报纸不断发表社论，“热烈欢呼”各省、市、自治区革命委员会成立。标题几乎全部是7个字，如《井岗红旗飘万岁》《辽阔中原唱凯歌》《华北山河一片红》《红日高照长白山》《东北大地红烂漫》等等，同时，各报一律刊登革命委员会成立的庆祝大会盛况和给毛主席的致敬电，致敬电都是用“最最最”装饰起来的，有的一封致敬电竟用了30多个“最”字。

同月

北京电视台在北京月坛公园内新建的电视发射台（1965年冬动工）完工，功率为10千瓦，塔高196米，天线实际高度180米，有效率发射半径约60—80公里。新发射台曾于1967年8月—1968年11月间进行了多次试播。

各省、市、自治区先后成立革命委员会后，党委机关报一度改为革命委员会机关报，后来才恢复为党委机关报。

2月25日

周恩来总理对中央广播事业局军管小组《关于迅速发展唱片事业，增建两个唱片厂的报告》作了批示：送请（国务院）业务小组考虑列入今年计划。

同月

《北京矿工》出版。前身是《京西矿工报》。

北京唱片厂批准建立。同年 10 月，成都唱片厂开始筹建。

3 月 1 日

老新闻工作者王亢之含冤逝世。王生于 1915 年，河北深泽人。曾任《新民主报》社长、《冀中导报》社长、《晋察冀日报》总编辑。1949 年 1 月筹办《天津日报》，任副社长、社长。1954 年任中共天津市委宣传部部长。

四川《新华电讯》改名为《涪陵报》。

3 月 3 日

中央广播事业局军管小组提出，宣传毛泽东思想不怕重复，不要受时间框框限制，不要只算次数账，不算政治账，要从边远地区没有报纸的工农群众的角度去考虑问题等意见。中央人民广播电台新闻部讨论了这些意见，以后在实际工作中，语录、文章、文件的播出等都照此原则办理。

3 月 10 日

中央广播事业局军管小组下达“要反复广播革命样板戏”的意见。照军管小组的部署，中央人民广播电台文艺部讨论了京剧“样板戏”的宣传、编排、加工、介绍等方面的问题。在以后的实际工作中，有关“样板戏”的宣传，都按照“反复广播”的原则办理。

《吉林日报》成为吉林省革委会机关报。

广东《湛江日报》创刊。其前身是《粤西农民报》《每日新闻》。

3 月 16 日

《知识分子》半月刊在香港创刊。主持人缪雨。

4 月 3 日

著名新闻工作者、国际问题专家和社会活动家金仲华逝世。金生于 1907 年，浙江桐乡人。曾任《世界知识》主编、《永生》杂志主编、《星岛日报》总编辑。新中国成立后，历任《新闻日报》《文汇报》《中国新闻》和《中国建设》杂志社社长，中华全国新闻工作者协会副主席。

4 月 10 日

姚文元在军管小组《请示北京市台的宣传口径》的报告上批示：“凡广播电台（中央和地方）的宣传，均应以毛主席审定的，《人民日报》公开发表的社论和消息为标准。北京市台也不应例外。请伯达、江青批示。”陈伯达、江青都写了“同意”。（《当代中国广播电影电视大事记》，第 222 页）

4 月 20 日

老新闻工作者柳湜逝世。柳生于 1903 年，湖南长沙人。1928 年加入中国共产党。第一、二届全国政协委员。和邹韬奋一起，先后担任《读书生活》《生活日报》《全民周刊》《全民抗战》等许多进步报刊的编委和主编，生活书店的总编辑。新中国成立后，担任过《人民教育》的总编辑。

5 月 12 日

《沈阳晚报》以《沈阳日报》名称复刊。4 开 4 版。

5 月 20 日

中央人民广播电台夏秋季节目时间，由即日起开始实行。增加播音时间，把《红卫兵》节目和《重要文件和文章》选播节目，合并改为专题节目《毛主席革命路线胜利万岁》，并开办《革命大批判》节目。此次节目改动的原则是保证毛主席的声音，在任何时候，任何情况下，都能准确、及时地传播到全国和全世界去。

6月10日

中央广播事业局军管小组上报《关于恢复中央人民广播电台对少数民族革命人民广播的请示报告》。

6月15日

法国电视台播出北京电视台寄去的《首都50万革命群众游行示威，支持法国工人、学生斗争》的电视片。这是自1967年中、法两国签订文化协定以来首次获知对方播用我国节目。

夏

宁夏新闻图片部成立。该部是宁夏人民出版社的一个部门，它的任务是：一、复制新华社编印的新闻展览照片，向宁夏回族自治区订户进行转发，供各市、县图书、文化单位及厂矿、公社等作橱窗展览。二、编印宁夏回族自治区新闻照片，供各基层单位作橱窗展览。

7月11日

《人民日报》报道了河南省灵宝县革命委员会实行领导班子革命化，精兵简政，密切联系群众的消息。粉碎“四人帮”后，经揭发获知，有关灵宝县的这一报道是虚假的。（见《戳穿一个假典型》，《人民日报》1979年2月8日）

同月

《新安康报》停刊。

湖南湘潭人民广播电台复办，并于9月15日正式播音。

8月1日

“两报一刊”发表了纪念人民解放军建军41周年社论《无产阶级专政的坚强柱石》，中央人民广播电台从当日到8月3日共播出20次。

8月5日

《辽阳日报》复刊。

8月31日

四川《红色新闻》改名为《新成都报》。为成都市革委会机关报。

同月

毛泽东对报纸工作批示说：“不应当关门办报，应面向群众，又要有大方向，又要新鲜活泼。”（见《把新闻战线的大革命进行到底》，《人民日报》1968年9月1日第3版）

9月1日

陈伯达、姚文元策划和审定的“大批判文章”《把新闻战线的大革命进行到底——批判中国赫鲁晓夫反革命修正主义的新闻路线》，以《人民日报》《红旗》杂志、《解放军报》编辑部文章的名义发表。这篇文章称刘少奇是“中国的赫鲁晓夫”，彭真、罗瑞卿、陆定一、周扬等是其“狐群狗党”，邓拓、吴冷西、梅益是“反革命修正主义分子”。他们“代表帝国主义、国民党反动派和地富反坏右的利益，疯狂推行反革命的资产阶级新闻路线，把叛徒、特务、走资派安插到各个新闻单位中，妄图使新闻事业变成颠覆无产阶级专政、复辟资本主义的工具”。文章认定建国以来17年的新闻战线是“黑线专政”，整个新闻界是“反革命的独立王国”，所有的报纸都是“放毒、造谣的旧报纸”，广大新闻工作者是“旧人员”。文章提出“无产阶级同资产阶级争夺报纸领导权的斗争并没有结束”，还要对“反革命修正主义路线”进行“彻底的清算”，要精简人员并吸收“有无产阶级觉悟的工人”到报社中。

9月3日

台湾“中国电视公司”成立。

9月7日

《人民日报》《解放军报》发表社论《无

产阶级文化大革命的全面胜利万岁！热烈欢呼全国（除台湾省外）各省、市、自治区革命委员会全部成立》。

9 月 10 日

北京电视台直播首都 10 万军民庆祝全国各省市、自治区革命委员会全部成立的集会的实况。

同月

《汉中日报》《山东邮电》停刊。

广西合山矿务局机关报《煤矿工人》创刊。后改为《合山工人报》。周刊，4 开 4 版。

秋

《广州日报》并入《南方日报》。

10 月 1 日

北京电视台的节目通过微波干线传到太原，太原市成为继天津之后第二个直接看到北京电视台节目的省城。

江苏电视台（当时称南京电视台）恢复播出，逐步增加各种自办节目。

10 月 5 日

《人民日报》刊登黑龙江省《柳河“五七”干校为机关革命化提供了新的经验》一文，并加了编者按语。从此，中央各机关团体和全国各地将大批干部下放“五七”干校劳动。

11 月 2 日

《人民日报》发表 10 月 31 日通过的《中国共产党第八届扩大的第十二次中央委员会全会公报》。公报宣布刘少奇“是一个埋藏在党内的叛徒、内奸、工贼，是罪恶累累的帝国主义、现代修正主义和国民党反动派的走狗”。全会批准用伪证写成的关于刘少奇的审查报告，作出把刘少奇“永远开除出党，撤销其党内外的一切职务”的错误决议。

11 月 18 日

中央人民广播电台从当天起实行新节目时间表。

12 月 6 日

湖南《湘潭日报》恢复出报。

12 月 18 日

中共中央、国务院、中央军委、中央文革小组联合发出《关于新华社实行军事管制的决定》，派出军管小组对新华社实行军事管制。在此前后，中央其他新闻单位也实行了军事管制。

12 月 22 日

《人民日报》在一条新闻的编者按语中，引述了毛泽东的以下指示：“知识青年到农村去，接受贫下中农的再教育，很有必要。要说服城里干部和其他人，把自己的初中、高中、大学毕业的子女，送到乡下去，来一个动员。各地农村的同志应当欢迎他们去。”全国各地随即开展了轰轰烈烈的城市知识青年“上山下乡”的活动。

12 月 29 日

中共安康地委机关报《安康日报》复刊。

同年

香港新闻记者协会成立。该会是新闻从业人员的工会组织，初期入会者多为外籍记者。该会宗旨为维护新闻权益，提高新闻从业人员的专业水平，留意传媒违反新闻道德的事件。

安徽《红徽州报》改名为《徽州报》。

《河南日报》农民版停刊。

山西《红太钢报》改名为《钢铁工人报》。

陕西《职工动态》复刊，并改名《西电工人》。

内蒙古《平庄矿工报》复刊。

辽宁《南票矿报》创刊。

河北唐山人民广播电台改由唐山地委领导，并自办地方新闻节目，后停办，只转省台和中央台节目。内蒙古哲里木人民广播电台、内蒙古锡林郭勒人民广播电台、吉林白城人民广播电台停止自办节目，只转省台和中央台节目。

辽宁营口人民广播电台举办两套节目，第一套全天转播中央台节目，第二套为自办节目，并于1972年撤掉第一套节目。

大兴安岭人民广播电台建立。

扬州转播台与扬州有线广播电台合并。

经过2年左右的“文化大革命”，全国（不包括港、澳、台）报纸的总数仅余42种，其中，全国性的报纸为4种，降至历史的最低点。

《电视日报》在香港创刊。

世界中文报业协会在香港成立。会员遍及香港、台湾等地区和新加坡、马来西亚、泰国、菲律宾等国家。

1969年（己酉）

1月1日

山西大同市《新大同报》出版。

1月19日

中共中央文化大革命领导小组发出文件，规定地方广播电台的宣传报道，“应以伟大领袖毛主席亲自审定的，在《人民日报》等中央报刊公开发表的文件、社论、消息、文章为准，凡与中央口径不一致的，凡中央报刊不发表的，电台一律不得广播”。（《当代中国广播电影电视大事记》，第227页）

1月22日

香港《东方日报》创刊。由广东潮阳人马惜珍创办。初创时为4开4版小报，后改为对开大报。历任总编为曾光、黄阳午等。

1月30日

湖北省各级革命委员会层层举办工农兵通讯员学习班，建立“以工农兵为主体的新闻队伍”。当时工农兵通讯员和通讯组遍布全国。

同月

南京人民广播电台改为江苏人民广播电台第二套节目，并撤销该台呼号。

2月17日

石家庄电视台开始试播。

3月29日

《人民日报》在一版《社会主义大学应当如何办?》的通栏标题下，发表驻复旦大学工人、解放军毛泽东思想宣传队文章《我们主张彻底革命》。该文提出：“新闻系根本培养不出革命的战斗的新闻工作者，可以不办。”

同月

山西《晋矿工人报》创刊。

4月1日

周恩来总理在北京电视台审看关于中国共产党第九次全国代表大会的电视新闻片时，指示说出国片应争取时间，要把各国的时间差估计在内。

中国共产党第九次全国代表大会即日起至4月24日在北京举行。中央人民广播电台、中央电视台和新华社都以“九大”为中心组织报道。

根据福建省革命委员会的命令，中共福建闽侯地委机关报《闽侯报》、中共福安地委机关报《闽东报》、中共三明地委机关报《三明报》、中共晋江地委机关报《泉州报》、中共龙岩地委机关报《闽西报》、中共南平地委机关报《闽北报》本日停刊。稍后，中共龙溪地委机关报《漳州报》也奉命停刊。

湖北《战报》改名为《一冶工人报》。

4 月 15 日

中央广播事业局军管小组传达“中央首长”看了“九大”电视片和文艺节目的两次“批评和指示”，组织宣传业务骨干和全局各文艺部门同志进行学习，就怎样正确理解工农兵占领广播、电视阵地，怎样正确理解文艺为政治服务等问题作了讨论，并从 5 月 12 日起，举办局内各文艺单位骨干参加的学习班。

同月

中共辽宁铁岭地委机关报《铁岭日报》在铁岭市创刊。4 开 4 版，周六刊。前身为中共辽阳地委在沈阳出版的机关报《沈阳新报》。

5 月 1 日

《汉中日报》复刊。

济南电视台正式播出。

5 月 7 日

河北保定地区革委会在原《保定日报》的基础上改出《新保定报》。

5 月 28 日

江苏常州人民广播电台恢复播音。

6 月 21 日

中央人民广播电台决定今后只在重大节目以及发表毛主席最新指示等重大宣传时，用“敬祝语”；从现在起，逐步减少，到 6 月底，一般日常广播不再用“敬祝语”。

7 月 1 日

北京电视台即日起每周增加一定的时间播样板戏，“以满足观众对文艺节目的要求”，突出“样板戏的伟大成果”。（《中央电视台大事记》，第 34 页）

8 月 16 日

江青、姚文元指责中央新闻纪录电影制片厂摄制的《南京长江大桥》一小段配乐采用了苏联歌曲《列宁山》的调子，勒令影片停映。江青将民歌诬蔑为“下流小调”“情郎妹子”，并下令将其“批示”传达到各地电台。她说：“广播电台的问题不比新影小。我们转发了他们的自我批评后，他们后来又干了（指“坏事”）。也要发动广播电台广大群众肃清流毒。”（《中央电视台大事记》，第 34、35 页）

8 月 25 日

《人民日报》发表《人民日报》《红旗》杂志、《解放军报》社论《抓紧革命大批判》。提出“革命大批判”的锋芒应当指向：第一，批判修正主义（注：提到了新闻方面）；第二，批判党内、革命队伍内部违反毛主席无产阶级革命路线和政策的各种错误倾向和错误思想；第三，批判社会上的资本主义倾向。

同月

吉林四平转播台改名为四平人民广播电台。

香港《真报》等小型报纸发起成立香港华人报业协会。协会的常任理事通常是当地亲台报纸的负责人。

9 月 1 日

《哈尔滨战报》改名为《哈尔滨日报》。

9 月 4 日

越南胡志明主席逝世。各大媒体进行了报道。中央人民广播电台在 9 月 6 日早晨第一、二次新闻节目中，广播我人大常委会致越南国会常委会的唁电时，把文中“悲痛的心情”错播成“悲愤的心情”，造成重大事故。

9 月 6 日

中共河南平顶山矿务局委员会机关报《矿工简讯》创刊。

9月7日

台湾开始发射第一个彩色电视讯号。

9月25日

台湾开始试播彩色电视节目。

9月30日

江苏常州人民无线广播电台正式播出。

同月

山西《钢铁工人报》改名为《太钢报》。

10月1日

内蒙古人民广播电台电视组成立，并在每星期六试播黑白电视节目。

长春电视台恢复播出。

河南电视台播出。

云南电视台开始播送节目。

10月23日

中共中央发出《关于对外政策宣传的文件》，规定：对外政策的宣传，新闻、广播、报纸，全国各地方都必须按照毛主席历来的指示和中央规定的统一口径，绝对遵守。不许各地方同中央口径相抵触，自由乱发乱播。如发现同中央口径相抵触，必须立即纠正，不能丝毫松懈，并向中央作出检讨。（见胡耀亭：《中国国际广播大事记》，中国国际广播出版社1996年版，第184页）

同月

中共山西省阳泉市委机关报《阳泉报》改名《新阳泉报》继续出版。

《连云日报》改名为《连云港报》。

江西人民广播电台开始转播节目。

河北电视台建成高山发射台。

成都电视台恢复播出。

辽宁《本钢报》停刊。

中央广播事业局宣传小组自本月起到1970年1月止，曾多次批示：中央人民广播电台的宣传，首先是播好新华社、《人民日报》的有关稿件，自己采写、组织的稿件是补充性的，要少而精。

同年

北京电视台根据有关协定向16个国家的电视机构寄送86条新闻片和电视短纪录片，另外还将部分电视片寄给我驻外领事馆。

中共伊克昭盟委机关报《鄂尔多斯报》复刊。4开，周六刊。

中共白城地委机关报《白城农民报》停刊。

中共烟台地委机关报《烟台日报》复刊。

黑龙江《鸡西矿工报》停刊。

安徽电视台恢复播出。

陕西《西北建筑通讯》在西安复刊，改名为《学先进》。

陕西铜川矿区创办《渭煤通讯》。

吉林延边人民广播电台开办朝、汉两种语言的两套节目。

黑龙江伊春人民广播电台与伊春日报社二次合并。

香港《电视日报》创刊。该报以报道影视艺人动向和娱乐新闻为主。

香港英文报纸《星报》创办中文版。每晚出报。

1970年（庚戌）

1月1日

石家庄开始试转中央电视台节目。

江苏淮阴人民广播电台恢复播音。

1月16日

全国电视专业会议在京召开。这次会议是由中央广播事业局、四机部、中国人民解放军通信兵部、国家电信总局联合召开的。会议确定集中主要技术力量研究彩色电视，并适当发展黑白电视。会议决定在北京、天津、上海、四川等地区进行彩色电视制式“攻关会战”，进行多种彩色电视制式的研究和比较。

同月

全国各地报纸普遍刊载通讯《拉革命车不松套，一直拉到共产主义》。这篇通讯介绍了北京郊区农村基层干部王国福如何关心群众疾苦，如何带病坚持工作等事迹。文章虽有夸张之处，基本事实是真实的，但是通讯中所着意渲染的“路线斗争”的内容则完全是编造的。

《新长征》创刊。该刊是中共吉林省委主办的思想理论刊物。初名《新吉林》，内部发行，1977 年 7 月公开发行。1980 年 1 月改名《新长征》。以县以下的干部特别是基层干部为主要读者对象。

扬州人民广播站成立，为有线广播。

2 月 1 日

《七十年代》月刊在香港创刊。总编辑李怡。1984 年 5 月 1 日更名《九十年代》。1998 年 5 月停刊。

2 月 16 日

中央广播事业局军管小组就防止电台泄密问题向中央提出请示报告。中央批转了此件。

2 月 27 日

中央人民广播电台对台湾广播改变称呼语，由“各位听众”改为“台湾同胞们”，其中《对国民党军政人员广播》节目的称呼语改为“国民党军政人员们”。

3 月 1 日

《厦门日报》停刊。

3 月 9 日

中央人民广播电台制订出了筹办民族语广播工作方案（草案），准备在国庆节前开办维语、哈语、蒙语、藏语、朝语、傣语 6 种民族语广播。

同月

北京电视台决定：1. 为确保安全播音，成立电视宣传把关小组，负责审看所有的播出节目，认真把好政治关。2. 经中央和天安门翻修工程指挥部批准，同意在天安门城楼上安装电视遥控摄影和遥控摄像设备。3. 为了使天安门城楼上的中央领导同志看到电视播出，天安门工程指挥部责成北京电视台协助解决制作 4 架坐地式电视接收机。4. 经批准，在中山公园修建彩色电视机房。

年初

水利电力部第八工程局党委机关报《工地战报》在贵州创刊。后改名为《乌江战报》。周刊。

4 月 1 日

中共邢台地委机关报《东方红报》恢复原名《邢台日报》。

4 月 4 日

中央人民广播电台向中国人民解放军总政治部请求并征得同意从部队选调播音员。

4 月 23 日

著名女记者浦熙修逝世。浦出生于 1910 年，江苏嘉定人。抗日战争和解放战争时期，曾先后在重庆和南京《新民报》担任记者、采访部主任。

同月

吉林《工农油田报》复刊，改名为《战报》。

山东《勘探》报改名为《胜利报》。

5 月 1 日

内蒙古电视台以“呼和浩特电视台”作为台标正式播出。

湖北《孝感报》复刊。

内蒙古人民广播电台电视组改名为呼和

浩特电视台。

吉林电视台再次恢复播出。

5月2日

中华全国新闻工作者协会书记处书记、新华社外事部主任李炳泉含冤去世。

5月20日

天安门前举行“首都人民支持世界人民反对美帝斗争大会”，中央人民广播电台、北京电视台进行了转播。全国10家电视台同时转播。

5月23日

河北人民广播电台从本日起逐渐恢复自办节目。

同月

青海新闻图片社成立。该社属中共青海省委宣传部领导。1976年归属青海省文化局。其主要任务是制作发行新华社编辑的“新闻展览照片”和本社采编的“青海新闻照片”。“青海新闻照片”分照片和印刷品两种，不定期，根据情况进行采访和编辑，平均每年编发4套，发行全省各地。

中共新疆塔城地委机关报《塔城报》复刊。

吉林长春第一汽车制造厂《汽车工人报》复刊，改名为《一汽战报》。

6月20日

江西电视台开始试播。

6月29日

周恩来针对当时极左思潮的影响，指示新华社：毛主席交代过，对参考资料不要自己标标题，原来怎么标就怎么标，让读者自己判断。

7月20日

中央人民广播电台对外部在写给军管小组的《关于我国对外广播情况的报告》中指出，目前用33种外语和5种中国方言进行对外广播，每天播音130多小时。

7月22日

根据军管小组的决定，中央人民广播电台欧美部成立对美组，每天对美广播1小时节目。

8月1日

广西《柳州日报》停刊。

8月5日

北京电视台根据周恩来总理的指示，决定自即日起，一般纪录片前面不再编用毛泽东主席放光芒头像的画面。“文化大革命”以来，北京电视台例行的播出程序是台标、毛泽东主席像。上述精神由北京电视台转告地方电视台。

8月7日

中央广播事业局致函我驻伊拉克使馆，拟不再续签1966年6月4日签订的、将于1970年6月4日到期的中伊广播电视合作协定书。10月30日，驻伊使馆来函同意我局意见，并告知伊电视台已播出我寄去的大部分电视片。

周恩来指示，新华社和《人民日报》的新闻报道要注意留有余地。

8月12日

北京电视台宣传组制定了《关于电视影片和电视节目审查工作的几项（试行）规定》，其中包括国内新闻片、出国片、进口影片以及电视讲话播出稿等的审查制度。

8月20日

周恩来总理在中央广播电视局送中央审批的《关于纪念罗马尼亚解放26周年，广播罗马尼亚民间音乐的报告》上批示：拟以电话告文化组审听，如健康有民族特色，可编入《联播》节目。如不健康，则予以否定。8月23日，中央人民广播电台播送罗马尼亚民间乐曲《云雀》和《赛尔巴舞曲》。

8 月 27 日

辽源电视转播台建立。

同月

浙江省革委会批准拨款 10 万元，在北高峰建造电视发射台，安装 1 千瓦电视发射机和 1 个讯道的黑白电视中心设备。10 月 1 日上午和晚上，成功地转播了北京电视台的国庆特别节目。

《新华月报》从 1970 年 8 月号（总 310 期）开始复刊发行（在这之前中断 4 年左右，期号空着待补）。

广西《桂林日报》再次停刊。

《梧州日报》停刊。

9 月 1 日

湖北五七油田党委机关报《江汉石油报》创刊。初创时名《五七报》，1972 年 6 月 30 日起，改名《江汉石油报》。

9 月 5 日

湖北《荆州报》复刊。

9 月 11 日

中央广播事业局就中央人民广播电台开办维吾尔语广播，向中央写了专题报告。

9 月 15 日

北京到西南地区 600 路微波干线开通，重庆到成都的微波线也同时开通。

9 月 25 日

北京电视台制定《1971 年—1975 年发展规划（草案）》。计划在 1971 年至 1975 年内大力发展彩色电视，同时适当发展黑白电视。目标是力争开播 3 套节目，其中 2 套彩色、1 套黑白。

同月

西北光学仪器厂研制成功我国第一台 500MM—3000MM 的变焦距镜头，该镜头在国庆节天安门实况转播时首次使用。

10 月 1 日

湖南电视台正式开播。负责人李晓忠。

宁夏电视台正式开播。负责人呼占明。

新疆电视台正式开播。负责人艾兴。

江西电视台正式开播。

辽宁辽河《三二二战报》创刊。

上海电视台每周增播到 6 次。

甘肃电视台正式试播。

四川电视台通过微波线路转播北京电视台（即中央电视台）节目。

广西电视台正式播出。

青岛电视转播台开始试转北京电视台和省台节目。

重庆电视台开播。

浙江舟山电视台正式转播节目。

10 月 4 日

北京电视台宣传组向中央广播事业局军管小组写报告，提出电视节目恢复每周 6 次。11 月下旬，局军管小组批复同意。

10 月 19 日

中央人民广播电台开办《活学活用毛主席哲学著作》节目，每日播出 2 次。

10 月 23 日

著名记者范长江逝世。范出生于 1909 年，四川内江人。1932 年入北京大学学习。1933 年后开始为京津报纸写稿，1934 年加入天津《大公报》。1935 年以该报旅行记者名义去西北采访，所写通讯介绍红军长征的真实情况，揭露西北国统区的弊政。1939 年加入中国共产党。历任新四军苏皖鲁边区新闻学校校长，新华社华中分社社长，新闻社副总编辑，上海市文管会副主任，《解放日报》社社长，新闻总署副署长，《人民日报》社社长，政务院文教委员会副秘书长，国务院第二办公室副主任，国务院科学规划委员会秘书长，国家科委副主任。曾出版有《陕北纪行》《塞上行》和《中国的西北角》等著作。是第一个采访陕甘宁边区的中国记者。

10月24日

陕西铜川矿区正式出版《铜川矿工报》。周二刊。

10月29日

我驻南也门使馆函告中央广播事业局，南也门电视台对寄去的北京电视台电视片采用率为1/3。

同月

《临汾日报》在山西临汾创刊。4开4版，周六刊。

《太原日报》复刊。

中共福建霞浦县委机关报《学大寨战报》创刊。由《霞浦战报》更名而来，后又改称《霞浦农村报》《霞浦报》。

建在海拔1820米的黄山贡阳山顶的黄山电视调频转播台开始向上海、南京、杭州、合肥等地电视台传送北京电视台的电视节目。这个转播台转播北京电视台节目的任务，到1973年由北京到上海的微波干线接替。同月，北京到广州的微波干线开通，从此，广东省能看到当天从北京传来的电视节目。东北三省联合建设的微波线路也于同月建成，从此，沈阳地区可以在当天看到北京的电视节目。北京电视台的节目传送范围从1969年前的天津、河北、山西、陕西4省（市），扩大到湖北、辽宁、河南、山东、湖南、安徽、浙江、江苏、四川、江西、广东等15省（市）。各地传送北京电视台的节目有两种方法，一是用微波干线传送，一是用超短波差频接力传送。

江西景德镇电视差转台建立。

12月19日

内蒙古《呼铁工人》复刊。前身是《内蒙古铁道》。

12月26日

中央人民广播电台决定即日起各节目一律不用祝福语。

国务院批准建立北京、上海、天津、四川彩色电视中心实验台。

福州电视台恢复播出。每周播放2次。

都匀电视台（黔）开始转播北京的节目。

12月31日

中央人民广播电台广播《人民日报》《红旗》杂志社、《解放军报》一九七一年元旦社论《沿着毛主席革命路线胜利前进》，当晚播出14遍。1971年1月1日播出29遍。一月份，天天重播，至1月31日播出32天，共175遍，这是中国广播史上从未有过的。

同年

江西省新闻图片社成立。该社主要是生产和发行新华社发的展览照片。

四川《通川日报》停刊。

内蒙古哲里木人民广播电台恢复蒙语广播，主要是译播中央台和吉林省电台汉语节目。

江苏徐州人民广播电台停办无线广播节目。徐州电视转播台成立。

西宁电视台建立。

浙江人民广播电台电视台改名为浙江电视台。

辽宁鞍山电视台恢复转播中央和省电视台的节目。

南通电视台开始转播北京的节目。

香港中英文日、晚报数达70多家。

港英官方电台香港电台成立公共事务电视部，专门制作配合港英当局各项政策的电视片，免费提供给商营电视台播放。

我国电视事业在本年内获得迅猛发展。

新疆、青海、宁夏、甘肃、广西和福建 6 个省、自治区电视台（或实验台）开始播放或恢复播放节目。至此，全国除西藏（台湾已有）外，都有了本省、自治区、直辖市的电视台（或实验台）。全国的电视台和转播台由 1969 年的 25 座发展到 70 座。

1971 年（辛亥）

1 月 1 日

《南北极》在香港创刊。初为周刊，后改月刊。1996 年 9 月停刊。

同月

周恩来对广播、转播中存在的大国沙文主义、封建主义和形式主义进行了多次严肃的批评。（见胡耀亭：《中国国际广播大事记》，第 194 页）

铁道部第二工程局党委确认《铁道建设报》为该党委机关报。

2 月 21 日

水利部三三〇工程局党委机关报《三三〇战报》在湖北宜昌创刊。

3 月 18 日

《人民日报》发表“两报一刊”编辑部文章《无产阶级专政胜利万岁——纪念巴黎公社一百周年》。这篇文章在总结了巴黎公社的经验后提出，要“坚持无产阶级专政下继续革命”理论，继续“在上层建筑其中包括各个文化领域对资产阶级实行全面的专政”。

同月

随着吉林省委重建，《吉林日报》恢复为中共吉林省委机关报。

年初

北京电视台开始整党，成立了整党领导小组，由军代表直接负责领导全台的党务工作。

4 月 1 日

中共安徽淮北市委机关报《淮北报》创刊。4 开 4 版，周三刊。

4 月 3 日

中央广播事业局军管小组向中央汇报，拟从 4 月 25 日开始播出维吾尔、哈萨克两种民族语言节目。

4 月 8 日

四川《自贡日报》停刊。

同月

《淮北日报》创刊。4 开 4 版，周六刊。

5 月 1 日

宁夏石炭井矿务局党委机关报《矿工报》创刊。

黑龙江大庆电视台建成。

中央人民广播电台从即日起到 1973 年 1 月 1 日，先后恢复维吾尔、蒙古、朝鲜、藏等 4 种语言广播，并创办哈萨克语广播。

同月

浙江湖州电视转播台正式成立。

6 月 1 日

兰州电视台正式试播。

6 月 9 日

中共大同市委机关报《新大同报》改名为《大同报》。

6 月 15 日

无产阶级革命家、革命报刊活动家、老新闻工作者谢觉哉逝世。谢出生于 1883 年，字焕南，笔名觉哉、觉斋、见心、飞飞、敦夫、马彬等，湖南宁乡人。五四运动中创办地方刊物《宁乡旬刊》。1920 年任《湖南通俗报》主笔，宣传新文化新思潮。1926 年初主编中共党刊《河南》半月刊，同年夏任《湖南日报》编辑、《湖南民报》总编辑，支持北伐，报道工农群众运动。1927年底与徐特立在汉口编印中共湖北地下省委的刊物《大江报》。1928年至1930年，在上海编辑中共中央秘密刊物《红旗》周刊和《上海日报》。1931年秋赴湘鄂西革命根据地，主编省苏维埃政府机关报《工农日报》。从1936年起在延安的10余年中，担任党政领导职务，同时为《新中华报》等报刊撰写社论、专论、时评，其中，为延安《解放日报》撰写的《一得书》等专栏杂文，言之有物，短小朴实，深受读者喜爱。中华人民共和国成立后，历任中央人民政府内务部长、司法部长、最高人民法院院长、全国政协副主席，仍坚持为《人民日报》《新观察》《中国妇女》《北京晚报》等撰稿。

6月28日

北京电视台和英国维斯新闻社互购电视新闻片协议在伦敦正式签订，7月1日起生效，为期2年。根据协议，北京电视台全年向英方寄去100条新闻片，英方每周向我方寄送电视片约4000英尺。这是1967年以来我国同外国广播电视机构签订的第一个协议。

6月29日

《新成都报》改名《成都日报》。1979年11月3日创办《周末》增刊，每星期六出版一张，4开4版。

中央广播事业局向湖北、山东、江西、安徽、浙江、江苏、上海、河北、河南、福建等省、市广播局转发《关于六省、市转播北京电视台协作会议的纪要》，要求各省、市广播部门积极配合，尽早改进和提高转播北京电视台节目的质量，准确、及时、稳定、清晰地传送毛泽东主席的形象，为宣传毛泽东思想作出新的贡献。

同月

陕西韩城矿务局党委宣传部主办的《韩城煤炭战报》创刊。

7月1日

经中共中央批准，中央人民广播电台在6月30日《联播》节目和7月1日全天节目开始时，以及《报摘》等节目开始时，使用祝福语："同志们，首先共同祝愿我们的伟大领袖毛主席万寿无疆!"

中共乌兰察布盟委员会机关报《乌兰察布日报》蒙文版在内蒙古集宁市创刊。周刊。1976年4月25日改为隔日刊。

新疆实验电视台改名为新疆电视台。

7月5日

湖北电视台开始向全省播送黑白电视节目。

7月8日

江青以"峻岭""大海""李进"等化名，在1971年7、8期合刊的《人民画报》和《解放军画报》上，发表她拍摄的十几幅照片，并把林彪"学习毛主席著作的光辉榜样"的一幅，放在最突出的位置上。

8月8日

北京电视台开始不定期播出《国际新闻》节目。

8月21日

从即日起北京电视台增播北京地区的天气预报。

8月25日

《台湾时报》在台湾高雄创刊。该报的前身是《东台日报》，后改名《中兴日报》，在台湾彰化发行。

同月

国务院在《关于在全国推行新广播体操的通知》中规定："中央和各地人民广播电台同时恢复广播体操节目。"（《当代中国广播电影电视大事记》，第240页）

9 月 1 日

《连云港报》停刊。

9 月 10 日

《掌故》月刊在香港创刊。总编辑岳骞。

9 月 11 日

中央广播事业局军管小组就广播《红旗》杂志发表的文章报姚文元：目前中央人民广播电台广播《红旗》杂志的文章，是根据《人民日报》转载的情况：《人民日报》转载即广播，不转载的，均不广播。考虑到《红旗》杂志的文章多，质量高，《人民日报》受版面限制，不能更多转载，而电台的节目多，容量大，因此，中央人民广播电台打算适当地多播一些。选择一部分《人民日报》未予转载的文章，报请批准后广播（每日报告一次）。姚文元批复：同意。

9 月 15 日

济南电视台改名为山东电视台。

9 月 30 日

辽宁阜新电视转播台开始转播。

同月

北京大学中文系第一届工农兵学员分专业，该系新闻专业正式成立。原中国人民大学新闻系少数教师调到北大中文系负责新闻专业的教学工作。

10 月 1 日

林彪于 1971 年 9 月 13 日乘飞机外逃，途经蒙古温都尔汗坠落，机毁人亡。今天《人民日报》打破惯例，没有发表国庆社论。

青岛电视转播台开始转播北京台和省台节目。

包头电视台建成开播。

连云港电视转播台建成。

10 月 2 日

周恩来总理批示同意我国同罗马尼亚签订新的广播电视协定。（1972 年 3 月 2 日，协定在布加勒斯特签订。）

10 月 4 日

北京电视台即日起每周节目由 6 次增加到 7 次，即每晚都有节目播出。

10 月 7 日

北京到昆明的微波干线接通，昆明电视台开始试转播北京电视台节目。

10 月 15 日

我国与朝鲜在平壤签订新的中朝广播电视合作协定。

同月

浙江《浙南大众》停刊。

台湾“中华电视台”成立。

11 月 11 日

新华社联合国分社成立。张海涛任首席记者。

11 月 13 日

中央人民广播电台宣传小组就各节目开头一律不用（毛泽东主席）语录一事向广播事业局宣传小组请示。局宣传小组同意在一般情况下，可以不用。

11 月 22 日

北京电视台即日起在每次电视节目开始时，只播用毛泽东主席手书的“北京电视台”台标。

11 月 23 日

香港英文南华早报有限公司率先公开发售股票。股票上市后，收益很好。

同月

《枣庄市场》改名《枣庄通讯》。

12 月 1 日

石家庄电视台改名为河北电视台。

12 月 7 日

驻中央广播事业局的解放军毛泽东思想宣传队全部撤回原部队。北京工人宣传队已于1971年6月12日全部撤离。

同月

复旦大学新闻系招收第一批工农兵学员49名。

同年

著名摄影记者张印泉逝世。张出生于1900年，河北丰润人。1934年到1936年，担任张学良的少校摄影服务员期间，游历十几个省份，拍摄大量人物、风景和新闻照片，除一部分在报刊上发表外，还被国际摄影沙龙和国际摄影年鉴选用。抗战胜利后，与他人组织北平摄影学会，当选为该学会第一任主席。1951年调新闻摄影局工作。1952年4月任新华社新闻摄影部研究室主任。后被推为中国摄影学会副主席、中国文学艺术委员会委员。著有《摄影的原理与实用》《摄影应用光学》《人造光摄影》等。

《上海科技》创刊。

湖州广播转播台成立。

湛江人民广播电台开始转播中央人民广播电台节目，并恢复自办节目。

一些广播刊物陆续复刊，但内容单调浅显。

内蒙古电视高山发射台建成并开始使用。

成都电视台开始作为四川省电视台使用。

台湾省台北市建成交通专业电台。

1972年（壬子）

1月1日

著名新闻工作者章汉夫逝世。章出生于1906年，江苏武进人。1927年参加中国共产党。1939年至1945年，在重庆《新华日报》社任新闻编辑部主任、总编辑等职，在国民党统治区从事党的宣传工作。解放战争时期，曾负责在上海、南京筹备出版《新华日报》和《群众》周刊。

电力部第九水电工程局党委机关报《工地战报》在贵州创刊。

1月3日

中央广播事业局组成70多人的接待组，自本日起到3月3日止，负责接待为尼克松访华进行电视转播的美方先遣人员和电视广播技术人员，并协助美国广播公司、美国哥伦比亚广播公司和美国全国广播公司等美国广播电视机构报道尼克松访华的活动。

1月7日

为向美国转播尼克松访华的电视节目，北京电视台代表和美国广播公司、美国哥伦比亚广播公司和美国全国广播公司代表签订了两个合同，即中方租借美方电视转播设备的《租用合同》和《美国电视、广播机构使用北京电视台设备合同》。中方在首都机场附近兴建了联合播送中心。

1月13日

中央广播事业局、新华社、《人民日报》等单位联合向中央送上《关于宣传报道中废止不利于党、不利于人民的提法初步意见》。要点是：林彪、陈伯达炮制的不正确提法必须废止。如："四个伟大""毛主席亲自缔造、××亲自指挥的……""三忠于""四无限""马列主义顶峰""一句顶一万句""有了政权就有了一切"等等。

1月21日

就有关尼克松访华的宣传报道，中央广播事业局、新华社、《人民日报》和中央新闻纪录电影制片厂联合向中央和周恩来总理写了请示报告。要点如下：尼克松访华宣传报道应以"九大"路线、毛主席"五二〇"声明和对斯诺谈话精神为纲，大力宣传我国的大好形势，宣传人民要革命、民族要解放的大好国际形势，进一步阐明我对外斗争的方针，鼓舞全国人民和全世界人民团结起来，为打败美国侵略者及其一切走狗而斗争。同时，鉴于尼克松是我们同意来访的美国总统，宣传报道要做到有理、有利，体现不卑不亢、不冷不热、以礼相待的接待方针。尼克松在华的几天，关于揭露美帝在国内外活动的动态性稿件应适当控制，原则上暂不发表，专门揭露苏修的稿件也暂不发。报道用语少点或不点尼克松的名，必须点名时可称“美国总统”或“尼克松总统”。由新华社发消息、照片。广播、电视不转播实况，不做录音报道。稿件应争取提高时效。中央人民广播电台对台湾广播次数拟略多一些。

1 月 25 日

《辽阳日报》自本日起恢复为中共辽阳市委机关报。4 开 4 版，周六刊。

同月

甘肃《石油工人报》停刊。

2 月 1 日

辽宁铁岭地区人民广播站建立。

2 月 11 日

上海试制的彩色电视试验台中心设备在北京电视台安装完毕。因为国产彩色显像管质量还不过关，缺少彩色监视器和彩色接收机，故当时彩色电视尚不能开播。

2 月 19 日

首都各界人士隆重集会追悼已故美国记者、中国人民的朋友埃德加·斯诺。斯诺于 2 月 15 日在日内瓦逝世。其骨灰的一部分于 1973 年 10 月 10 日安葬于北京大学未名湖畔。

2 月 22 日

各媒体播出新闻：美国总统尼克松 21 日到达北京，毛泽东主席会见尼克松总统，周恩来总理设宴欢迎尼克松总统和夫人。在尼克松访华期间，北京电视台连续、及时地报道了尼克松一行在华的访问活动，直至 2 月 29 日尼克松离开上海回国。

2 月 26 日

《广州日报》第三次复刊。

3 月 17 日

外交部重申：一、发布新闻和声明统由新闻司归口，由新闻司与新华社等单位直接联系。二、对外发稿由新华社统一归口。报刊、广播电台均以新华社发稿为准。周恩来批示，同意重申这两条，以后均以此为准，不要多头。

同月

《广州青少年报》创刊。4 开 4 版。由广州日报社主办。

湖南湘潭人民广播电台恢复自办节目。

4 月 1 日

陕西《西安铁道》改名为《西铁工人》。

苏州人民广播电台恢复无线广播。

同月

黑龙江伊春电视台建成开播。

5 月 1 日

早上 6 时 30 分开始，中央人民广播电台恢复蒙语广播。节目时间每次 45 分钟(先安排 30 分钟，留 15 分钟作为机动)，每天播出 3 次，每次半小时。

5 月 13 日

以安东尼奥尼为导演的意大利电视摄影队即日起至 6 月 16 日来我国采访拍片。回国后编成题为《中国》的影片，先在美国广播公司放映，后在意大利电视台和电影院放映。1974 年 1 月，江青在“批林批孔”大会上，说这部影片是“间谍加汉奸”搞的。接着又在 1 月 30 日《人民日报》发表评论员文章《恶毒的用心、卑劣的手法》，对这部影片公开进行批判。1979年2月9日中共中央为此发出文件指出：“安东尼奥尼摄制的影片《中国》是有点毛病，它伤害了中国人民的感情，但‘四人帮’利用它来反对周总理。”

5月17日

革命报刊活动家华岗逝世。华出生于1903年，又名华西园，浙江义乌人。1925年加入中国共产党。第一次和第二次国内革命战争时期，历任浙江、江苏等省团委书记、团中央宣传部长兼团中央机关刊物《列宁青年》主编等职。1938年参与筹办中共中央机关报《新华日报》，任第一任总编辑。同年被派往东南战场任战地记者，采写战地通讯《活跃在东南战场的新四军》，是较早向后方读者报道新四军活动的新闻作品。同年10月负责筹办重庆版《新华日报》，任总编辑。撰写大量政论，宣传中共政策主张。建国后任山东大学校长兼党委书记，并当选为第一届全国人大代表。1955年以“反党叛国”罪被捕。1980年3月，中共中央为他平反。

6月1日

兰州电视台（后改称甘肃电视台）正式开播。

6月30日

湖北《五七报》改名《江汉石油报》。

夏

新疆电视台开播。

7月1日

山西太原《太铁报》创刊。

7月12日

周恩来召集外交部、外经部、中联部、中调部、《人民日报》社、新华社等外事工作和新闻工作干部开会。会上，就法国内阁改组的新闻位置放得过低，批评了《人民日报》。

香港星岛报业有限公司的股票本日正式上市，成为香港第二家公开发售股票的报业机构。

7月14日

经周恩来批准，中央外事摄影协作小组成立。杜修贤任组长。该小组由新华社摄影部、中央新闻纪录电影制片厂、中央电视台联合组成，任务是负责组织摄制中央关于外事活动的新闻纪录电影片、电视新闻片和新闻照片。

7月24日

《人民日报》在一版头条位置，以《请读两篇好而短的调查报告》为题，刊登了《河南省西峡县五里桥公社走马岗大队正确处理林牧矛盾积极发展养羊》和《浙江省兰溪县上华大队养猪事业大发展》两篇调查报告，并加了编者按语。26日，《人民日报》又以《我们爱看生动有力的短文章》为题，刊登了4封读者来信。

同月

安徽宿县《拂晓报》停刊。

8月1日

中央人民广播电台民族部恢复朝语广播。每天广播3次，每次播音时间为45分钟。

8月2日

周恩来在一次谈话中指出，新华社、《人民日报》对极左思潮没有批透。极左就是形左实右，搞空洞的、抽象的、形式主义的东西，夸夸其谈，走极端，不批透，还会犯错误。极左不批透，右的要出来。

8月3日

《安徽日报》发表题为《白衣红心李月华》的长篇通讯。安徽人民广播电台同时播出了配音通讯《白衣红心》，宣传安徽泗县丁湖公社医院以身殉职的女医生李月华的模范事迹。之后，全省报纸和电台在半个月的时间内，以多种形式，连续地、集中地宣传了这一典型。

8 月 10 日

中共山西省阳泉市委机关报《新阳泉报》恢复原名《阳泉报》继续出版。

8 月 18 日

美国全国广播公司电视摄影队（以露西·贾维斯为首）一行 8 人，即日起，到 11 月 3 日止，来我国访问拍片，拍摄了北京第二机床厂工人刘宝礼 家及故宫等名胜。回国后编辑成题为《故宫》的电视片，在美播放后，反映较好。这是建国以来我方接待的第一个美国大型电视摄影队。

8 月 23 日

中央广播事业局即日起抽调 74 人接待随日本首相田中角荣访华的广播电视技术人员 85 人，并在 9 月 25 日至 30 日协助日方人员播送田中访华电视节目 31 小时 59 分，电视实况转播 9 次，播出了 20 多个主题，播出效果良好。

8 月 29 日

新华社向中共中央报送《新华社整顿文风计划》。计划中说：林彪一伙推行的一套反马列主义的文风，在宣传报道中存在很深的流毒。

9 月 3 日

周恩来总理会见美国全国广播公司电视摄影队，并接受了简短的电视采访。

9 月 8 日

中央广播事业局、新华社、《人民日报》、中央新闻纪录电影制片厂联合向中央送上《关于田中访华宣传报道的请示报告》，要点如下：

田中访华的宣传报道，规格和规模参照报道尼克松访华的原则处理。要体现出坚持无产阶级政治原则，维护国家主权，重视国际阶级斗争，提高警惕，以及不卑不亢、以礼相待的接待方针。报道要争取提高时效，有关田中访华消息，中央人民广播电台对台湾广播次数可较多些。广播、电视一般不转播实况，不做录音报道。在中日会谈期间，有关日本人民要求恢复邦交的要求要注意报道。有关揭露日本复活军国主义和对外扩张的材料，暂不报道。涉及过去历史的报道，一般不引用日本帝国主义侵华时期的情况作背景，有关日本帝国主义侵华及当前日本和台湾的关系，暂不报道。

朱穆之任新华社社长，张纪之任第一副社长。

9 月 14 日

毛泽东和周恩来接见新华社波恩分社首席记者王殊，表扬他在波恩分社任职期间向中央反映了真实情况，提供了有价值的参考材料，起到了“无任大使”的作用。周恩来号召新华社多出几个像王殊那样的标兵。新华社为此向国外各分社及香港分社发出通报，号召他们向王殊学习。

9 月底

《南昌晚报》停刊。同年 10 月 1 日复刊，改名为《南昌通讯》。1974 年 2 月底终刊。

同月

国家计委安排北京、上海、天津、河北、广东等省市试制首都彩色电视试播设备。

第 27 届联合国大会即将开幕，北京电视台于本月中旬特派庞一农、于学臣两名记者随我国出席联大代表团进行采访。这是我国恢复在联合国的席位后，北京电视台首次派记者采访联大。

10 月 1 日

安徽《徽州报》第 3 次停刊。

上海电视台每周增播到 7 次。

10 月 4 日

首都各大媒体播出日本国田中角荣总理大臣到达北京、周恩来总理同田中角荣总理大臣会谈以及周总理举行宴会欢迎田中总理大臣的新闻。访问期间，首都各大媒体及时报道了毛泽东主席接见田中以及田中一行访华的新闻。

10 月 6 日

《光明日报》发表北京大学副校长周培源根据周恩来指示精神写的文章《对综合大学理科教育革命的一些看法》，强调要重视和加强自然科学基础理论的学习和研究。张春桥和姚文元暗中指使他们控制的上海《文汇报》组织文章，对该文发动了大规模的围攻，并要追查周培源的后台。

10 月 7 日

周恩来再次指示新华社，《参考消息》报从本日起，标题一概不要有倾向性，完全客观，毛泽东主席已说过多次。

10 月 14 日

以王枫为团长的中国机械进出口电视技术考察组赴法国、瑞士、联邦德国、荷兰和英国进行考察，为期 3 个月，重点考察彩色电视制式，并对选购彩色电视设备做了调查和探讨。

《人民日报》发表 3 篇批极左的文章。这 3 篇文章是《无政府主义是假马克思主义骗子的反革命工具》（龙岩）、《坚持无产阶级铁的纪律——读〈共产主义运动中的“左派”幼稚病〉的一点体会》（纪众言）、《一个阴谋家的丑史——读〈巴枯宁〉》（李定），3 篇文章组成了一个整版，主题突出，影响很大。

亚洲—太平洋广播联盟（简称“亚广联”）第九次全会通过决议：中华人民共和国国家广播组织应享有“亚广联”正式成员的资格。

10 月 16 日

综合性时事刊物《广角镜》在香港创刊。月刊，每月 16 日出版。历任总编辑为李国强、曹骥云等。

同月

云南《团结报》复刊。

陕西《学先进》改名为《建筑工人》。

11 月 4 日

《文汇报》内部刊物《文汇情况》，登出一篇由张春桥、姚文元授意、密令原中共上海市委写作组完成的工作座谈纪要，集中火力攻击龙岩的文章。24 日，《文汇报》又出了一期《文汇情况》，列举龙岩文章发表后一些报纸上的正确提法，作为反面论点。两期《文汇情况》，表明了江青等人的观点：不能批极左，无政府主义根本不能批。《人民日报》绝大多数同志不能接受这一点，致使张、姚的意图贯彻不下去。张、姚、江青攻击龙岩的文章是毒草，并追究责任，在《人民日报》发动了一场镇压运动。江青等人说，1972 年下半年出现了“修正主义回潮”或“右倾回潮”，而《人民日报》刊登批极左思潮和批无政府主义的文章，就是这种“回潮”的表现之一。在毛泽东一次谈话中说林彪是“极右”之后，就只准批林彪的极右，不准再批极左了。

11 月 28 日

天津日报社第一任社长、新华社天津分社第一任社长黄松龄逝世。

12 月 5 日

新华社发出恢复出版《新闻业务》（活页版）的通知。

12 月 19 日

《人民日报》刊载《安徽日报》记者、安徽人民广播电台记者、新华社通讯员、新华社记者联合采写的通讯《人民的好医生李月华——记安徽省泗县丁湖公社丁湖医院医生李月华的先进事迹》。

12月26日

辽宁辽阳电视台开始转播节目。

同年

根据国务院批准的1972年《电视专业会议纪要》的精神，开播彩色电视，并建设北京电视中心（第一期工程）。北京电视中心将向北京地区及全国各省、市、自治区传送一套彩色电视、一套黑白电视节目。

广西大学中文系新闻专业经教育部批准成立。

革命报刊活动家潘梓年逝世。潘出生于1893年，江苏宜兴人。1927年在上海加入中国共产党。曾主编《北新》《洪荒》等进步刊物和中共江苏省委主办的《真话报》。抗战爆发后在南京筹办《新华日报》和《群众》周刊，《新华日报》创刊后任社长。建国后，任中南军政委员会教育部部长等职。为第一、二、三届全国人大代表。

中共衡水地委机关报《衡水群众报》改名为《衡水日报》。周六刊。

云南《西双版纳报》复刊。4开，周双刊。

《云南科学普及报》改名《云南科技报》恢复出版。周刊。云南省科技情报研究所主办。

陕西蒲白矿务局党委机关报《蒲白工人报》创刊。半月刊。

黑龙江鹤岗电视台正式开播。

香港《东方日报》由对开1张4版改为对开2张8版，净化副刊内容，突出香港新闻，销路渐增，1977年起销量居香港各报之首。1977年马惜珍赴台，社务由其子马澄坤主持。

香港星系报业有限公司改组为星岛报业有限公司。胡仙任董事长。

1973年（癸丑）

1月1日

《人民日报》《红旗》杂志、《解放军报》发表元旦社论《新年献词》，强调要把批修整风这个头等大事继续抓紧抓好。

中央人民广播电台民族部藏语广播恢复播音。每天播出2次，每次50分钟。藏语广播是中央人民广播电台举办的第一种少数民族语言节目，最早是在1950年5月22日开播，1960年12月停播。

1月4日

新华社以李言年为首的中国记者组一行5人，离开北京对墨西哥等拉美10国进行为期半年的访问。这是为执行周恩来关于“新华社应该派人到拉美地区做调查研究和开展工作”的指示而进行的出访。

1月10日

北京电视台即日起，到15日止，协助扎伊尔电视台通过卫星转播蒙博托总统访华的实况。这是我国首次使用自己的地面卫星站和电视设备，由自己的技术人员通过卫星传送电视节目。

同月

北京电视台接受由中国轻工业品进出口总公司转来的为越南电视台加工制作2部纪录片的工作任务，这项任务是我国援越项目之一。自本月开始，到2月份结束。为越南制作的两部纪录片是《5天的较量》和《河内奠边府》。

2月7日

为进行彩色电视试播，北京电视台写报告给国家计委，请求调拨1辆北京市汽车修理公司四厂生产的北京牌 BK640B 型公共汽车作电视转播车用。转播设备拟用英国 2 月份在北京工业展览中展出的 2 讯道电视设备。

2 月 21 日

中共湖北十堰市委、第二汽车制造厂党委机关报《二汽工人》创刊。4 开 4 版，周三刊。

3 月 3 日

中央人民广播电台调整各类文艺节目的播出比例，并作出详细具体的安排。全台 2 套节目，文艺节目每周为 8255 分钟，大体上 7 个“革命现代京剧”占 50%；2 个“革命现代舞剧”和 3 个“音乐样板”占 20%；音乐节目占 20%—25%；文学、曲艺和地方戏占 5%—10%。

3 月 6 日

中央广播事业局为筹建一座新电视台向国家计委写了《关于新建北京电视台的请示报告》。报告指出：目前全国除西藏外都有了电视台和电视实验台，已有 20 个省、自治区、直辖市可以通过微波干线或电视发射台接转北京电视台的节目。彩色电视将于今年“五一”进行试播。报告预计，全部技术用房建筑面积 10 万平方米，生活用房建筑面积 4 万平方米，共需投资 8050 万元。

3 月 13 日

山西长治市《长治市报》停刊。

3 月 25 日

中央广播事业局组成 40 人的接待组，接待随墨西哥总统埃切维利亚来访的墨电视技术人员。根据周恩来总理关于积极协助、尽量满足墨方要求的指示精神，4 月 19 日至 23 日协助墨方在首都机场播送中心向墨转播电视实况 1 次，播送电视录像和彩色影片 4 次，共 31 分钟。24 日在上海实况转播 3 次，共 35 分钟，转播质量良好。

3 月 26 日

《广东科技报》创刊。4 开 4 版，周刊。

4 月 1 日

《内蒙古日报》增办蒙文《参考消息》，用蒙文编辑新华社《参考消息》，为 4 开 4 版日刊。1975 年开始向全国发行。

苏州市广播站重新开播无线广播。

4 月 12 日

日本广播协会（NHK）会长前田义德率代表团访华（内含摄影记者）。访华期间，前田要求我参加亚洲广播联盟，并希望与我合作共同发射广播卫星。13 日上午，廖承志会见了前田一行。

4 月 14 日

北京电视台彩色电视开始第一次试播，播出从 19 时 30 分开始到 20 时 30 分结束。

4 月 17 日

北京电视台协助西哈努克亲王剪辑他视察柬国内解放区时拍摄的影片《历史性的解放区之行》，西哈努克亲王亲自做影片的法语解说，影片经剪辑共长 45 分钟。北京电视台应西哈努克亲王的要求，于 5 月 4 日制成 82 个 16 毫米影片拷贝。西哈努克亲王对此表示感谢。

同月

台湾“中央通讯社”改组为股份有限公司。自称以“正确、迅速、客观、公正”为宗旨。

香港丽的呼声电台停业。

《中华月报》月刊在香港创刊。主持人徐东滨。

5 月 1 日

北京电视台正式开始彩色电视试播。从 19 时 30 分开始，到 21 时结束。试播用 8 频道进行，主要使用的是国产设备。正式试播后，彩色电视在每周二、四、六、日晚上播出。遇节假日，白天增加播出。

安徽电视台转播北京电视台的彩色电视节目成功。

《新线战报》改名为《铁道建设》在湖北武昌出刊，此名一直沿用到 1975 年 4 月 3 日。

5 月 8 日

北京电视台播出彩色电视纪录片《欢庆“五一”》(35 分钟)，播出效果良好。

5 月 14 日

中央人民广播电台从即日起，实行新的节目时间表。在《对人民公社社员广播》节目中，增加农业科学技术专题广播，每周 2 次，每次 15 分钟。增办了《科学常识》和《讲卫生》节目，《科学常识》节目每周广播 3 次，每次 15 分钟；《讲卫生》节目每周广播 2 次，每次 15 分钟。《简明新闻》由每天 4 次增为 6 次，《国际新闻》由每天 1 次增为 3 次。

5 月 29 日

台湾广播公司在台北成立。为民营独资性质。

同月

山东《卫生宣传》创刊。

江苏淮阴人民广播电台停播自办节目。

6 月 5 日

辽宁辽河《三三二战报》改名为《辽河石油报》。

6 月 20 日

新华社堪培拉（澳大利亚）分社成立。

6 月 25 日

新华社写出《关于清算林彪反党集团利用新华社制造反党乱军的反革命舆论调查报告》。报告说，1967 年 1 月至 8 月，新华社播发了有“揪军内一小撮”反军口号的社论、消息和文章 86 篇，转发的 37 篇。上述文稿经陈伯达、王力、关锋一伙审批或指定播发的有 68 篇。

同月

中国人民大学被迫停办，该校新闻系教师按整个建制分配到北京大学中文系新闻专业任教。

7 月 1 日

清末民初的著名报刊活动家、政论家章士钊在香港病逝。章出生于 1881 年，字行严，笔名支那汉族黄中黄、青桐、孤桐、秋桐等，湖南长沙人。1903 年 5 月受聘任上海《苏报》主笔，撰文宣传民主革命。《苏报》被查封后，与张继、陈去病等人创办《国民日日报》并任主编，在此期间还创办东大陆图书译印局，编印宣传民主革命的小册子。武昌起义后，担任上海《民立报》主编，后辞职另创办《独立周报》，自任主笔。讨袁失败后赴日本，1914 年在日本东京创办《甲寅》杂志，继续反袁斗争。《甲寅》自第 5 期起迁上海出版，1915 年停刊。1925 年在北京复刊，均由章主持，在社会上有一定影响。新中国成立后，任全国人大常委会委员、全国政协常委、中央文史馆馆长。

《西双版纳报》(汉、傣文版）在西双版纳傣族自治州首府景洪县复刊。

7 月 3 日

香港《信报》创刊。该报是香港第一家以财经新闻为主要内容的中文日报，以金融界、经济界和工商界人士为读者对象。社长林山木（笔名林行止)。

7 月 18 日

北京电视台播出邓小平会见肖芭・沙希公主和莫汉・巴哈杜尔・沙希驸马的新闻。这是邓小平自“文化大革命”以来第一次在电视屏幕上出现。

7月19日

《辽宁日报》在本日该报的头版头条发表了《一份发人深省的答卷》，并加了编者按，报道了张铁生在答卷上发表议论，反对考试及“智育第一”的消息。8月2日，《文汇报》转载了张铁生的《答卷》和《辽宁日报》的编者按，并另加按语提出：希望各条战线同志都来议论一下这个问题。以此为开头，《辽宁日报》大量刊登文章，并设置专栏，开展讨论和批判“智育第一”。8月10日，《人民日报》也在头版头条位置加按语刊登了张铁生的《答卷》。粉碎“四人帮”后，《人民日报》于1976年11月30日发表了《一个反革命的政治骗局——“四人帮”炮制〈答卷〉作者这个假典型的调查》。

同月

呼和浩特电视台正式改名为内蒙古电视台。

广西第一座高山调频电视转播台建成，北京至南宁的微波线路开通。

8月1日

上海电视台彩色电视开始试播，成为全国第一座播出彩色电视节目的地方电视台。

8月7日

即日起，每星期二在京津、京沪微波线路上传送北京电视台彩色电视节目。节目从19时开始，播出约2小时左右。天津、河南、湖北、安徽、江苏、浙江、上海均可以收到彩色电视讯号。

《人民日报》发表经毛泽东亲自批发的广东中山大学教授杨荣国的文章《孔子——顽固地维护奴隶制的思想家》，报刊上开始批判孔子。

8月8日

中央广播事业局拟定的《广播、电视播出中心及其传送系统的扩建改进任务书》，确定在电视台内扩建电视终端机房，供电视台互传5个方向的电视节目，计划安装视频终端设备12套，伴音设备12套，微波设备2套，监视器18部和电源设备等。此项工程完成后，北京电视台可与全国29个省、自治区、直辖市同时互传5路电视节目，使全国各地都能看到北京的节目，北京也同时能转播29个省、自治区、直辖市的电视节目。

8月10日

台湾“中国广播公司”在台北成立新闻专业广播电台，1977年起，在台中、台南开始联播。

8月20日

苏州电视转播台恢复。

8月31日

湖北《二汽工人》改名为《二汽建设》。

同月

台湾当局修正公布《出版法》，共6章46条。涉及新闻纸及杂志、书籍及其他出版品、出版之奖励及保障、出版品登载事项之限制、行政处分等内容。1974年4月，又公布《出版法实施细则》共30条。

周恩来指示：要向台湾省播发第九号台风警报，并亲自审阅了广播稿，加了一句“祝同胞们晚安”。根据周恩来的指示，福建人民广播电台和中国人民解放军福建前线广播电台于10月1日开办《台湾海峡地区天气预报》节目。

9月28日

新华社布鲁塞尔（比利时）分社成立。

同月

西藏人民广播电台将藏、汉语交替播音的一套节目办成分别播音的两套节目。

10月1日

北京电视台彩色节目转入正式播出，直播了首都人民国庆游园活动的实况。这次实况直播首次使用国产的彩色电视转播车，同时使用了国产彩色磁带录像机。当天通过微波干线向上海、南京、杭州、广州、长沙、武汉、石家庄、重庆、成都、西安、太原、哈尔滨、长春、天津等地传送了黑白电视节目。上海、天津、南京、武汉、杭州等地试转了彩色电视节目。

上午8时，天津电视台彩色电视开始试播，并试验转播北京电视台彩色电视节目。

内蒙古哲里木电视台正式播出。

贵州安顺地区电视转播台试播。

辽宁丹东电视台正式开播。

10月13日

北京电视台即日起每周播出2—3次国际新闻。

同月

《江西新闻图片》在南昌创刊。该刊由江西新闻图片社主办。半月刊，对开4版。彩色、黑白图片相配组版。以农村社员为主要读者对象。

成都电视台开始试播彩色电视节目。

11月1日

中共“十大”召开不久，姚文元授意中共上海市委写作组，以罗思鼎为笔名炮制了题为《秦王朝建立过程中复辟与反复辟斗争》一文，发表在《红旗》第11期上。这篇文章是借批宰相，影射攻击周恩来总理的这类黑文的第一篇，旨在为“四人帮”篡党夺权制造舆论。

11月14日

《人民日报》转载《红旗》杂志第11期发表的署名罗思鼎的文章《秦王朝建立过程中复辟与反复辟的斗争——兼论儒法论争的社会基础》。

11月20日

四川《涪陵报》复名《群众报》。

内蒙古海拉尔电视台建成。

同月

东北微波干线建成，长春电视台开始试转北京电视台节目。

12月1日

中央人民广播电台向中央广播事业局请示：减少对台广播中的中央台呼号和拟改“对台湾广播”为“对台湾省广播”。以上两项改动，拟从1974年1月1日起实行。

12月3日

“亚广联”在印度尼西亚首都雅加达举行第十届年会，欢迎中华人民共和国广播、电视组织行使正式会员的权利，取消台湾广播组织会员的资格。会期3天，于6日结束。

12月28日

《人民日报》加编者按转载了《北京日报》12月12日刊登的北京市海淀区中关村第一小学五年级小学生黄帅的来信、日记摘抄和编者按，赞扬这个小学生敢于向“修正主义教育路线的流毒开火”的“反潮流”精神。黄帅在受到学校老师的批评后，在家长的支持下，写信给《北京日报》，攻击学校对学生的管理，批评教师对她的教育是“师道尊严”。全国的报刊、广播、电视也都转载或报道了黄帅的来信。

同月

吉林《吉化工人》复刊，并改名为《吉化工人报》。4开4版，周三刊。

香港丽的电视中文台开播，以无线彩色播出。次年4月，英文台也改为无线彩色。

同年

中央广播事业局制定了《全国电视发展‘四五’规划（草案）——1974年至1975年》。规划提到：目前全国已有28个省、自治区、直辖市建起了36座黑白电视台和99

个电视转播台，北京、上海、天津、成都的彩色电视台今年已先行开始试播，14个省、自治区、直辖市已建有微波干线，电视工业系统从元件、器件到整机，从发射设备、中心设备到电视接收机，已初步建立了一些厂点。

全国各省、自治区、直辖市已建电视台和转播台39个，其中能试传北京电视台节目的省、自治区、直辖市电视台有22个，不能试传北京节目的电视台有17个，电视转播台有103个。

著名报刊活动家、新闻教育家陈望道逝世。陈出生于1891年，原名参一，曾用笔名佛突、雪帆、晓风等，浙江义乌人。1920年参加建立中国共产党上海共产主义小组，翻译出版中国第一个《共产党宣言》全译本。还主编过《新青年》月刊，支持《劳动界》周刊的出版工作。后参加编辑上海《民国日报》副刊《觉悟》和主编《妇女评论》。1934年创办和主编《太白》半月刊。1941年9月出任复旦大学新闻系主任，以“宣扬真理，改革社会”为办系指导思想，并将“好学力行”4字作为系铭。

山西《潞安矿报》创刊。

河南《矿工简讯》改名为《平顶山矿工》。

内蒙古哲里木人民广播电台恢复自办节目。

国家微波干线通到杭州，浙江电视台又增加一个频道，专门转播北京电视台彩色电视节目。

经国务院批准，北京广播学院恢复重办，并于1974年开始招生。

江西大学中文系设置新闻教研室。

台湾高雄成立交通专业广播电台。

1974年（甲寅）

1月1日

《人民日报》《红旗》杂志、《解放军报》发表元旦社论《新年献词》，指出批林整风，就是要批判林彪路线的极右实质，就是批判修正主义。

《体育报》复刊。该报于1966年11月3日因“文化大革命”停刊。

1月17日

《解放军报》第3版《党的生活》专版中，刊登了《既要讲批评又要讲谅解》的短文，介绍空军某厂党委按照毛主席《党委会的工作方法》的有关教导，搞好党委团结的经验。“四人帮”说这篇短文宣扬了中庸之道，阻碍了批林批孔。他们还指使连队干部、战士写批评信，并唆使某些人以连队名义，轮番到解放军报社贴大字报。张春桥以中央政治局的名义，勒令《解放军报》停止编发自己的稿件。这样，《解放军报》从1974年3月中旬到9月初，每天只刊发新华社电讯稿，没有自己编发的稿件，变相停刊达半年之久。

经毛泽东批准，由江青主持选编的《林彪与孔孟之道》作为1974年中共中央第一号文件转发全国。“批林批孔”运动由此开始。1月24日、25日，江青等人在北京召开“批林批孔”动员大会，对周恩来搞突然袭击，进行影射辱骂。2月1日，《红旗》杂志发表短评《广泛深入开展批林批孔的斗争》。2月2日，《人民日报》发表社论《把批林批孔的斗争进行到底》。此后，江青反革命集团操纵着“梁效”“罗思鼎”“池恒”“初澜”等写作班子，写了大量“批林批孔”文章，到本年7月止，仅《人民日报》就发表了570多篇。这些文章不批林，却借批周公、批宰相，影射攻击周恩来总理。后来，姚文元又指示“罗思鼎”等写作班子写文章在报刊上发表，发动一场“评法批儒”运动，批“现代的大儒”，影射攻击周恩来；并以介绍“法家”人物为名，吹捧吕后、武则天，为江青阴谋组阁当“女皇”制造舆论。

同月

北京人民广播电台再次归中共北京市委直接领导。

《民族画报》复刊。

中共新疆哈密地委机关报《哈密报》复刊。周三刊，出有维、汉文两种文版。1974年11月1日再度停刊。

《十月评论》双月刊在香港创刊。主持人陈昌。

2月1日

《人民日报》加编者按语转载《文汇报》《解放日报》两报刊登的上海港务局第五装卸区部分工人《要当码头的主人，不做吨位的奴隶》的大字报。此后，又在全国大批“吨位挂帅”“产值挂帅”“利润挂帅”，后来发展为“不为错误路线生产”。

新华社布宜诺斯艾利斯（阿根廷）分社成立。

北京电视台从本日开始，基本上每天都播放有关批林批孔的电视新闻。到28日，共播出新闻片黑白18条、彩色11条。

2月11日

原国民党中央通讯社社长萧同兹病逝。萧出生于1894年，湖南常宁人。1932年任国民党官方通讯社中央通讯社社长，1949年到台湾后仍任国民党中央通讯社管理委员会主任委员，直至1964年退休，主持中央通讯社工作达32年之久。

2月28日

《人民日报》发表署名“初澜”的文章《评晋剧〈三上桃峰〉》。全国报纸立即转载，在文艺界掀起“反击文艺黑线回潮”的运动。

同月

《东南风》月刊在香港创刊。主持人司马长风。

3月1日

大兴安岭人民广播电台正式播出。

4月4日

为了落实1973年全国电视发展规划会议提出的进一步提高黑白电视播出质量的任务，中央广播事业局在杭州召开黑白电视中心台技术改造座谈会。会议认为，我国目前黑白电视台大都是1960年前后建设起来的，已不能适应新的形势需要。为此，会议就如何改造我国黑白电视台问题进行了充分的研究。

邓小平副总理率领我国代表团出席联合国大会第六届特别会议。北京电视台记者随团采访。

4月24日

北京电视台播出邓小平副总理在联大的发言摘要和新闻片。

亚非新闻工作者协会书记处在北京聚会，庆祝“亚非新闻工作者日”和亚非记协成立11周年。中国记协作为亚非记协的主要发起者和后来的东道主，为该组织的创建、发展和维持起了重要作用。梅益、杨翊、陈泉璧先后担任亚非记协书记处中国书记。

同月

吉林《战报》改名为《吉林石油报》。

5月1日

辽宁大连电视台正式播出。

5月29日

国家计委电视电影工业办公室委托中央广播事业局、一机部在广州召开16毫米彩色电视电影放映机座谈会，制定了我国16毫米彩色电视电影放映机的设计方案和技术指标。

6月1日

台湾“中国经济通讯社”成立。是台湾

两大报业集团之一的联合报系附属的企业，是专门以英文经济新闻对外发行的通讯社。

6月28日

根据全国电视发展规划会议制定的任务，四机部、中央广播事业局、一机部在上海召开全国第二次电视录像机会议。

《人民日报》发表梁效写的文章《封建末世的孔老二——〈红楼梦〉里的贾政》。这篇文章是江青授意，为阴谋反对周恩来而写的。它把江青要批“现代的大儒”的图谋表露无遗。

同月

洛阳电视台建成。

夏

《广西科普》复刊，其前身是《广西科技小报》。

7月1日

西安电视台开始转播北京电视台彩色节目。

陕西宝鸡人民广播电台恢复播音。

7月29日

中央广播事业局即日起派出20人组成的广播电视记者组，分两批启程前往伊朗德黑兰，参加第七届亚运会的采访工作。北京电视台记者拍出新闻专辑12辑，陆续在8、9、10月播出。

同月

《红旗》第7期发表江青在文艺界的写作班子“初澜”所写的《京剧革命十年》一文。此后还发表了《坚持文艺革命，反击右倾翻案风》等文章，把革命现代戏的产生归功于江青。

辽宁《辽化报》创刊。

上海电视台每周增播到8次。

8月19日

香港英文报纸《中国邮报》（《德臣西报》）在走过129年的历史之后，因经济原因宣告停刊。

同月

中央广播事业局颁发《农村有线广播技术标准和技术管理规程（试行）》。中国农村有线广播从此走向正规。

西藏日报社和西藏人民广播电台联合举办的西藏自治区新闻干部训练班开学，学员50余人，1975年10月结业。

9月1日

湖北电视台开始转播北京的彩色电视节目。

《河南科学报》复刊，并改名为《河南科技报》。

9月25日

中央广播事业局派出以李哲夫副局长为团长的11人代表团，首次参加“亚广联”全会及有关会议。会议研究了电视节目的交换手段等问题。

9月27日

《工人日报》前社长高丽生（1917—1974）逝世。

9月30日

周恩来主持国庆招待会，并作了重要讲话，传达了毛泽东的指示，向全国人民提出了战斗任务。中央人民广播电台要求广播这一讲话录音，姚文元借口“只有简单祝酒”，不准广播。电视新闻片也不准用讲话全文。

同月

湖南电视台开始转播北京台的彩色电视节目。

10月1日

北京电视台彩色电视经过一年的试播，本日正式播出。上午对全国转播了首都人民庆祝中华人民共和国成立25周年部分游园实况，晚上播放了焰火晚会实况。当晚还播出了 9 月 30 日周恩来总理举行盛大国庆招待会的电视新闻片。这是周恩来总理生前最后一次举行国庆招待会。

《人民日报》《解放军报》同时出版彩色报纸。这是中国大陆最先出版的彩色报纸。

中央广播事业局首次租用邮电部微波干线，由北京向部分对外广播发射中心传送节目。

中共四川渡口市委机关报《渡口日报》创刊。周六刊。

中国国际广播电台从即日起开办克丘亚语广播。

10 月 12 日

上海《文汇报》《解放日报》头版头条以通栏标题发表关于风庆轮的长篇报道，还分别发表了评论员文章《红灯指航向　踏平万层浪——欢呼风庆号万吨轮远航归来》《乘风破浪　胜利前进——从风庆轮首航远洋归来赞自力更生方针的伟大胜利》。评论把造船和向外国买船绝对地对立起来，影射攻击周恩来执行的是一条“孔孟之徒卖国主义路线”“儒家卖国主义路线”，奉行的是“洋奴哲学”。

同月

宁夏石嘴山矿务局党委机关报《石嘴山矿报》创刊。

11 月 10 日

贵州电视台开始转播北京电视台彩色电视节目。

11 月 15 日

湖北省广播电视学校开学。

11 月 30 日

自即日起至 1975 年 2 月 6 日北京电视台根据中央的指示，派工作小组到湖南帮助搞彩色电视转播。前期主要搞现代戏曲的实况转播和录像工作，后期搞传统戏曲的实况转播、录像和放录像工作。工作小组在湖南共录制了 70 盘录像带（2 英寸带），其中现代戏曲 15 个，传统戏曲近 70 个。

同月

京沪杭、京广、京成渝 3 条微波干线正式投入使用，沿线地区均可接收北京电视台的节目。

安徽淮南矿务局党委机关报《淮矿战讯》创刊。4 开 4 版。

12 月 12 日

新华社马德里（西班牙）分社成立。

12 月 14 日

上海电视台第二套节目开始试播。

12 月 26 日

北京经太原、成都、昆明、贵阳至南宁的微波线路开通，广西电视台第一次试转北京电视台彩色电视节目成功。

广州电视台建成彩色电视中心。

同月

吉林电视台试转北京电视节目。

同年

这一年的报刊上，连篇累牍地刊载江青、康生、张春桥、姚文元的写作班子所写反动文章，如《孔丘其人》《评〈吕氏春秋〉》《有作为的女政治家武则天》《读〈盐铁论〉》《论秦汉之际的阶级斗争》《研究儒法斗争的历史经验》等等，以批周公、批宰相来影射攻击周恩来和老一辈无产阶级革命家，并吹捧“法家人物”“女皇”。

天津地区改为廊坊地区，原在廊坊出版的《天津农民报》改名为《廊坊日报》。4 开 4 版，周六刊。

四川《通川日报》复刊。周三刊。

黑龙江创办《鹤岗矿工》，之后几易其名，1977 年改回原名。

江西《丰矿工人》复刊，改名为《丰矿战报》。

西安电视台高山发射台建成。

台湾台中建成专业交通电台。

1975年（乙卯）

1月1日

河北电视台通过微波转播北京电视台彩色节目。

同月

北京电视台由过去向全国各省、自治区、直辖市交叉传送黑白和彩色节目改为全部传送彩色节目。

湖北《大冶有色报》复刊。

2月7日

安徽淮北矿务局党委机关报《淮北矿工报》创刊。周二刊。

2月15日

山西《潞安矿报》复刊。

2月20日

铁道部第一工程局党委机关报《铁路建设报》在成都创刊。4开4版。本年10月1日正式出周一刊。

2月22日

《人民日报》《红旗》杂志发表张春桥组织编选的《马克思、恩格斯、列宁论无产阶级专政》，在编者按语中提出“进一步搞好批林批孔运动，把无产阶级专政下的继续革命进行到底”。

同月

电影《创业》公映。“四人帮”给这部影片罗列十条“罪状”，并且在公映的第二天，就下令：不准继续印制拷贝，不向国外发行，电台、电视台停止播放，报纸不发表评介文章。

3月19日

我国电视片《下课以后》在第十届“日本奖”教育节目国际竞赛会期间参加会外放映，受到好评。这是我国第一次参加这一活动。

3月20日

北京电视台就关于北京电视发射台选址的意见，给北京市规划局发文，提出：电视中心台台址选在军事博物馆西侧比较合适，而北京电视发射台台址最好能选在市区，发射台的选址应同中心台分开，希望考虑这一技术特点来规划新台址。

同月

中国派出新闻代表团，前往柬埔寨解放区采访和拍摄纪录片及新闻照片。代表团由新华社、《人民日报》《解放军报》、中央广播事业局、中央新闻纪录电影制片厂等单位共9人组成，谢文清任团长。4月完成任务回国。

年初

黑龙江《鸡西矿工报》复刊，先叫《战报》，后改此名。

4月

《黄金时代》在广州创刊。月刊，16开。该刊由共青团广东省委主办。是以思想教育为主的综合性月刊。刊登新闻报道、思想评论、文学创作、知识小品等多种形式各种内容的文章。

武汉人民广播电台同湖北人民广播电台分开。

5月1日

上海电视台试转北京的节目。

同月

《江苏农业科技报》在南京创刊。旬刊。

江苏贾汪矿务局党委机关报《矿工简讯》创刊。

内蒙古哲里木人民广播电台恢复汉语自办节目。

6 月 1 日

台湾《时报新闻周刊》创刊。

6 月 22 日

《光明日报》发表该报记者和新华社记者合写的《新生事物是不可战胜的——上海机床厂创办“七二一”工人大学调查报告》，对所谓在沙窝里办大学的“七二一”大学的宣传报道达到顶点。

6 月 23 日

国民党宣传工作领导人之一、老报人潘公展病逝。潘出生于 1894 年，浙江吴兴人。1932 年 4 月在上海创办《晨报》，任社长。抗日战争期间，曾任国民党中央宣传部副部长、新闻检查处处长、中央图书杂志审查委员会主任委员等职，并在中央训练团、政治大学新闻系兼授新闻学。抗战胜利后任《申报》董事长、《商报》副董事长。1949 年离沪去香港创办国际编译社。1950 年赴美定居，初入《纽约新报》主持笔政，后与友人合办《华美日报》。

7 月 10 日

自即日起至 9 月 4 日，《广西日报》用了 20 个整版的篇幅，以《打一场批判修正主义、资本主义的总体战》为通栏大标题，连续发表了 10 篇《评“野马”副业》的评论以及一批新闻和通讯，集中地批判了农民的副业生产和农村商品经济。

7 月 16 日

哈尔滨人民广播电台从黑龙江台分出。

7 月 18 日

外交部和中央广播事业局联合起草的《关于外国电视摄影队访华问题的请示报告》，制定了接待外国电视摄影队的三条原则，经中央批准执行。

7 月 25 日

毛泽东对电影《创业》作者张天民来信写了批语，批语指出：此片无大错，建议通过发行。不要求全责备。而且罪名有十条之多，太过分了，不利于调整党内的文艺政策。新华社记者据此写了几篇文艺工作者学习讨论这个批语的“内参”稿件，均被姚文元扣压。

同月

广东《铁路工人》复刊。

青海海西人民广播电台试播。

8 月 1 日

哈文版《参考消息》在乌鲁木齐创刊。由新疆日报社翻译出版。4 开 4 版，周六刊。1975 年全国发行。

8 月 14 日

“四人帮”根据毛泽东关于《水浒》这部小说的谈话，掀起了一场评《水浒》、批宋江、抓现代投降派的运动，影射攻击周恩来、邓小平等。《光明日报》的《文学》专刊，在 8 月 23 日的创刊号上登出第一篇所谓评《水浒》的文章。9 月 4 日，《人民日报》发表社论《开展对〈水浒〉的评论》。

同月

台湾省台中市成立农业广播电台。

9 月 1 日

河南焦作矿务局党委机关报《焦作矿工报》创刊。

9 月 3 日

中央广播事业局向国家计委、四机部发文《请安排新建北京电视台所需彩色电视设备的研制计划并列为国家重点项目》，要求该工程于 1979 年国庆 30 周年大庆时建成投产，以便新的彩色电视台能如期播出。（《中央电视台大事记》，第 58 页）

9月7日

香港佳艺电视有限公司开播，只设中文台。商营。

9月15日

全国农业学大寨会议在山西省昔阳县举行。邓小平在开幕式上作了重要讲话。邓小平提出，中国实现四个现代化关键是农业现代化，并提出各方面工作的整顿方针，恢复中共八大的正确路线。江青在大寨期间肆意污蔑攻击周恩来、邓小平。新华社社长朱穆之、副社长穆青、总编室副主任李琴联名把江青在大寨的讲话材料转送毛泽东。到1976年4月，“四人帮”居然说这是一封诬告信，是朱、穆、李紧跟邓小平大刮右倾翻案风，分裂毛主席为首的党中央的反党阴谋活动。姚文元下令，从4月到9月，朱、穆、李三人停职检查，开大会小会批判。

吉林电视台彩色电视节目试播。

同月

辽宁《北票矿工报》创刊。周三刊。

10月1日

乌鲁木齐铁路局党委机关报《乌铁通讯》创刊。

10月22日

安徽蚌埠电视台建立。

11月初

毛泽东发动“批邓、反击右倾翻案风”运动。江青反革命集团通过其控制的舆论工具，把这个运动推向全国。

12月1日

安徽淮北《矿工通讯》改名为《淮北矿工》。

12月10日

《江西科技报》在南昌创刊。1976年3月公开发行。

12月26日

《辽宁日报》头版头条发表张铁生的《一份新“答卷”》一文，批判《教育革命通讯》第10期的一篇评论，指为否定“教育革命”。1976年1月6日《人民日报》一版发表了《辽宁青年》杂志记者和新华社记者合写的通讯《张铁生的新“答卷”》，吹捧张“尖锐地批驳了教育界种种修正主义的奇谈怪论”。《红旗》杂志第12期发表清华、北大两校“大批判组”的文章《教育革命的方向不容篡改》，全国报刊纷纷转载。从此“反击右倾翻案风”运动逐步扩大到全国各地区、各部门，不点名批判邓小平。

江苏常州转播电视台成立。

同月

北京电视台向83个国家和地区寄出了227个主题的电视新闻片和电视纪录片，共1862个拷贝。寄送的单位已达102个（包括外国电视机构和我驻外使领馆）。

北京至西宁的微波线路开通，西宁电视台开始转播北京电视台的节目。

鞍山电视台正式成立。

同年

中央广播事业局和邮电部为改进北京电视台技术条件，制定了《广播、电视中心传送机房工程设计任务书》，决定在电视台建立电视中心传送机房，使电视节目从电视中心传送机房通过中同轴电缆与长途电信大楼连通，能与全国29个省、自治区、直辖市同时互传7路节目。

北京电视台制作的电视片，已由每秒24帧全部改为每秒25帧，使屏幕的画面更加精确。

全国已有26个省、自治区、直辖市相继使用微波干线收转北京电视台的节目，并可向北京回传部分节目（西藏、新疆、内蒙古除外），初步形成了全国电视广播网。

贵州新闻图片社成立。该社的主要任务是编辑出版《贵州画报》和《贵州新闻图片》；举办各种类型的新闻摄影和艺术摄影展览；整理、积累并提供图片资料。《贵州画报》季刊，后改为双月刊，8 开，彩色、黑白图片各半。《贵州新闻图片》是《贵州画报》的普及版，对开，原为月刊，后为不定期刊。发行对象主要是工矿企业、机关、团体、学校、文化馆（站）和生产大队以上的单位。

《思茅通讯》在云南思茅创刊。

四川《重钢报》复刊。

陕西电视台播出彩色节目。

兰州电视台试转北京的彩色电视节目。

青海电视台正式播出。

安徽电视台播出彩色节目。

云南西双版纳人民广播电台成立。

1976 年（丙辰）

1 月 1 日

北京电视台从 1976 年 1 月起，每星期日上午，黑白、彩色两套节目各增加 1 次播出。

沈阳人民广播电台由辽宁人民广播电台分出并划归沈阳市领导。

辽宁《鞍钢报》复刊，当时叫《鞍钢战报》，同年 7 月恢复名称为《鞍钢报》。

山西《长治报》复刊。

1 月 9 日

周恩来总理于 1 月 8 日逝世。各新闻单位有关周总理逝世及悼念活动的报道，受到了“四人帮”的严厉限制，引起了人民群众的强烈不满。本日新华社向姚文元反映首都新闻单位和许多省、市、自治区报社提出怎样悼念周总理的宣传报道的问题，姚文元回答说：现在不组织。

1 月 10 日

即日起至 1 月 27 日止，新华社的《参考消息》编辑部不顾“四人帮”的压制和阻挠，以大量篇幅集中报道了有关周恩来逝世一事在国际上的反应。这次报道持续了 18 天，共用了 27 个版面、12 万多字。其中，1 月 10 日至 19 日每天以 2 个整版至 3 个整版予以突出报道。这一阶段的《参考消息》期发行量猛增至 900 多万份。

1 月 11 日

傍晚，当首都群众伫立十里长街送别总理时，由于“四人帮”控制舆论工具，新华社没有报道这条消息，中央人民广播电台照旧在播音乐与“样板戏”，激起群众极大不满，纷纷打电话给电台提出抗议。15 日、16 日停播所有音乐节目。17 日恢复部分文艺节目。20 日正常播出。

1 月 13 日

姚文元在一天当中，多次向新华社和《人民日报》下达命令，不让突出周总理逝世的报道，不准用大字号标题，强令削减世界各国吊唁活动的消息，压缩篇幅和版面。1 月 14 日，周恩来追悼大会的前一天，上百万人去天安门广场寄托无限哀思。这一天的《人民日报》，一、二、三版竟然没有出现一个周总理的名字，而在一版头条，却用通栏标题刊登《大辩论带来了大变化》。文章开头不顾事实地说：“近来，全国人民都在关心着清华大学关于教育革命的辩论。”文章发表后，很多群众愤怒地把报纸撕了，而姚文元却说这是“关键时刻”发表的“典型”文章。

1 月 14 日

姚文元打电话，不准《红旗》杂志刊登周恩来遗像、中共中央的讣告和悼词，还规定当期杂志封面用红字不用黑字。姚文元还下令，不准电视台广播周恩来治丧委员会名单；不准在播映周恩来遗像时配哀乐；不准播映周恩来的生平照片；不准拍摄群众在天安门广场悼念的场面。第二天，姚文元又打电话，不准把百万群众送周恩来灵柩的镜头编入电视片；不准组织群众收看悼念周恩来的电视节目。

1月28日

中央新闻纪录电影制片厂摄制完成《敬爱的周恩来总理永垂不朽》的纪录影片，但被“四人帮”扣压。粉碎“四人帮”后，这部影片重新制作，于1977年1月周恩来逝世一周年时开始上映，但没有邓小平致悼词的镜头。

同月

江苏《工农兵评论》杂志编辑部组织撰写了《敬爱的周总理在梅园新村》一文，受到“四人帮”迫害。张春桥说，文章没有发表也要批，姚文元诬蔑这篇文章是“反动思潮”。他们要追查这篇文章的背景，把它列为“反革命专案”。刊载国内外沉痛悼念周恩来同志逝世等内容的《新华月报》1976年1月号，印好后被“四人帮”全部封存，不准发行。粉碎“四人帮”后，在1977年6月才补发这一期。

台湾当局公布《台湾广播电视法》，共7章51条，1982年修正。各章标题是：《总则》，《电台设立》，《节目管理》，《广告管理》，《奖励辅导》，《罚则》，《附则》。

《河北科技报》复刊。

《贵州科技报》复刊。其前身为《贵州科学小报》。

2月1日

江西萍乡人民广播电台正式播出自办节目。

2月13日

云南楚雄《学大寨通讯》创刊。

2月29日

《人民日报》发表署名梁效、任明的《评“三项指示为纲”》，诬陷老干部搞“翻案”“复辟”活动。从此，各地报刊开始刊登大量的“批邓”和“反击右倾翻案风”的报道和文章。

同月

根据商业部和中央广播事业局的初步统计，截至1975年底，全国共有黑白、彩色电视机46.3万台，其中国产彩色电视机4000台，进口彩色电视机1900台。电视机分布情况：城市占68%，农村占32%。

青岛电视转播台改名为青岛电视台。

3月5日

“四人帮”控制的上海《文汇报》刊登新华社关于学习雷锋的一篇报道，删去了周恩来关于学习雷锋的题词。25日，又在一篇报道中说“党内那个走资派要把被打倒的至今不肯改悔的走资派扶上台”，攻击周恩来。南京市人民首先起来揭露和声讨《文汇报》的报道，把大标语刷到开往四面八方的列车上。3月30日《新华日报》在一版头条消息中，有“决不允许赫鲁晓夫、勃列日涅夫篡夺党和国家领导权、复辟资本主义那样的事件在我国重演”的话。“四人帮”在江苏的人，说这是攻击中央领导人，分裂党中央；说消息在这时发表是为了配合南京反革命政治事件（注：指悼念周恩来，反对张春桥）；并指名道姓地说省委两位负责同志是这个报道的指使人，把这篇报道列为追查重点。

3月10日

在姚文元授意下，北京电视台同新华社摄影记者成立摄影小组驻清华大学、北京大学，拍摄“反击右倾翻案风”运动的新闻照片和电视新闻片。

3月29日

中央广播事业局即日起在北京召开全国

电视工作会议。姚文元对这个会议进行了严密控制，3 次修改给中央的请示报告，并在筹备期间打来电话，要会议“联系电视战线实际批邓，集中一段批判右倾翻案风”。会议于 4 月 22 日结束。

4 月 8 日

《人民日报》发表报道《天安门广场的反革命政治事件》，诋毁 4 月 5 日（丙辰清明）发生在天安门广场上的群众性的悼念周恩来总理和反对“四人帮”的活动。

同月

北京东方红炼油厂建立了我国第一个有线电视中心，可以同时转播北京地区 3 套电视节目和自办 2 套电视节目。

《新疆少年报》复刊。

5 月 10 日

为纪念“文化大革命”10 周年，中央人民广播电台举办《文化大革命好》专题节目。该节目至 9 月中旬结束，每周广播 6 天，共播 15 次，每次半小时。

5 月 17 日

北京电视台播出首都群众集会纪念中共中央《五一六通知》10 周年的电视新闻片。全国各省、自治区、直辖市电视台拍摄的各地庆祝活动的电视片，则综合编辑成专辑《庆祝文化大革命的伟大胜利》约 20 分钟，于 5 月 22 日播出。

5 月 18 日

《人民日报》第 1 版刊登《党内确实有资产阶级——天安门广场反革命事件剖析》。这篇文章是由“四人帮”控制的《人民日报》写作组伙同“梁效”合写的。姚文元对稿件作了精心修改，并增加了邓小平“就是这次反革命政治事件的总后台”等提法，诬陷邓小平。

5 月 20 日

中央人民广播电台对台湾广播时间每天增加 50 分钟，全天播音时间为 20 小时 40 分钟。节目布局也作了调整：《学习毛主席诗词》《社会主义祖国在前进》等节目，增加播出次数，文艺节目略有减少。

同月

安徽《淮矿战讯》改名为《淮南矿工》继续出版。1980 年 1 月正式定名《淮南矿工报》。为淮南矿务局党委机关报。

6 月 1 日

《安徽日报》编辑李兵化名“余民”“姚正石”，给毛泽东主席写信，对“四人帮”的倒行逆施提出质问。公安机关曾将此事作为“反革命案件”，以合肥地区为重点进行追查。

6 月 9 日

长沙人民广播电台恢复播音。

6 月 15 日

《人民日报》刊登该报和《光明日报》记者合写的报道《新闻战线上的新生事物——赞工农兵评报》。

7 月 1 日

根据全国电视工作会议的决定，全国电视《新闻联播》节目今日开始试验播出，并向地方台发出征求播后反映。

7 月 28 日

新华社播发河北省唐山、丰南一带发生强烈地震的消息。姚文元一再“指示”新华社、《人民日报》，报道不要太多，太集中，注意其他方面如批邓、促生产报道。8 月 2 日姚文元来广播局“看望”该局工作人员，要大家坚守岗位、抗震救灾、以阶级斗争为纲、深入批邓、反击右倾翻案风，努力办好广播，做到在任何时候，任何情况下，都要把毛主席、党中央的声音传播到全中国和全世界去。

8月23日

《人民日报》发表题为《抓住要害　深入批邓》的社论，强调要批“三株大毒草”（注：指《论全党全国各项工作的总纲》《关于科技工作的几个问题——中国科学院工作汇报提纲》和《关于加快工业发展的若干问题》三个文件），并说“学习和批邓，要联系各条战线阶级斗争和两条路线斗争的实际”。

9月1日

美国道琼斯公司所属的《华尔街日报》在香港创办《亚洲华尔街日报》。该报将发展中国家的信息报道给发达国家参考，并注意沟通东西方国家的经济信息。

9月9日

新华社播发毛泽东逝世消息。之后，全国各新闻机构连续地、大量地报道治丧活动和国内、国外的悼念活动。

9月12日

北京电视台通过卫星向各国播送关于悼念毛主席的电视报道。这方面的报道持续到本月20日。

9月16日

“四人帮”操纵的“两报一刊”发表社论《毛主席永远活在我们心中》。此后，姚文元不断让各新闻单位强调宣传“按既定方针办”。

同月

福州电视台通过微波线路播出北京电视台彩色节目。第一次播出是转播首都百万群众举行毛主席逝世追悼大会实况。10月30日，该台改名福建电视台。

宁夏电视台通过微波接通了北京电视台，此后每周的播出由3次增至5次。江西电视台也通过微波接通了北京的电视节目。

10月1日

镇江电视转播台成立。

10月6日

粉碎“四人帮”后，中央立即派人到各新闻单位，从“四人帮”及其爪牙的手中，夺回对这些单位的领导权，恢复了对这些单位的控制和正常运作。耿飚等到了中央人民广播电台，迟浩田等到了人民日报社。新华社、解放军报和光明日报等单位，也派有专人负责。“四人帮”对新闻事业的控制，从此土崩瓦解。

10月7日

中央广播事业局在南京召开卫星广播规划座谈会，讨论研究中国卫星广播规划，提出中国广播电视应采用卫星覆盖的建议，并确定广播卫星使用12千赫频段。

10月10日

中央广播事业局、中央人民广播电台成立由冯弦、张香山等组成的审听小组，统一审听所有播出节目，把关和清除“四人帮”的语言。18日，中央通知有关“四人帮”的照片、画册一律不得展出，有他们形象的影视也不得放映。

10月21日

新华社、中央人民广播电台、《人民日报》及首都各报刊即日起，连续6天详细报道北京和全国各地热烈庆祝粉碎“四人帮”的伟大胜利的消息。

北京电视台通过三大洋上空的卫星，向全世界播放了首都军民庆祝粉碎“四人帮”伟大胜利和游行的电视节目（分别为15分钟和20分钟，配英语解说）。

10月24日

新华社播发首都百万军民集会，热烈庆祝粉碎“四人帮”的历史性胜利的消息。25日，“两报一刊”发表社论《伟大的历史性胜利》。

10 月 27 日

新华社拟出《当前国内宣传要点》，提出当前国内宣传应以声讨、揭发、批判“四人帮”反党集团为中心，掀起革命大批判高潮。自此以后，新华社对揭批查“四人帮”罪行、平反冤假错案、落实政策方面，组织了一系列的报道，播发了大量稿件。

同月

《陕西青年》在西安创刊。该刊是共青团陕西省委对团员和广大青年进行共产主义思想教育的综合性月刊。

内蒙古电视台开始试办蒙语节目。

西藏自治区着手筹办西藏电视台。

11 月 4 日

耿飚谈关于当前宣传的意见：1. 宣传以华国锋为首的党中央；2. 宣传粉碎“四人帮”胜利的伟大意义；3. 揭批“四人帮”的罪行。

11 月 12 日

首都各报开展对“四人帮”提出的“按既定方针办”的宣传的批判。《解放军报》发表钧平的文章《“四人帮”篡党夺权的反革命动员令——评梁效〈永远按毛主席的既定方针办〉》。《光明日报》发表洪波的文章《一个加快篡党夺权步伐的反革命信号——批判“四人帮”在〈光明日报〉抛出〈永远按既定方针办〉的反党大毒草》。《人民日报》14 日发表天庆的文章《“四人帮”篡党夺权的一份失败的记录——评梁效的〈永远按毛主席的既定方针办〉》。

同月

北京电视台在合肥召开电视新闻会议，总结各电视台办电视新闻的经验教训，明确提出要解决电视新闻“假、慢、长、空”的问题。

同年

全国（不包括港、澳、台）共有电视台 39 座，1 千瓦以上的电视转播台 144 座，各地还建了很多小功率的电视差转站。全国电视广播的人口覆盖率达到 36%。将近 3 亿人口居住的地方可以看到电视，其中，北京、上海、天津、辽宁、湖北等省、市的电视覆盖率超过 50%。通过国家微波干线，北京电视台彩色电视节目可送到 25 个省、自治区、直辖市。（山东、内蒙古、新疆、西藏未通。）

《湖南科学小报》改名为《湖南科技报》。

《湖北科技报》在武汉试刊。1977 年 1 月公开发行。

《上海科技》改名为《上海科技报》。

《辽铁工人》复名《火车头报》。

伊克昭人民广播电台增转内蒙古台的蒙语节目。1978 年停办。

海峡之声广播电台建成光泽分台。

香港报社本年总数达 111 家。

1977 年（丁巳）

1 月 1 日

柳州电视台正式开播。其前身为柳州电视转播台。

1 月 6 日

《人民日报》刊登《磨不灭的光辉　砍不断的怀念——新华社记者对姚文元破坏悼念周总理的宣传报道的控诉》，还刊登中央新闻纪录电影制片厂文章《摄制悼念周总理影片的一场斗争》。《光明日报》发表中央广播事业局批判组的文章《周总理永远活在中国人民和世界人民心中——愤怒声讨“四人帮”破坏周总理治丧活动电视报道的罪行》。9 日《人民日报》刊登《八亿人民的爱　八亿人民的恨——〈人民日报〉革命同志深切怀念周总理，愤怒控诉“四人帮”破坏悼念周总理的宣传的罪行》。

1月11日

《光明日报》发表原《新华日报》在京部分同志所写的文章《敬爱的周总理与〈新华日报〉》。

1月14日

《人民日报》刊登中央广播事业局批判组的文章《人民广播的政治方向不容篡改——揭发批判姚文元妄图把广播、电视变成篡党夺权舆论工具的罪行》。

1月28日

中央人民广播电台在一组文艺节目中，播出了“继续批判邓小平反击右倾翻案风”的语句，造成政治差错。原因是在重播过去录制的文艺节目前，没有认真审听。

同月

《黑龙江体育报》在哈尔滨创刊。1981年5月起在国内公开发行。

2月7日

《人民日报》《红旗》杂志、《解放军报》发表社论《学好文件抓住纲》，文中提出了“凡是毛主席作出的决策，我们都坚决维护，凡是毛主席的指示，我们都始终不渝地遵循”（注：后来被称为“两个凡是”）的方针。

2月21日

《人民日报》发表任平的文章《打倒帮八股》，并发表短评《说老实话》。指出“四人帮”通过报纸说了不少假话，一定要在深入揭批“四人帮”的斗争中，改造思想，改造文风，肃清“四人帮”的流毒和影响，恢复党的新闻工作的优良传统。新闻工作者要做老实人，说老实话，办老实事。

3月4日

中华人民共和国地质矿产部主办的《中国地质报》（初名《地质战线》）在北京创刊。

3月17日

《光明日报》刊载新华社记者和通讯员的文章《自掘坟墓　自造墓砖——揭批“四人帮”通过〈学习与批判〉制造反革命舆论的罪行》。25日，《人民日报》转载《红旗》杂志第3期发表的大批判组文章《捣乱、失败、灭亡的纪录——揭批姚文元利用〈红旗〉制造反革命舆论的罪行》。同一天，还刊登了新华社记者的述评《清算“四人帮”利用新闻照片反党的滔天罪行》。

3月28日

中央广播事业局向中共中央宣传部起草《关于在报纸上预告电视节目的请示》。在此之后，《人民日报》《光明日报》《北京日报》开始预告北京电视台的节目。

3月29日

“文化大革命”中被迫停刊的《长江航运报》复刊。4开4版，周双刊。

同月

山东肥城矿务局党委机关报《肥城矿报》创刊。4开4版，周刊。

香港《信报财经月刊》创刊。内容以香港、大陆和国际财经、金融、贸易动向为主，作者多为专家学者。

5月1日

甘肃《石油工人报》复刊。

5月31日

经国家计委批准，北京电视台将更新建台初期的黑白中心设备（电子管），改装彩色中心设备（国产半导体设备）。

同月

《人民卫生报》在北京创刊。

6 月 4 日

英中了解协会主席、作家费里克斯·格林同新华社记者谈话，对新华社对外新闻报道提出了批评和改进意见。格林认为，中国有一个巨大的消息资源可供报道，但新华社电讯读起来篇篇差不多，缺乏新鲜思想；而且中国的对外报道八股调太重，没有说服力，过去只讲成绩而不讲困难和问题，有的反而使一些对中国抱有善意的外国人以为社会主义事业很容易，因而感到失望。8 月 3 日，邓小平看了格林对新华社记者谈话记录，指示：格林的意见都重要，无论宣传和文风等等方面，都值得注意。

同月

《解放军报》的理论副刊《思想战线》复刊。这个副刊创办于 1958 年 4 月。1964 年曾两次受到毛泽东的表扬。他说，战士写的东西实际活泼，能说明问题，他很喜欢读这些文章。他主动为《思想战线》题了刊头。这个副刊于“文化大革命”初期停办。

《四川科技报》在成都创刊。

《电子报》在成都创刊。

7 月 1 日

《理论与实践》在沈阳创刊。该刊是中共辽宁省委主办的综合性政治理论刊物。面向全国发行。

7 月 2 日

《安徽日报》编辑部发表文章《绝不容许践踏党报》，控诉中共安徽省委前主要领导人控制报纸、推行“四人帮”路线的严重错误。

7 月 6 日

中央广播事业局拟定《广播、电视继续宣传工业学大庆的计划》，要求在全国工业学大庆会议期间，广播、电视宣传的规模、节目的质量和动员的人力，都要超过以往类似的活动。

7 月 11 日

中共辽宁省委作出《关于加强报纸广播工作的决定》，主要内容是：1. 在揭批“四人帮”及其死党的斗争中，认真解决新闻战线的路线是非，弄清楚新闻战线的理论、路线、方针、政策、作风和方法；2. 全面贯彻执行“全党办报、群众办报”的方针；3. 建设一支又红又专的编辑、记者队伍，从思想上、政治上、组织上、作风上对编辑部（包括记者站）的干部队伍，进行认真的整顿、调整、充实和加强；4. 把报纸、广播工作置于党委的绝对领导之下，克服由于“四人帮”的干扰破坏造成党委不管报纸和广播的倾向。

7 月 20 日

北京电视台的另一座彩电中心安装调试完毕。

7 月 22 日

北京电视台二频道第一次试播彩色节目，播出正常。从 7 月 25 日开始，二频道正式向全国传送彩色节目。晚 8 时，2 套节目同时播出党的十届三中全会电视新闻片和公报全文。

7 月 28 日

中央广播事业局函请邮电部协助开通向北京传送节目的微波通道，将全国各地电视台的优秀文艺、体育和新闻节目及时送到北京，供北京电视台转播或编选部分节目向全国传送。

同月

中共内蒙古乌海市委机关报《乌海通讯》在内蒙古乌海创刊。4 开 4 版，双周刊。1981 年下半年更名《乌海报》。

8 月 1 日

香港《镜报》创刊。月刊。为综合性时

事读物。社长徐四民，总编辑林文。

《新观察》月刊在香港创刊。主持人依华。

同月

香港《天天日报》由妙丽集团接手经营。董事长刘天就以数百万港元购入该报股权，自任社长。80年代中期何世柱夫妇购入该报经营权，何任社长。80年代末期该报主要股份被玉郎集团主席黄玉郎购入之后，星岛报业集团主席胡仙成为该报最大股东。社长仍为何世柱。

9月19日

新华社在北京召开国内分社社长会议，总结交流9个月来揭批“四人帮”的经验；部署进一步揭批“四人帮”控制新华社的罪行；清除“四人帮”的流毒，发扬新闻工作的优良传统。会议于10月17日结束。

10月1日

吉林白城电视转播台正式开播。

10月4日

中共中央发出通知，将新华社记者写的通讯《部长来到第一线》作为中央文件转发。中央的通知认为，石油化工部的领导人带领机关干部深入基层，参加劳动，调查研究，及时帮助基层解决问题这种工作精神和工作作风，值得很好学习、发扬、推广。中央希望各部门、各地区、各单位的领导干部都能照这样去做。

10月6日

《人民日报》《解放军报》《红旗》杂志发表社论《把揭批“四人帮”的伟大斗争进行到底》。

《台湾春秋》月刊在台北创刊。

10月7日

从即日起到本月13日止，中央广播事业局在南京召开卫星广播规划座谈会。

10月8日

《人民日报》刊载上钢五厂工人的来信，揭露《人民日报》在“四人帮”控制时期报道中的严重问题，并加了编者按语：号召广大读者揭发该报在“四人帮”控制时期所犯下的种种罪行。

10月15日

安徽淮南煤炭基地建设会战指挥部党委机关报《潘集战报》创刊。

10月17日

中央人民广播电台为该台驻地方记者举办了第1期业务学习班。参加学习的多数是近几年参加工作的记者。学习班主要内容是揭批“四人帮”在新闻战线的罪行，分清广播宣传的路线是非，解决记者采访作风和文风等方面的问题，学习广播业务和录音机的使用技术。这一期学习班到11月3日结束。

10月18日

耿飚在新华社国内工作会议上做报告，对新华社工作提出十点希望。

《解放军报》发表题为《从“假”字开刀整顿文风》的编者述评。12月24日，又发表一篇编者述评《再谈从“假”字开刀整顿文风》。

10月23日

中央广播事业局在杭州召开全国电视台技术改进工作交流会议，研究、讨论进一步提高电视台播出技术质量的措施和办法。

10月24日

中央人民广播电台从当天起调整节目时间，《学科学》节目改为《科学知识》节目，由每周广播4次增为每周7次，新增加《科技战线》节目，每周3次，每次15分钟。对农村广播中的《农业科学实验》节目，恢复为《农业科学技术》节目。取消每周2次的《对上山下乡知识青年广播》，这方面内容的宣传，由《青年节目》来承担。取消《教唱革命现代京剧》节目。

10 月 26 日

北京电视台国际部开办的《世界各地》专栏，首次播出电视片《伊朗的风光和艺术》。这个栏目每周播出 1 次，每次约 15 分钟，着重介绍世界各国的经济建设、文化教育、人民生活、名胜古迹和地理风光等。

11 月 1 日

《观察家》月刊在香港创刊。创办人许行。1981 年 9 月 1 日停刊。

11 月 10 日

中共中央发出通知：中央广播事业局属国务院领导，宣传业务由中共中央宣传部协助中央指导。

11 月 13 日

《解放军报》发表评论文章《禁绝一切空话》。《人民日报》11 月 14 日转载了这篇文章。文章指出，禁绝空话是整顿文风，肃清“四人帮”帮八股流毒的一个重要方面。

11 月 14 日

中央人民广播电台决定从当天起，恢复播音员报名制度。这一情况已在 10 月底通知地方台。

11 月 16 日

叶圣陶于本日和 12 月 10 日两次致函新华社编辑部，指出新华社稿件的一些语法错误。

11 月 23 日

《解放日报》和《文汇报》刊载两报批判组文章《“四人帮”及其余党怎样操纵上海两报鼓吹反革命政治纲领的》。

11 月 29 日

北京电视台播放南斯拉夫电视剧《巧入敌后》。这是我国电视台播放的第一部外国电视剧。

同月

《争鸣》月刊在香港创刊。总编辑温辉。以有关大陆的新闻和评论为主。

12 月 5 日

曾涛任新华社社长。

12 月 19 日

教育部和北京电视台联合主办的英语、数学、电子技术讲座，开始在每周一、三、五播出，并于二、四、六重播。

12 月 24 日

《人民日报》发表王文尧、恩亚立、邢卓三人（即“王亚卓”）合写的文章《揭穿“王亚卓事件”冤案——愤怒控诉“四人帮”破坏教育革命的滔天罪行》，并且加了编者按。编者按说，《人民日报》在“四人帮”及其心腹严密控制期间，为“四人帮”篡党夺权大造反革命舆论，犯下许多罪行，诬陷、迫害王亚卓同志便是其中一例。我们决心和全国人民一道，彻底揭批“四人帮”利用报纸这块舆论阵地所犯的一切罪行。王、恩、邢三人是因为反对“四人帮”利用黄帅这一典型批“师道尊严”的做法，而受到迫害的。

12 月 31 日

吉林延边电视台成立。

同月

中央人民广播电台和北京电视台，初步整理了长期被禁播的大量中外音乐节目，从中选出了近 500 个节目陆续播出，受到国内外听众的欢迎。

同年

大庆《战报》改名《大庆战报》。

上海电视台第一套节目改为彩色电视。

《四川林业报》复刊。

香港《星岛日报》总编辑唐碧川获英国

女皇颁布的 MBE 勋衔。

1978 年（戊午）

1 月 1 日

北京电视台恢复由播音员出图像向观众报告节目。新闻节目正式命名为《新闻联播》。

中共保定地委机关报《新保定报》恢复原来的报名《保定日报》。

1 月 3 日

《甘肃农民报》复刊。

1 月 7 日

澳门《正报》创刊。日报。创办之初名为《澳门体育报》，1981 年改名为《体育日报》，1983 年再易名为《正报》。

1 月 20 日

黑龙江加格达奇电视台正式开播。

1 月 27 日

由上海电影译制厂、北京电视台联合译制的英国广播公司出品的电视连续剧《安娜·卡列尼娜》（10 集），即日起在北京电视台第一套节目中陆续播出。

同月

四川《凉山报》彝文版在四川西昌创刊。4 开，旬刊。1981 年 1 月改为周三刊，1984 年 5 月 1 日改为周六刊。

浙江《农村科技报》改名为《浙江科技报》。

西藏人民广播电台增办藏语节目《昌都地方语广播》。

上海《每周广播电视》复刊。原为 1955 年 1 月 1 日创刊的《每周广播》。

2 月 4 日

英国广播公司电视二台举办“中国电视周”，放映了柏林拍摄的《西藏——世界的屋脊》、伊文思拍摄的《愚公移山》、我国故事片《连心坝》和这个公司摄影队拍摄的《北京动物园》《中国的农业》《内蒙》等共计 14 个介绍中国的节目。这是外国电视台第一次举办“中国电视周”节目。电视周于 10 日结束。

2 月 6 日

北京电视台举办春节晚会，晚会节目播送到凌晨 1 时左右。这是粉碎“四人帮”后北京电视台第一次举办春节晚会。

2 月 15 日

新华社第一期国内记者业务训练班开学。

同月

河南开封电视转播台建立。

长春人民广播电台从吉林人民广播电台分出。

3 月 1 日

辽阳人民广播电台开始播音。

3 月 20 日

新华社在北京召开国外分社会议，揭批“四人帮”在新华社和新闻界的罪行；讨论关于改进国际宣传报道、加强国外分社建设和完善国外分社管理体制等问题。会议制定了《新华社驻外记者和工作人员守则》等条例。4 月 12 日结束。

3 月 21 日

新华社里斯本（葡萄牙）分社成立。

3 月 22 日

《人民日报》刊登邓小平 3 月 18 日《在全国科学大会开幕式上的讲话》，文中引用的毛泽东的话没有再用黑体字。从此，报刊上摘引革命领袖的话，不再用黑体字。

3 月 31 日

《人民日报》加编者按语，刊登复旦大学新闻系叶春华的文章《揭批“四人帮”控制时期人民日报的反动编排》。

同月

北京《科学小报》第二次复刊，并改名为《北京科技报》。

4 月 9 日

《天津广播电视报》复刊。原为 1955 年 1 月创刊的《天津广播》，1982 年 12 月 25 日起改为此名。

4 月 13 日

云南西双版纳人民广播电台正式用傣语、汉语播音。

4 月 12 日

《吉林日报》发表特约评论员文章《彻底扫除“四人帮”的“新闻学”垃圾》。

4 月 14 日

中共中央宣传部新闻局写信给朱穆之，通过香港《文汇报》《大公报》同国内新闻界关于我国科学大会的有些报道情况的对比和对邓小平同志会见日本社会党委员长飞鸟田的消息的处理的对比，指出了国内新闻报道中的一些问题。这些问题是：不善于抓新闻和突出重点，标题一般化，不能吸引人。新华社《新闻业务》（活页版）1978 年 4 月 18 日刊登了新闻局的信和香港《文汇报》《大公报》的 4 篇报道，并加了编者按语。

同月

《黑龙江青年》在哈尔滨创刊。共青团黑龙江省委机关刊物。

《儿童时代》复刊（1966 年出至 389 期停刊）。

上海电视大学重新开办。

中国广播电视剧团与北京电视台合作，录制了“文化大革命”后的第一部电视剧《三亲家》。这也是我国录制彩色电视剧的开始。

5 月 1 日

为适应我国广播、电视事业发展的需要，北京电视台正式改名为中央电视台，英文缩写为“CCTV”。对国外称“中华人民共和国中央电视台”。

《光明日报》改版。本日发表改版社论《为本报改版致读者》指出，改版后的该报将成为一张以科学、教育为主要宣传内容的文化战线的报纸。国内外政治、经济新闻，除特殊重要者外，一般将不刊登。

经中共中央批准，中央人民广播电台国际新闻编辑部改名为中华人民共和国国际广播电台，对国外广播仍用“北京广播电台”为呼号。用 38 种外语和 5 种汉语（其中 4 种方言）播出节目，每天累计播音 136.5 个小时。

西藏电视台开始试播。

吉林《一汽战报》复名《汽车工人报》。4 开 4 版，周三刊。

5 月 5 日

《人民日报》发表评论员文章《贯彻执行按劳分配的社会主义原则》。文章着重论述了按劳分配是社会主义基本的分配原则，批判了“四人帮”破坏按劳分配的种种谬论及其严重后果，号召全党同志按照党中央的决策，坚定不移地执行按劳分配原则。

西安电视台改名为陕西电视台。

5 月 10 日

中共中央党校的《理论动态》第 60 期刊登长篇文章《实践是检验真理的唯一标准》。这篇文章初稿原题为《时间是检验真理的标准》，经《光明日报》与中央党校理论研究室的负责人反复修改，历时 7 个月，十易其稿，最后经胡耀邦审阅定稿。

5 月 11 日

《光明日报》发表特约评论员文章《实践是检验真理的唯一标准》。第二天，《人民日报》和《解放军报》转载了此文。随之，各地报纸纷纷转载。从此，全国展开了关于真理标准问题的讨论。6月6日，《人民日报》发表邓小平在全军政治工作会议上的讲话；6月16日，《人民日报》发表邢贲思的文章《关于真理的标准问题》；6月24日，《解放军报》发表特约评论员文章《马克思主义的一个最基本的原则》；9月25日，《人民日报》发表特约评论员文章《一切主观世界的东西都要受实践的检验》。这一系列文章的发表，促进了全国性的马克思主义的思想解放运动。

5月22日

《沈阳科技报》复刊。

5月29日

《浙江日报》发表浙江省总工会大批判组文章《一张地地道道的反革命"帮"报——清算张、翁、贺经营〈浙江工人〉报大造反党乱军篡权复辟舆论罪行》。

中共中央宣传部新闻局写信给《人民日报》，希望报纸多登些新闻，特别是要多些短新闻。

同月

《实事求是》杂志在乌鲁木齐创刊。该刊由中共新疆维吾尔自治区党校主办。

武汉人民广播电台重新归湖北省领导。

深圳电视转播台建成。

6月1日

《红小兵报》改名为《少年报》。

6月24日

针对一些人对《实践是检验真理的唯一标准》一文的责难，胡耀邦指导中央党校的理论动态组与《人民日报》的负责人一起研究，决定由理论动态组写一篇文章，题为《马克思主义的一个最基本的原则》。在中央军委秘书长罗瑞卿的坚决支持下，这篇文章以"《解放军报》特约评论员"名义在6月24日《解放军报》发表，《人民日报》同时转载，新华社播发了全文，有力地推动了关于真理标准的讨论。

6月25日

中央电视台通过卫星，从本日起至7月2日止，连续4次转播在阿根廷举行的第11届世界杯足球赛的比赛实况。这是我国电视台第一次通过卫星从国外传回体育比赛实况。

6月27日

中央人民广播电台作出决定，该台1960年开办的节目《阅读与欣赏》在停播了12年后，将于1978年7月恢复广播。

同月

由邮电部组织、中央广播事业局参加的频率登记小组，赴国际电信联盟谈判频率登记问题。根据谈判结果，我国广播电视频率第一次向国际电信联盟进行登记。

7月1日

中共南京市委机关报改为《南京报》。它是由1978年1月4日正式创刊的《南京通讯》（周二刊）改版的。《南京报》是隔日刊，1979年7月1日改为日报《南京日报》。（《南京日报》曾于1956年3月创刊，1961年2月10日停刊。1971年2月至1971年6月18日，出版日报《新南京报》，1971年6月19日改名《南京日报》，1971年9月30日停刊。）

中共内蒙古巴彦淖尔盟委员会机关报《巴彦淖尔报》复刊。在此以前，该报曾4次停刊。

《辽宁科技报》在沈阳创刊。

《北京矿工报》复刊。其前身是《京西矿工报》《北京矿工》。

第七机械工业部所辖零六六基地党委机关报《零六六报》在湖北远安创刊。旬刊。

四川《成都铁道报》复刊，并改名为《成铁工人》。

7 月 4 日

《财贸战线》报在北京创刊。第一任负责人常芝青。1981 年 1 月 1 日改名《中国财贸报》，周三刊，向国内外发行。

7 月 15 日

《中国妇女》杂志复刊（1967 年 1 月停刊）。复刊号发表了宋庆龄的文章《祝贺〈中国妇女〉杂志复刊》。

停刊 12 年之久的《文艺报》，今日出版复刊第 1 期（总第 433 期）。

7 月 17 日

《科技时报》在沈阳创刊。辽宁省科技协会主办。

7 月 18 日

中央电视台向河北、南京、武汉、湖南、河南、四川电视台发出关于再开放 6 个城市向北京传送节目的通知。这是继上海、广州以后，又有 6 个城市可向北京回传节目。

7 月中旬

中央电视台和各省、自治区、直辖市电视台的代表，从本月中旬起到 8 月中旬止，分别在广西阳朔和内蒙古呼和浩特举行了座谈会。会议就如何办好全国《新闻联播》《祖国各地》等节目和提高电视新闻报道质量等问题进行讨论，并提出建议。

同月

国家标准计量局发布《黑白电视广播标准》。这是广播电视系统中第一个由国家规定的统一标准。这个标准是由中央广播事业局、四机部、邮电部共同起草制订的。

成都电视台改名为四川电视台。

沈阳电视台改名为辽宁电视台。

石家庄电视台成立。

8 月 1 日

太原电视台改名为山西电视台。

哈尔滨电视台改名为黑龙江电视台。

8 月 14 日

中共江苏常州市委创办《学大庆报》。

8 月 22 日

香港佳艺电视有限公司停业。

同月

《赤峰科技报》（蒙、汉文版）在内蒙古赤峰市试刊。4 开 4 版，不定期综合性科普报纸。1979 年 10 月以《昭乌达科技报》为报名发行。汉文版，半月刊；蒙文版，月刊。1983 年 7 月 1 日两种文版均改为半月刊。1984 年改名为《赤峰科技报》。1985 年元旦起汉文版为周刊，蒙文版为半月刊。

《宝钢报》在上海创刊。

中国社会科学院新闻研究所成立。安岗任所长，戴邦、谭立任副所长。该所是胡乔木同志倡议，并在《人民日报》、新华社大力支持下成立的全国性新闻研究机构，也是中华人民共和国成立后的第一所国家级的新闻研究机构。它的任务是：一、用马列主义的立场、观点、方法研究新闻史、新闻实践和新闻理论；二、培养新闻方面的人才。

中国社科院研究生院设立新闻系，学制 3 年，招收攻读硕士学位研究生。谭立任系主任。

9 月 1 日

《体育报》发表编辑部文章《办好新长征中的〈体育报〉——纪念〈体育报〉创刊二十周年》。

《台湾日报》在台中市创刊。为民营报纸。

9 月 2 日

武汉电视台改名为湖北电视台。

9月5日

《解放日报》发表文章《从〈工人造反报〉看“四人帮”与林彪的勾结》，揭发批判1966年底出笼、1971年4月收场的上海“工总司”的机关报《工人造反报》。

9月11日

中国共产主义青年团中央委员会机关刊物《中国青年》复刊（1966年8月停刊）。第1期发表了《春风吹又生》的复刊词。

9月18日

《福建科技报》在福州创刊。1993年1月由4开4版改为对开4版。

9月30日

中央电视台同地方电视台共同商讨筹办的《祖国各地》栏目第一次播出。

《甘肃日报》关于改进会议报道问题向中共甘肃省委提出请示报告，省委领导同志批示：“同意报社的报告，应尽量减少会议报道，其他电台、电视台亦应按此精神办。”

同月

中国人民大学复校，该校新闻系随之恢复招生。系主任为罗列。北京大学中文系新闻专业停办（本年考试入学的77级本科学生66名，并入中国人大，于1982年1月毕业）。中国人大新闻系除招收本科生外，从本年起还开始招收硕士研究生。第一次招收的研究生共8名，中国近代报刊史方向、中国现代报刊史方向、外国报刊史方向和新闻理论方向各2名。

暨南大学复校，并成立新闻系。周冷任系主任。1978年新闻系招生74人，学制4年。（1960年，该校曾在中文系设新闻专业，办了2届，共招生约80人。）

中共中央决定把错划的资产阶级右派分子全部改正过来。新闻界对过去被批判的种种新闻观点也重新评价。

当真理标准问题的讨论还面临重重阻力的时候，安徽人民广播电台冲破“两个凡是”所设置的禁区，连续广播了《坚持实践第一的观点》《任何革命理论都要受实践检验》等6篇文章。

中共福建莆田县委机关报《莆田报》复刊。4开4版，周刊。

10月1日

云南《学大寨通讯》改名为《楚雄通讯》。

云南《大理日报》改名为《大理简讯》。

通化人民广播电台恢复自办节目。

新疆克拉玛依电视台建立。

兰州电视台改名为甘肃电视台。

中央人民广播电台播出广播剧《二泉映月》，这是“文化大革命”后的第一部创作剧目。

10月6日

《工人日报》复刊（1966年12月31日停刊）。编辑部发表题为《做新长征的战斗号角》的复刊词。

中国社会科学院研究生院新闻系第一批研究生入学。新闻专业43人，马克思主义新闻理论6人，中国共产党新闻业史7人，中国新闻业史6人，世界新闻业史9人，英语新闻写作14人，共85人。

10月7日

共青团中央机关报《中国青年报》复刊（1966年8月19日停刊）。对开4版，每周二、四、六出版。复刊后的第一期报纸，刊登了周恩来1949年5月7日在中华全国青年第一次代表大会上的报告第三部分节录——《学习毛泽东》，为广大青年批判“两个凡是”提供武器。新华社发了通稿。

10月15日

湖北《武汉铁路报》复刊，改名为《武铁工人》。

10 月 20 日

《动向》月刊在香港创刊。

10 月 23 日

《黑龙江日报》从今日起，在报上辟《群言堂》专栏。第 1 期专栏《致读者》说：《群言堂》是反映广大干部群众愿望和呼声的一个阵地，是协助各级领导广纳群言的一条渠道。它将以短小精悍、生动活泼的评论作武器，为新长征路上的新事物而高歌，为抓纲治国、拨乱反正而呐喊，为铲除一切歪风邪气而进击！

同月

新华社国际部向各驻外分社提出关于改进国际新闻报道的要求：一、加强采访，逐渐增加第一手新闻；二、分社首要任务是写好新闻报道，要努力发回成品，好的有分量的新闻应该署名；三、扩大报道面，扩大驻在国的基本政治、军事、经济、外交情况的报道面；四、定期写一些带有分析性的综合报道或评述新闻。

《山西科技报》在太原创刊。4 开，周刊。

长沙市《科协活动》创刊。

《地平线》月刊在香港创刊。以港台及海外华人为主要读者对象。1984 年 2 月改名《华人月刊》。

11 月 1 日

共青团中央主办的中国少年先锋队队报《中国少年报》复刊（1966 年 8 月 17 日停刊）。4 开小报，每周出 1 期。创刊时每月发行量 9 万份，到 1981 年 10 月每月最高发行数是 1124 万份，成为当时我国发行量最大的报纸。

贵州水城矿务局党委机关报《水城矿工报》创刊。8 开 4 版，周二刊。

11 月 4 日

《黑龙江日报》加编者按发表《哈尔滨日报》大批判组的文章《我省新闻战线“两个估计”的黑标本——对〈哈尔滨晚报〉的一切诬蔑不实之词必须全部推倒》。批判《黑龙江日报》1966 年 6 月 26 日发表的《彻底批判〈哈尔滨晚报〉的资产阶级路线》《请看〈哈尔滨晚报〉的反动面目》等文章，具体地分析了地方报的三性（地方性、知识性、趣味性）。

11 月 6 日

中央人民广播电台调整节目时间：从当天起实行新的节目时间表，有以下特点：一、恢复了受林彪、“四人帮”干扰破坏而停办的几个专题对象节目，其中有《对学龄前儿童广播——小喇叭》《祖国各地》《农业科学技术》《阅读与欣赏》等；二、新增办《世界各地》《工业产品介绍》2 个节目；三、为集中力量办好《科学知识》节目，撤销《科技战线》节目；四、恢复和增加了一些文艺专题节目，主要有《外国作品音乐会》《星期音乐会》《音乐厅》《听众点播的戏曲节目》《京剧选段》《地方戏选段》《电影、话剧》《小说连续广播》《教唱歌曲》《文学》《曲艺》等。调整后的节目比例为：新闻占 16%，专题对象节目占 25%，文艺节目占 55%，其他（节目预告、体操等）占 4%。同时《人民解放军》节目恢复原来的《解放军生活》节目名称。《少年儿童》节目恢复传统的名称《星星火炬》。

11 月 9 日

《解放军报》发表编者述评《正确对待群众在报纸上的批评》。

11 月 14 日

四川《冶金快报》复刊，并改名为《重特报》。该报为重庆特殊钢厂党委机关报。

11 月 15 日

新华社报道，中共北京市委作出决定，为 1976 年 4 月 5 日“天安门事件”平反。

28日，《人民日报》刊登新华社讯：邓小平副总理会见美国、日本朋友时指出，马列主义、毛泽东思想是实现“四个现代化”的指导思想，肯定“天安门事件”为革命行动是党中央的决定。

《人民日报》发表评论员文章《实事求是，有错必纠》，重申中国共产党一贯的有错必纠方针。明确指出：“不管什么人批的案子，如果发现批错了，同级组织完全有权纠正。”

11月16日

新华社对外宣传会议和摄影工作会议在北京同时举行。会议讨论通过了《关于培养、训练和使用分社对外记者队伍的规定》《关于加强分社对外报道的意见》《关于分社就地发布新闻照片稿的规定》《关于分社摄影记者发稿定额的试行方案》《对外专职摄影记者的职责》等文件。会议于12月7日结束。

11月27日

以罗促炳总经理为团长的香港无线电视台代表团一行9人，本日起赴北京、大连、上海、广州等地访问。11月29日，廖承志副委员长会见并宴请了他们。这是香港电视界来内地访问的第一个代表团。

11月29日

无锡人民广播电台恢复自办节目。

同月

苏州人民广播电台恢复自办节目。

12月1日

《解放日报》从今日起，在报上增辟《短新闻》专栏。编者写了《大家都来写短新闻》一文，要求大家都来写短新闻，写新近发生的、为广大群众所关心、感兴趣的事情。

《安徽科技报》在合肥创刊。

台湾《工商时报》创刊。日报。为台湾两大经济专业报纸之一。

12月6日

著名革命报刊工作者恽逸群逝世。恽生于1905年，江苏武进人。1932年起从事新闻工作，担任上海新声通讯社记者。1935年上海《立报》创刊，任记者、总编辑。1937年任中国青年新闻记者学会秘书主任。1937年至1939年先后任《译报》《导报》总编辑。1939年到香港主持国际新闻社编务。1945年进入解放区后，历任新华社华中分社编委、社长，《新华日报》华中版社长兼总编辑，华中新闻学校校长，山东《大众日报》总编辑，济南《新民主报》社长等职。1949年后，任上海《解放日报》副社长、社长，华东新闻出版局局长，华东新闻学院院长。1955年因受潘汉年案牵连，被捕入狱。1965年获释。

12月11日

穆青在新华社国内分社社长座谈会上发表《新闻要抓新和实》的讲话。他在这个座谈会上提出，1953年12月第三次社务会议提出的“一根、二义、三地、四新”（即：根据党的过渡时期总路线和各项政策方针及国内外形势，充分地、及时地、准确地报道对人民群众有教育意义和实际工作有指导意义的新情况、新事物、新人物、新经验）基本上是正确的。

12月24日

《人民日报》全文发表《中国共产党第十一届中央委员会第三次全体会议公报》。

12月27日

《人民日报》发表碧空的文章《新闻工作者的思想也要解放一点》。

12月30日

《四川广播电视报》在成都创刊。原名

为《四川广播电视》，1983 年改为现名。

12 月 31 日

中央电视台在《祖国各地》栏目播出了《台湾风光》。这是中央电视台第一次播出在台湾实地拍摄的、反映台湾风情的电视纪录片。节目播出前，《人民日报》等首都报纸在头版报道了这一消息。

同月

《红旗》杂志第 12 期发表大批判组文章《一场反革命的舆论围剿——清算“四人帮”利用〈红旗〉镇压“四五”运动的罪行》。

《新闻战线》复刊。12 月出版了 1978 年第 1 期，发表了《复刊的话》，重新发表了胡乔木的文章《短些，再短些》，还刊登了解放军报社写的《罗瑞卿同志和新闻工作》。《新闻战线》杂志于 1957 年 12 月创刊，1960 年 8 月改名《新闻业务》，出至 1966 年 5 月（总 74 号）后停刊。

中央电视台开始使用 ENG 电子采访设备供记者外出采访、录像使用。录制的新闻节目，在 2—3 小时后即可供播出。使用电子采访设备大大简化了节目的制作手段，提高了节目的时效，是电视采访录像在技术上的一个巨大进步。此项设备，中央电视台当时只有 2 台。

《武汉科技报》在武汉创刊。

青海海西人民广播电台开始播音。

香港举办世界中文报业协会第 11 届年会，主题是“中文排字之电脑化”。

同年

云南新闻图片社成立。每月发行 1 至 2 组图片，每组 25 幅左右。

中共新疆莎车县委综合报《莎车报》停刊。

《长春科技报》复刊。

辽宁《渔业工人》复刊。4 开 4 版，旬刊。

江西《丰矿战报》停刊。

四川《卫生宣传》创刊。4 开，月刊。

香港《星岛日报》率先利用卫星线路传真方式，传发该报海外版。

香港报社本年总数达 128 家。

台湾《民生报》在台北创刊。日报。自称其宗旨为“实践民生主义，促进大众福利，提高生活素质，倡导健康生活”。

1979 年（己未）

1 月 1 日

《文汇报》改版。本日该报发表告读者文章《切切实实把报纸办好》。改版后的《文汇报》，侧重于教育、科技、文艺、理论、卫生、体育战线的宣传报道，办成以科技、文教为重点的具有特色的综合性报纸。

上海《文汇报》和《解放日报》两报开始向国外发行。

中央电视台“CCTV”台标正式播出使用。同时，中央电视台决定每星期日上午的电视节目改从 9 时开始播出。

中共唐山地委机关报《唐山劳动报》恢复原名《唐山日报》。

《甘肃科技报》复刊。4 开 4 版，周刊。

陕西《韩城煤炭战报》改名为《韩城矿工报》。

《山东科学小报》更名《山东科技报》继续出版。4 开 4 版，周刊。

黑龙江澄合矿务局党委机关报《澄合矿工》创刊。8 开 2 版。

广州电视台改名为广东电视台。

甘肃电视台自办节目部分由黑白改彩色播出。

重新组建的南京人民广播电台开始播音。

内蒙古电视台开始采用录像手段播出中

央电视台节目。

1月13日

《光明日报》发表金汶的文章《阶级斗争“任何时候”都是“纲”吗?》，首先在报纸上公开否定“以阶级斗争为纲”这个不适用于现阶段社会主义社会的口号。《文汇报》《浙江日报》《黑龙江日报》等予以转载。

1月15日

据新华社报道，在中共中央宣传部最近召开的各省、市、自治区党委宣传部长会议上，中共中央政治局委员、中宣部部长胡耀邦宣布：党中央决定为“中宣部是阎王殿”彻底平反。中宣部是“阎王殿”的说法，出自林彪、陈伯达炮制的《1965年9月到1966年5月文化战线上两条道路斗争大事记》。会上，胡耀邦还指出：“全党工作着重点转移之后，党的宣传工作的根本任务是：把马列主义、毛泽东思想的普遍真理同实现四个现代化的伟大实践密切结合起来，研究新问题，解决新问题，尽可能使思想理论工作走在实际工作的前头，把毛泽东思想推向前进，加速社会主义现代化建设的进程。”

1月20日

人民日报文艺部出版漫画小报《讽刺与幽默》月刊。4开4版，每月20日出版。1980年改为半月刊（每逢5日、20日出版）。创刊时销数是16万份，到1982年初销数为90万份。

1月23日

中央广播电视大学试播教育节目。试播前通知了各省、市教育部门和各省、自治区、直辖市电视台组织收看，并将收看效果及时向中央电视台反映。

1月26日

《黑龙江日报农村版》恢复“文化大革命”前原名《黑龙江农村报》。

同月

中央电视台开办《外国文艺》专栏，向观众介绍外国的优秀文艺节目。以古典节目为主，兼顾有代表性的能为观众接受的现代节目。

中央电视台对国际新闻报道进行总结，认为目前国际新闻报道存在报道面太窄、消息零碎、片面性大、时间性差、片源单调、“禁区”太多等缺点。通过总结，提出改进国际新闻报道的几项措施。

吉林白城人民广播电台重新组建编辑部，4月恢复自办节目。

《科学活动》杂志在河北承德市创刊。

《广西科普》改名为《广西科技报》。周刊。

《成都科技报》创刊。半月刊。

2月6日

《北京日报》报道，中共北京市委宣传部为《北京日报》《北京晚报》《前线》彻底平反。指出，三个报刊“文化大革命”前的方向和路线都是正确的，林彪、“四人帮”诬蔑它们是“反党反社会主义的工具”等不实之词应予全部推翻。宣布给《北京日报》社前社长范瑾、副社长兼总编辑周游、《北京晚报》编辑部副主任顾行等平反，还宣布撤销1966年5月25日北京市委关于撤销《北京日报》《北京晚报》编委会，撤销范瑾社长职务的决定。1月26日，《北京日报》曾发表原《前线》杂志编辑部部分同志的文章《一场惊心动魄的反革命事件——论“三家村”冤案》。

同月

中央电视台对现有节目中突出宣传个人、神化领袖以及标语口号式的“配合政治任务式”的内容进行了清理。

中越边境自卫反击战打响，中央电视台军事部派出7名随军记者到东、西两线进行火线采访，拍摄了10部新闻专辑，及时向国内外进行宣传报道。

大众日报新闻研究所成立。该所在《大众日报》党委领导下工作。主要任务是总结新闻工作经验，开展新闻业务和理论的研究活动，进行报史研究，配合新闻教育工作。

全国广播电视大学开学。

3月1日

辽宁辽阳人民广播电台正式播音。

3月3日

《吉林日报》发表吉林省新闻出版工作者协会筹备小组文章《历史是最公正的见证人——彻底推翻强加给我省报纸和广播电台的诬蔑不实之词》。

3月8日

中共中央宣传部召开全国新闻工作座谈会。会议的议程是：一、总结经验，解放思想；二、新闻宣传工作的中心如何转移到社会主义经济建设方面来。胡耀邦到会作报告。人民日报、新华社、中央广播事业局等单位，作了重点发言。胡耀邦的报告，肯定了粉碎“四人帮”两年半以来新闻工作的成绩，对新闻工作者提出了希望。他讲述了党的新闻工作的性质；新时期新闻工作的任务；解放思想问题；把发挥新闻工作者的积极性、主动性、创造性同加强党的集中领导密切结合起来；各级党委要加强对新闻工作的领导等。到会者在讨论中提出：报纸、通讯社、广播电台、电视台，既要坚定地宣传党的路线、方针、政策，也要充分反映人民的意见和为四化献身的英勇精神，党性和人民性是完全一致的。在我国历史上的伟大转折时期，新闻工作者更需要深入群众，解放思想，按照马列主义、毛泽东思想的科学态度来研究新情况，解决新问题。会议于21日结束。《新闻战线》第2期对这次座谈会作了报道。

3月23日

《上海工运》创刊。为上海总工会主办的工会报纸。4开4版，周刊。

同月

天津日报新闻研究室成立。其任务是为提高报纸质量、抢救新闻史料、培养新闻人才服务。新闻研究室的另一项工作是研究《天津日报》及全国各兄弟报刊，针对该报实际，撰写报刊评介文章。

吉林省新闻研究所成立。《吉林日报》副总编辑徐中天兼所长。

江苏《连云港报》复刊。

春

北京人民广播电台对节目进行调整改革，办有4套节目。第1、2套是政治、综合性节目，第3套是文艺节目，第4套是外语教学节目。

4月1日

《工人日报》为加强对工业经济的宣传，发表《致读者》。

由于中共石家庄市委和地委隶属关系发生变化，石家庄日报报社分开，中共石家庄地委机关报为《建设日报》，中共石家庄市委机关报为《石家庄日报》。

4月4日

陕西《西铁工人》复名《西安铁道》。

4月10日

中共延安地委机关报《延安报》复刊。

甘肃《兰州铁道报》复刊。

4月16日

台北国际社区广播电台成立。其前身为驻台美军电台。

4月27日

江苏《苏州报》复刊。周三刊。

4月28日

一读者在4月份先后给《文汇报》和胡

耀邦写信，对《文汇报》3月7日以《我要继续战斗在大兴安岭》为题发表他的一封来信，以及4月6日刊登的《一个大学生是怎样堕落为小偷的》一文，提出批评。胡耀邦本日对来信作了批示。指出编辑同志刊登读者的来信，在文字上作点修饰是可以的，但更改事实是很不好的。修改观点，也要同来信人商量。报刊同志一定要同一切投稿者、来信者建立一种民主商量的正确关系；一定要尊重事实，向一切读者负实事求是之责。还指出，粉碎“四人帮”以来，绝大多数报刊的文风有很大改进，但文章要充分说理，富于感染力这件事仍值得我们大家注意。

同月

《人民邮电》复刊。

《赤水科普》在贵州赤水创刊。

《科学与技术》在河北邯郸创刊。

5月1日

《甘肃日报》创办了内部研究性刊物《新闻理论与实践》。

《徐州报》复刊。

《厦门日报》复刊。

黑龙江双鸭山人民广播电台恢复播音。

5月16日

《人民日报》在头版头条加按语报道《辽宁日报》发表的该报记者范敬宜所写的评述辽宁省农村形势的文章《分清主流与支流，莫把“开头”当“过头”》。按语指出：“作为新闻记者，要像《辽宁日报》记者范敬宜同志那样，多搞一些扎扎实实的调查，用事实来回答那些对三中全会精神有怀疑、有抵触的同志。”

北京电视台正式试播。至此，中国大陆29个省、自治区和直辖市都建立了电视台。

中央人民广播电台召开驻17个省、自治区、直辖市记者站负责人会议。讨论、研究如何以经济建设为重点加强宣传报道问题。5月26日，胡耀邦到会讲话。

5月17日

邓小平在谈到从美国购买通讯卫星时说：原来确定的方针不变，以彩色电视广播为主，覆盖全国为准，普及电化教育加速培养人才。

5月18日

四川大学中文系新闻专业经教育部批准设立。

5月25日

体育报社社长徐才等3人出席了在莫斯科举行的国际体育记者联合会第43届特别代表大会。大会通过决议，接纳中国为国际体育记者联合会成员国。

同月

《徐州日报》在江苏徐州创刊。4开4版。

《青海科技报》在西宁创刊。

《音乐周报》在北京创刊。原名《北京音乐报》，1989年改为现名。

《四川招生通讯》在成都创刊。

《浙江广播电视报》在杭州创刊。原为1956年上半年创刊的《广播周报》。

内蒙古呼和浩特人民广播电台恢复工作。

6月2日

《内蒙古日报》发表理论组文章《党的新闻路线不容篡改——批判林彪、“四人帮”在我区的追随者对〈内蒙古日报〉的攻击和诬蔑》。

6月10日

共青团上海市委机关报《青年报》复刊。

6月12日

《黑龙江日报》刊登李玉建等的文章《正确地总结报纸工作的历史经验——评

〈黑龙江日报〉“新、全、高、快、短、活”六字要诀》。

6 月 13 日

中国广播电视代表团访问南斯拉夫，19 日签订了《中南 1979—1980 年广播电视合作执行计划》。

6 月 20 日

云南文山人民广播电台开始播音。

6 月 23 日

《内蒙古电视》在呼和浩特创刊。

6 月 30 日

南京电视台正式改名为江苏电视台。

同月

《新闻战线》第 3 期发表本刊评论员两篇文章《开展无产阶级新闻学的研究》和《切实加强报纸上的批评》，还刊载了《体育报》编辑部写的文章《要大胆办报——忆贺龙同志对体育报的关心》。

江苏南通人民广播电台恢复自办节目。

7 月 1 日

全国医药卫生战线的专业性报纸《健康报》复刊（1966 年 8 月停刊）。编辑部当日发表《复刊致读者》。

《山西农民》复刊。

安徽《芜湖日报》改名为《芜湖报》。4 开 4 版，周三刊。

铁道部第五工程局党委机关报《铁道工地报》在贵州创刊。4 开 4 版，周刊。

黑龙江鸡西转播台恢复为鸡西人民广播电台。

江苏连云港人民广播电台恢复自办节目。

黑龙江牡丹江电视转播台成立。

7 月 10 日

中国摄影协会主办的《大众摄影》杂志复刊。

7 月 13 日

河北省新闻学会恢复活动。筹备组在石家庄举行了第二次会议，草拟了学会章程等，后又举行了第二届理事会第一次会议。该会编印的《新闻研究》第 1 期，于 10 月 25 日出版。

7 月 19 日

四川天府矿务局党委机关报《天府矿工》创刊。

7 月 24 日

《人民日报》发表评论员文章《捍卫真实性，反对假报道》。

7 月 26 日

《人民日报》《光明日报》刊登为马寅初彻底平反恢复名誉的消息。《光明日报》的新闻标题是《错批一人，误增三亿》。

7 月下旬

东北三省的主要报纸在哈尔滨市举行协作会议，着重讨论了五届人大二次会议之后，报纸如何更好地为四化服务的问题。东北三省报纸协作会议，是由三个省报自行举办的交流经验的座谈会。1960 年到 1965 年，曾每年轮流在三省举行，对办好报纸起了积极的作用。今年的会议，是“文化大革命”结束后的第一次。

同月

中央电视台开始译制外国电视剧和电影故事片，第一部译制片是菲律宾驻华使馆提供的影片《我们的过去》。

《复旦大学学报》（哲学社会科学版）第 4 期发表文章《重新评价王中新闻理论》。第二次全国新闻工作座谈会曾于 1957 年 7 月 25 日至 8 月 1 日，连续举行 7 次大会和小会，对复旦大学新闻系主任王中进行了错误的批判，王中被错误地划为右派（后改正）。

复旦大学学生会创办的《大学生》杂志

出版。这是我国第一份由大学生主办的综合性文科刊物。第1期刊登了徐邦泰等的文章《社会主义报刊民主与新闻法》。

《中国民航》在北京创刊。

《体育世界》在西安正式出刊。该刊是陕西省体委主办的综合性双月刊。

安徽《文化报》复刊。仍为4开4版，周刊。

四川仪表总厂党委机关报《川仪报》在成都创刊。4开4版，半月刊。

青岛电视台开始播出彩色电视节目。

8月1日

江西《萍矿工人报》复刊。4开4版，周三刊。

8月2日

新华社报道，经中共中央批准，中共北京市委决定为“三家村”冤案彻底平反。

8月4日

《体育报》《中国青年报》、中央人民广播电台、中央电视台联合举办评选1979年度“最佳运动员”。中央电视台在体育节目里公布评选结果和介绍最佳运动员的事迹。

8月8日

《丝绸之路》中日联合摄制组21人（中方11人、日方10人）本日起分三路在西安、兰州、武威、张掖、酒泉、敦煌、新疆开始拍片。这是我国电视台首次与外国合拍大型纪录片。

8月11日

胡乔木看了《新华社工作简报》所载《格林来信祝贺我国对外宣传的进步》一稿后，写信给胡耀邦，对进一步改进新华社的对外报道和对内报道，以及改进《人民日报》、中央人民广播电台的工作，提了一些重要意见。希望新华社和中央人民广播电台的对外报道系统研究一下美国之音和英国广播公司的经验。将新华社对外报道（不应称对外宣传）的经验成功地推广到国内报道上来。胡乔木指出，现在新闻实在太少了，希望《人民日报》能带头每天至少出一版国内新闻。胡耀邦把胡乔木的信批转给了朱穆之、穆青、胡绩伟、张香山等。1977年，英国友人格林曾写信给新华社，批评新华社的对外报道是一个失败。邓小平曾批示：格林的意见都重要，无论宣传和文风等等方面，都值得注意。

8月12日

中央电视台新设《为您服务》栏目，今日第一次播出。

8月18日

全国电视节目会议在北京举行。这是我国电视事业创建21年以来，第一次就电视节目进行专业探讨的全国性会议。来自29个省、自治区、直辖市的电视工作者代表参加了会议。这次会议的主要任务是：（一）讨论如何丰富和改进电视节目内容，努力搞好自办节目；（二）讨论进行全国电视节目大联播的问题；（三）讨论如何加强全国各电视台之间的互相协作、交流经验、交换节目的问题。会议期间，中共中央政治局委员、中央宣传部部长胡耀邦接见了全体代表，并作了重要报告。

8月22日

中央广播事业局向国家科委、外交部发函，请日本电气公司来我国进行技术交流，介绍日本广播协会及日本地方电视台的自动化播出系统的设计、设备和操作使用功能等。这次交流活动是由中央电视台邀请的。

8月30日

新华社转达该社国际部为中央电视台、中央人民广播电台提供国际要闻给社党组的报告。报告提出，该部每天在16时30分之前向中央人民广播电台、中央电视台提供

“国际要闻简讯”一组，字数约1000字，供两台同播5分钟之用。

同月

《新闻研究资料》第一辑出版。该刊由中国社会科学院新闻研究所《新闻研究资料》编辑室编辑，中国社会科学出版社出版。初为16开本，1981年改为32开本。由新华出版社出版。1982年改由展望出版社出版，新华书店发行。内容以刊载新闻学论文和新闻史方面的文章为主。1993年9月终刊，共出61辑。

新华通讯社对外部和新华社北京分社成立首都对外报道组。从8月18日到年底，共发稿150篇，总发稿量达9万字（英文）。外电转播95篇，占总篇数的64%。

中国第一家政治、法律、伦理、社会综合性新闻月刊《民主与法制》在上海创刊。1985年，该刊又创办《民主与法制画报》。

中共四川郫县县委机关报《秋收战报》创刊。从第10期起更名为《郫县战报》。

《鞍山科技报》在辽宁鞍山创刊。

《陕西科技报》在西安创刊。

江西《丰矿战报》复刊，并改名为《丰矿工人报》。

9月1日

陕西省新闻研究所成立。该所的任务是，以研究新闻理论与实践为主，同时培训在职新闻干部，整理本省报刊史料。

中央人民广播电台决定从即日起，每天18时新闻节目增播最新国际新闻，稿件由新华社供给。

中央电视台自即日起，每天增加一组最新国际要闻简讯的口播新闻，并适当配有部分新闻照片或背景材料。这项国际要闻简讯，是新华社专为电视台和电台提供的当天未见报的消息。要闻简讯每天编发8条左右，约1000字。电视台原有的《国际新闻》节目来源，主要靠英国维斯新闻社航寄，加上译制过程，联播内容往往是半个月前发生的事件。增加口播后，《国际新闻》改名为《国际见闻》。

9月5日

中央人民广播电台报道，目前，全国已有29所广播电视大学，中央和28个省、市、自治区各有1个。各地广播电视大学的学生共41万多人，专职和兼职教师2万多人。

9月9日

首都社会科学理论工作者和新闻工作者在北京举行座谈会。座谈题目是：坚持实践是检验真理的唯一标准，就是坚持马列主义、毛泽东思想。

《红旗》杂志对真理标准问题曾经沉默不表态，到1979年才在第9期发表补课文章《认真补好真理标准讲座这一课》。

9月13日

《人民日报》总编辑胡绩伟于13日、14日和17日，在中央党校理论班作以《谈谈革命报风》为题的报告。

9月15日

中央电视台从本日起举办“庆祝建国30周年全国电视节目联播”，历时41天。25个省、自治区、直辖市推荐了节目。这次联播，是我国电视事业21年来第一次组织的大规模节目交流，也是对全国自办节目力量的一次大检阅。

9月19日

《解放军报》提倡多登短新闻。本日该报一版头条刊登了《短新闻十则》，28日一版头条刊登《短新闻一组》，两次都加了编者按语。10月7日二版，以《读者欢迎短新闻》为题，刊登了6封读者来信。10月10日一版头条，以《驻守天南海北　生活丰富多彩》为题，刊登了6篇短新闻，并且写了编者按语。

同月

《北京广播学院学报》创刊。该刊是北京广播学院主办的研究广播电视新闻、文艺、教育等方面业务的理论性刊物。主要刊载广播电视采编、历史、播音、节目制作等方面的文章和译文。

全国省、市青年报刊会议由《山西青年》和《广东青年》两杂志联合发起，本月上旬在广州召开。参加会议的有省、市青年报刊和上海《青年一代》杂志的负责人和编辑、记者近40人。与会者介绍了各自的经验，并着重探讨了在新时期如何办好青年报刊的问题。

贵州《贵铝建设报》在贵阳创刊。4开4版。由贵州铝厂建设指挥部主办。

上海电视台开办电视中学。

西藏电视台进行彩色试播。

10月1日

《市场》报在北京创刊。由《人民日报》社编辑出版。是一份反映和促进市场经济的彩色报纸。其宗旨是为消费者、经营者、生产者服务，促进生产，繁荣经济，活跃市场。主要报道广大消费者日常生活中关心的问题和国内外市场要闻，反映消费者的意见，沟通产销渠道，介绍产品质量，传播经营艺术，交流管理经验，组织市场预测。富有知识性和趣味性，以其新闻短而新，语言浅显通俗，内容生动活泼而受到广泛欢迎。初为旬刊，1981年7月改为周刊（4开两张）。

中央人民广播电台《各地人民广播电台联播》节目结束曲《国际歌》撤销。

浙江《舟山日报》复刊。

天津《百花园》创刊。

湖北《战报》改名为《一冶工人报》。

《北京广播电视节目报》恢复出版。

云南德宏人民广播电台开始播音。

海南电视台正式播出。

10月4日

《解放日报·市郊版》在上海创刊。每周一、四出版2期。

10月6日

北京地区社会科学界庆祝建国30年学术讨论会新闻学组的会议，于10月6日至13日举行。会议讨论了无产阶级新闻学的理论和实践问题。胡绩伟就报纸的党性与人民性的统一问题作了专题发言。讨论会提出对报纸的要求：增强人民性，提倡真实性，发挥战斗性。

10月22日

中共中央宣传部新闻局自即日起至本月29日止，召开了八省、市农民报座谈会。《黑龙江农村报》《吉林红色社员报》《大众日报》农村版、《山西农民报》《甘肃农民报》《四川农民报》《江苏农业科技报》、上海《解放日报》市郊版等负责人参加。会议着重讨论了农民报怎样面向实际、面向群众的问题。会议认为，农民报应把经济宣传放在首位，增加科学文化宣传，开展表扬和批评，改进文风和作风。同时讨论了省级农民报的编制、领导以及与省报的分工等问题。会议分析了当前报纸刊物的发行情况，指出全国共有280多种报纸，其中90%都集中在城市，农民群众和基层干部可看的报纸很少。为了改变广大农村缺少报纸的状况，会议认为，县办农民报能更好地联系农民群众，各省可根据当地经济、文化情况，选择几个有条件的县，在1980年试办一批县报。

10月24日

“文化大革命”中停刊的辽宁《铁法矿工报》复刊。

10 月 25 日

《物资商情》在北京创刊。该刊是国家物资局主办的业务性经济报纸。4 开 4 版，半月刊。

10 月 29 日

日本电气公司技术代表团一行 7 人，应中央电视台邀请，就新彩电中心自动化问题来华进行为期 1 个月的技术交流。

同月

《江淮论坛》在安徽合肥创刊。

辽宁《本钢报》复刊。

《山东邮电》复刊。

新疆《乌铁通讯》停刊。

《南疆石油报》在新疆南部油田创刊。初名《简报》。4 开 4 版。1982 年 1 月改为现名，用汉文出版。

《西藏科技报》汉文版在拉萨创刊。半月刊。

11 月 1 日

《南昌晚报》复刊。它是全国恢复出版的第一家晚报。该报复刊时发表《致读者》说，它主要面向城市，面向基层，为社会主义四个现代化建设服务。

11 月 6 日

福建省新闻工作者协会第一次代表大会在福州召开，正式成立了中华全国新闻工作者协会福建分会。会上讨论通过了中国记协福建分会章程，并选举产生了第一届理事会。制订今后活动计划是：1. 编印会刊《闽新通讯》(不定期)，向会员通报情况，交流经验；2. 邀请专家、学者、外事记者等举办新闻讲座报告会、情况介绍会；3. 组织现场采访会，由各新闻单位协同，对福建工农业生产典型及重点旅游区进行采访，培训干部，提高报道质量；4. 举办优秀新闻作品(新闻、通讯、评论、新闻图片四类)评奖。

11 月 10 日

陕西省新闻研究所邀请西安地区新闻工作者开展学术讨论。着重就报纸的党性和人民性、报纸的相对独立性和战斗性，以及开展批评和自我批评等问题进行了探讨。

新疆克拉玛依市人民广播电台建成。

《福建法制报》在福州创刊。原名《学法与守法》，1982 年 5 月 10 日改为现名。对开 4 版，周二刊。

11 月 19 日

《文汇报》对若干失实报道进行检查，总结经验教训，选出数件在报纸上公之于众。同时，发表了评论员文章《坚决维护新闻报道的真实性》。

根据全国广播电视大学工作会议的决定，今后中央电视台有关电视教育节目的重播，交由各省、自治区、直辖市电视台负责安排。为此，中央电视台与北京电视台商定，第二套节目的《电视教育讲座》改由北京电视台播出。中央电视台第二套节目每晚均播综合节目。

11 月 22 日

《解放军报》发表一组典型人物的新闻《战斗英雄们的新事迹》，同时发表一篇短文《提倡写人物新闻》。

11 月 24 日

《甘肃日报》创办《文摘》专刊。它是最早在报纸上出现的《文摘》版。

同月

中央电视台和中影公司协商议定电视台播放影片的几项办法：凡在北京地区发行的新影片，发行期满半年后，可供中央电视台向全国播放；凡在我国举办的外国电影周，结束后可选一部供中央电视台向全国播放；每年元旦、春节、“五一”和“十一”，中国电影公司输入的外国片、香港片，凡没有电视播放权的电视台，不得播映。中影公司将尽量购买电视播映权，时间可安排在该片发行半年后再供中央电视台向全国播映。

12 月 5 日

新疆电视台增加彩色电视节目。

12 月 10 日

根据全国电视节目会议关于“采用多种办法把全国电视台的力量组织起来，互相协作、加强交流、共同丰富节目”的精神，中南地区广东、广西、湖南、湖北、河南等省区，由广西、湖北广播局发起，在桂林举行了第一次区域电视节目会议。

12 月 15 日

湖北电视台的节目全部实现彩色化。

12 月 17 日

辽宁省新闻工作者协会（简称辽宁记者协会）在沈阳市举行第二届理事会第一次全体会议。讨论了协会的宗旨、任务和开展活动等事宜，交流了报纸、广播、电视工作经验，探讨了新闻改革的问题。选举《辽宁日报》总编辑赵阜为记协主席。

12 月 28 日

中央电视台与美英合众独立电视新闻社（简称 UPITN）签订合同，每天从香港收录 10 分钟卫星新闻，航寄北京。

同月

中央电视台开办广告业务。在面向全国和面向北京地区的 2 套综合节目中，每天分别播出广告 5 分钟左右。电视广告分 3 种形式：一是介绍产品的商品广告；二是以纪录片形式出现的广告，结合科技和生产知识，介绍某工厂、某产品；三是由外商提供的带有广告性的节目。

中央人民广播电台决定于 1980 年 1 月 1 日起按新的节目时间表广播。调整节目的指导思想是：缩短战线，突出重点，集中力量，提高节目质量，以加强服务于四化的宣传。适当压缩部分对象、专题节目广播时间，增加文艺节目广播时间。调整后的各类节目的比例是：新闻节目占 15.4%，专题对象节目占 20%，文艺节目占 62.4%，其他占 2.2%。

《新疆科技报》汉文版复刊。

《云南广播电视报》在昆明创刊。

同年

中央人民广播电台的新闻节目，进行了两次改革，解除中央人民广播电台驻各省、市、自治区记者站不许发新闻稿的禁令。开始采用电头，按社会分工建立专业部组，建立了新闻、工商、农村、军事、文教、理论政法、国际、记者管理 8 个部。在改组机构的同时，提出了改进新闻节目的设想。在业务指导思想方面，提出：多谈些经济，经济报道要尽可能使听众感到跟自己的切身关系；多从群众角度进行新闻报道，改变从上往下灌的多，反映下面丰富多彩的实际生活少，反映各级领导机关活动多，反映群众的活动少的现象；坚持新闻要用事实说话，改变新闻报道事实少、议论多的现象和编辑新闻稿“留观点删事实”的做法；大力表扬先进，有计划地报道一些四化的实干家和有突出贡献的科技人员；增加一些批评和揭露性报道；减少会议消息，改进会议报道，没有新内容、新精神的会议不报道；工交方面的一般专业性活动和农业部门一般性的例行的农事动态少报或不报；压缩外事报道，外事活动中没有新内容的讲话不摘引；除特殊情况外，只报小名单，不报大名单；注意发挥广播新闻的特点，做到开门见山，简明扼要，通俗易懂，并提倡搞些有现场音响的口头报道。在选材上，从广播的特点出发，既要求有重点，又侧重强调扩大报道面。与此同时，对《新闻和报纸摘要节目》和《各地人民广播电台联播节目》也提出了具体的改进要求。

中国体育记者协会在北京成立。该协会是全国报刊、通讯社、图书出版、新闻电影、电台、电视台等单位的体育记者、编辑、播音员、摄影人员、评论员所组成的群众性组织。它的主要任务是组织全国体育新闻工作者，做好体育报道工作；组织业务学习和经验交流，提高思想与写作水平；协助我国体育记者采访报道国内外大型体育比赛；举办大型的社会体育活动，以促进体育事业的发展；加强与国际体育记者组织的联系，增进各国体育记者之间的了解和友谊。

“文化大革命”中停刊的《长春爱国卫生报》改名《长春卫生报》复刊。月刊。1980 年 4 月改为半月刊。

江苏《徐州矿工报》复刊。

“文化大革命”中停刊的《四川石油报》复刊。

贵州《讲卫生》在贵阳创刊。

南京人民广播电台重新建立。

台湾“产经新闻通讯社”成立。每日发稿，4 开 4 张。内容以招标方面的新闻为主。

1980 年（庚申）

1 月 1 日

《人民日报》改出对开 2 张（星期日和节假日出版对开 1 张，1981 年 7 月起星期日也出对开 2 张）。内容也作了一些改进：1. 增加新闻。2. 增加评论，特别是增加一批短小精悍的评论。3. 加强调查研究，同时在调查研究中提高报纸工作人员的实际知识水平。4. 加强理论宣传，组织对一些重大的理论问题展开讨论。5. 更多地选登读者来信，广泛反映各方面群众的意见、呼声、建议和批评。6. 更好地开展批评和自我批评。7. 配合四化的需要，增加各种知识性趣味性稿件。8. 改进国际宣传。

解放日报资料研究组编辑的《报刊文摘》第 1 期出版。《发刊的话》说：本刊将“博采众家报刊之‘新’，为读者提供方便”。每周出版 1 期，每期 1 张（4 开 4 版），由上海邮局在本市内部发行。

《云南日报》的晚刊《春城晚报》创刊。明确提出：报纸要寓思想性于知识性、趣味性之中，要给人以思想，以知识，以情趣。

中央人民广播电台从当天起恢复部分新闻节目直播。直播的新闻节目有第 2 套 3 次简明新闻、第 1 套 1 次普通新闻。

中共承德地委机关报《承德日报》恢复原名《承德群众报》。

中共江苏兴化县委机关报《兴化农民报》创刊。4 开 4 版，周二刊。

安徽《安庆报》复刊。

广西《右江日报》复刊。

中共四川阿坝藏族自治州委机关报《阿坝报》在四川马尔康创刊。出藏、汉两种文版，均为 4 开 4 版。

云南《楚雄通讯》改名为《楚雄报》。4 开，周三刊。为中共云南楚雄彝族自治州委机关报。

《内蒙古科技报》在呼和浩特创刊。4 开，半月刊。

新疆《乌铁通讯》复刊。

浙江《经济生活报》在杭州创刊。4 开，周二刊。

《广西铁路工人》改名为《柳铁工人》。

《内蒙古广播电视报》创刊。原为 50 年代中期创办的《内蒙古广播节目报》，1979 年 6 月易名《内蒙古电视》。1980 年 1 月 1 日改为现名。

吉林四平人民广播电台恢复播音。

浙江丽水电视台建成试播。同年 5 月转播省台节目。

浙江绍兴电视台建成播出。

1月2日

《人民日报》在第1版上开辟《今日谈》栏目，专门发表小言论。

1月7日

中共中央宣传部新闻局召开县报工作座谈会。参加座谈会的有11个省和自治区的党委宣传部新闻处的负责人，还有江苏省《兴化农民报》的负责人。会议着重讨论了县报的性质和任务，认为：县报是党领导的、以农民群众和农村基层干部为主要读者对象的报纸。要经常宣传马列主义、毛泽东思想，宣传党的路线、方针、政策，充分反映群众的意见、要求和愿望。它应该办成在党的领导下的人民群众的报纸；党的立场和人民立场的一致性，是报纸应该遵循的根本原则。实现四化，特别是农业现代化，是县报宣传的中心内容。要联系当地实际，正确贯彻执行党的路线、方针、政策，宣传科学知识，活跃文化生活，关心群众的物质和精神生活。县报要地方化、大众化、通俗化，以80%以上的篇幅宣传报道本县的人和事，要同广大群众的思想感情打成一片，要使报纸上的新闻、文章和评论言之有物，识字的人看得懂。报道要以表扬为主，同时又要有适当的批评。经过研究，当年在四川、云南、广西、广东、湖南、湖北、江苏、浙江、福建、安徽、山东、甘肃、辽宁、吉林试办68个县报。会议于14日结束。

1月16日

邓小平在《目前的形势和任务》的报告中说："我们希望报刊上对安定团结的必要性进行更多的思想理论上的解释，这就是说，要大力宣传社会主义的优越性，宣传马克思列宁主义、毛泽东思想的正确性，宣传党的领导、党和人民群众团结一致的威力，宣传社会主义中国的巨大成就和无限前途，宣传为社会主义中国的前途而奋斗是当代青年的最崇高的使命和荣誉。总之，要使我们党的报刊成为全国安定团结的思想上的中心。报刊、广播、电视都要把促进安定团结，提高青年的社会主义觉悟，作为自己的一项经常性的、基本的任务。报刊、广播、电视三年来都有很大的成绩，总的来说是好的，但是也有不足之处。在这些部门工作的同志，也需要经常倾听来自各方面的不同意见，分析和改进自己的工作。"（《邓小平文选》第3卷，第255页）

1月17日

胡乔木写信给穆青、李普，建议新华社在国际新闻稿中取消"跳出来"、"抛出一个……"等字样。他说，这些字样在新闻中毫无价值，只是贬低了新华社新闻的价值。新闻总是要客观地叙述事实，而不能成为"文化大革命"时期骂人的大字报。类似的字眼还有"疯狂"，近虽已少用，仍未绝迹。关于这个词似乎格林已批评得很中肯了。

1月21日

杭州人民广播电台恢复播音。

1月25日

陕西宝鸡人民广播电台恢复无线自办节目。

同月

根据中宣部1979年13号文件的精神，中央人民广播电台开办广告节目。每天的播出时间是：第1套5次共35分钟，第2套4次共40分钟。广告收费标准是，第1套每分钟，内商收费60元，外商收费1040元；第2套每分钟，内商收费50元，外商收费750元。

中央人民广播电台设立中国广播服务公司，筹办广告节目和广告业务。

新华通讯社党组决定成立新闻研究部。它是新华社党组领导下的一个研究机构。本着"着眼于长远，服务于当前"的方针，组织和规划全社的新闻业务研究工作，在新闻业务研究和改进新闻报道方面，发挥参谋和助手作用。

中国少年儿童出版社主办的《中国儿童》在北京创刊。是以小学低年级学生为主要读者对象的综合性月刊。向国内外发行。

《河北日报》制定改革新闻的试行办法，尽快改变新闻少，文章化，报道面窄，新闻不新的状况。试行办法提出如下措施：围绕改革新闻，举办编辑记者学习班。编辑经常下厂下乡，接触实际，调查研究。总编辑、部主任要带头深入基层，写好短新闻。评价好稿的重点，要放在问题抓得新，指导性强，语言朴实生动的 500 字以下的短新闻上。版面要给短新闻让路。好的短新闻可上一版头条，破除单位、人物越大，稿子越长，版面安排越高、标题越大的框框。每版多发新闻。提高新闻时效，特急新闻要第 2 天见报。减少和缩短会议新闻。办好专栏，专栏稿件要短小、丰富。一版开辟《小言论》专栏，每篇 200 字以下。报道面要向基层发展，要有生产，有生活。每天要有新闻照片见报。

《新闻战线》1980 年第 1 期发表复旦大学新闻系主任王中的文章《谈谈新闻学的科学研究》。作者认为，新闻事业不能单独构成一种社会现象，而必须和人民群众的新闻活动结合在一起才能构成一种社会现象。新闻学只有从生产关系的总和中加以研究才能发现它的客观规律，才能成为一门科学。

《山东经济报》在济南创刊。

《足球报》在广州创刊。周刊。广州日报、广州市体委主办。

《上海交通安全报》创刊。

《枣庄通讯》改名为《枣庄日报》。

江苏《南通大众》二次复刊。4 开 4 版，周二刊。

四川《凉山报》彝文版改为 4 开周三刊。

云南《思茅通讯》改名为《思茅报》。周双刊，4 开 4 版。

河北承德《科学活动》改名为《科技园地》，后又改名为《承德科技报》。

《西安科技报》在西安创刊。

山东《卫生宣传》改名为《卫生与健康》。

安徽《马钢工人》复刊。

安徽《淮南矿工》改名为《淮南矿工报》。

湖北《铁道设计报》改名为《设计报》。

四川《重钢简讯》改名为《重钢报》。

2 月 1 日

《旅行家》复刊。复刊号编号为总第 67 期。刊有李庚写的《复刊词》。

2 月 6 日

北京新闻学会正式成立。胡乔木在成立大会上谈到了加强新闻学术研究的重要性。他强调指出，报纸、刊物要成为实现国家和社会安定团结的思想中心，这是摆在我们面前的一项重要任务。他说，新闻工作者是社会舆论的向导。我们要紧密团结在党中央的周围，运用手中的新闻工作的武器，为实现四个现代化的光荣任务，为促进和巩固整个社会的安定团结努力做出贡献。（见《新闻战线》1980 年第 4 期）大会通过了北京新闻学会的章程，选举产生了学会的领导机构。学会名誉会长是胡乔木，顾问有胡愈之、张友渔、王芸生、朱穆之、夏衍、陈克寒、吴冷西、廖盖隆、吴克坚、萨空了、梅益、徐迈进、温济泽、范瑾、廖沫沙、刘尊棋、石西民、戈宝权、顾执中、石少华；会长胡绩伟，副会长安岗、熊复、李普、金照、王揖、戴邦。

2 月 7 日

《解放日报》从今天开始，在报上开辟

每月信访简述、综合专栏，每月刊出一次。专栏除介绍一月中来信来访的基本情况外，有时偏重于介绍信访中所反映的问题，有时则反映信访工作中的问题。

2月13日

新疆乌鲁木齐人民广播电台成立。

2月15日

中共北京市委主办的《北京晚报》和中共广东省委主办的《羊城晚报》复刊。复刊后的《羊城晚报》，是一张具有广泛群众性和社会性的报纸，立足广东，面向全国。该报坚持“反映生活、干预生活、丰富生活、引导生活”的办报方针，一手抓好社会主义物质文明建设的宣传，一手抓好社会主义精神文明建设的宣传。力求做到思想性、科学性、地方性、知识性、趣味性相结合，力求把报纸办得生动活泼、丰富多彩。

2月16日

中央电视台军事部《人民子弟兵》栏目开播。

2月27日

《中报》在香港创刊。创办人傅朝枢，总编辑胡菊人。1987年4月停刊。

2月29日

新华社播发了中国共产党第十一届中央委员会第五次全体会议公报。宣布全会决定建议全国人民代表大会修改宪法第四十五条，取消公民“有运用大鸣、大放、大辩论、大字报的权利”的规定。

2月下旬

中宣部新闻局召开了部分省和自治州的少数民族文字报纸座谈会。参加会议的还有《内蒙古日报》蒙文版、《西藏日报》藏文版、《新疆日报》维吾尔文版、哈萨克文版的负责人。会议着重讨论了进一步办好少数民族文字报纸的一些问题。当时，全国少数民族文字报纸有39个，发行40万份。会议认为，少数民族文字报纸是当地党委领导下的面向广大少数民族群众和基层干部的报纸。它是党报，又是群众报。其基本任务是：宣传党的路线、方针、政策，促进当地的社会、经济改革，提高少数民族的科学、文化水平，增进全国各民族的大团结。会议认为，报纸一定要有自己的特色，力争做到社会主义的内容和民族形式的统一。它要用主要篇幅宣传报道本地区民族的人和事。它要以本民族群众的口语自编自采重要稿件，对新华社电讯稿应根据当地实际情况加以选择，可以摘要，可以综编，也可以不用。切不要把少数民族文字的报纸办成新华社电讯稿和当地汉文报纸的翻译版。会议还提出：各地少数民族文字的报纸，都应当是当地党委的党报。在同一个报社内，它只是两种或数种文版，而不是汉文报的一个附属部门。因此建议少数民族文字报纸设总编辑，兼任同级报纸的副总编，参加全报社的领导。另外，关于编制、财政、设备等问题，也提了建议，请各级党委参考解决。

同月

中国共产党第十一届中央委员会第五次全体会议通过《关于党内政治生活的若干准则》。准则第3条“维护党的集中统一，严格遵守党的纪律”中提出：“对于关系党和国家的根本利益和全局的重大政治性的理论和政策问题，有不同看法，可以在党内适当的场合进行讨论。但是，在什么时候，用什么方式在报刊上进行讨论，应由中央决定。党的报刊必须无条件地宣传党的路线、方针、政策和政治观点。对于中央已经作出决定的这种有重大政治性的理论和政策问题，党员如有意见，可以经过一定的组织程序提出，但是绝对不允许在报刊、广播的公开宣传中发表同中央的决定相反的言论；也不得在群众中散布与党的路线、方针、政策和决议相反的意见。这是党的纪律。”

中央电视台与英国维斯新闻社（简称VIS）签订协议，通过卫星接收VIS的新闻节目。

《新闻战线》1980年第2期重新发表李大钊1922年2月12日《在北大记者同志会上的演说词》。

《新闻研究资料》1980年第2期发表张闻天1933年12月1日的文章《关于我们的报纸》。

《文化报》在武汉创刊。武汉市文化局主办。

《上海文化艺术报》创刊。

《甘肃体育报》在兰州创刊。

《家庭与生活报》在四川成都创刊。

《华东电力报》在上海创刊。

《吉林市科技报》创刊。

黑龙江齐齐哈尔《电视报》创刊。

民革中央机关报《团结报》复刊。周刊，4开2张。

《黑龙江广播电视》报复刊。

四川日报新闻研究所成立。

《中报》的附属刊物《中报月刊》在香港创刊。总编辑胡菊人。1987年4月停刊。

3月1日

江苏《铜山报》复刊。

湖南《常德县报》复刊。4开，三日刊。

广东《南方日报·农民版》复刊，改名为《广东农民报》。湖北沙市人民广播电台恢复播音。

3月5日

江苏《淮安报》复刊。

3月10日

江苏《宜兴报》复刊。

3月15日

《人民日报》刊登中共十一届五中全会通过的《关于党内政治生活的若干准则》。其中规定：“对领导人的宣传要实事求是，禁止无原则的歌功颂德。不许用剥削阶级的阿谀之词称颂无产阶级的领导人，不许歪曲历史和捏造事实来宣扬领导人的功绩。”

3月20日

安徽省新闻学会在合肥成立。

《新闻学会通讯》在北京创刊。该刊是首都新闻学会主办的全国性新闻专业期刊。

3月23日

胡耀邦在一份材料上批示：现在报刊上空谈太多，希望《人民日报》《工人日报》《中国青年报》特别注意多登具体的报道。凡是空论空谈，不管是思想的，政治的，学术的，文艺的，都要下决心拿刀子砍掉。报纸内部历来采取的版面割据的办法，也可重新研究。好人好事，好单位，好风尚的事也很多，也要登。

辽宁《辽物市场》在沈阳创刊。

3月31日

北京新闻学会举行学术座谈会，学习和研究刘少奇关于新闻工作的理论和实践的论述。北京新闻学会会员和首都新闻单位的代表共400多人参加。代表们在发言中指出，历史证明，刘少奇关于新闻工作理论和实践的论述是正确的，是我们无产阶级新闻学的重要教材。

同月

宁夏日报新闻研究室成立。

沈阳日报新闻研究室成立。

中国科技报研究会成立。该会是由全国科技报工作者组成的群众性学术团体，受中国科协领导，理事长是茅以升。

《新闻战线》1980年第3期发表《新闻日报》负责人就新闻改革答该刊记者问《从八十年代第一小时谈起》，回答了该报自1979年4月23日办《今日快讯》专栏以来的一些问题。这一期《新闻战线》还报道了四川大学研制成功了 PA-2 型中文活字版排字机，机器的最快排字速度是每分钟 150 个字。

中共常州市委主办的《学大庆战报》改名为《常州报》继续出版。4 开 4 版，周三刊。

香港电台首创全日 24 小时广播。

《安徽体育报》复刊。

《四川体育报》复刊。

《河南广播电视》复刊。原为 1954 年 4 月创刊的《一周节目表》，1957 年改为《河南广播节目报》，1966 年 5 月停刊。

年初

共青团兰州市委机关报《兰州青年报》创刊。其前身是《兰州团讯》。

春

中共四川省乐山市委机关报《乐山报》创刊。周刊。

4 月 1 日

中央电视台从今天开始，在北京通过卫星直接收录维斯新闻社和合众独立电视新闻社分别从英国伦敦、美国纽约发出的通过卫星传送的国际新闻。

中共阿拉善盟委员会机关报《阿拉善报》（蒙、汉文）在内蒙古巴颜浩特镇创刊。4 开 4 版，周二刊。1985 年 7 月 1 日，蒙、汉两种文本公开发行。

陕西《安康日报》更名为《安康报》。由周三刊改为周六刊。

4 月 2 日

《河南日报》农民版复刊，改称《河南农民报》。周二刊。

4 月 5 日

江苏《吴县报》复刊。

4 月 6 日

《中国农民报》在北京创刊。4 开 8 版。负责人是江牧岳和冯诗云。该报是建国 30 年来第一张为全国农民出版的通俗和综合性报纸。它的办报方针是：加强对农民的政治思想教育，宣传党和国家的各项农业政策，为亿万农民实现农业现代化服务。1979 年 11 月 15 日出版内部试样，1980 年 1 月 7 日出版试刊第 1 号。1981 年 7 月 1 日改为对开 4 版。

4 月 7 日

中共中央宣传部召开会议，邀请部分省、市新闻单位有关同志座谈加强财贸报道问题。会议认为，财贸工作是整个国民经济的纽带和桥梁。如果再不把这项工作抓起来，就不能说我们真正把报道重点转过来了。财贸工作要和广大群众打交道，工作得好，就能充分体现党对人民群众的关怀；工作得不好，就会损害党和人民群众的联系。因此，加强财贸宣传，也是发挥新闻工作作为党联系人民群众的纽带作用的一个重要方面。会议要求报纸、通讯社、电台的党委和编委会，要充分认识财贸宣传的重要意义，像研究工业农业报道那样，认真研究财贸工作的政策、情况和问题，对财贸报道作出部署和检查，加强财贸报道的力量。会议于 14 日结束。

4 月 11 日

《人民日报》重新发表前中央人民政府政务院 1951 年 6 月 8 日命令公布的《保守国家机密暂行条例》，并发表社论《提高警惕　加强保密工作》。

4 月 16 日

华北五报（北京、天津、山西、内蒙古、河北）协作会议在石家庄举行。会议根据五中全会精神和邓小平《目前的形势和任务》的重要报告，围绕报纸应该成为安定团结的思想中心，更好地为四化建设服务这个主题，广泛交流了办报经验，提出了当前经济宣传，特别是工业宣传中迫切需要解决的一些课题，商定了下次会议的时间和内容。会议于 21 日结束。

4 月 17 日

中央人民广播电台对第 3 套节目播出时间作了调整，由 17 时—23 时改为 17 时 25 分—23 时 02 分，播音总的时间由 6 小时改为 5 小时 37 分。

4 月 25 日

黑龙江大庆人民广播电台建成开播。

同月

广西《梧州日报》复刊。

天津《卫生科普报》创刊。

江西萍乡电视台建成开播。

四川《川维战报》改名为《川维报》。

5 月 1 日

中共辽宁省东沟县委机关报《东沟县报》创刊。4 开，周报。

浙江《浙南日报》复刊。

广西《南宁晚报》复刊。

黑龙江鹤岗人民广播电台恢复播音。

5 月 4 日

国务院批转中央广播事业局《关于加强地方广播事业管理工作的请示报告》，对中央到地方的各级广播电视机构的关系作了明确规定。

5 月 5 日

由陕西日报、青海日报、宁夏日报、新疆日报和甘肃日报共同发起筹备的新闻学术讨论会在兰州举行。参加会议的除西北五报和陕西、青海、宁夏、甘肃省（区）委宣传部的同志外，还有中国社会科学院新闻研究所、一些省市报和新闻教学单位的同志。会议主要讨论了：1. 报纸的性质和任务；2. 无产阶级报纸的党性和人民性；3. 报纸的指导性和新闻的真实性；4. 关于报纸上开展批评与自我批评的问题；5. 经济宣传问题。中共甘肃省委书记杨植霖到会致辞，兰州部队第一政委肖华、中共甘肃省委第一书记宋平到会讲话。《新闻战线》1980 年第 6 期刊登了肖华和宋平的讲话，题目分别是《对报纸工作谈九点希望》《党委要领导好报纸》。会议于 12 日结束。

5 月 10 日

《半月谈》在北京创刊。该刊是中共中央宣传部委托新华社主办的，以讲解时事政策为主要内容的综合性半月刊。读者对象主要是基层干部和群众。其宗旨是讲解党的政策，评说社会思潮，报道和评论天下大事，传播文化知识。

5 月 12 日

新华社国际部主办的综合性月刊《环球》杂志在北京创刊。

新华社在北京召开了国内新闻业务改革座谈会。参加会议的有国内各分社、部分军分社的正副主任或正副社长，少数分社记者以及总社国内部和有关部门的同志。会议分两段进行：第一段，大家从新华社的业务思想和工作实际出发，着重研究了目前报道中发生事实错误的具体表现、原因和消灭错误的办法；还着重研究了改进非事件性新闻的写作，以及改进会议新闻、人物新闻、新闻的导语和标题等新闻写作问题。第二段，传达、学习党中央关于经济工作的重要指示，讨论和安排了经济报道工作，确定了一些重点报道题目。《新闻业务》活页版 1980 年第 26 期选登了会上的发言。

5 月 14 日

甘肃省新闻学会在兰州成立。

5 月 20 日

《黑龙江日报》编委会制定了《关于保证新闻真实和防止差错的几项规定》，从今日起执行。

5月24日

英文《中国日报》（*China Daily*）筹备组本日起，连续在《北京晚报》上刊登广告，招考编辑记者。凡年龄在50岁以下（曾从事英语工作多年的可适当放宽），思想进步，历史清楚，身体健康，具有大学以上英语和文化程度，有北京市市区城镇正式户口的机关干部和职工以及非在职人员均可报考，开向社会招聘新闻工作者之先河。继《中国日报》之后，本年内《无锡报》、上海人民广播电台、上海电视台和《中国青年报》等新闻单位也先后在报上刊登启事，招考、招聘新闻工作人员。

5月26日

中共贵阳市委机关报《贵阳晚报》创刊。4开，周六刊。

西宁电视台改名为青海电视台。

5月29日

据本日《人民日报》所刊新华社消息：中共广东省委办公厅发出通知，强调各级党委必须认真处理党报摘登的群众来信。

5月30日

著名新闻工作者王芸生逝世。王出生于1901年，名德鹏，天津静海人。1928年应邀任天津《商报》总编辑。1929年进入《大公报》任地方版编辑。1931年开始写评论。同年9月，撰写连载文章《六十年来中国与日本》。1937年负责《大公报》上海版的评论工作。1938年任《大公报》重庆版总编辑。1941年9月担任《大公报》社评委员会主任委员，成为张季鸾之后《大公报》言论的主要负责人。1946年4月主持上海版编辑部。1948年底到香港，主持香港《大公报》的言论工作，促使该报立场明显转变。1949年5月回上海，6月17日发表《大公报新生宣言》，9月，作为全国新闻工作者代表之一，参加全国政协第一次会议。中华人民共和国成立后，仍任大公报社社长，直至1966年。

同月

中央人民广播电台对新闻节目进行第3次改革。改革的指导思想是：按广播的特点和自身规律办广播。开始执行在2年内完成在各省、市、自治区设置记者站的计划，并准备组织地方台向中央台发稿。使新闻广播做到新、快、短、宽和具有广播特点，逐步建立起自己的评论。从听众需要出发办广播，改变只考虑听众应该知道什么，不考虑听众希望知道什么，不顾听众兴趣和心理，盲目进行宣传报道的做法。坚持广播的舆论工具原则，发挥舆论导向作用。多为听众提供反映时代特点的确切可靠的生动事实，改变广播想指导一切、指挥一切，使新闻报道成为业务部门工作文件、工作简报、会议记录的翻版和“官气”逼人的现象。从5月19日起，中央台《新闻和报纸摘要节目》《各地人民广播电台联播节目》开播时，都首先向听众问好，使听众感到亲切，并有助于造成讲礼貌的社会风气。每天报纸摘要节目开头，还增加报告日期，包括公历、农历和星期几，在报纸摘要和联播节目的最后，用一分半钟左右时间，概括这次节目的主要内容。从5月份起，报纸摘要节目还加强了首都各报的版面介绍，提出新问题的评论和独家新闻。联播节目除原有《听众信箱》等专栏外，增加了不定期的综合短讯，扩大报道面，以满足各方面听众的需要。

《读写知识》在北京创刊。

《文汇报》党委自本月初起，发动群众讨论改进报纸工作的具体措施，并开始逐步实行，使报纸出现了新面貌。该报这次改版的方针是：扬长避短，发挥优势，把报纸办得更有特色。在改进报纸方面，强调新闻要新（舆论性、思想指导性），要活（写作、编排），要有独家新闻。在组织措施上，人员相对集中，加强力量，成立新闻部。把记者的手脚和视野放开，把活动地盘放大。在版面的安排上，一版作为消息总汇，设《今日要闻》《神州处处》《国际新闻》专栏（原《上海新闻集锦》停办）。二版以文教、社会新闻为主，兼登读者来信，通讯强调角度新、文字短，增设《市场见闻》等专栏。为贯彻“立足上海，面向全国”的报道方针，编辑部强调加强了解情况，加强联系、组织作者的工作，关心群众利益，反映群众的呼声，重视处理来信，认真办好现有的专刊、副刊。

6月1日

中共山东平度县委机关报《平度大众报》复刊。

浙江《江山报》复刊。

湖北《襄樊报》复刊。初为旬刊、周刊，后改为周二刊。

6月4日

北京新闻学会举行座谈会，讨论经济工作宣传问题。出席座谈会的有首都新闻工作者250多人，《天津日报》《河北日报》《湖北日报》《安徽日报》《长江日报》的负责人应邀出席了座谈会。座谈会开了2天，于5日结束。

湖南《澧县报》复刊。4开，周二刊。

6月10日

《河北物资市场》在石家庄创刊。周刊。

6月12日

中共广东省委决定：自本月起，省委宣传部每月至少召开2次新闻单位座谈会，以加强省委对宣传报道工作的指导。座谈会将轮流在各有关新闻单位举行。

6月15日

安徽《阜阳报》复刊。

6月16日

东北三省报纸协作会议在沈阳举行。参加会议的有3家省报和部分市报、厂报、少数民族报纸的负责人、编辑、记者。会议总结了三省报纸近期工作的以下几点经验：1. 肃清“左”的流毒，按经济规律报道经济，按新闻工作的客观规律办报。2. 跳出就工业生产报道工业生产的小圈子，扩大报道面。力求工业新闻短、新、精、实、活，为读者所喜闻乐见。3. 克服见物不见人的倾向，深入发掘、大力宣传四化建设中的先进人物。4. 克服报喜不报忧的倾向，积极干预经济生活。5. 抓住当前经济生活中群众所普遍关心的、与群众切身利益休戚相关的问题，吸引群众在报纸上发表意见，开展讨论。

四川《合川报》复刊。

全国第二次电视节目会议在北京举行。28个省、自治区、直辖市广播局、电视台共34名负责同志出席了会议。会议总结了去年电视节目大联播以来全国电视节目的交换情况，研究了今年国庆举行的以电视剧为中心的全国电视节目会演和1981年春节全国电视节目大联播问题，并讨论了优秀节目评奖问题。会上，中央广播事业局局长张香山传达了胡耀邦同志对宣传工作的重要指示。会议进行了6天，于22日结束。

6月19日

机械工业部中国农机服务总公司主办的《农机商情》在北京创刊。4开4版，周刊。

6月21日

《世界经济导报》在上海创刊。1989年5月8日停刊。

6月25日

《贵州物资情报》在贵阳创刊。4开4版，月刊。

同月

黑龙江省新闻研究所正式成立。

黑龙江省新闻工作者协会恢复活动，同年9月间召开第三届理事会。

《环境报》在哈尔滨创刊。

《新闻战线》1980年第6期报道了中共辽宁省委第一书记任仲夷在省委常委会上提出的，要求省属报刊恢复和发扬50年代的做法，大力宣传先进人物。还发表了王震等人写的要求多宣传四化英雄的文章。

浙江《吴兴日报》复刊。4开4版，周二刊。

夏

湖北《郧阳报》改名《郧县报》继续出版。

7月1日

中共合肥市委机关报《合肥报》改名《合肥晚报》。4开4版，周六刊，星期日无报。它的前身《合肥日报》创刊于1957年4月1日，1961年6月1日改为《合肥晚报》，“文化大革命”中多次停刊、复刊、改名。

《冶金报》复刊。

《陕西农民报》复刊。

《南通报》改名为《南通市报》。

《无锡县报》复刊。

安徽《淮北报》复刊。4开4版，周二刊。

中共安徽滁县地委机关报《滁州报》正式出版。

湖北《襄阳农民报》复刊。4开4版，周刊。

广西《宾阳报》《灵山报》复刊。

四川《富顺报》复刊。先为周刊，后改为周二刊。

中共云南红河哈尼族彝族自治州委机关报《红河报》在云南红河县创刊。4开4版。

《石河子报》在新疆石河子创刊。4开，周二刊。

秦皇岛人民广播电台恢复自办节目。

7月5日

安徽《铁道建设》复刊。4开4版，周刊。

7月7日

中央电视台第一套节目首次在《新闻联播》中播送中央气象台发布的天气预报。它包括全国范围内的一般天气和重要天气。一般天气是指降水、大风、气温，预报时效为24小时。重要天气是指台风、暴雨、寒潮等，预报时效为24小时到48小时。

7月10日

革命报刊工作者、宣传工作者陈克寒病逝。陈生于1917年，浙江慈溪人。1934年参加中国左翼作家联盟，同年加入中国共产党。抗日战争和解放战争时期，先后担任《新华日报》华北分馆社长兼总编辑，中共中央中原局宣传部副部长，新华社副社长兼总编辑。全国解放后，先后担任新华社社长兼总编辑，新闻总署党组副书记，中共中央宣传部宣传处长，出版总署副署长、党组书记，文化部副部长、党组副书记。

《新观察》复刊（复刊号为1980年第1期，总第237期）。为时事政治、社会生活和文学艺术的综合性半月刊。

7月11日

胡耀邦在宣传工作会议上讲了当前宣传工作的几个问题。第一，充分肯定三年来宣传工作的成绩；第二，关键在于坚持正确的思想路线；第三，宣传工作的三条基本要求(讲事实，讲真话，讲道理)；第四，大力提倡面向实际，搞调查研究，解决新出现的许多重大问题；第五，解决人民群众中的思想问题，要着重从改善和加强党的领导、搞好党风上下功夫；第六，正确对待毛泽东主席和毛泽东思想；第七，要认真把我们的宣传队伍建设好；第八，要认真研究一下宣传工具的现代化问题。

7月15日

辽宁《卫生与生活》在沈阳创刊。

湖北襄樊人民广播电台恢复播音。

7 月 18 日

《人民日报》就《山西日报》在大寨宣传上的严重教训作了报道，标题是《〈山西日报〉发表长篇文章，总结推广大寨、昔阳经验的严重教训》，并摘登了《山西日报》7 月 9 日所刊的《抓典型上的严重教训》一文。

7 月 21 日

胡耀邦对一份考察报告作出批示，指出：现在许多报刊空论太多，切实的调查研究少。要改变作风，鼓舞干劲，刷新文风，要大大提倡和发表一些好的调查报告。

7 月 22 日

《人民日报》就石油部海洋石油勘探局忽视安全工作，违章指挥蛮干，造成渤海二号钻井船翻沉重大事故，死亡 72 人，损失 3700 多万元一事，进行了报道。《工人日报》除和《人民日报》同时报道上述消息外，还发表了该报记者采写的《渤海二号钻井船翻沉事故说明了什么?》（《人民日报》1980 年 7 月 23 日予以转载）。以上报道在读者中激起了异常强烈的反响。8 月 25 日，新华社报道了国务院作出严肃处理“渤海二号”翻沉事故的决定。

7 月 24 日

北京新闻学会召开新闻改革学术小组首次座谈会。大家认为新闻改革势在必行，决心“拿起刀子，进行改革”。

7 月 29 日

《人民日报》发表评论员文章《人生观的讨论值得重视》。在此以前，《中国青年》杂志和《中国青年报》率先开展了有关人生观问题的讨论。

北京广播学院将原来的新闻系分为四系一部：新闻系、播音系、文艺编辑系、电视系、语言文学部。目的是为中央和全国各地方广播电台、电视台培养编辑、记者、播音员。新闻系设编辑采访专业，播音系设播音专业，文艺编辑系设文艺编辑专业，电视系设电视摄影专业、电视编辑专业和电视导演专业。

7 月 30 日

中共中央发出关于坚持“少宣传个人”的几个问题的指示，共 5 条。指示认为，在贯彻中国共产党第十一届三中全会决定关于“多歌颂工农兵群众，多歌颂党和老一辈革命家，少宣传个人”的规定中存在的对老一辈革命家歌颂过于突出个人，不够实事求是的问题，这不但造成铺张浪费，脱离群众，而且本身就带有个人创造历史的色彩，不利于在党内进行马克思主义教育和扫除封建主义遗毒。指示要求报纸上多宣传马列主义、毛泽东思想，多宣传社会主义优越性和工、农、兵、知识分子为四个现代化奋斗的成绩，多宣传党的政策方针决议，少宣传领导人个人的没有重要意义的活动和讲话。指示还对关于不得新建老一辈革命家个人的纪念堂、纪念馆等建筑，关于老一辈革命家和其他革命英雄的斗争史的写作，毛主席像、语录、诗词和像章的处理等方面，作出了具体规定。

同月

中共山西忻县县报《忻县报》复刊。

《新疆科技报》创办维文版。是第一张以维文出版的科普报纸。原名《科学与技术》，1987 年 7 月改为现名。

吉林省怀德县报《怀德报》复刊。

香港《中国旅游》杂志创刊。月刊。以介绍中国风光名胜和民间风情为主旨。有中、英文版及中英文对照版。

8 月 1 日

《中国法制报》在北京创刊。是一张专

门宣传法律、报道法制建设、传播法律知识、交流司法工作经验的报纸。发刊词中宣布，该报将要为健全我国社会主义法制服务，为实现四化服务，并愿意在帮助全国人民掌握法律武器方面贡献自己的一份力量。

中共兰州市委机关报《兰州报》创刊。4开4版，周三刊。

《新疆司法报》在乌鲁木齐市创刊。半月刊。1982年4月改为《新疆法制报》，周刊。汉文版4开4版，维文版对开4版，并开始向全国发行。

中共泰安县委机关报《泰安县报》复刊。

合肥人民广播电台恢复播音。

《云南物资市场》在昆明创刊。

8月2日

华北五报（《河北日报》《北京日报》《天津日报》《山西日报》《内蒙古日报》）在北戴河举行第二次协作会议。《河南日报》也应邀参加。会议主要讨论如何搞好经济宣传和报纸的经营管理等问题。会议进行了7天，于9日结束。

8月8日

中华全国新闻工作者协会（简称中国记协）恢复活动。它是1968年停止活动的。中国记协的工作任务是积极组织我国新闻工作者学习、研究和交流工作经验，提高新闻工作者的理论水平和业务能力，并开展同国际新闻界同行的友好交往，增进我国新闻工作者和各国新闻工作者之间的友谊。中国记协执行主席为曾涛；主席（按姓氏笔画）：丁希凌、王维、华楠、杨西光、张香山、胡绩伟、曾涛；书记处第一书记王揖；书记（按姓氏笔画）：左谟野、安岗、安文一、邢方群、陈迹、吕梁、佘世光、张大中。

8月9日

华东八报（《大众日报》《安徽日报》《新华日报》《浙江日报》《江西日报》《福建日报》《文汇报》《解放日报》）负责人座谈会在上海召开。这次座谈会由上海《解放日报》邀集，参加座谈会的除六省一市八报负责人外，还有中宣部新闻局、上海市委宣传部、新华社上海分社、上海市广播事业局、复旦大学新闻系的负责人，以及中国新闻社上海分社、《人民日报》《光明日报》《工人日报》、中央人民广播电台的驻沪记者，共44人。座谈会的中心议题是：怎样使报纸的经济宣传更生动、更活泼，引起更多读者的广泛兴趣。会议认为，改进报纸的经济宣传，应当着重解决几个问题：1. 面向实际，研究新情况，解决新问题。2. 关心群众生活，并把群众引向积极发展经济事业的轨道。3. 积极开展批评和自我批评。4. 坚持摆事实，讲道理。5. 把新闻宣传的指导性同广泛的社会兴趣结合起来。6. 既要依靠党的领导，又要敢于独立负责。

8月20日

《中国农民报·社队企业周刊》在北京创刊。4开8版，周刊。

8月22日

中共山东菏泽县委机关报《菏泽县报》创刊。4开，周刊。

8月30日

新中国第一届全国好新闻评选结果在北京揭晓。这届评选1979年的好新闻由中华全国新闻工作者协会、首都新闻学会和《新闻战线》杂志编辑部共同发起和组织的。评出好新闻31篇，其中一等奖6篇，二等奖25篇。以后每年评选一次。

同月

《云南经济报》在昆明创刊。

《西藏科技报》（藏文版）创刊。半月刊。

山东《德州市报》复刊。

中共山西太谷县委机关报《太谷报》复刊。

辽宁日报社新闻研究所成立。该所的任务是学习、研究新闻学的基本理论和实践；定期出刊《辽宁日报通讯》和不定期的内部新闻学术刊物；撰写《东北日报史》；研究中央一级和各兄弟省市报纸提出的新问题、新经验，供报社参考；配合报社培训新闻干部。

《新闻学习》在武汉创刊。该刊由湖北日报主办，湖北日报新闻研究室编辑，向国内公开发行。其读者对象是专业新闻工作者和广大通讯员。

9 月 1 日

山西业余新闻学院开学。该校由山西日报社、太原日报社、太原市广播事业局三单位联合筹办。学制 4 年。

太原人民广播电台试播音。

安徽《淮南报》复刊。

湖北《武昌报》复刊。4 开 4 版，周刊。

9 月 5 日

中共山东兖州县委机关报《兖州县报》创刊。4 开 4 版。

9 月 9 日

以朝鲜中央广播委员会委员长金时鹤为团长的朝鲜广播电视代表团一行 6 人访问我国。9 月 25 日签订中朝广播电视合作协定。

9 月 10 日

第五届全国人民代表大会第三次会议通过关于修改《中华人民共和国宪法》第四十五条的决议。决定将宪法第四十五条“公民有言论、通信、出版、集会、结社、游行、示威、罢工的自由，有运用‘大鸣、大放、大辩论、大字报’的权利”，修改为“公民有言论、通信、出版、集会、结社、游行、示威、罢工的自由”，取消“有运用‘大鸣、大放、大辩论、大字报，的权利”的规定。

中共上海市委同意《解放日报》《文汇报》党委关于改进会议新闻报道的请示报告，转发给下属组织，要求认真贯彻执行。《解放日报》党委对改进会议报道，提出四条意见，主要精神是做好重要会议的报道，压缩一般会议的消息。《文汇报》党委对改进会议新闻报道，提出三条意见：1. 精简会议新闻。2. 会议新闻力求简要，突出重点。3. 对领导同志名单见报问题，从严掌握。

9 月 11 日

《人民日报》发表第五届全国人民代表大会代表在小组讨论会上的发言摘登。江苏省代表团谈到宣传工作时，认为从党的十一届三中全会以来，报纸、电台、电视台在宣传党的实现四化的路线、方针、政策，宣传城乡各条战线的大好形势，宣传先进人物、先进典型，反映广大群众的要求和呼声等方面，发挥了积极的促进作用。特别是对“渤海 2 号”事故的连续性报道，在国内外引起了强烈反响。同时，代表们对宣传工作也提出了一些应当注意的问题：1. 防止片面性。2. 防止绝对化。3. 防止向“钱”看（指有些广告宣传，篇幅太大，分量过重）。

9 月 12 日

复旦大学向该校新闻系聘请的 6 位兼职教授发出了聘书。这些兼职教授是：《解放日报》总编辑王维，《文汇报》总编辑马达、副总编辑陆灏，上海市人民广播电台台长邹凡扬，老一辈新闻工作者徐铸成和陆诒。

9 月 15 日

河南电视台创办第二套节目，专门传送中央台节目。

9 月 19 日

辽宁《喀左县报》复刊。4 开 4 版，周二刊。蒙汉文两个报头，等于有两个一版，二、三版为汉文版，蒙文版无二、三版。

9月20日

《浙江日报》以《公布几篇失实报道》为题发表了今年以来该报报道失实事例8件，同时发表评论员文章《严肃认真地维护新闻报道的真实性》。

9月24日

北京新闻学会新闻写作学术组举行首次座谈会。会议认为要把写好新闻当作新闻工作者的首要任务，要把新闻写新写短写活。

9月27日

中央电视台自本日起至10月26日止，在第一套节目中举办1980年全国电视台节目大联播。这次大联播的节目，都是中央电视台和各地电视台新近摄制的电视剧、电视纪录片、风光片、戏曲、歌舞、音乐、杂技、魔术、各类专题节目以及译制片等。

老新闻工作者杨述病逝。杨生于1913年，江苏淮安人。1936年加入中国共产党。1944年在延安先后在中央党校、新华社、《解放日报》工作。1948年参加筹建中国新民主主义青年团的工作，并筹备恢复《中国青年》杂志。1950年负责创办《中国青年报》，兼任社长。

同月

《中国机电报》在北京创刊。

《机械周报》在北京创刊。每期4开8版，彩色印刷。

安徽大学中文系增设新闻专业，第一次招生55名。

《新闻学论集》第一辑出版。该刊是中国人民大学新闻学院编辑，中国人民大学出版社出版的新闻学学术性丛刊。不定期刊。以发表富有见地的学术性论文为其主要特色。

北京广播学院新闻研究所成立。是该院的学术研究机构。其任务是开展新闻广播理论和外国广播电视业务的研究；招收和培养新闻广播研究生；编辑出版学术刊物。

四川《火花报》复刊，并改名为《空压报》。

中共山东临沂县委机关报《临沂县报》创刊。4开4版，周刊。

陕西省地质局主办的《陕西地质报》在西安创刊。4开4版，旬刊。

天津电视台实现两套彩色节目的播出，一套为自办，另一套为转播中央台的节目。

10月1日

中共太原市委机关报《太原报》（4开4版）由周六刊改为日刊，并改名《太原日报》。太原市委机关报从1952年1月1日开始出版，曾多次改名、改版。

中央电视台开始收录太平洋和印度洋通信卫星的世界新闻电视节目，供当日《国际新闻》选用。

中央电视台和美国纽约宏声传播公司联合创办的“中国之声”有线电视广播，在纽约有线电视J频道正式播出。

中共内蒙古兴安盟委机关报《兴安日报》汉文版在内蒙古乌兰浩特市创刊。4开4版，周二刊。1981年1月改为周三刊，1982年改为周四刊，1987年元旦改为周六刊。

中共安徽安庆市委机关报《安庆新闻报》创刊。

安徽《贵池报》复刊。

浙江《诸暨报》复刊。

中共江西修水县委机关报《修水报》复刊。4开4版，周二刊。

中共湖北宜昌市委机关报复刊，并由《峡江日报》改名为《西陵报》。4开4版，周二刊。宜昌人民广播电台同时建成开播。

广西《鹿寨报》复刊。

四川《郫县战报》改名为《郫县周报》。

安徽《淮北矿工》改名为《淮北矿工报》。

陕西铜川人民广播电台恢复播音。

青海电视台增设第二套节目。

10月3日

中共山东日照县委机关报《日照县报》创刊。4开4版，周刊。

10月7日

第十次全国广播工作会议在北京召开。这是1966年3月召开第九次全国广播工作会议以来，间隔15年后召开的一次重要会议。会议总结了建国30年来，特别是“文化大革命”以来，广播电视在宣传方面的经验教训，提出广播、电视要为提高全民族的科学文化水平、实现四个现代化做出更大的贡献。会期11天，于18日结束。

10月11日

由上海电影译制厂和中央电视台译制组联合译制的美国惊险电视系列片《加里森敢死队》(26集)，即日起由中央电视台在第一套节目中播映。因该片播放后产生某些消极影响，在播出12集后，决定停播。

天津新闻学会正式成立。《天津日报》总编辑石坚当选为会长。天津市新闻工作者协会也同时恢复活动。

10月20日

胡绩伟在北京新闻学会会议上发表讲话《谈谈报纸批评的主动性和创造性》。1980年第13期《新闻学会通讯》刊登了这一讲话。同时还刊登了胡绩伟2月8日在上海新闻界的讲话的第二部分：《在报纸上开展批评和自我批评的问题》。

本日起，中央电视台通过微波干线收录各省、自治区、直辖市的电视新闻，在全国《新闻联播》中播出，效果良好。

10月25日

华东六省部分城市报纸座谈会在杭州举行。11月1日结束。

10月28日

《计算机世界》在北京创刊。该报由电子工业部科技情报研究所与美国计算机世界通讯公司合资经营，是中国第一家中外合资创办的专业性报纸。4开4张16版，半月刊。在国内外发行中文版，附国内新闻的英文摘要。主要报道国内外电子计算机、数据处理、通信和集成电路领域的技术发展及应用现状，工业活动和市场动态等。以工程技术人员、科研教学人员、经营管理人员、经济研究人员、大学和中专学生、计算机用户为读者对象。

10月29日

北京新闻学会新闻法规学术组召开首次座谈会。发言的同志认为，按照正常情况，记者应对事实负责，报纸应对法律负责，新闻立法是健全我国社会主义法制的一个不可缺少的组成部分，呼吁尽快制定新闻法。

同月

据本月召开的第十次全国广播工作会议公布的材料，30年来，我国广播电视事业有很大发展，已经初步建成全国范围的广播系统。这次全国广播工作会议召开时，我国对国内的无线广播，有中央和地方各级广播电台近100座，发射台和转播台500多座，调频台90多座。中央台办有两套面向全国的综合节目，另外还有一套对少数民族的广播节目、一套对台湾的广播节目、一套专门是音乐的调频节目。各省、市、自治区和省辖市台办有130套广播节目。对外广播从1950年开办，现在中国国际广播电台已有38种外语节目和对华侨、中国血统外籍人广播的中国普通话和其他4种方言节目。电视广播从1958年开办到现在，除西藏正在建设外，28个省、市、自治区都有了电视台。中央电视台和越来越多的地方电视台办起了彩色电视节目。全国现有电视台38座，1000瓦以上的电视发射台和电视转播台230多座，小功率电视差转台2000多座。全国2300多个县、市、旗都有一座有线广播电台，每天除传播中央台、省（市、区）台的主要节目外，还结合当地实际举办各种广播节目。

《北京日报·郊区版》创刊。

内蒙古乌海人民广播电台建成开播。

浙江电视台创办的全国第一个电视刊物《大众电视》在杭州创刊。

云南省新闻工作者协会恢复工作。

新华社、北京日报、河北日报、山西日报、内蒙古日报、天津日报、河南日报、新华日报、陕西日报、黑龙江日报、湖北日报于本月下旬在天津举行报纸广告工作座谈会，总结一年多来报纸广告工作的经验，探讨了工作中的问题。到会同志着重研究的问题是：1. 今后广告工作的方向；2. 如何提高广告的质量；3. 如何加强兄弟报社间的协作；4. 广告队伍的建设。

华东八报1980年度印刷质量竞赛评比揭晓，《文汇报》获第一名。

中国记协云南省分会恢复工作，《云南日报》总编辑夏雨任主席。

重庆日报新闻研究所成立。

《当代》月刊在香港创刊。社长兼总编辑丁望。1981年8月停刊。

11月5日

为纪念邹韬奋85周年诞辰，上海韬奋纪念馆决定从本日起至10日止，开放韬奋故居和陈列室。人民出版社影印出版了韬奋主编的第一个刊物——《生活》周刊第1卷至第8卷合订本。韬奋生命垂危时在病床上写成的遗著《患难余生记》的手迹，也由三联书店影印并公开发行。

11月6日

《人民日报》评论员就广大读者纷纷来信称赞报纸开展批评一事发表述评《一个有作为、能为人民做大好事的党中央展现在全国人民面前，给人民带来了“多难兴邦”的征兆》。

11月13日

《解放军报》一版第一次发表了8条《一句话的新闻》。编者说：“我们试编了几则一句话的新闻，目的在于对短新闻加以提倡。有话则长，无话则短，这里并不是说所有新闻都要一句话才好。”

11月15日

最高人民法院特别法庭定于11月20日开庭，公开审判林彪、江青反革命集团10名主犯江青、张春桥、姚文元、王洪文、陈伯达、黄永胜、吴法宪、李作鹏、邱会作、江腾蛟。新华社、全国各报纸、各广播台电视台从本日起，提前进行这一重大事件的连续报道。

第一次全国广播剧交流会在成都召开。出席会议的有各地区人民广播电台和北京广播学院等41个单位的93位代表。中国戏剧家协会和戏剧出版社也派人参加了会议。会上交流了各电台新近制作的剧目，其中1/3为创作剧目。

11月16日

《青海日报》报道，中共青海省委发出《关于加强报纸通讯工作的通知》，要求各级党委加强党报通讯工作。

《天津日报》在本日该报第3版刊出“征婚”广告一则。同时还刊登了该报增辟《征婚》广告栏的启事。规定：刊登征婚广告需持单位介绍信或户口本、工作证，到报社办理手续。如不愿刊登本人姓名地址，可要求报社代为转信，报社负责保密。

11月22日

中共广东省委第一书记任仲夷同《南方日报》《羊城晚报》的领导同志座谈，就搞好报纸上的批评报道、如何发挥报纸应有的作用、宣传先进人物等问题谈了一些意见。

《武汉青年报》试刊。

11 月 27 日

《解放军报》本日起在该报开辟《揭露假报道　抵制浮夸风》专栏。这个专栏刊登读者揭露该报发表的一些弄虚作假和严重失实的报道，并公布作者姓名及其所在单位。凡在该栏揭露出的虚假新闻的作者，所在单位政治机关责成其作出书面检查，退回稿费；该报将视情况在 3 个月到半年之内不再刊用其稿件。

11 月 30 日

中共湖北蒲圻纺织总厂委员会机关报《蒲纺报》在湖北蒲圻创刊。

11 月下旬

从本月下旬到 12 月上旬，《湖南日报》《湖北日报》《新疆日报》《甘肃日报》和《陕西日报》先后发表有关新闻必须真实的评论，同时刊登揭露报道失实的来信。

同月

苏州人民广播电台无线、有线分开播出。

12 月 1 日

中央电视台主办的全国电视剧情况交流会在北京举行。会议就电视剧生产、评奖等问题交换了意见。

云南《宜良报》复刊。4 开 4 版，周刊。

12 月 3 日

《人民日报》一版刊出本报启事《欢迎推选好稿子》。启事说："为了改进报纸宣传，本报决定评选 1980 年优秀新闻作品。欢迎广大读者、宣传干部和全国新闻工作者参加推荐，经本报新闻作品评选委员会评定以后，给予一定的奖励。"凡该报 1980 年内发表的新闻、通讯、特写、述评、来信、杂文、理论文章、社论、评论员文章、短评、编者按语、今日谈、标题、版面、图片、文艺美术作品等均可参加评选。

12 月 6 日

新华社报道，中宣部召开思想政治工作座谈会，肯定了粉碎"四人帮"以来宣传工作的成绩，同时指出不足之处。会议指出，在宣传工作上，我们要关心群众的工作和生活，注意和反映他们的疾苦和要求，帮助解决他们的一些实际问题；但要注意顾全大局，对群众中一些合理的、应该解决而国家有一定困难，一时不能予以解决的实际问题，宣传上就不要随便许愿，而且要教育群众正确处理个人、集体和国家三者利益的关系。座谈会讨论了关于在报刊上开展批评的问题。认为报刊上开展批评和自我批评取得了很好的效果，提高了党和报纸的威信，受到群众的欢迎。为了使今后搞得更好，一要坚持，二要慎重。事实一定要核实清楚；事先要征求有关部门的意见，采取商量的办法；态度一定要与人为善；要摆事实、讲道理，从理论上思想上搞清楚问题；要允许申辩，允许反批评；如果弄虚作假或夸大渲染，要作自我批评。希望报刊成为批评和自我批评的榜样。

12 月 9 日

中国社会科学院新闻研究所本日起在北京举行座谈会，探讨当前新闻理论上的一些重要问题。参加座谈会的有复旦大学新闻系、暨南大学新闻系、中国人民大学新闻系、北京广播学院和中国社会科学院研究生院新闻系的代表，还有首都新闻单位和从事新闻研究工作的代表。会议就中国人民大学新闻系副教授甘惜分所著《新闻学理论基础》（初稿）一书，结合当前新闻学理论上的一些重要问题进行了学术性的探讨。大家对于什么是资产阶级新闻学观点和资产阶级新闻学与无产阶级新闻学有无继承关系；报纸、广播到底是阶级舆论工具还是社会舆论工具；近30年来我国新闻工作中的主要经验教训是什么；对我国新闻事业破坏最大的到底是资产阶级新闻观点还是封建法西斯新闻观点；研究新闻理论的方法是从实践到理论再回到实践，还是从理论到实践回到理论等问题，进行了讨论。会期3天，于11日结束。

12月11日

中共中央宣传部宣布，确定1940年12月30日为中国人民广播事业诞生日。

12月22日

中央广播事业局致函外交部：中央人民广播电台拟在对台湾广播中，正式公开使用与海外台湾同胞加强联络的2105信箱。希望电告我驻美国、日本、巴西、加拿大等国使馆，接到台湾同胞信件后，请转交北京2105信箱。

12月24日

湖北省新闻学会在武汉市举行成立大会。中国记协湖北省分会也同时恢复活动。经全省新闻单位酝酿、协商，产生了学会第一届理事会。

《宣传动态》1980年第51期刊登《报刊要严格把关防止泄密》一文。指出过去有的地方和部门控制太死，不该保密的东西也禁止宣传。纠正了这种偏向，要求报刊独立负责地做好工作之后，有的又把应该保密的东西捅了出去，产生了不好的后果。要求记者、作者、编者加强保密观念。

胡耀邦看了本日的《北京日报》以后，给中宣部的领导同志写信说：这些天《北京日报》办得很有起色，有全市人民关心的大事，有人民群众干四化的热潮，有指导人民正确行动的言论，也有鼓励人们向上的批评和建议。还说：今天的这篇言论（指特约评论员文章《努力把党的形象搞得更好》，《人民日报》于12月31日转载）就很好，说的是反面问题，但分析得好，看了不使人泄气，而是有信心。各报都要有更多更好的言论才好。现在有些报纸的有些言论不怎么高明，某些带有消极情绪的言论不说，主要是离实现社会主义四个现代化，建设社会主义精神文明（李昌同志的建议）这个主题思想、格调太远。说得不客气一点，我们这块人民之“田”，不能随意让脱离实际的桃花源中人去耕耘！

12月25日

邓小平在《贯彻调整方针，保证安定团结》一文中指出：“我们的宣传工作还存在严重缺点，主要是没有积极主动、理直气壮而又有说服力地宣传四项基本原则，对一些反对四项基本原则的严重错误思想没有进行有力的斗争。”“最近一些与非法组织有关的人物特别活跃，他们假借种种名义放肆地发表反党反社会主义的言论。这种危险的信号，应该引起全党、全国人民和全国青年的足够警惕！”（《邓小平文选》第2卷，第354—374页）

12月26日

湖北《洪湖报》试刊。1981年元月正式出版。

黑龙江齐齐哈尔电视台正式播出。

12月28日

吉林《吉物市场》在长春创刊。4开4版，半月刊。

12月29日

部分老广播工作者举行座谈，纪念中国人民广播事业创建40周年。过去一直把延安新华广播电台正式播音的时间1945年9月5日作为中国人民广播事业创建的纪念日，经调查核实确认延安新华广播电台的诞生日期应是1940年12月30日。

陈云办公室向《人民日报》转达陈云的意见：12月27日《人民日报》头版头条报道今年大灾之年获得大丰收的消息（《今年

是我国三十年来第二个粮食高产年》）的标题很好，但没有提要，如果把主要内容提出来，一看提要就知道主要内容，就好了。陈云强调说：搞提要，标小标题，搞一二三，做好编辑工作，这是很重要的问题。报纸是给各方面的人看的，各级领导干部都要看的，但许多领导同志没有多少时间看报纸，报纸要改进，要争取他们看，要争取更多的人看，这很重要。《人民日报》发表了很多好文章，但是很长。很多人没有看，很可惜。如果搞一个提要，搞一些小题，文内分一、二、三，人家忙了也可以看一个要点。要告诉胡绩伟同志，要重视报纸的编排。《人民日报》接受了陈云的建议，从次日起，就在长文章和长报道前加了提要。

同月

吉林日报于年底实行编采分家，把一、二、三版编辑集中于总编室，全面负责编辑、出版工作。

中国人民大学函授学院新闻专科第一期开学。第一期招了《北京日报》等在京报社的工作人员 103 名，采取夜大学的方式进行教学，学制 3 年，要求达到大学专科水平。

北京广播学院新闻系编印的《中国人民广播回忆录（中国广播史料选辑第二辑）》出版，内部发行。《中国广播史料选辑》第一辑于 1979 年 5 月出版。

安徽日报新闻研究室成立。该室主要任务是编辑出版《文摘周刊》，围绕改进《安徽日报》开展新闻业务研究，协助领导组织编辑部的业务学习。

广东人民广播电台开办立体声调频广播。

同年

新华社对前一年发布的新闻照片好稿进行评选，共评选出获奖新闻照片稿 56 个，其中一等奖 2 个，二等奖 8 个，三等奖 46 个。这次评选的标准，主要是要求稿件要有新、实、活的特点，并注意采用效果。获一等奖的是《攻占凉山省府大楼》（通讯员李永安摄）和《今天的中国》（100 幅国庆 30 年大型综合稿，新华社对外组集体编辑）。

北京广播学院新闻系编印出版《中国报刊广播文集》一书，共六册。第一、二册包括党、政、军对新闻工作的重要决议、决定、指示、通知和通报；第三册包括党的报刊、新华通讯社、广播电台关于新闻工作的重要社论、文章和工作总结；第四、五、六册包括李大钊、毛泽东、周恩来、刘少奇、任弼时、张闻天等同志关于新闻工作的讲话、论著，以及新闻单位负责人员的文章和讲话。

《新闻传播》在哈尔滨创刊。该刊是黑龙江省记协、省新闻学会、省新闻研究所主办的新闻学术期刊。主要刊登新闻采访与写作、编辑、校对、美术摄影、广播、电视等方面的研究与探讨的文章。

山西大学中文系新闻专业经教育部批准设立。

天津日报出版《文艺增刊》。16 开本，季刊。该刊于 1982 年改为双月刊，易名《文艺》。

湖南日报新闻研究室成立。该室由报社编委会领导，主要任务是收集、整理湖南新闻史料，编写湖南新闻志；同时开展新闻理论与新闻实践的研究。此外，还担负了报纸的文摘性专栏《博览窗》的摘编任务。

本年全国（不包括港、澳、台）公开出版发行的报纸共有 382 种，总发行量 7200 万份。其中，全国性报纸 33 种。

《中国少年报》编译朝文版。

中共大庆市委机关报《大庆战报》改名为《大庆报》。

江苏《盐阜大众》报复刊。

澳门广播电台设中文台和葡文台。

1981年（辛酉）

1月1日

胡耀邦批示说：今天《解放军报》和《光明日报》都有社论，而且各自从不同角度上写了人们共同关心的问题，一是目标一致，二是各有千秋，这多好。要写和可写的东西很多很多，中央同志近来讲的东西不少，选择一个问题，充实和发挥一通，就能让人们了解整个局势，告诉人们往哪里使劲。这件事做得好，埋怨情绪就可减少，而做宣传工作的同志又可进一步取得人们的信赖。请再同各报刊、社、台同志交换交换意见。

中央人民广播电台和全国各地电台，1月1日起至31日同时举办“全国广播剧展览月”，这是建国以来头一次。

中央电视台《电视周报》（后改为《中国电视报》）在北京创刊。每周四出版，4开4版。向全国发行。在《开头的话》中指出，由于电视事业的蓬勃发展，《广播电视节目报》已不能适应形势发展的需要，必须有自己独立的园地，有更大的篇幅刊登、介绍电视节目内容。

《西安日报》改刊为《西安晚报》。

陕西《安康报》恢复原名《安康日报》，周六刊。

中央人民广播电台对台湾广播开始试办《空中之友》节目。以讲解党的对台政策，解答有关问题，消除台湾各阶层人民的疑虑和误解为主要目的。同时兼有介绍知识，寻找亲人，提供服务、联络感情的内容。每次节目15分钟，每天播出4次（含重播）。

安徽《马鞍山报》《拂晓报》复刊。

江苏《兴化农民报》改名为《兴化报》。4开4版，周二刊。

中共无锡市委机关报定名为《无锡日报》。4开4版，周六刊。

江西《临川报》复刊。4开4版，周刊。

《洛阳日报》在“文化大革命”中停刊后，今日复刊。

湖南《耒阳报》复刊。4开，周二刊。

四川《自贡日报》复刊。

中共四川省阿坝藏族自治州委机关报《岷山报》改名为《阿坝报》，用汉藏两种文字出版，均为4开4版，周三刊。

广西《柳州日报》复刊。

《郑州晚报》复刊。4开，周六刊。

南昌人民广播电台恢复播音。

长沙人民广播电台恢复播音。

芜湖人民广播电台正式开播。

湖南电视台正式播出。

《福建侨乡报》复刊。1994年下半年开始，在菲律宾马尼拉设印刷发行点。

1月4日

《中国青年报》创办《星期刊》。4开8版，每星期日出版。内容以文化生活为主，包括文学、艺术、历史、地理、体育、卫生、生活等方面的知识，以帮助青年提高文化修养，丰富精神生活。

《羊城晚报》增设港澳、海外版。周刊，周日出版。

1月6日

第一次全国电视科技卫生节目座谈会在长沙召开。会议就科技卫生节目方针、任务、对象，以及如何办好、办活节目等问题进行了研究和讨论。

1月10日

云南《保山报》复刊。

1月13日

中央广播事业局召开北京、天津、上海、广东、山东、四川、湖南、甘肃、辽宁、河北等10个省市主管电视的广播局局长座谈会。中心议题是解决地方电视台转播中央电视台节目问题。张香山主持会议。会议于18日结束。

《人民日报》报道，国务院批准颁发了编辑、新闻记者等专业干部业务职称的六个暂行规定。编辑干部的职称为编审、副编审、编辑、助理编辑，新闻记者的职称为特级记者、高级记者、记者、助理记者，分别相当于高等院校教师的职称：教授、副教授、讲师、助教。

1月15日

北京新闻学会成立新闻摄影学术研究组。推选蒋齐生、高粮和马运增为学术小组负责人。该研究组于2月12日和18日连续两次集会，座谈新闻照片在报纸上的地位和作用问题，要求报纸编辑部正确认识并积极发挥新闻摄影作为一个新闻兵种的作用。

1月21日

《甘肃工人报》在兰州创刊。甘肃省总工会主办。4开4版，日刊。

1月28日

北京新闻学会在北京日报举行报纸经营管理座谈会。出席会议的首都各报和天津日报负责经营管理的同志，交流了报业经营管理的情况、问题和经验。

1月29日

中共中央发布《关于当前报刊新闻广播宣传方针的决定》，共7条。《决定》指出：报刊、新闻、广播、电视在近几年宣传工作中存在包括没有积极主动、理直气壮而又有说服力地、经常和有系统地宣传四项基本原则，对一些反对四项基本原则的思想和言论没有进行有力的斗争的严重缺点，要求对报刊、新闻、广播、电视工作加强统一领导，使其切实坚持党性原则，密切联系群众，发扬实事求是、旗帜鲜明、真实准确、生动活泼的优良传统。报刊、新闻、广播、电视不能允许散布动摇、损害党的威信的思想和言论，必须反对那种把过去党中央曾经犯过错误作为拒绝服从今天党中央正确领导的借口的错误态度。要坚持以表扬为主的方针。凡是涉及党的路线、方针、政策以及重大政治性的理论问题，对外必须统一于党中央的决定和口径，与党的步调一致，不得各行其是。

1月31日

《广播电视杂志》编辑室举办的优秀电视剧评选活动，从1980年12月7日开始到今天结束，历时56天，共收到全国各地观众寄来的评选信件4.4万余封，其中获票较多的有《乔厂长上任》《何日彩云归》《有一个青年》等。

同月

《旅游通讯》改名为《旅游报》。改半月刊为周刊，仍为4开张。

《北京戏剧报》在北京创刊。4开4版，周刊。

《青海青年报》复刊。

辽宁铁岭地区人民广播站改名为铁岭地区有线广播电台。

长沙《科协活动》改名为《长沙科普报》。

邯郸《科学与技术》改名为《邯郸市科技报》。

陕西《建筑工人》改名为《陕西建筑报》。

湖南《市场调节》在长沙正式出版。

《重庆物资商情》在重庆创刊。4开，半月刊。

贵州《讲卫生》改名为《健康之友》。

香港《夺标》杂志创刊。双周刊。为体育杂志。

2月1日

新疆石河子电视台正式开播。

2月5日

胡耀邦在公安部一份文件上批示，要求中央广播事业局张香山和党委的同志轮流审查每天的电视节目。指示中说：我们一些同志只注意少数青年对文化生活内容和形式的兴趣，忽视了更广大青少年的要求。这是一种片面性。如果节目来源少，我主张宁愿放新闻和科技简讯，也决不放那些不妥的东西。

2月24日

中央广播事业局召开座谈会，研究贯彻《中共中央关于当前报刊新闻广播宣传方针的决定》。全国29个省、自治区、直辖市广播局负责人参加了会议。座谈会着重讨论了十一届三中全会以来广播电视宣传工作执行中央的路线、方针、政策，坚持四项基本原则，贯彻“双百”方针的情况，肯定了近年来广播电视取得的成绩，着重检查了宣传上存在的一些严重缺点，并且提出了改变广播电视面貌的措施。张香山主持会议，并作了总结发言。会议于28日结束。

2月25日

中南五省六报（《南方日报》《广西日报》《湖南日报》《湖北日报》《河南日报》《羊城晚报》）座谈会在桂林召开。会议着重学习、讨论了《中共中央关于当前报刊新闻广播宣传方针的决定》，交流了经验，明确了方向，增强了信心，把认识统一到《决定》上来。会议于3月6日结束。

同月

中国青年报社研究部成立。

中国社会科学院新闻研究所编的《中国共产党新闻工作文件汇编》出版。内部发行。分上、中、下三卷，共收入各时期有关新闻工作的文件359篇。

《半月谈》杂志本月出版的1981年第3期刊登了中国科学院党组书记、副院长李昌给中央领导同志的信《要建设社会主义精神文明》。2月18日、25日《光明日报》发表特约评论员、评论员文章《社会主义国家一定要有高度的精神文明》和《建设精神文明是现实提出的重大任务》。2月25日，全国总工会、共青团中央、全国妇联、全国文联等九个单位联合发出《关于开展文明礼貌活动的倡议》，新华社和各报均予以报道。28日，中宣部、教育部、文化部、卫生部和公安部联合发出《关于开展文明礼貌活动的通知》，要求各级宣传、教育、文化、卫生、公安等部门，积极支持全国总工会等九单位的倡议，开展以“五讲”和“四美”为主要内容的文明礼貌活动，把它作为当前建设社会主义精神文明的一件大事抓好。首先要抓好舆论宣传，造成全社会讲文明礼貌的风气。中央和地方的报刊、电台、电视台要加强文明礼貌的宣传报道，表彰这方面的好人好事。同一天，《人民日报》发表评论员文章《大兴文明礼貌之风》。

3月1日

《旅大日报》改称《大连日报》。4开4版。

3月5日

《中国青年报》发表题为《再论雷锋》的社论（1963年该报曾发表《论雷锋》的社论）。论述了雷锋精神为什么会在60年代初的中国出现，为什么学雷锋成为千百万人的行动；回答了雷锋精神是否“过时了”“太左了”“抹煞了个人价值”等问题；还阐述了80年代学习雷锋的特殊重要性和怎样为建设社会主义精神文明贡献力量。当天，《北京日报》全文转载，《人民日报》以《八十年代更需要雷锋精神的大发扬》为题摘要发表了该社论。

中共吉林省桦甸县委机关报《桦甸报》创刊。4开4版，周刊。

旅大人民广播电台改名为大连人民广播

电台。

3月6日

旅大电视台改名为大连电视台。

3月8日

中宣部《宣传动态》第10期批评了《贵阳晚报》(试刊)、《辽物市场》等报竞相出增刊，登载情节离奇、思想低劣的小说，以招揽读者，并在《编者按》中指出，这种做法是很不好的，既浪费大量纸张，又不利于建设社会主义精神文明。

3月9日

《人民日报》报道了中共中央纪律检查委员会第三次全体会议在北京召开的消息，同时发表了以《党风问题是有关党的生死存亡的问题》为题的社论，指出："通过报纸对不正之风进行批评，是端正党风的一个重要方法。各级党委要加强对报纸的领导，鼓励和支持报纸正确地进行实事求是的批评。这样才能接受群众监督，密切联系群众。近年来许多报纸刊物，重视反映群众的意见和呼声，积极地开展批评和自我批评，增强了党和人民群众的联系，也提高了党和报刊的声誉。今后还要坚持这样做。可以继续选择典型的事例，经过核实调查，予以公布。当然，批评要与人为善，治病救人。在报上批评一个同志，决不是为了打倒他，而是对他的帮助。点名的批评，特别应该慎重。有些问题应该同有关部门打招呼，多商量一下。这样报纸批评就能更好地发挥积极作用。"

3月10日

西南报纸工作座谈会本日起在昆明举行。出席座谈会的有《四川日报》《西藏日报》《贵州日报》《云南日报》《春城晚报》的负责人，还有中宣部新闻局、《北京日报》《南方日报》《湖北日报》《辽宁日报》《解放日报》《广西日报》的负责人。座谈会交流了学习贯彻中央工作会议文件的情况、经验和打算，特别是就报纸如何宣传好四项基本原则，如何正确地在报纸上开展批评等问题进行了讨论。到会的同志认为，要搞好批评和自我批评，新闻工作者需要提高一步，一要提高自己正确理解、执行党的路线、方针、政策的思想水平和工作水平；二要胸有全局，学会掌握分寸、时机，区别内外；三要有坚持真理的精神；四要有韧性，百折不挠。会议于16日结束。

3月14日

全国电视剧编导经验总结会在北京召开。会议为期两周。29个省、自治区、直辖市电视台和有关团体派出编导人员参加了会议，对电视剧的编、导、艺术处理等问题进行了总结、交流和探讨。夏衍、陈荒煤到会并讲话。

3月19日

中共中央书记处讨论了中央广播事业局的工作，要求广播事业要有一个5年、10年、20年长远规划。指出广播事业是建设精神文明的重要工具，是宣传党的路线、方针、政策，促进安定团结，丰富人民精神文化生活的重要工具。对人们的物质生活要加以引导，对精神生活更要加以引导。不能传播靡靡之音，不能搞精神污染。广播和电视应该多播放我们祖国的历史、地理、文化、建设新貌和各民族的友爱团结，多播放工业、农业、科学、教育、技术方面的新闻，适当增加体育比赛节目，以鼓舞人们奋发图强，为国增光。

同月

陆定一给《人民日报》写信，对报纸编排提出改进意见。信中说：现在《人民日报》版面增加，内容很多，除极少数人外，都无时间看完。为了便于阅读，包括老人在内，不如用陈云同志提出的办法，对重要的长的文章，前面加上摘要，里面加小题目

（一二三）。各国的新闻，长的都分三部分：一、导语，很短，看完之后，就知道大概了。二、摘要，比导语长些。三、全文，看完摘要后，有兴趣有可能看完全文，没有兴趣的只看摘要就行。字体也不同，导语用稍大的字，例如老五号（或新四号），摘要用新五号（或老五号），全文用六号（或新五号）。这种方法我国从未用过，不知可作借鉴否？社论主张用新四号。文章力求短些，以便人人看完。

四川省新闻工作者协会成立。

《哈密科技报》在新疆哈密创刊。4 开，半月刊。

兰州人民广播电台重新筹建。

中共吉林省白城地委机关报《白城农民报》复刊。

4 月 1 日

中共河北省邯郸市委机关报《邯郸市日报》创刊。4 开 4 版，周六刊。

江西《波阳报》复刊。4 开 4 版，周二刊。

郑州人民广播电台开始播音。

4 月 3 日

第三次全国电视节目会议在北京举行。各省、自治区、直辖市广播局、电视台的代表 80 多人参加会议。会议对 1980 年 1 月 1 日至 1981 年 3 月 31 日在中央电视台第一套节目里播出的各类节目进行了评选，共评出优秀节目 125 个。这种全国性的电视节目评比，在我国电视史上还是第一次。会议于 13 日结束。5 月 4 日公布了评选的结果。

4 月 13 日

中央电视台在青岛召开全国新闻工作座谈会。各省、自治区、直辖市广播局、电视台代表 80 人参加了会议。会议研究和总结了一些电视台办“电视新闻”的经验，着重讨论了全国电视台如何走好一盘棋，共同办好《新闻联播》的问题。张香山出席会议并讲话。

4 月 14 日

由内蒙古科技协会主办的《内蒙古科技报》蒙文版在呼和浩特创刊。汉文版创刊于 1980 年。两种文版均为 4 开 4 版，初为半月刊，后改为周刊。

4 月 16 日

《中国之声》电视节目，被美国有线电视台评为亚洲民族系列播出第二名。《中国之声》电视台由中央电视台和纽约宏声传播事业公司联合创办，节目均由中央电视台提供。

4 月 18 日

第三次全国广播电视大学工作会议在南京举行。会议在总结交流办学经验的基础上，确定“电大”在国民经济调整时期的主要任务是为四化建设培养合格人才。

《解放军报》刊登读者来信，对白桦的电影文学剧本《苦恋》开展批评。20 日一版头条，发表特约评论员的长篇文章《四项基本原则不容违反——评电影文学剧本〈苦恋〉》，对《苦恋》作了批评。

4 月 20 日

《瞭望》杂志在北京创刊。该刊是由中共中央宣传部批准，新华社主办的综合性月刊。它的读者主要是干部和知识分子。它力求准确而生动地传递重要信息，阐述党的方针政策，传播新的知识。该刊发表的一些重要文章，国内一些报纸常予转载，外国通讯社也经常转播。创刊号发表了穆青的文章《时代的声音　历史的记录——写在〈瞭望〉创刊的时候》。文章说：“我们立志要求这份刊物将能像它的刊名所表示的那样，真正成为向四化进军的航船上的一个新建的小小的观察哨，并与早已工作的千百个兄弟观察哨一起，在浩瀚无垠的生活的海洋中，为党和人民进行我们力所能及的瞭望。……我们热忱地希望，它能成为生活的瞭望手、时代的信号兵，忠实的陪伴着四化的航船搏风击浪，胜利地驶向亿万人民朝思暮想的幸福的港湾。”“我们决不做社会主义事业的冷眼旁观者，也不当现代化建设的评头论足的局外人。因为我们自己就是正在中国大地上从事着崇高和壮丽的革命事业的忠诚战士’‘我为人民鼓与呼’——我们就是要为在党的指引下进行战斗的人民击鼓，我们就是要为党所领导社会主义事业的胜利欢呼。这应当是我们的《瞭望》月刊的座右铭。”创刊号的《编后记》称此文是阐明该刊宗旨的发刊词。《瞭望》是一个综合性的月刊，侧重政治性、新闻性、思想性，兼及知识性。设有《中南海纪事》《社会论坛》《第一线的报告》《本刊专访》《世界见闻》《观察与评论》《春华小札》《瞭望哨》《文化长廊》《江山多娇》等专栏。创刊号《中南海纪事》专栏，刊登了新华社记者冯健、曾建徽写的《中南海的春天》，报道了党中央书记处领导同志的活动。

4 月 21 日

邮电部发出关于大力加强《半月谈》杂志发行工作的通知。要求各级邮局领导要十分重视《半月谈》杂志的发行工作，积极做好收订、零售与运输、投递工作，尽可能适应城乡、工矿等广大读者的需要。

4 月 28 日

中央电视台新闻部创办的《专题报道》栏目第一次播出。《专题报道》属于新闻节目范畴，具有新闻的特点。它以真人真事、坚持真实性为原则，同时又有较强的政策性和时效性。此栏目的主要内容是报道社会主义两个文明建设中出现的新人新事、新风尚、新成就、新气象、新经验等。题材广泛，围绕一个问题、一个成就、一件事情、一个人物等作比较完整、细致、深入的报道。

4 月 29 日

全国优秀电视节目评选揭晓，125 个电视新闻、电视剧和各类专题节目分别获一、二、三等奖和优秀节目奖。9 个栏目也获了奖。

同月

河北省举办报纸美术展览会，这在全国是第一次。展出的 2000 多幅作品中，有刊头、题花、尾花、素描、插图、木刻、剪纸和部分水彩画、油画、国画等。从中央到地方的许多报纸美术工作者，前往观摩。

新华社新闻研究部编的《新闻论丛》第一辑，由新华出版社出版，新华书店发行。编辑出版这一论丛的目的是为了总结和交流新闻报道的业务经验，促进新闻理论的研究，为专业和业余的新闻工作者提供学习参考资料。

中国人民大学新闻系主编的《国际新闻界》杂志（16 开季刊）自本月出版的 1981 年第 1 期起公开发行。该刊原为内部刊物，1979 年出了 3 期（32 开），1980 年改为 16 开，出了 4 期。

中共福建省委批准中共福州市委出版《福州晚报》。党的十一届三中全会后，中共福州市委为加强党的思想政治工作创办了内部刊物《福州通讯》，自《福州晚报》于 1982 年元旦开始试刊起，《福州通讯》宣告停刊。晚报于 1982 年 4 月 1 日正式向全国发行。

浙江吴兴县改名为湖州市，《吴兴日报》改名为《湖州报》。

在北京召开的由中央人民广播电台和中国戏剧家协会联合举办的全国优秀广播剧评奖会议，投票选出了《金鹿儿》《白玉兰》《求索》等 15 部获奖剧目。

5 月 1 日

河南洛阳人民广播电台试播。

新疆哈密地区电视录像转播台建成试播，用维、汉语播出。

河北唐山人民广播电台恢复自办节目。

陕西《西电工人》改名为《西电工人报》。

5月6日

《人民日报》评选该报1980年刊登的优秀作品活动宣告结束。根据广大读者推荐，经过编辑部各部门讨论，最后由评选委员会评议，共评选出作品78件。其中一等奖作品17件，二等奖作品61件。这些优秀作品有评论、新闻、文章、读者来信、通讯、文学艺术、图片和版面编辑。

5月9日

美国哥伦比亚广播公司（CBS）著名电视评论员克朗凯特一行6人在北京和广州采制了我国中草药、中医和淡水养鱼三个科普节目。

5月17日

胡耀邦和中宣部、文化部、中央广播事业局负责人谈话时强调，我们的电视广播同资本主义社会的电视广播要有根本的区别，要为社会主义服务，为建设社会主义精神文明服务，为四化服务，要提高人民的精神境界。电视台的领导应该亲自看电视，这要作为一条纪律定下来。

5月21日

胡耀邦给《人民日报》写信，建议去掉空洞无物的论文，增加消息和调查报告。

中共中央候补委员、全国人民代表大会代表、中国人民解放军广州军区政治委员向仲华逝世。向曾任《红色中华报》社长、《新中华报》社长、新华社社长等职。

5月23日

《新疆广播电视报》（汉、维文）在乌鲁木齐创刊。由新疆人民广播电台、新疆电视台编辑出版。这是少数民族文字报纸中最早的一张广播电视专业报。

5月25日

辽宁抚顺《少年科普报》创刊。半月刊。

《解放日报》就如何正确对待群众通过报纸进行批评的问题，抓住典型组织了一次集中的宣传。先在5月25日一版以半版篇幅刊登了题为《请看：一封批评信的波折》的报道。接着，发表了21封来自本市和全国各地的读者来信摘要和中共上海市委副书记、宣传部长陈沂的文章，对报道所反映的问题进行了广泛的议论。6月24日，又发表了有关当事人和部分领导干部的座谈会纪要，反映了与会者从这次宣传中受到的教育和体会。同时发表了题为《我们需要这样的批评》的评论员文章，对这次宣传作了总结。

5月28日

据本日出版的中宣部《宣传动态》报道，中宣部新闻局与中央各新闻单位共同研究、制定的《记者守则》，已经中央领导同志批准，作为草稿发给各新闻单位试行。改革和加强记者工作，是搞好新闻事业的重要条件之一。中央要求各级党委充分重视，并要求各级党委对记者工作中的困难和问题，及时地、实事求是地帮助解决。

同月

《新闻大学》在上海复旦大学创刊。该刊是由复旦大学新闻系主办的综合性新闻学丛刊。王中教授任主编。以大学新闻专业各门课程的基本内容为中心，介绍新闻知识，普及新闻教育，辅导新闻学习。

中国国民党革命委员会中央主办的《团结报》，自5月份起，向全国各地公开发行。该报创刊于1956年4月25日，1966年停刊。1980年2月作为内部刊物复刊。《团结报》是在中国共产党领导下为社会主义服务的报纸，是政治时事性周报，每期出版 4 开 1 张。它着重刊载国家和统一战线方面的重要活动。报道民革组织和成员的工作、学习动态，反映民革成员和联系人士的意见、要求和建议，宣传和报道孙中山先生的革命业绩及对孙中山研究的成果，为进一步巩固和发展爱国统一战线贡献自己的力量。公开出版的《团结报》在原有的基础上，进一步革新版面，充实内容。第 1 版为要闻和专访；第 2 版为民革新闻和通讯；第 3 版是《爱国一家》专刊，报道党和国家对台工作的方针和基本政策，宣传台湾回归、祖国统一的必然趋势，反映台湾同胞、港澳同胞和海外侨胞心向祖国的声音；第 4 版为综合性副刊《百花园》，刊载国民党民主派斗争史话，文史掌故，以及各种不同体裁、不同风格的文艺作品。

江苏《徐州广播电视报》创刊。8 开 2 版。

6 月 1 日

新中国第一张全国性英文日报《中国日报》（*China Daily*）在北京创刊。对开 8 版，每周 5 期，星期二至星期六出报。正式出版前，曾进行试刊。这份报纸主要是为在中国的外国读者服务的，同时还在香港《文汇报》设代印点并向港、澳、台地区和国外发行。该报刊登有关我国的政治、经济和文化发展的消息，以及相当数量的国际新闻，还刊登国外的有关财政、经济和体育方面的新闻消息和国内外的广告。

江苏人民广播电台即日起，每晚 8 时 30 分，以《江苏快讯》为题播送 10 条当日新闻。

新华社编辑出版的《对外报道参考》（半月刊）在北京创刊。该刊原名《对外报道》，是新华社指导对外新闻采编工作的内部刊物。应有关单位要求，改用现名，并扩大内部发行范围。

香港《百姓》杂志创刊。半月刊。为政治、时事综合性刊物。督印人陆铿，总编辑梁儒盛，总主笔胡菊人。1994 年 6 月 1 日出至 44 期后停刊。

6 月 4 日

中央电视台、广东电视台和福建电视台联合发起的全国电视广告制作座谈会分别在厦门、广州召开。座谈会总结交流 1 年多来电视广告制作和播放经验，并就广告如何为生产服务、为经济服务、为群众生活服务等交换意见。

6 月 15 日

中央人民广播电台立体声节目试机，共试播了 15 天，先后在第 3 套节目（调频）每晚 21 时至 22 时或 22 时至 23 时播出中外音乐或戏曲 1 小时。

6 月 19 日

《人民日报》发表社论《大家都来讲究语言的文明和健康》，要求“正确使用语言”，做到“既要讲文明，又要讲规范”。文章指出，报纸、杂志、电视、广播在正确使用祖国语言文字方面承担着重要的责任。现在，用词不当、语法错误、逻辑混乱等语言不规范的现象，不仅出现在学生的笔下，而且在报刊、书籍上也屡见不鲜。读音的讹误，不仅出现在一般人的口头上，而且在广播和电视中也时有所闻。

6 月 26 日

北京新闻学会在体育报社组织如何做好体育宣传的学术报告会。

6 月 30 日

1980 年全国好新闻照片评选结果揭晓。《王光美在郑州亲迎少奇同志骨灰》《拾金不昧》《三百万辆自行车》《十字街头》《四川彭县的小吃摊》《被告席上的江青》等 7 张

（组）作品获奖，13张（组）作品受表扬。获奖照片真实、自然、生动，有浓郁的现场气氛和生活气息，绝大多数是抓拍的。全国性的评选好新闻照片活动，在我国还是第一次。这是中华全国新闻工作者协会、北京新闻学会和《新闻战线》编辑部联合举办的全国好新闻评选活动的一部分。

同月

《技术市场报》在天津创刊。

《青海法制报》在西宁创刊。

中共江西上饶地委出版《上饶通讯》，为恢复《赣东北报》作准备。

长春人民广播电台调整节目，突出地方特色，自办节目由7个增加到12个。

甘肃新闻工作者协会恢复工作。

辽宁朝阳地区广播站改名为朝阳地区有线广播电台。

河南焦作电视转播台建成。

香港《经济一周》周刊创刊。专门报道和分析香港经济、金融、地产、股票动向。

7月1日

为丰富新闻内容，提高新闻报道时效，中央电视台《新闻联播》节目从今天起改变把国内电视新闻、口播国际新闻和通信卫星收录的国际新闻截然分开的做法，按内容和新闻价值对国际新闻作统一编排，形成国内、国际新闻两大部分。同时，对《新闻联播》节目的标志、音乐和播音员的背景、预告新闻提要的方式，以及气象预报图表等均作了一些改进。

《经济参考》在北京创刊。对开4版，日报。是新华社主办的综合性经济专业报纸。

《北京青年报》复刊。4开4版，周二刊。

《中国农民报·社队企业周刊》改名为《中国社队企业》。1982年1月1日改名为《中国社队企业报》，由4开8版改为对开4版，周五出版，彩色胶印。

安徽《徽州报》第三次复刊。周三刊。

中共湖北沙市市委机关报《沙市晚报》复刊，并由《沙市晚报》改称《沙市报》。

7月7日

《河南计划生育报》在郑州创刊。

7月9日

新华社在北京召开为期三周的国内工作会议，研究在当前新形势下，如何改进国内报道工作和分社组织建设、经营管理等方面的问题。

7月13日

中央人民广播电台与国家农委、农业部、中国农学会等单位联合举办的《中央农业广播学校》开始广播授课。

7月17日

中国国际广播电台第一次派出代表参加北美无线电收听俱乐部在加拿大召开的为期3天的年会。

7月18日

《吉林体育报》复刊。

7月23日

由中国社会科学院新闻研究所和北京新闻学会共同召开的新闻史座谈会在北京举行。中国社会科学院新闻所和中国人民大学、复旦大学、暨南大学、广西大学、北京广播学院、新华社等单位专门从事中国新闻史研究和教学工作的专家、研究人员和教师，共30余人参加了座谈会。会议在方汉奇撰写的《中国近代报刊史》等书的基础上，就如何研究和编写中国新闻事业史进行了2天的座谈。

同月

中国科普报刊广播电视编辑记者协会在北京成立。

8 月 4 日

1980 年全国好新闻评选揭晓。全国各新闻单位和广大读者推荐的 1105 篇（幅）新闻稿中，121 篇入选，其中受奖好新闻 49 篇，受表扬好新闻 72 篇。

8 月 6 日

《少年文史报》在兰州创刊。4 开 4 版，周刊。是我国第一张以文史为内容，以青少年为读者对象的报纸。

8 月 8 日

城市报纸工作座谈会在北戴河召开。会后整理的《城市报纸工作座谈会纪要》，由中宣部作为正式文件于 1981 年 9 月 16 日下达。

8 月 9 日

新华社 1980 年好稿评选揭晓，共评出好稿 70 篇。

8 月 15 日

中共中央发出《关于关心人民群众文化生活的指示》，提出有关的报刊、广播、电视、电影等事业都应该逐步发展。

8 月 17 日

中央广播事业局在北京召开全国各省、市、自治区广播电台普通话播音经验交流会。这是我国人民广播史上第二次全国性播音经验交流会。

8 月 18 日

华北报纸协作会议在北戴河举行。

8 月 20 日

《电子市场》在北京创刊。该报由电子工业部主办。4 开 4 版，周刊。主要为国民经济各部门、商业部门和电子工业企业事业单位服务，沟通产、供、需三方的经济信息，介绍电子产品及其应用，报道国内外电子市场动态和发展趋势。

8 月 23 日

哈尔滨电视台开播。

同月

湖南《大众卫生报》在长沙创刊。

无锡电视台试播自办节目。

9 月 8 日

胡耀邦在国家广播电视工业总局《关于今年计划执行情况和明年计划初步安排的报告》上批示：广播电视事业是我们这样性质的国家一项非常重要的事业。从放映到生产，你们 3 家（四机部、商业部和中央广播事业局）要经常商量，不要形成四机部只管造、不管销，商业部只管销、不管用，广播事业局只管放、不管看的畸形现象，而要协力同心地把这个事业不断推向前进。

9 月 25 日

重庆电视台正式成立，并于 10 月 1 日试播自办彩色节目。

同月

中共黑龙江海伦县委机关报《海伦报》复刊。4 开 4 版，三日刊。

《邯郸市科技报》改名为《邯郸科技报》。

四川大学中文系新闻专业招收第一批学生。

10 月 1 日

《小学生报》在辽宁辽阳市创刊。4 开 4 版，周报。该报密切配合教学，艺术地再现教材，创刊不到一年发行即达 65 万份。

中共内蒙古呼和浩特市委机关报《呼和浩特晚报》创刊。先试刊 16 期，于 1982 年 1 月 1 日正式发行。4 开，周三刊。

中共内蒙古兴安盟委机关报《兴安日报》蒙文版在乌兰浩特创刊。4 开 4 版，周二刊。1985 年改为周四刊。1983 年 10 月 1 日出版彩色报纸。是全国第一家蒙文彩色报纸。

内蒙古锡林郭勒人民广播电台恢复蒙语自办节目。

内蒙古赤峰电视台开始转播中央电视台节目。

10月6日

《文摘报》在北京创刊。中华全国新闻工作者协会主办。以后曾先后与人民日报、光明日报合办，1987年4月起由光明日报社独家主办。

10月18日

黑龙江省科技新闻学会成立。

10月20日

全国第一次少儿电视节目座谈会在杭州举行。参加这次会议的有28个省、自治区、直辖市电视台的代表。会议就如何沟通情况、办好少儿节目等问题进行了研讨。

10月27日

中国体育记者协会湖北分会在武汉成立。

同月

苏州教育电视台成立。

新疆阿勒泰地区电视录像转播台成立。

云南西双版纳人民广播电台增加哈尼族语播音。

11月16日

中央书记处讨论广播电视工作。指出："广播电视是教育、鼓舞全党、全军和全国各族人民建设社会主义物质文明、精神文明的最强大的现代化工具，这就是广播电视工作的根本性质和任务。为了更好地体现这个根本性质，完成这个根本任务，要做两个方面的努力，一是提高服务质量，二是完善服务手段。"

《北京电子报》创刊。

11月24日

新疆喀什电视录像转播台建成开播。

11月25日

由中国社会科学院新闻研究所、中国摄影家协会和北京新闻学会联合组织的首届首都新闻摄影展览在北海公园展出。

11月26日

广西新闻学会和广西新闻工作者协会在南宁成立。

同月

河南日报新闻研究室成立。

广西日报新闻研究室成立。

吉林电视台全部播出彩色电视节目，并开始自办各类专题和文艺节目。

浙江丽水电视台开始用录像转播中央电视台节目。

12月10日

胡耀邦在三个材料上写了批语，送给中央宣传部副部长朱穆之、赵守一并新华社、广播事业局、各大报的负责人。胡耀邦提出："请你们召开一个会议，专门谈谈如何大张旗鼓地提倡社会主义精神文明和发扬党的优良作风问题。"

12月22日

《中国青年报》刊登启事《请大家来设计明年的〈中国青年报〉》，为改进报纸征求读者意见。在40天中，共收到读者意见信达3000多封。

新疆伊犁哈萨克自治州建立电视录像转播台。

12月31日

《中国青年报》以编辑部名义，刊登《向读者汇报》，说明一年来对读者来稿来信51万件的处理情况。这一做法，受到读者欢迎。

同月

甘肃省新闻研究所成立。该所前身是《甘肃日报》新闻研究所。

浙江新闻工作者协会恢复活动。

中央广播事业局在北京召开广播系统技术标准化会议，首次制定广播电视系统标准体系表。

第一次全国新闻研究工作座谈会在北京举行。座谈会由中国社会科学院新闻研究所主持，参加会议的有70人。据统计，中国大陆已有新闻研究机构33个，专业研究人员约300人。

《北京科技报》正式发行中学版。

年底

内蒙古昭乌达人民广播电台由原来的蒙、汉语一套变成两套节目。

同年

中央电视台共播出新制作的电视剧118部，平均每3天播出一部。全年共播出国内电视新闻4186条，比1980年多516条，增加14％。每条新闻长度有所缩短。20多个省市可通过微波传送新闻，增强了时效。

《新闻广播电视研究》在北京创刊。该刊是北京广播学院新闻研究所主办的学术性刊物。1984年公开发行。该刊以交流新闻广播电视研究成果为主要任务，兼顾业务性和知识性，同时译介国外广播电视理论，介绍国内外广播电视事业发展情况。1989年底终刊，共出50期。

截至本年底，新华社分支机构不仅遍布大陆各省、市、自治区，而且在87个国家和地区设有常驻记者。每天向国内报纸、电台、电视台发稿5万字，用英、法、西班牙、阿拉伯、俄5种文字向国外播发新闻6万字，还开设了香港、北美专线，直接向这些地区的华文报纸供稿。每天通过传真和邮寄，向国外发送大批新闻图片。用4种外文给100多个国家和地区的报刊寄发专稿。已先后同47个国家的通讯社签订了交换新闻的协定，每天抄收130万—150万字外国通讯社、电台的电讯，供国内各方参考。

本年中国大陆共有中央、省、地区各级广播电台114座，县、市、旗广播站有2643个，有农村广播小喇叭9145万只，有自办节目能力的电视中心台39座，有1000瓦以上发射功率的电视转播台238座，小功率差转台2000座，电视机社会拥有量1000万台。

《内蒙古科技报》改为4开旬刊，并增加蒙文版（半月刊）。

内蒙古海拉尔电视台改名为呼伦贝尔电视台。

黑龙江佳木斯电视转播台正式录像播出彩色节目。

香港政府斥资190万元，添置25部激光图片文字传讯机供新闻界使用，报社仅需支付使用费。

1982年（壬戌）

1月1日

广东人民广播电台播出了我国第一部立体声广播剧《渔夫和金鱼的故事》。

水利电力部主办的全国性行业报纸《中国电力报》在北京创刊。4开4版，周刊。

中共福州市委机关报《福州晚报》创刊。4开4版，周二刊。同年3月改为周三刊。4月1日起改为周六刊，向全国公开发行。1984年1月1日改为日刊。此前中共福州市委曾于1958年7月1日创办《福州日报》，于1961年2月28日停刊。

中共山西省晋东南地委机关报《晋东南报》复刊。4开4版。

1月2日

南京日报社主办的社会生活服务报纸《周末》在南京创刊。4开4版，周刊。

1月9日

广东省新闻学会在广州成立。吴有恒任

会长。广东省新闻工作者协会举行理事会，决定恢复活动。

1月13日

湖南省新闻工作者协会和湖南省新闻学会在长沙成立。梅幼先任协会会长，胡开驹任学会会长。

1月20日

胡耀邦致信朱穆之、赵守一，主张报刊应肩负起继承和发展祖国优美语言的任务。(《中国新闻年鉴》，人民日报出版社1984年版，第9页)

同月

中央广播事业局决定成立广播电视设计院，为全国广播电视系统服务。

中央电视台、上海电视台和《文汇报》联合主办1981年度全国优秀电视剧评选活动，评选出优秀电视剧10部。丹东电视台和中央电视台合拍的《新岸》获一等奖。

《体坛周报》在湖南长沙创刊。4开4版，周刊。

云南《大理报》创刊。4开4版，周刊。

甘肃省计划生育委员会主办的《婚育导报》在兰州创刊。周报，4开4版。

河北日报社、河北省供销社联合主办的《农家乐》在石家庄创刊。8开8版，周刊。是一张面向农村、面向实际、面向生产，为广大农民致富服务的科技性小报。

《鲁物市场报》更名为《山东市场报》在济南市继续出版。4开4版，周刊。每星期六出版。彩色套印。

中国作家协会江西分会主办的儿童文学报《摇篮》在南昌创刊。半月刊。读者对象为小学和初中学生。冰心为该报题写了报名。该报从1983年1月起，向全国各地发行。

《福建卫生报》在福州复刊。

贵州日报新闻研究组成立。

中央人民广播电台举办《音乐博览会》专题节目。该节目共25集，每集30分钟，每周播出1集，本月起开播，至7月初播完，受到音乐爱好者的欢迎。

中央电视台派出5名学员赴“亚洲电视新闻交换学习班”学习，本月中旬结束，为期1个月。

2月2日

中共浙江省海盐县委主办的《海盐科技报》创刊。

2月8日

中共中央政治局委员胡乔木在与《工人日报》负责人的谈话中，提出报纸要多发新闻的主张。

2月10日

中央电视台在广西阳朔召开全国电视政治、经济专题节目会议，90多人出席。会议就如何办好政治、经济节目进行了探讨。会议历时11天。

2月11日

华东六省一市八报负责人座谈会在杭州举行。会议着重讨论了关于建设社会主义精神文明的宣传问题。

2月17日

天津市新闻学会摄影研究组成立。

2月19日

北京新闻学会在中国青年报社举行青年报刊学术讨论会。首都各新闻单位负责人安岗、徐才以及首都新闻工作者200余人出席了讨论会。

2月27日

中共中央、国务院发出《关于严禁进口、复制、销售、播放反动黄色下流录音录像制品的规定》。

同月

《上海画报》在上海创刊。中英两种文版。10开本，双月刊。是一份以摄影图片为主的综合性艺术画报。

中央广播事业局在上海召开视频通道统一测试方法国家标准审定会。

《山东计划生育报》在济南创刊。4开4版，半月刊。

中国社会科学院研究生院新闻系开始招收攻读硕士学位研究生。第一批（81级）32人本月入学，第二批（82级）25人，本年9月入学。

台湾《综合月刊》停刊。先后出版13年半，曾得过两次金鼎奖。

3月1日

电视剧座谈会在北京召开。座谈会要求电视剧的创作要以现实题材为主，形式灵活多样，长短结合，既有单本剧，也要有连续剧和电视小品。

中共山西省榆次市委机关报《榆次市报》创刊。4开4版，周刊。

中共江苏省镇江市委机关报《镇江市报》复刊。4开4版，周四刊。该报创刊于1956年7月。

中共河南省开封市委机关报《开封日报》复刊。4开4版，周六刊。该报创刊于1948年10月。

3月2日

湖南省1982年第一次新闻年会在长沙举行。这次年会就社会主义精神文明建设的宣传问题进行了专题讨论。

3月4日

北京新闻学会经济学术研究组举行研讨会，总结交流1981年各报经营管理方面的经验，并探讨了1982年面临的问题。

3月8日

黑龙江省妇女联合会主办的《妇女之友》在哈尔滨创刊。16开本，月刊。

中央电视台应美国广播电视公司的邀请，派出汪保国等3位记者到该公司新闻部进行学习和考察。考察于5月13日结束。

3月15日

北京新闻学会在《光明日报》召开学术讨论会，探讨新闻报道如何深入开展精神文明宣传等问题。

3月16日

《中国农民报》负责人与日本中国农业农民交流协会访华代表团在北京举行会谈。这次会谈是由该访华团提议，由国家农委外事局安排的。会谈双方除各自介绍报社和出版物的情况外，还探讨了互派记者进行访问的问题。

3月20日

贵州省新闻工作者协会成立。陈健吾任会长。

3月23日

著名新闻学者、报刊活动家黄天鹏在台北逝世。

台湾中国广播公司主办的《空中杂志》改名为《广播月刊》在台北继续出版。

3月26日

中国国际广播电台派出记者赴泰国采访曼谷建都200年庆祝活动。采访历时35天。

同月

河南省妇女联合会主办的综合性周刊《妇女生活》在郑州创刊。16开。

《中国市容报》在重庆创刊。国家建设部、中共重庆市委主办。周二刊，每期出对开4版。

中国科技报研究会在云南省昆明市召开第二届第二次理事会，落实了1982年的活动安排，明确了活动的目的及要求。

4月1日

本日至5日全国优秀广播剧评奖会议在北京召开。中央人民广播电台、中国戏剧家协会联合主办。《金鹿儿》等15部广播剧获奖。这是建国以来举行的第一次广播剧评奖活动。

四川省交通厅主办的《交通安全报》在成都创刊。4开4版，月刊。

4月2日

浙江省记协举办的1981年度好新闻评选工作揭晓，共评出获奖作品25篇。

第一次全国广播电视报工作情况交流会本日至9日在西安召开。

甘肃省财贸办公室主办的《甘肃省财贸报》在兰州创刊。4开4版，周二刊。

4月6日

穆青出任新华通讯社社长。

4月7日

本日至11日，中央广播事业局召开各省、自治区、直辖市广播事业局局长会议。会议讨论了有害音像制品的甄别界限和处理办法等。

4月8日

中共辽宁省委宣传部在沈阳召开新闻改革经验交流会。《沈阳日报》介绍了经验和体会。

4月13日

北京新闻学会举行广播特点学术讨论会，就广播如何扬长避短的问题进行了探讨。

4月20日

辽宁省新闻工作者协会在沈阳召开为期5天的改进报纸理论宣传问题座谈会。

4月22日

中共山东省委宣传部发出《关于学习李锦同志先进事迹的通知》，要求全省宣传战线开展向李锦同志学习的活动。李锦同志是新华社山东分社摄影记者。

4月23日

本日至28日，中央广播事业局在江苏省无锡县召开全国电视广播座谈会。

4月24日

胡耀邦在《关于思想政治工作的问题》一文指出，我们的报刊对于资本主义世界的报道，要“很严肃、很慎重，要采取分析批判的态度，决不能美化，不能搞纯客观的报道”。

4月30日

美国东西方文化中心新闻研究所高级研究员宣伟伯夫妇，受中国社会科学院新闻研究所的邀请，在香港中文大学新闻系主任余也鲁陪同下访问北京，就传播学的一些基本问题，分别同中国社会科学院新闻研究所、北京新闻学会等首都新闻单位举行座谈，交换意见。5月5日下午，受到国务委员薄一波的接见。

陕西省新闻工作者协会在西安成立。

同月

《甘肃经济报》在兰州创刊。4开4版，周二刊。

中国社会科学院新闻研究所主编的《中国新闻年鉴》第1卷（1982年版）出版，以后每年出版1卷。

四川省妇联主办的政治性、群众性月刊《妇女生活》在成都创刊。16开48页。

北京科技报社和北京照相机总厂联合举办“科学之春”摄影比赛。旨在用摄影的方法反映科技战线的新成就、新风貌。共评出一等奖3幅，二等奖7幅，三等奖20幅。

共青团河北省委机关刊物《河北青年》在石家庄创刊。月刊。16开48页。

广东省妇女联合会主办的《广东妇女》在广州创刊。月刊。16开48页。

5月4日

第五届全国人大常委会第二十三次会议通过《关于国务院部委机构改革实施方案的决议》，宣布成立广播电视部，撤销中央广播事业局。任命吴冷西为部长。同月，任命郝平南、马庆雄、徐崇华为副部长，金照、卢克勤为顾问。

5 月 5 日

中国人民解放军总政治部在北京召开全军报纸工作会议。会议强调报纸工作的根本任务是宣传马列主义毛泽东思想和党的路线方针政策，更深入地宣传社会主义精神文明，有力地推动全军精神文明建设和先进连队、先进个人活动的深入开展。会期 10 天。

5 月 15 日

华东地区六省一市广播电台播音业务座谈会第二次会议在安徽省太平县召开。重点讨论了提高新闻播音质量问题。会期 6 天。

5 月 20 日

《健康报》为庆祝儿童节，并配合全国首次举办的儿童用品展销会，编辑出版了 10 万份科普知识专刊——《儿童保健专刊》。

5 月 21 日

华北六报协作会在郑州召开。

5 月 24 日

中共广东省深圳市委员会机关报《深圳特区报》在深圳市创刊。对开 4 版，日刊。罗妙任社长。

5 月 26 日

本日至 28 日，《文艺研究》和《电视文艺》编辑部联合召开电视剧座谈会。吴冷西、金山以及部分作家出席会议。会议认为，要推动电视剧发展，目前要着重解决好两个问题：一是拿出作品，二是开展评论。

5 月 31 日

中国体育记者协会加入国际体育影视联合会，并当选为代表亚洲区的副主席。

同月

中央人民广播电台 1981 年优秀广播节目（稿件）评选工作在本月初结束。这次活动共评选出优秀广播节目（稿件）662 个（篇），其中，获一等奖的有 74 个（篇）。

6 月 1 日

新疆电视台实行维吾尔语、汉语分频道播出，各办一套节目。这是全国第一个省级电视台专用一个频道开办少数民族语言电视广播。

6 月 3 日

全国优秀投递员授奖大会在人民大会堂召开。

6 月 8 日

本日至 11 月 6 日，由首都新闻学会发起，中国社会科学院新闻研究所、人民日报、工人日报、中国青年报、北京广播学院等单位组成调查组，对新闻传播媒介北京市受众作了一次大规模的调查。同年 11 月首都新闻学会调查组写出 6 个调查报告，后来在《中国新闻年鉴》第 2 卷（1983 年版）上刊出。

6 月 15 日

1981 年全国好新闻评选结果在北京揭晓。共评出好新闻作品 157 篇（幅），其中受奖作品 81 篇（幅），受表扬作品 55 篇（幅），受荣誉奖作品 21 篇（幅）。

工人日报美术摄影部和北京、天津、上海、长沙、青岛五市工人文化宫联合举办的《五市职工漫画展览》在天津开幕。这是建国以来最大的一次职工漫画展览。

中共河北省委宣传部召开新闻工作座谈会，提出了以下 8 条意见和措施：一、新闻宣传要给人以方向、勇气、力量。二、改进经济宣传。三、自觉地、坚持不懈地抓好共产主义思想和共产主义道德的宣传。四、坚持以表扬为主的方针。五、认真搞好报纸、广播的理论宣传。六、认真搞好报纸、广播电视的文艺宣传。七、搞好新闻改革，发挥新闻优势。八、切实抓好对新闻队伍的培养提高。

6月23日

辽宁省新闻工作者协会在沈阳举行第二届理事会第三次全体会议。会议认为，新闻改革的重点仍然在于改革“新闻”。

6月25日

机械电子工业部主办的全国性行业报纸《中国电子报》在北京创刊。对开4版，周刊。

本日至30日，美国广播公司总经理鲁尔一行8人访华。29日万里副总理会见并回答了他们提出的问题。

6月26日

辽宁省新闻学会在沈阳成立。中国新闻学会辽宁省分会和辽宁省新闻工作者协会是一套班子，两个牌子。赵阜任会长。

6月28日

新疆人民广播电台柯尔克孜语广播开播。至此，新疆人口在10万以上的少数民族均能听到本民族语言的广播。新疆人民广播电台至此共用5种语言（维、哈、汉、蒙、柯）广播。

同月

《肇东报》在黑龙江肇东创刊。4开4版，周二刊。

辽宁新少年杂志社编辑出版的《好孩子画报》创刊。16开，月刊。

7月1日

中共博尔塔拉蒙古族自治州委员会机关报《博尔塔拉报》发行蒙文版报纸。至此，该报共使用蒙、维、汉三种文字出版。

中共浙江省金华地委机关报《金华报》复刊。4开4版，周三刊。该报创刊于1949年12月1日。

中共江西省九江地委机关报《九江报》复刊。4开4版，周三刊。其前身是《九江日报》，创刊于1956年1月，1968年12月1日停刊。

中国人民银行武汉市分行和长江日报社合办的《经济信息报》在武汉创刊。4开4版，周刊。向全国公开发行。

中共安庆市委、安庆市人民政府领导的安庆人民广播电台恢复播音。该台始建于1958年，1960年停播。

7月6日

中共中央宣传部召开部务会议，听取《工人日报》有关先进人物赵春娥宣传情况的汇报。中宣部部长邓力群在会上就报纸如何宣传时代精神、共产主义思想和先进人物问题发表了讲话。

7月8日

中央广播电视大学首届（79届）专科毕业生18031人结业。吴冷西在毕业典礼上讲话，指出：“我们要培养有多方面才能的广播电视工作者。”

7月12日

江苏省新闻工作者协会、江苏省新闻学会同时在南京成立和恢复活动。李铭堂任协会主席，樊发源任学会会长。

7月13日

人民日报总编室传达胡乔木最近的意见：“中央电视台联播节目有些消息很短，人民日报可以选用，以扩大人民日报内容。”

广播电视部主办的综合性月刊《中国广播电视》在北京创刊。16开48页。

7月20日

山西省1981年10条好新闻评选结果在太原揭晓。

本日至26日，1982年华北地区广播电视协作会议在河北承德市召开。这是华北地区广播电视系统第一次以讨论广播电视新闻和评论为中心内容的专题协作会议。

7 月 21 日

东北报纸协作会议在哈尔滨召开。北京新闻协会新闻摄影艺术组负责人蒋齐生应邀到会讲话，题目是《报纸与新闻摄影的关系》。

四川省举行首次新闻理论讨论会，着重讨论如何把报纸广播电视办得更活，更能引人入胜的问题。

7 月 22 日

中共山东省委宣传部召开为期 5 天的县报负责人座谈会，重点研究如何提高县报质量的问题。

7 月 26 日

全国电视台台长会议在北京举行。会议主要研究了如何搞好对十一届七中全会和十二大的宣传报道问题。会期 3 天。

7 月 29 日

广东《南方日报》湛江记者站长兰爱宽、山东《大众日报》编辑李道山在完成赴延安采访任务返回西安途中，因车祸受重伤。8 月上旬先后在西安不幸逝世。

同月

湖南省妇女联合会编辑出版的《湖南妇女报》复刊。4 开 4 版，半月刊。该报创刊于 1956 年 3 月，1959 年 3 月停刊。

《河北物资市场》更名为《河北市场报》继续出版。周刊，4 开 4 版。是一份反映河北省经济动态的专业报。

云南省司法厅主办的《云南法制报》在昆明创刊。4 开 4 版，半月刊。

湖南人民广播电台新闻研究室成立。

中国社会科学院新闻研究所与展望出版社联合主办的《电视良友》在北京创刊。不定期刊。每期出 16 开 46 页。1983 年改为月刊。

福建省新闻协会举办全省第二期新闻写作学术讨论会。

中国电视剧艺术委员会成立。金山任该委员会主任。

8 月 6 日

宁夏新闻工作者协会、宁夏新闻学会在银川成立。顾页任会长。

8 月 9 日

上海市新闻学会成立。学会第一届理事 59 名，赵超构任名誉会长，徐铸成任顾问，马达任会长。第一批会员有 299 名。

8 月 10 日

中共江西省景德镇市委机关报《景德镇报》复刊。4 开 4 版，双日刊，逢双日出版。该报创刊于 1955 年 5 月 15 日，1968 年 11 月停刊。

北京新闻学会在光明日报社召开读者研究学术座谈会，就如何做好群众来信工作进行了讨论。

8 月 16 日

本日至 26 日，江西、江苏、上海、山东、安徽、浙江、福建、湖北、湖南等九省、市广播电台在庐山举行座谈会。座谈会由江西人民广播电台发起，中央人民广播电台应邀出席。与会代表强调，对农村广播，要讲农民最关心的事情和迫切要求解决的问题，形式上要大胆创新，力求内容与形式的完美统一。

8 月 25 日

国家标准局发布了《彩色电视广播国家标准》。标准号为 GB3174—82。正式确定中国的彩色电视广播制式采用逐行倒相正交平衡调幅制，即 PAL/D 制。

8 月 30 日

新疆开办维吾尔语广播电视大学理工课程。这是全国第一个用少数民族语办的广播电视大学。

同月

河南电视台正式播出。

海南电视台正式播出。

光明日报社接待了芬兰经济编辑俱乐部访华团。该团主要由芬兰通讯社、广播电台、《赫尔辛基报》《经济生活》等较有影响的新闻单位的12名经济编辑组成。

由吉林延边自治州科技协会主办的《科学技术报》（朝文）在延吉市创刊。4开4版，半月刊。

9月15日

北京新闻学会就如何对读者进行共产主义思想宣传问题，举行学术座谈会。副会长戴邦主持。

9月17日

我国第一个制作电视剧的专业团体——北京电视制片厂成立。1985年5月改名为北京电视剧艺术中心。

9月18日

广播电视部举行大型茶话会，庆祝中国对外广播创办35周年（9月11日）。胡乔木、邓力群在会上讲话，吴冷西、梅益、张香山、温济泽等400多人参加。廖承志写了贺词。

9月20日

陈云在中南海会见广播剧《真与假》编导时指出：广播比报纸来得快，影响大。特别是广大农村，订报纸的不多，电视机还不多，农民主要还是听广播，要努力办好广播，发挥广播的作用。

9月29日

中国国际广播电台派出三人小组，赴美考察美国之音电台。

同月

中国新闻社庆祝诞生30周年。邓颖超、廖承志给该社发信祝贺，称赞中新社在30年的历程中，发挥了“独特的作用”，“是我国新闻战线的奇兵”。中新社于1952年9月建立，它以海外华侨、港澳同胞、台湾同胞、外籍华人为服务对象。是我国唯一的由新闻界人士发起组织的通讯社。

杭州大学恢复中文系新闻专业。本学年招收本科学生40名。

10月1日

中央人民广播电台增办第三套对台湾广播节目。播音时间由原来的20小时增至37小时。

中央人民广播电台第三套节目试播立体声节目。

中共河南省平顶山市委机关报《平顶山日报》创刊。4开4版，周六刊。

江西省司法厅主办的《江西法制报》在南昌市创刊。4开4版，周刊。

湖北省十堰市人民广播电台开始播出自办节目。

广西梧州市人民广播电台恢复广播。该台创办于1959年10月1日，1962年6月15日停办。

10月4日

首都新闻界漫画家举行会议，成立北京新闻学会新闻漫画研究学术组。19人参加此组织。

10月6日

本日至15日，全国第一次科普广播编辑工作经验交流会在昆明举行。

10月9日

中共中央书记处、国务院正式批准建立厦门电视台，并指出要“用当地节目作为中央和省台节目的补充，加强该地区的电视宣传”。

10月15日

本日至20日，广播电视部技术局在青

岛召开大跨距分米波电视节目传输试验鉴定会。

10 月 17 日

新华社播发《胡耀邦会见法国记者》一稿，报道了胡耀邦关于中苏关系等 7 个问题的谈话，突破了我国历代领导人同外宾谈话往往由外国记者报道，再由《参考消息》转载的做法。

10 月 21 日

中共贵州省委决定恢复出版《贵州农民报》。4 开 4 版，周刊。

10 月 22 日

1982 年西北五省区报纸协作会议在西安召开。会议主要总结交流了各报前一阶段关于中共十二大宣传报道的情况和经验，并研究如何继续深入持久宣传十二大精神等问题。

10 月 23 日

广播电视部部长吴冷西在华东七省市广播电台第二次新闻节目情况交流会上讲话，指出：办好新闻节目应该放在第一位；新闻是主干，是红花，其他节目是绿叶；广播电台、电视台要逐步成为新闻中心。

10 月 25 日

中央电视台新闻部派代表参加在日本东京召开的全球卫星计划“亚广联”A 区顾问会议。会议决定：A 区从 1983 年 2 月开始，进行 4 至 8 周通过卫星交换电视新闻的实验；在分区进行试验的基础上，再研究实施全球卫星交换电视新闻的计划。全球卫星交换电视新闻计划如能实现，将使中央电视台《新闻联播》中国际新闻的内容得到进一步改进。

同月

《解放日报》《文汇报》《新华日报》《浙江日报》《福建日报》《江西日报》《大众日报》《安徽日报》华东八报第二次经营管理工作经验交流会，在安徽黄山召开。

福建省新闻协会举办的好稿评选揭晓。

中共湖北省十堰市委机关报《十堰报》创刊。4 开 4 版，周四刊。

中共山东省济宁市委机关报《济宁市报》复刊。4 开 4 版，周刊。该报创刊于 1956 年 10 月。

《中学生学习报》在郑州创刊。4 开 4 版，周刊。

湖南省总工会主办的月刊《主人翁》在长沙创刊。16 开 48 页。

福建日报社主办的《每周文摘》在福州创刊。

《光明日报》记者代表团一行 5 人应德意志联邦共和国新闻局邀请，到西德进行为期两周的访问。访问考察的重点是西德的职业教育和科技普及情况。

11 月 2 日

西南地区四川、云南、西藏、贵州、重庆五省市报纸的总编辑在贵阳举行总编辑座谈会。讨论如何深入宣传十二大精神，开创报纸工作新局面等问题。

11 月 5 日

本日至 11 日，广播电视部在北京召开第一次全国电视台台长会议，着重讨论电视新闻改革问题。会议要求在二三年内把《新闻联播》办成一个自成体系、比较完整、能够准确及时地对国内外重要事件进行形象化报道的节目，使中央电视台成为全国新闻的中心。

11 月 10 日

本日至 14 日，中国日报在杭州召开华东七省市新闻摄影座谈会。来自 38 个新闻单位和摄影组织的 48 位代表参加了座谈会，讨论了如何加强报纸的新闻摄影工作等问题。

11月11日

北京新闻学会在北京日报举行报纸如何为读者服务座谈会。首都新闻界50余人参加。

11月15日

乌鲁木齐人民广播电台维语广播节目正式开播。使用频率为1071千赫，发射功率为1000瓦。

胡乔木派人转告《工人日报》社：《工人日报》办得还是不错的，很有特色。但是有一个缺点，短的消息太少，长文章太多。

中国唱片社、中国唱片厂、中国唱片发行公司合并，成立中国唱片公司。

11月17日

中国社会科学院新闻研究所召开《中国新闻年鉴》工作会议，讨论1983年版《中国新闻年鉴》编辑出版的有关问题。

11月18日

中南地区电视新闻经验交流会在湖南省长沙市举行，历时一周。代表们观摩了各台的新闻节目，汇报了一年的工作情况，会议重点讨论了如何搞活经济新闻等问题。

11月23日

中国社会科学院新闻研究所在北京召开关于西方传播学研究座谈会。

11月26日

湖北省新闻工作者协会和湖北新闻学会在武汉主持召开湖北省第三次新闻理论讨论会。

11月30日

国务院在“六五”计划中指出：“第六个五年计划期间，文化艺术、电影、电视、广播、新闻、出版、图书馆、博物馆、文化馆等各项文化事业和卫生、体育事业都将有相应的发展。”“广播电视要提高节目的思想性、知识性和艺术性，加强节目的制作和传送手段，提高技术质量和人口覆盖率。”

同月

本月中旬至12月初，我国17个新闻单位共派出93名记者去印度新德里采访第九届亚运会。在新德里举行的亚洲体育记者联盟第三次代表大会上，中国体育记协副主席吴重远当选为亚洲体育记者联盟执行委员会副主席。

12月2日

辽宁省新闻工作者协会、辽宁省新闻学会在沈阳召开为期3天的经验交流会。与会者认为，要把报纸的要闻版（一版）办成具有强烈时代精神，全面宣传、学习和贯彻十二大精神的强大阵地。

12月3日

中国国际广播电台派出记者组一行3人，赴柬埔寨采访柬埔寨人民抗越斗争的新形势。

12月4日

中共山西省委宣传部在太原市召开城市报纸工作座谈会。

12月27日

山西省新闻摄影学会成立。第一批会员共77人。

同月

华文《欧洲日报》在法国巴黎试刊。

同年

本年内中国大陆公开出版发行的报纸共有659种，期发总数7822.6万份，全年发行总数1397934万份。中国大陆共有广播电台118座，电视台共47座，市、县广播站2631个，收音机社会拥有量18476万台，电视机社会拥有量2761万台。

《铭报新闻》在台北市创刊。每期出对开4版。

上海、南京、石家庄等地的卫星通信地面站利用印度洋上的国际通信卫星试验电视传输，获得成功。

河北大学中文系新闻专业招收了第一届新生 30 人。

1983 年（癸亥）

1 月 1 日

上海人民广播电台开辟正点新闻。该台第一套节目从早晨 5 时起的各次新闻节目全部正点播出。其他各套节目全天共播出 20 次。

中央电视台改进《为您服务》节目，设立固定节目主持人。该节目的主持人沈力，成为我国的第一个电视固定节目主持人。

由国务院指导的《经济日报》（前身为国家经济委员会领导的《中国财贸报》）在北京创刊。对开 4 版，周六刊。刘海波任社长，安岗任总编辑。

中央人民广播电台第一、二套节目开始实行新的节目时间表。新闻节目由每天 19 次增至 24 次。大部分新闻节目，实现了从整点或半点开始。第三套节目每逢节假日 7 时 30 分至 13 时增播立体声广播节目。

湖北省广播电视厅主办的《电视月刊》开始向全国发行。

中共成都市委机关报《成都晚报》复刊。对开 4 版。

浙江省总工会机关报《浙江工人报》在杭州创刊。4 开 4 版，周刊。其前身是 1949 年 12 月 7 日创刊的《工人生活报》，1961 年 2 月 5 日停刊。

1 月 2 日

国务院侨务办公室主办的综合性侨报《华声报》在北京创刊。张伯树任总编辑。

1 月 5 日

《中国煤炭报》在北京创刊。对开 4 版，周二刊。

1 月 7 日

《湖北日报》一版以显著位置报道雷锋式先进人物朱伯儒的事迹，题为《把爱和热献给人民》。

1 月 10 日

第一届全国广告装潢设计展览（西安展），本日至本月底在西安展出。

1 月 12 日

中央人民广播电台在《各地人民广播电台联播》节目中播出了通讯《为科学技术现代化呕心沥血的中年科学家雷雨顺》，以及记者在医院采访雷雨顺的录音。

1 月 17 日

湖南省新闻学会首届年会和“两会”（省记协、省新闻学会）第一届第二次理事会 17 日至 20 日在长沙举行。

1 月 18 日

吉林省林业新闻摄影学会在长春成立。这是全国第一个产业系统新闻摄影学术组织。

1 月 20 日

《唱片报》在北京创刊。广播电视部中国唱片公司编辑出版。4 开 4 版，月刊。

同月

中华台湾同胞联谊会主办的《台声》月刊在北京创刊。

《科技信息报》在太原创刊。4 开 4 版，周刊。

《重庆农村报》在重庆创刊。4 开 4 版，周刊。

新华社向中共中央提出了建设具有中国特色的社会主义现代化世界性通讯社的报告。报告建议，从 1983 年起，围绕建设世界性通讯社的任务，抓好以下几方面的改革：一、打破宣传报道单纯面向国内的狭隘观点，加强和改进对外宣传，努力攻占世界宣传舆论阵地。二、进一步改革国内报道。三、加强通讯技术装备的改造和更新。四、抓紧干部队伍的培训和更新。五、改革业务管理方法和财务管理制度，体现社会主义的按劳分配原则。2月，中央批准了这一报告。

新华社新闻研究所正式成立。方言任第一任所长。

四川日报社创办的《川东之页》正式出刊。

中共安徽省司法厅党组主办的《安徽法制报》在合肥试刊。4开4版，旬刊。同年7月正式创刊，改为周刊，周六出版。

《青海藏文法制报》在西宁市创刊。青海省司法局主办。4开4版，周刊。

中央人民广播电台研究室成立。

2月1日

中央人民广播电台《新闻和报纸摘要》《各地人民广播电台联播》节目开始介绍省、自治区、直辖市报纸和电台的要闻，每天介绍5—6家，每次3—5分钟。

2月4日

广播电视部同国家工商管理局联合下达《关于贯彻录音录像制品管理暂行规定的通知》，要求加强市场管理和对违章违法生产录像制品进行整顿，并提出了具体措施。

中宣部副部长郁文参加了中国新闻社的采编业务会议。在会上指出，中国新闻社的工作在我国整个对外宣传中，占有很重要的地位。

2月5日

《新疆地质报》在乌鲁木齐创刊。中共新疆维吾尔自治区地质矿产局委员会机关报。

以香港《广角镜》杂志总编辑李国强为团长的香港报刊作者访问团一行12人，应中国记协邀请，于5日至16日开始对北京、天津、广州等地进行访问。

2月8日

中国记协在北京国际俱乐部举行中外记者迎春招待会。中外记者250人出席招待会。

2月9日

中央人民广播电台播出黑龙江省双城县青年商店全体青年来信，对黑龙江省双城堡火车站野蛮装卸洗衣机事件进行批评，并做连续报道，引起了各方面的重视。这是中央人民广播电台本年内组织的一次比较成功的批评性连续报道，对铁路路风以及社会风气的逐步好转，起到了促进作用。

2月11日

《工人日报》连续刊登长篇通讯《震撼河北省城的一场斗争》，揭露华北石油管理局石家庄办事处副主任刘伯平经济犯罪案的部分内容。

《中国日报》出版迎春特刊，刊登了该报举办的“北京一日”新闻摄影比赛中评选出的优秀作品。在此以前，该报还举办了“中国一日”和“十亿人民”新闻摄影比赛。

2月22日

本日至24日，广播电视部和教育部联合召开会议，讨论利用银行贷款支持北京、天津、上海3个直辖市和辽宁等6个省建设分米波电视发射台，播送电视大学和其他教育节目等问题。

2月23日

1982年全国好新闻照片的初评、复评工作本日至26日在北京进行。

2月24日

中共中央宣传部、中央对外宣传小组发出《关于实施〈设立新闻发言人制度〉和加强对外国记者工作的通知》。

本日至29日，全国电视剧导演艺术理

论座谈会在北京召开。与会者认为，在决定电视剧质量的诸因素中，剧本是基础，导演是关键。

2 月 26 日

中国记协在北京饭店举行新春茶话会，由中国记协主席吴冷西主持。王震、胡乔木、邓力群等中央领导人出席茶话会并讲了话。

中国记协和天津市记协联合组织 15 个省、市、自治区的 16 名新闻工作者到天津市采访商业网点建设和商业改革情况等问题。

同月

中国国际广播电台日语广播在世界 30 个对日广播的电台中被评为第二名，这一结果是在日本广播爱好者杂志《短》二月号上公布的。第一名是澳大利亚电台。

江苏省江宁市《江宁报》创刊。4 开 4 版，周二刊。

3 月 1 日

中央电视台参加亚洲地区的电视新闻交换试验。

中共河南省新乡市委机关报《新乡晚报》创刊。4 开 4 版，周六刊。期发 9000 份。

3 月 3 日

国家教育部主办的《中国教育报》在北京开始试刊。

3 月 4 日

新华社国内工作会议 4 日至 18 日在北京举行。穆青在会上作了长篇报告，全面阐述了新华社改革的方向、目标和任务。邓力群在会上作了重要讲话。吴冷西、朱穆之、李庄、杜导正也到会讲话。

中央人民广播电台举行第一次广播节目收听研究会，播放了中央台的 6 个创新节目录音，探讨了节目主持人形式和广播节目的编播工作。

3 月 5 日

中国记协和上海市记协于本日至 20 日联合举办“今日上海”专题采访。

中国共产主义青年团天津市委员会机关报《天津青年报》复刊。4 开 8 版，周刊，星期六出版。

云南省交通厅主办的《云南交通报》在昆明创刊。4 开 4 版，旬刊。

青海省新闻工作者协会恢复活动。青海省新闻学会正式成立。

3 月 8 日

广东人民广播电台记者、共产党员安珂，为保护同志，维护社会治安，在与歹徒搏斗中光荣牺牲。4 月 14 日，中华全国新闻工作者协会授予安珂“优秀新闻工作者”称号。

安徽省科协主办的《科技咨询》在合肥创刊。是全国第一家咨询性质的报纸。4 开 4 版，半月刊。

3 月 9 日

《当代中国的广播电视》编委会在北京的部分编委召开第一次工作会议。

3 月 10 日

中央电视台在《新闻联播》中开始扩大预告部分大城市天气预报的内容。

中国社会科学院新闻研究所、北京新闻学会于 10 日至 12 日在北京举办纪念马克思逝世 100 周年新闻学术讨论会。这是我国第一次举行关于马克思新闻实践和新闻思想的学术讨论会。会后编辑出版了一本《马克思新闻思想研究讨论文集》。

3 月 14 日

甘肃新闻学会召开兰州新闻界学术座谈会。

3月21日

《大众电视》举办的首届大众电视“金鹰奖”和第二届繁荣电视剧“飞天奖”在昆明举行授奖大会。

3月27日

北京新闻学会第一届理事会第三次全体会议决定，鉴于北京市的新闻学会即将成立，北京新闻学会将改名为首都新闻学会，以区别北京市的新闻学会。

3月28日

根据中宣部关于评选优秀新闻工作者的批示的精神，中国记协发起组织全国范围的评奖活动。评奖委员会主任为吴冷西。

3月31日

本日至4月10日，第十一次全国广播电视工作会议在北京举行。会议总结了第十次全国广播电视工作会议以来的经验，制定了发展广播电视事业的一系列方针政策，提出了以新闻改革为突破口，带动广播电视发展的全面改革的任务。确定今后要实行“四级办广播，四级办电视，四级混合覆盖”的方针，因地制宜，分级建设，以加速广播电视的发展。这次会议讨论、确定了开创广播电视事业新局面的要求和到本世纪末的奋斗目标，特别着重研究了今后三、五年内迫切要做的工作：要使广播电视真正成为教育和鼓舞全党、全军和全国各族人民建设社会主义物质文明、精神文明的最强大的现代化工具，成为人民群众喜闻乐见的知心朋友。会上，吴冷西部长作了题为《全面改革，发挥优势，努力开创广播电视新局面》的报告。

同月

广播电视部委托《中国广播电视》《电视文艺》和《电视周报》共同主办的1982年全国优秀电视剧评选“飞天金像奖”揭晓。《武松》等15部电视剧、电视小品获奖，还评出优秀导演和演员蔡晓晴、萧雄等。

全国林业好新闻评选活动结束。中央人民广播电台有3篇获一等奖，中央电视台有7条获一等奖。

北京新闻学会举行新闻经济学术研究活动，交流1982年首都各家报纸的经营管理状况，指出1982年各报经营管理方面的以下特点：一、报纸发行量下降趋势已终止。二、广告收入增加。三、各报利润比上年有所增加。

郑州大学在该校中文系附设新闻专业。

中国体育记者协会体育摄影学会在昆明成立。

《小学生科普报》在长沙创刊。4开4版，月刊。

《老人报》在广州创刊。4开4版，半月刊。广东科技出版社主办。

《农民之友》在武汉创刊。4开4版，周刊。湖北省供销社、湖北日报社合办。

4月1日

中央电视台与美英合众独立电视新闻社续订的有效期为2年的国际通信卫星新闻合同生效。

4月4日

共青团沈阳市委主办的《沈阳青年报》创刊。4开4版，周刊。

中国大百科全书出版社同中共中央宣传部新闻局就出版《中国大百科全书·新闻出版》卷的编辑工作召开座谈会，研究了该卷新闻部分的框架结构和选收条目的原则，商定了编辑委员会（筹备组）人选。编辑委员会（筹备组）召集人为钟沛璋、钱辛波，成员有丁希凌、王中、方言、方汉奇、左漠野、江涛、刘尊棋、张千祥、商恺等。萨空了任编委主任，钟沛璋、钱辛波任副主任。5月24日编委会（筹备组）举行了第一次会议。会上研究了编辑工作程序，商定了各分支负责人人选。

4月6日

全国政协主办的《人民政协报》在北京创刊。对开4版，周刊，星期三出版。是全国性的宣传和贯彻执行党的统一战线政策，介绍人民政协、民主党派和有关人民团体的工作和活动情况的报纸。萨空了出任第一任总编辑。邓小平题写报头。

《当代中国的广播电视》编委会召开编辑工作会议。广播电视部部长吴冷西在会上讲话。指出，这本书要讲中国式的广播电视，讲概况，讲走过什么道路。要从改革的角度来写。也要讲改革。

新华社干部进修学院在北京正式开学。该学院于1986年1月24日改称中国新闻学院，专门培养新闻高级人才，穆青兼任院长。

4月8日

中华全国新闻工作者协会第三届全国理事会本日至14日在北京举行。吴冷西致开幕词，王揖作了《为开创新闻界的新局面服务》的报告。

4月11日

中共广东省恩平县委机关报《恩平周报》创刊。4开4版，周二刊。

4月13日

河南省新闻摄影研究会在郑州成立。

4月15日

根据河南省记协的安排，郑州晚报主办了河南省第一次市、地报纸协作会。

4月16日

广播电视部、对外经济贸易部和海关总署联合下达《关于录音录像制品出口审核程序的通知》。通知规定，音像制品出口在向外贸部申领许可证前，需报广播电视部音像制品管理部门审核。

人民日报社长胡绩伟率领该报代表团，于16日至30日访问日本。

4月19日

第一届全国优秀广播节目评选揭晓，评出优秀广播新闻、评论、专题75篇。

中国记协和江苏省记协于本月19日至26日在无锡市联合召开爱国主义和共产主义思想宣传经验交流会。

4月21日

谢文清任广播电视部副部长。

4月22日

第一次全国儿童广播剧评选会议本日至27日在北京举行。共评选出《蘑菇的故事》等22部优秀剧目。

中国电视代表团一行4人，本日至29日到法国戛纳参加第19届戛纳国际电视市场节。一共带去20个小时的节目，设立7个展台。这是我国第一次在戛纳电视节设立展台。

4月23日

中国记协首次向中外记者介绍国务院各部委和人民团体的新闻发言人，宣布我国建立新闻发言人制度。

同月

全国各省、自治区广播事业局改名为省（区）广播电视厅。上海、北京、天津市广播事业局于1984年先后改名为市广播电视局。

广播电视部所属中国广播艺术团举行建团30周年纪念活动。该团是我国广播电视系统历史最久、规模最大的综合性艺术团体。

全国省、自治区、直辖市广播电台广告工作会议在天津召开。

5月1日

吉林省总工会、吉林省经委和吉林日报

联合主办的《城市时报》在长春创刊。4开4版，周三刊。

5月2日

新华日报社主办的农民小报《致富报》在南京创刊。8开4版，周刊。向全国发行。

5月5日

广播电视部谢文清代部长同法国对外关系部长谢松签署了中法广播电视合作议定书。

前《云南日报》总编、云南省新闻工作者协会主席李孟兆在昆明逝世。

5月6日

1982年新华社好稿评选工作结束，共评选出101篇好新闻作品。

5月16日

由12个省、市、自治区9个民族的13名新闻工作者组成的全国少数民族新闻工作者采访学习团，进行了为期37天的参观活动。

5月17日

朝鲜中央通讯社社长朱贤钰率领朝中社代表团一行7人，来华访问两周。在华期间受到中共中央总书记胡耀邦的接见。

5月18日

全国新闻摄影1982年作品展览在北京中国美术馆展出。6月1日结束。这是中共十一届三中全会以来在中国美术馆举办的第一次展览。

5月23日

西藏自治区首次新闻工作者代表大会于本日在拉萨召开。会上成立了西藏自治区新闻工作者协会、西藏自治区新闻学会。大会于25日结束。

5月25日

中共中央宣传部和教育部于本日起在北京联合召开全国新闻教育工作座谈会。这是建国以来召开的第一次全国新闻教育会议。会后，根据会议精神印发了《关于加强新闻教育工作的意见》。

5月26日

广播电视部召开科学技术委员会第一次会议。会议于6月5日结束。

非洲记者联盟主席阿布德尔萨维（埃及）率领的代表团应邀来华，进行了将近半个月的友好访问。

5月28日

中共云南怒江傈僳族自治州委机关报《怒江报》（新老傈僳文版、汉文版）创刊。社址设在六库镇。两版均为4开4版。汉文版为周刊，新老傈僳文版创刊时为不定期，1985年起改为旬刊。

5月29日

经济报纸经验交流座谈会本日起至6月4日止在杭州举行。参加会议的有22个省、市、自治区的36家经济报刊和单位代表。

5月30日

中央电视台彩色电视中心主体工程在北京破土动工。这是全国70项重点工程之一。

5月31日

经中央批准，中共中央办公厅和国务院办公厅批转广播电视部《关于加强录像设备使用管理的意见》。《意见》对进口录像带的管理、开办营业性录像放映活动、开办闭路电视等提出了要求和规定。

1982年全国好新闻评选在武汉揭晓。共评选出获奖作品112件，受表扬作品168件。

同月

广播电视部地方宣传局在江苏省苏州市召开座谈会，着重讨论了市管理县后宣传如何适应新形势等问题。

《七台河日报》在黑龙江七台河市创刊。

4 开 4 版，周六刊。

中共浙江省海宁市委主办的《海宁科技》创刊。

《布依文报》在贵州罗甸县创刊。黔南布依族苗族自治州罗甸县民委主办。4 开 4 版油印，月刊。

6 月 1 日

《中国日报》在美国纽约出版北美版。

6 月 2 日

中共秦皇岛市委机关报《秦皇岛日报》复刊。4 开 4 版。该报的前身是 1956 年 4 月 14 日创刊的《秦皇岛报》，1961 年 5 月 1 日停刊。

6 月 6 日

中国记协与江西记协筹备组 6 日至 11 日在庐山召开科技、教育宣传经验座谈会。

中国社会科学院新闻研究所按照中美高级学者交流计划，于本日至 26 日接待了美国加利福尼亚州立大学专科分校新闻传播研究中心主任祝基滢博士。祝基滢博士重点考察了中国的报纸、广播、电视对青少年的影响，考察了粉碎“四人帮”后的中国新闻事业。

江苏省科技战线的综合性报纸《江苏科技报》在南京创刊。4 开 4 版，周报。

6 月 9 日

应朝鲜记者同盟的邀请，中国记协书记王飞于 9 日至 15 日率代表团赴朝鲜进行工作访问。

6 月 10 日

廖承志在北京逝世。廖承志曾任新华社社长，解放日报社社长，中共中央宣传部部长。

6 月 15 日

新华社杨家祥副社长率领的新华社技术考察团一行 14 人赴美访问，先后访问了美国两大通讯社——美联社和合众国际社。

6 月 24 日

中国社会科学院新闻研究所在北京协助主办的新疆新闻干部进修班举行结业典礼。

6 月 30 日

厦门大学建立新闻传播系。该系设置的广告专业是中国高等学校中的第一个广告专业。

同月

广播电视部科学技术委员会在其制定的《广播电视技术政策》中提出，到本世纪末，我国广播电视的技术建设，要采用卫星广播、微波传送等最新设备，立足于国产，力图接近或达到世界先进水平。

天津市司法局主办的《天津法制报》创刊。4 开 4 版，旬刊。

《黑龙江经济信息》在哈尔滨创刊。中国工商银行黑龙江省分行主办。4 开 4 版，旬刊。是黑龙江省内的第一张经济类报纸。

台湾《华视新闻杂志》在台北创刊。

7 月 1 日

由中国记协常务副主席王揖率领的代表团一行 8 人，应邀于本月 1 日至 13 日赴平壤参加国际新闻工作者反帝、友谊、和平大会。

《地质报》更名为《中国地质报》继续出版。由原来的 4 开 4 版，改为对开 4 版，周二刊。发行约 6 万份。

《经济效益报》（红版）在北京创刊。由经济效益报（红版）编辑部、人民日报农村部联合主办。是专门为提高农村经济效益而办的报纸。陆定一题写报名。

吉林省司法厅主办的《吉林省法制报》在长春创刊。4 开 4 版，半月刊。

中共黑龙江绥化市委机关报《绥化报》创刊。4 开 4 版，周刊。

浙江《金华报》更名《金华日报》继续

出版。4 开 4 版，周六刊。

中国民间文艺研究会福建分会主办的民间学报《海峡民间》在福州创刊。4 开 4 版，半月刊。

设于云南省个旧市的红河人民广播电台开始试播。

7 月 4 日

地质矿产部系统的第一次报纸工作会议于 4 日至 10 日在西安举行，着重探讨了如何提高地质报刊质量等问题。

7 月 6 日

广播电视部政策研究室、北京广播学院、吉林省广播电视厅、吉林省新闻研究所本日至 11 日，在长春联合召开中国广播电视史和《当代中国丛书·广播电视卷》编辑工作座谈会。

7 月 7 日

国家教育部主办的《中国教育报》经过 4 个月的试刊后，在北京公开发行，周四刊。

中央新闻纪录电影制片厂举行活动，纪念延安电影团创建 45 周年和中央新闻纪录电影制片厂建厂 30 周年。

7 月 8 日

秘鲁记者学会会长马里奥·卡斯特罗，应邀于本日至 26 日来华进行友好访问。

7 月 13 日

新华社首次国内分社管理工作会议于本日至 16 日在北京举行。

7 月 16 日

浙江省 1982 年好新闻评选揭晓。共评选出一等奖 10 篇，二等奖 32 篇，好标题 3 则，好照片 2 幅。

7 月 20 日

全国农民报协作会议本日至 27 日在长春市红色社员报社召开。农业生产责任制在中国兴起后，出现了亿万农民要求看报的新情况，农民报得到了蓬勃的发展，全国已有农民报 176 家，205 种。这次会议总结了前一段时期农民报的办报经验，明确了全心全意为农民服务的办报指导思想。会议决定成立全国农民报协会。

7 月 21 日

为山西新闻事业的发展作出过重大贡献的原中共山西省委常委史纪言在太原逝世。

7 月 22 日

北京市新闻工作者协会成立。

7 月 23 日

中宣部委托全国记协在中央党校开办的第一期新闻班结业。

7 月 27 日

南京市政协主办的综合性报纸《爱国者》在南京创刊。4 开 4 版，周刊。

同月

中共中央总书记胡耀邦在考察西北等地时，同电视记者谈话，指出：你们宣传单位对边疆地区的宣传很不够。你们电台一定要投入一些力量报道一下青海、西藏、宁夏、内蒙古、云南、黑龙江、新疆和海南岛以及甘肃的一部分，特别是少数民族地区。要努力宣传开拓精神和进取精神。

《小主人》在上海创刊。4 开 4 版，周刊。

专门介绍世界知识的综合性画报——《世界知识画报》在北京创刊。世界知识出版社出版。16 开本，月刊。

《中国医学论坛报》在北京创刊。是中国医疗卫生服务公司与美国赛克勤基金会合作创办的一份专门报道国际、国内医学新闻的中文报纸。4 开 8 版，半月刊。每月 10 日和 25 日出版，公开发行。

《上海译报》在上海创刊。对开 8 版，周报。

8 月 1 日

《象棋报》在广州创刊。是羊城晚报社和广州棋艺社联合编辑出版的我国第一份象棋专业性报纸。4 开 4 版，半月刊。

8 月 2 日

工人日报开始举办“振兴中华职工读书活动知识竞赛”活动。9 月 2 日公布竞赛试题，到 10 月 1 日截止，共收到 102 万职工寄来的答卷。

8 月 4 日

中国记协举办的先进人物与先进典型宣传报道经验交流座谈会在太原召开。

8 月 7 日

中央电视台开始播出电视系列片《话说长江》。

8 月 8 日

工人报纸新闻学术讨论会在兰州举行。

8 月 14 日

广播电视部本日至 19 日在北京召开第一次全国电视对外宣传工作会议。会议通过了《全国电视对外宣传工作会议纪要》。

8 月 17 日

邓小平为中央人民广播电台儿童广播剧团题词：“照毛主席的话做：好好学习，天天向上。”

8 月 20 日

中国记协与甘肃省记协联合组织甘肃“丝绸之路变化”采访团，沿兰州至敦煌一线进行丝绸之路的专题采访。参加的有来自中央及 15 个省、市新闻单位的 21 名记者，为期 25 天。

8 月 23 日

北京新闻学会成立。第一批会员共 137 名。

8 月 24 日

广播电视部同国家气象局联合发出通知，要求各级广播电台（站）、电视台根据需要与可能，适当增加天气预报广播的次数，并力求准确及时。

8 月 25 日

西南四省五报总编辑座谈会于本日至 9 月 2 日在拉萨举行。出席会议的有《四川日报》《云南日报》《贵州日报》《西藏日报》《重庆日报》的负责人。

8 月 26 日

北京新闻学会在体育报社召开体育新闻学理论讨论会。

8 月 29 日

全国汽车行业报首次联席会议于 8 月 29 日至 9 月 3 日在长春市举行。

8 月 30 日

广东省防癌协会主办的《防癌报》在广州创刊。4 开 4 版，不定期出版。

8 月 31 日

1983 年西北五省区报纸工作会议在乌鲁木齐市举行。参加这次会议的有陕西、甘肃、宁夏、青海、新疆五省区报纸的主要负责人。

同月

北京广播学院开办新闻编采专业和微波专业两个干部大专班。共录取学员 78 名。

台湾政治大学新闻研究所成立博士班，掀开台湾新闻教育新篇章。

9 月 1 日

中国人民大学函授学院开设的 3 个新闻专业函授班，分别在北京、西安、天津开学。

中国记协创办的职工新闻学院举行成立大会。中宣部副部长曾德林等领导人出席。院长萧岩，副院长洪一龙、许海涛。

以卢克勤顾问为团长的中国广播电视代表团本日至 16 日访问加拿大。重点考察卫星广播情况。

中共中央党校第2期新闻班开学。

全国画报工作座谈会本日至7日在北京举行。出席座谈会的有中国摄影家协会、人民画报社等单位的代表70余人。召开这样全国性画报工作会议，是建国以来的第一次，在我国画报史上也是第一次。会议就如何更好地办好画报等问题进行了探讨。

山西新闻摄影学会主办的《摄影报》在太原创刊。这是我国第一张全国发行的摄影专业报纸。该报1985年7月1日改名《中国摄影报》，1989年起改名《人民摄影》继续出版。对开4版，周刊。

台湾华视超高频道（V199）开播。

9月2日

中央电视台举行建台25周年纪念。该台前身为北京电视台，1958年5月1日试播。1987年5月改名中央电视台。

9月3日

《人民日报》第1期在职干部新闻研究班开学。

9月6日

《人民日报》总编辑秦川率领人民日报代表团启程赴法国、意大利访问，并参加法国共产党《人道报》、意大利共产党《团结报》报刊节活动。

9月8日

中国社会科学院新闻研究所、中央电视台、江西省广播电视厅、上海市广播电视局本日至12日在江西庐山联合召开电视新闻讨论会。到会代表联系实际，对经济新闻、社会新闻、口播新闻的改革进行了讨论。

9月9日

原台湾国民党“中华电视台”“中国电视台”节目主持人黄益腾及其家属，从台湾经日本到达北京。

9月14日

广播电视部委托《电视月刊》编辑部和中央电视台专题部联合举办的全国首届优秀电视专栏节目评奖揭晓。64个专栏节目获得一、二、三等奖。

9月21日

广播电视部决定在太原创办一所广播电视中等专业学校，定名华北广播电视学校，招收高中毕业生，学制2年。

新华社在民族文化宫举行茶话会，庆贺《参考消息》改版扩大发行9000期。

9月22日

著名报刊政论家乔冠华在北京病逝。乔冠华，出生于1913年，江苏盐城人。1945年起到重庆《新华日报》工作，曾任香港《华商报》社论委员，新华社香港分社社长。建国后，历任国家新闻总署国际新闻局局长，中华人民共和国外交部部长等职。

9月28日

首都新闻学会举行第一届第四次理事会议，讨论学会的性质和任务等问题。会议确定：学会的性质是研究新闻学的学术团体，其宗旨是为组织和推动会员对中外新闻学进行研究，对新闻理论和实践以及新闻事业史的问题进行探讨，以发展马克思主义新闻学，促进社会主义新闻事业的发展。

9月29日

《中国日报》总编辑刘尊棋赴维也纳参加联合国教科文组织召开的建立国际交流新秩序问题圆桌会议。

同月

《中国日报》编委关在汉赴东京参加联合国召集的世界传播会议。

中国社会科学院研究生院新闻系本年招收的攻读硕士学位研究生36人入学。该系5年间共招收研究生305人，已有188人毕业，1 人结业，155 人被授予硕士学位。

中国人民大学新闻系录取的 1983 级本科生和研究生报到入学。新闻系 1983 年招收新闻学专业本科生 44 人，招收研究生 9 人。参加中国人民大学新闻系举办的教师进修班学习的进修教师同时报到入学。

中国记协职工新闻学院附设的第 1 期新闻干部进修班开学。

四川、陕西、新疆、甘肃联合召开建筑报协作会第一届会议。

《中国新闻年鉴》本年度编辑工作会议本月 20 日至 23 日在湖南慈利县举行。

10 月 1 日

中国人民武装警察部队政治部主办的《人民武警报》在北京创刊。4 开 4 版，周二刊。彭真为该报题写了报头。

《河北工人报》在石家庄创刊。4 开 4 版，周刊。发行 16 万份。

中共广东省佛山市委机关报《佛山市报》创刊。4 开 4 版，周二刊。星期二、五出版。在广东省内发行。

天津市总工会机关报《天津工人报》在天津复刊。4 开 4 版，周刊。该报创刊于 1952 年 5 月 1 日，1960 年 6 月停刊。

中共新疆建设兵团委员会机关报《新疆军垦报》复刊。该报前身为《生产战线报》，创刊于 1953 年 5 月，1975 年停刊。复刊后为 4 开 4 版，周二刊。

10 月 3 日

机械工业部中国农机服务总公司主办的《农机商情》改名《农机化服务报》继续出版。周报。该报从 1984 年开始由 4 开 4 版，增为 8 版，仍为周报。

参加“亚广联”的中国代表团宣布：我国将向“亚广联”赠款 15000 美元，并决定担任 1985 年该会理事会的东道主。

10 月 4 日

全国首届优秀电视专栏节目评奖授奖大会在武汉举行。64 个优秀专栏节目在这次会上获奖。

10 月 5 日

《中国报刊》在北京创刊。新闻出版总署主办。该报 1986 年更名为《中国报刊报》，1988 年改名《新闻出版报》。创刊时为 4 开 4 版，周刊。现为对开 4 版，周五刊。

10 月 8 日

中央人民广播电台、中央电视台、中国国际广播电台联合建立驻香港广播电视记者站。首席记者陈奇。

10 月 10 日

中国摄影协会在天津成立。该会共有团体会员 38 个，个人会员 1673 名。

10 月 12 日

中国国际广播电台、中央人民广播电台、中央电视台联合建立驻华盛顿记者站。记者马瑞流、刘尔煌。至此，我国已在东京、贝尔格莱德、伊斯兰堡、巴黎、墨西哥、华盛顿建立了 6 个驻外广播电视记者站。

中国社科院新闻研究所、首都新闻学会发起，北京和浙江省等 18 个新闻单位参加的调查组，本日至 26 日在浙江省进行受众情况调查。为了解广播、电视、报纸在人民群众中的作用和影响，以及受众的意见和要求，更好地进行新闻改革，搜集了大量材料。

中国记协与湖南省记协于 12 日至 16 日在长沙联合召开改进经济宣传工作座谈会，着重讨论了如何提高经济新闻的指导性，如何把新闻搞得生动活泼，如何提高经济新闻编辑、记者队伍素质等 3 个问题。

黑龙江省新闻工作者协会副主席耿兆贵在哈尔滨病逝。

10 月 17 日

广播电视部颁布 10 个《广播电视名词

术语专业（部）标准》（编号为8.1—83至8.10—83）。此外，还颁布了《广播用盒式录音磁带的最低性能要求和测量分法》（编号为9—83）和《塑料薄膜立体声唱片标准》（编号为10—83）两个专业部颁标准。

10月18日

应日本学术振兴会的邀请，以中国社会科学院新闻研究所副所长钱辛波为团长的新闻学术代表团，本日至28日到日本进行学术访问。这是中国第一次向日本派出的新闻学术访问团。该团在日访问期间，对日本新闻学术研究的情况和日本新闻机构与新闻教育单位的关系作了调查，并考察了日本新闻传播事业。

中国电视剧制作中心在北京成立。是中央电视台制作电视剧的专业机构。

10月20日

全国新闻摄影理论讨论会本日起至28日在天津召开。会议对新闻摄影工作的各个方面进行了广泛的探讨。

湖北省天门县人民广播电台建立。

10月22日

中国记协与湖北省记协本日至26日在江汉油田组织召开全国厂矿企业报纸经验交流会。

10月26日

中共中央批转广播电视部党组《关于广播电视工作的汇报提纲》，并以中共中央文件（1983年第37号）的形式发出通知，要求各级党委加强和改进对广播、电视工作的领导，同时，根据需要和可能，适当增加一些人力和财力，发展各级广播、电视事业。

中国记协和辽宁省记协联合召开的报纸一版专题经验交流会，本日至11月1日在沈阳举行。来自全国34家报纸的45名代表参加了会议。会上交流了各报的经验，讨论了进一步办好要闻版的设想和打算。

本日至11月1日，中国国际广播电台参加了在日内瓦举行的第四届世界电信展览会广播部分的展出。通过录音、录像、图片、图册及各种宣传品，向观众介绍中国国际广播电台的概况和节目，吸引了大量观众。

10月27日

中国新闻摄影学会正式成立。是已成立的各省市新闻摄影学术组织的联络机构。实行团体会员制。主要任务是研究新闻摄影理论，举办一年一度的新闻展览和好新闻照片评选，培训新闻摄影队伍，开展新闻摄影的国际交流。

同月

《开平报》在广东开平创刊。4开4版，周刊。

《河北经济报》在石家庄创刊。对开4版1张，周三刊。河北省人民政府主办。

民治新闻学校在重庆复校。顾执中为名誉校长，王久材等主持校务。

东北三省第五次报纸协作会议在沈阳和大连召开。会议讨论的中心议题是：坚持党性原则，更加面向群众，遵循新闻规律，提高宣传水平。

中央人民广播电台在兰州召开驻西北各省和自治区广播记者站片会。会议就如何贯彻执行中央关于开发大西北的战略部署，有组织、有计划地加强大西北的报道等问题，进行了探讨。

11月1日

中央人民广播电台恢复举办《各地人民广播电台编排的节目》。

11月4日

应朝中社的邀请，以穆青为团长的新华社代表团本日至18日访问朝鲜。访问期间，金日成接见了代表团全体成员。

11 月 5 日

《望谟县布依文报》在贵州望谟县创刊。4 开 4 版，油印，不定期。贵州省望谟县民委主办。

11 月 6 日

经济日报总编辑安岗率中国新闻代表团于 6 日至 17 日访问了日本。

11 月 9 日

中国国际广播电台在美国首都华盛顿建立记者站。至此，该台已建立了 6 个驻国外记者站。

11 月 11 日

广播电视部本日至 17 日在北京召开农村有线广播技术标准和技术管理规程终审会。

11 月 16 日

全国 42 家广播电视报经验交流会本日至 22 日在武汉举行。

11 月 20 日

内蒙古昭乌达盟改为赤峰市，中共昭乌达盟委机关报《昭乌达报》改为中共赤峰市委机关报《赤峰日报》（汉、蒙文版）。

11 月 21 日

广播电视部本日至 12 月 3 日在北京召开全国广播电视宣传工作会议。会议着重讨论了广播电视加强爱国主义和共产主义教育，不搞精神污染等问题。吴冷西部长在会上讲了话。中共中央书记处书记、中宣部部长邓力群作了《关于反对和防止精神污染的若干政策界限》的报告。

四川省新闻摄影理论研究会成立。

11 月 25 日

应新华社邀请，突尼斯新闻部长阿卜杜勒—拉扎克菲和夫人一行 3 人，本日至 30 日来北京进行友好访问。

日本《朝日新闻》记者本多胜一本日至 12 月 27 日访华。他沿着当年日军侵华时在金山湾登陆后进犯南京的路线，沿途收集采访南京大屠杀史实，准备在报上发表连载文章并著书。

同月

《民主朝鲜》总编辑蔡俊炳一行 5 人访问我国。

中央电视台《学拼音》节目在日本东京举行的第 14 届国际教育广播电视节目日本奖的评比会上获特别奖。

江西省新闻工作者协会恢复活动。该会建立于 1954 年，1966 年停止活动。与此同时，江西省新闻学会也恢复了活动。该协会 1958 年建立，“文化大革命”中停止活动。

台湾政治作战学校增设新闻研究所。

12 月 1 日

中共鄂西土家族苗族自治州委成立，原《恩施报》改名为《鄂西报》，作为中共鄂西土家族苗族自治州委机关报继续出版。

12 月 5 日

广播电视部本日至 14 日在山东泰安召开第一次全国广播电视干部工作会议。

纪念毛泽东同志诞辰 90 周年全国新闻学术讨论会 5 日至 9 日在长沙举行。会后出版了《毛泽东新闻理论研究》一书。

12 月 6 日

武汉电视台开始试播。1984 年 1 月 1 日正式播出。

12 月 16 日

中共中央总书记胡耀邦到广播电视部视察，同广播电视部及中央人民广播电台、中国国际广播电台、中央电视台的负责人就有关广播电视工作的问题交换了意见。

广播电视部本日至 22 日召开录音录像管理工作会议。

12 月 18 日

吉林省林业新闻摄影学会在长春成立。

这是全国第一个产业系统的新闻摄影工作者的组织。

12 月 19 日

广播电视部中国电视剧艺术委员会、中央电视台中国电视剧制作中心、中央电视台本日至 27 日在北京联合召开 1984 年全国电视剧题材规划会。

新华社在香港设立亚太总分社。陈伯坚任社长。

12 月 21 日

1983 年“全国红领巾读书读报奖章”活动总结表彰大会，本日至 27 日在北京召开。

中国广播卫星公司成立。该公司以广播电视部为主，专门从事广播卫星技术引进工作。

12 月 23 日

中宣部新闻局和中国记协为《毛泽东新闻工作文选》的出版，在北京联合举办报告会。会上强调新闻界要在毛泽东新闻理论指导下搞好新闻改革，坚持无产阶级党性原则，不断开创新闻事业的新局面。

全国晚报经验交流会议本日至 31 日在昆明召开。会议由李普主持。主要议题是总结和交流晚报如何宣传社会主义精神文明的经验。

12 月 27 日

云南省新闻工作者协会、云南省新闻学会成立。

12 月 29 日

贵州省广播电视厅主办的《贵州广播电视报》在贵阳创刊。

同月

《济宁日报》在山东济宁创刊。4 开 4 版，周六刊。

中共中央文献研究室和新华社合编的《毛泽东新闻工作文选》出版。此书有关新闻工作的论述，大部分根据中央档案馆保存的毛泽东手稿和其他原件刊印，第一次公开发表。书中所附的手迹，是首次公布的珍藏文献。

《中国日报》出版青海特刊，随报赠送读者。

同年

本年内，中国大陆公开出版发行的报纸共 792 种，平均期发总数 9543.6 万份，全年发行总数 1817819 万份。中国大陆共有广播电台 122 座，电视台 52 座，市、县广播站共 2619 座，收音机社会拥有量 21465 万台，电视机社会拥有量 3611 万台。

中国国际广播电台向日本听众发出调查问卷信，这是我国新闻媒介进行的首次国外受众调查。

福建霞浦县的《松涛》、福清县的《玉融乡音》、莆田县的《莆田乡讯》等刊物先后创刊和复刊。这些报刊均以旅外侨胞为读者对象，主要报道家乡的新变化和新面貌。

国际关系学院新闻系、武汉大学新闻系、兰州大学新闻系、华中理工大学新闻系相继成立。

1984 年（甲子）

1 月 1 日

中国国际广播电台对北京地区的英语广播开播。这台英语节目以在北京的外国朋友为主要对象。

中国铁道建筑总公司主办的行业报纸《铁道工程报》在北京创刊。4 开 4 版，周二刊。

国家医药管理局创办的全国性医药专业报纸《医药报》在北京创刊。周二刊。1985 年 7 月 1 日更名《中国医药报》在重庆出版。

江苏省首届新闻摄影展览本日至 15 日在徐州举行。展出 108 幅作品。

中共江苏省常熟市委机关报《常熟市报》创刊。

中共河南省焦作市委机关报《焦作日报》创刊。4 开 4 版，周六刊。

中共福建省三明市委机关报《三明日报》创刊。4 开 4 版。前身为 1958 年创刊的《三明建设报》(后易名《三明报》)，1969 年 4 月 1 日停刊。

中国人民解放军福建前线广播电台正式改名为海峡之声广播电台。

深圳电视台试播自办节目。

汕头日报社主办的《潮汕乡讯》创刊。主要面向海外同胞。

《乌鲁木齐晚报》创刊。分维吾尔文、汉文两种文版。4 开 4 版，周六刊。

上海市司法局主办的《上海法制报》创刊。4 开 4 版，周刊。

1 月 3 日

中央电视台为配合整党工作，开辟了中央党史专题节目《光辉的历程》专栏。每周播 1 集，共播出 41 集。

中宣部新闻局向有关部门提出《关于着手制定新闻法的请示报告》，建议立即着手筹备新闻立法工作。此报告 1 月中旬获得中央批准。

国务院环境保护委员会主办的《中国环境报》在北京创刊。是世界上第一家国家级专门报道和宣传环境保护的报纸。对开 4 版，周刊。1985 年、1987 年该报曾先后获得联合国环境署授予的银质奖章和“全球环境保护先进单位”称号。

面向江苏全省少年读者的《少年之声报》在南京创刊。

1 月 4 日

新华社主办的《世界体育参考》在北京创刊。4 开 4 版，周二刊。

1 月 5 日

中央教育科学研究所主办的《教育文摘报》在北京创刊。半月刊。

广播电视部政策研究室和《当代中国的广播电视》编辑部在青岛举行《当代中国的广播电视》编辑工作会议。该书将记载新中国成立以来广播电视事业发展的历史，总结广播电视事业发展的经验。

1 月 6 日

国家计划生育委员会主办的《中国计划生育》在北京创刊。

1 月 7 日

中国汽车工业总公司主办的《中国汽车报》在北京创刊。对开 4 版，周二刊。

1 月 9 日

新华社本日至 13 日在北京召开国内分社摄影工作会议。

杭州人民广播电台成立并开始播音。

1 月 10 日

由广播电视部、全国无线电管理委员会和邮电部等部门联合组成的中国电信代表团，本日至 11 日参加了国际电信联盟在日内瓦召开的世界短波广播频率规划大会第一次会议。

1 月 11 日

中华人民共和国广播电视部同土耳其共和国广播电视组织合作协议，在土耳其安卡拉签署。

1 月 16 日

国务院学位委员会公布第二批博士和硕士学位授予单位及指导教师名单。新闻学首次被列为可以招收博士研究生的学科。中国人民大学新闻系、复旦大学新闻系被列为具有博士学位授予权的单位。

1月18日

在首都新闻学会理事会上，胡绩伟会长宣布成立新闻法研究室（设在中国社会科学院新闻研究所内）。商恺任主任，孙旭培任副主任。

1月24日

北京市新闻工作者协会召开北京市优秀新闻工作者表彰大会。

1月25日

辽宁省科普创作协会和阜新市科普创作协会合办的《家庭科学报》在阜新创刊。4开4版，半月刊。

《鸡鸭鹅鹑鸽》在山西省临汾创刊。8开4版，周刊。是现有全国开张最小的报纸。

台湾《广告时代》杂志创刊。

1月26日

安徽省人民政府举行第一次新闻发布会。

以总编辑李庄为首的《人民日报》代表团访问罗马尼亚。

1月27日

本日为中法建交20周年。胡耀邦总书记通过广播电视向法国人民致辞，我国媒体及时向法国传送。法国重大新闻单位纷纷播发。

1月31日

中国记协举行春节招待会。中国记协主席团主席吴冷西致辞，中宣部部长邓力群到会同大家见面。

同月

李鹏副总理在全国气象局长会议上表示，希望中央电视台的天气预报再增加15个省、市，改为全国各省、市都有预报。

《中国人口报》在北京创刊。对开4版，周二刊。

《中国食品报》在北京创刊。对开4版，周三刊。是中国食品工业协会主办的一张全国性食品专业报纸。

世界知识出版社主办的《世界博览》在北京创刊。16开本，月刊。

《科学文化报》创刊。对开4版，周二刊。

《中国职工技术导报》在北京创刊。4开4版，周刊。

《少年科学报》在武汉创刊。4开4版，旬刊。

中国书法家协会湖北省分会主办的《书法报》在武汉创刊。4开4版，双周刊。是我国第一张公开发行的普及性书法专业报纸。

《山东工人报》在济南创刊。4开4版，周三刊。

《湖南经济信息报》在长沙创刊。对开4版，周二刊。

《厦门特区工人报》在厦门创刊。4开4版，周刊。

中共广东省茂名市委机关报《茂名日报》创刊。4开4版。

中共广东省韶关市委机关报《韶关日报》创刊。4开4版，周六刊。

《四川经济报》在成都创刊。对开4版，周三刊。

《陕西卫生报》在西安创刊。4开4版，周刊。

《教师报》在西安创刊。周刊。陕西省教育厅主办。

2月1日

杭州电视台开播。

2月3日

国际奥委会主席萨马兰奇电贺《中国体育》出版《奥林匹克专号》。

2月10日

首都新闻学会新闻理论研究组召开座谈

会，就深入学习《毛泽东新闻工作文选》，开展毛泽东新闻理论的研究，坚持和发展毛泽东新闻理论，建立有中国特色的社会主义新闻学的问题，广泛地交换了意见。

2 月 11 日

南方日报社主办的《南方周末》在广州创刊。对开 4 版，周刊。

2 月 17 日

美国人口研究所主办的“一九八四年亚洲公众媒介人口报道优秀奖”颁奖仪式在印度新德里举行。新华社获“最认真的新闻报道奖”。

2 月 26 日

河北省新闻学会受中国新闻摄影学会委托承办的全国新闻摄影 1983 年作品评选会议在华北油田结束。评出了参加展览的作品 300 幅。胡武功拍摄的《洪水袭来之际》获得本届最佳新闻照片奖。

2 月 27 日

天津市新闻工作者协会在天津八一礼堂召开天津市 1983 年度优秀新闻工作和先进集体表彰大会。

驻京外国记者为答谢中国新闻界在 1983 年中对他们工作的支持和合作，在中国记协大厅举行记者招待会。

2 月 28 日

山东省新闻工作者协会、山东省新闻学会正式成立。本日至 29 日在济南召开了该协会和学会的第一届理事会议。

广东省电视台二台中断预定播出的节目，及时插播广州自来水公司工人黄永祥受重伤生命垂危的消息，并向公众发出请求献血的紧急呼吁，得到了群众的关注和积极响应，使黄永祥得到康复。这次报道充分显示了电视这一现代化新闻媒体的巨大威力。

2 月 29 日

全国政协主席邓颖超对台湾广播提出意见。指出：要加强对台湾广播，要放手编发一些消息，消息要短，内容要丰富。

中共绍兴市委机关报《绍兴日报》创刊。4 开 4 版，周六刊。

3 月 1 日

辽宁省新闻工作者协会和辽宁省新闻学会评选出 1983 年报纸优秀稿件 24 篇，优秀版面 1 个。

3 月 2 日

英文《中国日报》获联合国人口活动基金会颁发的世界人口最佳报道二等奖。

3 月 7 日

新华社 1983 年好稿评选工作结束。共评选出文字稿 103 篇（其中 35 篇推荐参加全国好新闻评选），图片稿 15 件，书籍 12 部。

3 月 8 日

新华社国内工作会议 8 日至 17 日在北京举行。中心议题是：如何从建设世界性通讯社的需要出发，开创干部工作的新局面。

3 月 12 日

中共江苏省委宣传部在徐州市召开全省报纸总编辑座谈会。

3 月 15 日

第二届全国优秀广播节目评选活动本日至 4 月 1 日在广州举行。评出 1983 年优秀广播节目（稿件）137 篇。

民主德国记协主席海因里希和负责国际事务的书记福格于本日至 27 日访华。

《福建日报》创办《专业户新闻》专版。半月刊。

3 月 23 日

新华社在北京召开本年度全社表彰大会，表彰了社内的 28 个先进集体，130 名先进工作者。

3月24日

河南省新闻学会和省新闻工作者协会，举办全省第一届好新闻评选。

第四次全国戏曲广播剧工作座谈会，本日至30日在武汉召开。

3月28日

广播电视部发布《关于市、县建立广播电台、电视台的暂行规定》。

3月29日

中国记协在本日召开的第四次主席团会议上，审议通过了以下两项决定：一、建立新闻干部培训工作委员会；二、建立记协财务委员会。

3月31日

新华社总社和国内分社间的通信网络第一期改造工程完工，把27个国内分社原有的串并式网络（几个分社网接在一起），改造成为辐射式网络，以便于随时发稿。

同月

北京日报社举办差错展览，展出了《北京日报》《北京晚报》《北京日报·郊区版》3个月发生的差错60余起。

《山西工人报》在太原创刊。对开4版，周三刊。山西省总工会主办。

山东省新闻摄影学会成立。

4月1日

穆青率领新华社代表团本日至9日对突尼斯进行友好访问，并签署我国和突尼斯共和国新闻合作计划。

河北省衡水人民广播电台正式播音。

4月2日

“历史的脚步——高粮摄影作品展览”在北京中国美术馆开幕。

国际新闻学会会长斯尼德尔斯（荷兰）秘书处主任加利纳（英国）和理事江进（日本）本日至11日应邀来华访问。

黑龙江新闻学会在哈尔滨成立。

4月5日

郑州大学新闻系建立。

江西大学恢复新闻系。

新华社在开罗设立中东总分社。穆广仁任社长。

全国人大常委会委员长彭真在首都新闻界人士座谈会上发表讲话，要求报纸、广播、电视台将法制宣传报道作为一项重要任务来进行。

4月7日

全国农村广播改造会议7日至15日在洛阳召开。会议确定，今后发展农村有线广播事业的方针，是建立以县广播站（台）为中心，以乡镇广播为基础，以专线传输为主，并与多种传输手段相结合，联结村村户户的质量高、效能好的农村广播网。

4月8日

我国成功发射了一颗试验通信卫星。这颗卫星于4月16日成功地定点于东经125度赤道上空，卫星上仪器设备良好，通信、广播和电视传输等试验进行正常。这使得乌鲁木齐市可以直接收看中央电视台当天播出的电视节目。

4月11日

中国科技报研究会本日至17日在武汉市召开第三届年会，就科技报的性质、特点、作用等问题，进行学术讨论并交流经验。

第四届（1983）全国电视剧“飞天奖”评选于本日揭晓。17部优秀剧目、15人和1个集体获奖。

4月12日

新疆新闻工作者协会成立。

4月17日

西班牙《先锋报》副社长路易斯·弗依

克斯本日至5月12日来华访问。是中国记协恢复活动后接待的第一位西班牙记者。

4月18日

首都新闻学会召开经济宣传学术讨论会。

4月19日

北京市新闻学会和北京市新闻工作者协会联合举办的第一次全市性的1983年优秀作品评选活动揭晓，并召开发奖大会。共有50篇作品获奖。

4月20日

江苏镇江人民广播电台正式播音。

1983年全国优秀电视新闻评选会本日至25日在南京举行。评出一等奖10名。

美国密苏里大学新闻学院授予英文《中国日报》总编辑冯锡良“密苏里新闻事业卓越贡献奖章”。同时获奖的还有台湾著名老报人马星野。

4月23日

第二届大众电视“金鹰奖”评选在北京揭晓。《高山下的花环》《华罗庚》《生命的故事》《走进暴风雨》等剧获奖。

《经济日报》总编辑安岗率领的《经济日报》代表团一行6人，对联邦德国进行了为期两周的访问。

4月30日

联合国新闻部本日至5月3日在上海举办亚太地区新闻界知名人士圆桌会议。到会代表有15个国家和地区的主编一级的新闻界人士，会议讨论的主题是《联合国面临的全球性挑战》。

同月

新华社大型综合性对外英文刊物《中国季刊》在北京创刊。

湖北省举办首届全省年度好新闻评选，有44件作品受奖，84件作品受表扬。

《农村金融报》在哈尔滨创刊。4开4版，周刊。中国农行黑龙江分行主办。

《谷城报》在湖北谷城县创刊。4开4版，周刊。中共谷城县委主办。

福建省新闻学会在福州成立。

5月1日

广播电视部委托中央电视台于本日至7日在北京召开第一次全国电视文艺座谈会。

台湾联合报系的《经济》杂志在台北创刊。

5月4日

《山西法制报》在太原创刊。4开小报，周刊。

新华社国内经营管理工作会议本日至12日在北京召开。

5月5日

《牡丹江日报》授予记者张洪特别奖，表彰他撰写的一条内部参考引起国家经委重视，使国家一批紧缺物资免遭损失。

5月8日

新华社副社长冯健率领新华社代表团8日至25日先后访问德意志民主共和国和匈牙利，并分别签订了新华社和德意志民主共和国通讯社1984年和1985年协议书，以及新华社和匈牙利通讯社的协定。

5月11日

中国记协和国务院港澳办公室本日至31日接待前来采访六届全国人大二次会议和全国政协六届二次会议的28名港澳记者。

5月12日

首都新闻学会召开理事会，讨论学会工作和制定新闻法等问题。会议由会长胡绩伟主持。

著名新闻工作者、原《解放日报》社长恽逸群的骨灰盒覆盖党旗仪式在南京举行。恽于1978年12月10日在南京病逝。

全国邮电行业 1983 年好新闻评选揭晓。评出获奖作品 30 件，受表扬作品 54 件。

5 月 14 日

中共中央总书记胡耀邦在吉林视察时指出，记者一定要一专多能，知识面要宽。

香港英文《星报》停刊。

5 月 15 日

全国新闻摄影 1983 年作品展览在北京市劳动人民文化宫开幕。

5 月 16 日

首都新闻学会召开新闻失实综合治理的学术讨论会。

5 月 20 日

台湾第一个公共电视节目《大家来读三字经》在中视频道播出。公共电视节目强调知识性、服务性、教育性、示范性，注意新创作的作品和高水准的作品，并顾及社会各阶层对电视节目的需要，以平衡商业性电视节目的影响。

5 月 29 日

中共中央宣传部新闻局局长钟沛璋约请中央人民广播电台播音员徐曼等座谈，了解《空中之友》节目情况和对台广播的改革情况，赞赏此节目的两大特色：一是亲切服务的态度，二是实事求是，从实际出发。同时建议加以推广。

5 月 30 日

全国水利电力系统第一次报纸工作座谈会于本日至 6 月 2 日在南宁召开。

同月

农业部主办的《中国乡镇企业报》在北京创刊。对开 4 版，周三刊。

《浙江法制报》在杭州创刊。4 开 4 版，半月刊。

《香港市场》在香港创刊。16 开 26 页，周刊。

延安清凉山文物管理处开始维修新华通讯社、《解放日报》社旧址。

《丽水日报》在浙江丽水创刊。4 开 4 版，周六刊。

《汕头工人报》在广东汕头创刊。4 开 4 版，周刊。

中央电视台、青海电视台联合摄制的大型电视系列片《唐蕃古道行》在青海开机拍摄。

中美合拍的儿童电视剧《大鸟在中国》，继 1983 年获得美国电视艺术科学院颁发的“艾美金像奖”之后，本月又获得加拿大“北乃夫国际电视节目最佳儿童节目奖”。

《拉萨卫生报》在西藏拉萨创刊。由拉萨市卫生局主办。4 开 4 版，双月刊。1985 年 5 月停刊。

澳门唯一的一家电视台澳门电视台开播。由澳门广播公司经营。用葡、汉、英 3 种语言播出。

6 月 1 日

广播电视部正式批准颁发《农村有线广播站及设备要求等项部标准》。

《侬侬》月刊在台北创刊。

台湾华视文化公司成立华视世界视听中心。

6 月 2 日

中央电视台第一次在《新闻联播》中播出台湾新闻《龙舟竞渡，赛前操兵》。到本年 12 月，共播出有关台湾的新闻 15 条。

6 月 3 日

中国记协、工人日报、甘肃省记协联合召开的全国工人报刊革命传统教育经验交流会，本日至 17 日在兰州举行。

6 月 5 日

朝鲜朝中社代表团一行 5 人在副社长梁永万率领下本日至 19 日来华访问。万里副总理接见了代表团。

6 月 7 日

新华社社长穆青发布嘉奖令，表彰在两组出色报道中表现突出的有关单位和采编人员。一组是浙江分社和总社国内部合作采写的关于海盐衬衫厂厂长步鑫生的报道；一组是对外部采写的关于美国总统里根访华的报道。

6 月 9 日

全国青年报纸总编辑会议举行，讨论青年报纸在改革开放，社会主义现代化建设，振兴中华的伟大斗争中的任务。中共中央宣传部新闻局局长钟沛璋在会上作了总结发言。

6 月 10 日

《轻工信息报》在安徽合肥创刊。4 开 4 版，周刊。

6 月 11 日

中国记协、河北省记协和中国法制报本日至 15 日联合在石家庄市召开法制报法制宣传座谈会。

6 月 18 日

1983 年全国好新闻评选在哈尔滨市揭晓。232 篇作品被评为全国好新闻。

6 月 20 日

中国国际广播电台在首都国际俱乐部举行茶话会，庆祝对华侨广播开播 35 周年。

6 月 26 日

中共浙江省台州地委机关报《台州报》创刊。每周二、五出版。1984 年改为日刊，易名《台州日报》。

中国记协与山西省记协本日起至 7 月 1 日，在太原市联合召开新闻真实性问题座谈会。与会者介绍了各自单位近年来坚持新闻真实性原则的情况，总结经验，分析发生失实现象的原因，初步探讨了有关新闻真实性的一些理论问题，提出了综合治理的办法。

6 月 29 日

首都新闻学会对外宣传报道学术研究小组在北京周报召开首次学术讨论会。会议由该小组组长汪溪主持。

同月

本月下旬至 7 月 9 日中共上海市委宣传部，召开上海市各主要新闻单位负责人座谈会。中心议题是：在城市经济体制改革的新形式下，报纸、广播、电视如何用改革的精神来搞好改革的宣传报道。

《市场信息报》在太原市创刊。4 开 4 版，周二刊。

《价格信息报》在广州市创刊。4 开 4 版，周二刊。

《西南工商报》在重庆市创刊。4 开 4 版，周刊。

7 月 1 日

中央电视台第一套节目开始全天播出，并试行电视节目栏目化。

中共天津市委主办的综合性晚报《今晚报》创刊。邓小平为该报题写了报头。

辽宁省经济委员会指导的《辽宁经济报》在沈阳创刊。4 开 4 版，周刊。

上海市政协主办的《上海政协报》在上海创刊。1987 年 7 月 1 日改名为《联合时报》。4 开 4 版，周刊。

中共江西萍乡市委机关报《萍乡报》复刊。

湖南省社会科学联合会主办的《书刊导报》在长沙创刊。

湖北麻城电视台正式开播。

中共浙江省丽水地委机关报《丽水报》创刊。4 开 4 版，周二刊。

中共西宁市委机关报《西宁报》创刊。4 开 4 版，周二刊。

7 月 2 日

经中宣部同意，新华社党组作出了《关

于建立新华社编委会和加强总编室工作的决定》。新华社编委会由11人组成，冯健、曾建徽负责召集。

7月4日

中国记协和河南省记协联合召开的报纸经营管理改革经验交流会，本日至9日在郑州举行。会议交流了报纸经营管理的经验，着重探讨了目前报社经营管理改革亟待解决的问题。

7月5日

新华社第一条远程汉字电脑终端通讯电路（北京—郑州）试验成功。

山西日报新闻研究所组织的《晋绥日报》报史座谈会，本日至13日先后在太原、大同两地召开。

《富民报》在福州创刊。初由福建省供销社、省乡镇企业局和福建日报合办，后由福建日报主办，成为《福建日报》农村版。

7月6日

中国青年报社主办的《青年参考》在北京创刊。4开4版，周刊。

7月13日

《晋绥日报》史学会正式成立。郁文任会长。

新华总社召开的国内内参工作会议本日至23日在北京召开。中共中央书记处书记胡启立在会上作了重要指示。穆青在会上作了题为《新形势下内参报道的方针和任务》的报告。

7月15日

新疆日报社和新疆教育厅联合举办的新闻学大专班结业。这是新疆培养出的第一批新闻专业的大专毕业生。

7月21日

《青海科技报》藏文版在西宁创刊。4开4版，周刊。是青海第一张少数民族文字科技报。

7月22日

上海《小主人》报10人记者团本日至8月4日在北京采访。

7月29日

中宣部新闻局和中国记协联合举办的全国新闻干部培训工作经验交流会，本日至8月9日在成都召开。

7月30日

全国优秀电视专栏节目评选在武汉揭晓。84个节目和个人分别获奖，中央电视台的电视连续节目《话说长江》获特别奖。

同月

《中国河运报》在武汉创刊。4开4版，周二刊。

《教育周报》在重庆创刊。4开4版，周刊。重庆市教育局主办。

中共忻州地委机关报《改革报》创刊。4开4版。周二刊。

黄河水利委员会党委机关报《黄河报》在郑州创刊。4开4版，半月刊。

中共山东潍坊市委机关报《潍坊日报》创刊。4开4版。

安徽省交通厅主办的《安徽交通报》在合肥创刊。4开4版，周刊。

《粤港企业家报》在广州创刊。对开4版，周刊。广州市经委主办。

中共嘉峪市委机关报《嘉峪关报》在甘肃嘉峪关市创刊。4开4版，周刊。

贵州省新闻摄影分会成立。

8月1日

河北保定地区调频广播电台正式开播。

新疆石河子人民广播电台正式播音。

江苏扬州人民广播电台正式播音。

8月2日

中共广东省江门市委机关报《江门侨

报》创刊。4 开 4 版，半月刊。主要面向海外华人。

8 月 3 日

中国记协和山东省记协本日至 8 日在济南联合召开报纸、广播、电视怎样正确开展批评座谈会。来自中央和地方新闻单位的 90 多位代表参加了座谈会。会议提出开展批评的五条要求：一、要把公开批评看做是对党和人民应尽的一种神圣职责和光荣的任务。二、要严格掌握批评的方向。三、批评要与人为善。四、要善于选择典型。五、要力争批评的事实完全准确，特别是基本事实不应有错误。

8 月 5 日

经文化部批准，中国新闻出版社正式成立。

8 月 6 日

全国科技报信息交流座谈会在石家庄召开。会议决定成立全国科技报信息中心。

“美国之音”代表团一行 6 人本日至 18 日访华。

8 月 10 日

新闻法研究室创办的内部刊物《新闻法通讯》第一期在北京出版。

8 月 15 日

厦门采风通讯社成立。是新创办的民间通讯社，由厦门市文化界、新闻界人士组成。

8 月 17 日

中国记协、新疆记协筹备组和各晚报联合举办的第二次全国晚报经验交流会本日至 29 日在乌鲁木齐市举行。

8 月 24 日

中国青年摄影学会在北京成立。

8 月 28 日

全国石油企业报纸首次工作座谈会于 8 月 28 日到 9 月 3 日在成都召开。会议协商成立了中国石油企业新闻工作者协会和新闻学会。

8 月 31 日

中国记协俱乐部从即日起举办“星期五午餐会”活动。由中国记协出面，邀请国务院各部委、各人民团体新闻发言人和有关方面负责人以及中国新闻界人士参加，通过这项活动，同外国新闻记者进行专题或自由交谈。

邓小平为新华社的《经济参考》报题词：“开发信息资源，服务四化建设。”

同月

为庆祝建国 35 周年，《中国日报》出版 28 版（包括彩色的画刊 12 版）。创建国后祖国大陆报纸版数的记录。

广播电视部技术局组织编制了全国短波广播网发展技术规划。

《新疆科技报》哈文版在乌鲁木齐创刊。4 开 4 版，旬刊。

山西省忻州市《忻州报》创刊。4 开 4 版，周三刊。

《华东信息报》在江苏无锡创刊。4 开 4 版，周四刊。

《湖北日报农民版》在武汉创刊。4 开 4 版，周二刊。

《军事家》月刊在香港创刊。社长黄壁川，总编谢霖苍。

9 月 1 日

《武汉晚报》复刊。

中国石油企业新闻学会成立。

《中国广告信息报》在北京创刊。总编辑冯迈。它是《光明日报》编委会领导下的国内的一家全国性的广告专业报。

中央人民广播电台本日至 10 月 31 日举办第一次由听众直接评选全台优秀广播节目的活动。评选出了《新闻报摘》《全国联播》

《体育节目》等几个优秀广播节目。

9月3日

新华社主办的《瞭望》周刊海外版，从本日出版的总第36期起，在美国纽约和香港印刷发行。社长穆青，总编辑陈大斌。

兰州大学新闻系成立。

9月5日

山西省新闻工作者协会召开的太行新闻史座谈会，本日至7日在山西和顺县举行。在这次会上成立了太行新闻史学会，讨论了太行新闻史撰写的问题。

9月10日

新华社与墨西哥通讯社签署新闻交换协议。

中国新闻年鉴本年度工作会议，本日至15日在成都市召开。

9月12日

长江航运报社主办的旅游专业报《长江旅游报》在武汉创刊。4开4版，周刊。

首都新闻学会通讯刊物学术研究组，向全国新闻界发出《关于开展维护新闻真实性宣传的倡议书》。

国家科学技术委员会批复广播电视部，同意建立广播电视部标准化规范研究所，并计划在1986年建成。

9月13日

北京市邮政局和北京日报举办首都报刊零售工作座谈会。

全国新闻用纸计划会议本日至20日在西安举行。

9月15日

全国地市报纸群众工作学术讨论会和经验交流会在承德举行。

9月18日

西藏卫星地面接收站建成。9月26日拉萨市第一次通过试验通信卫星看到了中央电视台当天播放的节目。10月1日拉萨各族人民第一次从电视中直接收看了有关建国35周年在北京举行的庆祝活动的电视报道。本年12月21日地面站全面投入使用，每天传输中央电视台第一套节目和中央人民广播电台第一套节目。

9月20日

中国三S研究会在北京成立。该会以纪念和研究美国著名作家和记者、中国人民的亲密朋友艾格妮丝·史沫特莱、安娜路易斯·斯特朗和埃德加·斯诺（简称三S）为宗旨。邓颖超为名誉会长，黄华为会长，王炳南为总顾问。

9月24日

中国社科院研究生院新闻系受中共中央宣传部和教育部委托举办的新闻教师进修班在北京开学。学习期限1年。该进修班主要为全国各地大专院校设立的新闻系和新闻专业重点培训新闻编辑学、新闻采访学、新闻评论学方面的师资。

9月28日

《石家庄广播电视》报在河北石家庄创刊。4开4版，周刊。

9月30日

北京第一座县级电视台——昌平电视台建成试播。

同月

中央民族学院汉语文学系开办新闻专业并开始招生。

吉林大学中文系新闻专业成立并开始招生。

安徽大学中文系新闻专业成立并开始招生。

《德阳报》在四川德阳创刊。4开4版，周二刊。

中共湖南省政法委员会主办的《湖南法

制报》在长沙创刊。4 开 4 版，周刊。

《城市经济报》创刊。4 开 4 版，周二版。

10 月 1 日

中央电视台、中央人民广播电台、中国国际广播电台现场直播国庆阅兵、群众游行和焰火晚会实况。全国大约有五六亿人收看了这次电视直播。

新华社与国家档案局所属的中国照片档案馆成立。该馆是在新华社摄影部照片档案室的基础上建立起来的，是中国唯一的专业性的国家照片档案资料中心。藏有各类珍贵照片 200 多万张。

中华全国妇女联合会机关报《中国妇女报》在北京创刊。对开 4 版，周刊。

北京电视台正式播出彩色电视节目。

吉林日报社主办的《武术报》在长春创刊。4 开 4 版，周刊。是我国唯一一家以武术为内容的报纸。

《延边广播电视报》（朝文）在吉林延吉市创刊。周刊。

《辽宁法制报》在沈阳创刊。4 开 4 版，周刊。

《石家庄晚报》在河北石家庄创刊。

石家庄市电视台正式播出。

中共宣城地委机关报《宣州报》在安徽宣州创刊。4 开 4 版，周二刊。

《信息汇报》（后改名《信息日报》）在江西南昌创刊。

《中国日报》广州版开始发行。

中共陕西省渭南地委机关报《渭南报》创刊。4 开 4 版，周刊。四川人民广播电台立体声开始广播。

中共北海市委机关报《北海报》创刊。4 开 4 版，周刊。

中共广西壮族自治区河池地委机关报《河池日报》创刊。4 开 4 版，日报。

山西长治人民广播电台正式开播。

兰州人民广播电台正式播音。

中共黔东南苗族侗族自治州委机关报《黔东南报》经试刊后，正式复刊。4 开 4 版，周刊。

贵阳人民广播电台正式播音。

10 月 2 日

福建人民广播电台开办《对华侨广播》节目。

河北省杂文学会主办的《杂文报》在石家庄创刊。4 开 4 版，周三刊。

中共吉林省四平市委机关报《四平报》创刊。4 开 4 版，周三刊。

10 月 5 日

公安部主办的《人民公安报》在北京创刊。对开 4 版，周二刊。

10 月 6 日

黑龙江日报社主办的《生活报》在哈尔滨创刊。4 开 4 版，周刊。

《上海经济信息》在上海创刊。4 开 4 版，周刊。

10 月 11 日

“史沫特莱在中国”学术讨论会本日至 13 日在武汉市举行。

安徽人民广播电台主办的《农民服务台》报创刊。4 开 4 版，周刊。

10 月 12 日

《经济日报》记者罗开富从福建长汀县启程，以步行方式，沿红军长征路线采访，于 1985 年 10 月 19 日——红军长征胜利 50 周年纪念日到达陕北吴起镇。步行采访途中，每天发回稿件，反映沿途的变化和老区人民的呼声。

10 月 17 日

第二次全国电视对外宣传工作会议本日至 27 日在宁夏银川市召开。会上评议出中央电视台和各地电视台摄制的 50 个国际交流优秀节目。

10月18日

广播电视部本日至22日在北京召开广播电视系统科技情报工作会议。

10月20日

全国电视台台长会议在郑州召开。会议讨论了如何办好具有中国特色的电视节目，总结和交流了中央电视台为庆祝建国35周年举办的全国电视节目展播的经验。

10月24日

以中央新闻纪录电影制片厂副总编辑张庆鸿为团长的中国新闻纪录电影代表团赴南斯拉夫出席国际新闻电影协会第29届年会。这是我国第一次以会员国名义参加该会年会。

10月25日

全国煤炭系统首次报纸协作会议在徐州召开。

人民日报总编辑李庄率代表团访问朝鲜民主主义共和国。29日受到金日成主席的接见。

10月27日

中国记协和湖南省记协本日至11月6日在长沙召开城市报纸经济改革的宣传经验交流会。

中国第一家由儿童主办的通讯社——红领巾通讯社在上海成立。

10月29日

全国农民报协作会议在江苏省常熟市召开。会议期间，成立了全国农民报协会，建立了全国农民报信息网。

10月30日

中国煤炭系统新闻工作者协会成立。

同月

《人民铁道》报客货服务专版《列车之声》在北京创刊。4开4版，周刊。

全国第一家面向初中学生的综合性报纸《初中生周报》在石家庄市创刊。4开4版，周刊。

中共山西省晋城市委机关报《晋城市报》创刊。4开4版，周二刊。

《长城经济信息报》创刊。4开4版，周刊。

《绍兴经济报》在浙江绍兴创刊。4开4版，周刊。

《皖东南报》在安徽宣城创刊。4开4版，周三刊。

中共湖南省邵阳市委机关报《邵阳日报》创刊。4开4版，周六刊。

《湖南农村报》在长沙创刊。4开4版，周三刊。

中共江西省鹰潭市委机关报《鹰潭报》创刊。4开4版，周三刊。

中共湖北省荆门市委机关报《荆门报》创刊。4开4版，周三刊。

中共湖北省鄂州市委机关报《鄂州报》创刊。4开4版，周三刊。

《湖北市场》在武汉创刊。4开4版，周二刊。

京、津、沪、渝广播电视协作会首次会议在重庆举行。

中共甘肃省平凉地委机关报《平凉报》复刊。4开4版，周二刊。

中共宁夏回族自治区六盘水市委机关报《六盘水报》创刊。4开8版，周刊。

《广西经济信息报》在南宁创刊。对开4版，周二刊。

新疆新闻学会成立。

台湾中视文化公司成立。

11月1日

为纪念我国民主革命时期杰出的文化战士和著名的新闻记者邵飘萍诞辰100周年，中国人民大学新闻系在北京举行了纪念会和邵飘萍研究学术讨论会。此后不久，邵飘萍的故乡浙江金华也举行了纪念活动。

天津日报社主办的《采风报》在天津创刊。4 开 4 版，周刊。

中共河北省沧州市委机关报《沧州市日报》创刊。4 开 4 版，周三刊。

《联合文学》在台湾创刊。

11 月 2 日

中国新闻教育学会在北京成立。该会由中国人民大学等首都 6 所设有新闻系、新闻专业的高等院校发起，全国 30 所设有新闻系、新闻专业的高等院校参加。学会选举温济泽为会长，甘惜分、王中、洪一龙为副会长。

11 月 5 日

上海市新闻工作者协会和上海市新闻学会举行茶话会，庆贺上海《新民晚报》社长赵超构笔耕 50 周年。

宁夏新闻摄影学会成立。

11 月 6 日

意大利和中国之间通过意大利的试验通信卫星“天狼星一号”首次进行的报纸传真试验获得成功。

安徽省文联主办的《诗歌报》在合肥创刊。是我国诗坛的第一张大型报纸。4 开 4 版，半月刊。

11 月 7 日

交通部主办的《中国交通报》在北京创刊。对开 4 版，周二刊。

11 月 8 日

《晋察冀日报》报史研究会建立的“晋察冀日报社忠魂碑”揭碑仪式，在河北省阜平县烈士陵园举行。

十省、市、自治区广播电台信息宣传协作会议本日至 14 日在呼和浩特召开。

11 月 13 日

美洲《中国时报》停刊。

11 月 15 日

辽宁省新闻摄影学会在沈阳成立。

11 月 16 日

中国水利电力新闻工作者协会成立大会本日至 19 日在北京召开。

11 月 18 日

上海市政协举行座谈会，纪念我国著名的爱国主义者、民主主义战士、新闻事业家史量才先生殉难 50 周年。史量才，出生于 1880 年，江苏松江人。生前为上海《申报》总经理，1934 年 11 月 13 日被国民党特务暗杀于浙江海宁县翁家埠。

11 月 21 日

台湾成立女记者联谊会。

11 月 22 日

中央新闻纪录电影制片厂摄影记者邵震堂、郝强国两人随我国首次南极考察队赴南极，拍摄建立南极长城站和南太平洋考察的新闻纪录电影。这是我国新闻纪录电影工作者第一次赴南极拍片。

11 月 26 日

《人民日报》同日本《经济新闻》在北京召开了以“中国对外开放政策和中日经济技术合作”为主题的讨论会。

11 月 28 日

中华全国新闻工作者协会本日至 30 日在北京召开全国优秀新闻工作者表彰大会。参加大会的有 52 个先进集体的代表和优秀新闻工作者 302 人。其中 50 名被授予一级奖。

11 月 29 日

新华社宣布将开辟经济信息专线。该社主办的《经济参考》将向国内外公开发行，并扩大为 4 开 8 版。

同月

《西北信息导报》在西安创刊。对开 4

版，周刊。

西南地区报纸工作会议本月上旬在成都召开。会议讨论了如何搞好经济改革宣传等问题。

12 月 1 日

《湘西苗文报》在湖南城步苗族自治县试刊。8 开 2 版，不定期。由湘西土家族苗族自治州民委苗文办公室主办。

广西开办的对越南广播正式开播，台名广西广播电台。这是由地方开设的第一个对外广播的电台。

南宁人民广播电台正式恢复播音。

12 月 3 日

以人民日报社副总编辑谭文瑞为首的中国记者代表团本日出访联邦德国。

12 月 4 日

北京广播学院前党委书记、副院长兼新闻系主任左荧因病逝世，享年 67 岁。

中国新闻学会联合会（简称中国新闻学会）本日至 6 日在山东烟台市举行成立大会。会议通过了《中国新闻学会联合会章程》。

12 月 5 日

新华社技术工作会议本日至 10 日在北京举行。

深圳市总工会主办的《特区工人报》在深圳创刊。对开 4 版，周刊。

12 月 12 日

广播电视部地方宣传局在江西宜春召开农村广播设备更新改造座谈会。

12 月 20 日

青海日报总编辑李果珍因病逝世，享年 56 岁。

12 月 24 日

以中央新闻纪录电影制片厂编导雷震霖为首的中国新闻电影记者组，首次赴美国进行采访并拍摄新闻。

中央人民广播电台成立新闻中心，统一领导和管理全台的新闻采访、编辑和播出工作。

12 月 25 日

《福建地质矿产报》在福州创刊。

12 月 26 日

北京市新闻学会召开首届年会。该会会长王立行主持。

12 月 28 日

辽宁日报社主办的社会生活服务报纸《美报》在沈阳创刊。4 开 4 版，周刊。

太原电视台正式开播。

12 月 30 日

新华社和阿尔及利亚新闻社签订了《新华通讯社与阿尔及利亚新闻社合作协定》。

广东省食品工业协会主办的《广东食报》在广州创刊。

同月

《人民保险报》在北京创刊。对开 4 版，周刊。

安徽省 1984 年度优秀电视新闻评比揭晓。共评出电视新闻一等奖 5 个，二等奖 11 个，三等奖 10 个。

中国化工新闻工作者协会成立。25 家化工企业报纸成为该会的首批团体会员。

中共湖南津市市委机关报《津市报》创刊。4 开 4 版，周刊。

《小博士报》在南宁创刊。4 开 4 版，周刊。

同年

联合国总部出版的《联合国纪事》（中文版）在北京创刊。16 开本，季刊。

《医药时报》在重庆创刊。4 开 4 版，周刊。

本年内，中国大陆公开出版发行的报纸共 1049 种，平均期发总数 13444 万份，全年发行总数 2098316 万份。广播电台共 167 座，电视台共 93 座，市、县广播站 2570 座，收音机社会拥有量 22373 万台，电视机社会拥有量 4763 万台。

人民日报社本年内共邀请和接待了外国新闻界人士 110 位，并派出代表团和记者组出访 32 个国家和地区。

中央人民广播电台本年内先后派出记者和工作人员到 33 个国家和地区进行采访、考察和交流活动，此外还参加了国际广播组织召开的会议及组织的各项培训。

1985 年（乙丑）

1 月 1 日

商业部主办的《中国商业报》在北京创刊。对开 4 版，周二刊。1988 年改名《中国商报》继续出版。

中央电视台开办经济节目，通过第二频道向全国播出。经济节目包括《经济生活》和原有的《科技与生活》两个栏目。

人民文学出版社主办的《文学故事报》在北京创刊。4 开 4 版，周刊。

中共河北省保定市委机关报《保定市报》创刊。4 开 4 版，周六刊。

中共河北省张家口市委机关报《张市新闻》改名《张家口市报》继续出版。4 开 4 版，周六刊。

河北承德人民广播电台开播。

河北沧州人民广播电台开播。

中共山东省聊城市委机关报《聊城报》创刊。4 开 4 版，周刊。

中共山东省泰安市委机关报《泰安日报》创刊。4 开 4 版，周二刊。

中共山东省临汾市委机关报《临汾报》改名《临汾日报》继续出版。

中共河南省商丘市委机关报《商丘报》创刊。4 开 4 版，周二刊。

中共河南省信阳市委机关报《信阳报》创刊。4 开 4 版，周二刊。

中共河南省濮阳市委机关报《濮阳日报》创刊。4 开 4 版，周二刊。

中共新疆巴音郭楞蒙古自治州委员会主办的《巴音郭楞报》复刊。4 开 4 版，周刊。以蒙、维、汉 3 种文字出版。

《黑龙江工人报》在哈尔滨创刊。4 开 4 版，周刊。

中共江苏省镇江市委机关报《镇江市报》改名《镇江日报》继续出版。4 开 4 版，周六刊。

《新华青年报》在南京创刊。4 开 4 版，周刊。

《江苏经济信息报》在南京创刊。4 开 4 版，周二刊。

《江苏邮电工人》改名《江苏邮电报》继续出版。4 开 4 版，周刊。

《安徽日报》（农村版）改名《安徽农民报》继续出版。4 开 4 版，周刊。

《福建煤炭报》在福州创刊。

《湖北电力报》在武汉创刊。4 开 4 版，周刊。

《四川法制报》在成都创刊。4 开 4 版，周刊。

西南五省区七方政府联办的区域性经济类报纸《西南信息报》在重庆创刊。

中共甘肃省天水市委机关报《天水报》创刊。4 开 4 版，周刊。

中共陕西省宝鸡市委机关报《宝鸡报》创刊。4 开 4 版，周三刊。

中共贵州省黔南市委机关报《黔南报》在贵州都匀创刊。4 开 4 版，周刊。

《贵州工人报》在贵阳创刊。4 开 4 版，周刊。

《兰州晚报》创刊。4 开 4 版，日报。

《南疆石油报》出版维文版。

新疆生产建设兵团农三师政治部主办的《叶尔羌报》（维、汉文）创刊。4开4版，周二刊。

山西人民广播电台实行节目改革新方案。主要内容是：按照各个节目的任务和工作量，定机构、定人员编制和经费数额，实行节目任务、人员、经费、效果四统一的承包制。

1月3日

中国农垦农工商联合总公司主办的《农工商信息》在北京创刊。4开4版，周刊。

轻工部主办的《中国轻工业报》在北京创刊。对开4版，周刊。

1月4日

中共安徽省巢湖市委机关报《巢湖报》创刊。4开4版，周刊。

《宁夏青年报》在银川创刊。8开4版，周刊。

1月5日

化学工业部主办的《中国化工报》在北京创刊。对开4版，周刊。

上海经济区五省、市（江、浙、皖、赣、沪）电台台长会议本日至7日在上海举行。

1月7日

吉林电台发射中心在长春正式投入使用，使该台建台40年来第一次有了自己的发射中心。

共青团中央主办的《新少年报》复刊。该报创刊于1946年2月16日。4开4版，周刊。

1月8日

中央人民广播电台举行由听众评出的10个优秀节目的发奖仪式。这10个节目是《新闻和报纸摘要》《各地人民广播电台联播节目》《体育》《青年之友》《科学知识》《小说连续广播》《阅读和欣赏》《广播剧》《文学之窗》《祖国各地》。

1月14日

兰州大学新闻系、甘肃省新闻研究所和甘肃省新闻学会在兰州联合举行著名记者黄远生诞辰100周年纪念会。黄远生的长子、西北师范大学黄席群教授作了专题发言。

中共黑龙江省佳木斯市委机关报《三江日报》创刊。4开4版，周六刊。

1月15日

中共中央宣传部发出通知，要求新闻单位结合整改，解决新闻失实问题。

《西藏青年报》（藏文）在拉萨试刊。由共青团拉萨区委主办。初为半月刊，1988年5月1日改为周刊。为西藏第一张少数民族文字的青年报纸。

《塔里木信息》（维、汉文版）在新疆阿克苏创刊。社址设在阿克苏地区科委情报资料所。

1月20日

江西省1984年好新闻评选活动本日至26日在赣州进行。评出好新闻48篇。

南方日报社主办的《花鸟世界报》在广州创刊。对开4版，周刊。

1月21日

内蒙古广播电视厅主办的内蒙古广播电视大学正式开学。

1月23日

武汉新闻工作者协会、武汉新闻学会成立。杨振兴被推选为会长。

1月24日

全国老新闻工作者联谊会组成理事会。理事会成员为：李普、左漠野、邓刚、郭渭、吕梁、纪希晨。

1 月 25 日

黑龙江电视台发起的全国部分省、市电视台春节文艺节目交换会议在哈尔滨市召开。

《南京法制报》改为《江苏法制报》继续出版。4 开 4 版，旬刊。江苏省司法厅主办。

1 月 28 日

中国唱片公司本日至 2 月 1 日首次参加在法国戛纳举行的一年一度规模盛大的 MIDEM 国际唱片博览会。

中共陕西省委宣传部发出通知，将该省社会科学院新闻研究所改为陕西省新闻研究所。

1 月 29 日

本日至 2 月 12 日，7 月 15 日至 8 月 10 日，中央人民广播电台先后举办了两期全国部分电台播音员培训班。257 名播音员参加了学习。

1 月 31 日

中国记协在上海文艺会堂召开缅怀恽逸群同志座谈会。

雁北电视台正式开播。

同月

新华社成立向世界性通讯社进军奋发自学测试评定委员会。

新华社党组批准该社通信技术局试行领导干部任期制。这是新华社改革人事制度的一次重要尝试。

由国家地震局科技监测司和中国地震学会科普委员会主办的《地震报》在石家庄正式出版。4 开 4 版，半月刊。

由中国电影家协会主办的《中国电影报》在北京创刊。4 开 4 版。

《中国经营报》在北京创刊。对开 4 版，周二刊。国家体制改革研究所主办。

《中药科技报》在沈阳创刊。4 开 4 版，旬刊。

《长春卫生报》改为《吉林卫生报》，并由半月刊改为周刊。

《经济效益报》（蓝版）在沈阳创刊。4 开 4 版，半月刊。该报主要探讨城市经济改革方面的问题。

内蒙古自治区司法厅主办的《内蒙古法制报》在呼和浩特创刊。4 开 4 版，半月刊。

《山西青年报》复刊。4 开 4 版，周二刊。

《商丘日报》在河南商丘创刊。4 开 4 版，周三刊。

《邢台晨报》在河北邢台创刊。4 开 4 版，周六刊。

《开发报》在天津创刊。对开 4 版，周刊。

《山东市场报》改名《山东经济报》继续出版。

《威海日报》在山东威海创刊。4 开 4 版，周六刊。

《随州报》在湖北随州创刊。4 开 4 版，周三刊。

《上海环境保护》改为《上海环境报》。

《上海工业经济报》在上海创刊。对开 4 版，周二刊。

《生活周刊》在上海创刊。4 开 8 版，周刊。

《我们一百万》在上海创刊。4 开 4 版，半月刊。

《安徽经济报》在合肥创刊。4 开 4 版，周二刊。

中国抗癌协会主办的《中国抗癌报》在武汉创刊。对开 4 版，半月刊。

《法制生活报》在长沙创刊。4 开 4 版，周刊。

《工人音乐报》在长沙创刊。4 开 4 版，月刊。

《嘉兴日报》在浙江嘉兴创刊。4开4版，周六刊。

浙江省教育厅主办的《浙江教育报》在杭州创刊。4开4版，周刊。

《农村信息报》在杭州创刊。4开4版，周二刊。

《经济效益报》（绿版）在福州创刊。对开4版，周报。该报主要探讨对外经济贸易和交流方面的问题。

我国第一张荟萃科技信息的《科技文摘报》在福州创刊。4开4版，周刊。

《粤港信息报》在广州创刊。对开4版，周六刊。

《湛江经济报》在广东湛江创刊。4开4版，周刊。

《广州青年报》在广州创刊。对开4版，周刊。

《岭南少年报》在广州创刊。4开4版，周刊。

中国摄影家协会广东分会主办的《摄影之友》在广州创刊。季刊。

《少年百科知识报》在成都创刊。4开4版，周刊。

《少年儿童故事报》在杭州创刊。4开4版，半月刊。

《幼儿文学》在上海创刊。4开4版，半月刊。

《农家信使报》在西安创刊。4开4版，周刊。

《广西工人报》复刊。4开4版，半月刊。

《湄洲报》（初名《兴化报》）在福建省莆田市创刊。4开4版，周三刊。1993年11月更名《湄洲日报》。

《青海经济报》在西宁创刊。对开4版，周二刊。

《宁夏地质报》复刊。4开4版，旬刊。

《香港文学》月刊在香港创刊。16开本，每期96页。

2月1日

首都新闻学会传播学研究组成立。

苏、鲁、豫、皖接壤地区新闻工作者协会联合主办、徐州日报社编辑出版的《经济新闻报》在徐州创刊。4开4版，周二刊。

山东潍坊人民广播电台建台。

全国部分省、市广播电台经济信息传播经验交流座谈会本日至3日在长沙市召开。经讨论协商，成立了全国部分省、市广播电台经济信息协作网。

西安电视台正式播出。

2月2日

以广播电视部副部长马庆雄为团长的中国广播电视代表团一行6人，本日至16日访问印度和孟加拉，并同印度签订了工作会谈备忘录。

2月5日

国家科委、中国人才研究会主办的《中国人才报》在北京创刊。对开4版，周刊。

2月6日

中央人民广播电台和中国国际广播电台本日至14日在北京召开两台地方记者站成立20周年纪念大会。

新华通讯社本日至16日在北京召开国外工作会议。

2月7日

中共中央书记处在一项会议纪要中指出，广播电视部要进一步明确广播电视工作在新时期的性质、任务和作用。要坚决贯彻党的十二届三中全会的决议，以及对内搞活、对外开放的重大决策，自觉地服从、服务于党的总任务和总目标。要改进广播电视节目，以满足广大人民群众在精神生活上的需求。

2月8日

胡耀邦在中央书记处会议上发表《关于

党的新闻工作》的重要讲话。讲话分四部分：新闻工作的性质问题；新闻工作的认识问题；办好新闻的基本要求问题；队伍问题。胡耀邦说：党的新闻事业是党的喉舌，自然也是党领导的人民政府的喉舌，同时也是人民自己的喉舌。

2 月 12 日

西藏自治区新闻学会、自治区记协召开首次全区优秀新闻工作者、先进集体及 1984 年好新闻作品表彰大会，对出席全国优秀新闻工作者表彰大会的 8 名代表、自治区的 30 名代表、48 篇和 4 组好新闻的作者进行了表彰。

2 月 13 日

西藏自治区司法部门主办的《西藏法制报》在拉萨创刊。4 开 4 版。藏、汉文两种文版同时出版。为西藏第一张少数民族文字政法报。

2 月 14 日

辽宁省报纸、电视系统评选出 1984 年度的好新闻。报纸系统评出好新闻 31 篇，电视系统评出获奖新闻片 45 条。

2 月 15 日

新华社与智利环球通讯社在智利首都圣地亚哥签订新闻合作协议。

2 月 21 日

广播电视部发出《关于必须把新闻报道和广告严格分开的通知》。

著名新闻工作者、报刊政论家刘思慕在北京逝世。刘思慕，生于 1904 年，广东新会人。曾任《华商报》《文汇报》总编辑，上海《解放日报》副总编辑，世界知识出版社社长。

2 月 26 日

新华社和国防科工委等有关单位本日至 3 月 4 日在北京联合召开中文广播技术改革会议。

2 月 28 日

中国记协附属卫生记协河北分会在石家庄成立。主席傅大为。

同月

北京大学、新华社、邮电部、电子工业部等单位协作研制的计算机—激光汉字编辑系统正式启用。新华社开始用这套设备试排《新华社新闻稿》。

中国体育报、中国奥委会主办的《体育画报》在北京创刊。16 开本，双月刊。

安徽召开省地市广播电视局长会议。会议认为，安徽是以农业为主的省，广播电视宣传要突出为农民服务，为放手发展农村商品经济服务。

《陕西老年报》在西安创刊。4 开 4 版，周刊。

《西北工商报》在西安创刊。对开 4 版，周刊。

《云南经济信息报》在昆明创刊。4 开 4 版，周二刊。

3 月 1 日

中央电视台第一套节目开播《晚间新闻》。每晚播出时间为 22 时，每次 10 分钟。该台《午间新闻》播出时间也从以前的 12 时 30 分钟改为 12 时，每次 15 分钟。每晚 19 时的全国《新闻联播》由每次 35 分钟缩短为 30 分钟。

中国新闻学会决定 3 月 1 日为全国报纸普查日，对所有在国内定期出版的铅印报纸进行一次全面普查。

中国新闻摄影学会和四川新闻摄影研究会在重庆举行全国新闻摄影 1984 年作品评选活动，共选出 30 幅（组）参加影展。《人民日报》的《小平您好》获得最佳奖。《中国日报》总编辑冯锡良获首届“慧眼奖”。

3月4日

台湾《时报周刊》发行美洲版。

3月5日

中央电视台资料中心研究组主办的电视理论刊物《电视业务》试刊第一期出版。

3月6日

《上海供销信息报》在上海创刊。4开4版，周刊。

中国体育新闻学会正式成立。

3月7日

广西壮族自治区整顿内部出版的文艺小报，19种未经批准出版的非法小报被责令停刊。经过批准出版的文艺小报有35种，在整顿期间也全部停刊。

以广播电视部副部长郝平南为团长的中国广播电视代表团一行7人，本日至23日访问朝鲜。

3月10日

本日至22日，新华社在北京召开1985年度国内工作会议。

3月12日

四川省新闻学会在成都成立。

3月13日

中国广播电视评议委员会成立。目的是加强广播电视新闻的评议工作，活跃业务研究空气，提高广播电视节目质量。

3月15日

中央电视台本日至25日在成都举行电视新闻评选交流会。评选出一批1984年度的优秀电视新闻，其中10条获一等奖，100条获二等奖，126条获三等奖。

3月16日

澳大利亚新闻公司总经理、“世界报业大王”默多克一行本日至29日应广播电视部邀请首次访问中国，同有关部门商谈业务合作问题。

3月20日

中共中央宣传部新闻局、出版局本日至28日在湖北武汉召开全国新闻出版处长会议。

应中华全国新闻工作者协会主席吴冷西和《中国日报》顾问刘尊棋的邀请，抗日战争和解放战争时期曾在中国工作和居住的21位美国老记者于本日至4月13日重访中国。3月25日，邓小平等中央领导人会见了他们。

3月21日

第三届全国优秀广播节目评选在上海举行。

重庆市新闻学会举行成立大会。推举雷勃任会长。

香港、澳门14家报纸、2家电台、2家电视台的37名记者本日至4月10日应邀来北京采访六届全国人大三次会议和全国政协六届三次会议。

3月23日

《上海电视》月刊举办“最佳电视播音员观众推荐奖”授奖大会。获奖的有：中央电视台赵忠祥、宋世雄、刘佳，上海电视台陈燕华、贺海林。

新华社在本日开始的全国人大会议报道中，首次使用现代化通讯设备——电脑发稿。这是新华社首次用电脑在社外进行新闻编发工作。

3月25日

浙江省乡镇企业发展战略研究会主办的《乡镇企业导报》在杭州创刊。4开4版，半月刊。

3月27日

六届全国人大三次会议在北京举行。中央电视台第一次实现人大会议的现场直播。

3 月 29 日

《我们的》杂志在台湾创刊发行。

同月

新华社评稿委员会经过认真筛选、评比，评选出 1984 年全社好稿 181 件。

第一届全国优秀电视广告评选会在成都召开。《广州手表》《小白兔牙膏》《熊猫牌电视》等 45 则广告荣获一、二、三等奖。

第 28 届荷兰世界新闻摄影比赛评选揭晓。新华社王景英的《邓小平参加桥牌赛》（彩色）和《中国日报》王文澜、郭建设的 5 张黑白系列照片《重修长城》入选，并编入荷兰年鉴。

《厦门采风报》在厦门创刊。4 开 4 版，月刊。

《广东农村信息报》在广州创刊。4 开 4 版，周刊。

4 月 1 日

《中国包装报》在北京创刊。对开 4 版，周报。是中国包装技术协会和中国包装总公司联合主办的全国性包装专业报。

对外经济贸易部主办的《国际商报》在北京创刊。对开 4 版，周二刊。

全国现场报道和主持人节目播音经验交流会本日至 11 日在北京召开。

《吉林朝鲜文报》在吉林省延吉市创刊。对开 4 版，周三刊。

湖北十堰电视台正式开播。

中共广州市委政策研究室主办的《南风窗》在广州创刊。16 开本，月刊。

《铜川报》在陕西铜川创刊。4 开 4 版，周刊。

《香港地产》创刊。半月刊。总编邱定汉。

4 月 3 日

新华社与英国汤姆森基金会在北京联合创办的国际新闻培训中心开学。

第三届大众电视“金鹰奖”授奖大会在杭州举行。《今夜有暴风雨》《霍元甲》《远洋船长和他的妻子》《蓝屋》等剧获奖。

4 月 5 日

教育部发函，同意新华社在干部进修学院的基础上，筹建中国新闻学院。

中国花卉协会主办、经济日报社编辑出版的《中国花卉报》在北京创刊。4 开 4 版，周刊。是大陆在台湾公开发行的首家报纸。

《安徽工人报》在合肥创刊。4 开 4 版，周刊。

4 月 6 日

应新华社邀请，匈牙利通讯社社长布尔杨山道尔率匈通社代表团本日至 13 日访问我国。

《北京法制报》在北京创刊。4 开 4 版，周刊。

4 月 7 日

中国民主同盟中央委员会主办的刊物《群言》在北京创刊。

4 月 9 日

杨正泉赴日本参加中国广播电视部和日本广播协会合作委员会会议。

4 月 10 日

中国首次南极考察队回国。来自北京、上海新闻单位的 18 名新闻记者随队回国，顺利地完成这次历时 142 天的采访任务。国家南极委员会给参加这次采访活动的 18 名记者记功和嘉奖。中国记协为他们举行了庆功会。

新华社干部进修学院首批 96 名学员毕业。

4 月 11 日

内蒙古记者协会发起和组织的本自治区各新闻单位 1984 年度好新闻作品评选在集宁市揭晓。共评出获奖作品 246 件。

波兰通讯社社长雅罗什科夫斯基本日至19日应新华社的邀请，对我国进行访问。

4月13日

新疆维吾尔自治区召开新闻工作者代表会议，成立新疆新闻工作者协会和新疆新闻学会。热介甫托呼提任记协主席，王思华任新闻学会会长。

4月17日

中国人民大学新闻系成立广播电视专业，并开始招生。

国家工商行政管理局、广播电视部、文化部联合发出《关于报刊、书刊、电台、电视台经营、刊播广告有关问题的通知》。通知规定，中央和地方报刊、电台、电视台，不得在新闻栏目或其他节目中以新闻的形式刊播或插播广告。节目进行中，不得中断节目播出广告。

4月20日

中国记协国内部与浙江记协本日至22日在杭州联合召开学习胡耀邦《关于党的新闻工作》的讲话座谈会。

新华社社长穆青本日至29日应法新社邀请对法国进行友好访问。

4月21日

广播电视部本日至25日在北京召开省、自治区、直辖市广播电视厅（局）长会议，研究进一步加强音像制品和电视片进口的管理问题。

4月22日

根据中国记协与联合国教科文组织总干事姆博1983年8月15日签署的备忘录，中国记协本日在北京为亚太地区国家记者开办讲习班。参加讲习班的有来自东盟五国和印度、巴基斯坦、孟加拉、尼泊尔、斯里兰卡、缅甸、斐济的12名学员。他们是这些国家中的主要新闻单位的青年编辑和记者。讲习班于5月20日结束。

4月23日

中国社会科学院新闻研究所发起和组织的关于世界新闻新秩序问题讨论会，本日至25日在北京举行。

4月26日

西安电视台试播。

4月27日

南昌市广播电视局主办的《南昌广播电视周报》创刊。4开4版，周刊。

同月

《沈阳工人报》在沈阳创刊。4开4版，周二刊。

《内蒙古经济报》在呼和浩特创刊。4开4版，周刊。

《法制导报》在甘肃兰州创刊。4开4版，周刊。

《致富信息报》在哈尔滨创刊。4开4版，周刊。

《京山报》在湖北京山创刊。4开4版，周二刊。

由国务院农牧渔业部农垦局委托主办的广西农垦职工大学新闻专业成立。

《伊犁日报》记者周志卓受到新疆维吾尔自治区人民政府的表彰和奖励。周志卓在从事记者工作的21年中，采写了揭露批评性稿件近百篇，为受害人申冤，使作恶者受到惩办，被当地群众誉为“包公记者”。

5月1日

《红色社员报》改名为《吉林农民报》继续出版。4开4版，周三刊。

广西壮族自治区商业厅主办的《广西商业报》在南宁创刊。4开4版，周刊。

《河南法制报》在郑州创刊。初为半月刊，后改周报，4开4版。

《豫西报》在洛阳创刊。4开4版，周

六刊。

浙江《湖州报》改为名《湖州日报》继续出版。周六刊。

《重庆晚报》创刊。中共重庆市委宣传部主办。4 开 4 版，周六刊。

《福建消防报》在福州创刊。

《武威报》在甘肃武威创刊。4 开 4 版，周刊。

《新疆商业报》汉文版复刊。4 开 4 版，周刊。

《英语周报》在山西临汾创刊。山西师大主办。

长沙电视台正式播出。

湘潭电视台试机。

兰州电视台正式开播。

辽阳电视台正式开播。

锦州电视台正式开播。

喀什市人民广播电台正式开播。

5 月 3 日

法国国家广播电台的国际台代表团一行 6 人本日至 10 日访问我国，签署了中法广播合作协定书。

以广播电视部副部长徐崇华为团长、中央电视台台长王枫为副团长的广播电视代表团本日至 20 日访问了墨西哥和哥伦比亚。

5 月 5 日

中国记协和广西记协本日至 9 日在南宁联合召开国际时事宣传座谈会。会后起草并公布了《报纸国际时事宣传座谈会纪要》。

5 月 6 日

《大众日报》报史座谈会本日至 11 日在该报诞生地山西临沂地区召开。

5 月 7 日

中国作家协会上海分会主办的《童话报》在上海创刊。对开 4 版，半月刊。是第一份以少年儿童为阅读对象的对开大报。

朝鲜广播电视代表团一行 7 人访问我国。

5 月 8 日

新华社的计算机激光汉字编辑排版试验车间通过国家级验收，投入使用。

5 月 10 日

华东地区六省一市电视台协作会议第五次会议，本日至 15 日在黄山举行。

5 月 12 日

美国前国务卿万斯访问北京英文《中国日报》社。

5 月 13 日

北京人民广播电台丁一岚台长率该台代表团访问美国。

联合国教科文组织投资援建的北京教育电视台发射台在北京西郊皂君庙破土动工。

5 月 15 日

亚洲—太平洋广播联盟第 38 届理事会会议本日至 19 日在北京召开。这是第一次在中国举行的“亚广联”会议。会议讨论了进一步扩大和改进本地区电视新闻的交换，以及联合购买重大国际性体育比赛的电视报道权等问题。

西藏自治区公安厅主办的《西藏公安报》出版汉文版。4 开 4 版，半月刊。

5 月 16 日

全国新闻真实性学术讨论会和全国新闻刊授、函授教育工作座谈会，同时在合肥召开。

北京电视制片厂改名为北京电视艺术中心，并入北京电视台建制。

5 月 17 日

中央人民广播电台召开民族广播经验交流会。

5 月 20 日

经济日报社主办的 21 世纪中日经济讨论会本日至 21 日在北京人民大会堂举行。

5月21日

第六届全国好新闻评选的复评、定评工作，在成都结束。评选出1984年度好新闻作品208篇。其中7篇获特等奖，51篇获一等奖，66篇获二等奖。

5月22日

第二届中日电视艺术交流中国代表团15人本日至6月2日访问日本。

5月23日

民主德国德意志通讯社代表团来华访问。

《山西妇女报》在太原创刊。山西省妇女联合会机关报。4开4版，周二刊。

5月26日

中共中央总书记胡耀邦为中国国际广播电台题词："中国之声。"

5月28日

中国特稿社庆祝建社35周年。该社是全国唯一专门向国外杂志和报纸提供特稿的一家新闻机构。

同月

《综合参考》朝文版在吉林延吉市创刊。4开4版，周刊。

《对外经贸时报》在北京创刊。对开4版，周刊。

辽宁日报社主办的《辽宁日报海外版》在沈阳创刊。

《河南工商报》在郑州创刊。4开4版，周二刊。

《三门峡报》在河南三门峡市创刊。4开4版，周三刊。

《宝鸡日报》在陕西宝鸡创刊。4开4版，日报。

《精神文明报》在四川成都创刊。

《经济与法律》在香港创刊。16开，每期80页，双月刊。

6月1日

《安阳日报》正式复刊。4开4版，周二刊。

白城电视台开播。

6月4日

新华社与塔斯社在莫斯科签署新闻合作协定书。

新疆维吾尔自治区经济委员会主办的《新疆经济导报》创刊。4开4版，周刊。

第五届全国优秀电视剧"飞天奖"评选活动本日至15日在北京举行。《今夜有暴风雪》《走向远方》等14部优秀电视剧获奖。

6月5日

新华社本日至11日在北京召开国内经营管理工作会议，重点研究和解决经营方针、经营范围、经济政策等问题。

以中央人民广播电台台长杨兆麟为团长的中国广播电视代表团一行15人本日至18日访问菲律宾。

6月6日

中共中央办公厅、国务院办公厅转发中宣部《关于整顿内容不健康报刊的请示的通知》，部署对内容不健康的报刊进行整顿。

6月7日

《新华日报》《群众》周刊史学会南京分会成立。汪海任会长。

6月9日

首都新闻界赴藏采访团到达拉萨。这个采访团是在西藏自治区成立20周年大庆前，赴藏进行采访活动的。

6月10日

《西泠艺报》在杭州创刊。4开4版，月刊。

《福建建设报》在福州创刊。福建省建设委员会主办。

6月12日

首都新闻学会在北京举行学术讨论会，探讨社会主义中国新闻事业的特色等问题。

由吉林省延边人民广播电台主办的《生

活之友》（朝文）在延吉市创刊。4 开 4 版，周刊。

6 月 28 日

雁北人民广播电台正式开播。

6 月 29 日

中国日报社主办的《商业周刊》（北美版）在北京创刊。对开 4 版。

同月

四川大学新闻系成立。

李先念为人民广播创建 45 周年题词："努力办好广播电视，为人民服务。"

《浙江侨声报》在杭州创刊。4 开 4 版，旬报。

7 月 1 日

《农机化服务报》改名《中国农机化报》在北京继续出版。4 开 4 版，周二报。由机械电子工业部、农牧渔业部合办。

人民日报社主办的《人民日报・海外版》在北京创刊。日出对开 8 版，使用繁体汉字（1992 年改简体字），在东京、纽约、旧金山、巴黎和中国香港等地印刷发行。

中国有色金属工业总公司主办的《中国有色金属报》在北京创刊。对开 4 版，周二刊。

中国机械电子工业部计算机与信息发展中心主办的《计算机信息报》在北京创刊。4 开 4 版，周刊。

国防科工委主办的《军工技术民用报》在北京创刊。对开 4 版，周刊。

《沈阳晚报》创刊。4 开 4 版，周六刊。

《世界科技译报》在南京创刊。4 开 4 版，周刊。

《皖西报》复刊。4 开 4 版，周刊。

福建省工商行政管理局主办的《福建工商报》在福州创刊。初名《工商行政管理报》《工商行政导报》，1988 年改为现名。

中共泉州市委机关报《泉州晚报》创刊。其前身为 1949 年 12 月创刊的《泉州电讯》（后改为《泉州报》），1969 年 4 月 1 日停刊。

中共贵州省曲靖市委机关报《曲靖报》创刊。4 开 4 版，周刊。

《拉萨晚报》在拉萨创刊。4 开 4 版。汉文版为周六刊，藏文版为周二刊。

7 月 2 日

天津日报社主办的《球迷》在天津创刊。4 开 4 版，周刊。

体育报社主办的《棋牌周报》在北京创刊。4 开 4 版，周刊。

7 月 3 日

劳动人事部主办的《中国劳动人事报》在北京创刊。对开 4 版，周刊。

7 月 4 日

中共中央总书记胡耀邦在和广播电视部领导的谈话中指出，要把领导班子健全起来。下决心租卫星，要下决心裁减一批人，这样能减少官僚主义，提高工作效率，推行责任制，要改善每天的节目，经常指导各省、市的广播电视工作。

上海市政府经济研究中心、上海城市经济学会联合主办的《中国城市导报》在上海创刊。

7 月 5 日

中国篮球协会和吉林省体委主办的《中国篮球报》在长春创刊。4 开 4 版，周刊。

7 月 6 日

中国艺术研究院主办的《中国美术报》在北京创刊。4 开 4 版，周刊。

《中国合作经济报》在上海创刊。对开 4 版，半月刊。

7 月 8 日

北京市物价局、北京日报工商部合办的《北京物价报》在北京创刊。4 开 4 版，周刊。

7 月 10 日

煤炭部地质局党委机关报《煤田地质

报》在河北涿县创刊。4开4版，半月刊。

7月15日

广播电视部在贵阳召开全国广播电视系统工资制度改革会议。

《山西经济报》在太原创刊。4开4版，周刊。山西省计委、省经委、省技术经济研究中心联合主办。

《山西地质报》在太原创刊。4开4版，半月刊。

同月

北京日报社、北京市对外贸易公司、北京国际贸易研究所联合主办的《世界商品报》在北京创刊。4开4版，周刊。

中国新闻学会联合会和中国社会科学院新闻研究所联合主办的新闻学术刊物《新闻学刊》在北京创刊。1989年停刊。

中国作家协会主办的文学期刊《文艺报》改为报纸继续出版。对开4版，周刊。

《中国仪器仪表报》在北京创刊。4开4版，周刊。

《首都经济信息报》在北京创刊。对开4版，周三刊。

《技术市场信息》在济南创刊。4开4版，周刊。

《辽宁物价报》在沈阳创刊。4开4版，周刊。

中共辽宁省盘锦市委机关报《盘锦日报》创刊。4开4版，日报。

《市场导报》在济南创刊。4开4版，周二刊。

《医药信息报》在郑州创刊。4开4版，周刊。

《消费报》在上海创刊。4开4版，周刊。

浙江省工商局主办的《市场导报》在杭州创刊。

《湖南商报》在长沙创刊。4开4版，周刊。

中共江西省新余市委机关报《新余报》创刊。4开4版，周三刊。

《晚霞报》在成都创刊。4开4版，周刊。

中共贵州省遵义市委机关报《遵义报》复刊。4开4版，周刊。

云南省公安厅主办的《云南公安报》在昆明创刊。4开4版，半月刊。

8月1日

长春电视台开播。

我国为传送电视节目租用的国际卫星转发器开始启用。至此，原来看不到中央电视台节目的16个省、市的某些地区，已可看到卫星传送的电视节目。

《人口与家庭》在福州创刊。福建省计生委主办。

8月2日

中共甘肃省庆阳地委机关报《陇东报》复刊。4开4版，周刊。

8月5日

《山西教育报》在太原创刊。4开4版，周刊。

8月8日

中国新闻纪录电影展览周本日至14日在吉林省长春市举行。共展出84部263本新闻纪录片。

8月10日

浙江省供销合作社主办的《供销合作报》在杭州创刊。

8月12日

英文《中国日报》开始通过卫星向香港传送版面。10月11日，又向纽约实现了卫星转版。

8月15日

西北五报（《陕西日报》《甘肃日报》《宁夏日报》《新疆日报》《青海日报》）在青海省西宁市召开“开发青海、宣传青海”会议。邀请全国省报总编辑参加。中共中央宣传部新闻局局长钟沛璋在会上作了题为《坚持改革，积极主动创造性地当好党和人民的喉舌》的发言。会议于 17 日结束。

《福建商报》在福州创刊。

8 月 18 日

著名新闻工作者常芝青在北京逝世。常芝青，出生于 1911 年，山西交城人。历任《抗战日报》《晋绥日报》《光明日报》《大公报》总编辑，《人民日报》副总编辑。

8 月 19 日

中共中央书记处书记邓力群在北京人民大会堂会见了美国纽约宏声电台负责人陈晓莉。该台同中央人民广播电台和中国国际广播电台签订了播发华语广播的协议。中国国际广播电台对华侨广播部已向该台提供节目。

8 月 20 日

西藏电视台成立。

首都老新闻工作者和各新闻单位负责人在中国记协举行集会，隆重纪念抗日战争和世界反法西斯战争胜利 40 周年。

8 月 26 日

中共中央办公厅、国务院办公厅联合发布《关于禁止营业性录像放映和加强录像管理的通知》。

8 月 28 日

中国记协召开“抓准典型、谨慎从事，提高党风党纪宣传质量”座谈会。

同月

以回忆《胜利报》在太行地区出版情况为主要内容的纪念文集《太行山上抗日烽火中的胜利报》公开出版。全书约 30 万字。

传播学国际讨论会在上海举行。这是在中国大陆举行的第一次有外国学者参加的传播学讨论会。会上交流了各国传播学发展的近况，讨论了新的科学技术的发展对传播媒介的影响，以及对新闻教育提出的新要求。

《南方市场信息》在广州创刊。4 开 4 版，周刊。

9 月 1 日

山西新闻摄影学会创办的《摄影报》改名为《中国摄影报》继续出版。该报由中国新闻摄影学会和山西新闻摄影学会合办，编辑部仍在太原。

中国南方航空公司主办的《广州民航报》在广州创刊。

9 月 2 日

上海新闻广播电视职业学校正式开学。首届招生 165 人。

9 月 3 日

新华社在墨西哥城设立拉美分社。沈家松任社长。

为纪念世界反法西斯战争胜利 40 周年，中国国际广播电台用各语种举办了专题节目或特别节目，其中英语部的《四十年前的八一五》一稿，获澳大利亚广播学科学研究机构的“培特奖”，中国国际广播电台被誉为“亚洲最佳电台”。

9 月 4 日

中共中央政治局委员胡乔木在给广电部负责人艾知生的信中说，对地方台大量播放香港武打片和其他低劣片，各地意见也不少，此固系我国现能供应片太少所产生的现象，仍希望转告各台注意总的社会效果，并在片源供应方面有所调整。

9 月 6 日

中国记协与黑龙江记协本日至 11 日在哈尔滨联合召开全国部分地市报纸工作经验交流会。

9 月 7 日

全国新闻专业职务聘任制试点工作会议本日至 11 日在湖南长沙召开。

9 月 10 日

朝鲜朝中社代表团抵达北京，对我国进

行友好访问。

南宁电视台正式开播。

9月11日

全国新闻学术讨论会于本日至14日在重庆市举行。中国新闻学会会长胡绩伟主持大会。

9月14日

经新疆维吾尔自治区人民政府批准，新疆广播电视学校正式成立。

9月15日

新华社与科威特通讯社在科威特首都签署新闻合作协定。

9月20日

中央电视台自本日起，迄10月13日止，举办庆祝中华人民共和国成立36周年全国电视剧展播。

9月22日

新疆电视台增加哈萨克语电视节目。

著名新闻工作者华山在广西病逝，终年65岁。华广西龙州人，先后担任过《新华日报》(华北版)、《晋察热辽报》《东北日报》记者，新华社特派记者，《人民日报》记者，写过很多有影响的通讯。

9月25日

中共中央书记处举行会议，讨论中共广东省委关于当地群众收看电视问题的报告。会后发表纪要指出，广东珠江三角洲地区一些地方普遍收看香港电视，不少群众受到资本主义思想潜移默化的侵蚀和影响，对社会主义精神文明建设十分不利。解决的根本办法是努力把我们自己的电视办好。会议原则上同意《中共广东省委关于珠江三角洲地区收看电视问题的报告》。

黑龙江省新闻学会在哈尔滨成立。会长为黑龙江日报副总编辑龚赞麟。

9月27日

太行新闻烈士纪念碑在山西省左权县麻田村的西山脚下落成。

9月28日

乌鲁木齐电视台建成。

9月29日

冯健率中国新闻代表团访问日本。

同月

《中国日报》摄影记者王文澜和他的兄弟王文泉、王文波、王文杨联合举办广场漫步摄影展览。

《红领巾报》在天津创刊。4开4版，半月刊。

河北承德电视转播台改为承德地区电视台正式播出。

上海市社会科学院主办的《社会科学报》在上海创刊。4开8版，半月刊。

安徽省广播电视厅主办的阜阳地区电视调频台试播。

《动向杂志》创刊。总编辑温辉。

云南大学中文系新闻专业成立，并开始招收首届本科生。学制4年。

10月1日

公安部消防局主办的《人民消防报》在哈尔滨创刊。4开4版，周刊。

我国第一家高校校办电视台——武汉华中工学院电视台建立并开始播出。

10月3日

第三次全国晚报经验交流会本日至8日在成都召开。《成都晚报》主持。会议就加强两个文明建设宣传和加强法制宣传的经验进行了切磋和交流。

10月7日

国家工商行政管理局和中国消费者协会主办的《中国消费者报》在北京创刊。对开4版，周刊。

李鹏副总理在卫星电视地面接收站试点工作总结会议上指出，要大力发展卫星电视转播，力争使我国的广播电视事业在今明两年有更大的发展。

中国记协下属卫生记协成立大会及首届全国理事会在北京召开。

10 月 8 日

中国广告协会电视委员会本日至 13 日在辽宁省丹东市召开全体扩大会议。

首次全国电视播音经验交流会在北京举行。

10 月 9 日

以崔玉陵台长为首的中国国际广播电台代表团访问澳大利亚。

10 月 11 日

全国省级电视台 1985 年节目交流会在天津召开。

10 月 15 日

第六次全国省会所在市广播电台协作会在广西南宁召开。

伊宁市人民广播电台开播。

北京市新闻学会召开理事会会议，一致同意对学会章程的部分条款作必要的修改。王立行辞去会长的职务，推选北京日报社长许文任会长。

10 月 17 日

中华人民共和国广播电视部和摩洛哥广播电视台合作协定在摩洛哥签订。

10 月 20 日

1985 年全国广播电视报经验交流会本日至 25 日在广东省湛江市举行。

10 月 21 日

第二届全国新闻摄影理论年会本日至 28 日在安徽滁州市举行。

10 月 22 日

广播电视部发出通知，要求加强对电视节目的管理，纠正滥播香港和外国电视剧的现象。

10 月 27 日

北京市高等教育自学考试新闻专业开考。首先开考的有《中国新闻事业史》《基础写作》等课程。

10 月 31 日

贵州省新闻学会正式成立。

同月

《黑龙江政协报》在哈尔滨创刊。4 开 4 版，半月刊。

《企业家报》在石家庄创刊。对开 4 版，周刊。

《上海商报》在上海创刊。对开 4 版，周刊。

《惠民大众》在山东滨州市创刊。4 开 4 版，周二刊。

《贵州经济报》在贵阳创刊。对开 4 版，周二刊。

11 月 1 日

中共广东省珠海市委主办的《珠海特区报》在珠海创刊。对开 4 版，日刊。

11 月 2 日

上海记协召开邹韬奋诞辰 50 周年纪念会。

11 月 4 日

新华社与秘鲁安第斯通讯社在利马签订新闻合作协议。

11 月 5 日

《健康报 · 计划生育版》荣获美国人口学会第五年度全球人口新闻报道优胜奖最佳专版奖。

11 月 8 日

中国记协、中宣部新闻局邀请首都主要新闻单位的 18 位负责人举行座谈会，探讨宣传工作如何为社会主义精神文明建设服务的问题。

新华社与阿根廷美洲通讯社在北京签订新闻合作协定。

11 月 10 日

全国电视新闻理论研讨会本日至 16 日

在江苏徐州召开。

11 月 12 日

中国记协和重庆市新闻工作者协会本日至 18 日在重庆联合召开全国经济体制改革宣传经验交流会。

北京广播学院增设管理系。

11 月 13 日

我国著名摄影记者吕厚民、侯波、吕相友拍摄的《毛泽东、周恩来和邓小平生平照片展览》本日至 23 日在纽约举行。

11 月 15 日

北京、天津、上海、重庆、武汉、沈阳和大连七城市广播电视协作会议本日至 21 日在上海召开。会议的中心议题是：广播电视在新的形势下如何搞好有理想、有道德、有文化、有纪律的“四有”宣传。

11 月 20 日

全国新闻专业职务聘任制试点工作情况交流会议本日至 25 日在北京举行。会议产生了《全国新闻专业职务聘任制试点工作情况交流会议纪要》。

中国新闻摄影学会与首都 15 家新闻单位联合发起举行首届全国新闻摄影大奖赛，主题是：中华在改革中腾飞。

11 月 25 日

《云南日报》《贵州日报》《西藏日报》《四川日报》《重庆日报》等西南五报总编辑会议本日至 12 月 1 日在重庆举行。会议交流了经济体制改革宣传的情况和经验。

11 月 26 日

中国广播电视代表团一行 7 人，本日至 12 月 17 日访问埃及、突尼斯和阿尔及利亚。

11 月 27 日

首都新闻界、文化界和出版界在北京举行集会，纪念我国著名报人、新闻学者、新闻史研究的奠基人戈公振诞辰 95 周年。

11 月 28 日

全国农村有线广播网设备整顿、更新、改造会议在四川省广汉县举行。

11 月 30 日

中央人民广播电台地方记者站站长会议本日至 12 月 5 日在北京举行。

中国记协电影电视记者协会在北京成立。

同月

《中国农金报》在北京创刊。对开 4 版，周二刊。中国农业银行主办。

《毕节报》在贵州毕节创刊。4 开 4 版，周二刊。

《富平报》在陕西富平创刊。4 开 4 版，周刊。

《人间》杂志在台湾创刊。

12 月 1 日

中国记协本日至 7 日在广东省东莞市召开全国省、市、自治区记协主席、秘书长会议。

12 月 4 日

民柬主席西哈努克亲王为中国国际广播电台题词：我谨代表柬埔寨人民、民柬联合政府，并以我本人的名义，向光荣的中华人民共和国报界、电台、电视台致以崇高的敬意和衷心感谢。感谢你们对我国民族解放斗争所给予的崇高而有力的支持。

12 月 6 日

全国首届广播电视学校工作会议在湖南省长沙市举行。

12 月 9 日

中央电视台为搞好对外宣传工作，召开第六次驻外使节座谈会，邀请因公回国的我驻外使馆的大使领事出席，征求意见。

12 月 10 日

北海市人民广播电台试播。

12 月 11 日

广播电视部编辑、记者专业职务评审委员会成立。谢文清任主任委员，马庆雄任副主任委员。

12 月 16 日

《城乡信息报》改名《中国城乡信息报》继续出版。

12 月 18 日

中国人民大学新闻系和北京日报联合举办中国报刊展览。

12 月 20 日

中国广播电台和电视台代表团本日至 31 日出席在韩国汉城举行的“亚广联”第 22 届全会及有关会议。

12 月 21 日

新华社厦门支社成立。

12 月 24 日

新华社发出《关于检查和改进我社记者采访作风和工作作风的通知》。

12 月 26 日

《丽江报》(纳西文、傈僳文版) 在云南丽江创刊。云南省丽江纳西族自治县民委主办。4 开 4 版，半月刊。

12 月 30 日

为纪念中国人民广播事业创建 45 周年 (中央人民广播电台的前身——延安新华广播电台于 1940 年 12 月 30 日开始播音)，全国广播界举行广泛的纪念活动，出版了纪念画册和摄影专题纪录片。

同月

《哈尔滨政协报》创刊。4 开 4 版，半月刊。

《陕西邮电报》在西安创刊。4 开 4 版，周刊。

同年

中国大陆本年内公开出版发行的报纸共 1710 种，平均期发总数 15187 万份，全年发行总数 2309990 万份。中国大陆广播电台共 213 座，电视台共 202 座，市、县广播站共 2568 座，收音机社会拥有量 24181 万台，电视机社会拥有量 6965 万台。

《河南商报》在郑州创刊。4 开 4 版，周刊。

《廊坊日报》在河北廊坊创刊。4 开 4 版，日报。

江汉大学中文系开设新闻专业。

西北大学开设新闻系。

中国人民解放军空军政治学院开办新闻系。

1986 年 (丙寅)

1 月 1 日

《解放军报》为该报创刊 30 周年举行纪念活动，杨尚昆、杨得志、洪学智等在此以前接见了该报的全体干部。

《中国科技报》在北京创刊。该报由国务院科技领导小组直接领导，国家科委、中国科协、中国科学院、国防科工委和《光明日报》社联合创办。对开 4 版，周刊。

《中国电力报》改名《中国水利电力报》继续出版。

中央电视台对北京地区播出的第三套节目开始试播。

中共浙江省衢州市委机关报《衢州报》复刊。4 开 4 版，周三刊。

新华日报社主办的《扬子晚报》在南京创刊。4 开 4 版，日刊。

中共福建省漳州市委机关报《闽南日报》创刊。其前身为 1949 年 9 月创办的《漳州电讯》(后易名《漳州报》)，1969 年 4 月 1 日停刊。

《九江报》改名《九江日报》继续出版。

《四川工人报》改名《四川工人日报》

继续出版。

《北海报》改名《北海日报》继续出版。

宁夏石嘴山人民广播电台开播。

台北《中央日报·国际航空版》正式出刊。

《大众报》在台湾创刊。

1月2日

中央电视台开办《简明新闻》栏目。每天9时20分至25分播出，14时20分到25分重播。

1月5日

首届中国戏曲电视剧“金鹰像”奖评选活动在上海举行。

《中国书画报》在天津创刊。4开8版，旬刊。中共天津市委老干部局主办。

1月6日

《瞭望》月刊海外中文版在香港改版出版。胡耀邦为该刊题词：“介绍中国，增进友谊，瞭望世界，保卫和平。”

1月7日

首都新闻学会召开第二届理事会第一次会议，选举产生了新的领导机构。胡绩伟再次当选会长，李庄、李普、谢文清、安岗、商恺、戴邦、方汉奇等当选为副会长。

中央电视台在昆明召开1986年全国电视剧题材规划会议。广播电视部艾知生部长作了关于端正电视剧创作思想的讲话。会议于11日结束。

1月8日

新华社本日至13日在北京举行全国省报通讯技术工作座谈会。

中央电视台开始通过微波线路召开每周一次的全国电视台新闻负责人电话会议。

1月10日

全国儿童广播剧“金猴奖”发奖大会在北京举行。中宣部部长邓力群出席大会并讲了话。

1月11日

广播电视部颁发《分米波电视广播覆盖网规划》。

1月16日

著名老新闻工作者、社会活动家胡愈之在北京逝世。胡愈之，出生于1896年，浙江上虞人。曾任《东方杂志》《世界知识》《南侨日报》《光明日报》等报纸刊物的总编辑。

1月17日

葡萄牙驻华大使代表葡总统拉马略·埃亚内斯将军，授予新华社前驻葡记者王志根“唐·恩里克王子勋章。”

1月19日

首都新闻学会第一届学术年会在北京举行。

1月20日

第六届全国人民代表大会常务委员会第十四次会议，审议通过了国务院提出的关于提请将广播电视部改为广播电影电视部的提案，决定将广播电视部改为广播电影电视部。

应新华社邀请，日本共同社社长酒井新二等人本日至22日访问我国，受到了胡耀邦的接见。

1月24日

文化部主办的《中国文化报》在北京创刊。对开4版，周二刊。

中国新闻学院在北京正式成立。该院受新华社和北京市人民政府双重领导，以新华社为主，院长由新华社社长穆青兼任。

1月27日

全国报纸新闻传递印刷技术改造规划领导小组在新华社召开“七五”期间新华社《中文广播技术改造方案》和《计算机——激光汉字照排第一阶段试验方案》的讨论会。

1 月 29 日

天津市新闻摄影学会成立。

同月

新华社在北京召开国内工作会议。社长穆青在会上作了题为《把握大局，改进作风，当好党的喉舌》的讲话。

《中国纺织报》在北京创刊。对开 4 版，周三刊。

《中国卫生信息报》在北京创刊。对开 4 版，周二刊。

中央电视台主办的《电视周报》改名《中国电视报》，中央人民广播电台主办的《广播之友》改名《中国广播报》继续出版。

《经济日报》总编辑安岗率中国新闻代表团访苏。

《世界科技信息报》在上海创刊。4 开 4 版，半月刊。

中共吉林省白城地委机关报由《白城农民报》改名为《白城报》。

《妇女之声报》在江西南昌创刊。4 开 4 版，周刊。

《上海老年报》创刊。4 开 4 版，周刊。

政协湖南省委员会机关报《湖南政协报》在长沙试刊。4 开 4 版，旬刊。

《广西商报》在南宁创刊。4 开 4 版，周二刊。

《甘肃工商报》在兰州创刊。4 开 4 版，周刊。

《铜仁报》在贵州铜仁创刊。4 开 4 版，周二刊。

《今天日报》创刊。社长韦建邦。

2 月 1 日

我国成功发射了又一颗实用通信广播卫星。

中共河南省驻马店地委机关报《驻马店报》在驻马店创刊。4 开 4 版。周二刊。

浙江衢州电视台开播。

2 月 3 日

人民日报编委会扩大会议通过了《关于加强政治纪律的几项规定》。

2 月 7 日

内蒙古呼和浩特电视台开播。

2 月 8 日

丙寅春节前夕，中国国际广播电台对北京地区的英语广播节目同步直播中央电视台的春节联欢晚会。

台湾《联合报》系主办的美国纽约“世界电视台”开播。

2 月 18 日

广播电影电视部、商业部、国家工商行政管理局联合发出通知，要求对录音、录像制品的市场进行整顿，坚决制止和打击违章翻录、销售音像制品的活动。

2 月 19 日

人民日报总编辑李庄本日至 27 日赴科威特访问，并参加科威特国庆 25 周年庆祝活动。

2 月 21 日

新华社本日至 3 月 5 日在北京召开该社国外工作座谈会。

第二次全国电视照明会议在上海结束。

2 月 25 日

中央职称改革工作领导小组发布《新闻专业人员职务试行条例》。条例共四章：总则，任职条件和岗位职责，评审和聘任，附则。

2 月 28 日

广播电影电视部部长艾知生本日至 3 月 12 日率中国广播电视代表团访问朝鲜。3 月 7 日，金日成主席接见了代表团，并签发命令向代表团授勋。

民治新闻专科学校在北京正式开学。设有两年制新闻专业班。

同月

全国省级电视台首次举办《春节节目联播》。

中央对台领导小组副组长、中央军委副主席杨尚昆到海峡之声广播电台厦门广播站视察，并就对台宣传问题作了重要指示。

3月1日

台湾中时报系在美国成立时报文化基金会。

全国新闻专业职称改革工作会议本日至7日在西安举行。

3月12日

全国优秀电视新闻评选和经验交流会本日至25日在河北石家庄市召开。

中共甘肃省陇南地委机关报《陇南报》创刊。4开4版，旬刊。

3月17日

1985年度全国农民报协会系统好新闻评选，于3月19日在四川乐山揭晓。

3月20日

第四届全国优秀广播节目评选会议本日至4月4日在四川乐山举行。会议共评出1985年优秀广播节目207件。

3月22日

朝鲜劳动党中央委员、《劳动新闻》总编辑李成福率领的朝鲜《劳动新闻》代表团来华访问。4月1日，胡耀邦会见了代表团。

3月24日

中共中央批准了新华社9位领导成员的职务任免事项：郭超人任党组副书记，庞炳庵任副社长，丁翔起任副社长、党组成员，南振中任党组成员；免去冯健的副社长、党组副书记，杨家祥的副社长、党组成员，孙振的党组成员，曾涛、邓岗的顾问职务。

3月27日

第四届全国优秀广播节目复评工作结束。共评出特等奖8个，一等奖44个，二等奖54个，三等奖98个。

同月

中共中央组织部任命范敬宜为《经济日报》总编辑，杨尚德、罗开富、王昭栋、齐志文为副总编辑，李海燕、舒野为编委会委员。

沈阳日报社制定《关于抵制新的不正之风的几项规定》。

4月3日

中国广告协会广播工作委员会第二次广播广告优秀节目评选授奖会议，本日至6日在沈阳市召开。评出优秀广告节目107个。

4月6日

全国首次中央和省级报纸广告工作交流会在西安举行。会上进行了广告设计评奖。

4月7日

余秋里签发中国人民解放军总政治部关于给中央电视台军事部集体嘉奖的通令，表彰他们在1985年取得的成绩。

4月8日

珠江经济广播电台本日至13日在广州地区公开招聘节目监制人、主持人、编辑、记者和电脑软件技术人员。

4月9日

民政部主办的《中国社会报》在北京创刊。对开4版，周二刊。

4月12日

第六届全国人民代表大会第四次会议通过《中华人民共和国民法通则》。其中第九十四条规定：公民、法人享有著作权（版权），依法有署名、发表、出版、获得报酬等权利。

4月17日

中国华阳技术贸易总公司主办的《中外产品报》在北京创刊。对开4版，周二刊。

4 月 20 日

新华社开始试用电脑播发英文通稿。

4 月 21 日

中国新闻学会联合会首届学术年会本日至 26 日在河南郑州举行。会议交流了中共十一届三中全会以来的新闻学研究成果和新闻工作经验，探讨了新闻实践中提出的新闻理论问题。

4 月 24 日

国务院颁布《广播电视设施保护条例》。

4 月 25 日

中国国际广播电台建立驻联邦德国记者站。

4 月 27 日

第一次中国广播电视史志研讨会本日至 30 日在辽宁省大连市举行。

5 月 1 日

中共河北省承德市委机关报《承德市报》创刊。4 开 4 版，周三刊。

开封人民广播电台开播。

中共广东省惠阳地委机关报《东江报》复刊。4 开 4 版，周二刊。

政协甘肃省委员会机关报《民主协商报》在兰州创刊。4 开 4 版，周刊。

台湾嘉义《商工日报》停刊。

《当代》杂志创刊于台湾。

5 月 7 日

第三次全国广播播音工作年会本日至 13 日在杭州举行。

5 月 8 日

首届电视体育实况解说学术经验交流会本日至 13 日在北京举行。

穆青率新华社代表团本日至 6 月 16 日访问了南斯拉夫、罗马尼亚、波兰、民主德国和匈牙利等国。

5 月 9 日

中国新闻发展公司北京公司在中国革命博物馆举办“全国报刊知多少”展览。

第四届大众电视“金鹰奖”授奖大会在福州举行。《新星》等 15 个电视连续剧、单本剧、短剧、小品、儿童剧、戏剧片和 6 位演员获奖。

广播电影电视部发出《关于改进文艺节目录像带供应并加强录像放映管理的通知》。

5 月 10 日

邓拓学术讨论会本日至 13 日在邓拓故乡——福州举行。邓拓曾任《晋察冀日报》《人民日报》及《前线》杂志总编辑，1966 年因受“四人帮”的迫害在北京逝世。

5 月 16 日

《群众》周刊史编写工作座谈会在南京举行。

5 月 21 日

四川省新闻摄影学会在成都成立。

5 月 25 日

浙江绍兴人民广播电台开播。

5 月 26 日

昆明电视台开播。

5 月 27 日

我国第一家专门从事公共关系业务的公司——中国环球公共关系学公司在北京正式成立。这家公司是新华社所属的中国新闻发展公司下属的专业公司之一。

5 月 28 日

太行新闻烈士纪念碑在左权县麻田村落成并隆重揭幕。抗日战争和解放战争时期，太行山区共有何云等 40 位新闻工作者在自己的岗位上壮烈牺牲。

5 月下旬

首届新闻受众研究学术讨论会在安徽黄

山召开。

同月

河南中医学院附属医院主办的《中国护理报》在郑州创刊。4开4版，旬刊。

《福建老年报》在福州创刊。4开4版，旬刊。

6月1日

广播电影电视部决定，自即日起正式在全国实行影视剧制作许可证制度。

《时报新闻周刊》在台湾创刊。

6月3日

全国城市电视台1985年度优秀专题节目评奖会议本日至12日在重庆举行。

6月5日

第六届全国优秀电视剧“飞天奖”评奖活动揭晓。《四世同堂》获特别奖，《寻找回来的世界》获一等奖，《诸葛亮》《新星》并列二等奖。

6月6日

全国电视短剧、小品展播结束。经评议推出《谁是莫雨》等优秀短剧8个，《行食菩萨》等优秀小品10个。

6月12日

解放区广播史讨论会本日至13日在北京广播学院举行。会议回顾了人民广播艰苦创业的历史，讨论了编写解放区广播史和发扬人民广播光荣传统等问题。会上还协商成立了解放区广播史研究组。杨兆麟任组长，林青、赵玉明任副组长。

全国城市电视台1985年度优秀专题节目评奖会结束，评选出40个优秀节目。

中共中央批准人民日报编委会和新华社党组呈报的《关于人民日报地方记者站与新华社地方分社分开设立的报告》。新华社各地方分社将不再同时兼作《人民日报》记者站。《人民日报》将在各省、市另行成立自己的记者站。在此以前，经中央宣传部批准，《人民日报》从1981年起，已陆续在24个省、市派出了常驻记者。

6月14日

哈尔滨市新闻工作者协会、哈尔滨市新闻学会同时成立。

6月15日

全国部分中小城市党报首次业务讨论会本日至20日在江苏镇江市举行。

6月20日

全国广播新闻研讨会本日至25日在北京举行。会议着重讨论了广播新闻改革如何向纵深发展的问题，并向第四届全国优秀广播节目评选中荣获特等奖、一等奖作品的作者颁发证书。

6月26日

中央电视台通过印度洋上空的卫星，首次收到朝鲜平壤广播电视台的电视新闻。内容是金日成同志参加拉河大坝竣工庆祝活动。

6月30日

中央人民广播电台开始在每天的《天气预报》节目之后播发国家海洋环境预报中心提供的海浪、海冰和海温等海洋要素的分析和预报。遇有影响我国沿海的风暴时，将以发布消息方式在重点新闻节目中播出。

本日起至10月止，全国先后有60多名记者随同长江源流科学考察探险队漂流采访。其中有11名记者跟随探险队到长江源头采访，有9名记者在沱沱河上流水域下水，随探险队员一起经沱沱河、通天河一带无人区向下游漂流，并发出了大量报道。四川《青年世界》杂志记者万明在这次采访中遇难殉职。

同月

《内蒙古工商报》在呼和浩特创刊。4开

4 版，周刊。

《东莞市报》在广东东莞创刊。对开 4 版，周二刊。

《四川青年报》在成都创刊。对开 4 版，周二刊。

7 月 1 日

新华社电脑播送系统正式投入运转，并开始使用电脑播发英文新闻稿。

中央电视台《新闻联播》节目自本日起由 30 分钟延长至 35 分钟。

中国卫星电视教育频道试播。

张家口地区电视台开播。

濮阳人民广播电台、濮阳电视台同时开播。

株洲人民广播电台开播。

《景德镇报》改名为《景德镇日报》，由周三刊改为周六刊。

邵飘萍烈士纪念铜像在浙江金华落成。铜像由上海大学美术学院雕塑系主任章永浩雕塑，中国人民大学教授方汉奇撰写碑文。

中共甘肃金昌市委机关报《金昌报》创刊。4 开 4 版，周刊。

重庆临江路《新华日报》旧址，经过半年多的整修，本日起对外开放。

银川人民广播电台开播。

《天下》杂志的姐妹刊物《远见》杂志创刊于台湾。

中共哈密地委机关报《哈密报》复刊。以维、汉两种文字出版。

7 月 2 日

《人民日报》一版发表编辑部文章《我们的心愿——就人民日报改版三十周年致读者》。

7 月 3 日

中国航空工业部主办的《航空时报》在北京创刊。

7 月 4 日

中国广播电视学会首次研讨会本日至 12 日在江西省南昌市和庐山举行。

7 月 12 日

中央人民广播电台主持召开的全国部分省、自治区、直辖市电台总编室主任座谈会在北京结束。

7 月 22 日

首次全国广播理论优秀稿件评选会议在山东泰安市举行。

四川电视台《长江第一漂》电视剧组 28 人登上长江源头姜古迪如冰川。这是我国摄制艺术片的电视工作者第一次登上长江源头拍戏。

同月

受人民日报编委会委托，中国社会科学院新闻研究所从理论上探讨了该报的改革，并提出了具体的建议。

《漯河报》在河南省漯河市创刊。4 开 4 版，周三刊。

8 月 1 日

国务院电子振兴办公室召开会议，研究卫星电视教育的有关问题。

《柳州广播电视报》在广西柳州创刊。

8 月 5 日

中共广东省江门市委机关报《江门报》创刊。4 开 4 版，周刊。

8 月 6 日

北京广播学院与宁夏人民广播电台本日至 13 日在银川联合举办全国首届广播学术讨论会。

8 月 9 日

中共中央宣传部本日至 15 日在哈尔滨召开了全国省报总编辑座谈会。

8 月 10 日

中央电视台首次利用通信卫星现场直播

在新疆举行的第三届全国少数民族传统体育运动会开幕式实况。

8月12日

《人民日报》本日至31日在18个省、自治区、直辖市的30个市、县进行读者调查。调查采用统一问卷，以直接面访方式进行。回收有效问卷5061份，回收率为99.2%。这是中国新闻史上规模最大的一次全国读者调查。

8月20日

第二次传播学术讨论会本日至24日在安徽黄山市召开。

首都新闻学会新闻刊物学术研究组在北京召开适应新闻改革新形势、进一步办好新闻刊物的现场经验交流会。

8月21日

人民日报本日至9月2日召开该报驻全国各地记者会议，研究记者工作如何适应报纸改革的需要等问题。

8月22日

中国社会科学院新闻研究所学术委员会成立。商恺任主任。

8月26日

中宣部、国家民委、中国记协联合召开的全国少数民族文字报纸经验交流会在内蒙古呼和浩特市举行。

同月

楚雄电视台开播。

《天府牧业报》在成都创刊。4开4版，周刊。

9月1日

第三次全国电视对外报道工作会议本日至6日在福州举行。

深圳市新闻学会成立。

英文《中国日报》（欧洲版）在伦敦创刊。

9月8日

由总编辑谭文瑞率领的人民日报代表团前往朝鲜访问。9月20日，金日成主席接见了代表团。

9月12日

首都新闻学会在北京召开安岗新闻工作经验座谈会。安岗为著名新闻记者，曾任《人民日报》副总编辑、《经济日报》总编辑、中国人民大学新闻系主任、中国社会科学院新闻研究所所长。

9月17日

《美国新闻与世界报道》中文版在台北问世。由《联合报》系取得中文版权。

9月22日

中华全国新闻工作者协会常务副主席、《人民日报》原副总编辑、中宣部新闻局原局长王揖在北京逝世，享年67岁。

9月23日

中共中央总书记胡耀邦在北京会见由董事长凯瑟琳·格雷厄姆夫人率领的美国华盛顿邮报公司代表团全体人员。

9月25日

李鹏副总理在《人民日报》发表文章《搞好电视教学　发展开放教育——祝贺“中国教育电视”正式开播》。

9月27日

由《经济日报》社和日本《朝日新闻》社联合主办的21世纪中日经济讨论会，本日至10月3日先后在东京、大阪两地举行。以国家经委副主任袁宝华为团长的《经济日报》代表团一行12人，参加了讨论会。

9月28日

中共十二届六中全会通过《中共中央关于社会主义精神文明建设指导方针的决议》。决议强调发展新闻出版、广播电视等文化事业的重要性。

10 月 1 日

《扬州市报》改名为《扬州日报》继续出版。

《淮南报》改名为《淮南日报》继续出版。

中共湖南省怀化地委机关报《怀化报》创刊。4 开 4 版，周刊。

楚雄人民广播电台开播。

中共汕头经济特区区委主办的《汕头特区报》创刊。对开 4 版，周二刊。

西宁电视台开播。

10 月 4 日

广播电影电视部为贯彻《中共中央关于社会主义精神文明建设指导方针的决议》，本日至 16 日在北京召开了全国广播电视厅（局）长会议。

《陕西日报》发表习仲勋为该报创刊 45 周年写的纪念文章，强调新闻改革要进一步深化，新闻要力争做到“真、短、快、活、强”，要在“可读、可信、可亲上多下功夫”。

10 月 15 日

中国广播电视学会在北京成立。吴冷西当选为会长，王枫、左漠野、吴少琦、何光、何大中、邹凡扬、金照、郝平南、徐崇华、谢文清当选为副会长。

10 月 18 日

中国国家建材局主办的《中国建材报》在北京创刊。对开 4 版，周二刊。

10 月 20 日

第二次广播主持人节目专题讨论会，本日至 25 日在江苏徐州召开。

10 月 22 日

全国首届报纸广告理论研讨会在安徽蚌埠举行。

10 月 23 日

首都新闻学会与中国人民大学新闻系联合举办新闻学与相邻学科学术讨论会。

10 月 24 日

全国广播电视报经验交流会本日至 31 日在天津举行。

延安清凉山新闻出版革命纪念馆落成开馆。清凉山是抗日战争和解放战争时期《解放日报》、新华社和延安新华广播电台的所在地。

穆青率新华社代表团本日至 11 月 19 日访问伊朗、伊拉克和土耳其，并视察了新华社中东总分社的工作。

10 月 25 日

中央电视台举办的首届全国电视播音员培训班开学。

10 月 26 日

首次全国新闻专业期刊经验交流会本日至 30 日在太原市召开。

10 月 29 日

广播电影电视部副部长谢文清前往东京参加为纪念世界通信节举办的第三次信息传播研讨会。

10 月 30 日

广播电影电视部部长艾知生率中国广播电视代表团一行 7 人赴南斯拉夫、罗马尼亚、联邦德国和英国进行友好访问。

第三届全国优秀电视专栏节目评奖活动结束。《奋起啊中国》等 11 个节目获一等奖。

同月

新华社党组批准该社参考资料编辑部筹建中国国际资料信息中心。

中国大陆第一家舆论调查与研究机构——中国人民大学舆论研究所成立。甘惜分任第一任所长。

《中国红十字报》在北京创刊。4开4版，半月刊。

《中国老区报》在湖南长沙市创刊。对开4版，周刊。

《山西政协报》在太原创刊。对开4版，周刊。

政协四川省委员会机关报《四川政协报》在成都试刊。该报于1987年1月3日正式创刊。

《冷水江报》在湖南冷水江创刊。4开4版，周刊。

11月1日

第二届全国电视广告评奖大会本日至6日在杭州市举行。

《钱》杂志创刊于台湾。

11月3日

国家工商行政管理局召开的27个省、市、自治区广告工作会议，在安徽歙县结束。

11月7日

第六次广播记者工作经验交流会本日至12日在杭州举行。

新华社举行建社55周年（从1931年创建红色中华社算起）纪念活动。在建社55周年前夕，新华社党组讨论并制订了《新华社1986—1990年发展规划纲要》（草案），要求逐步建立起多层次、多渠道、多功能的宣传报道体系。

11月11日

中共中央军事委员会批准《解放军报》自1987年1月1日起向国内外公开发行。

由人民日报和日本经济新闻社共同举办的第二次中国对外开放政策和中日经济技术合作讨论会，本日至12日在东京举行。

11月12日

全国农村广播电视工作会议在北京召开。

金陵之声广播电台开播。

华东六省一市对台广播宣传协作会议召开。

11月15日

中央人民广播电台驻地方记者站站长会议在南京召开。广播电影电视部副部长马庆雄在讲话中重申了“扬独家之优势，汇天下之精华”的办台方针。

11月19日

第三届全国城市报纸群众工作经验交流会本日至23日在杭州召开。

11月24日

对外宣传工作汇报展览在北京中国人民革命军事博物馆开幕。中国国际广播电台参加了展出。

11月25日

首次全国开放城市和特区的党报协作会议在广州市举行。29日结束。

同月

电子工业部、广播电影电视部、商业部、农牧渔业部联合发出通知，要求在全国农村开展普及电视工作，以实现中央提出的到本世纪末户户人人都能看到电视的目标。

12月5日

《台江苗文报》在贵州台江创刊。8开4版。由黔东南苗族侗族自治州台江县民委主办。

12月10日

中共甘肃白银市委机关报《白银报》创刊。4开4版，周刊。

12月11日

新华社社长穆青与塔斯社社长谢·安·罗谢夫在北京签订两社新闻交换协议。

12月18日

新华社本日至29日在北戴河召开1987

年度国内工作会议。

12 月 20 日

济宁人民广播电台、济宁电视台同时开播。

12 月 21 日

中国人民解放军南京政治学院正式成立新闻系。该系以培养部队新闻工作干部为主要任务。

12 月 22 日

中华全国新闻工作者协会向全国从事新闻工作 30 年以上的 1.98 万名新闻工作者颁发荣誉证书。

12 月 23 日

中央电视台在上海召开首届全国电视系统教育节目研讨会。

12 月 25 日

长江轮船总公司主办的《长江旅游报》(英文版)在武汉创刊。对开 4 版(彩色胶印),双月刊。

12 月 27 日

王震、薄一波、宋任穷、胡乔木、邓力群在中南海会见《三国演义》演播组的袁阔成、袁枫、李程等人,勉励文艺工作者和宣传工作者要继承和发扬中华民族的优秀文化传统,为人民提供更多更好的精神食粮。

12 月 29 日

鹰潭人民广播电台开播。

12 月 31 日

泰安电视台开播。

同月

岳阳电视台试播。

《华北信息报》在天津创刊。4 开 4 版,周刊。

同年

新华社多路远程汉字通讯系统通过国家鉴定。全国省级报纸微机通讯网建成。

共青团中央主办的中国少先队报《中国儿童报》在北京创刊。4 开 4 版,周刊。其前身是 1946 年 2 月创刊的《新少年报》。

《惠州报》在广东惠州创刊。4 开 4 版,周三刊。

《贵州民族报》在贵阳创刊。对开 4 版,周刊。

中国大陆本年公开出版发行的报纸共 2151 种,平均期发总数 15990 万份,全年发行总数 2380300 万份。中国大陆广播电台共 278 座,电视台共 292 座,市、县广播站共 2560 座,收音机社会拥有量 25390 万台,电视机社会拥有量 9214 万台。

1987 年(丁卯)

1 月 1 日

新华社主办的《中国记者》月刊在北京创刊。其前身为该社主办的《新闻业务》《新闻纵横》和《新闻摄影》3 个刊物。

《建设报》在北京创刊。对开 4 版,周二刊。

《解放军报》开始向国内外公开发行。

《中国科技报》改名《科技日报》继续出版。

《大兴安岭报》改名《大兴安岭日报》继续出版。

《辽宁老年报》在沈阳创刊。4 开 4 版,周刊。

《上海政协报》改名《联合时报》继续出版。

浙江日报社主办的《钱江晚报》在杭州创刊。每晚出 4 开 4 版 1 张。

《淮阴报》改名为《淮阴日报》继续出版。

《安庆新闻报》改名为《安庆日报》继

续出版。4开4版，周六刊。

湖南岳阳电视台正式播出。

《武汉晚报》开始自办发行。

《经济新闻报》改名为《新闻报》继续出版。对开4版，周三刊。

中共福建省龙岩地区机关报《闽西报》在龙岩创刊。1992年7月1日改名《闽西日报》继续出版。其前身为1949年9月创办的《新闽西报》（后易名《闽西报》），1969年7月31日停刊。

《哈密报》正式出版发行。4开4版，周二刊。出版汉、维两种文版。

1月2日

《人民日报》调整版面。各版内容分别是：一版，要闻；二版，经济；三版，科教、文化、体育；四版，政治、法律、社会；五版，理论、读者来信、文艺评论、文艺作品、文件、报告、回忆录等专版；六版、七版，国际；八版，副刊、每周文摘。除一版外，各版均用黑底白字醒目地标出名称。调整后的各版均努力突出自己的特色，力争在新闻、通讯、特写、述评中给读者新的信息，并办好各种专栏。

1月5日

《中国贸促报》在北京创刊。对开4版，周报。中国国际贸易促进委员会主办。

1月6日

全国省、市、自治区记协秘书长会议在四川省温江县召开。

《人民日报》发表社论《旗帜鲜明地反对资产阶级自由化》，在新闻战线上提出了“反对资产阶级自由化”的口号。

1月7日

中国石油天然气总公司主办的《中国石油报》在北京创刊。对开4版，周二刊。

1月8日

新华社在北京火车站广场设置发布电脑新闻快讯的特大屏幕，向公众及时发布重要的国内外快讯。

1月10日

经过一年试刊后，《湖南政协报》在长沙正式创刊。4开4版，周刊。政协湖南省委员会主办。

成都电视台开播。

1月11日

《开放月报》在香港创刊。社长许国，总编辑金钟。1990年1月改名《开放》，仍为月刊。

1月15日

新华社评稿委员会评出1986年第四季度社级一等好稿47篇。

经国家出版局批准，全国记协开始主办中国新闻出版社。这是我国第一家新闻专业出版社。

1月24日

中共甘肃省张掖地委机关报《张掖报》创刊。4开4版，周报。

1月27日

广西新闻工作者协会、广西消费者协会等联合举办广西首届维护消费者权益好新闻评选活动。

同月

中华人民共和国新闻出版署成立。杜导正任署长。

《中国报刊报》改由国家新闻出版署、中华全国新闻工作者协会、中国出版工作者协会联合主办。由周报改出周三刊。

《教育时报》在河南郑州创刊。4开4版，周二刊。

《军工报》在西安创刊。对开4版，周刊。陕西省国防工办主办。

《辽宁信息报》在沈阳创刊。4开8版，周刊。

《辽宁青年报》在沈阳创刊。4开4版，周刊。

河北省石家庄市政府主办的《经济展望》创刊。

中共山西省忻州地委机关报《改革报》改名为《忻州报》。4开4版，周三刊。

《许昌报》在河南许昌创刊。4开4版，周刊。

《曲阜报》在山东曲阜创刊。4开4版，周刊。

《温州侨乡报》在浙江温州创刊。4开4版，半月刊。

《南通港报》在江苏南通创刊。4开4版，旬刊。

《苏州报》改名为《苏州日报》继续出版。

《四川政协报》在成都创刊。4开4版，周刊。

《青年信息报》改名《陕西青年报》继续出版。

2月2日

以广播电影电视部副部长徐崇华为团长的中国电信代表团本日至3月8日出席了在日内瓦召开的世界短波广播规划二期会议。

2月5日

新华社新闻影展本日至13日在中国美术馆展出。

2月16日

新华社发出《新华社国内文字、摄影记者岗位职责条例（试行）》。

2月17日

中国商报组织全国商业职工评选的1986年十大商业新闻揭晓。《全国商业厅厅长会议确定积极发展商品横向流通》等新闻中选。

2月22日

加拿大通讯部部长麦克唐娜率领的代表团一行12人来我国访问。广电部艾知生部长与麦克唐娜部长共同签署了两国政府合拍电影的协定。

2月23日

台湾《天下》杂志当选为亚洲最佳杂志之一。

同月

人民日报公布专业职称评审结果，王金凤等16人被评为高级记者，杨建中等30人被评为高级编辑。

3月1日

政协吉林省委员会主办的《协商新报》在长春创刊。4开4版，周刊。

3月3日

中国国际广播学会在北京成立。

3月16日

广播电影电视部召开第一次驻国外记者站站长会议，总结自1980年开始建立驻外记者站以来的经验教训，以适应广播电视事业迅速发展的需要。

3月17日

第六届全国新闻摄影展览作品评选结果在沈阳揭晓。共评选出320多幅新闻摄影作品。

新华社社长穆青本日至27日应邀对美国、巴西、阿根廷三国进行友好访问。穆青在出访期间，还在墨西哥城与华盛顿分别主持召开了新华社驻拉美和北美地区分社会议。

3月18日

中共四川省委、四川省人民政府举行大会，表彰四川电视台《长江第一漂》剧组。

3月20日

第五届全国优秀广播节目评选活动本日至4月1日在大连举行。共评选出1986年度全国优秀广播节目和稿件224件。

广州市商业管理委员会主办的《广州商报》创刊。4开4版，旬刊。

建国以来的第一次全国新闻资料工作会议，本日至26日在长沙举行。

3月24日

中国记协举行冷餐会，招待采访六届全国人大五次会议和全国政协六届五次会议的香港、澳门记者。

工人日报本日至4月2日在日本举办《中日劳动漫画展》，展出了我国13个省市40位工人漫画家的70件作品。

3月25日

全国工人报刊座谈会本日至30日在宁波召开。

3月28日

中央人民广播电台的广播剧《减去十岁》，在本日至4月5日在柏林举行的第十届“柏林未来奖”国际广播节目评奖活动中获大奖。广播特写《难以忘却的歌声》，获得特别推荐奖。

3月29日

中共中央发出《关于坚决妥善地做好报纸刊物整顿工作的通知》。通知认为，端正新闻、舆论阵地的思想政治方向，是反对资产阶级自由化的一个重要方面，也是保证这场斗争胜利的必要条件，因此有必要对报刊进行整顿。

3月30日

经济日报总编辑范敬宜应联邦德国新闻局的邀请，率代表团前往联邦德国访问。

同月

中国国际广播电台在大洋洲广播艺术科学委员会主办的第五届“培技奖”竞赛活动中，被评为亚太地区最杰出的电台。

广西大学新闻系建立。

《仙桃市报》在湖北仙桃创刊。4开4版，周二刊。

《青州报》在山东青州创刊。4开4版，周二刊。

《当代中国的广播电视》出版。该书由《当代中国》丛书编辑部编辑，中国社会科学出版社出版发行。左漠野主编。全书分上、下册，共90万字。

4月1日

首届全国电视音乐交流会在大连召开。

4月3日

应日本广播协会（NHK）邀请，中国广播电影电视部部长艾知生率中国广播电视代表团赴日本进行友好访问。中曾根首相会见了代表团。

1986年度全国优秀电视新闻评选和经验交流会，本日至19日在贵阳召开。评出获奖新闻370条。

以工人日报总编辑李冀为团长的工人日报代表团，本日至24日应邀访问民主德国、匈牙利、南斯拉夫。

4月7日

新疆维吾尔自治区召开第一次全自治区广播电视工作者代表大会。新疆广播电视学会宣告成立。

四川省广播电视学会成立。郑体仁任会长。

中共中央批转中宣部《关于反对资产阶级自由化宣传报道问题的讨论纪要》。

4月13日

江西省广播电视学会成立。姚平任会长。

4月19日

新华社副社长丁翔起本日至5月2日率新华社代表团访问日本。

4月20日

安徽省电视台记者孙震华获得全国总工

会授予的“五一”劳动奖章。孙震华在结束援藏任务后，用一年时间，徒步考察和采访了雅鲁藏布江流域，行程近5000公里，克服重重困难，获得了有关该流域的水文、地貌、风土人情等大量资料，拍摄了近万张照片和20个小时的影片、资料。

中央电视台的第一个电视剧外景基地——无锡外景基地落成。

4月21日

多国新闻出版制作器材展览会，本日至27日在上海展览中心举行。

4月24日

国务院发布《广播电视设施保护条例》。

4月25日

第五届大众电视“金鹰奖”授奖大会在西安举行。《凯旋在子夜》等作品获奖。

4月27日

中国记协和首都产业报协作会在河南省洛阳市联合召开全国大企业报经验交流会。

第一次中国广播电视史研究会本日至30日在大连市召开。

4月30日

中央电视台与国际广播电视组织草签了中国中央电视台和该组织关于在电视新闻交换领域合作的协议。

同月

人民日报和国家民委联合举办的“全国民族地区纪行”采访活动，于本月底开始，首程赴广西采访。这项采访活动，持续了两年。

5月1日

中国人民银行、中国工商银行、中国农业银行、中国人民建设银行、中国银行、中国交通银行、中国实业银行和中国人民保险公司等八大金融机构联合创办的《金融时报》在北京创刊。对开4版，周二刊。

黑龙江航运管理局主办的《黑龙江航运报》复刊。4开4版，周刊。

5月3日

全国新闻职称改革工作领导小组发出通知，要求在开展评聘工作中，必须严格掌握标准和条件，既讲进度，又讲质量。

新华社副社长曾建徽本日至6月9日率新华社代表团应邀访问保加利亚和捷克斯洛伐克。

5月4日

中国青年报、中央电视台和安徽新华印刷厂联合发起举办的1986年度“全国十佳新闻摄影记者”评选活动揭晓。当选的十佳新闻摄影记者是：《中国青年报》的郑鸣，《中国日报》的王文澜，《中国法制报》的王毅，《中国青年报》的贺延光，《解放军报》的江志顺，《深圳特区报》的刘学文，总参政治部的武治义，新华社的官天一，《民族画报》的高秀峰，《吉林日报》的武进群。

5月6日

江苏省广播电视学会成立。孙鹰为会长。

甘肃省广播电视学会成立。皇甫斌任会长。

本日至6月2日，黑龙江省大兴安岭林区发生特大火灾。全国有100多名记者奔赴火灾现场采访，作了大量报道。他们既是新闻记者，又是灭火勇士。6月19日中国记协举行茶话会，慰问和表彰了这些记者。

5月7日

应广播电影电视部邀请，苏联国家电视广播委员会副主席弗·依·波波夫一行4人本日至22日来华访问。

5月11日

广播电影电视部和司法部本日至17日在北京联合举办法制题材电影电视剧工作座

谈会。

首届全国电视台观众调研工作会议在无锡市召开。

5 月 15 日

西部十省二市电子行业经济技术消息网主办的《西部电子信息报》在成都创刊。

新闻出版署署长杜导正在中国记协举行的第一次新闻发布会上，向到会的中外记者介绍新闻出版署的情况，并回答了记者们的提问。会上公布了全国现有报刊及出版社的以下统计数字：报纸 1574 家，期刊 5248 家，出版社 446 家。

5 月 18 日

新华社《中国经济消息》专栏开始通过英文广播和中文对外专线试播。

5 月 20 日

中国中央电视台和希腊国家电视台合作协议在雅典签订。

5 月 22 日

中国新闻学会联合会主办的第八届全国好新闻评选在上海揭晓。共评选出 1986 年好新闻作品 231 篇，好标题 23 条。其中，《人民日报》的通讯《今日“两地书”》、四川电视台的连续报道《长江科学考察漂流探险纪实》、河北电视台的专题报道《一个盲姑娘的追求》荣获特等奖。

5 月 25 日

中国广播电视学会管理学研究委员会在京成立。

5 月 29 日

全国新闻职称改革工作领导小组办公室召开中央和国务院系统新闻职称改革工作办公室负责人会议。

5 月 31 日

第一届电视文艺“星光”奖评选揭晓。中央电视台的《歌声的启示》等节目获奖。

同月

《中国广播电视年鉴》第一卷（1986 年版）在北京出版。

6 月 1 日

中央电视台电视剧制作中心在北京召开全国首届电视文艺研讨会。

6 月 6 日

人民日报成立新闻研究所。

6 月 8 日

受联合国教科文组织的委托，由中国记协和中国新闻学院联合举办的发展中国家新闻研讨会在北京开幕。

6 月 9 日

1985—1986 年度全国青年报刊好新闻、好作品评奖活动发奖会在北京人民大会堂举行。

中央电视台本日至 31 日举办首届全国戏剧小品电视比赛。

6 月 10 日

山西广播电视厅和北京广播学院本日至 25 日联合举办全国广播电视节目主持人讲习班。

6 月 11 日

广播电影电视部总工程师何大中等 7 人本日至 17 日参加了在瑞士蒙特勒市举行的国际电视研讨会。

6 月 12 日

《经济日报》开始连续刊出《关广梅现象》的系列报道，展开了关于租赁经营的讨论，引起广泛关注。

6 月 15 日

本日至 26 日南斯拉夫通讯社社长沙拉诺维奇等应新华社邀请来华访问。

6 月 16 日

广播电影电视部本日至 21 日在安徽合

肥召开全国音像管理工作会议。会议的主要议题是：研究和部署加强音像管理，整顿音像出版和音像市场工作。

6 月 17 日

中国电视国际服务公司与联邦德国北德电视台就首次在德播出电视连续剧《红楼梦》一事达成协议。这是中央电视台第一次将大型电视剧输入欧洲电视网。

6 月 18 日

中国广播电影电视部与保加利亚电视广播委员会广播电视合作协定在索非亚签订。

6 月 19 日

新华社副社长郭超人本日至 7 月 3 日率新华社代表团应邀访问朝鲜。

6 月 25 日

以奖励、培养新闻出版人才为目的的中国韬奋基金会在北京举行成立大会，决定设立韬奋新闻奖和韬奋出版奖。基金会主席为张友渔。

6 月 26 日

1986 年度优秀电视新闻研讨会本日至 27 日在北京举行。

同月

《河北工商报》在石家庄创刊。4 开 4 版，周三刊。

上海报纸收藏协会成立。该协会主办的上海市首届集报成果展，共展出国内发行的报纸 4000 多种，其中科技信息类报纸 1200 多种。

7 月 1 日

林业部主办的《中国林业报》在北京创刊。对开 4 版，周刊。

国家工商行政管理局主办的《中国广告报》改名为《中国工商报》继续出版。对开 4 版，周二刊。

中央电视台《新闻联播》节目由以往一名播音员单独主持，改为一对男女播音员共同主持，并增加屏幕上的图像与字幕。

《经济日报》（安徽版）改为《安徽经济报》。

湖南电视文艺台开播。

山东威海电视台开播。

《大众报》在台湾暂时停刊。

7 月 2 日

中国摄影家协会主办的全国性摄影报纸《摄影报》在北京创刊。4 开 4 版，周刊。

7 月 4 日

人民日报社成立报史委员会，着手该报报史的编写工作。

新华社与尼日利亚通讯社新闻合作协定在北京签订。

7 月 6 日

国务院发布《关于严厉打击非法出版活动的通知》。

7 月 7 日

《中国广播电视学刊》在北京创刊。

7 月 8 日

新华社教育培训中心正式成立。

7 月 10 日

为庆祝海伦·斯诺访问延安 50 周年和她的 80 寿辰举办的《海伦·斯诺在中国》实物、图片及文献资料展览，在西安八路军办事处纪念馆开展。

7 月 12 日

全国新闻高级专业职务资格评审委员会本日至 20 日在北京召开会议，对中央、国务院系统的 8 个新闻单位和 17 个省、市、自治区所属新闻单位申报的高级记者、高级编辑的任职资格进行审核。

7 月 14 日

《台湾晚报》在台北创刊。

7月15日

中国国际广播电台建立的传真发稿系统投入使用。

7月16日

王枫就任广播电影电视部副部长兼中央电视台台长。

7月18日

中共中央宣传部、中央对外宣传小组、新华社联合发出《印发〈关于改进新闻报道若干问题的意见〉的通知》。通知指出，中国实行对外开放的新形势，迫切要求新闻报道进行必要的改革。这种改革，不仅要求对国内的报道更好地发挥新闻工具作为党、政府和人民的喉舌的作用，而且要求对国外的报道力争主动权，同外国的新闻机构争雄。

“大庆杯”全国工业新闻摄影大奖赛揭晓。共评选出优秀作品200余幅（组）。

7月21日

广播电影电视部在北京主持召开广播节目改革经验交流会。会议于27日结束。

7月25日

首都新闻学会第八届全国好新闻作品发奖大会在北京首都剧场举行。

7月27日

台湾《民族晚报》暂时停刊。

同月

《中国计划生育报》改刊，独立出版发行。对开4版，周刊。

《企业导报》创刊。4开8版，周二刊。

《老年周末》在南京创刊。4开4版，周刊。

8月1日

《陕西政协报》在西安创刊。4开4版，周刊。

广东省社会科学院港澳研究中心主办的《亚太经济时报》在广州创刊。对开四版，旬刊。

8月2日

中国晚报工作者协会第二届年会暨全国第五次晚报经验交流会在甘肃省兰州市召开。

8月5日

中央人民广播电台和地方台联合召开的第二届全国广播电台地方风貌节目研讨会，本日至12日在乌鲁木齐市举行。

8月8日

广西广播电视学会成立。陈宁任会长。

8月11日

台湾《中华日报》北社停止出报，与南社合并经营。

8月13日

广播电影电视部第一次法制工作会议在贵阳召开。会议讨论了录音录像管理条例、有线电视管理规定、中外合作摄制电影片电视片暂行规定等5个条例和规章。

唐古拉地面卫星接收站建成并交付使用。该站建在海拔4800多米的西藏唐古拉山上，是我国已建成的海拔最高的一座地面卫星接收站。

8月16日

播音学研究会在北京成立。

全国少数民族自治区广播电视协作会议在呼和浩特市召开。

8月23日

中央电视台和中国科教电影电视协会在吉林市召开全国电视科技节目创作研讨会。

8月24日

浙江省广播电视学会成立。杜加星任会长。

8月25日

北京国际电视设备展览会在中央电视台

开幕。展览会于 29 日结束。

山西广播电视学会成立。江风任会长。

8 月 28 日

政协浙江省委员会主办的《联谊报》在杭州创刊。4 开 4 版，周刊。

8—10 月

新疆人民广播电台聂晶疆等 3 名记者组成塔克拉玛干大沙漠摩托环行采访组，跋涉 81 天，行程 6000 多公里，胜利地完成了采访任务。

9 月 1 日

《自立晚报》系刊物《台北人》在台北创刊。

《黑龙江人口报》在哈尔滨创刊。4 开 4 版，半月刊。

9 月 5 日

第四次全国部分省市广播电台文化知识节目经验交流会本日至 11 日在青岛举行。

9 月 8 日

第二届全国优秀广播科普作品评奖活动揭晓。25 篇汉文科普广播稿和一篇哈文科普广播稿获奖。

中央电视台本日至 16 日在银川召开全国电视对外报道研讨会。

9 月 9 日

中宣部、新闻出版署、中国记协联合召开座谈会，就原《中国广告报》西北记者站以组织记者团采访为名，向一些企业索取费用，签订“有偿新闻”协议一事进行座谈，认真总结经验教训，并提出了《关于纠正当前新闻界不正之风的几点意见（草稿）》。

9 月 10 日

邓小平为中国国际广播电台题写台名。其他党和国家领导人为中国人民对外广播事业创办 40 周年题词。

第八次全国省会城市广播工作经验交流会本日至 16 日在广州召开。

9 月上旬

根据全国人大常委会关于筹建海南省的决定精神，新华社党组决定建立新华社海南分社筹备组。组长暂由新华社广东分社社长黄绍进兼任。经与海南方面协商，初步选定在海口市建立分社，在三亚市建立记者站。

9 月 11 日

中国国际广播电台在北京民族文化宫举行茶话会，庆祝中国人民对外广播事业创办 40 周年。

9 月 14 日

国际新闻电影协会第 30 届年会本日至 19 日在北京举行。勒敬一当选为该协会主席。

9 月 15 日

台湾《自立晚报》记者李永得、徐璐突破台湾当局禁令来大陆采访。这两位记者转道东京前来北京，在北京逗留几天后，又去其他城市参观采访，本月 27 日返回台北，成为 38 年来第一批赴大陆采访的台湾记者。

全国省级电视台节目交流会在杭州举行。

以西班牙广播电视总局局长沃拉尔·米罗为首的西班牙广播电视代表团本日至 21 日来我国访问。

9 月 20 日

全国第二次新闻专业期刊经验交流会议本日至 23 日在青岛市举行。

新华社澳门分社宣布成立。社长周鼎。

9 月 21 日

广播电影电视部本日至 25 日在山东崂山县召开城市电视台宣传管理会议。

9 月 24 日

国际广播电视技术讨论会在北京举行。

中国报刊博览会在北京中国革命博物馆

举行。这次博览会是新中国成立以来规模最大的一次，它回顾了中国 1000 多年的报刊史，展出了不少珍贵的历史报刊实物和照片。

9 月 25 日

美国全国广播公司（NBC）本日至 10 月 2 日从北京和上海通过卫星向美国播放了新闻特辑《变化中的中国》。其中包括《今日》《晚间新闻》《星期日节目》以及《会见新闻界》等 90 多个专题节目，播出时间共约 20 多个小时。这样集中和大量地通过卫星传送介绍中国的节目，在美国广播电视历史上还是第一次。在此前后，NBC 共派了 14 个电视摄影队到我国各地采访拍片，另派了 148 人与我国中央电视台和上海电视台合作进行卫星传送。

同月

《黑龙江经济报》在哈尔滨创刊。4 开 4 版，周二刊。

《哈尔滨环境报》改名《环境报》继续出版。4 开 4 版，旬刊。

《经济日报（贵州版）》改名《贵州经济报》。对开 4 版，周刊。

内蒙古自治区伊克昭盟科技处主办的《科技信息报》（蒙、汉文版）在内蒙古东胜市创刊。4 开 4 版。汉文版，半月刊；蒙文版，月刊。

9—11 月

中宣部、广播电影电视部联合调查组会同国家统计局农调总队和有关省、地（州、市）、县的党委宣传部和广播电视厅（局）对不发达地区广播电视事业的发展情况进行了调查。

10 月 1 日

《文物报》改名《中国文物报》继续出版。对开 4 版，周刊。

《威海报》改名《威海日报》继续出版。

东营人民广播电台开播。

《三江日报》改名《佳木斯日报》继续出版。

中共西藏自治区日喀则地委机关报《日喀则报》在西藏日喀则市创刊。出有藏、汉两种文版。4 开 4 版，月刊。

10 月 6 日

全国广播电台第二次总编室主任会议在成都举行。

10 月 8 日

“亚广联”第 24 届年会及有关会议本日至 19 日在泰国曼谷召开。中国广播电台电视台代表团出席了会议。

《山东广播电视报》改名《山东广播影视报》继续出版。4 开 8 版，周刊。

广播电影电视部本日至 12 日在浙江余杭县主持召开县级电视管理会议。

10 月 12 日

广播电影电视系统第二次计算机应用工作会议本日至 16 日在武汉市召开。会议讨论并通过了《广播节目自动播出系统功能要求》《电视节目自动播出系统功能要求》等文件，讨论修改了《发射台实施控制系统功能规范》。

10 月 14 日

高校新闻教育改革讨论会在四川大学新闻系召开。

10 月 15 日

中国记协举行改革宣传座谈会。

中国广播电视技术考察团本日至 31 日赴日本进行为期 16 天的技术考察。

10 月 17 日

著名新闻工作者石西民在北京逝世。石西民曾任延安《解放日报》副总编辑、新华社副总编辑、南京《新华日报》社长及文化部副部长。

10 月 20 日

中共海东地委机关报《海东报》创刊。4 开 4 版，半月刊。

辽宁人民广播电台经济台开始试播。

10 月 22 日

中共十三大在全国记协设立的新闻中心向中外记者开放。到 11 月 1 日中共十三大开幕日止，参加十三大采访活动的共有首都新闻单位记者 100 多人，港澳及海外华文报纸记者 53 人，台湾记者 1 人，常驻北京的外国记者 168 人。此外，还有来自 20 多个国家的 90 名记者专程前来采访。

10 月 26 日

台湾环球新闻社副总编辑兼采访组主任皮介行经福州辗转抵达北京，要求采访中共十三大，得到大会新闻中心的同意。他是采访中共代表大会的第一位台湾记者。

10 月 28 日

中国人民大学新闻系为庆祝该校校庆 50 周年举办新闻学术报告会。

同月

吴玉章奖金新闻奖第一届颁奖仪式在北京举行。方汉奇著《中国近代报刊史》、艾丰著《新闻采访方法论》分别获一、二等奖。该奖是中国人民大学为纪念已故校长吴玉章专门设置的，是中国目前新闻学方面的最高学术奖。吴玉章奖金基金会的主任为袁宝华。

中国新闻漫画研究会在北京成立。

中国新闻摄影学会主编的《中国新闻摄影年鉴》在北京出版。

《民族医药报》创刊。4 开 4 版，旬刊。

《桂东报》在湖南桂东创刊。4 开 4 版，周三刊。

《内江报》在四川内江创刊。4 开 4 版，周三刊。

《宜宾日报》在四川宜宾创刊。4 开 4 版，周六刊。

四川乐山电视台试播。

四川南充电视台正式播出。

11 月 1 日

中共十三大作出决议，批准十二届中央委员会的报告。这个报告提出要“提高领导机关活动的开放程序，重大情况让人民知道，重大问题给人民讨论”，“要通过各种现代化的新闻和宣传工具，增加对政务和党务活动的报道，发挥舆论监督的作用，支持群众批评工作中的缺点错误，反对官僚主义，同各种不正之风作斗争”。

以日本新闻学会前任会长内川芳美为团长的日本新闻学会访华团本日至 15 日访问我国，这是日本新闻学会第一次正式派遣学术交流团来华访问。

11 月 2 日

中国记协负责人发表谈话，宣布该会受国务院委托，将负责受理台湾记者来大陆采访事宜。

11 月 4 日

中共海西蒙古族自治州委机关报《柴达木蒙文报》公开发行。4 开 4 版，周报。社址设在青海海西自治州德令哈市。

11 月 8 日

广播电影电视部本日至 11 日在北京召开全国广播电视厅（局）长会议。

11 月 9 日

人民日报社社长钱李仁本日至 25 日应邀访问波兰、民主德国和匈牙利三国。

11 月 10 日

中国记协召开首都报刊改革国际新闻报道座谈会。

11 月 12 日

全国连续广播剧 1987 年“丹桂杯”颁

奖大会在郑州举行。

11月15日

广播电影电视部在江苏南通主持召开全国农村广播网设备更新改造会议。

11月17日

首都新闻学会本日至27日在工人日报社召开了两次学习十三大报告、探索新闻改革的学术讨论会。

11月22日

中央人民广播电台驻地方记者站站长会议在西安召开。

11月24日

中国记协在厦门市召开全国报纸国际新闻报道经验交流会。会议认为，深入改革，扩大开放，把国际新闻报道推到了更重要的位置。要进一步加强和改革国际新闻报道，使报纸在让中国了解世界，让世界了解中国中发挥更大作用。

11月28日

拥有48个团体会员的中国新闻教育学会，在北京广播学院举行理事会议，确定把“新闻教育改革如何适应新闻改革的新形势”作为1988年年会的主要议题。

11月29日

人民日报总编辑谭文瑞率中国新闻代表团于本日至12月8日赴日本访问。访问期间受到日本首相竹下登的接见。

同月

中共云南省临沧县委机关报《临沧报》在云南临沧创刊。4开4版，周二刊。

12月1日

新闻出版总署和中国记协约请部分首都新闻界人士对新闻改革进行座谈。

本日至3日，经济日报采用激光计算机编辑排版系统获得成功。由电子工业部主持，进行了国家级验收。该报也因此成为世界上第一家采用计算机激光屏幕组版、整版输出的中文报纸。

12月3日

首都新闻学会在全国政协礼堂召开第二次学术年会。

12月4日

广播电影电视部部属音像出版单位整顿领导小组成立。郭宝新任组长。

保加利亚电视广播委员会主席都博米尔·边伏洛夫等本日至14日来华访问。双方签订了中保广播电视合作备忘录。

12月5日

全国新闻高级专业职务资格评审委员会本日至16日在北京召开第三次评审会议，对中央、国务院系统和20个省、市、自治区所属新闻单位申报高级记者、高级编辑的材料进行审核，确认了188位高级记者、高级编辑的任职资格。

12月7日

全国128家城市电视台台长本日至11日在南京举行城市电视台第九次协作会议。

12月10日

《长春日报》摄影记者齐润辉拍摄的《生命的摇篮》获联合国世界卫生组织《人人要健康》国际摄影大奖赛最高奖——“大使奖”。

12月11日

中国国际广播学会和《国际广播》编辑部召开探讨国际广播改革座谈会。

《晋察冀日报》创刊50周年纪念活动在北京举行。

12月12日

中国新闻摄影学会和专业报新闻摄影学会本日、19日、26日在北京先后召开三次关于新闻摄影改革问题的讨论会。

12月15日

新华社巴西分社由巴西利亚迁至里约热内卢。原在巴西利亚的分社改为支社。

国家地震局主办的《中国地震报》在北京创刊。对开4版，周刊。

12月中旬

全国广播室理论宣传工作座谈会在昆明召开。

12月21日

大理人民广播电台试播。

12月27日

河北广播电视学会成立。部永堂任会长。

12月29日

广电部艾知生部长邀请部分驻华使馆的大使、新闻文化官员及各国驻京记者等出席了中国广播艺术团在北京音乐厅举行的音乐会。

12月31日

中央人民广播电台和法国国家广播电台联合举办同步播出的北京—巴黎《迎新年——中国民族音乐会》，通过卫星从北京向巴黎作现场直播。西欧有6个国家同时转播。这样的国际卫星直播，在中国是第一次。

同月

美国时代出版公司属下的《亚洲周刊》在香港创刊。16开本，周刊。彩色印刷。总编辑丘立本。

同年

本年中国大陆公开出版发行的报纸共2059种，平均期发数共17690万份，全年发行总数2596500万份。中国大陆广播电台共386座，电视台共366座，市、县广播台共2576座，收音机社会拥有量26067万台，电视机社会拥有量11601万台。

《京铁工人报》改为《北京铁道报》继续出版。北京铁路局党委主办。

《日照报》在山东日照创刊。4开4版，周二刊。

《陕西经贸报》在西安创刊。4开4版，周刊。前身为1985年6月创刊的《日新广告报》。

贵州大学中文系新闻专业开始招生。

1988年（戊辰）

1月1日

《中国法制报》改名《法制日报》继续在北京出版。平日出对开4版，周末出4开8版。

《福建经济报》创刊。福建省经委主办。由《福建市场报》改名而来。1993年5月成为省政府机关报。

中共河南省三门峡市委机关报《豫西报》改名《三门峡报》继续出版。4开4版，周三刊。

《河南工商时报》在郑州创刊。4开4版，周二刊。河南省工商行政管理局主办。

大众日报社主办的《齐鲁晚报》在济南创刊。4开4版，日刊。

中共广东省梅县地委机关报《梅江报》改名《嘉应日报》继续出版。刊期由周三刊改为周六刊，星期日休刊。

《宁夏政协报》在银川创刊。4开4版，半月刊。政协宁夏回族自治区委员会主办。

中共宁夏石嘴山市委机关报《石嘴山报》创刊。4开4版，周二刊。

中共新疆维吾尔自治区吐鲁番地委机关报《吐鲁番报》试刊。出有汉文、维文两种文版。4开4版，周二刊。7月1日公开发行。

台湾“报禁”自即日起宣告解除。台湾当局从1951年起，实行“报禁”（包括“限证”“限张”“限印”）。30年来，一直受到台湾各界人士的批评。1987年，台湾以李登辉为首的新的政治格局出现，党禁开放，“报禁”也随之解除。具体措施是：一、从1988年1月1日起，开始接受新设报纸登记；二、取消对报纸每期印张和印刷地点的限制；三、广告刊登的数量同样不加限制。

台北《自由日报》改名《自由时报》继续出版。社长兼总编辑颜文闩。

1月2日

中共湖北省江陵县委机关报《江陵报》复刊。4开4版，周刊。

1月4日

《中国企业报》在北京创刊。对开4版，周二刊。是国务院生产委员会和国务院企业管理委员会联合主办的全国性报纸。社长马益标，总编辑鲍光前。

联美新闻社向台湾当局申请登记。这是台湾“报禁”解除后，最早向当局提出登记申请的通讯社。该社4月15日正式发稿，社长佐静秋。

1月5日

世界新闻摄影展览本日至14日在北京展出。随后在上海、广州、重庆、成都、沈阳、哈尔滨、西安、郑州巡回展出。

台湾《联合报》《经济日报》《民生日报》三报开始发行南部版。

1月7日

农业部主办的《中国农牧渔业报》在北京创刊。对开4版，周二刊。

1月10日

云南省健康教育所主办的《卫生防疫》更名为《自我保健报》继续出版。4开4版，周二刊。

广州电视台试播。

1月19日

中央电视台、《工人日报》《中国青年报》《陕西日报》《军工报》和《中国记者》《中国摄影》杂志社等7家新闻单位联合举办的“艰巨历程”全国摄影公开赛在西安揭晓。时盘棋、李振盛、李晓斌所拍的三组新闻系列照片荣获大奖。

1月20日

中国记协在北京人民大会堂举行纪念大会，纪念该协会成立50周年。中央领导人为记协题了词，部分中央及国家领导人和300多位新闻界知名人士出席了庆祝会。

1月21日

《自立早报》在台北创刊。是台湾解除“报禁”后创办的第一份报纸。董事长高清愿，总编辑胡元辉。

1月22日

中国人民大学新闻系郑兴东、陈仁风、沈史明、包慧等编著的《报纸编辑学》，荣获全国高等院校优秀教材奖新闻学著作优秀教材奖。

1月23日

出版仅72天的《金融日报》停刊。

1月25日

上海《文汇报》举行该报创刊50周年的各项庆祝活动，先后在上海、北京、天津、广州等地召开大型纪念性座谈会，并出版了大型画册《文汇报50年》。中央领导人为该报题了词，120多个新闻单位、部队、学校和企事业单位致电祝贺。

1月26日

香港《经济日报》创刊。社长冯绍波，总编辑麦华章。

1月29日

中日新闻通讯社成立于台北。发行人兼

社长黄秋阳。

同月

新闻出版署、中国记协、中国出版工作者协会主办，新闻出版署主管的《中国报刊报》更名《新闻出版报》继续出版。对开 4 版，周二刊。

轻工部主办的《消费时报》在北京创刊。对开 4 版，周四刊。原名《中国轻工业报》。

重庆市总工会主办的《重庆工人报》改名《现代工人报》继续出版。对开 4 版，周三刊。

中共广西壮族自治区柳州地委机关报《桂中日报》创刊。4 开 4 版，周二刊。

2 月 2 日

北京日报、北京电视台和北京回龙观饭店联合举办“外国人看北京”汉语演讲会。参加者全部为在华工作和学习的外国人。

大道新闻通讯社在台北市成立。董事长王惕吾，社长张作锦，总编辑黄宽。

2 月 10 日

经济生活报和浙江省消费者协会联合创办的“消费者之家”在杭州成立。这个组织旨在沟通消费者、生产者和经营者之间的联系，提供服务，是将群众监督和舆论监督结合起来的一种尝试。

中国记协、新闻出版署、外交部新闻司联合举行春节招待会。近 90 名外国驻华使馆的新闻官员和外国驻京记者应邀出席。中国记协副主席、《人民日报》总编辑谭文瑞致祝词，感谢他们在过去一年中给予的合作。

2 月 13 日

中共四川省绵阳市委机关报《绵阳日报》创刊。4 开 4 版。1988 年上半年出周刊，下半年起出周二刊。

2 月 17 日

1987 年度“全国十佳新闻摄影记者”评选揭晓。《中国青年报》的郑鸣名列榜首。

中国国际广播电台英语部、华侨部同英国曼彻斯特电台《东方地平线》节目，共同举办龙年《向全球华人贺岁》特别节目。

全国第四届省级电台播出的长篇小说交换会，本日至 24 日在甘肃敦煌召开。全国 24 家省级电台的代表交流了编辑方面的经验，交换了各台选送的 45 部长篇小说。

2 月 25 日

中央电视台与联邦德国电视二台在北京签订合作协议。联邦德国二台台长斯托德和中央电视台台长王枫在协议书上签了字。

2 月 26 日

中国国际广播电台同阿拉伯国家外交使团的部分代表举行座谈会，就改进国际台阿拉伯语广播，加强国际台同阿拉伯各国电台的交流和合作交换意见。

2 月 27 日

应新华社邀请，巴拿马《世经报》董事长海梅·帕迪亚来华进行友好访问。

2 月 28 日

黑龙江省广播电视厅副厅长张克忠等本日至 3 月 28 日应美国驻华大使洛德邀请，赴美参加美国新闻总署“国际访问者计划”活动，并对美国进行为期一个月的访问。

2 月 29 日

应巴西全国记者协会、厄瓜多尔全国记者联盟、墨西哥头版消息俱乐部的邀请，以中国记协书记处常务书记杨翊为团长的中国新闻代表团一行本日至 4 月 11 日对三国进行友好访问。巴西副总统兼众议长、厄瓜多尔副总统分别接见了代表团。

同月

中共中央农村政策研究室、国务院农村

发展研究中心任命宋静存为农民日报社社长。原社长李千峰调回国务院农村发展研究中心工作，该报总编辑仍为张广友。

3月1日

中国国际广播电台和中国国际广播学会本日至4日在北京召开首届国际广播理论研讨会，参加者60多人，共收到论文70多篇。

中国记协、中国电影进出口公司和西安电影制片厂联合为各国驻华使馆的官员和各国驻京记者举行电影招待会，放映荣获西柏林第38届国际电影节“金熊”大奖的影片《红高粱》，并让该片编导演员会见记者，回答大家的提问。

3月3日

广西自治区工商行政管理局主办的《广西工商》在南宁创刊。4开4版，周二刊。

3月5日

丽江电视台开播。

中国新闻学会联合会第二届会员代表大会暨第二次学术年会本日至10日在广州举行。全国51个学会的180名代表出席了会议。

3月6日

中央人民广播电台本日至14日举办全国首届对台广播优秀节目评选，共评选出15个获奖节目。其中特等奖3个，一等奖7个，二等奖16个，三等奖47个，优秀文艺节目奖16个，优秀播音奖17个，优秀编排制作奖6个，反馈奖6个。

3月7日

《中时晚报》在台北创刊。董事长余纪忠，社长高信疆，总编辑林国卿。

3月8日

《解放军报》记者张友谦、范炬炜完成了我国大陆疆域的周边行，成为我国新闻史上首次完成陆地周边（不含争议地区）的新闻工作者。

3月15日

香港《大公报》举行在香港复刊40周年纪念活动。中共中央和国家领导人及新华社香港分社社长许家屯、港督卫奕信分别题词祝贺。费孝通、钱伟长、吴冷西、谭文瑞等应邀参加庆祝活动。本日该报发表《复刊40周年献辞》，介绍该报数十年来的历程和办报方针，并出版了大型画册。

捷克斯洛伐克国际关系协会举行仪式，授予新华社驻布拉格分社记者刘天白银质奖章，表彰她在捷工作期间，为促进中捷两国人民友好合作关系的发展所作出的贡献。

中央电视台彩电中心播出系统正式启用。中央电视台的三套节目都在新的中心播出，它标志着中国电视发展进入新的阶段。

3月16日

中国新闻资料学会国际资料分类法研讨会在北京新华社举行。人民日报和广播电影电视部资料工作负责人和有关专家到会交流国际资料管理经验，为即将召开的全国第一届新闻资料学会提出研究报告。

3月17日

《北京日报》为提倡新闻报道的“短、新、快、活”，增强记者、通讯员的业务素养和活跃报纸版面，本日至11月在该报一版举办燕京短新闻竞赛。

3月18日

中央电视台同国际广播电视组织（即东欧广播联盟）、国际太空卫星通信组织签订了关于电视新闻领域合作的协议。

3月20日

中共中央宣传部干部管理局、中国记协老新闻工作者联谊会主办的《中国老年报》在北京试刊。同年7月6日正式创刊，对开

4 版，周刊。

3 月 22 日

中国报纸行业经营管理协会在北京成立。简称中国报协。

3 月 25 日

港澳地区及海外 24 家新闻机构的 51 位记者本日至 4 月 5 日采访了第七届全国人民代表大会第一次会议和全国政协第七届第一次会议。

3 月 28 日

朝鲜广播电视委员会委员长朱贤钰一行 4 人，应广播电影电视部邀请来华访问。

同月

中央电视台电视学会评选出优秀学术论文 29 篇，分别给予奖励。其中一等奖 3 名，二等奖 15 名，表扬奖 11 名。

北京市青年宫、北京电视台和北京朗诵艺术团联合举办首届北京“号角杯”诗歌朗诵电视大奖赛。这次大赛得到了北京市有关部门和各界人士的广泛支持和关注。

4 月 1 日

中共安徽省黄山市委机关报《黄山日报》创刊。4 开 4 版，周六刊。

人民日报社开始实行社长、总编辑接待日制度。社长、总编辑轮流每星期五用半天时间接待社内职工，听取他们的意见。

4 月 4 日

北京市 1987 年好新闻评选活动揭晓。114 篇新闻作品获奖，其中一等奖 29 篇。

4 月 5 日

应中国卫生记协分会邀请，朝鲜民主主义共和国卫生记者代表团一行 4 人，本日至 18 日访问了北京、重庆和武汉，重点考察了我国医疗卫生、医学教育和医药科研等方面的改革经验和成就。

4 月 6 日

应新华社邀请，美国《今日美国》报采访团来华参观访问。

苏联电视广播委员会节目部主任安德烈耶夫率苏联广播记者组 5 人，本日至 27 日来我国北京、上海、大连、哈尔滨、西安采访。

4 月 7 日

全国晚报首届“金钥匙”体育好新闻（1987 年度）评选活动本日至 13 日在兰州举行。26 家晚报选送了 237 篇稿件参评，共评出一等奖 13 篇。

4 月 8 日

王枫台长本日至 24 日率中央电视台代表团出席美国广播工作者协会第 66 届年会和国际广播电视展览会，并与美国华商企业公司签订共同举办第二届北京国际广播电视技术展览会的协议。

4 月 9 日

《太阳报》在台湾台北创刊。社长兼发行人钟树楠。

4 月 11 日

第一次全国新闻资料业务研讨会本日至 23 日在北京举行。全国各省、自治区、直辖市以上的报纸、通讯社、广播影视系统新闻资料室的 130 多名代表参加。

4 月 12 日

应新华社邀请，以波兰通讯社社长雅哈奇为团长的波通社代表团来华进行友好访问，与新华社商谈加强合作事宜。

4 月 15 日

首都新闻学会为总结全国人民代表大会、全国政协会议报道的经验，进一步探讨新闻改革和舆论监督问题，在北京日报社召开了学术讨论会。

南斯拉夫《政治报》国际主编亚历山

大·普尔利亚本日至28日应《人民日报》邀请来华访问，受到了中共中央政治局委员李铁映的接见。

4月16日

1987年度全国优秀电视新闻评选和经验交流会本日至27日在山西太原召开。412条新闻获奖。

4月17日

美国新闻总署编辑哈里储慕和美国《时代》周刊记者凯特，本日至20日分别到北京广播学院讲学。

4月18日

全国首届县（市）报纸好新闻评选在江苏宜兴市揭晓。

4月19日

应中国记协邀请，波兰记协秘书长安德热率领波兰记协代表团本日至5月3日访问了北京、天津、南京、厦门等城市。

4月中旬

全国广播电视系统第五次函授教育工作座谈会在贵阳举行。

4月21日

《中国青年报》10名事迹突出的“热心读者”来北京向编辑部面述对报纸改革的意见。

中国地市级报纸研究会在河北沧州正式成立。会员有24个省、区的134家地、市、州盟报。

4月23日

国务院侨办任命诸有均为中国新闻社社长。原社长王士谷已于同年2月赴美，任该社驻美分社社长。诸有均原任该社驻美国分社社长。

4月24日

北京市青联、北京市对外友协、商务印书馆、北京日报、北京人民广播电台、北京电视台和北京青年报联合举办北京市青少年日语竞赛。

4月25日

应中央人民广播电台和中国国际广播电台的邀请，以苏联中央广播电台对外总经理处经理为团长的苏联广播记者组一行5人，本日至28日到黑龙江省参观访问。

《盐阜大众》在江苏省盐城市纪念该报创刊45周年。

《宁夏日报》民族团结专版编辑部在北京召开的首次全国民族团结进步先进集体、先进个人表彰大会上，荣获先进集体称号。

同月

第六届全国优秀广播节目（稿件）评选在兰州揭晓。共评出226件获奖节目。

内蒙古自治区第三届报纸系统好新闻评选在赤峰市揭晓。共评出蒙、汉文各类好新闻140篇。

中国电视剧制作中心主任阮若琳带团参加法国戛纳电视节。我国电视连续剧《末代皇帝》在这次电视节中被评为佳作。

5月1日

山东省广告协会主办的《广告信息报》在济南创刊。4开4版，周刊。

内江人民广播电台正式播出。

中共贵州省安顺市委、安顺市政府机关报《安顺晚报》创刊。4开4版，周二刊。

新疆商业厅、新疆医药局、新疆烟草局、新疆生产建设兵团联合主办、新疆商业厅主管的《新疆商业报》复刊。4开4版，周刊。

《国光日报》在台湾台北创刊。发行人佐静秋。

5月3日

中共山西省委宣传部、《晋绥日报》史学会本日至5日在太原联合举行座谈会，纪念毛泽东同志对《晋绥日报》编辑人员的讲话发表 40 周年。

5 月 6 日

中国国际广播电台在西安举行全国广播电台立体声音乐节目交换会。40 家省级广播电台参加了交流会。

5 月 8 日

中国记协书记处书记王飞本日至 12 日应邀参加国际新闻学会（IPI）在土耳其首都伊斯坦布尔举行的关于苏联“公开性”报道原则的研讨会。

5 月 9 日

新华社环球公关公司和美国博雅公关公司联合举办的中国首届国际公共关系专业研讨会本日至 10 日在北京举行。中心议题是公共关系在国际市场和吸引外资中的作用，以及在中国和亚洲其他国家和地区的发展。

5 月 10 日

中国记协与国家民族事务委员会本日至 6 月 25 日在重庆举办西南地区少数民族新闻干部培训班。

5 月 13 日

广播电影电视部部长艾知生率中国广播影视代表团一行 6 人，本日至 30 日访问澳大利亚和新西兰。

5 月 14 日

湖北省 20 多家开办有线电视的大中型企业的代表，在武汉发起成立湖北省企业电视研究会。这是我国第一个专门以有线电视为研究对象的群众性学术团体。该会已被吸收为湖北省广播电视学会的团体成员。

第九届全国好新闻评选在辽宁本溪揭晓。共评选出 227 件（组）好新闻作品。

应中国记协邀请，苏联记协代表团一行 5 人本日至 27 日来我国访问。这是中苏两国关系改善以来，苏联新闻界来华访问身份最高的代表团。

5 月 16 日

首都农村记者协会正式成立。

5 月 17 日

亚洲女新闻工作者研讨会在北京召开。这次亚洲女新闻工作者的交流活动，是联合国教科文组织和首都女新闻工作者协会合作举办的。

5 月 18 日

著名新闻工作者费彝民在香港逝世。费江苏苏州人，出生于 1908 年。从事新闻事业近 60 年，主持香港《大公报》工作近 40 年。曾任《大公报》总稽核、社评委员、经理，上海新闻学院董事，中华全国新闻工作者协会副主席等职。

5 月 21 日

中国记协本日至 28 日邀请港澳 10 家主要报纸采访主任和记者赴四川省西昌火箭卫星发射基地采访。这是该基地第一次公开接待来自境外的新闻界人士。

5 月 26 日

北京日报社会理事部、人民体育出版社和健康顾问杂志社联合举办的首届健康儿童评选揭晓，并在北京举行颁奖大会。

5 月 28 日

国家主席杨尚昆为中国国际广播电台题词：“为了和平与发展，做好对外广播工作。”

西藏自治区人民政府任命了一批主任（副高）级专业新闻工作者。其中，藏族的编辑、记者和其他工作人员占 57%。

5 月 31 日

杭州《钱江晚报》自本日起开展“读者月末评报”活动。具体做法是，每月末至次月 5 日，请读者对该报当月见报的新闻、通讯、照片、标题等进行评议。该报编辑部根据读者意见，每月评出 5 件好稿，并在报上公布。该报同时设立读者奖，每月奖励 10

名评中率较高的读者，并在报上公布获奖读者名单。

同月

《光明日报》举办首次“读者月活动”。在报纸上开辟《读者之声》专栏，设立读者专线电话，召开读者座谈会，并派记者到读者中广泛征求意见。一个月内，共征得读者对报纸的批评、建议数千条。与此同时，还邀请读者投票评选该报自中共十三大以来的好新闻。仅半个月，就收到读者的选票 2.6 万多张。

李侠文接任香港《大公报》社长。

6 月 1 日

浙江省台州地区举行“发展沿海经济新闻活动周”。中共中央宣传部新闻局及《人民日报》、新华社等 30 多家新闻单位的 80 多位记者参加了这一活动。

6 月 2 日

中国记协主持召开的全国第四次企业报经验交流会本日至 7 日在鞍山钢铁公司举行。来自全国 21 个系统的 74 家企业报的近百名代表出席。

6 月 3 日

《上海经济时报》创刊。上海市集体事业办公室、上海市经济信息中心主办。

北京日报、中国国际旅行社总社等单位联合举办修复中国长城和“拯救威尼斯”的活动。来自苏、美、英、法、日等 20 多个国家和地区的 230 位客人参加了这次活动。共筹资 100 万美元。

6 月 4 日

中国科学院主办的《中国科学报》在北京创刊。其前身为 1959 年出版的《科学报》。对开 4 版，周二刊。

6 月 7 日

中国社会科学院新闻研究所领导换届。孙旭培任代所长，王凤超、卫景福任副所长。

6 月 9 日

全国县报专题研讨会本日至 13 日在湖南省澧县召开。与会者就新闻媒介如何同经济工作相结合等问题进行探讨。

吉林造纸厂从瑞典引进的胶印新闻纸生产线正式投入生产。这是我国目前规模最大的胶印新闻纸生产线，日可产胶印新闻纸 200 吨。它的投产提高了我国造纸行业的技术水平，推进了造纸工业的发展，缓解了胶印新闻纸供应的紧张状况。

中央电视台台长黄惠群本日至 12 日应捷克斯洛伐克电视台总台长的邀请，访问捷克斯洛伐克并出席“金色布拉格电视节”。

6 月 10 日

首届全国广播电视学术论著评选结果揭晓。共 35 篇论文获奖。白谦诚、方元和余统浩、陈尔泰、吴贤伦等论文作者获一等奖。

复旦大学新闻学院建立。是中国综合大学创办的第一个新闻学院。前身是复旦大学新闻系。

人民日报编委会决定设立人民日报奖学金，以奖励为振兴中华刻苦攻读奋发上进的青年学生。这项奖学办法先在中国人民大学新闻系和复旦大学新闻学院试行，每年在两校各奖励 10 名品学兼优的新闻学本科生或研究生，一年评授一次。

6 月 11 日

中央电视台开始每周播出一集以黄河为主题的电视系列片——《河殇》。六集《河殇》的题目分别是《寻梦》《命运》《灵光》《新纪元》《忧患》《蔚蓝篇》。

首都新闻学会在经济日报社召开新闻学术讨论会，探讨新闻改革的深化问题。

6 月 13 日

以广播电影电视部副部长聂大江为团长的中国广播电视代表团，本日至 17 日应苏联广播委员会的邀请访问苏联。这是我国近 30 年来派出的第一个访问苏联的副部级广播电视代表团。

6 月 15 日

《人民日报》创刊 40 周年。该报为此发表题为《认清形势认清责任》的社论。

中国人民大学在新闻系的基础上，成立新闻学院。

台湾《大地》杂志社记者洪文庆、林添福抵达福建，进行了以“黄金海岸”和“闽江流域”为题的有关当地历史、地理、人文、景观、现状的采访。7 月 13 日圆满完成采访任务后返回台湾。

6 月 16 日

全国工人报刊业务研讨会在承德市召开。

6 月 20 日

用微机和缩微配套建立的《人民日报》评论数据库（1978 年以来）建成。该数据库存储中共十一届三中全会以来该报历年发表的社论，以及以评论员、特约评论员、观察家名义撰写的评论文章和短评，共 5000 多篇 6500 多页。

全国新闻改革与新闻教育改革研讨会在郑州举行。

台湾《中国晨报》在台北试刊。

6 月 21 日

《中华老年报》在北京创刊。对开 4 版，周刊。

同月

新华社成立经济信息部（对外称中国经济信息社）。编辑和发行《新华社经济信息》和《中国经济信息》两种报刊，及时为海内外用户提供多品种、多层次、多渠道的信息产品。

中共四川省广元市委、广元市人民政府机关报《广元时报》创刊。

7 月 1 日

中共中央委托中央党校主办的全党理论刊物《求是》在北京创刊。半月刊。其前身是 1958 年创办的《红旗》杂志。1989 年 8 月起，《求是》杂志改由中国共产党中央委员会主办。

中国石化总公司主办的《中国石化报》在北京创刊。对开 4 版，周二刊。

中共大连市委主办的《大连晚报》创刊。4 开 4 版，周六刊。

《广西对外经贸报》在南宁创刊。广西壮族自治区对外经贸委等 12 个单位联合主办。

中共广西壮族自治区桂林地委机关报《漓江日报》创刊。4 开 4 版，周二刊。

中共宁夏回族自治区银川市委机关报《银川晚报》创刊。

《新疆商业报》（维文版）在乌鲁木齐创刊。4 开 4 版，周报。是我国第一张少数民族文字的商业报纸。

7 月 4 日

中央人民广播电台节目改革方案出台。这次改革方案最突出的一点，就是实行整点新闻。

国家统计局主办的《中国统计信息报》在北京创刊。对开 4 版，周刊。

《世界论坛报》台湾在台北创刊。董事长段宏俊，社长刘益民。

7 月 5 日

长江三角洲中小城市党报协作会议本日至 8 日在浙江湖州市举行。

7 月 7 日

中央及外地驻津记者联谊会成立。天津

市市长李瑞环出席并讲话，46家中央及外地驻津机构的记者参加。

《产经新闻报》在台湾台北创刊。发行人兼社长李政治。

7月9日

第三次全国历史文化名城报纸经验交流会本日至14日在承德召开。

7月12日

《台北立报》在台北创刊。该报是老报人成舍我创办的小型张报纸。总经理张宏源。

7月4日

北京日报社首次为北京市工读学生举办夏令营。中共北京市委副书记徐惟诚和北京市朝阳区工读学校的60多名学生，本日至23日到山东长岛和烟台参加了丰富多彩的夏令营活动。

农民日报社接待了联合国教科文组织计划交流主席诺尔曼夫妇的采访，就联合国教科文APCD组织对该报提供资助问题，进行了探讨。

7月20日

中国国际广播电台与联合国新闻节目合作协议在北京签署。按照协议，该台每周接受一次联合国电台的新闻节目，向东南亚及其他地区广播。

7月21日

全国第四次地市报纸经验交流会本日至24日在山西省大同市举行，20个省、区的42家地、市报负责人出席会议。

7月22日

经国家教委批准，中国人民大学新闻学院新闻专业被列为高等教育重点学科点。

7月23日

法国国际广播电台台长迪蒙赛尔等3人，本日至30日来华访问，与中国国际广播电台商谈互转短波广播节目等事宜。10月底，双方台长分别在巴黎和北京签署协议书。

7月30日

菲律宾广播协会会长伊鲁斯女士（菲国防部长助理）率菲律宾广播电视代表团一行11人本日至8月14日访问中国。

8月1日

应中国记协邀请，坦桑尼亚执政党机关报《自由报》副总编马沙拉和《每日新闻报》政治栏主编比亚普加巴本日至15日来华访问，就中国人口及经济改革政策等问题进行了专题采访。

《海内外经济信息报》在长春创刊。由香港中吉集团、吉林日报社合办。

西藏摄影家协会、西藏新闻工作者协会为刘丽嘉举办的摄影展览在拉萨自治区展览馆展出。刘丽嘉自1963年起，任《西藏日报》摄影记者，至1988年已在报刊上发表2000多幅反映西藏建设面貌的摄影作品，积累了1万多张图片资料，曾11次参加全国性的摄影作品展览。

8月9日

津冀地区日报自办发行中心在天津成立。

《人民日报》编委会发出通报，表扬在攀登珠峰的报道中出色完成采访任务的该报记者张抒。张抒在历时3个月的采访中，以顽强的毅力克服困难，先后发稿近4万字和大量图片。为了更多地接触登山队员和直接观察登山过程，张抒曾一度上到海拔6700米的前进营地，这是迄今为止中国记者为采访登山活动达到的最高高度。

8月12日

中国国际广播电台日语部为纪念中日和平友好条约缔结10周年，特邀请日本驻华大使中岛敏次郎作广播讲话。

8 月 13 日

首都新闻学会就新闻法涉及的有争议问题，如“新闻自由”、“民办报纸”和“舆论监督要不要上级批准”等问题召开学术讨论会，对这些问题进行探讨。

8 月 15 日

中国广播电视学会和中央电视台，本日至 9 月 1 日在北京联合举办 1986 年和 1987 年度电视专栏节目评选活动。评选出一等奖 59 个，二等奖 112 个。

8 月 17 日

澳大利亚广播公司总经理戴维·希尔一行本日至 24 日访问我国，与中央电视台具体商谈互办电视周事宜。

8 月 19 日

中国国际广播电台、中国国际广播学会和《国际广播》编辑部联合举行探讨改革国内问题对外报道研究会。

8 月 23 日

全国农民报协会第五届（扩大）会议在太原召开。

8 月 24 日

全国少数民族自治区暨西北西南地区广播电视写作讨论会，本日至 30 日在乌鲁木齐召开。

8 月 28 日

以杨正泉为首的中央人民广播电台代表团一行 5 人，本日至 9 月 12 日应邀先后访问了荷兰、比利时和法国。此行的目的是与法国国家电台签订新的广播合作协议书，并与荷兰、比利时电台商谈业务交流与合作等问题。

8 月 29 日

加拿大国际电台节目部主任法来里昂和技术部主任莫尼尔特访华，同中国国际广播电台商谈互转广播节目事宜，达成初步协议。

8 月 30 日

由香港《文汇报》等新闻机构的 8 名编辑、记者组成的香港新闻记者采访团到达兰州，在甘肃进行为期半个月的采访活动。

8 月 31 日

第三届中国新闻纪录片电影周本日至 9 月 7 日在西安举行。放映的纪录片共 50 多部。

同月

上海《体育导报》创刊。

9 月 1 日

中央电视台在北京举行纪念会，纪念该台开播 30 周年。广播电影电视部部长艾知生等到会祝贺。党和国家领导人题了词。同日出版大型画册和纪念文集《中国中央电视台 30 年》。

中共黑龙江省绥化地委机关报《绥化地区报》创刊。

中共甘肃省定西地委机关报《定西报》创刊。

《儿童日报》在台北创刊。董事长兼社长林春辉。

9 月 5 日

中国社会科学院新闻研究所建所 10 周年学术讨论会，本日至 9 日在北京举行。胡绩伟、温济泽、谭文瑞、李普、甘惜分、方汉奇、商恺等出席并发言。这次会议的中心议题是新闻改革。

历时 7 天的西南五省区六报总编辑会议在拉萨结束。

中国记协邀请港澳《大公报》《文汇报》等 6 家报纸业务骨干 30 人，本日至 21 日分两批到江苏省休假，同时参观无锡、苏州地区乡镇企业，了解华东地区经济改革和对外开放的情况。

《太平洋日报》在台湾高雄创刊。董事长陈江章。

9 月 7 日

中央电视台台长黄惠群应美国新闻署邀请，本日至 28 日率电视代表团访问美国，同美国新闻界进行了广泛的接触，并商谈了业务合作问题。

9 月 9 日

香港《文汇报》在香港世界贸易中心举行庆祝该报创刊 40 周年酒会。部分党和国家领导人为该报题了词。香港总督卫奕信也写信祝贺。

西安国际广告公司和西安杨森制药有限公司联合举办的西方广告技巧讲座在西安举行。

9 月 12 日

新华社设置在北京火车站广场东侧的大屏幕高亮度新闻快讯发布系统建成试播。

第五届全国城市报纸群众工作会议本日至 20 日先后在成都、重庆举行。

9 月 18 日

应奥地利联邦新闻局和罗马尼亚记者协会的邀请，以中国记协书记处书记杨子才为首的中国新闻代表团一行 5 人，本日至 10 月 6 日赴两国访问。

《东亚日报》在台湾台北创刊。发行人杨东旭。

9 月 19 日

南京《新华日报》在国内首次使用从联邦德国引进的 2/4 型轮转胶印机，试印出彩色报纸。

第三次全国经济特区、沿海开放城市党报协作会议在青岛结束。

9 月 20 日

长江流域新闻单位对外宣传报道工作座谈会在安徽省安庆市召开。

中国新闻法制研究中心在北京成立。第一主任王学珍，主任王强华、罗豪才。

9 月 24 日

瑞士国际台副台长布鲁尼和邮电总局董事长宾茨等 4 人，本日至 10 月 4 日访华，与中国国际广播电台商谈和研究两台互转短波广播节目的进展情况，以及进一步加强友好合作等事宜。

9 月 25 日

中国新闻社社长诸有均和外事部副主任刘国勇应加拿大《大汉公报》邀请，参加温哥华洪门民治党支部创建 100 周年纪念活动，以及《大汉公报》创刊 80 周年、达权支社创建 70 周年纪念活动。

9 月 27 日

应新华社邀请，新西兰报联主编朗德来华访问。

山西电视台与中国国际广播电台、香港浪森制作公司，本日至 30 日联合举办 1988 年全球华人歌星音乐会。

9 月 29 日

我国自己培养的第一位新闻学女博士郭镇之，在中国人民大学新闻学院通过了博士论文答辩。她的导师是新闻史专家方汉奇教授，她的博士论文题目是《中国电视史》。

安徽《拂晓报》举行集会，纪念该报创刊 50 周年。《拂晓报》是新四军四师抗日名将彭雪枫于 1938 年 9 月 29 日在河南省确山县竹沟镇创办的。全国解放后，成为中共安徽宿县地委机关报。

10 月 1 日

山西省人大常委会主办的《人民代表报》在太原创刊。张宗标任总编辑。

中共东营市委机关报《东营报》在山东东营市创刊。4 开 4 版，周二刊。

中共内蒙古自治区巴林右旗委员会、巴

林右旗政府机关报蒙文《牧民报》在大板镇创刊。

《财经日报》在台湾台北创刊。发行人兼社长袁希光。

台湾《拾穗》月刊停刊。

10月2日

联邦德国德国之声电台节目合作部主任梅林本日至9日访华。访华期间和中国国际广播电台商谈并达成协议，决定联合制作有关中德科学合作渊源和发展的广播节目。

10月5日

新华社对外部与英国南方出版有限公司合作出版的中文杂志《经济世界》月刊在北京创刊。

应新华社邀请，希腊雅典通讯社社长赛德里·卡季斯一行来华了解我国政治、经济体制改革情况。

10月6日

日本新闻协会访华团本日至20日第七次来华访问，重点考察我国中医事业的发展及医疗卫生工作情况。

《台湾春秋》月刊停刊。

10月7日

北京市老新闻工作者协会成立。

10月8日

全国部分县、市报第四次业务研讨会，本日至13日在浙江省诸暨县举行。

10月9日

应浙江省记协和省贸促会邀请，港澳记者团本日至16日到浙江采访，先后在杭州、宁波、舟山等地进行了采访活动。

10月10日

全国大型企业报理论研讨会在湖北十堰市第二汽车制造厂召开。会议总结了企业报10年改革的成绩、经验和教训，从理论上初步概括了办企业报的基本规律。

广播电影电视部艾知生部长率广播影视代表团一行7人本日至11月4日访问民主德国、波兰、匈牙利、捷克斯洛伐克和保加利亚，并顺访了南斯拉夫。

10月11日

湘鄂川黔边第五次报纸工作协作会，本日至14日在湖南省怀化报社召开。

中南六省地市报纸第五次广告协作会议，本日至16日在湘潭市召开。

10月14日

应日本《朝日新闻》社的邀请，以社长钱李仁为团长的人民日报代表团本日至23日访问日本。日本首相竹下登接见了代表团。

10月16日

台湾大地地理杂志文学主编、特邀摄影记者陈美布女士到达西宁，开始“黄河万里行”的采访，历时33天。

中国新闻学会联合会在湖北十堰第二汽车制造厂举行二届二次常务理事会议。会议通过了《全国好新闻评选工作条例》，组成了第四届全国好新闻评选委员会。

著名新闻工作者萨空了在北京逝世。萨空了，蒙古族，1907年生于成都。1960年加入中国共产党。20年代开始从事新闻工作，历任报纸记者、编辑，同时在几所大学讲授新闻学。30年代任上海《立报》（后来迁香港）总编辑。40年代先后任重庆《新蜀报》总经理、香港《华商报》《光明报》总经理和北平《光明日报》秘书长。中华人民共和国成立后，任中央人民政府新闻总署副署长、《中国大百科全书》新闻学科编委会主任、《人民政协报》总编辑、民盟中央副主席等职。

10月20日

第五届中日电视艺术交流会开幕式在中央电视台举行。

10月22日

《司法警民日报》在台湾台北创刊。创办人庄志仲，董事长林坤生。

10月24日

广播电影电视部副部长马庆雄率代表团本日至11月3日参加了在悉尼举行的“亚广联”第25届全会。在会议期间举行的广播电视节目评比中，我国中央人民广播电台的节目《八月》获“亚广联奖”的表扬奖；中央电视台的专题节目《西藏大祈愿》因摄影技术高超，获口头表扬奖；我国工程技术人员撰写的技术论文《中国在前进》获二等奖。

10月25日

全国部分中等城市党报研讨会本日至28日在沙市召开。

全国晚报工作者协会第三次会议暨第六次全国晚报经验交流会在西安举行。

10月26日

冶金部主管的《世界金属导报》在北京创刊。它由《国外冶金动态》和《冶金科技报》合并而成。4开4版，周刊。

10月27日

全国首次新闻学新学科学术讨论会在武汉举行。

台湾有影响的新闻专业杂志《新闻镜周刊》在台湾台北创刊。

10月31日

中国广播电视学会1988年学术年会，本日至11月4日在南京召开。来自全国广播电视系统的80余名代表参加了中国广播电视学会成立以来的首次学术盛会。

同月

中国管理科学研究院新闻文化研究所在北京成立。所长柏生。

11月1日

中共山东省德州地委机关报《德州日报》创刊。

11月2日

由港澳18家新闻单位、20位记者组成的新闻采访团，在四川进行了为期10天的采访。

11月3日

《人民日报》社和日本《经济新闻》社联合举办的第三次中日经济讨论会本日至4日在北京举行。中日两国经济界、学术界、新闻界近200位知名人士出席。

福建日报社主管、香港华闽公司协办的《港台信息报》在福州创刊。

11月6日

以美国波士顿地平线通讯社董事长珍尼·赛琳迪女士为团长的采访团一行4人，本日至10日赴黑龙江采访。

香港《大公报》《文汇报》《南华早报》《星岛日报》、无线电视台等5家新闻机构7名记者随香港总督卫奕信到福建访问。

11月7日

应《人民日报》社邀请，由副总编徐东范率领的朝鲜《劳动新闻》代表团一行6人来我国访问。

11月9日

新闻出版署发布《关于加强对报纸、期刊、图书审读工作的通知》，旨在加强和改进新闻出版的管理。

中国少数民族新闻研究会在贵州省凯里市召开成立大会。来自10个省、区的25家州、盟、地报的15个民族代表55人参加了大会。大会通过了《中国少数民族新闻研究会章程》，并决定成立中国少数民族新闻研究会。

11月10日

中国人民大学新闻学院教授方汉奇，应日本上智大学和《朝日新闻》的共同邀请，到日本参加国际新闻教育研讨会，并进行学术交流。

11月12日

中央电视台社教部拍摄的《中国珍稀动物》《不能消失的颜色》在意大利第二届国家公园纪录片国际电影节上荣获卡瑞波罗奖。

11月14日

西南四省、区电视新闻联播节目《西南窗口》第二届联席会议在拉萨召开。

11月15日

西北五省、区报纸协作会议本日至21日在西安进行。

浙江省旅游局主办的旅游专业报《江南游》在杭州创刊。

11月16日

美国国务院情报分析室主任助理韩卜，由美国驻华大使二秘时天佑陪同，到《农民日报》访问。社长宋静存、总编张广友接待并回答了他们提出的问题。

世界新闻摄影展览本日至27日在西安展出。参观者达1万多人次，是历次照片展览中参观人数最多的一次。

11月17日

安徽《皖西报》举行集会，纪念该报创刊40周年。《皖西报》创刊于1948年刘邓大军挺进大别山时期，其前身为油印的《每日新闻》。

11月20日

第二次解放区广播史讨论会本日至24日在烟台市新闻中心举行。来自北京、山东、辽宁、陕西、湖北和河北等省、市的《解放区广播史》编写组成员出席了会议。

11月24日

新闻出版署发布《期刊管理暂行办法》，共6章40条。

应新华社邀请，苏联塔斯社副社长克沃尔科夫一行来华了解新华社以及我国的工农业生产和合资企业等情况。

应中国记协邀请，蒙古新闻代表团本日至12月9日来华访问。这是中蒙新闻界中断交往20多年后首次访华的蒙古新闻代表团。

11月25日

国务院经济技术社会发展研究中心主管、中宣部办公厅及部分省市联合主办的《中国城乡开发报》在北京创刊。对开8版，周二刊。

11月26日

当代经济新闻研讨会在宜昌召开。来自22个省、市、自治区的58个报社、通讯社、新闻研究机构、新闻院校及新闻期刊的74名专家、学者和经济新闻理论爱好者参加了这次研讨会。

12月2日

第三届全国新闻摄影理论年会本日至7日在陕西省户县举行。

12月5日

《健康报》应世界卫生组织邀请，派遣记者张荔子赴菲律宾马尼拉，参加世界卫生组织西太平洋地区办事处召开的有关新闻媒介在防治人类免疫缺陷病毒感染和艾滋病中的作用的会议。张荔子在会上作了发言，介绍中国新闻媒介在防止艾滋病进入中国中的作用。

12月8日

新华社华沙分社首席记者文有仁获波兰知识普及协会科达尔平斯基奖章。该奖章是授予为知识普及事业发展作出贡献的本国学者和外国人士的，文有仁是获得该奖章的第一位外国人。

12月10日

肯尼亚政府特邀中国国际广播电台斯瓦希里语记者丁邦英参加肯尼亚建国25周年庆典活动，并称赞中国国际广播电台的斯语广播为配合莫伊总统访华所作的一系列专题节目，给总统本人、肯尼亚政府、外交部及驻华使馆留下了极为深刻的印象。

“祥云杯”奥运最佳新闻记者评选揭晓。《中国青年报》的毕熙东获一等奖，《光明日报》的夏浩然、《人民日报》的刘小明获二等奖。

12月12日

全国文摘报经验交流会本日至14日在天津举行。会议决定筹建全国文摘报联谊会。

12月13日

首都新闻学会读者调查组举行研讨会，报告第七届全国人大代表、政协委员有关新闻改革的意见的调查结果。

12月15日

中国青年报刊工作者协会在北京成立。会址设在中国青年报社。

12月16日

中国新闻学研究基金会首次全国会员代表大会本日至18日在河北省承德举行，并宣布中国新闻学会研究基金会正式成立。

12月25日

《西藏日报》第一张彩色报纸问世。这是该报继1987年10月9日使用微机代替50年代的模写机接收新闻电稿之后，又一项大的设备更新成果。

12月27日

新闻出版署发布《关于认定淫秽及色情出版物的暂行规定》。

12月29日

新华社《中国记者》杂志举办的首次“仰韶杯”新闻摄影大赛揭晓。时盘棋、蒋铎和王越等分别获一、二等奖。

同年

中国教育新闻工作者协会举办第二届（1987年度）全国教育好新闻评选活动，共评出获奖作品203件。

中央人民广播电台本年内共收到23个国家和地区的282小时音乐节目，共寄送给70个国家和地区350小时的中国音乐节目。

《中国体育》杂志在北京创刊。16开本，英文版为季刊，中文版为月刊。

新华通讯社改组部分机构，增设经济信息部、基建房产管理局、审计署驻新华社审计特派员办公室和机关服务局。

据统计，本年中国大陆公开出版发行的报纸共有2322种，平均期发总数16730万份，全年发行总数2571000万份。中国大陆广播电台461座，电视台422座，电视机社会拥有量已达14344万台，后者为1978年的46倍。

上海、黑龙江、安徽、河南、广东、青海、内蒙古、宁夏等省、市、自治区广播电台和中国人民解放军的海峡之声广播电台，本年内相继成立了广播电视协会。

《大连日报》《四川日报》《湖北日报》《解放日报》被中国报协和新闻出版署评为经营管理先进报社。另有27家报社的41个单项获单项优秀管理称号。

据统计，台湾1988年设有新闻或大众传播科系的院校共有9所，每年招生2500人左右。

1989年（己巳）

1月1日

根据国务院的规定，从本日起进行全国

报价调整。这次调整分三个档次：一是《人民日报》《解放军报》《光明日报》《经济日报》《工人日报》《中国青年报》《参考消息》，由国家有关部门定价，提价幅度为原定价的一倍；二是各省、自治区、直辖市和中央国务院各部门办的报纸价格，由主办部门自行确定；三是各种小报、专业报的定价放开，报社自行确定。这次调价后基本上改变了我国报纸普遍亏损的局面，特别是发行量较大的各级党委机关报，经营情况迅速好转。

物资部主办的《中国物资报》在北京创刊。对开 4 版，周二刊。

1 月 5 日

中国新闻文化促进会（简称“中国新促会”）在北京成立。会长范敬宜，常务副会长艾丰。是中国第一个从交叉学科的角度进行新闻文化研究、教育与开发的全国性学术团体。

广播电影电视部主办的《中国电影周报》在北京创刊。对开 4 版，周刊。

中共广西钦州地委主办的《北部湾报》在钦州创刊。

1 月 9 日

全国新闻学会第五次秘书长工作会议本日至 13 日在武汉至重庆的客轮上举行。会议总结了 1988 年的各项工作，讨论落实了 1989 年全国新闻学术研究的中心课题。

1 月 25 日

北京人民广播电台邀请有关方面领导、首都部分新闻单位负责人和听众代表举行座谈会，听取各界对该台的建议和意见，以此纪念该台成立 40 周年。

1 月 28 日

《人民日报》报道，与去年第 4 季度相比，近年全国报刊品种未减，期发数下降近 1/3。下降的主要原因是报刊调价和压缩公费订报开支。

同月

海南日报社主办的《海南特区报》在海口创刊。对开 4 版，周二刊。

2 月 8 日

邓颖超给中央人民广播电台《午间半小时》节目主持人写信，称赞该节目内容很好，使观众深受教益。信中还赞扬了几位主持人的播音。

2 月 14 日

中国新闻学会联合会、中国新闻学研究基金会、首都新闻学会会长、主席、秘书长联席会议在北京召开。胡绩伟主持会议。会议听取了“三会”秘书长何光先关于中国新闻学研究基金会筹建过程和第五次全国新闻学会秘书长工作会议情况，以及“三会”建议意见和汇报，讨论并批准了 1989 年各项工作、研究课题和有关人事的安排。

国际新闻工作者联合会（IFJ，简称“国际记联”）总书记 A. 怀特和国际记联执行委员 C. 林德沃尔（瑞典记联主席）、记联培训官员 S. 格罗苏特，在香港记协主席黄国华的陪同下，访问中国社会科学院新闻研究所，与该所研究人员进行座谈，并就新闻学研究的问题交换了意见。

2 月 15 日

台湾第一份宗教报《福报》创刊。5 月 17 日停刊。

2 月 18 日

美国马凯列斯特学院院长加文夫妇本日至 26 日访问中国，由人民日报社接待。

2 月 26 日

本日至 3 月 5 日，由联合国教科文组织资助，中国记协、中国新闻与现代化研究中心、中国社会科学院新闻研究所、中国人民大学新闻学院在北京联合举办了新闻传播调查研究方法讲习班。美国著名传播学者、前美国新闻教育协会主席戴维·H·韦费和正在厦门大学任教的美国教授英建女士应邀担任主讲人。来自全国各地的40多名新闻传播研究工作者参加了讲习班。

3月10日

台湾大地地理杂志社记者范丽霞和特约摄影记者龙君尔，专程到江西采访。

3月12日

中华全国新闻工作者协会等单位联合举办的农村改革10年好新闻评选活动结束，共评出好新闻200篇。其中一等奖25篇，二等奖52篇，三等奖123篇。

3月29日

新华社社长穆青利用主持召开西欧部分分社会议之机，访问了英国路透社，与该社社长伦弗鲁就如何加强新华社和路透社之间的合作等问题交换了意见。

3月30日

本日至4月6日，应《人民日报》社邀请，德国统一社会党中央委员会《新德意志报》总编辑赫伯特·瑙曼和副总编辑罗尔夫·京特来我国访问。

3月31日

首都新闻学会召开新闻界人士座谈会，研究如何总结新中国40年新闻工作的经验等问题，并讨论了中国新闻学会联合会常务理事会为总结40年新闻工作经验所拟的选题。

4月1日

国家专利局主办的《中国专利报》在北京创刊。对开6版，周刊。

4月5日

国家气象局主办的《中国气象报》在北京创刊。对开4版，周刊。

4月6日

第四次全国报纸自办发行经验交流会本日至8日在天津召开。全国131家新闻单位的238名代表参加了会议。大会总结交流了报纸自办发行的经验，探讨了报纸多渠道发行的途径，分析了全国报纸自办发行的趋势。

4月11日

我国独立设计和开发的、在技术上达到了国际先进水平的新华社新闻资料检索系统，通过了由新华社和机械电子部组织的技术鉴定。

4月20日

民主德国驻华使馆新闻秘书致电人民日报社，代表民主德国新闻学院将该院去年为建院25周年举行的国际征文头等奖授予人民日报国际部李红。李红的论文题目是《全球性问题和新闻媒介在解决这些问题方面的作用》。

4月中旬—6月初

《南方日报》在第一版刊登多篇报道和读者来信，揭露香港某些新闻媒介制造谣言的行径，并发表了《谣言止于智者》《挖掉"多疑症"的病根》《警惕多种画皮》《这不是秋后算账》《是"软骨头"还是深明大义》等评论，有针对性地进行了驳斥。

香港电台成立董事局，逐渐由政府办的电台向公共广播机构过渡。

4月25日

为纪念世界名记者埃德加·斯诺的《西行漫记》中文版出版50周年，由《人民日报》《中国建设》杂志等8家报刊联合举办的"《西行漫记》与我"征文评选揭晓。华君武、玛丽·施丹丽等15位中外作者的15篇文章被评为最佳文章。

4月26日

《人民日报》在头版发表题为《必须旗

帜鲜明地反对动乱》的社论，对本月初以来发生在天安门广场的一系列事件，进行评论。社论说，极少数别有用心的人借口悼念胡耀邦同志，打着民主的旗号破坏民主法制，其目的是要搞散人心，搞乱全国，破坏安定团结的政治局面。这是一场有计划的阴谋，是一次动乱，其实质是要从根本上否定中国共产党的领导，否定社会主义制度。社论指出，全党同志，全国人民必须清醒地认识到，不坚决地制止这场动乱，将国无宁日。这场斗争事关改革开放和四化建设的成败，事关国家民族的前途。社论号召全党和全国人民充分认识这场斗争的严重性，团结起来，旗帜鲜明地反对动乱，坚决维护得来不易的安定团结的政治局面，维护宪法，维护社会主义民主和法制。

中共上海市委宣布整顿《世界经济导报》、总编辑停职的决定，该报遂即停刊。

4月28日

首都新闻学会召开研讨会，探讨“五四”时期的新闻思想，以推进当前的新闻改革。首都各报社、通讯社、广播电台和新闻研究单位的新闻工作者、研究人员40余人到会。会议强调要继承“五四”时期新闻学研究先驱者提倡的民主性、科学性、大众性等好传统，联系实际搞好新闻改革。

5月1日

福建省人事厅主办的《人事导报》在福州创刊。1994年5月更名《福建人才报》继续出版。

台湾唯一一家为劳工服务的专业性报纸《劳工时报》创刊于台湾基隆。发行人佐静秋。

5月8日

全国晚报采访团本日至17日赴遵义采访。全国晚报社会新闻大赛“遵义奖”首次评委会在贵州省遵义市同时进行。40家晚报及人民日报、新华社、中央电视台等单位共113人参加了这次活动。

5月9日

新华社征集社徽活动揭晓。选定的社徽徽标为以青、灰两色的世界地图为衬托，以金色的“讯”字及电波作为主题的圆形图案。这一社徽将作为新华社的标志对外使用。

5月14日

北京日报举办“亚运向我们走来”行为竞赛活动，以反映各行各业为迎接和开好这次亚洲盛会而作出的努力。

5月20日

中央人民广播电台、中央电视台和北京电视台播发了国务院为维护首都的正常秩序而颁发的在北京部分地区实行戒严的命令。

5月21日

《解放军报》发表题为《维护首都和全国稳定的重大措施》的社论。新华社和全国报纸、广播电台、电视台转发或转载了这篇社论。

《人民日报》在头版刊出《人民日报声明》。声明称：“5月20日，本报发现有人盗用本报名义，印发所谓人民日报号外。本报郑重声明，近十年来从未印发过任何号外，请公鉴。”

5月25日

本日至28日，全国商报联合会在广西南宁举行成立大会，并召开了第一次会员代表大会。38个会员单位的40多名代表参加了会议。大会选举了联合会领导机构，《中国商报》总编辑穆励当选为会长。

6月1日

《刚坚少年报》（藏文版）在西宁创刊。青海民族出版社出版。4开4版，半月刊。为全国第一张藏文少年报。

《首都早报》在台湾台北创刊。

6月2日

在解放太原战役中牺牲的新华社记者萧逸烈士纪念碑在太原牛驼寨烈士陵园落成。此纪念碑由山西省新闻工作者协会、山西省新闻学会、晋察冀日报史研究会、新华通讯社共同建造。

6月4日

《解放军报》发表社论《坚决拥护党中央决策，坚决镇压反革命暴乱》，新华社和中央人民广播电台转发了这篇社论。

6月5日

新华社和《人民日报》发表《中共中央、国务院告全体共产党员和全国人民书》，号召全党和全国人民团结一致，同蓄意制造动乱的极少数人进行坚决的斗争，保卫革命、建设和改革的成果。

6月9日

自立报系海外版《自立周报》在台湾创刊。

6月17日

亚洲—太平洋通讯社组织第十次执行委员会本日至20日在越南首都河内举行。来自亚洲地区14个国家的通讯社的代表团出席了会议。新华社派出代表团参加了这次会议。会议讨论并通过了亚太通讯社组织的行动纲领，并就培训人员、统一稿件格式等问题作出决定。

6月23日

《人民日报》发表社论《旗帜鲜明地坚持四项基本原则》。

6月24日

《人民日报》刊登邓小平《关于坚持四项基本原则反对资产阶级自由化的论述》（1979—1989）。该报同时配发的编者按语说："坚持四项基本原则，是党的基本路线的重要内容，是我们的立国之本。一个时期以来，资产阶级自由化思潮之所以在一些地方、一些领域、一些人中颇有市场，这次动乱和反革命暴乱之所以发生，一个重要原因就是因为学习、宣传、贯彻四项基本原则不力。"

6月25日

《人民日报》发表社论《坚持立国之本，走好强国之路》。

6月26日

本日至30日，甘肃省召开第三次企业报纸会议。43家企业报的负责同志，就坚决摒弃资产阶级新闻观点，增强新闻党性，当好党和人民的耳目喉舌，正确发挥反映舆论引导舆论的作用等问题，进行了认真的讨论。

6月27日

由莫斯科大学新闻系召开、美国和中国新闻学者参加的"传播媒介上的苏美形象研讨会"在莫斯科大学新闻系的电视演播室开幕。这是苏、美、中三国新闻学者的第一次聚会。会议的中心议题是苏美两国在对方新闻传播媒介上的新闻形象。中国社会科学院新闻研究所徐耀魁和刘力群应邀参加了这次研讨会。徐耀魁就苏联在中国传播媒介上的形象问题，刘力群就美国在中国传播媒介上的形象问题，分别撰写了论文并在会上作了发言。利用会议的间隙时间，中国新闻学者访问了苏联国家电视台、塔斯社、苏共中央社会科学院大众传播教研室以及《真理报》。通过这次学术讨论会和访问，中国、苏联和美国的新闻学界建立了直接联系。

6月30日

中共中央宣传部新闻局召开首都各新闻单位负责人学习邓小平讲话、贯彻十三届四中全会精神座谈会。与会代表认为，四、五月间在首都发生的政治风波中，在关键时刻一部分报纸的舆论导向出现了严重错误。新闻界应该认真总结经验教训。新闻工作必须坚持四项基本原则，新闻改革不能偏离根本方向。要建设一支自觉地坚持四项基本原则、自觉地抵制资产阶级自由化的队伍。

7 月 1 日

中共福建省南平市委机关报《闽北报》创刊。1994 年元旦更名《闽北日报》，对开 4 版，周六刊。其前身为 1952 年 4 月创办的《南平人民》报（后易名《闽北报》），1969 年 4 月 1 日停刊。

合肥新闻信息咨询研究所正式成立。这个研究所由省老新闻工作者联谊会主办，宗旨是发挥新闻界拥有的人才、技术、信息优势，为社会提供信息和咨询服务。

《楚天视听》在武汉创刊。湖北省广播电视厅总编室主办。办刊方针是传达中央和省委、省政府的有关精神，交流全国各地视听信息，介绍湖北省广播电视宣传的新经验、新成就。

7 月 5 日

航空航天工业部主办的《中国航空航天报》在北京创刊。对开 4 版，周刊。

7 月 8 日

由中国报纸文艺副刊研究会组织的全国首届报纸文艺副刊好作品评选，在河北省张家口市揭晓。全国各省、市、自治区的 272 家报纸的 988 篇作品参加了评选。共评选出一等奖 14 篇，二等奖 32 篇，三等奖 75 篇。

7 月 17 日

1988 年全国好新闻评选在北京揭晓，共评选出报纸、广播、电视好新闻作品 206 篇（件）。其中一等奖作品 41 篇（件），二等奖作品 70 篇（件），三等奖作品 80 篇（件），特别奖作品 9 篇（件）。另评出好标题 21 条。这些好作品将由全国好新闻评选委员会颁发奖状，由 1988 年底刚成立的中国新闻学研究基金会提供奖金。

本日至 21 日，全国宣传部长会议在北京举行。会议提出，要认清形势，振奋精神，做好宣传思想工作；深入进行坚持四项基本原则、反对资产阶级自由化的教育；要切实加强新闻、理论、文艺队伍的建设；要坚决、妥善地整顿宣传舆论阵地。

7 月 21 日

应朝鲜《劳动新闻》邀请，由余焕春率领的《人民日报》代表团本日至 8 月 1 日访问朝鲜。

7 月 27 日

由中国地市报研究会和甘肃《新闻理论与实践》报联合举办的全国地市报总编辑论文大赛在张家口市揭晓。共评出最佳论文 10 篇，优秀论文 20 篇，论文佳作 73 篇。

云南日报舆论监督奖励基金会举行首次颁奖活动。该基金会成立于 1988 年 12 月 27 日，首批成员有 25 家，基本包括了云南省的各个监督部门。奖励基金由各会员单位共同提供，集中存入银行，其利息用于颁发各种舆论监督奖。基金会章程规定，该会以鼓励、支持公民充分行使民主权利，对政务和党务活动、经济活动、执法活动、社会生活实行舆论监督，弘扬正气，促进改革，推动社会进步为宗旨。

7 月 28 日

香港《大公报》《明报》《文汇报》的 3 位记者应四川省政府外事办和省记协邀请到成都进行了短期访问。

7 月 31 日

为期 5 天的全国地市报新闻研讨会在张家口结束。研讨会的议题是：在改革开放的新时期，如何抓典型、抓问题。与会者围绕典型报道在新闻宣传中的地位、作用，以往典型报道存在的缺点和弊病，以及如何改进典型报道等问题作了探讨。

8月1日

中共中央政治局常委、书记处书记李瑞环视察新华社，向总社司局级以上干部讲话。指出新华社是党和国家在宣传舆论战线上的一个重要部门。新华社的工作如何，极大地影响着我们整个的工作，所以新华社的工作必须做好。

8月2日

李瑞环视察广播电影电视部，并同中央人民广播电台、中央电视台、中国国际广播电台职工一起座谈。李瑞环说，广播电台、电视台是党和国家最重要的宣传工具之一，它对宣传党的方针政策和教育人民起着十分重要的作用。广播电视工作在政治上要坚决地同党中央保持一致。

8月3日

北京人民广播电台新闻收稿站正式开通使用，该站采用先进的计算机技术与新华社联网。

8月4日

中共中央宣传部新闻局召开新闻理论座谈会，首都部分新闻工作者参加。与会者认为，旗帜鲜明地坚持马克思主义新闻观点，坚决反对资产阶级自由化思潮的侵蚀，是新闻战线深入贯彻党的十三届四中全会精神，做好今后新闻工作的一项极为重要的任务。与会者还认为，资产阶级自由化思潮在新闻领域有两个突出的表现：一是宣扬抽象的新闻自由，用资产阶级新闻自由来否定党对新闻工作的领导；二是鼓吹“人民性高于党性”，把党性与人民性割裂开来。

中央人民广播电台主持召开的全国广播文艺改革研讨会本日至13日在大连市举行。全国31家电台主管文艺的台长或文艺部主任参加了会议。大家就文艺广播在新形势下如何进一步明确社会主义方向，更好地满足听众的需要，在社会主义精神文明建设中发挥更大作用等问题，进行了认真的座谈讨论。

8月7日

全国晚报工作者第四届年会暨全国晚报第七次经验交流会在哈尔滨市召开。来自全国31个省、市、自治区的41家晚报的代表及有关部门的领导出席了会议。这次会议主要是学习贯彻十三届四中全会精神，研讨反对资产阶级自由化斗争中的舆论导向问题。会上还公布了全国晚报社会新闻大赛中114篇获奖作品名单。

8月上旬

安徽日报社公布实施五项措施：不准以稿谋私，不准搞“有偿新闻”、广告新闻和出卖版面；记者站不得承办广告业务，编采人员不得借采访名义招揽广告；严禁吃请受礼，不得用公款宴请内宾；严格控制有奖征文赞助活动；严格按照本省行政管理局规定配车用车；领导干部办私事和家属不得使用公车。

8月14日

台湾《证券时报》在基隆创刊。

8月17日

人民日报代表团本日至31日应罗马尼亚《火花报》的邀请，访问罗马尼亚。

8月24日

苏联《真理报》政治评论家奥夫钦尼科夫应人民日报社邀请来我国访问。

中共中央、国务院召开全国整顿清理书报刊及音像市场电话会议，布置在全国范围内进行“扫黄”的有关工作。

8月29日

第四次全国新闻专业期刊经验交流会议本日至31日在辽宁兴城举行。全国40家期刊的编辑部主任或主编参加了会议。会议着重讨论了新闻专业期刊如何把坚持四项基本原则与遵循新闻自身规律一致起来，正确把握舆论导向的问题。

9 月 2 日

台湾新闻院校大陆访问团到中国人民大学新闻学院进行访问，并在该院举行了海峡两岸新闻教育座谈会。会上，相互介绍了两岸新闻教育的情况，并进行学术交流。这是建国 40 年来，海峡两岸新闻教育工作者的首次聚会。访问团由台湾文化大学新闻传播学院院长王洪钧及 8 名新闻系、所教授组成。王洪钧说，乡音、乡情、亲情、友情，是他此行的最大感受。他希望通过这样的交流，使双方民间能有更多的相互了解，建立共识，使两岸新闻学界今后能在中国新闻史研究、民意调查、研究方法、知识的交换，以及新闻传播理论等方面，进行交流和学术性探讨。中国人民大学新闻学院的领导、教师参加了座谈会。

9 月 3 日

全国首届少数民族电视艺术经验交流会本日至 7 日在银川召开。从事少数民族电视艺术编导工作的 30 多人参加了交流会。

9 月 5 日

国家土地管理局主办的《中国土地报》在北京创刊。对开 4 版，旬刊。

9 月 6 日

北京电视台举办的国际电视周活动结束。14 个国家和地区的 18 家电视台和国内 35 家电视台的代表参加了这一活动。

9 月 10 日

中央电视台本日至 11 月 7 日每天晚上播出系列报道《弹指一挥间》（共 57 辑，180 条新闻，总长约 500 分钟）。这个节目，以生动的画面，有说服力的统计数字和对比的方法，报道中华人民共和国成立 40 年来各项建设事业的成就，受到全国上下的好评。它是中央电视台、各地方电视台和中央各有关部门合作录制的。

9 月 15 日

本日至 24 日，北京电视台经香港向台湾地区转播了第 15 届亚洲男子篮球赛中台北队的大部分比赛，首次实现了从大陆向台湾传送电视节目。

华东省市报纸第九次协作会议本日至 19 日在杭州举行。来自六省一市报社的总编辑在会上讨论了如何做到既坚持四项基本原则、反对资产阶级自由化，又能按照新闻规律办事，把报纸办得生动活泼，更受读者欢迎的问题。

9 月 16 日

西北五报会议本日至 22 日在乌鲁木齐举行。会议总结了一年来各报新闻改革的进展情况，探讨了如何加强新闻队伍的建设等问题。

北京市新闻学会、北京市新闻工作者协会联合举行座谈会，围绕无产阶级新闻事业的党性，以及如何坚持正确舆论导向等问题，进行了交流和探讨。

9 月 17 日

香港报业史上第一张儿童报纸《儿童日报》在香港创刊。

9 月 18 日

《中国镜报》在台湾创刊。10 月 3 日停刊。

9 月 19 日

联合国开发署驻华代表处常务副代表柏恩涛等一行 3 人应新华社的邀请来中国访问，对新华社经济信息编辑部进行考察。

9 月 24 日

范长江新闻奖在北京设立。这是为纪念中国杰出的记者范长江而设。范长江新闻奖基金会名誉主席为吴冷西，主席为穆青。

9月26日

中共中央政治局常委会在北京举行中外记者招待会。中共中央总书记江泽民和其他常委在会上回答了记者的提问。

国家海洋局主办的《中国海洋报》在北京创刊。对开4版，周刊。

同月

西藏历史上第一个由大学开办的新闻专业班开学。首届新闻班的20名学员都是藏族。

10月1日

中共中央总书记江泽民、中央政治局常委李瑞环、政治局委员李铁映、李锡铭和政治局候补委员丁关根等到广播电影电视部慰问节日坚持工作的职工。

青海电视台藏语频道开始试播。青海有藏族群众84万人，使用藏语的人口则高达100多万，超过全省总人口的1/4，他们的居住面积占青海省总面积94%以上。开办藏语电视频道，是青海省广大藏族人民盼望已久的一件大事。

10月3日

贵州省卫星广播电视地球站正式开通。该站采用我国发射在赤道上空的通信卫星转发器，传送贵州省广播电视节目，除覆盖贵州省外，全国各地也能用卫星地面接收站收到贵州广播电视节目。

10月4日

中共中央办公厅、国务院办公厅联合发出《关于压缩整顿报刊和出版社的通知》。提出："要采取坚决措施，对政治方向严重错误，思想倾向不好和过多过滥的报刊和出版社大力进行压缩整顿。"

10月5日

由新华社、文化部和德意志通讯社联合举办的德意志民主共和国图书展览会本日至12日在北京图书馆举行。首都新闻界、文化界及有关方面负责人出席了开幕式。

10月6日

中华全国工商联合会主办的《中华工商时报》在北京创刊。对开8版，周刊。

10月8日

1989年全国晚报体育新闻研讨会在安徽合肥结束。会议认为，体育记者要更多地关心国家大事，关心政治，提高自身的政治素质。全国近30家晚报的总编辑和体育记者参加了这次研讨会。

10月10日

全国县市报第五次业务讨论会本日至14日在山东邹县举行。来自16个省、区的38家县市报的总编（社长）、副总编（副社长）参加了会议。

10月14日

湖南省新闻工作者协会、省新闻学会本日至15日召开省市新闻单位负责人座谈会。会议总结交流了本年春夏之交发生政治动乱期间新闻报道的经验教训，剖析资产阶级自由化思潮对新闻界的影响和严重危害性。

10月16日

中央人民广播电台主办的1989年中日广播技术交流会在北京举行。交流会由日本NHK公司声频专家田贡也主讲，内容有立体声节目的制作和实际录制立体声节目表演。与会者在专家指导下进行了实习操作。

10月17日

河南省新闻工作者协会和河南省新闻学会召开常务理事会，讨论如何组织和推动全省新闻工作者紧密结合实际，认真学习江泽民同志的国庆讲话，坚持新闻改革的正确方向，加强新闻队伍自身建设等问题。

10月18日

应《人民日报》社邀请，朝鲜《劳动新

闻》代表团本日至 30 日来华访问。受到了中共中央政治局候补委员、书记处书记丁关根的接见。

10 月 21 日

中国地市报研究会第三次学术年会本日至 24 日在湖南省衡阳市举行。出席这次会议的有全国地市报负责人和新闻专家 60 多人。会议收到论文 60 多篇。

10 月 23 日

由新华社与捷克通讯社共同主办的《今日中国》摄影展在布拉格开幕。展出的 150 多幅照片，绝大多数是新华社记者近 10 年来拍摄的佳作。

10 月 27 日

山东省人民政府宣布正式建立新闻发布会制度，及时向新闻界发布省委、省政府制定的有关方针、政策，通报省政府一个时期工作的重点、重要情况和决定的重大问题，解答人民群众普遍关心的问题。省政府新闻发布会原则上每月举行一次。

10 月底

拉萨卫星上行站正式开通。11 月 1 日西藏电视台的藏语节目被首次送上卫星，实现了向全区传送藏语电视的任务，结束了西藏多年来用汽车向各地市传送录像带的历史。

同月

新华社新建的新闻大厦基本竣工。这座大厦的主楼 18 层，高 117 米，建筑面积 5 万多平方米。其信息处理和通信技术工程，都具有当代先进水平。新闻大厦的建成，标志着新华社事业进入一个新的发展时期。

图文并茂的彩色画报《中华英才》中文版、英文版在北京创刊。这是中国以人物为重点的综合性大型新闻期刊。邓小平题写刊名。从 1991 年起，中文版由原来的双月刊改为半月刊。《中华英才》由中华全国老龄委员会主办，实行监事会领导下的总编辑负责制。总监事为王照华、马仲扬、钟沛璋，社长贺敬之，总编辑王霄鹏。

11 月 1 日

中共福建宁德地委机关报《闽东报》在宁德创刊。4 开 4 版，周刊。1993 年 7 月 1 日易名《闽东日报》。其前身为 1952 年 4 月创办的《新农村报》（后易名《闽东报》），1969 年 4 月 1 日停刊。

11 月 3 日

《人民日报》刊登郭帆的文章，题目是《刘宾雁反动面目的大暴露》。

全国中小城市报“平原杯”昨日新闻大赛评选结果在河北保定揭晓。共评出一等奖 5 篇，二等奖 10 篇，三等奖 20 篇，优秀奖 25 篇。这次活动是由新闻出版报、保定市报、河北省枣强县平原工业总公司联合举办的。

11 月 9 日

台湾《自由时代》周刊停刊。

11 月 10 日

本日至 30 日，中共中央宣传部在北京举办全国各省、自治区和直辖市党委机关报总编辑新闻工作研讨班。这个研讨班举办了 3 期。11 月 25 日，中共中央政治局常委李瑞环在研讨班上作了题为《坚持正面宣传为主的方针》的讲话。指出：“坚持这个方针，就是要准确、及时地宣传党的路线、方针、政策，实事求是地反映社会现实生活的主流，让人民群众用创造新生活的业绩教育自己，形成鼓舞人们前进的巨大精神力量，在当前就是要造成一个有利于稳定局面的舆论环境。”11 月 28 日，中共中央总书记江泽民在研讨班上作了题为《关于党的新闻工作的几个问题》的讲话。指出：“1989 年春夏之交发生动乱和反革命暴乱，《解放军报》和《北京日报》以及许多省、市、自治区的报纸，表现得很好。但暴露出新闻界存在不少问题，有的还相当严重。”“特别是中央一级的一些主要新闻单位和上海的《世界经济导报》，一段时间以来，散布了不少资产阶级自由化的观点，在动乱期间更是愈走愈远。不但不宣传中央正确的声音，反而违背中央的正确方针和决策，公开唱反调；不但不去揭露和批判资产阶级自由化，制止动乱，反而为动乱、暴乱的策划者和支持者提供舆论阵地，对动乱的形成和发展起了煽风点火、推波助澜的作用，在群众中造成极大的思想混乱，影响很坏，教训深刻。这也从反面说明了新闻工作的极端重要性。”

11月11日

《公论报》在台湾创刊。

11月14日

新华社创办的中国经济信息社在北京召开新闻发布会，宣布正式成立。该社宗旨是充分发挥新华社在信息、人才、通讯技术等方面的群体优势，广泛联合社会力量，搜集、加工、储存经济信息，并通过媒体多层次、多渠道地向国内外用户提供有偿经济信息和咨询服务。

11月15日

广东人民广播电台新闻台正式开播。这是一个以新闻为主的综合性的电台，用普通话广播，每天播出19小时10分钟，每半小时播出一次新闻。这是目前我国新闻播出次数最多最密的广播电台。

11月25日

《当代时事周刊》在香港创刊。社长李子诵，总编辑程翔。1991年3月出至66期后改为《当代月刊》，旋停。

11月26日

《大明报》在台湾台北创刊。

同月

国际财经新闻通讯社在台北成立。

中国科协在北京召开首届全国科普报刊经验交流会。参加会议的有全国省级以上100多家科普报刊的代表。

12月11日

中国报纸文艺副刊研究会本日至14日在河北省张家口市举行学术（经验）交流会。来自24个省、市、自治区的75家报纸的84名代表和特邀代表参加了会议。会议主要交流了报纸文艺副刊适应改革的需要，繁荣副刊作品创作的经验。

12月13日

应泰国《新中原报》邀请，由总编辑邵华泽率领的《人民日报》代表团本日至23日访问泰国。

12月15日

《人民日报》第1版右下角在《小行星已远离地球　人们不必为此惊慌》标题下，刊登两条新华社12月14日电讯。一条电讯援引一些天文学家的谈话，证实“小行星已远离地球”；另一条电讯称“本社13日所发《一小行星可能撞击地球》的消息编译有误”。

12月19日

新华社国际部召开大会，对本月13日播发的《一小行星可能撞击地球》严重失实一事总结教训，并制订积极防止稿件出错的措施。

同月

《香港商报》控制性股权由中资机构联合出版社出资1.6亿元购得。

同年

本年中国大陆公开出版发行的报纸共有1496种，平均每期发行15248万份，全年发行总数2061920万份。中国大陆共有广播电台531座，电视台469座，收音机社会拥有量 26226 万台，电视机社会拥有量 16593 万台。

1990 年（庚午）

1 月 1 日

中共中央总书记江泽民接受中央电视台记者采访，发表元旦讲话。国外许多家广播电台、电视台和通讯社转发了这一报道。

中央电视台《新闻联播》节目推出系列报道“看今朝”，计划播出 40 天左右，每天播出 5 分钟。

国家文物局主办的《中国文物报》迁到北京出版。对开 4 版，周报。该报 1987 年 10 月在河南郑州创刊。

中共辽宁省锦西市委、市政府主办的《锦西日报》创刊。4 开 4 版，日报。

安徽省黄山人民广播电台开播。

湖北省丹江口人民广播电台开播。

中共贵州省安顺地委主办的《安顺报》复刊。4 开 4 版，周三刊。该报创刊于 1958 年，1961 年停刊。1967 年 6 月复刊。1968 年 8 月再次停刊。

甘肃省计划生育委员会主办的《婚育导报》改名《甘肃人口报》继续出版。周报，4 开 4 版。

贵州省公安厅主办的《贵州公安报》在贵阳创刊。4 开 4 版，旬刊。

贵州省体育运动委员会主办的《贵州体育报》在贵阳创刊。4 开 4 版，旬刊。

甘肃省张掖人民广播电台恢复播音。

由国家教委和海南省考试中心联合主办的《考试报》在海口创刊。4 开，周刊。这是全国唯一公开发行，以传递各类考试信息的报纸。

1 月 4 日

共青团中央主办的《中国初中生报》在北京创刊。4 开 4 版，周刊。其前身是创刊于 1989 年 1 月 4 日的《中国少年报·初中版》。

1 月 8 日

中央电视台第 11 届亚运会电视委员会中心部正式成立。

新华社贵州分社创办的贵州新华信息社成立。

1 月 10 日

《大成报》在台湾台北创刊。日刊。

由《江西日报》发起，《江西日报》《解放日报》《文汇报》、《新民晚报》《大众日报》《新华日报》《浙江日报》《福建日报》《安徽日报》等九报联合举办的为期半年的“第一版头条新闻竞赛”启动。

1 月 11 日

国务院第 53 次常务会议通过《外国记者和外国常驻新闻机构管理条例》，共 11 条。

1 月 15 日

甘肃省召开的第一次全省新闻工作会议在兰州结束。

1 月 17 日

原《大公报》副总编辑孔昭恺因病在北京逝世，享年 80 岁。

1 月 22 日

四川省德阳市中区人民广播电台开播。

1 月 25 日

李鹏总理就《人民日报》1 月 22 日二版刊登喻权域、李晓岗《析“人均国民生产总值 300 美元”》一文引起的不同意见，作了批示：“应允许学者发表自己的意见，中国人均国民生产总值明显低估，这是事实。有对人民做工作的一面，不要与对外经济合作联系起来。”2 月 22 日江泽民也圈阅同意了李鹏的上述批示。

1月26日

湖南省衡阳市有线电视台开播。

1月31日

新疆维吾尔自治区计委信息研究中心主办的《信息参考报》在乌鲁木齐创刊。

同月

中共湖南省政法委员会主办的《法制建设报》在长沙创刊。4开4版，周刊。其前身是《湖南法制报》。

由中国社会科学院新闻研究所和中国新闻学会联合主办的《新闻学刊》停刊。

人民日报社社长高狄在一则评报意见中谈到对转载其他报纸文稿的看法，认为《人民日报》要搞一些更高层次的报道，要逐渐在人们心目中形成一种观念，只要看《人民日报》，全国最重要的事情、最好的文章都看到了。这样才能提高《人民日报》的地位和威信。

2月1日

中共吉林省通化市委主办的《通化日报》创刊。4开4版，周三刊。

2月10日

辽宁省举行第一届报刊美术论文评选活动。

2月23日

中央电视台开始向美国电缆电视新闻网（CNN）传送新闻节目。

2月25日

四川人民广播电台青年记者游进，因保护他人与歹徒搏斗，光荣牺牲。5月8日，中国记协授予游进“见义勇为优秀青年新闻工作者”称号。

3月1日

亚运会组委会与台湾地区1990年亚运电视采访转播委员会就台湾地区电视转播亚运会问题达成协议，并举行了合约书的签字仪式。

3月7日

海南省新闻工作者协会第一次代表大会在海口市召开。大会宣告海南省新闻工作者协会、海南省新闻学会同时成立，并通过了“两会”章程，选举产生了“两会”领导机构。

3月15日

综合性时事刊物《壹周刊》（*Next Magazine*）在香港创刊。主编张剑虹。

3月18日

中央电视台首次通过国内卫星向西藏传送七届全国人大三次会议和全国政协七届三次会议的电视新闻。

3月19日

中国电视有限公司在美国洛杉矶注册成立。

3月20日

四川省重庆市经济委员会主办的《中外企业报》在重庆创刊。对开4版，周三刊。

4月1日

中国广播电视学会人才培训部和四川省广播电视学会，本日至15日在四川省广播电视学校联合举办全国首届广播节目创优研讨会。研讨如何把评优与创优结合起来，把评优的成果推广出去，把创优经验传播开来。

4月5日

人民日报社社长高狄一行应日本外务省邀请，本日至15日在日本访问。13日日本首相海部俊树会见了他们，双方进行了友好的交谈。

4月10日

安徽省首次召开新闻美术研讨会，讨论新闻美术工作在新时期报刊上的地位和作用问题。

4 月 11 日

中共湖南省大庸市委主办的《大庸报》创刊。4 开 4 版，周刊。

4 月 14 日

1989 年度全国优秀电视新闻评奖活动本日至 24 日在杭州举行。全国各电视台共送片 334 条，其中 244 条获奖。

4 月 17 日

28 个省级广播电台参加的省级电台广播广告宣传座谈会本日至 19 日在北京召开。

4 月 18 日

中国国际广播电台葡萄牙语正式开始向巴西利亚超级调频电台传送新闻节目。

4 月 20 日

美国全国电缆卫星公司（C—SPAN）正式转播中国国际广播电台英语节目，每周 7 次。

4 月 21 日

英文《中国日报》西安办事处成立。这是中国日报社在内地成立的第一家办事处。它将有力地促进西北、西南地区的对外宣传。

4 月 24 日

全国首次边区新闻研讨会本日至 27 日在江苏省徐州市举行。与会者对边区新闻的地位、作用、定义、特点，以及边区新闻发展的背景等问题，进行了研讨，并交流了采编边区新闻和促进边区交往的经验。

4 月 28 日

历时 10 天的人民日报社国内记者会议结束。中共中央政治局常委李瑞环到会与记者们座谈，提出当前的新闻工作，应为稳定鼓劲、团结协调、发展经济服务。

人民日报社与青岛电视机厂联合举办的新闻摄影比赛评选揭晓。一等奖为戴坛和的《依依惜别情》，二等奖为邱华的《灾民喜迁新居》和向炜明的《冰凌抢险》，三等奖 10 名，优秀奖 30 名。

同月

新华社 1990 年度国内工作会议在北京召开。中共中央政治局常委李瑞环在会上作了《宣传、落实六中全会决定的几个问题》的重要报告。穆青作了《增强党性观念，提高政治素质，为建设一支忠于马克思主义的新闻队伍而奋斗》的报告。

安徽省新闻出版局主办的《安徽书讯》改名《安徽新闻出版报》继续出版。4 开 4 版，旬刊。《安徽书讯》创刊于 1984 年 6 月。

云南文山电视台开播。

河南省首届广播电视学术论文评选会（1988 年和 1989 年度）在郑州举行。

5 月 1 日

江西省上饶市人民广播电台开播。

中文政论刊物《九十年代》在香港创刊。

5 月 15 日

新华社负责人郭超人会见了应新华社邀请访华的土耳其报纸总协调员凯南·阿金，并就加强第三世界的报道等问题交换了看法。

5 月 16 日

新闻出版署发布《内部报刊管理原则》，共 11 条。

5 月 18 日

新华社主办的中国新闻书店在北京开业。是我国目前唯一的以经销新闻政治时事书籍为主的综合性书店。

北京人民广播电台、北京电视台、《北京日报》、北京出版社本日至 20 日共同发起举办“纪念徽班晋京 200 周年”演出活动。

5 月 20 日

“彩虹杯”第二届全国广播电视“十佳”

优秀播音作品评选在陕西咸阳揭晓，13 人获奖。对播音工作做出突出贡献的齐越、夏青、赵忠祥、宋世雄等 15 人被授予荣誉奖。

中国中央电视台和日本 NHK 在新西兰召开的“亚广联”第 40 次理事会上，被评为目前参加“亚广联”交换的各成员台中最优秀的两家，所提供的新闻被采用率最高。

中国台北 TTV 通过国际直拨电话，收到了中国中央电视台的节目信号，图像、伴音很好。海峡两岸首次直接通过卫星传送节目。

5 月 21 日

中央人民广播电台举行茶话会，纪念该台创办少数民族语言广播 40 周年。

5 月 26 日

应《人民日报》社邀请，法国《费加罗报》常务副社长、全法新闻工会副主席、巴黎新闻工会主席郎·米奥和法国《欧洲时报》社长杨永桔等法国新闻界朋友本日至 6 月 2 日来华访问。29 日下午，他们受到了全国人大常委会副委员长彭冲的接见。

5 月 28 日

广播电视部、公安部、安全部发布《卫星地面接收设施接收外国卫星传送电视节目管理办法》，共 16 条。

5 月 30 日

日本创价学会会长秋谷荣之助及随行人员访问了人民日报社。该社社长高狄同他们进行了友好的谈话。

同月

《新疆日报》维吾尔文、汉文、哈萨克文和蒙古文 4 种文版每天发行的 18 个版全部实现激光照排，告别了铅与火的传统印刷工艺。这是《新疆日报》历史上一次重大技术革命。

6 月 6 日

辽宁省表彰省优秀新闻工作者和省新闻工作先进集体的会议本日至 8 日在本溪召开。这是该省建国以来举行的第一次表彰新闻工作者的会议。

6 月 7 日

应中国国际广播电台邀请，莫斯科广播电台访华代表团本日至 12 日到该台参观访问。这是 30 年来该台接待的第一个苏方代表团。

6 月 12 日

“现场短新闻”颁奖大会在北京举行。这次评奖活动，是中共中央宣传部委托中国记协主办的。首都有 21 家新闻单位参加，历时半年。

湖南省新闻资料研究会在长沙市正式成立。是中国新闻资料学会在全国各省、区中率先成立的分支学术组织。推选梁念之为名誉理事长，华志高为理事长，罗厚仁等 4 人为副理事长。

6 月 15 日

安徽黄山日报牵头发起的全国十大风景区八大旅游城市报纸协作会在黄山市举行。

6 月 19 日

云南省东川市人民广播电台开播。

6 月 20 日

中华人民共和国中央军事委员会主席江泽民签署命令，任命祝庭勋为解放军报社社长，杨子才为总编辑，免去吕梁的社长职务。

6 月 22 日

台湾中华贸促会考察团访问《海南日报》。

6 月 25 日

吉林省交通警察大队主办的《吉林交通安全报》在长春创刊。4 开 4 版，周刊。

6 月 27 日

国务院办公厅发出《关于〈经济日报〉

隶属关系的通知》全文为："经国务院总理办公会议讨论，同意《经济日报》隶属于国务院系统，由国务院研究室进行业务指导，由国务院办公厅归口管理。"

7 月 1 日

《人民日报》调整版面。调整后的各版内容安排如下：一版和四版为国内外重要新闻，二版为经济新闻，三版为政治、法律、社会新闻或教育、科技、文化新闻，五版为理论、文艺评论、文学作品、读者来信、文件、报告、回忆录，六版和七版为国际新闻，八版为副刊或摄影、美术、文摘专页。

江苏省第一家经济电台——南京经济广播电台开播。

《中国城乡开发报》改名《中国开发报》继续出版。对开 8 版，周二刊。

国务院引进国外智力领导小组办公室、国家外国专家局主办的《中国引进报》在北京创刊。对开 4 版，周二刊。

政协江西省委员会主办的《江西政协报》在南昌创刊。4 开 4 版，周刊。

7 月 2 日

《人民日报》开辟《只有社会主义才能发展中国》笔谈专栏。旨在通过发表有理有据的文章，用马克思主义的立场、观点和方法，分析和认识有关社会主义的一些重要问题，澄清混乱，解除困惑和疑虑，坚定建设有中国特色的社会主义的信心。

应新华社邀请，土耳其阿纳多卢通讯社董事长阿依登·顿达尔、社长帕赫奇·埃克希及该通讯社伊斯坦布尔分社社长一行 3 人，本日至 10 日来华访问。

7 月 3 日

新华社社长穆青在北京会见亚洲通讯社组织主席、印尼安塔拉通讯社社长汉左约。穆青在会见时表示，鉴于中印（尼）两国外交关系的恢复，新华社准备在雅加达重设分社，希望能得到安塔拉通讯社的帮助。

7 月 5 日

新华社同日本中国通信社合作协议书续订仪式在北京举行。新华社梅开、日本中国通信社社长吕照雄分别代表各自通讯社在协议上签字。

7 月 17 日

河北省记协本日至 28 日在北戴河举办河北省首届党报新闻评论研讨会。

7 月 21 日

《人民日报》总编辑邵华泽一行应日本《读卖新闻》社邀请，本日至 28 日赴日本访问。23 日下午，受到日本首相海部俊树的接见。

7 月 23 日

著名新闻工作者张友鸾因病在南京逝世，享年 86 岁。张字悠然，出生于 1904 年，安徽安庆人。曾任《国民晚报》社长，《新民报》《立报》《南京人报》总编辑。

7 月 26 日

经济日报工作会议本日至 28 日在北京召开。会议主要研究该报隶属于国务院系统以后，如何适应工作的新要求。

同月

地质矿产部主办的《中国地质矿产报》在北京创刊。对开 4 版，周二刊。其前身是 1977 年 3 月创刊的《中国地质报》。

8 月 8 日

辽宁省新闻工作者协会在大连举办首次记协秘书长培训班。

8 月 11 日

人民日报社社长高狄在报社内部发表了《我的建议》一文，对报社工作提出了以下建议：今后，不得将新华社稿件改头换面，成为本报记者采写的稿件；夜班编辑人员有权对记者写的稿件决定是否刊用，是否需要退回、重写或修改；非值班人员，不得干扰夜班工作，如有争议，第二天找上级领导解决；今后评选记者写的优秀稿件，以原稿为准，见报稿编辑做了较大修改的，视修改多少，奖金分给编辑一部分，比例由评委会决定。主张将竞争机制引入报社工作。

8月14日

辽宁锦西人民广播电台、锦西电视台开播。

8月18日

中国社会科学院新闻研究所部分科研人员同台湾世界新闻专科学校校友团成员举行座谈，听取该团成员有关台湾开放“报禁”后报业现状的介绍。

8月19日

第一次全国报纸总编辑新闻摄影研讨会本日至25日在宁夏回族自治区银川市举行。

8月22日

台湾联合报系的《美国新闻与世界报道》中文版停刊。

8月26日

新华社经济信息部与美国美亚国际有限公司合作，在台湾地区发行中文版《中国经济信息》的合同在纽约正式签字。

8月27日

中共中央总书记江泽民在伊犁考察工作时，为《伊犁日报》题写了报名。

8月28日

为纪念丝绸之路开辟2100周年，北京、河南、云南、贵州、江苏、湖北、广东、广西等14个省、市、自治区20家报纸的记者组成采访团，于8月28日从西安出发，沿丝绸古道西进，直达新疆伊宁，采写和拍摄了大量稿件和照片。活动于9月28日结束。

8月29日

《人民日报》版面卫星实地远传试验成功。采用高速数字卫星信道，由北京向外地代印点传送当天报纸版面，这在中国大陆是第一次。

刚创刊满一周年的《首都早报》在台湾停刊。

同月

《中国日报》《山西日报》《北京日报》在全国报纸版面评比中，获一等奖。

新华社新闻大厦正式启用。这座大厦是1983年2月批准立项的“七五”国家重点建设工程。

9月3日

国务委员李铁映、中宣部副部长李彦等在王枫、黄惠群陪同下视察了国际新闻广播电视交流中心。

9月5日

《人民日报》亚运会报道组举行动员大会，报社领导高狄、邵华泽、张云声、李仁臣等，要求有关人员从“临战状态”转入“战时状态”，全力以赴，拿出优质稿件、优质照片、优质版面，为亚运会增光，为《人民日报》增光，

9月7日

第7届全国人大常委会第15次会议通过并颁布《中华人民共和国著作权法》，共6章56条。

9月9日

台湾《环球日报》停刊。

9月10日

由中国教育工会与西安《教师报》联合举办的首届全国尊师重教新闻大赛评定揭晓。《榆林市两年建起了九个教师村》等28篇作品获奖。

第三届（1989年度）全国工人报刊好新闻好作品评选颁奖仪式在太原举行。

9 月 14 日

亚运会广播电视委员会召开亚运会电视转播情况介绍会。人民日报、新华社、中央人民广播电台等 19 个新闻单位记者到会，亚运会广电委秘书长、中央电视台副台长杨伟光向到会记者介绍了亚运会电视报道计划。

云南曲靖电视台开播。

9 月 15 日

中共河北省委宣传部、河北省新闻工作者协会本日至 10 月 10 日在保定市举办首期党报系统新闻通讯专题研讨班。

9 月 19 日

亚运会广播电视委员会在人民大会堂举行中外广播电视记者招待会。近 2500 名采访亚运会的中外广播电视记者及来宾出席。

9 月 20 日

第二届（1989 年度）全国蒙文报纸好新闻评选在新疆博尔塔拉蒙古自治州揭晓。

9 月 22 日

本日至 10 月 7 日，第 11 届亚运会在北京举行。在此期间，全国报纸、通讯社和广播电视作了系统、全面、规模空前的宣传报道。从 9 月 20 日至 10 月 7 日，中央电视台 3 套节目共播出 773 小时，其中播出亚运会节目 335 小时，比上届亚运会多了 165 小时。这一期间临时出版的报纸有：新华社主办的《亚运快报》、人民日报主办的《亚运新闻》（4 开 4 版）、中国体育报主办的《中国体育报晚报》（对开 4 版）、北京日报主办的《北京日报．亚运专刊》（4 开 4 版）等。

9 月 23 日

第 11 届亚运会开幕式广播电视转播情况良好，得到了中共中央领导、海外人士及国内广大观众的称赞。

9 月 29 日

亚运会广播电视宣传效果调查的第一批数据统计完毕。调查结果表明，北京地区亚运会开幕式电视转播收看率高达 58%，全市近 800 万人通过电视机收看了开幕式的全过程。

同月

《人民日报》总编辑邵华泽在听取该报驻站记者选题汇报时，对记者提出了四点要求：一、要眼观全局。注意了解中央当前在抓什么，编辑部需要什么稿件。就当前来说，要注意两方面，即经济建设、经济政策、治理整顿和党的建设，兼顾其他。二、要立足本地。选择当地最有特色的东西，当地党委和政府感到最需要宣传的事情，当地广大群众最关心的问题。三、要选好主题。编辑部在这方面要多关照。四、要精心写作。写头版头条，写有影响的报道。对重点题目要重点经营。

四川经济广播电台试播。

10 月 1 日

香港综合性月刊《紫荆》在香港创刊。社长兼总编辑陈洪。该刊赞同“一国两制”的构想，并进行宣传。

10 月 6 日

中央电视台传达了国务委员李铁映关于搞好亚运会闭幕式电视转播以及亚运会闭幕后宣传工作的指示精神。李铁映反复强调亚运会的主要传播媒介靠电视，因为看电视的人最多。因此，一定要用最好的人力、设备，把闭幕式电视转播搞好。要全力以赴，调动各方面的手段，增强电视转播的艺术效果。

10 月 20 日

河北省首届电视播音员和节目主持人培训班本日至 11 月 4 日在石家庄举行。

10 月 22 日

应日本共同社及时事社的邀请，由新华社社长穆青率领的新华社代表团离京前往日本访问。日本国首相海部俊树在首相官邸会见了穆青社长。

10 月 23 日

中国中央人民广播电台创作的两个广播节目获得“亚广联”广播节目比赛三项大奖中的两项。其中，儿童教育节目《可爱的大熊猫》获“亚广联”广播奖，专题音乐节目《介绍藏族器乐组曲“雪城大法会”》获“亚广联”广播文化基金奖。

10 月 25 日

《中国新闻年鉴》第十次全国工作会议本日至 30 日在河北省邢台市召开。何光先主持会议，并作了《〈中国新闻年鉴〉十年工作基本总结》的讲话。出席会议的代表共 120 多人。

农村金融新闻理论研讨会本日至 27 日在长沙举行。

台湾民立有线电视台“首都台”正式开播。

11 月 1 日

中国记协召开两岸新闻工作者座谈会，台北 14 个新闻单位的 16 名记者与首都 7 个新闻单位的记者应邀参加座谈。

11 月 3 日

《中国记者》有奖新闻论文征文评选揭晓，共评选出 9 篇获奖作品。新华社李峰的《新闻改革反思随笔》及冯东书的《谁有远见谁就深入调查研究》分别获一、二等奖。

11 月 8 日

中国国际广播电台与莫斯科电台在北京签订互转广播节目协议书，并商定在 12 月 1 日正式开始执行。苏方将为中国国际广播电台每天转播 5 种语言共 5 小时的节目。

11 月 9 日

中国报纸副刊研究会第二届代表大会暨第二次学术年会，本日至 14 日在广西桂林、南宁两地举行。

11 月 13 日

新华社新闻研究所在北京举行建所 10 周年茶话会暨学术研讨会。

11 月 14 日

国家新闻出版总署召开的全国首届报刊审读工作研讨会在重庆举行。到会代表交流了经验，并就报刊审读工作进一步制度化、经常化，形成上下结合的审读网络，以提高报刊的质量等问题，进行了研讨。

11 月 15 日

中国社会科学院新闻研究所为了解新闻工作实际情况，贯彻理论联系实际和开门办所的方针，特派出 12 名科研人员本日至 12 月 10 日分赴各地，对新闻界情况进行调查。调查地点为辽、吉、黑、浙、苏、沪、陕、川、粤、深圳、珠海等省、市。回京后写出调查报告，上报中国社会科学院。

中国记协国内部与人民铁道报社联合举办的现场短新闻研讨会本日至 18 日在山西大同召开。

中共中央宣传部部长王忍之向人民日报社社长高狄转达了李先念对近期《人民日报》的一些观感。李先念在看了 10 月 30 日该报所刊李荒的《同志颂》之后，非常高兴，认为写得很好。希望对李荒的这篇文章扩大宣传。李先念在看了该报所刊《只有社会主义才能发展中国》的笔谈，颂扬大庆精神的专栏文章和一些小评论后，认为办得不错。李先念同志说：《人民日报》现在像是党的报纸，像是党的喉舌了。

11 月 16 日

《人民日报·海外版》特约通讯员会议

在珠海召开。

西藏日喀则地区新闻工作者协会正式成立。中共日喀则地委副书记帕巴次诚和宣传部部长浣典分别当选为名誉主席和主席。

11 月 21 日

祖国大陆与台湾海峡两岸首次中文电脑输入技术表演赛在新华社新闻大厦举行。

11 月 23 日

新华社第二届（1989、1990 年度）优秀新闻论文评选揭晓，评选出优秀论文 10 篇。其中一等奖 2 篇，二等奖 3 篇，三等奖 5 篇。

11 月 24 日

《档案》新闻双周刊在香港创刊。创办人黄毓民。

11 月 25 日

安徽日报社本日至 30 日邀请全国部分党报总编辑到安徽研讨如何办好党报问题。到会的有中共中央宣传部新闻局副局长徐心华、经济日报总编辑范敬宜、辽宁日报总编辑武春河、浙江日报总编辑江坪、南方日报总编辑张琮等人。

11 月 27 日

戈公振诞辰 100 周年纪念会在戈公振的故乡江苏省东台市举行。会前还举行了戈公振塑像揭幕仪式。

11 月 28 日

新华社研制的《新闻汉语词库》通过了中华人民共和国机械电子工业部的技术鉴定。这项技术在国内外居领先地位。

12 月 1 日

河北省南宫人民广播电台开播。

12 月 5 日

为纪念中央人民广播电台建台 50 周年，中央人民广播电台在北京召开 90 年代广播战略研讨会。广播电影电视部部长艾知生出席了研讨会并讲话。

12 月 10 日

中南六省（区）报纸工作座谈会在广东省深圳市举行。

12 月 11 日

云南省广播电视学会本日至 12 日在昆明召开全省首届少数民族语言广播理论研讨会。

12 月 15 日

江西省新余市渝水人民广播电台开播。

12 月 17 日

经济日报社新闻资料检索系统通过专家鉴定。这套系统由经济日报和北方交通大学计算机所共同合作开发，首次实现了新闻资料的计算机管理和检索。

12 月 21 日

全国第四次经济特区沿海开放城市党报协作会在海口举行。

12 月 25 日

新闻出版署发布《报纸管理暂行规定》，共 8 章 54 条。

宁夏回族自治区石嘴山电视台开播。

中共安徽省委宣传部和省新闻记者协会联合举行第一次全省先进新闻集体和先进新闻工作者表彰会。

12 月 26 日

广西壮族自治区柳州地区电视台开播。

12 月 28 日

中国人民广播事业暨中央人民广播电台创建 50 周年纪念大会在全国政协礼堂举行。中共中央政治局常委李瑞环到会讲话。

12 月 31 日

国家主席杨尚昆在中国国际广播电台发表新年广播讲话。这是中华人民共和国主席首次在广播电台向国外听众发表新年讲话。

同月

香港政府从本月起，禁止香港电视台、电台播发烟草广告。

同年

《西安经济报》创刊。4开4版，周刊。

到本年为止，新华社已在国外设立4个总分社，99个分社、记者站，驻外人员503人，电传供稿点55个，直接订户307家，间接用户4000多家。

本年是报业继续整顿巩固的一年，是开始实行法规化管理的一年。全年共新批准创办报纸48种。截至年底，中国大陆公开出版发行的报纸1442种，平均每期发行数13986万份，全年发行总数1872996万份。中国大陆共有广播电台635座，电视台509座，收音机社会拥有量25123万台，电视机社会拥有量18546万台。

1991年（辛未）

1月1日

《解放军报》改版。改版后的该报仍为日刊，对开4版。改版的重点主要是增强报纸的新闻性，增加新闻信息量；改进文风，创造军事新闻精炼、快捷、敏锐、雄劲的独有风格；改进报纸的版面，做到题大文短，图文并茂；重视标题制作与修饰，努力把标题做得准确、鲜明、生动、多姿多彩，具有吸引力和感染力。

《经济日报》在一版刊出元旦献辞《迎接质量品种效益年》，当天及以后的报纸上连续刊登迎接《质量品种效益年》组合报道——《用勤劳的双手开创美好的未来》。

《中国电视报》创刊10周年。到本日止，该报共出版522期，总发行量突破8亿3450万份。中共中央政治局常委、书记处书记李瑞环为本日出版的该报题词：“观众挚友。”

《人民铁道》报开始自办发行。

《浙江青年》报在杭州创刊。

《海南日报》海外版在海口创刊。

《教育文摘周报》在北京创刊。由中央教育科学研究所主办。

1月4日

我国第一部集中介绍经济效益好、发展水平高的中外合资企业的专题电视片——《开放的明星》，由《经济日报》财贸部与中国经济音像出版社联合制作完成，向全国各地公开发行。

河北省税务局主办的《河北税务报》在石家庄创刊。

1月5日

河南省技术监督局主办的《河南质量报》在郑州创刊。

由崔玉陵台长率领的中国国际广播电台代表团一行5人，本日至25日赴巴西、阿根廷和委内瑞拉三国进行访问。代表团与巴西通信公司举行会谈，并在该公司总部举行了合作协议签字仪式。协议规定从本月16日起，该公司开始传送中国国际广播电台西班牙语节目给巴西电台发射台转播。

1月6日

中央电视台国际新闻部恢复播出以时事政治性内容为主的国际专栏节目《今日世界》。

1月11日

《人民日报》摄影部邀请首都40多家报社摄影部门负责人和部分摄影记者举行《人民日报》新闻摄影座谈会。《人民日报》总编辑邵华泽到会讲话，邀请大家向《人民日报》推荐适合该报刊载的新闻照片。

1月15日

中国记协举行全国优秀新闻工作者和先

进新闻集体表彰大会，授予59个新闻单位"全国先进新闻集体"的称号，授予396位同志"全国优秀新闻工作者"称号。

中国记协第四次理事会本日至19日在北京举行。会议推选41人为常务理事，推选吴冷西连任协会主席。会议还通过了《中国新闻工作者职业道德准则》。中共中央政治局常委李瑞环到会祝贺。

1月16日

山东省人民政府侨务委员会主办的《山东侨报》在济南创刊。

1月17日

海湾战争爆发。中央电视台从中国国际广播电台、新华社收到有关海湾战争爆发的消息，并从即日8时45分开始，在电视屏幕上每隔3分钟飞字幕一次进行连续报道，在《早间新闻》《午间新闻》《新闻联播》中也都作了报道。

1月18日

全国首次城市广播电视台经济信息交流会在哈尔滨结束。北京、杭州、南昌等50多家电台的70多位代表出席。会议期间还评选出1990年度优秀广告、信息节目42个。

1月19日

《中国新闻工作者职业道德准则》，由中国记协本届理事会讨论通过后公布实施。它是新中国成立后第一个正式的新闻工作职业道德规范。该准则共有8条，是我国全体新闻工作者的职业行为规范，也是社会各界对新闻工作者进行职业道德监督的依据。

以副总编辑阿维尔钦科为首的苏联《真理报》代表团应《人民日报》的邀请，本日至2月2日来华访问。20日，中共中央政治局常委李瑞环会见了该团。

1月20日

深圳市人民政府主办的《深圳商报》复刊。

1月23日

人民日报编委扩大会议决定，本报记者写的在《内部参阅》、《情况汇编》《编采业务》上刊登的稿件，适当发给稿费。

1月24日

中国人民大学新闻学院教授童兵，被国务院、国家教委批准为"做出突出贡献的中国博士学位获得者"。

1月26日

人民日报评论部召开新闻评论座谈会，征求对评论工作的意见和建议。

1月28日

本日至2月7日召开的新华社国内工作会议讨论通过了《新华社1991—1995年事业发展规划纲要》《新华社信息事业的总体设想和亟待解决的问题》《关于加强队伍作风建设的决定》等文件。

同月

民盟甘肃省委员会主办的《中国西部发展报》公开发行。

辽宁《丹东日报》编委会决定，1991年在编辑、记者中开展"争创10项能手竞赛"活动。对全年夺得各个单项第一名者，授予单项能手称号，颁发荣誉证书，记入业务档案。

2月1日

中国国际广播电台作出决定，对该台记者陈德浓、马为公、钱雨浓有关海湾战争的出色报道予以表扬。

2月3日

为了配合国务院提出的开展"质量·品种·效益年"活动的宣传，中央电视台教育节目部录制并开始播出题为《百家企业会京城，共瞻91话效益》的5集系列节目，每集25分钟。

2月7日

中国国际广播电台1990年度优秀广播节目评选结束。评委会共收到各语言部初评选送的节目（稿件）86件，其中69个节目（稿件）获奖。

2月10日

经济日报举办首次业务研讨演讲比赛。这是落实中宣部、国务院研究室关于加强改进经济宣传，更好地宣传贯彻七中全会精神的练兵活动，也是为改进《经济日报》经济宣传，在编辑部内造成一种研究新闻业务空气的有益尝试。

2月26日

应中央电视台邀请，日本旭通信社董事长兼中国电视公司社长稻垣正夫一行3人来华，向中国儿童少年基金会捐款1000万日元。

2月28日

应日本外务省邀请，以中国青年报副总编辑潘岳为团长的中国青年记者代表团一行10人，本日至3月9日访问日本。

同月

春节前，邓小平在视察上海期间发表了一系列重要讲话。此后，根据邓小平讲话精神，上海《解放日报》连续发表了署名皇甫平的4篇评论：《做改革开放的带头羊》《改革开放要有新思路》《扩大开放的意识要更强些》《改革开放需大批德才兼备的干部》。

3月4日

香港《亚洲华尔街日报》记者梁凤仪本日来大陆采访。

3月5日

中国科技报研究会第四次代表大会暨第五届学术年会在西安举行。中国科协书记处书记李宝恒等到会讲话。

3月7日

为搞好庆祝西藏和平解放40周年的宣传报道，《人民日报》赴西藏采访小组抵达拉萨进行为期40天的采访活动。组长卢小飞，副组长朱维军。除拉萨外，他们分2组分别采访了日喀则、山南两地、市9个县，行程数千公里，抓了14个方面的大问题，圆满完成了任务。

3月10日

中央电视台经济部《经济半小时》节目，开始播送国际经济信息图像。

3月12日

中国国际广播电台拉美部主任、副译审范维信荣获巴西圣保罗艺术评论家协会颁发的1990年“国外最佳翻译奖”。颁奖仪式在圣保罗拉丁美洲纪念厅举行。这是圣保罗艺术评论家协会第一次把“国外最佳翻译奖”授给中国人。

3月14日

国务院重大技术装备领导小组召开第二次国家重大技术装备表彰及经验交流会。《经济日报》在会上获特等奖一项，该报印刷厂获一等奖两项。

中国广播电视学会和广电部研究室举办的中央电视台1990年优秀电视新闻评比揭晓。《轻工业市场的变化》等10条新闻获新闻一等奖；《“亚洲一号”卫星发射现场直播》等20条新闻获二等奖；《土地的疾呼》等4条新闻获优秀评论奖；《菜篮子工程》等4条连续（系列）报道获优秀连续报道奖。

3月15日

中央电视台经济部首次举办《经济半小时》特别节目——消费者之友专题晚会。直播现场开通10部专线电话，收到电话400余个。晚会后，又收到各地来信和来电6000

多件。

为纪念辛亥革命 80 周年，进一步加强海外特别是海峡两岸同胞的感情交流，中国国际广播电台与中国新闻社、《人民日报》(海外版)、南京《青春》杂志社联合举办“金陵明月奖征文大赛”，评出一等奖 3 名，二等奖 10 名，三等奖 23 名。9 月 22 日在南京举行了颁奖仪式。

3 月 19 日

《经济日报》一版刊发了一组关于山东的总题为《齐鲁纪行》的连续报道。本日刊出了其中的第一篇：范敬宜采写的《真正的“秘密武器”》；20 日刊出了第二篇：高从诺采写的《做好“结合”这篇大文章》；21 日刊出了第三篇：于勇采写的《不负 8400 万人民的嘱托》。

1991 年度全国电视剧题材规划会暨引进海外电视剧管理工作会，本日至 21 日在四川成都召开。中央电视台副台长洪民生在会上作了题为《呼唤中国电视剧的春天》的专题发言。会议由中国电视艺术委员会副主任阮若琳主持。

3 月 20 日

中央电视台《新闻联播》中的《祖国大家庭》栏目开播。计划每天介绍一个民族，共介绍 56 个民族。

河南省新华书店主办的《河南图书信息报》在郑州公开发行。

3 月 25 日

第 10 届（1990 年度）全国新闻摄影作品评选活动本日至 27 日在岳阳举行。参赛照片 3453 幅（组），获奖 42 幅（组），其中最佳奖 1 个，金牌奖 4 个，银牌奖 10 个，铜牌奖 20 个，总编辑奖 5 个，慧眼奖 2 个。

3 月 28 日

中国国际广播电台调整编委会，并制定了编委会职责条例。条例中明确国际台编辑委员会是在台党组及台长领导下负责全台广播宣传工作的决策和组织指挥机构，台总编室为编委会的办事机构，编委会成员一律由台长委任，每届任期 2 年，在此期间，可随情况变化适时调整。

政协广西壮族自治区委员会主办的《广西政协报》在南宁创刊。

同月

全国首届企业报展览及评奖活动在北京举行。在这次展评活动中，《北京铁道报》获特等奖，《武钢工人》《鞍钢日报》等 20 家企业报获一等奖。到本月止，全国已有企业报 1000 多家。

4 月 1 日

著名老报人、新闻教育家成舍我在台北逝世。成生于 1898 年，湖南湘乡人。曾先后在北京、南京、上海、重庆等地创办《世界晚报》《世界日报》《民生报》《立报》。1952 年由香港赴台湾，1956 年在台北创办世界新闻专科学校。1988 年在台北创办台湾《立报》。

4 月 4 日

在全国首届电视台台标评比中，陕西电视台台标“QQQ”获得一等奖，其含义为三秦，是陕西的古称，而 Q 字为“秦”字汉语拼音的第一个大写字母，它还象征 3 个凌空而上的彩色气球，象征电视事业蒸蒸日上，既有陕西地方特点，又有电视特征。

4 月 5 日

甘肃省乡镇企业管理局主办的《西北农工商报》在兰州创刊。

4 月 10 日

人民日报采编工作责任制开始实行，以编委名义下发《关于采编工作及各级责任制的若干规定》，共 6 部分 28 条。

应泰国《泰叻报》的邀请，《人民日报》

社社长高狄本日至 20 日率团访问泰国。19 日上午，泰国总理阿南·班雅拉春接见了代表团，代表团参观访问了普吉府。

4 月 12 日

中央人民广播电台《在祖国各地》节目研讨会在安徽省黄山市召开。会议以“振奋精神，提高质量，共创一流节目”为主题，把 1991 年作为《在祖国各地》的质量年。会上还介绍了上海台已故高级记者蒋万的录音报道经验。

4 月 15 日

原上海社会科学院世界经济研究所党委书记、副所长，《世界经济导报》总编辑钦本立因病逝世，享年 73 岁。钦出生于 1918 年，浙江长兴人。曾任《人民日报》国际部主任、上海《文汇报》党组书记、副总编辑。

4 月 21 日

《人民日报》总编室举办的新闻特写征文评奖结果在《人民日报》上公布。其中一等奖 3 篇：《为了拍好〈周恩来〉》（向兵，1 月 24 日），《“妈妈，我好了”》（姜微、孟慧娟，2 月 7 日），《儿童村欢乐之夜》（牟振涛、吴殿彬、吕鸣奇，2 月 18 日）。另有二等奖 5 篇，三等奖 12 篇。

4 月 22 日

《经济日报》编辑部与报社下属北京经济函授大学联合举办的“质量·品种·效益年”高级经济研讨班在北京举行。

4 月 23 日

1990 年度全国优秀电视新闻评选结果在安徽屯溪揭晓。中央电视台与各省、自治区、直辖市电视台共同完成的报道亚运圣火在全国传递的连续报道《亚运之光》获特别奖。中央电视台与西藏电视台的电视新闻《亚运圣火火种在西藏采集》、山西电视台的《两座商厦在治理整顿中呈现不同的景观》等三条新闻，以及浙江电视台的新闻评论《桐乡“粪桶”事件留给我们的启示》、中央电视台的专题报道《诱人的广告背后》获特等奖。获得消息类新闻一等奖的有中央电视台的《我国成功发射“亚洲一号”卫星》等 21 条，获得二等奖和三等奖的 110 条。获得连续（系列）报道一等奖的有中央电视台的《菜篮子工程》等 3 条，获二、三等奖的 19 条。获评论类节目一等奖的有陕西电视台的《评评假冒伪劣商品》等 2 条，获二、三等奖的 14 条。获新闻专题一等奖的有中央电视台和各省、自治区、直辖市电视台共同完成的《神州圣火》等 2 条，获二、三等奖的 11 条。

4 月 25 日

中共山东省莱芜市委主办的《莱芜市报》公开发行。

4 月 26 日

《新闻出版报》和北京前景电脑公司联合举办首都报纸编校质量抽查评比。这次被抽查评比的有首都 20 家报纸。《解放军报》《人民日报》《中国教育报》《经济日报》《健康报》《光明日报》获得编校质量优秀奖。

《中国青年报》在人民大会堂举行创刊 40 周年庆祝茶话会。

4 月 30 日

以东盟国家记联主席林进新为团长的东盟记联代表团一行 11 人，本日至 5 月 9 日来华访问。代表团由泰国、新加坡、印尼、菲律宾和马来西亚等 5 国记协负责人组成。

5 月 1 日

中央电视台体育部推出《赛场纵横》和《体育大世界》两个新栏目，以取代《体坛纵横》和《世界体育》。

由中国国际广播电台副台长胡耀亭、华侨部专题节目主持人丁淑暖组成的考察组本日至 16 日对美国的纽约、休斯敦、洛杉矶、旧金山、圣荷塞等地的华语电台进行了考察。

5 月 3 日

北京市供销合作总社主办的《北京供销经济报》公开发行。

第二届《真理报》节本日至 4 日在莫斯科苏联国民经济成就展览中心举行。《人民日报》向《真理报》节派出了以外事局局长俞成秀为首的代表团，并利用该节举办介绍中国和《人民日报》的图片展览。

应丹麦和瑞典两国外交部邀请，由总编辑邵华泽率领的《人民日报》代表团本日至 18 日访问丹麦和瑞典。

5 月 4 日

何梓华被任命为中国人民大学新闻学院院长。

5 月 5 日

以全苏记协第一副主席伊·阿·祖布科夫为团长的苏联老新闻工作者代表团一行 5 人，本日至 28 日来华访问。

由沈兴耕（组长）、任维东、费伟伟、刘勇组成的《人民日报》记者组，本日至 19 日赴云南采访。在半个月中，行程 1500 公里，采访了 30 多个基层点，采访对象达 110 多人。

5 月 7 日

应《人民日报》社邀请，以副总编辑白东桂为首的朝鲜《劳动新闻》代表团本日至 18 日来华访问。16 日上午，中共中央政治局委员李锡铭会见了他们。

5 月 8 日

《人民日报》总编室举办的首届《人民日报》暨省、市、自治区党报内参工作座谈会本日至 12 日在北京召开。会议拟定了《人民日报与省报关于内参报道的合作意向》。

5 月 10 日

由《解放日报》组织的华东六省一市赴合肥访问记者团，本日起在合肥进行了 4 天的采访活动。

《中国大百科全书·新闻出版》卷公开出版。新闻出版总署为该卷的问世在北京举行新闻发布会。《中国大百科全书．新闻出版》卷是中国新闻学与出版学的权威的大型工具书。全卷共有 1630 个条目、120 万字释文，其时空范围上至公元前 3500 年，下至 20 世纪 90 年代，地域包括全世界。该卷由萨空了担任编委会主任，编写工作起始于 1981 年，历时 10 年。

5 月 12 日

中共中央总书记江泽民在访问苏联前夕接受苏联记者采访时说：“党的报刊在改革的宣传中，应当有利于坚持改革的社会主义方向，有利于社会和经济的稳定，有利于人民的团结。一句话，要有利于社会主义改革的顺利进行。”

5 月 13 日

应《苏联商报》社的邀请，以《中国商报》社总编辑穆励为团长的《中国商报》代表团一行 3 人对苏联进行了一周的访问。这是对苏联商业新闻代表团 1990 年 11 月来华访问的回访。

5 月 16 日

全国报纸副刊好作品评选活动本日至 23 日在长沙举行。483 家报纸的 1945 篇作品参加评选，共评出一等奖 23 篇，二等奖 49 篇，还评出了一批三等奖和优秀奖作品。

5 月 21 日

新华社国内信息工作会议本日至 24 日在新华社总社举行。

5 月 23 日

应《人民日报》社邀请，匈牙利《人民

自由报》副总编辑陶马什·埃尔维恩本日至31日来华访问，先后访问了北京、上海、广州、深圳等地。31日上午，《人民日报》总编辑邵华泽会见了他。

5月24日

马来西亚国际语文局代表团到中国国际广播电台进行访问和交流，崔玉陵台长会见了代表团全体成员，并向客人介绍了国际台对外广播情况，探讨了今后进一步进行人员交流的可能性。

5月26日

为纪念莫扎特逝世200周年，中国国际广播电台同中国广播管弦乐团、中国国际新闻广播电视交流中心联合主办的室内音乐会在北京演出。

5月27日

以蒙古记协副主席冈巴特为团长的蒙古新闻代表团一行3人，本日至6月10日访华。

根据中国记协与日本新闻协会的双边协定，以新华社《半月谈》杂志总编阋凡路为团长的中国记协第十次访日代表团一行10人，本日至6月10日访问日本。

为纪念中国共产党成立70周年，中共中央组织部、新华出版社、中央电视台联合在北京举行人物通讯系列丛书《人民的好干部》、电视系列片《中流砥柱》首发式。王震、薄一波出席首发式并讲话。

5月31日

吉林延边日报社主办的《朝鲜族中学生报》在延吉市创刊。

同月

本月上旬至下旬，《南方日报》分“实行计划生育关键在于领导”“反对弄虚作假，滥发‘准生证’”“破除封建传统观念，树立新的生育观”等三个专题，对“计划生育症结何在”展开讨论。

《人民日报》记者组赴太行山革命老区采访，组长李济国。这是纪念中共建党70周年宣传的一个组成部分。

吉林省税务局主办的《吉林税务报》在长春创刊。

6月1日

英文《中国日报》为庆祝该报创刊10周年，在北京举行招待会。李瑞环等中央领导人前往祝贺。中共中央总书记江泽民为该报题词：“致力于让更多的国家和人民了解中国是一项十分光荣而又艰巨的任务。”

共青团财政部委员会、共青团国家税务局委员会和贵州省《黔南税务报》联合举办的首次全国财税系统文学大奖赛颁奖仪式在贵州省都匀市举行。全国财税系统文学大奖赛从1990年5月开始，共收到稿件2100多篇，评出一等奖5篇，二等奖10篇，三等奖20篇，优秀奖10篇。

6月2日

新华社原副社长邓岗因病医治无效在京逝世，享年74岁。

6月3日

华东九报现场新闻竞赛定评会议在安徽黄山举行。会议除评定了一、二、三等奖之外，还用无记名投票方式评出《新华日报》的《情满纪念堂》《大众日报》的《特别送行》为特等奖作品。

《健康报》公卫部副主任白景玮本日至10日随中国卫生检疫考察团赴苏联符拉迪沃斯克、纳霍特夫、哈巴罗夫斯克等地考察卫生检疫工作，并进行业务交流。

6月4日

国务院新闻办公室成立。朱穆之任新闻办公室主任，曾建徽、周觉任副主任。

6月6日

中国新闻出版业实行电子化。全国已有

2000 多家报社、出版社、印刷厂采用汉字计算机激光照排出版系统。

以副社长石国雄为首的《中国青年报》代表团一行 3 人，本日至 24 日应邀访问了苏联、罗马尼亚、波兰三国。

6 月 7 日

中央电视台青少年部本日至 8 日为筹募儿童少年电视专项基金，在北京展览馆剧场举办题为“为了孩子”的大型义演晚会。义演获得成功。

6 月 8 日

中央电视台和中宣部新闻局联合召开全国电视新闻获奖节目观摩研讨会。杨伟光副台长和中宣部新闻局局长王福如到会讲话。会议观摩了 1990 年度获奖新闻的录像，探讨了电视新闻的特点和发展趋势，并对如何改进中央电视台的新闻节目提出建议。

6 月 10 日

由中央电视台新闻采访部高军、许强，新闻制作部赵航、杨建民，播送部杨晓勇等 8 名记者组成的赴藏采访小组，随中央代表团在藏采访 11 天，采访的录像通过卫星传送回北京，共播出新闻 28 条，长度为 48 分钟。

6 月 11 日

由《人民日报》理论部和《思想政治工作研究》杂志联合举办的“‘黄河杯’思想政治工作新探”征文活动在人民大会堂举行颁奖仪式。仪式由袁宝华主持。获奖的征文包括一等奖 5 篇，二等奖 10 篇，三等奖 20 篇，另有 500 篇作品获优秀奖。

6 月 15 日

新华社党组发出通报，表彰该社记者关于西藏和平解放 40 周年的报道。此次报道发稿量之多，采用率之高，影响之大，是多年来民族宣传方面所没有过的。

6 月 20 日

亚太广播发展机构管理委员会本日至 27 日举行会议，中国当选为该组织成员。

6 月 24 日

来自成都、重庆、武汉、贵阳等地的原《新华日报》和《群众》周刊的 200 多位老新闻工作者和史学工作者聚会重庆，参加《新华日报》《群众》周刊史学会成都分会和重庆分会为纪念建党 70 周年而召开的学术讨论会。大会共收到论文 50 多篇。

《中国商报》和《香港经济导报》联合举办 90 年代中国居民消费主导研讨会。研讨会确认住房、家电新品、电话将成为 90 年代中国居民消费的热点。

甘肃供销联社主办的《甘肃供销合作报》在兰州公开发行。

6 月 25 日

中国国际广播电台崔玉陵台长会见来访的美国华盛顿美利坚大学新闻学院院长圣福特·安卡先生。

《经济参考报》社在北京召开纪念创刊 10 周年茶话会。李鹏总理为该报题词：“传播开放信息，探索改革之路。”

新华社总编室发出通报，表扬该社赴海湾前线采访的记者组的工作。

6 月 28 日

人民铁道报社胶印大楼竣工剪彩。该报新购置的胶印机正式投产。

6 月 29 日

应中国国际广播电台邀请，以老挝国家电台国内部主任迪马尼翁为团长的代表团，对我国进行为期 10 天的友好访问。

同月

英文《中国日报》主办的“90 年代新闻媒介与环太平洋发展研讨会”在北京举行。参加这次研讨会的有中外新闻工作者及部分政府官员共70余人。

新华社各部门本月至7月积极投入抗洪救灾的报道，及时、全面地反映了全国防汛救灾的整体情况。7月1日至15日，该社对外部中文室对外播发有关水、旱灾的稿件共100条。6月6日至7月19日，该社国内部农村室共播发防汛救灾稿192篇。从本月起，到8月止，该社军分社共发出通稿近80篇，照片上百张（组），还及时编发了一批内参专稿和对外稿。上述抗洪救灾报道，均被报纸广泛采用。

本月至9月，全国记协分两批组织来自20个省、直辖市、自治区的80余名优秀新闻工作者访问广西。重点为南宁、桂林、凭祥三个地区及10多家企事业单位。

新华社总编室发出通报，表扬该社莫斯科分社的工作。

7月1日

经济日报主办的《经济文摘报》在北京创刊。

中国人民解放军第二炮兵主办的《火箭兵报》在北京创刊。

中共吉林省梅河口市委主办的《梅河口贸易区报》创刊。

中共吉林省长春市委主办的《长春农村报》创刊。

7月3日

中央电视台制作部吴克勤的作品《亚运会开幕式片头设计》在日本富士电视网举办的“第20届日本及亚太地区动画片设计”大奖赛中荣获银质奖。

财政部主办的《中国财经报》在北京创刊。对开4版，周二刊。

7月4日

《经济日报》开始推出清理三角债的系列报道。国务院副总理朱镕基写信给范敬宜，对这组报道给予表扬。已刊的系列报道的题目有《这个“雪球”不能再滚下去了》《人欠我，货去款不归；我欠人，货到无钱给》《债务链上的企业心态》《要有利益制约的机制》《清欠为何这样难》。这组报道延续到8月28日，才告一段落。配合这一系列报道发表的编辑点评文章有《从自己做起，从现在做起》《从我做起，不说空话》《清理“三角债”既要治标又要治本》等。

最高人民检察院主办的《中国检察报》在北京创刊。对开4版，周二刊。肖扬任代理社长兼总编辑。

7月5日

由人民铁道报社主办的业务刊物《报林求索》在北京创刊。

国家测绘局和所属第一大地测量队，为表彰《经济日报》记者毛铁在宣传国测一大队事迹中所作的贡献，授予他“国测一大队荣誉队员”称号。

7月6日

澳大利亚国立大学学者詹妮芬本日至25日应邀访问中国社会科学院新闻研究所。

7月7日

农民日报社主办的《中国畜牧水产消息》在北京创刊。

7月8日

吉林省公安厅主办的《公安周报》在长春创刊。

人民日报经济部本日至9日举行题为“搞活经济报道一招”的演讲比赛。有33人作了“各献一招”的演讲。经济部主任艾丰说，这也是为形成百舸争流、奋发争先的机制的一招。

应苏联记协邀请，以中国记协副主席李彦为团长的中国新闻代表团一行5人，本日至19日访问苏联。

7月9日

新华社全国地市报第二届时事报道年会

本日至 11 日在贵州省安顺市举行。中国地市报时事报道研究会同时成立。

7 月 11 日

应中国国际广播电台的邀请，苏联广播技术代表团一行 3 人对该台进行了参观访问。

根据中国记协和扎伊尔记联双边协定，扎伊尔记联秘书长穆罗波应邀本日至 26 日访华。

7 月 15 日

《人民日报》抗洪救灾报道组分赴各地抗洪救灾前线进行采访。徐如俊（组长）、蒋亚平、杨文道赴安徽，杨振武（组长）、何伟赴江苏。此前，该报驻省记者早已投入这项报道。总编辑邵华泽为报道组送行时发表讲话，赞扬了这种齐心协力、雷厉风行的作风，并具体部署了报道组的任务。

7 月 16 日

《经济日报》、深圳市政府、《深圳商报》联合举办的深圳经济效益“十佳”企业评选活动在深圳揭晓。这一活动是根据江泽民总书记在庆祝深圳特区建立 10 周年时的有关讲话精神举办的。

7 月 19 日

中央电视台于广华等一行 4 人，本日至 29 日赴美国洛杉矶召开了中国电视有限公司的第一次董事会。董事会决定增加马瑞流为董事会成员，任副董事长。该公司是中央电视台在北美的一个宣传点，对外是中央电视台的总代理。

7 月 21 日

应人民日报社邀请，由总理新闻顾问谢赫·拉希德·艾哈迈德率领的巴基斯坦新闻代表团本日至 27 日来华访问。22 日下午，国务院副总理吴学谦会见了代表团。当天下午，他们还访问了人民日报社，社长高狄会见了客人。

以丛英民副台长为团长的中国国际广播电台代表团一行 4 人本日至 8 月 8 日赴美国，与旧金山 KPLA 中波电台进行租用广播时间的谈判，同时考察华盛顿、纽约、奥斯汀等地的电台和广播机构。

7 月 23 日

《经济日报》武汉代印点的卫星传版，今日开通，传送效果良好。当日该报 4 版共用 6 分 10 秒传完，图文清晰。

7 月 25 日

中央电视台、中央人民广播电台、中国国际广播电台联合主办的《风雨同舟情暖人间》大型赈灾义演晚会，在北京月坛体育馆举行。

7 月 26 日

新华社评稿委员会经 10 天的评议，评选出 1991 年上半年一等好稿 38 篇（幅）。

7 月 27 日

应日本外务省邀请，《经济日报》摄影记者邓维通随外交部新闻团赴日本进行为期一周的访问。

7 月 29 日

江泽民总书记在天津考察期间应中共天津市委《支部生活》社的请求，为该刊题词：“普及党建知识，加强党的建设。”

7 月 30 日

中国国际广播电台、国家旅游局、中国国际航空公司和承德市人民政府联合举办的“中国旅游知识竞赛·承德杯”活动圆满结束。

同月

《羊城晚报》对华东、粤东抗灾进行报道，在短短半个月内，共刊发该报记者采写的新闻报道 43 篇（幅），在读者中产生了广泛的影响。

8月5日

中国国际广播学会和中国国际广播电台总编室本日至8日联合举办1990年优秀广播节目研讨会。广播电影电视部部领导刘习良和台领导胡耀亭、张振华到会听取发言并讲了话。

8月6日

经济日报与国家计委共同举办“靠科技让传统产业焕发青春”系列报道。8月8日《经济日报》独家发表江泽民的重要讲话《高度重视和大力发展科学技术》，北京各报相继转载。

本日为《少年文史报》创刊10周年纪念日。当代著名作家冰心、著名诗人臧克家、著名书法家启功为该报题词赠诗，表示祝贺。

8月9日

应蒙古人民革命党《真理报》的邀请，以副总编辑保育钧为团长的《人民日报》代表团访问蒙古。16日，蒙古人民革命党中央主席团委员巴格班迪接见了代表团。

8月10日

新华社国外分社社史编写工作座谈会在北京总社举行。

中央电视台国际新闻部对外新闻组姜红被“亚广联”秘书处评为“亚广联”新闻交换最佳新闻协调员，并获得“亚广联”的奖学金。

8月12日

新华社记者范丽青与中国新闻社记者郭伟峰本日至23日赴台湾采访，成为40多年来首次赴台采访的大陆记者。

新华社西藏分社成立40周年。新华社党组致函该社西藏分社党组及分社全体成员，表示热烈祝贺。

8月13日

广西柳州市广播电视局主办的《柳州广播电视报》公开发行。

历时7天的中国晚报工作者协会第四届年会暨全国晚报第七次经验交流会在哈尔滨闭幕。与会代表认为：晚报作为党的喉舌首先姓党，然后姓晚。只有在坚持正确的政治方向前提下，才能发挥晚报的优势。会议期间还举行了全国晚报社会新闻大赛颁奖仪式，并决定将部分奖金与大赛活动节余经费1万元，捐献给为国捐躯的“共和国卫士”亲属。

8月14日

中央电视台对外电视中心本日至24日举办全国电视业务研讨会。来自24个省、自治区、直辖市的41个电视台的79名代表应邀参加。

中央电视台新闻中心本日至31日在吉林举办全国电视新闻现场报道研讨会。除江西、西藏电视台外，各省、市、自治区32家电视台65名记者参加。

8月16日

《人民铁道》报全面实现激光照排。

以菲律宾全国新闻俱乐部副主席凯普为团长的菲律宾新闻代表团一行5人，本日至30日访华。

苏联《共青团真理报》和《中国青年报》本日至9月2日联合组织了一次“沿黑龙江（阿穆尔河）国际记者团采访考察”的活动。采访团有来自中、苏、德、日、法、波兰等6个国家的记者共11人。

8月18日

人民日报总编辑邵华泽赴新疆调查研究和采访，并先后4次到该报驻新疆记者站检查指导工作，和驻站记者一起商讨了加强新疆报道的办法。

8月21日

西北五报第十次协作会本日至25日在银川举行。陕西日报、甘肃日报、青海日报、新疆日报、宁夏日报及有关单位的代表近百人参加了会议。

8 月 24 日

经济日报理论部在《理论探索》版开展“厂长论苑”征文活动。

根据中国和澳大利亚两国记协的协议，澳大利亚记协代表团一行 2 人，本日至 9 月 6 日访华。

8 月 26 日

由经济日报、国务院研究室和国家国有资产管理局共同举办的“产权管理制度”征文活动宣告结束，本日在北京人民大会堂举行颁奖会。

8 月 30 日

中国社会科学院新闻研究所调整机构。增设编辑室，将原有的世界新闻研究室和传播研究室合并为世界新闻与传播研究室。

8 月 31 日

《广州日报》出版发行对开 20 版，成为中国大陆一天出版版面最多的一家报纸。

经济日报社在首都宾馆召开部分部、委、局领导人座谈会。范敬宜在会上介绍了《经济日报》隶属关系的变化。各部、委、局领导人在会上纷纷发言，表示希望《经济日报》成为名副其实的党中央、国务院指导经济工作的重要舆论阵地。座谈会由杨尚德主持，国务院副秘书长安成信、中宣部副部长刘忠德等参加了会议。

皖、苏、浙、沪三省一市的新闻单位在合肥举办“抗洪救灾希望摄影联展”。展出 258 幅新闻作品，反映了三省一市广大军民同舟共济、奋力抗灾的忘我精神，同时也反映了新闻摄影工作者深入抗洪抢险第一线抓拍新闻记录历史所取得的丰硕成果。

9 月 2 日

新华社教育培训中心与中国记者编辑部联合主办的为期两周的青年记者读书班开学。郭超人、南振中及来自总社一些部门和部分分社的 18 名青年记者、特聘的老师参加了开学典礼。吴劲秋在会上介绍了读书班的具体安排，郭超人代表社党组讲了话。

本日为著名爱国报人张季鸾逝世 50 周年。陕西省内外有关人士在榆林集会纪念。中国新闻史学会、香港大公报、陕西日报等 14 个单位发来了贺电和贺信。

9 月 3 日

应科威特新闻部的邀请，由中央电视台、中国国际广播电台、中央人民广播电台、人民日报、经济日报、光明日报 6 家新闻单位联合组成的中国记者代表团，本日至 8 日访问科威特。

9 月 4 日

由新华社、人民日报社和广播电影电视部联合筹建的中国新闻技术工作者联合会，在新华社新闻大厦召开成立大会。该联合会的常设办事机构设在新华社技术局，第一届理事会理事长由孙宝传担任，秘书长由华绍和担任。

9 月 6 日

为落实邓小平“发展高科技，实现产业化”题词的精神，反映我国高新技术产业取得的最新成果，经济日报科教部会同国家科委火炬计划办公室联合在该报开辟《全国高技术产业开发区巡礼》专栏，从本日起连续刊登有关 27 个国家级高新技术产业开发区的重点报道。

9 月 9 日

根据中朝两国记协双边协定，以解放军报副总编辑夏国珞为团长的中国新闻代表团一行 5 人，本日至 23 日访问朝鲜。

新华社总社国内分社管理委员会发出《关于赵传明报道严重失实的通报》。通报说，甘肃分社记者赵传明的通讯《陈老太太剪日记》一稿，于1990年11月7日播发后，群众反映稿件严重失实。调查结果表明，这是一篇由记者虚构出来的假报道，严重违背新闻必须完全真实的原则，严重损害了新华社的声誉。

9月13日

澳大利亚新任驻华大使雷涛禾由新闻官陪同参观访问《经济日报》。

9月15日

中国广播电视报刊协会城市广播电视报专业委员会本日至17日在湖南省岳阳市召开成立大会。来自全国84家城市广播报的113名代表出席了会议，会议讨论通过了委员会章程，选举产生了由23名理事组成的理事会。

9月16日

第十次全国省级电台记者工作交流会在西安举行。24家省、市、自治区广播电台的代表120多人参加了这次会议。

9月17日

中央电视台月坛发射台本日晚22时13分遭到雷击。强大的电流，使该台通过铜轴电缆送往月坛发射台的第一套节目（闭路）、第二套节目（闭路）的视频分配器、音频分配器被烧坏，节目被迫中断了2分钟后才恢复正常播出。

中国研制成功的彩色报纸编排系统（激光照排），在二二三〇印刷厂开始生产性试用。

9月18日

健康报主办的《健康文摘报》在北京创刊。

9月21日

羊城晚报搬入新落成的编辑部大楼办公，该楼共23层，楼高88.8米，于1985年4月1日动工兴建，本月落成。

9月23日

中华全国企业报新闻工作者协会主办，银川橡胶厂、长城轮胎报承办的中华全国企业报摄影工作经验交流会，本日至26日在银川举行。全国32家企业报的代表参加了这次交流会。

9月24日

应瑞士对外协调委员会和瑞士旅游中心邀请，以中国国际广播电台副台长张振华为团长的中国记者团一行7人，本日至10月1日访问瑞士。

9月27日

南方日报被中宣部、全国计划生育委员会授予“全国计划生育宣传先进单位”称号。

同月

人民日报总编室编印的《内部参阅》本月起扩大发行。该刊创办于1990年7月，周刊，以省军级以上领导干部为读者对象，主要刊登探讨国内外重大政治、政策、理论问题的文章。根据中央领导人的指示和人民日报编委会的决定，该刊从本月起扩大发行到地、市、师级。9月至12月免费赠送，1992年1月开始，收费发行。

新华社机关党委决定，在全社深入开展“发扬新华社优良传统，为建设世界性通讯社做新贡献”教育活动。主要内容为：对全社职工进行新华社面临的形势和任务的教育；进行新华社优良传统的教育，从而使大家在新时期更好地继承和发扬这些传统，更好地肩负起党和人民赋予新华社的历史使命，以实际行动迎接新华社建社60周年。

应苏联电视广播委员会邀请，以冯香琴为团长的中央电视台代表团，参加了在莫斯科举行的第九届民间创作《彩虹》国际电视节。该台文艺部主任许玉琢编导的《中国戏剧绝技荟萃》，在评比中获二等奖。这是中央电视台连续参加三届电视节后第一次获奖。

应中国记协邀请，非洲著名记者和政治活动家、曾任坦桑尼亚政府部长的巴布来华访问，并应邀出席李鹏总理主持的国庆42周年招待会。

山东省农业委员会主办的《农村开发报》在济南公开发行。

10月1日

福建有线电视台开播。1994年元旦，将4个专用频道播出的呼号改为福建有线电视经济台、影视台、体育台、综艺台。

国家黄金管理局主办的《中国黄金报》在北京创刊。对开4版，周刊。

中共山东省菏泽地委主办的《菏泽大众》在菏泽创刊。

哈尔滨日报社主办的《哈尔滨农村报》在哈尔滨创刊。

经中国人民解放军总政治部批准，《解放军报》的报头由原来的军徽加麦穗装饰更换为军徽加麦穗齿轮装饰。

10月4日

中国日报社主办的英文《北京周末报》在北京创刊。

10月7日

根据中日记协和日本新闻协会之间的协定，日本新闻协会第十次访华团一行12人，本日至21日来华访问。

应朝鲜《劳动新闻》邀请，由总编辑邵华泽率领的《人民日报》代表团一行5人，本日至17日访问朝鲜。

全美报业协会访华参观团一行28人，本日至24日访华。

10月8日

中国国际广播电台台长崔玉陵会见由总台长卓·阿勒泰率领的蒙古人民共和国广播电视代表团。

新华社新闻研究所举办的“新华社60年的优良传统与现实”学术年会本日至12日在总社举行。穆青在会上指出，研究和弘扬新华社60年的优良传统是一个大课题，一篇大文章，“到第三年一定要拿出一本我们的新闻学集，以无产阶级新闻学来纪念毛泽东同志诞辰100周年”。

10月9日

为贯彻中央工作会议精神，交流办好国营大中型企业的经验，《经济日报》今天起特辟《梁柱篇》专栏，陆续介绍一批国营大中型企业的先进典型。

10月11日

人民日报部分编辑记者举行“现场短新闻要向头条进军”专题研讨会。与会者认为，向头条进军这个提法具有很强的针对性。《人民日报》两年来获全国现场短新闻一、二等奖的作品，没有一篇登在头条位置，这说明编辑的思想要更解放一些，而记者在写作上也有需要更完善的地方，如轻视或不擅长写消息等。

10月12日

受外交部委托，《经济日报》社接待了日本《产经新闻》记者马胜，他将对中国进行为期20天的采访活动。

10月14日

中央电视台总编室选送，宁夏电视台、辽宁电视台联合摄制的《地方台30分钟》专题节目《沙与海》，在亚洲—太平洋地区广播联盟大会上获“亚广联电视奖”大奖。这是中央电视台选送的节目首次获项目比赛大奖。中央电视台总工程师方庆岩提交的技术论文《亚运电视转播系统》获技术论文二等奖。

10月15日

本日至11月14日，中国社会科学院新

闻研究所组成了以所长孙旭培为团长的考察团访问日本，团员有副研究员宁新、陈力丹等。

新华社总社机关第三次党员代表大会本日至17日在北京召开。穆青、郭超人等社领导出席了开幕式和闭幕式。大会听取了李克代表第六届机关党委所作的工作报告《努力建设一支忠于马克思主义的党员队伍，更好地肩负起党和人民赋予新华社的历史使命》，选举产生了中共新华社机关第七届委员会和新华社机关第一届纪律检查委员会。

新华社创办的《中国图片报》在北京试刊。姚云任总编辑。是国内唯一的一家彩色图片新闻报。

10月16日

全国中等城市党报研究会第六届年会本日至19日在株洲举行。年会的中心议题是：宣传贯彻中央工作会议关于对搞好大中型企业的精神，改进经济报道，促进经济工作。

第五次全国经济特区及沿海开放城市党报协作会议，本日至26日先后在大连、秦皇岛、天津举行。这次会议由大连日报、秦皇岛日报、天津日报共同主办，中宣部新闻局、人民日报、新闻战线杂志、全国记协国内部组织联络处的负责人也参加了会议。

10月21日

《人民日报》海外版在浙江宁波市召开全国特约通讯员会议。来自华东、中南、西北、东北等地的30家报社的特约通讯员参加了这次会议。

10月22日

中央电视台对外电视中心对外专题部主任张中令，在山东省东营市拍片途中，不幸遇车祸殉职。

应蒙古记协邀请，以《世界知识》副总编辑陈平陵为团长的中国新闻代表团一行3人，本日至11月5日访问蒙古。

10月25日

应意大利国家新闻出版局的邀请，以崔玉陵为团长的中国国际广播电台代表团一行4人，本日至30日访问意大利，就中意双方签订两国广播界具体合作协议书问题，进行了磋商。

10月26日

羊城晚报承办了有全国31家晚报参加的“珠江三角洲走马”采访活动。这次采访活动行程1000公里，先后采访了珠江三角洲附近的广州、佛山、珠海、深圳、顺德等市县，事后见报的稿件达150篇，是一次对广东改革开放成就颇有声势的宣传。

10月28日

第七届全国城市报纸群众工作会议在贵阳闭幕。这次会议是由春城晚报和贵阳晚报共同承办的，分两个阶段进行，前4天在昆明召开，后3天在贵阳举行。

10月31日

应德国之声电台台长的邀请，中国国际广播电台代表团本日至11月8日访问了德国。双方经友好会谈，续签了关于两台互换工作人员的协议。

同月

为纪念新华社建社60周年，新华出版社出版了由新华社新闻研究所编辑的《新华社回忆录》第二辑。此书收入的大量文章，反映了新华社是怎样在党的领导下，在艰苦的环境下形成了自己的光荣传统作风的。

全国报纸印刷质量第一年评比结果揭晓。《人民日报》《解放军报》《新华日报》位居前三名。

全国省、自治区、直辖市报纸编校质量抽查评比颁奖大会在北京举行。前三名获奖者为《浙江日报》《南方日报》《新疆日报》。

11月1日

天津广播电视发射塔正式启用，塔高

415.2 米，居亚洲第一、世界第三，可以同时播出 7 套彩色电视节目和 9 套调频广播节目。

《人民铁道》报记者罗朝清、杨剑波本日由连云港启程，徒步采访新的亚欧大陆桥，他们计划用 8 个月时间，沿着陇海、兰新铁路西行，最终抵达中国西部口岸阿拉山口，完成徒步横穿中国的壮举。

中共中央政治局常委乔石到新华社视察，祝贺该社建社 60 周年。

中国记协国际联络部副主任柳正炎和人民日报外事局副局长高福源，本日至 8 日应邀出席在泰国曼谷召开的东盟国家记联第九届大会。

11 月 7 日

新华通讯社成立 60 周年纪念会在该社新闻大厦举行。中共中央政治局常委李瑞环在大会上讲话，代表党中央、国务院表示祝贺。在此前后，江泽民、李鹏、乔石、宋平、李瑞环、万里等均曾到该社视察、讲话或为该社题词。

华北地区晚报首次协作会议本日至 10 日在天津举行。会上交流了经验，并建立了华北地区晚报协作关系。

以专务董事岩井正彦为团长的日本中日新闻社《东京新闻》访华团参观访问了《北京日报》社，双方就进一步扩大两社交流，促进中日友好的具体事项，交换了意见，并达成了共识。

11 月 8 日

本日至 12 月 12 日，由中国国际广播电台、新华社、人民日报、光明日报 7 名记者组成的中国记者组赴柬埔寨采访。

11 月 10 日

首届世界女子足球锦标赛在广东举行。《羊城晚报》受广东省政府和中共广东省委宣传部委托，在锦标赛进行期间，编辑出版了 23 期《第一届世界女子足球锦标赛特刊》，其中有增刊 11 期。国际足联主席阿维兰特通过中国足协交给了该报一份热情洋溢的题词。

11 月 11 日

中国记协书记处作出决定，授予吉林省敦化市电视台青年摄影记者张险峰“抗洪抢险优秀新闻工作者”称号。张险峰本年 7 月 31 日在抗洪第一线采访时牺牲。

新华社对外宣传会议本日至 18 日在总社召开。与会者对《新华社对外宣传工作会议纪要（讨论稿）》进行了充分的讨论修改，提出了许多改进和加强对外报道的建议和要求。中共中央宣传小组组长朱穆之、副组长曾建徽到会讲了话，总社领导、有关部门的代表，以及 30 个国内分社主管对外宣传报道的领导和从事对外宣传报道的记者代表约 130 人参加了会议。

广西玉林地区中学语文教学研究会主办的《中学语文文摘报》复刊。

应《人民日报》社邀请，以副总编辑维奥利亚・萨拉扬为首的罗马尼亚《真理报》代表团本日至 26 日来华访问。《人民日报》总编辑邵华泽接见了他们。

11 月 12 日

由人民日报社和日本经济新闻社共同举办的第四届中国经济讨论会本日至 13 日在东京举行。以人民日报社社长高狄为团长的中方代表团参加了讨论会。本届讨论会的主题是“亚洲—太平洋地区新形势下的中日经济合作”。围绕改革开放政策，中日经济技术合作，以及亚太地区的经济合作等内容，双方有 6 位代表发言。

11 月 14 日

国务院总理李鹏，副总理邹家华、朱镕基到新华社视察工作，李鹏在视察后作了讲话。

11 月 15 日

西南五省（区）七方党报总编辑暨记协主席、秘书长年会在四川万县结束。会议根据 10 月中央工作会议精神，讨论了加强和改进经济报道，搞好国营大中型企业的宣传问题，交流了办好党报的经验。

11 月 16 日

上海社科院新闻研究所、《文汇报》报史研究室、《上海新闻志》编委会联合召开抗战时期上海新闻史学术研讨会。参加研讨会的，除了一部分对上海新闻史研究有素的专家学者外，还有当时在沪从事新闻文化工作、现居上海的部分老新闻工作者。研讨会共收到论文及回忆录文章 20 多篇。

11 月 17 日

健康报总编辑白筠等一行 4 人，应日本明治制药株式会社邀请，本日至 24 日对日本进行访问考察。

11 月 18 日

经中共中央和国务院批准，中央电视台、中国长城学会与日本东京广播公司联合摄制的大型电视纪录片《望长城》在中国和日本同时播出。《望长城》的创作放弃了纪录片的传统表现手法，最大限度地发挥电视特性，拍摄第一感觉，让普通老百姓出面讲话，主持人以节目中的一个角色出现，不时将观众引入中国历史的长廊，带进现代人的生活。

11 月 21 日

新华社新闻资料中心正式成立。其任务是对全社新闻资料检索工作进行统一规划，按统一的标准对现有资料进行加工、整理和录入，向采编人员普及新闻资料计算机检索常识，在为本社宣传报道提供良好服务前提下，也向社会提供有偿服务。

11 月 23 日

中央电视台青少部主办的 1990 年度全国少年儿童电视“金童奖”颁奖大会暨少儿电视理论研讨会，本日至 28 日在福建厦门举行。“金童奖”是广播电影电视部委托中央电视台承办的首届政府奖。

11 月 24 日

应人民日报社邀请，由瑞典外交部新闻司司长克里斯蒂·科姆林率领的瑞典新闻代表团，本日至 12 月 1 日来华访问。25 日上午，人民日报总编辑邵华泽会见了他们。

11 月 26 日

吉林延边自治州计划生育委员会主办的《计划生育报》在延吉市创刊。

同月

《半月谈》杂志社创办的电视专题节目《国际时事半月谈》，从本月起在中国大陆 27 个省、自治区、直辖市电视台定期播出。

为纪念新华社创建 60 周年而编辑出版的大型摄影画册《新华社六十年》正式出版。它共收入照片 690 余幅，文字及照片说明 85000 余字，以图文并茂的形式，生动地展现了新华社的过去及现在，经验和传统。由新华社办公厅主办、《新华社六十年》画册编辑组编辑设计的“光辉的历程——新华社（1931—1991）社史展览”也在总社新闻大厦展览厅正式展出。

吉林省供销社主办的《合作商业报》在长春创刊。

12 月 1 日

为纪念中央电视台《动物世界》开播 10 周年，该台国际部和《中国电视报》联合举办的“我看动物世界”有奖征文活动举行发奖仪式。这次活动，共收到征文 2000 余篇，其中一等奖 5 名，二等奖 10 名，三等奖 20 名。

美国《国际先驱论坛报》《新闻周刊》《时代周刊》《华盛顿邮报》等报刊的自由撰稿人波恩，本日至 8 日在华采访中国的计划生育情况。

中国第一家24小时播音的广播电台——广州人民广播电台正式开播。

12月2日

中南五省地市记协负责人首次协作会在湖南怀化市召开。这次有河南、湖北、湖南、广东、广西五省、部分地市记协负责人参加的协作会议，以中共中央十三届八中全会精神为指导，着重研究了农村宣传报道问题。

12月3日

《经济日报》在一版头条位置刊登了中共中央党校省部级干部进修一班二组（何光远、蔡宁林、何访拔、白景中、陈小津、方嘉德、黄玉峻、葛有信、刘敏学、范敬宜）的文章《企业活与“死”的辩证法》。

12月4日

广西南宁市广播电视局主办的《广播电视信息》公开发行。

12月7日

新华社将原对外部所属《中国工商企业名录》及《中国年鉴》两个编辑部成建制地划归新华出版社。

在坦桑尼亚执政党革命党机关报《自由报》创刊30周年之际，中国驻坦桑尼亚大使孙国桐专程前往《自由报》社，代表《人民日报》社向该报赠送了480套康加（坦桑尼亚妇女的传统服装）布料，并宣读了《人民日报》编辑部致《自由报》编辑部的贺电。

12月9日

应德国联邦政府新闻局邀请，以《光明日报》总编辑张常海为团长的中国新闻代表团一行5人，本日至23日访问联邦德国。

12月10日

首届中国新闻奖颁奖大会在北京举行。共153件作品获奖。其中荣誉奖1件，是穆青等人采写的通讯《人民呼唤焦裕禄》。一等奖17件，二等奖49件，三等奖86件。

中国记协和范长江新闻奖基金会联合主办的首届“范长江新闻奖”颁奖大会，在北京人民大会堂隆重举行。9名获奖者是艾丰、江志顺、刘效礼、杨登榜、南振中、俞新宝、郭梅尼、曹仁义、樊云芳，中共中央政治局常委李瑞环向获奖者颁奖。

中国国际广播电台老挝语部陈集秋，因在建设老挝万象卫星地面站工程中表现出色，荣获老挝国家劳动英雄勋章。

12月11日

中国人民大学新闻学院举行仪式，向被聘任的9名兼职教授颁发聘书。他们是：人民日报社社长高狄、总编辑邵华泽，经济部主任艾丰，新闻出版署副署长王强华，经济日报总编辑范敬宜，中宣部新闻局局长王福如，中央电视台台长黄惠群、副台长杨伟光、洪民生。

12月13日

中国报业协会召开第二次全国会员代表大会，表彰全国报纸经营管理先进集体、先进生产者和先进工作者。

以广播电影电视部副部长刘习良为团长的中国广播电视代表团，本日至15日访问了越南。

12月18日

新华社总社本日至19日分三批召集17个部门负责人汇报贯彻落实中央领导人视察新华社时的重要指示精神的情况。郭超人、南振中、孙宝传分别听取了汇报。

12月19日

由副总编辑唐纪宇率领的人民日报代表团，本日至28日访问巴基斯坦。

12月23日

全国政协委员、著名记者、主编、评论

家、爱国老报人徐铸成因病在上海逝世，享年85岁。徐江苏宜兴人，生于1907年。1927年开始从事新闻工作。历任天津《大公报》编辑、特派记者，上海《大公报》总编辑，上海《文汇报》总主笔、总编辑，香港《文汇报》总主笔兼总经理等职。是上海《文汇报》和香港《文汇报》创办人之一。晚年从事新闻教育和新闻学研究。

12月25日

中国记协在北京举行延安《解放日报》创刊50周年座谈会。

12月27日

经济日报信息中心“综合信息处理系统”通过专家鉴定。该系统在国内报界居领先地位。

同月

中国社会科学院新闻所陈崇山等主持的研究课题《新闻传播在社会主义精神文明建设中的作用》，经全国哲学社会科学规划领导小组批准，被列为国家社会科学基金资助项目。

同年

《解放军报》举行好新闻评选，共有44件新闻作品获奖。其中一等奖6个，二等奖12个，三等奖20个，特别奖6个。

解放军报社所属的长征出版社，本年内共出版发行新闻学方面的著作有《新闻写作学简编》《报纸版面探寻》《优秀军事新闻作品评点》《萤窗杂文集》等17种，大都是解放军报社的老新闻工作者在新闻战线耕耘的经验之谈和代表作。

《新闻出版报》评出1991年中国新闻界的10件大事。它们是：《中国新闻工作者职业道德准则》通过并颁布；首都20家报纸和全国30家省报编校质量评比；国务院新闻办公室成立；40年来大陆记者第一次踏足台湾；中央电视台开始通过“亚洲一号”卫星转播电视节目；中国记协与中宣部新闻局表彰抗洪救灾报道中成绩卓著的新闻工作者；《中国人权状况》白皮书发表；“中国新闻奖”在京颁奖；9名中青年优秀新闻工作者荣获首届“范长江新闻奖”；建国以来第一次报业经营先进集体、个人表彰大会召开。

台湾《中国时报》总编辑黄肇松、副总编辑俞雨霖，《中时晚报》杨渡先后多次来中国新闻社采访、座谈。

中国电子报社、中国电子器材公司、中国电子商会主办的《电子商报》在北京创刊。

大连市开发区管理委员会主办的《大连开发区报》在大连创刊。

江苏省电子工业厅、江苏电子工业企业管理协会主办的《江苏电子报》在南京创刊。

山东省淄博市广播电视局主办的《淄博声屏》创刊。

山东省潍坊市广播电视局主办的《潍坊广播电视报》创刊。

山东省烟台市广播电视局主办的《烟台广播电视报》创刊。

中共河南省周口地委主办的《周口报》创刊。

河南洛阳市人民政府主办的《洛阳经济报》创刊。

《书法导报》在河南开封创刊。

中国石油勘探局主办的《中原石油报》在河南濮阳创刊。

河南郑州市总工会主办的《郑州工人报》创刊。

河南郑州市广播电视局主办的《郑州广播电视报》创刊。

河南洛阳广播电视局主办的《洛阳广播电视报》创刊。

中共湖北省老河口市委主办的《老河口报》创刊。

中共湖北省石首市委主办的《石首报》创刊。

中共湖北省安陆市委主办的《安陆报》创刊。

中共湖北省南漳县委主办的《南漳报》创刊。

中共湖北省枣阳市委主办的《枣阳报》创刊。

湖北省对外文化交流协会主办的《旅游导报》在武汉创刊。

武汉市总工会主办的《武汉工人报》创刊。

中共广东清远市委主办的《清远报》创刊。

西藏自治区广播电视厅主办的《西藏广播电视报》在拉萨创刊。

陕西省消费协会主办的《消费者导报》在西安创刊。

陕西省公安厅消防监督管理局主办的《陕西消防报》在西安创刊。

西安市公安局主办的《西安公安报》创刊。

宝鸡市广播电视局主办的《宝鸡电视报》创刊。

新疆维吾尔自治区人民政府办公厅主办的《新疆经济报》在乌鲁木齐公开发行。

香港《华侨日报》被当地英文《南华早报》斥资4000万港元收购。

截至本年底，中国大陆公开出版发行的报纸共有1514种，平均每期发行15318万份，全年发行总数2130642万份。中国大陆共有广播电台724座，电视台543座，收音机社会拥有量23399万台，电视机社会拥有量20671万台。

1992年（壬申）

1月1日

新华社广东分社主办的《体育参考》报在广州创刊。

新华社主办的《中国图片报》经过试刊后，即日起正式创刊。周刊，每周四出对开8版。

中国国际广播电台华侨部从本日零时起改名为中文部。

中国职工思想政治工作研究会、中国纺织职工思想政治工作研究会主办的《中国企业政工信息报》在北京创刊。

石家庄日报社主办的《燕赵晚报》复刊。该晚报原名《石家庄晚报》。

青岛日报社主办的《青岛晚报》在青岛创刊。

《宝钢日报》在上海创刊。它是上海150多家企业报中第一家日报。

1月2日

河南教育出版社主办的《中学生时事政治报》在郑州创刊。

法制日报社主办的《法制文萃报》在北京创刊。

中国国际广播电台汉语普通话节目正式向美国的中国广播网传送。

1月3日

秦皇岛市广播电视局主办的《视听之友》复刊。

1月4日

湖南省教委主办的《湖南教育报》在长沙创刊。

1月5日

《中国时报周刊》在香港创刊。社长胡鸿仁，总编辑杜念中。为台湾中国时报集团在香港出版的综合性时事政治刊物。内容兼顾两岸三地及国际性的重大新闻议题。1995年12月30日出至208期后停刊。

1月6日

本日至16日，人民日报在南宁、南昌、大连和兰州分四片召开驻地方记者会议。该报总编辑邵华泽在出席中南片会议时指出，宣传报道工作要向务实的方向发展，不要搞形式主义。

1月11日

《人民日报》的《大地周末》版自本日起增辟《天地一瞬》栏目，刊登艺术摄影佳作。

1月15日

本日至6月30日，全国晚报学会举办新闻特写大赛。47家晚报参加，参赛稿达3204篇。

1月20日

新华社1992年度国内工作会议本日至25日在北京召开。会议确定了该社1992年的根本任务。

1月27日

人民日报文艺部举办的1991年杂文“金台奖”评选工作结束。获奖作品和其他优秀作品结集成册，由人民日报出版社出版。

1月29日

中共吉林市委宣传部主办的《江城晚报》在吉林市创刊。

同月

由广州电视台、广州人民广播电台联合主办的《屏幕之友》报在广州公开发行。

海南省政府侨务办公室主办的《海南侨报》扩版后公开发行。

北京市民政局主办的《民政之声》在北京创刊。

人民日报编辑部成立三峡宣传领导小组和三峡报道组。

中共松花江地委主办的《松花江报》创刊。

北京汽车工业总公司主办的《北京汽车报》在北京创刊。

2月12日

中国青年报代表团本日至22日应邀赴香港进行广告业务洽谈与考察。

著名新闻工作者赵超构在上海逝世。赵超构，笔名林放，浙江瑞安（今文成县）人，生于1910年。1934年开始从事新闻工作。历任南京《朝报》编辑、重庆《新民报》主笔、上海《新民晚报》总主笔、上海《联合时报》社长、中华全国新闻工作者协会副主席、中国民主同盟中央常委等职。所写评论和杂文近万篇，被读者誉为“林放式杂文”。

2月22日

《半月谈》杂志总编辑闵凡路在全国报刊发行局长会议上宣布，1992年《半月谈》杂志发行量已达718万份，在全国和亚洲各期刊发行量中均居首位，在世界各国期刊的发行量中居第五位。

2月23日

为加强对西藏的宣传，《人民日报》决定出西藏专版，并派记者入藏。该报赴西藏采访组本日抵达拉萨。

2月24日

中共中央宣传部、广播电影电视部、中国记协举行张根昌事迹报告会，号召全国新闻工作者向张根昌学习。中国记协作出决定，授予张根昌“无私奉献优秀新闻工作者”称号。

2月25日

中国国际广播电台俄语广播开播30

周年。

2 月 26 日

人民日报总编辑邵华泽应阿联酋政府邀请，本日至 3 月 3 日率团访问阿联酋。

2 月 28 日

中共广西防城港区工作委员会主办的《防城港报》创刊。

广东人民广播电台英语台开播。

同月

甘肃省电力工业局主办的《甘肃电力报》在兰州创刊。

中央人民广播电台《在祖国各地》节目 1992 年度优秀节目评选结束，浙江台的录音报道《宠儿对簿公堂意味着什么?》等 6 个节目获优秀节目一等奖。

“中国质量万里行”活动从本月开始到 7 月结束。这次活动由中国新闻文化促进会和人民日报经济部发起，参加主办的单位有人民日报、新华社、中央电视台、中央人民广播电台等 24 家新闻单位，有 300 多名记者和国家技术监督局、中国质量协会等管理机构和行业组织人员参加，是一次全国规模的系列报道活动。举办这次活动的目的，在于发挥新闻舆论的监督作用，揭露假冒伪劣产品，唤起全民的质量意识。这次活动受到中共中央、国务院及社会各界的关注和支持。活动期间，首都各大报共刊登由组委会编发的“中国质量万里行”通稿 60 多篇，被揭露和批评的伪劣产品制造厂家 17 个，有 34 个质量先进单位受到表扬。其中“中国质量万里行”的电视组采访了 8 个省、市、自治区，行程近万里。这一活动，后被新闻界评为 1992 年我国新闻界十大新闻之一和 1992 年十大经济新闻之一。

3 月 1 日

山东省人民代表大会常务委员会机关报《人民权利报》在济南创刊。

3 月 3 日

人民日报经济部举办的新闻摄影竞赛评奖揭晓。获奖作品 28 件，其中《灾区追县长》(组照)(新华社陈小鹰)等 3 件作品获一等奖。获奖的还有二等奖 5 件，三等奖 20 件。

应埃及《金字塔报》社邀请，由《人民日报》总编辑邵华泽率领的《人民日报》代表团，本日至 12 日访问埃及。

3 月 6 日

应《人民日报》社邀请，朝鲜劳动党中央委员、《劳动新闻》总编辑玄峻极率领的《劳动新闻》访华团抵达北京。13 日，中共中央总书记江泽民会见了他们。

3 月 7 日

日本创价大学教授新井直之一行 3 人访问中国社会科学院新闻所，交流中日两国新闻传播理论研究进展情况。

3 月 10 日

海峡两岸报界首次合作举办“我们只有一个中国”的儿童征画比赛。

《中华文摘》在香港创刊。月刊。中国新闻出版社出版。社长兼总编辑王瑾希。

3 月 21 日

袁木会见应经济日报邀请来华访问的以色列记者朱迪·马尔兹女士。

3 月 26 日

《深圳特区报》刊出该报记者采写的关于邓小平视察深圳的长篇通讯《东方风来满眼春——邓小平同志在深圳纪实》。新华社向全国播发，中央及地方报纸全文转载，广播电台、电视台纷纷转播，由此在全国范围内形成一个新的宣传改革开放的热潮。

延安召开宣传工作座谈会，纪念《中国妇女》在延安创刊 53 周年。

中国社会科学院新闻所与中国青少年研

究中心、中国少年报社联合发起的“传播媒介对我国少年儿童思想品德影响”研究课题组成立。

同月

为庆祝中日邦交正常化20周年，新华社和日本《朝日新闻》社决定联合举办中日大自然摄影赛和摄影展。

4月1日

中共广东省揭阳市委主办的《榕江报》改名《揭阳报》继续出版。

4月6日

日本《朝日新闻》董事奥尾一行访问《经济日报》社。

4月7日

湖南津市市人民广播电台播出。

经济日报主办的《中国花卉报》总编辑冯德珍，应荷兰王国农渔部邀请赴荷兰访问。

4月8日

应《消息报》邀请，《经济日报》编委舒野率团前往俄罗斯、乌克兰、乌兹别克和哈萨克等国访问。

《中国新闻实用大辞典》首次编委会在北京召开，这是列入国家“八五”出版计划的唯一一部新闻学方面的辞书。编委会主任为郭超人。

人民日报总编室与扬子石化公司合办的“在两个文明建设中”新闻特写征文评奖揭晓。《无语深情韶山冲》（陈小鹰）等2篇作品获一等奖，此外还有二等奖5篇，三等奖10篇。

4月10日

第六届（1991年度）产业报好新闻评选揭晓。这次评选有40家报社参加，评出获奖作品167件，330名作者和编者同时获奖，改变了过去只奖励作者的做法。

4月14日

应《中国青年报》的邀请，俄罗斯《共青团真理报》社代表团本日至23日访问我国的北京、重庆、武汉。这是苏联解体后，该社派出的第一个访华代表团。

4月16日

应日本外务省的邀请，以经济日报副总编辑杨尚德为团长、外交部新闻司副司长李建英为副团长的中国新闻代表团前往日本访问。

新华社主办的《奥运快报》出版试刊号第1期。该报将于7月4日至8月12日出版40期，全国发行，以全面反映巴塞罗那奥运会的盛况。

4月20日

吉林省直属机关工委主办的《机关生活报》改名《机关建设报》继续出版。向全国公开发行。

吉林省延边自治州经委主办的《经贸时报》在延吉创刊。

中国农业银行广西壮族自治区分行主办的《广西农村金融报》由内部报纸转为公开发行。

4月21日

应《人民日报》社邀请，泰国《泰叻报》代表团来我国访问。

4月28日

中国国际航空公司主办的《中国航空报》（中、英文）在北京创刊。

同月

《瞭望》周刊与日本日中总研株式会社在北京签署出版《瞭望选刊（日文版）》的合作协议书，商定从1992年5月开始在日本出版发行。

中国南方航空公司主办的《广州民航报》改名《南方航空报》继续出版。

黑龙江省森工总局主办的《黑龙江林业报》在哈尔滨创刊。

山东省烟台市经济委员会主办的《华夏酒报》公开发行。

甘肃省对外经济贸易委员会主办的《对外经贸报》公开发行。

5 月 3 日

湖南省醴陵电视台开播。

海峡两岸 26 家新闻单位的 32 名记者，本日至 13 日对长江三峡水利工程进行为期 10 天的联合采访。

5 月 4 日

《人民日报》海外版调整版面。二版由言论、专访改为经济版，三版由经济版改为政法文教版，四版由政法文教版改为地方新闻版（周一、三、四）和留学生版（周二、五）。

中国国际广播电台台长崔玉陵、副台长张振华会见应邀前来我国访问的由马来西亚国家语文局第一副总监哈吉·发里德先生率领的 5 人代表团。该团还与中国国际广播电台马来西亚语播音部进行了座谈。

北京有线电视台试播。

应朝鲜工业出版社邀请，以副总编辑宋静存为团长的经济日报代表团赴朝访问。

由中国新闻社接待的新加坡《联合早报》特稿委员夏秦宁本日至 26 日来华采访。夏在华期间，采访了经贸部部长李岚清、中信公司董事长荣毅仁等。

《香港联合报》在香港创刊。是台湾联合报系在香港出的报纸。日刊。社长张作锦，总编辑徐荣华。1995 年 12 月 16 日因经营成本太高亏损严重，自动停刊。

5 月 5 日

湖南省娄底电视台开播。

老挝人民革命党中央机关报《人民之声报》访华团应《人民日报》社邀请到我国访问。

5 月 7 日

蒙古《人民权利报》代表团应《人民日报》社邀请来我国访问。全国人大常委会副委员长叶飞会见了他们。

5 月 8 日

中南六省区第八次城市报纸协作会本日至 12 日在襄樊市召开。商讨报纸广告如何跟上改革开放步伐，如何为经济建设服务等问题。

5 月 11 日

全国报纸自办发行协会成立。至此，全国已有 500 家报纸自办发行，平均期发数 5383 多万份，占全国报纸期发总数 1/3。

5 月 12 日

英国《金融时报》记者西蒙·哈伯顿和亚历山大·尼科到《湖南日报》社访问。

比利时法语台台长菲利浦、荷兰语台台长皮埃特本日至 19 日来华访问，与中国国际广播电台就双方合作事宜签订了会谈纪要。

5 月 14 日

中国社会科学院新闻所本日至 18 日与浙江广播电视厅、浙江萧山市 3 家新闻单位共同发起在萧山市召开全国第二届受众学术研讨会。

中国记协国内部和人民铁道报社联合举办的消息研讨会，本日至 16 日在广东举行。

5 月 17 日

中央人民广播电台主办、天津人民广播电台协办的全国首届广播听众工作经验交流会，本日至 20 日在天津召开。

应人民日报社邀请，由丹麦外交部新闻司司长雅柯布·本钦率领的丹麦新闻代表团本日至 24 日来华访问。

5 月 18 日

台湾《工商时报》发行人范英、社长张屏峰等参观《经济日报》社。

应中国新闻社邀请，以纽约华语电台总经理、纽约华人新闻从业者协会会长郑心元为团长的美国华人记者访问团，本日至 6 月 2 日来我国进行参观访问。

5 月 22 日

人民日报社社长高狄会见美国著名专栏作家阮次山先生和夫人。

广东新闻学会重奖《深圳特区报》所发的猴年新春“八评”。这 8 篇评论的写作组 7 人获得特别奖荣誉证书和奖金 1 万元。在此之前，该报已决定奖励这个写作组 1 万元。

5 月 23 日

江西省新干人民广播电台开播。

5 月 28 日

西北五省（区）一市六报物资供应交流会在西安举行。会议就新闻纸的采、供、管、用进行了讨论。

5 月 30 日

本日出版的《中国广播电视学刊》1992 年第 3 期刊登温济泽的文章《发扬传统，继往开来——纪念延安新闻界整风 50 周年》，比较全面地概括了延安《解放日报》在整风中形成的优良作风和传统。文章指出，50 年前在毛泽东亲自指导下进行的延安《解放日报》的改版，是党的新闻史上一次重大的新闻改革，为中国无产阶级新闻学奠定了理论基础。

同月

黑龙江大学主办的《远东经贸导报》在哈尔滨创刊。

新疆克拉玛依广播电视局主办的《克拉玛依广播电视报》在克拉玛依市创刊。

朝鲜记者同盟代表团到吉林省访问。

甘惜分主编的《新闻学大辞典》出版发行。它的正文分 8 部分，共收入词条 5368 条，计 184 万字，是中国第一部新闻学大型辞书。参加编写工作的近 100 人。

6 月 1 日

全国企业管理报刊联谊会第八次主编会在兰州举行。

6 月 3 日

俄中友好协会新西伯利亚分会友好代表团到长春电视台进行友好访问。

6 月 8 日

应人民日报社邀请，波兰《论坛报》主编希姐楚来华访问。

《解放军报》《科技日报》采用激光照排，成为中国大陆最早采用此项技术的两家报纸。

6 月 11 日

中国新闻史学会成立大会暨首届学术研讨会本日至 13 日在北京召开。中国新闻史学会会长、国务院学科评议组成员、中国人民大学博士生导师方汉奇教授主持会议并作了学术报告。会议围绕中国新闻史研究现状、如何发扬实事求是百家争鸣的学风、地方新闻史志的编写等问题进行了讨论。

6 月 12 日

《经济日报》工交部主任詹国枢等与《人民日报》《经济参考》分管经济报道的部分新闻工作者，应邀出席了与日本 7 家新闻单位经济部长联合举行的座谈会。

6 月 13 日

法国国际台台长拉及埃克一行本日至 18 日来华访问，与中国国际广播电台签订延长互转合作协议，并商谈租机事宜。

6 月 17 日

中国广播电视协会播音学研究会主办，贵州电视台、贵州人民广播电台具体承办的

“湄窖杯”全国第四届广播电视优秀播音作品、第三届播音论文评选暨播音学术研讨会，本日至23日在贵阳召开。与会者就播音学发展等方面的问题进行了研讨，并评选出广播主持人播音作品一等奖5件，二等奖9件，三等奖11件；电视新闻播音作品一等奖6件，二等奖10件，三等奖13件；论文一等奖6篇，二等奖9篇，三等奖44篇。

6月20日

中国国际广播电台与金陵之声广播电台合办的“对外对台经济报道研讨会”在苏州召开。会议就当前对外经济报道的重点、难点进行了探讨。

6月30日

吉林日报社主办的《吉林经济报》在长春试刊。

7月1日

上海《新民晚报》增加版面，日出4开16版，成为中国大陆版面最多的一家综合性晚报。在此前后，全国各大报纷纷扩版。

由重庆市新闻出版局主管的《新闻汇报》在重庆创刊。

福建省南平电视台开播。

《今晚报》主办的《天津老年时报》在天津创刊。

吉林医学院主办的《婚育漫画报》在吉林市创刊。

中华全国集邮联合会主办的《中国集邮报》在北京创刊。

7月4日

中国煤炭科技情报所等7家合办的《煤炭信息报》恢复公开发行。

新华通讯社为报道第25届奥运会而创办的专刊《奥运快报》开始出版，8月12日终刊。

7月6日

天津电视台与美国旧金山中华电视公司合办的定期节目《中国·天津》开始播出。该节目是天津电视台在美国电视屏幕上打开的第一个窗口。

全国省级电视台深化改革经验交流会及《神州揽胜》专题节目研讨会，本日至14日在贵阳召开。会议就新闻宣传、管理制度及如何办好《神州揽胜》专栏节目进行探讨，34家省级及计划单列市电视台派代表参加会议。

7月8日

中国国际广播电台与大连市人民政府共同举办的“大连杯·开放城市知识竞赛”对日本国开始播出。此次竞赛在9月底结束。共有71名参赛听众获奖。

广西壮族自治区少数民族语言工作委员会主办的《广西民族报》(汉文版)在南宁创刊。

7月9日

中国国际广播电台主办的《世界信息报》在北京创刊。

7月11日

台湾政治大学教授钟蔚文一行到中国社会科学院新闻所访问，介绍台湾新闻学研究及新闻事业发展状况，并了解大陆近年新闻改革情况。

应人民日报社邀请，法共中央政治局委员、《人道报》社社长罗朗·勒罗瓦率领《人道报》代表团本日至24日来华访问。

7月15日

《广西日报》等7家报纸联合组织的“中国的大西南”大型采访活动开始。这次活动旨在宣传大西南，促进大西南的联合、开放、开发。

7月20日

经济日报社邀请外国驻华使馆官员、驻京商社代表和驻京记者等举行座谈会，就该报明年改版和报道征求意见。

7月23日

福建电视台派出摄制组赴台湾拍摄12集电视系列片《台湾行》，为大陆赴台的第一个摄制组。

7月25日

中国28家新闻单位本日起，到8月9日止，共派出112名记者前往西班牙巴塞罗那采访第25届奥运会。中国新闻媒介关于这届奥运会的报道，在数量、质量、时效和特色方面都有新的突破，受到国内外的好评。

吉林省龙井市电视台开播。

7月26日

新华社于本日格林威治时间09时01分发出快讯，报道韩国小将吕甲顺夺取巴塞罗那奥运会第一枚金牌，与法新社并列报道时效第一。

7月27日

应朝鲜《劳动新闻》外事部邀请，《人民日报》外事局局长俞成秀率《人民日报》代表团访问朝鲜。

7月28日

由人民日报群工部举办的《耳闻目睹》专栏上半年评奖揭晓。《甘作文盲》等两幅作品获一等奖，此外还评出了二等奖3幅，三等奖8幅。

7月30日

新华社大型综合性新闻资料检索系统通过鉴定验收，标志着中国新闻资料管理迈向现代化。

第四届全国报纸副刊“505杯”好作品评选活动在乌鲁木齐结束。评选出一等奖22篇，二等奖76篇，三等奖192篇，好版面15个及部分优秀作品和编辑奖。

应辽宁日报社邀请，朝鲜《平壤新闻》代表团由副总编辑洪泰源率领，访问我国东北部分城市。

7月31日

黑龙江日报社主办的东北三省省报经营管理工作经验交流会，本日至8月1日在哈尔滨市召开。

同月

黑龙江省社科院主管的《信息市场报》在哈尔滨创刊。

甘肃日报社主办的《少年文史报》复刊。

吉林省龙井人民广播电台开播。

江西省樟树人民广播电台开播。

中央电视台主办的《中国电视报》（外语节目版）在北京创刊。

北京电视台与加拿大天鹅旅行社联合举办“给孩子一个奇妙的世界”人道主义活动。这一活动为开展儿童电视外交、旅游外交开创了新渠道。

8月1日

中共广西南宁地委主办的《南宁日报》在南宁创刊。

8月4日

应人民日报社邀请，法国《费加罗报》常务副社长、巴黎新闻工会主席让·米奥及夫人来华访问。5日，中共中央政治局常委李瑞环同他就两国新闻界的合作与交流进行了友好交谈。

8月6日

北京人民广播电台经济台开播。

8月8日

人民日报群工部等单位联合召开的“新闻摄影与舆论监督研讨会”在北京举行。与会者认为，刊登反映各种社会问题、批评不良现象的新闻照片，是正面宣传的一个组成部分。

上海东方明珠股份有限公司为建造东方

明珠广播电视塔，发行东方明珠股票 4.1 亿元人民币。这标志着中国文化事业投资方式开始发生重大改革。

8 月 9 日

中共甘肃省酒泉地委主办的《酒泉报》在酒泉创刊。

8 月 10 日

中国国际广播电台总编室和中国国际广播学会本日至 13 日联合举办国际台 1991 年优秀节目研讨会。会议就节目安排、音响运用、节目评选等进行了讨论和交流。

8 月 12 日

新华社主办的《奥运快报》到本日止共出版 40 天 40 期，发行量达 100 万份。在此期间，该报还与香港《天天日报》签订合同，出版了海外版，在港、澳、台地区发行 25 万份以上，写下了中国新闻史上海外首次购买大陆报刊版权的历史的一页。

8 月 21 日

新华社党组通报表扬第 25 届奥运会报道组。奥运会期间，这个报道组共发出文字稿 5500 多条，传真相片 760 多张。在与世界各通讯社的竞争中，英文快讯的时效居第一的达到了 89%，这在新华社历史上是第一次。这次奥运会，80%以上的重大新闻，新华社的时效都超过了西方四大通讯社。

应蒙古《人民权利报》邀请，《人民日报》副社长李晋有率领代表团本日至 28 日访问蒙古。

8 月 26 日

国家体委授予新华社奥运报道组“体育事业贡献奖”。

人民日报社和北京信息工程学院联合开发的“人民日报社新闻资料处理系统”第一期工程，通过了由机电部和新闻出版署主持的国家级鉴定和验收。这是我国独立设计、自主开发的大型综合性中英文新闻资料处理系统，在国内外居领先水平。

中国县市报研究会第 11 次业务研讨会在黑龙江省肇东市举行。会议就经济报道由工厂向市场转轨这一趋势，作了深入探讨。

8 月 28 日

中共广东省中山市委主办的《中山报》创刊。

8 月 31 日

中央电视台开办《经济信息联播》节目，直接为沟通产供销渠道和繁荣发展经济服务。

青岛港务局主办的《青岛港报》公开发行。

日本《每日新闻》两位记者来吉林省采访中日邦交正常化后出生的 20 岁的年轻人，以纪念中日邦交正常化 20 周年。

人民日报提出了《关于改进报纸宣传工作的若干意见》，要求采编人员抢新闻，抓典型，拿出更多的独家新闻，并大力提倡写现场短新闻。

9 月 1 日

以人民日报编委会名义下发的《人民日报组版要则（试行）》开始在编辑部各部门试行。

中国国际广播电台中文部开始向五种汉语节目编发《一句话新闻》节目。

中共广东省潮州市委主办的《潮州报》创刊。

9 月 2 日

中国商报与国家统计局等单位联合举办的全国 100 家经济效益最佳的大中型商业零售企业评选揭晓。

9 月 3 日

吉林省珲春电视台开播。

应俄罗斯国防部机关报《红星报》邀

请，以《解放军报》社社长祝庭勋少将为团长的《解放军报》代表团，本日至11日对俄罗斯进行了访问。

应俄罗斯《共青团真理报》社的邀请，以《中国青年报》社常务副总编辑高炜为团长的中国青年报刊代表团，本日至17日访问俄罗斯。

9月5日

新华社与新加坡报业控股有限公司华文报集团联办的“中国新闻摄影展览”本日至8日在星岛举行。共展出新华社自1949年10月1日开国大典至1992年8月14日西昌发射澳星成功43年间的175幅优秀照片，受到当地好评。

9月7日

《新华社新闻稿》改版为《新华社每日电讯》。本日至9日发出2期试刊。

9月9日

“中国国际广播电台创建45周年展览”本日至14日在北京民族文化宫展出。

9月10日

中国机械电子工业部机械行业企业报研究会第十届年会在长春第一汽车制造厂召开。

9月11日

应《人民日报》社邀请，由社长金炳涫率领的韩国《东亚日报》代表团访华。他们是中韩建交后来华的第一个代表团。

本日为中国国际广播电台创建45周年，该台连续2天播出盛大庆典晚会“空中彩桥”。

9月12日

人民日报群工部举办，中央、国家机关有关领导及首都一些新闻单位负责人参加的“舆论监督与改革开放研讨会”在北京召开。与会者认为，在目前改革开放深入进行的形势下，不能把批评报道称作“反面报道”，不能把舆论监督混同于“揭露阴暗面”，舆论监督在社会生活中发挥着重要作用。

9月13日

天津人民广播电台赴日广播小组在日本名古屋CBC电台进行了一个小时的中日两种语言现场直播。地方电台在海外用两种语言进行直播，这在我国是个创举。

9月14日

应《经济日报》社邀请，罗马尼亚《经济论坛》访华团来我国访问。

广播电影电视部副部长刘习良在北京同来访的越南之声电台副台长范梅伦和越南电视台台长范克榄签订了《中华人民共和国和越南社会主义共和国关于广播电视合作协定》。

9月16日

以也门《十月十四日报》编辑秘书阿里·法里奥·萨利姆先生为团长的也门新闻考察团前来中国国际广播电台访问。这也是也门统一后来中国访问的第一个新闻考察团。

中国国际广播电台副台长张振华与来访的越南之声广播电台范梅伦副台长签署了《中国国际广播电台和越南之声广播电台合作会谈纪要》。

应韩国新闻中心邀请，《经济参考报》代表团一行前往汉城，对韩国进行为期两周的采访活动。这是中韩建交以来我国新闻界应邀访问韩国的第一个代表团。

应日本周恩来纪念会邀请，由副社长李晋有率领的《人民日报》代表团本日至23日访问日本。

应《人民日报》邀请，由韩国《朝鲜日报》国际部长金哲率领的该报代表团来我国访问，本日抵达北京。

9月20日

由西南五省区七方政府联办的区域性经

济类报纸《西南信息报》更名为《西南经济时报》继续出版。

全国部分省级广播电视报《家庭生活》版研讨会本日至 28 日在井冈山召开。

范敬宜任《人民日报》总编辑。

杨尚德任《经济日报》总编辑。

9 月中旬

陕西、湖北、河南三省 23 家县市报首次业务研讨会和湖北省县市报第九次经验交流会在枣阳市召开。

9 月 22 日

黄河上游四省区记者采访团本着“了解开发区，宣传开发区”的宗旨，到甘肃进行采访。

9 月 25 日

中国国际广播中心工程在北京破土动工，总面积为 4.2 万平方米，计划于 1995 年建成交付使用。同年 11 月 15 日，中央人民广播电台业务楼工程也在北京动工，总面积为 4.9 万平方米。

9 月 26 日

天津市塘沽电视台开播。

9 月 28 日

以《人民日报》所刊文字为语料的“报刊新闻词语统计与分析”研究课题通过了专家评议。这项研究对 300 万字的新闻语料进行了分析和统计，得出了每个新闻词语在各个历史时期的出现率和分布率，为新闻词语历时动态研究做了领先工作。

中共中央顾问委员会常委、党的新闻事业领导人、著名宣传活动家、报刊政论家胡乔木在北京逝世。胡出生于 1912 年，江苏盐城人。1930 年加入中国共产主义青年团，1932 年加入中国共产党。在 30 年代，为革命刊物《北方青年》撰稿，并主编革命小报和刊物。1937 年到延安之后，曾任中共中央青年工作委员会机关刊物《中国青年》主编。1941 年起，任毛泽东秘书、中共中央政治局秘书，曾为延安《解放日报》、重庆《新华日报》撰写一系列评论和新闻。1948 年至 1952 年，曾先后任新华社社长、人民日报社社长、中央人民政府新闻总署署长。曾为《人民日报》和新华社撰写过许多重要评论和新闻。他是编辑出版《中国大百科全书》《当代中国》丛书和《中国新闻事业通史》的首倡者之一，并担任《中国大百科全书》总编委会主任。

9 月 29 日

国务院外国专家局授予中国国际广播电台朝鲜专家金秀泽“友谊奖章”。

人民日报社和日本朝日新闻社、朝日电视台在武汉共同举办“展望二十一世纪的亚洲”国际研讨会。

同月

方汉奇任主编，宁树藩、陈业劭任副主编的《中国新闻事业通史》第一卷，由中国人民大学出版社出版发行。《中国新闻事业通史》为“七五”期间国家重点社科课题，全书共 3 卷 25 章约 240 万字，内容涉及中国新闻事业的各个领域，时间跨度从公元前 2 世纪至 20 世纪 80 年代末，近 2000 年。

广州电视台对外部发起组织全国电视记者赴珠江三角洲的采访考察活动。采访报道的总题目为《广东见闻录》，全国有 15 家省市电视台参与了这项活动。

《人民日报》海外版特约通讯员会议在西安举行。

山东省冶金工业总公司主办的《山东冶金报》公开发行。

10 月 1 日

最高人民法院主办的《人民法院报》在北京创刊。

北京电视台首创的全国第一家图文电视

台开始试播。

上海邮政局自本日起，对本市出版的报纸实行早投早卖，使上海报刊发行时效居全国之首。

中共海南省政法委员会、海南省司法厅主办的《海南法制报》在海口创刊。

陕西经济广播电台开播。

10 月 2 日

美加华语广播网董事长刘恕来华访问，与中国国际广播电台华语部签订会谈纪要，进一步扩大了转播语种和播音地区。

人民日报、经济日报、光明日报等 10 家报社正副总编辑联合组成的中国报业考察团今日起赴美考察。

10 月 4 日

人民日报文艺部主办的《大地》月刊，在北京举行日本前首相三木武夫夫人三木睦子的著作《无信不立》中文版首发式。

应斯里兰卡中国国际广播电台听众协会邀请，中国国际广播电台友好访问团本日至 14 日访问斯里兰卡。

台湾国民党中央委员、中华民族团结协会主席、《世界论坛》报系董事长段宏俊来大陆参加中国新闻社举行的 40 周年社庆活动。

10 月 5 日

罗马尼亚《自由青年报》代表团本日至 13 日来华访问。

波兰 SM—Media 公司代表团本日至 12 日来华访问。

10 月 6 日

“淮海杯”全国广播电视学刊经济宣传论文评选活动在徐州市结束。共评出一等奖 6 篇，二等奖 12 篇，三等奖 24 篇。

10 月 8 日

以副总编辑唐纪宇为团长的人民日报代表团本日至 23 日访问罗马尼亚。

10 月 9 日

新华社主办的《中国证券报》社召开成立大会，并出版了试刊第一期。它是我国第一张面向国内外公开发行的全国性证券报纸。

1993 年度北京报刊宣传日活动在北京中山公园举行。

10 月 12 日

中国共产党第十四次全国代表大会本日至 18 日在北京举行。中共中央总书记江泽民向大会作了题为《加快改革开放和现代化建设步伐，夺取有中国特色社会主义事业的更大胜利》的报告。在报告中，江泽民强调了新闻媒体的舆论监督作用。指出要“重视传播媒介的舆论监督，逐步完善监督机制，使各级国家机关及其工作人员置于有效的监督之下”。这次大会有 599 名中外记者参加采访，为历届党代会采访记者人数最多的一次。

坦桑尼亚《自由报》社社长恩玖莱到中国访问。

10 月 16 日

中国地市报群工研究会第二次会议本日至 21 日在襄樊市举行。

10 月 18 日

应美国《今日美国》和亚洲基金会的邀请，《中国青年报》本日至 11 月 7 日第一次组团访美。

10 月 19 日

中国国际广播电台更改中文部和英文部对外称呼。中文部对外改称“中国国际广播电台华语台”，对内称“中国国际广播电台华语部”；英语部对外改称“中国国际广播电台英语台”，对内称“中国国际广播电台英语部”。

10 月 20 日

中国县市报研究会和《新华日报》《新闻通讯》联合举办的“怎样当好县市报总编辑”征文评选揭晓。共评出二等奖 5 篇，三等奖 10 篇，一等奖空缺。

10 月 21 日

邓小平通过秘书打电话给中央电视台，赞扬该台《经济信息联播》节目办得好。

10 月 24 日

叙利亚阿拉伯复兴社会党机关报《复兴报》社长兼主编图尔基·萨格尔一行来华访问。

10 月 26 日

第二届“宣传人民代表大会制度好新闻”评选活动在北京揭晓。共有 146 篇新闻获奖，其中一等奖 14 篇，二等奖 43 篇，三等奖 89 篇。

10 月 28 日

中国社会科学院新闻所举行研讨会，邀请全国 40 多位专家学者就“社会主义市场经济与新闻工作”问题进行探讨。

广西经济广播电台正式开播。这是我国少数民族省区第一家经济电台。

上海东方广播电台开播。中共中央总书记江泽民为该电台题写台名。该台立足浦东，服务上海，涵盖长江三角洲，面向全国，辐射海外，是一个全功能、全方位、全天候（每日 24 小时播音）的广播电台。

10 月 29 日

由新华社对外部中国特稿社与中国科协联合举办的亚太地区报刊与科技和社会发展研讨会闭幕。

《东周刊》在香港创刊。属东方报业集团旗下的出版物。社长何文翰。

10 月 30 日

由海南人民广播电台主办的海南经济广播电台开播。

10 月 31 日

应《经济日报》邀请，韩国《经济新闻》社社长扈英珍率团对我国进行友好访问。

同月

中国记协主办的第三届全国现场短新闻评选在天津举行。共评出一等奖 16 件，二等奖 46 件，三等奖 91 件。

新体育杂志社、中国体育记者协会主办的《体育文摘周报》在北京创刊。

黑龙江佳木斯市广播电视局主办的《佳木斯广播电视报》创刊。

佳木斯日报主办的《三江晚报》在黑龙江佳木斯创刊。

山东威海市广播电视局主办的《威海广播电视报》公开发行。

天津出版研究室主办的《新闻出版文摘报》在天津创刊。

11 月 3 日

中国新闻资料协会承担的科研项目——《新闻资料学概论》初稿完成，本日至 6 日在天津召开研讨会。

以常务副总编辑张云声为团长的人民日报代表团本日至 13 日访问日本。访问期间，日本副首相兼外相渡边美智雄以书面形式回答了代表团的提问。

11 月 5 日

人民日报主办的《新闻战线》编辑部邀请中央和首都部分新闻单位负责人和老新闻工作者，座谈如何进一步推动新闻改革。

中南十报总编辑座谈会本日至 10 日在广西举行。座谈会由广西日报社主办。会议围绕在社会主义市场经济体制中，新闻宣传的地位、作用，以及新闻改革等问题进行了探讨。

11月8日

海南省出版局主办的《海南新闻图片报》在海口创刊。

11月9日

中国少数民族新闻研究会第四次年会本日至14日在广西壮族自治区举行。评选出一、二、三等奖论文共36篇，其中少数民族作者占59.5%。

11月13日

中共中央分管宣传思想工作的政治局委员、书记处书记丁关根到新华社视察检查工作，听取了穆青、郭超人代表社党组所作的工作汇报，对新华社的工作给予了充分肯定，并提出了要求和希望。

《经济日报》在西安召开该报创刊10周年暨改扩版座谈会。

11月14日

全国经济新闻宣传理论研讨会在西安举行。

11月15日

以中国新闻社社长兼总编辑诸有钧为团长的大陆经济学者代表团赴台北，参加由中国新闻社和台湾《中国时报》联合主办的“变迁中的两岸经贸关系”研讨会。这是两岸新闻媒体首次联合在台北举办学术研讨会。

11月16日

德国海德堡大学中国研究所瓦格纳教授前来中国社会科学院新闻所访问。

11月17日

加拿大国际广播电台节目台长法来昂到中国国际广播电台访问。

据曼谷报纸报道，联合国教科文组织不久前按影响大小，评定出当前世界十大报纸，我国《人民日报》排在第六位。

11月18日

1992年全国晚报会议本日至23日在上海举行。会议决定在上海浦东建立“全国晚报信息交流中心”。据统计，全国已有80多家晚报，日发行总数逾百万份。

11月19日

中国国际广播学会本日至23日举行第二届国际广播研讨会。

11月20日

由人民日报、北京大学和中国电子工业总公司合作完成的《人民日报》卫星传版工程，通过了国家鉴定和验收。传版技术采用描述语言形式，效率高，代价低，为世界首例。这一工程投入使用，标志着我国报业将进入全国联网和信息共享的新阶段。

第四届全国广播体育记者协会好新闻评选在杭州揭晓。

11月21日

全国县市报第三次经营管理会本日至23日在江苏江阴举行。会议认为，县报当前的首要任务是宣传好社会主义市场经济，同时要认真抓好报纸经营。

《中国新闻年鉴》第12届全国工作会议本日至25日在贵阳召开。主要任务是讨论和落实1993年版《中国新闻年鉴》的编辑出版事宜。

应匈牙利《人民自由报》、波兰《论坛报》邀请，《人民日报》副总编辑保育钧率代表团本日至12月11日访问波、匈两国。

11月25日

新闻出版科技座谈会本日至28日在北京举行。会上讨论通过了《关于发展科学技术，依靠科技进步，加快新闻出版事业繁荣和发展的若干意见》。

11月26日

以崔玉陵为团长的中国国际广播电台代

表团本日至12月11日访问土耳其，与土方商谈了交流与合作事宜。

11月29日

在第29届亚洲—太平洋广播联盟大会上，中华人民共和国广播电影电视部再次当选为“亚广联”理事会理事。

11月30日

《南方日报》新闻技术网络工程首期工程完工。是当时我国省市级报社中建设规模最大、功能最齐全的网络工程。

首届全国报纸星期刊周刊报研讨会在西安举行。近20个省市有关报纸的代表分别介绍了各自的办报经验和实业经营情况。

同月

吴玉章奖金基金会举行第二届颁奖活动。中国人民大学新闻学院教授郑兴东等合著的《报纸编辑学》、复旦大学新闻学院教授姚福申著的《中国编辑史》两书，获第二届吴玉章奖金新闻学奖。

中国人民大学新闻学院教授张隆栋、副教授傅显明著《外国新闻事业史简编》一书，获第二届全国高等学校优秀教材奖。

新华社成立世界问题研究中心。

12月1日

出席长江三角洲第四次党报协作会的23家党报负责人和编辑记者本日至3日聚会南通，就党报如何适应从计划经济向社会主义市场经济转换这一新课题进行了探讨。

第二次全国报纸总编辑新闻摄影研讨会本日至5日在广东韶关举行。讨论在建立社会主义市场经济体制的形势下，报纸如何改进和加强新闻摄影报道的问题。

12月2日

中国记协邀请首都各大新闻单位负责人同来华访问的罗马尼亚《晨报》代表团，就共同关心的问题进行座谈。

12月5日

首都美术记者协会主办的1991年首都好新闻美术作品评选揭晓。共评出一等奖7件，二等奖14件，三等奖14件。

12月6日

1992年全国晚报体育新闻研讨会在西安召开。会议就有关巴塞罗那奥运会的报道交流了经验，并评选出全国十大体育新闻，举行全国晚报评选最佳运动员“飞龙奖”颁奖仪式。

中国新闻资料协会第二次全国会员代表大会本日至10日在山东平阴举行。

12月7日

中国国际广播电台“佳丽杯·中国历史文化知识竞赛”特等奖颁奖仪式在人民大会堂举行。整个活动共收到104个国家和地区的听众答卷102118份，是收到来信最多的一次知识竞赛活动。

12月8日

天津电视台制作的节目《长城内外》开始在美国纽约的中文电视台播出。

1992年西南五省（区）7家党报总编辑、记协主席、秘书长会议，本日至13日在广西南宁举行。

福建省石狮市格兰蒙集团向中国记协捐赠100万元人民币，设立中国“格兰蒙专项新闻奖”。

12月19日

以“新闻工作改革开放”为主题的1992年全国新闻学术年会，本日至22日在济南召开。年会共收到140多篇论文，经评审，有44篇论文获奖。

12月20日

应日本外务省邀请，人民日报社长邵华泽本日至29日赴日本访问。

12 月 21 日

北京有线电视台本日至 23 日在北京承办了 28 家省、市有线电视台参加的节目交流会。

国务院任命曾建徽接替朱穆之担任国务院新闻办公室主任。

北京广播学院苑子熙教授逝世，享年 74 岁。

12 月 25 日

俄罗斯《共青团真理报》代表团本日至 1993 年 1 月 4 日来华访问。这是对 1992 年 4 月中国青年报刊代表团访俄的回访。

12 月 27 日

中国质量万里行活动组织委员会主办的《中国质量万里行》杂志在北京创刊。艾丰兼任总编辑。期发数 10 万份。

12 月 29 日

北京电视台在美国休斯敦电视台开办的《北京之窗》中文电视节目开播。

中国残疾人事业新闻宣传促进会在北京成立。

12 月 30 日

甘肃省临洮人民广播电台开播。

12 月 31 日

1992 年中国国际广播电台共收到 170 多个国家和地区的听众来信 328610 封，达到国际台听众来信数的历史最高纪录。

同月

郭超人接替穆青担任新华通讯社社长、党组书记。

黑龙江省邮电管理局主办的《黑龙江邮电报》在哈尔滨创刊。

四川《自学报》停刊。

《中国记者》杂志和《新闻战线》杂志相继发表文章，论述市场经济与新闻工作的关系，其中重要的有《新闻工作必须为建立社会主义市场经济体制服务》（姜春云）、《社会主义市场经济条件下的报纸管理》（梁衡）、《确立市场经济新闻观》（陈长生）、《社会主义市场经济对新闻宣传的新要求》（姚志能）等。

国家信息中心、常州市经济委员会主办的《中国剪报》公开出版发行。

渤海石油公司主办的《渤海石油报》公开出版发行。

大港石油管理局主办的《大港石油报》公开出版发行。

北京市新华书店、新华书店首都发行所主办的《北京图书信息报》恢复公开出版发行。

重庆市高新技术产业开发区办公室、重庆高新技术创业中心主办的《高新技术产业报》在重庆创刊。

甘肃省质量管理局主办的《质量服务报》在兰州创刊。

新疆生产建设兵团农一师主办的《胜利报》公开出版发行。

吉林省《吉林农民报》停刊。

河南省平顶山矿务局主办的《平顶山矿工报》公开出版发行。

河南省石油勘探局主办的《河南石油报》在郑州创刊。

第一拖拉机厂主办的《拖拉机报》在洛阳公开出版发行。

中国长城铝业公司主办的《中国长城铝业报》在北京创刊。

河南粮食厅主办的《河南粮食报》在郑州公开出版发行。

中共郑州市政法委员会主办的《郑州法制报》公开出版发行。

河南省供销合作总社主办的《河南合作经济报》在郑州公开出版发行。

广东省佛山市佛陶集团股份有限公司主办的《陶城报》在广东佛山市公开出版

发行。

同年

国内报纸纷纷扩版或另出周末版。各省市报纸除青海、西藏外，均由对开4版扩大到8版，上海《解放日报》和《深圳特区报》日出12版，《广州日报》每周4天出12版，3天出16版。

截至本年底，新华社在海外的供稿点（国家和地区）已发展到58个；在海外的电传、卫星供稿订户已达345家；在海外的新闻、信息、图片、特稿的直接订户，已达1058家。

据新闻出版署公布的统计材料，本年中国大陆共有191家报纸创刊，约每两天出现一家新的报纸。到本年底止，中国大陆共有1666种报纸，平均期发数19066万份，全年发行总数达2642868万份。我国大陆广播电台已由1978年的93座增加到812座，电视台由1978年的32座增加到586座，卫星地面站由1985年的50座增加到3.9627万座，收音机社会拥有量21595万台，电视机社会拥有量由1978年的304万台增加到2.2843亿台，县级广播电台551座。中央人民广播电台现有7套节目，每日播出128个小时。中国国际广播电台以43种语言每日播出165小时。中央电视台现有4套节目，每日播出49个小时。

1993年（癸酉）

1月1日

成都晚报社试行全员聘用合同制，报社内部打破干部和工人界限，只设置专业技术、管理和生产三类岗位。各类各岗位人员均实行公开招聘，择优上岗，合同管理。分配上，报社实行编制工资额和效益浮动工资额。

新华社主办的《新华每日电讯》在北京创刊。日出两大张。

《中国农业报》改名为《中国城乡金融报》继续出版。

《新闻出版报》评出1992年中国新闻界十件大事。“中国质量万里行”大型采访活动列十件大事之首。

羊城晚报社新购置的大型印报机组投产，2组4台，每台每小时有6万份印刷能力。

贵州日报社为适应报纸扩版增张的需要，从今日起，在记者队伍中实行按稿计奖，凭见报稿情况考核工作实绩。

中国国际广播电台使用新称号：China Radio International。

《深圳特区报》自今日起，从对开8个版增至对外12个版，与《广州日报》并列为全国版面最多的日报。

创刊43年的《贵州日报》，从今日起由对开4版增至对开8版。

吉林经济电视台、吉林经济广播电台、吉林省广播电视信息台正式开播。吉林省吉经广播电视广告有限公司开业。

中央电视台通过太平洋国际中转卫星，开始每天向北美地区传送1小时新闻、经济和文体节目，由美国芝加哥3C集团在美国KVBAND首次正式向北美播放。

1月3日

新华社主办的《中国证券报》在北京正式创刊。

1月5日

中央电视台与中国国际广播电台合作，于每日上午10时，通过太平洋国际卫星，用西班牙语向墨西哥特美维萨电视台传送5条新闻，节目长度为10分钟。观众覆盖面包括加勒比海沿岸国家，以及世界西班牙语国家。

1月6日

人民日报国际部主办的《环球文萃报》，在人民大会堂举行创刊新闻发布会。

吉林省主要领导同中央驻省新闻单位和省内各大新闻单位老总座谈。中共吉林省委书记何竹康作了长篇讲话，反复强调经济跃上新台阶与舆论宣传的关系问题。

《中国计算机报·普及教育版》在北京创刊。中国计算机报社、国家教委全国中小学生计算机教育研究中心主办。同年7月，改名为《中国电脑教育报》。

1月7日

发行量达130多万份的《足球》报刊出消息，宣布要在京、沪、沈三地各聘一位审读员，任务是对该报的内容、形式提出综合意见。

国务院新闻办公室主任曾建徽在今天的中外记者迎春招待会上宣布，国务院已授权新闻办公室负责国务院的新闻发布会。

《中国科协报》在北京创刊。中国科协主办。

1月8日

新华社社长郭超人与来访的白俄罗斯通讯社社长雅可夫列维奇在京签署两社交换新闻的协议。

中央电视台与韩国KBS广播公司就购买中央电视台《新闻联播》节目播放权举行签字仪式。KBS在保持节目原意的前提下选播中央电视台的国内节目。

1月9日

中国记协在北京该会新闻发布厅主办中外新闻界新春联谊会。

1月11日

中国记协和洋河酒厂联合举办的首届全国新闻界书法大赛揭晓。56篇作品分别获一、二、三等奖及特别奖。

新华社1993年度国内工作会议在总社召开。社党组书记、社长郭超人主持会议，并作了题为《在党的十四大精神指引下，为实现新华社历史上的新飞跃而奋斗》的报告。前任社党组书记、社长穆青也在会上讲了话。

中央电视台本日至12日在北京组织召开中国电视节目外销联合体成立大会。国务院新闻办公室三局副局长范信龙、广电部副部长刘习良、中央电视台领导杨伟光、于广华、马瑞流和来自42个省、市电视台的66位代表出席了会议。

全国宣传部长座谈会本日至19日在北京举行。中共中央宣传部长丁关根在总结讲话时要求，以建设中国特色社会主义理论指导宣传思想战线的全部工作。

1月12日

南京大学新闻传播学系暨大众传播研究所成立。

由中国产业报协会主办的市场经济与经济新闻研讨会在北京召开。

中国社会科学院新闻研究所与哲学研究所本日至13日联合在北京召开潘梓年学术思想讨论会，与会者有国内外专家、学者及与潘梓年共过事的老专家、老领导等共150人。潘曾任重庆《新华日报》社长、中国社科院哲学研究所所长。

1月13日

中国国际广播电台收到中央对外宣传小组发来的贺信，祝贺该台1992年海外听众来信达328612封。

中国社会科学院新闻研究所在京召开纪念马克思逝世100周年新闻学术座谈会，会议主题是“马克思新闻思想与现时代”。

《记者摇篮》杂志（辽宁日报主办）举办的“吉庆杯”新闻学优秀论文大奖赛，今日举行颁奖大会。这是该刊创刊以来第一次与企业界联手举办大规模新闻学论文征文评奖活动。

第六届全国晚报业余围棋锦标赛在西安降下帷幕。孙宜国 7 段获得本届个人冠军。

1 月 14 日

中央电视台副台长马瑞流会见南非共和国驻华代办处主任和副主任，双方就两国电视台业务交流交换了意见。

日本广播协会 NHK 企划局副局长市村佑一一行 4 人，在北京拜会中央电视台于广华副台长。

江泽民会见出席全国宣传部长座谈会全体人员并发表讲话，强调思想工作要为改革开放和现代化建设提供精神动力，智力支持，思想保证，创造良好的社会舆论和社会心理系统。

中共江苏省委宣传部、省记协、省广播电视厅、省新闻出版局和新华日报社联合在南京召开全省新闻出版界表彰大会。

1 月 20 日

中共中央军委副主席刘华清、张震，中央书记处书记、中央政法委书记任建新，国务院秘书长罗干，总参谋长张万年，总政治部主任于永波，总后勤部部长傅全有等领导人到中央电视台看望驻台的武警一支队十五中队。刘华清一再叮嘱武警官兵要保卫好中央电视台。

1 月 22 日

中国国际广播电台本日至 24 日与海内外 8 家电台联播，推出 5 台春节特别节目，与全球华人同乐。

1 月 23 日

经国家新闻出版署批准，《铁道工人报》更名为《铁道开发报》。

1 月 27 日

新华社与美联社交换新闻照片的协议，本日在美联社总部正式签署。

1 月 28 日

新华通讯社郭超人、南振中等社领导前往首都机场迎接和慰问受伤后回京治疗的新华社非洲总分社负责人刘江。刘江 1993 年 1 月 20 日在索马里首都摩加迪沙采访时，突遭当地一伙身份不明的持枪者袭击，造成左腿膝关节以上一段粉碎性骨折。

同月

新华社举行该社地方台广播开播 40 周年纪念。四代地方广播编辑欢聚在总社礼堂，共同回顾和总结 40 年来所走过的道路。

全国首家面向企业管理层的《厂长经理报》创刊。

《北京日报》驻大兴县、通县、顺义县、平谷县、怀柔县、密云县、昌平县、延庆县和门头沟区、房山区记者站正式成立。

《铁道技术市场报》在北京创刊。铁道报科学技术情报研究所主办。总编陈国杰。

《轻工购物导报》在北京创刊。消费时报社主办。

《中国测绘报》在北京创刊。国家测绘局主办。

《科技文摘报》在北京创刊。科技日报社主办。

天津市健康教育所主办的《卫生科普报》改名《健康周报》继续出版。

河北省物产集团主办的《物资信息报》在石家庄创刊。

河北省供销社主办的《河北供销信息报》在石家庄创刊。

河北开滦矿务局主办的《开滦矿工报》改名《开滦日报》继续出版。

河北日报主办的《农家乐》改名为《河北农民报》继续出版。

河北石家庄市政府主办的《经济展望》改名《石家庄经济日报》继续出版。

政协内蒙古自治区委员会主办的《政协信息报》在呼和浩特创刊。

辽宁日报社主办的《辽宁日报海外版》改名《辽宁日报海外专页》继续出版。

辽宁日报社主办的《辽宁农民报》改名《辽宁日报农民版》继续出版。

辽宁日报社主办的《辽沈晚报》在沈阳创刊。

辽宁日报社主办的《球报》在沈阳创刊。

辽宁丹东市经济与社会管理现代化研究会主办的《康寿福音报》在丹东创刊。

辽宁大连市妇女联合会主办的《现代女报》在大连创刊。

吉林省广播电视厅主办的《视听导报》在长春创刊。

中共吉林省浑江市委主办的《长白山报》在浑江创刊。

《珲春报》创刊。中共吉林省珲春市委、珲春市人民政府主办。

《吉林石油报》在长春创刊。吉林省油田管理局主办。

《延吉晚报》创刊。中共吉林省延吉市委主办。

《第一汽车集团报》在长春创刊。中国一汽集团公司主办。

《现代职工报》在哈尔滨创刊。黑龙江省总工会主办。

哈尔滨日报社主办的《哈尔滨农村报》改名《哈尔滨城乡时报》继续出版。

《大庆晚报》创刊。大庆日报社主办。

政协黑龙江省委主办的《黑龙江政协报》改名《北方时报》继续出版。

《信息与决策报》在黑龙江伊春创刊。伊春市人民政府主办。

中共黑龙江省绥化地委主办的《绥化地区报》改名《绥化日报》继续出版。

《扫盲学习报》在哈尔滨创刊。黑龙江省教委主办。

《上海证券报》创刊。上海证券交易所、新华社上海分社主办。

《每周文艺节目报》创刊。中共上海市委对外宣传小组主办。

《上海英文星报》创刊。中共上海市委对外宣传办主办。

《上海时装报》创刊。上海市纺织工业局主办。

上海市教育局主办的《我们一百万》改名《小伙伴报》继续出版。

新华日报社主办的《致富报》改名《服务导报》继续出版。

《金陵时报》在南京创刊。南京日报社主办。

《江南晚报》在无锡创刊。无锡日报社主办。

《盐城广播电视报》在盐城创刊。江苏盐城广播电视局主办。

《鄞县报》在浙江鄞县创刊。中共浙江省鄞县县委主办。

《小商品世界报》在浙江义乌创刊。浙江省义乌中国小商品城信息中心主办。

《上虞报》在浙江上虞创刊。中共浙江省上虞市委主办。

《黄岩报》在浙江黄岩创刊。中共浙江省黄岩市委主办。

浙江省总工会主办的《劳动时报》改名《浙江工人日报》继续出版。

浙江省供销合作社主办的《供销合作报》改名《城乡市场报》继续出版。

中共浙江省海盐县委主办的《海盐科技报》改名《海盐报》继续出版。

《小学生世界》在杭州公开出版发行。浙江教育学院主办。

中共浙江省海宁市委主办的《海宁科技》改名《海宁报》继续出版。

《信息参考报》在金华公开出版发行。

浙江金华市经济技术开发管理委员会主办。

《巨化报》在浙江衢州创刊。浙江巨化集团公司主办。

《食品导报》在温州创刊。浙江温州市商业委员会主办。

浙江省工商局主办的《市场导报》改名《浙江市场导报》继续出版。

《丽水电视报》在浙江丽水创刊。浙江丽水电视台主办。

《交通安全导报》在福州创刊。福建省公安厅交警总队主办。

《江西电力报》在南昌创刊。江西省电力工业局主办。

江西省政协主办的《江西政协报》改名《光华时报》继续出版。

江西省经委主办的《企业导报》改名《经济晚报》继续出版。

中共江西省鹰潭市委主办的《鹰潭报》改名《鹰潭日报》继续出版。

中共江西省宜春地委主办的《赣中报》改名《宜春日报》继续出版。

中共江西省九江市委主办的《九江报》改名《九江日报》继续出版。

《南阳晚报》公开出版发行。中共河南省南阳市委主办。

《开封广播电视报》公开出版发行。河南省开封市广播电视局主办。

《鹤壁矿工报》公开出版发行。河南省鹤壁矿务局主办。

《建筑工人报》在河南省南阳市公开出版发行。中国建筑第七工程局主办。

《粮油市场报》在郑州公开出版发行。河南省粮食厅主办。

《义马矿工报》在河南义马公开出版发行。义马矿务局主办。

《周口声屏报》在河南周口公开出版发行。河南省周口地区广播电视局主办。

《汝州晚报》在河南汝州创刊。中共河南省汝州市委主办。

《平顶山广播电视报》公开出版发行。河南省平顶山广播电视局主办。

《济源报》在河南济源创刊。中共河南省济源市委主办。

《新乡广播电视报》公开出版发行。河南省新乡市广播电视局主办。

《舞钢报》在河南舞阳创刊。河南省舞阳钢铁公司主办。

中共湖北省咸宁地委主办的《咸宁报》改名《咸宁日报》继续出版。

中共湖北省荆门市委主办的《荆门报》改名《荆门日报》继续出版。

中共湖北省孝感地委主办的《孝感报》改名《孝感日报》继续出版。

中共湖北省黄冈地委主办的《黄冈报》改名《黄冈日报》继续出版。

中共湖北省陨阳市委主办的《陨阳报》改名《陨阳日报》继续出版。

东风汽车制造公司主办的《二汽工人》改名《东风汽车报》继续出版。

铁道部大桥工程局主办的《桥工报》改名《桥梁建设报》继续出版。

湖南省社会科学联合会主办的《书刊导报》改名《书刊文摘导报》继续出版。

中共武汉市蔡甸区委主办的《汉阳报》改名《蔡甸报》继续出版。

《古今故事报》在武汉创刊。湖北省新闻出版局、湖北省期刊协会主办。

湖南省政协主办的《湖南政协报》改名《湘声报》继续出版。

《小天使报》在长沙公开出版发行。湖南省文联主办。

《邵阳广播电视报》在邵阳公开出版发行。湖南邵阳市广播电视局主办。

《洞庭之声》在岳阳创刊。湖南岳阳市广播电视局主办。

《涟邵工人报》公开出版发行。湖南涟

邵矿务局主办。

《巴陵石化报》在岳阳创刊。湖南岳阳化工总厂主办。

《人民公路报》在长沙创刊。湖南省交通厅主办。

广东人民广播电台主办的《广东广播》改名《声报》继续出版。

中共广东省佛山市委主办的《佛山市报》改名《佛山日报》继续出版。

广东省食品工业协会主办的《广东食报》改名《美食导报》继续出版。

《沿海时报》在北海创刊。广西北海市人民政府主办。

《百色市报》在百色创刊。中共广西百色市委主办。

《北海广播电视报》在北海创刊。广西北海市广播电视局主办。

中共广西钦州地委主办的《北部湾报》改名《钦州湾报》继续出版。

广西壮族自治区总工会主办的《广西工人报》改名《劳动者报》继续出版。

《特区证券报》在海口创刊。海南日报社、海南证券交易中心主办。

《贵州人口报》在贵阳创刊。贵州省计划生育委员会主办。

《贵州交通报》在贵阳创刊。贵州省交通厅主办。

中共贵州遵义地委主办的《遵义报》改名《遵义日报》继续出版。

中共贵州安顺地委主办的《安顺报》改名《安顺日报》继续出版。

《云南个体经济报》在昆明创刊。云南省工商局、云南省个体劳动者协会主办。

《开远报》在开远创刊。中共云南省开远市委主办。

《农村信息报》在昆明创刊。云南省农村经济学会主办。

《云南残疾人报》在昆明创刊。云南省残疾人联合会主办。

《陕西交通安全报》在西安创刊。陕西省公安交警总队主办。

《公安生活报》在西安创刊。陕西省公安厅主办。

《西北信息报》在西安创刊。陕西省经委经济信息中心主办。

中共陕西省铜川市委主办的《铜川报》改名《铜川日报》继续出版。

共青团宁夏回族自治区委主办的《宁夏青年报》改名《青年生活导报》继续出版。

《哈密广播电视报》公开出版发行。新疆哈密地区广播电视局主办。

新疆维吾尔自治区计委信息研究中心主办的《信息参考报》改名《新疆信息报》。

《生活导报》在乌鲁木齐公开出版发行。新疆日报主办。

《伊犁垦区报》公开出版发行。新疆生产建设兵团农四师主办。

新疆克拉玛依广播电视局主办的《克拉玛依广播电视报》改名《油城广播电视报》继续出版。

新疆生产建设兵团农一师主办的《胜利报》改名《塔里木报》继续出版。

新疆生产建设兵团农六师主办的《五家渠报》改名《准噶尔时报》继续出版。

新疆建筑总公司主办的《新疆建筑报》改名《西部建设报》继续出版。

政协新疆维吾尔自治区委员会主办的《新疆政协报》改名《亚洲中心时报》继续出版。

2月1日

据今日出版的《新闻出版报》报道，开封日报社美术编辑赵晓苏获得第14届日本《读卖新闻》国际漫画大赛唯一最高奖近藤日出造奖。《读卖新闻》国际漫画大赛是当今世界上规模最大的漫画大赛。

据今日出版的《新闻出版报》报道，我

国邮发报刊（含期刊）已达4572种，破历史纪录。经济类报刊发行量明显上升，地市报略有上升。

中央电视台正式启用图文电视向部分地方电视台传送《新闻联播》文字稿。

中央电视台台长杨伟光、副台长马瑞流今天会见美国传播媒体公司、基督教广播网副总裁迈克尔·戴尔·利特尔先生一行，双方就节目交换和销售事宜进行了协商。

2月3日

中央电视台派出《神州风采》栏目摄制组本日至17日赴台湾采访。

2月4日

首届驻滇新闻单位宣传云南优秀新闻作品（1992年度）奖评选揭晓。

2月8日

国内首家以免费赠送形式发行的消息信息类报纸——《巴士信息》，在江苏省无锡市出版发行。

2月9日

中国国际广播电台主办的《世界信息报》举办的“西泠杯”1992年十大国际新闻和国内新闻评选颁奖大会在人民大会堂举行。

2月10日

人民日报召开1992年度工作总结表彰大会。社长、总编辑邵华泽作了重要讲话。

人民日报国内记者工作会议本日至20日在北京举行。中共中央政治局委员、书记处书记、中宣部部长丁关根到会作了重要讲话。

河南省记协、省新闻学会和河南日报社联合邀请《经济日报》总编辑范敬宜就经济报道如何适应社会主义市场经济体制问题作报告。

2月12日

1993年度中南地区部分省、区、市委机关报经营管理座谈会，本日至17日在深圳召开。

2月13日

中央电视台副台长林景云会见日本松下公司海外营业部部长苦本智明、中国营业部部长浅田隆司一行4人，双方就未来电视设备的发展进行了探讨。

2月15日

中央电视台发出《关于设立中央电视台法律顾问的通知》及制定《中央电视台法律顾问室工作条例》。

2月17日

国民党在香港的机关报《香港时报》因经营困难自动停刊。先后出版44年。

2月18日

中央新闻单位的39名记者因积极宣传、促进北海市的开放和发展，受到广西北海市政府的表彰。

2月19日

广电部副部长王枫、中央电视台台长杨伟光会见了美、澳、英跨国新闻集团有限公司董事会主席兼行政总裁默多克一行6人，双方就电视台合作事宜进行了广泛交谈。

2月20日

为庆祝黑龙江人民广播电台开办朝鲜语广播30周年，应黑龙江省广播电视厅邀请，朝鲜中央广播委员会负责人及朝鲜出版物交流协会副会长李勇、局长金泽洙、韩国放送公社RADIO本部部长赵昌化、韩国中央电视台台长一行3人前来参加庆祝活动。

2月中旬

中国报业协会派出中国报纸广告考察团到美国进行考察访问。

2月22日

中央电视台本日至25日在广西南宁召开《经济信息联播》合办节目选题协调会。

全国41家省市电视台负责经济宣传的编辑、记者参加了会议。

2月23日

第二届中国新闻奖、第三届现场短新闻和1992年全国新闻学术年会获奖论文的颁奖仪式在人民大会堂举行。

2月24日

以副总编辑郑梦熊为团长的《人民日报》代表团，应泰国《泰叻报》邀请抵达曼谷访问。25日泰国总理川·立派会见了他们。

2月26日

中央电视台组织全国电视对外报道获奖节目的编导本日至3月5日赴新加坡考察。

中央电视台主办的全国省级、计划单列市电视台台长会议和总编辑室主任会议，本日至3月1日在北京举行。来自全国30个省、自治区、直辖市和14个计划单列市电视台以及上海东方台、湖北江汉台的台长、总编室主任共78人出席了会议。

2月27日

新华社通报表扬成功地报道云南普洱地震的云南分社记者及通讯员杜奎昌等。

2月28日

经广播电影电视部批准，中央电视台中国国际电视公司与新加坡音乐集团（远东）有限公司合资成立的“今日国际视听制作有限公司”领取了国家工商行政管理局颁发的营业执照。这是中国国际电视公司建立的第一家合资公司。

3月1日

中央电视台的电视新闻节目从本日起由原先每天播出4次，增至11次，重要新闻实行滚动播出。这次调整后，中央电视台新闻节目加大了信息量，增强了时效。

《经济日报》在中央各报当中，率先在全国各分印点全部实现卫星传版。

贵州省六盘水市电视台正式开播。

应《经济日报》社邀请，法国《观点》周刊社论撰稿人马尼埃本日至9日来华访问，先后到北京、上海、广州和深圳进行了采访。

3月4日

中央电视台、中国国际广播电台共同与墨西哥特莱维萨电视公司代表埃来利奥·迪耶斯签订《中国中央电视台、中国国际广播电台向墨西哥特莱维萨电视公司传送电视新闻的协议》。根据这一协议，中方每周2次定时向墨西哥特莱维萨电视公司寄送西班牙语中国电视新闻节目，每次10分钟。

山东省新闻工作者协会、山东省新闻学会与省委宣传部、省农委本日至6日联合召开改进和加强农村经济报道研讨会。

3月5日

由北京新闻与公共发展中心等单位共同举办的首都新闻工作者争奥运联谊活动，在北京客都酒家举行。

3月6日

以副总编辑郑梦熊为团长的《人民日报》代表团，应老挝《人民之声报》的邀请抵达万象访问。

3月7日

应日本财团法人放送网国际交流中心邀请，由广播电影电视部组团，前往日本参加为期3天的第二届Jamco国际讨论会。主题为环日本海（东北亚）地区广播电视状况及节目交流现状与展望。

3月8日

以瑞典埃里克松为团长的国际奥委会考察团一行13人，到中央电视台进行实地考察。

国家新闻出版署批准《中国新闻年鉴》

作为期刊出版。

3月9日

应俄罗斯国际奥斯坦基诺电视无线广播公司总经理安德烈耶夫的邀请，以黑龙江省广播电视厅副厅长王毅人为团长的代表团，本日至18日赴俄访问。

3月10日

中国环境报本日至13日在贵州省遵义市召开该报全国22个记者站负责人会议。

3月14日

中共中央宣传部和新闻出版署在北京联合召开研讨会，讨论如何加强报刊市场管理等问题。

3月17日

北京、广东、上海三家电视台本日至18日合作现场直播1993世界体操单项锦标赛，开创了地方台联手直播重大世界赛事的纪录。

受法国诺曼基金会委托，经济日报社邀请法国杜伊斯堡大学教授皮拉西来报社就两德统一问题作演讲。

3月18日

中央电视台与美国美洲（集团）合作经营的中视经济影视中心举行签字仪式。

3月19日

世界上第一份丝绸印染的报纸——《江南游报》在浙江杭州诞生，并被中国丝绸博物馆收藏。

3月20日

上海市新闻学会组织召开市场经济与新闻报道和新闻改革学术研讨会。

3月22日

西藏日报藏族记者益西加措在全国人大、全国政协“两会”新闻中心举办的西藏代表答记者问的招待会上宣布：此次西藏电视台、西藏人民广播电台、新华社西藏分社和西藏日报社各派1名记者组团赴“两会”采访。西藏新闻单位组团参加“两会”报道，在历史上还是第一次。

3月29日

中央电视台副台长林景云和广电部科技司张兆雄会见了澳大利亚新闻事业集团有限公司亚洲发展部总经理张正甫和其附属公司总经理巴顿等一行6人，双方就有关电视的技术合作等方面的问题进行了协商。

3月31日

新疆维吾尔自治区新闻发布中心在乌鲁木齐成立。

应《人民日报》社的邀请，以副主编多奈·策登依希为首的蒙古《人民权利报》代表团本日至4月7日访问中国。

台湾政治大学新闻系陈世敏教授到中国社会科学院新闻研究所作为期1个月的交流访问。

同月

新闻出版署报纸司主办的《中国报纸月报》在北京创刊。

4月1日

原商业部创办的《中国商报》改由新组建的国内贸易部主办，并在该报报头下标出隶属关系。原物资部创办的《中国物资报》，也改由国内贸易部主办。

国务院港澳办公室港澳研究所主办的《今日港澳》杂志在北京创刊。社长郑伟荣，副社长罗昌华，主编袁光强。

中央电视台录制部、音频部对部分视频、音频机房进行技术改造，初步形成了转录胶片、磁带、工作带、初对、译配合完整的译配工艺流程，改变了中央电视台长期依赖外部设备、设施加工制片的局面。

中央电视台召开全国人大、政协“两会”宣传报道总结大会，广电部副部长刘习良、部总编室主任张振东和台领导杨伟光、沈纪听取了“两会”报道的工作汇报。

4月2日

应韩国《经济新闻》社邀请，以总编辑范敬宜为团长的《经济日报》代表团一行5人离京赴汉城，开始对韩国进行为期10天的友好访问。

国家主席江泽民为新华社上海分社主办的《开放》杂志题词：“改革开放，安国兴邦。”

4月3日

中国国际广播电台副团台长胡耀亭率代表团本日至20日访问马来西亚、新加坡。

4月5日

美国有线电视公司（CNN）总裁汤姆·约翰逊一行到中央电视台访问。杨伟光台长同CNN总裁以及特纳国际公司签订了第三期合作协议。

4月6日

中央电视台副台长沈纪会见斐济国家新闻部长伊来·库利一行3人。

中共中央宣传部发出通知，强调不应以重奖办法吸引记者到本地或本单位进行采访报道。各新闻单位和记者个人都不得接受被报道地方、单位的金钱和实物奖励。

4月7日

延边广播电视局副总编辑蔡永春一行4人，本日至17日应邀到朝鲜广播电视中央委员会电视总局访问。

《浙江日报》刊发记者张亮采写的题为《“百乐”电视何“乐”之有》报道，批评杭州电视机二厂生产的彩电质量差。当日下午，该厂厂长周卫国率人动手打了张亮和报社社会生活部副主任项宁一。被批评者上门殴打记者，这是建国以来第一次。

4月8日

中国社会科学院新闻研究所主办的《新闻研究资料》改名《新闻与传播研究》季刊继续出版。

全国主持人节目研究委员会首次理事会，本日至10日在北京举行。

4月9日

国务院新闻办公室本日至11日在上海召开长江沿江地区对外宣传工作座谈会。

《人民日报》评论部和山西省晋城矿务局联合举办的《人民论坛》征文评选揭晓。《人民论坛》是该报开辟的评论专栏。

4月10日

《北京青年报》《人民政协报》《北京公共关系报》等联合发起的“记者换笔大会”，即使用电脑代笔写稿的“大会”，在北京举行。

4月11日

应《人民日报》社邀请，由专务董事兼编辑局长加藤博文率领的日本《读卖新闻》代表团到达北京访问。

4月12日

上海《解放日报》刊出上海科技报社向全社会公开招聘正副总编辑的广告。

由16家新闻单位主办的第二届国产汽车大奖赛在北京举行颁奖仪式。

4月13日

本日至21日，应香港奥斯卡广告有限公司邀请，《中国青年报》社秘书长樊永生等4人，抵港访问考察。

4月15日

由中国新闻法制研究会、国家新闻出版署政策法规司、上海社会科学院新闻研究所和新闻记者杂志社、宜兴报社等单位联合举办的中国第二次新闻纠纷与法律责任学术研讨会本日至18日在江苏宜兴召开。

4月16日

本日至5月1日，中央电视台为了配合

澳门基本法宣传，派出第四套节目编辑部的记者去澳门采访。

以澳门日报社社长李成俊为团长的澳门新闻界访问团到中国记协访问。

台湾“中国新闻协会”理事长楚崧秋到中国记协访问。

4月17日

德国电视一台驻莫斯科记者鲁格一行4人，本日至25日来黑龙江省拍摄一部以边境地区人民生活、经贸及社会教育为主题的纪录片。

4月19日

新华社、北方计算机研究所等单位举行讨论会，就经济日报社重大技术改造项目、综合经济信息检索系统的扩充等问题，进行了研讨。

应美国西方传播集团有限公司邀请，吉林省广播电视厅厅长姜兴坤等人组成的中国电视广告考察团，赴美参观考察并联系业务。

4月20日

吉林省广播电视厅《视听导报》总编邢文国赴美国进行商务及报业广告洽谈考察。

4月22日

’93上海国际新闻及出版技术展览会开幕。

4月23日

人民日报海外版、中央电视台、中央人民广播电台、新华社、经济日报等8家新闻单位的15名记者组成的“南方万里纪行”采访团，今日完成采访任务返回北京。

南振中任新华社总编辑。

4月24日

上海新闻界、复旦大学新闻学院、华东大学新闻学院校友会、复旦大学新闻学院上海同学会联合举行集会，祝贺王中教授从事新闻工作55周年及80岁寿辰，并就新闻改革问题进行了研讨。

4月26日

本日至30日，由《经济日报》与台湾《经济日报》共同举办的海峡两岸第三产业研讨会在北京举行。

4月27日

新疆经济报记者余斌、尹兆福结束了骑自行车“环疆万里行”的采访活动，今日返回乌鲁木齐。

以乌克兰记协主席叶夫根尼为团长的乌克兰新闻代表团首次来华访问。

4月29日

中国新闻史学会和四川省新闻出版志编纂委员会联合主办的全国首届地方新闻史志研讨会，本日至5月2日在成都市召开。

4月30日

北京市记协组织的采访团一行8人，对广西南宁、东兴、北海、桂林等地进行了为期8天的参观访问。

同月

全国性新闻社团注册登记工作基本结束，全国各类专业记协组织已发展到33个。

5月1日

一份以邮电部正式发行的邮资明信片为载体的集邮报纸——《明信片报》，在浙江绍兴出版。它是目前国内版面最小的报纸（6cm× 8.5cm）。

天津电视台与美国美南华语电视公司合作，在美国休斯敦城有线4号台播出天津电视台制作的节目《中国·天津》。

5月3日

应中国记协邀请，以越南记协副总书记、《新河内报》总编辑胡春山为团长的越南新闻代表团一行3人抵达北京，对我国进行为期2周的访问。

10位老新闻工作者联名写报告给中共中央政治局委员、书记处书记、宣传部部长丁关根，诉说“有偿新闻”的严重危害，吁请中央明令禁止“有偿新闻”。《光明日报》摘要刊登了这个报告。

“CNN世界报道200条供片者俱乐部”在美国亚特兰大市召开的“CNN世界报道”第四届供片年会上，宣布我中央电视台为该俱乐部成员，并向中央电视台颁发了成员证书。

5月4日

北京有线电视台结束了一年的试播，转入正式播出。

5月5日

中华全国新闻工作者协会主办的《中华新闻信息报》在北京创刊。唐非任总编辑。向国内外发行。

中央电视台本日至7日分别召开由首都电视工作者、观众代表和国务院部委局部分领导人参加的三个座谈会。丁关根、李铁映等领导人参加了座谈会并发表重要讲话。

5月6日

发行量上百万份的《南方周末》报以主办研讨会的方式庆祝该刊创刊10周年。

5月7日

中国广播电视学会主办的'92中国电视新闻奖在西安揭晓。

5月8日

新闻出版署作出《关于撤销〈轻工导报〉登记注册的通报》。

新华社社长郭超人签署嘉奖令，通令嘉奖该社四川分社记者王毅。王毅在调查四川省仁寿县农民负担过重问题中，深入乡村弄清事实真相，并正确分析了事物的性质，所写的报道引起了中央的重视，也为地方政府作出正确判断和处理提供了可靠依据。

5月10日

首届全国广播评论的最高奖——中国广播评论奖的评选工作在山东潍坊结束。

5月12日

国际奥委会主席萨马兰奇用西班牙文为中央电视台题词：“把我的感情和友谊献给中国电视观众。”

5月14日

《经济日报》首任驻北欧5国记者徐沅潮离京赴哥本哈根就任。

5月15日

人民日报社“八五”技改项目——新闻编排系统更新、改造工程，通过国家新闻出版署组织的国家级验收。

5月16日

北京电视台本日至22日主办第二届北京国际电视周。

中国国际广播电台副台长丛英民率8人代表团本日离开北京，赴法国、瑞士、奥地利、埃及等国，商谈继续租机、互转等问题。

5月17日

中央电视台第四套节目的《中国中央电视台新闻》改名为《新闻》。

《经济日报》总编辑范敬宜会见美国《基督教科学箴言报》北京分社社长。

5月18日

中央电视台杨伟光台长会见巴基斯坦电视台台长及巴驻华使馆文化官员。

杨伟光台长会见芬兰代表团一行4人，向客人介绍了中央电视台的总体情况。

中国社会科学院新闻研究所、江苏无锡日报和中共江阴市委宣传部本日至22日在无锡、江阴共同主办了社会主义市场经济与新闻事业研讨会。

5 月中旬

法国电视台恢复定期向全国播放我中央电视台对外电视中心制作的法文版《中国报道》节目。

5 月 22 日

《人民日报》新闻资料处理系统在新闻出版署召开的 1993 年科学技术进步奖评审会上，被评为一等奖。

5 月 23 日

西藏自治区新闻工作者协会和西藏自治区新闻学会举行集会，庆祝两会成立 10 周年。

5 月 25 日

人民日报社社长兼总编辑邵华泽会见由社长兼总编辑米格鲁·丁努率领的罗马尼亚《真理报》代表团。

中国记协主办的社会主义市场经济与经济报道理论研讨会本日至 28 日在武汉市召开。参加会议的有北京、上海、天津、广东、湖北和武汉市的新闻单位负责人、专家、教授等 50 多人。30 多人在会上作了发言，并提交了 25 篇论文。研讨会由中国记协、中共武汉市委宣传部和武汉市记协联合主办，武汉电视台承办。

受联合国教科文组织的委托，中国记协、中华全国农民报协会、《农民日报》《北京日报》郊区版本日至 29 日共同在北京举办亚洲农业记者研讨会。来自亚洲 11 个国家资深农业记者和中国十几家新闻单位的记者共聚一堂，就“亚洲农业记者的作用和亚洲农业的发展”进行了研讨。

5 月 26 日

中国社会科学院新闻研究所和厦门大学新闻传播学系本日至 29 日联合在厦门市召开第三次全国传播学研讨会，会议主题是“信息传播与改革开放”。

5 月 27 日

应江苏《新华日报》社邀请，日本《名古屋时报》编辑局长石田未南本日至 6 月 2 日访问了南京、扬州、无锡、苏州等地。

中央电视台副台长马瑞流会见了俄罗斯联邦驻华大使馆文化、新闻参赞伍努科夫及俄罗斯奥斯坦基诺电视广播公司驻京记者费奥罗克季斯托夫。

夏庇若新闻教育基金会在新华社举行首次颁奖大会。

5 月 28 日

应经济日报社邀请，以朝鲜工业综合出版社副社长兼总编辑李秀哲为团长的代表团一行 4 人抵达北京，开始对我国进行为期 10 天的访问。

全国第一条以记者的名字命名的路“宝健路”，在河南财重镇孟楼诞生。宝健全名许宝健，是《经济日报》的记者，1992 年 5 月，曾采写长篇通讯《从孟楼到孟楼》，引起有关部门的高度重视。河南孟楼规划的 15 条街道也由此而得以贯通。为感谢这位记者，当地政府把新建连接两个孟楼的街道命名为“宝健路”。

5 月 30 日

应韩国公报处海外公报馆长李灿客的邀请，黑龙江人民广播电台朝鲜语部派出一名主任编辑赴韩国考察、研究。

5 月 31 日

中国产业报代表团一行 7 人本日至 6 月 13 日出访美国，这是我国产业报界第一次登上中美新闻界友好往来的舞台。

同月

中国人民解放军总政宣传部组织的 1992 年度全军 10 家报社好新闻评比揭晓。

6 月 1 日

全国 50 家省市广播电台的 100 多位台

长、编辑、记者在丹东开会交流经验。

香港星岛有限公司与中国国际文化出版公司共同组建星光国际文化出版社，并联合出版合资杂志《星光月刊》。该刊在北京出版，京、港两地印刷。

6月2日

中共中央宣传部、新闻出版署特邀首都10家报纸周末版的主编举行座谈，交流办好《周末版》的经验。

《经济日报》总编辑范敬宜会见台湾《工商时报》高级顾问张屏峰、副社长郑优、大陆巡回特派员童再兴，就两报合作事宜进行了交谈。

6月3日

新华社第一次社办报刊（分社部分）会议本日至5日在总社召开。

6月5日

人民日报摄影部本日至10日在柳州召开党报新闻摄影研讨会。

6月7日

中国产业报协会召开第二届学术年会。

6月8日

中国记协在北京召开中美新闻工作者座谈会，首都20多家新闻单位的40多位负责人出席了会议。

武汉《长江日报》派出“长江万里行”采访团，本日至10月9日对长江流域九省一市进行采访报道，先后见报的各类稿件达83篇。

6月9日

中共中央宣传部在北京召开新闻工作座谈会，提出继续推进新闻改革，加强新闻队伍建设。

6月10日

中央电视台第一、二套节目的各个栏目，自本日起，实行零秒制作与正点播出。

6月上旬

第二次《人民日报》暨省、市、自治区党报内参工作座谈会在湖南举行。

6月12日

中国轻工业系统的第一次专业报刊会议在北京结束。

中共中央政治局委员、中宣部部长丁关根到中国国际广播电台，与该台各级干部进行座谈。

6月14日

中央电视台牵头拍摄制作的介绍我国人权情况的大型系列片《今天的中国人》，本日至25日拍摄完成。这部系列片将提供给我国出席世界人权大会的代表团在会上使用。

6月15日

北京市邮政管理局为方便读者订报，自今日起，对《北京日报》《北京晚报》的订户，实行读者电话订报和读者随时订阅服务。

中共中央和国家领导人江泽民、李鹏、乔石、李瑞环、刘华清为《人民日报》创刊45周年题词。据统计，到1992年底，人民日报社工作人员已由最初的几百人增加到近2000人，在国内外设立了60多个记者站。《人民日报》期发行量一直居各大型日报首位。

6月17日

中央电视台经济部举办的特别节目《科技大市场》展示会，在中国科技情报所展览大厅开幕。

应波兰《共和国报》邀请，《光明日报》社副秘书长邹安寿等一行3人，本日至7月1日对波兰进行友好访问。

新闻监督与人身权保护研讨会在北京举行。

6 月 18 日

《经济日报》社副总编辑宋静存应奥地利联邦商会邀请，赴维也纳进行为期一周的访问。

6 月 19 日

美籍科学家牛满江和夫人应《光明日报》社邀请来华访问。

6 月中旬

新疆日报社副总编辑何富麟率领的《新疆日报》采访团访问了哈萨克斯坦共和国。

由 1174 家报社组成的中国报业协会在北京召开第二届第二次常务理事扩大会议，探讨报业如何适应经济发展问题。

6 月 21 日

首届全国省（区）党报新闻奖评选在河北唐山市揭晓。

澳门日报业务骨干一行 10 人，应中国记协邀请，本日至 29 日访问了北京、济南、曲阜和泰安等地。

6 月 23 日

新华社社长郭超人与澳联社社长凯西在新华社新闻大厦签署了新闻交换合作协定及补充协定。

6 月 24 日

中央电视台研究室、中国科技会堂和陕西时代电视图像艺术中心，本日至 26 日在西安举办全国首次电视图像艺术研讨会。

全国省级和计划单列市电视台技术交流工作会议，本日至 27 日在北京召开。

6 月 27 日

中国机械新闻工作者协会在北京成立。

台湾政治大学传播学院主办的“一九九三中文传播研究暨教学研讨会”，本日起到 30 日止在台北举行。祖国大陆的甘惜分、方汉奇、宁树藩、孙旭培、赵玉明、吴文虎、刘海贵等 18 位新闻教学研究工作者参加了研讨会，并提交了论文。这是在台湾召开的第一次有两岸学者共同参加的新闻传播学学术研讨会。

6 月 28 日

《苏州日报》出版彩报。

人民日报海外版编辑部在北京召开读者作者座谈会。

6 月 29 日

应《人民日报》社邀请，以编辑局长织笠次为团长的日本《北海道新闻》代表团本日至 7 月 3 日访问中国。

新华社辽宁分社和辽宁省新闻出版局联合主办的《中华第三产业报》在沈阳创刊。

7 月 1 日

《辽阳日报》由 4 开 4 版改出对开 4 版。

土耳其之声电台台长萨维恩·克拉勒一行 3 人，本日至 11 日访问了北京、杭州、上海和深圳。

7 月 2 日

应《人民日报》邀请，墨西哥《至上报》社长雷希诺·迪亚斯·雷东多本日至 9 日访问中国。

由中央电视台及十几家省市电视台联合拍摄的《西安行》等 36 个专题新闻片，经专家教授组成评委会进行评选后召开颁奖大会。山西电视台拍摄的《西安城里观股潮》获一等奖。

7 月 3 日

新华社张宝顺与来华访问的哈萨克斯坦通讯社社长艾哈迈塔利莫夫在北京签订《新华通讯社和哈萨克斯坦通讯社交换新闻协定》和《关于交换新闻技术问题的补充议定书》。

7 月 6 日

新华社本日至 9 日召开该社纪律检查工作会议。

7月7日

中央电视台副台长马瑞流会见几内亚新闻代表团团长纳比卡·西拉一行3人。

应黑龙江电视台邀请，以日本国北海道电视台报道制作局国际部长西尾克彦为团长的3人访问团，来黑龙江省进行访问和采访。

7月10日

中国国际广播电台国内新闻中心组织的“边疆行”系列报道出台。

埃及广播电视协会主席贝斯尤尼夫夫妇及国际司司长阿布阿里斯本日至14日来华访问。

7月12日

以副总编辑李仁臣为团长的《人民日报》代表团，应朝鲜《劳动新闻》的邀请访问朝鲜。

7月14日

人民日报和大连日报发起的全国首届报纸国际新闻报道和国际副刊理论研讨会在大连举行。有33家新闻单位的代表40余人出席。

7月15日

中华全国法制新闻工作者协会人大制度宣传工作者分会（简称人大协会）在北京成立。

7月18日

中央电视台本日至21日进行全国广播电视百名优秀节目主持人暨全国“金话筒奖”的复评工作。

7月22日

全国性美术专业报纸《美术报》在杭州创刊。该报由浙江日报和浙江美术学院联合创办。4开4版，周报。彩色胶印。

全国省级广播电视报年会本日至27日在贵州省贵阳市召开。

7月26日

中国国际广播电台的英语节目，由美国华盛顿地区的新世界电台通过中波在当地时间下午4时至5时正式面向华盛顿及周围地区播出。

7月28日

江西电视台制作的电视节目《中国江西》在美国美洲东方卫星电视播出。

7月31日

中共中央宣传部、新闻出版署联合向各省、自治区、直辖市党委宣传部、新闻出版局及中央各新闻单位发出《关于加强新闻队伍职业道德建设，禁止“有偿新闻”的通知》。通知提出关于新闻职业道德建设的五项要求，概括如下：一、新闻单位和新闻工作者要认清党和人民赋予的使命和职责，继承和发扬新闻工作的优良传统，坚持新闻工作为人民服务，为社会主义服务的方针，坚持新闻工作的党性原则和真实性原则，遵纪守法，廉洁奉公，恪尽职守，维护新闻工作的良好形象和信誉。二、新闻单位和新闻工作者不得接受被采访和报道者以任何名义给的礼金和有价证券，不得向被采访或被报道者索要钱物；各单位不得以任何名义向新闻单位和新闻工作者赠送礼金和有价证券，也不得以重奖办法吸引新闻工作者到本地区、本单位采访报道。三、新闻与广告必须严格分开，不得以新闻报道的形式为被报道单位做广告。四、新闻报道与经营活动必须严格分开。五、各新闻单位要在新闻工作人员中深入地开展职业道德和法制纪律教育，制定自我监督自我约束的规定，接受社会监督。

人民日报社机关党委召开赴西藏记者汇报座谈会。

《解放日报》周末版发表由记者孙谦采写的独家报道、长篇访谈录《毛毛历时三年推出人物传记〈我的父亲邓小平〉》。

同月

首届中国人口好新闻评选揭晓。共有 101 篇新闻作品获奖。

为庆祝中央电视台建台 35 周年，该台研究室组织编辑出版了一套《电视丛书》。这套丛书共 12 册，约 450 万字。

第三届中国新闻奖评选结果在郑州市揭晓。共有 154 件新闻作品获奖。《深圳特区报》的通讯《东方风来满眼春》《人民日报》的言论《千万不可忽视农业》《解放日报》的消息《上海证券交易所与国际市场接轨》等 18 篇新闻作品获一等奖。

“’93 质量万里行”活动，本月起在国家经贸委、中共中央宣传部和国家技术监督局共同指导下进行。61 家中央和部门新闻单位的记者和国家技术监督局人员，以及与质量工作有关的社团工作人员联合组成采访团，从本月起到 9 月，分 4 路在全国范围进行采访报道。宣传了几个质量好的典型，报道了几个质量差的重大案件，并对制售假冒伪劣产品的窝点和集散地进行曝光，同时还组织了“’93 质量万里行”电视宣传。

江西省体委主办的《江西体育报》改名《五环时报》继续出版。

《海南科技报》在海口市公开出版发行。海南省科协、海南省科技厅主办。

《海南公安报》在海口市公开出版发行。海南省公安厅主办。

《汉中广播电视报》公开出版发行。陕西汉中广播电视局主办。

《西安工人报》公开出版发行。西安市总工会主办。

《甘肃邮电报》在兰州创刊。甘肃省邮电管理局主办。

《甘肃交通报》在兰州创刊。甘肃省交通厅主办。

《乌鲁木齐广播电视报》创刊。乌鲁木齐市广播电视局主办。

乌兰浩特有线电视台试播。

辽宁营口有线电视台试播。

福建东山人民广播电台开播。

云南洱源县人民广播电台开播。

8 月 1 日

中央人民广播电台发射塔实行试播。两月后正式投入使用。

8 月 2 日

第十届全国部分城市公安报年会在乌鲁木齐市召开。

8 月 3 日

百余名来自全国地市州盟报的总编辑和新闻摄影记者，本日至 8 日在新疆巴音郭楞蒙古自治州首府库尔勒市召开总编辑新闻摄影研讨会暨新闻摄影研究会第 14 次年会。

吉林电视台专题节目《大家谈》在本日至 11 日举行的中国电视奖’92 社教节目评选活动中，荣登榜首，实现三连冠。

8 月 4 日

中共中央宣传部召开的加强新闻职业道德建设座谈会在北京中南海举行。中共中央政治局委员、书记处书记、中宣部部长丁关根在会上讲话，要求各新闻单位都要认真贯彻中央宣传部、新闻出版署《关于加强新闻队伍职业道德建设，禁止“有偿新闻”的通知》，拟定具体措施和实施细则，公之于众，接受监督。

国家版权局公布该局制定的《报刊转载、摘编法定许可付酬标准暂行规定》。

8 月 5 日

深圳清水河危险品仓库发生强烈爆炸，当地数十名记者立即赶赴现场采访，不少人身负重伤。中国记协于本月 12 日致电深圳市记协，向参加爆炸现场采访的数十名新闻工作者，特别是受伤的戴杰、赵青、缪书平、赵连勤、王军、胡野秋、姜玉龙、陈鹤奕等表示深切的慰问。

1992年度全国电视对外报道节目评奖活动，本日至14日在四川成都市举行。

8月6日

1993年度全国省级电视台新闻部主任会议，本日至10日在海南省举行。

新华社社长郭超人应邀率新华社代表团离京赴墨西哥、巴西、阿根廷三国访问。

8月7日

《中国消费者报》周末版二、三版中缝的广告倒放，造成责任事故。

8月8日

国务院办公厅发出《关于在京举办新闻发布会的补充通知》。规定凡未经登记的新闻发布一律不得报道。

台湾省长乐文化传播公司摄制组一行3人，由周欣欣（女）带队到黑龙江省进行为期10天的采访拍片，向台湾观众介绍黑龙江。

以社长兼总编辑邵华泽为团长的《人民日报》代表团，应韩国《东亚日报》的邀请抵达汉城访问。

8月10日

全国首届新批报纸总编辑培训班本日至16日在北京开学。

8月14日

第五届全国蒙文报纸好新闻奖评选揭晓。

正在台湾采访国民党“十四大”的新华社记者范丽青、中新社记者郭伟峰、周建闽，由台湾“中央通讯社大陆新闻部主任”张荣恭陪同，到该社参观访问。

8月17日

应蒙古人民军《独立报》邀请，以副总编辑于顺昌为团长的《解放军报》社新闻代表团一行3人，抵达乌兰巴托，对蒙古人民军部队和蒙古记者协会等单位进行为期10天的访问。

8月18日

新华社全国信息工作会议本日至20日在贵阳召开。

广播电影电视部、中国国际电视公司联合主办的全国有线电视台工作会议本日至20日在北京举行。

8月19日

以香港记者协会主席李月华为团长的香港记协代表团一行7人到中国记协访问。

8月22日

澳大利亚华人新闻参观团到《羊城晚报》参观访问，并举行座谈会。

首次东北三省四市新闻工作者协会协作会议在沈阳召开。

中国高校校报协会本日至23日在北京成立。该协会理事长为朱万金，名誉理事长为李彦、保育钧、徐光春。全国高校校报共820多家，每期发行总量达200万份。

8月23日

《人民日报》社社长、总编辑邵华泽会见了由《印度时报》、《经济时报》《欢喜市场报》资深记者组成的印度记者访问团。

8月24日

中共中央宣传部、新闻出版署、国家科委本日至26日在北京召开部分省市报刊出版管理调研会。

8月25日

据有关方面公布的材料，到本日止，全国已有近10家私人报纸收藏馆，藏报一般都在1万种以上，最多的达2万余种。全国的集报组织不下40个，集报爱好者在100万人以上。

8月28日

中央电视台与美国芝加哥3C集团和国

内大型企业合作，在美国芝加哥创办的美洲东方卫星电视正式开播。

8月29日

中国国际广播电台副台长李丹率5人代表团本日至9月17日访问坦桑尼亚、肯尼亚。

同月

中华广播影视交流协会在北京成立。

《企业市场导报》在天津创刊。天津市企业报协会主办。

《新汶矿工报》公开出版发行。山东新汶矿务局主办。

内蒙古有线电视台试播。

内蒙古临河有线电视台试播。

福建永定电视台开播。

湖南岳阳经济广播电台开播。

9月1日

陕西科技教育广播电台开播。这是我国首家省级以传播科技教育新闻信息为主体，兼及经济、文化信息的专业性电台。

9月2日

解放军报主办的《中国国防报》在北京正式创刊。中共中央总书记、国家主席、中央军委主席江泽民为该报题写报名。

9月3日

中央电视台成立35周年。江泽民、李鹏等中央领导人分别题词或打电话祝贺。

为纪念中央电视台35周年台庆举办的全球华语电视台交流会在北京中央电视台梅地亚中心召开。

中国体育记者协会日报体育新闻学会在北京成立。

9月4日

中央电视台杨伟光台长会见BBC副总裁兼海外部主任罗伯特·菲里斯和BBC海外电视有限公司总经理克里斯托弗·欧文。

中华人民共和国第七届全国运动会本日至15日在北京举办。共有2500名新闻工作者驻会采访。首都新闻传播媒介以很大力量报道七运会。作为七运会会刊的《中国体育报》，每天以全部4个版面报道赛会盛况。《北京青年报》从4日起每天出版对开4版套红的《七运晨报》。

9月5日

著名新闻工作者刘尊棋在北京逝世。刘出生于1911年，湖北鄂城人。1931年加入中国共产党。1930年起从事新闻工作，曾任北平苏联塔斯社记者、翻译，北平《晨报》记者、编辑，中国青年新闻记者学会理事，国际新闻社社长，上海《联合日报》《联合晚报》社长和香港《远东报》主编。新中国成立后，历任中央人民政府新闻总署国际新闻局副局长、英文《人民中国》杂志主编、英文《中国日报》总编辑、中华全国新闻工作者协会副主席和顾问等职。

9月6日

新华社1993年新闻学术年会本日至10日在北京召开。这次年会的主题是研究如何运用邓小平有中国特色的社会主义理论，去指导新闻实践，推进新闻改革。这次年会提交的论文涉及邓小平新闻思想，有中国特色社会主义新闻学和中国新闻事业的研究，社会主义市场经济条件下的新闻观念更新和新闻改革，新闻队伍建设及如何杜绝“有偿新闻”等方面的内容。

9月7日

大连日报主办的全国部分报纸周末版研讨会，本日至12日在大连召开。

9月10日

中央电视台国际部开始使用《国际新闻部业务范本》，以规范业务活动。

全国省级党报群工研讨会，本日至16日在东莞市举行。

9月12日

延边电视台玄英爱采写的录音报道《我们的骄傲》，在韩国KBS广播公司举办的海外朝鲜族广播电视节目评比中获一等奖。

9月14日

中国图片社智利分社在智利首都圣地亚哥开业。这是中国图片社在国外开设的第一家分社。

9月16日

中共中央宣传部部长丁关根在中南海主持召开广播电视宣传工作座谈会。

中央电视台副台长林景云和节目主持人杨澜，本日至26日参加北京奥申委城市代表团，赴摩纳哥蒙特卡罗出席决定2000年奥运会申办城市国际奥委会第101次全体会议。

9月17日

新华社社长郭超人与来访的乌克兰国家新闻社社长沃济阿诺夫在北京签署两社交换新闻协定。

9月19日

香港政府新闻主任协会访问团一行11人，本日至25日由主席韩国锡先生、副主席谭罗南女士带队来北京访问。

9月20日

全国少数民族新闻研究会第五届学术年会本日25日在新疆库尔勒市召开。

9月22日

以台湾《自由新闻报》社长袁希光为团长的台北市报业工会大陆访问团一行7人访问中国记协。

9月24日

中国社会科学院新闻研究所在北京召开建所15周年庆祝会，并为该所16项优秀科研成果颁奖。该所是在胡乔木的建议和直接领导下于1978年建立的。

9月25日

福建省会福州市组建了一家新的面向台港澳和东南亚的华语电视台——东南电视台。早在20年前国务院总理周恩来就曾批示在福州建设一座东南沿海最大的彩电中心。

9月26日

全国企业报总编辑研讨会本日至29日在北京召开。

《人民日报》社社长邵华泽会见并宴请以编辑局长李英赫为首的朝鲜《劳动新闻》代表团。

9月27日

中国人民革命军事博物馆本日至10月4日举办“1978—1993中国报刊发展成就博览会”，共展出全国3000多家具有代表性的报刊。

新闻出版署在北京召开第四届全国报纸管理工作会议，讨论修改《报纸管理标准》及实施细则。

9月29日

据有关方面本日公布的材料，1985年以来，全国平均每3.1天即有一家新的报纸创刊，新闻工作者队伍急剧扩大。截至本年9月，仅在新闻出版署领取记者证的采编人员，全国就有12.3万人。

上海《小主人报》被载入《吉尼斯世界纪录大全》。《小主人报》是中国第一家由少年儿童自写自编的报纸，1983年7月创刊。10年来在全国已拥有3000多名小记者和40多个记者站，期发行量突破100万份。

9月30日

全国首家儿童台——北京人民广播电台儿童台成立。

同月

英文《中国旅游导报》记者邱磊，本月

至 11 月参加中英联合探险队，深入塔克拉玛干沙漠腹地探险。本月 23 日，从新疆西部麦盖提出发，于 11 月 21 日走出被称为“死亡之海”的大沙漠，到达若羌。这是人类对这个大沙漠第一次由西向东徒步探险成功。参加此次探险采访的记者仅邱磊一人。

中国医药报刊协会成立。

《沙市广播电视报》公开发行。湖北沙市广播电视局主办。

《襄樊广播电视报》公开发行。湖北襄樊市广播电视局主办。

《中国三峡工程报》在湖北宜昌创刊。中国三峡工程开发总公司主办。

《大西南经济导报》在南宁创刊。广西日报主办。

内蒙古东胜有线电视台试播。

河南有线电视台开播。

湖南华容电视台开播。

云南芒市有线电视台开播。

云南大姚有线电视台开播。

云南师范大学有线电视台开播。

10 月 3 日

以白井吾为团长的日本《中日新闻》社代表团一行 7 人，应《北京日报》社邀请到达北京，进行为期 14 天的访问。

10 月 4 日

越南之声公报电台台长潘光一行 3 人，本日至 14 日应邀访问了北京、上海、广州。在北京期间，与中国国际广播电台商谈了合作事宜。

10 月 5 日

北京邮政管理局从本日起，对《人民日报》及其海外版、英文《中国日报》《新华每日电讯》等 19 家日报实行早报早发、早运、早投、早售。

10 月 6 日

中国记协主席吴冷西会见前来访问的以越南记协潘光为团长的越南之声代表团一行 3 人。

全国首次商业企业报经验交流会在北京召开。

10 月 7 日

以培养新闻人才、发展新闻事业为宗旨的广东新闻人才基金会在广州成立。会长张琮，马万祺、刘盈福、姚美良为名誉会长。

以中央电视台青少部余培侠为团长的中国少年脑力奥林匹克代表团，本日至 13 日前往日本东京参加日本电视公报网株式会社主办的首届世界少年脑力奥林匹克电视大赛。

10 月 8 日

中华人民共和国广播电影电视部决定：中央新闻纪录电影制片厂并入中央电视台。

经济日报记者部主任庹震当选为全国十大杰出青年之一。这是中国新闻记者首次荣获此殊荣。这次评选活动，是由中华全国青年联合会、中国青少年发展基金会和人民日报等 10 家单位联合主办的。

10 月 9 日

长江日报社组织的“长江万里行”采访团，历时 124 天，本日晚回到武汉。

10 月 11 日

由中国记协组团，部分省记协秘书长、副秘书长和对外文化交流协会理事参加的中国记协访问团，本日至 20 日访问港澳。

10 月 12 日

亚洲—太平洋地区广播联盟第 30 次全会在新西兰的奥克兰市举行。

西南地区第三届新闻资料工作会议，本日至 16 日在贵阳举行。

10 月 15 日

意大利当代著名女记者、作家奥莉亚娜·法拉奇应邀到北京日报社，与首都女新闻工作者协会的女记者们座谈当代妇女问题。

10月18日

中国新闻摄影学会、中国图片报和中国记者杂志等单位联合主办的第一届中国新闻摄影记者“金眼奖”（马钢杯）评比结果揭晓。“金眼奖”为中国新闻摄影的最高奖。

10月20日

中央电视台伊慧民、《中国石油报》林永健、塔里木电视台蒋敏、新华社记者李希光、卓培荣5名中国记者乘坐沙漠车，用了2天时间，由北向南成功地穿越了世界第二大沙漠塔克拉玛干沙漠。全程约600公里，途中翻越了上百座数百米高的沙山和大段没有任何生命的荒漠地带。为他们引导的是塔里木油田工程师萧照奎。

中央电视台制作的电视专题节目《今日中国》继在纽约地区WNYC电视台播出后，陆续进入纽约和新泽西州的22个有线电视网。这22个有线电视网，覆盖60多个城市，收视户达40多万。

《人民日报》和《日本经济新闻》社共同主办的第五次中日经济讨论会，在辽宁省大连市举行。

10月22日

人民日报海外版编辑部本日至29日在昆明召开对外宣传研讨会。

10月25日

中国新闻摄影学会军事摄影委员会在北京召开以“传统与现实”为主题的军事摄影座谈会。将军摄影家张爱萍作了书面发言。在会上发言的有中国新闻摄影学会会长蒋齐生，执行会长许必华，中国军事新闻摄影事业开创者之一的罗光达，中国最早的军事摄影家、红军老战士苏静中将，老摄影家邹建东和军事摄影委员会副主任吴森辉。

应《人民日报》社邀请，由越南共产党中央委员、总编辑友寿率领的《人民报》代表团访问我国。

10月26日

应中国国际广播电台邀请，匈牙利广播电台总编辑扎布·约瑟夫及国际联络处处长澳瓦里斯罗本日至11月1日访问了北京、广州，双方决定互派工作人员，加强多方合作。

10月28日

由人民日报等51家中央驻海南新闻机构组成的中央驻琼新闻记者协会在海口成立。

同月

天津《新闻出版文摘》改名《书报文摘》继续出版。

《邵武报》公开出版发行。中共福建省邵武市委主办。

《新泰报》公开出版发行。中共山东省新泰市委主办。

《淄川日报》公开出版发行。中共山东省淄博区委主办。

《荆州科技报》公开出版发行。中共湖北省荆州地委农村工作部主办。

天津蓟县电视台开播。

山西电视台主办的黄沙电视台正式对内开播。

内蒙古锡林郭勒有线电视台试播。

辽宁有线电视台开播。

沈阳有线电视台开播。

辽宁辽阳有线电视台开播。

福建经济广播电台开播。

厦门有线电视台开播。

广西玉林电视台开播。

11月2日

第八次历史文化名城报纸交流会本日至10日在重庆举行。

中国第一家下午报——《杭州日报》下

午版正式创刊。

中华全国电视法制新闻协会第二次代表大会暨中国广播电视学会法制节目研究委员会筹备会议本日至 5 日在郑州举行。

11 月 3 日

据本日公布的统计材料，全国少数民族文字出版的报纸已有 83 家，全年总发行量 1.2 亿份。这 83 家报纸分布在 12 个省和自治区，除省、自治区一级的报纸为对开 4 版日报外，其余多为 4 开 4 版的周报、周二报或周三报，少数为周六报，期发行量在万份以上的有 15 家。

11 月 4 日

台湾“中央通讯社”副总编辑张荣恭来到北京《经济日报》社，会见该报总编杨尚德。

11 月 6 日

华东九报第 14 届协作会暨深度报道评选会本日至 8 日在江西南昌举行。华东九报 1993 年深度报道评选会也同时进行，共评选出获奖新闻作品 54 篇，《江西日报》的《九江米市能否再度辉煌》获特等奖。

11 月 7 日

著名播音员齐越在北京逝世。齐出生于 1922 年，河北高阳人。1946 年参加革命，1950 年加入中国共产党。是著名的新闻播音艺术家，北京广播学院教授，全国一级优秀新闻工作者。从 1947 年进入陕北新华广播电台起，从事新闻播音工作达 28 年，是新中国的第一位男播音员，后从事播音教学与研究工作。曾任中国记协理事、中国广播电视学会理事、中国播音学研究会名誉会长、北京语言学会顾问。

11 月 8 日

香港唯一一份 4 开小型日报《现代日报》创刊。由《明报》企业集团主办。

11 月 10 日

中国化工新闻工作者协会本日至 12 日在南京召开企业报言论协作研讨会。

11 月上旬

中国晚报工作者协会第八届年会第十一次经验交流会在合肥举行。

11 月 11 日

应《人民日报》社邀请，由专务董事兼编辑局长加藤博文率领的日本《读卖新闻》代表团到达北京，对我国进行访问。

11 月 12 日

光明日报总编辑徐光春等一行 3 人，本日至 26 日前往意大利、奥地利和比利时进行工作访问。

第五届全国新闻摄影理论研讨会本日至 26 日在江苏无锡市召开。出席本届研讨会的有近百名新闻摄影工作者。本届研讨会的主题是研讨新闻摄影如何更好地为市场经济服务，如何进一步推动中国新闻摄影事业的发展与提高，并纪念中国新闻摄影学会成立 10 周年。

名记者朱启平在美国加利福尼亚州病逝。朱出生于 1915 年，祖籍浙江海盐。先后在《大公报》工作 30 年，第二次世界大战中任中国驻太平洋战区随军记者之一，所作有关日本投降的现场报道《落日》，曾轰动一时，被纳入大学新闻系的教材，并被推为新闻通讯的典范作品。另一力作《伟大的平凡》，记述在科隆贝参观戴高乐墓的见闻和感想，被选入新亚洲文化基金会编印的《当代中国新闻文学选》。

11 月 14 日

新华社播发中国共产党第十四届中央委员会第三次全体会议公报。《人民日报》发表了社论《架设通向新世纪的宏伟大桥》。

11 月 16 日

新华社播发《中共中央关于建立社会主

义市场经济体制若干问题的决定》，第二天出版的国内各报都以通栏大字标题全文刊登。

11月18日

新华社与日本佳能公司联合举办的第36届新闻摄影比赛获奖作品中国巡展在珠海拉开帷幕。

11月24日

60名来自海峡两岸及香港的资深新闻工作者及新闻学者，本日至26日在香港举行新闻研讨会。讨论的题目包括：《大陆、台湾及香港传播事业发展概况》《新闻传媒在推动大陆、台湾及香港经贸发展所扮演之角色》《传媒的经营与管理》《电脑在中文传媒的应用和发展》《新闻专业人才的培训与交流》等。研讨会主办单位负责人——香港新闻行政人员协会主席杨金权表示，希望研讨会今后定期举行，下次在北京或台北举行，为两岸三地的交流再迈进一大步。

据统计，到本日止，中国大陆共有晚报90家，期发行量达1000多万份。其中，上海《新民晚报》发行量最大，期发行数为170万份。

11月30日

中央电视台与香港佑图国际有限公司本日至12月1日联合举办“1993北京数字电视技术研讨会”，就数字电视的发展策略，以及中央、省、市电视台由模拟电视向数字电视过渡的前景及途径，进行了探讨。

中央电视台举办为期20天的节目主持人学习班。来自30家电视台的经济节目主持人参加了学习。

新华社和福建日报联合倡议并举办的全国国际新闻报道研讨会，历时3天，本日在福州闭幕。

据今日公布的统计数字，全国共有各种文摘报纸27家，期发行量1400多万份，绝大多数读者自费订阅。上海的《报刊文摘》发行量最大，达250多万份。

同月

第九届东西南北中省级协作会在江苏举行。

中国中等城市党报研究会第八次年会在宁波举行。

《东方烟草报》在山东济南创刊。山东烟草公司主办。

《羲之书画报》在山东临沂创刊。王羲之基金会主办。

辽宁铁岭有线电视台开播。

江西经济广播电台开播。

香港星岛报业有限公司董事长、世界中文报业协会会长胡仙偕母陈金枝来北京访问。中共中央总书记江泽民、国务院总理李鹏会见了胡仙一行。

本月至12月，中国人民大学舆论研究所对青岛市千户居民现实生活状况进行一次抽样调查。他们采用实物量表法，把受访者分为5类，测量结果显示：21％的人属于“生活拮据型”，42％的人属于“略有节余型”，19.3％的人属于“生活宽裕型”，10.7％的人属于“生活小康型”，7％的人属于“生活富足型”。受访者对目前社会政治状况、社会经济状况、社会文化状况表示满意或比较满意的，分别占71.9％、70.9％、67.8％。市民不满意的是社会风气、人际关系、干群关系。

12月1日

北京人民广播电台新闻台为纪念毛泽东诞辰100周年，本日至27日以《我向毛泽东学什么》为题，组织“百人热线大讨论”。

12月2日

《人民日报》访问团应台湾《中国时报》邀请，赴台访问。

《深圳特区报》副总编辑王初文等3人，

以观察员身份应邀到新加坡出席世界中文报业协会第 26 届年会。

12 月 6 日

新华通讯社和日本佳能公司联合举办的第 36 届世界新闻摄影比赛获奖作品中国巡展在北京开幕。展出的照片全部由设在荷兰的世界新闻摄影基金会提供。该基金会每年举行世界新闻摄影比赛。比赛获奖作品一年一次在 35 个国家和地区约 60 个城市巡回展览。

《经济日报》和韩国《经济新闻》社共同主办、中国人民建设银行协办的中韩金融研讨会在北京开幕。

12 月 7 日

中国电力报社组织特约高级咨询员数人考察全国电力样板——山东电力工业，并召开座谈会。

第五次中南六省（区）三市协作会议在广州召开。为期 7 天，本日结束。

1993 年度五自治区党报总编辑举行联席会议。历时 7 天，本日在南宁结束。

12 月 10 日

《经济日报》首位驻新加坡记者谢宁赴任。

12 月 14 日

中国新闻社和台湾《中国时报》本日至 15 日联合举办两岸经贸合作与浦东和长江经济带开发研讨会。

12 月 17 日

第四届“中国新闻奖”和首届“韬奋新闻奖”颁奖大会在北京举行。吴冷西、龚心瀚在会上讲话。获得第三届中国新闻奖的有 154 篇新闻作品，获得首届韬奋新闻奖的有 10 名编辑和通联工作者。

12 月 18 日

中华全国新闻工作者协会新闻资料分会筹备委员会成立。

中央电视台图文电视正式开播。收视情况良好，社会反响热烈。

北京人民广播电台交通台成立。以驾驶员为主要收听对象。

12 月 21 日

为纪念毛泽东诞辰 100 周年（1893～1993 年），中华全国新闻工作者协会邀请在毛泽东身边工作过的许多老新闻工作者，在北京集会重温毛泽东关于新闻工作的指示，研讨毛泽东的新闻思想。会议由中华全国新闻工作者协会主席吴冷西主持。

12 月 23 日

澳大利亚广播电台与新华社签署合作协议。根据这项协议，澳洲广播电台将利用澳方及中方电信部门的公用数据网，采用中国产“海豚”终端机，联机检索新华社数据库，成为新华社第一家国际联机检索用户。

12 月 26 日

毛泽东 100 周年诞辰。《人民日报》发表社论《坚持和发展毛泽东思想——纪念毛泽东同志一百周年诞辰》。

12 月 28 日

中华人民共和国主席江泽民在中国国际广播电台发表题为《满怀信心，走向未来》的新年讲话，向各国人民和朋友，向台湾同胞、港澳同胞和海外华侨、华人朋友祝贺即将到来的 1994 年新年。他在讲话的最后，表示希望说：“中国国际广播电台，几十年来一直在向海外听众介绍中国的发展情况，它已经成为中外沟通的重要桥梁。希望它在增进中国和世界各国人民的友谊与合作方面发挥更大的作用。”

12 月 31 日

由台湾无线卫星台 TVBS 主办、中央电视台海外电视中心新闻部与播送中心播送部协办的“两岸经济年终访谈”，采用卫星连线双向传播的方式分别在中央电视台传送中心演播室和台北 TVBS 演播室举行。

同月

《新闻信息报》在武汉市创刊。武汉市新闻出版局出版。

《市场指南报》在武汉市创刊。湖北日报社主办。

天津静海电视台开播。

辽宁盘锦电视台开播。

吉林松原市人民广播电台、松原电视台开播。

湖南临湘电视台开播。

广西合浦电视台开播。

重庆荣昌人民广播电台、荣昌有线电视台开播。

同年

本年中国大陆公开出版发行的报纸达 1775 种，平均期发数 17948 万份，全年发行总数 2629914 万份。晚报已由 1992 年的 78 家增加到 104 家。另外，报纸的版面普遍增加，激光照排技术得到普遍运用，部分报社实现了电脑编写。报纸仍以邮发为主，自办发行仍是少数。

本年中国大陆共有广播电台 987 座，平均每月播音 10195 小时，中、短波发射台和转播台 716 座，调频台 1132 座，收音机社会拥有量 20638 万台，广播人口覆盖率已达到 76.3％。

本年中国大陆共有无线电视台 684 座，有线电视台 339 座，电视发射台和转播台 35880 座，卫星电视地面站 54084 座，电视机社会拥有量 25563 万台，电视人口覆盖率 82.3％，整体处于大发展时期。

1994 年（甲戌）

1 月 1 日

武汉《长江日报》出版对开下午版。上下午共出对开 12 版。

《安徽日报》改对开 4 版为对开 8 版。

《中国商报》由周四刊改为周六刊。其中周三出对开 8 版，其余 5 期为对开 4 版。

深圳商报主办的《深圳晚报》在深圳创刊。

解放日报采用电子计算机存储和检索新闻资料，成为上海第一家告别“剪刀加浆糊”手工采集资料方式的新闻单位。

《西安日报》复刊。该报创刊于 1953 年 7 月 1 日，曾多次休刊和多次更名出版。

厦门日报社主办的《厦门晚报》创刊。

苏州日报主办的全国第一张彩色晚报《姑苏晚报》在苏州正式出版。

《塘沽报》被批准向全国发行。这是全国第一家向全国公开发行的直辖市属区办的报纸。

中国记协书记处书记、机关党委书记杨文斗因病在北京逝世，享年 61 岁。

1 月 3 日

《中国环境报》为庆祝该报创刊 10 周年，在北京人民大会堂举行座谈会。宋健、曲格平、解振华及首都新闻界和有关部门领导 100 多人出席了座谈会。

1 月 4 日

人民日报总编辑办公会议决定：本月起至 3 月止，在社内开展“我为办报献一策”和“我为本报献精品”的活动。

本日至 7 日，中共中央宣传部、国家新闻出版署在南京联合召开全国报纸周末版座谈会。提出了奏响主旋律，兼顾多样化，形成和发展周末版在精神文明建设中的积极作用等报纸周末版的编辑方针。

1 月 8 日

中国商报邀请近 30 名研究农村经济、合作经济的专家教授和体改部门的领导进行座谈，研究和探讨深化供销社改革的方向问题。与会者认为，要使供销社真正成为农民自己的合作经济组织。

公安部副部长田期云等与首都新闻界举行座谈，探讨如何进一步加强公安宣传报道的问题。

1 月 9 日

据《吉林日报》报道，由吉林电视台程捷、申晓力编导摄制的电视纪录片《远离的愿望》，参加了 1993 年在挪威举办的自然纪录片国际电影节，并获特别荣誉奖。

北京市新闻出版局主办的周刊《为您服务》正式出版。

1 月 10 日

新华社等 7 家中央新闻单位负责人本日至 19 日组团访问台湾。这是海峡两岸新闻界开始交流以来，内地新闻界派出的最高层次的赴台访问团。

1 月 11 日

上海东方电视台与国际著名的金融信息权威道琼斯·德励财经资讯有限公司签署合作协议。决定该台从 1 月 18 日起，逐日播出由德励财经资讯有限公司提供的全球性金融行情。

1 月 12 日

以宣传改革开放为主要内容的《中国改革报》在北京创刊。李鹏为该报题词："解放思想，实事求是，办好中国改革报。"

1 月 15 日

经济日报社邀请首都经济界部分专家座谈。探讨改革开放时期，如何进一步搞好经济理论宣传问题。

《新华文摘》杂志在京举行庆祝创刊 15 周年茶话会。新闻出版署署长于友先到会祝贺，并称赞该刊权威性高，质量高，声誉高。

1 月 16 日

以中国经协书记处书记李贤德和中国记协国际部记者俱乐部副主任杨可侠为首组成的中国记协代表团，本日至 19 日应邀出席了在印尼首都雅加达举行的东盟记联第十次代表大会及国家新闻研讨会。印尼总统苏哈托会见了我代表团全体成员。

《中国商报》开展"浦东开发与流通发展"系列报道。这是该报今年围绕建设大市场，搞活大流通，发展大贸易组织等任务进行的几大系列报道中的第 批系列报道。

1 月 20 日

张季鸾研讨会在西安举行。

1 月 22 日

《人民日报》召开评论座谈会，该报编辑部各部、《新闻战线》的言论作者及部分离退休干部参加。座谈的重点是如何办好该报的《今日谈》和《人民论坛》两个评论专栏。

由中国报纸副刊研究会主办的全国第三届报纸副刊论文评选工作结束。

1 月 24 日

中共中央本日至 29 日在北京召开全国宣传思想工作会议。江泽民总书记在会上强调宣传思想战线必须把握邓小平建设有中国特色社会主义理论这一根本指针，着重做好四个方面的工作：要以科学的理论武装人，以正确的舆论引导人，以高尚的精神塑造人，以优秀的作品鼓舞人。

新华社 1994 年国内工作会议本日起在北京召开。社长郭超人作了题为《充分发挥"消息总汇"的强大优势，切实当好党和国家的耳目喉舌》的报告。会议于 30 日结束。

1 月下旬

人民日报编委会召开第一次国内记者站

站长会议。

2月1日

《华人月刊》在香港创刊。社长陈国华，主编竺承心。

英文《东方快讯》在香港出版。使当地英文报纸“两分天下”的局面有了变化。

西安电视台研制开发的第二代主体电视在北京通过专家评审。

香港《明报》企业创办了一家国际性华语卫星电视网络公司“传讯电视网络有限公司”（CTN），通过人造卫星提供“中天”、“大地”两个频道。

2月2日

《人民日报》《中国日报》电子光盘版与首都读者见面。

2月4日

天津市新闻工作者协会、天津市新闻学会联合召开天津市第二届优秀新闻理论学术论文暨韬奋新闻奖颁奖大会。

据《新闻出版报》报道，甘肃新闻界捐资50万元，设立新闻奖基金，奖励学习成绩优秀的在校新闻专业学生。首期新闻奖已授予兰州大学新闻系的6名学生。

据《新闻出版报》报道，我国邮发报刊种类已达5171种，报刊期发总数比上年同期下降近两成。

2月5日

国家教委举办的1992—1993年教育好新闻评选结果揭晓。62篇作品获奖。

2月7日

上海市黄浦区工商检查中队根据群众举报，依法查处了非法出版的三报一刊：《上海股市》《上海股讯报》《沪股快讯》及《财通周刊》。

中国记协举办的“格兰蒙专项新闻奖”颁奖大会在北京举行。共评出一等奖10名，二等奖30名，三等奖70名。

2月14日

江西广播电视学校在南昌成立。

《长江日报》首次向武汉市黄鹤书刊发行社宋华福等6位该报的读者颁发“读者新闻点子奖”。

2月15日

人民日报评论部与广东中山市丹丽陶瓷洁具有限公司联合举办的《今日谈》征文评选揭晓，该栏的10篇评论作品获奖。

2月17日

经济日报和香港经济导报联合在北京召开对外经济宣传座谈会。

2月18日

日本和中国东北三省及俄罗斯远东地区7家地方报社联合召开的首次东北亚地区地方报研讨会在日本新潟举行。

2月19日

应台湾《经济日报》的邀请，《经济日报》社总编辑杨尚德和该报台港澳侨版主编赵兹等人赴台进行为期一周的友好访问。

中共广东省委作出决定，羊城晚报试行领导体制改革，实行社长领导下的总编辑、总经理负责制，并任命了该报的新的领导成员。

2月21日

我国首次举办的全国性报纸头条大赛——“天磁杯”全国报纸头条新闻大赛在北京揭晓。37篇全国性报纸头条新闻稿获奖。

2月24日

由经济日报、人民日报、光明日报三家报社的理论部及中国社会科学院、中国体改研究会等单位共同主办的中国股份制改革理论与实践研讨会，在成都召开。

2月28日

《经济日报》一版开辟《开封何时能

“开封”》专栏，就河南省开封市如何解放思想，实事求是，寻找差距，加快改革步伐等问题，进行系列报道。

3 月 1 日

第一家在美国发行的英文《中国金融专线》报在纽约华尔街试刊。

中国记协四届四次常务理事会本日至 3 日在北京召开。会议决定于近期召开中国记协四届二次全体理事会，并讨论了提交全体理事会审议的工作报告和《中华新闻工作者职业道德准则》的修订稿。

3 月 2 日

新华社 1994 年国外工作会议本日至 8 日在北京举行。社长郭超人在开幕式上作了题为《为实现新时期国外工作的新发展而努力奋斗》的报告。

中国记协国内工作部和《人民摄影》报联合主办的'93 新闻摄影奖（百利洛杯）评选揭晓。

3 月 3 日

人民日报召开编委扩大会议，贯彻中共中央政治局常委听取人民日报领导汇报时的重要指示和全国宣传思想工作会议精神；理解《人民日报》的特殊地位和作用；认识自己肩负的责任，为办好《人民日报》作出特殊的努力。

人民日报第五次外事工作会议在西安召开。

3 月 4 日

全国省级电视台台长会议在北京召开。会议提出：电视宣传要唱响主旋律，提倡多样化，提高质量，丰富荧屏。

3 月 9 日

云南省记协、省新闻学会在昆明举行学习徐洪刚加强精神文明建设宣传报道的座谈会。

3 月 10 日

中国记协国内部和中国新闻摄影学会联合主办的第 13 届（1993 年度）中国优秀新闻摄影作品评选活动揭晓。共有 41 幅新闻摄影作品获奖。

3 月 11 日

解放日报总编辑丁锡满本日起至 25 日止应邀访问台湾。

3 月 14 日

《深圳商报》与《深圳晚报》同时在两报头版头条位置刊登了一封读者来信和编者按，发起“怎样做个深圳人”的大讨论。

3 月 15 日

西北纺织学院主办的我国内陆城市第一家时装专业报纸《时装报》在西安创刊。

安徽电视台与中国科技大学合作研制的电视台新闻节目信息管理网，通过了安徽省科委组织的鉴定。

中国新闻资料学会常务理事会暨中国新闻资料优秀论文“耀辉杯”评奖会，本日至 19 日在福建漳州举行。

3 月 16 日

人民日报海外版“京九线纪行”采访组启程赴京九沿线采访。

3 月 18 日

青岛人民广播电台、青岛经济广播电台分别与青岛华联大厦、青岛东方贸易大厦合办《华联直播室》《东方直播室》，开辟专题板块节目。

3 月中旬

八届全国人大二次会议、全国政协八届二次会议期间，共有 1511 名中外记者来两会采访，是历年来两会采访最多的一次。其中有来自国外 115 家新闻机构的记者 231 名，来自港澳 38 个新闻机构的记者 128 名，来自台湾 12 家新闻机构的记者 32 名。

3月22日

中国记协、中国新闻史学会邀请在京的老新闻工作者新闻教学研究工作者共60多人，在中央统战部礼堂举行我国著名新闻学者、新闻教育家徐宝璜先生诞辰100周年纪念会。徐宝璜所著的《新闻学》一书同日再版发行。

3月26日

美国道·琼斯公司中国部总经理兼首席代表麦健陆和中国部执行经理汤朝应到羊城晚报社参观访问，并和报社领导座谈。

上海解放日报社和日本福岛民报社共同发起主办的“中日友好上海·福岛摄影展”在上海美术馆举行。展览于4月1日结束。

3月27日

全国报纸自办发行协会秘书处和天津广播电视报在津联合召开报纸自办发行研讨会。

3月31日

中央电视台文艺中心成立。

人民日报总编辑范敬宜和经济日报总编辑杨尚德会见了美籍华人、环联集团董事长张雯女士。

4月1日

中央电视台主办的新闻评论节目《焦点访谈》本日起在该台每日的黄金时间开播。这一评论节目分四种类型：调查分析式，追踪采访式，快速反应式，访谈评述式。播出后深受观众的欢迎。

江西日报主办的《赣江大众报》在南昌创刊。

4月4日

以台湾大众广播教育协会理事长、台湾文化大学传播学院院长王洪钧为团长的台湾大陆新闻文化访问团一行14人来大陆访问。

俄罗斯广播技术代表团一行3人来华访问。在华期间，与中国国际广播电台续签了中俄广播电台互转广播节目合作协议。

4月6日

1993年度陕西新闻评奖揭晓。

南京白下区法院对李启状告《金陵时报》侵犯名誉权案作出一审判决：被告《金陵时报》胜诉。

中国商报与健康报联合召开“让消费者吃上安全肉”座谈会。50多位专家学者参加了座谈。

经济日报与全国首届百家著名企业联合招聘活动组委会共同举办现代企业人才招聘战略研讨会。

应《经济日报》邀请，《蒙古消息报》总编辑浩·策维列率领的该报3人代表团本日抵达北京，对我国进行为期一周的友好访问。

全国报纸理论宣传研究会成立大会暨首届年会本日至11日在成都举行。

4月7日

由人民日报“八届全国人大二次会议、全国政协八届二次会议报道组”举办，中国乐凯胶片公司协办的’94两会新闻摄影比赛揭晓。

由河南日报、郑州晚报、洛阳日报等13家党报群工处（科）联合发起组织成立的河南省新闻工作者协会群众工作委员会在郑州成立。

4月13日

中央电视台副台长张长明会见香港无线广播公司新任总经理助理黄应士及中国事务部叶志伟一行4人，就如何加强电视新闻广播的业务交流与合作进行了友好的会谈。

应《北京日报》社的邀请，以加藤迟一郎为团长的日本《中日新闻》社代表团，来京参加第五届北京—东京城市问题学术讨论会。

科技日报记者孙树光因受贿罪和行贿罪，被判处有期徒刑 7 年。中央人民广播电台新闻中心记者蔡原江因受贿罪，被判处有期徒刑 6 年。本日《人民日报》就此发表评论员文章《新闻界也要警钟长鸣》。

4 月 14 日

人民日报海外版主办的有中日双方经济和企业界人士参加的中日经济形势交流会在人民大会堂举行。

4 月 15 日

中共中央宣传部就坚持不懈地加强新闻队伍职业道德建设问题，召集首都主要新闻单位的负责人和部分编辑记者座谈。

中央社会治安综合治理委员会举办的 1993 年度“全国社会治安综合治理好新闻奖”在北京颁奖。

4 月 16 日

北京工人集报协会主办的首届“报刊基层巡回展览”在北京揭幕。这是北京集报爱好者发起组织的一项活动。

4 月 18 日

全国第一家集期刊展示、征订、销售、读者咨询服务等功能于一体的新型文化企业“上海全国期刊总汇”，在上海诞生。来自全国各地的千余种期刊参加了上述活动。

4 月 21 日

郑州大学新闻系主办的以“新世纪与新闻学”为主题的研讨会，在郑州举行。会议就世纪之交新闻传播应如何适应社会变革的需要，新闻学研究和新闻教育应怎样打开新局面等问题进行了研讨和交流。人民日报、光明日报、经济日报、中国社科院新闻所、中国人民大学新闻系等新闻单位和新闻教学研究单位的几十名新闻学者参加了这次研讨活动。

4 月 22 日

江西省新闻漫画研究会在南昌举行全省优秀漫画作品评选。

《西藏日报》藏、汉文版同时采用激光照排。至此，全国省级大报已全部完成排版方面的技术改造。

经济日报全国印点工作会议在山东泰安市召开。

4 月 23 日

加拿大总督雷蒙·约翰·纳蒂辛在启程访华前夕为《人民日报》题词。

中国电视奖’93 电视新闻评奖会本日至 29 日在沈阳市举行。

4 月 24 日

1993 年度全国对台湾广播优秀节目评比活动本日至 5 月 1 日在福州市举行。

1993 年度全国新闻纸质量用户评价结果在重庆揭晓。石砚造纸厂、广州造纸厂、宜宾造纸厂、吉林造纸厂、南平造纸厂和齐齐哈尔造纸厂喜捧“用户满意单位”铜匾。

4 月 25 日

韩国世纪机电株式会社董事长柳润珍访问经济日报社，与该报发行处负责人商谈《经济日报》在韩国发行事宜。

新华社播发中共中央宣传部通知，要求各地党委宣传部门和新闻单位坚持不懈地抓好新闻队伍的职业道德建设。

4 月 27 日

第七届中国经济新闻奖在上海评选结束。26 件经济新闻报道获一等奖。

4 月 28 日

蒙古通讯社总编辑率领的蒙通社代表团一行 5 人，到南方日报社参观访问。

广播电影电视部本日至 29 日在北京召开全国数据广播工作会议。

4 月 29 日

上海市报纸行业协会正式成立。

4月30日

中国记协第四届理事会第二次全体会议在北京结束。会议号召新闻工作者要坚持正确的舆论导向，并通过了关于中国记协工作报告的决议，原则同意《中国新闻工作者职业道德准则》（修订稿）。

同月

中央电视台第四套节目在台港地区的影响日益扩大，收视率不断提高。

中国报纸博览中心在广州成立。

5月1日

中国商报主办的《新生活周刊》在北京创刊。逢星期日出版。

上海《体育导报》和《围棋》报，即日起改由新民晚报和上海市体委合办，并分别改名为《新民体育导报》和《新民围棋》月刊。

5月2日

’94美国SCOLA世界年会在山西太原举行。本届年会主要研讨“全世界共同教育的计划与实施”问题。中国山西黄河电视台参加了此次年会。美国SCOLA电视台是一家通过20多种语言向美洲和其他一些国家和地区直接播放来自世界35个国家和地区新闻和专题节目的语言教育电视台。中国黄河电视台从1991年8月起，与美国SCOLA电视台建立合作关系。截至1993年底，黄河电视台向SCOLA电视台提供有关中国的新闻节目7581条，专题节目2478个，在美国播出时间达500小时，增进了美国人民对中国及中国人民的了解。

全国机械记协所属的行业报委员会’93好新闻作品评选本日至5日在贵阳举行。

《德国之声》电台华语部主任来华访问，并与中国国际广播电台商谈有关今后加强合作事宜。

5月5日

广播电影电视部办公厅批准，中央电视台牵头组织，江苏电视台承办的第二次全国省级电视台行政管理工作经验交流会，本日至9日在南京举行。

5月6日

人民日报在北京举行《中国新闻机构及记者名录》一书首发座谈会。该《名录》由人民日报社编辑，当代中国出版社出版。全书共收录全国1000多家新闻单位的机构设置和记者名单。

《南方周末》在广州主办我国10家周末报（版）报纸改革研讨会。

5月7日

人民日报体育部、南方日报体育部和广州奇星药厂联合主办的“奇星杯”体育漫画赛评选结果揭晓。

5月8日

北京日报总编室和常州林业机械厂共同举办的新闻特写征文结束。

全国报刊管理工作会议在长沙结束。会议强调应把质量与社会效益放在报刊管理工作的首位。

为贯彻落实全国宣传思想工作会议精神，进一步办好新闻专业期刊，中共中央宣传部新闻局本日至10日在广州南方日报社召开全国部分新闻专业期刊座谈会。

5月11日

应辽宁日报广告部、辽宁省报业协会广告工作委员会邀请，山东、河北、内蒙古、黑龙江、吉林、辽宁等六省、区37家报社的广告部负责人及部分报社的领导人，本日至13日在北戴河参加了北方六省、区报纸广告工作研讨会。

5月12日

湖北省女新闻工作者协会在武汉正式

成立。

5 月 13 日

上海市新闻工作者协会与'94 国际儿童文化艺术节组委会联合在上海举办新闻传播与少年儿童新闻研讨会。

5 月 16 日

应《经济日报》邀请，捷克斯洛伐克《经济报》总编辑彼德·长萨洛夫斯基博士一行 2 人抵达中国，在北京、上海和深圳等地作为期 10 天的访问。

经济日报对外部与加拿大新经济报有限公司合作，在北京出版发行中英文合刊的《新经济周报》。

5 月 17 日

山东省法制新闻协会在济南正式成立。

可口可乐公司设置的“可口可乐新闻实习奖”在中国人民大学举行颁奖仪式。该校新闻学院的部分学生获奖。

5 月 18 日

全国部分省（区）有线电视节目研讨会在湖南召开。

5 月 19 日

新华社主办的《中国记者》杂志邀请在京学习的 10 多个省、市、区的 30 多名新闻、宣传干部举行座谈会，征集关于办好刊物的建议。

第二届全国省（区）党报新闻评奖结果在武汉揭晓。共有 123 篇优秀作品获奖。

5 月 20 日

历时 3 天的长江三角洲广播新闻协作区第十届年会在安徽黄山市闭幕。

华东地区广播电视财务工作会议在福建省武夷山市召开。

5 月 21 日

中共中央宣传部和国家保密局联合召开中央有关部委和首都新闻出版单位负责人会议，对进一步加强新闻出版保密工作，提出了具体要求。

经济日报首届广告工作会议在北京召开。

泰国泰华报人公益基金会主席、中国中华民族文化促进会副会长陈世贤应邀到广州羊城晚报社参观。

人民日报本日至 24 日召开农村报道座谈会。17 个省级党报农村部、经济部负责人及编辑、记者到会。会议就农村经济形势、存在问题和对策进行了研讨，并对如何改进《人民日报》的农村报道提出了建议。

5 月 22 日

中国记协国内部和中国企业报协会联合举办的全国企业报总编辑研讨班在北京结束。来自 18 个省、市的 82 名学员就如何进一步办好企业报进行了学习、研究和探讨。

欧共体电视代表团一行本日至 24 日到贵州电视台访问。双方就电视节目的交流合作取得了共识，并洽商了多项合作计划。

5 月 23 日

中国经济信息报刊协会主办的第七届中国经济新闻奖在上海揭晓。

《长江日报》发表题为《共创新辉煌，奔向 21 世纪》的编辑部文章，以纪念该报创刊 45 周年。

5 月 24 日

应《人民日报》社邀请，以副总编辑金泽勋为团长的朝鲜《劳动新闻》代表团到北京访问。

有 27 家省、市、区报社的 40 多名校对工作人员参加的第二届全国新闻校对工作研讨会，在湖北日报社举行。

5 月 26 日

全国广播电台性教育节目研讨会在天津市举行。

5月27日

人民日报教科文部和高等教育出版社联合举办的“故乡行”’94大学生寒假见闻征文评奖揭晓。多数获奖的征文已陆续在该报刊出。

全国第一条以新闻机构名称命名的道路——“长江日报路”在武汉诞生。

辽宁省质量新闻工作者协会在沈阳成立。

《北京青年报》为配合北京市山区的脱贫致富奔小康工作，体现以重大选题带动要闻版建设的办报方针，本日至7月21日组织了“绕着北京走一圈”的采访活动，有关报道陆续在该报发表。

5月28日

“保护明天——青少年报刊记者百日行”启程式今日在人民大会堂举行。

人民日报暨省、市、自治区党委机关报首届优秀内参奖评选在北京揭晓。

上海《解放日报》举行创刊45周年纪念活动。位于上海市黄浦区中心位置的该报新闻业务大楼今日竣工。

’94中国“三秦晚报杯”国际体操赛在古城西安降下帷幕。

5月30日

应台湾《联合报》的邀请，以《广州日报》总编辑黎元江为团长的广东新闻代表团启程赴台访问，为时17天。

同月

新加坡南洋理工大学传播学院院长郭振羽应邀来上海复旦大学新闻学院访问。

日本“收听海外广播联盟”（BCC）在其会员中举办“你所欢迎的外国电台”的评选活动。在20家对日广播电台中，中国国际广播电台日语广播被评为第一名。

6月1日

1993年度广东新闻奖好新闻漫画奖评选揭晓。《深圳商报》张艳蕾的《路难行》获一等奖，另设二等奖、三等奖若干名。

中共河南省委机关报《河南日报》举行创刊45周年庆祝大会。该报创刊于1949年，由《豫西日报》和《开封日报》合并组成。

天津儿童广播电台开始试播。是国内首家利用调频立体声播出的以儿童为对象的专业电台。

中国国际广播电台本日至3日在北京召开首届国际广播技术研讨会。

6月2日

青岛广播电台举行建台45周年纪念座谈会。

6月6日

中国电视奖’93电视社教节目评奖活动在武汉结束。100个节目分别获一、二、三等奖。

6月7日

全国商报联合会、国内贸易部办公厅、中国记协国内部联合评选全国商报优秀新闻工作者揭晓。《中国商报》的李文武等人荣获此称号。

第五届全国商报好新闻评选在杭州揭晓。

《江西日报》举行创刊45周年纪念活动。

国家体改委、经济日报和光明日报联合举办的“横店集团发展模式研讨会”在人民大会堂举行。横店是浙江省东阳市下属的一个小镇，以发展乡镇企业蜚声于时。

贵州科技新闻学会在贵阳成立。

日本铁木真电视制作公司导演大谷龙司等二人，到羊城晚报进行采访。

6月9日

越南胡志明市新闻访问团到羊城晚报社进行了友好访问。

芬兰太平洋进出口贸易有限公司总裁格拉斯博士到经济日报社会见该报对外部负责人，就双方合作事宜进行探讨。

新华社向全国播发中国记协制订的《中国新闻工作者职业道德准则》。全国各报纷纷刊载。

6 月 11 日

首届全国广播电视“百优双十佳”节目主持人“金话筒奖”评选结果在北京揭晓。敬一丹等 100 位广播电视节目主持人被评为优秀节目主持人。

中国文化扶贫委员会向全国 100 个贫困县少年儿童赠送“百部爱国主义影视片”录像带及活动课用书仪式在北京日报社举行。

宁夏日报社发起并组织的“走向西部”采访活动，本日至 18 日在宁夏回族自治区境内举行。

6 月 12 日

由中国广播电视学会主办的国家级政府奖中国广播奖——“广西万机灵杯”’93 广播新闻奖在广西南宁市揭晓。

中国新闻教育学会主办的首届“韬奋新苗奖”评选活动在浙江杭州市揭晓。奖金由杭州《改革月报》提供。

6 月 14 日

由国家工商行政管理局、全国人大常委会办公厅新闻局和中国产业报协会联合组织的“反不正当竞争神州行”大型宣传报道活动在北京人民大会堂举行开行式。由 54 家产业报刊组成的记者采访组陆续分赴各地采访。这次活动于本年 9 月 27 日结束。

由中国广播电视学会主办的国家级政府奖中国广播奖——“美达凯奇杯”’93 广播社教奖在广西南宁评选完毕。

6 月 15 日

新华社江苏分社在连云港市成立苏北支社。

由吉林日报总编辑易洪斌率领的中国新闻代表团一行 4 人，本日至 7 月 2 日应英格兰记协邀请访问了英国。

6 月 16 日

《光明日报》举行创刊 45 周年座谈会。党和国家领导人江泽民、李鹏、乔石、李瑞环为该报题词祝贺。

6 月 17 日

香港贸裕发展有限公司总经理骆永定出资人民币 30 万元，建立“泉州市骆永定专项新闻奖励基金”，奖励各级新闻媒体上刊播的宣传泉州的新闻佳作。

6 月 18 日

我国 12 家晚报国内新闻研讨会在烟台举行。该会由北京晚报国内新闻部发起并主办。

6 月 20 日

应日本静冈县中日友好协会邀请，浙江新闻工作代表团一行 8 人赴日作为期 10 天的采访和考察。

全国总工会建立的宣传工人阶级和工会活动的优秀新闻作品的最高荣誉奖——全国“五一”新闻奖评选结果揭晓。51 篇新闻作品获奖。

6 月 21 日

应朝鲜民主主义人民共和国《平壤新闻》的邀请，以《辽宁日报》副总编辑孔繁文为团长的访问团一行 6 人赴朝鲜访问。

新华社成立国际报道快速反应记者组，以应付突发性国际新闻采访任务。

6 月 22 日

首都妇女新闻工作者协会和北京市妇联共同举办的“首都女新闻工作者十大好新闻”评选活动结束并颁奖。

6 月 23 日

中国国际广播电台、湖北对外文化交流

协会、国务院长江三峡建设委员会办公室等单位共同举办的“南威杯·中国三峡工程知识竞赛”专题节目正式开播。

美国新闻与大众传播教育代表团一行35人，到上海复旦大学新闻学院访问。

第十届全国城市报纸群众工作研讨会在大连市举行。

6月25日

由社长邵华泽率领的《人民日报》代表团，应德国政府的邀请抵达波恩，开始对德国的访问。

应《经济日报》邀请，澳大利亚《金融评论》报高级记者科帕洛尔抵达北京，开始对我国进行为期两周的采访。

6月27日

新华社青年工作会议本日至29日在房山龙门山庄举行。

6月28日

中共中央宣传部办公厅向各省、市、区党委宣传部转发《全国部分新闻专业期刊座谈会纪要》，要求结合本地实际，进一步办好新闻专业期刊。

7月1日

本日起，新华社印刷厂承印的报纸杂志全部改为激光照排，胶印和树脂版印刷，铅字印刷的历史在该厂结束。

7月2日

经济日报社召开特约评论员座谈会。

应《人民日报》邀请，以《华侨报》社长赵汝能为团长、《澳门日报》总编辑李鹏翥为副团长的澳门新闻界代表团来内地访问。

7月4日

经济日报社副总编辑王昭栋会见了应邀来该报访问的巴基斯坦国民议会公共关系部副主任戈兹民·汉先生，并回答了客人提出的问题。

新华社党组通报表彰该社先进经营单位和先进经营工作者。

中国记协致电广西、广东、福建、江西、浙江、湖南六省、区记协，慰问在抗洪斗争第一线执行任务的新闻工作者。

7月6日

中国产业界第一家英文报纸——英文《中国化工周报》在北京创刊。

以总编辑林国卿为团长的台湾《中时晚报》新闻访问团一行6人，应《新民晚报》邀请抵达上海访问。

光明日报社主办的以书讯和书评为主要内容的专业报纸《中华读书报》在北京创刊。周刊，每周三出版。

中共中央宣传部主办的《党建》杂志的全国地、市联络员工作会议，本日至10日在贵州安顺市召开。

7月7日

以副总编辑李仁臣为团长的《人民日报》代表团，应叙利亚阿拉伯复兴社会党机关报《复兴报》的邀请，对叙利亚进行为期一周的访问。

7月11日

以新华社北京分社社长张选国为团长的中国新闻代表团一行12人，对韩国进行为期10天的访问。

黑龙江、广西、上海等16省、市、自治区党报记者组成的联合采访团，本日至26日到内蒙古采访。

应《经济日报》社邀请，以韩国经济新闻社社长朴勇正为团长的代表团一行5人抵达北京，开始对我国为期一周的友好访问。

《中国商报》邀请首都部分专家、学者和企业界人士，对上半年市场情况进行回顾和分析，对下半年市场走势进行展望。

7 月 13 日

据本日出版的《中华新闻信息报》报道，正当各新闻媒体加强对社会治安综合治理的宣传，以创造良好的社会舆论环境的时候，湖南新闻界涌现出了一批见义勇为、助人为乐的好记者。

新闻界首起荣誉纠纷诉讼案在上海宝山区法院调解结案。1991 年《冶金报》刊发了驻宝钢记者阮海儿与叶全发合作撰写的《宝钢小人物推动了国家金融政策调整》一稿，此稿后获当年首届中国新闻奖消息一等奖，得证书两份，奖金 300 元，奖杯一个。此后，阮、叶二人为证书和奖杯事发生争执。1993 年 8 月叶全发向法院起诉奖杯所有权等问题，引起了一场长达 11 个月的官司。后经调解，阮海儿主动作出让步，并承担了大部分的诉讼费，和解协议在互相谦让的基础上达成。

福建省发生严重涝灾。香港《大公报》读者纷纷捐款，慰问和赈济该省灾民。捐款仪式本日在福州举行。

7 月 14 日

陕西省新闻出版局严肃查处非法出版的报纸《人生导报》。

中国国际广播电台国际新闻中心本日至 21 日两次召开部主任会议，总结《时事节目》开办两年多来的经验，研究当前存在的问题，探讨改进的办法。

7 月 15 日

新华社社长郭超人与吉尔吉斯国家通讯社社长雷斯库罗夫签署两社交换新闻的协定。

7 月 16 日

《工人日报》纪念该报创刊 45 周年。江泽民等中央领导人题词祝贺。

7 月 17 日

辽宁省锦州市举行追悼会，悼念在抗洪前线报道中壮烈牺牲的锦州有线电视台青年记者杨晔。

7 月 18 日

应《解放军报》邀请，巴基斯坦公共关系局局长哈立物少将一行 2 人到该报访问。

北京日报为鼓励大学生勤奋学习，勇于实践，促进新闻人才的成长，在中国人民大学新闻学院设立了“北京日报社新闻人才奖学金”。

人民日报教科文部和河南教育出版社联合举办的“首届优秀影视片征文”评选揭晓。共评出一等奖 1 篇，二等奖 3 篇，三等奖 6 篇。获一等奖的是李楠楠的《不该留下的空白》。

中国报协电子技术进步委员会第二届年会在贵阳召开。

7 月 19 日

台湾《中时晚报》总编辑林国卿等一行 6 人组成采访团到《羊城晚报》参观座谈。

我国首例报刊在名誉权案中付出高额赔偿和报刊作为当事人被法院以“报道干扰审判”为由，处以高额罚款的案件公审结案。四川成都《电子报》自 1992 年 9 月起刊载系列文章，对长沙市环达科技有限公司开发的新产品“BXW 家庭电器保险王”的原理与实用性展开讨论并提出质疑和异议，最终引起环达公司对该报的起诉。长沙中级人民法院作出一审判决，认定报社侵权，应赔偿公司损失。《电子报》不服判决，在报上发表文章，指责法院及环达公司，并向湖南省高级人民法院提出上诉。二审法院驳回上诉，维持原判，判罚报社 52 万元的赔偿费。

7 月 21 日

邹韬奋逝世 50 周年纪念大会在上海隆重举行。

7 月 25 日

陕西电视台、渭南地区电视台和华山管

理局联合邀请全国省市电视台到华山采访。

7月26日

《中国商报》开办第1期《商业自动化专刊》随报纸免费赠阅。

7月27日

中共中央宣传部本日至30日在北京召开理论宣传座谈会。本年8月12日至15日又在厦门召开了同样性质的座谈会。

7月29日

中央电视台副台长张长明会见由香港政府广播电视管理人员组成的香港电台制作人员工会代表团。

8月1日

辽宁省记协作出决定，授予在抗洪抢险斗争中表现出色的《锦州日报》记者朱大伟、锦州有线电视台记者刘晶为“全省优秀青年记者”称号。

8月2日

中国经济信息报刊协会召开的经济信息报刊改革经验交流会在西安举行。

全国广播电视报刊学会省级广播电视专业委员会理事会，本日至7日在乌鲁木齐召开。

8月3日

广东省新闻工作者协会和广东新闻人才基金会设立的首届广东“金枪奖”评选活动本日揭晓。新华社的黄扬略等人获奖。

8月10日

中央人民广播电台牵头主办的第二届全国省级广播电台台长会议在上海举行。

全国第一张专门宣传反腐倡廉的报纸——《反腐败导报》创刊。

8月12日

新华社总编室发出《关于国内广播实行分类、分层次、分专线发稿的通知》。

8月15日

中共中央宣传部、新闻出版署、邮电部和国家工商局联合下发《关于加强内部报刊管理的通知》。要求各地有关部门妥善做好内部报刊的管理工作。

中共浙江省委宣传部发出《关于加强对新闻评奖活动管理的通知》。

8月17日

《中国金融》杂志社、金融时报社、《金融新闻界》杂志社和《哈尔滨金融》杂志社联合主办的首届中国金融报刊总（主）编研讨会，本日至22日在哈尔滨举行。

8月18日

我国综合性优秀新闻作品最高奖——第四届中国新闻奖评选揭晓。共有160件作品分别获一、二、三等奖。

第八届（1993年度）中国地市报新闻奖评选揭晓。435篇作品分别获一、二、三等奖。

8月20日

1994年度华东六省一市电视台台长协作会暨技术年会本日至23日在井冈山召开。

8月21日

中国少数民族新闻研究会第六次年会暨第三届换届会议本日至26日在内蒙古临河和包头召开。

8月22日

中国记协授予杨晔“忠于职守，英勇献身的优秀新闻工作者”称号。广播电影电视部授予杨晔“优秀电视工作者”称号。杨晔为辽宁锦州有线电视台青年记者，7月14日在抗洪前线报道中英勇献身。

8月24日

据《人民日报》报道，新闻出版署日前向各省、自治区、直辖市新闻出版局和各中央级出版社发出《关于禁止“收费约稿”的通知》。

8 月 26 日

解放日报华东版暨国内报道工作会议本日至 28 日在上海举行。来自华东地区 6 省 32 个市的代表，以及广东、辽宁等地的新闻界人士共 72 人出席了会议。

中国记协、山西省记协、山西省新闻出版局本日至 30 日在山西太原联合举办新闻评论研讨会。来自中央和山西省各新闻单位的代表们在会上研讨了《山西日报》精心组织设计群众系列评论的经验。

8 月 30 日

第三届“北京新闻奖”颁奖会暨新闻学术研讨会在北京召开。评选出一等奖 32 篇，二等奖 42 篇，三等奖 45 篇，优秀奖 13 个。

8 月 31 日

中国报纸副刊研究会主办的第六届全国报纸副刊好作品评选会在安徽铜陵召开。245 篇作品获奖。

“钱江晚报现象”研讨会在杭州举行。钱江晚报坚持正确的舆论导向，把办报与社会活动密切结合起来，起到了沟通党和政府与人民群众间的桥梁作用，也取得了良好的社会效益和经济效益，构成了新闻界一个新事物、新现象，被称为“钱江晚报现象”。

新闻出版署宣布：今年以来，已依法查处和撤销了 15 家违法违规的报刊的登记证。

9 月 1 日

由中央电视台技术制作中心、香港佑图公司和广播电视灯光研究会合办的全国电视灯光学习班历时 6 天，本日结束。

《羊城晚报》即日起实行扩版。日出对开 3 张。其中《娱乐世界》版为彩色印刷。

《辽宁日报》举行创刊 40 周年纪念活动。

9 月 3 日

国家新闻出版署副署长梁衡对新闻界出现的买卖刊号顶名出版报刊的问题，提出了批评。

新华社北京总社与该社纽约、香港、巴黎三大转报站间实现话音、数据、文传图传的高速并行数据传输。

9 月 5 日

为了鼓励我国体育健儿在第 12 届亚运会上创造优异成绩，人民日报体育部、体育时报社和徐州卷烟厂联合举办“徐烟杯”第 12 届亚运会中国最佳运动员评选活动。

9 月 7 日

北京广播学院庆祝该院建院 40 周年。该院与澳大利亚广播公司联合举办的广播电视人才培养国际学术研讨会同日召开。

全国晚报科学编辑记者学会第 11 届年会本日至 15 日在山东济南召开。

中国记协国内部、湖北省记协和《经营时报》社本日至 9 日在武昌共同举办全国“经营之光杯”评选表彰活动。200 多人分别获一、二、三等奖。

9 月 8 日

广东省新闻工作者协会、广东新闻人才基金会联合举办的 1994 年新闻队伍建设交流会在广州召开。

新华社总编室向全社发出《关于刊登文化产品广告有关问题的通知》。

新华社社长郭超人支持该社《新闻业务·增刊》提出的关于“在全社开展一次消灭差错活动”的建议，并就此事作了相应的安排。

9 月 10 日

新华社社长郭超人与韩国联合通讯社社长玄昭焕在京签署两社新闻交换与合作协定。

石油大学成立新闻奖励基金会，以鼓励在校大学生学习新闻业务，献身石油新闻事业。

9月12日

全国人大常委会副委员长王汉斌会见了由总编辑帕尔·厄特沃施率领的匈牙利《人民自由报》代表团。

由新华社主办的亚洲—太平洋地区通讯社组织第九届大会本日至14日在北京举行。新华社社长郭超人当选为本届亚通组织主席。

9月14日

应《北京日报》社邀请，以副总编辑龚桓为首的越南《新河日报》代表团，抵达北京访问。

中国教育电视协会成立。

9月15日

台湾新闻媒介负责人参观访问团一行23人，本日至20日先后到上海、西安等地参观访问。

9月16日

《世界知识》半月刊暨世界知识出版社建社60周年纪念会在北京人民大会堂举行。

以中国国际广播电台台长张振华为团长的7人代表团，本日至10月9日在法国、埃及、泰国、美国四站召开该台驻外记者站站长会议。会议中心议题是加强和改进宣传报道及内部管理。

9月18日

《人民日报》副总编辑武春河率领《人民日报》代表团，应朝鲜《劳动新闻》的邀请访问朝鲜。

为纪念邓小平为《经济参考报》题词“开发信息资源，服务四化建设”发表10周年，国家计委、国家科委和新华社联合在人民大会堂召开纪念性座谈会。

9月19日

以副总编辑潘伟文为首的羊城晚报代表团一行8人赴日本进行印报机器技术培训。这批机器将由报社从日本购进。

澳门电视台中文、葡文频道和台湾（TVBS）无线卫星电视频道，本日起至10月上旬，相继播出“中国电视周”节目。

9月20日

人民日报社、中央电视台、文化部、浙江省人民政府联合主办的’94中国小百花越剧节开幕。

截至本日，人民日报社共收到《人民日报》发行情况读者调查问卷有效答卷48846份，以及就该报宣传和发行工作提出意见建议的来信20951件。这一征集答卷的调查问卷活动，是从6月15日开始的，历时3个月。

人民日报评论部与三九集团联合举办的“今日谈”征文评选揭晓。

中国企业报协会本日至27日首次组织部分大型企业报总编辑赴西藏采访。

9月22日

中国记协主办的“第二届海峡两岸及香港新闻研讨会”在武汉结束。这次研讨会就怎样增加报纸的可读性，电视的可视性，广播的可听性，以及通讯科技的发展对传播的影响和如何为市场经济服务等问题进行了研讨。

华北六报协作会议本日至28日在天津举行。这次协作会由天津日报主办。

9月23日

新华社举行纪念新华社创办对外宣传50周年座谈会。

9月28日

中央电视台台长杨伟光会见来访的香港九龙有线电视台客人，建议九龙有线电视台转播10月1日晚中央电视台实况直播的天安门广场焰火晚会。

同月

第九届全国晚报年会暨第11届晚报经

验交流会在杭州召开。

10 月 1 日

中央人民广播电台与全国各省、市、区广播电台实行新闻节目的电脑联网。中央电视台结合国庆活动的转播，本日起在世界范围内举办首次《中国电视周》。这是中国电视节目第一次打入国际社会。

中共中央纪律检查委员会和国家监察部共同主办的《中国纪检监察报》在北京创刊。江泽民为该报题写了报名。

人民日报海外版、中央电视台、新华社摄影部和瑞德广告公司联合主办“中华一日”摄影活动。200 名专业摄影工作者参加了这项活动。

由新华社、羊城晚报社、深圳特区报社、珠海特区报社联合主办的第二届全国国际报道研讨会，本日至 11 日在广州举行。

10 月 6 日

国家新闻出版署重申：任何单位或个人未经新闻出版署批准，均不得以报纸形式编印出版物。

12 个省、市、区广播电视系统党建工作经验交流第四届年会，本日至 13 日在长沙市召开。

应天津日报邀请，日本神户新闻社写真部记者则本修美本日至 22 日在天津访问。

10 月 7 日

全国城市电视协作会第 13 次会员大会本日至 12 日在沈阳举行。

10 月 9 日

首都青年编辑记者协会和中国青少年发展基金会联合组织的“青年记者希望行”大型采访活动。本日起，从北京出发，分四路赴各地贫困山区进行采访。出发前，主办单位在人民大会堂举行了出发仪式。李岚清参加了这项仪式，为大家送行。

中国广告协会报纸委员会、中国报协广告委员会、天津日报社共同主办的 1994 年报纸广告会议在津开幕。

《人民公安报》在北京国际饭店举行创刊 10 周年纪念会。

美国国际电视商品公司与中国中央电视台联合制作《世界商品之窗》专栏节目的有关协议，在北京梅地亚中心举行签字仪式。

著名新闻教育家、新闻理论家王中病逝，享年 80 岁。王中出生于 1914 年，山东高密人。1940 年开始从事新闻工作。曾任《鲁中日报》总编辑，《新民主报》编辑部主任，华东新闻学院教务长，1950 年后任复旦大学副教务长、新闻系教授。

10 月 10 日

《经济日报》总编辑杨尚德会见应邀来访的罗马尼亚《经济论坛》报代表团。

《经济日报》和《中华工商时报》邀请部分参加中国优秀民营企业家经验交流会的代表，就“走向现代企业制度的民营经济”问题，进行了专题座谈。

10 月 11 日

第二届全国国际报道研讨会在广州召开。来自全国 49 家新闻单位的代表就如何加强国际报道进行了探讨。

“’94 中国质量万里行”新闻评选结果本日在青岛揭晓。27 篇作品分别获一、二、三等奖。

中国广播电视学会广播理论研究会主办、贵州人民广播电台承办的第 14 次全国广播理论研讨会，本日至 16 日在贵阳召开。

10 月 12 日

山东电视台在山东省政府驻哈尔滨办事处内，设立山东电视台驻哈尔滨记者站。这是全国第一家省际间记者站。

经中共浙江省委宣传部批准，浙江省新闻志编纂委员会正式成立，开始浙江省新闻志的编写工作。

10 月 14 日

全国省级以上党报群众工作研讨会在济南结束。来自全国 31 家省报的党报群众工作者从 9 日起就新形势下如何处理好舆论监督与社会稳定的关系等问题，进行了研讨。

以羊城晚报社原副总编辑司徒炯昌为团长的一行 7 人，前往日本进行技术培训。

10 月 18 日

新华社西藏分社卫星地面接收站建成，并与总社建立了联系。

《中国市场经济报》在北京创刊。

新华社 1994 年新闻学术年会本日至 22 日在新华社新闻大厦召开。会议主要就新闻媒介如何以正确舆论引导人这一问题进行探讨。

10 月 19 日

全国新闻高级专业职务资格评审委员会本日至 23 日在北京召开第四次评审会议。

广播电影电视部科技委有线电视专业委员会本日至 21 日在上海嘉定上海大学召开“’94 光纤 CATV 新技术研讨会”。

10 月 22 日

第八届全国电视广告印象奖在重庆颁奖。

10 月 23 日

第三次全国报纸总编辑新闻摄影研讨会本日至 31 日在福州举行。

首届全国广播对外宣传协作会议本日至 27 日在北京召开。

10 月 24 日

全国广播影视知识产权法律培训班本日至 28 日在兰州开办。旨在更好地贯彻执行国务院《关于进一步加强知识产权保护工作的决定》，增强广播电视系统广大干部职工有关知识产权的法律意识。

10 月 27 日

全国晚报年会暨经验交流会本日至 11 月 2 日在杭州召开。到本次年会召开时止，全国晚报已发展到 128 家，总发行量约 2000 万份。

中国记协书记处书记李贤德会见印度外交部新闻官员钱伊伦和印度驻华使馆新闻官员，就印度新闻代表团访华的问题进行磋商。

全国青少年电视工作研讨会本日至 4 日在北京召开。

同月

人民日报海外版和安徽日报社联合在合肥召开对外宣传研讨会。

11 月 1 日

上海新民晚报经过 2 个多月的筹备，开始在美国印刷发行，以供应该报在美国的订户。

由新闻出版署主持召开的全国期刊审读工作研讨会本日至 4 日在郑州召开。

东方报业集团主办的英文报纸《东方快讯》（*Eastern Express*）在香港创刊。出版 2 年后停刊。

11 月 2 日

部分新闻界专家学者聚集西安，就新闻报道如何为深化国企改革鸣锣开道问题，进行了探讨。

墨西哥新闻代表团一行 6 人抵达北京，进行为期 2 周的访问。

中国记协书记处书记唐非率领的中国新闻代表团本日至 18 日访问土耳其。

11 月 5 日

应中国记协和湖南记协的邀请，以《香港商报》副总编辑阮纪宏为团长、《澳门日报》总经理助理李业飞和《大公报》高级记者刘培亨为副团长的港澳新闻代表团一行 15

人，本日至 11 日专程到湖南采访。

11 月 6 日

纪录国庆 45 周年盛况的“华运杯”国庆摄影比赛获奖作品展览在北京举行。

全国报业经营管理研讨会在深圳举行。120 多家报社负责人到会交流了报业经营管理方面的新经验。

沿海开放城市、经济特区党报第七次协作会本日至 8 日在上海举行。

11 月 8 日

中国报业协会主办的全国报纸优秀广告评选活动在北京揭晓。《人民日报》等 8 家报纸的 10 件广告分别获一、二、三等奖。

秘鲁驻华大使戈迪路及使馆商务参赞到广州南方日报社参观访问。

11 月 9 日

中国经济信息报刊协会本日至 11 日在北京召开企业报刊信息研讨会。

11 月 10 日

中共北京市委宣传部召开市属新闻单位“我是首都新闻工作者”大讨论动员会暨市新闻界报告会。

11 月 11 日

以色列新闻代表团一行 5 人抵达北京，对我国进行为期 9 天的访问。

中国记协书记处书记王哲人本日至 26 日赴巴黎参加联合国教科文组织国际交流发展计划政府间理事会。

11 月 12 日

第五届上海电视节在东方明珠广播电视塔广场开幕。

中国地市报研讨会二届二次年会本日至 16 日在广东省汕头市举行。

11 月 15 日

全国老龄宣传工作会议在昆明召开。会议提出，全社会要高度重视人口老龄化问题，要为老龄事业发展创造良好的舆论环境。

红十字国际委员会和中国红十字会联合举办的“红十字国际新闻研讨会”在北京结束。

11 月 17 日

天津日报社社委会作出决定：出资 100 万元设立“人才培养基金”，用于职工培训和优秀拔尖人才的培养。

11 月 18 日

第 12 届亚运会好新闻评选结果在北京揭晓。49 件作品分别获一、二、三等奖。

贵州经济广播电台开播。

湖北有线电视台开播。

’94 国际有线电视技术研讨会本日至 21 日在杭州召开。

中共北京市委宣传部、市残疾人联合会共同举办的第六届远南残疾人运动会好新闻评选活动在北京日报社揭晓并举行颁奖仪式。

11 月 25 日

人民日报召开扩版动员大会。

山东首届“泰山新闻奖”评选揭晓。

11 月 26 日

中国新闻文化促进会’94 年会在北京召开。

11 月 28 日

台湾大陆新闻中心主任、《工商时报》副社长兼《中国时报周刊》总编辑李孟洲等一行 3 人到福建进行为期一周的采访。

应《人民日报》的邀请，以副总编辑红草为团长的越南《人民报》代表团来华访问。

11 月 30 日

著名的部队新闻工作者、原解放军报社长吕梁逝世，享年 74 岁。

中国产业报协会副刊研究委员会举行第四届副刊研讨会。

12 月 5 日

应《人民日报》邀请，由欧洲记者协会理事何塞·维森特率领的西班牙新闻代表团本日来华进行为期 5 天的访问。

以维护生态环境为主题的“’94 中华环保世纪行好新闻”评选活动揭晓。70 篇稿件分别获一、二、三等奖。

中共中央政治局委员丁关根、国务院副总理李岚清分别会见来访的香港《天天日报》《华南经济新闻》负责人邓立人等，同他们进行亲切友好的交谈。

12 月 7 日

香港各界新闻主任访问团一行 15 人，在新华社香港分社宣传部副部长黄乃钊陪同下，到广州南方日报社参观访问。

由中国经济信息报刊协会主办的’94 中国经济新闻理论研讨会，本日至 9 日在广州召开。

12 月 8 日

首届安徽农村广播电视网研讨会在合肥召开。

12 月 10 日

中国社会科学院主办的第一份直接面向市场的《环球市场信息导报》在北京创刊。

12 月 12 日

应《解放军报》邀请，罗马尼亚军队报刊集团总编辑格·沃杜氏上校等一行 2 人到该报访问。

12 月 13 日

《羊城晚报》刊出该报记者采写的《卖花女》专版，在社会上引起轰动。

新华社国内摄影工作会议本日至 17 日在北京召开。

12 月 14 日

国务院新闻办公室召开的国际新闻报道座谈会本日至 17 日在北京举行。

12 月 17 日

据《人民日报》报道，全国报纸理论宣传研究会最近在北京举办研修班，探讨如何加强和改进 1995 年报纸理论宣传问题。

12 月 19 日

人民日报华东分社在上海正式成立。将从 1995 年 1 月 1 日起出版《人民日报》华东版，开中央级报纸创办“地方版”的先例。

北京日报与北京交响乐团负责人签订《北京日报资助北京交响乐团协议书》。北京日报社将从 1995 年起，每年出资 100 万元支持北京交响乐团的排练和演出活动。

12 月 21 日

第四届中国新闻奖和第二届范长江新闻奖在京颁奖。160 件新闻作品获中国新闻奖。其中，一等奖 16 件，二等奖 49 件，三等奖 95 件。徐福铎、端木来娣、江永红、张建星、魏斌、刘振英、阿不力孜·阿不都热依木、张建伟、邬志豪、詹国枢、于宁 12 人获范长江新闻奖。

12 月 25 日

新华社计算机广域网（简称“新华网”）已在总社和 25 个国内分社完成了计算机及网络设备的安装和调试工作。

12 月 26 日

国务委员李铁映在广播电影电视部部长孙家正陪同下，到中国国际广播电台视察工作并看望在台工作的部分外国专家。

12 月 27 日

经济日报信息中心和北京伟地计算机有限公司合作研制的“经济日报多媒体电子版”在王府井大街安装并试运行成功。

12 月 28 日

新疆人民广播电台维吾尔、汉、哈萨克、蒙古、柯尔克孜 5 种语言的广播实行卫星传播，可有效覆盖全疆、全国、中亚、东亚及太平洋地区。这是全国语种最多、覆盖面最大的省级广播电台。

辽宁省妇联和辽宁省记协联合举办的全省首届女性题材好新闻评选活动揭晓。

12 月 30 日

人民日报理论部和中共广西北海市委、广西社科联联合举办的“沿海、沿江、沿边地区改革开放”征文评选活动揭晓。

中国记协书记处书记李贤德和经济日报副编辑工照栋等与韩国亚太经济文化研究所会长尹锡宪举行会谈，商讨经济日报和中国记协向韩亚太经济文化研究所创办的《中国经济》供稿的有关事宜。

12 月 31 日

中国最大的一家侨报《华声报》在出版 12 年后，自动停刊。

同年

本年中国大陆公开出版发行的报纸 1951 种，平均期发数 17754 万份，全年发行总数 2887239 万份。中国大陆共有广播 1107 座，电视台 766 座，收音机社会拥有量 19365 万台，电视机社会拥有量 27487 万台。

白润生编撰的《中国少数民族文字报刊史纲》，由中央民族大学出版社出版。该书 1996 年获北京市哲学社会科学优秀成果二等奖。1998 年获国家教育部第二届人文社会科学研究成果二等奖。

1995 年（乙亥）

1 月 1 日

《人民日报》从本日起改出 12 版。（星期日和元旦、春节、五一、国庆节仍为 8 版。）这是该报继 1956 年 7 月 1 日改版以来的第二次扩版。

《人民日报》华东版出版。

中国国际广播电台英语广播恢复新闻直播，华语广播实施首次新闻直播取得成功，标志着中国对外广播事业向前迈出了重要一步。

《三峡晚报》面向全国发行。该报是中共宜昌市委主管的三峡经济开发区唯一的一张晚报。

中央电视台以台、港、澳和海外观众为主要对象的第四套节目实行全天 24 小时播出。

《解放军报》由对开 4 版扩为 8 版，并首次公开办理广告业务。

被称为电视报纸的我国第一份“报纸图文电视”在杭州正式播出。

1 月 3 日

1995 年第一期新办报纸总编辑、期刊主编培训班在北京开班。81 家报纸总编辑和 46 家期刊主编在这个培训班上参加了为期 5 天的学习，于本月 8 日结业。

1 月 4 日

武汉晚报女记者范青歌完成万里陆疆采访。

四川日报创办的省级新型城市报纸《华西都市报》在成都创刊。

1 月 9 日

国务院副总理李岚清到中央电视台视察并表扬了该台为宣传教育所做的大量工作。

以预防保健为主要内容的专业报纸《保健时报》在北京创刊。该报由中华预防医学会主办。主要面向医药保健品企业，为广大消费者提供科学指南。

1 月 10 日

中共广东省委宣传部发布《关于表彰〈羊城晚报〉认真组织好军嫂韩素云重大典型报道的决定》。

人民日报理论部、中国公有资产管理学会和《资产与产权》杂志编辑部联合举办的“推动国有产权管理体制改革，搞活国有经济”征文评选活动揭晓。评出一等奖1篇，二等奖4篇，三等奖13篇。

中国记协举办的第四届“宣传中国共产党领导的多党合作和政治协商制度好新闻”评选结果揭晓。94件作品分别获一、二、三等奖。

1月11日

人民日报等9家中央新闻单位及北京日报联合举行座谈会，邀请各界人士座谈学习韩素云爱国拥军先进群体事迹。

1月12日

江泽民总书记主持召开中共中央政治局常委会，听取新华社党组的工作汇报。

首届“奋发文明进步奖”举行颁奖大会，向为残疾人事业新闻宣传作出突出贡献的赵学军等19位新闻工作者颁了奖。

香港《华侨日报》因经营困难自动停刊。先后出版70年。

1月13日

中国记协老新闻工作者工作委员会筹委会在北京正式组成，并开始活动。

1月16日

全国宣传部长会议本日至21日在北京举行。江泽民在会上作了讲话，提出要充分发挥党的宣传思想工作的优势，努力为改革和建设提供有力的思想保证和良好的舆论环境。

1月17日

全国新闻出版局长会议在北京举行。

《中国记者》杂志社和《新民晚报》社共同主办的全国晚报版式设计大赛评选结果在北京揭晓。

全国政协法制委员会、《民主与法制》杂志社联合召开首都新闻单位暨法制报刊联谊座谈会。政协法制委员会主任华联奎出席会议，并介绍了政协参与立法的有关情况。

1月20日

中央电视台海外电视中心召开“海外电视宣传座谈会”，中央外宣办、广电部领导和台领导参加了会议。

1月21日

新华社、《半月谈》杂志社和西藏人民出版社共同创办的《半月谈》藏文版开始在拉萨发行。这是该杂志继蒙古、维、朝文后的第四个少数民族文字版。全国政协副主席阿沛·阿旺晋美题写刊名并题词。

1月23日

人民日报海外版与中国文化研究会联合举行“提高全民素质，迎接21世纪”研讨会。

1月24日

人民日报和北京电视台合办的街头新闻快讯大视屏开屏。这个全彩色电子大视屏，矗立在北京长安街上，每天播发10多个小时的新闻消息，是把报纸、广播、电视三种媒体凝结为一体的一种新型的宣传阵地。

《中国电视》1995年第1期出版。到本期止，该刊期发行量已达255万份（其中中文版243.4万份，外语版11.6万份），比上年同期增长19%。稍后出版的介绍’95春节期间节目的该刊第4期发行量达332万份。

1月25日

“澳门新闻奖”评奖活动在北京拉开帷幕。这项活动由中国青年报社、首都青年编辑记者协会和澳门基金会联合主办。旨在推动内地新闻工作者对过渡期澳门的介绍与宣传，提高广大公众特别是广大青年对澳门历史与现实的了解。

1月26日

’94教育好新闻评选结果在京揭晓。67

篇作品分别获一、二、三等奖。

1 月 29 日

应广播电影电视部邀请，摩尔多瓦广播电视代表团一行 4 人，在摩尔多瓦国家电视公司主席乌萨伊德先生为团长的率领下，本日至 2 月 1 日对中央电视台进行了工作访问。

同月

解放军报社邀请在京的部分专家学者，就当前国防安全环境与国防建设问题进行座谈。

2 月 13 日

“首都青年记者希望行”大型采访、调研活动，历时 2 个多月，圆满结束。

全国海外电视宣传选题规划会本日至 15 日在厦门召开。

2 月 15 日

中共中央宣传部举办的全国省、市、自治区党报总编辑研讨班本日至 25 日在北京举行。丁关根部长应邀作了报告。

人民日报国内记者工作会议本日至 19 日在京郊燕京石化城举行。社长邵华泽和总编辑范敬宜到会讲了话，强调了人民日报工作的两个重要环节：一、集中精力办报；二、抓好队伍建设。

2 月 17 日

著名老新闻工作者夏衍逝世，享年 95 岁。首都各界人士在八宝山革命公墓向夏衍遗体告别。夏出生于 1900 年，浙江余杭人。1937 年开始从事新闻工作。曾主办《救亡日报》《华商报》，尔后又担任《新华日报》代总编辑。1949 年 5 月上海解放后，先后担任中共华东局宣传部副部长、上海市委宣传部部长等职。1955 年以后主要从事文化战线的工作。

全国广播电视主持人培训工作座谈会在北京召开。

2 月 24 日

中国记协举行四届七次常务理事会，安排 1995 年工作，讨论如何加强舆论引导和培养新闻人才等问题。

2 月 27 日

加拿大电视网有限公司采访小组一行 3 人，在该公司驻京记者处首席记者戴碧雪带领下，对中央电视台《东方时空》栏目进行了跟踪采访，并对《东方时空》的四大板块节目做了实地拍摄。

3 月 1 日

辽宁电视台扩大新闻节目容量，增加新闻时段，推出《辽宁新闻》（前身是《辽宁新闻联播》)、《热点透视》《早间新闻》、《晚间新闻》《英语新闻》等有关新闻报道的新栏目。

3 月 3 日

应外交部和广播电影电视部邀请，法国国家电视台董事长埃尔巴卡什一行 3 人本日至 7 日对中央电视台进行工作访问。

3 月 5 日

本日上午 8 时 57 分至 10 时 41 分，中央电视台第一、四套节目同时现场直播八届全国人大三次会议开幕式。本届人大、政协开会期间，该台还为美、日、英等国及台湾、香港地区的电视机构传送“两会”的新闻，累计 8 小时 55 分钟。这是历年来该台传送“两会”新闻最多的一次。

1500 多名中外记者到北京采访八届全国人大三次会议和全国政协八届三次会议。其中 145 名来自台港澳 48 家新闻机构，263 名外国记者来自 35 个国家的 132 个新闻机构。

以海外华侨华人为读者对象的杂志《华声月报》在北京创刊。每期出 16 开 1 册。

3 月 8 日

据本日出版的《中华新闻信息报》报

道，《锦州日报》记者朱大伟在洪水中奋不顾身拍下的新闻照片《生命的最后瞬间》，不仅留下了党的优秀干部张鸣岐在抗洪前线的生动画面，也使他夺得’94新闻摄影奖最佳奖的桂冠。

3月13日

河北交通信息台试播。

3月14日

人民日报举办的“远行杯”炎黄子孙摄影比赛评选结果揭晓。著名摄影家陈复礼（香港）、周忠刚（台湾）获得特别荣誉奖，麦国民等9人分别获一、二、三等奖。

3月20日

本日起，新闻出版署陆续公布《报纸管理质量标准》和《社科期刊管理质量标准》，使报刊的管理法规化、科学化。

3月21日

中共中央政治局委员、中宣部部长丁关根会见美国映佳传播公司总裁谢诚刚先生一行4人。

中国经济信息报刊协会主办的中国经济新闻研究所在上海成立。

3月24日

首届“全国百佳新闻工作者”评选揭晓。本日在北京举行颁奖大会。

中国人民银行深圳分行主办的《金融早报》由期刊改为日报继续出版。

3月28日

全国省、市、自治区记协工作会议本日至4月1日在贵阳举行。会议的重要议题是研究如何更好地发挥记协的作用。

3月31日

中国新闻事业促进会在北京成立。邵华泽任会长。

同月

全国总工会宣传教育部、中国工人报刊协会联合召开的全国工人报刊总编辑会议先后在上海和苏州举行。

中央电视台举办全国首届“妇春俪”奖女性人物（专题）短片评比活动。这项活动为即将在北京召开的第四届世界妇女大会展示了中国妇女的业绩和风采。

4月1日

第二届全国公安交通安全报刊好新闻评选活动揭晓。101件新闻作品分别获一、二、三等奖。

4月3日

上海解放日报社编辑组版、香港星岛日报印刷发行的《解放日报·中国经济版》在香港创刊。

中央电视台新闻中心推出新栏目《新闻30′》，每日12时准时播出，使该台第一套节目在早、中、晚三个时段都有新闻版块节目播出。

文化部设立的首届“文化新闻奖”评选活动在北京揭晓。68个单位和个人获奖。

4月7日

中国记协在北京举办首届“全国百佳新闻工作者”报告会。10位荣获“百佳”称号的新闻工作者在会上介绍了自己的经验体会。

第二届韬奋新苗奖在北京揭晓。来自全国37所大专院校、系的100位优秀学生荣获此奖。

据本日出版的《新闻出版报》报道，福建省科委主办的《海峡科技导报》在福州创刊。

4月8日

光明日报建立国内中文报刊首家大型集中式采编工作平台，该平台的一期工程于本日完成。

’95全国省级电视台总编室主任工作会议本日至14日在广西召开。

4 月上旬

《四川科技报》《四川农民报》和《文摘周报》因违法刊登虚假广告，分别受到没收广告所得和罚款的处罚。

4 月 13 日

著名摄影大师郎静山病逝于台北，享年 104 岁。郎静山 1928 年起即担任《上海日报》摄影记者，是中国资深的摄影记者。

新华社副社长南振中出席在蒙古驻华大使馆举行的新华社援助蒙古通讯社设备的交接仪式，并代表新华社在交接书上签字。新华社援助蒙通社的全部设备于当日向蒙方交接完毕。

4 月 14 日

第九届中国产业新闻奖评选揭晓。214 篇作品获奖。

4 月 16 日

著名新闻记者、新闻教育家顾执中在京逝世，享年 98 岁。顾曾任《新闻报》记者，是民治新闻专科学校的创办人。

4 月 18 日

中国女摄影家协会在北京成立。著名女摄影记者侯波担任主席。

中央新闻单位采访团本日登上我国南沙群岛的永暑礁，开始对南沙的采访活动。该采访团由北京 8 家新闻单位的 24 名记者组成。在此前后曾在我西沙、南沙海域诸岛进行了为期半个月的慰问采访。

上海人民广播电台与 8 个国家和地区的广播电台从本日晨 8 时起联合播出特别节目《迈向新世纪的浦东新区》，以庆贺浦东新区开放 5 周年。

中共中央宣传部、广播电影电视部本日至 28 日在北京联合举办全国省级电视台台长研讨班。丁关根部长与台长们进行座谈，并作了重要讲话。

4 月 20 日

党和国家领导人江泽民等在人民大会堂参加全国政协常委、《今日中国》杂志社名誉总编辑爱泼斯坦 80 寿辰暨在华工作 60 年庆祝大会。

4 月 22 日

中国电视奖“’94 电视新闻奖”在海南省海口市揭晓。全国各电视台共有 260 个节目参评，其中 185 个节目获奖。

《人民日报》暨省、市、自治区党委机关报 1994 年度优秀内参评选活动结束。共评出获奖作品 90 篇，李宏伟等人分别获一、二、三等奖。

中国记协第三届专业记协工作会议本日至 27 日在山东邹城举行。

4 月 26 日

由新闻出版报和深圳商报联合主办的 1994 年度全国报纸头条消息大赛在北京揭晓。共评出一等奖 10 篇，二等奖 15 篇，三等奖 30 篇。《南方日报》的《无形资产显魅力》等消息获奖。

’94 全国商报好新闻评选揭晓。共有 57 家商报推荐的 160 篇作品参评，评出一、二、三等奖各若干名。

5 月 1 日

陕西电视台教育频道（16 频道）试机，22 频道试播。

中国国际广播电台为香港听众制作的《你好，香港》3 小时特别节目（普通话、广州话、英语各 1 小时），本日起在香港新城电台正式播出。

第 43 届世界乒乓球比赛本日至 15 日在天津举行期间，来自 33 个国家和地区的 90 个新闻机构的 209 名记者和国内 230 多家中央及各省、市新闻单位的 922 名记者前来采访。聚集记者之多，成为天津历史之最。

5月3日

河北广播电视技术管理中心在石家庄正式成立。该中心是河北省广播电视厅负责全省广播电视系统科研、事业建设、技术维护管理的事业单位，具有管理和服务的双重职能。

5月6日

随中国北极科学考察队出征的15名记者，经过长途跋涉，战胜重重困难，于本日进入北极点。

全国报纸理论研究会第二届年会本日至9日在广州召开。来自全国50余家报纸的总编辑和理论部负责人共90余人出席了会议。

5月7日

“五四新闻奖”评选委员会本日在北京举行新闻发布会。中宣部副部长徐惟诚参加了这次发布会，并要求全国新闻界以此为契机，把有关青年的宣传报道向前推进一步。这项评奖活动由共青团中央主办。

5月8日

台北市新闻记者公会理监事大陆访问团一行12人，在团长、台湾中广公司总经理李祖源率领下访问了中国记协。

全国报纸自办发行10周年庆祝大会暨全国报纸自办发行协会会员代表大会本日至10日在河南洛阳举行。到本次大会开会时止，全国自办发行报纸已达766家，占全国报纸总数1/3以上。

5月9日

全国中等城市党报研究会本日至13日在河北保定召开第10届理事会。来自全国各地城市党报的20多位社长或总编辑参加了会议。

5月10日

第二届全国部分省、市、自治区党报版面研讨会在武汉举行。来自28家党报的40多名代表参加了会议。

香港《文汇报》在武汉成立办事处。

我国唯一向世界发行的世界语日刊《中国报道》，度过了自己的45岁生日。首都世界语人士欢聚一堂，表示祝贺。

5月11日

全国报刊管理工作会议本日至14日在江苏扬州举行。会议强调对报刊的管理工作，要实现从“遵规守法”到“达标上等”的转移。

5月12日

中国记协老新闻工作者委员会筹委会举行“八旬新闻百老同贺会”。出席同贺会的年龄在80岁以上的老新闻工作者中有萧乾、叶君健等众多的当代名记者。

5月15日

为纪念中国工农红军长征胜利60周年和抗日战争胜利50周年，中国晚报协会西北五省区协作网本日至19日联合举办“陕甘宁边区行”采访活动。13家晚报社的25名记者参加了这次采访活动。

5月18日

复旦大学新闻学院本日至20日在该院举办“迎接21世纪中国新闻业务学术研讨会”。中国人民大学新闻学院等8所新闻院校和人民日报等20多家新闻单位的代表参加了这次学术研讨活动。

闽东日报社在上海浦东举行《闽东日报》上海记者站挂牌仪式，成为地（市）级党委机关报在上海设立的第一个记者站。

5月19日

中央电视台组建的企业实体“中央调查咨询中心”在北京成立。

5月20日

由陕西日报周末编辑室和西安晚报周末专刊部联合举办的“全国周末副刊导向意识

与可读性研讨会”在咸阳召开。来自北京、河南等省、市、自治区的13家报刊的新闻工作者出席了这次会议。

5月22日

据本日出版的《新闻出版报》报道，羊城晚报社的一批编辑记者献出了应得的30万元奖金，用来建立“社会问题报道”专项奖基金。

5月25日

第三届全国省、市、自治区党报新闻奖评选结果在广州揭晓。163件作品分别获一、二、三等奖和版面奖。

5月26日

首届全国电视灯光效果评比活动本日至29日在北京举行。26个省、市电视台的70余部作品参加了评比。

中国记协成立工商分会。

5月30日

中国经济信息报刊协会主办的第八届中国经济新闻奖评选活动在沈阳举行。《厂长经理报》《中华第三产业报》等全国60家经济信息报选送的400余篇作品参加这次评选活动。

同月

《星光月刊》停刊。

6月3日

第八届中国经济新闻奖评选揭晓。227篇（幅）新闻作品分别获一、二、三等奖和特别奖。

6月7日

共青团中央主办的“五四新闻奖”评选揭晓。文字、图文、广播、电视四大类共128件作品获奖。

6月8日

首都女新闻工作者协会举行“中国女记者半个世纪风采表彰会”，邓季惺等60多名抗战时期的女新闻工作者受到表彰。

6月9日

全国城市报纸舆论监督好稿评选活动在武汉揭晓。72篇作品获奖。

6月10日

据《新闻出版报》报道，全国首家省级文摘报研究会——安徽文摘报研究会，前不久在合肥成立。全省近20家文摘报（版）的代表参加成立大会。

6月13日

首都青年编辑记者协会组织主题为“走出贫困的脚步声”的大型采访活动。中央各大报刊、电台、电视台的百名记者报名参加。他们将陆续分赴山西、河北、云南等贫困地区，对“国家‘八七’扶贫攻坚计划”的实施情况进行采访。本日，该协会举行集会，为参加这项采访活动的记者们送行。

中国国际广播电台举办的“南威杯·中国三峡知识竞赛”颁奖仪式在北京钓鱼台国宾馆举行。来自日本等国的7位获特等奖的听众应邀来华领取了奖杯和证书。

6月15日

西藏等五省（区）七方党报总编辑暨记协主席、秘书长联席会议，在拉萨西藏日报社举行。

6月20日

广播电影电视部’95援藏干部欢送会在中央电视台召开。

《苹果日报》在香港创刊。创办人黎智英。创刊初期销达22万份。

6月21日

中共中央宣传部举办的省会城市和计划单列市党委机关报总编辑研讨班，本日至30日在湖北武汉举行。主要议题是如何落实中央提出的“以正确的舆论引导人”的任务，使新闻工作更好地为人民服务，为社会主义服务。

6月22日

据本日出版的《中华新闻信息报》报道，全国第三届新闻校对研讨会近日在太原举行。共有30家省、市、自治区党报和部分中央级报刊的85名代表参加。

6月28日

人民日报牵头举办、湖南日报承办的全国农村经济研讨会暨全国党报农村报道网第二届年会，本日至7月3日在湖南召开。

中国经济新闻“金龟杯”奖在上海设立。这项奖金是中国经济信息报刊协会授权中国经济新闻研究所设立的，旨在奖励全国经济信息报刊中的优秀经济新闻作品。

6月29日

第五届中国新闻奖评选揭晓。150件作品分别获特别奖和一、二、三等奖。

7月1日

《人民日报·海外版》创刊10周年。为纪念这一日子，该报先期于6月25日在旧金山、6月27日在香港、6月29日在澳门，分别举行庆祝招待会。6月30日，在该报头版显著位置发表了党和国家领导人江泽民等人的题词。

《厦门商报》在厦门创刊。

7月3日

中国体育记者协会为纪念国际体育记者协会成立70周年，在北京召开“体育记者的责任与使命”报告会。

7月4日

为迎接第四次世界妇女大会的召开，中国组委宣传动员委员会和首都女新闻工作者协会联合召开“媒介与妇女研讨会”。

新华社为纪念第二次世界大战及抗日战争胜利50周年，本日起，在北京中国历史博物馆举办摄影展“不能忘却的纪念”。

7月5日

夏庇若新闻教育基金奖学金在北京中国新闻学院颁发。新华社社长郭超人为32位获奖者颁奖。

“'95新华社盘锦采访团”本日开始了对盘锦市的采访。新华社对一个地级市进行这样大规模的战役性采访，在东北三省还是首次。

7月6日

据本日出版的《中华新闻信息报》报道，我国首家村级报纸《五大郢村报》总发行数已达3万份。

为纪念中国抗战和世界反法西斯战争胜利50周年，河北、山东、河南、江苏、安徽、山西6家省级电台联合推出“抗战老区南北行”大型联合采访活动。

中国国际广播电台国内新闻中心记者姜鲲、石彩获“康柏新闻奖”。这项新闻奖是美国康柏电脑公司设置的。

7月8日

北京经济台营建的一间面向大众的广播直播室——“隆幅直播室”进行首次开播，使得人们不仅能直睹播音员风采，而且可以与主持人直接交流并参与节目。这在北京是第一家。

7月10日

全国铁路新闻工作者协会成立。

7月14日

宁夏、陕西、山西、云南等十省区党报副总编辑、记者组成的'95中国西部采访团，本日至27日深入广西各地采访。

中国小记者暑假采访团在北京卢沟桥举行出征仪式。这是中国少年报等单位为纪念抗战胜利50周年联合组织的爱国主义教育系列活动之一。共有近20个省、市的少先队员参加这一活动。

7 月 17 日

据本日出版的《新闻出版报》报道，新疆设置新闻报道奖，奖励对象为中央驻疆新闻单位。

7 月 18 日

“全国听众最喜爱的中央人民广播电台节目”评选揭晓。《新闻和报纸摘要节目》名列榜首。

7 月 21 日

中国晚报协会周末星期刊分会在福州成立。《新民晚报》等全国 18 家较有影响的周末版的主编或编辑、记者出席了成立大会。

7 月 24 日

中国国际广播电台本日至 27 日召开 1993—1994 年度优秀节目研讨会。

7 月 25 日

中国地市报青年记者成才经验交流会在贵州安顺召开。来自 20 个省、区 30 多家报社的总编、记者出席了这次会议。

7 月 26 日

“中国质量万里行”活动组委会召开新闻发布会，宣布将于下半年再度掀起宣传报道新高潮。参加今年“中国质量万里行”活动的新闻单位有人民日报、新华社、中央电视台等 64 家。

7 月 31 日

《人民日报》开始推出又一套大型系列报道——《五区新气象》，着重反映五个民族自治区改革开放以来发生的新变化，出现的新气象，取得的新成果。

同月

新华社信息中心和中国有色金属供销总公司联合举行新闻发布会，宣布新华社正式向海内外用户播发中国期货信息。

8 月 1 日

韩国《东亚日报》、中国《人民日报》、日本《朝日新闻》联合主办的韩、中、日三国“21 世纪的东北亚”国际讨论会本日至 3 日在汉城举行。

8 月 3 日

广播电影电视部部长孙家正，中共中央宣传部副部长徐惟诚，本日下午在北京梅地亚中心会见并宴请由朝鲜中央广播委员会副委员长金元哲率领的朝鲜新闻代表团一行。

8 月 6 日

全国报纸总编辑、摄影记者新闻摄影理论年会本日至 12 日在内蒙古举行。

8 月 8 日

上海证券报主办的“中国经济长江行”大型采访活动，历时两个月，本日在上海浦东新区东方明珠广播电视塔下降下帷幕。

8 月 10 日

根据波黑地区形势发展和新闻报道的需要，新华社决定在克罗地亚首都萨格勒布建立分社，并派黄泳即日离京赴萨格勒布筹建分社，开展波黑地区的报道工作。

中央电视台海外电视中心在英国商业电视台第四频道播出该台自拍的英文版专题片《欺世惑众的“死亡屋”》，以反击该台 6 月 14 日播出的歪曲我国形象，攻击我国计划生育政策和儿童福利事业的电视专题片《秘密亚洲——死亡屋》，消除该片所造成的恶劣影响。

中国记协在北京该会新闻发布厅隆重召开纪念抗日战争胜利 50 周年座谈会。出席座谈会有抗日战争时期以来从事新闻工作的老新闻工作者和“百佳新闻工作者”的代表。中共中央宣传部副部长徐光春到会讲话。

8 月 12 日

上海《新闻日报》在新落成的报社展览大厅举办为期 8 天的“孔繁森摄影展”，共展出孔繁森在西藏工作时拍出的照片88幅以及孔繁森的工作、生活照片等125幅。孔繁森是内地赴藏工作的优秀干部，曾任中共西藏自治区阿里地委书记。

8月15日

邮电部北京电信管理局所辖负责传送中央电视台第一、二套节目卫星上行信号的5号地球站，本日上午9时23分发生突然性故障，使全国所有卫星地球站一度收不到这两套节目的卫星下行信号。

8月17日

新华社记者江亚平和他的妻子、北京周报记者余平本日离京赴波黑采访。这是新华社在克罗地亚军队“风暴行动”后派往该地区的第二批战地记者。

8月21日

全国边境广播电视建设工作会议闭会。我国边境地区广播电视覆盖网已初具规模，生活在边境地区的2400万各族群众基本改变了“闭视塞听”的落后面貌。

8月22日

第四届“北京新闻奖”颁奖大会在北京举行。共评出一、二、三等奖和优秀奖共130篇（件）。

8月24日

中国残疾人联合会、中华全国新闻工作者协会、中国残疾人事业新闻促进会联合举办的第三届“中国残疾人事业好新闻”评选近日在北京揭晓。这一评奖活动每两年举办一次。

应中国记协邀请，以尼泊尔记者协会主席比拉俨为团长的尼泊尔新闻代表团一行5人本日至9月2日来华访问。

8月29日

联合国新闻部官员马丁·布耐尔先生和黄素梅女士由中央电视台副台长刘宜勤陪同视察世妇会国际广播中心（IBC）。马丁高度赞扬IBC的规模、技术水平、服务设施和工作人员的良好素质。

为第四次世界妇女大会服务的中文报纸《妇女之声》和英文报纸《世界妇女》正式出版。专为世妇会开设的C路电视频道，也于次日与观众见面。

《新民报》创办人之一、著名女报人邓季惺在京逝世，享年88岁。邓出生于1909年，四川奉节人。1937年开始参加《新民报》工作，历任该报各版副经理、经理。1982年起任上海《新民晚报》顾问。

第五届全国人大好新闻评选颁奖会在京举行。148件作品获奖。

9月1日

中央电视台从今日起，在全国范围内举办“金大明”杯全国电视节目主持人大赛。本次大赛将在1996年3月中旬揭晓。

陕西电视台继中央电视台和北京、上海等电视台之后，在西北地区首家正式试播图文电视节目。

“’95质量宣传月”活动在全国各报拉开序幕。强调产品和商品质量，保护消费者的利益，成为一个时期内报刊宣传的重要内容。

《星岛日报》通过国际电脑网络上网，网上的《星岛日报》称《星岛电子日报》，成为香港第一份电子报纸。

9月4日

应奥地利外交部的邀请，以中国记协书记处书记王哲人为团长的中国新闻代表团一行5人，本日至15日赴奥地利访问。

西安晚报为祝贺第四次世界妇女大会召开及’95陕西西安古文化艺术节和投资与贸易洽谈会的召开，和西安华奥地产开发有限公司合作，于本日推出一张560平方米的巨幅“报纸”，超出原吉尼斯纪录88平方米。

该报纸采用纯棉细帆布制成，报面内容为当日该报特刊一、四版，总字数 10000 多字。巨幅报纸是放大原样而成。

9 月 5 日

首都女新闻工作者协会在'95 非政府组织妇女论坛会场举办“传媒与妇女”论坛，呼吁传媒提高妇女宣传意识。NGO 与会者、新华社高级记者熊蕾作了精彩发言。

9 月 7 日

《扬子晚报》的日发行量突破 100 万大关，成为江苏报业发展史上第一份发行量超过 100 万份的日刊报纸。

9 月 15 日

第 12 届全国省级电视台节目交流会本日至 20 日在湖北召开。会议还评出了 1995 年度“繁荣荧屏奖”，北京电视台获特等奖。

9 月 20 日

中共中央宣传部、广播电影电视部本日至 23 日在北京联合召开电视理论宣传座谈会。座谈会就如何更好地运用电视这一强有力的现代传媒，宣传好邓小平建设有中国特色社会主义理论问题，进行了专题探讨。

据《新闻出版报》报道，辽宁《干部人事月报》发表一则捏造的假新闻《高级政工师不知马克思》，造成恶劣影响，受到中共辽宁省委宣传部的通报批评。

9 月 21 日

第二次全国计划单列市暨省会城市党委机关报编校质量评比揭晓。《大连日报》《南京日报》《沈阳日报》分别获前三名。

9 月 23 日

人民日报文艺部和深圳三九企业集团联合举办的纪念抗日战争胜利 50 周年“三九杯”征文评选揭晓。陈汉章等获奖。

9 月 26 日

辽宁省党报新闻舆论监督研讨会本日至 28 日在丹东市举行。

9 月 27 日

海峡两岸卫星传送电视、新闻连线直播获得成功。当日 19 时 20 分至 19 时 25 分，海峡对岸 IVBS 演播室的主持人蒋雅琪与在北京中央电视台演播室的主持人徐俐，通过卫星线路同时出现在台湾观众面前，由此开始了海峡两岸的新闻连线直播，这也是中央电视台的新闻首次在拥有数百万观众的台湾无线台的直播，是两岸电视界的一次成功合作。

9 月 29 日

人民日报海外版、中央电视台、新华社摄影部和瑞得广告公司联合举办的“中华一日”摄影竞赛活动，在人民大会堂举行颁奖暨画册首发式。

同月

《中国演员报》在北京创刊。该报由中国戏曲表演分会主办。名誉社长曹禺、张庚，社长郭汉城、胡芝冈，总编辑陈牧。该报为周报，每期出对开 4 版，主要报道与表演艺术有关的人和事。

10 月 6 日

第九届中国地市报新闻奖在京揭晓。本届地市报新闻奖评奖活动共收到 25 个省、自治区 187 家地市报推荐的 1070 件作品，其中 459 件作品获奖。

全国商报联合会本日至 8 日在大连召开商业企业报研讨会。20 多家企业的领导参加了研讨。

10 月 7 日

武汉市举办“全国性报刊展示宣传周”活动。来自全国的近百家报刊汇集武汉，展示各自的风采。

10 月 9 日

《人民日报》华东版刊出《告读者》，宣

布10月9日至11月9日为“读者评报日”，广泛征求读者的意见和建议。

新华社承办的首期亚洲—太平洋通讯社组织经济记者培训班在中国新闻学院举行开班仪式。

全国报业经营管理先进集体先进个人评选结果在本日出版的《新闻出版报》揭晓。67个单位获先进集体称号，125人获先进生产者、先进工作者称号。

10月12日

中国国际广播中心工程落成仪式在北京举行。李瑞环、李铁映出席落成仪式并参观了业务楼的录音室和播控中心。

中国产业报协会在北京举行第三届学术年会。此次年会还评出获奖论文50篇。

我国首家汉英双语的经济类全国性电子日报——《中国贸易报·电子版》正式上网发行。

《深星时报》在香港创刊。是香港星岛报系属下的星岛（中国）有限公司在香港注册创办的报纸。该报与《深圳特区报》合作，由后者每日提供两版深圳新闻，出版后允许在内地发行。该报不设社论及评论，主要刊载深圳、香港两地的各种新闻信息。总编辑李启焕。

10月13日

中国印刷科学技术研究所承担的三项“八五”技术改造项目全部通过竣工验收。技改验收委员会认为，印刷研究所“八五”技改项目的完成，标志着我国印刷业务向高科技方向的发展又迈出了一大步。这三项技改项目是：计算机汉字字体生产线、彩色图像实验室和印刷产品质量监督检测中心。

10月18日

中共中央宣传部在北京召开部分新闻院系教师座谈会。

10月22日

中国人民大学新闻学院千余名校友欢聚母校，共贺新闻学院创建40周年。国务院副总理李岚清、邹家华分别为新闻学院题词。

10月23日

以提高我国新闻编写工作自动化为主题的’95中国大换笔——首届新闻办公自动化新产品展示交流研讨会，本日至25日在新华社新闻大厦举行。这一交流研讨活动，标志着中国新闻工作者大换笔时代的到来。

10月24日

中国新闻漫画研究会第二次全国代表大会本日至26日在长沙举行。著名漫画家、研究会副会长方成作了主题报告。会议选举产生了新的领导机构，方成任会长。

10月27日

广播电影电视部本日至31日在北京举办第二届节目技术质量评奖会议，北京电视台等单位获奖。

10月28日

原中共中央东北局机关报《东北日报》创刊50同年座谈会在北京举行。

10月31日

经新闻出版署批准，上海社会科学院新闻研究所主办的《新闻记者》杂志，改由新民晚报社、上海社科院新闻所联合主办，以新民晚报社为主管和主办单位。

同月

新闻出版署报纸司、期刊司、共青团中央宣传部和中国青年报刊协会等单位联合举办第二届（1993—1994）全国青年报刊好新闻好作品好活动评选活动。全国60多家青年报刊报送了388件作品和16项活动。《中国青年报》的新闻《北大学子扬起“爱心”旗帜》等获奖。活动结束后，在贵州举行了颁奖仪式。

香港英文《虎报》上网。香港《明报》与香港资讯联网有限公司合作开发的中文新闻网络，开始发行电子版。

11月1日

《大连日报》为纪念该报创刊50周年，本日共出版了50个版。

11月5日

韬奋诞辰100周年纪念大会在京举行。江泽民、李鹏为纪念大会题词，李鹏出席纪念大会并讲了话。

韬奋思想研讨会在上海举行。第二届“韬奋新闻奖”在研讨会上揭晓，许志伟等10人获奖。

11月6日

经国家教委同意，中国人民大学传播媒介管理研究所成立。这是我国第一家专门从事传媒管理方面的学术研究机构。

以“抓作风，改文风”为主题的新华社'95新闻学术年会本日至10日在北京召开。首都9家新闻宣传单位和新华社的70多位专家、学者、记者、编辑参加了这次年会。

11月8日

中央电视台广告部举办'96中央电视台第一套节目黄金时段广告招标活动。这是该台第二次进行广告公开招标，其规模和效益都远远高于上年。其中山东秦池酒厂以66666698.88元的标额中标，刷新了去年孔府宴酒厂的纪录，成为今年的“标王”。

11月10日

中国记协召开新闻艺术研究征询意见座谈会。唐非在会上宣布：经中央编委批准，中国记协正式建立学术研究工作部与国内工作部，一个机构两块牌子，具体办事机构是新组建的艺术研究工作处。

11月11日

丁关根等中央领导人在北京会见出席中国广播电视学会播音学研究会的全国各地播音员，并为在新中国播音事业中做出杰出贡献的10名老播音员颁奖。

《解放日报》推出的《双休特刊》，本月11、12、18、19日试刊成功，走出了党报迈向普通读者家庭的第一步。

11月14日

第二届“中国人口新闻奖”（圣达杯）颁奖仪式在北京人民大会堂举行。153篇有关人口问题报道的优秀新闻作品获奖。

11月15日

中国记者编辑部承办的第四次世界妇女大会好新闻作品评选活动结束。共评出摄影、广播、电视、英文与中文五项作品一、二、三等奖若干篇。

11月17日

《长春日报》举行创刊50周年纪念。江泽民为该报题词祝贺。

11月21日

由中共中央宣传部新闻局和新闻出版署报纸司联合举办的全国文摘报座谈会，本日至23日在北京召开。来自中央和全国各地的15家文摘报代表参加了这次座谈会。截至开会日，全国已有文摘报30多家，期发达1100万份。

11月22日

国家商检局主办的《中国商检报》在北京创刊。

11月24日

全国省级以上党报群众工作研究会第四届年会在厦门结束。会上成立了全国党报群众工作记者协会。

11月25日

为纪念邹韬奋诞辰100周年，中国记协

组织“韬奋故乡行”采访团赴韬奋的故里——江西省鹰潭市余江县采访。

11 月 26 日

全国晚报总编辑研讨班本日至 28 日在南京举办。

香港《现代日报》停刊。

11 月 28 日

第四次世界妇女大会好新闻作品评选颁奖会在北京举行。共有 73 家新闻单位的 154 篇（件）作品分别获一、二、三等奖，另有其他作品获特别奖和优秀奖。

11 月 29 日

第十届全国晚报年会在南京举行。本届全国晚报好新闻评选结果会后揭晓，347 篇（个）作品获好新闻、好版面奖。

首届全国少年儿童好新闻“华特奖”颁奖会在北京举行。50 篇作品分别荣获一、二、三等奖和提名奖。

以全面展示体育摄影记者实践水平和理论修养为目的的首届“中国体育摄影十杰”评选活动在北京揭晓。王世儒、张吉忠等当选。

同月

在法国里昂举办的第十届国际独家新闻节上，新华社记者黄文拍摄的图片专题报道《学京剧的孩子》获文化艺术新闻奖。这是中国新闻工作者第一次获得此项荣誉。

新华社革命传统教育基地在江西瑞金建立。建立这项基地，是该社发展战略计划的重要组成部分之一。

12 月 1 日

南京《新华日报》实行改版。这次改版重在突出有关党和政府重大决策的报道，突出人民群众关心的新闻的报道。

12 月 2 日

首届中央部委产业报质量抽查评比颁奖大会在北京举行。共 15 家报纸获奖。

12 月 4 日

新华社葡文发稿专线今日开始运行。这条专线，从拉美总分社向巴西里约热内卢和巴西利亚传稿，由分社记者征订用户。

12 月 5 日

首届报刊民间发行经验交流会在武汉举办。

12 月 8 日

中共中央宣传部、全国人大常委会办公厅、司法部、新闻出版署联合召开的全国法制新闻宣传工作座谈会在北京召开，本日结束。

12 月 10 日

1995 年全国电视经济节目研究会年会暨电视经济深度报道研讨会在北京召开。全国电视经济节目研究会的近 60 名理事出席。

12 月 12 日

创刊于 1969 年的香港《电视日报》停刊。

12 月 15 日

陕西交通音乐广播电台开机试播。这是西北首家专门服务于交通的广播电台。

12 月 16 日

《香港联合报》《快报》停刊。

12 月 20 日

据本日出版的《中华新闻信息报》报道，青岛市近日查处了两起外商投资企业非法出版报刊案，即《青岛喜鹊》杂志非法出版案和《青岛世原报》非法出版案。这两份报刊均被勒令停刊。

中国国际广播电台与 31 家省（区）、市、计划单列市的电台共同举办的《中国之窗》节目研讨会在北京举行。

12 月 23 日

中国报纸副刊研究会在北京举行成立大

会。会议选出常务理事会，丁振海任会长。第五届全国“蓝岛杯”报纸副刊优秀论文颁奖同时进行。30 篇论文分别获一、二、三等奖。

12 月 26 日

中国报协第三次会员代表大会本日至 28 日在北京召开。中宣部副部长徐光春、新闻出版署署长于友先出席并讲话。中国报协成立于 1988 年 3 月，全员单位已由最初的 140 家发展到今年的 1500 家，还建立了 10 个专业委员会和专业机构。在贯彻党和国家的政策、法规，维护行业的合法权益等方面，做了大量卓有成效的工作，受到会员单位的赞赏。本次会议民主选举产生了新的理事会和常务理事会，《人民日报》的许中田任理事会主席。

12 月 27 日

中央人民广播电台在北京召开座谈会，纪念该台创建 55 周年。

12 月 30 日

据统计，1995 年中国国际广播电台海外听众来信已突破 60 万封，连续 12 年保持稳定增长的势头。

同年

本年中国大陆公开出版发行的报纸有 2089 种，平均期发数 17230 万份，全年发行总数 2640592 万份。中国大陆共有广播电台 1202 座，中、短波广播发射台和转播台 746 座，收音机社会拥有量 18700 万台，广播人口覆盖率 78.7%；电视台 837 座，1 千瓦以上的电视发射台和转播台 1205 座，电视机社会拥有量 28600 万台，电视人口覆盖率 84.5%。

香港中文报纸之间展开了减价大战。降价幅度最大的报纸，报价由每份 5 元降至 1 元，使整个报业的收入都受到了影响。4 家报纸因此停刊。

1996 年（丙子）

1 月 1 日

《科技日报》纪念创刊 10 周年，江泽民总书记为该报题词：“办好《科技日报》，为科技兴国服务。”

中央电视台《新闻联播》自即日起由录像播出改为直播，结束了长达 18 年的中国电视新闻全国联播的录像播出。

人事部主办的《中国人事报》在北京创刊。

《新闻出版报》公布我国新闻出版业的最新统计数字，其中报纸 2002 种，期刊 8135 种，出版社 557 家，音像出版单位 301 家，报刊印刷定点企业 1200 家，书报刊印刷厂 5185 家。

1 月 2 日

中共中央总书记、国家主席、中央军委主席江泽民到《解放军报》社视察，祝贺该报创刊 40 周年，并强调党的新闻工作必须讲政治。

《生活时报》在北京创刊。该报由光明日报社主办，是一张综合性、通俗性的生活类报纸；是一张立足北京，面向全国，为普通老百姓办的报纸。从创刊日起就推出了“诚交 1000 名市民朋友”的活动。

1 月 4 日

由华东旅游报和无锡日报共同主办的全国第一张晚报风格的摄影报《摄影周刊》在无锡正式创刊。

1 月 8 日

第五届全国少数民族传统体育运动会好新闻评选活动在昆明揭晓。共有 229 篇作品受到奖励。

1月9日

中共中央宣传部、国家民委及新闻出版署联合召开的全国民族出版工作会议在北京开幕。会议呼吁支持和推进民族出版工作。司马义·艾买提、徐光春、于友先出席并作了重要讲话。

1月10日

《解放军报》举行该报创刊40周年纪念座谈会。

1月18日

新华社著名军事记者阎吾逝世。

由新华日报社主办的《每日桥报》在南京创刊。该报是一份专门面向城市市民的消费性报纸。

1月20日

中国记协在京举行“范长江之路”采访团汇报座谈会。由湖北楚天广播电台组织的这一采访团先后采访了范长江生前采访过的6个省、区的22个市、县，历时3个月，受到广泛关注。

1月22日

全国宣传部长会议本日至26日在北京举行。会议总结了党的十四大以来宣传思想工作的基本经验，规划了“九五”期间的目标和任务，部署了1996年的工作重点。会议期间，江泽民总书记、李鹏总理作了重要讲话。江泽民在讲话中强调，必须加强对宣传思想工作的领导，必须加强精神文明的建设，特别是思想道德文化的建设。

1月24日

《中国文化报》召开读者座谈会，纪念该报创刊10周年。

1月27日

首都新闻界举行学习李国安先进事迹座谈会，强调用先进典型鼓舞人，是无产阶级新闻工作党性原则的重要体现。

1月28日

首都新闻界举行座谈会，纪念北平《解放报》和新华社北平分社创刊和成立50周年。

1月30日

新闻出版署主办的第二届“国家图书奖”评奖工作及颁奖大会本日至31日在北京举行。“导向”“评优”“鼓励”是评奖的三大目标，在这次大会上基本达到。

新华社香港专线正式运作，主要任务是加强国内新闻和国际新闻对港、台、澳地区的供稿，以满足新闻市场的需求。

2月1日

中国记协邀请首都新闻界负责人举行座谈会，学习江泽民总书记有关新闻工作的重要讲话。

2月2日

据本日出版的《新闻出版报》报道，经新闻出版署批准，广州日报成为全国第一家组建报业集团的试点单位。说明我国报业正在由规模数量型向优质高效型转移，并已取得突破性的进展。

2月12日

我国新闻业首例无形资产评估在《小主人报》完成。经评估，该报的无形资产价值为6988万元。

2月15日

1995年度教育好新闻评选活动在北京举行。共评出好新闻63篇，分别获一、二、三等奖。

同月

山东画报记者李楠的摄影作品《聊城少儿杂技学校》在第39届世界新闻摄影比赛中获艺术新闻单幅一等奖。这是我国摄影记者在世界性比赛中的重大突破。

3月2日

据本日出版的《新闻出版报》报道，受中共中央宣传部新闻局委托，北京广播学院新闻系和该院新闻研究所联合组成“新闻信息量对比分析”课题组，对中央六大新闻媒介去年11月1日至10日的新闻信息量进行了抽样调查。调查的结果是：《人民日报》信息量最大，中央电视台时效性最强，中央人民广播电台缺播率最低，《光明日报》重点报道最多。接受调查的另两个新闻单位是《经济日报》和《工人日报》。

3月4日

“联合国第四次世界妇女大会优秀摄影作品展览”巡回展览本日至10日在厦门市举行。此前，曾在广州巡展一周。

3月7日

台湾两名记者非法潜入福建沿海军事演习区域偷摄军事目标，被查获后遣送出境。

中国国际广播电台驻卡塔尔记者站正式建站，这是国际台第22个驻外记者站。

3月11日

据《新闻出版报》报道，湖北省新闻出版局本年2月中旬组织1995年度全省报纸检验，决定停办18家不合格的内部报纸，另10家报纸有违章违纪行为，被要求限期改正。

3月18日

《癫狗日报》在香港创刊。创办人黄毓民。1997年10月10日起改名《癫狗周刊》。

3月25日

由一群女新闻工作者发起的“妇女传媒监测网络”在《中国妇女》报社建立。该网络旨在关注妇女在各种传媒中的形象，为妇女在走向男女平等的道路上自尊、自信、自立、自强提供良好的舆论环境。

3月26日

陕西《宝鸡日报》记者刘斌、宁丽君在返回报社途中，因见义勇为与车匪周旋，遭到毒打。29日，中国记协致电慰问这两名记者。中华见义勇为基金会授予他们“中华见义勇为先进分子”荣誉称号，并获得证书和奖金。

3月27日

国务院新闻办公室主办的第一届“中国国际新闻奖”颁奖大会在上海举行。共有69件作品获奖。

同月

’95新闻摄影奖评选活动本月揭晓。33个奖项评出了获奖者，参评的摄影记者近900人。

一部百科全书式的新闻专业辞书——《中国新闻实用大辞典》，由新华出版社出版。郭超人任该书编委会主任，冯健任总主编。

4月3日

《中国社会报》创刊10周年庆祝会在北京举行。

4月5日

第三届人民保险好新闻评选在北京揭晓。55篇作品获奖。

由中国新闻摄影学会主办的第15届优秀新闻照片评选在辽河油田揭晓。共有10幅（组）作品获金牌奖。

4月11日

经中央军委批准，解放军电视宣传中心在北京成立。该中心是为了适应电视事业的发展而设立的。

4月13日

中国记协书记处扩大会议本日至14日在天津举行。会议深入探讨了全国报业产业发展状况及有关政策问题。

4 月 16 日

全国部分中等城市党报研究会本日至 18 日在安徽蚌埠市举行理事会。与会者交流了办报经验，探讨提高宣传质量等问题。

4 月 17 日

中共中央宣传部本日至 19 日召开全国省级党委机关报总编辑座谈会，研究新闻工作形势，交流新闻工作经验，明确今后宣传工作的任务。

4 月 19 日

全国城镇阅报栏经验交流研讨会本日至 20 日在天津举行。会上发出“开展城城镇镇有阅报栏活动”的倡议。

4 月 22 日

《西藏日报》纪念该报创刊 40 周年。

4 月 23 日

中国记协和中国新闻学院在北京联合召开《新闻伦理学纲要》暨新闻职业道德建设研讨会。《新闻伦理学纲要》一书由该院周鸿书教授撰写。

4 月 25 日

《三峡晚报》记者孙霞、唐直贵及解放军战士方龙青 3 人联合组成的“截流前夕走三峡”采访组，从长江西陵峡口葛洲坝工程工地出发，沿三峡进行徒步采访。成为历史上第一批沿三峡徒步采访的新闻记者。

4 月 27 日

1995 年度全国专业报刊优秀新闻摄影作品评选在京揭晓。共评出 60 幅金、银、铜奖，《中国劳动报》总编辑田小宝获总编辑新闻摄影金奖。

《中国青年报》为纪念该报创刊 45 周年，特邀请 10 篇优秀新闻作品的主人公到该报共度报庆。

4 月 28 日

中国记协报纸版面编辑学会在北京成立。

5 月 7 日

中共中央宣传部召开加强职业道德建设，禁止有偿新闻座谈会。

第二届全国广播电视节目主持人“金话筒”奖评选活动在北京揭晓。倪萍、水均益等获奖。

5 月 8 日

全国青年报理论研讨会本日至 11 日在上海举行。

5 月 10 日

全国新闻出版系统跨世纪人才培养工程工作会议在江西井冈山闭幕。

5 月 13 日

中国记协本日至 17 日在济南召开工作会议，强调各级记协要努力抓好新闻队伍建设，加强新闻工作者的政治意识、大局意识和责任意识，促进新闻界多出精品，多出人才。

5 月 14 日

香港《东方快讯》改走财经路线，成为香港第一份英文财经日报。

5 月中旬

为纪念中国工农红军长征胜利 60 周年，中国记协组织“范长江新闻奖”“韬奋新闻奖”“新闻百佳奖”获得者赴贵州省进行经验交流和采访活动。

5 月 24 日

第六届中国新闻奖评选会议本日至 28 日在广东南海市举行。全国各省、市、自治区和中央新闻单位共选送 1995 年度的 410 件新闻作品参评。

5 月 27 日

《中国儿童报》纪念该报创刊 50 周年。江泽民总书记为该报题词：“热爱儿童，办报育人。”李鹏总理为该报题词：“热爱儿童，了解儿童，服务儿童。”

5 月 28 日

香港新闻工作者联合会在港成立。

5 月 29 日

广州日报开始进行报业集团的组建工作，成为全国第一家报业集团。

5 月 31 日

第二届中央及首都主要新闻单位各专栏（节目）评选工作会议第一次会议在北京召开。本届评选活动开始。

6 月 1 日

新华社产业报专线正式开播。

6 月 5 日

据本日出版的《中国青年报》报道，徐州矿务局中学生环境小记者团在联合国环境规划 1996 年度“全球 500 佳”评选中获奖，成为我国第一个在该项评选活动中获奖的先进集体。

6 月 26 日

第六届中国新闻奖评选结果在北京揭晓。共评出特别奖 1 个，一、二、三等奖 156 个。

7 月 2 日

新华社《新华每日电讯》报主办的《奥运快报》在北京创刊。以及时报道在亚特兰大召开的奥运会的有关消息为主要内容。

7 月 4 日

国务院新闻办公室主办、广播电影电视部协办的 1996 年中国国际新闻研讨会本日至 6 日在北京举行。

7 月 9 日

人民日报社、求是杂志社、新华社等 11 家单位联合举办的首届全国优秀调查研究报告评选结果在北京揭晓。共有 153 篇优秀调查研究报告获奖。

7 月 10 日

贵阳市见义勇为基金会授予福建青年记者郑作声、郑杰、杨娴娜“见义勇为先进个人”称号。

7 月 12 日

深圳《证券时报》丝绸版问世。

7 月 13 日

《中国资产新闻》在北京创刊。

中共中央宣传部部长丁关根接见即将毕业的中国新闻学院西部地区新闻专业证书班全体学员。

7 月 16 日

中国记协在北京举行全国新闻奖部分获奖者座谈会。与会者畅谈了学习江泽民《努力建设高素质的干部队伍》重要讲话的心得体会。

中国体育报社记者卜凡舟从北京骑自行车 15000 多公里后抵达亚特兰大奥运会主会场。卜的这项活动，被称为“奥林匹克世纪之行”。

7 月 19 日

新华社湖南分社记者赵众志外出采访时，在滔滔洪水中救起 12 名遇险灾民，受到该社表彰。

7 月 24 日

中国记协向广西记协发出慰问电，对南宁电视台记者刘宏为了坚持新闻真实性原则被殴打致伤表示亲切慰问和崇高敬意。7 月 5 日刘宏在对南宁“浪之夜”卡拉 OK 海鲜大酒楼茶市啤酒城开业仪式进行采访和调查核实有关事实时，遭到无理阻挠和殴打，造成重伤。

7 月 25 日

第二届全国省报编校质量抽查评比揭晓。《河南日报》《浙江日报》《解放日报》分别获前三名，《湖北日报》等 7 家报社获优胜奖。

7 月 26 日

共青团中央和中国记协组织的第二届“五四新闻奖”评选活动在北京揭晓。135 件新闻作品分别获一、二、三等奖。

据本日出版的《新闻出版报》报道，第二届（理光杯）中国新闻摄影记者“金眼奖”评选活动在北京揭晓。10 人获优胜奖，10 人获提名奖。

中国记协在北京举行第四届八次常务理事会，总结该会 5 年来的工作，明确当前的任务。中宣部副部长徐光春出席并讲话。

7 月 29 日

第七届全国地市州盟报摄影理论笔会在山东省泰安市举行。

7 月 31 日

中华全国总工会组织的以宣传工人阶级和工会工作为主要内容的优秀新闻作品奖“全国五一新闻奖”评选揭晓。共有 38 篇作品分别获一、二、三等奖。

8 月 5 日

中国记协组织的“重走孔繁森之路”采访团结束了为期 1 个月的采访活动，返抵北京。这一采访团由首都各新闻单位的新闻工作者共同组成，到孔繁森生前工作过的几个地区，进行实地采访。

8 月 7 日

中国记协主编的《新闻职业道德》一书，由新华出版社出版发行。

第四次全国报纸总编辑新闻摄影研讨会在哈尔滨结束。会议强调新闻摄影也要讲政治。18 家中央和地方报纸由于运用新闻照片较好，在会上获奖。

北京日报、北京晚报协助中文《侨报》创办的《今日北京》海外新闻专版在美国纽约创刊。

8 月 8 日

中国报协报纸版面编辑分会本日至 11 日在黑龙江牡丹江市召开首次报纸版面工作研讨会。

8 月 9 日

《人民日报》50 年图文数据光盘研究展示会在北京举行。

8 月 13 日

第十届中国地市报新闻奖评选结果在北京揭晓。共有 428 件新闻作品获奖。

8 月 18 日

第八届中国报纸副刊作品奖评选结果在北京揭晓。共有 276 件作品获奖。

8 月 19 日

中国记协举行首都新闻记者采访奥运会归来谈体会座谈会。

据本日出版的《新闻出版报》报道，中国报业初露兼并势头，已有 9 家大报兼并了 12 家报刊。各级党报成为实施兼并的主体和主要力量。

8 月 21 日

据本日出版的《新闻出版报》报道，中央电视台在’96 奥运报道中创了该台三项纪录：组团人数最多，59 人。播出时间最长，601 小时。工作强度最大，一天 12 小时。

8 月 26 日

据本日出版的《新闻出版报》报道，烟台日报将与香港大公报联合在《大公报》上开设《今日烟台》专版。

中国报协书记处扩大会议本日至 27 日在北京召开。会议建议国内报业与造纸业实行协作，共同稳定新闻纸市场。

8 月 30 日

《中国新闻年鉴》组成第四届编委会，人民日报总编辑范敬宜被推选为新的编委会主任。

同月

《人民日报》在该报读者中举行首届读报知识竞赛。

《奇才奇闻奇事——恽逸群传》一书，由上海人民出版社出版。该书展示了我国现代名记者、名政论家恽逸群数十年新闻生涯积累的丰富经验和他的闪光的品质。

9月5日

全国国产电视节目展示交易会本日至7日在北京举行。参与单位304家，代表近千人，展示和交易节目达16169部。

9月11日

据本日出版的《新闻出版报》报道，中国编辑学会第三届年会在大连召开。会议着重讨论了编辑出版工作面临的新形势和新任务。

9月17日

同日至18日，《深圳特区报》《珠海特区报》《汕头日报》、《厦门日报》《海南日报》和《中国记者》杂志联合在北京举行经济特区党委机关报精神文明宣传报道研讨会。

9月20日

中国中等城市党报研究会第11次年会本日至21日在四川绵阳市举行。会议着重研讨了坚持政治家办报和提高新闻宣传质量等问题。

9月25日

上海市新闻工作者代表大会本日在上海召开。会议的任务主要是实现市记协和市新闻学会的合并，修改记协章程，选举合并后第一届的市记协领导班子。

9月26日

中共中央总书记江泽民视察人民日报社并发表重要讲话。讲话着重强调了舆论导向问题，指出："舆论导向正确与否，对于我们党的成长、壮大，对于人民政权的建立、巩固，对于人民的团结和国家的繁荣富强，具有重要作用。舆论导向正确，是党和人民之福；舆论导向错误，是党和人民之祸。"江泽民在讲话中还指出："要把新闻舆论的领导权牢牢掌握在忠于马克思主义、忠于党、忠于人民的人手里；新闻舆论单位一定要把坚定正确的政治方向放在一切工作的首位，坚持正确的舆论导向；新闻舆论工作要紧紧围绕经济建设这个中心，服从、服务于全党全国工作的大局。"讲话认为新闻单位在以正确的舆论引导人方面负有重大而光荣的使命。讲话还提出了新闻队伍建设的问题，认为新闻工作者必须打好五个根底，即理论路线根底、政策法律纪律根底、群众观点根底、知识根底和新闻业务根底；发扬六种作风，即敬业作风、实事求是的作风、艰苦奋斗的作风、清正廉洁的作风、严谨细致的作风和勇于创新的作风。

同月

新版《当代中国报刊大全》出版发行，共收录了全国10000多种正式报刊的名称、地址、电话、邮编、主办单位和总编姓名。

我国第一部地方新闻工作管理法规《河北省新闻工作管理条例》出台。

第二届全国家庭教育报刊研讨会在上海召开。

浙江《武义报》原总编辑陈忠和因贪污罪和受贿罪，被判处有期徒刑13年。

10月4日

第二届中央主要新闻单位名专栏（节目）评选颁奖会在京举行。获得本届名专栏（节目）奖的有《人民日报》的《人民论坛》，中央人民广播电台的《新闻纵横》，中央电视台的《焦点访谈》《东方时空》，《光明日报》的《每日聚焦》，《经济日报》的《星期话题》，《解放军报》的《集思广益》，

《工人日报》的《职工明星谱》，《农民日报》的《农村致富文摘》，《中国青年报》的《冰点》，《中国妇女报》的《今日女性》，《法制日报》的《法制论坛》等12个。

10月7日

首届“全国晚报新闻摄影记者十杰”评选在青岛揭晓。

10月10日

邵飘萍家乡浙江东阳市横店集团资助创办的邵飘萍纪念馆，在浙江东阳市横店镇落成开馆。

10月11日

香港政府新闻主任协会访问团访问中国记协。

10月15日

中国记协组织首都20多家新闻单位的负责人举行座谈会，交流学习中共十四届六中全会精神和江泽民总书记视察人民日报时所作重要讲话的体会。

10月18日

第六届中国新闻奖在北京举行颁奖会。共有157件新闻作品获奖，其中特等奖一个，一等奖18个，二等奖53个，三等奖85个。

10月20日

新华社原社长、著名记者穆青新闻作品研讨会本日至22日在北京举行。丁关根对研讨会的召开表示祝贺。

10月21日

《人民日报》全文发表了江泽民同志视察人民日报社时的讲话。

10月23日

穆青摄影展在北京中国美术馆举行开幕式，展出穆青历年拍摄的100多幅摄影作品。

10月24日

中国记协第五届全国理事会第一次会议本日至28日在北京举行。江泽民、李鹏、胡锦涛等中央领导人会见了全体人员，丁关根代表党中央致辞。会议选举产生了中国记协新一届领导机构，邵华泽当选为主席，吴冷西、穆青被推选为名誉主席。

10月30日

全国广播影视系统援藏工作会议在北京结束。会议决定，从1997年到2000年，将陆续援助西藏建设39个广播电视项目。

同月

《快报》在香港恢复出版。

集中反映穆青新闻实践经验和新闻领导工作经验的力作《新闻散论》，由新华出版社出版发行。全书共40万字。

11月1日

中国少年报社在北京举行“我是读中国少年报长大的”座谈会。

《中国报刊总汇信息库》出版发行。这一信息库以光盘为载体，能迅速、准确地查询全国9000多种报刊所刊载的各项资料。

11月2日

新华社、人民日报等15家新闻单位发起，人民摄影报承办的“细谈奥运会摄影报道研讨会”在北京举行。

11月5日

“祖国边疆万里行”系列报道活动汇报会在北京举行。这一报道活动，由延边日报社和延边电视台联合主办，受到中国记协有关领导的好评。

11月7日

全国地市报发展趋势研讨会本日至10日在河南平顶山举行，来自92家报社的负责人参加了这次研讨会。

11 月 9 日

上海《新民晚报》在美国洛杉矶正式出版该报美国版，《新民晚报》驻美记者站同时成立。

11 月 15 日

全国晚报第 11 届年会本日至 17 日在福州举行。近 120 家晚报的社长或总编辑参加了这次会议。会议增选曹淳亮等 7 人为全国晚报协会副会长。

11 月 16 日

邵飘萍诞辰 110 周年纪念会在邵飘萍的家乡浙江省金华市举行。

12 月 1 日

国务院台湾工作办公室颁布《关于台湾记者来祖国大陆采访的规定》，国台办新闻局负责人就此发表了谈话。

12 月 3 日

首都女记者优秀新闻作品评选结果在北京揭晓。共有 66 篇新闻作品获奖。

中国人民对外广播事业创办 55 周年庆典音乐会和招待会在北京举行。江泽民、李鹏分别为中国国际广播电台题词。

12 月 4 日

新华社 1996 年新闻学术年会本日至 6 日在北京举行。

12 月 6 日

《人民日报》的《人民论坛》专栏发表署名文章《新闻工作者当自律》，论述了有偿新闻的种种表现，它的危害和产生的原因。

全国报纸理论宣传研讨会本日至 8 日在江苏吴江市举行。会议探讨了有关精神文明宣传的问题。

12 月 9 日

国务院新闻办公室举办的第 2 期香港新闻从业人员研讨班在北京结束。来自香港 12 家主要新闻机构的中高层人士参加了这一研讨班。

12 月上旬

首届全国教育新闻研讨会在上海举行。

第 62 届国际图联大会好新闻评选在北京揭晓。评出一等奖 10 名，二等奖 20 名，三等奖 30 名。

12 月 13 日

人民日报社与国家经贸委、国内贸易部等六部委联合举办“工商联手，开拓市场”研讨会。

12 月 17 日

据本日出版的《中国摄影报》报道，新华社记者李晓果拍摄的组照《南非黑人和白人同校学习》在最近举行的第 11 届昂热国际独家新闻节上获社会生活专题类大奖。这是中国记者拍摄的国际题材的照片首次在国际摄影大赛中获奖。

12 月 18 日

新华社洛杉矶分社成立。

12 月 24 日

为培养 21 世纪的新闻人才，浙江横店集团决定出资百万设立“邵飘萍新闻教育基金”，本日在中国人民大学举行该基金设立仪式。按照预定计划，从 1996 年起，该集团每年从基金本息中拿出 10 万元专门用于中国人民大学新闻学院和复旦大学新闻学院的奖教金和助学金。

12 月 28 日

香港《星岛晚报》因经营困难，自动停刊。先后出版 58 年。

12 月下旬

全国百名优秀法制新闻工作者评选在京揭晓。

年底

据统计，截至本年底，中国大陆统一刊

号的新闻专业类期刊已有 30 多家（内部新闻刊物约有 70 多种）。包括三种类型：①理论性、学术性较强的刊物，主要由新闻教育和新闻研究单位主办。如中国社科院新闻所主办的《新闻与传播研究》、中国人民大学新闻学院主办的《国际新闻界》、复旦大学新闻学院主办的《新闻大学》、北京广播学院主办的《现代传播》等；②研究新闻业务、总结工作经验、指导新闻写作等方面内容的报刊，主要由新闻单位和各地新闻学会、记协、新闻研究机构主办。如新华社主办的《中国记者》、人民日报主办的《新闻战线》等；③以资料为主的期刊，如《中国新闻年鉴》《中国广播电视年鉴》等。此外，还有以新闻领域中某一特定的业务范围为主要的研究和报道对象、专业化较强的期刊，如《科技新闻与写作》《对外报道》等。在 30 多家期刊中创刊最早的是由山东大众日报社主办的、1940 年 6 月创办的《青年记者》。（据《新闻期刊发挥显著作用》一文，《中华新闻报》1997 年 6 月 2 日）

据统计，截至本年底，中国大陆已有百余家新闻研究机构。这些研究机构大多以新闻单位和各省的广电厅、社科院、高等院校等单位的人力物力为依托，进行新闻研究活动。这些机构可分为省市新闻研究所、广播电视学会、高等院校新闻研究部门和新闻单位自设的新闻研究部门四类。其中，约有 79.9%的研究人员有大专以上学历，11.8%的研究人员有博士、硕士学历。在专职人员之外，约有 88.8%的新闻单位研究机构和 35%的非新闻单位研究机构聘请了离退休的老新闻工作者以补充本单位研究力量之不足。

截至本年底，中国大陆公开出版发行的报纸有 2163 种，平均期发数 17877 万份，全年发行总数 2742816 万份。中国大陆共有广播电台 1244 座，电视台 880 座。

据统计，截至本年底，中国大陆公开发行的中文报纸已基本告别了“铅与火”，58 家报纸已实现或正在实现新闻采编综合业务网。（据《我国报业现代化步伐强劲》，《新闻出版报》1997 年 1 月 16 日）

据统计，截至本年底，中国大陆彩电拥有量已达 1.4 亿台，其中，城镇居民每百户拥有 35 台。

福建侨区各市、县乃至镇，创办以传乡音、报乡情，增进海外乡亲对故乡、祖籍国了解和情谊为宗旨的报纸——乡讯，达到 48 家。

1997 年（丁丑）

1 月 1 日

由中共中央文献研究室和中央电视台联合创作的大型电视文献纪录片《邓小平》开播。

中共广西玉林地委机关报《大众报》更名为《玉林日报》。由 4 开小报改为对开大报，日报，自办发行。该报创刊于 1951 年，1963 年停刊，1987 年复刊。

《人民日报》《光明日报》《经济日报》《工人日报》《农民日报》《中国青年报》《中国妇女报》等中央和首都大报，均在头版头条位置发表江泽民主席的新年贺词《为创造美好的未来而共同努力》，以及《人民日报》社论《把握大局，再接再厉；同心同德，开拓前进——元旦献辞》。

新闻出版署公布施行《新闻出版统计管理办法》。我国新闻出版行业统计工作的法制建设进入了一个新的阶段。

新闻出版署主管，中国印刷物资总公司、北京印刷学院联合主办的《中国印刷物资商情》在北京创刊。该刊是全国众多印刷专业期刊中唯一以印刷物资商情为主的专业期刊。

中共福建龙岩地委机关报《闽西日报》自即日起，每天出版对开 4 版彩色版。

中央电视台成立以北京为中心、香港为重点，以海内外各大城市为配合的立体报道网络。同时从本日起，到 7 月 1 日香港回归日前后，以最快的速度、最大的规模，多角度全方位地进行有关香港回归的报道。包括在《新闻联播》中播报香港回归倒计时天数；在倒计时 100 天时，举行香港回归知识竞赛；播出《香港百年》《香港百题》等系列专题片；在《新闻联播》《中国新闻》中开辟《香港回归倒计时》专栏；在倒计时 51 天时推出大型系列节目《香港沧桑》（下部）。从 6 月起，在第一套节目黄金时间播出展现香港百年历史的 30 集电视剧《香港的故事》，在第二套节目黄金时间播出 18 集电视剧《林则徐》。所有有关香港回归的新闻报道，均在《新闻联播》《中国新闻》及整点新闻中作及时报道。6 月 30 日至 7 月 3 日，中央电视台第一套节目 72 小时连续播出。在北京和香港设立报道中心，在第一、四套节目及英语传送频道中，用中、英文向全世界现场直播。为报道香港回归的各项重大活动，中央电视台采用世界最先进的数字转播设备 DSNG 卫星转播车等一流设备，派出 280 多人的报道队伍赶赴香港，报道香港回归的各项重大活动，并在香港设立 500 多平方米的直播报道中心。此外，还向上海、广州、天津、深圳等国内主要城市及悉尼、伦敦、巴黎、纽约等世界 15 个大城市派出记者采访，最大限度地追求与事件发生本身同步的新闻时效，以及时充分、准确权威、平实深刻、鲜活明快的节目特色，在新闻报道中显示水平，展示实力。

辽宁省抚顺市广播电视局决定下属的广播电视记者外出采访一律佩戴统一印制的记者胸卡“挂牌上岗”。胸卡上有记者本人的照片、姓名和供职部门。

1月2日

《新闻出版报》特辟《深入学习贯彻六中全会精神　为十五大召开创造良好舆论氛围》专栏，选登中央及地方上一些有代表性的新闻出版单位负责同志的文章，以沟通信息、交流经验。本日出版的该报选登了范敬宜、南振中、王晨、徐心华、孙忠同、安景林、张振华、陈应革、焦洪波等人所写的新年寄语。

1月3日

中央电视台推出全新的以妇女为主要对象的《半边天》日常版及周末版。每周一、三、五、六第一套节目早 10 时 40 分播出。

据本日出版的《新闻出版报》报道，中央电视台的第一个固定时间段的民族电视专题栏目——《中华民族》近日正式开播。

国家经贸委、国家技术监督局在北京召开《质量振兴纲要》新闻发布会。国家经贸委主任王忠禹在讲话中要求各新闻传媒宣传好这个纲要，为我国质量振兴事业作出贡献。

1月4日

由延边日报社、延边电视台联合组织的“祖国边境万里行”首期采访活动在海南省三亚市结束，采访团一行 6 人返回延吉市。

1月5日

由中国摄影协会、中央电视台文艺中心等单位主办，130 多家新闻出版单位协办的牛群名家摄影展——“牛眼看家”在北京开幕。

1月7日

新闻出版署副署长、全国“扫黄”办主任桂晓风召集全国“扫黄”工作小组赴华北、华中、华东、广东、京津等地的 5 个检查组全体人员，认真学习中央有关“扫黄打非”工作的批示，部署具体工作任务。5个检查组将分赴以上几个地区检查“扫黄打非”工作的落实情况。

1月8日

据本日出版的《新闻出版报》报道，截至1996年初，我国教育系统已建立教育电视台、收转台940多座，卫星地面接收站1000多个，在全国1200多个有线电视台中，有75%的省、地（市）级有线电视台转播中国教育电视台的卫星节目。中国教育电视台还通过东经138度的亚太一号卫星播出教育节目，覆盖全国及南亚、东南亚地区，收视人口超过2亿。

据本日出版的《新闻出版报》报道，由清华大学主办，光盘国家工程研究中心和北京清华信息系统工程公司联合编辑制作的我国第一部大规模集成化学术期刊全文电子检索系统——《中国学术期刊（光盘版）》，在经过1年多的筹备后，日前由清华大学出版社正式出版发行。

《新闻出版报》和中国产业报协会联合主办的中央产业报编校质量培训班结束。这一培训班，是为迎接“第二届中央部委产业经济报编校质量抽查评比”而举办的。

1月10日

中国记协主办、联合国教科文组织协办的“新闻与市场经济高级研修班”在北京开学。这是联合国教科文组织首次资助中国的新闻人才培训。

1月11日

新闻出版署党组召开第五次反腐败工作会议，传达中纪委第八次全会和国务院第五次反腐败工作会议精神，部署1997年反腐败工作任务。

1月13日

据本日出版的《中华新闻信息报》报道，山东广播电视事业经过3年的努力，在全国沿海省市级电视台中，创造了第一批上卫星、第一个实现24小时播出、第一家以无线办有线、第一家实现全省基本联网等四项第一，并且成为最早在广播电视系统实行新的用人机制的省份之一。

人民日报、中央文献研究室、光明日报、中央电视台在北京联合举行电视片《邓小平》座谈会。应邀出席座谈会的人一致认为：“片子拍得十分成功，看后亲切可信，使我们更加深了对邓小平的了解和崇敬之情。”（《新闻出版报》1997年1月16日）

1月14日

据本日出版的《新闻出版报》报道，1996年度湖南省22家报纸荣获该省一类报纸称号，41家报纸获二类报纸称号。

全国宣传部长会议在北京召开。会议强调，新的一年，宣传思想战线要为改革、发展、稳定提供有力的思想保证，为香港回归和党的十五大召开创造良好的舆论氛围。中共中央宣传部部长丁关根在会上指出，做好宣传思想工作必须遵循八项基本要求：（一）高举旗帜，牢记指针，以邓小平建设有中国特色社会主义理论为主心骨。（二）保持一致，服务大局，坚定不移贯彻党中央的战略部署。（三）面向群众，依靠群众，把得人心的事办实办好。（四）重在建设，团结鼓劲，把宣传思想工作的主要任务落到实处。（五）加强管理，健全机制，保证宣传文化事业健康有序发展。（六）掌握政策，把握好度，保持宣传基调的连续性稳定性。（七）调查研究，总结经验，创造性地开展工作。（八）守土有责，严细深实，增强整个队伍特别是领导干部的事业心和责任心。

1月17日

中共中央总书记江泽民在人民大会堂会见出席全国宣传部长会议的全体代表，并作了重要讲话。他说，今年是我们党和国家历史发展上的重要一年。宣传思想战线要高举邓小平建设有中国特色社会主义理论旗帜，紧紧围绕恢复对香港行使主权和党的十五大召开这两件关系全局的大事，扎扎实实地做好工作。又说，国家要强大，要发展，归根到底要把经济搞上去。希望同志们按照中央总的工作精神和这次会议的部署，坚持以经济建设为中心，开创精神文明建设新局面，为促进改革开放和现代化建设提供更加有力的思想保证，为两件大事创造安定团结的舆论环境。中共中央宣传部部长丁关根参加了会见。

湖北首届“斯诺新闻奖”在武汉揭晓。“斯诺新闻奖”由湖北省专业报协会、湖北省国际友人研究会以及（武汉）斯诺研究中心共同发起组织，共有近 30 家专业报社记者、通讯员采写的 43 件新闻稿获奖。

1 月中旬

“全国新闻工作者职业意识和职业道德调查”开始启动。调查者全面客观地了解我国新闻工作者职业意识和职业道德建设的基本情况，以便为进一步加强我国新闻工作者的职业道德建设和管理，为中央有关部门的科学决策提供依据。

全国首家法制新闻研究会——山西省法制新闻研究会在太原成立。

《甘肃省广播电视报》与武威、定西两地同类报纸合办，实行“分散办报，统一发行；分散经营，统一管理；分散编辑，统一审查”。两家地方报称“地方版”。

1 月 22 日

新闻出版署在北京召开新闻出版援藏工作座谈会。西藏、上海、江苏、浙江等 10 多个省、市、区新闻出版局局长，新闻出版署有关业务司以及署直有关单位负责人出席会议。

1 月 23 日

中共中央宣传部、广播电影电视部、新闻出版署、中国记协在北京联合召开全国新闻系统电视电话会议，号召全国新闻界认真贯彻十四届六中全会精神，加强职业道德建设，禁止有偿新闻，开展创建文明单位、树立行业新风的活动。会上，中国记协常务副主席郑梦熊宣读了新修订的《中国新闻工作者职业道德准则》。新闻出版署副署长梁衡宣读了由中宣部、广电部、新闻出版署、中国记协联合制定的《关于禁止有偿新闻的若干规定》，中宣部副部长徐光春发表重要讲话，并宣布了全国新闻界 41 家“精神文明示范单位”。全国新闻系统 2000 多人出席会议。会议在全国 30 多个会场同时举行。出席主会场会议的有中央有关部门和中央主要新闻单位负责人。

1 月 24 日

光明日报编委会召开全体会议，认真学习《关于禁止有偿新闻的若干规定》。总编辑王晨代表编委会结合报社实际情况，就贯彻落实中宣部等有关部门的电视电话会议精神，明确三条要求：一要高度重视，提高认识；二要坚决贯彻，全面落实；三是自觉自律，接受监督。为贯彻《关于禁止有偿新闻的若干规定》和《中国新闻工作者职业道德准则》，报社出台 15 条规定，加强职业道德建设，禁止有偿新闻。

中央电视台党组要求全体职工恪守职业道德，禁止有偿新闻，并重新研究制定了《中央电视台关于禁止有偿新闻十项规定》。台党委、纪委还要求全台 2100 多名党员在各项重大宣传任务中带头执行《准则》和《若干规定》，以支部为单位组织党员进行“共产党员与职业道德”的讨论。

1 月 27 日

中国记协发布公告，建立新闻工作者接受社会监督的制度。

中央人民广播电台由安景林台长主持领

导班子会议，研究落实中宣部、广电部、新闻出版署、中国记协联合召开的关于禁止有偿新闻电视电话会议精神的具体措施。

1月29日

中国记协召开首都新闻界负责人加强职业道德建设、禁止有偿新闻座谈会。首都50多家新闻单位的负责同志出席了会议。

1月30日

新闻出版署在北京为部分报社社长总编举办报纸专业知识和管理政策法规补习班。补习班于2月1日结束。

1月31日

中国记协与新闻出版报联合邀请首都各界人士就加强社会监督、禁止有偿新闻问题召开座谈会。中国记协主席邵华泽作了《采取有力措施　务求抓出实效》的讲话。出席会议的还有中国记协书记处书记王哲人、张忠贵以及有关方面负责人刘祖禹等50余人。

中宣部举办首都主要新闻传媒总编辑联谊会。中宣部副部长徐光春在会上说“新闻宣传要多为老百姓办实事”。

中国质量新闻工作者协会在北京举行“中国质量新闻奖”颁奖大会。共有50名中央及地方的新闻工作者获首届“中国质量新闻奖”优秀记者奖。

同月

《民族画报》自今年第1期起开始连续刊登大型报道《澜沧江纪行》。这是继《黄河》《环行祖国边疆》和《欧亚大陆桥》之后又一大型连载，预计用3年时间陆续向读者介绍我国西南这条国际河流的方方面面。

经民政部、新闻出版署批准，中国报纸行业经营管理协会更名为中国报业协会（简称“中国报协”）。该协会成立于1988年3月，是全国报社以及从事报纸经营管理研究的科研、教学单位自愿组成的全国性社团组织。

安徽日报社把1997年定为“素质年”，在全社开展“素质年”活动。

2月5日

全国人大常委会办公厅、全国政协办公厅宣布，欢迎香港、澳门、台湾记者和外国记者来京采访第八届全国人民代表大会第五次会议和政协第八届全国委员会第五次会议。两会将分别于3月1日和2月27日在北京召开，并在北京人民大会堂宾馆设立新闻中心，负责接待安排中外记者采访会议。

2月6日

本日为丙子年除夕，中央电视台第一套节目与第四套节目并机，于20时现场直播’97春节联欢晚会，第二套节目于20时30分播出歌舞晚会“春在‘九七’”，第三套节目于21时播出戏曲晚会“菊苑颂春”。丁丑春节期间中央电视台共播出17部140集电视剧。

中国新闻摄影学会常务副会长兼秘书长胡颖与中国新闻摄影学会副会长、黑龙江日报社社长贾士祥在哈尔滨共同为第一位在美国举办个人摄影展的著名摄影家王建男颁发奖杯和荣誉证书，以表彰其在纪实摄影方面取得的突出成就。

2月8日

欧洲东方中文电视台开始播放21集纪录片《细说香江》，欧洲22个国家的近百万华人通过这一纪录片了解了香港的历史和近况。

2月12日

到本日止，中国记协已收到来自20多个省、自治区、直辖市举报有偿新闻的电话150个，举报信40多封。

本日出版的《新闻出版报》在头版头条发表长篇通讯《宇歌之歌》，报道中央电视台首席小记者、九岁女孩、四年级小学生马宇歌在《人民日报》上发表作品的事迹。

解放军总政治部发出通知，要求进一步加强军队新闻出版队伍的职业道德建设。

2 月 13 日

据本日《新闻出版报》报道，由于《中国引进报》自 1996 年 7 月以来，连续发表政治观点错误、舆论导向错误、违背办报宗旨的文章，根据《报纸管理暂行规定》的有关条款，新闻出版署于 1996 年 12 月 6 日作出决定："撤销《中国引进报》注册登记。"

2 月 17 日

新闻出版报社为贯彻落实中宣部等 4 单位联合召开的全国新闻系统电视电话会议精神，设立禁止有偿新闻举报电话。

据本日出版的《新闻出版报》报道，万向集团决定出资 500 万元设立全国新闻人才专项奖励基金，其中 100 万元用作浙江省新闻专项奖励基金。这是迄今为止国内企业界设立的最大一笔新闻奖励基金。

全国对外宣传工作会议在北京召开，100 多名代表参加了会议。李鹏、丁关根等中央领导会见会议代表。会议提出外宣工作要为党和国家中心工作服务。

2 月 18 日

据本日出版的《新闻出版报》报道，《云南日报》自去年 5 月以来已在海外创办 4 个云南新闻专版。这 4 个专版是：1996 年 5 月 18 日在美国《国际日报》创办的《今日云南》专版、9 月 26 日在香港《大公报》创办的《云南新闻》专版、1997 年 1 月 3 日在《新民晚报》（美国版）创办的《云南新闻》专版和 1 月 26 日在澳大利亚《澳洲新报》创办的《云南之窗》专版。这些专版成为海外读者了解云南的窗口。

2 月 19 日

邓小平于本日晚 10 时许逝世。中央电视台临时对各套节目进行调整，撤掉了第一套节目晚间的春节晚会展播节目，安排了专题片《长征，英雄的诗》。

2 月 20 日

中央电视台于凌晨 3 时 34 分在第四套节目里播出《告全党全军全国各族人民书》，向全国全世界人民报道了邓小平逝世的消息。接着，中央和首都新闻传媒发表中国共产党中央委员会、中华人民共和国全国人民代表大会常务委员会、中华人民共和国国务院、中国人民政治协商会议全国委员会、中国共产党和中华人民共和国中央军事委员会《告全党全军全国各族人民书》，播发邓小平的大幅画像。获知邓小平逝世的消息后，《中国青年》杂志立即撤下已下厂付印的稿件，以最快的速度组织新的稿件，改出纪念小平专刊。各编辑、记者分头行动，定稿件，定封面、照片，以最快的速度，最高的质量，完成本期刊物的编辑、印刷工作。本期该刊初印 40 多万份，后又增印了 10 万份，均销售一空，要求增印的电话不断打到编辑部。《党建》杂志第 3 期文稿已全部送到北京、济南、西安、兰州付印，邓小平逝世的消息传来后，立即改用邓小平在天安门城楼挥手的照片作封面，扉页换上了邓小平的遗像，文章也作了调整。到 21 日全部交付印厂，比正常时间只晚了一天。《上海支部生活》《证券市场研究》《班组学习生活》等刊物也以同样的方式哀悼伟人。

2 月 21 日

中央电视台重新调整了近期各套节目的播出方案，突出宣传邓小平在中国革命和建设历史上，尤其是在党的十一届三中全会以来的丰功伟绩。本日该台《新闻联播》节目的头条为《邓小平同志伟大光辉的一生》，全长 67 分 53 秒，创单条新闻最长纪录。从 20 日至 25 日，该台共播出悼念邓小平逝世的相关新闻 1919 分钟。每天播出的新闻为正常状态的 2 倍。第一套节目的《早间新闻》《新闻联播》及其他重要的广播新闻与第四套节目并机播出。第四套节目根据对外播出时差的特点，按《中国新闻》《邓小平》（中文版）、《英语新闻》《邓小平》（英文版）的顺序实行滚动播出。邓小平治丧期间集中播出革命历史题材的影视剧和纪录片、专题片及反映邓小平生平的影视片。

2月23日

中国记协国内工作部和人民摄影报主办的'96新闻摄影赛（人民摄影报杯）评选活动在北京揭晓。从1700幅（组）参评作品中，评出37幅（组），其中15幅（组）获奖。

中国记协、中国新闻摄影学会、人民日报、光明日报、解放军报、经济日报等单位联合举办“社会主义精神文明新闻摄影大赛（金苹果杯）”。

2月24日

邓小平遗体火化。中央和首都各大新闻传媒刊播《邓小平伟大光辉的一生》。中央电视台制作播出新闻特写《万众深情送小平》和专题《再道一声，小平你好》。《焦点访谈》《东方时空》共制作有关专题12条，总长215分钟。

2月25日

中央电视台第一至第八套节目全天并机播出。上午9时50分至11时7分现场直播邓小平追悼大会实况，并于当日重播5次，同时通过中央电视台的传送频道直播英语解说的追悼大会实况。从20日2时30分至25日15时中央电视台共向境外电视机构传送有关邓小平逝世的新闻456次203小时55分。中央和首都各大新闻传媒刊播新华社消息《党和国家领导人同首都群众送别邓小平同志》，江泽民、李鹏、乔石、李瑞环等国家领导人为邓小平同志送别，江泽民与邓小平夫人卓琳握手等大幅照片。新华社摄影部编辑制作的《一代伟人邓小平》大型展览照片同日出版。

2月26日

中央和首都各大新闻传媒刊播新华社消息《邓小平同志追悼大会在北京隆重举行》和《在邓小平同志追悼大会上江泽民同志致悼词》以及有关照片。

八届全国人大五次会议和全国政协八届五次会议即将在北京召开。据“两会”新闻中心本日发布的统计资料，正式报名参加“两会”采访的中外新闻记者达1758名。其中，国内记者1273名，分别来自中央和地方的296家新闻单位；港澳台记者183名，来自51个新闻机构；外国记者302名，来自200多家新闻机构，其中驻京记者266名。

全国印刷标准化技术委员会暨第二届委员会第一次工作会议在北京举行。第二届委员会主任委员由新闻出版署技术发展司司长高永清担任。

2月28日

香港《文汇报》电子版正式上网，世界各地读者均可通过互联网络免费阅读当天该报的主要新闻内容。

新华社原社长、中国记协原执行主席曾涛逝世。曾出生于1914年，原名曾海仙，江苏泰兴人。1938年加入中国共产党，先后任支部书记、区委书记、工委书记、宣传部长、胶东区党委办公室主任、苏南区党委秘书长等职。1952年后任中共上海市委副秘书长兼机关党委书记。1960年调外交部工作。1977年12月，任新华社社长、党组书记。1980年被推选为中国记协执行主席。曾任第六、第七届全国人民代表大会常务委员会委员、全国人大外事委员会副主任委员。

同月

第二届全国广播对外宣传协作会议暨首

届全国广播对外报道优秀节目颁奖会在北京举行。

汕头市设立新闻出版局。

3 月 1 日

福建电视台设立直播栏目《新闻纵横》。每天 21 时 10 分直播，时间为 30 分钟。

3 月 2 日

《盐阜大众》报举行纪念钱毅烈士牺牲 50 周年座谈会。钱为新华社盐阜分社及《盐阜大众》报特派记者，1947 年在赴淮安地区采访时，被国民党军队杀害，年仅 22 岁。

3 月 3 日

中央电视台第一套节目黄金时段自即日起连续播出大型系列专题片《科技兴国》。这部 18 集的专题片，精心策划制作，历时一年，是继《邓小平》之后，中央电视台推出的又一宣传有中国特色社会主义理论的力作。

3 月 4 日

中央和首都各主要新闻传媒都在显著位置刊播《邓小平同志骨灰撒入大海》的消息以及邓小平骨灰和缤纷的花瓣一起缓缓撒向碧波万顷的大海的照片。

中共中央宣传部部长丁关根看望新闻出版界的政协委员，听取他们的意见、建议，并就搞好精神文明建设诸方面的问题，与各位委员进行了广泛探讨。要求各位委员进一步做好新闻出版工作，创造良好舆论环境。全国政协新闻出版界共有 29 位委员，大都是长期工作在我国新闻和出版战线的资深人士。

3 月 6 日

据本日出版的《新闻出版报》报道，新华社在关于邓小平逝世的报道中，克服时间紧、任务重、难度大等重重困难，动员全社各主要业务部门和国内外各分社，对内对外共播发新闻稿件 200 多万字，编发照片 320 幅，充分发挥“信息总汇”的作用。

本日上午，北京日报社“三产”公司下属信息中心，协助北京普霖办公设备公司举办产品信息发布会。会上，向到会记者每人发礼金 400 元。下午，中国记协举报中心办公室接到举报电话，立即进行核查，证明举报属实，立即向北京日报社主要领导通报了核查情况。该报立即对中心负责人给予经济处罚，对具体承办人给以辞退处理并通报全社，重申今后凡出现违反规定的行为，报社决不护短，凡给党报抹黑者，都要严肃查办。

3 月 7 日

北京市一位老共产党员给中国记协举报中心办公室打电话，举报 3 月 3 日下午 4 时在北京商务会馆三楼召开的中国消防安全工程公司成立 10 周年新闻发布会上，向到会的每位记者发 500 元红包，并提供了几个新闻单位记者的姓名。中国记协对顶风违纪的《中国信息报》广告部经理魏斗等人，进行了查处。

3 月 8 日

李鹏总理签署国务院第 212 号命令，颁布《印刷业管理条例》。该条例自 5 月 1 日正式施行。《新闻出版报》于 3 月 21 日全文刊登了此条例。

3 月 11 日

中国记协、中国社会科学院研究生院及中国社会科学院经济技术发展研究中心共同举办的新闻单位在职硕士研究生课程班举行开学典礼。学员 80 多人，来自中央新闻单位和北京、天津、河北、云南、广东、新疆等 15 个省、市、自治区。其中具有中高级专业职称的占 80%，女学员占 40%。

据本日及 12 日、13 日出版的《新闻出版报》报道，《人民日报》在关于邓小平逝世的报道中，充分发挥党中央机关报的舆论导向作用，从2月20日到26日，该报及该报海外版和《市场报》刊登的有关邓小平逝世的文告、悼念文章和消息、通讯、照片等，共计86块整版和7块有关版，刊登稿件566篇70.4万字，照片237幅。26日以10个整版的篇幅，详细报道了举国共悼、万民同悲的情景。除按中央有关宣传报道要求组织刊登稿件外，该报还和海外版及市场报组织了近300名采编人员，采写了《小平，我们永远爱您——首都十多万群众挥泪送小平》《如潮哀思在这里涌起……》等一系列重要报道。在这次有关邓小平逝世的报道活动中，《光明日报》共用了36块版面，刊发了305篇约20万字的稿件。该报驻国内的34个记者站、驻国外的20多个记者站全部发回了稿件。《经济日报》共发稿140多条，总版面32个版，总字数28万字，照片总数54幅。

山西省第八届人大代表、山西省平陆县政协常委裴令铎给中国记协举报中心打电话，举报农村信息通讯社记者张遂轩利用到山西平陆县常乐镇采访之机，以欺骗手法向他索要2000元人民币一事。中国记协转请农村信息通讯社的上级主管单位农业部办公厅核查此事，证明属实。经该社社委会研究，决定给予张遂轩开除处理，不再聘用。社长周振平向裴令铎道歉并退回索要的人民币。

3月12日

中国人民大学新闻学院与德国驻华使馆联合举办的“今日德国大众传播”报告会在北京的港澳中心举行。中德80余名新闻学者和新闻记者共聚一堂，在2天的会期中进行了热烈的研讨。

3月13日

天津市新闻出版局和市期刊协会召开期刊业加强职业道德建设会议。215家社会科学和自然科学期刊的代表出席了会议。会上，13家杂志社向全市期刊业发出了《加强职业道德建设倡议书》。

3月14日

《北京日报》开辟《振兴国有企业，叫响国产名牌》专栏，大力宣传国产名牌的佳绩，挖掘名牌产品的“背后功夫”。

中国记协1997年工作会议本日至16日在宁波市召开。会议就如何充分发挥记协作用，提高记协工作水平，推动新闻界坚持正确的舆论导向，加强新闻队伍建设，禁止有偿新闻等工作任务展开了热烈讨论。邵华泽主席对记协工作提出了以下要求：一、高举邓小平建设有中国特色社会主义理论的伟大旗帜，坚持党的基本路线和基本方针，同以江泽民同志为核心的党中央在政治上、思想上保持高度一致，牢牢把握大局，在推动新闻界坚持正确舆论导向方面发挥积极的作用；二、按照江泽民同志提出的“政治强、业务精、纪律严、作风正”的要求，牢牢抓住加强职业道德建设、禁止有偿新闻这个突破口，在推动新闻界队伍建设方面发挥积极作用；三、根据中央赋予记协的职能和任务，根据中国记协章程，牢牢把握记协的性质和特点，主动、热情、实在、有效地做好服务工作。（《中华新闻信息报》1997年3月24日）会议还讨论了本年内中国记协的以下几项重点工作：加强新闻职业道德建设和对有偿新闻的举报和查处；组织好今年的全国百佳新闻工作者奖、中国新闻奖、范长江奖、韬奋新闻奖、新闻论文奖的评选工作；举办’97全国新闻学术年会；搞好纪念中国记协成立60周年活动；倡导开展新闻扶贫活动；积极筹措建立中国新闻奖励专用基金等。

3月19日

据本日出版的《新闻出版报》报道，中

央人民广播电台在邓小平治丧活动期间，充分发挥广播的优势，对治丧活动进行了充分全面、及时准确的报道。2 月 19 日当晚就调整了班次，坚持 24 小时值班，增加编辑力量，随时编发最新消息。文艺部当天夜里赶制、编排近 40 个小时庄严、悲壮的音乐节目，突击剪辑出 6 集传记文学《我的父亲邓小平》，剪辑、改版、重新审听的磁带就有 200 多盘。从 20 日 4 时开始，将全台 7 套节目（第四套少数民族节目除外）并机播出，向全国听众报道有关邓小平逝世的消息。25 日追悼大会当天，自 6 时 30 分对全台 7 套节目（少数民族节目除外）实行并机播出，于 9 时 55 分开始现场直播追悼大会实况，并先后重播 5 次。从 20 日凌晨至 26 日晚，7 套节目共播出有关新闻、专题文字稿 3240 多件（包括重播）约 8500 多分钟，170 万字。

中国经济新闻信息报刊协会本日至 21 日在上海召开'97 经济新闻理论研讨会。迄本次研讨会开会时止，我国已有经济信息类报刊 240 多家，其中中国经济信息报刊协会成员单位有 160 多家。

3 月 23 日

《天津日报》《今晚报》等天津主要报纸，在一版显要位置套红辟出专栏《计时牌》，提醒读者铭记香港回归祖国的时间。《天津日报》在一版开辟《迎香港回归》专栏，及时报道各行各业迎香港回归的消息。随着香港回归临近，该报在一版加大报道力度和强度，在国内新闻版开辟了《香港回归》专版，共刊发 11 期。在二版开辟了《天津喜迎香港回归》专版。《今晚报》还组织记者到香港拍摄 300 幅新闻照片，从倒计时 100 天开始，在该报一版重要位置刊出。天津电视台也从这一天起播出百集专题片《天津与香港》，反映天津与香港的历史渊源及相互的密切联系。

《深圳特区报》创办专栏《回归的脚步》，全面及时地追踪报道香港回归的各项进程。深圳电视台推出《深港边界行》专题，用形象生动的画面讲述过去与现在的故事。深圳有线电视台的《论说香港基本法》50 集电视系列节目已在全国 219 家电视台和美国中文电视台播出。

《解放军报》开辟《我看香港回归》专栏。

3 月 24 日

《中华新闻信息报》在头版头条位置发表题为《新闻工作者的榜样》的报道，表彰大连人民广播电台记者王永海的先进事迹，并配发专论《时代呼唤这样的记者》。

据本日出版的《新闻出版报》报道，中国国际广播电台在邓小平治丧活动期间，用 43 种语言，及时组织编发有关新闻。共采编有关新闻 77 条，专稿近 30 篇播出，共播出 192 小时。

全国新闻出版科技工作座谈会本日至 26 日在北京举行。新闻出版署署长于友先出席会议并发表题为《认真贯彻〈决定〉精神，加速新闻出版业的科技进步》的讲话（见《新闻出版报》1997 年 4 月 1 日）。副署长于永湛出席会议并作总结发言，有关领导、专家约 100 多人参加了这次座谈会。

第二次全国版权局局长会议本日至 28 日在广西北海市举行。此次会议旨在继续加强知识产权保护，推动版权法制的完善。

3 月 26 日

据本日出版的《新闻出版报》报道，八届全国人大五次会议和全国政协八届五次会议开会期间，中国国际广播电台通过 43 种语言向世界各国的听众作了全面的报道。共编播“两会”新闻 198 条，专稿 131 篇。截至 3 月 12 日，国际台英语部向美国洛杉矶和洛城电台、华盛顿地区的新世界电台、香港新城电台传送了“两会”新闻和专稿109条（篇）；华语部向覆盖美国和加拿大10多个城市的美加华语广播网、香港新城电台传送“两会”新闻和专稿83条（篇）。

中国报业协会在北京举办面向21世纪中国报业经济发展研讨会。参加研讨会的有百余家主要报社的负责人。会期3天，于28日结束。

3月27日

中国记协负责人就有关加强新闻队伍职业道德建设、禁止有偿新闻的举报、核查情况，回答了新华社记者的提问。答记者问全文发表在1997年3月31日《新闻出版报》第2版上。自1月27日起，该会共接到举报电话和举报信447件，来访20人次。到本日止，已处理举报386件，收到核查回函45件。

中国新闻技术工作者联合会在中国电力报社举办TRS及INTERNET技术研讨会。

3月28日

北京市公安局、广播电视局、新闻出版局等联合对首都音像及电子出版物市场进行检查，重点检查位于中关村的大恒光盘中心和北京电子出版物软件批发市场等经营场所，并在北京昌平县公开销毁盗版、淫秽音像制品及电子出版物千万余盘（张）。路透社、加拿大广播公司、法国电视二台、东京电视台等8家外国新闻单位的10多名记者首次获准随行采访。《中国日报》《新闻出版报》等首都新闻单位的记者也应邀随行采访。

《中国市容报》的编辑记者和全体共产党员走出编辑部，与城建工人、环卫工人一道参加有关市容及街道卫生的劳动，以此纪念该报创刊15周年。

3月31日

第二届中国国际新闻奖评选在天津揭晓。评奖委员会共收到中央和地方79家新闻单位230余件作品，新华社的《旅美中国学生、华人团体抗议美国全国广播公司在奥运会期间的敌意报道》、《人民日报》的《日本政府必须“补课”》等9篇作品获一等奖；《中国青年报》的《中国青年眼中的美国》获特别奖；北京电视台的《警察与学校》等60篇作品获二、三等奖。另有30篇作品获鼓励奖。此次评奖活动由国务院新闻办公室主办。

同月

中国记协新闻学院增设图片摄影专业。

香港大公报举办名为“报业千秋”的历史版面展。共展出该报历史上的120多幅版面，拉开庆祝该报创刊95周年的序幕。

“三八”节前夕，天津市妇联对1996年中天津和中央新闻单位为宣传妇女工作和妇女先进典型作出杰出贡献的30名记者予以表彰，授予张颖、武宝生等“妇联挚友”光荣称号。

中央人民广播电台前台长杨正泉撰写的《我与广播》，由沈阳出版社出版。

贡吉玖编著的《电视新闻创优方法辨析》，由中国广播电视出版社出版。

中国记协国内工作部和人民摄影报社联合主办的’96新闻摄影赛（人民摄影报杯）评选活动揭晓。从1700幅（组）参评作品中，评出37幅（组）获奖作品。其中金奖7幅、银奖15幅（组）、铜奖15幅（组）。

在八届全国人大五次会议和全国政协八届五次会议上，新闻出版界代表和委员发出共同呼吁：加强自身文明建设，做好新闻出版工作。

刘杲等全国政协委员在全国政协八届五次会议上建议设立编辑学专业硕士点。

中央电视台对早间新闻报摘节目进行改革，时间由1分钟延至3分钟，范围由中央七大报扩展到部分部委机关报。

"济南一日"（天地泰杯）摄影活动结束。50 家晚报记者参加，评出佳作奖 10 件，优秀奖 10 件，入选奖 17 件。

大型画册《沙飞纪念集》出版。该画册是为纪念新中国摄影事业的开拓者沙飞而出版的。共选编沙飞摄影作品 200 余幅，沙飞工作生活相片几十幅及国外研究和纪念沙飞的文章 20 篇。

4 月 1 日

中国记协与东福国际食品集团联合举办"营多杯"征文大赛。征文的内容主要是为下岗职工再就业献计献策，以及宣传下岗再就业人员的先进事迹。设有献计献策金点子奖、介绍好经验奖和再就业先进人物优秀作品一、二、三等奖。王哲人任征文活动组委会主任。

省部委机关报总编研讨班在北京举行。80 多位总编辑就如何为香港回归、中共十五大的召开两件大事创造良好舆论氛围，把握正确舆论导向，提高新闻宣传水平进行深入研讨。中共中央宣传部副部长徐光春作了题为《进一步提高新闻宣传水平，为两件大事创造良好氛围》的讲话，国家经贸委主任王忠禹作了《关于当前经济形势和我国国有企业的改革与发展》的报告。国务院新闻办公室主任曾建徽作了《国际形势与香港回归问题》的报告。研讨班于 4 日结束。丁关根会见了出席研讨班的全体人员。

《羊城晚报》推出港澳台新闻专版。

4 月 4 日

中共山西省长治市委机关报——《长治日报》纪念该报创刊 50 周年。该报已实现了激光照排和轮转胶印以及电讯传送现代化，1993 年由 4 开小报扩版为对开大报。

4 月 5 日

《文汇读书周报》开辟《点题征文》专版。首期征文题目为"一本我买了感到后悔的书"。点题征文指名道姓对一些质量不高的图书进行批评。

4 月 6 日

全国音像出版复制管理工作会议在杭州举行。主要议题是搞好音像出版复制业的治散治滥，把管理工作真正落到实处。

4 月 7 日

中央人民广播电台本日至 13 日举办第二次"听评周"活动。第一次是 1996 年 4 月举办的。听评标准：舆论导向是否正确；是否充分发挥了广播特点；节目主持人和广告节目的水平是否代表了国家电台的水平。听评以中央台一、二、三套节目为对象。

4 月 8 日

第二届中央部委产业经济报编校质量抽查评比颁奖大会在北京举行。《中国电力报》《中国商检报》《中国林业报》《中国农机化报》《中国核工业报》分别获前五名。《中国地质矿产报》等 15 家部委产业报获优胜奖。

经济日报主办的《经济文摘报》改名为《名牌时报》开始试刊，定于 7 月 1 日正式出版。该报每期出对开 8 版，每周 2 期。

城市晚报与吉林省内七家知名医院联合邀请著名专家、教授、副教授前往九台市六台乡等地下乡义诊，这是新闻扶贫行动的一个举措。

4 月 9 日

新闻扶贫座谈会在北京举行。座谈会旨在交流新闻扶贫工作经验，动员全国新闻界更广泛的开展新闻扶贫活动。中国记协在会上向全国新闻界发出了开展新闻扶贫活动的倡议书。

4 月 10 日

第二届中国国际新闻奖评选结果在本日出版的《新闻出版报》上揭晓。

中国广播电视学会第三届理事会在北京

闭幕。会议总结了学会 5 年的工作，修改了学会章程，选举产生了新的领导机构。吴冷西任名誉会长，艾知生任会长。

4 月 11 日

中共上海市委宣传部、市广播电视局、市新闻出版局、市记协联合召开加强新闻队伍建设、禁止有偿新闻的交流大会。《解放日报》等新闻单位在会上作了交流发言。《解放日报》针对专刊、专栏中的各种消息、服务信息容易成为有偿新闻“多发地带”的情况，制定了《软性广告归口管理的意见》，开设了《行情·信息》《消费广场》等专版，规定凡属收费的信息必须有广告标识，并纳入报社广告部管理。明确规定记者、编辑和职工不准拉广告，报社更不搞部版结合的广告摊派。《文汇报》在评定文明集体时，实行一票否决制，使有偿新闻无立足之地。《新民晚报》开展以“廉洁从业、净化版面”为主题的教育活动，对版面进行重点整治，以断有偿新闻生路。上海电视台早在 1987 年就向社会公布了《职业道德规范》和举报电话，10 年来先后制定了 24 项暂行规定和制度。最近，又重新制定了《关于禁止有偿新闻的规定》。上海教育电视台记者外出采访均带着“不要红包要点子”的公开信，寻求好主意、金点子，谢绝“红包”。

4 月 14 日

《新闻出版报》在头条和二版刊出《新闻出版署负责人就〈印刷业管理条例〉的有关问题答记者问》。

全国新闻出版系统第三次纪检监察工作会议在武汉召开。会议传达了中央纪委八次全会和国务院第五次反腐败工作会议精神，总结和交流了 1985 年以来新闻出版系统反腐败和党风廉政建设的经验，对下一年纪检监察工作做了部署。新闻出版署党组书记、署长于友先发表题为《坚决持久地开展反腐败斗争》的书面讲话。

4 月 15 日

《新闻出版报》发表评论员文章《禁止有偿新闻要常抓不懈》。

《新闻出版报》自即日起，连续刊登该报记者在广东采访“扫黄打非”斗争中的系列报道《’96 突破在广东》。同日，该报在第二版的《媒介观察》栏目内刊出记者张秀平撰写的题为《21 世纪中国报业经济发展之路——该怎么走》的文章。

4 月 16 日

据本日出版的《新闻出版报》报道，全国妇联系统公开发行的报刊已有 49 种。其中报纸 7 种，期刊 42 种。除全国妇联直属的 13 种外，其余 36 种分布在 26 个省、自治区、直辖市。妇女报刊以汉文为主，还有英文、蒙文、维吾尔文。期刊月发行总量约有 1200 万份，占全国期刊发行总量的 1/20 左右，在全国期刊发行总量中排名第二。其中《家庭》和《知音》发行量已超过 200 万份，《女友》和《妇女生活》近 100 万份。报纸的发行趋势也比较喜人，《今日女报》1996 年期发行量达 44 万份，月末版近 54 万份，成为湖南省和全国妇联系统期发行量最大的报纸。《家庭》《世界妇女博览》《知音》获中宣部、新闻出版署主办的首届全国社科期刊优秀奖，占该届优秀奖总数的 1/7，占综合文化类优秀奖总数的 3/7。《妇女生活》获提名奖。《现代家庭》《女友》《今日女报》《莫愁》《分忧》《恋爱　婚姻　家庭》《女性天地》《妇女》《现代妇女》等获全国百家优秀报刊、省级优秀报刊称号，有的被评为一级期刊。《中国妇女》的《今日女性》栏目获中宣部主办的中央主要新闻单位名栏目奖；《中国妇女》杂志的《伟人与母爱》和《爱的世界》《知音》的《爱心行动》《现代家庭》的《面对不幸》《为了孩子》杂志的

《专家访谈》等栏目都深受读者的喜爱。

4月17日

在本日召开的第六届世界印刷大会闭幕式上，第六届世界印刷大会指导委员会主席杰弗里·威尔逊先生向与会的世界各国代表正式宣布：第七届世界印刷大会将于2001年5月下旬在中国北京举行。

4月18日

中国新闻代表团一行6人应芬兰共和国外交部、瑞典王国外交部邀请先后访问了两国，参观访问了芬兰广播公司、瑞典电视一台、二台等10余家新闻单位，与新闻界同行在新闻业务等方面进行了广泛交流。访问于5月4日结束。

《人民日报》《光明日报》《工人日报》同时在一版开辟《深化改革　振兴国企》专栏，并在头版头条发表关于邯钢的报道。此后一段时期，这几家报纸和《经济日报》等，分别发表记者对燕化、兖矿、大庆等国有企业的报道，同时配发评论，生动具体地宣传党中央、国务院关于搞好国有企业一系列方针、政策，并详细介绍了几家国有企业深化改革的成功做法。

4月21日

《南方日报》和广州军区《战士报》联合组织“迎香港回归·海疆万里行”活动，在三元里抗英纪念碑前举行出发仪式。

4月22日

《新闻出版报》在二版发表萧风的文章，追忆邓小平同志支持建立邯郸新华广播电台的史实。

北京中国美术馆举办商务印书馆创立百年纪念书画展。商务印书馆是中国现代出版事业中历史最悠久的出版机构，100年来出版图书近4万种，编印过“十大杂志”，教育了一代又一代的青年学生，造就了大量的各类人才。

安徽日报社“沿着刘邓大军的足迹”采访纪实活动在合肥市举行办发仪式。采访组由9名年轻记者和党史工作者组成，采访活动历时2个月，行程约6000公里。

首都青年记者编辑协会在京召开全体理事大会。首都青年记协主席潘岳号召年轻记者投身“新闻扶贫”工程。

4月24日

《光明日报》连续推出《垃圾分装　利国利民》聚焦报道。国家环保局局长解振华称赞该报这一系列报道，是贯彻中央环保工作会议和国务院有关加强环保工作精神的具体体现，是为城市政府出谋划策，为老百姓办实事、办好事的具体体现。

4月25日

李鹏总理接受中央电视台经济部《跨世纪的转变》节目组的采访。他说，现在经济建设是党和国家的工作中心。国家也需要通过电视宣传把方针政策以生动、活泼的方式传达给观众。因此要切实加强电视经济宣传的力度。他认为，中央电视台经济节目办得很成功。《经济半小时》栏目影响很大，时效性较强，回答了电视观众直接关心的经济热点问题，同时传播了现代经济知识，传递了市场供求信息。他还肯定了中央电视台的经济节目扩版的做法。

4月28日

中国青年报新闻综合业务网络开通仪式暨北大方正报业技术发布会在北京举行。40多家报社的总编辑和记者参加了仪式和发布会。

4月30日

《新闻出版报》开辟《谱写新闻扶贫新篇章》专栏，陆续介绍各新闻单位在“新闻扶贫”工作中的体会和做法。

4月底

中国报业经济管理函授中心举办第二期

报业经营管理函授班。招生对象为具有高中以上文化程度或同等学力的全国各报社的各级、各类经营管理人员，主要设有报业经营管理、政治经济学、新闻学和经济法等课程。该中心由中国报业协会与中国人民大学新闻学院共同设立。

同月

国家工商局发出《关于制止调查采访形式广告的通知》，对以新闻报道形式发布广告提出了规范性意见。

中国记协国内部、中华新闻信息报、华西都市报联合举办“新闻队伍建设摄影大赛”征稿工作。此次活动是在全国范围内征集1937年11月中国记协前身中国青年记者协会成立以来，反映党领导下的新闻媒体、新闻工作者协会和新闻工作者在政治思想建设、职业道德建设、工作作风建设等方面的摄影作品。特别是1979年改革开放以来反映时代风貌、社会效果好的摄影作品。获奖作品将入选《中国记协六十周年》纪念册，并选登在新闻类、摄影类报刊上。

《中国新闻出版工作者职业道德手册》，由新华出版社出版。

北京市新闻学会和北京市天河通信公司联合主办的北京第二届“天河通信杯”新闻学术论文评选揭晓。在送评的百篇论文中，评出获奖作品33篇，其中一等奖3篇、二等奖5篇、三等奖10篇和表扬奖15篇。

河北省新闻出版系统的41家出版社、期刊社、新华书店、印刷厂联合向社会公开承诺五项内容，其中包括：坚持正确的出版方向和舆论导向，不搞有偿新闻，不出卖版面等。

黑龙江省新闻工作者协会和省新闻研究所主办的《新闻传播》由原来单一业务性知识杂志，改为有多项内容的综合性刊物。

《农民日报》在创刊17周年之际，实施改版。改版后的《农民日报》突出“三个面向”（面向农村干部、面向农民群众、面向农业系统）、“三重”（即抓农村改革和发展中的重大问题、重大典型和重要言论）、“三性”（即服务性、实用性和知识性），在保持原有宣传政策、为农民说话等优势的同时，特别突出强化信息服务功能。改版后决定每天拿出一块版作为科技知识信息版。

江西省公布查处“11·28”非法信息小报案。“11·28”案是一起跨地区印刷、发行非法小报的大案。1996年11月18日，宜春地区靖安县石境乡农民张远明伙同本村农民李辉通过修水县教育局印刷厂厂长邹杨春，在该厂印刷5万份名为《科技精华》的非法信息小报。同月28日，张等将装有非法信息小报的5万封邮件装车准备运往资溪县邮发时，被靖安县公安局截获。现已对涉案单位和个人依法查处，没收修水县教育局印刷厂和资溪县邮电局非法所得并分别处以7.15万元和18.92万元罚款。李、邹被刑事拘留，张远明被逮捕并将依法追究其刑事责任。

艾知生著《广播影视工作谈》，由中国广播电视出版社出版。李铁映为该书题词。孙家正作序。全书收录95篇文章，约计37万字。该书大致记录了一个时期中国广播影视事业发展的历史轨迹。

邮电部副部长林金泉在视察《人民邮电报》时指出，《人民邮电报》要真正成为行业的导向、行业的喉舌、行业的示范，就必须吃透上头的精神，坚持正确的方向。要随时想到我们是在办行业报，带有光荣使命，负有重大责任。要让每个同志都真正做到讲学习、讲政治、讲正气，办出高水平的报纸。

中国产业报协会倡议开展一次读书竞赛活动，以提高新闻从业人员素质。

5月2日

《新闻出版报》开辟《行业报经验交流

台》，陆续刊登来自行业报的报道。

5 月 5 日

意大利《二十四小时太阳报》记者乌戈·汤巴里本日至 19 日来华访问。先后访问了北京、上海、广州等地，采访了政府有关部门和部分企业，了解中国经济发展的情况和国有企业的现状。

中央电视台对第一、二、三、四、八套节目进行全面调整，使其专业频道功能更为完善。第一套节目增加一次早 6 时的新闻播出，并将《晚间新闻》由原来的 30 分钟延长至 45 分钟。19 时 55 分的《九州神韵》开播以倡导科技进步为宗旨的新栏目《科技博览》。第二套节目每天通过六大版块播出完整、系统的经济节目，《经济半小时》《生活》《中国财经报道》进入 19 时 30 分—21 时黄金时段，并以《中国财经报道》每天 6 次的滚动播出为主。第四套以新闻和新闻性节目为主，更适合海外观众需求。英语节目播出量增加一倍多。

《解放军报》开辟专版，刊载迎接香港回归的宣传教育要点。

5 月 6 日

石家庄日报社的 5 支新闻扶贫小分队，从省会石家庄出发，深入贫困地区采访调查。该报还新辟《新闻扶贫纪行》《扶贫攻坚传真》等 3 个专栏，使新闻扶贫在深度和广度上得到全面加强。

中共中央宣传部、广播电影电视部在京举办全国省级广播电台、电视台台长研讨班。研讨班以提高新闻宣传水平为题，通报情况，交流经验，商讨工作。中共中央政治局委员、书记处书记、中宣部部长丁关根在座谈会上讲话，强调要团结、稳定、鼓劲，以正面宣传为主，牢牢把握正确导向，努力提高节目质量，为两件大事创设良好氛围。座谈会于 9 日结束。

5 月 8 日

商务印书馆建馆暨中国现代出版百年座谈会在北京人民大会堂举行。首都学术界、文化界、新闻出版界及知名专家学者 430 多人参加了这一盛会。党和国家领导人江泽民、李鹏、乔石、李瑞环等为商务百年题词："承先启后，继往开来"（江泽民），"辞源开新宇，名著集大成"（李鹏），"继承发扬我国出版事业优良传统，为社会主义现代化建设再立新功"（乔石），"传播知识，推进文明，造福大众"（李瑞环）。

《厦门日报》在该报《台港澳》专版刊出"迎香港回归知识竞赛"选择题。这是该报与厦门市政协、香港厦门联谊总会联合举办的"迎香港回归知识竞赛"活动内容之一。3 月份，该专版还开辟了《迎香港回归系列谈》专栏。

5 月 9 日

宁夏回族自治区报业协会主办的全区报纸经营管理经验交流会在银川举行。全区 11 家报社领导和经营管理人员探讨了在经济滞后地区发展报业经济的途径。

中国文化报、中央社会主义学院在北京联合主办、文化艺术出版社协办的"社会主义精神文明建设与有中国特色社会主义文化建设理论研讨会"。张岱年、罗国杰等有关专家，文化部党组副书记、副部长李源潮，副部长潘震宙及北京部分新闻单位的编辑、记者近 50 人参加会议。

5 月 10 日

上海教育电视台播映的电视连续剧《成长的烦恼》成为沪上青少年的收视热点。该台根据群众反映，开设《成长热线》电话咨询节目。

中国新闻摄影学会、新闻出版报和中共襄樊市委联合主办的'96 全国新闻摄影年赛评选暨学会工作会在湖北襄樊市开幕，13 日闭幕。评出金、银、铜奖共64个。《盱眙发现侵华百年屠城血证》等8幅（组）获金奖，《举世瞩目的时刻》等16幅（组）获银奖，另有40幅（组）获铜奖。哈尔滨报总编辑王建男获总编辑“慧眼奖”。

中国广播电视奖’96“龙江杯”广播剧评选结果揭晓。共有57部剧目获奖，另评出14个单项奖。

5月11日

外交部新闻司组织常驻北京、上海的26位日本新闻记者聚集在三峡工地，对三峡工程进行为期一天的采访。这26位记者分别隶属于日本共同社、时事社、朝日新闻、每日新闻、日本经济新闻、读卖新闻、东京新闻、西日本新闻、NHK、日本电视网、TBS、东京电视台等12家新闻机构。

北京电视台主办’97北京国际电视周。加拿大、美国、墨西哥、澳大利亚、韩国等24个国家和地区及国内百余家电视台的1000余名来宾参加了这次电视周活动。这是北京电视台举办的第六次国际电视周，其规模超过往届。电视周的开幕式暨文艺晚会本日晚在北京工人体育馆举行。丁关根、孙家正、贾庆林等领导和加拿大、挪威、意大利、罗马尼亚、乌克兰、墨西哥等国家驻华外交使节及1000多名海内外电视界的嘉宾出席开幕式。这次电视周于15日结束，成交额达4000余万元。

5月12日

在中国政府恢复对香港行使主权倒计时50天时，北京电视台推出《人间正道是沧桑——神州百年爱国主义影片展播》。通过50部影片来展现中国自鸦片战争以来的沧桑巨变。北京人民广播电台的《京城人家》《人生热线》等栏目推出“名人后代话回归系列访谈”；《香港风景线》《中国音乐之窗》等栏目播出特为香港回归创作的新歌；在小说连播节目中播出反映香港回归题材的小说《尊严》。

《经济日报》在头版显要位置开辟《庆祝香港回归　共创美好未来》专栏，刊发各界人士的贺词、文章、专访和专题报道。

《解放军报》在头版设置《来自驻香港部队的报道》专栏，还刊载了《不负重托　不辱使命——访驻香港部队司令员刘镇武》的通讯。

《深圳商报》紧紧抓住香港回归这一彪炳史册的大事，开展声势浩大、形式多样的宣传活动，为7月1日香港回归创造良好的舆论环境。做到了宣传思想明确、宣传内容丰富、宣传形式多样、宣传重点突出。

第十届全国对台广播优秀节目评选在宁波揭晓。中央人民广播电台、海峡之声广播电台、南京金陵之声电台、上海浦江之声广播电台选送的75个节目获奖。

中国产业报协在中国电力报社召开中央部委产业报第二次采编自动化现场会。60多家部委报社的社长、总编辑到会。会议结合中国电力报社采编网络运行实况及各报的实际，对加快产业报新闻网络建设，提高实用水平进行交流与探讨。会上，中国产业报协会发出倡议，加快各产业报新闻采编自动化的步伐。

《南方日报》以《交流篇》《交融篇》为题，陆续推出图片系列报道，反映粤港两地源远流长的联系与合作。

5月13日

《新闻出版报》发表由新闻出版署计财司撰写的《贯彻〈新闻出版统计管理办法〉切实加强新闻统计工作》一文，强调新闻统计工作的重要性。

第二次全国自强模范暨扶残助残先进集体和个人表彰大会在北京人民大会堂召开。中央电视台《焦点访谈》制片人、高级编辑叶晓林，宁夏银川人民广播电台一级播音员马友谊，北京育文书社副社长李伟洪等 3 名新闻出版工作者获“自强模范”称号。还有 8 家新闻单位、4 名新闻工作者被评为助残先进集体和个人。

《中国青年报》开辟《香港专刊》，设置了《九七之路》《香港之最》《一国两制与基本法》等栏目。

5 月 14 日

《福建日报》用两个整版的篇幅，推出新创办的《新闻摄影纵横》彩色摄影特刊。

5 月 16 日

本日出版的《新闻出版报》在头版头条位置刊出该报记者采写的《京沪传媒聚焦再就业工程》一稿（引题为“提供信息，推出典型，注重服务”），并配有编者按语，强调新闻界在解决国有企业下岗职工再就业问题上大有可为，新闻传媒不仅能在吸引全社会关注下岗职工问题、转变下岗职工思想观念方面发挥很大影响，而且还能为下岗职工和用人单位提供大量信息，推动这一问题的解决。

商务印书馆在发祥地上海举行“商务印书馆百年纪念会”。上海市出版、文化、教育、新闻界人士 200 多人出席了纪念会。商务印书馆百年纪念展稍后在上海图书馆举行。纪念展以图片为主，分创业时期、发展时期、商务与工人运动、重振商务四个部分，同时设有展销台。

5 月 17 日

首届 14 个沿海城市党报新闻漫画大赛暨研讨会本日至 20 日在浙江省宁波市举行。会议认为，丰富新闻宣传内容，提高新闻宣传艺术，新闻漫画应当有所作为。新闻界对报纸版面要求“图文并茂，两翼齐飞”，这里的“图”，不只是指新闻照片，新闻漫画也应当包括在内。会议共收到各报社推荐参赛的新闻漫画 240 多幅（组），经大赛评委评选，《天津日报》《广州日报》《解放日报》《宁波日报》分别有一幅（组）作品获一等奖，另评出二等奖 12 幅（组），三等奖 14 幅（组）。中国新闻漫画研究会会长方成、顾问苗地、副会长兼秘书长朱根华、副秘书长徐进出席会议。

新闻出版署审计局在湖南长沙召开全国新闻出版审计处长会议，各省、自治区、直辖市新闻出版局和署直单位 40 余人参加会议。

5 月 19 日

第五届省（区）党报好新闻作品研讨会在成都召开。来自各地的 27 家省级党报负责同志在研讨提高新闻宣传水平的同时，评出了 189 篇（件）获奖作品。

据本日出版的《中华新闻报》揭露：年初《家庭之友》杂志署名江平的纪实通讯《45 年前的恋人从死亡名单上走来》是一则假新闻。

5 月 21 日

中央人民广播电台召开香港回归宣传报道动员会，拉开该台大规模宣传报道工作的序幕。安景林台长在会上指出，香港回归是本世纪的大事，是世界性的大事，报道好这一重大事件，是中央的要求，也是我们的责任。他要求全台工作人员以良好的精神状态投入这一宣传报道中来，“不出差错，多出精品”。

5 月 22 日

据本日出版的《新闻出版报》报道，江西省新闻出版局所属 5 个出版社主办的 11 种期刊，平均期发数超过 10 万册，1996 年发行总量达 2000 多万册，并有 8 种期刊被评为江西省和全国优秀期刊。

5 月 23 日

中央电视台第一批采访报道香港回归活动的 50 名记者赴港。

本日为毛泽东《在延安文艺座谈会上的讲话》发表55周年。中央电视台文艺中心和研究室举办以研讨“心连心”艺术慰问演出活动为内容的精品赏析活动。“心连心”艺术团组建一年多来，数以百千计的文艺工作者满腔热情地到工厂、农村、部队，在革命老区、在大学校园，共举办8次慰问演出活动，足迹遍布河北、江西、陕西、贵州、黑龙江等省市。

湖北《荆州晚报》开辟《记者劳动日记》专栏，要求记者通过亲身劳动，采写出活灵活现的新闻作品，反映在两个文明建设中普通劳动者的酸甜苦辣和喜怒哀乐，以此来赞美劳动人民的勤劳工作和默默奉献的高尚品质。本日该报编发了总编辑王立宗的开篇之作《当了一天垃圾清运工》。

5月24日

全国报纸理论宣传研究会第四届年会在厦门结束。来自中央和各省、市、自治区等党委机关报的70多位代表出席了年会。会议提出，深化邓小平理论宣传是报纸理论宣传的根本任务。当前的核心任务是深入、系统、准确地宣传好邓小平建设有中国特色社会主义理论，提高报纸理论宣传的整体水平。经选举，人民日报社副社长许中田继任该会会长。

5月27日

中国记协召开首都新闻单位纪检监察部门负责人座谈会。中宣部新闻局副局长赵晨参加会议并发言。她批评了个别新闻单位领导向编辑部下达创收任务，接受高额赞助，出卖版面的做法，并指出对较为隐蔽的个人有偿新闻行为，也应予以关注。与会人员认为，禁止有偿新闻是一项长期而艰巨的任务，需要常抓不懈。中国记协书记处书记肖东升主持了这次会议。

《检察日报》推出一项题为“保护明天”的宣传报道活动，为处于特殊困境的未成年人提供帮助。该报首批记者本日起分赴吉林、河北、陕西、山西等地采访，并于6月2日起，陆续推出采访报道。

5月29日

中国社会科学院新闻与传播法制研究中心在北京宣布成立。该中心以研究新闻法律问题，促进健全新闻法律，参与新闻法律事务咨询为己任。中国社科院新闻与法律研究专家张西明任中心主任。

5月30日

中国地市报研究会第三届理事会在石家庄召开。会议总结了近10年来地市报工作的经验得失，选举产生了第三届常务理事会，衡阳日报总编辑丁小平当选新一届会长。

《安徽日报》以“讲传统”为主题，举行职工演讲比赛，以纪念该报创刊45周年。

5月31日

国务院新闻办公室直属的五洲传播出版社到本日止，已印发迎香港回归宣传招贴画近100万张、8个文版的宣传手册24万册及大量单页和折页宣传材料。

同月

经济日报社和广播电影电视部中国数据广播中心合作，在国务院扶贫办和电子工业部的支持下，利用信息资源和传播的优势，组织实施“信息扶贫致富工程”，并在16个省、区的190多个县（市）建起信息接收站，初步形成农村信息网络。

’96电视新闻奖（原中国电视奖）评选揭晓。共评选出特别奖1个、一等奖28个、二等奖59个、三等奖100个。33家省、市电视台及相关电视台的229个节目参加了这次评选活动。

《中国消费者报》设立管理投诉机构。该报创刊12年来，一直把“维护消费者合法权益，引导消费者合理消费”作为办报宗旨。

西藏自治区表彰首届“十佳新闻工作者”和 42 名老新闻工作者。受表彰的西藏新闻工作者的共同特点是：维护祖国统一，注重民族团结；敬业爱岗，尽职尽责；吃苦耐劳，无私奉献；廉洁奉公，遵守职业道德，在广大受众中享有较高威望。

商恺撰写的《报海帆影》，由光明日报出版社出版。该书记录了作者半个多世纪的新闻工作历程。光明日报总编辑王晨为该书作序。

吉林省吉林市以学习市委机关报《江城日报》的管理经验为主题，广泛深入地开展新闻管理年活动。

第五次全国传播学研讨会在杭州举行。这次研讨会由中国社科院新闻所和杭州大学新闻学院联合召开。来自全国 30 余家新闻传播教学、研究和实践单位的 60 多名教授、专家、学者和负责人，向大会提交 50 余篇论文。来自台湾、香港从事新闻传播教学、研究的知名、资深学者第一次参加了这一学术领域的全国性研讨会。

中共安徽省委办公厅、省政府办公厅就加强该省新闻、出版类评奖活动的管理联合发出通知，要求努力提高评奖的科学性和权威性，以发挥正确的导向和示范作用。

在'96 全国城市电视台好新闻评选中，太原电视台新闻部参评的 6 个节目全部入围获奖，其中 3 条获一等奖，并被推荐参加中国电视好新闻评选。该台送审节目全部入围获奖已有 5 年历史，原因是“精品意识强，内容管理严”。

全国省级党报发行工作研讨会第五次会议在承德召开。24 家省（市、区）委机关报负责发行工作的同志参加会议。中国报协书记处书记王强华出席会议。这次会议由河北日报社主办。

《深圳晚报》开始在头版显要位置开辟《记者一日》专栏，每天刊发一篇记者深入一线不同职业岗位跟班作业后采写的现场感强的报道。

6 月 1 日

中央电视台实施第二个“六个一百工程”，内容有所调整。调整后的内容包括百集儿童音乐电视；百集木偶剧；百集儿童系列片；百集儿童文学宝库；百集游戏节目和百集动画片。中央电视台从 1996 年起开始实施少儿电视节目“六个一百工程”，它包括：100 首新儿歌；100 部童话剧；100 集科普专题片；100 集人物系列片；100 集游戏节目；100 集国产动画片。这项工程被誉为“中国电视文化的希望工程”。

本日晚，中央电视台在第一套节目黄金时间现场直播“六一”晚会——“同一片蓝天”。“六一”前夕，该台的《大风车》栏目实行改版，使这个栏目更注重童真、童趣，增添了“文学宝库”“游戏大战”“人偶戏”等新内容，在关联性节目中设立了“小信鸽奖”“小记者奖”“聪明奖”。

中国印刷博物馆举行建馆一周年纪念会，同时召开为期两天的第三届中国印刷史学术研讨会。德国古腾堡印刷博物馆馆长汉内布特·本茨女士应邀参加纪念和学术研讨活动。

上海电视台现场直播“百年梦圆迎回归”音乐戏剧晚会，拉开“庆百年盛典，迎香港回归”系列节目的序幕。

6 月 2 日

中央电视台直接用于香港回归报道的首批电视转播设备运抵香港。

6 月 3 日

中央电视台《文化视点》栏目推出“文艺呼唤评论”专辑。参加讨论的人士，对时下存在的实事求是有分量的文艺评论少，无原则的吹捧多，某些作家不能正确对待批评，评论家们言不由衷等现象，进行了淋漓尽致的揭露与抨击。

6月5日

由人民文学出版社、福建电视台、福建电影制片厂、广东省文艺批评家协会、香港东方电影出品有限公司、香港亚洲电视台联合主办的“归航贺回归”新闻发布会在北京港澳中心举行。鲁平、王蒙、梁凤仪及北京、香港文艺界、新闻界百余人出席了新闻发布会。《归航》是香港著名作家梁凤仪为庆贺香港回归撰写的长篇历史小说。

6月6日

新华社赴港报道团自即日起到15日分批赴港，汇合香港分社全体人员组成了115人的报道阵容。赴港报道团由副社长高秋福任团长，由46名文字记者、24名摄影记者、7名技术人员组成。16日在香港分社举行全体人员誓师大会。从17日起，报道团在香港采写的稿件和拍摄的图片不经过总社可直接播发。17日至19日报道团已对内播发稿件45条，日均15条；对外播发中英文稿100条，日均33条；图片34幅，日均11幅。总社出动了76名文字和摄影记者，会同北京分社及技术人员，也构成了一个100多人的报道团。赴港报道团为参加一线采访的记者配发了70台便携式电脑和75部移动电话，部分担负重大现场采访任务的记者还配备了望远镜。为使摄影记者能将拍摄的画面及时传回发稿中心，前方报道启用了7台数码相机和6台XH—200便携式图片发稿系统。音像中心前方报道人员第一次利用新华社专用卫星网开通的数字化电视卫星传输电路，将音像中心在香港制作出的电视节目通过数字压缩方式传回北京。从总社带到香港的海事卫星工作站将确保前后方通讯联络的畅通。总社后方报道团将启用装备了海事卫星工作站的通讯转播车首次开赴天安门和工人体育场，由40多名记者和技术人员组成的报道组将随车展开工作，数台数码相机届时可直接在现场处理所拍照片。

6月7日

中国少年儿童报刊工作者协会本日至10日在湖北宜昌市召开工作会议。会长沈腴正代表协会常务理事会作《适应教育领域的深刻变革，探索少儿报刊工作的新思路》的工作报告。会议向全国所有的少儿报刊发出《关于救助三峡坝区库区失学儿童的倡议书》。当场有66家少儿报刊和个人捐款3万元，结对救助71名失学少年。中国少儿报刊协会拥有198家会员单位，210名代表出席此次会议。

据本日出版的《文汇读书周报》报道，我国学者不久前在整理俄藏中古时期西夏出土的文献专籍时，陆续发现4种活字版印刷品。其中，泥治字印本《维摩诘所说经》至少有5卷，另有3种木治字印本《德行集》《三代相照言集文》《大乘百法明镜集》。这是世界上现存最早的活字印刷品。

6月8日

上午，蒋齐生新闻摄影理论研讨会在北京解放军画报社举行。中国记协名誉主席穆青，中国新闻摄影学会会长、人民日报总编辑范敬宜，中国新闻摄影学会顾问、解放军报社长孙忠同，光明日报总编王晨，以及来自首都和全国各地的新闻摄影工作者和报刊社负责人出席会议。蒋齐生是我国著名摄影理论家，新华社研究员，中国新闻摄影学会第一任会长。

6月9日

中央电视台中国电视剧制作中心和香港银都机构共同创作联合录制的大型电视连续剧《香港的故事》在北京举行首映式。6月12日在香港无线电视台播出，6月13日在中央电视台黄金时间播出。

6 月 10 日

全国新闻出版法规研讨会在合肥召开。来自全国各省、市、自治区、计划单列市新闻出版局法制工作部门负责人 60 多人参加研讨。与会同志就如何贯彻落实《著作权法》《出版管理条例》、《印刷管理条例》《音像管理条例》和《著作权行政处罚办法》等法律法规进行广泛深入的研究、讨论。

6 月 11 日

以求是杂志社副总编辑荀春荣为团长的中国新闻代表团，本日起应马其顿记协和希腊国家新闻部的邀请对两国进行为期 14 天的访问，就中马、中希两国新闻界的交流，与两国记协举行友好商谈，并达成一致意见。

国家副主席荣毅仁为中央电视台《香港百题》节目集册出版作序。

6 月 13 日

宁夏回族自治区记协在银川举办喜迎香港回归诗歌演唱会，来自全区各新闻单位的 300 多名新闻工作者，观看了 14 家单位 50 余名编、采、播人员饱含激情的演出。

由中国新闻社社长郭瑞带队的 25 人记者团抵达香港，这是中央新闻代表团的组成部分。该社总编辑郭健坐镇京都，指挥北京报道组及内地各省市的庆回归报道。中新社为'97 香港回归报道制定了“精心部署，全力以赴，团结战斗，志在必胜”的总方针。其特色是：1. 多兵种、立体化参战。2. 品种繁多，图文并茂。3. 四处出击，独家报道。设有 29 个迎香港回归的图文专版，在香港、澳门、新加坡、马来西亚、泰国、菲律宾、澳大利亚以及欧洲、美洲的 20 多家华文报纸上刊载。推出的栏目有：《内地高官看香港》《知名人士谈回归》《华侨华人名人看回归》《北京看香港》《黄浦江滩头看香江》《情牵香港回归路征文》《紫荆花絮》等。

6 月 14 日

中央电视台在第二套节目播出 20 集电视连续剧《林则徐》。

6 月 15 日

中共中央宣传部副部长徐光春在中国报纸副刊研究会工作会议上讲话。他要求报纸副刊的宣传要坚持正确的舆论导向，为人民服务，为社会主义服务；同时要不断提高宣传的质量，积极改革创新，做到“可亲、可读、可用”。

侨兴杯'97 香港“百年沧桑话回归”征文颁奖大会在北京人民大会堂举行。铁木尔·达瓦买提、马文瑞、郑梦熊、李准、高洪波以及获奖作者代表和北京新闻单位的编辑、记者共 100 多人出席颁奖大会。此次评奖活动由国务院港澳事务办公室香港社会文化司、中国报纸副刊研究会主办，广东惠州侨兴电讯集团协办。评出特别奖 1 篇（《团圆颂——为香港回归祖国怀抱而作》)、一等奖 12 篇、二等奖 26 篇、三等奖 59 篇。

香港历史上规模最大的新闻及广播中心本日下午正式启用。该中心位于香港湾仔会议展览中心 7 楼，占地 9000 平方米，紧邻香港政权交接仪式的举行地点——会议展览中心新翼。中心内设有 150 多个电子传媒工作间、80 多个文字传媒工作间和 600 多个供新闻从业人员使用的工作座位。世界各地有 770 家传媒机构、8000 多名新闻从业人员采访香港政权交接仪式和特区成立大典。

广播电影电视部主办、浙江省广播电视厅承办的'97 全国国产电视节目交易会本日至 17 日在杭州市举行。中央电视台制作的反映香港历史变迁的 29 集电视连续剧《香港的故事》等在交易会上推出。各类交易节目总量为 1428 部（集)，其中电视剧 423 部

5658集、各类专题节目2220集，成交额340万元，签订意向性协议1.3亿元。本届交易会共有1500多名境内外来宾参加，设置展台154个。

中央电视台摄制的50部以香港回归为题材的系列音乐电视作品与观众见面。7月1日，中央电视台从中选取13首作品制成VCD金碟作为礼物送给香港同胞。

6月16日

《光明日报》推出《喜迎香港回归》特刊。这份套红的特刊自创刊之日起到7月初隔日在第5、6、7版刊出：第5版刊登该报赴港记者的现场报道，以及全球对香港回归的反映等，重在展现香港回归祖国这一伟大历史事件的生动画面；第6版为《香港沧桑》专版，主要介绍有关香港问题的历史事件与人物，意在从历史的纵深线上为读者了解香港问题提供尽可能多的背景材料；第7版发表著名书画家、知名人士喜迎香港回归的诗书画作品，以此表达社会各界欢欣鼓舞迎回归的心情及其普天同庆的热烈气氛。特刊始终贯穿一条鲜明的红线，这就是：突出体现“一国两制”伟大方针和香港基本法，热情讴歌爱国主义精神。

《新闻出版报》在头版头条发表综合报道《首都主要新闻传媒宣传香港回归高潮迭起》（引题为“精心组织，规模宏大，形式多样”），并配发文章《合力聚焦　喜迎回归》。

“中国百名记者志愿扶贫团”在北京举行出发仪式。首批33名记者将分赴贵州、宁夏贫困地区。8月、9月分期分批赴四川、陕西、湖北、云南等8个省、区的贫困地区开展新闻扶贫活动。这是我国新闻界开展新闻扶贫活动的一项重大举措。全国政协副主席、中国扶贫基金会会长杨汝岱、中国记协主席邵华泽和中宣部副部长徐光春参加了出发仪式。

《河北日报》紧紧围绕“香港回归为河北提供了机遇”这一主题，加大报道力度，在第3版开辟了《庆祝香港回归，共创美好未来》专版，在一版开设了《喜迎香港回归》专栏，每天用一个半版的篇幅报道河北省以及全国其他省市迎回归动态。

6月17日

首都新闻界及各方代表260余人汇聚中国妇女活动中心，共同为做好我国人口与计划生育宣传工作，为进一步办好《中国人口报》献计献策。

全国印刷管理工作会议在上海召开。新闻出版署于永湛副署长在会议期间指出，《出版管理条例》和《印刷业管理条例》的颁布，在新闻出版法规建设史上具有里程碑的意义，它是新闻出版业完成“两个根本转移”，是实现阶段性转移的重要保证。来自全国各省、自治区、直辖市新闻出版局分管印刷工作的负责人共70余人参加会议。会议于19日闭幕。

6月18日

一本全面反映香港历史和今貌、记录香港回归进程的大型纪实文献画册《香港》在香港出版发行。钱其琛在序文中称赞这本中英文对照的画册的出版“是一件有意义的事情”。这本画册是由新华通讯社香港分社总编辑室与香港联合出版（集团）有限公司合作出版的，共收有600余幅珍贵照片。郭超人为画册编辑委员会主席，董建华为画册题名。

中央电视台用于天安门广播电视转播的微波设备架设台，正式通过技术验收并交付使用。

6月19日

第五届“毕昇奖”颁奖大会在北京举行。“毕昇奖”原名“毕昇印刷奖”，本届起由新闻出版署主办，中国印刷技术协会承办。本届评奖委员会按照《毕昇奖评奖办法》，评出“毕昇奖”获奖者9人。

第六届“森泽信夫印刷奖”颁奖大会在北京举行。日本森泽信夫株式会社会长、森泽信夫次子森泽嘉昭代表父亲专程来京向15位获奖者颁发奖状、奖章和奖金。

6月20日

我国15家新闻单位600多名赴港记者和技术人员已全部到达香港开始工作。新华社共派出114位采编人员和技术人员赴港报道回归盛况。去年已开通一条香港到内地的新闻发稿专线，至今已发稿60余篇。《人民日报》由副总编张虎生带队，推出第一块回归专版。中央电视台在香港会展中心设立了485平方米的香港报道中心，通过泛美2号和亚洲2号两颗卫星的4个转发器与北京报道中心连结，其设备相当于一个中级电视台的实力。该台投入11辆转播车、43个微波中继设备和3架直升飞机。

第二届“全国百佳新闻工作者”座谈会在北京举行。参加座谈会的有27名中央和北京新闻单位的“百佳”获得者。人民日报记者李彦、新华社编辑曹绍平、光明日报记者庄电一在会上谈了自己工作中的感受和体会。

中央电视台香港报道中心投入运转。该中心位于香港国际会议展览中心7层的新闻广播中心大厅入口处，占地约485平方米，是一个正规化高标准的电视报道系统。该中心有两套直播系统，其中一套作为主播系统，即日起与北京报道中心对接，播发香港回归重大活动的各类新闻、专题。

解放军报组成20余人的赴港采访团，投入有关香港回归的采访报道。与此同时，该报在一版重要位置连续发表多篇迎香港回归的述评，并刊登题为《“一国两制”是实现祖国和平统一的最好途径》的理论文章。

中央人民广播电台本日起到30日止，连续播出10家广播电台联合举办的“电波连南北，同心庆回归”大型文艺节目展播。

6月21日

在中国政府对香港恢复行使主权倒计时10天时，《北京青年报》以“香港明天会更好”为主题推出大型新闻专版，采访10位北京及香港杰出青年，共话香港灿烂明天。

《南方日报》推出《庆香港回归特刊》，全面报道香港及广东同全国各地迎接和庆祝回归的各项活动，介绍香港回归有关情景等。

6月23日

北京庆香港回归新闻中心正式启用，中外记者200多人参加了本日上午在该中心举行的新闻发布会。报名采访北京庆回归活动的境外记者已有534人，来自28个国家和地区的118家新闻机构，其中电视、广播传媒53家，境外电视机构已经预定卫星传递159次，累计66个小时。中央电视台设立的广播电视服务中心已开通21路国际卫星线路。

《人民日报》即日起推出24块迎香港回归专版，刊登消息、通讯、言论、特写、访谈、照片等。此外，在其他版上，还辟有一批有关专栏，如经济版的《迎回归，话经济，相连相依共发展》、政治法律社会版的《我看香港回归》，国际版也辟有《香港回归》专栏，刊登驻外记者对世界知名人士的专访和有关消息。

人民日报编委会为搞好有关香港回归的报道，先是组建了一支以副总编辑为领队的有32名记者参加的香港回归庆典报道团。本月上旬，又成立了以副总编辑为组长的由28名采编人员组成的后方报道组，同时，分布在全国的37个记者站也投入各项报道工作。本日起，报社在要闻版上陆续推出一批重点报道和重点栏目，如《迎接香港回归特稿》《香江漫笔》《来自香港的汇报》等。

山东威海市公证处本日起连续 6 天对《威海晚报》的印刷发行现状作了实地调查统计和公证。结果表明，这一周内，《威海晚报》共印发 551684 份，日平均印发 91497 份；并证实，6 月 28 日《威海晚报·东方周末》共印刷 13 万份，由北京中业报刊图书发行公司分别发往京、津、沪、渝等 38 个大中城市。7 月 15 日，《威海晚报》把这一公证结果公诸报端。在此以前，《济南时报》在创刊 100 期时，也做过类似公证。

6 月 24 日

《天津日报》为搞好香港回归报道，抽调各部室的记者组成一个专题报道组，由一位副总编辑挂帅，对报道方案专门进行研究，落实任务到人。为保证报纸印刷质量，还专门购进一套德国激光照排系统。

6 月 25 日

《中国消费者报》从本日起，连续 5 天出版《庆香港回归特刊》，图文并茂，报道内地和香港庆祝回归的盛况和各项重大活动，同时向读者介绍有关香港消费生活的方方面面。

6 月 27 日

邮电部宣布：我国超长距离传送有线电视节目获得成功，可以担负迎接香港回归图像通信传送任务。

6 月 29 日

北京人民广播电台的《人生热线》节目播出系列访谈《曾经沧海——名人后代话回归》，采访了林则徐、徐悲鸿、梁实秋、梅兰芳等人的后人。类似的访谈，一周前（6 月 23 日）已经播出过一次。

上午，北京教育台在圆明园遗址公园现场直播庆回归特别节目——“我们拥抱香港”，并邀请北京市文化局、圆明园公园的负责同志与 50 位北京中学生共同参加文艺演出。

6 月 30 日

北京有线电视台制作的特别节目《今日香港》在本日晚播出。

中央人民广播电台和深圳广播电台联合采制的大型系列报道《罗湖桥头话’97》自 1996 年 7 月 1 日开播，到本日全部播完。这是一部全面系统介绍香港政治、经济、文化、历史，记述香港百年沧桑，展示内地与香港血浓于水的骨肉亲情，展望香港回归后美好前景的新闻专题报道。这组报道共 80 集。

本日和 7 月 1 日的中央人民广播电台第 1 套节目对台湾广播和华夏之声节目打破常规，48 小时连续播音，以大版块主持人节目、现场直播、目击报道、嘉宾访谈、录音报道、录音特写等多种广播形式，报道香港回归各项重大活动以及北京天安门广场回归倒计时活动、首都万人庆祝大会、国内 8 大城市的庆祝活动和世界各国对香港回归的反映。此外，《新闻纵横》《午间半小时》、《439 播音室》等新闻性专题节目和第 2 套节目、第 3 套文艺调频节目、对少数民族广播，也全方位地对香港回归活动进行充分报道。为保障香港回归的各项重大活动的报道，中央电台投入了最精良的设备，在香港会展中心建立了中央电台香港新闻中心，中心设有编辑室、控制室和播音室，在政权交接仪式现场设立了直播席位，采用一流的广播设备，运用各种技术手段，以确保前方记者现场报道的举国欢庆回归之夜的盛况能够准确无误地传播到全国各地。为迎接这次香港回归，中央电台安排了 9 个大型报道或重点节目。其中包括 80 集专题节目《罗湖桥头话’97》、100 集《香港回归访谈录》、60 集广播讲座《再话基本法》《中国统一大家谈》《香港基本法问答》、广播特写《香港百年》等。全台集中了精兵强将，组织了包括前后方近百人的报道队伍，以最快速度，多角度、全方位、主体化地向听众报道这一历史事件。

中国新闻社首次采用 24 小时不间断发稿方式，及时将有关香港回归的报道稿传输给海外媒体。

中央电视台本日的香港特别报道如下：早 6 时开播；早 8 时 07 分，新闻背景——香港百年大事记；早 9 时 20 分，介绍香港各活动点情况；上午 10 时 08 分，驻港部队待命入港；下午 4 时 17 分，现场直播香港总督撤离港督府；16 时 35 分，总主持人介绍情况；下午 4 时 37 分，专题节目《新闻人物：董建华》；晚 6 时 40 分，现场直播英方撤离香港仪式；晚 8 时 16 分，动态报道：1. 香港各界庆回归的活动，2. 内地及海外庆回归的活动，3. 关于驻港部队的报道；晚 10 时 08 分，现场直播天安门广场北京市人民迎接香港回归祖国联欢晚会；23 时 16 分，现场直播香港政权交接仪式。

《人民日报》有关香港回归的报道，本日到了总攻阶段。下午，报社举行动员大会。邵华泽、范敬宜召集编委会及编辑部各部门负责人、夜班编辑和香港回归后方报道组的成员举行专题会议。

新华社设在天安门广场的新闻中心本日下午 3 时 30 分启用。42 名记者、编辑和通讯人员陆续到位。自 6 月 6 日至本日下午 3 时 30 分止，新华社已向全球播发各种文字通讯稿 3000 余条，照片 500 多张。

《光明日报》总编辑王晨本日晚 10 时召开紧急动员会。在副总编辑陶铠、翟惠生及秘书长张小秋的现场具体指挥调度下，所有工作人员各就各位，投入紧张的香港回归报道工作。

本日晚，为确保电视转播的顺利完成，邮电部开通 19 路电视转播通道，连续传送 400 小时节目，以满足国内外新闻媒介的需要。这是中国电信史上开通电视转播通道最多的一次，也是国内第一次进行长距离有线电视传送。

本日晚，中英香港政权交接仪式、香港特别行政区成立暨特区政府宣誓就职仪式和北京等地人民迎接香港回归祖国联欢晚会等重大活动如期举行。中央电视台对这一系列活动进行了全方位报道，全国各地电视台同时转播，形成香港回归报道的电视转播合力。

本日起至 7 月 3 日止，中央电视台第一套节目以多角度、全方位的方式直播了世人瞩目的香港回归这一历史事件的进程，报道了各方面的反映并介绍了相关的背景。这次报道的节目形态，主要有现场直播、背景报道、人物访谈、新闻和大型专题报道。播出方式上也有很大改进。一是时间长，二是与事件同步的报道占 1/4，三是多点直播。中央电视台第四套节目则通过亚洲 1 号、亚洲 2 号、泛美 2 号、泛美 3 号和泛美 4 号共 5 颗卫星的 6 个转发器向全世界播出。此外，该台还加开一个英语传送节目，从 30 日 6 时至 7 月 3 日 6 时，免费向国外电视机构提供香港和北京的实况信号及第 1、4 套节目的信号。在此期间，有 17 个国家利地区的 34 家电视广播机构来京报道香港回归活动。有 15 家电视机构租用中央电视台的工作间。从 6 月 21 日至 7 月 3 日，海外广播电视机构通过卫星传送电视报道 159 节次，累计 66 小时。30 日午夜、7 月 1 日凌晨，中央电视台还特地在现场直播了中英两国政府在香港会议展览中心共同举行的香港政权交接仪式；香港持别行政区成立暨特区政府宣誓就职仪式，以及中国人民解放军驻港部队进驻香港、担负香港防务的实况。为完成这次报道任务，中央电视台共派出 289 人组成报道组赴港，同时有 50 人赴海外报道，这是该台围绕同一新闻事件，赴外采访人员最多的一次。北京方面，中央电视台则有450人直接投入各项工作，间接参与这项工作的人数达到1500人。此外还投入了11辆转播车、4套EFP、150—200台ENG摄像机、250台录像机、21个卫星转发器、43套中继微波设备、2架直升飞机、1套空中稳定摄像机、11套多媒体设备和9个演播室。中央电视台的《新闻联播》《新闻30分》《晚间新闻》《中国新闻》等栏目及其他新闻栏目也随着回归的临近，加大香港回归的新闻报道量，以及来自香港的深度报道。

中国国际广播电台除派出41名采编人员赴香港采访报道外，后方还有数目达到前方十几倍的编辑、技术人员进行配合。该台的43个对外广播语种全部启动，集中全力报道从6月30日零时到7月3日零时香港回归的重大活动。此外，该台还分别用英语、普通话和广州话对在香港举行的政权交接仪式及防务交接仪式，香港特区政府成立及特区政府宣誓就职仪式，香港各界庆祝香港特别行政区庆祝香港回归、特区政府成立招待酒会和在北京举行的首都人民庆祝香港回归大会，庆祝香港回归招待酒会等6场重大活动进行现场直播。其中英语转播5场，普通话转播6场，广州话转播2场。转播中，不断插播驻国外26个记者站发回的世界各国对香港回归的反应，以及北京、上海、天津、广州、南京、重庆、深圳、东莞等8个城市庆典活动的报道。其中6月30日晚开始的现场直播长达3个多小时。为确保前方记者发稿和现场直播，电台通过光缆及卫星开辟6路传输线路；同时首次采用移动电话进行现场报道。6月30日晚，除延长原节目时间外，还临时增加对欧洲、大洋洲的广播时间和频率，以使直播的3种语言（英语、普通话、广州话）覆盖区域扩大到全球主要地区。

同月

’96全国县市报新闻奖在广西鹿寨县揭晓。共收到参评作品1200多件，评出516件。其中一等奖44件，二等奖157件，三等奖244件，好版面28个，好标题33条。

中共河北省委领导在听取省新闻出版局关于报刊治理工作和禁止报刊发行乱摊派的汇报时，强调指出：报刊治理的重点要放在行业报刊、内部报刊和发行工作3个方面，要下大力量治理报刊的散滥现象，坚决杜绝发行中的强行摊派等现象。河北省现有公开出版的报纸70种，内部报纸200种，公开出版的期刊193种，内部期刊300种，共计763种。

甘肃’97报纸编校质量抽检回查工作结束。被查的29家报纸中有15家达标，5家接近达标，平均差错率近0.4‰，有4家在0.1%以内，最低的玉门《石油工人报》仅0.05‰。与近年该省1‰以上的平均差错率和无一达标的状况相比，甘肃报界在提高报纸编校质量方面已取得阶段性成果。

中共河北省委宣传部组织河北日报、河北经济日报、河北人民广播电台、河北电视台、河北科技报等新闻单位的十几名记者，组成“新闻扶贫采访团”，深入到大名、广宗、武强等10个国家级贫困县，进行历时40多天、行程5000多公里的新闻扶贫采访活动。

7月1日

中英香港政权交接仪式6月30日午夜及本日凌晨在香港会议展览中心新翼五楼隆重举行。首都及各地的新闻传媒和来自世界各国的700多家新闻媒体的8000多名记者采访报道了这历史性的一幕。

中央电视台对本日有关香港回归的各项活动，作了全面报道：0时09分，现场直播京港两地群众欢庆回归；0时15分，现场直播英国领导人离开香港；1 时 15 分，现场直播香港特别行政区成立暨特区政府宣誓就职仪式；2 时 18 分，现场直播天安门广场焰火；2 时 42 分，现场直播香港特别行政区临时立法会会议成立；凌晨 5 时 01 分，精彩回放：1. 香港政权交接仪式实况剪辑。2. 香港特别行政区成立庆祝大会；12 时，现场直播香港回归祖国和特别行政区政府赠送雕塑揭幕仪式；14 时 57 分，现场直播外交部驻香港特派员公署开署仪式；15 时 57 分，现场直播香港特区政府庆祝香港回归招待酒会；16 时 56 分，现场直播国务院举行庆祝香港回归祖国招待会；19 时 48 分，现场直播工人体育场首都人民庆祝香港回归祖国大会；22 时 08 分，播出专题《香港回归第一天》；22 时 30 分，实况录像：香港焰火晚会。

中央电视台派出的分赴 13 个国家和地区的 15 个采访组发回的各国政府、政要对香港回归的反应、全球华人的庆祝活动的报道，以及国内北京、上海、天津、重庆、南京、广州、深圳、东莞等地的庆祝活动报道，中央电视台也及时予以插播。

上海东方电视台在东方明珠电视塔下举行庆祝香港回归大型焰火文艺晚会，3000 多名演员在绚烂的礼花相伴下，表演了庆祝性的文艺节目。

当晚，上海电视台现场直播上海各界人民庆香港回归文艺晚会，并通过另一频道播出反映香港百年沧桑的大型史诗话剧《归来兮》。

中央和北京以及全国各报都详细报道了香港特区成立暨特区政府宣誓就职仪式等有关香港回归的消息。

《光明日报》8 个版都是有关香港回归的报道。本日的《广州日报》共出版了 97 个版，对香港回归盛典进行了全景式的报道。除刊登该报特派的香港回归采访团及新华社记者从香港现场发回的关于香港政权交接、解放军进驻、香港特别行政区政府成立、世界各地反应、报道等一系列重大新闻外，还精心推出一系列图文并茂、独具特色的新闻专版，如《帝国斜阳》《偃旗息鼓》《落日帆影》《末代港督》《回归历程》《驻军雄姿》《特首纪事》、《香港警队》《政要女杰》《战场今昔》《环球同庆》等。其中第 97 版，是用高级铜版纸印刷的、著名美术大师刘宇一为香港回归创作的巨型彩色画卷《良辰》。同日在广州出版的《羊城晚报》出了 78 个版，《南方日报》出了 12 个版，都用彩色印刷。《湖北日报》及其系列报《楚天都市报》《湖北农民报》和《市场指南报》为报道香港回归出了 6 万份号外，以最快的速度免费送到武汉三镇读者手中。《解放日报》打破常规，出版色香俱全的“香报”，寓意“香港回归，香飘神州”，并从 6 月 23 日起至 7 月 4 日出版一张《喜庆香港回归专页》，每天用一整版刊登与香港回归有关的大特写。《天津日报》推出对开 12 版，其中一版全部彩印，同时还推出一版彩印画刊，下午又推出同样开张的 13 版和 16 版。首次采取滚动出版的方式印报。在编排上，把 6 版和 7 版打通，使这一天的该报色调鲜明，标题醒目，版面生动活泼。《河北日报》推出彩印《迎回归特刊》，并以 14 个版的篇幅，集中突出的报道回归交接等重大活动。

《人民日报》的第二个地方新闻版《华南新闻》在广东、广西、海南三省区与当地读者见面。《华南新闻》由人民日报社在华南分社主办，在广州编辑出版。

中央人民广播电台为准确、及时报道香港回归这一重大历史事件的全过程，以长达 48 小时的时间作不间断的直播（自 6 月 30 日 22 时始）。该台事先编写的香港回归后方大型现场直播解说词——《百年长梦今宵圆》，厚达 28 页。

我国第一份与大型日报同步印刷的全彩色丝绸报纸——上海《文汇报·七一特刊》面世。《文汇报·七一特刊》与该报同日的1—4版在版面形式、版面内容上完全相同。特刊由杭州凯地丝绸股份有限公司承印，具有与新闻报纸完全相同的阅读效果。特刊限量印制5800份后拆版，每份特刊均有编号，并配有收藏证书。

中国经济特区第一张英文报纸*Shenzhen Daily*（《深圳特区报》英文版）创刊。该报4开8版，彩色印刷。向国内外发行。

香港各报全力进行有关回归的报道。香港《文汇报》推出《七一珍藏版》，以大量彩色篇幅，全景式报道香港政权交接、特区政府成立等一系列历史性活动，采用彩色精印，硬皮烫金精装，发行1997份，以作永久性纪念。香港《大公报》扩版并出号外，翔实地报道政权交接的历史性场面。该报自5月1日起开辟《回归专版》，相继又推出《回归话当年》，介绍目睹香港沧桑的诸多见证人。香港《商报》出150块版，还出号外，以最快速度准确全面报道香港政权交接仪式等重大消息。香港《东方日报》出版特大型纪念性号外。自6月16日至30日每天出有关回归的4个专版。香港《成报》《天天日报》分别辟有《回归专版》。

当天的香港报纸成为收藏者抢手货。大多数的汉文和英文报纸上市几小时内便销售一空。《大公报》重印了当天的报纸。一些人把当地出版的15家主要中文报纸和2家英文报纸都买齐了。一位报贩说，有些人至少买五六份报纸，到中午已无报可卖了。

澳洲老牌报纸《悉尼先驱晨报》首次以汉英对照方式刊出社论，报道香港回归。

7月2日

新华社自6月30日到今天，关于香港回归的报道采取滚动式播发，先发快讯，再发详细报道。

中央电视台继续以香港回归为主题，进行连续报道：8时20分，综合报道海外各界庆回归活动的最新情况；14时57分，现场直播庆祝香港回归花车大巡游；晚20时，现场直播北京人民大会堂“月圆颂——庆祝香港回归大型文艺晚会”；晚22时12分，专题报道《回归梦圆时》《祝福香港》。从6月25日起至本日止，中央电视台共收到来自美、澳、德、英等11个国家和地区的电子邮件236个，热线电话500多个，表达了海外电视观众对香港回归中国的激动心情和对香港同胞的美好祝愿。

7月3日

据本日出版的《新闻出版报》报道，海南日报出台精神文明建设五年规划，决定在五年内办好的五件大事：办好报纸、抓好领导班子建设、抓好新闻队伍建设、抓好管理制度建设、加快报业集团建设。

中央电视台继续以香港回归为主题进行连续报道，并与中国国际广播电台合作开辟第九套节目进行41小时英语直播。该台为香港回归特别报道设置了34位总主持人，用总主持人来串联整个频道的节目，并且由专家、学者、编辑及形象设计师等不同成员组成了一个“包装班子”，为4位总主持人进行了全面设计。该台第四套节目和第九套节目还制作两台专门在国际频道播出的晚会“祝福你，香港”和“梦圆九七”，对海外播出。

上海人民广播电台《990早新闻》和《晚间新闻》，从1月27日起开设的《再就业热线》专栏，到本日止共播出报道近50篇。主要内容是：动员企业界积极吸收人员重新上岗；宣传政府部门有关再就业工程的政策、法规；提供有关企业的招工信息；报道下岗人员自强自立重新上岗的动人事迹；批评个别企业对重新上岗人员错误的用工

“土政策”；表扬为下岗人员创造再就业条件的先进典型等等。

第一届全国晚报编校质量抽查评比活动组委会发出通知，要求各会员报社按照评比方案的要求，积极参加编校质量抽查评比活动，本次评比的判分依据是新闻出版署颁布的《报纸质量管理标准》，由新闻出版署、中宣部新闻局、国家语委及首都新闻出版界的专家学者组成评审委员会，从参评报纸中评出前30名给予奖励。这次活动将由新闻出版署报纸管理司、新闻出版报、中国晚报工作者协会及大象出版社联合举办。

7月4日

据本日出版的《新闻出版报》报道，截至1996年底，全国（不包括港、澳、台）共出版报纸2163种，平均期印数17877万份，总印数274.28亿份，总印张392.41亿印张，折合用纸量90.25万吨。

为纪念“七七”事变60周年，温济泽、华楠、李普、纪希晨、爱泼斯坦、冯亦代、华君武、沙洪、陈砾、徐才、张沛、张映吾等28位抗战时期从事新闻工作的同志来到中国记协参加首都老新闻工作者座谈会。座谈会由中国记协和首都老新闻工作者协会共同主办。

香港回归的报道告一段落。据统计，截至本日，约有34个国家和地区的63家电视台，全部或部分播出了我香港回归报道节目，播出节目约1722小时。同时，我驻外的大部分使领馆也收看到了中央电视台中、英文频道的节目。

7月7日

《农民日报》在头版头条位置刊出记者采写的通讯《万亩苹果园缘何毁于刀斧》，通过陕西省周至县盲目调整农业产业结构，引起苹果滞销，农民砍果树这一现象，提出在农业产业调整中，产业趋同这一具有普遍性的问题。该报随后以“苹果现象”为题展开讨论，编辑部每天收到数十封全国各地来信，纷纷就此发表意见，共刊登25篇讨论文章。

7月9日

新闻摄影理论家、新华社研究员、中国新闻摄影学会第一任会长、名誉会长蒋齐生在北京逝世。

经济日报召开香港回归报道总结表彰大会。社长徐心华、总编辑艾丰在会上讲话。据统计，自6月16日至7月3日的18天中，该报共推出专版38块，安排自写稿件202篇，图片138幅，圆满完成香港回归这一世纪盛事的报道。

中共河南省委、省政府召开全省新闻出版广播电视业治理工作会议。副省长张世英作了《认真学习贯彻中央、国务院文件精神，促进河南省新闻出版广播电视业的进一步繁荣发展》的讲话。

新闻出版署在北京召开多出优秀音像制品座谈会。全国60余家音像出版单位的主要领导人参加了座谈会。会期2天。李铁映出席闭幕式并发表讲话。

《衢州日报》在本日前后衢州市遭到特大暴雨和洪灾的时刻，迅速深入抗洪现场抓写抓拍新闻和照片。自本日至16日，连发抗洪抢险专版3个，有关稿件71篇（幅），在抗洪抢险中起到了及时传递信息和鼓劲引导的作用。

7月11日

河南省新闻出版局召开河南省治理内部报刊新闻发布会。宣布河南省内部报刊全部取消。该省原有内部报刊404种，其中报纸168种，期刊236种。这次共取消363种，另外41种已先期取消。

7月12日

文汇报和改革日报联合主办的全国首张

彩色大型丝绸日报拍卖活动在上海文汇大厦21楼举行。20份丝绸报成交额达人民币958888元，拍卖所得捐建希望小学。

7月14日

“中国百名记者志愿扶贫团”在中国记协会议室举行首次汇报会。

据本日出版的《新闻出版报》报道，台湾媒体共派出500多名记者，报道前不久的香港回归活动。台湾《中国时报》报系董事长余纪忠曾召开特别会议，对报系工作人员进行动员。社长黄肇松亲自带队赴港采访。台湾《联合报》报系由《民生报》社长胡立台、《联合报》总编辑项国宁联合组成“九七”小组，每天至少有10名记者在港采访。台湾无线卫星电视台（TVBS）独立作业，推出与“九七”有关的自制节目。三家无线电视台、民间全民电视台都派人赴港。无线卫星电视台还推出《红色香江》专门报道与香港回归有关的课题。

7月15日

《中华新闻报》在中国记协新闻发布厅举行捐赠仪式，向党和国家机关以及著名的档案馆、博物馆、图书馆等10多个单位捐赠该报“七一”丝绸全彩印珍藏版。中国记协常务副主席郑梦熊在仪式上宣布，将把珍藏版中的001号、0888号、1000号，由太平洋国际拍卖有限公司公开拍卖后，将所得捐赠给“新闻扶贫基金会”。另有300张送给中央有关部委、香港和海外有关机构和人士，700张以每张1997.71元向国内外公开发售。

今日出版的最新一期《中国记者》，通过快速拼抢，以最快的时效和生动活泼的形式全面报道了7月1日香港回归这一世纪性的新闻大战，其中既有关于世纪新闻大战的扫描，有20余位参加香港回归报道的记者们的亲身感受及“七一”全国各大报版面的综述。

经济新闻理论研讨会在南通市召开。会议在进一步拓宽经济宣传的视野，加大经济宣传力度，采取多种多样的表现手法将经济新闻写得生动活泼等方面取得了共识。

7月17日

《人民日报》开辟《讲文明　树新风》专栏，加大精神文明建设宣传的力度。

来自新华社、人民日报、中央人民广播电台、中央电视台、中国国际广播电台、光明日报、经济日报、中国新闻社、北京周报、中国画报、民族画报、民族团结杂志等13家中央新闻单位的31位文字和摄影记者，本日起到25日止，对内蒙古自治区成立50周年的庆祝活动进行报道。他们是作为由邹家华副总理任团长的中央代表团的随团记者组到内蒙古采访的。

7月18日

南昌《信息日报》派遣记者沿江西省内贫困地区进行采访，并在一版开辟《新闻扶贫千里行》专栏，宣传贫困地区干部群众艰苦创业脱贫致富的先进事迹，并反映贫困地区一些亟待解决的困难。

7月22日

青海省新闻出版管理工作会议在西宁召开。会议确定了经过调查研究半年之久制订的《青海省新闻出版业治理工作实施方案》。

7月25日

《新闻出版报》全文发表中宣部副部长徐光春在中国报纸副刊研究会工作会议上的讲话——《积极探索　勇于创新　提高副刊宣传水平》。

《人民日报》1997年7月1日丝绸版和缩微金报首发式在北京人民大会堂举行。丝绸版包装封面由邵华泽社长题字，向社会公开发行1万套，彩色缩微纯金报以双层加厚纯金箔制成，仅发行1997张。丝绸版赠中国历史博物馆、故宫博物院、中国人民革命军事博物馆、全国十大图书馆以及党、政、军有关部门、香港特别行政区政府珍藏。

7 月 27 日

香港《新晚报》停刊，先后出版 47 年。

7 月 28 日

《新闻出版报》第 3 版以头条位置发表该报记者张光采写的《高屋建瓴　大笔如椽——从 7 月 1 日对香港回归的报道看我国部分报纸重点版面的形式设计》。

第九届全国少数民族地区州盟地市报好新闻评选会在甘肃省甘南藏族自治州首府合作市举行。评选会共收到来自 14 个省（区）的 43 家少数民族地区州盟地市报社推荐的参评稿 232 件，其中汉文稿 156 件，蒙古文稿 19 件，维吾尔文稿 24 件，朝鲜文稿 11 件，哈萨克文稿 9 件，藏文稿 6 件。少数民族文字稿共 76 件，占参评稿件总数的 33%。经过评委会的认真评选，共评出获奖稿件 136 件，其中特等奖 1 件，一等奖 13 件，二等奖 50 件，三等奖 72 件。获奖作品中少数民族文字稿共 40 件（蒙古文稿 13 件、藏文稿 4 件、维吾尔稿 12 件、哈萨克文稿 4 件、朝鲜文稿 5 件、彝文稿 2 件），占获奖总数的 29%。

《中国三峡工程报》连续推出 8 期《截流特刊》，从各个方面对三峡工程 5 年来的历程进行了回顾，并回答了社会各界关心的问题。同时，还推出一个系列评述，对三峡工程 5 年来的探索奋进史进行客观的评述。

《中华新闻报》刊发徐光春的文章《努力唱响主旋律　进一步提高宣传工作水平》。该文是徐光春 7 月 6 日在《半月谈》全国通联站长会议上的讲话摘要。

7 月 29 日

据本日出版的《新闻出版报》报道，自本年元旦《北京日报》推出《每天帮您办好事》专栏后，半年多来这个栏目在协调政府部门、体现舆论监督、公开信访过程、排解百姓烦恼方面做出突出成绩，共收到群众来信 3500 多封，为群众办成好事 319 件。

科技日报社召开全社动员大会，调集全社各部门的骨干记者、编辑组成专门报道班子，从理论、新闻报道、人物特写等几个方面，阐述十四大以来，我国科技事业的发展以及科学技术的应用等方面所取得的巨大成就。

重庆一家晚报发表消息，批评东方之珠客轮在长江遇险后船员不管旅客死活只顾自己逃生的丑恶表演。这条消息是这家晚报的记者仅凭 3 名旅客的投诉未作调查核实就撰写发表的。此后，又寄往外地报刊投稿。此事经交通部和当地政府调查，认定报道内容基本失实，其中典型事例都失实。这一失实报道在全国二三十家报纸上发表，使该轮船公司造成了严重的名誉和经济损失。

据本日出版的《人民政协报》刊发的沈默的文章《全国侨乡报刊知多少》透露，目前全国正式公开出版向海内外发行的省地级侨报、侨刊已有《华声月报》（原为北京的《华声报》）、《广东侨报》《江门侨报》《阳江侨报》《梅州侨乡日报》（原为《嘉应乡情报》）、《惠州乡情报》《汕尾乡情》《海南侨报》《福建侨报》《浙江侨声报》《宁波侨乡报》《温州侨乡报》《广西侨报》《西江乡情报》（梧州）、《沿海侨乡报》（钦州）、《上海侨报》《山东侨报》《华侨商报》（辽宁）、《四川侨报》《新华侨报》（重庆）、《侨声时报》（陕西）、《华侨时报》（湖南）、《深圳侨报》《大陆侨报》（贵州）等 20 多家。

同月

上海电视台与上海环球乐园合作，在上海市嘉定区南翔镇环球乐园内建造一个新的主题景观——“九七香港回归纪念壁”。纪念壁全长 19.97 米，高 7.1 米，寓意 1997 年 7

月 1 日。

中国青年报刊协会第 15 届年会暨青年报刊总编研讨会在哈尔滨举行。与会代表认为，青年报刊要求有新发展，一要抓政治方向和舆论导向；二要抓社会效益和经济效益；三要抓定位和选题，服务青年，服务青年工作；四要抓内部管理和队伍建设。

中共上海市委、市政府批准《关于加强对在上海市举办的新闻发布会管理工作的意见》。《意见》规定，举办新闻发布会必须按照规定程序办理登记审批手续。在该市举办的新闻发布会由市委宣传部统一管理，市委宣传部新闻出版处作为登记机关具体执行。要严格控制国有企事业单位为开业、非重点基建项目奠基或落成、产品上市等活动而举办的新闻发布会。举办新闻发布会不得向与会人员赠送各种形式的礼金，严禁各种形式的有偿新闻。对未经登记而举办的新闻发布会，新闻单位不得派记者出席、不得报道。

《中华儿女》杂志（海外版）出版《庆回归香港人物专号》。这本专号是经国务院港澳办批准并在新华社香港分社配合下完成的。专号分 6 个版块刊登 50 多篇文章。

一部反映我国大西北神奇风貌和发展历程的新闻通讯集《范长江之路》，由湖北人民出版社出版。新华社原社长穆青题写书名，中宣部副部长徐光春、中共湖北省委书记贾志杰作序。

农民日报牵头组织的全国农村市场广告协作网，在北京成立。协作网的任务是加强相互之间的交流与合作，努力为企业开拓农村市场做好服务。

中国产业报协会在北京召开队伍建设座谈会。

中国社会科学院新闻研究所在北京召开媒介传播与青少年发展研究中心成立大会暨研究规划会。新闻出版单位、电子出版物公司、信息网络公司和大专院校、研究机构以及管理部门的专家学者和有关负责人出席会议。

甘肃人民广播电台自 3 月初开始，在新闻节目中挂牌推出《艰苦奋斗精神赞》系列报道，先后播发典型稿件 22 篇及言论 110 篇，同时在其他专题节目中发出有关稿件 180 多篇。

“中国质量万里行”组委会组织“质量万里行”记者深入各地，针对有关质量工作的重要举措、重大活动和热点问题，开展有声势、有影响、有时效的宣传活动。

记录 7 月 1 日香港回归重要历史时刻全过程的大型新闻图片集《历史的巨变——香港回归 72 小时纪实》，由中国广播电视出版社出版。画册是由赴港采访的中央人民广播电台、中国国际广播电台、中央电视台组成的数百名记者，在 72 小时中拍摄的数千张照片中精选出的 300 多幅组成。

大型电视纪录片《背负民族的希望》拍摄完成，将由中央电视台播放。江泽民为该片题写片名。

中华炎黄文化研究会、上海东方电视台、成都军区电视艺术中心联合摄制的大型电视纪实片《将军世纪行》，被全国 20 多家电视台列为纪念建军 70 周年的重要献礼片。

随着内蒙古自治区成立 50 周年庆典日期临近，区内外新闻单位都加大了对内蒙古的宣传力度。自 3 月份以来，各新闻媒体对自治区 50 周年大庆重点建设项目的建设进展和使用情况开始集中系统的采访报道，区内 7 家主要新闻单位纷纷开设专栏，报道庆典项目和自治区成立 50 年来各条战线所取得的成绩。到本月底止，区内媒体已刊发播出有关稿件 700 多篇（条），新华社共发稿 75 篇，《人民日报》刊发报道 14 篇，头条 5 篇，中央电视台播出《今日内蒙古》和《话辑内蒙古》系列报道 13 条，中央人民广播电台、《求是》《瞭望》《光明日报》等中央级媒体已发稿逾百篇。

青海省新闻出版广播电视业治理工作领导小组成立。中共青海省委副书记桑法加任组长，省委常委、省委宣传部部长田源和副省长白玛任副组长。

中共浙江省委、省政府下发了减少领导参加会议和活动新闻报道的文件。文件规定，除了全省性的重要会议（如省代会、全委会、人代会、政协会）和重大活动按规定报道外，省委、省政府召开的其他较重要会议和省级领导出席的重大节日、纪念日等活动，一般只发一条综合消息，省报控制在 1500 字以内，省电台、电视台参照规定掌握报道规模；省级各部门、单位召开的工作会议，一般不作报道，或只发简讯。省领导在重要会议和活动中的讲话，凡代表省委、省政府部署全局工作的，可摘其要点作报道，但不超过 1000 字；省领导在其他会议的发言、讲话一般不作报道，如有重要指导意义的，可改作短小的评论员文章发表；省领导参加部门工作、会议和无新闻价值的庆典、剪彩、联谊、文体活动，一般也不作报道。省领导下基层调研检查、访贫问苦等活动及讲话，可由当地新闻单位报道，省级传媒一般不作报道。省报头版和省电台、电视台要闻时段每天播发本省重要会议、领导讲话或活动的新闻报道一般不超过 2 条。

在全国交通系统报刊首届编采“双十佳”表彰座谈会上，交通部部长黄镇东对加强交通新闻工作作了讲话，并就新闻报道的准确性、保密问题，以及多反映基层、多反映交通系统的先进人物和先进事迹等发表了意见。

8 月 1 日

《新闻出版报》在第 3 版头条位置发表《军报军刊壮军威——纪念建军 70 周年军队报刊巡礼》一文。

中共唐山市委机关报《唐山劳动日报》在创刊 48 周年之际，针对该报存在的不足，公布实施《关于强化消息主题地位的意见》和《关于切实加强对外宣传工作的意见》，并刊出读者意见征询表，广泛征求意见。

8 月 4 日

新华社制定了以“展示新成就，迎接十五大”为题的宣传报道计划。

《法制日报》以开辟专栏，推出典型，发表评论，组织专版等多种报道形式，迎接党的十五大召开。

《工人日报》在头版头条位置开辟“展示新成就，迎接十五大”为主题的专栏，以通讯《武钢：阔步走上市场路》为开篇，并准备连续推出 50 家国有大中型企业，系统总结 5 年来国有大中型企业在市场经济新形势下，大胆改革，勇于开拓，走出困境的成功经验，集中展示十四大以来我国经济建设所取得的新成就。

8 月 5 日

《农民日报》为迎接十五大，按专题组稿。组稿的范围包括农业经济、农业科教、乡镇企业、群众工作、农村政法、农村文化等几个方面。

《光明日报》为迎接党的十五大召开，制定了周密的宣传报道计划。提出要充分运用《光明日报》以往大型宣传报道的成功经验，发挥该报的特色优势，做到理论宣传有深度，新闻报道有力度，形成强大的舆论攻势，引导广大群众从深层上理解和认识党的十四大以来所取得的巨大成就。

8 月 6 日

《新闻出版报》在《创造良好舆论氛围迎接党的十五大》栏内，发表《经济日报紧扣经济建设主题（引题）出系列　出精品　出深度（主题）》消息，报道该报将陆续推出4个专题系列报道和一个征文活动，以读者切身感受到的变化来宣传5年来取得的巨大成就。

8月8日

《新闻出版报》在头版头条的《创造良好舆论氛围　迎接党的十五大》专栏内发表消息，报道中央电视台将把宣传党的十五大工作作为今年下半年宣传报道的重大任务，确定十五大宣传以坚持团结、稳定、鼓劲、正面宣传为主的方针。十五大召开前，中央电视台将着重宣传十四大以来各条战线所取得的辉煌成就，为会议召开做好舆论准备。

8月10日

"社会主义精神文明新闻摄影大赛"（金苹果杯）评选结果在北京揭晓。大赛由中国记协、中国新闻摄影学会、人民日报、解放军报、光明日报、经济日报、哈尔滨日报等13家新闻单位联合发起，全国各报社参与联办。由范敬宜任评选委员会主任。大赛共收到700位作者送来的照片3000余幅，5幅（组）作品获金奖，10幅（组）获银奖，20幅（组）获铜奖，50幅（组）获优秀奖，120幅（组）获入选奖。哈尔滨日报、陕西日报、安徽日报、南京日报、长江日报等12家报社获大赛组织奖。

《中国图片报》"九七"香港回归珍藏版在杭州问世。该报用31幅照片形象地报道了香港回归的全过程。

8月11日

中国国际广播电台用38种外语、汉语普通话、广州话、客家话、潮州话及闽南话等43种语言和方言全面开始十五大前期对外报道，为十五大召开营造良好的国际舆论氛围。全台43个语言广播部均在节目中开辟专栏《五年回顾——从中共十四大到十五大》，并于今日统一挂栏。该专栏计划分26个专题全面介绍5年来中国在各个领域取得的新成就。

8月12日

解放军报召开新闻发布会，宣布该报光盘数据库系统已通过鉴定，并正式出版发行。

中国记协和人民日报社在北京举行第二届"全国百佳新闻工作者"事迹报告会。蒋铎、李新彦、储瑞耕、徐滔等获奖者在会上分别介绍事迹。中共中央宣传部副部长徐光春等有关方面领导和首都新闻单位近200名采编人员出席报告会。

8月18日

据本日出版的《中华新闻报》透露，河南省漯河市发现一张错版报纸。这张报纸错得蹊跷：头版是《中国青年报》，2、3、4版是《法制日报》。整张报纸浑然一体，图文清晰，未见异常。原因待查。

8月19日

《新闻出版报》在《创造良好舆论氛围　迎接党的十五大》栏目里报道《解放军报》发扬连续作战的作风，把迎接党的十五大的宣传报道放到工作首位的消息，标题是《解放军报增强宣传贴近性》。

《新闻出版报》发表上海《新民晚报》"在加举行扩大发行酒会"的图片新闻，并附文字说明称："《新民晚报》于1990年11月在美国洛杉矶通过卫星传版分印，发行全美50个州。去年11月又创刊了《新民晚报》美国版，这是我国内地第一份在海外采编发行的报纸。它在美国乃至加拿大的影响越来越大。为了加快发行时效，《新民晚报》设在美国的新民国际有限公司与加拿大博道影视传播公司，从今年7月份起，正式通过空运把当天的《新民晚报》美国版运到温哥华，再分送到 130 多个零售点上，受到当地华人的欢迎。图为《新民晚报》最近在温哥华举行的在加拿大扩大发行仪式。”

中共北京市委宣传部、市政府办公厅、市新闻出版局、市广播电影局联合召开会议，部署全市报刊、图书和广播电视业治理整顿工作。

8 月 20 日

《国际商报》主办的“迎接香港回归征文”在北京召开颁奖大会。评出特别奖 8 篇，一等奖 2 篇，二等奖 8 篇，三等奖 15 篇，优秀奖 15 篇。

8 月 22 日

“迎接十五大、庆香港回归——中国报人书画作品展”在北京开幕。此次活动组委会共收到 400 多家报社报人的书画作品 5000 多件，包括书法、国画、油画、篆刻、剪纸、版画、电脑绘画、手工制作等不同形式的作品。作品展由中国报业协会和中国文化报社联合主办。

《新闻出版报》在头版显要位置开辟《从严治社，服务读者》典型报道专栏，陆续推出某些报社从严治社的成功经验，以探讨报业进一步繁荣之路，使报业更好地为两个文明建设服务。本日刊出的首篇典型报道标题是《松花江畔大风歌——哈尔滨日报社探索科学管理追踪》。

8 月 24 日

中国中央电视台与新加坡电视机构联合举办的’97 第三届国际大专辩论赛在新加坡举行。历时 8 天，经过激烈辩论，马来西亚的马来西亚大学荣获冠军，中国代表队首都师范大学获亚军。本届参赛的代表队有 8 个，他们分别是中国首都师范大学、香港大学、台湾政治大学、韩国外国语大学、加拿大西门大学、法国国家东方语言与文化学院、马来西亚的马来西亚大学和新加坡南洋理工大学。

8 月 27 日

第 15 届电视“金鹰奖”评选活动在上海开评。参与本届“金鹰奖”角逐的作品是 1996 年度（1996 年 4 月 15 日至 1997 年 4 月 15 日）在中央电视台或地方电视台播出的电视作品及这些作品中的主创人员。其中《儿女情长》《车间主任》《东周列国·春秋篇》《弘一法师》《和平年代》《金色海湾》等 28 部长篇连续剧和 48 部中、短篇剧及儿童剧争得最佳电视剧各奖项。

8 月 29 日

第七届“宣传人民代表大会制度好新闻”颁奖会在北京人民大会堂举行。本届宣传人大制度好新闻评选活动，共收到中央和全国各省、自治区、直辖市人大常委会办公厅推荐的参评作品 353 件，共评出一、二、三等奖 93 件。

“新闻与法”研讨会在北京举行。研讨会由中国记协和检察日报联合举办。人民日报、光明日报、中国青年报等首都 38 家新闻单位以及法律界专家学者 60 余人参加会议。会议就法制宣传、新闻侵权、法制新闻与新闻法制化、舆论监督与法律监督等问题进行了深入的讨论。

8 月 30 日

中共江西省委书记舒惠国专门约见江西日报、江西广播电视厅的主要负责人，就如何发掘江西新的经济增长点和加大力度宣传名牌企业作了指示。要求新闻媒体不仅要出谋划策，更要出力。

8 月 31 日

《烟台晚报》为庆祝该报创刊 5 周年而举行的大型“为您服务日”活动，受到广大读者的欢迎。50多家单位和近4万名读者参加了此项活动。

同月

“中国百名记者志愿扶贫团”第三、四分团记者分赴四川、陕西贫困地区开展新闻扶贫活动。第三、四分团由中央、部委新闻单位和部分省市新闻单位的34名记者组成。第三分团记者将分成四个小组深入到四川凉山彝族自治州的8个国家级贫困县采访，第四分团记者深入陕西商洛、安康贫困地区采访。

第四届中国残疾人事业好新闻奖揭晓。全国31个省、市、自治区和首都24家新闻单位推荐参评作品667件，数量为历届之最。309件作品获奖，其中特别奖4件，一等奖25件，二等奖80件，三等奖200件。另有193件作品获优秀奖。评奖活动由中国残联、中国记协和中国残疾人事业新闻宣传促进会共同主办。

广州报纸博览中心开始正常运行。其前身是经新闻出版署批准由广州市政府办公厅等几家主办的中国报纸博览中心。

《中国妇女报》进入紧张的喜迎十五大报道工作中。报社在报道思想、报道方针等方面做出细致的安排和周密的计划。

《中国青年报》推出几组系列报道，从不同角度、不同侧面，回顾十四大以来，在以江泽民总书记为核心的党中央领导下，我国的改革开放和两个文明建设所取得的新成就，特别是共青团事业所开创的新局面，以及全国各族青年朝气蓬勃的精神风貌。

为迎接党的十五大，北京市各主要新闻传媒在市委宣传部的统一部署下，精心策划报道选题，努力形成合力，争取做到宣传内容有重点，题材选取有亮点，内容组织有观点，形式安排有特点。

据北京电视调查咨询中心发布的消息，中央电视台香港回归电视报道收视率创新纪录，其中“香港政权交接仪式”节目收视率达94%。

中央电视台的代表在文莱首都斯里巴加湾举行的亚太广播联盟新闻工作组会议上，应亚广联的要求，通报了香港回归报道的情况。亚广联新闻交换网各成员台的代表和美国哥伦比亚广播公司、美国有线电视新闻广播网的观察员，对中央台在这次香港回归报道中体现出的组织能力和专业水平给予高度评价。亚广联节目部主任佐藤信弘向中央电视台代表侯明古颁发了由亚广联秘书长签署的奖状。

9月1日

《中国工商报》以向云南贫困山区捐款20万元修建希望小学表达全社职工为希望工程献爱心的方式，纪念该报创刊10周年。

由李鹏总理签署的《广播电视管理条例》颁布施行。

9月2日

《新闻出版报》发表文章，对妇女报刊在内容设置和妇女问题报道方面的某些倾向提出批评意见：（一）对促进妇女参与社会发展的宣传力度不够，缺乏对这一主题的深刻反映。（二）不自觉地宣传一些不利于男女平等和妇女发展的观念。例如：变相宣传男主外女主内、男强女弱、男主女从、男聪明理智女愚昧脆弱等，进而鼓励妇女依赖男性的“贤妻良母”倾向。（三）宣传消费主义、享乐主义，片面地把追求时尚、超前消费等当成现代女性的标准。过多过滥地介绍各种消费时尚，鼓励妇女追逐闲适消遣、高档花费。（四）夸大女性年青美貌的外在价值，误导女性审美追求。

9月3日

《市场报》在第7版用整版篇幅刊出

“读者问卷调查”，把该报 29 个版面 33 个栏目一一列出，征求读者对《市场报》如何改进的建议和要求。

9 月 4 日

据本日出版的《新闻出版报》报道，中央人民广播电台的专题报道《鲜红的党旗》和《新闻纵横》节目受到听众的称赞。在庆祝中国共产党成立 76 周年日子里，该台的《新闻报摘》节目推出了专题报道《鲜红的党旗》，听众认为该台今年的“七一”宣传与往年不同：①以介绍面上的情况为主；②以报道基层先进党组织和优秀党员的事迹为主；③以消息为主。听众认为早 7 时和晚 7 时的《新闻纵横》节目，吸引人的原因是它能经常反映百姓的困难和呼声，并得到有关方面的重视而使问题得到解决。

9 月 5 日

华北地区晚报第七次年会在河北省沧州市召开。北京晚报、今晚报、沧州晚报等 21 家晚报的有关领导参加了会议。与会者交流了各报组织“邓小平同志逝世悼念活动”和“迎接香港回归”两大报道的情况和经验，并围绕“充分发挥优势，增强精品意识，提高宣传艺术，讲究社会效果”这一主题展开了讨论，并就晚报发展的前途发表了看法。这次会议还进行了好新闻评选，在 22 家晚报选送的 131 件作品中，评出一等奖 32 件，二等奖 38 件，三等奖 57 件。此外，还有 8 家晚报社报送了新闻论文 15 篇，其中 11 篇获优秀论文奖，4 篇获鼓励奖。

北京市第十届人民代表大会常务委员会第三十九次会议审议通过了《北京市图书报刊电子出版物管理条例》，这是国务院《出版管理条例》颁布实施后，全国第一个出台的规范图书报刊电子出版物管理行为的综合性地方法规。

9 月 6 日

“辉煌的五年——十四大以来经济建设和精神文明建设成就展”在北京展览馆举行。其中，新闻出版、广播电视部分在主厅展出面积达 300 多平方米，在综合展区占 64 平方米。展览通过各种手段，展示了党的十四大以来，新闻出版战线坚持“一手抓繁荣，一手抓管理”，努力实现从扩大规模数量为主向提高质量效益为主的转变，以及报刊出版业的稳步发展等方面的内容。胡锦涛、丁关根、李岚清、李铁映、吴邦国、邹家华、姜春云、尉健行、温家宝、王汉斌、张万年、宋健、罗干、王兆国等中央领导同志出席开幕式并参观了展览。邹家华宣布展览正式开幕，胡锦涛发表热情洋溢的讲话。展览会持续到 10 月 5 日闭幕，观众达 120 万。展览规模之大，时间之长，参观人数之多，都创下了新中国展览史的纪录。

9 月 7 日

北京广播学院学报《现代传播》编辑部举办新闻与法制研讨会，邀请法学权威人士和审理新闻官司有经验的法官共同就新闻活动中合法与非法的界限、新闻侵权、新闻工作者的权利义务等问题进行研讨。

9 月 9 日

应《光明日报》的《今日话题》栏目邀请，国家工商局有关负责人在回答记者有关广告刊播的几个问题时指出：（一）电视发布酒类广告超标严重。（二）一些组织者在操作“名牌广告”时，只要花了钱，不是名牌的也可以榜上有名，一些真正的名牌却榜上无名。（三）以新闻发布广告的现象仍然比较突出。

9 月 10 日

江泽民、刘华清、胡锦涛等中央领导人到“辉煌的五年”成就展览会新闻出版展区参观。江总书记称赞新华社新闻数字编排系统很好，并询问了数据处理机的有关情况。前来参观的党和国家领导人还有张震、迟浩田、陈慕华、李锡铭、王光英、李贵鲜、司马义·艾买提、彭佩云等。

中央电视台从8月3日起，迄本日止，在《新闻联播》节目中设立《展示新成就　迎接十五大》专栏，把5年来我国在各个领域所取得的新进展、新成就展示在观众面前。这些报道不仅采用了实地拍摄的图像，而且运用了大量资料，配以图表数字和现场同声的效果，大大提高了节目的可信度。

中共十五大新闻中心本日晚在人民大会堂举行招待酒会，热烈欢迎采访大会的中外记者。近500名中外记者与会。新闻中心主任王哲人首先向记者介绍了大会新闻发言人徐光春、李冰。截至本日中午，已报名采访大会的中外记者达1043人。在这些记者当中，香港特别行政区有28家新闻机构的156名记者，澳门有4家新闻机构的6名记者，台湾有22家新闻机构的66名记者；外国记者有410名，来自50个国家的130多个新闻机构。十五大于9月12日至18日在北京举行。

9月11日

中共十五大新闻发言人徐光春本日下午在北京人民大会堂三楼大厅举行首次新闻发布会，并回答了中外记者的提问。

9月15日

由吴金印、王启民、李素丽、李国安、徐虎5位英模组成的记者招待会在十五大新闻中心召开。徐光春主持会议并讲话。在中国共产党的代表大会历史上，这是第一次由英模举行记者招待会。

9月18日

《新闻出版报》在头版位置报道中央人民广播电台、中央电视台、中国国际广播电台认真学习江泽民同志在十五大上的报告，在邓小平理论的指导下，做好本职工作，努力开创新局面的消息。在二版以《学习十五大　宣传十五大　贯彻十五大》为栏题，分别报道安徽、甘肃、河北、山西、河南各省新闻出版局和中国青年报、解放日报、郑州晚报、镇江日报学习、宣传、贯彻十五大精神的消息以及有关新闻图片。

9月19日

新闻出版署组织召开出版界学习宣传贯彻十五大座谈会，决心按照中央的部署，认真学习宣传贯彻十五大精神，为推进新闻出版事业的繁荣与发展，为建设有中国特色的社会主义文化作出贡献。

9月20日

首都主要新闻单位的负责人和国际广播电台的部分工作人员欢聚一堂，庆祝中国国际广播电台英语广播开播50周年。中国国际广播电台的英语广播创办于1947年9月11日。

9月22日

本日出版的《新闻出版报》除全文转载了《人民日报》社论《跨世纪的坚强领导核心》外，还报道了新华社、广东省和湖南省新闻出版局学习和宣传十五大精神的消息。新华社从8月3日《展示新成就，迎接十五大》专栏开播以来，连续播发有关迎接十五大的13篇新闻述评和6组专题照片。该社驻海内外记者从祖国各地和世界每个角落组织采写了大量稿件，并开设了《海外人士看中国》专栏。9月12日—16日的5天中，新华社对内播发有关十五大的中外文稿件179条；对外播发有关十五大的中外文稿件487条，发国际中英文稿552条；对内、对外发照片122底。报道上做到了政治上准确，数量充分，内容丰富。《亿万人民心中的旗帜》《为了跨世纪的伟业》等一批重点稿件和许多生动活泼的现场报道以及《老百姓眼中的十五大》专栏等受到与会代表好评，在国内外产生良好影响。

9 月 23 日

中国记协召开中央和北京市主要新闻单位负责人学习、宣传、贯彻十五大精神座谈会。40 多名与会者畅谈学习体会，交流下一步的打算，决心积极全面准确学习宣传好十五大精神，为全面推进建设有中国特色的社会主义事业创造良好舆论环境。中国记协主席、人民日报社社长邵华泽主持座谈会并讲话。新华社社长郭超人、人民日报总编辑范敬宜、解放军报总编辑于顺昌、光明日报总编辑王晨、经济日报社社长徐心华、中央人民广播电台台长安景林、科技日报社社长焦洪波、中国国际广播电台台长张振华、中国日报总编辑朱英璜、北京市广播电视局副局长周溥雄、新闻出版署副署长梁衡等先后在座谈会上畅谈学习体会。中宣部副部长徐光春就如何做好十五大精神的宣传讲了三点意见：首先，要认真学习；其次，要坚持正确的舆论导向；第三，要讲求实效。

9 月 24 日

《新闻出版报》以《吃透精神　传播理论　振奋人心——采访十五大记者三人谈》为题，重点报道了中央人民广播电台节目主持人傅成励和中央电视台节目主持人白岩松、水均益三位记者采访十五大的感想，并在《十五大记者感言》栏中发表了王晓晖撰写的题为《跳出新闻写新闻》的文章。

“中国报刊碑林”在湖北省咸宁市宝塔镇凤凰山破土动工。这一碑林占地 100 亩，计划镌刻 2 万家中国报刊名称，旨在将中国现代、近代和古代报刊列名勒石树碑，以集中展示中国上千年的报刊文化。碑林的创建人是徐孔章。

《经济日报》推出《认真学习贯彻十五大精神》专栏，在 1 个多月的时间里，介绍了 44 个省、市、自治区及国家有关部委对十五大精神学习贯彻情况。

中央人民广播电台《新闻纵横》节目在播出《著名科学家王淦昌被撞，骑车人逃逸》的报道时，着意将大量笔墨落在引导舆论探讨“当代青年应该具有怎样的人生观价值观”这样一个重大而又现实的主题上来，深化了报道内容，收到了大量热线电话和听众来信，达到了正确引导舆论的预期目的。

9 月 25 日

中国期刊协会在北京召开全国期刊界学习十五大精神座谈会。20 多位来自中央及北京、天津、辽宁、河北等地的主要期刊社负责人聚集一起，畅谈学习体会，并就如何学习宣传贯彻十五大精神交流了看法。

新闻出版署党组在北京召开扩大会议，座谈学习贯彻十五大精神的体会，研讨新闻出版业今后一个时期的发展问题。座谈会由于友先主持，于永湛、桂晓风、梁衡、刘有志、蔡歧青等人在会上发言，提出了新闻出版业发展的思路和建议，以及如何抓住机遇，全面实施跨越式发展战略，把一个充满生机、健康发展的新闻出版业带入 21 世纪等问题。

山东省东营市《东营日报》在广大读者中开展“有奖挑错”活动。仅在此后的 20 天内参与挑错活动的读者就达 115 人次，共给《东营日报》挑出差错 21 处。

9 月 27 日

新闻出版报社第十次全国记者暨发行工作会议在北京闭幕。中共中央宣传部副部长徐光春发表了重要讲话《积极全面准确深入地宣传党的十五大精神》（该报于 9 月 30 日在头版和二版全文发表），张芬之总编辑在会上作了题为《高举邓小平理论伟大旗帜，当好署党组忠诚的耳目喉舌》的报告。天津市新闻宣传部门的负责人参加了会议。

9月29日

统战系统期刊、出版社社长总编辑岗位培训班在北京中央社会主义学院举行结业典礼。培训班为期25天。

同月

据《新闻出版报》报道，90年代以来我国著作权保护工作日臻完善。到本月底止，我国相继颁布了《中华人民共和国著作权法》《中华人民共和国著作权法实施条例》《计算机软件保护条例》《实施国际著作权条约的规定》等法律法规，形成了著作权保护的法律体系。我国还加入了《保护文学和艺术作品伯尔尼公约》《世界版权公约》和《保护录音制品公约》，成为三个国际著作权公约成员国。近年来，我国与100多个国家建立了相互保护著作权的关系，标志着我国著作权制度基本确立。

人民日报为落实该报1997年反腐败工作安排意见和关于采编人员加强职业道德建设，禁止有偿新闻的规定，建立了层层承诺制。报社总编室拟定了采编人员10条承诺和非采编人员8条承诺，总编室60多名采编人员和80多名非采编人员共140余人，分别在承诺书上签了字。

10月1日

福建日报社主办的《海峡都市报》在福州创刊。初为4开8版，后改为4开16版。

西藏第一家地区性报纸《日喀则报》（藏、汉文版）举行创刊10周年纪念活动。10年来，该报由月报发展为周报，并实现了激光照排。自1990年首次参加全国、全区好新闻评选以来，先后有84人次获奖。

10月5日

中国记协五届二次常务理事会在北京举行。中国记协主席邵华泽出席会议并讲话，中国记协常务副主席郑梦熊作了《中国记协换届以来工作回顾和今后工作意见》的报告。会议审议并通过了《中华全国新闻工作者协会五届二次常务理事会关于学习、宣传、贯彻中国共产党第十五次全国代表大会精神的决定》。

10月6日

《中国日报·香港版》在香港创刊。该报系香港回归祖国后经中央政府批准的第一份在香港出版发行的内地英文报纸；用英文报道中央政府的方针政策，内地及香港在政治、经济、社会、文化等方面的最新动态。它以北京版为基础，每周一至周五出版对开16版，每周六出版对开12版，每周日出版对开8版。主要面向香港、澳门和东南亚发行，并在香港设置编辑部等相应机构。江泽民、李鹏、乔石等党和国家领导人先后为创刊题词。

首都女记者协会召开座谈会，纪念著名女新闻工作者杨刚逝世40周年。出席座谈会的有全国人大常委会副委员长雷洁琼、国际友人爱泼斯坦，以及首都新闻界知名人士100多人。吴冷西致函座谈会表示纪念。

由中央电视台青少部、牡丹电子集团和《中国卡通》杂志社主办的牡丹电视杯“中国卡通片猜谜大赛”及第11届全国连环画报刊“金环奖”颁奖大会在北京举行。“中国卡通片猜谜大赛”自1996年1月开始，共选出78部卡通片分别在《中国卡通》上刊载和在中央电视台《大风车》节目中播出。最后评出一等奖2名，二等奖8名，三等奖50名，鼓励奖2000名，组织奖5名。第十一届“金环奖”授予《中国卡通》杂志社，该刊主编获优秀主编奖。全国连环画报刊“金环奖”是由中国版协全国连环画艺术委员会设立的。

《文学评论》创刊 40 周年纪念大会在北京举行。布赫副委员长为该刊题词。在纪念会上，颁发了 1990—1996 年度《文学评论》优秀论文奖和《文学评论》老编辑奖。

正在安徽考察的中共中央政治局委员、书记处书记、中宣部部长丁关根和中宣部副部长徐光春、国务院副秘书长刘奇葆一行，在安徽省委负责人回良玉等陪同下，考察了安徽日报社、省新闻出版局和广播电视厅，并和安徽省宣传、新闻、出版等有关方面负责人进行了座谈。

安徽广播电视节目正式开始通过亚洲 2 号卫星传输。中共安徽省委书记卢荣景在新建的安徽广播电视地球站大门前为其站牌揭幕。

10 月 8 日

由新华社摄影部和文化部外联局编辑、新华出版社出版、深圳泰恩斯文化发展公司设计印刷的大型画册《香港回归》在北京举行首发式。该画册分三部分：第一部分《回归庆典》，第二部分《香港揽胜》，第三部分《香港大事记》。全书共收入 500 多幅照片。

第八届全国运动会主新闻中心正式投入使用并召开首次新闻发布会。云集上海的国内外 1500 名记者在这里度过了紧张而有序的“八运工作日”。主新闻中心具有面积大功能全的特点。其面积为 4200 平方米，包括可容纳 300 名记者的新闻发布厅，有 180 个工作台的记者工作大厅以及信息查询中心、彩扩中心等，其中邮电服务中心不仅能够打 DDD、IDD 电话，发普通和数码传真，而且还提供手机租赁服务。

10 月 9 日

中国报协和华光科技公司在山东潍坊联合召开为期 2 天的华光全国新闻界用户座谈会。

首届全国晚报编校质量抽查评比评审委员会举行首次会议，就评比的有关事宜进行研究部署。本次评比有 106 家晚报参加。由来自中共中央宣传部、新闻出版署、国家语委、北京大学及首都新闻出版单位的 14 位委员组成评委会。新闻出版署报纸管理司副司长史占旗为主任。颁奖大会于 11 月中旬在天津举行。《报纸编校质量评比差错认定细则》为此次评比的依据。

全国少数民族地区州盟地市报新闻研究会第九次年会暨第四届换届会议在广西北海市开幕。来自内蒙古、新疆、甘肃、云南、贵州、广西、四川、重庆、湖南九省、市的 32 家州盟地市报的 60 多名代表出席会议。会期 5 天。贵州《民主报》总编辑余正生当选研究会会长。

10 月 10 日

据本日出版的《光明日报》报道，湖南祁东县农民刘欢生去年一次拿出近 2000 元，订阅 20 多种报刊，并建起阅报栏，供乡邻们阅读，带动了 143 户农民养猪致富，户均收入逾万元。刘本人过去 10 余年间根据从报刊上获得的科技信息，养猪致富，为国家创汇 100 多万美金，个人获利达 100 多万元。

南昌《信息日报》向读者承诺：该报从即日起开设信息排难免费广告专栏，要把该报真正办成老区人民脱贫致富的一座金桥。

据本日出版的《贵州日报》报道，该报漫画专刊《喀斯特》自 1996 年 8 月问世以来，已编发 12 期，以漫画的形式报道全省全国大事以及贵州的自然风光，深受读者喜爱。该刊已有 24 个省、市、自治区的近 200 位颇有影响的漫画家为其供稿。

10 月 11 日

全国人大常委会办公厅新闻局在安徽省黄山市举办第 3 期人大制度新闻报道编辑记者学习班。新华社、中央人民广播电台、中央电视台、光明日报、新闻出版报等近30家新闻单位的50多名编辑记者参加了为期6天的学习。

10月12日

老新闻工作者、前新华社社长穆青摄影展在武汉开幕。展出摄影作品100余幅。展览持续11天，吸引观众1万多人次。

10月14日

第六次全国新闻资料工作会议暨全国资料先进工作者表彰会本日至17日在福建省平和县召开。会议由全国新闻资料协会、中国新闻资料学会联合举办。来自中央和各省、直辖市、自治区新闻单位的120多名代表参加会议。会议研讨了新闻工作资料的发展趋势和计算机网络建设问题，表彰了62名全国新闻资料先进工作者和25名全国有突出贡献的老新闻资料工作者。

中国报业协会经验交流研讨会在四川成都召开。与会者就报业如何解放思想、深化改革、抓住机遇、加快发展、培训队伍进行了研讨、交流。

10月15日

中国国际广播电台自即日起，在全球听众中举办为期半年的“澳门知识竞赛”。

10月16日

本日出版的《新闻出版报》以《积极热情　深入扎实》为题，综合报道了首都各报宣传中共十五大精神的进展情况。报道说，各报“采取多种形式，搞好动态报道”，设置了许多专栏，还“结合自身特点，强化理论宣传”，除发社论、本报评论员文章外，还组织了系列言论，有的则在理论版开辟专栏，有的以访谈、笔谈、征文等形式，组织刊发有关部门领导以及专家学者的体会文章。此外，各报还联系改革实际，深化报道内容，集中反映各条战线、各个单位落实十五大任务的情况和行动，以及在落实过程中出现的新气象、新面貌。

中国中等城市党报研究会第12次年会在江西九江召开。会议的主题是：学习宣传党的十五大精神，交流加强管理、队伍建设和坚持正确舆论导向的经验。中共中央宣传部、新闻出版署、人民日报、新华社、新闻出版报等7家中央宣传、新闻机构和全国50家中等城市党报的负责同志参加了会议。会期5天。

黑龙江省广播电视卫星地球站经过4个多月的建设，正式落成。黑龙江人民广播电台、黑龙江电视台的节目实现了卫星传播。

以越南记协执委会委员、越南《西贡解放报》总编辑武戎越为团长的越南新闻代表团应中国记协邀请抵达北京。中国记协主席邵华泽、常务副主席郑梦熊会见并宴请了代表团一行。

10月19日

邯郸日报社举办第三届报纸节暨第六次读者日活动。自1992年起，邯郸日报社每年举办一次读者日（后改为报纸节）活动。这一天，全体编采人员走上街头，开展与读者交朋友活动。

10月20日

本日出版的《新闻出版报》报道了中央人民广播电台、中央电视台、中国国际广播电台紧紧围绕学习宣传贯彻十五大精神的主题，积极、全面、准确、深入地做好十五大的宣传报道工作的有关情况。

中国漫画研究会和人民日报社新闻培训中心联合开办为期6天的中国新闻漫画研修班。

10月21日

中国记协召集的七省、区、市新闻界加强职业道德建设，禁止有偿新闻座谈会，在河北省香河县召开。与会者就禁止有偿新闻工作交流了情况，总结了经验，讨论了存在的问题。参加座谈会的有中宣部、广电部、新闻出版署、中国记协等领导部门负责人和北京、天津、河北、山西、内蒙古、辽宁、山东等七省、区、市记协、省委机关报、省广电厅的领导和纪检部门负责同志近50人。

《人民日报·华东新闻》在本日出版的该报一版头条刊登了《一位热心读者的评报意见》，对9月份《华东新闻》错、漏字情况提了意见。《华东新闻》决定以这则评报意见为引子，从11月1日至11月30日，开展第三次“读者评报月”活动。创办3年的《华东新闻》，每年都开展一次评报月活动。

10月22日

《人民公安报》在北京举行新闻发布会，宣布该报由周四刊改为周六刊。《中国交通安全报》《人民消防报》并入该报，改为该报的《交通安全》周刊和《消防》周刊。《人民公安报》是公安部党委的机关报。

全国副省级城市党报理论宣传研讨会在深圳举行。来自全国15个副省级城市从事党报理论宣传的新闻工作者，在会上交流了理论宣传方面的经验和体会，对各报一年来刊发的理论文章、版面、好作品进行了评选。

10月23日

本日出版的《新闻出版报》以《狠刹编造假新闻歪风》为题发表消息，揭露了两起由中央人民广播电台播出的“假新闻”。这则消息前的《编辑提示》写道：“今年7月间，有两篇分别刊载在北京和安徽两家杂志上的案例新闻，进入中央人民广播电台法制园地节目的视线。一篇报道了有位叫王树彬的观众买了电影票，但‘奥斯卡影楼’因观众太少不予放映，王树彬起诉到法院，胜诉后一个人看了一场电影。另一篇是有位叫赵思顺的人因被他人错告到法院，经济和精神受损，他奋而起诉对方滥用诉讼权，获得赔偿1400元。这两起案例都很新奇，判决都是由河南省西峡县人民法院作出的，作者均为该法院的工作人员。据中央人民广播电台记者徐迅调查，这两起案件均为虚构。”

10月25日

中央电视台和墨西哥特莱维萨电视集团达成协议，墨西哥特莱维萨电视网不久将向拉美国家转播中国中央电视台第四套节目。

河北省召开新闻工作会议，强调深入学习、宣传十五大精神，切实加强新闻舆论的宏观管理，努力提高新闻引导水平。各市委宣传部、省直有关部门和中央主要新闻单位驻河北记者站、省市各新闻单位负责同志参加了会议。

10月26日

南京大学新闻传播学系和连云港日报联合举办的“舆论导向与引导艺术”研讨会在连云港市举行。来自北京、上海、黑龙江、甘肃、四川、河南、浙江、陕西和江苏等省市的新闻学术机构、新闻院系、新闻单位以及欧亚大陆桥沿线经济地带地市报的近50名代表参加了会议。会议的主题是把握正确舆论导向，提高引导艺术水平。会议收到论文50多篇，有23篇论文在大会上进行交流。28日研讨会结束。

10月27日

中华全国新闻工作者协会主办的《中华新闻报》在头版报眼刊发了中国记协的会徽。会徽图案由中国记协英文缩写ACJA中的CJ组成心形图案，象征着党的新闻事业深入人心。AA组成两个向上的三角形，象征新闻导向正确、迅速、公正。图案中心的眼睛，象征新闻工作者是时代的观察者、记录者，新闻事业是党和人民的耳目喉舌。整个图案表现了中国记协在新闻事业的发展中所起到的团结和凝聚作用。设计者系中央工艺美院副教授王国伦。

中国记协主办的第七届中国新闻奖评选揭晓。170 件新闻佳作获奖，其中特别奖 2 件，一等奖 19 件，二等奖 56 件，三等奖 93 件。

据本日出版的《中华新闻报》报道，由中国记协等单位组织的“中国百名记者志愿扶贫团”为时 3 个月的扶贫采访胜利结束，累计发稿 300 多篇。

据本日出版的《中华新闻报》揭露：《越狱囚犯偷渡台湾后》是一篇假报道。这篇假报道最先刊登在青岛某通俗文艺报上，后又被上海一家文摘报摘登。

10 月 28 日

’97 中国四川国际电视节在成都举行。电视节为期 4 天，参加电视节的有美国、英国、日本等 16 个国家和中国的 807 家影视制作机构、电视台，以及我国港、台地区的 131 家影视单位。

’97 国际报道研讨会在北京举行。广播电影电视部副部长田聪明、《人民日报》副总编辑周瑞金、中国国际广播电台台长张振华出席了开幕式。此次研讨会的中心议题是：学习邓小平理论，贯彻党的十五大精神。研讨会由中国国际广播电台主办。

中共中央宣传部本日至 30 日在北京召开典型宣传、热点引导、舆论监督座谈会，进一步提高典型宣传、热点引导和舆论监督的整体质量和水平。徐光春副部长主持座谈会。中央 12 家新闻单位和省级 21 家新闻单位的负责同志、部门负责人及栏目主编共 50 余人参加座谈。徐光春在会上作了题为《认真学习宣传贯彻十五大精神，提高典型宣传热点引导舆论监督水平》的讲话。中宣部新闻局局长栗国安在会上作了《关于中央及省级新闻单位开展典型宣传、热点引导、舆论监督工作情况的调查报告》的发言。人民日报、经济日报、新华日报、四川日报、中央人民广播电台、中央电视台等单位的代表在会上交流了经验。

北京市记协召开座谈会，总结交流先进典型宣传报道工作经验，探讨如何进一步搞好先进典型宣传报道问题。北京日报、北京晚报、北京人民广播电台、北京青年报、新闻与写作杂志等近 20 家新闻单位的有关领导参加了座谈。

10 月 30 日

本日出版的《新闻出版报》刊出该报记者采写的通讯《改革之路越走越宽》，报道《沧州晚报》由一家负债 1700 多万元，开不出工资，濒临破产的报纸，经过改革和调整了领导班子之后，在 2 年多的时间里，各项工作发生了质的变化的过程。

10 月 31 日

首届全国晚报报纸编校质量抽查评比复评工作结束。评比工作由新闻出版署报纸管理司、中国晚报工作者协会、大象出版社和新闻出版报共同主办。到这次评比时止，全国共有 144 家晚报，其中 124 家参加晚报协会，参加本次评比的晚报共有 105 家。颁奖大会 11 月 15 日在天津举行。

成都《华西都市报》在一版郑重宣布，从即日起，将向省内贫困地区每年提出价值 100 万元的广告版面，为贫困地区具有市场潜力的农副产品免费做广告，开展信息扶贫。

中国报协部委产业报委员会在中国计算机报社召开社长总编联谊会。与会的 70 家报社领导围绕会议主题——进一步发展报业经济及报纸事业，进行认真务实的探讨，互通了信息，交流了经验。

以“和平、友好、交流、合作”为宗旨的’97 四川电视节闭幕。这次电视节共销售节目 4767 部（集），成交额 1.5 亿元人民币；广播电视设备成交额 2 亿元人民币，较上届增加 54%。会议期间共举办了 21 次新技术新产品知识讲座。

同月

全国部分大型企业报总编辑座谈会在辽河油田举行。与会者以“借助报刊治理整顿东风，提高办报质量”为主题进行了讨论和交流。

第 24 届国际摄影艺术联合会代表大会在深圳开幕。来自 39 个国家和地区的 120 多名摄影家参加了开幕式。这是国际摄影艺术联合会首次在亚洲地区举行代表大会。开幕当天，中国第 18 届全国摄影艺术展和第 24 届国际摄联黑白两年展同时在深圳关山月美术馆开幕。第 18 届全国摄影艺术展共收到中国大陆和港、澳、台地区及海外华侨 35570 幅作品，经评选共有 313 幅作品入选和获奖；第 24 届国际摄联黑白两年展，展出了来自 46 个国家和地区的摄影家所推举的 464 幅作品。

《绵阳日报》设置三道防线，杜绝有偿新闻：一是编前会“报稿听审”；二是值班总编辑审稿；三是纪检组和广告部对见报稿监督。

全国报纸自办发行协会第二届理事会第三次会议在湖北省武汉市召开，来自 26 个省、市、自治区 36 家理事单位的有关领导出席会议。

《新闻战线》杂志推出“进一步搞好报业经营管理”征文。

西北五省（区）报社印刷厂厂长第 16 次联席会议在甘肃兰州召开。会上提出报纸印刷厂必须更新观念，培养人才，闯入市场。

河南省加大“治散治滥”的力度，继前不久撤销全省所有内部报刊之后，最近又首批停办了 12 家公开报刊。这 12 家报刊是：《河南工商报》《河南体育报》《洛阳经济报》《郑州法制报》、《郑州工人报》《河南图书信息报》《河南城市金融》《投资探索》《当代保险》《河南宣传》《商贸大观》《挚友》。另有《中学生学习报》《小学生学习报》《河南年鉴》《河南政报》4 种报刊被改为特殊系列报刊。

中国科技新闻学会举行第四次年会。历时 3 天。全国 37 家新闻单位的代表参加了会议交流。会议还进行了论文评奖，最后评出一等奖 9 篇，二等奖 14 篇，三等奖 19 篇。会议主题是科技新闻如何贯彻科教兴国和可持续发展战略，如何为促进社会主义经济持续、快速、健康的发展。

90 多位当年《晋察冀日报》的老新闻工作者在北京聚会，纪念该报创刊 60 周年。该报创刊于 1937 年 12 月 12 日，是中国共产党在敌后抗日根据地创刊最早、连续出版时间最长的大区党报。为纪念该报创刊 60 周年，晋察冀日报史研究会出版了《晋察冀日报社论选》和《晋察冀根据地歌曲选》。

新闻出版署技术发展司组织专家对 1996 年书刊印刷部优产品进行认定。结果显示，我国书刊印装质量有了大幅度提高，共有近万种（约 14 万印张）书刊被认定为印刷部优产品。

重庆市有关人士举行座谈会，纪念中共重庆地下市委机关报——《挺进报》和理论期刊《反攻》创刊 50 周年，以及地下党外围组织“六一社”成立 50 周年。这两份报刊分别创办于 1947 年 7 月和 1947 年 10 月。

11 月 2 日

中国记协举办第二期全国新闻奖获奖者研修班。参加研修班的均为中国新闻奖、范长江新闻奖、韬奋新闻奖、百佳新闻工作者的获奖者。

本日中午，专程从广州飞抵桂林的美国驻广州总领事馆副总领事石海珍女士向兴安县农民潘奇斌转交了美国总统克林顿的一封亲笔信，感谢他1997年1月4日营救美国之音女记者何宗安的行动。该信全文见1997年11月17日《中华新闻报》第4版。

11月3日

《光明日报》自10月5日起，至本日止，连续在一版显著位置发表了10篇有关学习贯彻十五大精神的系列评论员文章，从多方面准确深入地阐述了十五大确立的主题、纲领、任务和方针政策，在读者中引起广泛关注。系列评论以《一个鲜明主题》始，以《一种精神状态》终，全面系统地把握十五大精神的实质。这十篇评论文风朴实无华，语言平实简练，每篇只有1000多字，每篇都以“一”字开始，简洁概括，醒目鲜明。

11月4日

新华社主办的第九届“半月谈思想政治工作创新奖”各条战线的获奖者共48人，聚会北京畅谈各自做思想政治工作的经验和体会。中共中央政治局委员、书记处书记、中宣部部长丁关根到会向获奖者表示祝贺。“半月谈思想政治工作创新奖”是半月谈杂志社1998年利用自有资金设立的，被中央领导同志誉为全国思想政治工作战线的“大奖”。新华社社长郭超人、中宣部副部长徐光春参加了座谈会。

中国记协、全国专业报新闻摄影学会主办的中央部委百家专业报“两个文明（桑塔纳杯）新闻展”在北京中国历史博物馆展出。

11月5日

我国第一家国家级音像制品批发市场——广东音像城举行开业揭幕典礼。广东音像城是经中央批准在全国建立国家级音像批发市场的4个试点之一。

《莫干山报·读书版》在醒目位置刊出启事：“从即日起，编者恳请各位读者不吝赐教，对《文明塔》和《读书》两版咬文嚼字，有错就挑，帮助并督促编者提高办报水平。无论是病句，错别字或者用错的标点，每出一处，由编者付给您十至五十元作为奖金。”

11月6日

中华全国新闻工作者协会（中国记协）在北京人民大会堂隆重举行成立60周年纪念会。江泽民、李鹏、乔石、李瑞环、刘华清、荣毅仁等党和国家领导人分别为中国记协成立60周年题词祝贺。江泽民题词：“建设一支政治强业务精纪律严作风正的新闻队伍。”李鹏题词：“热烈祝贺中国记协六十周年，发展繁荣新闻事业。”乔石题词：“坚持实事求是，密切联系群众。”李瑞环题词：“坚持正确导向，提高引导水平。”荣毅仁题词：“大力发扬党的新闻工作的优良传统。”中共中央政治局委员、书记处书记、中央宣传部部长丁关根在会前接见了全国新闻奖获得者代表、新闻单位的领导和记协工作者代表。中国记协主席邵华泽发表了题为《在党的十五大精神指导下开创记协工作的新局面》的讲话。在会上发言的有曾参加记协成立大会的老新闻工作者爱泼斯坦和从沙漠走出的全国“百佳新闻奖”获得者、内蒙古阿拉善报记者曹翔云。与会领导向获奖者颁奖。纪念会由中国记协党组书记、常务副主席郑梦熊主持。出席纪念会的有中国记协名誉主席和老新闻工作者，中央主要新闻单位负责人，中国记协副主席，全国各省、市、自治区记协的负责同志以及新闻界有关人士共400多人。

’97广东省新闻队伍建设经验交流会在

增城市召开。广东省 70 多家报社、电台、电视台的社长、台长、总编辑参加会议。

11 月 7 日

由西安市人民政府、公安部消防局、中国新闻摄影学会联合主办的'97 中国西安国际消防摄影展览在北京中国革命博物馆举行。此次影展共收到国内外应征作品 2000 多幅。经专家评审，有 200 幅作品入选。其中，马来西亚《南洋商报》李丽娟的《燃烧的车手》和中国西安消防支队鱼安琪的《龙脊》获金奖，还有 4 幅作品获银奖，6 幅作品获铜奖，20 幅作品获佳作奖，国外获奖作品占获奖总数的 62.5%。

在建社 66 周年之际，新华通讯社宣布，通过国家公用数据通信网，将其采自全国和世界各地的新闻和经济信息在国际互联网上发布。国际互联网用户从此可在网上浏览新华社每天播发的最新新闻和经济信息。这是新华社与拥有全国最先进的数据通信网的邮电部携手合作的结晶，也是新华社向着建设强大的世界性通讯社的目标迈进的重要一步。

11 月 8 日

长江三峡工程成功实现大江截流。这是 1997 年中国继香港回归、十五大召开之后的又一盛事。各种新闻媒体对此作了重点报道。《中国三峡工程报》《人民日报》《光明日报》《经济日报》、《中国青年报》等报在此前后作了全面的连续报道，并在版面重要位置发表社论或评论。新华社的三峡工程大江截流报道实现现场滚动发稿，从本日上午 8 时开始到下午六时三十分下游围堰合龙为止，共滚动播出快讯 28 条，实现了国内重大战役性报道的新突破。其中第一条快讯是上午 8 时整发出的《大江截流龙口合龙决战即将展开》，拉开了滚动发稿的序幕。中央电视台从 8 时至 22 时的 14 个小时内，围绕大江截流这一重大新闻事件，以演播室、现场报道、专题、新闻人物、背景介绍、工程进度等节目形式，构成一个完整的报道体系，全方位、立体化、多侧面地展现了有关三峡工程的方方面面。为了使观众有身临其境之感，截流当天的整个节目制作、播出在一艘名为“东方皇后”号的游船上进行。与此同时，在大江截流合龙口、主席台等关键部位进行大量的现场报道，加强了整体节目的现场感和节奏感。分布在现场几平方公里的 24 个机位从不同角度全方位、多层次地真实记录大江截流的分分秒秒。此外，还利用直升机从空中进行航拍，实现“水、陆、空”立体报道，是我国新闻史上的一次创举。中央人民广播电台从 8 时 45 分至 16 时都在大江截流现场向全国直播，连续 7 小时，创中央人民广播电台野外现场直播历史之最。除现场直播外，该台还提前从 7 日起开始大江截流的前期报道。中国国际广播电台首次实行野外现场直播，43 种语言广播均在当天节目的第一时间播出大江截流成功的新闻稿或专稿。为使各国听众能及时了解大江截流盛况，该台国内新闻中心采取滚动发稿的形式，在截流开始后的 8 分钟，即发出了录音快讯。江泽民总书记在三峡工程大江截流仪式上发表的重要讲话，新华社综述，《人民日报》社论及有关大江截流的其他消息，也随之发出。

同日香港报纸均在头版显著位置刊载有关三峡截流的报道、评论和图片。《大公报》《文汇报》《商报》等很多报纸开辟《三峡截流》专栏、专辑或专页，热情而翔实地报道了大江截流和三峡工程的情况。

11 月 9 日

截至本日，《湖北日报》共发表关于三峡工程的报道稿件 578 篇，其中一版发文字稿 172 篇、照片 138 幅。本日该报用 5 个整版来报道截流盛况，一版不仅刊发了消息、社论，还发了3张照片，其中一张照片有7栏宽，这在该报历史上是少有的，三版也刊发了专稿、特写、专访等，此外，还将五、八版连通发了一期画刊，共10幅照片。

11月12日

据本日出版的《新闻出版报》报道，中央人民广播电台《新闻纵横》节目开播3年多来，在宣传上遵循“以正确的舆论引导人”的方针，围绕正面引导和批评揭露，在搞好典型宣传和加强舆论监督方面取得了显著成绩。3年多来，《新闻纵横》节目平均每月收到的听众来信在4500封左右，每天收到热线寻呼、热线电话七八十个。他们播出的稿件，被全国20多家报纸杂志转载摘发的多达200多篇（次）。不少地方电台也开始正式转播他们的节目。

中国广电部部长孙家正在纽约联合国总部同联合国负责新闻事务的助理秘书桑巴尔签署谅解备忘录，以推动联合国新闻部和中国国际广播电台、中央人民广播电台和中央电视台之间的合作。

11月15日

中国晚报工作者协会第十二届年会在天津召开。全国124家晚报的负责人出席会议。中共中央宣传部副部长徐光春、中国记协书记处书记王哲人和中宣部新闻局局长栗国安及天津市委副书记刘峰岩、副市长曲维枝等到会祝贺。徐光春在会上发表讲话，强调晚报“要做到进家庭、进生活、进百姓，以正确的舆论引导人”。“要做到以‘新’抓人，以‘真’服人，以‘情’感人，以‘活’引人，以‘短’宜人，以‘快’超人，以‘杂’胜人，以‘小’近人”。年会的中心议题是学习和贯彻党的十五大精神，发挥晚报优势，牢牢把握正确舆论导向，提高报纸质量，发展晚报事业。本届年会推选李夫为中国晚报工作者协会会长，丁法章、曹淳亮、李丙仁、郭长久为常务副会长。

第六届上海国际广播音乐节开幕。35个国家和地区广播音乐界人士参加了这次为期5天的盛会。175家电台带来135套音乐节目。同时还举办了海内外明星云集的专场文艺演出和以“世纪之交的广播音乐”为主题的研讨会。“中国优秀广播音乐节目主持人评选”活动同时举行。8名入围选手角逐金、银、铜奖。入围的30套节目角逐“金编钟奖”。

中国广播电视学会新闻资料委员会在河南省驻马店市召开第一届第三次常务理事会。中央电视台总编室副主任、学会常务副会长史启新代表常务理事会作了1997年度工作报告。与会代表一致认为，学会工作应该紧密联系广播电视新闻资料工作的实际，既要求实，又要创新，为全国广播电视新闻资料系统办实事。

11月17日

新闻出版署直属期刊评奖活动在北京举行。署直属期刊共59种，参加此次评奖的有33种。此次评奖活动共设美术设计奖、编校质量奖、优秀作品奖和综合优秀奖四项。这项评奖活动将每年举行一次。

工人日报将1万元人民币和一台彩色电视机赠送给河北省怀来县存瑞乡南山堡的董存瑞希望小学。这是该报第三次向这个建在贫困山乡的小学校提供捐助，捐助总额累计已达13万元。

11月18日

中共中央宣传部和新闻出版署在北京联合召开首次全国少儿期刊出版工作会议。来自全国52家少儿期刊的负责人和部分省、自治区、直辖市党委宣传部、新闻出版局的同志参加了会议。到本次会议召开时止，我国少儿期刊已由1979年的28种发展到126

种（不包括面向中小学生的 100 多种教辅类期刊），期发量近 1590 万册。

新华社’97 新闻学术年会在北京举行。为期 4 天的年会以“高举邓小平理论伟大旗帜，加大抓作风改文风力度”为主题。收到论文 55 篇。出席开幕式的有新华社社长郭超人、新华社副社长兼总编辑南振中、《人民日报》副社长许中田、中国记协常务副主席郑梦熊和首都新闻单位的专家及记者、编辑、评论员 80 多人。

由新闻出版署主持的新闻出版计算机管理系统鉴定会在湖南省长沙市召开。技术鉴定委员会一致认为，该系统涉及的业务范围大，功能完备，基本覆盖了省级新闻出版的管理业务；在设计、组织实施和开发工具等方面，起点高，将网络通信、业务管理做了较好的系统集成；技术先进，处于国内同行业领先水平，同意通过鉴定。

《石家庄日报》纪念创刊 50 周年。《石家庄日报》的前身为《新石门日报》，是中国共产党领导的我国关内的第一张城市党报。创刊之初，为我国的解放事业，为实现党的工作重心向城市转移发挥了重要作用。该报现拥有全省报业最先进的印刷设备系统和广告创意系统，实现了印刷设备现代化；在省内率先自办发行，目前发行量超过 10 万份，居全省同类报纸前列；广告收入连续 10 年位居省内报业之首；固定资产达 1 亿多元。

《民族团结》杂志创刊 40 周年座谈会在北京举行。《民族团结》是我国第一家反映少数民族状况的中央级综合性新闻月刊。1957 年在著名少数民族新闻理论家萨空了主持下创刊。40 年来，该刊在向广大少数民族宣传党的民族理论、民族政策，以及配合党在民族地区中心工作方面；在向汉族地区传播少数民族的历史、文化、风俗，沟通各民族之间的交流方面；以及让“世界了解中国少数民族，让中国少数民族走向世界”和团结 56 个民族共同投入到社会主义精神文明建设和经济建设等方面，发挥了重要的作用。目前，该刊还分别出版了蒙古文、维吾尔文、朝鲜文、哈萨克文版。该刊除国内读者外，还拥有美、英、日、法、德、比利时等几十个国家和地区的读者。乔石、刘华清、吴邦国等 11 位党和国家领导人为其创刊 40 周年题词。全国人大常委会副委员长布赫、铁木尔·达瓦买提，全国政协副主席阿沛·阿旺晋美、赛福鼎·艾则孜，国务委员兼国家民委主任司马义·艾买提等到会祝贺，有关单位的负责人及全国各地民族工作者代表近百名出席了座谈会。

中国科学技术期刊编辑学会在北京举行建会 10 周年暨“科技期刊与科教兴国”学术研讨会。中国科技期刊编辑学会已有地方分会 23 个，专业委员会 6 个，团体会员 675 个，成为密切团结全国科技期刊编辑工作者之家。本次研讨会首设“金牛奖” “银牛奖”，分别有 102 人、362 人获奖。另外，还有 88 人获得“青年编辑奖”，23 人获得“优秀论文奖”，1 人获得“优秀编辑奖”。

湖南人民广播电台推出新台新版节目，在改革之路上又迈出重要的一步。该台改革的总体思路和框架是：以新闻台为重点，以体制和机制为突破口，进行整体配套改革，形成“新闻立台、专题强台、综艺治台、质量兴台”的框架。

11 月 19 日

中国记协成立新闻学术委员会并召开第一次会议，向到会的学术委员颁发聘书。与会的学术委员讨论修改了学术委员会规程，并对即将在珠海召开的第一届新闻学术研究年会提出了建设性意见。中国记协党组书记、常务副主席郑梦熊任学术委员会主任，刘习良、栗国安、王哲人、梁衡任副主任。

11月20日

第一届全国晚报编校质量抽查评比结果揭晓。评比组委会在北京京西宾馆举行颁奖大会。《新晚报》《钱江晚报》《宁波晚报》分别获一、二、三等奖。另有28家晚报荣获优胜奖。共有105家晚报参加评比，评比采取百分制，最高分为96.087分，最低分为74.565分。

11月22日

’97全国新闻学术年会在珠海市举行，24日闭幕。年会的主题是坚持正确导向，提高引导水平。来自全国部分新闻机构的负责人和专家，中国新闻奖新闻论文获奖者代表和新闻论文评委会部分评委共60多人出席了这次年会。郑梦熊在开幕式上讲话，李孟昱、姚志能、王哲人主持了会议。年会由羊城晚报社协办。

11月23日

山东省新闻出版局在济南召开全省新闻出版工作座谈会。总结交流今年组织实施“六大工程”的经验，以十五大精神为指导，研究规划今后的工作。当日晚，该局在山东电视台举行“星光50’”颁奖文艺晚会，山东省委、省政府有关领导和《新闻出版报》领导向该省获得“六大工程”组织工作奖和“十佳图书”“十佳音像电子出版物”“十佳报纸”“十佳期刊”“十佳印刷单位”“十佳发行单位”“十佳人才”“十佳新闻出版管理单位”“十佳新闻出版管理工作者”奖的单位和个人颁发奖牌和证书。

11月25日

北京市第二届期刊精品战略研讨会召开。这个研讨会是北京市新闻出版局、北京市版协联合主办的。会议以北京市期刊如何“出精品、创名牌”为主题。

新闻大楼物业管理工作经验交流会暨中国报业协会行政后勤工作委员会成立大会在上海召开。与会代表讨论了报社行政后勤部门的工作如何从计划、管理、服务型向管理、经营、服务型转变，以及新闻大楼的物业管理工作，如何走企业化道路、走社会化道路等问题。会上成立了中国报业协会行政后勤工作委员会。由77家中央、各省市及部分单列市的报社组成，人民日报当选为主任委员。此次会议由中国报协主办，上海市报业协会承办。

11月26日

据本日出版的《新闻出版报》报道，中共江西省委宣传部、江西日报、江西省广播电视厅在南昌联合举办了“勇创名牌　振兴江西”座谈会，来自该省16个名牌企业的厂长、经理与省直和中央驻赣新闻单位的负责人、编辑记者共同研讨江西名牌产品的发展战略等问题。

首都优秀女记者采编交流会在京举行。6名新闻单位的女记者在会上真诚地讲述她们自己的故事，交流了她们对新闻事业的感情和体会。

新疆维吾尔自治区第八届专业、企业报纸经验交流会在乌鲁木齐市召开，50多位专业、企业报负责人出席了会议。

11月27日

《新闻出版报》发表调查报告《地市报发展如何跟上时代步伐》，宣布目前全国共有地市级党委机关报281家，遍及26个省、自治区。地市报纸已经成为我国党委机关报中一支非常重要的力量。

11月28日

全国政协主办的第七届“宣传中国共产党领导的多党合作和政治协商制度好新闻”（宏宇杯）颁奖大会在北京举行。本届政协好新闻评选从6月30日开始，11月11日结束。收到推荐参评作品229件，34家中央新闻单位选送作品118件。共评出获奖作品85件，其中，中央新闻单位43件，地方新闻单位42件。《和衷共济建三湘——湖南省政协工作规范化、制度化建设纪实》等4件作品获一等奖；《盛会上的思念》等27件作品获二等奖；《在“实”字上做文章》等54件作品获三等奖。消息类、摄影类作品一等奖奖项空缺。全国政协副主席、第七届政协好新闻评委会主任叶选平、全国政协副主席钱伟长、全国政协秘书长朱训、中国记协名誉主席吴冷西等向获一等奖作者颁奖。

首届穗版报纸评优定级表彰大会在广州召开。广州市属各家报社主管、主办单位的负责人共140多人到会。《广州日报》《足球》《广州文摘报》《岭南少年报》《广州法制报》《信息时报》《舞台与银幕》等18种报纸荣获优秀报纸称号，69种报纸被评为合格，8种报纸被评为不合格。

11月29日

福州晚报记者顾伟因连续发表揭露福州市赌博机（老虎机）业的有关报道，遭到报复，家里受到砂枪枪击，阳台玻璃被打了一个大洞，玻璃碎片撒了满地，因家人皆外出未有人员伤亡。此后又接到一个自称西安人的陌生人的电话，警告他不要再写榕城赌博机的文章。枪击事件发生后，顾伟表示，他不为所动将继续用手中的笔去回击歹徒的子弹。

同月

中央电视台“心连心”艺术团赴香港举行大型演出。中央电视台第一、四套从3日19时40分开始对演出进行现场直播。

中国印刷科学技术研究所印刷技术杂志社成立。研究所所长沈海洋担任杂志社社长，副所长张明任副社长兼总编，魏莉任常务副总编。

中共中央政治局委员、国务委员兼国家体改委主任李铁映等到中国改革报社，参加《中国改革报》“学习十五大精神，搞好改革宣传”座谈会。就学习十五大精神，加大改革宣传的力度，办好《中国改革报》等问题，作重要指示。李铁映指出，建立社会主义市场经济体制，开辟一个新的经济制度，无论在理论上、实践上或者方针、政策上，都有大量的东西需要加以报道、宣传，需要有这样一张系统地、全面地、正面地报道中央改革精神的报纸。这就是创办《中国改革报》的动因，也是《中国改革报》应承担的责任。

河北省决定停办和调整16种质量较差、发行量低、内容重复的报刊。停办的报纸有：《企业家报》《中原经济报》《河北乡镇企业报》《保定视听报》《北方市场报》；调整的报纸有：《廊坊广播电视报》《邢台广播电视报》与《河北广播电视报》合并，分别改成《河北广播电视报》地方版；《语文周报》列入学习辅导类报纸管理系列继续出版。拟于1998年1月起停办的期刊有：《城市金融》《河北工商》《人口战线》《河北农村工作》；调整的期刊有：《河北师院学报》（社科版）并入《河北师大学报》（社科版）出版；《河北政报》和《河北年鉴》列入专门系列继续出版。另外，内部报刊自1998年1月起全部取消，部分内部报刊转为内部资料免费赠阅。

《文摘周刊》报总编辑许大钧在北京召开首都知名人士座谈会。汇报该报创刊16年来的情况和经验，探求进一步办好报纸的办法。《文摘周刊》由安徽日报主办，是安徽省唯一的一张综合性文摘报，发行30多万份，居全省之冠，个人订阅占60.2%。

长篇系列报告文学《大通道四部曲》研讨会在北京举行。这4篇长篇报告文学是：《长龙脊上起飞——桂林两江国际机场大写意》《碧水苍山第一路——桂柳高速公路畅想曲》《西南大动脉——南昆铁路三重奏》和《黄金水道——西江南海水运交响曲》。这是广西作家黄继树、牛建农等深入到各项重点建设工程中，体验、采访并创作的。作品及时、真实地反映和表现大西南正在发生的历史性巨变，促进广西成为大西南出海通道战略设计的顺利实现。

全国城市报纸连载研究会第13届年会在济南召开。全国20多家区域性大报的总编辑及编辑、记者，就如何让报纸连载更有看头，更能吸引读者，进行了深入研讨。

青海省抓紧报刊业的治理整顿工作，到本月底止正式报刊已压缩18.2%，正式期刊已压缩10%，达到新闻出版署规定的压缩比例。非正式报纸和期刊已经转化了35种，占总数的27.6%。

《石家庄市新闻出版经营管理指南》，由河北人民出版社出版。

湖北省新闻出版局发出通知，决定《就业指导报》《湖北集邮报》等39种内部报纸和《湖北科协》《教育科学研究》等161种内部期刊停办；通知还明确要求《读书与发行》《湖北交通报》等142种内部报纸和《法庭内外》《湖北水力发电》等379种内部期刊转化为内部资料。从1998年元旦起，在湖北全省范围内，内部报刊将成为历史。

大连市颁布《大连市出版物管理条例》。条例分7章29条，对在大连市辖区内从事出版物出版、印刷、复制、发行的申办、管理及权限、处罚等均作了具体的规定。这是大连市第一个有关新闻出版工作的政府法规。

中国晚报协会主办的中国晚报人物消息大赛揭晓。《新民晚报》的《谢希德三改科普书稿》等8家晚报的文章获得特等奖；《扬子江晚报》的《下岗职工成了“毛巾大王”》等58篇文章获一等奖；《燕赵晚报》的《许秀果和她的“百宝箱”》等109篇文章获二等奖；另有100篇文章获三等奖。

《消费者导报》名誉侵权案由陕西省高等法院终审判决：陕西《消费者导报》社胜诉，熊小伟及西安华西电子研究所败诉。11月27日的《新闻出版报》报道了这一案件审结的消息。

第七届全国时事编辑研讨会在贵阳结束。研讨会是由中国时事报道研究会与贵阳晚报联合举办的。全国有70多家报社90多名代表出席了会议。

北京市新闻学会主编的《北京新闻奖获奖作品选集》，由同心出版社出版。

中共长治市委机关报《长治日报》，因多年来长期连续组织多次大型新闻扶贫采访活动，被中共山西省委、山西省人民政府授予“扶贫先进单位”光荣称号。

江苏省新闻工作者协会在南京召开全省优秀中青年新闻工作者作品研讨会。会上，专家学者对《新华日报》于惠通、省电台李鹏郸、省电视台景国真、《镇江日报》贾又敏等中青年记者的作品进行了剖析评论。

12月1日

历时近3年的《今晚报》“服务到家，送报上楼”工程，使该报在天津市内六区、新四区及塘沽、汉沽、大港地区拥有送报上楼订户达251403户。这项工程也为本市1431名下岗职工提供了再就业岗位。这一成就引起天津市及外地报刊发行局的广泛关注。

原来每日下午出版的《成都晚报》，改为早上出版，使该报一大早就进入市场，参与城市早报的竞争行列。该报市区零售量和广告客户均有所回升。

第四届海峡两岸及港澳新闻研讨会在香港举行。来自内地、台湾、香港、澳门的90余名新闻界人士对共同感兴趣的问题进行了讨论。香港特别行政区长官董建华、中国记协常务副主席郑梦熊为研讨会题词，台湾新闻界知名人士楚崧秋等也题词祝贺。香港政务司长陈方安生到会祝贺并致词。在为期4天的研讨会上，大家就“新闻自身与社会责任的平衡”、“海峡两岸及港澳传媒近年新闻交流之回顾与前瞻”、“各地传媒对香港回归报道之分析”等问题，结合各自实际情况发表了看法。

12月3日

据本日出版的《新闻出版报》报道，我国最大的报纸——《半岛晨报》户外悬挂特刊，日前在大连面世。它长21米、宽16米，耗资38万元，用保丽布制成，电脑喷绘，四色彩印，图文并茂。

12月4日

中国记协致电福建省记协，支持福州晚报记者顾伟的正义行动。今年10月中旬，福州晚报记者顾伟因连续发表当地赌博机毒害群众的报道，遭到不法之徒的恐吓威胁和打黑枪“警告”。中国记协在电文中认为这是一起严重侵犯新闻工作者进行正常采访的合法权利的事件。

12月5日

据本日出版的《新闻出版报》报道，广州《南方日报》因所刊批评报道，善于抓住领导机关和人民群众共同关心的问题，重拳出击，既稳且准，获得成功。广东省领导赞扬该报在舆论监督方面：“注意把握好度，掌握好分寸，取得了积极的社会效果，是帮忙而不是添乱。”

“中国百名记者志愿扶贫团”在北京举行汇报会。“中国百名记者志愿扶贫团”活动由国务院扶贫办、中国记协和中国扶贫基金会主办。从6月16日到9月22日，来自中央及各部委、24个省区新闻单位的百名记者分三批6个团，先后深入贵州、宁夏、四川、陕西、云南、湖北6个省区53个贫困县，进行采访活动。行程共1.7万多公里，发回420多篇文章稿件和200多幅照片。

中国韬奋基金会在北京举行建会10周年在京理事座谈会。在京理事近40人出席这次座谈会。基金会理事长孙起孟发来贺信，副理事长吴冷西主持座谈会。新闻出版署副署长于永湛出席会议并讲话。基金会秘书长邹嘉骊作了工作报告。该会建会10年来继承和发扬韬奋热爱人民，真诚地为人民服务的精神，为繁荣和发展新闻出版事业做了大量工作。基金会联合中国版协、中国记协设立了每两年评选一次的韬奋新闻奖和韬奋出版奖，成为全国新闻出版界的最高荣誉奖。还主持出版了《韬奋全集》，摄制完成电视专题片《韬奋在上海》，编辑出版《韬奋研究论文集》，创办了《交际与口才》杂志，并举办多次学术讨论会。

中保人寿保险公司福州分公司在福州晚报举行仪式，向该报全体采编人员赠送保额超过220万元的团体意外伤害保险；向遭受歹徒枪击住宅报复威胁的该报记者顾伟附加赠送一份保额超过10万元的家庭意外伤害综合保险。保险机构向新闻单位赠送团体意外伤害险，为仗义执言的编辑记者送保，这在全国保险界当属首例。

《音乐生活报》总编辑、著名音乐家王酩，因突发性脑溢血，抢救无效在北京逝世，享年63岁。

12月6日

福州晚报记者顾伟致信中国记协，对中国记协给予他的支持表示感谢。信中说，面对歹徒的枪声，我没有一丝惧意，但面对全国新闻界的激情、市委领导的关心、报社领导的支持和众多有正义感百姓的援助，我不止一次流下了热泪。

12月8日

据本日出版的《新闻出版报》报道，一

种新的微型报纸在杭州问世。这张以1997年9月27日出版的《江南游报》（对开4版）为蓝本的微型报已被上海大世界吉尼斯总部认可为世界上最小的报纸，并获得了证书。该报宽10厘米，高6.9厘米，一、四版为彩色版，内容以纪念“9·27”世界旅游日、’97中国旅游年为主题。报卡内含有一枚为纪念’97中国旅游年发行的纪念邮票。每套印有发行编号，绝版印刷36688套，限量发行。微型报采用高级水印纸印刷，具有防伪标志。该报图文清晰，用10倍放大镜可阅读报上全部文章。

美国亚洲商联举行捐赠仪式，向中国记协和在京新闻单位捐赠总价格100万元的3000套“字原电子邮件”。

12月9日

第十届“世界石油大会优秀新闻作品大赛”（大庆杯）颁奖仪式在北京举行。本次大赛活动获奖作品共104件，其中一等奖20件，二等奖32件，三等奖52件。这些作品选自中央和地方56家新闻单位。

浙江省新闻工作者协会第六届理事会第一次会议在杭州开幕。省委副书记刘枫到会祝贺，中国记协常务副主席郑梦熊代表中华全国新闻工作者协会致词，上海市记协主席丁锡满代表全国各省区市记协致贺词。浙江省记协主席江坪作了题为《高举伟大旗帜，把握正确导向，提高队伍素质》的工作报告，省记协常务副主席杜加星作修改《章程》的说明。会上，省领导向获得“全国百佳新闻工作者”称号的钱江晚报记者孙杰山，浙江人民广播电台记者王营，受到中国记协表彰的陆训、陈后扬颁奖。向程佩霞等30名为记协工作作出特殊贡献的新闻工作者颁发了荣誉证书和奖牌。经过理事会选举，江坪为省记协主席，张曦等为副主席，陈冰、于冠西、吴尧民为名誉主席，杜加星为顾问。

12月10日

中华人民共和国对外经济贸易合作部发出1997年第4号公告，将对来自美国、加拿大、韩国的新闻纸进行反倾销调查。这是应9家新闻纸企业于1月16日提出的有关申请而正式立案的。外经贸部发言人就新闻纸反倾销调查回答了记者提问。

12月11日

《新闻出版报》在《序与跋》栏内发表了穆青撰写的《延安解放日报史序》。《延安解放日报史》，由中国社会科学院新闻所王敬、王凤超、岳颂东等合作编写，全书约30万字，即将由新华出版社出版。

全国新闻出版界编校人员业务知识（有奖）竞赛活动，在北京举行竞赛抽奖仪式。这次活动是由新闻出版报与中国农机化报联合举办的，是为落实《中共中央关于加强社会主义精神文明建设若干重要问题的决议》中有关新闻媒体和出版物要为全社会正确使用祖国语言文字做出榜样的要求，进一步提高新闻出版从业人员的业务素质和出版物编校质量而举办的。大连日报杜祖基荣获一等奖，深圳晚报陆岚等5人获二等奖，陕西人民出版社李忠民等10人获三等奖，50人获优秀奖。解放军报社、中国核工业报社、郑州晚报社、山西作文周刊社和青海日报社获此次竞赛活动的组织奖。

12月12日

中央电视台在大型木偶童话剧《神奇山谷》研讨会上，采用多功能便携式电脑，由技术人员以每分钟200余字的速度同步录入发言内容，并由助手协助校对、整理。录入者可闭目操作。会议结束即可看到全套发言材料。这一安排，也便于到会的新闻记者核对笔记。

首次升格为全国性电视类评奖活动的第

15 届中国电视“金鹰奖”在上海揭晓。电视剧《儿女情长》一举获最佳长篇剧奖等 6 项大奖。上海电视剧在本届评奖中喜夺 11 尊“金鹰”。

12 月 14 日

第三届“五四新闻奖”在北京揭晓。《手拉手：奉献千万颗爱心》等 98 件作品获奖。这项奖项是由共青团中央和中国记协共同主办的。本届评选共收到 31 个省、区、市 100 多家新闻单位和 18 家中央新闻单位报送的 235 件作品，共评出一等奖 19 件，二等奖 29 件，三等奖 50 件。

“中央主要报纸及省报报纸头版头条消息大赛”定评会在北京举行。大赛是由新闻出版报和深圳特区报联合举办的。在定评会上，经过评委认真评议和严格筛选，并以投票表决的方式，从 135 篇选评作品中评出 66 篇获奖作品。其中《人民日报》的摄影报道《雪封阿勒泰，战鹰解危难》（组照）获特别奖，《解放军报》的《我战略导弹部队组成首批专家方阵》《解放日报》的《中华铅笔写出大文章》《工人日报》的《八方携手打开生命通道，四矿工困井下半月生还》《深圳特区报》的《稳健经营，防范风险，招商银行创利六十亿》《经济日报》的《南京四“鹤”难齐飞》和《辽宁日报》的《先富村兼并穷村实现共同富裕》等 6 篇作品获一等奖，《光明日报》的《市长蓝胜利辞职开发荒山》等 12 篇作品获二等奖，22 篇作品获三等奖，25 篇作品获优胜奖。

第三届中华大地之光征文大赛颁奖大会在北京举行。组委会共收到各类参评作品 13620 多件，评出新闻通讯、报告文学、论文、经验介绍等四类获奖作品 916 件。其中，特等奖 4 件，一等奖 98 件，二等奖 286 件，三等奖 528 件。

12 月 15 日

新闻出版署办公室发出通知，要求各新闻出版单位订购《新闻出版工作文件选编》1995 年卷。该书共印 3000 册。

人民日报社举行《人民日报》1997 年 7 月 1 日丝绸版赠送仪式，中共中央宣传部、新闻出版署及全国十大图书馆共 17 个单位接受赠送。

《中华新闻报》对西南一家都市报发布所谓“人民币换版已纳入中国人民银行议程”的消息提出了批评。指出此类信息属国家金融秘密，有关部门早已三令五申不得擅自报道。这家报纸如此报道，严重违反宣传纪律。

12 月 17 日

人民日报社主办的《新闻战线》创刊 40 周年座谈会在北京举行。与会者认为，多年来特别是改革开放以来，这一杂志对中国新闻事业的发展、新闻队伍的培养、新闻改革的探索起到了应有的促进作用。

《运城日报·漫画版》座谈会在北京举行。全国美协副主席、当代漫画家华君武，原中国记协书记处书记唐非及我国漫画界知名人士出席会议。与会者对全国地市报中首先推出的这份 4 开 4 版双周刊漫画版给予充分的肯定，并就漫画如何贴近生活、贴近群众发表了指导性的意见。

12 月 18 日

《新闻出版报》以一版显著位置发表通讯《钮部长评报》，并配发编者按称：党的机关报是什么？是党的耳目喉舌。耳目者，“大脑”通过它来观六路，听八方；喉舌者，“大脑”指挥它来发布各种信息。要使耳目达之千里之外，准确鲜明，要使信息如雨露润禾苗，滴滴入土、入心，少不了“大脑”的关心与管理。钮茂生部长评报，正体现了党委（党组）对耳目喉舌的关心与爱护。我们相信，全国新闻传媒在党的关怀下，也一定会耳更聪，目更明，声更亮。钮茂生时任水利部部长。

上午，由中央人民广播电台主办，澳门基本法协进会、澳门日报协办的《澳门基本法讲座》《澳门风采》开播仪式在北京人民大会堂澳门厅举行。两节目各52期。中央人民广播电台自20日，即澳门回归倒计时2周年起，在对香港特别行政区、澳门及珠江三角洲地区广播的《华夏之声》节目和第一套节目中开始播出。《澳门日报》同日刊出。

全国新闻出版信息化建设工作会议在湖南长沙召开。会议确定了以“金版工程”为主体的全国新闻出版信息化建设的发展规划，并提出1998年为“全国新闻出版管理信息网络”系统工程扩展建设的一年，将于明年底开通网络。会议由新闻出版署组织召开。

12月22日

国家民委组织举办的首届民族好新闻评奖活动揭晓，本日在北京举行颁奖大会。这次评选共评出1992年至1996年由中央有关新闻单位编（播）发的优秀作品102件，其中一等奖12件、二等奖30件、三等奖60件，此外还有《人民日报》等6家新闻单位民族专版专栏的编辑获优秀编辑奖。据国家民委副主任李晋有宣布，民族好新闻评选今后将形成制度，每两年举行一次，以鼓励新闻单位采写优秀民族新闻作品。

12月24日

中国期刊协会主办并赠建的“全国百家期刊阅览室”第一家揭牌仪式在武警天安门国旗护卫队举行。中国期刊协会开展的赠建“全国百家期刊阅览室”活动，旨在充分发挥期刊出版在社会主义精神文明建设活动中的作用，进一步密切期刊界与广大读者的联系，提高全民族的科学文化素质。第一批已有469种期刊每月分别向22家阅览室赠刊近2500册。1998年一季度百家阅览室将全部建成。

12月30日

中国广播电视出版社出版的一部大型文献纪实性画册《历史的巨变——香港政权交接纪实》，在北京举行出版座谈会暨限量发行1997册豪华珍藏本的公证仪式。收入画册的305幅图片，是由中央人民广播电台、中国国际广播电台、中央电视台、新华通讯社、中国新闻社的数百名记者赴香港实地采访拍摄的。画册还收入了当时党和国家领导人的重要讲话和一些历史文献资料。

12月31日

哈尔滨决定将市属66种内部报刊全部取消。

成都市的《成都教育报》《健康时代报》等33种内部报纸和《成都文化》等71种内部期刊，作为第一批治理的报刊予以停办或转化为内部资料、工作简报。其余120种内部报刊通过审理，可作为第二批治理的报刊暂时出版到1998年底。成都市现有公开报刊21种，其中报纸10种，期刊11种；内部报刊共224种，其中报纸124种，期刊100种。

《海南法制报》等4家公开发行的报刊，《特区信息报》等65家内部发行的报刊，全部停办。另有7家内部报纸、15家内部期刊将于1998年12月31日停办。

同月

中国晚报协会委托北京东泽资讯系统有限公司建立的中国晚报稿件交流网，正式投入使用。

第四届全国国际新闻报道研讨会在成都举行。这次研讨会共评出国际好新闻一等奖4名、二等奖8名、三等奖12名及优秀奖若干名。此次会议由新华社主办、成都晚报承办。

中国记协决定，授予《中国电力报》驻河南电力局记者站副站长郝心才“无私奉献的优秀新闻工作者”荣誉称号。郝心才是1996年5月在工作岗位上病逝的。

《邓小平论新闻宣传》一书，由新华出版社出版发行。这部书分两个部分：第一部分是邓小平关于新闻宣传的论述摘录，分10个方面将邓小平对社会主义新闻宣传工作的性质、作用、任务、基本原则和需要注意的一些重大问题的论述，按内容作了分类编排。第二部分是有关文章的选辑。这部书由新华社新闻研究所选编、中央文献研究室审定。

四川《泸州日报》新辟证券增刊。该刊每周日出刊（对开4版）。

同年

光明日报创办《电脑周刊》，每周四出版。

广州日报报业集团成立。全年广告收入达2亿元的5家报纸和达1亿元的12家报纸也纷纷加入报业集团的行列。

中央人民广播电台《午间半小时》节目自1987年元旦开播以来，已历10年。它融新闻性、知识性、服务性于一体，是颇具影响的名牌节目。它也是我国开办较早的广播节目主持人节目之一。

安徽日报社党组和编委会结合报社实际，确定了今年为“素质年”，精心设计了《素质年活动方案》，提出了全社职工提高素质六项准则，对全年的理论学习、业务培训、文明创建活动作出了具体安排。加强采编人员的职业道德建设，禁止有偿新闻。与此同时，在报社内部建立和完善“把关”制度，从组稿、写稿、发稿、审稿各环节，层层防范，杜绝有广告倾向的稿件上版面。报社成立职工培训领导小组，对全社职工开展不同范围、不同内容、不同层次的业务培训。建立激励机制和工作运行机制，修改、完善采编人员工作实绩考核办法。建立总编辑奖励基金，实施三级策划，试行“小编辑部、大采访部”的工作方法。

四川南充日报社决定以政治素质、工作实绩、好稿创评、遵纪守法、职业道德等10个方面内容为标准，每年年底评定“最佳”记者（编辑）、“最差”记者（编辑）。“最佳”者获总编辑奖，“最差”者调离采编岗位。

《中国消费者报·周末特刊》今年起推出新栏目《广告点评》，旨在通过点评，使广大消费者以科学的态度去了解广告、选择广告。

江西日报建立总编室夜班日记制度，由带班社领导和夜班其他负责同志，将版面安排和稿件处理中碰到的一些值得注意的问题，形成文字记录，并将其中有价值的记录选登发给采编人员以供参考。

北京市新闻出版局向部分市属期刊发出《关于征求北京市“创名牌期刊战略”意见的提纲》。内容有：你认为达到什么水平的期刊才可谓精品、名牌？目前，期刊“创名牌、出精品”的目标是否具有必要性和可能性？贵刊是否具有“创名牌、出精品”的目标与计划？期刊“创名牌、出精品”应从哪几方面着手？贵刊在“创名牌、出精品”上有哪些差距？在“创名牌、出精品”方面已做了哪些工作，取得了哪些成绩和经验，近期将采取哪些措施来推进此项工作？北京市实现期刊“创名牌、出精品”的目标需要主管部门做哪些工作？

北京市新闻出版局拨专款与北京电视台《读书求知》栏目联合摄制《京版期刊风采》电视专题片，加大对市优秀期刊的宣传力度。专题片每家1集，每集5分钟，每周播出1集。

共青团中央、中国记协联合设立的“五四新闻奖”，经中央新闻评奖管理部门批准为常设全国性新闻奖。该奖初设于1994年，每年评选一次。今年第三届“五四新闻奖”的评选采取初评、复评和定评方式。参评作品是中央和各省（区、市）主要新闻单位在1996年元旦至12月31日期间公开发表的、直接报道青年和共青团工作的新闻作品。“五四新闻奖”全国评选委员会，由中央宣传思想工作部门和中央主要新闻单位的负责人组成。

《中国广播电视年鉴》1997年版问世，全书140余万字，并附有彩色图片40余页，主要反映中国广播电视事业1996年在宣传和改革开放方面的新成就、新情况和新资料。此外，还及时特设《悼念邓小平，缅怀邓小平》专辑，汇编了中央电视台、中国国际广播电台、中央人民广播电台等悼念小平同志逝世宣传情况的文章，以及邓小平同志与广播电视有关的文章、照片、题词、题字、书信、广播稿等一批珍贵史料。

福建省第一部新编新闻志《福州新闻志·报业志》，由福建人民出版社出版。王植伦主编，潘群任副主编，全书共34万字。

《民族新闻学导论》，由广西师范大学出版社出版。作者为漓江日报社副总编辑、主任记者白克信和该报主任编辑蒙应。

到本年底止，全国（不包括港、澳、台）已有晚报143家，参加晚报协会的已经达124家，晚报界拥有编辑记者6388人，其中60%具有中高级职称。据统计，参加全国晚报协会的124家晚报日发行总量为2100万份。其中，《新民晚报》《羊城晚报》《扬子晚报》发行超过百万，《今晚报》发行量超过50万。另有22家晚报发行份数为10万到50万。

中共湖南省委办公厅、湖南省人民政府办公厅向全省发出通知，要求全省各级单位组织实施新闻出版广播电视业治理工作方案。根据这一方案，湖南有25种正式报刊被停办，210个广播电视播出机构被撤并。

中南财经大学新闻学系开设经济新闻专业。

《中国编辑研究（1996）》，由中国编辑学会和人民教育出版社联合编辑出版。这是一本在编辑学学科建设方面具有学术性、资料性的读物。每年出版一辑。出版宗旨是：交流研究情况，积累研究资料，汇编研究成果，为促进编辑学的学科建设和繁荣中国的社会主义出版事业服务。

据广州达门信息产业有限公司今年年初完成的一项广州读者调查结果显示，《羊城晚报》在市场竞争中由于贴近读者，关注社会问题，发行量高达130万份。在全国各类报纸中名列前茅。该报在广州地区的发行量达40万份，居当地报纸之首。该报自费订阅的读者比例在广州各报中是最高的，达82.4%，其中近50%是连续订阅多年的，传阅率近九成，平均传阅人数超过3人。在广州各报中比例最高。这次调查采用分层多级不等概率抽样法，在广州5个老城区抽出1200户家庭的约3000位16岁以上成年人。调查误差不超过3%，置信度为95%。

中共江苏省盐城市委、市政府作出决定，对市内出版的报刊进行整顿。在此以前，盐城市共有报社和期刊社54家，持国内统一刊号的仅7家。根据盐城市委决定，保留7家国内统一刊号的报刊，其中2家党报要求组织征订，其余走向市场，鼓励自愿征订，不允许强行和变相摊派。8家内部报刊年底一律停办。另有39家内部报刊，40%年内停办，60%申报审批后方可转为内部资料，并一定坚持“三不准一自三不得”

原则。“三不准”是不准公开向社会征订，不准收工本费，不准登广告。“一自”是一律自费赠阅。“三不得”是不得与省有关部门联办，不得拉企业赞助办，不得增加财政负担。

云南日报社向集约经营目标迈进，各项事业均获得较快发展。今年 1 月至 10 月，全社总收入、广告收入、利润分别达到 9905 万元、6422 万元、2919 万元。与去年同期比，分别增加 22%、26%和 9.7%。

山东省德州市设立“市长公开电话室”，处理新闻单位曝光问题。一年多来共处理各级新闻单位曝光问题 18 件。

《无锡日报》在以提高要闻版的读者兴趣值为主要内容的新一轮改版中，建立向贴近生活、贴近百姓和新闻信息量大的报道倾斜的激励机制，鼓励记者、编辑多写多编新闻价值高和可读性强的稿件；努力改善会议报道和领导活动报道；见缝插针地推出读者欢迎的“软”性稿件，把百姓关心的消息放在要闻版刊发；精心经营好一版下半部和倒头条，使“软”性稿件在要闻版有巩固的阵地。

江苏《常州日报·延陵周末》在《现代生活》版开设《生活闲话》专栏，一个月提出一个议题，让读者充分参与讨论，本年已刊出 200 多篇直接来自市民的文章。该栏有三个特色：一是时代性，二是贴近性，三是参与性。力求做到“从生活中论事，于闲话间明理”。

四川《南充日报》今年内推出四大报道工程：“玉米丰收工程”，“企业增效工程”，“精神文明创建工程”，“形象工程”。开展南充对外形象宣传，为招商引资创造良好外部环境。

成都晚报社为进一步加强新闻队伍建设和廉政建设，决定采取内外相结合的办法，在报社内部成立监察室，设立举报箱，公布举报电话，报社职工人手一册《廉洁自律手册》。同时在市级党政、经济、文化、宣传等相关部门聘请 17 名“成都晚报廉政建设评议员”，由报社领导颁发聘书，并明确赋予他们对报社廉政建设和队伍建设，特别是新闻工作者遵守职业道德，禁止有偿新闻的情况行使调查权、评议权和监督权。

吉林省广播电视塔交付使用。电视塔的 130 米以上有 4 层塔楼，设有观光平台和旋转餐厅，一次可容纳 200 多名游客，成为长春又一观光景点。

中国新闻摄影学会与新闻出版报社决定从本年起联合举办新闻摄影年赛，一年一次，对一年间的新闻摄影作品进行评选与研讨，举办新闻摄影作品年展。评委会主任范敬宜，副主任张芬之、舒野，秘书长胡颖。

抚顺市新闻单位强化职业道德建设，公开记者采访行为，实行记者挂牌上岗，接受社会监督。

《中国气象报》记者深入贫困地区采访，先后开辟 6 个省气象部门科技扶贫专版。

中央电视台强化重点意识、系列意识，运用一流的编导、一流的技术设备，提供人、财、物的充分保障，重点制作思想性、艺术性上乘，在海内外能够引起强烈反响的精品节目，如党的十五大和香港回归重大报道、“文明城市创建活动”“文明村镇创建活动”和“文明行业创建活动”三创活动的报道，以及《质量万里行》《二十一世纪世界经济回顾》《周恩来》《香港沧桑》（下部）、“纪念建军 70 周年晚会”的系列节目等。

本年中国大陆公开出版发行的报纸共 2149 种，平均期发数 18259 万份，全年发行总数 2875942 万份。中国大陆共有广播电台 1363 座，广播人口覆盖率达 86%，电视台 923 座，电视人口覆盖率达 87.6%。

1998年（戊寅）

1月1日

我国实行播音员主持人持证上岗制度。广播电影电视部规定：自1998年1月1日起，我国将用3年时间在广播影视系统陆续实行播音员主持人持证上岗制度。当日上午，中共中央政治局委员李铁映与广播电影电视部部长孙家正、国家语委主任许嘉璐等，向第一批获得播音员主持人资格证书的中央三台181名播音员、主持人颁发了证书。李铁映在颁证会上称赞“持证上岗”是一个好制度，是广播电视事业法制化、规范化的一个很大的进步。他说，播音员、主持人“责任重大，工作神圣”，一言一行都涉及人民的根本利益和国家的安稳。他鼓励广大播音主持人员：要让世界人民从他们的言行中看到中国人民走向新世纪的崭新精神风貌。

北京人民广播电台第一套节目和北京电视台第一套节目通过“亚洲二号”卫星传送节目，我国所有地区以及周边各国都可以收听、收看到北京电台、北京电视台的节目。北京人民广播电台调频97.4兆赫实现电脑自动化播出，每一位节目编辑都配备了一套电脑制作系统，共设置40个数字音频工作站，实现了电脑网络化。这在全国电视台中尚属首家。

《光明日报》网站正式开通。网站集成了光明日报报业集团下的《光明日报》《生活时报》《中华读书报》《文摘报》以及《书摘》《博览群书》《考试》等报刊与杂志的内容。

1月5日

《人民日报》改版，强化新闻报道的速度、深度和高度，推出《经济周刊》《地方新闻》《新闻追踪》《视点》等专版和栏目，并在版面设计上做了新的探索。《经济周刊》由经济部创办，其目的是为了扩大经济报道领域，增强经济报道的信息量、可读性，更贴近生活、贴近读者。该刊辟有热门话题、财税金融、经济生活、市场专题等专版；财税金融版刊登周正庆、刘仲藜、戴相龙、项怀诚新年寄语。《经济周刊》每周一出版，版面为《人民日报》的第九版到第十二版。

《党建》杂志迎来了创刊十周年纪念。中共中央政治局委员、中宣部部长丁关根为此发来了贺词。他希望《党建》杂志社的同志增强政治意识、大局意识、责任意识，坚持团结鼓劲，把握正确导向，发挥优势，提高质量，办出特色，更好地为人民服务，为社会主义服务，为全党全国工作大局服务。

1月7日

外国政要祝贺人民日报社主管的《环球时报》创刊五周年。巴基斯坦伊斯兰共和国总理穆罕默德·纳瓦兹·谢里夫在贺词中写道：“在此，我极其高兴地通过贵报向贵报全体采编人员和读者，以及伟大的中国人民和他们的卓越领导人致以新年祝贺！这个机会对我来说具有特别的意义。”墨西哥众议院议长卡洛斯·梅迪纳的题词为：“热烈祝贺中国《环球时报》创刊五周年，祝《环球时报》取得更大的成就。”委内瑞拉共和国外交部长米格尔·里瓦斯发来贺电并在题词中说：“在委内瑞拉和中国之间存着一种神秘而富有魅力的气氛，它使中国侨团的成员在我们之中慢慢地变得和蔼可亲，情同手足。”

1月8日

新华社工作会议在京召开。社长郭超人在工作报告中宣布：“新华社已基本实现了1983年初提出的在本世纪末建成有中国特色社会主义现代化的世界性通讯社的宏伟目标，为胜利完成党中央三代领导集体赋予新华社的历史任务迈出了具有决定意义的一步。”会上，新华社提出了今后五年的发展目标，要求进一步提高新闻报道的总体水平，在国内更好地发挥正确引导舆论的作用，在国际上大力提高同西方通讯社的竞争力，形成比较完善的、与社会主义市场经济相适应、符合世界性通讯社客观规律的管理体系和运行机制，为最终实现把新华社建成更大更强的国际性通讯社打下更加坚实的基础。

1 月 12 日

全国宣传部长会议在北京举行。中共中央政治局委员、书记处书记、中宣部部长丁关根主持会议并讲话。丁关根在讲话中说，1998 年是全面贯彻落实党的十五大精神的第一年，是开创改革开放和现代化建设新局面、实现跨世纪战略任务至关重要的一年。工作中，要解放思想，实事求是，抓住机遇，开拓进取，在巩固、深入、创新、提高上下功夫。巩固，就是坚持基本思路，保持好的工作态势；深入，就是把任务真正落到实处，向纵深发展；创新，就是研究新情况，解决新问题，有所突破，有所前进；提高，就是高标准，严要求，上质量，上水平。

丁关根指出，做好工作必须有一个良好的精神状态。第一，高举旗帜，坚定信念。做好党的宣传思想工作，最根本的是高举邓小平理论伟大旗帜，坚定自觉地用邓小平理论武装头脑、指导工作，牢固树立建设有中国特色社会主义的坚定信念，坚持党的基本路线不动摇，坚定自觉地同以江泽民同志为核心的党中央保持一致。第二，奋发向上，积极进取。要进一步解放思想，实事求是，深入实际，调查研究，增强改革意识、进取意识，始终站在时代前列，创造性地开展工作。第三，淡泊名利，甘于奉献。共产党员要身体力行全心全意为人民服务的宗旨，胸中时刻装着人民，诚心诚意为人民群众谋利益。要牢固树立正确的世界观、人生观和价值观，不为名利所惑，经受住各种考验，保持共产党人的本色。要多学习少应酬，多奉献少计较，多实干少空谈，以对党和人民事业极端认真、极端负责的态度做好本职工作。

1 月 14 日

李鹏总理为全国广播电视先进县（市）表彰大会发来贺信。他在信中说：“县级广播电视是整个广播电视事业的基础。县级广播电视的发展，有效地扩大了中央和省级广播电视节目对广大农村地区的覆盖，有力地推动了当地的经济和社会发展，意义重大。广大广播电视工作者为发展我国广播电视事业，付出辛勤的劳动，特别是广大基层广播电视工作者，默默无闻作出了无私的奉献。我向你们并通过你们向辛勤工作在广播电视战线上的同志们致以亲切的问候！”

广播电影电视部部长孙家正在全国广播电视先进县（市）表彰大会上发表讲话。他总结全国广播电视先进县（市）经验主要有以下五点：一是始终坚持党的基本理论、基本路线、基本方针，充分发挥广播电视作为党和人民喉舌的作用，紧紧围绕党和政府的中心任务开展工作。二是县（市）的党政领导都十分重视广播电视事业的发展，重视广播电视在两个文明建设中的重要作用，重视广播电视队伍建设。三是有一个有力的广播电视部门领导班子。四是有一支思想、作风、业务都比较过硬的广播电视工作队伍。五是重视发扬艰苦奋斗、开拓进取的精神。

1 月 15 日

广播电影电视部部长孙家正会见美国有线电视新闻网（CNN）副董事长雷因哈特一行，就合作事宜交换了意见。

1月15日

全国广播影视厅局长会议在北京召开，广播电影电视部部长孙家正在会议上强调，1998年的广播影视工作要把宣传邓小平理论放在重中之重的位置，做好学习贯彻十五大精神的宣传报道，大力加强和突出新闻节目，使新闻报道更加贴近群众、贴近实际、贴近生活。孙家正说，在广播影视的所有工作中，宣传工作是中心，是第一位的，新闻节目是广播电视节目的龙头、骨干和支柱，导向性最鲜明、最及时，社会影响力最直接、最深远。当前，广播电视节目套数多了，播出时间长了，在这种情况下，要更加重视新闻，把加强新闻节目摆在突出的位置，继续推进新闻节目整点播出和重要新闻的滚动播出，增加群众感兴趣的有积极意义的社会新闻、文化科技新闻、体育新闻、国际新闻等。

1月16日

中共中央总书记、国家主席江泽民在会见全国宣传部长会议代表时强调，今年是全面贯彻落实党的十五大提出的各项任务的第一年。江泽民强调，党的宣传思想工作，肩负着用先进的思想、科学的理论、高尚的精神和正确的舆论，去宣传群众、武装群众、教育群众、鼓舞群众为实现自己的根本利益而奋斗的崇高使命，因而在党的整个工作中始终处于极其重要的地位。宣传思想战线的同志要充分认识自己所从事的工作是无上光荣的，又是十分艰巨的。因为光荣，就要特别珍惜热爱；因为艰巨，就要始终奋发进取。他希望同志们继续开创宣传思想工作的新局面。

1月18日

全国新闻出版局长会议在北京举行。如何深化出版改革，建立起符合社会主义市场经济要求、服务于精神文明建设、切合出版规律的新出版体制成为会议关注的焦点。新闻出版署署长于友先总结了社会主义初级阶段我国新闻出版工作的五个基本特点和规律：新闻出版要始终坚持正确的政治方向和舆论导向；承担为现代化建设和国民素质提高提供强大的出版支持的历史性任务；坚持质量和效益的有机结合；出版产业要通过提高集约化程度，努力改变部门所有、条块分割，形成统一、开放、竞争、有序的全国大市场；建立有中国特色的社会主义新闻出版体制要稳中求进。他强调，十五大为今后新闻出版业的发展指明了方向，提出了“加强管理，优化结构，提高质量”的要求，迫切需要把出版置于国家改革发展的总坐标中考虑，以使出版产业有更大繁荣，跟上社会经济全面进步的步伐。

1月20日

人民日报编辑部历时两年编纂成书的《人民日报版面备要》，由人民日报出版社出版。作为中共中央机关报，《人民日报》的版面编辑工作更有其特殊性。在50年的办报实践中，人民日报在版面处理方面积累了极其丰富的经验，版面庄重、准确、朴实、大方，形成了自己独特的风格。对于这笔特殊的财富，人民日报编委会十分重视，组织力量编写了《人民日报版面备要》一书，对重大会议新闻、党和国家领导人重要活动新闻、重要节庆纪念活动新闻、元旦春节国庆等节庆活动新闻、重要外事新闻、台港澳新闻、逝世新闻、重大典型报道、党和国家领导人署名文章、重大建设成就新闻、重大案件新闻等十几类新闻和文稿的版面安排常例、特例和变例作了系统的分类总结。

1月21日

美国时代华纳公司董事长李文参观浦东新区后，结束对华访问，离沪回美。李文是应中国人民对外友好协会的邀请，前来中国访问的。在沪期间，上海市长徐匡迪会见了李文一行。李文表示时代华纳公司将推出《上海的故事》栏目，向美国人民介绍上海。

1 月 22 日

第十八届冬奥会在日本长野闭幕。中央电视台从 7 日起现场直播了开幕式、闭幕式及 45 场比赛。除《新闻联播》和《体育新闻》及时、准确、生动报道了比赛盛况外，还播出专题 5 辑，每辑 60 分钟。冬奥会期间，中央电视台共播出 180 小时，据国际奥委会统计，节目播出量居世界第 4 位，超过美国 10 多个小时。国家体委主任伍绍祖在中国体育代表团总结会上对电视报道工作评价道：1. 中央电视台对冬奥会的报道创下历史最高纪录，关键场次都是现场直播，非常及时；2. 电视报道舆论导向正确，在对金牌期望值的报道中对“度”的把握很适中，使观众能正确看待中国代表团的成绩；3. 自觉遵守宣传纪律，尤其在反兴奋剂的报道中能够自觉按照中宣部的精神把握报道口径。

1 月 27 日

1998 年中央电视台春节联欢晚会现场直播取得圆满成功。央视调查咨询中心就 1998 年春节联欢晚会的收视情况对全国 20 个城市的 1094 户家庭进行电话抽样调查，结果显示：收视率达 94.42%，比上一年高 3.75%，为历届春节联欢晚会最高收视率；对这台晚会表示满意和比较满意的观众占 87.03%，满意度比上一年高出 4%。中央电视台还首次利用国际互联网对春节晚会进行报道，通过国际互联网，中央电视台春节前后共收到电子信件 1 千多封。由于将晚会精彩片断上网，大大吸引了访问者，仅在晚会进行的 4 个小时，中央电视台互联网站点便获得 15 万 7 千的点击数，访问者空前。

1 月 28 日

以“团聚、亲情、友谊”为主题的“跨越大洋庆虎年——’98 广东电视台大型春节文艺晚会”在美国洛杉矶举行，广东电视卫星台通过卫星传送直播晚会实况，美国、加拿大、新加坡、马来西亚等国的中文电视网络现场直播或转播了晚会。这是中国电视传媒首次在国外举办并直播文艺晚会。

2 月 1 日

中央电视台海外专题部《中国报道》栏目对正在南极大陆科学考察的中国南极第 14 次科学考察队的活动成功地进行了同步跟踪报道，播出了 3 个专题报道节目：《南极的祝福》《走进南极冰盖》《走出南极冰盖》。本次报道首次使用了移动卫星可视电话与远在 13000 公里外的南极科考队取得联系，实现了图像信号的双向传输。这次报道的成功标志着中央电视台具备了在地球最南端进行同步报道的能力。

2 月 4 日

中共中央政治局委员、中央书记处书记、中宣部部长丁关根，中共中央政治局委员、广东省委书记谢非，国务院副秘书长刘奇葆，新闻出版署署长于友先等视察广州日报报业集团两年来试点工作情况。丁关根说，广州日报的同志能够认识到既要把握正确的舆论导向，又要讲究宣传艺术，这是很好的。随后，丁关根一行还视察了羊城晚报、南方日报等单位，下午又同广东三大报的主要负责人就报业改革问题进行座谈。

2 月 10 日

为纪念邓小平同志逝世一周年，结合《邓小平论新闻宣传》一书的出版，中国记协在京举行座谈会。首都主要新闻单位负责人、有关部门领导及部分新闻工作者出席了座谈会。座谈中，与会者指出，小平同志一向十分重视新闻宣传工作，提出了新闻舆论“极端重要”“责任重大”，要“自觉地以大局为重”和解放思想、实事求是、“拿事实来说话”等许多精辟论点，并要求新闻宣传工作要坚持党性，依靠群众，加强监督，改进文风，坚决杜绝空话、大话、假话，为我们搞好和发展新闻事业指明了原则和方向。与会者认为，《邓小平论新闻宣传》一书言简意赅，博大精深，揭示了有关新闻工作一系列基本问题的本质，对指导新时期的新闻工作，加强新闻队伍建设，特别是理论建设具有深远意义。

2月11日

中央电视台派出由新闻中心侯明古、水均益、冀慧彦、胡阳、赵雪松和康锐，播送中心智卫、贾培宏组成的8人报道小组，冒着生命危险赴伊拉克报道武器核查问题。这是中央电视台第一次在国际热点地区派出自己的摄制组做现场直播报道，改变了中央电视台重大国际事件采用外来信号的历史。据报道组人员介绍，这次在巴格达采访的电视台有30多家，中央电视台是其中报道阵容较大的一家。该报道活动一直持续到3月1日。

2月13日

中央宣传部副部长徐光春在中央部委产业经济报工作会议上强调：中央产业经济报是面向各个产业的报纸。产业报人是新闻宣传队伍中一支重要队伍，是新闻战线重要方面军，当前面临新的情况，是挑战，也是一个机遇，我们要努力办好，产业经济报是大有可为的。

2月14日

中国记协工作会议在重庆召开。中国记协主席邵华泽在会上作了《进一步开创记协工作新局面》的报告，提出深入学习“十五大”精神，进一步开创记协工作的新局面。

2月16日

尉健行接见工人日报干部职工并发表讲话，他强调：《工人日报》作为党的一个新闻舆论阵地，承担着宣传工人阶级和工会的重要任务。多年来，《工人日报》在邓小平理论和党的基本路线指引下，认真贯彻江泽民同志关于“讲政治”和“政治家办报”的指示，坚持正确的舆论导向，在宣传党和政府深化改革、促进发展、维护稳定的一系列重大举措，发扬工人阶级和先进模范人物崇高精神，在维护职工合法权益，推动工会各项工作的开展等方面，都发挥了很好的作用，做出了很大成绩。新闻扶贫就是送温暖工程，是联系职工群众的一种很好形式，受到了职工群众的欢迎，赢得了很好的社会反响，同时也锻炼了报社的干部队伍。

2月16日

全国对外宣传工作会议在京举行。国务院总理李鹏向会议致信说，对外宣传担负着让世界了解中国、让中国了解世界的光荣使命，是促进中国与世界各国交流、合作的桥梁。对外宣传工作任重道远，需要大力加强。各地党政部门要重视和支持对外宣传工作。对外宣传战线的同志们要继续努力，不断提高队伍素质，提高对外宣传的能力和水平，把对外宣传工作做得更有成效，为我国的改革开放和现代化建设营造更加有利的舆论环境。丁关根在座谈时指出，对外宣传是对外工作的重要组成部分，也是宣传工作的重要组成部分。当今世界国与国之间联系日益紧密，需要相互交流，彼此加深了解，增进友谊，扩大共识，促进合作。随着改革开放和现代化建设的深入推进，我们需要进一步了解世界，也要更好地向世界介绍中国经济和社会发展的情况。外宣部门的同志要认清职责，扎扎实实做好工作。

2月20日

20日上午，几十位老新闻工作者和首都主要新闻单位的代表，在中国记协举行的首都新闻界纪念周恩来百年诞辰座谈会上，深情地缅怀周恩来对我国新闻事业的领导和关怀，重温他对新闻工作的教导。座谈会上，中国记协名誉主席吴冷西，老新闻工作者温济泽、谭文瑞、刘习良、李琴、张沛等同志，用他们亲身经历过的生动具体的事例，讲述了周恩来从战争年代到新中国建立后的几十年，对我国新闻事业给予的直接领导和巨大支持。特别是我国的国际宣传，始终是在他的亲切关怀和具体指导下进行的，他不仅成年累月地交代宣传方针、布置宣传任务、审改评论文章，而且经常指点和过问报纸的版面安排、新闻处理、标题制作等具体问题。中国记协主席邵华泽说，周恩来同志对我国新闻事业的关怀和指导，对我国新闻工作者的关心和教诲，从一个侧面反映了他对革命事业无限忠诚、为国为民鞠躬尽瘁的高风亮节，反映了他的伟大人格和渊博学识。我们学习他的伟大精神，继承和发扬党的新闻工作的优良传统，用马列主义、毛泽东思想特别是邓小平理论做指导，在以江泽民同志为核心的党中央领导下，努力做好新闻工作，就是对周恩来同志百年诞辰的最好纪念。

2月23日

第三届中国人口新闻奖颁奖大会在北京举行，国务委员兼国家计生委主任彭珮云等出席颁奖会并为获奖作者颁奖。中国人口新闻奖是国家计划生育委员会和中华全国新闻工作者协会联合设立的我国最高级别的人口与计划生育优秀新闻作品专项奖，也是由中宣部批准的为数不多的全国性新闻常设奖之一。第三届中国人口新闻奖评选活动共收到报刊、广播、电视作品320篇。经评委会认真评选，分别评选出一等奖17篇，二等奖46篇，三等奖93篇。

2月26日

新中国最早的对外新闻媒体《北京周报》迎来创刊40周年。在纪念座谈会上，波兰驻华大使齐奂武说，《北京周报》是使馆工作人员的必读刊物。1958年1月，周恩来总理批准创办一份反映中国立场的英文刊物的方案，并亲自定名为《北京周报》。江泽民总书记曾为周报题词：“中国之窗，世界之友。”目前，《北京周报》有英、法、德、日、西5种文字版，及专门对非洲发行的《中国与非洲》英、法文版，发行20万份，读者遍布150多个国家和地区，以国外工商界、新闻文化界、驻华商社和来华旅游者居多。1996年初，周报英文版进入因特网。

同月

搜狐创始人张朝阳的爱特信公司推出搜狐，中国首家大型分类查询搜索引擎横空出世，搜狐品牌由此诞生。“出门靠地图，上网找搜狐”，搜狐打开了中国网民通往互联网世界的大门。

3月2日

为迎接九届全国人大一次会议和全国政协九届一次会议的开幕，人民日报网络版推出“历届人大会议”和“历届政协会议”数据库。读者只要访问人民日报网络版(www.peopledaily.com.cn)，即可免费阅读这两个数据库。数据库汇集了从1949年至1997年的历届人大、政协会议的重要工作报告、决议、人事变动及《人民日报》社论等相关报道。读者通过这两个专辑可对“两会”的历史进程有一个充分全面的认识与了解。数据库的资料由人民日报新闻信息中心提供。从该日起，人民日报网络版还将推出“两会最新消息”专辑，随着会议的进程为读者提供最新报道。

新华社重大突发事件报道指挥小组正式成立。该小组在新华社党组和总编辑室领导下，负责全社对重大突发事件报道的组织指挥工作。该小组是由国内部、对外部、摄影记者以及技术和后勤保障人员组成的应急小分队，它的成立是新华社为应对重大突发事件而采取的重要举措。

3 月 3 日

截至 3 日下午，前来报名参加采访“两会”的中外记者人数已达 2070 名，创造了采访“两会”记者人数的新纪录。在这 2070 名记者中，中国内地记者 1406 名，香港特别行政区记者 209 名，澳门和台湾记者 75 名，分别来自 57 家新闻机构。外国记者 380 名，来自美、日、英、德、韩、法、加拿大等 35 个国家的 144 家新闻机构，其中日本记者最多，共 107 名。

由广电部广播科学研究院和美国 DRM（Digital Radio Mondial）办公室共同主办的第一次“数字调幅广播世界无线电研讨会”在广州举行。来自世界各大广播电视公司和管理机构的 59 名主要负责人及 70 名国内代表出席了会议。

3 月 5 日

第九届全国人民代表大会第一次会议开幕。中央电视台人大开幕式电视报道取得成功，节目形式有重大突破，由过去单纯完成政治性任务的报道转变为既重政治性又重新闻性的报道，基本按照电视直播规律完成了报道任务。内容上增加了背景介绍，整体感觉新，效果好，得到大会新闻组的充分肯定。

本日至 19 日“两会”期间，中国国际广播电台发挥 43 种语言广播的优势，共采、编、播有关新闻 219 条、专稿 149 篇。此外，还成功地通过英语和汉语普通话广播对人大开幕式等 5 场重要活动进行了现场直播。国际台英语、华语、西班牙语、葡萄牙语、老挝语广播部主动向美国、日本、加拿大、墨西哥、巴西、乌拉圭、澳大利亚、法国等国的新闻媒体传送了有关“两会”的新闻和专题 182 条（篇）。

3 月 9 日

中国记协在京召开新闻助困座谈会并发出《关于在全国新闻界开展新闻助困活动的倡议书》。内容主要有：一、要充分认识开展新闻助困活动的重要意义。二、要讨论、制定和落实新闻助困的具体措施。各新闻单位要根据自己的条件，从当地实际出发，开展形式多样的新闻助困活动。三、要总结交流开展新闻助困活动的经验。希望各地记协、专业记协、各新闻单位经常总结检查新闻助困工作的情况，表彰在开展新闻助困活动中表现出色、成绩卓著的单位和新闻工作者，总结推广他们的经验，以促进新闻助困活动深入持久地开展下去。

3 月 10 日

第九届全国人民代表大会第一次会议通过关于国务院机构改革方案的决定。根据方案的规定，广播电影电视部的电视网络政府管理职能并入新组建的信息产业部，广播电影电视部改组为国家广播电影电视总局，列入国务院直属机构序列。

3 月 11 日

新闻出版署印发了《新闻出版业 2000 年及 2010 年发展规划》。《规划》将扶持有影响的党报实行兼并、重组，建立以党报为龙头的报业集团，到 2010 年经营规模上亿元的报社要达到总数的 10%。

3 月 23 日

广电部召开党组会议和机关司局长、直属单位负责同志会议。中组部副部长张柏林在会上宣读了党中央、国务院关于广播电影电视部改组为国家广播电影电视总局和总局领导班子变动的通知：田聪明同志任国家广播电影电视总局局长、党组书记，李树文、同向荣、赵实、张海涛同志任国家广播电影电视总局副局长、党组成员。

国家广播电影电视总局对外英译名称由国际广播电台翻译确定为：The State Administration of Radio Film and Television，缩写为：SARFT。经征求外交部翻译室、新华社对外发稿部和国务院办公厅有关部门的意见，一致认为此译法符合国际通行用法。国家广播电影电视总局的英文缩写（SARFT）与原广播电影电视部部徽图案组合成国家广播电影电视总局局徽图案。

3 月 25 日

中国记协邀请部分当年在晋绥边区新闻单位工作过的老同志和首都主要新闻单位的负责同志参加毛泽东同志《对晋绥日报编辑人员的谈话》发表 50 周年座谈会，重温毛泽东同志对《晋绥日报》编辑人员谈话的精神，座谈如何继承和发扬党的新闻工作的优良传统，更好地把握舆论导向，提高引导水平，进一步做好今后的新闻宣传工作。与会同志在发言中强调，《谈话》是毛泽东新闻思想的重要组成部分，是关于新闻工作的经典论述。毛泽东同志在《谈话》中运用马克思主义的立场、观点、方法，深刻地阐述了新闻工作的重要性，明确了新闻工作的性质和任务，提出了全党办报的方针，强调新闻工作者要深入实际、向群众学习；要不断总结经验、改进工作；报纸要办得尖锐、泼辣、鲜明，办得引人入胜。这些指示对当时解放区新闻事业的健康发展，发挥了巨大的推动作用。在谈及《谈话》的现实意义时，许多同志指出：半个世纪以来，一代一代的新闻工作者虽然在新闻实践中积累了不少新经验，也在不断发展着新闻理论，但是，《谈话》在今天依然有着深刻的现实意义。目前，在新闻界就存在着编辑、记者学习气氛不浓，不太愿意深入基层等问题。大家认为，在当前的新形势下，新闻媒体要坚持以经济建设为中心，把社会主义精神文明和物质文明结合起来，并将其作为贯彻群众路线的基点。新闻工作者应围绕政府重视、群众关心的问题多做文章。

广电总局科技司主持召开了“中国国际广播中心数字音频系统”技术鉴定会，会议认为该系统是国内第一个大量采用计算机自动播出及网络传输、节目切换一体化结构的先进综合系统，已达到国际同类先进水平。

3 月 26 日

全国百家报社广告负责人会聚北京，就报业广告发展大计进行研讨。与会领导人指出，全国报纸广告在自觉服从和服务于新闻宣传事业的同时，对广告客户加强服务，努力提高报纸广告宣传的效果和质量，为企业走向市场做出了贡献。报业广告主呼吁：政府主管机关和执法部门应加强对广告市场的规范管理，加大治理整顿广告经营中不正当竞争的行为，对报纸发行量的公布和广告营业收入的统计应有统一的管理办法。

3 月 30 日

羊城晚报主办的大型日报《新快报》创刊，这是国内第一份实现全彩印刷的大型综合性日报，日均 4 开 80 版。它秉承着“知情就是力量”的理念，着力于打造“中产白领的报纸”。

同月

《华西都市报》总编辑席文举提出，要把都市报建设成为主流媒体。建设主流报纸成为都市报及其他报纸的追求。

广州日报报业集团建立了教育科研战线以外的、全国新闻实务界第一家企业博士后科研工作站。

4 月 1 日

凤凰卫视出品的谈话类节目《锵锵三人行》开播。由主持人窦文涛与两岸三地传媒界之精英名嘴，一起针对每日热门新闻事件进行研究，各抒己见，但不追求问题答案的正论，而是俗人闲话，一派“多少天下事，尽付笑谈中”的豪情，达至融汇信息、制造乐趣与辩析事理三大元素于一身的目的。主持人窦文涛引导嘉宾发表具个人色彩的大胆言论，营造日常聊天的形态、谈笑风生的气氛，力求轻松、惹笑。

全国新闻出版法制工作会议在重庆召开。会议指出，我国新闻出版机关已开始进入依法管理轨道。

4 月 2 日

中央电视台《焦点访谈·在补碘的名义下》节目播出后，引起江泽民总书记高度重视，他当即打电话给中央领导同志和卫生部负责人，作出重要指示：迅速采取措施，抢救小学生，同时依法惩处那些见利忘义的不法分子。

4 月 3 日

洋洋 430 万字、11843 个条目的大型工具书《新闻传播百科全书》（邱沛篁主编），由四川人民出版社正式出版。这部书全面和系统地介绍了新闻传播百科知识，讲述了我国和世界新闻传播的历史与现状，传授了新闻传播运作的业务和技巧，是一部优秀的工具书。

4 月 6—9 日

由新华社国内部主办、新民晚报社承办的新华社全国晚报新闻协作会首届年会在上海举行，来自 20 多个省、市、自治区的 52 家晚报的 60 多名代表参加了会议。李尚志代表新华社向晚报同行们对“晚报专线”的帮助和支持表示感谢。本届年会的主题是“如何搞好重大新闻的报道”。与会代表认为，晚报必须准确、及时地搞好国内外重大事件的报道，正确引导社会舆论，满足广大读者渴望了解国内外大事的需求。几年来，各家晚报和新华社共同努力，越来越多地在第一时间将要闻抢上版面，新华社“晚报专线”已成为各家晚报的“第二编辑部”。会上成立了“新华社全国晚报新闻协作会”，通过了协作会章程，协商产生了协作会的组成机构，推选李尚志为协作会会长。

4 月 13 日

世界卫生组织将“积极合作伙伴奖”授予三位中国记者。这是世界卫生组织首次向新闻记者颁奖。

4 月 14 日

互联网站“西祠胡同”正式开站，首创“自由开版、自主管理”的开放式运营模式，即网站方管理和维护社区平台及分类目录，用户自行创建讨论版、自行管理、自行发展，自由发表信息、沟通交流。此开放模式体现了互联网的自由和自律精神，且快捷、便利、易于掌握，因此深得用户好评。

联合国电台中文部负责人周进女士与中国国际广播电台华语广播中心就双方合作事宜进行商讨，并达成协议：一、继续改进联合国电台每周向我华语广播传送一次的《联合国一周新闻综合简报》节目，突出中国在联合国的声音，增加现场音响，并将节目时间由原来的 7 分钟减至 6 分钟。二、国际台在播送联合国电台提供的节目的同时，也向该台提供中文专题，供其编播。三、联合国电台协助把我国际电台广播节目网址编入国际广播网址目录（目前进入国际广播网址目录的电台有 1500 家，其中中国电台网址空缺）。四、我国际电台为联合国电台提供部分中国民乐录音资料。

4 月 15 日

根据九届全国人大一次会议通过的国务院机构改革方案，原广播电影电视部已经于 4 月 8 日正式换上了国家广播电影电视总局的牌子。4 月 15 日，国家广播电影电视总局局长田聪明在接受独家专访时表示，这不仅仅是个名称的变化，更是要求我们在管理方式、思维方式、活动方式等方面都要适应国家新的发展形势。按照机构改革方案的要求，电视网络的政府管理职能划归信息产业部，这是党中央、国务院做出的一项推动我国信息产业发展的重大决策，必将对我国的改革开放和现代化建设事业产生深远影响。广电总局将按照国务院的统一部署，切实转变职能，全力做好调整的各项工作。田聪明表示，相信经过这次机构改革，国家对广播电影电视的管理将更为科学，尤其是广播影视的宣传管理和行业管理将会进一步得到加强。目前广电总局正在按照中央精简机构、转变职能的精神，研究制定新的“三定”方案，在 1998 年内完成内部机构调整和部分人员分流的工作。通过理顺关系、转变观念，广播影视行政部门的工作将更加科学化、规范化、法制化，更加高效。

4 月 16 日

美国金氏世界公司（King World）董事会兼首席执行官迈克·金率高层代表团一行 5 人来华，访问了上海、无锡、西安和北京。国家广电总局局长田聪明、上海市市长徐匡迪、文化部部长孙家正、陕西省省长程安东分别会见了代表团。金氏集团决定派摄制组来华采访、报道，向美国观众展现真实的中国。

4 月 17 日

朱镕基总理办公室给中央电视台新闻中心打来电话，转达朱镕基总理对《焦点访谈》栏目的几点意见：1.《焦点访谈》栏目越办越好，影响越来越大，看的人越来越多，各级领导越来越重视。2. 各地领导日益重视，对推动工作起了很好的作用，对各地、各部门的反馈要加强，尤其是地方部门对节目播出后的态度要充分报道。《没电盼电，有电怕电》节目播出后，吉林省领导到了现场。《谁当厂长》节目湖北也很重视，但反馈不够，太简单，只有几句话带过。要抓好后续报道和连续报道，这样对栏目影响会更好，对社会的影响会更大。3.《“联通”为何难通》节目风格和以往有所不同。节目的立意是好的，但应采访经贸委主管领导，也可以采访吴基传，这样会更有说服力。垄断问题是存在的，坚持客观报道固然应该，但记者不能当裁判。

中新社香港分社澳门记者站成立。

4 月 18 日

《财经》杂志在北京创刊。该刊前身为《证券市场周刊 Money 杂志》，是由中国证券市场研究中心（证监会前身）主办的财经新闻刊物，主编为胡舒立。《财经》秉承“独立、独家、独到”的编辑理念，关注影响中国经济制度变革与现代市场经济发展的重大事件与重大举措，注重对政府财经决策和资本市场动向进行敏锐而深刻的分析报道，是我国最具影响力的财经媒体之一。

4 月 19 日

我国第一家围棋电子报刊《围棋报》经过近一个月的试运行，通过新近建成的鄂州信息港正式进入国际互联网。《围棋报》是我国唯一一家围棋专业报，纸版创刊十年来，已从一家不定期出版的报纸发展到定期出版的周报，受到了国内外众多围棋爱好者的青睐。

4 月 21 日

中国国际广播台 43 种语言广播全部实现数字化制作、传输和节目播出。

4 月 25 日

欧洲民族广播协会主席博戛泰率代表团一行 4 人来华，赴北京、广西、新疆和吉林进行了友好访问。代表团与广西广播电视学会就互派代表团参加对方举办的民歌节和民歌比赛达成了具体意向。

同月

华中理工大学信息与新闻传播学院成立。

5月1日

上午10时20分，中央电视台“三峡工程临时船闸通航现场直播”圆满结束。直播节目中设计了一个开放旋转式演播室，扩大了报道视野，增强了观众的现场参与感，是直播节目中的一个新举措。

5月2日

据新华社报道，目前中国各种报纸2160种，一年总发行量260亿份。

5月4日

经国家新闻出版署批准，由中国电子报社主办的《电脑商报》正式创刊。

由中央电视台和北京大学联合举办的“光明行”大型文艺晚会在北京大学校园内圆满播出，晚会受到北大师生和国内外嘉宾的高度称赞，认为晚会的节目设计很有文化品味和历史厚重感，很有时代气息，使一个大学的庆典具有“国际性”。本次晚会首次采用在国际互联网上实时播出，使国内和世界上因各种原因未能亲身到校参加庆祝活动的北大各届校友，得以在国际互联网上收看了这次晚会直播的盛况。

5月7日

《延安解放日报史》出版座谈会在北京举行。吴冷西等曾在延安《解放日报》工作过的老同志和新闻界前辈出席了座谈会，回忆了当年的战斗岁月和优良作风。座谈会由中国社会科学院新闻与传播研究所主办，有关方面负责人和新闻史研究专家出席了座谈会。

5月7日

张海涛副局长率中国广播电视代表团一行6人访问了美国、加拿大、英国及香港特别行政区。代表团考察了有线电视、卫星直播电视、数字地面广播等情况，了解了国外广播电视传输的技术状况、管理模式和发展趋向。

5月9日

首次全国省级党报负责人座谈会在广州举行。会议重点探讨社会主义市场经济条件下，省级党报如何迎接机遇和挑战，如何加强省级党报之间的交流与协作等问题。会议宣告成立了中国记协省级党报工作委员会，通过了《中国记协省级党报工作委员会工作规则》，协商推举南方日报社社长李孟昱、北京日报社社长满运来、解放日报社总编辑秦绍德为该工作委员会主任委员，推举各省、自治区、直辖市党委机关报主要负责人为常务委员。出席会议的同志认为，要继续确立省级党报在当地报业的“龙头”地位，必须解放思想，更新观念，加大新闻改革的力度，做到权威性、指导性与新闻性、可读性更好结合。与会同志就组建报业集团、改进会议报道、加强舆论监督、促进报纸发行等问题展开了热烈讨论。

5月11日

由中国新闻史学会、上海社科院新闻所、复旦大学新闻学院和解放日报联合举办的“中国新闻史学会暨’98新闻史学术研讨会”在上海解放日报社举行，来自海内外的80多位新闻史学界专家、学者和上海各新闻媒体负责人参加了研讨会。

5月18日

中央电视台《焦点访谈》栏目近期连续报道了两起火灾事故，引起江泽民总书记对防火问题的高度重视。为此江总书记向有关部门就防火问题专门作出指示，特别提出：“我在电视上看到救火缺乏水源，要尽快搞好消防设施建设，小洞不补，大洞受苦。”

南方日报报业集团成立，成为我国第一

家由省委机关报组建的报业集团。南方日报报业集团的组建，是南方日报发展史上的一件大事，标志着广东省的报业发展进入了一个崭新阶段。南方日报报业集团既是一个以报业为依托的经济联合体，又是一个政治性很强的舆论信息集团。它以追求社会效益与经济效益统一的综合效益最大化为目标，把办好报纸作为根本任务，实行以报为主，兼营其他。在办报方面，集团拥有六报一刊一个出版社，以党报为主体，子报（刊）作补充，突出省委机关报《南方日报》的主体地位，努力提高机关报在社会上的影响力和竞争力。

羊城晚报报业集团经国家新闻出版署批准正式成立。集团拥有《羊城晚报》《新快报》《民营经济报》《可乐生活》等，拥有亚洲一流的全数码印刷基地。

5 月 23 日

全国 78 家地市报的社长、总编在湖北省宜昌市举办研讨会，研讨地市报如何迈向 21 世纪。中国地市报研究会会长、湖南衡阳日报总编辑丁小平作了题为《发展的 10 年，辉煌的 10 年》的工作报告。他说，中国地市报研究会自 1988 年 4 月成立以来，本着“自己的事情自己办，大家的事情商量着办”的原则和“团结、奉献、进取”的精神，从小到大，取得了令人瞩目的成绩，到 1998 年 4 月底已有 297 家会员单位。

5 月 24 日

为期 4 天的全国报纸理论宣传研究会第五届年会在宁波结束。人民日报副总编辑谢宏代表研究会会长、人民日报总编辑许中田到会并转达了许中田对大家的问候和对报纸理论宣传工作的期望：党报理论宣传要讲党的话，遵守党的纪律，围绕和服务于党的中心工作，面向现实，结合实际，积极、全面、准确、深入地宣传党的基本理论。

5 月 29 日

中央人民广播电台在昆明举办“台湾听众座谈会”，这是中央人民广播电台对台湾广播开播 44 年来第一次直接从岛内邀请台湾听众来大陆参加座谈会。该活动持续到 6 月 2 日。

5 月 30 日

全国首届新闻专业期刊交流会在哈尔滨召开。会上宣告中国记协新闻学术委员会新闻专业期刊协作会成立。据初步统计，目前全国有 40 多家公开发行的新闻专业期刊，发行总量达 20 多万份。

同月

国际性学术刊物《世界汉学》杂志由中国艺术研究院中国文化研究所在北京创刊。它是一份研究世界各国汉学的历史和传统，交流汉学研究的经验，传递汉学研究最新讯息的资讯性、知识性、研究性、国际性的学术刊物。其宗旨是“为了中国，为了过去与未来，为了东方和西方”。编辑部希望“建构国际汉学研究的学术桥梁”。创刊号发表了日本、法国、美国等国的汉学专页，还有汉学史、汉学家、汉学机构、学术动态等丰富内容。刊物外观设计古朴典雅，装帧印制精美华丽。

6 月 2 日

李鹏委员长对“中华环保世纪行”的宣传报道工作作出重要指示。李鹏说，中央电视台一周大约有一分钟黄金时段的时间播送“中华环保世纪行”的新闻，时间是少了一点，但这是在黄金时间。因此，除了在新闻节目中曝光和反馈情况外，还可利用其他栏目播放“中华环保世纪行”节目。李鹏委员长说，中央电视台《焦点访谈》天天都有节目，最近播放的牵扯到法律、反腐败、用人制度等问题，起到了监督作用，是《新闻联播》之后收视率最高的节目。《焦点访谈》

也要反映“中华环保世纪行”的内容。

6月3日

北京时间凌晨6时7分，中央电视台赴美直播组对搭载阿尔法磁谱仪到太空寻找反物质和暗物质的“发现号”航天飞机发射升空进行现场直播，数以千万的海内外电视观众目睹了人类探索太空的又一辉煌瞬间。这次直播的成功，实现了中央电视台在美国进行新闻性节目现场直播的突破，标志着中央电视台直播水平又上了一个新台阶。

6月8日

经国家新闻出版署批准，经济日报报业集团、光明日报报业集团正式成立，这是继广州日报、南方日报、羊城晚报三个地方报业集团成立后，首批成立的中央级报业集团。两家报业集团的成立标志着我国报业发展进入了一个新的阶段。中宣部副部长徐光春在两家报业集团成立大会上说，今年以来中央决定扩大报业集团的试点，这是推进新闻改革的重大举措，也标志着我国报业发展进入了一个新的阶段。这项试点是新时期加强党的新闻工作的需要，是推进新闻改革和发展的需要，也是新闻适应社会主义市场经济的需要。我们的目的是通过集团化的发展，扩大党报的影响力，增强党报的经济实力，确保党报在新闻宣传中的主导地位。

中共中央政治局常委、国务院总理朱镕基收看了中央电视台《焦点访谈》栏目播出的《私售国储粮，亏空挂国帐》后，打电话给中央电视台，对《焦点访谈》栏目给予充分肯定。朱镕基总理说：“中央电视台的同志对中央精神理解深刻，节目点到要害。目前就是需要这样的例子。节目做得很好，向中央电视台的同志表示感谢。”

6月9日

国家广电总局局长田聪明会见了来访的美国新闻集团董事长兼首席执行官默多克先生一行。美国新闻集团董事长兼总裁鲁伯特·默多克先生一行16人在国务院新闻办公室顾耀铭局长陪同下访问国际台，与台领导进行座谈。双方表示将进一步探讨加强人员、信息、资料、技术、节目等方面的交往、交换与合作。

6月12日

《中华老年报》创刊10周年座谈会在北京人民大会堂举行，刘华清、铁木尔·达瓦买提、雷洁琼等到会祝贺。10年来，《中华老年报》质量不断提高，发行量逐年增大，已发展成为宣传、推动和指导我国老龄事业发展的重要媒体。特别是1997年以来，《中华老年报》根据读者要求，调整版面结构并增设了新的栏目，受到广大老龄工作者和老年读者的欢迎。

《中国学术期刊（光盘版）》电子杂志社正式在京成立，中国学术电子期刊标准化数据库系统工程随之同时启动。这标志着我国学术期刊的出版发行开始走向电子化、标准化。据介绍，《中国学术期刊（光盘版）》是由清华大学创办的目前世界上唯一的按月连续出版的大型集成化学术电子杂志。迄今为止，该杂志收入的期刊已达2700余种，分8个专辑出版了光盘21期148辑，约占全国3000余种核心期刊和专业特色期刊的3/4。

6月14日

《人民日报》迎来五十华诞前夕，中共中央总书记江泽民，中共中央政治局常委李鹏、朱镕基、李瑞环题词或致电祝贺勉励。江泽民同志题词：“坚持正确舆论导向，积极宣传党的理论路线方针政策，发挥全国报纸排头兵作用。”李鹏同志题词：“办好人民日报，宣传改革开放，反映群众愿望，振兴社会主义经济。”李瑞环同志题词：“坚持正确方向，尊重新闻规律，发扬创造精神。”

6 月 15 日

《人民日报》以“本报编辑部”名义发表《致读者》一文，纪念创刊 50 周年。文中写道：人民日报的 50 年，是不平凡的 50 年，是在党中央的亲切关怀和直接领导下，为推动中国革命、建设和改革的伟大进程发挥重要作用的 50 年。党的十一届三中全会以来，人民日报积极宣传党的基本理论、基本路线，为建设有中国特色社会主义的伟大事业做出了新的贡献。我们要发扬密切联系群众的优良传统，深入实际，深入生活，倾听群众呼声，把握时代脉搏，及时、有力地反映人民群众在改革开放和社会主义现代化建设中的伟大业绩和精神风貌。我们要集中精力办报，讲究宣传艺术，提高引导水平，不断创新，改进文风，力求把报纸办得高出一筹，把更多更好的新闻作品奉献给广大读者。我们要从严治社，按照江泽民同志视察本报提出的要求，努力培养一支政治强、业务精、纪律严、作风正的高素质的新闻队伍。

丁关根在《人民日报》创刊 50 周年纪念大会上发表讲话：人民日报是党中央机关报，是中国第一大报，在国际国内有很大的影响。人民日报的 50 年，有成绩、有经验、有教训，是不平凡的 50 年，是艰苦创业、积极进取的 50 年，是事业不断发展、影响日益扩大的 50 年。

6 月 19 日

由中华全国新闻工作者协会和中国报纸副刊研究会联合举办的第八届中国新闻奖报纸副刊作品复评暨’97 全国报纸副刊作品年赛评选在京揭晓。参评的 864 件作品中，132 件作品分获金、银、铜奖，其中金奖 15 件，银奖 35 件，铜奖 82 件。金奖作品为人民日报的《清塘荷韵》《鼠辈的变异》等。

6 月 20 日

由中国记协、中国新闻摄影学会等 11 家单位联合举办的“‘改革之光’中国新闻摄影精品赛”在京评选结果揭晓。江式高拍摄的《东方风来满目春》荣获最佳奖。

6 月 26 日

60 多家中央产业经济报社的社长、总编辑出席了由中国记协和中国产业报协会联合召开的座谈会，交流经验，共商对策。与会社长、总编辑们认为，新的形势要求产业经济报进行四个转变：部分报纸要从过去的部委机关报向行业报转变；部分报纸由政府主管部门动员发行，真正向市场转变；少数报社部分依靠政府补贴，向全部自收自支转变；少数报纸重复设置，向优化结构转变。搞好四个转变必须处理好六个问题：一是坚持以办好报纸为中心，准确定位；二是要按照新闻规律办报，以特色吸引读者；三是大力拓展新的发行市场；四是努力发展报业经济，以支持报纸的发展；五是进行报社内部改革，建立报社内部的激励机制；六是积极创造条件，进行报纸的兼并和联合。

6 月 28 日

《经济日报》总编辑艾丰及“黄河断流万里探源”采访团一行 11 人到青海日报社，就黄河断流问题、报纸的经济宣传工作、青海报业发展、党报的广告与发行工作等问题进行交流。

6 月 29 日

著名新闻工作者，中国人民政治协商会议第五、六、七、八届全国委员会委员，《人民政协报》原副总编辑张西洛同志，因病在北京逝世，享年 80 岁。张西洛同志 1936 年 7 月在重庆参加“救国会”，1938 年至 1946 年历任《新民报》《中央日报》记者，《江津日报》《星期快报》社副社长，《工商导报》采访部主任、经理。1953 年后，任人民美术出版社编辑。1956 年 8 月，开始任《光明日报》编辑、记者、副主任，负责国内政治和统一战线方面的宣传工作。1982年后任全国政协办公厅副主任、《人民政协报》副总编辑。

6月30日

中午12时10分，美国总统克林顿按照预定的访华日程安排，坐进上海人民广播电台990直播室，与上海市市长徐匡迪一起作为《市民与社会》节目嘉宾，就“克林顿总统访问中国、访问上海，推进中美友好关系向前发展”这一话题，与上海地区的听众通过电话融洽地进行了50分钟的交谈。

我国著名摄影家、新华社原副社长石少华同志在北京病逝，享年80岁。石少华是抗日战争时期我党敌后根据地摄影事业的开拓者之一。在革命战争年代，他拍摄了大量的新闻照片，记录了我党领导人的革命活动，反映了解放区军民英勇战斗的光辉事迹。主要代表作品有《毛主席和小八路》《埋地雷》《白洋淀上的雁翎队》《地道战》《子弟兵母亲戎冠秀》《解放张家口》等。他是中国摄影家协会（前身是中国摄影学会）第一、二、四届主席，第三届全国文联委员，第三、四届全国政协委员，中国共产党第九届、第十届候补中央委员。1982年后担任中国老年摄影家协会主席。石少华在摄影战线奋斗60年，把毕生精力献给了党的新闻摄影事业，为我国新闻摄影事业的繁荣和发展做出了重要贡献。

同月

邢贲思率中国大陆期刊访问团访问台湾，开启了大陆与台湾广泛的期刊合作之门。此举对推动大陆大众期刊的市场化进程有积极影响。

7月1日

中国国际广播电台对43种语言广播节目进行了全面改版。改版后的各语种新闻节目全部推迟了截稿时间；在英语、汉语普通话新闻滚动播出的基础上，又实现了日语、西班牙语等9种语言新闻的滚动播出；全部语种从周一至周五都固定安排了国内、国际时事节目；同时加强专题节目的精品意识，每种语言广播都推出一两个特色精品节目。此外，从7月1日起，国际台采用以国歌为主旋律的开始曲；43种语言的专题节目全部采用了新的、统一的版头曲和间奏乐，体现中国特色和时代气息。目前，中国国际广播电台在世界上拥有广泛而稳定的听众群，听众约2亿人。

投资逾10亿元的广州日报印务中心正式投产。该中心安装了4条高速轮印刷机生产线和从瑞士引进的自动发行系统，可在2.5个小时内印刷报纸100万份，每份40个版面，其中1/3彩印。这标志着我国拥有了世界上最先进的大型印刷厂。

中央人民广播电台朝语节目改革方案出台，拉开了少数民族语言广播节目改革的序幕。改革后的朝语广播每次节目由过去的30分钟延长为60分钟。

台湾公共电视台（简称“公视”）在台北正式开播。至此，台湾电视台形成“老三台”（台视、中视、华视）与民视、公视共存的局面。

7月2日

经国家新闻出版署批准，原劳动部主办的《中国劳动报》从即日起更名为《中国劳动保障报》，由新组建的劳动和社会保障部主办。

7月4日

国务院学位委员会第十六次会议正式批准中国社会科学院研究生院新闻系、北京广播学院设立新闻学博士学位授权点；批准中国人民大学、复旦大学设立传播学博士学位授权点。

7月5日

应人民日报社邀请，由董事长兼总编辑

易卜拉欣·纳菲尔率领的埃及《金字塔报》代表团一行5人，日前抵京进行为期一周的友好访问。国务院新闻办公室主任赵启正、中联部部长戴秉国和外交部副部长吉佩定等先后接受了代表团的采访。代表团还访问了新华社、外文局等机构。

7 月 8 日

即日起，我国的100多万网络用户开始使用"网民"这个称呼，这是因为在全国科技名词审定委员会8日公布的第二批信息科学技术领域的名词中，"因特网的用户（net citizen）"是用"网民"这一中文名称命名的。截至1998年5月底，我国网络用户已从1997年10月底的62万发展到100多万。

7 月 9 日

外经贸部发布1998年第2号公告，决定从7月10日起对原产于加拿大、韩国和美国的进口新闻纸实施临时反倾销措施，任何进口商向中国进口原产于加拿大、韩国和美国的新闻纸，应向中国海关交付与初步裁定倾销幅度相应的现金保证金。

7 月 11 日

中央电视台首次现场直播了北京市第一中级人民法院一审国内10大电影制片厂诉电影作品著作权被侵权案的法庭庭审。此举在社会各界和新闻媒体中产生强烈反响。直播方案确定后，人民日报、新华社、光明日报、经济日报、中央人民广播电台、法制日报、工人日报、北京日报、文汇报等10多家新闻单位纷纷刊播了直播庭审的消息。直播结束后，国内外新闻界反响强烈，《人民日报》等均以显著位置、醒目标题刊登了中央电视台庭审直播的消息或通讯，给予了高度评价，认为它不仅将法院的审判活动置于社会公众的监督之下，而且在更大范围内普及了法律知识，使人们受到了很好的法制教育，同时中央电视台首次直播选择知识产权案，体现了我们的社会对知识产权保护的重视。

7 月 14 日

最高人民法院审判委员会通过《关于审理名誉权案件若干问题的解释》。《解释》考虑到了新闻工作的特殊规律，划清了正当的新闻报道和名誉侵权的界限。这是1993年《关于审理名誉权案件若干问题的解答》以来，最高人民法院对与新闻侵权密切相关的名誉权问题做出的又一项重要司法解释。

7 月 15 日

由人民日报社新闻信息中心和北京东方龙马公司联合研制开发的"全国报刊数据交换处理系统"通过国家有关部门验收。"全国报刊数据交换处理系统"综合了当前电脑、网络通信技术及新闻资料处理的最新技术，遵循了标准性及开放性的设计原则，确保系统的先进性。该系统在实现远程数据采集加工处理、分类检索及对外服务等一体化的网络环境中，为扩大数据库种类和容量，增加网络用户，加强新闻信息整体开发和综合利用，逐步实现信息增值、光盘制作、因特网一体化服务打下了基础。目前，已有数十家报刊进入了该系统，预计到2000年系统容量将超过100家。

7 月 20 日

《北京晨报》正式创刊。这是北京第一张都市早报，填补了北京地区早报市场的空白，它以打造"精品主流都市报"为目标。

7 月 23 日

新华社突发事件报道研讨会在北京举行。会议强调，从总社到分社要高度重视突发事件的报道，在内部建立起一套行之有效的发稿规程和奖惩机制；业务部门领导要加强对报道的组织、指挥和协调工作，一线记者要建立广泛的信息网络，时刻保持新闻敏感，充分做好突发事件报道的各种准备；总社各部门、总社与分社、分社与分社之间在遇到突发事件时要发挥整体优势，形成合力。

7 月 25 日

文汇新民联合报业集团在上海成立，成为首家采用“强强联合”方式组建的集团。集团有《文汇报》《东方早报》《新民晚报》等 14 家报纸，期发总数达 250 万份。

7 月 30 日

我国著名新闻工作者、新闻教育家、中国社会科学院新闻研究所原所长商恺同志因病在北京逝世，享年 76 岁。商恺同志 1922 年出生于山东聊城，1938 年参加冀鲁青年记者团，并开始在《抗战日报》上发表抗战作品；1939 年加入中国共产党；1941 年任中共清平县委宣传部干事，主编党的刊物《抗联生活》《支部生活》；1946 年任中共博平县委宣传部副部长，并创办县委机关报《博平群众》；1948 年调入晋冀鲁豫中央局机关报《人民日报》；1958 年调中共中央办公厅担任胡乔木同志秘书；1977 年重新回到人民日报社，担任记者部负责人；1984 年担任中国社会科学院新闻研究所所长。他以写工作通讯、旅行通讯见长，编著有《大地笔踪》《报纸工作谈话录》《春风秋雨马颊河》等著作。

同月

美国总统克林顿访华期间，中央电视台国际频道及 CNN、MSNBC（微软与 NBC 合办）等境外电视机构播出的有关克林顿一行在华活动的报道，在美国掀起了一阵“中国热”。据不完全统计，全美约有 15 家电视台转播了中央电视台国际频道有关克林顿访华的新闻节目，收看了节目的在美华人和美国人盛赞中国改革开放以来所取得的成就。不少中外人士还对电视报道中的中国领导人表现出的风范大加赞赏。

8 月 2 日

第八届中国新闻奖正式揭晓。新华社悼念邓小平逝世的通讯《在大海中永生》，充满悲壮激越的感情，在海内外读者中引起强烈的共鸣；《人民日报》的系列报道《展示新成就迎接十五大・学习篇》，主题重大，气势恢宏，理论联系实际，是迎接十五大宣传报道的力作；中央人民广播电台、中国国际广播电台、中央电视台三个大型现场直播节目《百年长梦今宵圆》《香港回归现场报道》《’97香港回归特别报道》以前所未有的报道规模和极富竞争力的报道手段，全方位地向世界报道了香港回归这一重大的历史事件。这几件作品均获得了特别奖。获奖作品中，涉及改革开放、经济建设的报道数量增加，质量有所提高，有经济日报的参评作品《资本运营系列报道》、长江日报的通讯《140 万双袜子的命运》等。从参评作品和获奖作品来看，新闻舆论监督的力度正在不断加大，以中央电视台获一等奖的电视评论《“罚”要依法》为代表作。地方新闻单位选送的作品质量明显提高，在 24 个获一等奖的作品中，地方新闻单位与中央新闻单位平分秋色。报纸副刊作品首次纳入中国新闻奖的评选范围，季羡林教授的散文《清塘荷韵》获一等奖。

8 月 13 日

由中国科学院主管、科学出版社主办的国内权威网络专业刊物《互联网周刊》与读者见面。该刊旨在推进我国信息产业发展，介绍世界网络化发展趋势、网络产品及网络技术发展的最新动态。

8 月 16 日

中央电视台与中华慈善总会、中国红十字总会合作，在 8 天时间内，组织 800 余名演员，推出长达 3 小时的义演晚会《我们万众一心》，共募集社会各界捐款 6 亿余元。

8月17日

山西电视台邀请福建、广东、云南、山东、浙江、湖南、陕西、辽宁等8个电视台的20余名记者进行了历时4天的“今日大寨采访行”异地采访活动。8家电视台分别通过卫视节目，报道改革开放的山西。

8月18日

中国移动客户突破2000万。

湖南电视台、湖南有线广播电视台、湖南经济电视台、湖南生活频道联合主办的《情系三湘——'98赈灾人型文艺晚会》在长沙“世界之窗”五洲大剧院举行。800多位来自海峡两岸的演员参加了演出。晚会受到中央和中共湖南省委领导的表扬。

8月20日

朱镕基总理给湖南省委书记王茂林打电话说：“我也看了你们的《情系三湘》赈灾义演晚会，节目很好，很动人。这反映湖南已经把方方面面的力量组织起来了。”中宣部部长丁关根也打电话说：《情系三湘》晚会品位很高，很生动，看了很受感动。

8月24日

全国广播电台数字化标准研讨会在中国国际广播电台召开。70多名各广播电台、科研及相关单位的技术专家参加了研讨会。

海峡之声广播电台召开庆祝海峡电台成立40周年大会。

8月25日

中国国际广播电台俄东中心捷克、波兰、罗马尼亚3个语言广播开播30周年。捷克、波兰、罗马尼亚、摩尔多瓦和斯洛伐克5国驻华大使、临时代办等10多位外交官，以及外交部、中联部、新华社、北京外国语大学等单位来宾参加了开播庆祝活动。

8月26日

由中广国际总公司、中央电视台、中国电影器材公司和广播科学研究院主办的第七届北京国际广播电视设备展览会在中国国际贸易中心举办。境内外参展厂商180家，来京参观展览的各省市广电厅（局）、电视台、有线台的代表500余人，展出面积10000平方米。本届展览会的主题是“跨入数字化时代”。展览会期间共安排大型专题报告会3场、技术交流会29场和DVB（数字视频广播）演示等。

同月

首届国际卡通博览会在北京展览馆隆重开幕。来自中、美、法、日、韩等11个国家和香港地区的60家厂商和公司参加了博览会的各项活动。中央电视台和中国电视国际总公司参展，是150个参展单位中展台面积最大、最受参观者欢迎的一个展位。在为期6天的博览会中，中央电视台的展位共接待观众近10万人次，发放了3万份宣传材料、纪念品和500份观众调查表。调查显示：每天收看动画片的观众占98%（不分年龄段），喜爱国产动画片和其中的卡通人物的观众占70%。调查结果还表明：观众最喜爱的动画片是《大头儿子和小头爸爸》，观众最喜爱的动画形象是“孙悟空”和“小糊涂神”。

由中央电视台承担的国家哲学社会科学研究“九五”规划重点项目——“中国特色社会主义电视理论研究”取得丰硕成果，反映这一理论成果的著作《中国电视论纲》由中国广播电视出版社出版发行。

据英国《国际电视商务》杂志7/8月合刊的“1998国际电视商务百强排行榜”显示，中央电视台首次进入世界电视百强，排名第57位，初步实现了建设世界一流电视台的目标。

9月1日

中国中央电视台建台40周年招待会在

北京香格里拉饭店举行。广电总局、人民日报社、新华社、光明日报社、经济日报社、中国日报社、中央人民广播电台、中国国际广播电台等有关领导及美国映佳传媒集团、美国有线新闻网等22家电视机构的主要负责人参加了招待会。

9月3日

本日至6日江泽民总书记赴湖南、江西、黑龙江等地考察抗洪救灾工作。中央电视台在《新闻联播》中播出有关新闻50分钟，做到及时、充分、准确，受到江泽民总书记和温家宝、曾庆红等领导同志的肯定。

9月6日

青岛有线广播电视信息高速公路ATM多媒体传输网开通，这是全国广电系统第一个采用此种先进技术进行数字信号传输的信息网。

《人民日报》发表本报评论员文章《敬礼，光荣的新闻工作者》。文章写道：当人们为一个个紧急汛情而焦急，为抗洪军民的英雄壮举而激动，为这场气壮山河的斗争而震惊、而受到教育的时候，人们可能记不起为传播这些信息和场面，为讴歌这种精神和壮举而拼搏在抗洪前线的新闻工作者们。正是他们用激情的文字，感人的镜头，振奋人心的声音，记录了一幕幕感天动地的历史瞬间。正是他们通过艰苦卓绝的工作，把前线和后方、灾区和全国、党中央和人民群众联系在一起，充分展现和促进了中国人民上下一心、团结一致的巨大向心力和凝聚力。实践证明，新闻宣传、舆论引导对于动员、鼓舞、激励人民战胜困难，夺取抗洪斗争的胜利，具有极其重要的作用。我们向所有投入抗洪报道的新闻工作者，特别是奋战在第一线的新闻记者致以崇高敬意和亲切慰问。在严峻的考验面前，新闻工作者表现出良好的政治素质，优秀的业务素养，强烈的责任意识，高度的敬业精神，严谨的工作态度。我国新闻工作的优良传统得到发扬光大。一大批有作为有希望的年轻记者在抗洪斗争中得到锻炼和提高。党和人民对新闻工作者在抗洪斗争中的出色表现给予高度评价。新闻工作者也在这次抗洪斗争中经受了锻炼和考验，树立了我国新闻工作者的良好形象。新闻工作者要发扬抗洪精神，向抗洪军民学习，再接再厉，奋发前进，把工作做得更好。

9月7日

中央电视台台长杨伟光在台里传达了国务院副总理李岚清对电视宣传报道工作的指示精神。李岚清副总理说，此次抗洪斗争的电视宣传是中央领导同志了解抗洪斗争情况的主要信息渠道之一。电视记者不怕艰险，深入抗洪斗争第一线，表现很好，立了大功。目前长江水位下降，但危险仍未过去，仍不可放松，同时要加强对防疫知识和重建家园工作的宣传，尤其要增加防疫防病的内容，要反复宣传。他说，中央电视台的报道十分真实，对各有关部门做好工作有很大帮助。表扬先进典型，对一些不良现象批评曝光，引起全社会的重视，广播电视系统可以起到很强的教育作用。对于记者采访工作，李岚清副总理说，总的来讲，记者采访的水平均有所提高，但采访提问的水平差距较大。有些记者采访时的语气是审问式、考试式的，语气把握欠佳，缺乏与被采访者的交流，应向有经验的同志多学习。李岚清副总理还对日前播出的电视剧《人间正道》（由中国电视剧制作中心拍摄）和《无瑕人生》（中国国际电视总公司、上海总工会联合拍摄）提出表扬。

9月8日

我国独立自主研究的“数字高清晰度电视功能样机”成功试播。中央电视台利用这套系统成功发射了数字电视节目。这使我国成为继美国、欧洲和日本之后，世界上第四个系统掌握了数字高清晰度电视技术，拥有数字高清晰度电视地面广播传输系统的国家。该技术奠定了我国电视业由模拟电视向数字电视升级换代的技术基础。

9 月 10 日

本日至 16 日中央电视台体育中心体育竞赛部圆满完成了第 46 届军事 5 项世界锦标赛电视转播任务，现场直播了包括开幕式、闭幕式在内的 7 场比赛。这是国际军体理事会成立 50 年来首次对军事 5 项比赛进行直播。

9 月 16 日

第三届范长江新闻奖获奖者名单（10 名）公布。他们是：徐文良（解放军报）、格桑旦增（西藏人民广播电台）、蔡赴朝（北京日报）、宋超（解放日报）、何平（新华社）、何加正（人民日报）、高丽萍（中央电视台）、杜嗣琨（中央人民广播电台）、范春歌（武汉晚报）、徐京星（中国日报）。

第三届范长江新闻奖获提名奖者名单（30 名）公布。他们是：马连祥（天津日报）、邓维（经济日报）、王清宪（中国改革报）、叶辉（光明日报）、江小青（上海东方广播电台）、关中（黑龙江人民广播电台）、刘长青（宁夏固原日报）、朱必义（新疆日报）、吉保邦（山东人民广播电台）、刘健（中国青年报）、朱海燕（中国铁道建筑报）、任琴（云南日报）、米博华（人民日报）、张世斌（工人日报）、张坚（广东人民广播电台）、杨建民（陕西日报）、李捷（北京人民广播电台）、张滨（黑龙江日报）、季洪光（科技日报）、季琳萍（新疆人民广播电台）、周锡生（新华社）、赵泽琨（农民日报）、段荣鑫（山西电视台）、郭毅（法制日报）、谢丽华（中国妇女报）、鲁沛君（河南电视台）、蔡小伟（浙江湖州日报）、廖翊（海峡之声广播电台）、霍玮（山西日报）、戴听祥（江苏电视台）。

我国新闻广播战线的老战士、人民广播事业的第一代著名播音员、原中国国际广播电台台长丁一岚同志在京病逝，享年 77 岁。她在广播岗位上工作 40 年，历任播音员、编辑部主任、北京人民广播电台台长，1982 年至 1985 年任中国国际广播电台台长。

9 月 17 日

《焦点访谈》栏目播出《收粮不能入私仓》节目，反映河北省私粮贩子猖獗，一些国有粮库拒收农民余粮，或压级压价，与粮贩子勾结，严重扰乱了粮食购销秩序的情况。节目播出后引起了朱镕基总理等领导同志的关注。

9 月 18 日

第十四届全国城市报纸群众工作会议在内蒙古自治区举行。来自中央、直辖市、省会城市的 50 家党报的 83 位代表出席了会议。会议围绕着城市报纸群众工作如何在新形势下更好地反映群众的呼声、意见和要求，强化舆论监督，增强党报的权威性和战斗力进行了探讨。与会代表一致认为，党报的群众工作要以党的十五大精神为指针，高举邓小平理论伟大旗帜，切实加大舆论监督力度。从事报纸群众工作的同志要增强使命感、责任感，在建设有中国特色社会主义伟大事业中贡献自己的一份力量。

9 月 19 日

中央电视台编委会讨论通过了《中央电视台国际互联网（Internet）上网节目管理规定》，指出：中央电视台国际互联网上网节目管理工作归口总编室统一领导。总编室宣传规划处和技术管理办公室信息通信处是国际互联网上网节目管理的具体负责和实施部门。www.cctv.com 是中央电视台唯一合法域名。节目部门在开设网上栏目时，网址均应在 www. cctv. com 之下。中央电视台节目原则上不在台外网站上网。《规定》还对节目上网发布程序作出明确规定。

9 月 20 日

第三届韬奋新闻奖获奖者名单（9 名）揭晓。他们是：李炳彦（解放军报）、范蓉（辽宁人民广播电台）、孙言兵（山西临汾日报）、张克眉（羊城晚报）、江绍高（人民日报）、李树田（中国国际广播电台）、顾志武（工人日报）、马胜荣（新华社）、张晓爱（北京电视台）。

第三届韬奋新闻奖获提名奖者名单（30 名）揭晓，他们是：马克利（兰州晨报）、王畅平（安徽日报）、王建男（哈尔滨日报）、王明国（新民晚报）、王柏森（新华日报）、乌恩巴雅尔（内蒙古人民广播电台）、王乾荣（法制日报）、米玛（西藏电视台）、宋力力（重庆电视台）、张义德（光明日报）、邵玉奎（北京日报）、张庆长（天津人民广播电台文艺频道）、杨兴锋（南方日报）、杨杏南（中国妇女报）、杨定安（云南日报）、陈宗周（重庆电脑报）、李挺（中央电视台）、杨晨光（吉林电视台）、李镇欧（青海日报）、张德基（浙江日报）、庞宏（宁夏日报）、罗晓岗（四川日报）、洪军（陕西石泉县广播电视局广播站）、郝富友（农民日报）、曹仲学（湖南日报）、黄奇志（广西日报）、崔钦炜（中国仪电报）、傅贵余（沈阳日报）、熊志波（河南日报）、谭鹏（经济日报）。

9 月 22 日

宁夏广播电视卫星频道日前正式开通，这表明宁夏回族自治区拥有了西北地区最为先进的电视传播手段。宁夏卫视的节目可覆盖全国及亚太地区。

9 月 24 日

全国村村通广播电视现场会在贵州召开，表明我国广播电视村村通工作大规模展开。1998 年初，广播电影电视部党组提出，广播电视事业发展的重点是扩大有效覆盖，覆盖的重点是农村，争取到 20 世纪末，基本消灭广播电视的覆盖盲点，基本实现村村通广播电视，广播电视村村通工程正式启动。该工程对于解决广大农村和边远山区群众看电视听广播难问题，扩大广播电视覆盖率，提高农村生产水平和生活质量具有重要的意义。

9 月 27 日

江泽民总书记约见中央电台播音员方明，就抗洪救灾表彰会讲话一事作咨询。总书记要求方明转告田聪明同志：这次抗洪救灾，广播电视记者发挥了很大作用，特别是电台记者，因为大堤上没有电，许多人靠小收音机收听消息，记者很辛苦，请代我向他们表示慰问。感谢他们。

同月

华中理工大学新闻与信息传播学院从理工科二年级中招收 22 名网络新闻传播方向的学生，创办了全国第一个网络新闻传播班。

10 月 1 日

中央电视台新闻中心在《新闻联播》栏目中推出系列报道《历史的跨越》。这个系列节目全方位、多层次地展示在邓小平理论和党的基本路线指引下，我国政治、经济、科技、教育、文化、军事、外交等方面取得的辉煌成就。《历史的跨越》系列报道将延续到 1999 年 1 月，播出 100 集左右，是《新闻联播》有史以来跨度最长的系列报道。

为解决百万移民和三峡库区数百万贫困人口看电视难的问题，重庆广播电视节目上星传送各项工作已准备就绪，于 10 月 1 日正式上星传送。节目上星传送后重庆本地广播、电视覆盖率可由原来的 60% 提高到80%。

由中国远洋运输（集团）总公司主办的《中国远洋报》经国家新闻出版署批准，10月1日正式公开发行。公开发行后，《中国远洋报》将由目前的周一刊对开4版向周二刊对开8版过渡，以更加丰富的信息和高质量的文章满足读者的要求。

10月6日

北京大学新闻学研究会迎来了八十华诞。30多位从事新闻学研究和新闻教育的人士，出席了由中国记协召开的纪念座谈会。中国记协新闻学术委员会副主任王哲人主持会议。他说，北京大学新闻学研究会的成立，在我国新闻事业发展史上有着里程碑意义，它创立了中国新闻事业史上的4个第一：中国第一个新闻学研究团体；中国第一个新闻教学机构；出版了中国人写的第一本新闻学专著——徐宝璜撰写的《新闻学大意》；创办了中国第一份新闻学业务刊物——《新闻周刊》。

丁关根在抗洪抢险宣传报道表彰大会上发表讲话。他说：在这场波澜壮阔的抗洪抢险斗争中，新闻战线做出了突出成绩，发挥了重要作用。各级宣传部门和新闻单位坚决贯彻党中央和江泽民总书记的重要指示，大力宣传中央的决策部署，大力宣传广大军民团结一致、严防死守，尤其是解放军临危不惧、奋不顾身的英勇事迹，大力宣传党员干部身先士卒、冲锋在前的模范作用，大力宣传一方有难、八方支援的社会主义精神，大力宣传灾区人民自力更生、艰苦奋斗、恢复生产、重建家园的坚强信心。整个抗洪抢险的宣传报道，气势恢宏，情真意切，扣人心弦，感人肺腑，有力地弘扬了社会正气，弘扬了伟大的抗洪精神，弘扬了爱国主义、集体主义、社会主义和革命英雄主义。面对特大洪水的严峻考验，我们的新闻工作者经受了很好的锻炼，展现了优秀的品质和良好的精神风貌，得到党和人民的热情赞扬。江泽民总书记在全国抗洪抢险总结表彰大会上的讲话中指出："新闻工作者及时报道党中央、国务院的指示精神，不畏艰险、深入一线积极宣传抗洪军民的英雄事迹，弘扬正气，鼓舞斗志。"这是对我们新闻工作者的充分肯定和巨大鼓励。

10月7日

国务院总理朱镕基10月7日下午视察了中央电视台，并与中央台领导和《焦点访谈》节目的编辑、记者进行座谈。朱镕基指出，舆论监督非常重要，它对我国的民主与法制建设具有重要的意义。要通过舆论监督，纠正我们工作中的问题，反映广大人民群众的呼声，形成强大的凝聚力，促进我们把各项工作做得更好。朱镕基总理在中央电视台先后视察了节目播出控制中心、《新闻联播》和《焦点访谈》等节目的制作、播出机房和演播厅。他仔细询问了节目的采编、制作和播出的有关情况；在《焦点访谈》节目演播厅里，朱镕基总理对编辑、记者们说："《焦点访谈》节目越办越好，受到了全国人民的欢迎。"他赠给编辑、记者4句话："舆论监督，群众喉舌，政府镜鉴，改革尖兵。"

朱镕基指出，党的宣传舆论工作非常重要，在今年的抗洪抢险中，广大的新闻工作者深入抗洪抢险第一线，用宣传舆论鼓舞广大人民万众一心，战胜洪水，克服艰险，为全国上下形成强大的凝聚力起到了重要的作用，因此，他也对全国新闻战线上的同志们表示感谢。

朱镕基说，新闻宣传工作要坚持以正面报道为主的方针，同时也要积极发挥舆论监督的作用。《焦点访谈》以其良好的宣传效果得到了全国人民的支持。舆论监督指出我们前进中的问题，反映群众的疾苦，给广大人民群众以鼓舞，使人民群众看到希望。因此，各级领导和社会各方面都要支持舆论监督，广大新闻工作者更要深入实际，认真调查研究，用事实说话，要服之以理，动之以情，使之绳之以法，使舆论监督发挥出更大的作用。

《中国青年报》网络版开通。

10月9日

中国电视事业暨中央电视台诞生40周年大会10月9日在京举行。中共中央总书记、国家主席、中央军委主席江泽民的题词是："更好地发挥电视媒体的作用，为改革开放和社会主义现代化建设服务。"中共中央政治局常委、全国人大常委会委员长李鹏的题词是："把中央电视台办成中国和世界沟通的桥梁和纽带。"中共中央政治局常委、全国政协主席李瑞环的题词是："念念不忘观众。"

教育部高校新闻学科教学指导委员会、全国高校新闻学院系负责人、中国新闻教育学会理事联席会议在南京召开。41所高校的70多名有关领导、教授、专家参加了会议，共商新闻教育的改革。

10月11日

中央电视台经济部《经济半小时》栏目推出宣传环境保护的节目《环境周刊》。这是中央电视台目前唯一的综合性环保专栏。

10月13日

中国教育电视台远程教育卫星广播正式开播。教育部电教办正以现有中国教育与科研网和卫星视频传输系统为基础，开辟远程教育的新途径，加快我国远程教育事业的发展，以形成社会化、开放式教育网络。中国教育电视台远程教育卫星广播就是新途径之一。今天开播的远程教育卫星广播，首先播出中国教育电视台与山西人民广播电台合办的《卫星英语课堂》。该节目主要面向中小学师生，内容有初中英语同步课堂示范，初、高中英语听力训练，中小学英语教师业务培训和教法指导等课程。节目利用中国教育电视台开发的卫星电视第二副载波通道传送，与中国教育电视台原有的卫星地面接收系统兼容，每天播出12小时，各地中小学可随时收听。

10月15日

中国国际广播电台、中央电视台、北京广播学院联合主办了"面向21世纪的世界广播电视"研讨会。17名专家、学者、教授在会上就21世纪世界广播电视的发展趋势、前景和中国广播电视面对未来信息时代的挑战所应采取的战略与对策，进行了研讨和交流。

10月16日

我国面向世界发行的唯一一份英文体育刊物——《中国体育》杂志创刊40周年纪念会在京召开。40年来，《中国体育》不但赢得众多体育组织、运动员以及广大读者的喜爱，而且受到国际奥委会的关注，国际奥委会主席萨马兰奇曾多次致函，表达他对《中国体育》的高度赞扬和良好祝愿。

10月19日

西藏人民广播电台推出热线直播节目，这是西藏台建台40年来首次推出的直播节目。该节目每天播音两次，每次30分钟。这一服务性、知识性节目自开播以来一直受到广大听众的欢迎。

10月20日

新华社党组决定成立"新华社经营事业管理委员会"。"经管会"是在新华社党组的领导和授权下，专门研究有关全社经营工作中重大问题的非常设议事、决策机构。它标志着新华社经营事业逐渐进入有序化管理轨道。

10月22日

由中国国际广播电台主办的'98国际报

道研讨会在北京开幕。来自全国 40 多个中央和地方新闻单位的代表在为期 3 天的研讨会上将讨论我国新闻媒体如何以邓小平理论和党的十五大精神为指导，从改革开放的大局出发，进一步搞好国际报道工作。

10 月 29 日

第 35 届“亚洲—太平洋广播联盟”大会及相关会议在上海举行。100 多个会员、准会员、联系会员以及特约代表和观察员共 400 多人出席了会议。国家广电总局田聪明局长、吉炳轩副局长出席了开幕式、闭幕式和颁奖仪式。“亚洲—太平洋广播联盟”是当今世界上 8 大区域性广播电视专业组织之一。它所涵盖的地区占地球表面的五分之一，占世界总人口的三分之二。“亚广联”成立于 1964 年，目前共有各类会员 99 个，代表 48 个国家和地区。本次大会的主题是：“在高新科学技术日新月异的形势下，各国广播电视如何面对 21 世纪的挑战。”

同月

清华大学成立传播系。

国务院新闻办公室和新闻出版署联合发出《利用国际互联网络开展对外新闻宣传的补充规定》。

11 月 1 日

中国国际广播电台和广播科学研究院联合主办’98 广播电台数字化技术研讨会。广电总局、新闻技联、有关科研院所与厂商及全国数十家中央、省、地市级电台的有关专家、领导和工程技术人员近百人出席了研讨会。

11 月 4 日

全国新闻数据库与报纸文献索引技术研讨会在安徽省黄山市举行。会议对新闻数据库的建设和报纸索引编纂作了总结、评选，《人民日报 50 年索引光盘》《解放军报光盘》《全国报刊索引（电子版）》获得数据库评比一等奖。

11 月 6 日

中央电视台新闻编辑部成功实现了 14 时、16 时、18 时、21 时滚动新闻栏目的改版播出。改版后的各档滚动新闻，不仅对重大新闻进行滚动播出，随着时间的变化在最近的一档新闻节目里增添新的内容，而且加大了信息含量，改变了节目播出形态。根据栏目需要，改版后的各档滚动新闻对新闻消息进行了重新编辑，实现了真正意义上的直播，即采取口播插画面、字板的形式，国内、国际新闻混编，每次新闻保证一组国内国际动态简讯，所有新闻由播音员统一配音，使节目更具连贯性。

11 月 7 日

为期 4 天的全国晚报协会第十三届年会在江西省南昌市圆满结束。全国 120 多家晚报的 140 多名代表出席了会议。本届年会的主要议题是贯彻党的十五大精神，总结交流进一步繁荣我国晚报事业的经验，审议全国晚协的工作报告。在会上，全国晚报协会常务副会长丁法章就晚报在当今激烈的报业竞争形势下面临的严峻挑战及应对方略作了重点发言；几位来自荆楚大地和松花江畔的晚报记者介绍了参加抗洪抢险报道的难忘经历。本届年会还进行了晚报记协领导机构的换届工作，天津《今晚报》原总编辑李夫继续任会长。

11 月 11 日

俄罗斯联邦通讯监督局 13 人代表团来华与广电总局进行第四次中俄边境广播电视频率协调会谈，双方签署了会谈备忘录。

11 月 15 日

中央电视台一、四套节目并机，成功直播了’98 中国航空航天博览会开幕式。这是中央电视台首次对飞行表演进行现场直播。

中央电视台新闻中心组成 11 人报道组

奔赴伊拉克首都巴格达进行采访。报道组携带了移动卫星地面站通信系统、海事卫星电话、数字摄像机、数字编辑机等先进的采制、传输设备，在满足日常新闻传送的同时，可随时对突发的重大事件进行现场直播。新闻中心从决定赴伊拉克采访到组团成行，得到了台内有关部门的大力支持与配合，仅用两天时间就办完了全部手续，这标志着中央电视台对境外远程突发事件的快速反应能力大大提高。

11 月 18 日

云南省新闻舆论监督中心在昆明成立。该中心同时设立并公布了 4 个举报信箱和 7 部举报电话，派专人 24 小时值班。中心将对一些典型的违反中央政策和规定、滥用职权、以权谋私甚至欺压百姓及官僚主义等方面的问题公开曝光。

中国记协、中国广播电视学会、中央人民广播电台联合举办“夏青播音成就研讨会”。夏青是新中国培养的深受人民群众喜爱的著名播音员。在中央人民广播电台 40 余年的播音生涯中，他成功地播出党和政府的许多重要文件、公报，党和国家领导人的重要讲话稿和中央人民广播电台的许多重要新闻政论、新闻报道及中国古典文学作品等。他的播音逻辑严谨，语音纯正，态度鲜明，不少新闻播音作品已成为我国的播音精品。

11 月 19 日

中央电视台社会新闻部派出王铁刚等 7 名记者报道雅鲁藏布大峡谷科学探险考察队活动。这是中央电视台记者进入情况最复杂、条件最艰苦、危险性最大的区域进行的一次长时间科考报道活动，时间持续到 12 月 10 日。

11 月 20 日

’98 中国报纸副刊研究会工作会议在北京举行。会议指出，自 1998 年起，副刊作品被正式纳入中国新闻奖评选系列。这不仅给报纸副刊工作注入了新的活力，也对从事报纸副刊工作的同仁提出了新的更高的要求。会议要求全体会员报社发挥更大的主动性和创造性，在各自分管的副刊园地里精心策划，精耕细作，争取推出更多更精美的作品，培育更多更优秀的人才，不断提高副刊在整个报纸工作中的影响。

11 月 23 日

全国人大常委会委员长李鹏在人民大会堂接受德国《商报》驻京记者思立志的采访，就中国的人民代表大会制度、民主与法制建设等问题回答了他的提问。当他问及我国的新闻立法时，李鹏委员长说，我们将按照法定程序制定一部符合中国国情的新闻法。改革开放 20 年来，在我们新闻界、舆论界发生了很大的变化。现在，可以说开放度、自由度相当大，但是我们还要告诉新闻工作者，不要做一些不切实际，甚至是歪曲性的报道，这样做我们不赞成，因为它违背了新闻的职业道德，而且会误导人民。新闻自由的原则应该遵循，但是个人自由不能妨碍他人自由，这一原则也应该遵循。新闻自由要有利于国家的发展，有利于社会的稳定。不知道你们看不看我们中央电视台的《焦点访谈》栏目，《焦点访谈》对各级国家机关工作中的缺点和失误以及不良社会现象曝光很尖锐，这种情况以前是没有的。当对方问及对国际媒体关于中国的报道是否满意时，李鹏回答说，国际媒体关于中国的报道应该说有了很大进步，它的客观性比过去好多了，但仍有不符合事实的报道。我们并不认为光对我们讲称赞的话就是好的报道，出现一些批评性的报道对我们的工作不一定是坏事。同样一个事物，某个人从这个角度观察，另外一个人从别的角度观察，他们写出的报道就不一样，这也没有什么奇怪的。我已经讲了，都说好话并没有什么好处，也应该有一些批评性的报道。善意的批评我们欢迎，恶意的歪曲我们是不赞成的。

11 月 26 日

新华社主办的《体育快报》创刊。《体育快报》将充分利用新华社遍布国内和世界各地庞大的记者网和丰富的信息资源，为广大读者提供全面生动、准确快捷、新颖多样的体育新闻。在此之前，国际奥委会主席萨马兰奇先生发来贺词，向《体育快报》创刊表示祝贺。国家体育总局局长伍绍祖也为《体育快报》创刊题了词。《体育快报》为周二刊，4 开 16 版套红印刷，通过卫星传版，在北京、上海、广州等 12 个城市印刷发行。

应中俄友好、和平与发展委员会的邀请，俄罗斯新闻代表团一行 12 人抵京开始对中国进行为期 8 天的访问。

11 月 30 日

德国电视二台台长迪特尔·施托尔特一行 4 人来华，在北京和上海进行友好访问。

同月

腾讯计算机系统有限公司（简称“腾讯公司”）在深圳市成立，由马化腾、张志东、许晨晔、陈一丹、曾李青五位创始人共同创立。它构建了 QQ、腾讯网、QQ 游戏以及 QQ 空间四大网络平台，目前是中国最大的互联网综合服务提供商之一，也是中国服务用户最多的互联网企业之一。

12 月 1 日

四通利方公司在成功并购了海外最大的华人网站华渊资讯网后，正式开通新浪网。

中央电视台与新华社国中网联合创办的第十三届亚运会中文网站正式在因特网上开通，网站将对亚运赛事进行全方位的报道，广大体育爱好者和因特网用户可以通过网络了解到第十三届曼谷亚运会盛大的赛况。

12 月 7 日

文汇新民联合报业集团主办的《新民周刊》开始试刊。该刊以“宣传新政策，传播新知识，倡导新风尚，丰富新生活”为办刊宗旨，现已发展成为具有全国影响力的新闻杂志。

12 月 12 日

在由中国新闻摄影学会和长江日报社联合举办的“’98 全国抗洪抢险新闻摄影评选表彰会”上，新闻摄影工作者中的 50 名优秀代表被授予“长江杯’98 全国抗洪抢险报道优秀摄影记者”称号，并受到了表彰。王新庆的《总书记的关怀》等 5 幅作品获金奖；58 个作品获得报纸版面奖。

12 月 17 日

北京时间凌晨，美国突然对伊拉克发动空袭。中央电视台第一套节目 7 点新闻首播了美军进行军事打击的口播消息，并在随后多次插播报道，将有关情况及时传达给观众。随后，中央台决定派报道组赶赴巴格达进行跟踪报道。由新闻中心记者水均益、冀慧彦、董志敏和播送中心张福田等 4 人组成的报道组于当日 13 点出发。报道组从组成到赶到首都机场，仅用 2 个多小时，标志着中央电视台快速反应能力大大提高。《中国新闻》除连续进行跟踪报道外，在 12 月 20 日“沙漠之狐”行动结束的当天，由主持人通过国际卫星实现了与该台派驻巴格达记者水均益的连线报道，这是《中国新闻》首次与国外的本台记者做连线报道，是一次通过国际频道向世界展示中国电视记者在国际重大新闻现场形象的有益尝试。

福建东南电视台与台湾华人卫视传播机构在福州西湖大酒店举行仪式，双方就东南电视台节目 1999 年 1 月 1 日起通过华人卫星电视传播机构的 3 颗联网直播卫星在全球华人区（欧洲除外）落地一事签订了协议。

协议生效后，福建东南台将成为祖国大陆第一家上直播卫星的电视台。

12 月 18 日

北京地区数字电视地面广播试验台的工作取得阶段性成果，顺利开通了一个采用 DVB-T 标准的数字电视地面广播开路系统。该系统的建成，为数字电视在我国的发展提供了成功的经验。

12 月 21 日

经国家新闻出版署批准，由北京市劳动局主办的《北京劳动就业报》正式创刊。该报是一张以劳动就业为主要内容的专业报纸，其主要受众对象是广大劳动者、企业管理者和求职者。

12 月 23 日

经中国证监会批准，湖南电广实业股份有限公司在深圳证券交易所上网定价发行 5000 万 A 股股票，发行价格为每股 9.18 元，当日申购资金高达 1198 亿元人民币。这是全国广电系统发行的第一支股票。

12 月 23 日

国家广电总局在云南召开全国村村通广播电视现场办公会。党的十一届三中全会以来，云南广播电视工作者奋发努力，艰苦奋斗，依靠科技进步，摸索出了一条适合云南省情的“卫星转发、五小覆盖”的路子。云南省采取分级负责、共同投资、共同建设的办法，逐年逐级建设卫星地面接收站，把电波送到了千家万户。目前，云南全省广电事业已形成了大中小功率结合，广播电视并存，有线和无线互为补充，城市和农村、对内和对外并重的宣传体系，广播电视的覆盖率分别达到 81％和 83.5％。

12 月 24 日

中国国际广播电台英语、德语、西班牙语以及汉语普通话和广州话 5 种语言广播节目正式送上国际互联网，从而为海外听众提供了一种新的收听及阅览形式，网址是：www.cri.com.cn。中国国际广播电台的主页还与国务院新闻办的“中国”“中国西藏”和“中国人权研究会”3 个网进行了链接。

12 月 26 日

湖南卫视在长沙竞卖大型综艺节目《快乐大本营》《玫瑰之约》1999 年的广告插播权，开竞卖省级电视台栏目广告时段之先河。

12 月 31 日

由中央电视台海外中心编辑、美国《国际日报》出版发行的《中国电视》专版正式创刊，《中国电视》英文版也同时在国际互联网上露面。《中国电视》专版以介绍中央电视台国际频道的节目为主，同时对中央台的重要报道活动、中国影视人物及影视动态等做及时报道。专版的创办，便于美国华人华侨观众了解和收看中央台国际频道的节目，扩大了中央电视台在世界的影响。

1999 年（己卯）

1 月 1 日

上海市唯一一家一日三刊、滚动出版的新《新闻报》正式创刊。原《新闻报》创刊于 1985 年，以财经报道见长。1998 年 9 月，上海市委决定，将原《新闻报》和《消费报》合并重组成立新《新闻报》，由《解放日报》主办。新《新闻报》改为晨刊、午刊、晚刊，三刊利用时差，全天候、不间断地向读者提供最新时段的新闻。《新闻报》晨刊侧重于为市民经济生活服务，午刊侧重于向市民提供有用的消费信息服务，晚刊是为市民提供休闲服务的新一代晚报。50 多个专刊、副刊轮流与读者见面，每周 40 多个证券行情报为股民提供丰富的信息，“市民接待室”和专为读者排忧解难的“援助之声”等，成为读者合法权益的捍卫者。

《湖南农村报》改名为《家庭导报》，仍由《湖南日报》主管主办。该报是面向全国发行的湖南唯一一张家庭生活类彩色报纸。

贵州《铜仁报》、《毕节报》分别更名为《铜仁日报》、《毕节日报》，《兴义报》更名为《兴义晚报》。《贵阳晚报》（彩色版）试刊，该报4开8版。

《南方日报》实现自办发行，发行量不降反升，达到85.2133万份。该报连续13年居全国省级党委机关报发行量之首。

山东省委机关报《大众日报》举办创刊60周年庆祝活动。1998年12月31日，江泽民总书记为《大众日报》创刊60周年题词“永远与人民大众在一起”。该报创刊于1939年1月1日，是我国报业史上连续出版时间最长的中共党报。创刊60周年时，报社有职工1045人，总资产近10亿元。

中央电视台第一、四套节目6时30分至8时30分并机播出“走入一九九九”元旦升旗大型直播报道。

中央电视台海外中心对台部与台湾TVBS联合录制的卫星双向访谈节目《’99两岸暨亚洲经济展望》，由TVBS在台湾现场直播成功。

内蒙古电视台蒙、汉语卫星电视节目全面改版，《内蒙古新闻》（汉语）首次实现直播，并将中央电视台《新闻联播》译制成蒙古语播出。

西藏人民广播电台庆祝成立40周年。西藏人民广播电台藏、汉语节目于1959年1月1日正式播音。目前，西藏电台的藏语节目每天播音14小时30分钟，设有调频广播、经济频道，主要节目有《对农牧区广播》《对国外藏族同胞广播》等。

《南方周末》“元旦特刊”刊出1999年新年贺词《总有一种力量让我们泪流满面》《让无力者有力　让悲观者前行》。两篇贺词深受读者热捧。

《经济日报》日均8版扩大到日均16版。

《北京晚报》由16版扩为24版。改版后的晚报，以当日新闻的纵深报道为主，以全方位服务的周刊、导刊为辅。1998年内北京晚报市场占有率比上年提高9%，发行增加16%。

中国新闻社总社在北京注册的中国新闻网正式开通。中国新闻网简称“中新网”，域名为www.chinanews.com.cn。中新网是中国重要的新闻网站，全球中文互联网原创新闻报道最重要的内容供应者，该网秉承中新社的传统风格，追求“快速、平实、客观、理性、专业、雅致”的传播风格。

中央电视台国际互联网站（www.cctv.com/www.cctv.com.cn）正式推出。该网站于1996年12月15日试运行，是我国最早发布中文信息的网站之一，是以信息服务为主的综合媒体网站。正式推出后，网页数量由原先2万页扩充到9万页，以新闻、娱乐为重点的综合类多频道网站为发展方向。2000年12月26日，网站正式更名为“央视国际网络”，简称“央视国际”。

《中国产业经济信息网》正式开通。它是中国报业协会主办，行业报委员会和新华社新闻信息中心联合组建的电子信息网络。最初由12家行业报社和新华社新闻信息中心共同投资兴建。①

① 《中国新闻年鉴·2000》称网站于1999年1月1日开通（315页），而中国产业经济信息网的“网站概况”称，中国产业经济信息网建立于1997年，是由中国报业协会行业报委员会发起，由人民日报社、中国报业协会主管主办的中国最大的行业信息发布网站。

1月2日

第2届京剧节开幕式暨1999年新年京剧晚会在中央电视台一套播出。党和国家领导人江泽民、朱镕基、李瑞环、胡锦涛、李岚清出席开幕式并观看了演出。

1月5日

陕西人民广播电台建台50周年。

新华社国内新闻对外报道成立港台部，承担台湾、香港新闻的对外、对内报道任务。全年对外发稿26671条，日均73.1条；对内发稿5608条，日均15.4条。

外贸部副部长孙振宇用英语接受了中国国际广播电台英语环球广播中心和新闻中心的采访。这是国际台根据李岚清副总理的有关指示采访的第一位部长。国际台将组织策划对12名部级领导用英语进行采访。

1月6日

1998年中国和世界十大科技进展新闻揭晓。

上海广电局干部大会召开。上海市委宣传部在会上宣读了中共上海市委关于赵凯同志任中共《解放日报》委员会副书记、《解放日报》总编辑，不再担任中共上海市广播电影电视局委员会书记职务的通知。

《医药养生保健报》在京创刊。该报是由中国农工民主党中央委员会主管，中国中医药研究促进会主办的全国公开发行的权威医药类彩色报纸。报纸以中老年人为读者群，每周一出版，设有康复园地、家庭医生等16个版。

1月8日

新华社报道，中宣部发出《关于加强质量宣传工作的通知》，要求充分重视质量宣传工作，营造舆论监督环境。

巴拿马华人报纸《侨声日报》在巴拿马城正式出版。此前，巴拿马只有一份华文报《拉美快报》。

中国国际广播电台巴西记者站首任记者喻慧娟离京赴任，站址设在里约热内卢。至此，中国国际广播台驻外记者站已达29个。

1月10日

《人民日报社论选（1978－1998）》一书出版发行。

中央电视台《焦点访谈》栏目播出《药品过期，良心变质》。国家医药管理局在节目播出后，派出专门调查组赶赴出事地点了解情况，同时向全国发出通知，要求在2月底以前完成对过期、失效药品的清查工作。

中央电视台赴伊拉克报道组完成预定任务返京。报道组共发回各类新闻26条，其中《新闻联播》播出10条，《东方时空》栏目播发了一个专题。

本日至19日，全国第九届冬季运动会在长春举行。吉林电视台组织28人报道组做现场报道，受到国家体育总局和中央电视台好评。

1月11日

中共重庆市委召开新闻工作座谈会，市委副书记刘志忠做重要讲话。

山西《长治日报》的“百日漳河行”采访活动正式启动。

新华社社长郭超人与伊拉克通讯社社长乌代·塔伊签署了新华社与伊通社的合作协议。根据协议，新华社和伊通社今后将在新闻交换、人员往来等方面进行合作。

1月12日

由中国农业新闻工作者协会组织、首都主要新闻单位参加评选的“高州杯”1998年中国农业十大新闻揭晓。

天津人民广播事业暨天津人民广播电台创建50周年大会举行。天津人民广播电台于1949年1月15日诞生。

《焦点访谈》以《乡“理”抗国法》为题，报道了湖南省桃源县热市镇政府截留税款及镇属三座水泥厂偷逃税款、抗拒税法的调查。次日，在全国税收工作会议上，国务院副总理李岚清以此为例，说明新闻监督对改善税收执法环境的重要意义。

1 月 14 日

最高人民法院在京举行中央主要新闻单位负责人座谈会，肖扬院长表示欢迎舆论监督法院工作。

中央组织部发布通知，任命赵化勇同志任国家广播电影电视总局党组成员；免去杨伟光同志的国家广播电影电视总局党组成员职务。国务院 26 日发布通知，任命赵化勇同志为中央电视台台长，免去杨伟光同志的中央电视台台长职务。

上海市广电局党委批准成立上海广播电影电视发展总公司新领导班子，撤销局服务中心建制，原服务中心下属各部门及上海广播电视国际新闻交流中心等单位划归上海广播电影电视发展总公司领导。

国家广电总局对总局党组全体成员进行“三讲”教育民主测评活动。

上海市记协和解放日报社联合举办纪念史量才诞辰 120 周年座谈会。

1 月 16 日

江泽民总书记在看完中央电视台《晚间新闻》播出的一组有关非法制作的劣质承压锅炉爆炸事件的报道后，立即给国家经贸委主任盛华仁打电话并做重要指示。

1 月 17 日

《天津日报》举办创刊 50 周年座谈会。市委书记张立昌等分别题词祝贺《天津日报》创刊 50 周年。《天津日报》为庆祝创刊 50 周年出版“创刊号丝绸珍藏版”。

国家海洋局组织的 1998 国际海洋年大型宣传活动总结表彰大会在京举行。

1 月 18 日

中国记协在京召开主席会议，讨论中国记协 1999 年工作要点，部署工作任务。

贵州省铜仁市广播电视台开播。开播之初，广播台每天播出 6 小时 20 分钟，电视台每天播出 24 小时。

《中华新闻报》报道，在国务院学位委员会和原国家教育委员会颁布的《授予博士、硕士学位和培养研究生的学科专业目录》中，新闻传播学已由二级学科变为一级学科。这意味着，新闻传播学第一次得到了国务院学位委员会的认同，这对促进整个新闻传播学的发展具有里程碑的意义。据国务院学位委员会新闻传播学学科评议组召集人方汉奇教授介绍，新闻传播学的学科评议组已经单列，新闻传播学下设两个二级学科：新闻学和传播学。1999 年，全国有 4 个新闻学博士点：中国人民大学、复旦大学、北京广播学院、中国社会科学院研究生院；2 个传播学博士点：中国人民大学、复旦大学；新闻学、传播学硕士点有 30 多个。

应美国儿童电视制作所（CTW）的邀请，中国教育电视台副台长陈力等 3 人赴美考察。

1 月 19 日

中国广播电视学会和中央电视台社教节目中心联合举办了 50 集系列纪录片《中国人》评奖活动。《农民潘根大》《心灵的肖像》《乌蒙赤子》《张瑞敏与海尔龙》等获得该系列节目一等奖。

1 月 20 日

首都女新闻工作者协会举行换届选举，《中国妇女报》总编辑王秀琳当选为第四届理事会会长。本届理事共 150 余人，会员单位约 100 家，包括首都各大报社、电台、电视台及行业报等。

上海市广告协会与上海金易网络信息服务有限公司共同建成的中国广告商及媒体国际互联网市场（CAM 网站）正式开通，该网站填补了我国在国际互联网上此类专业市场的一个空白。同日，上海大学CAM网络学院正式挂牌。

上海卫视落地全国户数已突破600万家，覆盖范围遍及全国31个省、直辖市、自治区。

1月20日

全国宣传部长会议在京召开，会议为期4天。21日，江泽民总书记与与会同志座谈，国务院总理朱镕基、书记处书记胡锦涛、国务院副总理李岚清、中央军委副主席张万年出席座谈会，中宣部部长丁关根主持座谈会。江泽民总书记在讲话中指出，今年大事喜事多，难点热点多，改革发展稳定任务很重，因此，宣传思想工作要唱响主旋律，进一步兴起学习邓小平理论新高潮，牢牢把握正确的舆论导向，继续宣传贯彻好十五大精神。思想战线的同志要增强政治意识、大局意识、责任意识，兢兢业业地工作，为改革开放和现代化建设提供良好的舆论环境和有力的思想保证。要讲学习、讲政治、讲正气。社会主义市场经济下的精神产品要特别注意坚持社会效益经济效益相统一。

23日，中宣部常务副部长刘云山主持会议，中宣部部长丁关根作总结讲话。他在讲话中强调：宣传工作要学习贯彻江泽民总书记与出席会议的同志座谈时发表的重要讲话，高举旗帜，保持一致，重在建设，守土有责，紧紧围绕纪念改革开放20周年，“五四”运动80周年，新中国成立50周年，迎接澳门回归、迎接新的世纪，唱响祖国颂、社会主义颂、改革开放颂，促进改革发展，维护社会稳定，把今年的宣传思想工作做好。他还强调，宣传工作要高举邓小平理论伟大旗帜，深入宣传党的十五大精神，宣传党的基本路线、基本方针，宣传中央关于改革和建设的重大决策、工作部署。要以科学的理论武装人，以正确的舆论引导人，以高尚的精神塑造人，以优秀的作品鼓舞人。要弘扬社会正气，弘扬新时期创业精神，弘扬伟大的抗洪精神，倡导正确的世界观、人生观、价值观。宣传工作一定要胸中有大局，一定要心里想着人民，一定要把握正确导向，一定要团结一切可以团结的力量，调动一切积极因素，一定要讲学习、讲政治、讲正气。

1月20日

上海中级人民法院以“煽动颠覆国家政权”罪名判处商人林海有期徒刑2年，剥夺政治权利1年，并没收个人财产人民币1万元及计算机等犯罪工具。林海原是上海正方软件有限公司私营业主，自1997年9月起，运用互联网技术向境内投寄大量煽动颠覆我国国家政权和推翻社会主义制度的文章。

经新闻出版署批准，由中国期刊协会与北京印刷学院联合主办的期刊研究所成立，张伯海任名誉所长，李频任所长。

1月21日

人民日报社召开总结动员大会。邵华泽社长作了题为《高举旗帜，团结进取，为进一步办好人民日报，推进报社全面建设而奋斗》的报告。

本日至23日国家广电总局在北京召开’99全国广播影视系统纪检监察工作会议，传达江泽民同志在中央纪委第三次全会上的重要讲话和尉健行同志的工作报告。

1月22日

清华大学举行“宽带多媒体数据广播系统”开播仪式，标志着该系统正式投入运营。目前我国共有有线电视电缆200余万公里，卫星地面站15万个，有线电视台2000多家，用户达8000万户。

由中国电信和国家经贸委经济信息中心牵头、联合40多家部委（办、局）信息主管部门共同举办的“政府上网工程启动大会”在京召开，大会倡议发起了“政府上网工程”。

1月23日

本日至27日全国广播影视厅局长会议在京举行。国家广电总局田聪明局长作了《认清形势，服务大局，以良好的精神状态做好世纪之交的广播影视工作》的总结报告。李树文、吉炳轩、同向荣、赵实、张海涛分别就有关方面谈了意见。会议讨论修改了有关广播影视工作的12个文件。会议总结了1998年的广播影视工作，研究确定了进一步推进广播影视改革和发展的新工作、新措施、新政策，部署了1999年的任务。会议要求，1999年的广播影视工作要落实“以科学的理论武装人，以正确的舆论引导人，以高尚的精神塑造人，以优秀的作品鼓舞人”的四项任务，坚持正确的舆论导向，全力实施精品战略，集中推出一批优秀广播影视作品向建国50周年献礼，促进广播影视各项工作进一步规范化、法制化、科学化，加快形成具有生机和活力的广播影视发展体制，造就一支能够担任跨世纪重任的广播影视队伍。田聪明在讲话中强调，1999年的影视工作一要充分依靠高新技术，二要真正实现村村通广播电视，解决全国一万个左右村庄通广播电视问题，三要进行扶贫攻坚，四要首先扩大中央广播电视节目的有效覆盖，五要加强管理。

1月27日

国务院新闻办公室在京举行中外记者招待会，邀请中国人民银行行长戴相龙介绍我国当前金融形势和金融运行情况。

中国记协在京举行中外新闻界新春联谊会，250多名中外记者欢聚共贺新春。

西藏自治区党委成员、西藏日报社党委书记高延祥因病在四川成都逝世，终年58岁。

中国记协在京举行“名流杯”首都新闻界书画笔会。

著名作家、记者萧乾先生喜度九十华诞，朱镕基总理亲笔致信祝寿并贺《萧乾文集》出版。

1月28日

《福建日报》原总编辑、离休干部孙泽夫同志在福州逝世，享年82岁。

江苏老新闻工作者、《新华日报》原副总编辑、离休干部卢敬同志逝世，终年78岁。卢敬同志在新闻战线上耕耘了半个多世纪，曾任《紫石报》副主编、《江海导报》地方版主编、《苏北日报》副总编辑、《江苏农民报》副总编辑和江苏省人民广播电台台长。

1月29日

中央纪委、监察部在京召开新闻工作座谈会，提出加强反腐败舆论声势，加大党风廉政建设和反腐败斗争深入健康发展的力度。

《新华文摘》在北京举行“新华文摘杂志创刊20周年纪念会暨新华文摘‘大字本’首发式”。

1月31日

北京电视台播出大型文艺晚会《走向辉煌》，庆祝北京和平解放50周年。

由国家质量技术监督局、中国质量万里行组委会、中国质量报社联合举办的1998年中国十大质量新闻在京评出。

同月

云南西双版纳电视台开办傣语节目《美丽的傣乡》，时间长度为20分钟，每周制作播出一期。

四川省新闻工作座谈会在攀枝花市召开。

中央电视台成立“聚焦太湖”报道组，

对太湖流域污染源达标排放工作进行了连续报道。全国人大常委会、国家环保局对于“聚焦太湖”报道组的敬业精神给予高度评价。“聚焦太湖”报道组先后有近 30 人次赴太湖流域采访，共计播出新闻 46 条。

中央电视台新闻中心连续追踪江西特大猪油中毒事件，引起了社会广泛关注。国务院总理朱镕基、副总理吴邦国对这起事件的后续处理作了重要批示，香港翡翠台也转发了中央电视台的报道。

中央电视台《经济半小时》栏目制作的 30 分钟报道《为了增收 100 亿》获国务院副总理李岚清、财政部部长项怀诚好评。

新疆生产建设兵团农八师石河子有线电视多功能业务网开通。

在匈牙利出版的《欧洲之声》《欧华时报》《布达佩斯晚报》《多瑙河通讯》以及《企业家报》等华人报纸经过协商，决定在《企业家报》基础上合并为《联合商报》，于布达佩斯出版。该报是一份以经济、科教、文化领域为主，以生活、娱乐和体育为辅的综合性新闻周报。其宗旨是为旅欧华胞的经商、学习、工作和生活服务。该报每周五出版，每期基本版数 20 版，封面彩色印刷，已上网。

2 月 1 日

西藏广播影视节目传输中心建成投入使用，它使西藏的广电节目覆盖到全区及周边国家、地区。

2 月 2 日

由中宣部新闻局主办、中国国际广播电台承办的首都新闻单位总编辑联谊会在中国国际广播电台举行。中宣部副部长徐光春、国家广电总局副局长吉炳轩及首都近 30 家新闻单位的 40 多位负责人参加了联谊会。

北京人民广播电台建台 50 周年。北京人民广播电台创办于 1949 年 2 月 2 日，建台 50 周年时已有 6 个专业台共 7 套节目，300 多个挂牌栏目，全天播音 125 小时，发射功率 171 千瓦，职工达 700 多名，成为全国使用频率最多、播音时间最长的省市级电台之一。

新华社报道，中国新闻资料信息资源建设规范研讨会在京举行，会上提出共享新闻资料宝库。

2 月 3 日

由中华环保世纪行执委会组织、22 家中央及首都新闻单位参加的“建设万里文明海疆”活动汇报座谈会在京举行。本次采访活动历时 3 个半月，记者团除了派小分队参加全国人大常委会对海南的执法检查报道外，还从丹东开始，沿 18000 公里海岸线至广西东兴，相继对辽宁、河北、天津、山东等 11 个沿海省、直辖市、自治区的 54 个县级以上城市、210 个港口和企业等进行了采访报道。

中宣部、科技部在石家庄市举行中央电视台《星火科技 30 分》电视栏目的首播式，开展“电视星火下千县”活动。

中宣部、司法部联合召开的全国学法用法依法治县经验交流会在京闭幕。

2 月 4 日

新闻出版署报刊管理司召开通报会，通报全国报刊治散治滥情况。

首届中等城市党报编校质量抽查评比结果在京揭晓，《江城日报》《开封日报》《洛阳日报》分获编校质量一、二、三名。

中国电影集团成立。

2 月 5 日

国家主席江泽民在京会见美国时代公司总编辑诺曼·帕尔斯丁。

2 月 7 日

在《鞍山日报》创刊 50 周年之际，经鞍山市政府批准，《鞍山日报》成立鞍山报业集团。该报业集团下辖《鞍山日报》《千山晚报》和《信息与经营》《壹周刊》等报刊。

2 月 8 日

全国省级党报总编辑工作会议召开。中宣部副部长徐光春作了《唱响主旋律，打好主动仗：关于 1999 年新闻宣传工作》的讲话。讲话要求 1999 年新闻宣传要集中力量打好纪念改革开放 20 周年、纪念“五四”运动 80 周年、迎接新中国成立 50 周年、澳门回归祖国的四大宣传战役；讲话要求新闻宣传工作要坚持正确导向，提出加强和改进舆论工作，抓好一批有影响力的报纸，推进报业集团试点工作，深化新闻单位内部管理体制改革，加大报刊发行改革，重视因特网上的新闻宣传工作，加强新闻队伍建设等方面的要求。

人民日报社编委会召开党建反腐工作会议，部署 1999 年报社党建和反腐工作。邵泽华社长出席并发表讲话。

国务院新闻办公室举办新春招待会，150 多名外国驻华使馆的新闻官和驻京记者应邀出席。

中国国际广播电台意大利语记者王干卿获意大利驻华使馆文化奖。

国家广电总局外事司副司长安利等 2 人赴印度尼西亚万隆参加亚太广播发展机构（AIBD）全体会员国大会及特别管理委员会会议。

2 月 9 日

新华通讯社举行新春招待会，邀请外国驻京记者和驻华使馆新闻官员共庆新春佳节。

第十三届亚运会好新闻评选结果在京揭晓，46 篇作品分获一、二、三等奖。

最高人民法院院长肖扬在京表示各级人民法院要逐步建立新闻发言人制度。

中央电视台国际频道节目开始在法国巴黎有线电视网播出，这是中央电视台节目首次进入法国有线电视网，也是华语卫星电视节目首次在欧洲城市有线网落地。

2 月 10 日

中国国际广播电台柬埔寨语广播部对应邀来华访问的柬埔寨首相洪森进行专访。

新华社网站正式推出新华社中文网繁体和英文版本。

中国教育电视台、国家信息中心、西安交大、解放军总参政治部联合举办军民共建“绿网工程”赠机仪式，向总参直属基层部队赠送 100 套“通视多媒体信息接收系统”。

深圳腾讯公司正式推出第一个即时通讯软件“腾讯 QQ”。

2 月 11 日

检察宣传座谈会在京召开。最高人民检察院检察长韩杼滨出席，并作重要讲话。他强调，检察机关要真诚欢迎舆论监督，自觉接受、正确对待舆论监督，促进公正执法。

《新民晚报》群工部与上海市希望工程办公室联合创办爱心助学活动。晚报《读者之声》专版刊出“爱心助学”专栏，一天内，总捐助金额超过 12 万元。5 月，上海团市委成立“爱心助学”办公室，11 月 1 日上海“爱心助学”网站开通。据统计，至 1999 年底，“爱心助学”专栏已刊出各种文章 40 余篇，刊出 17 批 340 名困难学生名单，以及 17 批认助单位和个人的名单，接受社会人士捐助 250 万元，3000 余名困难学生得到了每学期 500 元的助学金。

现代著名作家、记者、翻译家、编辑家萧乾在京因病逝世，享年 90 岁。萧乾原名萧炳乾，满族人，1910 年 1 月 27 日生于北京。1935 年毕业于燕京大学，随后进入《大公报》工作，先后主编过天津、上海、香港等地的《大公报》文艺副刊，主持过国际问题社评，以欧洲战场上唯一的中国战地记者的身份经历了第二次世界大战的全过程。1948年作为《大公报》的资深编辑记者，参与策划香港《大公报》起义。新中国成立后，任《人民中国》副主编，参加了第一次文代会。1953年至1955年任《译文》杂志编辑部副主任，1956年任《文艺报》副总编。1980年后历任人民文学出版社顾问，中央文史研究馆馆长，中国作家协会顾问，中国翻译工作者协会名誉理事，中国人民政治协商会议委员，中国民主同盟中央委员会顾问。出版有著译作品43部，主要作品有短篇小说集《篱下集》、长篇小说《梦之谷》、报告文学集《人生采访》、译著《好兵帅克》及《八十自省》《未带地图的旅人——萧乾回忆录》《萧乾文集》等。

2月12日

《华西都市报》《成都商报》《蜀报》《商务早报》因负面报道过多，举行谈话会并进行整顿。

信息产业部、国家广播电影电视总局联合发布《关于做好广播电视节目信号传输工作的通知》。

2月13日

汕头经济特区报社正式成立。为促进汕头报业体制改革，汕头市委决定取消汕头日报社和汕头特区晚报社的建制，将原《汕头特区工报》的刊号转过来，成立《汕头都市报》，重组汕头经济特区报社。报社实行一社三报的格局，即汕头经济特区报社下设《汕头日报》编辑部、《汕头特区晚报》编辑部和《汕头都市报》编辑部。自3月1日开始，每周5天，日报、晚报均从8版扩至12版；都市报每天以4开24版面世。《汕头都市报》3月15日正式出版后，在汕头、潮州、揭阳等地引起强烈反响，当天10万份报纸被抢购一空。汕头经济特区报社实行社长领导下的总编辑、总经理负责制，汕头市委宣传部副部长王扬泽兼任社长，原汕头日报社总编辑陈德义任副社长兼日报编辑部总编辑，原晚报社总编辑刘祥忠任晚报编辑部总编辑，原日报社副总编辑许其璋任报社总经理。报社根据汕头市委、市政府的报业改革决定实行企业化管理，对广告实行统一管理，实行财务委托制，发行部申办发行公司，推行以自办发行为主，社会个体承包、邮发相结合的报纸发行新机制改革。

2月15日

1999年春节联欢晚会通过央视一套、四套进行现场直播。

2月23日

由中共中央宣传部理论局和中央电视台新闻中心联合制作的18集大型理论专题片《伟大的旗帜》在中央一套黄金时间播出。

2月24日

中央电视台选送的《大官村里选村官》一剧获得第39届蒙特卡洛国际电视节女神银质奖。

作为全国出版改革的试点单位，经新闻出版署批准，上海世纪出版集团宣告成立。

2月25日

日本华文报纸《日本新华侨报》在东京创刊。该报为报纸型双周刊，每期24版，套色印刷。

北京电台在美国洛杉矶现场直播了第41届格莱美音乐奖颁奖典礼盛况。这是国内广播电台首次直播这一最高级别的音乐盛事。

首都女新闻工作者协会第3届“恒安杯”优秀新闻作品评选结果揭晓，80多名女记者、女编辑、女编导获奖。

本日至27日全国对外宣传工作会议在京召开。江泽民总书记在会上发表了重要讲话。胡锦涛、李岚清、钱其琛、王忠禹出席会议，赵启正同志主持会议。江泽民讲话阐述了新世纪外宣工作的战略地位作用、目标任务和方针原则，提出要在国际上形成同我国的地位和声望相称的强大宣传舆论力量，开创对外宣传工作新局面。江泽民在讲话中强调，中国要适应以数字压缩技术和卫星通信技术为主标准的信息传播业的革命，运用现代化信息技术加强和改进对外宣传工作，这是首次见诸公开报道的党和国家领导人对新闻媒体要积极利用网络传播的重要指示。

2 月 26 日

中央人民广播电台顺利完成广播工艺搬迁任务，广播工艺实现由模拟向数字的转变。

2 月 27 日

国际体操联合会考察团到天津广电局考察，正式确定天津电视台为第 34 届世体赛转播的制作者。

同月

全国首部省级地方新闻年鉴《广东新闻年鉴》创刊，该年鉴由广东省新闻工作者协会编辑。

俄罗斯华人报纸《莫斯科华人报》在莫斯科创刊。该报 4 开、周三刊，由俄罗斯联邦长城出版社出版，每期 16 版。此前，俄罗斯只有《中俄信息报》一份华文报。

南非第一份由来自中国大陆华侨主办的报纸《南非华人报》于约翰内斯堡创刊。该报属于南非华人报业集团有限公司。

中央电视台国际频道已在 119 个国家和地区直接落地入网或入户，全世界共有 9 颗卫星的 14 个转发器传送国际频道的信号。

中央电视台广告部组织创作的“支持就是力量”再就业系列公益广告，荣获第一届世界华文龙玺广告奖铜奖。

由著名新闻史学家、中国人民大学新闻学院教授方汉奇担任主编，复旦大学新闻学院教授宁树藩和人大陈业劭教授担任副主编的《中国新闻事业通史》第三卷，月初由中国人民大学出版社出版。至此，这部多卷本的新闻史专著已全部出齐。《中国新闻事业通史》是“七五”国家社科基金资助的重点科研项目和中国新闻史学会的重点协作项目，全书共三卷，计 3553 页，264 万字，200 余幅插图。书末附有中国新闻事业大事记、全书名词索引。本书由长期从事新闻史教学与研究工作的 50 余位专家学者撰稿，是新中国成立以来出版的第一部内容详细、有较高学术价值的新闻史巨著。

《新民晚报》期发行量跌至 130 万份。《羊城晚报》《扬子晚报》发行量都在 130 万份以下。

3 月 1 日

新华社正式在因特网上推出九届全国人大二次会议、全国政协九届二次会议专题网站。

1999 年昆明世博会采访活动在昆明世博园拉开帷幕。本次大型采访活动以“人与自然”为主题，以宣传中国 1999 年昆明世界园艺博览会的筹备工作为重点，分昆明、丽江、西双版纳、思茅几个采访组，就 31 个选题进行专题采访报道。同月 15 日采访活动圆满结束，共拍摄 30 部专题片，掀起了宣传世博会的新高潮。

菲律宾华文报纸《菲华日报》于马尼拉市创刊。该报前身是《菲华时报》，日出对开 20 到 28 个版。

美国国务卿奥尔布莱特一行访问了中央电视台。

中新社江苏记者站扩建为分社。

3 月 2 日

国家广电总局局长田聪明会见了英国欧洲传播管理咨询公司（ECM）总裁比尔·威尔逊一行 6 人。

据全国人大、全国政协九届二次会议新闻中心办公室负责人介绍，截至当天下午，报名采访“两会”的中外记者达2204名，其中外国记者342名，港澳台记者279名（香港特别行政区记者217名，澳门记者10名，台湾记者52名），创采访“两会”记者人数历年新高。

3月3日

中国国际广播电台张振华台长签署了《中国国际广播电台和墨西哥广播委员会合作与人员交流协议》。该协议7月份开始实施。

中央电视台驻日本记者站首席记者孙宝印、记者杨少波赴任。

3月10日

福建省人民政府办公厅在福州召开了村村通广播电视项目协调会。

国家广电总局复函教育部电教办，同意中国教育电视台使用新台标。

3月12日

国家广电总局“三讲”教育领导小组与中央“三讲”教育巡视组举行碰头会，对总局机关“三讲”教育试点工作做出评估。

国家广播电影电视总局发布《关于加强对转播国内卫星广播电视节目管理有关问题的通知》。通知称，国内卫星广播电视节目总数已达79套（广播节目38套、电视节目41套），因此要加强对转播国内卫星广播电视节目管理。通知要求：必须坚持地方台上星节目主要覆盖本省（区、市）的方针，确保在20世纪末基本实现村村通广播电视的目标；各地广播电台、电视台、有线广播电视台（站）必须安排标准频道，完整直接地转播好中央台和本省（区、市）台的第一套节目；各地有线广播电台应转播中央台和本省（区、市）台的其他无线广播电视节目；各地有线广播电视台（站）应开辟专用频道转播中国教育电视台的第一套节目；各地广播电台、电视台、有线广播电视台、教育电视台不得擅自转播境外（含港、澳、台地区）卫星广播电视节目。

3月15日

安徽省第一部新闻方面的志书《安徽省志·新闻志》出版发行。该志书时间跨度为该省报纸诞生的1898年至1994年，书中收入1000多种报纸、100多家通讯社、100多个记者站的有关资料，选编了96年来新闻界的重大事件和重要活动。

九届全国人大二次会议举行最后一次记者招待会，朱镕基总理答中外记者问。中央电视台顺利完成人大闭幕式和朱镕基总理中外记者招待会的直播。在“两会”报道期间，新华社自3月2日至15日，对内播发通稿500多篇，计53万多字；晚报专线、广播电视专线、地市报专线、产业报专线等也播发了大量“两会”报道；对外用中、英、法、西、俄、阿6种文字发稿1500多条，计120多万字。对内对外共播发图片400多张。

第18届法国“人类学电影节”评奖揭晓，四川电视台选送的纪录片《桃坪羌寨我的家》荣获最佳短片奖。本次活动于19日结束。

3月17日

国家新闻出版总署下发《关于加强报纸出版管理重申有关规定的通知》，通知要求各地纠正部分报纸出版中的违规现象，如擅自增加主办、协办和合作单位，将部分或全部出版权承包给其他单位和个人，以专版、专刊名称作报头，变相出版新的报纸，利用地方广告专版刊登新闻消息等非广告内容等。

国家新闻出版总署下发《关于期刊核检及重新登记的通知》，通知要求1999年4月至 5 月期间对全国期刊进行核检及重新登记，以便继续整顿全国期刊出版业的散滥状况。

3 月 18 日

由旅意大利爱国华侨和华人企业家共同出资创办的华文报纸《新华时报》在国家主席江泽民访意大利之际创刊于罗马。该报初创为周二刊，每期对开 8 版，内容以中国海峡两岸新闻和意大利华人社区新闻为主，刊登中国经济、科技、文化建设动态，为招商引资牵线搭桥。

3 月 19 日

美国华人报纸《湾区时报》在旧金山湾区创刊，该报是一份以报道和评论当地华人社区动态为宗旨的社区报。

3 月 20 日

国家广播电影电视总局发布《关于加强和改进广播电视文艺新闻政府奖评奖工作的通知》。通知要求发挥广播电视政府奖在体现正确导向、提高节目质量、促进创造繁荣方面的重要示范作用，进一步提高政府奖的权威性、科学性、规范性。通知要求除国家广播电影电视总局主办的广播电视文艺新闻政府奖（全国电视剧“飞天奖”、全国电视文艺“星光奖”、全国少儿电视节目“金童奖”、中国广播电视新闻奖、中广播文艺奖、中国广播剧奖、中国播音与主持作品奖）外，凡未经中宣部批准的全国性广播电视评奖一律不准举办，已经举办的要马上停办，如确需保留的，必须更改名称，不得带有“中国”“全国”“中华”等字样，并报总局批准。通知还就评奖的程序、获奖数量、评奖地点、评审委员会等作出详细规定。

3 月 22 日

国家新闻出版总署报刊司主持召开的新闻出版局报刊处长会议在京举行。司长梁衡在讲话中强调要进一步优化报刊结构，继续抓好“两个限制，两个加强”。本次会议于 24 日结束。

《南阳日报》纪念创刊 50 周年。

3 月 25 日

凌晨 3 点，以美国为首的北约部队对南斯拉夫联盟共和国发动了大规模空中打击。中央电视台第一套节目从早晨 6 点开始，对正在进行的空袭进行了长达 1 小时 20 分钟的直播报道，不断提供最新战况，多次插入本台和国际台驻外记者发回的美国、俄罗斯、日本等国的最新反应，并请军事专家对双方军事力量部署和对比、作战时机和目标选择、空袭特点等进行分析。此外，报道还介绍了科索沃问题的由来、科索沃危机演化过程以及北约对南动武的真实目的等。在报道中，中央台特别邀请了外交部发言人孙玉玺发表我国外交部对北约空袭南联盟的声明。

中宣部、广播电影电视总局、新闻出版署、中国记协在京联合召开加强职业道德建设、禁止有偿新闻电视电话会议，要求深入开展这一工作，树立良好形象。徐光春副部长在电视讲话中强调加强职业道德、禁止有偿新闻关键在领导，从体制、机制、工作上彻底把新闻与广告分开，完善新闻采访、广告经营、记者管理、稿件审阅等制度，各级记协成立举报中心，充分发挥行业自律，严禁有偿新闻。

湖南电广传媒股份有限公司在深圳证券交易所上市，股票简称“电广实业”。

由北京市广播电视局、北京市版权局、北京市新闻出版局联合组成的“北京市光盘复制监督员办公室”成立，并下发了《关于加强北京地区光盘复制监督管理的通知》等 3 个规范性文件。

3 月 26 日

李岚清副总理在中南海紫光阁会见香港

凤凰卫视有限公司董事局主席刘长乐一行。

社会各界广泛关注的“重庆綦江虹桥垮塌案”公开审理。中央电视台第一套节目3月26日至27日直播了第一案的审理情况，4月3日直播了第二案的法庭辩论情况，累计直播时间长达14小时45分钟。

3月28日

中国首家以“女性”命名的电视频道——长沙电视台女性频道正式开播。该频道日播15小时，通过有线电视网全天候传送，发行辐射海内外。

中国国际广播电台对内第二套广播节目正式开播。使用北京地区调频88.7兆赫，每天播送英语、西班牙语、阿拉伯语、法语、德语、朝鲜语、日语、俄语和粤语等9种语言18个小时的节目。

3月29日

由中央电视台与德国慕尼黑青少年基金会共同主办的'99国际少儿电视节目研讨会在深圳举行。中央电视台及全国近50家省、市电视台参加了会议，会议至4月2日结束。

3月30日

国家广播电影电视总局发布《关于制作播出理论、文献电视专题片暂行规定的实施办法》。《办法》根据党中央、国务院批准的《中共中央宣传部、国家广播电影电视总局关于制定播出理论、文献电视专题片的暂行规定》制定，《办法》界定了理论电视片、文献专题片的内涵与外延，并就制作单位、流程、审定工作作了详细规定。《办法》称国家广播电影电视总局成立“理论、文献电视专题片（含电影纪录片）创作领导小组”负责理论、文献专题片播出的审定工作。

中华全国新闻工作者协会追授蒙标成同志“热爱新闻事业的模范通讯员”荣誉称号。

《中国食品质量报》3名记者在黑龙江哈尔滨市调查采访时，被采访单位哈尔滨红太阳集团4名人员持电子灭火器等凶器打伤。

同月

上海《解放日报》老报人访问团到江苏丹阳访问期间，确认了《解放日报》创刊地址为江苏省丹阳市郊荆林镇荆桥的王祠堂及周围数间老民房。

罗马尼亚华文周报《旅罗华人》创刊。

“两会”期间，中国互联网新闻中心曾获准派出3名记者采访“两会”。这是网络媒体首次获得正式采访权，但仅限于在网站发布图片。

《西藏日报》汉文版扩版，每周三和周五由过去的4个版扩为8个版。

《财经》杂志奖学金项目首期研修班开学。该项目每年一次，为10名中国新闻界优秀青年经济编辑（记者）提供奖学金，以全脱产方式在北京大学进行为期3个月较系统的经济学和管理学理论学习，并进行有关财经新闻深度报道的培训。

4月1日

国家广电总局、公安部、国家安全部联合下发《关于坚决查处擅自接收、转播境外卫星电视的通知》，通知重申我国卫星电视广播地面接收设施的生产、进口、销售、安装和使用实行许可制度，通知针对卫星电视，尤其是台湾电视越境覆盖的情况越来越普遍的现实，要求各地组织力量从4月1日到5月上旬，集中力量组织一次清理，遏制当前一些地方擅自设置卫星地面接收设施接收境外电视节目，特别是台湾电视节目的势头。

新华社社长郭超人在新华社新闻大厦会见了应邀来访的土耳其阿纳多卢通讯社副社长艾尔婉女士及其丈夫、土耳其泰格莱泰电视台台长阿里·巴兰塞尔先生一行。翌日，巴兰塞尔先生代表泰格莱泰电视台与新华社签署了合作协议。

《贵阳晚报》电子版在国际互联网正式开通。

中国国际广播电台华语环球广播中心正式启动《中国之窗》大联播。

人民日报海外版等境内外 20 多家新闻单位，联手举办了“迎回归澳门知识竞赛”活动，共 28 个国家和地区的 50 多万名读者参加竞赛。

4 月 2 日

新华社社长郭超人会见了墨西哥通讯社社长梅迪纳，就两社新闻和新闻图片方面的合作等问题交换了意见。

中央电视台《晚间新闻》播出《中国第 15 次南极考察队圆满完成任务回到上海》，标志着中央电视台南极科学考察报道任务顺利完成。

4 月 5 日

由中国记者联合会主办、东盟记联协办的“发挥新闻媒体的作用，促进亚洲经济的繁荣”研讨会在京召开，该研讨会于 11 日结束。

4 月 6 日

中国教育电视台举行卫星一套节目首次整体改版新闻发布会。

国家广播电影电视总局发布《关于进一步推进广播电视播出机构治理工作的意见》。《意见》称经过两年的治理，广播电视治散治滥工作取得了阶段性成果，目前已经准予重新审核登记的广播电视播出机构总数为 2216 座，其中广播电台 294 座，电视台 343 座，有线广播电视台 217 座，县级广播电视台 1287 座，教育电视台 75 座，比治理前实际存在的播出机构数量减少了 68%。《意见》要求巩固治理成果，防止反弹，进一步推进广播电视播出机构治理工作。《意见》要求各省（区、市）广播电视行政部门要对两年的治理工作进行一次全面的复查；地市级以上广播电视播出机构要优化节目频道资源配置，避免无线和有线、省台和省会市台节目频道的重复设置和节目内容的雷同，推进有线电视台节目设置的专业化、对象化、服务化。《意见》要求企事业单位有线电视站必须完整转播中央和省级广播电视节目，并与当地行政区域有线电视台联网，可自办少量本单位的新闻和专题节目，但不得自行播放电影、电视剧；乡镇广播电视站不得设置电视播出前端，不得自办电视节目。意见要求将县级广播电视台的合并工作落到实处，杜绝“假合并”现象，积极探索建立科学、合理、高效的新机制，做到统一机构建制，统一人事管理，统一宣传规划，统一事业建设，统一经营创收；县级广播电视台与县级教育电视台已经合并的，可在有线电视中开辟教育频道，转播中国教育电视台教育教学节目；省级有线广播电视台可在现有频道中改办一个频道为公共电视频道，统一将节目提供给本省（区、市）各县（市）广播电视台，同时在公共频道中留出一定的时段供各县市广播电视台播放当地的新闻和专题节目。

著名报人、新闻理论家、新闻教育家何微同志，因病于 14 时 25 分在西安逝世，享年 83 岁。何微同志 1937 年参加山西抗日决死纵队，1939 年 11 月奔赴延安，同年任《黄河日报》编辑、党支部书记，开始其新闻工作生涯。先后在民族革命通讯社上党分社、太南《人民报》、太南《导报》、华北《新华日报》《晋豫日报》、新华社太岳分社、华北区《人民日报》担任记者、编辑，1949 年 4 月后，历任《山西日报》，新华社太岳分社、山西分社、北京分社、江苏分社及文化部出版局，《陕西日报》等单位的负责人。改革开放后，何微同志先后参与创办过《新闻通讯》《新闻研究》等期刊及西北政法学院新闻系、陕西省社会科学院新闻研究所、武汉大学新闻研究所。著有《中国新闻思想研究文集》。

4 月 7 日

国家广播电影电视总局发布《电视剧审查暂行规定》。

4 月 8 日

中美联合摄制的 8 集电视系列节目《资本浪潮》（中文版）在京举行新闻发布会。

4 月 10 日

北京大学司法研究中心、《中国社会科学》编辑部、中国社会科学院法学研究所大众传播法研究所，在北京大学联合召开“司法与传媒”研讨会。会上，法学界、司法界和新闻界人士就二者关系进行了热烈的讨论。会议于 11 日闭幕。

4 月 11 日

贵州有线电视台两名记者在贵阳市“唐人食街”饭店采访时遭到非法扣留，机器被损坏。

4 月 12 日

哈尔滨电视台、哈尔滨人民广播电台 5 名记者根据消费者投诉去“隆马特”商场采访时遭商场人员围攻，价值 26 万元的摄像机被抢走并遭到损坏。对接连发生的侵害新闻工作者正当权益事件，中国记协维护新闻工作者合法权益委员会负责人表示，要严惩打人凶手，为新闻记者正常的采访提供一个良好的环境。

河北《石家庄日报》举办的“山乡百村行”采访活动启动。本次活动该报共组织 11 名记者采访市属 8 个山区县（市），106 个行政村，123 个自然村，行程 7000 多公里，于 5 月 31 日结束。此次采访活动共刊发 70 多篇稿件，真实反映了山村变革的发展趋势及成果，锻炼了记者作风。

北京日报社在全社范围进行综合改革，实行中层干部竞聘上岗。

新浪网全新改版，实现中国大陆、中国台湾、北美两岸三地的全面整合，成为第一个真正意义上的跨国网络公司。

4 月 13 日

贯通河南省 18 个地市的有线广播电视光缆传输网建成并试运行。

为期两天的全国新闻出版系统信息化建设工作会议在京召开。

4 月 15 日

中国记协召开“贯彻中央四部门 3・25 电话会议精神，加强职业道德建设，禁止有偿新闻”座谈会。

中国 23 家有影响的新闻单位网络媒体负责人首次在京聚会，共商中国网络媒体发展事宜，并通过《中国新闻界网络媒体公约》。

浙江省记协在杭州正式成立维护新闻工作者合法权益委员会，省记协主席江坪任该委员会主席。

4 月 16 日

中国社会科学院原党组成员、研究生院院长温济泽同志，因病于凌晨在京逝世，享年 85 岁。温济泽同志遗体告别仪式 4 月 30 日上午在八宝山革命公墓举行。李岚清、丁关根、李铁映、李德生、胡绳、邓力群等同志送花圈并以不同方式表示悼念。温济泽同志 1914 年 4 月 18 日生于江苏淮阴，1929 年参加革命，1930 年加入中国共产主义青年团，1936 年转为中共正式党员。1938 年 2 月至 1942 年 12 月，任陕北公学教员、中央宣传部干事、中央研究院研究员，参与毛泽东主持的《马恩列斯思想方法论》一书的编纂工作。1943 年至 1946 年，先后任《解放日报》副刊部秘书、编辑、主编，撰写了大量普及科学知识和历史知识的文章。1946 年 6 月新华社口头广播部（延安新华广播电台）成立，温济泽为第一任主任，其领导的广播战线被国统区人民誉为“茫茫黑夜中的灯塔”。新中国成立后，历任中央人民广播电台副总编辑、中央广播事业局副局长等职，是新中国广播事业的主要创始人之一，特别在对外广播方面进行了卓有成效的建设和开拓工作。1978 年 1 月后，历任中国社会科学院科研组织局副局长，中国社会科学院党组成员，中国社会科学院研究生副院长、院长等职，1985 年离休后，仍积极从事社会文化活动，继续担任中国社会科学院学位委员会委员、中国新闻教育学会顾问等职。主编了数百万字的《瞿秋白文集》《革命烈士传》和《中华英烈》杂志，并发表大量学术论著和文章。

云南省报业协会正式得到批准成立。该协会下设办公室和新闻业务、报业经济、记者权益保护 3 个专业委员会。

由重庆人民广播电台发起，长江沿岸的云南、四川、重庆、贵州、湖北、湖南、江西、安徽、江苏、上海等 10 家省级电台联合进行的“为了母亲河”大型采访活动举行出征仪式。此次采访活动中，10 家省级电台在“为了母亲河”专题节目中进行 40 集专题大联播，这些专题有《世纪末的警钟》《禁伐令下达之后》《乌江辉煌》《还青山绿水给家园》等。

中央电视台《中国财经报道》栏目推出了首期《税务周报》节目。

国家广电总局局长田聪明带领总局办公厅、计财司负责同志到湖北检查指导广播电视工作，考察村村通广播电视情况。

4 月 17 日

中央电视台成功直播了第 85 届中国出口商品交易会。这是广交会举办 42 年来首次进行现场直播。

4 月 18 日

据昆明世界园艺博览会新闻中心负责人介绍，截至本日，报名参加世博会开幕式和开园式采访的中外记者已达 1600 人。其中中央新闻媒体 300 人，中国各省市区媒体 600 人，云南省内媒体 400 人，台港澳媒体 100 人，外国媒体 170 人。同日，昆明世博会组委会宣传文化大型活动部和《中国日报》联合推出的世博会周刊《绿报》正式创刊。该刊出版期限为 1999 年 4 月 18 日至 11 月 1 日，中英文双语免费出版，主要在云南各地机场、星级宾馆饭店、涉外娱乐场所、世博会园区及主要旅游景点发行。

4 月 19—20 日

全国村村通广播电视工作会议在湖北宜昌举行。

4 月 20 日

我国第一家按照现代企业制度建立的大型发行集团——江苏新华发行集团成立。

中国记协维护新闻工作者合法权益委员会第二次全体会议在京召开。

4 月 21 日

中央人民广播电台第二套《网络时代》节目首次在国际互联网上同步直播获得成功。这是中央人民广播电台第一次网上直播。

4 月 22 日

澳门有线电视有限公司与澳门政府签订了为期 15 年的专营合约，在澳门专营有线收费电视。该公司由葡萄牙电讯集团、宇宙卫星通信服务有限公司和吴福集团有限公司合资组成，注册资本 5000 万澳元。

全国新闻出版系统第五次纪检监察工作会议在重庆召开。

4 月 23 日

为纪念南京解放 50 周年，《南京日报》

推出50版的专题报道。

4月26日

新华社开通昆明世博会专题网站。

中国广播电视学会对外电视宣传研究委员会成立大会在广东珠海举行。

同月

《人民日报》创刊50周年特制金银箔微缩版发行。

中新社成立多媒体信息编辑部，专门负责总社网站建设。

中国联通公用计算机互联网创立。

5月1日

吉林卫星广播电视节目开播。

中国企业报协会在广州召开为期5天的企业报星期刊、周末版及副刊研讨会。

内蒙古自治区党委宣传部正式颁布《关于改进和加强新闻出版管理的十项制度》。全文共10项，针对新闻宣传的有7项：新闻例会制度、新闻联席会制度、新闻通气会制度、重要稿件送审制度、新闻出版评阅制度、战役宣传制度和宣传内蒙古协调会制度。

中央电视台第七套军事节目改版播出。改版后的军事节目共有《军事报道》《代军人》《军事百科》《祝你成才》《军营文化》《走军营》《中国武警》等7个栏目。

《人民铁道》报纪念创刊50周年。

5月3日

中央电视台第八套节目（原文艺频道）正式改为电视剧频道。

5月4日

五四运动80周年纪念大会下午在北京人民大会堂举行。党和国家领导人江泽民、李鹏、朱镕基、李瑞环、胡锦涛、李岚清出席大会。本日晚，中央电视台举办了纪念五四运动80周年大型晚会《青春之歌》，江泽民、李鹏、朱镕基、李瑞环、胡锦涛、李岚清等中央领导同志出席观看，并给予晚会很高评价。5月4日前后，全国各地媒体掀起了纪念五四运动报道的舆论高潮。上海《青年报》在一个多月时间内，共刊发纪念五四运动的各类文字报道200篇（其中消息87篇，言论10篇，通讯27篇，综述15篇，其他61篇），总字数20.3万字，图片197张，合计约62个版面。

中青网（中国青少年计算机信息服务网）正式开通，它由共青团中央主办，被列入国家级重点新闻网站。

5月6日

中宣部、新闻出版署在京联合召开报纸管理座谈会。会议强调要加强党报“主阵地”建设，尤其是加强党报对所属子报的管理。

《北京日报》由日出8版扩为12版。

5月8日

凌晨5时45分（贝尔格莱德时间5月7日23时50分），以美国为首的北约悍然使用至少3枚导弹，从不同角度袭击了我国驻南斯拉夫联盟共和国大使馆。新华社驻贝尔格莱德记者邵云环、光明日报驻贝尔格莱德记者许杏虎及夫人朱颖不幸遇难。使馆遭袭15分钟后，《人民日报》驻贝尔格莱德记者吕岩松用手机将消息发回国内，上报中央。吕岩松是中国，也是全世界第一个报道我使馆被炸消息的中国记者。6时35分，新华社《参考消息》编辑部以参考快讯向中央作了报告，7时25分发出对外第一条英文快讯。7时35分，国家广电总局接到中国国际广播电台记者的报告。9时25分，人民日报网络版独家报道了我驻南联盟大使馆被炸的消息。11时55分，人民日报网络版率先发布了电话采访吕岩松的现场目击记，为我国新闻媒体第一篇比较详细的报道。深夜，新华社高级记者张铁钢随外交部赴南联盟处理问题小组乘专机赶往贝尔格莱德，以加强前方报道。

北约轰炸我驻南使馆后，中央电视台、中央广播电台、中国国际广播电台及全国各省市新闻媒体及时向全世界传达了中国政府的严正立场。中国以及世界各地的民众强烈谴责北约暴行的游行、示威，各机构、团体的声明、抗议，在全国范围内乃至国际领域掀起了强烈谴责北约暴行的舆论高潮。8日上午，中华人民共和国政府发表声明，对北约袭击我驻南大使馆的野蛮暴行提出最强烈抗议。9日18时，中共中央政治局常委、国家副主席胡锦涛发表电视讲话，要求北约承担全部责任。这一彰显爱国主义的活动一直持续到5月中下旬。自5月8日以来，全国所有的新闻性报纸均以大篇幅报道北约袭击我驻南使馆事件，许多报纸连连脱销，不得不加印。仅5月9日就有《参考消息》《北京晚报》《环球时报》《齐鲁晚报》等10余家报社加印了约近80万份报纸，以满足读者需要。与此同时，新闻界也掀起了谴责北约暴行，缅怀、悼念及向邵云环、许杏虎、朱颖三位烈士学习的高潮。自5月8日起，中宣部、新华社、光明日报社、人民日报社及宁夏、湖南、江苏、贵州、北京、上海、云南、重庆、山东等省、市的新闻界纷纷以座谈会、函电、声明等形式声讨北约暴行，深切悼念三位烈士，并对其家属表示慰问。在谴责北约轰炸中国驻南使馆这一特殊的战役性报道中，新华社突出报道了全国人民对中国政府声明的坚决支持和对北约暴行的严厉声讨。从5月8日开始为期半个月的集中报道中，新华社共播发中文通稿910多条，英文通稿790多条，摄影图片175张，国际参考报道720多条。

中央高规格地沉痛悼念邵云环、许杏虎、朱颖三位烈士，号召新闻界向三位烈士学习，并奖励新闻工作者。5月12日，国务院决定于12日在北京天安门、新华门、人民大会堂、外交部所在地，各省、自治区、直辖市人民政府所在地，香港特别行政区政府所在地，新华社澳门分社所在地下半旗志哀。12日上午，胡锦涛等中央领导同志到机场迎接邵云环、许杏虎、朱颖三位烈士的骨灰和受伤的使馆人员。下午，党和国家领导人江泽民、李鹏、朱镕基、胡锦涛、尉健行、李岚清先后前往新华社和光明日报社，沉痛悼念三位烈士，亲切看望并慰问烈士的亲属。13日，朱镕基总理代表党中央、国务院宣读《中共中央、国务院关于对我国驻南斯拉夫联盟共和国大使馆工作人员和驻南新闻工作者给予表彰的决定》，正式批准邵云环、许杏虎、朱颖同志为革命烈士。14日，新华社党组作出《关于向邵云环同志学习的决定》。16日，中央宣传部、中国记协召开学习邵云环、许杏虎、朱颖烈士英雄事迹大会，中国记协授予三位烈士“人民的好记者”荣誉称号。17日，人民日报社举行全社大会，学习三位革命烈士事迹，表彰人民日报社驻南记者吕岩松。19日，新华社决定，为在南斯拉夫联盟共和国采访的新华社前方记者组记集体一等功。同日晚，光明日报社在京举办“追思三位烈士，高扬爱国精神”大型专场音乐会。26日，中共中央宣传部发出《关于开展向邵云环、许杏虎、朱颖三位烈士和我驻南新闻工作者学习活动的通知》。27日，中宣部、人事部作出《关于追授邵云环等三位烈士和授予吕岩松等七位同志“优秀新闻工作者”荣誉称号并给予赵金河等八位同志记一等功奖励的决定》。6月1日，中华慈善总会设立邵云环、许杏虎、朱颖烈士永久纪念基金。7日，邵云环、许杏虎、朱颖三位烈士的铜质浮雕塑像在武汉铸造完成，连夜向北京启运。8日，人民日报社、新华社、光明日报社、中央电视台、中国国际广播电台、中华全国新闻工作者协会在京联合举办《人民的好记者》专题晚会，缅怀三位烈士，晚会现场为三位烈士的塑像揭幕，并决定将塑像放入中国革命历史博物馆永久保存。9日，邵云环、许杏虎、朱颖烈士英雄事迹展览会在中国革命博物馆开展。22日，中国记协印制纪念三位烈士的纪念封，中国革命博物馆等单位设计发行了一套“缅怀英烈，呼唤和平”的纪念珍藏卡。

5月9日

《人民日报》网络版开辟了“强烈抗议北约暴行”BBS论坛。6月19日，“抗议论坛”改版为“强国论坛”。

5月10日

人民日报华东分社及人民日报网络版联合推出名为“行走黄河”的采访报道活动，这是我国网上首次跟踪直播大江大河的全程式采访活动。

5月11日

珠海市委颁布《珠海市新闻舆论监督办法（试行）》，成为国内率先出台的保障新闻媒体更有效地进行舆论监督的地方规定。

5月13日

以色列总统魏茨曼在耶路撒冷总统府会见了由张振华台长率领的中国国际广播电台代表团。

5月14日

美国NBC《今日》节目在北京八达岭长城进行现场直播，对我国的历史与现状进行了报道。

针对北约悍然轰炸我驻南联盟大使馆事件，新闻出版署发布《关于近期期刊出版工作的通知》，其中提出三个要求和四个注意事项。

5月15日

我国第一个电子采编实验室在复旦大学新闻学院挂牌成立。

5月18日

国务院新闻办公室主任赵启正、副主任杨正泉、秘书长赵少华等到中国国际广播电台检查、指导国际互联网广播工作。

北京电视台开播20周年。

5月19日

由张振华台长率领的中国国际广播电台代表团结束对意大利的工作访问。访问期间，中国国际广播电台与意大利广播电视公司签署了会谈纪要，双方一致同意将积极推动中国国际广播电台与意大利广播公司在人员培训、节目制作和技术交流等方面的合作。

5月21日

国家广播电影电视总局发布《外国人参加广播影视节目制作活动管理规定》，规定明确了聘用外国人参加广播影视节目制作活动必须由广播影视行政部门审批。广播电台、电视台不得聘请外国人主持新闻类节目。

中央国际广播电台组成赴西藏报道组，就“西藏民主改革40周年”进行采访报道，本次采访活动于6月20日结束。

5月22日

《光明日报》国际部主任记者宋文富启程赶往贝尔格莱德，重建被毁记者站。

由中华全国新闻工作者协会和中国报纸副刊研究会联合举办的第9届中国新闻奖报纸副刊作品复评暨’98全国报纸副刊作品年赛评选结果在北京揭晓。

5月23日

长江日报社为庆祝该报诞辰50周年，举行“面向新世纪机关报改革与发展”研讨会。

全国第一个全新闻频道——东南电视台

新闻频道开播。

5 月 26 日

由国家环保局主办，首都 16 家新闻单位参加考察采访的“1999 生态保护宣传行动”在京正式启动。

5 月 27 日

中宣部、人事部授予中央电视台驻南联盟记者顾玉龙、王晓琨“优秀新闻工作者”称号，为高伟、王卓、王齐放、张大立记一等功。

上海人民广播电台建台 50 周年。上海人民广播电台成立于 1949 年 5 月 27 日上海解放之日，现有 16 个频率，其中 8 个中波、5 个调频、3 个短波。广播收听范围以上海为中心，辐射苏、浙、皖等地区，覆盖人口约 1.6 亿。电台在编人数 314 人。

5 月 28 日

《新民晚报》为纪念上海解放 50 周年，推出豪华纪念专版。

第三届新闻核心期刊评选结果揭晓，20 家刊物榜上有名。

中国报业行业报委员会在人民邮电报社召开四届一次理事会和常务理事会，选出以吕华麟为会长的新领导机构。

上海《解放日报》举办纪念创刊 50 周年座谈会。中共中央政治局委员、上海市委书记黄菊出席，并对上海新闻界提出三点希望。

5 月 29 日

加拿大华文报纸《加华新闻》在多伦多创刊。该报为周报，每期对开 1 张 4 版，随北京《人民日报·海外版》向加拿大全境发行。

同月

五一期间，首都青年记协组织中央和北京市 20 多家新闻单位的青年记者到农村进行社会实践，以纪念五四运动 80 周年。

甘肃阿克塞哈萨克族自治县广播电视台自办的新闻节目《阿克塞新闻》增加了哈语新闻，实现哈语播出。

《江苏商报》5 月改版为 4 开 16 版，以每份 2 角钱的低价问世，点燃了南京报界的发行大战。至 10 月份，该报在南京地区的销量由原来的 5 千份陡增至 12 万份，接着，由人民日报社主管的《江南时报》由单价 4 角降到 1 角，新华社江苏分社主办的《现代快报》由单价 4 角降到 1 角。南京报业市场的价格战，引起了海内外新闻媒体的广泛关注。2000 年 1 月，在江苏省委宣传部和省新闻出版局的干预下，南京报业签订调整报纸价格协议书。该协议书确定：自 2000 年 3 月起，4 开 16 版或对开 8 版报纸的最低零售价调整至 3 角，凡低于此金额的报纸价格一律调整到 3 角以上，其他报纸价格不变。至此，南京报业发行大战结束。

澳门首家提供卫星电视服务的机构——宇宙卫星电视有限公司开始传送卫星讯号。12 月 18 日，该公司的旅游频道（台）正式开播，成为该公司下属 6 个频道中最先开播的频道。

6 月 1 日

中国记协召开“首都新闻界学习马克思主义新闻观，揭露西方‘新闻自由’本质”座谈会。

《武汉晚报》为广辟新闻线索，开通了“新闻 110”热线电话，同时推出“新闻 110”专栏，并安排一名社领导值班、具体负责。热线开通的头一个月，收到各种信息 3900 多条，平均每天收到读者来电 150 次左右。12 月底，在公安部门支持下，又开行了 2 辆装有特殊通行标志灯和车载电话的“新闻 110”采访车，以便第一时间赶赴现场采访。

我国唯一的藏文版少年儿童报《刚坚少

年报》创刊10周年。

《河南日报》创刊50周年纪念大会在河南省人民会堂举行。省委书记马忠臣作重要讲话。省党政军领导李克强、范钦臣、任克礼、林英海、王英洲等出席大会。

新疆维吾尔自治区广播电视厅举行首批村村通广播电视设备发送仪式。自治区主席阿不来提·阿不都热西提出席仪式，要求7月1日前全部开通首批209个乡镇的广播电视。

6月3日[①]

据《新闻出版报》载，《四川省报纸发行自律公约》正式公布实施。《公约》在四川省报业协会的主持下制订，四川日报社、成都晚报社、华西都市报社、成都商报社等报社签订。《公约》要求在报纸的发行征订中，不得用抬高自己，贬低、影射或损害其他报纸的方式进行宣传；未经权威部门科学、公正核准和主管新闻出版工作部门同意，不得采用“第一”“最佳”等广告词语；在征订发行中不能以不正当的行政手段强行征订，扰乱发行秩序。

6月4日

日本广播协会（NHK）在甘肃敦煌，新疆喀什、吐鲁番和南山牧场进行了丝绸之路《世界悠悠——敦煌·西域》卫星现场直播。

6月5日

《新疆钢铁报》纪念创刊40周年。

“为了绿色家园——’99世界环境日特别报道”在长江源头沱沱河之滨现场直播获得成功。此次直播是中央电视台有关环保宣传活动中规模最大的一次，也是中央电视台直播史上海拔最高的一次。

6月6日

中国国际广播电台阿尔巴尼亚语广播开播30周年。

6月7日

据《中华新闻报》载，香港电讯宣布，从5月开始，将在亚洲多个国家推出多媒体卫星服务。

6月8日

江西人民广播电台建台50周年。

6月9日

无锡市广播电视集团成立，国家广电总局田聪明局长出席大会。无锡广电集团为全国首家广播电视集团。

6月10日

中国教育电视台《科技之旅》栏目赴美国拍摄15集专题片《美国网路行》。

德阳市对此前《华西都市报》披露四川广汉速记秘书学院擅自以所主办的内刊《速记与写作》名义滥批发假记者证的违法事实进行查处。

由《光明日报》记者和长江水利委员会工程师组成的4人采访团从北京出发，探访长江源头，宣传长江上游水土保持重点防治工程近10年来的突出成就。

6月14日

西藏电台推出纪念民主改革40周年大型系列专题报道《历史的跨越——我说民改40年》。

据《新闻出版报》载，经新闻出版署批准，“全国国民阅读倾向抽样调查”正式启动，此调查活动今后将每隔一两年举行一次，本次调查于1999年11月底结束。

首届顾执中新闻教育奖学金在复旦大学新闻学院颁发。

6月15日

国家林业局联合150家新闻单位开展

---

① 一说是6月28日。两说均出自《新闻出版报》，标题页一致，因未查到《新闻出版报》原件，暂存疑。

"跨世纪保卫绿色行动 1999——全国百家新闻单位联合行动"正式启动。

国家广电总局和北京市人民政府主办的"新中国成立 50 周年电视节目展示会暨 1999 中国电视节目交易会"在北京国际展览中心举行。

中国广播电视新闻奖 1998 年度"中国彩虹奖"对外广播奖评选工作在京举行。

6 月 16 日

《光明日报》创刊 50 周年座谈会在人民大会堂举行。中共中央总书记江泽民题词"团结和激励知识分子，为中华民族的伟大振兴建功立业"；全国人大常委会委员长李鹏题词"紧密联系知识分子，发挥桥梁纽带作用"。

由全国人大环境与资源保护委员会、中宣部、水利部等 14 个部委共同举办的'99 中华环保世纪行"爱我黄河"记者采访团在京举行出发仪式。

科特迪瓦新闻代表团访问中国记协。

中宣部部长丁关根、国务院副秘书长刘奇葆、中宣部副部长徐光春等领导到新华社视察网站建设情况。

日本驻华大使谷野作太郎向原新华社记者吴学文授予日本四等旭日章。这是中国记者首次获得这项日本国家奖。

6 月 18 日

贵阳人民广播电台和贵阳市总公交公司合作，在公交车上安装锁定了新闻台频率的收音机，使电台广播直接进入公交车厢，此举在全国尚属首家。

中国期刊网在清华大学正式开通。

新闻出版署发出通知（新出音〔1999〕766 号），决定举办首届国家音像制品奖评奖活动，此奖为全国音像制品的政府奖。2000 年 1 月 23 日首届国家音像制品奖在京颁奖。《伟大的旗帜》《新中国大阅兵》《中国音乐家大系》等社科、文艺、科技、教育四大类共计 54 种音像制品获此殊荣。

6 月 20 日

中国国际广播电台在京召开庆祝中国对外华语广播 50 周年大会。

6 月 21 日

黑龙江日报社主办的"玉泉方瓶杯"海峡两岸传播媒体生活幽默漫画比赛暨交流研讨会今日结束。此次活动自 1997 年开始在全国各地征稿，至 1998 年 4 月底截稿，共征集稿件 3000 余幅。海峡两岸及海外诸多报刊对交流活动进展予以报道。本次活动还促成了海峡两岸漫画家近 50 年来第一次在祖国内地公开正式交流。

全国妇联在人民大会堂举行了纪念《中国妇女》创刊 60 周年座谈会。

希腊新闻代表团访问中国记协。中宣部副部长徐光春和中国记协常务副主席郑梦熊接见代表团。会谈期间，希腊记协秘书处马诺利斯·马修达齐斯特别介绍了希腊新闻界发起和组织的一系列谴责北约暴行的抗议活动。

6 月 23 日

中国记协学术委员会、新华社新闻研究所、中国社科院新闻与传播研究所在京联合召开学术研讨会，会议主题是"从理论上解剖、认清西方'新闻自由'的本质"。

6 月 25 日

《南方周末》正式推出"新经济"版块，辟有财经、来论、业界等专版。

6 月 28 日

中国报协召开书记处扩大会议，讨论通过了《中国报业自律公约》，以及《关于成立〈中国报业自律公约〉执行监督委员会的决定》《关于成立中国报协报纸发行量核查工作委员会的决定》和《报纸发行量核查工作委员会条例》等4个文件。

国家广电总局副局长赵实参加了朱镕基总理与巴基斯坦谢里夫总理的会谈，并代表广电总局与巴基斯坦新闻和媒体发展部续签了《中巴广播电视合作协议》。

江苏扬子晚报社筹办的国内首辆“新闻110”采访车正式投入运行。

广东省有线广播电视传输干线实现了光纤联网。

“福建新闻事业50年”研讨会在福州市举行。

6月29日

国家广播电影电视总局发布《关于贯彻落实信息产业部〈关于加强同路由光缆线路建设协调工作的通知〉精神的通知》。

6月30日

《财经时报》正式出版发行。

国家广电总局机关党委在中国国际广播电台举行“广电总局纪念‘七一’表彰大会”，表彰国际台、中央电视台赴南联盟记者王智敏、郭志家、王晓琨、高伟、王卓、顾玉龙、张大立、王齐放等8人，并授予王智敏、郭志家、王晓琨、高伟、王卓五位同志“优秀共产党员”称号。

同月

北京电视台因特网开始启动。

新疆生产建设兵团广播电视“连连通”工程全面启动。

四川《商务早报》因违反宣传纪律遭到严肃处理。

印尼《呼声》月刊在雅加达创刊。该月刊由从事教育工作的华人创办，其宗旨是鼓励华裔公民积极参政，争取正当权益，提倡恢复华族母语教育，支持民主改革，为经济复苏作努力。

山东省52家高校校报获国内统一刊号。

7月1日

四川《阿坝报》改为《阿坝日报》，为周五刊，2001年5月，编采业务实现微机化；2001年7月1日，汉、藏文版4开4版改为对开4版。

中共湖北省委机关报《湖北日报》举行创刊50周年纪念，湖北省委书记贾志与会，并作了《面向21世纪，把新闻工作提高到新水平》的讲话。

《河北日报》电子版正式开通。

上海《劳动报》创刊50周年。

原《黑龙江农村报》更名为《农村报》。

《贵州日报》启动改版工作，一版新辟“新闻视窗”“体育·环球”等栏目，二版由“地方经济新闻”改为“省内新闻”，新辟“昨日快讯”“百业短波”等栏目。

中国首家民营传媒机构“北京光线电视策划研究中心”推出《中国娱乐报道》栏目。

中国记协在杭州召开’99中国新闻媒体网络传播研讨会，会期两天。

7月2日

《中国专利报》更名为《中国知识产权报》，由国家知识产权局主办，是中国第一张全面报道知识产权的报纸创刊。

7月5日

中央电视台第一套节目在21：00至21：20时段推出全新新闻栏目《现在播报》。

纪念《新华日报》出版50周年座谈会在南京召开。江泽民总书记为大会题词“紧跟时代步伐，传播党的声音，服务人民群众”，中共江苏省委书记陈焕友作重要讲话。

我国极地科学考察史上第一张电子版的彩色“报纸”《北极探索报》诞生。该报8开4版，定期出版，计划在考察的60多天里出10期，同时在雪龙船的局域网上发行。

新闻出版署下发《关于主管单位撤销后

其所办报刊注销登记的通知》，通知称，凡在国家机构改革中撤销的单位，其所主管的报刊随之注销，其刊号留在各省、自治区、直辖市新闻出版局，用以调整本地的报刊结构。

据《中华新闻报》载，浙江温州出现专职从事新闻采编业务的“网络记者”。

中国国际广播电台印尼语广播部《学汉语》节目正式开播。这是印尼语广播开播以来首次开办汉语教学节目。

《南方都市报》扩为 4 开 32 版，并开始分 AB 两叠，增加社会新闻与经济报道。

7 月 6 日

司法部发布《司法行政系统新闻单位采编案件的规定（试行）》。

7 月 7 日

北京新闻人才劳务发展中心与中国人民大学新闻学院共同建立的“北京日报社新闻人才库”合作协议签字仪式举行。此举在全国新闻系统尚属首次。同日，据《中华新闻报》载，1998—1999 年度“北京日报社新闻人才奖学金”颁奖仪式在北京日报社举行。

7 月 8 日

新闻出版署下发《关于发布〈报刊刊载虚假、失实报道处理办法〉的通知》，通知对报纸、期刊因刊载虚假、失实报道和纪实作品而发表的更正或答辩做出了详细规定。通知要求各地新闻出版局可视情节轻重，对失实报道给予警告或 1 万元以下罚款的行政处罚。

7 月 9 日

据《新闻出版报》载，据国家统计局 1998 年中国城市居民消费形态调查表明，我国城市居民在阅读报纸过程中，最感兴趣的是新闻。

云南省报业协会在昆明召开成立大会。

“当代大学生暑期新闻万里行”采访活动拉开帷幕。

电视多媒体数据广播系统在天津有线电视网开通。这标志着一种全新的传播媒体在我国首次诞生。

宁夏回族自治区党委书记毛如柏在新华社宁夏分社内参报道研讨会发表《在宁夏从事新闻工作大有所为》的讲话。

《贵州都市报》网络版开通。

7 月 11 日

《南方日报》原副总编辑何文同志因病在广州逝世，享年 77 岁。

7 月 13 日

广州电视台党委书记、台长，高级编辑邱卓涛同志因病在广州逝世，享年 60 岁。

中国第一家上市网络公司中华网投资集团有限公司在美国纳斯达克挂牌交易。

7 月 15 日

中国记协就认清西方“新闻自由”本质举行第三次座谈会，中宣部副部长徐光春出席并讲话。

新任重庆市委书记贺国强到重庆多家媒体进行调研。他在讲话中指出，对领导人活动和会议报道要少要精，文字不要太长，要多报道领导集体，少报道个人。

《工人日报》庆祝创刊 50 周年并推出中国报业史上第一份丝绸印刷套报。工人日报社、工人出版社举办座谈会。尉健行出席并作讲话。

《人民军队报》创刊 50 周年。

《云南日报》电子版在国际互联网上首发，成为云南省首家拥有自己网站的新闻机构。

7 月 16 日

中华全国新闻工作者协会负责人在京发表谈话，批判李登辉分裂祖国的言论。

7 月 18 日

午夜和 19 日凌晨，中央人民广播电台

在第一套节目《体育沙龙·极地热线》中，实现了人类历史上第一次利用铱卫星通信系统实施的极地现场直播。

7 月 19 日

国家广播电影电视总局发布《关于继续加强境外卫星电视地面接收设施管理工作的通知》。《通知》严肃强调电视台、有线广播电视台以卫星传送方式引进境外电视节目，必须严格按照《广播电视管理条例》（国务院 228 号令）及广发社字〔1999〕757 号、广发社字〔1997〕30 号等法规、文件规定的资格、条件和程序，逐级报国家广电总局审批；重申禁止任何电视台、有线广播电视台以卫星方式传送、引进境外卫星电视节目。

7 月 20 日

《中国民航报》创刊 20 周年。该报对开 8 版发行，发行量十余万份。

全国村村通广播电视设备展示订货会在北京召开。此次订货会共计订货 1.2 亿元，取得订货意向 1.3 亿元。

7 月 21 日

国家广电总局各直属单位组织本单位党员传达学习了《中共中央关于共产党员不准修炼“法轮大法”的通知》等一系列文件，并提出要求。

7 月 22 日

吉林省延广交通文艺台开播，播出频率为 FM105.9MHz。节目分为新闻信息、资讯投诉、综艺娱乐、情感交流、商务服务和转播 6 大类，共 20 多个栏目。除部分转播节目外，自办节目采用主持人直播形式。

中国国际广播电台揭批“法轮功”及时有力，全台 43 种语言广播均在当天第一时间播出了国家取缔“法轮大法”的重要新闻和时事。

中央电视台调整播出计划，第一套、第四套节目并机播出国家取缔“法轮大法”的消息。

7 月 23 日

52 集大型动画片《西游记》在中央电视台《大风车》栏目中播出。这是我国有史以来规模最大、片时最长的一部动画系列片。

国家新闻出版署发出通知，重申有关“法轮功”出版物处理意见。

7 月 26 日

内蒙古自治区政府在呼和浩特召开全区村村通广播电视工作会议。自治区副主席宝音德力格尔发表讲话。

7 月 27 日

下午 3 时，长沙警备区赴益阳民主垸参加抗洪抢险的新闻报道员、三级军士长黄明，在返回长沙送稿途中遇车祸牺牲，时年 31 岁。7 月 23 日，益阳民主垸发生溃决，长沙民兵舟桥营奉命赴益阳灾区抢险救灾。黄明在短短 4 天内，共采写 10 余篇新闻稿。湖南省军区为黄明追记一等功，并追认烈士。广州军区授予黄明“模范军士长”称号。

7 月 28 日

新华社日文信息专线开通。

7 月 29 日

农业部、新闻出版署、国务院纠风办公室下发《关于坚决制止向农村和农民摊派报刊征订任务的通知》，通知称目前向农民摊派报刊征订任务，加重农民负担，影响农村稳定。农民群众反映十分强烈。据有的省份调查，每个村一年订购报刊的经费开支一般在三千至五千元，多的村达上万元。通知要求不得以红头文件，不准以“奖励”“提成”“回扣”等不正当方式向农村扩大发行，凡向村民委员会、农村集体经济组织和农民征订报刊，必须坚持自愿的原则。通知要求清理整顿面向农村征订的报刊，加大监督检查的力度。

7 月 30 日

新闻出版署在京召开批判“法轮功”图书出版座谈会。

据《新闻出版报》载，湖北向报纸“六乱”开刀，制止版式、版序、刊期、标识混乱，制止周末版低格调的倾向，制止广告中的混乱。

同月

李登辉抛出“两国论”，妄图分裂祖国。首都和全国各地的主要新闻媒体发表了 系列评论和理论文章，有力地回击了“两国论”，表达了中国政府和人民坚决维护祖国统一的决心。

中共中央发出《关于共产党员不准修炼“法轮大法”》的通知后，全国新闻界开展了深入揭批“法轮功”邪教的斗争。新闻出版署发出紧急通知，要求集中清理“法轮功”类出版物，并立即部署查处“法轮功”类出版物的工作。7 月 24 日，中国记协在京召开首都新闻界揭批李洪志及其“法轮大法”座谈会。7 月 26 日，湖北记协召开省新闻界编辑记者座谈会，27 日，辽宁省老新闻工作者协会召开在沈阳的部分理事座谈会，深刻揭批李洪志及其“法轮大法”的反动本质，坚决拥护中央处理和解决“法轮功”问题的重大决策。

我国一家专业的报刊代理发行公司——北京每日报刊发行有限公司在京成立。该公司由中国报业协会与有关企业联合成立，具有报刊总发行代理业务经营许可权，可为国内任何一家报刊提供专业的代理服务。目前该公司在北京已形成五大报刊批发中心，发行业务覆盖北京 2000 多个报摊，1999 年在北京新建 400 多个报刊零售点，组建了一支高效的报刊投递队伍。

自党中央发布处理和解决“法轮功”问题的决定以来，全国各省广电厅（局）所属各台按照广电总局和省委宣传部的有关部署，及时、准确、完整地转播了中央台节目，同时，各台都迅速调集人员设备进行采访，及时、准确、稳妥地报道各界干部群众拥护中央决策，揭露和批判“法轮功”危害的情况。

山西省广播电视厅推出村村通广播电视新举措——设备生产厂家和地、县广电部门结对子。山西省广电厅选择了 16 家厂家分别承包了 11 个地市的村村通广播电视供货任务。

美国华侨报纸《芝加哥华语论坛》创刊，每周发行一期。

河北省开展广播电视“十佳”播音员、主持人评选。

《贵阳晚报》从党报体系中脱离出来，以纯市民报的面目进入报业市场。

经中央军委批准，《解放军报》再次扩版，每周一、周三各推出 12 个版，周二、周四、周五推出 8 个版，周六、周日仍为 4 个版。同时推出 3 个周刊版，其中周一出版《时事周刊》版，周三推出《军事科技》周刊版，周五出版《文化周末》周刊彩色版。

中国网通公用互联网（CNCnet）创立。

《成都商报》通过控股的博瑞投资有限责任公司控制了上市公司四川电器的 27.65%股份，成为该公司第一大股东，《成都商报》亦成为我国大陆第一个借壳上市的平面媒体。

8 月 1 日

中央人民广播电台调频 FM101.8 开始播音，这是中央电台首次在京开办对少数民族广播。

河北日报社举行纪念创刊 50 周年大会。

8 月 2 日

国家广电总局下发《关于进一步加强视

频点播管理工作的通知》，通知要求把视频点播业务纳入到有线电视事业发展规划中，按照国家广电总局下发的《关于加强视频点播管理的通知》内部传真电报 324 号〔1998〕的要求，切实加强对视频点播业务的管理。通知还要求各地应在 1999 年 9 月 15 日前对本行政区域内的视频点播业务展开摸底调查，并报总局社会管理司。

国家广播电影电视总局发布《关于加强地方电视台重播境外电视剧管理的通知》。《通知》称，自即日起，所有可以在地方电视台（含有线）重播的境外电视剧剧目由国家广播电影电视总局定期择优公布；各地应坚持重播重审制度；除经典名著外，所有重播的境外电视剧不得安排在各地方电视台第一套节目中播出，也不得在其他节目频道的 18 点至 22 点的黄金时间内播放；各无线电视台、有线广播电视台必须严格遵守有关引进电视剧播出比例的规定，其中武打题材的不要安排集中播出。

8 月 3 日

人民日报社成立机构改革领导小组，组长邵泽华，副组长许中田、袁志发，成员有张虎生、朱新民、宫守容。

8 月 6 日

澳门政府移交大典筹备办公室开始接受参加澳门回归大典采访的海内外新闻媒体记者的报名。报名时间持续到 10 月 29 日，11 月 1 日至 12 日办理采访证件。

8 月 7 日

中国教育电视台与人民日报海外版、中央人民广播电台、光明日报社等单位联合举办“天爵杯迎回归澳门知识竞赛”颁奖晚会。全国人大常委会副委员长许嘉璐等出席了晚会。

8 月 8 日

北京人民广播电台新闻信息台开播。

8 月 10 日

国家广播电影电视总局发布《关于加强对聘请港、澳、台从业人员参与广播电视节目制作管理的通知》。

辽宁省人才中心在辽宁日报社设立的报业人才人事代理部成立并开始运行，新闻人才流动有了中介机构。

《西藏自治区摄制影视制品管理暂行规定》正式执行。

国家广电总局印发了《职称评审中确认为广播影视“政府奖”的奖项目录》的通知，将“中国新闻奖”“广电总局科学技术进步奖”等 43 个奖项列为专业技术职务评审中确认为广播影视“政府奖”的获奖项目。

新疆广电厅组织拍摄的庆祝建国 50 周年 100 集大型电视系列片《难忘第一》，开始在新疆电视台、新疆广播电台及各系列台用维、汉、哈三种语言在黄金时段播出，每天一集，每集 5 分钟。

8 月 15 日

《湖南日报》创刊 50 周年。

8 月 16 日

黑龙江省广播电视发射主体工程完工。

新闻出版署发出《关于非新闻出版机构不得从事与报刊有关活动的通知》，强调非新闻出版机构不得从事与报刊有关活动，只有经国家批准设立的新闻出版机构有权依法从事新闻出版、采访、报道等活动。

8 月 17 日

我国第一部反应记者生涯的电视剧《百姓记者》荣获第 17 届中国电视剧金鹰奖。

8 月 18 日

据《新闻出版报》载，《辽沈晚报》近日推出英汉对照国际新闻版。这是国内首份汉文晚报开设英汉对照新闻版的报纸。

国家广播电影电视总局发布《关于进一步加强合拍电视剧管理的通知》，明确规定了境内外机构合作制作电视剧的各项条件，并规定今后只有取得《电视剧制作许可证（甲种）》且无不良记录的境内制作机构才可与境外机构开展合作制作电视剧业务。境内外合作制作的电视剧，应一律由境内制作机构向总局提出包括合拍剧剧本、合作协议、境内外主创人员名单等材料在内的立项申请。

8 月 19 日

四川省新闻工作者协会出台《四川省新闻工作者自律公约》。

8 月 21 日

由中国 1999 年世界邮展组委会主办、中国集邮报社编辑出版的《中国 1999 世界邮展展场日报》发行。该报每日 1 期，共计 10 期，4 开 8 版，彩色印刷，在北京举行的中国 1999 世界邮展现场发行。

凤凰卫视欧洲台在英国伦敦正式开播，全面覆盖欧洲 25 个国家的 200 万华人观众。

8 月 22 日

纪念邓小平同志诞辰 95 周年图片展览及座谈会在北京举行。

8 月 23 日

国家广播电影电视总局发出《关于坚决制止随意插播、超量播放电视广告的紧急通知》。

中央宣传部、新闻出版署下发《关于不得出版宣扬愚昧迷信和伪科学内容出版物的通知》，通知要求今后有关涉及气功、练功类的出版物限于国家出版行政管理部门指定的体育、卫生类出版单位出版，其他出版单位一律不得出版。

由中央电视台和新加坡电视机构联合举办的'99 国际大专辩论会拉开战幕。

8 月 24 日

福建人民广播电台在福州人民会堂举行建台 50 周年庆祝大会。

8 月 25 日

《福建日报》纪念创刊 50 周年，将报纸版面扩至 12 个版，同时出版纪念创刊 50 周年《我们共同走过》画册和《岁月回眸选集》丛书。1999 年 10 月 1 日为迎接建国 50 周年，该报扩至 60 个版；1999 年 12 月 20 日为迎接澳门回归再次扩版。

新华社福建分社建社 50 周年。

第八届北京国际广播电影电视设备展览会在北京国贸中心举办。该展览会是我国目前广播电影电视系统历史最久、影响最大、最具权威的广播电影电视专业设备展览会。

8 月 26 日

新华社新闻信息中心与新浪网合作推出“辉煌五十年”专题网站。

由人民日报社主管、人民日报社华东分社主办的《国际金融信息报》更名为《国际金融报》。

1999 北京国际音像电子出版物博览会在北京展览馆举行。10 个国家和地区的 28 家海外出版商以及国内 15 个省市的 103 家音像、电子出版物公司参加了博览会。

8 月 27 日

“澳门一九九九”网站在北京和澳门同时开通。

为庆祝中华人民共和国成立 50 周年，人民日报网络版“共和国 50 年”网站开通。

8 月 28 日

《新民晚报》创刊 70 周年座谈会在北京人民大会堂举行，周铁农、邵华泽、范敬宜、龚心瀚、郑梦熊等出席座谈会。9 月 8 日，该报又在上海展览中心召开大型座谈会纪念创刊 70 周年。吴邦国、黄菊、何鲁丽、成思危、许嘉璐、钱伟长、万国权等发来贺信、贺词、贺电，上海市委副书记龚学平在会上讲了话。《新民晚报》前身是《新民报》，是我国大陆历史悠久、发行量最大的晚报。目前该报日出 4 开 32 版，日发行量 143 万份。

内蒙古电视台与香港凤凰卫视中文台联合举办庆祝内蒙古电视台建台 30 周年大型文艺晚会《同歌未来》。

8 月 29 日

中共中央办公厅、国务院办公厅下发《关于调整中央国家机关和省、自治区、直辖市厅局报刊结构的通知》。《通知》要求各地区、各部门进一步压缩行业报刊，逐步取消省市行业报刊。《通知》称，经过两年整顿，目前中央国家机关仍有行业报 150 种、行业刊 200 种，各省、自治区、直辖市有厅局报纸 535 种、厅局刊物 868 种，公款订报刊和行政摊派现象仍很严重。《通知》共 9 条，对中央国家机关和各省、自治区、直辖市厅、局、部、委、办所办报刊的治理整顿提出了具体要求，要求中央国家机关和各省、自治区、直辖市厅局及地（市）以下的局、部、委、办不办报，原有报纸可划归当地党报主管、主办，但可保留一种指导工作的期刊，各司局不办刊。据此，新闻出版署于 11 月 11 日发布《关于落实中央“两办”30 号文件调整报刊结构的意见》，对全国报刊结构进行了调整，至 2000 年 6 月底前结束。据统计，截至 2000 年 6 月，共压缩报纸 24 种、期刊 14 种，划转厅局机关报纸 550 种、厅局机关期刊 299 种。2000 年 10 月，中央单位的报纸，主要是国家经贸委系统的国家局所属报纸划转工作结束，共有 32 种报纸划转。

8 月 31 日

中国国际广播电台与英国世界广播网签署了合作意向书。世界广播网力争在 1999 年 10 月底前实现传送国际台节目的目标。

河北人民广播电台建台 50 周年。

同月

国家广电总局和国家计委联合下达了 1999 年全国村村通广播电视建设补助投资 2.5 亿元的国标。

9 月 1 日

《西藏日报》创办的第一张子报——《西藏商报》试刊发行。

《甘肃日报》举办纪念创刊 50 周年大会。省委书记孙英出席并作重要讲话。他希望该报坚持正确政治方向，搞好宣传报道，以改革的精神发展党的新闻事业。

中央电视台《新闻联播》节目在新疆电视台当日实现了维吾尔、哈萨克语译播。为完成这一任务，新疆维吾尔自治区广播电视厅党组和新疆电视台党委投资 135 万元购置设备，并抽调专业人员负责。

中央电视台网络版推出新版。

中央电视台第一座，也是全国电视界第一座“电子阅览室”正式投入使用。

人民日报社创办《江南时报》。

9 月 2 日

《海口晚报》新闻媒体经营协作体成立，成员有《海口晚报》《三亚晨报》《儋州报》《琼海市报》4 家媒体广告部。

9 月 3 日

《现代传播》为纪念创刊 20 周年、出刊 100 期，在京召开“《现代传播》与 21 世纪中国大众传播新理念”研讨会。《现代传播》原名《北京广播学院学报》（人文社会科学版），创刊于 1979 年，20 年来发表论文近 3000 篇。

9 月 6 日

中国国际广播电台台长张振华会见了应

邀前来工作访问的美国新世界电台代表团，代表团以美国新世界电台总裁詹姆斯·魏茨曼和总经理阿兰·彭德尔顿为代表，代表团还同国际台英语中心的工作人员就如何搞好国际台对美语言广播进行了座谈。

9 月 7 日

中国国际广播电台同美国华盛顿特区新世界电台共同签署了合作意向书，美国新世界电台将在位于美国政治、经济重要地区的东北走廊的几个电台提供播出国际台节目的时间。

中共中央政治局常委、国务院副总理李岚清来中央电视台视察工作。

9 月 8 日

新闻出版署发布《关于严格期刊刊号管理问题的通知》《关于规范期刊刊号标识的通知》，重申有关期刊出版及期刊刊号管理的规定。

9 月 9 日

印尼华文电子报《指南日报》面世。该报由印尼首都雅加达的《罗盘报》和《雅加达邮报》联合推出，为华文报在印尼一个新的突破。

江西取缔所谓“江南都市报、井冈山报特约采编安福工作组”。

中国国家主席江泽民同志出访澳大利亚期间，称赞“人民日报海外版办得好”。

9 月 11 日

本日至 20 日中华人民共和国第 4 届城市运动会在西安举行。陕西电视台和陕西人民广播电台动用了 10 辆电视转播车、1 辆广播转播车、275 套转播制作设备和近 700 名广播电视工作人员，进行了 152 场广播电视实况转播。

9 月 12 日

广电总局计财司在广西百色召开了全国村村通广播电视建设和管理现场会。田聪明局长、张海涛副局长参加会议并讲话。

9 月 13 日

国家广播电影电视总局信息产业部发布《关于加强广播电视有限网络建设管理的意见》。

9 月 15 日

中国记协举行“中国新闻事业 50 年成就展”新闻发布会。

中央宣传部在北京召开“五个一工程”表彰会，第七届精神文明建设“五个一工程”入选作品正式揭晓。

西藏电视台藏语卫视频道试播，10 月 1 日正式播出。该上星频道在原有节目的基础上新开设了《午间新闻》《晚间新闻》《新闻综述》《大千世界》等 13 个节目，使藏语自办节目第一次超过了汉语节目。

河南电视台为纪念建台 30 周年，出版了河南电视丛书《走向新世纪》，采制了电视专题节目《我们共同努力》，筹办了大型纪念文艺晚会《一路同行》。省委书记马忠臣到会讲话，省长李克强向电视台从事电视新闻工作 30 年以上的老同志颁发了证书。

青海人民广播电台建台 50 周年暨青海广播事业发展 50 周年庆祝大会在青海省会议中心举行。

中央人民广播电台为庆祝新中国成立 50 周年举办的“在五星红旗下”征文活动圆满结束。《大海上飘扬的旗》等 5 篇作品获一等奖，《心语——我走在共和国的阳光里》等 16 篇作品获二等奖，另有 50 篇作品获得三等奖，90 篇作品获得优秀奖。

9 月 16 日

本日至 26 日第 19 届全国电视剧“飞天奖”评选在京举行，有 183 部电视剧参评，92 部电视剧获奖，11 部作品获得单项奖。

河南省利用全省有线电视光缆传输网实

现了全省地市新闻电视节目回传河南电视台。

中国电视剧制作中心拍摄的30集国庆献礼巨片《中国命运的决战》在人民大会堂云南厅举行首映式。

9月17日

国务院办公厅转发信息产业部、国家广播电影电视总局《关于加强广播电视有线网络建设管理的意见》的通知（中办发〔1999〕82号）。

第65届全国省台及城市电台广告交流会在拉萨开幕。

中组部任字〔1999〕121号文通知，同意杨波同志任国家广播电影电视总局党组成员，免去安景林同志的国家广播电影电视总局党组成员职务；中共中央宣传部中宣任〔1999〕5号、中宣任〔1999〕10号通知，任命胡占凡、王求同志为中央人民广播电台副台长，免去王健儒同志的中央人民广播电台副台长职务。

9月18日

内蒙古《周末报》创刊10周年。

9月20日

由新华社、人民日报、工人日报、光明日报和深圳特区报等10多家新闻媒体的记者组成的"青海四季记者采风行动"在西宁启程。

9月21日

凌晨1点47分，台湾省中部发生里氏7.6级地震。中央电视台各档新闻节目在全面掌握情况的基础上，综合报道了震情、初步的灾情和沿海受波及情况，播出了《江泽民对台湾地区发生强烈地震表示慰问》等新闻。9月23日，针对台湾岛内通信设施损坏严重，祖国大陆的台属与岛内亲人失去联络、焦急万分的状况，中央电视台海外中心于18点30分开设《中国新闻特别报道：北京—台北两岸寻亲热线》，在30分钟的节目里，主持人播报了收到的寻亲电话，也播出了台湾TVBS传来的有关台湾同胞向祖国大陆亲人报平安的片段。当晚有近千名观众打进寻亲电话。

9月22日

中国记协负责人发表谈话，向台湾新闻界同仁和受灾同胞表示亲切慰问。21日凌晨台湾地区发生了7.6级强烈地震。同日，内地媒体向台湾提出赴台采访地震申请，该申请于11月初获批，11月10日，中央电视台的高丽萍、高凌云，中国国际广播电台的王蓬，中央人民广播电台陈东健等4人，作为首批赴震后台湾采访的大陆记者前往台湾。此次采访活动将围绕"灾区重建"展开。

山东省曲阜市广播电视大厦在曲阜落成并交付使用。

9月23日

为庆祝新中国成立50周年，中央电视台国际频道举办"中国电视周"展播，全面介绍新中国50年辉煌成就。中央电视台在人民大会堂举行了"中国电视周"展播首映式，有137个国家和地区的190家电视机构参与了"中国电视周"活动。

9月26日

人民日报社驻南斯拉夫记者吕岩松被评为"中国十大杰出青年"。

9月27日

财政部回复关于《中国经营报》《精品购物指南》报社产权界定函。函称，根据中国出版管理法规和规章的规定，报刊的主办单位即是报刊的投资人，目前尚无可由个人、集体出资创办或拥有报刊的规定，《中国经营报》及《精品购物指南》报社为全民所有制性质，其形成的资产应为国有资产。个人、集体自筹启动资金的，应按债权债务关系处理，由主办单位参照银行同期贷款利率予以退还。10 月，新闻出版署等单位就报社产权界定复函中国社会科学院，函称，我国报刊社均属国有资产，报刊创办过程中个人或企业垫资属捐赠或借贷关系，不能改变报刊国有性质。这是我国相关部门首次对报刊的产权做出明确界定。

《新闻战线》出版国庆 50 周年专辑。专辑共分 4 个部分：《50 年寄语》《新闻事业 50 年》《难忘的一笔》和《在共和国怀抱里成长》。吴冷西、邵华泽、徐光春、田聪明等人分别为《50 年寄语》专栏题词和撰文。

中央人民广播电台驻西藏自治区记者站、中央电视台社教中心《中华民族》栏目组被国务院授予“全国民族团结进步模范集体”称号。

《南方都市报》推出 52 版的国庆 50 周年特刊。

9 月 29 日

国务院人字〔1999〕113 号文通知，任命杨波同志为中央人民广播电台台长，免去安景林同志的中央人民广播电台台长职务。

澳门“中国电视周”首播仪式暨记者招待会在澳门举行。

《北京晚报》出版 56 版的《半个世纪的辉煌》国庆特辑，这是晚报创刊 41 年来发稿最多、版面最多的一份报纸。

山东《滕州日报》国际互联网站正式建成。

本日至 10 月 3 日，由中华全国新闻工作者协会主办的“中国新闻事业 50 年成就展”在京举行，这是我国报业和广播电视业第一次综合性展出。展览分党和国家三代领导人对新闻工作的关怀、蓬勃发展的新闻事业、坚持正确的舆论导向、新闻队伍的建设、新闻界的对外交流与合作等 5 部分。

本日至 10 月 19 日，北京广播学院开展了建校 45 周年庆祝活动，共举办 4 场国际性研讨会和 10 场全国性研讨会。

同月

美国华侨报《台湾日报》美东版创刊，日出 20 版。

10 月 1 日

新中国建立以来国内第一份综合性地方彩色英文日报《上海日报》（Shanghai Daily）正式出版发行。该报隶属于文汇新民联合报业集团，主要面向外国使领馆人员、外国商人、技术人员、留学生、来华访问的国际友人和境外旅游者。《上海日报》以经济报道为主，每周一至周五出版，对开 8 版。报纸提供订阅和零售，编辑部设在威海路 755 号文新报业大厦内，有记者、编辑 60 余人，负责人张慈云。

福建省福州电视中心正式开播。

《解放军报》进入国际互联网。

重庆人民广播电台网络版正式上网。

《鞍钢日报》创刊 40 周年。

哈尔滨《生活日报》为庆祝建国 50 周年和本报创刊 15 周年制作的巨幅报纸创吉尼斯纪录。该报高度为 40 米，宽度为 50 米，悬挂在哈尔滨沪士大厦上。

《信息产业报》所有广告业务全部转为网上直销方式进行，率先对传统媒体广告经营模式进行重大改革。

贵州铜仁地区人民广播电台开播，全天播音 17 小时 30 分钟。

《巴西侨报》更名为《南美侨报》。

西藏电视台藏语频道上星播出。

中华人民共和国成立 50 周年庆祝大会在北京举行。中央电视台、中国国际广播电台现场直播庆祝大会、阅兵和群众游行及群众联欢晚会。中央电视台现场直播从 9 点 50 分开始，现场转播了江泽民主席检阅部队、阅兵分列式、群众游行的全貌；19 点 55 分，现场直播了群众联合晚会，时长 2 个多小时。中国国际广播电台用英语、汉语普通话、粤语对庆祝大会、阅兵和群众游行进行了长达 2 小时 20 分钟的现场直播。中国国际广播电台网站开设“中国国际广播电台国庆大典直播专栏”，对庆典活动进行网络直播。据统计，通过国际互联网收听直播节目的网民有万人左右，访问网站人数是平时的 5 倍多。

在国庆 50 周年报道中，从 8 月 22 日到 10 月 10 日，新华社对内对外共播发中外文字稿 3042 条，照片 1465 张，图表 45 张。国庆大典当天，新华社连续 24 小时不间断发稿，6 种文字共发稿 500 多条。

国家广电总局光缆干线网天津段开通，实现京、津、冀、鲁、豫五省市联通。

黑龙江省实现村村通广播电视。

10 月 4 日

新华社副社长高秋福率领中国新闻代表团访问俄罗斯。此次访问团由中俄 21 世纪友好、和平与发展委员会组织，成员来自广电总局及下属的三台、人民日报、文汇报、中国青年报、外交部新闻司等单位，此次访问于 12 日结束。

10 月 6 日

中国国际广播电台开始为地方电视台传送国际新闻电视节目，每天传送 4 档新闻节目，每档 15 分钟。

10 月 8 日

湖南省记协下发《关于对单位会员进行重新登记的通知》，对全省的单位会员进行重新登记。

10 月 9 日

新疆广电厅举行村村通广播电视设备发送仪式，共有 50 多辆满载设备的卡车开往天山南北。

10 月 9 日

新华社党组纪检组原组长兼机关报党委书记李克同志，因突发心脏病抢救无效，在北京友谊医院逝世，享年 72 岁。

10 月 11 日

为援助《西藏日报》，中国记协组织全国 13 家报社赴藏考察、采访，并向西藏日报社捐赠一批援助资金和物质。

10 月 11—12 日

国家广电总局在济南召开全国广播影视厅局长座谈会，传达、学习国务院办公厅 9 月 17 日下发的《转发信息产业部、国家广播电影电视总局关于加强广播电视有线网络建设管理意见的通知》（国发办〔1999〕82 号）。

10 月 12 日

新闻出版署发布《关于进一步加强期刊过期变更审批管理的通知》，明确“期刊变更刊期的申请由新闻出版署审批”。

10 月 12—14 日

全国首届报刊杂文编辑工作研讨会在杭州召开。

10 月 13 日

中央广播电视大学建校 20 周年。

联合国儿童基金会向中国国际广播电台颁发表彰证书，表彰并感谢国际台以广告形式向儿童基金会捐助 30 万元人民币。

10 月 15 日

浙江日报社网站推出实时支付系统，用户只需要通过招商银行的“一网通”，就可在任何地方预订该报社 2000 年出版的 6 种报纸。

10 月 16 日

中国记协举行范长江诞辰 90 周年座谈会。10 月 15 日，范长江家乡的四川省内江市委宣传部、内江市记协联合举办了纪念范长江诞辰 90 周年座谈会。

中共中央办公厅转发《中央宣传部、中

央对外宣传办公室关于加强国际互联网络新闻宣传工作的意见》。这是中央关于网络新闻宣传工作的第一个指导性文件。文件从争夺21世纪思想舆论阵地的一个制高点的高度，明确了今后网络新闻宣传工作发展的方向，并提出了一系列原则。文件指出，要把中央主要新闻宣传单位作为网站建设重点，经过努力尽快办成全球性的名牌网站；各省、自治区、直辖市和计划单列市应集中力量建设一两个重点新闻宣传网站；新闻媒体网站要把握正确的舆论导向，努力提高互联网新闻宣传的针对性、时效性和艺术性；要进一步完善互联网新闻宣传的规范管理等。

黑龙江省牡丹江市广播电视局组建国有独资牡丹江广播电视集团有限责任公司，集团公司与广播电视局并存，两个牌子，一套班子。

北京广播学院国际传播学院正式挂牌成立。

由中国记协主办、浙江日报社承办的报纸扩版、减版研讨会在浙江萧山召开。

10 月 18 日

中央电视台驻法国巴黎记者站首席记者李宾、记者周勇赴任。

10 月 19 日

美国妇女影视协会代表团一行14人到北京电视台进行专业交流和参观访问。

中央电视台驻俄罗斯莫斯科记者站首席记者李绥生、记者路彪赴任。

10 月 20 日

新闻出版署发文（新出报刊〔1999〕1226号），批准组建深圳特区报业集团。批文指出，经考察、研究，深圳特区报社在传媒实力、经济实力、人才实力及发行实力方面已经具备组建报业集团的条件，批准组建深圳特区报业集团。深圳特区报业集团以《深圳特区报》为旗舰，下辖《投资导报》《深圳青少年报》《Shenzhen Daily》和《深圳周刊》《深圳汽车导报》。

郑州晚报社举行纪念创刊50周年座谈会。

青海日报社举行创刊50周年纪念座谈会。

《中华工商时报》创刊10周年座谈会在全国政协礼堂举行。全国政协主席李瑞环为其题词“讲真、争新、求深、倡短”。

10 月 21 日

《市场报》召开首届发展战略研讨会。

10 月 22 日

由上海市广播电影电视局和解放日报社联合创办的上海市规模最大的报刊发行公司——上海全日送报刊有限公司宣告成立，目前在上海市已建立5家分公司和100个发行站。

广东省委宣传部和南方日报报业集团在珠海联合召开纪念《南方日报》创刊50周年座谈会。

10 月 23 日

我国第一所专门培养广播电视播音主持及新闻采编专业人才的民办全日制高等院校——吉林传播学院举行首届开学典礼。该学院开设了首届播音主持班和新闻采编班。

10 月 25 日

《农村报》创刊50周年，该报为唯一一张与共和国同龄的面向广大农村的报纸。

10 月 26 日

国家广播电影电视总局发布《关于加强广播影视专用器材进口管理的通知》。

10 月 28 日

上海广电影视制作有限公司在上视大厦广场宣告成立。该公司由上海广播电视发展总公司、上海电视台和东方电视台共同投资组建。

全国新闻舆论监督工作会议在珠海召开。

10月30日

江西省新东方报刊总社在南昌挂牌。该社是江西省出版总社进军报业的一张投石问路牌。据悉，新东方报刊总社规划出版“三报三刊”，现有一报一刊，即《都市消费报》和《双休日》月刊。其中《都市消费报》为江西省第一份全彩印报纸，江西省第一张以报道城市消费新闻为主的都市类周报，江西省出版系统发行的第一张报纸。

10月31日

广电总局分别与沙特、巴西和巴基斯坦签订或续签了《广播电视合作协议》。

中国国际广播电台葡萄牙语部开办《澳门万花筒》节目。节目每天播出2—3分钟，简明扼要地向海外听众介绍澳门回归的进程、澳门的历史和风土人情。

同月

国家广电总局下发《关于加强通过信息网络向公众传播广播电影电视类节目管理的通告》，通告要求通过信息网络向公众传播广播电影电视类节目须在1999年12月1日前向国家广电总局办理申报手续，获得批准后才可传播。通过信息网络传播的广播电视新闻类节目（包括新闻和新闻类专题），必须是境内广播电台、电视台制作、播放的节目，且不得擅自使用“网络广播电台”、“网络中心”、“网络电视”等称谓。

为庆祝中华人民共和国成立50周年，全国各新闻传媒发表一系列庆祝纪念文章，以各种形式集中宣传新中国50年辉煌成就。中宣部和新闻出版署的庆祝中华人民共和国成立50周年国家百种重点图书基本出齐，《辉煌五十年》系列光盘竣工，《新中国舞台、影视艺术精品选》系列光盘出齐，大型图书《中国出版五十年》随后也出版发行。

1999年四川电视节取得成功。10月28日至31日，来自22个国家和地区的1376家中外影视机构的4000多名代表参加了本届节目交易会。在为期4天的节目交易中，达成意向性签约引进的各类海外电视节目达到3000多集，成交额865万美元，向海外输出各类电视节目达到1585集，成交额112万美元。据不完全统计，国内电视节目销售达到5621集，成交额达1.92亿元。此外，214家广播电视设备、网络、音响影视等制造厂商，参加了国际广播电视暨有线网络设备展览会，成交额达1.5亿人民币。

中旬，深圳特区报业集团正式接办《香港商报》。《香港商报》创办于1952年，是一份两岸、港澳经济资讯方面的权威报纸，1991年获准在中国内地发行。深圳特区报业集团为接办《香港商报》，与香港星岛日报集团结束了《深星时报》的合作业务，以集中资源办好《香港商报》。此举是内地报业首次向香港媒体输出管理。

月底，四川已有74家媒体上网。

黑龙江省委宣传部制订《关于进一步加强和改进晚报类报纸管理的意见》，围绕坚持正确舆论导向等方面，提出30条规范性意见。

“宁夏宣传热”再度掀起高潮。自1999年5月以来，中国记协采访团、人民日报采访组、中央电视台采访组、福建省采访团等近20家采访团、组先后前往宁夏采访，这是继1998年报道该区成立40周年大庆后掀起的又一次“宁夏宣传热”。

海南电视台上星。至此，全国所有省级电视台全部拥有了卫星播出频道。

11月1日

我国经济特区首家报业集团深圳特区报业集团正式挂牌成立。中央、省、市有关领导及全国部分报纸负责人等500余人出席了挂牌仪式。

全国新闻界进一步做好舆论监督工作研讨会在广东珠海闭幕。

中国科学院和中央电视台《走近科学》栏目邀请6位诺贝尔奖获得者来到中央电视台演播室，参加“展望21世纪的科学，共话未来”的现场录像活动。

11月3日

第36届亚洲及太平洋地区广播联盟大会在澳大利亚悉尼开幕。来自100多个广播电视机构及国际组织的代表300多人参加会议，中央电视台选送的广播特写《走向正在消失的冰川》获“亚广联信息节目奖”。

《缅甸华报》在仰光创刊，为缅甸第一家华文媒体。

11月5日

由新浪网、浙江大学新闻传播学院、《新闻实践》杂志、浙江在线联合主办的“中国新闻传播学评论”（简称CJR）网站开通。

中央纪委书记尉健行视察中央电视台，指出加强党风廉政建设，要十分重视和善于发挥新闻舆论监督的作用。

11月6日

中国报业协会书记处扩大会议在北京举行，会议专题讨论了建议中央继续给予报业政策扶持的问题。

11月7日

复旦大学新闻学院为庆祝建系70周年，开展了一系列学术活动。7日至9日，学院与中国社会科学院新闻与传播研究所共同举办第6次全国传播学研讨会，此次会议的主题是《面向21世纪的信息与传播：中国与世界》。学院还与京沪新闻媒体、新闻院校共同举办了首届京沪新闻学术研讨会，80多位与会代表就新闻事业面临的发展机遇与挑战、新兴网络媒体对传统新闻媒体的影响、新闻媒介的产业化发展等问题进行了探讨。

湖南人民广播电台庆祝建台50周年。

11月8日

中央人民广播电台港澳广播中心、海峡之声广播电台、东南广播公司、金陵之声电台、浦江之声电台、华艺广播公司、福州电台对台湾广播部、厦门电台对台湾广播部等8家对台广播电台联合举办的“百姓论坛”节目开播。

11月10日

中央电视台《焦点访谈》栏目播出了《吉烟现象》，朱镕基总理当晚看完节目后给国务院相关负责人写信，批评了吉林四平市委书记强迫民众买吉烟的行为。

由国家广播电影电视总局广播影视信息网络中心主办的广电系统Internet网站建设应用研讨会在北京召开。

11月11日

新闻出版署发布《关于落实中央“两办”30号文件调整报刊结构的意见》，主要内容包括：中央和国家机关各部门原则上不办机关报；中央和国家机关各部门所办的报纸，内容重复的予以合并，发行量在3万份以下的予以撤销；报刊结构调整后，中央和国家机关各部门继续办的报纸，自2000年1月1日起一律自负盈亏等。

空军党委机关报《空军报》完成《空军报》光盘（计16张）的制作任务。光盘收录了《空军报》创刊以来所有的内容，有全文、标题、版面等检索系统，具有很好的使用性和史料价值。

11月12日

国家广播电影电视总局发布《网上播出前端的设立审批管理暂行办法》《经营广播电视节目传送业务审批管理暂行办法》《关于建立有线广播电视频道审批管理办法》和《关于确保广播电视节目安全传输的通知》。

中央电视台台长赵化勇会见了以默多克

为首的澳大利亚新闻集团代表团一行。

11月15日

《三联生活周刊》总第99期第一次将刊物的广告词定为“一本杂志和他所影响的生活”，后来演变成“一本杂志和他倡导的生活”。

11月16日

《新华月刊》创刊50周年座谈会在北京举行。该刊是人民出版社出版的，新中国第一本大型时政性、文献性综合月刊。

中央电视台用美国Divicom公司的高清晰度电视压缩系统分别进行高清晰度电视的光纤传输和卫星传输试验。

11月18日

我国第一个新闻学博士后流动站——复旦大学新闻学博士后流动站正式挂牌成立。

《南方都市报》扩为4开48版，其中广州新闻由6个版扩为8个版，中国新闻由2个版扩为6个版。

11月20日

福建日报社原社长、新华社福建分社原社长、离休干部何若人同志，因病在福州逝世，享年85岁。

中国国际广播电台全台43种语言统一广播《澳门回归》节目，播出有关澳门回归的系列报道。

中央电视台总编室互联网络和海外节目中心新闻部联合在中央电视台互联网平台推出30集新闻系列报道《走进澳门》，并实现同步播出。

11月22日

《出版物市场管理暂行规定》颁布并于公布之日起施行。规定根据国务院《出版管理条例》制定，就出版物的内涵与外延、发行审批、发行管理、罚则作了详细规定，共计43条。

11月23日

据《新闻出版报》报道，我国邮政部门接发报刊6172种，年发行报刊210亿份。1999年，我国邮发报刊种类和数量占全国出版报刊总数的60%，全国28个省、自治区、直辖市的党委机关报通过邮政渠道发行，全国城乡报刊投递邮路总长576万公里，自办报刊收订局、所4万多个，零售报刊网点2万多处。

1999国际卡通暨少儿节目博览会在北京举行。

11月24日

据《新闻出版报》载，哈尔滨日报报业集团社长王建男近日应联合国“中国书会”邀请，在纽约联合国总部作了有关中国报业运行机制改革的演讲。这是中国报人首次在联合国总部演讲。

11月26日

北京青年报社与北京实华开信息技术公司合作正式推出EC123网上商城。

11月28日

新闻出版署评选出首届国家期刊奖。国家期刊奖每两年评选一次，是我国期刊界的最高奖项，包括国家期刊奖、国家期刊奖提名奖和百种重点期刊三个等级。

《贵州日报》创刊50周年。

11月29日

云南电视台建台30周年。

首届中国名专栏奖（1997－1998年度）在重庆举办，《人民日报》的“人民论坛”、中央电视台的“焦点访谈”、中央人民广播电台的“新闻纵横”、中国国际广播电台的“时事报道”等48个优秀新闻专栏获得名专栏奖。

11月30日

湖南省广播电视厅6大媒体在北京举行

媒介推广会。

《三联生活周刊》出版总第100期，纪念创刊100期。

同月

《人民日报·海外版》在美国洛杉矶开设印刷发行点，使海外印点总数增加到8个。

浙江省委、省政府对浙江省广播电视厅及省电台、省电视台的领导班子进行调整，马雨农同志任厅党组书记。

中国国际电视总公司出版的《首都各界庆祝中华人民共和国成立五十周年》VCD上市销售12万套，创总公司VCD销售单品种总量第一和单位时间销售量第一的纪录。

国务院办公厅转发了信息产业部和国家广播电影电视总局《关于加强广播电视有线网络建设管理的意见》(国办82号文件)。

12月1日

新华社正式实行24小时全天候发稿制度。

中国国际广播电台蒙语广播部举办庆祝蒙古语开播35周年纪念大会。

中国报业协会正式对外公布《中国报业自律公约》，这是我国报刊史上重要的行业自律文件。

中国国际广播电台法语部的部分文字和声音节目进入国际互联网站，至此，国际台上网语种已达到6个。

12月2日

中国人寿保险公司江苏省分公司向江苏《经济早报》11名从事舆论监督的记者每人提供12万元的意外保险，以支持媒体的舆论监督。这在江苏新闻史上开了先河。

《人民日报》网络版派两名记者赴澳门采访回归庆典活动，这是我国第一次派出正式的网络记者参与重大活动的采访报道。

国家广电总局局长田聪明以个人名义分别致函全国25个省（市、区）的主要负责同志，转达了中央电台整理的这25个省（市、区）听众反映听不到或听不好中央电台节目的意见，请他们予以关注，并要求各地广播电视部门认真落实中央领导同志的重要批示和广电总局的有关规定。

中宣部、国家广电总局就进一步加强广播电视群众参与的直播节目的管理问题，下发《关于加强广播电视群众参与的直播节目管理的通知》。通知要求对广播电视群众参与的热线直播节目，要从严控制。凡涉及政治性、敏感性话题较多的谈话节目，不宜采取直播方式，没有条件又没有把握的节目要采取录播方式，确实需要设立热线直播的节目，必须经上级广播电视行政管理部门审批同意。通知还要求，开设群众参与的直播节目，必须使用延时装置，必须设储存电话及电话编辑、节目监测，制定不测情况发生时的应预案。通知还要求健全群众参与直播节目管理的规章制度，电台、电视台领导负总责，分级负责，层层把关。通知要求各省、自治区、直辖市党委宣传部、广播电视厅行政管理部门要根据通知精神进一步整改所属电台、电视台的群众参与的直播节目，并将落实情况纳入广播电视年检年审内容。

12月3日

《广西日报》创刊50周年。

12月6日

“21世纪的中日关系和亚太地区新秩序”研讨会在北京举行，此次研讨会由新华社与读卖新闻社共同举办，中日双方100多名专家、学者出席了会议。

中宣部部长丁关根在北京人民大会堂会见香港报业公会代表团。该代表团以香港报业公会主席李祖泽为团长，香港《文汇报》《大公报》《中国日报·香港版》《新晚报》《天天日报》《星岛日报》《南华早报》等报社的有关人士接受了会见。

12 月 7 日

我国自行研制的首张 DVD 版全文数据库《经济日报十六年》（1983—1998）出版发行。

12 月 8 日

《解放军报》总编室原副主任、正师级离休干部苏群同志，因病在北京逝世，终年 77 岁。

长沙至张家界省级数字微波及光纤干线开通。

12 月 10 日

中国国际广播电台朝鲜语节目成功上网。

12 月 14 日

国家广电总局在福建省上杭县召开全国村村通广播电视工程验收现场会。

12 月 15 日

国家副主席胡锦涛和巴西总统马尔科·马西埃尔出席了《中巴广播电视合作协议》签字仪式。该协议由李树文副局长代表总局与巴西广播电视公司总裁卡洛斯·扎祖签署。

新闻出版署发文（新出报刊〔1999〕1380 号、1381 号、1383 号、1386 号、1387 号、1388 号）批准组建大众报业集团、辽宁日报报业集团、沈阳日报报业集团、解放日报报业集团、北京日报报业集团、浙江日报报业集团。

新闻出版署发行司在南京举办“发行集团发展战略和产业政策研讨会”。

12 月 16 日

新闻出版署发文（新出报刊〔1999〕1389 号、1390 号），批准组建哈尔滨日报报业集团、四川日报报业集团。

长春日报报业集团成立。

12 月 19 日

中央电视台一套、国际频道、网站、高清晰电视的澳门回归特别节目开播。9 点，中央一套的“澳门回归特别节目”开播，该节目连续 48 小时不间断全程直播澳门回归盛况，节目于 21 日 9 点结束。中央电视台网站同步直播了特别节目，9 颗卫星的 14 个转发器向全世界传送节目信号。10 点，国际频道为时 38 小时的澳门回归报道开播，该节目于 20 日 24 点结束。高清晰电视也进行了一定时间的播出。12 月 19 日至 20 日，中国国际广播电台成功报道澳门回归，直播时间总计近 30 小时，同时还实行互联网同步直播。中央人民广播电台一、五、七套频率进行并机，作连续直播报道。

12 月 20 日，我国政府对澳门恢复行使主权，全国各地新闻传媒集中力量报道回归盛况。近 3000 名记者采访报道了这历史性的一幕。中央电视台、中央广播电台、中国国际广播电台及其网站对澳门回归全程进行了现场直播。

12 月 19 日至 21 日，《人民日报》共出版的 40 个版面中就有 29 个版面报道了澳门回归的盛况，包含 108 幅图片，而且绝大部分是整版报道，3 天报纸的头版几乎全部被澳门回归报道覆盖。报道综合运用通栏多行大字标题、组合式报道、社论以及配合这一事件的副刊文章，突出了这一事件的版面强势。

《广州日报》推出“澳门回归特刊”，一共 50 大版，分为回归篇、血缘篇、人物篇、旅游篇等板块。《深圳商报》在回归当日，除在一版推出长篇通讯《春来草色一万里》外，还推出“迎澳门回归特刊”四个整版，主要报道了《解决澳门问题的历史进程》《开创澳门历史新纪元》等，共刊出 18 个

"回归特刊"。从倒计时一周年开始，到澳门回归后5天为止，《深圳商报》共编发"回归特刊"34个，回归稿件42篇（幅），其中文字稿275篇，累计31万多字，新闻照片147幅，摄影专刊5个。

回归当日，《重庆日报》8个版面中，有3个全部用来报道澳门回归，还有3个版面的大量篇幅也用于报道澳门回归，2版用于刊登人民日报社论《中华民族的光辉史篇——热烈庆祝澳门回归祖国》和江泽民、朱镕基、何厚铧的致辞。《重庆晚报》的12个版中，有5个用于报道澳门回归；《重庆商报》12个版中4个用于报道澳门回归。

回归当日，《解放军报》采用彩色印刷，以8个整版全部用于报道澳门回归，版面简洁明快，恰似军人作风。

回归当日，《经济日报》发行"澳门回归专刊"，7版和8版的广告以庆祝澳门回归名义刊登，背景也采用了澳门代表性的建筑，一改过去报纸广告和报道内容毫不相干的形式。

新华社从12月10日前方发稿中心正式发稿到12月22日，对内对外共播发各种文字稿件3500多条，图片540余张，新闻图表6幅，编辑录制音像新闻550分钟。12月29日，新华社出色完成澳门回归报道，社党组在新闻大厦举行总结表彰大会，副社长南振中宣读了社党组《关于表彰澳门回归报道工作的通报》。

12月21日

李鹏委员长在全国人大常委会小组会场调阅人民日报网络版"中国人大新闻"站点，并对站点工作给予了充分肯定。

新闻出版署发文（新出报刊〔1999〕1405号），批准组建河南日报报业集团。批文指出，深圳特区报、大众日报、辽宁日报、沈阳日报、解放日报、北京日报、浙江日报、哈尔滨日报、四川日报、河南日报作为扩大报业集团的试点，在工作中应坚持以报为主、全面发展的基本方针，把握正确的舆论导向，遵守国家有关法律、法规及政策，确保国有资产的升值。报业集团在用人机制、机构设置、分配制度、发行方式等方面，要遵守新闻规律，适应社会主义市场经济的发展要求，积极借鉴现代企业制度的各种成功经验，促进报业集团内部产业结构的调整和现有资源的合理利用，为繁荣社会主义新闻事业作出积极贡献。

12月23日

中央出版局旧址修复暨全国新闻出版系统革命传统教育基地揭幕仪式在江西瑞金举行。

新疆人民广播电台建台50周年。

12月24日

中国国际广播电台俄语广播开播45周年。

12月25日

辽宁日报报业集团正式挂牌。该集团以《辽宁日报》为核心，下辖《辽沈晚报》《半岛晨报》《球报》《辽宁农民报》《辽宁朝鲜文报》《辽宁日报·海外版》《记者摇篮》等6报1刊，期发行量超过100万份。

我国第一张智能报卡在青岛的700余个报刊零售摊点亮相。该卡由青岛日报社、清华大学同方公司和华夏银行青岛支行等单位联合开发。

12月27日

人民日报社等15家报社联合向报业界倡议推广使用正版软件。

中国国际广播电台俄语广播节目进入国际互联网，至此国际台已有9种语言广播节目上网。

北京电视台对27频道进行改革，成立

并开播了科教频道。

12月28日

沈阳日报报业集团成立庆典在沈阳日报新闻大厦举行。中央有关部门领导、中央新闻单位和省市领导题词祝贺。

云南广播电视干线网建成。该网光缆全长4010公里，总投资约2.65亿元。云南省127个县相互分散孤立的有线电视网形成了一个横向、纵向沟通的省域网与全国联网。

国家体育总局所属中国体育报业总社正式挂牌。新成立的中国体育报业总社由原属国家体育总局的中国体育报社、新体育杂志社、人民体育出版社和中国体育杂志社等4家单位重组而成。

《黑龙江省医疗、药品、医疗器械广告条例》公布，黑龙江省媒体刊播医疗、药品类广告从此有法可依。2000年1月12日，黑龙江省人民代表大会常务委员会召集各级工商、新闻媒体负责人紧急磋商，为确保《黑龙江省医疗、药品、医疗器械广告条例》于2000年2月1日顺利实施，从即日起对媒体广告进行彻底清查。

南斯拉夫驻华使馆授予邵云环烈士“南斯拉夫三级红星勋章”。新华社驻贝尔格莱德分社首席记者杨成明亦获得该勋章。

12月30日

哈尔滨日报报业集团正式挂牌成立。该集团是新中国报业史上第一家获得企业法人资格的报业集团，开启了中国报业体制改革的先声。哈尔滨报业集团由5报4刊1网站组成，即《哈尔滨日报》《新晚报》《都市资讯报》《家报》《科学发现报》和《地产》《知识文库》《学理论》《学子》及哈尔滨新闻网。

12月31日

《人民日报》全国版收订202万份，加上海外版、华东版和华南版，发行量达到283万份。《人民日报》全国版广告营业额达1.2亿元，实际收入9077.50万元，比1998年增长16%，全社广告收入达到1.58亿元，比去年增长26%。

贵州人民广播电台建台50周年。

本日17点，中央电视台连续24小时的“相逢2000年”特别直播节目开播。本次活动是中央电视台七大节目中心与技术系统共同制作的特别节目，世界上有50多个国家和地区的78家电视机构参与了这次世界联播。在直播过程中，中央电视台播出了新闻、专题、晚会、音乐电视等节目，报道了国内各主要城市群众迎接新千年的活动，并通过国外媒体信号和中央电视台外派记者报道了世界各主要国家进入2000年的庆祝活动。同时，中央电视台互联网站进行了网上同步直播，高清晰电视试验系统也播出了38分钟的专题节目。中央领导同志丁关根、贾庆林、曾庆红分别对中央电视台直播报道给予肯定和祝贺。

同月

吉林省实现乡乡建成有线广播电视网。

北京电视台拍摄的电视短剧《咱老百姓》正式获准商标注册。作为电视剧领域中获得注册权的第一个项目，《咱老百姓》的品牌正式确定。

中国报协组织了彩色报纸印刷质量评比和1998—1999年度技术进步奖的评比等活动。

中旬，新华社巴黎法语地区总分社与法国最大的报纸《费加罗报》和第四大报《人道报》签订了供稿协议，新华社新闻产品打进西方主流媒体实现了重大突破。

同年

西藏实现宽带上网。

黑龙江朝鲜语广播建立数字化音频工作站。

2000 年（庚辰）

1 月 1 日

《中国新闻周刊》正式创刊。该刊由中国新闻社主办，定位于信息管家、时事顾问、意见领袖，特点是在新闻性上下功夫，以国内、国际重大新闻报道为主，强化时政新闻的内容，旨在构建中国权威时政传媒。

中国记协、浙江省记协与温岭市委、市政府在新千年祖国大陆第一缕阳光首照地温岭联合举办全国各族新闻工作者迎千年曙光活动，来自全国 31 个省、市、自治区及中央新闻单位的近 50 个民族、110 多家新闻单位的 200 多位新闻工作者欢聚一起。

中央人民广播电台、海峡之声广播电台、香港电台、台湾中国广播公司等海内外 26 家华语电台 24 小时不间断直播了“千年跨越——全球华语大联播”节目。该节目通过香港电台和该台的国际互联网站向全世界进行实时广播。

《重庆日报》《重庆晚报》《重庆晨报》分别出版新千年特刊。《重庆日报》新千年特刊为对开 28 个版，《重庆晚报》为对开 60 个版，《重庆晨报》为 4 开 100 个版。

新华社正式实行 24 小时值班发稿制度。从报道 1999 年 3 月 24 日北约轰炸南联盟开始，新华社已经取消半夜关机制度。此举是为了进一步完善相关制度，更好地为各类新闻用户服务。

河南驻马店日报社主办的《天中晚报》正式创刊，该刊为周三刊。

宁夏电视台国际互联网站开通，在西北 5 省区电视台中率先上网。

上海市试播数字式高清晰度电视节目。

1 月 2 日

上海和浙江新闻界在海宁举行史量才 120 周年诞辰纪念活动。上海市新闻工作者协会主席丁锡满、浙江省新闻工作者协会主席江坪和海宁市委副书记戴雪根分别讲话，凭吊和缅怀史量才，《解放日报》总编辑赵凯、上海市新闻学会会长张启承等参加了纪念活动。

1 月 4 日

中国记协维权座谈会在无锡召开，出席会议的有维权委员会的委员和有关方面的负责人，以及新闻界、法律界的专家、学者等 60 余人。会议主要讨论在新形势下如何维护新闻工作者权益，并就出现的新情况、新问题研究新对策。

国家广播电影电视总局颁布了《关于进一步加强电视剧引进、合拍和播放管理的通知》，规范电视剧播出秩序，促进国产电视剧繁荣，进一步加强对引进、合拍电视剧的宏观调控。通知具体内容包括：进一步重视和加强引进剧的管理；严格控制引进剧的播放比例和播出时段；进一步规范合拍剧的制作和播放；进一步加强对境外演职员参与制作的国产剧管理。

1 月 6 日

由人民日报社主管，人民日报教科文部主办的《健康时报》创刊，该报是一份健康生活服务类周报，每周一出版，4 开 16 版，全国发行，内容包括医药、保健、饮食、环境等健康信息。

云南《旅行报》全面改版，该报由云南日报社与云南的铁路、航空、公路高快客运公司和旅游景点星级酒店共同协作创办，是目前云南省内唯一一张以旅游业为主要报道对象的市民生活类报纸。

1 月 7 日

由人民日报《新闻战线》杂志社主办的

“中国都市报研究文丛”出版座谈会在北京国际饭店举行。中宣部、新闻出版署、中国记协、人民日报、新华社、中国报协、《中国记者》杂志社、中国社会科学院新闻与传播研究所、华西都市报的领导和有关部门负责人以及清华大学、中国人民大学的专家、学者等40多人参加了会议。

1月8日

中国电视文艺的最高奖——第13届“星光奖”评选结果在北京揭晓。本届获奖节目共211个，“’99中央电视台春节晚会”“我们万众一心——抗洪赈灾募捐演出”“抗洪精神颂”获特别奖；在综艺类节目中，“五洲风——’99中英双语元旦晚会”等获一等奖；“光明行——北京大学100年校庆直播晚会”等获二等奖；《江南——千年陈酒》等获电视文艺专题片一等奖。吉林电视台的《农村俱乐部》栏目荣获优秀栏目奖，从而实现了6连冠。

1月9日

全国宣传部长会议在京召开，中央政治局常委、国家副主席胡锦涛在会议上发表重要讲话。会议指出，唱响主旋律、打好主动仗，是新形势新任务对宣传思想工作的基本要求；要始终坚持正确的舆论导向，进一步提高新闻宣传工作质量，必须坚持党性，坚持实事求是，坚持团结、稳定、鼓劲、正面宣传为主的方针，努力为改革开放和现代化建设营造良好的舆论环境；进一步加强宣传文化阵地建设，各级宣传文化单位的领导干部，要强化阵地意识，做到守土有责；要坚持一手抓繁荣，一手抓管理；要努力建设一支高素质的宣传思想工作队伍，特别是要提高宣传思想战线各级领导班子和领导干部讲学习、讲政治、讲正气的自觉性。会议还指出2000年宣传思想工作十个方面的主要任务。会议于1月11日结束。

1月11日

《中国档案报》在北京举办了庆祝创刊5周年座谈会。该报是国家档案局主办的行业报，创刊于1995年1月9日。

1月13日

山东电视台推出《山东电视台节目质量综合评价试行办法》，这是全国第一个比较系统地评价节目质量的办法。

1月14日

由台湾《中国时报》主办的“第十届时报亚太广告奖暨第七届时报世界华文广告奖”颁奖礼在台湾举行，凤凰卫视董事局主席兼行政总裁刘长乐担任颁奖嘉宾，吴小莉应邀出任主持，凤凰卫视作为协办单位，向亚太多个国家转播颁奖礼盛况。

1月15日

中国国际广播电台网站获中国优秀网站评选新闻和媒体类“中国优秀网站”十佳称号。

《海外看中国》创刊。

1月17日

中国广播电视学会、河南省广播电视学会在北京联合举办“梨园春现象”研讨会。广电部门领导和电视戏曲界专家、学者以及《人民日报》《光明日报》等14家媒体近百人参加了研讨会。

1月18日

新华社香港分社和新华社澳门分社分别更名为中央人民政府驻香港特别行政区联络办公室和中央人民政府驻澳门特别行政区联络办公室。

中国国际广播电台“我看新中国”征文活动评选结果揭晓。活动共收到来自90多个国家和地区的听众征文3000多篇，从中评出特别荣誉奖10名、特等奖7名、一等奖10名、二等奖20名、三等奖30名，获得特等奖的 6 名来自英国、澳大利亚、约旦、法国、捷克、泰国的听众参加了 5 月 9 日在北京举行的颁奖仪式，并在中国参观访问。

1 月 20 日

全国记协工作会议在广州召开。中国记协主席邵华泽主持会议，记协副主席郑梦熊在会上作了《努力开创记协工作新局面迎接新世纪》的工作报告。各省、自治区、直辖市记协主席、秘书长 60 多人参加了会议。

1 月 21 日

全国广电影视系统纪检监察工作会议在武汉召开。全国各省、市、区广电局和中央三台的纪检组长、监察室主任等近 100 人参加了会议。

1 月 24 日

中宣部在北京召开了全国省级党委机关报总编辑座谈会。会议贯彻全国宣传部长会议精神，围绕今年新闻工作如何坚持以经济建设为中心，突出十五大的主题，贯穿加强思想政治工作宣传的主线，为改革发展稳定大局创造良好舆论环境，进行了深入研讨。

沈阳市人民广播电台启动“新闻招手停”活动，“新闻招手即停车”驶向了沈阳街头，第一时间赶赴现场，口头报道新闻事件。

1 月 25 日

全国广播电视宣传工作暨省级电台、电视台台长会议在北京召开。会议强调，今年广播电视宣传要把加强和改进思想政治工作的宣传作为一条主线贯穿全年，全力以赴打好四个战役，积极做到宣传基本理论，落实中央部署，统一全党思想，凝聚民族力量，促进改革开放，维护社会稳定，把握正确导向，改革新闻工作，创造良好氛围，迎接新的世纪。

全国对外宣传工作会议在北京结束。各地负责外宣工作的同志、中央和国家机关有关部门的负责同志和新闻发言人、中央对外新闻宣传单位负责同志和部分驻外领使馆的同志参加了会议。

1 月 26 日

中国记协在北京举办中外记者新春联谊会。全国人大常委会副委员长布赫，中央、国务院有关部委负责人，首都主要新闻单位负责人，外国新闻机构常驻北京记者，外国驻华使节以及内地、港澳台记者近 200 人出席了联谊会。

1 月 27 日

中共中央宣传部和国务院新闻办公室联合召开的首次互联网络新闻宣传工作会议在北京举行。会议对中国网络新闻传播业的发展作出重要战略部署，发展中国的网络新闻传播业已经成为国家行动。

1 月 29 日

中央电视台召开《经济半小时》开播十周年研讨会。中宣部副部长徐光春、劳动和社会保障部副部长刘雅芝、国家质量技术监督局局长李传卿及中央电视台领导赵化勇等与 80 多位经济学家、媒体专家、企业家和观众代表出席。

1 月 30 日

《重庆晨报》将该报新千年特号限量缩印 4 册，编号为 100 号、1000 号、1999 号、2000 号公开拍卖，分别以 5000 元、5500 元、9000 元、10000 元的价格被 4 家公司买走。该报将义卖款加义卖佣金总计 30090 元当场捐给重庆希望工程。

1 月 31 日

中央电视台海外中心与陕西瑞博集团联合摄制的大型系列节目《世界华人》首映式在中央电视台举行。

同月

广电总局对参加澳门回归庆祝活动宣传

报道工作的单位和人员给予通报表彰。

《春城晚报》新闻中心主任、主任记者胡江洪随中国民间科学考察团赴南极洲采访，成为云南新闻界第一个踏上南极洲并及时发回报道的记者。

由解放军报社主办的全国唯一的军事新闻专业期刊《新闻与成才》杂志更名为《军事记者》。

北京市完成最后66个行政村的村村通广播电视覆盖任务，工程总投资6984万元，使10个远郊区县的93个乡镇1069个行政村约80万人口能够收听收看到多套高质量的广播电视节目。此项工程受到国家广电总局的表彰。

2月1日

英国世界广播网（WRN）从即日起，每周一至周五通过伦敦光谱558千赫中波台播出中国国际广播电台英语节目，内容包括新闻、国际专访、时事报道和报摘。

由中宣部主办、中央人民广播电台承办的首都主要新闻单位社长（台长）、总编辑联谊会在中央电台举行。中宣部、国家广电总局、全国记协、新闻出版署单位领导和首都主要新闻单位的社长（台长）、总编辑共70余人出席联谊会。

2月2日

受国家广电总局党组委托，总局人事教育司副司长薛大力一行3人，专程从北京赶到宁夏同心县豫旺镇，亲切慰问优秀共产党员金占林同志的遗孀黑桂芬等亲属，并送去了慰问金。自治区领导王正伟、刘仲以及广电局领导会见了总局领导，共同研究部署宣传金占林事宜。

2月4日

广州日报社就所属网站误用虚假报道一事公开道歉。1月31日，该报所属网站大洋网在网面的显著位置从境外网站链接了一条所谓"中国大陆报纸发行量排行榜"的失实消息。中共广东省委宣传部新闻出版处负责人2月2日指出：经调查核实这是一条假消息，其内容完全属凭空捏造，在全国报界造成了恶劣影响。

2月5日

凤凰卫视历时4个月、行程近4万公里的"千禧之旅"抵达终点站北京八达岭长城。"千禧之旅——从奥林匹克到万里长城"是由凤凰卫视主办、新华社外事局协办的本世纪中国记者最大规模的采访行动，于1999年9月下旬启动。他们跨越埃及、以色列、约旦、伊拉克、伊朗、巴基斯坦、印度、尼泊尔等国家，足迹遍及尼罗河畔、戈兰高地、耶路撒冷、巴勒斯坦难民营，访问了约旦、巴基斯坦等6个国家的元首和领导人。摄制组动用先进的海事卫星电话，通过国际卫星，一路拍摄了300多个小时的资料片，创造了华人传媒史上最大规模的跨国采访行动。

上海8位新闻主持人被上海市广播电影电视局聘为新闻类首席播音员、主持人。上海实行首席播音员、主持人聘用制度在全国广电系统还是第一次，这8名首席播音员和主持人在播报和主持节目时将标明"首席"身份，聘期两年，享受正高级职称待遇。

青海电视台与西藏电视台联办的120分钟的春节晚会《世纪欢歌》，在西藏、青海两台电视卫星频道同时播出。

2月7日

中央电视台国际频道（CCTV-4）改版播出，推出了以《新闻60分》《走进台湾》和《世界华人》等为代表的新栏目，以适应海外华语观众的需求。

2月12日

广东省委、省政府发文决定：广东省广播电影电视厅更名为广东省广播电影电视局。

2 月 15 日

江苏省新闻工作者协会和南京地区部分报社共同协商签订了《关于调整报纸价格的协议书》，规定自 3 月 1 日起，该省报纸零售价最低不得少于 0.3 元。协议书明确规定：凡低于 0.3 元的报纸一律调整为 0.3 元以上，其他报纸价格不变；同时在报纸发行或零售中不得采取“买一送一”等其他变相降价方式，同时，建立报纸价格调整申报制度和“同行议价”的协调形式，使南京地区的报纸竞争逐步走上规范有序的轨道。

江西省广电厅隆重举行江西广播电视光缆传输网开通庆典，该网采用光同步数字传输，连通了江西省内 11 个地市，实现了省台 4 套节目下传和 11 个城市节目的回传，干线全长 2300 公里。

2 月 16 日

北京广播学院广播电视研究中心成立。它是北京广播学院以国家广播电影电视总局新闻学与传播学、广播电视文艺以及语言与传播 3 个部级研究基地为基础组建而成，下设广播电视新闻传播、广播电视艺术、广播电视语言和广播电视经营与管理 4 个研究所。

2 月 17 日

四川省广播电视网络有限责任公司在成都正式签约成立，副省长徐世群出席了签字仪式。

2 月 18 日

中国记协新闻学术委员会在京召开 1999 年工作总结和 2000 年度工作计划会议。会议提出 2000 年学术委员会工作设想：召开新闻单位关于加强和改进思想政治工作报道的经验交流会；举办百名记者世纪论坛；进行省级党报现状与改革途径的新探索；召开社会生活类报纸研讨会、新闻与法研讨会；出版《新闻工作者维权与自律手册》等。

2 月 19 日

《经济日报》开设“西部开发新亮点”专栏，网络版也开设“西部大开发”专页。

2 月 20 日

中央电视台国际频道、上海卫视、上海电视台在上海大剧院联合举办“上海·悉尼——2000 年的跨越”大型音乐会。

2 月 21 日

1999 年中国十大网络新闻评选结果在北京揭晓。

国家广电总局召开全国广播电视先进县（市）暨全国广播电影电视系统先进集体、劳动模范、先进工作者表彰大会。人事部、广电总局共同表彰了全国广播电影电视系统先进集体 129 个、劳动模范 11 人、先进工作者 89 人，同时授予 65 个县（市）“全国广播电视先进县（市）”荣誉称号。

2 月 23 日

由中国国际广播电台主办的“21 世纪广播电台数字化发展趋势研讨会”在北京召开。中国国际广播电台、中央人民广播电台、国家广电总局广播科学研究院，以及全国各省市的 26 家广播电台的代表参加了会议。会议的议题是：结合国内外广播电台的经验和应用成果，回顾广播电台数字化发展进程及存在的问题，研讨 21 世纪广播电台数字化发展趋势。

国家广播电影电视总局在京召开金占林同志先进事迹报告会。金占林的先进事迹在与会人员及全国广电系统引起了强烈的反响，国家广电总局党组做出向金占林同志学习的决定。

2 月 24 日

中国国际广播电台与中国数字图书馆发展战略组签署了建立中国数字图书馆示范工

程试点单位合作协议书。

2月25日

新闻出版总署发布《关于进一步加强报刊摘转稿件管理的通知》，对报刊摘转稿件提出了一些规范性要求：一、报刊摘转稿件必须牢牢把握政治舆论导向，严格遵守新闻出版管理法规和党的宣传纪律，对所摘转的内容要把好政治关，不得摘转有悖于党和国家方针政策的稿件。刊载涉及国家重大政策、民族宗教、外交、保密等内容的稿件，应严格遵守有关规定，必要时要征询有关部门的意见。二、报刊摘转稿件应坚持把社会效益放在首位，不得摘转格调低俗、色情淫秽、凶杀暴力、封建愚昧等有害青少年身心健康的内容。三、严格遵守办报办刊宗旨，文摘类报刊不得擅自增期扩版或变相出版“一号多报（刊）”，不得搞社外编辑部或个人承包，不得转让出版权。四、报刊摘转新闻报道或纪实作品等稿件应坚持真实性原则，对其摘转内容的真实性负有审核责任。摘转正式出版物的稿件也应核实真伪。稿件失实一经发现，应及时公开更正，并采取有效措施消除影响。五、不得摘转内部资料或非法出版物上的稿件。各报刊社凡摘转稿件，发稿前一律要与原发稿单位取得联系，认真核实，以杜绝非法出版物的传播。六、任何报刊不得任意摘转国际互联网上未经核实的新闻和信息。七、报刊社要严格实行编辑责任制度、总编（主编）终审制度。报刊社总编（主编）对所摘转的稿件负有政治责任，对其报刊摘转的重大失实或虚假稿件负有直接领导责任，并应得到相应的处分。

2月26日

《经济日报》深入开展“西部大开发”报道。《经济日报》召开高层经济论坛会，来自中央和国家部委，部分省、市、自治区的领导、著名专家学者、知名企业家40多人在大会上发言，探讨有关西部开发问题。

2月28日

《人民日报》“两会”报道组召开动员会，“两会”报道组全体同志、编辑部各部门、党政后勤部门的负责同志参加大会，邵华泽社长出席会议并作动员讲话。

青岛人民广播电台交通频道正式开播。

同月

根据国务院有关文件精神，原国家广电总局所属的北京广播学院划转教育部管理，北京电影学院划转北京市管理，浙江广播电视高等专科学校划转浙江省管理，国家广电总局管理干部学院划转山西省管理，郑州广播电视学校划转河南省广播电视局管理。

3月1日

人民日报图书馆书目数据库建成，30余万册图书书目数据开始可以在电脑上检索。

3月2日

国家广电总局召开广播影视系统全国人大代表、政协委员座谈会，与会人员就电影市场改革、网络建设、扶持西部地区电影、打击走私影片、打击盗版、机构改革、电视文艺晚会等问题提出了意见和建议。

首场金占林事迹报告会在宁夏人民大会堂举行，来自全区新闻系统和自治区区级文明单位的代表共1500人聆听了报告会。

3月4日

《深圳特区报》周末版从多年来只有16版扩大到28版。

3月7日

《北京日报》《北京晚报》、北京人民广播电台、北京电视台、北京有线电视台、《北京青年报》《北京晨报》《北京经济报》和《北京广播电视报》等9家北京媒体共同组建了“千龙新闻网”。

北京电视台《荧屏连着我和你》栏目举

办“西部大开发——西部省长访谈录”特别节目。节目邀请了陕西、甘肃、青海、宁夏、内蒙古、西藏、广西、云南、贵州、四川、重庆等西部省（区、市）主要领导及200多名人大代表参加访谈。

河南召开全省报刊结构调整工作会议。

陕西生活台开播，该台由陕西人民广播电台利用第四套节目的频率（AM900、FM103）开办。

日本NHK电视台一行3人到海峡之声电台拍摄宣传《一个中国的原则与台湾问题》白皮书的专题片。

3月8日

国务院新闻办致信新华社完成《中国人权发展50年》白皮书和《1999年美国的人权纪录》的发稿任务。

国家广电总局与内蒙古广播电视厅签订有线广播电视建设及运营合作框架协议。

3月9日

上海市新闻工作者协会举行“上海市新闻工作者慈善帮困基金”首批8万元捐献仪式。该项基金用于资助上海市新闻媒体报道的特困家庭和个人。

3月11日

全国报纸自办发行协会第八次会员代表大会在海口市召开。从该会议上获悉，全国自办发行的报纸已达800多家，自办发行队伍已有17万多人，不少报社创造了“敲门发行”、送报上楼、集订分送、电话预约等优质服务方式。

3月12日

国家广电总局组织的全国广播电视技术维护竞赛结果揭晓，共55个台（站）获得先进单位奖，121人获先进个人称号。

3月15日

中央电视台现场直播“朱镕基总理记者招待会”，有40个国家和地区的117家海外电视机构租用了整场记者招待会实况信号。

3月16日

中央电视台在《中国新闻》节目中播出百集系列报道《台湾百问》，每集约长3分钟，分100天连续播出。整个报道用每天一问的独特形式，向海内外观众介绍台湾的历史、地理、经济、文化、民生等方面的情况，介绍台湾问题的由来和实质，介绍“一个中国”原则的内涵和“和平统一、一国两制”方针的重要意义，以及中国政府的其他涉台政策，使包括台湾同胞在内的海内外观众更全面、更深入地了解台湾问题。

3月19日

山西40家报社签署《中国报业自律公约》。

3月20日

2000年度全国电视对外宣传协作会在贵阳市召开，来自全国40家电视台的56位代表出席了会议。

由国务院发展研究中心产业经济部和广电总局网络中心共同举办的首届有线电视发展战略研讨会在京召开，来自各省的网络中心（公司）、有线台、广电局的50余位代表参加会议。

温州电视台进入青海进行“西部大开发”新闻采摄活动，青海省副省长苏森接见了温州电视台《西部行》摄制组人员，并接受了采访。

3月21日

重庆市召开依法行政工作会议，会议决定，重庆市将建立新闻曝光案件追查制度。

河南成立新闻美术工作委员会，成立大会在三门峡举行，会议确定了省新闻美术工委，举行了首届新闻美术作品观摩展，并评出了十佳作品。

3月22日

中共广西壮族自治区委员会、自治区人

民政府决定，设置广西壮族自治区广播电影电视局，为自治区人民政府直属机构，正厅级机构建制。

2000年中国国际广播电视信息网络展览会在北京举办。

3月23日

中国记协在京召开倡导全国55万新闻工作者携手建造“中国记者林”新闻发布会。

第三届全国省报编校质量抽查评比暨全国报刊出版管理知识竞赛在京颁奖。

3月25日

中国记协第一期新闻单位业务骨干培训班在北京举办，至本月29日结束。

3月26日

全国政协提案委员会致函中央电视台，称赞“两会”期间《新闻30分》《现在播报》栏目开设的《委员提案》专栏。

3月27日

四川日报、重庆日报、贵州日报、云南日报、西藏日报、陕西日报、甘肃日报、青海日报、宁夏日报、新疆日报等西部10家省、区、市党报与南方日报在深圳华侨城签订协议，共同发起主题为“10＋1：相约在西部”的联合采访行动。以这一活动为纽带，通过互相协调、互相响应的新闻报道，广东各阶层将更全面、更迅捷地了解西部，拓展广东介入西部开发的机会和舞台；西部地区也将更全面、更深入地借鉴广东发展的经验和教训，寻找和把握与广东合作的机会。该报道活动更好地发挥了党委机关报在西部开发报道中的舆论主导作用。

由文汇新民联合报业集团全额投资的上海新世纪交易中心举行开业典礼，它是我国第一家运用现代化交易手段和公开市场交易形式的大型广告交易场所，将为国内外各类媒体、广告公司和各方广告客户提供一个全新的交易平台和服务平台。目前已有52家广告公司进驻交易中心，有《人民日报》《工人日报》《经济日报》《解放日报》等50多家国内媒体在广告交易中心挂牌交易。

3月28日

北京日报报业集团在北京日报社挂牌成立。该集团除办有《北京日报》外，还拥有《北京晚报》《京郊日报》《北京晨报》（与《北京青年报》合办）《北京经济报》《宣传手册》《新闻与写作》和同心出版社，该集团在美、日、法、俄四国设有记者站，在美国《侨报》、澳大利亚《澳华时报》和加拿大《今日中国》开设了北京专版。

中宣部等4部门联合召开2000年度加强职业道德建设，禁止有偿新闻电视电话会议。

中共青海省委、省人民政府决定：原青海省广播电视厅改组为青海省广播电视局，为省政府直属机构。

由山东省广播电视厅主办的全省广播电视系统网站——“广视”（www. sdrtin. com）正式开通。

“浙江记者林”首栽仪式在浙江宁波奉化滕头村举行，浙江全省20多家新闻单位代表栽下数十株冷杉、罗汉松和紫玉兰。

信息传播与农村妇女发展研讨会在北京召开。

广西壮族自治区党委召开以研究新时期新闻工作为主题的新闻宣传座谈会。

3月29日

根据福建省机构改革方案，福建省广播电视厅改名为福建省广播电视局。

3月30日

中共安徽省委、省政府决定：安徽省广播电视厅改组为安徽省广播电影电视局，为省政府直属机构。

3月31日

几内亚通讯部与新华通讯社在科纳克里

签署新闻供稿协议。

国家广电总局网络中心和美国自由媒体集团下属传媒视野公司共同举办的中美有线电视高级管理研讨会在北京召开。来自美国有线电视的高层管理人员及知名企业的高级代表 20 余人与中方广电系统的 100 多位代表参加会议。

同月

新华通讯社网站改名为“新华网”。

由北京电视台、凤凰卫视中文台和国家林业局宣传办公室共同策划的“守望家园——三北生态纪行”大型采访活动启动，摄制组一行 30 余人从北京居庸关长城出发。他们将从黑龙江省宾县——“三北”防护林的最东端向西行，历时 3 个月，途经 13 个省、市、自治区，行程 3 万多公里，最后到达“三北”防护林的最西端——新疆的乌孜别里山口。记者将深入林区以防沙、治沙、护林、保护生态环境为主线作全面报道。本次采访活动启用飞机航拍，从空中到地面，全方位、多角度拍摄，计划摄制 60 集大型电视新闻专题节目。

国家广电总局人教司组织了总局 1999 年度高校部级优秀科研成果评奖工作，共评出了文科著作奖 30 项、文科论文奖 22 项、工科著作奖 9 项、工科论文奖 6 项、工科研究项目奖 8 项，并将 77 项课题立为部级项目。

“王嘉廉新闻奖学金”颁奖仪式在中国教育电视台举行，来自中国人民大学、复旦大学、武汉大学、四川大学、中国新闻学院的 62 名新闻专业的博士生、硕士生、本科生在本届获奖。

山东有线电视台与鲁银投资集团股份有限公司合资组建山东视网联媒介发展有限公司。

湖北电台进行干部人事制度改革，实行干部竞聘上岗和员工双向选择，并将全体员工实际收入的一半（平均）作为浮动工资参加考核，形成多劳多得、奖勤罚懒的机制。

陕西人民广播电台进行了体制改革，形成总台统一管理下的新闻中心和 5 个专业频率的格局，总台设政治处、办公室、编委办公室、广告管理部、技术部、播出部等职能部门，全台重要岗位竞争上岗。

4 月 1 日

新华社创办的《新华视点》通稿专栏正式挂牌成立，这是借鉴中央电视台《焦点访谈》设立的一个品牌栏目，专门对中央工作的重点、实际工作的难点、群众关心的热点问题进行快速反应、及时跟踪、深入剖析与重点报道。

内蒙古广播电视厅正式更名为内蒙古广播电影电视局。

海峡之声广播电台正式开通国际互联网站，以文字和声音两种方式传递信息。

4 月 4 日

国家广播电影电视总局局长田聪明会见了伊拉克新闻部胡马姆·阿卜杜·哈里格部长一行，并举行了工作会谈。会谈结束后，双方签订了《国家广播电影电视总局和伊拉克文化新闻部广播电视合作备忘录》。

4 月 5 日

长沙电视台记者朱鹰结束了南极考察，这是湖南记者首次赴南极考察。1999 年 11 月，朱鹰参加了中国第 16 次南极科学考察队。这次考察是我国南极考察以来航程最长的一次，朱鹰被科学考察队评为新闻记者中唯一的优秀考察队员。

4 月 6 日

《农民日报》创刊 20 周年座谈会暨 21 世纪中国农业发展战略研讨会在北京召开。中宣部、中央政策研究室、中国全国新闻工作者协会、农业部、国家新闻出版署等有关部门的领导及在京主要新闻单位的主要负责同志出席了会议。报社社长、总编辑张德修作题为《世纪之交的中国农业与继往开来的农民日报》的报告。

黑龙江电视台对黑龙江极限运动爱好者阎庚华只身攀登珠峰的壮举进行了全程追踪报道，整个报道活动至 6 月 8 日，历时 2 个月。

共青团中央和国家广电总局联合发文授予全国广电系统 34 个基层单位“优秀青少年维权岗”称号。

4 月 7 日

国家广播电影电视总局发布《信息网络传播广播电影电视类节目监督管理暂行办法》。其中第 7 条规定，开办通过信息网络向公众传播广播电影电视类节目的业务，应当同时具备以下基本条件：符合通过信息网络向公众传播广播电影电视类节目的具体规划、技术标准和管理要求；有与业务规模相适应的自有资金、设备及场所；拥有与其业务规模相适应的符合国家规定的广播电影电视类节目资源；拥有必要的专业人员；符合国家法律、法规及其他有关规定。第 16 条规定，禁止通过信息网络传播有以下内容的节目：危害国家的统一、主权和领土完整的；危害国家的安全、荣誉和利益的；煽动民族分裂、破坏民族团结的；泄漏国家秘密的；诽谤、侮辱他人的；宣扬淫秽、迷信或者渲染暴力的；虚假的信息；不列入广播电影电视类节目专用目录的影视剧类节目；从网络或境外媒体上收录下来的境外节目；法律、法规规定禁止的其他内容。

上海人民广播电台开播“市长热线”特别节目。徐匡迪市长作为第一位嘉宾，在“市民与社会”直播室里，就群众所关心的话题与广大听众进行直播交流。

79 岁高龄的新华社原社长、中国新闻摄影学会名誉会长穆青赴安徽省枞阳县乡村采访和摄影。

4 月 8 日

在庆祝中国吸烟与健康协会成立 10 周年暨第 9 届全国吸烟与健康学术研讨会上，中央电视台获得中国控烟最高奖项——中国控烟贡献奖，以表彰中央电视台长期以来为减少烟草对人类健康的危害所进行的电视宣传。

4 月 10 日

中国国际广播电台举办纪念国际台泰语部、缅甸语部、印尼语部、越南语部开播 50 周年活动。

河北省广播电视厅更名为河北省广播电视局，为省政府直属机构。

4 月 11 日

中国记协以“面向 21 世纪的中国传媒”为总题，组织“百名记者世纪论坛”活动，以此迎接新世纪，庆祝新中国第一个记者节。

中共上海市委、市政府决定：组建上海市文化广播影视管理局。

4 月 14 日

《陕西日报》首先推出由西部党报组稿的西部 12 省、市、区党政主要负责人关于西部大开发的专访特辑。本月下旬，西部 12 省、市、区党报共同开设“先手棋”“突破口”“新亮点”互动栏目，共享稿件。12 家党报是：《陕西日报》《甘肃日报》《青海日报》《宁夏日报》《新疆日报》《内蒙古日报》《西藏日报》《广西日报》《云南日报》《贵州日报》《四川日报》和《重庆日报》。

《宁夏日报》加入“10＋1：相约在西部”报道活动。由《南方日报》和《宁夏日报》组成的联合采访团，成功地完成了“10＋1：相约在西部”的宁夏采访活动。

中央电视台在西安主办有 12 省区参加的西部大开发电视经济宣传合作会议，中央电视台提出了以《中国财经报道》为依托建立西部开发报道网。

4 月 15 日

全国小记者工作会议暨少年新闻学院成立仪式在中国人民大学逸夫会议中心举行。这是由中国人民大学新闻学院和中国少年报社联合创办的一所对全国少年儿童进行新闻普及教育的学院，由全国人大常委会副委员长许嘉璐、全国政协副主席万国权担任名誉院长，院长由中国人民大学新闻学院教授成美女士担任。该学院面向全国中小学生开展以函授教育为主、面授为辅的普及性新闻教育，作为协办单位的国内十几家最有影响力的少年儿童报刊将为小学员们提供新闻实践园地，学院还在全国各地有条件的地区设立分院，进行少年儿童媒介素养教育。

“中国记者林”活动在内蒙古自治区通辽市科尔沁沙地梅林营子村举行首栽式。来自全国各地的 108 位新闻工作者代表全国 55 万新闻界同行，同当地 1600 名群众一起栽下了树苗。中国记协副主席、书记处书记栗国安主持了首栽式。

1999 年度中国广播电视新闻奖——“中国彩虹奖”对外电视节目评选活动结束。活动共收到来自全国 28 个省、市、自治区 45 家电视台选送的 119 个节目，评选出新闻节目、专题节目、文艺节目等各奖项 50 个。

4 月 17 日

山西长治市委、市政府向国内各大新闻媒体发出一封公开信，欢迎各新闻单位到长治采访，多写批评报道，进行舆论监督。公开信中提到，为保证新闻媒体对长治市工作的有效监督，市委、市政府首先要创造条件，积极配合，提供背景材料；其次，要严格依法办事，不允许任何部门、任何单位、任何个人以任何理由干扰和阻挠记者的正常采访活动，更不允许威胁、恐吓，对记者打击报复，切实保障记者的合法权益，保障记者的人身安全；同时，对记者所反映、揭露的问题，虚心接受批评，不护短、不遮丑、不躲闪。不论何人何事，不管是基层单位还是市委、市政府，只要指出问题，都要认真对待，积极进行纠改。

中国地市报改革与发展研讨会暨京九沿线报社联谊会第 5 届年会在山东省菏泽市举行。来自首都新闻单位以及全国各地 80 多家报社的领导和新闻界同仁 200 多人参加大会。

英国世界广播网开始通过其合作伙伴美国公共电台，转播中国国际广播电台英语晚间新闻。

4 月 18 日

全国省级广播电视报第 9 届好新闻评奖会在青岛召开，来自华东、中南 13 省的广播电视报总编辑参加会议。

宁夏经济广播电台联合北京、上海、广东等 21 家国内经济广播电台，开展以“西部大开发，宁夏要争先”为主题的大型联合直播活动。

4 月 19 日

山东省广播电视厅更名为省广播电视局，列入省政府直属机构序列，使用事业编制。

4 月 20 日

由国务院新闻办公室主办、陕西省人民政府新闻办公室承办的第 5 届中国国际新闻奖在西安揭晓。人民日报社的《北约野蛮轰炸我驻南使馆》、新华社的《风云激荡的 1999 年》、中央电视台的《从中美首脑会晤看中美关系》等 10 篇作品被评为一等奖，20 篇作品获二等奖，30 篇作品获三等奖。

迎接 21 世纪中国互联网大会在京召开。80 多位来自国内外互联网界的精英汇聚一堂，共商中国互联网的发展大计。

陕西省新闻界开展针对全省 180 万残疾

人的新闻扶贫活动。

4月21日

《焦点访谈》播出的《沙漠离我们有多远》节目反映的土地沙漠化问题，引起中央领导的高度重视。水利部专门致函中央电视台新闻评论部，认为《焦点访谈》制作的《沙漠离我们有多远》为党中央和国务院决策提供了重要依据，对此表示感谢。

湖北电视台组织策划了“神龙西部行”大型采访报道活动。采访组一行10人，沿丝绸之路西行，途径陕西、宁夏、甘肃等10多个西部省区，历时80天，行程2万多公里，共采制新闻80多条。

4月22日

湖北电视台与中华环保基金会在北京人民大会堂联合举办“地球幸运村”环保座谈会及电视栏目《地球幸运村》揭牌开机仪式。该栏目的开播，标志着我国第一个环保公益性电视栏目的诞生。

4月24日

中国人大制度新闻协会理事会换届选举在北京举行。

4月25日

全国村村通广播电视工作现场会在四川凉山召开。来自西部14个省、市、自治区的村村通负责同志在现场会上汇报了本地区村村通工程的实施情况，并交流了经验。

4月26日

1999年度中国广播电视新闻奖——“中国彩虹奖”对外广播奖评选工作在北京举行。活动共收到来自中国国际广播电台和全国31个省、市、自治区及部分地市级39家广播电台的参评作品86件，评选出48个获奖节目，其中特别奖3个、一等奖8个、二等奖13个、三等奖24个。

湖南卫视为加强已有广泛影响力的综艺节目和新闻节目的制作，扩大自制全国性新闻节目，在北京、上海和深圳建立了3个直播室，同步传送以新闻节目为主的各类节目，并在5月份投入运营。湖南省广电厅还对下属7个电视频道进行资源优化、重组与整合，对各台的频道资源、技术设备、资金、人才等进行合理配置。湖南台独揽卫视频道的格局将被打破，湖南省广播系统所属各台节目将重新组合编排上星，组建一个全新的“湖南卫视”。

北京广播学院承办了以“人类对生育的选择，决定世界的未来”为主题万名大学生签名活动，来自北京广播学院、北京第二外国语学院、中国矿业大学北京校区、武汉工业大学北京研究生院的大学生共计3000余人参加了签名活动。

4月28日

广东省广播电影电视厅更名为广东省广播电影电视局。

4月29日

在北京召开的全国劳动模范和先进工作者表彰大会上，14名新闻工作者作为新闻界的优秀代表，接受党和国家领导人的表彰。

宁夏回族自治区政府常务会议研究决定成立宁夏广播电视网络有限责任公司，对全区广电网络统一规划、统一管理、统一运营。

4月30日

北京广播学院网络传播学院正式揭牌成立。这是北京广播学院适应时代发展要求，推动实施基于互联网的现代远程教育工程的新举措。

同月

国务院新闻办公室网络新闻管理局成立，随后各地新闻办也相继成立相应的机构，这标志着对网络新闻传播管理在体制上已基本完善。

国内 450 家新闻单位的 1300 余名记者在西安报道中国东西部合作与投资贸易洽谈会，围绕西部开发展开了一场没有硝烟的“新闻大战”。香港的亚洲电视、凤凰卫视、文汇报、大公报、东方日报、香港日报以及澳门的澳门日报等 10 余家媒体的记者也前来追踪报道，日本、美国等 15 家海外媒体也派记者对洽谈会进行专题报道。

5 月 1 日

广西人民广播电台举行建台 50 周年庆祝大会，广西壮族自治区党委、政府、人大、政协有关领导，自治区广电局领导出席庆祝大会。

《海南日报》推出“海南解放 50 周年珍藏版”，共 52 个版，以凝重翔实的史料、精美的编排，创造了该报社出版史上的新纪录，被收藏爱好者抢购一空。

山东电视台摄制的《生命的编织》被布达佩斯 21 世纪国际艺术组委会授予“中国艺术海外传播优秀作品奖”。

5 月 3 日

中国教育电视台与鑫诺卫星通信有限公司签订合同，通过“鑫诺一号”通信卫星 ku 频段转发器传输现代远程教育工程节目，这标志着我国现代远程教育工程开始启动。

5 月 6 日

江苏省委宣传部组织省市新闻单位 25 名中青年记者，分赴春兰集团、小天鹅集团、沙钢集团以及淮阴市脱困企业深入采访，历时一个月活动围绕江苏省国有大中型企业改革中的难点、热点问题，刊发各类稿件和播出广播稿、电视片 19 篇（条），为推动该省国企改革宣传起到了积极作用。

5 月 8 日

中国记协在北京举行“人民的好记者”座谈会，缅怀一年前北约悍然轰炸我驻南联盟使馆时牺牲的邵云环、许杏虎和朱颖三位优秀新闻工作者。首都主要新闻单位的负责同志和记者 30 多人参加座谈会。

全国城市党刊、华东地区党刊年会在上海浦东国际会议中心举行，与会者就新形势下如何做好加强和改善党的思想政治工作的报道等进行交流和探讨。

5 月 9 日

中宣部、中央外宣办下发了《国际互联网新闻宣传事业发展纲要（2000—2002 年）》，这一文件提出了互联网新闻宣传事业建设的指导原则和奋斗目标，并确定了首批国家重点新闻宣传网站：中国互联网新闻中心、人民日报、新华社、中国国际广播电台和中国日报（China Daily）。以中国国家重点新闻机构为核心组建中国互联网新闻传播主力部队的方针由此确定。

中国记协五届五次常务理事会议在北京召开。会议确认递补了 12 名常务理事，原则通过常务理事会向第五届二次理事会所作的工作报告。

华东地区广播电台技术年会第 16 届会议在济南召开。

由国务院台湾事务办公室、中共湖南省委宣传部、湖南有线电视台等联合摄制的大型电视文献片《中国统一之路》在长沙举行首映式。该片是迄今唯一的一部全面、系统剖析海峡两岸关系的历史真相、演变过程及我党、我国政府对解决台湾问题的一系列方针、政策、原则立场的电视节目。

5 月 10 日

中国记协五届理事会二次全会在北京召开。代表全国数千家新闻媒体和几十万新闻从业人员的近300位理事和特邀理事，在为期3天的会议中总结3年来新闻工作的经验，研究新闻业的发展和现状，并就推动新闻事业生机勃勃跨进新世纪献计献策。

5月11日

广东省政府复函同意广东省广电局组建广东有线广播电视网络传输公司。

5月12日

安徽省人民政府法制办公室致函中央驻皖新闻单位和当地主要新闻媒体，宣布载有新闻曝光案件追查具体程序和办法的《安徽省行政执法督查办法》从即日起正式启动，要求县级以上地方人民政府鼓励、支持新闻单位对行政机关违法、执法行为进行监督、曝光，通过舆论监督与政府法制监督的有机结合，健全完善该省的行政执法监督机制。安徽省此次推出的督查办法是全国第一个对新闻曝光案件的追查作出具体规定的法规。

5月13日

“中国百名青年记者西部行”活动正式启动，中国记协主席邵华泽在出发仪式上发表讲话，30多名记者作为首批采访团团员分赴青海、陕西、内蒙古三地开始采访调研。其后3个月，全国80余家新闻单位的140余名记者分期分批奔赴西部12个省、市、区进行采访调研。为配合此次采访活动，由中国记协主办的中国传媒网同时推出“中国百名青年记者西部行”专栏。

甘肃省广播电视厅更名为甘肃省广播电影电视局，为省政府直属机构。

5月14日

由香港、澳门19家新闻媒体34名记者组成的“西部大开发港澳记者西南采访团”结束了在四川的采访活动，分赴重庆、贵州、云南等省、市继续进行采访。采访活动从10日开始至18日结束。

应广电总局邀请，日本朝日电视台社长广濑道贞率5人代表团来华赴北京和上海进行了工作访问。田聪明局长，外交部唐家璇部长会见了代表团。

5月15日

《中国青年报》网络版改版为“中青在线”，网站由北京中青在线网络信息技术有限公司经营，这是以公司化运作的首家中央级新闻媒体网站。

全国首届省（市）党报群工内参工作会议在宁夏回族自治区首府银川市召开，此次会议由人民日报主办、宁夏日报协办。会议期间评选出了全国党报优秀内参稿件，有66件作品获奖，其中一等奖7篇，二等奖30篇，三等奖29篇。

陕西省委宣传部和陕西省记协联合召开西部大开发新闻宣传研讨会，全省新闻单位的40余位负责同志参加了会议。

从即日起，《钱江晚报》与《名人》杂志联合推出“约会院士”专题报道。这一专题报道计划采访、拍摄100名中国科学院和中国工程院院士，全景展现他们的科学人生。《钱江晚报》投入百万元巨资和大量的人力，著名相声艺术家、《名人》主编牛群和《名人》艺术顾问朱海共同参与策划，牛群担纲摄影。

5月16日

《半月谈》杂志创刊20周年纪念座谈会在北京举行。

5月17日

中共四川省委、省政府决定：四川省广播电影电视厅更名为四川省广播电影电视局。

5月18日

第十届中国新闻奖摄影作品复评暨’99全国新闻摄影作品年赛在成都举办。这次评选是由中国记协主办、中国新闻摄影协会协办、四川日报承办。141 幅（组）作品获奖，其中金奖 11 个，银奖 46 个，铜奖 84 个。

福建日报主办的《海峡周报》创刊。该周报 4 开 40 版，是以深度报道城乡生活为主体的覆盖全省的综合性报纸，是福建省的第一份新闻周报，每期含《焦点》《财富》《法治》三刊。

5 月 20 日

安徽 300 多位新闻工作者聚集省新闻出版大厦，参加了由省委宣传部组织的“一线练兵”的动员大会。

5 月 22 日

中央人民广播电台在人民大会堂举行了中央人民广播电台民族广播 50 周年座谈会暨协作研讨会。

5 月 23 日

来自国内外 48 家电视台的 200 名记者开始对西部大开发的热点城市成都市进行为期一周的采访。这次名为“前锋杯·今日成都”的大型电视采访活动，是成都市今年以来组织的最大一次对外宣传活动，吸引了中央电视台、北京电视台、上海电视台、广东电视台、厦门电视台等 32 家内地电视台和香港、澳门的电视台参加。法国电视二台、日本 NHK 电视台、韩国广播公司、德国 ARD 电视台、美国菲尼克斯市 11 频道、澳大利亚广播公司等 14 家海外电视台也加入了报道行列。这些中外记者将集中对成都的改革开放、经济建设、投资环境、城市建设、生态建设、高新产业、旅游资源以及成都人民的精神面貌等，进行深入细致的采访报道。

中国少年报社和中国少年儿童出版社联合组建的中国少年儿童新闻出版总社在人民大会堂举行隆重挂牌仪式。

5 月 24 日

由中国记协主办、《讽刺与幽默》报社承办的第十届中国新闻奖漫画作品复评暨’99 全国新闻漫画作品年赛在北京举办。评委从 392 幅（组）参评作品中经过五轮投票和评议评出金奖 5 个、银奖 16 个、铜奖 29 个。

由中国记协主办、天津日报承办的第十届新闻奖报纸版面及广播、电视新闻性节目编排复评暨年赛在天津举办。报纸版面复评暨年赛共评出 100 个奖项，其中要闻版金奖 6 个、银奖 18 个、铜奖 36 个，其他版金奖 4 个、银奖 12 个、铜奖 24 个。广播、电视新闻性节目编排复评暨年赛共评出广播新闻性节目编排奖作品 19 件，其中金奖 3 件、银奖 6 件、铜奖 10 件；电视新闻性节目编排获奖作品 19 件，其中金奖 3 件、银奖 6 件、铜奖 10 件。

5 月 25 日

千龙新闻网开通正式版，它是由北京市委宣传部牵头、北京地方主要媒体参与建设的北京市重点新闻网站。

5 月 26 日

中央电视台《焦点访谈》播出了 18 分钟特别节目《“法轮功”是最凶险的邪教》，节目通过对 14 个案例的分析，揭露了“法轮功”进行的有组织犯罪活动，节目受到中央领导同志的表扬。

5 月 27 日

香港英文报《虎报》停刊，改为一份以年轻人为主要读者的英文报纸《香港邮报》(*Hongkong Mail*)。《虎报》创办于 1949 年，由有“报业大王”之称的著名企业家胡文虎创办。

5 月 28 日

上海最大规模的综合性网站——上海东

方网（www.eastday.com）在文新报业大厦正式宣布开通。它是由上海市委宣传部牵头、上海地方主要媒体参与建设的上海市重点新闻网站。

由澳门广播电视有限公司和成都电视台联合举办的澳门电视节在成都拉开帷幕。这是澳门回归祖国以后首次在内地举办的电视节。

天津有线电视台主办的“拯救藏羚——环保西部行”活动启动仪式在天津自然博物馆前广场举行。天津市领导、天津广电局领导以及国家环保总局、内蒙古、宁夏、甘肃、青海驻津办事处的负责人及社会各界代表近千人参加了启动仪式。

5月29日

中宣部、新闻出版总署发出关于印发《关于建立违纪违规报刊警告制度的意见》《违纪违规报刊警告制度实施细则》的通知。通知要求党委宣传部和新闻出版行政管理部门对报刊出现的以下违纪违规问题提出警告：否定马列主义、毛泽东思想、邓小平理论的指导地位，造成恶劣的社会影响；违背党的路线、方针、政策，出现严重的政治错误；泄露国家秘密，危害国家安全，损害国家利益；违反民族、宗教政策，危害民族团结，影响社会稳定；宣扬凶杀、暴力、色情、迷信和伪科学，思想导向错误；传播谣言，编发假新闻，干扰工作大局；党委宣传部门和新闻出版行政管理部门认定的其他严重错误。

5月30日

宁夏回族自治区广播电影电视局举行更名揭牌仪式。

5月31日

《工人日报》从即日到6月14日进行“国企扭亏脱困”组合报道，先后刊发8篇报道和8篇评论员文章。报道刊发后，不仅受到地方政府和企业的广泛关注，中宣部也给予专题评介。

四川电视台隆重举行建台40周年庆祝大会。

同月

中国记协编辑的《中国新闻工作自律维权法规手册》出版发行。该书分为自律、维权两个部分，分别汇编了我国自1949年至2000年2月间公布的现行宪法、法律、法规、司法解释、行政规章、领导人讲话以及其他规范性文件中新闻工作的权利、义务等若干内容条款，并附录了国外的新闻职业道德准则。全书收录法律法规等规范性文件共170多个，涉及法律法规条款2000多条。

在由中国记协主办的第十届中国新闻奖报纸版面复评暨’99全国报纸版面年赛评比中，《天津日报》1999年10月2日国庆大典一版版面获“中国新闻奖”一等奖。这是全国省级党委机关报唯一获一等奖的报纸，是全国报纸中唯一获中国新闻奖一等奖的版面。天津日报社将10月2日的报纸制成150套珍藏版，绫缎封面，外有精美封衬、封套，装帧美观并配有收藏证书、编号。

由四川电视台、陕西电视台、凤凰卫视欧洲台共同策划发起，12家省、区、市电视台联合制作完成的大型系列片《西部热土》，在凤凰卫视欧洲台和西部各台播出。

由《中华新闻报》发起并邀请有关部门的领导、专家、学者编辑出版的《中国传媒600家》由人民日报出版社出版发行，全书约120万字。

西安日报社“穿越西部”特别报道组两名记者自呼和浩特返回古城西安。自3月22日起，该报社陆续派出8名记者奔赴西部各省、市、自治区，采访报道西部大开发。

6 月 1 日

中央电视台一套从 8 点到 22 点（除新闻节目外），全天为全国 3 亿 6 千万少年儿童精心策划、倾力奉献 12 小时特别制作《我们的世纪》。

6 月 2 日

据《中华新闻报》报道，全国大多数电视台已开办电视手语新闻节目。1993 年全国只有两家省级电视台开办了电视手语新闻节目。

为期一周的中国记协第二期省市新闻单位业务骨干培训班在深圳举办，主题是面向 21 世纪的金融证券报道，来自全国 54 家新闻单位的 59 名从事财经报道的编辑、记者参加了培训。中国记协与深圳商报友好协商，决定在深圳商报建立中国记协新闻培训中心深圳基地，基地挂牌仪式同时举行。

6 月 3 日

由新华社国内部主办、《青岛晚报》承办的新华社全国晚报新闻协作会第 5 届年会在山东青岛举行，来自全国 20 多个省、市、自治区的 30 多家晚报的记者参加了这次会议。

6 月 4 日

河北省霸州市某派出所所长杜书贵在驾车途中因强行超车，与霸州市供电局司机牛亚军开的车险些发生擦蹭，争执中杜掏枪将牛亚军打死。案发 5 天后，中央电台《新闻纵横》得到线索，并先后派出 3 名记者介入报道枪击案。从 6 月中旬到 8 月初 50 多天时间里，采访记者七下霸州，采制了 7 篇追踪报道；新浪网、千龙网、搜狐网等几乎所有重要网站，以及全国多家报纸杂志都全部或部分转载了这组报道的内容；中央电视台《焦点访谈》也作了报道。

6 月 5 日

由信息产业部主管的《中国网友报》正式创刊。该报是一份中央级首家面向通信用户、互联网及 IT 消费市场的大众权威传媒。它集新闻性与实用性于一体，聚焦互联网上焦点话题，描绘互联网产业发展宏图；荟萃网络应用实用技巧，评点软件硬件市场行情；悉心指导通信业务使用，引领通信消费最新潮流，实为一份难得的互联网与通信业务使用与消费指南。

6 月 6 日

2000 年中国国际互联网研讨会暨展示会在北京召开。本届会展是我国信息产业部独家主办的一次重要的专业会议。

全国广播电视统计工作会议在吉林省丹东市召开。全国广电系统 29 个省（市）和计划单列市的 38 名代表参加了会议。

行业报思想政治工作现场研讨会在北京召开。

福建日报社主办的《福建经济报》更名为《福建经济快报》，由周五报改为日报，对开 8 版，彩印。改版后快报以报道经济内容为主，是福建省首家综合性城市经济日报。

6 月 7 日

中国记协和南联盟驻华使馆在北京共同举行授勋仪式，《人民日报》驻南联盟记者吕岩松荣获“南斯拉夫之星”勋章。

为期两天的中日韩广播电视学会研讨会在北京广播学院召开。日本、韩国及中国专家学者 30 多人参加了研讨会。与会专家就中日韩广播电视人才培养、文化发展、经营管理、国际传播等 5 个主题进行了交流探讨。

6 月 8 日

据《法制日报》报道，第四届“杜邦杯”环境好新闻评选工作展开，致力于鼓励新闻工作者投身环保事业的这一奖项由国家环保总局主办、杜邦中国集团有限公司协办，评选范围为 1999 年 7 月 1 日至 2000 年

6月30日公开发表的环境新闻作品。

6月10日

由中华全国新闻工作者协会和中国报纸副刊研究会联合举办的第十届中国新闻奖报纸副刊作品复评暨'99全国报纸副刊作品年赛评选在北京举办。138件佳作从参评的721件作品中脱颖而出，其中金奖15件，银奖35件，铜奖88件。

首届新华社、全国晚报、都市报总编辑摄影报道座谈会在浙江举行，50多家晚报、都市报总编辑及有关负责人就新华社新闻图片在晚报、都市报的正确导向作用及新华社如何更好地为用户服务进行了座谈和交流。

"力神杯"横渡琼州海峡大奖赛在海口举行。海南台广播频道独家推出了长达12个半小时的大型现场直播节目《与勇士同行》，直播获得圆满成功。

6月12日

第15届全国省级电视台经济节目交流会在福建省福州市召开。全国各省市区电视台领导和经济节目部门的负责人等30多人参加了会议。

6月13日

中宣部对新华社关于西部大开发的报道给予了充分肯定：一是坚持实事求是，典型报道开路；二是加强针对性，正确引导热点。

"今日西部"系列报道在中央人民广播电台《民族大家庭》和《经济生活》节目中同时播出。

6月14日

第6届夏庇若新闻教育奖励基金颁奖大会在北京举行。夏庇若夫人刘静和女士参加了颁奖大会。来自新华社、中国新闻学院的32名新闻工作者、教师和学生获得此项奖励。夏庇若新闻教育奖是为纪念在新华社辛勤耕耘数十载的英国专家夏庇若而设立的，1993年首次颁发。

6月15日

新华社社长郭超人因病逝世。他于1992年11月起任新华社党组书记、社长，是中共第13届、14届、15届中央委员会委员。

国家广电总局发布《电视剧管理规定》，明确提出进口剧占电视剧播出时间、时段的比例。

中国国际广播电台推出新版网站。新版网站由11个站点组成，是一个多语种、多元化、多媒体的信息服务集群网站，实现了新闻、专题的动态发布功能以及网上广播。

6月17日

中日韩广播电视学术研讨会在北京广播学院召开。

6月18日

2000年全国新闻媒体网络传播研讨会在上海召开。在会议上，中华全国新闻工作者协会向全国各新闻媒体发出创办中国传媒网络论坛的建议。

香港推出新闻自律守则，希望通过业内自律，提升媒体公信力。

6月19日

2000年北京国际电视周在北京亚运村国际会议中心举行。本届电视周共有参展影视机构428家，俄罗斯、美国、韩国、越南、中国台湾、中国香港等13个国家和地区的30个机构参展，展台233个，总设展面积7500平方米。

人民日报编委会召开大会，评出人民日报记者形象标兵，表彰这批在加强党中央机关报记者形象建设活动中涌现出来的优秀记者。

6月20日

纪念《大公报》创办98周年座谈会在北京举行。全国人大常委会副委员长程思远出席会议并讲话。

由香港《文汇报》、《大公报》、凤凰卫视和澳门《澳门日报》等26家港澳媒体40余名记者组成的“西部大开发港澳记者西北采访团”云集古城西安，对陕西、新疆、宁夏、青海、甘肃等五省区社会经济发展和西部大开发的情况展开采访。

安徽日报、安徽电视台、安徽人民广播电台等8家在合肥的新闻单位，向全省组织广告经营活动的新闻媒体发出倡议书，联合抵制违法广告。

6月21日

据《中国新闻报》报道，我国“银发报业”悄然兴起。到2000年我国已创办老年类报纸33家，发行总量超过300万份，全国平均每40位老人即拥有一份老年报纸。自1984年中国第一家老年报《老人报》在广州市诞生后，除全国性报纸《中国老年报》之外，大多数省、区、市都创办了老年类报纸。

6月22日

纪念《大公报》创刊98周年暨大公网开通5周年座谈会在天津举行。《大公报》于1902年在天津创刊。近一个世纪以来，历经风雨，先后在上海、汉口、重庆、桂林、香港等地出版，是现今历史最悠久的中文报纸。它行销150多个国家和地区，是联合国推选的全世界最具代表性的3份中文报纸之一。

台湾政党联谊会会长吕宝尧先生带领的祖国大陆访问团，拜会了中央电视台台港澳广播中心。

6月23日

零时，中央电视台网站全新改版。新版分为8个中文频道和1个英语版，突出了新闻及电视指南，增加了《旅游》《中视精品廊》《主持人》《推荐收视》等一批新栏目，增加了图片新闻。

6月25日

浙江省首家新闻集团——浙江日报报业集团在杭州挂牌成立，形成以《浙江日报》为龙头，同时拥有《钱江晚报》《经济生活报》《美术报》《平安时报》《家庭教育导报》《共产党员》杂志、《新闻实践》杂志和互联网站的“六报两刊一网站”报业格局。这是我国第9家正式挂牌的报业集团。

6月26日

第4届全国广播外宣协作会暨1999年度“中国彩虹奖”对外广播奖颁奖仪式在京举行。本届“中国彩虹奖”对外广播奖共收到来自全国39个电台的参评作品86件，评出特别奖3个、一等奖8个、二等奖13个、三等奖24个。

大型文献画册《新中国传媒五十年》出版座谈会在北京举行，中宣部、中央文献研究室、国家广电总局、新闻出版署、中国社会科学院和中央各大新闻单位的负责同志和有关专家、学者出席座谈会。

6月28日

以www.ynet.com为域名的北京青年报新网络版正式开通。

新闻出版署发布《关于进一步加强时事政治类、综合文化生活类、信息文摘类和学术理论类期刊管理》的通知。本通知共有11项内容，其中明确规定严禁在刊物上出现以下内容：否定马列主义、毛泽东思想、邓小平理论指导地位的；违背党的路线、方针、政策的；泄露国家机密，危害国家安全，损害国家利益的；违反民族、宗教政策，危害民族团结，影响社会稳定的；宣扬凶杀、暴力、淫秽、迷信和伪科学，思想导向错误的；传播谣言，编发假新闻，干扰党和国家工作大局的；其他违反党的宣传纪律和违反国家出版管理规定的。

中共中央、国务院决定：徐光春同志任国家广播电影电视总局局长，田聪明同志任新华通讯社社长；免去田聪明同志国家广播电影电视总局局长职务。

6月29日

广电总局机关党委举行1996—1999年优秀共产党员、优秀党务工作者、优秀基层党组织表彰大会，表彰了149名优秀共产党员、44名优秀党务工作者、43个先进党支部、4个先进党总支、2个先进基层党委。

6月30日

《人民日报·海外版》召开大会庆祝创刊15周年。至2000年，海外版已在美国、加拿大、日本、澳大利亚、欧洲地区和港澳地区设立了6个代理处，发行80多个国家和地区。

中共江西省委、江西省人民政府决定：江西省广播电视厅更名为江西省广播电视局，为主管广播电视宣传和广播电视事业的省人民政府直属机构。

经国务院新闻办公室批准，由湖北省人民政府新闻办公室主办、湖北人民广播电台中广新闻信息传呼中心承办的综合性新闻网站——“荆楚新闻网”开通。它是湖北省首家获得网上新闻发布权的网站，是湖北省最权威的新闻网站。

同月

中国第一家数字电视广播平台（DVB—C）在广西南宁调试成功，并将在南宁有线电视台正式开播。该平台开播后，南宁有线台在不影响用户原可以看到的节目基础上，还在原来一个频道上传送4至6个数字节目，从而使节目频道数扩展到200个左右。南宁有线电视开通的数字化电视广播代表了中国未来数字化电视发展方向。此举标志中国的数字化电视广播与世界发达国家站在了同一起跑线上。

由团中央宣传部、中国青年报刊协会举办的第8届全国青年报好新闻评选暨全国青年报发展研讨会在杭州举行。

7月1日

中国国际广播电台全面启动43种语言广播节目。这是国际台继1998年7月1日各语言节目改版后的又一次全台性节目改版工作。

海峡之声广播电台在福州召开台湾政局及两岸关系走向与对台广播言论宣传研讨会，全国各地23位研究台湾问题的知名专家、学者参加了会议。

一个全长百米、全国首创的媒体精品广场在安徽省城合肥建成。广场坐落在合肥市“安徽第一路”长江中路上、省委大门两侧，利用传统灯箱及公众触控多媒体查询系统发布丰富的媒体信息。

黑龙江省广播电视厅改名为黑龙江省广播电视局。

7月3日

旨在推进中国电视谈话节目发展的中国电视谈话节目展播活动今日启动。来自国内11家电视台的电视谈话节目制片人、主持人齐聚北京，参加了这次由北京电视台《荧屏连着你和我》栏目发起、北京电视台和北京广播学院联合主办的交流活动。

由中央电视台海外中心联合西部12省、市、自治区外宣办和12家省级电视台共同制作的大型系列报道《到西部去》在国际频道开播。系列片的英文版也将在国际频道英语节目及英语传送频道（第九套）中随后播出。

7月4日

全国第8届省级党报发行工作协作会暨首届发行工作研讨会在湖南长沙举行。29家省级党报的领导和有关人员聚集一堂，探讨如何提高党报的政治质量和服务质量，开拓公费和自费订阅市场。

第十届中国新闻奖评结果选揭晓。来自全国31个省、市和中央主要新闻单位的428件作品参加了角逐，其中报纸275件，广播

75 件，电视 78 件。本届共有 190 件新闻作品获奖，其中特等奖 7 件，一等奖 24 件，二等奖 57 件，三等奖 102 件。

7 月 5 日

中国国际广播电台举行国际台侨联成立 10 周年庆祝大会。国务院侨办、全国侨联、北京市侨办、北京市侨联和广电总局机关党委代表，新华社、中央电视台和中央人民广播电台的归侨、侨眷代表，以及国际台领导、各中心主任和部分归侨、侨眷等 140 多人出席了庆祝大会。

重庆市新闻工作者协会、重庆市老新闻工作者协会召开会议，隆重向 257 名老新闻工作者颁发从事新闻 50 年、从事新闻工作 30 年的荣誉证书、证章和铭牌。

7 月 6 日

中国记协在北京召开加强和改进思想政治工作宣传报道研讨会。来自中央和地方新闻单位的近 40 位负责同志就如何破解新闻宣传工作中的难题，如何适应当前思想政治工作的新形势、新任务、新要求，把握思想政治工作的新特点，开辟思想政治工作宣传报道新局面等重大问题进行了交流和探讨。

7 月 7 日

由中央电视台独家摄制、影视部运作的 30 集电视连续剧《抗美援朝》在中南海举行开机仪式。

7 月 8 日

澳门有线电视正式开播，这是澳门唯一一家有线电视服务机构。特区行政长官何厚铧主持了“一按看天下”亮灯仪式。

第 2 届“南方杯”电视学术论文评选结果在深圳揭晓。来自全国 13 个省的 200 篇论文参加评选，共有 28 篇论文获奖，其中一等奖 4 篇，二等奖 8 篇，三等奖 16 篇。本次活动由广东电视台、海南电视台、深圳电视台、广州电视台共同主办。

7 月 9 日

第 2 届全国“百佳电视艺术工作者”和全国“百佳老电视艺术工作者”颁奖仪式在中央电视台举行。来自全国各地的 200 位德艺双馨的电视艺术工作者受到表彰。此项活动从 1998 年开始，每两年举办一次，表彰从事编剧、导演、摄像、美术、音乐、录音、制片、评论、教学等专业的优秀电视艺术工作者。

中国报业协会与北京北方亚事无形资产评估所在北京宣布，哈尔滨日报报业集团无形资产价值达 39.2 亿元。此举首开了党报无形资产价值评估的先河。

西部大开发贵州行暨全国第 19 次广播记者工作会议在贵阳召开。与会人员共同探讨新时期广播如何增强竞争力，发挥自身优势，发扬独家所长，并就广播的改革发展、记者站的管理、记者职业道德建设、广播记者采访技巧、现代技术在广播媒体的运用等话题进行交流。

7 月 11 日

由文化部主办的中国优秀文化网站评估调查活动在北京揭晓。广电总局网络中心节目信息部建设的“广电在线”网站被评为艺术类中国优秀文化网站，同时入选的还有中央电视台网站、人民日报网络版等 15 个网站。

本日是伟大的航海家郑和七下西洋首航 595 周年纪念日，“中国百佳新闻工作者”和“范长江新闻奖”获得者范春歌，乘坐“崇明 3 号”车客渡轮从江苏太仓刘家港启程，开始踏上“重走郑和路”的万里征程，进行海外采访。中华全国新闻工作者协会为此发来贺电。

7 月 12 日

新华网全面改版并把接入因特网的宽带由 2 兆增加到独享 100 兆。改版后的新华网内容更新、更快、更全面，将成为体现新华社信息总汇、与国家通讯社地位相称的权威网站。

北京电视台与内蒙古电视台签订了共同开发内蒙古微波频道合作协议，合作频道以文艺、体育、影视节目为主。

7月13日

襄樊日报社为记者实施舆论监督提供安全保障，首次为11名记者办理了年保额为4万元的人身伤害和人身医疗“双保险”。

7月15日

西北五省区党报第19次协作会在西宁召开。来自陕西日报、甘肃日报、宁夏日报、新疆日报、青海日报的负责同志参加了会议。

由上海电视台、新民晚报、东方网联合主办的“2000西部行”活动即日起，从上海人民广场启程，途经陕西、青海、甘肃、新疆4省区，将于9月1日到达终点站新疆伊宁，贯穿东西，全程5000多公里。此次上海3家新闻单位组成一支27人的西行车队远征，第一次以多媒体方式联合报道，借助高科技通信手段向世人展示西部的经济现状、自然资源、风土人情和璀璨文化。

7月16日

由广州、西安、沈阳、武汉、成都、杭州、南京、太原、青岛、厦门等10家电视台联合制作的“中国城市报道”亮相荧屏，这些城市的受众可以跨区域在第一时间看到重要的城市新闻报道。

7月17日

澳门卫视亚洲台开始试播。这是由内地、澳门和香港合资创办的一家电视台，行政总部及播控中心设在澳门，制作及网络中心设在北京。电视台用粤语、普通话和英语24小时播送新闻、财经、教育、体育、娱乐、电影等综合性节目，覆盖亚太30多亿人口。

7月18日

由国家民委、广电总局、文化部和中国文联联合主办的第8届全国少数民族题材电视艺术“骏马奖”在北京颁奖。共有138部作品获奖，其中，由西藏电视台组织并与新疆、内蒙古、广西、宁夏4个自治区电视台及中央电视台联合摄制的电视艺术片《献给母亲的爱》荣获一等奖。

根据新疆维吾尔自治区机构改革方案，新疆广播电影电视厅由政府组成部门改为直属机构，更名为新疆广播电影电视局。

7月19日

国务院新闻办新闻发布厅正式启用。该厅位于北京市东城区朝阳门内大街225号院内，300平方米的发布厅记者席有固定座位90个，还可临时增加席位。记者席最多可容纳150人。

7月20日

以报道各类体育活动见长的首都200名体育记者在北京颐和园体育健康城欢聚一堂，庆祝第76个国际体育记者日。

7月21日

中央人民广播电台朝语部年轻播音员金红花在韩国汉城举行的第5届国际朝鲜语演讲大赛上，获得了此次大赛国际部分最高奖——“外交通商部长官奖”。

7月23日

2000年全国省级电视台广告年会在沈阳召开，本届年会由辽宁电视台主办。包括中央电视台在内的全国36家电视台和18家广告公司的150名代表参加了年会。

7月24日

贵州省委发文决定：贵州省广播电视厅更名为贵州省广播电视局。

7月25日

香港报业评议会正式成立，并于9月1

日开始处理有关侵犯隐私权的投诉。评议会由11家香港报章、新闻行政人员协会、新闻工作者联会、教育界、法律界等多个界别的专业人士共28人组成。这是香港报界发起的一个自律性组织，旨在提高香港报章的专业性和道德操守。

第9届全国省级广播电台总编室主任会议暨第4次全国广播受众研讨会在西宁市举行。33个省、区、市及计划单列市和一些地市级广播电台总编室主任近60人参加会议。

7月27日

首届“党风廉政建设好新闻奖”评选结果揭晓。中央电视台反映湛江走私案查处情况的《焦点访谈》节目《天网恢恢　打私须反腐》、新华社和人民日报社记者采写的反映查处云南褚时健案的通讯《“烟草大王”的人生悲剧》、人民日报社记者反映党风廉政建设责任制实行情况的文章《真抓就灵》荣获特等奖。12篇作品获一等奖，其他90篇作品分获二、三等奖和优秀奖。

7月28日

中国电信集团公司与新华社、人民日报社等7家新闻宣传网站签署合作框架协议，积极支持重要新闻宣传网站的建设。

河南日报报业集团正式成立，成立大会暨挂牌仪式在新落成的河南日报报业大厦隆重举行。该集团拥有《河南日报》《大河报》《河南农村报》《城市早报》《党的生活》《河南画报》《新闻爱好者》《漫画月刊》和“河南报业网”等四报四刊一网站，形成了以广告、发行、印刷、物贸、房地产为依托的五大支柱产业。

7月29日

山东电视台与大连电视台联合推出大型直播晚会《乡音·乡情》，这是山东电视台的娱乐性综艺栏目第一次实现异地直播。

7月31日

第一部系统展示新中国成立51年来中国军队全面建设和强大战斗力的大型系列电视纪录片——《中国军队》在中央电视台一套播出。有关人士称该片为“了解中国军队的权威之作”。该片共16集，每集30分钟。

同月

山西省左权县政府将华北地区首家家庭藏报馆——苗世明家庭藏报馆，改建成太行报纸博物馆。该藏报馆藏有古今中外报纸2.6万余种、28万份，杂志9800种、4万份，剪辑资料3.1万篇以及具有史料价值的书籍2000余册，此外还有丝绸报、手帕报、塑料报、巴掌报、明信片报以及世界上最小的报纸《江南游报》等珍稀报纸。馆内陈列着400多种、2万多份“文革”时期的报纸和千余种创、停、试、复刊报纸。

云南省委、省政府作出公开征集“报忧稿”的决定，征集新闻单位对云南工作的监督批评稿件，还下达了写“报忧稿”的任务。1998年12月28日的《人民日报》在一版头条刊登一篇曝光昆禄公路“豆腐渣”工程的消息，成为1998年至1999年驻滇新闻单位宣传云南好新闻奖313篇获奖作品中唯一获一等奖的“报忧稿”。

中央电视台第二套节目推出全新包装定位的专业化频道——经济生活服务频道，推出大型演播室谈话节目——《对话》，首创国内大型经济类谈话节目形式。

北京电视台新闻台、经济台、交通台和新闻中心相继派出20多名记者，分兵9路奔赴西部进行采访。

8月1日

第3届全国藏文报协作会在西宁召开。来自西藏、四川、甘肃、青海的12家藏文报社的与会代表围绕西部大开发新形势下藏文报面临的机遇和挑战、困难和问题，以及办报业务等进行了探讨和交流。

《法制日报》纪念创刊20周年座谈会在人民大会堂举行。中共中央政治局常委、全国人大常委会委员长李鹏为该报题词："宣传民主法治，促进长治久安。"中纪委书记尉健行致贺词表示勉励。

8月3日

中国互联网新闻中心推出了全面改版的中国网。该网以真实、权威的信息，全面、翔实的背景资料，表现了鲜明的性格特点。中国网现已开通简体中文、繁体中文、英文、法文、德文、日文、西班牙文、阿拉伯文和世界语共8种语言9个文版。

8月5日

中央电视台《新闻联播》栏目播出关于安徽农村进行税费改革试点的3集电视新闻节目《中国农村又一次重大变革》，节目分别于5日、6日、8日播出，报道受到社会的好评。

8月7日

第3届全国新闻专业期刊协作会在吉林省吉林市召开，全国40余家新闻专业期刊负责人与会，共同探讨了新时期新闻专业期刊的历史责任等问题。与会代表呼吁有关方面要进一步重视省级新闻期刊的发展，在政策，特别是在刊号方面给予支持。

由凤凰卫视和人民日报共同主办的"欧洲之旅"大型采访拍摄活动正式启动。"欧洲之旅"是继"千禧之旅"之后的又一次更大规模的跨国采访活动。活动为期5个月，行程26个国家，并在凤凰中文台、欧洲台同步播出。

《北京青年报》以《网络媒体九大巨人诞生》为题报道了目前国内九大网络媒体亮相的消息。文章欢呼这些网站的出现，并评论说，"九大网站的诞生证明了中国网络媒体的真正出世"。

8月8日

香港阳光卫星电视台开播，节目由杨澜工作室及两岸三地电视精英共同制作。该公司是香港上市公司阳光文化网络电视控股有限公司的全资子公司，著名电视节目主持人、制作人杨澜任"阳光文化"董事会主席，香港著名影视制作人徐小明任行政总监。该台是祖国大陆地区第一个以历史及人物传记为主题的华语卫星频道。

当日的《法制日报》在山东省临沭县全部被人恶意收购。事情缘起于该报二版头条以《关闭工厂大门意欲何为?》为题，报道了山东省临沂市化学供销公司租赁经营临沭县一家濒临倒闭的水泥厂并开始正常生产后，该县一些人却肆意撕毁合同、强行关闭工厂的违法行为。

广州电视台与凤凰卫视欧洲台合作，在伦敦举行"广州电视周"启播式。

8月9日

22点56分至次日零点20分，中央电视台和教育部联合在中央电视台第一套节目对2000年普通高等院校远程网上录取进行直播。这是中央电视台首次以直播方式对高考录取工作做全方位的报道。

新华社2000年新同志入社教育在总社新闻大厦举行，参加入社教育的新同志共143人，其中应届大学毕业生134名，军转干部9名。

8月10日

中华全国新闻工作者协会收到国务院批复通知，同意将11月8日确定为记者节。

8月11日

国家广电总局在甘肃省组织召开全国广播电视局局长和村村通广播电视建设现场会，并对已实现村村通广播电视的9个省市颁发了"村村通广播电视工程验收合格"铜牌。

8 月 12 日

中国国际广播电台通过 43 种语言广播和国际互联网上的 9 种语言开始举办“中国百年”全球有奖知识大赛，向海外听众介绍中国 100 年来发生的重大事件。竞赛于 2000 年 12 月 31 日结束。

由北京广播学院、新疆广电局共同主办的西部广播电视发展展览暨“十五”人才培养与培训规划学术研讨会在乌鲁木齐召开。来自全国部分省、区、市广电厅局、电台、电视台以及国家广电总局、北京广播学院、台湾世新大学、香港凤凰卫视有限公司的 60 多家媒体人士和专家、学者出席了会议。

8 月 13 日

在八国联军攻占北京 100 周年纪念日的前一天和当天（8 月 14 日），《北京青年报》相继发表重现百年前八国联军攻占北京情景的历史照片 40 多张，揭露当年侵略者烧杀掠夺的滔天罪行。《北京晚报》8 月 13 日出 8 个整版的“庚子百年特刊”，刊登了 50 多幅珍贵的历史照片。

8 月 14 日

中国数字有线电视节目在深圳首播成功。

青海省西宁市和中央人民广播电台共同策划“为西部大发展献计献策”有奖收听和有奖征文活动，活动持续至 9 月 20 日。

8 月 15 日

新华社原社长、著名记者穆青摄影展在黑龙江省博物馆揭幕，近千名摄影爱好者参观了展览。展览共展出摄影作品近 150 件，作品《壶口瀑布》《大漠驼影》《生的搏斗》等受好评。

由福建省泉州晚报主办的《东南早报》创刊，其前身是《福建商报》，由福建省内贸厅主办。该报 4 开 16 版，是以市民为重点读者对象的综合性市民生活报。

新疆教育电视台迎来开播 20 周年纪念日。该台创建于 1980 年 8 月，是全国唯一用维、汉两种语言播出节目的教育电视台。

8 月 16 日

1998 年暨 1999 年度文化部“文化新闻奖”在北京揭晓。评选活动共收到有关新闻单位参评作品 130 余件，经过初评、终评两个阶段的评选，最终评选出一等奖 10 名、二等奖 15 名、三等奖 21 名。此次“文化新闻奖”获奖作品，以正确的基调、丰富的内涵、生动的文笔和独特的视角，宣传报道了文化部举办的各类重大文化艺术活动以及丰富多彩的文化生活，在社会上产生了良好的影响。

中宣部在宁夏银川市召开部分省（区、市）党委宣传部长座谈会。中宣部部长丁关根在会议上强调：宣传思想工作要为西部大开发提供精神动力和思想保证。

8 月 18 日

重庆《健康人报》创刊，其前身是《人民卫生报》，现由重庆日报社主管主办。该报 4 开 16 版，是一张面向全国发行的半专业性生活服务类报纸。

8 月 20 日

中华全国新闻工作者协会在北京举行主席会议，讨论国务院关于同意确定 11 月 8 日为记者节的批复通知，并向全国新闻界提出：要以做好新闻工作的实际行动，迎接新中国第一个记者节。

中央电视台第一套节目对北京老山汉墓考古发掘工作进行现场直播，取得圆满成功。两个多小时的直播中，收视率和节目占有率一直保持着较高的稳定状态。

新华网成功地对北京老山汉墓挖掘进行了图文现场直播，主页图片新闻滚动发稿 10 幅，文字新闻滚动发稿 16 条。同时在老山汉墓专题中发稿 37 条、图片 26 条，稿件更新速度与电视转播基本保持同步。

2000年首届全国有线电视台经济信息节目及图文电视研讨会在乌鲁木齐举行。

8月21日

《人民日报》网络版改版为人民网，此时的人民网已拥有中、英、日、法、西5种语言版本。

内蒙古广播电视信息网络中心正式挂牌。

上海《新民晚报》借助台湾原生网络媒体《明日报》的平台发行中文简、繁体电子报，这是大陆首家以电子邮件形式通过台湾网络发行的新闻媒体。

8月22日

第3届台湾听众联谊会在北京开幕，国家广电总局、国务院台湾事务办公室和中央电视台领导出席了开幕式。

8月23日

由中国记协主办的第4届范长江新闻奖、第4届韬奋新闻奖、第4届全国百佳新闻工作者评选会在乌鲁木齐举行。由58名新闻界领导和专家组成的评委会在为期3天的评选中，从171名参评人选中评出10名范长江新闻奖获得者、10名韬奋新闻奖获得者和101名全国百佳新闻工作者。

新闻出版署在广西北海召开为期两天的全国百种重点社科期刊座谈会。会议提出，力争在5年内，以全国重点社科期刊和科技期刊为基础，培育出10至50个著名大型品牌期刊，形成我国期刊强劲的品牌方阵。

由中央电视台主办的第19届“飞天首播奖”颁奖大会在长春召开。《走过柳源》《雍正王朝》等72部在中央电视台首播的电视剧获奖。

8月24日

全国省级有线广播电视台广告协作会议在乌鲁木齐召开，全国18家有线电视台和14家企业的代表共76人参加了会议。

中国国际广播电台互联网站北美镜像站点正式开通。该镜像站点的网站是：www.crinews.com。

8月27日

一张面向新世纪，关注新经济，报道内容涵盖所有产业领域的综合经济类报纸——《中国产经新闻》在北京创刊。

第5届有线电视台台长会议在拉萨召开。来自全国25个省、市、区的代表和凤凰卫视，部分影视公司、厂家、供片单位的代表共计53人出席了会议。

8月28日

为迎接第一个记者节，由中国记协、贵州日报社、贵州省记协联合主办的全国新闻界乒乓球比赛在贵阳市乌当区举行，参赛的新闻工作者近300人。

为纪念我国经济特区创建20周年，中央人民广播电台与深圳广播电台联合采制的30集大型系列录音报道《放眼特区》，在《九州巡礼》节目中开始播出。

为落实“东引西进”战略任务，河南省记协、省新闻学会组织河南日报、河南画报、河南人民广播电台、郑州电台、郑州电视台、中原铁道报等新闻单位组成的河南新闻采访团，赴宁夏、陕西进行采访。本次活动历时14天，行程5000余公里，推出了一大批有分量、有深度的作品。

8月29日

12集电视连续剧《永远的非洲》首映式在北京梅地亚中心举行。该剧由卫生部、中央电视台和河南电视台亚太公司联合摄制，这是我国第一部在非洲全景式拍摄的电视连续剧，也是我国医疗援非38年来第一部反映此题材的电视艺术作品。

8月30日

山西省广播电视厅机关机构改革工作基本完成，机构改革后，山西省广播电视厅改名为山西省广播电视局。

8 月 31 日

中央电视台为了给《东方时空》改版提供机制保障，成立了新的早间节目领导组织机构“东方时空工作室”。其人员来自新闻评论部《东方时空》各栏目组、新闻编辑部早间新闻节目组以及新闻中心其他部门的人员，新机构隶属于新闻中心，栏目实行总制片人负责制。

同月

国家新闻出版署组织文汇新民联合报业集团、羊城晚报报业集团、深圳特区报业集团、浙江日报报业集团等沿海地区 4 家报业集团组成的考察组，赴新疆乌鲁木齐市进行了为期 6 天的考察与调研，先后走访了新疆新闻出版局和《新疆日报》《石河子日报》《新疆青年》《当代传播》等 10 家单位，并达成对口支援与业务合作意向：沿海报业集团对新疆报刊社进行人员培训；双方互派人员挂职，交流办报、办刊经验，进行合作办刊。

9 月 1 日

新闻社新闻热线开通，分别在国内部、对外部、摄影部三部门的发稿中心，设立了接受新闻线索的热线电话和专用电子邮箱，对有价值的新闻线索还支付相应酬金。

新华社体育快报社主办的《奥运快报》创刊，提前半个月打响了悉尼奥运新闻大战。这已是新华社继 1992 年巴塞罗那奥运会和 1996 年亚特兰大奥运会后，第三次主办临时性的《奥运快报》。该报从 9 月 1 日到 10 月 2 日共出版 32 期，4 开 16 版，彩色印刷，在全国 20 多个城市设分印点。本届奥运会，新华社共派出 39 人的记者团，占中国获得正式采访资格的文字、摄影记者的三分之一，为国内文字媒体之最。

《安徽日报》正式改版，推出 A、B 版设置，A 版着重加大主流新闻的分量，进一步强化党报服务党和政府中心工作的主功能；B 版取消十余个专栏专版，腾出版面扩大新闻信息量，新辟焦点新闻版、市县新闻版，并拟将经济、社会、休闲 3 个周刊移至 C 版。

9 月 2 日

贵州省有线电视台召开建台 5 周年庆祝会。

9 月 3 日

国内首次政府级别的网上记者招待会在中央电视台网站举行。这次题为“走近中国”的记者招待会，是中央电视台网站邀请在美国纽约、华盛顿两地的中国常驻联合国副代表沈国放大使和我国驻美大使刘晓明公使，就江泽民主席出席千年首脑会议和 2000 中华文化美国行等活动，回答各大新闻媒体记者和网上提问。

9 月 5 日

河南人民广播电台庆祝建台 50 周年。

9 月 6 日

《武汉晚报》刊发记者刘国勤拍摄的“武广劫案”组照，在新闻界引起轰动，被纷纷转载。

9 月 7 日

由海峡两岸 22 家媒体 30 名记者组成的联合采访团，赴西藏拉萨、日喀则等地采访。这是自 1992 年采访三峡工程以来，海峡两岸记者第二次大规模联合采访活动。活动持续到 9 月 16 日。

辽宁省第一家由新闻记者组成的俱乐部在沈阳邮政大厦正式成立。该俱乐部是由辽宁日报社《记者摇篮》杂志发起并创办的。

9 月 8 日

中国机电日报社在北京主办了机械工业企业核心竞争力高层论坛，对如何提高企业核心竞争力进行了深入探讨。中国机电日报社专门组织成立了专家组，对企业核心竞争力的内涵、评价指标体系、测算方法及企业核心竞争力的形成与培养等进行了先期研究，在这次高层论坛上推出了有关企业核心竞争力的专题报告和企业竞争力评价体系，受到经济界和企业界的关注与好评。

9 月 10 日

教育部高等教育司向各有关省、自治区、直辖市教委（厅）各有关文科高等学校下发了《新闻学类专业基本教学条件》的通知。

新华社网络新闻宣传工作会议在北京召开。中宣部部长丁关根出席会议并作了题为《牢牢把握正确导向，以新的姿态开创新的局面》的报告，对新华社进一步做好工作提了三点意见：坚持政治家办社的原则，这是新华社的立社之本；发挥“消息总汇”的优势，这是新华社的强社之道；发扬历史凝练的优良传统，这是新华社的治社之策。他还要求举全社之力，办出名牌，办出权威，办出特色，办出水平，发挥重点新闻宣传网站的作用，使新华社成为名副其实的网上宣传的“国家队”。会上传达了江泽民总书记关于加强网络新闻宣传工作的重要指示。

纪念山东电视事业暨山东电视台创建 40 周年大会在济南南郊宾馆俱乐部礼堂隆重举行。

9 月 12 日

我国西部首家党报报业集团——四川日报报业集团正式成立。该集团是以中共四川省委机关报《四川日报》（含其农村版《四川农村日报》）为核心，拥有《华西都市报》《文摘周报》《天府早报》《四川金融投资报》《新闻界》杂志、《新经济时报》《家庭与生活报》《四川体育报》《蜀报》《四川质量报》等报纸和刊物。同时，它还相继创办了《香港商报·四川专版》、澳大利亚《澳华日报·今日四川》、加拿大《今日中国·四川新闻》、美国《国际时报·西部四川》以及“四川在线”网站等外宣阵地。

中国新闻漫画研究会第 3 届全国代表会议在北京日报新闻培训中心召开。会议主题是中国新闻漫画研究会的换届选举，通过了《中国新闻漫画研究会章程（草案）》，选举产生了第 3 届理事会和常务理事会。

9 月 13 日

在中国进行国事访问的阿根廷总统德拉鲁阿访问中国国际广播电台，出席了国际台与阿根廷因特网公司合作了解备忘录的签字仪式，并通过国际台西班牙语网站的 BBS 与网民进行了对话。阿根廷总统是第一位专程访问国际台的外国国家元首。

9 月 15 日

中央电视台对悉尼奥运会开幕式进行了长达 5 个多小时的全程直播。此次开幕式为历届奥运会持续时间最长的一次开幕式。

9 月 16 日

早晨 8 点 21 分，新华奥运网站率先播报悉尼奥运会首枚金牌产生的消息。

内蒙古人民广播电台成立 50 周年大会在自治区政府礼堂举行。该电台成立于 1950 年 11 月 1 日，当时以“内蒙古乌兰浩特人民广播电台”之名，用蒙汉两种语言播出。

中央电视台第一、四套节目并机直播了《2000 年钱塘江潮直播特别节目》。中央电视台和浙江电视台利用水、陆、空全方位的报道，对这一年中最大的一次涌潮进行了全程直播，全球的电视观众首次从电视屏幕上观赏到这一世界奇观。

9 月 18 日

广电总局网络中心在杭州召开部分省市有线广播影视网业务合作会议。全国 26 个省（区、市）的广播影视网络公司（中心或有线电台）派代表参加会议。

辽宁人民广播电台建台 55 周年座谈会

在沈阳迎宾馆举行。

四川宜宾电视台在美国斯科拉卫星电视网举办了“中国宜宾电视周”展播活动，共播出电视片 10 部。这是中央实施西部大开发战略之后，我国第一个西部城市在美国举办的电视周。

9 月 22 日

由中国广播电视学会主办、学术期刊研究会承办的首届中国广播电视学会学术期刊奖评奖会在昆明召开。这是全国性广播电视系统最高级专家奖。由中国广播电视学会领导、学术专家、期刊高级编辑组成的评委会，从全国众多的学术期刊中评出优秀期刊 10 家。《云岭声屏》获优秀期刊奖，同时还获得数个单项奖。

9 月 25 日

国务院发布《互联网信息服务管理办法》。本管理办法把互联网信息服务分为经营性和非经营性两类，全文制定了 27 条相关内容来规范互联网信息服务活动，其中第 15 条规定了互联网信息服务提供者不得制作、复制、发布、传播含有下列内容的信息：反对宪法所确定的基本原则的；危害国家安全，泄露国家秘密，颠覆国家政权，破坏国家统一的；损害国家荣誉和利益的；煽动民族仇恨、民族歧视，破坏民族团结的；破坏国家宗教政策，宣扬邪教和封建迷信的；散布谣言，扰乱社会秩序，破坏社会稳定的；散布淫秽、色情、赌博、暴力、凶杀、恐怖或者教唆犯罪的；侮辱或者诽谤他人，侵害他人合法权益的；含有法律、行政法规禁止的其他内容的。

教育部公布普通高等学校人文社会科学重点研究基地建设计划第二批入选机构名单，中国人民大学新闻与社会发展研究中心、北京广播学院广播电视研究中心被教育部正式批准为普通高等学校人文社会科学重点研究基地。

中央电视台正式开播英语电视频道（CCTV—9），从每天传送 17 小时增加到 24 小时不间断播出。英语频道以新闻为主，每个整点都有新闻，实行滚动播出。

陕西日报社主办的《劳动早报》更名为《今早报》，该报经由每周出版 5 期增刊为日报。

9 月 26 日

中共中央宣传部、广播电影电视总局、新闻出版署、中国记协在北京联合召开全国新闻界精神文明示范单位经验交流电视电话会议。会议要求全国新闻系统深入贯穿落实中央思想政治工作会议精神，加强思想作风建设特别是职业道德建设，树立新闻工作者的良好形象，统一认识，加大力度，狠抓落实，在禁止有偿新闻方面取得新的进展。

全国广播电视基础干线网维护工作会议在福州召开。各省市网络中心、广电总局科技司及总局网络中心的负责人参加了会议。会议讨论了《国家干线网维护管理暂行办法》《国家干线网维护体制细则》《广电光缆干线网技术验收暂行规定》。

9 月 27 日

贵阳市电视台召开建台 15 周年座谈会。该台于 1985 年 10 月 1 日正式开播。

9 月 28 日

大众报业集团在新落成的山东新闻大厦举行揭牌仪式。该集团以山东省委机关报《大众日报》为母报，形成以《农村大众》《齐鲁晚报》《生活日报》《半岛都市报》《鲁中晨报》《经济导报》《大众电脑报》和《青年记者》《小记者》两份刊物为子报刊，兼有大众新闻网站的报业发展体系。

新疆电视台召开大会，庆祝新疆电视台成立 30 周年暨新疆电视事业发展 30 年。

9月29日

贵州日报社主办的《西部开发报》创刊。该报为周刊，对开16版，彩色印刷。

9月30日

福建电视台在福州大会堂隆重举行创建40周年纪念大会。该台创办于1960年10月1日，经过40年的发展，开办了8个频道，拥有了一批优秀节目、栏目。

同月

国家广电总局与国家计委、财政部、电力公司等部门与西藏、新疆、内蒙古、四川、青海、甘肃、云南7个边疆少数民族地区共同启动提高广播电视覆盖的“西新工程”，这是新中国成立以来规模最大的广播电视覆盖工程。

中国人民大学新闻学院教授方汉奇主编的三卷本《中国新闻事业编年史》由福建人民出版社出版发行。该书是“八五”国家社科基金重点项目，展现了从中国第一份报纸诞生到1997年我国新闻业发展演变的历史画卷。该书与1999年出齐的《中国新闻事业通史》（三卷本），代表了我国当前新闻史研究领域的最高水平。

10月1日

宁夏电视台创办的中国西部信息网开通。

安徽电视台庆祝建台40周年。安徽省领导及有关方面负责人、社会各界代表共100余人到会祝贺与座谈。该台拥有两套自办节目，日播出40小时，覆盖省内总人口近90%，国内观众近2亿。

10月3日

北京的《京郊日报》纪念创刊20周年。1980年10月3日，《北京日报·郊区版》创刊，1994年1月1日起更名为《京郊日报》。

甘肃电视台建台30周年。

中央电视台《东方时空》工作室推出大型奥运特别节目《光荣中国》。九集系列片《凯旋》《瞬间》《传奇》《永恒》《希望》《幕后》《拼搏》《感受》与《辉煌》集中展示了中国奥运健儿的顽强拼搏精神，记录了中国奥运军团的辉煌成绩。

10月6日

由湖南经济电视台策划组织的南岳衡山高空走钢丝世界挑战赛中，新疆的高空王子阿迪力在恶劣的天气情况下，没有采取任何保险措施，成功地跨越衡山祝融峰和芙蓉峰之间高436米、长1399.6米的钢丝，再次刷新世界吉尼斯纪录。湖南经济电视台、湖南人民广播电台和新疆的广播电视媒体对这场扣人心弦的挑战赛进行了直播。

10月8日

信息产业部第4次部务会议通过《互联网电子公告服务管理规定》，规范电子公告信息发布行为，维护国家安全和社会稳定，保障公民、法人和其他组织的合法权益。本规定包含22条内容，其中第6条规定，开展电子公告服务，在符合《互联网信息服务管理办法》规定的条件外，还应当具备下列条件：有确定的电子公告服务类别和栏目；有完善的电子公告服务规则；有电子公告服务安全保障措施，包括上网用户登记程序、上网用户信息安全管理制度、技术保障设施；有相应的专业管理人员和技术人员，能够对电子公告服务实施有效管理。第9条规定，任何人不得在电子公告服务系统中发布含有下列内容之一的信息：反对宪法所确定的基本原则的；危害国家安全，泄露国家秘密，颠覆国家政权，破坏国家统一的；损害国家荣誉和利益的；煽动民族仇恨、民族歧视，破坏民族团结的；破坏国家宗教政策，宣扬邪教和封建迷信的；散布谣言，扰乱社会秩序，破坏社会稳定的；散布淫秽、色情、赌博、暴力、凶杀、恐怖或者教唆犯罪的；侮辱或者诽谤他人，侵害他人合法权益的；含有法律、行政法规禁止的其他内容的。

10 月 9 日

解放日报报业集团成立大会在上海国际会议中心上海厅举行。以中共上海市委机关报《解放日报》为龙头的解放日报报业集团，拥有 9 报 3 刊和一个网络版，包括：《解放日报》《解放晨报》《新闻晚报》《报刊文摘》《申江服务导报》《上海学生英文报》《人才市场报》《上海计算机报》《房地产时报》等 9 家报纸，《支部生活》《上海小说》《新上海人》等 3 家刊物，以及解放日报网络版。解放日报报业集团实行党委领导下的社长负责制。

10 月 10 日

由中国新闻摄影学会、新闻出版报主办，深圳特区报协办的“迎接新世纪”新闻摄影比赛结果在北京揭晓，119 件摄影作品获奖。

中央电视台海外中心联合 12 个西部省级电视台拍摄的 120 集大型系列报道《到西部去》研讨会在北京召开，国家计委、国务院新闻办、国务院发展研究中心等单位和各新闻媒体参加了研讨会。

内蒙古全部完成 3017 个广播电视盲点行政村通广播电视的工程建设任务，全区广播电视人口综合覆盖率分别由 78.5%提高到 85.58%和 81.42%。

10 月 11 日

来自西部地区及广西、内蒙古等 15 个省、市、自治区党报的社长、总编和记者出席了在西安召开的西部开发与党报新闻研讨会。由陕西日报倡导并组织发起，甘肃日报、青海日报、宁夏日报、新疆日报、西藏日报、贵州日报、四川日报、重庆日报、广西日报、云南日报以及内蒙古日报等新闻单位和有关部门积极参与的“西部党报大联动”活动于 4 月 14 日正式启动。该活动自 4 月开始，首先由 12 省市区党报组稿，由《陕西日报》出版了彩色通版的 12 省市区主要负责人访谈录特辑，并通过航空专送或电子邮件发送至其他省市区党报陆续刊登。随后，12 省市区党报共同开设《先手棋》《突破口》《新亮点》等互动栏目，各家党报刊登有关联动稿件达 40 万字。

10 月 12 日

为扩大藏区广播覆盖，国家广电总局在青海省格尔木市拟建的广播发射台正式开工建设。

10 月 15 日

第 7 届全国新闻校对研究会在西安举行。来自全国 34 家省、市级党报的近百名代表参加了会议。

10 月 17 日

新闻出版总署发布《关于进一步加强报刊管理的意见》。这是为治理报刊出版和发行中出现的违规违法问题：偏离办报办刊宗旨；一号多报或一号多刊；出卖刊号或版面；舆论导向错误；报刊市场上非法出版等。为了净化报刊市场，规范报刊出版秩序，加强思想舆论阵地的管理，促进报刊业繁荣健康发展，新闻出版署提出以下加强报刊管理的意见：各地新闻出版管理部门要在 11 月、12 月对所在地报刊社的出版活动进行一次出版法规大检查，对违规报刊给予严肃处理，对限期整改没有收到明显成效的报刊社要予以停刊；各地新闻出版部门以及报刊社的主管主办单位，要按照分级管理、守土有责的原则，切实负起管理责任，做到职责分明，违法必纠，从严管理；鉴于目前非法出版物严重干扰报刊市场，各地新闻出版管理部门、扫黄办要会同有关部门，立即对报刊市场进行一次集中清理，坚决取缔非法出版物和无照经营报刊的摊贩，清理整顿报刊发行渠道，并将清理情况报告新闻出版署和全国扫黄办。

中央电视台少儿部与河北省石家庄市《21世纪小学生作文》杂志社、中国侨联、全国台联、《人民日报》海外版、中国国际广播电台共同主办的首届世界华人小学生作文大赛在北京华侨大厦举行了颁奖仪式。

中国教育电视台为纪念抗美援朝50周年，推出了4档特别节目：《我的祖国》《让和平永驻》《抗美援朝速写日记》与《抗美援朝生命线》，旨在纪念这一特殊的日子，对广大青少年进行爱国主义教育和革命传统教育。

10月19日

由湖南省广播电视局承办的首届中国金鹰电视艺术节在长沙举行。首届金鹰艺术节以开幕式、学术论坛、巨星演唱会、颁奖典礼、狂欢夜等活动为主体，1万多名文艺工作者、7千多名现场观众参与，产生183万张观众选票并颁发97个奖项。

国际期刊联盟理事会通过决议，接受中国期刊协会为正式会员。中国期刊协会以唯一代表中国的全国期刊行业组织身份参加国际期刊联盟，此举使中国的期刊业更积极地融入期刊出版全球化的潮流。

由江苏省记协、南京大学新闻传播学系和宿迁日报社联合举办的“党报：迎接21世纪”学术研讨会在宿迁举行。来自中国社会科学院和北京、上海、重庆、广东、山西、河南、安徽、四川、江苏等9个省市从事新闻教学、研究和编采工作的60多名专家、学者、编辑、记者，围绕在21世纪我国加入WTO后，党报如何抓住机遇，发挥优势，提高新闻报道水平和舆论监督水平，以及加快报业产业化进程等问题，进行了两天的学术交流和研讨。

10月20日

世纪新闻传播百年学术研讨会在中国人民大学召开。本次研讨的主题是：回顾新闻传播沧桑，展望信息流通走势。

首都女记协第4届好新闻评选在北京揭晓结果。新华社、人民日报等40多家中央和北京市新闻单位的几百名女记者踊跃参与评选活动，共评出优秀新闻作品190件。

由贵州省电视剧制作中心和中央电视台联合拍摄的《邓小平在1950》荣获中国电视金鹰奖，这是贵州省电视剧首次获此殊荣。

江西电视台庆祝建台30周年。

10月21日

新闻出版署在北京召开大会，颁发1999年度新闻出版系统科学技术进步奖。

10月23日

2000年海峡两岸广播事业交流研讨会在上海举行。本次交流研讨会由中华广播影视交流协会、中央人民广播电台主办，上海东方广播电台承办，中央人民广播电台、上海东方广播电台等16家单位和台湾“中国广播公司”等8家广播机构近百人参加了两岸广播界这次盛会。两岸广播界人士就如何适应数字广播新时代和如何加强两岸广播节目的交流与合作进行交流与研讨。

《解放日报》改版。该报打破原有的报纸格局，体现出四个方面的变化：一是调整新闻版和专副刊的版面比例，增加了新闻版面，第一版至第十二版为新闻和信息版，第十二版后为专副刊。二是整合新闻版面，分类设置分报头。12个新闻版分成三个板块，每个板块各设置一个报头，变原来的一个报头为三个报头，变一个头版为三个“头版”。报道内容相对归类集中，并以强势版面当头，形成了新闻聚焦和视觉中心。三是新辟“热点追踪”版，抓住党和政府工作的重点、各级领导的关注点和群众利益所在点这三个点的聚汇点，深入采访，深度分析，积极、准确、生动地报道社会热点，有效地发挥了正确舆论的引导作用。四是改进了版面编排，标题准确明了，图表简洁清晰，版式具有视觉冲击力。

西南西北广播协作年会在贵阳召开。四川、广西、云南、西藏、重庆、陕西、甘肃、宁夏、贵州10省区市广播电台的负责人出席了会议，上海人民广播电台台长特邀参加会议。会上交流了各台在新闻宣传、经营创收、内部管理等方面的情况及改革发展的思路和经验，围绕面向21世纪广播的定位与发展，如何巩固和扩大广播的有效覆盖，西部广播“并网发电”等进行了研讨。

10月24日

2000年新华社新闻学术年会暨新华社新闻研究所成立20周年座谈会在新华社新闻大厦举行。年会的主题为“高举邓小平理论伟大旗帜，总结新经验，迎接新世纪”，共收到论文70篇。

广西电视台举行建台30周年庆祝大会。

10月25日

第9届全国省级以上党报群工记协年会在贵阳召开，人民日报及全国34家省级以上党报的代表出席会议。会议着重讨论在新形势下如何进一步改进和加强党报舆论监督等问题。

中央电视台隆重推出纪念中国人民志愿军抗美援朝出国作战50周年大型电视文献纪录片《半个世纪的回响》。纪录片全面展示抗美援朝宏大的历史进程，热情歌颂志愿军战士的英雄主义气概，着力表现全国人民空前的爱国主义热情。

第8届上海电视节在上海举行，来自47个国家和地区的1487家电视机构、4118名中外嘉宾出席电视节开幕式和闭幕式、“白玉兰奖”国际电视节目评选、节目交易、学术研讨、设备展览等29项活动。

10月27日

中国广播电视科教节目评奖暨研讨会在青岛召开。会议对参评的103个节目进行了评比，观摩了部分获奖节目，并召开第3届电视科教节目理事会第5次会议。

10月28日

为真实记载西部地区缺水的现状和展示科技在西部找水过程中发挥的巨大作用，国土资源部、陕西省人民政府、中央电视台、陕西电视台通力合作，在中央一套现场直播中央电视台信息部制作反映我国西部地区第一口深达850米的深层岩溶井成功出水的特别节目：《井深情浓——架金桥西部找水》。

10月29日

江西省40多名广播电视工作者参加省记协和新闻学会在瑞金举行的江西省新闻工作者革命传统教育基地揭牌仪式和“江西记者林”首栽仪式。

10月31日

《中国日报》与军事科学院联合举办了纪念抗美援朝50周年研讨会。《中国日报》选登了与会的军事科学院、现代国际关系研究所、国际战略学会、国际问题研究所、《和平与发展》杂志、中国社会科学院、解放军报、清华大学等单位的12名专家、学者的有关论文，取得了良好的外宣效果。

山西省11个地市全部实现了村村通广播电视，提前2个月完成了村村通任务，广播和电视的人口综合覆盖率分别达到95%和90%。

中国教育电视台举行中国现代远程教育卫星宽带多媒体传输平台开通仪式。

沈阳女新闻工作者协会成立。60余名新闻工作者参加成立大会。

同月

全国基本实现村村通广播电视目标。据

新华社电，经过近三年的艰苦努力，到10月底，全国10193个已通电行政村已基本实现村村通广播电视的目标。1998年以来，村村通广播电视工程共投入建设资金15.79亿元，其中国家补贴3.4亿元，地方配套资金12亿元，由国家广电总局牵头，得到国家计委等有关部门的大力支持。

国家计委批准将数字电视标准的研究制定列入2000年国家发展计划，由国家广播电视总局负责建立数字电视系统测试实验室，并负责研究和制定我国数字电视系统技术标准。

16家报刊驻豫机构接到郑州市有关部门下发的机构撤销通知。这些机构是：《中国改革》杂志社河南工作站、中国企业政工信息报社驻河南办事处、《法制与社会》杂志社河南工作站、《中外管理》杂志社河南工作站、香港文汇报河南联络处、《中国市场》杂志社河南工作站、《中国质量万里行》杂志社河南工作站、人民日报社《大地》月刊河南工作站、百姓信息报社河南工作站、科技日报社河南办事处、中国信息报社河南办事处、新华社《中国名牌》杂志社河南工作站、中国特产报社河南工作站等。这些机构的一些聘用人员打着记者站的旗号，招摇撞骗，索取钱物，影响很坏。

《新华社局处级领导干部任职试用期暂行规定》经社党组审议批准下发执行。暂行规定明确了今后全社所有新提任的局、处级领导干部一律实行任职试用期制，试用期为一年。试用期满，经考核合格者正式任聘，考核不合格者，安排到与试任职前职级相应的岗位工作。此举是深化新华社干部人事制度改革的第一步。

11月1日

中国互联网络信息中心发布《中文域名注册管理办法（试行）》和《中文域名争议解决办法（试行）》，并委托中国国际经济贸易仲裁委员会成立中文域名争议解决机构。注册管理办法包括23条内容，其中第7条规定：中文域名应当包含汉字，并可以含字母（A—Z，a—z，大小写等价）、数字（0—9）或连接符（—）。各级中文域名之间用实点（.）连接，各级中文域名长度不得超过20个字符。第9条规定了申请人的责任：遵守国家有关互联网络的法律、法规及相关规定；对其申请的中文域名及与该中文域名有关的一切法律问题负全部责任；保证申请资料内容的真实性、准确性、完整性；保证中文域名的注册与使用不具有恶意和任何非法目的。第19条规定，注册中文域名出现下列情形时，原注册服务机构有权注销该中文域名：域名持有人或其持有人所授权的代理提出域名注销申请的；域名注册资料中提供的信息不真实、不完整、不准确的；域名持有人未按照规定缴纳相应费用的；依据有管辖权的法院、仲裁机构或域名争议解决机构作出的裁决，注册机构应当注销有关域名的；本办法或相关法律、法规和政策规定的其他原因。

11月2日

第2届全国法制新闻学会研讨会在西安召开。本届研讨会由法制日报社和西北政治学院联合主办。与会代表围绕法制新闻学的学科定位及理论探讨、法制新闻报道的变革与发展、法制新闻与舆论监督、新闻侵权及其对策、报业经济与法制报刊的发展等5个议题，进行了研讨。

由广电总局主管、中国国际广播电台主办的《世界信息报》更名为《世界新闻报》，从12月18日开始，由对开8版改为4开16版，周二刊，每周一和周四出版。更名后的《世界新闻报》以国际时事类内容为主，充分发挥国际台近30个境外记者站和38种外语人才的优势，报道世界政治、经济、科技和体育等读者关注的国际问题。

中国国际广播电台、人民日报社和美国最大的互联网服务商“美国在线”在北京联合举办互联网安全与管理研讨会。国务院新闻办领导以及中央新闻单位100多位从事互联网工作的专业人士和相关政府部门的专家出席了研讨会。“美国在线”的4位代表介绍了他们在互联网安全、互联网教育等方面的做法。从事互联网工作的中方人士就版权保护、互联网的安全管理和立法等问题发表了看法。

11月3日

第十届宣传人大制度好新闻颁奖会暨1999年度优秀通讯员颁奖会在北京人民大会堂举行。参评的作品共375件，从中选出一等奖16件、二等奖44件、三等奖91件。

广电总局批复同意浙江电视台和浙江有线广播电视台合并。

11月5日

朱镕基总理签发中华人民共和国国务院令，公布《广播电视设施保护条例》，内容分总则、保护措施、罚则、附则四章，共27项条款，自公布之日起施行。

由安徽日报社主办的《现代农村》（《安徽日报》农村版）推出试刊号。

福建省连城县举行著名新闻记者、出版家邹韬奋诞辰105周年暨新中国第一个记者节座谈会。

11月7日

国务院新闻办公室、信息产业部发布《互联网站从事登载新闻业务管理暂行规定》，规范互联网站登载新闻的业务，维护互联网新闻的真实性、准确性、合法性，这是国内第一部关于网络新闻传播的行政法规。当天，信息产业部发布了《互联网电子公告服务管理规定》。中国网络新闻传播业由此纳入法制化管理的轨道。

广电总局批复原则同意《湖南广播影视集团组建方案》。

11月8日

农民日报主办的第3届全国农产品促销策略研讨暨产销见面会在北京举行。全国25个省（区、市）的200多个优质农产品基地的绿色产品火爆亮相北京的王府井。

中华全国新闻工作者协会和中央电视台于10月12日联合录制的大型专题节目《中国记者》播出，庆祝新中国第一个记者节的诞生。

11月9日

《中国青年报》从即日起连续三天以重要版面和突出位置，发表了《中国民办高校考察报道》：《怎样，到底怎样?》《发展，如何发展?》《明天你到哪里上大学?》。这是中国新闻界首次对民办高校进行的全景式、富有深度的报道。记者用10多天的时间，赴北京、西安、郑州、杭州、南昌等地深入采访，最终形成了这三篇报道。这组报道推出后，很多民办高校、学生家长等纷纷致电中国青年报，感谢该报为中国民办高校鼓与呼。报道也引起了政府部门的关注。

由青年时讯报社承办、万事达卡国际组织赞助的“2000世纪论坛高校大巡讲”活动，在中国人民大学逸夫国际会议中心正式启动。

新疆提前完成国家村村通广播电视工作任务，并通过验收，1685个盲点行政村的85万各族农牧民能清晰地听到和看到中央台和新疆台的广播电视节目，广播和电视覆盖率分别达到87.91%和90.28%。

11月10日

新闻出版署发布《关于对新办期刊实行试办期制度的通知》，规定新办期刊实行试办期制度，试办期为两年。变更期刊名称或办刊宗旨的，视同新办期刊，亦实行试办期制度。该制度于2001年1月1日起实施。

11月13日

内蒙古最后一批广播电视盲点村的村村通工程建设通过了旗县、盟市和自治区三级验收，全自治区基本实现了行政村一级的村村通广播电视目标。工程建设共投入4700多万元，完成了遍及全自治区的3017个广播电视盲点的建设任务。

11月14日

中直系统的新华网、人民网等新闻网站在北京举行互联网与当代青年和青年工作研讨会，共同探讨信息网络化传播对当代青年产生的影响，以及如何利用网络更好地开展青年工作，使当代青年成为实践“三个代表”思想的重要力量。

由台湾“中国新闻学会”主办的第6届海峡两岸及港澳新闻研讨会在台北举行。来自大陆、香港、澳门、台湾的70多位专家、学者及新闻从业人员参加了研讨会。研讨会由中华全国新闻工作者协会、台湾“中国新闻学会”和香港新闻行政人员协会共同发起，自1993年起已连续举办5届。

11月15日

《三湘都市报》2001年广告经营权拍卖会结束。经23家广告商竞买，该报医疗、药品、房地产等9大项目广告经营权拍卖金额达6320.5万元。

11月18日

2000年电视戏曲展播颁奖暨电视研讨会在河南郑州举行。

吉林人民广播电台建台55周年。从10月20日到11月21日，全台共举行了10项庆祝活动。

11月20日

国家广电总局、国家计委下文，确认河南基本实现村村通广播电视的目标。经过两年努力，河南建成有线网2465个、无线收转站280个，全省实际完成3289个盲村建设任务，提前超额完成原定3056个盲村的建设任务。

11月21日

由中华全国新闻协会主办、天津日报社承办的2000年全国省级党报工作交流委员会年会在天津召开。本次年会的主题是：新世纪党报的改革发展及媒体网站的发展合作。会议通过了《全国省级党报关于互联网新闻业务合作与发展研讨纪要》。

11月23日

由南方日报报业集团主办的新财经类报纸《21世纪经济报道》试刊发行，并定于2001年1月1日正式创刊。

中国国际广播电台电视制作部在北京举办了2000年电视国际新闻研讨会。来自黑龙江、广东、上海、云南等全国78家使用和即将使用国际台国际新闻节目的地方电视台的领导，以及国际新闻节目的负责人参加了此次研讨会。

经青岛市体改委批准，青岛广播电视公司改为股份合作制企业。

11月24日

重庆市新闻志编辑部编撰的《重庆志·报业志》出版。该书记载、评述1897年至1997年一百年间当地报业发展历程，分近代、现代、当代3个时期。

11月28日

《拉萨日报》以独立域名上网，这标志着中国所有省、自治区行政区域内均有新闻媒体网站，也显示西部地区新闻媒体网上发展的良好势头。

经北京市编办批准，北京电台增设国际部，主要负责本台对外交流和合作的有关工作；制作并提供介绍中国、宣传北京的新闻、专题和经济生活服务类的节目；介绍世界各地经济文化、风土人情。

11 月 29 日

21 世纪中国行业报论坛在北京举行，60 多位行业报的负责人参加了会议。会议贯彻中央“两办”30 号文件精神，适应部委机关报转为行业报的趋势，探讨 21 世纪中国行业报发展之路。

据当日《新闻出版报》报道，在 2001 年的报纸征订工作中，少数报纸违反报纸管理规定，实行一报多邮发代号的错误做法，新闻出版署决定给予 55 家违规的报社通报批评，同时公布了名单。

国家广电总局发布《关于表彰 1999—2000 年度标准化工作先进集体和先进工作者的决定》，27 个单位和 42 名个人获得表彰。

11 月 30 日

河北省村村通广播电视工程建设省级验收工作全部结束，全省 5798 个盲点村全部通过验收。

同月

记者被打事件屡屡发生。11 月 7 日，广州《羊城晚报》记者在火灾现场采访时，遭到厂方工作人员无理推打。11 月 9 日，《南宁晚报》记者在采访时，被交通肇事者殴打。11 月 20 日，山东大众日报报业集团《生活日报》和《齐鲁晚报》3 名记者在采访一起塌方事故时，被工地保安人员殴打。11 月 21 日，《工人日报》驻泉州记者傅乔成在采访中被该市鲤城区法警扭打，该区法院竟以公函威胁记者“将在必要之时采取相应的法律措施”。11 月 22 日，著名歌手毛宁被刺伤，《北京青年报》两名记者赶往北京朝阳医院采访，遭到毛宁身边人殴打。12 月 1 日，《羊城晚报》摄影记者陈国在东莞厚街塌方事故现场拍摄时，被现场人员殴打。

各地整顿驻外媒体。湖南对未经批准登记注册的新闻单位派出机构（含办事处、联络处、工作站、通联站等），坚决予以取缔。河南省郑州市经济技术协作办公室再次发出通知，撤销了 9 家只在该办公室登记，而未经有关新闻出版部门审批的报刊驻豫机构。经市委宣传部批准，武汉市新闻出版局于 10 月至 11 月分三批公布了禁止在武汉销售的 101 种报刊名单。

12 月 1 日

由中国国际广播电台主办的 2000 年国际问题报道研讨会在北京举行。来自中央和地方的 40 多家新闻单位的代表参加了会议。

安徽省首次大型“赠报扶贫”活动在合肥隆重举行。首批赠报的省直机关、部队、大学和企事业单位以及 25 个贫困县、区的代表参加了仪式。

为迎接新世纪，中央人民广播电台隆重推出 30 集大型系列广播《千年之光》。这组大型系列报道热情歌颂改革开放以来我国取得的世界瞩目的建设成就，歌颂党的三代领导人的丰功伟绩，特别是第三代领导人带领全国人民走向新世纪的伟大实践。

中国国际广播电台日语节目通过卫星在日本播出；俄语节目首次在俄罗斯中波电台成功落地。

12 月 4 日

人民日报社在社内竞聘地方记者站站长工作结束，按照编委会制定的竞聘方法、执行程序，有 4 位中青年记者在竞聘中通过笔试和答辩，分别任四川、辽宁、吉林、北京站站长。

第二届泉州澳门电视节举行签约仪式。应澳广视要求，泉州电视台等以泉州民风民俗为重点，制作《泉州风情》《泉州文化》《泉州旅游》等长达 16 个小时的电视节目，供澳广视中文台在当地黄金时段播出。澳广视也为泉州提供一部反映澳门回归一年发生巨变的 14 集电视系列片。

12 月 5 日

中国国际广播电台阿拉伯语广播部进行

“阿曼文化周”听众有奖知识竞赛颁奖仪式。来自阿曼、埃及等12个阿拉伯国家的驻华大使或代办，以及其他阿拉伯国家驻华使馆官员和20多名获奖听众等出席了颁奖仪式。

12月7日

WTO在中国设立的第一个信息查询中心，在中国（海南）改革发展研究院正式对外开放。

12月10日

上海东方电视台出资50万元，在被誉为“将军县”的江西省兴国县筹建东方红军子弟小学，当日举行了隆重的奠基仪式。

全国电视节目“金童奖”评奖在大连市颁奖，吉林电视台的少儿节目《快乐时光》荣获优秀栏目奖。

12月12日

人民网、新华网、中国网、央视国际网、国际在线网、中国日报网、中青网等获国务院新闻办公室批准进行登载新闻业务，率先成为获得登载新闻许可的重点新闻网站。

江西省南昌广播电视信息网络有限公司成立。该公司由南昌广播电视网络传输中心、成都聚友网络发展有限公司和江西广播电视网络有限公司共同投资组建，公司按现代企业模式进行经营管理，实行经营权和所有权分离的运作机制。

12月13日

由中国新闻技术工作者联合会、中国科技新闻学会主办的2000年中国网络媒体运营与发展高峰论坛在北京国际会议中心举行。论坛主题包括网络媒体运营管理、网络媒体内容与服务、网络媒体技术。

12月15日

宁夏实现村村通广播电视，这项工程建设的总结表彰大会在银川召开。12月22日，国家广电总局、国家计委发出通知，确认宁夏回族自治区全部完成村村通广播电视建设任务。

由《三湘都市报》、香港《大公报》《澳门日报》《珠海特区报》等全国35家媒体联合发起的2000年国际新闻论坛在广东珠海举行。与会者讨论制定了《中国国际新闻论坛章程（草案）》。

12月16日

著名爱国者、杰出的新闻事业家史量才故居修缮落成仪式在上海市松江泗泾镇举行。该故居已被列为区级文物保护单位和青少年爱国主义教育基地。

12月17日

中央电视台《东方时空》现场直播了四川省广汉市境内的三星堆文化古迹发掘工作，使电视观众目睹了这一世纪大发掘，领略了中华古蜀国的文化。

12月18日

全国报刊工作管理会议在安徽合肥召开。会议指出，截至6月底，全国共压缩报纸324种，压缩期刊496种，取消了内部报刊系列，基本完成了内部资料的转化工作，有效遏制了报刊散滥的势头，使报刊结构得到优化。全国取消了厅局报纸，大幅度建设厅局期刊。通过调整，党报主阵地进一步加强，一批出版社和期刊社也吸纳了部分期刊，增强了实力。但现在的报刊，仍然存在着违纪违规、报刊出版质量不够高、内部管理混乱等问题。

由国家民委、国家广电总局、文化部和中国文联联合主办的第8届少数民族题材电视艺术“骏马奖”在北京颁奖。评选共收到各类参赛作品321部，经过初评和终评，最终有138部作品获奖。

12月20日

第2届“民族好新闻”评选结果在北京

揭晓，评出特别奖 5 件、一等奖 15 件、二等奖 30 件、三等奖 60 件。

全国第 3 届新闻与法研讨会在天津召开。研讨会的主题是：舆论监督的法律保障与维护。

中央人民广播电台和中央台广播学会召开纪念中国人民广播事业暨中央人民广播电台创建 60 周年座谈会。

12 月 22 日

由全国妇联、北京市政府、中央电视台三家联合主办的“情系西部、共享母爱——世纪爱心大型义演晚会”在北京人民大会堂现场直播。

12 月 24 日

中国国际广播电台和人民日报联合评选出 2000 年十大国际新闻。这是国际台与人民日报第 4 次联合评选年度十大国际新闻。

12 月 25 日

中央人民广播电台在办好原有的第四套少数民族广播节目的同时，新开办了第八套广播节目。这套节目用藏、维、蒙、朝 5 种语言广播，全天播音 20 小时，从而使中央人民广播电台的播出时间由一天 136 小时增加到 156 小时。

12 月 26 日

教育部公布普通高等学校人文社会科学重点研究基地建设计划第 3 批入选机构名单，复旦大学信息与传播研究中心被教育部正式批准为普通高等学校人文社会科学重点研究基地。

12 月 27 日

全国第一个省级广播影视媒体集团——湖南广播影视集团正式挂牌运营。集团拥有湖南卫视、湖南经视、湖南都市、湖南生活、湖南文体、湖南影视、湖南信息 7 家广播频道以及湖南人民广播电台新闻频道、交通频道等 4 家广播频道以及湖南广播电视报等实力媒体，还拥有网络中心、节目中心、音像资料中心等 10 多家影视音像制作和技术、传输单位。集团以广播、电影、电视、报刊、网站等多种媒体为依托，以广播影视为主业，兼营广告、网络、会展、投资、房地产和影视摄影基地等相关产业。

中央人民广播电台台港澳中心新闻部推出 13 集大型系列节目《世纪回眸》。该节目以访谈的形式，请相关的专家学者点评中国 20 世纪百年历史长河中重大的历史事件及历史人物等。

12 月 28 日

第九届全国人民代表大会常务委员会第十九次会议通过《关于维护互联网安全的决定》。这是目前我国有关互联网的最高位阶的法律规定，目的是促进我国互联网的健康发展，维护国家安全和社会公共利益，保护个人、法人和其他组织的合法权益。

广东有线广播电视网络股份有限公司正式挂牌成立。该网络股份有限公司由广东省广播电影电视局直属单位和全省 21 个省辖市、84 个建制市（县、区）广播电视局、有线电视台及广播系统相关企业共 113 家股东单位共同发起成立。

12 月 29 日

国家广电总局在北京人民大会堂隆重举行中国人民广播事业暨中央人民广播电台创建 60 周年纪念大会，党和国家领导人出席大会，会上宣读了中共中央总书记江泽民作出的重要指示。吴冷西、杨波及中央人民广播电台播音员于芳分别在大会上发言。

中国国际广播电台、中央人民广播电台和中央电视台网站与湖南广播在线网站友好合作协议签字仪式在湖南长沙举行。这是国际台网站首次与地方媒体网站合作，也是中央媒体网站首次与地方媒体网站建立友好合作伙伴关系。

12 月 30 日

湖北省 44 个国家级、省级贫困县的 3223 个广播电视盲村的村村通工程任务建设完成，并于 2000 年 12 月 15 日通过国家计委和广电总局验收，标志着湖北省已基本实现村村通广播电视。

12 月 31 日

中国教育电视台在新千年第一个元旦来临之际，推出了新千年特别节目《世纪回眸》，展示了五四时期、抗日战争时期、新中国成立时期和改革开放 20 年我国教育事业发展的历史性跨越。

同月

2000 年亚洲电视奖颁奖仪式在新加坡亚洲电视节期间隆重举行，共评出各类电视节目大奖 24 个，其中湖南电视台盛伯骥拍摄的电视文化理念纪录片《根籁——谭盾与家乡的对话》获得最佳纪录片奖，四川电视台郝建执导拍摄的纪录片《峨眉藏猕猴》获最佳野生动物片奖。

“华人杯”全国新闻知识有奖竞赛抽奖仪式在长沙通程国际大酒店隆重举行。这是第一次全国性新闻知识有奖竞赛，共收到 23 个省（市）5 万多份答卷，从全对答卷中抽出特等奖 1 名、一等奖 10 名、二等奖 30 名、三等奖 80 名、纪念奖 179 名。

同年

2000 年，我国有 6 个报业集团公司宣布成立：北京日报报业集团（3 月 28 日成立）、浙江日报报业集团（6 月 25 日成立）、四川日报报业集团（6 月 26 日成立）、河南日报报业集团（7 月 28 日成立）、大众日报报业集团（9 月 28 日成立）、解放日报报业集团（10 月 9 日成立）。至此，全国已有 16 家报业集团成立。

据《中国新闻出版报》报道，2000 年，全国广告经营额约 715 亿元左右，报纸为 135 亿元以上，增幅达 20%，占总经营额的 18.88%。其中排名前 50 位（广告收入过亿元）的报社，广告年收入达 70 亿元，占全国 2000 多家报纸广告收入经营额 50%以上，广告经营额过 2 亿元的报社超过 25 家，过 3 亿元的有广州日报、新民晚报、北京青年报、深圳特区报、北京晚报、羊城晚报、上海证券报、今晚报、成都商报、扬子晚报、计算机世界报等，排名前 6 家超过 5 亿元。

中央电视台 2000 年完成大型系列报道 50 项，其中 120 集大型系列报道《到西部去》是国务院新闻办发出《关于加强中国西部大开发对外宣传报道通知》后，中央级外宣单位中反应最快、报道力度最大、连续播出时间最长的系列报道。

武汉大学、北京广播学院分获新闻学、传播学博士学位授予权。北京广播学院为新闻传播学博士学位一级学科单位。

2001 年（辛巳）

1 月 1 日

由中国新闻社创建的、向海内外新闻媒体提供专业新闻图片的网站——中国新闻图片网在北京正式开通。该网站采用先进的基于 WEB 方式的因特网新闻图片采编播发系统，依托中国新闻社分布在全国各地以及世界主要城市的数百名摄影记者和签约摄影家，每天播发 50 至 100 张新闻图片。

《21 世纪经济报道》正式创刊。这是南方报业集团继《南方周末》和《南方都市报》之后创办的一份大型财经类周刊，立志与加入 WTO 之后的中国一起成长，尊崇新闻创造价值。它以分析国际经济形势、透视中国经济、观察行业动态、引导良性发展为目的，立足于国际通行的经济法规，及时有效地反映世界经济格局及其变化，深度报道中国企业界的变化和发展。

上海启动播出数字高清晰度电视节目。北京、深圳等地也随后进行了数字电视的播出试验。年底，信息产业部数字电视标准化工作会议在北京召开，全国数字电视标准工作组正式成立。

凤凰卫视资讯台和凤凰卫视美洲台正式开播。

《现代护理报》创刊出版。该报由中国卫生部医院管理研究所与现代护理报社合办，是我国唯一的综合性健康护理类报纸，涵盖医疗、护理、药械等内容，每期 4 开 8 版，每周二、周五出版。

湖北省宜昌日报社创办的子报《三峡商报》诞生。这是一份以走市场为主的都市类综合性日报，4 开 16 版（周五 32 版），彩印，创刊号发行两万份。

《海南日报》的两个子报更名。《特区证券报》改名为《证券导报》，从对开 4 版扩为对开 8 版，周一刊改为周二刊；《海外时报》改名为《南国都市报》并创刊发行。

《人民日报》进行版面调整，改版后新闻版加强，形成新闻、深度报道和专版三大板块。这次改版是为过渡到真正实行编采分开做准备。

《解放日报》推出 100 个版面的“世纪之版”，创上海媒体和华东地区省级机关报之最。“世纪之版”发表文字百万字以上，刊发图片 469 幅，各类图表 37 个，专页画刊 5 整版。广告日营业收入 500 万元。

《天津日报》实行全面改版，保持新闻强势，同时提高副刊品质和提升整体形象。每天出彩版，由原来 12 版增至 14 版，双休日为 8 版。

北京电视台开始播出由北京市有线广播电视台与中央档案馆、国家档案局、市委组织部、市委宣传部为纪念建党 80 周年专门摄制的大型文献电视专题片《红旗飘飘——中国共产党历史上的今天》。以后每日播出一集，每集 5 分钟，全年共播出 365 集。

上海东方网《今日眉批》栏目开始推出原创新闻评论，其后不少新闻网站亦推出形式多样的原创新闻评论，成为 2001 年网络媒体发展的一个亮点。

1 月 4 日

国内首家有线电视网络公司歌华有线股票正式挂牌上市，筹资 12.4 亿元，并以上市第一天高达 80％以上的涨幅成为有线电视网络板块中的生力军。

经济日报报业集团子报《证券日报》创刊。

由 485 位两院院士投票评选产生的“2000 年中国十大科技进步新闻”揭晓。

中央电视台社教中心专题部《中华民族》栏目推出大型系列专题节目《走进西部》，旨在反映西部各少数民族地区在建国 50 多年来特别是改革开放 20 年来所发生的重大变化和进步，揭示西部大开发对中国西部经济发展将产生的重要影响。摄制组于 2000 年从北京出发，由西安分路西进，先后经过了 9 个省，拍摄了 20 多个地、州、市级地区，行程 2 万 2 千多公里，共完成 16 集（每集 30 分钟）节目。

1 月 5 日

由新华社音像部、参编部合作创办的《参考消息·音像版》正式发刊，该刊集文刊、光盘于一体，是国内多媒体期刊的一大创新。

中央电视台《焦点访谈》播出了《邪教本质昭然若揭》，披露了 2000 年末一些“法轮功”练习者在天安门广场集聚闹事，散发“法轮功”邪教宣传品的真相，并用原“法轮功”练习者的亲身经历，揭露“法轮功”邪教的本质和谎言。

1 月 6 日

广西老新闻工作者协会成立。

山西省报刊评论学会正式成立。

’99中国播音与主持人作品奖、广播剧奖、广播文艺奖颁奖会在福州举行。

1月8日

全国宣传部长会议在北京召开。中共中央总书记江泽民在会上强调，进入新世纪，要继续宣传好抓住机遇、加快发展的思想，以发展解决中国的所有问题，解决人们的思想认识问题；要坚持马克思主义的指导地位，不断用马列主义、毛泽东思想、邓小平理论武装全党和教育全国人民，这是保证全党紧密团结和带领人民共同奋斗的根本思想基础，也是保持我国社会政治稳定的根本思想基础。

由新疆维吾尔自治区党委宣传部与人民日报网络中心合作建设的新疆重点新闻网站——天山网正式开通。

1月10日

新华社2001年工作会议在总社大厦举行。会议研究制定《新华社2001—2005年事业发展纲要》，部署2001年工作。

1月11日

全国新闻出版局长会议在北京召开。此次会议的主题是：以邓小平理论为指导，以江泽民同志“三个代表”重要思想为指针，深入贯穿中共十五届五中全会精神，深化出版体制改革，推动新闻出版业在新世纪的更大发展。

1月13日

全国对外宣传工作会议在北京召开。会议学习了江泽民总书记在全国宣传部长座谈会上的讲话，部署了2001年的外宣工作，讨论了今后一个时期对外宣传工作的发展目标。

1月14日

中国国际广播电台正式推出中文拉丁文化特色网站——拉丁网（www.latin.net.cn），网站开通仪式暨调频广播“拉丁风情”节目的新年答谢酒会在北京举行。

1月15日

由重庆电视台牵头、西部12家省级电视台联合创办的栏目《西部大开发》正式开播。这是一个15分钟的日播栏目，该栏目在西部12个省级电视台的不同时段滚动播出，每天播出12次，年播出4000多次，共10000多小时。这种大力度、大密度、高频率的交叉覆盖，在西部电视台中属首例。

中华全国新闻工作者协会在北京举行中外记者新春联谊会。

1月16日

国家广电总局在北京召开全国广播影视“走出去工程”工作会议。会议研究部署了“十五”期间广播影视实施“走出去工程”的重点工作，讨论了2001年广播影视“走出去工程”实施意见。来自全国各省、直辖市、自治区和计划单列市广播影视厅局，中央三台及总局有关司局的代表近150人参加了会议。

1月17日

中国电力新闻网站开通，它是国务院新闻办批准成立的首家从事新闻登载业务的行业新闻网站。

1月18日

新华社优秀新闻论文评委会评出第11届新华社优秀新闻论文10篇，其中一等奖2篇，二等奖3篇，三等奖5篇。

1月19日

山东省广播电视总台、山东广电网络有限公司举行成立大会及揭牌仪式。

1月20日

第2届（1997—2000）中央新闻单位“扫黄打非”好新闻评选在北京颁奖。

1 月 21 日

中宣部在北京举办首都新闻单位社长（台长）、总编辑联谊会。

1 月 23 日

“法轮功”痴迷分子在天安门广场自焚事件发生后，中国新闻社成立揭批“法轮功”报道小组，在春节前后专派 5 名记者数十次往返劳教所，写出一百余篇有关“法轮功”人员转化后揭批和反思的报道。

1 月 30 日

中央电视台《焦点访谈》栏目播出了《邪教本质　残害生命》，客观报道了“法轮功”痴迷者 1 月 23 日在天安门广场自焚事件，揭露了“法轮功”组织残害人精神和生命的行为，进一步揭示了“法轮功”的邪教本质和与“法轮功”邪教组织斗争的严肃性和复杂性。

同月

健康报为纪念创刊 70 周年举办“爱心列车”活动。由北京、上海等大医院专家组成的医疗队于年内分别在以西部为主的地区，免费为贫困患者义务诊病或进行预防保健工作。这些活动包括：赴青海开展结核病全程督导治疗；赴安徽大别山地区治疗脑瘫患儿；赴陕西延安为大骨节病人做手术；赴江西瑞金为老区妇女普查妇科疾病等。

香港凤凰卫视在洛杉矶设立的凤凰卫视美洲台开播。

北京广播学院出版社出版国内第一套网络传播和网络媒体研究专著《网络传播书系》（共 11 本），标志着相关研究已开始进入专著形式的丰收期。

2 月 1 日

《中国青年报》一版推出《基因食品对健康并无帮助》，报道发表后引起了社会各界关注。

2 月 2 日

由深圳特区报业集团主办的深港地产研究院于香港成立，该研究院为国内媒体首创主办的地产专业研究机构。

2 月 4 日

全国记协外事工作会议在宁波举行。来自中国记协和全国各省、直辖市、自治区记协的约 60 名代表出席了会议。会议表彰了在中国记协外事工作中做出突出成绩的北京市记协、上海市记协、浙江省记协、江苏省记协、广东省记协等 5 个先进集体和 10 名先进个人。

2 月 5 日

因宁夏电视台宣传宁夏、树立宁夏新形象成绩突出，宁夏回族自治区党委宣传部决定奖励宁夏台价值 25 万元轿车一辆。上一年中央电视台各栏目播发宁夏台发送的宣传宁夏的新闻稿件达 215 条之多，其中多条新闻在《新闻联播》的头条位置播出。

2 月 6 日

20 家电台联合推出《跨世纪的老人》系列节目。事情缘于上海一名退休女干部李琴在一年半的时间里，不畏困难，不辞辛劳，通过热线电话成功地调解了 650 起人际纠纷。她的感人事迹被上海东方电台采制成专题节目《李琴和她的热线》。武汉的楚天电台在《枫林漫步》老年节目中播出了这个节目。此外，还有中央人民广播电台的《跨世纪的心愿》、青岛经济广播电台的《如醉如痴当票友》、新疆人民广播电台的《田奶奶的通话世界》等节目，均以人物形象生动、情节感人、制作细致而受到听众的好评。

2 月 7 日

中共中央政治局委员、书记处书记、中宣部部长丁关根考察新华网。他强调，要加强紧迫感，较快发展我国的网络新闻事业。

内地与香港无线电业务协调第2轮会谈小结暨地面数字电视第2轮第4次频率协调会在广东汕头召开。双方就数字电视发展现状、技术标准、政策等一系列问题进行了广泛的讨论，并就地面数字电视频率规划研究达成了多项共识。

2月8日

大陆第一批赴台驻点采访记者范丽青、陈斌华抵台湾并于当晚回传稿件。

2月9日

中国电视艺术家协会第2届6次理事会议在重庆市召开。中国视协主席杨伟光以及全国各省、直辖市60多位厅（局）、台级领导，艺术家和学者出席了会议。会上，杨伟光作了题为《坚持先进文化前进方向，促进电视艺术的新繁荣》的报告。会议还认真学习贯彻了全国宣传部长会议和中国文联六届六次全委会的主要精神，并全面总结了2001年的工作，同时研究和部署了2002年的工作。

全国第一家地市报业协会——长春市报业协会成立，长春市委机关报、行业报、企业报共13家纸质媒体入会。

2月12日

中国中央电视台与美国映佳国际传播公司合资成立北京视澜广告有限公司，并签订了5年合作协议，以推进中央四套在美国的落地；中央电视台还以中国国际电视总公司名义与香港卫视签署战略合作协议，共同开拓北美的华语电视市场。

新世纪报纸版面编辑趋势研讨会在广东潮州举行。近59家中央级报纸、省级党报和部分专业报的78位负责人和要闻版编辑出席会议，就我国报纸版面编辑工作的现状、特点及未来发展趋势进行研讨。会议并协商产生了中国记协新闻学术委员会报纸版面编辑协作会，协作会将承担中国新闻奖报纸版面复评暨年赛的组织工作，同时开展业务交流与培训。

中央人民广播电台第四套节目顺利完成改版并成功播出。改版后的第四套节目，本着“办出特色，办出活力”的要求，既保留了满足首都少数民族听众收听需要的民族语言广播，又使其中的汉语广播更具可听性。

中国教育电视台召开北京名校支持西部地区教育开发座谈会，会议就切实发挥现代远程教育传输平台这一现代化传输手段的优势，将北京丰富的教育资源送到西部地区，促进当地基础教育的发展等问题进行了深入探讨。

2月13日

由解放军报社主管、中国国防报社和中国民兵杂志社联合主办的《环球军事》杂志在北京创刊发行。

2月15日

中宣部、人民日报社、求是杂志社在北京联合举行“弘扬为实现社会主义现代化而不懈奋斗的精神”座谈会，与会代表围绕江泽民总书记提出的“五种精神”的重要意义和丰富内涵，进行了研讨。

国家环保总局2000年“一控双达标环境好新闻奖”在北京颁发。“一控双达标”是世纪之交我国的重大环保战役，中央及地方新闻媒体对此给予高度关注。该奖共选出30篇获奖作品，其中一等奖5名，二等奖10名，三等奖15名。

2月16日

全国电视剧题材规划会在北京召开。这次大会主要是按照全国宣传部长会议和全国广播影视工作会议精神的要求，研究部署2001年的电视剧题材规划问题。来自全国各地的200多名电视剧工作者参加了会议。

国家广电总局批准青海省广电局组建青海省广播电视信息网络传输公司。

2 月 18 日

海南广播电视台协助中央电视台在海口举办了全国灯光艺术和技术结合布光培训班。

2 月 19 日

全军电视宣传工作年会在北京召开。解放军电视宣传中心领导、各部门负责人和全军大单位、武警部队记者站站长共 40 多人参加了会议。与会同志结合本单位实际进行了热烈讨论，大家认为，作为穿军装的电视人，新世纪要有新观念，新世纪要有新作为，新世纪要开创新局面；一定牢牢抓住广电事业改革的机遇，把栏目办出个性，把节目做得更精，培养更多名编辑、名记者、名主持人、名制片人，使军事节目影响更大，让全军电视宣传工作更上一个新台阶，以迎接电视行业竞争日益激烈的局面。

福建省首卷《福建省志·广播电视志》出版。这是福建省第一部关于广播电视发展历程的资料工具书，全书 60 余万字，详细记载了自 1933 年至 1990 年福建省广播电视发展历程。

2 月 20 日

全国记协工作会议在湖北宜昌举行。来自全国各省、自治区、直辖市的 60 余位主席、秘书长济济一堂，共同商讨如何开创新世纪记协工作新局面。

浙江人民广播电台首次向全国推出新世纪广播节目创意策划大赛活动。2 月 28 日，浙江电台在北京举行新闻发布会，在为期 4 天的活动中，共收到来自全国 14 个省、市、自治区的参赛文案 417 件。大赛于 6 月 16 日在杭州举行隆重颁奖仪式，有 25 件文案分获一、二等奖和优秀奖，随后还举行了专题研讨。6 月 18 日，浙江电台举行了别开生面的新世纪广播节目创意策划大赛获奖文案主持人现场竞赛，节目主持人对不同类型的方案进行现场演绎。

2 月 21 日

中共江苏省委宣传部、省新闻出版局和江苏省廉政办公室联合下发了《关于进一步规范南京地区报纸价格的紧急通知》。通知要求，自 2001 年 2 月 26 日起，南京地区报纸（4 开 16 版或对开 8 版）每份最低零售价为 0.30 元，批发价不得低于零售价的 50%，凡低于此限价的报纸一律予以上调；自 2 月 26 日起，各报纸不再实行互相搭售、买一送一、酬宾、优惠等变相降价销售方式；对违反纪律的新闻单位，将视情况给予警告、停刊整顿等处罚，并追究报社领导的责任。

2 月 22 日

新闻出版总署发布《关于严格审核期刊封面刊登党和国家领导人图片的通知》，规定发表党和国家领导人工作和生活的文章、图片，必须严格执行送审制度。

新闻出版署发布《关于严格执行期刊“三审制”和“三校一读”制度保证出版质量的通知》，要求期刊社要严格执行稿件“三审制”，切实做好稿件的初审、复审和终审工作，要规范操作，杜绝事故隐患。

2 月 25 日

广西广播电影电视局完成全区 40 座转播台从地、市上划自治区广播电影电视局管理接收工作，共接收人员 900 多人。

2 月 26 日

中央人民广播电台第七套节目呼号“中央人民广播电台华夏之声”更改为“华夏之声”，同时中央人民广播电台第七套节目可以“华夏之声”的名义与中国香港、澳门特别行政区的媒体进行交流与合作。

河南省兰考、山东省东明两县广播电视局依据国务院《广播电视管理条例》，对地处豫鲁交界处的“东兰影视台”依法予以取缔，拆除并没收该台发射播出设备并罚款 8

万元。

2月27日

中国记协在北京召开新闻学术委员会工作会议，会议总结学术委员会2000年工作，安排2001年度工作。

第14届全国电视文艺“星光奖”颁奖仪式在上海举行。

2月28日

中国报协行业报委员会2001年会在北京召开，会议探讨了新世纪行业报的发展问题。

《环球》杂志举办的“环球20世纪最具影响力世纪女性”选举结果揭晓，凤凰卫视主持人吴小莉当选为20位世界女性之一。

由北京市广播电视局制定的有线电视网络及设施配置纳入《北京市居住区公共服务设施的配置规定》。

本日的《中华新闻报》文章指出，调整报业结构是抑制南京持续20个月同类报纸恶性降价竞争的关键。此前，江苏省委宣传部、省新闻出版局和廉政办公室发出《关于进一步规范南京地区报纸价格的紧急通知》，但各报社仍通过扩版加厚或给读者实惠等方式变相降价。最后，《现代快报》《南京晨报》《金陵晚报》在协商的基础上终于实行了每份3角钱的统一价格，南京报业进入竞争与合作时代。

同月

经新闻出版总署批准，《中华周末报》更名为《中华时报》。《中华周末报》由新闻出版署主管、中国新闻出版报主办，创刊于1993年。

国家广电总局通报表彰全国广播影视系统“三五”法制宣传教育先进集体和先进个人。

首次全国广播电台听众调查结果显示，我国广播听众有7.34亿人；收音机普及率很高，有8.29亿人拥有接收工具；广播听众的构成有较大变化，农村听众的绝对数量比城市高出1倍，但城市居民听广播的比例高于农村；名牌栏目受欢迎，如中央人民广播电台《新闻和报纸摘要》《全国新闻联播》《新闻纵横》等。

3月1日

工人日报社创建的天讯在线网站正式开通，这是我国工会组织的权威新闻网站。天讯在线开设了特稿、财经、工会等新闻频道，重点推出工人日报社评、钟鼓篇等较有社会影响的品牌栏目。

山西电视台卫星频道正式改版。这次频道改版以创造精品栏目、构建精品战略为宗旨，除对自办栏目的宗旨、内容和形式进行重大改革外，整个频道还进行了策划包装，播出编排也体现了创新思维。

3月2日

广电总局召开广播影视系统全国人大代表、全国政协委员座谈会，通报广播影视工作情况，听取意见。总局党组成员和32位代表、委员参加了会议。

从即日至3月15日，新华社“两会”报道共播发对内通稿808篇，约84.96万字；对外中文通稿518篇，约51.6万字；英文通稿503篇，约37万字，法、西、俄、阿文专线共发稿约1650篇；新闻图片690幅。新华网共播发文字稿8369篇，新闻图片1084幅。音像部共制作专题节目100多分钟。

3月5日

广电总局举行研究室成立会议。总局研究室挂靠办公厅，主要负责对广播影视改革和发展的重大问题进行调研，提出决策意见。

3月6日

中央电视台顺利完成了唐家璇外长答中

外记者问的直播报道。据海外中心联络部统计，共有38个国家和地区的116家电视机构转播了中央电视台的这场直播节目。有一万多名海内外网友通过央视国际网络观看了直播节目。

3月7日

内蒙古自治区政府在呼和浩特召开表彰大会，隆重表彰全区村村通广播电视工程建设先进集体和先进个人。两年来，内蒙古投入村村通工程建设资金4700多万元，完成了3017个广播电视盲点的建设任务，增加广播电视覆盖人口约65万人，全区广播电视人口综合覆盖率提高了近3%，达到81.3%。原盲村、盲点均可接收两套以上的电视节目和一套广播节目。

3月8日

我国西部地区唯一一份女报——《当代女报》创办。它是经陕西省新闻出版局批准，由陕西日报社按新机制、新观念创办的一份全面关注女性生活的精品报纸。女报办报原则是“女人的知音，男人的朋友”，彩色印刷，每周三出版，全国公开发行。

3月9日

从即日至3月19日，由国家希望工程北京捐助中心与北京人民广播电台、北京有线广播电视台、北京晨报和千龙新闻网等媒体组成采访团，行程3000公里，到内蒙古锡林郭勒盟东乌珠穆沁旗、西乌珠穆沁旗、锡林浩特市采访，联合推出“救助草原失学儿童”系列报道。报道受到社会各界的好评，还募捐到一批资金帮助失学儿童。

内蒙古广播电影电视局首次颁发局长奖励基金。内蒙古电台、电视台，各盟市电台、电视台和局属各单位的3个先进集体、12篇获奖作品、11名先进个人荣获广播电视节目类、先进类、技术类和其他类别的局长奖励基金。

3月10日

宁夏区党委宣传部安排部署建设“小而富、小而强、小而美”（简称“三小”）的新宁夏宣传战役，确定以总结“九五”、交流经验和宣传“十五”、展望未来为重点内容，制定了15个方面的重点选题。从3月中旬到年底，自治区各新闻媒体都在显著位置或黄金时段，以述评、专版、专题、消息等形式，共刊播这方面稿件1300余篇(条)。

3月12日

哈尔滨报业集团主体报纸《哈尔滨日报》与中共哈尔滨市委组织部在全国媒体中率先推出了“辉煌的80年——沿着党的足迹走”大型主体系列采访活动。活动于月末结束，记者途经14个省、市，编辑刊发16个专版报道，全部报道作品由哈尔滨出版社结集出书。

3月15日

《深圳都市报》正式创刊。

下午4点30分到晚上6点40分，中央电视台现场直播了朱镕基总理会见中外记者的实况。据海外中心统计，56个国家和地区的155家电视机构租用了中央电视台卫星线路直播了朱总理会见中外记者。本次直播在转播国家和媒体数量都超过了本届“两会”的前两次现场直播。

甘肃省唯一一张面向农村，服务农民的报纸——《甘肃农民报》喜迎创刊50周年。

3月16日

千龙新闻网每周推出一期“Flash七日”，直接用Flash技术手段对一周新闻大事进行回顾报道。2001年，新形态网络广告开始大量使用Flash技术，给人耳目一新的感觉。

3月18日

《海南特区科技报》改由海南日报主办，

更名为《教科导报》，从原来的对开4版改为4开16版，周一刊。下半年，该报针对不同的读者对象又改版推出《小学生周刊》《中学生周刊》《公益周刊》和《科学生活周刊》。

3月19日

经国家广播电影电视总局批准，由国家广播电影电视总局广播影视信息网络中心和美国星光映佳集团下属传媒视野公司共同举办的第2届中外有线电视高级管理论坛在北京召开。会议指出，近年来我国有线电视用户每年增长量达到500万户，目前用户已经超过9000万户；全国有线电视已有3000多个社区网、2000多个县级网和1000多个企业网；有线电视网里程总长超过300万公里。“十五”期间，全国有线电视用户将达到1.2亿户以上。

3月20日

内蒙古自治区的第一张都市报——《北方新报》在呼和浩特市创刊。由内蒙古日报社主管、主办的《北方新报》前身是内蒙古《周末报》。

为庆祝西藏和平解放50周年，中国国际广播电台印地语广播开辟了“庆祝西藏和平解放50周年系列特别节目”。节目是在原《今日西藏》专题节目的基础上制作的。

3月21日

《北京青年报》举行庆祝创刊52周年暨入驻新大厦典礼，中宣部、市委宣传部、团市委及市属新闻单位领导和读者代表莅临典礼并参观了新大厦。这次入驻的团结湖新大厦面积达两万平方米，总投资2.4亿元，拥有目前国内报界规模最大、最先进的新闻编辑设备。大厦内3200多个信息点、语音点全部经先进的网络设备连接起来，为提高出版时效，实现无纸化办公，查询网上信息等，提供了技术保障。

新疆维吾尔自治区人民政府在乌鲁木齐市隆重召开全疆村村通广播电视工程建设总结表彰大会。

全国广播影视技术工作会议在北京召开。会议总结了2000年全国广播影视技术工作，部署了2001年的工作，同时，对技术维护工作的先进个人和集体进行了表彰。

3月22日

由国家广播电影电视总局主办、广播科学研究院和广播影视信息网络中心以及全国各省、市、自治区广播电视厅局共同承办的第9届中国国际广播电视网络展览会在中国国际展览中心举办。中国国际广播电视信息网络展览会是一个专业性的世界级行业盛会，受到国家有关部门和业界的广泛关注。本届展览会展台面积4万平方米，有来自欧、美、亚等30个国家和地区的619家企业参展，吸引观众20余万人次，其规模已成为目前世界第一大广电网络展。

由新华社新闻信息中心、深圳新华财经电视传播有限公司制作的大型新闻证券信息节目——《新华财经·中国证券直播》在经过试播以后正式开播。该栏目是我国推出的与沪深两市交易时间同步编发的大容量、实时滚动的首档新闻证券信息节目。

3月23日

俄罗斯“和平号”空间站坠毁。新华社国际部、摄影部、新华网、莫斯科分社密切配合，在“和平号”坠落启动前两个小时，新华社就在各大世界性通讯社之前独家准确预报了“和平号”三次制动的确切时间。在对“和平号”三次制动和最终成功坠毁的四个关键环节的报道中，新华社关于三次制动的快讯均快于美联社、路透社、法新社三大通讯社。

3月25日

中国电视艺术家协会与广州电视台在广

州联合举办首届全国省市电视台优秀专栏节目奖颁奖仪式暨研讨会。会议旨在表彰优秀专栏节目的获奖作者，交流采访制作专栏节目的经验，探索优秀节目的成功规律。

广电总局精神文明建设委员会召开大会，表彰了 2000 年度总局精神文明建设先进集体 50 个、先进个人 171 名。总局党组成员和 500 多名职工参加了大会。

3 月 28 日

由国务院发展研究中心信息网、中国新闻技术工作者联合会、清华大学国际传播研究中心和中国科技新闻学会共同主办的 2001 年中国网络媒体运营与发展高峰论坛在北京举行。参加大会的有人民日报社、新华社、中国新闻社等媒体与网络管理机构的领导，传媒界著名的专家、学者，国内外主流媒体和网络公司以及 IMB、北大方正、北京慧聪国际资讯公司等企业界人士，共计 200 余人。论坛由主题报道和对话专题组成。

中国广告联合总公司在新华社新闻大厦多功能厅举行了成立 20 周年庆祝活动。中广联联合全国近百家公司委员会、成员会响应中国广告协会倡导的“中国广告信誉年”活动，向业界及广大消费者发出新世纪自律宣言：“真实承诺、信誉为本、团结起来、行业自律。”

中新网子网“长江第一港”在江苏太仓正式开通。该网站由中国新闻社江苏分社、太仓日报社与江苏太仓市政府合作创建。

经国家新闻出版署批准，《都匀晚报》正式公开出版发行。《都匀晚报》为中共都匀市委机关报，周四刊，4 开 8 版。

3 月 29 日

由《长沙晚报》主办的大型综合性新闻网站——星辰在线正式开通。它是由长沙晚报社负责建设的长沙市综合性新闻网站。

国家广电总局发文，同意安徽省广电局组建安徽广播电视信息网络股份有限公司，并对有关问题提出了具体要求。

天津日报隆重推出的“凯歌行进 80 年”活动举行授旗仪式，首批记者誓师出征，在地方党报中拔得了庆祝建党 80 周年的头筹。百名记者将奔赴大江南北，沿着党的光辉足迹深入采访，并开辟专栏，以 80 期的宏大篇幅全景展示我党 80 年的光辉历程。

3 月 30 日

国家广电总局、国家计委在安徽合肥召开全国村村通广播电视工程总结表彰大会，对工程中做出突出贡献的 149 个先进集体和 294 名先进个人予以表彰。该工程经过 3 年艰苦努力，累计投资 16.2 亿元，基本完成已通电行政村通广播电视的任务，消灭广播电视盲村 10 万多个，解决了 7000 多万农牧民收听收看广播电视难的问题，使我国的广播电视人口综合覆盖面分别提高到 92.1%和 93.4%。到 2000 年底，全国农村销售电视机 500 万台，3 年来，农村电视机及相关产品的销售额近 100 亿元，有效地拉动了农村需求。

中共中央宣传部和国务院新闻办公室在新华社新闻大厦召开互联网新闻宣传经验交流会。人民网、新华网、中国网、中国国际广播电台网、中国日报网、央视国际网、中青网和北京千龙网、上海东方网、天津北方网、广东南方网等知名新闻宣传网站负责人在会上交流了工作经验。会议希望积极探索和把握互联网新闻宣传规律，进一步把中央和地方的重点新闻网站做大做强。

中国中央电视台在奥斯陆与挪威电信公司签订合作协议，以促使中央电视台第四套和第九套电视节目进入欧洲媒体市场。

经国家新闻出版总署批准，由共青团湖北省委主办的《湖北青年报》正式创刊。此前，共青团湖北省委决定将《青年月刊》杂志改版为《湖北青年报》，为周二刊报纸。

3月31日

新华社2001年国内摄影工作会议在四川攀枝花市召开。这次会议的主题是网络时代的新闻摄影。

2001年北京新闻速写学术研讨会在北京京煤集团木城涧煤矿举行。会议由中国新闻出版报主办，中国报业协会、人民日报、工人日报、光明日报等十几家单位的新闻美术工作者参加了会议。

同月

国家“十五”计划提出要推进广播电视等领域的信息化进程，大力发展高速宽带信息网，重点建设宽带接入网，促进电信、电视、计算机三网融合。

第4届电视“十佳制片人”颁奖大会在北京举行。“十佳制片人”是全国电视制片行业的最高奖项，这一活动由中国广播电视学会电视制片委员会主办。本届有10位制片人获奖，同时被表彰的还有8名荣誉监制和15个先进摄制组。

4月1日

由山东三联集团投资创办的《经济观察报》创刊，该报以“理性、建设性”作为办报理念和口号。

19点33分，人民网独家报道该报驻华盛顿记者任毓骏采写的《中美战机在南海上空遭遇并发生碰撞》，成为国内首家发布“撞机事件”的网站，也成为我国媒体中第一篇有关这一事件的报道。该报道受到中央领导、中宣部、国务院新闻办等部门的表扬和肯定。独家报道使人民网的日页面访问量突破420万次，相关频道的访问量达到平时的5倍。中国国际广播电台从当晚起，全台43种语言广播均在节目的显著位置播发了这些消息和专稿。4日凌晨起，国际台驻国外记者站陆续发回世界各国对“撞机事件”的反映。国际台新闻网站和各语言广播的站点都开辟了相关的专题。浙江电视台及时派出摄制组采访报道，扎根到英雄故乡湖州，探寻英雄成长足迹，与英雄生前最亲近的人接触，从而挖掘到了许多独家的内容，在2001年“建军节”当日推出特别专题节目。

美国军用侦察机在中国南海上空撞毁我军用飞机。《解放军报》报社在事件发生后的20多天的时间里，共发表文字稿件186篇、新闻图片46幅。

4月2日

由厦门人民广播电台承办的第14届全国对台港澳广播优秀节目评选会暨对台港澳广播电台协调会在鼓浪屿召开，有14家会员台参加评选会。评选会上，97个节目分获优秀节目特等奖和一、二、三等奖，14个节目获优秀播音主持奖，另从97个优秀节目中选出10个参加中国广播奖社教类节目的评奖。

4月5日

第6届中国国际新闻奖在广州揭晓。本届国际新闻奖共有全国各地91家新闻单位的231篇作品参评。定评会议及颁奖典礼由广州日报社承办，评出10篇作品获一等奖，19篇作品获二等奖，31篇作品获三等奖，另有20篇作品获鼓励奖。

湖北电视台“西藏行”采访组从武汉出发，历经50天，行程1万8千公里，采制新闻50余条，全面、生动地反映了50年来西藏人民在生产水平、思想观念、藏区社会制度、经济结构和综合实力等方面发生的翻天覆地的变化，反映了湖北省援藏干部为增进汉藏人民友谊和发展边疆地区经济做出的卓越贡献。

4月6日

中国东西部合作与投资贸易洽谈会在西安隆重召开，1300多名中外记者聚会此地。其中，中央新闻单位和海外记者300多名，各省、市、自治区随团记者约 200 名，陕西省参会记者 800 多名。香港凤凰卫视、大公报、亚洲周刊等近 10 家港澳台地区新闻机构以及日本朝日新闻、英国卫报、瑞士时报、新加坡联合早报等近 20 家外国驻华新闻机构参加。4 月 6 日至 4 月 10 日，陕西经济台联合北京、上海、天津、山东、江苏、安徽、重庆、湖南、甘肃、青海等十家省市经济电台，合作推出“东西部正在直播”，采用异地联播、两地对播、现场直播等形式联合报道洽谈会盛况。

中国报纸副刊研究会在北京举行会议，全国 60 余家报社的副刊编辑参加。中宣部副部长王晨到会讲话。

4 月 8 日

由河南日报报业集团主办、城市早报承办的全国省级早报（都市报）协作网首届年会在河南省郑州市举行，全国 16 家相关报社的总编（社长、副社长）或代表参加了会议。据不完全统计，我国已有 16 个以上的省市创办了第二份省级都市报。

4 月 9 日

由中国记协、千龙新闻网主办的传统媒体数字化采编暨网络化研讨班在北京举行。

天津人民广播电台举行大型广播报道《为了西部的孩子》采访团出发仪式。这次活动分为 4 个阶段，报道在甘肃支教的 100 名天津教育工作者的工作、生活及社会各界对此的反响。

4 月 10 日

中国记协为纪念建党 80 周年组织的中央及地方新闻单位的 23 名记者登上了中共一大纪念船——嘉兴南湖“红船”，拉开革命纪念地采访序幕。

上海电视台为庆祝建党 80 周年，挑选 80 位编导、主持人和摄像人员组成报道组，从党的一大会址出发，相继采访了南湖、井冈山、遵义、延安、西柏坡、北京、大庆、酒泉、小岗村、深圳、温州等地，以中共发展阶段为播出顺序，以《党旗飘飘中华行》为题，系统反映了中国共产党的光辉历程。

为迎接建党 80 周年，北京青年报自 4 月 12 日起连续推出 80 个系列专版《80 位共产党人的故事》，并结集出版系列报道，销售 10 余万册。

4 月 11 日

经国家新闻出版署批准，《凉都晚报》正式出版发行，4 开 8 版，周末 12 版。

由中央电台承办的第 6 次全国新闻录音技术研讨会在福州召开。全国省地市电台的 20 多位与会代表就新闻录音技术进行了研讨。

4 月 12 日

中国记协自 2000 年倡导营造“中国记者林”以来，已收到全国新闻界捐赠的植树款 137 万元。4 月 15 日，100 多名新闻单位的领导、新闻工作者和当地群众在内蒙古通辽市科尔沁沙地为二期工程举行了隆重的首栽式。

河南电视台与中央电视台海外中心联合组织为期一周的“中原大黄河之旅”全国电视风光大赛，邀请了全国 28 家省级台和 7 家中心城市台的百余名记者，对河南省沿黄河“三点一线”黄金旅游线进行了拍摄采访。拍摄制作的电视风光片陆续在全国各参赛电视台、中央电视台、凤凰卫视欧洲台、凤凰卫视美洲台和美国斯科拉中文台播出。

4 月 16 日

为庆祝《参考消息》创刊 70 周年，新华社参编部举办《参考消息》知识竞赛活动和“我与《参考消息》”征文活动。两项活动于 8 月底结束，有近 6 万人参加了知识竞赛。

由新华社国内部主办、羊城晚报报业集

团承办的新华社第 4 届全国晚报新闻协作会在广东珠海举行。全国 45 家晚报的代表参加了会议。

4 月 18 日

由中国记协、中华新闻报主办，中共三门峡市委宣传部承办的全国“舆论监督者的自我监督”研讨会在河南三门峡市举行。来自全国各地新闻单位负责人、业务骨干近 160 人参加了会议。会议研讨了在新世纪里如何加强和改进舆论监督，把握舆论监督与舆论导向的关系，充分发挥舆论监督的作用等问题。研讨会收到来自 70 余家新闻单位的有关论文 116 篇，从中评出一、二、三等奖及优秀奖。

由厦门人民广播电台承办的全国广播节目评估课题研讨会在厦门举行。来自中央台、北京台、天津台、浙江台、山东台、江西台、厦门台和广东赛立信市场研究有限公司的代表参加研讨会。会议的中心议题是：广播节目评估体系的概念、构成及所占比例，各指标的量化及其计算公式、运作及其程序。这次研讨会对推动我国广播评估体系的理论建设和提交实际操作水平具有重要意义。

4 月 19 日

上海文化广播影视集团揭牌仪式在上海国际会议中心举行。该集团以广播、电影、电视、传输网络、网站和报刊为主业，兼营旅游、宾馆、演出、会展等相关产业。上海原有的 2 家电台、3 家电视台的 10 个广播频率、11 个电视频道的资源得到调整和重新定位。从 2002 年 1 月 1 日起，集团将推出新闻综合、生活时尚、纪实、财经等 10 个全新的电视频道。集团还拥有 4 家报纸、16 家演出机构、近 70 家公司，总资产逾 100 亿元。上海市委副书记龚学平在会上提出，组建文广集团是要形成与社会主义市场经济相适应的文化管理体制和经营体制，并为最终形成多媒体、多品种、多功能和跨行业、跨国界的综合性大型传媒集团打下坚实基础。

由联合国发起并参与主办的“网络经济与经济治国”国际研讨会在北京召开。新华社对外部派出由英、俄、西文记者组成的报道组现场采访，及时播发了《跨越“数字鸿沟”——发展中国家抓紧应对挑战》《网络经济——新世纪中国发展战略的重大选择》等时效强、有独到见解的稿件。

福建省广播电视网络有限公司在福州西湖大酒店举行成立大会。

4 月 21 日

由北京大学现代广告研究所、《现代广告》杂志社等联合主办的 2001 年北京大学网络与广告国际研讨会在北大举行。会议认为，未来的广告将转变为直接的商务交换行为，企业利用网络媒体进行品牌塑造正越来越关注效果评估和认证，将更加注重垂直性、专业化的站点。

中央电台、电视台成功直播了张君、李泽军系列杀人抢劫大案庭审实况。这是中央电台对庭审第一次进行多点直播，同步交叉直播了重庆、湖南两地庭审实况，收到了良好的社会效果。

4 月 22 日

山东电视台与淄博电视台共同直播了中国（淄博）国际陶瓷博览会特别节目《齐都瓷韵》，并首次与凤凰卫视美洲台合作，通过 4 颗卫星中继，将节目同时送达北美，实现了一次跨越东西半球的大型现场直播。

河南日报报业集团邀请“名报记者看中原”采访团来河南采访，人民日报、光明日报、经济日报、解放军报、解放日报、北京日报、南方日报、文汇新民联合报、深圳特区报、天津日报等全国 16 家主流媒体 30 名记者参加了活动。采访团对郑州、洛阳、济源、新乡、安阳、开封、许昌等进行为期一周的集中采访。

4 月 23 日

第 33 届国际期刊联盟大会在巴西里约热内卢和阿根廷布宜诺斯艾利斯举行，中国期刊协会派代表团参加。这是中国自 2000 年 10 月加入国际期刊联盟之后首次以正式会员身份参加大会。

中国国际广播电台举办 2000 年“中国百年”全球有奖知识竞赛颁奖仪式。来自俄罗斯、法国、老挝、德国、美国、印度、越南和阿富汗等国的 8 位特等奖听众，在北京和天津进行了为期 5 天的参观访问。该活动于 2000 年 8 月至 12 月，通过国际台 43 种语言广播和网站举办，共收到来自 60 多个国家和地区的听众答卷 16 万多份。

全国法制报刊改革与发展研讨会在昆明举行。全国 36 家法制报刊社的负责人聚集昆明，围绕法制报刊的改革与发展这一课题，进行了广泛的交流研讨。此次交流研讨会由中华全国法制新闻协会主办，云南法制报社承办。

西藏日报在拉萨市热烈庆祝创刊 45 周年。该报 1956 年 4 月创刊，是西藏和平解放后的第一张日报。国内外读者可以通过人民网的“西藏专页”和西藏信息中心、西藏在线等网站，阅读西藏日报汉文版的全部内容。同时，报社还创办了面向农牧区的藏文刊物《致富之友》和西藏第一份都市类报纸《西藏商报》。

4 月 24 日

芬兰广播公司国际台开始用调频转播中国国际广播电台英语节目。每周一到周六晚上 11 点转播半小时，周日转播一小时。芬兰广播公司的节目可以覆盖整个赫尔辛基及其以南大部分地区，约有 46%的芬兰听众可以收听到该节目。

由中国记协主办、中国新闻漫画研究会协办的第 11 届中国新闻奖漫画作品复评暨 2000 年全国新闻漫画作品年赛在深圳揭晓。本届参评作品有 377 幅，共有 50 幅作品获奖，其中金奖 5 幅，银奖 15 幅，铜奖 30 幅。

4 月 25 日

宁夏回族自治区党委宣传部制定出台了《关于加强和改进新闻舆论监督的若干意见》，包含 8 个方面共 40 条内容。

4 月 26 日

河北广播电视网站正式成立，其主要职能是：协调管理全局办公自动化、信息化工作，统一规划、协调全局国际互联网工作与业务，保证合理有效地利用全局的信息节目资源。

4 月 27 日

中国青年报在北京人民大会堂喜庆创刊 50 周年，来自全国各地的 200 多位新老青年报人、英模人物等济济一堂。国家副主席胡锦涛发来贺信，希望中国青年报成为青年获取有益知识和信息的中央渠道，成为党团结、教育和引导青年的坚强阵地。中宣部副部长王晨在题为《永远站在时代前列》的讲话中，赞扬中国青年报“自创刊以来，一直是我国新闻界一张独具特色、影响很大的报纸，是中国青年最喜爱的报纸之一”。中国青年报社长在会上介绍了中国青年报 50 年来的发展历程。

新华社首条传送音像节目的专用光纤线路全程联通。此线路的开通是新华社第一次利用光纤与音像新闻用户相接，实现了音像节目高效、优质、快捷的数据传输。

中央人民广播电台网站台湾分网建设开始启动。建设中央电台网站台湾分网，目的是让台湾人民多一条了解祖国大陆的渠道，为争取祖国和平统一做出应有的贡献。台湾分网名为“你好，台湾”，是我国专事对台的三大网站之一。

4月28日

由北京、上海等12家广播电台与两市旅游局的12家单位联合成立的全国旅游广播网开播。该网节目由信息、专题、现场直播三部分组成。

北京广播学院动画学院正式成立。该学院设有动画艺术系、动画技术系、动画研究所、动画制作中心。

4月29日

中央人民广播电台哈萨克语广播开播30周年纪念会在北京举行。1971年5月1日，中央人民广播电台哈萨克语广播正式开播。中央统战部、国家民委、广电总局、国家宗教局、新疆维吾尔自治区等有关领导及在京哈萨克族代表出席了纪念会。

新世纪网络传播发展国际论坛在北京举行，海内外150余名代表与会。这是北京广播学院网络传播学院成立一周年的大型学术与庆典活动，由北京广播学院与英国BBC联合举办。

同月

商业门户网站推出手机短信头条新闻服务，网络媒体将新闻传播推广到无线移动领域，并开辟了新的营收渠道。

深圳特区报报业集团打破终身制，实行全员聘用合同制；取消行政级别和职称；建立公开竞聘、双向选择、优化组合制度；完善考核激励机制；按照按劳分配、各尽所能、效率优先、兼顾公平的原则，改革分配制度，向重要岗位和杰出人才倾斜，内部激活机制全面启动。

人民日报在编委会的领导下，按照中央有关精神，圆满完成2001年的“两会”报道任务。人民日报第一次出版《两会特刊》，其中《两会聚焦》《两会漫笔》《代表团之声》《两会特稿》等十几个栏目受到“两会”代表、委员和广大读者的好评。

中央电视台《新闻30分》栏目连续播出的18集系列报道《穿越青藏线》全部结束。这是国内第一家对青藏铁路进行全线现场报道的媒体。在近20天里，社会新闻部4名记者沿青藏线进行采访，集中展示了青藏铁路二期工程建设前的准备情况。

山东电视台组织了“边贸口岸行”大型系列采访活动。11名记者分赴上海、大连、深圳、海南、新疆、黑龙江、云南、广东、广西等边贸口岸进行采访，采写了24组见闻、述评和深度报道。

惠州中级人民法院宣告，《惠州晚报》成为全国第一家进入破产程序的报纸，该报因严重亏损和违规办报，2000年9月已被国家新闻出版署撤销刊号。

5月1日

黑龙江省《绥化日报》主办的第一张子报《绥化晚报》创刊。《绥化晚报》定位于市民生活报、区域性综合城市报，同时兼顾农村读者。

5月7日

即日起至6月25日，为纪念中国共产党诞辰80周年，由上海人民广播电台发起，组织浙江、江西、贵州、陕西、河北、北京、广东共8家省级电台，联合播出《胜利之路》特别节目。他们共同策划、分别制作的这套节目共8篇，每篇约20分钟，每周在各台早新闻节目中同步播出一篇。

5月8日

《财富》全球论坛香港年会在香港开幕，论坛吸引了600多位国际政商要人出席。会议认为，未来5年，中国信息产业将保持20%以上的年增长率，固定、移动电话网规模将在2000年基础上再翻一番，达到5亿用户。

北京市委、市政府召开英文报纸《今日北京》创刊座谈会。该报是由市政府新闻办公室主管、北京青年报主办的北京市第一家全面展示北京成就及发展的综合性英文报纸。

5月9日

上海国际新闻中心建成，中心位于浦江东岸的东方明珠广播电视塔旁。同日，工程建设表彰大会在东方明珠广场举行。

5月10日

中共中央宣传部在北京召开全国宣传部长座谈会，部署纪念中国共产党成立80周年宣传教育工作。

西藏最大的新闻网站——新华网“西藏频道”开始试运行。这是新华社西藏分社为搞好西藏和平解放50周年报道的重大举措。

中央电视台播出系列报道《历程》的第一集《中国共产党的建立》，由此，新闻中心纪念建党80周年报道正式启动。系列报道“历程”由大量珍贵的历史资料编辑而成，共60集。

墨西哥太阳报董事长拉涅亚一行访问人民日报社。两报通过会谈，决定在新闻信息、新闻管理和新闻事业方面进行全面的交流与合作。

新闻集团的子公司NDS集团宣布在中国成立第一家独立分公司——NDS科技（北京）股份有限公司。该公司已成为独立向国家级有线电视网提供数字有线电视的前端、接收、机顶盒和交互式节目指南软件等全套系统的供应商。新闻集团预测中国将成为全球最大的数字化有线电视市场。

为纪念中国共产党建党80周年，新华社、光明日报、中央人民广播电台、中央电视台、法制日报、科技日报、农民日报、中国青年报、北京日报、北京青年报的记者组成采访报道组，在革命圣地遵义市进行采访。

5月11日

北京市第一份英文报纸《今日北京》（*Beijing Today*）创刊。该报由北京青年报社主办。

全国老年报第十届年会暨表彰会在合肥拉开帷幕。出席这次会议的有25家老年报同仁，有全国报业协会、民政部办公厅和全国老年报工委的领导同志。

5月12日

新闻集团、路透集团、迪士尼、维亚康姆、道琼斯等国际传播集团巨头纷纷派代表参加第4届中国北京高新技术产业国际周暨中国北京国际科技博览会传媒投资专场论坛，国内知名媒体及投资传媒业的上市公司也参加了这场题为“互联网、媒体和资本市场”的论坛。有报道认为，如此深层次和大范围地讨论传媒业与资本市场的结合，在国内尚属首次。

5月14日

由天津电视台与凤凰卫视合作拍摄的《寻找远去的家园》摄制组从北京出发，途径13个省市，行程22000公里，对近百个古村落进行实地采访。9月中旬返回北京，全部拍摄时间共计135天。

纪念建党80周年寻访革命遗址采访活动正式启动。它是由哈报集团主体报纸《新晚报》和中国人民大学中共党史系经过两个月精心策划后联合推出的。整个活动行程3.5万公里，寻访全国40多个城市的143个革命遗址，采写来自革命老区的新闻总计20余万字，并于5月21日隆重推出“星火之旅”大型图片专题80版，刊登珍贵历史照片千余幅。

广电总局办公厅在陕西西安召开全国广播影视系统信息工作交流表彰会。全国各省（市、区）广播影视局办公室负责人或从事信息工作的人员参加了会议。会议表彰了获得2000年地方广播影视信息工作先进单位的8个省（市、区）广播影视局办公室和8名先进个人，交流了广播影视信息工作经验和情况，对如何进一步加强广播影视信息工作进行了研讨。

5月15日

即日至6月5日，第19届中国电视金鹰奖评选工作进行。该奖是经中宣部批准的全国唯一以观众投票为主，观众评选与专家评选相结合的综合性国家级电视大奖。本届评选观众投票活动于7月初开始，为期一个月。评选结果于9月在湖南长沙举行的第2届中国金鹰电视艺术节上揭晓并颁奖。

1999—2000年度全国农业好新闻评选结果在北京揭晓，共评选出一等奖27篇、二等奖43篇、三等奖47篇。

2001年度中南六省区市记协工作会议在张家界市举行。会议由湖南省记协承办，河南、湖北、湖南、广东、广西、海南六省区和深圳市记协领导及张家界日报、湖南日报张家界记者站共27位同志出席了会议。会议围绕如何发挥记协优势，突出记协特色，创造条件，积极主动地开展活动进行了交流。

中央电视台召开纪念军事节目开播50周年座谈会。广电总局和总政治部的相关领导和新老广播军事宣传工作者出席了座谈会。中央台军事节目最初是适应抗美援朝战争的需要，由解放军总政治部和中央广播事业局共同创办的。

5月16日

经国家新闻出版署批准，《铜仁日报》正式公开出版发行。该报为中共铜仁市委机关报。

5月17日

由国家质量监督检验检疫总局牵头，新华社、人民日报、中央电视台和四川省新闻单位组成的整顿和规范市场经济秩序采访团在四川境内遭遇车祸。新华社广西分社记者嵇永强不幸因公殉职。事后，中央领导指示要全力组织抢救伤员。

5月19日

2001年北京国际电视周在北京中国建筑文化中心广场隆重开幕。澳大利亚七网络传媒集团总裁、新加坡电视台总裁代表参展、参会的400多家影视机构致辞。3000多位国内外来宾、30多个国家的电视传媒和影视机构参加了本次活动。活动由北京市广播电视局及北京电视台共同承办。

“21世纪电视的走向与趋势”国际学术研讨会在北京举行。近30位在国内外颇具影响力的传媒巨头和业界专家登台展示了学术研究成果。大会邀请了美国、德国、法国、新加坡、中国香港等20多个国家和地区的几十家大型传媒机构的代表参加了会议。研讨会内容包括21世纪电视的走向与趋势、中国电视节目的创意移植与民族化问题、中国动画片走向世界、中国电视节目如何走向国际奖坛等几个方面。

5月20日

《农村工作通讯》创刊45周年暨“十五”期间农村经济发展座谈会在北京人民大会堂举行。中共中央政治局委员、国务院副总理温家宝发来贺信，认为《农村工作通讯》坚持“为农村改革与发展服务，为全国广大农村干部服务”的办刊宗旨，为推动农村两个文明建设作出了积极贡献。

为纪念建党80周年，中国记协、福建省记协及龙岩市委联合组织了“红土地之行”采访团，到龙岩市进行为期10天的采访活动。采访团由新华社、中央电视台、经济日报等13家中央新闻单位的16名记者组成。

5月21日

由国家体育总局、国家旅游局和北京市

政府共同主办的奥运宣传万里行——北京莫斯科驾车助威申奥活动，于上午 10 点在北京长城居庸关举行了场面宏大的出发仪式。香港凤凰卫视全程跟踪报道，中外十多家电视媒体以及 40 多家平面媒体参加此行申奥助威报道。

由中国记协新闻培训中心、中国新闻漫画研究会主办，成都商报协办的新闻研修班在成都商报新闻培训中心举办。方成、缪印堂、何韦等著名漫画家为来自 23 个省、区报刊的 55 名美术编辑及漫画作者讲课。

为期 4 天的第 9 届全国省级党报发行工作协作会在福建省福州市召开。来自全国各省、区、直辖市的省级党报发行工作的分管领导和发行处负责人参加了会议。

5 月 22 日

新华网俄、法、西、阿、葡文 5 个外语频道正式推出新版。新华网是国内最早设立多语种频道的网站，外语原创新闻量最多，外语新闻更新最及时，外文信息上网量最大。全新亮相的各语种新闻分别设立了“中国”“世界”“经济”“教科文”“社会”“图片”等栏目。

5 月 23 日

第 11 届中国新闻奖摄影作品复评暨 2000 年全国新闻摄影作品赛在青岛揭晓。本届参评作品 811 幅（组），147 幅（组）作品获奖，其中金奖 9 幅（组）（文化教育新闻类），银奖 46 幅（组），铜奖 92 幅（组）。第 11 届中国新闻奖新闻作品、报纸版面复评暨 2000 年赛在青岛揭晓。此次评选从参赛的 212 个要闻版评出获奖版面 61 个，其中金奖 6 个，银奖 18 个，铜奖 37 个；从参赛的 124 个其他版中评出获奖版面 40 个，其中金奖 4 个，银奖 13 个，铜奖 23 个。

《财经时报》载文认为，中国证监会新版《上市公司行业分类指引》中，将传播与文化产业定为上市公司 13 个基本产业门类之一，其下含出版、声像、广播电影电视、艺术、信息传播服务业 5 个大项。这种分类对传播文化业究竟是不是产业、能否上市等问题给予了明确回答，对推动中国传播与文化业的产业化，推动传媒、文化企业进入资本市场具有深远和积极意义。

中国报业协会在青岛召开全国报业人事制度改革经验交流研讨会。来自全国 70 多家报社的领导和人事部门负责人围绕新世纪中国报业人事制度改革的方向、理念、基本做法和基本经验这个主题深入探讨。

今日是西藏和平解放 50 周年纪念日。新华社从 4 月初开始启动，历时 4 个月，播发各类纪念稿件共计 2900 篇（幅）。总社抽调 30 余名编辑记者组成小分队分三批进藏，行程数千公里，先后到拉萨、那曲、日喀则、林芝、山南等地进行采访。《西藏日记》《雪域轿子》《西藏掠影》《从数字看西藏》《西藏档案》《西藏目击》《西藏人物》7 个专栏报道各具特色，针对性强，便于用户采用，为在重大战役性报道中实行栏目化发稿积累了经验。

5 月 24 日

为期 4 天的全国省级广播电视报发行工作研讨会在福州召开。此次会议由全国报纸自办发行协会广播电视报专业委员会主办，福建广播电视报社承办。

由北京广播影视集团承建的北京影视城一期工程开工，举行奠基仪式。一期工程由影视节目交流交易中心、影视节目制作中心和世纪乐园梦幻影城等部分组成，占地 61.99 公顷，总建筑面积 7.4 万平方米。此次开工项目为 6800 平方米的影视节目制作中心。

5 月 25 日

中国互联网协会召开成立大会。该协会

是由我国从事互联网及互联网相关产业的企事业单位、个人以及其他有志于推动我国互联网事业发展的企事业单位和社会各界人士组成的非营利性的社会团体。

《瞭望》创刊20周年座谈会在北京举行。李鹏委员长为其题词："宣传依法治国，建设社会主义法治国家"。

由中共成都市委机关刊物《先锋》杂志社主办的全国城市党刊年会暨长江流域省市党刊工作会议在成都召开。会议的主题是研讨党刊关于宣传马克思主义指导地位的认识与实践、党刊内部管理及用人制度改革措施与实践。全国直辖市、省会城市及计划单列市和长江流域18家省市党刊的50多位社长、总编辑和党刊界的专家、学者参加了会议。

5月28日

总资产达50亿元的北京市广电集团正式成立。集团由北京人民广播电台、北京电视台、北京市有线广播电台、北京歌华文化发展集团、北京歌华有线电视网络公司、北京广播电视报社、北京电视艺术中心、北京中北电视艺术中心、北京紫禁城影业公司、中华世纪坛等15个企事业单位组成。集团为市委、市政府直属事业单位，实行企业化管理。集团计划在今后5年，发展成为综合性、跨区域、跨专业的大型传媒集团，成为全国广播影视生产基地和文化产业基地。

由湖南日报、湖南人民广播电台、湖南电视台、三湘都市报、江西日报、江西人民广播电台、江西电视台、信息日报8家新闻单位组成的"湘赣边区行"新闻采访团，即日从长沙出发，途经湖南浏阳文家市镇、江西萍乡市、江西永新三湾乡、湖南炎陵水口镇、湖南桂东沙田镇、江西井冈山，采访历时20天，行程数千里，发稿50多篇。

北京大学恢复成立新闻与传播学院。新成立的北大新闻与传播学院下设三系一所：新闻系、传播系、新媒体与网络传播系和信息与传播研究所。

以创办"北京人的都市报"为口号的《京华时报》创刊。该报由北大文化发展集团出资5000万元和人民日报联合创办。

山东省重点新闻网站——大众网开通。大众网由大众报业集团主办，集团所属的大众日报、农村大众报、齐鲁晚报、生活日报、鲁中晨报、半岛都市报、经济导报、大众电脑报和青年记者、小记者期刊为网站提供新闻支持。该网是在"山东网景"基础上创建的，设有8个频道、50多个栏目、300多个子栏目，24小时滚动播出。

吉林省广播电视网络公司正式挂牌成立，为吉林省广电网络整合工作创造了条件，成为全国首批建立的15家网络公司之一。

5月29日

由中国广播电视学会主办、《中国广播》杂志社和浙江绍兴人民广播电台共同承办的全国城市电台改革广播发展研讨会在绍兴市隆重举行。来自中广学会的专家学者和全国62家城市电台的120多位代表聚首绍兴，总结交流近几年来广播改革的成功经验，分析研究广播在新世纪面临的机遇和挑战，探索城市电台未来发展的新途径。

5月30日

湖南省重点网络新闻媒体——红网正式开通。红网是继湖南日报、湖南人民广播电台、湖南电视台之后，湖南省第四家重点新闻单位。作为湖南省唯一一家重点新闻网站，红网由湖南省委宣传部主管、湖南省委外宣办主办，由湖南省互联网新闻中心、华菱钢铁集团有限责任公司和远景信息股份有限公司共同投资兴建。网站现已开设"新闻中心""政府直通车""互动社区""生活服务"等10余个频道和上百个栏目。

为庆祝中国共产党建党 80 周年，山东省记协、山东省新闻学会以“沿着党的足迹，重温党的历史”为主题，组织采访团赴江西革命老区进行采访。赴江西采访团一行 10 人，由大众日报等 9 家新闻媒体组成。

5 月 31 日

湖北广电局在武汉发起召开了全国东、中部地区广播电视单位内部收入分配改革经验交流研讨会，来自 17 个省的 54 位广播电视局、广播电台、电视台、有线电视台人事部门负责人和湖北省市州 16 位广电局负责人参加了会议。

6 月 1 日

中华人民共和国新闻出版总署正式挂牌，为正部级单位。

全国性英文报纸《中国日报》（China Daily）创刊 20 周年社庆招待会在北京召开。5 月 31 日下午，在人民大会堂举行的社庆执行会上，中国日报社总编辑朱英璜提出中国日报奋斗目标是要成为世界知名媒体。

《公益时报》在北京创刊。这是由国家民政部主管、中国社会工作协会主办的一份以促进公益事业、公共事业及福利事业的发展，推动社会主义精神文明建设，维护社会稳定为宗旨的公益性报纸。它是我国第一份全国性公益类报纸，公正性、导向性、建设性、实用性的有机结合是该报所追求的风格。

中央电视台为庆祝建党 80 周年采制的大型系列报道《丰碑——庆祝中国共产党建党 80 周年》在《新闻联播》中开始播出。

6 月 2 日

由中华全国新闻工作者协会主办、中国报纸副刊研究会协办的第 11 届中国新闻奖报纸副刊作品复评暨 2000 年全国报纸副刊作品年赛评选结果在北京揭晓。132 件佳作从 786 件参评的作品中脱颖而出，其中特别奖 1 件，金奖 15 件，银奖 35 件，铜奖 81 件。

《武汉晚报》高级记者范春歌乘机离开北京，继续“重走郑和路”第二阶段的采访。她将访问阿曼、伊朗、沙特阿拉伯、埃及、也门和巴基斯坦等国。2002 年，范春歌将继续“重走郑和路”第三阶段的采访。范春歌前期已完成对越南、柬埔寨、泰国、马来西亚、印度尼西亚、印度、斯里兰卡、马尔代夫的采访。新华社、人民日报社、欧洲时报、世界华人报等海内外 30 多家媒体予以报道。

6 月 3 日

中央电视台和云南电视台联合在云南省美丽的抚仙湖底进行了中国电视史上的第一次水下考古直播。直播历时 3 个多小时，邀请了最权威的专家，动用了最先进的电视和水下考古探测设备，为人们展示了沉没水下的古老文明，初步揭开了水下遗迹的神秘面纱。

6 月 5 日

由中宣部、国家环保局和国家广电总局联合举办的环境警示教育摄影及宣传图片展在北京中国人民革命军事博物馆开幕。

表现先进共产党员和先进基层党组织的大型系列报道《时代先锋》在《新闻联播》开播，这是中央电视台继《新闻联播·丰碑》《晚间新闻·历程》之后，在重点新闻栏目中推出的又一个庆祝建党 80 周年系列报道。《时代先锋》系列报道播出 24 集，报道典型选自中央组织部准备在建党 80 周年之际进行表彰的模范人物。

6 月 7 日

全国新闻专业期刊暨媒体研究所面向新世纪的新闻改革与理论宣传研讨会在昆明市召开。会议由中国记协主办，云南记协及云南大理州委、州政府承办。会议探讨了如何为马克思主义新闻观教育创造良好的舆论氛围等问题。

首都新闻界纪念建党80周年座谈会在北京举行。中宣部副部长王晨出席会议并讲话。

新华网发展论坛、统一论坛全面升级改版，受到网民的热烈欢迎，当天访问量创下历史新纪录。

6月8日

为了祝贺中国电影电视技术学会第8届年会的召开，展现近年来我国影视领域的高新技术成果，四川电视台和中央电视台在四川省三星堆历史博物馆举办了采用高清晰度电视转播车进行直播的《荧屏因你生辉》大型电视文艺晚会。直播采用全新的表现手法，展现了图像、声音、舞美、灯光等各方面的最新技术成就。

6月10日

中共中央党史研究室、中共江西省委在北京人民大会堂举办文献电视片《共和国摇篮》座谈会，全国人大常委会副委员长彭珮云出席。

6月11日

中央电台同上海、新疆、广东、山东、云南、吉林、西藏等30多家电台，共同推出30集系列音乐专题节目《歌声献给党》。

6月14日

全国广播影视系统干部教育培训工作会议在杭州市召开。全会贯彻了全国干部教育培训工作会议精神，总结了“九五”期间全国广播影视系统干部教育培训工作经验，探讨了新时期干部教育培训工作的特点和规律，部署了“十五”期间干部教育培训工作。

面向国内新闻记者，旨在褒奖杰出的财经记者和财经报道的“财经新闻学院奖”评选活动在北京正式启动。该奖由中国人民大学新闻学院和美国花旗集团共同创建，计划每年颁发，下设年度最佳企业与投资金融财经新闻奖和年度个人消费金融财经新闻奖两个奖项。

6月15日

华中科技大学召开新世纪首届新闻策划学术研究会。这次研讨会由华中科技大学新闻与信息传播学院主办。与会代表认为，1993年以来，新闻策划的概念被越来越多的新闻媒介所推行，过去那种配合式、被动式的报道组织方式被主动化、整体化的运作方式所取代，但新闻策划应有“度”，过多、过滥的新闻策划有制造新闻、恶意炒作之嫌。

6月17日

由解放日报社、中国人民大学新闻学院和新闻与社会发展研究中心、复旦大学新闻学院和信息与传播研究中心等单位联合举办的“纪念中国共产党成立80周年——马克思主义新闻思想研讨会”在上海举行。

6月18日

新闻出版总署发布《关于进一步加强和改进报刊审读工作的通知》，要求各级新闻出版管理部门根据实际情况，确定报刊审读重点，不断改进审读方法，丰富审读形式，严格执行重点情况报告制度。

新华社党组决定：将《现代快报》主管单位由新华社江苏分社变更为新华通讯社，主办单位由新华社江苏分社变更为现代快报社。

6月20日

中央和首都各新闻媒体纷纷在显著版面和黄金时间推出了一批迎接建党80周年的重点报道，把建党80周年的新闻报道推向高潮。

纪念中国共产党成立80周年图片展在北京开幕。

中国人民大学新闻与社会发展研究中心学术委员会召开成立大会暨第一次全体会

议。该中心于 1999 年 11 月由人大新闻学院下属的 5 个研究所与研究中心重组建成。首届学术委员会第一次会议推选方汉奇教授为学术委员会主任，李金铨教授和童兵教授为学术委员会副主任。该中心于 2000 年 7 月 10 日通过教育部专家组评审验收，成为教育部第二批人文社会科学重点研究基地。

6 月 21 日

北京广播学院电视研究中心学术委员会召开成立大会。学术委员会第一次全体会议推选赵玉明教授为中心学术委员会主任，王录、胡正荣任副主任。会议讨论并通过《北京广播学院广播电视研究中心学术委员会章程》。

江苏交通广播网开播仪式暨首届汽车文化节开幕式在南京国际展览中心举行。江苏交通广播网是全国首家由广电、公安、交通联合开办的新型媒体。

6 月 22 日

由中国记协与新华网主办的首届中国网络媒体论坛在青岛开幕。论坛由中华全国新闻工作者协会与新华网联合人民网、中国网、央视国际、央视经济部、中国日报网、中国互联网络信息中心、中国国际广播电台、中央人民广播电台、千龙网、东方网和中国浙江网等中央和地方重点新闻网站及其他有关单位共同主办，广东粤能集团独家协办。

6 月 24 日

北京电视台与北京市有线广播电视台在北京电视台演播厅举行合并大会，宣布从 7 月 1 日开始，北京电视台和北京有线广播电视台合二为一，以北京电视台一个台名、台标和呼号面向观众。

6 月 26 日

为庆祝建党 80 周年，中国社会科学院新闻与传播研究所在北京召开“党与党报”理论研讨会。

6 月 27 日

新疆电视台、新疆有线广播电视台、新疆经济电视台举行合并大会，宣布三台合并，组建新的新疆电视台。合并后，新的新疆电视台将整合原来分属 3 个台管理的 11 个频道，形成以维吾尔语、汉语、哈萨克语 3 种语言新闻综合频道为龙头，3 种语言 8 个专业频道相配套的多层次、多功能、多语种、系列化的新格局。

6 月 28 日

TOM 在线有限公司推出“接入门户”概念，与中国联通、中国网通、263 网络集团、神州在线联合推出互联网接入服务产品“TOM 网游神”，实现了全国 190 余个城市的无缝漫游，显示了网络媒体由内容、服务提供为主向接入领域的拓展。

江苏广播电视总台在南京成立。总台包括江苏人民广播电台、江苏电视台、江苏有线电视台、江苏教育电视台等单位。总台成立后，取消目前上述电台、电视台的台一级领导建制，实行频道、频率负责制，由总台直接管理。

国家广电光缆干线网甘肃段正式开通，甘肃省实现了与全国广电光缆干线网的互联互通。

6 月 29 日

陕西省广播电视信息网络股份有限公司成立大会暨揭牌仪式在西安举行。该公司是以广播电视节目和电子政务、电子商务等综合信息传输为主，兼营广电相关产业的大型现代化网络传媒企业。

6 月 30 日

由今晚报主办的革命圣地摄影采风展开幕。今晚报为纪念中国共产党建党 80 周年，重温艰难历程，组织了“革命圣地采风行”活动，参加这次活动的摄影爱好者有 136 人，分四路奔赴上海、井冈山、延安和西柏坡，拍摄各类照片近两万张。

同月

国内最高档次的数字电视广播平台在河南开通。

中央组织部决定，将广电总局列为中组部直接抓的干部人事制度改革综合试点单位，同时列入综合试点的还有上海市、四川省、海关总署、卫生部、中国石油集团公司等8个单位。

7月1日

国家广播电视光缆干线网正式投入运行。

全国有线广播电视台与无线电视台合并工作已经全部完成。各地已经按照方案使用新的台标、呼号并调整节目设置，并且进一步调整了播出机构和频道设置。

中央电视台首批赴台驻点记者从台北传回驻点后首条新闻——《台湾最后一次大学联考开考》，时长1分35秒，在当天的中央电视台《中国新闻》及次日《新闻60分》节目中播出。这是半个世纪以来祖国大陆电视媒体从业人员在台驻点后发出的首条新闻。

解放日报出版纪念中国共产党成立80周年丝绸报特刊，这是解放日报第一次出版的非纸质载体的报纸特刊。国家领导人黄菊撰写专稿《与时俱进　继往开来》，中宣部《新闻评阅》给予高度评价。该特刊被中共一大会址纪念馆和上海市档案馆收藏。

贵州电视台与贵州有线广播电视台合并，合并后的台名为贵州电视台。

中共赤水市委机关报《赤水报》和中共仁怀市委机关报《仁怀报》正式公开出版发行。

《莆田晚报》创刊并正式发行。《莆田晚报》前身是《兴化声屏报》，5年前扩版为《莆田广播电视报》。

陕西电视台与陕西有限电视台正式合并，并统一使用陕西电视台的呼号和台标。

美国短波收听网站（DXing.com）在其页面的动态信息栏里刊登中国国际广播电台在美国迈阿密、西雅图、洛杉矶、萨克拉门托、圣地亚哥等8个中波电台播出节目的频率和时间表。

南京电视台、南京有线电视台合并成立新的南京电视台。

湖北电视台与湖北有线广播电视台、湖北经济电视台合并为一个播出实体，统一呼号，统一台标。目前，湖北电视台下设新闻综合、文艺、经济、都市、影视、体育、教育等7个频道。

成都市委机关报《成都日报》正式出刊。

7月2日

由北京青年报对《信息产业报》收购并改制创办的《北京青年报》产经资讯“本儿报”正式创刊。它分为“人才时代”“IT时代”“广厦时代”“汽车时代”和“生活时代”五个部分，每周一至周五与正报一起免费赠送读者。

重庆电视台与澳门电视股份有限公司合作举办的第一届重庆电视节亮相澳门。澳广视中文台每周一、三、五晚10点播出重庆电视台提供的节目。

7月6日

以《中国日报》副总编辑刘砥中为团长的中国新闻代表团一行5人对朝鲜进行友好访问。

7月7日

河南《豫情时报》创刊20周年。《豫情时报》前身为《河南计划生育报》，创刊于1981年7月7日；1994年1月，更名为《人口时报》，并改为对开周报；2000年1月，更名为《豫情时报》。

7月8日

湖北日报报业集团成立，成为湖北省第一家报业集团。湖北日报报业集团以《湖北日报》为中心，旗下有《楚天都市报》《农村新报》《楚天金报》《体育周报》、新闻理论刊物《新闻前哨》、时政月刊《特别关注》和荆楚在线网站等五报两刊一网。

7月9日

中央电视台科学教育频道（CCTV—10）和戏曲频道（CCTV—11）正式开播。

中国国际广播电台英语节目在美国有线广播以及波士顿、芝加哥和奥兰多等3个城市的中波电台落地播出。

7月10日

《检察日报》创刊10周年。该报目前每日8版，周末12版。检察日报社目前已经形成《人民检察》《最高人民检察院公报》和《方圆》等一报三刊以及影视中心、网络的多层次传媒体系。

7月11日

《经济参考报》创刊20周年。《经济参考报》是新华社主管主办的重点报刊，创刊于1981年7月1日，是中国最早的全国性经济类报纸。《经济参考报》突出高端财经参考性，追踪重大热点财经新闻，透视和解读重大政策、重大事件和重大趋势。

7月13日

由新华社主办的中国新闻学院为17名硕士生举行毕业典礼，至此中国新闻学院的学历教育全部结束。

北京获得2008年奥运会主办权。当晚，羊城晚报第一时间编辑出版“号外”。人民日报出版北京申奥成功“号外”。白克明社长亲自将“号外”送上正在举行申奥成功庆典的中华世纪坛。江泽民等国家领导人高度称赞人民日报在第一时间迅速、及时、准确、漂亮地发出申奥成功“号外”。

本日至15日北京电视台连续30多小时成功直播在莫斯科的国际奥委会第112次全会表决通过北京获得2008年奥运会举办权实况，以及在北京中华世纪坛举行的庆祝晚会和天安门广场的大型联欢会。

辽宁电视台、吉林电视台、黑龙江电视台、内蒙古电视台正式宣布成立东北三省一区电视新闻合作体，确定了合作体的机构设置，划定了责任范围以及各自的权利和义务。

河南日报报业集团印务中心工程奠基仪式举行。该项目建成后，将成为我国中西部地区最大的报刊印刷基地和最大的新闻纸周转储备库。

7月16—28日

上海电视台与新西兰金水滴电视台合作，在新西兰成功举办了“新世纪，新上海”中国上海电视周。

7月17日

新疆人民广播电台哈萨克语广播完成了开办以来的首次现场直播，成功报道了在伊犁新源县那拉提大草原举办的第13届阿肯弹唱会开幕式，时长3小时。

新华社联合香港泛华科技信息技术有限公司全面进军增值信息服务业。

7月18日

青海省广电信息网络有限责任公司成立。

我国第一个以城市化为主题的专题网站——中国城市化网站在浙江省杭州市正式开通。该网站由城市化新闻、城市化论坛、城市化实践和城市化风采四部分组成。

7月19日

经新闻出版总署批准，内蒙古新闻出版局决定给予严重偏离办刊宗旨，内容格调低下的《山丹》杂志停刊的行政处罚，并对《这一代》以及《农村医药报》《阿拉善报》等几家存在违法行为的报刊提出批评，并下发行政处罚通知。内蒙古新闻出版局决定全面展开治理小报小刊的工作。

新华网推出全新打造的英文频道。新版将“聚焦中国”栏目放在主页，还推出新板块“开放的中国”，增设“中国导游”“老外在中国”“华人在海外”“学汉语”“中英双语对照新闻”等服务栏目。

由中国日报网站与中国新闻漫画研究会合作创办的国内第一家专业新闻漫画网站——中国新闻漫画网（www.newscartoon.com）正式开通。新闻漫画网还开辟了“画家在线”和“作品点评”等栏目。

7月20日

贵州日报社的金黔在线网站对贵州日报及其系列报电子版采用新域名，金黔在线同时推出新版评论系统、BBS论坛及Gog导航。

7月21日

贵州省有线广播电视信息网络中心成立。

7月22日

由中国报业协会发行工作委员会主办的首届中国报纸发行公司暨相关实体交易洽谈会在北京召开。

7月24日

亚太广播发展机构第27届管理委员会会议在北京开幕。亚太广播发展机构是政府间广播电视区域性国际组织，现有会员国25个，总部设在马来西亚吉隆坡。中国于1988年成为该机构的正式成员国。该机构旨在促进本地区广播电视事业的发展，为成员国培训广播电视从业人员及为广播电视的发展提供咨询等。

7月25日

新疆广电局841台调频工程正式竣工开播，从此结束了新疆没有中央台少数民族语言调频广播的历史。

7月30日

《河南电力报》创刊20周年。该报为河南省电力行业唯一经国家批准公开发行的报纸，期发行量达5万余份。20年来，该报策划了大批系列报道，如人民的好电工杨保民、全国优秀农村女电工赵秀莲等典型人物报道。

同月

湖南新闻界获得第一个新闻奖项。湖南人民广播电台新闻频道选送的大型直播节目《挑战世界，跨越衡山》获得了中国广播奖一等奖以及第11届中国新闻奖一等奖桂冠。天津有线台新闻专题部的电视短消息《长江源头楚玛尔河出现断流》获得中国新闻奖一等奖。这也是天津电视史上的第一次。

吉林日报社《城市晚报》主办的我国第一部乡村心理热线在吉林省松原市扶余县肖家乡威武村诞生。

江西信息时报与江西最大的门户网站阳光网景达成广告捆绑销售协议，双方将以互相代理的形式共享并扩大广告客户资源。

8月1日

云南省顺利实现卫星广播电视数字化传输。云南省对农村卫星地面收转台站的数字化改造工作同时启动。

中国国际广播电台乌尔都语广播开播35周年。

中国国际广播电台华语中心以中波方式在海外落地的汉语普通话节目《您好！墨尔本》在澳大利亚墨尔本正式播出。

深圳特区报业集团旗下的综合性日报《晶报》创刊，30万份创号销售一空。

即日起，昆明日报采编人员采写和编发稿件，必须持有云南省委宣传部统一印制的新闻专业人员上岗证。由此，《昆明日报》成为云南省实行持证上岗制度的第一家新闻单位。

8月3日

江苏广播电视总台成立。电视台将设新闻综和频道、城市频道、综艺频道、影视频道、教育频道，统一使用江苏电视台台标和呼号。

8 月 4 日

解放军报网络版的“国防论坛”首次开坛，并与新华网的“发展论坛”合作，开通范匡夫和他女儿范帆与网民的对话栏目。这次策划活动是军报网络媒体参与重大典型宣传的第一次尝试。人民网次日也开辟同样的节目，这是三大中央媒体网站为了一个共同的宣传项目进行的第一次网上联合行动。

8 月 8 日

中宣部新闻局《新闻阅评》刊登题为《乡情实话反映了农民的心意》的文章，报道了《宁夏日报》从 3 月下旬起开设“乡情实话”专栏，对实际工作起到了一定的推动作用，应给予积极评价。2001 年中宣部新闻局在《新闻阅评》上对该报 8 篇稿件和 3 个栏目给予了肯定，是历年受到好评最多的报纸。

8 月 9 日

澳门五星卫视被准许在内地落地播放。五星卫视是由五星传媒控股有限公司投资创建的国际卫星电视机构，总部设在香港。

8 月 10 日

四川电视台与德国巴伐利亚电视台联合拍摄反映世界交通历史及现状的电视专题片《交通史话》在德国开拍。

青海新闻网在西宁开通。目前已开通中文和英文 2 个版本、14 个频道近百个栏目。该网站正在筹备开通藏文频道。

8 月 11 日

新华社正式与印度联合新闻社签署新闻交换协议，相互无偿接收对方的英文新闻。这是新华社新德里分社自 1999 年 2 月在印度发展用户工作以来实现了零的突破。

8 月 14 日

湖南省互联网协会正式成立。湖南省互联网协会由湖南省电信公司、湖南省移动通讯公司、国防科技大学等 11 家单位联合发起。该协会旨在联合省内与互联网络相关的企事业单位和学术团体，代表湖南省参与国际、国内组织的交流活动。

8 月 15 日

河北电视台（第五套）视频点播节目开始试播。这是我国首家电视视频点播频道。

8 月 18 日

青岛电视台首次进行跨洲直播，与山东电视台，香港凤凰卫视中文台、欧洲台、美洲台联合通过卫星向全国和全世界直播了第 11 届中国青岛国际啤酒节盛况。

国家广播电影电视总局科技委专业委员会审议修改了广播节目播出技术质量评奖条件。

8 月 19 日

2001 年全国电视新闻年会在重庆召开。

8 月 20 日

新华网多媒体频道正式开通。频道采用了目前因特网最先进的流媒体技术，能以直播和点播等不同方式为网民提供音视频多媒体服务。

新华网浙江频道第一次登上新华网主页导航台，成为第一个进入导航台的新华网地方频道。

8 月 22 日

新华网首次以多媒体直播方式向广大网民全方位展示第 21 届世界大学生运动会开幕式。

北京电台网站北京广播在线开播。网站设有“新闻中心”“精品内容”“节目推荐”“电台动态”“收听指南”“服务特区”等频道。

中央电视台第 4 届台湾听众联谊会在北京、湖南两地举行。

8 月 25 日

由内蒙古党委宣传部和内蒙古记协主办的全区首期马克思主义新闻观教育读书班在内蒙古党校圆满结业。

8 月 26 日

江苏省广电总台金陵之声广播电台“健康时代”开播。

8 月 27 日

《小学生报》创刊 20 周年。《小学生报》是一张以小学生为主要读者对象的综合性报纸，4 开 4 版，1981 年 10 月 1 日创刊，曾被评为优秀少儿报纸。

8 月 28 日

国家广播电影电视总局网站（www.chinasarft.gov.cn）正式开通。网站将向社会介绍中国广播影视事业的历史、现状，发布最新的广播影视发展动态、政策法规和重要的管理信息，并且提供权威的中国广播影视信息和优质服务。

2000 年度中国广播电视新闻奖颁奖及研讨会在西安举行。

由文汇新民联合报业集团主管、主办的《行报》全新改版，成为全国第一张为市民服务的汽车服务信息报。

《广西工商报》更名改版为《广西市场报》正式出版发行，新报纸为一张经济类综合性报纸。

8 月 29 日

全国首家网络媒体记者俱乐部在新疆乌鲁木齐成立。新疆日报、新疆人民广播电台、新疆电视台、兵团日报等当地主流媒体的记者成为俱乐部首批会员。

8 月 30 日

山东省广播电视局、济南市广播电视局共同签署了《山东广播电视报》与《泉城周报》联合办报的协议书，在全国开创了省、市广播电视报联合办报的先河。

同月

《韶山报》获准公开发行。《韶山报》创刊于 1993 年，同年获得湖南省报刊准印证号，以 4 开 4 版周刊在韶山市内发行。

新华社巴黎分社同法国十字架报签订了图片供稿协议。该报是法国 10 大全国性日报之一。至此，法国 10 大全国性日报中已有 9 家成为新华社新闻或图片用户。

Tom.com 网络公司在香港宣布将建立中国最大的户外媒体网络，并宣布收购 5 家内地广告公司。

共青团中央授予人民日报网络中心论坛组 2000 年度全国青年文明号，是这次被团中央命名的 131 个青年文明号中唯一一个从事互联网媒体报道的集体。

上海卫星电视成为继中央电视台第四套节目之后第一个进入台湾的祖国大陆省级电视媒体。

海南广电有线网络有限公司注册成立。三亚广播电台与三亚电视台合并成立三亚广播电视台。

潍坊广播电视报社被评为全国公益广告活动先进单位。

9 月 1 日

国家广播电影电视总局 542 卫星地球站投入运行。该站承担 40 路广播、央视七套、央视四套、央视九套和村村通 5A 转发器广播节目的上行传输和为沙河站备播的任务，使中央广播电视节目上行传输系统可靠性得到显著提高。

中国国际广播电台斯瓦希里语开播 40 周年。

藏语安多方言正式进入中央台藏语广播《乡音荟萃》节目。

中华网推出收费电子邮箱“信天邮”，这是中华网建立在大型超级计算机系统之上，进一步提高用户邮件的安全和可靠性的一项新举措。

即日起，湖南广播电视集团试行最差节目（稿件）评议制度，对评选出的最差节目（稿件）进行经济处罚，每次罚款 5000 元，罚款由节目生产者和节目把关人员共同承担。一个栏目连续三次被评为最差节目，给予黄牌警告，并向全集团通报。

9 月 2 日

“中国航拍第一人”赵群力驾驶的一架小型飞机因碰上高压电线在浙江温州永嘉县黄南乡坠毁。赵群力是香港凤凰卫视中文台的记者并且担任以大型文献纪录片《邓小平》为代表的一批电视作品的执行总编导兼航空摄影。2000 年因出色完成大型电视纪录片《穿越风沙线》的航拍任务，他被授予 2000 年最具专业精神的电视人大奖。赵群力担负了国外航空拍摄中驾驶员、领航员和摄影师的三重责任，是我国驾驶国产轻型飞机、独立进行航空摄影的第一人。

《山东广播电视报》与《泉城周报》联合办报，联合后的新报名仍称《山东广播电视报》。《泉城周报》的刊号改由一份电视娱乐周刊《齐鲁电视》使用。

9 月 3 日

中国教育电视台正式播出《小学英语同步课堂》节目，以缓解部分地区开设小学英语课与教师资源不足的矛盾，提高小学英语教学质量。

9 月 4 日

国家广播电影电视总局确定江西省鹰潭市广播电视局为全国七省（区）、九市（地）广播电视播出机构转变职能试点市。

9 月 6 日

本日至 21 日四川省率先在全国完成藏区广播电视覆盖工程任务。

9 月 8 日

北京广播影视集团与北京娱乐信报举行签约仪式，由北京广播影视集团主办，北京昆朋网城、北京电台、北京电视台协办的综合性日报《北京娱乐信报》创办。其前身是《戏剧电影报》，2000 年 10 月 9 日正式更名为《北京娱乐信报》。报纸发行以北京为主，辐射全国，零售为主，邮发为辅。

9 月 10 日

中央人民广播电台等全国 25 家电台联合推出深入学习“七一讲话”系列专题节目“一脉相承的科学理论　与时俱进的时代品格”。这次系列节目是全国理论广播第一次联合策划、制作、播出的专题报道。

中央电台网站实现 8 套节目全部直播。

《中国土族》杂志正式并入青海日报社。《中国土族》于 2000 年由国家新闻出版总署批准，面向国内外公开发行。

日本经济新闻社与北京大学新闻与传播学院合作办学为期 4 个月，合作涉及新闻事业的管理、采访与编辑、经济新闻的采访与报道等。

9 月 11 日

美国发生“9·11 恐怖袭击事件”，当日北京时间 20 点 50 分后，美国媒体开始报道第一波袭击。中央电视台迅速在《现代播报》中播出，并及时补充最新收到的第二波袭击的最新内容。中央电台、中国国际电台也迅速做了相应的报道。中央电视台第四套节目从 9 月 11 日 23 点至次日晨 8 点，连续播出 11 次新闻，并口播多条新华社快讯以及美国世贸中心大楼遭受恐怖主义袭击的新闻背景。

由中国国际广播电台、江苏广播电视总台等单位主办，江苏人民广播电台音乐频道承办的全球华语音乐广播创意节目邀请赛暨首届全球华语电台论坛，在南京国际会议中心举行。海内外 45 家华语电台近百名代表参加了此次活动。

9月12日

《健康报》创刊70周年。1931年，《健康报》在江西中央苏区首府瑞金创刊，当时由中央军委总卫生部出版，以毛泽东提出的“一切为了伤病员健康”为办报方针。它是我国革命根据地最早创办的卫生专业性报纸。新中国成立后，《健康报》成为卫生部机关报。

我国规模最大的综合性多媒体涉藏网站中国西藏信息中心（www.tibetinfor.com）正式开通了藏文版，该版由《今日西藏》《新闻纵横》《经济生活》《西藏百业》《藏学精粹》等11个栏目组成。该网站在2000年5月开通中文版，在2001年1月开通英文版。

9月13日

国家广播电影电视总局设计院更名为中广电广播电影电视设计研究院。自2002年4月1日起，设计院正式启用新章。

云南日报报业集团成立。集团现有《云南日报》《春城晚报》《滇池晨报》《文摘周刊》《大众消费报》《大观周刊》《云南经济日报》《民族时报》《云南科技报》和云南日报网站、5个海外版等媒体。

9月17日

湖北《襄樊日报》推出100个版，开内地地市州报日出版数量之先河。

9月18日

北京广播影视集团出资2500万元控股主办《北京娱乐信报》。

9月20日

《文摘报》创刊20周年。《文摘报》于1981年10月6日创刊，先后由全国记协、人民日报、光明日报主办或出版，1987年改由光明日报独家主办、出版。

9月21日

宁夏报纸副刊研究会成立。

9月24日

福清—平潭海底光缆通过工程验收，并于10月1日开通。它是福建省广播电视系统自己承建的第一条专用海底光缆，在全国尚属首例。

9月25日

“西新工程”重要项目——新疆70个县市布点建设调频广播工程全部完成。工程新增142部调频广播发射机，转播中央一套广播和自治区少数民族语言广播节目。

9月26日

长沙晚报报业集团挂牌成立。《长沙晚报》创办45年，目前集团旗下已有四报一刊一网站，即《长沙晚报》《东方新报》《军事博览报》《购物参考》《创作》（双月刊）和星辰在线网站。

江苏省决定100家持省内刊号报刊停办或转为内部资料性出版物。

9月28日

由青海日报社主办的青海省唯一省级综合性经济类报纸《西海商报》正式创刊。

《新民晚报》特派记者郑裕利、吴强开始“台北采访行”旅程。这是大陆地方媒体首次获准对祖国宝岛台湾进行的采访活动。在半个月访台期间，两位记者在台北、台中和高雄等地采访学校、社区、企业、农村、港口、证券、科研、旅游、媒体等单位，还实地采访了“9·21大地震”灾害现场。

9月29日

湖南广播电视台经视频道特设立公众开放日，在每周六向公众免费开放。这使湖南经视成为全国首家向社会开放的电视媒体。

《三秦都市报》《兰州晨报》《新消息报》《西海都市报》和《新疆都市报》组成西北五省（区）省级都市报互动联盟。这种新的报业联盟在我国属首例。

新华日报报业集团正式挂牌成立。集团旗下拥有《新华日报》《扬子晚报》《服务导报》《南京晨报》《新闻通讯》《江苏经济报》《经贸导报》等报刊，以及新华广告公司、扬子广告公司、新华房地产公司、华柏彩印公司、新华贸易公司、财务结算中心、新华印务中心、新华发行中心、新华印刷物资采购供应中心等多家公司。新华日报报业集团成立后，将逐步在无锡、苏州、扬州等城市建立新华日报社分社。

9 月 30 日

新华日报报业集团印务基地正式动工兴建，它是目前国内设施最好、装备最佳的印务基地。

新华网在国内 31 个分社的 33 家地方频道全部完成改版。

同月

吉林省重点新闻网站“中国吉林网”正式开通。该网站是吉林省最大的网上新闻信息发布平台。

阳光文化网络电视控股有限公司在香港联交所上市。该公司主要从事媒体相关业务，包括节目制作、推广及分销。

北京市编办批准北京市广播电视局成立执法监督办公室。该办公室主要职责为负责全市广播影视的行政执法，受理举报、投诉，开展调查、处理等。

东南电视台《记者行动》栏目、三明人民广播电台被评为全国广电系统优秀“青少年维权岗”。

“李绿松割舌案”一审宣判，被告山西青年报、羊城晚报和法制日报等 11 家新闻媒体败诉，太原市中级人民法院判被告赔偿原告岚县公安局副局长杨旺元经济损失和精神抚慰金共 9.7 万元。

浙江省杭州市 33 家报纸和刊物被撤销、转并或报改刊形。在这次清理整顿中，上城、下城、江干、拱墅、西湖、滨江 6 个区的区报，因未经新闻出版行政部门批准而擅自创办，被要求在 12 月 31 日前撤销并停办；由杭州市园文局等主办的《风景名胜》等 3 家刊物划转并入杭州日报社统一管理；由杭州市社科院主办的《杭州研究》等 15 家报刊被要求在本月底前取消“协办”“联办”“理事会”和“联谊会”等。杭州市同时作出规定，内部资料只限于本行业、本系统、本单位内部交流和赠阅，一律不得以任何形式收费征订。

《南风窗》从本月起开始半月刊的试刊，将于 2002 年正式改为半月刊。

10 月 1 日

中国国际广播电台通过美国新世界电台购买的费城和巴尔的摩两家城市中波电台的时段开始启动，两台每周一至周五每天播出国际台 1 小时的英语节目。

河北电视台首次航拍的资料片《河北形象工程》摄制完成。此次航拍遍及全省 11 个市，共拍摄了 90 个小时的珍贵资料，投资 100 万元。

10 月 2 日

内蒙古电视台蒙古语电视开播 25 周年，蒙古语新闻综合频道推出现场直播特别节目“二十五周年的历程”以及纪录片《草原上的人们》。

10 月 3 日

拥有 54 年历史的台湾《自立晚报》宣布停刊。

10 月 6 日

世界中文报业协会第 34 届年会在深圳举行。这是该组织成立 30 多年来第一次在中国内地举行年会。大会的主题是：网络媒体与平面媒体的关系。

10 月 8 日

上海电视台体育频道开播，体育明星刘

璇、姚明、浦玮、诸韵颖、孙吉、孙祥等成为体育频道的形象代言人。

即日起，《文汇报》全面改版，改版后定位为一张立足上海、面向全国的大型综合性日报，突显科教文卫体、理论学术和旅游等版块。

《武汉晚报》与其子报《今日快报》合并成新版的《武汉晚报》。

10 月 10 日

江苏省扬州市召开专门会议，针对小报小刊过多过滥、挤占党报党刊空间、增加群众负担的问题，该市采取四条对策：一是停办省内刊号报刊，该市 5 家省内刊号报刊从 2002 年起一律停办，或由《扬州日报》吸纳，或转为内部资料；二是对持全国统一刊号的县（市）委机关报，争取市县联办；三是所有内部资料性出版物，一律不得开展下半年度征订工作，已收取 2002 年征订款的，要在 12 月 1 日前全部退还，内部资料一律在封面醒目位置标明“内部资料，免费交流”，一律不准收取工本费，不准拉赞助，不准刊登广告，不准通过交换或赠送方式传播到国外或港澳台地区，不准刊载申请单位专业分工以外的信息；四是市批的内部资料性出版物，年底前一律停办。

10 月 12 日

浙江省新闻工作者协会网络工作委员会宣告成立。

10 月 14 日

山西省黄河电视台“法治・道德”频道正式播出，这在全国电视媒体中尚属首创。该频道设《黄河报道》《公民与法》《执法追踪》《道德经纬》《黄河热线》等 8 个栏目。

10 月 18 日

中央电台朝鲜语广播创办 45 周年。

中央电台《晚报浏览》节目创办一周年。《晚报浏览》栏目采取中央电台与报纸的跨媒体合作形式，创办于 2000 年 10 月 18 日，是中央电台联合全国 40 多家重点晚报共同推出的一档新闻性主持人节目。

重庆日报报业集团正式成立。重庆日报报业集团旗下有 8 报 1 网，即《重庆日报》《重庆晚报》《重庆晨报》《重庆经济报》《消费导报》《健康人报》《体育报》《新女报》和华龙网站。

福建东南新闻网（www.fjsen.com）正式开通。它是目前福建最大的新闻网站。该网是由中共福建省委宣传部主管，福建省人民政府新闻办公室主办，福建互联网新闻中心实施操作的以新闻为主的大型综合性门户网站。

10 月 19 日

中国国际广播电台葡萄牙语部第一次向巴西 CBN 电台传送节目，节目内容为江泽民主席在上海与美国总统布什举行会谈的新闻和评论。

凤凰卫视中文台在珠江三角洲地区全面落地。

10 月 21 日

“厦门日报・厦门晚报首届读者节”在福建厦门市白鹭洲举行。从 2001 年起，厦门日报社将每年的社庆日 10 月 22 日定为本社日报、晚报的读者节。

10 月 22 日

上海无锡正式推出“有线通”业务，即有线双向宽带网应用服务，使传统的广播电视网从单纯传输有线电视信号的单向媒介变成一个双向互动的多方位服务平台。

10 月 23 日

中国国际电视总公司、美国在线—时代华纳公司及广东有限广播电视网络公司合作协议在国家广播电影电视总局正式签署。根据协议，从 2002 年 2 月 1 日起，中央电视台第九套节目将在美国纽约、休斯敦（从

2002年12月31日起增加洛杉矶）有线电视网落地，美国在线—时代华纳公司的华娱电视将在广州珠江三角洲落地。这是广电总局批准的第一个中央电视台与外国电视机构对等落地的方案，也是总局“走出去工程”的一个重要项目。

10月26日

新疆人民广播电台维、汉、哈、蒙、柯5种语言广播实现了互联网网上播出，全天18个小时的节目，网民可听、看、说、写，初步实现了广播和网播互动的现代广播新格局。

10月29日

中国国际电视总公司与香港凤凰卫视携手，共同组建合资公司以开拓全球华语电视市场。双方就共同开拓北美电视市场达成协议：凤凰卫视利用在美国市场良好的商业合作模式和沟通渠道，为央视四套在美国的主流卫星电视平台上播出提供互动服务。

10月31日

内蒙古自治区2001年度“西新工程”建设任务全面完成，提前实现了国家广播电影电视确定的目标。

湖南日报报业集团正式挂牌成立。目前，湖南日报报业集团形成了以《湖南日报》为龙头，下辖《三湘都市报》《文萃周报》《家庭导报》《现代消费报》《大众卫生报》《科技导报》和湖南在线网站的7报1网站的媒体格局。

同月

陕西人民广播电台举办了首届听评月活动。活动共收到全省和河南、甘肃、山西等省市的听众来信、来电、电子邮件15000多件（个），接待来访听众近百人（次）。

哈尔滨日报报业集团主办的大众普及类周报《科学发现报》创刊。《科学发现报》前身是由哈尔滨市科协主办的《科技经济导报》，9月初被哈报集团正式收并。

我国安全生产领域第一份综合性报纸《中国安全生产报》在北京正式创刊。该报由国家安全生产监督管理局主办。

广东电台股市广播“财经927”专业电台正式播出。

河南质量技术监督局的行业报《质量时报》正式划归郑州晚报社主管。

上海宽带接入实现电视、电话、上网三位一体，电视、电话、上网一线提供将成为现实。

海南省重点新闻网站海南新闻网（www.hnflcm.com）正式开通。该网隶属于海南日报社，日更新新闻近500条，来源为海南日报社主办的《海南日报》《南国都市报》《证券导报》《教科导报》、新华社电稿、国内和省内新闻媒体。网站同时设立了英语新闻（海南新闻）栏目和中文繁体版。

法国索福瑞公司注资8000万美元把央视调查咨询中心改造成一家中外合资的调研公司。这是在央视与法国索福瑞公司合资成立央视—索福瑞公司开展中国电视收视率调查业务3年后，双方更进一步的合作。

11月1日

北京新华在线信息技术有限公司在北京宣布：传媒增值服务机构新华传媒工场正式揭牌成立。

即日起至5日，内蒙古广播电影电视局与蒙古国广播电视管理局签署了关于向乌兰巴托听众播放中国内蒙古自治区新闻、音乐、经济、文化和科学等方面广播节目的协议。

11月2日

新疆人民广播电台的维、汉、哈、蒙、柯5种语言节目实现了网上同步播出，这在西部12个省区市尚属首家。

11月3日

由北京电视台制定的《广播电视节目成

本核算与内部收入分配管理》科研成果鉴定会举行。鉴定会是由国家人事部中国人事科学研究院组织，并颁发科研成果鉴定证书。这项成果第一次将广播电视节目的成果核算和收视率两个指标结合起来，作为决定内部分配和奖励的主要依据。

11月4日

重庆新闻媒体形象展示暨读者观众听众见面会在重庆市劳动人民文化宫举行。全市60余家新闻媒体参加了这次形象展。会上，受被报道者毒打的女记者罗侠与读者见面。

11月5日

《中国少年报》创刊50周年。《中国少年报》创刊于1951年11月5日，是少先队的队报。

11月6日

山东省广播电视系统第一家按照现代企业制度规范运作的股份制传媒企业——山东视网联媒介发展股份有限公司在济南成立。

11月7日

青海省三条省级广电光缆干线（平安至同仁段）建设竣工并通过验收。

新华社建社70周年。新华社的前身红色中华通讯社，于1931年11月7日在江西瑞金成立，1937年1月在陕西延安改为现名。目前新华社在全国设有33个分社，在境外设有140多个分支机构。同日，新华通讯社安徽分社成立50周年。新华社多媒体数据库试运行，该数据库汇集全球新闻信息资源，是国内最大规模的新闻信息库。

拥有55年历史的暨南大学新闻学系组建为新闻与传播学院。

11月8日

中国电视艺术家协会成立电视剧评估委员会，以期推动中国电视节目进入世界市场。该委员会的主要职责是，对电视剧本题材是否有拍摄价值进行评估；对有拍摄价值的剧本提出修改意见，使剧本能较好地体现思想性、艺术性和观赏性的统一；如原作者提出要求，中国视协将向制作单位推荐帮助修改剧本的作家；如制作单位奖金不足或没有资金，剧本质量又有较高水平，中国视协帮助筹集拍摄资金；对完成片的质量作出评估。

安徽阜阳市新闻工作者协会成立。

老新闻工作者联谊会在北京湖广会馆举行，百余名老记者欢聚一堂。中国记协名誉主席吴冷西、主席邵华泽、党组书记徐心华参加了联谊活动。

杭州日报报业集团成立。目前，杭报集团以《杭州日报》为龙头，以《都市快报》、《每日商报》为主力，拥有《萧山日报》、《富阳日报》、《城乡导报》、《都市周报》及《风景名胜》杂志、《休闲》杂志、《杭州》杂志等10种报刊。同时，集团还投资广播电视，发展移动媒体、户外媒体、数字出版、商务印刷、文化会展业，形成以报刊为主业，兼营多媒体和相关文化产业的大型现代传媒集团。

即日起至12月5日，云南人民广播电台、云南卫视和云南广播电视报的11名记者组成“澜沧江—湄公河纪行”跨国采访团，沿这条著名的国际河流而下，访问了沿岸的老挝、缅甸、泰国3个国家，行程8000多公里。记者团采访了3国的政府官员和商界人士，报道了澜沧江—湄公河国际航道开通以来，航道沿线的交通、能源、通讯、旅游、边境贸易和环保等问题，反映了澜沧江—湄公河次区域经济合作的现状和前景。

11月9日

国家广播电影电视总局科技司通过国家广播电视光缆干线网召开了12个省（市）有线数字电视试验第5次电视工作会议。

本日至25日广东数字音频广播试验试

播台成功地进行了九运会节目的 DMB 播出演示。国家主席江泽民、国务院总理朱镕基及广东省委书记李长春观赏了 DMB 播出的节目，并给予了高度的评价。

11 月 10 日

《电脑报》创刊 10 周年。位于重庆市的《电脑报》，办刊 10 年创下了全国三项第一：发行量为全国计算机报之最；年销售收入增长速度为全国科技报刊之最；创办了全球最大的中文 IT 网站——天极 ChinaByte。

21 点至凌晨 1 点 52 分中央电视台第一套节目播出了《中国入世特别节目》。特别节目以卡塔尔多哈世界贸易组织第 4 届部长级会议审议、通过中国加入世界贸易组织现场直播为主线，北京总演播室为总串联，融合前方递进式现场直播报道、新闻报道、背景专题、演播室访谈等节目，第一时效、全方位、多角度地记录了中国入世的历史时刻。

11 月 11 日

中国加入世界贸易组织。中国国际广播电台 43 种语言的对外广播和国际台互联网站迅速、准确、全面地报道了多哈会议的情况、我国政府对于入世的积极态度和原则立场，以及国际社会对中国入世的积极反响。

11 月 12 日

中央电视台图文页节目停止播出。图文页节目是电视数据广播的一种节目形式，中央电视台自 1993 年开播，全国许多电视台转播。随着广播电视系统数字化改造进程加快，电视模拟信号被数字信号所取代，基于电视模拟信号播发的图文页节目届时也将消失。为积极主动地进行中央电视台数据广播从模拟方式向数字方式的过渡，中央电视台图文页节目停止播出。

11 月 13 日

国家广播电影电视总局召开安全播出会议，中国国际广播电台 10 月份安全播出实现空播率 0 秒/百小时，受到与会者的好评。

湖南省《常德晚报》实现扩版，从原来的 4 开 8 版扩为 4 开 16 版，这是湖南省同期创办的晚报中第一张扩版的报纸。《常德晚报》于 2000 年 7 月 1 日创刊，由常德日报社主办、主管。

11 月 14 日

中国教育电视台制作的《我想知道·肥皂泡与液面张力》获得第 28 届“日本赏”国际教育电视节目大赛的“放送文化基金奖”。

中国中央电视台和美国有线电视新闻网签署关于交换新闻节目的协议。根据协议，CCTV 和 CNN 分别在其新闻节目中使用对方的新闻内容，在国际重大事件的报道中进行合作和协调。按照协议有关条文，央视国际网站可以使用 CNN 新闻信息；双方还将实施人员交流和培训计划。

国家广播电影电视总局在京召开了广播影视业改革座谈会暨 2001 年法制工作会议，深入学习中办发〔2001〕17 号文件，讨论修改总局贯彻落实 17 号文件的实施细则，总结 2001 年法制工作，部署下一阶段广播影视法制工作任务。

11 月 15 日

中共陕西省委宣传部、陕西省新闻出版局、陕西省广播电影电视局等部门，联合出台《陕西省新闻工作者暂行管理办法》。

11 月 19 日

中国新闻周刊在出版总第 72 期之后，因资金周转出现暂时困难，被迫休刊。至此，被外界关注的中国新闻周刊与新世纪成功集团的合作也随之告终。

英国传媒集团皮尔逊公司与中国中央电视台旗下中视传媒股份有限公司成立合资公司。皮尔逊公司旗下有著名的企鹅出版公司和金融时报等媒体。该合资公司将在国内通过电视及宽频服务，向 3.5 亿户家庭提供教育及消费节目。

新华社牵头组织，全国晚报协会等新闻机构协同，与国内最大的信息安全反病毒专业厂商瑞星公司共同组建起我国第一个面向公众的计算机病毒预报网络，定期向全社会公布计算机病毒预告信息。

11 月 21 日

2001 年度新疆“西新工程”各项任务全面完成。新疆维吾尔自治区广电局 523 台、631 台广播开播。

中央人民广播电台召开维语广播创办 45 周年座谈会。

山东省记协维护新闻工作者合法权益工作委员会成立。新成立的维权委由省记者协会、省政法部门和省市各大媒体的领导、专家组成。

中国教育电视台与部分高校为进一步加快现代远程教育工程的实施，推动现代远程教育标准化研究、制订和国家标准的颁布工作，正式启动现代远程教育标准化研究与标准化网站建设项目。

11 月 22 日

香港文汇报社资讯技术部主任余仕清遭遇暴力袭击，于 24 日中午不幸去世。

辽宁省报协成立 10 周年，目前协会已有 80 多个委员单位。

11 月 25 日

山东电视台齐鲁频道在泰山转播台 46 频道正式发射播出，新增覆盖人口 1000 万。

闻名全国的“卧底女记者”徐俏做客重庆电视台《龙门阵》栏目，讲述她与艾滋病人在一起 180 天的独特体验。2001 年 9 月中旬，她将自己花费 20 万元采访制作的长达 120 分钟的新闻纪录片《疼痛》赠送给四川电视台，引起较大反响。

文汇新民联合报业集团出版的《新民周刊》杂志首次在博览会上亮相。《新民周刊》杂志是一份综合性新闻时事周刊，设有《一周关注》《环球点击》《特稿》《社会万象》《经济观察》《文化视窗》等专栏。

11 月 27 日

北京市海淀区法院经公开审理对中央电视台台标图案设计人张德生以著作权人的身份起诉中央电视台侵权案作出判决，认为台标著作权应归中央电视台，驳回张德生的诉讼请求。

11 月 28 日

中国教育电视台与李嘉诚基金会共同主办第 5 届全国远程医疗教育研讨会，会议内容为有关人类基因组的疾病治疗。

同月

广东省高级人民法院分期分批组织全省各级法院的新闻联络员进行跟班轮训，学习新闻实务。

新闻出版总署决定，对中国经济信息报刊协会主管、主办的经济消息报社给予停业整顿 6 个月的处罚，对今日信息报社给予行政警告处罚。2000 年，经济信息报社搞社外编辑部，违规出版《百姓论坛》，被新闻出版署责令停止出版，并给予违纪违规警告处理。2001 年 5 月，该报又违规出版《卡通世界》《西部周刊》，后又擅自设立内参社，编辑、印制内容有严重问题的非法出版物。今日信息报于 2000 年 5 月至 2001 年 8 月非法设立社外编辑部，违规出版总计 66 期《今日信息报・税务导刊》，并加印报纸部分版面在河南发行。两报的上述行为违反了《出版管理条例》《报纸管理暂行规定》等有关法规。

新华社被评为 1996—2000 年度全国群众体育先进单位。

上海电影节控诉陕西省华商报社发布捏造虚假事实，侵犯其名誉权。

浙江在浙江广播电视高等专科学校的基础上开始筹建浙江传媒学院。

上海电信公司正式取得香港电视广播公司旗下的上海翡翠明珠公司 20%的股份。合资公司将以上海为基地，并陆续跟中国电信的子公司洽谈类似合作，逐步向苏杭及南京等南方城市发展。

12 月 1 日

西藏昌都人民广播电台康巴语节目开播。康巴语为藏语三大方言之一，昌都人民广播电台康巴语节目每天播出 18 个小时，内容涉及新闻、农牧、科技、卫生、文艺等方面。这套节目不仅用调频和中波传送，而且进入有线电视网传输，形成了一个空中、地面、有线和无线的立体播出网络。

12 月 2 日

中央电视台《新闻 30 分》播出全国 200 座城市统一销毁 2000 万张违法音像制品的报道。这次行动是中国政府加入 WTO 后履行对保护知识产权做出的承诺，表明中国政府对打击侵犯知识产权的决心和力度，也是在《著作权法》修改后提高公民知识产权保护意识，深入开展音像市场治理整顿的重要举动。

12 月 3 日

国家广电总局举行中国人民对外广播事业暨中国国际广播电台创建 60 周年纪念大会。中共中央政治局常委、国务院副总理李岚清出席，中共中央政治局委员、书记处书记，中宣部部长丁关根发表讲话，何鲁丽、毛致用等参加大会。

《北京青年报》改变报型，采用国际规格的瘦报，以方便读者阅读。

迄今我国索赔金额最大的名誉侵权官司，在重庆市高级人民法院作出一审判决，重庆万昌房地产投资开发有限公司要求重庆晨报赔偿 3400 万元人民币的诉讼请求被法院驳回。

12 月 4 日

上海电视台与日本 STV—Japan 株式会社签署《上海电视台卫星频道落地日本的协议》。由此，上海卫视成为继中央电视台之后第二家获日本政府许可在日本播出的中国大陆电视媒体，也是国内唯一一家得到广电总局批准在日本落地播出的省级电视频道。上海卫视于 12 月 15 日以直播方式在日本开播。

12 月 5 日

中央电视台《极地跨越》摄制组一行 20 余人自北京整装奔赴南极，开始从南极出发，穿越美洲大陆到达北极的拍摄壮举。摄制组会聚了国内电视界的众多精英，计划用 8 个月的时间，自驾 6 辆国产越野车，途经 30 余个国家和地区，实现“中国人走世界、中国人看世界、中国人说世界”的地理大跨越。本次活动是中国电视史上拍摄路程最长的一次，所拍摄的电视节目将通过卫星传送，采用前方拍摄与后方演播室主持人、专家探讨有机结合的半同步制作方式播出。

中国摄影家协会和中国铁道建筑报联合举办的“大路影展”在北京军事博物馆亮相。

12 月 6 日

中国广播电影电视集团在北京正式成立。集团拥有中央电视台、中央人民广播电台、中国国际广播电台、中国电影集团公司、中国广播影视传输网络有限责任公司、中国广播互联网站以及若干科研院所、艺术团体、新闻出版社、企业公司等，将形成拥有广播、电视、电影、传输网络、互联网站、报刊出版、影视艺术、科技开发、广告经营、物业管理的综合性传媒集团。

国家广电总局在北京召开广播影视集团化改革座谈会。会议主要内容为交流前一阶段广播影视集团化试点工作的情况，讨论落实 17 号文件精神，推进集团化改革积极健康发展。徐光春、赵实、胡占凡、赵化勇、杨波和有关省区市广电局长、集团（总台）负责人及有关司局负责人参加了会议。

12 月 7 日

由中共中央国家机关工委主办、江泽民同志题写刊名的《紫光阁》杂志出版百期。

12 月 8 日

中央电视台第一套节目对 2002 年广东省公路春运客运价格听证会进行现场直播。此次直播是中央电视台首次对价格听证会进行的现场直播，直播采用了演播室与听证会现场结合的方式，还引入了网络和热线电话，使得场外观众能够参与电视直播，丰富了直播的表现手段。

12 月 9 日

重庆日报报业集团主管、主办的女性周报《新女报》创刊。重庆鼎典律师事务所出资 10 万元，独家买下创刊号冠名权。

12 月 10 日

中央电视台《焦点访谈》以《没谱的车检》为题，报道了天津市车检工作中存在的问题。国务院总理朱镕基看完节目后，立即请李岚清副总理过问此事，此后朱镕基总理在不同的会议上又曾三次提到这个节目。国务院副总理李岚清于当晚即给中共天津市委书记张立昌打电话询问此事，要求对此事进行查处。

12 月 11 日

信息产业部将从 2001 年 12 月 11 日起废止两项禁止外资进入电信业的法规，即《从事放开经营电信业务审批管理暂行办法》和《放开经营的电信业务市场管理暂行规定》。这两项法规规定：放开经营的电信业务，一律不许境外各类团体、企业、个人以及在中国境内已兴办的外商独资、中外合资和合作企业经营或者参与经营，也不得以任何形式吸引外资参股经营。

贵州省《毕节报》正式出版发行。

12 月 12 日

国务院总理朱镕基在全国宗教会议闭幕会上讲话时提及中央电视台《文化视点》栏目。他认为中央电视台一套《文化视点》播出的节目《节多奖多晚会多并非多多益善》提的问题好，有针对性，天天都办节，天天都评奖，有的地方穷得要命，还拼命在搞这些形式主义，花钱如流水，要腾出钱来办些党和政府老百姓真正受益和关心的事。

中国最大的专业媒介与市场研究公司——央视市场研究股份有限公司在京举办开业庆典。央视市场研究股份有限公司是中国国际电视总公司与世界第四大市场调查和咨询集团——索福瑞集团的合资企业。它的前身是央视调查咨询中心。

12 月 13 日

青海省广电局举行全省“西新工程”表彰大会暨省短波中心开播仪式，省委副书记宋秀岩等有关领导出席大会，省广电局领导及“西新工程”中的先进个人等近百人参加大会。

全国十大新闻网站之一、广东省大型综合性新闻宣传网站——南方网（www.southcn.com.cn）正式开通。

由中国国际广播电台主办、《世界新闻报》协办的第 6 届国际问题报道研讨会在北京举行。来自首都新闻界及全国其他省市从事国际新闻报道的近 50 家媒体、近 100 名记者及编播人员参加会议。

12 月 14 日

湖北日报报业集团旗下网站——荆楚在线（www.cnhubei.com）正式开通。荆楚在线前身为《湖北日报》网络版。

新疆电视台副台长伊力汗·奥斯曼被评为中国十大杰出青年。

12月15日

中国国际广播电台柬埔寨语广播开播45周年。柬埔寨语广播部专门制作了《柬埔寨语部开播45周年知识竞赛》系列节目。节目播出同时，柬埔寨语部同柬华理事会联合在柬埔寨听众中开展知识竞赛活动，共印制了18000份竞赛试卷发往柬埔寨。

中央电视台与昌河飞机工业集团公司签署了直11型直升机购销合同，开创了国产直升机走向民用市场和我国新闻机构购买直升机的先河。

12月17日

中国国际广播电台汉语普通话节目通过英国世界广播网在英国伦敦558中波电台落地。这是国际台2001年最后一个海外落地项目。

12月18日

由中国广播电影电视集团控股的中广影视传输网络有限责任公司成立。该公司是国家广播电影电视总局批准的大型高科技企业，由中央电视台、中央人民广播电台、中国国际广播电台三台共同出资，在广播影视信息网络中心、卫星传播中心和中广影视卫星公司的基础上重组设立。

广东省广播电台与澳大利亚华夏传媒集团公司签订合作协议。根据协议，广东省广播电台节目将通过澳大利亚华夏传媒集团公司旗下墨尔本3CW中文广播电台在澳大利亚落地。广东电台定期派出资深节目主持人到澳大利亚，协助墨尔本中文广播电台做好粤语和普通话相关节目。

由中国国际广播电台21名专家组成的听评小组分别听评了国际台22个语言广播12月14日播出的对外节目，这标志着国际台听评机制正式启动。国际台编委会对《中国国际广播电台节目考核标准（试行）》进行了5次讨论、研究，初步形成节目听评机制，并将于2002年1月正式实施节目经费制，按节目考评等级发放节目经费和岗位补贴。

12月19日

中国教育电视台举办中国卫星电视教育开播暨中国教育电视台建台15周年研讨会，教育部及有关单位的领导、专家100余人出席。

中国卫星通信集团公司挂牌，成为我国第6家基础电信运营商。该公司是根据国务院电信体制改革方案组建的国有大型通信企业，由邮电部投资于卫星领域的公司和相关企业组成。

新闻集团全资拥有的STAR集团与中国中央电视台、中国国际电视总公司以及广东有线电视网络公司达成协议。根据协议，STAR集团将于2002年上半年通过有线电视系统，在广东地区播放一个全新的24小时综艺频道。这是中国首次将有线电视网落地权授予一个境外频道。

12月20日

中央台首届新闻学专业研究生课程进修班结业。该进修班于1999年9月和北京广播学院联合举办，39名学生全部顺利完成学业。

广东南方电视台全新启动。

12月21日

中央人民广播电台召开维语广播创办45周年座谈会。

第5届金话筒奖在北京揭晓，水均益、林少文等20名电视、广播节目主持人获奖。

河北电视台与新西兰金水滴电视台在奥克兰签订友好合作协议。协议规定，从2002年3月2日起，金水滴电视台每周六在固定时段播出河北电视台的外宣节目，至此，与河北电视台建立友好合作关系的海外机构增加到14个。

西北大学新闻传播学院成立。

12 月 24 日

根据中国国际广播电台同巴西利亚超级调频电台签署的合作备忘录，国际台葡萄牙语部开始正式将对该台的传送节目由每周两次增至每周五次，每次时间为 3 至 5 分钟。该台节目覆盖包括巴西利亚市在内的联邦特区 12 个城市和邻近戈亚斯州的 29 个城市。

中共上海市委宣传部与复旦大学举行签约仪式，双方决定共建新闻学院。

12 月 25 日

中央电台计算机采编新系统正式投入使用，新系统实现了稿件编审的自动化、电子化和网络化办公。

辽宁省广电局在辽宁电视台举办辽宁电视台六套节目开播新闻发布会。新华社辽宁分社、人民日报、光明日报、经济日报、香港文汇报、香港大公报等驻辽新闻单位，辽宁日报、辽宁电台、辽沈晚报、沈阳日报、大连日报、沈阳电视台等省内各市新闻单位近百名记者参加新闻发布会。

12 月 26 日

由中央电视台海外中心编辑制版的《中国电视》专版（报刊用）正式开始向美国《侨报》传版，供其出版发行。

中国少年儿童报刊工作者协会召开成立 10 周年座谈会。该协会成立于 1991 年 10 月，现有 218 家会员单位。会员单位分为综合性报纸、综合性期刊、文学艺术性报刊、低幼报刊、科普报刊、学习辅导报刊、少数民族报刊、中学报刊等 8 个专业委员会。

《中国电力报》创刊 20 周年。该报创刊于 1982 年 1 月 1 日，报社除出版《中国电力报》外，还出版有《中国电业》杂志，开通了全国首家电力新闻网站——中电新闻网，电视新闻制作也已起步。

中国大陆第一个以闽南语方言播出的广播频道——海峡之声广播电台闽南语频道正式开播。

12 月 27 日

中国网与北京千龙网、上海东方网、天津北方网等 28 家新闻网站共建外宣平台，在中国网的平台上构建“网上中国百科全书”，以多种语言向世界介绍中国。

12 月 28 日

中国教育电视台《基础教育同步课堂》节目在中国教育卫星宽带传输平台开播。

12 月 30 日

北京日报报业集团印务中心正式投产使用。

同月

北京电台与美国美中新世纪集团公司签订协议，北京电台为休斯敦新世纪广播电台每天提供 3 小时新闻、专题、文艺类节目，并选派 2 至 3 名节目主持人前往休斯敦工作，半年轮换一次。

上海电信尝试流媒体，与新华社上海分社合作成立合资公司，宽带用户只要点入新华宽频网（www.xintv.com），就可以任意点播由新华社上海分社编播制作的电视节目。

北京电台交通广播节目每天听众达 280 万人，广告创收 6800 万元，为全国同行之首，并首获 ISO9000 国际质量体系认证。

江苏省第四大媒体——中国江苏网开通。该网站由江苏省国有资产经营（控股）公司、江苏省国际信托投资公司、江苏省电信公司、江苏省广播电视集团、新华日报报业集团、江苏省出版集团共同出资组建。

北京广播影视集团所属的中华世纪坛被中共北京市委、市政府正式命名为高级爱国主义教育基地，还被中国青少年研究中心命名为中国青少年素质教育研究实践基地。

四川省有线广播电视台完成了对模拟传输发射系统数字化改造工程，建立了数字电视前端系统、数字 MMDS 发射系统和数字微波传输系统；与广电局传输发射中心合作，实施数字电视扁平化传输项目。节目覆盖范围进一步扩大，已进入资阳、内江、眉山、遂宁、广安等地，新增用户 105 万户。

由深圳华侨城集团及其控股的上市公司投资的深圳华侨城国际传媒公司在广东省工商局完成登记注册手续。这是广东省注册资本最大的传媒公司，也是深圳市成立的第一家传媒公司。

本年底前，北京市建成 500 个多功能报亭，以服务各社区的居民。除了出售报刊外，报刊亭还开办简单的邮政业务、公用电话、咨询问路、社区报警、代收水电费、为社区居民送奶等业务。邮政部门严禁报刊亭转租。目前北京已经有了 1200 个报刊亭，2002 年将达到 2000 个。

同年

中央电视台全年播出 73519 小时，平均每天播出 201 小时；总事故时间 1 小时零 4 分钟，事故率每百小时 5.09 秒；停播时间 25 分钟，停播率百小时 2.02 秒。全年直播达 7028 小时，占总播出时间的 9.56%，安全播出是自 1990 年以来最好的一年。

全国已有 40 套电视节目上星播出，我国地面电视传播网络趋于多元化。

北京市广播电视局对卫星电视地面接收设施的专项治理取得阶段性成果：全市已有 29 个小区停止传送境外卫星电视节目，拆除单位和个人卫星电视接收设施 630 个，停止接收待拆除的 348 个，向管理部门登记申报的有 837 个单位，完成总局规定的第一阶段治理任务的 10%。

甘肃省村村通广播电视工程补充建设任务全面完成，并通过省级验收。全省建成 924 个广播电视乡站村室（其中新通电乡 457 个，移民乡村 117 个，漏报乡村 350 个），有效地扩大了农村广播电视覆盖范围，使全省广播人口覆盖率提高到 85.87%，电视人口覆盖率提高到 86.5%。

云南省在文山、红河两州中越边境一线新建村村通广播电视工程 539 座，解决了边境一线近 10 万少数民族群众收听、收看国内广播电视节目的问题。

云南省广电局有 5 件作品获云南省政府文化精品奖励，奖金共计 750,000 元。获奖作品为：理论文献电视片《使命》，电视剧《一个生命的倒计时》，电视剧《刀锋》，电视纪录片《最后的马帮》和电视剧《阿月》。

海峡之声广播电台（含华广）参加了 13 项全国性广播作品、广播论文和播音主持评奖活动，共有 80 件作品获奖，获奖数量和等级再创历史新高。

广州日报报业集团与日本读卖新闻、台湾联合报并称亚洲三大印刷中心。

福建传媒已形成“海峡”集团，目前有《海峡都市报》《海峡导报》《海峡周报》《海峡资源报》《海峡时报》《海峡摄影时报》《海峡消费者报》《海峡姐妹》杂志及设在福建的海峡之声广播电台等十几家“海峡”系列媒体。

2002 年（壬午）

1 月 1 日

中央人民广播电台互联网网站正式更名为中国广播网。中国广播网共设有新闻、财经、体育、调频、书院、汽车、军事、民族、台湾 9 个专业频道、300 多个栏目。网站同时具备先进的流媒体音频广播技术，为网民提供中央电台 8 套节目网上直播、60 个重点栏目的在线点播服务。

中央人民广播电台以全方位介入方式整合天津塘沽区广播电台，中国都市社区调频广播第一台——滨海之声顺利开播。滨海之声成为全国第一家跨媒体、跨地域合作经验的广播电台。

新华社电视报道专线正式开通。新华社电视报道以各电视媒体为服务对象，播出时间为上午 10 点至晚上 8 点 30 分，每天滚动播发 100 分钟。新版《新华每日电讯》《经济参考报》《瞭望》《内部参考》等节目也相继推出。同时，新华社集文字、图片、图表、音视频数据于一库的综合性多媒体数据库正式投入运行。

中国国际广播电台英语、德语和法语节目通过卢森堡 1440 千赫中波电台在欧洲落地。该台为欧洲地区跨国广播的国际性电台，覆盖德国、英国、荷兰等欧洲国家。

山东省烟台市人民广播电台开始正式转播中国国际广播电台英语 4 个时段的广播节目。

上海卫视正式落地日本，在日本实行收费播出，成为国内首家落地日本的省级电视媒体。

北京广播电视台推出的全国第一家专业体育电台——北京体育台开播，每天 18 个小时的“体育之音”通过中波 927 千赫和有线调频 92.7 兆赫传向广大听众。

即日起至 4 日，中央电视台举办首届 CCTV 大红鹰杯全国电视相声大赛。

陕西电视台正式启用新台标以及改版后的 8 个新频道。8 个频道分别为：卫视频道、新闻综合频道、都市青春频道、经济资讯频道、影视娱乐频道、政法频道、科教文频道、体育健康频道。

《法律服务时报》创刊。该报是中国首家专门提供法律服务的报纸，由法制日报社主办，法制文萃报承办，前身是法制日报社主办的《百姓信报》。

《海南日报》改版、由原来的对开 8 版扩为工作日对开 16 个版、周六和周日对开 8 个版。同时，海南日报社主办的海南新闻网正式运行。

1 月 2 日

上海文广新闻传媒集团旗下全新重组的 11 个专业化电视频道开播，包括上海电视台的新闻综合频道、生活时尚频道、电视剧频道、财经频道、体育频道和纪实频道，以及上海卫视和东方电视台的新闻娱乐频道、文艺频道、音乐频道和戏剧频道等。

首趟“广州日报号”旅游专列驶进北京西站。广州日报报业集团首开中国报业之先河，从 2002 年 1 月 1 日至 12 月 31 日，将广州至北京 T15/16 次、T29/T30 次四组列车的冠名权买断，推出了第一个用报刊冠名的铁路列车。

1 月 7 日

中国教育电视台正式将《中国教育电视报》更名为《中国教育广播电视报》，并扩为 16 版，彩色印刷。扩版后的报纸将更加全面地介绍中国教育电视台播出的 3 套电视以及中国教育卫星宽带传输网传送的各类节目。

人民网举行庆祝人民网创办 5 周年座谈会。

1 月 8 日

我国最大的新闻网站——新华网全面升级改版，新版吸收了国际互联网站最新研究成果。

为统一管理中央和省级广播电视节目的传输和中波、电视调频发射系统与实验工作，安徽广播电视传输发射总台正式成立。

1 月 9 日

《摄影世界》杂志创刊 20 周年。该刊原名为《摄影参考资料》，1982 年 1 月更名为《摄影世界》。

中央电视台新台址建设工程正式立项。

1 月 10 日

福建省广播电视传输发射中心成立，至此，福建全省 32 座中波台正式划转省广电局管理。这是福建广播电视局继建立网络公司，实现有线和无线电视合并之后，推进集团化发展的又一基础性工作。

新华社今起开设《新华短论》专栏

中新社主办的《时代传媒》月刊在香港创刊。

1 月 14 日

中央电视台体育频道推出新栏目《体育人间》。该栏目以纪录片的形式反映体育故事和体育人生。

1 月 15 日

国内首次对违规经营的媒体行政处罚听证会在西安举行。该听证会是针对涉嫌违规经营造成严重后果的《城市经济导报》，陕西省新闻出版局调查组经过调查后举行的。

1 月 18 日

中央电视台第四套节目在美国主流媒体——美国第二大卫星电视平台“星座回声”正式开播。

1 月 19 日

国家广播电影电视总局广播科学研究院、广东省广播电视发展中心以及广州电台、佛山电台、佛山电视台、广东志高空调股份有限公司等 6 家单位筹组广东数字多媒体广播股份有限公司，并签署出资协议书。

1 月 20 日

新华社全程现场直播“三峡清库第一爆”。此次报道是新华社首次综合运用中英文、图片、音像、网络、电子屏幕等手段，对举世关注的三峡文物保护和清库工作进行现场报道，并且首次在野外运用微波技术进行多视点、多媒体网络直播。

1 月 22 日

新华网推出国内第一个实名制主持人论坛《百姓话题》。《百姓话题》吸收广播电视访谈类节目之长，以新鲜活泼的主持方式，与网民交心谈心，为网民排忧解难。

我国规模最大、最权威的综合性人权网站——中国人权网，经过改版和扩版后全新推出。

中央电视台第九频道在美国全境播出。这是中央电视台的节目有史以来首次覆盖全美电视用户。

1 月 24 日

中国国际广播电台原有的 3 个中文网站的整合工作基本完成，整合后推出的中文网“国际在线”进入试运行阶段。国际台网站正式启用“国际在线”的名称后，各外文网站也将统一使用“国际在线”（CRI Online）的名称。

中央电台电视节目制作中心成立。制作中心主要负责电视节目制作和音像制品的出版发行等工作，中国广播音像出版社并入制作中心管理。

1 月 28 日

“信息时报号”豪华游船挂牌游珠江，开创了我国媒体冠名豪华游船的先河。

1 月 31 日

新华网独家承办的博鳌亚洲论坛官方网站正式开通。博鳌论坛是迄今为止唯一在中国永久、定点、定期举办的国际性论坛。

同月

重庆市新闻出版局与重庆市委宣传部、重庆市新闻工作者协会联合召开规范报纸价格会议，宣布从 4 月 1 日起，《重庆晚报》《重庆晨报》《重庆商报》《重庆青年报》等报纸的批发价不得低于每份 3 角；其余报纸批发价不得低于零售价的 50%。报纸零售价实行最低限价，4 开 4 版的区县报和企业报为 2 角；其余报纸，开版为对开 8 版或 4 开 16 版的为 4 角，低于对开 8 版或 4 开 16 版的为 3 角，高于对开 8 版或 4 开 16 版的为 5 角。

至 1 月底，已有 9 家香港新闻机构和 1

家澳门新闻机构获准在内地设立常驻记者站。

2月1日

由深圳特区报报业集团、香港商报社主办的深港地产研究院正式成立。

由广东省汕头经济特区报社海外版编辑部采编的泰国《京华中原联合日报·中国新闻》开始增加到每天8个版，并独立成叠在泰国出版。

2月6日

北京歌华有线电视网络公司与北京市昌平区政府签订网络购并协议，在全国范围内率先实现了统一建设、统一管理、统一运营的“全市一网”的广电行业改革目标。

2月18日

新华社推出大型背景新闻栏目《关注西部》。《关注西部》将对西部地区的政治、经济、文化状况进行全面、系统、深入的介绍。

2月20日

全国主要媒体全文刊发新华社播发的长篇通讯《从南方谈话到“三个代表”》。

2月21日

“关注森林”百家媒体联合行动正式启动。该活动联合中央和地方10多家新闻单位同时进行，组织开展“增加绿色植被、实现绿色奥运”，“关注山林、关注山地”等十大宣传活动，并开展“关注森林奖”和“森林奖”评选活动。

长江日报社成立了以武汉大学教授余杭、中国人民大学教授喻国明领衔的专家咨询委员会。

2月23日

中央电视台播出部顺利完成第十套节目系统倒换工作，至此，中央电视台播出系统数字化改造工程完工。

陕西省宣传部长工作会议决定：陕西将陆续组建报业、出版、广电、电影、发行五大集团。

2月25日

中国国际广播电台43种语言广播节目网上点播网站Radio 4U正式对外发布。Radio 4U作为“国际在线”的子网站，是一个多媒体、多文种网站，把国际台43种语言广播节目全部送上互联网，实现了在线收听和点播收听。目前，该网站的点播时数为每天35.5小时，该网站于1月25日设计、制作完成并试运行。

2月27日

新《计算机软件著作权登记办法》发布实施。国家著作权行政管理部门鼓励软件登记，并对登记的软件予以重点保护。本办法适用于软件著作权登记、软件著作权专有许可合同和转让合同登记。

同月

阿勒泰地区电视台增办广播业务，设立阿勒泰地区广播电视台，标志着该区首家地区级广播电视台诞生。阿勒泰地区广播电视台将按照一个播出机构开办广播、电视两项业务的方式运作，广播开办哈语、汉语两套节目，播出时广播业务称阿勒泰人民广播电台，电视业务称阿勒泰电视台。

由中央电台听众工作部和中国广播电视学会广播受众研究委员会联合主办的《中国广播受众》（内部刊物）创刊。

3月1日

新疆人民广播电台维、汉、哈、蒙、柯5种语言广播相继启用数字音频自动播出系统，实现了广播自动化播出。

国内首家信息增值服务商新华在线在北京与全球著名跨国信息巨头美国道琼斯通讯社签署合作协议，即日起由新华在线独家代理该通讯社中文财经信息产品在华销售。这是继与路透社合作为其代销2002年世界杯报道和路透社图片业务之后，新华在线再度与全球著名的跨国信息巨头合作。新华在线还宣布将全面启动其旨在推动中国传媒产业化发展的“引擎计划”。

3 月 3 日

中央电视台第四套节目《闽南话时间》顺利开播。

3 月 9 日

湖南大学广播影视艺术学院在湖南广电中心正式揭牌。学院由湖南广播影视集团与湖南大学联合创办，这也是全国首家由大型传媒集团和重点高校联合创办的传媒艺术学院。学院设置新闻系、表演系、编导系、艺术系、制作系、广告系、影视艺术中心等教学科研机构。

3 月 11 日

香港互联网及传媒公司 Tom 在线旗下内地企业上海美亚在线将负责进入中国大陆的宽频电视服务。

3 月 12 日

河南报业网正式改版。

3 月 14 日

新华社国外分社管理委员会主任会议决定表彰 18 位在阿富汗和在阿富汗周边地区采访的记者。2001 年 10 月 22 日，陈俊峰等 3 位记者首批进入阿富汗采访；12 月 19 日，刘洪等 3 位记者首批进入喀布尔采访。此次受到表彰和奖励的同志有：陈俊峰、聂云、戚恒、孙占林、王长山、刘洪、梁昊、王毓国、袁炳忠、袁莉、李晓果、许铖乃、刘卫兵、孙浩、谢荣、杨敬中、吴志强、王建华。

3 月 16 日

由上海文广集团和东方明珠股份有限公司一起承担的国家计委项目——用无线发射的数字电视节目在公交车上试验播出，这是上海数字电视地面广播试验探索业务的一个尝试。

3 月 17 日

上海文广新闻传媒集团宣布将在北京、成都、广州设立办事处，拓展华南、华北和西南地区的广告市场。

3 月 19 日

由海南省总商会主办的《海南特区报》由原周四报改为周六报，原来的 4 开 8 版扩为 4 开 16 版，原来的套红印刷改为彩印。

由中广数据广告网络有限公司建设的中国数据广播平台一期工程在北京开通。目前只有广州、武汉、长沙等 5 个城市开通了这项服务。该平台提供股票实时行情、实时音频视频股评、娱乐节目、科普节目、远程教育、电子报刊、网站内容、游戏信息、体彩足彩信息、电子节目单等。

3 月 20 日

北京人民广播电台交通广播在国内广播电视行业中，首家获得 ISO9001 国际质量体系认证。

3 月 26 日

《中国互联网行业自律公约》在北京正式签署生效。新华网、人民网、千龙网、新浪网、搜狐网、263 集团等网站和网络公司作为首批签约单位签署了公约。

3 月 28 日

由上海市新闻工作者协会、市新闻学会和文汇新民联合报业集团联合成立的上海新闻人才培训基地揭牌。它是由市委宣传部直接领导的上海新闻人才培训体系中的一个组成部分。

3 月 29 日

经中国证券会批准，陕西省上市公司黄河机电科技股份有限公司更名为“广电网络”。这标志着陕西省广播电视信息网络公司对黄河机电科技股份公司进行资产重组取得成功，开辟了陕西省广电事业和信息产业借助资本市场实现跨越式发展的新途径。

3月31日

北京娱乐信报在北京广电集团注资、管理、改革下出版《文化星期天》，标志着信报正式形成周七刊的日报格局，成为北京又一家发行量较大的新闻媒体。

由天津日报冠名的新华航空公司波音737客机由首都机场飞往上海虹桥机场。这是国内第一架拥有媒体标识的国内客机。

同月

湖北省广播电视信息网络股份有限公司正式挂牌。

台湾当局全面禁播央视四套节目，直至8月，台湾年代公司才复播。9月30日，台湾东森媒体集团复播央视四套节目。

4月1日

中央电视台英语国际频道（CCTV—9）正式通过美国在线时代华纳集团、新闻集团在纽约、洛杉矶、旧金山、休斯敦、西雅图、华盛顿等8个大中城市拥有或关联的有线网和卫星直播平台播出，有效用户170.5万户，超过了100万户的原定目标。这标志着代表中国主流形象和声音的电视频道开始大范围、多渠道地进入美国主流社会。

南方日报报业集团系列报《南方都市报》正式建立职业操守监察体系，制订了《南方都市报职业操守规范》。

陕西广播电视报刊音像出版发行中心成立。该中心是由陕西广播电视报刊社、陕西音像出版社整合而成，实行企业化管理，隶属于省广播电影电视局，待陕西广播影视集团成立后整体划归集团。同时，陕西人民广播电台推出新版节目5套：新闻综合频率、经济频率、文艺频率、交通频率、生活频率。

国家工商行政管理总局发布对中国电视报及各省、自治区、直辖市广播电视报2002年第2期商品、服务广告法律执行情况检查报告。结果表明，所检查广告1158条中，违法或者涉嫌违法广告520条，违法（涉嫌违法）率达44.91%。医疗服务和药品广告是违法重点，其中，医疗广告违法（涉嫌违法）率高达88.59%，占检查发现违法（涉嫌违法）广告总数的62.69%；药品广告违法（涉嫌违法）率为66.67%，占检查发现违法（涉嫌违法）广告总数的16.92%。

4月2日

全国首列以杂志命名的列车“看世界号”——广州至北京T30次列车驶入北京。“看世界号”是广州日报报业集团继“广州日报号”“信息时报号”的第三列媒体冠名火车。

4月4日

中国国际广播电台技术中心与北京英夫美迪公司共同研制开发的CRIM音频工作站系统二期工程正式通过验收。

4月8日

千龙网正式宣布注资国内最大的女性网站——伊氏女性网，并将其改名为千龙伊氏女性网。这是有政府背景的新闻网站首次注资商业网站并且经营国内唯一的大型专业女性网站。

4月12日

由湖北三峡商报社发起，联合湖南常德晚报、重庆三峡都市报、湖北荆州晚报、荆门晚报、恩施晚报等5家媒体成立湘鄂渝边界媒体松散性协作体。按照联盟协议，6报将不定期召开会议进行交流，在内部管理、报纸发行、广告开发等方面，共同探讨、相互借鉴。

4月15日

香港首份免费报纸《都市日报》创刊，并在全港43个地铁站内派发，发行量达30

万份。

4 月 16 日

中央电视台与俄罗斯公共电视台在北京签署合作协议。

4 月 21 日

清华大学新闻与传播学院宣告成立。人民日报原总编辑范敬宜出任首任院长，中华全国新闻工作者协会主席邵华泽、人民日报总编辑王晨等新闻与传播机构资深人士组成顾问委员会。

4 月 24 日

由深圳电视台、深圳有线电视台和天威视讯股份公司 3 家组建的深圳电视台宣布成立。新改版的深圳电视台共拥有 8 个频道，总资产达 16 个亿，年收入有 5 亿，拥有覆盖全市的宽带信息网络系统，拥有 100 万网络用户，收视覆盖人群达 3000 万人。

香港阳光文化集团正式宣布将以 4500 万港元收购卫星娱乐（海外）控股公司 60% 的股权。卫星娱乐集团拥有卫星娱乐北美频道、新加坡频道、澳大利亚频道，并通过合约管理台湾频道，在日本、中国内地都有营运权。

4 月 28 日

中央电视台与人民日报、经济日报、陕西日报等媒体联合开办的《新闻早报》电视新闻栏目在央视正式推出。

4 月 30 日

宁夏广播电台成立播音主持研究会。

哈尔滨日报报业集团印务发行中心投入使用。

同月

国家广电总局下发通知，要求各地广电管理部门对未经批准擅自在互联网上传播视听节目的网站进行全面清查。在这次清查中，广电部门共关闭了 97 家网站违规播放的视听节目，重点查处了凯泽网等一些专门传播境外影视节目的网站。清查工作取得明显成效，形成了一定管理声势，网上违规传播视听节目的势头得到了遏制。

四川出台整治假新闻三项措施。一是发证上岗。报社中层以上干部，由省里进行培训教育，中层以下干部和记者编辑由报社自己培训，对具备编辑采访能力及素质的人员颁发上岗证。二是上网建档。上网内容包括政治表现、业绩、工作简况、身份证、工作证、记者证等。三是“红牌”罚下。对发表错误导向文章、违背记者职业道德、制造假新闻、产生不良社会影响的编辑、记者，以至有关领导，轻者给予“黄牌”警告，重者“红牌”罚出，3 年内不得从事新闻工作。

5 月 1 日

中国广播网“中广在线”频道全面改版。点播节目从原先的 36 个增加到 50 个，节目的保存时间也从一周延长到一个月。

中央人民广播电台蒙语广播节目在蒙古乌兰巴托落地。

中国国际广播电台网站国际在线新增加的阿拉伯语、印尼语、越南语、罗马尼亚语、保加利亚语、世界语等 6 个外语站点开始进入试运行阶段。至此，国际台网站国际在线上网语种达到了 15 个。新上网语种网址还与国际台 43 种语言广播在线收听网站 Radio 4U 相应的在线广播页面进行链接。同时，国际在线原有的零首页也进行调整，增加新上网 6 个语言网址的链接位。

北京音乐广播节目古典音乐频道（98.6 兆赫）和欧美流行音乐频道（97 兆赫）采用有线光缆传输形式开通试播。

西藏人民广播电台自动数字化播出正式启动，标志着西藏广播由模拟走向数字化。同时，西藏人民广播电台实行新的节目时间表，改版后的西藏广播使用了 4 个频率，即藏语拉萨话频率、藏语康巴语频率、汉语新闻综合频率和汉语经济生活频率。

新疆电视台维吾尔语经济生活频道正式开播。

5月8日

天津电台滨海台正式开播。滨海台是国内第一家省级新闻资讯专业广播电台，每天早6点至次日凌晨1点连续播音19小时。这是天津人民广播电台继新闻、交通、文艺、经济、音乐、生活6个频道之后推出的第7个全新广播频道。

中央电视台《中国新闻》栏目编辑于凌晨1点10分首次在第四套节目里以飞字幕的形式及时报道北方航空公司一架麦道飞机在大连附近海域失事的新闻。

5月9日

云南电视台首次使用热气球和飞机进行航拍，成功完成香格里拉更名庆典的现场直播。

本日至19日，首次由中央电视台全程转播并向其他国家和地区提供公用信号的汤姆斯杯和尤伯杯世界羽毛球团体锦标赛全部结束。

5月10日

新华社体育专线正式开通。体育专线以板块分列和开设栏目的方式，重点报道中国足球和篮球、北京奥运组织和准备工作、体育和足球彩票、美国职业篮球联赛、国际足球重要赛事及以英超和意甲为代表的欧洲足球联赛。专线稿件的播发用卫星线路传送。

北京外国语大学英语学院成立新闻学专业。

湖南电视台体育频道正式开播。该频道是湖南电视台对所属的信息频道进行重组和改造后成立的。

首届中国新闻图片编辑“金烛奖”在北京揭晓。南方日报李楠、人民日报华东版张蔚飞等10位图片编辑获奖。

5月12日

以新闻、资讯为主的全新的综合频道——中央电视台西部频道正式开播。西部频道的节目信号将通过亚太1A卫星和国家光缆干线网进行传输。至此，中央电视台的频道资源增至12个。

5月13日

陕西省报业协会成立10周年。

5月15日

国内第一张以综合新闻为基础的商务日报——《北京现代商报》在北京面世。该报是北京日报报业集团利用《北京经济报》的刊号创办的又一张日报。它采用瘦报型，每周出版6期，周一至周五每天20版，周六12版，单彩印刷，由综合新闻、产经商业、深度报道、生活时尚四大板块及汽车、IT、旅游、证券、人才、医药、读书、房地产等专刊组成。

5月16日

中华人民共和国文化部出台《文化部关于加强网络文化市场管理的通知》。通知指出，目前存在一些提供互联网上网服务的营业场所，利用互联网从事违法违规经营活动，通过互联网传播和销售走私、盗版的非法音像制品，拍卖和销售假冒伪劣及侵犯他人著作权的艺术品等。

5月18日

《东方体育日报》在上海创刊。该报的前身是创办8年的《新民体育日报》，首日发行量达18.5万份。

5月19日

深圳商报创办我国第一份盲文特刊《深圳商报·盲文特刊》。这份特刊包括了三个部分：一是最新的有关盲人读书上网相关技术开发的新闻，二是近来发生在深圳残疾人中的各类新闻，三是涉及盲人和其他残疾人的相关政策法规。首张盲文特刊共印刷了2000份，全部免费赠送深圳盲人。这份特刊将每季度出版一份。

5 月 20 日

辽宁省举办首期报业编辑、记者岗位培训班。来自辽宁日报及11家市报、6家专业报和企业报的90余名编辑、记者参加了开学典礼。

5 月 21 日

中国广播电影电视集团组建的国内最大规模的广播电影电视节目交易机构——中国广播电影电视节目交易中心在北京正式挂牌成立。该中心主要为国内外广播电影电视媒体提供节目交易及相关产业的综合性运营服务。

5 月 23 日

中国记者协会书记处书记魏铭祥率中国财政新闻代表团访问芬兰、瑞典、挪威、丹麦。这是中国记协十几年来首次派团访问北欧四国。

5 月 25 日

中国国际广播电台德语节目监听员座谈会在德国法兰克福举行。这是国际台第一次在国外举办节目监听员座谈会。

央视国际网络首页全新改版。此次改版目的在于强化新闻整合，突出热点新闻，加大网络互动，加强服务内容。

5 月 28 日

新疆维吾尔自治区党委宣传部建立审读室并建立审读工作制度。审读室主要负责对已出版的维吾尔、汉、哈萨克三种文字的有关报刊、图书、影视剧本、音像制品等各类出版物的审读（审看、审听），侧重于文化、历史、民族、宗教等社会科学和文学出版物的审读。

新华网推出就业频道。这个频道对全国各地80多个人才就业类网站和政府网站中的相关内容作了集纳和链接。

5 月 29 日

中国国际广播电台网站国际在线意大利语站点开通，国际在线上网语种达到了16个。

5 月 30 日

郑州日报社挂牌，《郑州日报》复刊，《郑州晚报》改版。《郑州日报》创刊于1949年7月1日，1961年停刊，1963年复刊并更名为《郑州晚报》。

5 月 31 日

四川省在全国率先推出有线数字电视试验。

南方日报报业集团系列报《21世纪环球报道》创刊。该报内容包括时事、经济、军事、人物、评论、观察、文化等，创刊号的发行量为30多万份，每份售价2元。该报在北京、上海、武汉、西安、沈阳、成都、广州等7城市开设分印点。创刊之初逢周五出版发行，从7月1日起增为每周两期，逢周一、周五出版发行。

同月

“广电在线”获得广电总局颁发的网上传播广播电视类节目许可证，这是目前唯一一家拥有全权许可的网站。

《北京晚报》《广州日报》《深圳特区报》等30家报纸的广告负责人在上海发表联合宣言，承诺抵制虚假广告。这些报社承诺：坚持正确舆论导向，以社会效益为最高准则，力求实现两个效益的统一；坚持广告的思想性和真实性；为客户提供的数据做到客观、公正、科学；拒绝承揽和发布违规违法、夸大其词、不实事求是的各类信息和广告；坚持反对各种形式的有偿新闻和新闻采编人员参与广告经营；倡导新闻从业人员爱岗敬业，反对一切不正之风。

中国国际新闻中心开工。中心拟采用卫星通信技术、多媒体卫星高速接入和专用数据光纤接入等高新技术，以保证新闻编辑、制作、发布快速完成。通过这些设施，中心将建成一个国内功能最齐全、设备最先进的新闻发布场所及拥有国际先进水平的新闻与传媒办公场所。中心位于西单商业区南段的宣武门西南角，市场定位主要是100多家外国大型通讯社和报社驻华机构。

《当代中国广播电视台百卷丛书·安徽人民广播电台卷》由中国广播电视出版社正式出版发行。

6月1日

安徽人民广播电台成立50周年。安徽人民广播电台于1952年6月1日由皖南人民广播电台和皖北人民广播电台合并成立的，目前，该台已经形成了以新闻信息为主体，文艺、专题节目为两翼，人民台为骨干，经济台、音乐台、妇儿台相互配合、互为补充的广播宣传体系。

《安徽日报》创刊50周年。1952年6月1日，皖北、皖南两个行政区党委合并正式创立该刊。

6月2日

江苏徐州人民广播电台开始播送中国国际广播电台英语环球广播中心制作的《社会生活》节目。这是徐州台首次播出国际台的英语节目。

6月3日

香港电台网上广播站推出“中华文化频道”。频道第一阶段将以中国历史、音乐和文学作为引子，推出《网上中华五千年》《中乐寻珍》和《中国寓言解读》。

北京青年报社下属的小红帽公司在韩国分印点首次发行《北京青年报》，这是北青报创刊53年以来首次在海外印刷发行《北京青年报》。

本日至15日中国记者协会与国务院港澳办联合举办首期香港新闻从业人员北京大学国情研修班。来自香港主要新闻媒体的25名新闻从业人员参加了研修班。

6月6日

新生代市场监测机构与日本电通集团联合开发因特网调查系统，在中国提供因特网调查服务。

6月9日

自2001年12月开始，由中央电视台和凤凰卫视联合组织的“极地跨越”采访摄制组，从地球最南端出发跨越美洲大陆至最北端，历时6个月，今天回到北京。

6月10日

北京电台与美国纽约侨声电台在纽约共同主办第一届“中国歌曲排行榜”海外票选颁奖典礼。

河南电视台邀请美国、俄罗斯、英国、日本、埃及和澳大利亚等13个国家和地区的15家海内外主流电视媒体参加“走进中国河南”国际电视集中采访活动。

6月12日

中央人民广播电台第二套节目实现自动化播出。

我国少年报刊工作者最高荣誉奖——首届“叶圣陶奖”在武汉揭晓，9名少儿报刊工作者获此殊荣。

6月13日

由香港大公报发起主办，人民日报社、香港报业公会、经济日报社、中国人民大学、香港凤凰卫视和中国新闻社香港分社协办的世界报业发展论坛在香港举行。来自亚、欧、美15个国家和地区的50多家著名报纸的负责人参加论坛。论坛主题有21世纪传媒发展的趋势，中国报业市场的发展前景，最新科技手段应用对报业未来的深远影响，新闻机构和新闻工作者应如何面对日趋明显的传媒产业化、集团化趋势等。

6 月 14 日

中央电视台与乌克兰国家电视台在基辅签署正式合作协议。

6 月 16 日

原广播电视部部长、党组书记，中华全国新闻工作者协会名誉主席和中国广播电视学会名誉会长吴冷西逝世。

由中国新闻社、天津市人民政府新闻办公室与侨务办公室、今晚报社主办的海外华文传媒合作交流会在天津今晚报大厦召开。这是改革开放以来，在天津首次举办的大型海外华文传媒合作交流会。来自美国、加拿大、澳大利亚等 12 个国家和地区的 33 家报纸、期刊、广播、电视和网络的华文传媒负责人参加了这次交流会。

6 月 17 日

由陕西省委宣传部、省广电局、省西部开发领导小组办公室共同组织，陕西电视台与中央电视台联合摄制完成了全面反映西部大开发中的陕西的 7 集电视政论片《大战略》，以此纪念西部大开发战略实施 3 周年。

中国残联网站与新华网合作，推出全新中国残联网站，共同搭建残疾人信息服务平台。

《大公报》创刊 100 周年。上海复旦大学出版社和大公报香港馆联合出版了大公报 100 周年报庆丛书。《大公报》成立于 1902 年 6 月 17 日，由英敛之在天津创办，是中国迄今发行时间最长的中文报纸。

6 月 19 日

中国国际广播电台朝鲜语节目在韩国江原道地区正式落地播出。

国家广电总局在北京举办全国广播影视系统质量管理研讨班，这是总局首次举办质量管理方面的研讨班。

6 月 20 日

中央人民广播电台教育宣传顾问团成立。南开大学侯自新校长、西安交通大学徐通模校长等来自全国 58 所高校、民办院校以及重点中学的校长接受聘书，成为中央电台首批教育宣传顾问。

全民事业性质的长江日报报业集团获准组建，这是武汉市第一家经国家批准的报业集团和文化产业集团。《长江日报》于 1949 年 5 月 23 日创刊，改革开放以来逐步由对开 4 版发展成为对开 16 版彩印，并创办或接收《武汉晨报》《投资时报》《文化报》《现代健康报》《家长报》《现代少年报》等 6 张子报和汉网网站，形成七报一网的现代报业格局。同时，报社经营不断拓展，逐步形成印务、发行、广告、实业、物业等较完整的经营产业链。

海南日报报业集团成立。集团除拥有母报《海南日报》外，还有《南国都市报》《证券导报》《教科导报》《特区文摘报》《特区展望》杂志等系列子报刊及海南新闻网网站。集团实行党委领导下的社长负责制。

“风云激荡一百年——《大公报》历史版面展”在中国革命博物馆开幕。

6 月 25 日

全国报刊管理工作会议在井冈山市举行。会议重点讨论《报纸出版管理规定》和《期刊出版管理规定》的两个修订草案。

6 月 27 日

由中央人民广播电台与澳门驻北京办事处联合主办的《京澳热线》节目开播。《京澳热线》节目以开通京澳互动热线，连接“两会”社态民情为宗旨，着重介绍澳门特区的社会文化现状、中央政府颁布的有关港澳政策、两地交往交流情况等。

6月28日

中央电视台和香港有线电视有限公司共同举行中央电视台英语频道（CCTV-9）开播仪式。该频道以英语为语言媒介，以新闻及资讯节目为主、专题及文艺节目为辅，全天24小时播放。

中央电视台部署防范“法轮功”邪教组织的非法信号和破坏干扰电视信号。

齐鲁晚报组织30名青年编辑记者到莱钢股份有限公司炼钢厂参观学习并举行齐鲁晚报青年编辑记者实习基地揭牌典礼。双方签订双赢共建协议。

6月29日

新华社独家专访香港特别行政区行政长官董建华。6月30日，《与世并进，逆境自强，共创香港更加美好的未来——香港特别行政区行政长官董建华接受新华社记者专访》被香港《文汇报》《大公报》《香港商报》《成报》《东方日报》和中新社、中通社、香港亚洲电视、香港有线电视以及各大网站等媒体采用。

同月

解放日报报业集团推出一份男性周报《I时代报》。该周报的目标受众人群为管理者、经营者、创业者和上海写字楼里的男性，外围读者为对财经、高科技敏感的大学生。

中央电视台出台《中央电视台栏目警示及淘汰条例》。新条例运用于中央电视台开播一年以上的所有栏目，每季度对每个栏目进行一次警示，一年内被累计警示3次的栏目即被淘汰。该条例以收视率、观众满意度、专家评审等多项考核指标为参数。

中央电视台西部频道编辑部派出记者赴越南胡志明市采访。这是西部频道成立以来第一次派记者到国外采访。

公安部、教育部、国家安全部、信息产业部、文化部、国家工商行政管理总局、国务院新闻办、国家保密局联合召开电视电话会议，部署在全国范围内集中开展一次互联网有害信息专项清理整治工作。

西藏自治区广播电视局编制完成了《2002年全区村村通广播电视建设计划》及技术方案，年底全区有2000个行政村实现通广播电视。从1998年到2001年底，西藏全区已建成村以上广播电视单收站、收转站2952座，村村通工程已初见成效。

至6月底，已有9家香港新闻机构和1家澳门新闻机构获准在内地设立常驻记者站，香港媒体分别为凤凰卫视、有线电视、无线电视、文汇报、大公报、商报、南华早报、经济导报和紫荆杂志；澳门媒体为澳门日报。获批准驻点人数共43人。其中，南华早报原归口外交部管理，现与其他香港媒体同归中华全国新闻工作者协会管理。

7月1日

中央电台文艺中心与中宣部宣教局联合推出“庆祝建党81周年、迎接党的十六大”优秀剧目展播，连续播出百集英模广播剧《飞扬的旗帜》和百集广播剧《时代的风采》。这是中央电台广播剧播出史上的第一次。《飞扬的旗帜》主要报道改革开放以来，特别是党的十四大以来优秀共产党员、先进人物的事迹。《时代的风采》从近几年来中央台及地方台制作的广播剧中，精选出100部优秀剧目进行展播。

我国各省陆续推出省级电视公共频道，这是广播电视体制改革的重大举措。这次改革将原有的“四级办电视”改为“三级办电视”，县级电视台目前所办的自办电视频道将全部取消，把主要职能转为转播中央、省和市级电视台的节目。目前，全国已开播的省级电视公共频道有广东电视台公共频道、山东电视台公共频道和北京电视台公共频道。

北京电视台公共频道（BTV-9）试播。该频道是根据国家广电总局和北京市政府的要求而增设的，旨在实现区县播出机构的职能转变。开播后，各区县电视节目不再单设频道，区县台的各类节目将在公共频道预定的时段内播出。

即日起，新疆人民广播电台各语言新闻稿件写作、编辑、翻译和新闻节目的编排、录制可全部通过网络完成，真正实现了无纸化办公。

《西藏广播影视报》正式扩版并出彩报，由原来的16版改为24版，其中每期都出8个彩版。

新华网正式启动"热字"功能，即网民在调阅新华网稿件时，可通过内容发布系统中事先设定的各种"热字"浏览到相关背景、人物、事件、国家和城市的详细介绍。

解放军报开办《党的建设》专刊，每周三在八版刊出，设有《典型事例解析》《组织在我心中》《群言堂》等较有影响的栏目。

《阜新晚报》创刊。该报由阜新日报社主管和主办，6月份试刊两期，4开16版，彩色印刷，暂为周三刊。

现代农村报社与安徽农村综合经济信息中心合作，每周五推出《现代农村报·安徽农网周刊》。《现代农村报》是安徽日报社主办的为农民、农村基层干部服务的党报，安徽农网是省政府1998年批准建立的、面向农村的专业性网站。合办的《现代农村报·安徽农网周刊》主要内容为市场信息、农业科技。

河南日报报业集团全面整合《大河报》和《城市早报》。《城市早报》以《大河报·郑州市区版》的形式并入大河报版序，《大河报》以郑州市区版不少于48版，外埠不少于32版的新面貌与读者见面。

7月2日

由云南省委宣传部、云南电视台、红河电视台与越南河内电视台联合摄制的4集文献纪录片《两国将军》在昆明向越南交接。该片记述了中国人民解放军越南籍将领洪水将军的革命事迹，2003年1月14日中越两国建交纪念日时在两国同时播出。

7月3日

全国经济广播优秀论文评奖会在北京结束。辽宁电台经济广播送评的10篇论文全部获奖，其中一等奖2篇，二等奖3篇，获奖数量和获奖档次均列全国经济电台第一名。

7月5日

中央电视台《新闻联播》《焦点访谈》《晚间新闻》先后播出"法轮功"非法袭击我鑫诺卫星事件始末、"法轮功"干扰村村通工程等节目，在社会各界及海内外引起强烈反响。

7月6日

中央电视台科学·教育频道开播一周年。

7月8日

中央电视台西部频道新闻资讯类栏目《交通在线》正式开播。

7月9日

北京师范大学艺术与传媒学院成立。首任院长为北京师范大学博士生导师黄会林教授。艺术与传媒学院前身为北京师范大学艺术系，曾设立全国高校第一个电影学博士点。

Tom在线正式宣布以总价3.619亿港元收购香港丽新发展有限公司持有的32.75%的亚洲电视股权，成为亚视第二大股东。

7月11日

海南日报社教育中心和北京大学新闻与传播学院联合举办的传播学专业在职研究生课程班在海南日报社举行开学典礼，这是海南省第一次举办有关新闻专业的在职研究生班。

7月14日

中国国际广播电台柬埔寨语广播为纪念开播45周年，与中国驻柬埔寨大使馆、柬埔寨华人华侨理事会合作，在柬埔寨听众中举办的有奖知识竞赛活动颁奖仪式在柬埔寨首都金边举行。该活动引起柬埔寨听众的热烈反响，参加活动的听众十分踊跃，共收到10800多份答卷。通过评选，有290名听众分别获得一、二、三等奖，从中抽出的两名特等奖获得者，将免费到中国旅游。

范长江新闻奖获得者、武汉晚报社高级记者范春歌飞抵武汉，完成历时两年的“重走郑和路”。

7月15日

上海文广新闻传媒集团10套广播新节目全新亮相，这标志着文广集团广播电视频率频道专业化改革工作已经基本完成。

上海电视台体育频道广播频率改版播出。上海电视台体育频道与上海广播电台新闻频率、东方广播电台新闻综合频率和上海广播电台交通频率实行节目联动，共同制作播出《强强三人组》《体育名人堂》等12档广播体育节目。在此之前，由上海电视台体育频道、新民体育报和东方网合作创办的全国第一张体育日报《东方体育日报》已在5月18日面世。

上海方言节目《谈天说地阿富根》在全新改版的上海人民广播电台990新闻频率恢复播出。“阿富根”是虚拟的沪郊老农民人物形象，该节目曾成为一档在中国广播界颇具影响的名牌节目。这次重新复播，上海人民广播电台推出了由第三代“阿富根”节目主持人叶静、肖玲主持的《谈天说地阿富根》直播节目。

《贵阳晚报》电子版成为新闻综合网站，并更名为“金阳时讯”（www.gywb.com.cn）。新改版的“金阳时讯”以4个频道、38个栏目全力推出贵阳日报社各类信息。

即日起，《解放军报》在重大节日和重大活动出彩报的基础上，北京地区、天津地区、河北省全境及内蒙古自治区部分地区发行的报纸，每天的一、四版出彩报。平时报头、图片和栏目为彩色，重大活动和重大节日出全彩。

7月17日

中央电视台《焦点访谈》播出《加大整治力度，规范市场秩序》系列报道第13集《假药坑农　误病谋财》。国务院副总理李岚清同志专门调阅该节目文字简介稿并作批示。国务委员吴仪也就此批示要求公安系统配合，由国家药监局组织查办。

北京广播学院广告学院正式成立。博士生导师、著名广告学专家黄升民教授出任院长。广告学院下设广告学、设计、公共关系3个系。

搜狐公司公布今年第二季度的财务报告。报告称搜狐成功实现营运现金流量盈利。

7月18日

为纪念彭真同志一百周年诞辰，由北京电视艺术中心承制的20集重大历史题材剧《彭真》完成拍摄并举行审片会。

7月19日

本日至11月30日中央人民广播电台对台广播节目《现代国防》播出大型系列报道《长城万里行》。这是中国广播第一次比较全面系统地向台湾听众和海外朋友介绍中国的长城。

7月21日

经广东省委宣传部批准，广东省广播电视科技创新与应用奖与现有的新闻宣传、播音及节目主持类奖项一起，被列入广播电视系统政府评奖范围。

全国省级电视台公共频道全部开播，部分市、县已开始实施公共时段的节目插播工作。

7 月 22 日

《北京晨报》全面改版。改版后，《北京晨报》将通过都市、法治、经济、热线 4 个板块，向读者提供资讯服务。

7 月 23 日

新华社新闻信息海外落地成果展在北京开幕。目前新华社海外信息用户总数达到 4400 多家，供稿点有 137 个。

7 月 24 日

新华社组建国内新闻第二编辑部，隶属国内部，统一负责对国内内参报道的组织指挥、采访编辑和管理协调。

阳光文化媒体集团有限公司宣布其附属公司京文唱片有限公司及阳光跨媒体产业发展公司与德国贝塔斯曼集团旗下的贝塔斯曼书友会达成大中华区的策略联盟。德国贝塔斯曼集团是世界著名的媒体和服务集团，其网络覆盖欧洲 11 个国家的 45 个电视频道和 31 个广播电台，并在全球拥有众多实力雄厚的节目制作公司。双方将在出版物流通等媒体产品分销领域进行全方位的策略合作，充分实现优势互补。

7 月 25 日

新华社体育快报社决定停办《体育快报》。

由中国长城学会主办的中国长城考察万里行活动在北京启动。

7 月 28 日

北京电台在新西兰落地。新西兰是继澳大利亚、新加坡、加拿大、美国和英国之后北京电台落地的第 6 个境外国家，当地华人首次可以直接听到来自北京的声音。落地节目主要由新闻专题类节目《今日北京》和文艺广播节目《空中笑林》等构成。

7 月 29 日

全国报业实施自律公约强化经营管理现场会在山西省长治日报社召开。会议就如何更好地实施自律公约，强化经营管理以及如何加强新闻队伍建设和新闻舆论监督进行了广泛深入的研讨。

7 月 30 日

广西新闻出版局与区内所有报刊主管单位的负责人签订广西报刊主管单位管理责任状。

7 月 31 日

新华社新闻信息营销平台发出《关于停止发行〈音像内参〉等音像产品的通知》。通知决定：即日起停止发行由总社音像中心编辑出版的《音像内参》《法制参考·音像版》《参考消息·音像版》《时事报告·音像版》。

福建广电中心工程开工，工程分三期建设。首期工程为 90 米高的广播主楼和 120 米高的电视主楼以及五大演播厅，按 11 套电视节目、7 套广播节目的制作能力和数字化、网络化、智能化系统标准设计，建成后可达到国际水准和国内一流水平。

9 点 35 分，中央电视台信息部每日直播节目《证券时间》顺利完成上午版节目直播任务，从而创造了连续直播 1000 期无责任事故的纪录。

同月

中国传媒广告网（www.chinamedia.com.cn）开通。该网站是由中华新闻报与北京扬智咨询有限公司联合推出的针对媒体、广告公司和广告主点对点式的互动服务信息化平台。

由中央电视台和中国电影电视技术学会共同主办的电视技术期刊《现代电视技术》正式公开发行。

中央电视台国际频道（CCTV-4）落地日本播出4周年。

8月1日

《互联网出版管理暂行规定》正式实施。《互联网出版管理暂行规定》是经2001年12月24日新闻出版总署第20次署务会和2002年6月27日信息产业部第10次部务会审议通过的。《规定》的主要内容有：1. 从事互联网出版活动，必须经过批准；未经批准，任何单位或个人不得开展互联网出版活动。2. 从事互联网出版业务，除符合《互联网信息服务管理办法》规定的条件以外，还应有确定的出版范围，有符合法律、法规规定的章程，有必要的编辑出版机构和专业人员以及有适应出版业务需要的资金、设备和场所。3. 互联网出版机构出版涉及国家安全、社会安定等方面的重大选题，应当依照重大选题备案的规定，履行备案手续。4. 以未成年人为对象的互联网出版内容不得含有诱发未成年人模仿违反社会公德的行为和违法犯罪的行为的内容，以及恐怖、残酷等妨害未成年人身心健康的内容。5. 具体规定了互联网出版的禁载内容。《规定》还要求互联网出版机构实行编辑责任制度，要求必须有专门的编辑人员对出版内容进行审查，以保障互联网出版内容的合法性。从事互联网出版活动，应当遵守国家有关著作权的法律、法规，应当标明与所登载或者发送作品相关的著作权记录。

8月2日

中国国际广播电台华语环球广播中心与巴拿马中文广播电台达成合作协议，从即日起，巴拿马中文广播电台负责通过泛美卫星接收并播出国际台提供的汉语普通话和广州话广播节目。两种语言节目各播出1小时。巴拿马中文广播电台是一家24小时广播的中波电台，其发射功率为7.5千瓦，覆盖半径为80—100公里，覆盖范围内的居民80%—90%为华侨。

中国教育电视台圆满完成教育部首届中外校长论坛宣传报道工作并且录制了10集访谈节目《CETV校长论坛——大学校长谈高教》。

8月5日

中央电视台新闻综合频道推出《午夜新闻》和经过扩版的三档滚动新闻，从而形成15档新闻栏目覆盖全天重要时段。

8月6日

中信文化体育产业有限公司和北京地铁集团有限责任公司签订传媒合作协议。

中央电视台与美国CNN在北京顺义培训中心共同举办电视新闻制作培训班。央视新闻中心、海外中心、广告经济信息中心、体育中心、技术制作中心和播送中心的45名学员参加了首期培训。

由西藏人民广播电台承办、全国52个城市电台参加的“飞越城市”年会在拉萨召开。全国50多家电台的领导、节目总监、主持人以及相关产业负责人出席会议。

8月7日

搜狐、网易相继宣布实现盈利。

8月8日

中央电视台国际电视总公司节目代理公司代表中央电视台与尼泊尔太空时代网络公司签署英语频道授权协议。

上海东方明珠股份有限公司成立10周年。该公司成立于1992年8月，是中国第一家文化类上市公司。10年来，东方明珠股份公司已发展成为中国上市公司50强之一、上海上市公司15强之一。公司现拥有注册资本6.88亿元，总资产45亿元，净资产30亿元。本月，东方明珠和上海文广集团等单位共同发起创建了东方明珠移动电视有限公司，率先在中国推出了移动数字电视这一全新媒体，创下了中国第一、全球第二的纪录。

新疆人民广播电台最后一批 635 型节目制作播出老设备退役，这标志着新疆电台的节目编辑制作和播出整体实现了数字化、自动化、网络化，是“西新工程”实施以来新疆广电发生的历史性变化。

8 月 12 日

西藏电视台与尼泊尔太空时代网络公司签署了中国西藏电视台与尼泊尔王国太空时代网络公司关于使用中国西藏电视台第一套节目的协议，至此西藏电视台藏语卫视频道（XZTV—1）正式在尼泊尔落地。

本日至 12 月 10 日，山东电视台《尼罗河》摄制组一行 4 人历时 108 天，行程数万公里，顺利完成赴埃塞俄比亚、乌干达、卢旺达、坦桑尼亚、苏丹、埃及等 6 国的拍摄任务。这是山东电视台继《珠江大漂流》《爱我黄河》《来自长江的报告》和《环球纪行》之后，对一条非洲大河进行的又一次全程采访，也是国内电视媒体首次全程拍摄非洲大河。

8 月 16 日

南京对市级机关各部门主办的 19 种内部资料性出版物，除保留《南京人大》《南京政协》两种外，南京市委办公厅主办的《南京通讯》等 17 种出版物年底全部停办；对社会团体及企事业单位主办的 42 种内部资料性出版物严格管理，只允许在本系统、本行业、本单位内部免费交流下发，一律不准收费，不准搞征订发行，不准刊登广告。

2002 年中国网络媒体论坛在苏州举行。人民网、新华网、新浪网、搜狐网等 112 家的网站负责人共同签署了《保护网络作品权利信息公约》。

8 月 19 日

香港亚洲电视获批广东珠江三角洲地区落地权。亚视是继凤凰卫视、华娱电视及星空卫视后合法落地珠江三角洲地区的香港电视台。

8 月 20 日

广东粤广数字多媒体广播责任有限公司成立，国家广电总局广播科学研究院、广东省广播电视发展中心、广州电台、佛山电台、佛山电视台、广东志高空调股份有限公司等 6 家单位为公司股东。

宁波日报报业集团正式挂牌成立。集团以《宁波日报》为龙头，现有《宁波日报》《宁波晚报》《东南商报》《新侨报》《余姚日报》《慈溪日报》《奉化日报》《鄞州日报》《宁波通讯》《宁波经济》，以及中国宁波网、宁波出版社、宁波市新华书店。

8 月 21 日

中央人民广播电台举行频率单位总监、副总监聘任签字仪式，这标志中央电台全面开始实施频率专业化、管理频率化。参加签字仪式的是中央电台第一批推出的经济之声、音乐之声、华夏之声 3 个专业化频率的总监、副总监。

天津日报报业集团正式成立。集团现以《天津日报》为龙头，形成由《每日新报》《城市快报》《假日 100 天》《采风报》《球迷报》《车天下》《滨海时报》《新财讯报》《天津政法报》和《新广角》《蓝盾》两份期刊，以及天津网等组成的十报两刊一网的传媒体系。集团报纸日总发行达 150 万份。

8 月 22 日

新华社伦敦分社与英国最具影响力的全国性五大日报之一《独立报》签署了英文新闻、新闻图片和图片专稿的供稿协议。

8 月 24 日

本日是中国与韩国建交 10 周年纪念日，为更好地宣传 10 年来两国在政治、经济、文化等领域进行的友好交往和合作，中国国际广播电台朝鲜语广播部有计划、有重点地做了相关报道。朝语广播部共播出自采稿件35篇，口播报道15篇。为配合中韩建交10周年，9月20日，韩国文化广播公司《世界与人》栏目对国际台驻韩国记者进行了专访和跟踪采访。

由深圳中科招商创业投资管理有限公司主办的首届媒体价值评估研讨会在北京举行。会议主要讨论了媒体价值构成与价值评估、媒体品牌与无形资产定义以及媒体发行量和收视率审计认证及价值评估、媒体资本结构权重分析等问题。

8月25日

福建日报报业集团正式成立。集团以《福建日报》为主体，拥有《福建经济快报》《海峡都市报》《海峡导报》《海峡周报》《每周文摘》5家子报和电子版以及新闻专业期刊《传媒天地》。

8月26日

由西藏人民广播电台承办的第2届西部广播协作体年会在拉萨召开。这次年会的主题是：西部大开发与广播大市场。出席本届年会的除了西部成员台外，中央人民广播电台和东部及沿海地区的广播电台共14家电台的20多名领导也出席了会议。

8月28日

中国气象局下属的核心企业——北京华风气象影视信息（集团）公司（中国气象局影视宣传中心）正式成立。

8月29日

中央电视台信息通讯处对局域网核心路由器进行升级改造，至此，中央电视台2001年度重点工程——网络系统扩充工程全部完成。

8月30日

新华日报报业集团与江苏吴中集团公司签署协议，双方将合建印务实业公司。

中央电视台英语频道在瑙鲁顺利落地。瑙鲁电视台开始在其第二频道每天24小时转播CCTV-9节目。

同月

黑龙江省广播电视网络股份有限公司正式开始运营，并已连通了全省13个市（地）、51个县（市）。

9月1日

中国国际广播电台英语和斯瓦希里语节目在肯尼亚广播公司（KBC）英语中波频道成功落地。KBC公司为肯尼亚国家广播电台，其英语频道通过分布在首都内罗毕和各地的6家100千瓦中波电台和4家50千瓦中波电台向肯尼亚全国播出。

全世界各地网民可以从互联网上买到英文版的《上海日报》。该报成为国内第一份在两个环球报刊发行网络上销售的报纸，发行区域覆盖50多个国家和地区的300多个点。

广西桂龙新闻网（www.gxnews.com.cn）开通。

成都晚报社与成都红旗连锁公司联合组建报刊发行股份有限公司，这家公司专门从事报纸、杂志、图书的零售并且计划在成都建立上百家报刊连锁店。

9月2日

人民日报社与香港泛华科技集团有限公司合资的大华媒体服务有限责任公司宣布成立。该公司的成立，打破了国家邮政总局对报刊及新华书店对图书全国发行的独家经营局面，成为第一家获准在中国同时经营报纸、期刊、图书的发行公司。

9月7日

“中国辽宁电视周”活动在比利时布鲁塞尔电视台举办，活动前后共播出14集长达420分钟的专题节目。

9 月 8 日

国家认证认可监督管理委员会在人民大会堂召开中国首家电视媒体颁证暨认证工作机构审查登记新闻发布会。全国人大常委会副委员长姜春云出席并为中央电视台新闻评论部颁发了由中国质量认证中心以及国际认证联盟签署的 ISO9001：2000 质量管理认证证书。这是迄今为止我国第一张电视传媒业 ISO9001：2000 证书。国际认证联盟的调查结果证实，这也是世界范围内电视传媒专业认证的第一张 ISO9001：2000 证书。

本日至 24 日，覆盖全国的鑫诺卫星数次遭到“法轮功”非法电视信号攻击，中央电视台“村村通”节目和中国教育电视台、部分省级电视台的节目传输受到严重干扰，致使全国部分边远农村、山区的电视观众无法正常收看。经有关部门工程技术专家测定，非法电视信号源在台湾省台北地区。

9 月 9 日

由教育部主管、中国教育报刊社主办的《中国教师报》创刊。

9 月 10 日

由湖南电视经济频道、都市频道、生活频道全新整合而成的湖南经济电视台（ETV）正式成立。新经视成立后对 3 个频道进行了重新定位和资源整合。

根据中宣部、外宣办、广电总局的统一部署，中国国际广播电台迎接“十六大”宣传报道正式全面启动。在当天的节目中，全台 43 种语言广播在第一时间、重要位置播出了相关消息，并通过不同形式、不同栏目播出了有关“十六大”的 72 个专题，播出总时长为 57 小时 21 分钟。除 43 种语言的对外日常广播节目外，国际台在海外有关国家的 75 家电台的中波、调频电台直接落地节目中，也播出了具有不同针对性的“十六大”专题节目。

9 月 10 日

上海交通大学成立媒体与设计学院。新成立的上海交大媒体与设计学院下设新闻传播、影视艺术、工业设计、艺术设计等 4 个系，以及上海交大设计艺术学实验中心和上海交大数字影视中心两个重点实验室，学院还将建立现代传播研究所、工业设计研究所、美国电影研究中心等 3 个专业研究机构。

哈尔滨日报报业集团在全国报业率先成立职工代表大会。

羊城晚报报业集团正式开通金羊网手机短信特服号 1881。这是我国报业首家以自有短信特服号进入手机短信领域的报社。

9 月 14 日

中国新闻社成立 50 年。目前中新社每天播发新闻电讯 100 余条，传真图版 30 多张。

9 月 15 日

《中华人民共和国著作权法实施条例》正式实施。《条例》规定著作权法所称作品是指文学、艺术和科学领域内具有独创性并能以某种有形形式复制的智力成果；著作权法所称创作是指直接产生文学、艺术和科学作品的智力活动。为他人创作进行组织工作，提供咨询意见、物质条件，或者进行其他辅助工作的均不视为创作。

9 月 16 日

新疆人民广播电台联合西藏、内蒙古等七省区的广播电台，对全国实施“西新工程”的情况进行同步异地直播。七省区及新疆电台维吾尔语频率同步播出了直播节目《西部广播的春天》。广电总局副局长胡占凡走入直播室参与了这次直播节目。

9 月 19 日

《军事记者》杂志出版发行 500 期。《军事记者》于1958年5月创刊，最初刊名为《解放军报通讯活页》，内部发行；1959年5月改刊名为《解放军报通讯》，1985年1月改刊名为《新闻与成才》，2001年1月改用现刊名。

9月20日

中国国际广播电台塞尔维亚语广播南斯拉夫听众俱乐部成立大会在南斯拉夫贝尔格莱德举行。这是国际台塞尔维亚语广播开播40年来海外听众成立的第一个听众俱乐部。参加此次活动的共有60多位听众，中国驻南斯拉夫大使馆政务参赞刘文信、文化参赞刘永宏，以及新华社、光明日报、南斯拉夫闪电报、贝尔格莱德电视台等多家中南媒体记者参加此次活动。

中国广播电视音像资料馆举行竣工剪彩仪式。中宣部副部长、广电总局局长徐光春，广电总局副局长张海涛，中央电视台台长赵化勇，中国国际广播电台台长李丹出席仪式，并为音像资料馆竣工剪彩。

山东省《沂蒙晚报》创刊，创刊号百版珍藏版《我的名字叫沂蒙》上市。

9月21日

厦门人民广播电台与福建人民广播电台首次联合现场全程直播海峡两岸同胞首次海中相会欢度中秋之夜的特别活动。当晚8点35分，厦门"新集美号"与金门"太武号""马可波罗号"和"金龙号"在赤礁附近海面对接相会，这是53年来两岸同胞在金厦海域的第一次海中相会。

《北京广播电视报》进行历史上最大的一次创新改版，由一周1期改为一周3期，以全新的面貌出现在读者面前。改版后的电视报每周一、三、五分别出版"综合频道版""社会频道版""生活频道版"。

《福建广播影视10年大事记（1991—2000）》出版。它是全面叙述福建省近10年来广播影视事业发展历史的综合性大事记，涉及面广，内容丰富，具有重要的历史借鉴价值。

9月24日

上海文化广播影视集团驻北京办事处暨上海电视台、上海人民广播电台驻京记者站正式成立。

新华网正式推出征信频道，目前已开通了北京等10个城市的企业征信服务。

9月25日

由陕西、甘肃、青海、宁夏、新疆五省（区）广电局共同举办的第七届西部广播电视及网络设备展览会暨首届西部影视节目交易会在西安举办。此次展览会和交易会汇集了上百家知名企业和广播影视发行制播机构参展。

辽宁省广电局、中机国际招标公司与深圳市中兴通讯股份有限公司在北京国宾酒店举行隆重的合同签字仪式，这标志着利用日本政府贷款的辽宁广播电视基础设施改造项目——辽宁省广播电视数字综合信息网传输设备国际招标工作圆满结束。该合同是本项目利用日元贷款13个合同中第一个也是最大的一个国际招标合同。

人民网、中国网、中国互联网协会、慧聪国际等单位在人民大会堂联合召开了中国搜索互联成立新闻发布会，宣布国内首家以搜索引擎技术为基础的中国搜索互联正式成立。

9月26日

成都日报报业集团成立。集团旗下拥有《成都日报》《成都商报》《成都晚报》《先锋》《公司》《青年作家》《时代教育》和成都时代出版社等报刊社（即三报四刊一社），以及成都博瑞投资集团等。

9月27日

上海数字电视运营性试播正式启动，上

海成为全国第一个经国家广电总局批准的数字电视运营性试播城市。

华中科技大学新闻学院在国内高校中首家推出媒介管理专业方向的媒介管理硕士（MMA）。MMA 是工商管理硕士（MBA）的新专业方向，主要以新闻单位在职管理人员为招生对象，培养具有创新意识和决策才能的高素质传媒职业经理人。华中科大新闻学院 2002 年首批培养 20 名 MMA，学员须参加全国 MBA 联考，学制为 2—3 年，学业合格即可获得教育部颁发的 MBA 研究生毕业证书和 MBA 学位证书。

9 月 28 日

河北第一家报业集团——河北日报报业集团正式挂牌成立。

浙江日报报业集团举办首届读书节。

上海东方明珠股份有限公司联合上海广播电影电视集团、上海电视台等推出移动电视。

9 月 29 日

全国广电系统电视会议改造工程贵州分会场建设完成并通过验收。

浙江省 26 家新闻网站（页）的负责人共同签订了《浙江省网络新闻媒体自律公约》。公约共有 6 条，对浙江省新闻网站的建设和发展起到自我约束和规范作用，对其他网站也具有示范引导作用。

新华社评出第 2 届“新华社十佳编辑十佳记者”，十佳编辑是：陈芸、崔俐莎、韩松、范伟国、董琳、范丽青、王晶、陈贽、徐勇、孙勇；十佳记者是：党果、马晓霖、王岩、张非非、杨明、刘思扬、陈先发、孙杰、刘健、倪四义。

9 月 29 日

本日至 10 月 14 日，中国国际广播电台圆满完成第 14 届亚洲运动会的报道任务。在此次报道中，国际台派出由 10 种语言的 15 位记者组成的报道组赴韩国釜山进行采访报道，共采访了 30 余个国家的代表团，采发稿件 620 多篇（条）、图片 220 多幅，口播报道 250 多人次，录音报道 40 篇，并录播众多音响素材。国际台网站国际在线发稿总量为 2399 条（篇），是国际台网站在历次体育赛事报道中报道数量和报道规模最大的一次。

9 月 30 日

为纪念中日邦交正常化 30 周年，中国国际广播电台与日本山梨台共同策划、制作电视特别节目《你好！北京》，该节目于 10 月 9 日通过卫星在日本山梨地区播出。这也是国际台首次与海外电视台合办电视直播节目。

由深圳特区报业集团与深圳商报社合并组建的深圳报业集团正式挂牌成立。集团旗下拥有《深圳特区报》《深圳商报》《深圳晚报》《晶报》《香港商报》《深圳都市报》《Shenzhen Daily》《深圳青少年报》《宝安日报》《汽车导报》，以及深圳新闻网、中国文化产业网、深圳报业集团出版社和 3 个科技印务与发行中心、2 个文化产业机构，出版的各类报刊占深圳地区平面媒体 90%以上的市场份额。

同月

以安徽省委常委、宣传部长骆惠宁为团长，省电视台台长汤达祥等 7 人组成的省新闻文化代表团应邀访问了南非和法国，与南非广播公司西开普公司、法国欧洲时报和法国电视三台就新闻和电视交流与合作进行了友好协商。根据双方达成的协议，安徽电视节目将于 2002 年 11 月和 2003 年分别通过南非广播公司和法国电视三台向整个非洲和法国东部地区播出。安徽电视台将作为中国第一家省级电视台率先登陆非洲大地，安徽电视节目也将首次在西欧最有影响的法国电视三台播出。

112家网站代表在2002年中国网络媒体论坛上共同签署《保护网络作品权利信息公约》。该公约为网络媒体的署名及权利信息的标注问题提供了一个可行准则，迈出了网络媒体版权规范化的新一步。该公约由人民网征求各方意见经多次修改而最终形成分为总则、转载行为、公约的执行、附则四部分。这份公约采取自愿签约的形式，签约的112家媒体网站包括新浪、搜狐等知名商业网站。

新华社国内宽带多业务保密通信网基本建成，将提供视频会议、分社电视节目上传两种业务。新华社分社局域网与总社局域网连接、新华网地方频道数据更新两项业务已成功调测。

山东大众报业集团所辖的《半岛都市报》向社会公开承诺不刊登性病等低俗广告。

10月1日

中央人民广播电台华夏之声台和广东记者站合作组建"华夏之声"广州编辑部，推出面向粤港澳地区、每天两小时的粤语广播节目。

四川人民广播电台建台50周年。四川人民广播电台诞生于1952年10月1日，目前有新闻频率、民族频率、经济频率等，收听范围为中国及东南亚地区。四川人民广播电台是四川省的主流传媒之一，也是四川省唯一通过卫星向中国进行传输发射的广播电台。

昆明市网络中心承建的全省第一个数字电视实验平台在网络试播成功。

为了整治报业市场，规范报业发展的正常秩序，甘肃省新闻出版局规定，即日起，兰州市所有报刊必须按向社会公布的报刊年订价进行收订，不得搞各种形式的回扣、降价活动；不得在报刊收订中附加各种送礼活动，不得以收订报刊名义搞抽奖、游戏等活动。

10月7日

《中国日报》香港版创刊5周年。由《中国日报》承办的亚洲新闻联盟首次年会也同时举行，会议探讨了亚洲新闻媒体的发展方向等议题。

10月13日

北京市广播电视局执法办在大兴区德茂四街查处首起有线电视个人非法建网办站，收缴卫星接收机、调制器各12台，VCD播放机1台，拆除3条私架线路设施，案件当事人移交公安部门处理。

10月14日

第14届釜山亚运会落幕。中央电视台在此次亚运会报道中派出历史上最大规模的238人报道团，在一、二、四、五套节目中，播出总时长达300小时。体育频道每天15小时直播亚运节目，其中直播比赛82场，录播比赛73场，同时，交互电视以4个通道共直播了244场比赛，时长达474小时。

10月15日

由国家广电总局主管，中国广播影视集团、中央人民广播电台主办的《中国广播影视报》试刊。这份报是在中央人民广播电台主办的《中国广播报》的基础上改版的。

北京市邮政管理局规定，本市所有投递部和投递员均不得收、投非法小广告。北京移动通信有限责任公司也规定对手机个人用户一小时发送100条信息、集团客户发送1万条信息要进入安全审计范围，1860台将及时监控并及时处理短信中的不良信息和有害信息。

《湖北新闻联播》全面改版，在内容、形式、风格、编辑、包装、播报方式等方面全新改进。

《最高人民法院关于审理著作权民事纠

纷案件适用法律若干问题的解释》开始实施，这个解释对保护新闻的著作权作了具体规定。

10 月 16 日

杭州广播电视集团挂牌成立，这是全国首家经国家广电总局批准成立的副省级城市广播电视集团。杭州广播电视集团以广播、电视、报业、网络为主业，拥有资产近 10 亿元，年创收 3 亿元，综合实力跻身全国城市广电系统先进行列。

济南日报报业集团正式成立。集团已形成《济南日报》《济南时报》《当代健康报》《都市女报》《人口导报》和新闻综合网站舜网的五报一网媒体发展格局。

10 月 17 日

江苏宿迁日报社加盟新华日报报业集团，这是我国省级报业集团和市委机关报实行报业资源整合的第一例。

10 月 18 日

中国国际广播电台 2 小时蒙古语节目在蒙古国首都乌兰巴托的调频电台落地。乌兰巴托 FM100.9 调频电台的发射功率为一千瓦，覆盖乌市及周围地区的 80 多万人口，占蒙古全国人口的三分之一。

新疆人民广播电台召开研讨会庆祝柯尔克孜语广播开播 20 周年。

《山西日报》《三晋都市报》正式整合为《山西晚报》出版。

《新民晚报》与《星岛日报》新闻业务合作签约仪式在香港举行。这标志着《新民晚报・澳洲专版》即日起创刊，它主要以上海社区新闻和娱乐、体育等新闻为主。

10 月 19 日

青岛市广播电视局建成青岛有线电视网络安全监测系统，实现了中央、省、市广播电视频道多路接收、一键即时切换，中心信号实现了一主八备，建立有线网络应急抢修分片管理体系，制定应急预案 27 个，率先通过国家广电总局测试验收。

10 月 21 日

《北京青年报》再次改版，彻底实现了“日报化”的变革，进行了份叠和版组化处理。

10 月 23 日

中国国际广播电台与巴拿马中文电台在北京正式签署合作协议。根据协议，国际台分别从 8 月 1 日和 11 月 1 日起，租用巴拿马中文电台播出时段，播出国际台汉语普通话、广州话和西班牙语节目各一小时。巴拿马现有 10 多万华人华侨，大多数人讲广东话，其中 70%以上华人华侨收听巴拿马中文电台的广播。

新华社亚太总分社新中国新闻有限公司分别与澳门《澳门日报》《华侨报》签订了 2 家报纸采用新华社“迎接‘十六大’报道组稿”的供稿协议。

10 月 24 日

人民日报社社长、中国报业协会主席许中田逝世。

上午 10 时 0 分 36 秒，鑫诺卫星 2A 转发器开始受到“法轮功”非法信号攻击，至 10 月 29 日 17 时，非法信号多次交替攻击鑫诺卫星 2A、3A 转发器，严重影响节目正常接收。经过对干扰源方位的技术测试，确定干扰源仍在台湾省台北地区。

10 月 26 日

甘肃日报报业集团成立。集团拥有《甘肃日报》《兰州晨报》等 12 种报纸和一个网站。

10 月 28 日

中央人民广播电台华夏之声经频率专业化改革后顺利开播，这标志中央电台第一个专业化频率诞生。同时，中央人民广播电台以经济、生活、服务为特色的第二套节目改版为中央人民广播电台经济之声。

天津广播电视电影集团成立。集团成员单位有天津人民广播电台、电视台、电影制片厂以及北方网等。

上海东方广播电台成立10周年。上海东方广播电台成立于1992年，它的创立是中国广播事业在1986年珠江经济广播电台创建“珠江模式”之后的第二次标志性事件。它首创我国大陆电台广播的24小时直播模式，其午夜节目《相伴到黎明》成为全国知名的节目。

全国省级电视台的各电视台广告部负责人决定：从2003年1月1日起，32家省级电视台将在每天《新闻联播》前后的65秒时间进行广告联播。

10月30日

山东电视台卫星数字地面站建成并顺利开通，这标志着山东电视台卫星发射进入数字化时代，同时实现广播、电视信号的双星发射。

同月

马来西亚华文报纸《南洋商报》与中国《厦门日报》签署合作协议，进行业务发展合作和内容互换计划。

11月4日

由上海市记协、市老记协、市报协、市新闻摄影学会和市广播电视学会联合主办的“聚焦上海——上海优秀新闻作品展”“翰墨春秋——上海新闻界书画展”同时开幕。

11月5日

海口、琼山两市合并为海口市，琼山广播电视台并入海口广播电视台。

11月8日

全国广电系统所有播出机构全部并机转播中央人民广播电台和中央电视台第一套节目现场直播的“十六大”开幕式实况。9点50分至10点34分，“法轮功”非法信号相继对鑫诺卫星2A、3A转发器进行了9次疯狂进攻。广电总局指挥部按照1号预案，成功遏制“法轮功”非法信号的连续攻击，使全国观众都能正常收听收看“十六大”开幕式的实况。

党的“十六大”献礼影片《极地营救》在上海首映。《极地营救》是上海电影集团倾力打造的一部高科技影片，影片中电脑特技的运用达到80%，是中国目前科技含量最高的一部影片。

11月18日

由中央人民广播电台主办、全国22家地方交通广播共同参与的《全国交通联播》节目正式开播。启动初期，节目由中央电台和全国近20家地方交通广播同步联播，并力争在2003年内实现全国50家交通广播同步联播。

11月21日

“西新工程”项目内蒙古人民广播电台数字化改造工程正式投入运行。至此，内蒙古人民广播电台将全面实现节目采编、录制、播出的数字化、网络化、智能化。

11月22日

由北京广电集团承建的中国电影博物馆举行开工典礼。

11月24日

广东广播影视节目交易中心正式挂牌成立。

11月25日

南方日报报业集团与中山大学管理学院共建MBA实习基地。今后中山大学管理学院每年将组织MBA学生到南方日报报业集团实习，双方共同承担对中大MBA学生的培养工作。

由中国互联网协会主办的首届中国互联网大会在上海召开，这也是中国互联网协会的第一次会员大会。截至 2002 年 9 月底，我国互联网用户数已达 5435 万。

11 月 26 日

辽宁电视台数字频道完成了数字电视节目信息自动采集、多画面分割、实时更换的研发播出，在全国属于首家。

法制日报成立法学专家顾问团，国内 50 余位法学界的知名专家接受正式聘请。

11 月 28 日

青岛日报报业集团正式挂牌成立。集团拥有报报两刊一网站：《青岛日报》《青岛晚报》《青岛早报》《老年生活报》《青岛画报》《读书参考》和青岛新闻网。集团下设有财务中心、计算机中心、广告中心、印务中心、发行公司、物业公司等。

黑龙江人民广播电台交通广播节目信号开始实现全省覆盖。至此，黑龙江交通广播成为全省覆盖面最大、覆盖人口最多的专业广播。

同月

新闻出版总署批准国内 4 家期刊与国外期刊进行版权，分别是中国体育报业总社的《健美女性》与法国桦榭菲利帕契集团的《美丽佳人》、时尚杂志社的《中国旅游》与美国国家地理协会的《旅行者》、中国对外经济贸易出版社的《好管家》与美国赫斯特公司的《时尚好管家》、中国纺织品进出口总公司的《中国时装》与美国赫斯特公司的《时尚芭莎》。

12 月 1 日

新华社国内部服务新闻专线开始试播，当日播发稿件 9 条。这条专线将主要面向各类新闻媒体的专版、专刊和专业频道，涉及 IT、健康、旅游、汽车、理财、时尚等领域，稿件被新浪网、搜狐网、千龙网等数百家新闻媒体广泛采用，刊播率为 100%。

12 月 2 日

中央人民广播电台第三套节目音乐之声开播。

12 月 3 日

中国上海成功赢得 2010 年世界博览会的主办权。中国国际广播电台对申博进行分阶段及时报道，国际台法语网站还开设了“申博专栏”进行同时报道。国际台网站国际在线从 2 月 26 日推出“中国申办 2010 世博会”专题，英语网站也同时开设了《中国申办 2010 世博会》专栏。上海文新报业集团所属 3 张主报《文汇报》《新民晚报》《上海日报》（英文版）以及其他系列报刊和所属出版社联合出版申博成功“号外”。

新华网与中联部正式签署合作协议，由新华网全面承建中联部网站，并负责网站的日常运行和内容更新。网站定于 2003 年 2 月正式推出。

武汉整改市直机关报刊及内部资料。整改后，由市委主管主办的《学习与实践》转为市社科院主管主办，实行独立法人；市人大主办的《人民意志报》、市政府主办的《武汉市人民政府公报》、市政协主办的《武汉文史资料》、市纪委主办的《改革与党风》都实行免费赠阅，不再征订发行；《幸福》等 4 种公开刊物将与原主管单位经济脱钩；《老年文汇报》划转至武汉出版社；《今日消防》等 10 种内部资料停办；《武汉党建》等 38 种内部资料实行不准在社会上公开征订发行、不准刊登广告、不准收取任何费用、不准拉赞助或进行有偿经营性活动和公开性社会活动的“四不准”规范管理，并在封面显著位置注明“内部资料免费交流”字样。

12 月 4 日

华东师范大学传播学系正式建立。作家、主持人王晓玉出任首任系主任。

12月5日

上海市新闻工作者协会、市新闻学会和复旦大学新闻学院联合举办2002年首届上海传媒高峰论坛。论坛的主题是“中国入世与传媒经营创新”。

12月9日

中央人民广播电台、北京人民广播电台等31家电台联合推出学习“十六大”报告大型系列专题节目《为着新世纪的光荣梦想》。

12月10日

新华社海外中文亚太专线正式开播。中文亚太线由中国对外新闻、国际新闻、体育新闻、港澳台新闻以及华人华侨新闻5大部分组成，重点突出对外特色和地区特色。专线开设了《经济观察》《投资人自述》《财经人物》《文化视点》等系列栏目。

中央电视台在印尼雅加达与印尼媒体电视公司签署合作协议。

12月11日

由外经贸部主管、主办的《WTO经济导刊》创刊。

《广州日报》创刊50周年。广州日报报业集团成立于1996年，是我国首家报业集团。截至2002年，集团拥有12家子报、3家刊物、1家出版公司和1个网站，总净资产达30多亿元。

12月16日

北京青年报社实行全员聘用合同制，聘用制改革全面启动并于12月底全面完成。

12月17日

上海《申江服务导报》创刊5周年。《申江服务导报》正式创刊于1998年1月1日，发行量稳定在40万份以上，年广告收入过亿元，已成为上海周报市场的第一品牌。

南京日报报业集团、南京广播电视集团在南京宣布成立。南京日报报业集团以南京日报社为核心，下属媒体有《南京日报》《金陵晚报》《周末报》《今日商报》《江苏商报》《东方卫报》《金陵瞭望》杂志以及《南京日报》江宁版、溧水版、高淳版；集团报纸期发量超过115万份，是南京地区规模最大的传媒机构。南京市委宣传部副部长田涛出任南京日报报业集团党委书记、社长和董事长一职。南京广播电视集团整合了南京电视台、南京人民广播电台、南京广播电视报社和南京音像出版社等优质资源，拥有7个自办电视节目频道和5个自办广播频率，覆盖受众2000万人。

12月18日

广西《南国今报》创刊。这是广西日报社继《南国早报》《当代生活报》之后主办的第三张子报。《南国今报》面向全省发行。

由北京青年报倡议，北京市工商行政管理局和北京广告协会联合举办的23家传媒单位广告业诚信经营动员大会在京召开。23家媒体及广告公司向社会发出认真遵守广告法，注重社会效益，提高广告业道德水准和服务水平的倡议书。

春兰集团在上海正式受让上海文新集团下属的上海星期三报业经营有限公司30%的股权，双方今后将在发行、广告、企业形象宣传和版面联动等方面开展多方位合作。

12月19日

中国卫星通信集团公司挂牌，该公司将成为我国第6家基础电信运营商。

默多克的新闻集团与湖南广播影视集团签约，双方将在娱乐节目方面展开合作。

12月23日

中国海洋大学与青岛日报报业集团共同创建中国海洋大学新闻传播学院。

12 月 24 日

吉林《城市晚报》通过 ISO9001 国际质量管理体系认证，成为国内首家通过该认证的报纸。

国家广电总局代表团在马来西亚签署协议，中央电视台国际频道将在马来西亚落地。

12 月 25 日

重庆渝中区法院对《时事资讯》非法出版案作出判决。自 2001 年以来，《时事资讯》《热点纪要》两份非法小报在重庆出版物市场泛滥，法院审理认为，张伟、左上文、欧燕等人未经任何部门批准非法经营报纸出版、印刷、发行，其行为已构成了非法经营罪，判处张伟有期徒刑 6 年，并处罚金 10 万元；判处左上文有期徒刑 5 年，并处罚金 5 万元；判处欧燕有期徒刑 2 年。

《中国证券报》推出创刊 10 周年特刊。《中国证券报》创刊号于 1993 年 1 月 3 日。

天津日报报业集团下属的精品都市周报《假日 100 天》正式进入家乐超市，成为大型品牌超市内的正式商品。

天津交通台与《每日新报》达成全面合作协议，探索跨媒体合作新路。

12 月 26 日

辽宁 9 个城市 18 家报社草签了辽宁城市新闻信息共享协议，创立辽宁城市新闻信息共享库。参加首期合作的有沈阳、大连、鞍山、抚顺、锦州、阜新、铁岭、盘锦、葫芦岛 9 个城市的 18 家日报和晚报。

中国社会科学院新闻与传播研究所主办的传播研究网开通。网站的宗旨是交流传播信息，观察传播媒介，解析传播现象，切磋传播学术。传播研究网以独立域名（www.mediaresearch.com.cn）运作，并已注册 CN 顶级域名，2003 年 1 月，该网站将使用更简明的新网址：MediaResearch.cn。

12 月 27 日

辽宁教育电视台建台 10 周年。它是我国建立较早的省级教育电视台。

中国西部地区举办首次传媒高层论坛。论坛围绕全球新闻传播的趋势、传媒改革的现状及规则走向、传媒产业结构与态势、传媒产业资本与整合、传媒经营管理模式及策略、传媒科技与媒体融合、西部媒体的发展向度等主题进行深入研讨。

全国广播工作座谈会召开并宣布广播广告增速居全国媒体之首。

12 月 28 日

中国摄影家协会第 6 次全国代表大会闭幕。邵华当选中国摄影家协会主席。

12 月 29 日

由农民日报发起、首都 20 多家新闻单位参评的 2002 年中国农村新闻人物评选揭晓，江苏省张家港市南丰镇永联村党委书记吴栋材当选第 9 位中国农村新闻人物。

12 月 30 日

陕西省实施村村通广播电视工程取得新突破。

12 月 31 日

国家主席江泽民通过中国国际广播电台、中央人民广播电台和中央电视台发表题为《共同创造和平繁荣的美好未来》的新年贺词。国际台各语言广播在当天的首播时间头条位置全文播出了江主席的新年贺词。

截至 12 月 31 日，我国网民数量已达到 5910 万，跃居世界第二，仅次于美国。

同年

2002 年底，《中国经济时报》高级记者王克勤被南方周末评为 2002 年度中国传媒杰出人物。近年来，王克勤推出《北京出租车业垄断黑幕》《兰州证券黑市狂洗“股民”》《公选“劣迹人”引曝黑幕》等一系列有影响力的揭黑深度报道，被业界誉为中国的林肯·斯蒂芬斯。

中央电视台颁布并实行了中央电视台栏目警示和末位淘汰条例、节目综合评价体系等制度。《朋友》栏目、《半边天》周末版被“黄牌”警告，经整改后恢复播出。节目综合评价体系在国内首先颁布实行，标志着电视节目管理由粗放向集约、由模糊向精确、由定性向定量、由感性向理性的重大转变。

台湾与祖国大陆记者交流密切。2002年，台湾共有21家新闻媒体的59名记者分14批来山东采访，先后报道了第8届鲁台经贸洽谈会、济南高新技术产业洽谈会、青岛啤酒节、家电博览会等重大涉台经贸活动。山东省共有14批94名新闻工作者应邀赴台进行新闻交流。大众日报、山东电视台等省级媒体相继组团，济南、青岛、淄博、烟台、潍坊、聊城等市宣传部门的负责人率团赴台进行新闻交流。